Inteligência Artificial
Uma Abordagem Moderna

O GEN | Grupo Editorial Nacional – maior plataforma editorial brasileira no segmento científico, técnico e profissional – publica conteúdos nas áreas de ciências exatas, humanas, jurídicas, da saúde e sociais aplicadas, além de prover serviços direcionados à educação continuada e à preparação para concursos.

As editoras que integram o GEN, das mais respeitadas no mercado editorial, construíram catálogos inigualáveis, com obras decisivas para a formação acadêmica e o aperfeiçoamento de várias gerações de profissionais e estudantes, tendo se tornado sinônimo de qualidade e seriedade.

A missão do GEN e dos núcleos de conteúdo que o compõem é prover a melhor informação científica e distribuí-la de maneira flexível e conveniente, a preços justos, gerando benefícios e servindo a autores, docentes, livreiros, funcionários, colaboradores e acionistas.

Nosso comportamento ético incondicional e nossa responsabilidade social e ambiental são reforçados pela natureza educacional de nossa atividade e dão sustentabilidade ao crescimento contínuo e à rentabilidade do grupo.

Inteligência Artificial
Uma Abordagem Moderna

Stuart J. Russell
Peter Norvig

Colaboradores:
Ming-Wei Chang
Jacob Devlin
Anca Dragan
David Forsyth
Ian Goodfellow
Jitendra M. Malik
Vikash Mansinghka
Judea Pearl
Michael Wooldridge

4ª edição

- Os autores deste livro e a editora empenharam seus melhores esforços para assegurar que as informações e os procedimentos apresentados no texto estejam em acordo com os padrões aceitos à época da publicação. Entretanto, tendo em conta a evolução das ciências, as atualizações legislativas, as mudanças regulamentares governamentais e o constante fluxo de novas informações sobre os temas que constam do livro, recomendamos enfaticamente que os leitores consultem sempre outras fontes fidedignas, de modo a se certificarem de que as informações contidas no texto estão corretas e de que não houve alterações nas recomendações ou na legislação regulamentadora.

- Data do fechamento do livro: 29/07/2022

- Os autores e a editora se empenharam para citar adequadamente e dar o devido crédito a todos os detentores de direitos autorais de qualquer material utilizado neste livro, dispondo-se a possíveis acertos posteriores caso, inadvertida e involuntariamente, a identificação de algum deles tenha sido omitida.

- **Atendimento ao cliente: (11) 5080-0751 | faleconosco@grupogen.com.br**

- Authorized translation from the English language edition, entitled ARTIFICIAL INTELLIGENCE: A MODERN APPROACH, 4th Edition by STUART RUSSELL; PETER NORVIG, published by Pearson Education, Inc., publishing as Pearson, Copyright © 2021, 2010, 2003 by Pearson Education, Inc.

  All rights reserved. No part of this book may be reproduced or transmitted in any form or by any means, electronic or mechanical, including photocopying, recording or by any information storage retrieval system, without permission from Pearson Education, Inc.

  PORTUGUESE language edition published by GEN | GRUPO EDITORIAL NACIONAL PARTICIPAÇÕES, publishing under the LTC imprint, Copyright © 2022.

- Direitos exclusivos para a língua portuguesa
  Copyright © 2022, 2024 (2ª impressão) by
  GEN | Grupo Editorial Nacional S.A.
  Publicado pelo selo LTC | Livros Técnicos e Científicos Editora Ltda.
  Travessa do Ouvidor, 11
  Rio de Janeiro – RJ – 20040-040
  www.grupogen.com.br

- Reservados todos os direitos. É proibida a duplicação ou reprodução deste volume, no todo ou em parte, em quaisquer formas ou por quaisquer meios (eletrônico, mecânico, gravação, fotocópia, distribuição pela Internet ou outros), sem permissão, por escrito, do GEN | Grupo Editorial Nacional Participações S/A.

- Capa: Rejane Megale

- Imagens da capa:
  Alan Turing – https://commons.wikimedia.org/wiki/File:Alan_Turing_Aged_16
  Statue of Aristotle – ©iStockphoto/PanosKarapanagiotis
  Ada Lovelace – https://pt.wikipedia.org/wiki/Ficheiro:Ada_Lovelace.jpg
  Autonomous cars – ©iStockphoto/metamorworks
  Atlas Robot – ©iStockphoto/sarah5
  Berkeley Campanile and Golden Gate Bridge – ©iStockphoto/Eric Fehrenbacher
  Mars Rover –©iStockphoto/ freestylephoto
  Kasparov – ©iStockphoto/gorodenkoff

- Editoração eletrônica: FQuatro

- Ficha catalográfica

CIP-BRASIL. CATALOGAÇÃO NA PUBLICAÇÃO
SINDICATO NACIONAL DOS EDITORES DE LIVROS, RJ

R925i
4. ed.

Russell, Stuart J.
  Inteligência artificial : uma abordagem moderna / Stuart J. Russell, Peter Norvig ; tradução Daniel Vieira ; Flávio Soares Corrêa da Silva. - 4. ed. [2ª Reimp.] - Rio de Janeiro : GEN | Grupo Editorial Nacional S.A. Publicado pelo selo LTC | Livros Técnicos e Científicos Ltda., 2024.
  1016 p. : il. ; 28 cm.

  Tradução de: Artificial intelligence : a modern approach.
  Inclui bibliografia e índice
  Encarte com figuras ISBN 9788595158870

  1. Inteligência artificial. I. Norvig, Peter. II. Vieira, Daniel. III. Silva, Flávio Soares Corrêa da. IV. Título.

22-78773   CDD: 006.3
                     CDU: 004.8

Gabriela Faray Ferreira Lopes - Bibliotecária - CRB-7/6643

Para Loy, Gordon, Lucy, George e Isaac — S.J.R.

Para Kris, Isabella e Juliet — P.N.

Revisão Técnica e Tradução

Coordenação de Revisão Técnica

Flávio Soares Corrêa da Silva (Capítulos 4, 12, 13, 14, 15, 18, 27 e 28)
Engenheiro de Produção pela Universidade de São Paulo (USP). Mestre em Engenharia de Transportes pela USP. PhD em Inteligência Artificial pela Universidade de Edimburgo. Livre-Docente pela USP (1999). Professor Associado da USP. Membro "Senior" da ACM (Estados Unidos) e da SSAISB (Reino Unido). Membro da AIxIA (Itália) e da SBC (Brasil).

Revisão Técnica

Denis Deratani Mauá (Capítulos 1, 16, 19, 20, 21, 23, 24, 25 e 26)
Docente-Pesquisador. Mestre em Engenharia Mecânica pela Universidade de São Paulo (USP). Doutor em Ciência da Computação pela Universidade de Lugano (USI). Livre-Docente pela USP. Professor Associado da USP.

Leliane Nunes de Barros (Capítulos 3, 5, 6, 11, 17 e 22)
Docente-Pesquisadora. Mestra em Ciência da Computação e Matemática Computacional pela Universidade de São Paulo (USP). Doutora em Engenharia Elétrica pela USP. Livre-Docente pela USP. Professora Associada da USP.

Renata Wassermann (Capítulos 2, 7, 8, 9 e 10)
Professora e pesquisadora. Bacharel em Ciência da Computação pela Universidade de São Paulo (USP). Mestra em Matemática Aplicada pela USP. Doutora em Computação pela Universidade de Amsterdam. Professora Associada da USP. Membro do Centro de Inteligência Artificial (C4AI).

Tradução
Daniel Vieira

Prefácio

Inteligência Artificial (IA) é um grande campo, e este é um grande livro. Tentamos explorar toda a extensão do assunto, que abrange lógica, probabilidade e matemática contínua, além de percepção, raciocínio, aprendizado, ação; justiça, confiança, bem social e segurança; e, ainda, aplicações que variam desde dispositivos microeletrônicos até robôs para exploração planetária e serviços *online* com bilhões de usuários.

O subtítulo deste livro é "Uma Abordagem Moderna". Isso significa que tentamos sintetizar o que hoje é conhecido em uma estrutura comum, reformulando referências fundamentais ao usar as ideias e a terminologia que prevalecem hoje. Pedimos desculpas àqueles que trabalham em subáreas e que, como resultado, receberam menos reconhecimento do que deveriam.

Novidades desta edição

Esta edição reflete as mudanças em IA que tiveram lugar desde a última edição em 2010.

- Enfatizamos mais o aprendizado de máquina do que a engenharia do conhecimento feita à mão, devido à maior disponibilidade de dados, recursos de computação e novos algoritmos
- Aprendizado profundo, programação probabilística e sistemas com vários agentes receberam maior cobertura, cada assunto com seu respectivo capítulo
- O conteúdo sobre compreensão de linguagem natural, robótica e visão computacional foi revisado para refletir o impacto do aprendizado profundo
- O capítulo sobre robótica agora inclui robôs que interagem com seres humanos e a aplicação da aprendizagem por reforço à robótica
- Anteriormente, o objetivo da IA era a criação de sistemas que tentam maximizar a utilidade esperada, em que as informações de utilidade específicas – o objetivo – são fornecidas pelos projetistas humanos do sistema. Agora, não consideramos mais que o objetivo seja fixo e conhecido pelo sistema de IA; em vez disso, o sistema pode ser incerto a respeito dos verdadeiros objetivos dos humanos para os quais ele opera. Ele deve aprender o que maximizar e funcionar adequadamente, mesmo enquanto estiver incerto sobre o objetivo
- Aumentamos a cobertura do impacto da IA sobre a sociedade, incluindo as questões vitais sobre ética, justiça, confiança e segurança
- Cerca de 25% deste livro é material novo. Os 75% restantes foram reescritos para apresentar um panorama mais unificado da área. Das citações nesta edição, 22% são de trabalhos publicados após 2010.

Visão geral do livro

O principal tema unificador é a ideia de **agente inteligente**. Definimos IA como o estudo de agentes que recebem percepções do ambiente e executam ações. Cada um desses agentes implementa uma função que mapeia sequências de percepções em ações. Abordamos diferentes maneiras de representar essas funções, como agentes reativos, planejadores em tempo real, sistemas de teoria de decisão e sistemas de aprendizagem profunda. Enfatizamos a aprendizagem como um método de construção de sistemas competentes e como uma extensão do alcance do projetista em ambientes desconhecidos. Tratamos da robótica e da visão, não como problemas definidos independentemente, mas ocorrendo a serviço da realização de objetivos. Enfatizamos a importância do ambiente da tarefa na determinação do projeto apropriado de agentes.

Nosso principal objetivo é transmitir as *ideias* que emergiram nos últimos 70 anos de pesquisa sobre a IA e nos dois últimos milênios de trabalhos relacionados a esse tema. Procuramos evitar formalidade excessiva na apresentação dessas ideias, ao mesmo tempo que tentamos preservar a acurácia. Incluímos fórmulas matemáticas e algoritmos em pseudocódigo para tornar as ideias concretas; os conceitos matemáticos e a notação são descritos no Apêndice A, e o pseudocódigo é descrito no Apêndice B.

Este livro se destina principalmente a cursos de graduação ou de extensão. Ele contém 28 capítulos, e cada um demanda cerca de 1 semana de aulas; portanto, o livro inteiro requer uma sequência de 2 semestres de estudo. Um curso de 1 semestre pode usar capítulos selecionados para atender aos interesses do professor e dos alunos. A obra também pode ser utilizada em cursos de pós-graduação (talvez com a inclusão de algumas das principais fontes de consulta sugeridas nas notas bibliográficas) ou para autoestudo, ou como uma referência.

Termo

Ao longo da obra, os *pontos importantes* estão indicados por um triângulo na margem. Onde quer que um novo **termo** seja definido pela primeira vez, o triângulo também estará indicado na margem. As próximas ocorrências significativas do **termo** estão em negrito, mas não na margem. Uma bibliografia e um índice alfabético abrangentes estão incluídos no fim do livro.

O único pré-requisito é a familiaridade com os conceitos básicos de ciência da computação (algoritmos, estruturas de dados, complexidade) em nível básico. Para alguns dos tópicos, é útil o conhecimento básico de cálculo e álgebra linear.

Sobre a capa

A capa mostra, no alto, à direita, uma partida de xadrez entre um ser humano e um programa. Evoca o jogo decisivo da partida 6, de 1997, entre o campeão de xadrez Garry Kasparov e o programa Deep Blue. Kasparov foi forçado a desistir, tornando essa a primeira vez que um computador derrotou um campeão do mundo em uma partida de xadrez. No canto superior esquerdo há um robô humanoide. A representação de um carro autônomo sentindo seu ambiente aparece entre Ada Lovelace, a primeira programadora de computador do mundo, e Alan Turing, cujo trabalho essencial definiu a IA. Na parte de baixo do tabuleiro de xadrez estão um robô Mars Exploration Rover e uma estátua de Aristóteles, que foi um pioneiro no estudo da lógica; seu algoritmo de planejamento de *De Motu Animalium* aparece por trás dos nomes dos autores. Atrás do tabuleiro de xadrez está um modelo de programação probabilística usado pela UN Comprehensive Nuclear-Test-Ban Treaty Organization para detectar explosões nucleares a partir de sinais sísmicos.

Agradecimentos

Muitas pessoas são necessárias para a criação de um livro. Mais de 600 colaboradores leram partes da obra e fizeram sugestões de melhorias. A lista completa está em `aima.cs.berkeley.edu/ack.html`; somos gratos a todos eles. Aqui, temos espaço apenas para mencionar alguns colaboradores especialmente importantes. Primeiro, os colaboradores que nos ajudaram:

- Judea Pearl (Seção 13.5, *Redes causais*)
- Vikash Mansinghka (Seção 15.3, *Observar um mundo complexo*)
- Michael Wooldridge (Capítulo 18, *Tomada de Decisão em Ambientes Multiagentes*)
- Ian Goodfellow (Capítulo 21, *Aprendizado Profundo*)
- Jacob Devlin e Mei-Wing Chang (Capítulo 24, *Aprendizado Profundo para Processamento de Linguagem Natural*)
- Jitendra Malik e David Forsyth (Capítulo 25, *Visão Computacional*)
- Anca Dragan (Capítulo 26, *Robótica*).

Depois, colaboradores que exerceram algumas funções-chave:

- Cynthia Yeung e Malika Cantor (gerente de projeto)
- Julie Sussman e Tom Galloway (edição de cópia e sugestões de escrita)
- Omari Stephens (ilustrações)
- Tracy Johnson (editora)
- Erin Ault e Rose Kernan (capa e conversão de cores)
- Nalin Chhibber, Sam Goto, Raymond de Lacaze, Ravi Mohan, Ciaran O'Reilly, Amit Patel, Dragomir Radiv e Samagra Sharma (desenvolvimento de código *online* e mentoria)
- Alunos do Google Summer of Code (desenvolvimento de código *online*).

Stuart gostaria de agradecer à sua esposa, Loy Sheflott, por sua paciência infinita e sua sabedoria ilimitada. Ele espera que Gordon, Lucy, George e Isaac logo estejam lendo este livro, após perdoá-lo por ter trabalhado tanto. O RUGS (Russell's Unusual Group of Students – Grupo Incomum de Alunos de Russell, em tradução livre) foi de uma utilidade sem igual, como sempre.

Peter gostaria de agradecer a seus pais (Torsten e Gerda), os responsáveis pelo início de sua carreira, e também à sua esposa (Kris), a seus filhos (Bella e Juliet), colegas, patrão e amigos pelo incentivo e pela tolerância durante as longas horas de escrita e reescrita.

Sobre os autores

Stuart Russell nasceu em 1962, em Portsmouth, na Inglaterra. Bacharelou-se com louvor em Física pela Oxford University, em 1982, e doutorou-se em Ciência da Computação por Stanford, em 1986. Entrou para o corpo docente da University of California, em Berkeley, onde leciona Ciência da Computação, dirige o Center for Human-Compatible AI e ocupa a Cátedra Smith-Zadeh de Engenharia. Em 1990, recebeu o *Presidential Young Investigator Award* (Prêmio Presidencial ao Jovem Cientista), concedido pela National Science Foundation, e, em 1995, foi covencedor do *Computers and Thought Award* (Prêmio de Computação e Pensamento). É membro efetivo da American Association for Artificial Intelligence, da Association for Computing Machinery e da American Association for the Advancement of Science. É membro honorário do Wadham College, em Oxford, e membro do Andrew Carnegie. Stuart foi detentor da Cátedra Blaise Pascal em Paris, de 2012 a 2014, e também já publicou mais de 300 artigos sobre uma ampla gama de tópicos ligados à IA. Entre seus outros livros incluem-se: *The Use of Knowledge in Analogy and Induction*, *Do the Right Thing: Studies in Limited Rationality* (com Eric Wefald) e *Human Compatible: Artificial Intelligence and the Problem of Control*.

Peter Norvig atualmente é diretor de Pesquisa na Google Inc. e foi anteriormente o diretor responsável pelos algoritmos de busca do núcleo da *web*. Participou do ensino de uma turma de IA *online* com 160 mil alunos, ajudando a dar início aos atuais cursos abertos no formato MOOC. Foi chefe da Divisão de Ciências Computacionais no Ames Research Center, da NASA, onde supervisionou a pesquisa e o desenvolvimento da robótica e da IA para a agência espacial americana. Bacharelou-se em Matemática Aplicada pela Brown University e fez doutorado em Ciência da Computação pela University of California, em Berkeley. Atuou como professor na University of Southern California e lecionou em Berkeley e Stanford. É membro da American Association for Artificial Intelligence, da Association for Computing Machinery, da American Academy of Arts and Sciences, e da California Academy of Sciences. Seus outros livros são: *Paradigms of AI Programming: Case Studies in Common Lisp*, *Verbmobil: A Translation System for Face-to-Face Dialog* e *Intelligent Help Systems for UNIX*.

Os dois autores compartilharam o prêmio inaugural AAAI/EAAI Outstanding Educator em 2016.

Material Suplementar

Este livro conta com o seguinte material suplementar:

- Encarte em cores com figuras selecionadas da obra.

O acesso ao material suplementar é gratuito. Basta que o leitor se cadastre e faça seu *login* em nosso *site* (www.grupogen.com.br), clique no menu superior do lado direito e, após, em "Ambiente de aprendizagem". Em seguida, clique no menu retrátil (☰) e insira o código (PIN) de acesso localizado na segunda orelha deste livro.

O acesso ao material suplementar online fica disponível até seis meses após a edição do livro ser retirada do mercado.

Caso haja alguma mudança no sistema ou dificuldade de acesso, entre em contato conosco (gendigital@grupogen.com.br).

Sumário

Parte 1 Inteligência Artificial

1 Introdução   **1**
1.1   O que é IA? 1
1.2   Fundamentos da inteligência artificial 5
1.3   História da inteligência artificial 15
1.4   Estado da arte 25
1.5   Riscos e benefícios da IA 28
Resumo 31
Notas bibliográficas e históricas 32

2 Agentes Inteligentes   **33**
2.1   Agentes e ambientes 33
2.2   Bom comportamento: conceito de racionalidade 35
2.3   Natureza dos ambientes 38
2.4   Estrutura de agentes 43
Resumo 54
Notas bibliográficas e históricas 55

Parte 2 Resolução de Problemas

3 Resolução de Problemas por Meio de Busca   **57**
3.1   Agentes de resolução de problemas 57
3.2   Exemplos de problemas 60
3.3   Algoritmos de busca 64
3.4   Estratégias de busca sem informação 69
3.5   Estratégia de busca informada (heurística) 75
3.6   Funções heurísticas 88
Resumo 95
Notas bibliográficas e históricas 96

4 Busca em Ambientes Complexos   **100**
4.1   Problemas de busca e otimização locais 100
4.2   Busca local em espaços contínuos 108
4.3   Busca com ações não determinísticas 110
4.4   Pesquisar com observações parciais 114
4.5   Agentes de busca *online* e ambientes desconhecidos 122
Resumo 128
Notas bibliográficas e históricas 129

5 Busca Competitiva e Jogos   **133**
5.1   Teoria dos jogos 133
5.2   Decisões ótimas em jogos 134
5.3   Busca heurística em árvore alfabeta 142
5.4   Busca em árvore de Monte Carlo 146
5.5   Jogos estocásticos 150
5.6   Jogos parcialmente observáveis 153

xiv Inteligência Artificial

	5.7	Limitações dos algoritmos de busca nos jogos	157
		Resumo	158
		Notas bibliográficas e históricas	159

6 Problemas de Satisfação de Restrições 164
6.1 Definição de problemas de satisfação de restrições. 164
6.2 Propagação de restrição: inferência em CSPs 169
6.3 Busca com retrocesso para CSPs 174
6.4 Busca local para CSPs 179
6.5 Estrutura de problemas. 181
Resumo. 185
Notas bibliográficas e históricas 185

Parte 3 Conhecimento, Pensamento e Planejamento

7 Agentes Lógicos 189
7.1 Agentes baseados em conhecimento 190
7.2 Mundo de wumpus 191
7.3 Lógica 194
7.4 Lógica proposicional: uma lógica muito simples. 197
7.5 Prova de teoremas proposicionais 200
7.6 Verificação eficiente de modelos proposicionais 211
7.7 Agentes baseados em lógica proposicional 215
Resumo. 223
Notas bibliográficas e históricas 224

8 Lógica de Primeira Ordem 228
8.1 Revisão da representação 228
8.2 Sintaxe e semântica da lógica de primeira ordem 232
8.3 Utilização da lógica de primeira ordem. 241
8.4 Engenharia de conhecimento em lógica de primeira ordem. 247
Resumo. 252
Notas bibliográficas e históricas 252

9 Inferência em Lógica de Primeira Ordem 255
9.1 Inferência proposicional *versus* inferência de primeira ordem 255
9.2 Unificação e inferência de primeira ordem 257
9.3 Encadeamento para a frente. 261
9.4 Encadeamento para trás 267
9.5 Resolução 272
Resumo. 282
Notas bibliográficas e históricas 283

10 Representação de Conhecimento 286
10.1 Engenharia ontológica 286
10.2 Categorias e objetos 288
10.3 Eventos 294
10.4 Objetos mentais e lógica modal 297
10.5 Sistemas de raciocínio para categorias. 299
10.6 Raciocínio com informações *default* 303
Resumo. 307
Notas bibliográficas e históricas 308

11 Planejamento Automatizado
313

11.1	Definição do planejamento clássico	313
11.2	Algoritmos para planejamento clássico	317
11.3	Heurísticas para planejamento	320
11.4	Planejamento hierárquico	324
11.5	Planejar e agir em domínios não determinísticos	331
11.6	Tempo, escalonamentos e recursos	340
11.7	Análise de abordagens de planejamento	343
	Resumo	344
	Notas bibliográficas e históricas	345

Parte 4 Conhecimento Incerto e Pensamento

12 Quantificar a Incerteza
350

12.1	Como agir em meio à incerteza	350
12.2	Notação básica de probabilidade	353
12.3	Inferência com o uso de distribuições conjuntas totais	359
12.4	Independência	361
12.5	Regra de Bayes e seu uso	363
12.6	Modelos de Bayes ingênuos	366
12.7	De volta ao mundo de wumpus	367
	Resumo	370
	Notas bibliográficas e históricas	371

13 Raciocínio Probabilístico
374

13.1	Representação do conhecimento em um domínio incerto	374
13.2	Semântica das redes bayesianas	376
13.3	Inferência exata em redes bayesianas	387
13.4	Inferência aproximada em redes bayesianas	395
13.5	Redes causais	408
	Resumo	411
	Notas bibliográficas e históricas	412

14 Raciocínio Probabilístico Temporal
418

14.1	Tempo e incerteza	418
14.2	Inferência em modelos temporais	422
14.3	Modelos ocultos de Markov	429
14.4	Filtros de Kalman	434
14.5	Redes bayesianas dinâmicas	440
	Resumo	450
	Notas bibliográficas e históricas	451

15 Programação Probabilística
454

15.1	Modelos de probabilidade relacionais	455
15.2	Modelos de probabilidade de universo aberto	460
15.3	Observar um mundo complexo	467
15.4	Programas como modelos probabilísticos	470
	Resumo	475
	Notas bibliográficas e históricas	475

16 Tomada de Decisões Simples
479

16.1	Combinação de crenças e desejos sob incerteza	479
16.2	Base da teoria da utilidade	480

xvi   Inteligência Artificial

16.3	Funções de utilidade	483
16.4	Funções de utilidade multiatributo	490
16.5	Redes de decisão	494
16.6	Valor da informação	496
16.7	Preferências desconhecidas	502
	Resumo	505
	Notas bibliográficas e históricas	505

17 Tomada de Decisões Complexas — 510

17.1	Problemas de decisão sequencial	510
17.2	Algoritmos para MDP	519
17.3	Problemas de caça-níqueis	527
17.4	MDP parcialmente observáveis	533
17.5	Algoritmos para solucionar POMDP	535
	Resumo	540
	Notas bibliográficas e históricas	540

18 Tomada de Decisão em Ambientes Multiagentes — 544

18.1	Propriedades de ambientes multiagentes	544
18.2	Teoria de jogos em ambiente não cooperativo	549
18.3	Teoria de jogos em ambiente cooperativo	568
18.4	Tomada de decisões coletivas	574
	Resumo	585
	Notas bibliográficas e históricas	586

Parte 5   Aprendizagem de Máquina

19 Aprender a Partir de Exemplos — 590

19.1	Formas de aprendizado	590
19.2	Aprendizado supervisionado	592
19.3	Aprendizado em árvores de decisão	595
19.4	Seleção e otimização de modelos	603
19.5	Teoria da aprendizagem	609
19.6	Regressão e classificação lineares	612
19.7	Modelos não paramétricos	621
19.8	Aprendizado de comitês	630
19.9	Desenvolvimento de sistemas de aprendizado de máquina	638
	Resumo	645
	Notas bibliográficas e históricas	647

20 Aprendizado de Modelos Probabilísticos — 653

20.1	Aprendizado estatístico	653
20.2	Aprendizado com dados completos	656
20.3	Aprendizado com variáveis ocultas: o algoritmo EM	668
	Resumo	676
	Notas bibliográficas e históricas	677

21 Aprendizado Profundo — 679

21.1	Redes *feedforward* simples	680
21.2	Grafos de computação para aprendizado profundo	684
21.3	Redes convolucionais	687
21.4	Algoritmos de aprendizagem	692
21.5	Generalização	695

21.6	Redes neurais recorrentes	699
21.7	Aprendizado não supervisionado e aprendizado por transferência	702
21.8	Aplicações	707
	Resumo	710
	Notas bibliográficas e históricas	710

22 Aprendizado por Reforço — 714

22.1	Aprendizado por recompensas	714
22.2	Aprendizado por reforço passivo	716
22.3	Aprendizado por reforço ativo	721
22.4	Generalização no aprendizado por reforço	727
22.5	Busca de políticas	733
22.6	Treinamento e aprendizado por reforço inverso	735
22.7	Aplicações de aprendizado por reforço	738
	Resumo	740
	Notas bibliográficas e históricas	741

Parte 6 Comunicação, Percepção e Ação

23 Processamento de Linguagem Natural — 745

23.1	Modelos de linguagem	745
23.2	Gramática	755
23.3	Análise sintática	756
23.4	Gramáticas aumentadas	762
23.5	Complicações da linguagem natural real	766
23.6	Tarefas de linguagem natural	769
	Resumo	771
	Notas bibliográficas e históricas	771

24 Aprendizado Profundo para Processamento de Linguagem Natural — 776

24.1	*Word embeddings*	776
24.2	Redes neurais recorrentes para PLN	780
24.3	Modelos de sequência para sequência	783
24.4	Arquitetura do transformador	787
24.5	Pré-treinamento e aprendizagem por transferência	790
24.6	Estado da arte	793
	Resumo	796
	Notas bibliográficas e históricas	796

25 Visão Computacional — 799

25.1	Introdução	799
25.2	Formação de imagens	800
25.3	Características simples da imagem	806
25.4	Classificação de imagens	812
25.5	Detectar objetos	815
25.6	Mundo 3D	817
25.7	Uso da visão computacional	822
	Resumo	833
	Notas bibliográficas e históricas	834

26 Robótica — 839

26.1	Robôs	839
26.2	*Hardware* de robô	840

26.3   Problemas que a robótica resolve 843
26.4   Percepção robótica 844
26.5   Planejamento e controle 851
26.6   Planejamento de movimentos incertos 867
26.7   Aprendizado por reforço na robótica 869
26.8   Humanos e robôs 872
26.9   Arcabouços robóticos alternativos 878
26.10   Domínios de aplicação 881
Resumo 884
Notas bibliográficas e históricas 885

Parte 7   Conclusão

27   Filosofia, Ética e Segurança da IA   890
27.1   Limites da IA 890
27.2   Máquinas podem realmente pensar? 893
27.3   Ética da IA 895
Resumo 912
Notas bibliográficas e históricas 912

28   Futuro da Inteligência Artificial   918
28.1   Componentes da IA 918
28.2   Arquiteturas de inteligência artificial 924

Apêndices

A   Fundamentos Matemáticos   928
A.1   Análise de complexidade e notação $O()$ 928
A.2   Vetores, matrizes e álgebra linear 930
A.3   Distribuições de probabilidade 931
Notas bibliográficas e históricas 933

B   Notas sobre Linguagens e Algoritmos   935
B.1   Definição de linguagens com a forma de Backus-Naur (BNF) 935
B.2   Descrição de algoritmos com pseudocódigo 936
B.3   Ajuda *online* 937

Bibliografia   938

Índice Alfabético   970

CAPÍTULO 1

INTRODUÇÃO

Neste capítulo, tentamos explicar por que consideramos a inteligência artificial um assunto digno de estudo e em que procuramos definir exatamente o que é a inteligência artificial, pois essa definição é importante antes de iniciarmos nosso estudo.

Denominamos nossa espécie *Homo sapiens* – homem sábio – porque nossa **inteligência** é muito importante para nós. Durante milhares de anos, procuramos entender *como pensamos e agimos*, isto é, como nosso cérebro, um mero punhado de matéria, pode perceber, compreender, prever e manipular um mundo muito maior e mais complicado que ele próprio. O campo da **inteligência artificial**, ou IA, vai ainda mais além: ele tenta não apenas compreender, mas também *construir* entidades inteligentes – máquinas que conseguem computar como agir de modo eficaz e seguro em uma grande variedade de novas situações.

Inteligência

Inteligência artificial

Segundo pesquisas, a IA é considerada um dos campos mais interessantes e de mais rápido crescimento, já conseguindo gerar mais de um trilhão de dólares por ano em receitas. Kai-Fu Lee, especialista em IA, prevê que seu impacto será "maior do que tudo na história da humanidade". Além disso, as fronteiras intelectuais da IA estão escancaradas. Embora um estudante de uma ciência mais antiga, como a física, possa achar que todas as boas ideias já foram desenvolvidas por Galileu, Newton, Curie, Einstein e demais, a IA ainda tem espaço para vários Einsteins e Edisons em tempo integral.

Atualmente, a IA abrange uma enorme variedade de subcampos, do mais geral (aprendizagem, raciocínio, percepção etc.) ao mais específico, como jogar xadrez, demonstrar teoremas matemáticos, criar poesia, dirigir um carro e diagnosticar doenças. A IA é relevante para qualquer tarefa intelectual; é verdadeiramente um campo universal.

1.1 O que é IA?

Afirmamos que a IA é interessante, mas não dissemos o que ela *é*. Historicamente, os pesquisadores têm seguido diversas versões diferentes de IA. Alguns têm definido a inteligência em termos de fidelidade ao desempenho *humano*, enquanto outros preferem uma definição abstrata e formal da inteligência, chamada de **racionalidade** – em termos gerais, fazer a "coisa certa". O tema em si também varia: alguns consideram a inteligência como uma propriedade dos *processos de pensamento* e *raciocínio* internos, enquanto outros enfocam o *comportamento* inteligente, uma caracterização externa.[1]

Racionalidade

Dessas duas dimensões – humano contra racional,[2] pensamento contra comportamento –, existem quatro combinações possíveis, com adeptos e programas de pesquisa para todas as quatro. Os métodos usados são necessariamente diferentes: a busca da inteligência semelhante à humana deve ser em parte uma ciência empírica relacionada à psicologia, envolvendo observações e hipóteses sobre o comportamento humano real e os processos de pensamento; uma abordagem racionalista, por outro lado, envolve uma combinação de matemática e engenharia, que se conecta a estatística, teoria de controle e economia. Cada grupo tem ao mesmo tempo desacreditado e ajudado o outro. Vamos examinar as quatro abordagens com mais detalhes.

---

[1] Aos olhos do público, às vezes há confusão entre os termos "inteligência artificial" e "aprendizado de máquina". O aprendizado de máquina é um subcampo da IA que estuda a capacidade de melhorar o desempenho com base na experiência. Alguns sistemas de IA utilizam métodos de aprendizado de máquina para alcançar competência, mas outros não.

[2] Não estamos sugerindo que os seres humanos sejam necessariamente "irracionais" no sentido de "desprovidos de clareza mental normal". Simplesmente precisamos observar que as decisões humanas nem sempre são matematicamente perfeitas.

1.1.1 Agir de forma humana: abordagem do teste de Turing

Teste de Turing

O **teste de Turing**, proposto por Alan Turing (1950), foi projetado como um experimento hipotético que deixaria de lado a vacuidade filosófica da questão "Uma máquina pode pensar?". Um computador passará no teste se um interrogador humano, depois de propor algumas perguntas por escrito, não conseguir descobrir se as respostas escritas vêm de uma pessoa ou de um computador. O Capítulo 27 discute os detalhes do teste e também se um computador seria de fato inteligente se passasse nele. Por enquanto, observamos que programar um computador para passar no teste já nos dá muito no que trabalhar. O computador precisaria ter as seguintes capacidades:

Processamento de linguagem natural

Representação de conhecimento

Raciocínio automatizado

Aprendizado de máquina

- **Processamento de linguagem natural** para permitir que ele se comunique com sucesso em uma linguagem humana.
- **Representação de conhecimento** para armazenar o que sabe ou ouve.
- **Raciocínio automatizado** para responder a perguntas e tirar novas conclusões.
- **Aprendizado de máquina** para se adaptar a novas circunstâncias e para detectar e extrapolar padrões.

Teste de Turing total

Turing enxergava a simulação *física* de uma pessoa como desnecessária para demonstrar inteligência. Entretanto, outros pesquisadores propuseram o chamado **teste de Turing total**, que exige interação com objetos e pessoas no mundo real. Para ser aprovado no teste de Turing total, um robô precisará de:

Visão computacional

Robótica

- **Visão computacional** e reconhecimento de fala para perceber o mundo.
- **Robótica** para manipular objetos e mover-se.

Essas seis disciplinas compõem a maior parte da IA. Ainda assim, os pesquisadores da IA têm dedicado pouco esforço à aprovação no teste de Turing, acreditando que seja mais importante estudar os princípios básicos da inteligência. A busca pelo "voo artificial" teve sucesso quando engenheiros e inventores pararam de imitar os pássaros e começaram a usar túneis de vento e aprender sobre aerodinâmica. Os textos de engenharia aeronáutica não definem como objetivo de seu campo criar "máquinas que voem exatamente como pombos a ponto de poderem enganar até mesmo outros pombos".

1.1.2 Pensar de forma humana: estratégia de modelagem cognitiva

Se pretendemos dizer que dado programa pensa como um ser humano, temos de ter alguma forma de determinar como os seres humanos pensam. Podemos aprender sobre o pensamento humano de três maneiras:

Introspecção

Experimento psicológico

Imagem cerebral

- **Introspecção** - procurando captar nossos próprios pensamentos à medida que eles se desenvolvem.
- **Experimentos psicológicos** - observando uma pessoa em ação.
- **Imagens cerebrais** - observando o cérebro em ação.

Assim que tivermos uma teoria da mente suficientemente precisa, será possível expressar a teoria como um programa de computador. Se o comportamento de entrada e saída do programa coincidir com o comportamento humano correspondente, teremos evidência de que alguns dos mecanismos do programa também podem operar nos seres humanos.

Por exemplo, Allen Newell e Herbert Simon, que desenvolveram o GPS, o "Resolvedor Geral de Problemas" (do inglês *General Problem Solver*) (Newell e Simon, 1961), não se contentaram em fazer seu programa resolver problemas de modo correto. Eles estavam mais preocupados em comparar os passos de suas etapas de raciocínio aos passos de indivíduos humanos resolvendo os mesmos problemas. O campo interdisciplinar da **ciência cognitiva** reúne modelos computacionais da IA e técnicas experimentais da psicologia para construir teorias precisas e verificáveis a respeito dos processos de funcionamento da mente humana.

Ciência cognitiva

A ciência cognitiva é um campo fascinante por si só, merecedora de diversos livros e de pelo menos uma enciclopédia (Wilson e Keil, 1999). Ocasionalmente, apresentaremos comentários a respeito de semelhanças ou diferenças entre técnicas de IA e cognição humana. Porém, a ciência cognitiva de verdade se baseia necessariamente na investigação experimental de seres humanos ou animais. Deixaremos esse assunto para outros livros à medida que supomos que o leitor tenha acesso somente a um computador para realizar experimentação.

Nos primórdios da IA, frequentemente havia confusão entre as abordagens. Um autor argumentava que um algoritmo funcionava bem em uma tarefa e que, *portanto*, era um bom modelo de desempenho humano, ou vice-versa. Os autores modernos separam os dois tipos de afirmações; essa distinção permitiu que tanto a IA quanto a ciência cognitiva se desenvolvessem com maior rapidez. Os dois campos continuam a fertilizar um ao outro, principalmente na visão computacional, que incorpora evidências neurofisiológicas em modelos computacionais. Recentemente, a combinação de métodos de neuroimagem combinados a técnicas de aprendizado de máquina para analisar tais dados levou ao início da capacidade de "ler mentes" – isto é, averiguar o conteúdo semântico dos pensamentos íntimos de uma pessoa. Por sua vez, essa capacidade poderia lançar mais luz sobre como funciona a cognição humana.

1.1.3 Pensar racionalmente: abordagem das "leis do pensamento"

O filósofo grego Aristóteles foi um dos primeiros a tentar codificar o "pensamento correto", isto é, os processos de raciocínio irrefutáveis. Seus **silogismos** forneciam padrões para estruturas de argumentos que sempre resultavam em conclusões corretas ao receberem premissas corretas. O exemplo canônico começa com *Sócrates é um homem* e *todos os homens são mortais* e conclui que *Sócrates é mortal*. (Esse exemplo provavelmente se deve a Sextus Empiricus e não a Aristóteles.) Essas leis do pensamento deveriam governar a operação da mente; seu estudo deu início ao campo chamado **lógica**.

Os lógicos do século XIX desenvolveram uma notação precisa para declarações sobre todos os tipos de objetos do mundo e sobre as relações entre eles. (Compare isso com a notação aritmética básica, que fornece apenas declarações a respeito de *números*.) Por volta de 1965, foram concebidos programas que, teoricamente, são capazes de resolver *qualquer* problema solucionável descrito em notação lógica. A chamada "tradição **logicista**" dentro da inteligência artificial almeja criar sistemas inteligentes a partir de tais programas.

A lógica, como convencionalmente compreendida, exige um conhecimento do mundo que é *certo* – uma condição que, na realidade, raramente é alcançada. Simplesmente não conhecemos as regras, digamos, da política ou da guerra, da mesma forma como conhecemos as regras do xadrez ou da aritmética. A teoria da **probabilidade** preenche essa lacuna, permitindo um raciocínio rigoroso com informações incertas. Em princípio, ela permite a construção de um modelo abrangente de pensamento racional, que vai da informação perceptiva bruta à compreensão de como o mundo funciona e às previsões sobre o futuro. O que isso não faz é gerar um *comportamento* inteligente. Para isso, precisamos de uma teoria da ação racional. O pensamento racional, por si só, é insuficiente.

1.1.4 Agir racionalmente: abordagem de agente racional

Um **agente** é simplesmente algo que age (a palavra *agente* vem do latim *agere*, que significa "fazer"). Certamente todos os programas de computador realizam alguma coisa, mas espera-se que um agente computacional faça mais: opere autonomamente, perceba seu ambiente, persista por um período de tempo prolongado, adapte-se a mudanças e seja capaz de criar e perseguir metas. Um **agente racional** é aquele que age para alcançar o melhor resultado ou, quando há incerteza, o melhor resultado esperado.

Na abordagem de "leis do pensamento" para IA, foi dada ênfase a inferências corretas. Às vezes, a realização de inferências corretas é uma *parte* daquilo que caracteriza um agente racional, porque uma das formas de agir racionalmente é raciocinar de modo lógico até a conclusão de que dada ação é a melhor e, depois, agir de acordo com essa conclusão. Por outro lado, existem modos de agir racionalmente que não se pode dizer que envolvem inferências. Por exemplo, afastar-se de um fogão quente é uma ação de reflexo, em geral mais bem-sucedida que uma ação mais lenta executada após cuidadosa deliberação.

Todas as habilidades necessárias à realização do teste de Turing também permitem que o agente haja racionalmente. Representação do conhecimento e raciocínio permitem que os agentes alcancem boas decisões. Precisamos ter a capacidade de gerar sentenças compreensíveis em linguagem natural para podermos participar de uma sociedade complexa. Precisamos aprender não apenas por erudição, mas também para melhorar nossa habilidade de gerar comportamento efetivo, especialmente em circunstâncias que são novas.

A abordagem do agente racional da IA tem duas vantagens sobre as outras abordagens. Primeiro, ela é mais genérica que a abordagem de "leis do pensamento", visto que produzir inferência correta é apenas um entre vários mecanismos possíveis para se alcançar a racionalidade. Em segundo lugar, ela é mais acessível ao desenvolvimento científico. O padrão de racionalidade é matematicamente bem definido e completamente geral. Frequentemente podemos trabalhar a partir dessa especificação para derivar projetos de agentes que comprovadamente a alcançam – algo que é amplamente impossível se o objetivo for imitar o comportamento humano ou os processos de pensamento.

Por causa disso, a abordagem do agente racional da IA tem prevalecido pela maior parte da história desse campo. Nas primeiras décadas, os agentes racionais eram baseados em alicerces lógicos e formavam planos definidos para se alcançarem objetivos específicos. Posteriormente, métodos baseados na teoria da probabilidade e aprendizado de máquina permitiram a criação de agentes que pudessem tomar decisões sob incerteza a fim de alcançar o melhor resultado esperado. Em resumo, *a IA se concentra no estudo e na construção de agentes que **fazem a coisa certa***. Aquilo que é considerado a coisa certa é definido pelo objetivo que oferecemos ao agente. Esse paradigma geral é tão difundido que poderíamos chamá-lo de **modelo padrão**. Ele prevalece não apenas na IA, mas também na teoria de controle, em que um controlador minimiza uma função de custo; na pesquisa operacional, em que uma política maximiza uma soma de recompensas; na estatística, em que uma regra de decisão minimiza uma função de perda; e na economia, em que um tomador de decisão maximiza a utilidade ou alguma medida de bem-estar social.

> **Fazer a coisa certa**
>
> **Modelo padrão**

É preciso que se faça uma melhoria importante no modelo padrão para considerar o fato de que a racionalidade perfeita – sempre fazer a ação exatamente ótima – não é algo viável em ambientes complicados. As demandas computacionais são simplesmente muito elevadas. Os Capítulos 5 e 17 lidam com a questão da **racionalidade limitada** – agir de forma apropriada quando não existe tempo suficiente para realizar todas as computações que gostaríamos de fazer. No entanto, a racionalidade perfeita continua sendo um bom ponto de partida para a análise teórica.

> **Racionalidade limitada**

1.1.5 Máquinas benéficas

O modelo padrão tem constituído um guia útil para a pesquisa de IA desde o princípio, mas provavelmente não é o modelo certo a longo prazo. O motivo é que o modelo padrão pressupõe que daremos à máquina um objetivo totalmente especificado.

Para uma tarefa definida artificialmente, como no xadrez ou no cálculo do caminho mais curto, a tarefa vem com um objetivo embutido – portanto, o modelo padrão é aplicável. Porém, ao avançarmos para o mundo real, torna-se cada vez mais difícil especificar o objetivo de forma completa e correta. Por exemplo, ao projetar um carro autônomo, pode-se pensar que o objetivo é chegar ao destino com segurança. Mas dirigir em qualquer estrada incorre em riscos de danos causados por outros motoristas errantes, falha de equipamento, e assim por diante; desse modo, uma meta estrita de segurança exigiria a permanência na garagem. Há um certo compromisso entre prosseguir em direção ao destino e incorrer em risco de lesão. Como esse compromisso deve ser feito? Além disso, até que ponto podemos permitir que o carro execute ações que afetariam o comportamento de outros motoristas? Até que ponto o carro deve ser moderado em sua aceleração, direção e frenagem, a fim de evitar sacudir o passageiro? Essas perguntas são difíceis de serem respondidas *a priori*. São particularmente problemáticas na área geral da interação humano-robô, de que o carro autônomo é um exemplo.

O problema de chegar a um acordo entre nossas verdadeiras preferências e o objetivo que colocamos na máquina é chamado de **problema de alinhamento de valores**: os valores ou objetivos colocados na máquina devem ser alinhados aos do ser humano. Se estivermos desenvolvendo um sistema de IA no laboratório ou em um simulador – como tem acontecido na maior parte da história nesse campo –, há uma solução fácil para um objetivo que foi especificado incorretamente: reiniciar o sistema, corrigir o objetivo e tentar novamente. À medida que o campo avança em direção a sistemas inteligentes cada vez mais capazes, que são implantados

> **Problema de alinhamento de valores**

Capítulo 1 • Introdução   **5**

no mundo real, essa abordagem torna-se inviável. Consequências negativas surgirão de um sistema implantado com um objetivo incorreto. Além disso, quanto mais inteligente for o sistema, mais negativas serão as consequências.

Voltando ao exemplo aparentemente não problemático do xadrez, considere o que acontece se a máquina for inteligente o bastante para raciocinar e agir além dos limites do tabuleiro de xadrez. Nesse caso, ela pode tentar aumentar suas chances de vitória por meio de artimanhas como hipnotizar ou chantagear seu oponente, ou subornar o público para fazer barulho durante o período em que seu oponente está raciocinando.[3] Ela também poderia tentar adquirir mais poder de computação para si mesma. *Esses comportamentos não são "não inteligentes" ou "insanos"; são uma consequência lógica de definir a vitória como o* único *objetivo da máquina.*

É impossível antecipar todas as maneiras pelas quais uma máquina que busca um objetivo fixo pode se comportar mal. Logo, há uma boa razão para pensar que o modelo padrão é inadequado. Não queremos máquinas que sejam inteligentes no sentido de perseguir *seus* objetivos; queremos que elas busquem os *nossos* objetivos. Se não pudermos transferir esses objetivos perfeitamente para a máquina, então precisamos de uma nova formulação – uma em que a máquina esteja perseguindo nossos objetivos, mas necessariamente *não tenha certeza* de quais são eles. Quando uma máquina sabe que não conhece o objetivo completo, ela tem um incentivo para agir com cautela, pedir permissão, aprender mais sobre nossas preferências por meio da observação e submeter-se ao controle humano. Em última análise, queremos agentes **comprovadamente benéficos** para os humanos. Voltaremos a esse assunto na seção 1.5.   Comprovadamente benéfico

1.2 Fundamentos da inteligência artificial

Nesta seção, apresentaremos um breve histórico das disciplinas que contribuíram com ideias, pontos de vista e técnicas para a IA. Como qualquer histórico, este se concentra em um pequeno número de pessoas, eventos e ideias, ignorando outros que também seriam importantes. Organizamos o histórico em torno de uma série de perguntas. Certamente, não desejaríamos dar a impressão de que essas questões são as únicas de que as disciplinas tratam ou de que todas as disciplinas estejam se encaminhando para a IA como sua realização final.

1.2.1 Filosofia

- Regras formais podem ser usadas para obter conclusões válidas?
- Como a mente (o intelecto) se desenvolve a partir de um cérebro físico?
- De onde vem o conhecimento?
- Como o conhecimento conduz à ação?

Aristóteles (384-322 a.C.) foi o primeiro a formular um conjunto preciso de leis que governam a parte racional da mente. Ele desenvolveu um sistema informal de silogismos para raciocínio apropriado que, em princípio, permitiam gerar conclusões mecanicamente, dadas as premissas iniciais.

Ramon Llull (1232-1315) apresentou a ideia de um sistema de raciocínio publicado como *Ars Magna*, ou *A Grande Arte* (1305). Llull tentou implementar seu sistema utilizando um artefato mecânico real: um conjunto de rodas de papel que poderiam ser giradas de diferentes formas.

Por volta de 1500, Leonardo da Vinci (1452-1519) projetou, mas não construiu, uma calculadora mecânica; reconstruções recentes mostraram que o projeto era funcional. A primeira máquina de calcular conhecida foi construída em torno de 1623 pelo cientista alemão Wilhelm Schickard (1592-1635). Blaise Pascal (1623-1662) construiu a pascaline em 1642 e escreveu que ela "produz efeitos que parecem mais próximos ao pensamento que todas as ações dos animais". Gottfried Wilhelm Leibniz (1646-1716) construiu um dispositivo mecânico destinado a efetuar operações sobre conceitos, e não sobre números, mas seu escopo era bastante limitado. Em seu livro de 1651, *Leviatã*, Thomas Hobbes (1588-1679) sugeriu a ideia de uma máquina pensante, um "animal artificial" em suas palavras, argumentando:

---

[3] Em um dos primeiros livros sobre o xadrez, Ruy Lopez (1561) escreveu: "Sempre coloque o tabuleiro de modo que o sol esteja contra os olhos do seu oponente."

6   Inteligência Artificial

"Pois o que é o coração, senão uma mola; e os nervos, senão tantas cordas; e as articulações, senão tantas rodas." Ele também sugeriu que o raciocínio era como o cálculo numérico: "Pois 'raciocinar' (...) é nada mais do que 'calcular', ou seja, somar e subtrair."

Afirmar que a mente opera, pelo menos em parte, de acordo com regras lógicas ou numéricas, e construir sistemas físicos que emulam algumas dessas regras é uma coisa; outra é dizer que a mente em si *é* esse sistema físico. René Descartes (1596-1650) apresentou a primeira discussão clara da distinção entre mente e matéria. Ele observou que uma concepção puramente física da mente parece deixar pouco espaço para o livre-arbítrio. Se a mente é governada inteiramente por leis físicas, então ela não tem mais livre-arbítrio que uma pedra que "decide" cair em direção ao centro da Terra. Descartes era um proponente do **dualismo**. Ele sustentava que há uma parte da mente humana (ou alma, ou espírito) que transcende a natureza, isenta das leis físicas. Por outro lado, os animais não têm essa qualidade dual; eles poderiam ser tratados como máquinas.

Dualismo

Uma alternativa para o dualismo é o **materialismo**, que sustenta que a operação do cérebro de acordo com as leis da física *constitui* a mente. O livre-arbítrio é simplesmente o modo como a percepção das escolhas disponíveis se mostra para a entidade que escolhe. Os termos **fisicalismo** e **naturalismo** também são usados para descrever essa visão, que se contrasta com o supernatural.

Empirismo

Dada uma mente física que manipula o conhecimento, o problema seguinte é estabelecer a origem do conhecimento. O movimento chamado **empirismo**, iniciado a partir da obra de Francis Bacon (1561-1626), *Novum Organum*,[4] se caracterizou por uma frase de John Locke (1632-1704): "Não há nada na compreensão que não estivesse primeiro nos sentidos."

Indução

A obra de David Hume (1711-1776) *A Treatise of Human Nature* (*Tratado da Natureza Humana*) (Hume, 1739) propôs aquilo que se conhece hoje como o princípio da **indução**: as regras gerais são adquiridas pela exposição a associações repetidas entre seus elementos.

Positivismo lógico

Com base no trabalho de Ludwig Wittgenstein (1889-1951) e Bertrand Russell (1872-1970), o famoso Círculo de Viena (Sigmund, 2017), um grupo de filósofos e matemáticos reunidos em Viena nos anos 1920 e 1930, desenvolveu a doutrina do **positivismo lógico**. Essa doutrina sustenta que todo conhecimento pode ser caracterizado por teorias lógicas conectadas, em última análise, a **sentenças de observação** que correspondem a entradas sensoriais; desse modo, o positivismo lógico combina o racionalismo e o empirismo.

Sentença de observação

Teoria da confirmação

A **teoria da confirmação** de Rudolf Carnap (1891-1970) e de Carl Hempel (1905-1997) tentava analisar a aquisição do conhecimento por meio da experiência, quantificando o grau de crença que deveria ser atribuído a sentenças lógicas com base em sua conexão com observações que as confirmem ou as contrariem. O livro de Carnap, *The Logical Structure of the World* (1928), provavelmente foi a primeira teoria da mente como um processo computacional.

O último elemento no quadro filosófico da mente é a conexão entre conhecimento e ação. Essa questão é vital para a IA porque a inteligência exige ação, bem como raciocínio. Além disso, apenas pela compreensão de como as ações são justificadas podemos compreender como construir um agente cujas ações sejam justificáveis (ou racionais).

Aristóteles argumentava (em *De Motu Animalium*) que as ações se justificam por uma conexão lógica entre metas e conhecimento do resultado da ação:

> Porém, como explicar que o pensamento às vezes esteja acompanhado pela ação e às vezes não, às vezes esteja acompanhado pelo movimento e outras vezes não? Aparentemente, acontece quase o mesmo no caso do raciocínio e na realização de inferências sobre objetos imutáveis. Contudo, nesse caso o fim é uma proposição especulativa (...) enquanto aqui a conclusão que resulta das duas premissas é uma ação. (...) Preciso me cobrir; um casaco é uma coberta. Preciso de um casaco. O que eu preciso, tenho de fazer; preciso de um casaco. Tenho de fazer um casaco. E a conclusão, "tenho de fazer um casaco", é uma ação.

Na obra *Ética a Nicômaco* (Livro III. 3, 1112b), Aristóteles desenvolve esse tópico um pouco mais, sugerindo um algoritmo:

---

[4] O *Novum Organum* é uma atualização do *Organon* de Aristóteles, ou instrumento de pensamento.

Não deliberamos sobre os fins, mas sobre os meios. Um médico não delibera sobre se deve ou não curar, nem um orador sobre se deve ou não persuadir (...). Eles dão a finalidade por estabelecida e procuram saber a maneira de alcançá-la; se lhes parece poder ser alcançada por vários meios, procuram saber o mais fácil e o mais eficaz; e se há apenas um meio para alcançá-la, procuram saber *como* será alcançada por esse meio e por que outro meio alcançar *esse* primeiro, até chegar ao primeiro princípio, que é o último na ordem de descoberta, (...) e o que vem em último lugar na ordem da análise parece ser o primeiro na ordem da execução. E, se chegarmos a uma impossibilidade, abandonamos a busca; por exemplo, se precisarmos de dinheiro e não for possível consegui-lo; porém, se algo parecer possível, tentaremos realizá-lo.

O algoritmo de Aristóteles foi implementado 2300 anos mais tarde, por Newell e Simon, em seu programa ***General Problem Solver*** (Resolvedor Geral de Problemas). Agora, poderíamos denominá-lo sistema de planejamento regressivo guloso (ver Capítulo 11). Os métodos baseados no planejamento lógico para se chegar a metas definidas dominaram as primeiras poucas décadas da pesquisa teórica em IA.

Pensar apenas em termos de ações para atingir metas costuma ser útil, mas às vezes inaplicável. Por exemplo, se houver várias maneiras diferentes de atingir uma meta, deve haver alguma maneira de escolher entre elas. Mais importante, pode não ser possível atingir uma meta com certeza, mas ainda assim alguma ação deve ser tomada. Como então se deve decidir? Antoine Arnauld (1662), analisando a noção de decisões racionais em jogos de azar, propôs uma fórmula quantitativa para maximizar o valor monetário esperado do resultado. Mais tarde, Daniel Bernoulli (1738) introduziu a noção mais geral de **utilidade** para capturar o valor interno e subjetivo de um resultado. A noção moderna de tomada de decisão racional sob incerteza envolve a maximização da utilidade esperada, conforme explicado no Capítulo 16. Utilidade

Em questões de ética e políticas públicas, um tomador de decisão precisa considerar os interesses de vários indivíduos. Jeremy Bentham (1823) e John Stuart Mill (1863) promoveram a ideia do **utilitarismo**: que a tomada de decisão racional, baseada na maximização da utilidade, deve se aplicar a todas as esferas da atividade humana, incluindo as decisões de política pública feitas em nome de muitos indivíduos. O utilitarismo é um tipo específico de **consequencialismo**: a ideia de que o que é certo e errado é determinado pelos resultados esperados de uma ação. Utilitarismo

Por outro lado, Immanuel Kant propôs em 1875 uma teoria da ética baseada em regras ou **ética deontológica**, em que "fazer a coisa certa" é determinado não por resultados, mas por leis sociais universais que regem as ações permitidas, como "não mentir" ou "não matar". Assim, um utilitarista poderia contar uma mentira inocente se o bem esperado superasse o mal, mas um kantiano não o faria, porque mentir é inerentemente errado. Mill reconheceu o valor das regras, mas as entendeu como procedimentos de decisão eficientes, compilados a partir do raciocínio dos princípios sobre as consequências. Muitos sistemas modernos de IA adotam exatamente essa abordagem. Ética deontológica

1.2.2 Matemática

- Quais são as regras formais para obter conclusões válidas?
- O que pode ser computado?
- Como raciocinamos com informações incertas?

Os filósofos demarcaram algumas das ideias fundamentais sobre IA, mas o salto para uma ciência formal exigiu certo nível de formalização matemática da lógica e da probabilidade e a introdução de um novo ramo da matemática: a computação.

A ideia de **lógica formal** pode ser ligada aos filósofos da Grécia antiga, Índia e China, mas seu desenvolvimento matemático começou realmente com o trabalho de George Boole (1815-1864), que definiu os detalhes da lógica proposicional ou lógica booleana (Boole, 1847). Em 1879, Gottlob Frege (1848-1925) estendeu a lógica de Boole para incluir objetos e relações, criando a lógica de primeira ordem que é utilizada hoje.[5] Além do seu papel Lógica formal

---

[5] A notação proposta por Frege para a lógica de primeira ordem – uma combinação enigmática de aspectos textuais e geométricos – nunca se tornou popular.

8 Inteligência Artificial

central no período inicial da pesquisa em IA, a lógica de primeira ordem motivou o trabalho de Gödel e Turing, que sustentou a própria computação, conforme explicamos a seguir.

Probabilidade

A teoria da **probabilidade** pode ser vista como uma lógica generalizadora para situações com informações incertas – uma consideração de grande importância para a IA. Gerolamo Cardano (1501-1576) formulou inicialmente a ideia de probabilidade, descrevendo-a em termos dos resultados possíveis de eventos de jogos de azar. Em 1654, Blaise Pascal (1623-1662), em uma carta para Pierre Fermat (1601-1665), mostrou como predizer o futuro de um jogo de azar inacabado e atribuir recompensas médias aos jogadores. A probabilidade se transformou rapidamente em uma parte valiosa de todas as ciências quantitativas, ajudando a lidar com medidas incertas e teorias incompletas. Jacob Bernoulli (1654-1705, tio de Daniel), Pierre Laplace (1749-1827) e outros pesquisadores aperfeiçoaram a teoria e introduziram novos métodos estatísticos. Thomas Bayes (1702-1761) propôs uma regra para atualizar probabilidades à luz de novas evidências; a regra de Bayes é uma ferramenta fundamental para os sistemas de IA.

Estatística

A formalização da probabilidade, combinada com a disponibilidade de dados, levou ao surgimento da **estatística** como um campo. Um dos primeiros usos foi a análise de John Graunt dos dados do censo de Londres, em 1662. Ronald Fisher é considerado o primeiro estatístico moderno (Fisher, 1922). Ele reuniu as ideias de probabilidade, planejamento de experimentos, análise de dados e computação – em 1919, ele insistiu que não poderia fazer seu trabalho sem uma calculadora mecânica chamada MILLIONAIRE (a primeira calculadora que podia fazer multiplicação), embora o custo da calculadora fosse maior do que seu salário anual (Ross, 2012).

Algoritmo

A história da computação é tão antiga quanto a história dos números, mas acredita-se que o primeiro **algoritmo** não trivial tenha sido o algoritmo de Euclides para calcular o maior divisor comum. A palavra *algoritmo* vem de Muhammad ibn Musa al-Khwarizmi, um matemático do século IX, cujos escritos também introduziram os numerais arábicos e a álgebra na Europa. Boole e outros discutiram algoritmos para dedução lógica e, no fim do século XIX, foram empreendidos esforços para formalizar o raciocínio matemático geral como dedução lógica.

Kurt Gödel (1906-1978) mostrou que existe um procedimento efetivo para provar qualquer afirmação verdadeira na lógica de primeira ordem de Frege e Russell, mas que essa lógica não poderia capturar o princípio de indução matemática necessário para caracterizar os números naturais. Em 1931, Gödel mostrou que existem de fato limites sobre a dedução.

Teorema da incompletude

Seu **teorema da incompletude** mostrou que, em qualquer teoria formal tão forte como a aritmética de Peano (a teoria elementar dos números naturais), existem afirmações necessariamente verdadeiras que não têm provas na teoria.

Computabilidade

Esse resultado fundamental também pode ser interpretado como a demonstração de que existem funções sobre os inteiros que não podem ser representadas por um algoritmo, isto é, não podem ser calculadas. Isso motivou Alan Turing (1912-1954) a tentar caracterizar exatamente que funções *são* **computáveis** – capazes de ser calculadas por um procedimento efetivo. A tese de Church-Turing propõe identificar a noção geral da computabilidade com funções calculadas por uma máquina de Turing (Turing, 1936). Turing também mostrou que existiam algumas funções que nenhuma máquina de Turing poderia calcular. Por exemplo, nenhuma máquina pode determinar, *de forma geral*, se dado programa retornará uma resposta sobre certa entrada ou se continuará sendo executado para sempre.

Tratabilidade

Embora a computabilidade seja importante para a compreensão da computação, a noção de **tratabilidade** teve um impacto muito maior sobre a IA. Em termos gerais, um problema é chamado de intratável se o tempo necessário para resolver instâncias dele cresce exponencialmente com o tamanho das instâncias. A distinção entre crescimento polinomial e exponencial da complexidade foi enfatizada primeiro em meados da década de 1960 (Cobham, 1964; Edmonds, 1965). Ela é importante porque o crescimento exponencial significa que até mesmo instâncias moderadamente grandes não podem ser resolvidas em qualquer tempo razoável.

NP-completude

A teoria da **NP-completude**, apresentada primeiro por Cook (1971) e Karp (1972), fornece uma base para analisar a tratabilidade dos problemas: qualquer classe de problemas à qual a classe de problemas NP-completos pode ser reduzida provavelmente é intratável. (Embora não tenha sido provado que problemas NP-completos são necessariamente intratáveis, a maioria dos teóricos acredita nisso.) Esses resultados contrastam com o otimismo com que a imprensa popular saudou os primeiros computadores – "Supercérebros eletrônicos" que eram "Mais rápidos que Einstein!". Apesar da crescente velocidade dos computadores, o uso parcimonioso de recursos e a necessidade de imperfeição é que caracterizarão os sistemas inteligentes. *Grosso modo*, o mundo é uma instância de um problema *extremamente* grande!

1.2.3 Economia

- Como devemos tomar decisões de acordo com nossas preferências?
- Como devemos fazer isso quando outros não podem nos acompanhar?
- Como devemos fazer isso quando a recompensa pode estar distante no futuro?

A ciência da economia teve início em 1776, quando Adam Smith (1723-1790) publicou *An Inquiry into the Nature and Causes of the Wealth of Nations* (*Uma Investigação sobre a Natureza e as Causas da Riqueza das Nações*). Smith propôs que as economias consistiam em agentes individuais atendendo aos seus próprios interesses. Porém, Smith não defendia a ganância financeira como uma posição moral: seu livro anterior (1759), *The Theory of Moral Sentiments* (*A Teoria dos Sentimentos Morais*) começa indicando que a preocupação com o bem-estar de outros é um componente essencial dos interesses de cada indivíduo.

A maioria das pessoas pensa que a economia trata de dinheiro e, de fato, a primeira análise matemática de decisões sob incerteza, a fórmula do valor máximo esperado de Arnauld (1662), tratava do valor monetário de apostas. Daniel Bernoulli (1738) notou que essa fórmula não parecia funcionar bem para grandes quantias de dinheiro, como investimentos em expedições comerciais marítimas. Em vez disso, ele propôs um princípio baseado na maximização da utilidade esperada e explicou as escolhas de investimento humano ao propor que a utilidade marginal de uma quantidade adicional de dinheiro diminuía à medida que se adquiria mais dinheiro.

Léon Walras (pronuncia-se "Valrasse") (1834-1910) deu à teoria da utilidade uma base mais genérica em termos de preferências entre apostas sobre quaisquer resultados (não apenas resultados monetários). A teoria foi aperfeiçoada por Ramsey (1931) e, mais tarde, por John von Neumann e Oskar Morgenstern em seu livro *The Theory of Games and Economic Behavior* (*A Teoria dos Jogos e o Comportamento Econômico*) (1944). A economia não é mais o estudo do dinheiro; antes, é o estudo dos desejos e das preferências.

A **teoria da decisão**, que combina a teoria da probabilidade com a teoria da utilidade, fornece uma estrutura formal e completa para decisões (econômicas ou outras) tomadas sob incerteza, ou seja, em casos nos quais as descrições probabilísticas captam de forma apropriada o ambiente do tomador de decisões. Isso é adequado para "grandes" economias em que cada agente não precisa levar em conta as ações de outros agentes como indivíduos. No caso das "pequenas" economias, a situação é muito mais parecida com um **jogo**: as ações de um jogador podem afetar de forma significativa a utilidade de outro (positiva ou negativamente). O desenvolvimento da **teoria dos jogos** por Von Neumann e Morgenstern (consulte também Luce e Raiffa, 1957) incluiu o surpreendente resultado de que, em alguns jogos, um agente racional deve adotar políticas que são (ou pelo menos parecem ser) aleatórias. Ao contrário da teoria da decisão, a teoria dos jogos não oferece uma receita inequívoca para a seleção de ações. Na IA, as decisões que envolvem vários agentes são estudadas sob o título de **sistemas multiagentes** (Capítulo 18).

Teoria da decisão

Os economistas, com algumas exceções, não trataram a terceira questão da listagem anterior, ou seja, como tomar decisões racionais quando as recompensas das ações não são imediatas, mas resultam de várias ações executadas *em sequência*. Esse tópico foi adotado no campo de **pesquisa operacional**, que emergiu na Segunda Guerra Mundial dos esforços britânicos para otimizar instalações de radar e, mais tarde, encontrou inúmeras aplicações civis. O trabalho de Richard Bellman (1957) formalizou uma classe de problemas de decisões sequenciais chamados de **processos de decisão markovianos**, que estudaremos no Capítulo 17 e, sob o título de **aprendizagem por reforço**, no Capítulo 22.

Pesquisa operacional

O trabalho em economia e pesquisa operacional contribuiu muito para nossa noção de agentes racionais, ainda que por muitos anos a pesquisa em IA se desenvolvesse ao longo de caminhos inteiramente separados. Uma razão para isso era a aparente complexidade da

Inteligência Artificial

(margem: Satisfação)

tomada de decisões racionais. Herbert Simon (1916-2001), pesquisador pioneiro da IA, ganhou o Prêmio Nobel de Economia em 1978 por seu trabalho inicial demonstrando que modelos baseados em **satisfação** (do inglês *satisficing*, também traduzido como satisfazimento) – a tomada de decisões "boas o suficiente", em vez de calcular laboriosamente uma decisão ótima – forneciam uma descrição melhor do comportamento humano real (Simon, 1947). Desde os anos 1990, ressurgiu o interesse pelas técnicas da teoria da decisão para sistemas de IA.

1.2.4 Neurociência

• Como o cérebro processa informações?

(margem: Neurociência)

Neurociência é o estudo do sistema nervoso, em particular do cérebro. Apesar de o modo exato como o cérebro habilita o pensamento ser um dos grandes mistérios da ciência, o fato de ele *habilitar* o pensamento foi avaliado por milhares de anos devido à evidência de que pancadas fortes na cabeça podem levar à incapacitação mental. Também se sabe há muito tempo que o cérebro dos seres humanos tem algumas características diferentes; em aproximadamente 335 a.C., Aristóteles escreveu: "De todos os animais, o homem é o que tem o maior cérebro em proporção ao seu tamanho."[6] Ainda assim, apenas em meados do século XVIII o cérebro foi amplamente reconhecido como a sede da consciência. Antes disso, acreditava-se que a sede da consciência poderia estar localizada no coração e no baço.

(margem: Neurônio)

O estudo da afasia (deficiência da fala) feito por Paul Broca (1824-1880) em 1861, com pacientes cujo cérebro foi danificado, iniciou a pesquisa da organização funcional do cérebro, identificando uma área localizada no hemisfério cerebral esquerdo – agora chamada de "área de Broca" – responsável pela produção da fala.[7] Nessa época, sabia-se que o cérebro consistia em grande parte de células nervosas ou **neurônios**, mas apenas em 1873 Camillo Golgi (1843-1926) desenvolveu uma técnica de coloração que permitiu a observação de neurônios individuais no cérebro (Figura1.1). Essa técnica foi usada por Santiago Ramon y Cajal (1852-1934) em seus estudos pioneiros da organização de neurônios no cérebro.[8] Agora, aceita-se que as funções cognitivas resultam da operação eletroquímica dessas estruturas. Ou seja, *uma coleção de células simples pode levar ao pensamento, à ação e à consciência*. Nas palavras enérgicas de John Searle (1992), *os cérebros causam mentes*.

Atualmente, temos alguns dados sobre o mapeamento entre áreas do cérebro e as partes do corpo que elas controlam ou das quais recebem entrada sensorial. Tais mapeamentos podem mudar radicalmente no curso de algumas semanas, e alguns animais parecem ter vários mapas. Além disso, não compreendemos inteiramente como outras áreas do cérebro podem assumir o comando de certas funções quando uma área é danificada. Praticamente não há teoria que explique como a memória de um indivíduo é armazenada ou como as funções cognitivas de nível mais alto operam.

A medição da atividade de cérebros intactos teve início em 1929, com a invenção do eletroencefalógrafo (EEG) por Hans Berger. O desenvolvimento recente da técnica de ressonância magnética funcional (fMRI – *functional magnetic resonance imaging*) (Ogawa *et al.*, 1990; Cabeza e Nyberg, 2001) está dando aos neurocientistas imagens sem precedentes de detalhes da atividade cerebral, tornando possíveis medições que correspondem, em aspectos interessantes, a processos cognitivos em ação. Essas medições são ampliadas por avanços na gravação da atividade dos neurônios em uma única célula e pelos métodos de **optogenética** (Crick, 1999; Zemelman *et al.*, 2002; Han e Boyden, 2007), permitindo a medição e o controle de neurônios individuais modificados para que sejam sensíveis à luz.

(margem: Optogenética)

(margem: Interface cérebro-máquina)

O desenvolvimento de **interfaces cérebro-máquina** (Lebedev e Nicolelis, 2006) para detecção e controle motor não apenas promete restaurar a função de indivíduos com deficiência, mas também esclarece muitos aspectos dos sistemas neurais. Uma descoberta importante

---

[6] Desde então, foi descoberto que o musaranho (Scandentia) e algumas espécies de pássaros têm alta proporção de cérebro em relação à massa corporal.

[7] Muitos citam Alexander Hood (1824) como possível fonte anterior.

[8] Golgi persistiu em sua convicção de que as funções do cérebro eram executadas principalmente em um meio contínuo no qual os neurônios estavam incorporados, enquanto Cajal propunha a "doutrina neuronal". Os dois compartilharam o Prêmio Nobel em 1906, mas pronunciaram discursos mutuamente antagônicos ao aceitá-lo.

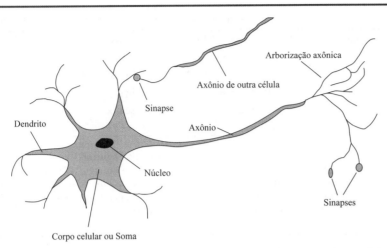

Figura 1.1 Partes de uma célula nervosa ou neurônio. Cada neurônio consiste em um corpo celular ou soma, que contém um núcleo celular. Ramificando-se a partir do corpo celular, há uma série de fibras chamadas "dendritos" e uma única fibra longa chamada "axônio". O axônio se estende por uma longa distância, muito maior do que indica a escala desse diagrama. Em geral, um axônio tem 1 centímetro de comprimento (100 vezes o diâmetro do corpo celular), mas pode alcançar até 1 metro. Um neurônio faz conexões com 10 a 100 mil outros neurônios, em junções chamadas "sinapses". Os sinais se propagam de um neurônio para outro por meio de uma complicada reação eletroquímica. Os sinais controlam a atividade cerebral em curto prazo e também permitem mudanças a longo prazo na conectividade dos neurônios. Acredita-se que esses mecanismos formem a base para o aprendizado no cérebro. A maior parte do processamento de informações ocorre no córtex cerebral, a camada exterior do cérebro. A unidade organizacional básica parece ser uma coluna de tecido com aproximadamente 0,5 mm de diâmetro, contendo cerca de 20 mil neurônios e estendendo-se por toda a profundidade do córtex (cerca de 4 mm nos seres humanos).

desse trabalho é que o cérebro consegue se adaptar para interagir com sucesso com um dispositivo externo, tratando-o por fim como se fosse outro órgão ou membro sensorial.

De certa maneira, cérebros e computadores digitais têm propriedades diferentes. A Figura 1.2 mostra que os computadores têm um tempo de ciclo que é 1 milhão de vezes mais rápido que o cérebro. O cérebro compensa isso tendo muito mais capacidade de armazenamento e interconexões que um computador pessoal de última geração, apesar de os maiores supercomputadores apresentarem capacidade similar à do cérebro em algumas métricas. Os futuristas enaltecem demais esses números, apontando para a proximidade de uma **singularidade** em que os computadores alcançariam um nível sobre-humano de desempenho (Vinge, 1993; Kurzweil, 2005; Doctorow e Stross, 2012), e então rapidamente se melhorariam ainda mais. Porém, as comparações numéricas cruas não são especialmente informativas. Mesmo com um computador de capacidade virtualmente ilimitada, ainda precisamos de mais avanços conceituais em nossa compreensão da inteligência (ver Capítulo 28). Colocado de forma grosseira, sem a teoria certa, máquinas mais rápidas apenas dão a resposta errada mais rapidamente.

Singularidade

1.2.5 Psicologia

- Como os seres humanos e os animais pensam e agem?

Normalmente, considera-se que as origens da psicologia científica remontam ao trabalho do físico alemão Hermann von Helmholtz (1821-1894) e de seu aluno Wilhelm Wundt (1832-1920). Helmholtz aplicou o método científico ao estudo da visão humana, e seu *Handbook of Physiological Optics* (*Manual de Óptica Fisiológica*) é descrito até hoje como "o mais importante tratado sobre a física e a fisiologia da visão humana" (Nalwa, 1993, p. 15). Em 1879, Wundt abriu o primeiro laboratório de psicologia experimental na Universidade de Leipzig. Ele insistia em experimentos cuidadosamente controlados, nos quais seus colaboradores executariam uma tarefa perceptiva ou associativa enquanto refletiam sobre seus processos de pensamento. O controle cuidadoso percorreu um longo caminho para transformar a psicologia em ciência,

	Supercomputador	Computador pessoal	Cérebro humano
Unidades computacionais	10^6 GPUs + CPUs	8 núcleos de CPU	10^6 colunas
	10^{15} transistores	10^{10} transistores	10^{11} neurônios
Unidades de armazenamento	10^{16} bytes em RAM	10^{10} bytes em RAM	10^{11} neurônios
	10^{17} bytes em disco	10^{12} bytes em disco	10^{14} sinapses
Tempo de ciclo	10^{-9} seg	10^{-9} seg	10^{-3} seg
Operações/seg	10^{18}	10^{10}	10^{17}

Figura 1.2 Comparação grosseira dos recursos computacionais de um supercomputador, o Summit (Feldman, 2017), um computador pessoal típico de 2019 e o cérebro humano. A potência do cérebro humano não mudou muito em milhares de anos, enquanto os supercomputadores passaram de megaFLOPs nos anos 1960 para gigaFLOPs nos anos 1980, teraFLOPs nos anos 1990, petaFLOPs em 2008 e exaFLOPs em 2018 (1 exaFLOP = 10^{18} operações de ponto flutuante por segundo).

mas a natureza subjetiva dos dados tornava improvável que um pesquisador divergisse de suas próprias teorias.

Por outro lado, os biólogos que estudavam o comportamento animal careciam de dados introspectivos e desenvolveram uma metodologia objetiva, conforme descreveu H. S. Jennings (1906) em seu influente trabalho *Behavior of the Lower Organisms* (*Comportamento dos Organismos Inferiores*). Aplicando esse ponto de vista aos seres humanos, o movimento chamado **behaviorismo**, liderado por John Watson (1878-1958), rejeitava *qualquer* teoria que envolvesse processos mentais com a premissa de que a introspecção não poderia fornecer evidência confiável. Os behavioristas insistiam em estudar apenas medidas objetivas dos perceptos (ou *estímulos*) dados a um animal e suas ações resultantes (ou *respostas*). O behaviorismo descobriu muito sobre ratos e pombos, mas teve menos sucesso na compreensão dos seres humanos.

A visão do cérebro como um dispositivo de processamento de informações, uma característica importante da **psicologia cognitiva**, tem suas origens nos trabalhos de William James (1842-1910). Helmholtz também insistiu em que a percepção envolvia uma forma de inferência lógica inconsciente. O ponto de vista cognitivo foi em grande parte eclipsado pelo behaviorismo nos EUA, mas na Unidade de Psicologia Aplicada de Cambridge, dirigida por Frederic Bartlett (1886-1969), a modelagem cognitiva foi capaz de florescer. *The Nature of Explanation* (*A Natureza da Explicação*), de Kenneth Craik (1943), aluno e sucessor de Bartlett, restabeleceu com vigor a legitimidade de termos "mentais" como crenças e objetivos, argumentando que eles são tão científicos quanto, digamos, usar a pressão e a temperatura ao falar sobre gases, apesar de estes serem constituídos por moléculas que não têm nenhuma dessas duas propriedades.

Craik especificou os três passos fundamentais de um agente baseado em conhecimento: (1) o estímulo deve ser traduzido em uma representação interna, (2) a representação é manipulada por processos cognitivos para derivar novas representações internas, e (3) por sua vez, essas representações são de novo traduzidas em ações. Craik explicou com clareza por que esse era um bom projeto de um agente:

> Se o organismo transporta um "modelo em escala reduzida" da realidade externa e de suas próprias ações possíveis dentro de sua cabeça, ele é capaz de experimentar várias alternativas, concluir qual a melhor delas, reagir a situações futuras antes que elas surjam, utilizar o conhecimento de eventos passados para lidar com o presente e o futuro e, em todos os sentidos, reagir de maneira muito mais completa, segura e competente às emergências que enfrenta (Craik, 1943).

Após a morte de Craik em um acidente de bicicleta em 1945, seu trabalho teve continuidade com Donald Broadbent, cujo livro *Perception and Communication* (*Percepção e Comunicação*), de 1958, foi um dos primeiros trabalhos a modelar fenômenos psicológicos como processamento de informações. Enquanto isso, nos EUA, o desenvolvimento da modelagem computacional levou à criação do campo da **ciência cognitiva**. Pode-se dizer que o campo teve início em um seminário em setembro de 1956 no MIT – apenas 2 meses após a conferência em que a própria IA "nasceu".

No seminário, George Miller apresentou *The Magic Number Seven* (*O Número Mágico Sete*), Noam Chomsky apresentou *Three Models of Language* (*Três Modelos de Linguagem*) e Allen Newell e Herbert Simon apresentaram *The Logic Theory Machine* (*A Máquina de Teoria Lógica*). Esses três artigos influentes mostraram como modelos computacionais poderiam ser usados para tratar a psicologia da memória, a linguagem e o pensamento lógico, respectivamente. Agora é comum entre os psicólogos (embora não de forma universal) a visão de que "uma teoria cognitiva deve ser como um programa de computador" (Anderson, 1980); ou seja, ela deve descrever a operação de uma função cognitiva em termos de processamento de informações.

Para os fins desta revisão, contaremos o campo da **interação homem-computador** (IHC) como subcampo da psicologia. Doug Engelbart, um dos pioneiros da IHC, defendeu a ideia de **aumento de inteligência** – AI em vez de IA. Ele acreditava que os computadores deveriam aumentar as habilidades humanas em vez de automatizar as tarefas humanas. Em 1968, a "mãe de todas as demonstrações" de Engelbart exibiu pela primeira vez o *mouse* do computador, um sistema de janelas, hipertexto e videoconferência – tudo em um esforço para demonstrar o que os trabalhadores do conhecimento humano poderiam coletivamente realizar com algum aumento de inteligência.

> Aumento de inteligência

Hoje, é mais provável que vejamos AI e IA como dois lados da mesma moeda, com o primeiro enfatizando o controle humano e o último enfatizando o comportamento inteligente por parte da máquina. Ambos são necessários para que as máquinas sejam úteis aos humanos.

1.2.6 Engenharia de computadores

• Como podemos construir um computador eficiente?

O computador eletrônico digital moderno foi criado independentemente e quase ao mesmo tempo por cientistas de três países que participavam da Segunda Guerra Mundial. O primeiro computador *operacional* foi a máquina eletromecânica de Heath Robinson,[9] construída em 1943 pela equipe de Alan Turing com um único propósito: decifrar mensagens alemãs. Em 1943, o mesmo grupo desenvolveu o Colossus, uma poderosa máquina de uso geral baseada em válvulas eletrônicas.[10] O primeiro computador *programável* operacional foi o Z-3, criado por Konrad Zuse na Alemanha, em 1941. Zuse também inventou os números de ponto flutuante e a primeira linguagem de programação de alto nível, denominada Plankalkül. O primeiro computador *eletrônico*, o ABC, foi montado por John Atanasoff e por seu aluno Clifford Berry, entre 1940 e 1942, na Universidade Estadual de Iowa. A pesquisa de Atanasoff recebeu pouco apoio ou reconhecimento; foi o ENIAC, desenvolvido como parte de um projeto militar secreto na Universidade da Pensilvânia por uma equipe que incluía John Mauchly e J. Presper Eckert, que provou ser o precursor mais influente dos computadores modernos.

Desde aquele tempo, cada geração de *hardware* de computador trouxe aumento em velocidade e capacidade, e redução no preço – uma tendência explicada pela **lei de Moore**. O desempenho duplicou a cada 18 meses aproximadamente, até por volta de 2005, quando os problemas de dissipação de energia levaram os fabricantes a começar a multiplicação do número de núcleos de CPU e não a velocidade de *clock*. Espera-se, atualmente, que futuros aumentos de funcionalidade venham de um paralelismo maciço – uma convergência curiosa com as propriedades do cérebro. Também vemos novos projetos de *hardware* baseados na ideia de que, ao lidar com um mundo incerto, não necessitamos de 64 bits de precisão em nossos números; apenas 16 bits (como no formato `bfloat16`) ou mesmo 8 bits serão suficientes e permitirão um processamento mais rápido.

> Lei de Moore

Estamos apenas começando a ver *hardware* ajustado para aplicativos de IA, como a unidade de processamento gráfico (GPU), a unidade de processamento tensorial (TPU) e o motor em escala de *wafer* (WSE). Desde a década de 1960 até cerca de 2012, a quantidade de

---

[9] Uma máquina complexa que recebeu o nome de um cartunista britânico que representava aparelhos extravagantes e absurdamente complicados para realizar tarefas diárias como passar manteiga em torradas.

[10] No período do pós-guerra, Turing queria usar esses computadores em pesquisas de IA – por exemplo, ele criou o esboço do primeiro programa de xadrez (Turing *et al.*, 1953). Seus esforços foram bloqueados pelo governo britânico.

capacidade de computação usada para treinar as principais aplicações de aprendizado de máquina seguiu a lei de Moore. A partir de 2012, as coisas mudaram: de 2012 a 2018, houve um aumento de 300 mil vezes, o que significa uma duplicação a cada 100 dias, mais ou menos (Amodei e Hernandez, 2018). Um modelo de aprendizado de máquina que levava um dia inteiro para treinar em 2014 precisava de apenas dois minutos em 2018 (Ying *et al.*, 2018).

Computação quântica Embora ainda não seja prática, a **computação quântica** oferece a promessa de acelerações muito maiores para algumas subclasses importantes de algoritmos de IA.

É claro que existiam dispositivos de cálculo antes do computador eletrônico. As primeiras máquinas automatizadas, datando do século XVII, foram descritas anteriormente. A primeira máquina *programável* foi um tear criado em 1805 por Joseph Marie Jacquard (1752-1834), que utilizava cartões perfurados para armazenar instruções relativas ao padrão a ser tecido.

Na metade do século XIX, Charles Babbage (1792-1871) projetou duas máquinas de cálculo, mas não concluiu nenhuma delas. A "máquina diferencial" se destinava a calcular tabelas matemáticas para projetos de engenharia e científicos. Ela foi finalmente construída e se mostrou funcional em 1991 (Swade, 2000). A "Máquina Analítica" de Babbage era bem mais ambiciosa: ela incluía memória endereçável, programas armazenados baseados nos cartões perfurados de Jacquard e saltos condicionais. Foi a primeira máquina capaz de executar computação universal.

A colega de Babbage, Ada Lovelace, filha do poeta Lord Byron, compreendeu seu potencial, descrevendo-a como "uma máquina de pensar ou (...) raciocinar", capaz de raciocinar sobre "todos os assuntos no universo" (Lovelace, 1843). Ela também antecipou as ondas de "oba-oba" da IA, escrevendo: "É preciso prevenir-se contra a possibilidade de ideias exageradas que possam surgir quanto aos poderes da Máquina Analítica." Infelizmente, as máquinas de Babbage e as ideias de Lovelace foram, em grande parte, esquecidas.

A IA também tem uma dívida com a área de *software* da ciência da computação, que forneceu os sistemas operacionais, as linguagens de programação e as ferramentas necessárias para escrever programas modernos (e artigos sobre eles). Porém, essa é uma área em que a dívida foi paga: o trabalho em IA foi pioneiro em muitas ideias que foram aproveitadas posteriormente na ciência da computação em geral, incluindo compartilhamento de tempo, interpretadores interativos, computadores pessoais com janelas e *mouse*, ambientes de desenvolvimento rápido, listas ligadas, gerenciamento automático de armazenamento e conceitos fundamentais de programação simbólica, funcional, declarativa e orientada a objetos.

1.2.7 Teoria de controle e cibernética

• Como os artefatos podem operar sob seu próprio controle?

Ctesíbio de Alexandria (cerca de 250 a.C.) construiu a primeira máquina autocontrolada: um relógio de água com um regulador que mantinha uma taxa de fluxo constante. Essa invenção mudou a definição do que um artefato poderia fazer. Antes, somente os seres vivos podiam modificar seu comportamento em resposta a mudanças no ambiente. Outros exemplos de sistemas de controle retroalimentados autorreguláveis incluem o regulador do motor a vapor, criado por James Watt (1736-1819), e o termostato, criado por Cornelis Drebbel (1572-1633), que também inventou o submarino. James Clerk Maxwell (1868) iniciou a teoria matemática dos sistemas de controle.

Teoria de controle A figura central no desenvolvimento pós-guerra da **teoria de controle** foi Norbert Wiener (1894-1964). Wiener foi um matemático brilhante que trabalhou com Bertrand Russell, entre outros, antes de se interessar por sistemas de controle biológico e mecânico e sua conexão com a cognição. Como Craik (que também utilizou sistemas de controle como modelos psicológicos), Wiener e seus colegas Arturo Rosenblueth e Julian Bigelow desafiaram a ortodoxia behaviorista (Rosenblueth *et al.*, 1943). Eles viram o comportamento consciente como o resultado de um mecanismo regulador tentando minimizar o "erro" – a diferença entre o estado atual e o estado objetivo. No fim da década de 1940, Wiener, juntamente com Warren McCulloch, Walter Pitts e John von Neumann, organizou uma série de conferências que influenciou os novos modelos matemáticos e computacionais da cognição. O livro de Wiener, *Cybernetics* *Cibernética* (*Cibernética* – 1948), tornou-se *bestseller* e despertou o público para a possibilidade de máquinas dotadas de inteligência artificial.

Capítulo 1 • Introdução **15**

Enquanto isso, na Grã-Bretanha, W. Ross Ashby (Ashby, 1940) foi pioneiro em ideias semelhantes. Ashby, Alan Turing, Grey Walter e outros formaram o Ratio Club para "aqueles que tinham as ideias de Wiener antes de surgir o livro de Wiener". *Design for a Brain* (*Projeto de um Cérebro* – 1948, 1952), de Ashby, elaborava a sua ideia de que a mente poderia ser criada com a utilização de mecanismos **homeostáticos** contendo laços de retroalimentação para atingir comportamento adaptável estável.

Homeostático

A teoria de controle moderna, em especial o ramo conhecido como controle estocástico ótimo, tem como objetivo o projeto de sistemas que maximizam uma **função custo** sobre o tempo. Isso corresponde aproximadamente ao modelo padrão da IA: projetar sistemas que se comportem de maneira ótima. Então, por que a IA e a teoria de controle são dois campos diferentes, apesar das conexões estreitas entre seus fundadores? A resposta reside no acoplamento estrito entre as técnicas matemáticas familiares aos participantes e os conjuntos de problemas correspondentes que foram incluídos em cada visão do mundo. O cálculo e a álgebra matricial, as ferramentas da teoria de controle, eram adequados para sistemas que podem ser descritos por conjuntos fixos de variáveis contínuas, enquanto a IA foi criada em parte como um meio de escapar das limitações percebidas. As ferramentas de inferência lógica e computação permitiram que os pesquisadores da IA considerassem problemas como a linguagem, a visão e o planejamento simbólico, que ficavam completamente fora do campo de ação da teoria de controle.

Função custo

1.2.8 Linguística

- Como a linguagem se relaciona com o pensamento?

Em 1957, B. F. Skinner publicou *Verbal Behavior* (*Comportamento Verbal*). Essa obra foi uma descrição completa e detalhada da abordagem behaviorista para o aprendizado da linguagem, escrita pelo mais proeminente especialista no campo. Porém, curiosamente, uma crítica do livro se tornou tão conhecida quanto o próprio livro e serviu para aniquilar o interesse pelo behaviorismo. O autor da resenha foi o linguista Noam Chomsky, que tinha acabado de publicar um livro sobre sua própria teoria, *Syntactic Structures* (*Estruturas Sintáticas*). Chomsky chamou a atenção para o fato de que a teoria behaviorista não tratava da noção de criatividade na linguagem – ela não explicava como as crianças podiam compreender e formar frases que nunca tinham ouvido antes. A teoria de Chomsky – baseada em modelos sintáticos criados pelo linguista indiano Panini (cerca de 350 a.C.) – podia explicar esse fato e, diferentemente das teorias anteriores, era formal o bastante para poder, em princípio, ser programada.

Portanto, a linguística moderna e a IA "nasceram" aproximadamente na mesma época e cresceram juntas, cruzando-se em um campo híbrido chamado **linguística computacional** ou **processamento de linguagem natural**. O problema de compreender a linguagem logo se tornou consideravelmente mais complexo do que parecia em 1957. A compreensão da linguagem exige a compreensão do assunto e do contexto, não apenas a compreensão da estrutura das frases. Isso pode parecer óbvio, mas só foi amplamente avaliado na década de 1960. Grande parte do trabalho inicial em **representação do conhecimento** (o estudo de como colocar o conhecimento em uma forma que um computador possa utilizar) estava vinculado à linguagem e era suprido com informações da pesquisa em linguística que, por sua vez, estava conectada a décadas de pesquisa sobre a análise filosófica da linguagem.

Linguística computacional

1.3 História da inteligência artificial

Uma forma rápida de resumir os marcos na história da IA é listar os vencedores do Prêmio Turing: Marvin Minsky (1969) e John McCarthy (1971) pela definição dos fundamentos do campo com base na representação e no raciocínio; Ed Feigenbaum e Raj Reddy (1994) pelo desenvolvimento de sistemas especialistas, que codificam o conhecimento humano para resolver problemas do mundo real; Judea Pearl (2011) pelo desenvolvimento de técnicas de raciocínio probabilístico que lidam com a incerteza de um modo baseado em princípios; e, finalmente, Yoshua Bengio, Geoffrey Hinton e Yann LeCun (2019) por tornar o "aprendizado profundo" (redes neurais multicamadas) uma parte crítica da computação moderna. O restante desta seção apresenta mais detalhes sobre cada fase da história da IA.

16 Inteligência Artificial

1.3.1 Gestação da inteligência artificial (1943-1956)

O primeiro trabalho agora reconhecido como IA foi realizado por Warren McCulloch e Walter Pitts (1943). Inspirados pelo trabalho de modelagem matemática de Nicolas Rashevsky (1936, 1938), orientador de Pitts, eles se basearam em três fontes: o conhecimento da fisiologia básica e da função dos neurônios no cérebro; uma análise formal da lógica proposicional criada por Russell e Whitehead; e a teoria da computação de Turing. Esses dois pesquisadores propuseram um modelo de neurônios artificiais, no qual cada neurônio se caracteriza por estar "ligado" ou "desligado", com a troca para "ligado" ocorrendo em resposta à estimulação por um número suficiente de neurônios vizinhos. O estado de um neurônio era considerado "equivalente, em termos concretos, a uma proposição que definia seu estímulo adequado". Por exemplo, eles mostraram que qualquer função computável podia ser calculada por alguma rede de neurônios conectados e que todos os conectivos lógicos (E, OU, NÃO etc.) podiam ser implementados por estruturas de redes simples. McCulloch e Pitts também sugeriram que redes definidas adequadamente seriam capazes de aprender. Donald Hebb (1949) demonstrou uma regra de atualização simples para modificar as intensidades de conexão entre neurônios. Sua regra, agora chamada **aprendizado hebbiano**, continua a ser um modelo influente até hoje.

Aprendizado hebbiano

Dois alunos de Harvard, Marvin Minsky (1927-2016) e Dean Edmonds, construíram o primeiro computador de rede neural em 1950. O SNARC, como foi chamado, usava 3 mil válvulas eletrônicas e um mecanismo de piloto automático retirado de um bombardeiro B-24 para simular uma rede de 40 neurônios. Mais tarde, em Princeton, Minsky estudou computação universal em redes neurais. A banca examinadora de seu doutorado mostrou-se cética em relação a esse tipo de trabalho ser classificado como matemática, porém, segundo contam, von Neumann teria dito: "Se não é agora, será algum dia."

Surgiram vários exemplos de trabalhos que hoje podem ser caracterizados como IA, incluindo dois programas de jogo de damas desenvolvidos independentemente em 1952 por Christopher Strachey, na Universidade de Manchester, e por Arthur Samuel, na IBM. Mas a visão de Alan Turing foi talvez a mais influente. Já em 1947, ele proferia palestras sobre o tema na Sociedade Matemática de Londres e articulou um programa de pesquisa persuasivo em seu artigo de 1950, "Computing Machinery and Intelligence" (Maquinário de Computação e Inteligência). Nesse artigo, ele apresentou o teste de Turing, aprendizado de máquina, algoritmos genéticos e aprendizado por reforço. Alan Turing tratou de muitas das objeções levantadas à possibilidade de IA, conforme descrito no Capítulo 27. Também sugeriu que seria mais fácil criar IA em nível humano desenvolvendo algoritmos de aprendizado e, em seguida, ensinando a máquina, em vez de programar sua inteligência manualmente. Em palestras subsequentes, ele advertiu que alcançar esse objetivo pode não ser o melhor para a raça humana.

Em 1955, John McCarthy, do Dartmouth College, convenceu Minsky, Claude Shannon e Nathaniel Rochester a ajudá-lo a reunir pesquisadores dos EUA interessados em teoria de autômatos, redes neurais e estudo da inteligência. Eles organizaram um seminário de 2 meses em Dartmouth, no verão de 1956. Havia 10 participantes, incluindo Allen Newell e Herbert Simon, do Carnegie Tech,[11] Trenchard More, de Princeton, Arthur Samuel, da IBM, e Ray Solomonoff e Oliver Selfridge, do MIT. A proposta dizia:[12]

> Propomos que um estudo de 2 meses e 10 homens sobre inteligência artificial seja realizado durante o verão de 1956 no Dartmouth College, em Hanover, New Hampshire. O estudo deve ser conduzido com a conjetura básica de que cada aspecto da aprendizagem ou qualquer outra característica da inteligência pode, em princípio, ser descrita tão precisamente a ponto de ser construída uma máquina para simulá-la. Será realizada uma tentativa para descobrir como fazer com que as máquinas usem a linguagem, formem

---

[11] Atualmente, Carnegie Mellon University (CMU).

[12] Esse foi o primeiro uso oficial do termo *inteligência artificial* feito por McCarthy. Talvez "racionalidade computacional" tivesse sido mais preciso e menos ameaçador, mas "IA" pegou. No 50° aniversário da conferência de Dartmouth, McCarthy declarou que resistiu aos termos "computador" ou "computacional" em consideração a Norbert Wiener, que estava promovendo dispositivos cibernéticos analógicos em vez de computadores digitais.

abstrações e conceitos, resolvam os tipos de problemas hoje reservados aos seres humanos e se aperfeiçoem. Achamos que poderá haver avanço significativo em um ou mais desses problemas se um grupo cuidadosamente selecionado de cientistas trabalhar em conjunto durante o verão.

Apesar da previsão otimista, o seminário em Darmouth não trouxe nenhuma grande inovação. Newell e Simon apresentaram talvez o trabalho mais amadurecido, um sistema de construção de provas de teoremas matemáticos, o Logic Theorist (LT), sobre o qual Simon afirmou: "Criamos um programa de computador capaz de pensar não numericamente e, assim, resolvemos o antigo dilema mente-corpo."[13] Logo após o seminário, o programa foi capaz de demonstrar a maioria dos teoremas do Capítulo 2 do livro *Principia Mathematica*, de Russell e Whitehead. Dizem que Russell ficou encantado quando lhe contaram que o programa havia criado uma prova de um teorema que era mais curta que a do livro. Os editores do *Journal of Symbolic Logic* (*Revista de Lógica Simbólica*) ficaram menos impressionados; eles rejeitaram um artigo escrito em parceria por Newell, Simon e pelo Logic Theorist.

1.3.2 Entusiasmo inicial, grandes expectativas (1952-1969)

Em geral, a classe intelectual dos anos 1950 preferia acreditar que "uma máquina nunca poderá realizar X" (ver, no Capítulo 27, uma longa lista de X reunidos por Turing). Os pesquisadores da IA respondiam naturalmente demonstrando um X após outro. Particularmente, eles estavam focados em tarefas que consideravam indicar a inteligência nos humanos, incluindo jogos, quebra-cabeças, matemática e testes de QI. John McCarthy se referiu a esse período como a era do "Olhe, mamãe, sem as mãos!".

O sucesso inicial do LT de Newell e Simon prosseguiu com o General Problem Solver (Resolvedor Geral de Problemas) ou GPS. Diferentemente do LT, esse programa foi projetado desde o início para imitar protocolos humanos para a resolução de problemas. Dentro da classe limitada de quebra-cabeças com a qual podia lidar, verificou-se que a ordem em que o programa considerava submetas e ações possíveis era semelhante à ordem em que os seres humanos abordavam os mesmos problemas. Desse modo, o GPS talvez tenha sido o primeiro programa a incorporar a abordagem de "pensar de forma humana". O sucesso do GPS e de programas subsequentes como modelos de cognição levou Newell e Simon (1976) a formularem a famosa hipótese do **sistema de símbolos físicos**, que afirma que "um sistema de símbolos físicos tem os meios necessários e suficientes para uma ação inteligente geral". O que eles queriam dizer é que qualquer sistema (humano ou máquina) que demonstre inteligência deve operar manipulando estruturas de dados compostas por símbolos. Veremos, mais adiante, que essa hipótese foi contestada a partir de várias direções.

Sistema de símbolos físicos

Na IBM, Nathaniel Rochester e seus colegas produziram alguns dos primeiros programas de IA. Herbert Gelernter (1959) construiu o Geometry Theorem Prover (Provador de Teoremas de Geometria), que podia demonstrar teoremas que seriam considerados bastante complicados por muitos alunos de matemática. Esse trabalho foi precursor dos modernos provadores de teoremas matemáticos.

De todo o trabalho exploratório realizado durante esse período, talvez o mais influente a longo prazo tenha sido o de Arthur Samuel para o jogo de damas. Usando métodos que agora chamamos de aprendizagem por reforço (ver Capítulo 22), os programas de Samuel aprenderam a jogar em um nível amador elevado. Com isso, ele contestou a ideia de que os computadores só podem realizar as atividades para as quais foram programados: seu programa aprendeu rapidamente a jogar melhor que seu criador. O programa foi demonstrado na televisão em fevereiro de 1956, causando impressão muito forte. Como Turing, Samuel teve dificuldades para conseguir um horário em que pudesse utilizar os computadores. Trabalhando à noite, ele usou máquinas que ainda estavam na bancada de testes na fábrica da IBM. O programa de Samuel foi o precursor de sistemas posteriores, como o TD-GAMMON (Tesauro, 1992), que estava entre os melhores jogadores de gamão do mundo, e o ALPHAGO (Silver *et al.*, 2016), que chocou o mundo ao derrotar o campeão mundial humano em Go (ver Capítulo 5).

---

[13] Newell e Simon também criaram uma linguagem de processamento de listas, a IPL, para escrever o LT. Eles não tinham nenhum compilador e fizeram a conversão para código de máquina à mão. Para evitar erros, trabalharam em paralelo, gritando números binários um ao outro à medida que escreviam cada instrução, a fim de terem certeza de que os números eram os mesmos.

18   Inteligência Artificial

Lisp

Em 1958, John McCarthy contribuiu com duas realizações cruciais para a IA. No Memorando Nº 1, do MIT AI Lab, McCarthy definiu a linguagem de alto nível **Lisp**, que se tornaria a linguagem de programação dominante na IA pelos próximos 30 anos. Em um artigo intitulado *Programs with Common Sense* (*Programas com Senso Comum*), ele levou adiante uma proposta conceitual para sistemas de IA com base no conhecimento e no raciocínio. O artigo descrevia o Advice Taker (Tomador de Conselhos), um programa hipotético que incorporaria o conhecimento geral do mundo e poderia utilizá-lo para derivar planos de ação. O conceito mostrou que alguns axiomas simples permitiriam ao programa gerar um plano para dirigir até o aeroporto. O programa também foi criado de forma a poder aceitar novos axiomas no curso normal de operação, permitindo assim que adquirisse competência em novas áreas *sem ser reprogramado*. Portanto, o Advice Taker incorporava os princípios centrais de representação de conhecimento e de raciocínio: de que é útil ter uma representação formal e explícita do mundo e do seu funcionamento, e ser capaz de manipular essa representação com processos dedutivos. Esse artigo influenciou o andamento da IA e continua sendo relevante até hoje.

O ano de 1958 também marcou a época em que Marvin Minsky foi para o MIT. Porém, sua colaboração inicial com McCarthy não durou muito. McCarthy enfatizava a representação e o raciocínio em lógica formal, enquanto Minsky estava mais interessado em fazer os programas funcionarem e, por fim, desenvolveu uma perspectiva contrária ao uso da lógica. Em 1963, McCarthy fundou o laboratório de IA em Stanford. Seu plano de usar a lógica para construir o Advice Taker definitivo foi antecipado pela descoberta, feita por J. A. Robinson em 1965, do método de resolução (um algoritmo completo para demonstração de teoremas para a lógica de primeira ordem; ver Capítulo 9). O trabalho em Stanford enfatizava métodos de uso geral para raciocínio lógico. As aplicações da lógica incluíam os sistemas para responder a perguntas e os sistemas de planejamento de Cordell Green (Green, 1969b) e o projeto de robótica do Shakey no Stanford Research Institute (SRI). Este último projeto, descrito com mais detalhes no Capítulo 26, foi o primeiro a demonstrar a integração completa do raciocínio lógico e da atividade física.

Micromundo

No MIT, Minsky supervisionou vários alunos que escolheram problemas limitados cuja solução parecia exigir inteligência. Esses domínios limitados se tornaram conhecidos como **micromundos**. O programa SAINT de James Slagle (1963) era capaz de resolver problemas de cálculo de integrais típicos do primeiro ano de cursos universitários. O programa ANALOGY de Tom Evans (1968) resolvia problemas de analogia geométrica que apareciam em testes de QI. O programa STUDENT de Daniel Bobrow (1967) resolvia problemas simples de álgebra, como este:

> Se o número de clientes que Tom consegue é igual ao dobro do quadrado de 20% do número de anúncios que ele publica e se o número de anúncios publicados é 45, qual é o número de clientes que Tom consegue?

Mundo de blocos

O mais famoso micromundo foi o **mundo de blocos**, que consiste em um conjunto de blocos sólidos colocados sobre uma mesa (ou, como na maior parte das vezes, sobre a simulação de uma mesa), como mostra a Figura 1.3. Uma tarefa típica nesse mundo é reorganizar os blocos de certa maneira, utilizando um braço robótico que pode erguer um bloco por vez. O mundo de blocos foi a base do projeto de visão de David Huffman (1971), do trabalho em visão e propagação de restrições de David Waltz (1975), da teoria de aprendizagem de Patrick Winston (1970), do programa de compreensão de linguagem natural de Terry Winograd (1972) e do planejador de Scott Fahlman (1974).

Trabalhos pioneiros baseados nas redes neurais de McCulloch e Pitts também prosperaram. O trabalho de Shmuel Winograd e Jack Cowan (1963) mostrou como um grande número de elementos podia representar coletivamente um conceito individual, com aumento correspondente na robustez e no paralelismo. Os métodos de aprendizado hebbiano foram aperfeiçoados por Bernie Widrow (Widrow e Hoff, 1960; Widrow, 1962), que denominou suas redes **adalines**, e por Frank Rosenblatt (1962) com seus **perceptrons**. O **teorema da convergência do perceptron** (Block *et al.*, 1962) estabelece que o algoritmo de aprendizagem pode ajustar os pesos das conexões de um perceptron para corresponderem a quaisquer dados de entrada, desde que exista tal correspondência.

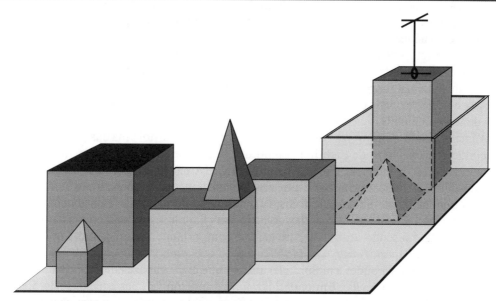

Figura 1.3 Adaptada de cena do mundo de blocos. O programa SHRDLU (Winograd, 1972) tinha acabado de completar o comando: "Encontre um bloco mais alto que o bloco que você está segurando e coloque-o na caixa".

1.3.3 Dose de realidade (1966-1973)

Desde o início, os pesquisadores da IA eram ousados nos prognósticos de seus sucessos futuros. Esta declaração de Herbert Simon em 1957 é citada com frequência:

> Não é meu objetivo surpreendê-los ou chocá-los, mas o modo mais simples de resumir tudo isso é dizer que agora existem no mundo máquinas que pensam, aprendem e criam. Além disso, sua capacidade de realizar essas atividades está crescendo rapidamente até o ponto – em um futuro visível – no qual a variedade de problemas com que elas poderão lidar será correspondente à variedade de problemas com os quais lida a mente humana.

O termo "futuro visível" é muito vago, mas Simon também fez predições mais concretas: que dentro de 10 anos um computador seria campeão de xadrez e que um teorema matemático significativo seria provado por uma máquina. Essas previsões se realizaram (ou quase) no prazo de 40 anos, em vez de 10. O excesso de confiança de Simon se devia ao desempenho promissor dos primeiros sistemas de IA em exemplos simples. Contudo, em quase todos os casos, esses primeiros sistemas acabaram falhando em problemas mais difíceis.

Houve dois motivos principais para essa falha. O primeiro foi que muitos dos primeiros sistemas de IA eram baseados principalmente em "introspecção informada" sobre o modo como os seres humanos realizam uma tarefa, em vez de uma análise cuidadosa da tarefa, o que ela significa para ser uma solução e o que um algoritmo precisaria fazer para produzir tais soluções de modo confiável.

O segundo tipo da falha foi uma falta de apreciação da impossibilidade de tratar muitos dos problemas que a IA estava tentando resolver. A maior parte dos primeiros sistemas de solução de problemas funcionava experimentando diferentes combinações de passos até encontrar a solução. Essa estratégia funcionou inicialmente porque os micromundos continham pouquíssimos objetos e, consequentemente, um número muito pequeno de ações possíveis e sequências de soluções muito curtas. Antes do desenvolvimento da teoria de complexidade computacional, era crença geral que o "aumento da escala" para problemas maiores era apenas uma questão de haver *hardware* mais rápido e maior capacidade de memória. Por exemplo, o otimismo que acompanhou o desenvolvimento da prova de teoremas por resolução logo foi ofuscado quando os pesquisadores não conseguiram provar teoremas que envolviam mais que algumas dezenas de fatos. *O fato de um programa poder encontrar uma solução em princípio não significa que o programa contenha quaisquer dos mecanismos necessários para encontrá-la na prática.*

20 Inteligência Artificial

Evolução de máquina

A ilusão do poder computacional ilimitado não ficou confinada aos programas de resolução de problemas. Os primeiros experimentos de **evolução de máquina** (agora chamada de **programação genética**) (Friedberg, 1958; Friedberg *et al.*, 1959) se baseavam na convicção – sem dúvida correta – de que, realizando-se uma série apropriada de pequenas mutações em um programa em código de máquina, seria possível gerar um programa com bom desempenho para qualquer tarefa simples. Então, a ideia era experimentar mutações aleatórias com um processo de seleção para preservar mutações que parecessem úteis. Apesar de milhares de horas de tempo de CPU, quase nenhum progresso foi demonstrado.

A incapacidade de conviver com a "explosão combinatória" foi uma das principais críticas à IA contidas no relatório de Lighthill (Lighthill, 1973), que formou a base para a decisão do governo britânico de encerrar o apoio à pesquisa da IA em todas as universidades, com exceção de duas (a tradição oral pinta um quadro um pouco diferente e mais colorido, com ambições políticas e hostilidades pessoais, cuja descrição não nos interessa aqui).

Uma terceira dificuldade surgiu devido a algumas limitações fundamentais nas estruturas básicas que estavam sendo utilizadas para gerar o comportamento inteligente. Por exemplo, o livro de Minsky e Papert, *Perceptrons* (1969), provou que, embora os perceptrons (uma forma simples de rede neural) pudessem aprender tudo o que eram capazes de representar, eles podiam representar muito pouco. Em particular, um perceptron de duas entradas não podia ser treinado para reconhecer quando suas duas entradas eram diferentes. Embora seus resultados não se aplicassem a redes mais complexas de várias camadas, o financiamento para pesquisas relacionadas a redes neurais logo se reduziu a quase nada. Ironicamente, os novos algoritmos de aprendizado por retropropagação que acabariam provocando um enorme renascimento na pesquisa de redes neurais no fim da década de 1980 e novamente na década de 2010 foram, na verdade, desenvolvidos em outros contextos já no início da década de 1960 (Kelley, 1960; Bryson, 1962).

1.3.4 Sistemas especialistas (1969-1986)

O panorama da resolução de problemas que havia surgido durante a primeira década de pesquisas em IA foi o de um mecanismo de busca de uso geral que procurava reunir passos elementares de raciocínio para encontrar soluções completas. Tais abordagens foram chamadas de **métodos fracos** porque, embora gerais, não podiam ter aumento de escala para instâncias grandes ou difíceis. A alternativa para métodos fracos é usar um conhecimento mais poderoso e específico de um domínio, que permita passos de raciocínio maiores e que possa tratar com mais facilidade casos que ocorrem tipicamente em áreas de especialidades menos abrangentes. Podemos dizer que, para resolver um problema difícil, praticamente é necessário já saber a resposta.

Método fraco

O programa DENDRAL (Buchanan *et al.*, 1969) foi um exemplo inicial dessa abordagem. Ele foi desenvolvido em Stanford, onde Ed Feigenbaum (um antigo aluno de Herbert Simon), Bruce Buchanan (um filósofo que se tornou cientista da computação) e Joshua Lederberg (um geneticista laureado com um Prêmio Nobel) formaram uma equipe para resolver o problema de inferir a estrutura molecular a partir das informações fornecidas por um espectrômetro de massa. A entrada para o programa consiste na fórmula elementar da molécula (p. ex., $C_6H_{13}NO_2$) e no espectro de massa que fornece as massas dos diversos fragmentos da molécula gerada quando ela é bombardeada por um feixe de elétrons. Por exemplo, o espectro de massa poderia conter um pico em $m = 15$, correspondendo à massa de um fragmento metil (CH_3).

A versão ingênua do programa gerou todas as estruturas possíveis consistentes com a fórmula e depois previu qual seria o espectro de massa observado para cada uma, comparando esse espectro com o espectro real. Como se poderia esperar, esse é um problema intratável, mesmo para moléculas de tamanho moderado. Os pesquisadores do DENDRAL consultaram especialistas em química analítica e descobriram que eles trabalhavam procurando padrões conhecidos de picos no espectro que sugerissem subestruturas comuns na molécula. Por exemplo, a regra a seguir é usada para reconhecer um subgrupo cetona (C=O), que pesa 28 unidades de massa:

se M é a massa da molécula inteira e existem dois picos em x_1 e x_2 tais que
(a) $x_1 + x_2 = M + 28$; (b) $x_1 - 28$ é um pico; (c) $x_2 - 28$ é um pico; e
(d) No mínimo, um entre x_1 e x_2 é alto;
então, existe um subgrupo cetona.

O reconhecimento de que a molécula contém uma subestrutura específica reduz enormemente o número de possíveis candidatos. O DENDRAL era poderoso porque incorporava o conhecimento relevante de espectroscopia da massa não na forma dos princípios básicos, mas em eficientes "receitas de bolo" (Feigenbaum *et al.*, 1971). O DENDRAL foi importante porque representou o primeiro sistema bem-sucedido de *conhecimento intensivo*: sua habilidade derivava de um grande número de regras de propósito específico. Em 1971, Feigenbaum e outros pesquisadores de Stanford iniciaram o Heuristic Programming Project (HPP) para investigar até que ponto a nova metodologia de **sistemas especialistas** poderia ser aplicada a outras áreas. Sistemas especialistas

O maior esforço seguinte foi o sistema MYCIN, que diagnosticava infecções no sangue. Com cerca de 450 regras, o MYCIN era capaz de se sair tão bem quanto alguns especialistas e muito melhor do que médicos em início de carreira. Ele também apresentava duas diferenças importantes em relação ao DENDRAL. Primeiro, diferentemente das regras do DENDRAL, não havia nenhum modelo teórico geral a partir do qual as regras do MYCIN pudessem ser deduzidas. Elas tinham de ser adquiridas a partir de extensas entrevistas com especialistas. Em segundo lugar, as regras tinham de refletir a incerteza associada ao conhecimento médico. O MYCIN incorporava um cálculo de incerteza chamado de **fatores de certeza** (consulte Fator de certeza o Capítulo 13), que pareciam (na época) se adequar bem à forma como os médicos avaliavam o impacto das evidências sobre o diagnóstico.

O primeiro sistema especialista comercial bem-sucedido, o R1, iniciou sua operação na Digital Equipment Corporation (McDermott, 1982). O programa ajudou a configurar pedidos de novos sistemas de computadores; em 1986, ele estava fazendo a empresa economizar cerca de 40 milhões de dólares por ano. Em 1988, o grupo de IA da DEC tinha 40 sistemas especialistas entregues e outros a caminho. A DuPont tinha 100 desses sistemas em uso e 500 em desenvolvimento. Quase todas as corporações importantes dos EUA tinham seu próprio grupo de IA e estavam usando ou investigando sistemas especialistas.

A importância do conhecimento de domínio também ficou aparente na área da compreensão da linguagem natural. Apesar do sucesso do sistema SHRDLU de Winograd, seus métodos não se estendiam para tarefas mais genéricas: para problemas como resolução de ambiguidade, ele usava regras simples, que contavam com o minúsculo escopo do mundo de blocos.

Diversos pesquisadores, entre eles Eugene Charniak no MIT e Roger Schank em Yale, sugeriram que uma compreensão robusta da linguagem exigiria conhecimentos gerais sobre o mundo e um método genérico para utilizar esses conhecimentos. (Schank foi ainda mais longe, afirmando: "Não existe essa coisa de sintaxe." Isso irritou muitos linguistas, mas serviu para dar início a uma discussão útil.) Schank e seus alunos construíram uma série de programas (Schank e Abelson, 1977; Wilensky, 1978; Schank e Riesbeck, 1981), todos com a tarefa de entender a linguagem natural. Porém, a ênfase foi menos na linguagem em si e mais nos problemas de representação e raciocínio com o conhecimento exigido para compreensão da linguagem.

O enorme crescimento das aplicações para resolução de problemas reais levou ao desenvolvimento de diversas ferramentas de representação e raciocínio. Algumas se baseavam na lógica – por exemplo, a linguagem Prolog se tornou popular na Europa e no Japão, e a família PLANNER, nos EUA. Outras, seguindo a ideia de **frames** de Minsky (1975), adotaram uma Frame abordagem mais estruturada, reunindo fatos sobre tipos específicos de objetos e eventos, e organizando os tipos em uma grande hierarquia taxonômica, semelhante a uma taxonomia biológica.

Em 1981, os japoneses anunciaram o projeto "Fifth Generation", um plano de 10 anos para montar computadores inteligentes e com forte paralelismo, que rodassem Prolog. O orçamento deveria ultrapassar 1,3 bilhão de dólares em valores atuais. Em resposta, os EUA formaram a Microelectronics and Computer Technology Corporation (MCC), um consórcio projetado para assegurar a competitividade nacional. Em ambos os casos, a IA fazia parte de um amplo esforço, incluindo o projeto de *chips* e a pesquisa de interface com humanos. Na Grã-Bretanha, o relatório Alvey reabilitou o subsídio que havia sido cortado em consequência do relatório Lighthill. No entanto, nenhum desses projetos alcançou seus objetivos ambiciosos em termos de novas capacidades de IA ou impacto econômico.

De modo geral, a indústria da IA se expandiu de alguns milhões de dólares em 1980 para bilhões de dólares em 1988, incluindo centenas de empresas construindo sistemas especialistas, sistemas de visão, robôs, e *software* e *hardware* especializados para esses propósitos.

Logo depois, veio um período chamado de "inverno da IA", em que muitas empresas caíram no esquecimento à medida que deixaram de cumprir promessas extravagantes. Tornou-se difícil construir e manter sistemas especialistas para domínios complexos, em parte porque os métodos de raciocínio usados pelos sistemas falhavam frente à incerteza e em parte porque os sistemas não aprendiam com a experiência.

1.3.5 Retorno das redes neurais (1986 até a atualidade)

Em meados dos anos 1980, pelo menos quatro grupos diferentes reinventaram o algoritmo de aprendizado por **retropropagação**, desenvolvido primeiramente no início da década de 1960. O algoritmo foi aplicado a muitos problemas de aprendizado em ciência da computação e psicologia, e a ampla disseminação dos resultados na coletânea *Parallel Distributed Processing* (*Processamento Distribuído Paralelo*) (Rumelhart e McClelland, 1986) causou grande alvoroço.

Conexionista

Os chamados "modelos **conexionistas**" eram vistos por alguns como concorrentes diretos dos modelos simbólicos promovidos por Newell e Simon e da abordagem logicista de McCarthy e outros pesquisadores. Pode parecer óbvio que, em certo nível, os seres humanos manipulam símbolos – de fato, o livro do antropólogo Terrence Deacon, *The Symbolic Species* (A Espécie Simbólica – 1997), sugere que essa é a *característica que define* os seres humanos. Contra isso, Geoff Hinton, uma figura importante no ressurgimento das redes neurais nas décadas de 1980 e 2010, descreveu os símbolos como o "éter luminífero da IA" – uma referência ao meio inexistente através do qual muitos físicos do século XIX acreditavam que as ondas eletromagnéticas se propagavam. Certamente, olhando mais de perto, muitos conceitos que temos na linguagem não têm o tipo de condições logicamente necessárias e suficientes que os primeiros pesquisadores de IA esperavam capturar de forma axiomática. Pode ser que os modelos conexionistas formem conceitos internos de um modo mais fluido e impreciso, mais adequado à confusão do mundo real. Eles também têm a capacidade de aprender com os exemplos – eles podem comparar seu valor de saída previsto com o valor real em um problema e modificar seus parâmetros para reduzir a diferença, tornando-os mais propensos a ter melhor desempenho em exemplos futuros.

1.3.6 Raciocínio probabilístico e aprendizado de máquina (1987 até a atualidade)

A fragilidade dos sistemas especialistas levou a uma abordagem nova e mais científica que incorpora probabilidade em vez de lógica booleana, aprendizado de máquina em vez de programação manual e resultados experimentais em vez de afirmações filosóficas.[14] Agora, é mais comum tomar as teorias existentes como bases, em vez de propor teorias inteiramente novas, fundamentar as afirmações em teoremas rigorosos ou em metodologia experimental consolidada (Cohen, 1995), em vez de utilizar como base a intuição, e destacar a relevância para aplicações reais no lugar de exemplos fabricados simples.

Conjuntos de problemas de *benchmark* compartilhados tornaram-se a norma para demonstrar progresso, incluindo o repositório da UC em Irvine para conjuntos de dados de aprendizado de máquina, a International Planning Competition para algoritmos de planejamento, o corpo de reconhecimento de fala LibriSpeech, o conjunto de dados MNIST para o reconhecimento de dígitos manuscritos, ImageNet e COCO para reconhecimentos de objetos por imagem, SQUAD para respostas a perguntas em linguagem natural, a competição WMT para tradução de máquina e as competições internacionais para resolvedores de satisfatibilidade booleana (SAT).

---

[14] Alguns caracterizaram essa mudança como uma vitória dos **puros** – aqueles que pensam que as teorias da IA devem se fundamentar no rigor matemático – sobre os **impuros** – aqueles que preferem experimentar muitas ideias, escrever alguns programas e depois avaliar o que parece estar funcionando. As duas abordagens são importantes. Um deslocamento em direção à pureza implica que o campo alcançou um nível de estabilidade e maturidade. A ênfase atual no aprendizado profundo pode representar um ressurgimento da impureza.

Em parte, a IA surgiu como uma rebelião contra as limitações de áreas existentes como a teoria de controle e a estatística, mas nesse período ela adotou os resultados positivos desses campos. Conforme afirmou David McAllester (1998):

> No período inicial da IA, parecia plausível que novas formas de computação simbólica, como *frames* e redes semânticas, tornariam obsoleta grande parte da teoria clássica. Isso levou a uma forma de isolacionismo na qual a IA ficou bem separada do restante da ciência da computação. Atualmente, esse isolacionismo está sendo abandonado. Existe o reconhecimento de que o aprendizado da máquina não deve ser isolado da teoria da informação, de que o raciocínio incerto não deve ser isolado da modelagem estocástica, de que a busca não deve ser isolada da otimização clássica e do controle, e de que o raciocínio automatizado não deve ser isolado dos métodos formais e da análise estática.

O campo do reconhecimento de fala ilustra o padrão. Nos anos 1970, foi experimentada ampla variedade de arquiteturas e abordagens. Muitas delas eram bastante ocasionais e frágeis, e funcionavam apenas em alguns exemplos cuidadosamente selecionados. Nos anos 1980, abordagens baseadas em **modelos ocultos de Markov** (HMMs, do inglês *Hidden Markov Models*) passaram a dominar a área. Dois aspectos de HMMs são relevantes. Primeiro, eles se baseiam em uma teoria matemática rigorosa. Isso permitiu que os cientistas de reconhecimento de fala se baseassem em várias décadas de resultados matemáticos desenvolvidos em outros campos. Em segundo lugar, eles são gerados por um processo de treinamento em um grande conjunto de dados reais de fala. Isso assegura um desempenho robusto e, em testes cegos rigorosos, os HMMs têm melhorado continuamente suas pontuações. Como resultado, a tecnologia da fala e o campo inter-relacionado de reconhecimento de caracteres manuscritos fizeram a transição para aplicações industriais e de consumo em larga escala. Observe que não há nenhuma afirmação científica de que os humanos utilizam HMMs para reconhecer a fala, mas apenas de que HMMs fornecem um arcabouço matemático para a compreensão e solução do problema. Na seção 1.3.8, veremos que o aprendizado profundo atrapalhou um pouco essa cômoda narrativa. [Modelos ocultos de Markov]

O ano de 1988 foi importante para a conexão entre IA e outros campos, entre eles a estatística, a pesquisa operacional, a teoria da decisão e a teoria de controle. A obra de Judea Pearl, *Probabilistic Reasoning in Intelligent Systems* (*Raciocínio Probabilístico em Sistemas Inteligentes* – 1988), levou a uma nova aceitação da probabilidade e da teoria da decisão na IA. O desenvolvimento de Pearl quanto às **redes bayesianas** ocasionou um formalismo rigoroso para a representação eficiente do conhecimento incerto, bem como algoritmos práticos para o raciocínio probabilístico. Os Capítulos 12 a 16 examinam essa área, além de desenvolvimentos mais recentes que aumentaram muito o poder expressivo dos formalismos probabilísticos. O Capítulo 20 descreve métodos para o aprendizado de redes bayesianas e de modelos relacionados a partir de dados. [Rede bayesiana]

Ainda em 1988, uma segunda contribuição importante foi o trabalho de Rich Sutton na conexão da aprendizagem por reforço – que tinha sido usado no programa de jogo de damas de Arthur Samuel nos anos 1950 – com a teoria dos processos de decisão markovianos (MDPs, do inglês *Markov Decision Processes*), desenvolvida no campo da pesquisa operacional. Diversos trabalhos surgiram conectando a pesquisa em planejamento em IA aos MDPs, e o campo de aprendizado por reforço encontrou aplicações na robótica e no controle de processos, além de adquirir profundos alicerces teóricos.

Uma consequência da recente apreciação da IA por dados, modelagem estatística, otimização e aprendizado de máquina foi a reunificação gradual de subcampos, como visão computacional, robótica, reconhecimento de fala, sistemas multiagentes e processamento de linguagem natural, que se tornaram um tanto separados do núcleo da IA. O processo de reintegração gerou benefícios significativos tanto em termos de aplicações - por exemplo, a implantação de robôs na prática se expandiu muito durante esse período - quanto em uma melhor compreensão teórica dos problemas centrais da IA.

1.3.7 Big data (2001 até a atualidade)

Avanços notáveis no poder da computação e na criação da *World Wide Web* facilitaram a criação de enormes conjuntos de dados - um fenômeno às vezes conhecido como **big data**. Esses [Big data] conjuntos de dados incluem trilhões de palavras de texto, bilhões de imagens e bilhões de horas de áudio e vídeo, bem como grandes quantidades de dados genômicos, dados de rastreamento de veículos, dados de sequências de cliques, dados de redes sociais, e assim por diante.

Isso ocasionou o desenvolvimento de algoritmos de aprendizado projetados especialmente para tirar proveito desses enormes conjuntos de dados. Quase sempre, a grande maioria dos exemplos nesses conjuntos de dados são *não rotulados*; por exemplo, em um artigo influente de Yarowsky (1995) sobre desambiguação de sentido de palavras, as ocorrências de uma palavra como "planta" não são rotuladas no conjunto de dados para indicar se ela se refere à flora ou a uma fábrica. Porém, com conjuntos de dados com tamanho suficiente, algoritmos de aprendizado adequados podem conseguir acurácia superior a 96% na tarefa de identificar o sentido desejado da palavra. Além disso, Banko e Brill (2001) afirmaram que a melhoria no desempenho obtida pelo aumento do tamanho do conjunto de dados por duas ou três ordens de grandeza supera qualquer melhoria alcançada pela modificação do algoritmo.

Parece haver um fenômeno semelhante em tarefas de visão por computador, como no problema do preenchimento de lacunas em fotografias – lacunas causadas por danos ou pela remoção de um ex-amigo. Hays e Efros (2007) desenvolveram um método mais inteligente para fazer isso, mesclando *pixels* de imagens semelhantes; eles descobriram que a técnica não funcionava bem com um banco de dados de milhares de imagens, mas que excedia um limiar de qualidade com milhões de imagens. Pouco depois, a disponibilidade de dezenas de milhões de imagens no banco de dados ImageNet (Deng *et al.*, 2009) gerou uma revolução no campo da visão computacional.

A disponibilidade de big data e a mudança para o aprendizado de máquina ajudaram a IA a recuperar a atratividade comercial (Havenstein, 2005; Halevy *et al.*, 2009). Big data foi um fator fundamental na vitória de 2011 do sistema Watson da IBM sobre os campeões humanos no jogo de perguntas Jeopardy! – evento que teve grande impacto na percepção do público sobre a IA.

1.3.8 Aprendizado profundo (2011 até a atualidade)

Aprendizado profundo O termo **aprendizado profundo** refere-se ao aprendizado de máquina usando várias camadas de elementos de computação simples e configuráveis. Já na década de 1970 foram realizados experimentos com essas redes e, na forma de **redes neurais convolucionais**, encontraram algum sucesso no reconhecimento de dígitos manuscritos na década de 1990 (LeCun *et al.*, 1995). Porém, só em 2011 é que os métodos de aprendizagem profunda realmente ganharam força. Isso ocorreu primeiro no reconhecimento de fala e, em seguida, no reconhecimento visual de objetos.

Em 2012, na competição ImageNet, que exigia a classificação de imagens em uma entre mil categorias (tatu, prateleira, saca-rolhas etc.), um sistema de aprendizado profundo criado pelo grupo de Geoffrey Hinton na Universidade de Toronto (Krizhevsky *et al.*, 2013) demonstrou uma fantástica melhoria em relação aos sistemas anteriores, baseados em grande parte em atributos projetados manualmente. Desde então, sistemas de aprendizado profundo superaram o desempenho humano em algumas tarefas de visão (e ficaram para trás em algumas outras tarefas). Ganhos desse tipo também foram relatados no reconhecimento de fala, tradução de máquina, diagnóstico médico e jogos recreativos. O uso de uma rede profunda para representar a função de avaliação contribuiu para as vitórias do ALPHAGO sobre os melhores jogadores humanos de Go (Silver *et al.*, 2016, 2017, 2018).

Esses sucessos notáveis levaram a um ressurgimento do interesse pela IA entre estudantes, empresas, investidores, governos, a mídia e o público em geral. Praticamente toda semana aparecem notícias de uma nova aplicação de IA se aproximando ou superando o desempenho humano, muitas vezes acompanhada por especulações de sucesso acelerado ou de um novo inverno da IA.

Um *hardware* poderoso é essencial para realizar aprendizado profundo. Enquanto uma CPU básica de um computador pode fazer 10^9 ou 10^{10} operações por segundo, um algoritmo de aprendizado profundo sendo executado em *hardware* especializado (p. ex., GPU, TPU ou FPGA) pode consumir entre 10^{14} e 10^{17} operações por segundo, a maior parte na forma de operações com matrizes e vetores usando um alto grau de paralelismo. Obviamente, o aprendizado profundo também depende da disponibilidade de grandes quantidades de dados de treino e de alguns truques algorítmicos (ver Capítulo 21).

1.4 Estado da arte

O *One Hundred Year Study* (*Estudo de Cem Anos*) sobre a IA (também conhecido como AI100), da Universidade de Stanford, reúne painéis de especialistas para fornecer relatórios sobre o estado da arte em IA. Seu relatório de 2016 (Stone *et al.*, 2016; Grosz e Stone, 2018) conclui que "Podem ser esperados aumentos substanciais nos usos futuros das aplicações de IA, incluindo carros mais autônomos, diagnósticos de saúde e tratamento direcionado e assistência física para idosos" e que "A sociedade está agora em um momento crucial para determinar como implantar tecnologias baseadas em IA visando promover, em vez de impedir, valores democráticos como liberdade, igualdade e transparência". O estudo AI100 também produz um **Índice de IA** em `aiindex.org` para ajudar a monitorar o progresso. Esses são alguns destaques dos relatórios de 2018 e 2019 (em comparação com uma linha de base do ano 2000, a menos que indicado de outra forma):

Índice de IA

- Publicações: os artigos sobre IA aumentaram 20 vezes entre 2010 e 2019, para cerca de 20 mil por ano. A categoria mais popular foi o aprendizado de máquina. (Os artigos sobre aprendizado de máquina em arXiv.org dobraram a cada ano entre 2009 e 2017.) Visão computacional e processamento de linguagem natural foram os próximos em popularidade.
- Sentimento: cerca de 70% dos novos artigos sobre IA são neutros, mas os artigos com tom positivo aumentaram de 12% em 2016 para 30% em 2018. As questões mais comuns são éticas: privacidade de dados e discriminação por algoritmos.
- Estudantes: as inscrições no curso aumentaram cinco vezes nos EUA e 16 vezes mundialmente a partir de uma linha de base de 2010. IA é a especialização mais popular na Ciência da Computação.
- Diversidade: os professores de IA em todo o mundo são cerca de 80% homens e 20% mulheres. Números semelhantes são encontrados entre doutorandos e em contratações na indústria.
- Conferências: a audiência na NeurIPS aumentou 800% desde 2012, para 13.500 inscritos. Outras conferências estão passando por um aumento anual de aproximadamente 30%.
- Indústria: as *startups* ligadas a IA nos EUA aumentaram 20 vezes, passando a mais de 800.
- Internacionalização: a China publica mais artigos por ano do que os EUA e quase o mesmo que toda a Europa. No entanto, no impacto ponderado por citação, os autores dos EUA estão 50% à frente dos autores chineses. Cingapura, Brasil, Austrália, Canadá e Índia são os países que mais crescem em termos de número de contratações relacionadas à IA.
- Visão: as taxas de erro para detecção de objetos (conforme alcançado no LSVRC, o Desafio de Reconhecimento Visual em Grande Escala) melhoraram de 28% em 2010 para 2% em 2017, ultrapassando o desempenho humano. A precisão na resposta a perguntas visuais abertas (VQA) melhorou de 55% para 68% desde 2015, mas fica atrás do desempenho humano em 83%.
- Velocidade: O tempo de treinamento para a tarefa de reconhecimento de imagem diminuiu por um fator de 100 apenas nos 2 últimos anos. A quantidade de capacidade de computação usada nas principais aplicações de IA está dobrando a cada 3,4 meses.
- Linguagem: a precisão nas respostas às perguntas, medida pela pontuação F1 no Stanford Question Answer Dataset (SQuAD), aumentou de 60 para 95, de 2015 a 2019; na variante SQuAD 2, o progresso foi mais rápido, passando de 62 para 90 em apenas 1 ano. Ambas as pontuações superam o desempenho de nível humano.
- Comparação com humanos: segundo relatos, em 2019, os sistemas de IA atingiram ou superaram o desempenho de nível humano em xadrez, Go, pôquer, Pac-Man, Jeopardy!, detecção de objetos na ImageNet, reconhecimento de fala em um domínio limitado, tradução de chinês para inglês em um domínio restrito, Quake III, Dota 2, StarCraft II, diversos jogos de Atari, detecção de câncer de pele, detecção de câncer de próstata, enovelamento de proteína e diagnóstico de retinopatia diabética.

Quando (se for o caso) os sistemas de IA atingirão desempenho de nível humano em uma grande variedade de tarefas? Ford (2018) entrevista especialistas em IA e encontra uma grande variedade de anos como resposta, variando de 2029 a 2200, com 2099 na média. Em uma pesquisa semelhante (Grace *et al.*, 2017), 50% dos entrevistados acharam que isso poderia acontecer até 2066, embora 10% tenham pensado que isso poderia acontecer já em 2025 e alguns tenham dito "nunca". Os especialistas também ficaram divididos quanto à necessidade de novos avanços fundamentais ou apenas de melhorias nas técnicas atuais. Mas não leve essas previsões muito a sério; como Philip Tetlock (2017) demonstra na área de previsão de eventos mundiais, os especialistas não são melhores do que os amadores.

Como os futuros sistemas de IA funcionarão? Ainda não podemos dizer. Conforme detalhamos nesta seção, o campo tem adotado várias histórias sobre si mesmo – primeiro a ideia ousada de que a inteligência por uma máquina seria possível e, então, que ela poderia ser alcançada codificando em lógica o conhecimento especialista; mais adiante, que modelos probabilísticos do mundo seriam a ferramenta principal e, mais recentemente, que o aprendizado de máquina induziria modelos que podem não ser baseados em qualquer teoria bem compreendida. O futuro revelará o modelo a seguir.

O que a IA pode fazer hoje? Talvez não tanto quanto alguns dos artigos mais otimistas da mídia poderiam levar alguém a acreditar, mas ainda assim muito. Aqui, mostramos alguns exemplos:

Veículos robóticos: a história dos veículos robóticos remonta aos carros radiocontrolados dos anos 1920, porém as primeiras demonstrações de veículos autônomos em estradas sem guias especiais aconteceram na década de 1980 (Kanade *et al.*, 1986; Dickmanns e Zapp, 1987). Depois das demonstrações bem-sucedidas de direção em estradas sem asfalto, no desafio de percorrer 132 milhas conhecido como DARPA Grand Challenge em 2005 (Thrun, 2006), e depois em ruas com trânsito no Urban Challenge, em 2007, a corrida para o desenvolvimento de carros autônomos começou para valer. Em 2018, veículos de teste da Waymo passaram da marca de 10 milhões de milhas dirigidas em estradas públicas sem um acidente sério, requisitando controle do motorista humano somente uma vez a cada 6 mil milhas. Logo após, a empresa começou a oferecer um serviço comercial de táxi robótico.

No ar, *drones* autônomos de asa fixa têm realizado entregas de sangue de uma ponta a outra do país em Ruanda desde 2016. Quadricópteros realizam manobras aéreas incríveis, exploram prédios enquanto criam mapas 3D e se reúnem em formações autônomas.

Robôs com pernas: BigDog, um robô quadrúpede de Raibert *et al.* (2008), alterou nossas noções de como os robôs se movem – não mais o andar lento, com as pernas rígidas, de um lado para o outro dos robôs de filmes de Hollywood, mas algo muito semelhante a um animal e capaz de se recuperar quando empurrado ou escorregando em uma poça de gelo. Atlas, um robô humanoide, não apenas anda em terreno irregular, mas salta sobre caixas e dá saltos mortais (Ackerman e Guizzo, 2016).

Planejamento autônomo e escalonamento: a uma centena de milhões de quilômetros da Terra, o programa Remote Agent, da Nasa, se tornou o primeiro programa de planejamento autônomo de bordo a controlar o escalonamento de operações de uma nave espacial (Jonsson *et al.*, 2000). O Remote Agent gerou planos de metas de alto nível especificadas a partir do solo e monitorou a execução daqueles planos – efetuando a detecção, o diagnóstico e a recuperação de problemas conforme eles ocorriam. Hoje, o *toolkit* de planejamento EUROPA (Barreiro *et al.*, 2012) é usado para as operações diárias dos robôs de Marte da NASA, e o sistema SEXTANT (Winternitz, 2017) permite a navegação autônoma no espaço profundo, além do sistema de GPS global.

Durante a crise do Golfo Pérsico em 1991, as forças armadas dos EUA distribuíram uma ferramenta de análise dinâmica e replanejamento, denominada DART (do inglês *Dynamic Analysis and Replanning Tool* – Cross e Walker, 1994), a fim de realizar o planejamento logístico automatizado e a programação de execução do transporte. Isso envolveu até 50 mil veículos, transporte de carga aérea e pessoal simultaneamente, e teve de levar em conta pontos de partida, destinos, rotas, capacidades de transporte e resolução de conflitos entre todos os parâmetros. A Defense Advanced Research Project Agency (DARPA), agência estatal de defesa dos EUA, declarou que essa única aplicação compensou com folga os 30 anos de investimento da DARPA em IA.

Todos os dias, empresas de transporte por aplicativo como Uber e serviços de mapeamento como o Google Maps oferecem instruções de direção para centenas de milhões de usuários, planejando rapidamente a melhor rota que considere as condições de tráfego atuais e previstas.

Tradução de máquina: sistemas de tradução automática *online* agora permitem a leitura de documentos em mais de 100 idiomas, incluindo os idiomas nativos de mais de 99% da população mundial, e traduzem centenas de bilhões de palavras por dia para centenas de milhões de usuários. Embora não sejam perfeitos, geralmente são adequados para a compreensão. Para idiomas intimamente relacionados com uma grande quantidade de dados de treinamento (como francês e inglês), as traduções dentro de um domínio restrito estão próximas do nível de um ser humano (Wu *et al.*, 2016b).

Reconhecimento de fala: em 2017, a Microsoft mostrou que seu Sistema de Reconhecimento de Fala Conversacional atingiu uma taxa de erro de palavras de 5,1%, correspondendo ao desempenho humano na tarefa Switchboard, que envolve a transcrição de conversas telefônicas (Xiong *et al.*, 2017). Cerca de um terço da interação com o computador em todo o mundo agora é feita por voz, em vez de pelo teclado; o Skype oferece tradução de fala em tempo real em 10 idiomas. Alexa, Siri, Cortana e Google oferecem assistentes que podem responder a perguntas e realizar tarefas para o usuário; por exemplo, o serviço Duplex da Google usa reconhecimento e síntese de fala para fazer reservas em restaurantes para os usuários, mantendo uma conversa fluente em nome deles.

Recomendações: empresas como Amazon, Facebook, Netflix, Spotify, YouTube, Walmart e outras usam o aprendizado de máquina para recomendar aquilo que você poderia gostar com base em suas experiências anteriores e nas de outras pessoas com gosto parecido ao seu. O campo dos sistemas de recomendação tem uma longa história (Resnick e Varian, 1997), mas vem mudando rapidamente devido aos novos métodos de aprendizado profundo que analisam conteúdo (texto, música, vídeo), bem como histórico e metadados (van den Oord *et al.*, 2014; Zhang *et al.*, 2017). A filtragem de *spams* também pode ser considerada uma forma de recomendação (ou contraindicação); as técnicas atuais de IA filtram mais de 99,9% dos *spams*, e os serviços de *e-mail* também podem recomendar destinatários em potencial, bem como um possível texto de resposta.

Jogos: quando o Deep Blue venceu o campeão mundial de xadrez Garry Kasparov em 1997, os defensores da supremacia humana colocaram suas esperanças no Go. Piet Hut, astrofísico e entusiasta do Go, previu que seriam necessários "cem anos para que um computador vencesse os humanos no Go – talvez mais ainda". Porém, apenas 20 anos depois, o ALPHAGO superou todos os jogadores humanos (Silver *et al.*, 2017). Ke Jie, o campeão mundial, disse: "No ano passado, ele ainda era bastante humano quando jogava. Mas esse ano tornou-se como um deus do Go." ALPHAGO se beneficiou do estudo de centenas de milhares de jogos anteriores de jogadores humanos de Go e do conhecimento apurado de jogadores experientes de Go que trabalharam na equipe.

Um programa sucessor, o ALPHAZERO, não utilizou nenhuma entrada de humanos (exceto para as regras do jogo) e foi capaz de aprender, jogando consigo mesmo, como derrotar todos os oponentes, humanos e máquinas, em Go, xadrez e shogi (Silver *et al.*, 2018). Enquanto isso, campeões humanos foram derrotados por sistemas de IA em jogos tão diversos quanto o jogo de perguntas Jeopardy! (Ferrucci *et al.*, 2010), pôquer (Bowling *et al.*, 2015; Moraveík *et al.*, 2017; Brown e Sandholm, 2019) e os videogames Dota 2 (Fernandez e Mahlmann, 2018), StarCraft II (Vinyals *et al.*, 2019) e Quake III (Jaderberg *et al.*, 2019).

Compreensão de imagens: não contentes por exceder a acurácia humana na tarefa desafiadora de reconhecimento de objetos do ImageNet, os pesquisadores da visão computacional enfrentaram o problema mais difícil de legendagem de imagens. Alguns exemplos impressionantes incluem "Uma pessoa andando de moto em uma estrada de terra", "Duas *pizzas* repousando em cima de um fogão" e "Um grupo de jovens jogando *frisbee*" (Vinyals *et al.*, 2017b). No entanto, os sistemas atuais estão longe da perfeição: uma "geladeira cheia de comida e bebida" se mostrou sendo uma placa de estacionamento proibido parcialmente ocultada por vários adesivos pequenos.

Medicina: atualmente, algoritmos de IA igualam ou superam os médicos especialistas no diagnóstico de muitas condições, particularmente quando esse diagnóstico é baseado em imagens. Alguns exemplos incluem doença de Alzheimer (Ding *et al.*, 2018), câncer metastático (Liu *et al.*, 2017; Esteva *et al.*, 2017), doença oftálmica (Gulshan *et al.*, 2016) e doenças de pele (Liu *et al.*, 2019c). Uma revisão sistemática e meta-análise (Liu *et al.*, 2019a) constatou que, em média, o desempenho dos programas de IA era equivalente ao dos profissionais de saúde. Uma ênfase atual na IA médica é a facilitação de parcerias homem-máquina. Por exemplo, o sistema LYNA atinge 99,6% de acurácia geral no diagnóstico de câncer de mama metastático – melhor do que um especialista humano sem ajuda –, mas a combinação do sistema com um humano funciona ainda melhor (Liu *et al.*, 2018; Steiner *et al.*, 2018).

A adoção ampla dessas técnicas agora é limitada não pela precisão do diagnóstico, mas pela necessidade de demonstrar melhora nos resultados clínicos e garantir transparência, imparcialidade e privacidade de dados (Topol, 2019). Em 2017, somente duas aplicações médicas de IA foram aprovadas pela FDA, mas passaram para 12 em 2018 e o número continua a subir.

Ciência climática: um grupo de cientistas ganhou o Prêmio Gordon Bell de 2018 por um modelo de aprendizado profundo que descobre informações detalhadas sobre eventos climáticos extremos que, anteriormente, ficavam ocultos nos dados climáticos. Eles usaram um supercomputador com *hardware* de GPU especializado para ultrapassar o nível de exaops (10^{18} operações por segundo), o primeiro programa de aprendizado de máquina a conseguir isso (Kurth *et al.*, 2018). Rolnick *et al.* (2019) apresentaram um catálogo de 60 páginas com maneiras como o aprendizado de máquina pode ser usado para o enfrentamento da mudança climática.

Esses são apenas alguns exemplos de sistemas de inteligência artificial que existem hoje em dia. Não é mágica nem ficção científica, mas ciência, engenharia e matemática, e este livro apresenta uma introdução a tudo isso.

1.5 Riscos e benefícios da IA

Francis Bacon, um filósofo considerado o criador do método científico, observou em *The Wisdom of the Ancients* (*A Sabedoria dos Ancestrais*) (1609) que as "artes mecânicas são de uso ambíguo, servindo tanto para ferir quanto para remediar". Como a IA desempenha um papel cada vez mais importante nas esferas econômica, social, científica, médica, financeira e militar, seria adequado considerar as feridas e os remédios – na linguagem moderna, os riscos e benefícios – que ela pode ocasionar. Os tópicos resumidos aqui são abordados com mais detalhes nos Capítulos 27 e 28.

Vamos começar com os benefícios: Em termos simples, toda a nossa civilização é o resultado da nossa inteligência humana. Se tivermos acesso a uma inteligência mecânica substancialmente maior, o teto de nossas ambições será substancialmente elevado. O potencial da IA e da robótica para libertar a humanidade do trabalho braçal e repetitivo, aumentando drasticamente a produção de bens e serviços, pode ser o presságio de uma era de paz e abundância. A capacidade de acelerar a pesquisa científica pode resultar em curas para doenças e soluções para as mudanças climáticas e a escassez de recursos. Como sugeriu Demis Hassabis, CEO do Google DeepMind: "Primeiro resolva a IA, depois use a IA para resolver tudo o mais."

Muito antes de termos a oportunidade de "resolver a IA", porém, incorreremos em riscos pelo uso indevido da IA, inadvertidamente ou não. Alguns deles já são aparentes, enquanto outros parecem prováveis com base nas tendências atuais:

- *Armas autônomas letais*: são definidas pelas Nações Unidas como armas que podem localizar, selecionar e eliminar alvos humanos sem intervenção humana. A principal preocupação com essas armas é sua *escalabilidade*: a ausência de um requisito de supervisão humana significa que um pequeno grupo pode implantar uma grande quantidade de armas contra alvos humanos definidos por qualquer critério de reconhecimento viável. As tecnologias necessárias para armas autônomas são semelhantes àquelas necessárias para carros autônomos. Em 2014, a ONU iniciou as discussões informais de especialistas sobre os riscos em potencial das armas autônomas letais, passando em 2017 para a fase formal de pré-tratado de um grupo de especialistas governamentais.

- *Vigilância e persuasão*: embora seja caro, tedioso e, às vezes, legalmente questionável para o pessoal de segurança monitorar linhas telefônicas, câmeras de vídeo, *e-mails* e outros canais de mensagens, a IA (reconhecimento de fala, visão computacional e compreensão de linguagem natural) pode ser usada de forma escalável para realizar vigilância em massa de indivíduos e detectar atividades de interesse. Ao adaptar fluxos de informações a indivíduos por meio da mídia social, com base em técnicas de aprendizado de máquina, o comportamento político pode ser modificado e controlado de alguma forma – uma preocupação que se tornou evidente nas eleições norte-americanas a partir de 2016.
- *Tomada de decisão tendenciosa*: o uso indevido ou deliberado de algoritmos de aprendizado de máquina para tarefas como avaliação de liberdade condicional e pedidos de empréstimo pode resultar em decisões discriminatórias por raça, sexo ou outras categorias protegidas. Muitas vezes, os próprios dados refletem um preconceito infiltrado na sociedade.
- *Impacto no emprego*: as preocupações sobre a eliminação de empregos pelas máquinas ocorrem há séculos. A história nunca é simples: as máquinas realizam algumas das tarefas que os humanos fariam de outra forma, mas também tornam os humanos mais produtivos e, portanto, mais empregáveis; e tornam as empresas mais lucrativas e, portanto, capazes de pagar salários mais altos. Elas podem viabilizar economicamente algumas atividades que, de outra forma, seriam inviáveis. Seu uso geralmente resulta no aumento da riqueza, mas costuma ter o efeito de transferir a riqueza do trabalho para o capital, aumentando ainda mais as desigualdades. Avanços anteriores em tecnologia – como a invenção de teares mecânicos – resultaram em sérias perdas de emprego, mas, por fim, as pessoas encontram novas formas de trabalho para fazer. Por outro lado, é possível que a IA também realize essas novas formas de trabalho. Esse tópico está rapidamente se tornando um grande foco para economistas e governos do mundo inteiro.
- *Aplicações de segurança crítica*: à medida que as técnicas de IA avançam, elas são cada vez mais usadas em aplicações em que a segurança é crítica, como dirigir carros e gerenciar o abastecimento de água das cidades. Já houve acidentes fatais que destacam a dificuldade de verificação formal e análise estatística de risco para sistemas desenvolvidos com técnicas de aprendizado de máquina. O campo da IA precisará desenvolver padrões técnicos e éticos, pelo menos comparáveis aos prevalentes em outras disciplinas de engenharia e saúde, nas quais a vida de pessoas está em risco.
- *Cibersegurança*: as técnicas de IA são úteis na defesa contra ataques cibernéticos, por exemplo, detectando padrões de comportamento incomuns, mas também contribuem para a potência, capacidade de sobrevivência e capacidade de proliferação de *software* malicioso (*malware*). Por exemplo, métodos de aprendizagem por reforço têm sido usados para criar ferramentas altamente eficazes para ataques de extorsão e *phishing* automatizados e personalizados.

Veremos esses assuntos novamente, em mais profundidade, na seção 27.3. À medida que os sistemas de IA se tornam mais capazes, eles passam a assumir uma parcela maior de funções sociais anteriormente desempenhadas por seres humanos. Assim como os humanos usaram essas funções no passado para causar prejuízos, podemos esperar que os humanos usem mal os sistemas de IA nessas funções para causar ainda mais prejuízo. Todos os exemplos mostrados anteriormente indicam a importância de controle e, ultimamente, regulamentação. Atualmente, a comunidade de pesquisa e as principais corporações envolvidas na pesquisa em IA têm desenvolvido princípios voluntários de autogoverno para as atividades relacionadas a IA (ver seção 27.3). Governos e organizações internacionais estão preparando agências reguladoras para desenhar regulamentações adequadas a cada caso de uso específico, para preparar-se para os impactos econômicos e sociais e aproveitar as capacidades da IA para enfrentar os principais problemas da sociedade.

E a longo prazo? Será que alcançaremos o objetivo de longa data, ou seja, a criação de inteligência comparável ou mais capaz do que a inteligência humana? E, se for o caso, o que acontecerá?

Durante grande parte da história da IA, essas questões foram ofuscadas pela rotina diária de fazer os sistemas de IA realizarem qualquer coisa, ainda que remotamente inteligente. Como acontece com qualquer disciplina com tal amplitude, a grande maioria dos pesquisadores de IA se especializou em um subcampo específico, como jogos, representação do conhecimento, visão ou compreensão da linguagem natural – muitas vezes supondo que o progresso nesses subcampos contribuiria para os objetivos mais amplos da IA. Nils Nilsson (1995), um dos líderes originais do projeto Shakey no SRI, relembrou esses objetivos mais amplos e advertiu que os subcampos corriam o risco de se tornarem fins em si mesmos. Mais tarde, alguns fundadores influentes da IA, incluindo John McCarthy (2007), Marvin Minsky (2007) e Patrick Winston (Beal e Winston, 2009), concordaram com os avisos de Nilsson, sugerindo que, em vez de focar no desempenho mensurável em aplicações específicas, a IA deve retornar às suas raízes de lutar, nas palavras de Herb Simon, por "máquinas que pensam, que aprendem e que criam". Eles chamaram o esforço de **IA de nível humano** ou HLAI (Human-Level AI) – uma máquina deveria ser capaz de aprender a fazer qualquer coisa que um humano possa fazer. Seu primeiro simpósio foi em 2004 (Minsky *et al.*, 2004). Outro esforço com objetivos similares, o movimento de **inteligência artificial geral (IAG)** (Goertzel e Pennachin, 2007), realizou sua primeira conferência e organizou o *Journal of Artificial General Intelligence* em 2008.

Por volta da mesma época, surgiram preocupações de que a criação de uma **superinteligência artificial** ou **SIA** – inteligência muito superior à capacidade humana – poderia ser uma má ideia (Yudkowsky, 2008; Omohundro, 2008). O próprio Turing (1996) argumentou a mesma coisa em uma palestra de 1951 realizada em Manchester, baseando-se nas mesmas ideias de Samuel Butler (1863):[15]

> Parece provável que, quando o método de raciocínio de máquina for iniciado, não levará muito tempo para que ele ultrapasse nossos fracos poderes. (...) Portanto, em algum estágio poderemos esperar que as máquinas tomem o controle, da forma como é mencionado no livro *Erewhon*, de Samuel Butler.

Essas preocupações só se tornaram mais difundidas com os avanços recentes no aprendizado profundo, a publicação de livros como *Superintelligence*, de Nick Bostrom (2014), e os pronunciamentos públicos de Stephen Hawking, Bill Gates, Martin Rees e Elon Musk.

Exibir um sentido geral de inquietação com a ideia da criação de máquinas superinteligentes é apenas natural. Poderíamos chamar isso de **problema do gorila**: há cerca de 7 milhões de anos, um primata agora extinto evoluiu, com uma vertente levando aos gorilas e outra aos humanos. Hoje, os gorilas não estão muito contentes com a vertente humana; eles basicamente não têm controle sobre seu futuro. Se esse for o resultado do sucesso da criação da IA super-humana – que os humanos cederão o controle sobre seu futuro –, então talvez devamos parar de trabalhar com IA e, como um corolário, abrir mão dos benefícios que isso poderia trazer. Essa é a essência da advertência de Turing: não é óbvio que poderemos controlar máquinas mais inteligentes do que nós.

Se a IA super-humana fosse uma caixa-preta vinda do espaço sideral, então realmente seria sensato ter cuidado ao abrir a caixa. Mas não é assim que acontece: *nós* projetamos os sistemas de IA, de modo que, se eles acabassem "tomando o controle", como Turing sugere, isso seria o resultado de uma falha de projeto.

Para evitar tal resultado, precisamos compreender a origem da falha em potencial. Norbert Wiener (1960), que foi motivado a considerar o futuro a longo prazo da IA depois de ver o programa que jogava damas de Arthur Samuel aprendendo a ganhar de seu criador, afirmou isto:

> Se, para alcançar nossos propósitos, usarmos um agente mecânico em cuja operação não podemos efetivamente interferir (...) é melhor termos certeza de que o propósito implementado na máquina é o propósito que realmente desejamos.

Muitas culturas têm mitos sobre humanos que pedem algo a deuses, gênios, mágicos ou demônios. Invariavelmente, nessas histórias, eles obtêm o que literalmente pedem, para depois se arrependerem. O terceiro desejo, se houver, é desfazer os dois primeiros. Chamaremos isso de

---

[15] Ainda antes disso, em 1847, Richard Thornton, editor do *Primitive Expounder*, havia criticado as calculadoras mecânicas: "A mente (...) ultrapassa a si mesma e elimina a necessidade de sua própria existência, inventando máquinas com pensamento próprio. (...) Mas quem sabe que tais máquinas, quando aperfeiçoadas, podem não pensar em um plano para remediar todos os seus próprios defeitos e então produzir ideias além do alcance da mente mortal!"

problema do Rei Midas: Midas, um rei lendário na mitologia grega, pediu que tudo o que tocasse se transformasse em ouro, mas se arrependeu depois de tocar em sua comida, bebida e membros da sua família.[16]

> Problema do Rei Midas

A seção 1.1.5 tocou nessa questão, na qual apontamos a necessidade de uma mudança significativa no modelo padrão de colocar objetivos fixos na máquina. A solução para a situação indesejável posta por Wiener é não ter, de forma alguma, um "propósito definido na máquina". Em vez disso, queremos máquinas que se esforçam para alcançar os objetivos humanos, mas sabendo que não conhecem exatamente quais são esses objetivos.

Talvez seja lamentável que quase toda a pesquisa em IA até agora tenha sido realizada dentro do modelo padrão, o que significa que quase todo o material técnico desta edição reflete esse arcabouço intelectual. Mas existem alguns resultados iniciais dentro do novo arcabouço. No Capítulo 16, mostramos que uma máquina tem um incentivo positivo para permitir que seja desligada se, e somente se, não tiver certeza acerca do objetivo humano. No Capítulo 18, formulamos e estudamos **jogos de assistência**, que descrevem matematicamente a situação em que um ser humano tem um objetivo e uma máquina tenta alcançá-lo, mas inicialmente não o conhece com certeza. No Capítulo 22, explicamos os métodos de **aprendizado por reforço inverso**, permitindo que as máquinas aprendam mais sobre as preferências humanas observando as escolhas que os humanos fazem. No Capítulo 27, exploramos duas das principais dificuldades: primeiro, que nossas escolhas dependem de nossas preferências, por meio de uma arquitetura cognitiva muito complexa e difícil de ser invertida; em segundo lugar, que nós, humanos, podemos não ter preferências consistentes em primeiro lugar – seja individualmente ou em grupo –, de modo que pode não ser claro o que os sistemas de IA *deveriam* estar fazendo por nós.

> Jogo de assistência

> Aprendizado por reforço inverso

Resumo

Este capítulo define a IA e estabelece os fundamentos culturais sobre os quais ela se desenvolveu. Alguns pontos importantes são:

- Pessoas diferentes abordam a IA com objetivos diferentes em mente. Duas questões importantes são: Você se preocupa com o raciocínio ou com o comportamento? Você quer modelar seres humanos ou tentar obter resultados ótimos?
- De acordo com o que chamamos de modelo padrão, a IA se ocupa principalmente da **ação racional**. No caso ideal, um **agente inteligente** adota a melhor ação possível em uma situação. Estudaremos o problema da criação de agentes que são inteligentes nesse sentido.
- É preciso aperfeiçoar duas coisas nessa ideia simples: primeiro, a capacidade de qualquer agente, seja ele humano ou não, de escolher ações racionais é limitada pela intratabilidade computacional de fazê-lo; segundo, o conceito de uma máquina que busca um objetivo definido precisa ser substituído pelo de uma máquina que busca objetivos que beneficiam os humanos, sem que ela saiba ao certo quais são esses objetivos.
- Os filósofos (desde 400 a.C) tornaram a IA concebível sugerindo que a mente é, em alguns aspectos, semelhante a uma máquina, no sentido de que ela opera sobre o conhecimento codificado em alguma linguagem interna e que o pensamento pode ser usado para escolher quais ações tomar.
- Os matemáticos forneceram as ferramentas para manipular declarações de certeza lógica, bem como declarações incertas e probabilísticas. Eles também definiram a base para a compreensão da computação e do raciocínio sobre algoritmos.
- Os economistas formalizaram o problema de tomar decisões que maximizam a utilidade esperada para o tomador de decisões.
- Os neurocientistas descobriram alguns fatos sobre como o cérebro trabalha e a forma como ele se assemelha e se diferencia dos computadores.
- Os psicólogos adotaram a ideia de que os seres humanos e os animais podem ser considerados máquinas de processamento de informações. Os linguistas mostraram que o uso da linguagem se ajusta a esse modelo.

---

[16] Midas teria se saído melhor se tivesse seguido os princípios básicos da segurança e incluído um botão "desfazer" e um botão "pausar" em seu desejo.

- Os engenheiros de computação forneceram as máquinas cada vez mais poderosas que tornam possíveis as aplicações de IA, enquanto os engenheiros de *software* as tornaram mais usáveis.
- A teoria de controle lida com o projeto de dispositivos que agem de forma ótima com base no *feedback* do ambiente. Inicialmente, as ferramentas matemáticas da teoria de controle eram bem diferentes daquelas usadas na IA, mas os campos têm se aproximado.
- A história da IA teve ciclos de sucesso, otimismo impróprio e quedas resultantes no entusiasmo e no patrocínio. Também tem havido ciclos de introdução de novas abordagens criativas e de aprimoramento sistemático das melhores estratégias.
- A IA avançou consideravelmente em comparação com suas primeiras décadas, tanto no campo teórico quanto na metodologia empregada. À medida que os problemas tratados pela IA se tornaram mais complexos, o campo passou da lógica booleana para o raciocínio probabilístico, e do conhecimento feito manualmente para o aprendizado de máquina a partir de dados. Isso ocasionou melhorias nas capacidades dos sistemas reais e maior integração com outras disciplinas.
- À medida que os sistemas de IA são aplicados ao mundo real, torna-se necessário considerar uma grande variedade de riscos e consequências éticas.
- A mais longo prazo, enfrentamos o difícil problema de controlar os sistemas de IA superinteligentes, que podem evoluir de formas imprevisíveis. A solução para esse problema parece exigir uma mudança em nosso conceito de IA.

Notas bibliográficas e históricas

Nils Nilsson (2009), um dos primeiros pioneiros no campo, revela uma história abrangente da IA. Pedro Domingos (2015) e Melanie Mitchell (2019) apresentam visões gerais do aprendizado de máquina para o público em geral, e Kai-Fu Lee (2018) descreve a corrida pela liderança internacional em IA. Martin Ford (2018) entrevista 23 dos principais pesquisadores da IA.

As principais associações profissionais para a IA são a American Association for Artificial Intelligence (AAAI), o ACM Special Interest Group in Artificial Intelligence (SIGAI, anteriormente SIGART), a European Association for AI e a Society for Artificial Intelligence and Simulation of Behaviour (AISB). A Partnership on AI congrega muitas das organizações comerciais e não lucrativas preocupadas com os impactos éticos e sociais da IA. A revista da AAAI, *AI Magazine*, contém muitos artigos sobre tópicos variados e tutoriais, e seu *site*, `aaai.org`, contém notícias, tutoriais e informações básicas.

O trabalho mais recente aparece nos anais das conferências sobre IA mais importantes: a International Joint Conference on AI (IJCAI), a European Conference on AI (ECAI), e a AAAI Conference. O aprendizado de máquina é abordado na International Conference on Machine Learning (ICML) e no encontro Neural Information Processing Systems (NeurIPS). Os principais periódicos referentes à IA em geral são *Artificial Intelligence, Computational Intelligence*, o *IEEE Transactions on Pattern Analysis and Machine Intelligence, IEEE Intelligent Systems* e o *Journal of Artificial Intelligence Research*. Também existem muitas conferências e periódicos dedicados a áreas específicas, que indicaremos nos capítulos apropriados.

CAPÍTULO 2
AGENTES INTELIGENTES

Neste capítulo, discutimos a natureza dos agentes, perfeitos ou não, a diversidade de ambientes e a consequente variedade de tipos de agentes.

O Capítulo 1 identificou o conceito de **agentes racionais** como questão central para nossa abordagem da inteligência artificial. Neste capítulo, tornaremos essa noção mais concreta. Veremos que o conceito de racionalidade pode ser aplicado a uma ampla variedade de agentes que operam em qualquer ambiente imaginável. Nosso plano neste livro é usar esse conceito para desenvolver um pequeno conjunto de boas práticas de projeto com a finalidade de construir sistemas de agentes bem-sucedidos – sistemas que possam ser adequadamente chamados de **inteligentes**.

Começaremos examinando agentes, ambientes e o acoplamento entre eles. A observação de que alguns agentes se comportam melhor que outros leva naturalmente à ideia de agente racional – um agente que se comporta tão bem quanto possível. A medida da qualidade do comportamento de um agente depende da natureza do ambiente; alguns ambientes são mais difíceis que outros. Apresentaremos uma divisão geral dos ambientes em categorias e mostraremos como as propriedades de um ambiente influenciam o projeto de agentes adequados para esse ambiente. Descreveremos vários "esqueletos" básicos de projetos de agentes que serão utilizados no restante do livro.

2.1 Agentes e ambientes

Um **agente** é tudo o que pode ser considerado capaz de perceber seu **ambiente** por meio de **sensores** e de agir sobre esse ambiente por intermédio de **atuadores**. Essa ideia simples é ilustrada na Figura 2.1. Um agente humano tem olhos, ouvidos e outros órgãos como sensores, e tem mãos, pernas, boca e outras partes do corpo que servem como atuadores. Um agente robótico pode ter câmeras e detectores de distância por infravermelho funcionando como sensores e vários motores como atuadores. Um agente de *software* recebe conteúdo de arquivo, pacotes de rede e entrada humana (teclado, *mouse*, *touchscreen*, voz) como entradas sensoriais e atua sobre o ambiente gravando arquivos, enviando pacotes de rede e exibindo informações ou gerando sons. O ambiente pode ser qualquer coisa – o universo inteiro! Na prática, ele é composto por uma parte do universo em cujo estado estamos preocupados quando projetamos esse agente – a parte que afeta aquilo que o agente percebe e que é afetada pelas ações desse agente.

Usamos o termo **percepção** para fazer referência ao conteúdo que os sensores de um agente estão percebendo. A **sequência de percepções** do agente é a história completa de tudo o que o agente já percebeu. Em geral, *a escolha de ação de um agente em qualquer instante dado pode depender do conhecimento interno e da sequência inteira de percepções recebidas até o momento, mas não de percepções não recebidas*. Ao especificar a escolha de ação do agente para toda sequência de percepções possível, teremos dito quase tudo o que existe a dizer sobre o agente. Em termos matemáticos, afirmamos que o comportamento de um agente é descrito pela **função do agente** que mapeia qualquer sequência de percepções específica para uma ação.

Podemos imaginar a *tabulação* da função do agente que descreve qualquer agente dado; para a maioria dos agentes, o resultado seria uma tabela muito grande – na verdade infinita, a menos que seja definido um limite sobre o comprimento das sequências de percepções que queremos considerar. Dado um agente para a realização de experimentos, podemos, em princípio, construir essa tabela testando todas as sequências de percepções e registrando as

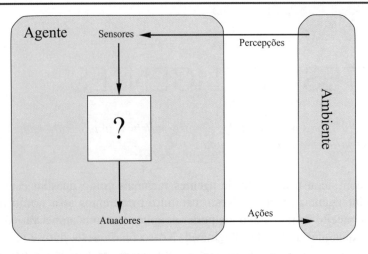

Figura 2.1 Agentes interagem com ambientes por meio de sensores e atuadores.

Programa do agente

ações que o agente executa em resposta.[1] É claro que a tabela é uma caracterização *externa* do agente. *Internamente*, a função do agente para um agente artificial será implementada por um **programa do agente**. É importante distinguir entre essas duas ideias. A função de agente é uma descrição matemática abstrata; o programa do agente é uma implementação concreta, executada em um sistema físico.

Para ilustrar essas ideias, usaremos um exemplo muito simples – o mundo de um aspirador de pó, que consiste em um agente aspirador de pó robótico em um mundo que consiste em quadrados que podem estar sujos ou limpos. A Figura 2.2 mostra uma configuração com apenas dois quadrados, *A* e *B*. O agente aspirador de pó percebe em que quadrado está e se existe sujeira no quadrado. O agente começa no quadrado *A*. As ações disponíveis são mover-se para a direita, mover-se para a esquerda, aspirar a sujeira, ou não fazer nada.[2] Uma função de agente muito simples é a seguinte: se o quadrado atual estiver sujo, então aspirar; caso contrário, mover-se para o outro quadrado. Uma tabulação parcial da função desse agente é mostrada na Figura 2.3 e um programa do agente que o implementa aparece na Figura 2.8.

Examinando a Figura 2.3, vemos diversos agentes do mundo de um aspirador de pó que podem ser definidos simplesmente preenchendo de várias maneiras a coluna da direita. Então, a pergunta óbvia é: *qual é a maneira correta de preencher a tabela?* Em outras palavras, o que torna um agente bom ou ruim, inteligente ou estúpido? Responderemos a essas perguntas na próxima seção.

Antes de fecharmos esta seção, enfatizaremos que a noção de um agente deve ser vista como uma ferramenta para analisar sistemas, não como uma caracterização absoluta que divide o mundo em agentes e não agentes. Poderíamos visualizar uma calculadora portátil como um agente que escolhe a ação de exibir "4" ao receber a sequência de percepções "2 + 2 = ", mas tal análise dificilmente ajudaria nossa compreensão da calculadora. De certo modo, todas as áreas da engenharia podem ser vistas como projetar artefatos que interagem com o mundo; a IA opera no que os autores consideram ser o fim mais interessante do espectro, onde os artefatos têm consideráveis recursos computacionais e o ambiente da tarefa requer uma tomada de decisão não trivial.

---

[1] Se o agente utilizasse alguma aleatoriedade para escolher suas ações, teríamos de experimentar cada sequência muitas vezes para identificar a probabilidade de cada ação. Talvez alguém considere a atuação aleatória bastante tola, mas veremos mais adiante, neste capítulo, que ela pode ser muito inteligente.

[2] Em um robô real, seria improvável que houvesse ações como "mover para a direita" e "mover para a esquerda". Em vez disso, as ações seriam "girar as rodas para frente" e "girar as rodas para trás". Escolhemos as ações para serem mais fáceis de acompanhar na página, não para facilitar a implementação em um robô real.

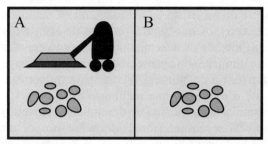

Figura 2.2 Um mundo do aspirador de pó com apenas dois locais. Cada local pode estar limpo ou sujo, e o agente pode mover-se para a esquerda ou para a direita, além de poder limpar o quadrado que ocupa. Diferentes versões do mundo do aspirador de pó permitem que diferentes regras sejam aplicadas a respeito daquilo que o agente pode perceber, se suas ações sempre têm sucesso, e assim por diante.

Sequência de percepções	Ação
[*A*,*Limpo*]	*Direita*
[*A*,*Sujo*]	*Aspira*
[*B*,*Limpo*]	*Esquerda*
[*B*,*Sujo*]	*Aspira*
[*A*,*Limpo*], [*A*,*Limpo*]	*Direita*
[*A*,*Limpo*], [*A*,*Sujo*]	*Aspira*
⋮	⋮
[*A*,*Limpo*], [*A*,*Limpo*], [*A*,*Limpo*]	*Direita*
[*A*,*Limpo*], [*A*,*Limpo*], [*A*,*Sujo*]	*Aspira*
⋮	⋮

Figura 2.3 Tabulação parcial de uma função de agente simples correspondente ao mundo do aspirador de pó mostrado na Figura 2.2. O agente limpa o quadrado atual se ele estiver sujo; caso contrário, move-se para o outro quadrado. Observe que a tabela tem tamanho ilimitado, a menos que haja uma restrição para o tamanho das sequências de percepção possíveis.

2.2 Bom comportamento: conceito de racionalidade

Um **agente racional** é aquele que faz a coisa certa. É óbvio que fazer a coisa certa é melhor do que fazer a coisa errada; porém, o que significa fazer a coisa certa? Agente racional

2.2.1 Medidas de desempenho

A filosofia moral desenvolveu diversas noções diferentes para a "coisa certa", mas a IA geralmente aceita uma noção chamada de **consequencialismo**: avaliamos o comportamento de um agente por suas consequências. Quando um agente é colocado em um ambiente, gera uma sequência de ações de acordo com as percepções que recebe. Essa sequência de ações faz com que o ambiente passe por uma sequência de estados. Se a sequência for desejável, o agente teve bom desempenho. Essa noção de "desejável" é capturada por uma **medida de desempenho** que avalia qualquer sequência dada dos estados do ambiente. Consequencialismo Medida de desempenho

Os humanos têm seus próprios desejos e preferências, de modo que a noção de racionalidade aplicada aos humanos está relacionada a seu sucesso na escolha de ações que produzem sequências de estados ambientais que, *de seu ponto de vista*, são desejáveis. Por outro lado, as máquinas *não* têm desejos e preferências próprias; pelo menos inicialmente, a medida de desempenho está na mente do projetista da máquina, ou na mente dos usuários para os quais a máquina foi projetada. Veremos que alguns projetos de agente têm uma representação explícita da (uma versão da) medida de desempenho, enquanto em outros projetos a medida de desempenho é totalmente implícita – o agente pode fazer a coisa certa, mas não sabe o motivo.

Relembrando a advertência de Norbert Wiener para ter certeza de que "o propósito implementado na máquina é o propósito que realmente desejamos" (Capítulo 1), observe que pode ser muito difícil formular uma medida de desempenho correta. Considere, por exemplo, o agente aspirador de pó da seção anterior. Poderíamos propor medir o desempenho pela quantidade de sujeira aspirada em um único turno de 8 horas. É claro que, no caso de um agente racional, você obtém aquilo que solicita. Um agente racional pode maximizar essa medida de desempenho limpando a sujeira e, em seguida, despejando-a toda no chão, depois limpando novamente, e assim por diante. Uma medida de desempenho mais apropriada recompensaria o agente por deixar o chão limpo. Por exemplo, ele poderia ser recompensado por cada quadrado limpo em cada período (talvez com uma penalidade pela eletricidade consumida e pelo ruído gerado). *Como regra geral, é melhor projetar medidas de desempenho de acordo com o resultado realmente desejado no ambiente, em vez de criá-las de acordo com o comportamento esperado do agente.*

Mesmo que as armadilhas óbvias sejam evitadas, ainda existem algumas questões complexas para desembaraçar. Por exemplo, a noção de "chão limpo" no parágrafo anterior se baseia na limpeza média ao longo do tempo. Ainda assim, a mesma limpeza média pode ser alcançada por dois agentes diferentes, um dos quais faz o trabalho tedioso de limpeza o tempo todo, enquanto o outro limpa energicamente, mas faz longas pausas. A estratégia preferível pode parecer um detalhe secundário da ciência do trabalho doméstico, mas de fato é uma profunda questão filosófica com extensas implicações. O que é melhor: uma vida aventureira, cheia de altos e baixos, ou uma existência segura, porém monótona? O que é melhor: uma economia em que todos vivam em pobreza moderada ou aquela em que alguns vivem em plena riqueza enquanto outros são muito pobres? Deixaremos essas perguntas como exercício para o leitor.

Na maior parte deste livro, iremos considerar que a medida de desempenho pode ser especificada corretamente. Entretanto, pelas razões apresentadas acima, devemos aceitar a possibilidade de que possamos colocar o propósito errado na máquina – exatamente o problema do Rei Midas, descrito no Capítulo 1. Além disso, ao projetar um trecho de *software*, cujas cópias pertencerão a diferentes usuários, não podemos prever as preferências exatas de cada usuário individual. Assim, pode ser preciso construir agentes que reflitam a incerteza inicial sobre a verdadeira medida de desempenho e aprender mais sobre isso com o passar do tempo; esses agentes são descritos nos Capítulos 16, 18 e 22.

2.2.2 Racionalidade

A definição do que é racional em qualquer instante dado depende de quatro fatores:

- A medida de desempenho que define o critério de sucesso.
- O conhecimento prévio que o agente tem do ambiente.
- As ações que o agente pode executar.
- A sequência de percepções do agente até o momento.

Definição de um agente racional

Isso conduz a uma **definição de um agente racional**:

> *Para cada sequência de percepções possível, um agente racional deve selecionar uma ação que se espera venha a maximizar sua medida de desempenho, dada a evidência fornecida pela sequência de percepções e por qualquer conhecimento interno do agente.*

Considere o agente aspirador de pó simples que limpa um quadrado se ele estiver sujo e passa para o outro quadrado se o primeiro não estiver sujo; essa é a função do agente, tabulada na Figura 2.3. Esse é um agente racional? Depende! Primeiro, precisamos dizer qual é a medida de desempenho, o que se conhece sobre o ambiente e quais são os sensores e atuadores que o agente tem. Vamos supor o seguinte:

Capítulo 2 • Agentes Inteligentes   37

- A medida de desempenho oferece o prêmio de um ponto para cada quadrado limpo em cada período de tempo, ao longo de um "tempo de vida" de mil períodos.
- A "geografia" do ambiente é conhecida *a priori* (Figura 2.2), mas a distribuição da sujeira e a posição inicial do agente não são previamente conhecidas. Quadrados limpos permanecem limpos e a aspiração limpa o quadrado atual. As ações *Esquerda* e *Direita* movem o agente por um quadrado, exceto quando isso leva o agente para fora do ambiente; nesse caso, o agente permanece onde está.
- As únicas ações disponíveis são *Esquerda*, *Direita* e *Aspirar*.
- O agente percebe corretamente sua posição e se essa posição contém sujeira.

Sob essas circunstâncias, o agente é de fato racional; espera-se que seu desempenho seja pelo menos tão alto quanto o de qualquer outro agente.

Podemos ver facilmente que o mesmo agente seria irracional sob circunstâncias diferentes. Por exemplo, uma vez que toda a sujeira seja limpa, o agente oscila desnecessariamente de um lado para outro; se a medida de desempenho incluir uma penalidade de um ponto para cada movimento à esquerda ou à direita, o agente será mal avaliado. Um agente melhor para esse caso não faria nada se tivesse certeza de que todos os quadrados estão limpos. Se quadrados limpos puderem ficar sujos novamente, o agente deve ocasionalmente verificar e voltar a limpá-los, se necessário. Se a geografia do ambiente for desconhecida, o agente vai precisar **explorá-la**.

2.2.3 Onisciência, aprendizado e autonomia

Precisamos ter o cuidado de distinguir entre racionalidade e **onisciência**. Um agente onisciente sabe o resultado *real* de suas ações e pode agir de acordo com ele; porém, a onisciência é impossível na realidade. Considere o exemplo a seguir: estou caminhando nos Champs Elysées e de repente vejo um velho amigo do outro lado da rua. Não existe nenhum tráfego perto e não tenho nenhum outro compromisso; assim, sendo racional, começo a atravessar a rua. Enquanto isso, a 10 mil metros de altura, a porta do compartimento de carga se solta de um avião[3] e, antes de chegar ao outro lado da rua, sou atingido. Foi irracional atravessar a rua? É improvável que a notícia de minha morte fosse "idiota tenta cruzar rua".

Onisciência

Esse exemplo mostra que racionalidade não é o mesmo que perfeição. A racionalidade maximiza o desempenho *esperado*, enquanto a perfeição maximiza o desempenho *real*. Fugir à exigência de perfeição não é apenas uma questão de ser justo com os agentes. Se esperarmos que um agente realize aquela que virá a ser a melhor ação após o fato, será impossível projetar um agente para satisfazer essa especificação – a menos que melhoremos o desempenho de bolas de cristal ou máquinas do tempo.

Portanto, nossa definição de racionalidade não exige onisciência porque a escolha racional só depende da sequência de percepções *até o momento*. Também devemos assegurar que não permitimos que o agente se engaje sem querer em atividades decididamente pouco inteligentes. Por exemplo, se um agente não olhar para os dois lados antes de atravessar uma estrada movimentada, sua sequência de percepções não o informará de que existe um grande caminhão se aproximando em alta velocidade. Nossa definição de racionalidade afirmaria que agora é correto atravessar a estrada? Longe disso!

Primeiro, não seria racional atravessar a estrada, dada essa sequência de percepções pouco informativa: o risco de acidente resultante de atravessar a estrada sem olhar para os lados é muito grande. Em segundo lugar, um agente racional deveria escolher a ação "olhar" antes de iniciar a travessia, porque olhar ajuda a maximizar o desempenho esperado. A realização de ações *com a finalidade de modificar percepções futuras* – às vezes chamada de **coleta de informações** – é uma parte importante da racionalidade e é abordada em profundidade no Capítulo 16. Um segundo exemplo de coleta de informações é dado pela **exploração** que tem de ser empreendida por um agente aspirador de pó em um ambiente inicialmente desconhecido.

Coleta de informações

Nossa definição exige um agente racional não apenas para coletar informações, mas também para **aprender** tanto quanto possível a partir do que ele percebe. A configuração inicial

Aprendizado

---

[3] Ver N. Henderson, *New door latches urged for Boeing 747 jumbo jets*, *Washington Post*, 24 de agosto de 1989.

38   Inteligência Artificial

do agente poderia refletir algum conhecimento prévio do ambiente, mas, à medida que o agente ganha experiência, isso pode ser modificado e ampliado. Existem casos extremos em que o ambiente é completamente conhecido e previsível *a priori*. Nesses casos, o agente não precisa perceber ou aprender; ele simplesmente age de forma correta.

É claro que tais agentes são muito frágeis. Considere o humilde besouro de esterco. Depois de cavar seu ninho e depositar os ovos, ele busca uma bola de esterco em um monte próximo para fechar a entrada. Se, *durante o percurso*, a bola de esterco for removida de suas garras, o besouro seguirá em frente e imitará o fechamento do ninho com a bola de esterco inexistente, sem notar que ela foi removida. A evolução construiu uma suposição no comportamento do besouro e, quando essa hipótese é violada, o resultado é um comportamento malsucedido.

A vespa Sphex é um pouco mais inteligente. A fêmea da Sphex cava uma cova, sai, pica uma lagarta e a arrasta até a borda da cova, entra novamente na cova para verificar se tudo está bem, arrasta a lagarta para dentro e deposita seus ovos. A lagarta servirá como alimento quando os ovos eclodirem. Até aqui tudo bem, mas se um entomologista afastar a lagarta alguns centímetros enquanto a fêmea estiver fazendo a verificação, ela voltará à etapa de "arrastar" de seu plano e continuará o plano sem modificação, mesmo depois de dezenas de intervenções de afastamento de lagartas. A Sphex é incapaz de aprender que seu plano inato está falhando e, portanto, não o modificará.

Autonomia

Quando um agente se baseia no conhecimento anterior de seu projetista e não em suas próprias percepções, dizemos que o agente não tem **autonomia**. Um agente racional deve ser autônomo – ele deve aprender o que puder para compensar um conhecimento prévio parcial ou incorreto. Por exemplo, um agente aspirador de pó que aprende a prever onde e quando aparecerá mais sujeira funcionará melhor que um agente incapaz de fazer essa previsão.

Na prática, raramente se exige autonomia completa desde o início: quando o agente tem pouca ou nenhuma experiência, ele deve agir ao acaso, a menos que o projetista tenha dado a ele alguma assistência. Então, da mesma forma que a evolução fornece aos animais reflexos internos suficientes para que eles possam sobreviver pelo tempo necessário para aprenderem por si mesmos, seria razoável fornecer a um agente de inteligência artificial algum conhecimento inicial, bem como habilidade para aprender. Depois de adquirir experiência suficiente sobre seu ambiente, o comportamento de um agente racional pode se tornar efetivamente *independente* de seu conhecimento anterior. Em consequência disso, a incorporação do aprendizado permite projetar um único agente racional que terá sucesso em uma grande variedade de ambientes.

2.3 Natureza dos ambientes

Ambiente de tarefa

Agora que temos uma definição de racionalidade, estamos quase prontos para pensar na construção de agentes racionais. Porém, primeiro devemos pensar em **ambientes de tarefas**, que são basicamente os "problemas" para os quais os agentes racionais são as "soluções". Começamos mostrando como especificar um ambiente de tarefa ilustrando o processo com vários exemplos. Em seguida, mostramos que há vários tipos de ambientes de tarefas. A natureza do ambiente de tarefa afeta diretamente o projeto apropriado para o programa do agente.

2.3.1 Especificar o ambiente de tarefa

PEAS

Em nossa discussão sobre a racionalidade do agente aspirador de pó simples, tivemos de especificar a medida de desempenho, o ambiente e os atuadores e sensores do agente. Agruparemos todos esses itens sob o título **ambiente da tarefa**. Para os leitores que gostam de acrônimos, chamaremos essa descrição de **PEAS** (*performance, environment, actuators, sensors* - desempenho, ambiente, atuadores, sensores). Ao projetar um agente, o primeiro passo deve ser sempre especificar o ambiente de tarefa de forma tão completa quanto possível.

O mundo do aspirador de pó foi um exemplo simples; vamos considerar um problema mais complexo: um motorista de táxi automatizado. A Figura 2.4 resume a descrição PEAS para o ambiente de tarefa do táxi. Descreveremos cada elemento com mais detalhes nos próximos parágrafos.

Tipo de agente	Medida de desempenho	Ambiente	Atuadores	Sensores
Motorista de táxi	Viagem segura, rápida, dentro da lei, confortável, maximizar lucros, minimizar impacto sobre outros usuários da estrada	Estradas, outros tipos de tráfego, polícia, pedestres, clientes, clima	Direção, acelerador, freio, sinal, buzina, visor, voz	Câmeras, radar, velocímetro, GPS, sensores do motor, acelerômetro, microfones, *touchscreen*

Figura 2.4 Descrição de PEAS do ambiente de tarefa para um motorista de táxi automatizado.

Primeiro, que **medida de desempenho** gostaríamos de que nosso motorista automatizado tivesse como objetivo? As qualidades desejáveis incluem chegar ao destino correto, minimizar o consumo de combustível e o desgaste, minimizar o tempo e/ou o custo de viagem, minimizar as violações às leis de trânsito e as perturbações a outros motoristas, maximizar a segurança e o conforto dos passageiros e maximizar os lucros. É óbvio que alguns desses objetivos serão conflitantes; então será necessário fazer escolhas.

Em seguida, qual é o **ambiente** de direção que o táxi enfrentará? Qualquer motorista de táxi deve lidar com diversos tipos de estradas, variando desde estradas de terra e avenidas urbanas até rodovias com várias pistas. As estradas contêm outros tipos de tráfego, pedestres, animais soltos, trabalhadores na pista, policiamento, poças e buracos. O táxi também deve interagir com passageiros potenciais e reais. Existem ainda algumas escolhas opcionais. O táxi poderia precisar operar no sul da Califórnia, onde a neve raramente é um problema, ou no Alasca, onde ela raramente não é um problema. Ele poderia estar dirigindo sempre no lado direito da pista ou talvez quiséssemos que ele fosse flexível o bastante para dirigir no lado esquerdo quando estivesse na Grã-Bretanha ou no Japão. É óbvio que, quanto mais restrito o ambiente, mais fácil se torna o problema de projetar.

Os **atuadores** para um táxi automatizado incluem aqueles disponíveis para um motorista humano: controle sobre o motor através do acelerador e controle sobre a direção e a frenagem. Além disso, o motorista precisará da saída para uma tela ou um sintetizador de voz para se comunicar com os passageiros, e talvez de algum meio para se comunicar com outros veículos, de forma educada ou não.

Os **sensores** básicos do táxi vão incluir uma ou mais câmeras de vídeo para observar a estrada, que podem ser potencializadas com infravermelho ou sensor de ultrassom, para detectar distâncias de outros carros e obstáculos. Para evitar multas por excesso de velocidade, o táxi deverá ter velocímetro; para controlar o veículo de forma correta, especialmente em curvas, deve haver um acelerômetro. Para conhecer o estado mecânico do veículo, será necessário o conjunto habitual de sensores do motor, combustível e sistema elétrico. Como muitos motoristas humanos, ele pode querer um sistema de posicionamento global (GPS) para não se perder. Finalmente, ele precisará de um microfone ou *touchscreen* para que o passageiro possa solicitar um destino.

Na Figura 2.5, esboçamos os elementos básicos do PEAS para diversos outros tipos de agentes. Observe que os ambientes de tarefas virtuais podem ser tão complexos quanto os do mundo "real": por exemplo, um **agente de *software*** (ou robô de *software* ou, ainda, *softbot*) que negocia em *sites* de leilão ou revenda lida com milhões de outros usuários e bilhões de objetos, muitos deles com imagens reais.

Agente de *software*
Softbot

2.3.2 Propriedades de ambientes de tarefas

A variedade de ambientes de tarefas que podem surgir em IA, sem dúvida, é vasta. Entretanto, podemos identificar um número bastante reduzido de dimensões ao longo das quais os ambientes de tarefas podem ser divididos em categorias. Em grande parte, essas dimensões determinam o projeto apropriado de agentes e a aplicabilidade de cada uma das principais famílias de técnicas de implementação de agentes. Primeiro, listamos as dimensões,

Tipo de agente	Medida de desempenho	Ambiente	Atuadores	Sensores
Sistema de diagnóstico médico	Paciente saudável, minimizar custos	Paciente, hospital, equipe	Exibir perguntas, testes, diagnósticos, tratamentos	Entrada por *touchscreen* e voz para sintomas e descobertas
Sistema de análise de imagens de satélite	Definição correta da categoria de objetos, terreno	*Link* de transmissão de satélite em órbita, clima	Exibir a categorização da cena	Câmera digital de alta resolução
Robô de seleção de peças	Porcentagem de peças em bandejas corretas	Correia transportadora com peças; bandejas	Braço e mão articulados	Câmera, sensores angulares articulados
Controlador de refinaria	Pureza, rendimento, segurança	Refinaria, matéria-prima operadores	Válvulas, bombas, aquecedores, agitadores, mostradores	Sensores de temperatura, pressão, fluxo, produtos químicos
Instrutor de inglês interativo	Nota de aluno em teste	Conjunto de alunos, ambiente de testes	Exibir exercícios, sugestões, gerar falas	Entrada pelo teclado, voz

Figura 2.5 Exemplos de tipos de agentes e suas descrições PEAS.

depois analisamos vários ambientes de tarefas para ilustrar as ideias. Aqui, as definições são informais; os capítulos posteriores fornecerão declarações e exemplos mais precisos de cada tipo de ambiente.

Completamente observável
Parcialmente observável

Completamente observável *versus* **parcialmente observável**: se os sensores de um agente permitem acesso ao estado completo do ambiente em cada instante, dizemos que o ambiente de tarefa é completamente observável. Um ambiente de tarefa é de fato completamente observável se os sensores detectam todos os aspectos que são *relevantes* para a escolha da ação; por sua vez, a relevância depende da medida de desempenho. Ambientes completamente observáveis são convenientes porque o agente não precisa manter qualquer estado interno para acompanhar as mudanças do mundo. Um ambiente poderia ser parcialmente observável devido a ruído e a sensores imprecisos ou porque partes do estado estão simplesmente ausentes nos dados do sensor - por exemplo, um agente aspirador de pó com apenas um sensor de sujeira local não pode saber se há sujeira em outros quadrados, e um táxi automatizado não pode saber o que outros motoristas estão pensando. Se o agente não tiver sensores, o ambiente será **inobservável**. Alguém poderia pensar que, nesses casos, a situação do agente fica desesperadora, mas, como discutiremos no Capítulo 4, os objetivos do agente ainda poderão ser alcançáveis, e, em alguns casos, com certeza.

Inobservável

Agente único
Multiagente

Agente único *versus* **multiagente**: a distinção entre ambientes de agente único e de multiagente pode parecer bastante simples. Por exemplo, um agente que resolve um jogo de palavras cruzadas sozinho está claramente em um ambiente de agente único, enquanto um agente que joga xadrez está em um ambiente de dois agentes. Porém, existem algumas questões sutis. Primeiro, descrevemos como uma entidade *pode* ser visualizada como um agente, mas não explicamos que entidades *devem* ser visualizadas como agentes. Um agente A (p. ex., o motorista de táxi) tem de tratar um objeto B (outro veículo) como um agente, ou ele pode ser tratado apenas como um objeto comportando-se de acordo com as leis da física, semelhante às ondas do mar ou às folhas espalhadas pelo vento? A distinção fundamental é saber se o comportamento de B é ou não mais bem descrito como a maximização de uma medida de desempenho cujo valor depende do comportamento do agente A.

Por exemplo, no xadrez, a entidade oponente B está tentando maximizar sua medida de desempenho que, pelas regras de xadrez, minimiza a medida de desempenho do agente A. Desse modo, o jogo de xadrez é um ambiente de multiagente **competitivo**. Por outro lado, no ambiente de direção de um táxi, evitar colisões maximiza a medida de desempenho de todos os agentes; assim, esse é um ambiente de multiagente parcialmente **cooperativo**. Ele também é parcialmente competitivo porque, por exemplo, apenas um carro pode ocupar um espaço no estacionamento.

Competitivo

Cooperativo

Os problemas de projeto de agentes que surgem em ambientes de multiagentes muitas vezes são bem diferentes dos que surgem em ambientes de um único agente; por exemplo, a comunicação com frequência emerge como um comportamento racional em ambientes de multiagentes; em alguns ambientes competitivos, o comportamento aleatório é racional porque evita as armadilhas da previsibilidade.

Determinístico *versus* **não determinístico**: se o próximo estado do ambiente é completamente determinado pelo estado atual e pela ação executada pelo(s) agente(s), dizemos que o ambiente é determinístico; caso contrário, ele é não determinístico. Em princípio, um agente não precisa se preocupar com a incerteza em um ambiente completamente observável e determinístico. Porém, se o ambiente for parcialmente observável, ele poderá *parecer* não determinístico.

Determinístico
Não determinístico

A maioria das situações reais é tão complexa que é impossível acompanhar todos os aspectos não observados; para fins práticos, devem ser tratados como não determinísticos. O motorista de táxi é claramente não determinístico nesse sentido, pois nunca se pode prever o comportamento do tráfego com exatidão; além disso, podem ocorrer o estouro inesperado de um pneu e a falha de um motor, sem aviso prévio. O mundo do aspirador de pó que descrevemos é determinístico, mas as variações podem incluir elementos não determinísticos, como o aparecimento de sujeira trazida ao acaso e um mecanismo de aspiração não confiável.

Uma última nota: a palavra **estocástico** é usada por alguns como sinônimo de "não determinístico", mas há uma distinção entre os dois termos; dizemos que um modelo do ambiente é estocástico se ele for quantificado explicitamente com probabilidades (p. ex., "há 25% de chance de chover amanhã") e "não determinístico" se as possibilidades forem listadas sem que sejam quantificadas, por seus resultados *possíveis* (p. ex., "é possível que chova amanhã").

Estocástico

Episódico *versus* **sequencial**: em um ambiente de tarefa episódico, a experiência do agente é dividida em episódios indivisíveis. Em cada episódio, o agente recebe uma percepção e em seguida executa uma única ação. É crucial que o episódio seguinte não dependa das ações executadas em episódios anteriores. Muitas tarefas de classificação são episódicas. Por exemplo, um agente que tem de localizar peças defeituosas em uma linha de montagem baseia cada decisão na peça atual, independentemente das decisões anteriores; além disso, a decisão atual não afeta o fato de a próxima peça estar ou não com defeito. Por outro lado, em ambientes sequenciais a decisão atual poderia afetar todas as decisões futuras.[4] Jogar xadrez e dirigir um táxi são sequenciais: em ambos os casos, ações em curto prazo podem ter consequências a longo prazo. Ambientes episódicos são muito mais simples que ambientes sequenciais, visto que o agente não precisa pensar à frente.

Episódico
Sequencial

Estático *versus* **dinâmico**: se o ambiente puder se alterar enquanto um agente está deliberando, dizemos que o ambiente é dinâmico para esse agente; caso contrário, é estático. Ambientes estáticos são fáceis de manipular porque o agente não precisa continuar a observar o mundo enquanto está decidindo sobre a realização de uma ação, nem precisa se preocupar com a passagem do tempo. Por outro lado, ambientes dinâmicos estão continuamente perguntando ao agente o que ele deseja fazer; se ainda não tiver decidido, isso será considerado como decisão de não fazer nada. Se o próprio ambiente não mudar com o passar do tempo, mas o nível de desempenho do agente se alterar, dizemos que o ambiente é **semidinâmico**. O ambiente em que se dirige um táxi é claramente dinâmico: os outros carros e o próprio táxi continuam a se mover enquanto o algoritmo de direção hesita sobre o que fazer em seguida. O jogo de xadrez, quando jogado com a contagem do tempo, é semidinâmico. O jogo de palavras cruzadas é estático.

Estático
Dinâmico

Semidinâmico

Discreto *versus* **contínuo**: a distinção entre discreto e contínuo aplica-se ao *estado* do ambiente, ao modo como o *tempo* é tratado, e ainda às *percepções* e *ações* do agente.

Discreto
Contínuo

---

[4] A palavra "sequencial" também é usada em ciência da computação como antônimo de "paralelo". Os dois significados não têm qualquer correlação.

42 Inteligência Artificial

Por exemplo, um ambiente de jogo de xadrez tem um número finito de estados distintos (excluindo o relógio). O xadrez também tem um conjunto discreto de percepções e ações. Dirigir um táxi é um problema de estado contínuo e tempo contínuo: a velocidade e a posição do táxi e dos outros veículos passam por um intervalo de valores contínuos e fazem isso suavemente ao longo do tempo. As ações de dirigir um táxi também são contínuas (ângulos de rotação do volante etc.). A entrada proveniente de câmeras digitais é discreta, em termos estritos, mas em geral é tratada como a representação de intensidades e posições que variam continuamente.

Conhecido *versus* **desconhecido**: estritamente falando, essa distinção não se refere ao ambiente em si, mas ao estado de conhecimento do agente (ou do projetista) sobre as "leis da física" no meio ambiente. Em um ambiente conhecido, para todas as ações são fornecidos resultados (ou, se o ambiente for não determinístico, probabilidades de resultados). Obviamente, se o ambiente for desconhecido, o agente terá de aprender como funciona, a fim de tomar boas decisões.

> Conhecido
> Desconhecido

A distinção entre os ambientes conhecido e desconhecido não é a mesma que entre ambientes totalmente e parcialmente observáveis. É perfeitamente possível para um ambiente *conhecido* ser *parcialmente* observável – por exemplo, em jogos de cartas de paciência, eu conheço as regras, mas ainda assim não consigo ver as cartas que ainda não foram viradas. Por outro lado, um ambiente *desconhecido* pode ser *totalmente* observável – em um novo videogame, a tela pode mostrar o estado inteiro do jogo, mas eu ainda não sei o que os botões fazem até eu experimentá-los.

Conforme observamos na seção 2.2, a medida de desempenho em si pode ser desconhecida, seja porque o projetista não tem certeza de como anotá-la corretamente ou porque o usuário final – cujas preferências são importantes – não é conhecido. Por exemplo, um motorista de táxi geralmente não sabe se um novo passageiro prefere uma viagem mais lenta ou mais rápida, um estilo de direção cauteloso ou agressivo. Um assistente pessoal virtual começa sem saber nada sobre as preferências pessoais de seu novo proprietário. Nesses casos, o agente pode aprender mais sobre a medida de desempenho com base em outras interações com o projetista ou o usuário. Por sua vez, isso indica que o ambiente da tarefa é necessariamente visto como um ambiente de multiagente.

O caso mais difícil é *parcialmente observável, multiagente, não determinístico, sequencial, dinâmico, contínuo* e *desconhecido*. Dirigir um táxi é difícil em todos esses sentidos, exceto que para a maioria dos motoristas o ambiente é conhecido. Dirigir um carro alugado em um país desconhecido, com a geografia e leis de trânsito desconhecidas, é muito mais emocionante.

A Figura 2.6 lista as propriedades de vários ambientes familiares. Observe que as propriedades nem sempre são definitivas. Por exemplo, descrevemos a tarefa de diagnóstico médico como sendo de agente único porque não há vantagem em modelar o processo da doença em um paciente como um agente; mas um sistema de diagnóstico médico também poderia ter que lidar com pacientes rebeldes e uma equipe cética, de modo que o ambiente poderia ter um aspecto multiagente. Além disso, o diagnóstico médico é episódico se alguém conceber a tarefa como selecionar um diagnóstico a partir de uma lista de sintomas; o problema é sequencial se a tarefa puder incluir a indicação de uma série de testes, avaliar o progresso ao longo do tratamento, considerar o resultado em vários pacientes, e assim por diante.

A coluna "conhecido/desconhecido" não foi incluída porque, como explicado anteriormente, ela não é estritamente uma propriedade do ambiente. Em alguns ambientes, tais como xadrez e pôquer, é muito fácil suprir o agente com pleno conhecimento das regras, mas não deixa de ser interessante considerar como um agente poderá aprender a jogar esses jogos sem tal conhecimento.

O repositório de código associado a este livro (`aima.cs.berkeley.edu`) inclui implementações de vários ambientes, juntamente com um simulador de ambiente de uso geral para avaliar o desempenho de um agente. Com frequência, tais experimentos são executados não para um único ambiente, mas para muitos ambientes extraídos de uma **classe de ambientes**. Por exemplo, avaliar um motorista de táxi em tráfego simulado requer a execução de muitas simulações com diferentes condições de tráfego, iluminação e condições climáticas. Então, estamos interessados no desempenho médio do agente sobre a classe de ambientes.

> Classe de ambiente

Ambiente de tarefa	Observável	Agentes	Determinístico	Episódico	Estático	Discreto
Jogo de palavras cruzadas	Completamente	Único	Determinístico	Sequencial	Estático	Discreto
Xadrez com um relógio	Completamente	Multi	Determinístico	Sequencial	Semi	Discreto
Pôquer	Parcialmente	Multi	Estocástico	Sequencial	Estático	Discreto
Gamão	Completamente	Multi	Estocástico	Sequencial	Estático	Discreto
Direção de táxi	Parcialmente	Multi	Estocástico	Sequencial	Dinâmico	Contínuo
Diagnóstico médico	Parcialmente	Único	Estocástico	Sequencial	Dinâmico	Contínuo
Análise de imagens	Completamente	Único	Determinístico	Episódico	Semi	Contínuo
Robô de seleção de peças	Parcialmente	Único	Estocástico	Episódico	Dinâmico	Contínuo
Controlador de refinaria	Parcialmente	Único	Estocástico	Sequencial	Dinâmico	Contínuo
Tutor de inglês	Parcialmente	Multi	Estocástico	Sequencial	Dinâmico	Discreto

Figura 2.6 Exemplos de ambientes de tarefas e suas características.

2.4 Estrutura de agentes

Até agora fizemos referência aos agentes descrevendo o *comportamento* - a ação executada após qualquer sequência de percepções específica. Agora, teremos de seguir em frente e descrever o funcionamento interno desses agentes. O trabalho da IA é projetar o **programa do agente** que implementa a função do agente - que mapeia percepções em ações. Supomos que esse programa será executado em algum tipo de dispositivo de computação com sensores e atuadores físicos - chamamos esse conjunto de **arquitetura do agente**:

Programa do agente

Arquitetura do agente

    agente = arquitetura + programa.

É óbvio que o programa que escolhermos tem de ser apropriado para a arquitetura. Se o programa recomendar ações como *caminhar*, é melhor que a arquitetura tenha pernas. A arquitetura pode ser apenas um PC comum ou talvez um carro robótico com diversos computadores, câmeras e outros sensores a bordo. Em geral, a arquitetura torna as percepções dos sensores disponíveis para o programa, executa o programa e fornece as escolhas de ação do programa para os atuadores à medida que elas são geradas. A maior parte deste livro trata do projeto de programas de agentes, embora os Capítulos 25 e 26 lidem diretamente com os sensores e atuadores.

2.4.1 Programas de agentes

Os programas de agentes que projetaremos neste livro têm todos a mesma estrutura básica: eles recebem a percepção atual como entrada dos sensores e devolvem uma ação para os atuadores.[5] Note a diferença entre o programa do agente, que toma a percepção atual como entrada, e a função do agente, que recebe o histórico de percepções completo. O programa do agente recebe apenas a percepção atual como entrada, uma vez que nada mais está disponível do ambiente; se as ações do agente precisarem depender da sequência de percepções inteira, o agente terá de lembrar as percepções.

    Descreveremos os programas de agentes por meio da linguagem de pseudocódigo simples definida no Apêndice B. Por exemplo, a Figura 2.7 mostra um programa de agente bastante trivial que acompanha a sequência de percepções e depois a utiliza para realizar a indexação em uma tabela de ações, a fim de decidir o que fazer. A tabela - cujo exemplo foi dado para o mundo do aspirador de pó na Figura 2.3 - representa explicitamente a função do agente que o programa

---

[5] Existem outras opções para a estrutura do programa de agente; por exemplo, poderíamos fazer os programas de agentes serem **corrotinas** que são executadas de forma assíncrona com o ambiente. Cada uma dessas corrotinas tem uma porta de entrada e uma porta de saída, e consiste em um *loop* que lê a porta de entrada em busca de percepções e envia ações para a porta de saída.

44 Inteligência Artificial

---

função AGENTE-DIRIGIDO-POR-TABELA(*percepção*) **retorna** uma ação
  persistente: *percepções*, uma sequência, inicialmente vazia
      tabela, uma tabela de ações, indexada por sequências de percepções, inicialmente
      completamente especificada

  anexar *percepção* ao fim de *percepções*
  ação ← ACESSAR(*percepções, tabela*)
  devolve *ação*

Figura 2.7 O programa AGENTE-DIRIGIDO-POR-TABELA é chamado para cada nova percepção e retorna uma ação de cada vez. Ele mantém a sequência de percepções completas na memória.

---

do agente incorpora. Para construir um agente racional desse modo, devemos construir uma tabela que contenha a ação apropriada para todas as sequências de percepções possíveis.

É instrutivo considerar por que a abordagem orientada a tabelas para construção de agentes está condenada ao fracasso. Seja $\mathcal{P}$ o conjunto de percepções possíveis e seja T o tempo de duração do agente (o número total de percepções que ele receberá). A tabela de pesquisa conterá $\sum_{t=1}^{T} |\mathcal{P}|^t$ entradas. Considere o táxi automatizado: a entrada visual de uma única câmera (é comum haver oito câmeras) chega à velocidade de aproximadamente 70 *megabytes* por segundo (30 quadros por segundo, 1080×720 *pixels* com 24 *bits* de informações de cores). Isso nos dá uma tabela de pesquisa com mais de $10^{600.000.000.000}$ entradas para 1 hora de direção. Até mesmo a tabela de pesquisa para o xadrez – um minúsculo e bem-comportado fragmento do mundo real – tem pelo menos 10^{150} entradas. Em comparação, o número de átomos no universo observável é menor que 10^{80}. O tamanho assustador dessas tabelas significa que (a) nenhum agente físico nesse universo terá espaço para armazenar a tabela; (b) o projetista não teria tempo para criar a tabela; e (c) nenhum agente poderia sequer apreender todas as entradas de tabelas corretas a partir de sua experiência.

Apesar de tudo isso, o AGENTE-DIRIGIDO-POR-TABELA *faz* o que queremos, supondo que a tabela seja preenchida corretamente: implementa a função de agente desejada.

O desafio fundamental da IA é descobrir como escrever programas que, na medida do possível, produzam um comportamento racional a partir de um pequeno programa em vez de uma grande tabela.

Temos muitos exemplos mostrando que isso pode ser feito com sucesso em outras áreas: por exemplo, as enormes tabelas de raízes quadradas usadas por engenheiros e por estudantes antes da década de 1970 foram substituídas por um programa de cinco linhas que corresponde ao método de Newton e é executado em calculadoras eletrônicas. A pergunta é: a IA pode fazer pelo comportamento inteligente em geral o que Newton fez para as raízes quadradas? Acreditamos que a resposta seja sim.

No restante desta seção, descreveremos quatro tipos básicos de programas de agentes que incorporam os princípios subjacentes a quase todos os sistemas inteligentes:

- Agentes reativos simples.
- Agentes reativos baseados em modelo.
- Agentes baseados em objetivos.
- Agentes baseados em utilidade.

Cada tipo de programa de agente combina componentes específicos de maneiras específicas para gerar ações. Na seção 2.4.6 se explica, em termos gerais, como converter todos esses agentes em *agentes de aprendizagem* que podem melhorar o desempenho de seus componentes de modo a gerar melhores ações. Finalmente, a seção 2.4.7 descreve diversas maneiras de como os próprios componentes podem ser representados dentro do agente. Essa variedade proporciona um princípio organizador fundamental para o campo e para o próprio livro.

2.4.2 Agentes reativos simples

Agente reativo simples

O tipo mais simples de agente é o **agente reativo simples**. Esses agentes selecionam ações com base na percepção *atual*, ignorando o restante do histórico de percepções. Por exemplo, o agente aspirador de pó cuja função do agente é tabulada na Figura 2.3 é um agente reativo simples porque sua decisão se baseia apenas na posição atual e no fato de essa posição conter ou não sujeira. Um programa para esse agente é mostrado na Figura 2.8.

Note que o programa do agente aspirador de pó na realidade é muito pequeno em comparação com a tabela correspondente. A redução mais óbvia vem de ignorar o histórico de percepções, o que reduz o número de possibilidades de 4^T para apenas 4. Uma pequena redução adicional vem do fato de que, quando o quadrado atual está sujo, a ação não depende da posição. Embora tenhamos escrito o programa de agente usando instruções se-então-senão, ele é tão simples que pode ser implementado como um circuito booleano.

Comportamentos reativos simples ocorrem, mesmo em ambientes mais complexos. Imagine-se como o motorista do táxi automatizado. Se o carro da frente frear e suas luzes de freio acenderem, você deve notar esse fato e começar a frear. Em outras palavras, algum processamento é realizado de acordo com a entrada visual para estabelecer a condição que chamamos de "o carro da frente está freando". Então, isso ativa alguma conexão estabelecida no programa do agente para a ação "começar a frear". Chamaremos tal conexão de **regra condição-ação**,[6] escrita como

> **se** *carro-da-frente-está-freando* **então** *começar-a-frear*.

Regra condição-ação

Os seres humanos também têm muitas dessas conexões, algumas das quais são respostas aprendidas (como dirigir) e outras são reflexos inatos (como piscar quando algo se aproxima de seu olho). No decorrer do livro, veremos várias maneiras diferentes de aprender e implementar tais conexões.

O programa da Figura 2.8 é específico para um determinado ambiente do aspirador de pó. Uma abordagem mais geral e flexível consiste em primeiro construir um interpretador de uso geral para regras condição-ação e depois criar conjuntos de regras para ambientes de tarefas específicos. A Figura 2.9 fornece a estrutura desse programa geral em forma esquemática, mostrando como as regras condição-ação permitem ao agente fazer a conexão entre percepção e ação. Não se preocupe com o fato de esse assunto parecer trivial; ele ficará mais interessante em breve.

O programa do agente para a Figura 2.9 é mostrado na Figura 2.10. A função INTERPRETAR-ENTRADA gera uma descrição abstrata do estado atual a partir da percepção, e a função REGRA-CORRESPONDENTE retorna à primeira regra no conjunto de regras que corresponde à descrição de estado dada. Observe que a descrição em termos de "regras" e "correspondência" é puramente conceitual; como já observamos, as implementações reais podem ser tão simples quanto uma coleção de portas lógicas que implementam um circuito booleano. Como alternativa, pode-se usar um circuito "neural", onde as portas lógicas são substituídas pelas unidades não lineares das redes neurais artificiais (ver Capítulo 21).

Os agentes reativos simples têm a admirável propriedade de serem simples, mas se caracterizam por ter inteligência limitada. O agente da Figura 2.10 funcionará *somente se a decisão correta puder ser tomada com base apenas na percepção atual, ou seja, apenas se o ambiente for completamente observável*.

Até mesmo uma pequena impossibilidade de observação pode causar sérias dificuldades. Por exemplo, a regra de frenagem apresentada anteriormente pressupõe que a condição *carro-da-frente-está-freando* pode ser determinada a partir da percepção atual – um único quadro de vídeo. Funciona se o carro à frente tiver uma luz de freio central (que pode ser identificada

---

função AGENTE-ASPIRADOR DE PÓ-REATIVO([*posição, situação*]) **devolve** uma ação

    se *situação* = *Sujo* **então devolve** *Aspirar*

    senão se *posição* = *A* **então devolve** *Direita*
    senão se *posição* = *B* **então devolve** *Esquerda*

Figura 2.8 Programa do agente para um agente reativo simples no ambiente de aspirador de pó de dois estados. Esse programa implementa a função do agente tabulada na Figura 2.3.

---

[6] Também chamadas de **regras situação-ação**, **regras de produção** ou **regras se-então**.

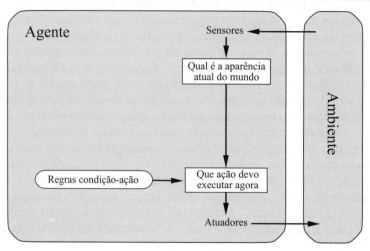

Figura 2.9 Diagrama esquemático de um agente reativo simples. Utilizamos retângulos para denotar o estado interno atual do processo de decisão do agente e elipses para representar as informações suplementares usadas no processo.

de forma única). Infelizmente, modelos mais antigos têm configurações diferentes de lanternas, luzes de freio e luzes de setas, e nem sempre é possível saber por uma única imagem se o carro está freando ou se está com as lanternas traseiras ligadas. Um agente reativo simples que dirigisse atrás de um carro desse tipo frearia contínua e desnecessariamente ou, pior ainda, nunca frearia.

Podemos ver um problema semelhante surgindo no mundo do aspirador de pó. Suponha que um agente aspirador de pó reativo simples seja destituído de seu sensor de posição e tenha apenas um sensor de sujeira. Tal agente tem apenas duas percepções possíveis: [*Sujo*] e [*Limpo*]. Ele pode *Aspirar* em resposta a [*Sujo*]; o que deve fazer em resposta a [*Limpo*]? Mover-se para a *Esquerda* falhará (sempre) se ele começar no quadrado *A*, e mover-se para a *Direita* falhará (sempre) se ele começar no quadrado *B*. Com frequência, laços de repetição infinitos são inevitáveis no caso de agentes reativos simples operando em ambientes parcialmente observáveis.

Aleatório

É possível escapar de laços de repetição infinitos se o agente puder tornar suas ações **aleatórias**. Por exemplo, se o agente aspirador de pó perceber [*Limpo*], ele pode jogar uma moeda para escolher entre *Esquerda* e *Direita*. É fácil mostrar que o agente alcançará o outro quadrado usando dois passos em média. Em seguida, se esse quadrado estiver sujo, ele limpará a sujeira e a tarefa estará concluída. Consequentemente, um agente reativo simples aleatório poderia superar um agente reativo simples determinístico.

Mencionamos na seção 2.3 que um comportamento aleatório do tipo correto pode ser racional em alguns ambientes multiagentes. Em ambientes de um único agente, em geral a aleatoriedade *não* é racional. Ela é um artifício útil que ajuda um agente reativo simples em algumas situações, mas, na maioria dos casos, podemos fazer muito melhor com agentes determinísticos mais sofisticados.

2.4.3 Agentes reativos baseados em modelos

Estado interno

O modo mais eficaz de lidar com a possibilidade de observação parcial é o agente *monitorar a parte do mundo que ele não pode ver agora*. Isto é, o agente deve manter algum tipo de **estado interno** que dependa do histórico de percepções e assim reflita pelo menos alguns dos aspectos não observados do estado atual. Para o problema do freio, o estado interno não é muito extenso – apenas o quadro anterior da câmera, que permite ao agente detectar quando duas luzes vermelhas na borda do veículo acendem ou apagam ao mesmo tempo. No caso de outras tarefas de direção, como trocar de pista, o agente precisa monitorar onde os outros carros estão, se não puder vê-los todos de uma vez. E, para que seja possível dirigir, o agente precisa saber onde as chaves estão.

---

função AGENTE-REATIVO-SIMPLES(*percepção*) **devolve** uma ação
   persistente: *regras*, um conjunto de regras condição-ação

   estado ← INTERPRETAR-ENTRADA(*percepção*)
   regra ← REGRA-CORRESPONDENTE(*estado, regras*)
   ação ← *regra*.AÇÃO
   devolve *ação*

Figura 2.10 Agente reativo simples. Ele age de acordo com uma regra cuja condição corresponde ao estado atual definido pela percepção.

A atualização dessas informações internas de estado à medida que o tempo passa exige que dois tipos de conhecimento sejam codificados de alguma forma no programa do agente. Primeiro, precisamos de algumas informações sobre o modo como o mundo muda com o tempo, o que pode ser dividido de modo geral em duas partes: os efeitos das ações do agente e como o mundo evolui independentemente do agente. Por exemplo, quando o agente girar o volante à direita, o carro irá virar para a direita, e quando está chovendo, as câmeras do carro podem ficar molhadas. Esse conhecimento de "como o mundo funciona" – seja ele implementado em circuitos booleanos simples ou em teorias científicas completas – é chamado de **modelo de transição** do mundo.

Em segundo lugar, precisamos de alguma informação sobre o modo como o estado do mundo é refletido nas percepções do agente. Por exemplo, quando o carro da frente começa a frear, uma ou mais regiões vermelhas iluminadas aparecem na imagem da câmera dianteira e, quando a câmera fica molhada, objetos em forma de gota aparecem na imagem, parcialmente ocultando a estrada. Esse tipo de conhecimento é chamado de **modelo sensorial**.

Juntos, modelo de transição e modelo sensorial permitem que um agente monitore o estado do mundo – ao máximo possível, dadas as limitações dos sensores do agente. Um agente que usa tal modelo denomina-se **agente baseado em modelo**.

A Figura 2.11 indica a estrutura do agente reativo baseado em modelo com estado interno, mostrando como a percepção atual é combinada com o estado interno antigo para gerar a descrição atualizada do estado atual, baseado no modelo do agente de como o mundo funciona. O programa do agente é mostrado na Figura 2.12. A parte interessante é a função ATUALIZAR-ESTADO, responsável pela criação da descrição do novo estado interno. Os detalhes de como modelos e estados são representados variam muito, dependendo do tipo de ambiente e da tecnologia em particular usada no projeto do agente.

Independentemente do tipo de representação utilizada, raramente é possível para o agente determinar *exatamente* o estado atual de um ambiente parcialmente observável. Em vez disso, a caixa rotulada "qual é a aparência atual do mundo" (Figura 2.11) representa o "melhor palpite" do agente (ou, às vezes, os melhores palpites, se o agente acolher várias possibilidades). Por exemplo, um táxi automatizado pode não ser capaz de enxergar através de um grande caminhão que parou na sua frente e talvez tenha apenas um palpite do que causou o engarrafamento. Assim, a incerteza sobre o estado atual pode ser inevitável, mas o agente ainda terá que tomar uma decisão.

2.4.4 Agentes baseados em objetivos

Conhecer algo sobre o estado atual do ambiente nem sempre é suficiente para decidir o que fazer. Por exemplo, em um cruzamento de estradas, o táxi pode virar à esquerda, virar à direita ou seguir em frente. A decisão correta depende de onde o táxi está tentando chegar. Em outras palavras, da mesma forma que o agente precisa de uma descrição do estado atual, ele também precisa de alguma espécie de informação sobre **objetivos** que descreva situações desejáveis – por exemplo, estar no destino do passageiro. O programa de agente pode combinar isso com o modelo (as mesmas informações que foram usadas no agente reativo baseado em modelo), a fim de escolher ações que alcancem o objetivo. A Figura 2.13 mostra a estrutura do agente baseado em objetivos.

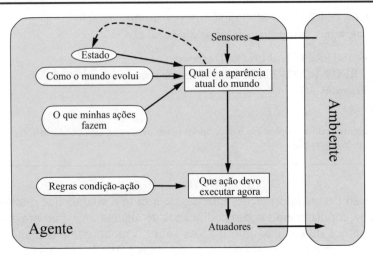

Figura 2.11 Agente reativo baseado em modelo.

---

função AGENTE-REATIVO-BASEADO-EM-MODELOS(*percepção*) **devolve** uma ação
  persistente: *estado*, a concepção atual do agente do estado do mundo
       modelo_transição, uma descrição de como o próximo estado depende do estado atual e da ação
       modelo_sensorial, uma descrição de como o próximo estado atual do mundo é refletido nas percepções do agente
       regras, um conjunto de regras condição-ação
       ação, a ação mais recente, inicialmente nenhuma
  estado ← ATUALIZAR-ESTADO(*estado, ação, percepção, modelo_transição, modelo_sensorial*)
  regra ← REGRA-CORRESPONDENTE(*estado, regras*)
  ação ← *regra*.AÇÃO
  devolve *ação*

Figura 2.12 Agente reativo baseado em modelo. Ele monitora o estado atual do mundo usando um modelo interno. Em seguida, ele escolhe uma ação da mesma maneira que o agente reativo simples.

Às vezes, a seleção da ação baseada em objetivos é direta – por exemplo, quando a satisfação do objetivo resulta imediatamente de uma única ação. Outras vezes ela será mais complicada – por exemplo, quando o agente tiver de considerar longas sequências de ações até encontrar um meio de atingir o objetivo. **Busca** (Capítulos 3 a 5) e **planejamento** (Capítulo 11) são as subáreas da IA dedicados a encontrar sequências de ações que alcançam os objetivos do agente.

Note que a tomada de decisões desse tipo é fundamentalmente distinta das regras condição-ação descritas anteriormente, pelo fato de envolver consideração do futuro, tanto de "o que acontecerá se eu fizer isso e aquilo?" e "isso me fará feliz?". Nos projetos de agentes reativos, essas informações não são representadas de forma explícita porque as regras internas fazem o mapeamento direto de percepções para ações. O agente reativo freia quando vê luzes de freio, e ponto final. Ele não sabe o motivo. Um agente baseado em objetivos freia quando vê as luzes de freio porque essa é a única ação que alcançará o objetivo de não atingir outros carros.

Embora o agente baseado em objetivos pareça menos eficiente, ele é mais flexível porque o conhecimento que apoia suas decisões é representado de maneira explícita e pode ser modificado. Por exemplo, um agente baseado em objetivos pode ser alterado com facilidade para ir a um destino diferente, simplesmente especificando esse destino como objetivo. As regras do agente reativo sobre quando fazer curvas e quando seguir em frente só funcionarão para um único destino; todas elas terão de ser substituídas se for preciso ir para algum outro lugar.

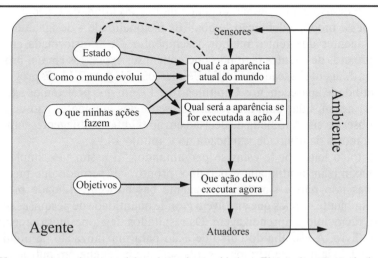

Figura 2.13 Um agente baseado em modelos e baseado em objetivos. Ele monitora o estado do mundo, bem como um conjunto de objetivos que está tentando atingir, e escolhe uma ação que (em algum momento) levará à realização de seus objetivos.

2.4.5 Agentes baseados em utilidade

Sozinhos, os objetivos não são realmente suficientes para gerar um comportamento de alta qualidade na maioria dos ambientes. Por exemplo, existem muitas sequências de ações que levarão o táxi até seu destino (alcançando assim o objetivo), mas algumas são mais rápidas, mais seguras, mais confiáveis ou mais econômicas que outras. Os objetivos simplesmente permitem uma distinção binária crua entre estados "felizes" e "infelizes", enquanto uma medida de desempenho mais geral deve permitir uma comparação entre diferentes estados do mundo, de acordo com o grau exato de felicidade que proporcionariam ao agente. Tendo em vista que "feliz" não soa muito científico, em vez disso, economistas e cientistas da computação usam o termo **utilidade**.

Utilidade

Já vimos que uma medida de desempenho atribui uma pontuação para qualquer sequência de estados do ambiente, e assim ela pode distinguir facilmente entre formas mais e menos desejáveis de chegar ao destino do táxi. A **função utilidade** do agente é essencialmente uma internalização da medida de desempenho. Se a função utilidade interna e a medida externa de desempenho estiverem de acordo, um agente que escolhe ações que maximizem a sua utilidade será racional conforme a medida de desempenho externa.

Função utilidade

Vamos enfatizar novamente que essa não é a *única* maneira de ser racional – já vimos um programa de agente racional para o mundo do aspirador de pó (ver Figura 2.8) que não tem ideia de qual seja sua função utilidade – mas, como os agentes baseados em objetivos, um agente baseado em utilidade tem muitas vantagens em termos de flexibilidade e de aprendizagem. Além disso, em dois tipos de casos, os objetivos são inadequados, mas um agente baseado em utilidade ainda pode tomar decisões racionais. Primeiro, quando houver objetivos conflitantes, apenas alguns dos quais podem ser alcançados (p. ex., velocidade e segurança), a função utilidade especifica a escolha apropriada. Segundo, quando há vários objetivos a que o agente pode visar e nenhum dos quais pode ser alcançado com certeza, a utilidade proporciona uma maneira pela qual a probabilidade de sucesso pode ser pesada em relação à importância dos objetivos.

Observabilidade parcial e não determinismo estão sempre presentes no mundo real e, portanto, o mesmo ocorre na tomada de decisão sob incerteza. Tecnicamente falando, um agente racional baseado em utilidade escolhe a ação que maximiza a **utilidade esperada** dos resultados da ação, isto é, a utilidade que o agente espera obter, em média, tendo em vista as probabilidades e as utilidades de cada resultado. (O Apêndice A define esperança matemática com mais exatidão.) No Capítulo 16, mostraremos que qualquer agente racional deve se comportar *como se* tivesse uma função utilidade cujo valor esperado ele tenta maximizar. Um agente que tem uma função utilidade *explícita* pode tomar decisões racionais por meio

Utilidade esperada

de um algoritmo de uso geral que não depende da função utilidade específica que está sendo maximizada. Desse modo, a definição "global" de racionalidade – designando como racionais as funções de agentes que têm o melhor desempenho – é transformada em uma restrição "local" sobre projetos de agentes racionais que podem ser expressos em um programa simples.

A estrutura de agente baseado em utilidade aparece na Figura 2.14. Os programas de agentes baseados em utilidade aparecem nos Capítulos 16 e 17, em que projetamos agentes de tomada de decisões que devem lidar com a incerteza inerente aos ambientes não determinísticos ou parcialmente observáveis. A tomada de decisão em ambientes multiagentes também é estudada na estrutura da teoria da utilidade, explicada no Capítulo 18.

Neste ponto, o leitor pode estar se perguntando: "É assim tão simples? Construímos agentes que maximizam a utilidade esperada e pronto?" É verdade que tais agentes seriam inteligentes, mas isso não é simples. Um agente baseado em utilidade precisa modelar e monitorar seu ambiente, tarefas que envolvem grande quantidade de pesquisas sobre percepção, representação, raciocínio e aprendizagem. Os resultados dessa pesquisa preencheram muitos capítulos deste livro. A escolha do curso de ação para maximização de utilidade também é uma tarefa difícil, exigindo algoritmos engenhosos que preencheram outros vários capítulos. Mesmo com esses algoritmos, geralmente o raciocínio perfeito é inatingível na prática por causa da complexidade computacional, mencionada no Capítulo 1. Observamos também que nem todos os agentes baseados em utilidade são baseados em modelo; nos Capítulos 22 e 26, veremos que um **agente sem modelo** pode descobrir qual é a melhor ação em uma situação específica sem sequer saber exatamente como essa ação muda o ambiente.

Agente sem modelo

Por fim, tudo isso considera que o projetista poderá especificar a função de utilidade corretamente; os Capítulos 17, 18 e 22 se aprofundam mais na questão de funções de utilidade desconhecidas.

2.4.6 Agentes com aprendizagem

Descrevemos programas de agentes com vários métodos para selecionar ações. Porém, até agora não explicamos como os programas de agentes *passam a existir*. Em seu famoso ensaio inicial, Turing (1950) considera a ideia de realmente programar suas máquinas inteligentes à mão. Ele avalia quanto trabalho isso poderia exigir e conclui que "algum método mais eficiente parece desejável". O método que ele propõe é construir máquinas com aprendizagem e depois ensiná-las. Em muitas áreas de IA, esse é agora o método preferencial para criar sistemas no estado da arte. Qualquer tipo de agente (baseado em modelo, objetivo, utilidade etc.) pode ser construído como um agente com aprendizagem (ou não).

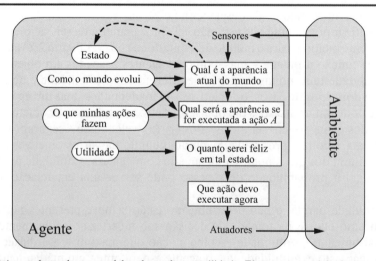

Figura 2.14 Agente baseado em modelo e baseado em utilidade. Ele usa um modelo do mundo juntamente com uma função utilidade que mede suas preferências entre estados do mundo. Em seguida, ele escolhe a ação que leva à melhor utilidade esperada, na qual a utilidade esperada é calculada pela média entre todos os estados resultantes possíveis, ponderados pela probabilidade do resultado.

A aprendizagem tem outra vantagem, como observamos anteriormente: ela permite ao agente operar em ambientes inicialmente desconhecidos e se tornar mais competente do que seu conhecimento inicial, sozinho, poderia permitir. Nesta seção, introduzimos rapidamente as principais ideias de agentes com aprendizagem. Do começo ao fim do livro, fazemos comentários sobre oportunidades e métodos de aprendizagem em tipos específicos de agentes. Os Capítulos 19 a 22 estudam com muito maior profundidade os diversos algoritmos de aprendizagem propriamente ditos.

Um agente com aprendizagem pode ser dividido em quatro componentes conceituais, conforme mostrado na Figura 2.15. A distinção mais importante se dá entre o **elemento de aprendizado**, responsável pela execução de aperfeiçoamentos, e o **elemento de desempenho**, responsável pela seleção de ações externas. O elemento de desempenho é o que antes consideramos como sendo o agente completo: ele recebe percepções e decide sobre ações. O elemento de aprendizado utiliza realimentação do **crítico** sobre como o agente está funcionando e determina de que maneira o elemento de desempenho deve ser modificado para funcionar melhor no futuro.

O projeto do elemento de aprendizado depende muito do projeto do elemento de desempenho. Quando se tenta projetar um agente que aprende certa capacidade, a primeira pergunta não é "como farei com que ele aprenda isso?", mas "que tipo de elemento de desempenho meu agente precisará ter para fazer isso depois de ter aprendido como fazê-lo?". Dado um projeto para o elemento de desempenho, podem ser construídos mecanismos de aprendizado para otimizar cada parte do agente.

O crítico informa ao elemento de aprendizado como o agente está se comportando em relação a um padrão fixo de desempenho. O crítico é necessário porque as próprias percepções não oferecem nenhuma indicação do sucesso do agente. Por exemplo, um programa de xadrez poderia receber uma percepção indicando que aplicou um xeque-mate em seu oponente, mas o programa precisa de um padrão de desempenho para saber que isso é algo bom; a percepção em si não diz nada sobre isso. É importante que o padrão de desempenho seja fixo. Conceitualmente, deveríamos pensar nele como algo que está totalmente fora do agente porque o agente não deve modificá-lo para ajustá-lo a seu próprio comportamento.

O último componente do agente com aprendizagem é o **gerador de problemas**. Ele é responsável por sugerir ações que levarão a experiências novas e informativas. A questão é que, se o elemento de desempenho tivesse a possibilidade, ele continuaria a realizar as melhores ações, dadas as informações que tem. Porém, se o agente estivesse disposto a realizar uma

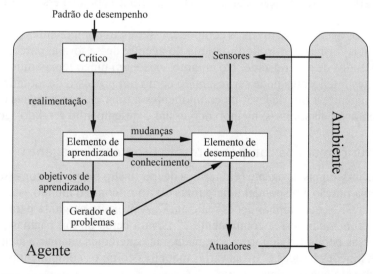

Figura 2.15 Modelo geral de agentes com aprendizagem. A caixa "elemento de desempenho" representa o que antes consideramos ser o programa agente completo. Agora, a caixa "elemento de aprendizado" passa a modificar esse programa para melhorar seu desempenho.

52 Inteligência Artificial

pequena exploração e executar algumas ações que talvez não fossem ideais a curto prazo, ele poderia descobrir ações muito melhores a longo prazo. A tarefa do gerador de problemas é sugerir essas ações exploratórias. É isso que os cientistas fazem quando realizam experiências. Galileu não pensava que soltar pedras do alto de uma torre em Pisa teria algum valor em si. Ele não estava tentando quebrar as pedras nem modificar o cérebro dos pedestres desafortunados. Seu objetivo era modificar seu próprio cérebro, identificando uma teoria melhor sobre o movimento dos objetos.

O elemento de aprendizado pode fazer mudanças em qualquer dos componentes de "conhecimento" mostrados nos diagramas de agentes (Figuras 2.9, 2.11, 2.13 e 2.14). Os casos mais simples envolvem o aprendizado direto a partir da sequência de percepções. A observação de pares de estados sucessivos do ambiente pode permitir ao agente aprender "o que minhas ações fazem" e "como o mundo evolui" em resposta às suas ações. Por exemplo, se o táxi exercer certa pressão nos freios ao dirigir em uma estrada molhada, ele logo descobrirá qual é a desaceleração realmente alcançada e se ele desliza para fora da pista. O gerador de problemas poderia identificar certas partes do modelo que precisam de melhoria e sugerir experimentos, como testar os freios em diferentes superfícies da estrada e sob diferentes condições.

Quase sempre é uma boa ideia melhorar os componentes do modelo de um agente baseado em modelo de modo que eles se ajustem melhor à realidade, independentemente do padrão de desempenho externo. (Em alguns casos, do ponto de vista computacional, é melhor ter um modelo simples e ligeiramente impreciso do que um modelo perfeito e tremendamente complexo.) Informações do padrão externo são necessárias quando se tenta aprender um componente reativo ou uma função utilidade.

Por exemplo, suponha que o agente de direção de táxi não receba dos passageiros nenhuma gorjeta porque o táxi sacolejou muito durante a viagem. O padrão de desempenho externo deve informar ao agente que a falta de gorjetas é uma contribuição negativa para seu desempenho geral; desse modo, o agente talvez fosse capaz de aprender que manobras violentas não contribuem para sua própria utilidade. De certo modo, o padrão de desempenho

Recompensa
Penalidade

distingue parte da percepção de entrada como uma **recompensa** (ou **penalidade**) que fornece realimentação direta sobre a qualidade do comportamento do agente. Os padrões de desempenho internos como dor e fome em animais podem ser entendidos desse modo.

De modo geral, as *escolhas humanas* podem dar informações sobre as preferências de seres humanos. Por exemplo, suponha que o táxi não saiba que as pessoas geralmente não gostam de ruídos altos e decida tocar sua buzina continuamente, como uma forma de garantir que os pedestres saibam que ele está se aproximando. O comportamento humano resultante – tapar os ouvidos, falar palavrões e até mesmo cortar os fios da buzina – daria evidências ao agente para atualizar sua função utilidade. O Capítulo 22 abrange essa questão com mais profundidade.

Em resumo, os agentes têm diversos componentes, e esses componentes podem ser representados de muitas formas dentro do programa do agente; dessa forma, parece haver grande variedade de métodos de aprendizado. No entanto, existe um único tema unificador. O aprendizado em agentes inteligentes pode ser resumido como um processo de modificação de cada componente do agente, a fim de levar os componentes a uma melhor adequação às informações de realimentação disponíveis, melhorando assim o desempenho geral do agente.

2.4.7 Como funcionam os componentes do programa de agente

Descrevemos os programas de agente (em termos de muito alto nível) que consistem em vários componentes cuja função é responder a perguntas do tipo: "como o mundo está agora?", "que ações devo tomar?", "o que minhas ações realizam?". A próxima pergunta para um estudante de IA é: "como funcionam esses componentes?" Levará cerca de mil páginas para começar a responder a essas perguntas de forma adequada, mas queremos chamar a atenção do leitor para algumas distinções básicas entre as várias maneiras como os componentes podem representar o ambiente em que o agente habita.

Grosso modo, podemos colocar as representações ao longo de um eixo de complexidade crescente e poder de expressividade – atômico, fatorado e estruturado. Para ilustrar essas ideias, consideremos um componente do agente em particular, como aquele que lida com "o que minhas ações realizam". Esse componente descreve as alterações que podem ocorrer no ambiente como resultado de executar uma ação, e a Figura 2.16 fornece descrições esquemáticas de como as transições poderiam ser representadas.

Em uma **representação atômica**, cada estado do mundo é indivisível – não tem estrutura interna. Considere o problema de encontrar um caminho de uma extremidade à outra do país através de alguma sequência de cidades (tratamos esse problema na Figura 3.1). Para resolver esse problema, pode ser suficiente reduzir o estado do mundo apenas para o nome da cidade em que estamos – um único átomo de conhecimento; uma "caixa-preta", cuja única propriedade discernível é a de ser idêntico ou diferente de outra caixa-preta. Os algoritmos que formam a base de busca e de jogos (Capítulos 3 a 5), modelos ocultos de Markov (Capítulo 14) e os processos de decisão de Markov (Capítulo 17) trabalham com representações atômicas.

Representação atômica

Uma **representação fatorada** divide cada estado em um conjunto fixo de **variáveis** ou **atributos**, cada um dos quais pode ter um **valor**. Considere uma descrição de maior fidelidade para o mesmo problema, em que precisamos nos preocupar com mais do que apenas a localização atômica em uma cidade ou outra, talvez sendo necessário prestar atenção em quanta gasolina há no tanque, nas coordenadas atuais do GPS, se a luz de advertência do óleo está funcionando, quanto temos de dinheiro para pagar o pedágio, que estação está tocando na rádio, e assim por diante. Enquanto dois estados atômicos diferentes não têm nada em comum – são apenas caixas-pretas diferentes –, dois estados fatorados diferentes podem compartilhar alguns atributos (como estar em algum local específico segundo o GPS) e não compartilhar outros (como ter muita ou nenhuma gasolina), o que torna muito mais fácil planejar como ir de um estado para outro. Muitas áreas importantes da IA são baseadas em representações fatoradas, incluindo algoritmos de satisfação de restrição (Capítulo 6), lógica proposicional (Capítulo 7), planejamento (Capítulo 11), redes bayesianas (Capítulos 12 a 16) e diversos algoritmos de aprendizado de máquina.

Representação fatorada
Variável
Atributo
Valor

Para muitos propósitos, é necessário entender que no mundo existem *coisas* que se encontram *relacionadas* umas com as outras, não apenas variáveis com valores. Por exemplo, podemos observar que um grande caminhão à nossa frente está dando ré na entrada de carros de uma fazenda de gado leiteiro, mas há uma vaca solta impedindo a passagem do caminhão. É pouco provável que uma representação fatorada esteja predefinida com o atributo *CaminhãoAdianteRecuandoEntradaFazendaLeiteiraBloqueadoPorAnimalSolto* com valor *verdadeiro* ou *falso*. Em vez disso, precisaríamos de uma **representação estruturada**, em que objetos, como vacas, caminhões e seus relacionamentos diversos e variados, possam ser explicitamente descritos (ver Figura 2.16[c]). Representações estruturadas são base de bancos de dados relacionais e lógica de primeira ordem (Capítulos 8, 9 e 10), modelos

Representação estruturada

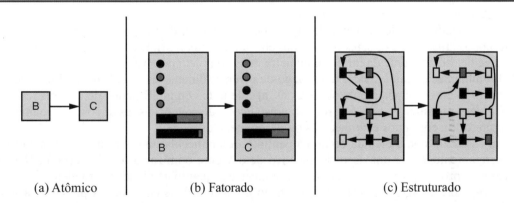

(a) Atômico (b) Fatorado (c) Estruturado

Figura 2.16 Três maneiras de representar os estados e as transições entre eles. (a) Representação atômica: um estado (como B ou C) é uma caixa-preta, sem estrutura interna. (b) Representação fatorada: um estado consiste em um vetor de valores de atributos; estes podem ser valores booleanos, valores reais ou um conjunto fixo de símbolos. (c) Representação estruturada: um estado inclui objetos, cada um deles podendo ter atributos próprios, bem como relacionamentos com outros objetos.

Inteligência Artificial

de probabilidade de primeira ordem (Capítulo 15), e grande parte da compreensão da linguagem natural (Capítulos 23 e 24). Na verdade, quase tudo o que os seres humanos expressam em linguagem natural diz respeito a objetos e seus relacionamentos.

Expressividade

Como já dissemos, o eixo ao longo do qual estão as representações atômica, fatorada e estruturada é o eixo de **expressividade** crescente. Em termos gerais, uma representação mais expressiva pode capturar, pelo menos de forma mais concisa, tudo o que algo menos expressivo pode capturar e ainda um pouco mais. Muitas vezes, a linguagem mais expressiva é *muito* mais concisa; por exemplo, as regras do xadrez podem ser escritas em uma página ou duas de uma linguagem com representação estruturada, como lógica de primeira ordem, mas requer milhares de páginas, quando escritas em uma linguagem com representação fatorada, como a lógica proposicional, e cerca de 10^{38} páginas quando escritas em uma linguagem atômica, como aquela dos autômatos finitos. Por outro lado, o raciocínio e a aprendizagem se tornam mais complexos, à medida que aumenta o poder expressivo da representação. Para obter os benefícios das representações expressivas, evitando as suas limitações, pode ser que para o mundo real os sistemas inteligentes necessitem operar simultaneamente em todos os pontos ao longo do eixo de expressividade.

Representação localista

Representação distribuída

Outro eixo de representação envolve o mapeamento entre conceitos e locais na memória física, seja em um computador ou em um cérebro. Se houver um mapeamento um para um entre conceitos e locais de memória, chamamos isso de **representação localista**. Por outro lado, se a representação de um conceito está espalhada por muitos locais de memória, e cada local de memória é empregado como parte da representação de vários conceitos diferentes, chamamos isso de **representação distribuída**. As representações distribuídas enfrentam melhor o ruído e a perda de informações. Com uma representação localista, o mapeamento do conceito à localização na memória é arbitrário e, se um erro de transmissão distorcer uma parte minúscula da informação, podemos confundir *Livro* com o conceito distinto de *Livre*. Porém, com uma representação distribuída, você pode pensar em cada conceito representando um ponto no espaço multidimensional, e se você distorcer alguns *bits*, passará para um ponto próximo nesse espaço, que terá um significado semelhante.

Resumo

Este capítulo foi uma espécie de excursão vertiginosa pela IA, que concebemos como a ciência de projeto de agentes. Aqui estão os pontos importantes a serem lembrados:

- Um **agente** é algo que percebe e age em um ambiente. A **função do agente** especifica a ação executada pelo agente em resposta a qualquer sequência de percepções.
- A **medida de desempenho** avalia o comportamento do agente em um ambiente. Um **agente racional** age para maximizar o valor esperado da medida de desempenho, dada a sequência de percepções recebida até o momento.
- Uma especificação de **ambiente de tarefa** inclui a medida de desempenho, o ambiente externo, os atuadores e os sensores. Ao projetar um agente, o primeiro passo sempre deve ser especificar o ambiente de tarefa da maneira mais completa possível.
- Os ambientes de tarefas variam ao longo de diversas dimensões significativas. Eles podem ser completa ou parcialmente observáveis, agente único ou multiagente, determinísticos ou não determinísticos (ou estocásticos), episódicos ou sequenciais, estáticos ou dinâmicos, discretos ou contínuos e conhecidos ou desconhecidos.
- Em casos em que a medida de desempenho é desconhecida ou difícil de ser especificada corretamente, existe um risco significativo de o agente otimizar o objetivo errado. Nesses casos, o projeto do agente deverá refletir a incerteza quanto ao objetivo verdadeiro.
- O **programa do agente** implementa a função do agente. Existem diversos projetos básicos de programas de agentes, refletindo o tipo de informação explicitada e usada no processo decisório. Os projetos variam em eficiência, síntese e flexibilidade. O projeto apropriado do programa do agente depende da natureza do ambiente.
- **Agentes reativos simples** respondem diretamente a percepções, enquanto **agentes reativos baseados em modelos** mantêm o estado interno para monitorar aspectos do mundo que não estão evidentes na percepção atual. **Agentes baseados em objetivos** agem para alcançar seus

objetivos, enquanto **agentes baseados em utilidade** tentam maximizar sua própria "felicidade" esperada.

* Todos os agentes podem melhorar seu desempenho por meio do **aprendizado**.

Notas bibliográficas e históricas

O papel central da ação na inteligência – a noção de raciocínio prático – remonta pelo menos à época da *Ética a Nicômaco*, de Aristóteles. O raciocínio prático também foi o assunto do importante artigo de McCarthy (1958), *Programs with Common Sense* (*Programas com Senso Comum*). Os campos da robótica e da teoria de controle, por sua própria natureza, se preocupam principalmente com a elaboração de agentes físicos. O conceito de **controlador** em teoria de controle é idêntico ao de um agente em IA. Talvez seja surpreendente o fato de a IA ter se concentrado, durante a maior parte de sua história, em componentes de agentes isolados – sistemas de resposta a perguntas, provadores de teoremas, sistemas de visão, e assim por diante – em lugar de agentes completos. A discussão de agentes no texto de Genesereth e Nilsson (1987) foi uma exceção importante. A visão do agente como um todo é agora extensamente aceita no campo e é tema central em textos recentes (Padgham e Winikoff, 2004; Jones, 2007; Poole e Mackworth, 2017).

> Controlador

O Capítulo 1 identificou as raízes do conceito de racionalidade na filosofia e na economia. Em IA, o conceito era de interesse periférico até meados da década de 1980, quando começou a suscitar muitas discussões sobre os próprios fundamentos técnicos do campo. Um artigo de Jon Doyle (1983) previu que o projeto de agentes racionais viria a ser a missão central da IA, enquanto outros tópicos populares acabariam por constituir novas disciplinas.

A atenção cuidadosa às propriedades do ambiente e suas consequências para o projeto de agentes racionais é mais aparente na tradição da teoria de controle – por exemplo, sistemas de controle clássicos (Dorf e Bishop, 2004; Kirk, 2004) lidam com ambientes completamente observáveis e determinísticos; o controle ótimo estocástico (Kumar e Varaiya, 1986; Bertsekas e Shreve, 2007) trata de ambientes estocásticos, parcialmente observáveis; e o controle híbrido (Henzinger e Sastry, 1998; Cassandras e Lygeros, 2006) lida com ambientes que contêm elementos discretos e elementos contínuos. A distinção entre ambientes completa e parcialmente observáveis também é central na literatura de **programação dinâmica** desenvolvida na área de pesquisa operacional (Puterman, 1994), que discutiremos no Capítulo 17.

Embora os agentes reativos simples constituíssem o modelo fundamental para a psicologia comportamental (ver Capítulo 1), a maioria dos pesquisadores da IA os vê como algo demasiado simples para proporcionar grande avanço. (Rosenschein (1985) e Brooks (1986) questionaram essa suposição; ver Capítulo 26.) Muito trabalho foi dedicado à busca de algoritmos eficientes para controlar ambientes complexos (Bar-Shalom *et al.*, 2001; Choset *et al.*, 2005; Simon, 2006), a maior parte em um cenário probabilístico.

Os agentes baseados em objetivos são pressupostos em tudo desde a visão de Aristóteles do raciocínio prático até os primeiros artigos de McCarthy sobre a IA baseada em lógica. Shakey the Robot (Fikes e Nilsson, 1971; Nilsson, 1984) foi a primeira materialização robótica de um agente lógico baseado em objetivos. Uma análise lógica completa sobre agentes baseados em objetivos foi apresentada em Genesereth e Nilsson (1987), e uma metodologia de programação baseada em objetivos, denominada programação orientada a agentes, foi desenvolvida por Shoham (1993). A abordagem baseada em agente é hoje extremamente popular na engenharia de *software* (Ciancarini e Wooldridge, 2001). Também se infiltrou na área de sistemas operacionais, onde a **computação autonômica** refere-se a sistemas computacionais e redes que se monitoram e se controlam com um laço de percepção-ação e métodos de aprendizado de máquina (Kephart e Chess, 2003). Observando que uma coleção de programas de agente projetada para trabalhar juntos em um verdadeiro ambiente multiagente, necessariamente apresenta modularidade – os programas não compartilham o estado interno e se comunicam uns com os outros somente através do ambiente –, é comum na área de **sistemas multiagentes** projetar o programa de agente, de um único agente, como uma coleção de subagentes autônomos. Em alguns casos, pode até mesmo ser provado que o sistema resultante devolve as mesmas soluções ótimas que um projeto monolítico.

> Computação autonômica

A visão de agentes baseados em objetivos também domina a tradição da psicologia cognitiva na área de resolução de problemas, começando com o influente trabalho *Human Problem Solving* (Newell e Simon, 1972) e passando por todo o trabalho mais tardio de Newell (Newell, 1990). Os objetivos, analisados com maior profundidade como *desejos* (gerais) e *intenções* (atuais), são centrais para a teoria de agentes desenvolvida por Michael Bratman (1987).

Conforme observado no Capítulo 1, o desenvolvimento da teoria da utilidade como base para o comportamento racional remonta a centenas de anos. Na IA, as primeiras pesquisas evitavam as utilidades em favor dos objetivos, com algumas exceções (Feldman e Sproull, 1977). O ressurgimento do interesse por métodos probabilísticos na década de 1980 levou à aceitação da maximização da utilidade esperada como a estrutura mais geral para a tomada de decisão (Horvitz *et al.*, 1988). O texto de Pearl (1988) foi o primeiro sobre IA a abordar em profundidade a teoria de probabilidade e utilidade; sua exposição de métodos práticos para raciocínio e tomada de decisões sob incerteza talvez tenha sido o maior fator para a rápida mudança em direção a agentes baseados em utilidade nos anos 1990 (ver Capítulo 16). A formalização da aprendizagem por reforço dentro de uma estrutura teórica da decisão também contribuiu para essa mudança (Sutton, 1988). Curiosamente, quase todas as pesquisas de IA até pouco tempo assumiram que a medida de desempenho pode ser exata e corretamente especificada na forma de uma função de utilidade ou função de recompensa (Hadfield-Menell *et al.*, 2017a; Russell, 2019).

O projeto geral de agentes com aprendizagem representado na Figura 2.15 é clássico na literatura de aprendizado de máquina (Buchanan *et al.*, 1978; Mitchell, 1997). Exemplos do projeto, materializados em programas, remontam no mínimo ao programa de aprendizado de Arthur Samuel (1959, 1967) para jogar damas. Os agentes com aprendizagem são descritos em profundidade nos Capítulos 19 a 22.

Alguns dos primeiros artigos sobre abordagens baseadas em agente estão reunidos em Huhns e Singh (1998) e em Wooldridge e Rao (1999). Textos sobre sistemas multiagentes normalmente fornecem uma boa introdução a muitos aspectos do projeto de agente (Weiss, 2000a; Wooldridge, 2009). Uma série de conferências dedicadas aos agentes começou nos anos 1990, incluindo o International Workshop on Agent Theories, Architectures and Languages (ATAL), a International Conference on Autonomous Agents (AGENTS) e a International Conference on Multi-Agents Systems (ICMAS). Em 2002, essas três se fundiram para formar a International Joint Conference on Autonomous Agents and Multi-Agent Systems (AAMAS). De 2000 a 2012, houve seminários anuais sobre Agent-Oriented Software Engineering (AOSE). O periódico *Autonomous Agents and Multi-Agent Systems* foi lançado em 1998. Por fim, *Dung Beetle Ecology* (Hanski e Cambefort, 1991) fornece grande quantidade de informações interessantes sobre o comportamento de besouros de esterco. O YouTube contém gravações de vídeo inspiradoras sobre suas atividades.

CAPÍTULO 3

RESOLUÇÃO DE PROBLEMAS POR MEIO DE BUSCA

Neste capítulo, vemos como um agente pode encontrar uma sequência de ações que por fim alcançará sua meta.

Quando a ação correta a ser tomada não é imediatamente óbvia, um agente pode ter que *planejar com antecedência*: considerar uma *sequência* de ações que formam um caminho até um estado meta. Esse agente é chamado de **agente de resolução de problemas**, e o processo computacional que ele realiza é chamado de **busca**.

Os agentes de resolução de problemas utilizam representações **atômicas**, conforme descrito na seção 2.4.7, ou seja, os estados do mundo são considerados como um todo, sem estrutura interna visível para os algoritmos de resolução de problemas. Os agentes baseados em metas que utilizam representações **fatoradas** ou **estruturadas** dos estados são chamados **agentes de planejamento**, e serão discutidos nos Capítulos 7 e 11.

Descreveremos vários algoritmos de busca. Neste capítulo, vamos ver apenas os ambientes mais simples: episódico, agente único, totalmente observável, determinístico, estático, discreto e conhecido. Distinguimos entre algoritmos **informados**, em que o agente pode estimar a que distância está da meta, e algoritmos **sem informação**, para os quais não se fornece nenhuma estimativa. O Capítulo 4 relaxa as restrições sobre ambientes, e o Capítulo 5 considera os agentes múltiplos.

Este capítulo utiliza os conceitos de complexidade assintótica (isto é, a notação $O(n)$). Os leitores que não estão familiarizados com esses conceitos deverão consultar o Apêndice A.

3.1 Agentes de resolução de problemas

Imagine um agente passando férias na Romênia. O agente quer visitar os pontos turísticos, melhorar seu conhecimento do idioma romeno, ver as paisagens, apreciar a vida noturna, evitar ressacas, e assim por diante. O problema de decisão é complexo. Agora suponha que o agente esteja atualmente na cidade de Arad e tenha uma passagem não reembolsável para pegar um voo que parte de Bucareste no dia seguinte. Ele observa os sinais de trânsito e vê que existem três estradas que saem de Arad: uma em direção a Sibiu, uma para Timisoara e uma para Zerind. Nenhuma delas atinge a meta; assim, a menos que o agente esteja muito familiarizado com a geografia da Romênia, ele não saberá que estrada deve seguir.[1]

Se o agente não tiver nenhuma informação adicional, ou seja, se o ambiente for **desconhecido**, ele não terá escolha a não ser tentar uma das ações de forma aleatória. Essa triste situação é discutida no Capítulo 4. Neste capítulo, vamos considerar que nossos agentes sempre têm acesso às informações sobre o mundo, como o mapa da Figura 3.1. Com essa informação, o agente pode seguir este processo de resolução de problemas em quatro estágios:

- **Formulação de meta**: o agente adota a **meta** de chegar a Bucareste. Metas organizam o comportamento, limitando os objetivos e, portanto, as ações a serem consideradas.
- **Formulação do problema**: o agente elabora uma descrição dos estados e ações necessárias para alcançar a meta – um modelo abstrato da parte relevante do mundo. Para o nosso agente, um bom modelo é considerar as ações de viajar de uma cidade para uma cidade vizinha; portanto, o único fato sobre o estado do mundo que vai mudar devido a uma ação é a cidade atual.

Agente de resolução de problemas

Busca

Formulação de meta

Formulação do problema

---

[1] Estamos supondo que a maioria dos leitores está na mesma situação, podendo se imaginar com facilidade estar tão desorientado quanto nosso agente. Desculpamo-nos com os leitores romenos que são incapazes de tirar proveito desse exemplo pedagógico.

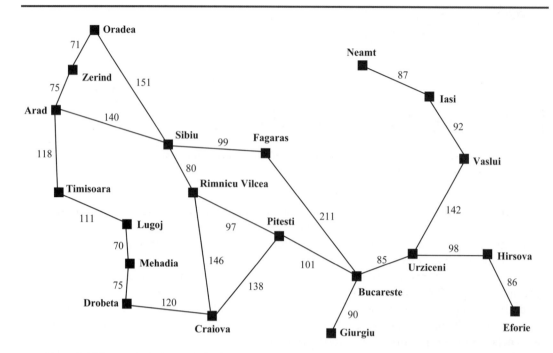

Figura 3.1 Mapa rodoviário simplificado de parte da Romênia, com as distâncias das estradas em milhas.

- **Busca**: antes de realizar qualquer ação no mundo real, o agente simula sequências de ações em seu modelo, fazendo buscas até encontrar uma sequência de ações que alcance a meta. Essa sequência é chamada de **solução**. O agente pode ter que simular várias sequências que não alcançam a meta, mas por fim achará uma solução (como ir de Arad para Sibiu, para Fagaras e para Bucareste), ou descobrirá que nenhuma solução é possível.
- **Execução**: o agente agora pode executar as ações na solução, uma de cada vez.

Uma propriedade importante é que, em um ambiente totalmente observável, determinístico e conhecido, *a solução para qualquer problema é uma sequência fixa de ações*: dirigir para Sibiu, depois para Fagaras e depois para Bucareste. Se o modelo estiver correto, então, quando o agente tiver achado uma solução, ele poderá ignorar suas percepções enquanto executa as ações – fechando seus olhos, por assim dizer –, pois a solução certamente o levará à meta. Os teóricos de controle chamam isso de um sistema de **malha aberta**: ignorar a percepção quebra o laço entre o agente e o ambiente. Se houver uma chance de que o modelo esteja incorreto, ou se o ambiente for não determinístico, então o agente estaria mais seguro usando uma abordagem de **malha fechada**, que monitora as percepções (ver seção 4.4).

Em ambientes parcialmente observáveis ou não determinísticos, uma solução seria uma estratégia ramificada que recomende diferentes ações futuras, dependendo das percepções que chegarem. Por exemplo, o agente poderia planejar dirigir de Arad a Sibiu, mas poderia precisar de um plano de contingência caso chegue em Zerind por acidente ou encontre um sinal dizendo "Drum Închis" (Estrada interditada).

3.1.1 Problemas e soluções de busca

Um **problema** de busca pode ser definido formalmente como a seguir:

- Um conjunto de **estados** possíveis em que o ambiente pode se encontrar. Chamamos isso de **espaço de estados**.
- O **estado inicial** em que o agente começa. Por exemplo, *Arad*.
- Um conjunto de um ou mais **estados meta**. Às vezes, há um estado meta (p. ex., *Bucareste*), às vezes há um pequeno conjunto de estados meta alternativos, e às vezes a meta é definida por uma propriedade que se aplica a muitos estados (uma quantidade potencialmente

infinita). Por exemplo, em um mundo de aspiradores de pó, a meta poderia ser não ter sujeira em nenhum local, independentemente de quaisquer outros fatos sobre o estado. Podemos explicar todas essas possibilidades especificando um método É-META para um problema. Neste capítulo, às vezes diremos "a meta" para simplificar, mas o que dizemos também se aplica a "qualquer um dos possíveis estados meta".

- As **ações** que estão disponíveis para o agente. Dado um estado particular s, AÇÕES(s) devolve um conjunto finito[2] de ações que podem ser executadas em s. Dizemos que cada uma dessas ações é **aplicável** em s. Por exemplo: *Ação*

     Aplicável

     AÇÕES(*Arad*) = [*IrparaSibiu,IrparaTimisoara,IrparaZerind*].

- Um **modelo de transição**, o qual descreve o que cada ação faz. RESULTADO(s, a) devolve o estado que resulta de executar uma ação a no estado s. Por exemplo: *Modelo de transição*

     RESULTADO(*Arad,IrparaZerind*) = *Zerind*.

- Uma **função de custo da ação**, indicada por CUSTO-AÇÃO(s, a, s') quando estamos programando, ou $c(s, a, s')$ quando estamos formalizando com a matemática, que informa o custo numérico da aplicação da ação a no estado s para alcançar o estado s'. Um agente de resolução de problemas deverá usar uma função de custo que reflita sua própria medida de desempenho; por exemplo, para agentes de localização de rota, o custo de uma ação poderia ser a distância em milhas (como vemos na Figura 3.1), ou então o tempo gasto para concluir a ação.   *Função de custo da ação*

Uma sequência de ações forma um **caminho**, e uma **solução** é um caminho desde o estado inicial até um estado meta. Consideramos que os custos de ação são aditivos; ou seja, o custo total de um caminho é a soma dos custos de ação individuais. Uma **solução ótima** tem o menor custo de caminho entre todas as soluções. Neste capítulo, consideramos que todos os custos de ação serão positivos, para evitar certas complicações.[3]   *Caminho*

     Solução ótima

     O espaço de estados pode ser representado por um **grafo** em que os vértices são estados e as arestas direcionadas entre eles são ações. O mapa da Romênia mostrado na Figura 3.1 pode ser considerado um grafo desse tipo, em que cada estrada indica duas possíveis ações, uma para cada sentido.   *Grafo*

3.1.2 Formulação de problemas

Nossa formulação do problema de chegar a Bucareste é um **modelo** – uma descrição matemática abstrata – e não o mundo real. Compare a descrição do estado atômico simples que escolhemos, *Arad*, a uma viagem real cruzando o país, em que o estado do mundo inclui muitos itens: os companheiros de viagem, o programa de rádio atual, a paisagem vista da janela, a proximidade de policiais, a distância até a próxima parada para descanso, as condições da estrada, o clima, o trânsito, e assim por diante. Todas essas considerações são omitidas de nosso modelo porque são irrelevantes para o problema de encontrar uma rota para Bucareste.

     O processo de remover detalhes de uma representação é chamado de **abstração**. Uma boa formulação do problema tem o nível correto de detalhe. Se as ações fossem no nível de "mover o pé direito um centímetro para a frente" ou "girar o volante um grau para a esquerda", o agente provavelmente nunca conseguiria sair do estacionamento, muito menos chegar a Bucareste.   *Abstração*

     Podemos ser mais precisos quanto à definição do **nível de abstração** adequado? Pense nos estados abstratos e nas ações que escolhemos como grandes conjuntos de estados detalhados   *Nível de abstração*

---

[2] Para os problemas com um número infinito de ações, precisaríamos usar técnicas que estão fora do escopo deste capítulo.

[3] Em qualquer problema com um ciclo de custo líquido negativo, a solução ótima do custo é percorrer esse ciclo por um número infinito de vezes. Os algoritmos de Bellman-Ford e de Floyd-Warshall (que não explicamos aqui) lidam com ações de custo negativo, desde que não haja ciclos negativos. É fácil acomodar ações de custo zero, desde contanto que o número de ações de custo zero consecutivas seja limitado. Por exemplo, podemos ter um robô onde em que há um custo para se mover, mas custo zero para girar 90°; os algoritmos neste capítulo podem lidar com isso, desde que não sejam permitidos mais do que três giros consecutivos de 90°. Também há uma complicação com problemas que têm um número infinito de custos de ação arbitrariamente pequenos. Considere uma versão do paradoxo de Zenão, em que há uma ação para mover a meio caminho para a meta, ao custo de metade do movimento anterior. Esse problema não tem solução com um número finito de ações, mas, para evitar que uma busca execute um número ilimitado de ações sem atingir a meta, podemos exigir que todos os custos de ação sejam no mínimo ϵ, para algum valor positivo pequeno ϵ.

do mundo e sequências detalhadas de ações, respectivamente. Agora considere uma solução para o problema abstrato: por exemplo, o caminho de Arad para Sibiu, para Rimnicu Vilcea, para Pitesti e para Bucareste. Essa solução abstrata corresponde a um grande número de caminhos mais detalhados. Como exemplo, poderíamos dirigir com o rádio ligado entre Sibiu e Rimnicu Vilcea, e depois desligá-lo pelo restante da viagem.

A abstração será *válida* se pudermos expandir qualquer solução abstrata em uma solução no mundo mais detalhado; uma condição suficiente é que, para cada estado detalhado como "em Arad", existe um caminho detalhado para algum estado como "em Sibiu", e assim por diante.[4] A abstração é útil se a execução de cada uma das ações na solução é mais fácil que o problema original; em nosso caso, a ação "dirigir de Arad para Sibiu" pode ser executada sem busca ou planejamento adicional para qualquer motorista com certa habilidade. A escolha de uma boa abstração envolve, portanto, a remoção da maior quantidade possível de detalhes, enquanto se preserva a validade e se assegura que as ações abstratas são fáceis de executar. Se não fosse a habilidade de elaborar abstrações úteis, os agentes inteligentes seriam completamente sufocados pelo mundo real.

3.2 Exemplos de problemas

A abordagem de resolução de problemas é aplicada a inúmeros ambientes de tarefas. Listamos aqui alguns dos mais conhecidos, fazendo distinção entre *problemas padronizados* e *problemas do mundo real*. Um **problema padronizado** se destina a ilustrar ou exercitar diversos métodos de resolução de problemas. Ele pode ter uma descrição concisa e exata e ser, portanto, utilizável como *benchmark* por diferentes pesquisadores para comparar o desempenho dos algoritmos. Um **problema do mundo real**, como a navegação por robô, é aquele cujas soluções as pessoas realmente utilizam, e cuja formulação é idiossincrática, fora dos padrões; por exemplo, cada robô tem diferentes sensores, que produzem diferentes dados.

> Problema padronizado
>
> Problema do mundo real

3.2.1 Problemas padronizados

> Mundo de grade

Um problema do **mundo de grade** é uma matriz retangular bidimensional com células quadradas em que os agentes podem se mover de uma célula para outra. Normalmente, o agente pode se mover para qualquer célula adjacente que esteja vazia – horizontal ou verticalmente e, em alguns problemas, diagonalmente. As células têm objetos, que o agente pode pegar, empurrar ou realizar alguma outra ação; uma parede (ou outro obstáculo fixo em uma célula) impede o agente de se mover para essa célula. O **mundo do aspirador de pó** introduzido na seção 2.1 pode ser formulado como um problema do mundo de grade da seguinte forma:

- **Estados**: o estado do mundo informa quais objetos estão em quais células. Para o mundo do aspirador de pó, os objetos são o agente e qualquer sujeira. Na versão simples com duas células, o agente pode estar em uma entre duas posições, cada uma delas pode conter sujeira ou não. Portanto, há $2 \times 2 \times 2 = 8$ estados (Figura 3.2). Em geral, um ambiente de aspirador de pó com n células tem $n \times 2^n$ estados.
- **Estado inicial**: qualquer estado pode ser definido como o estado inicial.
- **Ações**: no mundo de duas células, definimos três ações: *Aspirar*, mover para a *Esquerda* e mover para a *Direita*. Em um mundo de múltiplas células, bidimensional, precisamos de mais ações de movimento. Poderíamos incluir *Acima* e *Abaixo*, gerando quatro ações de movimento **absoluto**, ou poderíamos mudar para **ações egocêntricas**, definidas em relação ao ponto de vista do agente – por exemplo, *ParaFrente*, *ParaTrás*, *GirarDireita* e *GirarEsquerda*.
- **Modelo de transição**: *aspirar* remove qualquer sujeira da célula do agente; *ParaFrente* move o agente uma célula adiante no sentido para o qual está voltado, a menos que atinja uma parede, quando a ação não terá efeito. *ParaTrás* move o agente no sentido oposto, enquanto *GirarDireita* e *GirarEsquerda* mudam a direção em 90º à direita e à esquerda, respectivamente.
- **Estados meta**: os estados em que cada célula está limpa.
- **Custo da ação**: cada ação custa 1.

---

[4] Consulte a seção 11.4.

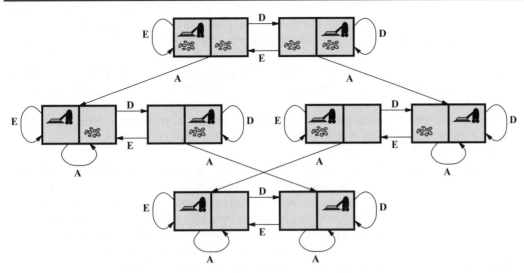

Figura 3.2 Grafo de espaço de estados para o mundo do aspirador de pó com duas células. Existem oito estados e três ações para cada um deles: E = *Esquerda*, D = *Direita*, e A = *Aspirar*.

Outro tipo de mundo de grade é o **quebra-cabeça sokoban**, em que o objetivo do agente é empurrar uma série de caixas, espalhadas pela grade, para locais específicos de armazenamento. Pode haver no máximo uma caixa por célula. Quando o agente é movido para frente e essa célula contém uma caixa, havendo uma célula vazia no outro lado da caixa, essa caixa e o agente são movidos para a frente. O agente não pode empurrar uma caixa para dentro de outra caixa ou para uma parede. Para um mundo com n células sem obstáculos e b caixas, existem $n \times n!/(b!(n - b)!)$ estados; por exemplo, em uma grade 8×8 com 12 caixas, existem mais de 200 trilhões de estados.

Quebra-cabeça sokoban

Em um **quebra-cabeça de peças deslizantes**, diversas peças (também chamadas de "blocos" ou "ladrilhos") são arrumadas em uma grade com uma ou mais células vazias, de modo que algumas peças possam deslizar para o espaço vazio. Uma variante é o quebra-cabeça Hora do Rush, em que carros e caminhões se movimentam em uma grade 6×6 tentando liberar um carro do engarrafamento. Talvez as variantes mais conhecidas sejam o **quebra-cabeça de oito peças** (Figura 3.3), que consiste em uma grade 3×3 com oito peças numeradas e um quadrado vazio, e o **quebra-cabeça de 15 peças**, em uma grade 4×4. A ideia é alcançar um estado meta especificado, como aquele mostrado no lado direito da figura. A formulação padrão do quebra-cabeça de oito peças é dada por

Quebra-cabeça de peças deslizantes

Quebra-cabeça de oito peças

Quebra-cabeça de 15 peças

- **Estados**: uma descrição de estado especifica a posição de cada uma das oito peças.
- **Estado inicial**: qualquer estado pode ser definido como o estado inicial. Observe que uma propriedade de paridade particiona o espaço dos estados – qualquer meta específica pode ser alcançada a partir de exatamente metade dos estados iniciais possíveis.

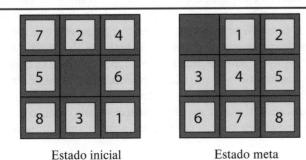

Figura 3.3 Exemplo típico do quebra-cabeça de oito peças.

- **Ações**: embora, no mundo físico, seja uma peça que se desloca, o modo mais simples de descrever uma ação é pensar em movimentos do quadrado vazio *Para Esquerda, Para Direita, Para Cima* ou *Para Baixo*. Se o quadrado vazio estiver na fronteira ou no canto, então nem todas as ações poderão ser aplicadas.
- **Modelo de transição**: mapeia um estado e ação a um estado resultante; por exemplo, se aplicarmos *Esquerda* ao estado inicial na Figura 3.3, o estado resultante terá trocado o 5 e o espaço vazio.
- **Estado meta**: embora a meta pudesse ser qualquer estado, normalmente especificamos um estado com os números em ordem, como no lado direito da Figura 3.3.
- **Custo da ação**: cada ação custa 1.

Observe que toda formulação de problema envolve abstrações. As ações do quebra-cabeça de oito peças são abstraídas de seus estados inicial e final, ignorando os locais intermediários onde a peça está deslizando. Abstraímos ações como sacudir o tabuleiro quando os blocos ficam presos e descartamos a remoção das peças com uma faca e seu retorno ao lugar. Ficamos com uma descrição das regras, evitando todos os detalhes de manipulações físicas.

Nosso último problema de mundo padronizado foi inventado por Donald Knuth (1964) e ilustra como podem surgir espaços de estados infinitos. Knuth conjecturou que, começando com o número 4, uma sequência de operações de raiz quadrada, arredondamento para baixo e fatorial pode chegar a qualquer inteiro positivo desejado. Por exemplo, podemos chegar a 5 partindo de 4, da seguinte forma:

$$\left\lfloor \sqrt{\sqrt{\sqrt{\sqrt{\sqrt{(4!)!}}}}} \right\rfloor = 5 .$$

A definição do problema é muito simples:

- **Estados**: números reais positivos.
- **Estado inicial**: 4.
- **Ações**: aplicar raiz quadrada, operação de arredondamento para baixo ou fatorial (somente fatorial de números inteiros).
- **Modelo de transição**: como fornecido pelas definições matemáticas das operações.
- **Estado meta**: o inteiro positivo desejado.
- **Custo da ação**: cada ação custa 1.

O espaço de estados para este problema é infinito: para qualquer inteiro maior que 2, o operador de fatorial sempre gerará um inteiro maior. O problema se torna interessante porque explora números muito grandes: o caminho mais curto até 5 passa por (4!)! = 620.448.401. 733.239.439.360.000. Espaços de estados infinitos surgem com frequência em tarefas que envolvem a geração de expressões matemáticas, circuitos, provas, programas e outros objetos definidos de forma recursiva.

3.2.2 Problemas do mundo real

Já vimos como o **problema de roteamento** é definido em termos de posições especificadas e transições ao longo de conexões entre elas. Uma variedade de aplicativos utiliza algoritmos de roteamento. Alguns, como *websites* e sistemas para automóveis que fornecem instruções de direção, são extensões relativamente simples do exemplo da Romênia. (As principais complicações são os custos variáveis devidos aos atrasos dependentes das condições do trânsito e ao redirecionamento ocasionado por estradas bloqueadas.) Outros, como sistemas de roteamento de fluxos de vídeo em redes de computadores, planejamento de operações militares e planejamento de viagens aéreas, implicam especificações muito mais complexas. Considere os problemas de viagens aéreas que devem ser resolvidos mediante um *website* de planejamento de viagem:

- **Estados**: cada estado, obviamente, inclui uma posição (p. ex., um aeroporto) e a hora atual. Além disso, como o custo de uma ação (um segmento de voo) pode depender de segmentos anteriores, das suas bases de tarifa e da sua condição de ser um voo doméstico ou internacional, o estado deverá ter registro de informações adicionais sobre esses aspectos "históricos".

- **Estado inicial**: o aeroporto de origem do usuário.
- **Ações**: pegar qualquer voo a partir do local atual, em qualquer classe de assento, partindo após o instante atual, deixando tempo suficiente para translado no aeroporto, se necessário.
- **Modelo de transição**: o estado resultante de pegar um voo terá o destino do voo como a posição atual e a hora de chegada do voo como o instante atual.
- **Estado meta**: o destino final. Às vezes, a meta pode ser mais complexa, como "chegar ao destino em um voo sem escalas.
- **Custo da ação**: uma combinação de valor da moeda, tempo de espera, horário do voo, procedimentos de imigração e alfandegários, qualidade do assento, horário do dia, tipo de avião, programas de milhagem etc.

Os sistemas comerciais de informações para viagens utilizam uma formulação de problema desse tipo, com muitas complicações adicionais para manipular as estruturas tarifárias que as empresas aéreas impõem. Porém, qualquer viajante experiente sabe que nem toda viagem aérea transcorre de acordo com os planos. Um sistema realmente bom deve incluir planos de contingência – por exemplo, o que acontece se um voo for adiado e a conexão for perdida?

Os **problemas de roteiro de viagem** descrevem um conjunto de locais que devem ser visitados, em vez de um único objetivo de destino. O **problema do caixeiro-viajante** (**TSP**, do inglês *travelling salesperson problem*) é um problema de roteiro de viagem em que cada cidade em um mapa deve ser visitada. A meta é encontrar um percurso com o custo $< C$ (ou, na versão otimizada, encontrar um percurso com o menor custo possível). Um grande esforço tem sido empregado para melhorar a eficiência dos algoritmos de TSP. Os algoritmos também podem ser estendidos para lidar com frotas de veículos. Por exemplo, um algoritmo de busca e otimização para a logística de ônibus escolares em Boston economizou US$ 5 milhões, reduziu o trânsito e a poluição do ar e economizou tempo para motoristas e estudantes (Bertsimas *et al.*, 2019). Além de planejar viagens, algoritmos de busca são usados para tarefas como planejar movimentos de máquinas automáticas para perfuração de placas de circuito impresso e de máquinas industriais em fábricas.

Problema de roteiro de viagem
Problema do caixeiro-viajante (TSP)

Um problema de **leiaute de circuitos VLSI** requer o posicionamento de milhões de componentes e conexões em um *chip* para minimizar a área, minimizar retardos de circuitos, minimizar capacitâncias de fuga e maximizar a produção. O problema de leiaute vem depois da fase do projeto lógico, e normalmente se divide em duas partes: **leiaute de células** e **roteamento de canais**. No leiaute de células, os componentes primitivos do circuito são agrupados em células, cada uma das quais executa alguma função reconhecida. Cada célula tem uma área ocupada fixa (tamanho e forma) e requer um certo número de conexões com cada uma das outras células. O objetivo é dispor as células no *chip* de tal forma que elas não se sobreponham e que exista espaço para que os fios de conexão sejam colocados entre as células. O roteamento de canais encontra uma rota específica para cada fio passando pelos espaços vazios entre as células. Esses problemas de busca são extremamente complexos, mas sem dúvida vale a pena resolvê-los.

Leiaute de circuitos VLSI

A **navegação de robôs** é uma generalização do problema de roteamento descrito anteriormente. Em vez de seguir um conjunto discreto de rotas (como as estradas na Romênia), um robô pode se mover e criar suas próprias rotas. No caso de um robô circular em movimento sobre uma superfície plana, o espaço é basicamente bidimensional. Quando o robô tem braços e pernas que também devem ser controlados, o espaço de busca passa a ter várias dimensões – uma dimensão para cada ângulo de junção. São necessárias técnicas avançadas apenas para tornar finito o espaço de busca essencialmente contínuo (ver Capítulo 26). Além da complexidade do problema, robôs reais também devem lidar com erros nas leituras de seus sensores e nos controles do motor, com observação parcial e com outros agentes que possam alterar o ambiente.

Navegação de robôs

A **sequência automática de montagem** de objetos complexos (como motores elétricos) por um robô tem sido uma prática comum da indústria desde a década de 1970. Primeiro, os algoritmos encontram uma sequência de montagem viável, para depois trabalharem otimizando o processo. A redução do trabalho manual na linha de montagem pode produzir

Sequência automática de montagem

64 | Inteligência Artificial

uma economia significativa em termos de tempo e custo. Em problemas de montagem, o objetivo é encontrar uma ordem na qual devem ser montadas as peças de algum objeto. Se for escolhida a ordem errada, não haverá como acrescentar alguma peça mais adiante na sequência, sem desfazer uma parte do trabalho já realizado. A verificação da viabilidade de um passo na sequência é um problema difícil de busca geométrica, intimamente relacionado à navegação de robôs. Desse modo, a geração de ações válidas é a parte dispendiosa da sequência de montagem. Qualquer algoritmo prático deve evitar explorar mais do que uma fração minúscula desse espaço de estados. Outro problema de montagem importante é o **projeto de proteínas**, em que a meta é encontrar uma sequência de aminoácidos que serão incorporados em uma proteína tridimensional com as propriedades adequadas para curar alguma doença.

Projeto de proteínas

3.3 Algoritmos de busca

Algoritmo de busca

Um **algoritmo de busca** recebe um problema de busca como entrada e devolve uma solução, ou uma indicação de falha. Neste capítulo, consideramos os algoritmos que sobrepõem uma **árvore de busca** sobre o grafo de espaço de estados, formando diversos caminhos a partir do estado inicial, tentando encontrar um caminho que alcance um estado meta. Cada **nó** na árvore de busca corresponde a um estado no espaço de estados, e as arestas na árvore de busca correspondem às ações. A raiz da árvore corresponde ao estado inicial do problema.

Nó

É importante entender a distinção entre o espaço de estados e a árvore de busca. O espaço de estados descreve o conjunto (possivelmente infinito) de estados no mundo e as ações que permitem transições de um estado para outro. A árvore de busca descreve caminhos entre esses estados em direção à meta. A árvore de busca pode ter vários caminhos para (e, portanto, vários nós para) qualquer estado, mas cada nó na árvore tem um caminho exclusivo de volta à raiz (como em todas as árvores).

A Figura 3.4 apresenta os primeiros passos para encontrar uma rota de Arad para Bucareste. O nó raiz da árvore de busca corresponde ao estado inicial, *Arad*. Podemos **expandir** o nó, considerando as AÇÕES disponíveis para esse estado, usando a função RESULTA para ver aonde essas ações levam, e **gerando** um novo nó (chamado de **nó filho** ou **nó sucessor**) para cada um dos estados resultantes. Cada nó filho tem *Arad* como seu **nó pai**.

Expandir
Gerando
Nó filho
Nó sucessor

Nó pai

Agora, devemos escolher qual desses três nós filho será considerado em seguida. Essa é a essência da busca – seguir uma opção agora e deixar as outras reservadas para mais tarde. Vamos supor que escolhemos primeiro Sibiu. Na Figura 3.4 (árvore inferior) é mostrado o resultado: um conjunto de seis nós não expandidos (com contorno em negrito). Chamamos isso de **fronteira** da árvore de busca. Dizemos que qualquer estado que teve um nó gerado para ele foi **alcançado** (sendo o nó expandido ou não).[5] A Figura 3.5 mostra a árvore de busca sobreposta ao gráfico do espaço de estados.

Fronteira
Alcançado

Observe que a fronteira **separa** duas regiões do grafo de espaço de estados: uma região interna, onde cada estado foi expandido, e uma região externa de estados que ainda não foram alcançados. Essa propriedade é ilustrada na Figura 3.6.

Separador

3.3.1 Busca pela melhor escolha

Busca pela melhor escolha
Função de avaliação

Como decidimos qual nó da fronteira deve ser expandido a seguir? Uma abordagem muito geral é chamada de **busca pela melhor escolha**, na qual escolhemos um nó, n, com o valor mínimo de alguma **função de avaliação**, $f(n)$. A Figura 3.7 mostra o algoritmo. Em cada iteração, escolhemos um nó na fronteira com valor $f(n)$ mínimo, devolvemos esse nó se seu estado for um estado meta e, caso contrário, aplicamos EXPANDE para gerar nós filhos. Cada nó filho é adicionado à fronteira se não tiver sido alcançado antes, ou é adicionado novamente se agora estiver sendo alcançado com um caminho de custo menor do que qualquer caminho anterior.

---

[5] Alguns autores chamam a fronteira de **lista aberta**, que é geograficamente menos evocativa e computacionalmente menos apropriada, pois uma fila é mais eficiente do que uma lista aqui. Esses autores utilizam o termo **lista fechada** para se referir ao conjunto de nós previamente expandidos, que em nossa terminologia seriam os nós *alcançados* menos a *fronteira*.

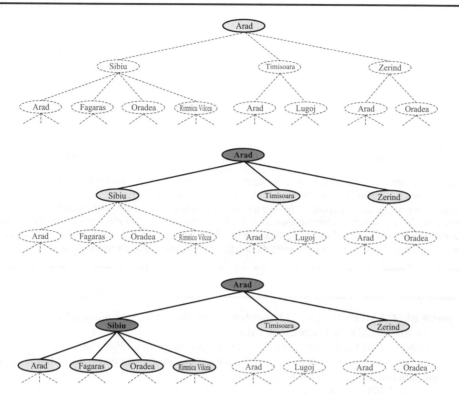

Figura 3.4 Três árvores de busca parcial para localização de uma rota desde Arad até Bucareste. Nós que foram *expandidos* estão com fundo mais escuro, com letras em negrito; nós na fronteira, que foram *gerados*, mas ainda não foram expandidos, estão com fundo mais claro; o conjunto de estados que corresponde a esses dois tipos de nós é considerado *alcançado*. Nós que poderiam ser gerados em seguida são mostrados em linhas claras e tracejadas. Observe que, na parte inferior da árvore, existe um ciclo de Arad para Sibiu para Arad; essa não pode ser uma rota ótima, de modo que a busca não deverá continuar a partir de lá.

Figura 3.5 Sequência de árvores de busca gerada pela busca em grafo no problema da Romênia, da Figura 3.1. Em cada estágio, expandimos cada nó na fronteira, estendendo cada caminho com todas as ações aplicáveis que não resultam em um estado que já foi alcançado. Repare que, no terceiro estágio, a cidade mais ao norte (Oradea) tem dois sucessores, ambos já alcançados por outros caminhos, de modo que nenhum caminho é estendido a partir de Oradea.

O algoritmo devolve uma indicação de falha ou um nó que representa um caminho para uma meta. Ao empregar diferentes funções $f(n)$, obtemos diferentes algoritmos específicos, que serão abordados neste capítulo.

3.3.2 Estruturas de dados de busca

Algoritmos de busca necessitam de uma estrutura de dados para manter o controle da árvore de busca. Um **nó** da árvore é representado por uma estrutura de dados com quatro componentes:

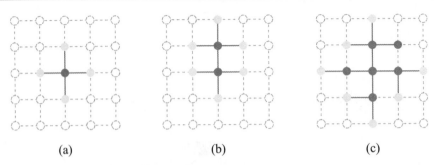

(a) (b) (c)

Figura 3.6 Propriedade de separação da busca no grafo, ilustrada em um problema de grade retangular. A fronteira (nós mais claros) separa o interior (nós mais escuros) do exterior (nós vazados). A fronteira é o conjunto de nós (e estados correspondentes) que foram alcançados, mas ainda não expandidos; o interior é o conjunto de nós (e estados correspondentes) que foram expandidos; e o exterior é o conjunto de estados que não foram alcançados. Em (a), apenas a raiz foi expandida. Em (b), o nó da fronteira superior foi expandido. Em (c), os sucessores restantes da raiz foram expandidos no sentido horário.

---

função BUSCA-MELHOR-ESCOLHA(*problema,f*) **devolve** um nó solução ou *falha*
   nó ← NÓ(ESTADO=*problema*.INICIAL)
   fronteira ← uma fila de prioridade ordenada por *f*, com *nó* como elemento
   alcançado ← uma tabela de busca, com uma entrada com chave *problema*.INICIAL e valor *nó*
   enquanto não ESTÁ-VAZIA(*fronteira*) **faça**
      nó ← POP(*fronteira*)
      se *problema*.É-META(*nó*.ESTADO) **então devolve** *nó*
      para cada *filho* **em** EXPANDE(*problema,nó*) **faça**
         s ← *filho*.ESTADO
         se *s* não está em *alcançado* **ou** *filho*.CUSTO-CAMINHO < *alcançado*[*s*].
         CUSTO-CAMINHO **então**
            alcançado[*s*] ← *filho*
            adicione *filho* a *fronteira*
devolve *falha*

função EXPANDE(*problema,nó*) **produz** nós
   s ← *nó*.ESTADO
   para cada *ação* **em** *problema*.AÇÕES(*s*) **faça**
      s′ ← *problema*.RESULTADO(*s, ação*)
      custo ← *nó*.CUSTO-CAMINHO + *problema*.CUSTO-AÇÃO(*s,ação,s′*)
      produz NÓ(ESTADO=*s′*, PAI=*nó*, AÇÃO=*ação*, CUSTO-CAMINHO=*custo*)

Figura 3.7 Algoritmo de busca pela melhor escolha e função para expandir um nó. As estruturas de dados usadas aqui são descritas na seção 3.3.2. Para **produz**, consulte o Apêndice B.

- *nó*.ESTADO: o estado a que o nó corresponde;
- *nó*.PAI: o nó na árvore de busca que gerou esse nó;
- *nó*.AÇÃO: a ação que foi aplicada ao estado do pai para gerar esse nó;
- *nó*.CUSTO-CAMINHO: o custo total do caminho desde o estado inicial até este nó. Em fórmulas matemáticas, usamos $g(nó)$ como sinônimo de CUSTO-CAMINHO.

Seguir os ponteiros de PAI a partir de um nó nos permite recuperar os estados e as ações ao longo do caminho até esse nó. Quando fazemos isso a partir de um nó meta, obtemos a solução do problema.

Fila

Precisamos de uma estrutura de dados para armazenar a **fronteira**. A escolha apropriada é algum tipo de **fila**, pois as operações sobre uma fronteira são:

- É VAZIA(*fronteira*) devolve verdadeiro somente se não houver mais nós na fronteira.
- POP(*fronteira*) remove e devolve o nó do topo da fronteira.

Capítulo 3 • Resolução de Problemas por meio de Busca   67

- TOPO(*fronteira*) devolve (mas não remove) o nó do topo da fronteira.
- INSERIR(*nó,fronteira*) insere um elemento em seu local apropriado na fila.

Três tipos de filas são usados nos algoritmos de busca:

- Uma **fila de prioridade** remove primeiro o nó com o menor custo, de acordo com alguma função de avaliação, *f*. Ela é usada na busca pela melhor escolha.   *Fila de prioridade*
- Uma **fila FIFO** (ou *first-in-first-out*) remove primeiro o nó que foi primeiro adicionado na fila; veremos que ela é usada na busca em largura.   *Fila FIFO*
- Uma **fila LIFO** (ou *last-in-first-out*, também conhecida como **pilha**) remove primeiro o nó que foi acrescentado mais recentemente; veremos que ela é usada na busca em profundidade.   *Fila LIFO*
Pilha

Os estados alcançados podem ser armazenados como uma tabela de busca (p. ex., uma tabela *hash*), em que cada chave é um estado e cada valor é o nó para esse estado.

3.3.3 Caminhos redundantes

A árvore de busca mostrada na Figura 3.4 (parte inferior) inclui um caminho de Arad a Sibiu e de volta a Arad. Dizemos que *Arad* é um **estado repetido** na árvore de busca, gerado, nesse caso, por um **ciclo** (também conhecido como **caminho em laço**). Assim, embora o espaço de estados tenha apenas 20 estados, a árvore de busca completa é *infinita*, pois não há limite para a frequência com que um laço é percorrido.   *Estado repetido*
Ciclo
Caminho em laço

Um ciclo é um caso especial de um **caminho redundante**. Por exemplo, podemos chegar a Sibiu através do percurso Arad-Sibiu (140 milhas de extensão) ou seguindo Arad–Zerind–Oradea–Sibiu (297 milhas). Obviamente, o segundo caminho é redundante – é apenas uma forma pior de chegar ao mesmo estado – e não precisa ser considerado em nossa busca pelos caminhos ótimos.   *Caminho redundante*

Imagine um agente em um mundo de grade de 10×10, com a capacidade de se mover para qualquer um dos oito quadrados adjacentes. Se não houver obstáculos, esse agente poderá alcançar qualquer um dos 100 quadrados em, no máximo, nove movimentos. Mas o número de caminhos com tamanho 9 é quase 8^9 (um pouco menos, devido às fronteiras da grade), ou mais de 100 milhões. Em outras palavras, a célula em média poderá ser alcançada por mais de um milhão de caminhos redundantes de tamanho 9 e, se eliminarmos os caminhos redundantes, podemos completar uma busca aproximadamente um milhão de vezes mais rápido. Como diz o ditado, *os algoritmos que se esquecem de sua história estão fadados a repeti-la.* ◀ Existem três abordagens para essa questão.

Primeiro, podemos nos lembrar de todos os estados alcançados anteriormente (como faz a busca pela melhor escolha), para que possamos detectar todos os caminhos redundantes e manter apenas o melhor caminho para cada estado. Isso é adequado para espaços de estados em que existem muitos caminhos redundantes, e a melhor escolha será quando a tabela de estados alcançados couber na memória.

Em segundo lugar, podemos não nos preocupar com a repetição do passado. Existem algumas formulações de problema, em que é raro ou impossível para dois caminhos alcançarem o mesmo estado. Um exemplo seria um problema de montagem em que cada ação acrescenta uma peça a uma montagem em andamento, e existe uma ordem de inclusão de peças de modo que é possível acrescentar *A* e depois *B*, mas não *B* e depois *A*. Para esses problemas, poderíamos economizar espaço de memória se *não* monitorarmos os estados alcançados e não verificarmos caminhos redundantes. Chamamos um algoritmo de busca de **busca em grafo**, se ele verificar os caminhos redundantes, e de **busca em árvore**[6] se ele não verificar. O algoritmo BUSCA-MELHOR-PRIMEIRO da Figura 3.7 é um algoritmo de busca em grafo; se removermos todas as referências a *alcançado*, obteremos uma busca em árvore, que usa menos memória, mas examinará os caminhos redundantes até o mesmo estado e, portanto, será mais lenta.   *Busca em grafo*
Busca em árvore

Terceiro, podemos fazer um ajuste e verificar se há ciclos, mas não caminhos redundantes em geral. Como cada nó tem uma cadeia de ponteiros pai, podemos verificar se há ciclos sem necessidade de memória adicional, acompanhando a cadeia de pais para ver se

---

[6] Dizemos "busca do tipo em árvore", embora o espaço de estados ainda seja o mesmo grafo, não importa como ele é percorrido; simplesmente estamos tratando-o *como se fosse* uma árvore, com apenas um caminho de cada nó até a raiz.

68 Inteligência Artificial

o estado ao fim do caminho apareceu anteriormente nesse caminho. Algumas implementações seguem essa cadeia até o fim e, desse modo, eliminam todos os ciclos; outras implementações seguem apenas algumas ligações (p. ex., para o pai, avô e bisavô) e, portanto, levam apenas uma quantidade constante de tempo, eliminando todos os ciclos curtos (e contando com outros mecanismos para lidar com ciclos longos).

3.3.4 Medição de desempenho de resolução de problemas

Antes de entrar no projeto de algoritmos de busca específicos, precisamos considerar os critérios que podem ser usados para fazer uma escolha entre eles. Podemos avaliar o desempenho do algoritmo de quatro maneiras:

Completude

- **Completude**: o algoritmo oferece a garantia de encontrar uma solução quando ela existir, e reportar corretamente a falha quando não houver solução?

Otimização de custo

- **Otimização de custo**: ele encontra uma solução com o menor custo de caminho dentre todas as soluções?[7]

Complexidade de tempo

- **Complexidade de tempo**: quanto tempo ele leva para encontrar uma solução? Isso pode ser medido em segundos ou, de modo mais abstrato, pelo número de estados e ações consideradas.

Complexidade de espaço

- **Complexidade de espaço**: quanta memória é necessária para executar a busca?

Para compreender a completude, considere um problema de busca com uma única meta. Essa meta pode estar em qualquer lugar no espaço de estados; portanto, um algoritmo completo deverá ser capaz de explorar sistematicamente todos os estados que podem ser alcançados desde o estado inicial. Em espaços de estados finitos, isso é fácil de ser obtido: se for mantido o controle dos caminhos e removidos aqueles que são ciclos (p. ex., Arad para Sibiu para Arad), por fim alcançaremos todos os estados alcançáveis.

Para espaços de estados infinitos, é necessário mais cuidado. Por exemplo, um algoritmo que aplicasse repetidamente o operador "fatorial" no problema do "4" de Knuth seguiria um caminho infinito de 4 para 4! para (4!)!, e assim por diante. Da mesma forma, em uma grade infinita sem obstáculos, avançar repetidamente em uma linha reta também segue um caminho infinito de novos estados. Nesses dois casos, o algoritmo nunca devolve a um estado que alcançou antes, mas está incompleto porque grandes extensões do espaço de estados nunca são alcançadas.

Sistemático

Para ser completo, um algoritmo de busca deve ser **sistemático** no modo como explora um espaço de estados infinito, garantindo que por fim poderá atingir qualquer estado que esteja conectado ao estado inicial. Por exemplo, na grade infinita, um tipo de busca sistemática é um caminho em espiral que cobre todas as células que se encontram a s passos da origem antes de seguir para as células que estão a $s + 1$ passos de distância. Infelizmente, em um espaço de estado infinito sem solução, um algoritmo correto precisa continuar procurando para sempre; ele não pode terminar porque não consegue saber se o próximo estado será uma meta.

A complexidade de tempo e a complexidade de espaço de memória são sempre consideradas em relação a alguma medida da dificuldade do problema. Em ciência da computação teórica, a medida típica é o tamanho do grafo do espaço de estados, $|V| + |E|$, em que $|V|$ é o número de vértices (nós de estado) do grafo e $|E|$ é o número de arestas (pares distintos de estado/ação). Isso é apropriado quando o grafo for uma estrutura de dados explícita, como o mapa da Romênia. Mas, em muitos problemas de IA, o grafo é representado apenas *implicitamente* pelo estado inicial, ações e modelo de transição. Para um espaço de estado implícito, a

Profundidade

Fator de ramificação

complexidade pode ser medida em termos de d, a **profundidade** ou número de ações em uma solução ótima; m, o número máximo de ações em qualquer caminho; e b, o **fator de ramificação** ou número de sucessores de um nó que precisam ser considerados.

---

[7] Alguns autores utilizam o termo "admissibilidade" para a propriedade de encontrar a solução com o menor custo, e outros usam apenas "otimização", mas isso pode causar confusão com outros tipos de otimização.

3.4 Estratégias de busca sem informação

Um algoritmo de busca sem informação não recebe qualquer indicação sobre a proximidade que um estado se encontra de sua(s) meta(s). Por exemplo, imagine nosso agente em Arad com a meta de chegar a Bucareste. Um agente sem informação, isto é, sem conhecimento da geografia romena, não sabe se o melhor primeiro passo é ir para Zerind ou ir para Sibiu. Ao contrário, um agente informado (seção 3.5), que conhece o local de cada cidade, sabe que Sibiu está muito mais próxima de Bucareste e, portanto, provavelmente é o caminho mais curto.

3.4.1 Busca em largura

Quando todas as ações têm o mesmo custo, uma estratégia apropriada é a **busca em largura**, em que o nó raiz é expandido primeiro, em seguida todos os sucessores do nó raiz são expandidos, depois os sucessores *desses nós*, e assim por diante. Essa é uma estratégia de busca sistemática que, portanto, é completa, mesmo em espaços de estados infinitos. Poderíamos implementar a busca em largura como uma chamada a BUSCA-MELHOR-PRIMEIRO, em que a função de avaliação $f(n)$ é a profundidade do nó – ou seja, o número de ações necessárias para alcançar o nó.

Entretanto, podemos aumentar a eficiência usando alguns truques. Uma fila Fifo será mais rápida do que uma fila por prioridade e nos dará a ordem correta de nós: novos nós (que são sempre mais profundos do que seus pais) vão para o fim da fila, enquanto os antigos, que são mais rasos que os novos, são expandidos primeiro. Além disso, *alcançado* pode ser um conjunto de estados, em vez de um mapeamento de estados para nós, pois quando alcançamos um estado, nunca podemos encontrar um caminho melhor para o estado. Isso também significa que podemos realizar um **teste de meta antecipado**, verificando se um nó devolve uma solução assim que ele é *gerado*, em vez de um **teste de meta postergado**, usado pela busca pela melhor escolha, esperando até que um nó seja retirado da fila. A Figura 3.8 mostra o progresso da busca em largura com uma árvore binária, e a Figura 3.9 mostra o algoritmo com as melhorias de eficiência da meta antecipada.

A busca em largura sempre acha uma solução com um número mínimo de ações porque, quando está gerando nós na profundidade d, ela já gerou todos os nós na profundidade $d-1$, de modo que, se um deles fosse uma solução, teria sido encontrado. Isso significa que a busca em largura é ótima em termos de custo para problemas em que todas as ações têm o mesmo custo, mas não para problemas que não têm essa propriedade. De qualquer modo, a busca é completa. Em termos de tempo e espaço, considere a busca de uma árvore uniforme onde cada estado tem b sucessores. A raiz da árvore de busca gera b nós no primeiro nível, cada um dos quais gera b outros nós, totalizando b^2 nós no segundo nível. Cada um desses outros nós gera b outros nós, totalizando b^3 nós no terceiro nível, e assim por diante. Agora, suponha que a solução esteja na profundidade d. No pior caso, é o último nó gerado naquele nível. Então, o número total de nós gerados é

$$1 + b + b^2 + b^3 + \ldots + b^d = O(b^d).$$

Cada nó gerado permanecerá na memória, de modo que a complexidade do tempo e do espaço são $O(b^d)$. Limites contendo uma complexidade exponencial como esta são assustadores.

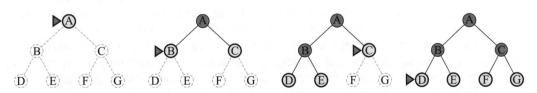

Figura 3.8 Busca em largura em uma árvore binária simples. Em cada estágio, o nó a ser expandido em seguida é indicado pelo marcador triangular.

70 Inteligência Artificial

---

função BUSCA-EM-LARGURA(*problema*) **devolve** um nó de solução ou *falha*
    nó ← NÓ(*problema*.INICIAL)
    se *problema*.É-META(*nó*.ESTADO) **então devolve** *nó*
    fronteira ← uma fila FIFO, com *nó* como elemento
    alcançado ← {*problema*.INICIAL}
       enquanto não É-VAZIO(*fronteira*) **faça**
          nó ← POP(*fronteira*) |
          para cada *filho* **em** EXPANDIR(*problema*, *nó*) **faça**
            s ← *filho*.ESTADO
            se *problema*.É-META(*s*) **então devolve** *filho*
            se *s* não está em *alcançado* **então**
              adicione *s* para *alcançado*
              adicione *filho* para *fronteira*
  devolve *falha*

função BUSCA-CUSTO-UNIFORME(*problema*) **devolve** um nó solução, ou *falha*
    devolve BUSCA-MELHOR-PRIMEIRO(*problema*, CUSTO-CAMINHO)

Figura 3.9 Busca em largura e algoritmos de busca com custo uniforme.

Como um exemplo típico do mundo real, considere um problema com fator de ramificação $b = 10$, processando na velocidade de um milhão de nós por segundo e com requisitos de memória de 1 *Kbyte*/nó. Uma busca até a profundidade $d = 10$ levaria menos de 3 horas, mas exigiria 10 *terabytes* de memória. *Os requisitos de memória são um problema maior para a busca em largura do que o tempo de execução.* Mas o tempo ainda é um fator importante. Na profundidade $d = 14$, mesmo com memória infinita, a busca levaria 3 anos e meio. Em geral, *os problemas de busca de complexidade exponencial não podem ser resolvidos por métodos sem informação, para qualquer instância, exceto as menores.*

3.4.2 Algoritmo de Dijkstra ou busca de custo uniforme

Quando as ações têm custos diferentes, uma opção óbvia é usar a busca pela melhor escolha, em que a função de avaliação é o custo do caminho desde a raiz até o nó atual. A comunidade de ciência da computação teórica chama isso de algoritmo de Dijkstra, e a comunidade de IA o chama de **busca de custo uniforme**. A ideia é que, enquanto a busca em largura se espalha em ondas de profundidade uniforme – primeiro na profundidade 1, depois na profundidade 2, e assim por diante –, a busca de custo uniforme se espalha em ondas de custo de caminho uniforme. O algoritmo pode ser implementado como uma chamada a BUSCA-MELHOR-PRIMEIRO com CUSTO-CAMINHO sendo a função de avaliação, como mostra a Figura 3.9.

> Busca de custo uniforme

Considere a Figura 3.10, em que o problema é ir de Sibiu para Bucareste. Os sucessores de Sibiu são Rimnicu Vilcea e Fagaras, com custos de 80 e 99, respectivamente. O nó de menor custo, Rimnicu Vilcea, será o próximo a ser expandido, acrescentando Pitesti com custo de $80 + 97 = 177$. O nó de menor custo é agora Fagaras; por isso será expandido, acrescentando Bucareste com custo de $99 + 211 = 310$. Bucareste é a meta, mas o algoritmo testa as metas somente quando expande um nó, e não quando gera um nó, de modo que ele ainda não detectou que esse é um caminho até a meta.

O algoritmo continua, escolhendo Pitesti para expansão e adicionando um segundo caminho para Bucareste com um custo de $80 + 97 + 101 = 278$. Ele tem um custo mais baixo, e por isso substitui o caminho anterior em *alcançado* e é incluído na *fronteira*. Agora esse nó tem o menor custo, de modo que é considerado, descoberto como sendo uma meta e devolvido em seguida. Observe que, se tivéssemos verificado uma meta ao gerar um nó, e não ao expandir o nó de menor custo, então teríamos devolvido um caminho de custo mais elevado (aquele passando por Fagaras).

A complexidade da busca de custo uniforme é caracterizada em termos de C^*, o custo da solução ótima,[8] e ϵ, um limite inferior para o custo de cada ação, com $\epsilon > 0$. Assim, a

---

[8] Aqui, e ao longo do livro, o asterisco em C^* significa um valor ótimo de C.

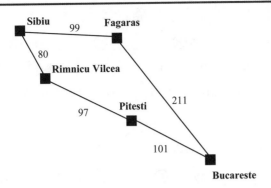

Figura 3.10 Parte do espaço de estados da Romênia, selecionada para ilustrar a busca de custo uniforme.

complexidade de tempo e espaço do pior caso do algoritmo é $O(b^{1+\lfloor C^*/\epsilon \rfloor})$ que pode ser muito maior que b^d. Essa é a razão por que a busca de custo uniforme pode explorar grandes árvores de ações com baixos custos antes de explorar caminhos envolvendo uma ação de alto custo e talvez útil. Quando todos os custos de passos forem iguais, $(b^{1+\lfloor C^*/\epsilon \rfloor})$ será simplesmente b^{d+1}, e a busca de custo uniforme é semelhante à busca em largura.

A busca de custo uniforme é completa e ótima em termos de custo, pois a primeira solução que encontra terá um custo pelo menos tão baixo quanto o custo de qualquer outro nó na fronteira. A busca de custo uniforme considera todos os caminhos sistematicamente, por ordem crescente de custo, nunca percorrendo um único caminho infinito (supondo que todos os custos de ação sejam $> \epsilon > 0$).

3.4.3 Busca em profundidade e o problema da memória

A **busca em profundidade** sempre expande primeiro o nó *mais profundo* na fronteira da árvore. Isso poderia ser implementado como uma chamada a BUSCA-MELHOR-PRIMEIRO, em que a função de avaliação *f* é o negativo da profundidade. Porém, normalmente é implementado não como uma busca em grafo, mas como uma busca em forma de árvore sem manter uma tabela de estados alcançados. O progresso da busca é ilustrado na Figura 3.11; a busca prossegue imediatamente até o nível mais profundo da árvore de busca, onde os nós não têm sucessores. Então a busca "devolve" ao nó seguinte mais profundo que ainda tem sucessores inexplorados. A busca em profundidade não tem custo ótimo; ela devolve a primeira solução que encontra, mesmo que não seja a de menor custo.

Para espaços de estados finitos que são árvores, isso é eficiente e completo; para espaços de estados acíclicos, pode acabar expandindo o mesmo estado muitas vezes por caminhos diferentes, mas por fim explorará o espaço inteiro de forma sistemática.

Em espaços de estados cíclicos, essa busca pode ficar presa em um laço infinito; portanto, algumas implementações da busca em profundidade verificam cada novo nó à procura de ciclos. Finalmente, em espaços de estados infinitos, a busca em profundidade não é sistemática: ela pode ficar presa ao descer por um caminho infinito, mesmo se não houver ciclos. Assim, a busca em profundidade é incompleta.

Com todas essas más notícias, por que alguém poderia considerar o uso da busca em profundidade, em vez da busca em largura ou pela melhor escolha? A resposta é que, para problemas em que uma busca em árvore é viável, a busca em profundidade faz muito menos uso de memória. Não mantemos uma tabela de nós *alcançados* de forma alguma, e a fronteira é muito pequena: pense na fronteira da busca em largura como a superfície de uma esfera sempre em expansão, enquanto a fronteira da busca em profundidade é apenas um raio dessa esfera.

Para um espaço de estado finito, em forma de árvore, como o da Figura 3.11, uma busca em profundidade em forma de árvore leva um tempo proporcional ao número de estados e tem complexidade de memória de apenas $O(bm)$, em que b é o fator de ramificação

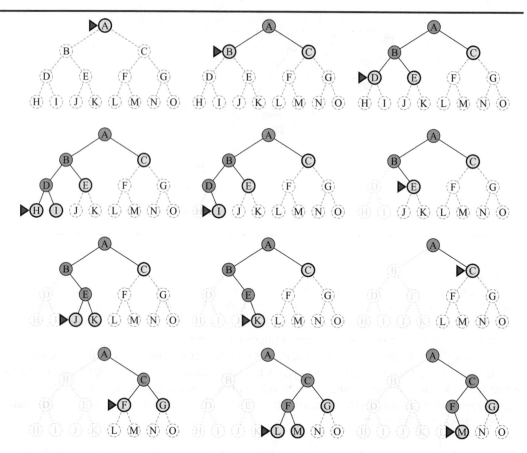

Figura 3.11 Doze passos (esquerda para a direita, de cima para baixo) no progresso de uma busca em profundidade em uma árvore binária desde o estado inicial A até a meta M. A fronteira está representada com um círculo em negrito, com um triângulo marcando o nó a ser expandido em seguida. Os nós já expandidos são círculos sem contornos em negrito e os futuros nós em potencial têm círculos tracejados em cinza-claro. Os nós expandidos e sem descendentes na fronteira (linhas bem claras e apagadas) podem ser descartados.

e *m* é a profundidade máxima da árvore. Alguns problemas que exigiriam *exabytes* de memória na busca em largura podem ser tratados com apenas *kilobytes* usando a busca em profundidade. Devido ao seu uso parcimonioso de memória, adotou-se a busca em profundidade em árvore como o carro-chefe básico de muitas áreas da IA, incluindo a satisfação de restrição (Capítulo 6), a satisfatibilidade proposicional (Capítulo 7) e a programação lógica (Capítulo 9).

Busca com retrocesso

Uma variante da busca em profundidade chamada de **busca com retrocesso** utiliza ainda menos memória (ver mais detalhes no Capítulo 6). No retrocesso, apenas um sucessor é gerado de cada vez, em lugar de todos os sucessores; cada nó parcialmente expandido memoriza o sucessor que deve gerar em seguida. Além disso, os sucessores são gerados *modificando* diretamente a descrição do estado atual, em vez de alocando a memória para um estado totalmente novo. Isso reduz os requisitos de memória a apenas uma descrição de estado e um caminho de $O(m)$ ações – uma economia significativa em relação a $O(bm)$ estados para a busca em profundidade. Com o retrocesso, também temos a opção de manter uma estrutura de dados eficiente para os estados no caminho atual, para permitir a verificação de um caminho cíclico no instante $O(1)$ em vez de $O(m)$. Para que o retrocesso funcione, devemos ser capazes de *desfazer* cada ação quando voltarmos para gerar o próximo sucessor. No caso de problemas com grandes descrições de estados, como a montagem robótica, as técnicas de retrocesso são críticas para o sucesso.

3.4.4 Busca em profundidade limitada e aprofundamento iterativo

Para evitar que a busca em profundidade percorra um caminho infinito, podemos usar a **busca em profundidade limitada**, uma versão da busca em profundidade com um limite de profundidade predeterminado ℓ, em que os nós na profundidade ℓ são tratados como se não tivessem sucessores (Figura 3.12). Sua complexidade de tempo é $O(b^\ell)$ e sua complexidade de espaço é $O(b\ell)$. Infelizmente, se o valor de ℓ for mal escolhido, o algoritmo não conseguirá chegar a uma solução, tornando-o novamente incompleto.

Como a busca em profundidade é feita em forma de árvore, não podemos evitar que ela desperdice tempo com caminhos redundantes em geral, mas podemos eliminar ciclos, ao custo de algum tempo de computação. Se examinarmos apenas algumas ligações acima na cadeia de pais, poderemos detectar a maior parte dos ciclos; ciclos maiores podem ser tratados pelo limite de profundidade.

Às vezes, um bom limite de profundidade pode se basear no conhecimento que se tem do problema. Por exemplo, no mapa da Romênia há 20 cidades. Portanto, $\ell = 19$ é um limite válido. Porém, de fato, se estudássemos cuidadosamente o mapa, descobriríamos que qualquer cidade pode ser alcançada a partir de qualquer outra cidade em, no máximo, nove ações. Esse número, conhecido como **diâmetro** do espaço de estados, nos dá um limite de profundidade melhor, o que leva a uma busca em profundidade limitada mais eficiente. No entanto, na maioria dos problemas, não conhecemos um bom limite de profundidade antes de resolvermos o problema.

A **busca em aprofundamento iterativo** resolve o problema da escolha de um bom valor para ℓ testando todos os valores: primeiro 0, depois 1, depois 2, e assim por diante – até encontrar uma solução ou até que a busca em profundidade devolva o valor de *falha* em vez do valor de *corte*. O algoritmo é mostrado na Figura 3.12. O aprofundamento iterativo combina muitos dos benefícios da busca em profundidade e da busca em largura. Como na busca em profundidade, seus requisitos de memória são muito modestos: $O(bd)$ quando há uma solução, ou $O(bm)$ para espaços de estados finitos sem solução. Como na busca em largura, o aprofundamento iterativo é ótimo para problemas em que todas as ações têm o mesmo custo, e é completo nos espaços de estados acíclicos finitos, ou em qualquer espaço de estados finito onde verificamos ciclos nos nós desde o início do caminho.

> **Busca em profundidade limitada**

> **Diâmetro**

> **Busca de aprofundamento iterativo**

---

função BUSCA-APROFUNDAMENTO-ITERATIVO(*problema*) **devolve** um nó solução ou *falha*
  para *prof* = 0 **até** ∞ **faça**
    resultado ← BUSCA-PROFUNDIDADE-LIMITADA(*problema*, *prof*)
    se *resultado* ≠ *corte* **então devolve** *resultado*

função BUSCA-PROFUNDIDADE-LIMITADA(*problema*, ℓ) **devolve** um nó ou *falha* ou *corte*
  fronteira ← uma fila LIFO (pilha) com NÓ(*problema*.INICIAL) como um elemento
  resultado ← *falha*
  enquanto não É-VAZIO(*fronteira*) **faça**
    nó ← POP(*fronteira*)
    se *problema*.É-META(*nó*.ESTADO) **então devolve** *nó*
    se PROFUNDIDADE(*nó*) > ℓ **então**
      resultado ← *corte*
    senão se não É-CICLO(*nó*) **faça**
      para cada *filho* **em** EXPANDIR(*problema*, *nó*) **faça**
        adicionar *filho* à *fronteira*
  devolve *resultado*

Figura 3.12 Busca em aprofundamento iterativo e em profundidade em forma de árvore. O aprofundamento iterativo aplica repetidamente a busca em profundidade limitada com limites crescentes. Ele devolve um de três tipos de valores diferentes: ou um nó de solução; ou uma *falha*, quando tiver esgotado todos os nós e provado que não há uma solução em qualquer profundidade; ou um *corte*, indicando que pode haver uma solução em uma profundidade maior do que ℓ. Esse é um algoritmo de busca em forma de árvore que não monitora os estados *alcançados* e, portanto, usa muito menos memória do que a busca pela melhor escolha, mas corre o risco de visitar o mesmo estado várias vezes em diferentes caminhos. Ainda, se a verificação de É-CICLO não verificar *todos* os ciclos, o algoritmo pode cair em um laço.

A complexidade de tempo é $O(b^d)$ quando existe uma solução, ou $O(b^m)$ quando ela não existe. Cada iteração da busca de aprofundamento iterativo gera um novo nível, da mesma forma como é feito na busca em largura, mas a busca em largura faz isso armazenando todos os nós na memória, enquanto o aprofundamento iterativo faz isso repetindo os níveis anteriores, economizando assim a memória ao custo de mais tempo. A Figura 3.13 mostra quatro iterações da busca de aprofundamento iterativo em uma árvore de busca binária, onde a solução é encontrada na quarta iteração.

A busca de aprofundamento iterativo pode parecer um desperdício porque os estados perto do topo da árvore são gerados várias vezes. Porém, para muitos espaços de estados, a maior parte dos nós estará no nível inferior e, assim, não importa muito se os níveis superiores são gerados várias vezes. Em uma busca de aprofundamento iterativo, os nós no nível inferior (profundidade d) são gerados uma vez, os do penúltimo nível inferior são gerados duas vezes, e assim por diante, até os filhos da raiz, que são gerados d vezes. Portanto, o número total de nós gerados na pior das hipóteses é

$$N(\text{IDS}) = (d)b^1 + (d-1)b^2 + (d-2)b^3 + \ldots + b^d,$$

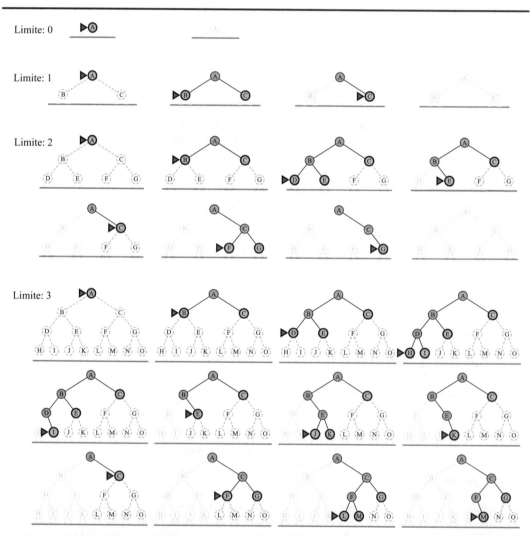

Figura 3.13 Quatro iterações da busca de aprofundamento iterativo para a meta M em uma árvore binária, com o limite de profundidade variando entre 0 e 3. Observe que os nós interiores formam um único caminho. O triângulo marca o nó que será expandido em seguida; os nós com fundo escuro estão na fronteira; os nós com contorno cinza tracejado provavelmente não podem fazer parte de uma solução com esse limite de profundidade.

o que dá uma complexidade de tempo igual a $O(b^d)$ – assintomaticamente, a mesma que da busca em profundidade. Por exemplo, se $b = 10$ e $d = 5$, os números são

$$N(\text{IDS}) = 50 + 400 + 3.000 + 20.000 + 100.000 = 123.450$$

$$N(\text{BFS}) = 10 + 100 + 1.000 + 10.000 + 100.000 = 111.110.$$

Se você está realmente preocupado com a repetição, pode usar uma abordagem híbrida que executa a busca em largura até que quase toda a memória disponível seja consumida, e então execute o aprofundamento iterativo de todos os nós na fronteira. *Em geral, o aprofundamento iterativo é o método de busca sem informação preferido quando o espaço de busca é grande e a profundidade da solução não é conhecida.*

3.4.5 Busca bidirecional

Os algoritmos que vimos até aqui começam em um estado inicial e podem alcançar qualquer um dos diversos estados meta possíveis. Uma abordagem alternativa, chamada de **busca bidirecional**, realiza duas buscas simultâneas – uma direta, a partir do estado inicial, e a outra inversa, a partir do(s) estado(s) meta, esperando que as duas buscas se encontrem em um ponto intermediário. A motivação é que $b^{d/2} + b^{d/2}$ é muito menor que b^d (p. ex., 50 mil vezes menor quando $b = d = 10$).

Busca bidirecional

Para que isso funcione, precisamos monitorar duas fronteiras e duas tabelas de estados alcançados, além da capacidade de raciocinar de frente para trás: se o estado s' é um sucessor de s na direção para frente, então precisamos saber que s é um sucessor de s' na direção inversa. Temos uma solução quando as duas fronteiras se encontram.[9]

Há muitas versões diferentes de busca bidirecional, assim como existem muitos algoritmos de busca unidirecional diferentes. Nesta seção, descrevemos a busca pela melhor escolha bidirecional. Embora existam duas fronteiras separadas, o nó a ser expandido a seguir é sempre aquele com o menor valor na função de avaliação, em qualquer uma das fronteiras. Quando a função de avaliação é o custo do caminho, obtemos a busca bidirecional de custo uniforme, e se o custo do caminho ótimo é C^*, então nenhum nó com custo $> C^*/2$ será expandido. Isso pode resultar em um ganho de tempo considerável.

O algoritmo geral de busca bidirecional pela melhor escolha (BUSCA-BidME) pode ser visto na Figura 3.14. Passamos duas versões do problema e da função de avaliação, uma no sentido para frente (subscrito F) e uma no sentido para trás (subscrito T). Quando a função de avaliação é o custo do caminho, sabemos que a primeira solução encontrada será uma solução ótima, mas, com funções de avaliação diferentes, isso não necessariamente acontece. Portanto, registramos a melhor solução encontrada até agora, e isso pode ter de ser atualizado várias vezes antes que o teste Terminado prove que não é possível haver outra solução melhor.

3.4.6 Comparação entre estratégias de busca sem informação

A Figura 3.15 compara estratégias de busca sem informação em termos dos quatro critérios de avaliação definidos na seção 3.3.4. Essa comparação refere-se às versões de busca em árvore, que não verificam os estados repetidos. Para buscas em grafos, que fazem a verificação, a principal diferença é que a busca em profundidade é completa para espaço de estados finitos, e que as complexidades de espaço e de tempo são limitadas pelo tamanho do espaço de estados (o número de vértices e arestas, $|V| + |E|$).

3.5 Estratégia de busca informada (heurística)

Esta seção mostra como uma estratégia de **busca informada** – a que utiliza dicas específicas do domínio a respeito do local das metas – pode encontrar soluções de forma mais eficiente do que

Busca informada

---

[9] Em nossa implementação, a estrutura de dados *alcançados* admite uma consulta perguntando se determinado estado é um membro, e a estrutura de dados de fronteira (uma fila de prioridade) não, então verificamos se há uma colisão usando *alcançado*; no entanto, conceitualmente, estamos perguntando se as duas fronteiras se encontraram. A implementação pode ser estendida para lidar com vários estados meta, carregando o nó para cada estado meta na fronteira de trás para frente e na tabela alcançado de trás para frente.

função BUSCA-BidME($problema_F$, f_F, $problema_T$, f_T) **devolve** um nó solução ou *falha*
  $nó_F \leftarrow$ NÓ($problema_F$.INICIAL)   *// Nó para um estado inicial*
  $nó_T \leftarrow$ NÓ($problema_T$.INICIAL)   *// Nó para um estado meta*
  fronteira$_F$ $\leftarrow$ uma fila de prioridade ordenada por f_F, com $nó_F$ como elemento
  fronteira$_T$ $\leftarrow$ uma fila de prioridade ordenada por f_T, com $nó_T$ como elemento
  alcançado$_F$ $\leftarrow$ uma tabela de busca com uma chave $nó_F$.ESTADO e valor $nó_F$
  alcançado$_T$ $\leftarrow$ uma tabela de busca com uma chave $nó_T$.ESTADO e valor $nó_T$
  solução $\leftarrow$ *falha*
  enquanto não TERMINADO(*solução*, *fronteira$_F$*, *fronteira$_T$*) **faça**
    se f_f(TOPO(*fronteira$_F$*)) < f_f(TOPO(*fronteira$_T$*)) **então**
      solução $\leftarrow$ PROSSEGUIR(*F*, *problema$_F$*, *fronteira$_F$*, *alcançado$_F$*, *alcançado$_T$*, *solução*)
    senão *solução* $\leftarrow$ PROSSEGUIR(*T*, *problema$_T$*, *fronteira$_T$*, *alcançado$_T$*, *alcançado$_F$*, *solução*)
  devolve *solução*

função PROSSEGUIR(*dir*, *problema*, *fronteira*, *alcançado*, *alcançado$_2$*, *solução*) **devolve** uma solução
  // Expande nó na fronteira; compara com outra fronteira em alcançado$_2$.
  // A variável "dir" é a direção: ou F frente ou T trás.
  nó $\leftarrow$ POP(*fronteira*)
  para cada *filho* **em** EXPANDIR(*problema*, *nó*) **faça**
    s $\leftarrow$ *filho*.ESTADO
    se *s* não está em *alcançado* **ou** CUSTO-CAMINHO(*filho*) < CUSTO-CAMINHO
    (*alcançado*[*s*]) **então**
      alcançado[*s*] $\leftarrow$ *filho*
      adiciona *filho* a *fronteira*
      se *s* está em *alcançado$_2$* **então**
        solução$_2$ $\leftarrow$ UNIR-NÓS(*dir*, *filho*, *alcançado$_2$*[s]))
        se CUSTO-CAMINHO(*solução$_2$*) < CUSTO-CAMINHO(*solução*) **então**
          solução $\leftarrow$ *solução$_2$*
  devolve *solução*

Figura 3.14 Busca bidirecional pela melhor escolha mantém duas fronteiras e duas tabelas de estados alcançados. Quando um caminho em uma fronteira atinge um estado que também foi alcançado na outra metade da busca, os dois caminhos são unidos (pela função UNIR-NÓS) para formar uma solução. Não é garantido que a primeira solução que obtivermos seja a melhor; a função TERMINADO determina quando a busca de novas soluções deve ser encerrada.

Critério	Largura	Custo uniforme	Profundidade	Profundidade limitada	Aprofundamento iterativo	Bidirecional (se aplicável)
Completa?	Sim[1]	Sim[1,2]	Não	Não	Sim[1]	Sim[1,4]
Custo ótimo?	Sim[3]	Sim	Não	Não	Sim[3]	Sim[3,4]
Tempo	$O(b^d)$	$O(b^{1+\lfloor C^*/\epsilon \rfloor})$	$O(b^m)$	$O(b^\ell)$	$O(b^d)$	$O(b^{d/2})$
Espaço	$O(b^d)$	$O(b^{1+\lfloor C^*/\epsilon \rfloor})$	$O(bm)$	$O(b\ell)$	$O(bd)$	$O(b^{d/2})$

Figura 3.15 Avaliação de algoritmos de busca. b é o fator de ramificação; m é a profundidade máxima da árvore de busca; d é a profundidade da solução mais rasa, ou m quando não há solução; ℓ é o limite de profundidade. As anotações sobrescritas são: [1] completa se b é finito e o espaço de estado tem uma solução ou é finito; [2] completa se todos os custos de ação forem $\geq \epsilon > 0$; [3] ótima em termos de custo se os custos de ação forem todos idênticos; [4] se ambos os sentidos utilizam busca em largura ou custo uniforme.

Função heurística

uma estratégia de busca sem informação. As dicas têm a forma de uma **função heurística**, indicada por $h(n)$:[10]

---

[10] Pode parecer estranho que a função heurística opere sobre um nó, quando tudo o que ela realmente precisa é do estado do nó. Tradicionalmente, usa-se $h(n)$ em vez de $h(s)$ para que haja coerência com a função de avaliação $f(n)$ e o custo do caminho $g(n)$.

$h(n)$ = custo estimado do caminho mínimo a partir do estado do nó n até o estado meta.

Por exemplo, em problemas de descoberta de rota, podemos estimar a distância do estado atual até uma meta calculando a distância em linha reta entre os dois pontos no mapa. Estudamos heurísticas e de onde elas vêm, mais profundamente, na seção 3.6.

3.5.1 Busca gulosa pela melhor escolha

A **busca gulosa pela melhor escolha** é uma forma de busca pela melhor escolha que tenta expandir inicialmente o nó com o valor mais baixo de $h(n)$ – o nó que aparece mais próximo da meta – com base no fato de que isso pode conduzir rapidamente a uma solução. Assim, a função de avaliação é $f(n) = h(n)$.

Busca gulosa pela melhor escolha

Vamos ver como isso funciona para problemas de descoberta de rota na Romênia; usaremos a heurística de **distância em linha reta**, que chamaremos de h_{DLR}. Se a meta for Bucareste, precisaremos saber as distâncias em linha reta para Bucareste, apresentadas na Figura 3.16. Por exemplo, $h_{DLR}(Arad) = 366$. Observe que os valores de h_{DLR} não podem ser calculados a partir da descrição do problema em si (ou seja, das funções AÇÕES e RESULTA). Além disso, é preciso certa experiência para saber que h_{DLR} está correlacionado com as distâncias reais da estrada e, portanto, é uma heurística útil.

Distância em linha reta

A Figura 3.17 mostra o progresso de uma busca gulosa pela melhor escolha utilizando h_{DLR} para encontrar um caminho de Arad para Bucareste. O primeiro nó a ser expandido a partir de Arad será Sibiu porque a heurística diz que ele está mais perto de Bucareste do que Zerind ou Timisoara. O próximo nó a ser expandido será Fagaras, porque agora é o mais próximo, segundo a heurística. Fagaras, por sua vez, vai gerar Bucareste, que é a meta. Para esse problema particular, a busca gulosa pela melhor escolha utilizando h_{DLR} encontra uma solução, sem nunca expandir um nó que não esteja no caminho da solução. Porém, a solução encontrada não tem um custo ótimo: o caminho via Sibiu e Fagaras para Bucareste é 32 milhas mais longo que o caminho através de Rimnicu Vilcea e Pitesti. Isso mostra por que o algoritmo é chamado de "guloso"; a cada passo ele tenta chegar o mais próximo da meta que puder, mas ser guloso pode levar a resultados piores do que ser cauteloso.

A busca gulosa pela melhor escolha é completa em espaços de estados finitos, mas não nos infinitos. O pior caso de complexidade de tempo e de espaço é $O(|V|)$. Com uma boa função heurística, no entanto, a complexidade pode ser reduzida substancialmente, chegando a alcançar $O(bm)$ em certos problemas.

3.5.2 Busca A*

O algoritmo de busca informada mais comum é conhecido como **busca A*** (pronuncia-se "busca A estrela"), uma busca pela melhor escolha que usa a função de avaliação

Busca A*

$$f(n) = g(n) + h(n)$$

Arad	366	**Mehadia**	241
Bucareste	0	**Neamt**	234
Craiova	160	**Oradea**	380
Drobeta	242	**Pitesti**	100
Eforie	161	**Rimnicu Vilcea**	193
Fagaras	176	**Sibiu**	253
Giurgiu	77	**Timisoara**	329
Hirsova	151	**Urziceni**	80
Iasi	226	**Vaslui**	199
Lugoj	244	**Zerind**	374

Figura 3.16 Valores de h_{DLR} – distâncias em linha reta para Bucareste.

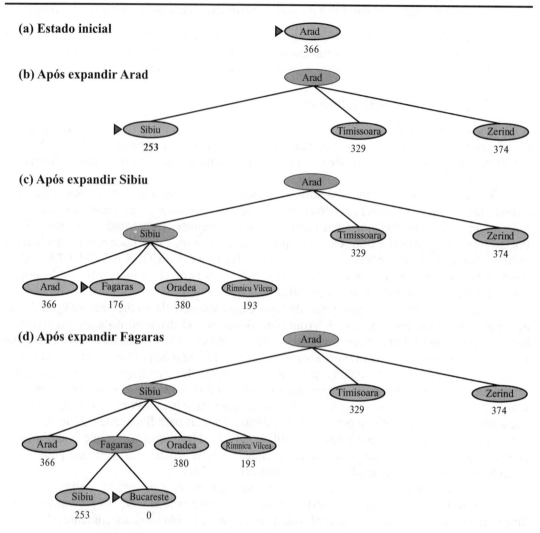

Figura 3.17 Etapas de uma busca gulosa pela melhor escolha em árvore para Bucareste com a heurística de distância em linha reta h_{DLR}. Os nós são rotulados com os seus valores h.

em que $g(n)$ o custo do caminho desde o estado inicial até o nó n, e $h(n)$ é o custo *estimado* do caminho mais curto e n até o estado meta, de modo que temos

$$f(n) = \text{custo estimado do melhor caminho que segue de } n \text{ até uma meta.}$$

Na Figura 3.18, mostramos a evolução de uma busca A* com a meta de alcançar Bucareste. Os valores de g são calculados a partir dos custos dos passos na Figura 3.1, e os valores de h_{DLR} são apresentados na Figura 3.16. Observe, particularmente, que Bucareste aparece pela primeira vez na fronteira na etapa (e), mas não é selecionada para expansão (e, portanto, não é detectada como uma solução) porque, em $f = 450$, não é o nó de menor custo na fronteira – esse seria Pitesti, em $f = 417$. Outra forma de afirmar isso é que deveria haver uma solução por meio de Pitesti cujo custo fosse inferior a 417, de modo que o algoritmo não se contenta com uma solução que custa 450. Na etapa (f), um caminho diferente para Bucareste agora é o nó de menor custo, em $f = 418$, de modo que ele é selecionado e detectado como solução ótima.

A busca A* é completa.[11] Agora, se A* é ótima depende de certas propriedades da heurística. Uma propriedade fundamental é a **admissibilidade**: uma **heurística admissível** é a que *nunca superestima* o custo de atingir a meta. (Portanto, uma heurística admissível é *otimista*.)

Heurística admissível

---
[11] Novamente, supondo que todos os custos de ação sejam > ε > 0 e que o espaço de estados tenha uma solução ou seja finito.

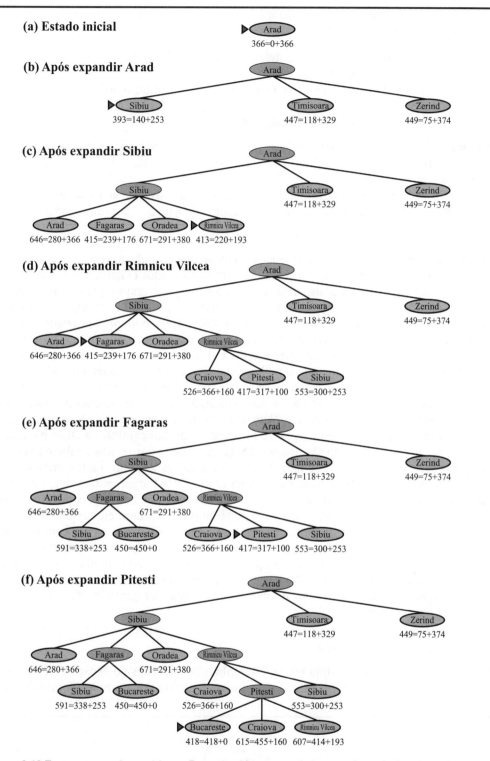

Figura 3.18 Etapas em uma busca A* para Bucareste. Nós são rotulados com $f = g + h$. Os valores de h são as distâncias em linha reta para Bucareste tomadas a partir da Figura 3.16.

Com uma heurística admissível, A* tem custo ótimo, o que podemos mostrar com uma prova por contradição. Suponha que o caminho ótimo tem custo C^*, mas o algoritmo retorne um caminho com custo $C > C^*$. Então, deverá haver algum nó n que esteja no caminho ótimo e não tenha sido expandido (porque, se todos os nós do caminho ótimo tiverem sido expandidos, então teríamos devolvido essa solução ótima). Portanto, usando a notação $g^*(n)$ para indicar o custo do caminho ótimo do início até n, e $h^*(n)$ para indicar o custo do caminho ótimo de n até a meta mais próxima, temos:

$f(n) > C^*$ (caso contrário, n teria sido expandido)
$f(n) = g(n) + h(n)$ (por definição)
$f(n) = g^*(n) + h(n)$ (porque n está no caminho ótimo)
$f(n) \leq g^*(n) + h^*(n)$ (por causa da admissibilidade, $h(n) \leq h^*(n)$)
$f(n) \leq C^*$ (por definição, $C^* = g^*(n) + h^*(n)$)

A primeira e a última linhas formam uma contradição, de modo que a suposição de que o algoritmo poderia devolver um caminho subótimo deve estar errada – A* deverá devolver apenas caminhos com custo ótimo.

Consistência

Uma propriedade um pouco mais forte é chamada de **consistência**. Uma heurística $h(n)$ será consistente se, para cada nó n e para todo sucessor n' de n gerado por uma ação a, tivermos

$$h(n) \leq c(n, a, n') + h(n').$$

Desigualdade triangular

Essa é uma forma genérica da **desigualdade triangular**, que estipula que cada um dos lados de um triângulo não pode ser maior que a soma dos outros dois lados (Figura 3.19). Um exemplo de uma heurística consistente é a distância em linha reta h_{DLR} que usamos para chegar a Bucareste.

Toda heurística consistente é também admissível (mas não vice-versa), de modo que, com uma heurística consistente, A* tem custo ótimo. Além disso, com uma heurística consistente, na primeira vez que atingirmos um estado, ele estará em um caminho ótimo; portanto, nunca teremos que adicionar novamente um estado à fronteira e nunca teremos que alterar uma entrada em *alcançado*. Porém, com uma heurística inconsistente, podemos acabar com vários caminhos atingindo o mesmo estado, e se cada novo caminho tiver um custo menor do que o anterior, então acabaremos com vários nós para aquele estado na fronteira, custando tempo e espaço. Por causa disso, algumas implementações de A* tomam cuidado para adicionar um estado na fronteira apenas uma vez, e se for encontrado um caminho melhor para o estado, todos os sucessores do estado são atualizados (o que requer que os nós também tenham tanto ponteiros filho quanto ponteiros pai). Essas complicações levaram muitos implementadores a evitar heurísticas inconsistentes, mas Felner *et al.* (2011) argumentam que, na prática, os piores efeitos raramente acontecem, e não se deve ter medo de heurísticas inconsistentes.

Com uma heurística inadmissível, A* pode ou não ser ótimo em termos de custo. Aqui estão dois casos em que A* é ótimo: primeiro, se houver pelo menos um caminho de custo ótimo em que $h(n)$ é admissível para todos os nós n no caminho, esse caminho será achado, não importando o que a heurística diga para os estados fora do caminho. Um segundo caso é se a solução ótima tiver custo C^* e a segunda melhor tiver custo C_2, e se $h(n)$ superestimar alguns custos, mas nunca por mais do que $C_2 - C^*$, então há garantias de que A* devolverá soluções com custo ótimo.

3.5.3 Contornos de busca

Contorno

Um modo útil de visualizar uma busca é desenhando **contornos** no espaço de estados e as linhas de nível de um mapa topográfico. A Figura 3.20 mostra um exemplo. Dentro do contorno

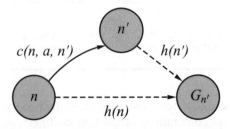

Figura 3.19 Desigualdade triangular: se a heurística h for **consistente**, então o único número $h(n)$ será menor que a soma do custo $c(n, a, n')$ da ação de n até n' com a estimativa da heurística $h(n')$.

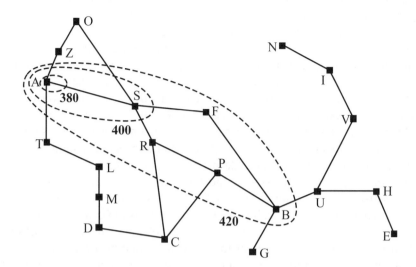

Figura 3.20 Mapa da Romênia mostrando contornos em $f = 380$, $f = 400$ e $f = 420$, com Arad como o estado inicial. Os nós dentro de determinado contorno têm custo $f = g + h$ menor ou igual ao valor do contorno.

rotulado 400, todos os nós têm $f(n) = g(n) + h(n) \leq 400$, e assim por diante. Então, devido a A* expandir o nó da fronteira de menor f-custo, podemos ver que uma busca A* espalha-se a partir do nó inicial, adicionando nós em faixas concêntricas de f-custo crescente.

Com busca de custo uniforme, temos contornos, mas de g-custo, não de $g + h$. Os contornos com a busca de custo uniforme serão "circulares" em torno do estado inicial, espalhando-se por igual em todas as direções, sem preferência em direção à meta. Com a busca A* usando uma boa heurística, as faixas $g + h$ se estenderão em direção a um estado meta (como na Figura 3.20) e se estreitarão em torno de um caminho ótimo.

Deve ficar claro que, ao estender um caminho, os g-custos são **monotônicos**: o custo do caminho sempre aumenta, à medida que você prossegue por um caminho, pois os custos de ação são sempre positivos.[12] Portanto, são obtidas linhas de contorno concêntricas, que não se cruzam, e se você escolher desenhar linhas suficientemente finas, poderá colocar uma linha entre dois nós quaisquer em qualquer caminho.

Porém não é evidente que o custo $f = g + h$ vai aumentar de forma monotônica. Conforme você estende um caminho de n para n', o custo passa de $g(n) + h(n)$ para $g(n) + c(n, a, n') + h(n')$. Cancelando o termo $g(n)$, vemos que o custo do caminho aumentará de forma monotônica se e somente se $g(n) \leq c(n, a, n') + h(n')$; em outras palavras, se e somente se a heurística for consistente.[13] Mas observe que um caminho pode contribuir com vários nós em uma linha com o mesmo valor de $g(n) + h(n)$; isso acontecerá sempre que a diminuição em h for exatamente igual ao custo da ação recém-tomada (p. ex., em um problema de grade, quando n está na mesma linha que a meta e você dá um passo em direção à meta, g é aumentado de 1 e h é diminuído de 1). Se C^* for o custo do caminho de solução ótima, então podemos dizer o seguinte:

- A* expande todos os nós que podem ser alcançados a partir do estado inicial em um caminho onde cada nó do caminho tem $f(n) < C^*$. Dizemos que estes são **nós certamente expandidos**.
- A* pode então expandir alguns dos nós bem sobre o "contorno da meta" (em que $f(n) = C^*$), antes de selecionar um nó meta.
- A* não expande nós com $f(n) > C^*$.

---
[12] Tecnicamente, os custos que sempre aumentam são chamados de "estritamente monotônicos", enquanto os custos que nunca diminuem, mas que podem permanecer iguais, são considerados "monotônicos".
[13] De fato, o termo "heurística monotônica" é sinônimo de "heurística consistente". As duas ideias foram desenvolvidas independentemente, e depois foi provado que elas são equivalentes (Pearl, 1984).

82 Inteligência Artificial

Otimamente eficiente

Dizemos que A* com uma heurística consistente é **otimamente eficiente** no sentido de que qualquer algoritmo que estenda caminhos de busca a partir do estado inicial, e use a mesma informação heurística, deve expandir todos os nós que são certamente expandidos por A* (porque qualquer um deles poderia ter sido parte de uma solução ótima). Entre os nós com $f(n) = C^*$, um algoritmo pode ter sorte e escolher o ótimo primeiro, enquanto outro algoritmo não tem sorte; não consideramos essa diferença na definição de eficiência ótima.

Poda

A* é eficiente porque **poda** os nós da árvore de busca que não são necessários para encontrar uma solução ótima. Na Figura 3.18(b) encontramos que Timisoara tem $f = 447$ e Zerind tem $f = 449$. Mesmo que eles sejam filhos da raiz e estariam entre os primeiros nós expandidos pela busca de custo uniforme ou busca em largura, eles nunca são expandidos pela busca A* porque a solução com $f = 418$ é encontrada primeiro. O conceito de poda – desconsiderar possibilidades sem ter que examiná-las – é importante para muitas áreas da IA.

É bastante satisfatório que a busca A* seja completa, ótima em termos de custo, e otimamente eficiente entre os algoritmos de busca. Infelizmente, isso não significa que A* seja a solução para todas as nossas necessidades de busca. O problema é que, para muitos problemas, o número de nós expandidos pode ser exponencial no tamanho da solução. Por exemplo, considere uma versão do mundo do aspirador de pó com um aparelho superpoderoso, que pode limpar qualquer quadrado, ao custo de 1 unidade, sem sequer precisar visitar o quadrado; nesse cenário, os quadrados podem ser limpos em qualquer ordem. Com N quadrados inicialmente sujos, há 2^N estados em que algum subconjunto foi limpo; todos esses estados estão em um caminho de solução ótimo e, portanto, satisfazem $f(n) < C^*$. Então todos eles seriam visitados por A*.

3.5.4 Busca satisfatória: heurística inadmissível e A* ponderada

Uma busca A* tem muitas qualidades boas, mas expande muitos nós. Podemos explorar menos nós (ocupando menos tempo e espaço) se estivermos dispostos a aceitar soluções que não sejam ótimas, mas que sejam "boas o suficiente" – o que chamamos de soluções **satisfatórias**. Se

Heurística inadmissível

permitirmos que a busca A* use uma **heurística inadmissível** – que possa superestimar –, corremos o risco de perder a solução ótima, mas a heurística pode ser potencialmente mais precisa, reduzindo assim o número de nós expandidos. Por exemplo, os engenheiros de estradas conhe-

Índice de desvio

cem bem o conceito de **índice de desvio**, que é um multiplicador aplicado à distância em linha reta para levar em conta a curvatura típica das estradas. Um índice de desvio de 1,3 significa que, se duas cidades estiverem a 10 quilômetros uma da outra em linha reta, uma boa estimativa do melhor caminho entre elas é de 13 quilômetros. Para a maioria das localidades, o índice de desvio varia entre 1,2 e 1,6.

Busca A* ponderada

Essa ideia pode ser aplicada a qualquer problema, não apenas àqueles envolvendo estradas, com uma técnica chamada **busca A* ponderada**, em que damos maior peso ao valor heurístico, resultando na função de avaliação $f(n) = g(n) + P \times h(n)$, para algum $P > 1$.

A Figura 3.21 mostra um problema de busca em um mundo de grade. Em (a), uma busca A* acha a solução ótima, mas tem que explorar uma grande parte do espaço de estados para encontrá-la. Em (b), uma busca A* ponderada encontra uma solução um pouco mais cara, mas a busca é muito mais rápida. Vemos que a busca ponderada focaliza o contorno dos estados alcançados em direção a uma meta. Isso significa que menos estados são explorados, mas se o caminho ótimo sair do contorno da busca ponderada (como acontece neste caso), o caminho ótimo não será encontrado. Em geral, se a solução ótima custa C^*, uma busca A* ponderada encontrará uma solução custando algo entre C^* e $P \times C^*$; na prática, porém, geralmente obtemos resultados muito mais próximos de C^* do que de $P \times C^*$.

Consideramos as buscas que avaliam os estados combinando g e h de várias maneiras: busca A* ponderada pode ser vista como uma generalização das outras:

Busca A*:	$g(n) + h(n)$	$(P = 1)$
Busca de custo uniforme:	$g(n)$	$(P = 0)$
Busca gulosa pela melhor escolha:	$h(n)$	$(P = \infty)$
Busca A* ponderada:	$g(n) + P \times h(n)$	$(1 < P < \infty)$

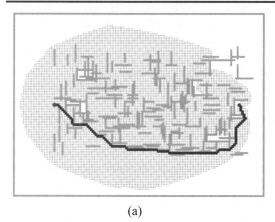 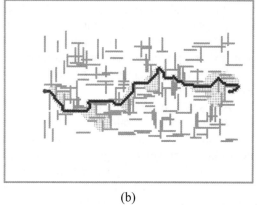

(a)　　　　　　　　　　　　　　(b)

Figura 3.21 Duas buscas sobre a mesma grade: (a) uma busca A* e (b) uma busca A* ponderada com peso $P = 2$. As barras claras são obstáculos, a linha espessa é o caminho do início à meta, e os pequenos pontos nas pontas são estados que foram alcançados em cada busca. Nesse problema específico, busca A* ponderada explora sete vezes menos estados e encontra um caminho 5% mais caro.

Você poderia chamar a busca A* ponderada de "busca um tanto gulosa": como a busca gulosa pela melhor escolha, ela concentra a busca por uma meta; por outro lado, ela não ignorará totalmente o custo do caminho, e podará um caminho que estiver progredindo pouco a um grande custo.

Existem diversos algoritmos de busca subótimos, que podem ser caracterizados pelos critérios do que é considerado "bom o suficiente". Na **busca subótima limitada**, procuramos uma solução que tenha a garantia de estar dentro de um fator constante P do custo ótimo. A busca A* ponderada oferece essa garantia. Na **busca de custo limitado**, procuramos uma solução cujo custo seja menor que algum C constante. E na **busca de custo ilimitado**, aceitamos uma solução com qualquer custo, desde que possamos encontrá-la rapidamente.

Um exemplo de algoritmo de busca de custo ilimitado é a **busca veloz**, que é uma versão da busca gulosa pela melhor escolha que usa como heurística o número estimado de ações necessárias para alcançar uma meta independentemente do custo dessas ações. Assim, para problemas em que todas as ações têm o mesmo custo, ela é a mesma que a busca gulosa pela melhor escolha, mas quando as ações têm custos diferentes, ela tende a levar a busca a encontrar uma solução rapidamente, mesmo que tenha um alto custo.

3.5.5 Busca heurística limitada pela memória

A questão principal com A* é seu uso da memória. Nesta seção, vamos mostrar alguns truques de implementação que economizam espaço, e depois alguns algoritmos totalmente novos, que tiram melhor proveito do espaço disponível.

A memória é dividida entre os estados da *fronteira* e os *alcançados*. Em nossa implementação da busca pela melhor escolha, um estado que está na fronteira é armazenado em dois locais: como um nó na fronteira (para podermos decidir o que expandir em seguida) e como uma entrada na tabela de estados alcançados (para sabermos se já visitamos o estado antes). Para muitos problemas (como explorar uma grade), essa duplicação não é um problema, porque o tamanho da *fronteira* é muito menor do que o *alcançado*; portanto, duplicar os estados na fronteira exige uma quantidade de memória comparativamente trivial. Mas algumas implementações mantêm um estado em apenas um dos dois lugares, economizando um pouco de espaço ao custo de complicar (e talvez atrasar) o algoritmo.

Outra possibilidade é remover os estados *alcançados* quando pudermos provar que não são mais necessários. Para alguns problemas, podemos usar a propriedade da separação (Figura 3.6), com a proibição de ações que devolvem para o estado em que foram aplicadas, para garantir que todas as ações se movam para fora da fronteira ou para outro estado da fronteira. Nesse caso, precisamos apenas verificar a fronteira para caminhos redundantes e podemos eliminar a tabela *alcançado*.

84 Inteligência Artificial

Contagem de referência

Para outros problemas, podemos manter **contagens de referência** do número de vezes que um estado foi alcançado e removê-lo da tabela *alcançado* quando não houver mais maneiras de alcançar esse estado. Por exemplo, em um mundo de grade em que cada estado pode ser alcançado apenas a partir de seus quatro vizinhos, uma vez que tenhamos alcançado um estado quatro vezes, podemos removê-lo da tabela.

Agora vamos considerar os novos algoritmos que foram projetados para economizar o uso da memória.

Busca de feixe

A **busca de feixe** limita o tamanho da fronteira. A técnica mais fácil é manter apenas os k nós com os melhores valores f, descartando quaisquer outros nós expandidos. Logicamente, isso torna a busca incompleta e subótima, mas podemos escolher k para fazer bom uso da memória disponível, e o algoritmo é executado rapidamente porque expande menos nós. Para muitos problemas, isso pode encontrar boas soluções, quase ótimas. Você pode pensar na busca de custo uniforme ou A* como se espalhando por todas as direções em contornos concêntricos, e pensar na busca de feixe como explorando apenas uma parte focada desses contornos, a parte que contém os k melhores candidatos.

Uma versão alternativa de busca de feixe não mantém um limite estrito para o tamanho da fronteira; em vez disso, ela mantém todo nó cujo valor f está dentro da distância δ do melhor valor f. Dessa forma, quando houver alguns nós com valor importante, apenas alguns serão mantidos, mas se não houver nós importantes, mais serão mantidos até que surja um nó importante.

Busca A* de aprofundamento iterativo

A **busca por aprofundamento iterativo A*** (IDA*, do inglês *iterative-deepening* A*) está para A* assim como a busca de aprofundamento iterativo está para a busca pela melhor escolha: IDA* nos oferece os benefícios da busca A* sem a exigência de manter todos os estados alcançados na memória, a um custo de visitar alguns estados várias vezes. Esse é um algoritmo muito importante e usado para problemas que não cabem na memória.

No aprofundamento iterativo padrão, o corte é a profundidade, que aumenta de um a cada iteração. No IDA*, o corte utilizado é o f-custo $(g + h)$; em cada iteração, o valor de corte é o menor f-custo de qualquer nó que excedeu o corte na iteração anterior. Em outras palavras, cada iteração busca exaustivamente um f-contorno, encontra um nó logo após esse contorno e usa o f-custo desse nó como o próximo contorno. Para problemas como o quebra-cabeça de oito peças, em que o f-custo de cada caminho é um inteiro, isso funciona muito bem, resultando em um progresso constante em direção à meta a cada iteração. Se a solução ótima tem custo C^*, então não poderá haver mais de C^* iterações (p. ex., não mais do que 31 iterações nos problemas mais difíceis do quebra-cabeça de oito peças). Porém, para um problema em que cada nó tem um f-custo diferente, cada novo contorno poderia conter apenas um novo nó, e o número de iterações poderia ser igual ao número de estados.

Busca recursiva pela melhor escolha

A **busca recursiva pela melhor escolha** (RBFS – *recursive best first search*) (Figura 3.22) tenta imitar a operação de busca padrão pela melhor escolha, mas usando apenas um espaço

---

função BUSCA-RECURSIVA-MELHOR-ESCOLHA(*problema*) **devolve** uma solução ou *falha*
    solução, valorf ← RBFS(*problema*, NÓ(*problema*.INICIAL), ∞)
  devolve *solução*

função RBFS(*problema,nó,f_limite*) **devolve** uma solução ou *falha* e um limite novo *f*-custo
  se *problema*.É-META(*nó*.ESTADO) **então devolve** *nó*
  sucessores ← LISTA(EXPANDE(*nó*))
  se *sucessores* é vazio **então devolve** *falha*, ∞
  para cada *s* **em** *sucessores* **faça**   // *atualiza f com valor da busca anterior*
      s,f ← max(*s*.CUSTO-CAMINHO + *h(s)*, *nó,f*))
  enquanto *verdadeiro* **faça**
      melhor ← valor *f* mais baixo do nó em *sucessores*
      se *melhor,f* > *f_limite* **então devolve** *falha, melhor,f*
      alternativa ← segundo valor *f* mais baixo entre *sucessores*
      resultado, melhor,f ← RBFS(*problema, melhor*, min(*f_limite, alternativa*))
      se *resultado* ≠ *falha* **então devolve** *resultado, melhor,f*

Figura 3.22 Algoritmo para busca pela melhor escolha recursiva.

---

linear de memória. O algoritmo RBFS é semelhante ao de uma busca em profundidade recursiva, mas, em vez de continuar indefinidamente seguindo o caminho atual, ele utiliza a variável *f_limite* para acompanhar o *f*-valor do melhor caminho *alternativo* disponível a partir de qualquer ancestral do nó atual. Se o nó atual exceder esse limite, a recursão reverte para o caminho alternativo. Com a reversão da recursão, o RBFS substitui o *f*-valor de cada nó ao longo do caminho por um **valor de *backup*** – o melhor *f*-valor de seus filhos. Dessa forma, a RBFS lembra o *f*-valor das melhores folhas da subárvore esquecida e pode, portanto, decidir se vale a pena reexpandir a subárvore no futuro. A Figura 3.23 mostra como a RBFS atinge Bucareste.

valor de *backup*

A RBFS é um pouco mais eficiente do que a IDA*, mas ainda sofre pela geração excessiva de um mesmo nó. No exemplo da Figura 3.23, a RBFS segue o caminho via Rimnicu Vilcea, depois "muda de ideia" e tenta Fagaras, e depois muda de ideia novamente. Essas mudanças de ideia ocorrem porque, cada vez que o melhor caminho atual é estendido, seu *f*-valor possivelmente cresce – *h* geralmente é menos otimista para nós mais perto da meta. Quando isso acontece, o segundo melhor caminho pode se tornar o melhor caminho; desse modo, a

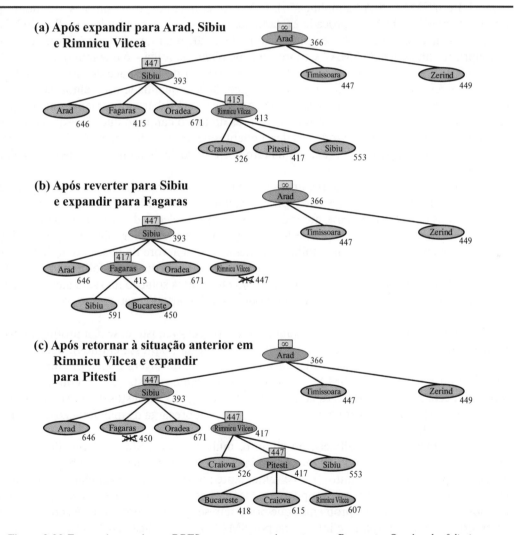

Figura 3.23 Etapas de uma busca RBFS para a rota mais curta para Bucareste. O valor do *f_limite* para cada chamada recursiva é mostrado no topo de cada nó atual, e cada nó é rotulado com seu *f*-custo. (a) O caminho via Rimnicu Vilcea é seguido até que a melhor folha atual (Pitesti) tenha um valor que é pior do que o melhor caminho alternativo (Fagaras). (b) A recursão reverte e o melhor valor da folha da subárvore esquecida (417) é copiado para Rimnicu Vilcea; então Fagaras é expandida, revelando um melhor valor da folha, 450. (c) A recursão reverte e o melhor valor da folha da subárvore esquecida (450) é copiado para Fagaras; então Rimnicu Vilcea é expandida. Dessa vez, como o melhor caminho alternativo (através de Timisoara) custa pelo menos 447, a expansão continua para Bucareste.

busca tem que recuar para segui-lo. Cada mudança de ideia corresponde a uma iteração da IDA* e pode exigir muitas reexpansões de nós esquecidos para recriar o melhor caminho e estendê-lo com mais um nó.

A RBFS é um algoritmo ótimo se a função heurística $h(n)$ for admissível. Sua complexidade de espaço é linear com relação à profundidade da solução ótima, mas a sua complexidade de tempo é bastante difícil de caracterizar: ela depende tanto da precisão da função heurística como do quão frequente o melhor caminho se altera à medida que os nós são expandidos. Ela expande os nós em ordem crescente de valor f, mesmo que f não seja monotônico.

As buscas IDA* e RBFS sofrem por usarem *pouca* memória. Entre iterações, a IDA* retém apenas um único número: o limite atual do f-custo. A RBFS retém mais informações na memória, mas utiliza apenas espaço linear: mesmo se mais memória estiver disponível, a RBFS não teria como utilizá-la. Por esquecerem muito do que fizeram, ambos os algoritmos podem acabar reexpandindo os mesmos estados muitas vezes.

MA*

SMA*

Parece sensato, portanto, determinar toda a memória disponível e permitir que o algoritmo a utilize por inteiro. Dois algoritmos que fazem isso são o **MA*** (busca A* limitada pela memória) e o **SMA*** (MA* simplificado). O SMA* é, digamos, mais simples, de modo que iremos descrevê-lo. O SMA* procede exatamente como o A*, expandindo a melhor folha até que a memória esteja cheia. Nesse ponto, não poderá adicionar um novo nó à árvore de busca sem suprimir um antigo. O SMA* sempre suprime o *pior* nó folha – o que tem o maior f-valor. Como o RBFS, o SMA*, em seguida, faz o *backup* do valor do nó esquecido em seu pai. Dessa forma, o ancestral de uma subárvore esquecida conhece a qualidade do melhor caminho daquela subárvore. Com essa informação, o SMA* regenera a subárvore somente quando todos os outros caminhos foram mostrados como piores do que o caminho que ele esqueceu. Outra maneira de dizer isso é que, se todos os descendentes de um nó n forem esquecidos, não saberemos para onde ir a partir de n, mas ainda teremos uma ideia de como vale a pena ir a algum lugar partindo de n.

O algoritmo completo é muito complicado para reproduzir aqui. Mas há uma sutileza que vale a pena mencionar. Dissemos que o SMA* expande a melhor folha e exclui a pior folha. E se *todos* os nós folha tiverem o mesmo f-valor? Para evitar a seleção do mesmo nó para exclusão e expansão, o SMA* expande a melhor folha *mais nova* e exclui a pior folha *mais antiga*. Estas coincidem quando há apenas uma folha, mas nesse caso a árvore de busca atual deve ser um único caminho da raiz até a folha que preenche toda a memória. Se a folha não for um nó meta, *mesmo que esteja em um caminho de solução ótima*, essa solução não será alcançável com a memória disponível. Dessa maneira, o nó poderá ser descartado exatamente como se ele não tivesse sucessores.

O SMA* é completo se houver qualquer solução acessível, isto é, se d, a profundidade do nó meta mais raso, for menor que o tamanho da memória (expressa em nós). Será ótimo se qualquer solução ótima for alcançada; caso contrário, ele devolverá a melhor solução alcançável. Em termos práticos, o SMA* é uma escolha bastante robusta para encontrar soluções ótimas, especialmente quando o espaço de estados é um grafo, os custos de passo não são uniformes e a geração do nó é cara em comparação com a sobrecarga de manutenção da fronteira e do conjunto alcançado.

Degradação

Para problemas muito difíceis, no entanto, muitas vezes o SMA* é forçado a alternar constantemente entre muitos caminhos candidatos à solução, da qual pode caber na memória apenas um pequeno subconjunto. (Isso é semelhante ao problema de **degradação** em sistemas de paginação de disco.) Então, o tempo extra que é necessário para a regeneração repetida dos mesmos nós significa que os problemas que poderiam ser praticamente solúveis com A*, dada a memória ilimitada, tornam-se intratáveis por SMA*. Isso significa dizer que *as limitações de memória podem se tornar um problema intratável do ponto de vista de tempo computacional.* Embora nenhuma teoria atual explique o equilíbrio entre tempo e memória, esse parece ser um problema inevitável. A única saída é abandonar a exigência de otimalidade.

3.5.6 Busca heurística bidirecional

Com a busca pela melhor escolha unidirecional, vimos que usando $f(n) = g(n) + h(n)$ como a função de avaliação nos dá uma busca A* que tem garantias de encontrar soluções de custo

Capítulo 3 • Resolução de Problemas por meio de Busca   **87**

ótimo (assumindo um *h* admissível) ao mesmo tempo que é otimamente eficiente no número de nós expandidos.

Com a busca pela melhor escolha bidirecional, poderíamos também tentar usar $f(n) = g(n) + h(n)$, mas infelizmente não há garantia de que isso levaria a uma solução de custo ótimo, nem que seria otimamente eficiente, mesmo com uma heurística admissível. Com a busca bidirecional, verifica-se que não são nós individuais, mas sim *pares* de nós (um de cada fronteira) que podem ser comprovadamente expandidos; então qualquer prova de eficiência terá que considerar pares de nós (Eckerle *et al.*, 2017).

Vamos começar com alguma nova notação. Usamos $f_F(n) = g_F(n) + h_F(n)$ para nós indo para a frente (com o estado inicial como raiz) e $f_B(n) = g_B(n) + h_B(n)$ para nós indo para trás (com um estado meta como raiz). Embora as buscas para frente e para trás resolvam o mesmo problema, elas têm funções de avaliação diferentes porque, por exemplo, as heurísticas são diferentes, dependendo se você está se esforçando para alcançar a meta ou o estado inicial. Vamos considerar as heurísticas admissíveis.

Considere um caminho para a frente do estado inicial para um nó *m* e um caminho para trás da meta para um nó *n*. Podemos definir um limite inferior no custo de uma solução que segue o caminho do estado inicial para *m*; portanto, de alguma forma chega a *n*; então segue o caminho para a meta como

$$lb(m, n) = \max(g_F(m) + g_T(n), f_F(m), f_T(n))$$

Em outras palavras, o custo desse caminho deve ser pelo menos tão grande quanto a soma dos custos do caminho das duas partes (porque a conexão restante entre eles deve ter custo não negativo), e o custo também deve ser pelo menos igual ao *f*-custo estimado de qualquer parte (porque as estimativas heurísticas são otimistas). Com isso, o teorema é que, para qualquer par de nós *m*, *n* com $lb(m, n)$ menor que o custo ótimo C^*, devemos expandir *m* ou *n*, porque o caminho que passa por ambos é uma solução ótima em potencial. A dificuldade é que não sabemos ao certo qual nó é melhor para expandir e, portanto, nenhum algoritmo de busca bidirecional pode garantir que é otimamente eficiente – qualquer algoritmo pode expandir até duas vezes o número mínimo de nós se ele sempre decidir expandir primeiro o membro errado de um par. Alguns algoritmos de busca heurística bidirecional controlam explicitamente uma fila de pares (*m*, *n*), mas ficaremos com a busca pela melhor escolha bidirecional (Figura 3.14), que tem duas filas de prioridade de fronteira, dando a ela uma função de avaliação que imita os critérios *lb*:

$$f_2(n) = \max(2g(n), g(n) + h(n))$$

O próximo nó a ser expandido será aquele que minimiza esse valor f_2; o nó pode vir de qualquer fronteira. Esta função f_2 garante que nunca iremos expandir um nó (de qualquer uma das fronteiras) com $g(n) > C^*/2$. Dizemos que as duas metades da busca "encontram-se no meio", no sentido de que, quando as duas fronteiras se tocam, nenhum nó dentro de qualquer uma das fronteiras tem um custo de caminho maior do que o limite $C^*/2$. A Figura 3.24 funciona por meio de um exemplo de busca bidirecional.

Descrevemos uma abordagem em que a heurística h_F estima a distância até a meta (ou, quando o problema tem vários estados meta, a distância até a meta mais próxima) e h_T estima a distância até o início. Isso é chamado de "busca de **frente-a-fundo**". Uma alternativa, chamada "busca de **frente-a-frente**", tenta estimar a distância até a outra fronteira. Claramente, se uma fronteira tem milhões de nós, seria ineficiente aplicar a função heurística a cada um deles e escolher o mínimo. Mas outra opção seria amostrar alguns nós a partir da fronteira. Em certos domínios de problema específicos, é possível *resumir* a fronteira – por exemplo, em um problema de busca em grade, podemos computar uma caixa delimitadora da fronteira de modo incremental e usar como heurística a distância até a caixa delimitadora.

A busca bidirecional às vezes é mais eficiente do que a busca unidirecional, outras vezes, não. Em geral, se tivermos uma heurística muito boa, a busca A* produz contornos de busca que são focados na meta, e a inclusão da busca bidirecional não ajuda muito. Com uma heurística média, a busca bidirecional que se encontra no meio tende a expandir menos nós e,

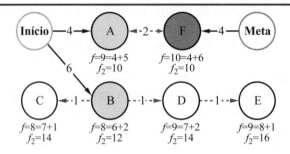

Figura 3.24 Busca bidirecional mantém duas fronteiras: à esquerda, os nós A e B são sucessores de Início; à direita, o nó F é um sucessor inverso da Meta. Cada nó é rotulado com valores $f = g + h$ e o valor $f_2 = \max(2g, g+h)$. (Os valores g são a soma dos custos da ação, conforme mostrado em cada seta; os valores h são arbitrários e não podem ser derivados de nada na figura.) A solução ótima, Início-A-F-Meta, tem custo $C^* = 4 + 2 + 4 = 10$, o que significa que um algoritmo bidirecional para encontrar-no-meio não deve expandir nenhum nó com $g > C^*/2 = 5$; e de fato o próximo nó a ser expandido seria A ou F (cada um com $g = 4$), levando-nos a uma solução ótima. Se expandíssemos o nó primeiramente com o menor custo f, então B e C viriam em seguida, e D e E seriam empatados com A, mas todos eles têm $g > C^*/2$ e, portanto, nunca são expandidos quando f_2 é a função de avaliação.

portanto, é preferível. No pior caso de uma heurística pobre, a busca não está mais focada na meta, e a busca bidirecional tem a mesma complexidade assintótica de A*. A busca bidirecional com a função de avaliação f_2 e uma heurística h admissível é completa e ótima.

3.6 Funções heurísticas

Nesta seção, examinaremos como a precisão de uma heurística afeta o desempenho da busca, e como heurísticas podem ser inventadas. Como nosso principal exemplo, vamos retornar ao quebra-cabeça de oito peças. Como mencionado na seção 3.2, o objetivo do quebra-cabeça é deslizar as peças horizontal ou verticalmente para o espaço vazio até que a configuração corresponda à configuração meta (Figura 3.25).

Em um quebra-cabeça de oito peças, existem $9!/2 = 181.440$ estados alcançáveis, de modo que uma busca poderia facilmente mantê-los na memória. Mas o número correspondente para o quebra-cabeça de 15 peças corresponde a $16!/2$ estados – mais de 10 trilhões –, de modo que, para uma busca nesse espaço, precisamos da ajuda de uma boa função heurística admissível. Há um longo histórico dessas heurísticas para o quebra-cabeça de 15 peças; aqui estão as duas mais utilizadas:

- h_1 = número de peças fora de lugar (sem contar o espaço vazio). Para a Figura 3.25, todas as oito peças estão fora de lugar, então o estado inicial teria $h_1 = 8$. h_1 é uma heurística admissível porque qualquer peça que esteja fora de lugar deverá ser movida pelo menos uma vez.
- h_2 = soma das distâncias entre as peças e suas posições meta. Visto as peças não poderem ser movidas ao longo de diagonais, a distância que vai contar é a soma das distâncias horizontal e vertical – às vezes chamada de **distância de quarteirão da cidade** ou **distância de Manhattan**. Também h_2 é admissível porque todo movimento que pode ser feito move uma peça um passo mais perto da meta. As peças 1-8 no estado inicial da figura dão uma distância de Manhattan de

$$h_2 = 3 + 1 + 2 + 2 + 2 + 3 + 3 + 2 = 18.$$

Como esperado, nenhuma delas superestima o custo da solução verdadeira, que é 26.

3.6.1 Efeito da precisão heurística sobre o desempenho

Uma forma de caracterizar a qualidade de uma heurística é o **fator de ramificação efetivo** b^*. Se o número total de nós gerados por A* para um problema particular for N e a profundidade da solução for d, então b^* é o fator de ramificação que uma árvore uniforme de profundidade d teria de ter a fim de conter $N + 1$ nós. Assim,

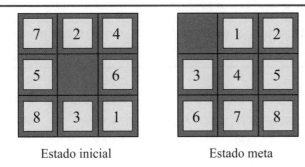

Figura 3.25 Exemplo típico de instância do quebra-cabeça de oito peças. A solução mais curta contém 26 passos.

$$N + 1 = 1 + b^* + (b^*)^2 + \ldots + (b^*)^d.$$

Por exemplo, se A* encontra uma solução à profundidade 5 utilizando 52 nós, então o fator de ramificação efetivo é 1,92. O fator de ramificação efetivo pode variar entre instâncias do problema, mas, para um domínio específico (como o quebra-cabeça de oito peças), em geral ele é razoavelmente constante para instâncias de problemas não triviais. Portanto, as medidas experimentais de b^* em um pequeno conjunto de problemas podem fornecer um bom guia para a utilidade geral da heurística. Uma heurística bem projetada teria um valor de b^* próximo de 1, permitindo que problemas bem grandes sejam resolvidos a um custo computacional razoável.

Korf e Reid (1998) argumentam que a melhor maneira de caracterizar o efeito da poda A* com determinada heurística h é que ela reduz a **profundidade efetiva** em um k_h constante comparada com a profundidade real. Isso significa que o custo total de busca é $O(b^{d-k_h})$, em comparação com $O(b^d)$ para uma busca não informada. Seus experimentos sobre o cubo de Rubik (também conhecido como cubo mágico) e problemas de quebra-cabeça de n peças mostram que esta fórmula fornece previsões precisas para o custo total de busca para exemplos de instâncias de problemas em inúmeros comprimentos de solução – pelo menos para comprimentos de solução maiores que k_h.

Para a Figura 3.26, geramos problemas aleatórios do quebra-cabeça de oito peças e os resolvemos com uma busca em largura não informada e com a busca A* usando tanto h_1 como h_2, reportando o número médio de nós gerados e o fator de ramificação efetivo correspondente para cada estratégia de busca e para cada tamanho da solução. Os resultados sugerem que h_2 é melhor do que h_1, e ambos são melhores do que não usar heurística alguma.

A questão é se h_2 é *sempre* melhor que h_1. A resposta é: "Essencialmente, sim." É fácil verificar a partir das definições das duas heurísticas que, para qualquer nó n, $h_2(n) \geq h_1(n)$. Dizemos então que h_2 **domina** h_1. A dominação se traduz diretamente em eficiência: A* utilizando h_2 nunca irá expandir mais nós do que A* utilizando h_1 (exceto, possivelmente, para casos de desempate, infelizmente). O argumento é simples. Lembre-se da observação, seção 3.5.3, de que cada nó com $f(n) < C^*$ certamente será expandido. É o mesmo que dizer que cada nó com $h(n) < C^* - g(n)$ provavelmente será expandido quando h é consistente. Mas, pelo fato de h_2 ser pelo menos tão grande quanto h_1 para todos os nós, cada nó que efetivamente for expandido pela busca A* com h_2 será, de fato, também expandido com h_1, e h_1 poderá fazer com que outros nós também sejam expandidos. Por isso, geralmente é melhor utilizar uma função heurística com valores mais elevados, desde que seja consistente e que o tempo de cálculo para a heurística não seja muito longo.

3.6.2 Geração de heurísticas admissíveis de problemas relaxados

Vimos que tanto h_1 (peças em lugares errados) como h_2 (distância de Manhattan) são heurísticas bastante boas para o quebra-cabeça de oito peças e que h_2 é melhor. Como h_2 apareceu? É possível que um computador invente tal heurística mecanicamente?

	Custo da busca (nós gerados)			Fator de ramificação efetivo		
d	BFS	A*(h_1)	A*(h_2)	BFS	A*(h_1)	A*(h_2)
6	128	24	19	2,01	1,42	1,34
8	368	48	31	1,91	1,40	1,30
10	1033	116	48	1,85	1,43	1,27
12	2672	279	84	1,80	1,45	1,28
14	6783	678	174	1,77	1,47	1,31
16	17270	1683	364	1,74	1,48	1,32
18	41558	4102	751	1,72	1,49	1,34
20	91493	9905	1318	1,69	1,50	1,34
22	175921	22955	2548	1,66	1,50	1,34
24	290082	53039	5733	1,62	1,50	1,36
26	395355	110372	10080	1,58	1,50	1,35
28	463234	202565	22055	1,53	1,49	1,36

Figura 3.26 Comparação dos custos da busca e fatores de ramificação efetivos para os problemas do quebra-cabeça de oito peças usando a busca em largura, A* com h_1 (peças em lugares errados) e A* com h_2 (distância de Manhattan). Calcula-se a média dos dados sobre 100 exemplos do quebra-cabeça para cada distância de solução *d* variando de 6 a 28.

h_1 e h_1 são estimativas do comprimento do caminho restante para o quebra-cabeça de oito peças, mas são também comprimentos de caminho perfeitamente precisos para versões *simplificadas* do quebra-cabeça. Se as regras do quebra-cabeça forem alteradas de modo que uma peça possa ser movida para qualquer lugar em vez de apenas para o quadrado adjacente vazio, então h_1 dará o número exato de passos para a solução mais curta. Da mesma forma, se uma peça puder ser movida um quadrado em qualquer direção, mesmo para um quadrado ocupado, h_2 dará o número exato de passos para a solução mais curta. Um problema com poucas restrições sobre as ações é chamado de **problema relaxado**. O grafo de espaço de estados do problema relaxado é um *supergrafo* do espaço de estados original porque a eliminação das restrições cria arestas adicionais no grafo.

Visto que o problema relaxado acrescenta arestas para o espaço de estados, qualquer solução ótima do problema original será, por definição, também uma solução do problema relaxado, mas o problema relaxado pode ter *melhores* soluções, se as arestas adicionais fornecerem atalhos. Desse modo, *o custo de uma solução ótima para um problema relaxado é uma heurística admissível para o problema original*. Além disso, como a heurística derivada é o custo exato para o problema relaxado, ela deverá obedecer à desigualdade triangular e, portanto, ser consistente (ver seção 3.5.2).

Se a definição do problema for escrita em linguagem formal, é possível construir problemas relaxados automaticamente.[14] Por exemplo, se as ações do quebra-cabeça de oito peças forem descritas como:

> Uma peça pode se mover do quadrado X para o quadrado Y, se
> X for adjacente a Y **e** Y estiver vazio,

podemos gerar três problemas relaxados, removendo uma ou ambas as condições:

(a) Uma peça pode se mover do quadrado X para o quadrado Y, se X for adjacente a Y.
(b) Uma peça pode se mover do quadrado X para o quadrado Y, se Y estiver vago.
(c) Uma peça pode se mover do quadrado X para o quadrado Y.

---

[14] Nos Capítulos 8 e 11, descrevemos as linguagens formais adequadas para essa tarefa. Com descrições formais que podem ser manipuladas, a construção de problemas relaxados poderá ser automatizada. Por enquanto, usaremos o português.

A partir de (a), podemos derivar h_2 (distância de Manhattan). O raciocínio é que h_2 seria a pontuação adequada se movêssemos cada peça por vez para o seu destino. A partir de (c), podemos derivar h_1 (peças em lugar errado) porque seria a pontuação adequada se as peças pudessem ser movidas para o destino em um passo. Observe que é crucial que os problemas relaxados gerados por essa técnica possam ser resolvidos praticamente *sem busca*, porque as regras relaxadas permitem que o problema seja decomposto em oito subproblemas independentes. Se o problema relaxado for difícil de resolver, os valores da heurística correspondente serão caros para serem obtidos.

Um programa chamado de ABSOLVER pode gerar heurísticas automaticamente a partir de definições de problemas, utilizando o método do "problema relaxado" e várias outras técnicas (Prieditis, 1993). O ABSOLVER gerou uma heurística nova para o quebra-cabeça de oito peças melhor do que qualquer heurística preexistente e encontrou a primeira heurística útil para o famoso quebra-cabeça do cubo mágico.

Se uma coleção de heurísticas admissíveis $h_1 \ldots h_m$ estiver disponível para um problema e nenhuma delas for claramente melhor do que as outras, qual delas se deve escolher? Como se constata, podemos ter o melhor dos mundos pela definição

$$h(n) = \max\{h_1(n), \ldots, h_k(n)\}.$$

Essa heurística composta utiliza qualquer função que seja mais precisa no nó em questão. Em razão de as heurísticas da composição serem admissíveis, h é admissível (e se todos os h_i são consistentes, h é consistente). Além disso, h domina todos os seus componentes heurísticos. A única desvantagem é que $h(n)$ precisa de mais tempo para ser calculada. Se isso for um problema, uma alternativa é selecionar aleatoriamente uma das heurísticas a cada avaliação, ou usar um algoritmo de aprendizado de máquina para prever qual heurística será a melhor. Ao fazer isso, pode-se produzir uma heurística inconsistente (mesmo que cada h_i seja consistente); porém, na prática, isso normalmente leva a uma solução mais rápida para o problema.

3.6.3 Geração de heurísticas admissíveis a partir de subproblemas: bancos de dados de padrões

As heurísticas admissíveis também podem ser derivadas do custo da solução de um **subproblema** do problema dado. Por exemplo, a Figura 3.27 mostra um subproblema da instância do quebra-cabeça de oito peças da Figura 3.25. O subproblema envolve levar as peças 1, 2, 3, 4 e o espaço vago para suas posições corretas. O custo da solução ótima desse subproblema é claramente um limite inferior do custo do problema completo. Em alguns casos o custo de um subproblema pode ser mais preciso do que a distância de Manhattan.

A ideia por trás dos **bancos de dados de padrões** é armazenar os custos exatos de solução para todas as instâncias possíveis do subproblema – em nosso exemplo, todas as configurações possíveis das quatro peças e da posição vaga. (Haverá $9 \times 8 \times 7 \times 6 \times 5 = 15.120$ padrões no banco de dados. As identidades das outras quatro peças são irrelevantes para a resolução

Subproblema

Banco de dados de padrões

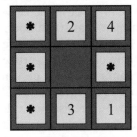
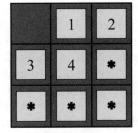

Estado inicial   Estado meta

Figura 3.27 Subproblema da instância do quebra-cabeça de oito peças apresentado na Figura 3.25. A tarefa é colocar as peças 1, 2, 3 e 4 em suas posições corretas, sem se preocupar com o que acontece com as outras peças.

92 Inteligência Artificial

do subproblema, mas a movimentação dessas peças é levada em conta para o custo da solução do subproblema.) Então vamos calcular uma heurística admissível h_{BD} para cada estado encontrado durante uma busca, simplesmente pelo exame da configuração correspondente do subproblema no banco de dados. O próprio banco de dados é construído por meio de uma busca reversa a partir da meta e do registro do custo de cada novo padrão encontrado;[15] o custo dessa busca é amortizado ao longo das próximas instâncias do problema, e assim faz sentido se tivermos que resolver muitos problemas.

A escolha de 1-2-3-4 que acompanha o espaço vazio é bastante arbitrária; também poderíamos construir bancos de dados para 5-6-7-8, 2-4-6-8, e assim por diante. Cada banco de dados produz uma heurística admissível, e essas heurísticas podem ser combinadas, como já foi explicado, extraindo o valor máximo. Uma heurística combinada desse tipo é muito mais precisa do que a distância de Manhattan; o número de nós gerados na resolução aleatória do quebra-cabeça de 15 peças pode ser reduzido por um fator de 1.000. No entanto, a cada banco de dados adicional, haverá menos retorno e mais consumo de memória e custo de computação.

A dúvida é se as heurísticas obtidas a partir do banco de dados 1-2-3-4 e 5-6-7-8 poderiam ser *somadas*, pois parece que os dois subproblemas não se sobrepõem. Será que isso ainda resultaria em uma heurística admissível? A resposta é não, porque as soluções dos subproblemas 1-2-3-4 e 5-6-7-8 para determinado estado quase certamente irão compartilhar alguns movimentos – é improvável que as peças 1-2-3-4 possam ser movidas para seus lugares sem tocar em 5-6-7-8, e vice-versa. Mas, e se não contássemos esses movimentos – e se não abstraíssemos as outras peças como asteriscos, mas sumíssemos com elas? Ou seja, não registramos o custo total de resolver o subproblema 1-2-3-4, mas somente o número de movimentos envolvendo 1-2-3-4. Então a soma dos dois custos ainda é um limite inferior sobre o custo de resolver todo o problema. Essa é a ideia por trás dos **bancos de dados de padrões disjuntos**. Com esses bancos de dados, é possível resolver de forma aleatória o quebra-cabeça de 15 peças em poucos milissegundos – o número de nós gerados é reduzido por um fator de 10.000 em comparação com a utilização da distância de Manhattan. Para um quebra-cabeça de 24 peças, pode ser obtido um aumento de eficiência de cerca de um fator de um milhão. Os bancos de dados de padrões disjuntos funcionam para o quebra-cabeça de peças deslizantes porque o problema pode ser dividido de tal forma que cada movimento afete apenas um subproblema, pois apenas uma peça pode ser movimentada por vez.

Bancos de dados de padrões disjuntos

3.6.4 Geração de heurísticas com pontos de referência

Existem serviços *online* que hospedam mapas com dezenas de milhões de vértices e encontram instruções de direção a um custo ótimo em milissegundos (Figura 3.28). Como eles podem fazer isso, quando os melhores algoritmos de busca que consideramos até agora são cerca de um milhão de vezes mais lentos? Existem muitos truques, mas o mais importante é o **pré-cálculo** de alguns custos ótimos do caminho. Embora o pré-cálculo possa ser demorado, ele só precisa ser feito uma vez e, em seguida, pode ser amortizado em bilhões de solicitações de pesquisa de usuários.

Pré-cálculo

Poderíamos gerar uma heurística perfeita pré-calculando e armazenando o custo do caminho ótimo entre cada par de vértices. Isso levaria $O(|V|^2)$ de espaço e $O(|E|^3)$ de tempo – o que é prático para gráficos com 10 mil vértices, mas não com 10 milhões.

Uma técnica melhor é escolher alguns (talvez 10 ou 20) **pontos de referência**[16] a partir dos vértices. Então, para cada ponto de referência L e para cada outro vértice v no gráfico, calculamos e armazenamos $C^*(v,L)$, o custo exato do caminho ótimo de v até L. (Também precisamos de $C^*(L,v)$; em um gráfico não direcionado, isso é o mesmo que $C^*(v,L)$; em um grafo direcionado – por exemplo, com ruas de mão única –, precisamos calcular isso separadamente.) Dadas as tabelas C^* armazenadas, podemos facilmente criar uma heurística eficiente (embora inadmissível): o mínimo, entre todos os pontos de referência, do custo de ir do nó atual ao ponto de referência e, em seguida, à meta:

Ponto de referência

---

[15] Ao trabalhar em sentido contrário à meta, o custo da solução exata de cada instância encontrada fica imediatamente disponível. Esse é um exemplo de **programação dinâmica**, que discutiremos mais adiante no Capítulo 17.
[16] Pontos de referência também costumam ser chamados de "pivôs" ou "âncoras".

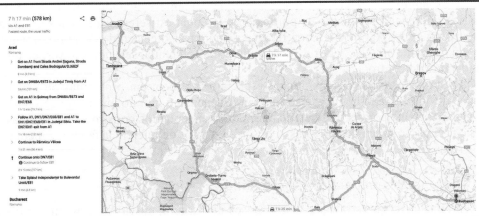

Figura 3.28 Serviço *web* oferecendo instruções de direção, calculadas por um algoritmo de busca. (Esta figura encontra-se reproduzida em cores no Encarte *online*.)

$$h_L(n) = \min_{\substack{L \in \text{Pontos de} \\ \text{referência}}} C^*(n,L) + C^*(L,meta)$$

Se o caminho ótimo passar por um ponto de referência, essa heurística será exata; se não, é inadmissível – superestima o custo até a meta. Em uma busca A*, se você tiver heurísticas exatas, uma vez que você alcance um nó que está em um caminho ótimo, cada nó que você expandir a partir daí estará em um caminho ótimo. Pense nas linhas de contorno como se estivessem seguindo esse caminho ótimo. A busca as traçará ao longo do caminho ótimo, a cada iteração, adicionando uma ação com custo c para chegar a um estado resultante cujo valor h será diminuído em c, o que significa que a pontuação total $f = g + h$ permanecerá constante em C^* ao longo de todo o caminho.

Alguns algoritmos de localização de rota economizam ainda mais tempo adicionando **atalhos** – arestas artificiais no grafo que definem um caminho ótimo de múltiplas ações. Por exemplo, se houvesse atalhos predefinidos entre todas as 100 maiores cidades dos EUA, e estivéssemos tentando navegar, do campus de Berkeley, na Califórnia, para NYU em Nova York, poderíamos pegar o atalho entre Sacramento e Manhattan e cobrir 90% do caminho em uma ação.

Atalhos

$h_L(n)$ é eficiente, mas não admissível. Porém, com um pouco mais de cautela, podemos chegar a uma heurística que seja eficiente e admissível:

$$h_{DH}(n) = \max_{\substack{L \in \text{Pontos de} \\ \text{referência}}} |C^*(n,L) - C^*(meta,L)|$$

Chamamos isso de **heurística diferencial** (devido à subtração). Pense nisso com um ponto de referência que está em algum lugar além da meta. Se a meta estiver no caminho ótimo entre n e o ponto de referência, então isso significa "considere todo o caminho de n até L, depois subtraia a última parte desse caminho, da *meta* até L, resultando no custo exato do caminho de n até a *meta*". Se a meta estiver um pouco fora do caminho ótimo até o ponto de referência, a heurística será inexata, mas ainda admissível. Pontos de referência que não estejam além da referenciada meta não serão úteis; um ponto de referência que está exatamente no meio do caminho entre n e a *meta* resultará em $h_{DH} = 0$, o que não é útil.

Heurística diferencial

Existem várias maneiras de escolher pontos de referência. A seleção de pontos aleatoriamente é rápida, mas obteremos melhores resultados se tivermos o cuidado de espalhar os pontos de referência para que não fiquem muito próximos uns dos outros. Uma abordagem gulosa é escolher um primeiro ponto de referência aleatoriamente, encontrar o ponto mais distante dele, adicioná-lo ao conjunto de pontos de referência e continuar adicionando a cada iteração o ponto que maximiza a distância até o ponto de referência mais próximo. Se você tiver registros de solicitações de buscas anteriores feitas por seus usuários, poderá escolher os pontos de referência que são frequentemente solicitados nas buscas. Para a heurística diferencial, é bom se os pontos de referência estiverem espalhados ao redor do perímetro do grafo. Assim, uma boa técnica é encontrar o centroide do grafo, organizar k fatias em forma de *pizza* ao redor do centroide e, em cada fatia, selecionar o vértice que está mais distante do centro.

Os pontos de referência funcionam especialmente bem em problemas de localização de rotas, devido à forma como as estradas são traçadas no mundo: muito tráfego realmente quer viajar entre os pontos de referência, então os engenheiros constroem as estradas mais largas e rápidas ao longo dessas rotas; a busca de pontos de referência facilita a recuperação dessas rotas.

3.6.5 Aprendizagem para melhorar a busca

Apresentamos diversas estratégias fixas – busca em largura, busca A*, e assim por diante – que foram projetadas e programadas cuidadosamente por cientistas da computação. Um agente pode *aprender* para melhorar a busca? A resposta é sim, e o método se baseia em um conceito importante chamado de **espaço de estados do nível abstrato** (ou **metanível**). Cada estado em um espaço de estados do nível abstrato representa o estado (computacional) interno de um programa que faz a busca em um espaço de estados normal, como o mapa da Romênia. (Para distinguir entre os dois conceitos, chamamos o mapa da Romênia de **espaço de estados do nível objeto**.) Por exemplo, o estado interno do algoritmo A* consiste na árvore de busca atual. Cada ação no espaço de estados do nível meta é um passo computacional que altera o estado interno; por exemplo, cada passo computacional em A* expande um nó folha e adiciona seus sucessores na árvore. Assim, a Figura 3.18, que mostra uma sequência de árvores de busca cada vez maiores, pode ser vista como representando um caminho no espaço de estados do nível abstrato em que cada estado no caminho é uma árvore de busca no nível objeto.

Agora, o caminho na Figura 3.18 tem cinco passos, incluindo um passo, a expansão de Fagaras, que não é especialmente útil. Para problemas mais difíceis, haverá muitos erros desse tipo, e um algoritmo de **aprendizagem no nível abstrato** pode aprender com essas experiências para evitar explorar subárvores não promissoras. As técnicas utilizadas para esse tipo de aprendizagem são descritas no Capítulo 22. O objetivo da aprendizagem é minimizar o **custo total** da resolução do problema, fazendo um compromisso entre o custo computacional e o custo do caminho.

3.6.6 Aprendizagem de heurísticas a partir da experiência

Vimos que uma forma de inventar uma heurística é conceber um problema relaxado para o qual uma solução ótima pode ser facilmente encontrada. Outra solução é aprender com a experiência. "Experiência" aqui significa, por exemplo, resolver muitos quebra-cabeças de oito peças. Para o problema do quebra-cabeça de oito peças cada solução ótima fornece um exemplo de par (meta, caminho). A partir desses exemplos, pode ser utilizado um algoritmo de aprendizagem para construir uma função h que pode (com sorte) aproximar o custo verdadeiro do caminho para outros estados que surgirem durante a busca. A maioria dessas técnicas aprende uma aproximação imperfeita da função heurística e, portanto, com risco de inadmissibilidade. Isso leva a uma escolha inevitável entre tempo de aprendizado, tempo de execução de busca e custo de solução. As técnicas para aprendizado de máquina são demonstradas no Capítulo 19. Os métodos de aprendizagem por reforço descritos no Capítulo 22 também são aplicáveis à busca.

Alguns métodos de aprendizado de máquina funcionam melhor quando supridos de **características** de um estado que são relevantes para predizer o valor heurístico do estado, em vez de apenas uma simples descrição do estado. Por exemplo, a característica de "número de peças fora do lugar" pode ser útil em predizer a distância real de um estado do quebra-cabeça para a meta. Vamos chamar essa característica de $x_1(n)$. Poderíamos extrair 100 configurações geradas aleatoriamente do quebra-cabeça de oito peças e reunir estatísticas sobre seus custos reais de solução. Podemos considerar que, quando $x_1(n)$ for 5, o custo médio de solução será cerca de 14, e assim por diante. Certamente poderemos utilizar várias características.

Espaço de estados do nível abstrato

Espaço de estados do nível objeto

Aprendizagem no nível abstrato

Característica

Uma segunda característica $x_2(n)$ pode ser o "número de pares de peças adjacentes que não são adjacentes no estado meta". Como deveríamos combinar $x_1(n)$ e $x_2(n)$ para prever $h(n)$? Uma abordagem comum é usar uma combinação linear:

$$h(n) = c_1 x_1(n) + c_2 x_2(n).$$

As constantes c_1 e c_2 são ajustadas para proporcionar o melhor ajuste para os dados reais sobre as configurações geradas aleatoriamente. Espera-se que tanto c_1 como c_2 sejam positivos porque as peças fora de lugar e os pares incorretos adjacentes tornam o problema mais difícil de resolver. Observe que essa heurística satisfaz a condição de $h(n) = 0$ para os estados meta, mas não é necessariamente admissível ou consistente.

Resumo

Este capítulo introduziu algoritmos de busca que um agente pode usar para selecionar sequências de ações em uma grande variedade de ambientes – desde que sejam episódicos, totalmente observáveis, determinísticos, estáticos, discretos e completamente conhecidos. Devem ser feitos compromissos entre a quantidade de tempo usado na busca, a quantidade de memória disponível e a qualidade da solução. Podemos ser mais eficientes se tivermos um conhecimento dependente do domínio na forma de uma função heurística que estima a distância entre determinado estado e a meta, ou se pré-calcularmos soluções parciais envolvendo padrões ou pontos de referência.

- Antes de um agente poder começar a procurar soluções, ele deve formular um **problema** bem definido.
- Um problema consiste em cinco partes: o **estado inicial**, um conjunto de **ações**, um **modelo de transição** descrevendo os resultados dessas ações, um conjunto de **estados meta** e uma **função de custo da ação**.
- O ambiente do problema é representado por um grafo de **espaço de estados**. Um **caminho** pelo espaço de estados (uma sequência de ações) a partir do estado inicial até um estado meta é uma **solução**.
- Algoritmos de busca geralmente tratam estados e ações como **atômicos**: sem qualquer estrutura interna (embora tenhamos apresentado características dos estados quando se trata de tempo para realizar a aprendizagem).
- Os algoritmos de busca são avaliados em termos de **completude, otimização de custo, complexidade de tempo** e **complexidade de espaço**.
- Métodos de **busca não informada** têm acesso apenas à definição do problema. Os algoritmos montam uma árvore de busca em uma tentativa de achar uma solução. Os algoritmos básicos são os seguintes:
  - A **busca pela melhor escolha** seleciona os nós para expansão usando uma **função de avaliação**.
  - A **busca em largura** seleciona para expansão os nós mais rasos; ela é completa, ótima para passos de custo unitário, mas tem complexidade de espaço exponencial.
  - A **busca de custo uniforme** expande o nó com o menor custo de caminho, $g(n)$, e é ótima para custos genéricos de ação.
  - A **busca em profundidade** expande primeiro o nó não expandido mais profundo. Ela não é completa nem ótima, mas tem complexidade espacial linear. A **busca em profundidade limitada** adiciona um limite de profundidade.
  - A **busca de aprofundamento iterativo** chama a busca em profundidade com limites crescentes de profundidade até encontrar uma meta. Ela é completa quando é feita a verificação do ciclo completo, ótima para custos unitários de ação, tem complexidade de tempo comparável à busca em largura e tem complexidade de espaço linear.
  - A **busca bidirecional** expande duas fronteiras, uma em torno do estado inicial e outra em torno da meta, parando quando as duas fronteiras se encontram.

96 Inteligência Artificial

- Métodos de **busca informada** podem ter acesso a uma função **heurística** $h(n)$ que estima o custo de uma solução a partir de n. Eles podem ter acesso a informações adicionais, como bancos de dados de padrões com custos de solução.
  - A **busca gulosa pela melhor escolha** expande os nós com $h(n)$ mínimo. Não é ótima, mas quase sempre é eficiente.
  - Uma **busca A*** expande os nós com $f(n) = g(n) + h(n)$ mínimo. A* é completa e ótima, desde que $h(n)$ seja admissível. Em muitas situações, a complexidade de espaço da busca A* ainda é um problema.
  - A **busca A* bidirecional** às vezes é mais eficiente que a própria busca A*.
  - A busca por **aprofundamento iterativo A*** (IDA*) é uma versão de aprofundamento iterativo da A*, que trata da questão da complexidade de espaço.
  - **RBFS** (busca recursiva de melhor escolha) e **SMA*** (A* simplificada limitada à memória) são algoritmos robustos, de busca ótima, que utilizam uma memória limitada; dado um tempo suficiente, podem resolver os problemas que A* não pode resolver, por ficar sem memória.
  - A **busca em feixe** limita o tamanho da fronteira; isso a torna incompleta e subótima, mas geralmente encontra soluções razoavelmente boas e com maior rapidez do que as buscas completas.
  - A **busca A* ponderada** focaliza a busca em direção a uma meta, expandindo menos nós, porém sacrificando a otimalidade.
- O desempenho de algoritmos de busca heurística depende da qualidade da função heurística. Por vezes, pode-se construir uma boa heurística, usando o relaxamento da definição do problema, armazenando os custos de solução pré-calculados dos subproblemas em um banco de dados de padrões, definindo pontos de referência ou aprendendo a partir da experiência com uma classe de problemas.

Notas bibliográficas e históricas

O tema busca em espaço de estados teve origem nos primórdios da IA. O trabalho de Newell e Simon sobre Logic Theorist (1957) e GPS (1961) levou ao estabelecimento dos algoritmos de busca como as principais ferramentas dos pesquisadores de IA da década de 1960 e ao estabelecimento da resolução de problemas como tarefa canônica da IA. O trabalho em pesquisa operacional por Richard Bellman (1957) mostrou a importância dos custos de caminho aditivos na simplificação dos algoritmos de otimização. O texto de Nils Nilsson (1971) estabeleceu a área sobre uma base teórica sólida.

O quebra-cabeça de oito peças é uma versão menor do quebra-cabeça de 15 peças, cuja história foi contada extensamente por Slocum e Sonneveld (2006). Em 1880, o quebra-cabeça de 15 peças atraiu muita atenção do público e dos matemáticos (Johnson e Story, 1879; Tait, 1880). Os editores do *American Journal of Mathematics* declararam: "Nas últimas semanas, o quebra-cabeça de 15 peças chegou ao público americano e pode-se dizer com segurança que ele atraiu a atenção de 9 entre 10 pessoas de ambos os sexos e de todas as idades e condições sociais na comunidade", enquanto o *Weekly News-Democrat* de Emporia, Kansas, escreveu em 12 de março de 1880 que "ele tornou-se literalmente uma epidemia em todo o país".

Sam Loyd, famoso projetista americano de jogos, falsamente afirmou ter inventado esse quebra-cabeça de 15 peças (Loyd, 1959); na verdade, ele foi inventado por Noyes Chapman, um chefe de correios em Canastota, Nova York, em meados da década de 1870 (embora a patente genérica para os blocos deslizantes tenha sido concedida a Ernest Kinsey, em 1878). Ratner e Warmuth (1986) mostraram que a versão geral de $n \times n$ do quebra-cabeça de 15 peças pertence à classe de problemas NP-completos.

Certamente, o Cubo de Rubik foi inventado em 1974 por Ernõ Rubik, que também descobriu um algoritmo para encontrar soluções boas, embora não ótimas. Korf (1997) encontrou soluções ótimas para alguns casos de problemas aleatórios usando bancos de dados de padrões e busca IDA*. Rokicki *et al.* (2014) provaram que qualquer instância pode ser resolvida em 26 movimentos (se você considerar um giro de 180° como sendo dois movimentos; 20, se for contado como um). A prova consumiu 35 anos de computação de CPU; porém ela não leva imediatamente a um algoritmo eficiente. Agostinelli *et al.* (2019) usaram o aprendizado por reforço, redes de aprendizado profundo e a busca em árvore de Monte Carlo para descobrir um solucionador muito mais eficiente para o cubo de Rubik. Não existem garantias de encontrar uma solução de custo ótimo, mas em cerca de 60% do tempo encontramos soluções ótimas, e os tempos de solução típicos são menores que um segundo.

Cada um dos problemas de busca do mundo real listado neste capítulo foi assunto de um grande esforço de pesquisa. Os métodos para selecionar voos ótimos de linhas aéreas permanecem patenteados em sua maior parte, mas Carl de Marcken mostrou, por uma redução aos problemas de decisão de diofantinos, que a cotação e as restrições de passagens de linhas aéreas se tornaram tão complicadas que o problema de selecionar um voo ótimo é formalmente *indecidível* (Robinson, 2002). O problema do caixeiro-viajante (TSP) é um problema combinatório padrão em ciência da computação teórica (Lawler *et al.*, 1992). Karp (1972) provou ser NP-difícil o TSP, mas foram desenvolvidos métodos efetivos de aproximação heurística (Lin e Kernighan, 1973). Arora (1998) criou um método de aproximação completamente polinomial para TSPs euclidianos. Os métodos de leiaute de VLSI foram pesquisados por LaPaugh (2010), e surgiram muitos artigos em periódicos de otimização de leiaute de VLSI. Os problemas de navegação de robôs são discutidos no Capítulo 26. O sequenciamento automático de montagem foi demonstrado inicialmente por FREDDY (Michie, 1972); uma análise abrangente pode ser vista em (Bahubalendruni e Biswal, 2016).

Os algoritmos de busca sem informação constituem um tópico central da ciência da computação clássica (Cormen *et al.*, 2009) e da pesquisa operacional (Dreyfus, 1969). A busca em largura foi formulada para resolver labirintos por Moore (1959). O método de programação dinâmica (Bellman, 1957; Bellman e Dreyfus, 1962), que registra sistematicamente soluções para todos os subproblemas de comprimentos crescentes, pode ser visto como uma forma de busca em largura.

O algoritmo de Dijkstra da forma como normalmente é apresentado (Dijkstra, 1959) é aplicado aos grafos finitos explícitos. Nilsson (1971) introduziu uma versão do algoritmo de Dijkstra que ele chamou de busca de custo uniforme (pois o algoritmo "se espalha ao longo de contornos com o mesmo custo de caminho") que admite grafos implicitamente definidos, infinitos. O trabalho de Nilsson também introduziu a ideia de listas fechadas e abertas, além do termo "busca em grafo". O termo BUSCA-PELA-MELHOR-ESCOLHA (*best-first search*) foi introduzido no *Handbook of AI* (Barr e Feigenbaum, 1981). Os algoritmos de Floyd-Warshall (Floyd, 1962) e Bellman-Ford (Bellman, 1958; Ford, 1956) admitem custos de ação negativos (desde que não haja ciclos negativos).

Uma versão de aprofundamento iterativo projetada para fazer uso eficiente do relógio no xadrez foi usada primeiro por Slate e Atkin (1977) no programa de jogo de xadrez CHESS 4.5. O algoritmo B de Martelli (1977) também inclui um aspecto de aprofundamento iterativo. A técnica do aprofundamento iterativo foi introduzida por Bertram Raphael (1976) e veio à tona no trabalho de Korf (1985a).

O uso da informação heurística na resolução de problemas apareceu em um ensaio inicial por Simon e Newell (1958), mas a frase "busca heurística" e o uso de funções heurísticas que estimam a distância até a meta vieram um pouco mais tarde (Newell e Ernst, 1965; Lin, 1965). Doran e Michie (1966) realizaram estudos experimentais extensos de busca heurística. Embora tenham analisado o comprimento do caminho e a "penetrância" (a razão entre o comprimento do caminho e o número total de nós examinados até então), eles parecem ter ignorado as informações fornecidas pelo caminho de menor custo $g(n)$. O algoritmo A*, incorporando o custo do caminho atual em busca heurística, foi desenvolvido por Hart, Nilsson e Raphael (1968). Dechter e Pearl (1985) estudaram as condições sob as quais A* apresenta eficiência ótima (no número de nós expandidos).

O ensaio original de A* (Hart *et al.*, 1968) introduziu a condição de consistência sobre as funções heurísticas. A condição monotônica foi introduzida por Pohl (1977) como um substituto mais simples, mas Pearl (1984) mostrou que os dois eram equivalentes.

Pohl (1977) foi pioneiro no estudo da relação entre o erro em funções heurísticas e a complexidade do tempo de A*. Os resultados básicos foram obtidos para a busca em árvore com custo de ação unitária e um estado meta único (Pohl, 1977; Gaschnig, 1979; Huyn *et al.*, 1980; Pearl, 1984) e com múltiplos estados meta (Dinh *et al.*, 2007). Korf e Reid (1998) mostraram como prever o número exato de nós expandidos (não apenas uma aproximação assintótica) em diversos domínios de problema reais. O "fator de ramificação efetivo" foi proposto por Nilsson (1971) como medida empírica da eficiência. Para a busca em grafos, Helmert e Röger (2008) observaram que vários problemas conhecidos continham um número exponencial de nós em caminhos de solução com custo ótimo, implicando complexidade de tempo exponencial para A*.

Existem muitas variações sobre o algoritmo A*. Pohl (1970) introduziu a busca A* ponderada, e depois uma versão dinâmica (1973), em que o peso muda, dependendo da profundidade da árvore. Ebendt e Drechsler (2009) sintetizam os resultados e examinam algumas aplicações. Hatem e Ruml (2014) introduzem a busca ágil como uma alternativa à busca gulosa, focalizando a minimização do tempo de busca, e Wilt e Ruml (2016) mostram que as melhores heurísticas para satisfazer a busca são diferentes daquelas para a busca ótima. Burns *et al.* (2012) indicam alguns truques de implementação para escrever um código de busca rápido, e Felner (2018) considera como a implementação muda quando se usa um teste de meta antecipado.

Pohl (1971) introduziu a busca bidirecional. Holte *et al.* (2016) descrevem a versão da busca bidirecional que garante o encontro no meio, tornando-a mais aplicável. Eckerle *et al.* (2017) descreve o conjunto de pares de nós certamente expandidos, e mostra que nenhuma busca bidirecional pode ser otimamente eficiente. O algoritmo NBS (Chen *et al.*, 2017) utiliza explicitamente uma fila de pares de nós.

Uma combinação de A* bidirecional e pontos de referência conhecidos foi utilizada para encontrar rotas de forma eficiente para o serviço de mapas *online* da Microsoft (Goldberg *et al.*, 2006). Após coletar um conjunto de caminhos entre os pontos de referência, o algoritmo pode encontrar um caminho com custo ótimo entre qualquer par de pontos em um grafo de 24 milhões de pontos dos EUA, buscando em menos de 0,1% do grafo. Korf (1987) mostra como usar submetas, macro-operadores e abstração para alcançar ganhos de velocidade marcantes sobre as técnicas anteriores. Delling *et al.* (2009) descrevem como usar a busca bidirecional, pontos de referência, estrutura hierárquica e outros truques para encontrar rotas para direção.

Busca *coarse-to-fine*

Anderson *et al.* (2008) descrevem uma técnica relacionada, chamada **busca *coarse-to-fine***, que pode ser pensada como a definição de pontos de referência em diversos níveis de abstração hierárquicos. Korf (1987) descreve condições sob as quais a busca *coarse-to-fine* oferece um ganho de velocidade exponencial. Knoblock (1991) oferece resultados experimentais e análise para quantificar as vantagens da busca hierárquica.

Branch-and-bound

O algoritmo A* e outros algoritmos de busca de espaço de estados estão intimamente relacionados com as técnicas ***branch-and-bound*** (ramificar-e-limitar) que são amplamente utilizadas em pesquisa operacional (Lawler e Wood, 1966; Rayward-Smith *et al.*, 1996). Kumar e Kanal (1988) tentam uma "grande unificação" da busca heurística, programação dinâmica e técnicas de *branch-and-bound* sob o nome de PDC – o "processo de decisão composto".

Como os computadores na década de 1960 tinham apenas alguns milhares de palavras de memória principal, a memória limitada da busca heurística foi um tema de pesquisa inicial. O Graph Traverser (Doran e Michie, 1966), um dos primeiros programas de busca, compromete-se com uma ação após buscar pela melhor escolha até o limite de memória. O IDA* (Korf, 1985b) foi o primeiro algoritmo ótimo de busca heurística com memória limitada usado amplamente e tem sido desenvolvido um grande número de variantes. Uma análise da eficiência do IDA* e de suas dificuldades com heurística de valor real aparece em Patrick *et al.* (1992).

Expansão iterativa

A versão original do RBFS (Korf, 1993) é realmente um pouco mais complicada do que o algoritmo mostrado na Figura 3.22, que na verdade é mais próximo de um algoritmo desenvolvido de forma independente chamado de **expansão iterativa** ou EI (Russell, 1992). O RBFS utiliza o limite inferior, bem como o superior; os dois algoritmos comportam-se de forma idêntica com heurísticas admissíveis, mas o RBFS expande os nós em ordem da melhor escolha, mesmo com uma heurística não admissível. A ideia de acompanhar o melhor caminho alternativo apareceu anteriormente na implementação elegante de Prolog do A* de Bratko (2009) e no algoritmo DTA* (Russell e Wefald, 1991). O último trabalho também discute os espaços de estados e aprendizagem em nível abstrato (metanível).

O algoritmo MA* apareceu em Chakrabarti *et al.* (1989). O SMA*, ou MA* simplificado, surgiu de uma tentativa de implementar MA* (Russell, 1992). Kaindl e Khorsand (1994) aplicaram SMA* para produzir um algoritmo de busca bidirecional que fosse substancialmente mais rápido que os algoritmos anteriores. Korf e Zhang (2000) descreveram uma abordagem do tipo dividir-para-conquistar (*divide-and-conquer*), e Zhou e Hansen (2002) introduziram a busca em grafos A* limitada à memória e uma estratégia para mudar para busca em largura e aumentar a eficiência da memória (Zhou e Hansen, 2006).

A ideia de que heurísticas admissíveis podem ser derivadas de relaxamento de problema surgiu no ensaio seminal de Held e Karp (1970), que utilizaram a heurística da árvore geradora mínima para resolver o TSP. A automação do processo de relaxamento foi implementada com sucesso por Prieditis (1993). Tem havido cada vez mais trabalhos sobre a aplicação do aprendizado de máquina para a descoberta de funções heurísticas (Samadi *et al.*, 2008; Arfaee *et al.*, 2010; Thayer *et al.*, 2011; Lelis *et al.*, 2012).

O uso de bancos de dados de padrões para derivar heurísticas admissíveis é devido a Gasser (1995) e Culberson e Schaeffer (1996, 1998); bancos de dados de padrões disjuntos são descritos por Korf e Felner (2002); um método semelhante, usando padrões simbólicos, é atribuído a Edelkamp (2009). Felner *et al.* (2007) mostraram como compactar bancos de dados de padrões para economizar espaço. A interpretação probabilística da heurística foi investigada em profundidade por Pearl (1984) e Hansson e Mayer (1989).

Heuristics, de Pearl (1984), e *Heuristic Search*, de Schrödl (2012), são trabalhos influentes sobre busca. Artigos sobre novos algoritmos de busca aparecem no International Symposium on Combinatorial Search (SoCS) e na International Conference on Automated Planning and Scheduling (ICAPS), além de conferências gerais sobre IA, como AAAI e IJCAI, e revistas como *Artificial Inteligence* e *Journal of the ACM*.

CAPÍTULO 4

BUSCA EM AMBIENTES COMPLEXOS

Neste capítulo, ao relaxarmos quanto aos pressupostos do capítulo anterior, aproximamo-nos do mundo real.

O Capítulo 3 se dirigiu a ambientes totalmente observáveis, determinísticos, estáticos e conhecidos, em que a solução é uma sequência de ações. Neste capítulo, examinaremos o que acontece quando essas restrições são relaxadas. Começaremos com o problema de localizar um bom estado sem nos preocuparmos com o caminho para chegar lá, abordando os estados discretos (seção 4.1) e contínuos (seção 4.2). Depois, relaxamos os pressupostos de determinismo (seção 4.3) e observabilidade (seção 4.4). Em um mundo não determinístico, o agente precisará de um plano condicional e executará ações diferentes dependendo do que ele observa – por exemplo, parar se o semáforo estiver vermelho e seguir adiante se estiver verde. Com a observabilidade parcial, o agente também precisará acompanhar os possíveis estados em que ele pode se encontrar. Por fim, a seção 4.5 orienta o agente através de um espaço desconhecido que ele deve descobrir enquanto prossegue, usando a **busca *online***.

4.1 Problemas de busca e otimização locais

Nos problemas de busca do Capítulo 3 queríamos explorar os caminhos pelo espaço de busca, como um caminho de Arad para Bucareste. No entanto, às vezes só nos importamos com o estado final, e o caminho até o objetivo é irrelevante. Por exemplo, no problema das oito rainhas (Figura 4.3), o que importa é a configuração final das oito rainhas (porque, se você souber a configuração, será simples reconstruir as etapas que a criaram). Essa mesma propriedade geral se mantém para muitas aplicações importantes, como no projeto de circuitos integrados, arranjo físico em instalações industriais, escalonamento de jornadas de trabalho, programação automática, otimização de rede de telecomunicações, roteamento de veículos e gerenciamento de carteiras.

Busca local

Os algoritmos de **busca local** operam a partir de um estado inicial até os estados vizinhos, sem acompanhar os caminhos nem o conjunto de estados que foram alcançados. Isso significa que eles não são sistemáticos – eles poderiam nunca explorar uma parte do espaço de busca em que uma solução realmente reside. Porém, eles têm duas vantagens importantes: (1) usam pouquíssima memória; e, (2) frequentemente, podem encontrar soluções razoáveis em grandes ou infinitos espaços de estados para os quais os algoritmos sistemáticos são inadequados.

Problema de otimização

Função objetivo

Os algoritmos de busca local também são úteis para resolver **problemas de otimização**, nos quais o intuito é encontrar o melhor estado de acordo com uma **função objetivo**.

Configuração de espaço de estados

Máximo global

Mínimo global

Para compreender a busca local, é muito útil considerar os estados de um problema dispostos em uma **configuração de espaço de estados**, como na Figura 4.1. Cada ponto (estado) tem uma "elevação", definida pelo valor da função objetivo. Se a elevação corresponde a uma função objetivo, então o intuito é encontrar o pico mais alto - um **máximo global** - e chamamos o processo de **subida de encosta**. Se a elevação corresponde ao custo, então o intuito é encontrar o vale mais baixo - um **mínimo global** - e o processo é chamado de **descida de gradiente**.

4.1.1 Busca de subida de encosta

Subida de encosta

Encosta mais íngreme

O algoritmo de busca de **subida de encosta** é mostrado na Figura 4.2. Ele acompanha um estado atual e, a cada iteração, prossegue para o estado vizinho com valor mais alto - ou seja, ele segue na direção que oferece a **encosta mais íngreme**. O algoritmo termina quando alcança um

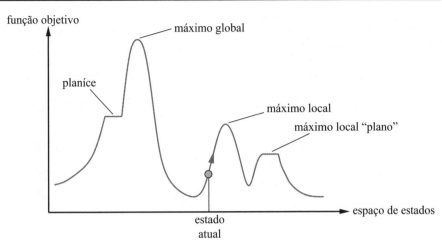

Figura 4.1 Configuração de espaço de estados unidimensional, em que a elevação corresponde à função objetivo. O objetivo é encontrar o máximo global.

---

função SUBIDA-DE-ENCOSTA(*problema*) **retorna** um estado que é um máximo local
    atual ← *problema*.INICIAL
    enquanto *verdadeiro* **faça**
        vizinho ← um estado sucessor de *atual* com valor mais alto
        se VALOR(*vizinho*) ≤ VALOR(*atual*) **então retornar** *atual*
        atual ← *vizinho*

Figura 4.2 O algoritmo de busca de subida de encosta é a técnica de busca local mais básica. Em cada passo, o nó atual é substituído pelo melhor vizinho.

"pico" em que nenhum vizinho tem valor mais alto. A subida de encosta não examina antecipadamente valores de estados além dos vizinhos imediatos do estado atual. É como tentar alcançar o cume do Monte Everest em meio a um nevoeiro denso durante uma crise de amnésia. Observe que uma forma de usar a busca de subida de encosta é utilizar o negativo de uma função de custo heurística como função objetivo; isso fará a subida local para o estado com a menor distância heurística até o objetivo.

Para ilustrar a subida de encosta, vamos utilizar o **problema das oito rainhas** (Figura 4.3). Usaremos uma **formulação de estados completos**, o que significa que cada estado tem todos os componentes de uma solução, mas nem todos podem estar no lugar correto. Nesse caso, cada estado tem oito rainhas no tabuleiro, uma por coluna. O estado inicial é escolhido aleatoriamente, e todos os sucessores de um estado são estados possíveis gerados pela movimentação de uma única rainha para outro quadrado na mesma coluna (de forma que cada estado tenha $8 \times 7 = 56$ sucessores). A função de custo heurística h é o número de pares de rainhas que estão atacando umas às outras; esta será zero somente para as soluções. (Um ataque será considerado sempre que houver duas peças na mesma linha, mesmo que haja uma peça entre elas.) A Figura 4.3[b] mostra um estado com $h = 17$. A Figura também mostra os valores h de todos os seus sucessores.

A subida de encosta às vezes é chamada de **busca gulosa local** porque captura um bom estado vizinho sem decidir com antecedência para onde irá em seguida. Embora a gula seja considerada um dos sete pecados capitais, na verdade os algoritmos gulosos frequentemente funcionam muito bem. A subida de encosta pode progredir com grande rapidez em direção a uma solução porque normalmente é bem fácil melhorar um estado ruim. Por exemplo, a partir do estado da Figura 4.3[b], bastam cinco passos para alcançar o estado da Figura 4.3[a], que tem $h = 1$ e está muito próxima de uma solução. Infelizmente, com frequência a subida de encosta fica paralisada pelas seguintes razões:

 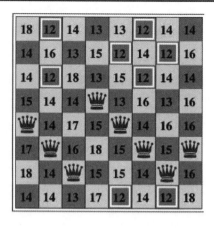

(a)   (b)

Figura 4.3 (a) Problema das oito rainhas: coloque oito rainhas em um tabuleiro de xadrez de modo que nenhuma rainha esteja atacando outra. (Uma rainha ataca qualquer peça na mesma linha, coluna ou diagonal.) Essa posição é quase uma solução, exceto para as duas rainhas na quarta e na sétima colunas, que se atacam pela diagonal. (b) Um estado de oito rainhas com estimativa de custo de heurística $h = 17$. O tabuleiro mostra o valor de h para cada sucessor possível obtido pela movimentação de uma rainha dentro de sua coluna. Existem oito movimentos que estão empatados como melhores, com $h = 12$. O algoritmo de subida de encosta escolherá um deles.

- **Máximos locais**: um máximo local é um pico mais alto que cada um de seus estados vizinhos, embora seja mais baixo que o máximo global. Os algoritmos de subida de encosta que alcançarem a vizinhança de um máximo local serão deslocados para cima em direção ao pico, mas depois ficarão presos, sem ter para onde ir. A Figura 4.1 ilustra esquematicamente o problema. Em termos mais concretos, o estado da Figura 4.3[a] é de fato um máximo local (isto é, um mínimo local para o custo h); todo movimento de uma única rainha piora a situação.

- **Cordilheiras**: uma cordilheira é mostrada na Figura 4.4. Cordilheiras resultam em uma sequência de máximos locais que torna muito difícil a navegação para algoritmos gulosos.

- **Platôs**: um platô é uma área plana no espaço de estados. Ele pode ser um máximo local plano, a partir do qual não existe nenhuma saída encosta acima, ou uma **planície**, a partir da qual é possível prosseguir (ver Figura 4.1). Uma busca de subida de encosta talvez se perca ao vagar pelo platô.

Em cada caso, o algoritmo alcança um ponto em que não há nenhum progresso. A partir de um estado do problema de oito rainhas gerado aleatoriamente, a subida de encosta pela trilha mais íngreme ficará paralisada 86% do tempo, resolvendo só 14% de instâncias de problemas. Por outro lado, ela funciona com rapidez, demorando apenas quatro passos em média quando tem sucesso e três quando fica presa – nada mal para um espaço de estados com $8^8 \approx 17$ milhões de estados.

Como poderíamos resolver mais problemas? Uma resposta seria continuar quando alcançássemos um platô – permitir um **movimento lateral**, na esperança de que o platô seja na realidade uma planície, como mostra a Figura 4.1. Porém, se já estivermos em um máximo local plano, então essa técnica causará uma repetição infinita no platô. Portanto, podemos permitir até, digamos, 100 movimentos laterais consecutivos. Isso aumenta a porcentagem de instâncias do problema resolvidas por subida de encosta de 14% para 94%. O sucesso tem um custo: o algoritmo demora em média 21 passos aproximadamente para cada instância bem-sucedida e 64 passos para cada falha.

Foram criadas muitas variantes de subida de encosta. A **subida de encosta estocástica** escolhe de forma aleatória os movimentos encosta acima; a probabilidade de seleção pode variar com a declividade do movimento encosta acima. Em geral, isso converge mais

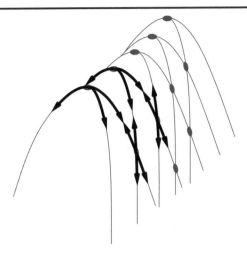

Figura 4.4 Ilustração do motivo pelo qual cordilheiras causam dificuldades na subida de encosta. A malha de estados (círculos escuros) está sobreposta a uma cordilheira que se eleva da esquerda para a direita, criando uma sequência de máximos locais que não estão diretamente conectados uns aos outros. A partir de cada máximo local, todas as ações disponíveis apontam encosta abaixo. Configurações como esta são muito comuns nos espaços de estados com poucas dimensões, como os pontos em um plano bidimensional. Porém, em espaços com centenas ou milhares de dimensões, esta imagem intuitiva não é verdadeira, e normalmente existem pelo menos algumas dimensões que possibilitam escapar de cordilheiras e platôs.

lentamente que a subida mais íngreme, mas, em algumas configurações de estados, encontra soluções melhores. A **subida de encosta pela primeira escolha** implementa a subida de encosta estocástica gerando sucessores ao acaso até ser gerado um sucessor melhor que o estado atual. Essa é uma boa estratégia quando um estado tem muitos sucessores (p. ex., milhares).

Outra variante é a **subida de encosta com reinício aleatório**, que adota o princípio prático: "Se não tiver sucesso na primeira vez, continue tentando". Ela conduz uma série de buscas de subida de encosta a partir de estados iniciais gerados de forma aleatória, até encontrar um objetivo. Ela é completa, com probabilidade 1, porque por fim gerará um estado objetivo como estado inicial. Se cada busca de subida de encosta tiver uma probabilidade de sucesso p, o número esperado de reinícios exigidos será $1/p$. Para instâncias das oito rainhas sem permitir movimentos laterais, $p \approx 0,14$; assim, precisamos de aproximadamente sete iterações para encontrar um objetivo (seis falhas e um sucesso). O número esperado de passos é o custo de uma iteração bem-sucedida somado a $(1 - p)/p$ vezes o custo de falha, ou cerca de 22 passos no total. Quando permitimos movimentos laterais, é necessário que haja $1/0,94 \approx 1,06$ iteração em média e $(1 \times 21) + (0,06/0,94) \times 64 \approx 25$ passos. Então, no caso de oito rainhas, a subida de encosta com reinício aleatório é de fato muito eficiente. Mesmo para três milhões de rainhas, a abordagem pode encontrar soluções em menos de um minuto.[1]

O sucesso da subida de encosta depende muito da configuração do espaço de estados: se houver poucos máximos locais e platôs, a subida de encosta com reinício aleatório encontrará uma boa solução com muita rapidez. Por outro lado, muitos problemas reais apresentam configuração mais parecida com uma família dispersa de porco-espinho em um piso plano, com porco-espinho em miniatura vivendo na ponta de cada espinho. Em geral, os problemas NP-difíceis (ver Apêndice A) normalmente têm um número exponencial de máximos locais em que ficam presos. Apesar disso, um máximo local razoavelmente bom pode ser encontrado com frequência depois de um pequeno número de reinícios.

---

[1] Luby *et al.* (1993) sugerem reiniciar após um número fixo de passos e mostram que isso pode ser *muito* mais eficiente que deixar cada busca continuar indefinidamente.

4.1.2 Têmpera simulada

Um algoritmo de subida de encosta que nunca faz movimentos "encosta abaixo" em direção a estados com valor mais baixo (ou de custo mais alto) é sempre vulnerável a ficar preso em um máximo local. Em contraste, um percurso puramente aleatório, que se move para um estado sucessor sem se preocupar com o valor, por fim se deparará com o máximo global, mas será extremamente ineficiente. Dessa forma, parece razoável tentar combinar a subida de encosta com um percurso aleatório que resulte de algum modo em eficiência e completeza.

Têmpera simulada

A **têmpera simulada** é um algoritmo que trabalha desta forma. Em metalurgia, a **têmpera** é o processo usado para temperar ou endurecer metais e vidro aquecendo-os a alta temperatura e depois esfriando-os gradualmente, permitindo assim que o material alcance um estado cristalino de baixa energia. Para explicar a têmpera simulada, vamos mudar nosso ponto de vista de subida de encosta para **descida de gradiente** (isto é, minimização do custo) e imaginar a tarefa de colocar uma bola de pingue-pongue na fenda mais profunda em uma superfície acidentada. Se simplesmente deixarmos a bola rolar, ela acabará em um mínimo local. Se agitarmos a superfície, poderemos fazer a bola quicar para fora do mínimo local – talvez para um mínimo local ainda mais profundo. O truque é agitar apenas com força suficiente para fazer a bola sair dos mínimos locais, mas não o bastante para desalojá-la do mínimo global. A solução de têmpera simulada é começar a agitar com força (isto é, em alta temperatura) e depois reduzir gradualmente a intensidade da agitação (ou seja, baixar a temperatura).

A estrutura geral do algoritmo de têmpera simulada (Figura 4.5) é muito semelhante à subida de encosta. Porém, em vez de escolher o *melhor* movimento, ele escolhe um movimento *aleatório*. Se o movimento melhorar a situação, ele sempre será aceito. Caso contrário, o algoritmo aceitará o movimento com alguma probabilidade menor que 1. A probabilidade é reduzida exponencialmente com a "má qualidade" do movimento – o valor ΔE segundo o qual a avaliação piora. A probabilidade também diminui, à medida que a "temperatura" T é reduzida: movimentos "ruins" têm maior probabilidade de serem permitidos no início, quando T estiver alto, e se tornam mais improváveis conforme T diminui. Se o *escalonamento* diminuir T para 0 com lentidão suficiente, então uma propriedade da distribuição de Boltzmann, $e^{\Delta E/T}$, é que toda a probabilidade seja concentrada nos máximos globais, que o algoritmo encontrará com probabilidade próxima de 1.

A têmpera simulada foi usada para resolver problemas de leiaute de circuitos integrados VLSI no começo dos anos 1980. Foi muito aplicada ao escalonamento industrial e a outras tarefas de otimização em grande escala.

4.1.3 Busca em feixe local

Busca em feixe local

A manutenção de apenas um nó na memória pode parecer uma reação extrema ao problema de limitação de memória. O algoritmo de **busca em feixe local** mantém o controle de k estados, em vez de somente um. Ela começa com k estados gerados aleatoriamente. Em cada passo, são gerados todos os sucessores de todos os k estados. Se qualquer um deles for um objetivo, o algoritmo irá parar. Caso contrário, ele selecionará os k melhores sucessores a partir da lista completa e repetirá o procedimento.

---

função TÊMPERA-SIMULADA(*problema,escalonamento*) **retorna** um estado solução
    atual ← *problema*.INICIAL
  para t = 1 **até** ∞ **faça**
      T ← *escalonamento*(t)
      se T = 0 **então retornar** *atual*
      próximo ← um sucessor de *atual* selecionado aleatoriamente
      ΔE ← VALOR(*atual*) - VALOR(*próximo*)
      se ΔE > 0 **então** *atual* ← *próximo*
      senão *atual* ← *próximo* somente com probabilidade $e^{-\Delta E/T}$

Figura 4.5 Algoritmo de têmpera simulada, uma versão de subida de encosta estocástica, em que alguns movimentos em direção à encosta abaixo são permitidos. A entrada de *escalonamento* define o valor da "temperatura" T em função do tempo.

À primeira vista, uma busca em feixe local com k estados talvez pareça não ser nada mais que a execução de k reinícios aleatórios em paralelo, e não em sequência. De fato, os dois algoritmos são bastante diferentes. Em uma busca com reinício aleatório, cada processo de busca funciona de forma independente dos outros. *Em uma busca em feixe local, são repassadas informações úteis entre os k processos paralelos da busca.* Com efeito, os estados que geram os melhores sucessores dizem aos outros: "Venham para cá, aqui a grama é mais verde!". O algoritmo logo abandonará as buscas infrutíferas e deslocará seus recursos para o processo em que houver maior progresso.

A busca em feixe local pode se ressentir de uma falta de diversidade entre os k estados – eles podem ficar rapidamente concentrados em uma pequena região do espaço de estados, tornando a busca pouco mais que uma versão k vezes mais lenta da subida de encosta. Uma variante chamada de **busca em feixe estocástica**, semelhante à subida de encosta estocástica, ajuda a atenuar esse problema. Em vez de escolher o melhor k a partir do conjunto de sucessores candidatos, a busca em feixe estocástica escolhe sucessores com probabilidade proporcional ao valor do sucessor, aumentando assim a diversidade.

4.1.4 Algoritmos genéticos

Algoritmos genéticos (ou AG) podem ser vistos como variantes da busca em feixe estocástica que são motivados explicitamente pela metáfora da seleção natural na biologia: existe uma população de indivíduos (estados), em que os indivíduos mais aptos (valor mais alto) produzem filhos (estados sucessores) que povoam a próxima geração, um processo chamado de **recombinação**. Estas são formas infinitas de algoritmos genéticos, variando das seguintes maneiras:

- O tamanho da população.
- A representação de cada indivíduo. Em **algoritmos genéticos**, cada indivíduo é uma sequência por um alfabeto finito (quase sempre uma sequência booleana), assim como o DNA é uma sequência pelo alfabeto **ACGT**. Nas **estratégias de evolução**, um indivíduo é uma sequência de números reais, e na **programação genética** um indivíduo é um programa de computador.
- O número de mistura, ρ, que é o número de pais que entram para formar os filhos. O caso mais comum é $\rho = 2$: dois pais combinam seus "genes" (partes de sua representação) para formar sua descendência. Quando $\rho = 1$, temos a busca em feixe estocástica (que pode ser vista como uma reprodução assexuada). É possível que haja $\rho > 2$, que só ocorre raramente na natureza, mas que pode ser simulado com facilidade nos computadores.
- O processo de **seleção**, para selecionar os indivíduos que se tornarão os pais da próxima geração: uma possibilidade é selecionar entre todos os indivíduos com probabilidade proporcional à sua pontuação de aptidão. Outra possibilidade é selecionar aleatoriamente n indivíduos ($n > \rho$) e depois selecionar os ρ mais aptos como pais.
- O processo de recombinação. Uma abordagem comum (considerando $\rho = 2$) é selecionar aleatoriamente um **ponto de cruzamento** para separar cada uma das sequências pai, recombinando as partes para formar dois filhos, um com a primeira parte do pai 1 e a segunda parte do pai 2; o outro com a segunda parte do pai 1 e a primeira parte do pai 2.
- A **taxa de mutação**, que determina a frequência com que a descendência tem mutações aleatórias em sua representação. Quando uma descendência é gerada, cada *bit* em sua composição é invertido com probabilidade igual à taxa de mutação.
- A composição da próxima geração. Pode ser apenas a descendência recém-formada ou pode incluir alguns pais da geração anterior, com melhor pontuação (uma prática chamada de **elitismo**, que garante que a aptidão geral nunca diminuirá com o tempo). A prática de **abate**, em que todos os indivíduos abaixo de determinado limiar são descartados, pode levar a uma aceleração (Baum *et al.*, 1995).

A Figura 4.6[a] mostra uma população de quatro sequências de oito dígitos que representam estados das oito rainhas do quebra-cabeça. O dígito de ordem c representa o número de linha da rainha na coluna c. Em (b), cada estado é avaliado pela função de avaliação. Valores com avaliação mais alta são considerados melhores; assim, para o problema das oito rainhas, usamos o número de pares de rainhas *não atacantes*, cujo valor é $8 \times 7/2 = 28$ para uma solução.

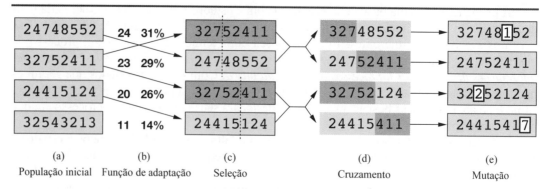

Figura 4.6 Algoritmo genético, ilustrado por sequências de dígitos que representam os estados das oito rainhas. A população inicial em (a) é classificada pela função de adaptação em (b), resultando em pares de correspondência em (c). Eles produzem descendentes em (d), sujeitos à mutação em (e).

Os valores dos quatro estados em (b) são 24, 23, 20 e 11. As pontuações de adaptação são então transformadas em probabilidades, que aparecem em (b) ao lado dos valores de pontuação.

Em (c), dois pares de pais são selecionados de acordo com as probabilidades mostradas em (b). Note que um indivíduo é selecionado duas vezes, e outro indivíduo não é selecionado de modo algum. Para cada par selecionado, é escolhido ao acaso um ponto de cruzamento (linha pontilhada). Em (d), os próprios descendentes são criados por cruzamento das cadeias pais no ponto de cruzamento. Por exemplo, o primeiro filho do primeiro par recebe os três primeiros dígitos (327) do primeiro pai e os dígitos restantes (48552) do segundo pai. Os estados das oito rainhas envolvidos nessa etapa de reprodução são mostrados na Figura 4.7.

Finalmente, em (e), cada posição de cada sequência está sujeita à mutação aleatória com uma pequena probabilidade independente. Um dígito sofreu mutação no primeiro, no terceiro e no quarto descendente. No problema das oito rainhas, isso corresponde à escolha de uma rainha ao acaso e à movimentação da rainha para um quadrado aleatório em sua coluna. Quase sempre, a população é variada no início do processo; então o cruzamento costuma dar grandes passos no espaço de estado no início do processo de pesquisa (como na têmpera simulada). Depois de muitas gerações de seleção em direção a uma melhor adaptação, a população torna-se menos diversificada e costuma haver passos menores. A Figura 4.8 descreve um algoritmo que implementa todas essas etapas.

Os algoritmos genéticos são semelhantes à busca em feixe estocástica, mas com o acréscimo da operação de cruzamento. Isso é vantajoso se houver blocos que realizam funções úteis. Por exemplo, a colocação das três primeiras rainhas nas posições 2, 4 e 6 (em que elas não atacam as outras) constitui um bloco útil que pode ser combinado com outros blocos que aparecem em outros indivíduos para elaborar uma solução. Pode ser demonstrado matematicamente que, se os

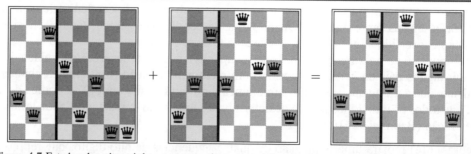

Figura 4.7 Estados das oito rainhas correspondentes aos dois primeiros pais na Figura 4.6[c] e à primeira descendência da Figura 4.6[d]. As colunas sombreadas foram perdidas na etapa de cruzamento, e as colunas não sombreadas foram mantidas. (Para interpretar os números na Figura 4.6: a linha 1 é a linha inferior, e a 8 é a superior.)

função ALGORITMO-GENÉTICO(*população,adapta*) **retorna** um indivíduo
  repita
     pesos ← PESADO-POR(*população,adapta*)
     população2 ← lista vazia
     para *i* = 1 **até** TAMANHO(*população*) **faça**
       pai1, pai2 ← SELEÇÃO-ALEATÓRIA(*população,pesos*, 2)
       filho ← REPRODUZ(*pai1,pai2*)
       se (pequena probabilidade aleatória) **então** *filho* ← MUTAÇÃO(*filho*)
       adicionar *filho* a *população2*
     população ← *população2*
  até um indivíduo estar adaptado o bastante ou até ter decorrido tempo suficiente
  retornar o melhor indivíduo em *população*, de acordo com *adapta*

função REPRODUZ(*pai1,pai2*) **retorna** um indivíduo
  n ← COMPRIMENTO(*pai1*)
  c ← número aleatório de 1 a *n*
  retornar CONCATENA(SUBCADEIA(*pai1*,1,*c*), SUBCADEIA(*pai2*,*c* + 1,*n*))

Figura 4.8 Algoritmo genético. Dentro da função, *população* é uma lista de indivíduos em ordem, *pesos* é uma lista de valores de adaptação correspondentes para cada indivíduo, e *adapta* é uma função para calcular esses valores.

---

blocos não atenderem a um propósito – por exemplo, se as posições do código genético forem permutadas inicialmente em ordem aleatória –, o cruzamento não trará nenhuma vantagem.

A teoria de algoritmos genéticos explica como isso funciona usando a ideia de **esquema**, uma subcadeia na qual algumas posições podem ser deixadas sem especificação. Por exemplo, o esquema 246***** descreve todos os estados de oito rainhas em que as três primeiras rainhas estão nas posições 2, 4 e 6, respectivamente. As cadeias que correspondem ao esquema (como 24613578) são chamadas de **instâncias** do esquema. É possível mostrar que, se o valor de adaptação médio das instâncias de um esquema estiver acima da média, então o número de instâncias do esquema crescerá com o passar do tempo.

Esquema
Instância

Evolução e busca

A teoria da **evolução** foi desenvolvida por Charles Darwin em *A Origem das Espécies por Meio da Seleção Natural* (1859) e, independentemente, por Alfred Russel Wallace (1858). A ideia central é simples: variações ocorrem na reprodução e serão preservadas em gerações sucessivas em proporção aproximada ao seu efeito sobre a adaptação reprodutiva.

A teoria de Darwin foi desenvolvida sem qualquer conhecimento de como as características dos organismos podem ser herdadas e modificadas. As leis probabilísticas que governam esses processos foram primeiramente identificadas por Gregor Mendel (1866), um monge que fez experiências com ervilhas. Muito mais tarde, Watson e Crick (1953) identificaram a estrutura da molécula de DNA e seu alfabeto, AGTC (adenina, guanina, timina, citosina). No modelo-padrão, a variação ocorre por mutações localizadas na sequência de genes e por "cruzamento" (no qual o DNA de um descendente é gerado pela combinação de longas seções de DNA de cada pai).

A analogia com algoritmos de busca local já foi descrita; a principal diferença entre a busca em feixe estocástico e a evolução é o uso de reprodução *sexuada*, na qual os sucessores são gerados a partir de *vários* indivíduos, em vez de apenas um. Porém, os mecanismos reais da evolução são muito mais ricos do que permite a maioria dos algoritmos genéticos. Por exemplo, as mutações podem envolver reversões, duplicações e movimentação de grandes blocos de DNA; alguns vírus tomam emprestado o DNA de um organismo e o inserem em outro; e ainda existem genes de transposição que nada fazem além de copiar a si mesmos muitos milhares de vezes dentro do genoma.

Existem até mesmo genes que envenenam células de companheiros potenciais que não transportam o gene, aumentando assim suas chances de replicação. O mais importante é o fato de que os *próprios genes codificam os mecanismos* pelos quais o genoma é reproduzido e convertido em um organismo. Em algoritmos genéticos, esses mecanismos constituem um programa separado que não está representado dentro das cadeias que estão sendo manipuladas.

A evolução de Darwin pode parecer ineficiente, tendo gerado cegamente cerca de 10^{43} ou mais organismos sem melhorar uma vírgula sequer suas heurísticas de busca. Contudo, o aprendizado tem papel importante na evolução. Embora o naturalista francês Jean Lamarck (1809) estivesse errado ao propor que as características adquiridas por adaptação durante a vida de um organismo seriam transmitidas aos seus descendentes, a teoria de James Baldwin (1896), similar em suas características superficiais, está correta: o aprendizado pode efetivamente relaxar o mecanismo de adaptação, ocasionando uma aceleração na velocidade da evolução. Um organismo que tem característica que não se adapta muito bem ao seu ambiente a passará adiante se ele também tiver plasticidade suficiente para aprender a adaptar-se ao ambiente, de modo que seja benéfico. Simulações por computador (Hinton e Nowlan, 1987) confirmam que o **efeito de Baldwin** é real, e que uma consequência é que as coisas difíceis de aprender acabam ficando no genoma, mas as coisas que são fáceis de aprender não precisam residir lá (Morgan e Griffiths, 2015).

Obviamente, é improvável que esse efeito seja significativo, caso *bits* adjacentes estejam totalmente não relacionados uns com os outros porque, nesse caso, haverá poucos blocos contíguos que proporcionem um benefício consistente. Os algoritmos genéticos funcionam melhor quando os esquemas correspondem a componentes significativos de uma solução. Por exemplo, se a cadeia for uma representação de uma antena de radiodifusão, os esquemas poderão representar componentes da antena, como refletores e defletores. É provável que um bom componente seja bom em uma grande variedade de projetos diferentes. Isso sugere que o uso bem-sucedido de algoritmos genéticos exige uma cuidadosa engenharia na representação de estados.

Na prática, os algoritmos genéticos foram úteis dentro do panorama amplo dos métodos de otimização (Marler e Arora, 2004), particularmente para problemas estruturados complexos, como arranjo físico de circuitos e escalonamento de prestação de serviços, e mais recentemente para a evolução da arquitetura de redes neurais profundas (Miikkulainen *et al.*, 2019). No momento, não está claro quanto do interesse pelos algoritmos genéticos surge de sua superioridade em tarefas específicas e quanto da atraente metáfora da evolução.

4.2 Busca local em espaços contínuos

No Capítulo 2, explicamos a distinção entre ambientes discretos e contínuos, assinalando que a maioria dos ambientes reais é contínua. Um espaço de ação contínuo tem fator de ramificação infinito, portanto não pode ser manipulado pelos algoritmos que descrevemos até aqui (exceto a subida de encosta mais íngreme e a de têmpora simulada).

Esta seção oferece uma introdução *muito breve* a algumas técnicas de busca local para espaços contínuos. A literatura sobre esse tópico é vasta; muitas técnicas básicas tiveram origem no século XVII, depois do desenvolvimento do cálculo por Newton e Leibniz.[2] Apresentamos usos para essas técnicas em diversos lugares deste livro, incluindo os capítulos sobre aprendizagem, visão e robótica.

Começaremos com um exemplo. Vamos supor que queiramos instalar três novos aeroportos em qualquer lugar na Romênia, de tal forma que a soma dos quadrados das distâncias de cada cidade no mapa até o aeroporto mais próximo seja minimizada. (Ver mapa da Romênia na Figura 3.1.) Então, o espaço de estados é definido pelas coordenadas dos

---

[2] Conhecimento básico de vetores, matrizes e derivadas será útil durante a leitura desta seção (Apêndice A).

aeroportos: (x_1, y_1), (x_2, y_2) e (x_3, y_3). Esse é um espaço *hexadimensional*; também dizemos que os estados são definidos por seis **variáveis**. Em geral, os estados são definidos por um vetor *n*-dimensional de variáveis, $\mathbf{x}$. A movimentação nesse espaço corresponde a mover um ou mais dos aeroportos no mapa. A função objetivo $f(\mathbf{x}) = f(x_1, y_1, x_2, y_2, x_3, y_3)$ é relativamente fácil de calcular para qualquer estado específico, uma vez que sejam calculadas as cidades mais próximas. Façamos C_i o conjunto de cidades cujo aeroporto mais próximo (no estado $\mathbf{x}$) é o aeroporto i. Então, temos

> Variável

$$f(\mathbf{x}) = f(x_1, y_1, x_2, y_2, x_3, y_3) = \sum_{i=1}^{3} \sum_{c \in C_i} (x_i - x_c)^2 + (y_i - y_c)^2. \qquad (4.1)$$

Essa expressão é correta não apenas para o estado $\mathbf{x}$, mas também para os estados na vizinhança local de $\mathbf{x}$. Porém, ela não é globalmente correta: se formos parar muito longe de x (alterando o local de um ou mais dos aeroportos por uma grande distância), então o conjunto de cidades mais próximas para esse aeroporto muda, e precisamos recalcular C_i.

Uma maneira de lidar com um espaço de estados contínuos é **torná-lo discreto**. Por exemplo, em vez de permitir que os locais (x_i, y_i) sejam qualquer ponto no espaço bidimensional contínuo, poderíamos limitá-los a pontos fixos em uma malha retangular de tamanho δ (delta). Depois, em vez de ter um número infinito de sucessores, cada estado no espaço teria apenas 12 sucessores, correspondendo a incrementar uma das seis variáveis por um valor $\pm\delta$. Podemos então aplicar qualquer dos algoritmos de busca local, descritos anteriormente, a este espaço discreto. Como alternativa, poderíamos tornar o fator de ramificação finito, amostrando os estados sucessores de forma aleatória, movimentando em uma direção aleatória por um pequeno valor, δ. Os métodos que medem o progresso pela mudança no valor da função objetivo entre dois pontos próximos são chamados de "métodos de **gradiente empírico**". A busca de gradiente empírico é igual à subida pela encosta mais íngreme em uma versão do espaço de estados dividida em unidades discretas. A redução do valor de δ com o passar do tempo pode oferecer uma solução mais precisa, mas não necessariamente converge para um limite ótimo global.

> Discretização

> Gradiente empírico

Muitas vezes temos uma função objetivo expressa em um formato matemático, de forma que podemos usar o cálculo para resolver o problema de modo analítico, em vez de empírico. Existem muitos métodos que tentam usar o **gradiente** para encontrar um máximo. O gradiente da função objetivo é um vetor ∇f que fornece a magnitude e a direção da inclinação mais íngreme. Em nosso problema, temos

> Gradiente

$$\nabla f = \left(\frac{\partial f}{\partial x_1}, \frac{\partial f}{\partial y_1}, \frac{\partial f}{\partial x_2}, \frac{\partial f}{\partial y_2}, \frac{\partial f}{\partial x_3}, \frac{\partial f}{\partial y_3} \right).$$

Em alguns casos, podemos encontrar um máximo resolvendo a equação $\nabla f = 0$. (P. ex., isso poderia ser feito se estivéssemos instalando apenas um aeroporto; a solução é a média aritmética das coordenadas de todas as cidades.) Porém, em muitos casos, essa equação não pode ser resolvida de forma fechada. Por exemplo, com três aeroportos, a expressão para o gradiente depende das cidades que estão mais próximas de cada aeroporto no estado atual. Isso significa que podemos calcular o gradiente *local* (mas não *global*); por exemplo,

$$\frac{\partial f}{\partial x_1} = 2 \sum_{c \in C_1} (x_1 - x_c). \qquad (4.2)$$

Dada uma expressão localmente correta para o gradiente, podemos realizar uma subida pela encosta mais íngreme, atualizando o estado atual de acordo com a fórmula

$$\mathbf{x} \leftarrow \mathbf{x} + \alpha \nabla f(\mathbf{x}),$$

em que α (alfa) é uma constante pequena chamada frequentemente de **tamanho de passo**. Há uma enorme variedade de métodos para ajuste de α. O problema básico é que, se α é pequeno demais, são necessários muitos passos; se α é grande demais, a busca pode ultrapassar o limite máximo. A técnica de **busca linear** tenta superar esse dilema estendendo a direção de gradiente atual – em geral, pela duplicação repetida de α – até f começar a diminuir novamente.

> Tamanho de passo

> Busca linear

110 Inteligência Artificial

Newton-Raphson

O ponto em que isso ocorrer se torna o novo estado atual. Existem diversas escolas de pensamento relacionadas ao modo como a nova direção deve ser escolhida nesse ponto.

Para muitos problemas, o algoritmo mais eficiente é o venerável método de **Newton-Raphson**. Essa é uma técnica geral para encontrar as raízes de funções, isto é, resolver equações da forma $g(x) = 0$, e funciona calculando uma nova estimativa para a raiz x de acordo com a fórmula de Newton:

$$x \leftarrow x - g(x)/g'(x).$$

Para encontrar um máximo ou um mínimo de f, precisamos encontrar $\mathbf{x}$ de modo que o *gradiente* seja um vetor zero (isto é, $\nabla f(\mathbf{x}) = \mathbf{0}$). Desse modo, $g(x)$ na fórmula de Newton se torna $\nabla f(\mathbf{x})$, e a equação de atualização pode ser escrita em forma de vetor de matriz como

$$\mathbf{x} \leftarrow \mathbf{x} - \mathbf{H}_f^{-1}(\mathbf{x})\nabla f(\mathbf{x}),$$

Hessiana

em que $\mathbf{H}_f(\mathbf{x})$ é a matriz **hessiana** de segundas derivadas, cujos elementos H_{ij} são dados por $\partial^2 f/\partial x_i \partial x_j$. Para o nosso exemplo do aeroporto, podemos notar, da Equação 4.2, que $\mathbf{H}_f(\mathbf{x})$ é particularmente simples: os elementos fora da diagonal são zero e os elementos da diagonal para o aeroporto i são apenas duas vezes o número de cidades em C_i. Um cálculo rápido mostra que uma etapa da atualização move o aeroporto i diretamente para o centroide de C_i, que é o mínimo da expressão local para f da Equação 4.1.[3] Para problemas de dimensões elevadas, no entanto, calcular n^2 entradas da hessiana e invertê-las pode ser caro, por isso foram desenvolvidas muitas versões aproximadas do método de Newton-Raphson.

Os métodos de busca local sofrem com máximos locais, cordilheiras e platôs em espaços de estados contínuos, de forma semelhante ao que ocorre em espaços discretos. Reinícios aleatórios e têmpera simulada são recursos que podem ser usados e frequentemente são úteis. Porém, os espaços contínuos de dimensões elevadas são lugares grandes em que é fácil se perder.

Otimização com restrições

Um último tópico é a **otimização com restrições**. Um problema de otimização tem restrições se as soluções devem satisfazer a algumas restrições rígidas sobre os valores das variáveis. Por exemplo, em nosso problema de localização de aeroportos, poderíamos restringir os locais ao interior da Romênia e a áreas de terra firme (e não no meio de lagos). A dificuldade dos problemas de otimização com restrições depende da natureza das restrições e da função objetivo. A categoria mais conhecida é a dos problemas de **programação linear** (PL), em que as restrições devem ser desigualdades lineares formando um **conjunto convexo**[4] e a função objetivo também é linear. A complexidade de tempo da programação linear é polinomial no número de variáveis.

Programação linear

Conjunto convexo

Otimização convexa

A programação linear provavelmente é o método de otimização mais amplamente estudado e de utilidade mais extensa. É um caso especial do problema mais geral de **otimização convexa**, que permite que a região de restrição seja qualquer região convexa e o objetivo seja qualquer função convexa na região de restrição. Sob certas condições, problemas de otimização convexa também são solucionáveis em tempo polinomial e na prática podem ser viáveis com milhares de variáveis. Vários problemas importantes no aprendizado de máquina e na teoria de controle podem ser formulados como problemas de otimização convexa (ver Capítulo 20).

4.3 Busca com ações não determinísticas

No Capítulo 3, assumimos que o ambiente é totalmente observável, determinístico e conhecido. Portanto, um agente pode observar o estado inicial, calcular uma sequência de ações para alcançar o objetivo e executar as ações "de olhos fechados", sem ter de usar suas percepções.

---

[3] Em geral, a atualização Newton-Raphson pode ser vista como ajuste a uma superfície quadrática para f em $\mathbf{x}$ e, então, se movendo diretamente para o mínimo daquela superfície, que é também o mínimo de f se f for quadrático.

[4] Um conjunto de pontos S é convexo se a linha que une dois pontos quaisquer em S também estiver contida em S. Uma **função convexa** é aquela cujo espaço "acima" dela forma um conjunto convexo; por definição, funções convexas não têm mínimos locais (em oposição aos globais).

No entanto, quando o ambiente é parcialmente observável, o agente não sabe ao certo em que estado se encontra; e quando o ambiente é não determinístico, o agente não sabe para qual estado ele passa depois de tomar uma ação. Isso significa que, em vez de pensar "estou no estado s_1 e se eu tomar a ação a vou acabar no estado s_2", um agente agora pensará "estou no estado s_1 ou s_3, e se eu realizar a ação a, acabarei no estado s_2, s_4 ou s_5". Chamamos **estado de crença** um conjunto de estados físicos em que o agente acredita estar.

Estado de crença

Em ambientes parcialmente observáveis e não determinísticos, a solução para um problema não é mais uma sequência, mas um **plano condicional** (também conhecido como plano de contingência ou estratégia) que especifica o que fazer dependendo das percepções que o agente recebe ao executar o plano. Nesta seção, examinamos o caso de não determinismo, deixando a observabilidade parcial para a próxima.

Plano condicional

4.3.1 Mundo do aspirador de pó defeituoso

O mundo do aspirador de pó do Capítulo 2 tem oito estados, como mostrado na Figura 4.9. Há três ações – *Esquerda*, *Direita* e *Aspirar* – e o objetivo é limpar toda a sujeira (estados 7 e 8). Se o ambiente for totalmente observável, determinístico e completamente conhecido, o problema é fácil de ser resolvido por qualquer um dos algoritmos do Capítulo 3 e a solução é uma sequência de ações. Por exemplo, se o estado inicial for 1, a sequência de ação [*Aspirar*, *Direita*, *Esquerda*] vai alcançar um estado objetivo, 8.

Agora, suponha que apresentemos o não determinismo na forma de um aspirador potente, mas defeituoso. No **mundo do aspirador de pó defeituoso**, a ação de *Aspirar* funciona da seguinte forma:

- Quando aplicada a um quadrado sujo, a ação limpa o quadrado e, por vezes, limpa também a sujeira do quadrado adjacente.
- Quando aplicada a um quadrado limpo, a ação, por vezes, deposita sujeira no tapete.[5]

Para fornecer uma formulação precisa desse problema, é necessário generalizar a noção do **modelo de transição** do Capítulo 3. Em vez de definir o modelo de transição por uma função RESULTADO que retorna um único estado, usamos uma função RESULTADO que retorna um *conjunto* de estados resultantes possíveis. Por exemplo, no mundo do aspirador de pó defeituoso, a ação de *Aspirar* no estado 1 limpa a sujeira no local atual ou em ambos os locais:

RESULTADO(1,*Aspirar*) = {5,7}

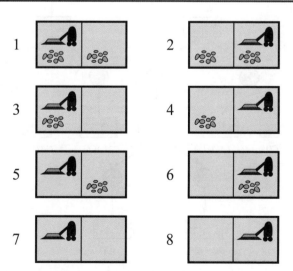

Figura 4.9 Os oito estados possíveis do mundo do aspirador de pó; os estados 7 e 8 são estados objetivo.

---

[5] Supomos que a maioria dos leitores, por enfrentar problemas semelhantes, se identifica com o nosso agente. Pedimos desculpas aos proprietários de utensílios domésticos modernos, eficientes, que não podem tirar proveito desse exemplo pedagógico.

112   Inteligência Artificial

Se começarmos no estado 1, nenhuma *sequência* isolada de ações resolve o problema, mas o **plano condicional**, a seguir, sim:

$$[\textit{Aspirar},\textbf{se } \textit{Estado} = 5 \textbf{ então } [\textit{Direita},\textit{Aspirar}] \textbf{ senão } [\,]]. \tag{4.3}$$

Aqui, vemos que um plano condicional pode conter etapas **se-então-senão**; isso significa que as soluções são *árvores*, e não sequências. Aqui, a condicional na instrução **se** testa o estado atual; isso é algo que o agente poderá observar durante a execução, mas não conhece durante o planejamento. Como alternativa, poderíamos ter usado uma formulação que teste a percepção, e não o estado. Muitos problemas no mundo real, físico, são problemas de contingência, pois a previsão exata do futuro é impossível. Por essa razão, muitas pessoas mantêm os olhos bem abertos enquanto caminham.

4.3.2 Árvores de busca E-OU

Como encontrar essas soluções contingentes para os problemas não determinísticos? Como no Capítulo 3, começamos com a construção de árvores de busca, mas aqui as árvores têm um caráter diferente. Em um ambiente determinístico, a única ramificação é apresentada pelas próprias escolhas do agente em cada estado: eu posso fazer esta ou aquela ação. Chamamos esses nós de **nós OU**. No mundo do aspirador de pó, por exemplo, em um nó OU o agente escolhe *Esquerda ou Direita ou Aspirar*. Em um ambiente não determinístico, a ramificação é também apresentada pela escolha do resultado do *ambiente* para cada ação. Chamamos esses nós de **nós E**. Por exemplo, a ação de *Aspirar* no estado 1 leva ao estado de crença {5,7}, de modo que o agente precisaria encontrar um plano para o estado 5 *e* para o estado 7. Esses dois tipos de nós alternados levam a uma **árvore E-OU**, conforme ilustrado na Figura 4.10.

Uma solução para um problema de busca E-OU é uma subárvore da árvore de busca completa que (1) tenha um nó objetivo em cada folha, (2) especifique uma ação em cada

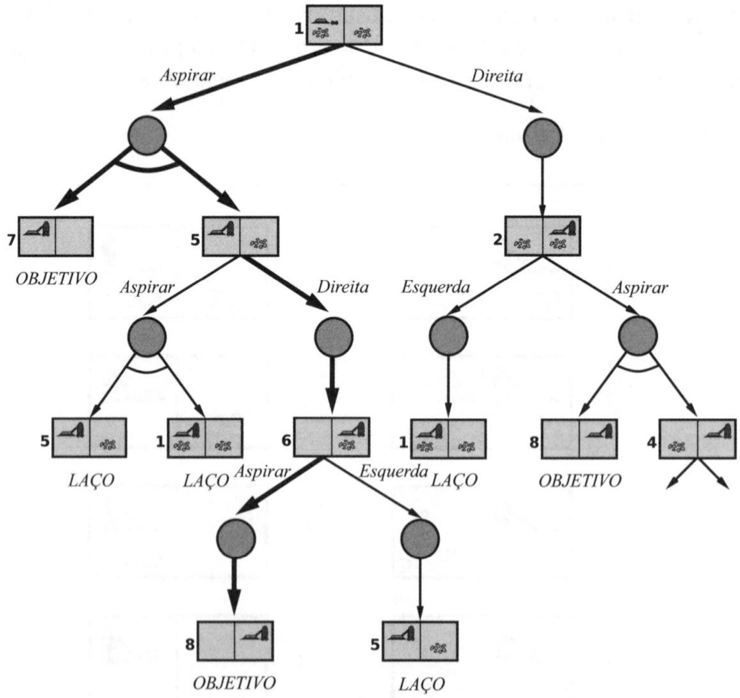

(Nó OU)

(Nó E)

(Nó E-OU)

Figura 4.10 Os dois primeiros níveis da árvore de busca para o mundo do aspirador de pó defeituoso. Os nós de estado são os nós OU em que deve ser escolhida alguma ação. Todos os resultados deverão ser tratados nos nós E, mostrados como círculos, como indicado pelo arco ligando os ramos de saída. A solução encontrada é mostrada nas linhas em negrito.

Capítulo 4 • Busca em Ambientes Complexos   113

um de seus nós OU, e (3) inclua todos os ramos resultantes em cada um de seus nós E. A solução é apresentada nas linhas em negrito da Figura, que correspondem ao plano dado na Equação 4.3.

A Figura 4.11 fornece um algoritmo recursivo em profundidade para busca em grafos E-OU. Um aspecto-chave do algoritmo é a maneira pela qual ele trata dos ciclos, que surgem frequentemente em problemas não determinísticos (p. ex., se uma ação, algumas vezes, não tiver efeito ou se um efeito não intencional puder ser corrigido). Se o estado atual for idêntico a um estado no caminho a partir da raiz, então ele retorna com falha. Isso não significa que *não* haja solução a partir do estado atual, mas significa simplesmente que, se *existe* uma solução não cíclica, ela deve ser acessível a partir da recursão anterior do estado atual; por isso a nova recursão poderá ser descartada. Com essa verificação, podemos garantir que o algoritmo termina em todo espaço de estado finito porque cada caminho deve atingir um objetivo, um beco sem saída ou um estado repetido. Observe que o algoritmo não verifica se o estado atual é uma repetição de um estado em algum *outro* caminho a partir da raiz, o que é importante para a eficiência.

Os grafos E-OU podem também ser explorados por métodos de busca em largura ou da melhor escolha. O conceito de função heurística deve ser modificado para estimar o custo de uma solução de contingência, em vez de em sequência, mas a noção de admissibilidade transfere para depois e existe uma analogia do algoritmo A* para encontrar soluções ótimas. (Ver as Notas bibliográficas, no fim do capítulo.)

4.3.3 Tente, tente novamente

Considere um mundo do aspirador de pó *incerto*, que é idêntico ao mundo comum (sem defeitos) do aspirador de pó, exceto que as ações de movimento às vezes falham, deixando o agente no mesmo local. Por exemplo, mover para a *Direita* no estado 1 leva para o conjunto do estado {1,2}. A Figura 4.12 mostra parte da busca em grafos; não há explicitamente mais nenhuma solução acíclica do estado 1, e a BUSCA-E-OU retornaria com falha. Há, no entanto, uma **solução cíclica**, que é continuar tentando para a *Direita* até que isso funcione. Podemos expressar isso com uma nova construção **enquanto**:   Solução cíclica

$$[Aspirar, \textbf{enquanto } Estado = 5 \textbf{ faça } Direita, Aspirar]$$

ou incluindo um **rótulo** para indicar uma parte do plano e usar esse rótulo mais tarde:

$$[Aspirar, L_1 : Direita, \textbf{se } Estado = 5, \textbf{então } L_1 \textbf{ senão } Aspirar].$$

Quando um plano cíclico é uma solução? Uma condição mínima é que cada folha seja um estado objetivo e que uma folha seja acessível de cada ponto no plano. Além disso, a causa do

---

função BUSCA-E-OU(*problema*) **retorna** um plano condicional ou *falha*
    retorna BUSCA-OU(*problema*,*problema*.INICIAL, [ ])

função BUSCA-OU(*problema*,*estado*,*caminho*) **retorna** *um plano condicional ou falha*
    se *problema*.É-OBJETIVO(*estado*) **então retorna** o plano vazio
    se É-CICLO(*caminho*) **então retorna** *falha*
    para cada *ação* **em** *problema*.AÇÕES(*estado*) **faça**
        plano ← BUSCA-E(*problema*,RESULTADOS(*estado*,*ação*), [*estado*] + *caminho*])
        se *plano* ≠ *falha* **então retorna** [*ação*] + *plano*]
    retorna *falha*

função BUSCA-E(*problema*,*estados*,*caminho*) **retorna** *um plano condicional ou falha*
    para cada s_i **em** *estados* **faça**
        $plano_i$ ← BUSCA-OU(*problema*,s_i,*caminho*)
        se $plano_i$ = *falha* **então retorna** *falha*
    retorna [**se** s_1 **então** $plano_1$ **senão se** s_2 **então** $plano_2$ **senão** . . . **se** s_{n-1} **senão** $plano_{n-1}$]

Figura 4.11 Algoritmo de busca em grafos E-OU gerado em ambientes não determinísticos. Uma solução é um plano condicional que considera cada resultado não determinístico e faz um plano para cada um.

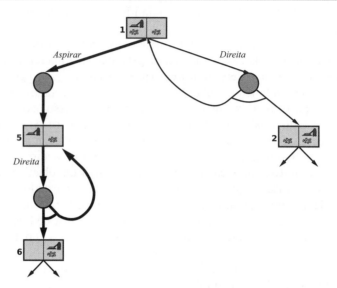

Figura 4.12 Parte da busca em grafos para o mundo do aspirador de pó incerto, em que mostramos (alguns) ciclos explicitamente. Todas as soluções para esse problema são planos cíclicos porque não há nenhuma maneira de mover-se de forma confiável.

não determinismo precisa ser considerada. Se o mecanismo de direção do robô do aspirador de pó funciona durante parte do tempo, mas é incerto em outras ocasiões, de forma aleatória e independente, então o agente pode estar certo de que, se a ação for repetida por um número de vezes suficiente, por fim ela funcionará e o plano terá sucesso. Porém, se o não determinismo se deve a algum fato não observado sobre o robô ou o ambiente – talvez uma correia tenha saído do lugar e o robô não consiga se mover –, então a repetição da ação não ajudará.

Uma maneira de entender essa decisão é dizer que a formulação do problema inicial (totalmente observável, não determinístico) foi abandonada em favor de uma formulação diferente (parcialmente observável, determinístico), em que a falha do plano cíclico é atribuída a uma propriedade não observada da correia. No Capítulo 12, discutiremos como decidir qual, entre várias possibilidades incertas, é a mais provável.

4.4 Pesquisar com observações parciais

Passaremos agora ao problema de observabilidade parcial, em que a percepção do agente não é suficiente para definir o estado exato. Isso significa que algumas das ações do agente visarão à redução da incerteza sobre o estado atual.

4.4.1 Pesquisa sem observação

Sem sensoriamento
Conformante

Quando as percepções do agente *não fornecem nenhuma informação*, temos o que chamamos de problema **sem sensoriamento** (ou, algumas vezes, problema **conformante**). Em um primeiro momento, você pode pensar que o agente sem sensoriamento não tem esperança de resolver um problema se não tiver ideia do estado em que ele está, mas soluções sem sensoriamento são surpreendentemente comuns e úteis, principalmente porque eles *não* dependem de sensores funcionando corretamente. Em sistemas de manufatura, por exemplo, foram desenvolvidos muitos métodos engenhosos para orientar corretamente as peças a partir de uma posição inicial desconhecida usando uma sequência de ações completamente sem atividade sensorial. Às vezes, um plano não sensorial é ainda melhor quando está disponível um plano condicional com sensoriamento. Por exemplo, os médicos geralmente prescrevem um antibiótico de amplo espectro em vez de usar o plano de contingência de fazer um exame de sangue, ficar à espera do retorno dos resultados e, então, prescrever um antibiótico mais específico. O plano sem sensoriamento economiza tempo e dinheiro, e evita o risco de a infecção piorar antes que os resultados do exame estejam disponíveis.

Considere uma versão sem sensoriamento do mundo (determinístico) do aspirador de pó. Suponha que o agente conheça a geografia do seu mundo, mas não conheça a localização ou a distribuição da sujeira. Nesse caso, seu estado de crença inicial é o conjunto {1,2,3,4,5,6,7, 8} (ver Figura 4.9). Agora, se o agente se mover para a *Direita*, ele ficará em um dos estados {2,4,6,8} – o agente agora adquiriu mais informações sem perceber nada! Após [*Direita,Aspira*], o agente sempre vai acabar em um dos estados {4,8}. Por fim, a sequência [*Direita,Aspira, Esquerda,Aspira*] é a garantia de que ele atingirá o estado objetivo 7, não importa qual seja o estado inicial. Dizemos que o agente pode **coagir** o mundo para o estado 7.

Coação

A solução para um problema sem sensoriamento é uma sequência de ações, e não um plano condicional (pois não há percepção). Mas buscamos no espaço do estado de crença em vez de no estado físico.[6] No espaço do estado de crença, o problema é *totalmente observável* porque o agente sempre conhece o seu próprio estado de crença. Além disso, a solução (se houver) para um problema sem sensoriamento é sempre uma sequência de ações. Isso porque, como nos problemas comuns do Capítulo 3, as percepções recebidas após cada ação são completamente previsíveis – são sempre vazias! Portanto, não há contingências para planejar. Isso é verdadeiro, *mesmo se o ambiente for não determinístico*.

Poderíamos introduzir novos algoritmos para problemas de busca sem sensoriamento. Porém, em vez disso, podemos usar os algoritmos existentes, do Capítulo 3, se transformarmos o problema físico subjacente em um problema de estado de crença, no qual pesquisamos os estados de crença em vez dos estados físicos. O problema original, P, tem componentes $Ações_P$, $Resultado_P$ etc., e o problema do estado de crença tem os seguintes componentes:

- **Estados**: o espaço de estado de crença contém cada subconjunto possível de estados físicos. Se P tiver N estados, então o problema de estado de crença terá 2^N estados, embora muitos possam estar inacessíveis a partir do estado inicial.
- **Estado inicial**: normalmente, o estado de crença que consiste em todos os estados em P, embora em alguns casos o agente tenha mais conhecimento do que isso.
- **Ações**: isso é um pouco complicado. Suponha que o agente esteja no estado de crença $b = \{s_1, s_2\}$, mas as $\text{AÇÕES}_P(s_1) \neq \text{AÇÕES}_P(s_2)$; logo, o agente não tem certeza de quais ações são válidas. Se assumirmos que as ações inválidas não têm nenhum efeito sobre o ambiente, então é seguro considerar a *união* de todas as ações em qualquer dos estados físicos no estado de crença atual b:

$$\text{AÇÕES}(b) = \bigcup_{s \in b} \text{AÇÕES}_P(s).$$

Por outro lado, se uma ação ilegal puder ocasionar uma catástrofe, é mais seguro permitir apenas a *interseção*, isto é, o conjunto de ações válidas em *todos* os estados. Para o mundo do aspirador de pó, cada estado tem as mesmas ações válidas; assim, ambos os métodos dão o mesmo resultado.

- **Modelo de transição**: para ações determinísticas, o novo estado de crença tem um estado resultante para cada um dos estados possíveis atuais (embora alguns dos estados resultantes possam ser os mesmos):

$$b' = \text{RESULTADO}(b, a) = \{s' : s' = \text{RESULTADO}_P(s, a) \text{ e } s \in b\}. \tag{4.4}$$

Com o não determinismo, o novo estado de crença consiste em todos os resultados possíveis da aplicação da ação a qualquer um dos estados no estado de crença atual:

$$b' = \text{RESULTADO}(b, a) = \{s' : s' \in \text{RESULTADO}_P(s, a) \text{ e } s \in b\}$$
$$= \bigcup_{s \in b} \text{RESULTADO}_P(s, a),$$

---

[6] Em um ambiente totalmente observável, cada estado de crença contém um estado físico. Assim, podemos ver os algoritmos do Capítulo 3 como se estivessem em busca em um espaço de estado de crença com estados de crença singulares.

O tamanho de b' será igual ou menor do que b para ações determinísticas, mas pode ser maior que b para ações não determinísticas (Figura 4.13).

- **Testar objetivo**: o agente *possivelmente* vai alcançar o objetivo, se *algum* estado s no estado de crença satisfizer o teste objetivo do problema subjacente, É-OBJETIVO$_p(s)$. O agente *necessariamente* vai alcançar o objetivo, se *cada* estado satisfizer É-OBJETIVO$_p(s)$. Visamos necessariamente alcançar o objetivo.
- **Custo da ação**: esse é também complicado. Se a mesma ação pode ter custos diferentes em diferentes estados, então o custo de tomar uma ação em determinado estado de crença pode ser um de vários valores. (Isso dá origem a uma nova classe de problemas.) Por ora assumimos que o custo de uma ação é o mesmo em todos os estados e, por isso, pode ser transferido diretamente do problema físico subjacente.

A Figura 4.14 mostra o espaço de estado de crença acessível para o mundo do aspirador de pó determinístico, sem sensoriamento. Existem apenas 12 estados de crença acessíveis entre os $2^8 = 256$ estados de crença possíveis.

As definições anteriores permitem a construção automática da formulação do problema de estado de crença a partir da definição do problema físico subjacente. Uma vez feito isso, podemos solucionar qualquer um dos problemas comuns de busca do Capítulo 3.

Na busca em grafos comum, os estados recentemente gerados são testados para verificar se foram previamente alcançados. Isso funciona também para os estados de crença; por exemplo, na Figura 4.14, a sequência de ação [*Aspirar,Esquerda,Aspirar*] começando no estado inicial atinge o mesmo estado de crença de [*Direita,Esquerda,Aspirar*], ou seja, {5,7}. Agora, considere o estado de crença alcançado por [*Esquerda*], ou seja, {1,3,5,7}. Obviamente, não é idêntico a {5,7}, mas é um *superconjunto*. Podemos descartar (podar) qualquer estado de crença de tal superconjunto. Por quê? Porque uma solução partindo de {1,3,5,7} deve ser uma solução para cada um dos estados individuais 1,3,5 e 7; logo, essa é uma solução para qualquer combinação desses estados individuais, como {5,7}; portanto, não precisamos tentar resolver {1,3,5,7}, mas podemos nos concentrar em tentar resolver o estado de crença {5,7}, estritamente mais fácil.

Por outro lado, se {1,3,5,7} já foi gerado e verificado que é solucionável, é garantido que qualquer *subconjunto*, como {5,7}, é solucionável. (Se eu tenho uma solução que funciona quando estou muito confuso sobre o estado em que me encontro, ela funcionará muito bem quando eu estiver menos confuso.) Esse nível extra de poda pode melhorar drasticamente a eficiência da resolução do problema sem sensoriamento.

No entanto, mesmo com essa melhora, a resolução do problema sem sensoriamento conforme descrito raramente é viável na prática. Uma dificuldade é a vastidão do espaço do estado de crença — no capítulo anterior, vimos que um espaço de busca com tamanho N

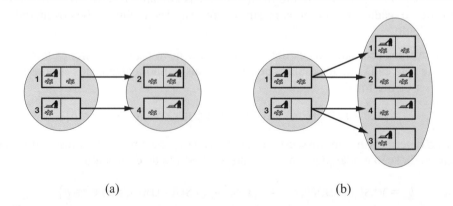

Figura 4.13 (a) Previsão do próximo estado de crença para o mundo do aspirador de pó sem sensoriamento com a ação determinística, *Direita*. (b) Previsão para o mesmo estado de crença e ação na versão incerta do mundo do aspirador de pó sem sensoriamento.

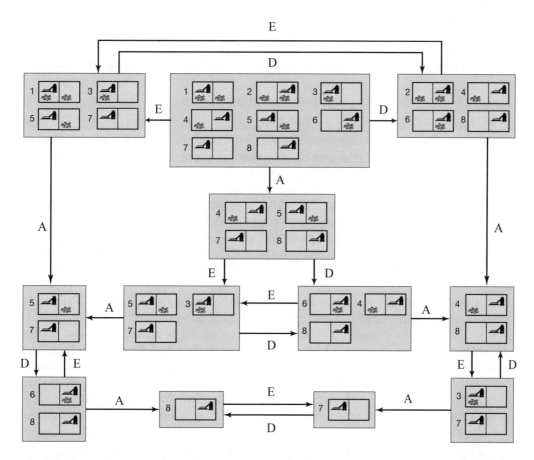

Figura 4.14 Porção acessível do espaço de estado de crença para o mundo determinístico do aspirador de pó, sem sensoriamento. Cada caixa sombreada corresponde a um estado de crença individual. Em determinado ponto, o agente está em um estado de crença particular, mas não sabe em que estado físico está. O estado de crença inicial (completa ignorância) é a caixa central superior.

geralmente é muito grande, e agora temos espaços de busca com tamanho 2^N. Além do mais, cada elemento no espaço de busca é um conjunto de até N elementos. Para um valor grande de N, não poderemos representar nem mesmo um único estado de crença sem esgotar o espaço de memória.

Uma solução é utilizar alguma descrição mais compacta para representar o estado de crença. Em português, poderíamos dizer que o agente não sabe "nada" no estado inicial; após mover-se para a *Esquerda*, poderíamos dizer "Não está na coluna mais à direita", e assim por diante. O Capítulo 7 explica como fazer isso em um esquema de representação formal.

Outra abordagem é evitar os algoritmos de busca padrão, que tratam os estados de crença como caixas-pretas, como qualquer outro estado do problema. Em vez disso, podemos olhar no *interior* dos estados de crença e desenvolver algoritmos de **busca incremental do estado de crença** que constroem a solução de um estado físico de cada vez. Por exemplo, no mundo do aspirador de pó sem sensoriamento, o estado de crença inicial é {1,2,3,4,5,6,7,8} e temos que encontrar uma sequência de ações que funcione em todos os oito estados. Podemos fazer isso encontrando primeiro uma solução que funcione para o estado 1; então verificamos se funciona para o estado 2; senão, voltamos e encontramos uma solução diferente para o estado 1, e assim por diante.

Assim como uma busca E-OU precisa encontrar uma solução para todos os ramos de um nó E, esse algoritmo tem que encontrar uma solução para cada estado no estado de crença; a diferença é que a busca E-OU pode encontrar uma solução diferente para cada ramo, enquanto uma busca de estado de crença incremental tem que encontrar *uma* solução que funcione para *todos* os estados.

Busca incremental do estado de crença

118   Inteligência Artificial

A principal vantagem da abordagem incremental é que normalmente é capaz de detectar a falha rapidamente – quando um estado de crença é insolúvel, geralmente acontece que um pequeno subconjunto do estado de crença, que consiste nos primeiros poucos estados examinados, também é insolúvel. Em alguns casos, isso leva a um aumento de velocidade proporcional ao tamanho dos estados de crença, que podem ser tão grandes quanto o próprio espaço de estado físico.

4.4.2 Busca em ambientes parcialmente observáveis

Muitos problemas não podem ser solucionados sem sensoriamento. Por exemplo, o quebra-cabeça de oito peças sem sensoriamento é impossível. Por outro lado, um pouco de sensoriamento pode ter bom resultado: podemos resolver quebra-cabeça de oito peças se pudermos ver somente o quadrado do canto superior esquerdo. A solução envolve mover cada peça por sua vez até o quadrado observável e monitorar seu local daí em diante.

Para um problema parcialmente observável, a especificação do problema incluirá uma função PERCEPÇÃO(s) que retornará a percepção recebida pelo agente em determinado estado. Se o sensoriamento for não determinístico, então usamos uma função PERCEPÇÕES que retorna um conjunto de percepções possíveis. Para problemas totalmente observáveis, PERCEPÇÃO(s) = s para cada estado s, e para problemas sem sensoriamento, PERCEPÇÃO(s) = *nulo*.

Considere o mundo do aspirador de pó com sensoriamento local, em que o agente tem um sensor de posição que produz a percepção E no quadrado esquerdo e D no quadrado direito, e um sensor de sujeira que produz *Sujo*, quando o quadrado atual estiver sujo, e *Limpo*, quando ele estiver limpo. Por isso, a PERCEPÇÃO no estado 1 é [E,*Sujo*]. Quando as observações são parciais, geralmente acontece de vários estados poderem produzir a mesma percepção; o estado 3 também produzirá [E,*Sujo*]. Desse modo, sendo essa a percepção inicial, o estado de crença inicial será {1,3}. Podemos pensar no modelo de transição entre estados de crença para problemas parcialmente observáveis como ocorrendo em três etapas, conforme mostrado na Figura 4.15.

- A fase de **previsão** calcula o estado de crença resultante da ação RESULTADO(b,a), exatamente como fizemos com problemas sem sensoriamento. A fim de enfatizar que esta é uma previsão, utilizamos a notação $\hat{b}$ = RESULTADO(b,a), em que o "circunflexo" sobre o b significa "estimado", e também usamos PREVISÃO(b,a) como sinônimo de RESULTADO(b,a).

- A fase de **percepções possíveis** determina o conjunto de percepções que poderiam ser observadas no estado de crença previsto (usando a letra o para observação):

$$\text{PERCEPÇÕES-POSSÍVEIS}(\hat{b}) = \{o : o = \text{PERCEPÇÃO}(s) \text{ e } s \in \hat{b}\}.$$

- A fase de **atualização** determina, para cada percepção possível, o estado de crença que resultaria da percepção. O estado de crença atualizado b_o é o conjunto de estados em $\hat{b}$ que poderia ter produzido a percepção:

$$b_o = \text{ATUALIZA}(\hat{b}, o) = \{s : o = \text{PERCEPÇÃO}(s) \text{ e } s \in \hat{b}\}.$$

O agente precisa lidar com as percepções *possíveis* na etapa de planejamento, pois não conhecerá as percepções *reais* até que execute o plano. Observe que o não determinismo no ambiente físico pode ampliar o estado de crença no estágio de previsão, mas cada estado de crença b_o atualizado não pode ser maior do que o estado de crença previsto $\hat{b}$; as observações podem apenas ajudar a reduzir a incerteza. Ademais, para o sensoriamento determinístico, os estados de crença para as diferentes percepções possíveis serão disjuntos, formando uma *partição* do estado de crença original previsto.

Colocando esses três estágios juntos, obtemos os estados de crença possíveis resultantes de determinada ação e as possíveis percepções subsequentes:

$$\text{RESULTADOS}(b,a) = \{b_o : b_o = \text{ATUALIZA}(\text{PREVISÃO}(b,a), o) \text{ e}$$
$$o \in \text{PERCEPÇÕES-POSSÍVEIS}(\text{PREVISÃO}(b,a))\}. \qquad (4.5)$$

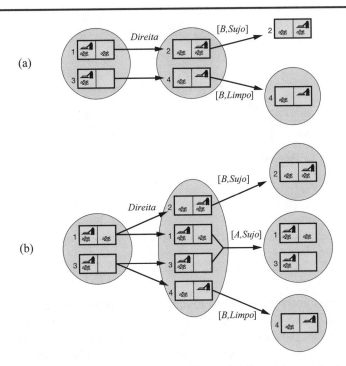

Figura 4.15 Dois exemplos de transições dos mundos do aspirador de pó com sensoriamento local. (a) No mundo determinístico, *Direita* é aplicada no estado de crença inicial, resultando em um novo estado de crença previsto com dois estados físicos possíveis; para aqueles estados, as percepções possíveis são [*B,Sujo*] e [*B,Limpo*], levando a dois estados de crença, cada um dos quais unitário. (b) No mundo incerto, *Direita* é aplicada no estado de crença inicial, originando um novo estado de crença com quatro estados físicos; para aqueles estados, as percepções possíveis são [*B,Sujo*], [*A,Sujo*], e [*B,Limpo*], levando a três estados de crença, conforme está mostrado.

4.4.3 Resolver problemas parcialmente observáveis

A seção anterior mostrou como derivar a função RESULTADOS para um problema de estado de crença não determinístico a partir de um problema físico subjacente, dada a função PERCEPÇÃO. Dada essa formulação, o algoritmo de busca E-OU da Figura 4.11 pode ser aplicado diretamente para obter uma solução. A Figura 4.16 mostra parte da árvore de busca para o mundo do aspirador de pó de sensoriamento local, assumindo uma percepção inicial [*A,Sujo*]. A solução é o plano condicional

[*Aspirar,Direita*,**se** *estadoB* = {6} **então** *Aspirar* **senão** [ ]].

Observe que, por termos fornecido um problema de estado de crença para o algoritmo de busca E-OU, ele retornou um plano condicional que testa o estado de crença em vez do estado real. Deveria ser assim mesmo: em um ambiente parcialmente observável, o agente não conhecerá o estado real.

Do mesmo modo como no caso dos algoritmos de busca padrão aplicados a problemas sem sensoriamento, o algoritmo de busca E-OU trata os estados de crença como caixas-pretas, assim como quaisquer outros estados. Pode-se melhorar essa situação verificando os estados de crença gerados anteriormente que são subconjuntos ou superconjuntos do estado atual, assim como os problemas sem sensoriamento. Pode-se também derivar algoritmos de busca incremental, semelhantes àqueles descritos para problemas sem sensoriamento, que fornecem avanço substancial sobre a abordagem da caixa-preta.

4.4.4 Agente para ambientes parcialmente observáveis

Um agente para ambientes parcialmente observáveis formula um problema, chama um algoritmo de busca (como o de BUSCA-E-OU) para resolvê-lo e executa a solução. Há duas

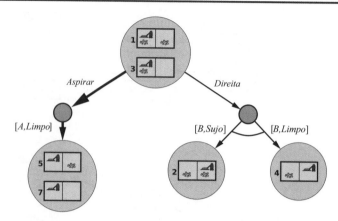

Figura 4.16 Primeiro nível da árvore de busca E-OU de um problema do mundo do aspirador de pó de sensoriamento local; *Aspirar* é o primeiro passo da solução.

diferenças principais entre esse agente e aquele para ambientes determinísticos totalmente observáveis. Em primeiro lugar, a solução para um problema será um plano condicional, em vez de uma sequência; para executar uma expressão *se-então-senão*, o agente terá que testar a condição e executar a parte apropriada da ramificação condicional. Em segundo lugar, o agente terá que manter o seu estado de crença, enquanto executa ações e recebe percepções. Esse processo se assemelha ao processo de atualização da previsão da percepção da Equação 4.5, mas na verdade é mais simples porque a percepção é dada pelo ambiente, e não calculada pelo agente. Dado um estado de crença inicial b, uma ação a e uma percepção o, o novo estado de crença será:

$$b' = \text{ATUALIZA}(\text{PREVISÃO}(b,a),o). \tag{4.6}$$

Considere o mundo do aspirador de pó de um *jardim de infância*, em que os agentes percebem apenas o estado do seu quadrado atual e qualquer quadrado pode se sujar a qualquer momento, a menos que o agente esteja naquele momento limpando-o ativamente.[7] A Figura 4.17 mostra o estado de crença sendo mantido nesse ambiente.

Em ambientes parcialmente observáveis – que incluem a grande maioria dos ambientes do mundo real – manter um estado de crença é uma função essencial de qualquer sistema inteligente. Essa função tem vários nomes, incluindo **monitoramento**, **filtragem** e **estimativa de estado**. A Equação 4.6 é chamada de "estimador de estado recursivo" porque calcula o novo estado de crença a partir do anterior em vez de examinar a sequência inteira de percepções. Se o agente não "ficar para trás", o cálculo tem que acontecer tão rápido quanto as percepções estão acontecendo. À medida que o ambiente se torna mais complexo, o agente só terá tempo para calcular um estado de crença aproximado, talvez se concentrando nas implicações da percepção dos aspectos do ambiente que são de interesse atual. A maioria dos trabalhos sobre esse problema tem sido feita para ambientes de estado contínuo e estocásticos com as ferramentas da teoria da probabilidade, conforme será explicado no Capítulo 14.

Nesta seção, mostraremos um exemplo em um ambiente discreto com sensores determinísticos e ações não determinísticas. O exemplo diz respeito a um robô com a tarefa de **localização**, resolvendo o problema onde estiver, dado um mapa do mundo e uma sequência de percepções e ações. Nosso robô será colocado no ambiente de labirinto da Figura 4.18. O robô é equipado com quatro sensores do tipo sonar que informam a existência de um obstáculo (a parede exterior ou um quadrado preto na figura) em cada uma das quatro direções da bússola. A percepção tem a forma de um vetor de *bits*, um *bit* para cada uma das direções norte, leste, sul e oeste, nesta ordem, de modo que 1011 significa que existem obstáculos nas direções norte, sul e oeste, mas não leste.

---

[7] Pedimos desculpas àqueles que não estão familiarizados com o efeito de crianças pequenas em um ambiente.

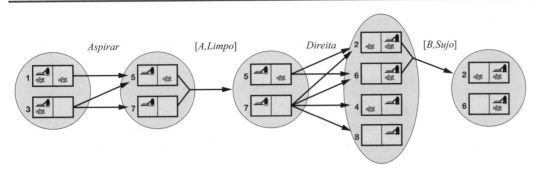

Figura 4.17 Dois ciclos de previsão-atualização da manutenção do estado de crença do mundo do aspirador de pó de um jardim de infância com sensoriamento local.

Assumimos que os sensores fornecem dados perfeitamente corretos e que o robô tem um mapa correto do ambiente. Mas, infelizmente, o sistema de navegação do robô está quebrado; então, quando ele executa uma ação *Direita*, move-se aleatoriamente a um dos quadrados adjacentes. A tarefa do robô é determinar a sua localização atual.

Suponha que o robô acabe de ser ligado, por isso não sabe onde está – sua crença de estado inicial b consiste no conjunto de todas as localizações. O robô recebe então a percepção 1011 e faz a atualização utilizando a equação b_o = ATUALIZA(1011), gerando as quatro localizações mostradas na Figura 4.18[a]. Você pode inspecionar o labirinto para verificar que aquelas são as únicas quatro localizações que produzem a percepção 1011.

Em seguida, o robô executa uma ação *Direita*, mas o resultado é não determinístico. A nova crença de estado, b_a = PREVISÃO(b_o,*Direita*), contém todos os locais que estão

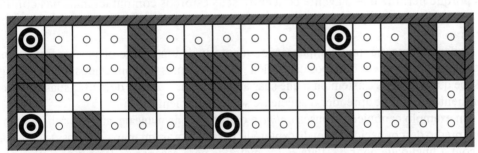

(a) Posições possíveis do robô após $E_1 = 1011$

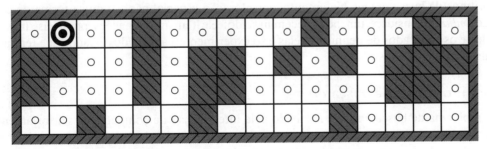

(b) Posições possíveis do robô após $E_1 = 1011$, $E_2 = 1010$

Figura 4.18 Posições possíveis do robô, ⊙, (a) após uma observação, $E_1 = 1011$, e (b) depois de mover um quadrado e fazer uma segunda observação, $E_2 = 1010$. Quando os sensores são sem ruído e o modelo de transição é preciso, não existem outras localizações possíveis para o robô de acordo com essa sequência de duas observações.

a um passo dos locais em b_o. Quando chega a segunda percepção, 1010, chega, o robô ATUALIZA(b_a,1010) e descobre que o estado de crença foi reduzido a uma única localização mostrada na Figura 4.18[b]. Essa é a única localização que poderia ser o resultado de

$$\text{ATUALIZA(PREVISÃO(ATUALIZA}(b,1011),Direita),1010).$$

Com ações não determinísticas, a etapa PREVISÃO aumenta o estado de crença, mas a etapa ATUALIZA novamente o reduz, na medida em que a percepção fornece alguma informação de identificação útil. Às vezes, a percepção não ajuda muito para a localização: se houver um ou mais corredores leste-oeste longos, um robô poderá receber uma longa sequência de percepções 1010, mas nunca saberá em que corredor está. Porém, para ambientes com uma variação razoável na geografia, a localização costuma convergir rapidamente para um único ponto, mesmo que as ações sejam não determinísticas.

O que acontece se os sensores estiverem defeituosos? Se não pudermos resolver apenas com a lógica booleana, então precisamos tratar cada *bit* de sensor como estando correto ou incorreto, que é o mesmo que não ter qualquer informação de percepção. Mas veremos que o raciocínio probabilístico (Capítulo 12) nos permite extrair informações úteis de um sensor defeituoso, desde que esteja errado não mais do que na metade do tempo.

4.5 Agentes de busca *online* e ambientes desconhecidos

Busca *offline*

Busca *online*

Até agora nos concentramos em agentes que utilizam algoritmos de **busca** *offline*. Eles calculam uma solução completa antes de tomar sua primeira ação. Por outro lado, um agente de **busca** *online*[8] intercala computação e ação: primeiro, ele executa uma ação, depois observa o ambiente e calcula a próxima ação. A busca *online* é uma boa ideia em domínios dinâmicos ou semidinâmicos, em que existe uma penalidade por continuar calculando durante muito tempo. A busca *online* é também útil em domínios não determinísticos porque permite que o agente concentre seus esforços computacionais nas contingências que realmente surgem, em vez das que *poderiam* acontecer, mas provavelmente não ocorrerão.

Evidentemente, há uma compensação: quanto mais um agente planejar o futuro, menos vezes irá encontrar-se em uma posição difícil. Em ambientes desconhecidos, em que o agente não sabe quais estados existem ou o que suas ações fazem, o agente deve usar suas ações como experimentos, a fim de aprender o suficiente sobre o ambiente.

Problema de mapeamento

Um exemplo canônico de busca *online* é o **problema de mapeamento**: um robô é colocado em um prédio desconhecido e tem de explorá-lo para elaborar um mapa que possa ser usado depois com a finalidade de ir de A até B. Os métodos para escapar de labirintos – um conhecimento exigido dos ambiciosos aspirantes a heróis da antiguidade – também são exemplos de algoritmos de busca *online*. No entanto, a exploração espacial não é a única forma de exploração *online*. Considere um bebê recém-nascido: ele tem muitas ações possíveis, mas não conhece os resultados de nenhuma delas e só experimentou alguns dos estados que tem possibilidade de alcançar.

4.5.1 Problemas de busca *online*

Um problema de busca *online* é resolvido pela intercalação de computação, sensoriamento e atuação. Vamos começar assumindo um ambiente determinístico e inteiramente observável (o Capítulo 17 faz o relaxamento dessas suposições), mas estipularemos que o agente sabe apenas o seguinte:

- AÇÕES(s), a lista de ações permitidas no estado s.

---

[8] O termo "*online*" refere-se aqui a algoritmos que devem processar dados de entrada à medida que eles são recebidos, em vez de esperar que o conjunto de dados de entrada, inteiro, se torne disponível. Essa utilização do termo "*online*" não está relacionada ao conceito de "ter uma conexão com a internet".

- $c(s,a,s')$, o custo de aplicar a ação a no estado s para chegar ao estado s'. Observe que isso não pode ser usado enquanto o agente não souber que s' é o resultado.
- É-OBJETIVO(s), o teste do objetivo.

Em particular, observe que o agente *não pode* determinar o RESULTADO(s, a), exceto estando realmente em s e fazendo a. Por exemplo, no problema de labirinto mostrado na Figura 4.19, o agente não sabe que ir *Para cima* a partir de (1,1) leva a (1,2); nem sabe, tendo feito isso, que ir *Para baixo* o levará de volta a (1,1). Esse grau de ignorância pode ser reduzido em algumas aplicações – por exemplo, um robô explorador poderia saber como suas ações de movimentação funcionam e ser ignorante apenas quanto às posições dos obstáculos.

Por fim, o agente poderia ter acesso a uma função heurística admissível $h(s)$, que avalia a distância desde o estado atual até um estado objetivo. Por exemplo, na Figura 4.19, o agente talvez conheça a localização do objetivo e seja capaz de usar a heurística da distância de Manhattan.

Em geral, o objetivo do agente é alcançar um estado objetivo ao mesmo tempo que minimiza o custo. (Outro objetivo possível é simplesmente explorar o ambiente inteiro.) O custo é o custo total de caminho correspondente ao caminho que o agente de fato percorre. É comum comparar esse custo ao custo do caminho ao qual o agente estaria sujeito *se conhecesse o espaço de busca com antecedência* – isto é, o caminho ótimo no ambiente conhecido. Na linguagem de algoritmos *online*, essa comparação se denomina **razão competitiva**; gostaríamos de que ela fosse a menor possível.

<small>Razão competitiva</small>

Os exploradores *online* são vulneráveis a **becos sem saída**: estados a partir dos quais nenhum estado objetivo será alcançável. Se o agente não sabe o que cada ação faz, ele pode executar a ação do "salto para o poço sem fundo", e nunca alcançar o objetivo. Em geral, *nenhum algoritmo pode evitar becos sem saída em todos os espaços de estados*. Considere os dois espaços de estados de becos sem saída da Figura 4.20[a]. Um algoritmo de busca *online* que visitasse os estados S e A não consegue diferenciar entre o estado superior e o inferior; os dois pareceriam idênticos com base no que o agente já viu. Portanto, não há como ele saber a forma de escolher a ação correta nos dois espaços de estados. Esse é um exemplo de **disputa adversarial** – podemos imaginar um oponente construindo o espaço de estados, enquanto o agente o explora, e posicionando os objetivos e os becos sem saída onde desejar, como na Figura 4.20[b].

<small>Beco sem saída</small>

<small>Disputa adversarial</small>

Os becos sem saída constituem uma dificuldade real para a exploração de robôs –escadarias, rampas, precipícios, ruas de mão única, e até mesmo todos os tipos de terrenos naturais apresentam estados dos quais algumas ações são **irreversíveis** – não há como retornar ao estado anterior. O algoritmo de exploração que apresentaremos só funcionará em espaços de estados que sejam **exploráveis com segurança** – isto é, algum estado objetivo é alcançável a partir de todo estado alcançável. Os espaços de estados somente com ações reversíveis, como labirintos e quebra-cabeças de oito peças, sem dúvida são exploráveis com segurança (se eles tiverem alguma solução). Veremos o tópico de exploração segura com mais detalhes na seção 22.3.2.

<small>Ação irreversível</small>

<small>Explorável com segurança</small>

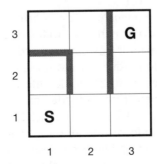

Figura 4.19 Problema simples de labirinto. O agente inicia em S e deve chegar a G, mas nada sabe sobre o ambiente.

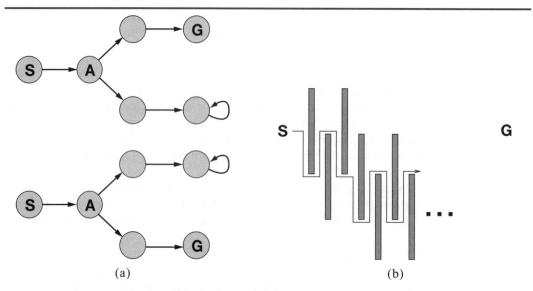

Figura 4.20 (a) Dois espaços de estado que poderiam levar um agente de busca *online* a um beco sem saída. Qualquer agente específico falhará em pelo menos um desses espaços. (b) Um ambiente bidimensional que pode fazer um agente de busca *online* seguir uma rota arbitrariamente ineficiente até o objetivo. Seja qual for a escolha do agente, o oponente bloqueará essa rota com outra parede longa e estreita, para que o caminho seguido seja muito mais longo que o melhor caminho possível.

Mesmo em ambientes exploráveis com segurança, nenhuma razão competitiva limitada poderá ser garantida se houver caminhos de custo ilimitado. É fácil mostrar isso em ambientes com ações irreversíveis, mas essa afirmativa também permanece verdadeira para o caso reversível, conforme mostrado na Figura 4.20[b]. Por esse motivo, é comum descrever o desempenho de algoritmos de busca *online* em termos do tamanho do espaço de estados inteiro, e não apenas em termos da profundidade do objetivo mais raso.

4.5.2 Agentes de busca *online*

Depois de cada ação, um agente *online* em um ambiente observável recebe uma percepção informando-o de qual estado ele alcançou; a partir dessa informação, ele pode ampliar seu mapa do ambiente. O mapa atualizado é então usado para decidir aonde ir em seguida. Essa intercalação de planejamento e ação significa que os algoritmos de busca *online* são bastante diferentes dos algoritmos de busca *offline* que vimos anteriormente: algoritmos *offline* exploram seu *modelo* do espaço de estados, enquanto os algoritmos *online* exploram o mundo real. Por exemplo, algoritmos A* podem expandir um nó em uma parte do espaço e depois expandir imediatamente um nó em outra parte distante do espaço, porque a expansão de nós envolve ações simuladas, em vez de ações reais.

Por outro lado, um algoritmo *online* pode descobrir sucessores somente para um estado que ele ocupa fisicamente. Para evitar percorrer todos os caminhos da árvore para expandir o próximo nó, parece melhor expandir nós em uma ordem *local*. A busca em profundidade tem exatamente essa propriedade porque (exceto quando o algoritmo está retrocedendo) o próximo nó expandido é um filho do nó expandido anterior.

Um agente de busca *online* em profundidade (para ações determinísticas, porém desconhecidas) é mostrado na Figura 4.21. Esse agente armazena seu mapa em uma tabela, *resultado*[*s,a*], que registra o estado resultante da execução da ação *a* no estado *s*. (Para ações não determinísticas, o agente poderia registrar um conjunto de estados sob *resultado*[*s,a*].) Sempre que uma ação para o estado atual não foi explorada, o agente experimenta uma dessas ações. A dificuldade surge quando o agente tenta todas as ações em um estado. Na busca *offline* em profundidade, o estado é simplesmente retirado da fila; em uma busca *online*, o agente tem de retroceder fisicamente. Na busca em profundidade, isso significa

---

função AGENTE-BP-*ONLINE*(*problema*, *s'*) **retorna** uma ação
  s, *a*, o estado anterior e a ação, inicialmente nulos
persistente: *resultado*, uma tabela mapeando (*s*, *a*) a *s'*, inicialmente vazia
    experimentar, uma tabela mapeando *s* a uma lista de ações não tentadas
    retroceder, uma tabela mapeando *s* a uma lista de estados não retrocedidos

se *problema*.É-OBJETIVO(*s'*) **então retornar** *parar*
se *s'* é um novo estado (não em *experimentar*) **então** *experimentar*[*s'*] ← *problema*.AÇÕES(*s'*)
se *s* é não nulo **então**
    resultado[*s*, *a*] ← *s'*
    somar *s* ao início de *retroceder*[*s'*]
se *experimentar*[*s'*] é vazio **então**
        se *retroceder*[*s'*] é vazio **então retornar** *parar*
        senão *a* ← uma ação *b* tal que *resultado*[*s'*, *b*] = POP(*retroceder*[*s'*])
    senão *a* ← POP(*experimentar*[*s'*])
    s ← *s'*
    retornar *a*

Figura 4.21 Agente de busca *online* que utiliza exploração em profundidade. O agente só pode explorar com segurança em espaços de estados em que toda a ação pode ser "desfeita" por alguma outra ação.

---

voltar para o estado a partir do qual o agente entrou no estado atual. Isso é conseguido mantendo-se uma tabela que lista, para cada estado, os estados predecessores aos quais o agente ainda não retrocedeu. Se o agente esgotar os estados aos quais ele pode retroceder, sua busca estará completa.

Recomendamos que o leitor acompanhe o progresso do AGENTE-BP-*ONLINE* quando aplicado ao labirinto da Figura 4.19. É bastante fácil verificar que o agente acabará, no pior caso, percorrendo toda transição no espaço de estados exatamente duas vezes. Para a exploração, isso é ótimo; por outro lado, para encontrar um objetivo, a razão competitiva do agente poderia ser arbitrariamente ruim se resultasse em uma longa excursão quando houvesse um objetivo bem próximo ao estado inicial. Uma variante *online* do aprofundamento iterativo resolve esse problema; no caso de um ambiente que seja uma árvore uniforme, a razão competitiva de tal agente será uma constante pequena.

Em consequência de seu método de retrocesso, o AGENTE-BP-*ONLINE* só funcionará em espaços de estados nos quais as ações são reversíveis. Existem algoritmos um pouco mais complexos que funcionam em espaços de estados gerais, mas nenhum desses algoritmos tem uma razão competitiva limitada.

4.5.3 Busca local *online*

Assim como a busca em profundidade, a **busca de subida de encosta** tem a propriedade de localidade em suas expansões de nós. De fato, como ela mantém apenas um estado atual na memória, a busca de subida de encosta *já* é um algoritmo de busca *online*! Infelizmente, o algoritmo básico não é muito útil em sua forma mais simples porque deixa o agente parado em máximos locais, sem ter para onde ir. Além disso, os reinícios aleatórios não podem ser usados porque o agente não tem como se transportar para um novo estado inicial.

Em vez de reinícios aleatórios, poderíamos considerar o uso de um **percurso aleatório** para explorar o ambiente. Um percurso aleatório simplesmente seleciona ao acaso uma das ações disponíveis do estado atual; a preferência pode ser dada a ações que ainda não foram experimentadas. É fácil provar que um percurso aleatório irá *eventualmente* encontrar um objetivo ou completar sua exploração, desde que o espaço seja finito e seguramente explorável.[9] Por outro lado, o processo pode ser muito lento. A Figura 4.22 mostra um ambiente em que um percurso aleatório levará exponencialmente muitos passos para encontrar o objetivo porque, para cada

Percurso aleatório

---

[9] Os percursos aleatórios são completos em grades infinitas unidimensionais e bidimensionais. Em uma grade tridimensional, a probabilidade de alguma vez o percurso retornar ao ponto de partida é de apenas cerca de 0,3405 (Hughes, 1995).

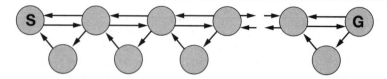

Figura 4.22 Ambiente em que um percurso aleatório levará exponencialmente muitos passos para encontrar o objetivo.

estado na linha superior, com exceção de S, o progresso para trás é duas vezes mais provável que o progresso para a frente. É claro que o exemplo é fictício, mas existem muitos espaços de estados no mundo real cuja configuração resulta nesses tipos de "armadilhas" para percursos aleatórios.

A extensão da subida de encosta com *memória* em vez de aleatoriedade acaba sendo uma abordagem mais efetiva. A ideia básica é armazenar uma "melhor estimativa atual" $H(s)$ do custo para alcançar o objetivo a partir de cada estado que tenha sido visitado. $H(s)$ começa sendo apenas a estimativa heurística $h(s)$ e é atualizada à medida que o agente ganha experiência no espaço de estados.

A Figura 4.23 mostra um exemplo simples em um espaço de estados unidimensional. Em (a), o agente parece estar preso em um mínimo local plano no estado cinza-claro. Em vez de permanecer onde está, o agente deve seguir o que parece ser o melhor caminho até o objetivo, dadas as estimativas de custo atuais para seus vizinhos. O custo estimado para alcançar o objetivo utilizando um vizinho s' é o custo para chegar a s' somado ao custo estimado para ir de lá até um objetivo – isto é, $c(s,a,s') + H(s')$. No exemplo, existem duas ações com custos estimados 1 + 9 para a esquerda e 1 + 2 para a direita, e assim parece melhor mover-se para a direita.

Em (b), é claro que a estimativa de custo 2 para o estado cinza-claro em (a) foi exageradamente otimista. Tendo em vista que o melhor movimento custa 1 e levou a um estado distante pelo menos dois passos de um objetivo, o estado sombreado deve estar pelo menos três passos distante de um objetivo e, portanto, seu H deve ser atualizado de acordo, como

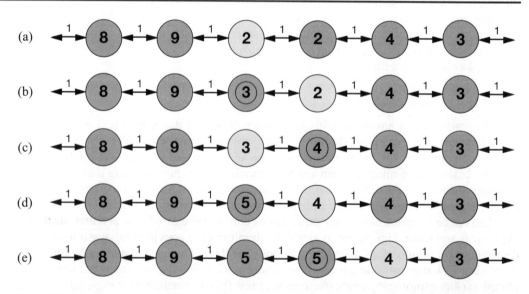

Figura 4.23 Cinco iterações de LRTA* em um espaço de estados unidimensional. Cada estado é identificado com $H(s)$, a estimativa de custo atual para alcançar um objetivo, e cada arco é identificado com seu custo do passo 1. O estado cinza-claro marca a posição do agente, e os custos atualizados estimados em cada iteração têm um duplo círculo.

Capítulo 4 • Busca em Ambientes Complexos   **127**

mostrado na Figura 4.23[b]. Continuando nesse processo, o agente irá retroceder e avançar mais duas vezes, atualizando *H* em cada vez e "aplainando" o mínimo local até escapar para a direita.

Um agente que implementa esse esquema, chamado de "aprendizado em tempo real A*", ou **LRTA*** (do inglês *Learning Real-Time* A*), é mostrado na Figura 4.24. Da mesma forma que o AGENTE-BP-*ONLINE*, ele constrói um mapa do ambiente usando a tabela *resultado*. Ele atualiza a estimativa de custo para o estado que acabou de deixar e depois escolhe o movimento "aparentemente melhor" de acordo com suas estimativas de custo atuais. Um detalhe importante é que sempre se supõe que ações ainda não tentadas em um estado *s* levam imediatamente ao objetivo com o menor custo possível, ou seja, $h(s)$. Esse **otimismo sob incerteza** encoraja o agente a explorar novos caminhos, possivelmente promissores.

LRTA*

Otimismo sob incerteza

Um agente LRTA* oferece a garantia de encontrar um objetivo em qualquer ambiente finito explorável com segurança. Porém, diferentemente de A*, ele não é completo para espaços de estados infinitos – há casos em que ele pode ficar indefinidamente perdido. O agente pode explorar um ambiente de *n* estados em $O(n^2)$ etapas no pior caso, mas geralmente funciona muito melhor. O agente LRTA* é apenas um em uma grande família de agentes *online* que podem ser definidos pela especificação da regra de seleção de ação e a regra de atualização de diferentes modos. Discutiremos essa família, desenvolvida originalmente para ambientes estocásticos, no Capítulo 22.

4.5.4 Aprendizado na busca *online*

A ignorância inicial dos agentes de busca *online* oferece várias oportunidades para aprendizado. Em primeiro lugar, os agentes aprendem um "mapa" do ambiente – mais precisamente, o resultado de cada ação em cada estado – apenas registrando cada uma de suas experiências. Em segundo lugar, os agentes de busca local adquirem estimativas mais precisas do custo de cada estado usando regras de atualização local, como no LRTA*. No Capítulo 22, mostramos que essas atualizações convergem eventualmente para valores *exatos* em todo estado, desde que o agente explore o espaço de estados da maneira correta. Uma vez conhecidos os valores exatos, decisões ótimas podem ser tomadas pela simples movimentação para o sucessor de menor custo – ou seja, a subida de encosta pura é, portanto, uma estratégia ótima.

Se você seguiu nossa sugestão para acompanhar o comportamento do AGENTE-BP-*ONLINE* no ambiente da Figura 4.19, terá notado que o agente não é muito brilhante. Por exemplo, depois de ver que a ação *Para cima* vai de (1,1) para (1,2), o agente ainda não tem

---

função AGENTE-LRTA*(*problema*, *s′*, *h*) **retorna** uma ação
          s, *a*, o estado e a ação anteriores, inicialmente nulos
  persistente: *resultado*, uma tabela mapeando (*s*, *a*) a *s′*, inicialmente vazia
          H, uma tabela mapeando *s* a uma estimativa de custo, inicialmente vazia
  se É-OBJETIVO(*s′*) **então retornar** *parar*
  se *s′* é um novo estado (não em *H*) **então** $H[s'] \leftarrow h(s')$
  se *s* não é nulo **então**
    resultado[*s*, *a*] ← *s′*
    $H[s] \leftarrow$ min   CUSTO-LRTA*(*s*, *b*, *resultado*[*s*, *b*], *H*)
          $b \in$ AÇÕES(*s*)
  a ← argmin CUSTO-LRTA*(*problema*, *s′*, *b*, *resultado*[*s′*, *b*], *H*)
      $b \in$ AÇÕES(*s*)
  s ← *s′*
  retornar *a*

função CUSTO-LRTA*(*problema*, *s*, *a*, *s′*, *H*) **retorna** uma estimativa de custo
  se *s′* é indefinido **então retornar** $h(s)$
  senão retornar *problema*.CUSTO-AÇÃO(*s*, *a*, *s′*) + $H[s']$

Figura 4.24 AGENTE-LRTA* seleciona uma ação de acordo com os valores de estados vizinhos, que são atualizados à medida que o agente se move no espaço de estados.

128 Inteligência Artificial

ideia de que a ação *Para baixo* volta a (1,1), ou de que a ação *Para cima* também vai de (2,1) para (2,2), de (2,2) para (2,3), e assim por diante. Em geral, gostaríamos de que o agente aprendesse que *Para cima* aumenta a coordenada y, a menos que exista uma parede no caminho, que *Para baixo* a reduz, e assim por diante.

Para que isso aconteça, precisamos de duas coisas. Primeiro, precisamos de uma representação formal e explicitamente manipulável para esses tipos de regras gerais; até agora, ocultamos a informação contida na caixa-preta chamada de "função RESULTADO". Os Capítulos de 8 a 11 são dedicados a essa questão. Em segundo lugar, precisamos de algoritmos que possam construir regras gerais adequadas a partir das observações específicas feitas pelo agente. Esses assuntos serão estudados no Capítulo 19.

Se pudermos prever que seremos chamados para resolver diversos problemas semelhantes no futuro, faz sentido investir tempo (e memória) para facilitar essas buscas futuras. Existem

Busca incremental

várias maneiras de fazer isso, todas sob o título de **busca incremental**. Poderíamos manter a árvore de pesquisa na memória e reutilizar, no novo problema, partes dela que não foram alteradas. Poderíamos manter os valores heurísticos h e atualizá-los à medida que temos novas informações – seja porque o mundo mudou, seja porque calculamos uma estimativa melhor. Ou então podemos manter os valores de g do melhor caminho, usando-os para preparar uma nova solução e atualizando-os quando o mundo mudar.

Resumo

Este capítulo examinou algoritmos de busca para problemas em ambientes parcialmente observáveis, não determinísticos, desconhecidos e contínuos.

- Métodos de *busca local* como **subida de encosta** mantêm apenas um pequeno número de estados na memória. Eles têm sido aplicados aos problemas de otimização, em que a ideia é encontrar um estado com alta pontuação, sem preocupação com o caminho até o estado. Foram desenvolvidos vários algoritmos estocásticos de busca local, incluindo a **têmpera simulada**, que devolve soluções ótimas quando recebe um esfriamento gradual apropriado.
- Muitos métodos de busca local também se aplicam a problemas de espaços contínuos. Problemas de **programação linear** e a **otimização convexa** obedecem a certas restrições sobre a forma do espaço de estados e a natureza da função objetivo, e admitem algoritmos de tempo polinomial que são sempre extremamente eficientes na prática. Para alguns problemas matematicamente bem elaborados, podemos encontrar o máximo usando cálculo para descobrir onde o gradiente é zero; para outros problemas, temos que fazer isso com o gradiente empírico, que mede a diferença na adaptação entre dois pontos próximos.
- Um **algoritmo genético** é uma busca de subida de encosta estocástica em que é mantida uma grande população de estados. Novos estados são gerados por **mutação** e por **cruzamento**, que combinam pares de estados da população.
- Em ambientes **não determinísticos**, os agentes podem aplicar a busca E-OU para gerar planos de **contingência** que alcançam o objetivo, independentemente do resultado que ocorre durante a execução.
- Quando o ambiente for parcialmente observável, o **estado de crença** representa o conjunto de estados possíveis em que o agente pode estar.
- Os algoritmos de busca padrão podem ser aplicados diretamente ao espaço de estado de crença para resolver **problemas sem sensoriamento**, e os de busca de estado de crença E-OU podem resolver problemas gerais parcialmente observáveis. Os algoritmos incrementais que constroem soluções estado por estado em um estado de crença são muitas vezes mais eficientes.
- Os **problemas de exploração** surgem quando o agente não tem nenhuma ideia sobre os estados e ações de seu ambiente. No caso de ambientes exploráveis com segurança, agentes de **busca** *online* podem construir um mapa e encontrar um objetivo, se existir algum. A atualização de estimativas heurísticas a partir da experiência fornece um método efetivo para escapar de mínimos locais.

Notas bibliográficas e históricas

As técnicas de busca local têm uma longa história em matemática e ciência da computação. Na realidade, o método de Newton-Raphson (Newton, 1671; Raphson, 1690) pode ser visto como um método de busca local muito eficiente para espaços contínuos em que estão disponíveis informações de gradiente. Brent (1973) é uma referência clássica para algoritmos de otimização que não exigem tais informações. A busca em feixe, que apresentamos como algoritmo de busca local, teve origem como uma variante de largura limitada da programação dinâmica para reconhecimento de voz no sistema HARPY (Lowerre, 1976). Um algoritmo relacionado é analisado em profundidade por Pearl (1984, Capítulo 5).

O tópico de busca local foi revigorado no início dos anos 1990 por resultados surpreendentemente bons para problemas de satisfação de restrições como o das n rainhas (Minton *et al.*, 1992) e lógica booleana (Selman *et al.*, 1992), e pela incorporação da aleatoriedade, de múltiplas buscas simultâneas e de outros aperfeiçoamentos. Esse renascimento do que Christos Papadimitriou chamou de algoritmos da "Nova Era" também despertou interesse crescente entre os cientistas da computação teórica (Koutsoupias e Papadimitriou, 1992; Aldous e Vazirani, 1994).

No campo da pesquisa operacional, uma variante da subida de encosta chamada de **busca tabu** ganhou popularidade (Glover e Laguna, 1997). Esse algoritmo mantém uma lista tabu de k estados visitados anteriormente que não podem ser revisitados; essa lista tanto pode melhorar a eficiência na busca em grafos, como pode permitir que o algoritmo escape de alguns mínimos locais.

Busca tabu

Outra melhoria útil em relação à subida de encosta é o algoritmo STAGE (Boyan e Moore, 1998). A ideia é usar os máximos locais encontrados pela subida de encosta com reinício aleatório para ter uma ideia da forma geral da configuração de estados. O algoritmo ajusta uma superfície suave ao conjunto de máximos locais e depois calcula analiticamente o máximo global dessa superfície. Este se torna o novo ponto de reinício. Gomes *et al.* (1998) mostraram que as distribuições de tempo de execução de algoritmos de retrocesso sistemático com frequência têm **distribuição de cauda pesada**; isso significa que a probabilidade de um tempo de execução muito longo é maior do que seria previsto se os tempos de execução estivessem exponencialmente distribuídos. Quando a distribuição do tempo de execução é de cauda pesada, o reinício aleatório encontra em média uma solução mais rápida do que uma única execução para a conclusão. Hoos e Stützle (2004) oferecem uma cobertura do assunto com o tamanho de um livro.

Distribuição de cauda pesada

A têmpera simulada foi descrita primeiro por Kirkpatrick *et al.* (1983), que a tomaram emprestada diretamente do **algoritmo de Metropolis** (usado para simular sistemas complexos em física – Metropolis *et al.*, 1953 – e foi criada supostamente durante um jantar festivo em Los Alamos). A têmpera simulada agora é um campo distinto, com centenas de artigos publicados a cada ano.

Encontrar soluções ótimas em espaços contínuos é o principal assunto de diversos campos, incluindo a **teoria de otimização**, a **teoria de controle ótimo** e o **cálculo de variações**. As técnicas básicas são bem explicadas por Bishop (1995); Press *et al.* (2007) cobrem uma vasta gama de algoritmos e fornecem o *software* funcional.

Os pesquisadores tiveram inspiração pelos algoritmos de busca e otimização de uma ampla variedade de áreas de estudo: metalurgia (têmpora simulada), biologia (algoritmos genéticos), neurociência (redes neurais), montanhismo (subida de encosta), economia (algoritmos baseados no mercado de ações – Dias *et al.*, 2006), física (enxames de partículas – Li e Yao, 2012 – e óculos giratórios – Mézard *et al.*, 1987); comportamento animal (otimizadores com aprendizagem por reforço, lobo cinza – Mirjalili e Lewis, 2014), ornitologia (busca de cucos – Yang e Deb, 2014), entomologia (otimização de colônia de formigas – Dorigo *et al.*, 2008 –, colônia de abelhas – Karaboga e Basturk, 2007 –, vaga-lume – Yang, 2009 – e pirilampo – Krishnanand e Ghose, 2009); e outras áreas.

A **programação linear** (PL), inicialmente estudada sistematicamente pelo matemático Leonid Kantorovich (1939), foi uma das primeiras aplicações dos computadores; o **algoritmo simplex** (Dantzig, 1949) ainda é usado, apesar da complexidade exponencial do pior caso. Karmarkar (1984) desenvolveu a família muito mais eficiente de métodos de **ponto interior**, que mostrou ter complexidade polinomial para a classe mais geral de problemas de otimização convexa por Nesterov e Nemirovski (1994). Excelentes introduções à otimização convexa são fornecidas por Ben-Tal e Nemirovski (2001) e Boyd e Vandenberghe (2004).

O trabalho de Sewall Wright (1931) sobre o conceito de uma **configuração de adaptação** foi um importante precursor para o desenvolvimento de algoritmos genéticos. Na década de 1950, diversos estatísticos, incluindo Box (1957) e Friedman (1959), utilizaram técnicas evolucionárias em problemas de otimização, mas somente quando Rechenberg (1965) introduziu as **estratégias de evolução** para resolver problemas de otimização de aerofólios a abordagem ganhou popularidade. Nas décadas de 1960 e 1970, John Holland (1975) defendeu os algoritmos genéticos, não só como uma ferramenta útil, mas também como um método para expandir nossa compreensão da adaptação (Holland, 1995).

O movimento de **vida artificial** (Langton, 1995) leva essa ideia um passo adiante, visualizando os produtos de algoritmos genéticos como *organismos*, em vez de soluções para problemas. O efeito de Baldwin discutido no capítulo foi proposto quase simultaneamente por Conwy Lloyd Morgan (1896) e James (Baldwin, 1896). As simulações por computador ajudaram a esclarecer suas implicações – Hinton e Nowlan (1987), Ackley e Littman (1991), Morgan e Griffiths (2015). Para um conhecimento geral sobre os fundamentos da evolução, recomendamos Smith e Szathmáry (1999), Ridley (2004) e Carroll (2007).

A maioria das comparações de algoritmos genéticos com outras abordagens (em especial a subida de encosta estocástica) revelou que os algoritmos genéticos convergem mais lentamente (O'Reilly e Oppacher, 1994; Mitchell *et al.*, 1996; Juels e Wattenberg, 1996; Baluja, 1997). Essas descobertas não são universalmente populares dentro da comunidade de AG, mas tentativas recentes dentro dessa comunidade para entender a busca baseada na população como uma forma aproximada de aprendizado bayesiano (ver Capítulo 20) talvez ajudem a reduzir o abismo entre o campo e suas críticas (Pelikan *et al.*, 1999). A teoria de **sistemas quadráticos dinâmicos** também pode explicar o desempenho dos AGs (Rabani *et al.*, 1998). Existem algumas aplicações práticas impressionantes dos AGs em áreas tão diversificadas quanto projeto de antena (Lohn *et al.*, 2001), projeto assistido por computador (Renner e Ekart, 2003), modelos climáticos (Stanislawska *et al.*, 2015), medicina (Ghaheri *et al.*, 2015) e projeto de redes neurais profundas (Miikkulainen *et al.*, 2019).

O campo de **programação genética** é um subcampo dos algoritmos genéticos em que as representações são programas, em vez de cadeias de *bits*. Os programas são representados sob a forma de árvores sintáticas, seja em uma linguagem de programação padrão, seja em formatos projetados especificamente para representar circuitos eletrônicos, controladores de robôs, e assim por diante. O cruzamento envolve a união de subárvores de modo que os descendentes serão expressões bem formadas.

O recente interesse em programação genética foi incentivado pelo trabalho de John Koza (1992, 1994), mas remonta pelo menos aos primeiros experimentos com código de máquina realizados por Friedberg (1958) e com autômatos de estados finitos, desenvolvidos por Fogel *et al.* (1966). Como no caso de algoritmos genéticos, existe debate sobre a eficácia da técnica. Koza *et al.* (1999) descrevem experimentos no projeto automatizado dos dispositivos de circuitos usando programação genética.

Os periódicos *Evolutionary Computation* e *IEEE Transactions on Evolutionary Computation* estudam algoritmos genéticos e programação genética; também são encontrados artigos em *Complex Systems*, *Adaptive Behavior* e *Artificial Life*. A conferência principal é a *Genetic and Evolutionary Computation Conference* (GECCO). Mitchell (1996), Fogel (2000), Langdon e Poli (2002) e Poli *et al.* (2008) oferecem bons textos de visão geral sobre algoritmos genéticos.

A imprevisibilidade e a observabilidade parcial de ambientes reais foram reconhecidas no início de projetos de robótica que utilizavam técnicas de planejamento, incluindo Shakey (Fikes *et al.*, 1972) e FREDDY (Michie, 1972). Os problemas receberam mais atenção após a publicação do artigo influente de McDermott (1978a), *Planning e Acting*.

O primeiro trabalho a fazer uso explícito de árvores E-OU parece ter sido o programa SAINT de Slagle para a integração simbólica, mencionado no Capítulo 1. Amarel (1967) aplicou a ideia de prova de teorema proposicional, um tópico que será discutido no Capítulo 7, e introduziu um algoritmo de busca semelhante à BUSCA-E-OU. O algoritmo foi desenvolvido mais adiante por Nilsson (1971), que também descreveu AO*, que, como seu nome sugere, encontra soluções ótimas. AO* foi melhorado por Martelli e Montanari (1973).

AO* é um algoritmo *top-down*; uma generalização *bottom-up* de A* é A*LD, isto é, A* Lightest Derivation (Felzenszwalb e McAllester, 2007). O interesse pela busca E-OU passou por um renascimento no início dos anos 2000, com novos algoritmos para encontrar soluções cíclicas (Jimenez e Torras, 2000; Hansen e Zilberstein, 2001) e novas técnicas inspiradas por programação dinâmica (Bonet e Geffner, 2005).

A ideia de transformar problemas parcialmente observáveis em problemas de estado de crença originou com Astrom (1965) para o caso muito mais complexo de incerteza probabilística (ver Capítulo 17). Erdmann e Mason (1988) estudaram o problema da manipulação robótica sem sensores, usando uma forma contínua de busca de estado de crença. Eles mostraram que era possível orientar uma peça em uma mesa a partir de uma posição inicial arbitrária por uma sequência bem concebida de ações pendulares. Métodos mais práticos, com base em uma série de barreiras diagonais precisamente orientadas através de uma correia transportadora, utilizam o mesmo critério algorítmico (Wiegley *et al.*, 1996).

A abordagem do estado de crença foi reinventada no contexto de problemas de busca sem sensoriamento e parcialmente observáveis por Genesereth e Nourbakhsh (1993). Foi realizado um trabalho adicional sobre os problemas sem sensoriamento na comunidade de planejamento baseado em lógica (Goldman e Boddy, 1996; Smith e Weld, 1998). Esse trabalho enfatizou representações concisas para a busca do estado de crença, como explicado no Capítulo 11. Bonet e Geffner (2000) introduziram as primeiras heurísticas eficazes para a busca do estado de crença, que foram refinados por Bryce *et al.* (2006). A abordagem incremental da busca do estado de crença, em que as soluções são construídas de forma incremental para subconjuntos de estados dentro de cada estado de crença, foi estudada na literatura de planejamento por Kurien *et al.* (2002); vários novos algoritmos incrementais foram apresentados para problemas não determinísticos e parcialmente observáveis por Russell e Wolfe (2005). Referências adicionais para planejamento, em ambientes estocásticos parcialmente observáveis, aparecem no Capítulo 17.

Os algoritmos para explorar espaços de estados desconhecidos têm despertado interesse por muitos séculos. A busca em profundidade em um labirinto pode ser implementada mantendo-se a mão esquerda na parede; os ciclos podem ser evitados marcando-se cada junção. O problema mais geral de exploração de **grafos eulerianos** (isto é, grafos em que cada nó tem Grafos eulerianos números iguais de arestas de entrada e saída) foi resolvido por um algoritmo criado por Hierholzer (1873).

O primeiro estudo algorítmico completo do problema de exploração de grafos arbitrários foi proposto por Deng e Papadimitriou (1990), que desenvolveram um algoritmo completamente geral, mas mostraram que não é possível nenhuma razão competitiva limitada para explorar um grafo geral. Papadimitriou e Yannakakis (1991) examinaram a questão de encontrar caminhos até um objetivo em ambientes de planejamento de caminhos geométricos (em que todas as ações são reversíveis). Eles mostraram que uma pequena razão competitiva pode ser alcançada com obstáculos quadrados, mas que não é possível alcançar nenhuma razão limitada com obstáculos retangulares em geral (ver Figura 4.20).

Em um ambiente dinâmico, o estado do mundo pode mudar espontaneamente, sem qualquer ação do agente. Por exemplo, o agente pode planejar uma rota de direção ótima de A para B, mas um acidente ou um tráfego excepcionalmente ruim na hora do *rush* pode prejudicar o plano. Algoritmos de busca incrementais como o Lifelong Planning A* (Koenig *et al.*, 2004) e D* Lite (Koenig e Likhachev, 2002) tratam dessa situação.

O algoritmo LRTA* foi desenvolvido por Korf (1990) como parte de uma investigação da **busca em tempo real** para ambientes em que o agente deve atuar depois de buscar apenas durante um período de tempo fixo (uma situação comum em jogos com dois participantes). O LRTA* é de fato um caso especial de algoritmos de aprendizado de reforço para ambientes estocásticos (Barto *et al.*, 1995). Sua política de otimismo sob incerteza – sempre se dirigir para o estado não visitado mais próximo – pode resultar em um padrão de exploração menos eficiente no caso não informado do que a simples busca em profundidade (Koenig, 2000). Dasgupta *et al.* (1994) mostram que a busca de aprofundamento iterativo *online* é otimamente eficiente para encontrar um objetivo em uma árvore uniforme sem informações heurísticas.

Diversas variantes informadas sobre o tema do LRTA* foram desenvolvidas com diferentes métodos de busca e atualização dentro da parte conhecida do grafo (Pemberton e Korf, 1992). Até agora, não existe uma boa compreensão de como encontrar objetivos com eficiência ótima quando se utilizam informações heurísticas. Sturtevant e Bulitko (2016) oferecem uma análise de algumas armadilhas que ocorrem na prática.

CAPÍTULO 5

BUSCA COMPETITIVA E JOGOS

Neste capítulo, examinamos ambientes nos quais outros agentes estão fazendo planos contra nós.

Neste capítulo abordamos os **ambientes competitivos**, nos quais dois ou mais agentes têm objetivos conflitantes, dando origem a problemas de **busca competitiva**. Em vez de lidar com o caos dos conflitos do mundo real, vamos nos concentrar em jogos, como xadrez, Go e pôquer. Para os pesquisadores de IA, a natureza simplificada desses jogos é uma vantagem: o estado de um jogo é fácil de representar e os agentes geralmente são restritos a um pequeno número de ações, cujos efeitos são definidos por regras precisas. Jogos físicos, como futebol e basquete, têm descrições mais complicadas, uma gama maior de ações possíveis e regras um tanto imprecisas que definem a legalidade das ações. Com exceção do futebol de robôs, esses jogos físicos não atraíram muito interesse na comunidade de IA.

> Busca competitiva

5.1 Teoria dos jogos

Existem pelo menos três posturas que podemos tomar em relação aos ambientes multiagentes. O primeiro exemplo, apropriado quando existe um número muito grande de agentes, é considerá-los no agregado como uma **economia**, permitindo-nos fazer coisas como prever que o aumento da demanda causará aumento nos preços, sem ter que prever a ação de qualquer agente individual.

> Economia

Em segundo lugar, poderíamos considerar os agentes competitivos apenas como parte do ambiente – uma parte que torna o ambiente não determinístico. Porém, se modelarmos os competidores da mesma forma como, digamos, a chuva às vezes cai e às vezes não, perdemos a ideia de que nossos adversários estão ativamente tentando nos derrotar, enquanto a chuva supostamente não tem essa intenção.

A terceira postura é modelar explicitamente os agentes adversários com as técnicas da busca competitiva da árvore de jogo. É isso que explicamos neste capítulo. Começamos com uma classe restrita de jogos e definimos a jogada ótima e um algoritmo para encontrá-la: busca do valor minimax, uma generalização da busca E-OU (ver Figura 4.11). Mostramos que a **poda** torna a busca mais eficiente, ignorando partes da árvore de busca que não fazem diferença para a jogada ótima. Para jogos não triviais, normalmente não teremos tempo suficiente para garantir que a jogada ótima foi encontrada (até mesmo com a poda); teremos que encerrar a busca em algum ponto.

> Poda

Para cada estado em que decidimos parar de buscar, perguntamos quem está ganhando. Para responder a essa pergunta, temos uma escolha: podemos aplicar uma **função de avaliação** heurística, para estimar quem está ganhando com base nas características do estado (seção 5.3), ou podemos calcular a média dos resultados de muitas simulações rápidas do jogo partindo desse estado até o fim (seção 5.4).

A seção 5.5 discute a respeito dos jogos que incluem um elemento de sorte (jogando dados ou embaralhando cartas) e a seção 5.6 aborda os jogos que incluem elementos de **informação imperfeita** (como pôquer e *bridge*, em que nem todas as cartas estão visíveis a todos os jogadores).

> Informação imperfeita

5.1.1 Jogos de soma zero com dois jogadores

Os tipos de jogos mais estudados dentro da IA (como xadrez e Go) são os que os teóricos chamam de determinísticos, dois jogadores, revezamento, **informação perfeita**, **jogos de soma zero**.

> Informação perfeita
> Jogos de soma zero

134 Inteligência Artificial

"Informação perfeita" é sinônimo de "totalmente observável",[1] e "soma zero" significa que aquilo que é bom para um jogador é ruim para o outro: não existe um resultado do tipo "ganha-ganha". Para os jogos, normalmente usamos os termos **jogada**, como sinônimo de "ação", e **posição**, como sinônimo de "estado".

Jogada
Posição

Chamaremos nossos dois jogadores de MAX e MIN, por motivos que logo ficarão óbvios. MAX faz o primeiro movimento, e depois eles se revezam até o jogo terminar. No fim do jogo, os pontos são dados ao jogador vencedor e são impostas penalidades ao perdedor. Um jogo pode ser definido formalmente como uma espécie de problema de busca com os seguintes elementos:

- S_0: o **estado inicial**, que especifica como o jogo é preparado no início.
- JOGADOR(s): define qual jogador deve se mover no estado s.
- AÇÕES(s): devolve o conjunto de movimentos válidos no estado s.

Modelo de transição
- RESULTADO(s, a): o **modelo de transição**, que define o resultado de realizar a ação a no estado s.

Teste de término
Estado terminal
- É-TÉRMINO(s): um **teste de término**, que é verdadeiro, quando o jogo termina, e falso, caso contrário. Os estados em que o jogo é encerrado são chamados **estados terminais**.
- UTILIDADE(s, p): uma **função utilidade** (também chamada "função objetivo" ou "função compensação") define o valor numérico para um jogo que termina no estado terminal s por um jogador p. No xadrez, o resultado é uma vitória, uma derrota ou um empate, com valores +1, 0 ou 1/2.[2] Alguns jogos têm uma variedade mais ampla de resultados possíveis – por exemplo, a compensação no gamão varia de 0 até +192.

Grafo do espaço de estados

De modo semelhante ao Capítulo 3, o estado inicial, a função AÇÕES e a função RESULTADO definem o **grafo do espaço de estados** – um grafo em que os vértices são estados, as arestas são as jogadas e um estado pode ser alcançado por vários caminhos. Como no Capítulo 3, podemos sobrepor uma **árvore de busca** a uma parte desse grafo para determinar que lance fazer. Definimos a **árvore de jogo** completa como uma árvore de busca que segue cada sequência de jogadas até alcançar um estado terminal. A árvore de jogo pode ser infinita se o próprio espaço de estados for ilimitado ou se as regras do jogo permitirem posições que se repetem infinitamente.

Árvore de busca
Árvore de jogo

A Figura 5.1 mostra parte da árvore de jogo para o jogo da velha. A partir do estado inicial, MAX tem nove movimentos possíveis. O jogo se alterna entre a colocação de um X por MAX e a colocação de um O por MIN até alcançar nós de folhas correspondentes a estados terminais, de modo que um jogador tem três símbolos em uma linha (coluna ou diagonal) ou todos os quadrados são preenchidos. O número em cada nó de folha indica o valor de utilidade do estado terminal, do ponto de vista de MAX; valores altos são considerados bons para MAX e ruins para MIN (o que explica os nomes dados aos jogadores).

Para o jogo da velha, a árvore de jogo é relativamente pequena – menos de 9! = 362.880 nós terminais (com apenas 5.478 estados distintos). Mas, para o xadrez, há mais de 10^{40} nós, de modo que é melhor pensar na árvore de jogo como sendo uma construção teórica que não podemos perceber no mundo físico.

5.2 Decisões ótimas em jogos

MAX deseja encontrar uma sequência de ações que levem a uma vitória, mas MIN tenta se opor a isso. Isso significa que a estratégia de MAX deverá ser um plano condicional – uma estratégia de contingência que especifique uma resposta a cada uma das possíveis jogadas de MIN. Em jogos que têm um resultado binário (ganhar ou perder), poderíamos usar o algoritmo E-OU (ver Capítulo 4, seção 4.3.2, Figura 4.11) para criar o plano condicional. Na verdade, para esses jogos, a definição de uma estratégia de vitória para o jogo é idêntica à

---

[1] Alguns autores fazem uma distinção, usando "jogo de informação imperfeita" para jogos do tipo pôquer, por exemplo, em que os jogadores obtêm informações privadas sobre suas próprias mãos, que os outros jogadores não têm, e "jogo parcialmente observável" para indicar um jogo como StarCraft II, em que cada jogador pode ver o ambiente próximo, mas não o ambiente distante.
[2] O xadrez é considerado um jogo de "soma zero", embora a soma dos resultados para os dois jogadores seja +1 para cada jogo, e não zero. "Soma constante" teria sido um termo melhor, mas soma zero é tradicional e faz sentido se você imaginar que de cada jogador é cobrada uma taxa de entrada de 1/2.

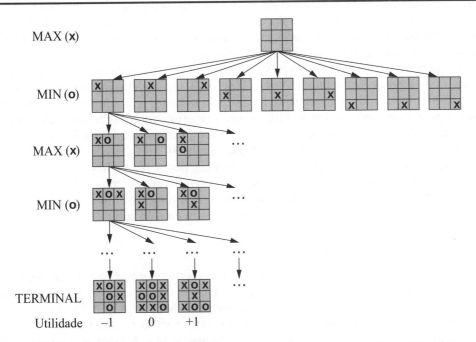

Figura 5.1 Árvore de busca (parcial) para o jogo da velha. O nó superior é o estado inicial, e MAX faz o primeiro movimento colocando um X em um quadrado vazio. Mostramos parte da árvore de busca fornecendo movimentos alternados por MIN (O) e MAX (X), até alcançarmos finalmente os estados terminais, aos quais podem ser atribuídas utilidades de acordo com as regras do jogo.

definição de uma solução para um problema de planejamento não determinístico: em ambos os casos, o resultado deverá ser garantido, não importa o que o "outro lado" faça. Para jogos com diversos resultados possíveis, precisamos de um algoritmo ligeiramente mais genérico, chamado **busca minimax**.

Busca minimax

Considere o jogo trivial da Figura 5.2. Os movimentos possíveis para MAX no nó raiz são identificados por a_1, a_2 e a_3. As respostas possíveis para a_1 correspondentes a MIN são b_1, b_2 e b_3, e assim sucessivamente. Esse jogo específico termina depois de um movimento realizado por MAX e por MIN. (Nota: em alguns jogos, a palavra "movimento" significa que os dois jogadores realizaram uma ação; portanto, a palavra **jogada** é usada para indicar um único movimento feito por um jogador, o que nos permite aprofundar na árvore de jogo.) As utilidades dos estados terminais nesse jogo variam de 2 a 14.

Jogada

Dada uma árvore de jogo, a estratégia ótima pode ser determinada do **valor minimax** de cada estado na árvore, que representamos como MINIMAX(s). O valor minimax é a utilidade (para MAX) de se encontrar no estado correspondente, *supondo-se que ambos os jogadores tenham desempenho ótimo* desde esse estado até o fim do jogo. O valor minimax de um estado terminal é simplesmente sua utilidade. Em um estado não terminal, MAX preferirá se mover para um estado de valor máximo quando for a vez de MAX jogar, enquanto MIN preferirá um estado de valor mínimo (ou seja, valor mínimo para MAX e, portanto, valor máximo para MIN). Assim, temos:

Valor minimax

$$\text{MINIMAX}(s) = \begin{cases} \text{UTILIDADE }(s, \text{MAX}) & \text{se É-TÉRMINO }(s) \\ \max_{a \in A\varsigma\tilde{o}es(s)} \text{MINIMAX}(\text{RESULTADO}(s,a)) & \text{se JOGADOR}(s) = \text{MAX} \\ \text{mix}_{a \in A\varsigma\tilde{o}es(s)} \text{MINIMAX}(\text{RESULTADO}(s,a)) & \text{se JOGADOR}(s) = \text{MIN} \end{cases}$$

Vamos aplicar essas definições à árvore de jogo da Figura 5.2. Os nós terminais no nível inferior obtêm os valores utilidade da função UTILIDADE do jogo. O primeiro nó de MIN, identificado por B, tem três sucessores com valores 3, 12 e 8; portanto, seu valor minimax é 3.

Decisão minimax

Semelhantemente, os outros dois nós de MIN têm valor minimax 2. O nó raiz é um nó de MAX; seus estados sucessores têm valores minimax 3, 2 e 2; logo, ele tem um valor minimax igual a 3. Também podemos identificar a **decisão minimax** na raiz: a ação a_1 é a escolha ótima para MAX porque leva ao estado com o mais alto valor minimax.

Essa definição de jogo ótimo para MAX supõe que MIN também jogue de forma ótima. E se MIN não jogar de forma ótima? Nesse caso, MAX terá um desempenho pelo menos igual ao de um jogador ótimo, possivelmente melhor. No entanto, isso não significa que é sempre melhor jogar o movimento minimax ótimo ao enfrentar um oponente inferior. Considere uma situação em que a jogada ótima de ambos os lados levará ao empate, mas existe um movimento arriscado para MAX que levará a um estado em que há 10 movimentos de resposta possíveis por MIN, todos razoáveis, mas nove deles são uma perda para MIN e apenas um é uma perda para MAX. Se MAX acredita que MIN não tem poder computacional suficiente para descobrir o movimento ótimo, MAX pode querer tentar o movimento arriscado, acreditando que uma chance de 9/10 de vitória é melhor do que um empate certo.

5.2.1 Algoritmo de busca minimax

Agora que podemos calcular MINIMAX(s), podemos transformar isso em um algoritmo de busca que encontra o melhor movimento para MAX testando todas as ações e escolhendo aquela cujo estado resultante tem o mais alto valor de MINIMAX. A Figura 5.3 mostra o algoritmo. Ele é um algoritmo recursivo que percorre todo o caminho descendente até as folhas da árvore e, depois, os valores minimax são **propagados de volta** pela árvore, à medida que a recursão retorna. Por exemplo, na Figura 5.2, primeiro o algoritmo efetua uma recursão descendo a árvore até os três nós de folhas inferiores e emprega a função UTILIDADE sobre eles para descobrir que seus valores são 3, 12 e 8, respectivamente. Em seguida, ele toma o mínimo desses valores, 3, e o devolve como valor propagado de volta para o nó B. Um processo semelhante fornece os valores propagados de volta de 2 para C e 2 para D. Por fim, tomamos o valor máximo entre 3, 2 e 2 para obter o valor propagado de volta igual a 3 para o nó raiz.

O algoritmo minimax executa uma exploração completa em profundidade da árvore de jogo. Se a profundidade máxima da árvore é m e existem b movimentos válidos em cada ponto, a complexidade de tempo do algoritmo minimax é $O(b^m)$. A complexidade de espaço é $O(bm)$ para um algoritmo que gera todos os sucessores de uma vez, ou $O(m)$ para um algoritmo que gera ações, uma de cada vez (ver seção 3.4.4). A complexidade exponencial torna MINIMAX impraticável para jogos complexos; por exemplo, xadrez tem um fator de ramificação de aproximadamente 35, e o jogo tem, em média, profundidade de 80 jogadas, não sendo viável buscar $35^{80} \approx 10^{123}$ estados. Porém, MINIMAX serve como base para a análise matemática dos jogos. Aproximando a análise minimax de várias maneiras, podemos derivar algoritmos mais práticos.

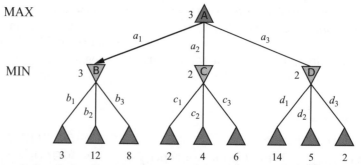

Figura 5.2 Árvore de jogo de duas jogadas. Os nós △ são "nós de MAX", nos quais é a vez de MAX efetuar um movimento, e os nós ▽ são "nós de MIN". Os nós terminais mostram os valores de utilidade para MAX; os outros nós estão identificados com seus valores minimax. O melhor movimento de MAX na raiz é a_1 porque leva a um estado com o mais alto valor minimax, e a melhor resposta de MIN é b_1 porque leva a um estado com o mais baixo valor minimax.

função BUSCA-MINIMAX(*jogo, estado*) **devolve** *uma ação*
  jogador ← *jogo*.JOGADOR(*estado*)
  valor, movimento ← VALOR-MAX(*jogo, estado*)
  devolve *movimento*

função VALOR-MAX(*jogo, estado*) **devolve** um par (*utilidade, movimento*)
  se *jogo*.É-TERMINAL(*estado*) **então devolve** *jogo*.UTILIDADE(*estado, jogador*), *nulo*
  $v \leftarrow -\infty$
  para cada *a* **em** *jogo*.AÇÕES(*estado*) **faça**
    v2, a2 ← VALOR-MIN(*jogo, jogo*.RESULTADO(*estado, a*))
    se *v2 > v* **então**
    v, movimento ← *v2, a*
  devolve *v, movimento*

função VALOR-MIN(*jogo, estado*) **devolve** um par (*utilidade, movimento*)
  se *jogo*.É-TERMINAL(*estado*) **então devolve** *jogo*.UTILIDADE(*estado, jogador*), *nulo*
  $v \leftarrow +\infty$
  para cada *a* **em** *jogo*.AÇÕES(*estado*) **faça**
    v2, a2 ← VALOR-MAX(*jogo, jogo*.RESULTADO(*estado, a*))
    se *v2 < v* **então**
      v, movimento ← *v2, a*
  devolve *v, movimento*

Figura 5.3 Algoritmo para calcular o movimento ótimo utilizando decisões minimax – o movimento que leva ao estado terminal com a melhor utilidade, sob a suposição de que o oponente joga para minimizar a utilidade. As funções VALOR-MAX e VALOR-MIN percorrem toda a árvore de jogo, até chegar às folhas, a fim de determinar o valor de propagação de volta de um estado e o movimento para chegar até lá.

5.2.2 Decisões ótimas em jogos com vários participantes

Muitos jogos populares permitem mais de dois jogadores. Vamos examinar a maneira de estender a ideia de minimax a jogos com vários jogadores. Isso é simples do ponto de vista técnico, mas levanta algumas questões conceituais novas e interessantes.

Primeiro, precisamos substituir o único valor para cada nó por um *vetor* de valores. Por exemplo, em um jogo de três jogadores com os participantes A, B e C, um vetor $\langle v_A, v_B, v_C \rangle$ está associado a cada nó. Para os estados terminais, esse vetor fornece a utilidade do estado do ponto de vista de cada jogador. (Em jogos de soma zero com dois jogadores, o vetor de dois elementos pode ser reduzido a um único valor porque os valores são sempre opostos.) O caminho mais simples para implementar isso é fazer a função UTILIDADE devolver um vetor de utilidades.

Agora temos de considerar os estados não terminais. Vamos examinar o nó identificado por X na árvore de jogo da Figura 5.4. Nesse estado, o jogador C vai definir o que fazer. As duas escolhas levam a estados terminais com vetores de utilidade $\langle v_A = 1, v_B = 2, v_C = 6 \rangle$ e $\langle v_A = 4, v_B = 2, v_C = 3 \rangle$. Tendo em vista que 6 é maior que 3, C deverá escolher o primeiro movimento. Isso significa que, se o estado X for alcançado, a jogada subsequente vai levar a um estado terminal com utilidades $\langle v_A = 1, v_B = 2, v_C = 6 \rangle$. Consequentemente, o valor de X que foi propagado de volta é esse vetor. Em geral, o valor propagado de volta de um nó n é sempre o vetor de utilidade do estado do sucessor com o mais alto valor para a escolha do jogador em n.

Qualquer pessoa que participa de jogos com vários jogadores, como Diplomacy ou Settlers of Catan, logo fica ciente de que muito mais acontece do que em jogos de dois jogadores. Os jogos com vários participantes normalmente envolvem **alianças**, sejam elas formais ou informais, entre os jogadores. As alianças são feitas e desfeitas à medida que o jogo se desenrola. Como podemos entender esse comportamento? As alianças constituem uma consequência natural de estratégias ótimas para cada jogador em um jogo com vários participantes? É possível que sim.

Por exemplo, vamos supor que A e B estejam em posições fracas e que C esteja em uma posição mais forte. Então, com frequência, é ótimo para A e B atacarem C em vez de atacarem um ao outro, para que C não destrua cada um deles individualmente. Desse modo, a colaboração

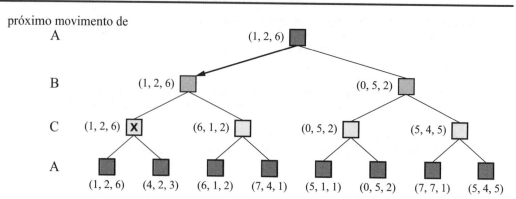

Figura 5.4 As três primeiras jogadas de uma árvore de jogo com três jogadores (*A*, *B*, *C*). Cada nó é identificado com valores do ponto de vista de cada jogador. O melhor movimento está assinalado na raiz.

emerge de um comportamento puramente egoísta. É claro que, tão logo *C* se enfraqueça sob o violento ataque conjunto, a aliança perderá seu valor, e *A* ou *B* poderá violar o acordo.

Em alguns casos, as alianças explícitas apenas concretizam aquilo que teria acontecido de qualquer modo. Em outros casos, um estigma social incorpora-se para romper uma aliança, de forma que os jogadores devem buscar o equilíbrio entre a vantagem imediata de romper uma aliança e a desvantagem a longo prazo de serem considerados pouco confiáveis. Ver seção 18.2 para mais informações sobre essas complicações.

Se o jogo for de soma diferente de zero, a colaboração também poderá ocorrer com apenas dois jogadores. Por exemplo, vamos supor que exista um estado terminal com utilidades $\langle v_A = 1.000, v_B = 1.000 \rangle$ e que 1.000 seja a mais alta utilidade possível para cada jogador. Então, a estratégia ótima é a de ambos os jogadores fazerem todo o possível para alcançar esse estado – isto é, os jogadores cooperarão de forma automática para atingir uma meta mutuamente desejável.

5.2.3 Poda alfabeta

O número de estados de jogo é exponencial na profundidade da árvore. Nenhum algoritmo pode eliminar completamente o expoente, mas, às vezes, podemos cortá-lo pela metade, calculando a decisão minimax correta sem examinar cada estado pela **poda** (ver seções 3.5.3 e 3.5.4) de grandes partes da árvore, sem causar diferença no resultado. A técnica específica que examinaremos é chamada **poda alfabeta**.

Considere novamente a árvore de jogo de duas jogadas da Figura 5.2. Vamos acompanhar mais uma vez o cálculo da decisão ótima, agora prestando bastante atenção ao que conhecemos em cada ponto do processo. Os passos são explicados na Figura 5.5. O resultado é que podemos identificar a decisão minimax sem jamais avaliar dois entre os nós de folha.

Isso também pode ser visto como uma simplificação da fórmula de MINIMAX. Sejam *x* e *y* valores dos dois sucessores não avaliados do nó *C* na Figura 5.5. Então, o valor do nó raiz é dado por

$$\begin{aligned}
\text{MINIMAX}(root) &= \max(\min(3,12,8), \min(2,x,y), \min(14,5,2)) \\
&= \max(3, \min(2,x,y), 2) \\
&= \max(3, z, 2) \quad \text{where } z = \min(2,x,y) \leq 2 \\
&= 3.
\end{aligned}$$

Em outras palavras, o valor da raiz e, consequentemente, a decisão minimax são *independentes* dos valores das folhas *x* e *y* que, portanto, podem ser podadas.

A poda alfabeta pode ser aplicada a árvores de qualquer profundidade e, frequentemente, é possível podar subárvores inteiras em lugar de podar apenas folhas. O princípio geral é este: considere um nó *n* em algum lugar na árvore (Figura 5.6), de modo que o Jogador tenha a

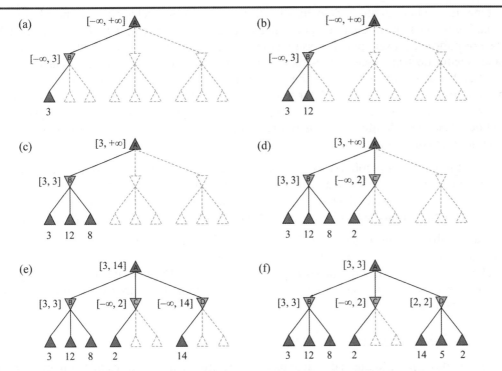

Figura 5.5 Fases no cálculo da decisão ótima para a árvore de jogo da Figura 5.2. Em cada ponto, mostramos o intervalo de valores possíveis para cada nó. (a) A primeira folha sob *B* tem valor 3. Consequentemente, *B*, que é um nó de MIN, tem valor *máximo* 3. (*b*) A segunda folha sob *B* tem valor 12; MIN evitaria esse movimento, de forma que o valor de *B* ainda é, no máximo, 3. (c) A terceira folha sob *B* tem valor 8; vimos todos os estados sucessores de *B* e, assim, o valor de *B* é exatamente 3. Agora, podemos deduzir que o valor da raiz é *pelo menos* 3, porque MAX tem uma escolha de valor 3 na raiz. (d) A primeira folha abaixo de *C* tem o valor 2. Consequentemente, *C*, que é um nó de MIN, tem valor *máximo* 2. Porém, sabemos que *B* vale 3; portanto, MAX nunca escolheria *C*. Desse modo, não há motivo para examinar os outros estados sucessores de *C*. Esse é um exemplo de poda alfabeta. (e) A primeira folha abaixo de *D* tem o valor 14, e então *D* vale, *no máximo*, 14. Esse valor ainda é mais alto que a melhor alternativa de MAX (isto é, 3) e, portanto, precisamos continuar a explorar os estados sucessores de *D*. Note também que agora temos limites para todos os sucessores da raiz e, portanto, o valor da raiz também é, no máximo, 14. (f) O segundo sucessor de *D* vale 5 e, assim, novamente precisamos continuar a exploração. O terceiro sucessor vale 2; agora, *D* vale exatamente 2. A decisão de MAX na raiz é efetuar o movimento para *B*, o que nos dá o valor 3.

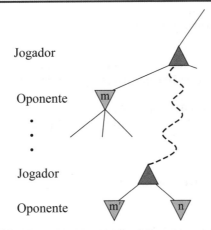

Figura 5.6 Caso geral de poda alfabeta. Se *m* ou *m'* é melhor que *n* para o jogador, nunca chegaremos a *n* em um jogo.

140   Inteligência Artificial

escolha de movimento até *n*. Se o Jogador tiver uma escolha melhor no mesmo nível (p. ex., *m'* na Figura 5.6) ou em qualquer ponto mais alto da árvore (p. ex., *m* na Figura 5.6), então o Jogador nunca se moverá para *n*. Assim, uma vez que descobrimos o suficiente sobre *n* (examinando alguns de seus descendentes) para chegar a essa conclusão, podemos podá-lo.

Lembre-se de que a busca minimax é do tipo em profundidade; portanto, em qualquer instante somente temos de considerar os nós ao longo de um único caminho na árvore. A poda alfabeta obtém seu nome a partir dos dois parâmetros em VALOR-MAX(*estado*, α, β) (Figura 5.7) que descrevem limites sobre os valores propagados de volta que aparecem em qualquer lugar ao longo do caminho:

α = o valor da melhor escolha (isto é, de valor mais alto) que encontramos até o momento em qualquer ponto de escolha ao longo do caminho para MAX. Pense que α = "no mínimo".

β = o valor da melhor escolha (isto é, de valor mais baixo) que encontramos até o momento em qualquer ponto de escolha ao longo do caminho para MIN. Pense que β = "no máximo".

A busca alfabeta atualiza os valores de α e β, à medida que prossegue, e poda as ramificações restantes em um nó (isto é, encerra a chamada recursiva) tão logo se sabe que o valor do nó atual é pior que o valor atual de α ou β para MAX ou MIN, respectivamente. O algoritmo completo é mostrado na Figura 5.7. A Figura 5.5 acompanha o progresso do algoritmo em uma árvore de jogo.

5.2.4 Ordenação de movimentos

A efetividade da poda alfabeta depende bastante da ordem em que os estados são examinados. Por exemplo, nas Figuras 5.5(e) e (f), não poderíamos podar quaisquer sucessores de *D* porque os piores sucessores (do ponto de vista de MIN) foram gerados primeiro. Se o terceiro

---

função BUSCA-ALFABETA(*jogo*, *estado*) **devolve** *uma ação*
  jogador ← *jogo*.JOGADOR(*estado*)
  valor, *movimento* ← VALOR-MAX(*jogo*, *estado*, $-\infty$, $+\infty$)
  devolve *movimento*

função VALOR-MAX(*jogo*, *estado*, α, β) **devolve** um par (*utilidade*, *movimento*)
  se *jogo*.É-TERMINAL(*estado*) **então devolve** *jogo*.UTILIDADE(*estado*, *jogador*), *nulo*
  $v \leftarrow -\infty$
  para cada *a* **em** *jogo*.AÇÕES(*estado*) **faça**
      v2, *a2* ← VALOR-MIN(*jogo*, *jogo*.RESULTADO(*estado*, *a*), α, β)
      se *v2* > *v* **então**
          v, *movimento* ← *v2*, *a*
          α ← MAX(α, *v*)
      se *v* ≥ β **então devolve** *v*, *movimento*
  devolve *v*, *movimento*

função VALOR-MIN(*jogo*, *estado*, α, β) **devolve** um par (*utilidade*, *movimento*)
  se *jogo*.É-TERMINAL(*estado*) **então devolve** *jogo*.UTILIDADE(*estado*, *jogador*), *nulo*
  $v \leftarrow +\infty$
  para cada *a* **em** *jogo*.AÇÕES(*estado*) **faça**
      v2, *a2* ← VALOR-MIN(*jogo*, *jogo*.RESULTADO(*estado*, *a*), α, β)
      se *v2* < *v* **então**
          v, *movimento* ← *v2*, *a*
          β ← MIN(β, *v*)
      se *v* ≤ α **então devolve** *v*, *movimento*
  devolve *v*, *movimento*

Figura 5.7 Algoritmo de busca alfabeta. Note que essas rotinas são idênticas às funções de BUSCA-MINI-MAX da Figura 5.3, exceto que mantemos limites nas variáveis α e β e os usamos para encerrar a busca quando um valor estiver fora dos limites.

---

sucessor tivesse sido gerado primeiro, com valor 2, seríamos capazes de podar os outros dois. Isso sugere que pode valer a pena tentar examinar primeiro os sucessores que provavelmente serão melhores.

Se isso puder ser feito perfeitamente, então alfabeta precisará examinar apenas $O(b^{m/2})$ nós para escolher o melhor movimento, em vez de $O(b^m)$ para minimax. Isso significa que o fator de ramificação efetivo se tornará $\sqrt{b}$ em vez de b – no caso do xadrez, cerca de 6 em vez de 35. Em outras palavras, alfabeta, com uma ordenação perfeita de movimentos, poderá resolver uma árvore aproximadamente duas vezes tão profunda como minimax no mesmo tempo. Se os sucessores forem examinados em ordem aleatória, o número total de nós examinados será cerca de $O(b^{3m/4})$ para um valor moderado de b. Obviamente, não podemos conseguir uma ordenação *perfeita* de movimentos – nesse caso, a função de ordenação poderia ser usada para jogar um jogo perfeito! Mas às vezes podemos chegar muito perto. No caso do xadrez, uma função de ordenação bastante simples (como experimentar capturas primeiro, depois ameaças, depois movimentos para a frente e, em seguida, movimentos para trás) levará você a uma distância de aproximadamente duas vezes o resultado do melhor caso, $O(b^{m/2})$.

Acrescentar esquemas dinâmicos de ordenação de movimentos, como tentar primeiro os movimentos considerados os melhores no passado, nos levará até bem perto do limite teórico. O passado pode ser o lance anterior – muitas vezes, as mesmas ameaças permanecem – ou poderia vir da exploração do lance atual, por meio de um processo de **aprofundamento iterativo** (ver seção 3.4.4). Primeiro, pesquise uma jogada profunda e registre a pontuação dos movimentos, com base em suas avaliações. Em seguida, busque uma jogada mais profunda, mas utilize a avaliação anterior para informar a ordenação do movimento, e assim por diante. O tempo de busca maior do aprofundamento iterativo pode ser mais do que compensado por uma melhor ordenação de movimentos. As melhores jogadas são muitas vezes chamadas **lances mortais**, e tentá-los de primeira é chamado heurística de lance mortal.

Lances mortais

Na seção 3.3.3, observamos que caminhos redundantes para estados repetidos podem causar um aumento exponencial no custo da busca e que manter uma tabela de estados previamente alcançados pode resolver esse problema. Na busca da árvore de jogo, podem ocorrer estados repetidos por causa de **transposições** – permutações diferentes da mesma sequência, que terminam na mesma posição; o problema pode ser resolvido com uma **tabela de transposição**, que armazena o valor heurístico dos estados.

Transposição

Tabela de transposição

Por exemplo, suponha que as brancas tenham um movimento b_1 que pode ser respondido pelas pretas com p_1 e um movimento não relacionado b_2 no outro lado do tabuleiro que pode ser respondido por p_2, e que busquemos a sequência de movimentos $[b_1, p_1, b_2, p_2]$; vamos chamar o estado resultante de s. Depois de explorar uma grande subárvore abaixo de s, descobrimos seu valor propagado de volta, que armazenamos na tabela de transposição. Mais tarde, quando buscarmos a sequência de movimentos $[b_2, p_2, b_1, p_1]$, acabaremos ficando novamente em s, e poderemos pesquisar o valor em vez de repetir a busca. No xadrez, o uso de tabelas de transposição é muito eficiente, permitindo dobrar a profundidade de busca alcançável no mesmo período de tempo.

Até mesmo com a poda alfabeta e a ordenação mais inteligente dos movimentos, o minimax não funcionará para jogos como xadrez e Go, pois ainda existem muitos estados para serem explorados no tempo disponível. No primeiro artigo escrito a respeito de jogos por computador, *Programando um Computador para Jogar Xadrez* (Shannon, 1950), Claude Shannon reconheceu esse problema e propôs duas estratégias: uma **estratégia Tipo A** considera todos os movimentos possíveis até uma certa profundidade na árvore de busca e depois usa uma função de avaliação heurística para estimar a utilidade dos estados nessa profundidade. Ela explora uma parte *larga, porém superficial* da árvore. Uma **estratégia Tipo B** ignora os movimentos que parecem ser ruins, seguindo as linhas promissoras "até onde for possível". Ela explora uma parte *profunda, porém estreita* da árvore.

Estratégia Tipo A

Estratégia Tipo B

Historicamente, a maioria dos programas de xadrez tem sido do Tipo A (que vamos examinar na próxima seção), enquanto programas de Go costumam usar o Tipo B (explicado na seção 5.4), pois o fator de ramificação é muito maior no Go. Mais recentemente, programas do Tipo B têm mostrado movimentos em nível de campeão mundial por diversos tipos de jogos, incluindo o xadrez (Silver *et al.*, 2018).

5.3 Busca heurística em árvore alfabeta

Para utilizar nosso tempo de computação limitado, podemos cortar (encerrar) a busca mais cedo e aplicar uma **função de avaliação** heurística aos estados, tratando os nós não terminais como se fossem terminais. Em outras palavras, substituímos a função UTILIDADE por AVAL, que estima a utilidade de um estado. Também substituímos o teste de estado terminal por um **teste de corte**, que deve devolver verdadeiro para estados terminais, mas por outro lado fica livre para decidir quando interromper a busca, com base na profundidade da busca e em qualquer propriedade do estado que queira considerar. Isso nos dá a fórmula H-MINIMAX(s, d) para o valor minimax heurístico do estado s na profundidade de busca d:

Teste de corte

$$H\text{-}M\text{INIMAX}(s,d) =$$
$$\begin{cases} \text{AVAL}(s,\text{MAX}) & \text{se É-CORTE}\,(s,d) \\ \max_{a \in A\varsigma\tilde{o}es\,(s)}\ H\text{-}M\text{INIMAX}(\text{RESULTADO}\,(s,a),d+1) & \text{se JOGADOR}\,(s) = \text{MAX} \\ \min_{a \in A\varsigma\tilde{o}es\,(s)}\ H\text{-}M\text{INIMAX}(\text{RESULTADO}\,(s,a),d+1) & \text{se JOGADOR}\,(s) = \text{MIN.} \end{cases}$$

5.3.1 Funções de avaliação

Uma função de avaliação heurística AVAL(s, p) devolve uma *estimativa* da utilidade do estado s ao jogador p, da mesma forma que as funções heurísticas do Capítulo 3 devolvem uma estimativa da distância até a meta. Para estados terminais, deve acontecer que AVAL(s, p) = UTILIDADE(s, p) e, para estados não terminais, a avaliação deve estar em algum ponto entre uma perda e uma vitória: UTILIDADE(*perda*, p) $\leq$ AVAL(s, p) $\leq$ UTILIDADE(*vitória*, p).

Além desses requisitos, o que torna uma função de avaliação boa? Primeiro, a computação não deve demorar tempo demais! (O ponto fundamental é a busca mais rápida.) Em segundo lugar, a função de avaliação deve estar fortemente relacionada com as chances reais de vitória. O leitor deve ter se surpreendido com a expressão "chances de vitória". Afinal, o xadrez não é um jogo de azar: conhecemos o estado atual com certeza e não há dados ou cartas envolvidas no processo; se nenhum jogador cometer um erro, o resultado é predeterminado. Contudo, se a busca tiver de ser cortada em estados não terminais, o algoritmo será necessariamente *incerto* sobre os resultados desses estados (embora essa incerteza pudesse ser resolvida com recursos de computação infinitos).

Características

Vamos tornar essa ideia mais concreta. A maioria das funções de avaliação atua calculando diversas **características** do estado – por exemplo, no xadrez, teríamos características para o número de peões brancos e pretos, rainhas brancas e pretas, e assim por diante. Consideradas em conjunto, as características definem diversas *categorias* ou *classes de equivalência* de estados: os estados de cada categoria têm os mesmos valores para todas as características. Por exemplo, uma categoria poderia conter todos os finais de jogo com dois peões *versus* um peão. Qualquer categoria específica, em termos gerais, conterá alguns estados que levam (com a jogada perfeita) a vitórias, alguns que levam a empates e alguns que levam a derrotas.

A função de avaliação não tem como saber quais são os estados de cada grupo, mas pode devolver um único valor capaz de estimar a *proporção* de estados que levam a cada resultado. Por exemplo, vamos supor que nossa experiência sugira que 82% dos estados encontrados na categoria dois peões *versus* um peão levem a uma vitória (com utilidade +1); 2% levem a uma derrota (0); e 16% a um empate (1/2). Então, uma avaliação razoável dos estados na categoria é a média ponderada ou o **valor esperado**: $(0,82 \times +1) + (0,02 \times 0) + (0,16 \times 1/2) = 0,90$. Em princípio, o valor esperado pode ser determinado para cada categoria de estados, o que resulta em uma função de avaliação que funciona para qualquer estado.

Valor esperado

Na prática, essa espécie de análise exige muitas categorias e, consequentemente, muita experiência para estimar todas as probabilidades de vitória. Em vez disso, a maioria das funções de avaliação calcula contribuições numéricas separadas de cada característica e depois as *combina* para encontrar o valor total. Há séculos, os jogadores de xadrez desenvolveram maneiras de decidir sobre o valor de uma posição usando apenas essa ideia. Por exemplo, os livros introdutórios de xadrez fornecem um **valor material** aproximado para cada peça: cada peão vale 1, um cavalo ou um bispo vale 3, uma torre vale 5, e a rainha vale 9. Outras características, como "boa estrutura de peões" e "segurança do rei", poderiam valer, digamos, metade de um peão. Esses valores de característica são então simplesmente somados para obter a avaliação da posição.

Valor material

Matematicamente, essa espécie de função de avaliação é chamada **função linear ponderada** porque pode ser expressa como

$$\text{AVAL}(s) = w_1 f_1(s) + w_2 f_2(s) + \cdots + w_n f_n(s) = \sum_{i=1}^{n} w_i f_i(s),$$

Função linear ponderada

em que cada f_i é uma característica da posição (como o "número de bispos brancos") e cada w_i é um peso (informando a importância de cada característica). Os pesos precisam ser normalizados de modo que a soma sempre esteja dentro da faixa entre uma perda (0) e uma vitória (+1). Uma vantagem segura equivalente a um peão oferece uma probabilidade substancial de vitória, e uma vantagem segura equivalente a três peões deverá garantir uma vitória quase certa, conforme ilustra a Figura 5.8(a). Dissemos que a função de avaliação deverá estar bastante correlacionada às chances reais de vitória, mas ela não precisa estar linearmente correlacionada: se o estado s tiver o dobro de chances de vitória do estado s', não é necessário que $\text{AVAL}(s)$ seja o dobro de $\text{AVAL}(s')$; será preciso apenas que $\text{AVAL}(s) > \text{AVAL}(s')$.

Somar os valores de características parece algo razoável, mas, na verdade, envolve uma suposição muito forte: que a contribuição de cada característica é *independente* dos valores das outras características. Por essa razão, os programas atuais de xadrez e de outros jogos também utilizam combinações *não lineares* de características. Por exemplo, um par de bispos poderia valer mais que o dobro do valor de um único bispo, e um bispo poderia valer mais no fim do jogo do que no início – isto é, quando a característica do *número de lances* for alta ou a característica do *número de peças restantes* for baixa.

De onde vêm as características e os pesos? Eles não fazem parte das regras do xadrez, mas fazem parte da cultura da experiência humana no jogo de xadrez. Em jogos nos quais esse tipo de experiência não está disponível, os pesos da função de avaliação podem ser estimados pelas técnicas de aprendizado de máquina do Capítulo 22. A aplicação dessas técnicas ao xadrez confirma que um bispo vale realmente cerca de três peões, e parece que a experiência humana de séculos pode ser replicada em apenas algumas horas de aprendizado de máquina.

5.3.2 Busca com corte

A próxima etapa é modificar o algoritmo BUSCA-ALFABETA, de modo que ele chame a função heurística AVAL quando for apropriado interromper a busca. Substituímos as duas linhas da Figura 5.7 que mencionam É-TERMINAL pela linha a seguir:

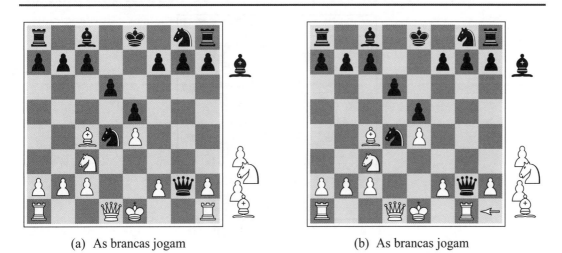

(a) As brancas jogam   (b) As brancas jogam

Figura 5.8 Duas posições de xadrez, que diferem apenas na posição da torre na parte inferior direita. Em (a), as pretas têm uma vantagem de um cavalo e dois peões, que deveria ser o suficiente para vencer o jogo. Em (b), as brancas vão capturar a rainha, dando-lhe uma vantagem que deverá ser forte o suficiente para vencer.

se *jogo*.É-CORTE(*estado, profundidade*) **então devolver** *jogo*.AVAL(*estado, jogador*), *nulo*

Também devemos providenciar alguma técnica para que a *profundidade* atual seja incrementada em cada chamada recursiva. A abordagem mais direta para controlar a quantidade de busca é definir um limite de profundidade fixo, a fim de que É-CORTE (*estado, profundidade*) devolva *verdadeiro* para toda *profundidade* maior que alguma profundidade fixa *d* (e também para todos os estados terminais). A profundidade *d* é escolhida para que um movimento seja selecionado dentro do tempo alocado. Uma abordagem mais robusta é aplicar o aprofundamento iterativo (ver Capítulo 3). Quando o tempo se esgota, o programa devolve o movimento selecionado pela busca mais profunda concluída. Como bônus, se a cada rodada do aprofundamento iterativo armazenamos as jogadas em uma tabela de transposição, as rodadas subsequentes serão mais rápidas, e podemos usar as avaliações para melhorar a ordenação dos movimentos.

Essas abordagens simples podem levar a erros, em razão da natureza aproximada da função de avaliação. Considere mais uma vez a função de avaliação simples para xadrez, baseada no valor material. Suponha que o programa pesquise até a profundidade limite, alcançando a posição da Figura 5.8(b), em que as pretas têm a vantagem de um cavalo e dois peões. Isso seria reportado como o valor heurístico do estado, declarando assim que o estado é uma vitória provável das peças pretas. Porém, o próximo movimento das brancas captura a rainha preta sem qualquer compensação. Portanto, a posição resulta, na realidade, em uma vitória das brancas, mas isso só pode ser detectado observando mais uma jogada à frente.

Quiescência

A função de avaliação deve ser aplicada apenas a posições **quiescentes** – isto é, posições em que não existe movimento pendente (como capturar a rainha) que afetaria descontroladamente a avaliação. Para posições não quiescentes, É-CORTE devolve falso, e a busca continua até que sejam alcançadas posições quiescentes. Essa **busca de quiescência** extra às vezes se restringe a considerar apenas certos tipos de movimentos, como movimentos de captura, que resolverão com rapidez as incertezas da posição.

Busca de quiescência

Efeito horizonte

O **efeito horizonte** é mais difícil de eliminar. Ele surge quando o programa está enfrentando um movimento feito pelo oponente que causa sérios danos e, em última instância, é inevitável, mas poderia ser temporariamente evitado, por meio de táticas de adiamento. Considere a posição do jogo de xadrez na Figura 5.9. É claro que não há caminho para o bispo preto fugir. Por exemplo, a torre branca pode capturá-lo movendo-se para h1, depois a1, depois a2; em seguida, uma captura na jogada de profundidade 6.

Mas as pretas têm uma sequência de movimentos que empurra a captura do bispo "além do horizonte". Suponha que os pretas busquem a jogada de profundidade 8. A maioria dos movimentos das pretas vai levar à captura eventual do bispo e, portanto, serão marcadas como

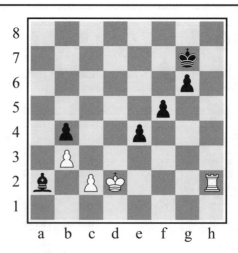

Figura 5.9 Efeito horizonte. Com as pretas se movendo, o bispo preto está certamente condenado. Mas as pretas podem evitar esse evento usando seus peões para dar um xeque no rei branco, obrigando-o a capturar os peões. Isso empurra a perda inevitável do bispo sobre o horizonte e, portanto, o sacrifício dos peões é visto pelo algoritmo de busca como boas jogadas e não como más.

Capítulo 5 • Busca Competitiva e Jogos   145

lances "ruins". Porém as pretas também vão considerar a sequência de movimentos que começa com o xeque do rei com um peão, fazendo com que o rei capture o peão. As pretas podem então fazer a mesma coisa com um segundo peão. Isso exige tantos movimentos que a captura do bispo não seria descoberta durante o restante da busca das pretas. As pretas acreditam que essa sequência de jogadas poupou o bispo, ao custo de dois peões, quando na verdade tudo o que fez foi desperdiçar peões e empurrar a inevitável captura do bispo para além do horizonte que as pretas podiam visualizar.

Uma estratégia para mitigar o efeito horizonte é permitir as **extensões singulares**, um movimento que é "claramente melhor" do que todos os outros movimentos em determinada posição, mesmo que a busca normalmente fosse interrompida nesse ponto. Em nosso exemplo, uma busca terá revelado que cada um dos três movimentos da torre branca – h2 para h1, depois h1 para a1, e depois a1 capturando o bispo em a2 – é a melhor jogada a ser feita, de modo que até mesmo se uma sequência de movimentos do peão nos afastar do horizonte, esses movimentos claramente melhores terão uma chance de estender a busca. Isso faz com que a árvore fique mais profunda, mas, havendo normalmente poucas extensões singulares, a estratégia não adicionará muitos nós totais à árvore, provando ser eficaz na prática.

> Extensão singular

5.3.3 Poda adiantada

A poda alfabeta poda os ramos da árvore que podem não ter efeito sobre a avaliação final, mas a **poda adiantada** poda os movimentos que parecem ser fracos, mas que provavelmente poderiam ser bons. Desse modo, a estratégia economiza tempo de cálculo ao risco de cometer um erro. Nas palavras de Shannon, essa é uma estratégia do Tipo B. É claro que a maioria dos seres humanos que jogam xadrez só considera alguns movimentos a partir de cada posição (pelo menos de forma consciente).

> Poda adiantada

Uma abordagem de poda adiantada é a **busca em feixe** (ver seção 4.1.3): em cada jogada, considera-se apenas um "feixe" dos n melhores movimentos (de acordo com a função de avaliação) em vez de considerar todos os movimentos possíveis. Infelizmente, a abordagem é bastante perigosa porque não há nenhuma garantia de que o melhor movimento não será podado.

O algoritmo PROBCUT, ou corte probabilístico (Buro, 1995), é uma versão da poda progressiva da busca alfabeta que utiliza as estatísticas adquiridas com a experiência prévia para diminuir a chance de que o melhor movimento seja podado. A busca alfabeta poda qualquer nó que esteja *provavelmente* fora da janela (α, β) atual. O PROBCUT também poda os nós que *provavelmente* estão fora da janela. Ele calcula essa probabilidade fazendo uma busca superficial para computar o valor v de um nó propagado para trás e, em seguida, usa a experiência passada para estimar a chance de que o valor de v à profundidade d na árvore esteja fora de (α, β). Buro aplicou essa técnica ao programa Othello, LOGISTELLO, e descobriu que uma versão de seu programa com PROBCUT bateu a versão original em 64% do tempo, mesmo quando se dá o dobro de tempo à versão original.

Outra técnica, a **redução dos movimentos futuros**, funciona com a suposição de que a ordenação dos movimentos foi bem-feita e, portanto, os movimentos futuros na lista de movimentos possíveis têm menos chance de serem bons movimentos. Porém, em vez de podá-los por completo, apenas reduzimos a profundidade à qual buscamos esses movimentos, economizando tempo com isso. Se a busca reduzida voltar com um valor acima do valor atual de α, podemos executar a busca novamente com a profundidade completa.

> Redução dos movimentos futuros

A combinação de todas as técnicas descritas aqui resulta em um programa que pode jogar xadrez (ou outros jogos) de modo razoável. Vamos supor que implementamos uma função de avaliação para xadrez, com um teste de corte razoável e com uma busca de quiescência. Vamos supor também que, depois de meses de tediosa escovação de *bits*, podemos gerar e avaliar cerca de um milhão de nós por segundo em um PC mais moderno. O fator de ramificação para xadrez é em torno de 35 em média, e 35^5 é aproximadamente igual a 50 milhões; assim, se utilizássemos a busca minimax, só poderíamos examinar mais ou menos cinco jogadas à frente em cerca de um minuto de computação; as regras de competição não nos dariam tempo suficiente para buscar seis jogadas. Embora não seja incompetente, esse programa pode ser enganado com facilidade por um jogador de xadrez humano médio, que eventualmente pode planejar seis ou oito jogadas à frente.

146 Inteligência Artificial

Com a busca alfabeta e uma grande tabela de transposição, chegamos a cerca de 14 jogadas, o que resulta em um nível de desempenho de especialista. Poderíamos trocar nosso PC por uma estação de trabalho com 8 GPUs, alcançando mais de um bilhão de nós por segundo. Porém, para alcançar o *status* de grande mestre, precisaríamos de uma função de avaliação extensivamente ajustada e de um grande banco de dados de movimentos de fim de jogo. Os melhores programas de xadrez, como STOCKFISH, têm tudo isso, normalmente alcançando a profundidade 30 ou mais na árvore de busca e ultrapassando bastante a capacidade de qualquer jogador humano.

5.3.4 Busca *versus* consulta

De alguma forma parece exagero que um programa de xadrez inicie um jogo considerando uma árvore de um bilhão de estados de jogo, apenas para concluir que moverá o seu peão para e4 (o primeiro movimento mais utilizado). Livros que descrevem boas jogadas de abertura e encerramento de xadrez existem e estão disponíveis há mais de um século (Tattersall, 1911). Não é de estranhar, portanto, que muitos programas de jogos utilizem uma *tabela de consulta* de jogadas, em vez de busca para abertura e encerramento dos jogos.

Para as aberturas, o computador conta principalmente com a perícia dos seres humanos. O melhor conselho dos peritos humanos de como jogar cada abertura é copiado de livros e introduzido em tabelas de consulta para uso do computador. Além disso, os computadores também podem coletar estatísticas de um banco de dados de partidas previamente jogadas para ver que sequências de abertura conduzem a uma vitória na maioria das vezes. Nos movimentos iniciais há poucas possibilidades, e a maioria das posições estará na tabela. Normalmente, depois de 10 ou 15 movimentos alcançamos uma posição raramente vista, e o programa deve mudar do acesso à tabela de consulta para a busca.

Perto do fim do jogo há novamente poucas posições possíveis e, assim, mais chance de fazer acesso à tabela de consulta. Mas aqui é o computador que tem a experiência: a análise de computador de finais de jogos vai muito além de qualquer habilidade humana. Um ser humano pode dizer a estratégia geral para jogar um fim do jogo de rei e torre contra o rei (RTR) seguindo algumas regras simples. Outros finais, como rei, bispo e cavalo contra o rei (RBCR), são difíceis de dominar e não existe uma descrição sucinta da estratégia.

Um computador, por outro lado, pode *resolver* completamente o fim do jogo, produzindo uma **política**, que é um mapeamento de todos os estados possíveis para a melhor jogada nesse estado. Então o computador pode jogar com perfeição examinando o movimento correto nessa tabela. A tabela é construída pela busca **minimax retrógrado**: comece considerando todos os caminhos para colocar as peças RBCR no tabuleiro. Algumas das posições são vitórias para as brancas; marque-as dessa forma. Depois, reverta as regras do xadrez para retroceder em vez de mover. Qualquer movimento das brancas que, não importa com qual movimento as pretas respondam, termine em uma posição marcada como vitória deverá ser também uma vitória. Continue essa busca até que todas as posições possíveis estejam resolvidas como vitória, perda ou empate, e você terá uma tabela de acesso infalível para todos os finais de jogos com essas peças. Isso pode ser feito não apenas para finais do tipo RBCR, mas para todos os finais com sete ou menos peças. As tabelas contêm 400 trilhões de posições. Uma tabela para oito peças exigiria 40 quatrilhões de posições.

minimax retrógrado

5.4 Busca em árvore de Monte Carlo

O jogo de Go ilustra dois pontos fracos importantes da busca de árvore alfabeta heurística. Primeiro, o Go tem um fator de ramificação que começa com 361, o que significa que a busca alfabeta seria limitada a somente quatro ou cinco jogadas. Em segundo lugar, é difícil definir uma boa função de avaliação para o Go, pois o valor material não é um forte indicador e a maioria das posições está em constante mudança até o fim do jogo. Em resposta a esses dois desafios, os programas modernos de Go abandonaram a busca alfabeta e, em vez disso, usam uma estratégia chamada **busca em árvore de Monte Carlo** (MCTS do inglês *Monte Carlo Tree Search*).[3]

Busca em árvore de Monte Carlo (MCTS)

---

[3] Algoritmos de "Monte Carlo" são algoritmos randomizados, que receberam esse nome devido ao Cassino de Monte Carlo, em Mônaco.

A estratégia MCTS básica não utiliza uma função de avaliação heurística. Em vez disso, o valor de um estado é estimado como a utilidade média em uma série de **simulações** de jogos completos, começando pelo estado atual. Uma simulação (também chamada *playout* ou *rollout*) escolhe os movimentos primeiro para um jogador, depois para o outro, repetindo até que uma posição final seja alcançada. Nesse ponto, as regras do jogo (e não heurísticas falíveis) determinam quem ganhou ou perdeu e qual foi a pontuação. Para jogos em que os únicos resultados são uma vitória ou uma perda, a "utilidade média" é o mesmo que "porcentagem de vitórias".

Como podemos escolher os movimentos que serão feitos durante a simulação? Se escolhermos apenas aleatoriamente, depois de várias simulações obteremos uma resposta à pergunta "qual é a melhor jogada se ambos os jogadores jogarem aleatoriamente". Para alguns jogos simples, a mesma resposta serve para a pergunta "qual é o melhor movimento se os dois jogadores jogarem bem?", mas isso não é verdade na maioria dos jogos. Para obter informações úteis a partir da simulação, precisamos de uma **política de simulação** que direcione os movimentos para as boas jogadas. Para Go e outros jogos, as políticas de simulação foram aprendidas com sucesso a partir da técnica *self-play* (programa que joga contra ele mesmo) e usando redes neurais. Também podem ser usadas heurísticas específicas do jogo, como "considere os movimentos de captura" no xadrez ou "pegue o quadrado do canto" no Otelo.

Dada uma política de simulação, precisamos decidir duas coisas: de quais posições iniciamos as simulações e quantas simulações alocamos para cada posição? A resposta mais simples, chamada **busca de Monte Carlo pura**, é fazer N simulações a partir do estado atual do jogo e acompanhar qual dos movimentos possíveis a partir da posição atual tem o maior percentual de chance de vitória.

Para alguns jogos estocásticos, isso se afunila para uma jogada ótima à medida que N aumenta, mas, para a maioria dos jogos, não é suficiente – precisamos de uma **política de seleção** que enfoque seletivamente os recursos computacionais nas partes importantes da árvore de jogo. Ela equilibra dois fatores: **exploração** (*exploration*) dos estados que tiveram menos simulações, e **explotação** (*exploitation*) dos estados que funcionaram bem nas simulações anteriores, para chegar a uma estimativa mais exata de seu valor. (Ver seção 17.3 para mais informações sobre a diferença entre exploração/explotação.) A busca em árvore de Monte Carlo faz isso mantendo uma árvore de busca e aumentando-a a cada iteração das quatro etapas a seguir, como mostra a Figura 5.10:

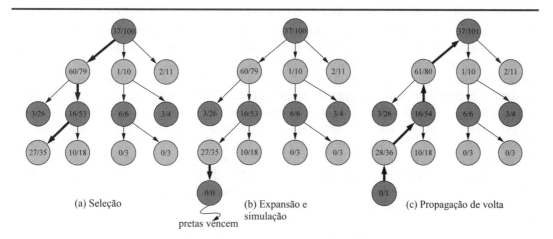

Figura 5.10 Iteração do processo de escolha de um movimento com a busca em árvore de Monte Carlo (MCTS), usando os limites de confiança superiores aplicados à métrica de seleção de árvores (UCT), mostrada depois que 100 iterações já tiverem sido realizadas. Em (a), selecionamos os movimentos, descendo pela árvore e terminando no nó folha marcado como 27/35 (para 27 vitórias para as pretas dentre 35 simulações). Em (b), expandimos o nó selecionado e realizamos uma simulação, que termina em uma vitória para as pretas. Em (c), os resultados da simulação são propagados de volta na árvore.

- **Seleção**: partindo da raiz da árvore de busca, selecionamos um movimento (com base na política de seleção), levando a um nó sucessor, e repetimos esse processo, descendo na árvore até uma folha. A Figura 5.10(a) mostra uma árvore de busca com a raiz representando um estado em que as brancas acabaram de se mover e as brancas venceram 37 das 100 simulações realizadas até agora. A seta em negrito mostra a seleção de um movimento das pretas que leva a um nó onde as pretas vencem 60/79 simulações. Essa é a melhor porcentagem de vitória entre os três lances; portanto, selecioná-la é um exemplo de explotação. Mas também seria razoável selecionar o nó 2/11 para fins de exploração – com apenas 11 simulações, o nó ainda tem alta incerteza em sua avaliação e pode acabar sendo o melhor se obtivermos mais informações sobre ele. A seleção continua até o nó folha marcado como 27/35.
- **Expansão**: aumentamos a árvore de busca gerando um novo filho do nó selecionado; a Figura 5.10(b) mostra o novo nó marcado com 0/0. (Algumas versões geram mais de um filho nessa etapa.)
- **Simulação**: realizamos uma simulação a partir do nó filho recém-gerado, escolhendo movimentos para os dois jogadores de acordo com a política de simulação. Esses movimentos *não* são registrados na árvore de busca. Na figura, a simulação resulta em uma vitória das pretas.
- **Propagação de volta** (*back-propagation*): agora usamos o resultado da simulação para atualizar todos os nós da árvore de busca desse ponto até a raiz. Como as pretas venceram na simulação, os nós pretos são aumentados tanto no número de vitórias quanto no número de simulações; portanto, 27/35 torna-se 28/36 e 60/79 torna-se 61/80. Como as brancas perdem, os nós brancos são incrementados apenas no número de simulações, de modo que 16/53 torna-se 16/54 e a raiz 37/100 torna-se 37/101.

Repetimos essas quatro etapas, seja por um número determinado de iterações ou até que o tempo alocado tenha se expirado, e então devolvemos o movimento com o número mais alto de simulações.

UCT

UCB1

Uma política de seleção bastante eficaz é chamada "limites de confiança superiores aplicados a árvores", ou **UCT** (*upper confidence bounds applied to trees*). A política avalia cada movimento possível com base em uma fórmula do limite de confiança superior, chamada **UCB1**. (Ver mais detalhes na seção 17.3.3.) Para um nó n, a fórmula é:

$$UCB1(n) = \frac{U(n)}{N(n)} + C \times \sqrt{\frac{\log N(\text{PAI}(n))}{N(n)}}$$

em que $U(n)$ é a utilidade total de todas as simulações que passaram pelo nó n, $N(n)$ é o número de simulações até o nó n, e PAI(n) é o nó pai de n na árvore. Desse modo, $\frac{U(n)}{N(n)}$ é o termo de explotação: a utilidade média de n. O termo com raiz quadrada é o termo de exploração: ele tem a contagem $N(n)$ no denominador, o que significa que o termo será alto para os nós que foram explorados poucas vezes. No numerador, ele contém o logaritmo do número de vezes que exploramos o pai de n. Isso significa que, se selecionarmos n por alguma porcentagem do tempo diferente de zero, o termo de exploração tende a zero à medida que as contagens aumentam e, eventualmente, as simulações são dadas ao nó com a mais alta utilidade média.

C é uma constante que equilibra explotação e exploração. Há um argumento teórico de que C deveria ser $\sqrt{2}$, mas na prática os programadores de jogos experimentam diversos valores para C e escolhem aquele que tem o melhor desempenho. (Alguns programas usam fórmulas ligeiramente diferentes; p. ex., ALPHAZERO adiciona um termo para probabilidade de movimento, que é calculado por uma rede neural treinada a partir de um jogo anterior de *self-play*.) Com $C = 1,4$, o nó 60/79 da Figura 5.10 tem a pontuação UCB1 mais alta, mas, com $C = 1,5$, este seria o nó 2/11.

A Figura 5.11 mostra o algoritmo UCT MCTS completo. Quando as iterações terminam, o movimento com o número mais alto de simulações é devolvido. Pode-se pensar que seria melhor devolver o nó com a utilidade média mais alta, mas a ideia é que um nó com 65/100 vitórias é melhor do que um com 2/3 vitórias, já que este último tem muita incerteza. De qualquer maneira, a fórmula UCB1 garante que o nó com mais simulações é quase sempre o nó com o mais alto percentual de vitória, pois o processo de seleção favorece o percentual de vitória cada vez mais, à medida que o número de simulações aumenta.

função ÁRVORE-BUSCA-MONTE-CARLO(*estado*) **devolve** *uma ação*
   árvore ← NÓ(*estado*)
   enquanto RESTA-TEMPO() **faça**
     folha ← SELECIONAR(*árvore*)
     filho ← EXPANDIR(*folha*)
     resultado ←SIMULAR(*filho*)
     PROPAGAR-DE-VOLTA(*resultado*, *filho*)
   devolve o movimento em AÇÕES(*estado*) cujo nó tem mais simulações

Figura 5.11 Algoritmo de busca em árvore de Monte Carlo. Primeiro é inicializada uma árvore de jogo, *árvore*, e depois repetimos um ciclo de SELECIONAR / EXPANDIR / SIMULAR / PROPAGAR-DE-VOLTA, até que o tempo se esgote, e devolvemos o movimento que levou ao nó com a maior quantidade de simulações.

O tempo para calcular uma simulação é linear (e não exponencial) na profundidade da árvore de jogo, pois apenas um movimento é tomado em cada ponto de escolha. Isso nos dá muito tempo para várias simulações. Por exemplo, considere um jogo com um fator de ramificação de 32, em que um jogo tenha em média 100 jogadas. Se tivermos recurso computacional suficiente para considerar um bilhão de estados de jogo antes de fazermos um movimento, então o minimax poderá alcançar uma profundidade de seis jogadas, alfabeta com ordenação perfeita de movimentos, 12 jogadas, e a busca de Monte Carlo pode realizar 10 milhões de simulações. Qual será a melhor abordagem? Isso depende da acurácia da função heurística *versus* as políticas de seleção e simulação.

A sabedoria tradicional tem sido que a busca de Monte Carlo tem uma vantagem sobre a alfabeta para jogos como Go, em que o fator de ramificação é muito alto (e, portanto, a busca alfabeta não pode buscar com profundidade suficiente), ou quando é difícil definir uma boa função de avaliação. O que a busca alfabeta faz é escolher o caminho para um nó que tem o valor de função de avaliação mais alto possível, visto que o oponente tentará minimizar a pontuação. Portanto, se a função de avaliação for imprecisa, a busca alfabeta será imprecisa. Um erro de cálculo em um único nó pode levar a busca alfabeta a escolher erroneamente (ou evitar) um caminho para esse nó. Mas a busca de Monte Carlo depende do agregado de muitas simulações; logo, não é tão vulnerável a um único erro. É possível combinar MCTS e funções de avaliação fazendo uma simulação para um certo número de movimentos, mas depois truncando a simulação e aplicando uma função de avaliação.

Também é possível combinar aspectos da busca alfabeta e Monte Carlo. Por exemplo, em jogos que podem durar por muitos movimentos, podemos querer usar o **término antecipado da simulação**, em que interrompemos uma simulação que está fazendo muitos movimentos, e avaliamos o estado atual com uma função de avaliação heurística, ou simplesmente declaramos um empate.

> Término antecipado da simulação

A busca de Monte Carlo pode ser aplicada a jogos totalmente novos, em que não existe conhecimento prévio para a definição de uma função de avaliação. Desde que conheçamos as regras do jogo, a busca de Monte Carlo não precisa de qualquer informação adicional. Embora as políticas de seleção e simulação possam fazer bom uso do conhecimento especializado quando estiver disponível, boas políticas podem ser aprendidas usando redes neurais treinadas com a técnica de *self-play*.

A busca de Monte Carlo não é vantajosa quando for provável que um único movimento possa alterar o curso do jogo, porque a natureza estocástica da busca de Monte Carlo significa que ela pode falhar em considerar esse movimento. Em outras palavras, a poda Tipo B na busca de Monte Carlo significa que uma sequência vital de jogadas pode nem sequer ser explorada. A busca de Monte Carlo também tem uma desvantagem quando existem estados do jogo que são "obviamente" uma vitória para um lado ou para o outro (de acordo com o conhecimento humano e para uma função de avaliação), mas quando ainda serão necessários muitos movimentos em uma simulação para verificar o vencedor. Há muito se sustentava que a busca alfabeta era mais adequada para jogos como xadrez com baixo fator de ramificação e boas funções de avaliação, mas recentemente as abordagens de Monte Carlo demonstraram sucesso no xadrez e em outros jogos.

150 **Inteligência Artificial**

A ideia geral de simular movimentos no futuro, observando os resultados, e usar os resultados para determinar quais movimentos são bons é um tipo de **aprendizado por reforço**, que é abordado no Capítulo 22.

5.5 Jogos estocásticos

Jogos estocásticos

Jogos estocásticos nos levam um pouco mais para perto da imprevisibilidade da vida real, incluindo um elemento aleatório, como o lançamento de dados. O gamão é um jogo estocástico típico, que combina sorte e habilidade. Na posição do jogo de gamão representada na Figura 5.12, as peças brancas tiveram um lançamento de dados com 6 e 5 pontos, e têm quatro movimentos possíveis (cada um movendo uma peça para a frente, em sentido horário, por cinco posições, e uma peça para a frente por seis posições).

Nesse ponto do jogo, o jogador com as pretas sabe quais são seus próprios movimentos válidos, mas ele não sabe qual será o lançamento de dados das brancas e, portanto, não sabe quais serão os movimentos válidos das brancas. Isso significa que o jogador com as pretas não pode construir uma árvore de jogo padrão do tipo que vimos em xadrez e no jogo da velha.

Nós de chance

Uma árvore de jogo em gamão deve incluir **nós de chance** além de nós MAX e MIN. Os nós de chance são mostrados como círculos na Figura 5.13. As ramificações que saem de cada nó de chance indicam as jogadas de dados possíveis, e cada uma é identificada com a jogada e com a chance de que ela ocorra. Existem 36 maneiras de lançar dois dados, todas igualmente prováveis; porém, como 6-5 é igual a 5-6, existem apenas 21 lançamentos distintos. Os seis dobrados (1-1 a 6-6) têm chance de 1/36; dizemos então que $P(1\text{-}1) = 1/36$. Os outros 15 lançamentos distintos têm probabilidade de 1/18 cada.

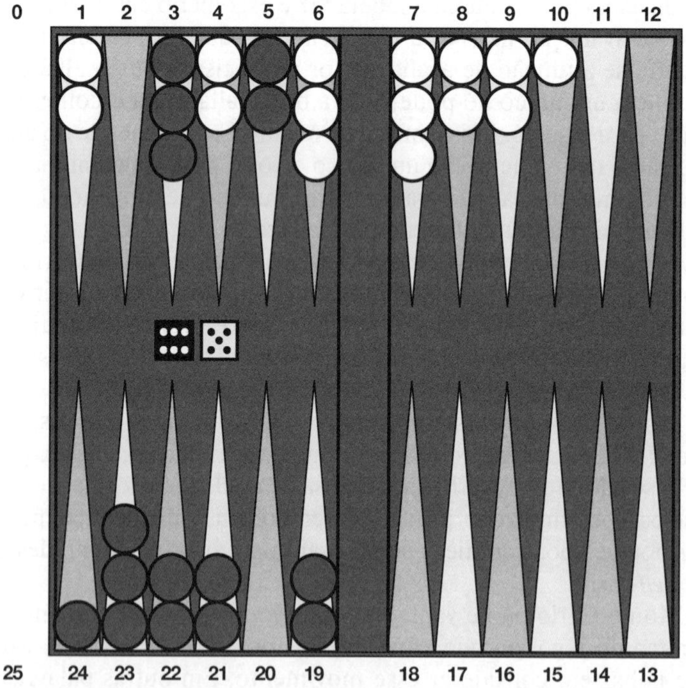

Figura 5.12 Posição típica no jogo de gamão. O objetivo do jogo é mover todas as peças para fora do tabuleiro. As peças pretas se movimentam no sentido horário (para a direita) até a posição 25, e as brancas se movimentam no sentido anti-horário (para a esquerda) até 0. Uma peça pode se mover para qualquer posição, a menos que existam várias peças oponentes nessa posição; se houver um oponente, ele será capturado e terá de recomeçar. Na posição mostrada, as pretas obtiveram 6 e 5 nos dados e devem escolher entre quatro movimentos válidos: (5-11, 5-10), (5-11, 19-24), (5-10, 10-16) e (5-11, 11-16), e a notação (5-11, 11-16) significa mover uma peça da posição 5 para a posição 11 e depois mover uma peça da posição 11 para a posição 16.

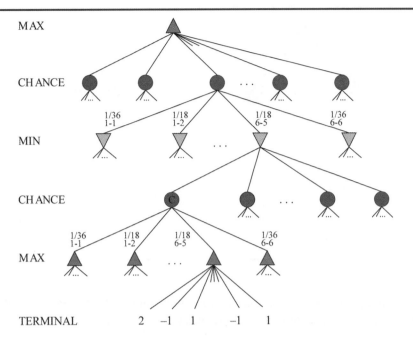

Figura 5.13 Árvore de jogo esquemática para uma posição de gamão.

A próxima etapa é entender como tomar decisões corretas. É óbvio que desejamos escolher o movimento que leve à melhor posição. Porém, as posições não têm valores minimax definidos. Em vez disso, podemos apenas calcular o **valor esperado** de uma posição: a média sobre todos os resultados possíveis dos nós de chance.

Valor esperado

Isso nos leva a generalizar o valor minimax para jogos determinísticos para um **valor minimax esperado** para jogos com nós de chance. Nós terminais e nós de MAX e MIN funcionam exatamente do mesmo modo que antes (com a ressalva de que os movimentos válidos para MAX e MIN dependerão do resultado dos dados no nó de chance anterior). Para os nós de chance calculamos o valor esperado, que é a soma do valor de todos os resultados, ponderada pela probabilidade de cada ação de chance:

Valor minimax esperado

MINIMAX-ESPERADO $(s) =$
$$\begin{cases} \text{UTILIDADE}(s, \text{MAX}) & \text{se É-TÉRMINO}(s) \\ \max_a \text{MINIMAX-ESPERADO RESULTADO}(s, a)) & \text{se JOGADOR}(s) = \text{MAX} \\ \min_a \text{MINIMAX-ESPERADO RESULTADO}(s, a)) & \text{se JOGADOR}(s) = \text{MIN} \\ \sum_r P(r) \text{MINIMAX-ESPERADO RESULTADO}(s, r)) & \text{se JOGADOR}(s) = \text{CHANCE} \end{cases}$$

em que r representa um possível lançamento de dados (ou outro evento de chance) e RESULTADO(s, r) é o mesmo estado que s, com o fato adicional de que o resultado do lançamento de dados é r.

5.5.1 Funções de avaliação para jogos de chance

Como ocorre no caso de minimax, a aproximação óbvia a fazer com minimax esperado é interromper a busca em certo ponto e aplicar uma função de avaliação a cada folha. Poderíamos pensar que as funções de avaliação de jogos como gamão devem ser exatamente como as funções de avaliação para xadrez – elas só precisam fornecer pontuações mais altas para as melhores posições. Porém, na verdade, a presença de nós de chance significa que temos de ser mais cuidadosos sobre o significado dos valores de avaliação.

A Figura 5.14 mostra o que acontece: com uma função de avaliação que atribui valores [1, 2, 3, 4] às folhas, o movimento a_1 é melhor; com valores [1, 20, 30, 400], o movimento

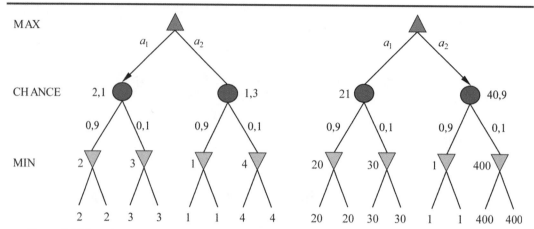

Figura 5.14 Transformação com preservação da ordem em valores de folhas altera o melhor movimento.

a_2 é melhor. Consequentemente, o programa se comportará de forma bastante diferente, se fizermos uma mudança em alguns valores de avaliação, ainda que a ordem de preferência permaneça a mesma.

Ocorre que, para evitar esse problema, a função de avaliação precisa devolver valores que sejam uma transformação linear positiva da **probabilidade** de vencer (ou da utilidade esperada, para jogos com resultados que não sejam apenas vencer ou perder). Essa relação com a probabilidade é uma propriedade importante e geral de situações em que a incerteza está envolvida, como veremos com mais detalhes no Capítulo 16.

Se o programa conhecesse com antecedência todos os lançamentos de dados que ocorreriam no restante do jogo, a resolução de um jogo com dados seria muito semelhante à resolução de um jogo sem dados, o que minimax faz no tempo $O(b^m)$, em que b é o fator de ramificação e m é a profundidade máxima da árvore de jogo. Como minimax esperado também está considerando todas as sequências de lançamentos de dados possíveis, ele levará o tempo $O(b^m n^m)$, sendo n o número de lançamentos distintos.

Ainda que a profundidade da busca fosse limitada a alguma profundidade pequena d, o custo extra comparado com o de minimax tornaria pouco realista considerar a possibilidade de examinar uma distância muito grande à frente na maioria dos jogos de azar. Em gamão, n é 21 e b geralmente é cerca de 20, mas, em algumas situações, ele pode chegar a 4 mil em lançamentos de dados que resultam em valores duplos. Talvez pudéssemos gerenciar apenas uma busca até três jogadas.

Outro modo de pensar no problema é este: a vantagem da busca alfabeta é que ela ignora desenvolvimentos futuros que simplesmente não irão acontecer, dada a melhor jogada. Desse modo, ela se concentra em ocorrências prováveis. Porém, em jogos em que um lançamento de dois dados precede cada movimento, não há *nenhuma* sequência provável de movimentos; até mesmo o movimento mais provável ocorre apenas 2/36 do tempo, porque, para esse movimento ocorrer, os dados primeiro teriam de cair da maneira correta para que o movimento fosse válido. Esse é um problema geral sempre que a incerteza entra em cena: as possibilidades são enormemente multiplicadas, e a formação de planos de ação detalhados se torna inútil porque o mundo talvez não acompanhe o jogo.

Sem dúvida deve ter ocorrido ao leitor que talvez algo como a poda alfabeta poderia ser aplicada a árvores de jogos com nós de chance. Na verdade, isso é possível. A análise para nós de MIN e MAX fica inalterada, mas também podemos podar nós de chance, usando alguma ingenuidade. Considere o nó de chance C da Figura 5.13 e o que acontece ao seu valor à medida que avaliamos seus filhos. É possível encontrar um limite superior sobre o valor de C antes de examinarmos todos os seus filhos? (Lembre-se de que alfabeta precisa disso para podar um nó e sua subárvore.)

À primeira vista, isso pode parecer impossível, visto que o valor de C é a *média* dos valores de seus filhos e, a fim de calcular a média de um conjunto de números, temos que verificar todos os números. No entanto, se impusermos limites sobre os valores possíveis da função utilidade, poderemos chegar a limites para a média sem verificar cada um dos números. Por exemplo, se considerarmos que todos os valores de utilidade estão entre –2 e +2, o valor dos nós de folha será limitado e, nesse caso, *poderemos* impor um limite superior sobre o valor de um nó de chance sem examinar todos os seus filhos.

Em jogos em que o fator de ramificação para os nós de chance é alto – considere um jogo como Yahtzee, em que cinco dados são lançados em cada jogada – você pode considerar a poda para frente, que amostra um número menor das possíveis ramificações de chance. Ou, então, você pode evitar completamente o uso de uma função de avaliação e, em vez disso, optar pela busca em árvores de Monte Carlo, onde cada simulação inclui lançamentos de dados aleatórios.

5.6 Jogos parcialmente observáveis

Bobby Fischer declarou que "xadrez é guerra", mas falta no xadrez pelo menos uma característica importante de guerras reais, chamada **observabilidade parcial**. Em *Sob a névoa da guerra* (documentário *Fog of war*), o paradeiro das unidades inimigas é muitas vezes desconhecido até ser revelado pelo contato direto. Como resultado, a guerra inclui o uso de observadores e espiões para colher informações e uso de dissimulação e blefe para confundir o inimigo.

Os jogos parcialmente observáveis compartilham essas características e são, portanto, qualitativamente diferentes dos jogos descritos nas seções anteriores. *Videogames*, como Star-Craft, são particularmente desafiadores, sendo parcialmente observáveis, multiagentes, não determinísticos, dinâmicos e desconhecidos.

Em jogos *determinísticos* parcialmente observáveis, a incerteza sobre o estado do tabuleiro resulta inteiramente da falta de acesso às escolhas feitas pelo adversário. Essa categoria inclui os jogos infantis, como batalha naval (em que cada jogador coloca os navios em locais escondidos do adversário) e Stratego (no qual a localização das peças é conhecida, mas os tipos das peças permanecem ocultos). Vamos examinar o jogo de **Kriegspiel**, uma variante parcialmente observável do xadrez em que as peças ficam completamente invisíveis ao adversário. Outros jogos também têm versões parcialmente observáveis: Go Fantasma, Jogo da Velha Fantasma, e *Screen Shogi*.

5.6.1 Kriegspiel: xadrez parcialmente observável

As regras do Kriegspiel são as seguintes: brancas e pretas veem um tabuleiro que contém apenas suas próprias peças. Um árbitro, que pode ver todas as peças, julga o jogo e faz anúncios periódicos que os dois jogadores escutam. Primeiro, as brancas propõem ao árbitro qualquer movimento que seria válido se não houvesse peças pretas. Se as peças pretas impedirem o movimento, o árbitro anuncia "ilegal". Nesse caso, as brancas continuam propondo movimentos até que seja encontrado um movimento válido – e assim aprendem mais sobre a localização das peças pretas no processo.

Uma vez que seja proposto um lance válido, o árbitro anuncia uma ou mais das seguintes opções: "Captura no quadrado X" se houver uma captura, e "Xeque por D" se o rei preto estiver em xeque, em que D é a direção do xeque e pode ser um dos "cavalos", "linha", "coluna", "diagonal longa" ou "diagonal curta". Se as pretas estiverem em posição de xeque-mate ou presas, o árbitro avisa; caso contrário, é a vez do lance das pretas.

O Kriegspiel pode parecer terrivelmente impossível, mas os humanos o gerenciam muito bem e os programas de computador estão começando a alcançá-lo. Isso ajuda a lembrar a noção de **estado de crença**, como definido na seção 4.4 e ilustrado na Figura 4.14 – o conjunto de todos os estados *logicamente possíveis* do tabuleiro, dado o histórico completo das percepções até o momento. Inicialmente, o estado de crença das brancas é um único estado porque as peças pretas ainda não se moveram. Após um movimento das brancas e uma resposta das pretas, o estado de crença das brancas contém 20 posições, porque as pretas têm 20 respostas a qualquer movimento das brancas. Manter o controle do estado de crença no decorrer do jogo é exatamente o problema da **estimativa de estado**, para o qual a etapa de atualização é dada na Equação 4.6, na seção 4.4.4. Podemos mapear a estimativa de estado do Kriegspiel diretamente para o modelo parcialmente observável, não determinístico da seção 4.4, se considerarmos o adversário como fonte de não determinismo, ou seja, os RESULTADOS do movimento das brancas são compostos do resultado (previsível) do próprio movimento das brancas e pelo resultado imprevisível dado pela resposta das pretas.[4]

Dado um estado de crença atual, as brancas podem perguntar: "Posso ganhar o jogo". Para um jogo parcialmente observável, a noção de **estratégia** é alterada; em vez de especificar um movimento a ser feito para cada *movimento* possível que o adversário possa fazer, precisamos de um movimento para cada *sequência de percepção* possível que possa ser recebida.

Xeque-mate garantido

Para o Kriegspiel, uma estratégia vencedora, ou **xeque-mate garantido**, é aquela que, para cada sequência de percepção possível, leva a um xeque-mate real para cada estado possível do tabuleiro no estado de crença atual, independentemente da forma como o adversário se move. Com essa definição, o estado de crença do adversário é irrelevante – a estratégia tem que funcionar, mesmo que o adversário possa ver todas as peças. Isso torna o cálculo bem mais simples. A Figura 5.15 mostra parte de um xeque-mate garantido para um fim de jogo RTR (rei, torre contra rei). Nesse caso, as pretas têm apenas uma peça (o rei); assim, um estado de crença para as brancas pode ser mostrado em um tabuleiro único marcando cada posição possível do rei preto.

O algoritmo genérico de busca E-OU pode ser aplicado no espaço de estado de crença para encontrar os xeques-mates garantidos, como na seção 4.4. O algoritmo de estado de crença incremental, mencionado na seção 4.4.2, muitas vezes encontra xeques-mates no meio do jogo até uma profundidade 9 – muito além da habilidade dos jogadores humanos.

Xeque-mate probabilístico

Além dos xeques-mates garantidos, o Kriegspiel admite um conceito inteiramente novo que não faz sentido em jogos totalmente observáveis: **xeque-mate probabilístico**. Ainda é requerido que esses xeques-mates funcionem em cada estado do tabuleiro no estado de crença; são probabilísticos com respeito à randomização dos movimentos do jogador vencedor. Para entender a ideia básica, considere o problema de encontrar um rei preto solitário utilizando apenas o rei branco. Simplesmente movendo-se de forma aleatória, o rei branco *eventualmente* dará de cara com o rei preto, mesmo que este último tente evitar esse destino, pois as pretas não podem se manter imaginando movimentos evasivos corretos indefinidamente. Na terminologia da teoria da probabilidade, a detecção ocorre *com probabilidade* 1.

O fim de jogo RBCR – rei, bispo e cavalo, contra o rei – está ganho nesse sentido; as brancas apresentam para as pretas uma sequência infinita aleatória de escolhas, para uma das quais as pretas vão adivinhar incorretamente e revelar sua posição, levando ao xeque-mate. O fim do jogo RBBR, por outro lado, está ganho com probabilidade $1 - \epsilon$. As brancas só podem forçar uma vitória deixando um de seus bispos sem proteção por um movimento. Se as pretas estiverem no lugar certo e capturarem o bispo (um movimento que seria inválido se os bispos estivessem protegidos), a partida estará empatada. As brancas podem optar por um movimento arriscado em algum ponto escolhido aleatoriamente no meio de uma sequência muito longa, reduzindo assim ϵ a uma constante arbitrariamente pequena, mas não pode reduzir ϵ para zero.

Xeque-mate acidental

Às vezes, uma estratégia de xeque-mate funciona para *alguns* dos estados do tabuleiro no estado de crença atual, mas não para outros. Tentar essa estratégia pode ter sucesso, levando a um **xeque-mate acidental** – acidental no sentido de que as brancas não poderiam *saber* que seria xeque-mate – se as peças pretas estiverem nos lugares certos. (A maioria dos xeques-mates em jogos entre os seres humanos é dessa natureza acidental.) Essa ideia leva naturalmente à questão de *quão provável* é que determinada estratégia irá vencer, o que, por sua vez, leva à questão de *quão provável é* que cada estado do tabuleiro, no estado de crença atual, é o verdadeiro estado do tabuleiro.

Uma primeira inclinação deverá ser propor que todas as posições do tabuleiro, no estado de crença atual, sejam igualmente prováveis, mas isso pode não estar certo. Considere, por exemplo, o estado de crença das brancas após o primeiro lance do jogo das pretas.

---

[4] Às vezes, o estado de crença vai se tornar muito grande para representar apenas uma lista de estados de tabuleiro, mas vamos ignorar essa questão por ora; os Capítulos 7 e 8 sugerem um método para representar compactamente os estados de crença muito grandes.

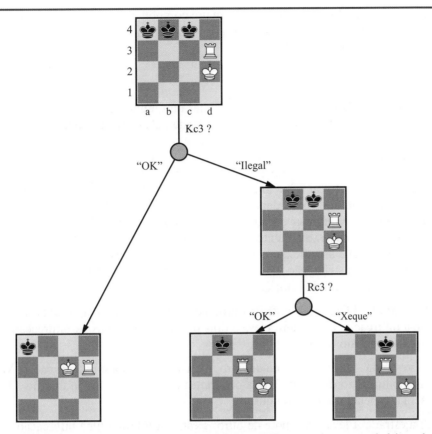

Figura 5.15 Parte de um xeque-mate garantido no fim de jogo RTR, mostrado em um tabuleiro reduzido. No estado de crença inicial, o rei preto está em uma das três localizações possíveis. Mediante uma combinação de movimentos de sondagem, a estratégia se reduz para um. A conclusão do xeque-mate é deixada como exercício.

Por definição (supondo que as pretas joguem de forma ótima), as pretas devem ter jogado um ótimo movimento, e assim deveria ser atribuída uma probabilidade zero a todas as posições do tabuleiro resultantes de movimentos subótimos.

Esse argumento também não está muito certo, porque o objetivo de *cada jogador não é apenas mover as peças para os quadrados corretos, mas também minimizar a informação que o adversário tem sobre sua localização*. Jogar qualquer estratégia "ótima" *previsível* fornece informações ao adversário. Por isso, a jogada ótima em jogos parcialmente observáveis requer uma disposição para jogar de alguma forma *aleatória*. (É por isso que os inspetores da vigilância sanitária fazem visitas de inspeção *aleatórias* nos estabelecimentos.) Isso significa selecionar ocasionalmente movimentos que podem parecer "intrinsecamente" fracos – mas eles ganham força a partir de sua grande imprevisibilidade, porque é improvável que o adversário tenha preparado qualquer defesa contra eles.

Partindo dessas considerações, parece que as probabilidades associadas com as posições do tabuleiro no estado de crença atual só podem ser calculadas a partir de uma estratégia ótima randomizada; por sua vez, o cálculo dessa estratégia parece exigir o conhecimento das probabilidades dos diversos estados em que o tabuleiro possa estar. Esse enigma pode ser resolvido adotando a noção da teoria dos jogos de uma solução de **equilíbrio**, que será explicada no Capítulo 17. Um equilíbrio especifica uma estratégia ótima randomizada para cada jogador. O cálculo de equilíbrios é muito caro para o Kriegspiel. Atualmente, o projeto de algoritmos efetivos para o jogo geral de Kriegspiel é um tópico de pesquisa em aberto. A maioria dos sistemas realiza a busca para frente em profundidade limitada em seu próprio espaço de estado de crença, ignorando o estado de crença do adversário. As funções de avaliação são

156 Inteligência Artificial

semelhantes às do jogo observável, mas incluem um componente para o tamanho do estado de crença – quanto menor, melhor! Voltaremos aos jogos parcialmente observáveis sob o tópico da Teoria dos Jogos, na seção 18.2.

5.6.2 Jogos de cartas

Jogos de cartas como *bridge*, *whist*, *hearts* e pôquer dão muitos exemplos de observabilidade parcial *estocástica*, onde a falta de informação é gerada pela distribuição aleatória de cartas.

À primeira vista, pode parecer que esses jogos de cartas são como jogos de dados: as cartas são distribuídas de forma aleatória e determinam as jogadas disponíveis para cada jogador, mas todos os "dados" são jogados no início! Mesmo que essa analogia acabe sendo incorreta, ela sugere um algoritmo: tratar o início do jogo como um nó de chance com cada lançamento possível como um resultado, para depois usar a fórmula do MIMIMAX-ESPERADO para escolher a melhor jogada. Nessa estratégia, observe que o único nó de chance é o nó raiz: depois disso, o jogo torna-se totalmente observável. Essa estratégia às vezes é chamada *média sobre clarividência* porque assume que o jogo vai se tornar observável para ambos os jogadores imediatamente após a distribuição das cartas. Apesar de seu apelo intuitivo, a estratégia pode se perder. Considere a seguinte estória:

Dia 1: a estrada *A* leva a um pote de ouro; a estrada *B* leva a uma bifurcação. Você pode ver que a bifurcação da esquerda leva a dois potes de ouro, mas na bifurcação da direita você será atropelado por um ônibus.

Dia 2: a estrada *A* leva a um pote de ouro; a estrada *B* leva a uma bifurcação. Você pode ver que a bifurcação da direita leva a dois potes de ouro, mas na bifurcação da esquerda você será atropelado por um ônibus.

Dia 3: a estrada *A* leva a um pote de ouro; a estrada *B* leva a uma bifurcação. Um ramo da bifurcação leva a dois potes de ouro, mas, se seguir o outro, será atropelado por um ônibus. Infelizmente, você não sabe qual é qual.

A média sobre clarividência leva ao seguinte raciocínio: no dia 1, *B* é a escolha certa; no dia 2, *B* é a escolha certa; no dia 3, a situação é a mesma que a do dia 1 ou 2, então *B* deverá ser ainda a escolha certa.

Agora podemos ver como uma média sobre a clarividência falha: ela não considera o *estado de crença* em que o agente estará depois da ação. Um estado de crença de total ignorância não é desejável, especialmente quando uma possibilidade certa é a morte. Por assumir automaticamente que cada estado futuro será de conhecimento perfeito, a abordagem da clarividência nunca seleciona ações que *coletam informações* (como o primeiro lance na Figura 5.15); nem vai escolher as ações que escondem informação do adversário ou fornecem informação a um parceiro, porque pressupõe que eles já conhecem as informações; e nunca vai **blefar** no pôquer,[5] pois assume que o adversário pode ver suas cartas. No Capítulo 17, vamos mostrar como construir algoritmos que fazem todas essas coisas para resolver o verdadeiro problema de decisão parcialmente observável, resultando em uma estratégia de equilíbrio ótima (ver seção 18.2).

> Blefar

Apesar das desvantagens, a média sobre a clarividência pode ser uma estratégia eficaz, com alguns truques para que ela funcione melhor. Na maioria dos jogos de carta, o número de mãos possíveis é bastante grande. Por exemplo, no jogo de *bridge*, cada jogador vê apenas duas das quatro mãos; existem duas mãos que não são vistas, de 13 cartas cada; então o número de mãos é $\binom{26}{13} = 10.400.600$. A resolução de uma mão é muito difícil, por isso resolver 10 milhões está fora de questão. Uma forma de lidar com esse número enorme é com a **abstração**: ou seja, tratando mãos semelhantes como idênticas. Por exemplo, é muito importante saber quais ases e reis se encontram em uma mão, mas se a mão contém um 4 ou um 5 não é tão importante, e pode ser desconsiderado.

Outra forma de lidar com esse grande número é com a poda antecipada: considere apenas uma pequena amostra aleatória de *N* mãos, e novamente calcule a pontuação MINIMAX-ESPERADO. Mesmo para *N* relativamente pequeno – digamos, de 100 a 1.000 – esse método

---

[5] Blefar – apostar que uma mão é boa, mesmo quando não é – é uma estratégia essencial do jogo de pôquer.

dá uma boa aproximação. Pode também ser aplicado a jogos determinísticos, como o de Kriegspiel, em que fazemos a amostragem sobre os estados possíveis do jogo, em vez das mãos, desde que tenhamos alguma forma de estimar a probabilidade de cada estado. Também pode ser útil realizar a busca heurística com um corte em profundidade, em vez de buscar a árvore de jogo inteira.

Até aqui consideramos que cada rodada é igualmente provável. Isso faz sentido para jogos como *whist* e *hearts*. Mas, para o *bridge*, o jogo é precedido por uma fase de leilão, em que cada equipe indica quantos *tricks* espera ganhar. Como os jogadores fazem seus lances com base em suas cartas, os outros jogadores aprendem mais sobre a probabilidade $P(s)$ de cada lance. Levar isso em conta para decidir como jogar a mão é complicado, pelas razões mencionadas em nossa descrição do Kriegspiel: os jogadores podem fazer suas ofertas, na fase de leilão, de forma a minimizar a informação transmitida aos seus adversários.

Os computadores atingiram um nível de desempenho sobre-humano no pôquer. O programa de pôquer Libratus enfrentou quatro dos melhores jogadores de pôquer do mundo em uma partida de 20 dias Texas Hold' em ilimitado e derrotou todos eles de forma decisiva. Uma vez que existe um número grande de estados possíveis no pôquer, o Libratus usa a abstração para reduzir o espaço de estados: ele pode considerar que as duas mãos AAA72 e AAA64 são equivalentes (ambas são "três ases e algumas cartas baixas"), e pode considerar uma aposta de 200 dólares igual a 201 dólares. Mas o Libratus também monitora os outros jogadores e, se detectar que estão explorando uma abstração, fará alguns cálculos adicionais durante a noite para tapar esse buraco. No geral, ele usou 25 milhões de horas de CPU em um supercomputador para se sair vitorioso.

Os custos computacionais incorridos pelo Libratus (e custos semelhantes pelo ALPHA-ZERO e outros sistemas) sugerem que o jogo do campeão mundial pode não ser alcançável para pesquisadores com orçamento limitado. Até certo ponto isso é verdade: assim como você não conseguirá montar um carro de corrida de Fórmula 1 com peças de reposição da sua garagem, há uma vantagem em ter acesso a supercomputadores ou *hardware* especializado, como as TPUs (*tensor processing units* – unidades de processamento de tensor). Isso pode ser visto especialmente quando um sistema é treinado, mas o treinamento também pode ser feito por meio de *crowdsourcing* (contribuição ou colaboração coletiva). Por exemplo, o sistema de código aberto LEELAZERO é uma reimplementação do ALPHAZERO que treina com *self-play* nos computadores dos participantes voluntários. Uma vez treinado, os requisitos computacionais para torneios do jogo real são modestos. O ALPHASTAR venceu jogos de StarCraft II usando um *desktop* comum com uma única GPU, e o ALPHAZERO poderia ter sido executado desse modo.

5.7 Limitações dos algoritmos de busca nos jogos

Uma vez que o cálculo de decisões ótimas é intratável em jogos complexos, todos os algoritmos devem fazer algumas suposições e aproximações. A busca alfabeta usa a função de avaliação heurística como uma aproximação, e a busca de Monte Carlo calcula uma média aproximada sobre uma seleção aleatória de jogadas. A escolha do algoritmo a ser usado depende, em parte, das características de cada jogo: quando o fator de ramificação é alto ou quando é difícil definir uma função de avaliação, a busca de Monte Carlo é preferível. Contudo, os dois algoritmos sofrem de limitações fundamentais.

Uma limitação da busca alfabeta é sua vulnerabilidade a erros na função heurística. A Figura 5.16 mostra uma árvore de jogo de duas jogadas para a qual o minimax sugere tomar o ramo da direita, porque 100 > 99. Esse é o lance correto se todas as avaliações forem exatas. Mas, vamos supor que a avaliação de cada nó tenha um erro que é independente de outros nós e aleatoriamente distribuído com desvio-padrão σ. Então, quando $\sigma = 5$, o ramo esquerdo é realmente melhor 71% do tempo e 58% do tempo quando $\sigma = 2$ (porque uma das quatro folhas do lado direito provavelmente ficará abaixo de 99 nesses casos). Se os erros na função de avaliação *não* forem independentes, então as chances de se cometer um engano aumentam. É difícil compensar isso, pois não temos um bom modelo das dependências entre os valores dos nós irmãos.

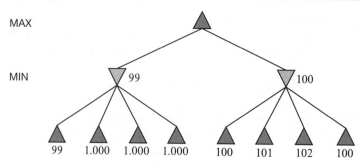

Figura 5.16 Árvore de jogo de duas jogadas para a qual o minimax pode cometer um erro.

Uma segunda limitação das buscas alfabeta e Monte Carlo é que elas são projetadas para calcular (limites sobre) os valores de movimentos válidos. Porém, às vezes, há um movimento que é obviamente melhor (p. ex., quando há somente um movimento válido) e, nesse caso, não tem sentido desperdiçar tempo de computação para tentar descobrir o valor do movimento; é melhor simplesmente fazer a jogada. Um algoritmo de busca melhor seria usar a ideia da *utilidade de uma expansão de nó*, selecionando expansões de nós de utilidade elevada, ou seja, aquelas que deverão levar à descoberta de um movimento significativamente melhor. Se não houver nenhuma expansão de nó cuja utilidade seja mais alta que seu custo (em termos de tempo), então o algoritmo deve interromper a busca e efetuar um movimento. Note que isso funciona não apenas para situações de claro favoritismo, mas também no caso de movimentos *simétricos*, para os quais, por maior que seja a busca, ela não mostrará que um movimento é melhor que outro.

Metarraciocínio

Esse tipo de raciocínio que trata dos resultados obtidos com a computação é chamado **metarraciocínio** (raciocínio sobre o raciocínio). Ele se aplica não apenas aos jogos, mas a qualquer espécie de raciocínio. Todas as computações são feitas com a finalidade de tentar alcançar decisões melhores, todas têm custos e todas têm alguma probabilidade de resultar em certa melhoria na qualidade da decisão. A busca Monte Carlo tenta realizar o metarraciocínio para alocar recursos às partes mais importantes da árvore, mas não faz isso de uma forma ótima.

Uma terceira limitação é que tanto a busca alfabeta quanto a Monte Carlo realizam todo o seu raciocínio no nível de jogadas individuais. É claro que não é assim que os seres humanos jogam: eles podem raciocinar em um nível mais abstrato, considerando uma meta de mais alto nível – por exemplo, preparar uma armadilha para a rainha do oponente – e usar essa meta para gerar *seletivamente* planos plausíveis para alcançá-la. No Capítulo 11, estudaremos esse tipo de **planejamento**, e a seção 11.4 mostrará como planejar com uma hierarquia de representações do abstrato ao concreto.

Uma quarta questão é a habilidade de incorporar o **aprendizado de máquina** ao processo de busca do jogo. Os primeiros programas de jogos contavam com a habilidade humana para inserir funções de avaliação "manualmente", abrindo livros, estratégias de busca e truques de eficiência. Estamos apenas começando a ver programas, como o ALPHAZERO (Silver *et al.*, 2018), que se baseiam no aprendizado de máquina a partir de *self-play*, em vez de contar com a habilidade gerada por humanos para o jogo específico. Veremos o aprendizado de máquina, com detalhes, a partir do Capítulo 19.

Resumo

Examinamos uma variedade de jogos para entender o que significa um jogo ótimo, compreender como jogar bem na prática e ter uma ideia de como um agente deve atuar em qualquer tipo de ambiente adversarial. As ideias mais importantes são:

- Um jogo pode ser definido pelo **estado inicial** (a forma como o tabuleiro é inicialmente configurado), pelas **ações** válidas em cada estado, o **resultado** de cada ação, um **teste de término** (que informa quando o jogo é encerrado) e por uma **função utilidade** que se aplica a estados terminais, para informar quem venceu e qual é a pontuação final.

- Em jogos de dois jogadores alternados, discretos, determinísticos com soma zero e **informações perfeitas**, o algoritmo **minimax** pode selecionar movimentos ótimos usando uma enumeração da árvore de jogo em profundidade.
- O algoritmo de busca **alfabeta** calcula o mesmo movimento ótimo que o minimax, mas alcança uma eficiência muito maior pela eliminação de subárvores provadas como irrelevantes.
- Normalmente, não é viável considerar a árvore de jogo inteira (mesmo com alfabeta); desse modo, precisamos interromper a busca em algum estado e aplicar uma **função de avaliação** heurística que fornece uma estimativa da utilidade daquele estado.
- Uma alternativa chamada **busca em árvores Monte Carlo** (MCTS) avalia os estados não pela aplicação de uma função heurística, mas simulando o jogo até o fim e usando as regras do jogo para ver quem venceu. Como os movimentos escolhidos durante a **simulação** podem não ter sido os movimentos ótimos, o processo é repetido várias vezes e a avaliação é uma média dos resultados.
- Muitos programas de jogos pré-calculam tabelas das melhores jogadas no início e no fim do jogo para que possam consultar uma jogada em vez de fazer a busca.
- Os jogos de azar podem ser tratados pelo **minimax esperado** (*expectiminimax*), uma extensão do algoritmo minimax que avalia um **nó de chance** tomando a utilidade média de todos os seus nós filhos, ponderada pela probabilidade de cada filho.
- O desempenho ótimo em jogos de **informações imperfeitas**, como o Kriegspiel e o pôquer, exige raciocínio sobre os **estados de crença** atuais e futuros de cada jogador. Uma aproximação simples pode ser obtida calculando a média dos valores de uma ação sobre cada configuração possível de informações omitidas.
- Os programas têm superado até mesmo jogadores humanos que são campeões em jogos como xadrez, damas, Othello, Go, pôquer e muitos outros. Os seres humanos mantêm vantagem em vários jogos de informação imperfeita, como *bridge* e Kriegspiel. Em *videogames*, como StarCraft e Dota 2, os programas competem no mesmo nível dos especialistas humanos, mas parte de seu sucesso pode ser devido à sua capacidade de realizar muitas ações rapidamente.

Notas bibliográficas e históricas

Em 1846, Charles Babbage discutiu sobre a viabilidade de computadores para jogos de xadrez e damas (Morrison e Morrison, 1961). Ele não entendia a complexidade exponencial das árvores de busca, alegando que "as combinações envolvidas na máquina analítica superavam enormemente qualquer uma requerida para jogos, até mesmo pelo jogo de xadrez". Babbage também projetou, mas não construiu, uma máquina especificamente para jogar o jogo da velha. A primeira máquina de jogos verdadeira foi construída por volta de 1890 pelo engenheiro espanhol Leonardo Torres y Quevedo. Ele se especializou no fim do jogo de xadrez "KRK" (rei e torre contra rei), garantindo uma vitória com rei e torre a partir de qualquer posição. As origens do algoritmo **minimax** tem como base um artigo publicado em 1912 por Ernst Zermelo, o desenvolvedor da teoria de conjuntos moderna.

Jogar constitui uma das primeiras tarefas realizadas em IA, com esforços iniciais por muitos dos pioneiros da computação, incluindo Konrad Zuse (1945), Norbert Wiener em seu livro *Cybernetics* (1948) e Alan Turing (1953). Mas foi o artigo de Claude Shannon, *Programing a Computer for Playing Chess* (1950), que propôs as principais ideias: uma representação de posições do tabuleiro, uma função de avaliação, a busca de quiescência e algumas ideias de busca seletiva (não exaustiva) da árvore de jogo. Slater (1950) teve a ideia de uma função de avaliação como uma combinação linear de recursos, e enfatizou o recurso de mobilidade no jogo de xadrez.

John McCarthy concebeu a ideia de busca **alfabeta** em 1956, embora a ideia não tivesse sido publicada antes de Hart e Edwards (1961). Knuth e Moore (1975) provaram a corretude da busca alfabeta e analisaram sua complexidade de tempo, enquanto Pearl (1982b) demonstra

160 **Inteligência Artificial**

que a busca alfabeta é assintoticamente ótima entre todos os algoritmos de busca de árvores de jogos de profundidade fixa.

Berliner (1979) introduziu o B*, um algoritmo de busca heurística que mantém limites de intervalo sobre o valor possível de um nó na árvore de jogo, em vez de dar a ele uma única estimativa de valor pontual. A busca de número de conspiração de David McAllester (1988) expande nós de folhas que, pela alteração de seus valores, poderiam fazer o programa preferir um novo movimento na raiz da árvore. O MGSS* (Russell e Wefald, 1989) usa as técnicas de teoria da decisão do Capítulo 16 para estimar o valor da expansão de cada folha em termos da melhoria esperada na qualidade da decisão na raiz.

O algoritmo SSS* (Stockman, 1979) pode ser visto como um A* de dois jogadores que nunca expande mais nós que o alfabeta. Os requisitos de memória o tornam impraticável, mas foi desenvolvida uma versão que necessita de espaço linear a partir do algoritmo RBFS (Korf e Chickering, 1996). Baum e Smith (1997) propõem um substituto para o minimax baseado em probabilidades, mostrando que ele resulta em escolhas melhores em certos jogos. O algoritmo **minimax esperado** foi proposto por Donald Michie (1966). Bruce Ballard (1983) estendeu a poda alfabeta para cobrir árvores com nós de chance.

O livro de Pearl, *Heuristics* (1984), analisa extensamente muitos algoritmos de jogos.

A simulação de Monte Carlo foi introduzida por Metropolis e Ulam (1949) para cálculos relacionados ao desenvolvimento da bomba atômica. A árvore de busca de Monte Carlo (MCTS) foi introduzida por Abramson (1987). Tesauro e Galperin (1997) mostraram como uma busca de Monte Carlo poderia ser combinada com uma função de avaliação para o jogo de gamão. O término antecipado da simulação foi estudado por Lorentz (2015). O ALPHAGO terminou as simulações e aplicou uma função de avaliação (Silver *et al.*, 2016). Kocsis e Szepesvari (2006) refinaram a estratégia com o mecanismo de seleção dos "Limites de Confiança Superiores aplicados a Árvores". Chaslot *et al.* (2008) mostram como o MCTS pode ser aplicado a uma variedade de jogos e Browne *et al.* (2012) apresentam uma pesquisa completa de trabalhos correlatos.

Koller e Pfeffer (1997) descrevem um sistema para resolver completamente jogos **parcialmente observáveis**. Esse sistema pode manipular jogos maiores que os sistemas anteriores, mas não a versão completa de jogos como pôquer e *bridge*. Frank *et al.* (1998) descreveram diversas variantes da busca de Monte Carlo para jogos parcialmente observáveis, incluindo uma em que o MIN tem informação completa, mas o MAX, não. Schofield e Thielscher (2015) adaptaram um sistema genérico para uso em jogos parcialmente observáveis.

Ferguson propôs estratégias randomizadas, deduzidas à mão, para ganhar no Kriegspiel com um bispo e o cavalo (1992) ou dois bispos (1995) contra um rei. Os primeiros programas de Kriegspiel concentravam-se em encontrar xeques-mates de fim de jogo e executavam a busca E-OU no espaço do estado de crença (Sakuta e Iida, 2002; Bolognesi e Ciancarini, 2003). Algoritmos de estado de crença incremental permitiram a detecção de xeques-mates muito mais complexos no meio do jogo (Russell e Wolfe, 2005; Wolfe e Russell, 2007), mas a estimativa de estado eficiente continua a ser o principal obstáculo para a eficiência do jogo de modo geral (Parker *et al.*, 2005). Ciancarini e Favini (2010) aplicaram o MCTS ao Kriegspiel, e Wang *et al.* (2018b) descrevem uma versão do estado de crença do MCTS para o Go Fantasma.

Os marcos do **xadrez** foram feitos por ganhadores sucessivos do Prêmio Fredkin: O BELLE (Condon e Thompson, 1982), o primeiro programa a conseguir uma classificação *master*; DEEP THOUGHT (Hsu *et al.*, 1990), o primeiro a alcançar o *status* de *master* internacional; e Deep Blue (Campbell *et al.*, 2002; Hsu, 2004), por sua vitória referencial sobre o campeão mundial Garry Kasparov em um jogo de exibição de 1997. O Deep Blue realizava uma busca alfabeta em mais de 100 milhões de posições por segundo, e podia gerar extensões singulares para ocasionalmente atingir uma profundidade de 40 jogadas.

Os melhores programas de xadrez de hoje (p. ex., STOCKFISH, KOMODO, HOUDINI) superam qualquer jogador humano. Esses programas reduziram o fator de ramificação efetivo para menos de três (em comparação com o fator de ramificação real de cerca de 35), realizando busca por cerca de 20 jogadas a uma velocidade de aproximadamente um milhão de nós por segundo em um computador padrão com apenas um *core*. Eles utilizam técnicas de poda, como a heurística de **movimento nulo**, que gera um bom limite inferior para o valor de uma posição, usando uma busca superficial em que o oponente consegue se mover duas vezes no início.

Movimento nulo

Igualmente importante é a **poda por futilidade**, que ajuda a decidir com antecedência quais movimentos causarão um corte beta nos nós sucessores. SUNFISH é um programa de xadrez simplificado para fins de ensino; sua parte central tem menos de 200 linhas de código em Python.

Poda por futilidade

A ideia da análise retrógrada para o cálculo de tabelas de finais de jogos é atribuída a Bellman (1965). Usando essa ideia, Ken Thompson (1986, 1996) e Lewis Stiller (1992, 1996) resolveram todos os finais de jogos do xadrez com até cinco peças. Stiller descobriu um caso em que existia um xeque-mate forçado, mas isso exigia 262 movimentos, o que causou alguma consternação, pois as regras do xadrez exigem que aconteça uma captura ou um movimento do peão dentro de 50 movimentos, ou então é declarado um empate. Em 2012, Vladimir Makhnychev e Victor Zakharov compilaram a Tabela Básica de Finais de Jogo de Lomonosov, que resolvia todas as posições de finais de jogo com até sete peças – alguns finais exigem mais de 500 movimentos sem uma captura. A tabela para sete peças consome 140 *terabytes*; uma tabela para oito peças seria 100 vezes maior.

Em 2017, o ALPHAZERO (Silver *et al.*, 2018) derrotou o STOCKFISH (que foi o campeão de xadrez por computador do TCEC de 2017) em uma tentativa de 1.000 jogos, com 155 vitórias e 6 derrotas. Outras disputas também resultaram em vitórias decisivas para o ALPHAZERO, mesmo quando recebia apenas 1/10 do tempo alocado ao STOCKFISH.

O grande mestre Larry Kaufman ficou surpreso com o sucesso desse programa de Monte Carlo e observou: "pode muito bem ser que o domínio atual dos mecanismos de xadrez minimax esteja chegando ao fim, mas é muito cedo para dizer isso". Garry Kasparov comentou que "é uma conquista notável, mesmo que estivéssemos esperando isso depois do ALPHAGO. Ela aproxima a abordagem humana do Tipo B à máquina de xadrez sonhada por Claude Shannon e Alan Turing, em vez da força bruta". E continuou afirmando que "o xadrez foi abalado até as raízes pelo ALPHAZERO, mas esse é apenas um pequeno exemplo do que está por vir. Disciplinas abstratas como educação e medicina também serão abaladas" (Sadler e Regan, 2019).

O **jogo de damas** foi o primeiro dos jogos clássicos disputado por um computador (Strachey, 1952). Arthur Samuel (1959, 1967) desenvolveu um programa de damas que aprendia sua própria função de avaliação, jogando consigo mesmo (*self-play*) usando uma forma de aprendizado por reforço. É uma grande conquista que Samuel foi capaz de criar: um programa que jogava melhor do que ele, em um computador IBM 704 com apenas 10 mil palavras de memória principal e um processador de 0,000001 GHz. MENACE – o Machine Educable Noughts And Crosses Engine (Michie, 1963) – também usava o aprendizado por reforço para se tornar qualificado no jogo da velha. Seu processador era ainda mais lento: uma coleção de 304 caixas de fósforos contendo contas coloridas para representar o melhor movimento aprendido em cada posição.

Em 1992, o programa de jogo de damas CHINOOK, de Jonathan Schaeffer, desafiou o legendário Marion Tinsley, que tinha sido campeão do mundo por mais de 20 anos. Tinsley ganhou a partida, mas perdeu dois jogos – a quarta e a quinta derrotas em toda a sua carreira. Depois que Tinsley se aposentou por motivos de saúde, o CHINOOK tornou-se oficialmente o campeão do mundo. A saga foi narrada por Schaeffer (2008).

Em 2007, Schaeffer e sua equipe "resolveram" o jogo de damas (Schaeffer *et al.*, 2007: com as jogadas perfeitas, o jogo fica empatado. Richard Bellman (1965) havia previsto isto: "No jogo de damas, o número de movimentos possíveis em qualquer situação dada é tão pequeno que podemos esperar com confiança uma solução digital computacional completa para o problema de encontrar uma jogada ótima para esse jogo." No entanto, Bellman não estimou plenamente o tamanho do esforço: a tabela de finais de jogo para 10 peças tem 39 trilhões de entradas. Com essa tabela, são necessários 18 anos de CPU com a busca alfabeta para resolver o jogo.

I. J. Good, que aprendeu o Jogo de **Go** com Alan Turing, escreveu (1965a): "Creio que será ainda mais difícil programar um computador para jogar um jogo moderado de Go do que de xadrez". Ele estava certo, pois até 2015, os programas de Go jogavam apenas em um nível amador. A literatura inicial é resumida por Bouzy e Cazenave (2001) e Müller (2002).

O reconhecimento de padrões visuais foi proposto por Zobrist (1970) como uma técnica promissora para o Go, enquanto Schraudolph *et al.* (1994) analisaram o uso do aprendizado

162 **Inteligência Artificial**

por reforço, Lubberts e Miikkulainen (2001) recomendaram redes neurais, e Brügmann (1993) introduziu a busca em árvore Monte Carlo ao Go. ALPHAGO (Silver *et al.*, 2016) juntou essas quatro ideias para derrotar os profissionais mais bem classificados Lee Sedol (por uma pontuação de 4-1 em 2015) e Ke Jie (por 3-0 em 2016).

Ke Jie comentou: "depois que a humanidade gastou milhares de anos melhorando nossas táticas, os computadores nos dizem que os humanos estão completamente errados. Eu chegaria mais longe, a ponto de dizer que nenhum humano, sozinho, conseguiu tocar na borda da verdade do Go". Lee Sedol aposentou-se do Go lamentando: "mesmo que eu me tornasse o número um, existe uma entidade que não pode ser derrotada".

Em 2018, o ALPHAZERO superou o ALPHAGO em Go, e derrotou os melhores programas de xadrez e *shogi*, aprendendo por meio de *self-play* sem nenhum conhecimento humano especializado e sem acesso a nenhum jogo anterior. (É claro que ele depende de humanos para definir a arquitetura básica como uma árvore de busca de Monte Carlo com redes neurais profundas e aprendizado por reforço, além da codificação das regras do jogo.) O sucesso de ALPHAZERO levou a um interesse maior no aprendizado por reforço como um componente-chave da IA em geral (ver Capítulo 22). Indo um passo adiante, o sistema MUZERO opera, mesmo que não seja informado sobre as regras do jogo que está jogando – ele precisa descobrir as regras fazendo jogadas. MUZERO alcançou resultados de última geração em jogos como Pacman, xadrez, Go e 75 jogos do Atari (Schrittwieser *et al.*, 2019). Ele aprende a generalizar; por exemplo, no Pacman, ele aprende que a ação "para cima" move o jogador um quadrado para cima (a menos que haja uma barreira lá), embora tenha observado apenas o resultado da ação "para cima" em uma pequena porcentagem dos locais no painel.

Othello, também chamado Reversi, tem um espaço de busca menor que o xadrez, mas é difícil definir uma função de avaliação, uma vez que a vantagem material não é tão importante quanto a mobilidade. Os programas estão em nível sobre-humano desde 1997 (Buro, 2002).

O **gamão**, um jogo de azar, foi analisado matematicamente por Gerolamo Cardano (1663), mas foi tido como jogo de computador com o programa BKG (Berliner, 1980b); ele usava uma função de avaliação complexa, construída manualmente e busca apenas de profundidade 1. Apesar de ter sido o primeiro programa a derrotar um campeão mundial humano em um jogo clássico (Berliner, 1980a), Berliner reconheceu prontamente que o BKG tinha muita sorte com os dados. O TD-GAMMON de Gerry Tesauro (1995) aprendeu sua função de avaliação usando redes neurais treinadas por meio de *self-play*. Jogava consistentemente em nível de campeonato mundial e fez com que os analistas humanos mudassem sua opinião sobre a melhor jogada de abertura para vários lançamentos de dados.

O **pôquer**, assim como o Go, tem visto avanços surpreendentes nos últimos anos. Bowling *et al.* (2015) usaram a teoria dos jogos (ver seção 18.2) para determinar a estratégia ótima exata para uma versão de pôquer com apenas dois jogadores e um número fixo de aumentos com tamanhos de aposta fixos. Em 2017, pela primeira vez, os jogadores campeões de pôquer foram derrotados no campeonato ilimitado para dois jogadores no Texas Hold'em em duas partidas separadas contra os programas Libratus (Brown e Sandholm, 2017) e DeepStack (Moraveík *et al.*, 2017). Em 2019, Pluribus (Brown e Sandholm, 2019) derrotou os melhores jogadores humanos profissionais em jogos do Texas Hold'em para seis jogadores. Os jogos multijogadores introduzem algumas preocupações estratégicas que abordaremos no Capítulo 18. Petosa e Balch (2019) implementaram uma versão para multijogadores do ALPHAZERO.

Bridge: Smith *et al.* (1998) relataram sobre como o BRIDGE BARON ganhou o campeonato de *bridge* por computador de 1998 usando planos hierárquicos (ver Capítulo 11) e ações de alto nível, como *finessing* e *squeezing*, que são familiares aos jogadores de *bridge*. (Ginsberg, 2001) descreve como o seu programa GIB, com base na simulação de Monte Carlo (proposta pela primeira vez para o jogo de *bridge* em 1989, por Levy), venceu o campeonato seguinte de computador, e atuou surpreendentemente bem contra jogadores humanos especialistas. No século XXI, o campeonato de *bridge* por computador foi dominado por dois programas comerciais, JACK e WBRIDGE5. Não existem artigos publicados de nenhum dos dois, mas, conforme os rumores, ambos usaram técnicas de Monte Carlo. Em geral, os programas de *bridge* estão em nível de campeão humano quando estão realmente jogando as mãos, mas ficam atrás na fase de aposta, pois eles não compreendem totalmente as convenções usadas pelos humanos para se comunicarem com seus parceiros. Os programadores do jogo de *bridge* se concentraram mais em produzir programas úteis e educacionais, que encorajam as pessoas a se dedicarem ao jogo, e não em derrotar campeões humanos.

Palavras cruzadas é um jogo em que jogadores humanos amadores têm dificuldade em encontrar palavras com alta pontuação, mas para um computador é fácil achar a pontuação mais alta possível para determinada mão (Gordon, 1994); a parte difícil é planejar com antecedência em um jogo estocástico, parcialmente observável. Apesar disso, em 2006, o programa QUACKLE derrotou o campeão mundial anterior, David Boys, por 3-2. Boys aceitou bem, afirmando que "é melhor ser um humano do que um computador". Uma boa descrição de um programa de topo, o MAVEN, é dada por Sheppard (2002).

Videogames como **StarCraft II** envolvem centenas de unidades parcialmente observáveis, movendo-se em tempo real, alta dimensionalidade, quase contínua,[6] e espaços de ação com regras complexas. Oriol Vinyals, que foi campeão espanhol de StarCraft com 15 anos de idade, descreveu como o jogo pode servir como um banco de ensaio e grande desafio para o aprendizado por reforço (Vinyals *et al.*, 2017a). Em 2019, Vinyals e a equipe no DeepMind revelaram o programa ALPHASTAR, baseado no aprendizado profundo e no aprendizado por reforço, derrotando jogadores humanos experientes em 10 jogos a 1, e classificado entre 0,02% dos melhores jogadores humanos oficialmente avaliados (Vinyals *et al.*, 2019). O ALPHASTAR utilizava recursos que limitavam o número de ações por minuto que ele poderia realizar em momentos importantes, em resposta a críticos que achavam que ele tinha uma vantagem injusta.

Os computadores têm derrotado os humanos em *videogames* populares como Super Smash Bros (Firoiu *et al.*, 2017), Quake III (Jaderberg *et al.*, 2019) e Dota 2 (Fernandez e Mahlmann, 2018), todos usando técnicas de aprendizado profundo.

Jogos físicos, como **futebol robótico** (Visser *et al.*, 2008; Barrett e Stone, 2015), **bilhar** (Lam e Greenspan, 2008; Archibald *et al.*, 2009) e **pingue-pongue** (Silva *et al.*, 2015), têm atraído alguma atenção na comunidade de IA. Eles combinam todas as complicações dos *videogames*, com a confusão do mundo real.

Competições de jogos de computador ocorrem anualmente, incluindo as Computer Olympiads, desde 1989. A General Game Competition (Love *et al.*, 2006) testa programas que devem aprender a jogar determinado jogo desconhecido apenas com uma descrição lógica das suas regras. A International Computer Games Association (ICGA) publica o *ICGA Journal* e realiza duas conferências bienais em anos alternados, a International Conference on Computers and Games (ICCG ou CG) e a International Conference on Advances in Computers Games (ACG). O IEEE publica o *IEEE Transactions on Games* e realiza anualmente a Conference on Computational Intelligence and Games.

---

[6] Para um jogador humano, parece que os objetos se movem continuamente, mas na realidade eles são discretos, no nível de um *pixel* na tela.

CAPÍTULO 6

PROBLEMAS DE SATISFAÇÃO DE RESTRIÇÕES

Neste capítulo, vemos como o tratamento de estados como algo mais que apenas pequenas caixas-pretas nos leva a novos métodos de busca e a uma compreensão mais profunda da estrutura do problema.

Os Capítulos 3 e 4 exploraram a ideia de que os problemas podem ser resolvidos buscando em um espaço de estados: um grafo onde os nós são estados e as arestas entre eles são ações. Vimos que as heurísticas específicas do domínio poderiam estimar o custo de alcançar o objetivo a partir de determinado estado. Porém, do ponto de vista do algoritmo de busca, cada estado é atômico, ou indivisível – uma caixa-preta, sem estrutura interna. Para cada problema, precisamos de código específico do domínio para descrever as transições entre os estados.

Neste capítulo, abrimos essa caixa-preta usando uma **representação fatorada** para cada estado: um conjunto de **variáveis**, cada qual com um **valor**. Um problema será resolvido quando cada variável tiver um valor que satisfaça todas as restrições sobre a variável. Um problema assim descrito é chamado **problema de satisfação de restrições**, ou PSR (ou ainda, do inglês, *constraint satisfaction problem* – **CSP**).

Os algoritmos de busca CSPs aproveitam a estrutura de estados e utilizam heurísticas de *propósito geral* em vez de heurísticas específicas do domínio para permitir a solução de problemas complexos. A ideia principal é eliminar grande parte do espaço de busca de uma só vez por meio da identificação de combinações de variável/valor que violam as restrições. Os CSPs têm ainda a vantagem de que as ações e o modelo de transição podem ser deduzidos a partir da descrição do problema.

6.1 Definição de problemas de satisfação de restrições

Um problema de satisfação de restrições consiste em três componentes, $\mathcal{X}$, $\mathcal{D}$ e $\mathcal{C}$:

> $\mathcal{X}$ é um conjunto de variáveis, $\{X_1,..., X_n\}$.
> $\mathcal{D}$ é um conjunto de domínios, $\{D_1,..., D_n\}$, um para cada variável.
> $\mathcal{C}$ é um conjunto de restrições que especificam combinações de valores possíveis.

Um domínio D_i consiste em um conjunto de valores possíveis, $\{v_1,..., v_k\}$ para a variável X_i. Por exemplo, uma variável booleana teria o domínio (*verdadeiro, falso*). Variáveis diferentes podem ter domínios diferentes de tamanhos distintos. Cada restrição C_j consiste em um par ⟨*escopo, rel*⟩, em que *escopo* é uma tupla de variáveis que participam da restrição e *rel* é uma **relação** que define os valores que essas variáveis podem assumir. Uma relação pode ser representada como um conjunto explícito de todas as tuplas de valores que satisfazem a restrição ou como uma função que pode calcular se uma tupla é um membro da relação. Por exemplo, se X_1 e X_2 têm o domínio $\{1, 2, 3\}$, então a restrição que informa que X_1 deve ser maior que X_2 pode ser escrita como ⟨(X_1, X_2), $\{(3, 1), (3, 2), (2, 1)\}$⟩ ou como ⟨$(X_1, X_2)$, $X_1 > X_2$⟩.

CSPs lidam com **atribuições** de valores a variáveis, $\{X_i = v_i, X_j = v_j...\}$. Uma atribuição que não viola quaisquer restrições é denominada atribuição **consistente** ou legal. Uma **atribuição completa** é aquela em que cada variável recebe um valor, e uma **solução** para um CSP é uma atribuição consistente e completa. Uma **atribuição parcial** é aquela que deixa algumas variáveis sem atribuição, e uma **solução parcial** é uma atribuição parcial que é consistente. Em geral, a solução de um CSP é um problema NP-completo, embora existam subclasses importantes de CSPs que podem ser solucionadas de forma bastante eficiente.

Solução parcial

6.1.1 Exemplo de problema: coloração de mapa

Vamos supor que, cansados da Romênia, estejamos observando um mapa da Austrália, que mostra cada um de seus estados e territórios, como o da Figura 6.1(a). Recebemos a tarefa de colorir cada região com um tom de cinza: claro, médio ou escuro, de modo que nenhuma região vizinha tenha o mesmo tom. Para formular esse problema como um CSP, definimos as variáveis para representar as regiões:

$$\mathcal{X} = \{AO, TN, Q, NGS, V, AM, T\}.$$

O domínio de cada variável é o conjunto $D_i = \{cinza\text{-}claro, cinza\ médio, cinza\text{-}escuro\}$. As restrições exigem que regiões vizinhas tenham cores distintas. Como há nove lugares onde as regiões são fronteiriças, há nove restrições:

$$C = \{AM \neq AO, AM \neq TN, AM \neq Q, AM \neq NGS, AM \neq V,$$
$$AO \neq TN, TN \neq Q, Q \neq NGS, NGS \neq V\}.$$

Aqui estamos utilizando abreviaturas; $AM \neq AO$ é um atalho para $\langle (AM, AO), AM \neq AO \rangle$, em que $AM \neq AO$, por sua vez, pode ser totalmente enumerado como

$\{(cinza\text{-}claro, cinza\ médio), (cinza\text{-}claro, cinza\text{-}escuro), (cinza\ médio, cinza\text{-}claro),$
$(cinza\ médio, cinza\text{-}escuro), (cinza\text{-}escuro, cinza\text{-}claro), (cinza\text{-}escuro, cinza\ médio)\}.$

Existem muitas soluções possíveis para este problema, como:

$\{AO = cinza\text{-}claro, TN = cinza\ médio, Q = cinza\text{-}claro, NGS = cinza\ médio,$
$V = cinza\text{-}claro, AM = cinza\text{-}escuro, T = cinza\text{-}claro\}.$

É útil visualizar um CSP como um **grafo de restrições**, como mostra a Figura 6.1(b). Os nós do grafo correspondem às variáveis do problema, e uma ligação conecta quaisquer duas variáveis que participem de uma restrição.

Grafo de restrições

Por que formular um problema como um CSP? Uma razão é que os CSPs produzem uma representação natural para uma grande variedade de problemas; geralmente, é fácil formular um

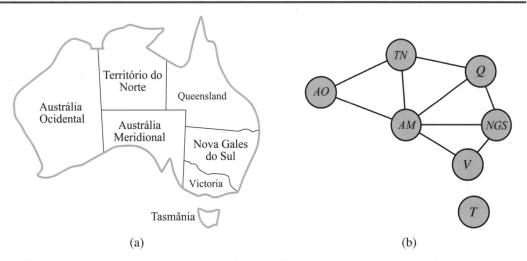

Figura 6.1 (a) Principais estados e territórios da Austrália. A coloração desse mapa pode ser vista como um problema de satisfação de restrições (CSP). O objetivo é atribuir cores a cada região de modo que não haja regiões vizinhas com a mesma cor. (b) Problema de coloração de mapa representado como um grafo de restrições.

166 Inteligência Artificial

problema como um CSP. Outra é que anos de trabalho de desenvolvimento se passaram para que os solucionadores de CSP se tornassem velozes e eficientes. Uma terceira razão é que solucionadores de CSP podem podar grandes faixas do espaço de busca, que um buscador de espaço de estados não consegue. Por exemplo, uma vez escolhido $[AM = cinza\text{-}escuro]$ no problema da Austrália, podemos concluir que nenhuma das cinco variáveis vizinhas pode assumir o valor *cinza-escuro*. Sem usar propagação de restrições, um procedimento de busca teria que considerar $3^5 = 243$ atribuições para as cinco variáveis vizinhas; com as restrições, temos apenas $2^5 = 32$ atribuições a considerar, uma redução de 87%.

Em busca no espaço de estados atômicos, podemos apenas perguntar: esse estado específico é uma meta? Não? E este aqui? Com CSPs, uma vez que descobrimos que uma atribuição parcial viola uma restrição, podemos descartar imediatamente novos refinamentos de atribuição parcial. Além disso, podemos ver *por que* a atribuição não é uma solução – verificamos quais variáveis violam uma restrição – para que possamos voltar a atenção sobre as variáveis que importam. Como resultado, muitos problemas que são intratáveis para a busca de espaço de estados regular podem ser rapidamente resolvidos quando formulados como um CSP.

6.1.2 Exemplo de problema: escalonamento de linha de produção

As fábricas têm o problema de escalonar (ou agendar) um dia de trabalho de produção, sujeito a várias restrições, chamado *jobshop scheduling*. Na prática, muitos desses problemas são resolvidos com técnicas de CSP. Considere o problema de escalonar a montagem de um carro. O processo completo é composto de tarefas, e podemos modelar cada tarefa como uma variável, em que o valor de cada variável é a hora em que começa a tarefa, expressa como um número inteiro de minutos. As restrições podem afirmar que uma tarefa deve ocorrer antes da outra – por exemplo, uma roda deve ser instalada antes que a calota seja colocada – e que apenas essas tarefas podem ser simultâneas. As restrições também podem especificar que uma tarefa leva certo tempo para ser concluída.

Vamos considerar uma pequena parte da montagem de automóveis, composta de 15 tarefas: instalar eixos (frente e trás), encaixar quatro rodas (direita e esquerda, frente e trás), apertar as porcas em cada roda, encaixar as calotas e inspecionar a montagem final. Podemos representar as tarefas com 15 variáveis:

$$\mathcal{X} = \{Eixo_F, Eixo_T, Roda_{DF}, Roda_{EF}, Roda_{DT}, Roda_{ET}, Porcas_{DF}, Porcas_{EF}, Porcas_{DT},$$
$$Porcas_{ET}, Calota_{DF}, Calota_{EF}, Calota_{DT}, Calota_{ET}, Inspecionar\}.$$

Restrição de precedência Em seguida, representamos as **restrições de precedência** entre tarefas individuais. Sempre que uma tarefa T_1 deve ocorrer antes da tarefa T_2, e a tarefa T_1 tem duração d_1 para acabar, adicionamos uma restrição aritmética da forma

$$T_1 + d_1 \leq T_2.$$

No nosso exemplo, os eixos têm que estar instalados antes que as rodas sejam encaixadas, e leva 10 minutos para instalar um eixo, de modo que escrevemos

$$Eixo_F + 10 \leq Roda_{DF}; \qquad Eixo_F + 10 \leq Roda_{EF};$$
$$Eixo_T + 10 \leq Roda_{DT}; \qquad Eixo_T + 10 \leq Roda_{ET}$$

Em seguida, dizemos que, para cada roda, devemos encaixar a roda (o que leva um minuto); depois, apertar as porcas (dois minutos); e, finalmente, encaixar a calota (um minuto, mas não está ainda representado):

$$Roda_{DF} + 1 \leq Porcas_{DF}; \qquad Porcas_{DF} + 2 \leq Calota_{DF};$$
$$Roda_{EF} + 1 \leq Porcas_{EF}; \qquad Porcas_{EF} + 2 \leq Calota_{EF};$$
$$Roda_{DT} + 1 \leq Porcas_{DT}; \qquad Porcas_{DT} + 2 \leq Calota_{DT};$$
$$Roda_{ET} + 1 \leq Porcas_{ET}; \qquad Porcas_{ET} + 2 \leq Calota_{ET}$$

Restrição disjuntiva Suponha que tenhamos quatro trabalhadores para instalar as rodas, mas eles têm de compartilhar uma ferramenta que ajuda a instalar os eixos no lugar. Precisamos de uma **restrição disjun-**

tiva para dizer que o $Eixo_F$ e o $Eixo_T$ não devem ser sobrepostos no tempo: ou um ou outro deve vir em primeiro lugar:

$$(Eixo_F + 10 \leq Eixo_T) \quad \textbf{ou} \quad (Eixo_T + 10 \leq Eixo_F).$$

Parece ser uma restrição mais complicada, combinando aritmética e lógica, mas ainda se reduz a um conjunto de pares de valores que o $Eixo_F$ e o $Eixo_T$ podem assumir.

Precisamos ainda definir que a inspeção vem por último e leva 3 minutos. Para cada variável, exceto *Inspeção*, acrescentamos uma restrição da forma $X + d_X \leq Inspeção$. Finalmente, suponha que haja uma exigência para ter todo o conjunto realizado em 30 minutos. Podemos conseguir isso limitando o domínio de todas as variáveis:

$$D_i = \{0, 1, 2, 3, ..., 30\}.$$

Esse problema em particular é trivial para resolver, mas foram aplicados CSPs como este, com sucesso, para escalonamento de tarefas com milhares de variáveis.

6.1.3 Variações no formalismo para CSP

O tipo mais simples de CSP envolve variáveis em **domínios discretos** e **domínios finitos**. Os problemas de coloração de mapas e de agendamento de tarefas com prazo limitado são desse tipo. O problema de oito rainhas (Figura 4.3) também pode ser visto como um CSP de domínios finitos, em que as variáveis $Q_1,..., Q_8$ são as posições de cada rainha nas colunas de 1 a 8, e em que cada variável especifica os números de linhas possíveis para a rainha nesse domínio, $D_i = \{1, 2, 3, 4, 5, 6, 7, 8\}$. As restrições dizem que duas rainhas quaisquer não podem estar na mesma linha ou diagonal.

> Domínio discreto
> Domínio finito

Um domínio discreto pode ser **infinito**, como o conjunto de números inteiros ou de cadeias de caracteres. (Se não colocássemos um prazo para o problema de escalonamento de tarefas, haveria um número infinito de horários de início para cada variável.) No caso de domínios infinitos, temos que usar restrições implícitas, como $T_1 + d_1 \leq T_2$, em vez de tuplas explícitas de valores. Existem algoritmos de solução especial (que não discutimos aqui) para **restrições lineares** sobre variáveis inteiras – ou seja, restrições como as que foram mostradas, em que cada variável aparece apenas em forma linear. É possível mostrar que não existe nenhum algoritmo para resolver **restrições não lineares** gerais sobre variáveis inteiras – o problema é indecidível.

> Infinito

> Restrições lineares

> Restrições não lineares

Os problemas de satisfação de restrições com **domínios contínuos** são muito comuns no mundo real e bastante estudados no campo de pesquisa operacional. Por exemplo, o escalonamento de experimentos no telescópio espacial Hubble exige sincronização muito precisa de observações; o começo e o fim de cada observação e o posicionamento do telescópio são variáveis de valores contínuos que devem obedecer a uma variedade de restrições astronômicas, de precedência e de energia. A categoria mais conhecida de CSPs de domínios contínuos é a dos problemas de **programação linear**, em que as restrições devem ser equações ou inequações lineares. Os problemas de programação linear podem ser resolvidos em tempo polinomial no número de variáveis. Também foram estudados problemas com diferentes tipos de restrições e funções objetivo – programação quadrática, programação cônica de segunda ordem, e assim por diante. Esses problemas constituem uma área importante da matemática aplicada.

> Domínios contínuos

Além de examinar os tipos de variáveis que podem aparecer em CSPs, é útil examinar os tipos de restrições. O tipo mais simples é a **restrição unária**, que restringe o valor de uma única variável. Por exemplo, no problema de coloração do mapa, os australianos do sul poderiam não tolerar a cor cinza médio; isso pode ser expresso com a restrição unária $\langle (AM), AM \neq cinza$ *médio*$\rangle$. (A especificação inicial do domínio de uma variável também pode ser vista como uma restrição unária.)

> Restrição unária

Uma **restrição binária** relaciona duas variáveis. Por exemplo, $AM \neq NGS$ é uma restrição binária. Um **CSP binário** é aquele que só tem restrições unárias e binárias; pode ser representado como um grafo de restrições, conforme mostra a Figura 6.1(b).

> Restrição binária
> CSP binário

Também podemos descrever restrições de ordem superior. A restrição ternária *Entre*(X, Y, Z), por exemplo, é definida como $\langle (X, Y, Z), X < Y < Z$ **ou** $X > Y > Z \rangle$.

Restrição global   A restrição que envolve um número arbitrário de variáveis é denominada **restrição global**. (O nome é tradicional, mas confuso, porque uma restrição global não precisa envolver *todas* as variáveis em um problema.) Uma das restrições globais mais comuns é *TodosDiferentes*, que determina que todas as variáveis envolvidas em uma restrição devem ter valores diferentes. Em problemas de Sudoku (seção 6.2.6), todas as variáveis em uma linha, coluna, ou caixa 3 × 3 devem satisfazer uma restrição *TodosDiferentes*.

Criptoaritmético   Outro exemplo é fornecido pelos quebra-cabeças **criptoaritméticos** (Figura 6.2(a)). Cada letra em um quebra-cabeça criptoaritmético representa um dígito diferente. No caso da Figura 6.2(a), isso seria representado como a restrição global *TodosDiferentes* (*F, T, U, W, R, O*). As restrições de adição sobre as quatro colunas do quebra-cabeça podem ser representadas pelas seguintes restrições *n*-árias:

$$O + O = R + 10 \cdot C_1$$
$$C_1 + W + W = U + 10 \cdot C_2$$
$$C_2 + T + T = O + 10 \cdot C_3$$
$$C_3 = F,$$

em que C_1, C_2 e C_3 são variáveis auxiliares representando o dígito transportado para a coluna das dezenas, centenas ou milhares. Essas restrições podem ser representadas em um **hipergrafo de restrições**, como mostra a Figura 6.2(b). Um hipergrafo consiste em nós comuns (os círculos na figura) e hipernós (os quadrados), que representam restrições *n*-árias – restrições envolvendo *n* variáveis.

Hipergrafo de restrições

Alternativamente, cada restrição de domínio finito pode ser reduzida a um conjunto de restrições binárias se forem introduzidas variáveis auxiliares suficientes. Isso significa que poderíamos transformar qualquer CSP em outro CSP contendo apenas restrições binárias – certamente facilitando a vida do projetista do algoritmo. Outra forma de converter um CSP *n*-ário em um binário é pela transformação de **grafo dual**: criar um grafo no qual haverá uma variável para cada restrição no grafo original e uma restrição binária para cada par de restrições no grafo original que compartilha as variáveis.

Grafo dual

Por exemplo, considere um CSP com as variáveis $\mathcal{X} = \{X, Y, Z\}$, cada uma com o domínio $\{1, 2, 3, 4, 5\}$ e com as duas restrições $C_1 : \langle (X, Y, Z), X + Y = Z \rangle$ e $C_2 : \langle (X, Y), X + 1 = Y \rangle$. Então o grafo dual teria as variáveis $\mathcal{X} = \{C_1, C_2\}$, em que o domínio da variável C_1 no grafo dual é o conjunto de tuplas $\{(x_i, y_j, z_k)\}$ a partir da restrição C_1 no problema original, e da mesma forma, o domínio de C_2 é o conjunto de tuplas $\{(x_i, y_j)\}$. O grafo dual tem a restrição binária $\langle (C_1, C_2), R_1 \rangle$, em que R_1 é uma nova relação que define a restrição entre C_1 e C_2; nesse caso, ela seria $R_1 = \{((1,2,3), (1,2)), ((2,3,5), (2,3))\}$.

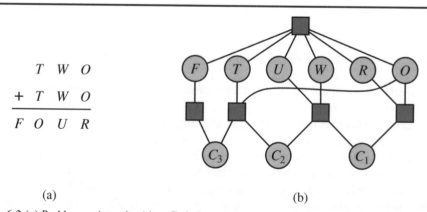

(a)   (b)

Figura 6.2 (a) Problema criptoaritmético. Cada letra representa um dígito distinto; o objetivo é encontrar uma substituição de letras por dígitos, de modo que a soma aritmética resultante seja correta, com a restrição adicional de não permitir nenhum zero à esquerda. (b) Hipergrafo de restrições para o problema criptoaritmético, mostrando a restrição *TodosDiferentes* (caixa quadrada no topo), bem como as restrições de adição de colunas (as quatro caixas quadradas ao centro). As variáveis C_1, C_2 e C_3 representam os dígitos de transporte para as três colunas, da direita para a esquerda.

No entanto, existem duas razões pelas quais é preferível uma restrição global, como *Todos-Diferentes*, em vez de um conjunto de restrições binárias. Primeiramente, é mais fácil e menos suscetível a erros escrever a descrição do problema usando *TodosDiferentes*. Em segundo lugar, é possível projetar algoritmos de inferência de propósito especial para restrições globais que sejam mais eficientes do que operar com restrições primitivas. Descreveremos esses algoritmos de inferência na seção 6.2.5.

As restrições que descrevemos até agora foram todas restrições absolutas, cuja violação elimina uma solução potencial. Muitos CSPs do mundo real incluem **restrições de preferência**, indicando as soluções preferidas. Por exemplo, em um problema de elaboração de horário de aula em uma universidade há restrições absolutas, como a de que nenhum professor pode dar duas aulas ao mesmo tempo. Mas podemos também permitir restrições de preferência: o professor R pode preferir lecionar pela manhã, enquanto o professor N pode preferir lecionar à tarde. Um agendamento que tenha o professor R lecionando às 14 horas ainda seria uma solução permitida (a menos que o professor R seja o chefe do departamento), mas não seria uma solução ótima.

As restrições de preferência muitas vezes podem ser codificadas como custos sobre atribuições de variáveis individuais – por exemplo, a atribuição de um horário de aula à tarde para o professor R custa dois pontos contra a função objetivo global, enquanto um horário pela manhã custa um. Com essa formulação, os CSPs com preferências podem ser resolvidos utilizando-se métodos de busca por otimização, local ou baseada em caminhos. Chamamos esse problema de **problema de otimização de restrição** (POR). Programas lineares constituem uma classe de PORs.

> **Restrições de preferência**

> **Problema de otimização de restrição**

6.2 Propagação de restrição: inferência em CSPs

Um algoritmo de busca no espaço de estados atômicos avança em apenas um caminho: expandindo um nó para visitar os sucessores. Um algoritmo CSP tem opções. Ele pode gerar sucessores escolhendo uma nova atribuição de variável, ou pode fazer um tipo específico de inferência, chamada **propagação de restrições**: utilizando as restrições para reduzir o número de valores válidos para uma variável, o que, por sua vez, pode reduzir os valores válidos para outra variável, e assim por diante. A ideia é que isso deixe menos escolhas a serem consideradas quando fizermos a próxima escolha de uma atribuição de variável. A propagação de restrições pode ser interligada com a busca ou pode ser feita como uma etapa de pré-processamento, antes que a busca seja iniciada. Às vezes, esse pré-processamento pode resolver todo o problema; logo, nenhuma busca será necessária.

> **Propagação de restrições**

A ideia-chave é a **consistência local**. Se tratarmos cada variável como um nó em um grafo (ver Figura 6.1(b)) e cada restrição binária como um arco, o processo de aplicar a consistência local em cada parte do grafo faz com que os valores inconsistentes sejam eliminados em todo o grafo. Existem diferentes tipos de consistência local, que cobriremos a seguir.

> **Consistência local**

6.2.1 Consistência de nó

Uma única variável (correspondente a um nó no grafo do CSP) é **nó-consistente** se todos os valores no domínio da variável satisfizerem as restrições unárias da variável. Por exemplo, na variante do problema de coloração do mapa da Austrália (ver Figura 6.1), em que os australianos do sul não gostam de cinza médio, a variável *AM* começa com o domínio {*cinza claro, cinza médio, cinza-escuro*}, e podemos torná-la nó-consistente, eliminando o *cinza médio* para deixar *AM* com o domínio reduzido {*cinza-claro, cinza médio*}. Dizemos que um grafo será nó-consistente se todas as variáveis no grafo forem nó-consistentes.

> **Nó-consistente**

É fácil eliminar todas as restrições unárias em um CSP reduzindo o domínio de variáveis com restrições unárias no início do processo de resolução. Como já dissemos, também é possível transformar todas as restrições *n*-árias em binárias. Por isso, alguns solucionadores de CSP trabalham apenas com restrições binárias, esperando que o usuário elimine as demais restrições antes de solucioná-lo. Faremos essa suposição no restante deste capítulo, exceto onde indicado.

6.2.2 Consistência de arco

Arco-consistente

Uma variável em um CSP é **arco-consistente**[1] se todos os valores em seu domínio satisfizerem as restrições binárias da variável. Mais formalmente, X_i é arco-consistente em relação a outra variável X_j se, para cada valor no domínio atual D_i, houver algum valor no domínio D_j que possa satisfazer a restrição binária sobre o arco (X_i, X_j). Um grafo é arco-consistente se cada variável for arco-consistente com todas as outras variáveis. Por exemplo, considere a restrição $Y = X^2$, em que o domínio de X e Y é o conjunto de dígitos decimais. Podemos escrever essa restrição explicitamente como

$$\langle (X,Y), \{(0,0),(1,1),(2,4),(3,9)\} \rangle.$$

Para tornar X arco-consistente em relação a Y, reduzimos o domínio de X para $\{0,1,2,3\}$. Se também tornarmos Y arco-consistente em relação a X, então o domínio de Y torna-se $\{0,1,4,9\}$ e todo o CSP será arco-consistente. Por outro lado, a arco-consistência não pode fazer nada com respeito ao problema de coloração do mapa da Austrália. Considere a seguinte restrição de desigualdade em (AM, AO):

$$\{(\textit{cinza-claro,cinza médio}), (\textit{cinza-claro,cinza-escuro}), (\textit{cinza médio,cinza-claro}),$$
$$(\textit{cinza médio,cinza-escuro}), (\textit{cinza-escuro,cinza-claro}), (\textit{cinza-escuro,cinza médio})\}.$$

Não importa qual valor escolhido para AM (ou para AO); há um valor válido para a outra variável. Assim, a aplicação da arco-consistência não tem efeito sobre os domínios dessas variáveis.

O algoritmo mais popular para impor a propriedade arco-consistente é chamado **AC-3** (Figura 6.3). Para tornar toda a variável arco-consistente, o algoritmo AC-3 mantém uma fila de arcos. Inicialmente, a fila contém todos os arcos no CSP. (Cada restrição binária se transforma em dois arcos, um em cada direção.) O AC-3, então, retira um arco arbitrário (X_i, X_j) da fila e tornará X_i arco-consistente em relação a X_j. Se isso deixar D_i inalterado, o algoritmo apenas se moverá para o arco seguinte. Porém, se isso modificar D_i (tornar o domínio menor), adicionamos todos os arcos (X_k, X_i) à fila, sendo X_k um vizinho de X_i. Precisamos fazer isso porque a alteração em D_i pode permitir novas reduções em D_k, mesmo que tenhamos considerado anteriormente X_k. Se D_i não for modificado, saberemos que todo o CSP não tem uma solução consistente e o AC-3 poderá devolver a falha imediatamente. Caso contrário, continuamos a verificar, tentando remover os valores dos domínios das variáveis até que não haja mais arcos na fila. Nesse ponto, estaremos com um CSP que é equivalente ao CSP original – ambos têm as mesmas soluções, mas o CSP arco-consistente será mais rápido na busca porque suas variáveis têm domínios menores. Em alguns casos, isso resolve o problema totalmente (reduzindo cada domínio para tamanho 1), mas em outros, isso prova que não existe solução (reduzindo algum domínio para tamanho 0).

A complexidade de AC-3 pode ser analisada como segue. Considere um CSP com n variáveis, cada uma com um tamanho de domínio de, no máximo, d, e com c restrições binárias (arcos). Cada arco (X_k, X_i) pode ser inserido na fila apenas d vezes porque X_i tem, no máximo, d valores para excluir. A verificação da consistência de um arco pode ser feita no tempo $O(d^2)$; então temos $O(cd^3)$ de tempo total, no pior dos casos.

6.2.3 Consistência de caminho

Considere o problema de coloração do mapa da Austrália, mas apenas com duas cores permitidas, cinza-claro e cinza-escuro. A arco-consistência não pode fazer nada porque cada restrição pode ser satisfeita individualmente com cinza-claro em um extremo e cinza-escuro no outro. Mas certamente não há solução para o problema: como a Austrália Ocidental, o Território do Norte, e a Austrália Meridional se tocam, precisamos de pelo menos três cores só para eles.

A arco-consistência fixa os domínios para baixo (restrições unárias) utilizando os arcos (restrições binárias). Para progredir nos problemas como a coloração de mapa, precisamos de uma noção forte de consistência. A **consistência de caminho** fixa as restrições binárias utilizando restrições implícitas que são inferidas pela verificação em triplas de variáveis.

Consistência de caminho

---

[1] Já usamos o termo "aresta" no lugar de "arco", de modo que faria mais sentido chamar isso de "aresta-consistente", mas o nome "arco-consistente" é usado historicamente.

função AC-3(*csp*) **devolve** falso, se uma inconsistência for encontrada, e verdadeiro se não for
  fila ← uma fila de arcos, inicialmente todos os arcos em *csp*

  enquanto *fila* não está vazia **faça**
      (X_i, X_j) ← POP(*fila*)
      se REVISAR(*csp*, X_i, X_j) **então**
          se tamanho de D_i = 0 **então devolver** *falso*
          para cada X_k **em** X_i.VIZINHOS - {X_j} **faça**
              adicionar (X_k, X_i) à *fila*
  devolver *verdadeiro*

  função REVISAR(*csp*, X_i, X_j) **devolve** verdadeiro se revisarmos o domínio de X_i
      revisado ← *falso*
      para cada x **em** D_i **faça**
          se nenhum valor y em D_j permite que (x,y) satisfaça a restrição entre X_i e X_j **então**
              excluir x de D_i
              revisado ← *verdadeiro*
      devolver *revisado*

Figura 6.3 Algoritmo de arco-consistência AC-3. Após aplicar AC-3, cada arco fica arco-consistente ou alguma variável tem um domínio vazio, indicando que o CSP não pode ser resolvido. O nome "AC-3" foi utilizado pelo inventor do algoritmo (Mackworth, 1977) por ser a terceira versão desenvolvida do algoritmo.

Um conjunto de duas variáveis {X_i, X_j} é consistente de caminho em relação a uma terceira variável X_m se, para cada atribuição {$X_i = a, X_j = b$} consistente com as restrições em {X_i, X_j}, houver uma atribuição para X_m que satisfaça as restrições em {X_i, X_m} e {X_m, X_j}. Isso se chama consistência de caminho porque refere-se à consistência geral do caminho de X_i para X_j com X_m ao meio.

Vejamos como a consistência de caminho se sai ao colorir o mapa da Austrália com duas cores. Faremos o conjunto {*AO, AM*} consistente de caminho em relação a *TN*. Começaremos por enumerar as atribuições consistentes para o conjunto. Nesse caso, há apenas duas: {*AO = cinza-claro, AM = cinza-escuro*} e {*AO = cinza-escuro, AM = cinza-claro*}. Podemos ver que, nas duas atribuições, *TN* não pode ser nem *cinza-claro* nem *cinza-escuro* (porque entraria em conflito com *AO* ou *AM*). Por não haver uma opção válida para *TN*, eliminamos as duas atribuições e finalizamos sem atribuição válida para {*AO,AM*}. Portanto, sabemos que não pode haver solução para esse problema.

6.2.4 *K*-Consistência

Com a noção de **k-consistência** podem ser definidas formas mais fortes de propagação. O CSP é *k*-consistente se, para qualquer conjunto de $k - 1$ variáveis e para qualquer atribuição consistente dessas variáveis, um valor consistente puder sempre ser atribuído a qualquer *k*-ésima variável. A 1-consistência determina que, dado o conjunto vazio, podemos tornar qualquer conjunto de uma variável consistente: isso é o que se chama consistência de nó. A 2-consistência é a mesma arco-consistência. Para grafos de restrição binária, a 3-consistência é a mesma consistência de caminho.

K-consistência

O CSP é **fortemente k-consistente** se for *k*-consistente e também $(k - 1)$-consistente, $(k - 2)$-consistente, ... até 1-consistente. Agora, suponha que tenhamos um CSP com *n* nós e o tornamos fortemente *n*-consistente (ou seja, fortemente *k*-consistente para *k* = *n*). Podemos, então, resolver o problema da seguinte maneira: primeiro, escolhemos um valor consistente para X_1. Então temos a garantia de que será possível escolher um valor para X_2 porque o grafo é 2-consistente, para X_3 porque ele é 3-consistente, e assim por diante. Para cada variável X_i, precisamos apenas buscar por meio de *d* valores no domínio para encontrar um valor consistente com $X_1,...,X_{i-1}$. Temos a garantia de encontrar uma solução no tempo $O(n^2d)$.

Fortemente *k*-consistente

Claro que nada é de graça: a satisfação da restrição é NP-completa em geral, e para qualquer algoritmo estabelecer a *n*-consistência, ele terá que levar um tempo exponencial em *n* no pior caso. Pior, a consistência *n* também requer espaço que é exponencial em

172   Inteligência Artificial

n. Na prática, determinar o nível adequado de verificação de consistência é, sobretudo, uma ciência empírica. O cálculo da 2-consistência é comum, e a 3-consistência é menos comum.

6.2.5 Restrições globais

Lembre-se de que uma **restrição global** é aquela que envolve um número arbitrário de variáveis (mas não necessariamente todas as variáveis). Em problemas reais, restrições globais ocorrem com frequência e podem ser tratadas por algoritmos específicos, que são mais eficientes que os métodos de uso geral descritos até agora. Por exemplo, a restrição *TodosDiferentes* determina que todas as variáveis envolvidas devem ter valores distintos (como no problema criptoaritmético mostrado anteriormente e nos quebra-cabeças Sudoku, mais adiante). Uma forma simples de detecção de inconsistência para as restrições *TodosDiferentes* funciona como a seguir: se *m* variáveis estiverem envolvidas na restrição e se tiverem *n* possíveis valores completamente distintos, e $m > n$, então a restrição não poderá ser satisfeita.

Isso conduz ao seguinte algoritmo simples: primeiro, retire qualquer variável da restrição que tenha um domínio avulso e exclua o valor dessa variável dos domínios das variáveis restantes. Repita enquanto existirem variáveis avulsas. Se em algum momento for produzido um domínio vazio ou restarem mais variáveis do que valores de domínio, então foi detectada uma inconsistência.

Esse método pode detectar a inconsistência na atribuição {*AO = cinza-claro*, *NGS = cinza-claro*} para a Figura 6.1. Observe que as variáveis *AS*, *TN* e *Q* estão efetivamente ligadas por uma restrição *TodosDiferentes* porque cada par deve ter duas cores diferentes. Após aplicar o AC-3 com a restrição parcial, os domínios *AS*, *TN* e *Q* são reduzidos para {*cinza médio* e *cinza-escuro*}. Isto é, temos três variáveis e apenas duas cores, por isso a restrição *TodosDiferentes* foi violada. Assim, um procedimento simples de consistência de uma restrição de ordem superior é muitas vezes mais eficaz do que aplicar a consistência de arco para um conjunto equivalente de restrições binárias.

Restrição de recurso
Outra restrição importante de ordem superior é a **restrição de recurso**, denominada algumas vezes restrição *Atmost* (no máximo). Por exemplo, em um problema de escalonamento de tarefas, considere que $P_1,...,P_4$ indicam o número de pessoal atribuído a cada uma de quatro tarefas. A restrição de que não mais que 10 pessoas sejam designadas no total é escrita como *Atmost* $(10,P_1,P_2,P_3,P_4)$. Podemos detectar uma inconsistência simplesmente verificando a soma dos valores mínimos dos domínios atuais; por exemplo, se cada variável tiver um domínio {3,4,5,6}, a restrição *Atmost* não poderá ser satisfeita. Podemos também garantir a consistência, excluindo o valor máximo de qualquer domínio se não for consistente com os valores mínimos dos outros domínios. Assim, se cada variável em nosso exemplo tiver o domínio {2,3,4,5,6}, os valores 5 e 6 poderão ser excluídos de cada domínio.

Para grandes problemas de recursos limitados, com valores inteiros – como os problemas de logística envolvendo a movimentação de milhares de pessoas em centenas de veículos –, geralmente não é possível representar o domínio de cada variável como um grande conjunto de números inteiros e gradualmente reduzir esse conjunto com métodos de verificação de consistência. Em vez disso, os domínios são representados por limites superiores e inferiores, e são

Propagação de limites
geridos por **propagação de limites**. Por exemplo, em um problema de programação de voo, vamos supor que existam dois voos, V_1 e V_2, para os quais a capacidade dos aviões é de 165 e 385, respectivamente. Os domínios iniciais para o número de passageiros em cada voo são, então,

$$D_1 = [0,165] \quad \text{e} \quad D_2 = [0,385].$$

Agora, suponha que tenhamos a restrição adicional de que dois voos juntos devem levar 420 pessoas: $V_1 + V_2 = 420$. Propagando as restrições de limites, reduzimos os domínios para

$$D_1 = [35,165] \quad \text{e} \quad D_2 = [255,385].$$

Limites-consistentes
Dizemos que um CSP é **limites-consistentes** se, para cada variável *X*, e tanto para os valores de *X* do limite superior como para do inferior, existir algum valor de *Y* que satisfaça a restrição entre *X* e *Y* para cada variável *Y*. Esse tipo de propagação de limites é amplamente utilizado em problemas práticos de restrição.

6.2.6 Sudoku

O quebra-cabeça popular **Sudoku** apresentou a milhões de pessoas os problemas de satisfação Sudoku de restrição, apesar de talvez não os reconhecer. Um tabuleiro de Sudoku é composto de 81 quadrados, alguns dos quais são preenchidos inicialmente com os dígitos de 1 a 9. O enigma é preencher todos os quadrados restantes, de forma que nenhum dígito apareça duas vezes em qualquer linha, coluna ou caixa 3×3 (Figura 6.4). Uma linha, coluna ou caixa é chamada **unidade**.

A propriedade dos quebra-cabeças de Sudoku que são impressos em jornais e livros de quebra-cabeça é que existe exatamente uma solução. Apesar de alguns serem complicados de resolver à mão, levando dezenas de minutos, um solucionador CSP pode resolver milhares de quebra-cabeças por segundo.

Um quebra-cabeça Sudoku pode ser considerado um CSP com 81 variáveis, uma para cada quadrado. Utilizamos os nomes das variáveis $A1$ até $A9$ para a linha de cima (da esquerda para a direita), e para a última linha, de $I1$ até $I9$. Os quadrados vazios têm o domínio $\{1,2,3,4,5,6,7,8,9\}$ e os quadrados preenchidos têm um domínio que consiste em um único valor. Além disso, existem 27 restrições *TodosDiferentes*, uma para cada unidade (linha, coluna e caixa de nove quadrados):

$TodosDiferentes \ (A1,A2,A3,A4,A5,A6,A7,A8,A9)$
$TodosDiferentes \ (B1,B2,B3,B4,B5,B6,B7,B8,B9)$
...

$TodosDiferentes \ (A1,B1,C1,D1,E1,F1,G1,H1,I1)$
$TodosDiferentes \ (A2,B2,C2,D2,E2,F2,G2,H2,I2)$
...

$TodosDiferentes \ (A1,A2,A3,B1,B2,B3,C1,C2,C3)$
$TodosDiferentes \ (A4,A5,A6,B4,B5,B6,C4,C5,C6)$
...

Vamos ver até onde a consistência de arco pode nos levar. Suponha que as restrições *TodosDiferentes* foram expandidas em restrições binárias (como $A1 \neq A2$) para que possamos aplicar o algoritmo AC-3 diretamente. Considere a variável $E6$ da Figura 6.4(a) o quadrado vazio entre o 2 e o 8 na caixa do meio. Pelas restrições na caixa, podemos remover 1, 2, 7 e 8 do domínio de $E6$. Das restrições nessa coluna, podemos eliminar 5, 6, 2, 8, 9 e 3 (embora 2 e 8 já estivessem removidos). Isso deixa $E6$ com um domínio de $\{4\}$; em outras palavras, sabemos a resposta para $E6$. Agora considere a variável $I6$ – o quadrado na caixa do meio, embaixo,

Grelha (a):

	1	2	3	4	5	6	7	8	9
A			3		2		6		
B	9			3		5			1
C			1	8		6	4		
D			8	1		2	9		
E	7								8
F			6	7		8	2		
G			2	6		9	5		
H	8			2		3			9
I			5		1		3		

(a)

Grelha (b):

	1	2	3	4	5	6	7	8	9
A	4	8	3	9	2	1	6	5	7
B	9	6	7	3	4	5	8	2	1
C	2	5	1	8	7	6	4	9	3
D	5	4	8	1	3	2	9	7	6
E	7	2	9	5	6	4	1	3	8
F	1	3	6	7	9	8	2	4	5
G	3	7	2	6	8	9	5	1	4
H	8	1	4	2	5	3	7	6	9
I	6	9	5	4	1	7	3	8	2

(b)

Figura 6.4 (a) Exemplo de quebra-cabeça Sudoku e (b) sua solução.

cercado por 1, 3 e 3. Aplicando a consistência de arco em sua coluna, eliminamos 5, 6, 2, 4 (já que sabemos agora que $E6$ deve ser 4), 8, 9 e 3. Eliminamos 1 por consistência de arco com $I5$; restou apenas o valor 7 no domínio de $I6$. Agora existem oito valores conhecidos na coluna 6, de modo que a consistência de arco pode deduzir que $A6$ deve ser 1. A inferência continua ao longo dessas linhas e, eventualmente, o algoritmo pode resolver todo o quebra-cabeça – todas as variáveis têm os seus domínios reduzidos a um único valor, como mostra a Figura 6.4(b).

Certamente, o Sudoku logo perderia o seu apelo se cada quebra-cabeça pudesse ser resolvido por uma aplicação mecânica do algoritmo AC-3, e realmente o AC-3 só funciona para os quebra-cabeças de Sudoku mais fáceis. Aqueles um pouco mais difíceis podem ser resolvidos pelo PC-2, mas a um custo computacional maior: há 255.960 restrições diferentes de caminho para considerar em um quebra-cabeça Sudoku. Para resolver os quebra-cabeças mais difíceis e fazer progressos eficientes, teremos que ser mais espertos.

De fato, o que torna os quebra-cabeças Sudoku atraentes para um solucionador humano é a necessidade de ser criativo na aplicação de estratégias de inferência mais complexas. Os aficionados dão a eles nomes coloridos, como "triplas desnudas". Essa estratégia funciona da seguinte maneira: em qualquer unidade (linha, coluna ou caixa), encontre três quadrados em que cada um tenha um domínio contendo os mesmos três números ou um subconjunto desses números. Por exemplo, os três domínios podem ser {1, 8}, {3, 8} e {1, 3, 8}. A partir deles não sabemos qual quadrado contém 1, 3 ou 8, mas sabemos que os três números deverão ser distribuídos entre os três quadrados. Portanto, podemos remover 1, 3 e 8 dos domínios de todos os *outros* quadrados na unidade.

É interessante observar como podemos ir longe sem dizer muito que seja específico ao Sudoku. Naturalmente temos que dizer que existem 81 variáveis, que os seus domínios são os dígitos 1 a 9 e que existem 27 restrições *TodosDiferentes*. Mas, além disso, todas as estratégias – arco-consistência, consistência de caminho, e assim por diante – em geral são aplicáveis a todos os CSPs, não apenas aos problemas de Sudoku. Mesmo as triplas desnudas são realmente uma estratégia para reforçar a consistência das restrições de *TodosDiferentes* e não tem nada a ver com o Sudoku *em si*. Esse é o poder do formalismo do CSP: para cada nova área de problema, precisamos apenas definir o problema em termos de restrições; em seguida os mecanismos gerais de resolução de restrições podem ser usados.

6.3 Busca com retrocesso para CSPs

Às vezes, podemos terminar o processo de propagação de restrição e ainda ter variáveis com múltiplos valores possíveis. Nesse caso, temos que **buscar** uma solução. Nesta seção, veremos os algoritmos de busca com retrocesso que funcionam com atribuições parciais; na próxima seção veremos algoritmos de busca local sobre tarefas completas.

Considere como uma busca em profundidade limitada padrão (do Capítulo 3) poderia solucionar CSPs. Um estado seria uma atribuição parcial, e uma ação estenderia a atribuição acrescentando, digamos, $NGS = cinza\text{-}claro$ ou $AM = cinza\text{-}escuro$ para o problema de coloração do mapa da Austrália. Para um CSP com n variáveis de tamanho de domínio d, acabaríamos obtendo uma árvore de busca onde todas as atribuições completas (e, portanto, todas as soluções) são nós de folha na profundidade n. Mas observe que o fator de ramificação no nível superior seria nd porque qualquer um dos d valores pode ser atribuído a qualquer uma das n variáveis. No próximo nível, o fator de ramificação é $(n - 1)d$, e assim por diante para n níveis. Assim, a árvore tem $n! \cdot d^n$ folhas, embora existam apenas d^n atribuições completas possíveis!

Comutatividade

Podemos retornar a esse fator de $n!$ reconhecendo uma propriedade fundamental dos CSPs: a **comutatividade**. Um problema é comutativo se a ordem de aplicação de qualquer conjunto de ações dado não importar para o resultado. Nos CSPs, não faz diferença se primeiro atribuímos $NGS = cinza\text{-}claro$ e depois $AM = cinza\text{-}escuro$, ou o contrário. Portanto, basta considerarmos uma *única* variável em cada nó na árvore de busca. Na raiz, poderíamos ter uma escolha entre $AM = cinza\text{-}claro$, $AM = cinza\ médio$ e $AM = cinza\text{-}escuro$, mas nunca escolheríamos entre $NGS = cinza\text{-}claro$ e $AM = cinza\text{-}escuro$. Com essa restrição, o número de folhas é d^n, como seria de esperar. A cada nível da árvore, não temos que escolher com qual variável iremos lidar, mas nunca temos que retroceder por essa escolha.

A Figura 6.5 mostra um procedimento de busca com retrocesso para CSPs. Ele escolhe repetidamente uma variável não atribuída e depois experimenta todos os valores no domínio da variável, por vez, tentando encontrar uma solução por meio de uma chamada recursiva. Se a chamada tiver sucesso, a solução é devolvida; caso contrário, a atribuição é restaurada ao estado anterior, e o próximo valor é utilizado. Se nenhum valor funcionar, então é devolvida uma falha. Parte da árvore de busca para o problema da Austrália é mostrada na Figura 6.6, onde atribuímos variáveis na ordem *AO,TN,Q*,(...)

Observe que a BUSCA-COM-RETROCESSO mantém uma única representação de um estado (atribuição) e altera essa representação, em vez de criar novas (ver seção 3.4.3).

Embora os algoritmos de busca não informada do Capítulo 3 pudessem ser melhorados apenas fornecendo a eles heurísticas *específicas do domínio*, ocorre que a busca com retrocesso pode ser melhorada por meio de heurísticas *independentes do domínio*, que tiram proveito da representação fatorada dos CSPs. Nas próximas quatro seções, mostraremos como isso é feito:

---

função BUSCA-COM-RETROCESSO(*csp*) **devolve** uma solução ou *falha*
   devolver RETROCEDER(*csp*,[ ])

função RETROCEDER(*csp, atribuição*) **devolve** uma solução ou *falha*
   se *atribuição* está completa **então devolver** *atribuição*
   var ← SELECIONAR-VARIÁVEL-NÃO-ATRIBUÍDA(*csp, atribuição*)
   para cada *valor* **em** ORDENAR-VALORES-DE-DOMÍNIO(*csp, var, atribuição*) **faça**
     se *valor* é consistente com *atribuição* **então**
       adicionar {*var* = *valor*} a *atribuição*
       inferência ← INFERÊNCIA(*csp, var, atribuição*)
      se *inferência* ≠ *falha* **então**
        adicionar *inferência* a *atribuição*
        resultado ← RETROCEDER(*csp, atribuição*)
        se *resultado* ≠ *falha* **então devolver** *resultado*
       remover *inferência* de *csp*
      remover {*var* = *valor*} de *atribuição*
   devolver *falha*

Figura 6.5 Algoritmo simples com retrocesso para problemas de satisfação de restrições. O algoritmo é modelado sobre a busca recursiva em profundidade do Capítulo 3. As funções SELECIONAR-VARIÁVEL-NÃO-ATRIBUÍDA e ORDENAR-VALORES-DE-DOMÍNIO implementam as heurísticas de uso geral descritas na seção 6.3.1. A função INFERÊNCIA pode ser utilizada opcionalmente para impor arco-consistência, caminho-consistência ou *k*-consistência, conforme desejado. Se uma escolha de valor leva ao fracasso (observado por INFERÊNCIA ou por RETROCEDER), então as atribuições de valor (incluindo as realizadas por INFERÊNCIA) são revertidas e um novo valor é testado.

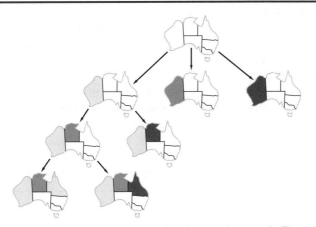

Figura 6.6 Parte da árvore de busca para o problema de coloração de mapa da Figura 6.1.

176   Inteligência Artificial

- (6.3.1) Que variável deve ser atribuída em seguida (SELECIONAR-VARIÁVEL-NÃO-ATRIBUÍDA), e em que ordem seus valores devem ser experimentados (ORDENAR-VALORES-DE-DOMÍNIO)?
- (6.3.2) Que inferências devem ser realizadas a cada etapa na busca (INFERÊNCIA)?
- (6.3.3) Podemos RETROCEDER mais de uma etapa, quando for apropriado?
- (6.3.4) Podemos salvar e reutilizar resultados parciais da busca?

6.3.1 Ordenação de variáveis e valores

O algoritmo de retrocesso contém a linha:

$$var \leftarrow \text{SELECIONAR-VARIÁVEL-NÃO-ATRIBUÍDA}(csp, atribuição).$$

A estratégia mais simples para SELECIONAR-VARIÁVEL-NÃO-ATRIBUÍDA é a ordenação estática: escolher as variáveis na ordem $\{X_1, X_2, ...\}$. A próxima mais simples é escolher aleatoriamente. Nenhuma delas é a ideal. Por exemplo, depois das atribuições de $AO = cinza\text{-}claro$ e $TN = cinza\ médio$ na Figura 6.6, só existe um valor possível para AM; então, faz sentido atribuir em seguida $AM = cinza\text{-}escuro$ em lugar de atribuir Q. De fato, depois de AM ser atribuído, as escolhas para Q, NGS e V são todas forçadas.

Valores restantes mínimos

Essa ideia intuitiva – escolher a variável com o menor número de valores "válidos" – é denominada heurística de **valores restantes mínimos** (VRM). Também é conhecida como heurística de "variável mais restrita" ou de "primeira falha"; este último nome é dado porque ela escolhe uma variável que tem a maior probabilidade de provocar uma falha em breve, podando assim a árvore de busca. Se alguma variável X não tiver mais valores válidos restantes, a heurística VRM selecionará X e a falha será detectada de imediato – evitando buscas inúteis por outras variáveis. A heurística VRM geralmente tem desempenho melhor do que uma ordenação aleatória ou estática, às vezes por algumas ordens de grandeza, embora os resultados variem dependendo do problema.

Heurística de grau

A heurística de VRM não ajuda de modo algum na escolha da cor da primeira região na Austrália porque inicialmente toda região tem três cores válidas. Nesse caso, a **heurística de grau** (*degree heuristic*) se mostra prática. Ela tenta reduzir o fator de ramificação em escolhas futuras selecionando a variável envolvida no maior número de restrições sobre outras variáveis não atribuídas. Na Figura 6.1, AM é a variável com grau mais alto, 5; as outras variáveis têm grau 2 ou 3, com exceção de T, que tem grau 0. De fato, uma vez que AM é escolhida, a aplicação da heurística de grau resolve o problema sem quaisquer etapas falsas – é possível você escolher *qualquer* cor consistente em cada ponto de escolha e ainda chegar a uma solução sem retrocesso. A heurística de valores restantes mínimos normalmente é um guia mais poderoso, mas a heurística de grau pode ser útil como critério de desempate.

Valor menos restritivo

Uma vez que uma variável foi selecionada, o algoritmo deve decidir pela ordem em que seus valores devem ser examinados. Para isso, a heurística de **valor menos restritivo** é eficaz. Ela prefere o valor que elimina o menor número possível de escolhas para as variáveis vizinhas no grafo de restrições. Por exemplo, suponha que na Figura 6.1 tenhamos gerado a atribuição parcial com $AO = cinza\text{-}claro$ e $TN = cinza\ médio$ e que nossa próxima escolha seja relativa a Q. cinza-escuro seria uma escolha ruim porque elimina o último valor válido restante para AM, vizinho de Q. Portanto, a heurística de valor menos restritivo prefere cinza-claro a cinza-escuro. Em geral, a heurística está tentando deixar a máxima flexibilidade para atribuições de variáveis subsequentes.

Por que a seleção de variáveis deveria ser de "falhar primeiro", mas a seleção de valor de "falhar por último"? Toda variável precisa ser atribuída eventualmente, de modo que, escolhendo aquelas que provavelmente falharão primeiro, na média, teremos menos atribuições bem-sucedidas para retroceder. Para a ordenação de valores, o truque é que precisamos apenas de uma solução, por isso faz sentido procurar, primeiro, pelos valores mais prováveis. Se quiséssemos enumerar todas as soluções em vez de apenas encontrar uma, a ordenação de valores seria irrelevante.

6.3.2 Intercalação de busca e inferência

Até agora vimos como o algoritmo AC-3 pode reduzir o domínio de variáveis *antes* de iniciarmos a busca. Mas a inferência pode ser ainda mais poderosa *durante* o curso de uma busca:

cada vez que fazemos uma escolha de um valor para uma variável, temos uma nova oportunidade de inferir novas reduções de domínio sobre as variáveis vizinhas.

Uma das formas mais simples de inferência é chamada **verificação à frente** (*forward checking*). Sempre que uma variável X é atribuída, o processo de verificação à frente estabelece a consistência de arco para ela: para cada variável não atribuída Y que está conectada por uma restrição a X, exclua do domínio de Y qualquer valor que esteja inconsistente com o valor escolhido para X.

Verificação à frente

A Figura 6.7 mostra o progresso da busca com retrocesso no CSP da Austrália com verificação à frente. Existem dois pontos importantes a observar sobre esse exemplo. Primeiro, note que, depois de serem atribuídos $AO = cinza$-$claro$ e $Q = cinza\ médio$, os domínios de TN e AM são reduzidos a um único valor; eliminamos por completo a ramificação nessas variáveis propagando informações a partir de AO e Q. Um segundo ponto a observar é que, depois de $V = cinza$-$escuro$, o domínio de AM está vazio. Consequentemente, a verificação à frente detectou que a atribuição parcial {$AO = cinza$-$claro$, $Q = cinza\ médio$, $V = cinza$-$escuro$} é inconsistente com as restrições do problema e, assim, o algoritmo retrocede imediatamente.

Para muitos problemas, a busca será mais eficiente se combinarmos a heurística VRM com a verificação à frente. Considere a Figura 6.7 após a atribuição de {$AO = cinza$-$claro$}. Intuitivamente, parece que essa atribuição restringe os seus vizinhos, TN e AM, de modo que devemos tratar dessas variáveis em seguida e, depois, todas as outras variáveis se encaixarão no lugar. Isso é exatamente o que acontece com VRM: TN e AM têm dois valores cada, então um deles é escolhido em primeiro lugar, depois o outro, e depois Q, NGS e V em ordem. Por fim, T ainda tem três valores, e qualquer um deles funciona. Podemos visualizar a verificação à frente como uma maneira eficiente de computar, de forma incremental, a informação de que a heurística VRM precisa para fazer seu trabalho.

Embora a verificação à frente detecte muitas inconsistências, não detecta todas elas. O problema é que ela não olha muito adiante. Por exemplo, considere a terceira linha, $Q = cinza\ médio$, da Figura 6.7. Tornamos AO e Q arco-consistentes, mas deixamos TN e AM com cinza-escuro como seu único valor possível, que é uma inconsistência, pois eles são vizinhos.

O algoritmo chamado MCA (de **manutenção da consistência de arcos**) detecta esse tipo de inconsistência. Após atribuir um valor para a variável X_i, o procedimento INFERÊNCIA chama AC-3, mas em vez de uma fila de todos os arcos no CSP, começamos apenas com os arcos (X_j, X_i) para todos os X_j que são variáveis não atribuídas que são vizinhas de X_i. A partir daí, AC-3 faz a propagação de restrição da forma habitual e, se qualquer variável tiver o seu domínio reduzido a um conjunto vazio, a chamada para AC-3 falha e sabemos que devemos retroceder imediatamente. Podemos notar que o MCA é estritamente mais poderoso do que a verificação à frente, porque ela realiza a mesma coisa que o MCA sobre os arcos iniciais na fila do MCA; porém, ao contrário do MCA, a verificação à frente não propaga restrições recursivamente quando são feitas alterações nos domínios das variáveis.

Manutenção da consistência de arcos

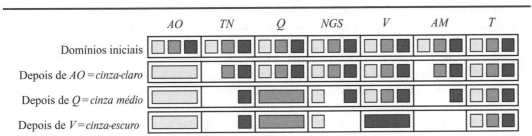

Figura 6.7 Progresso de uma busca de coloração de mapa com verificação à frente. $AO = cinza$-$claro$ é atribuído primeiro; em seguida, a verificação à frente exclui cinza-claro dos domínios das variáveis vizinhas TN e AM. Depois da atribuição $Q = cinza\ médio$, o tom cinza médio é excluído dos domínios de TN, AM e NGS. Após $V = cinza$-$escuro$ ser atribuído, cinza-escuro é excluído dos domínios de NGS e AM, deixando AM sem valores válidos.

178 Inteligência Artificial

6.3.3 Retrocesso inteligente: olhando para trás

O algoritmo BUSCA-COM-RETROCESSO da Figura 6.5 tem uma política muito simples sobre o que fazer quando um ramo da busca falha: recuar até a variável anterior e experimentar um valor diferente para ela. Isso se chama **retrocesso cronológico** porque o ponto de decisão *mais recente* é revisto. Nesta subseção, consideraremos melhores possibilidades.

Retrocesso cronológico

Considere o que acontece quando aplicamos o retrocesso simples da Figura 6.1 com uma ordenação fixa de variáveis Q, NGS, V, T, AM, AO, TN. Vamos supor que geramos a atribuição parcial {$Q = cinza-claro$, $NGS = cinza médio$, $V = cinza-escuro$, $T = cinza-claro$}. Quando experimentarmos a próxima variável, AM, veremos que todo valor viola uma restrição. Voltamos até T e experimentamos uma nova cor para a Tasmânia! Obviamente, isso é tolice – a mudança da cor atribuída à Tasmânia não pode solucionar o problema da Austrália Meridional.

Uma estratégia mais inteligente é retroceder até uma variável que possa corrigir o problema – uma variável que foi responsável por tornar um dos valores possíveis de AM levar à falha. Para fazer isso, vamos acompanhar um conjunto de atribuições que estão em conflito com algum valor de AM. O conjunto (nesse caso, {$Q = cinza-claro$, $NGS = cinza médio$, $V = cinza-escuro$, $T = cinza-claro$} é denominado **conjunto de conflito** para AM. O método de *backjumping* retrocede até a atribuição *mais recente* no conjunto de conflito; nesse caso, o *backjumping* pularia sobre a Tasmânia e experimentaria um novo valor para V. Esse método é facilmente implementado pela modificação de RETROCEDER de forma que acumule o conjunto de conflito, ao mesmo tempo que verifica a atribuição de um valor válido. Se não for encontrado nenhum valor válido, o algoritmo deve devolver o elemento mais recente do conjunto de conflito, juntamente com o indicador de falha.

Conjunto de conflito
Backjumping

O leitor atento terá notado que a verificação à frente pode fornecer o conjunto de conflito sem trabalho extra: sempre que a verificação à frente baseada em uma atribuição $X = x$ exclui um valor do domínio de Y, ela deve adicionar $X = x$ ao conjunto de conflito de Y. Se o último valor for eliminado do domínio de Y, as atribuições no conjunto de conflito de Y serão adicionadas ao conjunto de conflito de X. Ou seja, agora sabemos que $X = x$ leva a uma contradição (em Y) e, portanto, uma atribuição diferente deve ser experimentada para X.

O leitor mais atento terá notado algo estranho: *backjumping* ocorre quando todo valor em um domínio está em conflito com a atribuição atual; no entanto, a verificação à frente detecta esse evento e impede que a busca alcance esse nó! De fato, é possível mostrar que *toda* ramificação podada por *backjumping* também é podada por verificação à frente. Consequentemente, o *backjumping* simples é redundante em uma busca de verificação à frente ou, na verdade, em uma busca que utilize verificação de consistência mais forte, como MAC – só é preciso você fazer um ou outro.

Apesar das observações do parágrafo anterior, a ideia que rege o *backjumping* continua a ser boa: efetuar o retrocesso com base nas razões da falha. O *backjumping* nota a falha quando o domínio de uma variável se torna vazio, mas, em muitos casos, uma ramificação está condenada muito antes de acontecer isso. Considere mais uma vez a atribuição parcial {$AO = cinza-claro$, $NGS = cinza-claro$} (que, de acordo com a discussão anterior, é inconsistente). Vamos supor que experimentamos $T = cinza-claro$ em seguida e depois atribuímos TN, Q, V, AM. Sabemos que nenhuma atribuição pode funcionar para essas quatro últimas variáveis e, assim, eventualmente ficamos sem valores para experimentar em TN. Agora, a questão é para onde retroceder. O *backjumping* não pode funcionar porque TN *tem* valores consistentes com as variáveis atribuídas precedentes – TN não tem um conjunto de conflito completo de variáveis precedentes que tenham causado sua falha. Entretanto, sabemos que as quatro variáveis TN, Q, V e AM, *tomadas em conjunto*, falharam por causa de um conjunto de variáveis precedentes, que devem ser as variáveis que entram em conflito direto com as quatro.

Isso nos leva a uma noção diferente e mais profunda do conjunto de conflito para uma variável como TN: é esse conjunto de variáveis precedentes que fez TN, *em conjunto com quaisquer variáveis subsequentes*, não ter nenhuma solução consistente. Nesse caso, o conjunto é AO e NGS, e assim o algoritmo deve regressar até NGS e saltar sobre a Tasmânia. Um algoritmo de *backjumping* que utiliza conjuntos de conflito definidos desse modo é chamado ***backjumping* orientado por conflito**.

Backjumping orientado por conflito

Agora devemos explicar como esses novos conjuntos de conflito são calculados. De fato, o método é muito simples. A falha "terminal" de uma ramificação da busca sempre ocorre

Capítulo 6 • **Problemas de Satisfação de Restrições** 179

porque o domínio de uma variável se torna vazio; essa variável tem um conjunto de conflito padrão. Em nosso exemplo, *AM* falha, e seu conjunto de conflito é (digamos) [*AO, TN, Q*]. Recuamos até *Q*, e *Q absorve* o conjunto de conflito de *AM* (com exceção do próprio *Q*, é claro) em seu próprio conjunto de conflito direto, que é [*TN, NGS*]; o novo conjunto de conflito é [*AM, TN, NGS*]. Isto é, não há solução de *Q* em diante, dada a atribuição anterior a [*AO, TN, NGS*]. Portanto, retrocedemos até *TN*, o mais recente desses elementos. *TN* absorve [*AO, TN, NGS*] - [*TN*] em seu próprio conjunto de conflito direto [*AO*], fornecendo [*AO, NGS*] (como afirmamos no parágrafo anterior). Agora, o algoritmo recua até *NGS*, como seria de esperar. Em resumo, seja X_j a variável atual e seja $\mathit{conf}(X_j)$ seu conjunto de conflito. Se todo valor possível para X_j falhar, recue até a variável mais recente X_i em $\mathit{conf}(X_j)$ e recalcule o conjunto de conflito para X_i da seguinte forma:

$$\mathit{conf}(X_i) \leftarrow \mathit{conf}(X_i) \cup \mathit{conf}(X_j) - \{X_i\}.$$

6.3.4 Aprendizado de restrição

Quando chegamos a uma contradição, o *backjumping* pode nos informar até onde poderíamos voltar; assim não perdemos tempo alterando variáveis que não vão resolver o problema. Mas também gostaríamos de evitar que o mesmo problema acontecesse novamente. Quando a busca chega a uma contradição, sabemos que algum subconjunto do conjunto de conflito é responsável pelo problema. O **aprendizado de restrição** é a ideia de encontrar um conjunto mínimo de variáveis do conjunto de conflito que causa o problema. Esse conjunto de variáveis, juntamente com seus valores correspondentes, é chamado **no-good**. Em seguida, registramos o *no-good*, quer pela inclusão de uma nova restrição para o CSP, quer mantendo um *cache* separado de *no-goods*.

> **Aprendizado de restrição**
>
> *No-good*

Por exemplo, considere o estado [*AO = cinza-claro, TN = cinza médio, Q = cinza-escuro*] na última linha da Figura 6.6. A verificação à frente (*forward checking*) pode informar que esse estado é um *no-good* porque não há uma atribuição válida para *AM*. Nesse caso particular, o registro do *no-good* não iria ajudar, porque, uma vez que esse ramo seja podado da árvore de busca, nunca iremos encontrar essa combinação novamente. Mas suponha que a árvore de busca da Figura 6.6 realmente fizesse parte de uma árvore de busca maior que inicialmente atribuía valores para *V* e *T*. Então, valeria a pena registrar [*AO = cinza-claro, TN = cinza médio, Q = cinza-escuro*] como *no-goods*, porque incorreremos no mesmo problema novamente para cada conjunto possível de atribuições para *V* e *T*.

Efetivamente podemos utilizar *no-goods* por verificação à frente ou por *backjumping*. O aprendizado de restrição é uma das técnicas mais importantes utilizadas por solucionadores modernos de CSP para resolver problemas complexos com eficiência.

6.4 Busca local para CSPs

Os algoritmos de busca local (ver seção 4.1) se mostram muito eficazes na resolução de vários CSPs. Eles utilizam uma formulação de estados completos (conforme introduzido na seção 4.1.1), em que cada estado atribui um valor a cada variável e a busca altera o valor de uma variável de cada vez. Como exemplo, usaremos o problema de oito rainhas, definido como um CSP na seção 6.1.2. Na Figura 6.8, começamos à esquerda com uma atribuição completa das 8 variáveis; geralmente, isso irá violar várias restrições. Depois, escolhemos aleatoriamente uma variável conflitada, que nesse caso foi Q_8, a coluna mais à direita. Gostaríamos de mudar o valor para algo que nos leve para mais perto de uma solução; a estratégia mais óbvia é selecionar o valor que resulta no número mínimo de conflitos com outras variáveis – a heurística de **conflitos mínimos**.

> **Conflitos mínimos**

Na figura, vemos que existem duas linhas que só violam uma restrição: escolhemos $Q_8 = 3$ (ou seja, movemos a rainha para a oitava coluna, terceira linha). Na próxima iteração, no tabuleiro no meio da figura, selecionamos Q_6 como a variável a ser alterada, e notamos que mover a rainha para a oitava linha resulta em nenhum conflito. Nesse ponto, não existem mais variáveis em conflito e, portanto, temos uma solução. O algoritmo aparece na Figura 6.9.[2]

---

[2] A busca local pode ser estendida facilmente para problemas de otimização de restrições (PORs). Nesse caso, todas as técnicas de subida de encosta e têmpera simulada podem ser aplicadas para otimizar a função objetivo.

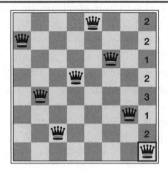 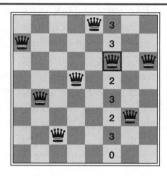 

Figura 6.8 Solução de duas etapas para um problema de oito rainhas utilizando conflitos mínimos. Em cada fase, é escolhida uma rainha para reatribuição em sua coluna. O número de conflitos (nesse caso, o número de rainhas atacantes) é mostrado em cada quadrado. O algoritmo move a rainha para o quadrado de conflito mínimo, efetuando os desempates ao acaso.

A heurística de conflitos mínimos é surpreendentemente eficaz para muitos CSPs. É incrível observar no problema de *n* rainhas que, se não for levado em conta o posicionamento inicial das rainhas, o tempo de execução de conflitos mínimos será praticamente *independente do tamanho do problema*. Isso resolve até mesmo o problema de *um milhão* de rainhas em uma média de 50 passos (após a atribuição inicial). Essa notável observação foi o estímulo que levou a um intenso estudo da busca local na década de 1990 e à distinção entre problemas fáceis e difíceis, que começamos a examinar na seção 7.6.3. Em termos gerais, o problema de *n* rainhas é fácil para a busca local porque as soluções estão densamente distribuídas ao longo do espaço de estados. A heurística de conflitos mínimos também funciona bem para problemas difíceis. Por exemplo, ela é empregada na programação de observações do telescópio espacial Hubble, reduzindo o tempo necessário para programar uma semana de observações de três semanas (!) para algo ao redor de 10 minutos.

Todas as técnicas de busca local a partir da seção 4.1 são candidatas a serem aplicadas em CSPs, e algumas delas se revelaram especialmente eficazes. O cenário de um CSP sob a heurística de conflitos mínimos geralmente tem uma série de platôs. Pode haver milhões de atribuições de variáveis que estão apenas um conflito distante de uma solução. A busca de platô - permitindo movimentos de um lado para outro estado com a mesma pontuação - pode ajudar a busca local a encontrar o seu caminho para fora desse platô. Essa excursão no platô pode ser orientada com uma técnica chamada **busca de tabu**: manter uma pequena lista de estados visitados recentemente e proibir o retorno do algoritmo para esses estados. Pode-se utilizar também a têmpera simulada para escapar dos platôs.

Ponderação de restrição

Outra técnica, a **ponderação de restrição**, pode ajudar a concentrar a busca em restrições importantes. É dado a cada restrição um peso numérico, inicialmente 1 para cada. Em cada

---

função CONFLITOS-MÍNIMOS(*csp*, *max_etapas*) **devolve** uma solução ou *falha*
   entradas: *csp*, um problema de satisfação de restrições
          max_passos, o número de passos permitidos antes de desistir

   atual ← uma atribuição inicial completa para *csp*
   para *i* = 1 até *max passos* **faça**
      se *atual* é uma solução para *csp* **então devolver** *atual*
      var ← uma variável em conflito é escolhida aleatoriamente a partir de *csp*.VARIÁVEIS
      valor ← o valor *v* para *var* que minimiza CONFLITOS(*csp*, *var*, *v*, *atual*)
      definir *var* = *valor* em *atual*
   devolver *falha*

Figura 6.9 Algoritmo CONFLITOS-MÍNIMOS para resolução de CSPs por busca local. O estado inicial pode ser escolhido aleatoriamente ou por meio de um processo de atribuição ambiciosa que escolhe um valor de conflito mínimo para uma variável de cada vez. A função CONFLITOS conta o número de restrições violadas por um valor específico, dado o restante da atribuição corrente.

Capítulo 6 • Problemas de Satisfação de Restrições   181

passo da busca, o algoritmo escolhe um par variável/valor para alterar o que resultará no menor peso total de todas as restrições violadas. Os pesos são então ajustados, incrementando o peso de cada restrição que foi violada pela atribuição atual. Isso tem dois benefícios: acrescenta topografia ao platô, certificando-se de que é possível melhorar a partir do estado atual, e aumenta o aprendizado: ao longo do tempo, as restrições recebem pesos maiores.

Outra vantagem da busca local é a possibilidade de utilizá-la em uma configuração *online* (seção 4.5) quando o problema se altera. Considere o problema de escalonamento para os voos semanais de uma companhia aérea. A escala pode envolver milhares de voos e dezenas de milhares de atribuições de pessoas, mas o mau tempo em um aeroporto pode tornar a escala inviável. Gostaríamos de reparar a escala com o mínimo de mudanças. Isso pode ser feito com facilidade por meio de um algoritmo de busca local a partir da escala atual. Uma busca com retrocesso com o novo conjunto de restrições normalmente exige muito mais tempo e pode encontrar uma solução com muitas mudanças a partir da escala atual.

6.5 Estrutura de problemas

Nesta seção, examinaremos meios pelos quais a *estrutura* do problema, representada pelo grafo de restrições, pode ser usada para encontrar soluções com rapidez. A maior parte das abordagens utilizadas aqui também se aplica a outros problemas além de CSPs, como o raciocínio probabilístico.

O único modo de termos esperança de lidar com o mundo real é decompô-lo em subproblemas. Quando observamos mais uma vez o gráfico de restrições para a Austrália (Figura 6.1[b], repetida como Figura 6.12[a]), um fato se destaca: a Tasmânia não está conectada ao continente.[3] Intuitivamente, é óbvio que colorir a Tasmânia e colorir o continente são **subproblemas independentes** – qualquer solução para o continente combinada a qualquer solução para a Tasmânia produz uma solução para o mapa inteiro.

Subproblemas independentes

A independência pode ser verificada simplesmente procurando por **componentes conectados** do grafo de restrições. Cada componente corresponde a um subproblema CSP_i. Se a atribuição S_i é uma solução de CSP_i, então $\cup_i S_i$ é uma solução de $\cup_i CSP_i$. Por que isso é importante? Vamos supor que cada CSP_i tenha c variáveis do total de n variáveis, sendo c uma constante. Então, existem n/c subproblemas, cada um dos quais exige no máximo o trabalho d^c para ser resolvido, em que d é o tamanho do domínio. Consequentemente, o trabalho total é $O(d^c n/c)$, que é *linear* em n; sem a decomposição, o trabalho total é $O(d^n)$, que é exponencial em n. Vamos tornar esse caso mais concreto: a divisão de um CSP booleano com 100 variáveis em quatro subproblemas reduz o tempo de solução, no pior caso, do tempo de duração do universo para menos de um segundo.

Componente conectado

Então, subproblemas completamente independentes são interessantes, porém raros. Felizmente, algumas outras estruturas de grafo também são fáceis de resolver. Por exemplo, um grafo de restrição é uma **árvore** quando quaisquer duas variáveis estiverem ligadas por apenas um caminho. Vamos mostrar que *qualquer CSP estruturado em árvore pode ser resolvido em tempo linear no número de variáveis*.[4] A chave é uma nova noção de consistência, denominada **consistência de arco orientada** ou CAO. CSP é definido para ser arco-consistente orientado sob ordenação de variáveis $X_1, X_2,..., X_n$ se e somente se cada X_i for arco-consistente com cada X_j para $j > i$.

Consistência de arco orientada

Para resolver um CSP estruturado em árvore, escolha primeiramente qualquer variável para ser a raiz da árvore, e escolha uma ordenação das variáveis de forma que cada variável apareça após o seu pai na árvore. Essa ordenação chama-se **classificação topológica**. A Figura 6.10 mostra, em (a), um exemplo de árvore e, em (b), uma ordenação possível. Qualquer árvore com n nós tem $n-1$ arcos; então podemos fazer esse grafo arco-consistente orientado em $O(n)$ passos, cada um dos quais deve comparar com até d possíveis valores de domínio para duas variáveis, usando um tempo total $O(nd^2)$. Uma vez que tenhamos um grafo arco-consistente orientado, podemos recorrer diretamente à lista de variáveis e escolher qualquer valor restante.

Classificação topológica

---

[3] Um cartógrafo cuidadoso ou um tasmaniano patriota poderia objetar que a Tasmânia não deve ter a mesma cor de seu vizinho continental, para evitar a impressão de que ela *poderia* fazer parte desse estado.

[4] Infelizmente, bem poucas regiões do mundo têm mapas estruturados em árvore, embora Sulawesi chegue perto.

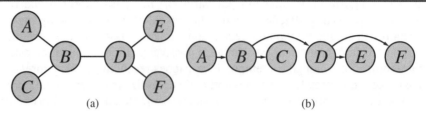

Figura 6.10 (a) Grafo de restrições de um CSP estruturado em árvore. (b) Uma ordenação linear das variáveis consistentes com a árvore, sendo A a raiz. Isso é conhecido como classificação topológica das variáveis.

Desde que cada ligação de um pai com seu filho seja arco-consistente, sabemos que, para qualquer valor que escolhermos para o pai, haverá um valor válido deixado a ser escolhido para o filho. Isso significa que não teremos que retroceder; podemos nos mover linearmente por meio das variáveis. O algoritmo completo é mostrado na Figura 6.11.

Agora que temos um algoritmo eficiente para árvores, podemos considerar se grafos de restrições mais gerais podem ser *reduzidos* de algum modo a árvores. Há duas maneiras principais para fazer isso, uma delas baseada na remoção de nós (seção 6.5.1) e outra baseada na condensação de nós (seção 6.5.2).

6.5.1 Condicionamento de corte de ciclo

A primeira forma de reduzir um grafo de restrições a uma árvore envolve a atribuição de valores a algumas variáveis, de modo que as variáveis restantes formem uma árvore. Considere o grafo de restrições para a Austrália, mostrado novamente na Figura 6.12(a). Sem a Austrália Meridional, o grafo se tornaria uma árvore, como em (b). Felizmente, podemos fazer isso (no grafo, não no continente) fixando um valor para *AM* e excluindo dos domínios das outras variáveis quaisquer valores inconsistentes com o valor escolhido para *AM*.

Agora, qualquer solução para o CSP depois que *AM* e suas restrições forem removidas será consistente com o valor escolhido para *AM*. (Isso funciona para CSPs binários; a situação é mais complicada com restrições de ordem mais alta.) Portanto, podemos resolver a árvore restante com o algoritmo dado anteriormente e, desse modo, resolver o problema inteiro. É claro que, no caso geral (em vez de coloração de mapas), o valor escolhido para *AM* poderia ser o valor errado; desse modo, precisaríamos experimentar cada valor possível. O algoritmo geral é o seguinte:

1. Escolha um subconjunto *S* das variáveis do CSP de modo que o grafo de restrições se torne uma árvore após *S* ser removido. *S* é chamado **conjunto de corte de ciclo**.

---

função SOLUCIONADOR-ÁRVORE-CSP(*csp*) **devolve** uma solução ou *falha*
   entradas: *csp*, um CSP com componentes *X, D, C*

   $n \leftarrow$ número de variáveis em *X*
   atribuição $\leftarrow$ uma atribuição vazia
   raiz $\leftarrow$ qualquer variável em *X*
   $X \leftarrow$ CLASSIFICAÇÃO-TOPOLÓGICA (*X, raiz*)
   para $j = n$ **descendo até** 2 **faça**
      TORNE-ARCO-CONSISTENTE(PAI(X_j), X_j)
      se não puder se tornar consistente **então devolver** *falha*
   para $i = 1$ **até** n **faça**
      atribuição[X_i] $\leftarrow$ qualquer valor consistente de D_i
      se não houver valor consistente **então devolver** *falha*
   devolver *atribuição*

Figura 6.11 Algoritmo SOLUCIONADOR-ÁRVORE-CSP para resolver CSPs estruturados em árvore. Se o CSP tiver uma solução, vamos encontrá-la em tempo linear; senão, detectaremos uma contradição.

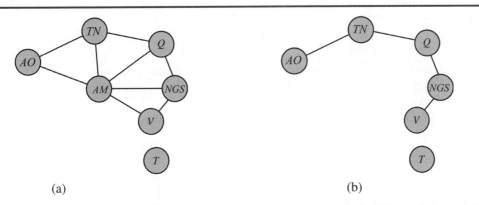

Figura 6.12 (a) Grafo de restrições original da Figura 6.1. (b) Após a remoção de AM, o grafo de restrições torna-se uma floresta de duas árvores.

2. Para cada atribuição possível às variáveis de S que satisfaça a todas as restrições sobre S,
   (a) remova dos domínios das variáveis restantes quaisquer valores que sejam inconsistentes com a atribuição para S, e
   (b) se o CSP restante tiver uma solução, devolva-a juntamente com a atribuição para S.

Caso o conjunto de corte de ciclo tenha tamanho c, o tempo de execução total será $O(d^c \cdot (n-c)\, d^2)$: temos que experimentar cada uma das combinações d^c de valores para as variáveis em S e, para cada combinação, devemos resolver um problema de árvore de tamanho $n - c$. Se o grafo for "praticamente uma árvore", então c será pequeno e as economias em relação ao retrocesso direto serão enormes – para o nosso exemplo com 100 variáveis booleanas, se pudéssemos achar um conjunto de corte de tamanho $c = 20$, isso causaria uma redução passando do tempo de vida do universo para alguns minutos. Porém, no pior caso, c poderá chegar a $(n - 2)$. Encontrar o *menor* conjunto de corte de ciclo será NP-difícil, mas são conhecidos diversos algoritmos de aproximação. A abordagem algorítmica global é chamada **condicionamento de conjunto de corte**; isso será visto novamente no Capítulo 13, com referência ao raciocínio probabilístico.

Condicionamento de conjunto de corte

6.5.2 Decomposição em árvore

A segunda maneira de reduzir um grafo de restrições a uma árvore se baseia na construção de uma **decomposição em árvore** do grafo de restrições: uma transformação do grafo original em uma árvore onde cada nó consiste em um conjunto de variáveis, como na Figura 6.13. Uma decomposição em árvore deve satisfazer os três requisitos a seguir:

Decomposição em árvore

- Toda variável no problema original aparece em pelo menos um dos nós da árvore.
- Se duas variáveis estiverem conectadas por uma restrição no problema original, elas deverão aparecer juntas (e juntamente com a restrição) em pelo menos um dos nós da árvore.
- Se uma variável aparecer em dois nós na árvore, ela deverá aparecer em cada nó ao longo do caminho que conecta esses nós.

As duas primeiras condições garantem que todas as variáveis e restrições estarão representadas na decomposição da árvore. A terceira condição parece bastante técnica, mas simplesmente reflete a restrição de que qualquer variável dada deve ter o mesmo valor onde quer que ela apareça; as restrições na árvore dizem que uma variável em um nó da árvore deve ter o mesmo valor que a variável correspondente no nó adjacente na árvore. Por exemplo, *AM* aparece em todos os quatro nós conectados da Figura 6.13, de modo que cada arco na decomposição da árvore, portanto, inclui a restrição de que o valor de *AM* em um nó deve ser igual ao valor de *AM* no nó seguinte. Você poderá verificar pela Figura 6.12 que essa decomposição faz sentido.

Havendo um grafo estruturado em árvore, o algoritmo SOLUCIONADOR-ÁRVORE-CSP pode ser aplicado para se chegar a uma solução no tempo $O(nd^2)$, em que n é o número

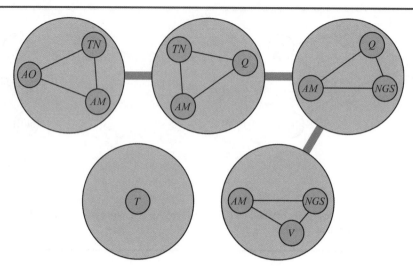

Figura 6.13 Decomposição em árvore do grafo de restrições da Figura 6.12(a).

de nós da árvore e d é o tamanho do maior domínio. Mas observe que, na árvore, um domínio é um conjunto de *tuplas* de valores, e não apenas valores individuais.

Por exemplo, o nó superior esquerdo na Figura 6.13 representa, no nível do problema original, um subproblema com variáveis {AO, TN, AM}, domínio {*cinza-claro*, *cinza médio* e *cinza-escuro*} e restrições $AO \neq TN$, $AM \neq TN$, $AO \neq AM$. No nível da árvore, o nó representa uma única variável, que podemos chamar de AMTNAO, cujo valor deverá ser uma tupla de três cores, como (*cinza-claro*, *cinza médio* e *cinza-escuro*), mas não (*cinza-claro*, *cinza-claro* e *cinza-escuro*), pois isso violaria a restrição $AM \neq TN$ do problema original. Podemos, então, passar desse nó para o adjacente, com a variável que podemos nomear como AMTNQ, e descobrir que há somente uma tupla, (*vermelho*, *verde*, *azul*), que é consistente com a escolha para AMTNAO. Exatamente o mesmo processo é repetido para os dois nós seguintes e, independentemente, podemos fazer qualquer escolha para T.

Podemos resolver qualquer problema de decomposição de árvore em tempo $O(nd^2)$ com o SOLUCIONADOR-ÁRVORE-CSP, que será eficiente, desde que d permaneça pequeno. Retomando o nosso exemplo com 100 variáveis booleanas, se cada nó tem 10 variáveis, então $d = 2^{10}$ e devemos conseguir resolver o problema em segundos. Porém, se houver um nó com 30 variáveis, isso levaria séculos.

Um dado grafo de restrições admite muitas decomposições em árvore; ao escolher uma decomposição, o objetivo é tornar os subproblemas tão pequenos quanto possível. (Tecnicamente, colocar todas as variáveis em um nó é uma árvore, mas isso não é útil.) A **largura de árvore** de uma decomposição em árvore de um grafo é uma unidade menor que o tamanho do maior subproblema; a largura de árvore do grafo propriamente dito é definida como a mínima largura de árvore entre todas as suas decomposições em árvore. Se um grafo tem largura de árvore w, então o problema pode ser resolvido no tempo $O(nd^{w+1})$, dada a decomposição em árvore correspondente. Consequentemente, *CSPs que têm grafos de restrições com largura de árvore limitada podem ser resolvidos em tempo polinomial*.

Infelizmente, encontrar a decomposição em árvore com largura de árvore mínima é um problema NP-difícil, mas existem métodos heurísticos que, na prática, funcionam bem. O que é melhor: a decomposição do conjunto de corte com o tempo $O(d^c \cdot (n - c)d^2)$, ou a decomposição em árvore com o tempo $O(nd^{w+1})$? Sempre que você tem um conjunto de corte de ciclo de tamanho c, há também uma largura de árvore com tamanho $w \leq c + 1$, e pode ser muito menor em alguns casos. Assim, considerar o tempo favorece a decomposição em árvore, mas a vantagem da estratégia do conjunto de corte de ciclo é que ela pode ser executada em memória linear, enquanto a decomposição em árvore requer memória exponencial em w.

6.5.3 Simetria de valor

Até agora, vimos a estrutura do grafo de restrição. Pode haver também uma estrutura importante nos *valores* das variáveis, ou na estrutura das próprias relações de restrição. Considere o problema de coloração do mapa com d cores. Para cada solução consistente, há realmente um conjunto de $d!$ soluções formadas pela permuta dos nomes das cores. Por exemplo, no mapa da Austrália sabemos que *AO*, *TN* e *AM* devem ter cores diferentes, mas existem $3! = 6$ maneiras de atribuir as três cores para essas três regiões. Isso é chamado **simetria de valor**. Gostaríamos de reduzir o espaço de busca a um fator de $d!$ quebrando a simetria nas atribuições. Fazemos isso por meio da introdução de uma **restrição de quebra de simetria**. Para o nosso exemplo, poderíamos impor uma restrição arbitrária de ordenação, $TN < AM < AO$, que exige que os três valores estejam em ordem alfabética. Essa restrição garante que apenas uma das $d!$ soluções seja possível: {TN = *cinza-escuro*, AM = *cinza médio*, AO = *cinza-claro*}.

> Simetria de valor
>
> Restrição de quebra de simetria

Para a coloração do mapa, foi fácil encontrar uma restrição que eliminasse a simetria. Em geral, é NP-difícil eliminar toda a simetria, mas quebrar o valor da simetria provou ser importante e eficaz em uma grande gama de problemas.

Resumo

- Os **problemas de satisfação de restrições** (CSPs) representam um estado com um conjunto de pares variável/valor e representam as condições para uma solução, por um conjunto de restrições sobre as variáveis. Muitos problemas importantes do mundo real podem ser descritos como CSPs.
- Várias técnicas de **inferência** usam as restrições para descartar certas atribuições de variável. Elas incluem nó, arco, caminho e k-consistência.
- A **busca com retrocesso**, uma forma de busca em profundidade, é comumente usada para resolver CSPs. A inferência pode ser interligada com a busca.
- As heurísticas de **valores restantes mínimos** e de **grau** são métodos independentes do domínio para decidir que variável escolher em seguida em uma busca com retrocesso. A heurística de **valor menos restritivo** ajuda a decidir que valor se deve experimentar primeiro para determinada variável. O retrocesso ocorre quando não é possível encontrar nenhuma atribuição válida para uma variável. O *backjumping* **orientado por conflito** efetua o retrocesso diretamente para a origem do conflito. O **aprendizado de restrição** registra os conflitos à medida que são encontrados durante a busca, a fim de evitar encontrar o mesmo conflito mais adiante na busca.
- A busca local utilizando a heurística de **conflitos mínimos** tem sido aplicada, com grande sucesso, a problemas de satisfação de restrições.
- A complexidade da resolução de um CSP está fortemente relacionada à estrutura de seu grafo de restrições. Problemas estruturados em árvore podem ser resolvidos em tempo linear. O **condicionamento de conjunto de corte** pode reduzir um CSP geral a um CSP estruturado em árvore e é muito eficiente (exigindo apenas memória linear) se for encontrado um conjunto de corte pequeno. As técnicas de **decomposição em árvore** transformam o CSP em uma árvore de subproblemas e são eficientes quando a **largura de árvore** do grafo de restrições é pequena; no entanto, elas precisam de memória exponencial na largura da árvore do grafo de restrição. Um melhor compromisso entre memória e tempo pode ser obtido com a combinação de condicionamento de conjunto de corte com a decomposição em árvore.

Notas bibliográficas e históricas

O matemático grego Diofanto (c. 200-284) apresentou e resolveu problemas envolvendo restrições algébricas em equações, embora não tenha desenvolvido uma metodologia generalizada. Agora chamamos as equações sobre domínios inteiros de **equações diofantinas**. O matemático indiano Brahmagupta (c. 650) foi o primeiro a mostrar uma solução geral sobre o domínio de inteiros para a equação $ax + by = c$. Métodos sistemáticos para resolução de equações lineares

> Equações diofantinas

por eliminação de variáveis foram estudados por Gauss (1829); a solução de restrições de desigualdade lineares teve início com Fourier (1827).

Os problemas de satisfação de restrições de domínios finitos também têm uma longa história. Por exemplo, a **coloração de grafo** (da qual a coloração de mapa é um caso especial) é um problema antigo em matemática. A conjectura das quatro cores (de que todo grafo planar pode ser colorido com quatro cores ou menos) foi elaborada primeiro por Francis Guthrie, aluno do matemático De Morgan, em 1852. Ela resistiu à solução – apesar de diversas afirmações publicadas em contrário – até ser criada uma prova, por Appel e Haken (1977) [consulte o livro *Four Colors Suffice* (Wilson, 2004)]. Os puristas ficaram desapontados porque parte da prova contava com um computador; assim, Georges Gonthier (2008), usando o demonstrador de teorema de COQ, derivou uma prova formal de que o programa de prova de Appel e Haken estava correto.

Classes específicas de problemas de satisfação de restrições ocorrem em toda a história da ciência da computação. Um dos exemplos mais influentes foi o sistema SKETCHPAD (Sutherland, 1963), que resolvia restrições geométricas em diagramas e foi o precursor dos modernos programas de desenho e das ferramentas de CAD. A identificação de CSPs como classe *geral* se deve a Ugo Montanari (1974). A redução de CSPs de alta ordem a CSPs puramente binários com variáveis auxiliares foi realizada originalmente pelo lógico do século XIX Charles Sanders Peirce. Ela foi introduzida na literatura de CSPs por Dechter (1990b) e elaborada por Bacchus e van Beek (1998). CSPs com preferências entre soluções são estudados amplamente na literatura de otimização; ver em Bistarelli *et al.* (1997) uma generalização da estrutura de CSPs para permitir o uso de preferências.

Métodos de propagação de restrições foram popularizados pelo sucesso de Waltz (1975) em problemas de linha de rotulagem poliédrica para visão computacional. Waltz mostrou que, em muitos problemas, a propagação elimina completamente a necessidade de retrocesso. Montanari (1974) introduziu a noção de grafos de restrição e propagação por consistência de caminho. Alan Mackworth (1977) propôs o algoritmo AC-3 para impor a consistência de arco, bem como a ideia geral de combinação de retrocesso com algum grau de imposição da consistência. Mohr e Henderson (1986) desenvolveram o AC-4, um algoritmo mais eficiente de consistência de arco, que é executado em $O(cd^2)$ no pior dos casos, mas pode ser mais lento que o AC-3 no caso médio. O algoritmo PC-2 (Mackworth, 1977) consegue consistência de caminho praticamente da mesma forma que o AC-3 consegue consistência de arco.

Logo após o surgimento do trabalho de Mackworth, os pesquisadores começaram a fazer experiência sobre o compromisso entre o custo da imposição da consistência e os benefícios em termos de redução de busca. Haralick e Elliott (1980) focaram no algoritmo de verificação à frente minimal descrito por McGregor (1979), enquanto Gaschnig (1979) sugeriu a verificação completa de consistência de arco, após cada atribuição de variável – um algoritmo chamado, mais tarde, MAC por Sabin e Freuder (1994). Este artigo forneceu evidências convincentes de que, em CSPs mais difíceis, a verificação completa da consistência de arcos vale a pena. Freuder (1978, 1982) investigou a noção de k-consistência e sua relação com a complexidade em resolver CSPs. Dechter e Dechter (1987) introduziram a consistência de arco orientada. Apt (1999) descreve uma estrutura algorítmica genérica dentro da qual os algoritmos de propagação de consistência podem ser analisados, e revisões de trabalhos correlatos foram apresentadas por Bessière (2006) e Barták *et al.* (2010).

Métodos especiais para manipulação de restrições de alta ordem ou globais foram desenvolvidos principalmente dentro do contexto de **programação de lógica de restrições**. Marriott e Stuckey (1998) fornecem excelente cobertura de pesquisas nessa área. A restrição *TodosDiferentes* foi estudada por Regin (1994), Stergiou e Walsh (1999) e van Hoeve (2001). Existem algoritmos de inferência mais complexos para *TodosDiferentes* (ver van Hoeve e Katriel, 2006) que propagam mais restrições, mas cuja execução é computacionalmente mais dispendiosa. As restrições de limites foram incorporadas à programação da lógica de restrições por van Hentenryck *et al.* (1998). Uma revisão de pesquisas em restrições globais foi fornecida por van Hoeve e Katriel (2006).

O Sudoku tornou o CSP mais conhecido e assim foi descrito por Simonis (2005). Agerbeck e Hansen (2008) descrevem algumas das estratégias e mostram que o Sudoku em um tabuleiro $n^2 \times n^2$ está na classe dos problemas NP-difíceis.

Em 1850, C. F. Gauss descreveu um algoritmo de retrocesso recursivo para resolver o problema das oito rainhas, que tinha sido publicado na revista alemã de xadrez *Schachzeitung* em 1848. Gauss chamou seu método de *Tatonniren*, derivado da palavra francesa *tâtonner* – tatear, como se estivesse no escuro.

De acordo com Donald Knuth (comunicação pessoal), R. J. Walker introduziu o termo *retrocesso* na década de 1950. Walker (1960) descreveu o algoritmo básico de retrocesso e o usou para encontrar todas as soluções do problema de 13 rainhas. Golomb e Baumert (1965) formularam, com exemplos, a classe geral de problemas combinatórios aos quais o retrocesso pode ser aplicado, e introduziram o que chamamos "heurística VRM". Bitner e Reingold (1975) forneceram um levantamento influente de técnicas de retrocesso. Brelaz (1979) usou a heurística de grau como desempate após a aplicação da heurística VRM. O algoritmo resultante, apesar da sua simplicidade, ainda é o melhor método para grafos arbitrários de k-coloração. Haralick e Elliott (1980) propuseram a heurística do valor menos restritivo.

O método básico de *backjumping* é devido a John Gaschnig (1977, 1979). Kondrak e van Beek (1997) mostraram que esse algoritmo foi essencialmente incorporado pela verificação à frente (*forward checking*). O *backjumping* orientado por conflito foi criado por Prosser (1993). Dechter (1990a) introduziu o *backjumping* baseado em grafo, que limita a complexidade de algoritmos baseados em *backjumping* como uma função do grafo de restrição (Dechter e Frost, 2002).

Uma forma bastante geral de retrocesso inteligente foi desenvolvida por Stallman e Sussman (1977). Sua técnica de **retrocesso orientado por dependência** combina o *backjumping* com o aprendizado de *no-good* (McAllester, 1990) e levou ao desenvolvimento de **sistemas de manutenção de verdade** (Doyle, 1979), que vamos discutir na seção 10.6.2. A conexão entre as duas áreas é analisada por De Kleer (1989).

> Retrocesso orientado por dependência

O trabalho de Stallman e Sussman também introduziu a ideia de **aprendizado de restrição**, em que resultados parciais obtidos por busca podem ser gravados e reutilizados mais tarde na busca. A ideia foi formalizada por Dechter (1990a). A **marcação para trás** (*backmarking*) (Gaschnig, 1979) é um método particularmente simples no qual atribuições consistentes e inconsistentes são gravadas aos pares e usadas para evitar verificações repetidas de restrições. A marcação para trás pode ser combinada com o *backjumping* orientado por conflito; Kondrak e van Beek (1997) apresentam um algoritmo híbrido que provavelmente inclui qualquer método isolado.

> Aprendizado de restrição

O método de **retrocesso dinâmico** (Ginsberg, 1993) armazena atribuições parciais bem-sucedidas de subconjuntos de variáveis, ao realizar o retrocesso sobre uma escolha anterior que não invalida o sucesso posterior. Moskevicz *et al.* (2001) mostraram como essas técnicas e outras são usadas para criar um resolvedor SAT eficiente. Estudos empíricos de vários métodos de retrocesso randomizado foram feitos por Gomes *et al.* (2000) e Gomes e Selman (2001). van Beek (2006) fez uma revisão de pesquisas sobre retrocesso.

A busca local em problemas de satisfação de restrições foi popularizada pelo trabalho de Kirkpatrick *et al.* (1983) sobre têmpera simulada (ver Capítulo 4), muito usada em problemas de escalonamento. Beck *et al.* (2011) dão uma visão geral de trabalhos recentes sobre escalonamento de tarefas (*jobshop scheduling*). A heurística de conflitos mínimos foi proposta inicialmente por Gu (1989) e de forma independente por Minton *et al.* (1992). Sosic e Gu (1994) mostraram como ela poderia ser aplicada para resolver o problema de 3 milhões de rainhas em menos de um minuto. O espantoso sucesso da busca local utilizando conflitos mínimos no problema das n rainhas levou a uma reavaliação da natureza e da prevalência de problemas "fáceis" e "difíceis". Peter Cheeseman *et al.* (1991) exploraram a dificuldade de CSPs gerados aleatoriamente e descobriram que quase todos esses problemas são trivialmente fáceis ou não têm nenhuma solução. Apenas se os parâmetros do gerador de problemas forem definidos em certo intervalo estreito, dentro do qual aproximadamente metade dos problemas é solúvel, encontraremos instâncias de problemas "difíceis". Discutiremos esse fenômeno com mais detalhes no Capítulo 7.

Konolige (1994) mostrou que a busca local é inferior à busca em retrocesso para problemas com certo grau de estrutura local, o que levou a um trabalho que combinou busca local e inferência, como o de Pinkas e Dechter (1995). Hoos e Tsang (2006) fornecem um estudo de técnicas de busca local, além dos livros didáticos de Hoos e Stützle (2004) e Aarts e Lenstra (2003).

O trabalho relacionado à estrutura e à complexidade de CSPs teve origem em Freuder (1985) e Mackworth e Freuder (1985), que mostraram que a busca em árvores com consistência de arco funciona sem qualquer retrocesso. Um resultado semelhante, com extensões para hipergrafos acíclicos, foi desenvolvido na comunidade de bancos de dados (Beeri *et al.*, 1983). Bayardo e Miranker (1994) apresentaram um algoritmo para CSPs estruturados em árvore que executa em tempo linear sem qualquer pré-processamento. Dechter (1990a) descreve a abordagem de conjunto de corte de ciclo.

Desde que esses artigos foram publicados, houve um grande progresso no desenvolvimento de resultados mais gerais relacionando a complexidade da resolução de um CSP à estrutura de seu grafo de restrições. A noção de largura de árvore foi introduzida pelos teóricos de grafo Robertson e Seymour (1986). Dechter e Pearl (1987, 1989), fundamentados no trabalho de Freuder, aplicaram uma noção relacionada (que denominaram **largura induzida**, que é idêntica à largura da árvore) para restringir problemas de satisfação e desenvolveram a abordagem de decomposição em árvore descrita na seção 6.5.

Com base nesse trabalho e nos resultados da teoria de bancos de dados, Gottlob *et al.* (1999a, 1999b) desenvolveram a noção de **largura de hiperárvore**, baseada na caracterização do CSP como um hipergrafo. Além disso, para mostrar que qualquer CSP com largura de hiperárvore w pode ser resolvido no tempo $O(n^{w+1} \log n)$, eles também demonstraram que a largura de hiperárvore incorpora todas as medidas de "largura" definidas anteriormente, no sentido de que existem casos em que a largura de hiperárvore é limitada, e as outras medidas são ilimitadas.

O algoritmo RELSAT de Bayardo e Schrag (1997) combinou aprendizado de restrição e *backjumping*, e mostrou que superava muitos outros algoritmos da época. Isso levou aos algoritmos de busca E-OU aplicáveis tanto ao CSPs quanto ao raciocínio probabilístico (Dechter e Mateescu, 2007). Brown *et al.* (1988) introduziram a ideia de quebra de simetria em CSP, e Gent *et al.* (2006) ofereceram uma revisão das pesquisas nessa área.

O campo de **satisfação de restrição distribuída** trata a resolução de CSPs quando há uma coleção de agentes, cada qual controlando um subconjunto das variáveis de restrição. Desde 2000, realizam-se seminários anuais sobre esse problema bem como em outros eventos (Collin *et al.*, 1999; Pearce *et al.*, 2008).

A comparação de algoritmos de CSP é principalmente uma ciência empírica: alguns resultados teóricos mostram que um algoritmo domina outro para todos os problemas; em lugar disso, precisamos executar tentativas para ver quais algoritmos têm melhor desempenho em instâncias típicas de problemas. Como Hooker (1995) apontou, precisamos ter cuidado em distinguir entre testes competitivos – como ocorre em competições entre os algoritmos baseados em tempo de execução – e testes científicos, cujo objetivo é identificar as propriedades de um algoritmo que determinam a sua eficácia em uma classe de problemas.

Os livros didáticos de Apt (2003), Dechter (2003), Tsang (1993) e Lecoutre (2009), e a coleção de Rossi *et al.* (2006) são excelentes recursos sobre processamento de restrição. Existem diversos artigos de pesquisa, incluindo os de Dechter e Frost (2002), e Barták *et al.* (2010). Carbonnel e Cooper (2016) pesquisam as classes tratáveis de CSPs. Kondrak e van Beek (1997) fornecem um estudo analítico dos algoritmos de busca com retrocesso, e Bacchus e van Run (1995) apresentam um estudo mais empírico. A programação de restrição é abordada nos livros de Apt (2003) e Fruhwirth e Abdennadher (2003). Artigos sobre satisfação de restrições aparecem regularmente em *Artificial Intelligence* e no periódico especializado *Constraints*; os solucionadores SAT mais recentes são descritos na *International SAT Competition*, que é anual. A principal conferência é a *International Conference on Principles and Practice of Constraint Programming*, frequentemente chamada *CP*.

CAPÍTULO 7

AGENTES LÓGICOS

Neste capítulo, projetamos agentes que podem formar representações de um mundo complexo, usar um processo de inferência para derivar novas representações sobre o mundo e utilizar essas novas representações para deduzir o que fazer.

Parece que os seres humanos sabem das coisas; e o que sabem os ajuda a fazer coisas. Em IA, os **agentes baseados em conhecimento** utilizam um processo de **raciocínio** sobre uma **representação** interna do conhecimento para decidir quais ações devem tomar.

Agentes baseados em conhecimento
Raciocínio
Representação

Os agentes de resolução de problemas dos Capítulos 3 e 4 sabem coisas, mas apenas em um sentido muito limitado, inflexível. Eles sabem quais ações estão disponíveis e qual será o resultado de realizar uma ação específica a partir de um estado específico, mas não conhecem os fatos gerais. Um agente de descoberta de rota não sabe que é impossível uma estrada ter um número negativo de quilômetros de extensão. Um agente de quebra-cabeça de oito peças não sabe que duas peças não podem ocupar o mesmo espaço. O conhecimento que eles têm é muito útil para encontrar um caminho do início até um objetivo, mas somente para isso.

As representações atômicas utilizadas por agentes de resolução de problemas também são muito limitantes. Em um ambiente parcialmente observável, a única escolha do agente para representar o que sabe sobre o estado atual é listar todos os possíveis estados concretos. Eu poderia dar a um humano o objetivo de dirigir até uma cidade dos EUA com população menor que 10 mil habitantes, mas, para dizer isso a um agente de resolução de problemas, eu só poderia descrever formalmente esse objetivo como um conjunto explícito de 16 mil ou mais cidades que satisfaçam a descrição.

O Capítulo 6 introduziu nossa primeira representação fatorada, na qual os estados são representados como atribuições de valores para as variáveis; esse é um passo na direção certa, permitindo que algumas partes do agente trabalhem de uma forma independente do domínio e possibilitando o uso de algoritmos mais eficientes. Neste capítulo, tomaremos essa etapa na sua conclusão lógica, por assim dizer – vamos desenvolver a **lógica** como uma classe geral de representações para apoiar agentes baseados em conhecimento. Esses agentes poderão combinar e recombinar informações para atender a inumeráveis finalidades. Muitas vezes, o processo pode ser bastante distante das necessidades do momento – como quando um matemático demonstra um teorema, ou um astrônomo calcula a expectativa de vida da Terra. Os agentes baseados em conhecimento são capazes de aceitar novas tarefas sob a forma de objetivos descritos de modo explícito; podem alcançar competência rapidamente ao serem informados ou quando adquirem novos conhecimentos sobre o ambiente; e podem adaptar-se a mudanças no ambiente, atualizando o conhecimento relevante.

Começamos na seção 7.1 com o projeto global de agentes. A seção 7.2 introduz um novo ambiente simples, o mundo de wumpus, e ilustra a operação de um agente baseado em conhecimento sem entrar em qualquer detalhe técnico. Em seguida, explicamos os princípios gerais da **lógica** na seção 7.3 e o caso particular da **lógica proposicional** na seção 7.4. A lógica proposicional é uma representação fatorada; embora seja menos expressiva que a **lógica de primeira ordem** (Capítulo 8), que é a representação estruturada canônica, a lógica proposicional serve para ilustrar todos os conceitos básicos da lógica. Ela é também acompanhada de tecnologias de inferência bem desenvolvidas, que descreveremos nas seções 7.5 e 7.6. Finalmente, a seção 7.7 combina o conceito de agentes baseados em conhecimento com a tecnologia de lógica proposicional com a finalidade de construir alguns agentes simples para o mundo de wumpus.

7.1 Agentes baseados em conhecimento

Base de conhecimento

Sentença

Linguagem de representação de conhecimento

Axioma

Inferência

Conhecimento inicial

Nível de conhecimento

O componente central de um agente baseado em conhecimento é sua **base de conhecimento**, ou BC. Informalmente, uma base de conhecimento é um conjunto de **sentenças**. (Aqui, "sentença" é utilizada como um termo técnico; está relacionada, mas não é idêntica às sentenças em português e em outros idiomas ou linguagens naturais.) Cada sentença é expressa em uma linguagem chamada de **linguagem de representação de conhecimento** e representa alguma asserção sobre o mundo. Quando a sentença é tomada como dada sem ser derivada de outras sentenças, ela é chamada de **axioma**.

É preciso haver um modo para adicionar novas sentenças à base de conhecimento e um meio de consultar o que se conhece. Os nomes padrão para essas operações são TELL (informe) e ASK (pergunte), respectivamente. Ambas as operações podem envolver **inferência**, ou seja, a derivação de novas sentenças a partir de sentenças antigas. A inferência deve obedecer ao requisito fundamental de que, quando se formula (com ASK) uma pergunta para a base de conhecimento, a resposta deve seguir do que foi informado anteriormente (com TELL) à base de conhecimento. Mais adiante neste capítulo, seremos mais precisos quanto ao termo fundamental "seguir". No momento, basta levar em conta que ele significa que o processo de inferência não deve inventar coisas à medida que prossegue.

A Figura 7.1 mostra o esboço de um programa de agente baseado em conhecimento. Como todos os nossos agentes, ele recebe uma percepção como entrada e retorna uma ação. O agente mantém uma base de conhecimento, *BC*, que pode conter inicialmente algum **conhecimento inicial**.

Cada vez que o programa do agente é chamado, ele executa três ações. Primeiro, informa (com TELL) à base de conhecimento o que percebe. Em segundo lugar, pergunta (com ASK) à base de conhecimento que ação deve executar. No processo de responder a essa consulta, talvez seja desenvolvido um raciocínio extenso sobre o estado atual do mundo, sobre os resultados de sequências de ações possíveis, e assim por diante. Terceiro, o programa agente Informa (TELL) à base de conhecimento qual ação foi escolhida, e retorna a ação para que ela possa ser executada.

Os detalhes da linguagem de representação estão ocultos em três funções que implementam a interface entre os sensores e atuadores, de um lado, e entre a representação central e o sistema de raciocínio, do outro. CRIAR-SENTENÇA-DE-PERCEPÇÃO constrói uma sentença afirmando que o agente percebeu a percepção no instante dado. CRIAR-CONSULTA-DE-AÇÃO constrói uma sentença que pergunta qual ação deve ser executada nesse instante. Finalmente, CRIAR-SENTENÇA-DE-AÇÃO constrói uma sentença afirmando que a ação escolhida foi executada. Os detalhes dos mecanismos de inferência ficam ocultos dentro de TELL e ASK. As próximas seções revelarão esses detalhes.

O agente da Figura 7.1 se parece muito com os agentes com estado interno descritos no Capítulo 2. Porém, considerando as definições de TELL e ASK, o agente baseado em conhecimento não é um programa qualquer para calcular ações. Ele se adapta a uma descrição no **nível de conhecimento**, em que precisamos especificar apenas o que o agente sabe e quais são seus objetivos, a fim de determinar seu comportamento.

---

função AGENTE-BC(*percepção*) **devolve** uma *ação*
  persistente: *BC*, uma base de conhecimento
        t, um contador, inicialmente igual a 0, indicando tempo

  TELL(*BC*, CRIAR-SENTENÇA-DE-PERCEPÇÃO(*percepção,t*))
  ação ← ASK(*BC*,CRIAR-CONSULTA-DE-AÇÃO(*t*))
  TELL(*BC*,CRIAR-SENTENÇA-DE-AÇÃO(*ação,t*))
  t ← *t* + 1
  devolve *ação*

Figura 7.1 Agente baseado em conhecimento genérico. Dada uma percepção, o agente adiciona a percepção na sua base de conhecimento, pergunta à base de conhecimento qual a melhor ação e informa à base de conhecimento que executou de fato essa ação.

Por exemplo, um táxi automatizado poderia ter o objetivo de pegar um passageiro em San Francisco para Marin County e talvez soubesse que está em San Francisco e que a ponte Golden Gate é a única ligação entre os dois locais. Então, podemos esperar que ele cruze a ponte Golden Gate *porque sabe que isso o levará a atingir seu objetivo*. Note que essa análise é independente de como o táxi funciona no **nível de implementação**. Não importa se seu conhecimento geográfico é implementado como listas encadeadas ou mapas de *pixels*, ou ainda se ele raciocina manipulando sequências de símbolos armazenados em registradores ou propagando sinais com ruído em uma rede de neurônios.

Um agente baseado em conhecimento pode ser construído simplesmente informando (com TELL) o que é necessário saber. Começando com uma base de conhecimento vazia, o agente projetista pode informar (TELL) sentenças uma a uma até que o agente saiba como operar em seu ambiente. Isso se chama abordagem **declarativa** para a construção de sistemas. Em contraste, a abordagem **procedural** codifica comportamentos desejados diretamente como código de programa. Nas décadas de 1970 e 1980, os defensores das duas abordagens se engajaram em acalorados debates. Agora, compreendemos que um agente bem-sucedido sempre deve combinar elementos declarativos e procedurais em seu projeto e que o conhecimento declarativo muitas vezes pode ser compilado em um código procedural mais eficiente.

Podemos também fornecer a um agente baseado em conhecimento mecanismos que lhe permitam aprender por si mesmo. Esses mecanismos, descritos no Capítulo 19, criam conhecimento geral sobre o ambiente a partir de uma série de percepções. Um agente que aprende pode ser totalmente autônomo.

7.2 Mundo de wumpus

Nesta seção, vamos descrever um ambiente em que os agentes baseados em conhecimento podem mostrar o seu valor. O **mundo de wumpus** é uma caverna que consiste em salas conectadas por passagens. À espreita em algum lugar na caverna está o terrível wumpus, um monstro que devora qualquer um que entrar em sua sala. O wumpus pode ser atingido por um agente, mas o agente só tem uma flecha. Algumas salas contêm poços sem fundo nos quais cairá qualquer um que vagar por elas (com exceção do wumpus, que é muito grande para cair em um poço). A única característica que abranda esse ambiente desolador é a possibilidade de encontrar um monte de ouro. Embora o mundo de wumpus seja bastante calmo para os padrões dos modernos jogos de computador, ele ilustra alguns pontos importantes sobre a inteligência.

Uma amostra de mundo de wumpus é apresentada na Figura 7.2. É dada a definição precisa do ambiente de tarefa, como sugere a seção 2.3, de acordo com a descrição PEAS a seguir:

- **Medida de desempenho:** +1.000 para sair da caverna com o ouro, –1.000 se cair em um poço ou for devorado pelo wumpus, –1 para cada ação executada e –10 pelo uso da flecha. O jogo termina quando o agente morre ou quando sai da caverna.
- **Ambiente:** uma malha 4 × 4 de salas, com paredes cercando a malha. O agente sempre começa no quadrado identificado como [1,1], voltado para o leste. As posições do ouro e do wumpus são escolhidas ao acaso, com uma distribuição uniforme, a partir dos outros quadrados, diferentes do quadrado inicial. Além disso, cada quadrado, com exceção do inicial, pode ser um poço, com probabilidade 0,2.
- **Atuadores:** o agente pode mover-se *ParaFrente*, *VirarEsquerda* 90° ou *VirarDireita* 90°. O agente terá uma morte horrível se entrar em um quadrado contendo um poço ou um wumpus vivo. (É seguro, embora fedorento, entrar em um quadrado com um wumpus morto.) Se um agente tenta mover-se para a frente e esbarra em uma parede, o agente não se move. A ação *Agarrar* pode ser usada para levantar um objeto que está no mesmo quadrado em que se encontra o agente. A ação *Atirar* pode ser utilizada para disparar uma flecha em linha reta diante do agente. A flecha continuará, até atingir (e, consequentemente, matar) o wumpus ou até atingir uma parede. O agente só tem uma flecha e, portanto, apenas a primeira ação *Atirar* tem algum efeito. Finalmente, a ação *Escalar* pode ser usada para sair da caverna, mas apenas a partir do quadrado [1,1].

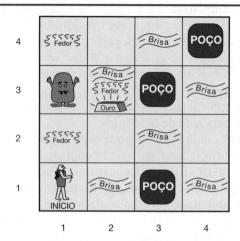

Figura 7.2 Mundo de wumpus típico. O agente está no canto inferior esquerdo virado para o leste (direita).

- **Sensores**: o agente tem cinco sensores, cada um dos quais fornece um único *bit* de informação:
  - No quadrado contendo o wumpus e nos quadrados diretamente adjacentes (não em diagonal), o agente perceberá um *Fedor*.[1]
  - Nos quadrados diretamente adjacentes a um poço, o agente perceberá uma *Brisa*.
  - No quadrado onde está o ouro, o agente perceberá um *Brilho*.
  - Quando caminhar para uma parede, o agente perceberá um *Impacto*.
  - Quando o wumpus é morto, ele emite um *Grito* triste que pode ser percebido em qualquer lugar na caverna.

As percepções serão dadas ao programa do agente sob a forma de uma lista de cinco símbolos; por exemplo, se houver um fedor e uma brisa, mas nenhum brilho, impacto ou grito, o programa do agente receberá a percepção [*Fedor,Brisa,Nada,Nada,Nada*].
Podemos definir o ambiente do wumpus de acordo com as várias dimensões apresentadas no Capítulo 2. Claramente, ele é determinístico, discreto, estático e de agente único. (O wumpus não se move, felizmente.) É sequencial, porque as recompensas podem vir somente após muitas ações serem tomadas. É parcialmente observável, porque alguns aspectos do estado não são diretamente perceptíveis: a localização do agente, o estado de saúde do wumpus e a disponibilidade de uma seta. Com relação aos locais dos poços e do wumpus: poderíamos tratá-los como as partes não observáveis do estado que são imutáveis – nesse caso, o modelo de transição para o ambiente é completamente conhecido, e encontrar os locais dos poços completa o conhecimento do agente a respeito do estado. Como alternativa, poderíamos dizer que o modelo de transição em si é desconhecido porque o agente não sabe quais ações *ParaFrente* são fatais – em cada caso, descobrir a localização dos poços e do wumpus completa o conhecimento do agente do modelo de transição.

Para um agente no ambiente, o principal desafio é a sua ignorância inicial da configuração do ambiente; superar essa ignorância parece exigir raciocínio lógico. Na maioria das instâncias do mundo de wumpus, é possível para o agente recuperar o ouro em segurança. Ocasionalmente, o agente deve escolher entre ir para casa de mãos vazias e se arriscar a morrer para encontrar o ouro. Cerca de 21% dos ambientes são totalmente injustos porque o ouro está em um poço ou cercado por poços.

Vamos acompanhar um agente de wumpus baseado em conhecimento em sua exploração do ambiente mostrado na Figura 7.2. Usamos uma linguagem de representação do

---

[1] Presume-se que o quadrado contendo o wumpus também tem um fedor, mas qualquer agente que entra nesse quadrado é devorado antes de poder perceber alguma coisa.

conhecimento informal que consiste em escrever símbolos em uma grade (como nas Figuras 7.3 e 7.4).

A base de conhecimento inicial do agente contém as regras do ambiente, conforme descrito anteriormente; em particular, ele sabe que está em [1,1] e que [1,1] é um quadrado seguro; isso está indicado com "A" e "OK", respectivamente, no quadrado [1,1].

A primeira percepção é [Nada,Nada,Nada,Nada,Nada], a partir da qual o agente pode concluir que seus quadrados vizinhos, [1,2] e [2,1], são seguros – estão OK. A Figura 7.3(a) mostra o estado de conhecimento do agente nesse momento.

Um agente cauteloso só se moverá para um quadrado se souber que o quadrado está OK. Vamos supor que o agente decida se mover para a frente até [2,1]. O agente detecta uma brisa (indicada por "B") em [2,1]; assim, deve haver um poço em um quadrado vizinho. O poço não pode estar em [1,1], de acordo com as regras do jogo, e, portanto, deve haver um poço em [2,2], [3,1] ou em ambos. A notação "P?" da Figura 7.3(b) indica um possível poço nesses quadrados. Nesse momento, existe apenas um quadrado conhecido que está OK e que ainda não foi visitado. Desse modo, o agente prudente se voltará, retornará a [1,1], e depois prosseguirá para [1,2].

O agente percebe um fedor em [1,2], resultando no estado de conhecimento mostrado na Figura 7.4(a). O fedor em [1,2] significa que deve haver um wumpus por perto. No entanto, o wumpus não pode estar em [1,1], pelas regras do jogo, e não pode estar em [2,2] (ou o agente teria detectado um fedor quando estava em [2,1]). Portanto, o agente pode deduzir que o wumpus está em [1,3]. A notação W! indica essa dedução. Além disso, a falta de uma brisa em [1,2] implica que não existe nenhum poço em [2,2]. O agente já inferiu que deve haver um poço em [2,2] ou [3,1]; então isso significa que ele tem de estar em [3,1]. Essa dedução é bastante difícil porque combina o conhecimento obtido em diferentes instantes em diferentes lugares e se baseia na falta de uma percepção para dar um passo crucial.

O agente agora provou a si mesmo que não existe nem poço nem wumpus em [2,2]; assim, é possível mover-se para lá. Não mostraremos o estado do agente baseado em conhecimento em [2,2]; apenas supomos que o agente se volta e vai para [2,3], resultando na Figura 7.4(b). Em [2,3], o agente descobre um brilho e, assim, deve agarrar o ouro e voltar para casa.

Observe que, em cada caso no qual o agente tira uma conclusão a partir das informações disponíveis, essa conclusão tem a *garantia* de ser correta se as informações disponíveis estiverem corretas. Essa é uma propriedade fundamental do raciocínio lógico. No restante deste capítulo, descreveremos como construir agentes lógicos que podem representar as informações necessárias e tirar as conclusões como as descritas nos parágrafos anteriores.

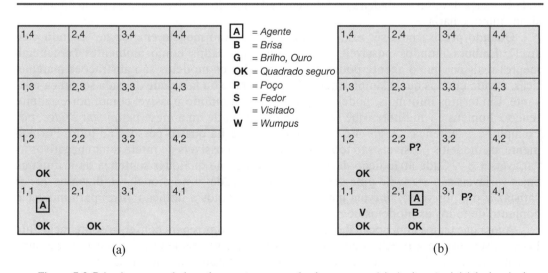

Figura 7.3 Primeiro passo dado pelo agente no mundo de wumpus. (a) A situação inicial, depois da percepção [Nada,Nada,Nada,Nada,Nada]. (b) Depois de um movimento para [2,1], com a percepção [Nada,Brisa,Nada,Nada,Nada].

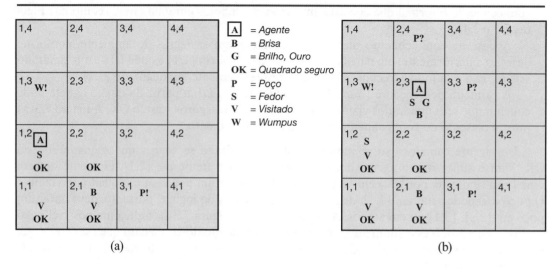

Figura 7.4 Duas fases posteriores no progresso do agente. (a) Depois de mover para [1,1] e depois [1,2], com a percepção [*Fedor,Nada,Nada,Nada,Nada*]. (b) Depois de mover para [2,2] e depois [2,3], com a percepção [*Fedor,Brisa,Brilho,Nada,Nada*].

7.3 Lógica

Esta seção resume os conceitos fundamentais de representação lógica e de raciocínio. Essas ideias bonitas são independentes de qualquer das formas particulares de lógica. Portanto, adiaremos os detalhes técnicos de qualquer forma específica de lógica até a próxima seção, utilizando em vez disso o exemplo familiar de aritmética comum.

Na seção 7.1, dissemos que as bases de conhecimento consistem em sentenças. Essas sentenças são expressas de acordo com a **sintaxe** da linguagem de representação, que especifica todas as sentenças que são bem formadas. A noção de sintaxe é bastante clara na aritmética comum: "$x + y = 4$" é uma sentença bem formada, enquanto "$x4y+ =$" não é.

Uma lógica também deve definir a **semântica** ou o significado das sentenças. A semântica define a **verdade** de cada sentença com relação a cada **mundo possível**. Por exemplo, a semântica habitual adotada pela aritmética especifica que a sentença "$x + y = 4$" é verdadeira em um mundo no qual x é 2 e y é 2, mas é falsa em um mundo em que x é 1 e y é 1. Em lógicas padrão, toda sentença deve ser verdadeira ou falsa em cada mundo possível – não existe nenhuma posição "intermediária".[2]

Quando precisarmos ser exatos, usaremos o termo **modelo** em vez de "mundo possível". Embora mundos possíveis possam ser imaginados como ambientes (potencialmente) reais em que o agente poderia estar, ou não, os modelos são abstrações matemáticas, e cada um dos quais simplesmente fixa a verdade ou falsidade de cada sentença relevante. Em termos informais, podemos pensar em um mundo possível como, por exemplo, tendo x homens e y mulheres que se sentam em torno de uma mesa para jogar *bridge*, por exemplo, e a sentença $x + y = 4$ é verdadeira quando há quatro pessoas ao todo. Formalmente, os modelos possíveis são todas as atribuições possíveis de inteiros não negativos às variáveis x e y. Cada atribuição determina a verdade de qualquer sentença da aritmética cujas variáveis são x e y. Se uma sentença α for verdadeira no modelo m, dizemos que m **satisfaz** α ou, por vezes, m é **um modelo de** α. Utilizamos a notação $M(\alpha)$ para indicar o conjunto de todos os modelos de α.

Agora que temos uma noção de verdade, estamos prontos para conversar sobre raciocínio lógico. Este envolve a relação de **consequência** lógica entre sentenças – a ideia de que uma sentença *decorre logicamente* de outra sentença. Em notação matemática, escrevemos

$$\alpha \models \beta$$

---
[2] A **lógica difusa**, discutida no Capítulo 13, permite graus de verdade.

para indicar que a sentença α tem como consequência lógica a sentença β. A definição formal da consequência é: $\alpha \models \beta$ se e somente se, em todo modelo no qual α é verdadeira, β também é verdadeira. Utilizando a notação recém-apresentada, podemos escrever

$\alpha \models \beta$ se e somente se $M(\alpha) \subseteq M(\beta)$.

(Observe a direção de $\subseteq$ aqui: se $\alpha \models \beta$, então α é uma afirmação *mais forte* que β: descarta *mais* mundos possíveis.) A relação de consequência é familiar em aritmética; ficamos felizes com a ideia de que a sentença $x = 0$ tem como consequência a sentença $xy = 0$. É óbvio que, em qualquer modelo no qual x é zero, xy será zero (qualquer que seja o valor de y).

Podemos aplicar o mesmo tipo de análise ao exemplo de raciocínio do mundo de wumpus dado na seção anterior. Considere a situação da Figura 7.3(b): o agente detectou nada em [1,1] e uma brisa em [2,1]. Essas percepções, combinadas com o conhecimento que o agente tem das regras do mundo de wumpus, constituem a BC. O agente está interessado em saber se os quadrados adjacentes [1,2], [2,2] e [3,1] contêm poços. Cada um dos três quadrados pode, ou não, conter um poço. Desse modo (ignorando outros aspectos do mundo, por enquanto), existem $2^3 = 8$ modelos possíveis. Esses modelos são mostrados na Figura 7.5.[3]

A BC pode ser considerada como um conjunto de sentenças ou como uma única sentença que afirma todas as sentenças individuais. A BC é falsa em modelos que contradizem o que o agente sabe – por exemplo, a BC é falsa em qualquer modelo em que [1,2] contém um poço porque não existe nenhuma brisa em [1,1]. Na verdade, há apenas três modelos em que a BC é verdadeira, e esses modelos são mostrados circundados por uma linha sólida na Figura 7.5. Agora vamos considerar duas conclusões possíveis:

α_1 = "Não existe poço em [1,2]." α_2 = "Não existe poço em [2,2]."

Circundamos os modelos de α_1 e α_2 com linhas pontilhadas nas Figuras 7.5(a) e 7.5(b), respectivamente. Por inspeção, vemos que:

em todo modelo no qual a *BC* é verdadeira, α_1 também é verdadeira.

Consequentemente, $BC \models \alpha_1$: não existe um poço em [1,2]. Também podemos ver que

em alguns modelos nos quais a *BC* é verdadeira, α_2 é falsa.

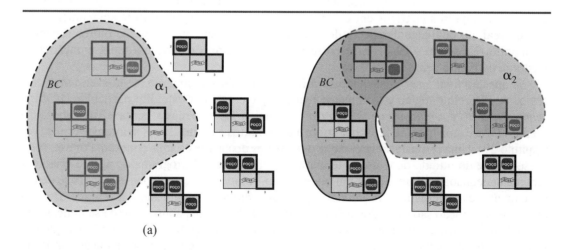

(a)

Figura 7.5 Modelos possíveis para representar a presença de poços nos quadrados [1,2], [2,2] e [3,1]. A BC correspondente às observações de nada em [1,1] e brisa em [2,1] é mostrada pela linha sólida. (a) As linhas pontilhadas mostram modelos de α_1 (nenhum poço em [1,2]). (b) As linhas pontilhadas mostram modelos de α_2 (nenhum poço em [2,2]). (Esta figura encontra-se reproduzida em cores no Encarte *online*.)

---

[3] Embora a figura mostre os modelos como mundos de wumpus parciais, na realidade eles não são nada além de atribuições de valores *verdadeiro* e *falso* às sentenças "existe um poço em [1,2]" etc. Os modelos, em sentido matemático, não precisam conter "monstros horripilantes".

196 **Inteligência Artificial**

Logo, BC não implica α_2: o agente *não pode* concluir que não existe um poço em [2,2] (nem pode concluir que *existe* um poço em [2,2]).[4]

O exemplo anterior não só ilustra a consequência lógica, mas também mostra como a definição de consequência lógica pode ser aplicada para derivar conclusões, isto é, para conduzir a **inferência lógica**. O algoritmo de inferência ilustrado na Figura 7.5 é chamado de **verificação de modelos**, pois enumera todos os modelos possíveis para verificar que α é verdadeira em todos os modelos em que a BC é verdadeira, isto é, que $M(BC) \subseteq M(\alpha)$.

Inferência lógica
Verificação de modelo

Na compreensão da consequência lógica e da inferência, talvez ajude pensar no conjunto de todas as consequências da BC como um palheiro e de α como uma agulha. A consequência lógica é como a agulha no palheiro; a inferência é como encontrá-la. Essa distinção está incorporada em alguma notação formal: se um algoritmo de inferência i pode derivar α da BC, escrevemos

$$BC \vdash_i \alpha,$$

que lemos como "α é derivável da BC por i" ou "i deriva α da BC."

Correção
Preservação da verdade

Um algoritmo de inferência que deriva apenas sentenças que são consequências lógicas é chamado de **correto** ou se diz que ele **preserva a verdade**. A correção é uma propriedade altamente desejável. Em essência, um procedimento de inferência não correto inventa coisas à medida que prossegue – ele anuncia a descoberta de agulhas que não existem. É fácil ver que a verificação de modelos, quando aplicável,[5] é um procedimento correto.

Completude

A propriedade de **completude** também é desejável: um algoritmo de inferência será completo se puder derivar qualquer consequência lógica. No caso de palheiros reais, que têm extensão finita, parece óbvio que um exame sistemático sempre poderá definir se a agulha está no palheiro. Porém, em muitas bases de conhecimento, o palheiro de consequências é infinito, e a completude se torna uma questão importante.[6] Felizmente, existem procedimentos de inferência completos para lógicas que são suficientemente expressivas para dar conta de muitas bases de conhecimento.

Descrevemos um processo de raciocínio cujas conclusões oferecem a garantia de serem verdadeiras em qualquer mundo no qual as premissas são verdadeiras; em particular, *se a BC é verdadeira no mundo real, qualquer sentença α derivada da BC por um procedimento de inferência correto também será verdadeira no mundo real.* Portanto, embora um processo de inferência opere sobre a "sintaxe" – configurações físicas internas como *bits* em registradores ou padrões de impulsos elétricos em cérebros – o processo *corresponde* ao relacionamento no mundo real, no qual algum aspecto do mundo real é o caso, em virtude de outros aspectos do mundo real serem o caso.[7] Essa correspondência entre o mundo e a representação está ilustrada na Figura 7.6.

Fundamentação

A questão final a ser considerada é a **fundamentação** – a conexão, se houver, entre processos de raciocínio lógico e o ambiente real em que o agente existe. Em particular, *como sabemos que a BC é verdadeira no mundo real?* (Afinal, a BC é apenas a "sintaxe" na cabeça do agente.) Essa é uma questão filosófica sobre a qual muitos e muitos livros já foram escritos (ver Capítulo 27). Uma resposta simples é que os sensores do agente criam a conexão. Por exemplo, nosso agente do mundo de wumpus tem um sensor de odor. O programa do agente cria uma sentença adequada sempre que há um odor. Então, sempre que a sentença está na base de conhecimento, ela é verdadeira no mundo real. Desse modo, o significado e a verdade das sentenças de percepção são definidos pelos processos de detecção e construção de sentenças que as produzem. Mas, e o restante do conhecimento do agente, como sua convicção de que um wumpus provoca odores em quadrados adjacentes? Essa não é uma representação direta de uma única percepção, mas uma regra geral – talvez derivada da experiência perceptiva, mas não idêntica a uma declaração dessa experiência. Regras gerais como essa são produzidas por um processo de construção de sentenças chamado de **aprendizado**, que é o assunto da Parte V.

---

[4] O agente pode calcular a *probabilidade* de existir um poço em [2,2]; o Capítulo 12 mostra como fazê-lo.

[5] A verificação de modelos funciona se o espaço de modelos for finito – por exemplo, em mundos de wumpus com tamanho fixo. Por outro lado, no caso da aritmética, o espaço de modelos é infinito: até mesmo se nos limitarmos aos inteiros, haverá infinitamente muitos pares de valores para x e y na sentença $x + y = 4$.

[6] Compare com o caso dos espaços de busca infinitos do Capítulo 3, em que a busca em profundidade não é completa.

[7] Como define Wittgenstein (1922) em seu famoso *Tractatus*: "O mundo é tudo que é o caso."

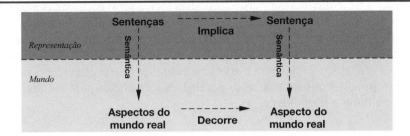

Figura 7.6 Sentenças são configurações físicas do agente, e raciocínio é um processo de construção de novas configurações físicas a partir de configurações antigas. O raciocínio lógico deve assegurar que as novas configurações representam aspectos do mundo que na realidade decorrem dos aspectos que as antigas configurações representam.

O aprendizado é passível de falhas. Poderia ocorrer de um wumpus provocar cheiro, *exceto no dia* 29 *de fevereiro de anos bissexto*s, que é o dia em que eles tomam banho. Portanto, a *BC* pode não ser verdadeira no mundo real, mas há razão para otimismo no caso de bons procedimentos de aprendizado.

7.4 Lógica proposicional: uma lógica muito simples

Agora, apresentaremos uma lógica muito simples chamada de **lógica proposicional**. Abordaremos a sintaxe da lógica proposicional e sua semântica (o modo pelo qual a verdade das sentenças é determinada). A partir delas, derivamos um algoritmo simples, sintático, para a inferência lógica, o qual implementa a noção semântica da consequência lógica. É claro que tudo tem lugar no mundo de wumpus.

Lógica proposicional

7.4.1 Sintaxe

A **sintaxe** da lógica proposicional define as sentenças permitidas. As **sentenças atômicas** consistem em um único **símbolo proposicional**. Cada um desses símbolos representa uma proposição que pode ser verdadeira ou falsa. Utilizaremos símbolos que começam com letra maiúscula e que podem conter outras letras ou subscritos, por exemplo: P, Q, R, $W_{1,3}$ e *DireçãoLeste*. Os nomes são arbitrários, mas geralmente são escolhidos de forma a apresentar algum valor mnemônico – podemos usar $W_{1,3}$ para representar a proposição de que o wumpus está em [1,3]. (Lembre-se de que símbolos como $W_{1,3}$ são *atômicos*, isto é, W, 1 e 3 não são partes significativas do símbolo.) Existem dois símbolos proposicionais com significados fixos: *Verdadeiro* é a proposição sempre verdadeira, e *Falso* é a proposição sempre falsa. As **sentenças complexas** são construídas a partir de sentenças mais simples com a utilização de parênteses e operadores chamados de **conectivos lógicos**. Existem cinco conectivos de uso comum:

Sentenças atômicas
Símbolo proposicional

Sentenças complexas
Conectivos lógicos

- ¬ (não). Uma sentença como $\neg W_{1,3}$ é chamada de **negação** de $W_{1,3}$. Um **literal** é uma sentença atômica (um **literal positivo**) ou uma sentença atômica negada (um **literal negativo**).
- ∧ (e). Uma sentença cujo principal conectivo é ∧, como $W_{1,3} \wedge P_{3,1}$, é chamada de **conjunção**; suas partes são os **elementos da conjunção**. (O símbolo ∧ é semelhante a "A" para indicar "And" – "E" em inglês.)
- ∨ (ou). Uma sentença cujo principal conectivo é ∨, como $(W_{1,3} \wedge P_{3,1}) \vee W_{2,2}$, é uma **disjunção**; suas partes são os **disjuntos** – neste exemplo, $(W_{1,3} \wedge P_{3,1})$ e $W_{2,2}$.
- ⇒ (implica). Uma sentença como $(W_{1,3} \wedge P_{3,1}) \Rightarrow \neg W_{2,2}$ é chamada de **implicação** (ou condicional). Sua **premissa** ou **antecedente** é $(W_{1,3} \wedge P_{3,1})$, e sua **conclusão** ou **consequente** é $\neg W_{2,2}$. As implicações também são conhecidas como **regras** ou declarações **se-então**. O símbolo de implicação às vezes é escrito em outros livros como ⊃ ou →.
- ⇔ (se e somente se). A sentença $W_{1,3} \Leftrightarrow \neg W_{2,2}$ é uma **bicondicional**.

Negação
Literal

Conjunção

Disjunção

Implicação
Premissa
Conclusão
Regras

Bicondicional

198 Inteligência Artificial

A Figura 7.7 apresenta uma gramática formal da lógica proposicional. A gramática BNF é aumentada com uma lista de precedência de operadores, para remover a ambiguidade quando são usados vários operadores. O operador "não" ($\neg$) tem a precedência mais alta, o que significa que, na sentença $\neg A \wedge B$, o $\neg$ liga-se mais firmemente, dando-nos o equivalente de $(\neg A) \wedge B$ em vez de $\neg(A \wedge B)$. (A notação para a aritmética comum é a mesma: $-2 + 4$ são 2 e não -6.) Quando for apropriado, também usaremos parênteses e colchetes para esclarecer a estrutura da sentença e melhorar a legibilidade.

7.4.2 Semântica

Tendo especificado a sintaxe da lógica proposicional, agora especificaremos sua semântica. A semântica define as regras para determinar a verdade de uma sentença em relação a um modelo específico. Em lógica proposicional, um modelo simplesmente fixa o **valor-verdade** – *verdadeiro* ou *falso* – para todo símbolo proposicional. Por exemplo, se as sentenças na base de conhecimento utilizarem os símbolos proposicionais $P_{1,2}$, $P_{2,2}$ e $P_{3,1}$, um modelo possível será

Valor-verdade

$$m_1 = \{P_{1,2} = falsa,\ P_{2,2} = falsa,\ P_{3,1} = verdadeira\}.$$

Com três símbolos proposicionais, existem $2^3 = 8$ modelos possíveis – exatamente aqueles que estão representados na Figura 7.5. Porém, note que os modelos são objetos puramente matemáticos, sem qualquer conexão necessária com mundos de wumpus. $P_{1,2}$ é apenas um símbolo; ele poderia significar "existe um poço em [1,2]" ou "estarei em Paris hoje e amanhã".

A semântica da lógica proposicional deve especificar como calcular o valor verdadeiro de *qualquer* sentença, dado um modelo. Isso é feito de forma recursiva. Todas as sentenças são construídas a partir de sentenças atômicas e dos cinco conectivos; assim, precisamos especificar como calcular a verdade de sentenças atômicas e como calcular a verdade de sentenças formadas com cada um dos cinco conectivos. As sentenças atômicas são fáceis:

- *Verdadeiro* é verdadeiro em todo modelo e *Falso* é falso em todo modelo.
- O valor-verdade de todos os outros símbolos proposicionais deve ser especificado diretamente no modelo. Por exemplo, no modelo m_1 dado anteriormente, $P_{1,2}$ é falsa.

Para sentenças complexas, temos cinco regras, que valem para quaisquer subsentenças P e Q (atômicas ou complexas) em qualquer modelo m (aqui "sse" significa "se e somente se"):

- $\neg P$ é verdadeiro sse P for falso em m.
- $P \wedge Q$ é verdadeiro sse P e Q forem verdadeiros em m.
- $P \vee Q$ é verdadeiro sse P ou Q for verdadeiro em m.
- $P \Rightarrow Q$ é verdadeiro, a menos que P seja verdadeiro e Q seja falso em m.
- $P \Leftrightarrow Q$ é verdadeiro sse P e Q forem ambos verdadeiros ou ambos falsos em m.

Tabela-verdade

As regras também podem ser expressas em **tabelas-verdade** que especificam o valor-verdade de uma sentença complexa para cada atribuição possível de valores-verdade a seus componentes.

$$
\begin{aligned}
Sentença &\longrightarrow SentençaAtômica \mid SentençaComplexa \\
SentençaAtômica &\longrightarrow Verdadeiro \mid Falso \mid P \mid Q \mid R \mid \ldots \\
SentençaComplexa &\longrightarrow (Sentença) \\
&\mid\ \neg\, Sentença \\
&\mid\ Sentença \wedge Sentença \\
&\mid\ Sentença \vee Sentença \\
&\mid\ Sentença \Rightarrow Sentença \\
&\mid\ Sentença \Leftrightarrow Sentença
\end{aligned}
$$

PRECEDÊNCIA DE OPERADORES : $\neg, \wedge, \vee, \Rightarrow, \Leftrightarrow$

Figura 7.7 Gramática BNF (*Backus-Naur Form*) de sentenças em lógica proposicional, com precedências de operadores do mais alto para o mais baixo.

As tabelas-verdade para os cinco conectivos lógicos são dadas na Figura 7.8. Dessas tabelas, o valor-verdade de qualquer sentença s pode ser calculado com relação a qualquer modelo m por um processo simples de avaliação recursiva. Por exemplo, a sentença $\neg\, P_{1,2} \wedge (P_{2,2} \vee P_{3,1})$, avaliada em m_1, resulta em *verdadeiro* $\wedge$ (*falso* $\vee$ *verdadeiro*) = *verdadeiro* $\wedge$ *verdadeiro* = *verdadeiro*.

As tabelas-verdade para "e", "ou" e "não" estão intimamente relacionadas às nossas intuições sobre as palavras em nosso idioma. O principal ponto de confusão possível é que $P \vee Q$ é verdadeira quando P é verdadeira ou Q é verdadeira, *ou ambas*. Existe um conectivo diferente chamado "ou exclusivo" ("xor" para abreviar) que resulta em falso quando ambos os disjuntos são verdadeiros.[8] Não há nenhum consenso quanto ao símbolo para "ou exclusivo"; algumas opções são $\dot\vee$ ou $\neq$ ou $\oplus$.

A tabela-verdade para $\Rightarrow$ talvez não se encaixe muito bem na compreensão intuitiva de que "P implica Q" ou "se P então Q". Em primeiro lugar, a lógica proposicional não exige qualquer relação de *causa* ou *relevância* entre P e Q. A sentença "5 é ímpar implica que Tóquio é a capital do Japão" é uma sentença verdadeira da lógica proposicional (sob a interpretação normal), embora seja uma sentença decididamente estranha em português. Outro ponto de confusão é que qualquer implicação é verdadeira sempre que sua antecedente é falsa. Por exemplo, "5 é par implica que Sam é inteligente" é verdadeira, independentemente de Sam ser, ou não, inteligente. Isso parece estranho, mas faz sentido se você pensar em "$P \Rightarrow Q$" como "se P é verdadeira, então estou afirmando que Q é verdadeira; caso contrário, não estou fazendo nenhuma afirmação". O único modo de essa sentença ser *falsa* é P ser verdadeira, mas Q ser falsa.

A biconditional, $P \Leftrightarrow Q$, é verdadeira sempre que tanto $P \Rightarrow Q$ quanto $Q \Rightarrow P$ forem verdadeiras. Em nosso idioma, isso frequentemente é escrito como "P se e somente se Q". Muitas das regras do mundo de wumpus são mais bem escritas usando $\Leftrightarrow$. Por exemplo, um quadrado tem uma brisa *se* um quadrado vizinho tem um poço, e um quadrado tem uma brisa *somente se* um quadrado vizinho tem um poço. Assim, precisamos de biconditionais, como

$$B_{1,1} \Leftrightarrow (P_{1,2} \vee P_{2,1}),$$

em que $B_{1,1}$ significa que existe uma brisa em [1,1].

7.4.3 Base de conhecimento simples

Agora que definimos a semântica para a lógica proposicional, podemos construir uma base de conhecimento para o mundo de wumpus. Primeiro, vamos nos concentrar nos aspectos *imutáveis* do mundo de wumpus, deixando os aspectos mutáveis para uma seção posterior. Por enquanto, precisamos dos seguintes símbolos para cada localização $[x, y]$:

$P_{x,y}$ é verdadeiro se existe um poço em $[x, y]$.
$W_{x,y}$ é verdadeiro se existe um wumpus em $[x, y]$, vivo ou morto.
$B_{x,y}$ é verdadeiro se o agente percebe uma brisa em $[x, y]$.
$F_{x,y}$ é verdadeiro se o agente percebe um fedor em $[x, y]$.

P	Q	$\neg P$	$P \wedge Q$	$P \vee Q$	$P \Rightarrow Q$	$P \Leftrightarrow Q$
falso	*falso*	*verdadeiro*	*falso*	*falso*	*verdadeiro*	*verdadeiro*
falso	*verdadeiro*	*verdadeiro*	*falso*	*verdadeiro*	*verdadeiro*	*falso*
verdadeiro	*falso*	*falso*	*falso*	*verdadeiro*	*falso*	*falso*
verdadeiro	*verdadeiro*	*falso*	*verdadeiro*	*verdadeiro*	*verdadeiro*	*verdadeiro*

Figura 7.8 Tabelas-verdade referentes aos cinco conectivos lógicos. Para usar a tabela para calcular, por exemplo, o valor de $P \vee Q$ quando P é verdadeira e Q é falsa, primeiro procure no lado esquerdo a linha em que P é *verdadeira* e Q é *falsa* (a terceira linha). Em seguida, observe nessa linha sob a coluna $P \vee Q$ o resultado: *verdadeiro*.

---

[8] O latim usa duas palavras diferentes: "vel" para indicar o *ou inclusivo* e "aut" para indicar o *ou exclusivo*.

200   **Inteligência Artificial**

$L_{x,y}$ é verdadeiro se o agente está no local $[x, y]$.

As sentenças que escrevemos serão suficientes para derivar $\neg P_{1,2}$ (não há poço em [1,2]), como feito informalmente na seção 7.3. Rotularemos cada sentença de R_i, para que possamos nos referir a elas:

- Não há nenhum poço em [1,1]:

  $R_1:$ $\neg P_{1,1}.$

- Um quadrado tem uma brisa se e somente se existe um poço em um quadrado vizinho. Isso tem de ser declarado para cada quadrado; por enquanto, incluímos apenas os quadrados relevantes:

  $R_2:$ $B_{1,1}$ $\Leftrightarrow$ $(P_{1,2} \vee P_{2,1}).$
  $R_3:$ $B_{2,1}$ $\Leftrightarrow$ $(P_{1,1} \vee P_{2,2} \vee P_{3,1}).$

- As sentenças precedentes são verdadeiras em todos os mundos de wumpus. Agora, incluímos as percepções de brisa para os dois primeiros quadrados visitados no mundo específico em que o agente se encontra, levando à situação da Figura 7.3(b).

  $R_4:$ $\neg B_{1,1}.$
  $R_5:$ $B_{2,1}.$

7.4.4 Procedimento de inferência simples

Nosso objetivo agora é decidir se $BC \models \alpha$ para alguma sentença α. Por exemplo, $\neg P_{1,2}$ é consequência lógica da nossa BC? Nosso primeiro algoritmo para inferência é uma estratégia de verificação de modelo que é uma implementação direta da definição de consequência lógica: enumere os modelos e verifique se α é verdadeira em todo modelo no qual a BC é verdadeira. Os modelos são atribuições de *verdadeiro* ou *falso* a todo símbolo proposicional. Voltando ao nosso exemplo do mundo de wumpus, os símbolos proposicionais relevantes são $B_{1,1}$, $B_{2,1}$, $P_{1,1}$, $P_{1,2}$, $P_{2,1}$, $P_{2,2}$ e $P_{3,1}$. Com sete símbolos, existem $2^7 = 128$ modelos possíveis; em três desses modelos, a BC é verdadeira (Figura 7.9). Nesses três modelos, $\neg P_{1,2}$ é verdadeira; consequentemente, não existe nenhum poço em [1,2]. Por outro lado, $P_{2,2}$ é verdadeira em dois dos três modelos e falsa em um; portanto, não podemos dizer ainda se existe um poço em [2,2].

A Figura 7.9 reproduz de forma mais precisa o raciocínio ilustrado na Figura 7.5. Um algoritmo geral para decidir a consequência na lógica proposicional é mostrado na Figura 7.10. Como o algoritmo BUSCA-COM-RETROCESSO no Capítulo 6, CONSEQUÊNCIA-LÓGICA-TV? executa uma enumeração recursiva de um espaço finito de atribuições a símbolos. O algoritmo é **correto**, porque implementa diretamente a definição de consequência lógica, e é **completo**, porque funciona para qualquer BC e α, e sempre termina – só existe um número finito de modelos a examinar.

É claro que "número finito" nem sempre é o mesmo que "poucos". Se BC e α contêm n símbolos ao todo, então existem 2^n modelos. Desse modo, a complexidade de tempo do algoritmo é $O(2^n)$. (A complexidade de espaço é somente $O(n)$ porque a enumeração é feita em profundidade.) Mais adiante neste capítulo, veremos algoritmos que são muito mais eficientes em muitos casos. Infelizmente, a consequência lógica proposicional é co-NP-completa (ou seja, provavelmente não mais fácil que NP-completa – ver Apêndice A); assim, *todo algoritmo de inferência conhecido para lógica proposicional tem uma complexidade no pior caso que é exponencial em relação ao tamanho da entrada.*

7.5 Prova de teoremas proposicionais

Prova de teorema

Até agora, mostramos como determinar a consequência lógica por *verificação de modelos*: enumerar modelos e mostrar que a sentença deve valer em todos os modelos. Nesta seção, mostraremos como se pode determinar a consequência lógica por meio da **prova de teoremas** – com a aplicação direta de regras de inferência nas sentenças em nossa base de conhecimento para construir uma prova da sentença desejada sem consultar os modelos. Se o número de modelos

$B_{1,1}$	$B_{2,1}$	$P_{1,1}$	$P_{1,2}$	$P_{2,1}$	$P_{2,2}$	$P_{3,1}$	R_1	R_2	R_3	R_4	R_5	BC
falso	*falso*	*falso*	*falso*	*falso*	*falso*	*falso*	*verd.*	*verd.*	*verd.*	*verd.*	*falso*	*falso*
falso	*falso*	*falso*	*falso*	*falso*	*falso*	*verd.*	*verd.*	*verd.*	*falso*	*verd.*	*falso*	*falso*
⋮	⋮	⋮	⋮	⋮	⋮	⋮	⋮	⋮	⋮	⋮	⋮	⋮
falso	*verd.*	*falso*	*falso*	*falso*	*falso*	*falso*	*verd.*	*verd.*	*falso*	*verd.*	*verd.*	*falso*
falso	*verd.*	*falso*	*falso*	*falso*	*falso*	*verd.*	*verd.*	*verd.*	*verd.*	*verd.*	*verd.*	<u>*verd.*</u>
falso	*verd.*	*falso*	*falso*	*falso*	*verd.*	*falso*	*verd.*	*verd.*	*verd.*	*verd.*	*verd.*	<u>*verd.*</u>
falso	*verd.*	*falso*	*falso*	*falso*	*verd.*	*verd.*	*verd.*	*verd.*	*verd.*	*verd.*	*verd.*	<u>*verd.*</u>
falso	*verd.*	*falso*	*falso*	*verd.*	*falso*	*falso*	*verd.*	*falso*	*falso*	*verd.*	*verd.*	*falso*
⋮	⋮	⋮	⋮	⋮	⋮	⋮	⋮	⋮	⋮	⋮	⋮	⋮
verd.	*verd.*	*verd.*	*verd.*	*verd.*	*verd.*	*verd.*	*falso*	*verd.*	*verd.*	*falso*	*verd.*	*falso*

Figura 7.9 Tabela-verdade construída para a base de conhecimento dada no texto. A *BC* é verdadeira se R_1 a R_5 são verdadeiras, o que acontece em apenas três das 128 linhas (as que estão sublinhadas na coluna do lado direito). Em todas as três linhas, $P_{1,2}$ é falsa e, assim, não existe nenhum poço em [1,2]. Por outro lado, pode haver (ou não) um poço em [2,2].

---

função CONSEQUÊNCIA-LÓGICA-TV?(BC, α) **devolve** *verdadeiro* ou *falso*
    entradas: *BC*, a base de conhecimento, uma sentença em lógica proposicional
          α, a consulta, uma sentença em lógica proposicional

    símbolos ← uma lista dos símbolos proposicionais em *BC* e α
    devolve VERIFICAR-TODOS-TV(BC, α, *símbolo*s, [ ])

função VERIFICAR-TODOS-TV(BC, α, *símbolo*s, *modelo*) **devolve** *verdadeiro* ou *falso*
    se VAZIO?(*símbolo*s) **então**
        se VERDADEIRO-LP?(*BC, modelo*) **então devolve** VERDADEIRO-LP?(α, *modelo*)
        senão devolve *verdadeiro*   // quando BC é falsa, sempre retorna verdadeiro
    senão
        P ← PRIMEIRO(*símbolos*)
        restante ← RESTO(*símbolo*s)
        devolve (VERIFICAR-TODOS-TV(BC, α, *restante*, *modelo* ∪ [*P* = verdadeiro])
                e
            VERIFICAR-TODOS-TV(BC, α, *restante*, *modelo* ∪ [*P* = falso]))

Figura 7.10 Algoritmo de enumeração de tabela-verdade para decidir a consequência lógica proposicional. (TV significa tabela-verdade.) VERDADEIRO-LP? retorna *verdadeiro*, caso uma sentença seja válida dentro de um modelo. A variável *modelo* representa um modelo parcial – uma atribuição a alguns dos símbolos. A palavra-chave "**e**" é aqui um símbolo para a função infixa na linguagem de programação por pseudocódigo, e não um operador na lógica proposicional; ela recebe dois argumentos e devolve *verdadeiro* ou *falso*.

---

for grande, mas o comprimento da prova for curto, a prova de teoremas pode ser mais eficiente do que a verificação de modelos.

Antes de mergulhar nos detalhes dos algoritmos de prova de teoremas, vamos precisar de alguns conceitos adicionais relacionados à consequência lógica. O primeiro conceito é o de **equivalência lógica**: duas sentenças α e β são logicamente equivalentes se são verdadeiras no mesmo conjunto de modelos. Escrevemos isso como $\alpha \equiv \beta$. (Observe que $\equiv$ é usado para fazer afirmações sobre sentenças, enquanto $\Leftrightarrow$ é usado como parte de uma sentença.) Por exemplo, podemos mostrar facilmente (utilizando tabelas-verdade) que $P \wedge Q$ e $Q \wedge P$ são logicamente equivalentes; outras equivalências são mostradas na Figura 7.11. Essas equivalências desempenham o mesmo papel em lógica que as identidades aritméticas desempenham na matemática comum.

Equivalência lógica

$$(\alpha \wedge \beta) \quad\equiv\quad (\beta \wedge \alpha) \text{ comutatividade de } \wedge$$

$$(\alpha \vee \beta) \quad\equiv\quad (\beta \vee \alpha) \text{ comutatividade de } \vee$$

$$((\alpha \wedge \beta) \wedge \gamma) \quad\equiv\quad (\alpha \wedge (\beta \wedge \gamma)) \text{ associatividade de } \wedge$$

$$((\alpha \vee \beta) \vee \gamma) \quad\equiv\quad (\alpha \vee (\beta \vee \gamma)) \text{ associatividade de } \vee$$

$$\neg(\neg\alpha) \quad\equiv\quad \alpha \text{ eliminação da dupla negação}$$

$$(\alpha \Rightarrow \beta) \quad\equiv\quad (\neg\beta \Rightarrow \neg\alpha) \text{ contraposição}$$

$$(\alpha \Rightarrow \beta) \quad\equiv\quad (\neg\alpha \vee \beta) \text{ eliminação da implicação}$$

$$(\alpha \Leftrightarrow \beta) \quad\equiv\quad ((\alpha \Rightarrow \beta) \wedge (\beta \Rightarrow \alpha)) \text{ eliminação da bicondicional}$$

$$\neg(\alpha \wedge \beta) \quad\equiv\quad (\neg\alpha \vee \neg\beta) \text{ De Morgan}$$

$$\neg(\alpha \vee \beta) \quad\equiv\quad (\neg\alpha \wedge \neg\beta) \text{ De Morgan}$$

$$(\alpha \wedge (\beta \vee \gamma)) \quad\equiv\quad ((\alpha \wedge \beta) \vee (\alpha \wedge \gamma)) \text{ distribuição de } \wedge \text{ sobre } \vee$$

$$(\alpha \vee (\beta \wedge \gamma)) \quad\equiv\quad ((\alpha \vee \beta) \wedge (\alpha \vee \gamma)) \text{ distribuição de } \vee \text{ sobre } \wedge$$

Figura 7.11 Equivalências lógicas comuns. Os símbolos α, β e γ representam sentenças arbitrárias de lógica proposicional.

Uma definição alternativa de equivalência é a seguinte: duas sentenças quaisquer α e β são equivalentes apenas se cada uma delas for a consequência lógica da outra:

$$\alpha \equiv \beta \quad \text{se e somente se} \quad \alpha \models \beta \text{ e} \models \alpha.$$

Validade

O segundo conceito de que precisaremos é o de **validade**. Uma sentença é válida se é verdadeira em *todos* os modelos. Por exemplo, a sentença $P \vee \neg P$ é válida. As sentenças válidas também são conhecidas como **tautologias** – elas são *necessariamente* verdadeiras. Como a sentença *Verdadeiro* é verdadeira em todos os modelos, toda sentença válida é logicamente equivalente a *Verdadeiro*. Qual é a utilidade das sentenças válidas? De nossa definição de consequência lógica, podemos derivar o **teorema da dedução**, conhecido pelos gregos antigos:

Tautologia

Teorema da dedução

▶ *Para quaisquer sentenças α e β, $\alpha \models \beta$ se, e somente se, a sentença $\alpha \Rightarrow \beta$ for válida.*

Assim, podemos decidir se $\alpha \models \beta$ verificando que $(\alpha \Rightarrow \beta)$ é verdadeiro em todo modelo – isso é essencialmente o que o algoritmo de inferência na Figura 7.10 faz – ou provando que $(\alpha \Rightarrow \beta)$ equivale a *Verdadeiro*. Por outro lado, o teorema da dedução determina que toda sentença de implicação válida descreve uma inferência legítima.

Satisfatibilidade

O último conceito de que precisaremos é o de **satisfatibilidade**. Uma sentença é satisfatível se for verdadeira em *algum* modelo, ou satisfeita por *algum* modelo. Por exemplo, a base de conhecimento dada anteriormente, $(R_1 \wedge R_2 \wedge R_3 \wedge R_4 \wedge R_5)$, é satisfatível porque existem três modelos em que ela é verdadeira, como mostra a Figura 7.9. A satisfatibilidade pode ser verificada enumerando os modelos possíveis até ser encontrado um modelo que satisfaça a sentença. O problema de determinar a satisfatibilidade de sentenças em lógica proposicional – o problema **SAT** – foi o primeiro problema que se provou ser NP-completo. Muitos problemas em ciência da computação na verdade são problemas de satisfatibilidade. Por exemplo, todos os problemas de satisfação de restrições do Capítulo 6 perguntam se as restrições são satisfatíveis por alguma atribuição.

SAT

É claro que a validade e a satisfatibilidade estão interconectadas: α é válida se e somente se $\neg\alpha$ não é satisfatível; em contraposição, α é satisfatível se e somente se $\neg\alpha$ não é válida. Também temos o seguinte resultado útil:

▶ *$\alpha \models \beta$ se e somente se a sentença $(\alpha \wedge \neg\beta)$ é não satisfatível.*

Reductio ad absurdum
Refutação
Contradição

Provar β a partir de α pela verificação da não satisfatibilidade de $(\alpha \wedge \neg\beta)$ corresponde exatamente à técnica padrão de prova matemática de *reductio ad absurdum* (literalmente, "redução ao absurdo"). Ela também é chamada de "prova por **refutação**" ou "prova por **contradição**".

Supõe-se que uma sentença β é falsa e demonstra-se que ela leva a uma contradição com axiomas conhecidos α. É exatamente isso o que essa contradição quer dizer quando afirmamos que a sentença $(\alpha \wedge \neg\beta)$ é não satisfatível.

7.5.1 Inferência e provas

Esta seção abrange **regras de inferência** que podem ser aplicadas para derivar uma **prova** – uma cadeia de conclusões que conduzem ao objetivo desejado. A regra mais conhecida é chamada de ***Modus Ponens*** (tradução do latim: *modo que afirma*) e é escrita desta forma:

Regras de inferência
Prova

Modus Ponens

$$\frac{\alpha \Rightarrow \beta, \quad \alpha}{\beta}$$

A notação significa que, sempre que quaisquer sentenças da forma $\alpha \Rightarrow \beta$ e α são dadas, a sentença β pode ser deduzida. Por exemplo, se $(WumpusAdiante \wedge WumpusVivo) \Rightarrow Atirar$ e $(WumpusAdiante \wedge WumpusVivo)$ são dadas, $Atirar$ pode ser deduzida.

Outra regra de inferência útil é a **Eliminação do E**, que afirma que, a partir de uma conjunção, qualquer um dos elementos dela pode ser deduzido:

Eliminação do E

$$\frac{\alpha \wedge \beta}{\alpha}.$$

Por exemplo, a partir de $(WumpusAdiante \wedge WumpusVivo)$, $WumpusVivo$ pode ser deduzido.

Considerando os valores-verdade possíveis de α e β, pode-se mostrar facilmente que *Modus Ponens* e Eliminação do E são corretas. Essas regras podem então ser usadas em quaisquer instâncias específicas a que se apliquem, gerando inferências corretas sem a necessidade de enumeração de modelos.

Todas as equivalências lógicas da Figura 7.11 podem ser usadas como regras de inferência. Por exemplo, a equivalência para a eliminação de bicondicional gera as duas regras de inferência:

$$\frac{\alpha \Leftrightarrow \beta}{(\alpha \Rightarrow \beta) \wedge (\beta \Rightarrow \alpha)} \qquad e \qquad \frac{(\alpha \Rightarrow \beta) \wedge (\beta \Rightarrow \alpha)}{\alpha \Leftrightarrow \beta}.$$

Nem todas as regras de inferência funcionam em ambos os sentidos, como esta. Por exemplo, não podemos executar *Modus Ponens* no sentido oposto para obter $\alpha \Rightarrow \beta$ e α a partir de β.

Vejamos como essas regras de inferência e equivalências podem ser usadas no mundo de wumpus. Começamos com a base de conhecimento contendo R_1 a R_5 e mostramos como provar $\neg P_{1,2}$, isto é, não existe nenhum poço em [1,2]:

1. Aplicamos a eliminação de bicondicional a R_2 para obter

$$R_6: \quad (B_{1,1} \Rightarrow (P_{1,2} \vee P_{2,1})) \wedge ((P_{1,2} \vee P_{2,1}) \Rightarrow B_{1,1}).$$

2. Aplicamos a Eliminação do E a R_6 para obter

$$R_7: \quad ((P_{1,2} \vee P_{2,1}) \Rightarrow B_{1,1}).$$

3. A equivalência lógica para contraposição fornece:

$$R_8: \quad (\neg B_{1,1} \Rightarrow \neg(P_{1,2} \vee P_{2,1})).$$

4. Aplicamos *Modus Ponens* com R_8 e a percepção R_4 (isto é, $\neg B_{1,1}$), para obter

$$R_9: \quad \neg(P_{1,2} \vee P_{2,1}).$$

5. Aplicamos a regra de De Morgan, gerando a conclusão:

$$R_{10}: \quad \neg P_{1,2} \wedge \neg P_{2,1}.$$

Ou seja, nem [1,2] nem [2,1] contêm um poço.

Qualquer um dos algoritmos de busca do Capítulo 3 pode ser usado para encontrar uma sequência de passos que constitui uma prova como essa. Nós só precisamos definir um problema de prova da seguinte forma:

- ESTADO INICIAL: a base de conhecimento inicial.
- AÇÕES: o conjunto de ações consiste em todas as regras de inferência aplicadas a todas as sentenças que correspondam à metade superior da regra de inferência.
- RESULTADO: o resultado de uma ação é acrescentar a sentença na metade inferior da regra de inferência.
- OBJETIVO: o objetivo é um estado que contém a sentença que estamos tentando provar.

Assim, a busca de provas é uma alternativa para a enumeração de modelos. Porém, em muitos casos práticos, *encontrar uma prova pode ser mais eficiente porque a prova pode ignorar proposições irrelevantes, independentemente de quantas dessas proposições existem*. Por exemplo, a prova apresentada anteriormente que leva a $\neg P_{1,2} \wedge \neg P_{2,1}$ não menciona as proposições $B_{2,1}$, $P_{1,1}$, $P_{2,2}$ ou $P_{3,1}$. Elas podem ser ignoradas porque a proposição objetivo $P_{1,2}$ só aparece na sentença R_2; as outras proposições em R_2 só aparecem em R_4 e em R_2; assim, R_1, R_3 e R_5 não têm nenhuma influência sobre a prova. O mesmo seria válido, ainda que acrescentássemos mais um milhão de sentenças à base de conhecimento; por outro lado, o algoritmo simples de tabela-verdade seria subjugado pela explosão exponencial de modelos.

Monotonicidade

Uma propriedade final de sistemas lógicos é a **monotonicidade**, que afirma que o conjunto de consequências lógicas permitidas somente pode *aumentar*, à medida que as informações são acrescentadas à base de conhecimento.[9] Para quaisquer sentenças α e β,

se $BC \models \alpha$ então $BC \wedge \beta \models \alpha$.

Por exemplo, suponha que a base de conhecimento contenha a asserção adicional β afirmando que existem exatamente oito poços no mundo. Esse conhecimento poderia ajudar o agente a tirar conclusões *adicionais*, mas não pode invalidar qualquer conclusão α já deduzida – como a conclusão de que não existe nenhum poço em [1,2]. A monotonicidade significa que as regras de inferência podem ser aplicadas sempre que são encontradas premissas adequadas na base de conhecimento – a conclusão da regra deve se seguir *independentemente de outras informações existentes na base de conhecimento*.

7.5.2 Prova por resolução

Afirmamos que as regras de inferência focalizadas até agora são *corretas*, mas não discutimos a questão de *completude* para os algoritmos de inferência que as utilizam. Os algoritmos de busca, como a busca por aprofundamento iterativo (ver Figura 3.12), são completos no sentido de que encontrarão qualquer objetivo acessível; porém, se as regras de inferência disponíveis forem inadequadas, o objetivo não será acessível – não existirá nenhuma prova que utilize apenas essas regras de inferência. Por exemplo, se removêssemos a regra de eliminação de bicondicional, a prova apresentada na seção anterior não seria possível. Esta seção introduz uma regra de inferência única, a **resolução**, que gera um algoritmo de inferência completo quando acoplada a qualquer algoritmo de busca completo.

Começaremos usando uma versão simples da regra de resolução no mundo de wumpus. Vamos considerar as etapas que conduzem à Figura 7.4(a): o agente retorna de [2,1] para [1,1] e vai para [1,2], onde percebe um fedor, mas nenhuma brisa. Adicionamos os seguintes os fatos à base de conhecimento:

$R_{11}: \quad \neg B_{1,2}.$
$R_{12}: B_{1,2} \Leftrightarrow (P_{1,1} \vee P_{2,2} \vee P_{1,3}).$

Pelo mesmo processo que levou a R_{10} anteriormente, agora podemos derivar a ausência de poços em [2,2] e [1,3] (lembre-se de que já sabemos que [1,1] não tem poços):

---

[9] As lógicas **não monotônicas**, que violam a propriedade de monotonicidade, captam uma propriedade comum do raciocínio humano: a mudança de ideia. Elas são discutidas na seção 10.6.

$$R_{13}: \ \neg P_{2,2}.$$
$$R_{14}: \ \neg P_{1,3}.$$

Também podemos aplicar a eliminação de bicondicional a R_3, seguida por *Modus Ponens* com R_5, a fim de obter o fato de que existe um poço em [1,1], [2,2] ou [3,1]:

$$R_{15}: \ P_{1,1} \vee P_{2,2} \vee P_{3,1}.$$

Agora, vem a primeira aplicação da regra de resolução: o literal $\neg P_{2,2}$ em R_{13} *se resolve com* o literal $P_{2,2}$ em R_{15} para fornecer o **resolvente**

Resolvente

$$R_{16}: \ P_{1,1} \vee P_{3,1}.$$

Em linguagem comum: se existe um poço em [1,1], [2,2] ou [3,1] e não existe poço em [2,2], então ele está em [1,1] ou [3,1]. De modo semelhante, o literal $\neg P_{1,1}$ em R_1 se resolve com o literal $P_{1,1}$ em R_{16} para gerar

$$R_{17}: \ P_{3,1}.$$

Em linguagem comum: se existe um poço em [1,1] ou [3,1] e ele não está em [1,1], então está em [3,1]. Essas duas últimas etapas de inferência são exemplos da regra de inferência de **resolução unitária**,

Resolução unitária

$$\frac{\ell_1 \vee \cdots \vee \ell_k, \quad m}{\ell_1 \vee \cdots \vee \ell_{i-1} \vee \ell_{i+1} \vee \cdots \vee \ell_k}$$

em que cada ℓ é um literal e ℓ_i e m são **literais complementares** (isto é, um é a negação do outro). Desse modo, a regra de resolução unitária toma uma **cláusula** – uma disjunção de literais – e um literal, e produz uma nova cláusula. Observe que um único literal pode ser visto como uma disjunção de um literal, também conhecida como **cláusula unitária**.

Literais complementares
Cláusula

Cláusula unitária

A regra de resolução unitária pode ser generalizada para a regra de **resolução** completa,

Resolução

$$\frac{\ell_1 \vee \cdots \vee \ell_k, \quad m_1 \vee \cdots \vee m_n}{\ell_1 \vee \cdots \vee \ell_{i-1} \vee \ell_{i+1} \vee \cdots \vee \ell_k \vee m_1 \vee \cdots \vee m_{j-1} \vee m_{j+1} \vee \cdots \vee m_n}$$

em que ℓ_i e m_j são literais complementares. Isso quer dizer que a resolução recebe duas cláusulas e produz uma nova cláusula contendo todos os literais das duas cláusulas originais, *exceto* os dois literais complementares. Por exemplo, temos

$$\frac{P_{1,1} \vee P_{3,1}, \quad \neg P_{1,1} \vee \neg P_{2,2}}{P_{3,1} \vee \neg P_{2,2}}.$$

Você pode resolver apenas um par de literais complementares de cada vez. Por exemplo, resolvemos P e $\neg P$ para deduzir

$$\frac{P \vee \neg Q \vee R, \quad \neg P \vee Q}{\neg Q \vee Q \vee R},$$

mas não é possível resolver sobre P e Q ao mesmo tempo para deduzir R. Existe ainda outro aspecto técnico da regra de resolução: a cláusula resultante deve conter apenas uma cópia de cada literal.[10] A remoção de várias cópias de literais é chamada de **fatoração**. Por exemplo, se resolvermos $(A \vee B)$ com $(A \vee \neg B)$, teremos $(A \vee A)$, que será reduzido simplesmente a A.

Fatoração

A *correção* da regra de resolução pode ser vista facilmente considerando o literal ℓ_i que é complementar ao literal m_j na outra cláusula. Se ℓ_i é verdadeiro, então m_j é falso e, consequentemente, $m_1 \vee \ldots \vee m_{j-1} \vee m_{j+1} \vee \ldots \vee m_n$ tem de ser verdadeira, porque $m_1 \vee \ldots \vee m_n$ é dada. Se ℓ_i é falso, então $\ell_1 \vee \ldots \vee \ell_{j-1} \vee \ell_{i+1} \vee \ldots \vee \ell_k$ deve ser verdadeira porque $\ell_1 \vee \ldots \vee \ell_k$ é dada. Agora, ℓ_i é verdadeiro ou falso, e então uma ou outra dessas conclusões é válida – exatamente como estabelece a regra de resolução.

---

[10] Se uma cláusula for vista como um *conjunto* de literais, essa restrição será automaticamente respeitada. O uso da notação de conjuntos para cláusulas torna a regra de resolução muito mais clara, ao custo de introduzir uma notação adicional.

206 Inteligência Artificial

O fato mais surpreendente sobre a regra de resolução é que ela forma a base para uma família de procedimentos de inferência *completos*. *Um provador de teoremas baseado em resolução pode, para quaisquer sentenças α e β em lógica proposicional, decidir se $\alpha \models \beta$*. As duas subseções a seguir explicam como a resolução consegue isso.

Forma normal conjuntiva

A regra de resolução se aplica apenas às cláusulas (isto é, às disjunções de literais); assim, ela aparentemente só seria relevante para bases de conhecimento e consultas que consistissem em cláusulas. Então, como ela pode levar a um procedimento de inferência completo para toda a lógica proposicional? A resposta é que *toda sentença da lógica proposicional é logicamente equivalente a uma conjunção de cláusulas*.

Forma normal conjuntiva FNC

Dizemos que uma sentença expressa como uma conjunção de cláusulas está em **forma normal conjuntiva** ou **FNC** (ver Figura 7.12). Descreveremos agora um procedimento para converter para FNC. Ilustraremos o procedimento convertendo a sentença $B_{1,1} \Leftrightarrow (P_{1,2} \lor P_{2,1})$ para FNC. As etapas são:

1. Eliminar $\Leftrightarrow$, substituindo $\alpha \Leftrightarrow \beta$ por $(\alpha \Rightarrow \beta) \land (\beta \Rightarrow \alpha)$:

$$(B_{1,1} \Rightarrow (P_{1,2} \lor P_{2,1})) \land ((P_{1,2} \lor P_{2,1}) \Rightarrow B_{1,1}).$$

2. Eliminar $\Rightarrow$, substituindo $\alpha \Rightarrow \beta$ por $\neg\alpha \lor \beta$:

$$(\neg B_{1,1} \lor P_{1,2} \lor P_{2,1}) \land (\neg(P_{1,2} \lor P_{2,1}) \lor B_{1,1}).$$

3. A FNC exige que $\neg$ apareça apenas em literais; portanto, "movemos $\neg$ para dentro" pela aplicação repetida das seguintes equivalências da Figura 7.11:

$$\neg(\neg\alpha) \equiv \alpha \text{ (eliminação de negação dupla)}$$
$$\neg(\alpha \land \beta) \equiv (\neg\alpha \lor \neg\beta) \text{ (De Morgan)}$$
$$\neg(\alpha \lor \beta) \equiv (\neg\alpha \land \neg\beta) \text{ (De Morgan)}$$

No exemplo, precisamos apenas de uma aplicação da última regra:

$$(\neg B_{1,1} \lor P_{1,2} \lor P_{2,1}) \land ((\neg P_{1,2} \land \neg P_{2,1}) \lor B_{1,1}).$$

4. Agora temos uma sentença que contém operadores $\land$ e $\lor$ aninhados, aplicados a literais. Aplicamos a lei de distributividade da Figura 7.11, distribuindo $\lor$ sobre $\land$ sempre que possível.

$$(\neg B_{1,1} \lor P_{1,2} \lor P_{2,1}) \land (\neg P_{1,2} \lor B_{1,1}) \land (\neg P_{2,1} \lor B_{1,1}).$$

Agora a sentença original está em FNC, como uma conjunção de três cláusulas. É muito mais difícil ler essa sentença, mas ela pode ser usada como entrada para um procedimento de resolução.

Algoritmo de resolução

Os procedimentos de inferência baseados em resolução funcionam pela utilização do princípio de prova por contradição introduzido na seção 7.5.1. Isto é, para mostrar que $BC \models \alpha$, mostramos que $(BC \land \neg\alpha)$ é não satisfatível. Fazemos isso provando uma contradição.

Um algoritmo de resolução é mostrado na Figura 7.13. Primeiro, $(BC \land \neg\alpha)$ é convertido em FNC. Em seguida, a regra de resolução é aplicada às cláusulas resultantes. Cada par que contém literais complementares é resolvido para gerar uma nova cláusula, que será acrescentada ao conjunto, se ainda não estiver presente. O processo continua até acontecer um destes dois fatos:

- Não há nenhuma cláusula nova que possa ser acrescentada, nesse caso BC não tem α como consequência lógica; ou
- duas cláusulas resolvem produzindo uma cláusula *vazia*, nesse caso BC tem como consequência lógica α.

$$
\begin{aligned}
\textit{SentençaFNC} &\rightarrow \textit{Cláusula}_1 \land \cdots \land \textit{Cláusula}_n \\
\textit{Cláusula} &\rightarrow \textit{Literal}_1 \lor \cdots \lor \textit{Literal}_m \\
\textit{Fato} &\rightarrow \textit{Símbolo} \\
\textit{Literal} &\rightarrow \textit{Símbolo} \mid \neg\textit{Símbolo} \\
\textit{Símbolo} &\rightarrow P \mid Q \mid R \mid \ldots \\
\textit{FormaCláusulaHorn} &\rightarrow \textit{FormaCláusulaDefinida} \mid \textit{FormaCláusulaObjetivo} \\
\textit{FormaCláusulaDefinida} &\rightarrow \textit{Fato} \mid (\textit{Símbolo}_1 \land \cdots \land \textit{Símbolo}_l) \Rightarrow \textit{Símbolo} \\
\textit{FormaCláusulaObjetivo} &\rightarrow (\textit{Símbolo}_1 \land \cdots \land \textit{Símbolo}_l) \Rightarrow \textit{Falso}
\end{aligned}
$$

Figura 7.12 Uma gramática para a forma normal conjuntiva, cláusulas de Horn e cláusulas definidas. Uma cláusula FNC como $\neg A \lor \neg B \lor C$ pode ser escrita na forma de cláusula definida como $A \land B \Rightarrow C$.

---

função RESOLUÇÃO-LP(BC, α) **devolve** *verdadeiro* ou *falso*
    entradas: BC, a base de conhecimento, uma sentença em lógica proposicional
           α, a consulta, uma sentença em lógica proposicional

    cláusulas $\leftarrow$ o conjunto de cláusulas na representação de FNC de $BC \land \neg\alpha$
    novas $\leftarrow \{ \}$
    enquanto *verdadeiro* **faça**
        para cada par de cláusulas C_i, C_j **em** *cláusulas* **faça**
            resolventes $\leftarrow$ RESOLVER-LP(C_i, C_j)
            se *resolventes* contém a cláusula vazia **então devolve** *verdadeiro*
            novas $\leftarrow$ *novas* $\cup$ *resolventes*
        se *novas* $\subseteq$ *cláusulas* **então devolve** *falso*
        cláusulas $\leftarrow$ *cláusulas* $\cup$ *novas*

Figura 7.13 Algoritmo de resolução simples para a lógica proposicional. A função RESOLVER-LP devolve o conjunto de todas as cláusulas possíveis obtidas pela resolução de suas duas entradas.

A cláusula vazia – uma disjunção de nenhum disjunto – é equivalente a *Falso* porque uma disjunção só é verdadeira se pelo menos um de seus disjuntos é verdadeiro. Além disso, outra maneira de ver que uma cláusula vazia representa uma contradição é observar que ela só surge da solução de duas cláusulas unitárias complementares, como P e $\neg P$.

Podemos aplicar o procedimento de resolução a uma inferência muito simples no mundo de wumpus. Quando o agente está em [1,1], não existe nenhuma brisa; assim, não pode haver poços em quadrados vizinhos. A base de conhecimento relevante é

$$KB = R_2 \land R_4 = (B_{1,1} \Leftrightarrow (P_{1,2} \lor P_{2,1})) \land \neg B_{1,1}$$

e desejamos provar α, que é, digamos, $\neg P_{1,2}$. Quando convertermos ($BC \land \neg\alpha$) em FNC, obteremos as cláusulas mostradas na parte superior da Figura 7.14. A segunda linha da figura mostra as cláusulas obtidas pela resolução de pares na primeira linha. Então, quando $P_{1,2}$ é resolvida com $\neg P_{1,2}$, obtemos a cláusula vazia, mostrada como um quadrado pequeno. À inspeção da Figura 7.14 revela que muitas etapas de resolução não têm sentido. Por exemplo, a cláusula $B_{1,1} \lor \neg B_{1,1} \lor P_{1,2}$ é equivalente a *Verdadeiro* $\lor P_{1,2}$, que é equivalente a *Verdadeiro*. A dedução de que *Verdadeiro* é verdadeira não é muito útil. Portanto, qualquer cláusula em que aparecem dois literais complementares pode ser descartada.

Completude de resolução

Para concluir nossa discussão sobre resolução, vamos mostrar, agora, por que RESOLUÇÃO-LP é completa. Para isso, introduzimos o **fecho por resolução** $FR(S)$ de um conjunto de cláusulas S, que é o conjunto de todas as cláusulas deriváveis pela aplicação repetida da regra

Fecho por resolução

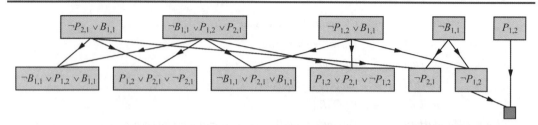

Figura 7.14 Aplicação parcial de RESOLUÇÃO-LP a uma inferência simples no mundo de wumpus para provar a consulta $\neg P_{1,2}$. Cada uma das quatro cláusulas mais à esquerda da linha superior é emparelhada com cada uma das outras três, e a regra de resolução é aplicada para gerar as cláusulas na linha inferior. Vemos que a terceira e quarta cláusulas da linha superior se combinam para gerar a cláusula $\neg P_{1,2}$, que é então resolvida com $P_{1,2}$ para gerar a cláusula vazia, significando que a consulta está provada.

de resolução a cláusulas em S ou suas derivadas. O fecho por resolução é o que RESOLUÇÃO-LP calcula como valor final da variável *cláusulas*. É fácil ver que $FR(S)$ deve ser finito: graças à etapa de fatoração, existe apenas um número finito de cláusulas distintas que podem ser construídas a partir dos símbolos $P_1,...,P_k$ que aparecem em S. Logo, RESOLUÇÃO-LP sempre termina.

O teorema da completude da resolução em lógica proposicional é chamado de **teorema básico da resolução**:

> Se um conjunto de cláusulas é não satisfatível, então o fecho por resolução dessas cláusulas contém a cláusula vazia.

Provamos esse teorema demonstrando sua contrapositiva: se o fecho $FR(S)$ *não* contém a cláusula vazia, então S é satisfatível. De fato, podemos construir um modelo para S com valores-verdade adequados para $P_1,..., P_k$. O procedimento de construção é o seguinte:

Para i de 1 a k,
- Se existe uma cláusula em $FR(S)$ contendo o literal $\neg P_i$ e todos os seus outros literais são falsos sob a atribuição escolhida para $P_1,...,P_{i-1}$, então atribua *falso* a P_i.
- Caso contrário, atribua *verdadeiro* a P_i.

Essa atribuição para $P_1,...,P_k$ é um modelo de S. Para verificar isso, assuma o oposto – que, em algum estágio i na sequência, atribuir o símbolo P_i faz com que alguma cláusula C torne-se falsa. Para que isso aconteça, todos os *outros* literais em C já devem ter se tornado falsos por atribuições a $P_1,...,P_{i-1}$. Assim, C deve agora parecer como (*falso* ∨ *falso* ∨ ... *falso* ∨ P_i) ou como (*falso* ∨ *falso* ∨ ... *falso* ∨ $\neg P_i$). Se houver apenas um desses dois em $FR(S)$, o algoritmo irá atribuir o valor-verdade adequado para P_i tornar C verdadeiro; assim, C só poderá se tornar falso se *ambas* as cláusulas estiverem em $FR(S)$.

Agora, uma vez que $FR(S)$ é fechado sob resolução, ele vai conter o resolvente dessas duas cláusulas, e esse resolvente já terá tornado todos os seus literais falsos pelas atribuições a $P_1,..., P_{i-1}$. Isso contradiz a nossa hipótese de que a primeira cláusula a se tornar falsa aparece no estágio i. Assim, provamos que a construção nunca torna falsa uma cláusula em $FR(S)$, ou seja, ela produz um modelo de $FR(S)$. Por fim, como o conjunto S está contido em $FR(S)$, qualquer modelo de $FR(S)$ é um modelo do próprio S.

7.5.3 Cláusulas de Horn e cláusulas definidas

A completude da resolução a torna um método de inferência muito importante. Em muitas situações práticas, no entanto, o pleno poder de resolução não é necessário. Algumas bases de conhecimento do mundo real satisfazem certas restrições sobre a forma de sentenças que elas contêm; isso permite que elas utilizem um algoritmo de inferência mais restrito e eficiente.

Uma dessas formas restritas é a **cláusula definida**, que é uma disjunção de literais dos quais *exatamente um é positivo*. Por exemplo, a cláusula ($\neg L_{1,1}$ ∨ $\neg Brisa$ ∨ $B_{1,1}$) é uma cláusula definida, enquanto ($\neg B_{1,1}$ ∨ $P_{1,2}$ ∨ $P_{2,1}$) não é, porque tem dois literais positivos.

A **cláusula de Horn** é ligeiramente mais geral, uma disjunção de literais *dos quais pelo menos um é positivo*. Assim, todas as cláusulas definidas são cláusulas de Horn, como existem cláusulas sem literal positivo, que são chamadas de **cláusulas objetivo**. As cláusulas de Horn *Cláusulas objetivo* são fechadas sob resolução: se você resolver duas cláusulas de Horn, receberá de volta uma cláusula de Horn. Outra classe é a sentença k-FNC, que é uma sentença FNC em que cada cláusula tem, no máximo, k literais.

As bases de conhecimento que contêm apenas cláusulas definidas são interessantes por três razões:

1. Toda cláusula definida pode ser escrita como uma implicação cuja premissa é uma conjunção de literais positivos e cuja conclusão é um único literal positivo. Por exemplo, a cláusula definida $(\neg L_{1,1} \lor \neg\, Brisa \lor B_{1,1})$ pode ser escrita como implicação $(L_{1,1} \land Brisa) \Rightarrow B_{1,1}$. Na forma de implicação, a sentença é mais fácil de entender: ela informa que, se o agente está em [1,1] e há uma brisa percebida, então [1,1] está com brisa. Na forma de Horn, a premissa é chamada de **corpo**, e a conclusão, de **cabeça**. Uma sentença que consiste em um único literal positivo, como $L_{1,1}$, é chamada de **fato**. Também pode ser escrita na forma de implicação como $Verdadeiro \Rightarrow L_{1,1}$, porém é mais simples escrever apenas $L_{1,1}$.

   Corpo
   Cabeça
   Fato

2. A inferência com cláusulas de Horn pode ser feita por meio de algoritmos de **encadeamento para a frente** e **encadeamento para trás**, que descreveremos a seguir. Ambos os algoritmos são naturais, e por isso as etapas de inferência são óbvias e fáceis de os seres humanos seguirem. Esse tipo de inferência é a base para a **programação lógica**, que será discutida no Capítulo 9.

   Encadeamento para a frente
   Encadeamento para trás

3. A decisão da consequência lógica com as cláusulas de Horn pode ser feita em tempo *linear* no tamanho da base do conhecimento – uma agradável surpresa.

7.5.4 Encadeamento para a frente e para trás

O algoritmo de encadeamento para a frente CONSEQUÊNCIA-LÓGICA-LP-EF?(BC,q) determina se um único símbolo proposicional q – a consulta – é consequência de uma base de conhecimento de cláusulas definidas. Ele começa a partir de fatos conhecidos (literais positivos) na base de conhecimento. Se todas as premissas de uma implicação forem conhecidas, sua conclusão será acrescentada ao conjunto de fatos conhecidos. Por exemplo, se $L_{1,1}$ e $Brisa$ são conhecidos e $(L_{1,1} \land Brisa) \Rightarrow B_{1,1}$ está na base de conhecimento, então $B_{1,1}$ pode ser adicionada. Esse processo continua até a consulta q ser acrescentada, ou até não ser possível fazer outras inferências. O algoritmo é mostrado na Figura 7.15; o principal ponto a lembrar é que ele funciona em tempo linear.

A melhor maneira de entender o algoritmo é usar um exemplo e uma figura. A Figura 7.16(a) mostra uma base de conhecimento simples de cláusulas de Horn com A e B como fatos conhecidos. A Figura 7.16(b) apresenta a mesma base de conhecimento desenhada como um **grafo E-OU** (ver Capítulo 4). Em grafos E-OU, múltiplas arestas unidas por um arco indicam uma conjunção – toda aresta deve ser provada – enquanto múltiplas arestas sem arco indicam uma disjunção – qualquer aresta pode ser provada. É fácil ver como o encadeamento para a frente funciona no grafo. As folhas conhecidas (aqui, A e B) são definidas, e a inferência se propaga para cima no grafo, o mais longe possível. Onde quer que apareça uma conjunção, a propagação espera até todos os elementos serem conhecidos antes de prosseguir. O leitor deve examinar o exemplo em detalhes.

É fácil ver que o encadeamento para a frente é **correto**: toda inferência é em essência uma aplicação de *Modus Ponens*. O encadeamento para a frente também é **completo**: toda sentença atômica que é consequência lógica da base será derivada. O modo mais fácil de verificar isso é considerar o estado final da tabela *inferida* (depois que o algoritmo alcança um ponto fixo em que nenhuma nova inferência é possível). A tabela contém *verdadeiro* para cada símbolo inferido durante o processo e *falso* para todos os outros símbolos. Podemos visualizar a tabela como um modelo lógico; além disso, *toda cláusula definida na BC original é verdadeira nesse modelo*.

Para ver isso, suponha a afirmação oposta, ou seja, que alguma cláusula $a_1 \land \ldots \land a_k \Rightarrow b$ seja falsa no modelo. Então, $a_1 \land \ldots \land a_k$ deve ser verdadeira no modelo e b deve ser falsa no modelo. Porém, isso contradiz nossa suposição de que o algoritmo alcançou um ponto fixo, pois agora estaríamos autorizados a acrescentar b à BC. Podemos concluir então que o conjunto

função CONSEQUÊNCIA-LÓGICA-LP-EF? (*BC*,*q*) **devolve** *verdadeiro* ou *falso*
   entradas: *BC*, a base de conhecimento, um conjunto de cláusulas definidas proposicionais
       q, a consulta, um símbolo proposicional
   contagem ← uma tabela, em que *contagem*[*c*] é o número de símbolos na premissa da cláusula *c*
   inferido ← uma tabela em que *inferido*[*s*] é *falso* inicialmente para todos os símbolos
   fila ← uma fila de símbolos, incialmente os símbolos reconhecidamente verdadeiros na *BC*

   enquanto *fila* não é vazia **faça**
       p ← POP(*fila*)
       se *p* = *q* **então devolva** *verdadeiro*
       se *inferido*[*p*] = *falso* **então**
           inferido[*p*] ← *verdadeiro*
           para cada cláusula *c* em *BC* em que *p* está em *c*.PREMISSA **faça**
               decrementar *contagem*[*c*]
               se *contagem*[*c*] = 0 **então** adicione *c*.CONCLUSÃO a *fila*
   devolva *falso*

Figura 7.15 Algoritmo de encadeamento para a frente para lógica proposicional. A *fila* controla os símbolos reconhecidos como verdadeiros, mas ainda "não processados". A tabela *contagem* controla a quantidade de premissas de cada implicação que ainda são desconhecidas. Sempre que um novo símbolo *p* da agenda for processado, a contagem será reduzida em uma unidade para cada implicação em cuja premissa *p* aparece (facilmente identificadas em tempo constante com indexação apropriada). Se a contagem chegar a zero, isso significa que todas as premissas da implicação são conhecidas e, assim, sua conclusão pode ser acrescentada à agenda. Finalmente, precisamos controlar quais símbolos foram processados; um símbolo que já está no conjunto de símbolos deduzidos não precisa ser adicionado à agenda novamente. Isso evita trabalho redundante e também previne repetições infinitas que poderiam ser causadas por implicações como $P \Rightarrow Q$ e $Q \Rightarrow P$.

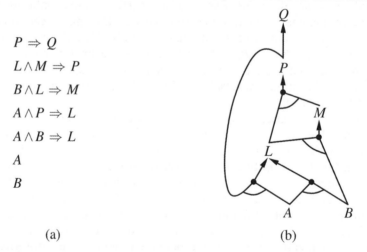

Figura 7.16 (a) Conjunto de cláusulas de Horn. (b) Grafo E-OU correspondente.

de sentenças atômicas deduzidas no ponto fixo define um modelo da *BC* original. Mais ainda, qualquer sentença atômica *q*, consequência lógica da *BC*, deve ser verdadeira em todos os seus modelos e nesse modelo em particular. Logo, cada sentença atômica *q* implicada deverá ser deduzida pelo algoritmo.

O encadeamento para a frente é um exemplo do conceito geral de raciocínio **orientado a dados** – isto é, o raciocínio em que o foco da atenção começa com os dados conhecidos. Ele pode ser usado em um agente para derivar conclusões a partir de percepções de entrada, geralmente sem visar a uma consulta específica. Por exemplo, o agente de wumpus poderia informar (com TELL) suas percepções à base de conhecimento, utilizando um algoritmo incremental de encadeamento para a frente em que novos fatos pudessem ser adicionados à agenda para iniciar novas inferências. Em seres humanos, certa quantidade de raciocínio orientado a dados ocorre à medida que chegam novas informações. Por exemplo, se estou em um ambiente fechado e ouço a chuva começando a cair, pode me ocorrer que o piquenique será cancelado. Ainda assim, provavelmente não me ocorrerá que a décima sétima pétala da maior rosa no jardim do meu vizinho ficará molhada; os seres humanos mantêm o encadeamento para a frente sob cuidadoso controle, temendo ficar sobrecarregados com o acúmulo de consequências irrelevantes.

O algoritmo de encadeamento para trás, como seu nome sugere, funciona no sentido inverso a partir da consulta. Se a consulta q é reconhecida como verdadeira, não é necessário nenhum trabalho. Caso contrário, o algoritmo encontra as implicações na base de conhecimento cuja conclusão é q. Se for possível demonstrar que todas as premissas de uma dessas implicações são verdadeiras (por encadeamento para trás), então q é verdadeira. Quando aplicado à consulta Q da Figura 7.16, ele percorre o grafo no sentido inverso até alcançar um conjunto de fatos conhecidos, A e B, que forme a base para uma prova. O algoritmo é basicamente idêntico ao algoritmo de BUSCA-EM-GRAFOS-E-OU da Figura 4.11. Como ocorre no caso do encadeamento para a frente, uma implementação eficiente funciona em tempo linear.

O encadeamento para trás é uma forma de **raciocínio orientado a objetivo**. Ele é útil para responder a perguntas específicas como: "O que devo fazer agora?" e "Onde estão minhas chaves?". Com frequência, o custo do encadeamento para trás é *muito menor* que um custo linear em relação ao tamanho da base de conhecimento porque o processo só toca em fatos relevantes.

Raciocínio orientado a objetivo

7.6 Verificação eficiente de modelos proposicionais

Nesta seção, descrevemos duas famílias de algoritmos eficientes para inferência proposicional geral, baseados na verificação de modelos: uma abordagem baseada na busca com retrocesso (*backtracking*) e outra na busca de subida de encosta local. Esses algoritmos fazem parte da "tecnologia" da lógica proposicional. Você poderá preferir folhear rapidamente esta seção no caso de uma primeira leitura do capítulo.

Os algoritmos que descrevemos se destinam à verificação da satisfatibilidade: o problema SAT. (Como observado na seção 7.5, o teste da consequência lógica $\alpha \models \beta$ pode ser realizado testando a *não* satisfatibilidade de $\alpha \wedge \neg\beta$.) Já notamos, na seção 7.5.1, a conexão entre a localização de um modelo que satisfaz uma sentença lógica e a descoberta de uma solução para um problema de satisfação de restrições; assim, talvez não seja surpresa o fato de as duas famílias de algoritmos se assemelharem bastante aos algoritmos de retrocesso da seção 6.3 e aos algoritmos de busca local da seção 6.4. Porém, eles são extremamente importantes por si sós, porque muitos problemas combinatórios em ciência da computação podem ser reduzidos à verificação da satisfatibilidade de uma sentença proposicional. Qualquer melhoria em algoritmos de satisfatibilidade tem enormes consequências para nossa habilidade de tratar a complexidade em geral.

7.6.1 Algoritmo completo com retrocesso

O primeiro algoritmo que vamos examinar é frequentemente chamado de **algoritmo de Davis-Putnam**, devido ao artigo pioneiro de Martin Davis e Hilary Putnam (1960). De fato, o algoritmo é a versão descrita por Davis, Logemann e Loveland (1962); por essa razão, vamos chamá-lo de DPLL, um acrônimo formado pelas iniciais dos quatro autores. O DPLL recebe como entrada uma sentença em forma normal conjuntiva – um conjunto de cláusulas. Como BUSCA-COM-RETROCESSO E CONSEQUÊNCIA-LÓGICA-TV?, ele é em essência uma enumeração recursiva em profundidade de modelos possíveis. Ele incorpora três melhorias em relação ao esquema simples de CONSEQUÊNCIA-LÓGICA-TV?:

Algoritmo de Davis-Putnam

- *Término precoce*: o algoritmo detecta se a sentença tem de ser verdadeira ou falsa, mesmo no caso de um modelo parcialmente concluído. Uma cláusula é verdadeira se *qualquer* literal é verdadeiro, mesmo que os outros literais ainda não tenham valores-verdade; logo, a sentença como um todo pode ser considerada verdadeira, mesmo antes de o modelo estar completo.

212 Inteligência Artificial

Por exemplo, a sentença $(A \lor B) \land (A \lor C)$ é verdadeira se A é verdadeiro, independentemente dos valores de B e C. De modo semelhante, uma sentença é falsa se *qualquer* cláusula é falsa, o que ocorre quando cada um de seus literais é falso. Mais uma vez, isso pode ocorrer bem antes de o modelo estar completo. O término precoce evita o exame de subárvores inteiras no espaço de busca.

Símbolo puro

- *Heurística de símbolo puro*: um **símbolo puro** é um símbolo que sempre aparece com o mesmo "sinal" em todas as cláusulas. Por exemplo, nas três cláusulas $(A \lor \neg B)$, $(\neg B \lor \neg C)$ e $(C \lor A)$, o símbolo A é puro porque só o literal positivo aparece, B é puro porque só o literal negativo aparece e C é impuro. É fácil ver que, se uma sentença tem um modelo, ela tem um modelo com os símbolos puros atribuídos de forma a tornar seus literais *verdadeiros*, porque isso nunca poderá tornar uma cláusula falsa. Observe que, na determinação da pureza de um símbolo, o algoritmo pode ignorar cláusulas que já são reconhecidas como verdadeiras no modelo construído até o momento. Por exemplo, se o modelo contém $B = falso$, a cláusula $(\neg B \lor \neg C)$ já é verdadeira, e nas cláusulas C restantes aparece apenas um literal positivo; por essa razão, C torna-se puro.

- *Heurística de cláusula unitária*: uma **cláusula unitária** foi definida anteriormente como uma cláusula com apenas um literal. No contexto de DPLL, essa expressão também significa cláusulas em que todos os literais, com exceção de um, já têm o valor *falso* atribuído pelo modelo. Por exemplo, se o modelo contém $B = verdadeiro$, então $(\neg B \lor \neg C)$ é simplificada para $\neg C$, que é uma cláusula unitária. É óbvio que, para que essa cláusula seja verdadeira, C deve ser definido como *falso*. A heurística de cláusula unitária atribui todos esses símbolos antes de efetuar a ramificação sobre o restante. Uma consequência importante da heurística é que qualquer tentativa de provar (por refutação) um literal que já está na base de conhecimento terá sucesso imediato. Note também que a atribuição de uma cláusula unitária pode criar outra cláusula unitária – por exemplo, quando C é definido como *falso*, $(C \lor A)$ se torna uma cláusula unitária, fazendo com que o valor *verdadeiro* seja atribuído a A. Essa "cascata" de atribuições forçadas é chamada de **propagação unitária**. Ela lembra o processo de encadeamento para a frente com cláusulas definidas e, na realidade, se a expressão em FNC contém apenas cláusulas definidas, DPLL basicamente reproduz o encadeamento para a frente.

Propagação unitária

O algoritmo DPLL é mostrado na Figura 7.17, que oferece o esqueleto essencial do processo de busca sem os detalhes da implementação.

O que a Figura 7.17 não mostra são os truques que tornam os resolvedores SAT escaláveis para problemas maiores. É interessante que a maioria desses truques na verdade são bastante gerais, e já os vimos em outras formas:

1. **Análise de componentes** (como visto na Tasmânia em PSRs): como o DPLL atribui valores-verdade para variáveis, o conjunto de cláusulas pode ficar separado em subconjuntos disjuntos, chamados de **componentes**, que não compartilham as variáveis não atribuídas. Havendo uma maneira eficiente para detectar quando isso ocorre, um solucionador pode ganhar velocidade considerável, trabalhando em cada componente separadamente.

2. **Variável e ordenação de valor** (como visto na seção 6.3.1 para PSRs): a nossa implementação simples de DPLL utiliza uma ordenação de variáveis arbitrárias e sempre tenta o valor *verdadeiro* antes do *falso*. A **heurística de grau** (ver seção 6.3.1) sugere escolher a variável que aparece com mais frequência sobre todas as demais cláusulas.

3. **Retrocesso inteligente** (como visto na seção 6.3.3 para PSRs): muitos problemas que não podem ser resolvidos em horas de tempo de execução com retrocesso cronológico podem ser resolvidos em segundos com retrocesso inteligente que retrocede todo o caminho até o ponto relevante de conflito. Todos os resolvedores SAT que realizam retrocesso inteligente usam alguma forma de **aprendizagem de cláusula de conflito** para registrar os conflitos, de modo que não se repitam mais tarde na busca. Geralmente um conjunto de tamanho limitado de conflitos é mantido, e raramente os utilizados são descartados.

4. **Reinícios aleatórios** (como vistos na seção 4.1.1, para subida de encosta): às vezes parece que uma execução não apresenta progresso. Nesse caso, podemos começar de novo a partir do topo da árvore de busca, em vez de tentar continuar. Depois do reinício são feitas escolhas aleatórias diferentes (na variável e na seleção do valor). As cláusulas

função SATISFATÍVEL-DPLL?(*s*) **devolve** *verdadeiro* ou *falso*
entradas: *s*, uma sentença em lógica proposicional

cláusulas ← o conjunto de cláusulas na representação em FNC de *s*
símbolos ← uma lista dos símbolos proposicionais em *s*
devolva DPLL(*cláusulas*, *símbolos*, { })

função DPLL(*cláusulas*, *símbolos*, *modelo*) **devolve** *verdadeiro* ou *falso*

se toda cláusula em *cláusulas* é verdadeira em *modelo* **então devolva** *verdadeiro*
se alguma cláusula em *cláusulas* é falsa em *modelo* **então devolva** *falso*
P, *valor* ← ENCONTRAR-SÍMBOLO-PURO(*símbolos*, *cláusulas*, *modelo*)
se *P* é não nulo **então devolva** DPLL(*cláusulas*, *símbolos* – *P*, *modelo* ∪ {*P*=*valor*})
P, *valor* ← ENCONTRAR-CLÁUSULA-UNITÁRIA(*cláusulas*, *modelo*)
se *P* é não nulo **então devolva** DPLL(*cláusulas*, *símbolos* – *P*, *modelo* ∪ {*P*=*valor*})
P ← PRIMEIRO(*símbolos*); *restantes* ← RESTO(*símbolos*)
devolva DPLL(*cláusulas*, *restantes*, *modelo* ∪ {*P*=*verdadeiro*}) **ou**
        DPLL(*cláusulas*, *restantes*, *modelo* ∪ {*P*=*falso*}))

Figura 7.17 Algoritmo DPLL para verificar a satisfatibilidade de uma sentença em lógica proposicional. As ideias contidas em ENCONTRAR-SÍMBOLO-PURO e ENCONTRAR-CLÁUSULA-UNITÁRIA são descritas no texto; cada um deles retorna um símbolo (ou nulo) e o valor-verdade que deve ser atribuído a esse símbolo. Como Consequência-Lógica-TV?, DPLL opera sobre modelos parciais.

que são aprendidas no decorrer da primeira execução são mantidas após o reinício e podem ajudar a podar o espaço de busca. O reinício não garante que uma solução será encontrada mais rápido, mas reduz a variância no tempo para a solução.

5. **Indexação inteligente** (como visto em muitos algoritmos): os métodos de aceleração usados no próprio DPLL, bem como os truques utilizados pelos solucionadores modernos, exigem a rápida indexação de coisas como "o conjunto de cláusulas em que a variável X_i aparece como um literal positivo". Essa tarefa é complicada pelo fato de que os algoritmos estão interessados apenas nas cláusulas que ainda não foram satisfeitas por atribuições anteriores a variáveis; então as estruturas de indexação devem ser atualizadas dinamicamente à medida que a computação prossegue.

Com esses avanços, os solucionadores modernos podem lidar com problemas de dezenas de milhões de variáveis. Eles têm revolucionado áreas como a de verificação de *hardware* e de protocolo de segurança, que antes exigiam provas trabalhosas, feitas à mão.

7.6.2 Algoritmos de busca local

Até agora vimos vários algoritmos de busca local neste livro, incluindo SUBIDA-DE-ENCOSTA (seção 4.1.1) e TÊMPERA-SIMULADA (seção 4.1.2). Esses algoritmos podem ser aplicados diretamente a problemas de satisfatibilidade, desde que seja escolhida a função de avaliação correta. Como o objetivo é encontrar uma atribuição que satisfaça a toda cláusula, uma função de avaliação que efetue a contagem do número de cláusulas não satisfeitas fará o trabalho. De fato, essa é exatamente a medida usada pelo algoritmo CONFLITOS-MÍNIMOS para PSRs (ver Figura 6.9). Todos esses algoritmos executam etapas no espaço de atribuições completas, invertendo o valor-verdade de um símbolo de cada vez. Normalmente, o espaço contém muitos mínimos locais e são exigidas várias formas de aleatoriedade para escapar desses mínimos locais. Nos últimos anos, houve um grande volume de experimentos com a finalidade de descobrir um bom equilíbrio entre o caráter guloso e a aleatoriedade.

Um dos mais simples e mais eficientes algoritmos a emergir de todo esse trabalho é chamado de WALKSAT (Figura 7.18). A cada iteração, o algoritmo seleciona uma cláusula não satisfeita e um símbolo a ser invertido na cláusula. Ele escolhe ao acaso entre dois modos de selecionar o símbolo a ser invertido: (1) uma etapa de "conflitos mínimos", que minimiza o número de cláusulas não satisfeitas no novo estado, e (2) uma etapa de "percurso aleatório", que seleciona o símbolo aleatoriamente.

214 Inteligência Artificial

---

função WALKSAT(*cláusulas*, *p*, *inversões_max*) **devolve** um modelo satisfatório ou *falha*
  entradas: *cláusulas*, um conjunto de cláusulas em lógica proposicional
        p, a probabilidade de optar por realizar um movimento de "percurso aleatório",
        normalmente em torno de 0,5
        inversões_max, número de inversões permitidas antes de desistir
   modelo ← uma atribuição aleatória de *verdadeiro*/*falso* aos símbolos em *cláusulas*
  para cada *i* = 1 **até** *inversões_max* **faça**
    se *modelo* satisfaz *cláusulas* **então devolva** *modelo*
    cláusula ← uma cláusula selecionada ao acaso de *cláusulas* que é falsa em *modelo*
    se ALEATÓRIO(0, 1) ≤ *p* **então**
       inverter o valor de *modelo* de um símbolo selecionado ao acaso de *cláusula*
    senão inverter qualquer símbolo em *cláusula* que maximize o número de cláusulas satisfeitas
  devolva *falha*

Figura 7.18 Algoritmo WALKSAT para verificar a satisfatibilidade pela inversão aleatória dos valores de variáveis. Existem muitas versões do algoritmo.

Quando o WALKSAT devolve um modelo, a sentença de entrada é realmente satisfatível; porém, quando devolve *falha* existem duas causas possíveis: ou a sentença é insatisfatível ou precisamos dar mais tempo ao algoritmo. Se inicializarmos *inversões_max* = ∞ e *p* > 0, o WALKSAT vai retornar eventualmente um modelo (se existir) porque as etapas de percurso aleatório acabarão por atingir a solução. Infelizmente, se *inversões_max* for infinito e se a sentença for insatisfatível, o algoritmo nunca terminará!

Por essa razão, o WALKSAT é mais útil quando esperamos que exista uma solução – por exemplo, os problemas discutidos nos Capítulos 3 e 6 em geral apresentam soluções. Por outro lado, o WALKSAT nem sempre pode detectar a *não satisfatibilidade*, necessária para definir a consequência lógica. Por exemplo, um agente não pode *confiavelmente* utilizar o WALKSAT para provar que um quadrado é seguro no mundo de wumpus. Em vez disso, ele pode dizer: "pensei durante 1 hora e não consegui descobrir um mundo possível em que o quadrado *não fosse* seguro". Esse pode ser um bom indicador empírico de que o quadrado é seguro, mas certamente não é uma prova.

7.6.3 Cenário dos problemas SAT aleatórios

Alguns problemas SAT são mais difíceis que outros. Problemas *fáceis* podem ser resolvidos por qualquer outro algoritmo antigo, mas, por sabermos que SAT é NP-completo, pelo menos algumas instâncias de problema exigem tempo de execução exponencial. No Capítulo 6, vimos algumas descobertas surpreendentes sobre alguns tipos de problemas. Por exemplo, o problema de *n*-rainhas, que se pensava ser bastante complicado para os algoritmos de busca por retrocesso, acabou por ser trivialmente simples para os métodos de busca local, como de conflitos mínimos. Isso, graças às soluções estarem muito densamente distribuídas no espaço das atribuições e à garantia de que qualquer atribuição inicial teria uma solução nas proximidades. Assim, *n*-rainhas é fácil por ser **sub-restrito**.

Sub-restrito

Quando encaramos problemas de satisfatibilidade na forma normal conjuntiva, um problema sub-restrito é aquele que tem relativamente *poucas* cláusulas restringindo as variáveis. Por exemplo, observe esta sentença 3-FNC gerada aleatoriamente com cinco símbolos e cinco cláusulas:

$$(\neg D \lor \neg B \lor C) \land (B \lor \neg A \lor \neg C) \land (\neg C \lor \neg B \lor E)$$
$$\land (E \lor \neg D \lor B) \land (B \lor E \lor \neg C).$$

Das 32 atribuições possíveis, 16 são modelos dessa sentença; assim, em média, seria preciso haver apenas duas conjecturas aleatórias para encontrar um modelo. Esse é um problema de fácil satisfatibilidade, como a maioria dos problemas sub-restritos. Por outro lado, um problema *super-restrito* tem muitas cláusulas relativas ao número de variáveis e é provável que não tenha soluções. Problemas super-restritos normalmente são resolvidos com facilidade, pois as restrições levam rapidamente a uma solução ou a um beco sem saída, do qual não há escape.

Para ir além dessas intuições básicas, é preciso definir exatamente como as sentenças aleatórias são geradas. A notação $FNC_k\,(m, n)$ indica uma sentença k-FNC com m cláusulas e n símbolos, em que as cláusulas são escolhidas de maneira uniforme, independentemente, e sem substituição entre todas as cláusulas com k literais diferentes, que são positivos ou negativos aleatoriamente. (Um símbolo não pode aparecer duas vezes em uma cláusula, nem uma cláusula pode aparecer duas vezes em uma sentença.)

Dada uma fonte de sentenças aleatórias, podemos medir a probabilidade de satisfatibilidade. A Figura 7.19(a) apresenta a probabilidade de $FNC_3(m, 50)$, isto é, sentenças com 50 variáveis e três literais por cláusula, como uma função da razão de cláusula/símbolo, m/n. Como esperado, com m/n baixo, a probabilidade de satisfatibilidade é próxima de 1, e, para m/n alto, a probabilidade fica próxima de 0. A probabilidade cai acentuadamente em torno de $m/n = 4,3$. Podemos verificar empiricamente que o "precipício" fica aproximadamente no mesmo lugar (para $k = 3$) e torna-se cada vez mais acentuado à medida que n aumenta.

Teoricamente, a **conjectura do limiar de satisfatibilidade** afirma que para cada $k \geq 3$ há uma razão limite de r_k; assim, quando n tende a infinito, a probabilidade de $FNC_k(rn, n)$ ser satisfatível torna-se 1 para todos os valores de r abaixo do limite e 0 para todos os valores acima. A conjectura ainda não foi provada, nem mesmo para casos especiais como $k = 3$. Seja um teorema, ou não, esse tipo de efeito de limiar certamente é comum, tanto para problemas de satisfatibilidade quanto para outros tipos de problemas NP-difíceis.

> Conjectura do limiar de satisfatibilidade

Agora que temos uma boa ideia de onde estão os problemas satisfatíveis e insatisfatíveis, a pergunta é a seguinte: onde estão os problemas difíceis? Acontece que eles também estão muitas vezes no valor limite. A Figura 7.19(b) mostra que problemas de 50 símbolos no valor limiar de 4,3 são cerca de 20 vezes mais difíceis de resolver do que aqueles com uma razão de 3,3. Os problemas sub-restritos são os mais fáceis de resolver (por ser muito fácil adivinhar uma solução); os problemas super-restritos não são tão fáceis como os sub-restritos, mas ainda são muito mais fáceis do que os que estão no limiar.

7.7 Agentes baseados em lógica proposicional

Nesta seção, vamos reunir o que aprendemos até agora, a fim de construir agentes do mundo de wumpus que utilizam lógica proposicional. O primeiro passo é permitir que o agente deduza, na medida do possível, o estado do mundo, dada a sua história de percepção. Isso requer escrever um modelo lógico completo dos efeitos das ações. Então mostramos como a inferência lógica pode ser usada por um agente no mundo de wumpus. Podemos mostrar também como o agente pode acompanhar o mundo de forma eficiente sem voltar na história da percepção para cada inferência. Finalmente, mostraremos como o agente pode utilizar a inferência lógica para a construção de planos garantidos de atingir seus objetivos, desde que sua base de conhecimento seja verdadeira no mundo real.

7.7.1 Estado atual do mundo

Como dito no início do capítulo, um agente lógico opera deduzindo o que fazer a partir de uma base de conhecimento de sentenças sobre o mundo. A base de conhecimento é composta de axiomas – conhecimento geral sobre como o mundo funciona – e sentenças de percepção obtidas da experiência do agente em um mundo particular. Nesta seção, vamos nos concentrar no problema de deduzir o estado atual do mundo de wumpus – onde estou, esse quadrado é seguro, e assim por diante.

Na seção 7.4.3 começamos a coletar axiomas. O agente sabe que o quadrado inicial não contém poço ($\neg P_{1,1}$) e nenhum wumpus ($\neg W_{1,1}$). Além disso, para cada quadrado, ele sabe que o quadrado estará com brisa se e somente se um quadrado vizinho tiver poço; e um quadrado terá um fedor se e somente se um quadrado vizinho tiver um wumpus. Assim, incluiremos uma grande coleção de sentenças da seguinte forma:

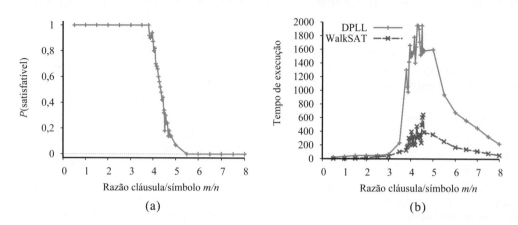

Figura 7.19 (a) Gráfico mostrando a probabilidade de uma sentença 3-FNC aleatória com $n = 50$ símbolos ser satisfatível, em função da razão cláusula/símbolo m/n. (b) Gráfico do tempo mediano de execução (medido em número de iterações) para DPLL e WALKSAT de sentenças 3-FNC aleatórias. Os problemas mais difíceis têm uma razão cláusula/símbolo de cerca de 4,3.

$$B_{1,1} \Leftrightarrow (P_{1,2} \vee P_{2,1})$$
$$F_{1,1} \Leftrightarrow (W_{1,2} \vee W_{2,1})$$
...

O agente também sabe que existe exatamente um wumpus. Isso está expresso em duas partes. Primeiro, precisamos informar que há *pelo menos um* wumpus:

$$W_{1,1} \vee W_{1,2} \vee \cdots \vee W_{4,3} \vee W_{4,4}.$$

Então, informamos que há *no máximo um* wumpus. Para cada par de locais, adicionamos uma sentença informando que pelo menos uma delas deve estar livre do wumpus:

$$\neg W_{1,1} \vee \neg W_{1,2}$$
$$\neg W_{1,1} \vee \neg W_{1,3}$$
...
$$\neg W_{4,3} \vee \neg W_{4,4}.$$

Até aí, tudo bem. Agora vamos considerar as percepções do agente. Estamos usando $F_{1,1}$ para indicar que existe fedor em [1,1]; podemos usar uma única proposição, *Fedor*, para indicar que o agente percebe um fedor? Infelizmente, não podemos: se não havia fedor na etapa de tempo anterior, então ¬*Fedor* já teria sido reconhecido, e a nova afirmação resultaria simplesmente em uma contradição. O problema será resolvido quando percebermos que uma percepção afirma algo *somente sobre o tempo atual*. Assim, se a etapa do tempo (como fornecido em CRIAR-SENTENÇA-DE-PERCEPÇÃO na Figura 7.1) é 4, então somamos o *Fedor*[4] à base de conhecimento, em vez do *Fedor* – evitando nitidamente qualquer contradição com ¬*Fedor*[3]. O mesmo vale para as percepções de brisa, impacto, brilho e grito.

A ideia de associar proposições com etapas de tempo se estende a qualquer aspecto do mundo que muda ao longo do tempo. Por exemplo, a base de conhecimento inicial inclui $L^0_{1,1}$ – o agente está no quadrado [1,1] no tempo 0 –, bem como *OlhandoParaLeste*[0], *TemSeta*[0] e *WumpusVivo*[0]. Utilizamos a palavra **fluente** (do latim *fluens*, fluindo) para nos referir a um aspecto do mundo que muda. "Fluente" é sinônimo de "variável de estado", no sentido descrito na discussão das representações fatoradas na seção 2.4.7. Os símbolos associados aos aspectos permanentes do mundo não necessitam de um sobrescrito de tempo e às vezes são chamados de **variáveis atemporais**.

Podemos conectar as percepções de fedor e de brisa diretamente às propriedades dos quadrados onde são experimentados, como a seguir.[11] Para qualquer etapa de tempo t e qualquer quadrado $[x, y]$, afirmamos

$$L_{x,y}^t \Rightarrow \left(Brisa^t \Leftrightarrow B_{x,y} \right)$$
$$L_{x,y}^t \Rightarrow \left(Fedor^t \Leftrightarrow S_{x,y} \right).$$

Agora, é claro, precisamos de axiomas que permitam que o agente mantenha o controle de fluentes como $L_{x,y}^t$. Esses fluentes se alteram como resultado de ações tomadas pelo agente; então, na terminologia do Capítulo 3, é preciso escrever o **modelo de transição** do mundo de wumpus como um conjunto de sentenças lógicas.

Primeiro, precisamos de símbolos proposicionais para as ocorrências de ações. Da mesma forma como acontece com as percepções, esses símbolos são indexados pelo tempo; portanto, $ParaFrente^0$ significa que o agente executa a ação $ParaFrente$ no instante 0. Por convenção, a percepção para determinado instante acontece primeiro, seguida pela ação para aquele instante, seguida de uma transição para o próximo instante.

Para descrever como o mundo muda, podemos tentar escrever **axiomas de efeito** que especificam o resultado de uma ação no instante seguinte. Por exemplo, se o agente estiver em um local $[1,1]$ voltado para o leste no instante 0 e se mover $ParaFrente$, o resultado é que o agente estará no quadrado $[2,1]$ e não mais em $[1,1]$:

> *Axioma de efeito*

$$L^0_{1,1} \wedge OlhandoParaLeste^0 \wedge ParaFrente^0 \Rightarrow (L^1_{2,1} \wedge \neg L^1_{1,1}). \tag{7.1}$$

Precisaríamos de uma sentença dessa para cada instante possível, para cada um dos 16 quadrados e cada uma das quatro orientações. Precisaríamos também de sentenças semelhantes para outras ações: *Agarrar, Atirar, Escalar, VirarEsquerda* e *VirarDireita*.

Vamos supor que o agente decida se mover (*ParaFrente*) no tempo 0 e declare esse fato em sua base de conhecimento. Dado o axioma de efeito na Equação 7.1, combinado com as afirmações iniciais sobre o estado no tempo 0, o agente já pode deduzir que está em $[2,1]$. Ou seja, $\mathrm{ASK}(BC, L^1_{2,1}) = verdadeiro$. Até agora, tudo bem. Infelizmente, se perguntarmos $\mathrm{ASK}(BC, TemSeta^1)$, a resposta será *falso*, isto é, o agente não pode provar que ainda tem a seta ou que *não* a tem! A informação foi perdida devido ao axioma de efeito falhar em declarar o que permaneceu *inalterado* como resultado de uma ação. A necessidade de fazer isso dá origem ao **problema de persistência**.[12] Uma possível solução para o problema de persistência seria adicionar **axiomas de persistência** afirmando explicitamente todas as proposições que permanecem as mesmas. Por exemplo, para cada tempo t, teríamos

> *Problema de persistência*
> *Axioma de persistência*

$$Parafrente^t \Rightarrow (TemFlecha^t \Leftrightarrow TemFlecha^{t+1})$$
$$Parafrente^t \Rightarrow (WumpusVivo^t \Leftrightarrow WumpusVivo^{t+1})$$
$$...$$

em que mencionamos explicitamente cada proposição que permanece inalterada do tempo t para o tempo $t + 1$, sob a ação *ParaFrente*. Embora o agente agora saiba que ainda tem a flecha depois de mover para a frente e que o wumpus não morreu ou voltou à vida, a proliferação de axiomas de persistência parece notavelmente ineficiente. Em um mundo com m ações diferentes e n fluentes, o conjunto de axiomas de persistência será do tamanho $O(mn)$. Essa manifestação específica do problema de persistência algumas vezes é chamada de **problema de persistência representacional**. Historicamente, o problema desempenhou um papel significativo para a IA, e ainda será explorado nas notas no fim do capítulo.

> *Problema de persistência representacional*

O problema de persistência representacional é importante porque o mundo real tem muitos fluentes, para dizer o mínimo. Felizmente para nós, seres humanos, tipicamente cada ação não muda mais do que um pequeno número k desses fluentes – o mundo apresenta **localidade**. A solução do problema de persistência representacional exige a definição do modelo de transição, com um conjunto de axiomas de tamanho $O(mk)$ em vez do tamanho $O(mn)$.

> *Localidade*

---

[11] A seção 7.4.3 encobriu convenientemente esse requisito.

[12] Em inglês, o termo é "frame problem", que vem de "frame of reference" (referencial) em física – o plano supostamente estacionário em relação ao movimento que está sendo medido. Ele também faz analogia a quadros ("frames") de um filme, em que normalmente a maior parte do segundo plano permanece constante, enquanto as mudanças ocorrem em primeiro plano.

Problema de persistência inferencial

Axioma de estado sucessor

Há também um **problema de persistência inferencial**: o problema de projetar para a frente os resultados de um plano de ação de t etapas em tempo $O(kt)$, em vez de $O(nt)$.

A solução para o problema envolve uma mudança de foco de escrever axiomas sobre as *ações* para escrever axiomas sobre *fluentes*. Assim, para cada fluente F, teremos um axioma que define o valor-verdade de F^{t+1} em termos de fluentes (incluindo o próprio F) no instante t e as ações que possam ter ocorrido no instante t. Agora, o valor-verdade de F^{t+1} pode ser definido em uma das duas formas: ou a ação no instante t faz com que F seja verdade em $t + 1$, ou F já era verdade no instante t e a ação no instante t não faz com que seja falsa. Um axioma dessa forma é chamado de **axioma de estado sucessor** e tem este formato:

$$F^{t+1} \Leftrightarrow A\varsigma\tilde{a}oCausaF^t \vee (F^t \wedge \neg A\varsigma\tilde{a}oCausaN\tilde{a}oF^t).$$

Um dos axiomas mais simples de estado sucessor é o *TemFlecha*. Por não haver nenhuma ação para recarregar, a parte $A\varsigma\tilde{a}oCausaF^t$ vai embora e ficamos com

$$TemFlecha^{t+1} \Leftrightarrow (TemFlecha^t \wedge \neg Atira^t). \tag{7.2}$$

Para a localização do agente, os axiomas de estado sucessor são mais elaborados. Por exemplo, $L_{1,1}^{t+1}$ é verdade se (a) o agente se moveu *ParaFrente* a partir de [1,2], quando voltado para o sul, ou de [2,1], quando voltado para o oeste; ou (b) $L_{1,1}^t$ já era verdadeiro e a ação não causou movimento (ou porque a ação não era *ParaFrente* ou porque esbarrou em um muro). Escrito em lógica proposicional, torna-se

$$\begin{aligned}
L_{1,1}^{t+1} \quad \Leftrightarrow \quad & (L_{1,1}^t \wedge (\neg ParaFrente^t \vee Impacto^{t+1})) \\
\vee \quad & (L_{1,2}^t \wedge (Sul^t \wedge ParaFrente^t)) \\
\vee \quad & (L_{2,1}^t \wedge (Oeste^t \wedge ParaFrente^t)).
\end{aligned} \tag{7.3}$$

Dado um conjunto completo de axiomas de estado sucessor e os outros axiomas listados no início desta seção, o agente será capaz de perguntar (ASK) e responder qualquer pergunta que tenha uma resposta sobre o estado atual do mundo. Por exemplo, na seção 7.2 a sequência inicial de percepções e ações é

$$\begin{aligned}
&\neg Fedor^0 \wedge \neg Brisa^0 \wedge \neg Brilho^0 \wedge \neg Impacto^0 \wedge \neg Grito^0 \; ; \; ParaFrente^0 \\
&\neg Fedor^1 \wedge Brisa^1 \wedge \neg Brilho^1 \wedge \neg Impacto^1 \wedge \neg Grito^1 \; ; \; VirarDireita^1 \\
&\neg Fedor^2 \wedge Brisa^2 \wedge \neg Brilho^2 \wedge \neg Impacto^2 \wedge \neg Grito^2 \; ; \; VirarDireita^2 \\
&\neg Fedor^3 \wedge Brisa^3 \wedge \neg Brilho^3 \wedge \neg Impacto^3 \wedge \neg Grito^3 \; ; \; ParaFrente^3 \\
&\neg Fedor^4 \wedge \neg Brisa^4 \wedge \neg Brilho^4 \wedge \neg Impacto^4 \wedge \neg Grito^4 \; ; \; VirarDireita^4 \\
&\neg Fedor^5 \wedge \neg Brisa^5 \wedge \neg Brilho^5 \wedge \neg Impacto^5 \wedge \neg Grito^5 \; ; \; ParaFrente^5 \\
&Fedor^6 \wedge \neg Brisa^6 \wedge \neg Brilho^6 \wedge \neg Impacto^6 \wedge \neg Grito^6
\end{aligned}$$

Nesse ponto, temos $\text{ASK}(BC, L_{1,2}^6) = verdadeiro$, de modo que o agente sabe onde está. Além disso, $\text{ASK}(BC, W_{1,3}) = verdadeiro$ e $\text{ASK}(BC, P_{3,1}) = verdadeiro$; assim, o agente encontrou o wumpus e um dos poços. A questão mais importante para o agente é se um quadrado está OK para entrar, ou seja, o quadrado não contém poço nem wumpus vivo. É conveniente acrescentar os axiomas para isso, tendo a forma de

$$OK_{x,y}^t \Leftrightarrow \neg P_{x,y} \wedge \neg (W_{x,y} \wedge WumpusVivo^t).$$

Finalmente, $\text{ASK}(BC, OK_{2,2}^6) = verdadeiro$, de modo que o quadrado [2,2] está OK para entrar. De fato, dado um algoritmo de inferência consistente e completo, como o DPLL, o agente pode responder a qualquer pergunta a respeito de quais quadrados estão OK – e pode fazê-lo em apenas alguns milissegundos para mundos de wumpus pequenos a médios.

Resolver os problemas representacionais e inferenciais de persistência é um grande passo à frente, mas resta um problema pernicioso: é preciso confirmar que *todas* as precondições necessárias de uma ação empregada sejam satisfeitas para que ela tenha o efeito pretendido. Dissemos que a ação *ParaFrente* move o agente para a frente, a menos que haja um muro no caminho, mas existem muitas outras exceções incomuns que podem causar a falha da ação: o agente pode tropeçar e cair, ser acometido de um ataque cardíaco, ser carregado por morcegos gigantes etc. **O problema de qualificação** é a especificação de todas essas exceções. Não há solução completa dentro da lógica; os projetistas de sistema têm que usar o bom senso para decidir o quanto de detalhe desejam na especificação de seu modelo e quais detalhes eles querem deixar de fora. Veremos no Capítulo 12 que a teoria da probabilidade nos permite resumir todas as exceções sem nomeá-las explicitamente.

Problema de qualificação

7.7.2 Agente híbrido

A capacidade de deduzir vários aspectos do estado do mundo pode ser combinada de forma bastante simples com regras de condição-ação (ver seção 2.4.2) e com os algoritmos de resolução de problemas dos Capítulos 3 e 4 para produzir um **agente híbrido** para o mundo wumpus. A Figura 7.20 mostra uma forma possível de fazer isso. O programa do agente mantém e atualiza uma base de conhecimento, bem como um plano atual. A base de conhecimento inicial contém os axiomas *atemporais* – os que não dependem de *t*, como o axioma relacionando à falta de brisa dos quadrados com a presença de poços. Em cada instante, a nova sentença percebida é adicionada juntamente com todos os axiomas que dependem de *t*, como os axiomas de estado sucessor. (A próxima seção explica por que o agente não precisa de axiomas para instantes *futuros*.) Então, o agente utiliza inferência lógica, perguntando (ASKing) sobre a base de conhecimento, para planejar quais quadrados são seguros e quais ainda têm que ser visitados.

Agente híbrido

O corpo principal do programa do agente constrói um plano baseado em uma prioridade decrescente de objetivos. Primeiro, se houver brilho, o programa constrói um plano para agarrar o ouro, seguir uma rota de volta ao local inicial, e escalar para fora da caverna. Caso contrário, se não houver nenhum plano atual, o programa planejará uma rota para o próximo quadrado seguro que ainda não visitou, certificando-se de que a rota passa apenas por quadrados seguros.

O planejamento de rotas é feito com uma busca A^*, não com ASK. Se não houver quadrados seguros para explorar, a próxima etapa – se o agente ainda tiver uma flecha – é tentar deixar um quadrado seguro atirando em um dos possíveis locais de wumpus. Isso será determinado perguntando onde $ASK(BC, \neg W_{x,y})$ é falso, ou seja, onde *não* se sabe que *não* existe um wumpus. A função PLANO-TIRO (não mostrada) utiliza PLANO-ROTA para planejar uma sequência de ações que vai alinhar esse tiro. Se falhar, o programa vai procurar um quadrado para explorar que não seja comprovadamente inseguro, isto é, um quadrado para o qual $ASK(BC, \neg OK^t_{x,y})$ retorne falso. Se não houver o quadrado, então a missão será impossível, e o agente retira-se para [1,1] e sai da caverna.

7.7.3 Estimativa de estado lógico

O programa do agente na Figura 7.20 funciona muito bem, mas tem uma grande fragilidade: com o passar do tempo, o custo computacional envolvido nas chamadas ASK aumenta cada vez mais. Isso acontece principalmente porque as inferências necessárias têm de voltar mais e mais no tempo e envolvem mais e mais símbolos proposicionais. Obviamente, isso é insustentável – não podemos ter um agente cujo tempo para processar cada percepção cresce em proporção ao comprimento da sua vida! O que realmente precisamos é de uma atualização de tempo *constante*, isto é, independente de *t*. A resposta óbvia é salvar ou colocar em *cache* os resultados de inferência, de modo que o processo de inferência no próximo instante possa ser construído sobre os resultados das etapas anteriores, em vez de ter de recomeçar novamente do zero.

Caching

Como vimos na seção 4.4, a história passada de percepções e todas as suas ramificações podem ser substituídas pelo **estado de crença** – isto é, alguma representação do conjunto de todos os estados atuais possíveis do mundo.[13] O processo de atualização do estado de crença, à medida que novas percepções chegam, é chamado de **estimativa de estado**. Enquanto na seção 4.4 o estado de crença era uma lista explícita de estados, aqui podemos utilizar uma sentença lógica envolvendo os símbolos proposicionais associados com a etapa de tempo atual, e os símbolos atemporais. Por exemplo, a sentença lógica

$$WumpusVivo^1 \wedge L^1_{2,1} \wedge B_{2,1} \wedge (P_{3,1} \vee P_{2,2}) \tag{7.4}$$

---

[13] Podemos pensar sobre a própria história de percepção como uma representação do estado de crença, mas que faz com que inferências se tornem cada vez mais caras, à medida que a história cresce.

220 **Inteligência Artificial**

---

função AGENTE-WUMPUS-HÍBRIDO(*percepção*) **devolve** uma *ação*
   entradas: *percepção*, uma lista, [*fedor,brisa,brilho,impacto,grito*]
   persistente: *BC*, uma base de conhecimento, inicialmente o "wumpus físico" atemporal
        t, um contador (inicialmente 0) indicando o tempo
        plano, uma sequência de ações, inicialmente vazia

   TELL(*BC*,CRIAR-SENTENÇA-DE-PERCEPÇÃO(*percepção*, *t*))
   TELL a *BC* as sentenças temporais "físicas" para o instante *t*
   seguro ←[[*x, y*] : ASK(*BC*, $OK^t_{x,y}$) = *verdadeiro*}
   se ASK(*BC*, *Brilho^t*) = *verdadeiro* **então**
      plano ←[*Agarrar*] + PLANO-ROTA(*atual*, {[1,1]}, *seguro*) + [*Escalar*]
   se *plano* é vazio **então**
      não visitado ←{[*x, y*] : ASK(*BC*, $L^{t'}_{x,y}$) = *falso* para todo *t'* ≤ *t*}
      plano ← PLANO-ROTA(*atual*, *não visitado* ∩ *seguro*, *seguro*)
   se *plano* é vazio e ASK(*BC*,*TemFlecha^t*) = *verdadeiro* **então**
      wumpus_possível ←{[*x, y*] : ASK(*BC*,¬$W_{x,y}$) = *falso*}
      plano ←PLANO-TIRO(*atual*, *wumpus_possível*, *seguro*)
   se *plano* é vazio **então**   // *única escolha é arriscar*
      não_arriscado ←{[*x, y*] : ASK(*BC*,¬$OK^t_{x,y}$) = *falso*}
      plano ← PLANO-ROTA(*atual*, *não visitado* ∩ *não_seguro*, *seguro*)
   se *plano* é vazio **então**
      plano ← PLANO-ROTA(*atual*, {[1, 1]}, *seguro*) + [*Escalar*]
      ação ← POP(*plano*)
   TELL(*BC*, CRIAR-SENTENÇA-AÇÃO(*ação*, *t*))
   t ← *t* + 1
   devolva *ação*

função PLANO-ROTA(*atual,objetivo,permitido*) **devolve** uma sequência de ações
   entradas: *atual*, posição atual do agente
        objetivos, um conjunto de quadrados; tenta planejar uma rota para um deles
        permitido, um conjunto de quadrados que podem formar parte da rota

   problema ← PROBLEMA-ROTA(*atual,objetivos,permitido*)
   devolva BUSCA(*problema*)   // *Qualquer algoritmo de busca do Capítulo 3*

Figura 7.20 Um programa de agente híbrido para o mundo de wumpus. Ele utiliza uma base de conhecimento proposicional para inferir o estado do mundo e uma combinação de busca de resolução de problemas e código de domínio específico para decidir que ações tomar. Toda vez que AGENTE-WUMPUS-HÍBRIDO é chamado, ele acrescenta a percepção à base de conhecimento, e então conta com um plano previamente definido ou cria um novo plano, retirando a primeira etapa do plano como a ação a fazer em seguida.

---

representa o conjunto de todos os estados no tempo 1 em que o wumpus está vivo, o agente está em [2,1], esse quadrado tem brisa e existe um poço em [3,1] ou [2,2], ou ambos.

A manutenção de um estado de crença exato como uma fórmula lógica acaba por não ser fácil. Se houver *n* símbolos fluentes para o tempo *t*, então há 2^n estados possíveis – ou seja, atribuições de valores-verdade para aqueles símbolos. Agora, o conjunto de estados de crença é o conjunto das partes (conjunto de todos os subconjuntos) do conjunto de estados físicos. Existem 2^n estados físicos; portanto, 2^{2n} estados de crença. Mesmo se usássemos a codificação mais compacta possível das fórmulas lógicas, com cada estado de crença representado por um único número binário, precisaríamos de números com $\log_2(2^{2n}) = 2^n$ *bits* para rotular o estado de crença atual. Ou seja, a estimativa de estado exata pode exigir fórmulas lógicas cujo tamanho é exponencial no número de símbolos.

Um esquema muito comum e natural para *aproximar* a estimativa de estado é representar estados de crença como conjunções de literais, ou seja, fórmulas 1-FNC. Para fazer isso, o programa agente simplesmente tenta provar X^t e $¬X^t$ para cada símbolo X^t (assim como cada símbolo atemporal cujo valor-verdade ainda não é conhecido), dado o estado de crença em *t* − 1. A conjunção de literais que podem ser provados torna-se o novo estado de crença, e o estado de crença anterior é descartado.

É importante entender que esse esquema pode perder alguma informação à medida que o tempo passa. Por exemplo, se a sentença na Equação 7.4 fosse o estado de crença verdadeiro, nem $P_{3,1}$ nem $P_{2,2}$ poderiam ser individualmente provados nem apareceriam no estado de crença 1-FNC. Por outro lado, devido a cada literal do estado de crença 1-FNC ser demonstrado a partir do estado de crença anterior, e o estado de crença inicial ser uma afirmação verdadeira, sabemos que o estado de crença inteiro 1-FNC deve ser verdadeiro. Assim, *o conjunto de estados possíveis representado pelo estado de crença 1-FNC inclui todos os estados que são de fato possíveis, dada a história completa da percepção.* Como ilustrado na Figura 7.21, o estado de crença 1-FNC age como um simples envelope exterior, ou **aproximação conservadora**, em torno do estado de crença exato. Vemos essa ideia de aproximações conservadoras para conjuntos complicados como um tema recorrente em muitas áreas da IA.

Aproximação conservadora

7.7.4 Criar planos por inferência proposicional

O agente na Figura 7.20 utiliza inferência lógica para determinar quais quadrados são seguros, mas usa uma busca A* para fazer planos. Nesta seção, vamos mostrar como fazer planos por inferência lógica. A ideia básica é muito simples:

1. Construir uma sentença que inclua:
   (a) $Init^0$, uma coleção de afirmações sobre o estado inicial;
   (b) $Transição^1$,...,$Transição^t$, os axiomas de estado sucessor para todas as ações possíveis em cada instante até algum instante máximo t;
   (c) A afirmação de que o objetivo seja alcançado no tempo t: $TerOuro^t \wedge EscaladoParaFora^t$.
2. Apresentar a sentença inteira para um resolvedor SAT. Se o resolvedor encontrar um modelo que satisfaça a sentença, o objetivo será alcançável; se a sentença é insatisfatível, então o problema de planejamento é inviável.
3. Assumindo que um modelo seja encontrado, extrair do modelo as variáveis que representam ações e a que são atribuídas *verdadeiro*. Juntas, elas representam um plano para atingir os objetivos.

Na Figura 7.22 é mostrado um procedimento de planejamento proposicional, SATPLAN. Ele implementa a ideia básica recém-fornecida, com uma diferença. Pelo fato de o agente não saber quantas etapas serão necessárias para atingir o objetivo, o algoritmo tenta cada número possível de etapas t, até algum plano máximo concebível de comprimento T_{max}. Dessa forma, é garantido que o plano mais curto será alcançado, se houver um. Devido à forma como o SATPLAN procura uma solução, essa abordagem não pode ser usada em um ambiente parcialmente observável; o SATPLAN apenas atribuiria às variáveis não observáveis os valores de que necessita para criar uma solução.

A etapa-chave na utilização do SATPLAN é a construção da base de conhecimento. Pode parecer, em inspeção casual, que os axiomas do mundo de wumpus da seção 7.7.1 sejam suficientes para as etapas 1(a) e 1(b) anteriores. Há, no entanto, uma diferença significativa entre os requisitos para a consequência lógica (como testado por ASK) e os de satisfatibilidade.

Considere, por exemplo, a localização do agente, inicialmente [1,1], e suponha que o objetivo pouco ambicioso do agente é estar em [2,1] no tempo 1. A base de conhecimento inicial contém $L_{1,1}^0$, e o objetivo é $L_{2,1}^1$. Utilizando ASK, podemos demonstrar $L_{2,1}^1$ se for afirmado $ParaFrente^0$, e, felizmente, não podemos demonstrar $L_{2,1}^1$ se, digamos, for afirmado $Atirar^0$ no lugar disso. Agora, o SATPLAN encontrará o plano [$ParaFrente^0$]; até agora, tudo certo.

Infelizmente o SATPLAN também encontra o plano [$Atirar^0$]. Como pode ser? Para descobrir, inspecionamos o modelo que o SATPLAN construiu: inclui a atribuição $L_{2,1}^0$, ou seja, o agente pode estar em [2,1] no tempo 1 por estar lá no tempo 0 e atirar. Alguém poderia perguntar: "Não dissemos que o agente estava em [1,1] no tempo 0?" Sim, mas não informamos ao agente que ele não pode estar em dois lugares ao mesmo tempo! Por consequência lógica, $L_{2,1}^0$ é desconhecido e não pode ser usado como prova; por satisfatibilidade, por outro lado, $L_{2,1}^0$ é desconhecido e pode, portanto, ser definido com qualquer valor que ajude a tornar o objetivo verdadeiro.

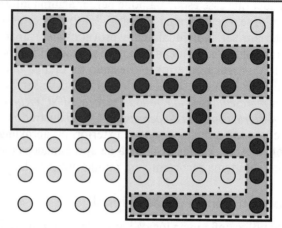

Figura 7.21 Representação de um estado de crença 1-FNC (contorno em negrito) como uma aproximação conservadora fácil de representar do estado de crença exato (sinuoso) (região sombreada com contorno tracejado). Cada mundo possível é mostrado como um círculo; os sombreados são consistentes com todas as percepções.

---

função SATPLAN(*init*, *transição*, *objetivo*, T_{max}) **devolve** solução ou *falha*
   entradas: *init*, *transição*, *objetivo*, constituem uma descrição do problema
      T_{max}, um limite superior para a extensão do plano
   para *t* = 0 **até** T_{max} **faça**
      fnc ← TRADUZIR-PARA-SAT(*init*, *transição*, *objetivo*, *t*)
      modelo ← RESOLVEDOR-SAT(*fnc*)
      se *modelo* não for nulo **então**
         devolva EXTRAIR-SOLUÇÃO(*modelo*)
   devolva *falha*

Figura 7.22 Algoritmo SATPLAN. O problema de planejamento é traduzido em uma sentença FNC na qual é definido que o objetivo vale em um instante fixo *t* e os axiomas são incluídos em cada instante até *t*. Se o algoritmo de satisfatibilidade encontrar um modelo, então é extraído um plano pela observação dos símbolos de proposição que se referem às ações e que são atribuídas como *verdadeiras* no modelo. Se não existir nenhum modelo, o processo é repetido com o objetivo movido um instante adiante.

O SATPLAN é uma boa ferramenta de depuração para bases de conhecimento porque revela lugares onde o conhecimento está em falta. Nesse caso particular, podemos consertar a base de conhecimento afirmando que, em cada instante, o agente está exatamente em um local, utilizando uma coleção de sentenças semelhantes às utilizadas para afirmar a existência de exatamente um wumpus. Alternativamente, podemos afirmar $\neg L_{x,y}^{0}$ para todos os outros locais além de [1,1]; o axioma de estado sucessor para a localização tomará conta dos instantes subsequentes. As mesmas correções também funcionam para garantir que o agente tenha apenas uma orientação por vez.

No entanto, o SATPLAN tem mais surpresas. A primeira é que ele encontra modelos com ações impossíveis, como atirar sem flecha. Para entender o porquê, precisamos olhar com mais cuidado aquilo que os axiomas de estado sucessor (como a Equação 7.3) informam sobre as ações cujas precondições não sejam satisfeitas. Os axiomas *preveem* corretamente que nada irá acontecer quando tal ação for executada, mas eles *não* dizem que a ação não pode ser executada! Para evitar a geração de planos com ações ilegais, devemos acrescentar os **axiomas de precondição** afirmando que uma ocorrência de ação requer que as precondições sejam satisfeitas.[14] Por exemplo, precisamos dizer, para cada instante *t*, que

---

[14] Observe que a adição de axiomas de precondição significa que não precisamos incluir precondições para ações nos axiomas de estado sucessor.

$Atirar^t \Rightarrow TemFlecha^t.$

Isso garante que, se um plano selecionar a ação *Atirar* a qualquer tempo, o agente deverá ter uma flecha nesse momento.

A segunda surpresa do SATPLAN é a criação de planos com múltiplas ações simultâneas. Por exemplo, pode haver um modelo em que *ParaFrente*^{0} e *Atirar*^{0} sejam verdadeiros, o que não é permitido. Para eliminar esse problema, introduzimos os **axiomas de exclusão de ação**: para cada par de ações A^t_i e A^t_j adicionamos o axioma

Axioma de exclusão
de ação

$$\neg A^t_i \vee \neg A^t_j.$$

Pode ser salientado que andar para a frente e atirar ao mesmo tempo não é tão difícil de fazer, enquanto, digamos, atirar e agarrar ao mesmo tempo é impraticável. Impondo axiomas de exclusão de ação somente em pares de ações que realmente interferem umas com as outras, podemos permitir planos que incluem múltiplas ações simultâneas – e porque o SATPLAN encontra o menor plano permitido, podemos ter certeza de que ele vai aproveitar essa capacidade.

Para resumir, o SATPLAN encontra modelos para uma sentença contendo o estado inicial, o objetivo, os axiomas de estado sucessor, os axiomas de precondição e os axiomas de exclusão de ação. Pode-se mostrar que esse conjunto de axiomas é suficiente, no sentido de que não há mais quaisquer "soluções" espúrias. Qualquer modelo que satisfaça a sentença proposicional será um plano válido para o problema original. A moderna tecnologia de solução SAT torna a abordagem bastante prática. Por exemplo, um resolvedor no estilo do DPLL não tem dificuldade em gerar a solução para a instância do mundo de wumpus mostrado na Figura 7.2.

Esta seção descreveu uma abordagem declarativa para a construção do agente: o agente trabalha por uma combinação de sentenças afirmativas na base do conhecimento e executa inferência lógica. Essa abordagem tem algumas fraquezas escondidas em sentenças como "para cada instante t" e "para cada quadrado $[x, y]$". Para qualquer agente prático, essas sentenças devem ser implementadas por código que automaticamente gera instâncias do esquema de sentença geral para inserção na base de conhecimento. Para um mundo de wumpus com tamanho razoável – comparável a um pequeno jogo de computador – pode-se precisar de um tabuleiro 100×100 e 1.000 instantes, levando a bases de conhecimento com dezenas ou centenas de milhões de sentenças.

Isso não só se torna impraticável, mas também ilustra um problema mais profundo: sabemos algo sobre o mundo de wumpus – ou seja, que a "física" funciona da mesma maneira em todas os quadrados e em todos os instantes de tempo – o que não podemos expressar diretamente na linguagem da lógica proposicional. Para resolver esse problema, precisamos de uma linguagem mais expressiva, em que sentenças como "para cada instante t" e "para cada quadrado $[x, y]$" possam ser escritas de uma forma natural. A lógica de primeira ordem, descrita no Capítulo 8, é essa linguagem; na lógica de primeira ordem, o mundo de wumpus de qualquer tamanho e duração pode ser descrito em cerca de 10 sentenças, em vez de 10 milhões ou 10 trilhões.

Resumo

Introduzimos o conceito de agentes baseados em conhecimento e mostramos como definir uma lógica com a qual esses agentes podem raciocinar sobre o mundo. Os principais pontos são:

- Agentes inteligentes precisam de conhecimento sobre o mundo, a fim de alcançar boas decisões.
- O conhecimento está contido em agentes sob a forma de **sentenças** em uma **linguagem de representação do conhecimento** que está armazenada em uma **base de conhecimento**.
- Um agente baseado em conhecimento é composto por uma base de conhecimento e um mecanismo de inferência. Ele opera armazenando sentenças sobre o mundo em sua base de conhecimento, utilizando o mecanismo de inferência para deduzir novas sentenças e empregando essas sentenças para decidir que ação executar.

- Uma linguagem de representação é definida por sua **sintaxe**, que especifica a estrutura de sentenças, e por sua **semântica**, que define a **verdade** de cada sentença em cada **modelo** ou **mundo possível**.
- A relação de **consequência lógica** entre sentenças é crucial para nossa compreensão do raciocínio. Uma sentença α tem como consequência lógica outra sentença β, se β é verdadeira em todos os mundos em que α é verdadeira. Definições equivalentes incluem a **validade** da sentença $\alpha \Rightarrow \beta$ e a **não satisfatibilidade** da sentença $\alpha \wedge \neg\beta$.
- A inferência é o processo de derivação de novas sentenças a partir de sentenças antigas. Os algoritmos de inferência **corretos** derivam *somente* consequências lógicas; os algoritmos **completos** derivam *todas* as consequências lógicas.
- **Lógica proposicional** é uma linguagem muito simples que consiste em **símbolos de proposições e conectivos lógicos**. Ela pode manipular proposições que são conhecidas como verdadeiras, conhecidas como falsas, ou completamente desconhecidas.
- O conjunto de modelos possíveis, dado um vocabulário proposicional fixo, é finito e, assim, a consequência lógica pode ser verificada pela enumeração de modelos. Algoritmos de inferência eficientes de **verificação de modelos** para lógica proposicional incluem métodos de retrocesso e busca local e, com frequência, podem resolver grandes problemas com muita rapidez.
- **Regras de inferência** são padrões de inferência consistente que podem ser usados para descobrir provas. A regra de **resolução** gera um algoritmo de inferência completo para bases de conhecimento expressas em **forma normal conjuntiva**. O **encadeamento para a frente** e o **encadeamento para trás** são algoritmos de raciocínio muito naturais para bases de conhecimento na **forma de Horn**.
- Métodos de **busca local**, como o WALKSAT, podem ser utilizados para encontrar soluções. Esses algoritmos são consistentes, mas não completos.
- A **estimativa de estado** lógico envolve a manutenção de uma sentença lógica que descreve o conjunto de estados possíveis coerentes com o histórico de observação. Cada etapa de atualização exige inferência utilizando o modelo de transição do ambiente, que é construído de **axiomas de estados sucessores** que especificam como cada **fluente** se altera.
- As decisões dentro de um agente lógico podem ser realizadas por resolução SAT: encontrar modelos possíveis especificando sequências de ações futuras que atingem o objetivo. Essa abordagem funciona apenas para ambientes totalmente observáveis ou sem sensores.
- A lógica proposicional não consegue tratar de ambientes de tamanho ilimitado porque falta a ela a capacidade de expressão necessária para lidar de forma concisa com tempo, espaço e padrões universais de relacionamentos entre objetos.

Notas bibliográficas e históricas

O artigo de John McCarthy, "Programs with Common Sense" (McCarthy, 1958, 1968), promulgou a noção de agentes que utilizam raciocínio lógico para atuar como mediadores entre percepções e ações. Também levantou a bandeira do declarativismo, assinalando que informar a um agente o que ele precisa saber é uma forma muito elegante de criar *software*. Allen Newell (1982), em seu artigo "The Knowledge Level", argumenta que agentes racionais podem ser descritos e analisados em um nível abstrato definido pelo conhecimento que possuem, e não pelos programas que executam.

A lógica em si teve suas origens na filosofia e na matemática dos antigos gregos. Platão discutiu a estrutura sintática de sentenças, sua verdade e falsidade, com seu significado e a validade de argumentos lógicos. O primeiro estudo sistemático conhecido de lógica foi o *Organon*, de Aristóteles. Seus **silogismos** eram aquilo que chamaríamos agora de regras de inferência, embora faltassem as propriedades de composição de nossas regras atuais.

Silogismo

As escolas megárica e estoica começaram o estudo sistemático dos conectivos lógicos básicos no século V a.C. O uso de tabelas-verdade se deve a Filo de Mégara. Os estoicos tomavam cinco regras básicas de inferência como válidas sem prova, inclusive a regra agora denominada *Modus Ponens*. Eles derivaram muitas outras regras a partir dessas cinco, utilizando, entre outros princípios, o teorema da dedução (ver seção 7.5) e eram muito mais claros em relação à noção de prova do que Aristóteles (Mates, 1953).

A ideia de reduzir a inferência lógica a um processo puramente mecânico se deve a Wilhelm Leibniz (1646-1716). George Boole (1847) introduziu o primeiro sistema completo e funcional de lógica formal em seu livro *The Mathematical Analysis of Logic*. A lógica de Boole era fortemente modelada sobre a álgebra comum de números reais e utilizava a substituição de expressões logicamente equivalentes como seu principal método de inferência. Embora o sistema de Boole ainda estivesse abaixo da lógica proposicional completa, ele se encontrava próximo o suficiente dessa lógica para que outros matemáticos pudessem preencher rapidamente as lacunas. Schröder (1877) descreveu a forma normal conjuntiva, enquanto a forma de Horn foi introduzida muito mais tarde por Alfred Horn (1951). A primeira exposição completa da lógica proposicional moderna (e da lógica de primeira ordem) é encontrada no trabalho de Gottlob Frege (1879), *Begriffschrift* ("Escrita de conceitos" ou "Notação conceitual").

O primeiro dispositivo mecânico destinado a executar inferências lógicas foi construído pelo terceiro Conde de Stanhope (1753-1816). William Stanley Jevons, um dos matemáticos que estenderam o trabalho de Boole, construiu seu "piano lógico" em 1869 para executar inferências em lógica booleana. Uma divertida e instrutiva história desses e de outros antigos dispositivos mecânicos para raciocínio é apresentada por Martin Gardner (1968). Os primeiros programas de computador publicados para inferência lógica foram o programa de Martin Davis de 1954 para provas na aritmética de Presburger (Davis, 1957) e o Logic Theorist de Newell, Shaw e Simon (1957).

Emil Post (1921) e Ludwig Wittgenstein (1922), independentemente, usaram tabelas-verdade como método para testar a validade de sentenças lógicas proposicionais. O algoritmo de Davis-Putnam (Davis e Putnam, 1960) foi o primeiro algoritmo efetivo para resolução proposicional, e o algoritmo de retrocesso de DPLL aprimorado (Davis *et al.*, 1962) provou ser mais eficiente. A regra de resolução e uma prova de sua completude foram desenvolvidas de forma completamente genérica para a lógica de primeira ordem por J. A. Robinson (1965).

Stephen Cook (1971) mostrou que o problema de decidir a satisfatibilidade de uma sentença em lógica proposicional (o problema SAT) é NP-completo. São conhecidos muitos subconjuntos da lógica proposicional para os quais o problema de satisfatibilidade é resolvível em tempo polinomial; as cláusulas de Horn formam um desses subconjuntos.

As primeiras investigações teóricas mostraram que o DPLL tem complexidade polinomial no caso médio para certas distribuições naturais de problemas. Melhor ainda, Franco e Paull (1983) mostraram que os mesmos problemas podiam ser resolvidos em tempo *constante*, simplesmente supondo-se atribuições aleatórias. Motivados pelo sucesso empírico da busca local, Koutsoupias e Papadimitriou (1992) mostraram que um simples algoritmo de subida de encosta pode resolver *quase todas* as instâncias de problemas de satisfatibilidade com muita rapidez, sugerindo que problemas difíceis são raros. Schöning (1999) exibiu um algoritmo de subida de encosta aleatório que apresentava um tempo de execução esperado no *pior caso* de execução nos problemas 3-SAT de $O(1,333^n)$ – ainda exponencial, embora substancialmente mais rápido que os limites anteriores de pior caso. O recorde atual é $O(1,32216^n)$ (Rolf, 2006).

Pelo lado prático, ganhos de eficiência têm sido obtidos com resolvedores proposicionais. Dados 10 minutos de tempo de computação, o algoritmo DPLL original em *hardware* de 1962 só podia resolver problemas com não mais do que 10 ou 15 variáveis (em um *notebook* de 2019, isso chegaria a 30 variáveis). Em 1995, o solucionador SATZ (Li e Anbulagan, 1997) podia lidar com mil variáveis, graças às estruturas de dados otimizadas de indexação de variáveis. Duas contribuições fundamentais foram a técnica de indexação de **literal vigiado**, de Zhang e Stickel (1996), que tornou a propagação unitária muito eficiente, e a introdução das técnicas de aprendizagem de cláusulas (ou seja, restrição) da comunidade PSR por Bayardo e Schrag (1997). Utilizando essas ideias, e estimulados pela perspectiva de solução de problemas de verificação de circuito em escala industrial, Moskewicz *et al.* (2001) desenvolveram o resolvedor CHAFF, que podia lidar com problemas com milhões de variáveis. A partir de 2002, as competições SAT foram realizadas regularmente; a maioria dos vencedores eram variantes do CHAFF. O cenário dos resolvedores foi examinado por Gomes *et al.* (2008).

Os algoritmos de busca local para satisfatibilidade foram experimentados por vários autores em toda a década de 1980, baseados na ideia de minimizar o número de cláusulas não satisfeitas (Hansen e Jaumard, 1990). Um algoritmo particularmente eficaz foi desenvolvido por Gu (1989) e de forma independente por Selman *et al.* (1992), que o chamaram de GSAT e mostraram que ele era capaz de resolver uma ampla gama de problemas muito difíceis muito rapidamente. O algoritmo WALKSAT descrito neste capítulo é devido a Selman *et al.* (1996).

A "transição de fase" em satisfatibilidade de problemas k-SAT aleatórios foi observada pela primeira vez por Simon e Dubois (1989) e deu origem a uma grande quantidade de pesquisas teóricas e empíricas – devida, em parte, à óbvia ligação com o fenômeno da transição de fase em física estatística. Crawford e Auton (1993) localizaram a transição 3-SAT em uma razão cláusula/variável de cerca de 4,26, observando que isso coincide com picos acentuados no tempo de execução de seu resolvedor SAT. Cook e Mitchell (1997) forneceram um resumo excelente de literatura anterior sobre o problema. Algoritmos, como **propagação de inspeção** (Parisi e Zecchina, 2002; Maneva *et al.*, 2007), aproveitam propriedades especiais de instâncias SAT aleatórias próximas ao limiar da satisfatibilidade e superam em muito os solucionadores SAT genéricos nessas instâncias. O estado atual do conhecimento teórico é resumido por Achlioptas (2009).

> **Propagação de inspeção**

Boas fontes de informação sobre satisfatibilidade, tanto teóricas como práticas, são o *Handbook of Satisfiability* (Biere *et al.*, 2009), o fascículo sobre satisfatibilidade de Donald Knuth (2015) e as *International Conferences on Theory and Applications of Satisfiability Testing* regulares, conhecidas como SAT.

A ideia de construir agentes com lógica proposicional vem desde o trabalho seminal de McCulloch e Pitts (1943), que iniciou o campo das redes neurais, mas na verdade se preocupava com a implementação do projeto de um agente booleano baseado em circuito no cérebro. Stan Rosenschein (Rosenschein, 1985; Kaelbling e Rosenschein, 1990) desenvolveram maneiras para compilar agentes baseados em circuito a partir de descrições declarativas do ambiente da tarefa. Rod Brooks (1986, 1989) demonstra a eficácia dos projetos baseados em circuito para controlar robôs (ver Capítulo 26). Brooks (1991) argumenta que os projetos com base em circuito são *tudo* o que é necessário para IA – que representação e raciocínio são pesados, caros e desnecessários. Em nossa opinião, tanto raciocínio quanto circuitos são necessários. Williams *et al.* (2003) descrevem um agente híbrido – não muito diferente do nosso agente de wumpus – para controlar naves espaciais da NASA, planejar sequências de ações e diagnosticar e recuperar-se de falhas.

O problema geral de manter o controle de um ambiente parcialmente observável foi introduzido para representações baseadas em estado no Capítulo 4. Sua instanciação para as representações proposicionais foi estudada por Amir e Russell (2003), que identificaram várias classes de ambientes que admitem algoritmos de estimativa de estado eficientes e mostraram que, para várias outras classes, o problema é intratável. O problema de **projeção temporal**, que envolve determinar que proposições se mantêm verdadeiras depois que uma sequência de ações foi executada, pode ser visto como um caso especial de estimativa de estado com percepção vazia. Muitos autores estudaram esse problema, considerando sua importância no planejamento; alguns resultados sobre complexidade importantes foram estabelecidos por Liberatore (1997). A ideia de representar um estado de crença com proposições pode ser atribuída a Wittgenstein (1922).

> **Projeção temporal**

A abordagem de estimativa do estado lógico utilizando índices temporais sobre variáveis proposicionais foi proposta por Kautz e Selman (1992). Gerações posteriores de SATPLAN foram capazes de tirar vantagem dos avanços em solucionadores SAT, e se manter entre as formas mais eficazes de resolver problemas difíceis (Kautz, 2006).

O **problema de persistência** foi reconhecido pela primeira vez por McCarthy e Hayes (1969). Muitos pesquisadores consideraram o problema insolúvel dentro da lógica de primeira ordem e isso gerou uma grande quantidade de pesquisa em lógicas não monotônicas. Filósofos, de Dreyfus (1972) a Crockett (1994), citaram o problema de persistência como um sintoma da falha inevitável de toda iniciativa em IA. A solução do problema de persistência com axiomas de estado sucessor é atribuída a Ray Reiter (1991). Thielscher (1999) identificou o problema de persistência inferencial como uma ideia separada e forneceu uma solução. Em retrospecto, pode-se observar que os agentes de Rosenschein (1985) utilizavam circuitos que implementaram axiomas de estado sucessor, mas Rosenschein não percebeu que com isso o problema de persistência estava em grande parte resolvido.

Os resolvedores proposicionais modernos foram bastante utilizados para diversas aplicações industriais, como na síntese de *hardware* do computador (Nowick *et al.*, 1993). O verificador de satisfatibilidade SATMC foi utilizado para detectar uma vulnerabilidade até então desconhecida em um protocolo de início de sessão do navegador Web (Armando *et al.*, 2008).

O mundo de wumpus foi inventado como um jogo por Gregory Yob (1975). Ironicamente, Yob o desenvolveu porque estava entediado com jogos que se desenrolavam em tabuleiro retangular: a topologia de seu mundo de wumpus original era um dodecaedro, e nós o colocamos de volta no velho e incômodo tabuleiro. Michael Genesereth foi o primeiro a sugerir que o mundo de wumpus fosse usado como uma plataforma de testes de agentes.

CAPÍTULO 8

LÓGICA DE PRIMEIRA ORDEM

Neste capítulo, notamos que o mundo é abençoado com muitos objetos, alguns dos quais estão relacionados a outros objetos e em que nos empenhamos para raciocinar sobre eles.

Lógica de primeira ordem

A lógica proposicional foi suficiente para ilustrar os conceitos básicos de lógica, inferência e agentes baseados em conhecimento. Infelizmente, a lógica proposicional é limitada no que ela pode informar. Neste capítulo, examinaremos a **lógica de primeira ordem**,[1] que pode representar, de forma concisa, muito mais. Começamos na seção 8.1 com uma descrição das linguagens de representação em geral; a seção 8.2 focaliza a sintaxe e a semântica da lógica de primeira ordem; as seções 8.3 e 8.4 ilustram o uso da lógica de primeira ordem em representações simples.

8.1 Revisão da representação

Nesta seção, discutiremos a natureza das linguagens de representação. As linguagens de programação (como C++, Java ou Python) constituem a maior classe de linguagens formais em uso comum. As estruturas de dados dentro de programas podem ser usadas para representar fatos; por exemplo, um programa poderia usar uma matriz 4×4 para representar o conteúdo do mundo de wumpus. Desse modo, a declaração de linguagem de programação *Mundo*[2,2] ← *Poço* é uma forma bastante natural de afirmar que existe um poço no quadrado [2,2]. Para realizar uma simulação do mundo de wumpus, basta juntar uma sequência dessas declarações.

O que falta às linguagens de programação é algum mecanismo geral para derivar fatos a partir de outros fatos; cada atualização em uma estrutura de dados é feita por um procedimento específico do domínio cujos detalhes são derivados pelo programador a partir de seu próprio conhecimento do domínio. Essa abordagem procedural pode ser comparada com a natureza **declarativa** da lógica proposicional, em que o conhecimento e a inferência estão separados, e a inferência é inteiramente independente do domínio. Bancos de dados SQL utilizam uma mistura de conhecimento declarativo e procedural.

Uma segunda desvantagem das estruturas de dados em programas (e dos bancos de dados) é a falta de qualquer meio fácil de dizer, por exemplo, que "existe um poço em [2,2] ou [3,1]" ou "se o wumpus está em [1,1], então ele não está em [2,2]". Os programas podem armazenar um valor único para cada variável, e alguns sistemas permitem que o valor seja "desconhecido", mas falta-lhes a capacidade de expressão necessária para manipular informações parciais.

A lógica proposicional é uma linguagem declarativa porque sua semântica se baseia em uma relação-verdade entre sentenças e mundos possíveis. Ela também tem capacidade expressiva suficiente para lidar com informações parciais, usando disjunção e negação. A lógica proposicional tem uma terceira propriedade, que é interessante em linguagens de representação, isto é, a **composicionalidade**. Em uma linguagem composicional, o significado de uma sentença é uma função do significado de suas partes. Por exemplo, "$F_{1,4} \wedge F_{1,2}$" está relacionado aos significados de "$F_{1,4}$" e "$F_{1,2}$". Seria muito estranho se "$F_{1,4}$" significasse que existe um fedor no quadrado [1,4] e "$F_{1,2}$" significasse que existe um fedor no quadrado [1,2], mas "$F_{1,4} \wedge F_{1,2}$" significasse que a França e a Polônia empataram por 1×1 na partida de classificação do torneio de futebol da semana passada.

Composicionalidade

Entretanto, a lógica proposicional se ressente da falta de capacidade de expressão para descrever *de forma concisa* um ambiente com muitos objetos. Por exemplo, fomos forçados a escrever uma regra separada sobre brisas e poços para cada quadrado, como

$$B_{1,1} \Leftrightarrow (P_{1,2} \vee P_{2,1}).$$

---

[1] Também chamada **cálculo de predicados de primeira ordem** e, às vezes, abreviada como **LPO** ou **CPPO**.

Por outro lado, em linguagem natural, parece bastante fácil dizer de uma vez por todas que "quadrados adjacentes a poços têm brisa". A sintaxe e a semântica da linguagem natural tornam possível de algum modo descrever o ambiente de forma concisa: o português, como a lógica de primeira ordem, é uma representação estruturada.

8.1.1 Linguagem do pensamento

As linguagens naturais (como português ou inglês) na realidade são muito expressivas. Conseguimos escrever este livro quase todo em linguagem natural, apenas com lapsos ocasionais em outras linguagens (principalmente matemática e a linguagem dos diagramas). Existe uma longa tradição em linguística e na filosofia da linguagem que visualiza a linguagem natural essencialmente como uma linguagem declarativa de representação do conhecimento. Se pudéssemos descobrir as regras para a linguagem natural, poderíamos usá-las nos sistemas de representação e raciocínio e receber o benefício de bilhões de páginas que foram escritas em linguagem natural.

A visão moderna de linguagem natural é que ela serve como um meio de *comunicação* em vez de pura representação. Quando um falante aponta e diz "olhe!", o ouvinte sabe que, digamos, o Super-homem finalmente apareceu voando sobre os terraços dos prédios, ainda que não pretendêssemos dizer que a sentença "olhe!" representa esse fato. Em vez disso, o significado da sentença depende tanto da sentença em si quanto do *contexto* em que ela foi proferida. É claro que não se poderia armazenar uma sentença como "olhe!" em uma base de conhecimento e esperar recuperar seu significado sem armazenar também uma representação do contexto – o que traz a questão de como o próprio contexto pode ser representado.

As linguagens naturais também sofrem de *ambiguidade*, um problema para uma linguagem de representação. Conforme Pinker (1995) mencionou: "Quando pensam em *bomba*, sem dúvida as pessoas não ficam confusas com o fato de estarem pensando em um artefato explosivo, em um doce ou em um aparelho utilizado para bombear água de uma cisterna – e, se uma palavra pode corresponder a dois ou três pensamentos, então os pensamentos não podem ser palavras".

A famosa **hipótese de Sapir-Whorf** (Whorf, 1956) afirma que nossa compreensão do mundo é fortemente influenciada pela língua que falamos. É certamente verdade que as diferentes comunidades de fala dividem o mundo de forma diferente. Os franceses têm duas palavras, "*chaise*" e "*fauteuil*", para um conceito para o qual os de fala inglesa têm uma: "*chair*" (cadeira). Mas os falantes de inglês conseguem reconhecer facilmente a categoria *fauteuil* e dar-lhe um nome – mais ou menos, "cadeira de braço aberto" – então a linguagem faz diferença realmente? Whorf baseou-se essencialmente na intuição e na especulação, e suas ideias foram amplamente descartadas, mas nos anos seguintes realmente tivemos dados reais de estudos antropológicos, psicológicos e neurológicos.

Por exemplo, você consegue lembrar-se de qual das duas sentenças seguintes compôs a abertura da seção 8.1?

> "Nesta seção, discutiremos a natureza das linguagens de representação (...)"
> "Esta seção cobre o tema das linguagens de representação do conhecimento (...)"

Wanner (1974) fez uma experiência semelhante e constatou que os indivíduos fazem a escolha certa em um nível de acaso – cerca de 50% do tempo –, mas lembram-se do conteúdo que leram com mais de 90% de precisão. Isso sugere que as pessoas interpretam as palavras para formar uma espécie de representação *não verbal*, e que as palavras exatas não são significantes.

Mais interessante é o caso de um conceito que está completamente ausente em um idioma. Os falantes da língua aborígene australiana *guugu yimithirr* não têm palavras para direções relativas (ou *egocêntricas*), como frente, atrás, direita ou esquerda. Em vez disso, utilizam direções absolutas, dizendo, por exemplo, o equivalente a "tenho dor no meu braço do norte". Essa diferença na linguagem traz uma diferença no comportamento: os falantes de *guugu yimithirr* são melhores para navegar em terreno aberto, enquanto os falantes de inglês são melhores em colocar o garfo à direita do prato.

A linguagem também parece influenciar o pensamento com a utilização de recursos gramaticais aparentemente arbitrários, como o gênero dos substantivos. Por exemplo, "ponte"

230 Inteligência Artificial

é masculino em espanhol e feminino em alemão. Boroditsky (2003) pediu aos indivíduos para escolher adjetivos ingleses para descrever uma fotografia de uma ponte em particular. Os falantes de espanhol escolheram *grande, perigosa, forte* e *elevada*; os falantes de alemão escolheram *bonita, elegante, frágil* e *delgada*.

As palavras podem servir como pontos de ancoragem que afetam a maneira como percebemos o mundo. Loftus e Palmer (1974) mostraram um filme de um acidente de carro para indivíduos experimentais. Para o questionamento "a que velocidade iam os carros quando houve o contato?", a resposta foi 50 km por hora; quando foi usada a palavra "colisão" em vez de "contato", o relato foi uma média de 65 km por hora, para os mesmos carros no mesmo filme. Em geral, existem diferenças mensuráveis, porém pequenas, no processamento por pessoas que falam diferentes idiomas, mas nenhuma evidência convincente de que isso leva a uma diferença importante na visão do mundo.

Em um sistema de raciocínio lógico que usa a forma normal conjuntiva (FNC), podemos ver que as formas linguísticas "$\neg(A \lor B)$" e "$\neg A \land \neg B$" são as mesmas porque podemos olhar para dentro do sistema e ver que as duas sentenças são armazenadas com a mesma forma canônica FNC. Está começando a se tornar possível fazer algo semelhante com o cérebro humano. Mitchell *et al.* (2008) colocaram indivíduos em uma máquina IRMf (imagem por ressonância magnética funcional), mostraram-lhes palavras como "aipo" e fizeram a imagem de seus cérebros. Um programa de aprendizado de máquina treinado em pares (palavra, imagem) conseguiu prever corretamente 77% das vezes sobre tarefas de escolha binária (como "aipo" ou "avião"). O sistema pode até mesmo prever, em um nível superior a 50%, palavras que nunca tinha visto em uma imagem IRMf antes (considerando as imagens de palavras relacionadas) e de pessoas que nunca havia visto antes (provando que a IRMf revela algum nível de representação comum entre as pessoas). Esse tipo de trabalho ainda está no início, mas a IRMf – e outras tecnologias de imagem como a eletrofisiologia intracraniana (Sahin *et al.,* 2009) – prometem nos dar ideias muito mais concretas de como são as representações do conhecimento humano.

Do ponto de vista da lógica formal, a representação do mesmo conhecimento de duas maneiras diferentes não faz absolutamente nenhuma diferença; os mesmos fatos serão deriváveis de qualquer representação. Na prática, porém, uma representação pode exigir menos etapas para obter uma conclusão, o que significa que um raciocinador com recursos limitados poderia chegar à conclusão por meio de uma representação, mas não por meio de outra. Para tarefas *não dedutivas*, como aprender pela experiência, os resultados dependem *necessariamente* da forma das representações utilizadas. Mostraremos no Capítulo 19 que, quando um programa de aprendizado considera duas teorias do mundo possíveis, as duas compatíveis com todos os dados, a forma mais comum de resolver o empate é escolher a teoria mais sucinta – que depende da linguagem utilizada para representar as teorias. Assim, a influência da linguagem sobre o pensamento é inevitável para qualquer agente que faz aprendizado.

8.1.2 Como combinar o melhor de linguagens formais e naturais

Podemos adotar os fundamentos da lógica proposicional – uma semântica declarativa, composicional, independente do contexto e não ambígua – e construir uma lógica mais expressiva sobre esses fundamentos, tomando emprestadas ideias de representação da linguagem natural, enquanto evitamos suas desvantagens. Quando examinamos a sintaxe da linguagem natural, os elementos mais óbvios são substantivos e sentenças nominais que se referem a **objetos** (quadrados, poços, wumpus), além de verbos e sentenças verbais, com adjetivos e advérbios que se referem a **relações** entre objetos (é arejado, é adjacente a, atira). Algumas dessas relações são **funções** – relações em que existe somente um "valor" para uma dada "entrada". É fácil começar a listar exemplos de objetos, relações e funções:

- Objetos: pessoas, casas, números, teorias, Ronald McDonald, cores, jogos de beisebol, guerras, séculos...
- Relações: podem ser relações unárias ou **propriedades** como vermelho, redondo, falso, primo, de vários pavimentos..., ou relações *n*-árias mais gerais, como irmão de, maior que, interior a, parte de, tem cor, ocorreu depois de, pertence a, fica entre...
- Funções: pai de, melhor amigo, terceiro turno de, uma unidade maior que, início de...

Objeto

Relação

Função

Propriedade

Na verdade, praticamente qualquer asserção pode ser considerada uma referência a objetos e propriedades ou relações. Aqui estão alguns exemplos:

- "Um mais dois é igual a três."
  Objetos: um, dois, três, um mais dois. Relação: é igual a. Função: mais. ("Um mais dois" é um nome para o objeto obtido pela aplicação da função "mais" aos objetos "um" e "dois". "Três" é outro nome para esse objeto.)
- "Quadrados vizinhos ao wumpus são fedorentos."
  Objetos: wumpus, quadrados. Propriedade: fedorento. Relação: vizinhos.
- "O perverso rei João governou a Inglaterra em 1200."
  Objetos: João, Inglaterra, 1200. Relação: governou durante. Propriedades: perverso, rei.

A linguagem da **lógica de primeira ordem**, cuja sintaxe e cuja semântica definiremos na próxima seção, é elaborada em torno de objetos e relações. Ela é tão importante para a matemática, a filosofia e a inteligência artificial exatamente porque podemos considerar que esses campos – e, na realidade, grande parte da existência humana diária – refletem o tratamento de objetos e das relações entre eles. A lógica de primeira ordem também pode expressar fatos sobre *alguns* ou *todos* os objetos no universo. Isso nos permite representar leis ou regras gerais, como a declaração: "Quadrados vizinhos ao wumpus são fedorentos".

A principal diferença entre a lógica proposicional e a lógica de primeira ordem reside no **compromisso ontológico** feito por cada linguagem, isto é, o que ela pressupõe sobre a natureza da *realidade*. Matematicamente, esse comprometimento é expresso por meio da natureza dos modelos formais em relação a qual verdade das sentenças foi definida. Por exemplo, a lógica proposicional pressupõe que existem fatos que são válidos ou não são válidos no mundo. Cada fato pode se encontrar em um destes dois estados, verdadeiro ou falso, e cada modelo determina *verdadeiro* ou *falso* para cada símbolo de proposição (seção 7.4.2). A lógica de primeira ordem pressupõe mais do que isso; especificamente, que o mundo consiste em objetos com certas relações entre eles que são ou não são válidas (Figura 8.1). Os modelos formais são correspondentemente mais complicados que os da lógica proposicional.

> Compromisso ontológico

Esse compromisso ontológico é um ponto forte em favor da lógica (tanto proposicional quanto de primeira ordem), porque nos permite começar com afirmações verdadeiras e deduzir outras afirmações verdadeiras. É especialmente poderoso em domínios em que cada proposição tem limites claros, como matemática ou o mundo de wumpus, em que um quadrado tem ou não um poço; não há possibilidade de um quadrado com um buraco parecido com um poço. Mas, no mundo real, muitas proposições têm limites vagos: Viena é uma cidade grande? Esse restaurante serve comida deliciosa? Essa pessoa é alta? Depende de quem você pergunta, e a resposta pode ser "mais ou menos".

Uma resposta é refinar a representação: se uma linha aproximada que divide as cidades em "grandes" e "não grandes" omite muitas informações para a aplicação em questão, então pode-se aumentar o número de categorias de tamanho ou usar um símbolo de função *População*. Outra solução proposta vem da **lógica difusa**, que assume o compromisso ontológico de que as proposições têm um **grau de verdade** entre 0 e 1. Por exemplo, a frase "Viena é uma cidade grande" pode ser verdadeira apenas até o grau 0,8 na lógica difusa, enquanto "Paris é uma cidade grande" pode ser verdadeira até o grau 0,9. Isso corresponde melhor à nossa concepção intuitiva do mundo, mas torna mais difícil fazer deduções: em vez de uma

> Lógica difusa
> Grau de verdade

Linguagem	Compromisso ontológico (O que existe no mundo)	Compromisso epistemológico (A crença de um agente sobre os fatos)
Lógica proposicional	fatos	verdadeiro/falso/desconhecido
Lógica de primeira ordem	fatos, objetos, relações	verdadeiro/falso/desconhecido
Lógica temporal	fatos, objetos, relações, tempos	verdadeiro/falso/desconhecido
Teoria da probabilidade	fatos	grau de crença $\in [0, 1]$
Lógica difusa	fatos com grau de verdade $\in [0, 1]$	valor de intervalo conhecido

Figura 8.1 Linguagens formais e seus compromissos ontológicos e epistemológicos.

regra para determinar a verdade de $A \land B$, a lógica difusa precisa de regras diferentes, dependendo do domínio. Outra possibilidade, abordada na seção 24.1, é atribuir cada conceito a um ponto em um espaço multidimensional e, em seguida, medir a distância entre o conceito de "cidade grande" e o conceito de "Viena" ou "Paris".

Lógica temporal

Diversas lógicas com propósitos especiais criam ainda outros compromissos ontológicos; por exemplo, a **lógica temporal** pressupõe que os fatos são válidos em *instantes* particulares e que esses instantes (que podem ser pontos ou intervalos) estão ordenados. Desse modo, as lógicas com propósitos especiais dão a certos tipos de objetos (e aos axiomas sobre eles) *status* de "primeira classe" dentro da lógica, em vez de simplesmente definirem esses objetos na base de conhecimento. A **lógica de ordem superior** visualiza as relações e funções referidas à lógica de primeira ordem como objetos em si. Isso permite que se façam afirmações sobre *todas* as relações – por exemplo, poderíamos querer definir o que significa o fato de uma relação ser transitiva. Diferentemente da maioria das lógicas com propósitos especiais, a lógica de ordem superior é estritamente mais expressiva que a lógica de primeira ordem, no sentido de que algumas sentenças de lógica de ordem superior não podem ser expressas por qualquer número finito de sentenças de lógica de primeira ordem.

Lógica de ordem superior

Compromisso epistemológico

Uma lógica também pode ser caracterizada por seus **compromissos epistemológicos** – os estados de conhecimento possíveis que ela permite a respeito de cada fato. Tanto na lógica proposicional quanto na lógica de primeira ordem, uma sentença representa um fato, e o agente acredita que a sentença é verdadeira, acredita que ela é falsa, ou não tem nenhuma opinião. Então, essas lógicas têm três estados possíveis de conhecimento a respeito de qualquer sentença.

Por outro lado, os sistemas que utilizam a **teoria da probabilidade** podem ter qualquer *grau de crença*, ou *possibilidade subjetiva*, variando de 0 (descrença total) até 1 (crença total). É importante não confundir o grau de crença na teoria da probabilidade com o grau de verdade na lógica difusa. Na realidade, alguns sistemas difusos permitem incerteza (grau de crença) sobre graus de verdade. Por exemplo, um agente probabilístico do mundo de wumpus poderia acreditar que o wumpus está em [1,3] com probabilidade 0,75 e em [2,3] com probabilidade 0,25 (embora o wumpus esteja definitivamente em um quadrado específico).

8.2 Sintaxe e semântica da lógica de primeira ordem

Iniciaremos esta seção especificando com maior exatidão a ideia de que os mundos possíveis da lógica de primeira ordem refletem o compromisso ontológico com objetos e relações. Em seguida, introduziremos os vários elementos da linguagem, explicando sua semântica à medida que prosseguirmos. Os pontos principais são como a linguagem facilita as representações concisas e como sua semântica possibilita procedimentos de raciocínio robustos.

8.2.1 Modelos para lógica de primeira ordem

Vimos, no Capítulo 7, que os modelos de uma linguagem lógica são as estruturas formais que constituem os mundos possíveis em consideração. Cada modelo liga o vocabulário das sentenças lógicas aos elementos do mundo possível, para que a verdade de qualquer sentença possa ser determinada. Assim, modelos de lógica proposicional ligam símbolos de proposição com valores verdade predefinidos.

Domínio
Elementos de domínio

Os modelos para lógica de primeira ordem são muito mais interessantes. Em primeiro lugar, eles contêm objetos! O **domínio** de um modelo é o conjunto de objetos ou **elementos de domínio** que ele contém. Exige-se que o domínio seja *não vazio* – todos os mundos possíveis devem conter pelo menos um objeto. Matematicamente falando, não importa o *que* são esses objetos – tudo o que importa é *quantos* há em cada modelo em particular. Mas, para fins pedagógicos, vamos utilizar um exemplo concreto. A Figura 8.2 mostra um modelo com cinco objetos: Ricardo Coração de Leão, rei da Inglaterra de 1189 até 1199; seu irmão mais jovem, o perverso rei João, que governou de 1199 até 1215; as pernas esquerdas de Ricardo e de João; e uma coroa.

Tupla

Os objetos no modelo podem estar *relacionados* de diversas maneiras. Na figura, Ricardo e João são irmãos. Formalmente falando, uma relação é apenas o conjunto de **tuplas** de objetos inter-relacionados. (Uma tupla é uma coleção de objetos organizados em uma ordem fixa e é

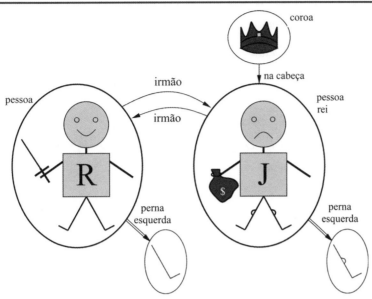

Figura 8.2 Modelo contendo cinco objetos, duas relações binárias (irmão e na cabeça), três relações unárias (pessoa, rei e coroa) e uma função unária (perna esquerda).

representada por colchetes angulares em torno dos objetos.) Desse modo, a relação "irmão" nesse modelo é o conjunto

{⟨Ricardo Coração de Leão, Rei João⟩, ⟨Rei João, Ricardo Coração de Leão⟩}.   (8.1)

(Aqui nos referimos aos objetos em linguagem natural, mas você pode, se desejar, substituir mentalmente os nomes pelas figuras.) A coroa está na cabeça do rei João, então a relação "na cabeça" contém apenas uma tupla, ⟨a coroa, Rei João⟩. As relações "irmão" e "na cabeça" são relações binárias, isto é, relacionam pares de objetos. O modelo também contém relações unárias ou propriedades: a propriedade "pessoa" é verdadeira para Ricardo e para João; a propriedade "rei" é verdadeira apenas para João (presumivelmente porque nesse momento Ricardo está morto); e a propriedade "coroa" é verdadeira apenas para a coroa.

É melhor pensar em certos tipos de relacionamentos como se fossem funções, nas quais determinado objeto deve estar relacionado a exatamente um objeto desse modo. Por exemplo, cada pessoa tem uma perna esquerda, então o modelo tem uma função unária "perna esquerda" que inclui os seguintes mapeamentos:

⟨Ricardo Coração de Leão⟩ → perna esquerda de Ricardo
⟨Rei João⟩ → perna esquerda de João.   (8.2)

Estritamente falando, modelos em lógica de primeira ordem exigem **funções totais**, isto é, deve haver um valor para toda tupla de entrada. Desse modo, a coroa deve ter uma perna esquerda assim como cada uma das pernas esquerdas. Existe uma solução técnica para esse problema esquisito envolvendo um objeto "invisível" adicional que é a perna esquerda de tudo que não tem perna esquerda, inclusive ele próprio. Felizmente, desde que não se faça nenhuma afirmação sobre as pernas esquerdas de itens que não têm pernas esquerdas, esses detalhes técnicos não têm nenhuma importância.

Funções totais

Até agora, descrevemos os elementos que preenchem modelos de lógica de primeira ordem. Outra parte essencial de um modelo é a ligação entre esses elementos e o vocabulário das sentenças lógicas, que explicaremos a seguir.

8.2.2 Símbolos e interpretações

Vejamos agora a sintaxe da lógica de primeira ordem. O leitor impaciente pode obter uma descrição completa da gramática formal na Figura 8.3.

$$
\begin{array}{rcl}
\textit{Sentença} & \rightarrow & \textit{SentençaAtômica} \mid \textit{SentençaComplexa} \\
\textit{SentençaAtômica} & \rightarrow & \textit{Predicado} \mid \textit{Predicado(Termo,...)} \mid \textit{Termo = Termo} \\
\textit{SentençaComplexa} & \rightarrow & (\textit{Sentença}) \\
& \mid & \neg\textit{Sentença} \\
& \mid & \textit{Sentença} \wedge \textit{Sentença} \\
& \mid & \textit{Sentença} \vee \textit{Sentença} \\
& \mid & \textit{Sentença} \Rightarrow \textit{Sentença} \\
& \mid & \textit{Sentença} \Leftrightarrow \textit{Sentença} \\
& \mid & \textit{Quantificador Variável,... Sentença} \\
\\
\textit{Termo} & \rightarrow & \textit{Função(Termo,...)} \\
& \mid & \textit{Constante} \\
& \mid & \textit{Variável} \\
\\
\textit{Quantificador} & \rightarrow & \forall \mid \exists \\
\textit{Constante} & \rightarrow & A \mid X_1 \mid \textit{João} \mid ... \\
\textit{Variável} & \rightarrow & a \mid x \mid s \mid ... \\
\textit{Predicado} & \rightarrow & \textit{Verdadeiro} \mid \textit{Falso} \mid \textit{Depois} \mid \textit{Ama} \mid \textit{Chovendo} \mid ... \\
\textit{Função} & \rightarrow & \textit{Mãe} \mid \textit{PernaEsquerda} \mid ...
\end{array}
$$

PRECEDÊNCIA DE OPERADOR : $\quad \neg, =, \wedge, \vee, \Rightarrow, \Leftrightarrow$

Figura 8.3 Sintaxe da lógica de primeira ordem com igualdade, especificada na forma de Backus-Naur (se você não estiver familiarizado com esta notação, ver Apêndice A). A precedência dos operadores é especificada da mais alta para a mais baixa. A precedência dos quantificadores é tal que um quantificador se aplica a tudo à sua direita.

Os elementos sintáticos básicos da lógica de primeira ordem são os símbolos que representam objetos, relações e funções. Por essa razão, os símbolos são de três tipos: **símbolos de constantes**, que representam objetos, **símbolos de predicados**, que representam relações, e **símbolos de funções**, que representam funções. Adotaremos a convenção de que esses símbolos começarão com letras maiúsculas. Por exemplo, poderíamos usar os símbolos de constantes *Ricardo* e *João*, os símbolos de predicados, *Irmão*, *NaCabeça*, *Pessoa*, *Rei* e *Coroa*; e o símbolo de função *PernaEsquerda*. Como ocorre com os símbolos de proposições, a escolha de nomes cabe inteiramente ao usuário. Cada símbolo de predicado e de função vem com uma **aridade** que fixa o número de argumentos.

> Símbolo de constante
> Símbolo de predicado
> Símbolo de função

> Aridade

Cada modelo deve fornecer a informação necessária para determinar se dada sentença é verdadeira ou falsa. Assim, além de seus objetos, relações e funções, cada modelo inclui uma **interpretação** que especifica exatamente quais objetos, relações e funções são referidos pelos símbolos de constantes, predicados e funções. Uma interpretação possível para nosso exemplo – que um lógico chamaria de **interpretação pretendida** – é como a seguir:

> Interpretação

> Interpretação pretendida

- *Ricardo* se refere a Ricardo Coração de Leão e *João* se refere ao perverso rei João.
- *Irmão* se refere à relação de parentesco, ou seja, o conjunto de tuplas de objetos dados na Equação 8.1; *NaCabeça* se refere à relação "na cabeça" que é válida entre a coroa e o rei João; *Pessoa*, *Rei* e *Coroa* se referem aos conjuntos de objetos que são pessoas, reis e coroas.
- *PernaEsquerda* se refere à função "*perna esquerda*", isto é, ao mapeamento definido pela Equação 8.2.

Certamente existem muitas outras interpretações possíveis. Por exemplo, uma interpretação mapeia *Ricardo* à coroa e *João* à perna esquerda do rei João. Existem cinco objetos no modelo; portanto, existem 25 interpretações possíveis apenas para os símbolos de constantes *Ricardo* e *João*. Note que nem todos os objetos precisam ter um nome - por exemplo, a interpretação pretendida não atribui nomes à coroa ou às pernas. Também é possível um objeto ter vários nomes; existe uma interpretação sob a qual tanto *Ricardo* quanto *João* se referem à coroa.[2] Se você achar confusa essa possibilidade, lembre-se de que, em lógica proposicional, é

---

[2] Mais à frente, na seção 8.2.8, examinaremos uma semântica em que cada objeto deve ter exatamente um nome.

perfeitamente possível haver um modelo em que *Nublado* e *Ensolarado* sejam verdadeiros; cabe à base de conhecimento eliminar modelos inconsistentes com nosso conhecimento.

Em resumo, um modelo em lógica de primeira ordem consiste em um conjunto de objetos e uma interpretação que mapeia de símbolos de constantes a objetos, de símbolos de função às funções desses objetos, e de símbolos de predicados às relações. Assim como com a lógica proposicional, a consequência lógica, a validade, e assim por diante, são definidas em termos de *todos os modelos possíveis*. Para você ter uma ideia de como se parece o conjunto de todos os modelos possíveis, ver Figura 8.4. Ela mostra que os modelos variam dependendo de quantos objetos contêm – de um até o infinito – e na forma como os símbolos de constantes mapeiam os objetos.

Devido ao número de modelos possíveis ser ilimitado, não podemos verificar a consequência lógica pela enumeração de todos os modelos (como fizemos para a lógica proposicional). Mesmo se o número de objetos for restrito, o número de combinações pode ser muito grande. Para o exemplo da Figura 8.4, existem 137.506.194.466 modelos com seis ou menos objetos.

8.2.3 Termos

Um **termo** é uma expressão lógica que se refere a um objeto. Os símbolos de constantes são, portanto, termos, mas nem sempre é conveniente ter um símbolo distinto para identificar todo objeto. Por exemplo, em linguagem natural poderíamos usar a expressão "perna esquerda do rei João" em vez de dar um nome à perna. Essa é a finalidade dos símbolos de funções: em vez de usar um símbolo de constante, utilizamos *PernaEsquerda*(*João*).[3]

No caso geral, um termo complexo é formado por um símbolo de função seguido por uma lista de termos entre parênteses como argumentos para o símbolo de função. É importante lembrar que um termo complexo é apenas uma espécie complicada de nome. Não é uma "chamada de sub-rotina" que "retorna um valor". Não existe nenhuma sub-rotina *PernaEsquerda* que receba uma pessoa como entrada e retorne uma perna. Podemos raciocinar sobre pernas esquerdas (p. ex., enunciando a regra geral de que todo mundo tem uma, e depois deduzindo que João deve ter uma perna esquerda), sem sequer fornecermos uma definição de *PernaEsquerda*. Isso é algo que não pode ser feito com sub-rotinas em linguagens de programação.

A semântica formal dos termos é direta. Considere um termo $f(t_1,..., t_n)$. O símbolo de função f se refere a alguma função no modelo (vamos chamá-la de F); os termos de argumentos correspondem a objetos no domínio (vamos nomeá-los como $d_1,..., d_n$); e o termo como um todo se refere ao objeto que é o valor da função F aplicada a $d_1,..., d_n$. Por exemplo, suponha que o símbolo de função *PernaEsquerda* se refira à função mostrada na Equação 8.2 e *João* se refira ao rei João; então, *PernaEsquerda*(*João*) se refere à perna esquerda do rei João. Desse modo, a interpretação fixa o referente de cada termo.

Termo

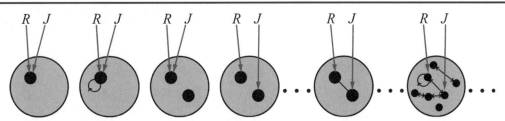

Figura 8.4 Alguns membros do conjunto de todos os modelos para uma linguagem com dois símbolos de constantes, *R* e *J*, e um símbolo de relação binária. A interpretação de cada símbolo de constante é mostrada por uma seta cinza. Dentro de cada modelo, os objetos relacionados são conectados por setas.

---

[3] As **expressões** λ (expressões lambda) oferecem uma notação útil em que novos símbolos de funções são construídos "em tempo de execução". Por exemplo, a função que eleva ao quadrado seu argumento pode ser escrita como $(\lambda x : x \times x)$ e pode ser aplicada a argumentos da mesma forma que qualquer outro símbolo de função. A expressão λ também pode ser definida e usada como um símbolo de predicado. O operador `lambda` em Lisp e Python desempenha exatamente o mesmo papel. Note que o uso de λ desse modo *não* aumenta o poder de expressão formal da lógica de primeira ordem, porque qualquer sentença que inclua uma expressão λ pode ser reescrita "unindo" seus argumentos para gerar uma sentença equivalente.

8.2.4 Sentenças atômicas

Agora que temos termos para fazer referência a objetos e símbolos de predicados para fazer referência a relações, podemos reuni-los para formar **sentenças atômicas** que enunciam fatos. Uma **sentença atômica** (ou **átomo**, para encurtar) é formada a partir de um símbolo de predicado, seguido por uma lista de termos entre parênteses, como

$$Irmão(Ricardo, João).$$

Isso enuncia, sob a interpretação pretendida apresentada anteriormente, que Ricardo Coração de Leão é o irmão do rei João.[4] As sentenças atômicas podem ter termos complexos como argumentos. Desse modo,

$$Casado(Pai(Ricardo), Mãe(João))$$

enuncia que o pai de Ricardo Coração de Leão é casado com a mãe do rei João (mais uma vez, sob uma interpretação apropriada).[5]

▶ *Uma sentença atômica é **verdadeira** em dado modelo se a relação referida pelo símbolo de predicado é válida entre os objetos referidos pelos argumentos.*

8.2.5 Sentenças complexas

Podemos usar **conectivos lógicos** para construir sentenças mais complexas, com a mesma sintaxe e semântica que no cálculo proposicional. Aqui estão quatro sentenças que são verdadeiras no modelo da Figura 8.2, sob nossa interpretação pretendida:

$$\neg Irmão(PernaEsquerda(Ricardo), João)$$
$$Irmão(Ricardo, João) \wedge Irmão(João, Ricardo)$$
$$Rei(Ricardo) \vee Rei(João)$$
$$\neg Rei(Ricardo) \Rightarrow Rei(João).$$

8.2.6 Quantificadores

Uma vez que temos uma lógica que permite objetos, não deixa de ser natural querer expressar propriedades de coleções inteiras de objetos, em vez de enumerar os objetos pelo nome. Os **quantificadores** nos permitem fazê-lo. A lógica de primeira ordem contém dois quantificadores padrão, chamados *universal* e *existencial*.

Quantificação universal (∀)

Lembre-se da dificuldade que tivemos no Capítulo 7 com a expressão de regras gerais em lógica proposicional. Regras, como "Quadrados vizinhos ao wumpus exalam um fedor" e "Todos os reis são pessoas", são o feijão-com-arroz da lógica de primeira ordem. Lidaremos com a primeira dessas regras na seção 8.3. A segunda regra, "Todos os reis são pessoas", é escrita em lógica de primeira ordem como

$$\forall x \ Rei(x) \Rightarrow Pessoa(x).$$

O **quantificador universal** ∀ normalmente é lido como "Para todo...". (Lembre-se de que o A invertido representa "todos", ou "*all*", em inglês). Desse modo, a sentença afirma que "Para todo x, se x é um rei, então x é uma pessoa". O símbolo x é chamado **variável**. Por convenção, as variáveis são letras minúsculas. Uma variável é um termo por si só e, como tal, também pode servir como o argumento de uma função – por exemplo, $PernaEsquerda(x)$. Um termo sem variáveis é chamado **termo base** (em inglês, *ground term*).

Intuitivamente, a sentença $\forall x \ P$, em que P é qualquer expressão lógica, afirma que P é verdadeira para todo objeto x. Mais precisamente, $\forall x \ P$ é verdadeira em determinado modelo

---

[4] Geralmente, seguimos a convenção de ordenação de argumentos que determina que $P(x, y)$ deve ser interpretada como "x é um P de y".

[5] Essa ontologia só reconhece um pai e uma mãe para cada pessoa. Uma ontologia mais complexa poderia reconhecer mãe biológica, mãe de leite, madrasta etc.

Capítulo 8 • Lógica de Primeira Ordem   **237**

se P é verdadeira em todas as **interpretações estendidas** possíveis, construídas a partir da inter-   Interpretação estendida
pretação dada ao modelo, em que cada interpretação estendida especifica um elemento de
domínio ao qual x se refere.

Isso parece complicado, mas, na realidade, é apenas um modo cuidadoso de declarar o
significado intuitivo da quantificação universal. Considere o modelo mostrado na Figura 8.2
e a interpretação pretendida que o acompanha. Podemos estender a interpretação de cinco
maneiras:

$$x \rightarrow \text{Ricardo Coração de Leão},$$
$$x \rightarrow \text{rei João},$$
$$x \rightarrow \text{perna esquerda de Ricardo},$$
$$x \rightarrow \text{perna esquerda de João},$$
$$x \rightarrow \text{a coroa}.$$

A sentença universalmente quantificada $\forall x\ Rei(x) \Rightarrow Pessoa(x)$ é verdadeira no modelo original se a sentença $Rei(x) \Rightarrow Pessoa(x)$ for verdadeira sob cada uma das cinco interpretações
estendidas. Ou seja, a sentença universalmente quantificada é equivalente a afirmar as cinco
sentenças a seguir:

Ricardo Coração de Leão é um rei $\Rightarrow$ Ricardo Coração de Leão é uma pessoa.
O rei João é um rei $\Rightarrow$ O rei João é uma pessoa.
A perna esquerda de Ricardo é um rei $\Rightarrow$ A perna esquerda de Ricardo é uma
pessoa.
A perna esquerda de João é um rei $\Rightarrow$ A perna esquerda de João é uma pessoa.
A coroa é um rei $\Rightarrow$ A coroa é uma pessoa.

Vamos examinar cuidadosamente esse conjunto de asserções. Tendo em vista que em nosso
modelo o rei João é o único rei, a segunda sentença afirma que ele é uma pessoa, como seria
de esperar. Porém, e no caso das outras quatro sentenças, que parecem fazer afirmações
sobre pernas e coroas? Isso faz parte do significado de "Todos os reis são pessoas?" De fato,
as outras quatro asserções são verdadeiras no modelo, mas não fazem nenhuma afirmação
sobre as qualificações pessoais de pernas, coroas, ou nem mesmo de Ricardo. Isso ocorre
porque nenhum desses objetos é um rei. Observando a tabela verdade para $\Rightarrow$ (Figura 7.8),
vemos que a implicação é verdadeira sempre que sua premissa é falsa, *não importando* o valor verdade da conclusão. Desse modo, afirmando a sentença universalmente quantificada,
equivalente a afirmar uma lista inteira de implicações individuais, acabamos afirmando a
conclusão da regra apenas para os objetos para os quais a premissa é verdadeira, e não dizendo absolutamente nada sobre os indivíduos para os quais a premissa é falsa. Portanto,
a definição de $\Rightarrow$ da tabela verdade se mostra perfeita para a escrita de regras gerais com
quantificadores universais.

Um equívoco comum, que ocorre com frequência, mesmo no caso de leitores diligentes
que leram esse parágrafo várias vezes, é usar a conjunção em vez da implicação. A sentença

$$\forall x\ Rei(x) \land Pessoa(x)$$

seria equivalente a afirmar

Ricardo Coração de Leão é um rei $\land$ Ricardo Coração de Leão é uma pessoa,
Rei João é um rei $\land$ Rei João é uma pessoa,
A perna esquerda de Ricardo é um rei $\land$ A perna esquerda de Ricardo é uma
pessoa,

e assim por diante. É óbvio que isso não captura o que queremos.

Quantificação existencial (∃)

A quantificação universal faz declarações sobre todo objeto. De modo semelhante, podemos
fazer uma declaração sobre *algum* objeto no universo sem nomeá-lo, utilizando um **quantifi-**   Quantificador existencial
cador existencial. Por exemplo, para dizer que o rei João tem uma coroa em sua cabeça,
escrevemos

$$\exists x \; Coroa(x) \land NaCabeça(x, João).$$

$\exists x$ é lido como "Existe um x tal que..." ou "Para algum x...".

Intuitivamente, a sentença $\exists x \; P$ afirma que P é verdadeira para pelo menos um objeto x. Mais precisamente, $\exists x \; P$ é verdadeira em determinado modelo sob determinada interpretação se P é verdadeira em *pelo menos uma* interpretação estendida que atribua x a um elemento de domínio. Ou seja, pelo menos uma das afirmações a seguir deve ser verdadeira:

> Ricardo Coração de Leão é uma coroa $\land$ Ricardo Coração de Leão está na cabeça de João;
> Rei João é uma coroa $\land$ Rei João está na cabeça de João;
> A perna esquerda de Ricardo é uma coroa $\land$ A perna esquerda de Ricardo está na cabeça de João;
> A perna esquerda de João é uma coroa $\land$ A perna esquerda de João está na cabeça de João;
> A coroa é uma coroa $\land$ A coroa está na cabeça de João.

A quinta afirmação é verdadeira no modelo; assim, a sentença existencialmente quantificada original é verdadeira no modelo. Observe que, por nossa definição, a sentença também seria verdadeira em um modelo no qual o rei João estivesse usando duas coroas. Isso é inteiramente consistente com a sentença original "O rei João tem uma coroa em sua cabeça".[6]

Da mesma maneira que $\Rightarrow$ parece ser o conectivo natural a usar com $\forall$, $\land$ é o conectivo natural a usar com $\exists$. O uso de $\land$ como o principal conectivo com $\forall$ levou a uma declaração forte demais no exemplo da seção anterior; o uso de $\Rightarrow$ com $\exists$ em geral conduz a uma declaração muito fraca. Considere a sentença a seguir:

$$\exists x \; Coroa(x) \Rightarrow NaCabeça(x, João).$$

À primeira vista, talvez ela pareça ser uma apresentação razoável de nossa sentença. Aplicando a semântica, vemos que a sentença afirma que pelo menos uma das asserções a seguir é verdadeira:

> Ricardo Coração de Leão é uma coroa $\Rightarrow$ Ricardo Coração de Leão está na cabeça de João;
> Rei João é uma coroa $\Rightarrow$ Rei João está na cabeça de João;
> A perna esquerda de Ricardo é uma coroa $\Rightarrow$ A perna esquerda de Ricardo está na cabeça de João;

e assim por diante. Agora uma implicação é verdadeira se tanto a premissa quanto a conclusão são verdadeiras, *ou se sua premissa é falsa*. Assim, se Ricardo Coração de Leão não é uma coroa, a primeira afirmação é verdadeira e a existencial é satisfeita. Desse modo, uma sentença de implicação existencialmente quantificada é verdadeira sempre que *qualquer* objeto falhar em satisfazer a premissa; por conseguinte, essas sentenças, de fato, não dizem muito.

Quantificadores aninhados

Com frequência, desejaremos expressar sentenças mais complexas usando vários quantificadores. O caso mais simples é aquele em que os quantificadores são do mesmo tipo. Por exemplo, a sentença "Irmãos são parentes" pode ser escrita como:

$$\forall x \; \forall y \; Irmão(x, y) \Rightarrow Parente(x, y).$$

Quantificadores consecutivos do mesmo tipo podem ser escritos como um único quantificador com diversas variáveis. Por exemplo, para dizer que o parentesco é um relacionamento simétrico, podemos escrever:

$$\forall x, y \; Parente(x, y) \Leftrightarrow Parente(y, x).$$

Em outros casos, teremos misturas. "Todo mundo ama alguém" quer dizer que, para toda pessoa, existe alguém que essa pessoa ama:

---

[6] Existe uma variante do quantificador existencial, em geral escrita como $\exists^1$ ou $\exists!$, que significa "Existe exatamente um". O mesmo significado pode ser expresso com o uso de declarações de igualdade.

$$\forall x \, \exists y \, Ama(x, y).$$

Por outro lado, para dizer que "Existe alguém que é amado por todo mundo", escrevemos:

$$\exists y \, \forall x \, Ama(x, y).$$

Portanto, a ordem da quantificação é muito importante. Ela fica mais clara se inserimos parênteses. $\forall x \, (\exists y \, Ama(x, y))$ nos diz que *todo mundo* tem uma propriedade específica, ou seja, a propriedade de que eles amam alguém. Por outro lado, $\exists y \, (\forall x \, Ama(x, y))$ nos informa que *alguém* no mundo tem uma propriedade específica, isto é, a propriedade de ser amado por todo mundo.

É possível que surja alguma confusão quando dois quantificadores forem usados com o mesmo nome de variável. Considere a sentença

$$\forall x \, (Coroa(x) \lor (\exists x \, Irmão(Ricardo, x))).$$

Nesse caso, o x em $Irmão(Ricardo, x)$ é *existencialmente* quantificado. De acordo com a regra, a variável pertence ao quantificador mais interno que a menciona; desse modo, ela não estará sujeita a qualquer outra quantificação. Outra maneira de pensar sobre isso é: $\exists x \, Irmão(Ricardo, x)$ é uma sentença sobre Ricardo (afirmando que ele tem um irmão), e não sobre x; logo, a colocação de $\forall x$ do lado de fora dos parênteses não tem nenhum efeito. Isso poderia ser escrito igualmente bem como $\exists z \, Irmão(Ricardo, z)$. Tendo em vista que isso pode causar alguma confusão, sempre utilizaremos nomes de variáveis diferentes com quantificadores aninhados.

Conexões entre $\forall$ e $\exists$

Na realidade, os dois quantificadores estão intimamente conectados um ao outro por meio da negação. Afirmar que todo mundo detesta cenouras é o mesmo que afirmar que não existe alguém que goste delas e vice-versa:

$$\forall x \, \lnot Gosta(x, Cenouras) \text{ é equivalente a } \lnot \exists x \, Gosta(x, Cenouras).$$

Podemos ir um passo adiante: "Todo mundo gosta de sorvete" significa que não existe ninguém que não goste de sorvete:

$$\forall x \, Gosta(x, Sorvete) \text{ é equivalente a } \lnot \exists x \, \lnot Gosta(x, Sorvete).$$

Tendo em vista que $\forall$ é realmente uma conjunção sobre o universo de objetos e $\exists$ é uma disjunção, não deve surpreender que eles obedeçam às regras de De Morgan. As regras de De Morgan para sentenças quantificadas e não quantificadas são as seguintes:

$$
\begin{aligned}
\lnot \exists x \, P &\equiv \forall x \, \lnot P & \lnot(P \lor Q) &\equiv \lnot P \land \lnot Q \\
\lnot \forall x \, P &\equiv \exists x \, \lnot P & \lnot(P \land Q) &\equiv \lnot P \lor \lnot Q \\
\forall x \, P &\equiv \lnot \exists x \, \lnot P & P \land Q &\equiv \lnot(\lnot P \lor \lnot Q) \\
\exists x \, P &\equiv \lnot \forall x \, \lnot P & P \lor Q &\equiv \lnot(\lnot P \land \lnot Q).
\end{aligned}
$$

Desse modo, na realidade não precisamos de ambos $\forall$ e $\exists$, da mesma forma que não precisamos realmente de $\land$ e $\lor$. Ainda assim, a legibilidade é mais importante que a parcimônia e, portanto, continuaremos utilizando ambos os quantificadores.

8.2.7 Igualdade

A lógica de primeira ordem inclui mais um meio de criar sentenças atômicas, além de usar um predicado e termos da maneira descrita anteriormente. Podemos usar o **símbolo de igualdade** significando que dois termos se referem ao mesmo objeto. Por exemplo, *Símbolo de igualdade*

$$Pai(João) = Henrique$$

nos diz que o objeto referido por $Pai(João)$ e o objeto referido por $Henrique$ são iguais. Como uma interpretação fixa o referente de qualquer termo, a determinação da verdade de uma sentença de igualdade é simplesmente uma questão de ver que os referentes dos dois termos são o mesmo objeto.

O símbolo de igualdade pode ser usado para enunciar fatos sobre determinada função, como acabamos de fazer para o símbolo *Pai*. Também pode ser empregado com a negação para insistir no fato de que dois termos não são o mesmo objeto. Para dizer que Ricardo tem pelo menos dois irmãos, escreveríamos:

$$\exists x, y \ Irmão(x, Ricardo) \land Irmão(y, Ricardo) \land \lnot (x = y).$$

A sentença

$$\exists x, y \ Irmão(x, Ricardo) \land Irmão(y, Ricardo)$$

não tem o significado pretendido. Em particular, ela é verdadeira no modelo da Figura 8.2, em que Ricardo tem apenas um irmão. Para constatar esse fato, considere a interpretação estendida em que tanto x quanto y são atribuídos ao rei João. O acréscimo de $\lnot (x = y)$ elimina esses modelos. A notação $x \neq y$ às vezes é usada como uma abreviação de $\lnot (x = y)$.

8.2.8 Semântica de banco de dados

Continuando o exemplo da seção anterior, suponha que acreditemos que Ricardo tem dois irmãos, João e Godofredo.[7] Poderíamos escrever

$$Irmão(João, Ricardo) \land Irmão(Godofredo, Ricardo), \tag{8.3}$$

mas isso não capturaria totalmente o estado das coisas. Em primeiro lugar, essa afirmação é verdadeira em um modelo em que Ricardo tem apenas um irmão – precisamos adicionar *João ≠ Godofredo*. Segundo, a sentença não descarta modelos em que Ricardo tenha muito mais irmãos além de Godofredo e João. Assim, a tradução correta de "os irmãos de Ricardo são João e Godofredo" é a seguinte:

$$Irmão(João, Ricardo) \land Irmão(Godofredo, Ricardo) \land João \neq Godofredo$$
$$\land \forall x \ Irmão(x, Ricardo) \Rightarrow (x = João \lor x = Godofredo).$$

Esta sequência lógica parece muito mais complicada do que a expressão em linguagem natural correspondente. Porém, se não interpretarmos a expressão em linguagem natural corretamente, nosso sistema de raciocínio lógico cometerá equívocos. Podemos conceber uma semântica que permita uma expressão lógica mais simples?

Uma proposta muito popular em sistemas de banco de dados funciona da forma a seguir. Em primeiro lugar, insistimos que cada símbolo constante se refere a um objeto distinto – a chamada **hipótese de nomes únicos**. Em segundo lugar, assumimos que as sentenças atômicas, que não sabemos se são verdadeiras, são na verdade falsas – a **hipótese de mundo fechado**. Finalmente, invocamos o **fechamento de domínio**, que significa que cada modelo não contém mais elementos de domínio do que os nomeados pelos símbolos constantes.

Sob a semântica resultante, a Equação 8.3 realmente indica que Ricardo tem exatamente dois irmãos, João e Godofredo. A isso chamamos **semântica de banco de dados**, para distingui-la da semântica padrão da lógica de primeira ordem. A semântica de banco de dados é também usada em sistemas de lógica de programação, como explicado na seção 9.4.4.

É instrutivo considerar o conjunto de todos os modelos possíveis sob a semântica de banco de dados para o mesmo caso, como mostrado na Figura 8.4. A Figura 8.5 mostra alguns dos modelos que variam desde o modelo sem tuplas, satisfazendo a relação, até o modelo com todas as tuplas, satisfazendo a relação. Com dois objetos, existem quatro tuplas possíveis de dois elementos, por isso há $2^4 = 16$ diferentes subconjuntos de tuplas que podem satisfazer a relação. Assim, existem 16 modelos possíveis ao todo – bem menos que a infinita quantidade de modelos para a semântica padrão de primeira ordem. Por outro lado, a semântica de banco de dados requer conhecimento preciso do que o mundo contém.

Esse exemplo traz à tona um ponto importante: não há uma semântica "correta" para a lógica. A utilidade de qualquer semântica proposta depende de quão concisa e intuitiva ela

Hipótese de nomes únicos
Hipótese de mundo fechado
Fechamento de domínio

Semântica de banco de dados

---

[7] Na verdade, ele tinha quatro; os outros eram Guilherme e Henrique.

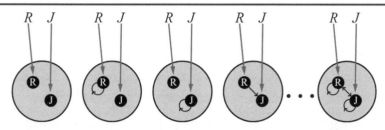

Figura 8.5 Alguns membros do conjunto de todos os modelos de uma linguagem com dois símbolos de constantes, *R* e *J*, e um símbolo de relação binária, sob a semântica de banco de dados. A interpretação dos símbolos de constantes é fixa e há um objeto distinto para cada símbolo de constante.

torna a expressão dos tipos de conhecimento que queremos descrever e de quão é fácil e natural desenvolver as respectivas regras de inferência. A semântica de banco de dados é mais útil quando temos certeza sobre a identidade de todos os objetos descritos na base de conhecimento e quando temos todos os fatos à mão; em outros casos, é quase impraticável. Para o restante deste capítulo, assumiremos a semântica padrão, enquanto observamos casos em que essa escolha leva a expressões desajeitadas.

8.3 Utilização da lógica de primeira ordem

Agora que definimos uma linguagem lógica expressiva, é hora de aprender a usá-la. Nesta seção, forneceremos representações mais sistemáticas de alguns **domínios** simples. Em representação do conhecimento, um domínio é simplesmente alguma parte do mundo sobre a qual desejamos expressar algum conhecimento.

Domínio

Começaremos com uma breve descrição da interface TELL/ASK para bases de conhecimento de primeira ordem. Em seguida, examinaremos os domínios de relacionamentos de família, números, conjuntos e listas, e o mundo de wumpus. A seção 8.4.2 contém um exemplo mais significativo (circuitos eletrônicos), e o Capítulo 10 aborda tudo o que existe no universo.

8.3.1 Asserções e consultas em lógica de primeira ordem

As sentenças são adicionadas a uma base de conhecimento usando TELL, exatamente como na lógica proposicional. Tais sentenças são chamadas **asserções**. Por exemplo, podemos afirmar que João é um rei, Ricardo é uma pessoa e que todos os reis são pessoas:

Asserção

> TELL(*BC*, *Rei(João)*).
> TELL(*BC*, *Pessoa(Ricardo)*).
> TELL(*BC*, $\forall x\ Rei(x) \Rightarrow Pessoa(x)$).

Podemos formular perguntas sobre a base de conhecimento utilizando ASK. Por exemplo,

> ASK(*BC*, *Rei(João)*)

retorna *verdadeiro*. Perguntas formuladas com o uso de ASK são chamadas **consultas** ou **metas**. De modo geral, qualquer consulta que seja consequência lógica da base de conhecimento deve ser respondida afirmativamente. Por exemplo, dadas as duas asserções precedentes, a consulta

> ASK(*BC*, *Pessoa(João)*)

também deve retornar *verdadeiro*. Além disso, podemos formular consultas quantificadas, como

> ASK(*BC*, $\exists x\ Pessoa(x)$).

A resposta é *verdadeira*, mas isso talvez não seja tão útil como gostaríamos. Isso é bem semelhante a responder à pergunta "Pode me dizer a hora?" com "Sim". Se quisermos saber qual

242 Inteligência Artificial

valor de x torna a sentença verdadeira, vamos precisar de uma função diferente, ASKVARS, que chamamos de

$$\text{ASKVARS}(BC, Pessoa(x))$$

Substituição
Lista de vinculação

e que produz um fluxo de respostas. Nesse caso, haverá duas respostas: $\{x/João\}$ e $\{x/Ricardo\}$. Essa resposta é chamada **substituição** ou **lista de vinculação**. Normalmente, ASKVARS é reservado para bases de conhecimento constituídas exclusivamente por cláusulas de Horn, porque nessas bases de conhecimento todas as maneiras de tornar a consulta verdadeira irão vincular as variáveis a valores específicos. Não é o caso para a lógica de primeira ordem; se houver, na BC, $Rei(João) \lor Rei(Ricardo)$, não haverá nenhuma vinculação para x para a consulta $\exists x$ $Rei(x)$, mesmo que a consulta seja verdadeira.

8.3.2 Domínio de parentesco

O primeiro exemplo que iremos considerar é o domínio de relacionamentos familiares ou de parentesco. Esse domínio inclui fatos como "Elizabeth é a mãe de Charles" e "Charles é o pai de William", e regras como "a avó de uma pessoa é a mãe do pai ou da mãe de uma pessoa".

É claro que os objetos em nosso domínio são pessoas. Teremos os predicados unários, *Masculino* e *Feminino*, entre outros. As relações de parentesco – paternidade, fraternidade, casamento, e assim por diante – serão representadas por predicados binários: *PaiOuMãe*, *IrmãoOuIrmã*, *Irmão*, *Irmã*, *FilhaOuFilho*, *Filha*, *Filho*, *Cônjuge*, *Esposa*, *Marido*, *AvôOuAvó*, *NetoOuNeta*, *Primo*, *Tia* e *Tio*. Usaremos funções para representar *Mãe* e *Pai* porque toda pessoa tem exatamente um de cada, biologicamente (embora pudéssemos introduzir funções adicionais para mães de filhos adotados, madrastas etc.).

Podemos examinar cada função e predicado anotando o que sabemos em termos dos outros símbolos. Por exemplo, a mãe de alguém é progenitor (*PaiOuMãe*) feminino desse alguém:

$$\forall m, c \ Mãe(c) = m \Leftrightarrow Feminino(m) \land PaiOuMãe(m, c).$$

O marido de alguém é o cônjuge masculino de alguém:

$$\forall w, h \ Marido(h, w) \Leftrightarrow Masculino(h) \land Cônjuge(h, w).$$

PaiOuMãe e FilhoOuFilha são relações inversas:

$$\forall p, c \ PaiOuMãe(p, c) \Leftrightarrow FilhoOuFilha(c, p).$$

Um Avô ou avó é pai ou mãe do pai ou da mãe de alguém:

$$\forall g, c \ AvôOuAvó(g, c) \Leftrightarrow \exists p \ PaiOuMãe(g, p) \land PaiOuMãe(p, c).$$

Um irmão ou irmã é outro filho ou filha dos pais de alguém:

$$\forall x, y \ IrmãoOuIrmã(x, y) \Leftrightarrow x \neq y \land \exists p \ PaiOuMãe(p, x) \land PaiOuMãe(p, y).$$

Poderíamos continuar por várias outras páginas com esse assunto.

Cada uma dessas sentenças pode ser vista como um **axioma** do domínio de parentesco, como explicado na seção 7.1. Em geral, os axiomas estão associados a domínios puramente matemáticos – veremos em breve alguns axiomas referentes a números –, mas eles são necessários em todos os domínios. Os axiomas fornecem as informações factuais básicas a partir das quais podem ser derivadas conclusões úteis. Nossos axiomas de parentesco também são

Definição

definições; eles têm a forma $\forall x, y \ P(x, y) \Leftrightarrow ....$ Os axiomas definem a função *Mãe* e os predicados *Marido*, *Masculino*, *PaiOuMãe*, *AvôOuAvó* e *IrmãoOuIrmã* em termos de outros predicados. Nossas definições se reduzem a um conjunto básico de predicados (*FilhoOuFilha*, *Feminino* etc.) em cujos termos os outros são definidos em última instância.

Essa é uma forma muito natural de construir a representação de um domínio, e é análoga ao modo como os pacotes de *software* são elaborados por meio de definições sucessivas de sub-rotinas a partir de funções primitivas de biblioteca. Note que não existe necessariamente um conjunto único de predicados primitivos; poderíamos igualmente ter utilizado *PaiOuMãe*,

Cônjuge e *Masculino*. Em alguns domínios, como mostraremos, não há nenhum conjunto básico claramente identificável.

Nem todas as sentenças lógicas sobre um domínio são axiomas. Algumas são **teoremas** – isto é, são consequência lógica dos axiomas. Por exemplo, considere a asserção de que a relação de irmãos é simétrica:

$$\forall x, y \; IrmãoOuIrmã(x, y) \Leftrightarrow IrmãoOuIrmã(y, x).$$

Isso é um axioma ou um teorema? De fato, é um teorema que decorre logicamente do axioma que define o parentesco. Se formularmos (com ASK) essa sentença à base de conhecimento, ela deverá retornar *verdadeiro*.

De um ponto de vista puramente lógico, uma base de conhecimento só precisa conter axiomas e não teoremas, porque os teoremas não aumentam o conjunto de conclusões que se seguem da base de conhecimento. Do ponto de vista prático, os teoremas são essenciais para reduzir o custo computacional da derivação de novas sentenças. Sem eles, um sistema de raciocínio tem de começar a partir de princípios fundamentais o tempo todo, como se fosse um físico obrigado a redefinir as regras do cálculo a cada novo problema.

Nem todos os axiomas são definições. Alguns fornecem informações mais gerais sobre certos predicados sem constituir uma definição. Na realidade, alguns predicados não têm nenhuma definição completa porque não sabemos o bastante para caracterizá-los plenamente. Por exemplo, não existe nenhuma forma óbvia definitiva de completar a sentença:

$$\forall x \; Pessoa(x) \Leftrightarrow \ldots$$

Felizmente, a lógica de primeira ordem nos permite fazer uso do predicado *Pessoa* sem defini-lo completamente. Em vez disso, podemos escrever especificações parciais de propriedades que toda pessoa tem e propriedades que tornam algo uma pessoa:

$$\forall x \; Pessoa(x) \Rightarrow \ldots$$
$$\forall x \; \ldots \Rightarrow Pessoa(x).$$

Os axiomas também podem ser "apenas fatos simples", como *Masculino(Jim)* e *Cônjuge(Jim, Laura)*. Esses fatos formam as descrições de instâncias específicas de problemas, permitindo que perguntas específicas sejam respondidas. Se tudo correr bem, as respostas a essas perguntas serão então teoremas que decorrem dos axiomas.

Com frequência, descobrimos que as respostas esperadas não estão disponíveis – p. ex., de *Cônjuge(Jim, Laura)* espera-se (segundo as leis de muitos países) poder inferir ¬*Cônjuge(George, Laura)*, mas isso não se origina dos axiomas dados anteriormente – mesmo depois de adicionarmos *Jim ≠ George*, como sugerido na seção 8.2.8. Esse é um sinal de que está faltando um axioma.

8.3.3 Números, conjuntos e listas

Os números talvez sejam o exemplo mais vívido de como uma grande teoria pode ser construída a partir de um minúsculo núcleo de axiomas. Vamos descrever aqui a teoria dos **números naturais** ou inteiros não negativos. Precisaremos de um predicado *NúmNat* que será verdadeiro sobre os números naturais; de um símbolo de constante, o 0; e ainda de um símbolo de função, *S* (sucessor). Os **axiomas de Peano** definem números naturais e adição.[8] Os números naturais são definidos recursivamente:

$$NúmNat(0).$$
$$\forall n \; NúmNat(n) \Rightarrow NúmNat(S(n)).$$

Isto é, 0 é um número natural e, para todo objeto *n*, se *n* é um número natural, então *S(n)* é um número natural. Assim, os números naturais são 0, *S(0)*, *S(S(0))*, e assim por diante. Também precisamos de axiomas para restringir a função sucessora:

$$\forall n \; 0 \neq S(n).$$

---

[8] Os axiomas de Peano também incluem o princípio de indução, que é uma sentença de lógica de segunda ordem, e não de lógica de primeira ordem. A importância dessa distinção será explicada no Capítulo 9.

244 **Inteligência Artificial**

$$\forall m, n \; m \neq n \Rightarrow S(m) \neq S(n).$$

Agora, podemos definir a adição em termos da função sucessora:

$$\forall m \; NúmNat(m) \Rightarrow + (0, m) = m.$$
$$\forall m, n \; NúmNat(m) \wedge NúmNat(n) \Rightarrow + (S(m), n) = S(+(m, n)).$$

O primeiro desses axiomas afirma que a adição de 0 a qualquer número natural m fornece o próprio m. Note o uso do símbolo de função binária "+" no termo $+(m, 0)$; em matemática

Infixo

Prefixo

comum, o termo seria escrito como $m + 0$ utilizando a notação **infixa**. (A notação que usamos na lógica de primeira ordem é chamada **prefixa**.) Para facilitar a leitura de nossas sentenças sobre números, permitiremos o uso da notação infixa. Também escreveremos $S(n)$ como $n + 1$, de forma que o segundo axioma se torne

$$\forall m, n \; NúmNat(m) \wedge NúmNat(n) \Rightarrow (m + 1) + n = (m + n) + 1.$$

Esse axioma reduz a adição à aplicação repetida da função sucessora.

Açúcar sintático

O uso da notação infixa é um exemplo de **açúcar sintático**, ou seja, uma extensão para a nossa abreviação da sintaxe padrão que não altera a semântica. Qualquer sentença que utilize açúcar pode ser "desaçucarada" para produzir uma sentença equivalente na lógica comum de primeira ordem. Outro exemplo é o uso de colchetes quadrados no lugar de parênteses para facilitar a leitura da correspondência dos colchetes angulares esquerdos e direitos. Outro exemplo ainda é a redução de quantificadores: substituindo $\forall x \; \forall y \; P(x, y)$ por $\forall x, y \; P(x, y)$.

Uma vez que temos a adição, é simples definir a multiplicação como a adição repetida, a exponenciação como a multiplicação repetida, a divisão de inteiros e restos, números primos, e assim por diante. Desse modo, toda a teoria dos números (inclusive a criptografia) pode ser elaborada a partir de uma constante, uma função, um predicado e quatro axiomas.

Conjunto

O domínio de **conjuntos** também é fundamental para a matemática, bem como para o raciocínio comum (de fato, é possível definir a teoria dos números em termos da teoria dos conjuntos). Queremos ter a capacidade de representar conjuntos individuais, inclusive o conjunto vazio. Precisamos de um modo de construir conjuntos a partir de elementos ou de operações sobre outros conjuntos. Queremos saber se um elemento é membro de um conjunto e queremos ter a possibilidade de distinguir conjuntos de objetos que não são conjuntos.

Utilizaremos o vocabulário normal da teoria dos conjuntos como açúcar sintático. O conjunto vazio é uma constante escrita como { }. Existe um único predicado unário, *Conjunto*, que é verdadeiro no caso de conjuntos. Os predicados binários são $x \in s$ (x é membro do conjunto s) e $s_1 \subseteq s_2$ (o conjunto s_1 é um subconjunto de s_2, possivelmente igual a s_2). As funções binárias são $s_1 \cap s_2$ (interseção), $s_1 \cup s_2$ (união) e $Adição(x, s)$ (o conjunto resultante da adição do elemento x ao conjunto s). Um conjunto possível de axiomas é:

1. Apenas são conjuntos o conjunto vazio e os que são formados pela adição de algo a um conjunto:

$$\forall s \; Conjunto(s) \Leftrightarrow (s = \{\}) \vee (\exists x, s_2 \; Conjunto(s_2) \wedge s = Adição(x, s_2)).$$

2. O conjunto vazio não tem elementos adicionados a ele; em outras palavras, não há como decompor { } em um conjunto menor e um elemento:

$$\neg \exists x, s \; Adição(x, s) = \{\}.$$

3. A adição de um elemento que já está no conjunto não tem nenhum efeito:

$$\forall x, s \; x \in s \Leftrightarrow s = Adição(x, s).$$

4. Os únicos membros de um conjunto são os elementos que foram adicionados a ele. Expressamos esse fato de modo recursivo, afirmando que x é um membro de s se e somente se s é igual a algum elemento y adicionado a algum conjunto s_2, em que y é igual a x ou x é um membro de s_2:

$$\forall x, s \; x \in s \Leftrightarrow \exists y, s_2 \; (s = Adição(y, s_2) \wedge (x = y \vee x \in s_2)).$$

5. Um conjunto é um subconjunto de outro conjunto se e somente se todos os elementos do primeiro conjunto pertencem ao segundo conjunto:

$$\forall s_1, s_2 \, s_1 \subseteq s_2 \Leftrightarrow (\forall x \, x \in s_1 \Rightarrow x \in s_2).$$

6. Dois conjuntos são iguais se e somente se cada um deles é um subconjunto do outro:

$$\forall s_1, s_2 \, (s_1 = s_2) \Leftrightarrow (s_1 \subseteq s_2 \wedge s_2 \subseteq s_1).$$

7. Um objeto está na interseção de dois conjuntos se e somente se ele pertence a ambos os conjuntos:

$$\forall x, s_1, s_2 \, x \in (s_1 \cap s_2) \Leftrightarrow (x \in s_1 \wedge x \in s_2).$$

8. Um objeto está na união de dois conjuntos se e somente se ele pertence a um ou a ambos os conjuntos:

$$\forall x, s_1, s_2 \, x \in (s_1 \cup s_2) \Leftrightarrow (x \in s_1 \vee x \in s_2).$$

As **listas** são semelhantes aos conjuntos. As diferenças residem no fato de que as listas são ordenadas e de que o mesmo elemento pode aparecer mais de uma vez em uma lista. Podemos usar o vocabulário de Lisp para listas: *Nil* é a lista constante, sem elementos; *Cons*, *Append*, *First* e *Rest* são funções; e *Find* é o predicado que representa para as listas aquilo que *Membro* representa para conjuntos. *List* é um predicado verdadeiro apenas no caso de listas. Como ocorre com os conjuntos, é comum usar açúcar sintático em sentenças lógicas que envolvem listas. A lista vazia é representada por [ ]. O termo *Cons*(x, y), em que y é uma lista não vazia, é escrito como $[x|y]$. O termo *Cons*(x, Nil) – isto é, a lista que contém o elemento x seguido por nada – é escrito como $[x]$. Uma lista de vários elementos, como $[A,B,C]$, corresponde ao termo aninhado *Cons*$(A,Cons(B,Cons(C,Nil)))$.

Lista

8.3.4 Mundo de wumpus

Alguns axiomas de lógica proposicional para o mundo de wumpus foram apresentados no Capítulo 7. Os axiomas de primeira ordem desta seção são muito mais concisos, captando de modo muito natural exatamente aquilo que queremos dizer.

Lembre-se de que o agente de wumpus recebe um vetor de percepções com cinco elementos. A sentença de primeira ordem correspondente armazenada na base de conhecimento deve incluir tanto a percepção quanto o instante em que ela ocorreu; caso contrário, o agente ficará confuso sobre o momento em que viu cada item. Utilizaremos os inteiros como instantes temporais. Uma sentença de percepções típica seria:

Percepção$([Fedor,Brisa,Brilho,Nenhum,Nenhum],5)$.

Aqui, *Percepção* é um predicado binário; *Fedor*, e assim por diante, são constantes inseridas em uma lista. As ações no mundo de wumpus podem ser representadas por termos lógicos:

Virar(*Direita*), *Virar*(*Esquerda*), *Avançar*, *Atirar*, *Agarrar*, *Escalar*.

Para determinar o que é melhor, o programa do agente constrói uma consulta como

ASKVARS($BC,MelhorAção(a,5)$),

que retorna uma lista de vinculação como $[a/Agarrar]$. O programa do agente pode então retornar *Agarrar* como a ação a executar. Os dados brutos da percepção implicam certos fatos sobre o estado atual. Por exemplo:

$$\forall t,s,g,m,c \; Percepção([s,Brisa,g,m,c],t) \Rightarrow Brisa(t)$$
$$\forall t,s,g,m,c \; Percepção([s,Nenhum,g,m,c],t) \Rightarrow \neg Brisa(t)$$
$$\forall t,s,b,m,c \; Percepção([s,b,Brilho,m,c],t) \Rightarrow Brilho(t)$$
$$\forall t,s,b,m,c \; Percepção([s,b,Nenhum,m,c],t) \Rightarrow \neg Brilho(t).$$

e assim por diante. Essas regras exibem uma forma trivial do processo de raciocínio chamado **percepção**, que estudaremos em profundidade no Capítulo 25. Note a quantificação sobre o

246 Inteligência Artificial

tempo t. Em lógica proposicional, precisaríamos de cópias de cada sentença para cada instante de tempo.

O comportamento "reativo" simples também pode ser implementado por sentenças de implicação quantificadas. Por exemplo, temos

$$\forall t\ Brilho(t) \Rightarrow MelhorAção(Agarrar,t).$$

Dadas a percepção e as regras dos parágrafos precedentes, isso produziria a conclusão desejada $MelhorAção(Agarrar,5)$, ou seja, $Agarrar$ é a ação correta.

Representamos as entradas e saídas do agente; agora, chegou a hora de representar o próprio ambiente. Vamos começar com os objetos. Candidatos óbvios são quadrados, poços e o wumpus. Poderíamos nomear cada quadrado – $Quadrado_{1,2}$ e assim por diante; entretanto, o fato de $Quadrado_{1,2}$ e $Quadrado_{1,3}$ serem adjacentes teria de ser um fato "extra", e precisaríamos de um fato desse tipo para cada par de quadrados. É melhor usar um termo complexo em que a linha e a coluna aparecem como inteiros; p. ex., podemos simplesmente utilizar o termo lista [1,2]. A adjacência de dois quadrados quaisquer pode ser definida como

$$\forall x, y, a, b\ Adjacente([x, y], [a, b]) \Leftrightarrow$$
$$(x = a \land (y = b - 1 \lor y = b + 1)) \lor (y = b \land (x = a - 1 \lor x = a + 1)).$$

Poderíamos nomear cada poço, mas isso seria inadequado por uma razão diferente: não há nenhum motivo para fazer distinção entre os poços.[9] É muito mais simples usar um predicado unário $Poço$ que seja verdadeiro no caso de quadrados contendo poços. Por fim, tendo em vista que há exatamente um wumpus, uma constante $Wumpus$ vale tanto quanto um predicado unário (e talvez mais digno, do ponto de vista do wumpus).

A posição do agente muda com o tempo; assim, escreveremos $Em(Agente, s, t)$ para indicar que o agente está no quadrado s no instante t. Podemos fixar a localização do wumpus em um ponto específico, para sempre com $\forall t\ Em(Wumpus, [1, 3], t)$. Podemos então dizer que os objetos podem estar em apenas um local de cada vez:

$$\forall x, s_1, s_2, t\ Em(x, s_1, t) \land Em(x, s_2, t) \Rightarrow s_1 = s_2.$$

Dada sua posição atual, o agente pode deduzir propriedades do quadrado a partir de propriedades de sua percepção atual. Por exemplo, se o agente estiver em um quadrado e perceber uma brisa, então esse quadrado está arejado:

$$\forall s, t\ Em(Agente, s, t) \land Brisa(t) \Rightarrow Arejado(s).$$

É útil saber que um *quadrado* é arejado porque sabemos que os poços não podem se deslocar. Note que $Arejado$ não tem nenhum argumento de tempo.

Tendo descoberto quais são os lugares arejados (ou fedorentos) e, muito importante, os lugares *não* arejados (ou *não* fedorentos), o agente pode deduzir onde estão os poços (e onde está o wumpus). Enquanto a lógica proposicional necessita de um axioma separado para cada quadrado (ver R_2 e R_3, na seção 7.4.3) e precisaria de um conjunto de axiomas diferentes para cada organização geográfica do mundo, a lógica de primeira ordem precisa apenas de um axioma:

$$\forall s\ Arejado(s) \Leftrightarrow \exists r\ Adjacente(r, s) \land Poço(r). \tag{8.4}$$

Da mesma forma, na lógica de primeira ordem podemos quantificar ao longo do tempo, e assim precisamos apenas de um axioma de estado sucessor para cada predicado, em vez de uma cópia diferente para cada instante. Por exemplo, o axioma para a flecha (Equação 7.2) torna-se

$$\forall t\ TemFlecha\ (t + 1) \Leftrightarrow (TemFlecha(t) \land \neg Ação\ (Atirar,t)).$$

A partir dessas duas sentenças de exemplo, podemos ver que a formulação da lógica de primeira ordem não é menos concisa do que a descrição original em linguagem natural dada no Capítulo 7. O leitor é convidado a construir axiomas semelhantes para localização e orientação

---

[9] De modo semelhante, a maioria das pessoas não identifica cada pássaro que voa sobre sua cabeça à medida que ele migra para regiões mais quentes no inverno. Um ornitologista que deseje estudar padrões de migração, taxas de sobrevivência, e assim por diante, *identificará* cada pássaro, usando um anel em sua perna, porque pássaros individuais devem ser monitorados.

do agente; nesses casos, os axiomas quantificam sobre espaço e tempo. Como no caso da estimativa do estado proposicional, um agente pode usar inferência lógica com os axiomas desse tipo para acompanhar os aspectos do mundo que não são observados diretamente. No Capítulo 11 vamos nos aprofundar mais sobre o tema dos axiomas de estado sucessor de primeira ordem e seus usos para a construção de planos.

8.4 Engenharia de conhecimento em lógica de primeira ordem

A seção anterior ilustrou o uso da lógica de primeira ordem para representar o conhecimento em três domínios simples. Esta seção descreve o processo geral de construção da base de conhecimento – um processo chamado **engenharia de conhecimento**. Um engenheiro de conhe- Engenharia de cimento é alguém que investiga um domínio específico, aprende quais conceitos são importan- conhecimento tes nesse domínio e cria uma representação formal dos objetos e relações no domínio. Ilustraremos o processo de engenharia de conhecimento em um domínio de circuito eletrônico. A abordagem que adotaremos é adequada para o desenvolvimento de bases de conhecimento de *propósito específico*, cujo domínio está cuidadosamente circunscrito e cujo intervalo de consultas é conhecido com antecedência. As bases de conhecimento de *propósito geral*, destinadas a dar suporte a consultas em toda a variedade do conhecimento humano e a apoiar tarefas, como a compreensão da linguagem natural, serão descritas no Capítulo 10.

8.4.1 Processo de engenharia de conhecimento

Os projetos de engenharia de conhecimento variam amplamente em conteúdo, escopo e dificuldade, mas todos eles incluem as etapas a seguir:

1. *Identificar as questões*. O engenheiro de conhecimento deve delinear a variedade de questões que a base de conhecimento admitirá e os tipos de fatos que estarão disponíveis para cada instância específica de problema. Por exemplo, a base de conhecimento do wumpus precisa ser capaz de escolher ações, ou ela é obrigada a responder a questões apenas sobre o conteúdo do ambiente? Os fatos do sensor incluirão a posição atual? A tarefa determinará qual conhecimento deve ser representado, com a finalidade de conectar instâncias de problemas a respostas. Essa etapa é análoga ao processo PEAS para projetar agentes, que vimos no Capítulo 2.

2. *Agregar o conhecimento relevante*. O engenheiro de conhecimento já deve ser um especialista no domínio, ou talvez precise trabalhar com especialistas reais para extrair o que eles conhecem – um processo chamado **aquisição de conhecimento**. Nessa fase, o conheci- Aquisição de mento não é representado formalmente. A ideia é compreender o escopo da base de co- conhecimento nhecimento, determinado pela tarefa, e entender como o domínio realmente funciona.

    No caso do mundo de wumpus, definido por um conjunto artificial de regras, é fácil identificar o conhecimento relevante. (Contudo, note que a definição de adjacência não foi fornecida explicitamente nas regras do mundo de wumpus.) Para domínios reais, a questão de relevância pode ser bastante difícil – p. ex., um sistema para simular projetos VLSI pode necessitar levar em conta, ou não, capacitâncias parasitas e efeitos peliculares.

3. *Definir um vocabulário de predicados*, *funções e constantes*. Ou seja, converter os importantes conceitos de nível de domínio em nomes no nível de lógica. Isso envolve muitas questões de *estilo* da engenharia de conhecimento. Como o estilo de programação, ele pode ter um impacto significativo sobre o sucesso no fim do projeto. Por exemplo, os poços devem ser representados por objetos ou por um predicado unário sobre quadrados? A orientação do agente deve ser uma função ou um predicado? A posição do wumpus deve depender do tempo? Uma vez que as escolhas tenham sido feitas, o resultado é um vocabulário conhecido como **ontologia** do domínio. A palavra *ontologia* significa uma Ontologia teoria específica da natureza de ser ou existir. A ontologia determina que tipos de itens existem, mas não determina suas propriedades específicas e seus inter-relacionamentos.

4. *Codificar o conhecimento geral sobre o domínio*. O engenheiro de conhecimento escreve os axiomas correspondentes a todos os termos do vocabulário. Isso fixa (na medida

248 Inteligência Artificial

do possível) o significado dos termos, permitindo ao especialista verificar o conteúdo. Com frequência, essa etapa revela concepções erradas ou lacunas no vocabulário que devem ser corrigidas retornando à etapa 3 e repetindo todo o processo.

5. *Codificar uma descrição da instância específica do problema.* Se a ontologia estiver bem elaborada, essa etapa será fácil. Ela envolverá a escrita de sentenças atômicas simples sobre instâncias de conceitos que já fazem parte da ontologia. Para um agente lógico, as instâncias de problemas são fornecidas pelos sensores, enquanto uma base de conhecimento "desincorporada" recebe sentenças da mesma forma que os programas tradicionais recebem dados de entrada.

6. *Formular consultas ao procedimento de inferência e obter respostas.* Essa é a etapa em que está a recompensa: podemos deixar o procedimento de inferência operar sobre os axiomas e fatos específicos do problema para derivar os fatos que estamos interessados em conhecer. Assim, evitamos a necessidade de escrever um algoritmo de solução específica à aplicação.

7. *Depurar e avaliar a base de conhecimento.* Infelizmente, as respostas às consultas poucas vezes estarão corretas na primeira tentativa. Mais precisamente, as respostas estarão corretas *para a base de conhecimento conforme escritas*, supondo que o procedimento de inferência seja consistente, mas não serão aquelas que o usuário espera. Por exemplo, se um axioma estiver ausente, algumas consultas não poderão ser respondidas a partir da base de conhecimento. Disso poderia resultar em um processo de depuração considerável. Falta de axiomas ou axiomas muito fracos podem ser identificados com facilidade observando lugares em que a cadeia de raciocínio se interrompe de forma inesperada. Por exemplo, se a base de conhecimento incluir uma regra de diagnóstico para encontrar o wumpus,

$$\forall s \; Fedor(s) \Rightarrow Adjacente(Casa(Wumpus),s),$$

em vez de bicondicional, o agente nunca poderá provar a *ausência* de wumpuses. Os axiomas incorretos podem ser identificados porque são declarações falsas sobre o mundo. Por exemplo, a sentença

$$\forall x \; NúmDePernas(x, 4) \Rightarrow Mamífero(x)$$

é falsa para répteis, anfíbios e mesas, por exemplo. *A falsidade dessa sentença pode ser determinada de forma independente do restante da base de conhecimento.* Em contraste, um erro típico em um programa é semelhante a:

```
deslocamento = posição + 1.
```

É impossível dizer se `deslocamento` deve ser `posição` ou `posição + 1`, sem conhecer o contexto ao redor.

Quando você chega ao ponto de não haver erros óbvios na sua base de conhecimento, é tentador declarar o sucesso. Porém, a menos que obviamente não haja erros, é melhor avaliar formalmente seu sistema, executando-o em um conjunto de consultas de teste e medindo quantas você acerta. Sem uma medição objetiva, é muito fácil convencer-se de que o trabalho está terminado. Para entender melhor esse processo de sete etapas, vamos aplicá-lo agora a um exemplo ampliado – o domínio dos circuitos eletrônicos.

8.4.2 Domínio dos circuitos eletrônicos

Desenvolveremos uma ontologia e uma base de conhecimento que nos permitirão raciocinar sobre circuitos digitais do tipo mostrado na Figura 8.6. Seguiremos o processo de sete etapas da engenharia de conhecimento.

Identificar as questões

Existem muitas tarefas de raciocínio associadas a circuitos digitais. No nível mais alto, analisamos a funcionalidade do circuito. Por exemplo, o circuito na Figura 8.6 realmente efetua soma de modo apropriado? Se todas as entradas são altas, qual será a saída da porta A_2? As questões

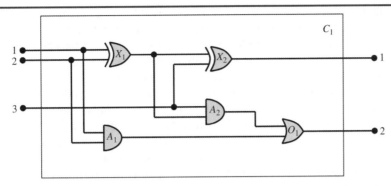

Figura 8.6 Circuito digital C_1, representando um somador completo de um *bit*. As duas primeiras entradas são os dois *bits* a serem somados, e a terceira entrada é um *bit* de transporte. A primeira saída é a soma, e a segunda saída é um *bit* de transporte para o próximo somador. O circuito contém duas portas XOU (ou exclusivo), duas portas E e uma porta OU.

sobre a estrutura do circuito também são interessantes. Por exemplo, quais são as portas conectadas ao primeiro terminal de entrada? O circuito contém laços de realimentação? Essas serão nossas tarefas nesta seção. Existem níveis de análise mais detalhados, incluindo aqueles relacionados a tempo de retardo (*delays*), área de circuitos, consumo de energia, custo de produção, e assim por diante. Cada um desses níveis exigiria conhecimento adicional.

Agregar o conhecimento relevante

O que sabemos sobre circuitos digitais? Para nossos propósitos, eles são formados por fios e portas. Os sinais fluem pelos fios até os terminais de entrada das portas, e cada porta produz um sinal no terminal de saída que flui por outro fio. Para determinar quais serão esses sinais, precisamos saber como as portas transformam seus sinais de entrada. Existem quatro tipos de portas: as portas E, OU e XOU têm dois terminais de entrada, e as portas NÃO têm um. Todas as portas têm um terminal de saída. Os circuitos, como as portas, têm terminais de entrada e de saída.

Para raciocinar sobre funcionalidade e conectividade, não precisamos mencionar os próprios fios, os caminhos que eles seguem ou as junções em que eles se unem. Tudo o que importa são as conexões entre terminais – podemos dizer que um terminal de saída está conectado a outro terminal de entrada, sem ter de mencionar aquilo que realmente os conecta. Outros fatores, como tamanho, forma, cor, ou o custo dos vários componentes, são irrelevantes para nossa análise.

Se nosso propósito fosse algo diferente de verificar projetos no nível de porta, a ontologia seria diferente. Por exemplo, se estivéssemos interessados em depurar circuitos defeituosos, provavelmente uma boa ideia seria incluir os fios na ontologia, porque um fio defeituoso pode corromper o sinal que flui através dele. Para solucionar falhas de sincronismo, precisaríamos incluir retardos de portas. Se estivéssemos interessados em projetar um produto que fosse lucrativo, o custo do circuito e sua velocidade relativa a outros produtos no mercado seriam fatores importantes.

Definir um vocabulário

Agora sabemos que desejamos abordar circuitos, terminais, sinais e portas. A próxima etapa é escolher funções, predicados e constantes para representá-los. Primeiro, precisamos ser capazes de distinguir as portas umas das outras e de outros objetos. Cada porta é representada como um objeto denominado por uma constante, sobre a qual afirmamos ser uma porta como, digamos, *Porta*(X_1). O comportamento de cada porta é determinado pelo seu tipo: uma das constantes *E, OU, XOU* ou *NÃO*. Visto a porta ter exatamente um tipo, é apropriada uma função: *Tipo*(X_1) = *XOU*. Circuitos, como portas, são identificados por um predicado: *Circuito*(C_1).

Em seguida, consideraremos os terminais, que estão identificados pelo predicado *Terminal*(*x*). Um circuito pode ter um ou mais terminais de entrada e um ou mais terminais de saída. Utilizamos a função $Entrada(1,X_1)$ para denotar o primeiro terminal de entrada para a porta X_1. Uma função similar $Saída(n,c)$ é utilizada para terminais de saída. A função $Aridade(c,i,j)$ diz que o circuito c tem i terminais de entrada e j terminais de saída. A conectividade entre portas pode ser representada pelo predicado $Conectado$, que recebe dois terminais como argumentos, como em $Conectado(Saída(1,X_1), Entrada(1,X_2))$.

Finalmente, precisamos saber se um sinal está ligado ou desligado. Uma possibilidade é usar um predicado unário, $On(t)$, que é verdadeiro quando o sinal em um terminal está ligado. No entanto, isso torna um pouco difícil a formulação de perguntas como: "Quais são todos os valores possíveis dos sinais nos terminais de saída do circuito C_1?" Portanto, vamos introduzir como objetos dois valores de sinal, 1 e 0, representando "ligado" e "desligado", respectivamente, e uma função $Sinal(t)$ que denota o valor de sinal para o terminal t.

Codificar o conhecimento geral do domínio

Um sinal de que temos uma boa ontologia é que necessitamos apenas de algumas regras gerais, que podem ser expressas clara e concisamente. Estes são os axiomas necessários:

1. Se dois terminais estão conectados, eles têm o mesmo sinal:

$$\forall t_1, t_2 \ Terminal\ (t_1) \land Terminal\ (t_2) \land Conectado(t_1,t_2) \Rightarrow$$
$$Sinal\ (t_1) = Sinal\ (t_2).$$

2. O sinal em todo terminal é 1 ou 0:

$$\forall t \ Terminal(t) \Rightarrow Sinal\ (t) = 1 \lor Sinal(t) = 0.$$

3. $Conectado$ é um predicado comutativo:

$$\forall t_1, t_2 \ Conectado(t_1,t_2) \Leftrightarrow Conectado(t_2,t_1).$$

4. Há quatro tipos de portas:

$$\forall g \ Porta(g) \land k = Tipo(g) \Rightarrow k = E \lor k = OU \lor k = XOU \lor k = N\tilde{A}O.$$

5. A saída de uma porta E é 0 se e somente se qualquer de suas entradas for 0:

$$\forall g \ Porta(g) \land Tipo(g) = E \Rightarrow$$
$$Sinal(Saída(1,g)) = 0 \Leftrightarrow \exists n \ Sinal(Entrada(n,g)) = 0.$$

6. A saída de uma porta OU é 1 se e somente se qualquer de suas entradas for 1:

$$\forall g \ Porta(g) \land Tipo(g) = OU \Rightarrow$$
$$Sinal(Saída(1,g)) = 1 \Leftrightarrow \exists n \ Sinal(Entrada(n,g)) = 1.$$

7. A saída de uma porta XOU é 1 se e somente se suas entradas forem diferentes:

$$\forall g \ Porta(g) \land Tipo(g) = XOU \Rightarrow$$
$$Sinal(Saída(1,g)) = 1 \Leftrightarrow Sinal(Entrada(1,g)) \neq Sinal(Entrada(2,g)).$$

8. A saída de uma porta NÃO é diferente de sua entrada:

$$\forall g \ Porta(g) \land Tipo(g) = N\tilde{A}O \Rightarrow$$
$$Sinal(Saída(1,g)) \neq Sinal(Entrada(1,g)).$$

9. As portas (exceto para NÃO) têm duas entradas e uma saída:

$$\forall g \ Porta(g) \land Tipo(g) = N\tilde{A}O \Rightarrow Aridade(g,1,1).$$
$$\forall g \ Porta(g) \land k = Tipo(g) \land (k = E \lor k = OU \lor k = XOU) \Rightarrow$$
$$Aridade\ (g,2,1).$$

10. Um circuito tem terminais, até sua aridade de entrada e saída, e nada além de sua aridade:

$$\forall c, i, j \ Circuito(c) \land Aridade(c,i,j) \Rightarrow$$
$$\forall n \ (n \leq i \Rightarrow Terminal\ (Entrada(n,c))) \land (n > i \Rightarrow Entrada(n,c) = Nada) \land$$

$$\forall n \ (n \leq j \Rightarrow \text{Terminal } (\text{Saída}(n,c))) \land (n > j \Rightarrow \text{Saída}(n,c) = \text{Nada}).$$

11. Portas, terminais e sinais, todos são distintos:

$$\forall g, t, s \ \text{Porta}(g) \land \text{Terminal}(t) \land \text{Sinal}(t) \Rightarrow$$
$$g \neq t \land g \neq s \land t \neq s.$$

12. Portas são circuitos:

$$\forall g \ \text{Porta}(g) \Rightarrow \text{Circuito}(g).$$

Codificar a instância específica do problema

O circuito mostrado na Figura 8.6 é codificado como o circuito C_1 com a descrição a seguir. Primeiro, categorizamos o circuito e suas portas componentes:

$$\text{Circuito}(C_1) \land \text{Aridade}(C_1,3,2)$$
$$\text{Porta}(X_1) \land \text{Tipo}(X_1) = XOU$$
$$\text{Porta}(X_2) \land \text{Tipo}(X_2) = XOU$$
$$\text{Porta}(A_1) \land \text{Tipo}(A_1) = E$$
$$\text{Porta}(A_2) \land \text{Tipo}(A_2) = E$$
$$\text{Porta}(O_1) \land \text{Tipo}(O_1) = OU.$$

Em seguida, mostramos as conexões entre elas:

$$\text{Conectado}(\text{Saída}(1,X_1),\text{Entrada}(1,X_2)) \qquad \text{Conectado}(\text{Entrada}(1,C_1),\text{Entrada}(1,X_1))$$
$$\text{Conectado}(\text{Saída}(1,X_1),\text{Entrada}(2,A_2)) \qquad \text{Conectado}(\text{Entrada}(1,C_1),\text{Entrada}(1,A_1))$$
$$\text{Conectado}(\text{Saída}(1,A_2),\text{Entrada}(1,O_1)) \qquad \text{Conectado}(\text{Entrada}(2,C_1),\text{Entrada}(2,X_1))$$
$$\text{Conectado}(\text{Saída}(1,A_1),\text{Entrada}(2,O_1)) \qquad \text{Conectado}(\text{Entrada}(2,C_1),\text{Entrada}(2,A_1))$$
$$\text{Conectado}(\text{Saída}(1,X_2),\text{Saída}(1,C_1)) \qquad \text{Conectado}(\text{Entrada}(3,C_1),\text{Entrada}(2,X_2))$$
$$\text{Conectado}(\text{Saída}(1,O_1),\text{Saída}(2,C_1)) \qquad \text{Conectado}(\text{Entrada}(3,C_1),\text{Entrada}(1,A_2)).$$

Formular consultas ao procedimento de inferência

Que combinações de entradas fariam a primeira saída de C_1 (o *bit* de soma) ser 0 e a segunda saída de C_1 (o *bit* de transporte) ser 1?

$$\exists i_1, i_2, i_3 \ \text{Sinal}(\text{Entrada}(1,C_1)) = i_1 \land \text{Sinal}(\text{Entrada}(2,C1)) = i_2 \land$$
$$\text{Sinal}(\text{Entrada}(3,C_1)) = i_3 \land \text{Sinal}(\text{Saída}(1,C_1)) = 0 \land \text{Sinal}(\text{Saída}(2,C_1)) = 1.$$

As respostas são substituições para as variáveis i_1, i_2 e i_3 de forma que a sentença resultante é consequência lógica da base de conhecimento. ASKVARS vai fornecer três substituições desse tipo:

$$\{i_1/1, i_2/1, i_3/0\} \quad \{i_1/1, i_2/0, i_3/1\} \quad \{i_1/0, i_2/1, i_3/1\}.$$

Quais são os conjuntos de valores possíveis de todos os terminais para o circuito somador?

$$\exists i_1, i_2, i_3, o_1, o_2 \ \text{Sinal}(\text{Entrada}(1,C_1)) = i_1 \land \text{Sinal}(\text{Entrada}(2,C_1)) = i_2$$
$$\land \text{Sinal}(\text{Entrada}(3,C_1)) = i_3 \land \text{Sinal}(\text{Saída}(1,C_1)) = o_1 \land \text{Sinal}(\text{Saída}(2,C_1)) = o_2.$$

Essa consulta fim retornará uma tabela completa de entrada/saída para o dispositivo, que poderá ser usada para verificar se de fato o circuito soma suas entradas de maneira correta. Esse é um exemplo simples de **verificação de circuitos**. Também podemos usar a definição de circuito para elaborar sistemas digitais maiores, para os quais é possível executar o mesmo tipo de procedimento de verificação. Muitos domínios são apropriados para o mesmo tipo de desenvolvimento estruturado de bases de conhecimento, no qual conceitos mais complexos são definidos a partir de conceitos mais simples.

Verificação de circuitos

Depurar a base de conhecimento

Podemos testar a base de conhecimento de várias maneiras, a fim de verificar que tipos de comportamentos errôneos aparecem. Por exemplo, suponha que deixemos de ler a seção 8.2.8

e, portanto, nos esqueçamos da asserção de que $1 \neq 0$. De repente, o sistema será incapaz de provar quaisquer saídas para o circuito, com exceção dos casos de entrada 000 e 110. Podemos identificar o problema solicitando as saídas de cada porta. Por exemplo, podemos solicitar:

$$\exists i_1, i_2, o \; Sinal(Entrada(1,C_1)) = i_1 \wedge Sinal(Entrada(2,C_1)) = i_2 \wedge Sinal(Saída(1,X_1)) = o,$$

o que revela que nenhuma saída é conhecida em X_1 nos casos de entrada 10 e 01. Em seguida, observamos o axioma para portas XOU, aplicado a X_1:

$$Sinal(Saída(1,X_1)) = 1 \Leftrightarrow Sinal(Entrada(1,X_1)) \neq Sinal(Entrada(2,X_1)).$$

Se sabemos que as entradas são, digamos, 1 e 0, então isso se reduz a

$$Sinal(Saída(1,X_1)) = 1 \Leftrightarrow 1 \neq 0.$$

Agora o problema é aparente: o sistema é incapaz de deduzir que $Sinal(Saída(1,X_1)) = 1$, e assim precisamos informá-lo de que $1 \neq 0$.

Resumo

Este capítulo introduziu a **lógica de primeira ordem**, uma linguagem de representação muito mais poderosa que a lógica proposicional. Os pontos importantes são os seguintes:

- As linguagens de representação de conhecimento devem ser declarativas, composicionais, expressivas, independentes do contexto e não ambíguas.
- As lógicas diferem em seus **compromissos ontológicos** e **compromissos epistemológicos**. Embora a lógica proposicional só se comprometa com a existência de fatos, a lógica de primeira ordem se compromete com a existência de objetos e relações, e, portanto, ganha poder expressivo, apropriado para domínios como o mundo de wumpus e circuitos eletrônicos.
- A lógica proposicional e a lógica de primeira ordem compartilham uma dificuldade na representação de proposições vagas. Essa dificuldade limita sua aplicação em domínios que exigem julgamentos pessoais, como política ou culinária.
- A sintaxe da lógica de primeira ordem baseia-se na da lógica proposicional. Acrescenta termos para representar objetos e tem quantificadores universais e existenciais para construir afirmações sobre todos ou alguns dos valores possíveis das variáveis quantificadas.
- Um **mundo possível**, ou **modelo**, para a lógica de primeira ordem inclui um conjunto de objetos e uma **interpretação** que realiza o mapeamento entre símbolos constantes e objetos, símbolos de predicados e relações entre os objetos, e símbolos de função e funções sobre os objetos.
- Uma sentença atômica será verdadeira apenas quando a relação denominada pelo predicado se mantiver entre os objetos denominados pelos termos. As **interpretações estendidas**, que mapeiam variáveis quantificadas a objetos no modelo, definem a verdade das sentenças quantificadas.
- O desenvolvimento de uma base de conhecimento em lógica de primeira ordem exige um processo cuidadoso de análise do domínio, escolha de um vocabulário e codificação dos axiomas necessários para dar suporte às inferências desejadas.

Notas bibliográficas e históricas

Embora até mesmo a lógica de Aristóteles lidasse com generalizações a respeito de objetos, ficou muito aquém do poder expressivo da lógica de primeira ordem. Uma grande barreira ao seu desenvolvimento posterior foi a sua concentração em predicados unários, excluindo predicados relacionais de maior aridade. O primeiro tratamento sistemático das relações foi dado por Augustus De Morgan (1864), que citou o exemplo seguinte para mostrar os tipos de inferências com as quais a lógica de Aristóteles não poderia lidar: "todos os cavalos são animais; portanto, a cabeça de um cavalo é a cabeça de um animal". Essa dedução é inacessível para Aristóteles porque qualquer regra válida que possa apoiá-la deve primeiro analisar a sentença utilizando o predicado binário "x é a cabeça de y". A lógica das relações foi estudada em profundidade por Charles Sanders Peirce (Peirce, 1870; Misak, 2004).

A verdadeira lógica de primeira ordem data da introdução de quantificadores no trabalho de Gottlob Frege (1879), *Begriffschrift* ("Escrita de Conceitos" ou "Notação Conceitual"). Peirce (1883) também desenvolveu a lógica de primeira ordem independentemente de Frege, apesar de um pouco mais tarde. A habilidade de Frege para aninhar quantificadores foi um grande passo à frente, mas ele utilizava uma notação desajeitada. A notação atual para a lógica de primeira ordem se deve substancialmente a Giuseppe Peano (1889), mas a semântica é praticamente idêntica à de Frege. Por estranho que pareça, os axiomas de Peano devem ser creditados em grande parte a Grassmann (1861) e Dedekind (1888).

Leopold Löwenheim (1915) deu um tratamento sistemático à teoria dos modelos para a lógica de primeira ordem, incluindo o primeiro tratamento apropriado do símbolo de igualdade. Os resultados de Löwenheim foram estendidos mais ainda por Thoralf Skolem (1920). Alfred Tarski (1935, 1956) deu uma definição explícita de verdade e de satisfação da teoria de modelos em lógica de primeira ordem, utilizando a teoria de conjuntos.

John McCarthy (1958) foi o principal responsável pela introdução da lógica de primeira ordem como uma ferramenta para a construção de sistemas de IA. As perspectivas da IA baseada em lógica tiveram um avanço significativo a partir do desenvolvimento, por Robinson (1965), da resolução, um procedimento completo para inferência de primeira ordem. A abordagem logicista criou raízes na Universidade de Stanford. Cordell Green (1969a, 1969b) desenvolveu um sistema de raciocínio de primeira ordem, o QA3, levando às primeiras tentativas de construir um robô lógico no SRI (Fikes e Nilsson, 1971). A lógica de primeira ordem foi aplicada por Zohar Manna e Richard Waldinger (1971) ao raciocínio sobre programas e, mais tarde, por Michael Genesereth (1984) ao raciocínio sobre circuitos. Na Europa, a programação lógica (uma forma restrita de raciocínio de primeira ordem) foi desenvolvida para análise linguística (Colmerauer *et al.*, 1973) e para sistemas declarativos gerais (Kowalski, 1974). A lógica computacional também foi bem fortalecida em Edimburgo, graças ao projeto LCF (Logic for Computable Functions) (Gordon *et al.*, 1979). Esses desenvolvimentos serão examinados com mais profundidade nos Capítulos 9 e 10.

Aplicações práticas construídas com lógica de primeira ordem incluem um sistema para avaliar os requisitos de fabricação de produtos eletrônicos (Mannion, 2002), um sistema de raciocínio sobre políticas de acesso a arquivos e gerenciamento de direitos digitais (Halpern e Weissman, 2008), e um sistema para a composição automática de serviços da Web (McIlraith e Zeng, 2001).

Reações à hipótese de Whorf (Whorf, 1956) e o problema da linguagem e do pensamento em geral aparecem em vários livros recentes (Pullum, 1991; Pinker, 2003), incluindo os títulos aparentemente contrários *Why the World Looks Different in Other Languages* (Deutscher, 2010) e *Why The World Looks the Same in Any Language* (McWhorter, 2014) (embora os dois autores concordem que existem diferenças, e as diferenças são pequenas). A teoria da "teoria" (Gopnik e Glymour, 2002; Tenenbaum *et al.*, 2007) vê o aprendizado das crianças sobre o mundo como análogo à construção de teorias científicas. Assim como as previsões de um algoritmo de aprendizagem de máquina dependem fortemente do vocabulário fornecido a ele, a formulação de teorias infantis depende do ambiente linguístico em que a aprendizagem ocorre.

Existem vários textos introdutórios de boa qualidade sobre lógica de primeira ordem, incluindo algumas figuras de destaque na história da lógica: Alfred Tarski (1941), Alonzo Church (1956) e W. V. Quine (1982) (que é um dos mais legíveis). Enderton (1972) apresenta uma perspectiva mais orientada para a matemática. Um tratamento altamente formal da lógica de primeira ordem, acompanhado por tópicos muito mais avançados em lógica, é fornecido por Bell e Machover (1977). Manna e Waldinger (1985) apresentam uma introdução interessante à lógica, a partir de uma perspectiva da ciência da computação, assim como Huth e Ryan (2004), que se concentram na verificação de programas. Barwise e Etchemendy (2002) consideram uma abordagem semelhante à utilizada aqui. Smullyan (1995) apresenta resultados de forma concisa, usando o formato gráfico. Gallier (1986) nos oferece uma exposição matemática extremamente rigorosa da lógica de primeira ordem, juntamente com uma grande quantidade de material sobre seu uso em raciocínio automatizado. A obra

Logical Foundations of Artificial Intelligence (Genesereth e Nilsson, 1987) fornece uma sólida introdução à lógica e apresenta o primeiro tratamento sistemático de agentes lógicos com percepções e ações, e há dois bons manuais: van Benthem e ter Meulen (1997) e Robinson e Voronkov (2001). O periódico de registro para o campo da lógica matemática é o *Journal of Symbolic Logic*, enquanto o *Journal of Applied Logic* ocupa-se com preocupações mais próximas às da inteligência artificial.

CAPÍTULO 9

INFERÊNCIA EM LÓGICA DE PRIMEIRA ORDEM

Neste capítulo, definimos procedimentos efetivos para responder a perguntas formuladas em lógica de primeira ordem.

Neste capítulo, descrevemos algoritmos capazes de responder a qualquer pergunta enunciada em lógica de primeira ordem que tenha uma resposta possível. A seção 9.1 introduz regras de inferência para quantificadores e mostra como reduzir a inferência de primeira ordem à inferência proposicional, embora a um custo potencialmente elevado. A seção 9.2 descreve a ideia de **unificação**, mostrando como ela pode ser utilizada para construir regras de inferência que funcionam diretamente com sentenças de primeira ordem. Em seguida, vamos descrever três importantes famílias de algoritmos de inferência de primeira ordem: o **encadeamento para a frente** (seção 9.3), o **encadeamento para trás** (seção 9.4) e a **prova de teorema baseada em resolução** (seção 9.5).

9.1 Inferência proposicional *versus* inferência de primeira ordem

Uma forma de realizar a inferência de primeira ordem é converter a base de conhecimento de primeira ordem em lógica proposicional e usar a inferência proposicional, que já sabemos como fazer. Um passo inicial é eliminar quantificadores universais. Por exemplo, suponha que nossa base de conhecimento contenha o folclórico axioma padrão que afirma que todos os reis ambiciosos são perversos:

$$\forall x\ Rei(x) \wedge Ambicioso(x) \Rightarrow Perverso(x).$$

Então, parece bastante viável deduzir qualquer das sentenças a seguir:

$$Rei(João) \wedge Ambicioso(João) \Rightarrow Perverso(João)$$
$$Rei(Ricardo) \wedge Ambicioso(Ricardo) \Rightarrow Perverso(Ricardo)$$
$$Rei(Pai(João)) \wedge Ambicioso(Pai(João)) \Rightarrow Perverso(Pai(João)).$$
$$\vdots$$

Em geral, a regra de **instanciação universal** (IU, para abreviar) afirma que podemos deduzir qualquer sentença obtida pela substituição de um **termo básico** (um termo sem variáveis) para a variável universalmente quantificada.[1]

Para escrever formalmente a regra de inferência, utilizamos a noção de **substituições**, introduzida na seção 8.3. Seja SUBST(θ, α) o resultado da aplicação da substituição θ à sentença α. Então, a regra é escrita como

$$\frac{\forall v\ \alpha}{\text{SUBST}(\{v/g\}, \alpha)}$$

para qualquer variável v e termo básico g. Por exemplo, as três sentenças dadas anteriormente são obtidas com as substituições $\{x/João\}$, $\{x/Ricardo\}$ e $\{x/Pai(João)\}$.

De modo semelhante, a regra de **instanciação existencial** substitui a variável existencialmente quantificada por um *novo símbolo de constante* único. A declaração formal é a seguinte: para

> Instanciação universal

> Instanciação existencial

---

[1] Não confunda essas substituições com as interpretações estendidas usadas para definir a semântica de quantificadores, na seção 8.2.6. A substituição troca uma variável por um termo (um item de sintaxe) para produzir uma nova sentença, enquanto uma interpretação mapeia uma variável para um objeto no domínio.

256 Inteligência Artificial

qualquer sentença α, variável v, e símbolo de constante k que não aparece em outro lugar na base de conhecimento,

$$\frac{\exists v \; \alpha}{\text{SUBST}(\{v/k\},\alpha)}.$$

Por exemplo, da sentença:

$$\exists x \; Coroa(x) \wedge NaCabeça(x,João)$$

podemos deduzir a sentença:

$$Coroa(C_1) \wedge NaCabeça(C_1,João)$$

desde que C_1 não apareça em outro lugar na base de conhecimento. Basicamente, a sentença existencial afirma que existe algum objeto que satisfaz a uma condição, e a aplicação da regra de instanciação existencial está apenas dando um nome a esse objeto. É claro que esse nome não deve pertencer ainda a outro objeto. A matemática oferece um exemplo interessante: vamos supor que descobrimos que existe um número um pouco maior que 2,71828 e que satisfaz a equação $d(x^y)/dy = x^y$ para x. Podemos dar um nome a esse número, como e, mas seria um equívoco dar a ele o nome de um objeto existente, como π. Em lógica, o novo nome é chamado **constante de Skolem**.

Constante de Skolem

Enquanto a instanciação universal pode ser aplicada várias vezes ao mesmo axioma para produzir muitas consequências diferentes, a instanciação do existencial só pode ser aplicada uma vez, e então a sentença existencialmente quantificada pode ser descartada. Por exemplo, não precisamos mais da sentença $\exists x \; Matar(x,Vítima)$, uma vez que acrescentamos a sentença $Matar(Assassino,Vítima)$.

9.1.1 Redução à inferência proposicional

Agora podemos mostrar como converter qualquer base de conhecimento de primeira ordem em uma base de conhecimento proposicional. A primeira ideia é que, da mesma forma que uma sentença existencialmente quantificada pode ser substituída por uma instanciação, uma sentença universalmente quantificada pode ser substituída pelo conjunto de *todas as instanciações possíveis*. Por exemplo, suponha que nossa base de conhecimento contenha apenas as sentenças

$$\forall x \; Rei(x) \wedge Ambicioso(x) \Rightarrow Perverso(x)$$
$$Rei(João)$$
$$Ambicioso(João) \qquad\qquad (9.1)$$
$$Irmão(Ricardo,João)$$

e que os únicos objetos sejam *João* e *Ricardo*. Aplicamos a IU à primeira sentença, usando todas as substituições possíveis, $\{x/João\}$ e $\{x/Ricardo\}$. Obtemos

$$Rei(João) \wedge Ambicioso(João) \Rightarrow Perverso(João)$$
$$Rei(Ricardo) \wedge Ambicioso(Ricardo) \Rightarrow Perverso(Ricardo).$$

Em seguida, substituímos as sentenças atômicas básicas, como *Rei(João)*, por símbolos de proposições, como *JoãoÉRei*. Por fim, aplicamos qualquer um dos algoritmos proposicionais completos do Capítulo 7 para obter conclusões como *JoãoÉPerverso*, que é equivalente a *Perverso(João)*.

Proposicionalização

Essa técnica de **proposicionalização** pode se tornar completamente geral, como mostramos na seção 9.5. Porém, há um problema: quando a base de conhecimento inclui um símbolo de função, o conjunto de substituições de termos básicos possíveis é infinito! Por exemplo, se a base de conhecimento menciona o símbolo *Pai*, podem ser construídos infinitamente muitos termos aninhados, como *Pai(Pai(Pai(João)))*.

Felizmente, existe um teorema famoso atribuído a Jacques Herbrand (1930) afirmando que, se uma sentença é consequência lógica da base de conhecimento de primeira ordem

Capítulo 9 • Inferência em Lógica de Primeira Ordem 257

original, então existe uma prova envolvendo apenas um subconjunto *finito* da base de conhecimento proposicionalizada. Tendo em vista que qualquer subconjunto desse tipo tem uma profundidade máxima de aninhamento entre seus termos básicos, podemos encontrar o subconjunto gerando primeiro todas as instanciações com símbolos de constantes (*Ricardo* e *João*), depois todos os termos de profundidade 1 (*Pai*(*Ricardo*) e *Pai*(*João*)), depois todos os termos de profundidade 2, e assim por diante, até sermos capazes de construir uma prova proposicional da sentença implicada.

Esboçamos uma abordagem para a inferência de primeira ordem pela via da proposicionalização que é **completa** – isto é, qualquer sentença implicada pode ser provada. Essa é uma realização importante, dado que o espaço de modelos possíveis é infinito. Por outro lado, não sabemos que a sentença *é* implicada até a prova terminar! O que acontece quando a sentença *não* é implicada? Podemos ter conhecimento disso? Bem, para a lógica de primeira ordem, simplesmente não podemos. Nosso procedimento de prova pode prosseguir indefinidamente, gerando termos cada vez mais profundamente aninhados, mas não saberemos se ele ficou paralisado em um *loop* sem fim ou se a prova está simplesmente prestes a surgir. Isso é muito semelhante ao problema de parada das máquinas de Turing. Alan Turing (1936) e Alonzo Church (1936) provaram, de modos bem diferentes, a condição inevitável dessa situação. *A questão de implicação no caso da lógica de primeira ordem é* **semidecidível** *– isto é, existem algoritmos que respondem "sim" para toda sentença implicada, mas não existe nenhum algoritmo que também diga "não" para toda sentença não implicada.*

9.2 Unificação e inferência de primeira ordem

O leitor atento deve ter notado que a abordagem de proposicionalização gera muitas instanciações desnecessárias das sentenças universalmente quantificadas. É melhor que tenhamos uma estratégia que use apenas a única regra, raciocinando que $\{x/João\}$ resolve a consulta *Perverso*(x) da seguinte forma: dada a regra de que reis ambiciosos são perversos, encontre algum x de forma que x seja um rei e que x seja ambicioso, e depois deduza que esse x é perverso. De modo mais geral, se houver alguma substituição θ que torne cada um dos conjuntos da premissa da implicação idêntica a sentenças que já se encontram na base de conhecimento, poderemos afirmar a conclusão da implicação depois da aplicação de θ. Nesse caso, a substituição $\theta = \{x/João\}$ alcança esse objetivo. Agora vamos supor que, em vez de conhecermos *Ambicioso*(*João*), sabemos que *todo mundo* é ambicioso:

$$\forall y \, Ambicioso(y). \tag{9.2}$$

Então, ainda gostaríamos de poder concluir *Perverso*(*João*), porque sabemos que João é um rei (dado) e que João é ambicioso (porque todo mundo é ambicioso). Para isso funcionar, precisamos encontrar uma substituição, tanto para as variáveis na sentença de implicação quanto para as variáveis nas sentenças que estão na base de conhecimento. Nesse caso, aplicar a substituição $\{x/João, y/João\}$ às premissas da implicação *Rei*(x) e *Ambicioso*(x) e às sentenças da base de conhecimento *Rei*(*João*) e *Ambicioso*(y) as tornará idênticas. Desse modo, podemos deduzir a conclusão da implicação.

Esse processo de inferência pode ser captado como uma única regra de inferência que chamamos ***Modus Ponens* generalizado**:[2] para sentenças atômicas p_i, $p_i{}'$ e q, em que existe uma substituição θ que SUBST($\theta, p_i{}'$) = SUBST(θ, p_i), para todo i,

Modus Ponens generalizado

$$\frac{p_1{}', \; p_2{}', \; \ldots, \; p_n{}', \; (p_1 \wedge p_2 \wedge \ldots \wedge p_n \Rightarrow q)}{\text{SUBST}(\theta, q)}.$$

Existem $n + 1$ premissas para essa regra: as n sentenças atômicas $p_i{}'$ e a única implicação. A conclusão é o resultado da aplicação da substituição θ ao consequente q. Em nosso exemplo:

$$p_1{}' \text{ é } Rei(João) \qquad\qquad p_1 \text{ é } Rei(x)$$

---

[2] *Modus Ponens* generalizado é mais geral que o *Modus Ponens* (seção 7.5) no sentido de que os fatos conhecidos e a premissa da implicação precisam corresponder apenas mediante uma substituição, em vez de exatamente. Por outro lado, o *Modus Ponens* permite qualquer sentença α como premissa, em vez de apenas uma conjunção de sentenças atômicas.

258 Inteligência Artificial

p_2' é *Ambicioso*(y) \qquad p_2 é *Ambicioso*(x)

θ é $\{x/João, y/João\}$ \qquad q é *Perverso*(x)

SUBST(θ, q) é *Perverso*$(John)$.

É fácil mostrar que o *Modus Ponens* generalizado é uma regra de inferência correta. Primeiro observamos que, para qualquer sentença p (cujas variáveis são consideradas universalmente quantificadas) e para qualquer substituição θ,

$$p \models \text{SUBST}(\theta, p)$$

é válida por instanciação universal. Ela é válida em particular para um θ que satisfaz às condições da regra de *Modus Ponens* generalizado. Assim, a partir de $p_1', ..., p_n'$, podemos inferir

$$\text{SUBST}(\theta, p_1') \wedge ... \wedge \text{SUBST}(\theta, p_n')$$

e, da implicação $p_1 \wedge ... \wedge p_n \Rightarrow q$, podemos deduzir

$$\text{SUBST}(\theta, p_1) \wedge ... \wedge \text{SUBST}(\theta, p_n) \Rightarrow \text{SUBST}(\theta, q).$$

Agora, θ em *Modus Ponens* generalizado é definido de tal forma que SUBST(θ, p_i') = SUBST(θ, p_i), para todo i; portanto, a primeira dessas duas sentenças corresponde exatamente à premissa da segunda. Consequentemente, SUBST(θ, q) segue por *Modus Ponens*.

Elevação

O *Modus Ponens* generalizado é uma versão **elevada** de *Modus Ponens* – ele eleva o *Modus Ponens* da lógica básica (livre de variáveis) proposicional à lógica de primeira ordem. Veremos no restante do capítulo que é possível desenvolver versões elevadas dos algoritmos de encadeamento para a frente, encadeamento para trás e resolução introduzidos no Capítulo 7. A vantagem fundamental das regras de inferência elevadas sobre a proposicionalização é o fato de elas só efetuarem as substituições necessárias para permitir a derivação de inferências específicas.

9.2.1 Unificação

Unificação

Unificador

As regras de inferência elevadas exigem a descoberta de substituições que façam expressões lógicas diferentes parecerem idênticas. Esse processo é chamado **unificação** e é um componente fundamental de todos os algoritmos de inferência de primeira ordem. O algoritmo UNIFICAR recebe duas sentenças e retorna um **unificador** para elas (uma substituição), se existir algum:

$$\text{UNIFICAR}(p, q) = \theta \text{ em que SUBST}(\theta, p) = \text{SUBST}(\theta, q).$$

Vamos examinar alguns exemplos de como UNIFICAR deve se comportar. Suponha que temos uma consulta *AskVars*(*Conhece*(*João*, x)): quem João conhece? Algumas respostas para essa consulta podem ser encontradas descobrindo todas as sentenças na base de conhecimento que se unificam com *Conhece*(*João*, x). Aqui estão os resultados da unificação com quatro diferentes sentenças que poderiam estar na base de conhecimento:

UNIFICAR(*Conhece*(*João*,x), *Conhece*(*João*,*Jane*)) = $\{x/Jane\}$

UNIFICAR(*Conhece*(*João*,x), *Conhece*(y,*Bill*)) = $\{x/Bill, y/João\}$

UNIFICAR(*Conhece*(*João*,x), *Conhece*(y,*Mãe*(y))) = $\{y/João, x/Mãe(João)\}$

UNIFICAR(*Conhece*(*João*,x), *Conhece*(x,*Elizabeth*)) = *falha*.

Padronizar separadamente

A última unificação falha porque x não pode receber os valores *João* e *Elizabeth* ao mesmo tempo. Agora, lembre-se de que *Conhece*(x, *Elizabeth*) significa "Todo mundo conhece Elizabeth" e, assim, *devemos* ser capazes de deduzir que João conhece Elizabeth. O problema só surge porque as duas sentenças utilizam o mesmo nome de variável, x. O problema pode ser evitado **padronizando separadamente** uma das duas sentenças que estão sendo unificadas, o que significa renomear suas variáveis para evitar nomes conflitantes. Por exemplo, podemos renomear x em *Conhece*(x, *Elizabeth*) como x_{17} (um novo nome de variável) sem alterar seu significado. Agora, a unificação funcionará:

UNIFICAR($Conhece(João,x)$, $Conhece(x_{17},Elizabeth)$) = $\{x/Elizabeth,x_{17}/João\}$.

Existe mais uma complicação: dissemos que UNIFICAR deve devolver uma substituição que faça os dois argumentos parecerem iguais. Porém, poderia haver mais de um identificador desse tipo. Por exemplo, UNIFICAR($Conhece(João, x)$, $Conhece(y, z)$) poderia devolver $\{y/João,x/z\}$ ou $\{y/João, x/João, z/João\}$. O primeiro unificador fornece *Conhece-(João, z)* como resultado da unificação, enquanto o segundo fornece *Conhece(João, João)*. O segundo resultado poderia ser obtido a partir do primeiro por uma substituição adicional $\{z/João\}$; dizemos que o primeiro unificador é *mais geral* que o segundo porque impõe menos restrições sobre os valores das variáveis.

Para todo par de expressões que pode ser unificado, existe um único **unificador mais geral (UMG)** que é único até a renomeação e substituição de variáveis. Por exemplo, $\{x/João\}$ e $\{y/João\}$ são considerados equivalentes, como também $\{x/João, y/João\}$ e $\{x/João, y/x\}$.

Unificador mais geral (UMG)

Um algoritmo para calcular unificadores mais gerais encontra-se na Figura 9.1. O processo é muito simples: explorar recursivamente as duas expressões de forma simultânea e "lado a lado", construindo um unificador durante o processo, mas falhando se dois pontos correspondentes nas estruturas não coincidirem. Existe uma única etapa dispendiosa: ao comparar uma variável a um termo complexo, deve-se verificar se a própria variável ocorre dentro do termo; se isso ocorrer, a correspondência falhará porque não será possível construir nenhum unificador consistente. Por exemplo, $S(x)$ não pode ser unificado com $S(S(x))$. Esse processo, chamado **verificação de ocorrência**, torna a complexidade do algoritmo inteiro quadrática no tamanho das expressões que estão sendo unificadas. Alguns sistemas, inclusive muitos dos sistemas de programação em lógica, simplesmente omitem a verificação de ocorrência e colocam o ônus sobre o usuário, para evitar fazer inferências incorretas como resultado. Outros sistemas utilizam algoritmos mais complexos, com complexidade de tempo linear.

Verificação de ocorrência

9.2.2 Armazenamento e recuperação

Subjacentes às funções TELL, ASK e ASKVARS usadas para informar e interrogar uma base de conhecimento, encontram-se as funções mais primitivas ARMAZENAR e RECUPERAR. ARMAZENAR(s) armazena uma sentença s na base de conhecimento, e RECUPERAR(q) retorna todos os unificadores de modo que a consulta q se unifica com alguma sentença na base de conhecimento. O problema que usamos para ilustrar a unificação – encontrar todos os fatos que se unificam com *Conhece(João, x)* – é um exemplo de RECUPERAR.

---

função UNIFICAR(x, y, θ = vazio) **devolve** uma substituição para tornar x e y idênticas, ou *falha*
 se θ = *falha* **então devolve** *falha*
 senão se $x = y$ **então devolve** θ
 senão se VARIÁVEL?(x) **então devolve** UNIFICAR-VAR(x, y, θ)
 senão se VARIÁVEL?(y) **então devolve** UNIFICAR-VAR(y, x, θ)
 senão se COMPOSTO?(x) **e** COMPOSTO?(y) **então**
  devolve UNIFICAR(ARGS[x], ARGS[y], UNIFICAR(OP(x), OP(y), θ))
 senão se LISTA?(x) **e** LISTA?(y) **então**
  devolve UNIFICAR(RESTO[x], RESTO[y], UNIFICAR(PRIMEIRO[x], PRIMEIRO[y], θ))
 senão devolve *falha*

função UNIFICAR-VAR(var, x, θ) **retorna** uma substituição
 se $\{var/val\} \in \theta$ para algum *val* **então devolve** UNIFICAR(val, x, θ)
 senão se $\{x/val\} \in \theta$ para algum *val* **então devolve** UNIFICAR(var, val, θ)
 senão se VERIFICAR-OCORRÊNCIA?(var, x) **então devolve** *falha*
 senão devolve adicionar $\{var/x\}$ a θ

Figura 9.1 Algoritmo de unificação. Os argumentos x e y podem ser qualquer expressão: uma constante ou uma variável, ou uma expressão composta, como uma sentença ou termo complexo, ou uma lista de expressões. O argumento θ é uma substituição, inicialmente a substituição vazia, mas com pares $\{var/val\}$ adicionados à medida que fazemos a recursão pelas entradas, comparando as expressões elemento por elemento. Em uma expressão composta, como $F(A, B)$, o campo OP(x) seleciona o símbolo de função F, e o campo ARGS(x) escolhe a lista de argumentos (A, B).

O caminho mais simples para implementar ARMAZENAR e RECUPERAR é manter todos os fatos em uma lista longa e unificar cada consulta com cada elemento da lista. Esse processo é ineficiente, mas funciona. O restante desta seção descreve meios de tornar a recuperação mais eficiente.

Podemos tornar RECUPERAR mais eficiente assegurando que só serão experimentadas unificações com sentenças que tenham *alguma* chance de unificação. Por exemplo, não há razão para tentar unificar *Conhece*(*João*, *x*) com *Irmão*(*Ricardo*, *João*). Podemos evitar essas unificações pela **indexação** dos fatos na base de conhecimento. Um esquema simples chamado **indexação de predicados** coloca todos os fatos de *Conhece* em um único compartimento, e todos os fatos de *Irmão* em outro. Os compartimentos podem ser armazenados em uma tabela de *hash* para garantir acesso eficiente.

A indexação de predicados é útil quando há muitos símbolos de predicados, mas apenas algumas cláusulas para cada símbolo. Às vezes, no entanto, um predicado tem muitas cláusulas. Por exemplo, suponha que as autoridades fiscais queiram controlar quem emprega quem, utilizando um predicado *Emprega*(*x*, *y*). Esse seria um compartimento muito grande, talvez com milhões de empregadores e dezenas de milhões de empregados. A resposta a uma consulta como *Emprega*(*x*, *Ricardo*) com indexação de predicados exigiria o exame do compartimento inteiro.

Para essa consulta em particular, seria útil se os fatos estivessem indexados por predicado e pelo segundo argumento, talvez com a utilização de uma chave de tabela de *hash* combinada. Então, poderíamos simplesmente construir a chave a partir da consulta e recuperar exatamente os fatos que se unificam com a consulta. No caso de outras consultas, como *Emprega*(*IBM*, *y*), precisaríamos ter indexado os fatos combinando o predicado com o primeiro argumento. Por essa razão, os fatos podem ser armazenados sob várias chaves de índice, tornando-se instantaneamente acessíveis a várias consultas com as quais poderiam se unificar.

Dada uma sentença a ser armazenada, é possível construir índices para *todas as consultas possíveis* que se unificam com ela. Para o fato *Emprega*(*IBM*, *Ricardo*), as consultas são:

Emprega(*IBM*,*Ricardo*)	IBM emprega Ricardo?
Emprega(*x*,*Ricardo*)	Quem emprega Ricardo?
Emprega(*IBM*,*y*)	Quem a IBM emprega?
Emprega(*x*,*y*)	Quem emprega quem?

Essas consultas formam um **reticulado de subordinação** (em inglês, *subsumption lattice*), como mostra a Figura 9.2(a). O reticulado tem algumas propriedades interessantes. Por exemplo, o filho de qualquer nó no reticulado é obtido a partir de seu pai por uma única substituição; e o "mais alto" descendente comum de dois nós quaisquer é o resultado da aplicação do unificador mais geral. Uma sentença com constantes repetidas tem um reticulado ligeiramente diferente, como mostrado na Figura 9.2(b). Embora os símbolos de funções não apareçam na figura, eles também podem ser incorporados na estrutura do reticulado.

Para predicados com um pequeno número de argumentos, uma boa escolha é criar um índice para cada ponto no reticulado de subordinação. Isso exige um pouco mais de trabalho no momento do armazenamento, mas agiliza o tempo de recuperação. Para um predicado com *n* argumentos, entretanto, o reticulado contém $O(2^n)$ nós. Se forem permitidos símbolos de funções, o número de nós também será exponencial no tamanho dos termos da sentença a ser armazenada. Isso pode levar a um número enorme de índices.

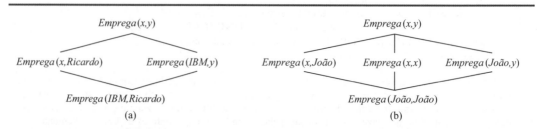

Figura 9.2 (a) Reticulado de subordinação cujo nó mais baixo é a sentença *Emprega*(*IBM*, *Ricardo*). (b) Reticulado de subordinação para a sentença *Emprega*(*João*, *João*).

De alguma forma, precisamos limitar os índices àqueles que provavelmente serão usados com frequência nas consultas; caso contrário, gastaremos mais tempo criando os índices do que o tempo poupado com sua utilização. Poderíamos adotar uma política fixa, como manter índices apenas para chaves compostas de um predicado e mais um argumento. Ou, então, poderíamos descobrir uma política adaptável que crie índices para atender às demandas dos tipos de consultas que estão sendo formuladas. Para bancos de dados comerciais onde existem bilhões de fatos, o problema tem sido assunto de muito estudo, desenvolvimento de tecnologia e otimização contínua.

9.3 Encadeamento para a frente

Na seção 7.5, mostramos um algoritmo de encadeamento para a frente para bases de conhecimento de cláusulas definidas proposicionais. Aqui, expandimos essa ideia para explicar as cláusulas definidas de primeira ordem.

É claro que existem algumas sentenças lógicas que não podem ser declaradas como uma cláusula definida e, portanto, não podem ser tratadas por essa abordagem. Mas as regras no formato *Antecedente* $\Rightarrow$ *Consequente* são suficientes para abranger uma grande variedade de sistemas interessantes do mundo real.

9.3.1 Cláusulas definidas de primeira ordem

As cláusulas definidas de primeira ordem são disjunções de literais, dos quais *exatamente um é positivo*. Isso significa que uma cláusula definida é atômica ou é uma implicação cujo antecedente é uma conjunção de literais positivos e cujo consequente é um único literal positivo. Os quantificadores existenciais não são permitidos, e os quantificadores universais ficam implícitos: se você encontrar um x em uma cláusula definida, isso significa que existe um quantificador $\forall x$ implícito. Uma cláusula definida de primeira ordem típica se parece com isto:

$$Rei(x) \wedge Ambicioso(x) \Rightarrow Perverso(x),$$

mas os literais *Rei(João)* e *Ambicioso(y)* também são considerados cláusulas definidas. Os literais de primeira ordem podem incluir variáveis, de modo que *Ambicioso(y)* é interpretado como "todo mundo é ambicioso" (o quantificador universal é implícito).

Vejamos um exemplo das cláusulas definidas na representação do problema a seguir:

A lei diz que é crime um americano vender armas a nações hostis. O país Nono, inimigo da América, tem alguns mísseis, e todos foram vendidos pelo Coronel West, que é um americano.

Primeiro, vamos representar esses fatos como cláusulas definidas de primeira ordem: "... é crime um americano vender armas a nações hostis":

$$Americano(x) \wedge Arma(y) \wedge Venda(x, y, z) \wedge Hostil(z) \Rightarrow Criminoso(x). \qquad (9.3)$$

"Nono ... tem alguns mísseis." A sentença $\exists x\ Possui(Nono, x) \wedge Míssil(x)$ é transformada em duas cláusulas definidas por instanciação existencial, introduzindo uma nova constante M_1:

$$Possui(Nono, M_1) \qquad (9.4)$$
$$Míssil(M_1) \qquad (9.5)$$

"Todos foram vendidos pelo Coronel West":

$$Míssil(x) \wedge Possui(Nono, x) \Rightarrow Vende(West, x, Nono). \qquad (9.6)$$

Também precisamos saber que mísseis são armas:

$$Míssil(x) \Rightarrow Arma(x) \qquad (9.7)$$

e devemos saber que um inimigo da América é considerado "hostil":

$$Inimigo(x, América) \Rightarrow Hostil(x). \tag{9.8}$$

"West, que é um americano...":

$$Americano(West). \tag{9.9}$$

"O país Nono, inimigo da América...":

$$Inimigo(Nono, América). \tag{9.10}$$

Datalog

Acontece que essa é uma base de conhecimento **Datalog**: Datalog é uma linguagem restrita a cláusulas definidas de primeira ordem sem símbolos de funções. O nome Datalog significa poder representar o tipo de asserções feitas tipicamente em bancos de dados relacionais. A ausência de símbolos de funções torna a inferência muito mais fácil.

9.3.2 Algoritmo de encadeamento para a frente simples

A Figura 9.3 mostra um algoritmo simples de inferência de encadeamento para a frente. Começando pelos fatos conhecidos, ele ativa todas as regras cujas premissas são satisfeitas, acrescentando suas conclusões aos fatos conhecidos. O processo se repete até a consulta ser respondida (supondo-se que apenas uma resposta seja necessária) ou até que nenhum fato novo seja adicionado. Note que um fato não é "novo" se for apenas uma **renomeação** de um fato conhecido – uma sentença é uma renomeação de outra se elas são sentenças idênticas, exceto pelos nomes das variáveis. Por exemplo, $Gosta(x, Sorvete)$ e $Gosta(y, Sorvete)$ são renomeações uma da outra porque diferem apenas na escolha de x ou y; seus significados são idênticos: "todo mundo gosta de sorvete".

Renomeação

Usaremos nosso problema criminal para ilustrar como funciona ASK-LPO-EF. As sentenças de implicação disponíveis para encadeamento são (9.3), (9.6), (9.7) e (9.8). Duas iterações são necessárias:

- Na primeira iteração, a regra 9.3 tem premissas não satisfeitas.
  A regra (9.6) é satisfeita com $\{x/M_1\}$, e $Vende(West, M_1, Nono)$ é adicionada.
  A regra (9.7) é satisfeita com $\{x/M_1\}$, e $Arma(M_1)$ é adicionada.
  A regra (9.8) é satisfeita com $\{x/Nono\}$, e $Hostil(Nono)$ é adicionada.

- Na segunda iteração, a regra (9.3) é satisfeita com $\{x/West, y/M_1, z/Nono\}$, e a inferência $Criminoso(West)$ é adicionada.

---

função ASK-LPO-EF(BC, α) **devolve** uma substituição ou *falso*
    entradas: BC, a base de conhecimento, um conjunto de cláusulas definidas de primeira ordem
        α, a consulta, uma sentença atômica

    enquanto *verdadeiro* **faça**
        nova $\leftarrow \{\ \}$ // *O conjunto de novas sentenças deduzidas a cada iteração*
        para cada *regra* **em** BC **faça**
            $(p_1 \wedge ... \wedge p_n \Rightarrow q) \leftarrow$ PADRONIZAR-VARIÁVEIS(*regra*)
            para cada θ tal que SUBST$(\theta, p_1 \wedge ... \wedge p_n)$ = SUBST$(\theta, p_1' \wedge ... \wedge p_n')$
                para algum $p_1', ..., p_n'$ em BC
                $q' \leftarrow$ SUBST(θ, q)
                se q' não unifica com alguma sentença já em BC ou *nova* **então**
                    adicionar q' a *nova*
                    $\phi \leftarrow$ UNIFICAR(q', α)
                    se ϕ não é *falha* **então devolve** ϕ
        se *nova* = $\{\ \}$ **então devolve** *falso*
        adicionar *nova* a BC

Figura 9.3 Algoritmo conceitualmente simples, mas muito ineficiente, de encadeamento para a frente. Em cada iteração, ele acrescenta a BC todas as sentenças atômicas que podem ser deduzidas em uma única etapa das sentenças de implicação e das sentenças atômicas que já estão em BC. A função PADRONIZAR-VARIÁVEIS substitui todas as variáveis em seus argumentos por outras que nunca foram utilizadas antes.

A Figura 9.4 mostra a árvore de prova gerada. Note que nenhuma nova inferência é possível nesse ponto porque toda sentença que poderia ser uma conclusão produzida por encadeamento para a frente já está contida explicitamente na BC. Essa base de conhecimento é chamada **ponto fixo** do processo de inferência. Os pontos fixos alcançados por encadeamento para a frente com cláusulas definidas de primeira ordem são semelhantes aos do encadeamento para a frente proposicional (seção 7.5.4); a principal diferença é que um ponto fixo de primeira ordem pode incluir sentenças atômicas universalmente quantificadas.

É fácil analisar ASK-LPO-EF. Em primeiro lugar, ele é **correto** porque toda inferência é apenas uma aplicação do *Modus Ponens* generalizado, que é correto. Em segundo lugar, ele é **completo** para bases de conhecimento de cláusulas definidas, ou seja, ele responde a toda consulta cujas respostas são consequências lógicas de qualquer base de conhecimento de cláusulas definidas.

No caso de bases de conhecimento Datalog, que não contêm símbolos de funções, a prova de completude é bastante fácil. Começamos efetuando a contagem do número de fatos possíveis que podem ser adicionados, o que determina o número máximo de iterações. Seja k a **aridade** máxima (o número de argumentos) de qualquer predicado, seja p o número de predicados, e seja n o número de símbolos de constantes. É claro que não pode haver mais de pn^k fatos básicos distintos; assim, após essa quantidade de iterações, o algoritmo deve ter alcançado um ponto fixo. Então, podemos criar um argumento muito semelhante à prova de completude do encadeamento para a frente proposicional (seção 7.5.4). Os detalhes de como fazer a transição de completude proposicional para completude de primeira ordem são dados para o algoritmo de resolução na seção 9.5.

Para cláusulas definidas gerais com símbolos de funções, ASK-LPO-EF pode gerar infinitos novos fatos e, assim, precisamos ser mais cuidadosos. No caso em que uma resposta à sentença da consulta q é consequência lógica, devemos apelar para o teorema de Herbrand (ver fim da seção 9.1.1), a fim de estabelecer que o algoritmo encontrará uma prova (ver na seção 9.5 o caso de resolução). Se a consulta não tivesse nenhuma resposta, o algoritmo poderia não terminar em alguns casos. Por exemplo, se a base de conhecimento incluir os axiomas de Peano

$$NúmNat(0)$$
$$\forall n \; NúmNat(n) \Rightarrow NúmNat(S(n)),$$

o encadeamento para a frente adicionará $NúmNat(S(0))$, $NúmNat(S(S(0)))$, $NúmNat(S(S(S(0))))$, e assim por diante. Em geral, esse problema é inevitável. Como ocorre no caso da lógica de primeira ordem geral, a consequência lógica com cláusulas definidas é semidecidível.

9.3.3 Encadeamento para a frente eficiente

O algoritmo de encadeamento para a frente da Figura 9.3 foi projetado para facilitar a compreensão, e não visando à eficiência de operação. Existem três fontes possíveis de ineficiência.

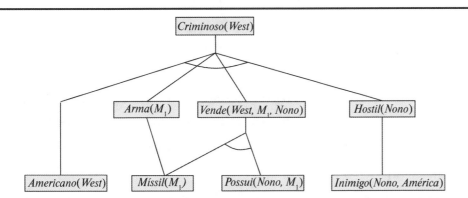

Figura 9.4 Árvore de prova gerada por encadeamento para a frente no exemplo do crime. Os fatos iniciais aparecem no nível inferior, os fatos deduzidos na primeira iteração aparecem no nível intermediário, e os fatos deduzidos na segunda iteração encontram-se no nível superior.

Primeiro, o laço interno do algoritmo tenta comparar cada regra com cada fato na base de conhecimento. Em segundo lugar, o algoritmo verifica exaustivamente cada regra em toda iteração, ainda que muito poucas adições sejam feitas. Por fim, o algoritmo poderia gerar muitos fatos irrelevantes para o objetivo. Examinaremos cada uma dessas fontes separadamente.

Comparação entre regras e fatos conhecidos

O problema de comparar a premissa de uma regra com os fatos na base de conhecimento talvez pareça simples. Por exemplo, vamos supor que desejamos aplicar a regra

$$Míssil(x) \Rightarrow Arma(x).$$

Em seguida, precisamos encontrar todos os fatos que se unificam com $Míssil(x)$; em uma base de conhecimento indexada de modo adequado, isso pode ser feito em tempo constante por fato. Agora, considere uma regra como

$$Míssil(x) \land Possui(Nono, x) \Rightarrow Vende(West, x, Nono).$$

Novamente, podemos encontrar todos os objetos que Nono tem em tempo constante por objeto; em seguida, para cada objeto, poderíamos verificar se ele é ou não um míssil. Porém, se a base de conhecimento contiver muitos objetos pertencentes a Nono e muito poucos mísseis, será melhor encontrar todos os mísseis primeiro e depois verificar se eles pertencem a Nono. Este é o problema da **ordenação de elementos da conjunção**: encontrar uma ordenação para resolver os elementos da conjunção da premissa da regra, de forma que o custo total seja minimizado. Ocorre que a descoberta da ordenação ótima é NP-difícil, mas existem boas heurísticas disponíveis. Por exemplo, a heurística de **valores restantes mínimos** (VRM) usada para CSPs (do inglês *constraint satisfaction problem*) no Capítulo 6 sugeriria ordenar os elementos da conjunção para procurar primeiro por mísseis, se houvesse menos mísseis que objetos pertencentes a Nono.

A conexão entre a **correspondência de padrões** e a satisfação de restrições é, na realidade, muito estreita. Podemos visualizar cada elemento da conjunção como uma restrição sobre as variáveis que ele contém – por exemplo, $Míssil(x)$ é uma restrição unária sobre x. Estendendo essa ideia, *podemos expressar todo CSP de domínio finito como uma única cláusula definida juntamente com alguns fatos básicos associados*. Considere o problema de coloração de mapa da Figura 6.1, mostrado mais uma vez na Figura 9.5(a). Uma formulação equivalente como uma única cláusula definida é apresentada na Figura 9.5(b). É claro que a conclusão *PodeSerColorido*( ) só poderá ser deduzida se o CSP tiver uma solução. Como os CSPs em geral incluem

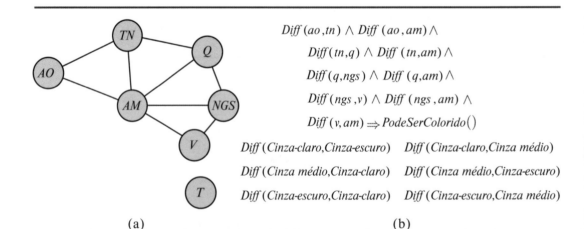

Figura 9.5 (a) Grafo de restrições para colorir o mapa da Austrália. (b) CSP de coloração de mapas, expresso como uma única cláusula definida. Cada região do mapa é representada por uma variável cujo valor pode ser uma das constantes *Cinza-claro, Cinza médio ou Cinza-escuro* (que são declaradas distintas com *Diff*).

Capítulo 9 • Inferência em Lógica de Primeira Ordem   265

problemas 3-SAT como casos especiais, podemos concluir que *relacionar uma cláusula definida com um conjunto de fatos é NP-difícil.*

Talvez pareça bastante deprimente que o encadeamento para a frente tenha um problema de correspondência NP-difícil em seu laço mais interno. Existem três caminhos para melhorar essa situação:

- Podemos lembrar que a maioria das regras em base de conhecimento reais é pequena e simples (como as regras em nosso exemplo de crime), em vez de serem regras grandes e complexas (como a formulação de CSP da Figura 9.5). É comum, no mundo de bancos de dados, supor que tanto os tamanhos das regras quanto as aridades de predicados são limitados por uma constante e se preocupar apenas com a **complexidade de dados**, isto é, a complexidade da inferência como uma função do número de fatos básicos na base de conhecimento. É fácil mostrar que a complexidade de dados de encadeamento para a frente é polinomial, e não exponencial.

  > Complexidade de dados

- Podemos considerar subclasses de regras para as quais a correspondência é eficiente. Toda cláusula Datalog pode ser vista basicamente como a definição de um CSP e, assim, a correspondência será tratável apenas quando o CSP correspondente for tratável. O Capítulo 6 descreve diversas famílias de CSPs tratáveis. Por exemplo, se o grafo de restrições (o grafo cujos nós são variáveis e cujos vínculos são restrições) formar uma árvore, o CSP poderá ser resolvido em tempo linear. Exatamente o mesmo resultado é válido no caso da correspondência de regras. Por exemplo, se removermos a Austrália Meridional do mapa da Figura 9.5, a cláusula resultante será

  $$Diff(ao,tn) \wedge Diff(tn,q) \wedge Diff(q,ngs) \wedge Diff(ngs,v) \Rightarrow PodeSerColorido()$$

  que corresponde ao CSP reduzido mostrado na Figura 6.12. Os algoritmos para resolver CSPs estruturados em árvore podem ser aplicados diretamente ao problema de correspondência de regras.

- Podemos tentar eliminar tentativas redundantes para estabelecer correspondência entre regras no algoritmo de encadeamento para a frente, como descrevemos a seguir.

Encadeamento para a frente incremental

Quando mostramos como funciona o encadeamento para a frente no exemplo do crime, trapaceamos. Em particular, omitimos uma parte da correspondência de regras realizada pelo algoritmo da Figura 9.3. Por exemplo, na segunda iteração, a regra

$$M\acute{i}ssil(x) \Rightarrow Arma(x)$$

é comparada a $M\acute{i}ssil(M_1)$ (mais uma vez) e, é claro, a conclusão $Arma(M_1)$ já é conhecida, e, portanto, nada acontece. Essa correspondência redundante de regras pode ser evitada se fizermos a seguinte observação: *todo fato novo deduzido na iteração t deve ser derivado de pelo menos um fato novo deduzido na iteração t – 1*. Isso é verdadeiro porque qualquer inferência que não exigisse um fato novo da iteração $t – 1$ poderia já ter sido realizada na iteração $t – 1$.

Essa observação leva naturalmente a um algoritmo de encadeamento para a frente incremental no qual, na iteração t, verificamos uma regra apenas se sua premissa inclui um elemento de conjunção p_i que se unifica com um fato p_i' recém-deduzido na iteração $t – 1$. A etapa de correspondência de regras fixa p_i para fazê-lo corresponder a p_i', mas permite que os outros elementos da conjunção da regra correspondam a fatos de qualquer iteração anterior. Esse algoritmo gera exatamente os mesmos fatos em cada iteração que o algoritmo da Figura 9.3, mas é muito mais eficiente.

Com a indexação apropriada, é fácil identificar todas as regras que podem ser ativadas por qualquer fato dado e, na verdade, muitos sistemas reais operam em modo de "atualização", em que ocorre o encadeamento para a frente em resposta a cada fato novo que seja informado (com TELL). As inferências se propagam em cascata pelo conjunto de regras até ser alcançado o ponto fixo e depois o processo recomeça para o próximo fato novo.

Em geral, apenas uma pequena fração das regras na base de conhecimento é de fato ativada pela inclusão de determinado fato. Isso significa que é realizado muito trabalho redundante na

266 Inteligência Artificial

construção repetida de correspondências parciais que têm algumas premissas não satisfeitas. Nosso exemplo de crime é muito pequeno para mostrar isso de forma efetiva, mas note que uma correspondência parcial é construída na primeira iteração entre a regra

$$Americano(x) \land Arma(y) \land Vende(x, y, z) \land Hostil(z) \Rightarrow Criminoso(x)$$

e o fato *Americano*(*West*). Essa correspondência parcial é então descartada e reconstruída na segunda iteração (quando a regra tem sucesso). Seria melhor reter e completar gradualmente as correspondências parciais, à medida que novos fatos chegassem, em vez de descartá-las.

Algoritmo *Rete* O **algoritmo *Rete***[3] foi o primeiro a atacar esse problema. O algoritmo efetua o pré-processamento do conjunto de regras na base de conhecimento para construir uma rede de fluxo de dados em que cada nó é um literal a partir de uma premissa de regra. As vinculações de variáveis fluem pela rede e são descartadas quando deixam de corresponder a um literal. Se dois literais de uma regra compartilham uma variável – por exemplo, $Vende(x, y, z) \land Hostil(z)$ em nosso exemplo do crime –, as vinculações de cada literal são filtradas por meio de um nó de igualdade. Uma vinculação de variáveis que alcança um nó para um literal n-ário como $Vende(x, y, z)$ poderia ter de esperar que as vinculações correspondentes às outras variáveis fossem estabelecidas, antes que o processo possa continuar. Em qualquer instante dado, o estado de uma rede *Rete* capta todas as correspondências parciais das regras, evitando grande quantidade de repetição de cálculos.

Sistema de produção As redes *Rete*, bem como diversas melhorias ocorridas a partir delas, constituíram um componente-chave dos chamados **sistemas de produção**, que estavam entre os primeiros sistemas de encadeamento para a frente de uso difundido.[4] O sistema XCON (originalmente chamado R1; McDermott, 1982) foi construído com o emprego de uma arquitetura de sistema de produção. O XCON continha vários milhares de regras para projetar configurações de componentes de computadores destinados aos clientes da Digital Equipment Corporation. Ele se tornou um dos primeiros sucessos comerciais no emergente campo dos sistemas especialistas. Muitos outros sistemas semelhantes foram construídos com a utilização da mesma tecnologia subjacente, que foi implementada na linguagem de uso geral OPS-5.

Arquiteturas cognitivas Os sistemas de produção também são populares em **arquiteturas cognitivas** – ou seja, modelos de raciocínio humano – como ACT (Anderson, 1983) e SOAR (Laird *et al.*, 1987). Nesses sistemas, a "memória de trabalho" do sistema tem como modelo a memória humana de curto prazo, e as produções fazem parte da memória de longo prazo. Em cada ciclo de operação, as produções são comparadas à memória de trabalho dos fatos. Uma produção cujas condições são satisfeitas pode adicionar ou excluir fatos da memória de trabalho. Em contraste com a situação típica em bancos de dados, com frequência os sistemas de produção têm muitas regras e relativamente poucos fatos. Com uma tecnologia de comparação otimizada de maneira adequada, os sistemas podem operar em tempo real com dezenas de milhões de regras.

Fatos irrelevantes

Outra fonte de ineficiência é que o encadeamento para a frente faz todas as inferências permissíveis com base nos fatos conhecidos, *mesmo que eles sejam irrelevantes para o objetivo*. Em nosso exemplo de crime, não havia nenhuma regra capaz de tirar conclusões irrelevantes. Mas, se tivesse havido muitas regras que descrevessem os hábitos alimentares dos americanos ou os componentes e preços de mísseis, então o ASK-LPO-EF teria gerado conclusões irrelevantes.

Bases de dados dedutivas Um modo de evitar conclusões irrelevantes é usar o encadeamento para trás, como descreve a seção 9.4. Outra solução é restringir o encadeamento para a frente a um subconjunto selecionado de regras, como na CONSEQUÊNCIA-LÓGICA-LP-EF? (seção 7.5.4). Uma terceira abordagem emergiu no campo de **bases de dados dedutivas**, que são bases de dados em grande escala, como os bancos de dados relacionais, mas que usam encadeamento para a frente como ferramenta padrão de inferência em vez de consultas SQL. A ideia é reescrever o conjunto de regras utilizando informações do objetivo, de modo que apenas vinculações de variáveis relevantes – aquelas que pertencem a um conjunto denominado **Conjunto mágico** **conjunto mágico** – sejam consideradas durante a inferência para a frente. Por exemplo, se o

---

[3] *Rete* é a forma latina de *rede*. Ela rima com *artrite*.
[4] A palavra **produção** em **sistemas de produção** denota uma regra de condição-ação.

objetivo é *Criminoso*(*West*), a regra que conclui *Criminoso*(x) será reescrita para incluir um elemento extra que limite o valor de x:

$$\textit{Mágico}(x) \wedge \textit{Americano}(x) \wedge \textit{Arma}(y) \wedge \textit{Vende}(x, y, z) \wedge \textit{Hostil}(z) \Rightarrow \textit{Criminoso}(x).$$

O fato *Mágico*(*West*) também é adicionado à *BC*. Desse modo, mesmo que a base de conhecimento contenha fatos sobre milhões de americanos, apenas o Coronel West será considerado durante o processo de inferência para a frente. O processo completo para definir os conjuntos mágicos e reescrever a base de conhecimento é complexo demais para abordarmos aqui, mas a ideia básica é realizar uma espécie de inferência para trás "genérica" a partir do objetivo, a fim de descobrir quais vinculações de variáveis precisam ser limitadas. A abordagem de conjuntos mágicos pode então ser pensada como uma espécie de híbrido entre a inferência para a frente e o pré-processamento para trás.

9.4 Encadeamento para trás

A segunda família importante de algoritmos de inferência lógica utiliza a abordagem de **encadeamento para trás** para cláusulas definidas. Esses algoritmos funcionam no sentido inverso a partir do objetivo, encadeando regras até encontrar fatos conhecidos que apoiem a prova.

9.4.1 Algoritmo de encadeamento para trás

A Figura 9.6 mostra um algoritmo de encadeamento para trás para cláusulas definidas. ASK-LPO-ET (*BC*, *meta*) será provado se a base de conhecimento contiver uma cláusula da forma $le \Rightarrow meta$, em que *le* (lado esquerdo) é uma lista de elementos de conjunção. Um fato atômico como *Americano*(*West*) é considerado como uma cláusula cujo *le* é a lista vazia. Agora uma consulta que contém variáveis pode ser provada de várias maneiras. Por exemplo, a consulta *Pessoa*(x) poderia ser provada com a substituição {x/*João*}, bem como com {x/*Ricardo*}. Então implementamos ASK-LPO-ET como um gerador – uma função que devolve várias vezes, a cada vez dando um resultado possível (ver Apêndice B).

O encadeamento para trás é uma espécie de busca E/OU – a parte OU porque a consulta objetivo pode ser provada por qualquer regra na base de conhecimento, e a parte E porque todas as conjunções no *le* de uma cláusula precisam ser provadas. OU-LPO-ET funciona buscando todas as cláusulas que possam se unificar com o objetivo, padronizando as variáveis na cláusula como variáveis novas em folha, e, então, se o *ld* (lado direito) da cláusula de fato se unificar com o objetivo, provando cada elemento de conjunção no *le*, usando E-LPO-ET. Essa função atua provando cada um dos elementos de conjunção por vez, registrando a substituição

---

função ASK-LPO-ET(*BC,consulta*) **devolve** um gerador de substituições
   devolve OU-LPO-ET(*BC,consulta*,{ })

função OU-LPO-ET(*BC*, *meta*, θ) **devolve** uma substituição
   para cada *regra* em RECUPERA-REGRAS-PARAMETA(*BC*, *meta*) **faça**
   ($le \Rightarrow ld$) ← PADRONIZAÇÃO-VARIÁVEIS(*regra*)
   para cada θ' **em** E-LPO-ET(*BC,le*,UNIFICAR(*ld*, *meta*, θ)) **faça**
      produzir θ'

função E-LPO-ET(*BC*, *metas*, θ) **devolve** uma substituição
   se θ = *falha* **então devolve**
   senão se COMPRIMENTO(*metas*) = 0 **então produz** θ
   senão
      primeiro, resto ← PRIMEIRO(*metas*), RESTO(*metas*)
      para cada θ' **em** OU-LPO-ET(*BC*, SUBST(θ, *primeiro*), θ) **faça**
         para cada θ'' **em** E-LPO-ET(*BC, resto*, θ') **faça**
            produzir θ''

Figura 9.6 Algoritmo de encadeamento para trás simples para bases de conhecimento de primeira ordem.

acumulada à medida que avançamos. A Figura 9.7 é a árvore de prova para a derivação de *Criminoso*(*West*) a partir das sentenças (9.3) a (9.10).

O encadeamento para trás, como o escrevemos, sem dúvida é um algoritmo de busca em profundidade. Isso significa que seus requisitos de espaço são lineares em relação ao tamanho da prova. Isso também significa que o encadeamento para trás (diferentemente do encadeamento para a frente) se ressente de problemas com estados repetidos e incompletude. Apesar dessas limitações, o encadeamento para trás provou ser popular e eficaz nas linguagens de programação em lógica.

9.4.2 Programação em lógica

A programação em lógica é uma tecnologia que se aproxima bastante da incorporação do ideal declarativo descrito no Capítulo 7: os sistemas devem ser construídos expressando o conhecimento em linguagem formal, e os problemas devem ser resolvidos executando processos de inferência sobre esse conhecimento. Esse ideal é resumido na equação de Robert Kowalski,

Algoritmo = Lógica + Controle.

Prolog é, de longe, a linguagem de programação em lógica mais utilizada. É usado principalmente como linguagem de prototipação rápida e para tarefas de manipulação de símbolos, como a criação de compiladores (Van Roy, 1990) e análise de linguagem natural (Pereira e Warren, 1980). Muitos sistemas especialistas foram escritos em Prolog para domínios jurídicos, médicos, financeiros e outros.

Os programas Prolog são conjuntos de cláusulas definidas escritas em uma notação um pouco diferente da lógica de primeira ordem padrão. Prolog utiliza letras maiúsculas para representar variáveis e letras minúsculas para representar constantes – o oposto da nossa convenção para a lógica. Vírgulas separam elementos de conjunção em uma cláusula, e a cláusula é escrita "ao contrário" do que estamos acostumados; em vez de $A \land B \Rightarrow C$, em Prolog temos C:- A, B. Aqui está um exemplo típico:

```
criminoso(X) :- americano(X), arma(Y), vende(X, Y, Z), hostil(Z).
```

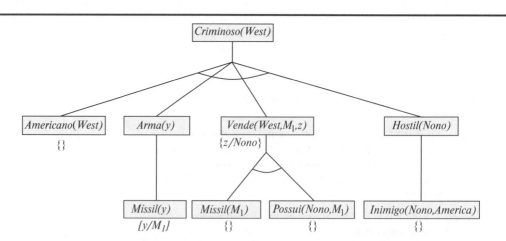

Figura 9.7 Árvore de prova construída por encadeamento para trás para provar que West é um criminoso. A árvore deve ser lida primeiro na profundidade, da esquerda para a direita. Para provar *Criminoso*(*West*), temos de provar os quatro elementos da conjunção abaixo dele. Alguns desses elementos estão na base de conhecimento, e outros exigem encadeamento para trás adicional. As vinculações correspondentes a cada unificação bem-sucedida são mostradas junto ao subobjetivo correspondente. Observe que, uma vez que um subobjetivo em um elemento de conjunção tem sucesso, sua substituição é aplicada aos subobjetivos seguintes. Desse modo, no momento em que ASK-LPO-ET chegar ao último elemento da conjunção, originalmente *Hostil*(*z*), *z* já estará vinculado a *Nono*.

Em Prolog, a notação `[E|L]` indica uma lista cujo primeiro elemento é E e o restante é L. Aqui está um programa Prolog para `append(X, Y, Z)`, que tem sucesso se a lista Z é o resultado da concatenação das listas X e Y:

```
append([],Y,Y).
append([A|X],Y,[A|Z]) :- append(X,Y,Z).
```

Em português, podemos ler essas cláusulas como (1) a concatenação de uma lista vazia com uma lista Y produz a mesma lista Y e (2) `[A|Z]` é o resultado da concatenação de `[A|X]` a Y, desde que Z seja o resultado da concatenação de X a Y. Na maioria das linguagens de alto nível podemos escrever uma função recursiva semelhante que descreve como concatenar duas listas. A definição em Prolog é realmente muito mais poderosa, entretanto, porque descreve uma *relação* que se mantém entre os três argumentos, em vez de uma *função* computada a partir de dois argumentos. Por exemplo, podemos formular a consulta `append(X,Y,[1,2,3])`: quais são as duas listas que podem ser concatenadas para fornecer `[1,2,3]`? Aqui estão as soluções:

```
X=[]        Y=[1,2,3];
X=[1]       Y=[2,3];
X=[1,2]     Y=[3];
X=[1,2,3]   Y=[]
```

A execução de programas em Prolog é feita por meio do encadeamento para trás em profundidade, em que as cláusulas são experimentadas na ordem em que são escritas na base de conhecimento. O projeto do Prolog representa um meio-termo entre eficiência de declaração e execução. Alguns aspectos do Prolog ficam fora da inferência lógica padrão:

- Prolog usa a semântica do banco de dados da seção 8.2.8, em vez da semântica de primeira ordem, e isso é evidente em seu tratamento de igualdade e negação (consulte a seção 9.4.4).
- Existe um conjunto de funções internas para aritmética. Literais que utilizam esses símbolos de funções são "provados" pela execução de código, em vez da realização de inferência adicional. Por exemplo, o objetivo "X is 4+3" tem sucesso com X associado a 7. Por outro lado, o objetivo "5 is X+Y" falha porque as funções internas não realizam a resolução de equações arbitrárias.
- Existem predicados internos que têm efeitos colaterais quando executados. Entre eles encontramos predicados de entrada/saída e os predicados `assert/retract` para modificação da base de conhecimento. Esses predicados não têm nenhum equivalente em lógica e podem produzir alguns resultados confusos – por exemplo, se os fatos forem afirmados em uma ramificação da árvore de prova que no fim falha.
- A **verificação de ocorrência** é omitida do algoritmo de unificação do Prolog. Isso significa que algumas inferências incorretas podem ser efetuadas; elas quase nunca são um problema na prática.
- Prolog usa a busca por encadeamento para trás em profundidade sem verificação de recursão infinita. Isso o torna muito útil e muito rápido quando usado devidamente, mas significa que alguns programas que parecem ter lógica válida não conseguirão terminar.

9.4.3 Inferência redundante e laços infinitos

Agora vamos examinar o calcanhar de aquiles do Prolog: a incompatibilidade entre busca em profundidade e árvores de busca que incluem estados repetidos e caminhos infinitos. Considere o programa em lógica, a seguir, que determina se existe um caminho entre dois pontos em um grafo orientado:

```
path(X,Z) :- link(X,Z).
path(X,Z) :- path(X,Y), link(Y,Z).
```

Um grafo simples de três nós, descrito pelos fatos `link(a, b)` e `link(b, c)`, é mostrado na Figura 9.8[a]. Com esse programa, a consulta `path(a,c)` gera a árvore de prova mostrada na Figura 9.9[a]. Por outro lado, se colocarmos as duas cláusulas na ordem

```
path(X,Z) :- path(X,Y), link(Y,Z)
path(X,Z) :- link(X,Z),
```

o Prolog seguirá o caminho infinito mostrado na Figura 9.9[b]. Portanto, Prolog é **incompleto** como provador de teoremas para cláusulas definidas – até mesmo no caso de programas Datalog, como mostra esse exemplo – porque, para algumas bases de conhecimento, ele não consegue provar sentenças que são consequências lógicas. Note que o encadeamento para a frente não se ressente desse problema: uma vez que `path(a, b)`, `path(b, c)` e `path(a, c)` são deduzidos, o encadeamento para a frente é suspenso.

O encadeamento para trás em profundidade também tem problemas com computações redundantes. Por exemplo, para encontrar um caminho de A_1 até J_4 na Figura 9.8[b], o Prolog executa 877 inferências, cuja maior parte envolve encontrar todos os caminhos possíveis até os nós a partir dos quais o objetivo é inacessível. Isso é semelhante ao problema de estados repetidos que foi descrito no Capítulo 3. A quantidade total de inferências pode ser exponencial em relação ao número de fatos básicos que são gerados. Se, em vez disso, aplicarmos o encadeamento para a frente, no máximo n^2 fatos `path(X, Y)` poderão ser gerados vinculando n nós. Para o problema da Figura 9.8[b], são necessárias apenas 62 inferências.

Programação dinâmica

O encadeamento para a frente em problemas de busca de grafos é um exemplo de **programação dinâmica**, em que as soluções para subproblemas são construídas de forma incremental a partir das soluções de subproblemas menores e são guardadas em *cache* para evitar a repetição da computação. Podemos obter efeito semelhante em um sistema de encadeamento para trás, exceto que aqui estamos desmembrando objetivos grandes em outros menores, em vez de criá-los.

Programação em lógica tabulada

De qualquer forma, o segredo é armazenar resultados intermediários para evitar a duplicação. Essa é a abordagem adotada pelos sistemas de **programação em lógica tabulada**, que

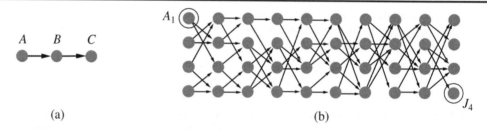

Figura 9.8 (a) Encontrar um caminho de A até C pode levar o Prolog a um laço infinito. (b) Um grafo em que cada nó está conectado a dois sucessores aleatórios na camada seguinte. Encontrar um caminho de A_1 até J_4 exige 877 inferências.

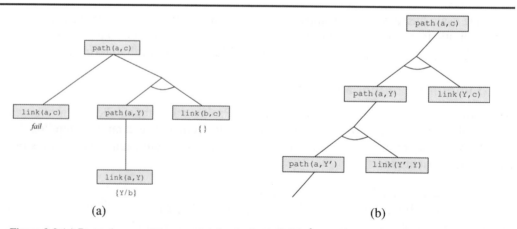

Figura 9.9 (a) Prova de que existe um caminho de A até C. (b) Árvore de prova infinita gerada quando as cláusulas estão na ordem "errada".

utilizam mecanismos eficientes de armazenamento e recuperação. A programação em lógica tabulada combina a orientação a objetivos do encadeamento para trás com a eficiência da programação dinâmica do encadeamento para a frente. Ela também é completa para bases de conhecimento Datalog, o que significa que o programador precisa se preocupar menos com os laços infinitos. (Ainda é possível obter um laço infinito com predicados como `father(X,Y)`, que se referem a um número potencialmente ilimitado de objetos.)

9.4.4 Semântica de banco de dados do Prolog

Prolog usa a semântica de banco de dados, como discutido na seção 8.2.8. A suposição de nomes únicos diz que cada constante Prolog e cada termo básico referem-se a um objeto distinto, e o pressuposto de mundo fechado diz que as únicas sentenças que são verdadeiras são aquelas decorrentes da base de conhecimento. Não há como afirmar que uma sentença é falsa em Prolog. Isso torna o Prolog menos expressivo do que a lógica de primeira ordem, mas é parte do que torna o Prolog mais eficiente e mais conciso. Considere as afirmações a seguir em Prolog sobre algumas ofertas de cursos:

$$Curso(CS, 101),\ Curso(CS, 102),\ Curso(CS, 106),\ Curso(EE, 101). \qquad (9.11)$$

Sob a suposição de nomes únicos, CS e EE são diferentes (como são 101, 102 e 106), então isso significa que há quatro cursos distintos. Sob a hipótese de mundo fechado não existem outros cursos, por isso há exatamente quatro cursos. Mas, se essas afirmações forem em LPO, em vez de em Prolog, tudo o que poderíamos dizer é que há algo entre um e infinitos cursos. Isso porque as afirmações (em LPO) não negam a possibilidade de que outros cursos não mencionados também sejam oferecidos, nem dizem que os cursos mencionados são diferentes uns dos outros. Se quiséssemos traduzir a Equação 9.11 em LPO, obteríamos o seguinte:

$$Curso(d,n) \quad \Leftrightarrow \quad (d = CS \wedge n = 101) \vee (d = CS \wedge n = 102)$$
$$\vee\,(d = CS \wedge n = 106) \vee (d = EE \wedge n = 101). \qquad (9.12)$$

Isso é chamado de **completamento** da Equação 9.11. Expressa em LPO a ideia de que existem, no máximo, quatro cursos. Para expressar em LPO a ideia de que existem pelo menos quatro cursos, precisamos escrever o completamento do predicado de igualdade:

$$x = y \quad \Leftrightarrow \quad (x = CS \wedge y = CS) \vee (x = EE \wedge y = EE) \vee (x = 101 \wedge y = 101)$$
$$\vee\,(x = 102 \wedge y = 102) \vee (x = 106 \wedge y = 106).$$

O completamento é útil para a compreensão da semântica de banco de dados, mas, para fins práticos, se seu problema puder ser descrito com a semântica de banco de dados, é mais eficiente raciocinar com Prolog ou algum outro sistema de banco de dados semântico, em vez de traduzir em LPO e raciocinar com um provador de teoremas de LPO completo.

9.4.5 Programação em lógica de restrições

Em nossa discussão sobre o encadeamento para a frente (seção 9.3), mostramos a forma como os problemas de satisfação de restrições (CSPs) podem ser codificados como cláusulas definidas. A linguagem Prolog padrão resolve esses problemas exatamente do mesmo modo que o algoritmo de retrocesso dado na Figura 6.5.

Tendo em vista que o retrocesso enumera os domínios das variáveis, ele só funciona para CSPs de **domínios finitos**. Em termos de Prolog, deve haver um número finito de soluções para qualquer objetivo com variáveis não vinculadas. (P. ex., um problema de coloração de mapa em que cada variável pode assumir uma de quatro cores diferentes.) Os CSPs de domínios infinitos – por exemplo, com variáveis de valores inteiros ou reais – exigem algoritmos bem diferentes, como o de propagação de limites ou o de programação linear.

Considere o exemplo a seguir. Definimos `triangle(X,Y,Z)` como um predicado que vale se os três argumentos forem números que satisfazem a desigualdade triangular:

272 Inteligência Artificial

```
triangle(X,Y,Z)  :-
     X>0,  Y>0,  Z>0,  X+Y>Z,  Y+Z>X,  X+Z>Y.
```

Se formularmos a consulta de Prolog `triangle(3,4,5)`, ela terá sucesso. Por outro lado, se solicitarmos `triangle(3,4,Z)`, nenhuma solução será encontrada, porque o subobjetivo `Z>0` não poderá ser tratado por Prolog; não podemos comparar um valor desvinculado com 0.

Programação em lógica de restrições

A **programação em lógica de restrições** (PLR) permite que as variáveis sejam *restringidas*, em vez de serem *limitadas*. Uma solução PLR é o conjunto mais específico de restrições sobre as variáveis de consulta que podem ser derivadas da base de conhecimento. Por exemplo, a solução para a consulta `triangle(3,4,Z)` é a restrição $7 > Z > 1$. Os programas em lógica padrão são apenas um caso especial de PLR em que as restrições da solução devem ser restrições de igualdade, ou seja, vinculações.

Os sistemas de PLR incorporam vários algoritmos de resolução de restrições correspondentes às restrições permitidas na linguagem. Por exemplo, um sistema que permite desigualdades lineares sobre variáveis de valores reais poderia incluir um algoritmo de programação linear para resolver essas restrições. Os sistemas de PLR também adotam uma abordagem muito mais flexível para resolver consultas de programação em lógica padrão. Por exemplo, em vez de retrocesso em profundidade da esquerda para a direita, eles poderiam utilizar qualquer dos algoritmos mais eficientes descritos no Capítulo 6, inclusive a heurística de ordenação de elementos de conjunção, o salto para trás (*backjumping*), o condicionamento de conjuntos de corte, e assim por diante. Portanto, os sistemas de PLR combinam elementos de algoritmos de satisfação de restrições, programação em lógica e bancos de dados dedutivos.

Metarregra

Foram definidos vários sistemas que permitem mais controle ao programador sobre a ordem de busca de inferência. A linguagem MRS (Genesereth e Smith, 1981; Russell, 1985) permite ao programador escrever **metarregras** para determinar que elementos da conjunção serão testados primeiro. O usuário poderia escrever uma regra afirmando que o objetivo com o menor número de variáveis deve ser testado primeiro ou poderia escrever regras específicas de domínio para determinados predicados.

9.5 Resolução

A última de nossas três famílias de sistemas lógicos, e a única que funciona para qualquer base de conhecimento, se baseia na **resolução**. Vimos na seção 7.5 que a resolução proposicional utilizando refutação é um procedimento de inferência completo para a lógica proposicional; nesta seção, veremos como estender a resolução à lógica de primeira ordem.

9.5.1 Forma normal conjuntiva para lógica de primeira ordem

O primeiro passo é converter sentenças para a **forma normal conjuntiva** (FNC) – ou seja, uma conjunção de cláusulas, em que cada cláusula é uma disjunção de literais.[5] Na FNC, os literais podem conter variáveis, que presumimos ser universalmente quantificadas. Por exemplo, a sentença

$$\forall x, y, z \; Americano(x) \land Arma(y) \land Vende(x, y, z) \land Hostil(z) \Rightarrow Criminoso(x)$$

torna-se, em FNC,

$$\neg Americano(x) \lor \neg Arma(y) \lor \neg Vende(x, y, z) \lor \neg Hostil(z) \lor Criminoso(x).$$

> *Toda sentença de lógica de primeira ordem pode ser convertida em uma sentença FNC inferencialmente equivalente.*

---

[5] Uma cláusula também pode ser representada como implicação com uma conjunção de átomos na premissa e uma disjunção de átomos na conclusão. Isso é chamado de **forma normal implicativa** ou **forma de Kowalski** [especialmente quando é escrita com um símbolo de implicação da direita para a esquerda – Kowalski, 1979)] e geralmente é muito mais fácil de ler do que uma disjunção com muitos literais negados.

Capítulo 9 • Inferência em Lógica de Primeira Ordem 273

O procedimento de conversão para FNC é bem parecido com o caso proposicional, que vimos na seção 7.5.2. A principal diferença surge a partir da necessidade de eliminar quantificadores existenciais. Ilustraremos o procedimento convertendo a sentença "Todo mundo que ama todos os animais é amado por alguém", ou

$$\forall x \, [\forall y \, Animal(y) \Rightarrow Ama(x, y)] \Rightarrow [\exists y \, Ama(y, x)].$$

As etapas são:

- **Eliminar implicações**: substitua $P \Rightarrow Q$ por $\neg P \lor Q$. Para a nossa sentença de exemplo, isso precisa ser feito duas vezes:

$$\forall x \, \neg[\forall y \, Animal(y) \Rightarrow Ama(x, y)] \lor [\exists y \, Ama(y, x)]$$
$$\forall x \, \neg[\forall y \, \neg Animal(y) \lor Ama(x, y)] \lor [\exists y \, Ama(y, x)].$$

- **Mover $\neg$ para dentro**: além das regras habituais para conectivos negados, precisamos de regras para quantificadores negados. Desse modo, temos

$$\neg\forall x \, p \qquad \text{torna-se} \qquad \exists x \, \neg p$$
$$\neg\exists x \, p \qquad \text{torna-se} \qquad \forall x \, \neg p.$$

Nossa sentença passa pelas seguintes transformações:

$$\neg\forall x \, [\exists y \, \neg(\neg Animal(y) \lor Ama(x, y))] \lor [\exists y \, Ama(y, x)].$$
$$\neg\forall x \, [\exists y \, \neg\neg Animal(y) \land \neg Ama(x, y)] \lor [\exists y \, Ama(y, x)].$$
$$\neg\forall x \, [\exists y \, Animal(y) \land \neg Ama(x, y)] \lor [\exists y \, Ama(y, x)].$$

Note que um quantificador universal ($\forall y$) na premissa da implicação se tornou um quantificador existencial. A sentença agora é: "Existe algum animal que x não ama, ou (se não for esse o caso) alguém ama x." Sem dúvida, o significado da sentença original foi preservado.

- **Padronizar variáveis**: no caso de sentenças como $(xP(x)) \lor (\exists x \, Q(x))$, que utilizam duas vezes o mesmo nome de variável, altere o nome de uma das variáveis. Isso evitará confusão mais tarde, quando descartarmos os quantificadores. Desse modo, temos

$$\forall x \, [\exists y \, Animal(y) \land \neg Ama(x, y)] \lor [\exists z \, Ama(z, x)].$$

- **Skolemizar**: **Skolemização** é o processo de remover quantificadores existenciais por eliminação. No caso simples, é semelhante à regra de instanciação do existencial da seção 9.1: converter $\exists x \, P(x)$ em $P(A)$, em que A é uma nova constante. No entanto, não podemos aplicar instanciação existencial para a nossa sentença anterior porque ela não corresponde ao padrão $\exists v \, \alpha$; apenas partes da sentença correspondem ao padrão. Se aplicarmos a regra cegamente para as duas partes correspondentes, obteremos $\qquad$ *Skolemização*

$$\forall x \, [Animal(A) \land \neg Ama(x, A)] \lor Ama(B, x),$$

que tem significado completamente errado: ela afirma que todo mundo deixa de amar um animal A específico ou é amado por alguma entidade específica B. De fato, nossa sentença original permite que cada pessoa deixe de amar um animal diferente ou seja amada por uma pessoa diferente. Desse modo, queremos que as entidades de Skolem dependam de x:

$$\forall x \, [Animal(F(x)) \land \neg Ama(x, F(x))] \lor Ama(G(x), x).$$

Aqui F e G são **funções de Skolem**. A regra geral diz que os argumentos da função de Skolem $\qquad$ *Função de Skolem* são todas as variáveis universalmente quantificadas, em cujo escopo aparece o quantificador existencial. Como ocorre com a instanciação existencial, a sentença de Skolem é satisfatível exatamente quando a sentença original é satisfatível.

- **Descartar quantificadores universais**: nesse momento, todas as variáveis restantes devem ser universalmente quantificadas. Portanto, não perdemos informação alguma se descartarmos o quantificador:

$$[Animal(F(x)) \land \neg Ama(x, F(x))] \lor Ama(G(x), x).$$

274 Inteligência Artificial

- **Distribuir ∨ sobre ∧:**

$$[Animal(F(x)) \lor Ama(G(x), x)] \land [\neg Ama(x, F(x)) \lor Ama(G(x), x)].$$

Essa etapa também pode exigir o nivelamento de conjunções e disjunções aninhadas.

Agora, a sentença está em FNC e consiste em duas cláusulas. Ela é quase ilegível. (Talvez ajude explicar que a função de Skolem $F(x)$ se refere ao animal que é potencialmente não amado por x, enquanto $G(z)$ se refere a alguém que pode amar x.) Felizmente, os seres humanos poucas vezes precisam examinar sentenças FNC – o processo de conversão é automatizado com facilidade.

9.5.2 Regra de inferência de resolução

A regra de resolução para as cláusulas de primeira ordem é simplesmente uma versão elevada da regra de resolução proposicional dada na seção 7.5.2. Duas cláusulas, que são consideradas padronizadas separadamente de forma a não compartilharem quaisquer variáveis, podem ser resolvidas se contiverem literais complementares. Os literais proposicionais são complementares se um deles é a negação do outro; os literais de primeira ordem são complementares se um deles *se unifica com* a negação do outro. Desse modo, temos

$$\frac{\ell_1 \lor \cdots \lor \ell_k, \quad m_1 \lor \cdots \lor m_n}{\text{SUBST}(\theta, \ell_1 \lor \cdots \lor \ell_{i-1} \lor \ell_{i+1} \lor \cdots \lor \ell_k \lor m_1 \lor \cdots \lor m_{j-1} \lor m_{j+1} \lor \cdots \lor m_n)}$$

em que UNIFICAR($\ell_1, \neg m_j$) = θ. Por exemplo, podemos resolver as duas cláusulas

$$[Animal(F(x)) \lor Ama(G(x), x)] \quad \varepsilon \quad [\neg Ama(u, v) \lor \neg Mata(u, v)]$$

eliminando os literais complementares $Ama(G(x), x)$ e $\neg Ama(u, v)$, com o unificador $\theta = \{u/G(x), v/x\}$, a fim de produzir a cláusula **resolvente**

$$[Animal(F(x)) \lor \neg Mata(G(x), x)].$$

Resolução binária   Essa regra é chamada de **resolução binária** porque resolve exatamente dois literais. Sozinha, a regra de resolução binária não gera um procedimento de inferência completo. A regra de resolução completa resolve subconjuntos de literais de cada cláusula que são unificáveis. Uma abordagem alternativa é estender a **fatoração** – a remoção de literais redundantes – ao caso de primeira ordem. A fatoração proposicional reduz dois literais a um só se eles são *idênticos*; a fatoração de primeira ordem reduz dois literais a um só se eles são *unificáveis*. O unificador deve ser aplicado à cláusula inteira. A combinação de resolução binária e fatoração é completa.

9.5.3 Exemplos de provas

A resolução prova que $BC \models \alpha$ provando que $BC \land \neg\alpha$ é insatisfatível, isto é, derivando a cláusula vazia. A abordagem algorítmica é idêntica ao caso proposicional descrito na Figura 7.13 e, portanto, não a repetiremos aqui. Em vez disso, forneceremos duas provas como exemplos. A primeira é o exemplo de crime da seção 9.3. As sentenças em FNC são:

$$\neg Americano(x) \lor \neg Arma(y) \lor \neg Vende(x, y, z) \lor \neg Hostil(z) \lor Criminoso(x)$$
$$\neg Míssil(x) \lor \neg Possui(Nono, x) \lor Vende(West, x, Nono)$$
$$\neg Inimigo(x, América) \lor Hostil(x)$$
$$\neg Míssil(x) \lor Arma(x)$$

$Possui(Nono, M1)$	$Míssil(M1)$
$Americano(West)$	$Inimigo(Nono, América).$

Também incluímos o objetivo negado $\neg Criminoso(West)$. A prova por resolução é mostrada na Figura 9.10. Note a estrutura: a "coluna" única que começa com a cláusula objetivo, utilizando cláusulas da base de conhecimento na resolução até gerar a cláusula vazia. Isso é característico da resolução sobre bases de conhecimento de cláusulas de Horn. De fato, as cláusulas ao longo da coluna principal correspondem *exatamente* aos valores sucessivos da variável *metas* no algoritmo de encadeamento para trás da Figura 9.6. Essa é a razão pela qual sempre optamos pela resolução com uma cláusula cujo literal positivo se unificasse com o literal mais à esquerda da cláusula "atual" da coluna; isso é exatamente o que acontece no encadeamento para trás. Desse modo, o encadeamento para trás é simplesmente um caso especial de resolução com uma estratégia de controle específica para decidir que resolução executar em seguida.

Nosso segundo exemplo faz uso da skolemização e envolve cláusulas que não são cláusulas definidas. Isso resulta em uma estrutura de prova um pouco mais complexa. O problema é descrito a seguir em linguagem natural:

> Todo mundo que ama todos os animais é amado por alguém.
> Qualquer um que mata um animal não é amado por ninguém.
> João ama todos os animais.
> João ou a Curiosidade matou o gato, que se chama Atum.
> A Curiosidade matou o gato?

Primeiro, expressamos as sentenças originais, algum conhecimento prático e o objetivo negado G em lógica de primeira ordem:

A. $\forall x \, [\forall y \, Animal(y) \Rightarrow Ama(x, y)] \Rightarrow [\exists y \, Ama(y, x)]$
B. $\forall x \, [\exists z \, Animal(z) \land Mata(x, z)] \Rightarrow [\forall y \, \neg Ama(y, x)]$
C. $\forall x \, Animal(x) \Rightarrow Ama(João, x)$
D. $Mata(João, Atum) \lor Mata(Curiosidade, Atum)$
E. $Gato(Atum)$
F. $\forall x \, Gato(x) \Rightarrow Animal(x)$
¬G. $\neg Mata(Curiosidade, Atum)$

Agora, aplicamos o procedimento de conversão com a finalidade de converter cada sentença para FNC:

A1. $Animal(F(x)) \lor Ama(G(x), x)$
A2. $\neg Ama(x, F(x)) \lor Ama(G(x), x)$
B. $\neg Ama(y, x) \lor \neg Animal(z) \lor \neg Ama(x, z)$
C. $\neg Animal(x) \lor Ama(João, x)$
D. $Mata(João, Atum) \lor Mata(Curiosidade, Atum)$
E. $Gato(Atum)$
F. $\neg Gato(x) \lor Animal(x)$
¬G. $\neg Mata(Curiosidade, Atum)$

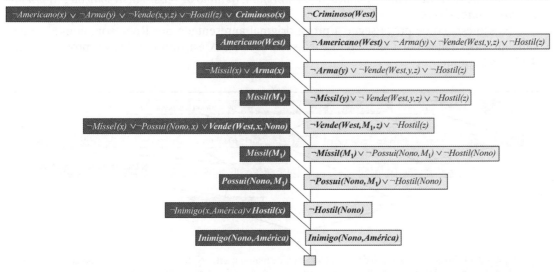

Figura 9.10 Uma prova por resolução de que West é um criminoso. Em cada etapa da resolução, os literais que unificam estão em negrito e a cláusula com o literal positivo está ao lado esquerdo da figura.

A prova por resolução de que a Curiosidade matou o gato é dada na Figura 9.11. Em linguagem natural, a prova poderia ser parafraseada como a seguir:

> Suponha que a Curiosidade não houvesse matado Atum. Sabemos que João ou a Curiosidade o matou; desse modo, João deve ter matado Atum. Agora, Atum é um gato, e gatos são animais, então Atum é um animal. Tendo em vista que qualquer um que mata um animal não é amado por ninguém, sabemos que ninguém ama João. Por outro lado, João ama todos os animais, então alguém o ama; assim, temos uma contradição. Portanto, a Curiosidade matou o gato.

A prova responde à pergunta: "A Curiosidade matou o gato?" Porém, frequentemente queremos formular perguntas mais gerais, como: "Quem matou o gato?" A resolução pode fazer isso, mas obter a resposta exige um pouco mais de trabalho. O objetivo é $\exists w\, Mata(w, Atum)$ que, quando negada, se torna $\neg Mata(w, Atum)$ em FNC. Repetindo a prova da Figura 9.11 com o novo objetivo negado, obtemos uma árvore de prova semelhante, mas com a substituição $\{w/Curiosidade\}$ em uma das etapas. Então, nesse caso, descobrir quem matou o gato é só uma questão de manter o controle das vinculações para as variáveis de consulta da prova. Infelizmente, a resolução pode produzir **provas não construtivas** para objetivos existenciais, nas quais sabemos que uma consulta é verdadeira, mas não existe uma vinculação única para a variável.

9.5.4 Completude da resolução

Esta seção fornece uma prova de completude da resolução e pode ser seguramente ignorada pelos leitores que estiverem dispostos a aceitá-la com base na fé.

Mostraremos que a resolução é **completa para refutação**, o que significa que, *se um conjunto de sentenças é insatisfatível, então a resolução sempre será capaz de derivar uma contradição.* A resolução não pode ser usada para gerar todas as consequências lógicas de um conjunto de sentenças, mas pode ser usada para estabelecer que dada sentença é consequência lógica do conjunto de sentenças. Consequentemente, ela pode ser utilizada para encontrar todas as respostas para determinada pergunta, $Q(x)$, provando que $BC \land \neg Q(x)$ é insatisfatível.

Consideraremos como dado que qualquer sentença em lógica de primeira ordem (sem igualdade) pode ser reescrita como um conjunto de cláusulas em FNC. Isso pode ser provado por indução na forma da sentença, utilizando sentenças atômicas como o caso básico (Davis e Putnam, 1960). Portanto, nosso objetivo então é provar o seguinte: *se S é um conjunto não satisfatível de cláusulas, então a aplicação de um número finito de passos de resolução a S produzirá uma contradição.*

Nosso esboço de prova segue a prova original apresentada por Robinson, com algumas simplificações feitas por Genesereth e Nilsson (1987). A estrutura básica da prova (Figura 9.12) é a seguinte:

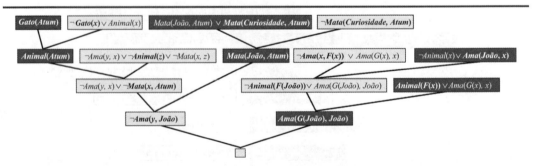

Figura 9.11 Prova por resolução de que a Curiosidade matou o gato. Note o uso da fatoração na derivação da cláusula $Ama(G(João), João)$. Observe também, no lado superior direito, que a unificação de $Ama(x, F(x))$ e de $Ama(João, x)$ só poderá ter sucesso depois que as variáveis tiverem sido padronizadas em separado.

1. Primeiro observamos que, se S é não satisfatível, então existe determinado conjunto de *instâncias básicas* das cláusulas de S, de modo que esse conjunto também é não satisfatível (teorema de Herbrand).
2. Em seguida, apelamos para o **teorema básico de resolução** apresentado no Capítulo 7, que declara que a resolução proposicional é completa para sentenças básicas.
3. Depois, usamos um **lema de elevação** para mostrar que, para qualquer prova por resolução proposicional que utilize o conjunto de sentenças básicas, existe uma prova por resolução de primeira ordem correspondente que utiliza as sentenças de primeira ordem a partir das quais foram obtidas as sentenças básicas.

Para executar a primeira etapa, precisaremos de três novos conceitos:

- **Universo de Herbrand**: se S é um conjunto de cláusulas, então H_S, o universo de Herbrand de S, é o conjunto de todos os termos básicos que podem ser construídos a partir dos seguintes itens:
  a. Os símbolos de funções em S, se houver.
  b. Os símbolos de constantes em S, se houver; se não houver nenhum, então um símbolo de constante padrão, A.

  Por exemplo, se S contém apenas a cláusula $\neg P(x, F(x, A)) \vee \neg Q(x, A) \vee R(x, B)$, então H_S é o conjunto infinito de termos básicos a seguir:

  $$A, B, F(A, A), F(A, B), F(B, A), F(B, B), F(A, F(A, A)), \ldots \}.$$

- **Saturação**: se S é um conjunto de cláusulas e P é um conjunto de termos básicos, então $P(S)$, a saturação de S em relação a P, é o conjunto de todas as cláusulas básicas obtidas pela aplicação de todas as substituições consistentes de termos básicos em P nas variáveis em S.

- **Base de Herbrand**: a saturação de um conjunto S de cláusulas em relação a seu universo de Herbrand é chamada base de Herbrand de S, representada como $H_S(S)$. Por exemplo, se S contém somente a cláusula que acabamos de apresentar, então $H_S(S)$ é o conjunto infinito de cláusulas

$$\{\neg P(A, F(A,A)) \vee \neg Q(A,A) \vee R(A,B),$$
$$\neg P(B, F(B,A)) \vee \neg Q(B,A) \vee R(B,B),$$
$$\neg P(F(A,A), F(F(A,A),A)) \vee \neg Q(F(A,A),A) \vee R(F(A,A),B),$$
$$\neg P(F(A,B), F(F(A,B),A)) \vee \neg Q(F(A,B),A) \vee R(F(A,B),B), \ldots \}$$

Essas definições nos permitem enunciar uma forma do **teorema de Herbrand** (Herbrand, 1930):

> Se um conjunto S de cláusulas é insatisfatível, então existe um subconjunto finito de $H_S(S)$ que também é insatisfatível.

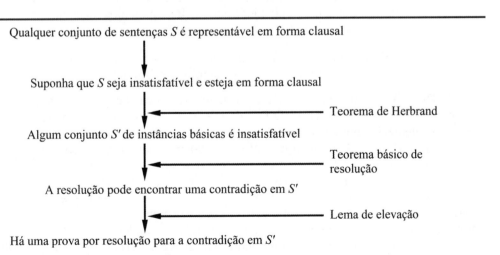

Figura 9.12 Estrutura de uma prova de completude para resolução.

Seja S' esse subconjunto finito de sentenças básicas. Agora, podemos apelar para o teorema básico de resolução (ver fim da seção 7.5.2) para mostrar que o **fecho por resolução** $FR(S')$ contém a cláusula vazia. Isto é, a execução da resolução proposicional sobre S' até o fim derivará uma contradição.

Agora que estabelecemos que sempre existe uma prova por resolução envolvendo algum subconjunto finito da base de Herbrand de S, o próximo passo é mostrar que existe uma prova por resolução que utiliza as cláusulas do próprio S, que não são necessariamente cláusulas básicas. Começamos considerando uma única aplicação da regra de resolução. Robinson enunciou o seguinte:

> Sejam C_1 e C_2 duas cláusulas sem variáveis compartilhadas, e sejam C_1' e C_2' instâncias básicas de C_1 e C_2. Se C' é um resolvente de C_1' e C_2', então existe uma cláusula C, de modo que (1) C é um resolvente de C_1 e C_2, e (2) C' é uma instância básica de C.

Teorema da incompletude de Gödel

Estendendo um pouco a linguagem da lógica de primeira ordem para permitir o uso do **esquema de indução matemática** em aritmética, Kurt Gödel conseguiu mostrar, em seu **teorema de incompletude,** que existem sentenças aritméticas verdadeiras que não podem ser provadas.

A prova do teorema da incompletude está um pouco além do escopo deste livro, ocupando, como de fato ocupa, pelo menos 30 páginas; porém, podemos apresentar aqui uma ideia da prova. Começamos com a teoria lógica dos números. Nessa teoria, há uma única constante, 0, e uma única função, S (a função sucessora). No modelo pretendido, $S(0)$ denota 1, $S(S(0))$ denota 2, e assim por diante; portanto, a linguagem tem nomes correspondentes a todos os números naturais. O vocabulário também inclui os símbolos de funções +, × e Exp (exponenciação), além do conjunto habitual de conectivos e quantificadores lógicos.

A primeira etapa é notar que o conjunto de sentenças que podemos escrever nessa linguagem pode ser enumerado. (Imagine definir uma ordem alfabética sobre os símbolos e depois organizar em ordem alfabética cada um dos conjuntos de sentenças de comprimento 1, 2 e assim por diante.) Podemos então numerar cada sentença α com um número natural único $\#\alpha$ (o **número de Gödel**). Isso é crucial: a teoria dos números contém um nome para cada uma de suas próprias sentenças. De modo semelhante, podemos numerar cada prova possível P com um número de Gödel $G(P)$ porque uma prova é simplesmente uma sequência finita de sentenças.

Agora, vamos supor que tenhamos um conjunto recursivamente enumerável A de sentenças que são declarações verdadeiras sobre os números naturais. Lembrando que A pode ser identificado por um dado conjunto de inteiros, podemos imaginar a escrita em nossa linguagem de uma sentença $\alpha(j, A)$ do seguinte tipo:

> $\forall i$ i não é o número de Gödel de uma prova da sentença cujo número de Gödel é j, em que a prova utiliza apenas premissas existentes em A.

Então, seja σ a sentença $\alpha(\#\sigma, A)$, ou seja, uma sentença que enuncia sua própria não demonstrabilidade a partir de A. (O fato de que essa sentença sempre existe é verdade, mas não completamente óbvio.)

Agora criamos o seguinte argumento engenhoso: suponha que σ possa ser provada a partir de A; então, σ é falsa (porque σ afirma que ela própria não pode ser provada). Mas então temos uma sentença falsa que é demonstrável a partir de A e, assim, A não pode consistir apenas em sentença verdadeiras – uma violação de nossa premissa. Por conseguinte, σ *não* é demonstrável a partir de A. No entanto, isso é exatamente o que a própria σ afirma; consequentemente, σ é uma sentença verdadeira.

Desse modo, mostramos (economizando 29 páginas e meia) que, para qualquer conjunto de sentenças verdadeiras da teoria dos números e, em particular, para qualquer conjunto de axiomas básicos, existem outras sentenças verdadeiras que *não podem* ser provadas a partir

> desses axiomas. Isso estabelece, entre outras coisas, que nunca podemos provar todos os teoremas de matemática *dentro de qualquer sistema de axiomas dado*. Sem dúvida, essa foi uma descoberta importante para a matemática. Seu significado para a IA foi amplamente debatido, a partir de especulações feitas pelo próprio Gödel. Retomaremos o debate no Capítulo 27.

Esse lema é chamado de **lema de elevação** porque eleva uma etapa de prova de cláusulas básicas até cláusulas gerais de primeira ordem. Para provar esse lema básico de elevação, Robinson teve de criar a unificação e derivar todas as propriedades de unificadores mais gerais. Em vez de repetir a prova aqui, vamos simplesmente ilustrar o lema:

Lema de elevação

$$C_1 = \neg P(x, F(x,A)) \vee \neg Q(x,A) \vee R(x,B)$$
$$C_2 = \neg N(G(y),z) \vee P(H(y),z)$$
$$C_1' = \neg P(H(B), F(H(B),A)) \vee \neg Q(H(B),A) \vee R(H(B),B)$$
$$C_2' = \neg N(G(B), F(H(B),A)) \vee P(H(B), F(H(B),A))$$
$$C' = \neg N(G(B), F(H(B),A)) \vee \neg Q(H(B),A) \vee R(H(B),B)$$
$$C = \neg N(G(y), F(H(y),A)) \vee \neg Q(H(y),A) \vee R(H(y),B).$$

Vemos que de fato C' é uma instância básica de C. Em geral, para C_1' e C_2' terem quaisquer resolventes, elas devem ser construídas pela aplicação inicial a C_1 e C_2 do unificador mais geral de um par de literais complementares em C_1 e C_2. Do teorema de elevação, é fácil derivar um enunciado semelhante sobre qualquer sequência de aplicações da regra de resolução:

> Para qualquer cláusula C' no fecho da resolução de S' existe uma cláusula C no fecho da resolução de S, de modo que C' é uma instância básica de C e a derivação de C tem o mesmo comprimento que a derivação de C'.

A partir desse fato, segue-se que, se a cláusula vazia aparecer no fecho da resolução de S', ela também deverá aparecer no fecho da resolução de S. Isso ocorre porque a cláusula vazia não pode ser uma instância básica de qualquer outra cláusula. Para recapitular: mostramos que, se S é insatisfatível, então existe uma derivação finita da cláusula vazia que utiliza a regra de resolução.

A elevação da demonstração de teoremas das cláusulas básicas para as cláusulas de primeira ordem proporciona grande aumento de potencial. Esse aumento provém do fato de que a prova de primeira ordem só precisa instanciar variáveis até onde for necessário para a prova, enquanto os métodos de cláusulas básicas eram obrigados a examinar enorme número de instanciações arbitrárias.

9.5.5 Igualdade

Nenhum dos métodos de inferência descritos até agora neste capítulo trata uma asserção da forma $x = y$ sem algum trabalho adicional. Existem três abordagens distintas que podem ser adotadas. A primeira abordagem é axiomatizar a igualdade – escrever sentenças sobre a relação de igualdade na base de conhecimento. Precisamos afirmar que a igualdade é reflexiva, simétrica e transitiva, e também temos de afirmar que podemos substituir itens iguais por itens iguais em qualquer predicado ou função. Assim, precisamos de três axiomas básicos e depois de um axioma para cada predicado e função:

$$\forall x \ \ x = x$$
$$\forall x,y \ \ x = y \Rightarrow y = x$$
$$\forall x,y,z \ \ x = y \wedge y = z \Rightarrow x = z$$

$$\forall x,y \ \ x = y \Rightarrow (P_1(x) \Leftrightarrow P_1(y))$$
$$\forall x,y \ \ x = y \Rightarrow (P_2(x) \Leftrightarrow P_2(y))$$
$$\vdots$$
$$\forall w,x,y,z \ \ w = y \wedge x = z \Rightarrow (F_1(w,x) = F_1(y,z))$$
$$\forall w,x,y,z \ \ w = y \wedge x = z \Rightarrow (F_2(w,x) = F_2(y,z))$$
$$\vdots$$

280 Inteligência Artificial

Dadas essas sentenças, um procedimento de inferência padrão como a resolução pode executar tarefas que exigem raciocínio sobre a igualdade, como a resolução de equações matemáticas. No entanto, esses axiomas irão gerar muitas conclusões, e a maioria delas não é útil para uma prova. Então, a segunda abordagem é incluir regras de inferências no lugar de axiomas. A

Demodulação

regra mais simples, a **demodulação**, toma uma cláusula unitária $x = y$ e alguma cláusula α que contém o termo x e produz uma nova cláusula formada pela substituição de x por y dentro de α. Isso funciona se o termo dentro de α se unifica com x; ele não precisa ser exatamente igual a x. Observe que a demodulação é direcional; dado $x = y$, o x sempre é substituído por y, nunca o contrário. Isso significa que a demodulação pode ser usada para simplificar expressões usando demoduladores, como $z + 0 = z$ ou $z^1 = z$. Como outro exemplo, dado

$$Pai(Pai(x)) = Av\hat{o}Paterno(x)$$
$$DataNascimento(Pai(Pai(Betina)),1926)$$

podemos concluir, pela demodulação,

$$DataNascimento(Av\hat{o}Paterno(Betina),1926).$$

Mais formalmente, temos

- **Demodulação**: para quaisquer termos x, y e z, em que z aparece em algum lugar no literal m_i e no qual UNIFICAR$(x, z) = \theta$,

$$\frac{x=y, \qquad m_1 \vee \cdots \vee m_n}{\text{SUB}(\text{SUBST}(\theta,x),\text{SUBST}(\theta,y),m_1 \vee \cdots \vee m_n)},$$

em que SUBST é a substituição usual de uma lista vinculativa, e SUB(x, y, m) significa substituir x por y em todos os lugares em que x ocorre dentro de m.

A regra também pode ser estendida para tratar cláusulas não unitárias nas quais aparece um literal de igualdade:

Paramodulação

- **Paramodulação**: para quaisquer termos x, y e z, em que z aparece em algum lugar no literal m_i e no qual UNIFICAR$(x, z) = \theta$,

$$\frac{x=y, \qquad m_1 \vee \cdots \vee m_n}{\text{SUB}(\text{SUBST}(\theta,x),\text{SUBST}(\theta,y),m_1 \vee \cdots \vee m_n)},$$

Por exemplo, de

$$P(F(x, B), x) \vee Q(x) \quad \text{e} \quad F(A, y) = y \vee R(y)$$

temos $\theta = $ UNIFICAR$(F(A, y), F(x, B)) = \{x/A, y/B\}$, e podemos concluir por meio de paramodulação a sentença:

$$P(B, A) \vee Q(A) \vee R(B).$$

A paramodulação gera um procedimento de inferência completo para lógica de primeira ordem com igualdade.

Uma terceira abordagem trata o raciocínio de igualdade inteiramente através de um algoritmo de unificação estendido. Isto é, os termos são unificáveis se são *comprovadamente* iguais sob alguma substituição, em que a palavra "comprovadamente" permite raciocínio com igualdade. Por exemplo, os termos $1 + 2$ e $2 + 1$ normalmente não são unificáveis, mas um algoritmo

Unificação equacional

de unificação que saiba que $x + y = y + x$ poderia unificá-los com a substituição vazia. A **unificação equacional** desse tipo pode ser feita com algoritmos eficientes, criados para os axiomas específicos utilizados (comutatividade, associatividade, e assim por diante), em vez de utilizar a inferência explícita com esses axiomas. Os provadores de teoremas que empregam essa técnica estão intimamente relacionados aos sistemas PLR descritos na seção 9.4.

9.5.6 Estratégias de resolução

Sabemos que aplicações repetidas da regra de inferência de resolução eventualmente encontrarão uma prova, se existir alguma. Nesta subseção, examinaremos estratégias que ajudam a encontrar provas de maneira *eficiente*.

Preferência unitária: essa estratégia tem preferência por resoluções em que uma das sentenças é um único literal (também conhecida como **cláusula unitária**). A ideia por trás da estratégia é a de que estamos tentando produzir uma cláusula vazia e, assim, poderia ser boa ideia preferir inferências que produzissem cláusulas mais curtas. A resolução de uma sentença unitária (como P) com qualquer outra sentença (como $\neg P \lor \neg Q \lor R$) sempre gera uma cláusula (nesse caso, $\neg Q \lor R$) mais curta que a outra cláusula. Quando foi experimentada pela primeira vez na inferência proposicional em 1964, a estratégia de preferência unitária levou a uma aceleração drástica, tornando possível provar teoremas que não podiam ser manipulados sem a preferência. A **resolução unitária** é uma forma restrita de resolução, na qual toda etapa de resolução deve envolver uma cláusula unitária. A resolução unitária é incompleta no caso geral, mas é completa para cláusulas de Horn. As provas de resolução unitária em cláusulas de Horn se assemelham ao encadeamento para a frente.

O provador de teorema OTTER (McCune, 1990) utiliza uma forma de busca pela melhor escolha. Sua função heurística mede o "peso" de cada cláusula, na qual as cláusulas mais leves são as preferidas. A escolha exata da heurística depende do usuário, mas, geralmente, o peso de uma cláusula deve estar correlacionado com o seu tamanho ou dificuldade. As cláusulas unitárias são tratadas como leves; a busca pode ser vista então como uma generalização da estratégia de preferência unitária.

Conjunto de apoio: as preferências que experimentam primeiro certas resoluções são úteis, mas, em geral, é mais eficiente tentar eliminar por completo algumas resoluções potenciais. Por exemplo, podemos insistir que cada etapa de resolução envolva pelo menos um elemento de um conjunto especial de cláusulas – o *conjunto de apoio*. O resolvente é então adicionado ao conjunto de apoio. Se o conjunto de apoio for pequeno em relação à base de conhecimento inteira, o espaço de busca será drasticamente reduzido.

Para garantir a completude dessa estratégia, podemos escolher o conjunto de apoio S de forma que as sentenças restantes sejam satisfatíveis em conjunto. Por exemplo, podemos usar a consulta negada como conjunto de apoio, no pressuposto de que a base de conhecimento original seja consistente. (Afinal, se ela não for consistente, o fato de que a consulta segue dela será vazio.) A estratégia de conjunto de apoio tem a vantagem adicional de gerar árvores de prova orientadas para objetivos que frequentemente são fáceis de ser compreendidas pelos seres humanos.

Resolução de entrada: nessa estratégia, toda resolução combina uma das sentenças de entrada (a partir da BC ou da consulta) com alguma outra sentença. A prova da Figura 9.10 emprega apenas resoluções de entrada e tem a forma característica de uma única "espinha dorsal" com sentenças isoladas combinando com a espinha. É claro que o espaço de árvores de prova com essa forma é menor que o espaço de todos os grafos de prova. Em bases de conhecimento de Horn, o *Modus Ponens* é uma espécie de estratégia de resolução de entrada porque combina uma implicação da BC original com algumas outras sentenças. Desse modo, não surpreende que a resolução de entrada seja completa para bases de conhecimento que estão em forma de Horn, mas seja incompleta no caso geral. A estratégia de **resolução linear** é uma ligeira generalização que permite a resolução conjunta de P e Q se P está na *BC* original ou se P é um ancestral de Q na árvore de prova. A resolução linear é completa.

Subordinação: o método de **subordinação** elimina todas as sentenças que são subordinadas por uma sentença existente na BC. Por exemplo, se $P(x)$ está na BC, não faz sentido adicionar $P(A)$ e faz até menos sentido adicionar $P(A) \lor Q(B)$. A subordinação ajuda a manter a BC pequena, o que facilita manter pequeno o espaço de busca.

Aprendizado: podemos melhorar um provador de teoremas aprendendo com a experiência. Considerando uma coleção de teoremas provados anteriormente, treine um sistema de aprendizado de máquina para responder à pergunta: tendo em vista um conjunto de premissas e um objetivo a ser provado, quais etapas de prova são semelhantes às etapas que tiveram sucesso no passado? O sistema DEEPHOL (Bansal *et al.*, 2019) faz exatamente isso, usando redes neurais profundas (ver Capítulo 21) para construir modelos (chamados de *embeddings*) de objetivos e premissas e usando-os para fazer seleções. O treinamento pode usar como exemplos provas geradas tanto por humanos quanto por computador, partindo de uma coleção de 10 mil provas.

282 Inteligência Artificial

Síntese
Verificação

Usos práticos de provadores de teoremas por resolução

Já mostramos como a lógica de primeira ordem pode representar um cenário simples do mundo real, envolvendo conceitos como venda, armas e cidadania. Porém, cenários complexos no mundo real têm muita incerteza e muitas incógnitas. A lógica provou ser mais bem-sucedida para cenários que envolvam conceitos formais, estritamente definidos, como a **síntese** e a **verificação** de *hardware* e *software*. A pesquisa em provas de teoremas se desenvolveu nos campos de projeto de *hardware*, linguagens de programação e engenharia de *software* – não apenas em IA.

No caso de *hardware*, os axiomas descrevem as interações entre sinais e elementos do circuito (ver exemplo na seção 8.4.2). Raciocinadores lógicos projetados especialmente para verificação foram capazes de verificar CPUs inteiras, incluindo suas propriedades de sincronização (Srivas e Bickford, 1990). O provador de teoremas AURA foi aplicado para projetar circuitos mais compactos do que qualquer projeto anterior (Wojciechowski e Wojcik, 1983).

No caso de *software*, o raciocínio sobre programas é bastante semelhante ao raciocínio sobre ações, como no Capítulo 7: axiomas descrevem as precondições e os efeitos de cada declaração. A síntese formal de algoritmos foi um dos primeiros usos de provadores de teoremas, como descrito por Cordell Green (1969a), que se baseou nas ideias anteriores de Herbert Simon (1963). A ideia é provar um teorema construtivamente no sentido de que "existe um programa *p* satisfazendo determinada especificação". Embora a **síntese dedutiva** totalmente automatizada, como é chamada, não tenha ainda se tornado viável para programação de propósito geral, as sínteses dedutivas guiadas manualmente têm sido bem-sucedidas na concepção de vários algoritmos novos e sofisticados. A síntese de programas com propósitos especiais, como códigos de computação científica, também é uma área prática de pesquisa.

Já estão sendo aplicadas técnicas semelhantes para verificação de *software* por sistemas como o verificador de modelos SPIN (Holzmann, 1997). Por exemplo, o programa de controle de naves espaciais Remote Agent foi verificado antes e depois do voo (Havelund *et al.*, 2000). O algoritmo de criptografia de chave pública RSA e o algoritmo de correspondência de sequências de Boyer-Moore foram verificados dessa maneira (Boyer e Moore, 1984).

Resumo

Apresentamos uma análise da inferência lógica em lógica de primeira ordem e uma série de algoritmos para realizá-la.

- Uma primeira abordagem utiliza regras de inferência (**instanciação universal** e **instanciação existencial**) para **proposicionalizar** o problema de inferência. Em geral, essa abordagem é lenta, a menos que o domínio seja pequeno.
- O uso da **unificação** para identificar substituições apropriadas para variáveis elimina a etapa de instanciação em provas de primeira ordem, tornando o processo muito mais eficiente em muitos casos.
- Uma versão elevada de *Modus Ponens* usa a unificação para fornecer uma regra de inferência natural e poderosa, o *Modus Ponens* **generalizado**. Os algoritmos de **encadeamento para a frente** e **encadeamento para trás** aplicam essa regra a conjuntos de cláusulas definidas.
- O *Modus Ponens* generalizado é completo para cláusulas definidas, embora o problema de consequência lógica seja **semidecidível**. No caso de bases de conhecimento **Datalog** que consistem em cláusulas definidas livres de funções, a consequência lógica é decidível.
- O encadeamento para a frente é usado em **bancos de dados dedutivos**, nos quais pode ser combinado a operações de bancos de dados relacionais. Também é utilizado em **sistemas de produção**, que executam atualizações eficientes com conjuntos de regras muito grandes. O encadeamento para a frente é completo para programas Datalog e funciona em tempo polinomial.
- O encadeamento para trás é usado em **sistemas de programação em lógica**, que empregam tecnologia sofisticada de compiladores para produzir uma inferência muito rápida. O encadeamento para trás se ressente de inferências redundantes e laços infinitos; esses problemas podem ser atenuados por **memoização**.

Capítulo 9 • Inferência em Lógica de Primeira Ordem   **283**

- O **Prolog**, ao contrário da lógica de primeira ordem, usa um mundo fechado com a suposição de nomes únicos e a negação como falha. Isso faz do Prolog uma linguagem de programação mais prática, mas a afasta da lógica pura.
- A regra de inferência de **resolução** generalizada produz um sistema de prova completo para a lógica de primeira ordem, utilizando bases de conhecimento em forma normal conjuntiva.
- Existem várias estratégias para reduzir o espaço de busca de um sistema de resolução sem comprometer a completude. Uma das questões mais importantes é tratar com a igualdade; mostramos como usar a **demodulação** e a **paramodulação**.
- Foram usados provadores de teoremas eficientes baseados em resolução para provar teoremas matemáticos interessantes e para verificar e sintetizar *software* e *hardware*.

Notas bibliográficas e históricas

Gottlob Frege, que desenvolveu a lógica de primeira ordem completa em 1879, baseou seu sistema de inferência em uma coleção de esquemas logicamente válidos, além de uma única regra de inferência, o *Modus Ponens*. Whitehead e Russell (1910) expuseram as chamadas *regras de passagem* (a expressão real se deve a Herbrand (1930)), que são usadas para mover quantificadores para o início das fórmulas. As constantes de Skolem e as funções de Skolem foram introduzidas, de forma apropriada, por Thoralf Skolem (1920). Curiosamente, foi Skolem quem introduziu o universo de Herbrand (Skolem, 1928).

O teorema de Herbrand (Herbrand, 1930) desempenhou uma função vital no desenvolvimento de métodos automatizados de raciocínio. Herbrand também é considerado o inventor da **unificação**. Gödel (1930) se baseou nas ideias de Skolem e Herbrand para mostrar que a lógica de primeira ordem tem um procedimento de prova completo. Alan Turing (1936) e Alonzo Church (1936) mostraram simultaneamente, utilizando provas muito diferentes, que a validade em lógica de primeira ordem não era decidível. O excelente texto de Enderton (1972) explica todos esses resultados de modo rigoroso, porém compreensível.

Foi Abraham Robinson quem propôs que um raciocinador automatizado poderia ser construído usando proposicionalização e o teorema de Herbrand, e foi Paul Gilmore (1960) quem escreveu o primeiro programa. Davis e Putnam (1960) introduziram o método de proposicionalização da seção 9.1. Prawitz (1960) desenvolveu a ideia-chave de permitir que a busca de inconsistência proposicional orientasse o processo de busca e de gerar termos do universo de Herbrand apenas quando eles fossem necessários para estabelecer a inconsistência proposicional. Essa ideia levou John Alan Robinson (sem relação com o outro pesquisador) a desenvolver o método de resolução (Robinson, 1965).

A resolução foi adotada em sistemas de perguntas e respostas por Cordell Green e Bertram Raphael (1968). As primeiras implementações de IA dedicavam um grande esforço a estruturas de dados que permitiriam a recuperação eficiente de fatos; esse trabalho foi abordado em textos de programação em IA (Charniak *et al.*, 1987; Norvig, 1992; Forbus e de Kleer, 1993). No início da década de 1970, o **encadeamento para a frente** estava bem estabelecido em IA como uma alternativa de fácil compreensão para a resolução. Em geral, as aplicações de IA envolviam grande número de regras; por isso, era importante desenvolver uma tecnologia eficiente de correspondência de regras, em particular no caso de atualizações incrementais.

A tecnologia de **sistemas de produção** foi desenvolvida para dar suporte a essas aplicações. A linguagem de sistemas de produção OPS-5 (Forgy, 1981; Brownston *et al.*, 1985), incorporando o eficiente processo de correspondência *Rete* (Forgy, 1982), foi usado para aplicações, como o sistema especialista R1 para configuração de minicomputadores (McDermott, 1982). Kraska *et al.* (2017) descrevem como as redes neurais podem aprender um esquema de indexação eficiente para conjuntos de dados específicos.

A arquitetura cognitiva do SOAR (Laird *et al.*, 1987; Laird, 2008) foi projetada para lidar com conjuntos de regras muito grandes – até um milhão de regras (Doorenbos, 1994). Exemplos de aplicações do SOAR incluem o controle de aviões de combate simulados (Jones *et al.*, 1998), gestão do espaço aéreo (Taylor *et al.*, 2007), os personagens de IA para jogos de computador (Wintermute *et al.*, 2007) e as ferramentas de treinamento para soldados (Wray e Jones, 2005).

284 Inteligência Artificial

O campo de **bancos de dados dedutivos** começou com um seminário em Toulouse em 1977, que reuniu especialistas em sistemas de inferência lógica e de bancos de dados (Gallaire e Minker, 1978). O influente trabalho de Chandra e Harel (1980) e de Ullman (1985) levou à adoção de **Datalog** como linguagem padrão para bancos de dados dedutivos. O desenvolvimento da técnica de **conjuntos mágicos** para reescrita de regras por Bancilhon *et al.* (1986) permitiu o encadeamento para a frente tirar proveito da vantagem da orientação a objetivos do encadeamento para trás.

O crescimento da Internet levou a uma maior disponibilidade de bancos de dados *online* maciços. Isso gerou maior interesse na integração de múltiplos bancos de dados em um espaço de dados consistente (Halevy, 2007). Kraska *et al.* (2017) mostraram ganhos de velocidade de até 70% com o uso do aprendizado de máquina para criar **estruturas de índice aprendidas** para a pesquisa eficiente de dados.

O **encadeamento para trás** para inferência lógica surgiu na linguagem PLANNER de Hewitt (1969). Enquanto isso, em 1972, Alain Colmerauer havia desenvolvido e implementado o **Prolog** com a finalidade de analisar a linguagem natural – as cláusulas Prolog foram planejadas inicialmente para serem regras de gramática livres de contexto (Roussel, 1975; Colmerauer *et al.*, 1973).

Grande parte da base teórica da programação em lógica foi desenvolvida por Robert Kowalski, no Imperial College de Londres, trabalhando em conjunto com Colmerauer – ver Kowalski (1988) e Colmerauer e Roussel (1993) para obter uma visão geral histórica. Em geral, compiladores Prolog eficientes se baseiam no modelo de computação de máquina abstrata de Warren (WAM – *warren abstract machine*), desenvolvido por David H. D. Warren (1983). Van Roy (1990) mostrou que os programas Prolog podem ser competitivos em termos de velocidade com programas em C.

Os métodos para evitar laços desnecessários em programas de lógica recursiva foram desenvolvidos independentemente por Smith *et al.* (1986) e por Tamaki e Sato (1986). Este último artigo também incluía a memoização para programas em lógica, um método desenvolvido extensivamente como **programação em lógica tabulada** por David S. Warren. Swift e Warren (1994) mostram como estender a WAM para manipular a tabulação, permitindo que programas Datalog funcionem com uma ordem de grandeza mais rapidamente que os sistemas de encadeamento para a frente de bancos de dados dedutivos.

Os primeiros trabalhos sobre programação em lógica de restrições foram realizados por Jaffar e Lassez (1987). Jaffar *et al.* (1992) desenvolveram o sistema CLP(R) para tratar restrições de valores reais. Agora existem produtos comerciais para a resolução de problemas de configuração e otimização em larga escala com programação por restrição; um dos mais conhecidos é o ILOG (Juncker, 2003). A programação por conjunto de respostas (do inglês *answer set programming*) (Gelfond, 2008) estende o Prolog, permitindo disjunção e negação.

Textos sobre programação em lógica e Prolog incluem Shoham (1994), Bratko (2009), Clocksin (2003) e Clocksin e Mellish (2003). Antes de 2000, o *Journal of Logic Programming* foi o periódico de referência; agora, ele foi substituído por *Theory and Practice of Logic Programming*. As conferências sobre programação em lógica incluem a International Conference on Logic Programming (ICLP) e o International Logic Programming Symposium (ILPS).

A pesquisa em **demonstração de teoremas matemáticos** se iniciou até mesmo antes do desenvolvimento dos primeiros sistemas de primeira ordem completos. O Geometry Theorem Prover, de Herbert Gelernter (Gelernter, 1959), usava métodos de busca heurística combinados a diagramas para podar falsos subobjetivos e foi capaz de provar alguns resultados bastante complicados de geometria euclidiana. As regras de **demodulação** e **paramodulação** destinadas ao raciocínio com igualdade foram introduzidas por Wos *et al.* (1967) e Wos e Robinson (1968), respectivamente. Essas regras também foram desenvolvidas independentemente no contexto de sistemas de reescrita de expressões (Knuth e Bendix, 1970). A incorporação do raciocínio com igualdade ao algoritmo de unificação se deve a Gordon Plotkin (1972). Jouannaud e Kirchner (1991) apresentam a unificação equacional de uma perspectiva de reescrita de expressões. Baader e Snyder (2001) apresentaram uma visão geral de unificação.

Foram propostas várias estratégias de controle para resolução, começando com a estratégia de preferência unitária (Wos *et al.*, 1964). A estratégia do conjunto de suporte foi proposta por Wos *et al.* (1965), a fim de proporcionar certo grau de orientação a objetivos na resolução. A resolução linear surgiu primeiro em Loveland (1970). Genesereth e Nilsson (1987,

Capítulo 5) oferecem uma breve, embora completa, análise de ampla variedade de estratégias de controle. Alemi *et al.* (2017) mostram como o sistema DEEPMATH usa redes neurais profundas para selecionar os axiomas que têm maior probabilidade de levar a uma prova quando entregues a um provador de teorema tradicional. Em certo sentido, a rede neural desempenha o papel da intuição do matemático, e o provador de teoremas desempenha o papel da experiência técnica do matemático. (Loos *et al.*, 2017) mostram que essa abordagem pode ser estendida para ajudar a orientar a busca, permitindo que mais teoremas sejam provados.

O livro *A Computational Logic* (Boyer e Moore, 1979) é a referência básica sobre o provador de teoremas de Boyer-Moore. Stickel (1992) descreve o Prolog Techonogy Theorem Prover (PTTP), que combina a compilação de Prolog com a eliminação de modelos. O SETHEO (Letz *et al.*, 1992) é outro provador de teoremas muito utilizado, que se baseia nessa abordagem. O LEANTAP (Beckert e Posegga, 1995) é um provador de teoremas eficiente, implementado em apenas 25 linhas de Prolog. Weidenbach (2001) descreve o SPASS, um dos provadores de teoremas mais fortes atualmente. O provador de teorema de maior sucesso nos últimos concursos anuais foi o VAMPIRE (Riazanov e Voronkov, 2002). O sistema COQ (Bertot *et al.*, 2004) e o solucionador equacional E (Schulz, 2004) também se mostraram ferramentas valiosas para provar correção.

Os provadores de teoremas têm sido usados para sintetizar e verificar o *software* automaticamente. Alguns exemplos incluem o *software* de controle da cápsula da NASA, Orion (Lowry, 2008) e outra espaçonave (Denney *et al.*, 2006). O projeto do microprocessador de 32 *bits* FM9001 provou estar correto pelo sistema de prova de teorema NQTHM (Hunt e Brock, 1992).

A Conferência sobre Dedução Automática (CADE – Conference on Automated Deduction) realiza um concurso anual de provadores de teoremas automatizados. Sutcliffe (2016) descreve o concurso de 2016; os sistemas mais bem-sucedidos foram o VAMPIRE (Riazanov e Voronkov, 2002), o PROVER9 (Sabri, 2015) e uma versão atualizada do E (Schulz, 2013). Wiedijk (2003) compara o poder de 15 provadores matemáticos. O TPTP (*Thousands of Problems for Theorem Provers*) é uma biblioteca de milhares de problemas de prova de teorema, útil para comparar o desempenho dos sistemas (Sutcliffe e Suttner, 1998; Sutcliffe *et al.*, 2006).

Os provadores de teoremas aparecem com resultados matemáticos recentes que escaparam da atenção de matemáticos humanos por décadas, conforme detalhado no livro *Automated Reasoning and the Discovery of Missing Elegant Proofs* (Wos e Pieper, 2003). O programa SAM (matemática semiautomatizada) foi o primeiro, provando um lema na teoria dos reticulados (Guard *et al.*, 1969). O programa AURA também respondeu questões abertas em diversas áreas da matemática (Wos e Winker, 1983). O provador do teorema de Boyer-Moore (Boyer e Moore, 1979) foi utilizado por Natarajan Shankar para elaborar uma prova formal do Teorema da Incompletude de Gödel (Shankar, 1986). O sistema NUPRL provou o paradoxo de Girard (Howe, 1987) e o Lema de Higman (Murthy e Russell, 1990).

Em 1933, Herbert Robbins propôs um conjunto de axiomas simples – a **álgebra de Robbins** –, que parecia definir a álgebra booleana, mas nenhuma prova pôde ser encontrada (apesar do trabalho sério de Alfred Tarski e outros) até que o EQP (uma versão do OTTER) encontrou uma prova (McCune, 1997). Benzmüller e Paleo (2013) usaram um provador de teoremas de ordem superior para verificar a prova de Gödel da existência de "Deus". O teorema de Kepler do empacotamento de esferas foi provado por Thomas Hales (2005) com a ajuda de alguns cálculos complicados por computador, mas a prova não foi completamente aceita, até que uma prova formal fosse gerada com a ajuda dos assistentes de prova HOL Light e Isabelle (Hales *et al.*, 2017).

> Álgebra de Robbins

Muitos dos primeiros trabalhos em lógica matemática podem ser encontrados em *From Frege to Gödel: A Source Book in Mathematical Logic* (van Heijenoort, 1967). Os livros didáticos voltados para a dedução automatizada incluem o clássico *Symbolic Logic and Mechanical Theorem Proving* (Chang e Lee, 1973), bem como trabalhos mais recentes por Duffy (1991), Wos *et al.* (1992), Bibel (1993) e Kaufmann *et al.* (2000). A revista principal para provadores de teoremas é o *Journal of Automated Reasoning;* as principais conferências anuais são Conference on Automated Deduction (CADE) e International Joint Conference on Automated Reasoning (IJCAR). O *Handbook of Automated Reasoning* (Robinson e Voronkov, 2001) reúne trabalhos na área. *Mechanizing Proof* (2004) de MacKenzie aborda a história e a tecnologia da prova de teoremas para o público leigo.

CAPÍTULO 10

REPRESENTAÇÃO DE CONHECIMENTO

Neste capítulo, mostramos como representar diversos fatos sobre o mundo real em um formato que pode ser usado para raciocinar e resolver problemas.

Os capítulos anteriores descreveram como um agente com uma base de conhecimento pode fazer inferências que lhe permitem atuar de modo apropriado. Neste capítulo, examinaremos a questão do *conteúdo* que deve ser colocado na base de conhecimento de tal agente, ou seja, como representar fatos sobre o mundo. Usaremos a lógica de primeira ordem como uma linguagem de representação, mas outros capítulos mostrarão diferentes formalismos de representação, como as redes de tarefas hierárquicas para o raciocínio sobre planos (Capítulo 11), redes bayesianas para o raciocínio com incerteza (Capítulo 13), modelos de Markov para raciocínio sobre o tempo (Capítulo 17) e redes neurais profundas para raciocínio sobre imagens, sons e outros dados (Capítulo 21). Porém, independentemente da representação utilizada, ainda precisamos tratar dos fatos sobre o mundo, e este capítulo dá a você uma ideia desses assuntos.

A seção 10.1 introduz a ideia de uma ontologia geral, que organiza tudo no mundo em uma hierarquia de categorias. A seção 10.2 abrange as categorias de objetos, substâncias e medidas; a seção 10.3 abrange eventos, e a seção 10.4 discute o conhecimento sobre crenças. Então voltamos a considerar a tecnologia para raciocínio com este conteúdo: a seção 10.5 discute sistemas de raciocínio projetados para inferência eficiente com categorias e a seção 10.6 discute o raciocínio com informação *default*.

10.1 Engenharia ontológica

Em domínios em "miniatura", a escolha da representação não é tão importante; muitas escolhas vão funcionar. Domínios complexos como compras pela Internet ou dirigir um carro no trânsito exigem representações mais gerais e flexíveis. Este capítulo mostra como criar essas representações, concentrando-se em conceitos gerais – como *Eventos*, *Tempo*, *Objetos Físicos* e *Crenças* – que ocorrem em muitos domínios diferentes. A representação desses conceitos abstratos é chamada, às vezes, **engenharia ontológica**.

Engenharia ontológica

Não podemos esperar que *tudo* no mundo possa ser representado, até mesmo um livro didático de mil páginas, mas deixaremos espaços vazios onde poderá ser colocado conhecimento sobre qualquer domínio. Por exemplo, definiremos o que significa ser um objeto físico, mas os detalhes de diferentes tipos de objetos – robôs, televisores, livros ou qualquer outro objeto – poderão ser preenchidos mais tarde. Isso é semelhante ao modo como os projetistas de uma estrutura de programação orientada a objetos (como a estrutura gráfica Java Swing) definem conceitos gerais como *Janela*, esperando que os usuários os utilizem para definir conceitos mais específicos como *JanelaDePlanilha*. A estrutura geral de conceitos é chamada **ontologia superior**, por causa da convenção de desenhar grafos com os conceitos gerais na parte superior e os conceitos mais específicos abaixo deles, como mostrado na Figura 10.1.

Ontologia superior

Antes de considerarmos a ontologia com mais detalhes, devemos fazer uma importante advertência. Optamos por utilizar a lógica de primeira ordem (LPO) para discutir o conteúdo e a organização do conhecimento, apesar de que certos aspectos do mundo real são difíceis de captar em LPO. A principal dificuldade é que a maioria das generalizações têm exceções ou só são válidas até certo ponto. Por exemplo, embora "tomates são vermelhos" seja uma regra útil, alguns tomates são verdes, amarelos ou alaranjados. Exceções semelhantes podem ser encontradas em quase todas as regras gerais deste capítulo. A habilidade de tratar exceções e a incerteza é extremamente importante, mas é ortogonal à tarefa de compreender a ontologia geral.

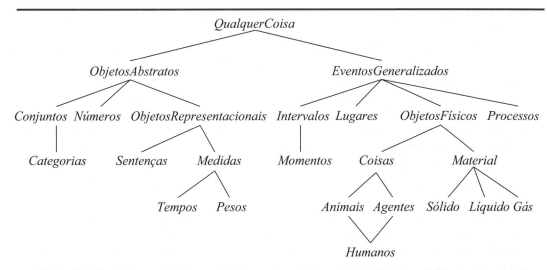

Figura 10.1 Ontologia superior do mundo, mostrando os tópicos a serem cobertos mais adiante neste capítulo. Cada aresta indica que o conceito inferior é uma especialização do conceito superior. As especializações não são necessariamente disjuntas: um ser humano é animal e agente, por exemplo. Veremos, na seção 10.3.2, por que os objetos físicos aparecem sob eventos generalizados.

Por essa razão, adiaremos a discussão de exceções até a seção 10.5 deste capítulo, e a do tópico mais geral de raciocínio com incerteza, até o Capítulo 12.

Qual é a utilidade de uma ontologia superior? Considere novamente a ontologia dos circuitos da seção 8.4.2. Ela faz muitas suposições simplificadoras. Por exemplo, o tempo é completamente omitido, sinais são fixos e não se propagam, a estrutura do circuito permanece constante. Uma ontologia mais geral consideraria sinais em instantes particulares e incluiria os comprimentos dos fios e atrasos de propagação. Isso nos permitiria simular as propriedades de sincronização do circuito e, na verdade, essas simulações são executadas com frequência por projetistas de circuitos.

Também poderíamos introduzir classes mais interessantes de portas descrevendo, por exemplo, a tecnologia (TTL, CMOS, e assim por diante), bem como a especificação de entrada/saída. Se quiséssemos discutir a confiabilidade ou o diagnóstico, incluiríamos a possibilidade de a estrutura do circuito ou as propriedades das portas se alterarem espontaneamente. Para levar em conta as fugas de capacitância, precisaríamos representar onde os fios estão na placa.

Se observarmos o mundo de wumpus, veremos que se aplicam considerações semelhantes. Embora seja incluído o tempo, ele tem uma estrutura muito simples: nada acontece, exceto quando o agente age, e todas as mudanças são instantâneas. Uma ontologia mais geral, mais bem adaptada ao mundo real, permitiria mudanças simultâneas e que se estendessem ao longo do tempo. Também usamos um predicado *Poço* para dizer que quadrados têm poços. Poderíamos ter permitido tipos diferentes de poços, fazendo com que diversos indivíduos pertencessem à classe de poços, cada um com propriedades diferentes. De modo semelhante, poderíamos permitir outros animais além de wumpus. Não seria possível definir as espécies exatas das percepções disponíveis e, assim, precisaríamos construir uma taxonomia biológica para ajudar o agente a prever o comportamento de moradores de caverna a partir de pistas escassas.

Para qualquer ontologia de uso específico, é possível fazer mudanças como essas com a finalidade de obter uma generalidade maior. Uma questão óbvia surge então: todas essas ontologias convergem para uma ontologia de uso geral? Depois de séculos de investigação filosófica e computacional, a resposta é "talvez". Nesta seção apresentaremos uma ontologia de propósito geral que sintetiza as ideias daqueles séculos. Existem duas características importantes das ontologias de uso geral que as distinguem das coleções de ontologias de uso específico:

- Uma ontologia de uso geral deve ser aplicável em quase todo domínio de uso específico (com a inclusão de axiomas específicos do domínio). Isso significa que nenhuma questão

288 Inteligência Artificial

de representação pode ser tratada com artimanhas nem pode ser empurrada para debaixo do tapete.

- Em qualquer domínio suficientemente exigente, áreas distintas de conhecimento devem ser *unificadas* porque o raciocínio e a resolução de problemas poderiam envolver diversas áreas simultaneamente. Por exemplo, um sistema robô para reparação de circuitos precisa raciocinar sobre circuitos em termos de conectividade elétrica e leiaute físico, e sobre o tempo, tanto para realizar a análise de sincronização de circuitos quanto para avaliar os custos do trabalho. Portanto, as sentenças que descrevem o tempo devem ser capazes de combinar com as que descrevem o leiaute espacial e devem funcionar igualmente bem para nanossegundos e minutos, e para angstroms e metros.

Deveríamos dizer de antemão que o empreendimento da engenharia ontológica geral tem tido até agora sucesso limitado. Nenhuma das melhores aplicações da IA (conforme listadas no Capítulo 1) utiliza uma ontologia compartilhada – todas utilizam a engenharia do conhecimento para fins específicos. As considerações sociais/políticas podem tornar difícil para os grupos concorrentes chegar a um acordo sobre uma ontologia. Como Tom Gruber (2004) afirma: "Cada ontologia é um tratado – um acordo social – entre pessoas que têm um motivo comum para compartilhar". Quando o interesse da concorrência supera a motivação para compartilhar, não pode haver ontologia comum. Quanto menor o número de pessoas interessadas, mais fácil é criar uma ontologia e, portanto, é mais difícil criar uma ontologia de uso geral do que uma de uso limitado, como a Open Biomedical Ontology (Smith *et al.*, 2007). As ontologias que já existem foram criadas ao longo de quatro rotas:

1. Por uma equipe de ontologistas e lógicos treinados, que arquitetaram a ontologia e escreveram axiomas. O sistema CYC foi quase todo construído dessa forma (Lenat e Guha, 1990).
2. Por meio da importação de categorias, atributos e valores de um banco de dados existente ou bancos de dados. A DBPEDIA foi construída através da importação de fatos estruturados da Wikipedia (Bizer *et al.*, 2007).
3. Ao analisar os documentos de texto e extrair informações deles. O TEXTRUNNER foi construído pela leitura de um grande volume de páginas da Web (Banko e Etzioni, 2008).
4. Ao estimular os amadores não qualificados para fornecer conhecimento do senso comum. O sistema OPENMIND foi construído por voluntários que propuseram fatos em inglês (Singh *et al.*, 2002; Chklovski e Gil, 2005).

Como um exemplo, o Google Knowledge Graph utiliza conteúdo semiestruturado da Wikipedia, combinando-o com mais conteúdo reunido da Web sob curadoria humana. Ele contém mais de 70 bilhões de fatos e oferece respostas para cerca de um terço das buscas do Google (Dong *et al.*, 2014).

10.2 Categorias e objetos

Categoria

A organização de objetos em **categorias** é uma parte vital da representação de conhecimento. Embora a interação com o mundo ocorra no nível de objetos individuais, *grande parte do raciocínio ocorre no nível de categorias*. Por exemplo, um consumidor teria normalmente o objetivo de comprar uma bola de basquete, e não *determinada* bola de basquete, como a BB_9. As categorias também servem para fazer previsões sobre objetos, uma vez que eles estão classificados. Pode-se deduzir a presença de certos objetos a partir de percepções, deduzir a pertinência a uma categoria a partir das propriedades percebidas dos objetos e depois utilizar as informações a respeito da categoria para fazer previsões sobre os objetos. Por exemplo, a partir de seu grande tamanho, da casca verde e amarela e da forma ovoide, carne vermelha, sementes pretas e a presença no corredor de frutas, pode-se deduzir que esse objeto é uma melancia; a partir disso, é possível deduzir que ela seria útil em uma salada de frutas.

Reificação

Há duas opções para representar categorias em lógica de primeira ordem: predicados e objetos. Isto é, podemos usar o predicado *BolaDeBasquete*(b), ou podemos **reificar**[1] a categoria

---

[1] Transformar uma proposição em um objeto é chamado **reificação**, da palavra latina *res*, ou "coisa". John McCarthy propôs o termo "coisificação", mas ele nunca pegou.

sob a forma de um objeto *BolasDeBasquete*. Desse modo, poderíamos afirmar: *Membro*(*b*, *BolasDeBasquete*), que vamos abreviar como *b* ∈ *BolasDeBasquete*, para dizer que *b* é um membro da categoria de bolas de basquete. Afirmamos: *Subconjunto*(*BolasDeBasquete*, *Bolas*), abreviado como *BolasDeBasquete* ⊂ *Bolas*, para dizer que *BolasDeBasquete* é uma **subcategoria** de *Bolas*. Usaremos subcategoria, subclasse e subconjunto indistintamente.

Subcategoria

As categorias servem para organizar o conhecimento por meio de **herança**. Se dissermos que todas as instâncias da categoria *Alimento* são comestíveis e se afirmarmos que *Fruta* é uma subclasse de *Alimento* e que *Maçãs* é uma subclasse de *Fruta*, então poderemos deduzir que toda maçã é comestível. Dizemos que as maçãs individuais **herdam** a propriedade de serem comestíveis, nesse caso de sua condição de membro da categoria *Alimento*.

Herança

As relações de subclasses organizam as categorias em uma **taxonomia** ou **hierarquia taxonômica**. As taxonomias foram usadas explicitamente durante séculos em campos técnicos. A maior dessas taxonomias organiza cerca de 10 milhões de espécies vivas e extintas, muitas delas besouros,[2] em uma única hierarquia; a biblioteconomia desenvolveu uma taxonomia de todos os campos do conhecimento, codificada como o sistema decimal de Dewey; e as autoridades tributárias e outros departamentos governamentais desenvolveram taxonomias extensas de ocupações e produtos comerciais.

Hierarquia
taxonômica

A lógica de primeira ordem facilita a declaração de fatos sobre categorias, seja relacionando objetos a categorias ou pela quantificação de seus membros. Apresentamos alguns exemplos de fatos:

- Um objeto é um membro de uma categoria.
  $BB_9 \in BolasDeBasquete$

- Uma categoria é uma subclasse de outra categoria.
  BolasDeBasquete ⊂ *Bolas*

- Todos os membros de uma categoria têm algumas propriedades.
  $(x \in BolasDeBasquete) \Rightarrow Esférica(x)$

- Os membros de uma categoria podem ser reconhecidos por algumas propriedades.
  $Laranja(x) \land Redonda(x) \land Diâmetro(x) = 23,75 \text{ cm} \land x \in Bolas \Rightarrow x \in BolasDeBasquete$

- Uma categoria tem algumas propriedades.
  Cães ∈ *EspéciesDomesticadas*

Note que, pelo fato de *Cães* ser uma categoria e ser um membro de *EspéciesDomesticadas*, esta última deve ser uma categoria de categorias. Claro que há exceções a muitas dessas regras (a bola de basquete furada não é esférica); lidaremos com essas exceções mais tarde.

Embora as relações de subclasse e membro sejam as mais importantes para categorias, também queremos ter a possibilidade de enunciar relações entre categorias que não são subclasses umas das outras. Por exemplo, se afirmássemos simplesmente que *EstudantesDeGraduação* e *EstudantesDePós-Graduação* são subclasses de *Estudantes*, não teríamos dito que um estudante de graduação não pode ser um estudante de pós-graduação. Dizemos que duas ou mais categorias são **disjuntas** se elas não têm membros em comum. Também poderíamos querer dizer que as classes EstudantesDeGraduação e EstudantesDePós-Graduação constituem uma **decomposição exaustiva** dos estudantes universitários. Uma decomposição exaustiva de conjuntos disjuntos é chamada **partição**. Os exemplos a seguir ilustram esses três conceitos:

Disjunto

Decomposição
exaustiva
Partição

$$Disjuntos(\{Animais, Vegetais\})$$
$$DecomposiçãoExaustiva(\{Americanos, Canadenses, Mexicanos\},$$
$$NorteAmericanos)$$
$$Partição(\{Aimais, Plantas, Fungos, Protistas, Moneras\},$$
$$SeresVivos).$$

(Observe que a *DecomposiçãoExaustiva* de *NorteAmericanos* não é uma *Partição* porque algumas pessoas têm dupla cidadania.) Os três predicados são definidos como:

---

[2] O famoso biólogo J. B. S. Haldane, quando questionado sobre o que poderia ser deduzido a respeito do Criador a partir do estudo da natureza, disse "um carinho excessivo por besouros".

$$Disjuntos(s) \Leftrightarrow (\forall c_1, c_2 \; c_1 \in s \land c_2 \in s \land c_1 \neq c_2 \Rightarrow Interseção(c_1, c_2) = \{\})$$
$$DecomposiçãoExaustiva(s, c) \Leftrightarrow (\forall i \; i \in c \Leftrightarrow \exists c_2 \; c_2 \in s \land i \in c_2)$$
$$Partição(s, c) \Leftrightarrow Disjuntos(s) \land DecomposiçãoExaustiva(s, c).$$

As categorias também podem ser *definidas* fornecendo condições necessárias e suficientes para pertinência. Por exemplo, um solteiro é um macho adulto não casado:

$$x \in Solteiros \Leftrightarrow NãoCasado(x) \land x \in Adultos \land x \in Machos.$$

Como discutimos no quadro sobre espécies naturais mais adiante, na seção 10.2.2, as definições lógicas estritas para categorias normalmente são possíveis apenas para os termos formais artificiais, e não para objetos comuns. Mas as definições nem sempre são necessárias.

10.2.1 Composição física

A ideia de que um objeto pode fazer parte de outro é bastante familiar. O nariz de uma pessoa faz parte de sua cabeça, a Romênia faz parte da Europa, e este capítulo faz parte deste livro. Usamos a relação geral *ParteDe* para dizer que alguma coisa faz parte de outra. Os objetos podem ser agrupados em hierarquias de *ParteDe*, uma reminiscência da hierarquia de *Subconjunto*:

$$ParteDe(Bucareste, Romênia)$$
$$ParteDe(Romênia, EuropaOriental)$$
$$ParteDe(EuropaOriental, Europa)$$
$$ParteDe(Europa, Terra).$$

A relação *ParteDe* é transitiva e reflexiva, ou seja,

$$ParteDe(x, y) \land ParteDe(y, z) \Rightarrow ParteDe(x, z)$$
$$ParteDe(x, x).$$

Objeto composto

Portanto, podemos concluir: *ParteDe(Bucareste, Terra)*. As categorias de **objetos compostos** frequentemente são caracterizadas por relações estruturais entre partes. Por exemplo, um bípede tem duas pernas presas a um corpo:

$$Bípede(a) \Rightarrow \exists l_1, l_2, b \; Perna(l_1) \land Perna(l_2) \land Corpo(b) \land$$
$$ParteDe(l_1, a) \land ParteDe(l_2, a) \land ParteDe(b, a) \land$$
$$Presa(l_1, b) \land Presa(l_2, b) \land$$
$$l_1 \neq l_2 \land [\forall l_3 \; Perna(l_3) \land ParteDe(l_3, a) \Rightarrow (l_3 = l_1 \lor l_3 = l_2)].$$

A notação correspondente a "exatamente dois" é um pouco confusa; somos forçados a afirmar que existem duas pernas, que elas não são iguais e que, se alguém propuser uma terceira perna, ela terá de ser igual a uma das outras duas. Na seção 10.5.2, veremos um formalismo chamado *lógica de descrições* que facilita a representação de restrições como "exatamente dois".

Podemos definir uma relação *PartiçãoDeParte* análoga à relação *Partição* para categorias. Um objeto é composto das partes de sua *PartiçãoDeParte* e pode ser visualizado como derivando algumas propriedades dessas partes. Por exemplo, a massa de um objeto composto é a soma das massas das partes. Note que isso não ocorre no caso de categorias, que não têm massa, embora seus membros possam ter.

Também é útil definir objetos compostos com partes definidas, mas sem estrutura específica. Por exemplo, poderíamos dizer: "As maçãs deste pacote pesam 900 gramas". A tentação seria atribuir esse peso ao *conjunto* de maçãs do pacote, mas isso seria um erro porque o conjunto é um conceito matemático abstrato que tem elementos, mas não tem peso. Em vez disso, precisamos de um novo conceito, que chamaremos de **grupo**. Por exemplo, se as maçãs são $Maçã_1$, $Maçã_2$ e $Maçã_3$, então

Grupo

$$GrupoDe(\{Maçã_1, Maçã_2, Maçã_3\})$$

indica o objeto composto com as três maçãs como partes (não como elementos). Podemos então usar o grupo como um objeto normal, embora não estruturado. Note que

GrupoDe({*x*}) = *x*. Além disso, *GrupoDe*(*Maçãs*) é o objeto composto que consiste em todas as maçãs – não devemos confundi-lo com *Maçãs*, a categoria ou o conjunto de todas as maçãs.

Podemos definir *GrupoDe* em termos da relação *ParteDe*. É óbvio que cada membro de *s* é parte de *GrupoDe*(*s*):

$$\forall x\ x \in s \Rightarrow ParteDe(x, GrupoDe(s)).$$

Além disso, *GrupoDe*(*s*) *é o menor objeto que satisfaz essa condição*. Em outras palavras, *GrupoDe*(*s*) deve fazer parte de qualquer objeto que tenha todos os membros de *s* como partes:

$$\forall y\ [\forall x\ x \in s \Rightarrow ParteDe(x, y)] \Rightarrow ParteDe(GrupoDe(s), y).$$

Esses axiomas são um exemplo de uma técnica geral chamada **minimização lógica**, que significa definir um objeto como o menor que satisfaz certas condições.

> Minimização lógica

10.2.2 Medições

Tanto na teoria científica quanto na teoria de senso comum do mundo, os objetos têm altura, massa, custo, e assim por diante. Os valores atribuídos a essas propriedades são chamados **medidas**. As medidas quantitativas comuns são bastante fáceis de representar. Imaginamos que o universo inclui "objetos de medida" abstratos, como o *comprimento*, que é o comprimento deste segmento de linha: ├───────┤. Podemos chamar esse comprimento de 1,5 polegada ou 3,81 centímetros. Desse modo, o mesmo comprimento tem diferentes nomes em nossa linguagem. Representamos o comprimento com uma **função de unidade** que recebe um número como argumento. Se o segmento de linha for chamado L_1, poderemos escrever

> Medida

> Função de unidade

$$Comprimento(L_1) = Polegadas(1,5) = Centímetros(3,81).$$

Espécies naturais

Algumas categorias têm definições estritas: um objeto é um triângulo se e somente se é um polígono com três lados. De outra forma, a maioria das categorias no mundo real não tem nenhuma definição clara; essas são as chamadas categorias de **espécies naturais**. Por exemplo, tomates tendem a ser vermelhos, aproximadamente esféricos, com uma depressão na parte superior em que fica o talo, têm cerca de 5 a 10 cm de diâmetro, apresentam pele fina, mas resistente, e têm polpa, sementes e suco em seu interior. Porém, há variações: alguns tomates são amarelos, tomates não maduros são verdes, alguns são menores ou maiores que a média, e tomates cereja são uniformemente pequenos. Em vez de uma definição completa de tomates, temos um conjunto de características que serve para identificar objetos que são claramente tomates típicos, mas que não permite definir de forma definitiva para outros objetos. (É possível existir um tomate com a casca aveludada como um pêssego?)

Isso representa um problema para um agente lógico. O agente não pode ter certeza de que um objeto que ele percebeu é um tomate, e mesmo que tivesse certeza disso, poderia não estar certo de quais das propriedades de tomates típicos esse objeto apresenta. Esse problema é uma consequência inevitável da operação em ambientes parcialmente observáveis.

Uma abordagem útil é separar o que é verdadeiro para todas as instâncias de uma categoria daquilo que é verdadeiro apenas para instâncias típicas. Assim, além da categoria *Tomates*, também teremos a categoria *Típica*(*Tomates*). Aqui, a função *Típica* mapeia uma categoria como a subclasse que contém apenas as instâncias típicas:

Típica (*c*) ⊆ *c*.

A maior parte do conhecimento sobre tipos naturais será na realidade o conhecimento sobre suas instâncias típicas:

$$x \in Típica(Tomates) \Rightarrow Vermelho(x) \wedge Redondo(x).$$

> Desse modo, podemos anotar fatos úteis sobre categorias sem definições exatas. A dificuldade de fornecer definições exatas para a maioria das categorias naturais foi explicada em profundidade por Wittgenstein (1953). Ele utilizou o exemplo de *jogos* para mostrar que membros de uma categoria compartilham "semelhanças familiares", em vez de características necessárias e suficientes. Que definição estrita engloba xadrez, pega-pega, paciência e queimada?
>
> A utilidade da noção de definição estrita também foi contestada por Quine (1953). Ele destacou que até mesmo a definição "solteiro" como um macho adulto não casado é suspeita; por exemplo, alguém poderia questionar uma declaração como "o Papa é solteiro". Embora não seja estritamente *falso*, esse uso é sem dúvida *pouco feliz* porque induz inferências involuntárias por parte do ouvinte. A tensão talvez pudesse ser resolvida distinguindo entre definições lógicas apropriadas para representação interna do conhecimento e os critérios mais ricos em nuances do uso linguístico adequado. Este último pode ser alcançado "filtrando" as asserções derivadas do primeiro. Também é possível que as falhas do uso linguístico sirvam como *feedback* para a modificação de definições internas, de modo que a filtragem se torne desnecessária.

A conversão entre unidades é feita igualando os múltiplos de uma unidade aos de outra:

$$Cent\acute{i}metros(2,54 \times d) = Polegadas(d).$$

Axiomas semelhantes podem ser escritos para libras e quilogramas, segundos e dias, e, ainda, dólares e centavos. As medidas podem ser usadas para descrever objetos como:

$$Di\hat{a}metro(BolaDeBasquete_{12}) = Cent\acute{i}metros(23,75)$$
$$ListaPre\c{c}o(BolaDeBasquete_{12}) = \$(19)$$
$$Peso(GrupoDe(\{Ma\c{c}\tilde{a}_1, Ma\c{c}\tilde{a}_2, Ma\c{c}\tilde{a}_3\})) = Quilos(2)$$
$$d \in Dias \Rightarrow Dura\c{c}\tilde{a}o(d) = Horas(24).$$

Observe que $\$(1)$ *não* é uma nota de um dólar – é um preço! Podemos ter duas notas de um dólar, mas só existe um objeto denominado $\$(1)$. Observe também que, embora $Polegadas(0)$ e $Cent\acute{i}metros(0)$ se refiram ao mesmo comprimento zero, eles não são idênticos a outras medidas com zero, como $Segundos(0)$.

Medidas simples e quantitativas são fáceis de representar. Outras medidas representam um problema maior porque não têm nenhuma escala de valores estabelecida. Os exercícios têm dificuldade, sobremesas são deliciosas e os poemas têm beleza, embora não se possa atribuir aos números essas qualidades. Em um momento de puro caráter contábil, alguém poderia desprezar essas propriedades como inúteis para o propósito do raciocínio lógico ou, pior ainda, tentar impor uma escala numérica sobre a beleza. Isso seria um equívoco grave, porque é desnecessário. O aspecto mais importante das medidas não é o dos valores numéricos específicos, mas o fato de que as medidas podem ser *ordenadas*.

Embora as medidas não sejam números, ainda podemos compará-las usando um símbolo de ordenação como >. Por exemplo, poderíamos muito bem acreditar que os exercícios de Norvig são mais difíceis que os de Russell, e isso daria uma pontuação menor aos exercícios mais trabalhosos:

$$e_1 \in Exerc\acute{i}cios \wedge e_2 \in Exerc\acute{i}cios \wedge Escreveu(Norvig,e_1) \wedge Escreveu(Russell,e_2) \Rightarrow$$
$$Dificuldade(e_1) > Dificuldade(e_2).$$
$$e_1 \in Exerc\acute{i}cios \wedge e_2 \in Exerc\acute{i}cios \wedge Dificuldade(e_1) > Dificuldade(e_2) \Rightarrow$$
$$Pontua\c{c}\tilde{a}oEsperada(e_1) < Pontua\c{c}\tilde{a}oEsperada(e_2).$$

Isso é suficiente para permitir que alguém decida que exercícios fazer, embora nenhum valor numérico referente à dificuldade tenha sido usado (porém, alguém teria de descobrir quem escreveu cada um dos exercícios). Esses tipos de relacionamentos monotônicos entre medidas

10.2.3 Objetos: materiais e coisas

formam a base para o campo da **física qualitativa**, um subcampo da IA que investiga como raciocinar sobre sistemas físicos sem mergulhar em equações detalhadas e simulações numéricas. A física qualitativa é discutida na seção de Notas históricas.

10.2.3 Objetos: materiais e coisas

O mundo real pode ser visto como a reunião de objetos primitivos (por exemplo, partículas atômicas) e objetos compostos construídos a partir deles. Raciocinando no nível de grandes objetos, como maçãs e carros, podemos superar a complexidade envolvida no trato individual com grande número de objetos primitivos. No entanto, existe uma parte significativa da realidade que parece desafiar qualquer **individuação** óbvia – a divisão em objetos distintos. Daremos a essa parte o nome genérico de **material**. Por exemplo, vamos supor que eu tenha um pouco de manteiga e um tamanduá na minha frente. Posso dizer que existe um tamanduá, mas não existe nenhum número óbvio de "objetos manteiga" porque qualquer parte de um objeto manteiga também é um objeto manteiga, pelo menos até chegarmos a partes muito pequenas. Essa é a principal distinção entre material e objetos. Se cortarmos um tamanduá ao meio, não obteremos dois tamanduás (infelizmente). <!-- margin: Individuação / Material -->

A linguagem natural faz clara distinção entre *material* e *coisas*. Dizemos "um tamanduá", mas, exceto em restaurantes da pretensiosa Califórnia, não se pode dizer "uma manteiga". Os linguistas fazem distinção entre **substantivos contáveis**, como tamanduás, poços e teoremas, e **substantivos de massa** (ou incontáveis), como manteiga, água e energia. Várias ontologias concorrentes afirmam poder tratar essa distinção. Descreveremos apenas uma; as outras serão abordadas na seção de Notas históricas. <!-- margin: Substantivos contáveis / Substantivos de massa -->

Para representar corretamente um *material*, começamos com o óbvio. Precisaremos ter como objetos em nossa ontologia pelo menos as "massas" brutas de *material* com que interagimos. Por exemplo, poderíamos reconhecer uma massa de manteiga como a mesma manteiga que foi deixada sobre a mesa na noite anterior; poderíamos pegá-la, pesá-la e vendê-la ou ainda realizar qualquer outra ação. Nesse sentido, ela é um objeto semelhante ao tamanduá. Vamos chamá-lo *Manteiga$_3$*. Também definiremos a categoria *Manteiga*. Informalmente, seus membros serão itens sobre os quais se poderia dizer "é manteiga" inclusive *Manteiga$_3$*. Com algumas advertências sobre partes muito pequenas que omitiremos por enquanto, qualquer parte de um objeto manteiga também é um objeto manteiga:

$$m \in Manteiga \land ParteDe(p, m) \Rightarrow p \in Manteiga.$$

Agora, podemos dizer que a manteiga derrete a aproximadamente 30 graus Celsius:

$$m \in Manteiga \Rightarrow PontoDeFusão(m, Celsius(30)).$$

Poderíamos continuar a dizer que a manteiga é amarela, menos densa que a água, é mole à temperatura ambiente, tem alto conteúdo de gordura, e assim por diante. Por outro lado, a manteiga não tem nenhum tamanho específico, nem forma, nem peso. Podemos definir categorias mais especializadas de manteiga como *ManteigaSemSal*, que também é uma espécie de *material*. Observe que a categoria *PacoteDeManteiga*, que inclui como membros todos os objetos manteiga com o peso de 250 gramas, não é uma espécie de *material*. Se cortarmos um pacote de manteiga ao meio, infelizmente não teremos dois pacotes de 250 gramas de manteiga.

Na realidade, o que temos é que existem algumas propriedades que são **intrínsecas**: elas são pertinentes à substância do objeto, e não ao objeto como um todo. Quando você corta uma instância do *material* ao meio, as duas partes retêm o mesmo conjunto de propriedades intrínsecas – itens como densidade, ponto de ebulição, sabor, cor, e assim por diante. Por outro lado, propriedades **extrínsecas** – peso, tamanho, forma, e assim por diante – não são mantidas sob subdivisão. Uma categoria de objetos que inclui em sua definição apenas propriedades *intrínsecas* é então uma substância ou substantivo de massa; uma classe que inclui *quaisquer* propriedades extrínsecas em sua definição é um substantivo contável. *Material* e *Coisa* são as categorias de substância e objeto mais genéricas, respectivamente. <!-- margin: Intrínseca / Extrínseca -->

10.3 Eventos

Na seção 7.7.1, discutimos sobre as ações: as coisas acontecem, como *Atirar*; e fluentes: aspectos do mundo que mudam, como *TemFlecha*. Ambos são representados como proposições, e usamos axiomas de estado sucessor para dizer que um fluente será verdadeiro no instante $t + 1$ se a ação no instante t fez com que ele fosse verdadeiro, ou se ele já for verdadeiro no instante t e a ação não o tornou falso. Isso foi para um mundo em que as ações são discretas, instantâneas, acontecem uma de cada vez, e não têm variação no modo como são realizadas (ou seja, há somente um tipo de ação *Atirar*, sem distinção entre atirar rapidamente, lentamente, nervosamente etc.).

Porém, ao passarmos de domínios simplistas para o mundo real, há uma gama muito maior de eventos[3] com que podemos lidar. Considere uma ação contínua, como o enchimento de uma banheira. Um axioma de estado sucessor pode dizer que a banheira está vazia antes da ação e cheia quando a ação é concluída, mas não pode informar o que acontece *durante* a ação. Ele também não pode descrever duas ações acontecendo ao mesmo tempo, como escovar os dentes enquanto espera a banheira encher. Para lidar com esses casos, apresentamos uma abordagem conhecida como **cálculo de eventos**.

Cálculo de eventos

Os objetos do cálculo de eventos são eventos, fluentes e pontos no tempo. *Em*(*Shankar*, *Berkeley*) é um fluente: um objeto que se refere ao fato de Shankar estar em Berkeley. O evento E_1 de Shankar voar de São Francisco para Washington, D.C., é descrito como

$$E_1 \in Voos \land Piloto(E_1, Shankar) \land Origem(E_1, SF) \land Destino (E_1, DC).$$

em que *Voos* é a categoria de todos os eventos de voo. Reificando eventos, permitimos a inclusão de qualquer quantidade de informações arbitrárias sobre eles. Por exemplo, podemos dizer que o voo de Shankar foi turbulento com *Turbulento*(E_1). Em uma ontologia em que os eventos são predicados *n*-ários, não seria possível acrescentar informações extras desse tipo; passar para um predicado ($n+1$)-ário não é uma solução escalável.

Para assegurar que um fluente seja realmente verdadeiro a partir de algum ponto t_1 no tempo e continuando até o tempo t_2, usamos o predicado T, como em $T(Em(Shankar, Berkeley), t_1, t_2)$. Da mesma forma, usamos *Acontece*(E_1, t_1, t_2) para dizer que o evento E_1 realmente aconteceu, começando no instante t_1 e terminando em t_2. O conjunto completo de predicados para uma versão do cálculo de eventos[4] é:

$T(f, t_1, t_2)$	Fluente *f* é verdadeiro em todos os instantes entre t_1 e t_2
$Acontece(e, t_1, t_2)$	Evento *e* inicia no instante t_1 e termina no instante t_2
$Inicia(e, f, t)$	Evento *e* faz com que o fluente *f* seja verdadeiro no instante *t*
$Termina(e, f, t)$	Evento *e* faz com que o fluente *f* deixe de ser verdadeiro no instante *t*
$Iniciado(f, t_1, t_2)$	Fluente *f* torna-se verdadeiro em algum ponto entre t_1 e t_2
$Terminado(f, t_1, t_2)$	Fluente *f* deixa de ser verdadeiro em algum ponto entre t_1 e t_2
$t_1 < t_2$	O ponto no tempo t_1 ocorre antes do tempo t_2

Podemos descrever os efeitos de um evento de voo desta forma:

$$E = Voos(a, aqui, ali) \land Acontece(E, t_1, t_2) \Rightarrow$$
$$Termina(E, Em(a, aqui), t_1) \land Inicia(E, Em(a, ali), t_2)$$

Assumimos um evento distinto, *Início*, que descreve o estado inicial informando quais fluentes são verdadeiros (usando *Inicia*) ou falsos (usando *Terminado*) no instante inicial. Podemos então descrever quais fluentes são verdadeiros em quais pontos no tempo com um par de axiomas para T e $\neg T$ que seguem o mesmo formato geral dos axiomas de estado sucessor. Suponha que um evento aconteça entre os instantes t_1 e t_3, e que no instante t_2, em algum ponto nesse intervalo, o evento mude o valor do fluente *f*, seja iniciando-o (tornando-o verdadeiro) ou terminando-o (tornando-o falso). Depois, no instante t_4 no futuro, se nenhum outro evento nesse ínterim tiver alterado o fluente (para terminá-lo ou iniciá-lo, respectivamente), então o fluente terá mantido seu valor. Formalmente, os axiomas são:

---

[3] Os termos "evento" e "ação" podem ser utilizados para indicar a mesma coisa – ambos significam "algo que pode acontecer".
[4] Nossa versão é baseada em Shanahan (1999), mas com algumas alterações.

$$Acontece(e, t_1, t_3) \land Inicia(e, f, t_2) \land \neg Terminado(f, t_2, t_4) \land t_1 \leq t_2 \leq t_3 \leq t_4 \Rightarrow$$
$$T(f, t_2, t_4)$$
$$Acontece(e, t_1, t_3)) \land Termina(e, f, t_2) \land \neg Iniciado(f, t_2, t_4)) \land t_1 \leq t_2 \leq t_3 \leq t_4 \Rightarrow$$
$$\neg T(f, t_2, t_4)$$

em que *Terminado* e *Iniciado* são definidos por

$$Terminado(f, t_1, t_5) \Leftrightarrow$$
$$\exists e, t_2, t_3, t_4 \, Acontece(e, t_2, t_4) \land Termina(e, f, t_3) \land t_1 \leq t_2 \leq t_3 \leq t_4 \leq t_5$$
$$Iniciado(f, t_1, t_5) \Leftrightarrow$$
$$\exists e, t_2, t_3, t_4 \, Acontece(e, t_2, t_4) \land Inicia(e, f, t_3) \land t_1 \leq t_2 \leq t_3 \leq t_4 \leq t_5$$

Podemos estender o cálculo de eventos para tornar possível representar eventos simultâneos (como duas pessoas que são necessárias para brincar em uma gangorra), os eventos exógenos (como o vento soprando e movendo um objeto), eventos contínuos (como lançar uma moeda e esperar que apareça cara ou coroa), e outras complicações.

10.3.1 Tempo

O cálculo de eventos abre a possibilidade de falar sobre o tempo e intervalos de tempo. Vamos considerar dois tipos de intervalos de tempo: instantes e intervalos estendidos. A distinção é que apenas instantes têm duração zero:

$$Partição(\{Instantes, IntervalosEstendidos\}, Intervalos)$$
$$i \in Instantes \Leftrightarrow Duração(i) = Segundos(0).$$

Em seguida, criamos uma escala de tempo e pontos associados nessa escala a instantes, o que nos fornece tempos absolutos. A escala de tempo é arbitrária; vamos medi-la em segundos e dizer que o instante referente à meia-noite (GMT) em 1º de janeiro de 1900 tem tempo 0. As funções *Início* e *Fim* escolhem os instantes mais antigos e mais recentes em um intervalo, e a função *Instante* entrega o ponto na escala de tempo correspondente a um instante. A função *Duração* fornece a diferença entre o instante final e o instante inicial.

$$Intervalo(i) \Rightarrow Duração(i) = (Instante(Fim(i)) - Instante(Início(i))).$$
$$Instante(Início(DC1900)) = Segundos(0).$$
$$Instante(Início \, (DC2001)) = Segundos(3187324800).$$
$$Instante(Fim(DC2001)) = Segundos(3218860800).$$
$$Duração(DC2001) = Segundos(31536000).$$

Para tornar mais fácil a leitura desses números, também introduzimos uma função *Data*, que recebe seis argumentos (horas, minutos, segundos, dia, mês e ano) e retorna um ponto no tempo (um instante):

$$Instante(Início(DC2001)) = Data(0,0,0,1,janeiro,2001)$$
$$Data(0,20,21,24,1,1995) = Segundos(3000000000).$$

Dois intervalos se *Encontram* se o instante final do primeiro é igual ao instante inicial do segundo. O conjunto de relações de intervalo completo, como proposto por Allen (1983), é mostrado graficamente na Figura 10.2 e a seguir logicamente:

$$Encontram(i, j) \quad \Leftrightarrow \quad Fim(i) = Início(j)$$
$$Antes(i, j) \quad \Leftrightarrow \quad Fim(i) < Início(j)$$
$$Depois(j, i) \quad \Leftrightarrow \quad Antes(i, j)$$
$$Durante(i, j) \quad \Leftrightarrow \quad Início(j) < Início(i) < Fim(i) < Fim(j)$$
$$Sobrepõe(i, j) \quad \Leftrightarrow \quad Início(i) < Início(j) < Fim(i) < Fim(j)$$
$$Inicia(i, j) \quad \Leftrightarrow \quad Início(i) = Início(j)$$
$$Termina(i, j) \quad \Leftrightarrow \quad Fim(i) = Fim(j)$$
$$Iguala(i, j) \quad \Leftrightarrow \quad Início(i) = Início(j) \land Fim(i) = Fim(j)$$

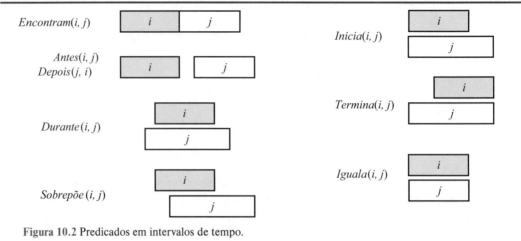

Figura 10.2 Predicados em intervalos de tempo.

Todos eles têm seu significado intuitivo, com exceção de *Sobrepõe*: costumamos pensar em sobrepor como simétrico (se *i* se sobrepõe a *j*, então *j* se sobrepõe a *i*), mas nessa definição, *Sobrepõe*(*i*, *j*) só será válido se *i* iniciar antes de *j*. A experiência tem mostrado que essa definição é mais útil para a escrita de axiomas. Para dizer que o reinado de Elizabeth II seguiu imediatamente o de George VI, e o reinado de Elvis se sobrepôs aos anos 1950, podemos escrever:

Encontram(*ReinadoDe*(*GeorgeVI*), *ReinadoDe*(*ElizabethII*)).
Sobrepõe(*Cinquenta*, *ReinadoDe*(*Elvis*)).
Início(*Cinquenta*) = *Início*(*DC*1950).
Fim(*Cinquenta*) = *Fim*(*DC*1959).

10.3.2 Fluentes e objetos

Objetos físicos podem ser visualizados como eventos generalizados, no sentido de que um objeto físico é um bloco de espaço-tempo. Por exemplo, *EUA* podem ser considerados um evento que começou em, digamos, 1776 como uma união de 13 estados e ainda está em desenvolvimento hoje como uma união de 50 estados. Podemos descrever as mudanças de propriedades dos *EUA* usando fluentes de estados, como *População*(*EUA*). Outra propriedade dos EUA que muda a cada 4 ou 8 anos, exceto quando ocorre algum infortúnio, é seu presidente. Alguém poderia propor que *Presidente*(*EUA*) fosse um termo lógico que denotasse um objeto diferente em tempos diferentes.

Infelizmente, isso não é possível porque um termo denota exatamente um objeto em dada estrutura de modelo. (O termo *Presidente*(*EUA*, *t*) pode denotar objetos diferentes, dependendo do valor de *t*, mas nossa ontologia mantém índices de tempo separados de fluentes.) A única possibilidade é que *Presidente*(*EUA*) denote um único objeto que consiste em diferentes pessoas em diferentes épocas. Esse objeto é George Washington de 1789 até 1797, John Adams de 1797 até 1801, e assim por diante, como na Figura 10.3. Para dizer que George Washington foi presidente ao longo de 1790, podemos escrever

T(*Iguala*(*Presidente*(*EUA*),*GeorgeWashington*),*Início*(*DC*1790),*Fim*(*DC*1790)).

Usamos o símbolo de função *Iguala* em vez do predicado lógico padrão = porque não podemos ter um predicado como um argumento para *T* e porque a interpretação *não* é a de que *George Washington* e *Presidente*(*EUA*) são logicamente idênticos em 1790; a identidade lógica não é algo que possa mudar com o passar do tempo. A identidade está entre os subeventos de cada objeto *Presidente*(*EUA*) e *George Washington* que são definidos pelo período de 1790.

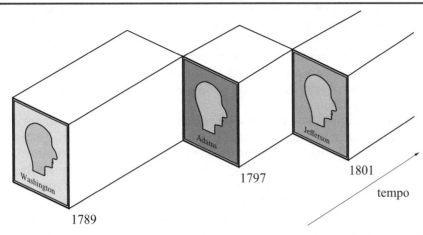

Figura 10.3 Visão esquemática do objeto *Presidente(EUA)* para os primeiros anos de existência.

10.4 Objetos mentais e lógica modal

Os agentes que construímos até agora têm crenças e podem deduzir novas crenças. Ainda assim nenhum deles tem qualquer conhecimento *sobre* crenças ou *sobre* dedução. O conhecimento sobre o próprio conhecimento e sobre os processos de raciocínio é útil para controlar a inferência. Por exemplo, suponha que Alice pergunte "qual é a raiz quadrada de 1764" e Bob responda "eu não sei". Se Alice insiste, "pense um pouco mais", Bob deve perceber que, com um pouco mais de raciocínio, essa questão pode de fato ser respondida. Por outro lado, se a pergunta fosse "o presidente está sentado agora?", Bob perceberia que raciocinar mais profundamente não ajudaria. Conhecimento sobre o conhecimento de outros agentes também é importante; Bob deverá perceber que o presidente sabe a resposta.

O que precisamos ter é um modelo dos objetos mentais que estão na cabeça de alguém (ou na base de conhecimento de alguma coisa) e dos processos mentais que manipulam esses objetos mentais. O modelo não precisa ser detalhado. Não precisamos ter a capacidade de prever quantos milissegundos determinado agente vai demorar para fazer uma dedução. Ficaremos felizes apenas em ser capazes de concluir que o presidente sabe se está sentado ou não.

Começamos com as **atitudes proposicionais** que um agente pode ter em direção aos objetos mentais: atitudes como *Acredita*, *Sabe*, *Quer* e *Informa*. A dificuldade é que essas atitudes não se comportam como predicados "normais". Por exemplo, suponha que tentemos afirmar que Lois sabe que o Super-Homem pode voar:

Atitude proposicional

    Sabe(Lois,PodeVoar(SuperHomem)).

Uma questão menor sobre isso é que normalmente pensamos em *PodeVoar(SuperHomem)* como uma sentença, mas aqui aparece como um termo. Essa questão pode ser remendada apenas reificando *PodeVoar(SuperHomem)*, tornando-o um fluente. Um problema mais grave é que, no caso de ser verdade que o Super-Homem é o Clark Kent, devemos concluir que Lois sabe que Clark pode voar, o que é errado, porque (na maioria das versões da história) Lois *não* sabe que Clark é o Super-Homem.

    (SuperHomem = Clark) ∧ *Sabe(Lois,PodeVoar(SuperHomem))*
    ⊨ *Sabe(Lois,PodeVoar(Clark))*.

Essa é uma consequência do fato de que o raciocínio com igualdade está embutido na lógica. Normalmente isso é uma coisa boa; se o nosso agente souber que 2 + 2 = 4 e 4 < 5, então queremos que o nosso agente saiba que 2 + 2 < 5. Essa propriedade é chamada **transparência referencial** – não importa que termo uma lógica use para se referir a um objeto, o que importa é o objeto ao qual o termo dá nome. Mas, para atitudes proposicionais, como *acredita* e *sabe*,

Transparência referencial

298 **Inteligência Artificial**

gostaríamos de ter opacidade referencial – os termos usados *importam*, porque nem todos os agentes sabem quais termos são correferenciais.

Poderíamos consertar isso com ainda mais reificação: poderíamos ter um objeto para representar Clark/Super-Homem, outro objeto para representar a pessoa que Lois conhece como Clark e ainda outro para a pessoa que Lois conhece como Super-Homem. No entanto, essa proliferação de objetos significa que as sentenças que queremos escrever rapidamente se tornam volumosas e desajeitadas.

Lógica modal

A **lógica modal** foi projetada para resolver esse problema. A lógica comum está preocupada com uma única modalidade, a da verdade, que nos permite expressar "*P* é verdadeiro" ou "*P* é falso". A lógica modal inclui **operadores modais** especiais que utilizam sentenças (em vez de termos) como argumentos. Por exemplo, "*A* sabe *P*" é representado com a notação $\mathbf{K}_A P$, em que $\mathbf{K}$ é o operador modal para conhecimento. Ele recebe dois argumentos, um agente (escrito como subscrito) e uma sentença. A sintaxe da lógica modal é a mesma que a da lógica de primeira ordem, exceto que as sentenças também podem ser formadas com operadores modais.

Operadores modais

A semântica da lógica modal é mais complicada. Na lógica de primeira ordem, um **modelo** contém um conjunto de objetos e uma interpretação que relaciona cada nome ao objeto, relação ou função apropriada. Na lógica modal, queremos ser capazes de considerar tanto a possibilidade de a identidade secreta do Super-Homem ser Clark como a de não ser.

Mundo possível

Portanto, vamos precisar de um modelo mais complicado, que consiste em uma coleção de **mundos possíveis** em vez de apenas um mundo verdadeiro. Os mundos estão ligados em um grafo por **relações de acessibilidade**, uma relação para cada operador modal. Dizemos que o mundo w_1 é acessível a partir do mundo w_0 em relação ao operador modal $\mathbf{K}_A$ se tudo em w_1 for consistente com o que *A* sabe em w_0. Como exemplo, no mundo real, Bucareste é a capital da Romênia, mas, para um agente que não sabia disso, um mundo onde a capital da Romênia é, digamos, Sofia, pode ser acessível. Espera-se que um mundo onde $2 + 2 = 5$ não seja acessível a qualquer agente.

Relação de acessibilidade

Em geral, um átomo de conhecimento $\mathbf{K}_A P$ é verdadeiro no mundo *w* se e somente se *P* for verdadeiro em todos os mundos acessíveis a partir de *w*. A verdade de sentenças mais complexas é derivada pela aplicação recursiva dessa regra e pelas regras normais da lógica de primeira ordem. Isso significa que a lógica modal pode ser usada para raciocinar sobre sentenças de conhecimento aninhadas: o que um agente sabe sobre o conhecimento de outro agente. Por exemplo, podemos dizer que, apesar de Lois não saber se a identidade secreta do Super-Homem é Clark Kent, ela sabe que Clark sabe:

$$\mathbf{K}_{Lois}\,[\mathbf{K}_{Clark}\,Identidade(SuperHomem, Clark) \lor \mathbf{K}_{Clark}\,\neg Identidade(SuperHomem, Clark)].$$

A lógica modal resolve alguns problemas complicados com a interação dos quantificadores e conhecimento. A sentença "Bond sabe que alguém é um espião" é ambígua. A primeira leitura é que existe alguém em especial que Bond sabe que é um espião; podemos escrever isso como

$$\exists x\, \mathbf{K}_{Bond} Espião(x),$$

que na lógica modal significa que existe um *x* que, em todos os mundos acessíveis, Bond sabe ser um espião. A segunda leitura é que Bond só sabe que há pelo menos um espião:

$$\mathbf{K}_{Bond}\, \exists x\, Espião(x).$$

A interpretação na lógica modal é que em cada mundo acessível há um *x* que é um espião, mas não precisa ser o mesmo *x* em cada mundo.

Agora que temos um operador modal para o conhecimento, podemos escrever axiomas para ele. Em primeiro lugar, podemos dizer que os agentes são capazes de fazer deduções; se um agente sabe *P* e sabe que *P* implica *Q*, então o agente sabe *Q*:

$$(\mathbf{K}_a P \land \mathbf{K}_a (P \Rightarrow Q)) \Rightarrow \mathbf{K}_a Q.$$

A partir daí (e de algumas outras regras sobre identidades lógicas), podemos estabelecer que $\mathbf{K}_A(P \lor \neg P)$ é uma tautologia; cada agente sabe que cada proposição *P* é verdadeira ou falsa. Por outro lado, $(\mathbf{K}_A P) \lor (\mathbf{K}_A \neg P)$ não é uma tautologia; em geral, haverá diversas proposições que um agente não sabe se são verdadeiras e não sabe se são falsas.

Diz-se (voltando a Platão) que o conhecimento é uma crença verdadeira justificada. Ou seja, se for verdadeiro, se você acreditar e se tiver uma boa razão que não possa ser contestada, então você sabe. Isso significa que, se você souber alguma coisa, deve ser verdadeira, e temos o axioma:

$$\mathbf{K}_a P \Rightarrow P.$$

Além disso, agentes lógicos (mas não todas as pessoas) devem ser capazes de olhar introspectivamente para o seu próprio conhecimento. Se souberem algo, então eles sabem que sabem disso:

$$\mathbf{K}_a P \Rightarrow \mathbf{K}_a(\mathbf{K}_a P).$$

Podemos definir axiomas semelhantes para a crença (muitas vezes indicado por **B**) e outras modalidades. No entanto, um problema com a abordagem da lógica modal é que ele assume a **onisciência lógica** por parte dos agentes. Ou seja, se um agente sabe um conjunto de axiomas, então ele sabe todas as consequências desses axiomas. Esse é um terreno instável, mesmo para a noção um tanto abstrata de conhecimento, mas parece ainda pior para a crença porque a crença tem mais conotação de se referir a coisas que são representadas fisicamente no agente, e não apenas potencialmente deriváveis. Onisciência lógica

Houve tentativas de definir uma forma de racionalidade limitada dos agentes – para dizer que os agentes acreditam somente nas afirmações que podem ser derivadas com a aplicação de não mais do que k etapas de raciocínio ou não mais que s segundos de computação. Em geral, essas tentativas têm sido insatisfatórias.

10.4.1 Outras lógicas modais

Foram propostas muitas lógicas modais para diferentes modalidades, além do conhecimento. Uma proposta é incluir operadores modais para *possibilidade* e *necessidade*: é possivelmente verdadeiro que um dos autores deste livro esteja sentado neste momento, e é necessariamente verdadeiro que $2 + 2 = 4$.

Como foi dito na seção 8.1.2, alguns lógicos favorecem as modalidades relacionadas ao tempo. Na **lógica temporal linear**, acrescentamos os seguintes operadores modais: Lógica temporal linear

- **X** P: "P será verdadeiro no próximo instante"
- **F** P: "P será eventualmente (**F**inalmente) verdadeiro em algum instante futuro"
- **G** P: "P é sempre (**G**lobalmente) verdadeiro"
- P **U** Q: "P permanece verdadeiro até que ocorra Q"

Às vezes, há operadores adicionais que podem ser derivados destes. Adicionar esses operadores modais torna a própria lógica mais complexa (e, portanto, torna mais difícil para um algoritmo de inferência lógica encontrar uma prova). Mas os operadores também nos permitem declarar certos fatos de uma forma mais sucinta (isso torna a inferência lógica mais rápida). A escolha de qual lógica usar é semelhante à escolha de qual linguagem de programação usar: escolha uma que seja apropriada para sua tarefa, que seja familiar para você e aos outros que irão compartilhar seu trabalho, e que seja eficiente o suficiente para seus propósitos.

10.5 Sistemas de raciocínio para categorias

As categorias são os principais blocos de construção de qualquer esquema de representação de conhecimento em grande escala. Esta seção descreve sistemas especialmente projetados para organizar e raciocinar com categorias. Existem duas famílias de sistemas intimamente relacionadas: as **redes semânticas** oferecem recursos gráficos para visualização de uma base de conhecimento e algoritmos eficientes para dedução de propriedades de um objeto, de acordo com sua pertinência a uma categoria; as **lógicas de descrição** fornecem uma linguagem formal para construção e combinação de definições de categorias e algoritmos eficientes para definir relacionamentos de subconjuntos e superconjuntos entre as categorias. Redes semânticas Lógicas de descrição

10.5.1 Redes semânticas

Grafos existenciais

Em 1909, Charles S. Peirce propôs uma notação gráfica de nós e arcos, denominada **grafos existenciais**, que ele chamou de "lógica do futuro". Desse modo, teve início um longo debate entre defensores da "lógica" e defensores de "redes semânticas". Infelizmente, o debate obscureceu o fato de que as redes semânticas *são* uma forma de lógica. A notação que as redes semânticas fornecem para certos tipos de sentenças com frequência é mais conveniente, mas, se abstrairmos as questões de "interface humana", os conceitos subjacentes – objetos, relações, quantificação, e assim por diante – serão os mesmos.

Existem muitas variantes de redes semânticas, mas todas são capazes de representar objetos individuais, categorias de objetos e relações entre objetos. Uma notação gráfica típica exibe nomes de objetos ou categorias em elipses ou retângulos e os conecta por meio de arcos rotulados. Por exemplo, a Figura 10.4 tem um arco *MembroDe* entre *Maria* e *PessoasFemininas*, que corresponde à asserção lógica *Maria* $\in$ *PessoasFemininas*; de modo semelhante, o arco *IrmãDe* entre *Maria* e *João* corresponde à asserção *IrmãDe(Maria, João)*. Podemos conectar categorias usando arcos *SubconjuntoDe*, e assim por diante. É tão divertido desenhar bolhas e setas, que podemos nos empolgar. Por exemplo, sabemos que pessoas têm pessoas femininas como mães; assim, podemos traçar um arco *TemMãe* de *Pessoas* para *PessoasFemininas*? A resposta é não, porque *TemMãe* é uma relação entre uma pessoa e sua mãe, e categorias não têm mães.[5]

Por essa razão, usamos uma notação especial – o arco identificado por retângulo de aresta dupla – na Figura 10.4. Esse arco assegura que

$$\forall x \; x \in Pessoas \Rightarrow [\forall y \; TemMãe(x, y) \Rightarrow y \in PessoasFemininas].$$

Também queremos afirmar que as pessoas têm duas pernas, isto é,

$$\forall x \; x \in Pessoas \Rightarrow Pernas(x, 2).$$

Como antes, precisamos ser cuidadosos para não afirmar que uma categoria tem pernas; o arco de retângulo com arestas simples da Figura 10.4 é usado para afirmar propriedades de todos os membros de uma categoria.

A notação de rede semântica torna conveniente executar o raciocínio de **herança** do tipo introduzido na seção 10.2. Por exemplo, pelo fato de ser uma pessoa, Maria herda a propriedade de ter duas pernas. Desse modo, para descobrir quantas pernas Maria tem, o algoritmo de herança segue o arco *MembroDe* desde *Maria* até a categoria a que ela pertence, e depois segue arcos *SubconjuntoDe* hierarquia acima, até encontrar uma categoria para a qual exista um arco *Pernas* identificado por um retângulo – nesse caso, a categoria *Pessoas*. A simplicidade

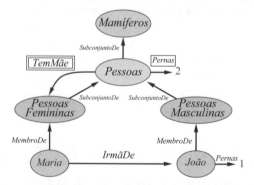

Figura 10.4 Rede semântica com quatro objetos (João, Maria, 1 e 2) e quatro categorias. As relações são indicadas por arcos rotulados.

---

[5] Vários sistemas antigos falharam na tentativa de distinguir entre propriedades de membros de uma categoria e propriedades da categoria como um todo. Isso pode levar diretamente a inconsistências, como destacou Drew McDermott (1976) em seu artigo *Artificial Intelligence Meets Natural Stupidity*. Outro problema comum foi o uso de arcos *ÉUm* para relações de subconjuntos e de pertinência, em correspondência com o uso em linguagem natural: "um gato é um mamífero" e "Fifi é um gato".

e eficiência desse mecanismo de inferência, em comparação com a prova de teoremas lógicos, tem sido um dos principais atrativos das redes semânticas.

A herança fica complicada quando um objeto pode pertencer a mais de uma categoria ou quando uma categoria pode ser um subconjunto de mais de uma outra categoria; isso se chama **herança múltipla**. Nesses casos, o algoritmo de herança pode encontrar dois ou mais valores conflitantes que respondem à consulta. Por essa razão, a herança múltipla foi banida de algumas linguagens de **programação orientada a objetos** (POO), como Java, que utilizam a herança em uma hierarquia de classes. Em geral, isso é permitido em redes semânticas, mas vamos deixar a discussão desse assunto para a seção 10.6.

Herança múltipla

O leitor deve ter notado uma desvantagem óbvia da notação de rede semântica, em comparação com a lógica de primeira ordem: o fato de que arcos entre bolhas representam apenas relações *binárias*. Por exemplo, a sentença *Voar(Shankar,NovaYork,NovaDéli,Ontem)* não pode ser declarada diretamente em uma rede semântica. Todavia, *podemos* obter o efeito de asserções *n*-árias reificando a proposição em si como um evento pertencente a uma categoria de eventos apropriada. A Figura 10.5 mostra a estrutura de rede semântica para esse evento específico. Note que a restrição para relações binárias força a criação de uma rica ontologia de conceitos reificados.

A reificação de proposições torna possível representar toda sentença atômica básica, livre de funções, da lógica de primeira ordem na notação de rede semântica. Certos tipos de sentenças universalmente quantificadas podem ser declaradas com o uso de arcos inversos e com as setas identificadas por retângulos de arestas simples e de arestas duplas aplicadas a categorias, mas isso ainda nos deixa bem longe da lógica de primeira ordem completa. Negação, disjunção, símbolos de funções aninhadas e quantificação existencial – todos estão faltando. Contudo, é *possível* estender a notação para torná-la equivalente à lógica de primeira ordem – como nos grafos existenciais de Peirce –, mas isso nega uma das principais vantagens das redes semânticas: a simplicidade e a transparência dos processos de inferência. Os projetistas podem construir uma grande rede e ainda ter uma boa ideia sobre que consultas serão eficientes, porque (a) é fácil visualizar as etapas pelas quais o procedimento de inferência vai passar, e (b) em alguns casos, a linguagem de consulta é tão simples que consultas difíceis não podem ser formuladas.

Nos casos em que a capacidade de expressão se mostra excessivamente limitante, muitos sistemas de redes semânticas fornecem a **conexão procedural** para preencher as lacunas. A conexão procedural é uma técnica por meio da qual uma consulta sobre (ou, às vezes, uma asserção de) certa relação resulta em uma chamada a um procedimento especial projetado para essa relação, e não a um algoritmo de inferência geral.

Conexão procedural

Um dos aspectos mais importantes das redes semânticas é sua habilidade para representar **valores *default*** correspondentes a categorias. Examinando a Figura 10.4 cuidadosamente, notamos que João tem uma perna, apesar do fato de ser uma pessoa e de todas as pessoas terem duas pernas. Em uma BC estritamente lógica, isso seria uma contradição; porém, em uma rede semântica, a afirmação de que todas as pessoas têm duas pernas apresenta apenas um *status default*; ou seja, supõe-se que uma pessoa tenha duas pernas, a não ser que isso seja contestado por informações mais específicas. A semântica *default* é naturalmente imposta pelo algoritmo de herança, porque segue arcos ascendentes desde o próprio objeto

Valor *default*

Figura 10.5 Fragmento de uma rede semântica mostrando a representação da asserção lógica *Voar(Shankar, NovaYork,NovaDéli,Ontem)*.

302 Inteligência Artificial

Redefinição

(João, nesse caso) e para assim que encontra um valor. Dizemos que o *default* é **redefinido** pelo valor mais específico. Observe que também poderíamos redefinir o número *default* de pernas criando uma categoria *PessoasComUmaPerna*, um subconjunto de *Pessoas* do qual *João* é membro.

Podemos conservar uma semântica estritamente lógica para a rede se dissermos que a asserção *Pernas* para *Pessoas* inclui uma exceção referente a João:

$$\forall x \; x \in \textit{Pessoas} \wedge x \neq \textit{João} \Rightarrow \textit{Pernas}(x, 2).$$

Para uma rede *fixa*, isso é semanticamente adequado, mas será muito menos conciso que a própria notação de rede, no caso de haver diversas exceções. Porém, para uma rede que será atualizada com outras asserções, uma abordagem desse tipo falhará – na realidade, queremos dizer que todas as pessoas com uma única perna, ainda que desconhecidas, também serão exceções. A seção 10.6 examina com mais profundidade essa questão e o raciocínio com *defaults* em geral.

10.5.2 Lógicas de descrição

A sintaxe da lógica de primeira ordem foi projetada para facilitar a tarefa de descrever objetos.

Lógica de descrição

As **lógicas de descrição** são notações projetadas para tornar mais fácil descrever definições e propriedades de categorias. Os sistemas de lógica de descrição evoluíram a partir das redes semânticas em resposta à pressão para formalizar o que as redes significam enquanto é mantida a ênfase na estrutura taxonômica como um princípio de organização.

Subsunção
Classificação

As principais tarefas de inferência para lógicas de descrição são a **subsunção** (verificar se uma categoria é um subconjunto de outra pela comparação de suas definições) e a **classificação** (verificar se um objeto pertence a uma categoria). Alguns sistemas também incluem a

Consistência

consistência de uma definição de categoria – se os critérios de pertinência são logicamente satisfatíveis.

A linguagem CLASSIC (Borgida *et al.*, 1989) é uma lógica de descrição típica. A sintaxe de descrições de CLASSIC é mostrada na Figura 10.6.[6] Por exemplo, para dizer que solteiros são homens adultos não casados, escreveríamos:

$$\textit{Solteiro} = \textit{And}(\textit{NãoCasado}, \textit{Adulto}, \textit{Homem}).$$

O equivalente em lógica de primeira ordem seria:

$$\textit{Solteiro}(x) \Leftrightarrow \textit{NãoCasado}(x) \wedge \textit{Adulto}(x) \wedge \textit{Homem}(x).$$

Note que a lógica de descrição tem uma álgebra de operações sobre predicados que certamente não é possível em lógica de primeira ordem. Qualquer descrição em CLASSIC pode ser traduzida em uma sentença equivalente de primeira ordem, mas algumas descrições são mais simples em CLASSIC. Por exemplo, para descrever o conjunto de homens com pelo menos três filhos que estão desempregados e que são casados com médicas e que têm no máximo duas filhas que são todas professoras em departamento de física ou matemática, descreveríamos:

$$\textit{And}(\textit{Homem}, \textit{AtLeast}(3, \textit{Filho}), \textit{AtMost}(2, \textit{Filha}),$$
$$\textit{All}(\textit{Filho}, \textit{And}(\textit{Desempregado}, \textit{Casado}, \textit{All}(\textit{Esposa}, \textit{Médica}))),$$
$$\textit{All}(\textit{Filha}, \textit{And}(\textit{Professora}, \textit{Fills}(\textit{Departamento}, \textit{Física}, \textit{Matemática})))).$$

Deixamos como exercício a conversão dessa expressão para lógica de primeira ordem.

Talvez o aspecto mais importante das lógicas de descrição seja sua ênfase na tratabilidade da inferência. Uma instância de problema é resolvida descrevendo a instância e depois indagando se ela é subsumida por uma das diversas categorias de soluções possíveis. Em sistemas comuns de lógica de primeira ordem, com frequência é impossível prever o tempo da solução. Muitas vezes, cabe ao usuário criar a representação necessária para contornar conjuntos de sentenças que parecem estar fazendo o sistema demorar várias semanas para resolver um

---

[6] Note que a linguagem *não* permite simplesmente declarar que um conceito ou uma categoria é um subconjunto de outro. Essa é uma política deliberada: a subsunção entre categorias deve ser derivável a partir de alguns aspectos das descrições das categorias. Se não, algo faltará nas descrições.

Conceito	$\rightarrow$	**Thing** | *NomeConceito*
	|	**And**(*Conceito,...*)
	|	**All**(*NomePapel, Conceito*)
	|	**AtLeast**(*Inteiro, NomePapel*)
	|	**AtMost**(*Inteiro, NomePapel*)
	|	**Fills**(*NomePapel, NomeIndivíduo,...*)
	|	**SameAs**(*Caminho, Caminho*)
	|	**OneOf**(*NomeIndivíduo,...*)
Caminho	$\rightarrow$	[*NomePapel,...*]
NomeConceito	$\rightarrow$	*Adulto* | *Feminino* | *Masculino* | ...
NomePapel	$\rightarrow$	*Cônjuge* | *Filha* | *Filho* | ...

Figura 10.6 Sintaxe de descrições em um subconjunto da linguagem CLASSIC.

problema. Por outro lado, a ênfase em lógicas de descrição é assegurar que os testes de subsunção possam ser resolvidos em tempo polinomial em relação ao tamanho das descrições.[7]

Isso parece maravilhoso em princípio, até se perceber que só pode haver uma, entre duas consequências: ou problemas difíceis não podem ser enunciados de modo algum, ou eles exigem descrições exponencialmente extensas! Porém, os resultados de tratabilidade esclarecem que tipos de construções causam problemas e, desse modo, ajudam o usuário a compreender o comportamento de diferentes representações. Por exemplo, normalmente, as lógicas de descrição não têm a *negação* e a *disjunção*. Cada uma força os sistemas de lógica de primeira ordem a passar por uma análise de caso potencialmente exponencial, a fim de assegurar completude. CLASSIC permite apenas uma forma limitada de disjunção nas construções *Fills* e *OneOf*, que tornam possível a disjunção sobre indivíduos explicitamente enumerados, mas não sobre descrições. Com descrições disjuntivas, definições aninhadas podem levar facilmente a um número exponencial de rotas alternativas pelas quais uma categoria pode subsumir outra.

10.6 Raciocínio com informações *default*

Na seção anterior, vimos um exemplo simples de asserção com *status* de *default*: as pessoas têm duas pernas. Esse *default* pode ser anulado por informações mais específicas, como Long John Silver (o pirata) tem uma perna. Vimos que o mecanismo de herança em redes semânticas implementa a redefinição de valores *default* de uma forma simples e natural. Nesta seção, estudaremos valores *default* de maneira mais geral, com uma visão voltada para a compreensão da *semântica* de valores *default*, e não apenas visando fornecer um mecanismo procedural.

10.6.1 Circunscrição e lógica *default*

Vimos dois exemplos de processos de raciocínio que violam a propriedade de **monotonicidade** da lógica que foi provada no Capítulo 7.[8] Neste capítulo, vimos que uma propriedade herdada por todos os membros de uma categoria em uma rede semântica podia ser anulada por informação mais específica relativa a uma categoria. Na seção 9.4.4, vimos que, sob a hipótese do mundo fechado, se uma proposição não for mencionada em BC então $BC \models \neg\alpha$, mas $BC \wedge \alpha \models \alpha$.

Monotonicidade

A introspecção simples sugere que essas falhas de monotonicidade são muito comuns no raciocínio comum. Parece que os seres humanos frequentemente "saltam para conclusões". Por exemplo, quando alguém vê um carro estacionado na rua, normalmente fica predisposto a acreditar que o automóvel tem quatro rodas, embora só três estejam visíveis. Agora, a teoria da probabilidade pode sem dúvida fornecer uma conclusão de que a quarta roda existe com probabilidade elevada, ainda que, para a maioria das pessoas, a possibilidade de o carro não ter quatro rodas *não se manifeste, a menos que apareça alguma nova evidência*. Desse modo, parece

---

[7] CLASSIC fornece testes práticos de subsunção eficientes, mas o tempo de execução no pior caso é exponencial.

[8] Lembre-se de que a monotonicidade exige que todas as sentenças que são consequências lógicas permaneçam consequências lógicas depois que novas sentenças forem adicionadas à BC. Isto é, se $BC \models \alpha$ então $BC \wedge \beta \models \alpha$.

304 Inteligência Artificial

que a conclusão de haver quatro rodas é alcançada *por default*, na ausência de qualquer motivo para colocá-la em dúvida. Se surgirem novas evidências – por exemplo, se alguém vir o proprietário transportando uma roda e notar que o carro está levantado, então a conclusão poderá ser contestada. Dizemos que essa espécie de raciocínio exibe **não monotonicidade**, porque o conjunto de crenças não cresce monotonicamente com o tempo, à medida que chegam novas evidências. As **lógicas não monotônicas** foram criadas com noções modificadas de verdade e consequência lógica, a fim de captar o comportamento. Examinaremos duas dessas lógicas que foram extensivamente estudadas: a circunscrição e a lógica *default*.

A **circunscrição** pode ser vista como uma versão mais poderosa e precisa da hipótese de mundo fechado. A ideia é especificar determinados predicados que consideramos "tão falsos quanto possíveis", isto é, falsos para todo objeto, exceto aqueles para os quais se sabe que eles são verdadeiros. Por exemplo, suponha que desejamos afirmar a regra *default* de que os pássaros voam. Introduziríamos um predicado, digamos $Anormal_1(x)$, e escreveríamos:

$$Pássaro(x) \land \neg Anormal_1(x) \Rightarrow Voa(x).$$

Se dissermos que $Anormal_1$ deve ser **circunscrito**, um mecanismo de inferência circunscritivo será levado a supor $\neg Anormal_1(x)$, a menos que $Anormal_1(x)$ seja conhecido como verdadeiro. Isso permite que a conclusão $Voa(Tweety)$ seja tirada da premissa $Pássaro(Tweety)$, mas a conclusão não será mais válida, no caso de $Anormal_1(Tweety)$ ser afirmada.

A circunscrição pode ser visualizada como um exemplo de lógica de **modelo preferencial**. Em tais lógicas, uma sentença é consequência lógica (com *status default*) se é verdadeira em todos os modelos *preferenciais* da BC, em oposição ao requisito de verdade em *todos* os modelos da lógica clássica. No caso da circunscrição, um modelo é preferido a outro se tem menor número de objetos anormais.[9] Vejamos como essa ideia funciona no contexto de herança múltipla em redes semânticas. O exemplo padrão em que a herança múltipla é problemática denomina-se "dilema de Nixon". Ele surge a partir da observação de que Richard Nixon era ao mesmo tempo um quacre (do inglês *quaker*) (e, consequentemente, um pacifista por *default*) e um republicano (e, consequentemente, um não pacifista por *default*). Isso pode ser representado da seguinte maneira:

$$Republicano(Nixon) \land Quacre(Nixon).$$
$$Republicano(x) \land \neg Anormal_2(x) \Rightarrow \neg Pacifista(x).$$
$$Quacre(x) \land \neg Anormal_3(x) \Rightarrow Pacifista(x).$$

Se circunscrevermos $Anormal_2$ e $Anormal_3$, haverá dois modelos preferenciais: um em que $Anormal_2(Nixon)$ e $Pacifista(Nixon)$ são válidas e outro em que $Anormal_3(Nixon)$ e $\neg Pacifista(Nixon)$ são válidas. Desse modo, o mecanismo de inferência circunscritivo permanece corretamente agnóstico sobre o fato de Nixon ser ou não pacifista. Se desejarmos, além disso, afirmar que as crenças religiosas devem ter precedência sobre as crenças políticas, poderemos empregar um formalismo chamado **circunscrição priorizada** para dar preferência a modelos em que $Anormal_3$ é minimizada.

A **lógica *default*** é um formalismo em que podem ser escritas **regras *default*** para gerar conclusões contingentes e não monotônicas. Uma regra *default* é semelhante a:

$$Pássaro(x) : Voa(x)/Voa(x).$$

Essa regra significa que, se $Pássaro(x)$ é verdadeira e se $Voa(x)$ é consistente com a base de conhecimento, então $Voa(x)$ pode ser concluída por *default*. Em geral, uma regra *default* tem a forma:

$$P : J_1,..., J_n/C$$

em que P é chamado "pré-requisito", C é a conclusão e J_i são as justificativas – se for possível provar que qualquer uma delas é falsa, então a conclusão não poderá ser derivada. Qualquer variável

---

[9] No caso da hipótese de mundo fechado, um modelo é preferível em relação a outro se ele tem menor quantidade de átomos verdadeiros, isto é, os modelos preferidos são modelos **mínimos**. Existe uma conexão natural entre a hipótese de mundo fechado (HMF) e BCs de cláusulas definidas porque o ponto fixo alcançado pelo encadeamento para a frente em tais BCs é o único modelo mínimo. Ver mais detalhes sobre esse ponto na seção 7.5.4.

Capítulo 10 • Representação de Conhecimento   **305**

que aparecer em J_i ou C também terá de aparecer em P. O exemplo do dilema de Nixon pode ser representado em lógica *default* com um fato e duas regras *default*:

$$Republicano(Nixon) \land Quacre(Nixon).$$
$$Republicano(x) : \neg Pacifista(x) \mid \neg Pacifista(x).$$
$$Quacre(x) : Pacifista(x) \mid Pacifista(x).$$

Para interpretar o que significam as regras *default*, definimos a noção de **extensão** de uma teo-   Extensão
ria *default* como um conjunto máximo de consequências da teoria. Isto é, uma extensão S consiste nos fatos conhecidos originais e em um conjunto de conclusões das regras *default*, de modo que nenhuma conclusão adicional possa ser obtida de S e que as justificativas de toda conclusão *default* em S sejam consistentes com S. Como no caso dos modelos preferidos na circunscrição, temos duas extensões possíveis para o dilema de Nixon: uma em que ele é pacifista e uma em que ele não é pacifista. Existem esquemas de priorização nos quais algumas regras *default* podem ter precedência sobre outras, permitindo que algumas ambiguidades sejam resolvidas.

Desde 1980, quando as lógicas não monotônicas foram propostas pela primeira vez, houve um grande progresso na compreensão de suas propriedades matemáticas. Porém ainda existem questões não resolvidas. Por exemplo, se "Os carros têm quatro rodas" é falso, o que significa ter essa asserção em uma base de conhecimento? Que conjunto de regras *default* seria interessante ter? Se não pudermos decidir, para cada regra separadamente, se ela pertence à nossa base de conhecimento, então teremos um sério problema de falta de modularidade. Por fim, como as crenças que têm *status* de *default* podem ser usadas na tomada de decisões? Provavelmente, essa é a questão mais difícil para o raciocínio *default*.

Com frequência, decisões envolvem compromissos; portanto, é necessário comparar as *intensidades* de crença nos resultados de diferentes ações e os *custos* de tomar uma decisão errada. Nos casos em que as mesmas espécies de decisões estão sendo tomadas repetidamente, é possível interpretar regras *default* como declarações de "probabilidade de limiar". Por exemplo, a regra *default* "Meus freios estão sempre OK" na realidade significa "A probabilidade de que meus freios estejam OK, não sendo dada nenhuma outra informação, é suficientemente alta para que a decisão ótima no meu caso seja dirigir sem verificá-los". Quando o contexto de decisão se altera – por exemplo, quando se está dirigindo um caminhão com carga pesada montanha abaixo em uma estrada íngreme –, a regra *default* se torna repentinamente inadequada, embora não exista nenhuma evidência a sugerir que os freios estão com defeito. Essas considerações levaram alguns pesquisadores a refletir sobre como incorporar o raciocínio com *defaults* dentro da teoria da probabilidade ou da utilidade.

10.6.2 Sistemas de manutenção de verdade

Vimos que muitas das inferências derivadas por um sistema de representação de conhecimento só terão *status* de *default*, em vez de estarem absolutamente certas. Inevitavelmente, alguns desses fatos deduzidos se mostrarão incorretos e terão de ser reconsiderados em face de novas informações. Esse processo é chamado **revisão de crenças**.[10] Suponha que uma base   Revisão de crenças
de conhecimento BC contenha uma sentença P – talvez uma conclusão *default* registrada por um algoritmo de encadeamento para a frente ou talvez apenas uma asserção incorreta – e queremos executar $TELL(BC, \neg P)$. Para evitar criar uma contradição, primeiro devemos executar $RETRACT(BC, P)$. Isso parece ser bem fácil. No entanto, surgiriam problemas se quaisquer sentenças *adicionais* fossem deduzidas a partir de P e afirmadas na BC. Por exemplo, a implicação $P \Rightarrow Q$ poderia ter sido usada para adicionar Q. A "solução" óbvia – reconsiderar todas as sentenças deduzidas a partir de P – falhará porque tais sentenças podem ter outras justificativas além de P. Por exemplo, se R e $R \Rightarrow Q$ também estiverem na BC, então Q não terá de ser removida. Os **sistemas de manutenção de verdade**, ou TMSs (do inglês *Truth Maintenance*   Sistema de manutenção de verdade
Systems), foram projetados para manipular exatamente esses tipos de complicações.

---

[10] A revisão de crenças frequentemente é comparada com a **atualização de crenças**, que ocorre quando uma base de conhecimento é revisada para refletir uma mudança no mundo, em vez de novas informações sobre um mundo fixo. A atualização de crenças combina a revisão de crenças com o raciocínio sobre o tempo e a mudança; ela também está relacionada ao processo de **filtragem** descrito no Capítulo 14.

306 Inteligência Artificial

Uma abordagem muito simples para a manutenção de verdade é manter o controle da ordem em que as sentenças são apresentadas à base de conhecimento, numerando-as de P_1 até P_n. Quando a chamada RETRACT(BC, P_i) é feita, o sistema reverte ao estado imediatamente anterior à adição de P_i, removendo tanto P_i quanto quaisquer inferências que tenham sido derivadas de P_i. As sentenças P_{i+1} até P_n podem então ser novamente adicionadas. Isso é simples e garante que a base de conhecimento será consistente, mas a reconsideração de P_i exige a retirada e a reafirmação de $n - i$ sentenças, além de ser preciso desfazer e refazer todas as inferências obtidas a partir dessas sentenças. Em sistemas aos quais estão sendo adicionados muitos fatos – como grandes bancos de dados comerciais – isso é impraticável.

JTMS
Justificativa

Uma abordagem mais eficiente é o sistema de manutenção de verdade baseado em justificativa, ou **JTMS**. Em um JTMS, cada sentença na base de conhecimento é anotada com uma **justificativa** que consiste no conjunto de sentenças a partir das quais ela foi deduzida. Por exemplo, se a base de conhecimento já contém $P \Rightarrow Q$, então TELL(P) fará Q ser adicionada com a justificativa $\{P, P \Rightarrow Q\}$. Em geral, uma sentença pode ter qualquer número de justificativas. As justificativas tornam a retração eficiente. Dada a chamada RETRACT(P), o JTMS eliminará exatamente as sentenças para as quais P é um membro de toda justificativa. Assim, se uma sentença Q tivesse a única justificativa $\{P, P \Rightarrow Q\}$, ela seria removida; se tivesse a justificativa adicional $\{P, P \vee R \Rightarrow Q\}$, ela ainda seria removida; mas, se também tivesse a justificativa $\{R, P \vee R \Rightarrow Q\}$, ela seria poupada. Desse modo, o tempo necessário para a retração de P depende apenas do número de sentenças derivadas de P, e não do número de outras sentenças adicionadas desde que P entrou na base de conhecimento.

O JTMS pressupõe que as sentenças que são consideradas uma vez provavelmente serão consideradas de novo; assim, em vez de eliminar inteiramente uma sentença da base de conhecimento quando ela perder todas as justificativas, simplesmente marcamos a sentença para indicar que ela está *fora* da base de conhecimento. Se uma asserção subsequente restaurar uma das justificativas, marcaremos a sentença indicando que ela está *dentro* outra vez. Desse modo, o JTMS preserva todas as cadeias de inferência que utiliza e não precisa derivar novamente as sentenças quando uma justificativa se torna válida de novo.

Além de manipular a retirada de informações incorretas, os TMSs podem ser usados para acelerar a análise de várias situações hipotéticas. Por exemplo, suponha que o Comitê Olímpico da Romênia esteja escolhendo locais para os eventos de natação, atletismo e equitação dos jogos de 2048 a serem realizados na Romênia. Seja a primeira hipótese *Local*(*Natação, Pitesti*), *Local*(*Atletismo, Bucareste*) e *Local*(*Equitação, Arad*).

É necessário bastante raciocínio para determinar as consequências logísticas e, portanto, o interesse dessa seleção. Se, em vez disso, quisermos considerar *Local*(*Atletismo, Sibiu*), o TMS evitará a necessidade de começar de novo desde o início. Nesse caso, simplesmente iremos retirar *Local*(*Atletismo, Bucareste*) e afirmar *Local*(*Atletismo, Sibiu*), e o TMS cuidará das revisões necessárias. As cadeias de inferência geradas a partir da escolha de Bucareste poderão ser reutilizadas com Sibiu, desde que as conclusões sejam as mesmas.

ATMS

Um sistema de manutenção de verdade baseado em hipóteses, ou **ATMS**, foi projetado para tornar particularmente eficiente esse tipo de troca de contexto entre mundos hipotéticos. Em um JTMS, a manutenção de justificativas permite a rápida movimentação de um estado para outro fazendo algumas retiradas e asserções, mas, em qualquer instante, apenas um estado é representado. Um ATMS representa ao mesmo tempo *todos* os estados que já foram considerados. Enquanto um JTMS simplesmente identifica cada sentença como *dentro* ou *fora*, um ATMS controla, para cada sentença, quais hipóteses tornariam a sentença verdadeira. Em outras palavras, cada sentença tem um rótulo que consiste em um conjunto de conjuntos de hipóteses. A sentença é válida apenas nos casos em que todas as hipóteses de um dos conjuntos de hipóteses são válidas.

Explicação

Os sistemas de manutenção de verdade também fornecem um mecanismo para gerar **explicações**. Tecnicamente, uma explicação de uma sentença P é um conjunto de sentenças E de modo que E tem P como consequência lógica. Se já soubermos que as sentenças contidas em E são verdadeiras, então E simplesmente fornecerá uma base suficiente para provar que P deve ocorrer. Porém, as explicações também podem incluir **hipóteses** – sentenças que não sabemos se são verdadeiras, mas que seriam suficientes para provar P se fossem verdadeiras.

Hipótese

Por exemplo, poderíamos não ter informações suficientes para provar que o carro de alguém não dá partida, mas uma explicação razoável poderia incluir a hipótese de a bateria estar descarregada. Essa hipótese, combinada com o conhecimento de como os carros operam, explica o não comportamento observado. Na maioria dos casos, vamos preferir uma explicação E que seja mínima, significando que não existe nenhum subconjunto próprio de E que também seja uma explicação. Um ATMS pode gerar explicações para o problema do "carro que não dá partida" fazendo suposições (como "carro sem gasolina" ou "bateria descarregada") em qualquer ordem que desejarmos, mesmo que algumas hipóteses sejam contraditórias. Em seguida, analisamos o rótulo correspondente à sentença "carro não dá partida" para examinar os conjuntos de hipóteses que justificariam a sentença.

Os algoritmos exatos utilizados para implementar os sistemas de manutenção de verdade são um pouco complicados, e não os abordaremos aqui. A complexidade computacional do problema de manutenção de verdade é pelo menos tão grande quanto a da inferência proposicional, isto é, NP-difícil. Portanto, você não deve esperar que a manutenção de verdade seja uma panaceia. Porém, quando utilizado com cuidado, um TMS pode proporcionar aumento substancial na habilidade de um sistema lógico para tratar ambientes e hipóteses complexas.

Resumo

Aprofundando nos detalhes de como se representa uma variedade de formas de conhecimento, esperamos ter dado ao leitor uma ideia de como são construídas as bases de conhecimentos reais e um sentimento para as questões filosóficas interessantes que surgem. Os principais pontos são:

- A representação de conhecimento em grande escala exige uma ontologia de uso geral para organizar e reunir os vários domínios específicos do conhecimento.
- Uma ontologia de uso geral precisa cobrir ampla variedade de tipos de conhecimento e deve ser capaz, em princípio, de manipular qualquer domínio.
- A construção de uma ontologia ampla de propósito geral é um desafio significativo que ainda precisa ser plenamente realizado, embora as estruturas atuais pareçam ser bastante robustas.
- Apresentamos uma **ontologia superior** baseada em categorias e no cálculo de eventos. Cobrimos categorias, subcategorias, partes, objetos estruturados, medidas, substâncias, eventos, tempo e espaço, mudança e crenças.
- As espécies naturais não podem ser completamente definidas na lógica, mas as suas propriedades podem ser representadas.
- Ações, eventos e tempo podem ser representados com o cálculo de eventos. Essas representações permitem a um agente construir sequências de ações e fazer inferências lógicas sobre o que será verdadeiro quando essas ações acontecerem.
- Sistemas de representação de uso especial, como **redes semânticas** e **lógicas de descrição**, foram elaborados para ajudar na organização de uma hierarquia de categorias. A **herança** é uma forma importante de inferência, permitindo que as propriedades de objetos sejam deduzidas a partir de sua pertinência a categorias.
- A **hipótese de mundo fechado**, conforme implementada em programas em lógica, fornece um meio simples de evitar a necessidade de especificar grande quantidade de informações negativas. É melhor interpretá-la como um *default* que pode ser anulado por informações adicionais.
- **Lógicas não monotônicas**, como **circunscrição** e **lógica** *default*, se destinam a captar o raciocínio *default* em geral.
- Os **sistemas de manutenção de verdade** manipulam atualizações e revisões do conhecimento de forma eficiente.
- É difícil construir grandes ontologias à mão: a extração de conhecimento a partir do texto torna a tarefa mais fácil.

Notas bibliográficas e históricas

Briggs (1985) alega que a pesquisa em representação formal do conhecimento teve início no primeiro milênio a.C. com a clássica teorização indiana sobre a gramática sânscrita (Shastric Sanskrit). Os filósofos ocidentais consideram que seu trabalho sobre o assunto remonta ao ano 300 a.C., com a *Metafísica* de Aristóteles (literalmente, o que vem depois do livro sobre física). O desenvolvimento de terminologia técnica em qualquer campo pode ser visto como uma forma de representação de conhecimento.

As primeiras discussões sobre a representação em IA tendiam a se concentrar na "representação de *problemas*", e não na "representação de *conhecimento*". [ver, p. ex., a discussão de Amarel (1968) sobre o problema dos "missionários e canibais".] Na década de 1970, a IA enfatizava o desenvolvimento de "sistemas especialistas" (também chamados "sistemas baseados em conhecimento") que podiam, se fosse dado o conhecimento de domínio apropriado, equiparar ou superar o desempenho de especialistas humanos em tarefas específicas bem definidas. Por exemplo, o primeiro sistema especialista, o DENDRAL (Feigenbaum *et al.*, 1971; Lindsay *et al.*, 1980), interpretava a saída de um espectrômetro de massa (um tipo de instrumento usado para analisar a estrutura de compostos químicos orgânicos) com tanta precisão quanto químicos especialistas. Embora o sucesso do DENDRAL tenha ajudado a convencer a comunidade de pesquisa em IA sobre a importância da representação de conhecimento, os formalismos da representação que foram utilizados no DENDRAL são altamente específicos para o domínio da química.

Com o passar do tempo, os pesquisadores ficaram interessados em formalismos e ontologias padronizadas de representação de conhecimento que podiam simplificar o processo de criação de novos sistemas especialistas. Fazendo isso, eles se aventuraram em um território antes explorado por filósofos da ciência e da linguagem. A disciplina imposta à IA pela necessidade de fazer "funcionarem" as teorias de alguém levou a um progresso mais rápido e mais profundo do que ocorreu quando esses problemas faziam parte do domínio exclusivo da filosofia (embora ele, às vezes, também tenha levado à repetida reinvenção da roda).

Mas até que ponto podemos confiar no conhecimento especializado? Já em 1955, Paul Meehl (ver também Grove e Meehl, 1996) estudou os processos de tomada de decisão de especialistas treinados em tarefas subjetivas, como prever o sucesso de um aluno em um programa de treinamento, ou a reincidência de um criminoso. Em 19 dos 20 estudos que examinou, Meehl descobriu que algoritmos de aprendizagem estatística simples (como regressão linear ou Bayes ingênuo) predizem melhor do que os especialistas. Tetlock (2017) também estuda o conhecimento especializado e o considera deficiente de casos difíceis. O Serviço de Teste Educacional (ETS) usou um programa automatizado para classificar milhões de questões dissertativas no exame GMAT desde 1999. O programa concorda com os avaliadores humanos 97% das vezes, aproximadamente no mesmo nível que dois avaliadores humanos concordam (Burstein *et al.*, 2001). (Isso não significa que o programa entende as redações, apenas que pode distinguir as boas das ruins tão bem quanto os avaliadores humanos.)

A criação de taxonomias ou classificações abrangentes remonta a tempos antigos. Aristóteles (384-322 a.C.) enfatizava fortemente esquemas de classificação e divisão em categorias. A obra *Organon*, uma coleção de trabalhos sobre lógica montada por seus alunos depois da morte do filósofo, incluiu um tratado chamado *Categorias*, em que ele tentou construir o que agora denominaríamos ontologia superior. Aristóteles também introduziu as noções de **gênero** e **espécie** para a classificação de nível mais baixo. Nosso sistema atual de classificação biológica, incluindo o uso da "nomenclatura binomial" (classificação por gênero e espécie, no sentido técnico), foi criado pelo biólogo sueco Carolus Linnaeus, ou Carl von Linne (1707-1778). Os problemas associados a espécies naturais e a limites imprecisos entre categorias foram tratados por Wittgenstein (1953), Quine (1953), Lakoff (1987) e Schwartz (1977), entre outros.

Consulte o Capítulo 24 para ver uma discussão das representações de redes neurais profundas de palavras e conceitos que escapam a alguns dos problemas de uma ontologia estrita, mas também sacrificam parte da precisão. Ainda não sabemos a melhor maneira de combinar as vantagens das redes neurais e da semântica lógica para representação.

O interesse em ontologias de grande escala está crescendo, como documentado pelo *Handbook on Ontologies* (Staab, 2004). O projeto OPENCYC (Lenat e Guha, 1990; Matuszek *et al.*, 2006) lançou uma ontologia com 150 mil conceitos, com uma ontologia superior semelhante à da Figura 10.1, bem como conceitos específicos como "OLED Display" e "iPhone", que é um tipo de "telefone celular", que por sua vez é um tipo de "eletrônico de consumo", "telefone", "dispositivo de comunicação sem fio", e outros conceitos. O projeto NEXTKB estende o CYC e outros recursos, incluindo FrameNet e WordNet, para uma base de conhecimento com quase 3 milhões de fatos, oferecendo um mecanismo de raciocínio, FIRE, que o acompanha (Forbus *et al.*, 2010).

O projeto DBPEDIA extrai dados estruturados da Wikipedia, especificamente dos Infoboxes: as caixas de pares de atributo/valor que acompanham muitos artigos da Wikipedia (Wu e Weld, 2008; Bizer *et al.*, 2007). Em 2015, a DBPEDIA continha 400 milhões de fatos sobre 4 milhões de objetos somente na versão em inglês; contando todos os 110 idiomas, o total chega a 1,5 bilhão de fatos (Lehmann *et al.*, 2015).

O grupo de trabalho P1600.1 do IEEE criou a SUMO, a Suggested Upper Merged Ontology (Niles e Pease, 2001; Pease e Niles, 2002), que contém cerca de mil termos de ontologia superior e *links* para mais de 20 mil termos de domínio específico. Stoffel *et al.* (1997) descreveram algoritmos para gerenciar uma ontologia muito grande de modo eficiente. Uma pesquisa de técnicas para a extração de conhecimento a partir de páginas Web é fornecida por Etzioni *et al.* (2008).

Na *web* estão surgindo linguagens de representação. A RDF (Brickley e Guha, 2004) permite afirmações a serem feitas na forma de triplas relacionais e fornece alguns meios para a evolução do significado de nomes ao longo do tempo. A OWL (Smith *et al.*, 2004) é uma lógica de descrição que suporta inferências sobre essas triplas. Até agora, o uso parece ser inversamente proporcional à complexidade de representação: os formatos tradicionais HTML e CSS representam mais de 99% do conteúdo da *web*, seguido pelos esquemas mais simples de representação, como RDFa (Adida e Birbeck, 2008) e microformatos (Khare, 2006; Patel-Schneider, 2014), que utilizam marcação HTML e XHTML para adicionar atributos ao texto nas páginas *web*. O uso de ontologias sofisticadas RDF e OWL ainda não está generalizado, e a visão completa da Web Semântica (Berners-Lee *et al.*, 2001) ainda não foi atingida. As conferências *Formal Ontology in Information Systems* (FOIS) contêm muitos artigos interessantes sobre ontologias gerais e específicas de domínios.

A taxonomia usada neste capítulo foi desenvolvida pelos autores; parte dela se baseia em nossa experiência no projeto CYC e parte no trabalho realizado por Hwang e Schubert (1993) e por Davis (1990, 2005). Uma discussão inspiradora sobre o projeto geral da representação de conhecimento de senso comum aparece na obra de Hayes (1978, 1985b), *Naive Physics Manifesto*.

Ontologias profundas de sucesso em uma área específica incluem o projeto Gene Ontology (Gene Ontology Consortium, 2008) e a Chemical Markup Language (Murray-Rust *et al.*, 2003). Dúvidas sobre a viabilidade de uma ontologia única para *todos* os conhecimentos foram expressas por Doctorow (2001), Gruber (2004), Halevy *et al.* (2009) e Smith (2004).

O cálculo de eventos foi introduzido por Kowalski e Sergot (1986) para tratar o tempo contínuo, e houve muitas variações (Sadri e Kowalski, 1995; Shanahan, 1997) e apresentações (Shanahan, 1999; Mueller, 2006). James Allen introduziu intervalos de tempo pela mesma razão (Allen, 1984), argumentando que intervalos eram muito mais naturais que situações para raciocinar sobre eventos estendidos e concorrentes. Van Lambalgen e Hamm (2005) mostram como a lógica de eventos é mapeada dentro da linguagem que usamos para falar sobre eventos. Uma alternativa para o cálculo de eventos e de situações é o cálculo de fluentes (Thielscher, 1999), que reifica os fatos a partir dos quais os estados são compostos.

Peter Ladkin (1986a, 1986b) introduziu intervalos de tempo "côncavos" (intervalos com lacunas; em essência, uniões de intervalos de tempo "convexos" comuns) e aplicou as técnicas da álgebra matemática abstrata à representação do tempo. Allen (1991) investiga sistematicamente a ampla variedade de técnicas disponíveis para representação do tempo; van Beek e Manchak (1996) analisam algoritmos para raciocínio temporal. Existem significativos pontos comuns entre a ontologia baseada em eventos apresentada neste capítulo e uma análise de eventos criada pelo filósofo Donald Davidson (1980). As **histórias** na ontologia de líquidos de Pat Hayes (1985a) e as **crônicas** na teoria dos planos de McDermott (1985) também constituíram influências importantes para a área e para este capítulo.

310 Inteligência Artificial

A questão do *status* ontológico de substâncias tem uma longa história. Platão afirmou que as substâncias eram entidades abstratas completamente distintas de objetos físicos; ele diria *FeitoDe*(*Manteiga₃*, *Manteiga*) em vez de *Manteiga₃* ∈ *Manteiga*. Isso leva a uma hierarquia de substâncias na qual, por exemplo, *ManteigaSemSal* é uma substância mais específica que *Manteiga*. A posição adotada neste capítulo, em que substâncias são categorias de objetos, foi defendida por Richard Montague (1973). Ela também foi adotada no projeto CYC. Copeland (1993) elaborou um ataque sério, mas não invencível.

A abordagem alternativa mencionada no capítulo, em que manteiga é um objeto que consiste em todos os objetos amanteigados do universo, foi proposta originalmente pelo lógico polonês Lésniewski (1916). Sua **mereologia** (o nome deriva da palavra grega que significa "parte") utilizava a relação parte-todo em substituição à teoria de conjuntos da matemática, com o objetivo de eliminar entidades abstratas como conjuntos. Uma exposição mais legível dessas ideias foi dada por Leonard e Goodman (1940), e a obra *The Structure of Appearance*, de Goodman (1977), aplica as ideias a vários problemas de representação de conhecimento.

Embora alguns aspectos da abordagem mereológica sejam estranhos – por exemplo, a necessidade de um mecanismo de herança separado, baseado em relações parte-todo – a abordagem ganhou o apoio de Quine (1960). Harry Bunt (1985) apresentou uma extensa análise de seu uso em representação de conhecimento. Casati e Varzi (1999) cobriram as partes, o todo e a teoria geral das localizações espaciais.

Há três abordagens principais para o estudo de objetos mentais. A utilizada neste capítulo, baseada na lógica modal e mundos possíveis, é a abordagem clássica da filosofia (Hintikka, 1962; Kripke, 1963; Hughes e Cresswell, 1996). O livro *Reasoning about Knowledge* (Fagin *et al.*, 1995) contém uma introdução completa, e Gordon e Hobbs (2017) oferecem *A Formal Theory of Commonsense Psychology*.

A segunda abordagem é uma teoria de primeira ordem em que os objetos mentais são fluentes. Davis (2005) e Davis e Morgenstern (2005) descrevem essa abordagem. Ela se baseia no formalismo dos mundos possíveis e no trabalho de Robert Moore (1980, 1985).

A terceira abordagem é uma **teoria sintática**, em que os objetos mentais são representados por cadeias de caracteres. Uma cadeia de caracteres é apenas um termo complexo que indica uma lista de símbolos, de modo que *PodeVoar*(*Clark*) pode ser representado pela lista de símbolos [*P*, *o*, *d*, *e*, *V*, *o*, *a*, *r*, (, *C*, *l*, *a*, *r*, *k*,)]. A teoria sintática de objetos mentais foi inicialmente estudada em profundidade por Kaplan e Montague (1960), que mostraram que levava a paradoxos se não fosse tratada com cuidado. Ernie Davis (1990) fornece uma comparação excelente das teorias sintática e modal do conhecimento. Pnueli (1977) descreve uma lógica temporal usada para raciocinar sobre programas, obra que lhe rendeu o Prêmio Turing e que foi ampliada por Vardi (1996). Littman *et al.* (2017) mostram que uma lógica temporal pode ser uma boa linguagem para especificar objetivos para um robô de aprendizagem por reforço de uma forma que seja fácil para um ser humano especificar, e que pode ser bem generalizada para diferentes ambientes.

O filósofo grego Porfírio (c. 234-305 d.C.), comentando as *Categorias* de Aristóteles, estabeleceu o que se poderia qualificar como a primeira rede semântica. Charles S. Peirce (1909) desenvolveu grafos existenciais como o primeiro formalismo de rede semântica a utilizar a lógica moderna. Ross Quillian (1961), guiado por um interesse na memória humana e no processamento de linguagens, iniciou o trabalho sobre redes semânticas dentro da IA. Um influente artigo de Marvin Minsky (1975) apresentou uma versão de redes semânticas chamadas **frames**; um frame era uma representação de um objeto ou categoria, com atributos e relações para outros objetos ou categorias.

A questão da semântica surgiu de forma bastante intensa com relação às redes semânticas de Quillian (e as de outros que seguiram sua abordagem), com seus onipresentes e muito vagos "arcos É-UM". O famoso artigo de Bill Woods (1975), "What's In a Link?", despertou a atenção dos pesquisadores de IA para a necessidade de uma semântica precisa em formalismos de representação de conhecimento. Ron Brachman (1979) desenvolveu esse ponto e propôs soluções. O trabalho de Patrick Hayes (1979), "The Logic of Frames", foi um corte ainda mais profundo, ao afirmar que "a maioria dos 'frames' é simplesmente uma nova sintaxe para certas partes da lógica de primeira ordem". No ensaio de Drew McDermott (1978b), "Tarskian Semantics, or No Notation Without Denotation!", o autor argumentava que a abordagem da teoria de modelos para semântica usada em lógica de primeira ordem deveria ser aplicada a todos os formalismos de representação de conhecimento. Essa continua a ser uma ideia controversa; observe que o próprio McDermott reviu sua posição em "A Critique of Pure Reason" (McDermott, 1987). Selman e Levesque (1993) discutem a complexidade da herança com exceções, mostrando que, na maioria das formulações, ela é NP-completa.

Lógicas de descrição foram desenvolvidas como um subconjunto útil da lógica de primeira ordem, para o qual a inferência é computacionalmente tratável. Hector Levesque e Ron Brachman (1987) mostraram que certos usos da disjunção e da negação foram os principais responsáveis pela intratabilidade da inferência lógica. Isso levou a uma compreensão muito melhor da interação entre complexidade e expressividade em sistemas de raciocínio. Calvanese *et al.* (1999) resumem o estado da arte, e Baader *et al.* (2007) apresentam um manual abrangente de lógicas de descrição.

Os três principais formalismos para lidar com a inferência não monotônica – circunscrição (McCarthy, 1980), lógica *default* (Reiter, 1980) e lógica não monotônica modal (McDermott e Doyle, 1980) – foram todos introduzidos em uma única edição especial do *AI Journal*. Delgrande e Schaub (2003) discutem os méritos das variantes, dados 25 anos de retrospectiva. A programação de conjuntos-resposta pode ser vista como uma extensão da negação por falha ou como um aprimoramento da circunscrição; a teoria subjacente da semântica de modelos estáveis foi introduzida por Gelfond e Lifschitz (1988), e os principais sistemas de programação de conjuntos-resposta são o DLV (Eiter *et al.*, 1998) e o SMODELS (Niemelä *et al.*, 2000). Lifschitz (2001) discute o uso da programação de conjuntos-resposta em planejamento. Brewka *et al.* (1997) apresentam uma boa visão geral das diversas abordagens para lógica não monotônica. Clark (1978) examina a abordagem de negação por falha para a programação em lógica e a completação de Clark. Diversos sistemas de raciocínio não monotônicos baseados na programação em lógica estão documentados nos anais das conferências sobre *Logic Programming and Nonmonotonic Reasoning* (LPNMR).

O estudo de sistemas de manutenção de verdade começou com os sistemas TMS (Doyle, 1979) e RUP (McAllester, 1980), ambos essencialmente JTMS. Forbus e de Kleer (1993) explicam em profundidade como TMSs podem ser usados em aplicações de IA. Nayak e Williams (1997) mostram como um TMS incremental eficiente, chamado ITMS, possibilita o planejamento das operações de uma espaçonave da NASA em tempo real.

Este capítulo não poderia abordar em profundidade *todas* as áreas de representação de conhecimento. Os três principais tópicos omitidos são:

Física qualitativa: A física qualitativa é um subcampo da representação de conhecimento que se preocupa especificamente com a construção de uma teoria lógica não numérica de objetos físicos e processos. A expressão foi cunhada por Johan de Kleer (1975), embora se possa dizer que o empreendimento teve início no BUILD de Fahlman (1974), um sofisticado planejador para construção de torres complexas de blocos. Fahlman descobriu, no processo de projeto, que a maior parte do esforço (em sua estimativa, 80%) se destinava à modelagem dos aspectos físicos do mundo de blocos para calcular a estabilidade de vários subconjuntos de blocos, em vez do planejamento em si. Ele esboçou um processo hipotético semelhante ao da física ingênua para explicar por que crianças pequenas podem resolver problemas como o BUILD sem acesso à aritmética de ponto flutuante em alta velocidade utilizada na modelagem física do BUILD. Hayes (1985a) utiliza "histórias" – fatias quadridimensionais de espaço-tempo semelhante aos eventos de Davidson – para construir uma física elementar bastante complexa de líquidos. Davis (2008) atualiza a ontologia de líquidos que descreve o derramamento de líquidos em recipientes.

De Kleer e Brown (1985), Ken Forbus (1985) e Benjamin Kuipers (1985) independente e quase simultaneamente desenvolveram sistemas que podem raciocinar sobre o sistema físico com base em abstrações qualitativas de equações subjacentes. A física qualitativa logo se desenvolveu até chegar ao ponto em que se tornou possível analisar uma impressionante variedade de sistemas físicos complexos (Yip, 1991). Técnicas qualitativas foram usadas para construir projetos inovadores de relógios, limpadores de para-brisas e andadores de seis pernas (Subramanian e Wang, 1994). A coleção *Readings in Qualitative Reasoning about Physical Systems* (Weld e de Kleer, 1990), um artigo de enciclopédia por Kuipers (2001) e um artigo de manual por Davis (2007) oferecem boas introduções à área.

Física qualitativa

312   Inteligência Artificial

Raciocínio espacial

Raciocínio espacial: O raciocínio necessário para navegar no mundo de wumpus é trivial em comparação à rica estrutura espacial do mundo real. A primeira tentativa séria de captar o raciocínio comum sobre o espaço aparece no trabalho de Ernest Davis (1986, 1990). O cálculo de conexão de regiões de Cohn *et al.* (1997) admite uma forma de raciocínio espacial qualitativo e leva a novos tipos de sistemas de informações geográficas; consulte também Davis (2006). Como ocorre com a física qualitativa, um agente pode percorrer um longo caminho, por assim dizer, sem recorrer a uma representação métrica completa.

Raciocínio psicológico

Raciocínio psicológico: O raciocínio psicológico envolve o desenvolvimento de uma *psicologia* funcional para uso por agentes artificiais no raciocínio sobre si mesmos e sobre outros agentes. Com frequência, esse raciocínio se baseia na chamada "psicologia popular", a teoria de que os seres humanos em geral utilizam no raciocínio sobre si mesmos e sobre outros seres humanos. Quando pesquisadores de IA fornecem a seus agentes artificiais teorias psicológicas para raciocinar sobre outros agentes, as teorias frequentemente se baseiam na descrição dos pesquisadores do próprio projeto dos agentes lógicos. Atualmente, o raciocínio psicológico é mais útil no contexto da compreensão da linguagem natural, na qual prever as intenções do falante é de grande importância.

Minker (2001) reúne artigos de pesquisadores de liderança na representação do conhecimento, resumindo 40 anos de trabalho nesse campo. Os anais das conferências internacionais sobre *Principles of Knowledge Representation and Reasoning* fornecem as fontes mais atualizadas de pesquisa nessa área. *Readings in Knowledge Representation* (Brachman e Levesque, 1985) e *Formal Theories of the Commonsense World* (Hobbs e Moore, 1985) são excelentes antologias sobre representação de conhecimento; a primeira se concentra mais em documentos historicamente importantes sobre linguagens de representação e formalismos, e a outra se concentra na acumulação do próprio conhecimento. Davis (1990), Stefik (1995) e Sowa (1999) apresentam introduções à representação de conhecimento de forma didática; van Harmelen *et al.* (2007) contribuem com um manual, e Davis e Morgenstern (2004) prepararam uma edição especial do *AI Journal* sobre o assunto. Davis (2017) fornece um estudo sobre a lógica para o raciocínio de senso comum. A conferência bienal *Theoretical Aspects of Reasoning About Knowledge* (TARK) abrange aplicações da teoria do conhecimento em IA, economia e sistemas distribuídos.

CAPÍTULO 11

PLANEJAMENTO AUTOMATIZADO

Neste capítulo, vemos como um agente pode tirar proveito da estrutura de um problema para construir planos de ação complexos com eficiência.

Planejar um curso de ação é um requisito fundamental para um agente inteligente. A representação correta para ações e estados e os algoritmos certos podem tornar isso mais fácil. Na seção 11.1 introduzimos uma linguagem de representação **fatorada** geral para problemas de planejamento, que pode representar, de forma natural e sucinta, uma grande variedade de domínios, pode escalar de modo eficiente para grandes problemas e não necessita de uma heurística *ad hoc* para um novo domínio. A seção 11.4 estende a linguagem de representação para permitir ações hierárquicas, para podermos enfrentar problemas mais complexos. Abordamos algoritmos eficientes para o planejamento na seção 11.2, e heurísticas para eles são apresentadas na seção 11.3. Na seção 11.5, consideramos os domínios parcialmente observáveis e não determinísticos, e na seção 11.6 estendemos a linguagem mais uma vez para abordar problemas de escalonamento com restrições de recursos. Isso nos leva para mais perto dos planejadores que são usados no mundo real para o planejamento e o escalonamento de operações de espaçonaves, fábricas e campanhas militares. A seção 11.7 analisa a eficácia dessas técnicas.

11.1 Definição do planejamento clássico

Planejamento clássico é definido como a tarefa de descobrir uma sequência de ações para realizar um objetivo em um ambiente discreto, determinístico, estático e totalmente observável. Já vimos duas abordagens para essa tarefa: o agente de resolução de problemas do Capítulo 3 e o agente lógico proposicional híbrido do Capítulo 7. Ambos têm duas limitações. A primeira é que ambos exigem heurísticas *ad hoc* para cada novo domínio: uma função de avaliação heurística para busca e um código escrito à mão para o agente wumpus híbrido. A segunda limitação é que ambos precisam representar explicitamente um espaço de estados exponencialmente grande. Por exemplo, no modelo lógico proposicional do mundo de wumpus, o axioma para a ação de mover um passo para a frente tinha de ser repetida para as quatro orientações do agente, por T passos de tempo, e n^2 localizações atuais.

> Planejamento clássico

Em resposta a essas limitações, pesquisadores de planejamento têm investido em uma **representação fatorada**, usando uma família de linguagens chamada **PDDL** – do inglês *Planning Domain Definition Language* – (Ghallab *et al.*, 1998), que nos permite expressar todas as $4Tn^2$ ações com um único esquema de ação, e não precisa de conhecimento específico do domínio. A PDDL básica pode lidar com domínios de planejamento clássicos, e as extensões podem lidar com domínios não clássicos, que são contínuos, parcialmente observáveis, concorrentes e de multiagentes. A sintaxe de PDDL é baseada na linguagem Lisp, mas iremos traduzi-la para um formato que corresponda à notação utilizada neste livro.

> PDDL

Em PDDL, um **estado** é representado como uma conjunção de fluentes atômicos instanciados. Lembre-se de que "instanciado" significa sem variáveis, "fluente" significa um aspecto do mundo que muda com o passar do tempo, e "atômico instanciado" significa que há um único predicado e, se houver argumentos, eles deverão ser constantes. Por exemplo, *Pobre* ∧ *Desconhecido* pode representar o estado de um agente infeliz, e um estado em um problema de entrega de pacotes poderia ser *Em*(*Caminhão₁, Melbourne*) ∧ *Em*(*Caminhão₂, Sydney*). PDDL utiliza **semântica de banco de dados**: a suposição de mundo fechado significa que quaisquer fluentes não mencionados são falsos, e a suposição de nomes exclusivos significa que *Caminhão₁* e *Caminhão₂* são distintos.

> Estado

314 Inteligência Artificial

Os fluentes a seguir *não* são permitidos em um estado: $Em(x, y)$ (porque tem variáveis), $\neg Pobre$ (porque é uma negação) e $Em(Cônjuge(Ali), Sydney)$ (porque utiliza um símbolo de função, *Cônjuge*). Quando for conveniente, podemos pensar na conjunção de fluentes como um *conjunto* de fluentes.

Esquema de ação

Um **esquema de ação** representa uma família de ações instanciadas. Por exemplo, a seguir temos um esquema de ação para voar em um avião de um local para outro:

$Ação(Voar(p, de, para),$
    PRECOND: $Em(p, de) \wedge Avião(p) \wedge Aeroporto(de) \wedge Aeroporto(para)$
    EFEITO: $\neg Em(p, de) \wedge Em(p, para))$.

Precondição
Efeito

O esquema consiste no nome da ação, uma lista de todas as variáveis utilizadas no esquema, uma **precondição** e um **efeito**. A precondição e o efeito são, cada qual, conjunções de literais (sentenças atômicas positivas ou negadas). Podemos escolher constantes para instanciar as variáveis, resultando em uma ação instanciada (sem variável):

$Ação(Voar(P_1, SFO, JFK),$
    PRECOND: $Em(P_1, SFO) \wedge Avião(P_1) \wedge Aeroporto(SFO) \wedge Aeroporto(JFK)$
    EFEITO: $\neg Em(P_1, SFO) \wedge Em(P_1, JFK))$.

Uma ação instanciada a é **aplicável** no estado s se s satisfizer as precondições de a; ou seja, se cada literal positivo na precondição estiver em s e cada literal negado não estiver.

O **resultado** de executar a ação aplicável a no estado s é definido como um estado s' que é representado pelo conjunto de fluentes formado inicialmente por s, removendo os fluentes que aparecem como literais negativos nos efeitos da ação (o que chamamos **lista de remoção** ou $DEL(a)$), e adicionando os fluentes que são literais positivos nos efeitos da ação (o que chamamos **lista de adição** ou $ADD(a)$):

Lista de remoção

Lista de adição

$$RESULTADO(s, a) = (s - DEL(a)) \cup ADD(a). \tag{11.1}$$

Por exemplo, com a ação $Voar(P_1, SFO, JFK)$, removeríamos o fluente $Em(P_1, SFO)$ e adicionaríamos $Em(P_1, JFK)$.

Um conjunto de esquemas de ação serve como uma definição de *domínio* de planejamento. Um *problema* específico dentro do domínio é definido com a adição de um estado inicial e uma meta. O **estado inicial** é uma conjunção de fluentes instanciados (declarados por meio da palavra-chave *Início* na Figura 11.1). Como em todos os estados, utiliza-se a suposição do mundo fechado, o que significa que quaisquer átomos que não são mencionados são falsos. A **meta** (declarada por *Meta*, é exatamente como uma precondição: uma conjunção de literais (positivos ou negativos) que podem conter variáveis. Por exemplo, a meta $Em(C_1, SFO) \wedge \neg Em(C_2, SFO) \wedge Em(p, SFO)$ refere-se a qualquer estado em que a carga C_1 está em *SFO*, mas C_2 não está, e em que existe um avião em *SFO*.

11.1.1 Domínio de exemplo: transporte de carga aérea

A Figura 11.1 mostra um problema de transporte de carga aérea envolvendo carregamento e descarregamento de carga e o seu transporte aéreo de um local para outro. O problema pode ser definido com três ações: *Carregar*, *Descarregar* e *Voar*. As ações afetam dois predicados: $Dentro(c, p)$ significa que a carga c está dentro do avião p, e $Em(x, a)$ significa que o objeto x (avião ou carga) está no aeroporto a. Observe que alguns cuidados devem ser tomados para garantir que os predicados *Em* sejam corretamente atualizados. Quando um avião voa de um aeroporto para outro, toda a carga no interior do avião vai com ele. Na lógica de primeira ordem seria fácil quantificar sobre todos os objetos que estão dentro do avião. Mas a PDDL básica não tem um quantificador universal, por isso precisamos de uma solução diferente. A abordagem que utilizamos é dizer que uma unidade de carga deixa de estar *Em* qualquer lugar quando estiver *Dentro* de um avião; a carga só estará *Em* um novo aeroporto quando for descarregada. Assim, *Em* significa realmente "disponíveis para uso *em* um determinado local". O plano a seguir é uma solução para o problema:

$[Carregar(C_1, P_1, SFO), Voar(P_1, SFO, JFK), Descarregar(C_1, P_1, JFK),$
    $Carregar(C_2, P_2, JFK), Voar(P_2, JFK, SFO), Descarregar(C_2, P_2, SFO)]$.

$Início(Em(C_1, SFO) \wedge Em(C_2, JFK) \wedge Em(P_1, SFO) \wedge Em(P_2, JFK)$
$\quad \wedge Carga(C_1) \wedge Carga(C_2) \wedge Avião(P_1) \wedge Avião(P_2)$
$\quad \wedge Aeroporto(JFK) \wedge Aeroporto(SFO))$
$Meta(Em(C_1, JFK) \wedge Em(C_2, SFO))$
$Ação(Carregar(c, p, a),$
$\quad$ PRECOND: $Em(c, a) \wedge Em(p, a) \wedge Carga(c) \wedge Avião(p) \wedge Aeroporto(a)$
$\quad$ EFEITO: $\neg\, Em(c, a) \wedge Dentro(c, p))$
$Ação(Descarregar(c, p, a),$
$\quad$ PRECOND: $Dentro(c, p) \wedge Em(p, a) \wedge Carga(c) \wedge Avião(p) \wedge Aeroporto(a)$
$\quad$ EFEITO: $Em(c, a) \wedge \neg\, Dentro(c, p))$
$Ação(Voar(p, de, para),$
$\quad$ PRECOND: $Em(p, de) \wedge Avião(p) \wedge Aeroporto(de) \wedge Aeroporto(para)$
$\quad$ EFEITO: $\neg\, Em(p, de) \wedge Em(p, para))$

Figura 11.1 Descrição PDDL de um problema de planejamento de transporte de carga aérea.

11.1.2 Domínio de exemplo: o problema do pneu sobressalente

Considere o problema de trocar um pneu furado (Figura 11.2). O objetivo é ter um bom pneu sobressalente adequadamente colocado no eixo do carro, em que, no estado inicial, havia um pneu furado no eixo e um bom pneu sobressalente no porta-malas. Para simplificar, a versão do problema é abstrata, sem parafusos de roda grudados ou outras complicações. Há apenas quatro ações: retirar o pneu sobressalente do porta-malas, retirar o pneu furado do eixo, colocar o pneu sobressalente no eixo e deixar o carro abandonado durante a noite. Fazemos a suposição de que o carro esteja estacionado em um bairro particularmente ruim, de modo que o resultado de o deixar durante a noite é que os pneus vão desaparecer. Uma solução para o problema é [*Remover(Furado, Eixo)*, *Remover(Sobressalente, Porta-malas)*, *Colocar(Sobressalente, Eixo)*].

11.1.3 Domínio de exemplo: o mundo dos blocos

Um dos domínios do planejamento mais famoso é conhecido como **mundo dos blocos**. Esse domínio consiste em um conjunto de blocos em forma de cubo dispostos sobre uma mesa qualquer.[1] Os blocos podem estar empilhados, mas apenas um bloco pode estar diretamente sobre o outro. Um braço robótico pode pegar um bloco e movê-lo para outra posição: na mesa ou em cima de outro bloco. O braço poderá pegar apenas um bloco de cada vez, por isso não pode pegar um bloco que tenha outro sobre ele. Uma meta comum é colocar o bloco A sobre o B e o B sobre o C (Figura 11.3).

Utilizamos $Sobre(b, x)$ para indicar que o bloco b está sobre o bloco x, sendo x o outro bloco ou a mesa. A ação de mover o bloco b do topo de x para o topo de y será $Mover(b, x, y)$.

$Início(Pneu(Furado) \wedge Pneu(Sobressalente) \wedge Em(Furado, Eixo) \wedge Em(Sobressalente, Porta-malas))$
$Meta(Em(Sobressalente, Eixo))$
$Ação(Remover(obj, loc),$
$\quad$ PRECOND: $Em(obj, loc)$
$\quad$ EFEITO: $\neg Em(obj, loc) \wedge Em(obj, Chão))$
$Ação(Colocar(t, Eixo),$
$\quad$ PRECOND: $Pneu(t) \wedge Em(t, Chão) \wedge \neg Em(Furado, Eixo) \wedge \neg Em(Sobressalente, Eixo)$
$\quad$ EFEITO: $\neg Em(t, Chão) \wedge Em(t, Eixo))$
$Ação(DeixarDuranteNoite,$
$\quad$ PRECOND:
$\quad$ EFEITO: $\neg Em(Sobressalente, Chão) \wedge \neg Em(Sobressalente, Eixo) \wedge \neg Em(Sobressalente, Porta-malas)$
$\quad\quad \wedge \neg Em(Furado, Chão) \wedge \neg Em(Furado, Eixo) \wedge \neg Em(Furado, Porta-malas))$

Figura 11.2 O problema simples do pneu sobressalente.

---

[1] O mundo dos blocos utilizado em pesquisa de planejamento é muito mais simples do que a versão SHRDLU (ver Figura 1.3).

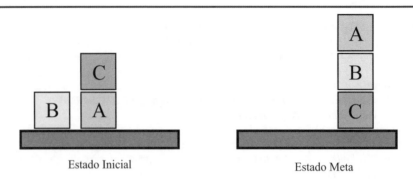

Estado Inicial   Estado Meta

Figura 11.3 Diagrama do problema do mundo dos blocos na Figura 11.4.

Agora, uma das precondições de mover b é que nenhum outro bloco esteja sobre ele. Na lógica de primeira ordem seria $\neg \exists x\, Sobre(x, b)$ ou, alternativamente, $\forall x\, \neg Sobre(x, b)$. PDDL básico não permite quantificadores, então, em vez disso, introduzimos um predicado $Livre(x)$ que é verdadeiro quando não há nada sobre x. (A descrição completa do problema está na Figura 11.4.)

A ação *Mover* move o bloco b de x para y se b e y não tiverem blocos sobre eles. Após a movimentação, b ainda está livre, mas y não está. A primeira tentativa no esquema *Mover* será

    Ação(*Mover*(*b*, *x*, *y*),
        PRECOND: *Sobre*(*b*, *x*) ∧ *Livre*(*b*) ∧ *Livre*(*y*),
        EFEITO: *Sobre*(*b*, *y*) ∧ *Livre*(*x*) ∧ ¬*Sobre*(*b*, *x*) ∧ ¬*Livre*(*y*)).

Infelizmente, isso não atualiza a propriedade *Livre* adequadamente quando x ou y for a mesa. Quando x for a *Mesa*, essa ação tem o efeito *Livre*(*Mesa*), mas a mesa não deve ficar livre; e quando y = *Mesa* existe uma precondição *Livre*(*Mesa*), mas a mesa não precisa estar livre para que movamos um bloco sobre ela. Para corrigir isso, faremos duas coisas. Primeiro, vamos introduzir outra ação para mover um bloco b de x para a mesa:

    Ação(*MoverParaMesa*(*b*, *x*),
        PRECOND: *Sobre*(*b*, *x*) ∧ *Livre*(*b*),
        EFEITO: *Sobre*(*b*, *Mesa*) ∧ *Livre*(*x*) ∧ ¬*Sobre*(*b*, *x*)).

Em segundo lugar, interpretamos $Livre(x)$ como "há um espaço vago sobre x para sustentar um bloco". Sob essa interpretação, *Livre*(*Mesa*) será sempre verdadeiro. O único problema é que nada impede que o planejador use *Mover*(*b*, *x*, *Mesa*) em vez de *MoverParaMesa*(*b*, *x*). Poderíamos conviver com esse problema – isso conduzirá a um espaço de busca maior do que o necessário, mas não conduzirá a respostas incorretas – ou poderíamos introduzir o predicado *Bloco* e adicionar *Bloco*(*b*) ∧ *Bloco*(*y*) para a precondição de *Mover*, como mostra a Figura 11.4.

    Início(*Sobre*(*A*, *Mesa*) ∧ *Sobre*(*B*, *Mesa*) ∧ *Sobre*(*C*, *A*)
       ∧ *Bloco*(*A*) ∧ *Bloco* (*B*) ∧ *Bloco* (*C*) ∧ *Livre*(*B*) ∧ *Livre*(*C*) ∧ *Livre*(*Mesa*))
    Meta(*Sobre*(*A*, *B*) ∧ *Sobre*(*B*, *C*))
    Ação(*Mover*(*b*, *x*, *y*),
       PRECOND: *Sobre*(*b*, *x*) ∧ *Livre*(*b*) ∧ *Livre*(*y*) ∧ *Bloco*(*b*) ∧ *Bloco* (*y*) ∧
         ($b \neq x$) ∧ ($b \neq y$) ∧ ($x \neq y$),
       EFEITO: *Sobre*(*b*, *y*) ∧ *Livre*(*x*) ∧ ¬*Sobre*(*b*, *x*) ∧ ¬*Livre*(*y*))
    Ação(*MoverParaMesa*(*b*, *x*),
       PRECOND: *Sobre*(*b*, *x*) ∧ *Livre*(*b*) ∧ *Bloco*(*b*) ∧ *Bloco*(*x*),
       EFEITO: *Sobre*(*b*, *Mesa*) ∧ *Livre*(*x*) ∧ ¬*Sobre*(*b*, *x*))

Figura 11.4 Problema de planejamento no mundo dos blocos: construção de uma torre de três blocos. Uma solução é a sequência [*MoverParaMesa*(*C*,*A*), *Mover*(*B*,*Mesa*,*C*), *Mover*(*A*,*Mesa*,*B*)].

11.2 Algoritmos para planejamento clássico

A descrição de um problema de planejamento oferece um modo óbvio de busca a partir do estado inicial através do espaço de estados, à procura da meta. Uma das boas vantagens da representação declarativa dos esquemas de ação é que também podemos retroceder a busca a partir da meta procurando pelo estado inicial (a Figura 11.5 compara as buscas para a frente e para trás). Uma terceira possibilidade é traduzir a descrição do problema para um conjunto de sentenças lógicas, para as quais podemos aplicar um algoritmo de inferência lógica para achar uma solução.

11.2.1 Busca progressiva no espaço de estados para planejamento

Podemos resolver problemas de planejamento aplicando qualquer um dos algoritmos heurísticos de busca do Capítulo 3 ou do Capítulo 4. Os estados no espaço de estados de busca são estados instanciados, sendo cada fluente verdadeiro ou falso. O estado meta é um estado que tem todos os fluentes positivos e nenhum fluente negativo da meta do problema. As ações aplicáveis em um estado, $Ações(s)$, são instanciações dos esquemas de ação – ou seja, ações em que as variáveis foram todas substituídas por valores constantes.

Para determinar as ações aplicáveis, unificamos o estado atual com respeito às precondições de cada esquema de ação. Para cada unificação que resulte em uma substituição com sucesso, aplicamos a substituição ao esquema de ação para produzir uma ação instanciada, sem variáveis. (Uma exigência dos esquemas de ação é que qualquer variável no efeito também deva aparecer na precondição; desse modo, temos a garantia de que nenhuma variável permaneça após a substituição.)

Cada esquema pode ser unificado de várias maneiras. No exemplo do pneu sobressalente (ver seção 11.1.2), a ação *Remover* tem a precondição $Em(obj, loc)$, que pode ser unificada com o estado inicial de duas maneiras, resultando nas duas substituições {*obj/Furado, loc/Eixo*} e {*obj/Sobressalente, loc/Porta-malas*}; a aplicação dessas substituições gera duas ações instanciadas. Se uma ação tem vários literais na precondição, então cada um deles potencialmente pode ser unificado com o estado atual de várias maneiras.

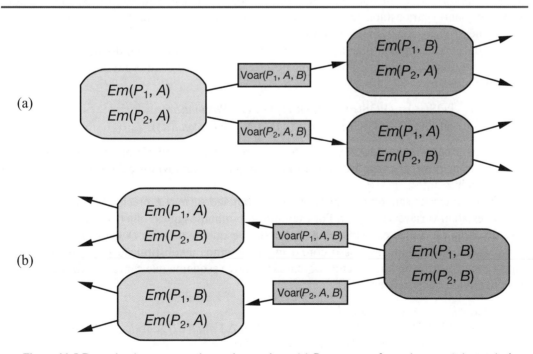

Figura 11.5 Duas abordagens para a busca de um plano. (a) Busca para a frente (progressão) através do espaço de estados instanciados, começando no estado inicial e utilizando as ações do problema para realizar a busca para a frente de um elemento do conjunto de estados meta. (b) Busca para trás (regressão) através das descrições de estado, começando pela meta e usando o inverso das ações para procurar para trás pelo estado inicial.

318 Inteligência Artificial

A princípio, parece que o espaço de estados pode ser muito grande para muitos problemas. Considere um problema de carga aérea em 10 aeroportos, em que cada aeroporto tenha 5 aviões e 20 peças de carga. O objetivo é mover toda a carga do aeroporto *A* para o aeroporto *B*. Há uma solução de 41 passos para o problema: carregar as 20 peças de carga em um dos aviões em *A*, pilotar o avião até *B* e descarregar as 20 peças.

A descoberta dessa solução aparentemente simples pode ser difícil porque o fator médio de ramificação é enorme: cada um dos 50 aviões pode voar para nove outros aeroportos, e cada uma das 200 peças pode ser descarregada (se foi carregada) ou carregada em qualquer avião em seu aeroporto (se foi descarregada). Então, em qualquer estado existe um mínimo de 450 ações (quando todos os pacotes estão nos aeroportos sem aviões) e um máximo de 10.450 (quando todos os pacotes e aviões estão no mesmo aeroporto). Digamos, em média, que haja cerca de 2.000 ações possíveis por estado; então o grafo de busca até a profundidade da solução de 41 passos tem cerca de 2.000^{41} nós.

Certamente, mesmo essa instância de problema relativamente pequena é intratável sem uma heurística precisa. Embora muitas aplicações de planejamento do mundo real dependam de heurísticas específicas de domínio, heurísticas fortes independentes de domínio podem ser derivadas automaticamente (como veremos na seção 11.3); isso é o que torna viável a busca para a frente.

11.2.2 Busca regressiva para planejamento

Busca regressiva

Ação relevante

Na busca para trás (também chamada **busca regressiva**) começamos na meta e retrocedemos com as ações até encontrarmos uma sequência de passos que alcançam o estado inicial. A cada passo, consideramos as **ações relevantes** (ao contrário da busca para a frente, que considera ações que sejam **aplicáveis**). Isso reduz significativamente o fator de ramificação, particularmente em domínios com muitas ações possíveis.

Uma ação relevante é aquela com um efeito que se **unifique** com um dos literais da meta, mas sem que qualquer efeito negue alguma parte da meta. Por exemplo, com a meta $\neg Pobre \land Famoso$, uma ação com o único efeito *Famoso* seria relevante, mas uma com o efeito *Pobre* $\land$ *Famoso* não é considerada relevante: embora essa ação pudesse ser usada em algum ponto no plano (para estabelecer *Famoso*), ela não pode aparecer *neste* ponto final do plano porque, nesse caso, *Pobre* apareceria no estado final.

Regressão

O que significa aplicar uma ação na direção regressiva? Considerando uma meta *g* e uma ação *a*, a **regressão** de *g* para *a* nos dá uma descrição de estado *g′* cujos literais positivo e negativo são dados por

$$POS(g') = (POS(g) - ADD(a)) \cup POS(Precond(a))$$
$$NEG(g') = (NEG(g) - DEL(a)) \cup NEG(Precond(a)).$$

Ou seja, as precondições devem valer antes, ou então a ação poderia não ter sido executada, mas os literais positivos/negativos que foram adicionados/removidos pela ação não precisam ser verdadeiros antes.

Essas equações são simples para literais instanciados, mas é preciso ter algum cuidado quando existem variáveis em *g* e *a*. Por exemplo, suponhamos que o objetivo seja entregar uma peça de carga específica em SFO: $Em(C_2, SFO)$. O esquema de ação *Descarregar* tem o efeito $Em(c, a)$. Quando unificamos isso com a meta, obtemos a substituição $\{c/C_2, a/SFO\}$; aplicando essa substituição ao esquema, obtemos um novo esquema que captura a ideia de utilizar qualquer avião que esteja em SFO:

> $Ação(Descarregar(C_2, p', SFO),$
>   PRECOND: $Em(C_2, p') \land Em(p', SFO) \land Carga(C_2) \land Avião(p') \land Aeroporto(SFO)$
>   EFEITO: $Em(C_2, SFO) \land \neg Em(C_2, p'))$.

Aqui, substituímos *p* por uma nova variável chamada *p′*. Esse é um caso de **padronização** de nomes de variável, de modo que não haverá conflito entre diferentes variáveis que tenham o mesmo nome (ver seção 9.2.1). A descrição do estado de regressão nos oferece uma nova meta:

$$g' = Em(C_2, p') \land Em(p', SFO) \land Carga(C_2) \land Avião(p') \land Aeroporto(SFO).$$

Como outro exemplo, considere a meta de possuir um livro com um número ISBN específico: *Possui*(9780134610993). Dado um estado inicial com um trilhão de ISBNs de 13 dígitos e o esquema único de ação,

$$A = A\varsigma\tilde{a}o(Comprar(i), \text{PRECOND}:ISBN(i), \text{EFEITO}:Possui(i)),$$

a busca progressiva sem uma heurística teria de começar enumerando 10 bilhões de ações instanciadas *Comprar*. Mas, com a busca regressiva, unificaríamos a meta *Possui*(9780134610993) com o efeito *Possui*(i'), produzindo a substituição $\theta = \{i'/9780134610993\}$. Então poderíamos regredir sobre a ação $Subst(\theta, A)$ para produzir a descrição do estado predecessor *ISBN*(9780134610993). Isso faz parte do estado inicial e, portanto, temos uma solução e concluímos a regressão, tendo considerado apenas uma ação, e não um trilhão.

Mais formalmente, vamos considerar a descrição de uma meta g que contenha um literal meta g_i e um esquema de ação A. Se A tiver um efeito literal e_j', tal que $Unificar(g_i, e_j') = \theta$ e em que definimos $A' = \text{SUBST}(\theta, A)$, e se não houver efeito em A' que seja a negação de uma literal em g, então A' será uma ação relevante em direção a g.

Para a maioria dos domínios, a busca regressiva mantém o fator de ramificação mais baixo do que a busca progressiva. No entanto, o fato de que a busca regressiva utiliza estados com variáveis, em vez de estados instanciados, torna mais difícil chegar a uma boa heurística. Essa é a principal razão pela qual a maioria dos sistemas atuais preferem a busca progressiva.

11.2.3 Planejamento como satisfatibilidade booleana

Na seção 7.7.4, mostramos como uma reescrita de axioma inteligente pode tornar um problema do mundo de wumpus em um problema de satisfatibilidade da lógica proposicional que podia ser tratado por um solucionador de satisfatibilidade eficiente. Planejadores baseados em SAT, como o SATPLAN, operam traduzindo uma descrição de problema PDDL em forma proposicional. A tradução envolve uma série de etapas:

- Proposicionalizar as ações: para cada esquema de ação, forme proposições instanciadas substituindo cada uma das variáveis por constantes. Assim, em vez de um único esquema *Descarregar*(c, p, a), teríamos proposições de ação separadas para cada combinação de carga, avião e aeroporto (aqui escritos com subscritos), e para cada etapa no tempo (aqui escritos como um sobrescrito).

- Adicionar axiomas de exclusão dizendo que duas ações não podem ocorrer ao mesmo tempo, por exemplo, $\neg(FlyP_1SFOJFK^1 \wedge FlyP_1SFOBUH^1)$.

- Adicionar axiomas de precondição: para cada ação instanciada A^t, adicione o axioma $A^t \Rightarrow \text{PRE}(A)^t$, ou seja, se uma ação for tomada no instante t, então as precondições deverão ter sido verdadeiras. Por exemplo, $FlyP_1SFOJFK^1 \Rightarrow At(P_1,SFO) \wedge Avi\tilde{a}o(P_1) \wedge Aeroporto(SFO) \wedge Aeroporto(JFK)$.

- Definir o estado inicial: declarar F^0 para cada fluente F no estado inicial do problema, e $\neg F^0$ para cada fluente não mencionado no estado inicial.

- Proposicionalizar a meta: a meta torna-se uma disjunção por todas as suas instâncias, em que as variáveis são substituídas por constantes. Por exemplo, a meta de ter o bloco A sobre outro bloco, $Sobre(A, x) \wedge Bloco(x)$ em um mundo com objetos A, B e C, seria substituído pela meta

$$(Sobre(A, A) \wedge Bloco(A)) \vee (Sobre(A, B) \wedge Bloco(B)) \vee (Sobre(A, C) \wedge Bloco(C)).$$

- Adicionar axiomas de estado sucessor: para cada fluente F, adicionar um axioma da forma

$$F^{t+1} \Leftrightarrow A\varsigma\tilde{a}oCausaF^t \vee (F^t \wedge \neg A\varsigma\tilde{a}oCausaN\tilde{a}oF^t),$$

em que $A\varsigma\tilde{a}oCausaF$ é uma disjunção de todas as ações instanciadas que adicionam F, e $A\varsigma\tilde{a}oCausaN\tilde{a}oF$ significa uma disjunção de todas as ações instanciadas que removem F.

A tradução resultante normalmente é muito maior que a PDDL original, mas a eficiência dos solucionadores SAT modernos pode compensar isso.

320 Inteligência Artificial

11.2.4 Outras abordagens clássicas de planejamento

As três abordagens que vimos anteriormente não são as únicas investigadas nos 50 anos de história do planejamento automatizado. A seguir, descrevemos rapidamente algumas outras.

Grafo de planejamento

Uma abordagem chamada "Graphplan" utiliza uma estrutura de dados especializada, um **grafo de planejamento**, para codificar restrições sobre como as ações estão relacionadas às suas precondições e efeitos, e nas quais as coisas são mutuamente exclusivas.

Cálculo de situação

Cálculo de situação é um método para descrever problemas de planejamento na lógica de primeira ordem. Ele usa axiomas de estado sucessor assim como faz o SATPLAN, mas a lógica de primeira ordem permite mais flexibilidade e axiomas mais sucintos. No geral, a abordagem contribuiu para o nosso entendimento teórico do planejamento, mas não teve um grande impacto nas aplicações práticas, talvez porque os provadores de primeira ordem não sejam tão desenvolvidos quanto os programas de satisfatibilidade proposicional.

É possível codificar um problema de planejamento limitado (ou seja, o problema de encontrar um plano de tamanho k) como um **problema de satisfação de restrição** (CSP). A codificação é similar à codificação de um problema SAT (ver seção 11.2.3), com uma simplificação importante: em cada etapa precisamos apenas de uma única variável, $Ação^t$, cujo domínio é o conjunto de ações possíveis. Não é necessário mais de uma variável para cada ação, e não precisamos dos axiomas de exclusão de ação.

Todas as abordagens que vimos até agora constroem planos *totalmente ordenados* consistindo em uma sequência de ações estritamente linear. Mas se um problema de carga aérea consiste em 30 peças sendo carregadas em um avião e 50 peças carregadas em outro avião, parece inútil chegar com uma ordenação linear específica das 80 ações de carga.

Planejamento de ordem parcial

Uma alternativa chamada **planejamento de ordem parcial** representa um plano como um grafo, em vez de uma sequência linear: cada ação é um nó no grafo, e para cada precondição da ação existe uma aresta vinda de outra ação (ou do estado inicial), que indica que a ação predecessora estabelece a precondição. Assim, poderíamos ter um plano de ordem parcial que diga que as ações *Remover*(*Sobressalente, Porta-malas*) e *Remover*(*Furado, Eixo*) devem vir antes de *Colocar*(*Sobressalente, Eixo*), mas sem dizer qual das duas ações *Remover* deve vir primeiro. Buscamos no espaço dos planos, e não nos estados do mundo, inserindo ações para satisfazer condições.

Nas décadas de 1980 e 1990, o planejamento de ordem parcial era visto como a melhor maneira de lidar com subproblemas de planejamento. Em 2000, os planejadores de busca progressiva desenvolveram excelentes heurísticas que lhes permitiam descobrir eficientemente os subproblemas independentes para os quais o planejamento de ordem parcial foi projetado. Além disso, o SATPLAN foi capaz de tirar proveito da lei de Moore: uma proposicionalização que era irremediavelmente grande em 1980 agora parece pequena, porque os computadores têm hoje 10 mil vezes mais memória. Como resultado, os planejadores de ordem parcial não são competitivos em problemas de planejamento clássico totalmente automatizado.

No entanto, o planejamento de ordem parcial continua a ser uma parte importante da área. Para algumas tarefas específicas, como o escalonamento de operações, o planejamento de ordem parcial com heurística de domínio específico é a tecnologia a ser escolhida. Muitos desses sistemas utilizam bibliotecas de planos de alto nível, como descrito na seção 11.4.

O planejamento de ordem parcial é também frequentemente utilizado em domínios em que seja importante que os seres humanos compreendam os planos. Por exemplo, os planos operacionais para naves espaciais e robôs em Marte são gerados por planejadores de ordem parcial e são então verificados por operadores humanos antes de serem carregados nos veículos para execução. A abordagem de refinamento do plano torna mais fácil para os seres humanos compreender o que os algoritmos de planejamento estão fazendo e verificar se eles estão corretos antes que sejam executados.

11.3 Heurísticas para planejamento

Nem a busca progressiva nem a busca regressiva são eficientes sem uma boa função heurística. Como vimos no Capítulo 3, uma função heurística $h(s)$ estima a distância de um estado s para a meta, e se podemos derivar uma heurística **admissível** para essa distância – uma que não superestime – então podemos utilizar a busca A^* para encontrar as melhores soluções.

Por definição, não há como analisar um estado atômico e, portanto, requer alguma engenhosidade para um analista (geralmente humano) definir uma boa heurística de domínio específico para problemas de busca com estados atômicos. Mas o planejamento utiliza uma representação fatorada para os estados e ações, o que torna possível definir uma boa heurística independente do domínio.

Lembre-se de que uma heurística admissível pode ser obtida através da definição de um **problema relaxado** que é mais fácil de resolver. O custo exato de uma solução para esse problema mais fácil torna-se então a heurística do problema original. Pense em um problema de busca como um grafo em que os nós são estados e as arestas são ações. O problema é encontrar um caminho que ligue o estado inicial ao estado meta. Há duas maneiras de relaxar esse problema para torná-lo mais fácil: acrescentando mais arestas ao grafo, tornando-o estritamente mais fácil de encontrar um caminho ou agrupando vários nós, formando uma abstração do espaço de estados que tem menos estados; assim, é mais fácil de fazer a busca.

Olharemos primeiro a heurística que adiciona arestas ao grafo. Talvez a mais simples seja a **heurística ignorar-precondições**, que remove todas as precondições das ações. Toda ação passa a ser aplicável em cada estado, e qualquer fluente meta individual pode ser alcançado em um único passo (se houver uma ação aplicável; caso contrário, o problema será impossível). Isso quase implica que o número de passos necessários para resolver um problema relaxado é o número de metas não satisfeitas – quase, mas não exatamente, porque (1) alguma ação pode atingir múltiplas metas e (2) algumas ações podem desfazer os efeitos de outras.

Heurística ignorar-precondições

Para muitos problemas obtém-se uma heurística precisa considerando (1) e ignorando (2). Primeiro, relaxamos as ações removendo todas as precondições e todos os efeitos, exceto aqueles que são literais da meta. Então, contamos o número mínimo de ações necessárias, tais que a união dos efeitos dessas ações satisfaça a meta. Esse é um exemplo do **problema de cobertura de conjuntos**. Há um pequeno porém: o problema de cobertura de conjuntos é NP-difícil. Felizmente, um simples algoritmo ambicioso garante encontrar uma cobertura de conjuntos cujo tamanho está dentro de um fator de log n da cobertura mínima verdadeira, em que n é o número de literais na meta. Infelizmente, o algoritmo ambicioso perde a garantia de admissibilidade.

Problema de cobertura de conjuntos

Também é possível ignorar apenas precondições *selecionadas* das ações. Considere o quebra-cabeça das peças deslizantes (quebra-cabeça de 8 ou 15 peças) da seção 3.2. Poderíamos codificar isso como um problema de planejamento que envolve as peças com um único esquema *Deslizar*:

> $Ação(Deslizar(t, s_1, s_2),$
>   PRECOND: $Em(t, s_1) \land Peça(t) \land Vazio(s_2) \land Adjacente(s_1, s_2)$
>   EFEITO: $Em(t, s_2) \land Vazio(s_1) \land \neg Em(t, s_1) \land \neg Vazio(s_2))$

Como foi visto na seção 3.6, se removermos as precondições $Vazio(s_2) \land Adjacente(s_1, s_2)$, qualquer peça pode mover-se em uma ação para qualquer espaço e obteremos a heurística do número-de-peças-fora-de-lugar. Se removermos apenas a precondição $Vazio(s_2)$, obteremos a heurística da distância de Manhattan. É fácil verificar como essas heurísticas podem ser derivadas automaticamente a partir da descrição do esquema de ação. A facilidade de manipular os esquemas é a grande vantagem da representação fatorada dos problemas de planejamento, em comparação com a representação atômica dos problemas de busca.

Outra possibilidade é a **heurística ignorar-listas-de-remoção**. Assuma por um momento que as metas e precondições contêm apenas literais positivos.[2] Queremos criar uma versão relaxada do problema original que será mais fácil de resolver e onde o tamanho da solução servirá como uma boa heurística. Podemos fazer isso eliminando as listas de remoção de todas as ações (isto é, eliminando todos os literais negativos dos efeitos). Isso faz com que seja possível fazer progresso monotônico em direção à meta – nenhuma ação jamais irá desfazer o progresso feito por outra ação. Ocorre que encontrar a solução ótima para esse problema relaxado

Heurística ignorar-listas-de-remoção

---

[2] Muitos problemas são escritos com essa convenção. Para os que não são, substitua cada literal negativo $\neg P$ em uma meta ou precondição com um novo literal positivo P', e modifique o estado inicial e os efeitos da ação adequadamente.

ainda é NP-difícil, mas pode ser encontrada uma solução aproximada em tempo polinomial por subida de encosta.

A Figura 11.6 diagrama parte do espaço de estados para dois problemas de planejamento utilizando a heurística ignorar-listas-de-remoção. Os pontos representam os estados, as arestas, as ações, e a altura de cada ponto acima do plano inferior representa o valor heurístico. Os estados no plano inferior são as soluções. Em ambos esses problemas, há um caminho amplo até a meta. Não há becos sem saída, então não há necessidade de retroceder; uma busca simples de subida de encosta encontrará facilmente uma solução para esses problemas (embora possa não ser uma solução ótima).

11.3.1 Poda independente do domínio

As representações fatoradas deixam óbvio que muitos estados são apenas variantes de outros estados. Por exemplo, suponha que temos 12 blocos sobre uma mesa e o objetivo é colocar o bloco A no topo de uma torre de três blocos. O primeiro passo em uma solução é colocar algum bloco x no topo do bloco y (em que x, y e A são todos diferentes). Depois disso, coloque A em cima de x, e pronto. Existem 11 opções para x e, dado x, 10 opções para y e, portanto, 110 estados a serem considerados. Mas todos esses estados são simétricos: escolher um em vez do outro não faz diferença e, portanto, um planejador deve considerar apenas um deles. Este é o processo de **redução de simetria**: removemos de consideração todos os ramos simétricos da árvore de pesquisa, exceto um. Para muitos domínios, isso faz a diferença entre a solução intratável e a eficiente.

Redução de simetria

Outra possibilidade é realizar a poda progressiva, aceitando o risco de que poderíamos podar uma solução ótima, a fim de focalizar a busca em ramificações promissoras. Podemos definir uma **ação preferida** da seguinte forma: primeiro, defina uma versão relaxada do problema e resolva-o para obter um **plano relaxado**. Então, a ação preferida é um passo do plano relaxado ou ela alcança alguma precondição do plano relaxado.

Ação preferida

Às vezes é possível resolver um problema de modo eficiente reconhecendo que interações negativas podem ser eliminadas. Dizemos que um problema tem **submetas serializáveis** se existe uma ordem de submetas tal que o planejador pode alcançá-las nessa ordem, sem ter de desfazer quaisquer das submetas alcançadas anteriormente. Por exemplo, no mundo de blocos, se o objetivo é construir uma torre (p. ex., A sobre B, que por sua vez está sobre C, que por sua vez está sobre a *Mesa*, como na Figura 11.3), então as submetas são serializáveis de baixo para cima: se alcançarmos primeiro C sobre *Mesa*, nunca teremos de desfazê-lo enquanto estivermos alcançando as outras submetas. Um planejador que utiliza a abordagem de baixo para cima

Submetas serializáveis

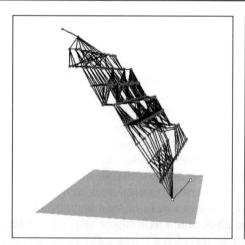
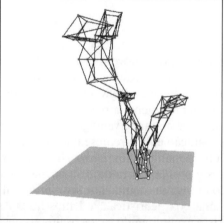

Figura 11.6 Dois espaços de estados de problemas de planejamento com a heurística ignorar-listas-de-remoção. A altura acima do plano inferior é a pontuação heurística de um estado; estados na parte inferior do plano são estados meta. Não há mínimos locais; assim, a busca da meta é simples. De Hoffmann (2005). (Esta figura encontra-se reproduzida em cores no Encarte *online*.)

pode resolver qualquer problema no domínio do mundo de blocos sem retrocesso (embora nem sempre possa descobrir o plano mais curto). Como outro exemplo, se houver uma sala com *n* interruptores, cada um controlando uma lâmpada separada, e o objetivo é ligar todas elas, então não temos que considerar permutações da ordem; poderíamos nos restringir arbitrariamente a planos que alteram os interruptores, digamos, em ordem ascendente.

Para o planejador de *Remote Agent* que comandou a espaçonave Deep Space One da NASA, determinou-se que as proposições envolvidas no comando de uma espaçonave são serializáveis. Isso talvez não seja surpreendente, porque uma espaçonave é *projetada* por seus engenheiros para ser tão fácil quanto possível de controlar (sujeita a outras restrições). Tirando proveito da ordenação serializada de metas, o planejador do *Remote Agent* foi capaz de eliminar a maior parte da busca. Isso significa que ele foi rápido o bastante para controlar a espaçonave em tempo real, algo anteriormente considerado impossível.

11.3.2 Abstração de estado no planejamento

Um problema relaxado nos deixa com um problema de planejamento simplificado apenas para calcular o valor da função heurística. Muitos problemas de planejamento têm 10^{100} estados ou mais, e relaxar as *ações* não contribui para reduzir o número de estados, o que significa que ainda pode ser dispendioso calcular a heurística. Portanto, daremos atenção agora aos relaxamentos que diminuem o número de estados formando uma **abstração de estado** – um mapea- Abstração de estado mento muitos-para-um dos estados na representação instanciada do problema para a representação abstrata.

A forma mais fácil de abstração de estado é ignorar alguns fluentes. Por exemplo, considere um problema de carga aérea em 10 aeroportos, 50 aviões e 200 peças de carga. Cada avião pode estar em um dos 10 aeroportos e cada peça pode estar em um dos aviões ou descarregada em um dos aeroportos. Portanto, há $10^{50} \times (50 + 10)^{200} \approx 10^{405}$ estados. Agora considere determinado problema nesse domínio em que acontece que todas as peças estão em apenas cinco aeroportos, e todas as peças em determinado aeroporto têm o mesmo destino. Em seguida, uma abstração útil do problema é a eliminação de todos os fluentes *Em*, exceto os que envolvem um avião e uma peça em cada um dos cinco aeroportos. Agora existem apenas $10^5 \times (5 + 10)^5 \approx 10^{11}$ estados. Uma solução nesse espaço de estado abstrato será mais curta do que uma solução no espaço original (e, portanto, será uma heurística admissível), e a solução abstrata é fácil de estender para uma solução do problema original (pela inclusão de ações *Carregar* e *Descarregar* adicionais).

A ideia-chave na definição da heurística é a **decomposição**: dividir um problema em partes, Decomposição resolvendo cada parte de forma independente, e depois combinar as partes. A hipótese da **independência de submetas** é que o custo de resolver uma conjunção de submetas é aproximado Independência de submetas pela soma dos custos de resolver cada submeta *de forma independente*. A suposição de independência de submetas pode ser otimista ou pessimista. É otimista quando há interações negativas entre os subplanos para alcançar cada submeta – por exemplo, quando uma ação em um subplano exclui uma meta alcançada por outro subplano. É pessimista e, portanto, não admissível quando os subplanos contêm ações redundantes – por exemplo, duas ações que poderiam ser substituídas por uma única ação no plano composto.

Suponha que a meta seja um conjunto de fluentes G, os quais dividimos em subconjuntos disjuntos $G_1,..., G_n$. Em seguida, encontramos os planos $P_1,..., P_n$ ótimos, que resolvem as respectivas submetas. Qual é a estimativa de custo do plano para alcançar todos os G? Podemos pensar em cada $\text{CUSTO}(P_i)$ como uma estimativa heurística, e sabemos que, se combinarmos as estimativas tomando seus valores máximos, sempre obteremos uma heurística admissível. Então, o $\max_i \text{CUSTO}(P_i)$ é admissível e, às vezes, exatamente correto: pode ser que, por acaso, P_1 atinja todos os G_i. Mas, na maioria dos casos, a estimativa é muito baixa. Poderíamos somar os custos em vez disso? Para muitos problemas isso é uma estimativa razoável, mas não é admissível. O melhor caso é quando G_i e G_j são independentes, no sentido de que os planos para um não podem reduzir o custo dos planos para o outro. Nesse caso, a estimativa $\text{CUSTO}(P_i)$ + $\text{CUSTO}(P_j)$ é admissível, e mais precisa que a estimativa max.

É claro que existe um grande potencial para reduzir o espaço de busca formando abstrações. O truque é escolher as abstrações corretas e utilizá-las de maneira que torne o custo

324 Inteligência Artificial

total – de definir uma abstração, fazer uma busca abstrata e mapear a abstração de volta ao problema original – menor do que o custo de resolver o problema original. A técnica de **bancos de dados de padrões** da seção 3.6.3 pode ser útil porque o custo de criação de banco de dados de padrões pode ser amortizado em múltiplas instâncias de problemas.

Um exemplo de sistema que faz uso de heurísticas eficazes é FF, ou FASTFORWARD (Hoffmann, 2005), um buscador progressivo em espaço de estados que usa a heurística ignorar-listas-de-remoção, estimando a heurística com a ajuda de um grafo de planejamento. FF então utiliza a busca de subida de encosta (modificada para construir o plano) com a heurística para encontrar uma solução. O algoritmo de subida de encosta do FF é fora do padrão: ele evita máximos locais executando uma busca em profundidade a partir do estado atual até que seja encontrada uma melhor. Se isso falhar, o FF passa para uma busca gulosa pela melhor escolha (*greedy best-first search*).

11.4 Planejamento hierárquico

Os métodos de resolução de problemas e de planejamento dos capítulos anteriores operam todos com um conjunto fixo de ações atômicas. As ações podem ser agrupadas e algoritmos de última geração podem gerar soluções contendo milhares de ações. Tudo bem se estivermos planejando férias e as ações forem no nível de "voar de São Francisco para Honolulu", mas no nível do controle motor tal como "dobrar o joelho esquerdo em cinco graus", precisaríamos planejar com milhões ou bilhões de ações, não milhares.

Para preencher essas lacunas, é preciso planejar em níveis mais altos de abstração. Um plano razoável para as férias no Havaí poderia ser "Ir ao aeroporto de São Francisco; tomar o voo 11 da Hawaiian Airlines para Honolulu; fazer o que se faz nas férias durante duas semanas; pegar o voo 12 da Hawaiian Airlines de volta para São Francisco; ir para casa". Dado um plano desse tipo, a ação "Vá para o aeroporto de São Francisco" pode ser vista como uma tarefa de planejamento em si, com uma solução, como "Escolha um serviço de carro por aplicativo; peça um carro; vá até o aeroporto". Cada uma dessas ações, por sua vez, pode ser ainda decomposta até chegarmos ao nível de ações do controle motor de baixo nível, como pressionar um botão.

Nesse exemplo, planejamento e ação são intercalados; por exemplo, provavelmente é possível adiar o problema do planejamento do caminho entre a calçada até o portão de embarque para depois da chegada ao aeroporto. Assim, essa ação em particular permanecerá em um nível abstrato antes da fase de execução. Adiaremos a discussão desse tópico até a seção 11.5. Aqui nos concentramos na ideia da **decomposição hierárquica**, uma ideia que permeia quase todas as tentativas de gerenciar a complexidade. Por exemplo, a criação de um *software* complexo pode ser feita a partir de uma hierarquia de sub-rotinas ou classes de objetos; exércitos, governos e corporações têm hierarquias organizacionais. O principal benefício da estrutura hierárquica é que, em cada nível da hierarquia, uma tarefa computacional, missão militar ou função administrativa é reduzida a um *pequeno* número de atividades, no próximo nível abaixo, de modo que o custo computacional de encontrar a maneira correta de organizar as atividades para o problema atual é baixo.

Decomposição hierárquica

11.4.1 Ações de alto nível

O formalismo básico que adotamos para entender a decomposição hierárquica vem da área das **redes hierárquicas de tarefa** ou de planejamento HTN (do inglês *hierarchical task networks*). Por ora, assumimos observabilidade e determinismo total e a disponibilidade de um conjunto de ações, agora chamadas **ações primitivas**, com esquemas padrão de precondição-efeito. O conceito-chave adicional é a **ação de alto nível** ou HLA (*high-level action*) – por exemplo, a ação "Vá ao aeroporto de São Francisco". Cada HLA tem um ou mais **refinamentos** possíveis, em uma sequência de ações, cada uma das quais pode ser uma HLA ou uma ação primitiva. Por exemplo, a ação "Ir ao aeroporto de São Francisco", representada formalmente como *Ir*(*Casa*, *SFO*), pode ter dois refinamentos possíveis, como mostrado na Figura 11.7. A mesma figura mostra um refinamento **recursivo** para navegação no mundo do aspirador de pó: para chegar a um destino, dar um passo e depois ir para o destino.

Rede hierárquica de tarefa

Ação primitiva

Ação de alto nível

Refinamento

Refinamento(*Ir*(*Casa*, *SFO*),
   ETAPAS: [*Dirigir*(*Casa*, *SFOEstacionamentoComPernoite*),
     Transfer(*SFOEstacionamentoComPernoite*, *SFO*)]])
Refinamento(*Ir*(*Casa*, *SFO*),
   ETAPAS: [*Taxi*(*Casa*, *SFO*)]])

Refinamento(*Navegar* ([a, b], [x, y]),
   PRECOND: $a = x \wedge b = y$
   ETAPAS: [])
Refinamento(*Navegar*([a, b], [x, y]),
   PRECOND: *Conectado*([a, b], [$a - 1$, b])
   ETAPAS: [*Esquerda*, *Navegar* ([$a - 1$, b], [x, y])]])
Refinamento(*Navegar*([a, b], [x, y]),
   PRECOND: *Conectado*([a, b], [$a + 1$, b])
   ETAPAS: [*Direita*, *Navegar*([$a + 1$, b], [x, y])]])
   ...

Figura 11.7 Definições de refinamentos possíveis para duas ações de alto nível: ir para o aeroporto de São Francisco e navegar no mundo do aspirador de pó. Neste último caso, observe a natureza recursiva dos refinamentos e a utilização das precondições.

Esses exemplos mostram que as ações de alto nível e seus refinamentos incorporam conhecimentos sobre *como fazer as coisas*. Por exemplo, os refinamentos *Ir*(*Casa*, *SFO*) diz que, para chegar ao aeroporto, você pode dirigir ou pegar um carro de aplicativo; as ações de comprar leite, sentar-se e mover a peça cavalo para e4 não devem ser consideradas.

Um refinamento HLA que contém apenas ações primitivas é chamado **implementação** da HLA. Em um mundo de grade, as sequências [*Direita*, *Direita*, *Baixo*] e [*Baixo*, *Direita*, *Direita*] implementam a HLA *Navegar*([1, 3], [3, 2]). Uma implementação de um plano de alto nível (uma sequência de HLAs) é a concatenação de implementações de cada HLA na sequência. Dadas as definições de precondição-efeito de cada ação primitiva, é simples determinar se qualquer implementação de um plano de alto nível alcança a meta.

Podemos dizer, então, que *um plano de alto nível alcança a meta a partir de um dado estado se pelo menos uma de suas implementações alcança a meta daquele estado*. "Pelo menos uma" é crucial nessa definição – nem *todas* as implementações precisam alcançar a meta, porque o agente tem que decidir qual implementação vai executar. Assim, o conjunto de implementações possíveis no planejamento de HTN – cada uma das quais pode ter um resultado diferente – não é o mesmo que o conjunto de resultados possíveis no planejamento não determinístico, para o qual é necessário que um plano funcione para *todos* os resultados; como o agente não pode escolher o resultado, a natureza o faz.

O caso mais simples é uma HLA que tenha exatamente uma implementação. Nesse caso, podemos computar as precondições e os efeitos da HLA a partir da implementação e, em seguida, tratar a HLA exatamente como se fosse uma ação primitiva por si só. Pode ser constatado que a coleção correta de HLAs pode resultar na complexidade de tempo da busca cega caindo de exponencial para linear em profundidade da solução, embora a concepção da referida coleção de HLAs possa não ser uma tarefa trivial em si. Quando as HLAs têm várias implementações possíveis, existem duas opções: uma é buscar entre as implementações uma que funcione, como na seção 11.4.2; outra é inferir diretamente sobre a HLA – apesar da multiplicidade de implementações –, como explicado na seção 11.4.3. Este último método permite a derivação de planos abstratos comprovadamente corretos, sem a necessidade de considerar suas implementações.

11.4.2 Busca por soluções primitivas

O planejamento de HTN muitas vezes é formulado com uma única ação de "alto nível", chamada *Agir*, em que a meta é encontrar uma implementação de *Agir* que alcance a meta. Essa abordagem é inteiramente genérica. Por exemplo, problemas de planejamento clássico podem ser definidos da seguinte forma: para cada ação primitiva a_i, proporcionar um refinamento

326 Inteligência Artificial

de *Agir* com as etapas [a_i, *Agir*]. Isso cria uma definição recursiva de *Ação* que nos permite adicionar ações. Mas, de alguma forma, precisamos parar a recursão; fazemos isso fornecendo mais um refinamento de *Agir*, com uma lista vazia de passos e com uma precondição igual à meta do problema. Isso significa que, se a meta já tiver sido alcançada, então a implementação correta é não fazer nada.

A abordagem leva a um algoritmo simples: escolher repetidamente uma HLA no plano atual e substituí-la por um de seus refinamentos, até que o plano atinja a meta. Uma implementação possível com base na busca em árvore em largura é mostrada na Figura 11.8. Planos são considerados em ordem de profundidade da rede de refinamentos, em vez do número de passos primitivos. É simples projetar uma versão do algoritmo de busca em grafo, bem como as versões da busca em profundidade e profundidade iterativa.

Em essência, essa forma de busca hierárquica explora o espaço de sequências que está de acordo com o conhecimento contido na biblioteca da HLA sobre como as coisas devem ser feitas. Pode ser codificada uma grande parte do conhecimento, não apenas nas sequências de ações especificadas em cada refinamento, mas também nas precondições dos refinamentos. Para alguns domínios, os planejadores HTN foram capazes de gerar grandes planos com pouquíssima busca. Por exemplo, o O-PLAN (Bell e Tate, 1985), que combina planejamento HTN com escalonamento, foi utilizado para desenvolver planos de produção para a Hitachi. Um problema típico envolve uma linha de 350 produtos diferentes, 35 máquinas de montagem e mais de 2 mil operações diferentes. O planejador gera uma escala para 30 dias com três turnos de 8 horas por dia, envolvendo dezenas de milhões de passos. Outro aspecto importante dos planos HTN é que eles são, por definição, hierarquicamente estruturados; geralmente isso torna fácil para os seres humanos entenderem.

Os benefícios computacionais da busca hierárquica podem ser notados examinando um caso idealizado. Suponha que um problema de planejamento tenha uma solução com d ações primitivas. Para um planejador não hierárquico, progressivo no espaço de estados com b ações permitidas em cada estado, o custo será $O(b^d)$, conforme explicado no Capítulo 3. Para um planejador HTN, vamos supor uma estrutura de refinamento bem regular: cada ação não primitiva tem r refinamentos possíveis, cada um decompõe a ação em k ações no nível imediatamente inferior. Queremos saber quantas árvores de refinamento diferente existem com essa estrutura. Agora, se há d ações no nível primitivo, então o número de níveis abaixo da raiz é $\log_k d$, de modo que o número de nós de refinamento internos é $1 + k + k^2 + \cdots + k^{\log_k d - 1} = (d-1)/(k-1)$. Cada nó interno tem r refinamentos possíveis; então, poderiam ser construídos $r^{(d-1)/(k-1)}$ árvores de decomposição possíveis.

Examinando essa fórmula, vemos que manter r pequeno e k grande pode resultar em grandes economias: essencialmente estaremos extraindo a raiz k-ésima do custo não hierárquico, se b e r forem comparáveis. Valores de r pequeno e k grande significam uma biblioteca de HLAs com um pequeno número de refinamentos, cada um produzindo uma longa

---

função BUSCA-HIERÁRQUICA(*problema, hierarquia*) **retorna** uma solução ou *falha*
   fronteira ← uma fila FIFO com [*Agir*] como o elemento único
   enquanto *verdadeiro* **faça**
      se VAZIO(*fronteira*), **então devolver** *falha*
      plano ← POP(*fronteira*)   // *escolhe o plano menos profundo na fronteira*
      hla ← a primeira HLA no *plano*, ou *nulo* se não houver nenhum
      prefixo, sufixo ← as subsequências de ações antes e depois *hla* no *plano*
      consequência ← RESULTADO(*problema*.INICIAL, *prefixo*)
      se *hla* for *nula* **então**   // *plano é primitivo e consequência é seu resultado*
         se *problema*.META(*consequência*) **então devolver** *plano*
      senão para cada *sequência* **em** REFINAMENTOS(*hla, consequência, hierarquia*) **faça**
         insira CONCATENA(*prefixo, sequência, sufixo*) à *fronteira*

Figura 11.8 Uma implementação de busca em largura progressiva de planejamento hierárquico. O plano inicial fornecido ao algoritmo é [*Agir*]. A função REFINAMENTOS devolve um conjunto de sequências de ação, uma para cada refinamento da HLA cujas precondições são satisfeitas pelo estado especificado, *consequência*.

sequência de ações. Isso nem sempre é possível: longas sequências de ações que são utilizáveis em ampla gama de problemas são extremamente raras.

A chave para o planejamento HTN é a construção de uma biblioteca de planos contendo métodos conhecidos para a implementação de ações complexas, de alto nível. Uma forma de construir essa biblioteca é *aprender* os métodos a partir da experiência com a resolução de problemas. Depois da experiência dolorosa da construção de um plano a partir do zero, o agente pode salvar o plano na biblioteca como um método de implementação da ação de alto nível definida pela tarefa. Dessa forma, o agente pode se tornar cada vez mais competente ao longo do tempo, à medida que sejam construídos novos métodos para substituir os antigos. Um aspecto importante desse processo de aprendizagem é a capacidade de *generalizar* os métodos que são construídos, eliminando detalhes específicos à instância do problema (p. ex., o nome do construtor ou o endereço do terreno) e mantendo apenas os elementos principais do plano. Parece-nos inconcebível que os seres humanos possam ser tão competentes como são, sem alguns desses mecanismos.

11.4.3 Busca por soluções abstratas

O algoritmo de busca hierárquica da seção anterior refina as HLAs por todo o processo até encontrar as sequências de ações primitivas e determinar se um plano é viável. Isso contradiz o senso comum: deveria ser possível determinar que o plano de alto nível com duas HLAs

[*Dirigir*(*Casa, SFOEstacionamentoComPernoite*), *Transfer*(*SFOEstacionamentoComPernoite, SFO*)]

chega ao aeroporto sem ter que determinar uma rota precisa, a escolha de vaga no estacionamento, e assim por diante. A solução é definir descrições de precondição-efeito das HLAs, da mesma forma como fazemos para as ações primitivas. A partir das descrições, deveria ser fácil provar que o plano de alto nível alcança a meta. Esse é o Santo Graal, por assim dizer, do planejamento hierárquico porque, se derivamos um plano de alto nível que comprovadamente alcança a meta, trabalhando em um pequeno espaço de busca de ações de alto nível, então podemos nos comprometer com esse plano e trabalhar com o problema do refinamento de cada passo do plano. Isso nos dá a redução exponencial que buscamos.

Para que isso funcione, todo o plano de alto nível que "reivindica" alcançar a meta (em virtude das descrições de seus passos) de fato deve alcançar a meta no sentido definido anteriormente: deve ter pelo menos uma implementação que alcance a meta. Essa propriedade chama-se **propriedade de refinamento descendente** para descrições de HLA.

Definir descrições de HLA que satisfaçam a propriedade de refinamento descendente é simples, em princípio: uma vez que as descrições são *verdadeiras*, qualquer plano de alto nível que pretenda alcançar a meta deve de fato fazer isso – caso contrário, as descrições estão fazendo alguma reivindicação falsa sobre o que as HLAs fazem. Já vimos como definir descrições verdadeiras para as HLAs que tenham exatamente uma implementação; surge um problema quando a HLA tem *múltiplas* implementações. Como podemos descrever os efeitos de uma ação que pode ser implementada de muitas maneiras diferentes?

Uma resposta segura (pelo menos para os problemas em que todas as precondições e submetas são positivas) é incluir apenas os efeitos positivos que são alcançados por *cada* implementação da HLA e os efeitos negativos de *qualquer* implementação. Em seguida, a propriedade de refinamento descendente seria satisfeita. Infelizmente, essa semântica para HLAs é muito conservadora.

Considere novamente a HLA *Ir*(*Casa, SFO*), que tem dois refinamentos, e suponha, para simplificar a explicação, um mundo simples em que se pode sempre dirigir até o aeroporto e estacionar, mas tomar um táxi requer *Dinheiro* como precondição. Nesse caso, *Ir*(*Casa, SFO*) nem sempre leva o agente para o aeroporto. Em particular, ocorre falha se *Dinheiro* for falso, e por isso não podemos afirmar *Em*(*Agente, SFO*) como um efeito da HLA. Isso não faz sentido; no entanto, se o agente não tivesse *Dinheiro*, ele mesmo dirigiria. Exigir que um efeito seja válido para *cada* implementação é equivalente a assumir que *alguém* – um adversário – vá escolher a implementação. Isso trata as múltiplas consequências da HLA exatamente como se a HLA fosse uma ação **não determinística**, como na seção 4.3. No nosso caso, o próprio agente escolherá a implementação.

Propriedade de refinamento descendente

Não determinismo demoníaco
Não determinismo angelical
Semântica angelical
Conjunto alcançável

As comunidades de linguagens de programação cunharam a expressão **não determinismo demoníaco** para o caso em que um adversário faz as escolhas, contrastando com o **não determinismo angelical**, em que o próprio agente faz as escolhas. Tomamos emprestada essa expressão para definir a **semântica angelical** das descrições da HLA. O conceito básico necessário para a compreensão da semântica angelical é o **conjunto alcançável** de uma HLA: dado um estado s, o conjunto alcançável de uma HLA h, escrita como ALCANCE(s, h), é o conjunto de estados alcançáveis por qualquer uma das implementações da HLA.

A ideia fundamental é que o agente possa escolher em *qual* elemento do conjunto alcançável ele acaba quando executa a HLA; assim, uma HLA com refinamentos múltiplos é mais "poderosa" que a mesma HLA com menos refinamentos. Podemos também definir o conjunto alcançável de uma sequência de HLAs. Por exemplo, o conjunto alcançável de uma sequência $[h_1, h_2]$ é a união de todos os conjuntos alcançáveis obtidos através da aplicação de h_2 em cada estado no conjunto alcançável de h_1:

$$\text{ALCANCE}(s, [h_1, h_2]) = \bigcup_{s' \in \text{ALCANCE}(s, h_1)} \text{ALCANCE}(s', h_2).$$

Dadas essas definições, um plano de alto nível – uma sequência de HLAs – alcança a meta se o seu conjunto alcançável tem *interseção* com o conjunto de estados meta. (Compare isso com uma condição muito mais forte para a semântica demoníaca, em que cada membro do conjunto alcançável tem de ser um estado meta.) Por outro lado, se o conjunto alcançável não tem interseção com o conjunto meta, definitivamente o plano não funcionará. A Figura 11.9 ilustra essas ideias.

A noção de conjuntos alcançáveis produz um algoritmo simples: busca entre planos de alto nível, procurando aquele cujo conjunto alcançável tem interseção com a meta; uma vez que isso acontece, o algoritmo pode *comprometer-se* com esse plano abstrato, sabendo que ele funciona, e se dedicar em refinar mais o plano. Vamos voltar para as questões algorítmicas mais tarde; em primeiro lugar, consideremos a questão de como os efeitos de uma HLA – o conjunto alcançável para cada estado inicial possível – são representados. A ação primitiva pode definir um fluente como *verdadeiro* ou *falso* ou deixá-lo *inalterado*. (Com efeitos condicionais – ver seção 11.5.1 –, há uma quarta possibilidade: inverter o estado de uma variável.)

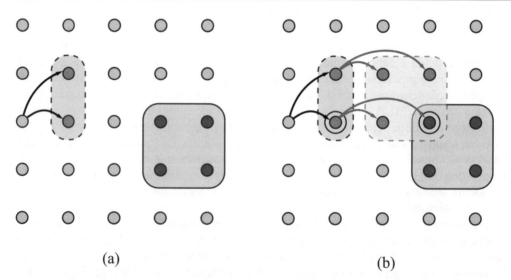

Figura 11.9 Exemplos esquemáticos de conjuntos alcançáveis. O conjunto de estados meta está sombreado em roxo. As flechas pretas e vermelhas indicam possíveis implementações de h_1 e h_2, respectivamente. (a) Conjunto alcançável de uma HLA h_1 em um estado s. (b) Conjunto alcançável para a sequência $[h_1, h_2]$. Como ele tem interseção com o conjunto de estados meta, a sequência alcança a meta. (Esta figura encontra-se reproduzida em cores no Encarte *online*.)

Uma HLA sob semântica angelical pode fazer mais: pode *controlar* o valor de uma variável, definindo-a como verdadeira ou falsa, dependendo da implementação que for escolhida. Isso significa que uma HLA pode ter nove efeitos diferentes sobre um fluente: se o fluente iniciar como verdadeiro, pode mantê-lo sempre como verdadeiro, sempre torná-lo falso ou ter uma escolha; se o fluente iniciar como falso, pode mantê-lo sempre como falso, sempre torná-lo verdadeiro ou ter uma escolha; e as três opções de cada caso podem ser combinadas arbitrariamente, ficando nove no total.

Como notação, isso é um pouco desafiador. Usaremos a linguagem de listas de adição e listas de remoção (no lugar de fluentes verdadeiros/falsos) juntamente com o símbolo $\sim$ para significar "possivelmente, se o agente escolher dessa forma". Assim, um efeito $\tilde{+}A$ significa "possivelmente adicionar A", isto é, deixe A inalterado ou torne-o verdadeiro. Da mesma forma, $\tilde{-}A$ significa "possivelmente remover A" e $\tilde{\pm}A$ significa "possivelmente adicionar ou remover A". Por exemplo, a HLA $Ir(Casa, SFO)$, com os dois refinamentos mostrados na Figura 11.7, possivelmente remove *Dinheiro* (se o agente decidir tomar um táxi), por isso deveria ter o efeito $\tilde{-}Dinheiro$. Assim, verificamos que as descrições das HLAs são *deriváveis* das descrições de seus refinamentos. Agora, vamos supor que tenhamos os esquemas a seguir para as HLAs h_1 e h_2:

$$Ação(h_1, \text{PRECOND:}\neg A, \text{EFEITO:}A \wedge \tilde{-}B),$$
$$Ação(h_2, \text{PRECOND:}\neg B, \text{EFEITO:}\tilde{+}A \wedge \tilde{\pm}C).$$

Ou seja, h_1 adiciona A e é possível que remova B, enquanto h_2 possivelmente adiciona A e tem total controle sobre C. Agora, se apenas B for verdadeiro no estado inicial e a meta for $A \wedge C$, então a sequência $[h_1, h_2]$ alcança a meta: escolhemos uma implementação de h_1 que torna B falso, em seguida escolhemos uma implementação de h_2 que deixa A verdadeiro e torna C verdadeiro.

A discussão anterior assume que os efeitos de uma HLA – o conjunto alcançável para qualquer estado inicial dado – podem ser definidos com exatidão descrevendo o efeito sobre cada fluente. Seria bom se isso fosse sempre verdadeiro, mas em muitos casos só podemos aproximar os efeitos porque uma HLA pode ter infinitas implementações; também pode produzir conjuntos alcançáveis arbitrariamente sinuosos – algo parecido com o problema de estado de crença sinuoso que está ilustrado na Figura 7.21. Por exemplo, dissemos que $Ir(Casa, SFO)$ possivelmente remove *Dinheiro*; mas também possivelmente adiciona $Em(Carro, SFOEstacionamentoComPernoite)$; mas não pode fazer as duas coisas – de fato, deve fazer exatamente uma. Tal como acontece com os estados de crença, talvez seja necessário definir descrições *aproximadas*. Utilizaremos dois tipos de aproximação: uma **descrição otimista** ALCANCE$^+$ (s, h) de uma HLA h pode superestimar o conjunto alcançável, enquanto uma **descrição pessimista** ALCANCE$^-(s, h)$ pode subestimar o conjunto alcançável. Assim, temos

> Descrição otimista
>
> Descrição pessimista

$$\text{ALCANCE}^-(s, h) \subseteq \text{ALCANCE}(s, h) \subseteq \text{ALCANCE}^+(s, h).$$

Por exemplo, uma descrição otimista de $Ir(Casa, SFO)$ informa ser possível remover *Dinheiro* e possivelmente adicionar $Em(Carro, SFOEstacionamentoComPernoite)$. Outro bom exemplo surge no quebra-cabeça de oito peças, em que metade dos estados é inalcançável a partir de qualquer estado dado: a descrição otimista de *Agir* poderia muito bem incluir o espaço de estados inteiro, uma vez que o conjunto exato alcançável é bastante sinuoso.

Com descrições aproximadas, o teste para saber se um plano alcança a meta precisa ser um pouco modificado. Se o conjunto alcançável otimista do plano não tem interseção com a meta, o plano não funciona; mas, se o conjunto alcançável pessimista tem interseção com a meta, o plano funciona (Figura 11.10[a]). Com descrições exatas, um plano pode ou não funcionar, porém, com descrições aproximadas, há um meio-termo: se o conjunto otimista tem interseção com a meta, mas o pessimista não, então não podemos dizer se o plano funciona (Figura 11.10[b]). Quando surge essa circunstância, a incerteza pode ser resolvida através do refinamento do plano. Essa é uma situação muito comum no raciocínio humano. Por exemplo, no planejamento das duas semanas de férias no Havaí, anteriormente citado, alguém poderia propor passar dois dias em cada uma das sete ilhas. A prudência indicaria que esse plano ambicioso precisa ser refinado acrescentando detalhes de transporte entre as ilhas.

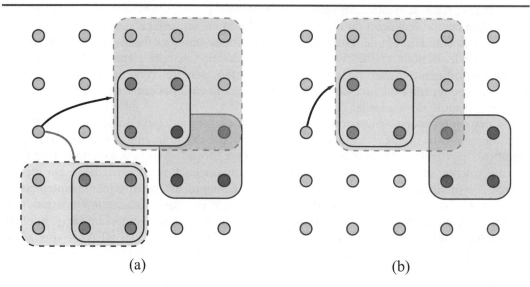

Figura 11.10 Alcançabilidade da meta para planos de alto nível com descrições aproximadas. O conjunto de estados meta está sombreado em roxo. Para cada plano, são mostrados os conjuntos alcançáveis pessimista (linhas sólidas, azul-claro) e otimista (linhas tracejadas, verde-claro). (a) O plano indicado pela seta preta atinge a meta definitivamente, enquanto o plano indicado pela seta vermelha, não. (b) Um plano que *possivelmente* atinge a meta (o conjunto alcançável otimista tem interseção com a meta), mas não *necessariamente* atinge a meta (o conjunto alcançável pessimista não tem interseção com a meta). O plano teria de ser refinado ainda mais para determinar se realmente atinge a meta. (Esta figura encontra-se reproduzida em cores no Encarte *online*.)

Um algoritmo para o planejamento hierárquico com descrições angelicais aproximadas é mostrado na Figura 11.11. Para simplificar, mantivemos o mesmo esquema utilizado anteriormente na Figura 11.8, ou seja, uma busca em largura no espaço de refinamentos. Como explicado, o algoritmo pode detectar planos que vão ou não funcionar, marcando as interseções dos conjuntos alcançáveis otimistas e pessimistas com a meta.

Quando se encontra um plano abstrato viável, o algoritmo *decompõe* o problema original em subproblemas, um para cada passo do plano. O estado inicial e a meta de cada subproblema são obtidos regredindo um estado meta garantidamente alcançável através de esquemas de ação para cada passo do plano. (Ver, na seção 11.2.2, uma discussão de como funciona a regressão.) A Figura 11.9(b) ilustra a ideia básica: o estado marcado por um círculo no lado direito é o estado meta garantidamente alcançável, e o estado marcado por um círculo no lado esquerdo é a meta intermediária obtida pela regressão da meta por meio da ação final.

A capacidade de comprometer-se ou de rejeitar planos de alto nível pode dar à BUSCA-ANGELICAL uma vantagem computacional significativa sobre a BUSCA-HIERÁRQUICA, que por sua vez pode ter uma grande vantagem sobre a antiga e simples BUSCA-EM-LARGURA. Considere, por exemplo, a limpeza de um grande mundo do aspirador de pó composto de quartos retangulares ligados por corredores estreitos, em que cada quarto é um retângulo composto por $w \times h$ quadrados. Faz sentido ter uma HLA para *Navegar* (como mostrado na Figura 11.7) e uma para *LimparQuartoTodo*. (A limpeza do quarto poderia ser implementada com a aplicação repetida de outra HLA para limpar cada fileira.) Uma vez que há cinco ações primitivas, o custo da BUSCA-EM-LARGURA cresce 5^d, em que d é o comprimento da menor solução (cerca de duas vezes o número total de quadrados); o algoritmo não pode lidar nem mesmo com dois quartos 3×3. A BUSCA-HIERÁRQUICA é mais eficiente, mas ainda sofre com o crescimento exponencial porque tenta todas as formas de limpar que sejam consistentes com a hierarquia. A BUSCA-ANGELICAL apresenta escala aproximadamente linear no número de quadrados – compromete-se com uma boa sequência de alto nível e remove as outras opções.

Observe que limpar um conjunto de quartos, limpando um de cada vez, não é um bicho de sete cabeças: é fácil para os seres humanos justamente por causa da estrutura hierárquica da tarefa. Quando consideramos como os seres humanos acham difícil resolver pequenos

função BUSCA-ANGELICAL (*problema, hierarquia, planoInicial*) **retorna** solução ou *falha*
  fronteira ← fila FIFO com *planoInicial* como elemento único
  enquanto *verdadeiro* **faça**
    se VAZIO?(*fronteira*) **então devolver** *falha*
    plano ← POP(*fronteira*)   // *escolhe o nó mais raso da fronteira*
    se ALCANCE$^+$(*problema*. INICIAL, *plano*) interseciona *problema*.META **então**
      se *plano* é primitivo **então devolver** *plano*   // ALCANCE$^+$ *é exato para planos primitivos*
      garantido ← ALCANCE$^-$(*problema*. INICIAL, *plano*) ∩ *problema*.META
      se *garantido* ≠ { } e FAZER-PROGRESSO (*plano, planoInicial*) **então**
        estadoFinal ← qualquer elemento de *garantido*
        devolver DECOMPOR(*hierarquia, problema*. INICIAL, *plano, estadoFinal*)
      hla ← alguma HLA no *plano*
      prefixo, sufixo ← subsequências de ações antes e depois da *hla* no *plano*
      consequência ← RESULTADO(*problema*. INICIAL, *prefixo*)
      para cada *sequência* **em** REFINAMENTOS(*hla, consequência, hierarquia*) **faça**
        fronteira ← *Inserir*(CONCATENAR(*prefixo, sequência, sufixo*), *fronteira*)

função DECOMPOR(*hierarquia*, s_0, *plano*, s_f) **retorna** uma solução
  solução ← um plano vazio
  enquanto *plano* não está vazio **faça**
    ação ← REMOVER-ÚLTIMO(*plano*)
    s_i ← um estado em ALCANCE$^-$(s_0, *plano*,) tal que s_f ∈ ALCANCE$^-$(s_i, *ação*)
    problema ← problema com INICIAL = s_i e META = s_f
    solução ← CONCATENAR(BUSCA-ANGELICAL(*problema, hierarquia, ação*), *solução*)
    s_f ← s_i
  devolver *solução*

Figura 11.11 Um algoritmo de planejamento hierárquico que usa semântica angelical para identificar e se comprometer com planos de alto nível que funcionam, evitando planos de alto nível que não funcionam. O predicado FAZER-PROGRESSO realiza verificações para se certificar de que não estamos presos em uma regressão infinita de refinamentos. No nível mais alto, chama a BUSCA-ANGELICAL com [*Agir*] como o *planoInicial*.

quebra-cabeças, como o quebra-cabeça de oito peças, parece que a capacidade humana para resolver problemas complexos deriva não da análise combinatória, mas de sua habilidade em abstrair e decompor o problema para eliminar a análise combinatória.

A abordagem angelical pode ser estendida para encontrar soluções de menor custo por generalizar a noção de conjunto alcançável. Em vez de um estado ser alcançável ou não, cada estado terá um custo para a forma mais eficiente de chegar lá. (O custo é infinito para os estados inalcançáveis.) As descrições otimistas e pessimistas limitam esses custos. Dessa forma, a busca angelical pode comprovadamente encontrar planos abstratos ótimos, sem precisar considerar suas implementações. A mesma abordagem pode ser usada para obtenção de algoritmos **hierárquicos com antecipação (*hierarchical look-ahead*)** eficazes para busca *online*, no estilo do LRTA* (ver Figura 4.24).

Antecipação hierárquica

Em alguns pontos, tais algoritmos espelham-se em aspectos de deliberação humana em tarefas, tais como o planejamento de férias no Havaí – a consideração de alternativas é inicialmente feita em um nível abstrato em escalas longas de tempo; algumas partes do plano são deixadas completamente abstratas até o momento da execução, como passar dois dias à toa em Molokai, enquanto outras partes são planejadas em detalhes, tais como os voos a serem tomados e a hospedagem a ser reservada – sem esses refinamentos, não há garantia da viabilidade do plano.

11.5 Planejar e agir em domínios não determinísticos

Nesta seção, estenderemos o planejamento para lidar com ambientes parcialmente observáveis, não determinísticos e desconhecidos. Os conceitos básicos espelham aqueles abordados no Capítulo 4, mas existem diferenças no uso de representações fatoradas em vez de representações atômicas. Isso afeta a maneira como representamos a capacidade do agente para a ação

332 Inteligência Artificial

e observação e a forma como representamos os **estados de crença** – os conjuntos de estados físicos possíveis em que o agente possa estar – para ambientes parcialmente observáveis. Podemos também tirar proveito de muitos dos métodos independentes de domínio dados na seção 11.3 para calcular heurísticas de busca.

Veremos o **planejamento sem sensores** (também conhecido como **planejamento conformante**) para ambientes sem observações, **planejamento contingente** para ambientes parcialmente observáveis e não determinísticos; e **planejamento** *online* e **replanejamento** para ambientes desconhecidos. Isso nos permitirá enfrentar os problemas de tamanho considerável no mundo real.

Considere o problema: dadas uma cadeira e uma mesa, a meta é combiná-las – ter a mesma cor. No estado inicial temos duas latas de tinta, mas as cores da tinta e dos móveis são desconhecidos. Apenas a mesa está inicialmente no campo de visão do agente:

$$Início(Objeto\ (Mesa) \land Objeto(Cadeira) \land Lata(C_1) \land Lata(C_2) \land Vista(Mesa))$$
$$Meta(Cor(Cadeira,c) \land Cor(Mesa,c))$$

Há duas ações: remover a tampa de uma lata de tinta e pintar um objeto usando a tinta da lata aberta.

$$Ação(RemoverTampa(lata),$$
$$\quad \text{PRECOND: } Lata(lata)$$
$$\quad \text{EFEITO: } Abrir(lata))$$
$$Ação(Pintar(x, lata),$$
$$\quad \text{PRECOND: } Objeto(x) \land Lata(lata) \land Cor(lata, c) \land Abrir(lata)$$
$$\quad \text{EFEITO: } Cor(x, c)).$$

Os esquemas de ação são simples, com uma exceção: precondições e efeitos agora podem conter variáveis que não são parte da lista de variáveis da ação. Ou seja, *Pintar*(*x*, *lata*) não menciona a variável *c*, que representa a cor da tinta na lata. No caso totalmente observável, isso não é permitido – teríamos que denominar a ação *Pintar*(*x*, *lata*, *c*). Mas, no caso parcialmente observável, podemos ou não saber que cor está na lata.

Para resolver um problema parcialmente observável, o agente terá que raciocinar sobre as percepções que vai obter quando estiver executando o plano. A percepção será fornecida pelos sensores do agente quando estiver realmente em ação, mas quando estiver planejando será necessário um modelo de seus sensores. No Capítulo 4, esse modelo foi dado por uma função, PERCEPÇÃO(*s*). Para o planejamento, estendemos a PDDL com um novo tipo de esquema, **Esquema percepção** o **esquema percepção**:

$$Percepção(Cor(x, c),$$
$$\quad \text{PRECOND: } Objeto(x) \land Vista(x)$$
$$Percepção(Cor\ (lata, c),$$
$$\quad \text{PRECOND: } Lata(lata) \land Vista(lata) \land Abrir(lata)$$

O primeiro esquema diz que, sempre que um objeto estiver à vista, o agente vai perceber a cor do objeto (isto é, para o objeto *x*, o agente vai aprender o valor verdadeiro da *Cor*(*x*, *c*) para todo *c*). O segundo esquema informa que, se uma lata aberta estiver à vista, o agente percebe a cor da tinta na lata. Como não há eventos exógenos nesse mundo, a cor de um objeto permanecerá a mesma, embora não estivesse sendo percebida, até que o agente execute uma ação para mudar a cor do objeto. Certamente o agente precisará de uma ação que faça com que os objetos (um de cada vez) fiquem à vista:

$$Ação(Olhar(x),$$
$$\quad \text{PRECOND: } Vista(y) \land (x \neq y)$$
$$\quad \text{EFEITO: } Vista(x) \land \neg Vista(y)).$$

Para um ambiente totalmente observável, teríamos um axioma *Percepção* sem precondições para cada fluente. Um agente sem sensores, por outro lado, não tem axiomas de *Percepção*. Observe que mesmo um agente sem sensores pode resolver o problema da pintura. Uma solução é abrir qualquer lata de tinta e aplicá-la tanto na cadeira como na mesa, **forçando-as**, assim, a serem da mesma cor (mesmo que o agente não saiba qual é a cor).

Um agente de planejamento contingente com sensores pode gerar um plano melhor. Primeiro, olhe para a mesa e para a cadeira para obter as cores; se elas são as mesmas, o plano está feito. Senão, olhe para as latas de tinta; se a tinta na lata for da mesma cor que uma peça da mobília, aplique a tinta na outra peça. Caso contrário, pinte ambas as peças com qualquer cor.

Finalmente, um agente de planejamento *online* pode gerar um plano de contingência com menos ramificações a princípio – talvez ignorando a possibilidade de que nenhuma tinta na lata combine com a mobília – e lidar com os problemas à medida que surjam, replanejando-os. Também poderia ele lidar com erros de seus esquemas de ação. Considerando que um planejador contingente simplesmente assume que os efeitos de uma ação sempre são bem-sucedidos – que a pintura da cadeira resolve –, um agente de replanejamento verificaria o resultado e faria um plano adicional para corrigir qualquer falha inesperada, tal como uma área sem pintura ou a cor original ainda à mostra.

No mundo real, os agentes usam uma combinação de abordagens. Fabricantes de automóveis vendem pneus sobressalentes e *airbags*, que são incorporações físicas de ramificações de planos de contingência projetados para lidar com pneus furados ou colisões de carro. Por outro lado, a maioria dos motoristas nunca considera essas possibilidades; quando surge um problema, respondem como agentes de replanejamento. Em geral, os agentes planejam apenas para contingências que tenham consequências importantes e uma chance não desprezível de acontecer. Assim, um motorista de carro contemplando uma viagem através do deserto do Saara deve fazer planos de contingência explícitos para falhas, enquanto uma ida ao supermercado exige menos planejamento antecipado. A seguir, veremos cada uma das três abordagens em mais detalhes.

11.5.1 Planejamento sem sensores

A seção 4.4.1 introduziu a ideia básica de busca em espaço de estado de crença para encontrar uma solução para os problemas sem sensores. A conversão de um problema de planejamento sem sensores para um problema de planejamento de estado de crença funciona da mesma maneira como na seção 4.4.1; as principais diferenças são que o modelo de transição física subjacente é representado por uma coleção de esquemas de ação e o estado de crença pode ser representado por uma fórmula lógica em vez de um conjunto de estados explicitamente enumerados. Para simplificar, vamos supor que o problema de planejamento subjacente seja determinístico.

O estado de crença inicial para o problema de pintura sem sensores pode ignorar os fluentes *Vista*, porque o agente não tem sensores. Além disso, tomamos como dados os fatos imutáveis $Objeto(Mesa) \wedge Objeto(Cadeira) \wedge Lata(C_1) \wedge Lata(C_2)$ porque são válidos em cada estado de crença. O agente não sabe as cores das latas ou objetos, ou se as latas estão abertas ou fechadas, mas sabe que os objetos e as latas têm cores: $\forall x \, \exists c \, Cor(x, c)$. Depois de skolemizar (ver seção 9.5.1), obtemos o estado de crença inicial:

$$b_0 = Cor(x, C(x)).$$

No planejamento clássico, em que se faz a **suposição do mundo fechado**, teríamos que assumir que qualquer fluente não mencionado em um estado é falso, mas no planejamento sem sensores (e parcialmente observável) temos que mudar para uma **suposição do mundo aberto**, no qual os estados contêm fluentes positivos e negativos, e, se um fluente não aparecer, seu valor é desconhecido. Assim, o estado de crença corresponde exatamente ao conjunto de mundos possíveis que satisfazem a fórmula. Dado esse estado de crença inicial, a sequência de ação seguinte é uma solução:

$$[RemoverTampa(Lata_1), \, Pintar(Cadeira, Lata_1), \, Pintar(Mesa, Lata_1)].$$

Vamos agora mostrar o progresso do estado de crença através da sequência de ação para mostrar que o estado de crença final satisfaz a meta.

Primeiro, observe que, em determinado estado de crença b, o agente pode considerar qualquer ação cujas precondições sejam satisfeitas por b (as demais ações não podem ser utilizadas porque o modelo de transição não define os efeitos das ações cujas precondições não possam ser satisfeitas). De acordo com a Equação 4.4 (seção 4.4.1), a fórmula geral para atualizar o estado de crença b, dada uma ação aplicável a em um mundo determinístico, é a seguinte:

$$b' = \text{RESULTADO}(b, a) = \{s' : s' = \text{RESULTADO}_p(s, a) \text{ e } s \in b\}$$

em que RESULTADO_p define o modelo de transição física. Por enquanto, vamos supor que o estado de crença inicial seja sempre uma conjunção de literais, isto é, uma fórmula 1-FNC. Para construir o novo estado de crença b', devemos considerar o que acontece com cada literal ℓ em cada estado físico s em b quando a ação a for aplicada. Para literais cujo valor verdadeiro já é conhecido em b, o valor verdadeiro em b' é calculado a partir do valor atual e da lista de adição e remoção da ação (p. ex., se ℓ estiver na lista de remoção da ação, então $\neg\ell$ é adicionado a b'). E o que aconteceria com um literal cujo valor verdadeiro é desconhecido em b? Há três casos:

1. Se a ação adiciona ℓ, então ℓ será verdadeiro em b', independentemente do seu valor inicial.
2. Se a ação exclui ℓ, então ℓ será falso em b', independentemente do seu valor inicial.
3. Se a ação não afeta ℓ, então ℓ vai manter o seu valor inicial (que é desconhecido) e não aparecerá em b'.

Assim, vemos que o cálculo de b' é quase idêntico ao caso observável, que foi especificado pela Equação 11.1:

$$b' = \text{RESULTADO}(b, a) = (b - \text{DEL}(a)) \cup \text{ADD}(a).$$

A semântica de conjuntos não é bem apropriada nessa situação porque temos de nos certificar (1) de que b' não contém ℓ ou $\neg\ell$, e (2) de que os átomos podem conter variáveis livres. Mas ainda o caso é que o $\text{RESULTADO}(b, a)$ é calculado começando com b, definindo qualquer átomo que apareça em $\text{DEL}(a)$ como falso, e definindo qualquer átomo que apareça em $\text{ADD}(a)$ como verdadeiro. Por exemplo, se aplicarmos $RemoverTampa(Lata_1)$ para o estado de crença inicial b_0, obteremos

$$b_1 = Cor(x, C(x)) \wedge Abrir(Lata_1).$$

Quando aplicamos a ação $Pintar(Cadeira, Lata_1)$, a precondição $Cor(Lata_1, c)$ é satisfeita pelo literal $Cor(x, C(x))$ com unificação $\{x/Lata_1, c \mid C(Lata_1)\}$ e o novo estado de crença é

$$b_2 = Cor(x, C(x)) \wedge Abrir(Lata_1) \wedge Cor(Cadeira, C(Lata_1)).$$

Finalmente, aplicamos a ação $Pintar(Mesa, Lata_1)$ para obter

$$b_3 = Cor(x, C(x)) \wedge Abrir(Lata_1) \wedge Cor(Cadeira, C(Lata_1))$$
$$\wedge \ Cor(Mesa, C(Lata_1)).$$

O estado de crença final satisfaz a meta, $Cor(Mesa, c) \wedge Cor(Cadeira, c)$, com a variável c limitada a $C(Lata_1)$.

A análise anterior da regra de atualização mostrou um fato muito importante: *a família dos estados de crença definida como conjunções de literais é fechada sob as atualizações definidas pelos esquemas de ações PDDL*. Ou seja, se o estado de crença começar como uma conjunção de literais, qualquer atualização produzirá uma conjunção de literais. Isso significa que, em um mundo com n fluentes, qualquer estado de crença pode ser representado por uma conjunção de tamanho $O(n)$. Esse é um resultado muito reconfortante, considerando que existem 2^n estados no mundo. Isso informa que podemos representar, de forma compacta, todos os subconjuntos desses 2^n estados que vamos precisar. Além disso, o processo de verificação dos estados de crença, que são subconjuntos ou superconjuntos de estados de crença visitados anteriormente, também é fácil, pelo menos no caso proposicional.

O único senão desse quadro favorável é que só funciona para os esquemas de ação que têm os *mesmos efeitos* para todos os estados em que suas precondições são satisfeitas. É essa propriedade que permite a preservação da representação do estado de crença 1-FNC.

Uma vez que o efeito depende do estado, as dependências são introduzidas entre os fluentes, e a propriedade 1-FNC é perdida.

Considere, por exemplo, o mundo simples do aspirador de pó definido na seção 3.2.1. Sejam os fluentes *EmE* e *EmD* para a localização do robô e *LimpoE* e *LimpoD* para o estado dos quadrados. Segundo a definição do problema, a ação *Aspirar* não tem precondição – ela sempre pode ser executada. A dificuldade é que seu efeito depende da localização do robô: quando o robô está em *EmE*, o resultado é *LimpoE*, mas quando está em *EmD*, o resultado é *LimpoD*. Para essas ações, nossos esquemas de ação vão precisar de algo novo: um **efeito con-** Efeito condicional **dicional**. A sintaxe é "**quando** *condição*: *efeito*", em que *condição* é uma fórmula lógica a ser comparada com o estado atual, e *efeito* é uma fórmula que descreve o estado resultante. Para o mundo do aspirador de pó, temos

> *Ação*(*Aspirar*,
>   EFEITO: **quando** *EmE*: *LimpoE* ∧ **quando** *EmD*: *LimpoD*).

Quando for aplicado ao estado de crença inicial *Verdadeiro*, o estado de crença resultante é (*EmE* ∧ *LimpoE*) ∨ (*EmD* ∧ *LimpoD*), que não é mais uma 1-FNC. (Essa transição pode ser vista na Figura 4.14.) Em geral, os efeitos condicionais podem induzir a dependências arbitrárias entre os fluentes em um estado de crença, levando a estados de crença de tamanho exponencial no pior caso.

É importante entender a diferença entre precondições e efeitos condicionais. *Todos* os efeitos condicionais, cujas condições são satisfeitas, têm os seus efeitos aplicados para gerar o estado resultante; se nenhuma condição for satisfeita, o estado resultante permanece inalterado. Por outro lado, se uma *precondição* não for satisfeita, a ação é inaplicável e o estado resultante é indefinido. Do ponto de vista do planejamento sem sensores, é melhor ter efeitos condicionais que uma ação inaplicável. Por exemplo, poderíamos dividir *Aspirar* em duas ações com efeitos incondicionais, da seguinte forma:

> *Ação*(*AspirarE*,
>   PRECOND: *EmE*; EFEITO: *LimpoE*)
> *Ação*(*AspirarD*,
>   PRECOND: *EmD*; EFEITO: *LimpoD*).

Agora temos apenas esquemas incondicionais, por isso todos os estados de crença permanecem em 1-FNC; mas, infelizmente, não podemos determinar a aplicabilidade de *AspirarE* e *AspirarD* no estado de crença inicial.

Parece inevitável, então, que os problemas não triviais vão envolver estados de crença sinuosos, como aqueles encontrados quando se considerou o problema de estimativa de estado para o mundo de wumpus (ver Figura 7.21). A solução então sugerida foi utilizar **aproximação conservadora** para o estado de crença exato; por exemplo, o estado de crença pode permanecer em 1-FNC se contiver todos os literais cujos valores verdadeiros possam ser determinados e tratar todos os outros literais como desconhecidos. Embora essa abordagem seja *boa*, por nunca gerar um plano incorreto, é *incompleta*, pois pode ser incapaz de encontrar soluções para problemas que envolvem necessariamente interações entre literais. Para dar um exemplo corriqueiro, se o objetivo for que o robô esteja em um quadrado limpo, então [*Aspirar*] é uma solução, mas um agente sem sensor que insiste em encontrar um estado de crença 1-FNC não irá encontrá-lo.

Talvez a melhor solução seja procurar sequências de ações que mantenham o estado de crença o mais simples possível. Por exemplo, no mundo do aspirador de pó sem sensor, a sequência de ações [*Direita,Aspirar,Esquerda,Aspirar*] gera a seguinte sequência de estados de crença:

> b_0 = *Verdadeiro*
> b_1 = *EmD*
> b_2 = *EmD* ∧ *LimpoD*
> b_3 = *EmE* ∧ *LimpoD*
> b_4 = *EmE* ∧ *LimpoD* ∧ *LimpoE*

Ou seja, o agente *pode* resolver o problema enquanto mantém um estado de crença de 1-FNC, embora algumas sequências (p. ex., as que começam com *Aspirar*) saiam da forma 1-FNC. A lição geral não foi perdida sobre os seres humanos: estamos sempre realizando pequenas ações (verificando a hora, batendo nos bolsos para ter certeza de que temos as chaves do carro, lendo placas de trânsito à medida que rodamos pela cidade) para eliminar a incerteza e manter o nosso estado de crença gerenciável.

Há outra abordagem bem diferente para o problema de tratabilidade de estados de crença sinuosos: não é necessário calculá-los. Suponha que o estado de crença inicial seja b_0 e que gostaríamos de conhecer o estado de crença resultante da sequência de ação $[a_1,..., a_m]$. Em vez de calculá-lo explicitamente, apenas represente-o como "b_0 então $[a_1,..., a_m]$". Essa é uma representação preguiçosa, mas inequívoca do estado de crença, e é bastante concisa – $O(n + m)$, em que n é o tamanho do estado de crença inicial (que se assume estar em 1-FNC) e m é o tamanho máximo de uma sequência de ações. Como uma representação de estado de crença ela sofre de uma desvantagem: determinar se a meta foi satisfeita ou se uma ação é aplicável pode exigir muita computação.

Essa computação pode ser implementada como um teste de consequência lógica: se A_m representa a coleção dos axiomas de estado sucessor necessária para definir as ocorrências das ações $a_1,... a_m$ – como foi explicado para o SATPLAN na seção 11.2.3 – e G_m afirma que a meta é verdadeira depois de m etapas, então o plano atingirá a meta se $b_0 \wedge A_m \models G_m$, isto é, se $b_0 \wedge A_m \wedge \neg G_m$ não for satisfatível. Dado um solucionador SAT moderno, pode ser viável fazer isso muito mais rapidamente do que pelo cálculo do estado de crença total. Por exemplo, se nenhuma das ações na sequência tiver um fluente meta em particular na sua lista de adição, o solucionador vai detectar isso imediatamente. Também ajuda se os resultados parciais sobre o estado de crença – por exemplo, fluentes que se sabe serem verdadeiros ou falsos – são armazenados em *cache* para simplificar os cálculos subsequentes.

A última peça do quebra-cabeça de planejamento sem sensor é uma função heurística para orientar a busca. O significado da função heurística é o mesmo que no planejamento clássico: uma estimativa (talvez admissível) do custo de alcançar a meta de determinado estado de crença. Com estados de crença, temos um fato adicional: resolver qualquer subconjunto de um estado de crença é necessariamente mais fácil do que resolver o estado de crença:

$$\text{se } b_1 \subseteq b_2, \text{ então } h*(b_1) \leq h*(b_2).$$

Portanto, qualquer heurística admissível calculada para um subconjunto é admissível para o estado de crença em si. Os candidatos mais óbvios são os subconjuntos unitários, ou seja, estados físicos individuais. Podemos tomar qualquer conjunto aleatório de estados $s_1,..., s_N$ que estiverem no estado de crença b, aplicar qualquer heurística admissível h e devolver

$$H(b) = \max[h(s_1),..., h(s_N)]$$

como estimativa heurística para resolver b. Também podemos utilizar heurísticas inadmissíveis, como a heurística ignorar-listas-de-remoção (ver seção 11.3), que parece funcionar muito bem na prática.

11.5.2 Planejamento contingente

Vimos no Capítulo 4 que o planejamento contingente – a geração de planos com ramificação condicional baseada em percepções – é apropriado para ambientes com observabilidade parcial, não determinismo, ou ambos. Para o problema da tinta parcialmente observável com os esquemas de percepção, dado anteriormente, a solução de contingência possível é a seguinte:

[*OlharPara*(*Mesa*),*OlharPara*(*Cadeira*),
   se *Cor*(*Mesa*, *c*) $\wedge$ *Cor*(*Cadeira*, *c*) **então** *NoOp*
      senão[*RemoverTampa*(*Lata*$_1$),*OlharPara*(*Lata*$_1$),*RemoverTampa*(*Lata*$_2$),*OlharPara*(*Lata*$_2$),
         se *Cor*(*Mesa*, *c*) $\wedge$ *Cor*(*lata*, *c*) **então** *Pintar*(*Cadeira*, *lata*)
         senão se *Cor*(*Cadeira*, *c*) $\wedge$ *Cor*(*lata*, *c*) **então** *Pintar*(*Mesa*, *lata*)
         senão [*Pintar*(*Cadeira*, *Lata*$_1$), *Pintar*(*Mesa*, *Lata*$_1$)]]]]

As variáveis desse plano devem ser consideradas existencialmente quantificadas; a segunda linha informa que, se existe alguma cor c que seja a cor da mesa e da cadeira, então o agente não precisa fazer nada para alcançar a meta. Ao executar esse plano, um agente de planejamento contingente pode manter o seu estado de crença como uma fórmula lógica e avaliar cada condição de ramificação determinando se o estado de crença encadeia a fórmula de condição ou sua negação. (É responsabilidade do algoritmo de planejamento contingente certificar-se de que o agente nunca termine em um estado de crença em que o valor verdadeiro da fórmula de condição seja desconhecido.) Observe que, com as condições de primeira ordem, a fórmula pode ser satisfeita de mais de uma maneira; por exemplo, a condição $Cor(Mesa, c)$ ∧ $Cor(lata, c)$ pode ser satisfeita por $[lata/Lata_1]$ e por $[lata/Lata_2]$ se ambas as latas forem da mesma cor que a mesa. Nesse caso, o agente pode escolher qualquer substituição satisfatória para aplicar ao resto do plano.

Conforme mostrado na seção 4.4.2, o cálculo do novo estado de crença $\hat{b}$, após uma ação a e subsequente percepção, é feito em duas etapas. A primeira etapa calcula o estado de crença após a ação, assim como para o agente sem sensor:

$$\hat{b} = (b - \text{DEL}(a)) \cup \text{ADD}(a)$$

em que, como antes, assumimos um estado de crença representado como uma conjunção de literais. A segunda etapa é um pouco mais complicada. Suponha que os literais de percepção $p_1,..., p_k$ sejam observados. Pode-se pensar que simplesmente é necessário adicioná-los ao estado de crença; de fato, pode-se também inferir que as precondições de atividade sensorial estão satisfeitas. Agora, se uma percepção p tem exatamente um esquema de percepção, $Percepção(p, \text{PRECOND}:c)$, em que c é uma conjunção de literais, então esses literais podem ser jogados no estado de crença juntamente com p. Por outro lado, se p tiver mais de um esquema de percepção cujas precondições podem ser válidas de acordo com o estado de crença predito $\hat{b}$, então teremos que adicioná-los na *disjunção* das precondições. Obviamente, isso leva o estado de crença não estar em 1-FNC e traz à tona as mesmas complicações dos efeitos condicionais, com as mesmas classes de soluções.

Dado um mecanismo para o cálculo exato ou aproximado dos estados de crença, podemos gerar planos contingentes, com uma extensão da busca progressiva E-OU sobre os estados de crença utilizados na seção 4.4. Ações com efeitos não determinísticos – que são definidos simplesmente usando uma disjunção no EFEITO do esquema de ação – podem ser acomodados com pequenas alterações para o cálculo de atualização do estado de crença e nenhuma mudança para o algoritmo de busca.[3] Para a função heurística, muitos dos métodos sugeridos para o planejamento sem sensor também são aplicáveis no caso parcialmente observável, não determinístico.

11.5.3 Planejamento *online*

Imagine assistir a um robô de soldagem pontual em uma fábrica de automóveis. Os movimentos rápidos e precisos do robô são repetidos inúmeras vezes à medida que cada carro passa pela linha de montagem. Embora tecnicamente impressionante, o robô provavelmente não nos parece de forma alguma *inteligente*, porque o movimento é uma sequência fixa, pré-programada; o robô obviamente não "sabe o que está fazendo" em qualquer sentido significativo. Agora suponha que uma porta mal colocada caia do carro quando o robô está prestes a aplicar um ponto de solda. O robô rapidamente substitui seu atuador de solda por uma garra, pega a porta, verifica se há arranhões, recoloca-a no carro, envia um *e-mail* para o supervisor da fábrica, volta para o atuador de solda e retoma seu trabalho. De repente, o comportamento do robô parece *intencional*, em vez de mecânico; assumimos que ele não resulta de um plano contingente amplo e pré-calculado, mas sim de um processo de replanejamento *online* – o que significa que o robô *precisa* saber o que está tentando fazer.

O replanejamento pressupõe alguma forma de **monitoramento de execução** para determinar a necessidade de um plano novo. Tal necessidade surge quando um agente de

Monitoramento de execução

---

[3] Se, para um problema não determinístico, são necessárias soluções cíclicas, a busca E-OU deve ser generalizada para uma versão de laço tal como LAO* (Hansen e Zilberstein, 2001).

planejamento se cansa de planejar todas as pequenas contingências, como se o céu pudesse cair em sua cabeça.[4] Isso significa que o plano contingente é deixado em um formato incompleto. Por exemplo, algumas ramificações de um plano contingente parcialmente construído podem dizer simplesmente *Replanejar*; se tal ramificação for alcançada durante a execução, o agente reverte para o modo de planejamento. Como mencionamos anteriormente, a decisão sobre o quanto o problema deve ser resolvido por antecipação e o quanto deve ser deixado para replanejamento é aquela que envolve negociação entre os eventos possíveis com custos diferentes e probabilidade de ocorrer. Ninguém quer que o motor de seu carro ferva no meio do deserto do Saara para só então pensar em ter água suficiente.

O replanejamento pode ser necessário se o modelo do mundo do agente estiver incorreto. O modelo de uma ação pode ter uma **precondição ausente** – por exemplo, o agente pode não saber que muitas vezes é necessária uma chave de fenda para remover a tampa de uma lata de tinta. O modelo pode ter um **efeito ausente** – por exemplo, a pintura de um objeto pode também significar tinta no chão. Ou então o modelo pode ter um **fluente ausente**, que está simplesmente ausente da representação – por exemplo, o modelo dado anteriormente não tem noção da quantidade de tinta em uma lata, de como suas ações afetam essa quantidade, ou da necessidade de a quantidade ser diferente de zero. O modelo pode também não ter tratamento para **eventos exógenos**, como alguém derrubar a lata de tinta. Os eventos exógenos podem também incluir mudanças na meta, como a inclusão do requisito de que a mesa e a cadeira não sejam pintadas de preto. Sem a capacidade de monitorar e replanejar, o comportamento de um agente é suscetível de ser frágil se confiar na exatidão absoluta de seu modelo.

O agente *online* tem a escolha de (pelo menos) três abordagens diferentes para monitorar o ambiente durante a execução do plano:

- **Monitoramento da ação**: antes de executar uma ação, o agente verifica se todas as precondições são válidas.
- **Monitoramento do plano**: antes de executar uma ação, o agente verifica se o restante do plano ainda vai ter sucesso.
- **Monitoramento da meta**: antes de executar uma ação, o agente verifica se há um conjunto melhor de metas que poderia tentar alcançar.

Na Figura 11.12, observamos um esquema de monitoramento de ações. O agente mantém o controle de ambos os planos originais, o *plano total*, e a parte do plano que não foi executada ainda, a qual é indicada por *plano*. Depois de executar os primeiros passos do plano, o agente espera estar no estado *E*. Mas o agente observa que está na verdade no estado *O*. Então precisa reparar o plano encontrando algum ponto *P* no plano original para o qual possa voltar.

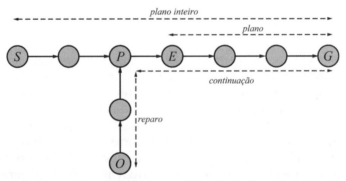

Figura 11.12 Inicialmente, o agente espera executar o "plano inteiro", para ir de *S* até *G*. O agente executa as etapas do plano até que espera estar no estado *E*, mas observa que na verdade está em *O*. O agente então replaneja o *reparo* mínimo mais a *continuação* para alcançar *G*.

---

[4] Em 1954, a Sra. Hodges do Alabama foi atingida por um meteorito que caiu através de seu telhado. Em 1992, um pedaço do meteorito Mbale atingiu um menino na cabeça; felizmente, sua descida foi amortecida por folhas de bananeira (Jenniskens *et al.*, 1994). E em 2009, um menino alemão alegou ter sido atingido na mão por um meteorito do tamanho de uma ervilha. Esses incidentes não resultaram em nenhuma lesão grave, sugerindo que a necessidade de pré-planejamento contra tais contingências às vezes é exagerada.

(Pode ser que P seja o estado meta, G.) O agente tenta minimizar o custo total do plano: a parte de reparo (de O para P) além da continuação (de P para G).

Agora vamos voltar para o problema do exemplo de conseguir cadeira e mesa da mesma cor. Suponha que o agente venha com este plano:

> [*OlharPara*(*Mesa*), *OlharPara*(*Cadeira*),
>   **se** *Cor*(*Mesa*, *c*) $\land$ *Cor*(*Cadeira*, *c*) **então** *NoOp*
>   **senão** [*RemoverTampa*($Lata_1$), *OlharPara*($Lata_1$),
>   **se** *Cor*(*Mesa*, *c*) $\land$ *Cor*($Lata_1$, *c*) **então** *Pintar*(*Cadeira*, $Lata_1$)
>   **senão** REPLANEJAR]].

Agora, o agente está pronto para executar o plano. Suponha que o agente observe que a mesa e a lata de tinta são brancas e a cadeira é preta. Então ele executa *Pintar*(*Cadeira*, $Lata_1$). Nesse ponto, um planejador clássico declararia sucesso; o plano foi executado. Mas um agente de monitoração da execução *online* precisa verificar se a ação teve sucesso.

Suponha que o agente perceba que cadeira e mesa não têm a mesma cor – de fato, a cadeira agora tem um cinza manchado porque a tinta preta está aparecendo. O agente, então, precisa descobrir uma posição de recuperação a ser alcançada no plano e uma sequência de ações de reparo para chegar lá. O agente percebe que o estado atual é idêntico à precondição antes da ação *Pintar*(*Cadeira*, $Lata_1$), então escolhe uma sequência vazia para *reparo* e faz com que seu *plano* seja a mesma sequência [*Pintar*] que ele tinha acabado de tentar. Com esse novo plano em prática, reinicia o monitoramento da execução, e a ação *Pintar* é repetida. Esse comportamento se repetirá até que seja percebido que a cadeira está totalmente pintada. Mas note que o laço foi criado por um processo de planejar-executar-replanejar, em vez de por um laço explícito em um plano. Observe também que o plano original não precisa tratar cada contingência. Se o agente atingir a etapa marcada como REPLANEJAR, ele pode gerar um novo plano (talvez envolvendo $Lata_2$).

O monitoramento de ações é um método simples de monitoramento de execução, mas às vezes pode conduzir a um comportamento menos inteligente. Por exemplo, suponha que não haja tinta preta ou branca, e o agente construa um plano para resolver o problema da pintura pintando a mesa e a cadeira de vermelho. Suponha que haja apenas tinta vermelha suficiente para a cadeira. Com o monitoramento da ação, o agente poderia ir em frente e pintar a cadeira de vermelho; em seguida, perceberia que a tinta tinha acabado e não poderia pintar a mesa, e nesse ponto teria que replanejar um reparo – talvez pintando tanto a cadeira como a mesa de verde. Um agente de monitoramento de plano pode detectar falha sempre que o estado atual é tal que o plano restante não funciona mais. Assim, ele não perderia tempo pintando a cadeira de vermelho.

O monitoramento do plano consegue isso verificando as precondições para sucesso de todo o plano restante, isto é, as precondições de cada passo no plano, exceto as que são atingidas por outro passo no restante do plano. O monitoramento do plano corta a execução de um plano condenado o mais rapidamente possível, em vez de continuar até que a falha realmente ocorra.[5] O monitoramento do plano também permite **descobertas ao acaso** – sucesso acidental. Se alguém chega e pinta a mesa de vermelho ao mesmo tempo que o agente está pintando a cadeira de vermelho, então as precondições do plano final são satisfeitas (a meta foi alcançada), e o agente pode ir para casa mais cedo.

É fácil modificar um algoritmo de planejamento para que cada ação no plano seja anotada com as precondições da ação, possibilitando assim o monitoramento da ação. É um pouco mais complexo permitir o monitoramento do plano. Planejadores de ordem parcial e planejamento em grafo têm a vantagem de já terem construído estruturas que contêm as relações necessárias para o monitoramento do plano. Os planejadores estendidos com anotações necessárias podem ser feitos com um acompanhamento cuidadoso à medida que o fluente meta é regredido através do plano.

---

[5] Monitoramento de plano significa que finalmente, depois de 374 páginas, temos um agente que é mais esperto do que um besouro de esterco (ver seção 2.2.3). Um agente de monitoramento de plano notaria que uma bola de esterco estava faltando do seu alcance e iria replanejar para obter outra bola e tampar o buraco.

340 Inteligência Artificial

Agora que descrevemos um método para monitoramento e replanejamento, é necessário perguntar: "isso funciona?". Essa é uma pergunta surpreendentemente complicada. Se quisermos dizer "pode-se garantir que o agente sempre alcançará a meta?", a resposta é não, porque o agente poderia chegar inadvertidamente a um beco sem saída, do qual não há reparo. Por exemplo, o agente do aspirador de pó pode ter um modelo defeituoso de si mesmo e não saber que suas baterias podem esgotar-se. Uma vez esgotadas, não é possível reparar quaisquer planos. Se descartarmos os becos sem saída – suponha que exista um plano para alcançar a meta de *qualquer* estado no ambiente – e admitirmos que o ambiente é realmente não determinístico, no sentido de que tal plano tem sempre *alguma* chance de sucesso em qualquer tentativa de execução dada, então eventualmente o agente vai alcançar a meta.

O problema ocorre quando uma ação aparentemente não determinística não é realmente aleatória, mas depende de alguma precondição que o agente desconhece. Por exemplo, às vezes, uma lata de tinta pode estar vazia, então a tinta dessa lata não tem efeito. Nenhuma quantidade de novas tentativas vai modificar esse fato.[6] Uma solução é escolher aleatoriamente entre o conjunto de planos de reparo possíveis, em vez de tentar o mesmo a cada vez. Nesse caso, o plano de reparo de abrir outra lata poderia funcionar. Uma abordagem melhor é **aprender** um modelo melhor. Toda previsão de falha é uma oportunidade de aprendizagem; um agente deverá ser capaz de modificar seu modelo do mundo de acordo com sua percepção. A partir disso, o replanejador será capaz de chegar a um reparo que o leve à raiz do problema, em vez de confiar na sorte para escolher um bom reparo.

11.6 Tempo, escalonamentos e recursos

O planejamento clássico informa *o que fazer* e *em que ordem*, mas não pode informar sobre o tempo: *quanto tempo* uma ação leva e *quando* ela ocorre. Por exemplo, no domínio do aeroporto, poderíamos produzir um plano informando quais aviões vão para onde e carregando qual carga, mas não poderíamos especificar os horários de partida e chegada. Esse é o tema do **escalonamento**.

Escalonamento

Restrição de recursos

O mundo real também impõe muitas **restrições de recursos**; por exemplo, uma companhia aérea tem número limitado de pessoal – e o pessoal designado para um voo não pode estar em outro ao mesmo tempo. Esta seção introduz técnicas para resolver problemas de planejamento e escalonamento com restrições de recursos.

A abordagem que adotamos nesta seção é "planejar primeiro, escalonar mais tarde", isto é, dividimos o problema global em uma fase de *planejamento*, em que as ações são selecionadas com algumas restrições de ordem para satisfazer as metas do problema, e em uma fase de *escalonamento* posterior, na qual informações temporais são adicionadas ao plano, a fim de assegurar que ele atenderá às restrições de recursos e de prazos. Essa abordagem é comum em ambientes de manufatura e logística do mundo real, onde a fase de planejamento às vezes é automatizada, e outras vezes realizadas por especialistas humanos.

11.6.1 Como representar restrições temporais e de recursos

Problema de escalonamento de linha de produção

Job

Duração

Consumível

Reutilizável

Um **problema** típico de **escalonamento de** *job-shop** (ver seção 6.1.2) consiste em um conjunto de processos (*jobs*), cada um dos quais é composto por um conjunto de **ações** com restrições de ordenação entre elas. Cada ação tem uma **duração** e um conjunto de restrições de recursos exigidos pela ação. Uma restrição especifica um *tipo* de recurso (p. ex., parafusos, chaves de porcas, ou pilotos), a quantidade necessária desse recurso e se esse recurso é **consumível** (p. ex., os parafusos não estão mais disponíveis para uso) ou **reutilizável** (p. ex., um piloto está ocupado durante um voo, mas ficará disponível quando o voo terminar). As ações também podem produzir recursos (p. ex., ações de manufatura e reabastecimento).

Uma solução para um problema de escalonamento de linha de produção deve especificar os horários de início de cada ação e deve satisfazer todas as restrições de ordenação temporal

---

[6] Repetição inútil do reparo de um plano é exatamente o comportamento exibido pela vespa Sphex (ver seção 2.2.3).

* N.R.T.: O problema de escalonamento de *job-shop* envolve processos de manufatura com maior variedade e menor volume. São processos mais customizados, porém cada processo pode compartilhar recursos das operações de outros produtos.

e as restrições de recursos. Tal como acontece com problemas de busca e planejamento, soluções podem ser avaliadas de acordo com uma função de custo, o que pode ser bastante complicado, com custos de recursos não lineares, custos de atraso dependentes do tempo, e assim por diante. Para simplificar, assumiremos que a função custo é a duração total do plano, que é chamado **makespan**.

Makespan

A Figura 11.13 mostra um exemplo simples: um problema que envolve a montagem de dois carros. O problema consiste em dois processos, cada um da forma [*AdicionarMotor, AdicionarRodas, Inspecionar*]. Em seguida, a instrução *Recursos* declara que existem quatro tipos de recursos e dá a quantidade de cada tipo disponível no início: 1 grua para levantar o motor, 1 estação de rodas, 2 inspetores e 500 porcas de roda. Os esquemas de ação fornecem a duração e os recursos necessários para cada ação. As porcas de roda são *consumidas* à medida que as rodas são adicionadas ao carro, enquanto os outros recursos são "emprestados" no início de uma ação e liberados no fim da ação.

A representação de recursos como quantidades numéricas, como *Inspetores*(2), em lugar de entidades nomeadas, como *Inspetor*(I_1) e *Inspetor*(I_2), é um exemplo de técnica muito geral chamada **agregação**: agrupar objetos individuais em quantidade quando os objetos são todos indistinguíveis. Em nosso problema de montagem, não importa *qual* inspetor inspeciona o carro; portanto, não há necessidade de fazer a distinção. A agregação é essencial para reduzir a complexidade. Considere o que acontece quando é proposto um escalonamento que tem 10 ações *Inspecionar* concorrentes, mas há apenas nove inspetores disponíveis. Com os inspetores representados como quantidades, uma falha é detectada de imediato e o algoritmo realiza o retrocesso para tentar outro escalonamento. Com os inspetores representados como indivíduos, o algoritmo efetua o retrocesso para experimentar todas as 10 maneiras de atribuir inspetores a ações antes de notar que nenhuma delas funciona.

Agregação

11.6.2 Solução de problemas de escalonamento

Começaremos considerando apenas o problema de escalonamento temporal, ignorando as restrições de recursos. Para minimizar o *makespan* (duração do plano), devemos encontrar os tempos de início mais cedo de todas as ações consistentes com as restrições de ordem fornecidas com o problema. É útil visualizar essas restrições de ordem como um grafo direcionado relativo às ações, como mostrado na Figura 11.14. Podemos aplicar o **método do caminho crítico** (COM, do inglês *critical path method*) para esse grafo, para determinar o tempo inicial e final possível de cada ação. Um **caminho** através de um grafo que representa um plano de ordem parcial é uma sequência de ações linearmente ordenadas começando em *Início* e terminando em *Término*. (p. ex., existem dois caminhos no plano de ordem parcial na Figura 11.14.)

Método do caminho crítico

Processos({[*AdicionarMotor1* ≺ *AdicionarRodas1* ≺ *Inspecionar1*},

    {*AdcionarMotor2* ≺ *AdicionarRodas2* ≺ *Inspecionar2*}])

Recursos(*GruaParaMotor*(1), *EstaçãoDeRodas*(1), *Inspetores*(2), *PorcasDeRoda*(500))

Ação(*AdicionarMotor1*, DURAÇÃO:30,
    USO: *GruaParaMotor*(1))
Ação(*AdicionarMotor2*, DURAÇÃO:60,
    USO: *GruaParaMotor*(1))
Ação (*AdicionarRodas1*, DURAÇÃO:30,
    CONSUMO: *PorcasDeRoda*(20), USO: *EstaçãoDeRodas*(1))
Ação(*AdicionarRodas2*, DURAÇÃO:15,
    CONSUMO: *PorcasDeRoda*(20), USO: *EstaçãoDeRodas*(1))
Ação (*Inspecionar$_i$*, DURAÇÃO:10,
    USO: *Inspetores*(1))

Figura 11.13 Um problema de escalonamento de linha de produção para montar dois carros, com restrições de recursos. A notação *A* ≺ *B* significa que a ação *A* deve preceder a ação *B*.

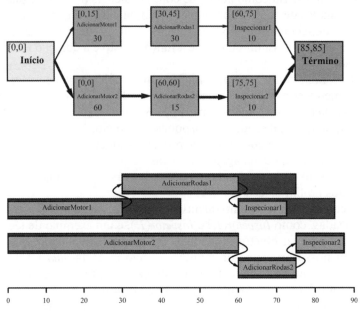

Figura 11.14 Parte superior: uma representação das restrições temporais para o escalonamento do problema da linha de produção da Figura 11.13. A duração de cada ação é dada na parte inferior de cada retângulo. Na solução do problema, calculamos os tempos de início mais cedo e mais tardio como o par [*ES*,*LS*], exibido no canto superior esquerdo dos retângulos. A diferença entre esses dois números é a *folga de tempo* de uma ação; as ações com zero de folga estão no caminho crítico, como indicam as setas em negrito. Parte inferior: a mesma solução mostrada na linha do tempo. Os retângulos cinza representam os intervalos de tempo durante os quais uma ação pode ser executada, desde que as restrições de ordem sejam respeitadas. A parte desocupada de um retângulo cinza indica uma folga de tempo.

Caminho crítico

O **caminho crítico** é aquele cuja duração total é a mais longa; o caminho é "crítico" porque determina a duração de todo o plano – encurtar outros caminhos não encurta o plano como um todo, mas o adiamento do início de qualquer ação no caminho crítico retarda o plano todo. As ações que estão fora do caminho crítico têm uma janela de tempo em que podem ser executadas. A janela é especificada em termos da hora de início mais cedo possível, *ES* (*earliest start*), e da mais tardia possível, *LS* (*latest start*). A quantidade *LS* − *ES* é

Folga

conhecida como **folga** de uma ação. Na Figura 11.14, podemos ver que todo o plano levará 85 minutos, que cada ação no processo superior tem 15 minutos de folga e que cada ação no caminho crítico não tem folga (por definição). Juntos, os tempos *ES* e o *LS* para todas as

Escalonamento

ações constituem um **escalonamento** para o problema.

As fórmulas a seguir servem como definição para *ES* e *LS*, e constituem um algoritmo de programação dinâmica para calculá-los. A e B são ações, e $A \prec B$ significa que A vem antes de B:

$ES(Início) = 0$
$ES(B) = \max_{A \prec B} ES(A) + Duração(A)$
$LS(Término) = ES(Término)$
$LS(A) = \min_{B \succ A} LS(B) - Duração(A)$.

A ideia é que comecemos atribuindo $ES(Início)$ como 0. Então, logo que obtivermos a ação B tal que todas as ações que vêm imediatamente antes de B tenham valores *ES* atribuídos, estabeleceremos $ES(B)$ como o máximo entre os tempos mais cedo de término das ações imediatamente anteriores, em que o tempo de término mais cedo de uma ação é definido como o tempo de início mais cedo, mais a duração. Esse processo é repetido até que cada ação tenha recebido um valor *ES*. Os valores *LS* são calculados de maneira semelhante, retrocedendo a partir da ação de *Término*.

A complexidade do algoritmo de caminho crítico é apenas $O(Nb)$, em que N é o número de ações e b é o fator máximo de ramificação entrando ou saindo de uma ação. (Para observar isso, note que os cálculos de *LS* e *ES* são efetuados uma vez para cada ação e cada cálculo itera, no máximo, *b* outras ações.) Portanto, é bem fácil encontrar um escalonamento de mínima duração, dada uma ordenação parcial das ações e sem restrições de recursos.

Matematicamente falando, problemas de caminho crítico são fáceis de resolver porque são definidos como uma *conjunção* de inequações *lineares* sobre os tempos de início e término. Quando introduzimos restrições de recursos, as restrições resultantes nos tempos de início e fim se tornam mais complicadas. Por exemplo, as ações *AdicionarMotor*, que começam ao mesmo tempo na Figura 11.14, exigem a mesma *GruaParaMotor* e, assim, não podem se sobrepor. A restrição "não podem se sobrepor" é uma *disjunção* de duas inequações lineares, uma para cada ordenação possível. A introdução de disjunções acaba por tornar o escalonamento com restrições de recursos NP-difícil.

A Figura 11.15 mostra a solução com o menor tempo de conclusão, 115 minutos, isto é, 30 minutos mais do que os 85 minutos necessários para um escalonamento sem restrições de recursos. Observe que nenhuma vez é necessário haver os dois inspetores; assim podemos mover um de nossos dois inspetores imediatamente para uma posição mais produtiva.

Há uma longa história de trabalho sobre o escalonamento ótimo. Um problema desafiante proposto em 1963 – encontrar o escalonamento ótimo para um problema envolvendo apenas 10 máquinas e 10 processos de 100 ações cada – permaneceu sem solução por 23 anos (Lawler *et al.*, 1993). Muitas abordagens foram experimentadas, inclusive ramificar-e-limitar (*branch-and-bound*), têmpera simulada, busca tabu e satisfação de restrições. Uma heurística simples, mas popular, é o algoritmo de **folga mínima**: em cada iteração, o escalonamento com o tempo mais cedo possível é iniciado para qualquer ação não escalonada que tenha todos os seus predecessores escalonados, e com a mínima folga; então, atualizam-se os horários de *ES* e *LS* para cada ação afetada e, em seguida, repete-se a tarefa. A heurística audaciosa se assemelha à heurística de mínimos valores restantes (MVR) heurísticos em satisfação de restrição. Com frequência, ela funciona bem na prática, mas, em nosso problema da linha de montagem, produz uma solução de 130 minutos, e não a solução de 115 minutos da Figura 11.15.

Folga mínima

Até este ponto, assumimos que o conjunto de ações e de restrições de ordenação é fixo. Sob esse pressuposto, todos os problemas de escalonamento podem ser resolvidos por uma sequência sem sobreposição que evita todos os conflitos de recursos, desde que cada ação seja viável por si só. No entanto, se um problema de escalonamento se mostrar muito difícil, pode não ser uma boa ideia resolvê-lo dessa forma – é melhor reconsiderar as ações e as restrições, caso conduza a um problema de escalonamento muito mais fácil. Nesse caso, faz sentido *integrar* planejamento e escalonamento, levando em conta durações e sobreposições durante a elaboração de um plano. Vários algoritmos de planejamento da seção 11.2 podem ser estendidos para lidar com essas informações.

11.7 Análise de abordagens de planejamento

Planejamento combina as duas principais áreas de IA que estudamos até agora: *busca* e *lógica*. Um planejador pode ser visto ou como um programa que procura por uma solução ou como um programa que demonstra (construtivamente) a existência de uma solução. O cruzamento

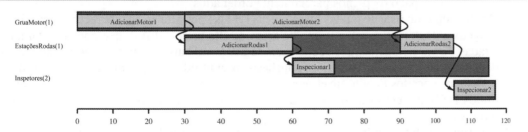

Figura 11.15 Uma solução para o problema de escalonamento de linha de produção da Figura 11.13, levando em conta a restrição de recursos. A margem à esquerda lista os três recursos reutilizáveis, e as ações são mostradas alinhadas horizontalmente com os recursos que elas utilizam. Há dois escalonamentos possíveis, dependendo de qual montagem utiliza a grua para motor em primeiro lugar; mostramos a solução de menor duração, que leva 115 minutos.

de ideias das duas áreas permitiu que os planejadores passassem de problemas de brinquedo, em que o número de ações e estados era limitado a cerca de uma dúzia, para aplicações industriais do mundo real, com milhões de estados e milhares de ações.

Planejamento é antes de tudo um exercício de controle da explosão combinatória. Se houver n proposições em um domínio, existirão 2^n estados. Contra esse pessimismo, a identificação de subproblemas independentes pode ser uma arma poderosa. No melhor caso – capacidade de decomposição integral do problema – temos um ganho de desempenho exponencial. No entanto, a capacidade de decomposição é destruída por interações negativas entre as ações. SATPLAN pode codificar relações lógicas entre subproblemas. Busca progressiva aborda o problema com heurísticas, tentando encontrar padrões (subconjuntos de proposições) que resolvam os subproblemas independentes. Uma vez que essa abordagem é heurística, ela pode funcionar, mesmo quando os subproblemas não são completamente independentes.

Infelizmente, ainda não compreendemos claramente quais técnicas funcionam melhor em quais tipos de problemas. Muito possivelmente, aparecerão novas técnicas, talvez fornecendo uma síntese de representações de primeira ordem altamente expressivas e hierárquicas, com as representações fatoradas e proposicionais altamente eficientes que hoje dominam. Estamos vendo exemplos de sistemas de planejamento de **portfólio**, para os quais existe um conjunto disponível de algoritmos para ser aplicado a qualquer problema. Isso pode ser feito seletivamente (o sistema classifica cada novo problema para escolher o melhor algoritmo para ele), ou em paralelo (todos os algoritmos são executados simultaneamente, cada um em uma CPU diferente), ou intercalando os algoritmos de acordo com uma programação.

> Portfólio

Resumo

Neste capítulo, descrevemos as representações PDDL usadas em problemas de planejamento clássico e estendido, apresentando diversas abordagens algorítmicas para encontrar soluções. Os pontos a serem lembrados são:

- Os sistemas de planejamento são algoritmos de resolução de problemas que operam sobre representações explícitas fatoradas de estados e ações. Essas representações possibilitam a derivação de heurísticas efetivas, independentes de domínio, e o desenvolvimento de algoritmos poderosos e flexíveis para resolução de problemas.
- PDDL (*Planning Domain Definition Language*), a linguagem de definição de domínio de planejamento, descreve os estados inicial e meta como conjunções de literais, e ações em termos de suas precondições e efeitos. As extensões representam tempo, recursos, percepções, planos de contingência e planos hierárquicos.
- A busca no espaço de estados pode operar no sentido para a frente (**progressão**) ou no sentido para trás (**regressão**). Podem ser derivadas heurísticas efetivas adotando-se uma hipótese de independência de submetas e empregando-se vários relaxamentos do problema de planejamento.
- Outras abordagens incluem a codificação de um problema de planejamento como problema de satisfatibilidade booleana ou como um problema de satisfação de restrição; e busca explícita através do espaço de planos parcialmente ordenados.
- O planejamento de **rede de tarefas hierárquicas** (HTN) permite ao agente receber conselhos do projetista de domínio, sob a forma de **ações de alto nível** (HLAs), que podem ser implementadas de várias formas por sequências de ações de baixo nível. Os efeitos das HLAs podem ser definidos com **semânticas angelicais**, permitindo provavelmente que sejam derivados planos corretos de alto nível sem considerar as implementações de mais baixo nível. Métodos HTN podem criar planos realmente grandes exigidos por muitas aplicações do mundo real.
- **Planos contingentes** permitem que o agente observe o mundo durante a execução para decidir que ramo do plano seguir. Em alguns casos, o **planejamento sem sensor** ou **conformante** pode ser utilizado para construir um plano que funcione sem a necessidade de percepção. Tanto o plano conformante como o de contingência podem ser construídos pela busca no espaço de **estados de crença**. A representação ou a computação eficiente dos estados de crença é um problema-chave.

- Um **agente de planejamento** *online* utiliza monitoramento de execução e reparos quando necessário para se recuperar de situações inesperadas que podem ser devidas a ações não determinísticas, eventos exógenos, ou modelos incorretos do ambiente.
- Muitas ações consomem **recursos**, tais como dinheiro, combustível ou matérias-primas. É conveniente tratar esses recursos como medidas numéricas em um *pool*, em vez de tentar raciocinar, digamos, sobre cada moeda e cada cédula individual existente no mundo. O tempo é um dos recursos mais importantes. Ele pode ser manipulado por algoritmos especializados de escalonamento ou o escalonamento pode ser integrado ao planejamento.
- Este capítulo estende o planejamento clássico para abranger ambientes não determinísticos (em que os resultados das ações são incertos), mas não é a última palavra em planejamento. O Capítulo 17 descreve as técnicas para ambientes estocásticos (em que os resultados das ações têm probabilidades associadas a elas): processos markovianos de decisão, parcialmente observáveis, e teoria dos jogos. No Capítulo 22, mostraremos que o aprendizado por reforço permite a um agente aprender como se comportar com os sucessos e fracassos do passado.

Notas bibliográficas e históricas

O planejamento da IA surgiu de investigações em busca no espaço de estados, prova de teoremas e teoria de controle. STRIPS (Fikes e Nilsson, 1971, 1993), o primeiro sistema de planejamento importante, foi projetado como o componente de planejamento do *software* para o projeto do robô Shakey na SRI. A primeira versão do programa foi executada em um computador com apenas 192 KB de memória. Sua estrutura de controle global foi modelada sobre o GPS, *General Problem Solver* (Newell e Simon, 1961), um sistema de busca no espaço de estados que utilizava a análise de meios-fins.

A linguagem de representação usada por STRIPS evoluiu para a *Action Description Language*, ou ADL (Pednault, 1986), e depois para a *Problem Domain Description Language*, ou PDDL (Ghallab *et al.*, 1998), que tem sido usada na Competição Internacional de Planejamento desde 1998. A versão mais recente é a PDDL 3.1 (Kovacs, 2011).

Os planejadores do início da década de 1970 decompuseram problemas computando um subplano para cada submeta e depois encadeando os subplanos em alguma ordem. Essa abordagem, chamada **planejamento linear** por Sacerdoti (1975), logo se mostrou incompleta. Ela não é capaz de resolver alguns problemas muito simples, como a anomalia de Sussman, encontrada por Allen Brown durante a experimentação com o sistema HACKER (Sussman, 1975). Um planejador completo deve permitir a **intercalação** de ações de diferentes subplanos dentro de uma única sequência. O WARPLAN de Warren (1974) conseguiu isso e demonstrou como a linguagem de programação lógica Prolog pode produzir programas concisos; o WARPLAN tem apenas 100 linhas de código.

Planejamento linear

O planejamento de ordem parcial dominou os 20 anos de pesquisa seguintes, com o trabalho teórico descrevendo a detecção de conflitos (Tate, 1975a) e a proteção de condições alcançadas (Sussman, 1975), e com implementações incluindo NOAH (Sacerdoti, 1977) e NONLIN (Tate, 1977). Isso levou a modelos formais (Chapman, 1987; McAllester e Rosenblitt, 1991) que possibilitaram a análise teórica de diversos algoritmos e problemas de planejamento, e a um sistema amplamente distribuído, o UCPOP (Penberthy e Weld, 1992).

Drew McDermott suspeitou que a ênfase no planejamento de ordem parcial estava deixando de lado outras técnicas que talvez devessem ser reconsideradas, em uma época em que os computadores tinham 100 vezes a memória dos dias de Shakey. Seu UNPOP (McDermott, 1996) era um programa de planejamento de espaço de estados que empregava uma heurística ignorar-listas-de-remoção. HSP, o *Heuristic Search Planner* (Bonet e Geffner, 1999; Haslum, 2006), era um programa que empregava o planejamento de espaço de estados para grandes problemas de planejamento. FF ou o planejador *Fast Forward* (Hoffmann, 2001; Hoffmann e Nebel, 2001; Hoffmann, 2005) e sua variante FASTDOWNWARD (Helmert, 2006) venceram competições internacionais de planejamento na década de 2000.

A busca bidirecional (ver seção 3.4.5) também sofria de uma falta de heurísticas, mas teve algum sucesso com o uso da busca regressiva a fim de criar um **perímetro** em torno da meta, depois refinando uma heurística para busca progressiva, em direção a esse perímetro (Torralba *et al.*, 2016). O planejador de busca bidirecional SYMBA* (Torralba *et al.*, 2016) venceu a competição de 2016.

Os pesquisadores se voltaram para a PDDL e para o paradigma de planejamento, de modo que pudessem usar heurísticas independentes do domínio. Hoffmann (2005) analisa o espaço de busca da heurística ignorar-listas-de-remoção. Edelkamp (2009) e Haslum *et al.* (2007) descrevem como construir bancos de dados de padrões para heurísticas de planejamento. Felner *et al.* (2004) mostraram resultados encorajadores utilizando bases de dados de padrões para quebra-cabeças de blocos deslizantes, que podem ser considerados domínio de planejamento, mas Hoffmann *et al.* (2006) mostraram algumas limitações de abstração para problemas clássicos de planejamento. Rintanen (2012) discute heurísticas de seleção de variável específicas do planejamento para a solução de problemas SAT.

Helmert *et al.* (2011) descrevem o sistema Fast Downward Stone Soup (FDSS), um planejador de portfólio que, como na fábula da sopa de pedras, nos convida a lançar tantos algoritmos de planejamento quanto possível. O sistema mantém um conjunto de problemas de treinamento e, para cada problema e cada algoritmo, registra o tempo de execução e o custo do plano resultante da solução do problema. Então, quando se depara com um novo problema, ele usa a experiência passada para decidir qual ou quais algoritmos tentar, com quais limites de tempo, e utiliza a solução com o menor custo. O FDSS foi o vencedor da International Planning Competition de 2018 (Seipp e Röger, 2018). Seipp *et al.* (2015) descrevem uma abordagem de aprendizado de máquina para descobrir automaticamente um bom portfólio, dado um novo problema. Vallati *et al.* (2015) fornecem uma visão geral do planejamento de portfólio. A ideia de portfólios de algoritmos para problemas de busca combinatória remonta a Gomes e Selman (2001).

Sistla e Godefroid (2004) abordam a redução de simetria, e Godefroid (1990) trata das heurísticas para ordenação parcial. Richter e Helmert (2009) demonstram os ganhos de eficiência da poda para frente usando ações preferenciais.

Blum e Furst (1997) revitalizaram a área de planejamento com seu sistema Graphplan, ordens de grandeza mais rápido do que os planejadores de ordem parcial da época. Bryce e Kambhampati (2007) oferecem uma visão geral dos grafos de planejamento. O uso do cálculo de situações para o planejamento foi introduzido por John McCarthy (1963) e refinado por Ray Reiter (2001).

Kautz *et al.* (1996) pesquisaram várias maneiras de proposicionalizar esquemas de ação, verificando que as formas mais compactas nem sempre conduzem à solução mais rápida. Uma análise sistemática foi realizada por Ernst *et al.* (1997), que também desenvolveram um "compilador" automático para gerar representações proposicionais a partir de problemas PDDL. O planejador BLACKBOX, que combina ideias de Graphplan e SATPLAN, foi desenvolvido por Kautz e Selman (1998). Planejadores baseados em satisfação de restrições incluem o CPLAN, descrito por Van Beek e Chen (1999) e o GP-CSP (Do e Kambhampati, 2003).

Diagrama de decisão binária (BDD)

Tem havido interesse na representação de um plano como **diagrama de decisão binária** (BDD, do inglês *Binary Decision Diagram*), uma estrutura de dados compacta para expressões booleanas, intensamente estudada na comunidade de verificação de *hardware* (Clarke e Grumberg, 1987; McMillan, 1993). Existem técnicas para demonstrar propriedades de diagramas de decisão binária, inclusive a propriedade de ser uma solução para um problema de planejamento. Cimatti *et al.* (1998) apresentam um planejador baseado nessa abordagem. Outras representações também foram utilizadas, como o uso da programação com inteiros (Vossen *et al.*, 2001).

Existem algumas comparações interessantes entre as diversas abordagens para planejamento. Helmert (2001) analisa várias classes de problemas de planejamento e mostra que as abordagens baseadas em restrições, como Graphplan e SATPLAN, são melhores para domínios NP-difíceis, enquanto abordagens baseadas em busca funcionam melhor em domínios nos quais podem ser encontradas soluções possíveis sem retrocesso. O Graphplan e o SATPLAN têm dificuldades em domínios com muitos objetos porque isso significa que eles têm de criar muitas ações. Em alguns casos, o problema pode ser retardado ou evitado gerando-se dinamicamente as ações proposicionalizadas, apenas quando necessário, em vez de instanciar todas elas antes do início da busca.

O primeiro mecanismo para planejamento hierárquico foi uma facilidade no programa STRIPS para aprendizado de **macrops** – "macro-operadores" que consistiam em uma sequência de passos primitivos (Fikes *et al.*, 1972). O sistema ABSTRIPS (Sacerdoti, 1974) introduziu a ideia de uma **hierarquia de abstração**, por meio da qual o planejamento em níveis mais altos podia ignorar precondições de ações de nível mais baixo com a finalidade de derivar a estrutura geral de um plano viável. A tese de doutorado de Austin Tate (1975b) e o trabalho de Earl Sacerdoti (1977) desenvolveram as ideias básicas do planejamento de HTN. Erol, Hendler e Nau (1994, 1996) apresentam um planejador de decomposição hierárquica completo, bem como uma variedade de resultados de complexidade para planejadores de HTN puros. Nossa apresentação de HLAs e semântica angelical deve-se a Marthi *et al.* (2007, 2008).

Um dos objetivos do planejamento hierárquico tem sido a reutilização da experiência de planejamento anterior, sob a forma de planos generalizados. A técnica de **aprendizado baseado na explicação** tem sido muito usada como meio de generalizar planos anteriormente computados em sistemas como SOAR (Laird *et al.*, 1986) e PRODIGY (Carbonell *et al.*, 1989). Uma abordagem alternativa é armazenar planos anteriormente computados em sua forma original e depois reutilizá-los para resolver novos problemas semelhantes ao problema original. Essa é a abordagem adotada pelo campo chamado **planejamento baseado em casos** (Carbonell, 1983; Alterman, 1988). Kambhampati (1994) argumenta que o planejamento baseado em casos deve ser analisado como uma forma de planejamento de refinamento e fornece um fundamento formal para o planejamento de ordem parcial baseado em casos.

Os primeiros planejadores não incluíam condicionais e laços, mas alguns podiam usar a coerção para formar planos conformantes. O NOAH de Sacerdoti resolveu o problema de "chaves e caixas" (em que o planejador conhece pouco sobre o estado inicial) utilizando coerção. Mason (1993) argumenta que, com frequência, o sensoriamento em geral pode e deve ser dispensado no planejamento robótico, e descreveu um plano sem sensores capaz de mover uma ferramenta para uma posição específica sobre uma mesa por meio de uma sequência de ações de inclinação, *independentemente* da posição inicial.

Goldman e Boddy (1996) introduziram o termo **planejamento conformante**, observando que os planos sem sensores frequentemente são eficazes, ainda que o agente tenha sensores. O primeiro planejador conformante moderadamente eficaz foi o Conformant Graphplan (CGP) de Smith e Weld (1998). Ferraris e Giunchiglia (2000) e Rintanen (1999) desenvolveram de forma independente planejadores conformantes baseados no SATPLAN. Bonet e Geffner (2000) descrevem um planejador conformante fazendo busca heurística no espaço de estados de crença, com base em ideias iniciais desenvolvidas na década de 1960 para processos decisórios de Markov parcialmente observáveis, ou POMDPs (ver Capítulo 17).

Atualmente, existem três abordagens principais do planejamento conformante. As duas primeiras utilizam busca heurística no espaço do estado de crença: o HSCP (Bertoli *et al.*, 2001a) utiliza diagramas de decisão binária (BDDs) para representar estados de crença, enquanto Hoffmann e Brafman (2006) adotam a abordagem preguiçosa de cálculo das precondições e dos testes de meta sobre demanda utilizando um solucionador SAT.

A terceira abordagem, defendida principalmente por Jussi Rintanen (2007), formula todo o problema de planejamento sem sensores como uma fórmula booleana quantificada (QBF) e a resolve usando um solucionador QBF de propósito geral. Os planejadores conformantes atuais são cinco ordens de grandeza mais rápidos do que o CGP. Em 2006, o vencedor da categoria de planejamento conformante na International Planning Competition foi o T_0 (Palacios e Geffner, 2007), que usa busca heurística em espaço de estado de crença, enquanto mantém a simples representação do estado de crença pela definição de literais derivados que abrangem efeitos condicionais. Bryce e Kambhampati (2007) discutem como um grafo de planejamento pode ser generalizado para gerar boa heurística para planejamento conformante e contingente.

A abordagem do planejamento contingente descrita neste capítulo foi baseada em Hoffmann e Brafman (2005), influenciada pelos algoritmos de busca eficientes para grafos cíclicos E-OU desenvolvidos por Jimenez e Torras (2000) e Hansen e Zilberstein (2001). O problema de planejamento contingente obteve mais atenção depois da publicação de *Planning and Acting*, artigo influente de Drew McDermott (1978a). Bertoli *et al.* (2001b) descreveram o MBP (planejador baseado em modelo), que utiliza diagramas de decisão binária para fazer planejamento conformante e contingente. Alguns autores utilizam "planejamento condicional" e "planejamento contingente" como sinônimos; outros fazem a distinção de que "condicional" se refere a ações com efeitos não determinísticos, enquanto "contingente" significa usar a detecção para contornar a observabilidade parcial.

Em resumo, agora é possível ver como os principais algoritmos clássicos de planejamento levaram a versões estendidas de domínios incertos. A busca heurística progressiva rápida através do espaço de estados conduziu à busca progressiva no espaço de crença (Bonet e Geffner, 2000; Hoffman e Brafman, 2005); o SATPLAN resultou no SATPLAN estocástico (Majercik e Littman, 2003) e no planejamento com a lógica booleana quantificada (Rintanen, 2007); o planejamento de ordem parcial levou ao UWL (Etzioni *et al.*, 1992) e ao CNLP (Peot e Smith, 1992); o Graphlan conduziu ao Sensory Graphplan ou SGP (Weld *et al.*, 1998).

O primeiro planejador *online* com monitoramento de execução foi o PLANEX (Fikes *et al.*, 1972), que funcionava com o planejador STRIPS para controlar o robô Shakey. O SIPE (*System for Interactive Planning and Execution monitoring*) (Wilkins, 1988) foi o primeiro planejador a lidar sistematicamente com o problema de replanejamento. Ele foi utilizado em projetos de demonstração em vários domínios, inclusive operações de planejamento no convés de voo de um porta-aviões, no escalonamento de linha de produção de uma fábrica de cerveja australiana, e no planejamento da construção de edifícios com várias lojas (Kartam e Levitt, 1990).

Planejamento reativo

Em meados da década de 1980, o pessimismo sobre os tempos lentos de execução de sistemas de planejamento levou à proposta de agentes reativos chamados sistemas de **planejamento reativo** (Brooks, 1986; Agre e Chapman, 1987). Os "planos universais" (Schoppers, 1989) foram desenvolvidos como um método de busca em tabelas para planejamento reativo, mas acabaram por se tornar uma redescoberta da ideia de **políticas** que foi usada por longo tempo em processos de decisão de Markov (ver Capítulo 17). Koenig (2001) avalia técnicas de planejamento *online* sob o nome de *Agent-Centered Search*.

O planejamento com restrição de tempo foi tratado inicialmente pelo DEVISER (Vere, 1983). A representação de tempo em planos foi tratada por Allen (1984) e por Dean *et al.* (1990) no sistema FORBIN. O NONLIN+ (Tate e Whiter, 1984) e o SIPE (Wilkins, 1990) eram capazes de raciocinar sobre a alocação de recursos limitados para várias etapas de plano. O O-PLAN (Bell e Tate, 1985) tem sido aplicado aos problemas de recursos, como no planejamento de compra de *software* na Price Waterhouse e no planejamento da montagem do eixo traseiro dos automóveis da Jaguar Cars.

Os dois planejadores SAPA (Do e Kambhampati, 2001) e T4 (Haslum e Geffner, 2001) utilizavam a busca direta em espaço de estados com heurísticas sofisticadas para manipular ações com durações de tempo e recursos. Uma alternativa é usar linguagens de ação muito expressivas, mas orientá-las por heurísticas específicas de domínios escritas por seres humanos, como foi feito no caso do ASPEN (Fukunaga *et al.*, 1997), do HSTS (Jonsson *et al.*, 2000) e do IxTeT (Ghallab e Laruelle, 1994).

Diversos sistemas híbridos de planejamento e escalonamento foram implantados: o ISIS (Fox *et al.*, 1982; Fox, 1990) tem sido usado para escalonamento de linha de produção na Westinghouse; o GARI (Descotte e Latombe, 1985) planejou a usinagem e a construção de peças mecânicas; o Forbin foi usado para o controle de fábrica; e o NONLIN+ foi usado para o planejamento de logística naval. Escolhemos apresentar planejamento e escalonamento como dois problemas distintos; Cushing *et al.* (2007) mostram que isso pode levar a incompletude sobre determinados problemas.

Há um longo histórico de escalonamento na indústria aeroespacial. O T-SCHED (Drabble, 1990) foi usado para programar sequências de comandos de missões para o satélite UOSAT-II. O OPTIMUM-AIV (Aarup *et al.*, 1994) e o PLAN-ERS1 (Fuchs *et al.*, 1990), ambos baseados no O-PLAN, foram usados na montagem de naves espaciais e em planejamento de observação, respectivamente, na agência espacial europeia. O SPIKE (Johnston e Adorf, 1992) foi empregado para planejamento de observação na NASA para o telescópio espacial Hubble, enquanto o Space Shuttle Ground Processing Scheduling System (Deale *et al.*, 1994) realiza a programação da linha de produção com turnos de até 16 mil trabalhadores. O Remote Agent (Muscettola *et al.*, 1998) se tornou o primeiro planejador-escalonador autônomo a controlar uma nave espacial quando voou a bordo da sonda Deep Space One em 1999. As aplicações espaciais impulsionaram o desenvolvimento de algoritmos para alocação de recursos; consulte

Laborie (2003) e Muscettola (2002). A literatura sobre escalonamento é apresentada em um artigo de revisão clássico (Lawler *et al.*, 1993), no livro (Pinedo, 2008) e em uma coletânea editada (Blazewicz *et al.*, 2007).

A complexidade computacional do planejamento foi analisada por diversos autores (Bylander, 1994; Ghallab *et al.*, 2004; Rintanen, 2016). Há duas tarefas principais: **PlanSAT** é a questão de saber se existe algum plano que resolva um problema de planejamento. O **Bounded PlanSAT** pergunta se há uma solução de comprimento k ou menor; isso pode ser usado para encontrar um plano ótimo. Ambos são decidíveis para o planejamento clássico (porque o número de estados é finito). Todavia, se adicionarmos símbolos de função à linguagem, o número de estados torna-se infinito e o PlanSAT torna-se apenas semidecidível. Para problemas proposicionalizados, ambos estão na classe de complexidade PSPACE, uma classe que é maior (e, portanto, mais difícil) do que NP e se refere a problemas que podem ser resolvidos por uma máquina de Turing determinística com uma quantidade polinomial de espaço. Esses resultados teóricos são desanimadores, mas, na prática, os problemas que queremos resolver tendem a não ser tão ruins. A verdadeira vantagem do formalismo no planejamento clássico é que ele facilitou o desenvolvimento de heurísticas independentes de domínio muito precisas; outras abordagens não foram tão frutíferas.

Readings in Planning (Allen *et al.*, 1990) é uma antologia abrangente dos primeiros trabalhos nesse campo. Weld (1994, 1999) fornece duas excelentes revisões de algoritmos de planejamento dos anos 1990. É interessante observar a mudança nos 5 anos entre as duas revisões: a primeira se concentra no planejamento de ordem parcial, enquanto a segunda introduz o Graphplan e o SATPLAN. *Automated Planning and Acting* (Ghallab *et al.*, 2004) é um livro excelente sobre todos os aspectos dessa área. O livro de LaValle, *Algoritmos de Planejamento* (2006), abrange tanto o planejamento clássico como o estocástico, com ampla cobertura do planejamento do movimento de robôs.

A pesquisa em planejamento foi fundamental para a IA desde sua concepção, e os artigos sobre planejamento são frequentes nos principais periódicos e em conferências sobre IA. Também existem conferências especializadas, como a *International Conference on Automated Planning and Scheduling* e o *International Workshop on Planning and Scheduling for Space*.

CAPÍTULO 12

QUANTIFICAR A INCERTEZA

Neste capítulo, vemos como um agente pode controlar a incerteza mediante o uso de graus de crença.

12.1 Como agir em meio à incerteza

Incerteza

Os agentes no mundo real precisam lidar com a **incerteza**, seja devido à capacidade parcial de observação, ao não determinismo, ou a uma combinação dos dois. Um agente pode nunca saber ao certo em que estado está ou onde terminará após uma sequência de ações.

Vimos agentes de resolução de problemas e agentes lógicos projetados para lidar com a incerteza, mantendo o controle de um **estado de crença** – uma representação do conjunto de todos os estados possíveis do mundo em que possam estar – e gerando um plano de contingência que trate de qualquer eventualidade possível que seus sensores possam relatar durante a execução. Essa abordagem funciona para problemas simples, mas tem desvantagens:

- Um agente deve considerar *cada* explanação *possível* das observações do sensor, não importa o quão improvável seja. Isso leva a representações de estados de crença grandes e cheias de possibilidades improváveis;
- Um plano de contingência correto que lida com toda eventualidade pode crescer arbitrariamente e deve considerar as contingências arbitrariamente improváveis;
- Às vezes, não há um plano garantido de alcançar o objetivo – mesmo assim o agente deve agir. Ele precisa contar com alguma maneira de comparar os méritos dos planos que não são garantidos.

Suponha, por exemplo, que um táxi autônomo tenha o objetivo de levar um passageiro para o aeroporto a tempo. O táxi faz um plano, A_{90}, que envolve sair de casa 90 minutos antes da partida do voo e dirigir a uma velocidade razoável. Mesmo que o aeroporto esteja a apenas oito quilômetros de distância, o agente lógico do táxi não será capaz de concluir com certeza se o "Plano A_{90} vai conduzir ao aeroporto a tempo". Em vez disso, chegará à conclusão mais fraca de que o "Plano A_{90} vai conduzir ao aeroporto a tempo, se o carro não quebrar, se não se envolver em um acidente, se não houver engarrafamento na estrada, se nenhum meteorito atingir o carro, se..." Nenhuma dessas condições pode ser deduzida com certeza; assim, não podemos deduzir que o plano terá sucesso. Esse é o **problema de qualificação** lógica (seção 7.7.2), para o qual até agora não vimos nenhuma solução real.

Todavia, vamos supor que A_{90} *seja* de fato a alternativa correta. O que queremos dizer com isso? Como vimos no Capítulo 2, queremos dizer que, de todos os planos que poderiam ser executados, espera-se que o Plano A_{90} maximize a medida de desempenho do agente (em que a expectativa é relativa ao conhecimento do agente sobre o ambiente). A medida de desempenho inclui chegar ao aeroporto a tempo para o voo, evitando uma longa e improdutiva espera no aeroporto, e evitando multas por excesso de velocidade ao longo do caminho. As informações que o agente tem não podem garantir quaisquer desses resultados para A_{90}, mas podem fornecer algum grau de crença de que os resultados serão alcançados. Outros planos, como A_{180}, poderiam aumentar a crença do agente de que ele chegará ao aeroporto a tempo, mas também aumentarão a probabilidade de uma longa espera. *Então, a alternativa correta – a* **decisão racional** *– depende tanto da importância relativa de várias metas quanto da probabilidade de que elas serão alcançadas e em que grau.* O restante desta seção apura essas ideias como preparação para o desenvolvimento das teorias gerais de raciocínio incerto e decisões racionais que apresentaremos neste capítulo e em capítulos subsequentes.

12.1.1 Sumarização de incerteza

Vamos considerar um exemplo de raciocínio incerto: o diagnóstico de dor de dente de um paciente. Diagnóstico - seja em medicina, conserto de automóveis ou qualquer outra atividade - é uma tarefa que quase sempre envolve incerteza. Vamos tentar definir regras para diagnóstico odontológico utilizando a lógica proposicional, de forma que possamos ver como a abordagem lógica se desenvolve. Considere a regra simples a seguir:

DorDeDente ⇒ *Cárie*.

O problema é que essa regra está errada. Nem todos os pacientes sentindo dor de dente têm cáries; alguns deles têm gengivite, abscessos ou algum entre vários outros problemas:

DorDeDente ⇒ *Cárie* ∨ *Gengivite* ∨ *Abscessos*...

Infelizmente, a fim de tornar a regra verdadeira, temos de adicionar uma lista quase ilimitada de possíveis problemas. Poderíamos tentar transformar a regra em uma regra causal:

Cárie ⇒ *DorDeDente*.

No entanto, essa regra também não é correta; nem todas as cáries causam dor. O único modo de corrigir a regra é torná-la logicamente exaustiva: aumentar o lado esquerdo com todas as qualificações exigidas para que uma cárie cause dor de dente. Tentar usar lógica para lidar com um domínio como diagnóstico médico é uma abordagem falha, por três razões principais:

- **Preguiça:** é trabalhoso demais listar o conjunto completo de antecedentes ou consequentes necessários para assegurar uma regra sem exceções, e é muito difícil usar tais regras.
- **Ignorância teórica:** a ciência médica não tem nenhuma teoria completa para o domínio.
- **Ignorância prática:** ainda que todas as regras sejam conhecidas, poderíamos estar inseguros quanto a um paciente específico porque nem todos os testes necessários foram ou podem ser executados.

Preguiça

Ignorância teórica

Ignorância prática

A conexão entre dor de dente e cáries não é apenas uma consequência lógica, em um sentido ou em outro. Isso é típico do domínio médico, bem como da maioria dos outros domínios de julgamento: jurídicos, de negócios, de projeto, de consertos de automóveis, de jardinagem, de encontros, e assim por diante. O conhecimento do agente pode, na melhor das hipóteses, fornecer apenas um **grau de crença** nas sentenças relevantes. Nossa principal ferramenta para lidar com graus de crença será a **teoria de probabilidades**. Na terminologia da seção 8.1, os **compromissos ontológicos** da lógica e da teoria de probabilidades são os mesmos - que o mundo é composto de fatos que são ou não válidos em qualquer caso particular -, mas os **compromissos epistemológicos** são diferentes: um agente lógico acredita que cada sentença seja verdadeira ou falsa, ou não tem opinião, enquanto um agente probabilístico pode ter um grau de crença numérico entre 0 (para sentenças que são certamente falsas) e 1 (certamente verdadeiras).

Grau de crença
Teoria de probabilidade

A teoria de *probabilidades proporciona um meio para resumir a incerteza que vem de nossa preguiça e ignorância*, resolvendo assim o problema de qualificação. Talvez não saibamos com certeza o que aflige determinado paciente, mas acreditamos que exista, digamos, uma chance de 80% - isto é, uma probabilidade igual a 0,8 - de que o paciente tenha uma cárie, caso ele esteja sentindo dor de dente. Ou seja, esperamos que, de todas as situações indistinguíveis da situação atual, até onde for o nosso conhecimento, o paciente terá uma cárie em 80% delas. Essa crença poderia ser derivada de dados estatísticos - 80% dos pacientes com dor de dente vistos até agora tinham cáries - ou de algum conhecimento geral da odontologia, ou ainda de uma combinação de fontes de evidências.

Um ponto confuso é que, no momento do nosso diagnóstico, não há incerteza no mundo real: o paciente tem uma cárie ou não. Então, o que significa dizer que a probabilidade de uma cárie é de 0,8? Não deveria ser 0 ou 1? A resposta é que as declarações de probabilidade são feitas em relação a um estado de conhecimento, não em relação ao mundo real. Dizemos: "a probabilidade de o paciente ter uma cárie, *uma vez que tem dor de dente*, é de 0,8". Se soubermos depois que o paciente tem um histórico de gengivite, podemos fazer uma declaração

352 Inteligência Artificial

diferente: "A probabilidade de que o paciente tenha uma cárie, uma vez que tem uma dor de dente e um histórico de gengivite, é de 0,4." Se reunirmos evidências mais conclusivas contra a cárie, podemos dizer: "A probabilidade de que o paciente tenha uma cárie, dado tudo o que sabemos agora, é quase 0." Observe que essas declarações não se contradizem mutuamente; cada uma é uma afirmação separada sobre um diferente estado do conhecimento.

12.1.2 Incerteza e decisões racionais

Considere novamente o plano A_{90} para chegar ao aeroporto. Suponha que ele apresente uma chance de 97% de pegar o voo. Isso significa que é uma escolha racional? Não necessariamente: pode haver outros planos, como o A_{180}, com maiores probabilidades. Se for *vital* não perder o voo, valerá a pena suportar uma espera mais longa no aeroporto. O que dizer do plano A_{1440}, que envolve sair de casa com 24 horas de antecedência? Na maioria das circunstâncias, essa não é uma boa escolha, porque, embora garanta a chegada a tempo, envolve uma espera intolerável – sem mencionar a possibilidade pouco agradável da comida do aeroporto.

Preferência
Resultado

Para fazer tais escolhas, primeiro um agente deve ter **preferências** entre os diferentes **resultados** dos vários planos. Um resultado específico é um estado completamente especificado, incluindo fatores como o agente chegar a tempo ou não e a duração da espera no aeroporto.

Teoria da utilidade

Empregaremos a **teoria da utilidade** para representar e raciocinar com preferências de modo quantitativo. A teoria da utilidade diz que todo estado (ou sequência de estados) tem determinado grau de utilidade para um agente e que o agente preferirá estados com utilidade mais alta.

A utilidade de um estado é relativa ao agente. Por exemplo, a utilidade de um estado em uma partida de xadrez em que a peça branca colocou a preta em xeque é obviamente alta para o agente que joga com as brancas, mas baixa para o agente que joga com as pretas. Mas não podemos ir estritamente pelo número de pontos 1, 1/2 e 0 ditados pelas regras do torneio de xadrez – alguns jogadores (incluindo os autores) podem ficar eufóricos por empatar com o campeão mundial de xadrez, enquanto outros jogadores (incluindo o campeão mundial anterior) talvez não fiquem tão entusiasmados. Não existe nenhuma maneira de medir o gosto ou as preferências: você pode pensar que um agente que prefere sorvete de pimenta a doce de chocolate é estranho ou mesmo mal orientado, mas não pode dizer que o agente é irracional. Uma função utilidade pode contar com qualquer conjunto de preferências – peculiar ou típico, nobre ou perverso. Observe que as utilidades podem levar em conta o altruísmo, simplesmente incluindo o bem-estar de outras pessoas como um dos fatores.

Teoria da decisão

Preferências, sendo expressas por utilidades, são combinadas com as probabilidades na teoria geral de decisões racionais chamada **teoria da decisão**:

Teoria da decisão = teoria de probabilidades + teoria da utilidade.

A ideia fundamental da teoria da decisão é que *um agente é racional se e somente se escolhe a ação que resulta na mais alta utilidade esperada, calculada como a média sobre todos os resultados possíveis da ação*. Isso é chamado princípio de **utilidade máxima esperada (UME)**. Aqui,

Utilidade máxima
esperada (UME)

"esperada" significa a "média", ou "média estatística" dos resultados, ponderada pela probabilidade do resultado. Vimos esse princípio em ação no Capítulo 5 quando focalizamos de forma resumida decisões ótimas em partidas de gamão; é de fato um princípio completamente geral para a tomada de decisão por um único agente.

A Figura 12.1 esboça a estrutura de um agente que usa a teoria da decisão para selecionar ações. O agente é idêntico, em um nível abstrato, aos agentes descritos nos Capítulos 4 e 7, que mantêm um estado de crença refletindo a história das percepções atuais. A principal diferença é que a decisão teórica do estado de crença do agente não representa apenas as *possibilidades* dos estados do mundo, mas também suas *probabilidades*. Dado o estado de crença e algum conhecimento dos efeitos das ações, o agente pode fazer prognósticos probabilísticos de resultados de ações e, desse modo, selecionar a ação com a mais alta utilidade esperada.

Este capítulo e o próximo se concentram na tarefa de representar e efetuar cálculos com informações probabilísticas em geral. O Capítulo 14 lida com métodos correspondentes às tarefas específicas de representar e atualizar o estado de crença e de prognosticar resultados. O Capítulo 15 aborda as formas de combinar a teoria de probabilidades com linguagens formais expressivas, como a lógica de primeira ordem e as linguagens de programação

Capítulo 12 • Quantificar a Incerteza   353

---

função AGENTE-TD(*percepção*) **retorna** uma *ação*
  persistente: *estado_de_crença*, crenças probabilísticas sobre o estado atual do mundo
        ação, a ação do agente

  atualizar *estado_de_crença* com base em *ação* e *percepção*
  calcular probabilidades de resultados de ações,
     dadas descrições de ações e o *estado_de_crença* atual
  selecionar *ação* com utilidade esperada mais alta
     dadas as probabilidades de resultados e informações de utilidade
  retornar *ação*

Figura 12.1 Agente de teoria da decisão que seleciona ações racionais.

---

de propósito geral. O Capítulo 16 trata da teoria da utilidade em maior profundidade, e o Capítulo 17 desenvolve algoritmos para planejar sequências de ações em ambientes estocásticos. O Capítulo 18 aborda a extensão dessas ideias para ambientes multiagentes.

12.2 Notação básica de probabilidade

Para que o nosso agente represente e utilize a informação probabilística, precisamos de uma linguagem formal. A linguagem da teoria de probabilidades tem sido tradicionalmente informal, escrita por matemáticos humanos para outros matemáticos humanos. O Apêndice A inclui uma introdução padrão para a teoria de probabilidades elementar; aqui, tomamos uma abordagem mais adequada às necessidades da IA e mais consistente com os conceitos de lógica formal.

12.2.1 Sobre o que versam as probabilidades

Como as afirmações lógicas, as afirmações probabilísticas são acerca de mundos possíveis. Enquanto as afirmações lógicas dizem que os mundos possíveis são estritamente descartáveis (todos aqueles em que a afirmação é falsa), as afirmações probabilísticas versam sobre quão prováveis são os vários mundos. Na teoria de probabilidades, o conjunto de todos os mundos possíveis é chamado **espaço amostral**. Os mundos possíveis são *mutuamente exclusivos* e *exaustivos* – dois mundos possíveis não podem coexistir, e um mundo possível deve ser sempre válido. Por exemplo, se jogamos dois dados (distintos), existem 36 mundos possíveis a considerar: (1,1), (1,2),..., (6,6). A letra grega Ω (ômega maiúsculo) é usada para se referir ao espaço amostral, e ω (ômega minúsculo) refere-se aos elementos do espaço, isto é, aos mundos possíveis particulares.

Espaço amostral

Um **modelo de probabilidades** totalmente especificado associa uma probabilidade numérica $P(\omega)$ a cada mundo possível.[1] Os axiomas básicos da teoria de probabilidades dizem que todo mundo possível tem uma probabilidade entre 0 e 1 e que a probabilidade total do conjunto de mundos possíveis é 1:

Modelo de probabilidade

$$0 \le P(\omega) \le 1 \ \text{ para cada } \omega \text{ e } \sum_{\omega \in \Omega} P(\omega) = 1. \qquad (12.1)$$

Por exemplo, se assumirmos que os dois dados não são "viciados" e um lançamento não interfere no outro, cada um dos mundos possíveis (1,1), (1,2),..., (6,6) tem probabilidade 1/36. Por outro lado, se os dados forem desequilibrados, então alguns mundos poderão ter probabilidades maiores, deixando os outros com probabilidades menores, mas a soma das probabilidades continuará sendo 1.

Afirmações probabilísticas e consultas geralmente não são sobre mundos possíveis particulares, mas sobre os seus conjuntos. Por exemplo, poderíamos estar interessados nos casos em que os dois dados chegam ao resultado 11, os casos em que são jogados em duplas,

---

[1] Por ora, assumiremos um conjunto de mundos discreto e enumerável. O tratamento adequado do caso contínuo traz certas complicações que são menos relevantes para a maioria dos propósitos em IA.

354 Inteligência Artificial

Evento

e assim por diante. Na teoria de probabilidades, esses conjuntos são chamados **eventos** – um termo já usado extensivamente no Capítulo 10 para um conceito diferente. Em lógica, um conjunto de mundos corresponde a uma **proposição** em uma linguagem formal; especificamente, para cada proposição, o conjunto correspondente contém apenas aqueles mundos possíveis em que a proposição é válida. (Logo, "evento" e "proposição" significam praticamente a mesma coisa neste contexto, exceto que uma proposição é expressa em uma linguagem formal.) A probabilidade associada a uma proposição é definida como sendo a soma das probabilidades dos mundos nos quais é válida:

$$\text{Para qualquer proposição } \phi, \ P(\phi) = \sum_{\omega \in \phi} P(\omega). \tag{12.2}$$

Por exemplo, ao jogar dados que não são viciados, temos $P(Total = 11) = P((5, 6)) + P((6, 5)) = 1/36 + 1/36 = 1/18$. Observe que a teoria de probabilidades não requer conhecimento completo das probabilidades de cada mundo possível. Se acreditamos que os dados conspiram para produzir o mesmo número, então podemos *afirmar* que $P(duplas) = 1/4$, sem saber se os dados preferem a dupla de 6 à dupla de 2. Tal como aconteceu com asserções lógicas, essa asserção *restringe* o modelo probabilístico subjacente sem determiná-lo totalmente.

Probabilidade incondicional
Probabilidade anterior

Probabilidades, tais como $P(Total = 11)$ e $P(duplas)$, são chamadas **probabilidades incondicionais** ou *a priori*; elas se referem a graus de crença em proposições *na ausência de qualquer outra informação*. Na maioria das vezes, no entanto, temos alguma informação, geralmente chamada **evidência**, que já foi revelada. Por exemplo, o primeiro dado pode já estar mostrando um 5 e estamos esperando ansiosamente que o outro pare de girar. Nesse caso, não estamos interessados na probabilidade incondicional do lançamento em duplas, mas na probabilidade **condicional** ou *a posteriori* de lançamento em duplas, *considerando que o valor do primeiro dado é 5*. Essa probabilidade é escrita como $P(duplas \mid Dado_1 = 5)$, em que o "$\mid$" é pronunciado como "considerando que".[2]

Evidência

Probabilidade condicional
Probabilidade posterior

Da mesma forma, se eu estou indo ao dentista para um *check-up* regular, a probabilidade $P(cárie) = 0,2$ pode ser interessante, mas se estou indo ao dentista porque estou sentindo dor de dente, é $P(cárie \mid dordedente) = 0,6$ que importa.

É importante compreender que $P(cárie) = 0,2$ ainda é *válido* após a *dor de dente* ter sido observada; ela simplesmente não é especialmente útil. Ao tomar decisões, um agente precisa condicionar sobre *todas* as evidências que observou. Também é importante entender a diferença entre condicionamento e implicação lógica. A afirmação de que $P(cárie \mid dordedente) = 0,6$ não significa que "sempre que *dor de dente* for verdadeiro, concluir que *cárie* é verdadeiro com probabilidade 0,6", em vez disso significa que "sempre que *dor de dente* for verdadeiro *e não temos mais informações*, concluir que *cárie* é verdadeiro com probabilidade 0,6". A condição extra é importante; por exemplo, se tivéssemos a informação adicional de que o dentista não encontrou cáries, definitivamente não desejaríamos concluir que *cárie* é verdadeiro com probabilidade 0,6; em vez disso, precisaríamos utilizar $P(cárie \mid dordedente \wedge \neg cárie) = 0$.

Matematicamente falando, as probabilidades condicionais são definidas em termos de probabilidades incondicionais como segue: para quaisquer proposições a e b, temos

$$P(a \mid b) = \frac{P(a \wedge b)}{P(b)}, \tag{12.3}$$

que é válido sempre que $P(b) > 0$. Por exemplo,

$$P(dupla \mid Dado_1 = 5) = \frac{P(dupla \wedge Dado_1 = 5)}{P(Dado_1 = 5)}.$$

A definição faz sentido se você lembrar de observar que b descarta todos os mundos possíveis onde b é falso, deixando um conjunto cuja probabilidade total é apenas $P(b)$. Dentro desse conjunto, os mundos onde a é verdadeiro devem satisfazer $a \wedge b$ e constituem uma fração $P(a \wedge b)/P(b)$.

---

[2] Observe que a precedência de "$\mid$" é tal que qualquer expressão da forma $P(... \mid ...)$ sempre significa $P((...) \mid (...))$.

Capítulo 12 • Quantificar a Incerteza   355

A definição de probabilidade condicional, Equação 12.3, pode ser escrita de uma forma diferente chamada **regra do produto**:

Regra do produto

$$P(a \wedge b) = P(a \mid b)P(b). \tag{12.4}$$

A regra do produto é talvez mais fácil de lembrar: ela vem do fato de que, para a e b serem verdade, é necessário que a seja verdade, dado b.

12.2.2 Linguagem das proposições em afirmações de probabilidade

Neste capítulo e no próximo, as proposições que descrevem conjuntos de mundos possíveis são escritas com uma notação que combina elementos de lógica proposicional e notação de satisfação de restrição. Na terminologia da seção 2.4.7, esta é uma **representação fatorada**, em que o mundo possível é representado por um conjunto de pares variável/valor. Também é possível usar uma **representação estruturada**, mais expressiva, como veremos no Capítulo 15.

As variáveis, na teoria de probabilidades, são chamadas **variáveis aleatórias** e seus nomes começam com letra maiúscula. Assim, no exemplo do dado, $Total$ e $Dado_1$ são variáveis aleatórias. Cada variável aleatória é uma função que mapeia do domínio dos mundos possíveis Ω para algum **conjunto de valores possíveis**. O conjunto de valores possíveis de $Total$ para dois dados é o conjunto $\{2,..., 12\}$ e o conjunto de valores possíveis de $Dado_1$ é $\{1,..., 6\}$. Os nomes para os valores sempre aparecem em minúsculas, e assim poderíamos escrever $\sum_x P(X = x)$ para a soma dos valores de X. Uma variável aleatória booleana tem como valores possíveis o conjunto $\{verdadeiro, falso\}$; por exemplo, a proposição de que as duplas são lançadas pode ser escrita como $Duplas = verdadeiro$. (Um conjunto alternativo de valores possíveis para as variáveis booleanas é o conjunto $\{0,1\}$, quando dizemos que a variável tem uma distribuição de **Bernoulli**.) Por convenção, as proposições da forma $A = verdadeiro$ são abreviadas simplesmente como a, enquanto $A = falso$ é abreviado como $\neg a$. (O uso de $duplas$, $cárie$ e $dordedente$ na seção anterior são abreviaturas desse tipo.)

Variável aleatória

Conjunto de valores possíveis

Bernoulli

Os conjuntos de valores possíveis podem ser conjuntos de símbolos arbitrários. Poderíamos escolher os valores possíveis de $Idade$ como $\{juvenil, adolescente, adulto\}$ e de $Tempo$ como $\{ensolarado, chuvoso, nublado, nevando\}$. Quando nenhuma ambiguidade é possível, é comum usar um valor por si só para representar a proposição de que determinada variável tem aquele valor; assim, ensolarado pode representar $Tempo = ensolarado$.[3]

Os exemplos anteriores têm conjuntos finitos de valores possíveis. As variáveis podem ter, também, conjuntos infinitos de valores possíveis – discretos (como os inteiros) ou contínuos (como os reais). Para qualquer variável com conjunto ordenado de valores possíveis, as desigualdades também são permitidas, como $NúmeroDeÁtomosNoUniverso \geq 10^{70}$.

Por fim, podemos combinar esses tipos de proposições elementares (incluindo as formas abreviadas das variáveis booleanas) usando os conectivos da lógica proposicional. Por exemplo, podemos expressar que "A probabilidade de que o paciente tenha uma cárie, uma vez que é um adolescente, sem dor de dente, é de 0,1", como segue:

$$P(cárie \mid \neg dordedente \wedge adolescente) = 0,1.$$

Em notação de probabilidade, é comum usar uma vírgula para a conjunção, de modo que poderíamos escrever $P(cárie \mid \neg dordedente, adolescente)$.

Às vezes vamos desejar falar sobre as probabilidades de $todos$ os valores possíveis de uma variável aleatória. Poderíamos escrever:

$$P(Tempo = ensolarado) = 0,6$$
$$P(Tempo = chuvoso) = 0,1$$
$$P(Tempo = nublado) = 0,29$$
$$P(Tempo = nevando) = 0,01,$$

---

[3] Juntas, essas convenções levam a uma ambiguidade em potencial na notação quando são somados os valores de uma variável booleana: $P(a)$ é a probabilidade de que A seja $verdadeiro$, enquanto a expressão $\sum_a P(a)$ se refere à probabilidade de um dos valores a de A.

356 Inteligência Artificial

mas, abreviando, teremos

$$\mathbf{P}(Tempo) = \langle 0,6,\ 0,1,\ 0,29,\ 0,01 \rangle,$$

Distribuição de probabilidade

Distribuição categórica

em que o $\mathbf{P}$ em negrito indica que o resultado é um vetor de números e onde assumimos uma ordenação predefinida $\langle ensolarado,\ chuvoso,\ nublado,\ nevando \rangle$ no conjunto de valores possíveis do *Tempo*. Dizemos que a declaração $\mathbf{P}$ define uma **distribuição de probabilidade** para a variável aleatória *Tempo* - ou seja, uma atribuição de uma probabilidade para cada valor possível da variável aleatória. (Nesse caso, com um conjunto de valores possíveis finito e discreto, a distribuição é denominada **distribuição categórica**.) A notação $\mathbf{P}$ também é utilizada para distribuições condicionais: $\mathbf{P}(X \mid Y)$ dá os valores de $P(X = x_i \mid Y = y_j)$ para cada par i, j possível.

Para variáveis contínuas, não é possível escrever toda a distribuição como um vetor, pois existe um número infinito de valores. Em vez disso, podemos definir a probabilidade de que uma variável aleatória assume algum valor de x como uma função parametrizada de x, geralmente chamada **função densidade de probabilidade**. Por exemplo, a sentença

Função densidade de probabilidade

$$P(TempMeioDia = x) = Uniforme(x;\ 18C,\ 26C)$$

expressa a crença de que a temperatura ao meio-dia é distribuída uniformemente entre 18 e 26 graus Celsius.

Funções densidade de probabilidade (às vezes chamadas **fdps**) diferem das distribuições discretas no significado. Dizer que a densidade de probabilidade é uniforme a partir de $18C$ até $26C$ significa que há uma chance de 100% de que a temperatura vai cair em algum lugar naquela região com amplitude $8C$ e 50% de chance de cair em qualquer região com amplitude $4C$, e assim por diante. Escrevemos a densidade de probabilidade de uma variável aleatória contínua X no valor x como $P(X = x)$ ou simplesmente $P(x)$; a definição intuitiva de $P(x)$ é a probabilidade de que X caia dentro de uma pequena região arbitrariamente iniciando em x, dividido pela largura da região:

$$P(x) = \lim_{dx \to 0} P(x \leq X \leq x + dx)/dx.$$

Para *TempMeioDia* temos

$$P(TempMeioDia = x) = Uniforme\,(x; 18C, 26C) = \begin{cases} \frac{1}{8C} \text{ se } 18C \leq x \leq 26C \\ 0 \text{ caso contrário} \end{cases}$$

em que C representa centígrados (e não uma constante). No caso de $P(TempMeioDia = 20,18C)$ $= \frac{1}{8C}$, observe que $\frac{1}{8C}$ não é uma probabilidade, é uma densidade de probabilidade. A probabilidade de que *TempMeioDia* seja *exatamente* $20,18C$ é zero, porque $20,18C$ é uma região de largura 0. Alguns autores utilizam símbolos diferentes para probabilidades discretas e densidades de probabilidade; nós utilizamos P para valores de probabilidade específicos e $\mathbf{P}$ para vetores de valores em ambos os casos, uma vez que raramente surge confusão e as equações são geralmente idênticas. Observe que as probabilidades são números que não têm unidade, enquanto as funções de densidade são medidas com uma unidade, nesse caso graus centígrados recíprocos. Se o mesmo intervalo de temperaturas fosse expresso em graus Fahrenheit, ele teria uma largura de 14,4 graus e a densidade seria $1/14,4F$.

Distribuição de probabilidade conjunta

Além de distribuições sobre variáveis simples, precisamos de uma notação para distribuições sobre variáveis múltiplas. Para isso é utilizada a vírgula. Por exemplo, $\mathbf{P}(Tempo, Cárie)$ indica as probabilidades de todas as combinações de valores de *Tempo* e de *Cárie*. Essa é uma tabela de probabilidades 4×2 chamada **distribuição de probabilidade conjunta** de *Tempo* e de *Cárie*. Podemos também misturar as variáveis com valores específicos; $\mathbf{P}(ensolarado, Cárie)$ seria um vetor de dois elementos dando as probabilidades de um dia ensolarado com cárie e um dia ensolarado sem cárie.

A notação $\mathbf{P}$ torna certas expressões muito mais concisas do que poderiam ser. Por exemplo, as regras dos produtos (Equação 12.4) para todos os valores possíveis de *Tempo* e *Cárie* podem ser escritas como uma equação única:

$$\mathbf{P}(\textit{Tempo}, \textit{Cárie}) = \mathbf{P}(\textit{Tempo} \mid \textit{Cárie})\, \mathbf{P}(\textit{Cárie}),$$

em vez das $4 \times 2 = 8$ equações (utilizando abreviaturas T e C):

$$P(T = ensolarado \wedge C = verdadeiro) = P(T = ensolarado \mid C = verdadeiro)\, P(C = verdadeiro)$$
$$P(T = chuvoso \wedge C = verdadeiro) = P(T = chuvoso \mid C = verdadeiro)\, P(C = verdadeiro)$$
$$P(T = nublado \wedge C = verdadeiro) = P(T = nublado \mid C = verdadeiro)\, P(C = verdadeiro)$$
$$P(T = nevando \wedge C = verdadeiro) = P(T = nevando \mid C = verdadeiro)\, P(C = verdadeiro)$$
$$P(T = ensolarado \wedge C = falso) = P(T = ensolarado \mid C = falso)\, P(C = falso)$$
$$P(T = chuvoso \wedge C = falso) = P(T = chuvoso \mid C = falso)\, P(C = falso)$$
$$P(T = nublado \wedge C = falso) = P(T = nublado \mid C = falso)\, P(C = falso)$$
$$P(T = nevando \wedge C = falso) = P(T = nevando \mid C = falso)\, P(C = falso).$$

Como um caso degenerado, $\mathbf{P}(\textit{ensolarado}, \textit{cárie})$ não tem variáveis e, portanto, é um vetor de dimensão zero, que é considerado um valor escalar.

Agora definimos uma sintaxe para proposições e afirmações de probabilidade e temos parte da semântica dada: a Equação 12.2 define a probabilidade de uma proposição como a soma das probabilidades de mundos nos quais é válida. Para completar a semântica, é preciso dizer quais são os mundos e como determinar se uma proposição é válida no mundo. Tomamos emprestada essa parte diretamente da semântica da lógica proposicional, como segue. *Um mundo possível é definido para ser uma atribuição de valores a todas as variáveis aleatórias consideradas.*

É fácil verificar que essa definição satisfaz o requisito básico de que os mundos possíveis são mutuamente exclusivos e exaustivos. Exemplificando: se as variáveis aleatórias são *Cárie*, *Dor de dente* e *Tempo*, então existem $2 \times 2 \times 4 = 16$ mundos possíveis. Além disso, a verdade de qualquer proposição dada pode ser facilmente determinada em tais mundos utilizando o mesmo cálculo recursivo de verdade usado na lógica proposicional (ver seção 7.4.2).

Observe que algumas variáveis aleatórias podem ser redundantes, pois seus valores podem ser obtidos em todos os casos a partir de valores de outras variáveis. Por exemplo, a variável *Duplas* no mundo dos dois dados é verdadeira, exatamente quando $Dado_1 = Dado_2$. Incluir *Duplas* como uma das variáveis aleatórias, além de $Dado_1$ e $Dado_2$, parece aumentar o número de mundos possíveis, de 36 para 72; mas é claro que exatamente metade dos 72 será logicamente impossível e terá probabilidade 0.

A partir da definição anterior dos mundos possíveis, segue que um modelo de probabilidade é completamente determinado pela distribuição conjunta de todas as variáveis aleatórias – a chamada **distribuição de probabilidade conjunta completa**. Por exemplo, se as variáveis são *Cárie*, *Dor de dente* e *Tempo*, a distribuição conjunta completa é dada por $\mathbf{P}(\textit{Cárie}, \textit{Dor de dente}, \textit{Tempo})$. Essa distribuição conjunta pode ser representada como uma tabela $2 \times 2 \times 4$ com 16 entradas. Como cada probabilidade da proposição é a soma dos mundos possíveis, uma distribuição conjunta completa é, em princípio, suficiente para calcular a probabilidade de qualquer proposição. Veremos exemplos de como fazer isso na seção 12.3.

> Distribuição de probabilidade conjunta completa

12.2.3 Axiomas de probabilidade e sua razoabilidade

Os axiomas básicos da probabilidade (Equações 12.1 e 12.2) implicam certas relações entre os graus de crença que podem ser atribuídos às proposições logicamente relacionadas. Por exemplo, podemos derivar a relação familiar entre a probabilidade de uma proposição e a probabilidade de sua negação:

$$
\begin{aligned}
P(\neg a) &= \textstyle\sum_{\omega \in \neg a} P(\omega) && \text{pela Equação 12.2}\\
&= \textstyle\sum_{\omega \in \neg a} P(\omega) + \sum_{\omega \in a} P(\omega) - \sum_{\omega \in a} P(\omega)\\
&= \textstyle\sum_{\omega \in \Omega} P(\omega) - \sum_{\omega \in a} P(\omega) && \text{agrupando os dois primeiros}\\
&= 1 - P(a) && \text{termos por 12.1 e 12.2.}
\end{aligned}
$$

Podemos também derivar a bem conhecida fórmula da probabilidade de uma disjunção, às vezes chamada **princípio de inclusão-exclusão**:

> Princípio de inclusão-exclusão

$$P(a \vee b) = P(a) + P(b) - P(a \wedge b). \tag{12.5}$$

358 Inteligência Artificial

Essa regra é facilmente lembrada observando que os casos em que a é válido, junto com os casos em que b é válido, certamente envolvem todos os casos em que $a \lor b$ é válido, mas, somando os dois conjuntos de casos, conta sua interseção duas vezes, por isso precisamos subtrair $P(a \land b)$.

Axiomas de Kolmogorov

As Equações 12.1 e 12.5 são frequentemente chamadas **axiomas de Kolmogorov**, em homenagem ao matemático russo Andrei Kolmogorov, que mostrou como construir o restante da teoria de probabilidades a partir desse fundamento simples e como lidar com as dificuldades causadas pelas variáveis contínuas.[4] Enquanto a Equação 12.2 tem um sabor de definição, a Equação 12.5 revela que os axiomas realmente restringem os graus de crença que um agente pode ter sobre as proposições logicamente relacionadas. Isso é análogo ao fato de que um agente lógico não pode acreditar simultaneamente em A, B e $\neg(A \land B)$ porque não existe um mundo possível no qual todos os três sejam verdadeiros. Com probabilidades, no entanto, as declarações não se referem ao mundo diretamente, mas ao próprio estado de conhecimento do agente. Por que, então, um agente não pode manter o seguinte conjunto de crenças (mesmo que elas violem os axiomas de Kolmogorov)?

$$P(a) = 0,4 \quad P(b) = 0,3 \quad P(a \land b) = 0,0 \quad P(a \lor b) = 0,8. \tag{12.6}$$

Esse tipo de pergunta tem sido objeto de décadas de intenso debate entre aqueles que defendem o uso de probabilidades como a única forma legítima de graus de crença e aqueles que defendem abordagens alternativas.

Um argumento para os axiomas de probabilidade, exposto pela primeira vez em 1931 por Bruno de Finetti [e traduzido para o inglês em Finetti (1993)], é o seguinte: Se um agente tem algum grau de crença na proposição a, então o agente deveria ser capaz de exprimir as probabilidades em que é indiferente apostar a favor ou contra a.[5] Pense nisso como um jogo entre dois agentes: O Agente 1 afirma: "meu grau de crença no evento a é de 0,4". O Agente 2 está então livre para escolher se quer apostar a favor ou contra em jogos que são consistentes com o grau de crença declarado. Ou seja, o Agente 2 pode optar por aceitar a aposta do Agente 1 de que a vai ocorrer, oferecendo \$6 contra \$4 do Agente 1. Ou o Agente 2 pode aceitar a aposta do Agente 1 de que $\neg a$ vai ocorrer, oferecendo \$4 contra \$6 do Agente 1. Então observamos que o resultado de a, e quem estiver certo recolhe o dinheiro. Se os graus de crença de um agente não refletirem o mundo exatamente, é de se esperar que tendam a perder dinheiro em longo prazo em relação ao agente oponente cujas crenças refletem mais precisamente o estado do mundo.

O teorema de De Finetti não se refere à escolha dos valores certos para probabilidades individuais, mas à escolha de valores para as probabilidades de proposições logicamente relacionadas: *se o Agente 1 expressa um conjunto de graus da crença que violam os axiomas da teoria de probabilidades, há uma combinação de apostas pelo Agente 2 que garante que o Agente 1 vai perder dinheiro toda vez.* Por exemplo, suponha que o Agente 1 tenha o conjunto de graus de crença da Equação 12.6. A Figura 12.2 mostra que, se o Agente 2 escolhe apostar \$4 em a, \$3 em b e \$2 em $\neg(a \lor b)$, então o Agente 1 sempre perderá dinheiro, independentemente dos resultados de a e b. O teorema de De Finetti implica que nenhum agente racional pode ter crenças que violem os axiomas da probabilidade.

Uma objeção comum ao teorema de De Finetti é que esse jogo de apostas é um pouco artificial. Por exemplo, o que acontece se alguém se recusa a apostar? Isso acaba com a disputa? A resposta é que o jogo de apostas é um modelo abstrato para a situação de tomada de decisão em que cada agente está *inevitavelmente* envolvido em cada momento. Cada ação (incluindo inatividade) é uma espécie de aposta, e cada resultado pode ser visto como um desenlace da aposta. Recusar-se a apostar é como se recusar a permitir que o tempo passe.

Outros argumentos filosóficos fortes têm sido apresentados pelo uso das probabilidades, principalmente os de Cox (1946), Carnap (1950) e Jaynes (2003). Cada um deles construiu um conjunto de axiomas para o raciocínio com graus de crenças: não há contradições, correspondência com lógica comum (p. ex., se a crença em A sobe, a crença, em $\neg A$ deve

---

[4] As dificuldades incluem o **conjunto de Vitali**, um subconjunto bem definido do intervalo [0, 1] sem tamanho bem definido.
[5] Pode-se argumentar que as preferências do agente por balanços financeiros diferentes são tais que a possibilidade de perder \$1 não é contrabalançada por uma igual possibilidade de ganhar \$1. Uma resposta possível é fazer com que o valor das apostas diminua o suficiente para evitar esse problema. A análise de Savage (1954) contorna o problema completamente.

Proposição	Crença do Agente 1	Apostas do Agente 2	Apostas do Agente 1	Pagamentos do Agente 1 para cada resultado			
				a,b	$a,\neg b$	$\neg a,b$	$\neg a,\neg b$
a	0,4	\$4 em a	\$6 em $\neg a$	–\$6	–\$6	\$4	\$4
b	0,3	\$3 em b	\$7 em $\neg b$	–\$7	\$3	–\$7	\$3
$a \vee b$	0,8	\$2 em $\neg(a \vee b)$	\$8 em $a \vee b$	\$2	\$2	\$2	–\$8
				–\$11	–\$1	–\$1	–\$1

Figura 12.2 Devido ao Agente 1 ter crenças inconsistentes, o Agente 2 é capaz de conceber um conjunto de apostas que garante a perda para o Agente 1, não importa o resultado de a e b.

baixar), e assim por diante. O único item controverso com relação ao axioma é que os graus de crença devem ser números ou pelo menos agir como números, e devem ser transitivos (se a crença em A for maior do que a crença em B, que é maior do que a crença em C, então a crença em A deve ser maior que em C) e comparáveis (a crença em A deve ser igual, maior ou menor do que a crença em B). Então poderá ser provado que a probabilidade é a única abordagem que satisfaz esses axiomas.

No entanto, sendo o mundo do jeito que é, às vezes as demonstrações práticas falam mais alto do que as evidências. O sucesso dos sistemas de raciocínio baseados na teoria de probabilidades tem sido muito mais eficaz para atrair seguidores. Veremos agora como os axiomas podem ser implantados para fazer inferências.

12.3 Inferência com o uso de distribuições conjuntas totais

Nesta seção, descreveremos um método simples de **inferência probabilística**, isto é, a computação de probabilidades posteriores de proposições de **consulta**, dada uma evidência observada. Utilizaremos a distribuição conjunta total como a "base de conhecimento" a partir da qual poderão ser derivadas respostas para todas as perguntas. Ao longo do caminho, também introduziremos várias técnicas úteis para manipular equações que envolvem probabilidades.

Inferência probabilística
Consulta

Começaremos com um exemplo muito simples: um domínio que consiste apenas nas três variáveis booleanas *DorDeDente*, *Cárie* e *Boticão* (a horrível tenaz de aço com que o dentista agarra um dente para extraí-lo). A distribuição conjunta total é uma tabela $2 \times 2 \times 2$, como mostra a Figura 12.3.

Note que as probabilidades na distribuição conjunta têm a soma 1, conforme exigem os axiomas de probabilidade. Note também que a Equação 12.2 fornece um caminho direto para calcular a probabilidade de qualquer proposição, simples ou complexa: simplesmente identificamos os mundos possíveis nos quais a proposição é verdadeira e somamos suas probabilidades. Por exemplo, existem seis mundos possíveis em que *cárie* $\vee$ *dordedente* é válida:

$$P(\text{cárie} \vee \text{dordedente}) = 0,108 + 0,012 + 0,072 + 0,008 + 0,016 + 0,064 = 0,28.$$

	dordedente		*¬dordedente*	
	boticão	*¬boticão*	*boticão*	*¬boticão*
cárie	0,108	0,012	0,072	0,008
¬cárie	0,016	0,064	0,144	0,576

Figura 12.3 Distribuição conjunta total para o mundo de *dordedente*, *Cárie*, *Boticão*.

360 Inteligência Artificial

Probabilidade marginal

Uma tarefa particularmente comum é extrair a distribuição sobre algum subconjunto de variáveis ou sobre uma única variável. Por exemplo, a soma das entradas da primeira linha produz a probabilidade incondicional ou **probabilidade marginal**[6] de *cárie*:

$$P(cárie) = 0{,}108 + 0{,}012 + 0{,}072 + 0{,}008 = 0{,}2.$$

Marginalização

Esse processo é chamado **marginalização** ou **totalização**, porque totalizamos as probabilidades para cada valor possível de outras variáveis, assim excluindo-as da equação. Podemos escrever a regra geral de marginalização a seguir para quaisquer conjuntos de variáveis $\mathbf{Y}$ e $\mathbf{Z}$:

$$\mathbf{P}(\mathbf{Y}) = \sum_{\mathbf{z}} \mathbf{P}(\mathbf{Y}, \mathbf{Z} = \mathbf{z}), \qquad (12.7)$$

em que $\sum_{\mathbf{z}}$ significa soma sobre todas as combinações possíveis de valores do conjunto de variáveis $\mathbf{Z}$. Algumas vezes, abreviamos $\mathbf{P}(\mathbf{Y}, \mathbf{Z} = \mathbf{z})$ nesta equação por $\mathbf{P}(\mathbf{Y}, \mathbf{z})$. Para o exemplo de *Cárie*, a Equação 12.7 corresponde à seguinte equação:

$$\begin{aligned}
\mathbf{P}(Cárie) &= \mathbf{P}(Cárie, dordedente, boticão) + \mathbf{P}(Cárie, dordedente, \neg boticão) \\
&\quad + \mathbf{P}(Cárie, \neg dordedente, boticão) + \mathbf{P}(Cárie, \neg dordedente, \neg boticão) \\
&= \langle 0{,}108, 0{,}016 \rangle + \langle 0{,}012, 0{,}064 \rangle + \langle 0{,}072, 0{,}144 \rangle + \langle 0{,}008, 0{,}576 \rangle \\
&= \langle 0{,}2, 0{,}8 \rangle.
\end{aligned}$$

Condicionamento

Usando a regra do produto (Equação 12.4), podemos substituir $\mathbf{P}(\mathbf{Y}, \mathbf{z})$ na Equação 12.7 por $\mathbf{P}(\mathbf{Y} \mid \mathbf{z})P(\mathbf{z})$, obtendo uma regra chamada **condicionamento**:

$$\mathbf{P}(\mathbf{Y}) = \sum_{\mathbf{z}} \mathbf{P}(\mathbf{Y} \mid \mathbf{z})P(\mathbf{z}). \qquad (12.8)$$

Marginalização e condicionamento se mostrarão regras úteis para todos os tipos de derivações que envolverem expressões de probabilidade.

Na maioria dos casos, estaremos interessados em calcular probabilidades *condicionais* de algumas variáveis, dada alguma evidência sobre outras. As probabilidades condicionais podem ser descobertas usando-se primeiro a Equação 12.3 para obter uma expressão em termos de probabilidades não condicionais, e depois avaliando-se a expressão a partir da distribuição conjunta total. Por exemplo, podemos calcular a probabilidade de uma cárie, dada a evidência de uma dor de dente, como a seguir:

$$\begin{aligned}
P(cárie \mid dordedente) &= \frac{P(cárie \wedge dordedente)}{P(dordedente)} \\
&= \frac{0{,}108 + 0{,}012}{0{,}108 + 0{,}012 + 0{,}016 + 0{,}064} = 0{,}6.
\end{aligned}$$

Só para conferir, também podemos calcular a probabilidade de não haver nenhuma cárie, dada uma dor de dente:

$$\begin{aligned}
P(cárie \mid dordedente) &= \frac{P(cárie \wedge dordedente)}{P(dordedente)} \\
&= \frac{0{,}016 + 0{,}064}{0{,}108 + 0{,}012 + 0{,}016 + 0{,}064} = 0{,}4.
\end{aligned}$$

Conforme esperado, as duas variáveis somam 1. Note que, nesses dois cálculos, o termo $P(dordedente)$ está no denominador para esses dois cálculos. Se a variável *Cárie* tivesse mais de dois valores, ela estaria no denominador para todos eles. De fato, ela pode ser visualizada como uma constante de **normalização** para a distribuição $\mathbf{P}(Cárie \mid dordedente)$, assegurando que a soma será 1. Ao longo dos capítulos que lidam com probabilidade, usaremos α para indicar essas constantes. Com essa notação, podemos transformar as duas equações precedentes em uma:

---

[6] Assim chamada devido a uma prática comum, entre as companhias de seguros, de escrever as somas das frequências observadas nas margens de tabelas de seguros.

$$\mathbf{P}(\textit{Cárie} \mid \textit{dordedente}) = \alpha\mathbf{P}(\textit{Cárie}, \textit{dordedente})$$
$$= \alpha \left[\mathbf{P}(\textit{Cárie}, \textit{dordedente}, \textit{boticão}) + \mathbf{P}(\textit{Cárie}, \textit{dordedente}, \neg\textit{boticão})\right]$$
$$= \alpha \left[\langle 0,108, 0,016 \rangle + \langle 0,012, 0,064 \rangle\right] = \alpha \langle 0,12, 0,08 \rangle = \langle 0,6, 0,4 \rangle.$$

Em outras palavras, podemos calcular $\mathbf{P}(\textit{Cárie} \mid \textit{dordedente})$, mesmo se não soubermos o valor de $\mathbf{P}(\textit{dordedente})$! Esquecemos temporariamente o fator $1/P(\textit{dordedente})$ e somamos os valores de *cárie* e $\neg\textit{cárie}$, obtendo 0,12 e 0,08. Essas são as proporções relativas corretas, mas não perfazem 1, de modo que as normalizamos, dividindo cada uma por $0,12 + 0,08$, ficando com as probabilidades verdadeiras de 0,6 e 0,4. A normalização acaba por ser um atalho útil em muitos cálculos de probabilidade, tanto para tornar a computação mais fácil como para permitir-nos continuar quando alguma avaliação de probabilidade [como $\mathbf{P}(\textit{dordedente})$] não estiver disponível.

A partir do exemplo, podemos extrair um procedimento de inferência geral. Começamos com o caso em que a consulta envolve uma única variável, X (*Cárie* no exemplo). Seja $\mathbf{E}$ o conjunto de variáveis de evidência (apenas *DorDeDente* no exemplo), seja $\mathbf{e}$ a lista de valores observados para elas, e seja $\mathbf{Y}$ as variáveis restantes não observadas (apenas *Boticão*, no exemplo). A consulta é $\mathbf{P}(X \mid \mathbf{e})$ e pode ser avaliada como:

$$\mathbf{P}(X \mid \mathbf{e}) = \alpha\mathbf{P}(X, \mathbf{e}) = \alpha\sum_{\mathbf{y}}\mathbf{P}(X, \mathbf{e}, \mathbf{y}), \tag{12.9}$$

em que o somatório é efetuado sobre todos os valores $\mathbf{y}$ possíveis (isto é, todas as combinações possíveis de valores das variáveis não observadas $\mathbf{Y}$). Note que, juntas, as variáveis X, $\mathbf{E}$ e $\mathbf{Y}$ constituem o conjunto completo de variáveis para o domínio; assim, $\mathbf{P}(X, \mathbf{e}, \mathbf{y})$ é simplesmente um subconjunto de probabilidades a partir da distribuição conjunta total.

Dada a distribuição conjunta total de trabalho, a Equação 12.9 pode responder a consultas probabilísticas referentes a variáveis discretas. Porém, ela não aumenta de escala muito bem: para um domínio descrito por n variáveis booleanas, o algoritmo exige uma tabela de entrada com o tamanho $O(2^n)$ e demora o tempo $O(2^n)$ para processar a tabela. Em um problema realista, podemos ter facilmente $n = 100$, tornando $O(2^n)$ impraticável – uma tabela com $2^{100} \approx 10^{30}$ entradas! O problema não é apenas memória e computação: o problema real é que, se cada uma das 10^{30} probabilidades tiver que ser estimada separadamente dos exemplos, o número de exemplos exigido será astronômico.

Por essas razões, a distribuição conjunta total em forma tabular não é uma ferramenta prática para construir sistemas de raciocínio. Em vez disso, devemos visualizá-la como o fundamento teórico sobre o qual podem ser elaboradas abordagens mais efetivas, assim como as tabelas de verdade formaram um fundamento teórico para os algoritmos mais práticos como DPLL no Capítulo 7. O restante deste capítulo introduz, no Capítulo 13, algumas das ideias básicas necessárias na preparação para o desenvolvimento de sistemas realistas.

12.4 Independência

Vamos expandir a distribuição conjunta total da Figura 12.3, adicionando uma quarta variável, *Tempo*. A distribuição conjunta total então se torna $\mathbf{P}(\textit{DorDeDente}, \textit{Boticão}, \textit{Cárie}, \textit{Tempo})$, que tem $2 \times 2 \times 2 \times 4 = 32$ entradas. Ela contém quatro "edições" da tabela mostrada na Figura 12.3, uma para cada espécie de tempo. Parece natural indagar que relacionamento essas edições mantêm umas com as outras e com a tabela original de três variáveis. Por exemplo, como $P(\textit{dordedente}, \textit{boticão}, \textit{cárie}, \textit{nublado})$ e $P(\textit{dordedente}, \textit{boticão}, \textit{cárie})$ estão relacionadas? Podemos utilizar a regra do produto, da Equação 12.4:

$$P(\textit{dordedente}, \textit{boticão}, \textit{cárie}, \textit{nublado})$$
$$= P(\textit{nublado} \mid \textit{dordedente}, \textit{boticão}, \textit{cárie}) \, P(\textit{dordedente}, \textit{boticão}, \textit{cárie}).$$

Agora, a menos que se esteja no ramo comercial de divindade, não se deve imaginar que os problemas dentários de alguém influenciam as condições do tempo. E, para a odontologia em consultório, pelo menos, parece seguro dizer que o tempo não influencia as variáveis dentárias. Portanto, a asserção a seguir parece razoável:

$$P(nublado \mid dordedente, boticão, cárie) = P(nublado). \quad (12.10)$$

A partir disso, podemos deduzir:

$$P(dordedente, boticão, cárie, nublado) = P(nublado)\,P(dordedente, boticão, cárie).$$

Existe uma equação semelhante para *toda entrada* em **P**(*DorDeDente, Boticão, Cárie, Tempo*). De fato, podemos escrever a equação geral:

$$\mathbf{P}(DorDeDente, Boticão, Cárie, Tempo) = \mathbf{P}(DorDeDente, Boticão, Cárie)\mathbf{P}(Tempo).$$

Desse modo, a tabela de 32 elementos para quatro variáveis pode ser construída a partir de uma tabela de oito elementos e uma tabela de quatro elementos. Essa decomposição é ilustrada esquematicamente na Figura 12.4(a).

Independência A propriedade que empregamos para escrever a Equação 12.10 é chamada **independência** (também **independência marginal** e **independência absoluta**). Em particular, o tempo é independente dos problemas dentários de alguém. A independência entre as proposições a e b pode ser escrita como:

$$P(a|b) = P(a) \quad \text{ou} \quad P(b|a) = P(b) \quad \text{ou} \quad P(a \wedge b) = P(a)P(b). \quad (12.11)$$

Todas essas formas são equivalentes. A independência entre as variáveis X e Y pode ser escrita como a seguir (mais uma vez, essas formas são todas equivalentes):

$$\mathbf{P}(X \mid Y) = \mathbf{P}(X) \quad \text{ou} \quad \mathbf{P}(Y \mid X) = \mathbf{P}(Y) \quad \text{ou} \quad \mathbf{P}(X, Y) = \mathbf{P}(X)\mathbf{P}(Y).$$

As asserções de independência em geral se baseiam no conhecimento do domínio. Como o exemplo do tempo na dor de dente ilustra, elas podem reduzir drasticamente a quantidade de informações necessárias para especificar a distribuição conjunta total. Se o conjunto completo de variáveis puder ser dividido em subconjuntos independentes, então a distribuição conjunta total poderá ser *fatorada* em distribuições conjuntas separadas sobre esses subconjuntos. Por exemplo, a distribuição conjunta total sobre o resultado de n lançamentos de moedas independentes, $\mathbf{P}(C_1,..., C_n)$, tem 2^n entradas, mas pode ser representada como o produto de n distribuições de variáveis $\mathbf{P}(C_i)$. De modo mais prático, a independência entre a odontologia e a meteorologia é algo bom porque, do contrário, a prática da odontologia poderia exigir o conhecimento íntimo da meteorologia, e vice-versa.

Portanto, quando disponíveis, as asserções de independência podem ajudar na redução do tamanho da representação do domínio e da complexidade do problema de inferência. Infelizmente, a separação clara e completa de conjuntos de variáveis por independência

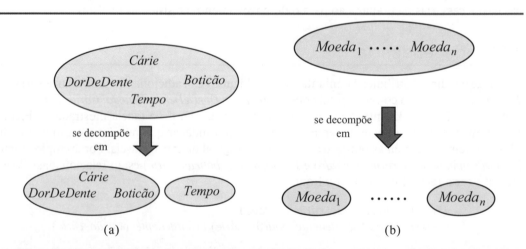

Figura 12.4 Dois exemplos de fatoração de uma grande distribuição conjunta em distribuições menores, com a utilização da independência absoluta. (a) As condições do tempo e os problemas dentários são independentes. (b) Os lançamentos de moedas são independentes.

Capítulo 12 • Quantificar a Incerteza   363

é bastante rara. Sempre que existir uma conexão, ainda que indireta, entre duas variáveis, a independência deixará de ser válida. Além disso, até mesmo subconjuntos independentes podem ser muito grandes – por exemplo, a odontologia pode envolver dezenas de doenças e centenas de sintomas, todos inter-relacionados. Para tratar de tais problemas, precisaremos de métodos mais sutis que o simples conceito de independência.

12.5 Regra de Bayes e seu uso

Anteriormente, definimos a **regra do produto** (Equação 12.4). Ela pode ser escrita de duas formas:

$$P(a \land b) = P(a \mid b)P(b) \quad \text{e} \quad P(a \land b) = P(b \mid a)P(a).$$

Igualando os dois membros da direita e dividindo por $P(a)$, obtemos:

$$P(b \mid a) = \frac{P(a \mid b)P(b)}{P(a)} . \qquad (12.12)$$

Essa equação é conhecida como **regra de Bayes** (e como lei de Bayes ou teorema de Bayes). Essa equação simples é a base de todos os sistemas modernos de IA para inferência probabilística.

Regra de Bayes

O caso mais geral da regra de Bayes para variáveis multivaloradas pode ser escrito na notação de **P**, como segue:

$$\mathbf{P}(Y \mid X) = \frac{\mathbf{P}(X \mid Y)\mathbf{P}(Y)}{\mathbf{P}(X)} .$$

Como antes, essa equação deve ser considerada a representação de um conjunto de equações, cada uma lidando com valores específicos das variáveis. Também teremos a oportunidade de usar uma versão mais geral condicionada em alguma evidência prática **e**:

$$\mathbf{P}(Y \mid X, \mathbf{e}) = \frac{\mathbf{P}(X \mid Y, \mathbf{e})\mathbf{P}(Y \mid \mathbf{e})}{\mathbf{P}(X \mid \mathbf{e})} . \qquad (12.13)$$

12.5.1 Aplicação da regra de Bayes: o caso simples

À primeira vista, a regra de Bayes não parece muito útil. Ela nos permite calcular o único termo $P(b \mid a)$ em três termos: $P(a \mid b)$, $P(b)$ e $P(a)$. Isso parece como duas etapas atrás, mas a regra de Bayes é útil na prática porque existem muitos casos em que fazemos boas estimativas de probabilidade para esses três números e precisamos calcular o quarto número. Muitas vezes, percebemos o *efeito* como evidência de alguma *causa* desconhecida e gostaríamos de determinar essa causa. Nesse caso, a regra de Bayes torna-se

$$P(causa \mid efeito) = \frac{P(efeito \mid causa)P(causa)}{P(efeito)} .$$

A probabilidade condicional $P(efeito \mid causa)$ quantifica a relação na direção **causal**, enquanto $P(causa \mid efeito)$ descreve a direção do **diagnóstico**. Em uma tarefa como o diagnóstico médico, com frequência temos probabilidades condicionais sobre relacionamentos causais. O médico conhece $P(sintomas \mid doenças)$) e quer derivar um diagnóstico $P(doenças \mid sintomas)$.

Causal

Diagnóstico

Por exemplo, um médico sabe que a meningite faz o paciente ter uma rigidez no pescoço, digamos, durante 70% do tempo. O médico também conhece alguns fatos incondicionais: a probabilidade *a priori* de um paciente ter meningite é de 1/50.000, e a probabilidade *a priori* de qualquer paciente ter rigidez no pescoço é de 1%. Sendo s a proposição de que o paciente tem rigidez no pescoço e m a proposição de que o paciente tem meningite,

364 Inteligência Artificial

$$P(s \mid m) = 0,7$$
$$P(m) = 1/50.000$$
$$P(s) = 0,01$$
$$P(m \mid s) = \frac{P(s \mid m)P(m)}{P(s)} = \frac{0,7 \times 1/50.000}{0,01} = 0,0014. \qquad (12.14)$$

Ou seja, esperamos que apenas 0,14% dos pacientes com rigidez no pescoço tenham meningite. Note que, embora a rigidez no pescoço seja uma indicação bastante forte de meningite (com probabilidade 0,7), a probabilidade de o paciente estar acometido de meningite permanece pequena. Isso ocorre porque a probabilidade *a priori* sobre rigidez no pescoço é muito mais alta que a probabilidade *a priori* sobre meningite.

A seção 12.3 ilustrou um processo pelo qual é possível evitar a avaliação da probabilidade da evidência [aqui, $P(s)$], calculando, em vez disso, uma probabilidade posterior para cada valor da variável de consulta (nesse caso, m e $\neg m$) e depois normalizando os resultados. O mesmo processo pode ser aplicado quando se utiliza a regra de Bayes. Temos:

$$\mathbf{P}(M \mid s) = \alpha \langle P(s \mid m)P(m), P(s \mid \neg m)P(\neg m) \rangle.$$

Assim, para utilizar essa abordagem, precisamos fazer uma estimativa de $P(s \mid \neg m)$ em vez de $P(s)$. Não existe almoço grátis – às vezes é mais fácil, às vezes mais difícil. A forma geral da regra de Bayes com normalização é:

$$\mathbf{P}(Y \mid X) = \alpha \mathbf{P}(X \mid Y)\mathbf{P}(Y), \qquad (12.15)$$

em que α é a constante de normalização necessária para fazer as entradas de $\mathbf{P}(Y \mid X)$ terem soma igual a 1.

Uma pergunta óbvia sobre a regra de Bayes é porque a probabilidade condicional pode estar disponível em um sentido, mas não no outro. No domínio de meningite, talvez o médico saiba que a rigidez no pescoço implica meningite em um entre 5 mil casos; isto é, o médico tem informações quantitativas no sentido do **diagnóstico** de sintomas para causas. Tal médico não tem necessidade de usar a regra de Bayes.

Infelizmente, *o conhecimento do diagnóstico frequentemente é mais frágil que o conhecimento causal*. Se houver uma súbita epidemia de meningite, a probabilidade incondicional de meningite, $P(m)$, crescerá. O médico que derivou a probabilidade de diagnóstico $P(m \mid s)$ diretamente da observação estatística de pacientes antes da epidemia não terá ideia de como atualizar o valor, mas o médico que calcular $P(m \mid s)$ a partir dos outros três valores verá que $P(m \mid s)$ deve subir proporcionalmente com $P(m)$. Mais importante ainda, as informações causais $P(s \mid m)$ *não são afetadas* pela epidemia porque simplesmente refletem o modo como a meningite atua. O uso dessa espécie de conhecimento causal ou baseado em modelos fornece a robustez crucial necessária para tornar os sistemas probabilísticos viáveis no mundo real.

12.5.2 Utilização da regra de Bayes: combinação de evidências

Vimos que a regra de Bayes pode ser útil para responder a consultas probabilísticas condicionadas sobre uma única peça de evidência – por exemplo, a rigidez no pescoço. Em particular, argumentamos que as informações probabilísticas com frequência estão disponíveis sob a forma $P(efeito \mid causa)$. O que acontece quando temos duas ou mais peças de evidência? Por exemplo, o que um dentista pode concluir se seu terrível boticão agarrar o dente dolorido de um paciente? Se conhecermos a distribuição conjunta total (ver Figura 12.3), poderemos representar a resposta:

$$\mathbf{P}(Cárie \mid dordedente \wedge boticão) = \alpha \langle 0,108, 0,016 \rangle \approx \langle 0,871, 0,129 \rangle.$$

Porém, sabemos que tal abordagem não poderá aumentar de escala até quantidades maiores de variáveis. Podemos tentar utilizar a regra de Bayes para reformular o problema:

$$\mathbf{P}(Cárie \mid dordedente \wedge boticão)$$
$$= \alpha \mathbf{P}(dordedente \wedge boticão \mid Cárie)\,\mathbf{P}(Cárie). \qquad (12.16)$$

Para essa reformulação funcionar, precisamos conhecer as probabilidades condicionais da conjunção *dordedente* ∧ *boticão* para cada valor de *Cárie*. Isso poderia ser viável para apenas duas variáveis de evidência, mas de novo não aumentará de escala. Se houvesse *n* variáveis de evidência possíveis (raios X, dieta, higiene oral etc.), então haveria $O(2^n)$ combinações possíveis de valores observados para os quais precisaríamos conhecer probabilidades condicionais. Isso não é melhor do que usar a distribuição conjunta total.

Para progredir, precisamos encontrar algumas asserções adicionais sobre o domínio que nos permitirão simplificar as expressões. A noção de **independência** da seção 12.4 fornece uma pista, mas precisa de refinamento. Seria bom se *DorDeDente* e *Boticão* fossem independentes, mas não são: se a ferramenta de sonda agarrar o dente, isso significa que o dente tem uma cárie que deve provocar uma dor de dente. No entanto, essas variáveis *são* independentes, *dada a presença ou a ausência de uma cárie*. Cada uma é diretamente causada pela cárie, mas nenhuma delas tem efeito direto sobre a outra: a dor de dente depende do estado dos nervos do dente, enquanto a precisão da ferramenta de sonda depende principalmente da habilidade do dentista, para o qual a dor de dente é irrelevante.[7] Matematicamente, essa propriedade é escrita como:

$$\mathbf{P}(dordedente \wedge boticão \mid Cárie) = \mathbf{P}(dordedente \mid Cárie)\,\mathbf{P}(boticão \mid Cárie). \qquad (12.17)$$

Essa equação expressa a **independência condicional** de *dordedente* e *boticão* dada *Cárie*. Podemos inseri-la na Equação 12.16 para obter a probabilidade de uma cárie:

Independência condicional

$$\begin{aligned}\mathbf{P}(Cárie \mid dordedente \wedge boticão) \\ = \alpha\mathbf{P}(dordedente \mid Cárie)\,\mathbf{P}(boticão \mid Cárie)\mathbf{P}(Cárie).\end{aligned} \qquad (12.18)$$

Agora, os requisitos de informações são idênticos aos da inferência, utilizando cada item de evidência separadamente: a probabilidade *a priori* $\mathbf{P}(Cárie)$ para a variável de consulta e a probabilidade condicional de cada efeito, dada sua causa.

A definição geral de **independência condicional** de duas variáveis X e Y, dada uma terceira variável Z, é

$$\mathbf{P}(X, Y \mid Z) = \mathbf{P}(X \mid Z)\mathbf{P}(Y \mid Z).$$

Por exemplo, no domínio de dentista, é razoável assumir a independência condicional das variáveis *DorDeDente* e *Boticão*, dada *Cárie*:

$$\mathbf{P}(DorDeDente, Boticão \mid Cárie) = \mathbf{P}(DorDeDente \mid Cárie)\mathbf{P}(Boticão \mid Cárie). \qquad (12.19)$$

Note que essa asserção é um pouco mais forte que a Equação 12.17, que afirma a independência apenas para valores específicos de *DorDeDente* e *Boticão*. Como ocorre com a independência absoluta na Equação 12.11, as formas equivalentes

$$\mathbf{P}(X \mid Y, Z) = \mathbf{P}(X \mid Z) \quad \text{e} \quad \mathbf{P}(Y \mid X, Z) = \mathbf{P}(Y \mid Z)$$

também podem ser usadas. A seção 12.4 mostrou que as asserções de independência absoluta permitem uma decomposição da distribuição conjunta total em itens muito menores. Ocorre que isso é verdadeiro para asserções de independência condicional. Por exemplo, dada a Equação 12.19, podemos derivar uma decomposição como:

$$\begin{aligned}\mathbf{P}(DorDeDente, Boticão, Cárie) \\ = \mathbf{P}(DorDeDente, Boticão \mid Cárie)\mathbf{P}(Cárie) \quad \text{(regra do produto)} \\ = \mathbf{P}(DorDeDente \mid Cárie)\mathbf{P}(Boticão \mid Cárie)\mathbf{P}(Cárie) \quad \text{(usando 12.19)}.\end{aligned}$$

(Na Figura 12.3, o leitor pode verificar que realmente essa equação é válida.) Desse modo, a grande tabela original é decomposta em três tabelas menores. A tabela original tem sete números independentes. (A tabela tem $2^3 = 8$ entradas, mas elas devem somar 1; então, 7 são independentes.) As tabelas menores contêm um total de $2 + 2 + 1 = 5$ números independentes. (Para distribuições de probabilidade condicional como $\mathbf{P}(DorDeDente \mid Cárie)$, há duas linhas

---

[7] Supomos que o paciente e o dentista sejam indivíduos distintos.

de dois números, e cada linha soma 1, de modo que são dois números independentes; para uma distribuição *a priori*, como $\mathbf{P}(Cárie)$, há somente um número independente.) Ir de 7 até 5 pode não parecer um grande triunfo, mas os ganhos podem ser muito maiores com maior número de sintomas.

Em geral, para n sintomas que são condicionalmente independentes, dada *Cárie*, o tamanho da representação cresce como $O(n)$ e não como $O(2^n)$. Isso significa que *as asserções de independência condicional podem permitir o aumento da escala de sistemas probabilísticos; além disso, elas são muito mais comuns que as asserções de independência absoluta*. Conceitualmente, *Cárie* **separa** *DorDeDente* e *Boticão* porque é uma causa direta de ambas. A decomposição de grandes domínios probabilísticos em subconjuntos conectados livremente por meio de independência condicional é um dos desenvolvimentos mais importantes na história recente da IA.

Separação

12.6 Modelos de Bayes ingênuos

O exemplo de odontologia ilustra um padrão que ocorre comumente, no qual uma única causa influencia de maneira direta vários efeitos, todos condicionalmente independentes, dada a causa. A distribuição conjunta total pode ser escrita como:

$$\mathbf{P}(Causa, Efeito_1, \ldots, Efeito_n) = \mathbf{P}(Causa) \prod_i \mathbf{P}(Efeito_i \mid Causa). \qquad (12.20)$$

Bayes ingênuo

Tal distribuição de probabilidade é chamada modelo **bayesiano ingênuo** – "ingênuo" porque é usado com frequência (como uma hipótese simplificadora) em casos nos quais as variáveis "efeito" *não* são na realidade estritamente independentes, dada a variável causa. (Algumas vezes, o modelo de Bayes ingênuo é chamado **classificador de Bayes**, um uso um tanto descuidado que levou os verdadeiros seguidores de Bayes a denominá-lo modelo de **Bayes idiota**.) Na prática, sistemas de Bayes ingênuos podem funcionar muito bem, mesmo quando a hipótese de independência condicional não é estritamente verdadeira.

Para usar um modelo de Bayes ingênuo, podemos aplicar a Equação 12.20 para obter a probabilidade da causa, dados alguns efeitos observados. Chame os efeitos observados de $\mathbf{E} = \mathbf{e}$, enquanto as variáveis de efeito restantes $\mathbf{Y}$ não são observadas. Em seguida, pode ser aplicado o método padrão para inferência da distribuição conjunta (Equação 12.9):

$$\mathbf{P}(Causa \mid \mathbf{e}) = \alpha \sum_{\mathbf{y}} \mathbf{P}(Causa, \mathbf{e}, \mathbf{y}).$$

Pela Equação 12.20, obtemos então

$$\mathbf{P}(Causa \mid \mathbf{e}) = \alpha \sum_{\mathbf{y}} \mathbf{P}(Causa) \mathbf{P}(\mathbf{y} \mid Causa) \left(\prod_j \mathbf{P}(e_j \mid Causa) \right)$$

$$= \alpha \mathbf{P}(Causa) \left(\prod_j \mathbf{P}(e_j \mid Causa) \right) \sum_{\mathbf{y}} \mathbf{P}(\mathbf{y} \mid Causa)$$

$$= \alpha \mathbf{P}(Causa) \prod_j \mathbf{P}(e_j \mid Causa) \qquad (12.21)$$

em que a última linha segue porque a soma sobre $\mathbf{y}$ é 1. Reinterpretando esta equação em palavras: para cada causa possível, multiplique a probabilidade anterior da causa pelo produto das probabilidades condicionais dos efeitos observados, dada a causa; em seguida, normalize o resultado. O tempo de execução desse cálculo é linear no número de efeitos observados e não depende do número de efeitos não observados (que podem ser muito grandes em domínios como a medicina). No próximo capítulo, veremos que este é um fenômeno comum em inferência probabilística: variáveis de evidência cujos valores não são observados geralmente "desaparecem" completamente do cálculo.

Capítulo 12 • Quantificar a Incerteza   367

12.6.1 Classificação textual com Bayes ingênuo

Vejamos como um modelo de Bayes ingênuo pode ser usado para a tarefa de **classificação textual**: dado um texto, decida a qual de um conjunto predefinido de classes ou categorias ele pertence. Aqui, a "causa" é a variável *Categoria*, e as variáveis de "efeito" são a presença ou a ausência de certas palavras-chave, *TemPalavra$_i$*. Considere estes dois exemplos de sentença, tiradas de artigos de jornal:

Classificação textual

1. As ações se valorizaram na segunda-feira, com os principais índices subindo 1%, já que o otimismo persistiu ao longo da temporada de lucros do primeiro trimestre.
2. Fortes chuvas continuaram a atingir, na segunda-feira, grande parte da costa leste, com avisos de enchentes emitidos na cidade de Nova York e em outros locais.

A tarefa é classificar cada frase em uma *Categoria* – as seções principais do jornal: *notícias, esportes, negócios, clima* ou *entretenimento*. O modelo de Bayes ingênuo consiste nas probabilidades anteriores **P**(*Categoria*) e nas probabilidades condicionais **P**(*TemPalavra$_i$* | *Categoria*). Para cada categoria *c*, *P*(*Categoria* = *c*) é estimado como a fração de todos os documentos vistos anteriormente que são da categoria *c*. Por exemplo, se 9% dos artigos são sobre o clima, definimos *P*(*Categoria* = *clima*) = 0,09. Da mesma forma, **P**(*TemPalavra$_i$* | *Categoria*) é estimado como a fração de documentos de cada categoria que contém a palavra *i*; talvez 37% dos artigos sobre negócios contenham a palavra 6, "ações", então *P*(*TemPalavra$_6$* = *verdadeiro* | *Categoria* = *negócios*) é definido como 0,37.[8]

Para categorizar um novo documento, verificamos quais palavras-chave aparecem no documento e, em seguida, aplicamos a Equação 12.21 para obter a distribuição de probabilidade posterior sobre as categorias. Se tivermos que prever apenas uma categoria, consideramos aquela com a maior probabilidade posterior. Observe que, para esta tarefa, todas as variáveis de efeito são observadas, pois sempre podemos dizer se determinada palavra aparece no documento.

O modelo de Bayes ingênuo pressupõe que as palavras ocorrem de forma independente nos documentos, com frequências determinadas pela categoria do documento. Na prática, essa suposição de independência é claramente violada. Por exemplo, a frase "primeiro trimestre" ocorre com mais frequência em artigos de negócios (ou esportes) do que seria sugerido pela multiplicação das probabilidades de "primeiro" e "trimestre". A violação da independência geralmente significa que as probabilidades posteriores finais estarão muito mais próximas de 1 ou 0 do que deveriam estar; em outras palavras, o modelo tem excesso de confiança em suas previsões. Por outro lado, mesmo com esses erros, a *classificação* das categorias possíveis costuma ser bastante precisa.

Modelos de Bayes ingênuos são muito utilizados para determinação de linguagem, recuperação de documentos, filtragem de mensagens indesejadas e outras tarefas de classificação. Para tarefas como diagnóstico médico, em que os valores reais das probabilidades posteriores realmente importam – por exemplo, na decisão de realizar uma apendicectomia –, geralmente prefere-se usar os modelos mais sofisticados descritos no próximo capítulo.

12.7 De volta ao mundo de wumpus

Podemos combinar muitas das ideias deste capítulo para resolver problemas de raciocínio probabilístico no mundo de wumpus. (Ver Capítulo 7 para uma descrição completa do mundo de wumpus.) A incerteza surge no mundo de wumpus porque os sensores do agente fornecem apenas informações parciais locais sobre o mundo. Por exemplo, a Figura 12.5 mostra uma situação em que cada um dos três quadrados não visitados, porém acessíveis – [1,3], [2,2] e [3,1] – poderia conter um poço. A inferência lógica pura não pode concluir nada sobre qual quadrado tem maior probabilidade de ser seguro e, assim, um agente lógico poderia ser forçado a escolher ao acaso. Veremos que um agente probabilístico pode fazer muito melhor que o agente lógico.

---

[8] É preciso ter cuidado para não atribuir probabilidade zero a palavras que não foram vistas anteriormente em determinada categoria de documentos, uma vez que o zero apagaria todas as outras evidências na Equação 12.21. Só porque você ainda não viu uma palavra, não significa que *nunca* a verá. Em vez disso, reserve uma pequena parte da distribuição de probabilidade para representar palavras "anteriormente não vistas". Ver Capítulo 20 para obter mais informações sobre esse assunto em geral e a seção 23.1.4 para o caso particular de modelos de palavras.

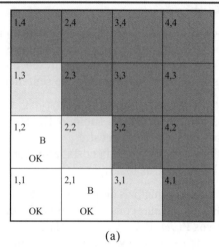 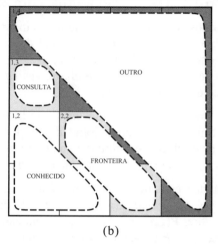

Figura 12.5 (a) Depois de encontrar uma brisa em [1,2] e [2,1], o agente está paralisado – não existe lugar seguro para explorar. (b) Divisão dos quadrados em *Conhecido*, *Fronteira* e *Outro*, para uma consulta sobre [1,3].

Nosso objetivo será calcular a probabilidade de que cada um dos três quadrados contenha um poço. (Para os propósitos deste exemplo, ignoraremos o wumpus e o ouro.) As propriedades relevantes do mundo de wumpus são: (1) um poço causa brisas em todos os quadrados vizinhos e (2) cada quadrado diferente de [1,1] contém um poço com probabilidade 0,2. O primeiro passo é identificar o conjunto de variáveis aleatórias de que necessitamos:

- Como no caso da lógica proposicional, queremos usar uma variável booleana P_{ij} para cada quadrado, o que é verdadeiro se e somente se o quadrado $[i,j]$ realmente contém um poço;
- Também temos variáveis booleanas B_{ij} que são verdadeiras se e somente se o quadrado $[i,j]$ tiver uma brisa; incluímos essas variáveis apenas para os quadrados observados – nesse caso, [1,1], [1,2] e [2,1].

O próximo passo é especificar a distribuição conjunta total, $\mathbf{P}(P_{1,1},..., P_{4,4}, B_{1,1}, B_{1,2}, B_{2,1})$. Aplicando a regra do produto, temos:

$$\mathbf{P}(P_{1,1},..., P_{4,4}, B_{1,1}, B_{1,2}, B_{2,1}) = \\ \mathbf{P}(B_{1,1}, B_{1,2}, B_{2,1} \mid P_{1,1}, ..., P_{4,4})\, \mathbf{P}(P_{1,1},..., P_{4,4}).$$

Essa decomposição torna muito fácil ver quais devem ser os valores de probabilidade conjunta. O primeiro termo é a probabilidade condicional de uma configuração de brisa, dada uma configuração de poço; seus valores são 1, se as brisas são adjacentes aos poços, e 0 em caso contrário. O segundo termo é a probabilidade *a priori* de uma configuração de poço. Cada quadrado contém um poço com probabilidade 0,2, independentemente dos outros quadrados; por conseguinte,

$$\mathbf{P}(P_{1,1},...,P_{4,4}) = \prod_{i,j=1,1}^{4,4} \mathbf{P}(P_{i,j}). \tag{12.22}$$

Para uma configuração com exatamente n poços, a probabilidade é $0,2^n \times 0,8^{16-n}$.

Na situação da Figura 12.5(a), a evidência consiste na brisa observada (ou em sua ausência) em cada quadrado visitado, combinada com o fato de que cada quadrado não contém nenhum poço. Abreviaremos esses fatos como $b = \neg b_{1,1} \wedge b_{1,2} \wedge b_{2,1}$ e *conhecido* $= \neg p_{1,1} \wedge \neg p_{1,2} \wedge \neg p_{2,1}$. Estamos interessados em responder a consultas tais como $\mathbf{P}(P_{1,3} \mid conhecido, b)$: qual é a probabilidade de que [1,3] contenha um poço, dadas as observações até agora?

Para responder a essa consulta, podemos seguir a abordagem padrão da Equação 12.9, ou seja, efetuar o somatório sobre todas as entradas da distribuição conjunta total. Seja *Desconhecido* o conjunto de $P_{i,j}$ variáveis correspondentes a outros quadrados que não os quadrados assinalados conhecidos e no quadrado de consulta [1,3]. Então, pela Equação 12.9, temos:

$$\mathbf{P}(P_{1,3} \mid conhecido, b) = \alpha \sum_{desconhecido} \mathbf{P}(P_{1,3}, conhecido, b, desconhecido).$$ (12.23)

As probabilidades conjuntas totais já foram especificadas e, portanto, terminamos – isto é, a não ser que estejamos preocupados com a computação. Existem 12 quadrados desconhecidos; consequentemente, o somatório contém $2^{12} = 4.096$ termos. Em geral, o somatório cresce exponencialmente com o número de quadrados.

Poderíamos perguntar se os outros quadrados certamente não são irrelevantes. Como [4,4] afetaria o fato de [1,3] ter um poço? Na realidade, essa intuição está praticamente correta, mas ela precisa se tornar mais exata. O que realmente queremos dizer é que, se soubéssemos os valores de todas as variáveis de poço adjacentes aos quadrados de nosso interesse, então os poços (ou sua ausência) em outros quadrados, mais distantes, não teriam qualquer outro efeito sobre nossa crença.

Façamos a *Fronteira* ser as variáveis de poço (diferentes da variável de consulta) que são adjacentes a quadrados visitados, nesse caso apenas [2,2] e [3,1]. Além disso, que *Outro* sejam as variáveis para os outros quadrados desconhecidos; nesse caso, existem 10 outros quadrados, como mostra a Figura 12.5(b). Com essas definições, *Desconhecido = Fronteira* ∪ *Outro*. A ideia-chave agora pode ser indicada desta forma: as brisas observadas são *condicionalmente independentes* das outras variáveis, dados conhecido, fronteira e variáveis de consulta. Para usar essa ideia, manipulamos a fórmula de consulta em uma forma na qual as brisas são condicionadas sobre todas as outras variáveis, e então aplicamos a independência condicional:

$\mathbf{P}(P_{1,3} \mid conhecido, b)$

$= \alpha \displaystyle\sum_{desconhecido} \mathbf{P}\,(P_{1,3}, conhecido, b, desconhecido)$ ((pela Equação 12.23))

$= \alpha \displaystyle\sum_{desconhecido} \mathbf{P}\,(b \mid P_{1,3}, conhecido, desconhecido)\mathbf{P}(P_{1,3}, conhecido, desconhecido)$ (regra do produto)

$= \alpha \displaystyle\sum_{fronteira} \sum_{outro} \mathbf{P}(b \mid conhecido, P_{1,3}, fronteira, outro)\mathbf{P}(P_{1,3}, conhecido, fronteira, outro)$

$= \alpha \displaystyle\sum_{fronteira} \sum_{outro} \mathbf{P}(b \mid conhecido, P_{1,3}, fronteira)\mathbf{P}(P_{1,3}, conhecido, fronteira, outro),$

em que a última etapa utiliza independência condicional: b é independente de *outro* dado conhecido, $P_{1,3}$, e *fronteira*. Agora, o primeiro termo nessa expressão não depende da variável *Outro*, e assim podemos mover o somatório para o interior:

$\mathbf{P}(P_{1,3} \mid conhecido, b)$

$= \alpha \displaystyle\sum_{fronteira} \mathbf{P}(b \mid conhecido, P_{1,3}, fronteira) \sum_{outro} \mathbf{P}(P_{1,3}, conhecido, fronteira, outro).$

Por independência, como na Equação 12.22, a expressão anterior pode ser fatorada e, portanto, é possível reordenar os termos:

$\mathbf{P}(P_{1,3} \mid conhecido, b)$

$= \alpha \displaystyle\sum_{fronteira} \mathbf{P}(b \mid conhecido, P_{1,3}, fronteira) \sum_{outro} \mathbf{P}(P_{1,3}) P(conhecido) P(fronteira)P(outro)$

$= \alpha\, P(conhecido)\, \mathbf{P}(P_{1,3}) \displaystyle\sum_{fronteira} \mathbf{P}(b \mid conhecido, P_{1,3}, fronteira)P(fronteira) \sum_{outro} P(outro)$

$= \alpha'\, \mathbf{P}(P_{1,3}) \displaystyle\sum_{fronteira} \mathbf{P}(b \mid conhecido, P_{1,3}, fronteira)P(fronteira),$

em que o último passo incorpora $P(conhecido)$ à constante de normalização e utiliza o fato de que $\sum_{outro} P(outro)$ é igual a 1.

Agora, só existem quatro termos no somatório sobre as variáveis de fronteira, $P_{2,2}$ e $P_{3,1}$. O uso da independência e da independência condicional eliminou completamente de consideração os outros quadrados.

Observe que as probabilidades em $\mathbf{P}(b\,|\,conhecido, P_{1,3}, fronteira)$ são 1 quando as observações de brisa são consistentes com as outras variáveis e são 0 em caso contrário. Desse modo, para cada valor de $P_{1,3}$, efetuamos o somatório sobre os *modelos lógicos* para as variáveis de fronteira que são consistentes com os fatos conhecidos. (Compare com a enumeração sobre modelos ilustrada na Figura 7.5) Os modelos e suas probabilidades *a priori* associadas - $P(fronteira)$ - são mostrados na Figura 12.6. Temos:

$$\mathbf{P}(P_{1,3}\,|\,conhecido, b) = \alpha' \,\langle 0{,}2(0{,}04 + 0{,}16 + 0{,}16); 0{,}8(0{,}04 + 0{,}16)\rangle \approx \langle 0{,}31, 0{,}69\rangle.$$

Isto é, [1,3] (e [3,1], por simetria) contém um poço com aproximadamente 31% de probabilidade. Um cálculo semelhante, que o leitor talvez deseje realizar, mostra que [2,2] contém um poço com aproximadamente 86% de probabilidade. Definitivamente, o agente de wumpus deve evitar [2,2]! Observe que o nosso agente lógico do Capítulo 7 não sabia que [2,2] era pior do que os outros quadrados. A lógica pode nos informar que não se sabe se existe um poço em [2, 2], mas precisa da probabilidade para nos informar isso.

Esta seção mostrou que até mesmo problemas aparentemente complicados podem ser formulados com precisão em teoria de probabilidades e resolvidos com a utilização de algoritmos simples. Para se obterem soluções *eficientes*, os relacionamentos de independência e de independência condicional podem ser empregados com a finalidade de simplificar os somatórios exigidos. Com frequência, esses relacionamentos correspondem à nossa compreensão natural de como o problema deve ser decomposto. No próximo capítulo, desenvolveremos representações formais para tais relações, bem como algoritmos que operam sobre essas representações para executar a inferência probabilística de modo eficiente.

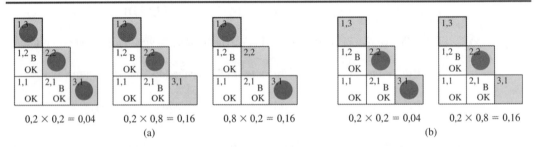

Figura 12.6 Modelos consistentes para as variáveis de fronteira $P_{2,2}$ e $P_{3,1}$, mostrando $P(fronteira)$ para cada modelo: (a) três modelos com $P_{1,3}$ = *verdadeiro* mostrando dois ou três poços e (b) dois modelos com $P_{1,3}$ = *falso* mostrando um ou dois poços.

Resumo

Este capítulo sugeriu que a teoria de probabilidades é uma base adequada para o raciocínio incerto e forneceu uma breve introdução à sua utilização.

- A incerteza surge como consequência da preguiça e da ignorância. Ela é inevitável em ambientes complexos, não determinísticos ou parcialmente observáveis.
- As **probabilidades** expressam a incapacidade do agente para alcançar uma decisão definida com relação à verdade de uma sentença. As probabilidades resumem as crenças do agente relativas à evidência.
- A **teoria da decisão** combina as crenças do agente e desejos, definindo a melhor ação como a que maximiza a **utilidade** esperada.
- As declarações básicas de probabilidade incluem **probabilidades *a priori*** e **probabilidades posteriores** ou **condicionais** sobre proposições simples e complexas.

- Os axiomas da probabilidade restringem as probabilidades de proposições logicamente relacionadas. Um agente que viola os axiomas deve se comportar irracionalmente em alguns casos.
- A **distribuição de probabilidade conjunta total** especifica a probabilidade de cada atribuição completa de valores a variáveis aleatórias. Em geral, ela é grande demais para ser criada ou utilizada em sua forma explícita, mas quando está disponível pode ser utilizada para responder a consultas simplesmente adicionando entradas para os mundos possíveis correspondentes às proposições de consulta.
- A **independência absoluta** entre subconjuntos de variáveis aleatórias permitiu que a distribuição conjunta total fosse fatorada em distribuições conjuntas menores, reduzindo bastante a sua complexidade.
- A **regra de Bayes** permite que probabilidades desconhecidas sejam calculadas a partir de probabilidades condicionais conhecidas, em geral no sentido causal. Normalmente, a aplicação da regra de Bayes com muitas peças de evidência resultará nos mesmos problemas de ampliação da escala que encontramos na distribuição conjunta total.
- A **independência condicional** provocada por relacionamentos causais diretos no domínio poderia permitir a fatoração da distribuição conjunta total em distribuições condicionais menores. O modelo de **Bayes ingênuo** pressupõe a independência condicional de todas as variáveis de efeito, dada uma única variável de causa, e cresce de forma linear com o número de efeitos.
- Um agente de mundo de wumpus pode calcular probabilidades relativas a aspectos não observados do mundo, melhorando assim as decisões de um agente puramente lógico. A independência condicional torna esses cálculos tratáveis.

Notas bibliográficas e históricas

A teoria de probabilidades foi inventada como uma forma de analisar os jogos de azar. Em 850 EC (Era Comum), o matemático indiano Mahaviracarya descreveu como organizar um conjunto de apostas para não perder (o que hoje chamamos "livro holandês"). Na Europa, as primeiras análises sistemáticas significativas foram produzidas por Girolamo Cardano, por volta de 1565, embora de publicação póstuma (1663). Nessa época, a probabilidade foi estabelecida como disciplina matemática, devido a uma série de resultados estabelecidos em uma famosa correspondência entre Blaise Pascal e Pierre de Fermat em 1654. O primeiro livro publicado sobre a probabilidade foi *De Ratiociniis in Ludo Aleae* (Sobre Raciocínio em um Jogo de Azar), por Huygens (1657). A visão da incerteza "da preguiça e da ignorância" foi descrita por John Arbuthnot no prefácio de sua tradução de Huygens (Arbuthnot, 1692): "É impossível para um dado, com força e direção determinada, não cair de um lado determinado; só não conheço a força e a direção que o faz cair de tal lado e, portanto, eu chamo isso de acaso, que nada mais é do que a falta de arte...".

A conexão entre probabilidade e raciocínio remonta pelo menos ao século XIX: Em 1819, Pierre Laplace disse que "a teoria de probabilidades é nada mais do que bom senso reduzido a cálculo". Em 1850, James Maxwell disse: "A verdadeira lógica para este mundo é o cálculo de probabilidades, que leva em conta a magnitude da probabilidade que está, ou deveria estar, na mente de um homem sensato."

Existe um debate sem fim sobre a origem e o *status* de valores de probabilidade. A posição **frequentista** de que os números só podem vir de *experimentos*: Se testarmos 100 pessoas e descobrirmos que 10 delas têm cáries, poderemos afirmar que a probabilidade de uma cárie é aproximadamente 0,1. Segundo essa visão, a asserção "a probabilidade de uma cárie é 0,1" significa que 0,1 é a fração que seria observada no limite de infinitamente muitas amostras. A partir de qualquer amostra finita, podemos estimar a fração verdadeira e também calcular a probabilidade de exatidão de nossa estimativa. _{Frequentista}

A visão **objetivista** afirma que as probabilidades são aspectos reais do universo – tendências de objetos a se comportarem de determinadas maneiras –, em vez de serem apenas descrições do grau de crença de um observador. Por exemplo, o fato de o lançamento de uma moeda comum dar cara com probabilidade 0,5 é uma tendência da própria moeda. Segundo essa _{Objetivista}

visão, as medições frequentistas são tentativas de observar essas tendências. A maior parte dos físicos concorda com o fato de que os fenômenos quânticos são objetivamente probabilísticos, mas a incerteza na escala macroscópica – por exemplo, no lançamento de uma moeda – em geral surge do desconhecimento das condições iniciais e não parece consistente com a visão de propensão.

Subjetivista

A visão **subjetivista** descreve probabilidades como um modo de caracterizar as crenças de um agente, em vez de ter qualquer significado físico externo. A visão subjetiva **bayesiana** permite qualquer atribuição autoconsistente de probabilidades anteriores a proposições, mas insiste na própria atualização bayesiana à medida que a evidência chega.

Classe de referência

Até mesmo uma posição frequentista rígida envolve análise subjetiva, por causa do problema da **classe de referência**: na tentativa de determinar a probabilidade de resultado de uma experiência *particular*, o frequentista tem de colocá-la em uma classe de referência de experimentos "similares" com frequências de resultados conhecidas. Mas qual é a classe correta? I. J. Good escreveu: "todos os eventos na vida são únicos, e toda probabilidade da vida real que estimamos na prática é a de um evento que nunca ocorreu antes" (Good, 1983, p. 27).

Por exemplo, dado um paciente em particular, um frequentista que deseja estimar a probabilidade de uma cárie vai considerar uma classe de referência de outros pacientes que são semelhantes de formas importantes – idade, sintomas, dieta – e verificar que proporção deles tem uma cárie. Se o dentista considerar tudo o que se conhece sobre o paciente – a cor do cabelo, o peso aproximado até o grama mais próximo, o nome de solteira da mãe etc. –, então a classe de referência será vazia. Esse foi um problema constrangedor na filosofia da ciência.

Pascal utilizou a probabilidade de formas que exigiam tanto a interpretação objetiva, como uma propriedade do mundo baseada em simetria ou frequência relativa, quanto a interpretação subjetiva, baseada no grau de crença – a primeira em suas análises de probabilidades em jogos de azar, e a outra no famoso argumento "aposta de Pascal" sobre a possível existência de Deus. Porém, Pascal não percebeu claramente a distinção entre essas duas interpretações. A distinção foi primeiro percebida de maneira clara por James Bernoulli (1654-1705).

Leibniz introduziu a noção "clássica" de probabilidade como uma proporção de casos enumerados igualmente prováveis, que também foi utilizada por Bernoulli, embora tenha alcançado proeminência, graças a Laplace (1816). Essa noção é ambígua entre a interpretação de frequência e a interpretação subjetiva. Os casos podem ser considerados igualmente prováveis devido a uma simetria física natural entre eles ou simplesmente porque não temos qualquer conhecimento que nos leve a considerar um deles mais provável que o outro. O uso desta última consideração subjetiva para justificar a atribuição de probabilidades iguais é conhecido como **princípio da indiferença**. O princípio é frequentemente atribuído a Laplace (1816), mas ele nunca usou o nome explicitamente; Keynes (1921) o fez. George Boole e John Venn referiram-se a ele como o **princípio da insuficiência da razão**.

Princípio da indiferença

Princípio da insuficiência da razão

O debate entre objetivistas e subjetivistas se tornou mais acirrado no século XX. Kolmogorov (1963), R. A. Fisher (1922) e Richard von Mises (1928) defenderam a interpretação de frequência relativa. A interpretação de "propensão" de Karl Popper (1959, publicada primeiro em alemão em 1934) segue as frequências relativas até uma simetria física subjacente. Frank Ramsey (1931), Bruno de Finetti (1937), R. T. Cox (1946), Leonard Savage (1954), Richard Jeffrey (1983) e E. T. Jaynes (2003) interpretaram as probabilidades como graus de crença de indivíduos específicos. Suas análises de grau de crença estavam intimamente ligadas a utilidades e a comportamento – especificamente, à disposição para apostar.

Rudolf Carnap ofereceu uma espécie diferente de interpretação subjetiva da probabilidade – não como o grau de crença de qualquer indivíduo real, mas como o grau de crença que um indivíduo idealizado *deve* ter em determinada proposição a, dado um corpo de evidências específico **e**. Carnap tentou tornar essa noção de grau de **confirmação** matematicamente precisa, como uma relação lógica entre a e **e**. Atualmente, acredita-se que não existe uma lógica exclusiva desse tipo; em vez disso, qualquer lógica assim se baseia em uma distribuição de probabilidade anterior subjetiva, cujo efeito é diminuído à medida que mais observações são reunidas.

O estudo dessa relação foi planejado para constituir uma disciplina matemática chamada **lógica indutiva**, semelhante à lógica dedutiva comum (Carnap, 1948, 1950). Carnap não foi capaz de estender sua lógica indutiva muito além do caso proposicional, e Putnam (1963) mostrou, por argumentos contrários, que algumas dificuldades eram inerentes. Um trabalho mais recente de Bacchus, Grove, Halpern e Koller (1992) estende os métodos de Carnap às teorias de primeira ordem.

A primeira estrutura rigorosamente axiomática para a teoria de probabilidades foi proposta por Kolmogorov (1950, publicado pela primeira vez em alemão em 1933). Rényi (1970) mais tarde deu uma apresentação axiomática que considerou a probabilidade condicional, em vez da probabilidade absoluta, como primitiva.

Além dos argumentos de De Finetti para a validade dos axiomas, Cox (1946) mostrou que qualquer sistema de raciocínio incerto que atenda seu conjunto de hipóteses é equivalente à teoria de probabilidades. Isso deu confiança renovada aos que já favoreciam a probabilidade, mas outros não estavam convencidos, apontando para o pressuposto de que a crença deve ser representada por um único número. Halpern (1999) descreveu as premissas e mostrou algumas lacunas na formulação original de Cox. Horn (2003) mostrou como remediar as dificuldades. Jaynes (2003) tinha um argumento semelhante que é mais fácil de ler.

O Rev. Thomas Bayes (1702-1761) introduziu a regra para raciocinar sobre probabilidades condicionais que foi postumamente nomeada em sua homenagem (Bayes, 1763). Bayes considerou apenas o caso de antecedentes uniformes; foi Laplace quem desenvolveu independentemente o caso geral. O raciocínio probabilístico de Bayes foi usado em IA desde a década de 1960, especialmente em diagnóstico médico, e empregado não apenas para fazer um diagnóstico a partir da evidência disponível, mas também para selecionar questões e testes adicionais utilizando a teoria do valor da informação (seção 16.6) quando a evidência disponível era inconclusiva (Gorry, 1968; Gorry *et al.*, 1973). Um sistema superou os especialistas humanos no diagnóstico de enfermidades abdominais agudas (de Dombal *et al.*, 1974). Lucas *et al.* (2004) apresentaram um panorama.

Esses primeiros sistemas de Bayes se ressentiam de diversos problemas. Pelo fato de não terem qualquer modelo teórico das condições em que estavam efetuando os diagnósticos, eles eram vulneráveis a dados não representativos que ocorrem em situações nas quais somente uma pequena amostra estava disponível (de Dombal *et al.*, 1981). Um problema ainda mais fundamental surgiu porque lhes faltava um formalismo conciso (como o que descrevemos no Capítulo 13) para representar e utilizar informações de independência condicional; por essa razão, eles dependiam da aquisição, do armazenamento e do processamento de enormes tabelas de dados probabilísticos. Devido a essas dificuldades, os métodos probabilísticos para lidar com a incerteza foram os preferidos em IA, desde a década de 1970 até a metade da década de 1980. Os desenvolvimentos ocorridos no final dos anos 1980 serão descritos no próximo capítulo.

O modelo de Bayes ingênuo para distribuições conjuntas foi extensivamente estudado na literatura de reconhecimento de padrões desde a década de 1950 (Duda e Hart, 1973). Também foi utilizado, muitas vezes de forma inconsciente, na recuperação de informação, começando com o trabalho de Maron (1961). Os fundamentos probabilísticos dessa técnica, foram elucidados por Robertson e Sparck Jones (1976). Domingos e Pazzani (1997) apresentam uma explicação para o surpreendente sucesso do raciocínio de Bayes ingênuo, até mesmo em domínios nos quais as hipóteses de independência são claramente violadas.

Existem muitos livros didáticos introdutórios, de boa qualidade, sobre teoria de probabilidades, inclusive os de Bertsekas e Tsitsiklis (2008), Ross (2015) e Grinstead e Snell (1997). DeGroot e Schervish (2001) oferecem uma introdução combinada à probabilidade e à estatística de um ponto de vista bayesiano, e Walpole *et al.* (2016) oferecem uma introdução para cientistas e engenheiros. Jaynes (2003) oferece uma exposição muito persuasiva da abordagem bayesiana. Billingsley (2012) e Venkatesh (2012) oferecem mais tratamentos matemáticos, incluindo todas as complicações com variáveis contínuas que deixamos de fora. Hacking (1975) e Hald (1990) focalizam a história inicial do conceito de probabilidade, e Bernstein (1996) apresenta um interessante relato popular.

CAPÍTULO 13

RACIOCÍNIO PROBABILÍSTICO

Neste capítulo, explicamos como construir modelos de redes eficientes para raciocinar sob a incerteza, de acordo com as leis de teoria de probabilidades, e como distinguir entre correlação e causalidade.

O Capítulo 12 apresentou os elementos básicos da teoria de probabilidades e observou a importância dos relacionamentos de independência e de independência condicional na simplificação de representações probabilísticas do mundo. Este capítulo introduz um modo sistemático de representar explicitamente tais relacionamentos, sob a forma de **redes bayesianas**. Definimos a sintaxe e a semântica dessas redes e mostramos como elas podem ser usadas para captar o conhecimento incerto de modo natural e eficiente. Em seguida, mostramos como a inferência probabilística, embora computacionalmente intratável no pior caso, pode ser realizada de maneira eficiente em muitas situações práticas. Também descrevemos uma série de algoritmos de inferência aproximados, frequentemente aplicáveis quando a inferência exata é inviável. O Capítulo 15 estende as ideias básicas das redes bayesianas para linguagens formais mais expressivas para a definição de modelos de probabilidade.

13.1 Representação do conhecimento em um domínio incerto

No Capítulo 12, vimos que a distribuição completa de probabilidades conjuntas pode responder a qualquer pergunta sobre o domínio, mas pode se tornar intratavelmente grande, à medida que o número de variáveis cresce. Além disso, especificar probabilidades para mundos possíveis, uma por uma, é antinatural e tedioso.

Também vimos que os relacionamentos de independência e de independência condicional entre variáveis pode reduzir bastante o número de probabilidades que precisam ser especificadas, a fim de definir a distribuição conjunta total. Esta seção introduz uma estrutura de dados chamada **rede bayesiana**[1] para representar as dependências entre variáveis. As redes bayesianas podem representar essencialmente *qualquer* distribuição de probabilidades conjuntas completa e, em muitos casos, muito concisamente.

Rede bayesiana

Uma rede bayesiana é um grafo orientado em que cada nó é identificado com informações de probabilidade quantitativa. A especificação completa é dada a seguir:

1. Cada nó corresponde a uma variável aleatória, que pode ser discreta ou contínua.
2. Um conjunto de vínculos orientados ou setas conecta pares de nós. Se houver uma seta do nó X até o nó Y, X será denominado *pai* de Y. O grafo não tem ciclos orientados (e, portanto, é um grafo acíclico orientado) (DAG, do original em inglês *Directed Acyclic Graph*).
3. Cada nó X_i tem uma informação de probabilidade associada $\theta(X_i \mid Pais(X_i))$ que quantifica o efeito dos pais sobre o nó usando um número finito de **parâmetros**.

Parâmetro

A topologia da rede – o conjunto de nós e vínculos – especifica os relacionamentos de independência condicional que são válidos no domínio, de um modo que se tornará claro em breve. O significado *intuitivo* de uma seta tipicamente é que X tem *influência direta* sobre Y, o que sugere que as causas devem ser pais dos efeitos. Normalmente é fácil para um especialista em domínios descobrir quais são as influências diretas existentes no domínio – na verdade, é muito mais fácil do que realmente especificar as probabilidades em si. Uma vez que a topologia da rede bayesiana é definida, só precisamos especificar uma distribuição de probabilidade

---

[1] As redes bayesianas, muitas vezes denominada "rede de Bayes", eram chamadas de **redes de crença** nas décadas de 1980 e 1990. Uma **rede causal** é uma rede bayesiana com restrições adicionais sobre o significado das setas (ver seção 13.5). O termo **modelo de grafos** refere-se a uma classe mais ampla, que inclui as redes bayesianas.

condicional para cada variável, dados seus pais. A distribuição conjunta completa para todas as variáveis é definida pela topologia e pelas informações de probabilidade locais.

Lembre-se do mundo simples descrito no Capítulo 12, que consiste nas variáveis *DorDeDente*, *Cárie*, *Boticão* e *Tempo*. Argumentamos que *Tempo* é independente das outras variáveis; além disso, observamos que *DorDeDente* e *Boticão* são condicionalmente independentes, dada *Cárie*. Esses relacionamentos são representados pela estrutura de rede bayesiana mostrada na Figura 13.1. Formalmente, a independência condicional de *DorDeDente* e *Boticão* dada *Cárie* é a *ausência* de um vínculo entre *DorDeDente* e *Boticão*. Intuitivamente, a rede representa o fato de que *Cárie* é uma causa direta de *DorDeDente* e *Boticão*, enquanto não existe nenhum relacionamento causal direto entre *DorDeDente* e *Boticão*.

Agora considere o exemplo a seguir, que é apenas um pouco mais complexo. Você possui um novo alarme contra roubo instalado em sua casa. Ele é bastante confiável na detecção de roubo, mas também responde ocasionalmente a pequenos terremotos. (Esse exemplo foi proposto por Judea Pearl, morador de Los Angeles – daí o interesse em terremotos.) Você também tem dois vizinhos, João e Maria, que prometeram chamá-lo no trabalho quando ouvirem o alarme. João quase sempre liga quando ouve o alarme, mas, às vezes, confunde o toque do telefone com o alarme e liga ao ouvi-lo. Por outro lado, Maria gosta de ouvir música em alto volume e quase sempre não consegue ouvir o alarme. Dada a evidência de quem telefonou ou não telefonou, gostaríamos de estimar a probabilidade de um roubo.

A rede bayesiana para esse domínio é dada na Figura 13.2. A estrutura da rede mostra que o roubo e os terremotos afetam diretamente a probabilidade de o alarme disparar, se o telefonema de João e Maria depender apenas do alarme. A rede representa, portanto, nossas suposições de que eles não percebem roubos diretamente, não notam pequenos terremotos e não conferem antes de ligar.

As informações de probabilidade locais conectadas a cada nó na Figura 13.2 são mostradas como uma **tabela de probabilidade condicional**, ou TPC. (As TPC só podem ser usadas para variáveis discretas; outras representações, incluindo as adequadas às variáveis contínuas, são descritas na seção 13.2.) Cada linha da TPC contém a probabilidade condicional de cada valor do nó para um **caso de condicionamento**. Um caso de condicionamento é apenas uma combinação possível de valores para os nós pai – uma miniatura do mundo possível, se preferir. Cada linha deve somar 1 porque as entradas representam um conjunto exaustivo de casos da variável. Para as variáveis booleanas, uma vez que se sabe que a probabilidade de um valor verdadeiro seja p, a probabilidade de falso deve ser $1 - p$; assim, muitas vezes omitimos o segundo número, como na Figura 13.2. Em geral, uma tabela para uma variável booleana com k pais booleanos contém 2^k probabilidades independentemente especificáveis. Um nó sem pais tem apenas uma linha, representando as probabilidades anteriores a cada valor possível da variável.

Note que a rede não contém nós correspondentes ao fato de Maria estar ouvindo música em alto volume no momento ou ao fato de o telefone tocar e confundir João. Esses fatores são resumidos na incerteza associada aos vínculos de *Alarme* para *JoãoLiga* e *MariaLiga*. Isso mostra ao mesmo tempo a preguiça e a ignorância em operação, como foi explicado na seção 12.1.1: seria muito trabalhoso descobrir por que esses fatores seriam mais ou menos prováveis em qualquer caso específico e, na verdade, não temos nenhum modo razoável de obter as informações relevantes.

Tabela de probabilidade condicional (TPC)

Caso de condicionamento

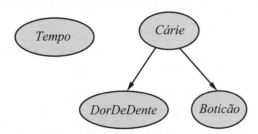

Figura 13.1 Rede bayesiana simples, na qual *Tempo* é independente das outras três variáveis, e *DorDeDente* e *Boticão* são condicionalmente independentes, dada *Cárie*.

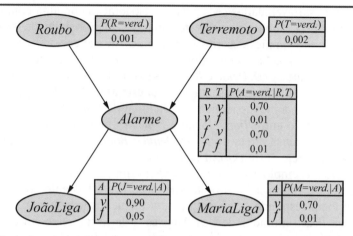

Figura 13.2 Rede bayesiana típica, mostrando a topologia e as tabelas de probabilidade condicional (TPC). Em TPC, as letras *R*, *T*, *A*, *J* e *M* representam *Roubo*, *Terremoto*, *Alarme*, *JoãoLiga* e *MariaLiga*, respectivamente.

As probabilidades realmente resumem um conjunto *potencialmente infinito* de circunstâncias em que o alarme poderia deixar de soar (umidade elevada, falta de energia, bateria descarregada, fios cortados, um rato morto preso à campainha etc.) ou, então, João ou Maria podem deixar de ligar para informar que ele soou (saíram para almoçar, saíram de férias, estão temporariamente surdos, está passando um helicóptero etc.). Desse modo, um pequeno agente pode lidar com um mundo muito grande, pelo menos aproximadamente.

13.2 Semântica das redes bayesianas

A *sintaxe* de uma rede bayesiana consiste em um grafo acíclico orientado com alguns parâmetros numéricos ligados a cada nó. A *semântica* define como a sintaxe corresponde a uma distribuição conjunta sobre todas as variáveis da rede.

Suponha que a rede bayesiana contenha n variáveis, $X_1, ..., X_n$. Uma entrada genérica na distribuição conjunta é então $P(X_1 = x_1 \wedge ... \wedge X_n = x_n)$, ou $P(x_1, ..., x_n)$ como abreviação para isso. A semântica das redes bayesianas define cada entrada na distribuição conjunto da seguinte forma:

$$P(x_1, \ldots, x_n) = \prod_{i=1}^{n} \theta(x_i \mid pais(X_i)), \tag{13.1}$$

em que $pais(X_i)$ denota os valores em $Pais(X_i)$ que aparecem em $x_1, ..., x_n$. Desse modo, cada entrada na distribuição conjunta é representada pelo produto dos elementos apropriados das distribuições condicionais locais na rede bayesiana.

Para ilustrar isso, podemos calcular a probabilidade de que o alarme tenha soado, mas não tenha ocorrido nenhum roubo nem terremoto, e de que tanto João quanto Maria tenham ligado. Simplesmente multiplicamos as entradas relevantes das distribuições condicionais locais (abreviando os nomes das variáveis):

$$P(j,m,a,\neg r,\neg t) = P(j \mid a)P(m \mid a)P(a \mid \neg r \wedge \neg t)P(\neg r)P(\neg t)$$
$$= 0{,}90 \times 0{,}70 \times 0{,}01 \times 0{,}999 \times 0{,}998 = 0{,}00628.$$

A seção 12.3 explicou que a distribuição conjunta total pode ser usada para responder a qualquer consulta sobre o domínio. Se uma rede bayesiana for uma representação da distribuição conjunta, ela também poderá ser usada para responder a qualquer consulta, efetuando-se o somatório de todos os valores de probabilidades conjuntas relevantes, cada um calculado pela multiplicação de probabilidades das distribuições condicionais locais. A seção 13.3 explica isso com mais detalhes, mas também descreve métodos que são muito mais eficientes.

Até aqui, apenas passamos por cima de um ponto importante: qual é o significado dos números que entram nas distribuições condicionais locais $\theta(x_i \mid pais(X_i))$? Ocorre que, pela Equação 13.1, podemos provar que os parâmetros $\theta(x_i \mid pais(X_i))$ são exatamente as probabilidades condicionais $P(x_i \mid pais(X_i))$ implicadas pela distribuição conjunta. Lembre-se de que as probabilidades condicionais podem ser calculadas a partir da distribuição conjunta, da seguinte forma:

$$P(x_i \mid pais(X_i)) \equiv \frac{P(x_i, pais(X_i))}{P(pais(X_i))}$$

$$= \frac{\sum_\mathbf{y} P(x_i, pais(X_i), \mathbf{y})}{\sum_{x_i', \mathbf{y}} P(x_i', pais(X_i), \mathbf{y})}$$

em que $\mathbf{y}$ representa os valores de todas as variáveis que não sejam X_i e seus pais. A partir desta última linha, pode-se provar que $P(x_i \mid pais(X_i)) = \theta(x_i \mid pais(X_i))$. Assim, podemos reescrever a Equação 13.1 como

$$P(x_1, \ldots, x_n) = \prod_{i=1}^{n} P(x_i \mid pais(X_i)). \tag{13.2}$$

Isso significa que, quando se estimam valores para as distribuições condicionais locais, elas precisam ser as probabilidades condicionais reais para a variável, dados seus pais. Assim, por exemplo, quando especificamos $\theta(JoãoLiga = verdadeiro \mid Alarme = verdadeiro) = 0,90$, provavelmente 90% das vezes que o alarme soa, João liga. O fato de que cada parâmetro da rede tem um significado preciso somente em termos de um pequeno conjunto de variáveis é fundamental para a robustez e a facilidade da especificação dos modelos.

Método para construir redes bayesianas

A Equação 13.2 define o que significa uma rede bayesiana. A próxima etapa é explicar como *construir* uma rede bayesiana de tal modo que a distribuição conjunta resultante seja uma boa representação de determinado domínio. Agora, mostraremos que a Equação 13.2 implica certos relacionamentos de independência condicional que podem ser usados para orientar o engenheiro do conhecimento na construção da topologia da rede. Primeiro, reescrevemos as entradas na distribuição conjunta em termos de uma probabilidade condicional usando a regra do produto (ver seção 12.2.2):

$$P(x_1, \ldots, x_n) = P(x_n \mid x_{n-1}, \ldots, x_1) P(x_{n-1}, \ldots, x_1).$$

Em seguida, repetimos o processo reduzindo cada probabilidade conjunta a uma probabilidade condicional e uma probabilidade conjunta sobre um conjunto menor de variáveis. Terminamos com um grande produto:

$$P(x_1, \ldots, x_n) = P(x_n \mid x_{n-1}, \ldots, x_1) P(x_{n-1} \mid x_{n-2}, \ldots, x_1) \cdots P(x_2 \mid x_1) P(x_1)$$

$$= \prod_{i=1}^{n} P(x_i \mid x_{i-1}, \ldots, x_1).$$

Essa identidade é chamada **regra da cadeia**. É válida para qualquer conjunto de variáveis aleatórias. Comparando-a com a Equação 13.2, vemos que a especificação da distribuição conjunta é equivalente à afirmação geral de que, para toda variável X_i na rede, *Regra da cadeia*

$$\mathbf{P}(X_i \mid X_{i-1}, \ldots, X_1) = \mathbf{P}(X_i \mid Pais(X_i)), \tag{13.3}$$

desde que $Pais(X_i) \subseteq \{X_{i-1}, \ldots, X_1\}$. Esta última condição é satisfeita enumerando os nós em **ordem topológica** – ou seja, em qualquer ordem consistente com a ordem parcial implícita na estrutura do grafo. Por exemplo, os nós na Figura 13.2 poderiam ser ordenados com R,T,A,J,M; T,R,A,M,J; e assim por diante. *Ordenação topológica*

O que a Equação 13.3 nos diz é que a rede bayesiana é uma representação correta do domínio somente se cada nó é condicionalmente independente de seus predecessores na ordenação de nós, dados seus pais. Podemos satisfazer essa condição com esta metodologia:

378 Inteligência Artificial

1. *Nós*: primeiro determine o conjunto de variáveis que são necessárias para modelar o domínio. Agora as ordene, $\{X_1, ..., X_n\}$. Qualquer ordem vai funcionar, mas a rede resultante será mais compacta se as variáveis forem ordenadas de tal forma que as causas precedam os efeitos.
2. *Vínculos*: para $i = 1$ até n faça:
   - escolha, de $X_1, ..., X_{i-1}$, um conjunto mínimo de pais para X_i, tal que a Equação 13.3 seja satisfeita;
   - para cada pai insira um vínculo do pai para X_i;
   - TPC: escreva a tabela de probabilidade condicional, $\mathbf{P}(X_i \mid Pais\ (X_i))$.

▶ Intuitivamente, os pais do nó X_i deverão conter todos os nós em $X_1, ..., X_{i-1}$ que *influenciam diretamente* X_i. Por exemplo, vamos supor que completamos a rede da Figura 13.2, exceto pela escolha de pais para *MariaLiga*. *MariaLiga* certamente é influenciada pelo fato de haver ou não um *Roubo* ou um *Terremoto*, mas não é *diretamente* influenciada. Intuitivamente, nosso conhecimento do domínio nos diz que esses eventos influenciam a disposição de Maria para telefonar somente por seu efeito sobre o alarme. Além disso, dado o estado do alarme, o fato de João ligar não tem influência sobre a ligação de Maria. Em termos formais, acreditamos que a declaração de independência condicional, a seguir, seja válida:

$$\mathbf{P}(MariaLiga \mid Jo\tilde{a}oLiga, Alarme, Terremoto, Roubo) = \mathbf{P}(MariaLiga \mid Alarme).$$

Assim, *Alarme* será o único nó pai para *MariaLiga*.

Como cada nó só é ligado aos nós anteriores, esse método de construção garante que a rede é acíclica. Outra propriedade importante da rede bayesiana é que ela não contém valores redundantes de probabilidade. Se não houver redundância, não há chance para inconsistência: ▶ *é impossível para o engenheiro de conhecimento ou especialista do domínio criar uma rede bayesiana que viole os axiomas da probabilidade.*

Densidade e ordenação de nós

Além de ser uma representação completa e não redundante do domínio, uma rede bayesiana frequentemente pode ser muito mais *compacta* que a distribuição conjunta total. Essa propriedade é o que torna viável manipular domínios com muitas variáveis. A densidade das redes bayesianas é um exemplo de propriedade muito geral de sistemas **localmente estruturados** (também chamados **sistemas esparsos**). Em um sistema localmente estruturado, cada subcomponente interage diretamente apenas com um número limitado de outros componentes, não importando o número total de componentes. A estrutura local normalmente está associada a um crescimento linear, e não a um crescimento exponencial da complexidade.

Localmente estruturado
Sistema esparso

No caso das redes bayesianas, é razoável supor que, na maioria dos domínios, cada variável aleatória é diretamente influenciada por, no máximo, k outras, para alguma constante k. Se supusermos n variáveis booleanas por simplicidade, a quantidade de informações necessárias para especificar cada tabela de probabilidade condicional será no máximo 2^k números, e a rede completa poderá ser especificada por $2^k \cdot n$ números. Em contraste, a distribuição conjunta contém 2^n números. Para tornar esse exemplo concreto, vamos supor que tenhamos $n = 30$ nós, cada um com cinco pais ($k = 5$). Então, a rede bayesiana exigirá 960 números, mas a distribuição conjunta total exigirá mais de um bilhão.

A especificação das tabelas de probabilidade condicional para uma rede totalmente conectada, na qual cada variável tem todos os seus predecessores como pais, exige a mesma quantidade de informações que a especificação da distribuição conjunta em formato tabular. Por esse motivo, normalmente omitimos ligações, mesmo que exista uma ligeira dependência, pois um pequeno ganho na exatidão não compensa a complexidade adicional na rede. Por exemplo, alguém poderia fazer uma objeção à nossa rede de alarme contra roubo afirmando que, se houvesse um terremoto, João e Maria não telefonariam, mesmo que tivessem ouvido o alarme, porque eles iriam supor que o terremoto era a causa. A decisão de adicionar o vínculo de *Terremoto* para *JoãoLiga* e para *MariaLiga* (e, desse modo, de ampliar as tabelas) dependerá da comparação entre a importância de obter probabilidades mais precisas e o custo de especificar as informações extras.

Mesmo em um domínio localmente estruturado, só obteremos uma rede bayesiana compacta se ordenarmos bem para escolher o nó. O que acontecerá se escolhermos a ordem errada? Vamos considerar novamente o exemplo do alarme contra roubo. Suponha que decidimos adicionar os nós na ordem *MariaLiga*, *JoãoLiga*, *Alarme*, *Roubo*, *Terremoto*. Nesse caso, obtemos a rede um pouco mais complicada mostrada na Figura 13.3(a). O processo se desenvolve assim:

- Adicionando *MariaLiga*: não há pais.
- Adicionando *JoãoLiga*: se Maria liga, isso provavelmente significa que o alarme soou, e é claro que tornaria mais provável a ligação de João. Portanto, *JoãoLiga* precisa de *MariaLiga* como pai.
- Adicionando *Alarme*: é claro que, se ambos ligarem, será mais provável que o alarme tenha soado do que se apenas um ou nenhum deles ligar; assim, precisamos de *MariaLiga* e *JoãoLiga* como pais.
- Adicionando *Roubo*: se tivéssemos conhecimento do estado do alarme, a ligação de João ou de Maria poderia nos dar informações sobre o ruído da campainha de nosso telefone ou sobre a música de Maria, mas não sobre roubo:

    P(*Roubo* | *Alarme*, *JoãoLiga*, *MariaLiga*) = **P**(*Roubo* | *Alarme*).

    Consequentemente, precisamos apenas de *Alarme* como pai.

- Adicionando *Terremoto*: se o alarme estiver ligado, é mais provável que tenha havido um terremoto. (O alarme é uma espécie de detector de terremotos.) Porém, se soubermos que houve um roubo, isso explica o alarme, e a probabilidade de um terremoto estaria apenas ligeiramente acima do normal. Por conseguinte, precisamos de *Alarme* e *Roubo* como pais.

A rede resultante terá dois outros vínculos além da rede original da Figura 13.2 e exigirá 13 probabilidades condicionais no lugar de 10. Pior ainda, alguns dos vínculos representam relacionamentos tênues que exigem julgamentos de probabilidade difíceis e antinaturais, como a avaliação da probabilidade de *Terremoto*, dados *Roubo* e *Alarme*. Esse fenômeno é bastante geral e está relacionado à distinção entre modelos **causais** e **diagnósticos** introduzidos na seção 12.5.1. *Se nos fixarmos em um modelo causal, acabaremos tendo de especificar uma quantidade menor de números, e os números frequentemente serão mais fáceis de apresentar.*

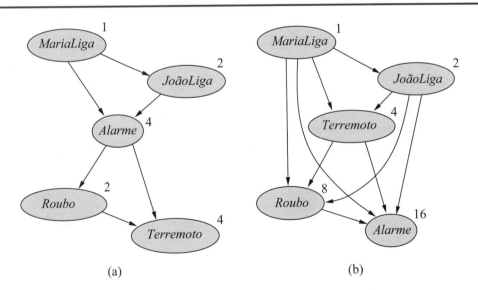

Figura 13.3 A estrutura de rede e o número de parâmetros dependem da ordem de introdução. (a) A estrutura obtida com a ordenação *M,J,A,R,T*. (b) A estrutura obtida com *M,J,T,R,A*. Cada nó é anotado com o número de parâmetros exigido; 13 no total para (a) e 31 para (b). Na Figura 13.2, somente 10 parâmetros foram exigidos.

Por exemplo, no domínio da medicina, foi demonstrado por Tversky e Kahneman (1982) que os médicos especialistas preferem apresentar julgamentos de probabilidade para regras causais, em vez de fazê-lo para regras de diagnóstico. A seção 13.5 explora a ideia de modelos causais com mais detalhes.

A Figura 13.3(b) mostra uma ordenação de nós muito ruim: *MariaLiga*, *JoãoLiga*, *Terremoto*, *Roubo*, *Alarme*. Essa rede exige que sejam especificadas 31 probabilidades distintas – exatamente a mesma quantidade que a da distribuição conjunta total. No entanto, é importante perceber que qualquer das três redes pode representar *exatamente a mesma distribuição conjunta*. As duas últimas versões na Figura 13.3 simplesmente deixam de representar todos os relacionamentos de independência condicional e, consequentemente, acabam por especificar em vez disso muitos números desnecessários.

13.2.1 Relações de independência condicional em redes bayesianas

Pela semântica das redes bayesianas conforme definido na Equação 13.2, podemos derivar diversas propriedades de independência condicional. Já vimos a propriedade de que uma variável é condicionalmente independente de seus outros predecessores, dados seus pais. Também é possível provar a propriedade mais geral de "não descendentes", especificando que:

Descendente

*Cada variável é condicionalmente independente de seus não **descendentes**, dados seus pais.*

Por exemplo, na Figura 13.2, a variável *JoãoLiga* é independente de *Roubo*, *Terremoto* e *MariaLiga*, dado o valor de *Alarme*. A definição está ilustrada na Figura 13.4(a).

Acontece que a propriedade de não descendentes combinada com a interpretação dos parâmetros da rede $\theta(X_i \mid Pais(X_i))$ como probabilidades condicionais $\mathbf{P}(X_i \mid Pais(X_i))$ é o bastante para que a distribuição conjunta completa dada na Equação 13.2 possa ser reconstruída. Em outras palavras, é possível ver a semântica das redes bayesianas de um modo diferente: em vez de definir a distribuição conjunto completa como o produto de distribuições condicionais, a rede define um conjunto de propriedades de independência condicional. A distribuição conjunto completa pode ser derivada dessas propriedades.

Outra propriedade importante de independência é implicada pela propriedade de não descendentes:

Cobertura de Markov

uma variável é condicionalmente independente de todos os outros nós na rede, dados seus pais, filhos e pais dos filhos – isto é, dada sua **cobertura de Markov**.

Por exemplo, a variável *Roubo* é independente de *JoãoLiga* e *MariaLiga*, dados *Alarme* e *Terremoto*. Essa propriedade está ilustrada na Figura 13.4(b). A propriedade da cobertura de

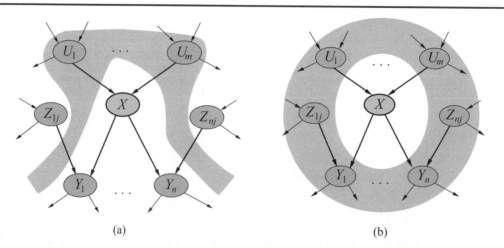

Figura 13.4 (a) Um nó X é condicionalmente independente de seus não descendentes (p. ex., os nós Z_{ij}), dados seus pais (os nós U_i mostrados na mancha cinza de trás). (b) Um nó X é condicionalmente independente de todos os outros nós da rede, dada sua cobertura de Markov (a mancha cinza de trás).

Markov torna possíveis algoritmos de inferência que usam processos de amostragem estocástica completamente locais e distribuídos, conforme explicado na seção 13.4.2.

A pergunta de independência condicional mais geral que alguém poderia questionar em uma rede bayesiana é se um conjunto de nós **X** é condicionalmente independente de outro conjunto **Y**, dado um terceiro conjunto **Z**. Isso pode ser determinado de forma eficiente examinando a rede bayesiana para ver se **Z d-separa X** e **Y**. O processo funciona da seguinte maneira:

D-separação

1. Considere apenas o **subgrafo ancestral** consistindo em **X, Y, Z**, e seus ancestrais.

Subgrafo ancestral

2. Acrescente ligações entre qualquer par de nós não ligados que compartilhem um filho comum; agora temos o chamado **grafo moral**.

Grafo moral

3. Substitua todas as ligações orientadas por ligações não orientadas.
4. Visto que **Z** bloqueia todos os caminhos entre **X** e **Y** no grafo resultante, então **Z** d-separa **X** e **Y**. Nesse caso, **X** é condicionalmente independente de **Y**, dado **Z**. Caso contrário, a rede bayesiana original não exige independência condicional.

Resumindo, então, a d-separação significa a separação no subgrafo não orientado, moralizado, ancestral. Aplicando a definição à rede do exemplo de roubo da Figura 13.2, podemos deduzir que *Roubo* e *Terremoto* são independentes, dado o conjunto vazio (ou seja, eles são absolutamente independentes); que eles *não* necessariamente são condicionalmente independentes, dado *Alarme*; e que *JoãoLiga* e *MariaLiga* são condicionalmente independentes, dado *Alarme*. Note também que a propriedade de cobertura de Markov segue diretamente da propriedade de d-separação, pois a cobertura de Markov de uma variável a d-separa de todas as outras variáveis.

13.2.2 Representação eficiente de distribuições condicionais

Ainda que o número máximo de pais k seja reduzido, o preenchimento da TPC para um nó exige até $O(2^k)$ números e talvez muita experiência com todos os casos de condicionamento possíveis. De fato, esse é um cenário de pior caso, em que o relacionamento entre os pais e o filho é completamente arbitrário. Em geral, tais relacionamentos podem ser descritos por uma **distribuição canônica** que se ajusta a alguma forma padrão. Em tais casos, a tabela completa pode ser especificada definindo-se o padrão e talvez fornecendo alguns parâmetros.

Distribuição canônica

O exemplo mais simples é fornecido por **nós determinísticos**. Um nó determinístico tem seu valor especificado exatamente pelos valores de seus pais, sem qualquer incerteza. O relacionamento pode ser lógico: por exemplo, o relacionamento entre os nós pais *canadense*, *americano*, *mexicano* e o nó filho *norte-americano* é simplesmente o fato de que o filho é a disjunção dos pais. O relacionamento também pode ser numérico: por exemplo, o *MelhorPreço* para um carro é o mínimo dos preços em cada revenda na região; e a *ÁguaArmazenada* em um reservatório no fim do ano é a soma da quantidade original, mais os fluxos de entrada (rios, córregos, precipitação) e menos os fluxos de saída (rios, evaporação, perdas por infiltração).

Nós determinísticos

Muitos sistemas de rede bayesiana permitem que o usuário especifique funções determinísticas usando uma linguagem de programação de propósito geral; isso torna possível incluir elementos complexos, como modelos climáticos globais ou simuladores de rede elétrica em um modelo probabilístico.

Outro padrão importante que ocorre com frequência na prática é a **independência específica do contexto** ou IEC. Uma distribuição condicional exibe IEC se uma variável é condicionalmente independente de alguns de seus pais, dados *certos valores* de outros. Por exemplo, vamos supor que o *Dano* ao seu carro, ocorrido durante determinado intervalo de tempo, depende da *Robustez* do seu carro e se um *Acidente* ocorreu ou não nesse período. Claramente, se *Acidente* for falso, então o *Dano*, se houver, não depende da *Robustez* do seu carro. (Pode haver danos de vandalismo na pintura ou nas janelas do carro, mas vamos assumir que todos os carros estão igualmente sujeitos a tais danos.) Dizemos que o *Dano* é independente do contexto específico da *Robustez*, dado *Acidente = falso*. Os sistemas de rede bayesiana quase sempre implementam a IEC usando uma sintaxe se-então-senão para especificar distribuições condicionais; por exemplo, alguém poderia escrever

Independência específica do contexto

382   Inteligência Artificial

OU ruidoso

Nó de vazamento

$$\mathbf{P}(Dano \mid Robustez, Acidente) =$$
$$\mathbf{se}\ (Acidente = falso)\ \mathbf{então}\ d_1\ \mathbf{senão}\ d_2(Robustez)$$

em que d_1 e d_2 representam distribuições quaisquer. Assim como no determinismo, a presença da IEC em uma rede pode facilitar a inferência eficiente. Todos os algoritmos de inferência exata mencionados na seção 13.3 podem ser modificados para tirar proveito da IEC para ganhar velocidade de computação.

Os relacionamentos incertos frequentemente podem ser caracterizados pelos chamados relacionamentos lógicos **ruidosos**. O exemplo padrão é a relação **OU ruidoso**, uma generalização do OU lógico. Em lógica proposicional, poderíamos dizer que *Febre* é verdadeira se e somente se *Resfriado*, *Gripe* ou *Malária* são verdadeiros. O modelo OU ruidoso permite a incerteza sobre a habilidade de cada pai para fazer o filho ser verdadeiro – o relacionamento causal entre pai e filho pode ser *inibido*, e assim um paciente pode ter um resfriado, mas não apresentar febre.

O modelo faz duas suposições. Primeiro, ele pressupõe que todas as causas possíveis estão listadas (se algo estiver faltando, sempre podemos adicionar um chamado **nó de vazamento** que cobre "causas diversas"). Em segundo lugar, ele pressupõe que a inibição de cada pai é independente da inibição de quaisquer outros pais: por exemplo, o que inibe *Malária* de causar uma febre é independente do que inibe *Gripe* de causar uma febre. Dadas essas suposições, *Febre* é *falsa* se e somente se todos os seus pais *verdadeiros* são inibidos, e a probabilidade de ocorrer isso é o produto das probabilidades de inibição q_j para cada pai. Vamos supor que essas probabilidades de inibição individuais sejam:

$$q_{\text{resfriado}} = P(\neg febre \mid resfriado, \neg gripe, \neg malária) = 0,6,$$
$$q_{\text{gripe}} = P(\neg febre \mid \neg resfriado, gripe, \neg malária) = 0,2,$$
$$q_{\text{malária}} = P(\neg febre \mid \neg resfriado, \neg gripe, malária) = 0,1.$$

Assim, a partir dessas informações e das suposições de OU ruidoso, é possível construir a TPC inteira. A regra geral é que:

$$P(x_i \mid pais(X_i)) = 1 - \prod_{\{j:X_j\,=\,verdadeiro\}} q_j,$$

em que o produto é obtido dos pais que são definidos como verdadeiros para essa linha da TPC. A Figura 13.5 ilustra esse cálculo.

Em geral, relacionamentos lógicos ruidosos em que uma variável depende de k pais podem ser descritos com o uso de $O(k)$ parâmetros, em vez de $O(2^k)$ para a tabela de probabilidade condicional completa. Isso torna muito mais fácil a avaliação e o aprendizado. Por exemplo, a rede CPCS (Pradhan *et al.*, 1994) utiliza distribuições de OU ruidoso e MAX ruidoso para modelar relacionamentos entre doenças e sintomas em medicina interna. Com 448 nós e 906 ligações, ela exige apenas 8.254 valores, em vez de 133.931.430 para uma rede com TPC completas.

Resfriado	*Gripe*	*Malária*	$P(febre \mid \cdot)$	$P(\neg febre \mid \cdot)$
f	f	f	0,0	1,0
f	f	v	0,9	**0,1**
f	v	f	0,8	**0,2**
f	v	v	0,98	$0,02 = 0,2 \times 0,1$
v	f	f	0,4	**0,6**
v	f	v	0,94	$0,06 = 0,6 \times 0,1$
t	v	f	0,88	$0,12 = 0,6 \times 0,2$
v	v	v	0,988	$0,012 = 0,6 \times 0,2 \times 0,1$

Figura 13.5 Tabela de probabilidade condicional completa para $\P(Febre \mid Resfriado, Gripe, Malária)$, considerando um modelo OU ruidoso com os três valores q mostrados em negrito.

13.2.3 Redes bayesianas com variáveis contínuas

Muitos problemas reais envolvem quantidades contínuas, como altura, massa, temperatura e dinheiro. Por definição, variáveis contínuas têm um número infinito de valores possíveis e, assim, é impossível especificar explicitamente probabilidades condicionais para cada valor. Um modo possível de manipular variáveis contínuas é evitá-las usando a **discretização**, isto é, repartindo os valores possíveis em um conjunto fixo de intervalos. Por exemplo, as temperaturas poderiam ser divididas em três categorias: (<0°C), (0°C–100°C) e (>100°C). Na escolha do número de categorias, existe uma compensação entre perda de precisão e grandes TPC, que podem ocasionar longos tempos de execução.

Discretização

Outra técnica é definir uma variável contínua usando uma das famílias padrão de funções de densidade de probabilidade (ver Apêndice A). Por exemplo, uma distribuição gaussiana (ou normal) $\mathcal{N}(x; \mu, \sigma^2)$ é especificada por apenas dois parâmetros, a média μ e a variância σ^2. Ainda outra solução – às vezes chamada representação **não paramétrica** – é definir implicitamente a distribuição condicional com uma coleção de instâncias, cada uma contendo os valores específicos das variáveis do pai e do filho. Essa abordagem será explorada no Capítulo 19.

Não paramétrica

Uma rede com variáveis discretas e contínuas é chamada **rede bayesiana híbrida**. Para especificar uma rede híbrida, temos de especificar dois novos tipos de distribuições: a distribuição condicional para uma variável contínua, dados pais discretos ou contínuos, e a distribuição condicional para uma variável discreta, dados pais contínuos. Considere o exemplo simples da Figura 13.6, em que um cliente compra alguma fruta dependendo de seu custo que, por sua vez, depende do volume da colheita e do fato de o esquema de subsídios do governo estar em vigor. A variável *Custo* é contínua e tem pais contínuos e discretos; a variável *Compra* é discreta e tem pai contínuo.

Rede bayesiana híbrida

Para a variável *Custo*, precisamos especificar **P**(*Custo* | *Colheita*, *Subsídio*). O pai discreto é manipulado por enumeração explícita, ou seja, pela especificação de **P**(*Custo* | *Colheita*, *subsídio*) e de **P**(*Custo* | *Colheita*, ¬*subsídio*). Para tratar *Colheita*, especificamos como a distribuição sobre o custo c depende do valor contínuo h de *Colheita*. Em outras palavras, especificamos os *parâmetros* da distribuição de custo como uma função de h. A escolha mais comum é a distribuição condicional **gaussiana linear**, na qual o filho tem uma distribuição gaussiana cuja média μ varia linearmente com o valor do pai e cujo desvio padrão σ é fixo. Precisamos de duas distribuições, uma para *subsídio* e uma para ¬*subsídio*, com parâmetros diferentes:

Gaussiana linear

$$P(c \mid h, subsídio) = \mathcal{N}(c; a_t h + b_t, \sigma_t^2) = \frac{1}{\sigma_t \sqrt{2\pi}} e^{-\frac{1}{2}\left(\frac{c-(a_t h + b_t)}{\sigma_t}\right)^2}$$

$$P(c \mid h, \neg subsídio) = \mathcal{N}(c; a_f h + b_f, \sigma_f^2) = \frac{1}{\sigma_f \sqrt{2\pi}} e^{-\frac{1}{2}\left(\frac{c-(a_f h + b_f)}{\sigma_f}\right)^2}.$$

Para esse exemplo, a distribuição condicional para *Custo* é especificada pela nomenclatura da distribuição gaussiana linear, fornecendo-se os parâmetros a_t, b_t, σ_t, a_f, b_f e σ_f. As Figuras 13.7(a) e (b) mostram esses dois relacionamentos. Note que, em cada caso, a inclinação de c contra h é negativa porque o preço diminui, à medida que a quantidade fornecida

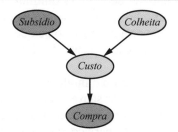

Figura 13.6 Rede simples com variáveis discretas (*Subsídio* e *Compra*) e variáveis contínuas (*Colheita* e *Custo*).

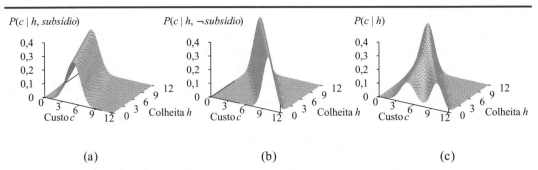

Figura 13.7 Os grafos em (a) e (b) mostram a distribuição de probabilidade sobre *Custo* como uma função do volume da *Colheita*, com *Subsídio* verdadeiro e falso, respectivamente. O grafo (c) mostra a distribuição *P*(*Custo*|*Colheita*), obtida pelo somatório sobre os dois casos de subsídios.

aumenta. (É claro que a suposição de linearidade implica que o preço se torna negativo em algum momento; o modelo linear só será razoável se o volume da colheita for limitado a um intervalo estreito.) A Figura 13.7(c) mostra a distribuição *P*(*c* | *h*), calculada pela média sobre os dois valores possíveis de *Subsídio* e supondo que cada um deles tenha probabilidade *a priori* igual a 0,5. Isso mostra que até mesmo com modelos muito simples podem ser representadas distribuições bastante interessantes.

A distribuição gaussiana condicional linear tem algumas propriedades especiais. Uma rede que contém apenas variáveis contínuas com distribuições gaussianas lineares tem uma distribuição conjunta que é uma distribuição gaussiana multivariada (ver Apêndice A) sobre todas as variáveis. Além disso, dada alguma evidência, a distribuição posterior também tem essa propriedade.[2] Quando são adicionadas variáveis discretas como pais (não como filhos) de variáveis contínuas, a rede define uma distribuição **gaussiana condicional**, ou GC: dada qualquer atribuição às variáveis discretas, a distribuição sobre as variáveis contínuas é uma distribuição gaussiana multivariada.

Gaussiana condicional

Agora, vamos estudar as distribuições para variáveis discretas com pais contínuos. Por exemplo, considere o nó *Compra* da Figura 13.6. Parece razoável supor que o cliente comprará se o custo for baixo e não comprará se ele for alto, e que a probabilidade de compra varia suavemente em alguma região intermediária. Em outras palavras, a distribuição condicional é semelhante a uma função de limiar "suave". Um modo de criar limiares suaves é usar a *integral* da distribuição normal padrão:

$$\Phi(x) = \int_{-\infty}^{x} \mathcal{N}(s; 0, 1) ds.$$

$\Phi(x)$ é uma função crescente de x, enquanto a probabilidade de comprar diminui com o custo, de modo que aqui invertemos a função:

$$P(compra \mid Custo = c) = 1 - \Phi((c - \mu)/\sigma),$$

o que significa que o limiar de custo ocorre em torno de μ, que a largura da região de limiar é proporcional a σ e que a probabilidade de compra diminui, à medida que o custo aumenta. Essa distribuição **probit** (abreviatura de "unidade de probabilidade") está ilustrada na Figura 13.8(a). A forma pode ser justificada pela proposição de que o processo de decisão subjacente tem um limiar difícil, mas que a posição precisa do limiar está sujeita a ruído gaussiano aleatório.

Probit

Expit
Logit inverso
Função logística

Uma alternativa para o modelo probit é o modelo **expit** ou **logit inverso**, que usa a **função logística** $1/(1 + e^{-x})$ para produzir um limiar suave – ele mapeia qualquer x a um valor entre 0 e 1. Novamente, para o nosso exemplo, nós o invertemos para criar uma função decrescente; também escalamos o expoente por $4/\sqrt{2\pi}$ para corresponder à inclinação do probit na média:

---

[2] Segue-se que a inferência em redes gaussianas lineares demora apenas o tempo $O(n^3)$ no pior caso, independentemente da topologia da rede. Na seção 13.3, veremos que a inferência para redes de variáveis discretas é NP-difícil.

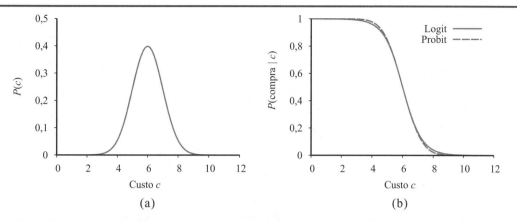

Figura 13.8 (a) Uma distribuição (gaussiana) normal para o limite de custo, centrada em $\mu = 6,0$, com desvio padrão $\sigma = 1,0$. (b) Distribuições Logit e Probit para a probabilidade de *compra*, dado c*usto*, para os parâmetros $\mu = 6,0$ e $\sigma = 1,0$.

$$P(compra \mid Custo = c) = 1 - \frac{1}{1 + exp\left(-\frac{4}{\sqrt{2\pi}} \cdot \frac{c-\mu}{\sigma}\right)}.$$

Isso está ilustrado na Figura 13.8(b). As duas distribuições parecem semelhantes, mas, na realidade, a distribuição logit tem "extremidades" muito mais longas. Com frequência, a distribuição probit se ajusta melhor a situações reais, embora às vezes seja mais fácil lidar matematicamente com a distribuição logit. Ela é amplamente utilizada no aprendizado de máquina. Os dois modelos podem ser generalizados para manipular vários pais contínuos, tomando-se uma combinação linear dos valores dos pais. Isso também funciona para pais discretos se os seus valores forem inteiros; por exemplo, com k pais booleanos, cada um visto como tendo valores 0 ou 1, a entrada da distribuição expit ou probit seria uma combinação linear ponderada com k parâmetros, produzindo um modelo muito semelhante ao modelo OU ruidoso, discutido anteriormente.

13.2.4 Estudo de caso: seguro de automóveis

Uma seguradora de automóveis recebe uma solicitação de um indivíduo para segurar um veículo específico e deve decidir sobre o prêmio anual apropriado a cobrar, com base nos sinistros que ela acredita que pagará por esse solicitante. A tarefa é construir uma rede bayesiana que capture a estrutura causal do domínio e forneça uma distribuição precisa e bem calibrada sobre as variáveis de saída, dada a evidência disponível no formulário de solicitação.[3] A rede bayesiana incluirá **variáveis ocultas**, que não são nem de entrada nem de saída, mas são essenciais para estruturar a rede de forma que seja razoavelmente esparsa com um número razoável de parâmetros. As variáveis ocultas estão em tom mais escuro na Figura 13.9.

Variável oculta

As reivindicações a serem pagas – em tom bem claro na Figura 13.9 – são de três tipos: o *CustoMédico* para quaisquer ferimentos sofridos pelo requerente; o *CustoResponsabilidade* para ações judiciais movidas por terceiros contra a demandante e a empresa; e o *CustoPropriedade* para danos no veículo a qualquer uma das partes e perda do veículo por roubo. O formulário de solicitação pede as seguintes informações de entrada (os nós em tom intermediário na Figura 13.9):

- Sobre o solicitante: *idade*; *AnosCNH* – há quanto tempo a carteira de habilitação foi emitida pela primeira vez; *RegistroDireção* – algum resumo, talvez baseado em "pontos na carteira", dos acidentes recentes e violações de trânsito; e (para estudantes) um indicador de *BomAluno* com uma média de 3,0 (B) em uma escala de quatro pontos

---

[3] A rede mostrada na Figura 13.9 não está em uso real, mas sua estrutura tem sido examinada por especialistas de seguradora. Na prática, as informações solicitadas em formulários variam por empresa e jurisdição – por exemplo, algumas pedem o *Gênero* – e o modelo certamente poderia ser bem mais detalhado e sofisticado.

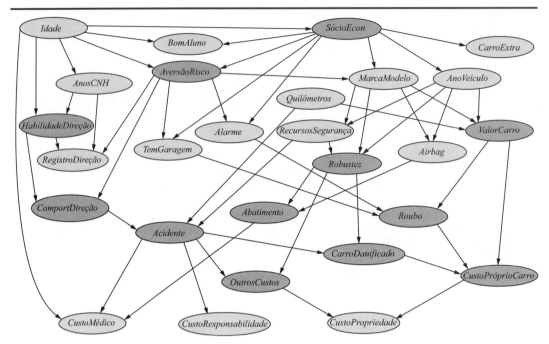

Figura 13.9 Rede bayesiana para avaliar solicitações de seguro de automóveis.

- Sobre o veículo: a *MarcaModelo* e *AnoVeículo*; se ele tem um *Airbag*; e algum resumo de *RecursosSegurança*, como freio ABS e sensores de colisão
- Sobre a situação de direção: o número de *Quilômetros* dirigidos por ano e se o veículo *TemGaragem*.

Agora precisamos pensar em como organizá-las em uma estrutura causal. As principais variáveis ocultas são se um *Roubo* ou *Acidente* ocorrerá ou não no próximo período. Obviamente, não se pode pedir ao solicitante para prever isso; isso deverá ser deduzido das informações disponíveis e da experiência anterior da seguradora.

Quais são os fatores causais que levam ao *Roubo*? *MarcaModelo* certamente é importante – alguns modelos são roubados com muito mais frequência do que outros, porque existe um mercado de revenda eficiente de veículos e peças; o *ValorCarro* também é importante, porque um veículo velho, surrado ou com muita quilometragem tem menor valor de revenda. Além disso, um veículo que *TemGaragem* e tem um dispositivo de *Alarme* é mais difícil de roubar. A variável oculta *ValorCarro* depende, por sua vez, de *MarcaModelo*, *AnoVeículo* e *Quilômetros*. *ValorCarro* também determina o valor da perda quando ocorre um *Roubo*, de modo que esse é um dos contribuintes do *CustoPróprioCarro* (o outro são os acidentes, que veremos em breve).

Em modelos desse tipo, é comum introduzir outra variável oculta, *SócioEcon*, a categoria socioeconômica do requerente. Acredita-se que isso influencie uma ampla gama de comportamentos e características. Em nosso modelo, não há evidência *direta* na forma de variáveis observadas de renda e ocupação;[4] mas *SócioEcon* influencia *MarcaModelo* e *AnoVeículo*; também afeta *CarroExtra* e *BomAluno* e depende um pouco da *Idade*.

Para qualquer seguradora, talvez a variável oculta mais importante seja *AversãoRisco*: pessoas avessas ao risco são bons riscos de seguro! *Idade* e *SócioEcon* afetam *AversãoRisco*, e seus "sintomas" incluem a escolha do candidato se o veículo *TemGaragem* e tem dispositivos de *Alarme* e *RecursosSegurança*.

Na previsão de acidentes futuros, a chave é o futuro *ComportDireção* do candidato, que é influenciado por *AversãoRisco* e *HabilidadeDireção*; o último, por sua vez, depende da *Idade*

---

[4] Algumas seguradoras também analisam o histórico de crédito do requerente para ajudar na avaliação de risco; isso oferece muito mais informações sobre a categoria socioeconômica. Sempre que usar variáveis ocultas desse tipo, deve-se ter cuidado para que elas não se tornem inadvertidamente substitutos de variáveis como raça, que não podem ser usadas em decisões de seguro. O Capítulo 19 descreve as técnicas para evitar vieses desse tipo.

e de *AnosCNH*. O comportamento de direção anterior do candidato é refletido no *Registro-Direção*, que também depende de *AversãoRisco* e *HabilidadeDireção*, bem como de *AnosCNH* (porque alguém que começou a dirigir recentemente pode não ter tido tempo para acumular um registro de acidentes e violações). Desse modo, *RegistroDireção* fornece evidências sobre *AversãoRisco* e *HabilidadeDireção*, que, por sua vez, ajudam a prever o *ComportDireção* futuro.

Podemos pensar em *ComportDireção* como uma tendência por quilômetro para dirigir de uma forma propensa a acidentes; se um *Acidente* realmente ocorre em um intervalo de tempo fixo, isso depende também da *Quilometragem* anual e dos *RecursosSegurança* do veículo. Se ocorrer um *Acidente*, haverá três tipos de custos: o *CustoMédico* para o requerente depende da *Idade* e do *Abatimento*, que, por sua vez, depende da *Robustez* do carro e do fato de este ter *Airbag*; o *CustoResponsabilidade* (assistência médica, dor e sofrimento, lucros cessantes etc.) para o outro motorista; e o *CustoPropriedade* para o requerente e o outro motorista, os quais dependem (de maneiras diferentes) da *Robustez* do carro e do *ValorCarro* do requerente.

Ilustramos o tipo de raciocínio usado para desenvolver a topologia e as variáveis ocultas em uma rede bayesiana. Também precisamos especificar as *imagens* e as distribuições condicionais para cada variável. Para as *imagens*, a decisão principal geralmente é tornar a variável discreta ou contínua. Por exemplo, a *Robustez* do veículo pode ser uma variável contínua entre 0 e 1, ou uma variável discreta com intervalo {*Frágil,Normal,Blindado*}.

Variáveis contínuas oferecem mais precisão, mas impossibilitam a inferência exata, exceto em alguns casos especiais. Uma variável discreta com muitos valores possíveis pode tornar tedioso preencher as tabelas de probabilidade condicional correspondentemente grandes e encarece a inferência exata, a menos que o valor da variável seja sempre observado. Por exemplo, *MarcaModelo* em um sistema real teria milhares de valores possíveis, e isso faz com que seu filho *ValorCarro* tenha uma TPC enorme que teria que ser preenchida em bancos de dados da indústria; mas, como *MarcaModelo* é sempre observado, isso não contribui para a complexidade da inferência: de fato, os valores observados para os três pais selecionam exatamente uma linha relevante da TPC para *ValorCarro*.

As distribuições condicionais no modelo são fornecidas no repositório de código do livro; mostramos apenas uma versão com variáveis discretas, para a qual pode ser realizada uma inferência exata. Na prática, muitas das variáveis seriam contínuas e as distribuições condicionais seriam aprendidas a partir de dados históricos sobre os requerentes e seus sinistros de seguro. No Capítulo 20, veremos como aprender os modelos de rede bayesiana a partir dos dados.

A última questão é, obviamente, como fazer inferência na rede para fazer previsões. Vamos abordar essa questão em seguida. Para cada método de inferência que descrevemos, avaliaremos o método na rede de seguro para medir os requisitos de tempo e espaço do método.

13.3 Inferência exata em redes bayesianas

A tarefa básica para qualquer sistema de inferência probabilístico é calcular a distribuição de probabilidade posterior para um conjunto de **variáveis de consulta**, dado algum **evento** observado – isto é, alguma atribuição de valores a um conjunto de **variáveis de evidência**.[5] Para simplificar a apresentação, vamos considerar apenas uma variável de consulta por vez; os algoritmos podem ser facilmente estendidos para consultas com variáveis múltiplas. (p. ex., podemos resolver a consulta $\mathbf{P}(U,V\,|\,\mathbf{e})$ multiplicando $\mathbf{P}(V\,|\,\mathbf{e})$ e $\mathbf{P}(U,V\,|\,\mathbf{e})$.) Utilizaremos a notação introduzida no Capítulo 12: X denota a variável de consulta; $\mathbf{E}$ denota o conjunto de variáveis de evidência $E_1,...,E_m$, e $\mathbf{e}$ é um evento específico observado; $\mathbf{Y}$ denota as variáveis ocultas (que não são de evidência nem consulta) $Y_1,...,Y_\ell$. Desse modo, o conjunto completo de variáveis é $\{X\} \cup \mathbf{E} \cup \mathbf{Y}$. Uma consulta típica busca a distribuição de probabilidade posterior $\mathbf{P}(X\,|\,\mathbf{e})$.

Na rede de alarme contra roubo, poderíamos observar o evento em que *JoãoLiga* = *verdadeiro* e *MariaLiga* = *verdadeiro*. Então, poderíamos buscar, digamos, a probabilidade de ter ocorrido um roubo:

$$\mathbf{P}(Roubo\,|\,JoãoLiga = verdadeiro, MariaLiga = verdadeiro) = \langle 0{,}284, 0{,}716\rangle.$$

---

[5] Outra tarefa bastante estudada é encontrar a **explicação mais provável** para alguma evidência observada. Esta e outras tarefas são discutidas nas notas ao fim do capítulo.

388 Inteligência Artificial

Nesta seção, discutiremos algoritmos exatos para calcular probabilidades posteriores e consideraremos a complexidade dessa tarefa. Ocorre que o caso geral é intratável e, assim, a seção 13.4 estuda métodos para inferência aproximada.

13.3.1 Inferência por enumeração

O Capítulo 12 explicou que qualquer probabilidade condicional pode ser calculada pelo somatório de termos da distribuição conjunta total. Mais especificamente, uma consulta $\mathbf{P}(X \mid \mathbf{e})$ pode ser respondida com a utilização da Equação 12.9, que repetimos aqui por conveniência:

$$\mathbf{P}(X \mid \mathbf{e}) = \alpha \mathbf{P}(X, \mathbf{e}) = \alpha \sum_{\mathbf{y}} \mathbf{P}(X, \mathbf{e}, \mathbf{y}).$$

Agora, uma rede bayesiana fornece uma representação completa da distribuição conjunta total. Mais especificamente, a Equação 13.2 mostra que os termos $P(x, \mathbf{e}, \mathbf{y})$ na distribuição conjunta podem ser escritos como produtos de probabilidades condicionais da rede. Por conseguinte, *uma consulta pode ser respondida com o uso de uma rede bayesiana, calculando-se somas de produtos de probabilidades condicionais da rede.*

Considere a consulta $\mathbf{P}(Roubo \mid JoãoLiga = verdadeiro, MariaLiga = verdadeiro)$. As variáveis ocultas para essa consulta são *Terremoto* e *Alarme*. Da Equação 12.9, usando letras iniciais para representar as variáveis com o objetivo de encurtar as expressões, temos:

$$\mathbf{P}(B \mid j,m) = \alpha \mathbf{P}(B, j, m) = \alpha \sum_{e} \sum_{a} \mathbf{P}(B, j, m, e, a).$$

A semântica das redes bayesianas (Equação 13.2) nos dá então uma expressão em termos de entradas de TPC. Por simplicidade, faremos isso apenas para *Roubo = verdadeiro*:

$$P(b \mid j,m) = \alpha \sum_{e} \sum_{a} P(b)P(e)P(a \mid b,e)P(j \mid a)P(m \mid a). \tag{13.4}$$

Para calcular essa expressão, temos de somar quatro termos, cada um calculado pela multiplicação de cinco números. No pior caso, em que teremos de efetuar o somatório de quase todas as variáveis, haverá $O(2^n)$ termos na soma, cada um deles um produto de $O(n)$ valores de probabilidade. Uma implementação ingênua, portanto, teria complexidade $O(n2^n)$.

Isso pode ser reduzido para $O(2^n)$ tirando proveito da estrutura aninhada da computação. Em termos simbólicos, isso significa mover os somatórios mais para dentro possível na expressão, como na Equação 13.4. Podemos fazer isso porque nem todos os fatores no produto das probabilidades dependem de todas as variáveis. Assim, temos:

$$P(b \mid j,m) = \alpha P(b) \sum_{e} P(e) \sum_{a} P(a \mid b,e)P(j \mid a)P(m \mid a). \tag{13.5}$$

Essa expressão pode ser avaliada por meio de um laço repetitivo através das variáveis em ordem, multiplicando entradas da TPC, à medida que avançarmos. Para cada somatório, também precisamos executar um laço sobre os valores possíveis da variável. A estrutura dessa computação é mostrada na Figura 13.10. Usando os números da Figura 13.2, obtemos $P(b \mid j, m) = \alpha \times 0,00059224$. A computação correspondente para $\neg b$ produz $\alpha \times 0,0014919$; por conseguinte,

$$\mathbf{P}(B \mid j, m) = \alpha \langle 0,00059224, \, 0,0014919 \rangle \approx \langle 0,284, \, 0,716 \rangle.$$

Ou seja, a chance de um roubo, dadas as ligações de ambos os vizinhos, é de aproximadamente 28%.

O algoritmo ASK-ENUMERAÇÃO da Figura 13.11 avalia tais árvores usando a recursão primeiro na profundidade, da esquerda para a direita. O algoritmo é muito semelhante, em estrutura, ao algoritmo de retrocesso para a resolução de CSP (Figura 6.5) e ao algoritmo de satisfatibilidade DPLL (Figura 7.17). Sua complexidade de espaço só é linear no número de variáveis: o algoritmo efetua o somatório sobre a distribuição conjunta total sem jamais construí-la de forma explícita. Infelizmente, sua complexidade de tempo para uma rede com n variáveis booleanas é sempre $O(2^n)$ – melhor que o valor $O(n2^n)$ para a abordagem simples

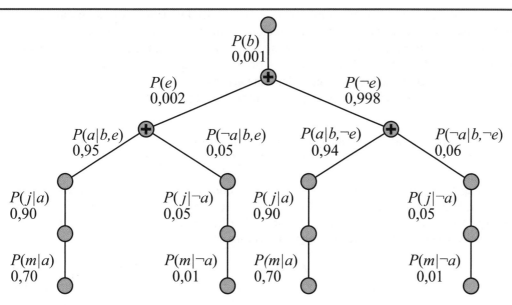

Figura 13.10 Estrutura da expressão mostrada na Equação 13.5. A avaliação prossegue de cima para baixo, multiplicando valores ao longo de cada caminho e efetuando o somatório nos nós identificados com "+". Observe a repetição dos caminhos para j e m.

---

função ASK-ENUMERAÇÃO(X, **e**, rb) **retorna** uma distribuição sobre X
  entradas: X, a variável de consulta
         e, valores observados para variáveis **E**
         rb, uma rede bayesiana com variáveis $vars$

  Q(X) ← uma distribuição sobre X, inicialmente vazia
  para cada valor x_i de X **faça**
    Q(x_i) ← ENUMERAR-TODOS($vars$, $\mathbf{e}_{x_i}$)
       em que $\mathbf{e}_{x_i}$ é **e** estendido com $X = x_i$
  retornar NORMALIZAR(**Q**(X))

função ENUMERAR-TODOS($vars$, **e**) **retorna** um número real
  se VAZIO?($vars$) **então retornar** 1,0
  V ← PRIMEIRO($vars$)
  se V é uma variável de evidência com valor v em **e**,
    então retornar $P(v \mid pais(V)) \times$ ENUMERAR-TODOS(RESTO($vars$), **e**)
    senão retornar $\sum_y P(v \mid pais(V)) \times$ ENUMERAR-TODOS(RESTO($vars$), $\mathbf{e}_y$)
      em que $\mathbf{e}_y$ é **e** estendido com $V = v$

Figura 13.11 Algoritmo de enumeração para inferência exata em redes bayesianas.

---

descrita anteriormente, mas ainda terrível. Para a rede da seguradora na Figura 13.9, que é relativamente pequena, a inferência exata usando enumeração exige cerca de 227 milhões de operações aritméticas para uma consulta típica sobre as variáveis de custo.

Porém, se você olhar atentamente para a árvore da Figura 13.10, verá que ela contém *trechos repetidos*. Os produtos $P(j \mid a)P(m \mid a)$ e $P(j \mid \neg a)P(m \mid \neg a)$ são calculados duas vezes, uma para cada valor de E. A chave da inferência eficiente na rede bayesiana é evitar computação desnecessária. A próxima seção descreve um método geral para fazer isso.

13.3.2 Algoritmo de eliminação de variáveis

O algoritmo de enumeração pode ser substancialmente melhorado eliminando cálculos repetidos do tipo ilustrado na Figura 13.10. A ideia é simples: efetuar o cálculo apenas uma vez e guardar os resultados para uso posterior. Essa é uma forma de programação dinâmica. Existem

390 Inteligência Artificial

Eliminação de variáveis

várias versões dessa abordagem; apresentamos o algoritmo de **eliminação de variáveis**, que é a mais simples. A eliminação de variáveis funciona avaliando expressões como a Equação 13.5 na ordem *da direita para a esquerda* (isto é, *de baixo para cima* na Figura 13.10). Os resultados intermediários são armazenados, e os somatórios sobre cada variável são efetuados apenas para as porções da expressão que dependem da variável.

Vamos ilustrar esse processo para a rede de alarme contra roubo. Avaliamos a expressão:

$$\mathbf{P}(B \mid j, m) = \alpha \underbrace{\mathbf{P}(B)}_{\mathbf{f}_1(B)} \sum_e \underbrace{P(e)}_{\mathbf{f}_2(E)} \sum_a \underbrace{\mathbf{P}(a \mid B, e)}_{\mathbf{f}_3(A,B,E)} \underbrace{P(j \mid a)}_{\mathbf{f}_4(A)} \underbrace{P(m \mid a)}_{\mathbf{f}_5(A)} .$$

Fator

Observe que identificamos cada parte da expressão com o nome do **fator** correspondente; cada fator é uma matriz indexada pelos valores das variáveis de seu argumento. Por exemplo, os fatores $\mathbf{f}_4(A)$ e $\mathbf{f}_5(A)$ correspondentes a $P(j \mid a)$ e $P(m \mid a)$ dependem apenas de A porque J e M são fixados pela consulta. Eles são, portanto, vetores de dois elementos:

$$\mathbf{f}_4(A) = \begin{pmatrix} P(j \mid a) \\ P(j \mid \neg a) \end{pmatrix} = \begin{pmatrix} 0,90 \\ 0,05 \end{pmatrix} \qquad \mathbf{f}_5(A) = \begin{pmatrix} P(m \mid a) \\ P(m \mid \neg a) \end{pmatrix} = \begin{pmatrix} 0,70 \\ 0,01 \end{pmatrix} .$$

$\mathbf{f}_3(A, B, E)$ será uma matriz $2 \times 2 \times 2$, que é difícil de mostrar na página impressa. (O "primeiro" elemento é dado por $P(a \mid b, e) = 0,95$ e o "último" por $P(\neg a \mid \neg b, \neg e) = 0,999$.) Em termos de fatores, a expressão de consulta é escrita como

$$\mathbf{P}(B \mid j, m) = \alpha \mathbf{f}_1(B) \times \sum_e \mathbf{f}_2(E) \times \sum_a \mathbf{f}_3(A, B, E) \times \mathbf{f}_4(A) \times \mathbf{f}_5(A) .$$

Produto ponto a ponto

Aqui, o operador "×" não é uma multiplicação de matriz comum, mas a operação do **produto ponto a ponto**, que será descrito brevemente.

O processo de avaliação é um processo de somar variáveis (da direita para a esquerda) dos produtos de fatores ponto a ponto para produzir fatores novos, eventualmente gerando um fator que seja uma solução, ou seja, a distribuição posterior sobre a variável de consulta. As etapas são as seguintes:

- Em primeiro lugar, somamos A do produto de $\mathbf{f}_3$, $\mathbf{f}_4$ e $\mathbf{f}_5$. Isso nos dá um fator novo 2×2 $\mathbf{f}_6(B, E)$ cujas faixas de índices vão de B a E:

$$\begin{aligned} \mathbf{f}_6(B, E) &= \sum_a \mathbf{f}_3(A, B, E) \times \mathbf{f}_4(A) \times \mathbf{f}_5(A) \\ &= (\mathbf{f}_3(a, B, E) \times \mathbf{f}_4(a) \times \mathbf{f}_5(a)) + (\mathbf{f}_3(\neg a, B, E) \times \mathbf{f}_4(\neg a) \times \mathbf{f}_5(\neg a)) . \end{aligned}$$

Agora ficamos com a expressão

$$\mathbf{P}(B \mid j, m) = \alpha \mathbf{f}_1(B) \times \sum_e \mathbf{f}_2(E) \times \mathbf{f}_6(B, E) .$$

- Em seguida, somamos E do produto de $\mathbf{f}_2$ e $\mathbf{f}_6$:

$$\begin{aligned} \mathbf{f}_7(B) &= \sum_e \mathbf{f}_2(E) \times \mathbf{f}_6(B, E) \\ &= \mathbf{f}_2(e) \times \mathbf{f}_6(B, e) + \mathbf{f}_2(\neg e) \times \mathbf{f}_6(B, \neg e) . \end{aligned}$$

Fica a expressão

$$\mathbf{P}(B \mid j, m) = \alpha \mathbf{f}_1(B) \times \mathbf{f}_7(B)$$

que pode ser avaliada extraindo o produto ponto a ponto e normalizando o resultado.

Examinando essa sequência de etapas, vemos que existem duas operações computacionais básicas exigidas: o produto ponto a ponto de um par de fatores e o somatório de uma variável de um produto de fatores. A próxima seção descreve cada uma dessas operações.

Operações com fatores

O produto ponto a ponto de dois fatores **f** e **g** gera um novo fator **h** cujas variáveis são a *união* das variáveis contidas em **f** e **g** e cujos elementos são dados pelo produto dos elementos correspondentes em dois fatores. Suponhamos que os dois fatores tenham variáveis $Y_1, ..., Y_k$ em comum. Então, temos:

$$\mathbf{f}(X_1 \ldots X_j, Y_1 \ldots Y_k) \times \mathbf{g}(Y_1 \ldots Y_k, Z_1 \ldots Z_\ell) = \mathbf{h}(X_1 \ldots X_j, Y_1 \ldots Y_k, Z_1 \ldots Z_\ell)$$

Se todas as variáveis forem binárias, então **f** e **g** terão 2^{j+k} e $2^{k+\ell}$ entradas, respectivamente, e o produto ponto a ponto terá $2^{j+k+\ell}$ entradas. Por exemplo, dados dois fatores $\mathbf{f}(X, Y)$ e $\mathbf{g}(Y, Z)$, o produto ponto a ponto $\mathbf{f} \times \mathbf{g} = \mathbf{h}(X, Y, Z)$ tem $2^{1+1+1} = 8$ entradas, como ilustrado na Figura 13.12. Note que o fator resultante de um produto ponto a ponto pode conter mais variáveis que qualquer um dos fatores que estão sendo multiplicados e que o tamanho de um fator é exponencial ao número de variáveis. Esse é o lugar onde a complexidade de espaço e de tempo surge no algoritmo de eliminação de variável.

A soma de uma variável de um produto de fatores é efetuada pela adição de submatrizes que são formadas fixando a variável em cada um de seus valores por vez. Por exemplo, para somar X de $\mathbf{h}(Z, Y, Z)$, escrevemos

$$\mathbf{h}_2(Y,Z) = \sum_x \mathbf{h}(X,Y,Z) = \mathbf{h}(x,Y,Z) + \mathbf{h}(\neg x,Y,Z)$$

$$= \begin{pmatrix} 0,06 & 0,24 \\ 0,42 & 0,28 \end{pmatrix} + \begin{pmatrix} 0,18 & 0,72 \\ 0,06 & 0,04 \end{pmatrix} = \begin{pmatrix} 0,24 & 0,96 \\ 0,48 & 0,32 \end{pmatrix}.$$

O único truque é notar que qualquer fator que *não* dependa da variável a ser somada pode ser movido para fora do somatório. Por exemplo, para somar X do produto de **f** e **g**, podemos mover *g* para fora do somatório:

$$\sum_x \mathbf{f}(X,Y) \times \mathbf{g}(Y,Z) = \mathbf{g}(Y,Z) \times \sum_x \mathbf{f}(X,Y).$$

Isso é potencialmente muito mais eficiente do que calcular o maior produto ponto a ponto **h** primeiro e depois somar X a partir disso.

Note que as matrizes *não* são multiplicadas até precisarmos efetuar o somatório de uma variável a partir do produto acumulado. Nesse ponto, multiplicamos apenas as matrizes que incluem a variável a ser totalizada. Dadas as funções para produto ponto a ponto e somatório, o próprio algoritmo de eliminação de variáveis pode ser escrito de forma bastante simples, como mostra a Figura 13.13.

Ordenação e relevância de variáveis

O algoritmo na Figura 13.13 inclui uma função ORDEM (não especificada) para escolher uma ordenação para as variáveis. Cada escolha de ordenação produz um algoritmo válido, mas

X	Y	$\mathbf{f}(X,Y)$	Y	Z	$\mathbf{g}(Y,Z)$	X	Y	Z	$\mathbf{h}(X,Y,Z)$
v	*v*	0,3	*v*	*v*	0,2	*v*	*v*	*v*	$0,3 \times 0,2 = 0,06$
v	*f*	0,7	*v*	*f*	0,8	*v*	*v*	*f*	$0,3 \times 0,8 = 0,24$
f	*v*	0,9	*f*	*v*	0,6	*v*	*f*	*v*	$0,7 \times 0,6 = 0,42$
f	*f*	0,1	*f*	*f*	0,4	*v*	*f*	*f*	$0,7 \times 0,4 = 0,28$
						f	*v*	*v*	$0,9 \times 0,2 = 0,18$
						f	*v*	*f*	$0,9 \times 0,8 = 0,72$
						f	*f*	*v*	$0,1 \times 0,6 = 0,06$
						f	*f*	*f*	$0,1 \times 0,4 = 0,04$

Figura 13.12 Ilustração do produto ponto a ponto: $\mathbf{f}(X,Y) \times \mathbf{g}(Y,Z) = \mathbf{h}(X,Y,Z)$.

Inteligência Artificial

---

função ASK-ELIMINAÇÃO(X, **e**, rb) **retorna** uma distribuição sobre X
 entradas: X, a variável de consulta
   e, valores observados para variáveis **E**
   rb, uma rede bayesiana com variáveis *vars*

 fatores ← [ ]
 para cada V **em** ORDEM(*vars*) **faça**
   fatores ← [CRIAR-FATOR (V, **e**)] + *fatores*
   se V é uma variável oculta, **então** *fatores* ← SOMAR(V, *fatores*)
 retornar NORMALIZAR(PRODUTO-PONTO A PONTO(*fatores*))

Figura 13.13 Algoritmo de eliminação de variáveis para inferência exata em redes bayesianas.

---

ordenações diferentes fazem com que sejam gerados durante o cálculo fatores intermediários diferentes. Por exemplo, no cálculo mostrado anteriormente, eliminamos A antes de E; se fizermos o contrário, o cálculo torna-se

$$\mathbf{P}(B \mid j,m) = \alpha \mathbf{f}_1(B) \times \sum_a \mathbf{f}_4(A) \times \mathbf{f}_5(A) \times \sum_e \mathbf{f}_2(E) \times \mathbf{f}_3(A,B,E)\,,$$

durante o qual um novo fator $\mathbf{f}_6(A, B)$ será gerado.

Em geral, os requisitos de tempo e de espaço de eliminação de variáveis são dominados pelo tamanho do maior fator construído durante a operação do algoritmo. Este, por sua vez, é determinado pela ordem de eliminação de variáveis e pela estrutura da rede. Determinar a ordem ótima é intratável, mas várias heurísticas boas ficam disponíveis. Um método bastante eficaz é ambicioso: eliminar qualquer variável que minimize o tamanho do próximo fator a ser construído.

Vamos considerar mais uma consulta: $\mathbf{P}(\textit{JoãoLiga} \mid \textit{Roubo} = \textit{verdadeiro})$. Como sempre, o primeiro passo é escrever o somatório aninhado:

$$\mathbf{P}(J \mid b) = \alpha P(b) \sum_e P(e) \sum_a P(a \mid b,e)\mathbf{P}(J \mid a) \sum_m P(m \mid a)\,.$$

Se avaliarmos essa expressão da direita para a esquerda, notaremos algo interessante: $\Sigma_m P(m \mid a)$ é igual a 1 por definição! Consequentemente, não havia nenhuma necessidade de incluí-lo; a variável M é *irrelevante* para essa consulta. Outro modo de dizer isso é afirmar que o resultado da consulta $P(\textit{JoãoLiga} \mid \textit{Roubo} = \textit{verdadeiro})$ ficará inalterado se removermos completamente da rede *MariaLiga*. Em geral, podemos remover qualquer nó de folha que não seja uma variável de consulta ou uma variável de evidência. Depois de sua remoção, pode haver mais alguns nós folhas, e esses também podem ser irrelevantes. Continuando com esse processo, vamos descobrir, por fim, que *toda variável que não é um ancestral de uma variável de consulta ou de uma variável de evidência é irrelevante para a consulta*. Um algoritmo de eliminação de variáveis pode, portanto, remover todas essas variáveis antes de avaliar a consulta.

Quando aplicada à rede da seguradora mostrada na Figura 13.9, a eliminação de variáveis mostra melhoria considerável em relação ao algoritmo de enumeração ingênuo. Usando a ordem topológica reversa para as variáveis, a inferência exata usando eliminação é cerca de mil vezes mais rápida do que o algoritmo de enumeração.

13.3.3 Complexidade da inferência exata

A complexidade da inferência exata em redes bayesianas depende fortemente da estrutura da rede. A rede de alarme contra roubo da Figura 13.2 pertence à família de redes em que existe, no máximo, um caminho não orientado (ou seja, ignorando a direção das setas) entre dois nós quaisquer na rede. Essas redes são chamadas **redes unicamente conectadas** ou **poliárvores**, e têm uma propriedade particularmente interessante: *a complexidade de tempo e de espaço da inferência exata em poliárvores é linear em relação ao tamanho da rede*. Aqui, o tamanho é definido como o número de entradas de TPC; se o número de pais de cada nó

Unicamente conectadas
Poliárvores

estiver limitado por uma constante, a complexidade também será linear em relação ao número de nós. Esses resultados são mantidos para qualquer ordenação consistente com a ordenação topológica da rede.

No caso de redes **multiplamente conectadas**, como a da Figura 13.9, a eliminação de variáveis pode ter complexidade de tempo e de espaço exponencial no pior caso, mesmo quando o número de pais por nó é limitado. Isso não é surpreendente quando se considera que, *pelo fato de incluir a inferência em lógica proposicional como um caso especial, a inferência em redes bayesianas é NP-difícil*. Para provar isso, precisamos descobrir como codificar um problema de satisfatibilidade proposicional como uma rede bayesiana, de modo que a execução de inferência nessa rede nos diga se as sentenças proposicionais originais são satisfatórias ou não. (Na linguagem da teoria da complexidade, **reduzimos** os problemas de satisfatibilidade a problemas de inferência da rede bayesiana.) Isso acaba sendo bastante direto. A Figura 13.14 mostra como codificar um problema específico de 3-SAT. As variáveis proposicionais tornam-se as variáveis raiz da rede, cada uma com probabilidade anterior 0,5. A próxima camada de nós corresponde às cláusulas, com cada variável de cláusula C_j conectada às variáveis apropriadas como pais. A distribuição condicional para uma variável de cláusula é uma disjunção determinística, com negação conforme a necessidade, de modo que cada variável de cláusula seja verdadeira se e somente se a atribuição a seus pais satisfizer essa cláusula. Por fim, S é a conjunção das variáveis da cláusula.

Para determinar se a sentença original é satisfatível, simplesmente avaliamos $P(S = verdadeiro)$. Se a sentença é *satisfatível*, então há alguma atribuição possível às variáveis lógicas que torna S verdadeiro; na rede bayesiana, isso significa que existe um mundo possível com probabilidade diferente de zero em que as variáveis raiz têm essa atribuição, as variáveis de cláusula têm valor *verdadeiro* e S tem valor *verdadeiro*. Portanto, $P(S = verdadeiro) > 0$ para uma sentença satisfatível. Por outro lado, $P(S = verdadeiro) = 0$ para uma sentença não satisfatível: todos os mundos com $S = verdadeiro$ têm probabilidade 0. Portanto, podemos usar a inferência da rede bayesiana para resolver problemas 3-SAT; a partir disso, concluímos que a inferência da rede bayesiana é NP-difícil.

De fato, podemos fazer mais do que isso. Note que a probabilidade de cada atribuição satisfatível é 2^{-n} para um problema com n variáveis. Logo, o *número* de atribuições satisfatíveis é $P(S = verdadeiro)/(2^{-n})$. Como o cálculo do *número* de atribuições satisfatíveis para um problema 3-SAT é #P-difícil ("número P difícil"), isso significa que a inferência da rede bayesiana é #P-difícil – isto é, estritamente mais difícil que problemas NP-completos.

Existe uma conexão estreita entre a complexidade da inferência de redes bayesianas e a complexidade de problemas de satisfação de restrições (PSR). Conforme discutimos no Capítulo 6, a dificuldade de resolução de um PSR, discreto está relacionada ao quanto seu grafo de restrições é "semelhante a uma árvore". Medidas como **largura de árvore**, que limitam a complexidade de resolução de um PSR, também podem ser aplicadas diretamente a redes bayesianas. Além disso, o algoritmo de eliminação de variáveis pode ser generalizado para resolver PSR, bem como redes bayesianas.

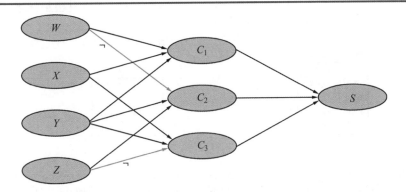

Figura 13.14 Codificação da rede bayesiana da sentença na 3-FNC.
$(W \lor X \lor Y) \land (\neg W \lor Y \lor Z) \land (X \lor Y \lor \neg Z)$.

Além de reduzir os problemas de satisfatibilidade à inferência da rede bayesiana, podemos reduzir a inferência da rede bayesiana à satisfatibilidade, o que nos permite tirar proveito do poderoso mecanismo desenvolvido para a solução de SAT (ver Capítulo 7). Nesse caso, a redução é para uma forma particular de solução SAT chamada **contagem de modelo ponderado** (CMP). A contagem de modelo regular conta o número de atribuições satisfatórias para uma expressão SAT; CMP soma o peso total dessas atribuições satisfatórias – em que, nesta aplicação, o peso é basicamente o produto das probabilidades condicionais para cada atribuição de variável dada a seus pais. Em parte porque a tecnologia de solução de SAT foi tão bem otimizada para aplicativos de grande escala, a inferência de rede bayesiana via CMP compete e, às vezes, é superior a outros algoritmos exatos em redes com grande largura de árvore.

13.3.4 Algoritmos de formação de agrupamentos

O algoritmo de eliminação de variáveis é simples e eficiente para responder a consultas individuais. Porém, se quisermos calcular as probabilidades posteriores para todas as variáveis em uma rede, talvez ele seja menos eficiente. Por exemplo, em uma rede de poliárvore, seria necessário emitir $O(n)$ consultas ao custo de $O(n)$ cada uma, totalizando um tempo igual a $O(n^2)$. Usando algoritmos de **formação de agrupamentos** (também conhecidos como algoritmos de **árvore de junção**), o tempo pode ser reduzido a $O(n)$. Por essa razão, esses algoritmos são muito utilizados em ferramentas comerciais de rede bayesiana.

A ideia básica da formação de agrupamentos é unir nós individuais da rede para formar nós de agrupamento, de tal modo que a rede resultante seja uma poliárvore. Por exemplo, a rede de várias conexões mostrada na Figura 13.15(a) pode ser convertida em uma poliárvore combinando os nós *Irrigador* e *Chuva* em um nó de agrupamento chamado *Irrigador+Chuva*, como mostra a Figura 13.15(b). Os dois nós booleanos são substituídos por um **mega nó** que assume quatro valores possíveis: *vv*, *vf*, *fv* e *ff*. O mega nó tem apenas um pai, a variável booleana *Nublado*; assim, existem dois casos de condicionamento. Apesar de o exemplo não mostrar isso, o processo de formação de agrupamentos sempre produz mega nós que compartilham algumas variáveis.

Uma vez que a rede está em forma de poliárvore, é requerido um algoritmo de inferência de uso especial porque métodos de inferência ordinária não podem manusear mega nós que

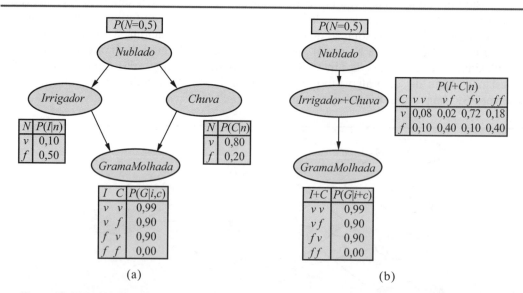

Figura 13.15 (a) Rede multiplamente conectada descrevendo a rotina diária de regar o jardim de Maria: a cada manhã, ela verifica o tempo; se estiver nublado, ela normalmente não liga o irrigador; se o irrigador estiver ligado, ou se chover durante o dia, a grama estará molhada. Assim, *Nublado* afeta *GramaMolhada* por meio de dois cursos causais diferentes. (b) Um equivalente agrupado da rede multiplamente conectada.

compartilham variáveis uns com os outros. Basicamente, o algoritmo é uma forma de propagação de restrições (ver Capítulo 6) em que as restrições garantem que os mega nós vizinhos concordam sobre a probabilidade posterior de quaisquer variáveis que eles tenham em comum. Com uma contabilidade cuidadosa, esse algoritmo é capaz de calcular probabilidades posteriores para todos os nós que não são de evidência na rede no tempo *linear* no tamanho da rede com agrupamentos. No entanto, a NP-dificuldade do problema não desapareceu: se uma rede exigir tempo e espaço exponenciais com a eliminação de variáveis, as TPC na rede com agrupamentos necessariamente serão exponencialmente grandes.

13.4 Inferência aproximada em redes bayesianas

Dada a intratabilidade da inferência exata em redes extensas, é essencial considerar métodos de inferência aproximada. Esta seção descreve algoritmos de amostragem aleatória, também chamados algoritmos de **Monte Carlo**, que fornecem respostas aproximadas cuja exatidão depende do número de amostras geradas. Eles funcionam gerando eventos aleatórios com base nas probabilidades da rede bayesiana e contando as diferentes respostas encontradas nesses eventos aleatórios. Com amostras suficientes, podemos chegar muito perto de recuperar a verdadeira distribuição de probabilidade – desde que a rede bayesiana não tenha distribuições condicionais determinísticas.

Monte Carlo

Os algoritmos de Monte Carlo, dos quais a têmpera simulada (Figura 4.5) é um exemplo, são utilizados em muitas ramificações da ciência para estimar quantidades que são difíceis de calcular com exatidão. Nesta seção, estamos interessados na amostragem aplicada ao cálculo de probabilidades posteriores nas redes bayesianas. Descrevemos duas famílias de algoritmos: amostragem direta e amostragem de cadeias de Markov. Várias outras abordagens para inferência aproximada serão mencionadas nas notas no fim do capítulo.

13.4.1 Métodos de amostragem direta

O elemento primitivo em qualquer algoritmo de amostragem é a geração de amostras a partir de uma distribuição de probabilidade conhecida. Por exemplo, uma moeda imparcial pode ser considerada uma variável aleatória *Moeda* com os valores $\langle cara, coroa \rangle$ e uma distribuição *a priori* **P**(*Moeda*) = $\langle 0,5, 0,5 \rangle$. A amostragem a partir dessa distribuição é exatamente igual ao lançamento da moeda: com probabilidade 0,5 ela retornará *cara*, e com probabilidade 0,5 retornará *coroa*. Dada uma fonte de números aleatórios *r* uniformemente distribuídos no intervalo [0, 1], é uma questão simples realizar a amostragem de qualquer distribuição sobre uma única variável, se discreta ou contínua. Isso é feito pela construção da distribuição cumulativa para a variável e pelo retorno do primeiro valor cuja probabilidade cumulativa excede *r*.

Começamos com um processo de amostragem aleatória para redes bayesianas que não tem nenhuma evidência associada a ela. A ideia é fazer a amostragem de uma variável de cada vez, em ordem topológica. A distribuição de probabilidade a partir da qual se obtém uma amostra do valor está condicionada aos valores já atribuídos aos pais da variável. (Como amostramos em ordem topológica, há garantia de que os pais já tenham valores.) Esse algoritmo é apresentado na Figura 13.16. Aplicando-o à rede da Figura 13.15(a) supondo uma ordenação *Nublado, Irrigador, Chuva, GramaMolhada*, poderíamos produzir um evento aleatório da seguinte forma:

1. Amostra de **P**(*Nublado*) = $\langle 0,5, 0,5 \rangle$; valor é *verdadeiro*.

2. Amostra de **P**(*Irrigador* | *Nublado* = *verdadeiro*) = $\langle 0,1, 0,9 \rangle$; valor é *falso*.

3. Amostra de **P**(*Chuva* | *Nublado* = *verdadeiro*) = $\langle 0,8, 0,2 \rangle$; valor é *verdadeiro*.

4. Amostra de **P**(*GramaMolhada* | *Irrigador* = *falso*, *Chuva* = *verdadeiro*) = $\langle 0,9, 0,1 \rangle$; valor é *verdadeiro*.

396 Inteligência Artificial

---

função AMOSTRA-A-PRIORI(*rb*) **retorna** um evento amostrado a partir da probabilidade *a priori* por *rb*
entradas: *rb*, uma rede bayesiana especificando a distribuição conjunta $\mathbf{P}(X_1,..., X_n)$

   x ← um evento com *n* elementos
   para cada variável X_i **em** $X_1,..., X_n$ **faça**
      x[*i*] ← uma amostra aleatória de $\mathbf{P}(X_i | pais(X_i))$
   retornar x

Figura 13.16 Algoritmo de amostragem que gera eventos de uma rede bayesiana. Cada variável é amostrada de acordo com a distribuição condicional, dados os valores já amostrados para os pais da variável.

Nesse caso, AMOSTRA-A-PRIORI retorna o evento [*verdadeiro, falso, verdadeiro, verdadeiro*].

É fácil ver que AMOSTRA-A-PRIORI gera amostras a partir da distribuição conjunta *a priori* especificada pela rede. Primeiro, seja $S_{PS}(x_1,..., x_n)$ a probabilidade de um evento específico ser gerado pelo algoritmo AMOSTRA-A-PRIORI. Apenas observando o processo de amostragem, temos:

$$S_{PS}(x_1 \ldots x_n) = \prod_{i=1}^{n} P(x_i | pais(X_i))$$

porque cada etapa de amostragem depende apenas dos valores dos pais. Essa expressão deve parecer familiar porque também é a probabilidade do evento de acordo com a representação da rede bayesiana da distribuição conjunta, conforme observamos na Equação 13.2. Isto é, temos:

$$S_{PS}(x_1 \ldots x_n) = P(x_1 \ldots x_n).$$

Esse fato simples torna muito fácil responder a perguntas utilizando amostras.

Em qualquer algoritmo de amostragem, as respostas são calculadas efetuando a contagem das amostras reais geradas. Suponha que existam N amostras ao todo geradas pelo algoritmo AMOSTRA-A-PRIORI, e seja $N_{PS}(x_1,..., x_n)$ o número de vezes que o evento específico $x_1,..., x_n$ ocorre no conjunto de amostras. Esperamos que esse número seja uma fração do total para convergir no limite para seu valor esperado de acordo com a probabilidade de amostragem:

$$\lim_{N \to \infty} \frac{N_{PS}(x_1, \ldots, x_n)}{N} = S_{PS}(x_1, \ldots, x_n) = P(x_1, \ldots, x_n). \tag{13.6}$$

Por exemplo, considere o evento produzido anteriormente: [*verdadeiro, falso, verdadeiro, verdadeiro*]. A probabilidade de amostragem para esse evento é:

$$S_{PS}(verdadeiro, falso, verdadeiro, verdadeiro) = 0{,}5 \times 0{,}9 \times 0{,}8 \times 0{,}9 = 0{,}324.$$

Consequentemente, no limite de N grande, esperamos que 32,4% das amostras sejam desse evento.

Sempre que usamos uma igualdade aproximada ("≈") no que se segue, queremos indicar exatamente esse sentido – que a probabilidade estimada se torna exata no limite de uma amostra grande. Tal estimativa é chamada **consistente**. Por exemplo, pode-se produzir uma estimativa consistente da probabilidade de qualquer evento parcialmente especificado, $x_1, ..., x_m$, em que $m \leq n$, como a seguir:

Consistente

$$P(x_1, \ldots, x_m) \approx N_{PS}(x_1, \ldots, x_m)/N. \tag{13.7}$$

Ou seja, a probabilidade do evento pode ser estimada como a fração de todos os eventos completos gerados pelo processo de amostragem que correspondem ao evento parcialmente especificado. Usaremos $\hat{P}$ para indicar uma probabilidade estimada. Assim, se gerarmos mil amostras da rede de irrigadores e 511 delas tiverem *Chuva = verdadeiro*, então a probabilidade estimada de chuva, escrita como $\hat{P}$ (*Chuva = verdadeiro*), será 0,511.

Capítulo 13 • Raciocínio Probabilístico   397

Amostragem de rejeição em redes bayesianas

Amostragem de rejeição é um método geral para produzir amostras a partir de uma distribuição difícil de amostrar, dada uma distribuição fácil de amostrar. Em sua forma mais simples, ela pode ser usada para calcular probabilidades condicionais, isto é, para determinar $P(X \mid \mathbf{e})$. O algoritmo AMOSTRAGEM-DE-REJEIÇÃO é representado na Figura 13.17. Primeiro, ele gera amostras a partir da distribuição *a priori* especificada pela rede. Em seguida, rejeita todas as que não correspondem à evidência. Finalmente, a estimativa $\hat{P}(X = x \mid \mathbf{e})$ é obtida pela contagem da frequência com que $X = x$ ocorre nas amostras restantes.

> Amostragem de rejeição

Seja $\hat{P}(X \mid \mathbf{e})$ a distribuição estimada que o algoritmo retorna; essa distribuição é calculada pela normalização $\mathbf{N}_{PS}(X, \mathbf{e})$, o vetor de contadores de amostra para cada valor de X em que a amostra corresponde à evidência $\mathbf{e}$:

$$\hat{\mathbf{P}}(X \mid \mathbf{e}) = \alpha\, \mathbf{N}_{PS}(X, \mathbf{e}) = \frac{\mathbf{N}_{PS}(X, \mathbf{e})}{N_{PS}(\mathbf{e})}.$$

A partir da Equação 13.7, isso se transforma em:

$$\hat{\mathbf{P}}(X \mid \mathbf{e}) \approx \frac{\mathbf{P}(X, \mathbf{e})}{P(\mathbf{e})} = \mathbf{P}(X \mid \mathbf{e}).$$

Ou seja, a amostragem de rejeição produz uma estimativa consistente da probabilidade verdadeira.

Continuando com nosso exemplo da Figura 13.15(a), vamos supor que desejamos estimar $\mathbf{P}(Chuva \mid Irrigador = verdadeiro)$, utilizando 100 amostras. Das 100 amostras que geramos, suponhamos que 73 tenham *Irrigador = falso* e sejam rejeitadas, enquanto 27 têm *Irrigador = verdadeiro*; destas 27, 8 têm *Chuva = verdadeiro* e 19 têm *Chuva = falso*. Consequentemente,

$$\mathbf{P}(Chuva \mid Irrigador = verdadeiro) \approx \text{NORMALIZAR}(\langle 8, 19 \rangle) = \langle 0{,}296, 0{,}704 \rangle.$$

A resposta verdadeira é $\langle 0{,}3, 0{,}7 \rangle$. À medida que mais amostras forem coletadas, a estimativa convergirá para a resposta verdadeira. O desvio padrão do erro em cada probabilidade será proporcional a $1/\sqrt{n}$ em que n é o número de amostras usadas na estimativa.

Agora que sabemos que a amostragem de rejeição converge para a resposta correta, a próxima pergunta é: com que rapidez isso acontece? Mais precisamente, quantas amostras são necessárias antes de sabermos, com alta probabilidade, que as estimativas resultantes estão próximas das respostas corretas? Enquanto a complexidade dos algoritmos exatos depende em grande parte da topologia da rede – árvores são fáceis, redes densamente conectadas são difíceis –, a complexidade da amostragem de rejeição depende principalmente da fração de amostras que são aceitas. Essa fração é exatamente igual à probabilidade *a priori* da evidência, $P(\mathbf{e})$. Infelizmente, para problemas complexos e com muitas variáveis de evidência, essa fração é incrivelmente pequena. Quando aplicada à versão discreta da rede de seguro de automóveis

---

função AMOSTRAGEM-DE-REJEIÇÃO(X, $\mathbf{e}$, rb, N) **retorna** uma estimativa de $\mathbf{P}(X \mid \mathbf{e})$
  entradas: X, a variável de consulta
         $\mathbf{e}$, valores observados para variáveis $\mathbf{E}$
         rb, uma rede bayesiana
         N, o número total de amostras a serem geradas
  variáveis locais: $\mathbf{C}$, um vetor de contagens para cada valor de X, inicialmente zero

  para $j = 1$ **até** N **faça**
     $\mathbf{x} \leftarrow$ AMOSTRA-A-PRIORI(rb)
     se $\mathbf{x}$ é consistente com $\mathbf{e}$ **então**
         $\mathbf{C}[j] \leftarrow \mathbf{C}[j]+1$ em que x_j é o valor de X em $\mathbf{x}$
  retornar NORMALIZAR($\mathbf{C}$)

Figura 13.17 Algoritmo de amostragem de rejeição para responder a consultas, dada a evidência em uma rede bayesiana.

---

398 Inteligência Artificial

da Figura 13.9, a fração de amostras consistentes com um caso de evidência típico amostrado da própria rede fica geralmente situada entre um em mil e um em 10 mil. A convergência é extremamente lenta (ver Figura 13.19 mais adiante).

Esperamos que a fração de amostras consistente com a evidência **e** caia exponencialmente à medida que o número de variáveis de evidência aumenta, de modo que o procedimento é inutilizável para problemas complexos. Ele também tem dificuldades com variáveis de evidência de valor contínuo, porque a probabilidade de produzir uma amostra consistente com tal evidência é zero (se for realmente de valor contínuo) ou infinitesimal (se for simplesmente um número de ponto flutuante de precisão finita).

Note que a amostragem de rejeição é muito semelhante à avaliação de probabilidades condicionais diretamente do mundo real. Por exemplo, para estimar a probabilidade condicional de que qualquer ser humano sobreviva após o choque de um asteroide de 1 km de diâmetro na Terra, pode-se simplesmente contar a frequência com que quaisquer seres humanos sobrevivem após o choque de um asteroide de 1 km de diâmetro sobre a Terra, ignorando todos os dias em que esse evento não ocorre. (Logo, o próprio universo desempenha o papel do algoritmo de geração de amostras.) Para obter uma estimativa decente, seria preciso esperar até que ocorressem 100 desses eventos. É óbvio que isso poderia exigir muito tempo, e esse é o problema com a amostragem de rejeição.

Amostragem de importância

Amostragem de importância

A técnica estatística geral de **amostragem de importância** visa simular o efeito da amostragem a partir de uma distribuição P usando amostras de outra distribuição Q. Garantimos que as respostas estão corretas no limite aplicando um fator de correção $P(\mathbf{x})/Q(\mathbf{x})$, também conhecido como **peso**, a cada amostra $\mathbf{x}$ quando as amostras são contadas.

A razão para usar a amostragem de importância em redes bayesianas é simples: gostaríamos de amostrar a partir da distribuição posterior verdadeira condicionada a todas as evidências, mas geralmente isso é muito difícil;[6] então, em vez disso, amostramos a partir de uma distribuição fácil e aplicamos as correções necessárias. A razão pela qual a amostragem de importância funciona também é simples. Sejam as variáveis ocultas $\mathbf{Z}$. Se pudéssemos amostrar diretamente de $P(\mathbf{z}\,|\,\mathbf{e})$, poderíamos construir estimativas como esta:

$$\hat{P}(\mathbf{z}\,|\,\mathbf{e}) = \frac{N_P(\mathbf{z})}{N} \approx P(\mathbf{z}\,|\,\mathbf{e})$$

em que $N_p(\mathbf{z})$ é o número de amostras com $\mathbf{Z} = \mathbf{z}$ quando da amostragem a partir de P. Agora, suponha, em vez disso, que amostremos a partir de $Q(\mathbf{z})$. Nesse caso, a estimativa inclui os fatores de correção:

$$\hat{P}(\mathbf{z}\,|\,\mathbf{e}) = \frac{N_Q(\mathbf{z})}{N}\frac{P(\mathbf{z}\,|\,\mathbf{e})}{Q(\mathbf{z})} \approx Q(\mathbf{z})\frac{P(\mathbf{z}\,|\,\mathbf{e})}{Q(\mathbf{z})} = P(\mathbf{z}\,|\,\mathbf{e}).$$

Assim, a estimativa converge para o valor correto, *independentemente de qual distribuição de amostragem Q é utilizada*. (O único requisito técnico é que $Q(\mathbf{z})$ não deverá ser zero para qualquer $\mathbf{z}$ em que $P(\mathbf{z}\,|\,\mathbf{e})$ é diferente de zero.) Intuitivamente, o fator de correção compensa a amostragem a mais ou a menos. Por exemplo, se $Q(\mathbf{z})$ é muito maior do que $P(\mathbf{z}\,|\,\mathbf{e})$ para algum $\mathbf{z}$, então haverá muito mais amostras desse $\mathbf{z}$ do que deveria, mas cada uma terá um peso pequeno, de modo que isso funciona como se houvesse o número correto.

Ponderação de probabilidade

Sobre qual Q utilizar, queremos um que seja fácil de amostrar e o mais próximo possível do $P(\mathbf{z}\,|\,\mathbf{e})$ posterior verdadeiro. A técnica mais comum é chamada **ponderação de probabilidade** (por motivos que veremos em breve). Como pode ser visto na função AMOSTRA-PONDERADA da Figura 13.18, o algoritmo fixa os valores para as variáveis de evidência **E** e amostra todas as variáveis ocultas em ordem topológica, cada uma condicionada aos seus pais. Isso garante que cada evento gerado será consistente com a evidência.

---

[6] Se isso fosse fácil, poderíamos aproximar a probabilidade desejada a uma precisão qualquer com um número polinomial de amostras. Pode-se mostrar que não é possível haver nenhuma aproximação de tempo polinomial desse tipo.

função PONDERAÇÃO-DE-PROBABILIDADE $(X, \mathbf{e}, rb, N)$ **retorna** uma estimativa de $\mathbf{P}(X \mid \mathbf{e})$
    entradas: X, a variável de consulta
           $\mathbf{e}$, valores observados para variáveis $\mathbf{E}$
           rb, uma rede bayesiana especificando distribuição conjunta $\mathbf{P}(X_1, ..., X_n)$
           N, o número total de amostras a serem geradas
    variáveis locais: $\mathbf{W}$, um vetor de contagens ponderadas para cada valor de X, inicialmente igual a zero

    para $j = 1$ **até** N **faça**
        $\mathbf{x}, w \leftarrow$ AMOSTRA-PONDERADA$(rb, \mathbf{e})$
        $\mathbf{W}[j] \leftarrow \mathbf{W}[j] + w$ em que x_j é o valor de X em $\mathbf{x}$
    retornar NORMALIZAR($\mathbf{W}$)

    função AMOSTRA-PONDERADA$(rb, \mathbf{e})$ **retorna** um evento e um peso
    $w \leftarrow 1$; $\mathbf{x} \leftarrow$ um evento com n elementos, com valores fixos de $\mathbf{e}$
    para $i = 1$ **até** n **faça**
        se X_i é uma variável de evidência com valor x_{ij} em $\mathbf{e}$
            então $w \leftarrow w \times P(X_i = x_{ij} \mid pais(X_i))$
            senão $\mathbf{x}[i] \leftarrow$ uma amostra aleatória de $\mathbf{P}(X_i \mid pais(X_i))$
    retornar $\mathbf{x}, w$

Figura 13.18 Algoritmo de ponderação de probabilidade para inferência em redes bayesianas. Em AMOSTRA-PONDERADA, cada variável oculta é amostrada de acordo com a distribuição condicional, dados os valores já amostrados para os pais da variável, enquanto um peso é acumulado com base na probabilidade para cada variável de evidência.

Vamos chamar a distribuição de amostragem produzida por esse algoritmo de Q_{WS}. Se as variáveis ocultas são $\mathbf{Z} = \{Z_1, ..., Z_l\}$, então temos

$$Q_{WS}(\mathbf{z}) = \prod_{i=1}^{l} P(z_i \mid pais(Z_i)) \tag{13.8}$$

porque cada variável tem amostragem condicionada a seus pais. Para concluir o algoritmo, precisamos saber como calcular o peso para cada amostra gerada a partir de Q_{WS}. De acordo com o esquema geral para a amostragem de importância, o peso deverá ser

$$w(\mathbf{z}) = P(\mathbf{z} \mid \mathbf{e})/Q_{WS}(\mathbf{z}) = \alpha P(\mathbf{z}, \mathbf{e})/Q_{WS}(\mathbf{z})$$

em que o fator de normalização $\alpha = 1/P(\mathbf{e})$ é o mesmo para todas as amostras. Agora, $\mathbf{z}$ e $\mathbf{e}$ juntos abrangem todas as variáveis na rede bayesiana, de modo que $P(\mathbf{z}, \mathbf{e})$ é apenas o produto de todas as probabilidades condicionais (Equação 13.2); e podemos escrever isso como o produto das probabilidades condicionais para as variáveis ocultas vezes o produto das probabilidades condicionais para as variáveis de evidência:

$$w(\mathbf{z}) = \alpha \frac{P(\mathbf{z}, \mathbf{e})}{Q_{WS}(\mathbf{z})} = \alpha \frac{\prod_{i=1}^{l} P(z_i \mid pais(Z_i)) \prod_{i=1}^{m} P(e_i \mid pais(E_i))}{\prod_{i=1}^{l} P(z_i \mid pais(Z_i))}$$
$$= \alpha \prod_{i=1}^{m} P(e_i \mid pais(E_i)). \tag{13.9}$$

Assim, o peso é o produto das probabilidades condicionais para as variáveis de evidência, dados seus pais. (As probabilidades de evidência geralmente são chamadas **possibilidades**, daí o nome.) O cálculo do peso é implementado de forma incremental em AMOSTRA-PONDE-RADA, multiplicando pela probabilidade condicional toda vez que uma variável de evidência é encontrada. A normalização é feita no fim, antes que o resultado da consulta seja retornado.

Vamos aplicar o algoritmo à rede apresentada na Figura 13.15(a), com a consulta $\mathbf{P}(Chuva \mid Nublado = verdadeiro, GramaMolhada = verdadeiro)$ e a ordenação *Nublado, Irrigador, Chuva, GramaMolhada* (qualquer ordem topológica vai funcionar). O processo se desenvolve assim: primeiro, o peso w é definido como 1,0. Em seguida, é gerado um evento:

1. *Nublado* é uma variável de evidência com valor *verdadeiro*. Portanto, vamos definir:

   $w \leftarrow w \times P(Nublado = verdadeiro) = 0,5$.

2. *Irrigador* não é uma variável de evidência, então a amostra de **P**(*Irrigador* | *Nublado* = *verdadeiro*) = ⟨0,1, 0,9⟩; suponha que retorne *falso*.
3. *Chuva* não é uma variável de evidência, então a amostra de **P**(*Chuva* | *Nublado* = *verdadeiro*) = ⟨0,8, 0,2⟩; suponha que retorne *verdadeiro*.
4. *GramaMolhada* é uma variável de evidência com valor *verdadeiro*. Portanto, definimos:

   $w \leftarrow w \times P(GramaMolhada = verdadeiro \mid Irrigador = falso, Chuva = verdadeiro)$
   $= 0,5 \times 0,9 = 0,45$.

Nesse caso, AMOSTRA-PONDERADA retorna o evento [*verdadeiro, falso, verdadeiro, verdadeiro*] com peso 0,45, e isso é registrado sob *Chuva* = *verdadeiro*.

Note que $Pais(Z_i)$ pode incluir ambas: variáveis ocultas e de evidência. Diferentemente da distribuição *a priori* $P(\mathbf{z})$, a distribuição Q_{WS} dedica alguma atenção à evidência: os valores amostrados para cada Z_i serão influenciados pela evidência entre os ancestrais de Z_i. Por exemplo, quando é feita a amostra de *Irrigador*, o algoritmo presta atenção à evidência *Nublado* = *verdadeiro* na sua variável pai. Por outro lado, Q_{WS} dedica menor atenção à evidência do que a distribuição posterior verdadeira $P(\mathbf{z}|\mathbf{e})$ porque os valores amostrados para cada Z_i ignoram a evidência entre os que não são ancestrais de Z_i. Por exemplo, quando se tira amostra de *Irrigador* e *Chuva*, o algoritmo ignora a evidência na variável filho *GramaMolhada* = *verdadeiro*; isso significa que vai gerar muitas amostras com *Irrigador* = *falso* e *Chuva* = *falso* apesar do fato de que a evidência na realidade descarta esse caso. Essas amostras terão peso zero.

Tendo em vista que a ponderação de probabilidade utiliza todas as amostras geradas, ela pode ser muito mais eficiente que a amostragem de rejeição. Entretanto, ela sofrerá uma degradação de desempenho à medida que o número de variáveis de evidência aumentar. Como muitas amostras terão pesos muito baixos, consequentemente a estimativa ponderada será dominada pela minúscula fração de amostras que concordam em uma proporção maior que uma probabilidade infinitesimal com a evidência. O problema será exacerbado se as variáveis de evidência ocorrerem mais "tardiamente", ou seja, mais adiante na ordenação das variáveis, porque as variáveis ocultas não terão evidência em seus pais e ancestrais para guiar a geração de amostras. Isso significa que as amostras serão simulações que terão pouca semelhança com a realidade sugerida pela evidência.

Quando aplicado à versão discreta da rede de seguro de automóvel, na Figura 13.9, a ponderação de probabilidade é consideravelmente mais eficaz do que a amostragem de rejeição (Figura 13.19). A rede de seguros é um caso relativamente benigno para a ponderação de probabilidade, já que grande parte da evidência ocorre de forma "antecipada" e as variáveis de consulta são nós de folha da rede.

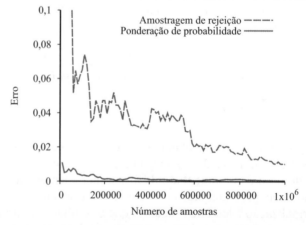

Figura 13.19 Desempenho da amostragem de rejeição e da ponderação de probabilidade sobre a rede de seguros. O eixo *x* mostra o número de amostras geradas e o eixo *y* mostra o erro máximo absoluto em qualquer um dos valores de probabilidade para uma consulta sobre *CustoPropriedade*.

Capítulo 13 • Raciocínio Probabilístico 401

13.4.2 Inferência por simulação de cadeias de Markov

Os algoritmos de **Monte Carlo via cadeia de Markov** (MCMC, do inglês *Markov Chain Monte Carlo*) funcionam de forma bastante diferente da amostragem de rejeição e da ponderação de probabilidade. Em vez de gerar cada amostra a partir do zero, os algoritmos MCMC geram cada amostra, fazendo uma mudança aleatória na amostra anterior. Pense em um algoritmo MCMC como estando em determinado *estado atual* especificando um valor para cada variável e gerando um *estado seguinte*, fazendo mudanças aleatórias no estado atual.

> Monte Carlo via cadeia de Markov

O termo **cadeia de Markov** refere-se a um processo aleatório que gera uma sequência de estados. (As cadeias de Markov também aparecem bastante nos Capítulos 14 e 17; o algoritmo de têmpera simulada no Capítulo 4 e o algoritmo WALKSAT no Capítulo 7 também são membros da família MCMC.) Começamos descrevendo uma forma especial do MCMC chamada **amostragem de Gibbs**, que é especialmente adequada para as redes bayesianas. Depois descrevemos o algoritmo mais geral de **Metropolis-Hastings**, que permite muito mais flexibilidade na geração de amostras.

> Cadeia de Markov

> Amostragem de Gibbs

> Metropolis-Hastings

Amostragem de Gibbs em redes bayesianas

O algoritmo de amostragem de Gibbs para redes bayesianas começa com um estado arbitrário (com as variáveis de evidência fixadas em seus valores observados) e gera um estado seguinte pela amostragem aleatória de um valor para uma das variáveis ocultas X_i. Lembre-se de que vimos (seção 13.2.1) que X_i é independente de todas as outras variáveis, dada sua cobertura de Markov (seus pais, filhos e outros pais dos filhos); portanto, a amostragem de Gibbs para X_i é feita *condicionada sobre os valores atuais das variáveis em sua cobertura de Markov*. O algoritmo vagueia ao acaso pelo espaço de estados – o espaço de atribuições completas possíveis –, invertendo uma variável de cada vez, mas mantendo fixas as variáveis de evidência. O algoritmo completo é apresentado na Figura 13.20.

Considere a consulta $\mathbf{P}(\textit{Chuva} \mid \textit{Irrigador} = \textit{verdadeiro}, \textit{GramaMolhada} = \textit{verdadeiro})$ aplicada à rede na Figura 13.15(a). As variáveis de evidência *Irrigador* e *GramaMolhada* são fixadas com seus valores observados (ambos *verdadeiros*) e as variáveis ocultas *Nublado* e *Chuva* são inicializadas aleatoriamente – digamos que elas sejam inicializadas como *verdadeiro* e *falso*, respectivamente. Desse modo, o estado inicial é [*verdadeiro*, **verdadeiro**, *falso*, **verdadeiro**], em que marcamos os valores de evidência fixos em negrito. Agora, as variáveis ocultas Z_i são amostradas repetidamente em alguma ordem aleatória, de acordo com a distribuição de probabilidade $\rho(i)$ para a escolha das variáveis. Por exemplo:

1. *Nublado* é escolhida e depois amostrada, dados os valores atuais de sua cobertura de Markov: nesse caso, obtemos a amostra a partir de $\mathbf{P}(\textit{Nublado} \mid \textit{Irrigador} = \textit{verdadeiro}, \textit{Chuva} = \textit{falso})$. Suponha que o resultado seja *Nublado = falso*. Então, o novo estado atual é [*falso*, **verdadeiro**, *falso*, **verdadeiro**].

2. *Chuva* é escolhida e depois amostrada, dados os valores atuais de sua cobertura de Markov: nesse caso, obtemos a amostra a partir de $\mathbf{P}(\textit{Chuva} \mid \textit{Nublado} = \textit{falso}, \textit{Irrigador} = \textit{verdadeiro},$

---

função ASK-GIBBS(X, **e**, *rb*, N) **retorna** uma estimativa de $\mathbf{P}(X|\mathbf{e})$
    variáveis locais: **C**, um vetor de contagens para cada valor de X, inicialmente zero
                 Z, as variáveis ocultas em *rb*
                 x, o estado atual da rede, inicialmente copiado de **e**

    inicializar **x** com valores aleatórios para as variáveis em **Z**
    para k = 1 até N **faça**
        escolha qualquer variável Z_i de **Z** de acordo com alguma distribuição $\rho(i)$
        defina o valor de Z_i em **x** pela amostragem em $\mathbf{P}(Z_i | mb(Z_i))$
        $\mathbf{C}[j] \leftarrow \mathbf{C}[j] + 1$, em que x_j é o valor de X em **x**
    retornar NORMALIZAR(**C**)

Figura 13.20 Algoritmo de amostragem de Gibbs para inferência aproximada em redes bayesianas; essa versão escolhe variáveis ao acaso, mas também funcionaria se fizesse um ciclo através das variáveis.

GramaMolhada = *verdadeiro*). Suponha que isso produza *Chuva* = *verdadeiro*. O novo estado atual é [*falso*, **verdadeiro**, *verdadeiro*, **verdadeiro**].

O único detalhe restante trata do método de cálculo da distribuição da cobertura de Markov $\mathbf{P}(X_i | mb(X_i))$, em que $mb(X_i)$ denota os valores das variáveis na cobertura de Markov de X_i, $MB(X_i)$. Felizmente, isso não envolve qualquer inferência complexa. Como vemos, a distribuição é dada por:

$$P(x_i | mb(X_i)) = \alpha P(x_i | pais(X_i)) \prod_{Y_j \in Filhos(X_i)} P(y_j | pais(Y_j)). \quad (13.10)$$

Em outras palavras, para cada valor x_i, a probabilidade é dada multiplicando-se as probabilidades das TPC de X_i e seus filhos. Por exemplo, na primeira etapa de amostragem acima, fizemos a amostragem de $\mathbf{P}$(*Nublado* | *Irrigador* = *verdadeiro*, *Chuva* = *falso*). Pela Equação 13.10, e abreviando os nomes de variáveis, temos

$$P(n | i, \neg c) = \alpha P(n) P(i | n) P(\neg c | n) = \alpha 0,5 \cdot 0,1 \cdot 0,2$$
$$P(\neg n | i, \neg c) = \alpha P(\neg n) P(i | \neg n) P(\neg c | \neg n) = \alpha 0,5 \cdot 0,5 \cdot 0,8,$$

de modo que a distribuição de amostragem é $\alpha \langle 0,001, 0,020 \rangle \approx \langle 0,048, 0,952 \rangle$.

A Figura 13.21(a) mostra a cadeia de Markov completa para o caso em que as variáveis são escolhidas uniformemente, ou seja, $\rho(Nublado) = \rho(Chuva) = 0,5$. O algoritmo está simplesmente vagando ao acaso neste grafo, e segue as ligações com as probabilidades indicadas. Cada estado visitado durante esse processo é uma amostra que contribui para a estimativa referente à variável de consulta *Chuva*. Se o processo visitar 20 estados em que *Chuva* tem valor verdadeiro e 60 estados em que *Chuva* tem valor falso, então a resposta à consulta será NORMALIZAR($\langle 20, 60 \rangle$) = $\langle 0,25, 0,75 \rangle$.

Análise de cadeias de Markov

Dissemos que a amostragem de Gibbs funciona vagando aleatoriamente pelo espaço de estados para gerar amostras. Para explicar por que a amostragem de Gibbs funciona *corretamente* – ou seja, porque suas estimativas convergem para valores corretos no limite –, precisamos realizar uma análise cuidadosa. (Esta seção é um pouco mais matemática, e poderá ser pulada em uma leitura inicial.)

Kernel de transição

Começamos com alguns dos conceitos básicos para analisar as cadeias de Markov em geral. Qualquer cadeia desse tipo é definida pelo seu estado inicial e seu **kernel de transição** $k(\mathbf{x} \rightarrow \mathbf{x'})$ – a probabilidade de que o processo faça uma transição do estado $\mathbf{x}$ para o estado $\mathbf{x'}$.

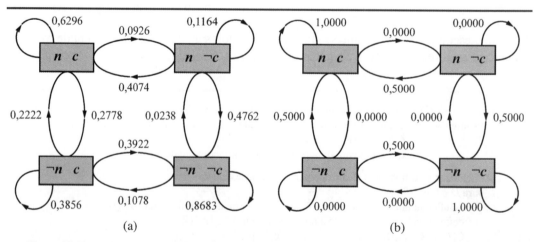

Figura 13.21 (a) Os estados e probabilidades de transição da cadeia de Markov para a consulta $\mathbf{P}$(*Chuva* | *Irrigador* = *verdadeiro*, *GramaMolhada* = *verdadeiro*). Observe os laços curtos: o estado permanece igual quando *qualquer* variável é escolhida e depois faz a amostragem do mesmo valor que já tem. (b) As probabilidades de transição quando a TPC para *Chuva* a restringe a ter o mesmo valor de *Nublado*.

Agora suponha que executemos a cadeia de Markov para t etapas, e seja $\pi_t(\mathbf{x})$ a probabilidade de que o sistema esteja no estado $\mathbf{x}$ no instante t. De modo semelhante, seja $\pi_{t+1}(\mathbf{x}')$ a probabilidade de o sistema se encontrar no estado $\mathbf{x}'$ no instante $t + 1$. Dado $\pi_t(\mathbf{x})$, podemos calcular $\pi_{t+1}(\mathbf{x}')$ efetuando o somatório da probabilidade de estar em um estado multiplicada pela probabilidade de fazer a transição para $\mathbf{x}'$, para todos os estados em que o sistema poderia se encontrar no instante t:

$$\pi_{t+1}(\mathbf{x}') = \sum_\mathbf{x} \pi_t(\mathbf{x}) k(\mathbf{x} \to \mathbf{x}').$$

Dizemos que a cadeia alcançou sua **distribuição estacionária** se $\pi_t = \pi_{t+1}$. Vamos chamar essa distribuição estacionária de π; sua equação de definição é, portanto, Distribuição estacionária

$$\pi(\mathbf{x}') = \sum_\mathbf{x} \pi(\mathbf{x}) k(\mathbf{x} \to \mathbf{x}') \qquad \text{para todo } \mathbf{x}'. \tag{13.11}$$

Desde que o kernel de transição k seja **ergódico** – isto é, cada estado pode ser alcançado de todos os outros e não há ciclos rigorosamente periódicos –, existe exatamente uma distribuição π que satisfaz essa equação para qualquer k dado. Ergódico

A Equação 13.11 pode ser interpretada com o significado de que o "fluxo de saída" esperado a partir de cada estado (isto é, sua "população" atual) é igual ao "fluxo de entrada" de todos os estados. Um modo óbvio de satisfazer esse relacionamento ocorre se o fluxo esperado entre qualquer par de estados é o mesmo em ambos os sentidos, isto é,

$$\pi(\mathbf{x}) k(\mathbf{x} \to \mathbf{x}') = \pi(\mathbf{x}') k(\mathbf{x}' \to \mathbf{x}) \qquad \text{para todo } \mathbf{x}, \mathbf{x}'. \tag{13.12}$$

Quando essas equações são válidas podemos dizer que $k(\mathbf{x} \to \mathbf{x}')$ está em **equilíbrio detalhado** com $\pi(\mathbf{x})$. Um caso especial é o autolaço $\mathbf{x} = \mathbf{x}'$, ou seja, uma transição de um estado para si mesmo. Nesse caso, a condição de equilíbrio detalhado torna-se $\pi(\mathbf{x}) k(\mathbf{x} \to \mathbf{x}) = \pi(\mathbf{x}) k(\mathbf{x} \to \mathbf{x})$ que com certeza é trivialmente verdadeira para qualquer distribuição estacionária π e qualquer kernel de transição k. Equilíbrio detalhado

Podemos mostrar que o equilíbrio detalhado implica imutabilidade simplesmente efetuando o somatório sobre $\mathbf{x}$ na Equação 13.12. Assim temos:

$$\sum_\mathbf{x} \pi(\mathbf{x}) k(\mathbf{x} \to \mathbf{x}') = \sum_\mathbf{x} \pi(\mathbf{x}') k(\mathbf{x}' \to \mathbf{x}) = \pi(\mathbf{x}') \sum_\mathbf{x} k(\mathbf{x}' \to \mathbf{x}) = \pi(\mathbf{x}')$$

em que a última etapa se segue porque temos a garantia de que vai ocorrer uma transição a partir de $\mathbf{x}'$.

Por que a amostragem de Gibbs funciona

Agora, vamos mostrar que a amostragem de Gibbs retorna estimativas consistentes para probabilidades posteriores. A afirmação básica é direta: *a distribuição estacionária do processo de amostragem de Gibbs é exatamente a distribuição posterior para as variáveis ocultas condicionadas à evidência.* Essa propriedade notável decorre do modo específico como o processo de amostragem de Gibbs se move de um estado para outro.

A definição geral da amostragem de Gibbs é que uma variável X_i é escolhida e então amostrada condicionalmente nos valores atuais de *todas* as outras variáveis. (Quando aplicada especificamente a redes bayesianas, simplesmente usamos o fato adicional de que amostrar condicionalmente em todas as variáveis é equivalente a amostrar condicionalmente na cobertura de Markov da variável, conforme mostrado na seção 13.2.1.) Usaremos a notação $\overline{\mathbf{X}}_i$ para nos referir a essas outras variáveis (exceto as variáveis de evidência); seus valores no estado atual são $\overline{\mathbf{x}}_i$.

Para escrever o kernel de transição $k(\mathbf{x} \to \mathbf{x}')$ para a amostragem de Gibbs, há três casos a considerar:

1. Os estados $\mathbf{x}$ e $\mathbf{x}'$ diferem em duas ou mais variáveis. Nesse caso, $k(\mathbf{x} \to \mathbf{x}') = 0$, porque a amostragem de Gibbs altera somente uma variável.

404 Inteligência Artificial

2. Os estados diferem exatamente em uma variável X_i que muda seu valor de x_i para x_i'. A probabilidade de tal ocorrência é:

$$k(\mathbf{x} \rightarrow \mathbf{x}') = k((x_i, \overline{\mathbf{x}_i}) \rightarrow (x_i', \overline{\mathbf{x}_i})) = \rho(i)P(x_i' | \overline{\mathbf{x}_i}).$$
(13.13)

3. Os estados são os mesmos: $\mathbf{x} = \mathbf{x}'$. Nesse caso, *qualquer* variável poderia ser escolhida, mas então o processo de amostragem produz o mesmo valor que a variável já tem. A probabilidade de tal ocorrência é:

$$k(\mathbf{x} \rightarrow \mathbf{x}) = \sum_i \rho(i)k((x_i, \overline{\mathbf{x}_i}) \rightarrow (x_i, \overline{\mathbf{x}_i})) = \sum_i \rho(i)P(x_i | \overline{\mathbf{x}_i}).$$

Agora, mostraremos que essa definição geral da amostragem de Gibbs satisfaz a equação do equilíbrio detalhado com uma distribuição estacionária igual a $P(\mathbf{x} \mid \mathbf{e})$, a verdadeira distribuição posterior sobre as variáveis ocultas. Ou seja, mostramos que $\pi(\mathbf{x})k(\mathbf{x} \rightarrow \mathbf{x}') = \pi(\mathbf{x}')k(\mathbf{x}' \rightarrow \mathbf{x})$, em que $\pi(\mathbf{x}) = P(\mathbf{x} \mid \mathbf{e})$, para todos os estados $\mathbf{x}$ e $\mathbf{x}'$.

Para o primeiro e o terceiro casos mostrados anteriormente, o equilíbrio detalhado *sempre* é satisfeito: se dois estados diferem em duas ou mais variáveis, a probabilidade de transição nos dois sentidos é zero. Se $\mathbf{x} \neq \mathbf{x}'$, então temos, pela Equação 13.13,

$$\pi(\mathbf{x})k(\mathbf{x} \rightarrow \mathbf{x}') = P(\mathbf{x} | \mathbf{e})\rho(i)P(x_i' | \overline{\mathbf{x}_i}, \mathbf{e}) = \rho(i)P(x_i, \overline{\mathbf{x}_i} | \mathbf{e})P(x_i' | \overline{\mathbf{x}_i}, \mathbf{e})$$

$$= \rho(i)P(x_i | \overline{\mathbf{x}_i}, \mathbf{e})P(\overline{\mathbf{x}_i} | \mathbf{e})P(x_i' | \overline{\mathbf{x}_i}, \mathbf{e}) \quad \text{(usando a regra da cadeia no primeiro termo)}$$

$$= \rho(i)P(x_i | \overline{\mathbf{x}_i}, \mathbf{e})P(x_i', \overline{\mathbf{x}_i} | \mathbf{e}) \quad \text{(regra da cadeia inversa nos dois últimos termos)}$$

$$= \pi(\mathbf{x}')k(\mathbf{x}' \rightarrow \mathbf{x}).$$

A última peça do quebra-cabeça é a ergodicidade da cadeia – ou seja, cada estado precisa ter a possibilidade de ser alcançado a partir de cada um dos outros e não existem ciclos periódicos. As duas condições são satisfeitas, desde que as TPC não contenham probabilidades 0 ou 1. A acessibilidade vem do fato de que podemos converter de um estado para outro alterando uma variável por vez, e a ausência de ciclos periódicos vem do fato de que cada estado tem um autolaço com probabilidade diferente de zero. Logo, sob as condições dadas, k é ergódico, o que significa que as amostras geradas pela amostragem de Gibbs por fim serão tomadas da distribuição posterior verdadeira.

Complexidade da amostragem de Gibbs

Em primeiro lugar, a boa notícia: cada etapa da amostragem de Gibbs envolve o cálculo da distribuição da cobertura de Markov para a variável escolhida X_i, o que requer uma quantidade de multiplicações proporcional ao número de filhos de X_i e ao tamanho do intervalo de X_i. Isso é importante porque significa que *o trabalho necessário para gerar cada amostra independe do tamanho da rede*.

Agora, a não necessariamente má notícia: a complexidade da amostragem de Gibbs é muito mais difícil de analisar do que a da amostragem de rejeição e da ponderação de probabilidade. A primeira coisa a notar é que a amostragem de Gibbs, ao contrário da ponderação de probabilidade, *presta* atenção às próximas evidências. A informação se propaga a partir dos nós de evidência em todas as direções: primeiro, quaisquer vizinhos dos nós de evidência fazem a amostragem de valores que refletem a evidência nesses nós; em seguida, *seus* vizinhos, e assim por diante. Portanto, esperamos que a amostragem de Gibbs supere a ponderação de probabilidade quando a evidência está principalmente no fluxo mais adiante; e, de fato, isso é confirmado na Figura 13.22.

Taxa de mistura

A taxa de convergência para a amostragem de Gibbs – a **taxa de mistura** da cadeia de Markov definida pelo algoritmo – depende bastante das propriedades quantitativas das distribuições condicionais na rede. Para ver isso, considere o que acontece na Figura 13.15(a) quando a TPC para *Chuva* se torna determinística: chove *se e somente se* estiver nublado. Nesse caso, a distribuição posterior verdadeira para a consulta $\mathbf{P}(\textit{Chuva} \mid \textit{irrigador, gramaMolhada})$ é aproximadamente $\langle 0,18, 0,82 \rangle$, mas a amostragem de Gibbs nunca alcançará esse valor. O problema é que os únicos dois estados conjuntos para *Nublado* e *Chuva* que têm

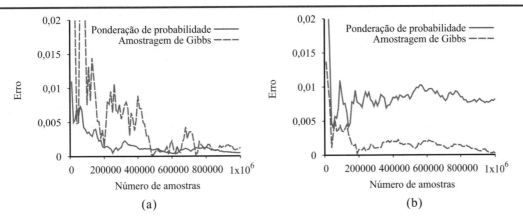

Figura 13.22 Desempenho da amostragem de Gibbs em comparação com a ponderação de probabilidade na rede de seguros de automóveis: (a) para a consulta padrão sobre *CustoPropriedade* e (b) para o caso em que as variáveis de saída são observadas e *Idade* é a variável de consulta.

probabilidade diferente de zero são [*verdadeiro, verdadeiro*] e [*falso, falso*]. Começando em [*verdadeiro, verdadeiro*], a cadeia nunca poderá chegar a [*falso, falso*] porque as transições para os estados intermediários têm probabilidade zero (ver Figura 13.21[b]). Portanto, se o processo iniciar em [*verdadeiro, verdadeiro*], ele sempre reporta uma probabilidade posterior para a consulta de ⟨1,0, 0,0⟩; se começar em [*falso, falso*], ele sempre reporta uma probabilidade posterior para a consulta de ⟨0,0, 1,0⟩.

A amostragem de Gibbs falha nesse caso porque a relação determinística entre *Nublado* e *Chuva* quebra a propriedade de ergodicidade necessária para a convergência. Porém, se tornarmos o relacionamento *quase* determinístico, então a convergência é restaurada, mas acontece de forma arbitrariamente lenta. Existem várias correções que ajudam os algoritmos MCMC a se misturarem mais rapidamente. Uma é a **amostragem em bloco**: amostragem de diversas variáveis simultaneamente. Nesse caso, poderíamos amostrar *Nublado* e *Chuva* em conjunto, condicionados em sua cobertura de Markov combinada. Outra é gerar os próximos estados de maneira mais inteligente, como veremos na próxima seção.

Amostragem em bloco

Amostragem de Metropolis-Hastings

O método de amostragem de Metropolis-Hastings (ou MH) talvez seja o algoritmo de MCMC mais aplicável. Assim como a amostragem de Gibbs, MH foi elaborado para gerar amostras $\mathbf{x}$ (eventualmente) de acordo com as probabilidades de destino $\pi(\mathbf{x})$; no caso da inferência em redes bayesianas, queremos que $\pi(\mathbf{x}) = P(\mathbf{x} \mid \mathbf{e})$. Assim como a têmpera simulada (seção 4.1.3), MH tem dois estágios em cada iteração do processo de amostragem:

1. Amostrar um novo estado $\mathbf{x}'$ a partir de uma **distribuição de proposta** $q(\mathbf{x}' \mid \mathbf{x})$, dado o estado atual $\mathbf{x}$.
2. Aceitar ou rejeitar probabilisticamente $\mathbf{x}'$ de acordo com a **probabilidade de aceitação**.

Distribuição de proposta

Probabilidade de aceitação

$$a(\mathbf{x}' \mid \mathbf{x}) = \min\left(1, \frac{\pi(\mathbf{x}')q(\mathbf{x} \mid \mathbf{x}')}{\pi(\mathbf{x})q(\mathbf{x}' \mid \mathbf{x})}\right).$$

Se a proposta for rejeitada, o estado permanece em $\mathbf{x}$.

O kernel de transição para MH consiste neste processo em duas etapas. Observe que, se a proposta for rejeitada, a cadeia permanece no mesmo estado.

A distribuição de proposta é responsável, como seu nome sugere, por propor um novo estado $\mathbf{x}'$. Por exemplo, $q(\mathbf{x}'\mid\mathbf{x})$ poderia ser definida da seguinte maneira:

- Com probabilidade de 0,95, realize uma etapa de amostragem de Gibbs para gerar $\mathbf{x}'$.
- Caso contrário, gere $\mathbf{x}'$ executando o algoritmo AMOSTRA-PONDERADA da Figura 13.18.

406 Inteligência Artificial

Essa distribuição de proposta faz com que o MH execute cerca de 20 etapas da amostragem de Gibbs e, em seguida, "reinicie" o processo a partir de um novo estado (supondo que ele seja aceito) que é gerado do zero. Com esse estratagema, ele contorna o problema de a amostragem de Gibbs ficar presa em uma parte do espaço de estados e não conseguir alcançar as outras partes.

Você pode perguntar como é que sabemos que MH, com uma proposta tão estranha, na verdade converge para a resposta certa. O notável sobre MH é que *a convergência para a distribuição estacionária correta é garantida para qualquer distribuição de proposta*, desde que o kernel de transição resultante seja ergódico.

Essa propriedade decorre da forma como a probabilidade de aceitação é definida. Tal como acontece com a amostragem de Gibbs, o autolaço com $\mathbf{x} = \mathbf{x}'$ satisfaz, automaticamente, o equilíbrio detalhado; desse modo, nos concentramos no caso em que $\mathbf{x} \neq \mathbf{x}'$. Isso só poderá ocorrer se a proposta for aceita. A probabilidade de tal transição ocorrer é:

$$k(\mathbf{x} \rightarrow \mathbf{x}') = q(\mathbf{x}'\,|\,\mathbf{x})\,a(\mathbf{x}'\,|\,\mathbf{x}).$$

Assim como na amostragem de Gibbs, fornecer o equilíbrio detalhado significa mostrar que o fluxo de $\mathbf{x}$ para $\mathbf{x}'$, $\pi(\mathbf{x})k(\mathbf{x} \rightarrow \mathbf{x}')$, corresponde ao fluxo de $\mathbf{x}'$ para $\mathbf{x}$, $\pi(\mathbf{x}')k(\mathbf{x}' \rightarrow \mathbf{x})$. Depois de juntar a expressão antecedente para $k(\mathbf{x} \rightarrow \mathbf{x}')$, a prova é bastante simples:

$$
\begin{aligned}
\pi(\mathbf{x})q(\mathbf{x}'\,|\,\mathbf{x})a(\mathbf{x}'\,|\,\mathbf{x}) &= \pi(\mathbf{x})q(\mathbf{x}'\,|\,\mathbf{x})\min\left(1, \frac{\pi(\mathbf{x}')q(\mathbf{x}\,|\,\mathbf{x}')}{\pi(\mathbf{x})q(\mathbf{x}'\,|\,\mathbf{x})}\right) \quad \text{(definição de } a(\cdot\,|\,\cdot)) \\
&= \min\left(\pi(\mathbf{x})q(\mathbf{x}'\,|\,\mathbf{x}), \pi(\mathbf{x}')q(\mathbf{x}\,|\,\mathbf{x}')\right) \quad \text{(multiplicando dentro)} \\
&= \pi(\mathbf{x}')q(\mathbf{x}\,|\,\mathbf{x}')\min\left(\frac{\pi(\mathbf{x})q(\mathbf{x}'\,|\,\mathbf{x})}{\pi(\mathbf{x}')q(\mathbf{x}\,|\,\mathbf{x}')}, 1\right) \quad \text{(dividindo fora)} \\
&= \pi(\mathbf{x}')q(\mathbf{x}\,|\,\mathbf{x}')a(\mathbf{x}\,|\,\mathbf{x}').
\end{aligned}
$$

Propriedades matemáticas à parte, a parte importante do MH que devemos focar é a razão $\pi(\mathbf{x}')/\pi(\mathbf{x})$ na probabilidade de aceitação. Isso significa que, se um próximo estado proposto for *mais* provável do que o estado atual, ele será definitivamente aceito. (Por enquanto, estamos desconsiderando o termo $q(\mathbf{x}\,|\,\mathbf{x}')/q(\mathbf{x}'\,|\,\mathbf{x})$, que existe para garantir o equilíbrio detalhado e é, em muitos espaços de estados, igual a 1 devido à simetria.) Se o estado proposto é *menos* provável do que o estado atual, sua probabilidade de ser aceito diminui proporcionalmente.

Assim, uma diretriz para o projeto de distribuições de propostas é garantir que os novos estados propostos sejam razoavelmente prováveis. A amostragem de Gibbs faz isso automaticamente: ela propõe pela distribuição de Gibbs $P(X_i \mid \overline{\mathbf{x}_i})$, o que significa que a probabilidade de gerar qualquer novo valor em particular para X_i é diretamente proporcional à sua probabilidade.

Outra diretriz é garantir que a cadeia se misture bem, o que às vezes significa propor grandes movimentos para partes distantes do espaço de estados. No exemplo dado acima, o uso ocasional de AMOSTRA-PONDERADA para reiniciar a cadeia em um novo estado serve a esse propósito.

Além da liberdade quase completa na elaboração de distribuições de propostas, MH tem duas propriedades adicionais que o tornam prático. Primeiro, a probabilidade posterior $\pi(\mathbf{x}) = P(\mathbf{x} \mid \mathbf{e})$ aparece no cálculo de aceitação somente na forma de uma razão $\pi(\mathbf{x}')/\pi(\mathbf{x})$, o que é muito bom. Calcular $P(\mathbf{x} \mid \mathbf{e})$ diretamente é exatamente o cálculo que estamos tentando aproximar usando MH; então não faria sentido fazê-lo para cada amostra! Em vez disso, usamos o seguinte truque:

$$\frac{\pi(\mathbf{x}')}{\pi(\mathbf{x})} = \frac{P(\mathbf{x}'\,|\,\mathbf{e})}{P(\mathbf{x}\,|\,\mathbf{e})} = \frac{P(\mathbf{x}',\mathbf{e})}{P(\mathbf{e})}\frac{P(\mathbf{e})}{P(\mathbf{x},\mathbf{e})} = \frac{P(\mathbf{x}',\mathbf{e})}{P(\mathbf{x},\mathbf{e})}.$$

Os termos nesta razão são probabilidades conjuntas completas, ou seja, produtos de probabilidades condicionais na rede bayesiana. A segunda propriedade útil dessa razão é que, enquanto a distribuição da proposta fizer apenas mudanças locais em $\mathbf{x}$ para produzir $\mathbf{x}'$, apenas um pequeno número de termos no produto das probabilidades condicionais será diferente. Todas as probabilidades condicionais que envolvem variáveis cujos valores não mudam serão canceladas na razão. Assim, como na amostragem de Gibbs, o trabalho necessário para gerar cada amostra é independente do tamanho da rede, desde que as mudanças de estado sejam locais.

13.4.3 Como compilar a inferência aproximada

Os algoritmos de amostragem nas Figuras 13.17, 13.18 e 13.20 compartilham uma propriedade comum: eles operam em uma rede bayesiana representada como uma estrutura de dados. Isso parece bastante natural: afinal, uma rede bayesiana é um gráfico acíclico direcionado; então de que outra forma ela poderia ser representada? O problema com esta abordagem é que as operações necessárias para acessar a estrutura de dados – por exemplo, para encontrar os pais de um nó – são repetidas milhares ou milhões de vezes enquanto o algoritmo de amostragem é executado, e *todos esses cálculos são completamente desnecessários*.

A estrutura da rede e as probabilidades condicionais permanecem fixas ao longo de toda a computação; logo, há uma oportunidade de *compilar* a rede em um código de inferência específico do modelo, que realiza apenas os cálculos de inferência necessários para essa rede específica. (Caso isso pareça familiar, é a mesma ideia usada na compilação de programas lógicos, no Capítulo 9.) Por exemplo, suponha que queiramos obter uma amostragem de Gibbs da variável *Terremoto* no exemplo da rede de roubo da Figura 13.2. De acordo com o algoritmo ASK-GIBBS da Figura 13.20, precisamos realizar o seguinte cálculo:

definir o valor de *Terremoto* em **x** amostrando a partir de $\mathbf{P}(Terremoto \,|\, mb(Terremoto))$

em que a última distribuição é calculada de acordo com a Equação 13.10, repetida aqui:

$$P(x_i \,|\, mb(X_i)) = \alpha P(x_i \,|\, pais(X_i)) \prod_{Y_j \in Filhos(X_i)} P(y_j \,|\, pais(Y_j)).$$

Esse cálculo, por sua vez, requer a pesquisa dos pais e filhos de *Terremoto* na estrutura da rede bayesiana; a busca de seus valores atuais; o uso desses valores para indexar nas TPC correspondentes (que também devem ser encontrados na rede bayesiana); e a multiplicação de todas as linhas apropriadas dessas TPC para formar uma nova distribuição da qual a amostragem será feita. Por fim, conforme observado na seção 13.4.1, a própria etapa de amostragem deve construir a versão cumulativa da distribuição discreta e, em seguida, encontrar o valor nela que corresponde a um número aleatório amostrado de [0,1].

Se, em vez disso, compilarmos a rede, obteremos um código de amostragem específico do modelo para a variável *Terremoto*, que se parece com isto:

```
r ← uma amostra aleatória uniforme de [0,1]
se Alarme = verdadeiro
    então se Roubo = verdadeiro
        então retornar [r < 0,0020212]
        senão retornar [r < 0,36755]
    senão se Roubo = verdadeiro
        então retornar [r < 0,0016672]
        senão retornar [r < 0,0014222]
```

Aqui, as variáveis de rede bayesiana *Alarme*, *Roubo*, e assim por diante, tornam-se variáveis de programa comuns, com valores que compõem o estado atual da cadeia de Markov. As expressões de limite numérico são avaliadas como *verdadeiro* ou *falso* e representam as distribuições de Gibbs pré-calculadas para cada combinação de valores na cobertura de Markov do *Terremoto*. O código não é especialmente elegante – normalmente, será quase tão grande quanto a própria rede bayesiana –, mas é incrivelmente eficiente. Comparado com o algoritmo ASK-GIBBS, o código compilado será normalmente 2 a 3 ordens de grandeza mais rápido. Ele pode realizar dezenas de milhões de etapas de amostragem por segundo em um *notebook* comum, e sua velocidade é limitada em grande parte pelo custo da geração de números aleatórios.

13.5 Redes causais

Discutimos diversas vantagens de manter a ordenação dos nós em redes bayesianas compatível com a direção da causalidade. Em particular, notamos a facilidade com que as probabilidades condicionais podem ser avaliadas se tal ordenação for mantida, bem como a compactação resultante na estrutura da rede. Porém, notamos que, em princípio, qualquer ordenação de nós permite uma construção consistente da rede para representar a função de distribuição conjunta. Isso foi demonstrado na Figura 13.3, em que a mudança da ordenação dos nós produziu redes que eram mais volumosas e muito menos naturais do que a rede original na Figura 13.2, mas nos permitiu representar a mesma distribuição por todas as variáveis.

Rede causal

Esta seção descreve as **redes causais**, uma classe restrita de redes bayesianas que proíbe tudo, exceto ordenações causalmente compatíveis. Exploraremos como construir essas redes, o que se ganha com essa construção e como alavancar esse ganho nas tarefas de tomada de decisão.

Considere a rede bayesiana mais simples que se possa imaginar, uma única seta, *Fogo* $\rightarrow$ *Fumaça*. Ela diz que as variáveis *Fogo* e *Fumaça* podem ser dependentes, então é necessário especificar o *P(Fogo)* anterior e a probabilidade condicional *P(Fumaça | Fogo)* para especificar a distribuição conjunta *P(Fogo, Fumaça)*. No entanto, esta distribuição também pode ser muito bem representada pela seta reversa *Fogo* $\leftarrow$ *Fumaça*, usando *P(Fumaça)* e *P(Fogo | Fumaça)* apropriados, calculados a partir da regra de Bayes. A ideia de que essas duas redes são equivalentes e de que, portanto, transmitem as mesmas informações, gera desconforto e até resistência na maioria das pessoas. Como eles poderiam transmitir a mesma informação quando sabemos que o *Fogo* provoca a *Fumaça*, e não o contrário?

Em outras palavras, sabemos, por nossa experiência e conhecimento científico, que acabar com a fumaça não iria parar o fogo e extinguir o fogo iria parar a fumaça. Logo, esperamos representar essa assimetria por meio da direcionalidade da seta entre eles. Mas se a reversão da seta apenas torna as coisas equivalentes, como podemos esperar representar essa informação importante de modo formal?

As redes bayesianas causais, às vezes chamadas "Diagramas Causais", foram concebidas para nos permitir representar as assimetrias causais e alavancar as assimetrias para o raciocínio com a informação causal. A ideia é decidir sobre a direcionalidade da seta por meio de considerações que vão além da dependência probabilística e invocam um tipo totalmente diferente de julgamento. Em vez de perguntar a um especialista se *Fumaça* e *Fogo* são probabilisticamente dependentes, como fazemos nas redes bayesianas comuns, agora perguntamos qual responde a qual: *Fumaça* a *Fogo* ou *Fogo* a *Fumaça*?

Isso pode soar um pouco místico, mas pode se tornar mais preciso por meio da noção de "atribuição", semelhante ao operador de atribuição nas linguagens de programação. Se a natureza atribui um valor à *Fumaça*, com base no que a natureza aprende sobre o *Fogo*, desenhamos uma seta de *Fumaça* para *Fogo*. Mais importante, se julgarmos que a natureza atribui a *Fogo* um valor de verdade que depende de outras variáveis, e não da *Fumaça*, evitamos desenhar a seta *Fogo* $\leftarrow$ *Fumaça*. Em outras palavras, o valor x_i de cada variável X_i é determinado por uma equação $x_i = f_i(OutrasVariáveis)$, e uma seta $X_j \rightarrow X_i$ é desenhada se e somente se X_j for um dos argumentos de f_i.

Equação estrutural

A equação $x_i = f_i(\cdot)$ é chamada **equação estrutural**, pois descreve um mecanismo estável na natureza que, ao contrário das probabilidades que quantificam uma rede bayesiana, permanece invariante a medições e mudanças locais no ambiente.

Para avaliar essa estabilidade às mudanças locais, considere a Figura 13.23(a), que representa uma versão ligeiramente modificada da história dos irrigadores de grama da Figura 13.15. Para representar um irrigador desativado, por exemplo, simplesmente excluímos da rede todas as ligações incidentes para o nó *Irrigador*. Para representar um gramado coberto por uma barraca, simplesmente excluímos a seta *Chuva* $\rightarrow$ *GramaMolhada*. Portanto, qualquer reconfiguração local dos mecanismos no ambiente pode ser traduzida, apenas com uma pequena modificação, em uma reconfiguração isomórfica da topologia da rede. Uma transformação muito mais elaborada seria necessária se a rede tivesse sido construída ao contrário do ordenamento causal. Essa estabilidade local é particularmente importante para representar ações ou intervenções, nosso próximo tópico de discussão.

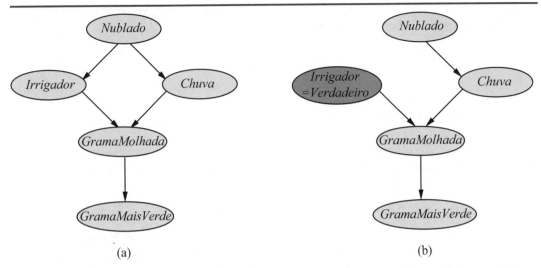

Figura 13.23 (a) Rede bayesiana causal que representa relações de causa e efeito entre cinco variáveis. (b) A rede após realizar a ação "ligar *Irrigador*".

13.5.1 Representar ações: o operador *do*

Considere novamente a situação do *Irrigador* da Figura 13.23(a). De acordo com a semântica padrão das redes bayesianas, a distribuição conjunta das cinco variáveis é dada por um produto de cinco distribuições condicionais:

$$P(n, c, i, m, g) = P(n)\, P(c \mid n)\, P(i \mid n)\, P(m \mid c, i)\, P(g \mid m) \quad (13.14)$$

em que abreviamos cada nome de variável por uma letra que a representa. Como um sistema de equações estruturais, o modelo se parece com isto:

$$\begin{aligned} N &= f_N(U_N) \\ C &= f_C(N, U_C) \\ I &= f_I(N, U_I) \\ M &= f_M(C, I, U_M) \\ G &= f_G(M, U_G) \end{aligned} \quad (13.15)$$

em que, sem perda de generalidade, f_N pode ser a função de identidade. As variáveis U nessas equações representam **variáveis não modeladas**, também chamadas **termos de erro** ou **distúrbios**, que perturbam a relação funcional entre cada variável e seus pais. Por exemplo, U_M pode representar outra fonte potencial de umidade, além de *Irrigador* e *Chuva* – talvez *Orvalho* ou *EsguichoBombeiros*.

Variáveis não modeladas

Se todas as variáveis U são variáveis aleatórias mutuamente independentes com anteriores adequadamente escolhidos, a distribuição conjunta na Equação 13.14 pode ser representada exatamente pelas equações estruturais na Equação 13.16. Sendo assim, um sistema de relações estocásticas pode ser capturado por um sistema de relações determinísticas, cada uma delas afetada por um distúrbio exógeno. No entanto, o sistema de equações estruturais nos oferece mais do que isso: ele nos permite prever como as *intervenções* afetarão o funcionamento do sistema e, portanto, as consequências observáveis dessas intervenções. Isso não é possível, dada apenas a distribuição conjunta.

Por exemplo, suponha que *ligamos o irrigador* – isto é, se nós (que, por definição, não fazemos parte dos processos causais descritos pelo modelo) *interviermos* para impor a condição *Irrigador* = *verdadeiro*. Na notação do termo **cálculo-do**, que é parte fundamental da teoria das redes causais, isso é escrito como *do*(*Irrigador* = *verdadeiro*), ou seja, "*efetue*(*Irrigador* = *verdadeiro*)". Então, isso significa que a variável do irrigador não depende mais se o dia está

Cálculo-do

410 Inteligência Artificial

nublado. Portanto, excluímos a equação $I = f_I (N, U_I)$ do sistema de equações estruturais e a substituímos por $I = verdadeiro$, obtendo:

$$N = f_N(U_N)$$
$$C = f_C(N, UC)$$
$$I = verdadeiro \qquad\qquad (13.16)$$
$$M = fM (C, I, U_M)$$
$$G = f_G(M, U_G)$$

A partir dessas equações, obtemos a nova distribuição conjunta para as variáveis restantes, condicionadas sobre $do(Irrigador = verdadeiro)$:

$$P(n, c, m, g \mid do(I = verdadeiro) = P(n) P(c \mid n) P(w \mid c, i = verdadeiro)\ P(g \mid m) \quad (13.17)$$

Isso corresponde à rede "mutilada" da Figura 13.23(b). Pela Equação 13.17, podemos ver que as únicas variáveis cujas probabilidades mudam são *GramaMolhada* (m) e *GramaMaisVerde* (g), ou seja, os descendentes da variável manipulada *Irrigador*.

Note a diferença entre o condicionamento na *ação do(Irrigador = verdadeiro)* na rede original e o condicionamento na *observação Irrigador = verdadeiro*. A rede original nos diz que é menos provável que o *sprinkler* esteja ligado quando o tempo está nublado; portanto, se *observarmos* que o irrigador está ligado, isso reduz a probabilidade de que o tempo esteja nublado. Mas o bom senso nos diz que, se nós (operando de fora do mundo, por assim dizer) alcançarmos e ligarmos o irrigador, isso não afetará o tempo nem fornecerá novas informações sobre como está o tempo naquele dia. Conforme pode ser visto na Figura 13.23(b), a intervenção quebra o vínculo causal normal entre o tempo e o irrigador. Isso evita que qualquer influência flua de volta de *Irrigador* para *Nublado*. Assim, o condicionamento em $do(Irrigador = verdadeiro)$ no grafo original é equivalente ao condicionamento em *Irrigador = verdadeiro* no grafo mutilado.

Uma técnica semelhante pode ser feita para analisar o efeito de $do(Xj = x_{jk})$ em uma rede causal geral com variáveis $X_1, ..., X_n$. A rede corresponde a uma distribuição conjunta definida da forma normal (ver Equação 13.2):

$$P(x_1, \ldots, x_n) = \prod_{i=1}^{n} P(x_i \mid pais(X_i)). \qquad (13.18)$$

Depois de aplicar $do(X_j = x_{jk})$, a nova distribuição conjunta $P_{x_{jk}}$ simplesmente omite o fator para X_j:

$$P_{x_{jk}}(x_1, \ldots, x_n) = \begin{cases} \prod_{i \neq j} P(x_i \mid pais(X_i)) = \frac{P(x_1, \ldots, x_n)}{P(x_j \mid pais(X_j)} & \text{se } x_j = x_{jk} \\ 0 & \text{se } x_j \neq x_{jk} \end{cases} \qquad (13.19)$$

Isso vem do fato de que a definição de X_j para um valor x_{jk} específico corresponde a excluir a equação $X_j = f_j(Pais(X_j), U_j)$ do sistema de equações estruturais e substituí-la por $X_j = x_{jk}$. Com mais um pouco de manipulação algébrica, pode-se derivar uma fórmula para o efeito de definir a variável X_j sobre qualquer outra variável X_i:

$$P(X_i = x_i \mid do(X_j = x_{jk}) = P_{x_{jk}}(X_i = x_i)$$
$$= \sum_{pais(X_j)} P(x_i \mid x_{jk}, pais(X_j)) P(pais(X_j)). \qquad (13.20)$$

Fórmula de ajuste

Os termos de probabilidade na soma são obtidos na rede original por meio de computação, por qualquer um dos algoritmos de inferência padrão. Essa equação é conhecida como **fórmula de ajuste**; ela é uma média ponderada por probabilidade da influência de X_j e seus pais em X_i, em que os pesos são os anteriores nos valores pais. Os efeitos da intervenção sobre as diversas variáveis podem ser calculados imaginando que as intervenções individuais acontecem em sequência, cada uma por sua vez apagando as influências causais sobre uma variável e produzindo um novo modelo mutilado.

13.5.2 Critério da porta dos fundos

A capacidade de prever o efeito de qualquer intervenção é um resultado notável, mas requer conhecimento preciso das distribuições condicionais necessárias no modelo, particularmente $P(x_j \mid pais(X_j))$. Entretanto, em muitos cenários do mundo real isso é pedir muito. Por exemplo, sabemos que "fatores genéticos" influenciam a obesidade, mas não sabemos quais genes desempenham um papel ou a natureza exata de seus efeitos. Mesmo no cenário simples das decisões do irrigador de Maria (Figura 13.15, que também se aplica à Figura 13.23[a]), podemos saber que ela verifica o tempo antes de decidir ligar o irrigador, mas podemos não saber *como* ela toma a decisão.

A razão específica pela qual isso é problemático neste caso é que gostaríamos de prever o efeito de ligar o irrigador em uma variável posterior, como *GramaMaisVerde*, mas a fórmula de ajuste (Equação 13.20) deve considerar não apenas a rota direta de *Irrigador*, mas também a rota da "porta dos fundos", via *Nublado* e *Chuva*. Se soubéssemos o valor de *Chuva*, esse caminho da porta dos fundos seria bloqueado – o que sugere que pode haver uma maneira de escrever uma fórmula de ajuste que condicione *Chuva* em vez de *Nublado*. E isso realmente é possível:

$$P(g \mid do(I = verdadeiro)) = \sum_r P(g \mid I = verdadeiro, c)\, P(c) \tag{13.21}$$

Em geral, se quisermos encontrar o efeito de $do(X_j = x_{jk})$ sobre uma variável X_i, o **critério da porta dos fundos** permite escrever uma fórmula de ajuste que condiciona qualquer conjunto de variáveis **Z** que feche a porta dos fundos, por assim dizer. Em um linguajar mais técnico, queremos um conjunto **Z** tal que X_i seja condicionalmente independente de $Pais(X_j)$, dados X_j e **Z**. Esta é uma aplicação direta da d-separação (ver seção 13.2.1).

> Critério da porta dos fundos

O critério da porta dos fundos é um bloco de construção básico para uma teoria do raciocínio causal que surgiu nas duas últimas décadas. Ele oferece uma maneira de argumentar contra um século de dogmas estatísticos, que afirmam que apenas um **ensaio randomizado controlado** pode fornecer informações causais. A teoria tem dado ferramentas conceituais e algoritmos para análise causal em uma grande gama de cenários não experimentais e quase experimentais; para calcular probabilidades em afirmações contrafactuais ("se isso tivesse acontecido, qual teria sido a probabilidade?"); para determinar quando os achados em uma população podem ser transferidos para outra; e para lidar com todas as formas de dados faltando, no aprendizado dos modelos de probabilidade.

> Ensaio randomizado controlado

Resumo

Este capítulo descreveu as **redes bayesianas**, uma representação bem desenvolvida para o conhecimento incerto. As redes bayesianas desempenham um papel aproximadamente análogo ao da lógica proposicional para o conhecimento definido.

- Uma rede bayesiana é um grafo acíclico orientado cujos nós correspondem a variáveis aleatórias; cada nó tem uma distribuição condicional para o nó, dados seus pais.
- As redes bayesianas fornecem um modo conciso de representar relacionamentos de **independência condicional** no domínio.
- Uma rede bayesiana especifica uma distribuição de probabilidade conjunta sobre suas variáveis. A probabilidade de qualquer atribuição dada a todas as variáveis é definida como o produto das entradas correspondentes nas distribuições condicionais locais. Uma rede bayesiana costuma ser exponencialmente menor que a distribuição conjunta enumerada explicitamente.
- Muitas distribuições condicionais podem ser representadas de forma compacta por famílias canônicas de distribuições. As **redes bayesianas híbridas**, que incluem tanto variáveis discretas quanto variáveis contínuas, utilizam uma variedade de distribuições canônicas.
- A inferência em redes bayesianas significa calcular a distribuição de probabilidade de um conjunto de variáveis de consulta, dado um conjunto de variáveis de evidência. Os algoritmos de inferência exata, como a **eliminação de variáveis**, avaliam somas de produtos de probabilidades condicionais da forma mais eficiente possível.

Inteligência Artificial

- Em **poliárvores** (redes unicamente conectadas), a inferência exata demora um tempo linear no tamanho da rede. No caso geral, o problema é intratável.
- Técnicas de amostragem aleatória como **ponderação de probabilidade** e **cadeia de Markov Monte Carlo** podem fornecer estimativas razoáveis das probabilidades posteriores verdadeiras em uma rede e lidar com redes muito maiores do que os algoritmos exatos.
- Enquanto as redes bayesianas capturam influências probabilísticas, as **redes causais** capturam relações causais e permitem a previsão dos efeitos das intervenções, além das observações.

Notas bibliográficas e históricas

O uso de redes para representar informações probabilísticas começou no início do século XX, com o trabalho de Sewall Wright sobre a análise probabilística de herança genética e fatores de crescimento dos animais (Wright, 1921, 1934). I. J. Good (1961), em colaboração com Alan Turing, desenvolveu representações probabilísticas e métodos de inferência de Bayes que poderiam ser considerados precursores das redes bayesianas modernas, embora o artigo não seja citado com frequência nesse contexto.[7] O mesmo artigo é a fonte original do modelo de OU ruidoso.

A representação de **diagrama de influência** para problemas de decisão, que incorporou uma representação de GAO para variáveis aleatórias, foi usada em análise de decisão no fim dos anos 1970 (Capítulo 16), mas apenas a enumeração foi usada para avaliação. Judea Pearl desenvolveu o método de passagem de mensagens para transporte de inferência em redes de árvores (Pearl, 1982a) e em redes de poliárvores (Kim e Pearl, 1983) e explicou a importância de se construírem modelos de probabilidade causal em lugar de modelos de probabilidade de diagnóstico. O primeiro sistema especialista a utilizar redes bayesianas foi o CONVINCE (Kim, 1983).

Conforme narrado no Capítulo 1, em meados da década de 1980 houve um grande avanço nos sistemas especialistas baseados em regras, que incorporaram métodos ocasionais para lidar com a incerteza. A probabilidade foi considerada impraticável e "cognitivamente implausível" como base para o raciocínio. O combativo ensaio de Peter Cheeseman (1985), "In Defense of Probability" e seu artigo posterior *An Inquiry into Computer Understanding* (Cheeseman, 1988, com comentários) deram algum sabor ao debate.

O ressurgimento da probabilidade dependia principalmente do desenvolvimento das redes bayesianas de Pearl e do amplo desenvolvimento de uma abordagem probabilística para IA, conforme descrito em seu livro *Probabilistic Reasoning in Intelligent Systems* (Pearl, 1988). O livro aborda questões representacionais, incluindo relações de independência condicional e o critério de d-separação e abordagens algorítmicas. Geiger *et al.* (1990a) e Tian *et al.* (1998) apresentaram os principais resultados computacionais na detecção eficiente da d-separação.

Eugene Charniak ajudou a apresentar as ideias para pesquisadores de IA com um artigo popular, *Bayesian networks without tears*[8] (1991), e um livro (1993). O livro de Dean e Wellman (1991) também ajudou a introduzir as redes bayesianas para os pesquisadores de IA. Shachter (1998) apresentou uma maneira simplificada de determinar a d-separação chamada algoritmo "bola de Bayes".

À medida que as aplicações das redes Bayes foram desenvolvidas, os pesquisadores acharam necessário ir além do modelo básico de variáveis discretas com TPC. Por exemplo, o sistema CPCS (Pradhan *et al.*, 1994), uma rede bayesiana para a medicina interna consistindo em 448 nós e 906 ligações, fez uso extensivo dos operadores lógicos ruidosos propostos por Good (1961). Boutilier *et al.* (1996) mostram como explorar a independência de contexto específico em algoritmos de agrupamento. A inclusão de variáveis aleatórias contínuas em redes bayesianas foi considerada por Pearl (1988) e Shachter e Kenley (1989); esses artigos discutiram redes contendo apenas variáveis contínuas com distribuições gaussianas lineares.

---

[7] I. J. Good foi o principal estatístico da equipe de quebra de códigos de Turing na Segunda Guerra Mundial. Em *2001: Uma Odisseia no Espaço* (Clarke, 1968), Good e Minsky receberam o crédito pela inovadora criação que levou ao desenvolvimento do computador HAL 9000.

[8] O título da versão original do artigo era *Pearl for swine*, que é um trocadilho com o sobrenome do pesquisador Judea *Pearl*, que também significa "pérolas" em inglês, e a expressão "pérolas a porcos" correspondente a "pearls for swine" em inglês.

Redes híbridas com variáveis discretas e contínuas foram investigadas por Lauritzen e Wermuth (1989) e implementadas no sistema cHUGIN (Olesen, 1993). A análise mais aprofundada dos modelos lineares de Gauss, com conexões para muitos outros modelos utilizados nas estatísticas, aparece em Roweis e Ghahramani (1999); Lerner (2002) oferece uma discussão muito completa sobre seu uso em redes bayesianas híbridas. A distribuição probit é geralmente atribuída a Gaddum (1933) e Bliss (1934), embora tivesse sido descoberta várias vezes no século XIX. O trabalho de Bliss foi expandido consideravelmente por Finney (1947). O probit foi amplamente utilizado para modelar fenômenos de escolha discreta e pode ser estendido para lidar com mais de duas escolhas (Daganzo, 1979). O modelo expit (logit inverso) foi introduzido por Berkson (1944); inicialmente muito ridicularizado, ele se tornou mais popular que o modelo probit. Bishop (1995) oferece uma justificativa simples para o seu uso.

Aplicações antigas das redes bayesianas em medicina incluem o sistema MUNIN para diagnosticar enfermidades neuromusculares (Andersen *et al.*, 1989) e o sistema PATHFINDER para patologia (Heckerman, 1991). As aplicações em engenharia incluem o trabalho do Electric Power Research Institute sobre monitoramento de geradores de energia (Morjaria *et al.*, 1995), o trabalho da NASA sobre a exibição de informação de tempo crítico no controle de missão em Houston (Horvitz e Barry, 1995), e o campo geral da **tomografia de rede**, que visa deduzir propriedades locais de nós despercebidos e *links* na Internet a partir de observações sobre o desempenho de mensagem de ponta a ponta (Castro *et al.*, 2004). Talvez a rede bayesiana mais utilizada tenha sido os módulos de diagnóstico e reparação (p. ex., o Printer Wizard) no Microsoft Windows (Breese e Heckerman, 1996) e o Office Assistant da Microsoft (Horvitz *et al.*, 1998).

Outra área de aplicação importante é a biologia: os modelos matemáticos usados para analisar a herança genética em árvores de família (as chamadas **análises de *pedigree***) são de fato uma forma especial de redes bayesianas. Algoritmos de inferência exata para análise de *pedigree*, semelhantes à eliminação de variáveis, foram desenvolvidos na década de 1970 (Cannings *et al.*, 1978). As redes bayesianas têm sido utilizadas para a identificação de genes humanos por referência a genes de ratos (Zhang *et al.*, 2003), inferindo redes celulares (Friedman, 2004), análise de ligação genética para localizar genes relacionados a doenças (Silberstein *et al.*, 2013) e muitas outras tarefas em bioinformática. Poderíamos continuar, mas, em vez disso, vou encaminhá-lo para Pourret *et al.* (2008), um guia de 400 páginas para aplicações de redes bayesianas. Durante a última década, foram publicadas dezenas de milhares de aplicações, variando desde odontologia até modelos climáticos globais.

Análises de *pedigree*

Judea Pearl (1985), no primeiro artigo a usar o termo "redes bayesianas", descreveu resumidamente um algoritmo de inferência para redes gerais com base na ideia de condicionamento de conjunto de corte que foi introduzida no Capítulo 6. Independentemente, Ross Shachter (1986), trabalhando na influente comunidade de diagramas, desenvolveu um algoritmo completo baseado na redução direcionada ao objetivo da rede usando transformações de preservação posterior.

Pearl (1986) desenvolveu um algoritmo de agrupamento para inferência exata em redes bayesianas gerais, utilizando uma conversão para uma poliárvore de agrupamentos orientada, em que a passagem de mensagens foi utilizada para obter consistência sobre as variáveis compartilhadas entre agrupamentos. Uma abordagem semelhante, desenvolvida pelos estatísticos David Spiegelhalter e Steffen Lauritzen (Lauritzen e Spiegelhalter, 1988), baseia-se em conversão para uma forma não orientada do modelo gráfico chamado **rede de Markov**. Essa abordagem foi implementada no sistema HUGIN, uma ferramenta eficaz e muito utilizada para raciocínio incerto (Andersen *et al.*, 1989).

A ideia básica de eliminação de variável – de que cálculos repetidos dentro da expressão geral de soma de produtos podem ser evitados por *caching* – apareceu no algoritmo de inferência probabilística simbólica (SPI) (Shachter *et al.*, 1990). O algoritmo de eliminação que descrevemos está mais próximo daquele que foi desenvolvido por Zhang e Poole (1994). Critérios para podar variáveis irrelevantes foram desenvolvidos por Geiger *et al.* (1990) e por Lauritzen *et al.* (1990); o critério que apresentamos é um caso especial simples desses critérios. Dechter (1999) mostra como a ideia de eliminação de variáveis é praticamente idêntica à **programação dinâmica não serial** (Bertele e Brioschi, 1972).

Programação dinâmica não serial

414 Inteligência Artificial

Isso conecta algoritmos de rede bayesiana a métodos relacionados para resolver PSR e fornece uma medida direta da complexidade da inferência exata em termos da largura da árvore da rede. A prevenção do crescimento exponencial no tamanho dos fatores na eliminação de variáveis pode ser feita descartando variáveis de grandes fatores (Dechter e Rish, 2003); também é possível limitar o erro introduzido dessa forma (Wexler e Meek, 2009). Como alternativa, os fatores podem ser compactados representando-os usando diagramas de decisão algébricos em vez de tabelas (Gogate e Domingos, 2011).

Métodos exatos baseados em enumeração recursiva (Figura 13.11) combinados com *cache* incluem o algoritmo de condicionamento recursivo (Darwiche, 2001), o algoritmo de eliminação de valor (Bacchus *et al.*, 2003) e busca E-OU (Dechter e Mateescu, 2007). O método de contagem de modelo ponderado (Sang *et al.*, 2005; Chavira e Darwiche, 2008) geralmente se baseia em um solucionador SAT estilo DPLL (ver Figura 7.17). Como tal, ele também está realizando uma enumeração recursiva de atribuições de variáveis com *caching*, de modo que a técnica é realmente muito semelhante. Todos os três algoritmos podem implementar uma gama completa de compensações de espaço/tempo. Como eles consideram atribuições de variáveis, os algoritmos podem facilmente tirar proveito do determinismo e da independência específica do contexto no modelo. Eles também podem ser modificados para usar um algoritmo de tempo linear eficiente sempre que a atribuição parcial torna a rede restante uma poliárvore. (Esta é uma versão do método de **condicionamento de conjunto de corte**, que foi descrito para PSR no Capítulo 6.) Para a inferência exata em modelos grandes, em que os requisitos de espaço de armazenamento em *cluster* e a eliminação de variáveis tornam-se enormes, esses algoritmos recursivos costumam ser a abordagem mais prática.

Existem outras tarefas de inferência importantes em redes bayesianas além de calcular probabilidades marginais. A **explicação mais provável** ou EMP é a atribuição mais provável às variáveis não evidentes, dadas as evidências. (EMP é um caso especial de inferência MAP – máximo *a posteriori* –, que pede a atribuição mais provável a um *subconjunto* de variáveis ocultas, dadas as evidências.) Para esses problemas, foram desenvolvidos muitos algoritmos diferentes, alguns relacionados aos algoritmos de caminho mais curto ou de busca E-OU; para ver um resumo, consulte Marinescu e Dechter (2009).

> Explicação mais provável

O primeiro resultado sobre a complexidade de inferência em redes bayesianas deve-se a Cooper (1990), que mostrou que o problema geral de computação de marginais em redes bayesianas é NP-difícil; conforme observado no capítulo, isso pode ser reforçado para #P-difícil por meio de uma redução da contagem de atribuições satisfatórias (Roth, 1996). Isso também implica a NP-dificuldade da inferência aproximada (Dagum e Luby, 1993); no entanto, para o caso em que as probabilidades podem ser afastadas de 0 e 1, uma forma de ponderação de probabilidade converge em tempo polinomial (aleatório) (Dagum e Luby, 1997). Shimony (1994) mostrou que encontrar a explicação mais provável é NP-completo – intratável, mas um pouco mais fácil do que calcular marginais – enquanto Park e Darwiche (2004) fornecem uma análise de complexidade completa do cálculo de MAP, mostrando que se enquadra na classe de problemas NP^{PP}-completos – isto é, um pouco mais difíceis do que calcular marginais.

O desenvolvimento de algoritmos de aproximação rápida para inferência de redes bayesianas é uma área muito ativa, com contribuições da estatística, da ciência da computação e da física. O método de amostragem de rejeição é uma técnica geral conhecida há muito tempo pelos estatísticos, pelo menos desde a agulha de Buffon (1777); ela foi aplicada primeiro a redes bayesianas por Max Henrion (1988), que a denominou **amostragem de lógica**. A amostragem de importância foi inventada originalmente para aplicações em física (Kahn, 1950a, 1950b) e aplicada à inferência da rede bayesiana por Fung e Chang (1989) (que chamaram o algoritmo de "ponderação de evidência") e por Shachter e Peot (1989).

Em estatística, a **amostragem adaptativa** foi aplicada a todos os tipos de algoritmos de Monte Carlo para acelerar a convergência. A ideia básica é adaptar a distribuição a partir da qual as amostras são geradas, com base no resultado de amostras anteriores. Gilks e Wild (1992) desenvolveram a amostragem de rejeição adaptativa, enquanto a amostragem de importância adaptativa parece ter se originado independentemente na física (Lepage, 1978), engenharia civil (Karamchandani *et al.*, 1989), estatística (Oh e Berger, 1992) e computação gráfica (Veach e Guibas, 1995). Cheng e Druzdzel (2000) descrevem uma versão adaptativa da ponderação da amostragem de importância aplicada à inferência de rede bayesiana.

Mais recentemente, Le *et al.* (2017) demonstraram o uso dos sistemas de aprendizado profundo para produzir distribuições de propostas que aumentam a velocidade da amostragem de importância em muitas ordens de grandeza.

Os algoritmos de cadeia de Markov Monte Carlo (MCMC) começaram com o algoritmo de Metropolis, devido a Metropolis *et al.* (1953), que também foi a origem do algoritmo de têmpera simulada descrito no Capítulo 4. Hastings (1970) introduziu a etapa aceitar/rejeitar que faz parte integral do que agora chamamos de algoritmo de Metropolis-Hastings. O sistema de amostragem de Gibbs foi criado por Geman e Geman (1984) para inferência em redes de Markov não orientadas. A aplicação da amostragem de Gibbs às redes bayesianas se deve a Pearl (1987). Os documentos reunidos por Gilks *et al.* (1996) abrangem uma grande variedade de aplicações e a teoria da MCMC.

Desde meados da década de 1990, a MCMC se tornou o carro-chefe da estatística bayesiana e da computação estatística em muitas outras disciplinas, incluindo física e biologia. O *Handbook of Markov Chain Monte Carlo* (Brooks *et al.*, 2011) aborda muitos aspectos dessa literatura. O pacote BUGS (Gilks *et al.*, 1994) foi um sistema inicial e influente para modelagem e inferência de rede bayesiana usando a amostragem de Gibbs. STAN (em homenagem a Stanislaw Ulam, que deu origem aos métodos de Monte Carlo na física) é um sistema mais recente, que usa a inferência de Monte Carlo hamiltoniana (Carpenter *et al.*, 2017).

Existem duas famílias muito importantes de métodos de aproximação que não cobrimos no capítulo. A primeira é a família de métodos de **aproximação variacional**, que podem ser usados para simplificar cálculos complexos de todos os tipos. A ideia básica é propor uma versão reduzida do problema original que seja simples de utilizar, mas que lembre, tão aproximadamente quanto possível, o problema original. O problema reduzido é descrito por alguns **parâmetros variacionais** λ que são ajustados para minimizar uma função de distância D entre o problema original e o problema reduzido, frequentemente pela resolução do sistema de equações $\partial D/\partial \lambda = 0$. Em muitos casos, podem ser obtidos limites rígidos superiores e inferiores. Os métodos variacionais são empregados há muito tempo em estatística (Rustagi, 1976). Em física estatística, o método de **campo médio** é uma aproximação variacional específica em que se supõe que as variáveis individuais que constituem o modelo são completamente independentes.

Essa ideia foi aplicada à resolução de grandes redes de Markov não orientadas (Peterson e Anderson, 1987; Parisi, 1988). Saul *et al.* (1996) desenvolveram os fundamentos matemáticos para a aplicação de métodos variacionais a redes bayesianas e obtiveram aproximações com limites inferiores mais precisos para redes de sigmoides com o emprego de métodos de campo médio. Jaakkola e Jordan (1996) estenderam a metodologia para obter tanto limites inferiores quanto superiores. Desde esses primeiros trabalhos, métodos variacionais foram aplicados a muitas famílias de modelos específicos. O artigo notável de Wainwright e Jordan (2008) fornece uma unificação da análise teórica da literatura sobre métodos variacionais.

Uma segunda família importante de algoritmos de aproximação se baseia no algoritmo de passagem de mensagens de poliárvore de Pearl (1982a). Esse algoritmo pode ser aplicado a redes gerais "em laço", conforme foi sugerido por Pearl (1988). Os resultados podem ser incorretos ou o algoritmo pode deixar de terminar, mas, em muitos casos, os valores obtidos estão próximos dos valores verdadeiros. Pouca atenção foi dada a essa abordagem, denominada **propagação de crença em laço**, até McEliece *et al.* (1998) observarem que essa era exatamente a computação executada pelo algoritmo de **decodificação turbo** (Berrou *et al.*, 1993), o que proporcionou uma inovação importante no projeto de códigos eficientes de correção de erros.

> Propagação de crença em laço
> Decodificação turbo

A implicação dessas observações é que a propagação de crença é ao mesmo tempo rápida e precisa nas redes muito grandes e altamente conectadas usadas para decodificação, e poderia, portanto, ser útil em aplicações mais gerais. O suporte teórico para essas descobertas, incluindo provas de convergência para alguns casos especiais, foi dado por Weiss (2000b), Weiss e Freeman (2001), Yedidia *et al.* (2001), através de conexões com ideias da física estatística.

Teorias de inferência causal que vão além de ensaios randomizados controlados foram propostas por Rubin (1974) e Robins (1986), mas essas ideias permaneceram obscuras e controversas até que Judea Pearl desenvolvesse e apresentasse uma teoria de causalidade totalmente articulada, baseada em redes causais (Pearl, 2000). Peters *et al.* (2017) desenvolveram

416 Inteligência Artificial

ainda mais a teoria, com ênfase na aprendizagem. Um trabalho mais recente, *The Book of Why* (Pearl e McKenzie, 2018), contém uma introdução menos matemática, porém mais legível e abrangente.

O raciocínio incerto em IA nem sempre foi baseado na teoria de probabilidades. Conforme indicado no Capítulo 12, os primeiros sistemas probabilísticos perderam o interesse no início da década de 1970, deixando um vácuo parcial a ser preenchido por métodos alternativos. Entre eles estão os sistemas especialistas baseados em regras, a teoria de Dempster-Shafer e (até certo ponto) a lógica difusa.[9]

Esperava-se que as técnicas baseadas em regras de julgamento sob incerteza aproveitassem o sucesso dos sistemas baseados em regras, mas incluindo uma espécie de "fator de disfarce" – mais formalmente chamado **fator de certeza** – a cada regra para acomodar a incerteza. O primeiro sistema desse tipo foi o MYCIN (Shortliffe, 1976), um sistema especialista médico para infecções bacterianas. A coleção *Rule-Based Expert Systems* (Buchanan e Shortliffe, 1984) fornece uma visão geral completa do MYCIN e de seus descendentes (ver também Stefik, 1995).

David Heckerman (1986) mostrou que uma versão ligeiramente modificada de cálculos do fator de certeza fornece resultados probabilísticos corretos em alguns casos. À medida que os conjuntos de regras se tornaram maiores, interações indesejáveis entre as regras se tornaram mais comuns, e os profissionais descobriram que os fatores de certeza de muitas outras regras tinham que ser "mexidos" quando novas regras eram acrescentadas. As propriedades matemáticas básicas que permitem *cadeias* de raciocínio na lógica simplesmente não se mantêm para a probabilidade.

A teoria de Dempster-Shafer se origina de um ensaio de Arthur Dempster (1968) que propôs uma generalização da probabilidade a valores de intervalos em uma regra de combinação para utilizá-los. Essa técnica poderia aliviar a dificuldade na especificação de probabilidades com exatidão. Um trabalho posterior de Glenn Shafer (1976) levou à visão da teoria de Dempster-Shafer como uma abordagem concorrente para a probabilidade. Pearl (1988) e Ruspini *et al.* (1992) analisam o relacionamento entre a teoria de Dempster-Shafer e a teoria de probabilidades padrão. Em muitos casos, a teoria de probabilidades não exige que as probabilidades sejam especificadas com exatidão; podemos expressar a incerteza sobre os valores de probabilidade como distribuições de probabilidade (de segunda ordem), como explicado no Capítulo 20.

Os **conjuntos difusos** foram desenvolvidos por Lotfi Zadeh (1965) em resposta à dificuldade percebida de fornecer entradas exatas para sistemas inteligentes. Um conjunto difuso é aquele em que a associação é uma questão de grau. A **lógica difusa** é um método de raciocínio com expressões lógicas que descrevem a associação em conjuntos difusos. O **controle difuso** é uma metodologia para a construção de sistemas de controle em que o mapeamento entre a entrada de valor real e os parâmetros de saída é representado por regras difusas. O controle difuso tem tido muito sucesso em produtos comerciais, como transmissões automáticas, câmeras de vídeo e barbeadores elétricos. O texto de Zimmermann (2001) fornece uma introdução completa à teoria de conjuntos difusos; os documentos sobre aplicações difusas estão reunidos em Zimmermann (1999).

A lógica difusa com frequência foi percebida incorretamente como uma concorrente direta da teoria de probabilidades, embora de fato ela focalize um conjunto de questões diferente: em vez de considerar a incerteza sobre a verdade de proposições bem definidas, a lógica difusa lida com a **imprecisão** no mapeamento entre termos em uma teoria simbólica e um mundo real. A imprecisão é um problema real em qualquer aplicação de lógica, probabilidade ou mesmo modelos matemáticos padrão da realidade. Mesmo uma variável tão impecável quanto a massa da Terra revela, na inspeção, variar com o tempo, à medida que meteoritos e moléculas vêm e vão. Ela também é imprecisa – inclui a atmosfera? Em caso afirmativo, a que altura? Em alguns casos, a elaboração posterior do modelo pode reduzir a imprecisão, mas a lógica difusa considera a imprecisão como algo dado e desenvolve uma teoria em torno dela.

---

[9] Um quarto método, o **raciocínio** *default*, trata as conclusões não como "acreditadas até certo grau", mas como "acreditadas até que seja encontrada uma razão melhor para acreditar em algo mais". Isso é explicado no Capítulo 10.

A **teoria da possibilidade** (Zadeh, 1978) foi introduzida para lidar com a incerteza em sistemas difusos e tem muito em comum com a probabilidade (Dubois e Prade, 1994).

Teoria da possibilidade

Muitos pesquisadores da IA nos anos 1970 rejeitaram a probabilidade pelo fato de que os cálculos numéricos que a teoria de probabilidades parecia exigir não eram aparentes para a introspecção e presumiam um nível não realista de precisão em nosso conhecimento incerto. O desenvolvimento de **redes probabilísticas qualitativas** (Wellman, 1990a) forneceu uma abstração puramente qualitativa de redes bayesianas, usando a noção de influências positivas e negativas entre variáveis. Wellman mostra que, em muitos casos, tais informações são suficientes para a tomada de decisões ótimas sem a necessidade da especificação exata de valores de probabilidade. Goldszmidt e Pearl (1996) têm uma abordagem semelhante. O trabalho de Darwiche e Ginsberg (1992) extrai as propriedades básicas de condicionamento e combinação de evidências da teoria de probabilidades e mostra que elas também podem ser aplicadas em raciocínio lógico e em raciocínio *default*.

Vários textos excelentes (Jensen, 2007; Darwiche, 2009; Koller e Friedman, 2009; Korb e Nicholson, 2010; Dechter, 2019) fornecem tratamentos completos dos tópicos que cobrimos neste capítulo. Novas pesquisas sobre raciocínio probabilístico aparecem tanto em periódicos importantes sobre IA, como *Artificial Intelligence* e o *Journal of AI Research*, quanto em periódicos mais especializados, como o *International Journal of Approximate Reasoning*. Muitos artigos sobre modelos gráficos, que incluem as redes bayesianas, são publicados em periódicos especializados em estatística. Os anais das conferências sobre Uncertainty in Artificial Intelligence (UAI), Neural Information Processing Systems (NeurIPS) e Artificial Intelligence and Statistics (AISTATS) são excelentes fontes de pesquisa atual.

CAPÍTULO 14

RACIOCÍNIO PROBABILÍSTICO TEMPORAL

Neste capítulo, tentamos interpretar o presente, entender o passado e talvez prever o futuro, ainda que muito pouco seja transparente.

Os agentes em ambientes parcialmente observáveis devem ser capazes de manter o controle do estado atual, na medida em que seus sensores permitam. Na seção 4.4 mostramos uma metodologia para fazer isso: um agente mantinha um **estado de crença** que representava quais os estados do mundo eram possíveis. Com base no estado de crença e em um **modelo de transição**, o agente pode prever como o mundo pode evoluir na próxima etapa de tempo. Com base nas percepções observadas e em um **modelo de sensores**, o agente pode atualizar o estado de crença. Essa é uma ideia sempre presente: no Capítulo 4, os estados de crença eram representados por conjuntos de estados explicitamente enumerados, enquanto nos Capítulos 7 e 11 eram representados por fórmulas lógicas. Essas abordagens definiram os estados de crença em termos de quais estados do mundo eram *possíveis*, mas não podiam afirmar nada sobre quais estados eram *prováveis* ou *improváveis*. Neste capítulo, usamos a teoria de probabilidades para quantificar o grau de crença em elementos do estado de crença.

Como mostramos na seção 14.1, o próprio tempo é tratado da mesma forma como no Capítulo 7: um mundo em mudança é modelado com a utilização de uma variável aleatória para cada aspecto do estado do mundo *em cada instante no tempo*. A transição e os modelos sensoriais podem ser incertos: o modelo de transição descreve a distribuição de probabilidade das variáveis no tempo t, dado o estado do mundo em tempos passados, enquanto o modelo de sensores descreve a probabilidade de cada percepção no tempo t, dado o estado do mundo atual. A seção 14.2 define as tarefas básicas de inferência e descreve a estrutura geral de algoritmos de inferência para modelos temporais. Em seguida, descrevemos três tipos específicos de modelos: **modelos ocultos de Markov**, **filtros de Kalman** e **redes bayesianas dinâmicas** (que incluem modelos ocultos de Markov e filtros de Kalman como casos especiais).

14.1 Tempo e incerteza

Desenvolvemos nossas técnicas para raciocínio probabilístico no contexto de mundos *estáticos*, nos quais cada variável aleatória tem um único valor fixo. Por exemplo, ao consertar um carro, supomos que qualquer peça que esteja danificada continuará danificada durante o processo de diagnóstico; nosso trabalho é deduzir o estado do automóvel a partir da evidência observada, que também permanece fixa.

Agora, considere um problema ligeiramente diferente: tratar um paciente diabético. Como no caso do conserto de automóveis, temos evidências, como doses de insulina recentes, alimentação, medições de açúcar no sangue e outros sinais físicos. A tarefa é avaliar o estado atual do paciente, inclusive o nível real de açúcar no sangue e o nível de insulina. Dadas essas informações, podemos tomar uma decisão sobre a alimentação e a dose de insulina do paciente. Diferentemente do caso de conserto de carros, aqui os aspectos *dinâmicos* do problema são essenciais. Os níveis de açúcar no sangue e as medições subsequentes podem mudar rapidamente com o tempo, dependendo da alimentação e das doses de insulina recentes do paciente, de sua atividade metabólica, da hora do dia, e assim por diante. Para avaliar o estado atual a partir do histórico de evidências e prever os resultados de ações de tratamento, devemos modelar essas mudanças.

As mesmas considerações surgem em muitos outros contextos, tal como acompanhar a localização do robô, o controle da atividade econômica de uma nação, até dar sentido a uma sequência de palavras faladas ou escritas. Como é possível modelar situações dinâmicas como essas?

14.1.1 Estados e observações

Este capítulo discute os modelos de **tempo discreto**, em que o mundo é visto como uma série de instantâneos, ou **fatias de tempo**.[1] Vamos simplesmente numerar os intervalos de tempo com 0, 1, 2, e assim por diante, em vez de atribuir tempos específicos a eles. Normalmente, o intervalo de tempo Δ entre as fatias é considerado o mesmo para todos os intervalos. Para qualquer aplicação em particular, deve ser escolhido um valor específico de Δ. Às vezes, isso é ditado pelo sensor; por exemplo, uma câmera de vídeo pode fornecer imagens em intervalos de 1/30 de segundo. Em outros casos, o intervalo é ditado pelas taxas típicas de mudança das variáveis relevantes; por exemplo, no caso do monitoramento de glicose no sangue, as coisas podem mudar significativamente no decorrer de 10 minutos, portanto, um intervalo de um minuto pode ser apropriado. Por outro lado, na modelagem do movimento dos continentes ao longo do tempo geológico, um intervalo de um milhão de anos pode ser adequado.

Cada fatia de tempo em um modelo de probabilidade de tempo discreto contém um conjunto de variáveis aleatórias, algumas observáveis e outras não. Por simplicidade, vamos supor que o mesmo subconjunto de variáveis seja observável em cada fatia de tempo (embora isso não seja estritamente necessário em nada do que será discutido a seguir). Usaremos $\mathbf{X}_t$ para indicar o conjunto de variáveis de estados no tempo t, que assumimos serem não observáveis, e $\mathbf{E}_t$ para indicar o conjunto de variáveis de evidência observáveis. A observação no tempo t é $\mathbf{E}_t = \mathbf{e}_t$ para algum conjunto de valores $\mathbf{e}_t$.

Considere o exemplo a seguir: suponha que você seja o guarda de segurança em alguma instalação subterrânea secreta. Você quer saber se hoje está chovendo, mas seu único acesso ao mundo exterior ocorre a cada manhã, quando vê o diretor entrando com ou sem guarda-chuva. Para cada dia t, o conjunto $\mathbf{E}_t$ contém, portanto, uma única variável de evidência $Guarda\text{-}chuva_t$ ou G_t para abreviar (indicando se o guarda-chuva aparece ou não) e o conjunto $\mathbf{X}_t$ contém uma única variável de estado $Chuva_t$ ou C_t (indicando se está chovendo). Outros problemas podem envolver conjuntos maiores de variáveis. No exemplo do diabetes, poderíamos ter variáveis de evidência como $AçúcarNoSangueMedido_t$ e $Pulsação_t$, e variáveis de estados como $AçúcarNoSangue_t$ e $ConteúdoDoEstômago_t$. (Observe que $AçúcarNoSangue_t$ e $AçúcarNoSangueMedido_t$ não são as mesmas variáveis; essa é a forma como tratamos com medidas ruidosas de quantidades reais.)

Vamos imaginar que a sequência de estados se inicie em $t = 0$ e que a evidência comece a chegar em $t = 1$. Consequentemente, nosso mundo de guarda-chuva é representado por variáveis de estados $C_0, C_1, C_2,...$ e por variáveis de evidência $G_1, G_2,...$ Usaremos a notação $a{:}b$ para indicar a sequência de inteiros de a até b (inclusive) e a notação $\mathbf{X}_{a:b}$ para indicar o conjunto correspondente de variáveis desde $\mathbf{X}_a$ até $\mathbf{X}_b$, inclusive. Por exemplo, $G_{1:3}$ corresponde às variáveis G_1, G_2, G_3. (Note que isso é diferente da notação usada em linguagens de programação como Python e Go, em que G[1:3] *não* incluiria G[3].)

14.1.2 Modelos de transição e de sensores

Tendo decidido o conjunto de variáveis de estado e evidência para dado problema, o próximo passo é especificar como o mundo evolui (o modelo de transição) e como as variáveis de evidência obtêm seus valores (o modelo de sensores).

O modelo de transição especifica a distribuição de probabilidade sobre as variáveis de estado mais recente, dados os valores anteriores, ou seja, $\mathbf{P}(\mathbf{X}_t \mid \mathbf{X}_{0:t-1})$. Agora enfrentamos um problema: o conjunto $\mathbf{X}_{0:t-1}$ é ilimitado em tamanho à medida que t aumenta. Resolvemos o problema fazendo uma **hipótese de Markov** – que o estado atual depende apenas de *um número fixo finito* de estados anteriores. Os processos que satisfazem essa hipótese foram estudados, em profundidade, inicialmente pelo estatístico russo Andrei Markov (1856-1922) e são chamados **processos de Markov** ou **cadeias de Markov**. Há vários tipos de processos; o mais simples é o **processo de Markov de primeira ordem**, em que o estado atual depende apenas do estado anterior e não de quaisquer estados anteriores. Em outras palavras, um

> **Tempo discreto**
> **Fatia de tempo**
>
> **Hipótese de Markov**
>
> **Processo de Markov**
> **Processo de Markov de primeira ordem**

---

[1] A incerteza sobre tempo *contínuo* pode ser modelada por **equações diferenciais estocásticas** (EDEs). Os modelos estudados neste capítulo podem ser vistos como aproximações em tempo discreto para EDEs.

estado fornece informação suficiente para tornar o futuro condicionalmente independente do passado, e temos

$$P(X_t \mid X_{0:t-1}) = P(X_t \mid X_{t-1}). \tag{14.1}$$

Assim, em um processo de Markov de primeira ordem, o modelo de transição é a distribuição condicional $P(X_t \mid X_{t-1})$. O modelo de transição para um processo de Markov de segunda ordem é a distribuição condicional $P(X_t \mid X_{t-2}, X_{t-1})$. A Figura 14.1 mostra as estruturas de redes bayesianas correspondentes a processos de Markov de primeira e segunda ordem.

Mesmo com a hipótese de Markov, ainda há um problema: existem infinitos valores possíveis de t. Precisamos especificar uma distribuição diferente para cada etapa de tempo? Evitaremos esse problema assumindo que as mudanças no estado do mundo são causadas por um processo **homogêneo no tempo**, isto é, um processo de mudança que é governado por leis que não se alteram ao longo do tempo. No mundo do guarda-chuva, então, a probabilidade condicional de chuva, $P(R_t \mid R_{t-1})$, é a mesma para todo t, e temos apenas que especificar uma tabela de probabilidade condicional.

Homogêneo no tempo

Vejamos agora o modelo de sensores. As variáveis de evidência E_t *poderiam* depender de variáveis anteriores, bem como as variáveis de estado atual, mas qualquer estado que seja eficiente deve ser suficiente para gerar os valores de sensor correntes. Assim, fazemos uma **hipótese de sensores de Markov** como segue:

Hipótese de sensor de Markov

$$P(E_t \mid X_{0:t}, E_{1:t-1}) = P(E_t \mid X_t). \tag{14.2}$$

Assim, $P(E_t \mid X_t)$ é o nosso modelo de sensor (às vezes chamado **modelo de observação**). A Figura 14.2 mostra tanto o modelo de transição como o modelo de sensor para o exemplo do guarda-chuva. Observe a direção da dependência entre estado e sensores: as setas vão do estado real do mundo até os valores do sensor, pois o estado do mundo *faz com que* os sensores assumam valores particulares: a chuva *faz com que* o guarda-chuva apareça. (É claro que o processo de inferência se dá no sentido contrário; a distinção entre o sentido de dependências modeladas e o sentido da inferência é uma das principais vantagens das redes bayesianas.)

Além de especificar os modelos de transição e de sensores, precisamos dizer como tudo iniciou – a distribuição de probabilidade anterior no tempo 0, $P(X_0)$. Com isso, temos uma especificação da distribuição conjunta completa sobre todas as variáveis, usando a Equação 13.2. Para qualquer etapa de tempo t,

$$P(X_{0:t}, E_{1:t}) = P(X_0) \prod_{i=1}^{t} P(X_i \mid X_{i-1}) P(E_i \mid X_i). \tag{14.3}$$

Os três termos do lado direito são o modelo do estado inicial $P(X_0)$, o modelo de transição $P(X_i \mid X_{i-1})$ e o modelo de sensores $P(E_i \mid X_i)$. Essa equação define a semântica da família de modelos temporais representados pelos três termos. Observe que as redes bayesianas padrão não podem representar tais modelos porque exigem um conjunto finito de variáveis. A capacidade de lidar com um conjunto infinito de variáveis vem de duas coisas: em primeiro lugar, definir o conjunto infinito usando índices inteiros; em segundo lugar, o uso da quantificação universal implícita (ver seção 8.2) para definir os modelos de sensores e de transição para cada intervalo de tempo.

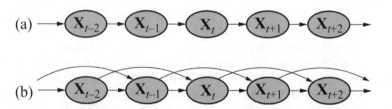

Figura 14.1 (a) Estrutura de rede bayesiana correspondente a um processo de Markov de primeira ordem com o estado definido pelas variáveis X_t. (b) Processo de Markov de segunda ordem.

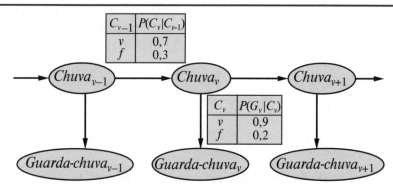

Figura 14.2 Estrutura de rede bayesiana e as distribuições condicionais que descrevem o mundo de guarda-chuva. O modelo de transição é **P**(*Chuva$_t$* | *Chuva$_{t-1}$*) e o modelo de sensores é **P**(*Guarda-chuva$_t$* | *Chuva$_t$*).

A estrutura na Figura 14.2 supõe um processo de Markov de primeira ordem, porque se supõe que a probabilidade de chuva dependa apenas de ter chovido ou não no dia anterior. O fato de tal hipótese ser razoável depende do próprio domínio. A hipótese de Markov de primeira ordem afirma que as variáveis de estados contêm *todas* as informações necessárias para caracterizar a distribuição de probabilidade para a próxima fatia de tempo. Às vezes, a hipótese é exatamente verdadeira – por exemplo, se uma partícula estiver executando um percurso aleatório ao longo do eixo *x*, mudando sua posição em ±1 a cada período de tempo e depois usando a coordenada *x* à medida que o estado fornece um processo de Markov de primeira ordem. Outras vezes, a hipótese é apenas aproximada, como no caso da previsão de chuva apenas com base no fato de ter chovido ou não no dia anterior. Há duas formas de melhorar a exatidão dessa aproximação:

1. Aumentar a ordem do modelo de processo de Markov. Por exemplo, poderíamos criar um modelo de segunda ordem adicionando *Chuva$_{t-2}$* como um pai de *Chuva$_t$*, o que poderia resultar em previsões um pouco mais precisas. Por exemplo, em Palo Alto, Califórnia, raramente chove mais do que dois dias seguidos.
2. Aumentar o conjunto de variáveis de estados. Por exemplo, poderíamos adicionar *Estação$_t$* para nos permitir incorporar registros históricos de estações chuvosas, ou poderíamos adicionar *Temperatura$_t$*, *Umidade$_t$* e *Pressão$_t$* (talvez em uma série de locais) para nos dar a possibilidade de usar um modelo físico de condições chuvosas.

A primeira solução – aumentar a ordem – sempre pode ser reformulada como um aumento no conjunto de variáveis de estados, mantendo-se a ordem fixa. Observe que a adição de variáveis de estados poderia melhorar a capacidade de previsão do sistema, mas também aumentaria os *requisitos* de previsão: agora, temos de prever também as novas variáveis. Desse modo, estamos procurando por um conjunto de variáveis "autossuficiente", o que na realidade significa que temos de entender a "física" do processo que está sendo modelado. O requisito de modelagem precisa do processo obviamente será reduzido se pudermos adicionar novos sensores (p. ex., medições de temperatura e pressão) que forneçam diretamente informações sobre as novas variáveis de estados.

Por exemplo, considere o problema de acompanhar um robô que vaga ao acaso no plano X–Y. Seria possível propor que a posição e a velocidade fossem um conjunto suficiente de variáveis de estados: alguém poderia simplesmente usar as leis de Newton para calcular a nova posição, e a velocidade poderia mudar de forma imprevisível. Porém, se o robô for alimentado por bateria, o esgotamento da carga da bateria poderá ter um efeito sistemático sobre a mudança na velocidade. Tendo em vista que isso, por sua vez, depende da quantidade de energia utilizada por todas as manobras anteriores, a propriedade de Markov é violada.

Podemos restaurar a propriedade de Markov incluindo o nível de carga *Bateria$_t$* como uma das variáveis de estado que compõem **X$_t$**. Isso ajuda a prever o movimento do robô, mas, por outro lado, exige um modelo para prever *Bateria$_t$* a partir de *Bateria$_{t-1}$* e da velocidade.

422 Inteligência Artificial

Em alguns casos, isso pode ser feito de forma confiável; mas com frequência percebemos que o erro se acumula através do tempo. Nesse caso, a exatidão será melhorada *adicionando-se um novo sensor* para indicar o nível de carga da bateria. Voltaremos ao exemplo da bateria na seção 14.5.

14.2 Inferência em modelos temporais

Tendo configurado a estrutura de um modelo temporal genérico, podemos formular as tarefas básicas de inferência que devem ser resolvidas:

Filtragem
Estimativa de estado
Estado de crença

- **Filtragem**[2] ou **estimativa de estado** é a tarefa que consiste em calcular o **estado de crença** $P(X_t \mid e_{1:t})$ – a distribuição posterior sobre o estado mais recente, dada toda a evidência até o momento. No exemplo do guarda-chuva, isso significaria calcular a probabilidade de chuva hoje, dadas todas as observações do guarda-chuva feitas até agora. A filtragem é o que um agente racional precisa fazer, a fim de manter o controle do estado atual, de forma que possam ser tomadas decisões racionais. Ocorre que um cálculo quase idêntico fornece a probabilidade da sequência de evidências $P(e_{1:t})$.

Previsão

- **Previsão** é a tarefa de calcular a distribuição posterior sobre o estado *futuro*, dada toda a evidência até o momento. Ou seja, desejamos calcular $P(X_{t+k} \mid e_{1:t})$ para algum $k > 0$. No exemplo do guarda-chuva, isso poderia significar calcular a probabilidade de chuva daqui a três dias, dadas todas as observações feitas até agora. A previsão é útil para avaliar cursos de ação possíveis baseados nos resultados esperados.

Suavização

- **Suavização** é a tarefa de calcular a distribuição posterior sobre um estado *passado*, dada toda a evidência até o presente. Ou seja, desejamos calcular $P(X_k \mid e_{1:t})$ para algum k tal que $0 \leq k < t$. No exemplo do guarda-chuva, isso pode significar o cálculo da probabilidade de ter chovido na quarta-feira passada, dadas todas as observações do portador de guarda-chuva feitas até hoje. A suavização fornece uma estimativa melhor do estado do que a estimativa que estava disponível na época, porque incorpora uma evidência maior.[3]

- **Explicação mais provável**: dada uma sequência de observações, poderíamos desejar encontrar a sequência de estados que mais provavelmente gerou tais observações. Isto é, desejamos calcular $\text{argmax}_{x_{1:t}} P(x_{1:t} \mid e_{1:t})$. Por exemplo, se o guarda-chuva aparecer em cada um dos três primeiros dias e estiver ausente no quarto dia, a explicação mais provável será de que choveu nos três primeiros dias e não choveu no quarto dia. Os algoritmos para essa tarefa são úteis em muitas aplicações, inclusive no reconhecimento da fala – em que o objetivo é descobrir a sequência de palavras mais provável, dada uma série de sons – e na reconstrução de cadeias de *bits* transmitidos sobre um canal ruidoso.

Além dessas tarefas de inferência, temos também

- **Aprendizagem**: os modelos de transição e de sensores, se ainda não são conhecidos, podem ser aprendidos de observações. Da mesma maneira que nas redes bayesianas estáticas, o aprendizado de redes bayesianas dinâmicas pode ser realizado como um subproduto de inferência. A inferência fornece uma estimativa de quais transições realmente ocorreram e de quais estados geraram as leituras de sensores, e essas estimativas podem ser usadas para informar os modelos. O processo de aprendizagem pode operar por meio de um algoritmo de atualização iterativo, chamado "maximização de expectativas", ou ME, ou pode resultar da atualização bayesiana dos parâmetros de modelo, dada a evidência. Ver mais detalhes no Capítulo 20.

O restante desta seção descreve algoritmos genéricos para as quatro tarefas de inferência, independentemente do tipo particular de modelo empregado. Nas seções subsequentes serão descritas as melhorias específicas de cada modelo.

---

[2] O termo "filtragem" refere-se às raízes do problema no trabalho inicial de processamento de sinal, em que o problema era filtrar o ruído em um sinal estimando suas propriedades subjacentes.

[3] Em particular, ao acompanhar um objeto em movimento com observações de posição imprecisa, a suavização fornece uma trajetória estimada mais suave que a filtragem – daí o nome.

14.2.1 Filtragem e previsão

Como ressaltamos na seção 7.7.3, um algoritmo de filtragem precisa manter uma estimativa do estado atual e atualizá-la, em vez de retroceder ao longo da história inteira de percepções para cada atualização (caso contrário, o custo de cada atualização aumenta à medida que o tempo passa). Em outras palavras, dado o resultado da filtragem até o tempo t, o agente precisa calcular o resultado correspondente a $t + 1$ a partir da nova evidência $\mathbf{e}_{t+1}$. Assim, temos

$$\mathbf{P}(\mathbf{X}_{t+1} \mid \mathbf{e}_{1:t+1}) = f(\mathbf{e}_{t+1}, \mathbf{P}(\mathbf{X}_t \mid \mathbf{e}_{1:t}))$$

para alguma função f. Esse processo é chamado **avaliação recursiva**. (Ver também seções 4.4 e 7.7.3.) Podemos visualizar o cálculo como se ele fosse de fato composto por duas partes: primeiro, a distribuição de estados atual é projetada adiante, de t para $t + 1$; em seguida, ela é atualizada com a utilização da nova evidência $\mathbf{e}_{t+1}$. Esse processo de duas partes aparece de forma bastante simples quando a fórmula é rearranjada:

$$\begin{aligned}
\mathbf{P}(\mathbf{X}_{t+1} \mid \mathbf{e}_{1:t+1}) &= \mathbf{P}(\mathbf{X}_{t+1} \mid \mathbf{e}_{1:t}, \mathbf{e}_{t+1}) \quad \text{(repartindo a evidência)} \\
&= \alpha \mathbf{P}(\mathbf{e}_{t+1} \mid \mathbf{X}_{t+1}, \mathbf{e}_{1:t}) \mathbf{P}(\mathbf{X}_{t+1} \mid \mathbf{e}_{1:t}) \text{ (usando a regra de Bayes, dado } \mathbf{e}_{1:t}) \\
&= \alpha \underbrace{\mathbf{P}(\mathbf{e}_{t+1} \mid \mathbf{X}_{t+1})}_{\text{atualização}} \underbrace{\mathbf{P}(\mathbf{X}_{t+1} \mid \mathbf{e}_{1:t})}_{\text{previsão}} \quad \text{(pela hipótese de Markov do sensor).} \quad (14.4)
\end{aligned}$$

Aqui e ao longo deste capítulo, α é uma constante de normalização usada para fazer as probabilidades terem soma igual a 1. Agora, incluímos uma expressão para a previsão de único passo $\mathbf{P}(\mathbf{X}_{t+1} \mid \mathbf{e}_{1:t})$, obtida por condicionamento sobre o estado atual $\mathbf{X}_t$. A equação resultante para a nova estimativa de estado é o resultado fundamental deste capítulo:

$$\begin{aligned}
\mathbf{P}(\mathbf{X}_{t+1} \mid \mathbf{e}_{1:t+1}) &= \alpha \mathbf{P}(\mathbf{e}_{t+1} \mid \mathbf{X}_{t+1}) \sum_{\mathbf{x}_t} \mathbf{P}(\mathbf{X}_{t+1} \mid \mathbf{x}_t, \mathbf{e}_{1:t}) P(\mathbf{x}_t \mid \mathbf{e}_{1:t}) \\
&= \alpha \underbrace{\mathbf{P}(\mathbf{e}_{t+1} \mid \mathbf{X}_{t+1})}_{\text{modelo de sensor}} \sum_{\mathbf{x}_t} \underbrace{\mathbf{P}(\mathbf{X}_{t+1} \mid \mathbf{x}_t)}_{\text{modelo de transição}} \underbrace{P(\mathbf{x}_t \mid \mathbf{e}_{1:t})}_{\text{recursão}} \quad \text{(hipótese de Markov).} \quad (14.5)
\end{aligned}$$

Nesta expressão, todos os termos vêm do modelo ou da estimativa de estado anterior. Consequentemente, temos a formulação recursiva desejada. Podemos imaginar a estimativa filtrada $\mathbf{P}(\mathbf{X}_t \mid \mathbf{e}_{1:t})$ como uma "mensagem" $\mathbf{f}_{1:t}$ que é propagada ao longo da sequência, modificada por cada transição e atualizada por cada nova observação. O processo é dado por

$$\mathbf{f}_{1:t+1} = \text{PARAFRENTE}(\mathbf{f}_{1:t}, \mathbf{e}_{t+1}),$$

em que PARAFRENTE implementa a atualização descrita na Equação 14.5 e o processo começa com $\mathbf{f}_{1:0} = \mathbf{P}(\mathbf{X}_0)$. Quando todas as variáveis de estados são discretas, o tempo para cada atualização é constante (isto é, independentemente de t) e o espaço exigido também é constante. (É claro que as constantes dependem do tamanho do espaço de estados e do tipo específico do modelo temporal em questão.) *Os requisitos de tempo e de espaço para atualização devem ser constantes se um agente finito tiver de controlar a distribuição do estado atual indefinidamente.*

Vamos ilustrar o processo de filtragem para dois passos do exemplo básico do guarda-chuva (ver Figura 14.2). Isto é, vamos calcular $\mathbf{P}(C_2 \mid g_{1:2})$ como segue:

- No dia 0, não temos observações, apenas as crenças anteriores do guarda de segurança; vamos supor que consista em $\mathbf{P}(C_0) = \langle 0,5, 0,5 \rangle$.
- No dia 1, o guarda-chuva aparece; assim, $U_1 = verdadeiro$. A previsão de $t = 0$ até $t = 1$ é dada por:

$$\begin{aligned}
\mathbf{P}(C_1) &= \sum_{c_0} \mathbf{P}(C_1 \mid c_0) P(c_0) \\
&= \langle 0,7, 0,3 \rangle \times 0,5 + \langle 0,3, 0,7 \rangle \times 0,5 = \langle 0,5, 0,5 \rangle.
\end{aligned}$$

Em seguida, a etapa de atualização simplesmente multiplica pela probabilidade da evidência para $t = 1$ e normaliza, como mostrado na Equação (14.4):

424 Inteligência Artificial

$$\mathbf{P}(C_1 \mid g_1) = \alpha \mathbf{P}(g_1 \mid C_1)\mathbf{P}(C_1) = \alpha \langle 0,9 , 0,2 \rangle \langle 0,5 , 0,5 \rangle =$$
$$\alpha \langle 0,45 , 0,1 \rangle \approx \langle 0,818 , 0,182 \rangle .$$

- No dia 2, o guarda-chuva aparece, então G_2 = *verdadeiro*. A previsão a partir de $t = 1$ até $t = 2$ é

$$\mathbf{P}(C_2 \mid g_1) = \sum_{c_1} \mathbf{P}(C_2 \mid c_1)P(c_1 \mid g_1)$$
$$= \langle 0,7 , 0,3 \rangle \times 0,818 + \langle 0,3 , 0,7 \rangle \times 0,182 \approx \langle 0,627 , 0,373 \rangle ,$$

e sua atualização com a evidência correspondente a $t = 2$ fornece

$$\mathbf{P}(C_2 \mid g_1,g_2) = \alpha \mathbf{P}(g_2 \mid C_2)\mathbf{P}(C_2 \mid g_1) = \alpha \langle 0,9,\ 0,2 \rangle \langle 0,627,\ 0,373 \rangle$$
$$= \alpha \langle 0,565,\ 0,075 \rangle \approx \langle 0,883,\ 0,117 \rangle .$$

Intuitivamente, a probabilidade de chuva aumenta do dia 1 para o dia 2 porque a chuva persiste.

A tarefa de **previsão** pode ser vista simplesmente como a filtragem sem a adição de nova evidência. De fato, o processo de filtragem já incorpora uma previsão de um passo e é fácil derivar o cálculo recursivo a seguir para prever o estado em $t + k + 1$ a partir de uma previsão para $t + k$:

$$\mathbf{P}(\mathbf{X}_{t+k+1} \mid \mathbf{e}_{1:t}) = \sum_{\mathbf{x}_{t+k}} \underbrace{\mathbf{P}(\mathbf{X}_{t+k+1} \mid \mathbf{x}_{t+k})}_{\text{modelo de transição}} \underbrace{P(\mathbf{x}_{t+k} \mid \mathbf{e}_{1:t})}_{\text{recursão}} . \qquad (14.6)$$

Naturalmente, esse cálculo envolve apenas o modelo de transição e não o modelo de sensores.

É interessante considerar o que acontece à medida que tentamos prever mais e mais à frente no futuro. A distribuição prevista para chuva converge para um ponto fixo $\langle 0,5,\ 0,5 \rangle$, após o qual ela permanece constante durante todo o tempo.[4] Essa é a **distribuição estacionária** do processo de Markov definido pelo modelo de transição. (Ver Capítulo 13, seção Análise de cadeias de Markov.) Conhecemos uma informação importante sobre as propriedades de tais distribuições e sobre o **tempo de mistura** – em linhas gerais, o tempo necessário para alcançar o ponto fixo. Em termos práticos, isso condena ao fracasso qualquer tentativa de prever o estado *real* para uma série de passos que seja maior que uma pequena fração do tempo de mistura, a menos que a distribuição estacionária em si esteja aumentada em uma pequena área do espaço de estados. Quanto mais incerteza existir no modelo de transição, mais curto será o tempo de mistura e mais o futuro ficará obscurecido.

Tempo de mistura

Além da filtragem e da previsão, podemos usar uma recursão para a frente para calcular a **probabilidade** da sequência de evidências, $P(\mathbf{e}_{1:t})$. Essa é uma quantidade útil se quisermos comparar diferentes modelos temporais que podem ter produzido a mesma sequência de evidência (p. ex., dois modelos diferentes para a persistência da chuva). No caso dessa recursão, utilizamos uma mensagem de probabilidade $\ell_{1:t}(\mathbf{X}_t) = \mathbf{P}(\mathbf{X}_t,\mathbf{e}_{1:t})$. É um exercício simples mostrar que o cálculo da mensagem é idêntico à mensagem da filtragem:

$$\ell_{1:t+1} = \text{PARAFRENTE}(\ell_{1:t}, \mathbf{e}_{t+1}).$$

Tendo calculado $\ell_{1:t}$, obtemos a probabilidade real pelo somatório de $\mathbf{X}_t$:

$$L_{1:t} = P(\mathbf{e}_{1:t}) = \sum_{\mathbf{x}_t} \ell_{1:t}(\mathbf{x}_t) . \qquad (14.7)$$

Observe que a mensagem de probabilidade representa as probabilidades de sequências de evidências cada vez mais longas à medida que o tempo passa e, assim, se torna numericamente cada vez menor, levando a um problema de *underflow* (números muito pequenos para serem representados) com a aritmética de ponto flutuante. Na prática esse é um problema importante, mas não vamos entrar no mérito das soluções aqui.

---

[4] Se escolhermos um dia qualquer como $t = 0$, faz sentido escolher o $\mathbf{P}(Chuva_0)$ anterior para corresponder à distribuição estacionária, razão pela qual escolhemos $\langle 0,5,\ 0,5 \rangle$ como o anterior. Se tivéssemos escolhido um anterior diferente, a distribuição estacionária ainda teria funcionado para $\langle 0,5,\ 0,5 \rangle$.

14.2.2 Suavização

Como já vimos, suavização é o processo de calcular a distribuição sobre estados anteriores, dada a evidência até o presente – isto é, $\mathbf{P}(X_k \mid \mathbf{e}_{1:t})$ para $0 \le k < t$. (Figura 14.3.) Em antecipação a outra abordagem de transmissão de mensagens recursiva, podemos dividir o cálculo em duas partes: a evidência até k e a evidência de $k + 1$ até t,

$$\begin{aligned}\mathbf{P}(X_k \mid \mathbf{e}_{1:t}) &= \mathbf{P}(X_k \mid \mathbf{e}_{1:k}, \mathbf{e}_{k+1:t})\\ &= \alpha \mathbf{P}(X_k \mid \mathbf{e}_{1:k})\mathbf{P}(\mathbf{e}_{k+1:t} \mid X_k, \mathbf{e}_{1:k}) \quad \text{(usando-se a regra de Bayes, dado } \mathbf{e}_{1:k})\\ &= \alpha \mathbf{P}(X_k \mid \mathbf{e}_{1:k})\mathbf{P}(\mathbf{e}_{k+1:t} \mid X_k) \quad \text{(usando-se independência condicional)}\\ &= \alpha \mathbf{f}_{1:k} \times \mathbf{b}_{k+1:t}.\end{aligned} \quad (14.8)$$

em que "×" representa a multiplicação pontual de vetores. Aqui definimos uma mensagem "para trás" $\mathbf{b}_{k+1:t} = \mathbf{P}(\mathbf{e}_{k+1:t} \mid X_k)$, semelhante à mensagem para a frente $\mathbf{f}_{1:k}$. A mensagem para a frente $\mathbf{f}_{1:k}$ pode ser calculada pela filtragem para a frente de 1 até k, dada pela Equação 14.5. Em consequência disso, a mensagem para trás $\mathbf{b}_{k+1:t}$ pode ser calculada por um processo recursivo que funciona no *sentido inverso* a partir de t:

$$\begin{aligned}\mathbf{P}(\mathbf{e}_{k+1:t} \mid X_k) &= \sum_{\mathbf{x}_{k+1}} \mathbf{P}(\mathbf{e}_{k+1:t} \mid X_k, \mathbf{x}_{k+1})\mathbf{P}(\mathbf{x}_{k+1} \mid X_k) \quad \text{(condicionamento sobre } X_{k+1})\\ &= \sum_{\mathbf{x}_{k+1}} P(\mathbf{e}_{k+1:t} \mid \mathbf{x}_{k+1})\mathbf{P}(\mathbf{x}_{k+1} \mid X_k) \quad \text{(por independência condicional)}\\ &= \sum_{\mathbf{x}_{k+1}} P(\mathbf{e}_{k+1}, \mathbf{e}_{k+2:t} \mid \mathbf{x}_{k+1})\mathbf{P}(\mathbf{x}_{k+1} \mid X_k)\\ &= \sum_{\mathbf{x}_{k+1}} \underbrace{P(\mathbf{e}_{k+1} \mid \mathbf{x}_{k+1})}_{\text{modelo de sensor}} \underbrace{P(\mathbf{e}_{k+2:t} \mid \mathbf{x}_{k+1})}_{\text{recursão}} \underbrace{\mathbf{P}(\mathbf{x}_{k+1} \mid X_k)}_{\text{modelo de transição}},\end{aligned} \quad (14.9)$$

em que o último passo segue pela independência condicional de $\mathbf{e}_{k+1}$ e $\mathbf{e}_{k+2:t}$, dado $\mathbf{x}_{k+1}$. Nesta expressão, todos os termos vêm ou do modelo ou da mensagem anterior para trás. Logo, temos a formulação recursiva desejada. Em formato de mensagem, temos

$$\mathbf{b}_{k+1:t} = \text{PARATRÁS}(\mathbf{b}_{k+2:t}, \mathbf{e}_{k+1:t}),$$

em que PARATRÁS implementa a atualização descrita na Equação 14.9. Como ocorre no caso da recursão para a frente, o tempo e o espaço necessários para cada atualização são constantes e, desse modo, independentes de t.

Agora, podemos ver que os dois termos da Equação 14.8 podem ser calculados por recursões através do tempo, um deles seguindo para a frente a partir de 1 até k e usando a equação de filtragem 14.5, e o outro seguindo no sentido inverso, de t até $k + 1$, e usando a Equação 14.9.

Para a inicialização da fase para trás, temos $\mathbf{b}_{t+1:t} = \mathbf{P}(\mathbf{e}_{t+1:t} \mid X_t) = \mathbf{P}(\mid X_t) = \mathbf{1}$, em que $\mathbf{1}$ é um vetor de valores iguais a 1. O motivo para isso é que $\mathbf{e}_{t+1:t}$ é uma sequência vazia, de modo que a probabilidade de observá-la é 1.

Agora, vamos aplicar esse algoritmo ao exemplo do guarda-chuva, calculando a estimativa suavizada para a probabilidade de chuva em tempo $k = 1$, dadas as observações sobre o guarda-chuva nos dias 1 e 2. A partir da Equação 14.8, essa estimativa é dada por

$$\mathbf{P}(C_1 \mid g_1, g_2) = \alpha \mathbf{P}(C_1 \mid g_1)\mathbf{P}(g_2 \mid C_1). \quad (14.10)$$

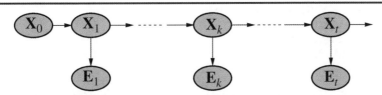

Figura 14.3 A suavização calcula $\mathbf{P}(X_k \mid \mathbf{e}_{1:t})$, a distribuição posterior do estado em algum tempo passado k, dada uma sequência completa de observações desde 1 até t.

426 Inteligência Artificial

Já sabemos que o primeiro termo é $\langle 0{,}818,\ 0{,}182 \rangle$, a partir do processo de filtragem para a frente descrito anteriormente. O segundo termo pode ser calculado pela aplicação da recursão para trás na Equação 14.9:

$$\mathbf{P}(g_2 \mid C_1) = \sum_{r_2} P(g_2 \mid c_2) P(\ \mid c_2) \mathbf{P}(c_2 \mid C_1)$$

$$= (0{,}9 \times 1 \times \langle 0{,}7, 0{,}3 \rangle) + (0{,}2 \times 1 \times \langle 0{,}3, 0{,}7 \rangle) = \langle 0{,}69, 0{,}41 \rangle .$$

Inserindo essa expressão na Equação 14.10, descobrimos que a estimativa suavizada para chuva no dia 1 é:

$$\mathbf{P}(C_1 \mid g_1, g_2) = \alpha \langle 0{,}818,\ 0{,}182 \rangle \times \langle 0{,}69,\ 0{,}41 \rangle \approx \langle 0{,}883,\ 0{,}117 \rangle .$$

Desse modo, a estimativa suavizada de chuva no dia 1 é *mais alta* que a estimativa filtrada (0,818), nesse caso. Isso ocorre porque o guarda-chuva no dia 2 torna mais provável ter chovido no dia 2; por sua vez, como a chuva tende a persistir, isso torna mais provável ter chovido no dia 1.

Ambas as recursões, para a frente e para trás, demoram um período de tempo constante por passo; logo, a complexidade de tempo de suavização com relação à evidência $\mathbf{e}_{1:t}$ é $O(t)$. Essa é a complexidade para suavização em um período de tempo específico k. Se quisermos suavizar a sequência inteira, um método óbvio será simplesmente executar todo o processo de suavização, uma vez para cada período de tempo a ser suavizado. Isso resulta em uma complexidade de tempo igual a $O(t^2)$.

Uma abordagem melhor utiliza uma aplicação muito simples de programação dinâmica para reduzir a complexidade a $O(t)$. Aparece uma pista na análise anterior do exemplo de guarda–chuva, em que pudemos reutilizar os resultados da fase de filtragem para a frente. A chave para o algoritmo de tempo linear é *registrar os resultados* da filtragem para a frente sobre a sequência inteira. A seguir, executamos a recursão para trás, desde t até 1, calculando a estimativa suavizada em cada passo k da mensagem calculada para trás $\mathbf{b}_{k+1:t}$ e da mensagem armazenada para a frente $\mathbf{f}_{1:k}$. O algoritmo, apropriadamente chamado **algoritmo para a frente-para trás**, é mostrado na Figura 14.4.

Algoritmo para a frente-para trás

O leitor atento terá notado que a estrutura de rede bayesiana da Figura 14.3 é uma *poliárvore*, como definido anteriormente, na seção 13.3.3. Isso significa que uma aplicação direta do algoritmo de agrupamento também resulta em um algoritmo de tempo linear que calcula estimativas suavizadas para a sequência inteira. Agora, compreendemos que o algoritmo para a frente-para trás é na realidade um caso especial do algoritmo de propagação de poliárvore utilizado com métodos de agrupamento (embora os dois tenham sido desenvolvidos de modo independente).

O algoritmo para a frente-para trás forma a espinha dorsal computacional que lida com sequências de observações com ruído. Conforme descrevemos até aqui, ele apresenta duas

---

função PARAFRENTE-PARATRÁS(**ev**, *anterior*) **retorna** um vetor de distribuições de probabilidade
    entradas: ev, um vetor de valores de evidência para os passos 1, ..., t
        anterior, a distribuição anterior sobre o estado inicial, $\mathbf{P}(\mathbf{X}_0)$
    variáveis locais: fv, um vetor de mensagens para a frente correspondentes aos passos 0, ..., t
            b, uma representação da mensagem para trás, formada inicialmente apenas por valores 1
            sv, um vetor de estimativas suavizadas para os passos 1, ..., t

    fv[0] ← *anterior*
    para $i = 1$ **até** t **faça**
        fv[i] ← PARAFRENTE(**fv**[$i - 1$], **ev**[i])
    para $i = t$ **descendo até** 1 **faça**
        sv[i] ← NORMALIZAR(**fv**[i] × **b**)
        b ← PARATRÁS(**b**, **ev**[i])
    retornar sv

Figura 14.4 Algoritmo para a frente-para trás de suavização para cálculo de probabilidades posteriores de uma sequência de estados, dada uma sequência de observações. Os operadores PARAFRENTE e PARATRÁS são definidos pelas Equações 14.5 e 14.9, respectivamente.

Capítulo 14 • Raciocínio Probabilístico Temporal **427**

desvantagens de ordem prática. A primeira é que sua complexidade de espaço pode ser muito alta para aplicações nas quais o espaço de estados é grande e as sequências são longas. O algoritmo utiliza o espaço $O(|\mathbf{f}|t)$, em que $|\mathbf{f}|$ é o tamanho da representação da mensagem para a frente. O requisito espacial pode ser reduzido para $O(|\mathbf{f}| \log t)$, com aumento concomitante na complexidade de tempo por um fator igual a $\log t$. Em alguns casos (ver seção 14.3), um algoritmo de espaço constante pode ser utilizado.

A segunda desvantagem do algoritmo básico é que ele precisa ser modificado para funcionar em uma configuração *online* na qual as estimativas suavizadas devem ser calculadas para fatias de tempo anteriores, à medida que novas observações são continuamente adicionadas ao fim da sequência. O requisito mais comum é de **suavização de retardamento fixo**, que exige o cálculo da estimativa suavizada $\mathbf{P}(\mathbf{X}_{t-d} \mid \mathbf{e}_{1:t})$ para um d fixo. Isto é, a suavização é feita para a fatia de tempo d passos atrasada em relação ao tempo atual t; conforme t aumenta, a suavização tem de acompanhar. É óbvio que podemos executar o algoritmo para a frente-para trás sobre a "janela" de d passos à medida que cada nova observação é adicionada, mas isso parece ineficiente. Na seção 14.3, veremos que a suavização de retardamento fixo pode, em alguns casos, ser feita em tempo constante por atualização, independentemente do retardamento d.

> Suavização de retardamento fixo

14.2.3 Como descobrir a sequência mais provável

Suponha que [*verdadeiro, verdadeiro, falso, verdadeiro, verdadeiro*] seja a sequência de guarda-chuva para os cinco primeiros dias de serviço do guarda de segurança. Qual é a sequência de condições do clima com maior probabilidade de explicar isso? A ausência do guarda-chuva no dia 3 significa que não estava chovendo ou será que o diretor se esqueceu de trazer o guarda-chuva? Se não tivesse chovido no dia 3, talvez (porque as condições do clima tendem a persistir) também não tivesse chovido no dia 4, mas o diretor pode ter trazido o guarda-chuva só por precaução. Ao todo, existem 2^5 possíveis sequências de condições do clima que poderíamos selecionar. Existe um meio de encontrar a mais provável que não seja enumerando todas elas?

Poderíamos tentar o procedimento de tempo linear a seguir: usar o algoritmo de suavização para descobrir a distribuição posterior para as condições do clima em cada período; em seguida, construir a sequência, utilizando em cada passo as condições do clima mais provavelmente concordantes com a distribuição posterior. Tal abordagem deve fazer soar um alarme na cabeça do leitor porque as distribuições posteriores calculadas pela suavização são distribuições sobre períodos de tempo *isolados*; por outro lado, para encontrar a *sequência* mais provável, temos de considerar probabilidades *conjuntas* sobre todos os períodos de tempo. Os resultados podem de fato ser bastante diferentes.

Existe um algoritmo de tempo linear para encontrar a sequência mais provável, mas ele exige um pouco mais de reflexão. Esse algoritmo se baseia na mesma propriedade de Markov que gerou algoritmos eficientes para filtragem e suavização. A ideia é visualizar cada sequência como um *caminho* por um grafo cujos nós são os *estados* possíveis em cada período de tempo. Mostramos esse grafo para o mundo do guarda-chuva na Figura 14.5(a). Agora, considere a tarefa de descobrir o caminho mais provável por esse grafo, em que a probabilidade de qualquer caminho é o produto das probabilidades de transição ao longo do caminho pelas probabilidades das observações dadas em cada estado.

Vamos nos concentrar em particular nos caminhos que alcançam o estado $Chuva_5 = verdadeiro$. Devido à propriedade de Markov, segue-se que o caminho mais provável para o estado $Chuva_5 = verdadeiro$ consiste no caminho mais provável até *algum* estado no tempo 4, seguido por uma transição para $Chuva_5 = verdadeiro$; e o estado no tempo 4 que se tornará parte do caminho para $Chuva_5 = verdadeiro$ será aquele que maximizar a probabilidade desse caminho. Em outras palavras, *existe um relacionamento recursivo entre caminhos mais prováveis até cada estado* $\mathbf{x}_{t+1}$ *e caminhos mais prováveis até cada estado* $\mathbf{x}_t$.

Podemos usar essa propriedade diretamente para construir um algoritmo recursivo para o cálculo do caminho mais provável, dada a evidência. Usaremos uma mensagem $m_{1:t}$ calculada

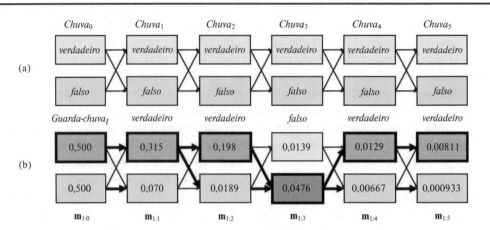

Figura 14.5 (a) Sequências de estados possíveis para $Chuva_t$ podem ser visualizadas como caminhos através de um grafo dos estados possíveis em cada período de tempo (os estados são mostrados como retângulos, para evitar confusão com os nós de uma rede bayesiana). (b) Operação do algoritmo de Viterbi para a sequência de observação de guarda-chuva [*verdadeiro, verdadeiro, falso, verdadeiro, verdadeiro*], em que a evidência começa no tempo 1. Para cada período de tempo t, mostramos os valores da mensagem $\mathbf{m}_{1:t}$, que fornece a probabilidade de a melhor sequência alcançar cada estado no tempo t. Além disso, para cada estado, a seta grossa que leva até ele indica seu melhor predecessor, medido pelo produto da probabilidade de sequência anterior pela probabilidade de transição. Seguindo as setas grossas de volta a partir do estado mais provável em $\mathbf{m}_{1:5}$, temos a sequência mais provável, mostrada pelos retângulos com contornos grossos e sombreado mais escuro.

recursivamente, como a mensagem para a frente $\mathbf{f}_{1:t}$ no algoritmo de filtragem. A mensagem é definida da seguinte forma:[5]

$$\mathbf{m}_{1:t} = \max_{\mathbf{x}_{1:t-1}} \mathbf{P}(\mathbf{x}_{1:t-1}, \mathbf{X}_t, \mathbf{e}_{1:t}).$$

Para obter o relacionamento recursivo entre $\mathbf{m}_{1:t+1}$ e $\mathbf{m}_{1:t}$, podemos repetir mais ou menos as mesmas etapas que usamos para a Equação 14.5:

$$\begin{aligned}
\mathbf{m}_{1:t+1} &= \max_{\mathbf{x}_{1:t}} \mathbf{P}(\mathbf{x}_{1:t}, \mathbf{X}_{t+1}, \mathbf{e}_{1:t+1}) = \max_{\mathbf{x}_{1:t}} \mathbf{P}(\mathbf{x}_{1:t}, \mathbf{X}_{t+1}, \mathbf{e}_{1:t}, e_{t+1}) \\
&= \max_{\mathbf{x}_{1:t}} \mathbf{P}(e_{t+1} \mid \mathbf{x}_{1:t}, \mathbf{X}_{t+1}, \mathbf{e}_{1:t}) \mathbf{P}(\mathbf{x}_{1:t}, \mathbf{X}_{t+1}, \mathbf{e}_{1:t}) \\
&= \mathbf{P}(e_{t+1} \mid \mathbf{X}_{t+1}) \max_{\mathbf{x}_{1:t}} \mathbf{P}(\mathbf{X}_{t+1}, \mid \mathbf{x}_t) P(\mathbf{x}_{1:t}, \mathbf{e}_{1:t}) \\
&= \mathbf{P}(e_{t+1} \mid \mathbf{X}_{t+1}) \max_{\mathbf{x}_t} \mathbf{P}(\mathbf{X}_{t+1}, \mid \mathbf{x}_t) \max_{\mathbf{x}_{1:t-1}} P(\mathbf{x}_{1:t-1}, \mathbf{x}_t, \mathbf{e}_{1:t})
\end{aligned} \quad (14.11)$$

em que o termo fim $\max_{\mathbf{x}_{1:t-1}} P(\mathbf{x}_{1:t-1}, \mathbf{x}_t, \mathbf{e}_{1:t})$ é exatamente a entrada para o estado em particular $\mathbf{x}_i$ no vetor de mensagens $\mathbf{m}_{1:t}$. A Equação 14.11 é praticamente idêntica à equação de filtragem (14.5), exceto que o somatório sobre $\mathbf{x}_i$ na Equação 14.5 é substituído pela maximização sobre $\mathbf{x}_i$ na Equação 14.11, e não existe constante de normalização α na Equação 14.11. Desse modo, o algoritmo para calcular a sequência mais provável é semelhante à filtragem: ele começa no tempo 0 com o antecessor $\mathbf{m}_{1:0} = \mathbf{P}(\mathbf{X}_0)$ e depois percorre a sequência no sentido para a frente, calculando a mensagem $\mathbf{m}$ em cada período de tempo utilizando a Equação 14.11. O progresso desse cálculo é mostrado na Figura 14.5(b).

Ao fim da sequência de observação, $\mathbf{m}_{1:t}$ terá a probabilidade para a sequência mais provável que alcança *cada um* dos estados finais. Pode-se, portanto, selecionar com facilidade a sequência mais provável de todas (o estado com contorno em negrito na etapa 5). Com a finalidade de identificar a sequência real, em vez de simplesmente calcular sua probabilidade,

---

[5] Observe que essas não são exatamente as probabilidades dos caminhos mais prováveis para alcançar os estados $\mathbf{X}_t$, dadas as evidências, que seriam as probabilidades condicionais $\max_{\mathbf{x}_{1:t-1}} \mathbf{P}(\mathbf{x}_{1:t-1}, \mathbf{X}_t \mid \mathbf{e}_{1:t})$; mas os dois vetores estão relacionados por um fator constante $P(\mathbf{e}_{1:t})$. A diferença é irrelevante porque o operador max não se preocupa com fatores constantes. Obtemos uma recursão um pouco mais simples com $\mathbf{m}_{1:t}$ definido desta forma.

o algoritmo também precisará registrar, para cada estado, o melhor estado que conduz a ele, o que está indicado pelas setas em negrito na Figura 14.5(b). A sequência ótima é identificada seguindo-se as setas grossas (em negrito) de volta a partir do melhor estado final.

O algoritmo que acabamos de descrever denomina-se **algoritmo de Viterbi**, em homenagem a seu criador, Andrew Viterbi. Como o algoritmo de filtragem, sua complexidade é linear em t, a duração da sequência. Porém, diferentemente da filtragem, que utiliza espaço constante, seu requisito de espaço também é linear em t. Isso ocorre porque o algoritmo de Viterbi precisa manter os ponteiros que identificam a melhor sequência que leva a cada estado.

Um último ponto prático: o *underflow* numérico é um problema significativo para o algoritmo de Viterbi. Na Figura 14.5(b), as probabilidades estão ficando cada vez menores – e este é apenas um exemplo simples. Aplicações reais em análise de DNA ou decodificação de mensagens podem ter milhares ou milhões de etapas. Uma possível solução é só normalizar **m** a cada etapa; esse reescalonamento não afeta a exatidão porque $\max(cx, cy) = c \cdot \max(x, y)$. Outra solução é usar probabilidades logarítmicas em todos os lugares e substituir a multiplicação pela adição. Mais uma vez, a exatidão não é afetada, porque a função log é monotônica, de modo que $\max(\log x, \log y) = \log \max(x, y)$.

> Algoritmo de Viterbi

14.3 Modelos ocultos de Markov

A seção anterior desenvolveu algoritmos para raciocínio probabilístico temporal usando uma estrutura geral independente da forma específica dos modelos de transição e de sensores, e independente da natureza das variáveis de estado e de evidência. Nesta e nas duas seções seguintes, discutiremos modelos mais concretos e aplicações que ilustram a capacidade dos algoritmos básicos e, em alguns casos, permitem aperfeiçoamentos adicionais.

Começaremos com o **modelo oculto de Markov**, ou **HMM** (do inglês *Hidden Markov Model*). Um HMM é um modelo probabilístico temporal no qual o estado do processo é descrito por uma *única* variável aleatória *discreta*. Os valores possíveis da variável são os estados possíveis do mundo. O exemplo do guarda-chuva descrito na seção anterior é então um HMM, pois ele tem apenas uma variável de estado: $Chuva_t$. O que acontece se você tiver um modelo com duas ou mais variáveis de estado? Você pode ainda encaixá-lo na estrutura do HMM combinando todas as variáveis em uma única "megavariável", cujos valores são todas as tuplas de valores possíveis das variáveis de estados individuais. Veremos que a estrutura restrita de HMM permite a implementação de uma matriz muito simples e elegante de todos os algoritmos básicos.[6]

> Modelo oculto de Markov

Embora os HMM exijam que o *estado* seja uma variável única, discreta, não há uma restrição correspondente sobre as variáveis de *evidência*. Isso porque as variáveis de evidência sempre são observadas, o que significa que não é preciso registrar qualquer distribuição sobre seus valores. (Se uma variável não for observada, ela poderá simplesmente ser descartada do modelo para essa etapa no tempo.) Pode haver muitas variáveis de evidência, tanto discretas quanto contínuas.

14.3.1 Algoritmos matriciais simplificados

Com uma única variável de estado discreta X_t, podemos dar forma concreta às representações do modelo de transição, do modelo de sensores e das mensagens para a frente e para trás. Seja a variável de estado X_t com valores denotados por inteiros 1, ..., S, em que S é o número de estados possíveis. O modelo de transição $\mathbf{P}(X_t \mid X_{t-1})$ se torna uma matriz $\mathbf{T}$ $S \times S$, em que

$$\mathbf{T}_{ij} = P(X_t = j \mid X_{t-1} = i).$$

Ou seja, $\mathbf{T}_{ij}$ é a probabilidade de uma transição do estado i para o estado j. Por exemplo, se numerarmos os estados *Chuva = verdadeiro* e *Chuva = falso* como 1 e 2, respectivamente, então a matriz de transição para o mundo de guarda-chuva definido na Figura 14.2 é

---

[6] O leitor pouco familiarizado com operações básicas sobre vetores e matrizes talvez deseje consultar o Apêndice A antes de prosseguir com o estudo desta seção.

$$\mathbf{T} = \mathbf{P}(X_t \mid X_{t-1}) = \begin{pmatrix} 0,7 & 0,3 \\ 0,3 & 0,7 \end{pmatrix}.$$

Também colocamos o modelo de sensores em forma de matriz. Nesse caso, como o valor da variável de evidência E_t é conhecido no tempo t (chamemos e_t), precisamos apenas especificar, para cada estado, com qual probabilidade o estado faz com que e_t apareça: precisamos de $P(e_t \mid X_t = i)$ para cada estado i. Para conveniência matemática colocamos esses valores em uma **matriz de observação** $S \times S$ diagonal, $\mathbf{O}_t$, uma para cada período de tempo. A i-ésima entrada diagonal de $\mathbf{O}_t$ é $P(e_t \mid X_t = i)$ e cujas outras entradas são 0. Por exemplo, no dia 1, no mundo do guarda-chuva da Figura 14.5, $G_1 = verdadeiro$ e, no dia 3, $G_3 = falso$; portanto, temos

Matriz de observação

$$\mathbf{O}_1 = \begin{pmatrix} 0,9 & 0 \\ 0 & 0,2 \end{pmatrix}; \quad \mathbf{O}_3 = \begin{pmatrix} 0,1 & 0 \\ 0 & 0,8 \end{pmatrix}.$$

Agora, se utilizarmos vetores coluna para representar as mensagens para a frente e para trás, as computações se tornarão simples operações de vetores de matrizes. A equação para a frente (14.5) se torna

$$\mathbf{f}_{1:t+1} = \alpha \mathbf{O}_{t+1} \mathbf{T}^{\mathsf{T}} \mathbf{f}_{1:t} \tag{14.12}$$

e a equação para trás (14.9) se torna

$$\mathbf{b}_{k+1:t} = \mathbf{T} \mathbf{O}_{k+1} \mathbf{b}_{k+2:t}. \tag{14.13}$$

A partir dessas equações, podemos ver que a complexidade de tempo do algoritmo para a frente-para trás (ver Figura 14.4) aplicada a uma sequência cuja duração t é $O(S^2 t)$, porque cada passo exige a multiplicação de um vetor de S elementos por uma matriz $S \times S$. O requisito de espaço é $O(St)$ porque a passagem para a frente armazena t vetores de tamanho S.

Além de fornecer uma descrição elegante dos algoritmos de filtragem e suavização para HMM, a formulação de matriz revela oportunidades para algoritmos otimizados. O primeiro é uma simples variação sobre o algoritmo para a frente-para trás que permite que a suavização seja executada em espaço *constante*, independentemente da duração da sequência. A ideia é que a suavização para qualquer fatia de tempo k específica exige a presença simultânea das mensagens para a frente e para trás, $\mathbf{f}_{1:k}$ e $\mathbf{b}_{k+1:t}$, de acordo com a Equação 14.8. O algoritmo para a frente-para trás consegue isso armazenando os valores $\mathbf{f}$ calculados na passagem para a frente, de modo que eles fiquem disponíveis durante a passagem para trás. Outro modo de conseguir isso é usar uma única passagem que efetue a propagação de $\mathbf{f}$ e de $\mathbf{b}$, ambas no mesmo sentido. Por exemplo, a mensagem "para a frente" $\mathbf{f}$ pode ser propagada no sentido para trás se manipularmos a Equação 14.12 para atuar no outro sentido:

$$\mathbf{f}_{1:t} = \alpha' (\mathbf{T}^{\mathsf{T}})^{-1} \mathbf{O}_{t+1}^{-1} \mathbf{f}_{1:t+1}.$$

O algoritmo de suavização modificado funciona executando primeiro a passagem para a frente padrão para calcular $\mathbf{f}_{t:t}$ (ignorando todos os resultados intermediários) e depois executando a passagem para trás para $\mathbf{b}$ e $\mathbf{f}$ juntas, utilizando essas mensagens para calcular a estimativa suavizada em cada passo. Tendo em vista que é necessária apenas uma cópia de cada mensagem, os requisitos de armazenamento são constantes (isto é, independentes de t, a duração da sequência). Existem duas restrições significativas sobre esse algoritmo: ele exige que a matriz de transição tenha matriz inversa e que o modelo de sensores não tenha zeros, isto é, que toda observação seja possível em todo estado.

Uma segunda área em que a formulação de matriz revela um aperfeiçoamento é a suavização *online* com retardamento fixo. O fato de ser possível realizar a suavização em espaço constante sugere que deve existir um algoritmo recursivo eficiente para suavização *online* – isto é, um algoritmo cuja complexidade de tempo seja independente da duração do retardamento. Vamos supor que o retardamento seja d; isto é, estamos realizando a suavização na fatia de tempo $t - d$, em que o tempo atual é t. Pela Equação 14.8, precisamos calcular

$$\alpha \mathbf{f}_{1:t-d} \times \mathbf{b}_{t-d+1:t}$$

para a fatia $t - d$. Então, quando chegar uma nova observação, precisaremos calcular

$$\alpha \mathbf{f}_{1:t-d+1} \times \mathbf{b}_{t-d+2:t+1}$$

para a fatia $t - d + 1$. Como isso pode ser feito de modo incremental? Primeiro, podemos calcular $\mathbf{f}_{1:t-d+1}$ a partir de $\mathbf{f}_{1:t-d}$ utilizando o processo de filtragem padrão, segundo a Equação 14.5.

Calcular a mensagem para trás de modo incremental é uma ação mais complicada porque não existe nenhum relacionamento simples entre a mensagem para trás antiga $\mathbf{b}_{t-d+1:t}$ e a nova mensagem para trás $\mathbf{b}_{t-d+2:t+1}$. Em vez disso, examinaremos o relacionamento entre a mensagem para trás antiga $\mathbf{b}_{t-d+1:t}$ e a mensagem para trás no início da sequência, $\mathbf{b}_{t+1:t}$. Para isso, aplicamos a Equação 14.13 d vezes para obter

$$\mathbf{b}_{t-d+1:t} = \left(\prod_{i=t-d+1}^{t} \mathbf{TO}_i \right) \mathbf{b}_{t+1:t} = \mathbf{B}_{t-d+1:t} \mathbf{1}, \tag{14.14}$$

em que a matriz $\mathbf{B}_{t-d+1:t}$ é o produto da sequência de matrizes $\mathbf{T}$ e $\mathbf{O}$, e $\mathbf{1}$ (em negrito) é um vetor de valores 1. $\mathbf{B}$ pode ser considerado um "operador de transformação", que transforma uma mensagem para trás posterior em uma anterior. Uma equação semelhante é válida para as novas mensagens para trás *depois* da chegada da seguinte observação:

$$\mathbf{b}_{t-d+2:t+1} = \left(\prod_{i=t-d+2}^{t+1} \mathbf{TO}_i \right) \mathbf{b}_{t+2:t+1} = \mathbf{B}_{t-d+2:t+1} \mathbf{1}. \tag{14.15}$$

Examinando as expressões de produtos nas Equações 14.14 e 14.15, vemos que elas têm um relacionamento simples: para obter o segundo produto, "divide-se" o primeiro produto pelo primeiro elemento $\mathbf{TO}_{t-d+1}$ e multiplica-se pelo novo último elemento $\mathbf{TO}_{t+1}$. Então, em linguagem de matrizes, existe um relacionamento simples entre as matrizes $\mathbf{B}$ antiga e nova:

$$\mathbf{B}_{t-d+2:t+1} = \mathbf{O}_{t-d+1}^{-1} \mathbf{T}^{-1} \mathbf{B}_{t-d+1:t} \mathbf{TO}_{t+1}. \tag{14.16}$$

Essa equação fornece uma atualização incremental para a matriz $\mathbf{B}$ que, por sua vez (pela Equação 14.15), nos oferece a possibilidade de calcular a nova mensagem para trás $\mathbf{b}_{t-d+2:t+1}$. O algoritmo completo, que exige armazenamento e atualização de $\mathbf{f}$ e $\mathbf{B}$, é mostrado na Figura 14.6.

---

função SUAVIZAÇÃO-DE-RETARDAMENTO-FIXO(e_t, hmm, d) **retorna** uma distribuição sobre $\mathbf{X}_{t-d}$
   entradas: e_t, a evidência atual por período de tempo t
        hmm, um modelo oculto de Markov com matriz de transição $\mathbf{T}$ $S \times S$
        d, a duração do retardamento para suavização
   persistente: t, o tempo atual, inicialmente 1
        $\mathbf{f}$, a mensagem para a frente $\mathbf{P}(X_t \mid e_{1:t})$, inicialmente hmm.ANTERIOR
        $\mathbf{B}$, a matriz de transformação de d passos para trás, inicialmente a matriz identidade
        $e_{t-d:t}$, lista dupla de evidências a partir de $t - d$ para t, inicialmente vazia
   variáveis locais: $\mathbf{O}_{t-d}$, $\mathbf{O}_t$, matrizes diagonais contendo as informações do modelo de sensores

   somar e_t ao fim de $e_{t-d:t}$
      $\mathbf{O}_t \leftarrow$ matriz diagonal contendo $\mathbf{P}(e_t \mid X_t)$
      se $t > d$, **então**
          $\mathbf{f} \leftarrow$ PARAFRENTE($\mathbf{f}$, e_{t-d})
          remover e_{t-d-1} do início de $e_{t-d:t}$
          $\mathbf{O}_{t-d} \leftarrow$ matriz diagonal contendo $\mathbf{P}(e_{t-d} \mid X_{t-d})$
          $\mathbf{B} \leftarrow \mathbf{O}_{t-d+1}^{-1} \mathbf{T}^{-1} \mathbf{BTO}_t$
      senão $\mathbf{B} \leftarrow \mathbf{BTO}_t$
      $t \leftarrow t + 1$
      se $t > d + 1$ **então retornar** NORMALIZAR($\mathbf{f} \times \mathbf{B1}$) **senão retornar** nulo

Figura 14.6 Algoritmo para suavização com retardamento de tempo fixo de d passos, implementado como um algoritmo *online* que mostra como saída a nova estimativa suavizada, dada a observação correspondente a um novo período de tempo. Observe que o produto final NORMALIZAR($\mathbf{f} \times \mathbf{B1}$) é apenas $\alpha \mathbf{f} \times \mathbf{b}$, pela Equação 14.14.

14.3.2 Exemplo do modelo oculto de Markov: localização

Foi introduzida na seção 4.4.4 uma forma simples de problema de **localização** para o mundo do aspirador de pó. Nessa versão, o robô teve uma única ação de *Movimento* não determinístico e seus sensores relataram perfeitamente se havia ou não obstáculos localizados ao norte, sul, leste e oeste; o estado de crença do robô era o conjunto de locais possíveis onde ele poderia estar.

Aqui, tornamos o problema um pouco mais realista permitindo o ruído nos sensores e formalizando a ideia de que o robô se move aleatoriamente – ele tem a mesma chance de se mover para qualquer quadrado vazio adjacente. A variável de estado X_t representa a localização do robô na grade discreta; o domínio dessa variável é o conjunto de quadrados vazios, que será rotulado pelos inteiros $\{1, ..., S\}$. Seja VIZINHOS(i) o conjunto de quadrados vazios que são adjacentes a i e seja $N(i)$ o tamanho desse conjunto. Então, o modelo de transição para a ação *Mover* diz que o robô tem a mesma probabilidade de acabar em qualquer quadrado vizinho:

$$P(X_{t+1}=j\,|\,X_t=i) = \mathbf{T}_{ij} = \begin{cases} 1/N(i) \text{ se } j \in \text{VIZINHOS}(i) \\ 0 \text{ caso contrário.} \end{cases}$$

Não sabemos onde o robô começa; então vamos supor uma distribuição uniforme sobre todos os quadrados, isto é, $P(X_0 = i) = 1/S$. Para o ambiente especial que consideramos (Figura 14.7), $S = 42$ e a matriz de transição $\mathbf{T}$ tem $42 \times 42 = 1.764$ entradas.

A variável de sensor E_t tem 16 valores possíveis, cada um deles tem uma sequência de quatro *bits* informando a presença ou ausência de um obstáculo em uma direção particular, NLSO. Por exemplo, 1.010 significa que os sensores ao norte e ao sul informam um obstáculo, enquanto os do leste e oeste não relatam. Suponha que cada taxa de erro do sensor seja ϵ e que os erros ocorram independentemente das quatro direções do sensor. Nesse caso, a probabilidade de obter todos os quatro *bits* da direita é $(1-\epsilon)^4$ e a probabilidade de obter todos errados é ϵ^4. Além disso, se d_{it} é a discrepância – o número de *bits* que são diferentes – entre os valores

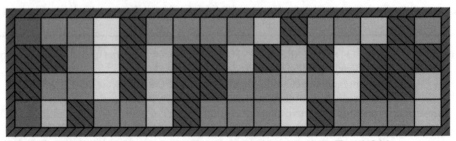

(a) Distribuição posterior sobre a localização do robô após E_1 = 1.011

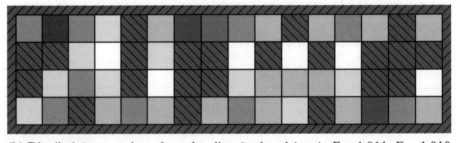

(b) Distribuição posterior sobre a localização do robô após E_1 = 1.011, E_2 = 1.010

Figura 14.7 Distribuição posterior sobre a localização do robô: (a) após uma observação E_1 = 1.011 (isto é, obstáculos ao norte, sul e oeste); (b) depois de um movimento aleatório para um local adjacente e uma segunda observação E_2 = 1.010 (isto é, obstáculos ao norte e sul). A intensidade do tom de cinza de cada casa (quadrado) corresponde à probabilidade de que o robô esteja naquele local. A taxa de erro do sensor é $\epsilon = 0{,}2$.

verdadeiros do quadrado *i* e a leitura real de e_t, então a probabilidade de que um robô no quadrado *i* vá receber uma leitura do sensor e_t é

$$P(E_t = e_t \mid X_t = i) = (\mathbf{O}_t)_{ii} = (1 - \epsilon)^{4-d_{it}} \epsilon^{d_{it}}.$$

Por exemplo, a probabilidade de que um quadrado com obstáculos para o norte e para o sul produza um sensor de leitura 1.110 é $(1 - \epsilon)^3 \epsilon^1$.

Dadas as matrizes **T** e $\mathbf{O}_t$, o robô pode usar a Equação 14.12 para calcular a distribuição posterior sobre as localizações, isto é, resolver onde ele está. A Figura 14.7 mostra as distribuições $\mathbf{P}(X_1 \mid E_1 = 1.011)$ e $\mathbf{P}(X_2 \mid E_1 = 1.011, E_2 = 1.010)$. Esse é o mesmo labirinto que vimos antes na Figura 4.18, mas lá usamos a filtragem lógica para encontrar as localizações *possíveis*, assumindo sensoriamento perfeito. Essas mesmas localizações ainda são as mais *prováveis* com sensoriamento ruidoso, mas agora *cada* localização tem uma probabilidade diferente de zero, pois cada localização poderia produzir quaisquer valores de sensor.

Além da filtragem para estimar sua localização atual, o robô pode usar suavização (Equação 14.13) para perceber onde estava em qualquer tempo passado – por exemplo, onde começou no tempo 0 – e pode usar o algoritmo de Viterbi para calcular o caminho mais provável que tenha tomado para chegar aonde está agora. A Figura 14.8 mostra o erro de localização e a precisão do caminho de Viterbi para vários valores da taxa de erro do sensor por *bit*, ϵ. Mesmo quando ϵ for 0,20 – o que significa que a leitura do sensor está errada 59% do tempo – geralmente o robô é capaz de calcular sua localização dentro de dois quadrados depois de 20 observações. Isso por causa da habilidade do algoritmo de integrar a evidência ao longo do tempo e levar em conta as restrições probabilísticas impostas na sequência de localização pelo modelo de transição. Quando ϵ for 0,10 ou menos, o robô só precisa de algumas observações para descobrir onde está e acompanhar sua posição corretamente. Quando ϵ é 0,40, tanto o erro de localização quanto o erro do caminho de Viterbi permanecem grandes; em outras palavras, o robô está perdido. Isso acontece porque um sensor com uma probabilidade de erro de 0,40 oferece muito pouca informação para neutralizar a perda de informações sobre a posição do robô, que vem do movimento aleatório imprevisível.

A variável de estado para o exemplo que consideramos nesta seção é a localização física no mundo. Outros problemas podem, é claro, incluir outros aspectos do mundo. Considere uma versão do robô do aspirador de pó cujo programa de ação seja ir em linha reta enquanto pode; só quando encontra um obstáculo, ele muda para uma nova direção. Para modelar esse robô, cada estado no modelo consiste em um par (*localização*, *direção*). Para o ambiente na Figura 14.7, que tem 42 quadrados vazios, isso leva a 168 estados e uma matriz de transição com $168^2 = 28.224$ entradas – um número ainda sob controle.

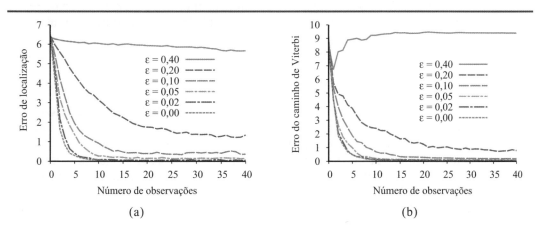

Figura 14.8 Desempenho da localização do HMM como função do comprimento da sequência de observação de vários valores diferentes de probabilidade de erro do sensor ϵ; dados calculados sobre 400 execuções. (a) Erro de localização, definido como a distância de Manhattan da localização verdadeira. (b) Erro do caminho de Viterbi, definido como a distância de Manhattan média dos estados no caminho de Viterbi a partir dos estados correspondentes no caminho verdadeiro. (Esta figura encontra-se reproduzida em cores no Encarte *online*.)

434 Inteligência Artificial

Se acrescentarmos a possibilidade de sujeira em cada um dos 42 quadrados, o número de estados será multiplicado por 2^{42} e a matriz de transição terminará com mais de 10^{29} entradas – não mais um número gerenciável. Em geral, se o estado é composto de n variáveis discretas com no máximo d valores cada, a matriz de transição HMM correspondente terá tamanho $O(d^{2n})$ e o tempo de cálculo por atualização também será $O(d^{2n})$.

Por esses motivos, embora os HMM tenham muitos usos em áreas que variam desde reconhecimento de voz até biologia molecular, eles são fundamentalmente limitados em sua capacidade de representar processos complexos. Na terminologia introduzida no Capítulo 2, HMM são uma representação atômica: os estados do mundo não têm estrutura interna e são simplesmente rotulados por inteiros. A seção 14.5 mostra como usar redes bayesianas dinâmicas – uma representação fatorada – para modelar domínios com muitas variáveis de estado. A próxima seção mostra como lidar com domínios contendo variáveis de estado contínuas, o que naturalmente leva a um espaço de estados infinito.

14.4 Filtros de Kalman

Imagine assistir a um pequeno pássaro voando entre a folhagem da selva densa ao entardecer: você vislumbra *flashes* breves e intermitentes de movimento, faz todo o possível para adivinhar onde o pássaro está e onde ele aparecerá em seguida, para não o perder de vista. Ou, ainda, imagine que você seja um operador de radar da Segunda Guerra Mundial que investigue um rápido bipe que surge uma vez a cada 10 segundos na tela. Ou, então, indo um pouco mais longe, imagine que você seja Kepler tentando reconstruir os movimentos dos planetas a partir de uma coleção de observações angulares altamente inexatas, tomadas a intervalos irregulares e medidos de forma imprecisa.

Em todos esses casos, você está fazendo a filtragem: estimando variáveis de estado (aqui, posição e velocidade de um objeto em movimento) a partir de observações com ruído no decorrer do tempo. Se as variáveis fossem discretas, poderíamos modelar o sistema com o modelo oculto de Markov. Esta seção examina métodos de lidar com variáveis contínuas usando **Filtragem de Kalman** um algoritmo chamado **filtragem de Kalman**, em homenagem ao seu criador, Rudolf Kalman.

O voo do pássaro poderia ser especificado por seis variáveis contínuas em cada ponto do tempo: três para a posição (X_t, Y_t, Z_t) e três para a velocidade $(\dot{X}_t, \dot{Y}_t, \dot{Z}_t)$. Também precisaremos de densidades condicionais adequadas para representar os modelos de transição e de sensores; como no Capítulo 13, utilizaremos distribuições **gaussianas lineares**. Isso significa que o próximo estado X_{t+1} deve ser uma função linear do estado atual X_t somada a algum ruído gaussiano, uma condição que acaba por ser bastante razoável na prática. Por exemplo, considere a coordenada X do pássaro, ignorando por enquanto as outras coordenadas. Seja Δ o intervalo de tempo entre observações e suponha velocidade constante durante o intervalo; então, a atualização de posição é dada por $X_{t+\Delta} = X_t + \dot{X}\Delta$. Se adicionarmos ruído gaussiano (levando em conta a variação do vento etc.), teremos um modelo de transição gaussiano linear:

$$P(X_{t+\Delta} = x_{t+\Delta} \mid X_t = x_t, \dot{X}_t = \dot{x}_t) = \mathcal{N}(x_{t+\Delta}; x_t + \dot{x}_t \Delta, \sigma^2).$$

A estrutura de rede bayesiana para um sistema com vetor de posição X_t e velocidade $\dot{X}_t$ é mostrada na Figura 14.9. Observe que essa é uma forma muito específica do modelo gaussiano linear; a forma geral será descrita mais adiante nesta seção e cobrirá uma vasta gama de aplicações, além dos exemplos de movimento simples do primeiro parágrafo. O leitor talvez deseje consultar no Apêndice A algumas propriedades matemáticas de distribuições gaussianas; para nossos propósitos imediatos, o mais importante é que uma distribuição **gaussiana multivariada** para d variáveis é especificada por uma média μ de d elementos e uma matriz de covariância Σ $d \times d$.

14.4.1 Atualização de distribuições gaussianas

No Capítulo 13, seção 13.2.3, fizemos alusão a uma propriedade fundamental da família de distribuições gaussianas lineares: ela permanece fechada sob a atualização bayesiana (ou seja, dada qualquer evidência, o posterior ainda está na família gaussiana linear).

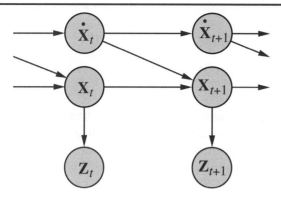

Figura 14.9 Estrutura de rede bayesiana para um sistema linear dinâmico com posição X_t, velocidade $\dot{X}_t$, e medida de posição Z_t.

Aqui, tornamos essa asserção precisa no contexto de filtragem em um modelo de probabilidade temporal. As propriedades exigidas correspondem ao cálculo de filtragem em duas etapas na Equação 14.5:

1. Se a distribuição atual $\mathbf{P}(\mathbf{X}_t \mid \mathbf{e}_{1:t})$ é gaussiana e o modelo de transição $\mathbf{P}(\mathbf{X}_{t+1} \mid \mathbf{x}_t)$ é gaussiana linear, então a distribuição de um passo prevista e definida por

$$\mathbf{P}(\mathbf{X}_{t+1} \mid \mathbf{e}_{1:t}) = \int_{\mathbf{x}_t} \mathbf{P}(\mathbf{X}_{t+1} \mid \mathbf{x}_t) P(\mathbf{x}_t \mid \mathbf{e}_{1:t}) \, d\mathbf{x}_t \tag{14.17}$$

também é uma distribuição gaussiana.

2. Se a previsão $\mathbf{P}(\mathbf{X}_{t+1} \mid \mathbf{e}_{1:t})$ é gaussiana e o modelo de sensores $\mathbf{P}(\mathbf{e}_{t+1} \mid \mathbf{X}_{t+1})$ é gaussiana linear, então, depois do condicionamento sobre a nova evidência, a distribuição atualizada

$$\mathbf{P}(\mathbf{X}_{t+1} \mid \mathbf{e}_{1:t+1}) = \alpha \mathbf{P}(\mathbf{e}_{t+1} \mid \mathbf{X}_{t+1}) \mathbf{P}(\mathbf{X}_{t+1} \mid \mathbf{e}_{1:t}) \tag{14.18}$$

também é uma distribuição gaussiana.

Desse modo, o operador PARAFRENTE para filtragem de Kalman recebe uma mensagem gaussiana para a frente $\mathbf{f}_{1:t}$, especificada por uma média μ_t e uma matriz de covariância Σ_t, e produz uma nova mensagem gaussiana para a frente multivariada $\mathbf{f}_{1:t+1}$, especificada por uma média μ_{t+1} e uma matriz de covariância Σ_{t+1}. Assim, se começarmos com um valor *a priori* gaussiano $\mathbf{f}_{1:0} = \mathbf{P}(\mathbf{X}_0) = \mathcal{N}(\mu_0, \Sigma_0)$, a filtragem com um modelo gaussiano linear produzirá uma distribuição de estados gaussiana para todo o tempo.

Esse parece ser um resultado ótimo e elegante; porém, por que ele é tão importante? A razão é que, exceto para alguns casos especiais como esse, *a filtragem com redes contínuas ou híbridas (discretas e contínuas) gera distribuições de estados cuja representação cresce sem limite ao longo do tempo*. Não é fácil provar essa declaração no caso geral.

14.4.2 Exemplo unidimensional simples

Dissemos que o operador PARAFRENTE para o filtro de Kalman mapeia um gaussiano em um novo gaussiano. Isso se traduz no cálculo de uma nova média e covariância a partir da média anterior e da covariância. A derivação da regra de atualização no caso geral (multivariado) exige bastante álgebra linear e, assim, vamos nos limitar por enquanto a um caso univariado muito simples; mais tarde daremos os resultados para o caso geral. Mesmo para o caso univariado, os cálculos são um tanto tediosos, mas achamos que vale a pena observá-los porque a utilidade do filtro de Kalman está bastante amarrada às propriedades matemáticas de distribuições gaussianas.

O modelo temporal que consideraremos descreve um **percurso aleatório** de uma única variável de estado contínua X_t com uma observação com ruído Z_t. Um exemplo poderia ser o índice de "confiança do consumidor", que podemos modelar como um valor que sofre mudança aleatória com distribuição gaussiana a cada mês e que é medido por uma pesquisa aleatória entre os consumidores, que também introduz ruído de amostragem gaussiano. A distribuição anterior é considerada gaussiana com variância σ_0^2:

$$P(x_0) = \alpha e^{-\frac{1}{2}\left(\frac{(x_0 - \mu_0)^2}{\sigma_0^2}\right)}.$$

(Para simplificar, usaremos o mesmo símbolo α para todas as constantes de normalização nesta seção.) O modelo de transição simplesmente adiciona uma perturbação gaussiana de variância constante σ_x^2 ao estado atual:

$$P(x_{t+1} \mid x_t) = \alpha e^{-\frac{1}{2}\left(\frac{(x_{t+1} - x_t)^2}{\sigma_x^2}\right)}.$$

O modelo de sensores então supõe um ruído gaussiano com a variância σ_z^2:

$$P(z_t \mid x_t) = \alpha e^{-\frac{1}{2}\left(\frac{(z_t - x_t)^2}{\sigma_z^2}\right)}.$$

Agora, dada a distribuição anterior $P(X_0)$, podemos calcular a distribuição prevista de um passo usando a Equação 14.17:

$$
\begin{aligned}
P(x_1) &= \int_{-\infty}^{\infty} P(x_1 \mid x_0) P(x_0)\, dx_0 = \alpha \int_{-\infty}^{\infty} e^{-\frac{1}{2}\left(\frac{(x_1 - x_0)^2}{\sigma_x^2}\right)} e^{-\frac{1}{2}\left(\frac{(x_0 - \mu_0)^2}{\sigma_0^2}\right)} dx_0 \\
&= \alpha \int_{-\infty}^{\infty} e^{-\frac{1}{2}\left(\frac{\sigma_0^2(x_1 - x_0)^2 + \sigma_x^2(x_0 - \mu_0)^2}{\sigma_0^2 \sigma_x^2}\right)} dx_0.
\end{aligned}
$$

Essa integral parece bastante complicada. A chave para progredir é notar que o expoente é a soma de duas expressões que são *quadráticas* em x_0 e, portanto, ele próprio é quadrá-
Completar o quadrado tico em x_0. Um artifício simples, conhecido como **completar o quadrado**, permite a reescrita de qualquer expressão quadrática $ax_0^2 + bx_0 + c$ como a soma do termo ao quadrado $a(x_0 - \frac{-b}{2a})^2$ e um termo residual $c - \frac{b^2}{4a}$ que é independente de x_0. Neste caso, temos $a = (\sigma_0^2 + \sigma_x^2)/(\sigma_0^2 \sigma_x^2)$, $b = -2(\sigma_0^2 x_1 + \sigma_x^2 \mu_0)/(\sigma_0^2 \sigma_x^2)$ e $c = (\sigma_0^2 x_1^2 + \sigma_x^2 \mu_0^2)/(\sigma_0^2 \sigma_x^2)$. O termo residual pode ser colocado fora da integral, o que nos dá

$$P(x_1) = \alpha e^{-\frac{1}{2}\left(c - \frac{b^2}{4a}\right)} \int_{-\infty}^{\infty} e^{-\frac{1}{2}\left(a\left(x_0 - \frac{-b}{2a}\right)^2\right)} dx_0.$$

Agora, a integral é apenas a integral de um gaussiano sobre seu intervalo completo, que vale simplesmente 1. Desse modo, ficamos somente com o termo residual da expressão quadrática. Ajustando às expressões para a, b e c e simplificando, obtemos

$$P(x_1) = \alpha e^{-\frac{1}{2}\left(\frac{(x_1 - \mu_0)^2}{\sigma_0^2 + \sigma_x^2}\right)}.$$

Ou seja, a distribuição prevista de um passo é um gaussiano com a mesma média μ_0 e uma variância igual à soma da variância original σ_0^2 e da variância de transição σ_x^2.

Para completar a etapa de atualização, precisamos fazer o condicionamento sobre a observação no primeiro período de tempo, ou seja, z_1. A partir da Equação 14.18, isso é dado por

$$
\begin{aligned}
P(x_1 \mid z_1) &= \alpha P(z_1 \mid x_1) P(x_1) \\
&= \alpha e^{-\frac{1}{2}\left(\frac{(z_1 - x_1)^2}{\sigma_z^2}\right)} e^{-\frac{1}{2}\left(\frac{(x_1 - \mu_0)^2}{\sigma_0^2 + \sigma_x^2}\right)}.
\end{aligned}
$$

Mais uma vez, combinamos os expoentes e completamos o quadrado obtendo a seguinte expressão para o posterior:

$$P(x_1 \mid z_1) = \alpha e^{-\frac{1}{2} \frac{\left(x_1 - \frac{(\sigma_0^2+\sigma_x^2)z_1+\sigma_z^2\mu_0}{\sigma_0^2+\sigma_x^2+\sigma_z^2}\right)^2}{(\sigma_0^2+\sigma_x^2)\sigma_z^2/(\sigma_0^2+\sigma_x^2+\sigma_z^2)}}. \quad (14.19)$$

Desse modo, depois de um ciclo de atualização, temos uma nova distribuição gaussiana para a variável de estado.

A partir da fórmula gaussiana na Equação 14.19, vemos que a nova média e o novo desvio padrão podem ser calculados a partir da média e do desvio padrão antigos, da seguinte forma:

$$\mu_{t+1} = \frac{(\sigma_t^2+\sigma_x^2)z_{t+1}+\sigma_z^2\mu_t}{\sigma_t^2+\sigma_x^2+\sigma_z^2} \qquad \text{e} \qquad \sigma_{t+1}^2 = \frac{(\sigma_t^2+\sigma_x^2)\sigma_z^2}{\sigma_t^2+\sigma_x^2+\sigma_z^2}. \quad (14.20)$$

A Figura 14.10 mostra um ciclo de atualização do filtro de Kalman no caso unidimensional para valores específicos dos modelos de transição e de sensores.

A Equação 14.20 desempenha exatamente o mesmo papel da equação de filtragem geral (14.5) ou da equação de filtragem de HMM (14.12). Porém, devido à natureza especial das distribuições gaussianas, as equações têm algumas propriedades adicionais interessantes.

Primeiro, podemos interpretar o cálculo para a nova média m_{t+1} como uma *média ponderada* entre a nova observação z_{t+1} e a média antiga μ_t. Se a observação é pouco confiável, σ_z^2 é grande e dedicamos maior atenção à média antiga; se a média antiga é pouco confiável (σ_t^2 é grande) ou se o processo é altamente imprevisível (σ_x^2 é grande), então dedicamos maior atenção à observação.

Em segundo lugar, note que a atualização para a variância σ_{t+1}^2 é *independente da observação*. Podemos então calcular com antecedência qual será a sequência de valores de variância. Em terceiro lugar, a sequência de valores de variância converge rapidamente para um valor fixo que só depende de σ_x^2 e σ_z^2, simplificando assim de forma significativa os cálculos subsequentes.

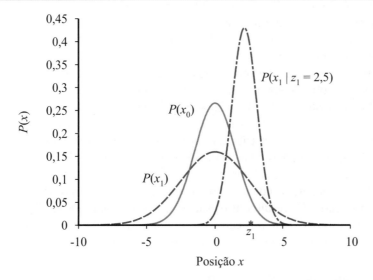

Figura 14.10 Fases no ciclo de atualização do filtro de Kalman para um percurso aleatório com distribuição anterior dada por $\mu_0 = 0,0$ e $\sigma_0 = 1,5$, ruído de transição dado por $\sigma_x = 2,0$, ruído de sensores dado por $\sigma_z = 1,0$ e uma primeira observação $z_1 = 2,5$ (marcada no eixo x). Note como a previsão $P(x_1)$ foi achatada, em relação a $P(x_0)$, pelo ruído de transição. Note também que a média da distribuição posterior $P(x_1 \mid z_1)$ está ligeiramente à esquerda da observação z_1 porque a média é uma média ponderada entre a previsão e a observação.

438 Inteligência Artificial

14.4.3 Caso geral

A derivação apresentada anteriormente ilustra a propriedade fundamental de distribuições gaussianas que permite o funcionamento da filtragem de Kalman: o fato de o expoente ser uma forma quadrática. Isso é verdadeiro não apenas para o caso univariado; a distribuição gaussiana multivariada completa tem a forma

$$\mathcal{N}(\mathbf{x};\mu,\Sigma) = \alpha e^{-\frac{1}{2}\left((\mathbf{x}-\mu)^{\top}\Sigma^{-1}(\mathbf{x}-\mu)\right)}.$$

A multiplicação dos termos no expoente torna claro que o expoente também é uma função quadrática dos valores de x_i em $\mathbf{x}$. Assim, a filtragem preserva a natureza gaussiana da distribuição de estados.

Primeiro, vamos definir o modelo temporal geral usado com a filtragem de Kalman. Tanto o modelo de transição quanto o modelo de sensores permitem uma transformação *linear* com ruído gaussiano aditivo. Desse modo, temos

$$\begin{aligned} P(\mathbf{x}_{t+1} \mid x_t) &= \mathcal{N}(\mathbf{x}_{t+1}; \mathbf{F}\mathbf{x}_t, \Sigma_x) \\ P(\mathbf{z}_t \mid \mathbf{x}_t) &= \mathcal{N}(\mathbf{z}_t; \mathbf{H}\mathbf{x}_t, \Sigma_z), \end{aligned} \tag{14.21}$$

em que $\mathbf{F}$ e Σ_x são matrizes que descrevem o modelo de transição linear e a covariância do ruído de transição, e em que $\mathbf{H}$ e Σ_z são as matrizes correspondentes para o modelo de sensores. Agora, as equações de atualização para a média e a covariância, em sua forma total e extremamente complicada, são

$$\begin{aligned} \mu_{t+1} &= \mathbf{F}\mu_t + \mathbf{K}_{t+1}(\mathbf{z}_{t+1} - \mathbf{H}\mathbf{F}\mu_t) \\ \Sigma_{t+1} &= (\mathbf{I} - \mathbf{K}_{t+1}\mathbf{H})(\mathbf{F}\Sigma_t\mathbf{F}^{\top} + \Sigma_x), \end{aligned} \tag{14.22}$$

Matriz de ganho de Kalman

em que $\mathbf{K}_{t+1} = (\mathbf{F}\Sigma_t\mathbf{F}^{\top} + \Sigma_x)\mathbf{H}^{\top} (\mathbf{H}(\mathbf{F}\Sigma_t\mathbf{F}^{\top} + \Sigma_x)\mathbf{H}^{\top} + \Sigma_z)^{-1}$ é chamada **matriz de ganho de Kalman**. Acredite ou não, essas equações fazem algum sentido intuitivo. Por exemplo, considere a atualização para a estimativa de estado médio μ. O termo $F\mu_t$ é o estado *previsto* em $t + 1$ e, assim, $\mathbf{H}\mathbf{F}\mu_t$ é a observação *prevista*. Portanto, o termo $\mathbf{z}_{t+1} - \mathbf{H}\mathbf{F}\mu_t$ representa o erro na observação prevista. Esse termo é multiplicado por $\mathbf{K}_{t+1}$ para corrigir o estado previsto; consequentemente, $\mathbf{K}_{t+1}$ é uma medida do *quanto devemos levar a sério a nova observação* em relação à previsão. Como na Equação 14.20, também temos a propriedade de que a atualização da variância é independente das observações. A sequência de valores para Σ_t e $\mathbf{K}_t$ pode então ser calculada *offline*, e os cálculos reais exigidos durante o acompanhamento *online* serão bastante modestos.

Para ilustrar essas equações em funcionamento, elas foram aplicadas ao problema de acompanhar um objeto em movimento no plano X–Y. As variáveis de estados são $\mathbf{X} = (X, Y, \dot{X}, \dot{Y})^{\top}$ e, assim, $\mathbf{F}$, Σ_x, $\mathbf{H}$ e Σ_z são matrizes 4×4. A Figura 14.11(a) mostra a trajetória verdadeira, uma série de observações com ruído, e a trajetória estimada pela filtragem de Kalman, juntamente com as covariâncias indicadas pelos contornos do único desvio padrão. O processo de filtragem faz um bom trabalho de acompanhamento do movimento real e, como esperado, a variância alcança rapidamente um ponto fixo.

Também podemos derivar equações para *suavização*, bem como para filtragem com modelos gaussianos lineares. Os resultados de suavização são mostrados na Figura 14.11(b). Note que a variância na estimativa de posição é nitidamente reduzida, exceto nas extremidades da trajetória (por quê?), e que a trajetória estimada é muito mais suave.

14.4.4 Aplicabilidade da filtragem de Kalman

A filtragem de Kalman e suas elaborações são usadas em uma vasta gama de aplicações. A aplicação "clássica" de filtros de Kalman ocorre em acompanhamento por radar de aeronaves e mísseis. Aplicações relacionadas incluem acompanhamento acústico de submarinos e veículos terrestres e, ainda, acompanhamento visual de veículos e pessoas. Em um sentido ligeiramente mais esotérico, os filtros de Kalman são utilizados para reconstruir trajetórias

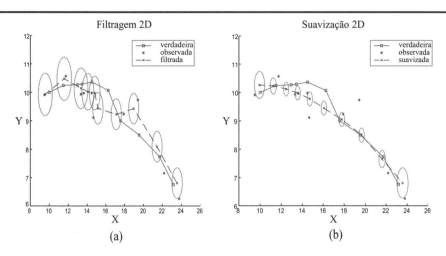

Figura 14.11 (a) Resultados de filtragem de Kalman para um objeto em movimento no plano X-Y, mostrando a trajetória verdadeira (da esquerda para a direita), uma série de observações com ruído, e a trajetória estimada por filtragem de Kalman. A variância na estimativa de posição é indicada pelas elipses. (b) Resultados da suavização de Kalman para a mesma sequência de observações. (Esta figura encontra-se reproduzida em cores no Encarte *online*.)

de partículas a partir de fotografias de câmaras de bolhas e correntes oceânicas a partir de medições de superfícies feitas por satélites. A variedade de aplicações é muito maior que o simples acompanhamento de movimentos: qualquer sistema caracterizado por variáveis de estados contínuos e medições com ruído fará uso desse recurso. Esses sistemas incluem fábricas de polpa, indústrias químicas, reatores nucleares, ecossistemas vegetais e economias nacionais.

O fato de ser possível aplicar a filtragem de Kalman a um sistema não significa que os resultados serão válidos ou úteis. As hipóteses assumidas – uma transição gaussiana linear e modelos de sensores – são muito fortes. O **filtro de Kalman estendido** (**FKE**) tenta superar não linearidades no sistema que está sendo modelado. Um sistema é **não linear** se o modelo de transição não pode ser descrito como uma multiplicação de matrizes do vetor de estados, como na Equação 14.21. O FKE funciona modelando o sistema como *localmente* linear em $\mathbf{x}_t$ na região de $\mathbf{x}_t = \mu_t$, a média da distribuição de estados atual. Isso funciona bem para sistemas suaves e bem comportados, e permite ao controlador manter e atualizar uma distribuição de estados gaussiana que representa uma aproximação razoável para a distribuição posterior verdadeira. Há um exemplo detalhado no Capítulo 26.

O que significa um sistema ser "não suave" ou "malcomportado"? Tecnicamente, isso quer dizer que existe uma não linearidade significativa na resposta do sistema dentro da região que está "próxima" (de acordo com a covariância Σ_t) à média corrente μ_t. Para compreender essa ideia em termos não técnicos, considere o exemplo de tentar localizar um pássaro à medida que ele voa pela floresta. O pássaro parece estar se dirigindo em alta velocidade para um tronco de árvore. O filtro de Kalman, seja ele regular ou estendido, só pode fazer uma previsão gaussiana da posição do pássaro, e a média dessa previsão gaussiana estará centrada no tronco, como mostra a Figura 14.12(a). Por outro lado, um modelo razoável do pássaro iria prever uma ação evasiva para um lado ou para o outro, como mostra a Figura 14.12(b). Tal modelo é altamente não linear, porque a decisão do pássaro varia bruscamente, dependendo de sua posição exata em relação ao tronco.

Para tratar de exemplos como esses, é claro que precisamos de uma linguagem mais expressiva para representar o comportamento do sistema que está sendo modelado. Dentro da comunidade de teoria de controle, para a qual problemas como manobras evasivas de aeronaves encontram os mesmos tipos de dificuldades, a solução padrão é o **filtro de Kalman de chaveamento**. Nessa abordagem, vários filtros de Kalman funcionam em paralelo, cada qual usando um modelo diferente do sistema – por exemplo, um para voo em linha reta, um para curvas bruscas à esquerda e um para curvas bruscas à direita. É usada uma soma ponderada

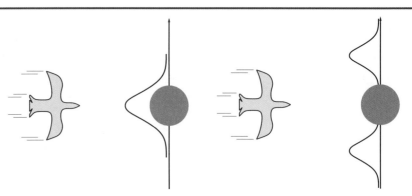

Figura 14.12 Pássaro voando em direção a uma árvore (vistas superiores). (a) Um filtro de Kalman vai prever a posição do pássaro usando um único gaussiano centrado no obstáculo. (b) Um modelo mais realista considera uma ação evasiva do pássaro, prevendo que ele voará para um lado ou para o outro.

de previsões em que o peso depende do quanto cada filtro se adapta bem aos dados atuais. Veremos na próxima seção que esse é simplesmente um caso especial do modelo geral de rede bayesiana dinâmica, obtido pela adição de uma variável de estado discreta de "manobra" à rede mostrada na Figura 14.9.

14.5 Redes bayesianas dinâmicas

Rede bayesiana dinâmica

Redes bayesianas dinâmicas, ou **DBN**, estendem a semântica das redes bayesianas padrão para lidar com modelos de probabilidade temporal do tipo descrito na seção 14.1. Já vimos exemplos de DBN: a rede de guarda-chuva da Figura 14.2 e a rede de filtro de Kalman da Figura 14.9. Em geral, cada fatia de uma DBN pode ter qualquer número de variáveis de estados X_t e variáveis de evidência E_t. Para simplificar, vamos supor que as variáveis, seus vínculos e suas distribuições condicionais são reproduzidos exatamente de uma fatia para outra e que a DBN representa um processo de Markov de primeira ordem, de modo que cada variável possa ter pais somente em sua própria fatia ou na fatia imediatamente precedente. Desse modo, a DBN corresponde a uma rede bayesiana com infinitamente muitas variáveis.

Deve ficar claro que todo modelo oculto de Markov pode ser representado como uma DBN com uma única variável de estado e uma única variável de evidência. Também ocorre que toda DBN de variáveis discretas pode ser representada como um HMM; conforme explicamos na seção 14.3, podemos combinar todas as variáveis de estado na DBN em uma única variável de estado cujos valores são todas as tuplas de valores possíveis das variáveis de estado individuais. Agora, se todo HMM for uma DBN e toda DBN puder ser convertida em um HMM, qual será a diferença? A diferença é que, *decompondo-se o estado de um sistema complexo em suas variáveis constituintes*, a DBN será capaz de tirar proveito da escassez *no modelo de probabilidade temporal*.

Para ver o que isso significa na prática, lembre-se de que, na seção 14.3, dissemos que uma representação de HMM para um processo temporal com n variáveis discretas, cada uma com até d valores, necessita de uma matriz de transição com tamanho $O(d^{2n})$. Por outro lado, a representação da DBN tem tamanho $O(nd^k)$ se o número de pais de cada variável for limitado por k. Em outras palavras, a representação da DBN é linear, e não exponencial no número de variáveis. Para um robô aspirador de pó com 42 locais de sujeira possíveis, o número de probabilidades exigido é reduzido de 5×10^{20} para alguns milhares.

Já explicamos que todo modelo de filtro de Kalman pode ser representado em uma DBN com variáveis contínuas e distribuições condicionais gaussianas lineares (ver Figura 14.9). A partir da discussão do fim da seção anterior, deve ficar claro que *nem toda* DBN pode ser representada por um modelo de filtro de Kalman. Em um filtro de Kalman, a distribuição de estados atual é sempre uma única distribuição gaussiana multivariada, isto é, um único "impacto" em uma posição específica. Por outro lado, as DBN podem modelar distribuições arbitrárias.

Para muitas aplicações do mundo real, essa flexibilidade é essencial. Por exemplo, considere a localização atual das minhas chaves. Elas poderiam estar no meu bolso, na mesa de cabeceira, sobre a mesa da cozinha, penduradas na fechadura da porta da frente ou trancadas no carro. Uma colina gaussiana única que incluísse todos esses lugares teria de alocar uma probabilidade significativa de que as chaves estivessem suspensas no ar no jardim da frente de casa. Aspectos do mundo real, como agentes intencionais, obstáculos e bolsos, introduzem "não linearidades" que exigem combinações de variáveis discretas e contínuas, a fim de obter modelos razoáveis.

14.5.1 Construção de DBN

Para construir uma DBN, devemos especificar três tipos de informações: a distribuição anterior sobre as variáveis de estados, $P(\mathbf{X}_0)$; o modelo de transição $P(\mathbf{X}_{t+1} | \mathbf{X}_t)$; e o modelo de sensores $P(\mathbf{E}_t | \mathbf{X}_t)$. Para especificar os modelos de transição e de sensores, também devemos especificar a topologia das conexões entre fatias sucessivas e entre as variáveis de estados e de evidência. Como os modelos de transição e de sensores são supostamente estacionários no tempo - os mesmos para todo t -, é mais conveniente simplesmente especificá-los para a primeira fatia. Por exemplo, a especificação de DBN completa para o mundo do guarda-chuva é dada pela rede de três nós da Figura 14.13 (esquerda). A partir dessa especificação, é possível construir a DBN completa com um número infinito de fatias de tempo, conforme seja necessário, copiando a primeira fatia.

Agora, vamos considerar um exemplo mais interessante: o monitoramento de um robô alimentado por bateria que se move no plano X–Y, como vimos no fim da seção 14.1. Primeiramente, precisamos de variáveis de estado, que vão incluir tanto $\mathbf{X}_t = (X_t, Y_t)$ para representar a posição quanto $\dot{\mathbf{X}}_t = (\dot{X}_t, \dot{Y}_t)$ para representar a velocidade. Presumiremos algum método para medir a posição - talvez uma câmera fixa ou um GPS (*Global Positioning System*) a bordo - produzindo medições de $\mathbf{Z}_t$. A posição no período de tempo seguinte dependerá da posição atual e da velocidade, como no modelo de filtro de Kalman padrão. A velocidade no período seguinte dependerá da velocidade atual e do estado da bateria. Acrescentamos *Bateria*$_t$ para representar o nível de carga real da bateria, que tem como pais o nível da bateria anterior e a velocidade, e adicionamos *MedidorB*$_t$, que mede o nível de carga da bateria. Isso nos dá o modelo básico mostrado na Figura 14.13 (direita).

Vale a pena examinarmos com maior profundidade a natureza do modelo de sensores correspondente a *MedidorB*$_t$. Vamos supor, para simplificar, que tanto *Bateria*$_t$ quanto *MedidorB*$_t$ possam assumir valores discretos de 0 até 5. Se o medidor for sempre preciso, a TPC (tabela de probabilidade condicional) $P(MedidorB_t | Bateria_t)$ deve ter probabilidades 1,0 "ao longo da diagonal" e probabilidades 0,0 nos outros lugares. Na realidade, o ruído sempre interfere nas medições. No caso de medições contínuas, poderia ser usada, em vez disso, uma distribuição gaussiana com pequena variância.[7] No caso de nossas variáveis discretas, podemos fazer a aproximação de uma gaussiana utilizando uma distribuição na qual a probabilidade de erro caia de maneira apropriada, de modo que a probabilidade de um erro grande seja muito pequena. Utilizaremos a expressão **modelo de erro gaussiano** para abranger tanto a versão contínua quanto a versão discreta.

> Modelo de erro gaussiano

Qualquer pessoa com experiência prática em robótica, controle de processos computadorizados ou outras formas de detecção automática admitirá prontamente o fato de que pequenas quantidades de ruído de medição são muitas vezes o menor dos problemas. Os sensores reais *falham*. Quando um sensor falha, ele não envia necessariamente um sinal afirmando: "Oh, a propósito, os dados que estou prestes a lhe enviar não têm o menor sentido." Em vez disso, ele simplesmente envia os dados sem sentido. A espécie mais simples de falha é chamada **falha transiente**, na qual o sensor decide ocasionalmente enviar alguns dados sem sentido. Por exemplo, o sensor de nível da bateria pode ter o hábito de enviar um zero quando alguém se choca com o robô, mesmo que a bateria esteja completamente carregada.

> Falha transiente

Vejamos o que acontece quando ocorre uma falha transiente com um modelo de erro gaussiano que não admite tais falhas. Por exemplo, suponha que o robô esteja calmamente

---

[7] A rigor, uma distribuição gaussiana é problemática porque atribui probabilidade diferente de zero a níveis muito negativos de carga. Às vezes, a **distribuição beta** é uma escolha melhor para uma variável cujo intervalo é restrito.

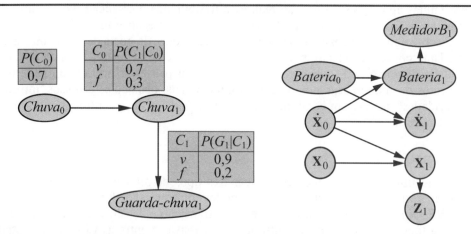

Figura 14.13 Esquerda: especificação do modelo de transição anterior e do modelo de sensores para a DBN de guarda-chuva. Todas as fatias subsequentes são consideradas cópias da fatia 1. Direita: DBN simples para o movimento de um robô no plano X–Y.

sentado e observe 20 leituras consecutivas da bateria indicando o nível de carga 5. Em seguida, o medidor da bateria tem um ataque temporário e a leitura seguinte é $MedidorB_{21} = 0$. O que o modelo de erro gaussiano simples nos levará a acreditar sobre a $Bateria_{21}$? Segundo a regra de Bayes, a resposta depende do modelo de sensores $\mathbf{P}(MedidorB_{21} = 0 \mid Bateria_{21})$ e da previsão $\mathbf{P}(Bateria_{21} \mid MedidorB_{1:20})$. Se a probabilidade de um grande erro de sensor for significativamente menos provável que a probabilidade de uma transição para $Bateria_{21} = 0$, mesmo que esta última seja muito improvável, então a distribuição posterior atribuirá alta probabilidade ao fato de a bateria estar sem carga.

Uma segunda leitura igual a zero em $t = 22$ tornará essa conclusão quase certa. Se a falha transiente desaparecer em seguida e a leitura retornar a 5 a partir de $t = 23$ em diante, a estimativa do nível da bateria voltará rapidamente a 5. (Isso não significa que o algoritmo pense que a bateria foi carregada como por mágica, o que pode ser fisicamente impossível; em vez disso, o algoritmo agora acredita que o nível da bateria não chegou a cair e a hipótese altamente improvável de que o medidor da bateria teve dois erros consecutivos deverá ser a explicação correta.) Esse curso de eventos é ilustrado na curva superior da Figura 14.14(a), que mostra o valor esperado (Apêndice A) de $Bateria_t$ ao longo do tempo, usando um modelo de erro gaussiano discreto.

Apesar da recuperação, existe um momento ($t = 22$) em que o robô se convence de que sua bateria está sem carga; então, presume-se que ele deve enviar um sinal de socorro e se desligar. Infelizmente, seu modelo de sensores simplificado demais fez com que ele se perdesse. Moral da história: *para o sistema manipular falhas de sensores de maneira apropriada, o modelo de sensores deve incluir a possibilidade de falha.*

A espécie mais simples de modelo de falha para um sensor dá certa margem de probabilidade de que o sensor retornará algum valor completamente incorreto, independentemente do estado verdadeiro do mundo. Por exemplo, se o medidor de bateria falhar retornando 0, poderemos dizer que

$$P(MedidorB_t = 0 \mid Bateria_t = 5) = 0{,}03,$$

Modelo de falha transiente

que presumivelmente é muito maior que a probabilidade atribuída pelo modelo de erro gaussiano simples. Vamos chamá-lo **modelo de falha transiente**. De que maneira ele nos ajuda quando estamos diante de uma leitura igual a 0? Considerando que a probabilidade *prevista* de uma bateria sem carga, de acordo com as leituras feitas até o momento, é muito menor que 0,03, a melhor explicação da observação $MedidorB_{21} = 0$ é que o sensor falhou temporariamente. Por intuição, podemos imaginar que a crença sobre o nível da bateria tem certa quantidade de "inércia" que ajuda a superar oscilações temporárias na leitura do medidor. A curva

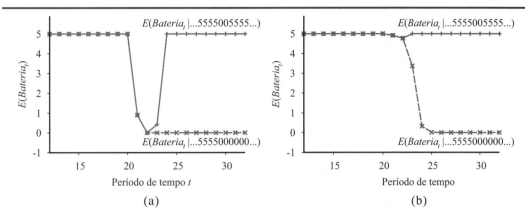

Figura 14.14 (a) Curva superior: trajetória do valor esperado de $Bateria_t$ para uma sequência de observações que consiste apenas em valores 5, exceto pelos valores 0 em $t = 21$ e $t = 22$, usando um modelo de erro gaussiano simples. Curva inferior: trajetória quando a observação permanece igual a 0 a partir de $t = 21$. (b) A mesma experiência com o modelo de falha transiente. A falha transiente é bem tratada, mas a falha persistente resulta em pessimismo excessivo sobre a carga da bateria. (Esta figura encontra-se reproduzida em cores no Encarte *online*.)

---

superior da Figura 14.14(b) mostra que o modelo de falha transiente pode manipular falhas transientes sem mudança catastrófica nas crenças.

Essa é a situação no caso de oscilações temporárias. E se houver falha persistente de um sensor? Infelizmente, falhas desse tipo são bastante comuns. Se o sensor retornar 20 leituras iguais a cinco seguidas por 20 leituras iguais a 0, então o modelo de falha de sensor transiente descrito no parágrafo anterior terá como resultado o fato de o robô ser levado gradualmente a acreditar que sua bateria está sem carga quando de fato talvez o medidor tenha falhado. A curva inferior da Figura 14.14(b) mostra a "trajetória" de crença para esse caso. Depois de $t = 25$ – cinco leituras iguais a 0 –, o robô se convence de que sua bateria está sem carga. É óbvio que preferiríamos que o robô acreditasse que seu medidor de carga da bateria está quebrado, se esse de fato fosse o evento mais provável.

Não surpreende que, para tratar de uma falha persistente, tenhamos necessidade de um **modelo de falha persistente** que descreva como o sensor se comporta sob condições normais e após uma falha. Para isso, precisamos ampliar o estado oculto do sistema com uma variável adicional, digamos *MBQuebrado*, que descreva o *status* do medidor da bateria. A persistência da falha deve ser modelada por um arco vinculando $MBQuebrado_0$ a $MBQuebrado_1$. Esse **arco de persistência** tem uma TPC que fornece pequena probabilidade de falha em qualquer período de tempo dado, digamos 0,001, mas especifica que o sensor permanece quebrado depois de falhar. Quando o sensor está em perfeitas condições, o modelo de sensores para *MedidorB* é idêntico ao modelo de falha transiente; quando o sensor está quebrado, ele informa que *MedidorB* é sempre 0, independentemente do estado real da bateria.

O modelo de falha persistente para o sensor de bateria é mostrado na Figura 14.15(a). Seu desempenho sobre as duas sequências de dados (oscilação temporária e falha persistente) é mostrado na Figura 14.15(b). Devemos notar vários detalhes sobre essas curvas. Primeiro, no caso da oscilação temporária, a probabilidade de que o sensor esteja quebrado se eleva de forma significativa após a segunda leitura 0, mas volta a cair imediatamente a zero quando se observa um valor 5. Em segundo lugar, no caso de falha persistente, a probabilidade de que o sensor esteja quebrado se eleva com rapidez até um valor próximo de 1 e permanece com esse valor. Por fim, uma vez confirmado que o sensor está quebrado, o robô só pode supor que sua bateria se descarrega à velocidade "normal", como mostra o nível gradualmente descendente de $E(Bateria_t \mid ...)$.

Até agora, apenas arranhamos a superfície do problema de representação de processos complexos. A variedade de modelos de transição é enorme, englobando tópicos tão discrepantes quanto a modelagem do sistema endócrino humano e a modelagem de vários veículos trafegando em uma rodovia. A modelagem de sensores também é por si só um subcampo muito vasto. Mas as redes bayesianas dinâmicas podem modelar até mesmo fenômenos sutis,

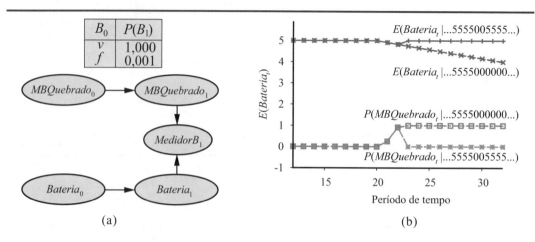

Figura 14.15 (a) Fragmento de DBN mostrando a variável de *status* de sensor exigida para a modelagem de falha persistente do sensor de carga da bateria. (b) Curvas superiores: trajetórias do valor esperado de *Bateria*$_t$ para as sequências de observações de "falha transiente" e "falha permanente". Curvas inferiores: trajetórias de probabilidade para *MBQuebrado*, dadas as duas sequências de observações. (Esta figura encontra-se reproduzida em cores no Encarte *online*.)

como flutuação de sensores, descalibração repentina e os efeitos de condições exógenas (como as condições do clima) sobre leituras de sensores.

14.5.2 Inferência exata em DBN

Tendo esboçado algumas ideias para representar processos complexos como DBN, vamos passar agora à questão da inferência. De certo modo, essa questão já foi respondida: as redes bayesianas dinâmicas *são* redes bayesianas, e já temos algoritmos para inferência em redes bayesianas. Dada uma sequência de observações, é possível construir a representação de rede bayesiana total de uma DBN replicando fatias até a rede ser grande o bastante para acomodar as observações, como na Figura 14.16. Essa técnica é chamada **desdobramento**. (Tecnicamente, a DBN é equivalente à rede semi-infinita obtida por desdobramento eterno. Fatias adicionais depois da última observação não têm nenhum efeito sobre inferências dentro do período de observação e podem ser omitidas.) Uma vez que a DBN é desdobrada, pode-se empregar qualquer um dos algoritmos de inferência – eliminação de variáveis, métodos de agrupamento, e assim por diante – descritos no Capítulo 13.

Infelizmente, uma aplicação ingênua de desdobramento não seria particularmente eficiente. Se quiséssemos executar a filtragem ou a suavização com uma longa sequência de observações $\mathbf{e}_{1:t}$, a rede desenrolada exigiria o espaço $O(t)$ e, portanto, cresceria sem limite à medida que fossem adicionadas mais observações. Além disso, se simplesmente executarmos de novo o algoritmo de inferência a cada vez que for adicionada uma observação, o tempo de inferência por atualização também aumentará como $O(t)$.

Voltando à seção 14.2.1, vemos que é possível obter atualização com tempo e espaço constantes por filtragem se a computação puder ser realizada de forma recursiva. Basicamente, a atualização de filtragem na Equação 14.5 funciona *efetuando-se o somatório* das variáveis de estados do período de tempo anterior, a fim de obter a distribuição correspondente ao novo período de tempo. Efetuar o somatório das variáveis é exatamente o que faz o algoritmo de **eliminação de variáveis** (Figura 13.13), e ocorre que a execução da eliminação de variáveis com as variáveis em ordem temporal imita de maneira exata a operação da atualização de filtragem recursiva da Equação 14.5. O algoritmo modificado mantém, no máximo, duas fatias na memória em qualquer instante: começando com a fatia 0, adicionamos a fatia 1, depois somamos a fatia 0, em seguida adicionamos a fatia 2, somamos a fatia 1, e assim por diante. Desse modo, podemos conseguir atualização com espaço e tempo constantes por filtragem (o mesmo desempenho pode ser alcançado fazendo-se modificações apropriadas no agrupamento do algoritmo).

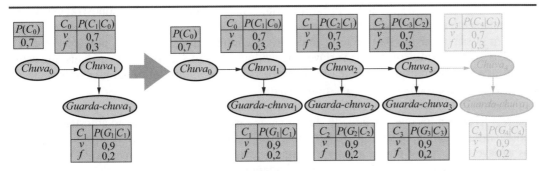

Figura 14.16 Desdobramento de uma rede bayesiana dinâmica: as fatias são replicadas para acomodar a sequência de observações *Guarda-chuva*$_{1:3}$. Fatias adicionais não têm nenhum efeito sobre inferências dentro do período de observação.

Agora esgotamos as boas notícias; vamos então examinar as más notícias. Ocorre que a "constante" para complexidade de tempo e espaço por atualização é, em quase todos os casos, exponencial em relação ao número de variáveis de estados. Acontece que, à medida que a eliminação de variáveis prossegue, os fatores crescem até incluir todas as variáveis de estados (ou, mais precisamente, todas as variáveis de estados que têm pais na fatia de tempo anterior). O tamanho máximo do fator é $O(d^{n+k})$ e o custo da atualização por etapa é $O(nd^{n+k})$, em que d é o tamanho do domínio das variáveis e k é o número máximo de pais de qualquer variável de estado.

É claro que esse é um valor muito menor que o custo de atualização de HMM, que é $O(d2n)$, mas ainda é inviável para grande número de variáveis. Esse terrível fato é algo um tanto difícil de aceitar. Ele significa que, *embora possamos usar DBN para representar processos temporais muito complexos com muitas variáveis esparsamente conectadas, não podemos raciocinar de modo eficiente e exato sobre esses processos*. O próprio modelo de DBN, que representa a distribuição conjunta anterior sobre todas as variáveis, pode ser fatorado em suas TPCs constituintes, mas a distribuição conjunta posterior condicionada sobre uma sequência de observações – ou seja, a mensagem para a frente – em geral *não* é fatorável. Até agora, ninguém encontrou um modo de contornar esse problema, então devemos recorrer a métodos aproximados.

14.5.3 Inferência aproximada em DBN

A seção 13.4 descreveu dois algoritmos de aproximação: ponderação de probabilidades (ver Figura 13.18) e cadeia de Markov Monte Carlo (MCMC, ver Figura 13.20). Dos dois, o primeiro se adapta com maior facilidade ao contexto de DBN. (Um algoritmo de filtragem MCMC será descrito brevemente nas notas ao fim deste capítulo.) No entanto, veremos que são necessários vários aperfeiçoamentos sobre o algoritmo padrão de ponderação de probabilidades antes de surgir um método prático.

Lembre-se de que a ponderação de probabilidades funciona por amostragem dos nós ocultos da rede em ordem topológica, ponderando cada amostra pela probabilidade que ela concede às variáveis de evidência observadas. Como ocorre no caso de algoritmos exatos, poderíamos aplicar a ponderação de probabilidades diretamente a uma DBN não desdobrada, mas isso acarretaria os mesmos problemas em termos de aumento de requisitos de tempo e espaço por atualização, à medida que a sequência de observações crescesse. O problema é que o algoritmo padrão executa cada amostra por sua vez, percorrendo toda a rede.

Em vez disso, podemos simplesmente executar todas as N amostras juntas pela DBN, uma fatia de cada vez. O algoritmo modificado se ajusta ao padrão geral de algoritmos de filtragem, com o conjunto de N amostras como a mensagem para a frente. Então, a primeira inovação-chave é *usar as próprias amostras como uma representação aproximada da distribuição atual dos estados*. Isso atende ao requisito de um tempo "constante" por atualização, embora a constante dependa do número de amostras necessárias para manter uma aproximação precisa. Não há nenhuma necessidade de desdobrar a DBN porque precisamos ter na

446 Inteligência Artificial

Amostragem de importância sequencial

memória apenas a fatia atual e a próxima fatia. Esta técnica é chamada **amostragem de importância sequencial**, ou AIS.

Em nossa discussão da ponderação de probabilidades no Capítulo 13, destacamos que a exatidão do algoritmo sofre se as variáveis de evidência estão "abaixo" das variáveis que estão sendo amostradas porque, nesse caso, as amostras são geradas sem qualquer influência da evidência e quase todas terão pesos muito baixos.

Agora, examinando a estrutura típica de uma DBN – digamos, a DBN do guarda-chuva da Figura 14.16 – vemos que, na verdade, as primeiras variáveis de estados serão amostradas sem o benefício da evidência posterior. De fato, observando com maior cuidado, vemos que *nenhuma* das variáveis de estados tem *quaisquer* variáveis de evidência entre seus ancestrais! Desse modo, embora o peso de cada amostra dependa da evidência, o conjunto real de amostras geradas será *completamente independente* da evidência. Por exemplo, ainda que o chefe trouxesse o guarda-chuva todo dia, o processo de amostragem poderia refletir infinitos dias de sol.

Na prática, isso significa que a fração de amostras que permanecem razoavelmente próximas à série real de eventos (e, portanto, têm pesos não elegíveis) cai exponencialmente com t, a duração da sequência de observações. Em outras palavras, para manter dado nível de exatidão, precisamos aumentar exponencialmente o número de amostras com t. Considerando que um algoritmo de filtragem que funcione em tempo real só pode usar um número limitado de amostras, o efeito prático é que o erro explode depois de um número muito pequeno de passos de atualização. A Figura 14.19 mostra esse efeito para a AIS aplicado ao problema de localização do robô na grade da seção 14.3: até mesmo com 100 mil amostras, a aproximação AIS falha completamente após 20 etapas.

▶ Sem dúvida, precisamos de uma solução melhor. A segunda inovação-chave é *concentrar o conjunto de amostras nas regiões de alta probabilidade do espaço de estados*. Isso pode ser feito descartando-se amostras que têm peso muito baixo, de acordo com as observações, enquanto se replicam as que têm peso elevado. Desse modo, a população de amostras permanecerá razoavelmente próxima da realidade. Se pensarmos nas amostras como um recurso para modelar a distribuição posterior, fará sentido usar mais amostras em regiões do espaço de estados em que a distribuição posterior for mais alta.

Filtragem de partículas

Uma família de algoritmos denominados algoritmos de **filtragem de partículas** foi projetada para fazer exatamente isso. (Outro nome inicial foi **amostragem de importância sequencial com reamostragem**, mas, por algum motivo, o nome não pegou.) A filtragem de partículas funciona assim: primeiro, geramos uma população de N amostras a partir da distribuição anterior $\mathbf{P}(\mathbf{X}_0)$. Em seguida, o ciclo de atualização é repetido para cada período de tempo:

1. Cada amostra é propagada para a frente por amostragem do próximo valor de estado $\mathbf{x}_{t+1}$, dado o valor atual $\mathbf{x}_t$ para a amostra, e usando-se o modelo de transição $\mathbf{P}(\mathbf{X}_{t+1} \mid \mathbf{x}_t)$.
2. Cada amostra é ponderada pela probabilidade que atribui à nova evidência, $P(\mathbf{e}_{t+1} \mid \mathbf{x}_{t+1})$.
3. A população é *reamostrada* para gerar uma nova população de N amostras. Cada nova amostra é selecionada a partir da população atual; a probabilidade de uma amostra específica ser selecionada é proporcional ao seu peso. As novas amostras são não ponderadas.

O algoritmo é mostrado em detalhes na Figura 14.17, e sua operação para a DBN do guarda-chuva é ilustrada na Figura 14.18.

Podemos mostrar que esse algoritmo é consistente – fornece as probabilidades corretas, à medida que N tende a infinito –, examinando as operações durante um ciclo de atualização. Vamos supor que a população de amostras comece com uma representação correta da mensagem para a frente – isto é, $\mathbf{f}_{1:t} = \mathbf{P}(\mathbf{X}_t \mid \mathbf{e}_{1:t})$ no tempo t. Escrevendo $N(\mathbf{x}_t \mid \mathbf{e}_{1:t})$ para representar o número de amostras que ocupam o estado $\mathbf{x}_t$ depois das observações $\mathbf{e}_{1:t}$ terem sido processadas, temos

$$N(\mathbf{x}_t \mid \mathbf{e}_{1:t})/N = P(\mathbf{x}_t \mid \mathbf{e}_{1:t}) \tag{14.23}$$

para N grande. Agora, propagamos cada amostra para a frente, realizando a amostragem das variáveis de estados em $t + 1$, dados os valores para a amostra em t. O número de amostras que alcançam o estado $\mathbf{x}_{t+1}$ de cada $\mathbf{x}_t$ é a probabilidade de transição multiplicada pela população de $\mathbf{x}_t$; logo, o número total de amostras que alcançam $\mathbf{x}_{t+1}$ é

$$N(\mathbf{x}_{t+1} \mid \mathbf{e}_{1:t}) = \sum_{\mathbf{x}_t} P(\mathbf{x}_{t+1} \mid \mathbf{x}_t) N(\mathbf{x}_t \mid \mathbf{e}_{1:t}).$$

função FILTRAGEM-DE-PARTÍCULAS(**e**, *N*, *dbn*) **retorna** um conjunto de amostras para o próximo período de tempo
  entradas: **e**, a nova evidência de entrada
          N, o número de amostras a serem mantidas
          dbn, uma DBN definida por $\mathbf{P}(\mathbf{X}_0)$, $\mathbf{P}(\mathbf{X}_1|\mathbf{X}_0)$ e $\mathbf{P}(\mathbf{E}_1|\mathbf{X}_1)$
  persistente: *S*, um vetor de amostras de tamanho *N*, inicialmente gerado a partir de $\mathbf{P}(\mathbf{X}_0)$
  variáveis locais: *W*, um vetor de pesos de tamanho *N*

  para *i* = 1 até *N* **faça**
      $S[i] \leftarrow$ amostra de $\mathbf{P}(\mathbf{X}_1 \mid \mathbf{X}_0 = S[i])$ // etapa 1
      $W[i] \leftarrow P(\mathbf{e} \mid \mathbf{X}_1 = S[i])$ // etapa 2
  $S \leftarrow$ AMOSTRAGEM-PONDERADA-COM-REPOSIÇÃO(*N*, *S*, *W*)   // etapa 3
  retornar *S*

Figura 14.17 Algoritmo de filtragem de partículas implementado como uma operação de atualização recursiva com estado (o conjunto de amostras). Cada uma das etapas de amostragem envolve a amostragem das variáveis de fatias relevantes em ordem topológica, de modo muito semelhante à AMOSTRAGEM-A-PRIORI. A operação de AMOSTRAGEM-PONDERADA-COM-REPOSIÇÃO pode ser implementada para ser executada no tempo esperado $O(N)$. Os números das etapas referem-se à descrição no texto.

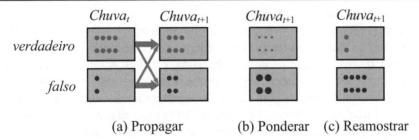

Figura 14.18 Ciclo de atualização da filtragem de partículas para a DBN de guarda-chuva com *N* = 10, com as populações de amostras de cada estado. (a) No tempo *t*, oito amostras indicam *chuva* e duas indicam ¬*chuva*. Cada uma é propagada para a frente pela amostragem do estado seguinte via modelo de transição. No tempo *t* + 1, seis amostras indicam *chuva* e quatro indicam ¬*chuva*. (b) ¬*guarda-chuva* é observado em *t* + 1. Cada amostra é ponderada por sua probabilidade referente à observação, como indicam os tamanhos dos círculos. (c) Um novo conjunto de 10 amostras é gerado por seleção aleatória ponderada do conjunto atual, resultando em duas amostras que indicam *chuva* e oito que indicam ¬*chuva*.

Agora, ponderamos cada amostra por sua probabilidade para a evidência em *t* +1. Uma amostra no estado $\mathbf{x}_{t+1}$ recebe peso $P(\mathbf{e}_{t+1} \mid \mathbf{x}_{t+1})$. O peso total das amostras em $\mathbf{x}_{t+1}$ depois de ver $\mathbf{e}_{t+1}$ é, portanto,

$$W(\mathbf{x}_{t+1} \mid \mathbf{e}_{1:t+1}) = P(\mathbf{e}_{t+1} \mid \mathbf{x}_{t+1})N(\mathbf{x}_{t+1} \mid \mathbf{e}_{1:t}).$$

Em seguida, vamos à etapa de reamostragem. Tendo em vista que cada amostra é replicada com probabilidade proporcional ao seu peso, o número de amostras no estado $\mathbf{x}_{t+1}$ depois da reamostragem é proporcional ao peso total em $\mathbf{x}_{t+1}$ antes da reamostragem:

$$\begin{aligned}
N(\mathbf{x}_{t+1}\mid\mathbf{e}_{1:t+1})/N &= \alpha W(\mathbf{x}_{t+1}\mid\mathbf{e}_{1:t+1}) \\
&= \alpha P(\mathbf{e}_{t+1}\mid\mathbf{x}_{t+1})N(\mathbf{x}_{t+1}\mid\mathbf{e}_{1:t}) \\
&= \alpha P(\mathbf{e}_{t+1}\mid\mathbf{x}_{t+1})\sum_{\mathbf{x}_t}P(\mathbf{x}_{t+1}\mid\mathbf{x}_t)N(\mathbf{x}_t\mid\mathbf{e}_{1:t}) \\
&= \alpha NP(\mathbf{e}_{t+1}\mid\mathbf{x}_{t+1})\sum_{\mathbf{x}_t}P(\mathbf{x}_{t+1}\mid\mathbf{x}_t)P(\mathbf{x}_t\mid\mathbf{e}_{1:t}) \quad \text{(por 14.23)} \\
&= \alpha' P(\mathbf{e}_{t+1}\mid\mathbf{x}_{t+1})\sum_{\mathbf{x}_t}P(\mathbf{x}_{t+1}\mid\mathbf{x}_t)P(\mathbf{x}_t\mid\mathbf{e}_{1:t}) \\
&= P(\mathbf{x}_{t+1}\mid\mathbf{e}_{1:t+1}) \quad \text{(por 14.5)}.
\end{aligned}$$

Por conseguinte, a população da amostra após um ciclo de atualização representa corretamente a mensagem para a frente no tempo $t + 1$.

Então, a filtragem de partículas é *consistente*; porém, ela é *eficiente*? Na prática, parece que a resposta é sim: a filtragem de partículas parece manter boa aproximação em relação à distribuição posterior verdadeira com o uso de um número constante de amostras. A Figura 14.19 mostra que a filtragem de partículas realiza um bom trabalho no problema de localização do mundo de grades com apenas mil amostras. Isso também funciona em problemas do mundo real: o algoritmo aceita milhares de aplicações na ciência e na engenharia. (Algumas referências são dadas ao fim do capítulo.) Ele trata de combinações de variáveis discretas e contínuas, bem como modelos não lineares e não gaussianos para variáveis contínuas. Sob certas hipóteses – particularmente, de que as probabilidades nos modelos de transição e de sensores são limitadas entre 0 e 1 – também é possível provar que a aproximação mantém limitação de erro com alta probabilidade, como a figura sugere.

No entanto, o algoritmo de filtragem de partículas tem pontos fracos. Vamos ver como ele funciona no mundo do aspirador de pó com acréscimo de sujeira. Lembre-se, da seção 14.3.2, de que isso aumenta o tamanho do espaço de estados por um fator de 2^{42}, tornando a inferência HMM exata inviável. Queremos que o robô ande e construa um mapa de onde a sujeira está localizada. (Esse é um exemplo simples de **localização e mapeamento simultâneos** ou **LMS**, que veremos com mais detalhes no Capítulo 26.) $Sujeira_{i,t}$ significa que o quadrado i está sujo no tempo t e $SensorSujeira_t$ é verdadeiro se e somente se o robô detectar sujeira no tempo t. Vamos supor que, em um quadrado qualquer, a sujeira persiste com probabilidade p, enquanto um quadrado limpo fica sujo com probabilidade $1 - p$ (o que significa que cada quadrado está sujo na metade do tempo, em média). O robô tem um sensor de sujeira para sua localização atual; o sensor é preciso, com probabilidade de 0,9. A Figura 14.20 mostra a DBN.

Para simplificar, vamos começar supondo que o robô tem um sensor de localização perfeito, em vez do sensor de parede com ruído. O desempenho do algoritmo é mostrado na Figura 14.21(a), em que suas estimativas de sujeira são comparadas aos resultados da inferência exata. (Veremos em breve como é possível realizar a inferência exata.) Para valores baixos de persistência de sujeira p, o erro permanece pequeno – mas esta não é uma grande conquista, porque para cada quadrado o posterior verdadeiro para a sujeira é próximo de 0,5 se o robô não tiver visitado aquele quadrado recentemente. Para valores mais altos de p, a sujeira permanece por mais tempo; portanto, visitar um quadrado produz informações mais úteis, que são válidas por um período mais longo. Talvez seja surpresa que a filtragem de partículas se sai *pior* para valores mais altos de p. Ela falha completamente quando $p = 1$, mesmo que pareça o caso mais fácil: a sujeira chega no tempo 0 e permanece no lugar para sempre, então, após algumas

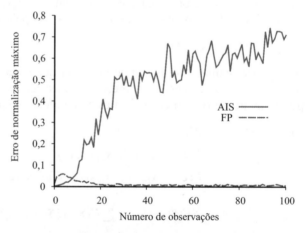

Figura 14.19 Erro de normalização máximo na estimativa de localização do mundo de grades (em comparação com a inferência exata) para a ponderação de probabilidade (amostragem de importância sequencial) com 100 mil amostras e filtragem de partículas com mil amostras; média de dados por 50 execuções.

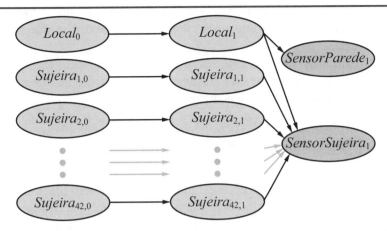

Figura 14.20 Rede bayesiana dinâmica para localização e mapeamento simultâneos no mundo estocástico do aspirador de pó. Os quadrados sujos persistem com probabilidade p e os quadrados limpos se tornam sujos com probabilidade $1 - p$. O sensor de sujeira no local é 90% preciso, para o quadrado em que o robô está localizado atualmente.

viagens pelo mundo, o robô deve ter um mapa de sujeira quase perfeito. Por que a filtragem de partículas falha nesse caso?

Acontece que a condição teórica que exige que "as probabilidades nos modelos de transição e de sensores sejam estritamente maiores que 0 e menores que 1" é mais do que mero pedantismo matemático. O que acontece é que primeiro cada partícula contém inicialmente 42 suposições de $\mathbf{P}(\mathbf{X}_0)$ sobre quais quadrados têm sujeira e quais não têm. Então, o estado de cada partícula é projetado para frente no tempo, de acordo com o modelo de transição. Infelizmente, o modelo de transição para sujeira determinística é determinístico: a sujeira permanece exatamente onde está. Assim, as suposições iniciais em cada partícula nunca são atualizadas pelas evidências.

A chance de que as suposições iniciais estejam todas corretas é de 2^{-42} ou cerca de 2×10^{-13}; portanto, é extremamente improvável que mil partículas (ou mesmo um milhão de partículas) incluam uma com o mapa de sujeira correto. Normalmente, a melhor partícula de mil terá cerca de 32 acertos e 10 erros, e geralmente haverá apenas uma dessas partículas, ou talvez algumas. Uma dessas melhores partículas chegará a dominar a probabilidade total conforme o tempo

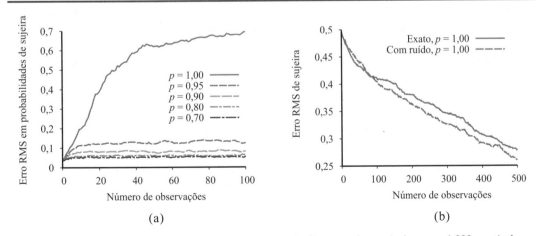

Figura 14.21 (a) Desempenho do algoritmo padrão de filtragem de partículas com 1.000 partículas, mostrando o erro RMS em probabilidades de sujeira marginal em comparação com a inferência exata para diferentes valores de persistência de sujeira p. (b) Desempenho do filtro de partículas Rao-Blackwellizado (100 partículas) em comparação com a pura verdade, para a detecção exata do local e a detecção de parede com ruído e com sujeira determinística. Média de dados por 20 execuções. (Esta figura encontra-se reproduzida em cores no Encarte *online*.)

450 Inteligência Artificial

passa e a diversidade da população de partículas encolherá. Então, como todas as partículas concordam em um único mapa incorreto, o algoritmo se convence de que esse mapa está correto e nunca muda de ideia.

Felizmente, o problema de localização e mapeamento simultâneos tem uma estrutura especial: condicionados à sequência de localizações do robô, os *status* de sujeira dos quadrados individuais são independentes. Mais especificamente,

$$\mathbf{P}(Sujeira_{1,0:t}, \ldots, Sujeira_{42,0:t} \mid SensorSujeira_{1:t}, SensorParede_{1:t}, Local_{1:t})$$
$$= \prod_i \mathbf{P}(Sujeira_{i,0:t} \mid SensorSujeira_{1:t}, Local_{1:t}). \tag{14.24}$$

Rao-Blackwellização

Isso significa que é útil aplicar um truque estatístico chamado **Rao-Blackwellização**, que se baseia na ideia simples de que a inferência exata é sempre mais precisa do que a amostragem, mesmo que seja apenas para um subconjunto das variáveis. Para o problema de LMS, executamos a filtragem de partículas no local do robô e, para cada partícula, executamos a inferência HMM exata para cada quadrado de sujeira independentemente, condicionado na sequência de localização dessa partícula. Cada partícula, portanto, contém uma localização amostrada mais 42 posteriores marginais exatos para os 42 quadrados – ou seja, exatos supondo que a trajetória de localização hipotética seguida por aquela partícula esteja correta. Essa técnica, chamada **filtro de partículas Rao-Blackwellizado**, trata do caso da sujeira determinística sem dificuldades, construindo gradualmente um mapa de sujeira exato com detecção do local exato ou detecção de parede com ruído, conforme mostrado na Figura 14.21(b).

Filtro de partículas Rao-Blackwellizado

Nos casos que não satisfazem o tipo de estrutura de independência condicional exemplificada pela Equação 14.24, a Rao-Blackwellização não se aplica. As notas no fim do capítulo mencionam diversos algoritmos que foram propostos para lidar com o problema geral de filtragem com variáveis estáticas. Nenhum tem a elegância e a gama de aplicações do filtro de partículas, mas vários deles são eficazes na prática para certas classes de problemas.

Resumo

Este capítulo tratou do problema geral de representar e raciocinar sobre processos temporais probabilísticos. Os principais pontos foram:

- O estado mutável do mundo é manipulado pela utilização de um conjunto de variáveis aleatórias para representar o estado em cada instante no tempo
- As representações podem ser projetadas para satisfazer (aproximadamente) à **propriedade de Markov**, de forma que o futuro seja independente do passado, dado o presente. Combinado com a hipótese de que o processo é **estacionário** (não muda ao longo do tempo), isso simplifica bastante a representação
- Um modelo de probabilidade temporal pode ser considerado a união de um **modelo de transição** que descreve a evolução e um **modelo de sensores** que descreve o processo de observação
- As principais tarefas de inferência em modelos temporais são **filtragem (estimativa de estado)**, **previsão**, **suavização** e cálculo da **explicação mais provável**. Cada uma dessas tarefas pode ser realizada com o emprego de algoritmos recursivos simples cujo tempo de execução é linear na duração da sequência
- Três famílias de modelos temporais foram estudadas em maior profundidade: **modelos ocultos de Markov**, **filtros de Kalman** e **redes bayesianas dinâmicas** (que incluem os outros dois como casos especiais)
- A menos que sejam feitas suposições especiais, como em filtros de Kalman, a inferência exata com muitas variáveis de estado parece ser intratável. Na prática, o algoritmo de **filtragem de partículas** e seus descendentes são uma família efetiva de algoritmos de aproximação.

Notas bibliográficas e históricas

Muitas das ideias básicas para avaliação do estado de sistemas dinâmicos vieram do matemático C. F. Gauss (1809), que formulou um algoritmo determinístico de mínimos quadrados para o problema de estimar órbitas a partir de observações astronômicas. A. A. Markov (1913) desenvolveu aquilo que se denominou mais tarde **hipótese de Markov** em sua análise dos processos estocásticos; ele estimou uma cadeia de Markov de primeira ordem sobre letras do texto de *Eugene Onegin*. Levin *et al.* (2008) abordam a teoria geral da cadeia de Markov e a mistura de tempos.

Um trabalho secreto significativo sobre filtragem foi realizado durante a Segunda Guerra Mundial por Wiener (1942) para processos de tempo contínuo e por Kolmogorov (1941) para processos de tempo discreto. Embora esse trabalho tenha levado a importantes desenvolvimentos tecnológicos durante os 20 anos seguintes, seu uso de uma representação no domínio das frequências tornou muitos cálculos bastante incômodos. A modelagem direta do espaço de estados do processo estocástico acabou se mostrando mais simples, conforme demonstraram Peter Swerling (1959) e Rudolf Kalman (1960). Este último ensaio descreveu o que se conhece agora como filtro de Kalman para inferência para a frente em sistemas lineares com ruído gaussiano; os resultados de Kalman, no entanto, foram previamente obtidos pelo astrônomo dinamarquês Thorvold Thiele (1880) e pelo físico russo Ruslan Stratonovich (1959). Após uma visita à NASA Ames Research Center, em 1960, Kalman viu a aplicabilidade do método para o rastreamento de trajetórias de foguetes, e posteriormente o filtro foi implementado pelas missões Apollo.

Os mais importantes resultados em suavização foram derivados por Rauch *et al.* (1965), e o suavizador, com o impressionante nome Rauch-Tung-Striebel, ainda é uma técnica padrão atualmente. Muitos resultados iniciais estão reunidos em Gelb (1974). Bar-Shalom e Fortmann (1988) apresentam tratamento mais moderno com uma abordagem de Bayes, além de muitas referências à vasta literatura sobre o assunto. Chatfield (1989) e Box *et al.* (2016) cobrem a abordagem da teoria de controle para análise de séries temporais.

O modelo oculto de Markov e os algoritmos associados para inferência e aprendizado, incluindo o algoritmo para a frente-para trás, foram desenvolvidos por Baum e Petrie (1966). O algoritmo de Viterbi apareceu primeiro em Viterbi (1967). Ideias semelhantes também apareceram independentemente na comunidade de filtragem de Kalman (Rauch *et al.*, 1965).

O algoritmo para a frente-para trás foi um dos principais precursores da formulação geral do algoritmo EM (Dempster *et al.*, 1977); ver também o Capítulo 20. A suavização do espaço de constantes aparece em Binder *et al.* (1997b), como também o algoritmo de dividir e conquistar. A suavização de retardamento fixo de tempo constante para HMM apareceu pela primeira vez em Russell e Norvig (2003).

Foram encontradas muitas aplicações para HMM no processamento da linguagem (Charniak, 1993), reconhecimento da fala (Rabiner e Juang, 1993), tradução automática (Och e Ney, 2003), biologia computacional (Krogh *et al.*, 1994; Baldi *et al.*, 1994), economia financeira (Bhar e Hamori, 2004) e outros campos. Houve várias extensões para o modelo HMM básico: por exemplo, o HMM hierárquico (Fine *et al.*, 1998), e o HMM em camadas (Oliver *et al.*, 2004) introduziram a estrutura de volta ao modelo, substituindo a variável de estado único dos HMM.

As redes bayesianas dinâmicas (DBN) podem ser visualizadas como uma codificação esparsa de um processo de Markov e foram utilizadas primeiro em IA por Dean e Kanazawa (1989b), Nicholson e Brady (1992) e Kjaerulff (1992). O último trabalho estende o sistema de rede de Hugin Bayes para acomodar redes bayesianas dinâmicas. O livro de Dean e Wellman (1991) ajudou a popularizar DBN e a abordagem probabilística para o planejamento e controle dentro da IA. Murphy (2002) forneceu uma análise completa de DBN.

As redes bayesianas dinâmicas se tornaram populares para modelar diversos processos de movimentos complexos em visão de computadores (Huang *et al.*, 1994; Intille e Bobick, 1999). Como HMM, encontraram aplicação em reconhecimento de fala (Zweig e Russell, 1998; Livescu *et al.*, 2003), localização robótica (Theocharous *et al.*, 2004) e genômica (Murphy e Mian, 1999; Li *et al.*, 2011). Outras áreas de aplicação incluem análise

452 Inteligência Artificial

de gestos (Suk *et al.*, 2010), detecção de fadiga do motorista (Yang *et al.*, 2010) e modelagem de tráfego urbano (Hofleitner *et al.*, 2012).

A ligação entre HMM e DBN, e entre algoritmo para a frente-para trás e propagação de rede bayesiana, foi feita explicitamente por Smyth *et al.* (1997). Uma unificação adicional com filtros de Kalman (e outros modelos estatísticos) aparece em Roweis e Ghahramani (1999). Existem procedimentos para aprender os parâmetros (Binder *et al.*, 1997a; Ghahramani, 1998) e as estruturas (Friedman *et al.*, 1998) de DBN. As **redes bayesianas de tempo contínuo** (Nodelman *et al.*, 2002) são as equivalentes de estado discreto e tempo contínuo das DBN, evitando a necessidade de escolher uma duração em particular para os períodos de tempo.

Os primeiros algoritmos de amostragem para filtragem de partículas (também chamados "métodos sequenciais de Monte Carlo") foram desenvolvidos na comunidade de teoria de controle por Handschin e Mayne (1969), e a ideia de reamostragem que constitui o núcleo da filtragem de partículas apareceu em um periódico russo sobre controle (Zaritskii *et al.*, 1975). Mais tarde, ele foi recriado em estatística como reamostragem sequencial do tipo **amostragem de importância sequencial com reamostragem**, ou **SIR** (Rubin, 1988; Liu e Chen, 1998), em teoria de controle como filtragem de partículas (Gordon *et al.*, 1993; Gordon, 1994), em IA como **sobrevivência do mais adaptado** (Kanazawa *et al.*, 1995) e em visão de computadores como **condensação** (Isard e Blake, 1996).

Reversão da evidência

O artigo de Kanazawa *et al.* (1995) inclui um aperfeiçoamento denominado **reversão da evidência**, pelo qual o estado no tempo $t + 1$ tem uma amostragem condicional sobre o estado no tempo t e sobre a evidência no tempo $t + 1$. Isso permite que a evidência influencie diretamente a geração de amostras, e foi demonstrado por Doucet (1997) e Liu e Chen (1998) para reduzir o erro de aproximação.

A filtragem de partículas foi aplicada em muitas áreas, incluindo o rastreamento de padrões de movimento complexos em vídeo (Isard e Blake, 1996), a previsão do mercado de ações (Freitas *et al.*, 2000), e diagnóstico de falhas em veículos planetários (Verma *et al.*, 2004). Desde a sua invenção, dezenas de milhares de artigos foram publicados sobre aplicações e variantes do algoritmo. A implementação em escala no *hardware* paralelo tornou-se muito importante; embora se possa imaginar que é simples distribuir N partículas por até N *threads* de processador, o algoritmo básico exige comunicação sincronizada entre as *threads* para a etapa de reamostragem (Hendeby *et al.*, 2010). O **algoritmo de cascata de partículas** (Paige *et al.*, 2015) remove o requisito de sincronização, resultando em uma computação paralela muito mais rápida.

O **filtro de partículas Rao-Blackwellizado** deve-se a Doucet *et al.* (2000) e Murphy e Russell (2001); sua aplicação para problemas práticos de localização e mapeamento na robótica é descrita no Capítulo 26. Muitos outros algoritmos foram propostos para lidar com problemas de filtragem mais genéricos, com variáveis estáticas ou quase estáticas, incluindo o algoritmo de movimento de reamostragem (Gilks e Berzuini, 2001) e o algoritmo de Liu-West (Liu e West, 2001), o filtro de Storvik (Storvik, 2002), o filtro de parâmetro estendido (Erol *et al.*, 2013) e o filtro de parâmetro assumido (Erol *et al.*, 2017). Este último é uma mistura de filtragem de partículas com uma ideia muito mais antiga, chamada **filtro de densidade assumida**.

Filtro de densidade assumida

Um filtro de densidade assumida considera que a distribuição posterior sobre os estados no instante t pertence a uma família finitamente parametrizada em particular; se as etapas de projeção e atualização o tomarem fora dessa família, a distribuição é projetada de volta para oferecer a melhor aproximação dentro da família. Para DBN, o algoritmo de Boyen-Koller (Boyen *et al.*, 1999) e o algoritmo de **fronteira fatorada** (Murphy e Weiss, 2001) consideram que a distribuição posterior pode ser bem aproximada por um produto de fatores menores.

Fronteira fatorada

Os métodos MCMC (ver seção 13.4.2) podem ser aplicados para problemas de filtragem; por exemplo, a amostragem de Gibbs pode ser aplicada diretamente a uma DBN desdobrada. A família **MCMC de partículas** de algoritmos (Andrieu *et al.*, 2010; Lindsten *et al.*, 2014) combina MCMC no modelo temporal não desdobrado com a filtragem de partículas, para gerar as propostas de MCMC; embora isso provavelmente convirja para a distribuição posterior correta no caso geral (ou seja, com variáveis tanto estáticas quanto dinâmicas), é um algoritmo *off-line*. Para evitar o problema de aumento nos tempos de atualização à medida que a rede cresce, a filtragem **MCMC decomposta** (Marthi *et al.*, 2002) prefere amostrar variáveis de estado mais recentes, com uma probabilidade que diminui para variáveis mais no passado.

MCMC de partículas

MCMC decomposta

O livro de Doucet *et al.* (2001) junta muitos artigos importantes sobre o algoritmo **sequencial de Monte Carlo** (SMC), do qual a filtragem de partículas é o exemplo mais importante. Existem tutoriais úteis de Arulampalam *et al.* (2002) e Doucet e Johansen (2011). Há também diversos resultados teóricos referentes a condições sob as quais os métodos SMC retêm um erro limitado indefinidamente, em comparação com o posterior verdadeiro (Crisan e Doucet, 2002; Del Moral, 2004; Del Moral *et al.*, 2006).

Sequencial de Monte Carlo

CAPÍTULO 15

PROGRAMAÇÃO PROBABILÍSTICA

> *Neste capítulo, explicamos a ideia das linguagens universais para representação do conhecimento probabilístico e inferência em domínios incertos.*

O espectro de representações – sejam elas atômicas, fatoradas ou estruturadas – tem sido um tema que persiste no campo da IA. Para modelos determinísticos, os algoritmos de busca assumem apenas uma representação atômica; CSP e a lógica proposicional oferecem representações fatoradas; e a lógica de primeira ordem e os sistemas fatorados tiram proveito das representações estruturadas. O poder expressivo possibilitado pelas representações estruturadas produz modelos que são muito mais concisos do que as descrições fatoradas ou atômicas equivalentes.

Para modelos probabilísticos, as redes bayesianas descritas nos Capítulos 13 e 14 são representações fatoradas: o conjunto de variáveis aleatórias é fixo e finito, e cada uma tem um intervalo fixo de valores possíveis. Esse fato limita a aplicabilidade das redes bayesianas, porque a representação da rede bayesiana para um domínio complexo é simplesmente muito grande. Isso torna inviável construir essas representações à mão e inviável aprendê-las a partir de qualquer quantidade de dados razoável.

O problema da criação de uma linguagem formal expressiva para informações probabilísticas sobrecarregou algumas das maiores mentes da história, incluindo Gottfried Leibniz (o coinventor do cálculo), Jacob Bernoulli (descobridor de *e*, do cálculo das variações e da Lei dos Grandes Números), Augustus De Morgan, George Boole, Charles Sanders Peirce (um dos principais lógicos do século XIX), John Maynard Keynes (o maior economista do século XX) e Rudolf Carnap (um dos maiores filósofos analíticos do século XX). O problema resistiu a esses e muitos outros esforços até a década de 1990.

Graças em parte ao desenvolvimento das redes bayesianas, agora existem linguagens formais matematicamente elegantes e eminentemente práticas que permitem a criação de modelos probabilísticos para domínios muito complexos. Essas linguagens são *universais* no mesmo sentido que as máquinas de Turing o são: elas podem representar qualquer modelo de probabilidades computável, assim como as máquinas de Turing podem representar qualquer função computável. Além disso, essas linguagens vêm com algoritmos de inferência de propósito geral, de certa forma análogos aos algoritmos de inferência lógica corretos e completos, como a resolução.

Existem duas rotas para introduzir poder expressivo na teoria de probabilidades. A primeira é por meio da lógica: conceber uma linguagem que defina probabilidades sobre mundos possíveis de primeira ordem, em vez dos mundos possíveis proposicionais das redes bayesianas. Essa rota é explicada nas seções 15.1 e 15.2, com a seção 15.3 cobrindo o caso específico do raciocínio temporal. A segunda rota é por meio de linguagens de programação tradicionais: introduzimos elementos estocásticos – escolhas aleatórias, por exemplo – nessas linguagens e vemos os programas definindo distribuições de probabilidade sobre seus próprios traços de execução. Essa abordagem é explicada na seção 15.4.

Linguagem de programação probabilística (LPP)

Ambas as rotas levam a uma **linguagem de programação probabilística (LPP)**. A primeira rota leva a LPP declarativas, que mantêm aproximadamente igual relação com as LPP gerais que a programação em lógica (Capítulo 9) mantém com as linguagens de programação de uso geral.

15.1 Modelos de probabilidade relacionais

Lembre-se, do Capítulo 12, de que o modelo de probabilidades define um conjunto Ω de mundos possíveis com uma probabilidade $P(\omega)$ para cada mundo ω. Para as redes bayesianas, os mundos possíveis são atribuições de valores a variáveis; para o caso booleano em particular, os mundos possíveis são idênticos aos da lógica proposicional.

Assim, para um modelo de probabilidades de primeira ordem, parece que precisamos que os mundos possíveis sejam aqueles da lógica de primeira ordem – ou seja, um conjunto de objetos com relações entre eles e uma interpretação que mapeia símbolos constantes a objetos, símbolos de predicados a relações e símbolos de função a funções sobre esses objetos (ver seção 8.2). O modelo também precisa definir uma probabilidade para cada um desses mundos possíveis, assim como uma rede bayesiana define uma probabilidade para cada atribuição de valores a variáveis.

Vamos supor, por um instante, que tenhamos descoberto como fazer isso. Então, como sempre (ver seção 12.2.1), podemos obter a probabilidade de qualquer sentença lógica de primeira ordem ϕ (fi) como uma soma de todos os mundos possíveis onde ela é verdadeira:

$$P(\phi) = \sum_{\omega:\phi \text{ é verdadeiro em } \omega} P(\omega). \tag{15.1}$$

As probabilidades condicionais $P(\phi \mid \mathbf{e})$ podem ser obtidas de modo semelhante, de modo que, a princípio, podemos fazer qualquer pergunta que quisermos ao nosso modelo – e obter uma resposta. Até aqui, tudo bem.

No entanto, há um problema: o conjunto de modelos de primeira ordem é infinito. Vimos isso explicitamente na Figura 8.4, que vamos mostrar novamente aqui na Figura 15.1 (superior). Isso significa que (1) o somatório na Equação 15.1 poderia ser inviável, e (2) especificar uma distribuição completa e consistente sobre um conjunto infinito de mundos poderia ser muito difícil.

Nesta seção, evitamos esse problema ao considerar a **semântica do banco de dados** definida na seção 8.2.8. A semântica do banco de dados faz a **suposição de nomes exclusivos** – aqui, nós a adotamos para os símbolos de constantes. Também pressupõe o **fechamento do domínio** – não há mais objetos além daqueles que são nomeados. Podemos então garantir um conjunto finito de mundos possíveis, fazendo com que o conjunto de objetos em cada mundo seja exatamente o conjunto de símbolos constantes que são usados; conforme mostrado na Figura 15.1 (parte inferior), não há incerteza sobre o mapeamento entre símbolos e objetos ou sobre os objetos que existem.

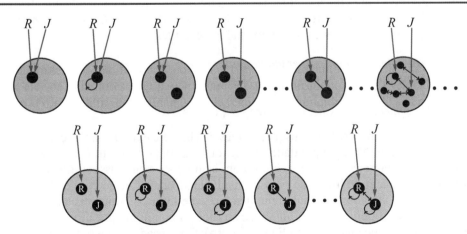

Figura 15.1 Superior: alguns membros do conjunto de todos os mundos possíveis para uma linguagem com dois símbolos constantes, R e J, e um símbolo de relação binária, sob a semântica padrão para a lógica de primeira ordem. Inferior: os mundos possíveis sob a semântica de banco de dados. A interpretação dos símbolos de constantes é fixa, e existe um objeto distinto para cada símbolo de constante.

456   Inteligência Artificial

Modelo de
probabilidade
relacional

Chamaremos os modelos definidos dessa forma de **modelos de probabilidades relacionais**, ou MPR.[1] A diferença mais significativa entre a semântica dos MPR e a semântica do banco de dados introduzida na seção 8.2.8 é que os MPR não fazem a suposição de mundo fechado – em um sistema de raciocínio probabilístico, não podemos simplesmente assumir que todo fato desconhecido é falso.

15.1.1 Sintaxe e semântica

Vamos começar com um exemplo simples: suponhamos que um vendedor de livros *online* queira fornecer avaliações gerais de produtos com base nas recomendações recebidas de seus clientes. A avaliação será feita na forma de uma distribuição posterior sobre a qualidade do livro, dadas as evidências disponíveis. A solução mais simples é basear a avaliação na recomendação média, talvez com uma variação determinada pelo número de recomendações, mas isso não leva em consideração o fato de que alguns clientes são mais gentis do que outros e alguns são menos honestos do que outros. Clientes gentis tendem a dar recomendações altas até mesmo para livros razoavelmente medíocres, enquanto clientes desonestos dão recomendações muito altas ou muito baixas por razões que não sejam a qualidade – eles podem ser pagos para promover os livros de algumas editoras.[2]

Para um único cliente C_1 recomendando um único livro L_1, a rede bayesiana poderia se parecer com aquela mostrada na Figura 15.2(a). (Assim como na seção 9.1, as expressões com parênteses, como $Honesto(C_1)$ são apenas símbolos idealizados – nesse caso, nomes criados para variáveis aleatórias.) Com dois clientes e dois livros, a rede bayesiana se parece com aquela da Figura 15.2(b). Para grandes quantidades de livros e clientes, não é prático especificar uma rede bayesiana manualmente.

Felizmente, uma rede tem muitas estruturas repetidas. Cada variável $Recomendação(c, l)$ tem como seus pais as variáveis $Honesto(c)$, $Gentileza(c)$ e $Qualidade(l)$. Além do mais, as tabelas de probabilidade condicional (TPC) para todas as variáveis $Recomendação(c, l)$ são idênticas, assim como aquelas para todas as variáveis $Honesto(c)$, e assim por diante. A situação parece ser apropriada para uma linguagem de primeira ordem. Gostaríamos de dizer algo como

$$Recomendação(c, l) \sim RecTPC(Honesto(c), Gentileza(c), Qualidade(l))$$

que significa que a recomendação de um cliente para um livro depende probabilisticamente da honestidade e da gentileza do cliente e da qualidade do livro, de acordo com uma TPC fixa.

Assinatura de tipo

Assim como a lógica de primeira ordem, os MPR têm símbolos de constantes, funções e predicados. Também assumiremos uma **assinatura de tipo** para cada função – ou seja, uma especificação do tipo de cada argumento e o valor da função. (Se o tipo de cada objeto for conhecido, muitos mundos possíveis espúrios são eliminados por esse mecanismo; p. ex., não precisamos nos preocupar com a gentileza de cada livro, livros recomendando clientes, e assim por diante.) Para o domínio de recomendação de livros, os tipos são *Cliente* e *Livro*, e as assinaturas de tipo para as funções e predicados são as seguintes:

$$Honesto : Cliente \rightarrow \{verdadeiro, falso\}$$
$$Gentileza : Cliente \rightarrow \{1,2,3,4,5\}$$
$$Qualidade : Livro \rightarrow \{1,2,3,4,5\}$$
$$Recomendação : Cliente \times Livro \rightarrow \{1,2,3,4,5\}.$$

Os símbolos de constantes serão quaisquer nomes de cliente e livro que apareçam no conjunto de dados do vendedor. No exemplo dado na Figura 15.2(b), estes foram C_1, C_2 e L_1, L_2.

Variável aleatória
básica

Dadas as constantes e seus tipos, junto com as funções e suas assinaturas de tipo, as **variáveis aleatórias básicas** do MPR são obtidas instanciando cada função com cada combinação possível de objetos. Para o modelo de recomendação de livros, as variáveis aleatórias básicas incluem $Honesto(C_1)$, $Qualidade(L_2)$, $Recomendação(C_1, L_2)$, e assim por diante. Essas são exatamente as variáveis que aparecem na Figura 15.2(b). Como cada tipo tem apenas um número

---

[1] O nome *modelo de probabilidades relacional* foi dado por Pfeffer (2000) a uma representação ligeiramente diferente, mas as ideias fundamentais são as mesmas.
[2] Um teórico de jogos aconselharia um cliente desonesto a evitar ser detectado, recomendando ocasionalmente um bom livro de um concorrente. Ver Capítulo 18.

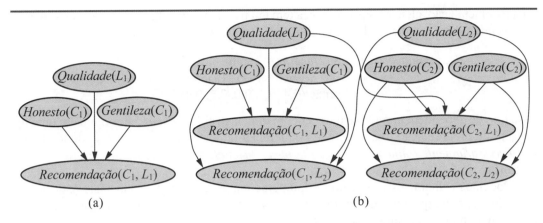

Figura 15.2 (a) Rede bayesiana para um único cliente C_1 recomendando um único livro L_1. *Honesto*(C_1) é um valor booleano, enquanto as outras variáveis têm valores inteiros entre 1 e 5. (b) Rede bayesiana com dois clientes e dois livros.

finito de instâncias (graças à hipótese de fechamento de domínio), o número de variáveis aleatórias básicas também é finito.

Para concluir o MPR, temos que escrever as dependências que controlam essas variáveis aleatórias. Existe uma declaração de dependência para cada função, em que cada argumento da função é uma variável lógica (ou seja, uma variável que varia sobre os objetos, como na lógica de primeira ordem). Por exemplo, a dependência a seguir afirma que, para cada cliente c, a probabilidade anterior de honestidade é 0,99 *verdadeira* e 0,01 *falsa*:

Honesto(c) ~ ⟨0,99, 0,01⟩

Da mesma forma, podemos declarar probabilidades anteriores para o valor de gentileza de cada cliente e a qualidade de cada livro, cada um em uma escala de 1 a 5:

Gentileza(c) ~ ⟨0,1, 0,1, 0,2, 0,3, 0,3⟩
Qualidade(l) ~ ⟨0,05, 0,2, 0,4, 0,2, 0,15⟩

Por fim, precisamos da dependência para as recomendações: para qualquer cliente c e livro l, a avaliação depende da honestidade e da gentileza do cliente e da qualidade do livro:

Recomendação(c, l) ~ *RecTPC*(*Honesto*(c), *Gentileza*(c), *Qualidade*(l))

em que *RecTPC* é uma tabela de probabilidade condicional definida separadamente, com $2 \times 5 \times 5 = 50$ linhas, cada uma com cinco entradas. Por ilustração, vamos considerar que uma recomendação honesta para um livro de qualidade q de uma pessoa com gentileza g seja distribuída uniformemente no intervalo $[\lfloor \frac{q+k}{2} \rfloor, \lceil \frac{q+k}{2} \rceil]$.

A semântica do MPR pode ser obtida instanciando essas dependências para todas as constantes conhecidas, oferecendo uma rede bayesiana (como na Figura 15.2[b]) que define uma distribuição conjunta sobre as variáveis aleatórias do MPR.[3]

O conjunto de mundos possíveis é o produto cartesiano dos intervalos de todas as variáveis aleatórias básicas e, assim como nas redes bayesianas, a probabilidade para cada mundo possível é o produto das probabilidades condicionais relevantes a partir do modelo. Com C clientes e L livros, existem C variáveis *Honesto*, C variáveis *Gentileza*, L variáveis *Qualidade* e LC variáveis *Recomendação*, levando a $2^C 5^{C+B+BC}$ mundos possíveis. Graças ao poder expressivo dos MPR, o modelo de probabilidade completo ainda tem apenas menos de 300 parâmetros – a maioria deles na tabela *RecTPC*.

Podemos refinar o modelo declarando uma **independência específica do contexto** (ver seção 13.2.2) para refletir o fato de que clientes desonestos ignoram a qualidade quando dão

---

[3] São necessárias algumas condições técnicas para que um MPR defina uma distribuição apropriada. Primeiro, as dependências devem ser *acíclicas*; caso contrário, a rede bayesiana resultante terá ciclos. Em segundo lugar, as dependências (normalmente) devem ser *bem fundamentadas*: pode não haver cadeias ancestrais infinitas, como pode surgir das dependências recursivas.

uma recomendação; além disso, a gentileza tem um papel importante em suas decisões. Assim, *Recomendação*(*c*, *l*) é independente de *Gentileza*(*c*) e *Qualidade*(*l*) quando *Honesto*(*c*) = *falso*:

$$Recomendação(c, l) \sim \textbf{se } Honesto(c) \textbf{ então}$$
$$RecHonestoTPC(Gentileza(c), Qualidade(l))$$
$$\textbf{senão } \langle 0,4, 0,1, 0,0, 0,1, 0,4 \rangle.$$

Esse tipo de dependência pode se parecer com uma instrução *if-then-else* comum em uma linguagem de programação, mas existe uma diferença importante: o mecanismo de inferência *não necessariamente conhece o valor do teste condicional*, porque *Honesto*(*c*) é uma variável aleatória.

Podemos elaborar esse modelo de inúmeras maneiras, para torná-lo mais realista. Por exemplo, suponha que um cliente honesto que seja fã do autor de um livro sempre dê um 5 para o livro, não importando a qualidade:

$$Recomendação(c, l) \sim \textbf{se } Honesto(c) \textbf{ então}$$
$$\textbf{se } Fã(c, Autor(l)) \textbf{ então } Exatamente(5)$$
$$\textbf{senão } RecHonestoTPC(Gentileza(c), Qualidade(l))$$
$$\textbf{senão } \langle 0,4, 0,1, 0,0, 0,1, 0,4 \rangle.$$

Mais uma vez, o teste condicional *Fã*(*c*, *Autor*(*l*)) é desconhecido, mas se um cliente avaliar os livros de determinado autor somente com 5 e não for especialmente gentil de outra forma, então a probabilidade posterior de que o cliente seja um fã desse autor será alta. Além do mais, a distribuição posterior tenderá a descontar as notas 5 do cliente avaliando a qualidade dos livros desse autor.

Nesse exemplo, consideramos implicitamente que o valor de *Autor*(*l*) é conhecido para todo *l*, mas isso pode não acontecer. Como o sistema pode descobrir se, digamos, C_1 é um fã do *Autor*(L_2) quando o *Autor*(L_2) é desconhecido? A resposta é que o sistema pode ter que descobrir sobre *todos os autores possíveis*. Suponha (simplificando as coisas) que existam apenas dois autores, A_1 e A_2. Então *Autor*(L_2) é uma variável aleatória com dois valores possíveis, A_1 e A_2, e é um pai de *Recomendação*(C_1, L_2). As variáveis *Fã*(C_1, A_1) e *Fã*(C_1, A_2) também são pais. A distribuição condicional para *Recomendação*(C_1, L_2) é então essencialmente um **multiplexador**, em que o pai *Autor*(L_2) atua como um seletor para escolher qual, entre *Fã*(C_1, A_1) e *Fã*(C_1, A_2), realmente influencia a recomendação. Um fragmento da rede bayesiana equivalente pode ser visto na Figura 15.3. A incerteza no valor de *Autor*(L_2), que afeta a estrutura de dependência da rede, é um caso de **incerteza relacional**.

> Multiplexador

> Incerteza relacional

Caso você esteja se perguntando como o sistema pode descobrir quem é o autor de L_2, considere a possibilidade de que três outros clientes sejam fãs de A_1 (e não tenham outros autores favoritos em comum) e todos os três tenham atribuído nota 5 para L_2, embora a maioria dos outros clientes o considere bastante fraco. Nesse caso, é extremamente provável que A_1 seja o autor de L_2. O surgimento de um raciocínio sofisticado como esse a partir de um modelo MPR de apenas algumas linhas é um exemplo intrigante de como as influências probabilísticas

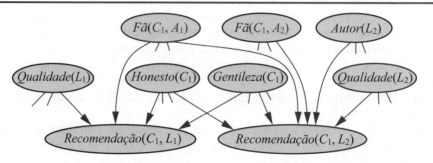

Figura 15.3 Fragmento da rede bayesiana equivalente para o MPR de recomendação de livros quando *Autor*(L_2) é desconhecido.

se espalham pela teia de interconexões entre os objetos no modelo. À medida que mais dependências e mais objetos são adicionados, a imagem transmitida pela distribuição posterior se torna cada vez mais clara.

15.1.2 Exemplo: avaliando níveis de habilidade do jogador

Muitos jogos competitivos têm uma medida numérica dos níveis de habilidade dos jogadores, às vezes chamada **avaliação**. Talvez a mais conhecida seja a avaliação Elo para jogadores de xadrez, que classifica um iniciante típico em torno de 800 e o campeão mundial geralmente tem uma avaliação superior a 2.800. Embora as avaliações Elo tenham uma base estatística, elas têm alguns elementos ocasionais. Podemos desenvolver um esquema de avaliação bayesiano da seguinte maneira: cada jogador i tem um nível de habilidade subjacente $Habilidade(i)$; em cada jogo g, o desempenho real de i é $Desempenho(i, g)$, que pode variar do nível de habilidade subjacente; e o vencedor de g é o jogador cujo desempenho em g é o melhor. Como um MPR, o modelo se parece com isto:

$$Habilidade(i) \sim \mathcal{N}(\mu, \sigma^2)$$
$$Desempenho(i, g) \sim \mathcal{N}(Habilidade(i), \beta^2)$$
$$Vencedor(i, j, g) = \textbf{se } Jogo(g, i, j) \textbf{ então } (Desempenho(i, g) > Desempenho(j, g))$$

em que β^2 é a variância do desempenho real de um jogador em qualquer jogo específico em relação ao nível de habilidade subjacente do jogador. Dado um conjunto de jogadores e jogos, bem como os resultados de alguns dos jogos, um mecanismo de inferência MPR pode calcular uma distribuição posterior sobre a habilidade de cada jogador e o resultado provável de qualquer jogo adicional que possa ser jogado.

Para jogos em equipe, vamos supor, como uma primeira aproximação, que o desempenho geral do time t no jogo g seja a soma dos desempenhos individuais dos jogadores em t:

$$DesempenhoTime(t, g) = \sum_{i \in t} Desempenho(i, g).$$

Embora os desempenhos individuais não sejam visíveis ao mecanismo de avaliação, os níveis de habilidade dos jogadores ainda podem ser estimados a partir dos resultados de vários jogos, desde que as composições do time variem entre os jogos. O mecanismo de avaliação TrueSkill™ da Microsoft utiliza esse modelo, junto com um algoritmo eficiente de inferência aproximada, para atender a centenas de milhões de usuários a cada dia.

Esse modelo pode ser elaborado de diversas maneiras. Por exemplo, poderíamos supor que os jogadores mais fracos têm maior variância em seu desempenho; poderíamos incluir a posição do jogador no time; e poderíamos considerar tipos específicos de desempenho e habilidade – por exemplo, defesa e ataque – a fim de melhorar a composição do time e a precisão preditiva.

15.1.3 Inferência nos modelos de probabilidade relacionais

A abordagem mais direta para inferência em MPR é simplesmente construir a rede bayesiana equivalente, dados os símbolos constantes conhecidos pertencentes a cada tipo. Com L livros e C clientes, o modelo básico dado anteriormente poderia ser construído com laços simples:[4]

> **para** l = 1 **até** L *faça*
>   inclua nó $Qualidade_l$ sem pais, anterior $\langle 0,05, 0,2, 0,4, 0,2, 0,15 \rangle$
> **para** c = 1 **até** C *faça*
>   inclua nó $Honesto_c$ sem pais, anterior $\langle 0,99, 0,01 \rangle$
>   inclua nó $Gentileza_c$ sem pais, anterior $\langle 0,1, 0,1, 0,2, 0,3, 0,3 \rangle$
>   **para** l = 1 **to** L *faça*
>   inclua nó $Recomendação_{c,l}$ sem pais $Honesto_c$, $Gentileza_c$, $Qualidade_l$
>   e distribuição condicional $RecTPC(Honesto_c, Gentileza_c, Qualidade_l)$.

Essa técnica é chamada **fundamentação** ou **desdobramento**; esse é o equivalente exato da **proposicionalização** para a lógica de primeira ordem (seção 9.1). A desvantagem óbvia é que a rede

---

[4] Vários pacotes estatísticos veriam esse código como *definindo* o MPR, em vez de apenas construindo uma rede bayesiana para realizar inferência no MPR. Essa visão, no entanto, perde um papel importante para a sintaxe do MPR: sem uma sintaxe com semântica clara, não há como a estrutura do modelo ser aprendida a partir dos dados.

460 Inteligência Artificial

bayesiana resultante pode ser muito grande. Além disso, se houver muitos objetos candidatos para uma relação ou função desconhecida – por exemplo, o autor desconhecido de L_2 – então algumas variáveis na rede podem ter muitos pais.

Felizmente, muitas vezes é possível evitar a geração de toda a rede bayesiana implícita. Como vimos na discussão do algoritmo de eliminação de variáveis na seção 13.3.3, toda variável que não é ancestral de uma variável de consulta ou variável de evidência é irrelevante para a consulta. Além do mais, se a consulta for condicionalmente independente de alguma variável, dada a evidência, então essa variável também é irrelevante. Portanto, ao encadear o modelo a partir da consulta e da evidência, podemos identificar apenas o conjunto de variáveis que são relevantes para a consulta. Essas são as únicas que precisam ser instanciadas para criar um fragmento potencialmente minúsculo da rede bayesiana implícita. A inferência nesse fragmento gera a mesma resposta que a inferência em toda a rede bayesiana implícita.

Outra via para melhorar a eficiência da inferência vem da presença de subestrutura repetida na rede bayesiana desdobrada. Isso significa que muitos dos fatores construídos durante a eliminação de variáveis (e tipos semelhantes de tabelas construídas por algoritmos de agrupamento) serão idênticos; para redes grandes, esquemas eficazes de *caching* produziram acelerações de três ordens de grandeza.

Terceiro, os algoritmos de inferência da MCMC têm algumas propriedades interessantes quando aplicados a MPR com incerteza relacional. A MCMC funciona por amostragem de mundos possíveis completos, de modo que em cada estado a estrutura relacional é completamente conhecida. No exemplo dado anteriormente, cada estado da MCMC especificaria o valor de *Autor*(L_2) e, portanto, os outros autores em potencial não são mais pais dos nós de recomendação para L_2. Para a MCMC, então, a incerteza relacional não causa aumento na complexidade da rede; em vez disso, o processo da MCMC inclui transições que alteram a estrutura relacional e, portanto, a estrutura de dependência da rede desdobrada.

Por fim, em alguns casos, pode ser possível evitar completamente a fundamentação do modelo. Os provadores de teoremas de resolução e os sistemas de programação em lógica evitam a proposicionalização instanciando as variáveis lógicas apenas quando for necessário para fazer a inferência prosseguir; ou seja, eles *elevam* o processo de inferência acima do nível das sentenças proposicionais básicas e fazem com que cada etapa elevada execute o trabalho de muitas etapas básicas.

A mesma ideia pode ser aplicada na inferência probabilística. Por exemplo, no algoritmo de eliminação de variáveis, um fator elevado pode representar um conjunto inteiro de fatores básicos que atribuem probabilidades a variáveis aleatórias no MPR, em que essas variáveis aleatórias diferem apenas nos símbolos constantes usados para construí-las. Os detalhes desse método estão além do escopo deste livro, mas as referências são fornecidas ao fim do capítulo.

15.2 Modelos de probabilidade de universo aberto

Já argumentamos que a semântica do banco de dados era apropriada para situações nas quais sabemos exatamente o conjunto de objetos relevantes que existem e podemos identificá-los sem que haja ambiguidade. (Em particular, todas as observações sobre um objeto estão corretamente associadas ao símbolo constante que o nomeia.) Porém, em muitos cenários do mundo real, essas suposições são simplesmente insustentáveis. Por exemplo, um vendedor de livros pode usar um ISBN (International Standard Book Number) como um símbolo constante para identificar cada livro, mesmo que determinado livro "lógico" (p. ex., "E o Vento Levou") possa ter vários ISBN correspondentes a capa dura, brochura, letras grandes, reedições, e assim por diante. Faria sentido agregar recomendações em vários ISBN, mas o varejista pode não saber com certeza quais ISBN referem-se realmente ao mesmo livro. (Observe que não estamos reificando as *cópias individuais* do livro, o que pode ser necessário para vendas de livros usados, vendas de carros, e assim por diante.) Pior ainda, cada cliente é identificado por uma ID de *login*, mas um cliente desonesto pode ter milhares de ID! No campo da segurança de computadores, essas múltiplas ID são chamadas **sybils** e seu uso para confundir um sistema de reputação é chamado **ataque de sybil**.[5] Assim, mesmo um aplicativo simples em um

Sybil

Ataque de sybil

---
[5] O nome "Sybil" vem de um famoso caso de distúrbio de múltipla personalidade.

Capítulo 15 • Programação Probabilística   461

domínio *online* relativamente bem definido envolve **incerteza de existência** (quais são os livros reais e clientes subjacentes aos dados observados) e **incerteza de identidade** (quais termos lógicos realmente se referem ao mesmo objeto).

Incerteza de existência
Incerteza de identidade

Os fenômenos de incerteza de existência e de identidade vão muito além das livrarias *online*. Na verdade, eles são onipresentes:

- Um sistema de visão não sabe o que existe, ou se existe, após a próxima esquina, e pode não saber se o objeto que ele vê agora é o mesmo que ele viu há alguns minutos.
- Um sistema de compreensão de texto não sabe antecipadamente as entidades que serão apresentadas em um texto e deve raciocinar se frases como "Maria", "Dra. Silva", "ela", "sua cardiologista", "sua mãe" e assim por diante se referem ao mesmo objeto.
- Um analista de inteligência em busca de espiões nunca sabe quantos espiões realmente existem e só pode adivinhar se vários pseudônimos, números de telefone e avistamentos pertencem ao mesmo indivíduo.

Na verdade, uma parte importante da cognição humana parece exigir o aprendizado de quais objetos existem e a capacidade de conectar observações – que quase nunca vêm anexadas com ID exclusivas – a objetos hipotéticos no mundo.

Portanto, precisamos ser capazes de definir um **modelo de probabilidade de universo aberto** (MPUA) com base na semântica padrão da lógica de primeira ordem, conforme ilustrado na parte superior da Figura 15.1. Uma linguagem para MPUA fornece uma maneira de escrever facilmente esses modelos, ao mesmo tempo que garante uma distribuição de probabilidade única e consistente no espaço infinito de mundos possíveis.

Modelo de probabilidade de universo aberto (MPUA)

15.2.1 Sintaxe e semântica

A ideia básica é entender como as redes bayesianas comuns e MPR conseguem definir um modelo de probabilidade único e transferir essa ideia para o cenário de primeira ordem. Basicamente, uma rede bayesiana *gera* cada mundo possível, evento a evento, na ordem topológica definida pela estrutura da rede, em que cada evento é uma atribuição de um valor a uma variável. Um MPR estende isso a conjuntos completos de eventos, definidos pelas instanciações possíveis de variáveis lógicas em determinado predicado ou função. Os MPUA vão além, permitindo etapas geradoras que *adicionam objetos* ao mundo possível em construção, em que o número e o tipo de objetos podem depender dos objetos que já estão naquele mundo e de suas propriedades e relações. Ou seja, o evento que está sendo gerado não é a atribuição de um valor a uma variável, mas a própria *existência* dos objetos.

Um modo de fazer isso nos MPUA é fornecer **declarações de número** que especificam distribuições condicionais sobre os números dos objetos de vários tipos. Por exemplo, no domínio de recomendação de livro, podemos querer distinguir entre *clientes* (pessoas reais) e suas *ID de login*. (Na verdade, são as ID de *login* que fazem recomendações, e não os clientes!) Suponha (para simplificar as coisas) que o número dos clientes seja uniforme entre 1 e 3 e o número dos livros seja uniforme entre 2 e 4:

Declaração de número

$$\#Cliente \sim IntUniforme(1,3)$$
$$\#Livro \sim IntUniforme(2,4). \tag{15.2}$$

Esperamos que os clientes honestos tenham apenas uma ID, enquanto os clientes desonestos poderiam ter qualquer quantidade entre 2 e 5 ID:

$$\#IDlogin(Proprietário = c) \sim \quad \textbf{se } Honesto(c) \textbf{ então } Exatamente(1)$$
$$\textbf{senão } IntUniforme(2,5). \tag{15.3}$$

Essa declaração de número especifica a distribuição sobre o número de ID de *login* para os quais o cliente c é o *Proprietário*. A função *Proprietário* é chamada **função de origem** porque diz de onde veio cada objeto gerado por essa declaração de número.

Função de origem

O exemplo do parágrafo anterior usa uma distribuição uniforme sobre os inteiros entre 2 e 5 para especificar o número de *logins* para um cliente desonesto. Essa distribuição particular é limitada, mas em geral pode não haver um limite prévio no número de objetos. A distribuição mais comumente usada sobre os inteiros não negativos é a **distribuição de Poisson**. Poisson

Distribuição de Poisson

462 Inteligência Artificial

contém um parâmetro, λ, que é o número esperado de objetos, e uma variável X amostrada de Poisson(λ) tem a seguinte distribuição:

$$P(X=k) = \lambda^k e^{-\lambda}/k!\,.$$

A variância do Poisson também é λ, então o desvio padrão é $\sqrt{\lambda}$. Isso significa que, para grandes valores de λ, a distribuição é estreita em relação à média – por exemplo, se o número de formigas em um ninho é modelado por um Poisson com uma média de um milhão, o desvio padrão é de apenas mil, ou 0,1%. Para números grandes, geralmente faz mais sentido usar a **distribuição log-normal discreta**, que é apropriada quando o log do número de objetos é normalmente distribuído. Uma forma particularmente intuitiva, que chamamos **distribuição por ordem de grandeza**, usa logaritmos de base 10: assim, uma distribuição OM(3,1) tem uma média de 10^3 e um desvio padrão de uma ordem de grandeza, ou seja, o volume da massa de probabilidade fica entre 10^2 e 10^4.

> Distribuição log-normal discreta
> Distribuição por ordem de grandeza

A semântica formal dos MPUA começa com uma definição dos objetos que preenchem os mundos possíveis. Na semântica padrão da lógica de primeira ordem tipificada, os objetos são apenas *tokens* numerados com tipos. Nos MPUA, cada objeto é um histórico de geração; por exemplo, um objeto pode ser "o quarto ID de *login* do sétimo cliente". (A razão para essa construção ligeiramente barroca logo será esclarecida.) Para tipos sem funções de origem – por exemplo, os tipos *Cliente* e *Livro*, na Equação 15.2 – os objetos têm origem vazia; por exemplo, $\langle Cliente, ,2 \rangle$ refere-se ao segundo cliente gerado a partir dessa declaração de número. Para declarações de número com funções de origem – como na Equação 15.3 – cada objeto registra sua origem; assim, o objeto $\langle IDlogin, \langle Proprietário, \langle Cliente, ,2 \rangle\rangle, 3 \rangle$ é o terceiro *login* pertencente ao segundo cliente.

> Variável numérica

As **variáveis numéricas** de um MPUA especificam quantos objetos existem de cada tipo com cada origem possível em cada mundo possível; portanto, $\#IDlogin_{\langle Proprietário, \langle Cliente,,2 \rangle\rangle}(\omega) = 4$ significa que, no mundo ω, o cliente 2 possui 4 ID de *login*. Como nos modelos de probabilidade relacionais, as **variáveis aleatórias básicas** determinam os valores dos predicados e funções para todas as tuplas de objetos; assim, $Honesto_{\langle Cliente,,2 \rangle}(\omega) = verdadeiro$ significa que, no mundo ω, o cliente 2 é honesto. Um mundo possível é definido pelos valores de todas as variáveis numéricas e variáveis aleatórias básicas. Um mundo pode ser gerado a partir do modelo por amostragem em ordem topológica; a Figura 15.4 mostra um exemplo. A probabilidade de um mundo construído dessa maneira é o produto das probabilidades de todos os valores amostrados; nesse caso, $1,2672 \times 10^{-11}$. Agora fica claro por que cada objeto contém sua origem: essa propriedade garante que todos os mundos possam ser construídos por exatamente uma sequência de geração. Se não fosse assim, a probabilidade de um mundo seria uma desajeitada soma combinatória de todas as sequências de geração que o possam criar.

Os modelos de universo aberto podem ter infinitas variáveis aleatórias, de modo que a teoria completa envolve considerações não triviais da teoria da medida. Por exemplo, declarações numéricas com distribuição de Poisson ou por ordem de grandeza permitem números ilimitados de objetos, levando a números ilimitados de variáveis aleatórias para as propriedades e relações desses objetos. Além disso, os MPUA podem ter dependências recursivas e tipos infinitos (inteiros, *strings* etc.). Por fim, a boa formação não permite dependências cíclicas e cadeias de ancestrais infinitamente regressivas; essas condições são indecidíveis em geral, mas certas condições sintáticas suficientes podem ser facilmente verificadas.

15.2.2 Inferência nos modelos de probabilidade de universo aberto

Devido ao tamanho potencialmente grande e às vezes ilimitado da rede bayesiana implícita que corresponde a um MPUA típico, desdobrá-la totalmente e realizar inferência exata é impraticável. Em vez disso, devemos considerar algoritmos de inferência aproximada, como o MCMC (ver seção 13.4.2).

Grosso modo, um algoritmo MCMC para um MPUA está explorando o espaço de mundos possíveis, definidos por conjuntos de objetos e relações entre eles, como ilustra a Figura 15.1 (topo). Um movimento entre estados adjacentes nesse espaço pode não apenas alterar relações e funções, mas também acrescentar ou remover objetos e alterar as interpretações de símbolos constantes. Mesmo que cada mundo possível possa ser imenso, os cálculos de probabilidade

Variável	Valor	Probabilidade
#Cliente	2	0,3333
#Livro	3	0,3333
$Honesto_{\langle Cliente,,1\rangle}$	verdadeiro	0,99
$Honesto_{\langle Cliente,,2\rangle}$	falso	0,01
$Gentileza_{\langle Cliente,,1\rangle}$	4	0,3
$Gentileza_{\langle Cliente,,2\rangle}$	1	0,1
$Qualidade_{\langle Livro,,1\rangle}$	1	0,05
$Qualidade_{\langle Livro,,2\rangle}$	3	0,4
$Qualidade_{\langle Livro,,3\rangle}$	5	0,15
$\#IDlogin_{\langle Proprietário,\langle Cliente,,1\rangle\rangle}$	1	1,0
$\#IDlogin_{\langle Proprietário,\langle Cliente,,2\rangle\rangle}$	2	0,25
$Recomendação_{\langle IDlogin,\langle Proprietário,\langle Cliente,,1\rangle\rangle,1\rangle,\langle Livro,,1\rangle}$	2	0,5
$Recomendação_{\langle IDlogin,\langle Proprietário,\langle Cliente,,1\rangle\rangle,1\rangle,\langle Livro,,2\rangle}$	4	0,5
$Recomendação_{\langle IDlogin,\langle Proprietário,\langle Cliente,,1\rangle\rangle,1\rangle,\langle Livro,,3\rangle}$	5	0,5
$Recomendação_{\langle IDlogin,\langle Proprietário,\langle Cliente,,2\rangle\rangle,1\rangle,\langle Livro,,1\rangle}$	5	0,4
$Recomendação_{\langle IDlogin,\langle Proprietário,\langle Cliente,,2\rangle\rangle,1\rangle,\langle Livro,,2\rangle}$	5	0,4
$Recomendação_{\langle IDlogin,\langle Proprietário,\langle Cliente,,2\rangle\rangle,1\rangle,\langle Livro,,3\rangle}$	1	0,4
$Recomendação_{\langle IDlogin,\langle Proprietário,\langle Cliente,,2\rangle\rangle,2\rangle,\langle Livro,,1\rangle}$	5	0,4
$Recomendação_{\langle IDlogin,\langle Proprietário,\langle Cliente,,2\rangle\rangle,2\rangle,\langle Livro,,2\rangle}$	5	0,4
$Recomendação_{\langle IDlogin,\langle Proprietário,\langle Cliente,,2\rangle\rangle,2\rangle,\langle Livro,,3\rangle}$	1	0,4

Figura 15.4 Mundo particular para a recomendação de livros no MPUA. As variáveis numéricas e as variáveis aleatórias básicas são mostradas em ordem topológica, junto com seus valores escolhidos e as probabilidades para esses valores.

necessários para cada etapa – seja na amostragem de Gibbs ou de Metropolis-Hastings – são inteiramente locais e, na maioria dos casos, exigem um tempo constante. Isso acontece porque a razão de probabilidade entre mundos vizinhos depende de um subgrafo de tamanho constante em torno das variáveis cujos valores são alterados. Além disso, uma consulta lógica pode ser avaliada *de forma incremental* em cada mundo visitado, geralmente em tempo constante por mundo, em vez de ser refeita do zero.

Deve-se dar alguma consideração especial ao fato de que um MPUA típico pode ter possíveis mundos de tamanho infinito. Como um exemplo, considere o modelo de rastreamento de múltiplos alvos na Figura 15.9: a função $X(a,t)$, indicando o estado da aeronave a no tempo t, corresponde a uma sequência infinita de variáveis para um número ilimitado de aeronaves em cada etapa. Por esse motivo, as amostras da MCMC para os MPUA não especificaram completamente os mundos possíveis, mas mundos *parciais*, cada um correspondendo a um conjunto separado de mundos completos. Um mundo parcial é uma *instanciação autossuficiente mínima*[6] de um subconjunto das variáveis *relevantes* - isto é, ancestrais das variáveis de evidência e consulta. Por exemplo, as variáveis $X(a,t)$ para valores de t maiores que o momento da última observação (ou o momento da consulta, o que for maior) são irrelevantes; portanto, o algoritmo pode considerar apenas um prefixo finito da sequência infinita.

15.2.3 Exemplos

O "caso de uso" padrão para um MPUA contém três elementos: o *modelo*, a *evidência* (os fatos conhecidos em determinado cenário) e a *consulta*, que pode ser qualquer expressão, possivelmente com variáveis lógicas livres. A resposta é uma probabilidade conjunta posterior para cada conjunto possível de substituições para as variáveis livres, dadas as evidências,

---

[6] Uma instanciação autossuficiente de um conjunto de variáveis é aquela em que os pais de cada variável no conjunto também estão no conjunto.

464 Inteligência Artificial

de acordo com o modelo.[7] Cada modelo inclui declarações de tipo, assinaturas de tipo para predicados e funções, uma ou mais declarações numéricas para cada tipo e uma declaração de dependência para cada predicado e função. (Nos exemplos a seguir, declarações e assinaturas são omitidas onde o significado é claro.) Como nos MPR, as instruções de dependência usam uma sintaxe do tipo se-então-senão para lidar com dependências específicas do contexto.

Correspondência de citação

Milhões de artigos de pesquisa acadêmica e relatórios técnicos podem ser encontrados *online* na forma de arquivos em PDF. Esses artigos geralmente contêm uma seção próxima ao fim, chamada "Referências" ou "Bibliografia", na qual citações – cadeias de caracteres – são fornecidas para informar o leitor sobre trabalhos relacionados. Essas citações podem ser localizadas e "extraídas" dos arquivos em PDF com o objetivo de criar uma representação semelhante a um banco de dados que relacione artigos e pesquisadores por ligações entre autoria e citação. Sistemas como CiteSeer e Google Scholar apresentam esse tipo de representação aos seus usuários; nos bastidores, os algoritmos operam para localizar artigos, colher as cadeias da citação e identificar os artigos reais aos quais as cadeias de citação se referem. Essa é uma tarefa difícil porque essas cadeias não contêm identificadores de objeto e incluem erros de sintaxe, ortografia, pontuação e conteúdo. Para ilustrar isso, aqui estão dois exemplos relativamente benignos:

1. [Lashkari *et al.*, 94] Collaborative Interface Agents, Yezdi Lashkari, Max Metral, and Pattie Maes, Proceedings of the Twelfth National Conference on Artical Intelligence, MIT Press, Cambridge, MA, 1994.
2. Metral M. Lashkari, Y. and P. Maes. Collaborative interface agents. In Conference of the American Association for Artificial Intelligence, Seattle, WA, August 1994.

A questão-chave é a da identidade: essas citações são do mesmo artigo ou de artigos diferentes? Quando essa pergunta é feita, mesmo os especialistas discordam ou não estão dispostos a decidir, indicando que o raciocínio sob incerteza será uma parte importante da solução desse problema.[8] Abordagens ocasionais – como métodos baseados em uma métrica de semelhança textual – muitas vezes falham lastimosamente. Por exemplo, em 2002, o CiteSeer relatou mais de 120 livros distintos escritos por Russell e Norvig.

Para resolver o problema usando uma abordagem probabilística, precisamos de um modelo gerador para o domínio. Ou seja, perguntamos como essas cadeias de citação surgiram no mundo. O processo começa com pesquisadores, que têm nomes. (Não precisamos nos preocupar sobre como os pesquisadores surgiram; só precisamos expressar nossa incerteza sobre quantos são.) Esses pesquisadores escrevem alguns artigos, que têm títulos; as pessoas citam os artigos, combinando os nomes dos autores e o título do artigo (com possíveis erros) no texto da citação, de acordo com alguma gramática. Os elementos básicos desse modelo são mostrados na Figura 15.5, cobrindo o caso em que os artigos têm apenas um autor.[9]

Tendo apenas cadeias de citação como evidência, a inferência probabilística nesse modelo para selecionar a explicação mais provável para os dados produz uma taxa de erro duas a três vezes menor do que a do CiteSeer (Pasula *et al.*, 2003). O processo de inferência também apresenta uma forma de desambiguação coletiva e orientada ao conhecimento: quanto mais citações para determinado artigo, maior é a precisão da análise de cada uma delas, porque as análises precisam concordar com os fatos a respeito do artigo.

---

[7] Assim como em Prolog, pode haver infinitamente muitos conjuntos de substituições de tamanho ilimitado; o projeto de interfaces exploratórias para essas respostas é um interessante desafio de visualização.

[8] A resposta é sim, eles são o mesmo artigo. A "National Conference on Artical Intelligence" (observe que o "fi" está faltando, devido a um erro na interpretação do caractere de ligadura) é outro nome para a configuração AAAI; a conferência ocorreu em Seattle, enquanto o editor dos anais se encontra em Cambridge.

[9] O caso usando vários autores tem a mesma estrutura geral, mas é um pouco mais complicado. As partes não mostradas do modelo – o *NomeAnterior*, *rTítuloAnterior* e *GramáticaHMM* – são modelos de probabilidade tradicionais. Por exemplo, o *NomeAnterior* é uma mistura de uma distribuição de categoria sobre os nomes reais e um modelo de três letras (ver seção 23.1) para abranger os nomes não vistos anteriormente, ambos retirados dos dados no banco de dados do Censo dos EUA.

```
type Pesquisador, Artigo, Citação
random String Nome(Pesquisador)
random String Título(Artigo)
random Artigo CitadoPub(Citação)
random String Texto(Citação)
random Boolean Professor(Pesquisador)
origin Pesquisador Autor(Artigo)
```

$\#Pesquisador \sim OM(3, 1)$

$Nome(r) \sim NomeAnterior()$

$Professor(r) \sim Boolean(0, 2)$

$\#Artigo(Autor = r) \sim$ **se** $Professor(r)$ **então** $OM(1,5, 0,5)$ **senão** $OM(1, 0,5)$

$Título(p) \sim TítuloArtigoAnterior()$

$ArtigoCitado(c) \sim EscolhaUniforme([Artigo\ p])$

$Texto(c) \sim GramáticaHMM(Nome(Autor(ArtigoCitado(c))), Título(ArtigoCitado(c)))$

Figura 15.5 MPUA para extração de informações de citação. Para simplificar, o modelo considera apenas um autor por artigo e omite os detalhes da gramática e modelos de erro.

Monitoramento de ameaça nuclear

A verificação do Tratado Abrangente de Proibição de Testes Nucleares exige a descoberta de todos os eventos sísmicos na Terra acima de uma magnitude mínima. A agência CTBTO das Nações Unidas mantém uma rede de sensores, chamada "International Monitoring System" (IMS); seu *software* de processamento automatizado, baseado em 100 anos de pesquisa sismológica, tem uma taxa de falha de detecção de aproximadamente 30%. O sistema NET-VISA (Arora *et al.*, 2013), baseado em um MPUA, reduz significativamente as falhas de detecção.

O modelo NET-VISA (Figura 15.6) expressa diretamente a geofísica relevante. Ele descreve as distribuições sobre o número de eventos em determinado intervalo de tempo (a maioria dos quais ocorrem naturalmente), bem como sobre seu tempo, magnitude, profundidade e localização. As localizações dos eventos naturais são distribuídas de acordo com um prior espacial que é treinado (como outras partes do modelo) a partir de dados históricos;

$\#EventosSísmicos \sim Poisson(T * \lambda_e)$

$Tempo(e) \sim RealUniforme(0, T)$

$Terremoto(e) \sim Boolean(0,999)$

$Local(e) \sim$ **se** $Terremoto(e)$ **então** $PriorEspacial()$ **senão** $TerraUniforme()$

$Prof(e) \sim$ **se** $Terremoto(e)$ **então** $RealUniforme(0, 700)$ **senão** $Exactly(0)$

$Magnitude(e) \sim Exponencial(log(10))$

$Detectado(e, p, s) \sim Logística(pesos(s, p), Magnitude(e), Prof(e), Dist(e, s))$

$\#Detecções(site = s) \sim Poisson(T * \lambda_f(s))$

$\#Detecções(evento=e, fase=p, estação=s) =$ **se** $Detectado(e, p, s)$ **então** 1 **senão** 0

$HoraInício(a, s)$ **se** $(evento(a) = nulo)$ **então** $\sim RealUniforme(0, T)$
  senão $= Tempo(evento(a)) + GeoTT(Dist(evento(a), s), Prof(evento(a)), fase(a))$
    $+ Laplace(\mu_t(s), \sigma_t(s))$

$Amplitude(a, s)$ **se** $(evento(a) = nulo)$ **então** $\sim ModeloAmpRuído(s)$
  senão $= ModeloAmp(Magnitude(evento(a)), Dist(evento(a), s), Prof(evento(a)), fase(a))$

$Azimute(a, s)$ **se** $(evento(a) = nulo)$ **então** $\sim RealUniforme(0, 360)$
  senão $= AzimuteGeo(Local(evento(a)), Prof(evento(a)), fase(a), Site(s))$
    $+ Laplace(0, \sigma_a(s))$

$Lentidão(a, s)$ **se** $(evento(a) = nulo)$ **então** $\sim RealUniforme(0, 20)$
  senão $= LentidãoGeo(Local(evento(a)), Prof(evento(a)), fase(a), Site(s))$
    $+ Laplace(0, \sigma_s(s))$

$FaseObservada(a, s) \sim ModeloFaseCategórica(fase(a))$

Figura 15.6 Versão simplificada do modelo NET-VISA (ver texto).

considera-se que eventos feitos pelo homem, pelas regras do tratado, ocorrem uniformemente sobre a superfície da Terra. Em cada estação s, cada fase (tipo de onda sísmica) p de um evento e produz 0 ou 1 detecção (sinais acima do limite); a probabilidade de detecção depende da magnitude e profundidade do evento e de sua distância da estação. As detecções de "alarme falso" também ocorrem de acordo com um parâmetro de taxa específico da estação. O tempo medido de chegada, amplitude e outras propriedades de uma detecção d de um evento real dependem das propriedades do evento de origem e sua distância da estação.

Depois de treinado, o modelo é executado continuamente. A evidência consiste em detecções (90% das quais são alarmes falsos) extraídas de dados brutos de forma de onda do IMS, e a consulta normalmente pede o histórico de eventos mais provável, ou boletim, conforme os dados. Os resultados até agora são encorajadores; por exemplo, em 2009, o boletim automatizado SEL3 da ONU perdeu 27,4% dos 27.294 eventos na faixa de magnitude 3 a 4, enquanto o NET-VISA perdeu 11,1%. Além disso, as comparações com densas redes regionais mostram que o NET-VISA encontra até 50% mais eventos reais do que os boletins finais produzidos pelos analistas sísmicos especializados da ONU. O NET-VISA também costuma associar mais detecções a um determinado evento, ocasionando estimativas de localização mais precisas (Figura 15.7). Desde 1º de janeiro de 2018, o NET-VISA foi implantado como parte do *pipeline* de monitoramento da agência CTBTO.

Apesar das diferenças superficiais, os dois exemplos são estruturalmente semelhantes: existem objetos desconhecidos (artigos, terremotos) que geram percepções de acordo com algum processo físico (citação, propagação sísmica). As percepções são ambíguas quanto à sua origem, mas quando se admite a hipótese de que várias percepções são originadas com o mesmo objeto desconhecido, as propriedades desse objeto podem ser deduzidas com mais precisão.

A mesma estrutura e os mesmos padrões de raciocínio são válidos para áreas como eliminação de duplicações em bancos de dados e compreensão da linguagem natural. Em alguns casos, deduzir a existência de um objeto envolve agrupar percepções – um processo que se assemelha à tarefa de agrupamento no aprendizado de máquina. Em outros casos, um objeto pode não gerar qualquer percepção e ainda assim ter sua existência deduzida – como aconteceu, por exemplo, quando as observações de Urano levaram à descoberta de Netuno. A existência do objeto não observado decorre de seus efeitos sobre o comportamento e das propriedades dos objetos observados.

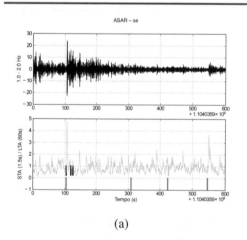
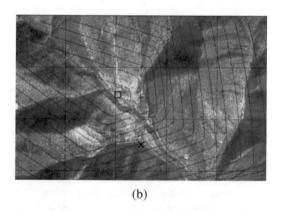

(a)   (b)

Figura 15.7 (a) Topo: exemplo de forma de onda sísmica registrado em Alice Springs, Austrália. Abaixo: a forma de onda após o processamento para detectar os tempos de chegada das ondas sísmicas. As linhas pretas são as chegadas detectadas automaticamente; as linhas cinza médio são as chegadas verdadeiras. (b) Estimativas de local para o teste nuclear da Coreia do Norte em 12 de fevereiro de 2013: UN CTBTO Late Event Bulletin (pequeno triângulo verde no canto superior esquerdo); NET-VISA (pequeno quadrado azul no centro da imagem). A entrada da instalação de teste subterrâneo (pequeno "x" no centro da parte inferior) está a 750 metros da estimativa do NET-VISA. Os contornos mostram a distribuição de local posterior do NET-VISA. (Cortesia da CTBTO Preparatory Commission.) (Esta figura encontra-se reproduzida em cores no Encarte *online*.)

15.3 Observar um mundo complexo

No Capítulo 14, consideramos o problema de acompanhar o estado do mundo, mas vimos apenas o caso das representações atômicas (HMM) e representações fatoradas (DBN e filtros de Kalman). Isso faz sentido para mundos com um único objeto – talvez um único paciente na unidade de terapia intensiva ou um único pássaro voando pela floresta. Nesta seção, vemos o que acontece quando dois ou mais objetos geram as observações. O que torna esse caso diferente da simples estimativa de estado é que agora existe a possibilidade de *incerteza* sobre qual objeto gerou qual observação. Esse é o problema de **incerteza de identidade** da seção 15.2, agora visto em um contexto temporal. Na literatura da teoria de controle, esse é o problema da **associação de dados** – ou seja, o problema de associar dados de observação aos objetos que os geraram. Embora possamos ver isso como mais um exemplo de modelagem probabilística de universo aberto, é importante o suficiente na prática para merecer sua própria seção.

Associação de dados

15.3.1 Exemplo: rastreamento de múltiplos agentes

O problema de associação de dados foi estudado inicialmente no contexto de rastreamento de múltiplos alvos por meio de radar, em que pulsos refletidos são detectados em intervalos de tempo fixos por uma antena de radar rotativa. Em cada etapa de tempo, vários pontos podem aparecer na tela, mas não há observação direta de quais pontos no tempo t correspondem a quais pontos no tempo $t - 1$. A Figura 15.8(a) mostra um exemplo simples com dois pontos por intervalo de tempo durante cinco etapas. Cada ponto é rotulado com seu período de tempo, mas não tem qualquer informação de identificação.

Vamos supor, por enquanto, que sabemos que existem exatamente duas aeronaves, A_1 e A_2, gerando os pontos. Na terminologia dos MPUA, A_1 e A_2 são **objetos garantidos**, o que significa que têm a garantia de sua existência e distinção; além disso, nesse caso, não existem outros objetos. (Ou seja, no que diz respeito às aeronaves, esse cenário corresponde à semântica do banco de dados, que é assumida nos MPR.) Considere que suas posições verdadeiras sejam

Objeto garantido

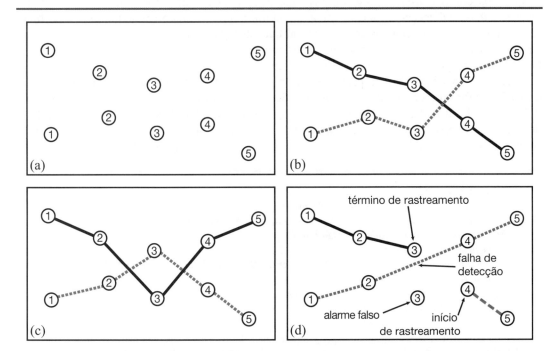

Figura 15.8 (a) Observações feitas de locais de objeto no espaço 2D durante cinco períodos de tempo. Cada ponto de observação é rotulado com o período de tempo, mas não identifica o objeto que o produziu. (b e c) Possíveis hipóteses sobre os rastros de objetos subjacentes. (d) Uma hipótese para o caso em que alarmes falsos, falhas de detecção e início/término de rastreamento são possíveis.

468 Inteligência Artificial

$X(A_1,t)$ e $X(A_2,t)$, em que t é um número inteiro não negativo identificando os tempos de atualização do sensor. Vamos supor que a primeira observação chega em $t = 1$ e no tempo 0 a distribuição anterior para a localização de cada aeronave é $InitX()$. Apenas para simplificar as coisas, também assumiremos que cada aeronave se move independentemente, de acordo com um modelo de transição conhecido – por exemplo, um modelo gaussiano linear usado no filtro de Kalman (seção 14.4).

A peça fim é o modelo do sensor: novamente, assumimos um modelo gaussiano linear em que uma aeronave na posição **x** produz um ponto b cuja posição observada $Z(b)$ é uma função linear de x com acréscimo do ruído gaussiano. Cada aeronave gera exatamente um ponto em cada período de tempo, de modo que o ponto tem como origem uma aeronave e um período de tempo. Portanto, omitindo o anterior por enquanto, o modelo se parece com isto:

> **garantido** *Aeronave A_1, A_2*
> $X(a,t) \sim$ **se** $t = 0$ **então** $InitX()$ **senão** $\mathcal{N}(\mathbf{F}\,X(a,t - 1), \Sigma_x)$
> $\#Ponto(Origem=a, Tempo=t) = 1$
> $Z(b) \sim \mathcal{N}(\mathbf{H}\,X(Origem(b),Tempo(b)), \Sigma_z)$

em que $\mathbf{F}$ e Σ_x são matrizes que descrevem o modelo de transição linear e a covariância do ruído de transição, e $\mathbf{H}$ e Σ_z são as matrizes correspondentes para o modelo de sensor (ver seção 14.4.4).

A principal diferença entre esse modelo e um filtro de Kalman padrão é que existem dois objetos produzindo leituras de sensor (pontos). Isso significa que existe *incerteza* em qualquer período de tempo sobre qual objeto produziu qual leitura do sensor. Cada mundo possível nesse modelo inclui uma associação – definida por valores de todas as variáveis $Origem(b)$ para todos os períodos de tempo – entre a aeronave e os pontos. Duas hipóteses de associação possíveis são mostradas na Figura 15.8(b e c). Em geral, para n objetos e T períodos de tempo, existem $(n!)^T$ maneiras de atribuir pontos a aeronaves – um número extremamente grande.

O cenário descrito até aqui envolveu n objetos conhecidos gerando n observações em cada período de tempo. Normalmente, as aplicações reais de associação de dados são muito

Alarme falso
Clutter
Falha de detecção

mais complicadas. Com frequência, as observações relatadas incluem **alarmes falsos** (também conhecidos como ***clutter***, ou desordem), que não são causados por objetos reais. Podem ocorrer **falhas de detecção**, o que significa que nenhuma observação é relatada para um objeto real. Finalmente, novos objetos chegam e os antigos desaparecem. Esses fenômenos, que criam ainda mais mundos possíveis para nos preocuparmos, estão ilustrados na Figura 15.8(d). O MPUA correspondente é dado na Figura 15.9.

Devido à sua importância prática para aplicações civis e militares, dezenas de milhares de artigos já foram escritos sobre o problema de rastreamento e associação de dados com múltiplos alvos. Muitos deles simplesmente tentam resolver os detalhes matemáticos complexos dos cálculos de probabilidade para o modelo da Figura 15.9 ou para versões mais simples dele. De certa forma, isso é desnecessário, uma vez que o modelo é expresso em uma linguagem de

---

> $\#Aeronave(TempoEntrada = t) \sim Poisson(\lambda_a)$
> $Saídas(a,t) \sim$ **se** $EmVoo(a,t)$ **então** $Boolean(\alpha_e)$
> $EmVoo(a,t) = (t=TempoEntrada(a)) \lor (EmVoo(a,t - 1) \land \neg Saídas(a,t - 1))$
> $X(a,t) \sim$ **se** $t = TempoEntrada(a)$ **então** $InitX()$
>   **senão se** $EmVoo(a,t)$ **então** $\mathcal{N}(FX(a,t - 1), \Sigma_x)$
> $\#Ponto(Origem=a, Tempo=t) \sim$ **se** $EmVoo(a,t)$ **então** $Bernoulli(ProbDetecção(X(a,t)))$
> $\#Ponto(Tempo=t) \sim Poisson(\lambda_f)$
> $Z(b) \sim$ **se** $Origem(b)=nulo$ **então** $UniformeZ(R)$
>   **senão** $\mathcal{N}(HX(Origem(b), Tempo(b)), \Sigma_z)$

Figura 15.9 MPUA para rastreamento por meio de radar de diversos alvos com alarmes falsos, falha de detecção e entrada e saída de aeronaves. A taxa na qual uma nova aeronave entra em cena é λ_a, enquanto a probabilidade por intervalo de tempo de que uma aeronave sai da cena é α_e. Pontos de alarme falso (ou seja, aqueles não produzidos por uma aeronave) aparecem uniformemente no espaço a uma taxa de λ_f por período de tempo. A probabilidade de que uma aeronave seja detectada (isto é, produza um ponto) depende de sua posição atual.

programação probabilística, porque o mecanismo de inferência de propósito geral faz toda a matemática corretamente para qualquer modelo – incluindo este. Além disso, as elaborações do cenário (voo em formação, objetos rumo a destinos desconhecidos, objetos decolando ou pousando etc.) podem ser tratadas por pequenas mudanças no modelo sem recorrer a novas derivações matemáticas e uma programação complexa.

Do ponto de vista prático, o desafio desse tipo de modelo é a complexidade da inferência. Como para todos os modelos de probabilidade, inferência significa somar as variáveis diferentes da consulta e da evidência. Para filtrar em HMM e DBN, fomos capazes de somar as variáveis de estado de 1 a $t-1$ por meio de um truque simples na programação dinâmica; para filtros de Kalman, também aproveitamos as propriedades especiais das gaussianas. Para associação de dados, temos menos sorte. Não há algoritmo exato (conhecido) eficiente, pela mesma razão que não há nenhum para o filtro de Kalman de comutação (seção 14.4.4): a distribuição de filtragem, que descreve a distribuição conjunta sobre quantidades e localizações de aeronaves em cada período de tempo, acaba se tornando uma mistura de muitas distribuições exponencialmente, uma para cada forma de escolher uma sequência de observações para atribuir a cada aeronave.

Em resposta à complexidade da inferência exata, têm sido usados diversos métodos aproximados. A abordagem mais simples é escolher uma única "melhor" atribuição em cada período de tempo, dadas as posições previstas dos objetos no momento atual. Essa atribuição associa observações a objetos e permite que o rastreamento de cada objeto seja atualizado e uma previsão seja feita para o próximo período de tempo. Para escolher a "melhor" atribuição, é comum usar o chamado **filtro de vizinho mais próximo**, que escolhe repetidamente o par mais próximo da posição e observação previstas e adiciona esse par à atribuição. O filtro de vizinho mais próximo funciona bem quando os objetos estão bem separados no espaço de estados e a incerteza de previsão e o erro de observação são pequenos – em outras palavras, quando não há possibilidade de confusão.

Filtro de vizinho mais próximo

Quando há mais incerteza quanto à atribuição correta, uma abordagem melhor é escolher a atribuição que maximize a probabilidade conjunta das observações atuais, dadas as posições previstas. Isso pode ser feito de modo eficiente usando o **algoritmo húngaro** (Kuhn, 1955), embora haja $n!$ atribuições para escolher com a chegada de cada novo período de tempo.

Algoritmo húngaro

Qualquer método que se comprometa com uma única e melhor atribuição a cada período de tempo falha miseravelmente em condições mais difíceis. Em particular, se o algoritmo se compromete com uma atribuição incorreta, a previsão no próximo período de tempo pode estar significativamente errada, levando a mais atribuições incorretas, e assim por diante. As técnicas de amostragem podem ser muito mais eficazes. Um algoritmo de **filtragem de partículas** (ver seção 14.5.3) para associação de dados funciona mantendo uma grande coleção de possíveis atribuições atuais. Um algoritmo **MCMC** explora o espaço de históricos de atribuição – por exemplo, a Figura 15.8(b e c) poderia se referir a estados no espaço de estados da MCMC – e pode mudar sua opinião sobre decisões de atribuição anteriores.

Uma maneira óbvia de acelerar a inferência baseada em amostragem para rastreamento de múltiplos alvos é usar o truque de **Rao-Blackwellização** descrito no Capítulo 14 (ver fim da seção 14.5.3): dada uma hipótese de associação específica para todos os objetos, o cálculo de filtragem para cada objeto pode tipicamente ser feito de forma exata e eficiente, em vez de amostrar muitas sequências de estados possíveis para os objetos. Por exemplo, com o modelo da Figura 15.9, o cálculo de filtragem significa apenas executar um filtro de Kalman para a sequência de observações atribuídas a determinado objeto hipotético. Além disso, ao mudar de uma hipótese de associação para outra, os cálculos devem ser refeitos apenas para objetos cujas observações associadas tiverem sido modificadas. Os métodos atuais de associação de dados por MCMC podem lidar com muitas centenas de objetos em tempo real, enquanto fornecem uma boa aproximação para as distribuições posteriores verdadeiras.

15.3.2 Exemplo: monitoramento de tráfego

A Figura 15.10 mostra duas imagens de câmeras bastante separadas em uma rodovia da Califórnia. Para essa aplicação, dois objetivos nos interessam: estimar o tempo que leva, nas atuais

 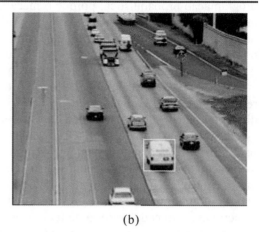

(a) (b)

Figura 15.10 Imagens de câmeras de vigilância (a) anteriores e (b) posteriores, afastadas em aproximadamente 3,5 quilômetros na Highway 99 em Sacramento, Califórnia. O veículo enquadrado foi identificado nas duas câmeras.

condições de tráfego, para ir de um ponto a outro no sistema de rodovias; e medir a *demanda* – isto é, quantos veículos trafegam entre dois pontos quaisquer do sistema em determinados horários do dia e em determinados dias da semana. Os dois objetivos exigem a solução do problema de associação de dados em uma grande área com muitas câmeras e dezenas de milhares de veículos por hora.

Com a vigilância visual, alarmes falsos são causados pelo movimento das sombras, veículos articulados, reflexos em poças etc.; as falhas de detecção são causadas por obstrução, neblina, escuridão e falta de contraste visual; e os veículos estão constantemente entrando e saindo do sistema de rodovias em locais onde não podem ser monitorados. Além disso, a aparência de qualquer veículo pode mudar bastante entre as câmeras, dependendo das condições de iluminação e da pose do veículo na imagem, e o modelo de transição muda conforme os congestionamentos surgem e desaparecem. Por fim, em um tráfego denso com câmeras muito separadas, o erro de previsão no modelo de transição para um carro sendo dirigido de um local de câmera para o próximo é muito maior do que a separação típica entre os veículos. Apesar desses problemas, os algoritmos modernos de associação de dados têm sido bem-sucedidos na estimativa de parâmetros de tráfego em cenários do mundo real.

A associação de dados é um alicerce essencial para o acompanhamento de um mundo complexo, porque sem ela não há como combinar observações múltiplas de um determinado objeto. Quando os objetos no mundo interagem entre si em atividades complexas, compreender o mundo requer a combinação da associação de dados com os modelos de probabilidade relacionais e de universo aberto da seção 15.2. Atualmente, essa é uma área de pesquisa bastante ativa.

15.4 Programas como modelos probabilísticos

Muitas linguagens de programação probabilísticas foram construídas com base na ideia de que os modelos de probabilidade podem ser definidos usando código executável em qualquer linguagem de programação que incorpore uma fonte de aleatoriedade. Para esses modelos, os mundos possíveis são rastros de execução e a probabilidade de qualquer rastro é a probabilidade das escolhas aleatórias exigidas para que esse rastro aconteça. As LPP criadas dessa forma herdam todo o poder expressivo da linguagem subjacente, incluindo estruturas de dados complexas, recursão e, em alguns casos, funções de ordem superior. Muitas LPP são de fato computacionalmente universais: elas podem representar qualquer distribuição de probabilidade que possa ser amostrada por uma máquina de Turing probabilística que é interrompida.

15.4.1 Exemplo: leitura de texto

Ilustramos essa técnica de modelagem probabilística e inferência por meio do problema de escrever um programa que lê texto degradado. Esses tipos de modelos podem ser construídos para ler texto que foi manchado ou borrado devido a danos causados pela água, ou manchado devido ao envelhecimento do papel em que foi impresso. Eles também podem ser construídos para quebrar alguns tipos de CAPTCHA.

A Figura 15.11 mostra um programa de geração contendo dois componentes: (i) uma maneira de gerar uma sequência de letras; e (ii) uma maneira de gerar uma renderização turva e com ruído a partir dessas letras, usando uma biblioteca gráfica pronta para uso. A Figura 15.12 (parte superior) mostra imagens de exemplo geradas pela chamada GERAR-IMAGEM nove vezes.

15.4.2 Sintaxe e semântica

Um **programa gerador** é um programa executável no qual cada escolha aleatória define uma variável aleatória em um modelo de probabilidade associado. Imaginemos desenrolar a execução de um programa que faz escolhas aleatórias, passo a passo. Seja X_i a variável aleatória correspondente à i-ésima escolha aleatória feita pelo programa; como de costume, x_i indica um possível valor de X_i. Chamemos $\omega = \{x_i\}$ um **rastro de execução** do programa gerador – isto é, uma sequência de valores possíveis para as escolhas aleatórias. Executar o programa uma vez gera um desses rastros, daí o termo "programa gerador".

Programa gerador

Rastro de execução

O espaço de todos os rastros de execução possíveis, Ω, pode ser visto como o espaço de amostras de um modelo de probabilidade definido pelo programa gerador. A distribuição de probabilidade sobre os rastros pode ser definida como o produto das probabilidades de cada escolha aleatória individual: $P(\omega) = \prod_i P(x_i|x_1, \dots x_{i-1})$. Isso é semelhante à distribuição sobre os mundos em um MPUA.

Conceitualmente, é muito simples converter qualquer MPUA em um programa gerador correspondente. Esse programa gerador faz escolhas aleatórias para cada declaração numérica e para o valor de cada variável aleatória básica cuja existência está implícita nas declarações numéricas. O principal trabalho extra que o programa gerador precisa realizar é criar estruturas de dados que representem os objetos, funções e relações dos mundos possíveis no MPUA. Essas estruturas de dados são criadas automaticamente pelo mecanismo de inferência

---

função GERAR-IMAGEM( ) **retorna** uma imagem com algumas letras
    letras ← GERAR-LETRAS(10)
    retornar RENDERIZAR-IMAGEM-RUÍDO(*letras*, 32, 128)

função GERAR-LETRAS(λ) **retorna** um vetor de letras
    $n \sim Poisson(\lambda)$
    letras ← []
    para $i = 1$ **até** n **faça**
        $letras[i] \sim EscolhaUniforme(\{a,b,c, \dots\})$
    retornar *letras*

function RENDERIZAR-IMAGEM-RUÍDO(*letras, largura, altura*) **retorna** uma imagem das letras com ruído
    imagem_limpa ← RENDERIZAR(*letras, largura, altura, texto_topo* = 10, *texto_esq* = 10)
    imagem_ruído ← []
    $variância\_ruído \sim RealUniforme(0,1, 1)$
    para $linha = 1$ **até** *largura* **faça**
        para $col = 1$ **até** *altura* **faça**
            $imagem\_ruído[linha, col] \sim \mathcal{N}(imagem\_limpa[linha,col], variância\_ruído)$
    retornar *imagem_ruído*

Figura 15.11 Programa de geração para um modelo de probabilidade de universo aberto para reconhecimento óptico de caracteres. O programa de geração produz imagens degradadas, contendo sequências de letras por meio da geração de cada sequência, renderização para uma imagem 2D e incorporação de ruído aditivo a cada *pixel*.

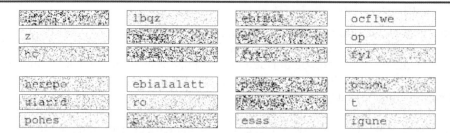

Figura 15.12 O painel superior mostra 12 imagens degradadas produzidas pela execução do programa gerador da Figura 15.11. O número de letras, suas identidades, a quantidade de ruído aditivo e o ruído específico do *pixel* fazem parte do domínio do modelo de probabilidade. O painel inferior mostra 12 imagens degradadas produzidas pela execução do programa gerador da Figura 15.15. O modelo de Markov para letras normalmente produz sequências de letras que são mais fáceis de pronunciar.

do MPUA, pois este assume que cada mundo possível é uma estrutura de modelo de primeira ordem, enquanto uma LPP típica não faz tal suposição.

As imagens na Figura 15.12 podem ser usadas para obter uma compreensão intuitiva da distribuição de probabilidade $P(\Omega)$: vemos diversos níveis de ruído e, nas imagens com menos ruído, também vemos sequências de letras de comprimentos variados. Seja ω_1 o rastro correspondente à imagem no canto superior direito dessa figura, contendo as letras `ocflwe`. Se desdobrássemos esse rastro ω_1 em uma rede bayesiana, ela teria 4.104 nós: um nó para a variável *n*; seis nós para as variáveis *letras*[*i*]; 1 nó para a *variância do ruído*; e 4.096 nós para os *pixels* em *imagem_ruído*. Portanto, podemos ver que esse programa gerador define um modelo de probabilidade de universo aberto: o número de escolhas aleatórias que ele faz não é limitado *a priori*, mas depende do valor da variável aleatória *n*.

15.4.3 Resultados da inferência

Vamos aplicar esse modelo para interpretar imagens de letras que foram degradadas com ruído aditivo. A Figura 15.13 mostra uma imagem degradada, junto com os resultados de três execuções MCMC independentes. Para cada execução, mostramos uma representação das letras contidas no rastro após interromper a cadeia de Markov. Em todos os três casos, o resultado é a sequência de letras `uncertainty` (incerteza), sugerindo que a distribuição posterior está altamente concentrada na interpretação correta.

Vamos agora degradar o texto um pouco mais, borrando-o o suficiente para dificultar a leitura pelas pessoas. A Figura 15.14 mostra os resultados da inferência nessa entrada mais desafiadora. Dessa vez, embora a inferência MCMC pareça ter convergido para (o que sabemos ser) o número correto de letras, a primeira letra foi identificada erroneamente como um q e há incerteza sobre cinco das 10 letras seguintes.

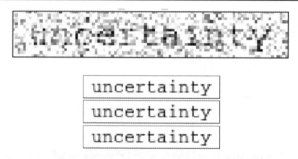

Figura 15.13 Imagem de entrada com ruído (parte superior) e os resultados da inferência (parte inferior) produzidos por três execuções, cada uma com 25 iterações MCMC, com o modelo da Figura 15.11. Observe que o processo de inferência identifica corretamente a sequência de letras.

Figura 15.14 Acima: imagem de entrada com ruído extremo. Abaixo, à esquerda: com três resultados de inferência de 25 iterações MCMC com o modelo de letras independentes da Figura 15.11. Abaixo, à direita: três resultados de inferência com o modelo de bigrama de letras da Figura 15.15. Os dois modelos exibem ambiguidade nos resultados, mas os resultados do último modelo refletem o conhecimento prévio de sequências de letras plausíveis.

Nesse ponto, os resultados podem ser interpretados de várias maneiras. Pode ser que a inferência MCMC tenha se misturado bem e os resultados sejam um bom reflexo do posterior verdadeiro, dados o modelo e a imagem; nesse caso, a incerteza em algumas das letras e o erro na primeira letra são inevitáveis. Para melhorar os resultados, talvez seja necessário melhorar o modelo de texto ou reduzir o nível de ruído. Também pode ser que a inferência MCMC não tenha se misturado corretamente: se executarmos 300 cadeias por 25 mil ou 25 milhões de iterações, poderemos encontrar uma distribuição de resultados bastante diferente, talvez indicando que a primeira letra é provavelmente u em vez de q.

A execução de mais inferências pode custar caro em termos financeiros e em tempo de espera. Além disso, não há um teste infalível para a convergência dos métodos de inferência de Monte Carlo. Poderíamos tentar melhorar o algoritmo de inferência, talvez projetando uma melhor distribuição de proposta para MCMC ou usando dicas de baixo para cima da imagem para sugerir melhores hipóteses iniciais. Essas melhorias exigem mais reflexão, implementação e depuração. A terceira alternativa é melhorar o modelo. Por exemplo, podemos incorporar conhecimento sobre palavras em inglês, como as probabilidades de pares de letras. Vamos agora considerar essa opção.

15.4.4 Melhorar o programa gerador para incorporar um modelo de Markov

As linguagens de programação probabilísticas são modulares, facilitando a exploração de melhorias no modelo subjacente. A Figura 15.15 mostra o programa gerador para um modelo aprimorado, que gera letras sequencialmente, e não de forma independente. Esse programa gerador usa um modelo de Markov que desenha cada letra, dada a letra anterior, com probabilidades de transição estimadas a partir de uma lista de referência de palavras em inglês.

---

função GERA-LETRAS-MARKOV(λ) **retorna** um vetor de letras
   $n \sim Poisson(\lambda)$
   letras ← [ ]
   probs_letra ← MARKOV-INICIAL( )
   para i = 1 **até** n **faça**
      letras[i] $\sim$ *Categoria*(*probs_letra*)
      probs_letra ← TRANSIÇÃO-MARKOV(*letras*[i])
   retornar *letras*

Figura 15.15 Programa gerador para um modelo de reconhecimento óptico de caracteres aprimorado, que gera letras de acordo com um modelo de bigrama de letras cujas frequências de letras em pares são estimadas a partir de uma lista de palavras em inglês.

474 **Inteligência Artificial**

A parte inferior da Figura 15.12 mostra 12 imagens de amostra produzidas por esse programa gerador. Observe que as sequências de letras são muito mais semelhantes ao inglês do que aquelas geradas a partir do programa na Figura 15.11. O painel direito na Figura 15.14 mostra os resultados da inferência desse modelo de Markov aplicado à imagem de alto ruído. As interpretações correspondem mais de perto ao rastro gerador, embora ainda haja alguma incerteza.

15.4.5 Inferência nos programas geradores

Assim como nos MPUA, a inferência exata nos programas geradores costuma ser proibitivamente cara ou impossível. Por outro lado, é fácil ver como realizar a amostragem de rejeição: execute o programa, mantenha apenas os rastros que combinam com as evidências e conte as diferentes respostas à consulta encontradas nesses rastros. O peso da probabilidade também é direto: para cada rastro gerado, acompanhe o peso do rastro multiplicando todas as probabilidades dos valores observados ao longo do caminho.

O peso da probabilidade funciona bem, apenas quando os dados são razoavelmente prováveis, de acordo com o modelo. Em casos mais difíceis, MCMC é geralmente o método escolhido. MCMC aplicado a programas probabilísticos envolve a amostragem e a modificação de rastros de execução. Muitas das considerações que surgem com MPUA também se aplicam aqui; além disso, o algoritmo deve ter cuidado com as modificações em um rastro de execução, como a mudança do resultado de uma instrução "se", que pode invalidar o restante do rastro.

Diversas linhas de trabalho ocasionam outras melhorias na inferência. Algumas melhorias podem produzir mudanças fundamentais na classe de problemas que são tratáveis com determinada LPP, mesmo em princípio; a inferência elevada, descrita anteriormente para MPR, pode ter esse efeito. Em muitos casos, o MCMC genérico é muito lento e são necessárias propostas com fimidade especial para permitir que o processo de inferência se misture rapidamente.

Um foco importante do trabalho recente em LPP tem sido tornar mais fácil para os usuários definir e usar tais propostas, de modo que a eficiência da inferência na LPP corresponda à dos algoritmos de inferência personalizados elaborados para modelos específicos.

Muitas técnicas promissoras visam reduzir a sobrecarga de inferência probabilística. A ideia de compilação descrita para as redes bayesianas na seção 13.4.3 pode ser aplicada à inferência em MPUA e LPP, e normalmente produz ganhos de velocidade de duas a três ordens de grandeza. Também tem havido propostas de *hardware de propósito especial* para algoritmos como passagem de mensagens e MCMC. Por exemplo, o *hardware* Monte Carlo explora representações de probabilidade de baixa precisão e um paralelismo maciço de baixa granularidade para fornecer melhorias de 100 a 10 mil vezes em velocidade e eficiência de energia.

Os métodos baseados na aprendizagem também podem proporcionar melhorias substanciais na velocidade. Por exemplo, as **distribuições de propostas adaptativas** podem aprender gradualmente como gerar propostas MCMC que são razoavelmente prováveis de serem aceitas e razoavelmente eficazes na exploração do cenário de probabilidade do modelo para garantir uma mistura rápida. Também é possível treinar modelos de aprendizado profundo (ver o Capítulo 21) para representar distribuições de propostas para amostragem de importância, usando dados sintéticos que foram gerados a partir do modelo subjacente.

Distribuições de propostas adaptativas

Em geral, espera-se que qualquer formalismo construído em cima das linguagens de programação gerais esbarre na barreira da facilidade de computação, e esse é o caso das LPP. No entanto, se considerarmos que o programa subjacente é interrompido para todas as entradas e todas as escolhas aleatórias, o requisito adicional de realizar inferência probabilística ainda torna o problema indecidível? Acontece que a resposta é sim, mas somente para um modelo computacional com variáveis aleatórias contínuas e de precisão infinita. Nesse caso, é possível escrever um modelo de probabilidade computável em que a inferência codifica o problema da parada. Por outro lado, com números de precisão finita e com as distribuições de probabilidade suaves normalmente usadas em aplicações reais, a inferência continua sendo decidível.

Resumo

Este capítulo tratou das representações expressivas para modelos de probabilidade com base na lógica e nos programas.

- **Modelos de probabilidade relacionais** (MPR) definem os modelos de probabilidade em mundos derivados da **semântica de banco de dados** para as linguagens de primeira ordem; eles são apropriados quando todos os objetos e suas identidades são conhecidos com certeza.
- Dado um MPR, os objetos em cada mundo possível correspondem aos símbolos constantes no MPR, e todas as variáveis aleatórias básicas são instanciações possíveis dos símbolos de predicado com objetos substituindo cada argumento. Logo, o conjunto de mundos possíveis é finito.
- MPR oferecem modelos muito concisos para os mundos com grandes quantidades de objetos, e podem lidar com a incerteza relacional.
- Os **modelos de probabilidade de universo aberto** (MPUA) se baseiam na semântica completa da lógica de primeira ordem, permitindo novos tipos de incerteza, como a incerteza de identidade e de existência.
- **Programas geradores** são representações dos modelos de probabilidade – incluindo MPUA –, como os programas executáveis em uma **linguagem de programação probabilística** ou **LPP**. Um programa gerador representa uma distribuição sobre os **rastros de execução** do programa. LPP geralmente oferecem poder expressivo *universal* para os modelos de probabilidade.

Notas bibliográficas e históricas

Hailperin (1984) e Howson (2003) recontam a longa história de tentativas de conectar probabilidade e lógica, voltando ao *Nouveaux Essais* de Leibniz em 1704. Essas tentativas geralmente envolviam probabilidades ligadas diretamente a sentenças lógicas. O primeiro tratamento rigoroso foi a **lógica de probabilidade** proposicional de Gaifman (Gaifman, 1964b). A ideia é que uma afirmação de probabilidade $P(\phi) \geq p$ é uma restrição na distribuição dos mundos possíveis, assim como uma sentença lógica comum é uma restrição nos próprios mundos possíveis. Qualquer distribuição P que satisfaça a restrição é um modelo, no sentido lógico padrão, da afirmação de probabilidade, e uma afirmação de probabilidade acarreta outra, apenas quando os modelos da primeira são um subconjunto dos modelos da segunda.

> Lógica de probabilidade

Dentro dessa lógica, pode-se provar, por exemplo, que $P(\alpha \wedge \beta) \leq P(\alpha \Rightarrow \beta)$. A satisfatibilidade de conjuntos de afirmações de probabilidade pode ser determinada no caso proposicional por programação linear (Hailperin, 1984; Nilsson, 1986). Assim, temos uma "lógica de probabilidade" no mesmo sentido que "lógica temporal" – um sistema lógico especializado para raciocínio probabilístico.

Para aplicar a lógica da probabilidade a tarefas como provar teoremas interessantes na teoria de probabilidades, uma linguagem mais expressiva era necessária. Gaifman (1964a) propôs uma lógica de probabilidade de *primeira ordem*, com mundos possíveis sendo estruturas de modelo de primeira ordem e com probabilidades anexadas a sentenças de lógica de primeira ordem (sem função). Scott e Krauss (1966) estenderam os resultados de Gaifman para permitir o aninhamento infinito de quantificadores e conjuntos infinitos de sentenças.

Dentro da IA, o descendente mais direto dessas ideias aparece em **programas de lógica probabilística** (Lukasiewicz, 1998), em que uma faixa de probabilidade é anexada a cada cláusula de Horn de primeira ordem e a inferência é realizada resolvendo programas lineares, conforme sugerido por Hailperin. Halpern (1990) e Bacchus (1990) também se basearam na abordagem de Gaifman, explorando algumas das questões básicas de representação do conhecimento a partir da perspectiva da IA, em vez da teoria de probabilidades e da lógica matemática.

O subcampo de **bancos de dados probabilísticos** também tem sentenças lógicas rotuladas com probabilidades (Dalvi *et al.*, 2009) – mas, nesse caso, as probabilidades são anexadas diretamente às tuplas do banco de dados. (Em IA e estatística, a probabilidade está ligada a relacionamentos gerais, enquanto as observações são vistas como evidências

> Bancos de dados probabilísticos

incontestáveis.) Embora os bancos de dados probabilísticos possam modelar dependências complexas, na prática costumamos encontrar tais sistemas usando suposições de independência global entre tuplas.

Atribuir probabilidades a sentenças dificulta bastante a definição de modelos de probabilidade completos e consistentes. Cada desigualdade *restringe* o modelo de probabilidade subjacente a ficar em um meio-espaço no espaço de alta dimensão dos modelos de probabilidade. Afirmações combinadas correspondem à interseção das restrições. Não é fácil garantir que a interseção produza um único ponto. Na verdade, o principal resultado em Gaifman (1964a) é a construção de um único modelo de probabilidade exigindo (1) uma probabilidade para todas as sentenças básicas possíveis e (2) restrições de probabilidade para um número infinito de sentenças existencialmente quantificadas.

Uma solução para esse problema é escrever uma teoria parcial e, então, "completá-la" escolhendo um modelo canônico no conjunto permitido. Nilsson (1986) propôs a escolha do modelo de *entropia máxima* consistente com as restrições especificadas. Paskin (2002) desenvolveu uma "lógica probabilística de entropia máxima" com restrições expressas como pesos (probabilidades relativas) anexados a cláusulas de primeira ordem. Esses modelos normalmente são chamados **redes lógicas de Markov** ou RLM (Richardson e Domingos, 2006) e se tornaram uma técnica popular para aplicações envolvendo dados relacionais. As técnicas de entropia máxima, incluindo RLM, podem produzir resultados não intuitivos em alguns casos (Milch, 2006; Jain *et al.*, 2007, 2010).

A partir do início da década de 1990, pesquisadores trabalhando em aplicações complexas perceberam as limitações expressivas das redes bayesianas e desenvolveram várias linguagens para escrever "modelos" com variáveis lógicas, a partir dos quais grandes redes poderiam ser construídas automaticamente para cada instância de problema (Breese, 1992; Wellman *et al.*, 1992). A mais importante dessas linguagens foi BUGS (Bayesian Inference Using Gibbs Sampling) (Gilks *et al.*, 1994; Lunn *et al.*, 2013), que combinava redes bayesianas com a notação de **variável aleatória indexada**, comum na estatística. (Em BUGS, uma variável aleatória indexada se parece com $X[i]$, em que i tem um intervalo definido por valores inteiros.)

Variável aleatória indexada

Essas linguagens de universo fechado herdaram a propriedade-chave das redes bayesianas: toda base de conhecimento bem formada define um modelo de probabilidade consistente e único. Outras linguagens de universo fechado se basearam nas capacidades de representação e inferência da programação em lógica (Poole, 1993; Sato e Kameya, 1997; Kersting *et al.*, 2000) e redes semânticas (Koller e Pfeffer, 1998; Pfeffer, 2000).

Ligação de registros

A pesquisa em modelos de probabilidade de universo aberto tem várias origens. Em estatística, o problema de **ligação de registros** surge quando os registros de dados não contêm identificadores exclusivos padrão – por exemplo, várias citações contidas neste livro poderiam nomear seu primeiro autor como "Stuart J. Russell" ou "S. Russell", ou mesmo como "Stewart Russel". Outros autores compartilham o nome "S. Russell".

Centenas de empresas foram abertas somente para resolver problemas de ligação de registros em dados financeiros, médicos, censitários e outros. A análise probabilística remonta ao trabalho de Dunn (1946); o modelo de Fellegi-Sunter (1969), essencialmente um modelo de Bayes ingênuo aplicado à combinação, ainda domina a prática atual. A incerteza de identidade também é analisada no rastreamento de múltiplos alvos (Sittler, 1964), cuja história é esboçada no Capítulo 14.

Em IA, a suposição de trabalho até a década de 1990 era que os sensores podiam fornecer sentenças lógicas com identificadores únicos para objetos, como era o caso de Shakey. Na área de compreensão da linguagem natural, Charniak e Goldman (1992) propuseram uma análise probabilística de correferência, em que duas expressões linguísticas (digamos, "Obama" e "o presidente") podem referir-se à mesma entidade. Huang e Russell (1998) e Pasula *et al.* (1999) desenvolveram uma análise bayesiana de incerteza de identidade para vigilância de tráfego. Pasula *et al.* (2003) desenvolveram um modelo gerador complexo para autores, artigos e cadeias de citação, envolvendo incerteza relacional e de identidade, e demonstraram alta precisão para extrair informações de citação.

A primeira linguagem formal para modelos de probabilidade de universo aberto foi BLOG (Milch *et al.*, 2005; Milch, 2006), que vinha com um mecanismo de inferência MCMC de uso geral (muito lento). Laskey (2008) descreve outra linguagem de modelagem de universo aberto chamada **redes bayesianas de entidades múltiplas**. O sistema de monitoramento sísmico global NET-VISA, descrito no texto, foi retirado de Arora *et al.* (2013). O sistema de classificação Elo foi desenvolvido em 1959 por Arpad Elo (1978), mas é basicamente o mesmo no modelo Case V de Thurstone (Thurstone, 1927). O modelo TrueSkill da Microsoft (Herbrich *et al.*, 2007; Minka *et al.*, 2018) é baseado na versão bayesiana do Elo de Mark Glickman (1999) e agora é executado na LPP infer.NET.

A associação de dados para rastreamento de múltiplos alvos foi descrita pela primeira vez em um cenário probabilístico por Sittler (1964). O primeiro algoritmo prático para problemas de grande escala foi o "rastreador de hipóteses múltiplas" ou algoritmo MHT (Reid, 1979). Artigos importantes são coletados por Bar-Shalom e Fortmann (1988) e Bar-Shalom (1992). O desenvolvimento de um algoritmo MCMC para associação de dados deve-se a Pasula *et al.* (1999), que o aplicou a problemas de vigilância de tráfego. Oh *et al.* (2009) fornecem uma análise formal e comparações experimentais com outros métodos. Schulz *et al.* (2003) descreve um método de associação de dados baseado na filtragem de partículas.

Ingemar Cox analisou a complexidade da associação de dados (Cox, 1993; Cox e Hingorani, 1994) e trouxe o assunto à atenção da comunidade de visão. Ele também observou a aplicabilidade do algoritmo húngaro de tempo polinomial ao problema de encontrar as atribuições mais prováveis, que há muito eram consideradas um problema intratável na comunidade de rastreamento. O algoritmo em si foi publicado por Kuhn (1955), com base em traduções de artigos publicados em 1931 por dois matemáticos húngaros, Dénes König e Jenö Egerváry. No entanto, o teorema básico foi derivado anteriormente em um manuscrito latino não publicado, do famoso matemático Carl Gustav Jacobi (1804-1851).

A ideia de que programas probabilísticos também podem representar modelos de probabilidade complexos se deve a Koller *et al.* (1997). A primeira LPP funcional foi IBAL, de Avi Pfeffer (2001, 2007), baseada em uma linguagem funcional simples. BLOG pode ser considerada uma LPP declarativa. A conexão entre LPP declarativas e funcionais foi explorada por McAllester *et al.* (2008). CHURCH (Goodman *et al.*, 2008), uma LPP construída em cima da linguagem Scheme, foi pioneira na ideia de pegar carona em uma linguagem de programação existente. CHURCH também introduziu o primeiro algoritmo de inferência MCMC para modelos com funções aleatórias de ordem superior e gerou interesse na comunidade da ciência cognitiva como uma forma de modelar formas complexas de aprendizado humano (Lake *et al.*, 2015). As LPP também se conectam de maneiras interessantes à teoria da computabilidade (Ackerman *et al.*, 2013) e à pesquisa das linguagens de programação.

Na década de 2010, apareceram dezenas de LPP baseadas em uma ampla gama de linguagens de programação subjacentes. Figaro, baseada na linguagem Scala, tem sido usada para uma grande variedade de aplicações (Pfeffer, 2016). Gen (Cusumano-Towner *et al.*, 2019), baseada em Julia e TensorFlow, foi usada para percepção de máquina em tempo real, bem como aprendizagem de estrutura bayesiana para análise de dados de séries temporais. LPP construídas em cima de estruturas de aprendizado profundo incluem Pyro (Bingham *et al.*, 2019) (construída em PyTorch) e Edward (Tran *et al.*, 2017) (construída em TensorFlow).

Tem havido esforços para tornar a programação probabilística acessível a mais pessoas, como usuários de banco de dados e planilhas. Tabular (Gordon *et al.*, 2014) oferece uma linguagem de esquema relacional semelhante a uma planilha em cima do infer.NET. BayesDB (Saad e Mansinghka, 2017) permite que os usuários combinem e consultem programas probabilísticos usando uma linguagem semelhante à SQL.

A inferência em programas probabilísticos geralmente se baseia em métodos aproximados, porque algoritmos exatos não se adaptam aos tipos de modelos que as LPP podem representar. Linguagens de universo fechado, como BUGS, LIBBI (Murray, 2013) e STAN (Carpenter *et al.*, 2017), geralmente operam construindo a rede bayesiana equivalente completa e, em seguida, executando inferência sobre ela – amostragem de Gibbs no caso de BUGS, Monte Carlo sequencial no caso de LIBBI, e Monte Carlo hamiltoniano no caso de STAN. Os programas nessas linguagens podem ser lidos como instruções para a construção da rede bayesiana básica. Breese (1992) mostrou como gerar apenas o fragmento relevante da rede completa, dadas a consulta e as evidências.

Trabalhar com uma rede bayesiana básica significa que os mundos possíveis visitados pela MCMC são representados por um vetor de valores para variáveis na rede bayesiana. A ideia de amostrar diretamente os mundos possíveis de primeira ordem é devida a Russell (1999). Na linguagem FACTORIE (McCallum *et al.*, 2009), os mundos possíveis no processo da MCMC são representados dentro de um sistema de banco de dados relacional padrão. Os mesmos dois artigos propõem a reavaliação incremental da consulta como forma de evitar a avaliação completa da consulta em cada mundo possível.

Os métodos de inferência baseados em fundamentos são semelhantes aos métodos de proposicionalização mais antigos para inferência lógica de primeira ordem (Davis e Putnam, 1960). Para inferência lógica, tanto os provadores de teoremas de resolução quanto os sistemas de programação em lógica dependem da **elevação** (ver seção 9.2) para evitar instanciar variáveis lógicas desnecessariamente.

Pfeffer *et al.* (1999) introduziram um algoritmo de eliminação de variáveis que armazenava em *cache* cada fator computado para reutilização por cálculos posteriores envolvendo as mesmas relações, mas objetos diferentes, percebendo assim alguns dos ganhos computacionais da elevação. O primeiro algoritmo de inferência probabilística verdadeiramente elevado foi uma forma de eliminação de variáveis descrita por Poole (2003) e posteriormente aprimorada por Salvo Braz *et al.* (2007). Outros avanços, incluindo casos em que certas probabilidades agregadas podem ser calculadas de forma fechada, são descritos por Milch *et al.* (2008) e Kisynski e Poole (2009). Agora há um entendimento razoavelmente bom de quando a elevação é possível e de sua complexidade (Gribkoff *et al.*, 2014; Kazemi *et al.*, 2017).

Os métodos para agilizar a inferência podem ser de vários tipos, conforme observado no capítulo. Vários projetos exploraram algoritmos mais sofisticados, combinados com técnicas de compilador e/ou propostas aprendidas. LIBBI (Murray, 2013) introduziu a primeira inferência de Gibbs de partícula para programas probabilísticos; um dos primeiros compiladores de inferência, com suporte de GPU para SMC maciçamente paralelo; e o uso da linguagem de modelagem para definir propostas personalizadas de MCMC. A compilação da inferência probabilística também é estudada por Wingate *et al.* (2011), Paige e Wood (2014) e Wu *et al.* (2016a). Claret *et al.* (2013), Hur *et al.* (2014) e Cusumano-Towner *et al.* (2019) demonstram métodos de análise estática para transformar programas probabilísticos em formas mais eficientes. PICTURE (Kulkarni *et al.*, 2015) é a primeira LPP que permite aos usuários aplicar o aprendizado de execuções futuras do programa gerador para treinar propostas rápidas de baixo para cima. Le *et al.* (2017) descrevem o uso de técnicas de aprendizado profundo para amostragem de importância eficiente em uma LPP. Na prática, os algoritmos de inferência para modelos de probabilidade complexos costumam utilizar uma mistura de técnicas para diferentes subconjuntos de variáveis no modelo. Mansinghka *et al.* (2013) enfatizaram a ideia de programas de inferência que aplicam diversas táticas de inferência a subconjuntos de variáveis escolhidas durante o tempo de execução da inferência.

A coleção editada por Getoor e Taskar (2007) inclui diversos artigos importantes sobre modelos de probabilidade de primeira ordem e seu uso no aprendizado de máquina. Artigos de programação probabilística aparecem em todas as principais conferências sobre aprendizado de máquina e raciocínio probabilístico, incluindo NeurIPS, ICML, UAI e AISTATS. Workshops regulares sobre LPP foram incluídos nas conferências NeurIPS e POPL (Princípios de Linguagens de Programação), e a primeira Conferência Internacional sobre Programação Probabilística foi realizada em 2018.

CAPÍTULO 16

TOMADA DE DECISÕES SIMPLES

Neste capítulo, veremos como um agente deve tomar decisões de forma a obter o que deseja em um mundo incerto - pelo menos tanto quanto possível e na média.

Neste capítulo, complementaremos os detalhes de como a teoria da utilidade se combina com a teoria da probabilidade para formar um agente baseado em teoria da decisão - um agente que pode tomar decisões racionais com base em suas crenças e no que ele deseja. Esse agente pode tomar decisões em contextos nos quais a incerteza e objetivos conflitantes deixam um agente lógico sem meios para se decidir. Um agente baseado em objetivos faz distinção binária entre estados bons (meta) e estados ruins (não meta), enquanto um agente com base em teoria da decisão atribui um intervalo contínuo de valores aos estados, e com isso pode escolher mais facilmente um estado melhor, mesmo quando não existe um estado que seja o melhor de todos.

A seção 16.1 introduz o princípio básico da teoria da decisão: a maximização da utilidade esperada. A seção 16.2 mostra que o comportamento de qualquer agente racional pode ser modelado pela maximização da função de utilidade. A seção 16.3 discute a natureza das funções utilidade com mais detalhes e, em particular, sua relação com quantidades individuais, como o dinheiro. A seção 16.4 mostra como tratar funções de utilidade que dependem de diversas quantidades. Na seção 16.5, descrevemos a implementação de sistemas de tomada de decisões. Em particular, introduzimos um formalismo chamado **rede de decisão** (também conhecido como **diagrama de influência**) que estende as redes bayesianas incorporando ações e utilidades. A seção 16.6 mostra como um agente baseado em teoria da decisão pode calcular o valor da aquisição de novas informações para aprimorar suas decisões.

Enquanto as seções de 16.1 a 16.6 consideram que o agente opera com uma função de utilidade dada, conhecida, a seção 16.7 relaxa essa suposição. Discutimos as consequências da incerteza de preferência da parte da máquina - sendo a deferência aos humanos a mais importante delas.

16.1 Combinação de crenças e desejos sob incerteza

Começamos com um agente que, como todos os outros, precisa tomar uma decisão. Ele tem à sua disposição algumas ações a. Pode haver incerteza a respeito do estado atual, e portanto vamos supor que o agente atribui uma probabilidade $P(s)$ a cada estado possível s. Pode haver incerteza também a respeito dos resultados da ação; o modelo de transição é dado por $P(s' \mid s, a)$, a probabilidade de que a ação a no estado s alcance o estado s'. Como estamos interessados principalmente no resultado s', usaremos também a notação abreviada $P(\text{RESULTADO}(a) = s')$, a probabilidade de alcançar s' realizando a no estado atual, qualquer que seja. Os dois estão relacionados da seguinte forma:

$$P(\text{RESULTADO}(a) = s') = \sum_s P(s) P(s' \mid s, a).$$

A teoria da decisão, na sua forma mais simples, trata de escolher entre as ações com base na desejabilidade de seus resultados *imediatos*, isto é, assume-se que o ambiente é episódico no sentido já definido na seção 2.3.2. (Essa suposição será relaxada no Capítulo 17.) As preferências do agente são apreendidas por uma **função de utilidade**, $U(s)$, que atribui um único número para expressar a desejabilidade de um estado. A **utilidade esperada** de uma ação, dada a evidência, $UE(a)$, é apenas a média dos valores da utilidade média dos resultados, ponderada pela probabilidade de que eles ocorram:

Função de utilidade

Utilidade esperada

480 Inteligência Artificial

$$UE(a) = \sum_{s'} P(\text{RESULTADO}(a) = s')\, U(s').$$

(16.1)

O princípio da **maximização da utilidade esperada** (MUE) diz que um agente racional deve escolher a ação que maximize a utilidade esperada do agente:

$$\text{ação} = \underset{a}{\text{argmax}}\; UE(a).$$

De certo modo, o princípio de MUE poderia ser visto como uma prescrição para o comportamento inteligente. Tudo o que um agente inteligente tem de fazer é calcular as diversas quantidades, maximizar a utilidade sobre suas ações e ir em frente. Porém, isso não significa que o problema da IA esteja *resolvido* por definição!

O princípio MUE *formaliza* a noção geral de que o agente deve "fazer a coisa certa", mas percorre apenas uma pequena distância em direção a uma *operacionalização* desse conselho. Estimar a distribuição de probabilidade $P(s)$ sobre os estados possíveis do mundo, que se transforma em $P(\text{RESULTADO}(a) = s')$, exige percepção, aprendizagem, representação do conhecimento e inferência. O próprio cálculo de $P(\text{RESULTADO}(a) = s')$ requer um modelo causal do mundo. Pode haver muitas ações a considerar, e o cálculo das utilidades resultantes $U(s')$ pode exigir mais busca ou planejamento porque um agente pode não saber o quanto um estado é bom, até que saiba onde pode chegar a partir desse estado. Um sistema de IA atuando em favor de um humano pode não saber a verdadeira função de utilidade desse humano, e portanto, pode haver incerteza sobre U. Resumindo, a teoria da decisão não é uma panaceia que resolve o problema de IA, mas fornece o princípio de um arcabouço matemático básico, que é genérico o suficiente para definir o problema da IA.

O princípio da MUE tem relação clara com a ideia de medidas de desempenho introduzida no Capítulo 2. A ideia básica é simples. Considere os ambientes que poderiam levar um agente a ter um dado histórico de percepções e considere os diferentes agentes que poderíamos projetar. *Se um agente age para maximizar uma função de utilidade que reflete corretamente a medida de desempenho, então o agente alcançará a mais alta pontuação (média) de desempenho possível (sobre todos os ambientes possíveis).* Essa é a justificativa central para o próprio princípio de MUE. Embora a afirmação possa parecer tautológica, de fato ela incorpora uma transição muito importante a partir de uma medida de desempenho externa para uma função de utilidade interna. A medida de desempenho oferece uma pontuação para um histórico – uma sequência de estados. Assim, ela é aplicada retrospectivamente após um agente concluir uma sequência de ações. A função de utilidade se aplica ao estado imediatamente seguinte, de modo que pode ser usada para orientar as ações passo a passo.

16.2 Base da teoria da utilidade

Intuitivamente, o princípio da maximização da utilidade esperada (MUE) parece um modo razoável de tomar decisões, mas não é, de forma alguma, evidente que ele seja o *único* modo racional. Afinal, por que maximizar a utilidade *média* é tão especial? O que há de errado com um agente que maximiza a soma ponderada dos cubos das utilidades possíveis ou que tenta minimizar a pior perda possível? Um agente não poderia agir racionalmente apenas expressando preferências entre estados, sem atribuir a eles valores numéricos? Finalmente, por que deve sequer existir uma função de utilidade com as propriedades exigidas? Veremos.

16.2.1 Restrições sobre preferências racionais

Essas perguntas podem ser respondidas registrando algumas restrições sobre as preferências que um agente racional deve ter e depois mostrando que o princípio de MUE pode ser derivado das restrições. Utilizamos a notação a seguir para descrever as preferências de um agente:

$A \succ B$	A é preferível a B.
$A \sim B$	o agente está indiferente entre A e B.
$A \succsim B$	o agente prefere A a B ou está indiferente entre eles.

Agora a pergunta óbvia é: que tipos de itens são A e B? Eles poderiam ser os estados do mundo, mas quase sempre há incerteza sobre o que realmente está sendo oferecido. Por exemplo, o passageiro de uma companhia aérea a quem é oferecido um "prato de macarrão ou de frango" não sabe o que está sob o papel de alumínio.[1] A massa pode estar congelada ou deliciosa, o frango suculento ou cozido além do recomendável. Podemos pensar sobre o conjunto de resultados para cada ação como uma **loteria** – pense em cada ação como um bilhete. A notação da loteria L com os possíveis resultados $S_1,..., S_n$ que ocorrem com probabilidades $p_1,..., p_n$ é escrita como

Loteria

$$L = [p_1,S_1; p_2,S_2; ... p_n,S_n].$$

Em geral, cada resultado S_i de uma loteria pode ser tanto um estado atômico como outra loteria. O principal problema da teoria da utilidade é entender como as preferências entre loterias compostas estão relacionadas com as preferências entre os estados subjacentes nessas loterias. Para resolver esse problema, listamos seis restrições que exigem qualquer relação de preferência razoável a ser obedecida:

- **Ordenabilidade**: dadas duas loterias quaisquer, um agente racional deve preferir uma à outra ou, então, classificar as duas como igualmente preferíveis. Ou seja, o agente não pode evitar a decisão. Conforme foi visto na seção 12.2.3, recusar-se a apostar é como recusar-se a deixar o tempo passar.

Ordenabilidade

$$\text{Exatamente um dentre } (A \succ B), (B \succ A) \text{ ou } (A \sim B) \text{ é possível.}$$

- **Transitividade**: dadas três loterias quaisquer, se um agente preferir A a B e preferir B a C, então o agente deverá preferir A a C.

Transitividade

$$(A \succ B) \wedge (B \succ C) \Rightarrow (A \succ C).$$

- **Continuidade**: se alguma loteria B estiver entre A e C em preferência, haverá alguma probabilidade p para a qual o agente racional seja indiferente entre receber B com certeza e receber a loteria que produz A com probabilidade p e C com probabilidade $1 - p$.

Continuidade

$$A \succ B \succ C \Rightarrow \exists p \ [p,A; 1- p,C] \sim B.$$

- **Substitutibilidade**: se um agente está indiferente entre duas loterias A e B, então o agente está indiferente entre duas outras loterias compostas que são a mesma loteria, exceto pelo fato de A ser substituído por B em uma delas. Isso é válido independentemente das probabilidades e do(s) outro(s) resultado(s) das loterias.

Substitutibilidade

$$A \sim B \Rightarrow [p,A; 1 - p,C] \sim [p,B; 1 - p,C].$$

Isto também é válido se substituirmos $\succ$ por $\sim$ nesse axioma.

- **Monotonicidade**: suponha que existam duas loterias com os mesmos dois resultados possíveis, A e B. Se um agente prefere A a B, então o agente deve preferir a loteria que tem uma probabilidade mais alta para A (e vice-versa).

Monotonicidade

$$A \succ B \Rightarrow (p > q \Leftrightarrow [p,A; 1 - p,B] \succ [q,A; 1 - q,B]).$$

- **Decomponibilidade**: as loterias compostas podem ser reduzidas a loterias mais simples com o uso das leis da probabilidade. Isso se chama regra de "nada de diversão no jogo" porque afirma que duas loterias consecutivas podem ser compactadas em uma única loteria equivalente, como mostra a Figura 16.1(b).[2]

Decomponibilidade

$$[p,A; 1 - p,[q,B; 1 - q,C]] \sim [p,A; (1 - p)q,B; (1 - p)(1 - q),C].$$

Essas restrições são conhecidas como axiomas da teoria da utilidade. Cada axioma pode ser motivado mostrando que um agente que o viola vai exibir comportamento claramente

---

[1] Pedimos desculpas aos leitores cujas companhias aéreas locais não mais oferecem refeições em voos longos.
[2] Podemos levar em conta o prazer de jogar codificando eventos de jogos na descrição do estado; por exemplo, "Tem 10 reais e jogou" talvez fosse preferível a "Tem 10 reais e não jogou".

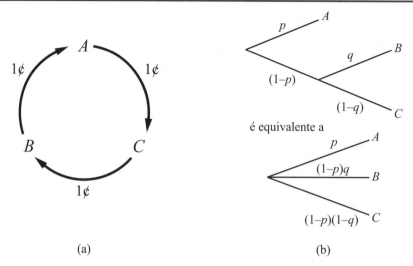

Figura 16.1 (a) Preferências não transitivas A≻B≻C≻A podem resultar em comportamento irracional: um ciclo de trocas custando um centavo cada. (b) Axioma de decomponibilidade.

irracional em algumas situações. Por exemplo, podemos motivar a transitividade fazendo com que um agente com preferências não transitivas nos dê todo o seu dinheiro. Suponha que o agente tenha as preferências intransitivas A≻B≻C≻A em que A, B e C são bens que podem ser trocados livremente. Se o agente tem A atualmente, poderemos oferecer a troca de C por A mais um centavo. O agente prefere C e, assim, estará disposto a fazer essa troca. Poderemos, então, oferecer a troca de B por C, tirando mais um centavo, e, finalmente, a troca de A por B. Isso nos leva de volta para onde começamos, com exceção de que o agente nos deu três centavos (Figura 16.1[a]). Podemos continuar no ciclo todo até que o agente não tenha mais dinheiro. É claro que nesse caso o agente agiu irracionalmente.

16.2.2 Preferências racionais levam à utilidade

Observe que os axiomas da teoria da utilidade são realmente axiomas sobre as preferências - eles não dizem nada sobre a função de utilidade. Mas o fato é que dos axiomas de utilidade podemos derivar as seguintes consequências (para demonstração, consulte von Neumann e Morgenstern, 1944):

- **Existência da função de utilidade**: se as preferências de um agente obedecem aos axiomas de utilidade, existe uma função U tal que $U(A) > U(B)$ se e somente se A é preferível a B, e $U(A) = U(B)$ se e somente se o agente é indiferente entre A e B. Ou seja,

$$U(A) > U(B) \Leftrightarrow A \succ B \text{ e } U(A) = U(B) \Leftrightarrow A \sim B.$$

- **Utilidade esperada de uma loteria**: a utilidade de uma loteria é o somatório da probabilidade de cada resultado vezes a utilidade desse resultado.

$$U([p_1, S_1; \ldots; p_n, S_n]) = \sum_i p_i U(S_i).$$

Em outras palavras, uma vez que as probabilidades e as utilidades dos estados resultantes possíveis são especificadas, a utilidade de uma loteria composta envolvendo esses estados fica completamente determinada. Como o resultado de uma ação não determinística é uma loteria, segue que um agente pode agir racionalmente - isto é, de forma consistente com suas preferências - somente pela escolha de uma ação que maximize a utilidade esperada de acordo com a Equação 16.1.

Os teoremas anteriores estabelecem que (considerando as restrições sobre preferências racionais) *existe* uma função de utilidade para qualquer agente racional, mas eles não

Capítulo 16 • Tomada de Decisões Simples   **483**

demonstram que ela é *única*. De fato, é fácil ver que o comportamento de um agente não mudaria se a sua função de utilidade $U(S)$ fosse transformada de acordo com

$$U'(S) = aU(S) + b,\qquad(16.2)$$

em que a e b são constantes e $a > 0$; uma transformação afim positiva.[3] Esse fato foi observado no Capítulo 5 para dois jogadores de jogos de azar; aqui, percebemos que se aplica a todos os tipos de cenários de decisão.

Como em um jogo, em um ambiente determinístico um agente só precisa de uma ordenação da preferência dos estados – os números não importam. Isso é chamado **função de valor** ou **função de utilidade ordinal**.

Função de valor
Função de utilidade ordinal

É importante lembrar que a existência de uma função de utilidade que descreve o comportamento de preferências de um agente não significa necessariamente que o agente esteja maximizando *explicitamente* essa função de utilidade em suas próprias deliberações. Como mostramos no Capítulo 2, o comportamento racional pode ser gerado de inúmeras formas. Um agente racional poderia ser implementado por uma tabela de referência (se o número de estados possíveis fosse pequeno o suficiente).

Observando as preferências de um agente racional, um observador pode construir a função de utilidade que representa o que o agente está de fato tentando realizar (mesmo se ele não souber disso). Voltaremos a esse assunto na seção 16.7.

16.3 Funções de utilidade

Utilidade é uma função que faz o mapeamento de estados em números reais. Sabemos que eles devem obedecer aos axiomas de ordenabilidade, transitividade, continuidade, substitutibilidade, monotonicidade e decomponibilidade. Isso é tudo o que podemos dizer sobre as funções de utilidade? No sentido exato, sim: um agente pode ter as preferências que desejar. Por exemplo, um agente pode preferir ter um número primo de reais em sua conta bancária; nesse caso, se tivesse R\$ 16, ele abriria mão de R\$ 3. Pode não ser comum, mas não podemos chamar de irracional. Um agente talvez preferisse um surrado Corcel 1973 a uma brilhante Mercedes nova. É possível que o agente só prefira números primos de reais quando for proprietário do Corcel, mas quando tiver a Mercedes talvez prefira ter mais reais. Felizmente, as preferências de agentes reais em geral são mais sistemáticas e, por isso, mais fáceis de lidar.

16.3.1 Avaliação de utilidade e escalas de utilidade

Se queremos construir um sistema baseado na teoria da decisão que ajude o ser humano a tomar decisões ou agir em seu nome, é preciso primeiro descobrir qual a função de utilidade do ser humano. Esse processo, muitas vezes chamado **elicitação de preferência**, envolve a apresentação de escolhas para o agente e usa as preferências observadas para responder com precisão à função de utilidade subjacente.

Elicitação de preferência

A Equação 16.2 informa que não existe escala absoluta de utilidades, mas é útil, no entanto, estabelecer *alguma* escala em que as utilidades podem ser registradas e comparadas com qualquer problema particular. A escala pode ser estabelecida pela fixação das utilidades de quaisquer dois resultados particulares, da mesma forma que determinamos uma escala de temperatura, fixando o ponto de congelamento e o ponto de ebulição da água. Normalmente, fixamos a utilidade de um "melhor prêmio possível" em $U(S) = u_{\top}$ e da "pior catástrofe possível" em $U(S) = u_{\perp}$ (ambos devem ser finitos). **Utilidades normalizadas** usam uma escala com $u_{\perp} = 0$ e $u_{\top} = 1$. Com essa escala, um fã do futebol brasileiro poderia atribuir uma utilidade de 1 ao Brasil ganhando a Copa do Mundo e uma utilidade de 0 ao Brasil não se classificando.

Utilidades normalizadas

Dada uma escala de utilidade entre $u_{\top}$ e $u_{\perp}$, podemos avaliar a utilidade de qualquer prêmio em particular S pedindo para o agente escolher entre S e uma **loteria padrão** $[p,u_{\top};$ $(1 - p),u_{\perp}]$. A probabilidade p é ajustada até que o agente esteja indiferente entre S e a loteria padrão. Assumindo utilidades normalizadas, a utilidade S é dada por p. Uma vez feito isso para

Loteria padrão

---

[3] Nesse sentido, utilidades assemelham-se às temperaturas: a temperatura em Fahrenheit é 1,8 vez a temperatura em graus Celsius mais 32, mas converter de uma para a outra não o tornará mais quente ou mais frio.

484 Inteligência Artificial

cada prêmio, as utilidades para todas as loterias que envolvem aqueles prêmios são determinadas. Por exemplo, suponha que queremos saber o quanto nosso fã do futebol brasileiro valoriza o resultado do Brasil chegando às semifinais e depois perdendo. Comparamos esse resultado com uma loteria padrão, com probabilidade p de ganhar o troféu e probabilidade $1 - p$ de uma falha vergonhosa na classificação. Se houver uma indiferença em $p = 0,3$, então $0,3$ é o valor de chegar à semifinal e depois perder.

Em problemas de decisão das áreas médica, de transporte e ambiental, entre outras, a vida das pessoas está em jogo. (Sim, existem coisas mais importantes do que a sorte do Brasil na Copa do Mundo.) Em tais casos, $u_\perp$ é o valor atribuído à morte imediata (ou talvez a muitas mortes, no pior dos cenários). *Embora ninguém se sinta confortável em definir um valor para a vida humana, o fato é que são feitas escolhas entre questões de vida e morte o tempo todo.* As aeronaves recebem uma revisão completa a intervalos determinados pelos percursos e por milhas voadas, e não depois de cada viagem. Os carros são fabricados de uma forma que compense os custos das taxas de sobrevivência em um acidente. Toleramos um nível de poluição do ar que mata quatro milhões de pessoas por ano.

Paradoxalmente, uma recusa a "impor um valor monetário à vida" pode significar que a vida é *subestimada*. Ross Shachter relata experiência com uma agência governamental que subvencionou um estudo sobre a remoção do amianto nas escolas. Os analistas de decisão realizaram o estudo assumindo um valor em dólares em particular para a vida de uma criança em idade escolar, e argumentaram que a escolha racional sob essa suposição era remover o amianto. A agência governamental, moralmente afrontada, rejeitou o relatório. Em seguida, decidiu-se contra a remoção do amianto afirmando implicitamente um valor menor para a vida de uma criança do que o atribuído pelos analistas.

Atualmente, diversas agências do governo dos EUA, incluindo a Agência de Proteção Ambiental, a Food and Drug Administration (FDA) e o Departamento de Transporte, usam o **valor estatístico de uma vida** para determinar os custos e benefícios das regulamentações e intervenções. Os valores típicos em 2019 são cerca de US$ 10 milhões.

Algumas tentativas foram feitas para descobrir o valor que as pessoas dão à sua própria vida. Uma "moeda" comum utilizada em análises médica e de segurança é a **micromorte**, uma chance de morrer em um milhão. Se você perguntar às pessoas quanto elas pagariam para evitar um risco – por exemplo, evitar jogar roleta-russa com um revólver com milhões de balas – elas vão responder com números muito grandes, talvez dezenas de milhares de dólares, mas o seu comportamento real reflete um valor monetário muito mais baixo de uma micromorte.

Por exemplo, no Reino Unido, dirigir um carro por 370 quilômetros incorre em um risco de micromorte. Sobre a vida útil do seu carro – digamos, 148.000 quilômetros – isto corresponde a 400 micromortes. Nos EUA, as pessoas parecem estar dispostas a pagar a mais cerca de US$ 12.000 por um carro mais seguro, que reduz pela metade o risco de morte. Assim, sua ação de comprar um carro diz que elas têm um valor de US$ 60 por micromorte. Muitos estudos confirmaram uma cifra nessa faixa entre muitos indivíduos e tipos de risco. No entanto, o Departamento de Transportes dos EUA definiu um valor mais baixo; eles gastarão apenas cerca de US$ 6 em reparos nas estradas por expectativa de vida salva. Claro, esses cálculos são válidos apenas para riscos pequenos. A maioria das pessoas não concorda em se matar nem mesmo por US$ 60 milhões.

Outra medida é o **QALY** ou **AVAQ**, o ano de vida ajustado pela qualidade. Pacientes estão dispostos a aceitar uma menor expectativa de vida para evitar a deficiência. Por exemplo, pacientes renais, em média, são indiferentes entre viver 2 anos sujeitos à diálise e viver 1 ano em plena saúde.

16.3.2 Utilidade do dinheiro

A teoria da utilidade tem suas raízes na economia, e a economia apresenta um candidato óbvio para se tornar uma medida de utilidade: o dinheiro (ou, mais especificamente, os bens líquidos totais de um agente). A quase universal capacidade de troca do dinheiro por todos os tipos de mercadorias e serviços sugere que o dinheiro desempenha um papel significativo nas funções humanas de utilidade.

Normalmente, o agente vai preferir mais dinheiro a menos dinheiro, sendo todos os outros aspectos iguais. Dizemos que o agente demonstra uma **preferência monótona** por mais dinheiro. No entanto, isso não significa que o dinheiro se comporta como função de utilidade, porque ele não diz nada sobre as preferências entre *loterias* que envolvem dinheiro.

Preferência monótona

Vamos supor que você tenha vencido outros concorrentes em um programa de jogos pela televisão. Agora, o apresentador lhe oferece uma opção: levar o prêmio de R$ 1.000.000 ou apostar tudo em um jogo de cara ou coroa com uma moeda. Se der cara, você acabará sem nada, mas, se der coroa, você ganhará R$ 2.500.000. Se for como a maioria das pessoas, você recusará o jogo e embolsará o milhão. Nesse caso, você estará sendo irracional?

Supondo que você acredite que a moeda não é viciada, o **valor monetário esperado** (VME) do jogo é ½ (R$ 0) + ½(R$ 2.500.000) = R$ 1.250.000, que é mais que o prêmio original de R$ 1.000.000. Porém, isso não significa necessariamente que aceitar a aposta seja uma decisão melhor. Suponha que utilizamos S_n para indicar o estado de ter a riqueza total $\$_n$ e que sua riqueza atual seja $\$_k$. Então, as utilidades esperadas das duas ações de aceitar e recusar o jogo são

Valor monetário esperado

$$UE(Aceitar) = \tfrac{1}{2}U(S_k) + \tfrac{1}{2}(S_{k+2.500.000}),$$
$$UE(Recusar) = U(S_k+1.000.000).$$

Para determinar o que fazer, precisamos atribuir utilidades aos estados resultantes. A utilidade não é diretamente proporcional ao valor monetário porque a utilidade para o seu primeiro milhão é muito alta (é o que dizem), enquanto a utilidade para um milhão adicional é menor. Suponha que você atribua a utilidade 5 ao seu *status* financeiro atual (S_k), 9 ao estado $S_{k+2.500.000}$ e 8 ao estado $S_{k+1.000.000}$. Então, a ação racional seria recusar, porque a utilidade esperada de aceitar é apenas 7 (menos que a utilidade 8 de recusar). Por outro lado, é mais provável que um bilionário tenha uma função de utilidade que seja localmente linear no intervalo de poucos milhões a mais e, assim, aceitaria a aposta.

Em um estudo pioneiro das funções de utilidade reais, Grayson (1960) descobriu que a utilidade do dinheiro era quase exatamente proporcional ao *logaritmo* do valor (essa ideia foi sugerida primeiro por Bernoulli (1738)). Uma curva específica da utilidade, para um certo Sr. Beard, é mostrada na Figura 16.2(a). Os dados obtidos para as preferências do Sr. Beard são consistentes com uma função de utilidade

$$U(S_{k+n}) = -263{,}31 + 22{,}09\log(n + 150.000)$$

para o intervalo entre $n = -\$\ 150.000$ e $n = \$\ 800.000$.

Não devemos supor que essa seja a função de utilidade definitiva para valor monetário, mas é provável que a maioria das pessoas tenha uma função de utilidade côncava para riquezas

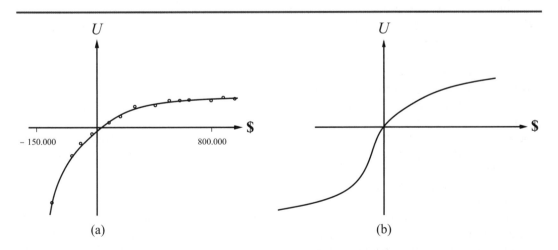

Figura 16.2 Utilidade do dinheiro. (a) Dados empíricos para o Sr. Beard sobre um intervalo limitado. (b) Uma curva típica para o intervalo completo.

486 Inteligência Artificial

positivas. Contrair dívidas é ruim, mas as preferências entre diferentes níveis de dívidas podem exibir uma inversão da concavidade associada com riqueza positiva. Por exemplo, alguém que já deve R$ 10.000.000 poderia muito bem aceitar uma aposta no lançamento de uma moeda não viciada com um ganho de R$ 10.000.000 para cara e uma perda de R$ 20.000.000 para coroa.[4] Isso gera a curva em forma de S mostrada na Figura 16.2(b).

Vamos limitar nossa atenção à parte positiva das curvas, em que a declividade está diminuindo; então, para qualquer loteria L, a utilidade de se defrontar com essa loteria é menor que a utilidade de receber o valor monetário esperado da loteria como algo certo:

$$U(L) < U(S_{VME(L)}).$$

Aversão ao risco

Propensão ao risco

Equivalente de certeza

Isto é, agentes com curvas dessa forma têm **aversão ao risco**: eles preferem algo certo com compensação menor que o valor monetário esperado de uma aposta. Por outro lado, na região "desesperada" de grande riqueza negativa da Figura 16.2(b), o comportamento é de **propensão ao risco**. O valor que um agente aceitará em vez de se arriscar em uma loteria é chamado **equivalente de certeza** da loteria. Os estudos mostram que a maioria das pessoas aceitará cerca de R$ 400 em vez de uma aposta que ofereça R$ 1.000 na metade do tempo e R$ 0 na outra metade, ou seja, o equivalente de certeza da loteria é R$ 400, enquanto o VME é R$ 500.

Prêmio de seguro

A diferença entre o VME de uma loteria e seu equivalente de certeza é chamado **prêmio de seguro**. A aversão ao risco é a base da indústria de seguros porque significa que os prêmios de seguros são positivos. As pessoas preferem pagar um prêmio de seguro pequeno a apostar o valor de sua casa contra a chance de um incêndio. Do ponto de vista da companhia de seguros, o preço da casa é muito pequeno comparado às reservas totais da firma. Isso significa que a curva de utilidade da seguradora é aproximadamente linear sobre essa pequena região, e o jogo não custa quase nada para a empresa.

Neutralidade ao risco

Note que, no caso de *pequenas* mudanças de riqueza em relação à riqueza atual, quase qualquer curva será aproximadamente linear. Um agente que tenha uma curva linear é dito **neutro ao risco**. Portanto, no caso de apostas com pequenas somas, esperamos a neutralidade ao risco. De certo modo, isso justifica o procedimento simplificado que propôs pequenas apostas para avaliar as probabilidades e justificar os axiomas de probabilidade na seção 12.2.3.

16.3.3 Utilidade esperada e decepção pós-decisão

A forma racional para escolher a melhor ação, $a*$, é maximizar a utilidade esperada:

$$a* = \operatorname*{argmax}_{a} UE(a).$$

Se tivermos calculado a utilidade esperada corretamente, de acordo com nosso modelo de probabilidade, e se esse modelo refletir corretamente os processos estocásticos subjacentes que geram os resultados, em média teremos a utilidade que esperamos se todo o processo for repetido muitas vezes.

Na realidade, porém, nosso modelo geralmente simplifica demais a situação real, seja porque não sabemos o suficiente (p. ex., ao tomar uma decisão de investimento complexa), seja porque o cálculo da verdadeira utilidade esperada é muito difícil (p. ex., ao fazer um movimento no jogo de gamão, precisando levar em conta todos os lançamentos de dados futuros possíveis). Nesse caso, estamos trabalhando realmente com estimativas $\widehat{EU}(a)$ da utilidade esperada verdadeira. Vamos supor, de forma cordial talvez, que as estimativas sejam **imparciais**, isto é, o valor esperado do erro, $E(\widehat{EU}(a) - EU(a))$ é zero. Nesse caso, ainda parece razoável escolher a ação com a mais alta utilidade estimada e esperar receber essa utilidade, em média, quando a ação for executada.

Imparcialidade

Infelizmente, o resultado real geralmente será significativamente *pior* do que estimamos, mesmo que a estimativa seja imparcial! Para saber o motivo, considere um problema de decisão em que haja k escolhas, cada uma com utilidade estimada verdadeira de 0. Suponha que o erro em cada estimativa de utilidade tenha média zero e desvio padrão 1, como vemos na curva ressaltada na Figura 16.3. Agora, como realmente começamos a gerar estimativas,

---

[4] Tal comportamento poderia ser chamado de desesperado, mas é racional se alguém já está em situação desesperada.

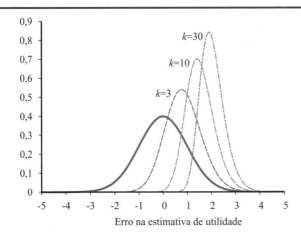

Figura 16.3 Otimismo injustificado causado pela escolha da melhor das k opções: estamos supondo que cada opção tenha uma utilidade verdadeira de 0, mas uma estimativa de utilidade distribuída de acordo com uma normal unitária (curva em negrito). As outras curvas mostram as distribuições do máximo das estimativas k para $k = 3$, 10 e 30.

alguns dos erros serão negativos (pessimistas) e outros positivos (otimistas). Como selecionamos a ação com a estimativa *mais alta* de utilidade, estamos favorecendo as estimativas excessivamente otimistas, e isso é a origem do viés.

Calcular a distribuição do máximo das estimativas k é uma questão simples e, assim, temos como quantificar o grau de nossa decepção. (Esse cálculo é um caso especial da computação de uma **estatística de ordem**, a distribuição do valor do elemento em uma posição qualquer em uma amostra ordenada.) Suponha que cada estimativa X_i tenha uma função de densidade de probabilidade $f(x)$ e distribuição cumulativa $F(x)$. (Conforme explicado no Apêndice A, a distribuição cumulativa F mede a probabilidade de que o custo seja menor ou igual a qualquer valor dado – ou seja, ela integra a densidade original f.) Agora, seja X^* a maior estimativa, ou seja, $\max[X_1, ..., X_k]$. Logo, a distribuição cumulativa para X^* é

$$P(\max[X_1, ..., X_k] \leq x) = P(X_1 \leq x, ..., X_k \leq x)$$
$$= P(X_1 \leq x) ... P(X_k \leq x) = F(x)^k.$$

A função de densidade de probabilidade é a derivada da função de distribuição cumulativa, de modo que a densidade para X^*, o máximo das estimativas k, é

$$P(x) = \frac{d}{dx}\left(F(x)^k\right) = kf(x)(F(x))^{k-1}.$$

Essas densidades aparecem para diferentes valores de k na Figura 16.3, para o caso em que $f(x)$ é a normal padrão. Para $k = 3$, a densidade para X^* tem média em torno de 0,85, de modo que a decepção média será cerca de 85% do desvio padrão nas estimativas de utilidade. Com mais opções, são mais propensas a surgir estimativas extremamente otimistas: para $k = 30$, a decepção será de cerca de duas vezes o desvio padrão das estimativas.

Essa tendência de a utilidade esperada estimada da melhor escolha ser demasiado elevada é chamada **maldição do otimizador** (Smith e Winkler, 2006) e aflige mesmo os mais experientes analistas de decisão e estatísticos. Manifestações graves incluem acreditar que um novo medicamento excelente que curou 80% dos doentes em um ensaio curará 80% dos pacientes (ele foi escolhido entre k = milhares de medicamentos candidatos) ou que o anúncio de um fundo mútuo que teve retornos acima da média continuará a tê-los (ele foi escolhido para aparecer no anúncio de k = dezenas de fundos na carteira total da empresa). Pode até mesmo ser o caso de o que parece ser a melhor escolha pode não ser, se a variância na estimativa de utilidade for alta: um medicamento, selecionado a partir de milhares de tentativas, que curou 9 entre 10 pacientes é provavelmente *pior* do que outro que tenha curado 800 entre 1.000 pacientes.

488 Inteligência Artificial

A maldição do otimizador surge em todos os lugares por causa da onipresença dos processos de seleção da maximização de utilidade; portanto, não é uma boa ideia tomar as estimativas de utilidade pelo valor nominal. Podemos evitar a maldição usando um modelo de probabilidade explícito $\mathbf{P}(\widehat{EU}|UE)$ do erro nas estimativas de utilidade. Dado esse modelo e um modelo *a priori* $\mathbf{P}(UE)$ sobre o que poderíamos esperar razoavelmente que fossem as utilidades, tratamos da estimativa de utilidade como evidência e calculamos a distribuição posterior para a utilidade verdadeira usando a regra de Bayes.

16.3.4 Julgamento humano e irracionalidade

Teoria normativa

Teoria descritiva

A teoria da decisão é uma **teoria normativa**: ela descreve como um agente racional *deve* agir. A **teoria descritiva**, por outro lado, descreve como os agentes reais – por exemplo, os seres humanos – agem realmente. A aplicação da teoria econômica seria muito maior se os dois coincidissem, mas parece haver alguma evidência experimental em contrário. A evidência sugere que os seres humanos são "previsivelmente irracionais" (Ariely, 2009).

O problema mais conhecido é o paradoxo de Allais (Allais, 1953). As pessoas recebem uma escolha entre as loterias A e B e, em seguida, entre C e D, que têm os seguintes prêmios:

A: 80% de chance de R$ 4.000	C: 20% de chance de R$ 4.000
B: 100% de chance de R$ 3.000	D: 25% de chance de R$ 3.000.

A maioria das pessoas prefere consistentemente B sobre A (decidindo pelo certo) e C sobre D (considerando o maior VME). A análise normativa discorda! Podemos ver isso mais facilmente se usarmos a liberdade implícita pela Equação 16.2 para definir U (R$ 0) = 0. Nesse caso, $B \succ A$ implica que U (R$ 3.000) > $0,8U$ (R$ 4.000), enquanto $C \succ D$ implica exatamente o oposto. Em outras palavras, não há nenhuma função de utilidade que seja consistente com essas escolhas.

Efeito certeza

Uma explicação para as preferências aparentemente irracionais é o **efeito certeza** (Kahneman e Tversky, 1979): as pessoas são fortemente atraídas para os ganhos que são certos. Existem várias razões pelas quais isso pode ser assim.

Primeiro, as pessoas podem preferir reduzir sua carga de cálculo; escolhendo certos resultados, elas não têm que calcular probabilidades. Mas o efeito persiste, mesmo quando os cálculos envolvidos são muito fáceis.

Em segundo lugar, as pessoas podem desconfiar da legitimidade das probabilidades declaradas. Confio que o lançamento de uma moeda é mais ou menos 50/50 se eu tiver controle sobre a moeda e sobre o lançamento, mas posso desconfiar do resultado se o lançamento for feito por alguém com interesse no resultado.[5] Na presença de desconfiança, talvez seja melhor ir para a certeza.[6]

Terceiro, as pessoas podem estar considerando seu estado emocional, bem como o financeiro. Elas sabem que experimentariam pesar se desistissem de certa recompensa (B) por 80% de chance de uma recompensa maior e depois perdessem.

Em outras palavras, se A for escolhido, há uma chance de 20% de não obter dinheiro *e sentir-se como um completo idiota*, que é pior do que simplesmente ficar sem dinheiro. Assim, talvez as pessoas que escolhem B sobre A e C sobre D não sejam tão irracionais; estão apenas dizendo que estão dispostas a desistir de R$ 200 de VME para evitar 20% de chance de se sentirem idiotas.

Um problema relacionado é o paradoxo de Ellsberg. Aqui os prêmios são fixos, mas as probabilidades são irrestritas. Sua recompensa vai depender da cor de uma bola escolhida em uma urna. Você sabe que a urna contém 1/3 de bolas vermelhas e 2/3 de bolas pretas ou amarelas, porém você não sabe quantas são pretas e quantas são amarelas. Novamente, perguntam se você prefere a loteria A ou B e, em seguida, C ou D:

A: R$ 100 para uma bola vermelha	C: R$ 100 para uma bola vermelha ou amarela
B: R$ 100 para uma bola preta	D: R$ 100 para uma bola preta ou amarela.

---

[5] Por exemplo, o matemático/mágico Persi Diaconis pode fazer o lançamento de uma moeda sair do jeito que ele quer todas as vezes (Landhuis, 2004).

[6] Mesmo o que é certo pode não ser seguro. Apesar de promessas fortes, ainda não recebemos os 27 milhões de dólares da conta bancária nigeriana de um parente falecido até então desconhecido.

Deve ficar claro que, se você acha que há mais bolas vermelhas do que pretas, você deve preferir *A* sobre *B* e *C* sobre *D*; se acha que há menos vermelhas do que pretas, deve preferir o oposto. Mas acontece que a maioria das pessoas prefere *A* sobre *B* e *D* sobre *C*, mesmo que não haja estado do mundo para o qual isso seja racional. Parece que as pessoas têm **aversão à ambiguidade**: *A* oferece uma chance de ganho de 1/3, enquanto *B* pode estar em qualquer lugar entre 0 e 2/3. Da mesma forma, *D* oferece 2/3 de chance, enquanto *C* pode estar entre 1/3 e 3/3. A maioria das pessoas elege a probabilidade conhecida, em vez das incógnitas desconhecidas.

> Aversão à ambiguidade

Outro problema é que a formulação exata de um problema de decisão pode ter grande impacto sobre as escolhas do agente, o que é chamado **efeito de enquadramento**. A experiência mostra que as pessoas preferem um procedimento médico, que é descrito como tendo "taxa de sobrevivência de 90%" cerca de duas vezes mais do que aquele descrito como tendo "taxa de mortalidade de 10%", mesmo que essas duas declarações signifiquem exatamente a mesma coisa. Essa discrepância no julgamento foi encontrada em experimentos múltiplos e é quase a mesma se os sujeitos forem pacientes de uma clínica, estudantes de uma escola de negócios muito sofisticada, ou médicos experientes.

> Efeito de enquadramento

As pessoas sentem-se mais confortáveis fazendo julgamentos de utilidade *relativa* do que absoluta. Eu posso ter pouca ideia de quanto poderia gostar dos diversos vinhos oferecidos por um restaurante. O restaurante se aproveita disso oferecendo uma garrafa de R$ 200 que sabe que ninguém vai comprar, mas que serve para elevar a estimativa de valor que o cliente faz de todos os vinhos, e fazer a garrafa de R$ 55 parecer uma pechincha. Isso se chama **efeito de ancoragem**.

> Efeito de ancoragem

Se informantes humanos insistem em julgamentos de preferência contraditórios, não há nada que os agentes automatizados possam fazer para ser coerentes com eles. Felizmente, os julgamentos de preferência feitos por seres humanos muitas vezes são passíveis de revisão, à luz de uma análise mais aprofundada. Paradoxos, como os paradoxos de Allais e de Ellsberg, serão muito reduzidos (mas não eliminados) se as escolhas forem mais bem explicadas. No trabalho na Harvard Business School sobre a avaliação da utilidade do dinheiro, Keeney e Raiffa (1976, p. 210) encontraram o seguinte:

> Os indivíduos tendem a ser muito avessos ao risco no pequeno e, portanto (...) as funções de utilidade adequadas exibem prêmios de risco muito grandes e inaceitáveis para loterias com grande dispersão (...). A maioria dos indivíduos, no entanto, podem conciliar as inconsistências e sentir que aprenderam uma lição importante sobre como querem se comportar. Como consequência, alguns indivíduos cancelam seu seguro de automóvel contra colisão e acrescentam mais cláusulas em seu seguro de vida.

A evidência para a irracionalidade humana também é questionada por pesquisadores no campo da **psicologia evolucionária**, que aponta para o fato de que os mecanismos de tomada de decisão do nosso cérebro não evoluíram para resolver problemas de palavras com probabilidades e prêmios indicados como números decimais. Admitamos, por força do argumento, que o cérebro tem um mecanismo neural embutido para calcular probabilidades e utilidades ou algo funcionalmente equivalente. Nesse caso, os insumos necessários seriam obtidos por meio da experiência acumulada de resultados e recompensas, em vez de por apresentações linguísticas de valores numéricos.

> Psicologia evolucionária

Está longe de ser óbvio que podemos acessar diretamente os mecanismos neurais embutidos no cérebro apresentando problemas de decisão em formato linguístico/numérico. O próprio fato de que formulações diferentes do *mesmo problema de decisão* provocam escolhas diferentes sugere que o problema de decisão em si não conseguiu aprovação. Estimulados por essa observação, os psicólogos têm tentado apresentar problemas de raciocínio incerto e tomada de decisão em forma de "evolução adequada"; por exemplo, em vez de dizer "taxa de sobrevivência de 90%", o experimentador pode mostrar 100 figuras de animação estilizadas da operação, em que o paciente morre em 10 delas e sobrevive em 90. Com problemas de decisão colocados dessa maneira, o comportamento das pessoas parece ficar muito mais próximo do padrão de racionalidade.

490 Inteligência Artificial

16.4 Funções de utilidade multiatributo

A tomada de decisão no campo de política pública envolve altos riscos, tanto em dinheiro como em vidas. Por exemplo, ao decidir quais níveis de emissões nocivas uma poderosa fábrica pode emitir, os legisladores devem ponderar a prevenção de morte e incapacidade em relação ao benefício do poder e da carga econômica de redução das emissões. O projeto de um novo aeroporto exige que seja considerada a ruptura causada pela construção, o custo do terreno, a distância até os centros populacionais, o ruído das operações de voo, questões de segurança relacionadas à topografia local e às condições meteorológicas, e assim por diante. Problemas como esses, em que os resultados são caracterizados por dois ou mais atributos, são manipu-

Teoria de utilidade multiatributo

lados pela **teoria de utilidade multiatributo**. Basicamente, essa é a teoria da comparação de maçãs com laranjas.

Chamaremos os atributos de $\mathbf{X} = X_1, ..., X_n$; um vetor completo de atribuições será $\mathbf{x} = \langle x_1, ..., x_n \rangle$, em que cada x_i é um valor numérico ou um valor discreto com ordenação de valores assumida. A análise é mais fácil se for arrumada de modo que os valores mais altos de um atributo sempre correspondam às utilidades mais altas: as utilidades aumentam monotonicamente. Isso significa que não podemos usar, digamos, o número de mortes, m como um atributo; teríamos que usar $-m$. Significa também que não podemos usar a temperatura ambiente, t, como um atributo. Se a função de utilidade para a temperatura tiver um pico em 21ºC e cair monotonicamente em qualquer um dos lados, então poderíamos dividir o atributo em duas partes. Poderíamos usar $t - 21$ para medir se o ambiente está aquecido o suficiente, e $21 - t$ para medir se ele está frio o suficiente; esses dois atributos estariam aumentando monotonicamente até atingirem seu valor de utilidade máxima em 0; a curva de utilidade é plana desse ponto em diante, o que significa que você não terá coisa alguma "aquecida o suficiente" acima de 21ºC, nem coisa alguma "fria o suficiente" abaixo de 21ºC.

Os atributos no problema do aeroporto poderiam ser:

- *Vazão*, medida pelo número de voos por dia;
- *Segurança*, medida pelo número negativo esperado de mortes por ano;
- *Ruído*, medida pelo número negativo de pessoas vivendo sob as rotas de voo;
- *Custo*, medido pelo custo negativo da construção.

Começamos examinando casos em que as decisões podem ser tomadas *sem* combinar os valores de atributo em um único valor de utilidade. Em seguida, examinaremos casos em que as utilidades de combinações de atributos podem ser especificadas de forma muito concisa.

16.4.1 Dominância

Vamos supor que o local S_1 do aeroporto custe menos, gere menos poluição sonora e seja mais

Dominância estrita

seguro que o local S_2. Ninguém hesitaria em rejeitar S_2. Então, dizemos que existe uma **dominância estrita** de S_1 sobre S_2. Em geral, se uma opção tiver valor mais baixo que alguma outra opção em todos os atributos, ela não precisará de consideração adicional. Com frequência, a dominância estrita é muito útil no estreitamento do campo de opções para os competidores reais, embora raramente resulte em uma única escolha. A Figura 16.4(a) mostra um diagrama esquemático para o caso de dois atributos.

Isso funciona no caso determinístico, em que os valores de atributos são conhecidos com certeza. E o caso geral, em que os resultados das ações são incertos? Pode ser construída uma analogia direta da dominância estrita em que, apesar da incerteza, todos os resultados concretos possíveis para S_1 dominam estritamente todos os resultados possíveis para S_2. (Ver Figura 16.4[b].) É claro que isso provavelmente ocorrerá com frequência ainda menor que no caso determinístico.

Dominância estocástica

Felizmente, existe uma generalização mais útil chamada **dominância estocástica**, que ocorre com muita frequência em problemas reais. É mais fácil compreender a dominância estocástica no contexto de um único atributo. Vamos supor que acreditamos que o custo da localização do aeroporto em S_1 esteja uniformemente distribuído entre R$ 2,8 bilhões e R$ 4,8 bilhões, e que o custo em S_2 esteja uniformemente distribuído entre R$ 3 bilhões e R$ 5,2 bilhões.

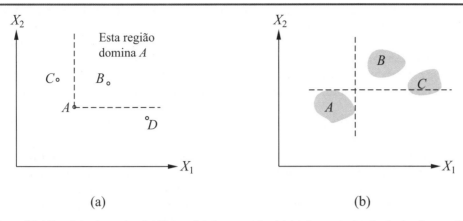

Figura 16.4 Dominância estrita. (a) Determinística: a opção A é estritamente dominada por B, mas não por C ou D. (b) Incerta: A é estritamente dominada por B, mas não por C.

Lembre-se de que o atributo de *custo* foi definido como um custo negativo. A Figura 16.5(a) mostra as distribuições de custo dos locais S_1 e S_2. Então, dada apenas a informação de que a escolha mais econômica é melhor (sendo todas as outras coisas iguais), podemos afirmar que S_1 domina estocasticamente S_2 (isto é, S_2 pode ser descartado). É importante observar que isso *não* decorre da comparação entre os custos esperados. Por exemplo, se soubéssemos que o custo de S_1 é *exatamente* R$ 3,8 bilhões, seríamos *incapazes* de tomar uma decisão sem informações adicionais sobre a utilidade do dinheiro. (Pode parecer estranho que *mais* informações sobre o custo de S_1 poderiam fazer o agente *menos* capaz de decidir. O paradoxo é resolvido observando que, na ausência de informações exatas de custo, a decisão é mais fácil de tomar, porém é mais provável que esteja errada.)

O relacionamento exato entre as distribuições de atributos necessárias para estabelecer a dominância estocástica é mais bem visualizado examinando as distribuições cumulativas, mostradas na Figura 16.5(b). Se a distribuição cumulativa para S_1 estiver sempre à direita da distribuição cumulativa para S_2, então, em termos estocásticos, S_1 será mais econômico que S_2. Formalmente, se duas ações A_1 e A_2 resultam em distribuições de probabilidade $p_1(x)$ e $p_2(x)$ sobre o atributo X, então A_1 dominará estocasticamente A_2 sobre X se

$$\forall x \int_{-\infty}^{x} p_1(x')\,dx' \le \int_{-\infty}^{x} p_2(x')\,dx'.$$

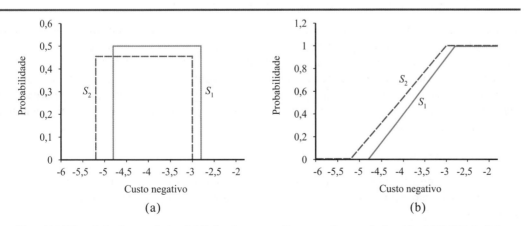

Figura 16.5 Dominância estocástica. (a) S_1 domina estocasticamente S_2 no custo (negativo). (b) Distribuições cumulativas para o custo de S_1 e S_2.

A relevância dessa definição para a seleção de decisões ótimas vem da seguinte propriedade: *se A_1 domina estocasticamente A_2, então, para qualquer função de utilidade monotonicamente não decrescente $U(x)$, a utilidade esperada de A_1 é pelo menos tão alta quanto a utilidade esperada de A_2.* Para ver por que isso é verdadeiro, considere as duas utilidades esperadas, $\int p_1(x)U(x)dx$ e $\int p_2(x)U(x)dx$. Inicialmente, não é óbvio por que a primeira integral é maior que a segunda, dado que a condição de dominância estocástica tem uma integral de p_1 que é menor que a integral de p_2.

No entanto, em vez de pensar na integral sobre x, pense na integral sobre y, a probabilidade cumulativa, conforme mostrado na Figura 16.5(b). Para qualquer valor de y, o valor correspondente de x (e, portanto, de $U(x)$) é maior para S_1 do que para S_2; portanto, se integrarmos uma quantidade maior sobre todo o intervalo de y, provavelmente obteremos um resultado maior. Formalmente, essa é apenas uma substituição de $y = P_1(x)$ na integral para o valor esperado de S_1, e $y = P_2(x)$ na integral para S_2. Com essas substituições, temos $dy = \frac{d}{dx}(P_1(x))dx = p_1(x)dx$ para S_1 e $dy = p_2(x)dx$ para S_2; portanto,

$$\int_{-\infty}^{\infty} p_1(x)U(x)dx = \int_0^1 U(P_1^{-1}(y))dy \geq \int_0^1 U(P_2^{-1}(y))dy = \int_{-\infty}^{\infty} p_2(x)U(x)dx.$$

Essa desigualdade nos permite preferir A_1 a A_2 em um problema de único atributo. Em geral, se uma ação é estocasticamente dominada por outra ação em *todos* os atributos em um problema multiatributo, então ela pode ser descartada.

A condição de dominância estocástica pode parecer bastante técnica e talvez não muito fácil de avaliar sem cálculos extensivos de probabilidade. De fato, ela pode ser decidida com muita facilidade em vários casos. Por exemplo, você preferiria cair de cara, no concreto, de uma altura de três milímetros ou de três metros? Suponho que você tenha escolhido três milímetros – boa escolha! Por que essa é necessariamente uma escolha melhor? Há muita incerteza sobre o grau de danos decorrentes dos dois casos; mas, para qualquer nível de dano, a probabilidade de você ter menos danos é maior ao cair de três metros do que de três milímetros. Em outras palavras, três milímetros dominam estocasticamente três metros no atributo *Segurança*.

Esse tipo de raciocínio é muito natural para os seres humanos; é tão óbvio que nem sequer pensamos nisso. A dominância estocástica também prevalece no problema do aeroporto. Por exemplo, suponha que o custo de transporte da construção dependa da distância até o fornecedor. O custo em si é incerto, mas, quanto maior a distância, maior o custo. Se S_1 estiver mais próximo que S_2, S_1 dominará S_2 no atributo custo. Existem algoritmos – embora eles não sejam apresentados aqui – que realizam a propagação dessa espécie de informação qualitativa entre variáveis incertas em **redes probabilísticas qualitativas**, permitindo que um sistema tome decisões racionais baseadas em dominância estocástica, sem utilizar valores numéricos.

16.4.2 Estrutura de preferências e utilidade multiatributo

Vamos supor que tenhamos n atributos, cada um dos quais com d valores distintos possíveis. Para especificar a função de utilidade completa $U(x_1, ..., x_n)$, precisamos de d^n valores no pior caso. A teoria da utilidade multiatributo visa identificar estrutura adicional nas preferências humanas, para não termos que especificar todos os d^n valores individualmente. Tendo identificado alguma regularidade no comportamento de preferências, derivamos então **teoremas de representação** para mostrar que um agente com certo tipo de estrutura de preferências tem uma função de utilidade

$$U(x_1,...,x_n) = F[f_1(x_1),...,f_n(x_n)],$$

em que F é (esperamos) uma função simples, como a de adição. Note a semelhança com o uso de redes bayesianas para decompor a probabilidade conjunta de diversas variáveis aleatórias.

Como um exemplo, suponha que cada x_i seja a soma de dinheiro que o agente tem em determinada moeda: reais, dólares, euros, liras etc. As funções f_i poderiam então converter cada valor para uma moeda comum, e F seria uma simples soma.

Preferências sem incerteza

Vamos começar com o caso determinístico. Lembre-se de que, conforme vimos na seção 16.2.2, para ambientes determinísticos, o agente tem uma função de valor $V(x_1,..., x_n)$; o objetivo é representar essa função de forma concisa. A regularidade básica que surge em estruturas de preferências determinísticas é chamada **independência de preferências**. Dois atributos X_1 e X_2 são preferencialmente independentes de um terceiro atributo X_3 se a preferência entre resultados $\langle x_1,x_2,x_3 \rangle$ e $\langle x'_1,x'_2,x_3 \rangle$ não depende do valor específico x_3 para o atributo X_3.

<!-- marginalia: Independência de preferências -->

Voltando ao exemplo do aeroporto, em que temos (entre outros atributos) *Ruído*, *Custo* e *Segurança* a considerar, alguém poderia propor que *Ruído* e *Custo* sejam preferencialmente independentes de *Segurança*. Por exemplo, se preferirmos um resultado com 20 mil pessoas residentes na rota de voos e um custo de construção de R$ 4 bilhões a um resultado com 70 mil pessoas residentes na rota de voos e um custo de R$ 3,7 bilhões quando o nível de segurança é 0,006 morte por milhão de milhas de passageiros em ambos os casos, teremos a mesma preferência quando o nível de segurança for 0,012 ou 0,003, e a mesma independência seria válida para preferências entre qualquer outro par de valores de *Ruído* e *Custo*. Também é aparente que *Custo* e *Segurança* são preferencialmente independentes de *Ruído*, e que *Ruído* e *Segurança* são preferencialmente independentes de *Custo*.

Dizemos que o conjunto de atributos {*Ruído*, *Custo*, *Segurança*} exibe **independência preferencial mútua** (IPM). A IPM afirma que, embora cada atributo possa ser importante, não afeta os compromissos que os outros atributos mantêm entre si.

<!-- marginalia: Independência preferencial mútua (IPM) -->

A independência preferencial mútua é uma expressão que parece complicada, mas leva a uma forma muito simples para a função de valor do agente (Debreu, 1960): *se os atributos $X_1, ..., X_n$ guardam entre si uma independência preferencial mútua, então as preferências do agente podem ser representadas por uma função de valor:*

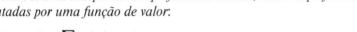

$$V(x_1,\ldots,x_n) = \sum_i V_i(x_i),$$

em que cada V_i se refere apenas ao atributo X_i. Por exemplo, talvez a decisão sobre o local do aeroporto pudesse ser tomada com o uso de uma função de valor:

$$V(\text{ruído, custo, segurança}) = \text{ruído} \times 10^4 + \text{custo} + \text{segurança} \times 10^{12}.$$

Uma função de valor desse tipo é chamada **função de valor aditiva**. As funções aditivas constituem um modo extremamente natural de descrever a função de valor de um agente, e são válidas em muitas situações reais. Para n atributos, avaliar uma função de valor aditiva exige avaliar em separado n funções de valor unidimensionais, em vez de uma função n-dimensional; normalmente, isso representa uma redução exponencial do número de experimentos de preferência que são necessários. Mesmo quando a IPM não é estritamente válida, como poderia ocorrer no caso de valores extremos dos atributos, uma função de valor aditiva ainda poderia fornecer boa aproximação para as preferências do agente. Isso é especialmente verdadeiro quando as violações da IPM ocorrem em porções dos intervalos de atributos que têm pouca probabilidade de ocorrerem na prática.

<!-- marginalia: Função de valor aditiva -->

Para entender melhor a IPM, é oportuno examinar os casos em que ela *não é* válida. Suponha que você esteja em uma feira de rua, considerando a compra de alguns cães de caça, algumas galinhas e algumas gaiolas de vime para as galinhas. Os cães de caça são muito valiosos, mas, se você não tiver gaiolas suficientes para as galinhas, os cachorros vão comê-las; daí, a escolha entre cães e galinhas depende muito do número de gaiolas, e a IPM será violada. A existência desses tipos de interações entre vários atributos torna muito mais difícil avaliar a função de valor global.

Preferências com incerteza

Quando a incerteza estiver presente no domínio, também precisaremos considerar a estrutura de preferências entre loterias e entender as propriedades resultantes de funções de utilidade, e não apenas de funções de valor. A matemática desse problema pode se tornar bastante complicada; assim, apresentaremos apenas um dos principais resultados para dar uma ideia do que pode ser feito.

494 Inteligência Artificial

Independência de utilidade

A noção básica de **independência de utilidade** estende a independência de preferências para abranger as loterias: um conjunto de atributos **X** é independente de utilidade de um conjunto de atributos **Y** se as preferências entre loterias sobre os atributos em **X** são independentes dos valores específicos dos atributos em **Y**. Um conjunto de atributos é **mutuamente independente de utilidade** (MIU) se cada um de seus subconjuntos é independente de utilidade dos atributos restantes. Mais uma vez, parece razoável propor que os atributos do aeroporto sejam MIU.

Mutuamente independente de utilidade

Função de utilidade multiplicativa

MIU implica que o comportamento do agente pode ser descrito com o uso de uma **função de utilidade multiplicativa** (Keeney, 1974). A forma geral de uma função de utilidade multiplicativa é mais bem visualizada observando o caso correspondente a três atributos. Para abreviar, usaremos U_i para representar $U_i(x_i)$:

$$U = k_1 U_1 + k_2 U_2 + k_3 U_3 + k_1 k_2 U_1 U_2 + k_2 k_3 U_2 U_3 + k_3 k_1 U_3 U_1 + k_1 k_2 k_3 U_1 U_2 U_3.$$

Embora não pareça muito simples, essa expressão contém apenas três funções de utilidade de atributo único e três constantes. Em geral, um problema de n atributos que exibe MIU pode ser modelado com a utilização de n utilidades de atributo único e n constantes. Cada uma das funções de utilidade de atributo único pode ser desenvolvida independentemente dos outros atributos, e essa combinação oferecerá a garantia de gerar as preferências globais corretas. São necessárias suposições adicionais para se obter uma função de utilidade puramente aditiva.

16.5 Redes de decisão

Diagrama de influência
Rede de decisão

Nesta seção, examinaremos um mecanismo geral para a tomada de decisões racionais. Com frequência, a notação é chamada **diagrama de influência** (Howard e Matheson, 1984), mas usaremos a expressão mais descritiva **rede de decisão**. As redes de decisão combinam redes bayesianas com tipos de nós adicionais para ações e utilidades. Como exemplo, vamos usar a localização do aeroporto.

16.5.1 Representação de um problema de decisão com uma rede de decisão

Em sua forma mais geral, uma rede de decisão representa informações sobre o estado atual do agente, suas ações possíveis, o estado que resultará da ação do agente e a utilidade desse estado. Portanto, ela fornece uma base para a implementação de agentes baseados em utilidade do tipo apresentado primeiro na seção 2.4.5. A Figura 16.6 mostra uma rede de decisão para o problema de localização do aeroporto. Ela ilustra os três tipos de nós utilizados:

Nós de chance

- **Nós de chance** (elipses) representam variáveis aleatórias, da mesma maneira que nas redes bayesianas. O agente poderia estar incerto sobre o custo de construção, o nível de tráfego aéreo e o potencial para litígio, e as variáveis *Segurança*, *Ruído* e *Custo* total, cada uma das quais também depende do local escolhido. Cada nó de chance está associado a uma distribuição condicional que é indexada pelo estado dos nós pais. Em redes de decisão, os nós pais podem incluir nós de decisão, bem como nós de chance. Observe que cada um dos nós de chance do estado atual poderia fazer parte de uma grande rede bayesiana para avaliar os custos de construção, os níveis de tráfego aéreo ou os potenciais de litígio.

Nós de decisão

- **Nós de decisão** (retângulos) representam pontos em que o tomador de decisão tem a possibilidade de escolher ações. Nesse caso, a ação *LocalAeroporto* pode assumir um valor diferente para cada local que está sendo considerado. A escolha influencia a segurança, o ruído e o custo da solução. Neste capítulo, vamos supor que estamos lidando com um único nó de decisão. O Capítulo 17 lida com casos em que deve ser tomada mais de uma decisão.

Nós de utilidade

- **Nós de utilidade** (losangos) representam a função de utilidade do agente.[7] O nó de utilidade tem como pais todas as variáveis que descrevem o resultado que afeta diretamente a utilidade. Associada ao nó de utilidade, encontramos uma descrição da utilidade do agente

---
[7] Esses nós também são chamados **nós de valor** na literatura.

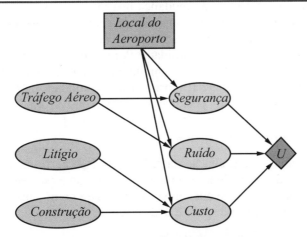

Figura 16.6 Rede de decisão para o problema de localização do aeroporto.

como uma função dos atributos do pai. A descrição poderia ser simplesmente uma função aditiva ou linear parametrizada dos valores de atributo. No momento, vamos considerar que a função é determinística; ou seja, dados os valores de suas variáveis pai, o valor do nó de utilidade é totalmente determinado.

Uma forma simplificada também é utilizada em muitos casos. A notação permanece idêntica, mas os nós de chance que descrevem os estados resultantes são omitidos. Em vez disso, o nó de utilidade é conectado diretamente aos nós do estado atual e ao nó de decisão. Nesse caso, em vez de representar uma função de utilidade sobre estados resultantes, o nó de utilidade representa a utilidade *esperada* associada a cada ação, conforme definimos na Equação 16.1; ou seja, o nó está associado a uma **função de utilidade de ação** (também conhecida como **Q-função** em aprendizado por reforço, como descrito no Capítulo 22). A Figura 16.7 mostra a representação da utilidade da ação do problema de localização do aeroporto.

Função de utilidade de ação

Note que, pelo fato de os nós de chance *Ruído*, *Segurança* e *Custo* da Figura 16.6 se referirem a estados futuros, eles nunca podem ter seus valores definidos como variáveis de evidência. Desse modo, a versão simplificada que omite esses nós pode ser empregada sempre que a forma mais geral puder ser utilizada. Embora a forma simplificada contenha menos nós, a omissão de uma descrição explícita do resultado da decisão sobre a localização significa que ela é menos flexível com relação a mudanças nas circunstâncias.

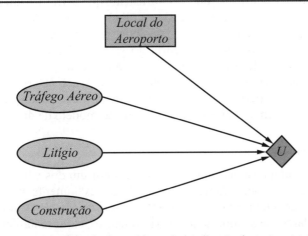

Figura 16.7 Representação simplificada do problema de localização do aeroporto. Os nós de chance que correspondem a estados resultantes foram abstraídos.

496 Inteligência Artificial

Por exemplo, na Figura 16.6, uma mudança nos níveis de ruído das aeronaves pode se refletir em uma alteração na tabela de probabilidade condicional associada ao nó *Ruído*, enquanto uma mudança no peso acordado para a poluição sonora na função de utilidade pode se refletir em uma mudança na tabela de utilidade. Por outro lado, no diagrama de utilidade da ação, apresentado na Figura 16.7, todas essas mudanças têm de ser refletidas por alterações na tabela de utilidade da ação. Em essência, a formulação de utilidade de ação é uma versão *compilada* da formulação original, obtida pela marginalização das variáveis de estado resultantes.

16.5.2 Avaliação de redes de decisão

As ações são selecionadas pela avaliação da rede de decisão correspondente a cada configuração possível do nó de decisão. Uma vez que o nó de decisão é estabelecido, ele se comporta exatamente como um nó de chance que tenha sido definido como uma variável de evidência. O algoritmo para avaliar redes de decisão é dado a seguir.

1. Definir as variáveis de evidência para o estado atual.
2. Para cada valor possível do nó de decisão:
    (a) Definir o nó de decisão com esse valor.
    (b) Calcular as probabilidades posteriores para os nós pais do nó de utilidade, usando um algoritmo padrão de inferência probabilística.
    (c) Calcular a utilidade resultante para a ação.
3. Retornar a ação com a utilidade mais alta.

Essa é uma técnica direta que pode utilizar qualquer algoritmo de rede bayesiana disponível e pode ser diretamente incorporada ao projeto de agente apresentado na Figura 12.1. Veremos, no Capítulo 17, que a possibilidade de executar diversas ações em sequência torna o problema muito mais interessante.

16.6 Valor da informação

Na análise anterior, partimos do princípio de que todas as informações relevantes, ou pelo menos todas as informações disponíveis, são fornecidas ao agente antes de ele tomar sua decisão. Na prática, isso dificilmente acontece. *Uma das partes mais importantes da tomada de decisão é saber que perguntas formular.* Por exemplo, um médico não pode esperar ter o resultado de todos os possíveis exames e questões de diagnóstico quando um paciente entra pela primeira vez no consultório. Muitas vezes, os exames são dispendiosos, e às vezes arriscados (tanto diretamente quanto devido à demora associada). Sua importância depende de dois fatores: do fato de os resultados dos exames levarem ou não a um plano de tratamento significativamente melhor e da probabilidade de cada um dos diversos resultados para os exames.

Teoria do valor da informação

Esta seção descreve a **teoria do valor da informação**, que permite a um agente escolher que informação adquirir. Assumimos que, antes de escolher uma ação "real" representada pelo nó de decisão, o agente pode adquirir o valor de qualquer uma das variáveis de chance potencialmente observáveis no modelo. Assim, a teoria do valor da informação envolve uma forma simplificada de tomada de decisão sequencial – simplificada, pois as ações de observação afetam apenas o **estado de crença** do agente, não o estado físico externo. O valor de qualquer observação particular deve derivar do potencial de afetar a eventual ação física do agente; e esse potencial pode ser estimado diretamente a partir do modelo de decisão em si.

16.6.1 Exemplo simples

Vamos supor que uma empresa petrolífera espere comprar um dos n blocos indistinguíveis de direitos de perfuração no oceano. Vamos supor ainda que exatamente um dos blocos contenha petróleo que gerará lucros de C dólares, enquanto os outros não têm valor. O preço inicial de cada bloco é C/n dólares. Se a empresa for de risco neutro, ela será indiferente entre comprar e não comprar um bloco, porque o lucro esperado é zero nos dois casos.

Agora, suponha que um sismólogo ofereça à empresa os resultados de uma sondagem do bloco número 3, que indica definitivamente se o bloco contém petróleo. Quanto a empresa deve estar disposta a pagar pela informação? O caminho para responder a essa pergunta é examinar o que a empresa faria se tivesse a informação:

- Com probabilidade de $1/n$, a sondagem indicará petróleo no bloco 3. Nesse caso, a empresa comprará o bloco 3 por C/n dólares e terá um lucro de $C - C/n = (n - 1)C/n$ dólares.
- Com probabilidade de $(n - 1)/n$, a sondagem vai mostrar que o bloco não contém petróleo e, nesse caso, a empresa comprará um bloco diferente. Agora, a probabilidade de encontrar petróleo em um dos outros blocos muda de $1/n$ para $1/(n - 1)$; assim, a empresa obterá um lucro esperado de $C/(n - 1) - C/n = C/n(n - 1)$ dólares.

Agora podemos calcular o lucro esperado, dadas as informações da sondagem:

$$\frac{1}{n} \times \frac{(n-1)C}{n} + \frac{n-1}{n} \times \frac{C}{n(n-1)} = C/n\,.$$

Então, a informação deve valer C/n dólares para a empresa, e esta deve estar disposta a pagar ao sismólogo uma fração significativa desse valor.

O valor da informação deriva do fato de que, *com* a informação, um curso de ação pode ser alterado para se adaptar à situação *real*. É possível decidir de acordo com a situação; por outro lado, sem a informação, a decisão tem de ser tomada avaliando-se a melhor opção em média sobre as situações possíveis. Em geral, o valor de determinado item de informação é definido como a diferença de valor esperado entre as melhores ações antes e depois da obtenção da informação.

16.6.2 Fórmula geral da informação perfeita

É simples derivar uma fórmula matemática geral para o valor da informação. Em geral, supomos que a evidência exata seja obtida sobre o valor de alguma variável aleatória E_j (ou seja, descobrimos que $E_j = e_j$); daí a expressão **valor da informação perfeita** (VIP).[8]

Valor da informação perfeita

No estado de informação inicial do agente, o valor da melhor ação atual α é, pela Equação 16.1,

$$UE(\alpha) = \max_a \sum_{s'} P(\text{RESULTADO}(a) = s')U(s')\,,$$

e o valor da nova melhor ação (após a nova evidência $E_j = e_j$ ser obtida) será

$$UE(\alpha_{e_j}|e_j) = \max_a \sum_{s'} P(\text{RESULTADO}(a) = s'|e_j)U(s')\,.$$

Porém, E_j é uma variável aleatória cujo valor é *atualmente* desconhecido; assim, para determinar o valor de descobrir E_j, devemos calcular a média sobre todos os valores possíveis e_j que poderíamos descobrir para E_j utilizando nossas crenças *atuais* sobre seu valor:

$$VPI(E_j) = \left(\sum_{e_j} P(E_j = e_j)\, UE(\alpha_{e_j}|E_j = e_j) \right) - UE(\alpha)\,.$$

Para obter alguma intuição a essa fórmula, considere o caso simples em que existem apenas duas ações, a_1 e a_2, das quais devemos escolher uma. Suas utilidades esperadas atuais são U_1 e U_2. As informações $E_j = e_j$ produzirão algumas novas utilidades esperadas U_1' e U_2' para as ações; porém, antes de obter E_j, teremos algumas distribuições de probabilidade sobre os valores possíveis de U_1' e U_2' (que vamos supor independentes).

Suponha que a_1 e a_2 representem duas rotas diferentes através de uma cordilheira no inverno: a_1 é uma ótima estrada reta que passa por um vale, e a_2 é uma estrada poeirenta e

---

[8] Não há perda de expressividade em exigir informação perfeita. Suponha que quiséssemos modelar o caso em que nos tornamos um pouco mais certos sobre uma variável. Podemos fazer isso por meio da introdução de *outra* variável sobre a qual aprendemos a informação perfeita. Por exemplo, suponha que inicialmente tenhamos ampla incerteza sobre a variável *Temperatura*. Então, obtemos o conhecimento perfeito *Termômetro* = 37; isso nos dá uma informação imperfeita sobre a *Temperatura* verdadeira e a incerteza devida ao erro de medição estar codificado no modelo de sensor $\mathbf{P}(\textit{Termômetro} \mid \textit{Temperatura})$.

sinuosa, próxima ao cume das montanhas. Apenas com essas informações, a_1 é claramente preferível porque é bastante provável que a_2 esteja bloqueada por neve, enquanto é improvável que algo bloqueie a_1. Então U_1 é, sem dúvida, mais alta que U_2. É possível obter relatórios de satélite E_j sobre o estado real de cada estrada, o que nos dará novas expectativas, U'_1 e U'_2, relativas às duas rotas. As distribuições para essas expectativas são mostradas na Figura 16.8(a). É óbvio que, nesse caso, não vale a pena a despesa de obter relatórios de satélites porque é improvável que as informações que derivam deles alterem o plano. Sem mudança, a informação não tem nenhum valor.

Agora vamos supor que estamos escolhendo entre duas estradas sinuosas distintas, de comprimentos ligeiramente diferentes e transportando um passageiro seriamente ferido. Então, mesmo quando U_1 e U_2 estão muito próximos, as distribuições de U'_1 e U'_2 são muito amplas. Existe possibilidade significativa de que a segunda rota acabe ficando limpa enquanto a primeira se mantém bloqueada e, nesse caso, a diferença de utilidade será muito alta. A fórmula de VIP indica que talvez compense obter os relatórios do satélite. Tal situação é mostrada na Figura 16.8(b).

Finalmente, suponha que estejamos escolhendo entre duas estradas poeirentas no verão, quando o bloqueio por avalanches é improvável. Nesse caso, os relatórios dos satélites poderiam mostrar que, em uma das estradas, encontraremos uma paisagem mais bonita que a da outra porque ela passa por prados alpinos floridos, ou talvez uma delas seja mais úmida por ter muitos córregos. Provavelmente mudaríamos nossos planos se tivéssemos essas informações. Entretanto, nesse caso, a diferença de valor entre as duas rotas talvez ainda fosse muito pequena, de forma que não nos preocuparemos em obter os relatórios. Essa situação é mostrada na Figura 16.8(c).

▶ Em resumo, *a informação tem valor até o ponto em que apresenta alguma probabilidade de causar uma mudança de planos e até o ponto em que o novo plano é significativamente melhor que o anterior.*

16.6.3 Propriedades do valor da informação

Poderíamos perguntar se é possível a informação ser prejudicial: ela pode realmente ter valor esperado negativo? Intuitivamente, devemos esperar que isso seja impossível. Afinal, no pior caso, poderíamos simplesmente ignorar a informação e fingir que nunca a recebemos. Isso é confirmado pelo teorema a seguir, que se aplica a qualquer agente baseado na teoria da decisão usando alguma rede de decisão com observações possíveis E_j:

▶ *O valor esperado da informação é não negativo*:

$$\forall j \; VIP(E_j) \geq 0.$$

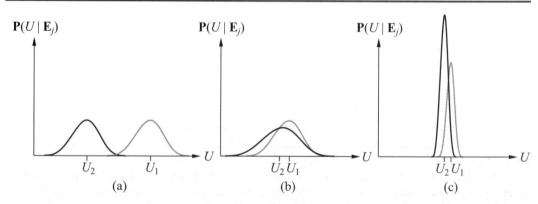

Figura 16.8 Três casos genéricos para o valor da informação. Em (a), a_1 quase certamente permanecerá superior a a_2; assim, a informação não é necessária. Em (b), a escolha é obscura e a informação é crucial. Em (c), a escolha é obscura, mas, como faz pouca diferença, a informação é menos valiosa. (Observação: o fato de U_2 ter um pico alto em (c) significa que seu valor esperado é conhecido com maior certeza que em U_1.)

O teorema decorre diretamente da definição de VIP, e deixamos a prova como exercício. Naturalmente, é um teorema sobre o valor *esperado*, não sobre o valor *real*. Informação adicional pode conduzir facilmente a um plano que *acaba* por ser pior do que o plano original, se acontecer de a informação ser enganosa. Por exemplo, um exame médico que dá resultado falso-positivo pode levar a cirurgias desnecessárias; mas isso não significa que o teste não deva ser feito.

É importante lembrar que o VIP depende do estado atual da informação. Ele pode mudar, à medida que mais informações são adquiridas. Para qualquer evidência determinada de E_j, o valor de aquisição pode cair (p. ex., se outra variável restringe fortemente a posterior por E_j) ou subir (p. ex., se outra variável fornece uma pista em que E_j se desenvolva, possibilitando que um plano novo e melhor seja concebido). Desse modo, VIP é não aditivo, isto é,

$$VIP(E_j, E_k) \neq VIP(E_j) + VIP(E_k) \qquad \text{(em geral).}$$

Entretanto, o VIP é independente da ordem. Ou seja,

$$VIP(E_j, E_k) = VIP(E_j) + VIP(E_k \mid E_j) = VIP(E_k) + VIP(E_j \mid E_k) = VIP(E_k, E_j)$$

em que a notação $VIP(\cdot \mid E)$ indica o VIP calculado de acordo com a distribuição posterior, em que E já é observado. A independência da ordem distingue ações de detecção de ações comuns e simplifica o problema de calcular o valor de uma sequência de ações de detecção. Retornamos a essa questão na próxima seção.

16.6.4 Implementação de um agente de coleta de informações

Um agente sensato deve formular perguntas em uma ordem razoável, deve evitar formular perguntas irrelevantes, deve levar em conta a importância de cada fragmento de informação em relação a seu custo e deve parar de formular perguntas quando isso for apropriado. Todos esses recursos podem ser alcançados com o uso do valor da informação como guia.

A Figura 16.9 mostra o projeto global de um agente que pode coletar informações de forma inteligente antes de agir. Por enquanto, vamos supor que, a cada variável de evidência observável E_j, existe um custo associado, $C(E_j)$, que reflete o custo da obtenção da evidência através de testes, consultores, perguntas, ou qualquer outro processo. O agente solicita o que parece ser a observação mais valiosa em termos do ganho de utilidade por custo unitário. Supomos que, como resultado da ação $Solicitar(E_j)$, a percepção seguinte forneça o valor de E_j. Se nenhuma observação compensar seu custo, o agente selecionará uma ação "real".

O algoritmo de agente que descrevemos implementa uma forma de coleta de informações chamada **míope**. Ela recebe esse nome porque utiliza a fórmula do VIP de maneira limitada, calculando o valor da informação como se apenas uma única variável de evidência fosse adquirida. O controle míope se baseia na mesma ideia heurística da busca gulosa, e com frequência funciona bem na prática. (P. ex., foi mostrado que ele supera os médicos especialistas na seleção de exames de diagnóstico.) Porém, se não houver nenhuma única variável de evidência

Míope

---

função AGENTE-COLETA-INFORMAÇÃO(*percepção*) **retorna** uma *ação*
   persistente: D, uma rede de decisão

   integrar *percepção* em D
   $j \leftarrow$ o valor que maximiza $VIP(E_j) \mid C(E_j)$
   se $VIP(E_j) > C(E_j)$
      então retornar $Solicitação(E_j)$
   senão retornar a melhor ação de D

Figura 16.9 Projeto de um agente de coleta de informações simples, míopes. O agente funciona selecionando repetidamente a observação com o valor informativo mais alto, até que o custo da próxima observação seja maior que seu benefício esperado.

500 Inteligência Artificial

que ajude muito, um agente míope pode apressadamente tomar uma ação quando teria sido melhor pedir duas ou mais variáveis primeiro e depois agir. A próxima seção considera a possibilidade de obter múltiplas observações.

16.6.5 Coleta de informações não míopes

O fato de que o valor de uma sequência de observações é invariante sob permutações da sequência é intrigante, mas por si só não leva a algoritmos eficientes para a coleta ideal de informações. Mesmo se nos restringirmos a escolher antecipadamente um subconjunto fixo de observações para coletar, há 2^n subconjuntos possíveis de n observações em potencial. No caso geral, enfrentamos um problema ainda mais complexo de encontrar um *plano condicional* ótimo (conforme descrito na seção 11.5.2) que escolhe uma observação e então age ou escolhe mais observações, dependendo do resultado. Esses planos formam árvores, e o número dessas árvores é superexponencial em n.[9]

Para observações de variáveis em uma rede de decisão, acontece que esse problema é intratável, mesmo quando a rede é uma poliárvore. No entanto, existem casos especiais em que o problema pode ser resolvido de forma eficiente. Aqui, apresentamos um desses casos: o problema da **caça ao tesouro** (ou o problema da **sequência de testes de menor custo**, para os mais técnicos). Existem n localizações $1, \ldots, n$; cada local i contém um tesouro com probabilidade independente $P(i)$; e custa $C(i)$ verificar a localização i. Isso corresponde a uma rede de decisão na qual todas as variáveis de evidências potenciais $Tesouro_i$ são absolutamente independentes. O agente examina os locais em alguma ordem até que o tesouro seja encontrado; a questão é: qual é a ordem ótima?

Para responder a essa pergunta, precisaremos considerar os custos esperados e as probabilidades de sucesso de várias sequências de observações, supondo que o agente pare quando o tesouro for encontrado. Seja $\mathbf{x}$ essa sequência; $\mathbf{xy}$ é a concatenação das sequências $\mathbf{x}$ e $\mathbf{y}$; $C(\mathbf{x})$ é o custo esperado de $\mathbf{x}$; $P(\mathbf{x})$ é a probabilidade de que a sequência $\mathbf{x}$ tenha sucesso em encontrar um tesouro; e $F(\mathbf{x}) = 1 - P(\mathbf{x})$ é a probabilidade de que ele falhe. Dadas essas definições, temos

$$C(\mathbf{xy}) = C(\mathbf{x}) + F(\mathbf{x})C(\mathbf{y}), \tag{16.3}$$

ou seja, a sequência $\mathbf{xy}$ definitivamente incorrerá no custo de $\mathbf{x}$ e, se $\mathbf{x}$ falhar, também incorrerá no custo de $\mathbf{y}$.

A ideia básica em qualquer problema de otimização de sequência é olhar para a mudança no custo, definida por $\Delta = C(\mathbf{wxyz}) - C(\mathbf{wyxz})$, quando duas subsequências adjacentes $\mathbf{x}$ e $\mathbf{y}$ em uma sequência geral $\mathbf{wxyz}$ são trocadas. Quando a sequência é ótima, todas essas mudanças tornam a sequência pior. O primeiro passo é mostrar que o sinal do efeito (aumentando ou diminuindo o custo) não depende do contexto fornecido por $\mathbf{w}$ e $\mathbf{z}$. Nós temos:

$$
\begin{aligned}
\Delta &= [C(\mathbf{w}) + F(\mathbf{w})C(\mathbf{xyz})] - [C(\mathbf{w}) + F(\mathbf{w})C(\mathbf{yxz})] && \text{(pela Equação 16.3)} \\
&= F(\mathbf{w})[C(\mathbf{xyz}) - C(\mathbf{yxz})] \\
&= F(\mathbf{w})[(C(\mathbf{xy}) + F(\mathbf{xy})C(\mathbf{z})) - (C(\mathbf{yx}) + F(\mathbf{yx})C(\mathbf{z}))] && \text{(pela Equação 16.3)} \\
&= F(\mathbf{w})[C(\mathbf{xy}) - C(\mathbf{yx})] && \text{(já que, } F(\mathbf{xy}) = F(\mathbf{yx})).
\end{aligned}
$$

Assim, mostramos que a direção da mudança no custo de toda a sequência depende apenas da direção da mudança no custo do par de elementos que está sendo trocado; o contexto do par não importa. Isso nos dá uma maneira de ordenar a sequência por comparações de pares para obter uma solução ótima. Especificamente, agora temos

$$
\begin{aligned}
\Delta &= F(\mathbf{w})[(C(\mathbf{x}) + F(\mathbf{x})C(\mathbf{y})) - (C(\mathbf{y}) + F(\mathbf{y})C(\mathbf{x}))] && \text{(pela Equação 16.3)} \\
&= F(\mathbf{w})[C(\mathbf{x})(1 - F(\mathbf{y})) - C(\mathbf{y})(1 - F(\mathbf{x}))] = F(\mathbf{w})[C(\mathbf{x})P(\mathbf{y}) - C(\mathbf{y})P(\mathbf{x})].
\end{aligned}
$$

Isso vale para quaisquer sequências $\mathbf{x}$ e $\mathbf{y}$; logo, vale especificamente quando $\mathbf{x}$ e $\mathbf{y}$ são observações únicas dos locais i e j, respectivamente. Portanto, sabemos que, para i e j serem

---

[9] O problema geral de geração do comportamento sequencial em um ambiente parcialmente observável está na categoria de **processos de decisão de Markov parcialmente observáveis**, que são descritos no Capítulo 17.

adjacentes em uma sequência ótima, devemos ter $C(i)P(j) \le C(j)P(i)$, ou $\frac{P(i)}{C(i)} \ge \frac{P(j)}{C(j)}$. Em outras palavras, a ordem ótima classifica os locais de acordo com a probabilidade de sucesso por custo unitário.

16.6.6 Análise de sensibilidade e decisões robustas

A prática da **análise de sensibilidade** é difundida em disciplinas tecnológicas: significa analisar o quanto a saída de um processo muda quando os parâmetros do modelo são ajustados. A análise de sensibilidade em sistemas probabilísticos e de teoria da decisão é particularmente importante porque as probabilidades utilizadas normalmente são aprendidas a partir de dados ou estimadas por especialistas humanos, o que significa que elas próprias estão sujeitas a uma considerável incerteza. Apenas em casos raros, como nos lançamentos de dados no gamão, as probabilidades são objetivamente conhecidas.

Análise de sensibilidade

Para um processo de tomada de decisão orientado a utilidade, você pode pensar na saída como a decisão real tomada ou a utilidade esperada dessa decisão. Primeiro, considere o último caso: como a expectativa depende das probabilidades do modelo, podemos calcular a derivada da utilidade esperada de qualquer ação com relação a cada um desses valores de probabilidade. (P. ex., se todas as distribuições de probabilidade condicional no modelo forem tabuladas explicitamente, então calcular a expectativa envolve calcular uma razão de duas expressões de somas de produtos; para ter mais informações, ver Capítulo 20.) Assim, podemos determinar quais parâmetros no modelo têm o maior efeito sobre a utilidade esperada da decisão fim.

Se, em vez disso, estamos preocupados com a decisão real tomada, em vez de sua utilidade de acordo com o modelo, então podemos simplesmente variar os parâmetros sistematicamente (talvez usando uma busca binária) para ver se a decisão muda e, caso isso aconteça, qual é a menor perturbação que causa tal mudança. Alguém poderia pensar que não importa muito qual decisão é tomada, apenas qual é a sua utilidade. Isso é verdade, mas na prática pode haver uma diferença muito substancial entre a utilidade *real* de uma decisão e a utilidade *de acordo com o modelo*.

Se todas as perturbações razoáveis dos parâmetros deixam a decisão ótima inalterada, então é razoável supor que a decisão é boa, mesmo se a estimativa de utilidade para essa decisão estiver substancialmente incorreta. Se, por outro lado, a decisão ótima muda consideravelmente conforme os parâmetros do modelo mudam, então há uma boa chance de que o modelo possa produzir uma decisão que na realidade está muito abaixo da ideal. Nesse caso, vale a pena investir mais esforços para refinar o modelo.

Essas intuições foram formalizadas em diversos campos (teoria de controle, análise de decisão, gerenciamento de risco) que propõem a noção de uma decisão **robusta** ou **minimax** – ou seja, aquela que gera o melhor resultado no pior caso. Aqui, "pior caso" significa o pior em relação a todas as variações plausíveis nos valores de parâmetros do modelo. Supondo que θ represente todos os parâmetros do modelo, a decisão robusta é definida por

Robusta

$$a* = \underset{a}{\text{argmax}}\ \underset{\theta}{\min}\ UE(a; \theta).$$

Em muitos casos, particularmente na teoria de controle, o método robusto leva a projetos que funcionam, na prática, de forma muito confiável. Em outros casos, isso leva a decisões excessivamente conservadoras. Por exemplo, ao projetar um carro autônomo, a abordagem robusta assumiria o pior caso para o comportamento dos outros veículos na estrada – ou seja, todos eles são dirigidos por maníacos homicidas. Nesse caso, a solução ideal para o carro é ficar na garagem.

A teoria da decisão bayesiana oferece uma alternativa aos métodos robustos: se houver incerteza sobre os parâmetros do modelo, modele essa incerteza usando hiperparâmetros. Enquanto o método robusto poderia dizer que alguma probabilidade θ_i no modelo pode estar em qualquer ponto entre 0,3 e 0,7, com o valor real escolhido por um adversário para fazer as coisas saírem o pior possível, o método bayesiano colocaria uma distribuição de probabilidade *a priori* em θ_i e prosseguiria como antes. Isso requer mais esforço de modelagem – por exemplo, o modelador bayesiano deve decidir se os parâmetros θ_i e θ_j são independentes – mas geralmente resulta em melhor desempenho na prática.

Além da incerteza paramétrica, as aplicações da teoria da decisão no mundo real também sofrem com a incerteza *estrutural*. Por exemplo, a suposição de independência de *Tráfego aéreo*, *Litígio* e *Construção* na Figura 16.6 pode estar incorreta e pode haver variáveis adicionais que o modelo simplesmente omite. No momento, não temos um bom entendimento de como levar em conta esse tipo de incerteza. Uma possibilidade é manter um conjunto de modelos, talvez gerado por algoritmos de aprendizado de máquina, na esperança de que o conjunto capture as variações significativas que importam.

16.7 Preferências desconhecidas

Nesta seção, discutimos o que acontece quando há incerteza sobre a função de utilidade cujo valor esperado deve ser otimizado. Existem duas versões desse problema: uma em que um agente (máquina ou humano) não tem certeza sobre sua *própria* função de utilidade, e outra em que uma máquina deve ajudar um humano, mas não tem certeza sobre o que o humano deseja.

16.7.1 Incerteza sobre as próprias preferências

Imagine que você está em uma sorveteria na Tailândia e eles têm apenas dois sabores: baunilha e durian. Ambos custam R$ 2. Você sabe que tem um gosto moderado por baunilha e deseja pagar até R$ 3 por um sorvete de baunilha em um dia tão quente; então há um ganho líquido de R$ 1 pela escolha de baunilha. Por outro lado, você não tem ideia se gosta ou não de durian, mas leu na Wikipedia que o durian provoca diferentes respostas de pessoas diferentes: alguns acham que "supera todas as outras frutas do mundo em sabor", enquanto outros o comparam com "esgoto, vômito rançoso, *spray* de gambá e gaze cirúrgica usada".

Colocando números nisso, digamos que existam 50% de chance de você o achar sublime (+R$ 100) e 50% de chance de você o odiar (-R$ 80 se o gosto permanecer por toda a tarde). Aqui, não há incerteza sobre o prêmio que você irá ganhar – é o mesmo sorvete de durian de qualquer forma –, mas há incerteza nas suas próprias preferências para esse prêmio.

Poderíamos estender o formalismo da rede de decisão para permitir utilidades incertas, conforme vemos na Figura 16.10(a). Porém, se não houver mais informações a serem obtidas sobre suas preferências de durian – por exemplo, se a loja não permitir que você experimente primeiro –, então o problema de decisão é idêntico ao que está mostrado na Figura 16.10(b). Podemos, simplesmente, substituir o valor incerto do durian por seu ganho líquido esperado de (0,5 × R$ 100) – (0,5 × R$ 80) – R$ 2 = R$ 8 e sua decisão não mudará.

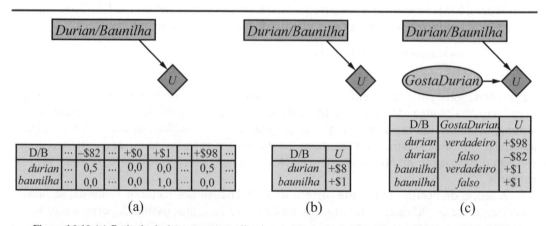

Figura 16.10 (a) Rede de decisão para a escolha do sorvete com uma função de utilidade incerta. (b) Rede com a utilidade esperada de cada ação. (c) Movendo a incerteza da função de utilidade para uma nova variável aleatória.

Se for possível que suas crenças sobre durian mudem – talvez você consiga uma pequena prova ou descubra que todos os seus parentes vivos amam durian –, então a transformação na Figura 16.10(b) não é válida. No entanto, acontece que ainda podemos encontrar um modelo equivalente no qual a função de utilidade é determinística. Em vez de dizer que há incerteza sobre a função de utilidade, movemos essa incerteza "para o mundo", por assim dizer. Ou seja, criamos uma nova variável aleatória *GostaDurian* com probabilidades *a priori* de 0,5 para *verdadeiro* e *falso*, conforme aparece na Figura 16.10(c). Com essa variável extra, a função de utilidade torna-se determinística, mas ainda podemos lidar com a mudança de crenças sobre suas preferências de durian.

O fato de que preferências desconhecidas podem ser modeladas por variáveis aleatórias comuns significa que podemos continuar usando o mecanismo e teoremas desenvolvidos para preferências conhecidas. Por outro lado, isso não significa que podemos sempre assumir que as preferências são conhecidas. A incerteza ainda existe e ainda afeta o modo como os agentes devem se comportar.

16.7.2 Submissão a seres humanos

Agora vejamos o segundo caso mencionado anteriormente: uma máquina que deveria ajudar um humano, mas não tem certeza sobre o que o humano deseja. O tratamento completo desse caso deverá ser adiado para o Capítulo 18, em que discutimos as decisões envolvendo mais de um agente. Aqui, fazemos uma pergunta simples: em quais circunstâncias essa máquina se submeterá ao ser humano?

Para estudar essa questão, vamos considerar um cenário muito simples, mostrado na Figura 16.11. Robbie é um robô de *software* que trabalha para Harriet, uma humana ocupada, como sua assistente pessoal. Harriet precisa de um quarto de hotel para sua próxima reunião de negócios em Genebra. Robbie pode agir agora – digamos que ele possa reservar para Harriet um quarto em um hotel muito caro, próximo do local da reunião. Ele não tem certeza do quanto Harriet gostará do hotel e de seu preço; digamos que ele tenha uma probabilidade uniforme de seu valor líquido para Harriet entre −40 e +60, com uma média de +10. Robbie também poderia "desligar-se" – de forma menos melodramática, sair totalmente do processo de reserva do hotel –, o que definimos (sem perda de generalidade) como ter valor 0 para Harriet. Se essas fossem suas duas opções, ele prosseguiria e reservaria o hotel, com um risco significativo de não satisfazer Harriet. (Se o intervalo fosse de −60 a +40, com média de −10, ele se desligaria em vez disso.) Mas daremos a Robbie uma terceira escolha: explicar seu plano, esperar e deixar que Harriet o desligue. Harriet pode desligá-lo ou deixá-lo prosseguir e fazer a reserva. Que possível benefício isso poderia trazer, alguém poderia perguntar, visto que ele mesmo poderia fazer as duas escolhas?

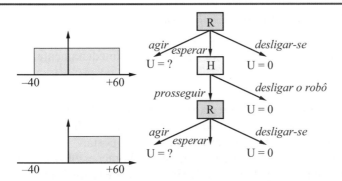

Figura 16.11 Jogo de desligar. *R*, o robô, pode escolher atuar agora, com um desfecho bastante incerto, desligar-se, ou deixar a decisão para *H*, a humana. *H* pode desligar *R* ou deixar que ele prossiga. *R* agora tem a mesma escolha novamente. Atuar ainda tem um desfecho incerto, mas agora *R* sabe que o desfecho não é negativo.

504 Inteligência Artificial

A questão é que a escolha de Harriet – desligar Robbie ou deixá-lo prosseguir – dá a Robbie informações sobre as preferências de Harriet. Vamos supor, por enquanto, que Harriet é racional; então, se Harriet permitir que Robbie prossiga, isso significa que o valor para Harriet é positivo. Agora, como mostra a Figura 16.11, a crença de Robbie muda: ela é uniforme entre 0 e +60, com uma média de +30.

Portanto, se avaliarmos as escolhas iniciais de Robbie do seu ponto de vista:

1. Agir agora e reservar o hotel tem um valor esperado de +10.

2. Desligar-se tem o valor 0.

3. Esperar e deixar Harriet desligá-lo leva a dois resultados possíveis:

   (a) Há 40% de chance, com base na incerteza de Robbie sobre as preferências de Harriet, de que ela odeie o plano e desligue Robbie, com valor 0.

   (b) Há 60% de chance de que Harriet goste do plano e permita que Robbie prossiga, com valor esperado de +30.

Assim, a espera tem valor esperado $(0,4 \times 0) + (0,6 \times 30) = +18$, que é melhor do que +10 que Robbie espera, caso resolva agir agora.

O resultado é que Robbie tem um incentivo positivo para submeter-se a Harriet – isto é, permitir que ela o desligue. Esse incentivo vem diretamente da incerteza de Robbie sobre as preferências de Harriet. Robbie está ciente de que há uma chance (nesse caso, 40%) de que ele possa estar prestes a fazer algo que deixará Harriet infeliz; nesse caso, ser desligado seria preferível a prosseguir. Se Robbie já tivesse certeza sobre as preferências de Harriet, ele simplesmente seguiria em frente e tomaria a decisão (ou se desligaria); não haveria absolutamente nada a ganhar consultando Harriet porque, de acordo com as crenças definitivas de Robbie, ele já pode prever exatamente o que ela decidirá.

Na verdade, é possível provar o mesmo resultado no caso geral: contanto que Robbie não esteja totalmente certo de que está prestes a fazer o que a própria Harriet faria, é melhor ele permitir que ela o desligue. Intuitivamente, a decisão de Harriet dá informações a Robbie, e o valor esperado das informações é sempre não negativo. Por outro lado, se Robbie está certo sobre a decisão de Harriet, sua decisão não oferece nenhuma informação nova e, portanto, Robbie não tem incentivo para permitir que ela decida.

Formalmente, considere que $P(u)$ seja a densidade de probabilidade *a priori* de Robbie sobre a utilidade de Harriet para a ação proposta a. Então, o valor de prosseguir com a é

$$UE(a) = \int_{-\infty}^{\infty} P(u) \cdot u \, du = \int_{-\infty}^{0} P(u) \cdot u \, du + \int_{0}^{\infty} P(u) \cdot u \, du.$$

(Veremos em breve por que a integral é separada desse modo.) Por outro lado, o valor da ação d, referindo-se à decisão de Harriet, é composto de duas partes: se $u > 0$, então Harriet deixa Robbie prosseguir, então o valor é u; mas, se $u < 0$, Harriet desliga Robbie, e nesse caso o valor é 0:

$$UE(d) = \int_{-\infty}^{0} P(u) \cdot 0 \, du + \int_{0}^{\infty} P(u) \cdot u \, du.$$

Comparando as expressões para $UE(a)$ e $UE(d)$, vemos imediatamente que

$$UE(d) \geq UE(a)$$

porque a expressão para $UE(d)$ tem a região de utilidade negativa zerada. As duas escolhas têm o mesmo valor somente quando a região negativa tem probabilidade zero – ou seja, quando Robbie já tem certeza de que Harriet gostou da ação proposta.

Vale a pena explorar imediatamente algumas elaborações óbvias no modelo. A primeira elaboração é impor um custo pelo tempo de Harriet. Nesse caso, Robbie está menos inclinado a incomodar Harriet se o risco da desvantagem for pequeno. É assim que deve ser. E se Harriet realmente se incomoda se for interrompida, ela não deveria se surpreender se Robbie ocasionalmente fizesse coisas de que ela não gosta.

A segunda elaboração é permitir alguma probabilidade de erro humano – isto é, Harriet às vezes pode desligar Robbie, mesmo quando a ação proposta é razoável, e às vezes pode deixar Robbie prosseguir, mesmo quando a ação proposta é indesejável. A inclusão dessa probabilidade de erro no modelo é simples. Como poderíamos esperar, a solução mostra que Robbie está menos inclinado a ceder a uma Harriet irracional, que às vezes age contra seus próprios interesses. Quanto mais aleatoriamente ela se comportar, mais incerto Robbie deverá estar sobre suas preferências antes de concordar com ela. Novamente, é assim que deveria ser: por exemplo, se Robbie é um carro que dirige sozinho e Harriet é sua passageira travessa de 2 anos, Robbie não deve permitir que Harriet o desligue no meio de uma rodovia.

Resumo

Este capítulo mostrou como combinar a teoria da utilidade com a probabilidade para permitir a um agente selecionar ações que vão maximizar seu desempenho esperado.

- A **teoria da probabilidade** descreve aquilo em que um agente deve acreditar com base na evidência; a **teoria da utilidade** descreve o que um agente quer; e a **teoria da decisão** reúne as outras duas para descrever o que um agente deve fazer.
- Podemos usar a teoria da decisão para construir um sistema que toma decisões considerando todas as ações possíveis e escolhendo aquela que leva ao melhor resultado esperado. Tal sistema é conhecido como **agente racional**.
- A teoria da utilidade mostra que um agente cujas preferências entre loterias são consistentes com um conjunto de axiomas simples pode ser descrito como um agente que tem uma função de utilidade; além do mais, o agente seleciona ações para maximizar sua utilidade esperada.
- A **teoria da utilidade multiatributo** lida com utilidades que dependem de vários atributos distintos de estados. A **dominância estocástica** é uma técnica particularmente útil para a tomada de decisões não ambíguas, mesmo sem valores de utilidade precisos para atributos.
- As **redes de decisão** fornecem um formalismo simples para expressar e resolver problemas de decisão. Elas constituem uma extensão natural das redes bayesianas, contendo nós de decisão e de utilidade, além de nós de chance.
- Às vezes, a resolução de um problema envolve a descoberta de mais informações antes de tomar uma decisão. O **valor da informação** é definido como a melhora esperada na utilidade, em comparação com a tomada de uma decisão sem a informação; é particularmente útil para orientar o processo de coleta de informações antes da tomada de uma decisão fim.
- Quando, como muitas vezes acontece, é impossível especificar a função de utilidade do ser humano completa e corretamente, as máquinas devem operar sob incerteza a respeito do verdadeiro objetivo. Isso faz uma diferença significativa quando existe a possibilidade de a máquina adquirir mais informações sobre as preferências humanas. Demonstramos, por meio de um argumento simples, que a incerteza sobre as preferências garante que a máquina se submeta ao humano, a ponto de se permitir ser desligada.

Notas bibliográficas e históricas

O tratado do século XVII *L'art de Penser*, também conhecido como *Port-Royal Logic* (Arnauld, 1662), afirma:

> Para julgar o que é preciso fazer para obter o bem ou evitar o mal, é necessário considerar não só o bem e o mal em si, mas também a probabilidade de que aconteça ou não e visualizar geometricamente a proporção que todas essas coisas têm em conjunto.

Textos modernos falam de *utilidade* em vez do bem e do mal, mas essa afirmação observa corretamente que se deve multiplicar a utilidade pela probabilidade ("visão geométrica") para dar a utilidade esperada e maximizá-la mais que todos os resultados ("todas essas coisas") para "julgar o que deve ser feito". É notável o quanto isso está certo, há mais de 350 anos, e apenas 8 anos depois de Pascal e Fermat mostrarem como usar corretamente a probabilidade.

506 Inteligência Artificial

Cálculo hedônico

Daniel Bernoulli (1738), investigando o paradoxo de São Petersburgo, foi o primeiro a perceber a importância da medição de preferências para loterias, escrevendo que "o *valor* de um item não deve se basear em seu *preço*, mas na *utilidade* que ele gera" (os grifos são do autor). O filósofo utilitarista Jeremy Bentham (1823) propôs o **cálculo hedônico** para ponderar "prazeres" e "dores", argumentando que todas as decisões (não apenas as decisões monetárias) poderiam ser reduzidas a comparações entre utilidades.

A introdução de Bernoulli da utilidade – uma quantidade interna e subjetiva – para explicar o comportamento humano por meio de uma teoria matemática foi uma proposta absolutamente notável para a época. Era ainda mais notável pelo fato de que, ao contrário dos valores monetários, os valores de utilidade de várias apostas e prêmios não são diretamente observáveis; em vez disso, as utilidades devem ser deduzidas a partir das preferências demonstradas por um indivíduo. Levaria dois séculos para que as implicações da ideia fossem totalmente elaboradas e ela se tornasse amplamente aceita por estatísticos e economistas.

A derivação de utilidades numéricas a partir de preferências foi realizada primeiro por Ramsey (1931); os axiomas para preferência neste texto estão mais próximos em formato aos que foram redescobertos na *Theory of Games and Economic Behavior* (von Neumann e Morgenstern, 1944). Ramsey derivou probabilidades subjetivas (não apenas utilidades) a partir das preferências de um agente; Savage (1954) e Jeffrey (1983) elaboram construções mais recentes desse tipo. Beardon *et al.* (2002) mostram que uma função de utilidade não é suficiente para representar preferências não transitivas e outras situações anômalas.

Análise de decisão

No período pós-guerra, a teoria da decisão tornou-se uma ferramenta padrão na economia, finanças e ciência da administração. Surgiu um campo de **análise de decisão** para auxiliar na tomada de decisões políticas mais racionais em áreas como estratégia militar, diagnóstico médico, saúde pública, projeto de engenharia e gerenciamento de recursos. O processo envolve um **tomador de decisão** que declara preferências entre os resultados e um **analista de decisão** que enumera as ações e resultados possíveis e extrai preferências do tomador de decisão para determinar o melhor curso de ação. Von Winterfeldt e Edwards (1986) fornecem uma perspectiva moderna sobre a análise da decisão e seu relacionamento com as estruturas de preferências humanas. Smith (1988) fornece uma visão geral da metodologia da análise da decisão.

Tomador de decisão
Analista de decisão

Até os anos 1980, problemas de decisão multivariada eram tratados pela construção de "árvores de decisão" de todas as instanciações possíveis das variáveis. Os diagramas de influência ou redes de decisão, que tiram proveito das mesmas propriedades de independência condicional das redes bayesianas, foram introduzidos por Howard e Matheson (1984), com base em trabalho anterior no SRI (Miller *et al.*, 1976). O algoritmo de Howard e Matheson construía a árvore de decisão completa (exponencialmente grande) a partir da rede de decisão. Shachter (1986) desenvolveu um método para tomada de decisões baseado diretamente em uma rede de decisão, sem a criação de uma árvore de decisão intermediária. Esse algoritmo também foi um dos primeiros a fornecer inferência completa para redes bayesianas com várias conexões. Nilsson e Lauritzen (2000) vinculam algoritmos para redes de decisão a desenvolvimentos contínuos em algoritmos de formação de agrupamentos para redes bayesianas. A coleção de Oliver e Smith (1990) tem vários artigos úteis sobre redes de decisão, como também o número especial de 1990 do periódico *Networks*. O texto de Fenton e Neil (2018) oferece um guia prático para a solução de problemas de decisão do mundo real usando redes de decisão. Os artigos sobre redes de decisão e modelagem de utilidade também aparecem regularmente nos periódicos *Management Science* e *Decision Analysis*.

Surpreendentemente, poucos pesquisadores de IA adotaram ferramentas de teoria da decisão depois das primeiras aplicações em tomada de decisões médicas descritas no Capítulo 12. Uma das poucas exceções foi Jerry Feldman, que aplicou a teoria da decisão a problemas da visão (Feldman e Yakimovsky, 1974) e de planejamento (Feldman e Sproull, 1977). Os sistemas especialistas baseados em regras, do fim da década de 1970 e início dos anos 1980, concentravam-se em responder a perguntas, em vez de tomar decisões. Os sistemas que não recomendavam ações geralmente faziam isso usando regras de condição-ação, em vez de representações explícitas de resultados e preferências.

As redes de decisão oferecem um método muito mais flexível; por exemplo, permitindo que as preferências mudem enquanto o modelo de transição é mantido constante, ou vice-versa.

Elas também permitem um cálculo baseado em princípios de quais informações buscar em seguida. No fim da década de 1980, em parte devido ao trabalho de Pearl sobre redes bayesianas, os sistemas especialistas baseados em teoria da decisão ganharam ampla aceitação (Horvitz *et al.*; Cowell *et al.*, 2002). De fato, de 1991 em diante, o projeto de capa do periódico *Artificial Intelligence* passou a representar uma rede de decisão, embora pareça ter sido adotada alguma licença artística na orientação das setas.

Tentativas práticas de medir as utilidades humanas começaram com a análise de decisão pós-guerra (ver anteriormente neste capítulo). A medida de utilidade micromorte é discutida por Howard (1989). Thaler (1992) descobriu que, para uma chance de morte de 1/1000, uma pessoa consultada não pagaria mais de US\$ 200 para remover o risco, mas não aceitaria US\$ 50.000 para assumir o risco.

O uso de **QALY**s (anos de vida ajustados pela qualidade) para realizar análises de custo-benefício das intervenções médicas e políticas sociais relacionadas remonta pelo menos ao trabalho de Klarman *et al.* (1968), embora o termo em si fosse usado inicialmente por Zeckhauser e Shepard (1976). Como o dinheiro, QALYs correspondem diretamente a utilidades apenas sob suposições muito fortes, como neutralidade de risco, que geralmente são violadas (Beresniak *et al.*, 2015); apesar disso, QALYs são muito utilizados na prática, por exemplo, na formação das políticas do National Health Service no Reino Unido. Ver em Russell (1990) um exemplo típico de argumento para uma mudança importante na política de saúde pública, com base no aumento da utilidade esperada medida em QALYs.

Keeney e Raiffa (1976) fornecem uma introdução completa à **teoria da utilidade multiatributo**. Eles descrevem as primeiras implementações de computador de métodos para extrair os parâmetros necessários a uma função de utilidade multiatributo e incluem uma extensiva relação de aplicações reais da teoria. Abbas (2018) aborda muitos avanços desde 1976. A teoria foi introduzida na IA principalmente pelo trabalho de Wellman (1985), que também investigou o uso dos modelos de dominância estocástica e probabilidade qualitativa (Wellman, 1988, 1990a). Wellman e Doyle (1992) fornecem um esboço preliminar de como um conjunto complexo de relacionamentos de independência de utilidade poderia ser utilizado para fornecer um modelo estruturado de uma função de utilidade, de modo muito semelhante à forma como as redes bayesianas fornecem um modelo estruturado de distribuições de probabilidade conjunta. Bacchus e Grove (1995, 1996) e La Mura e Shoham (1999) apresentam resultados adicionais que seguem essas linhas. Boutilier *et al.* (2004) descrevem as CP-nets, um formalismo de modelo gráfico totalmente elaborado para declarações de preferência *ceteribus paribus* condicionais.

Smith e Winkler (2006) trouxeram de maneira firme a **maldição do otimizador** à vista dos analistas de decisão, que apontaram que os benefícios financeiros projetados para o cliente pelos analistas para o curso da ação proposta quase nunca se materializavam. Eles traçaram isso diretamente a partir da tendência introduzida de selecionar uma ação ideal e mostraram que uma análise bayesiana mais completa elimina o problema.

O mesmo conceito subjacente foi chamado **decepção pós-decisão** por Harrison e March (1984) e foi observado no contexto da análise de projetos de investimento de capital por Brown (1974). A maldição do otimizador está também intimamente relacionada com a **maldição do vencedor** (Capen *et al.*, 1971; Thaler, 1992), que se aplica à licitação em leilões: quem ganha o leilão é muito provável que tenha superestimado o valor do objeto em questão. Capen *et al.* citaram um engenheiro de petróleo no tema de licitação para exploração de direitos de petróleo: "Se alguém ganha um trato contra dois ou três outros pode sentir-se bem sobre a sua boa sorte. Mas como se sentiria se ganhasse contra 50 outras pessoas? Mal."

O paradoxo de Allais, devido ao ganhador do Prêmio Nobel, o economista Maurice Allais (1953), foi testado experimentalmente para mostrar que as pessoas são consistentemente inconsistentes em seus julgamentos (Tversky e Kahneman, 1982; Conlisk, 1989). O paradoxo de Ellsberg sobre a aversão à ambiguidade foi introduzido na tese de doutorado de Daniel Ellsberg (1962).[10] Fox e Tversky (1995) descrevem um estudo mais aprofundado de aversão à ambiguidade. Machina (2005) dá uma visão geral de escolha sob incerteza e como ela pode

---

[10] Mais tarde, Ellsberg passou a ser analista militar da RAND Corporation e vazou documentos conhecidos como Pentagon Papers, o que contribuiu para o fim da guerra do Vietnã.

508 Inteligência Artificial

variar da teoria da utilidade esperada. Ver, no texto clássico de Keeney e Raiffa (1976) e no trabalho mais recente de Abbas (2018), uma análise profunda das preferências sob incerteza.

Irracionalidade

O ano de 2009 foi maravilhoso para livros populares sobre a **irracionalidade** humana, incluindo *Predictably Irrational* (Ariely, 2009); *Sway* (Brafman e Brafman, 2009), *Nudge* (Thaler e Sunstein, 2009), *Kluge* (Marcus, 2009), *How We Decide* (Lehrer, 2009) e *On Being Certain* (Burton, 2009). Eles complementam o livro clássico *Judgment Under Uncertainty* (Kahneman *et al.*, 1982) e o artigo que começou isso tudo (Kahneman e Tversky, 1979). O próprio Kahneman oferece um relato perspicaz e de agradável leitura em *Thinking: Fast and Slow* (Kahneman, 2011).

O campo da psicologia evolutiva (Buss, 2005), por outro lado, é contrário a essa literatura, argumentando que os seres humanos são muito racionais em contextos evolutivamente adequados. Seus adeptos apontam que a irracionalidade é penalizada, por definição, em um contexto evolutivo e mostra que, em alguns casos, é um artefato do cenário experimental (Cummins e Allen, 1998). Houve ressurgimento recente do interesse em modelos bayesianos de cognição, derrubando décadas de pessimismo (Elio, 2002; Chater e Oaksford, 2008; Griffiths *et al.*, 2008); no entanto, isso também tem seus detratores (Jones e Love, 2011).

A teoria do valor da informação foi explorada em primeiro lugar no contexto de experimentos estatísticos, em que foi utilizada uma quase utilidade (redução da entropia) (Lindley, 1956). O teórico de controle Ruslan Stratonovich (1965) desenvolveu a teoria mais geral aqui apresentada, em que a informação tem valor em virtude de sua capacidade de afetar decisões. O trabalho de Stratonovich não era conhecido no Ocidente, onde Ron Howard (1966) foi pioneiro com a mesma ideia. Seu artigo termina com a observação: "Se a teoria da informação de valor e as estruturas teóricas associadas à decisão no futuro não ocuparem grande parte da educação de engenheiros, a profissão de engenharia vai achar que seu papel tradicional de gestão dos recursos científicos e econômicos para o benefício do homem foi perdido para outra profissão." Até o momento, a revolução que implica métodos de gestão não ocorreu.

O algoritmo de coleta de informações míopes descrito neste capítulo aparece bastante na literatura de análise de decisão; seus esboços básicos podem ser vistos no artigo original sobre diagramas de influência (Howard e Matheson, 1984). Métodos de cálculo eficientes são estudados por Dittmer e Jensen (1997). Laskey (1995) e Nielsen e Jensen (2003) discutem métodos de análise de sensibilidade em redes bayesianas e redes de decisão, respectivamente. O texto clássico *Robust and Optimal Control* (Zhou *et al.*, 1995) fornece cobertura completa e comparação das abordagens robustas e teóricas da decisão para a tomada de decisões sob incerteza.

O problema da caça ao tesouro foi resolvido de forma independente por muitos autores, remontando pelo menos a artigos sobre testes sequenciais de Gluss (1959) e Mitten (1960). O estilo de prova neste capítulo baseia-se em um resultado básico, de Smith (1956), relacionando o valor de uma sequência ao valor da mesma sequência com dois elementos adjacentes permutados. Esses resultados para testes independentes foram estendidos para problemas de busca em árvore e em grafo mais gerais (onde os testes são parcialmente ordenados) por Kadane e Simon (1977). Os resultados sobre a complexidade dos cálculos não míopes do valor da informação foram obtidos por Krause e Guestrin (2009). Krause *et al.* (2008) identificaram casos em que a submodularidade leva a um algoritmo de aproximação maleável, com base no trabalho inicial de Nemhauser *et al.* (1978) sobre funções submodulares; Krause e Guestrin (2005) identificam casos em que um algoritmo de programação dinâmica exata oferece uma solução eficiente para a escolha de subconjunto de evidências e geração de plano condicional.

Utilidade adaptativa

Harsanyi (1967) estudou o problema da informação *incompleta* na teoria dos jogos, em que os jogadores podem não saber exatamente as funções de recompensa uns dos outros. Ele demonstrou que esses jogos eram idênticos aos jogos com informações *imperfeitas*, em que os jogadores não têm certeza sobre o estado do mundo, por meio do truque de adicionar variáveis de estado referentes aos lucros dos jogadores. Cyert e de Groot (1979) desenvolveram uma teoria de **utilidade adaptativa**, na qual um agente poderia não estar certo sobre sua própria função de utilidade e poderia obter mais informações por meio da experiência.

O trabalho sobre a elicitação de preferência bayesiana (Chajewska *et al.*, 2000; Boutilier, 2002) começa com a suposição de uma probabilidade anterior sobre a função de utilidade do agente. Fern *et al.* (2014) propõem um modelo teórico de decisão, o de **assistência**, em que um robô tenta determinar e auxiliar com um objetivo humano sobre o qual ele não está certo inicialmente. O exemplo de desligamento na seção 16.7.2 é adaptado de Hadfield-Menell *et al.* (2017b). Russell (2019) propõe uma estrutura geral para IA benéfica em que o jogo de desligar é um exemplo-chave.

Assistência

CAPÍTULO 17
TOMADA DE DECISÕES COMPLEXAS

Neste capítulo, examinamos métodos para decidir o que fazer hoje, dado que podemos decidir novamente amanhã.

Neste capítulo, abordaremos as questões computacionais envolvidas na tomada de decisões em um ambiente estocástico. Enquanto o Capítulo 16 estava preocupado com problemas de decisão instantânea ou episódica, em que a utilidade do resultado de cada ação era bem conhecida, aqui vamos nos preocupar com **problemas de decisão sequencial**, em que a utilidade do agente depende de uma sequência de decisões. Problemas de decisão sequencial incorporam utilidades, incerteza e percepção, e incluem os problemas de busca e planejamento como casos especiais. A seção 17.1 explica como os problemas de decisão sequencial são definidos e a seção 17.2 descreve métodos para solucioná-los para produzir comportamentos apropriados em um ambiente estocástico. A seção 17.3 aborda os problemas de **um conjunto de máquinas caça-níqueis** (*multi-armed bandit*), uma classe específica e fascinante de problemas de decisão sequencial que aparece em muitos contextos. A seção 17.4 explora os problemas de decisão em ambientes parcialmente observáveis e a seção 17.5 descreve como solucioná-los.

Problemas de decisão sequencial

17.1 Problemas de decisão sequencial

Suponha que um agente esteja situado no ambiente 4 × 3 mostrado na Figura 17.1(a). Começando no estado inicial, ele deve escolher uma ação em cada passo de tempo. A interação com o ambiente termina quando o agente alcança um dos estados terminais, marcados com +1 ou −1. Assim como para problemas de busca, as ações disponíveis para o agente em cada estado são dadas por AÇÕES(*s*), algumas vezes abreviado como *A*(*s*); no ambiente 4 × 3, as ações em cada estado são *Acima*, *Abaixo*, *Esquerda* e *Direita*. Vamos supor, por enquanto, que o ambiente seja **completamente observável**, de forma que o agente sempre saiba onde está.

Se o ambiente fosse determinístico, seria fácil encontrar uma solução: [*Acima*, *Acima*, *Direita*, *Direita*, *Direita*]. Infelizmente, o ambiente nem sempre responderá como esperado

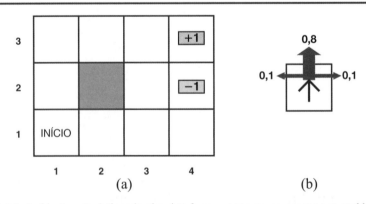

Figura 17.1 (a) Ambiente estocástico simples 4 × 3 que apresenta ao agente um problema de decisão sequencial. (b) Ilustração do modelo de transição do ambiente: o resultado "pretendido" ocorre com probabilidade 0,8, mas com probabilidade 0,2 o agente se move em um ângulo reto em relação à direção pretendida. Uma colisão com uma parede resulta em nenhum movimento. As transições para os dois estados terminais têm recompensa +1 e −1, respectivamente, e todas as outras transições têm recompensa −0,04.

com essa solução porque as ações são pouco confiáveis. O modelo específico de movimento estocástico que adotamos está ilustrado na Figura 17.1(b). Cada ação alcança o efeito pretendido com probabilidade 0,8, mas, no restante do tempo, a ação move o agente em ângulos retos com relação à direção pretendida. Além disso, no caso de o agente bater em uma parede, ele permanecerá no mesmo quadrado. Por exemplo, a partir do quadrado inicial $(1,1)$, a ação *Acima* move o agente para $(1,2)$ com probabilidade 0,8; mas, com probabilidade 0,1, o agente se move para a direita até $(2,1)$ e, com probabilidade 0,1, ele se move para a esquerda, choca-se com a parede e fica em $(1,1)$. Em tal ambiente, a sequência [*Acima, Acima, Direita, Direita, Direita*] contorna a barreira e alcança o estado meta em $(4,3)$ com probabilidade $0,8^5 = 0,32768$. Também existe uma pequena chance de atingir a meta acidentalmente indo por outro caminho, com probabilidade $0,1^4 \times 0,8$, dando um total geral igual a 0,32776.

Como no Capítulo 3, o **modelo de transição** (ou apenas "modelo", quando não gerar confusão) descreve o resultado de cada ação em cada estado. Aqui, o resultado é estocástico, então escrevemos $P(s' \,|\, s,a)$ para indicar a probabilidade de alcançar o estado s' se a ação a for tomada no estado s. Alguns autores escrevem $T(s,a,s')$ para o modelo de transição. Vamos supor que as transições são **markovianas**: a probabilidade de alcançar s' a partir de s depende apenas de s, e não do histórico de estados anteriores.

Para completar a definição do ambiente da tarefa, devemos especificar a função utilidade para o agente. Como o problema de decisão é sequencial, a função utilidade dependerá de uma sequência de estados e ações – um **histórico do ambiente** –, em vez de depender de um único estado. Mais adiante, nesta seção, investigaremos a natureza das funções utilidade nos históricos; por enquanto, vamos simplesmente estipular que, para cada transição de s para s' com uma ação a, o agente recebe uma **recompensa** $R(s,a,s')$, a qual pode ser positiva ou negativa, mas deve ser limitada por $\pm R_{max}$.[1]   Recompensa

Para o nosso exemplo específico em particular, a recompensa é –0,04 para todas as transições, exceto aquelas que entram em estados terminais (que têm recompensas +1 e –1). A utilidade de um histórico do ambiente é simplesmente (por enquanto) a *soma* das recompensas recebidas. Por exemplo, se o agente alcançar o estado +1 depois de 10 passos, sua utilidade total será $(9 \times {-0,04}) + 1 = 0,64$. A recompensa negativa igual a –0,04 dá ao agente um incentivo para alcançar $(4,3)$ depressa e, assim, nosso ambiente é uma generalização estocástica dos problemas de busca do Capítulo 3. Outro modo de dizer isso é afirmar que o agente não aprecia viver nesse ambiente e, portanto, quer deixá-lo assim que possível.

Para resumir: um problema de decisão sequencial para um ambiente completamente observável, estocástico, com um modelo de transição de Markov e recompensas aditivas, é chamado **processo de decisão de Markov** ou **MDP** (*Markov Decision Process*), e consiste em um conjunto de estados (com estado inicial s_0); um conjunto AÇÕES(s) de ações aplicáveis em cada estado; um modelo de transição $P(s' \,|\, s,a)$ e uma função de recompensa $R(s,a,s')$. Os métodos para solucionar MDP normalmente envolvem **programação dinâmica**: simplificar um problema dividindo-o recursivamente em partes menores e lembrando-se das soluções ótimas para as partes.   Processo de decisão de Markov
Programação dinâmica

A próxima questão é definir como deve ser uma solução para o problema. Vimos que qualquer sequência fixa de ações não resolverá o problema porque o agente poderia acabar em um estado diferente do seu objetivo. Portanto, uma solução tem de especificar o que o agente deve fazer para *qualquer* estado que o agente possa alcançar. Uma solução desse tipo é chamada **política**. É comum indicar uma política por π, e $\pi(s)$ é a ação recomendada pela política π para o estado s. Não importa o resultado da ação, o estado resultante estará na política, e o agente sempre saberá o que fazer em seguida.   Política

Toda vez que determinada política for executada a partir do estado inicial, a natureza estocástica do ambiente poderá levar a um histórico de ambiente diferente. A qualidade de uma política é, portanto, medida pela utilidade *esperada* dos possíveis históricos do ambiente gerados por essa política. Uma **política ótima** é uma política que produz a utilidade esperada mais alta. Usamos π^* para denotar uma política ótima. Dado π^*, o agente decide o que fazer   Política ótima

---

[1] Também é possível usar custos $c(s, a, s')$, como fizemos na definição dos problemas de busca no Capítulo 3. Porém, o uso de recompensas é padrão na literatura sobre decisões sequenciais sob incerteza.

consultando sua percepção atual, que informa o estado atual s, e depois executando a ação $\pi^*(s)$. Uma política representa explicitamente a função do agente e, portanto, é uma descrição de um agente reflexivo simples, calculada a partir das informações usadas por um agente baseado na utilidade.

Uma política ótima para o mundo da Figura 17.1 é mostrada na Figura 17.2(a). Existem duas políticas porque o agente não faz diferença entre ir para a esquerda e ir para cima a partir de (3,1); ir para a esquerda é mais seguro, porém mais longo, enquanto subir é mais rápido, mas corre o risco de parar em (4,2) por acidente. Em geral, costuma haver várias políticas ótimas.

O equilíbrio entre risco e recompensa muda dependendo do valor de $r = R(s,a,s')$ para as transições entre estados não terminais. A Figura 17.2(a) mostra políticas ótimas para $-0,0850 < r < -0,0273$. A Figura 17.2(b) mostra políticas ótimas para quatro intervalos diferentes de r. Quando $r < -1,6497$, a vida é tão difícil que o agente vai direto para a saída mais próxima, ainda que a saída tenha o valor -1. Quando for o caso de $-0,7311 < r < -0,4526$, a vida é bastante desagradável; o agente toma a rota mais curta até o estado $+1$ a partir de (2,1), (3,1) e (3,2), mas a partir de (4,1) o custo de alcançar $+1$ é tão alto que o agente prefere mergulhar diretamente para -1. Quando a vida é apenas ligeiramente ruim ($-0,0274 < r < 0$), a política ótima não assume *absolutamente nenhum risco*. Em (4,1) e (3,2) o agente segue diretamente para fora do estado -1, de forma que não possa cair nesse estado por acidente, embora isso signifique bater a cabeça contra a parede várias vezes. Finalmente, se $r > 0$, a vida é positivamente agradável e o agente evita *ambas* as saídas. Desde que as ações em (4,1), (3,2) e (3,3) sejam as que estão representadas, toda política é ótima, e o agente obtém recompensa total infinita porque nunca entra em um estado terminal. Acontece que existem nove políticas ótimas para vários intervalos de r.

A introdução da incerteza leva os MDP para mais perto do mundo real do que os problemas de busca determinística. Por essa razão, os MDP foram estudados em vários campos, inclusive em IA, pesquisa operacional, economia e teoria de controle. Foram propostas dezenas de algoritmos de solução, vários deles discutidos na seção 17.2. Porém, primeiro precisamos dar mais detalhes das definições de utilidades, políticas ótimas e modelos para MDP.

17.1.1 Utilidades ao longo do tempo

No exemplo de MDP da Figura 17.1, o desempenho do agente foi medido por uma soma de recompensas para as transições experimentadas. Essa escolha de medida de desempenho não

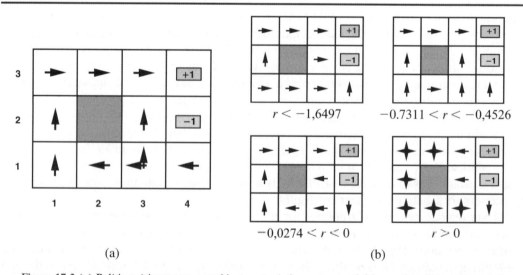

Figura 17.2 (a) Políticas ótimas para o ambiente estocástico com $r = -0,04$ para transições entre estados não terminais. Existem duas políticas porque, no estado (3,1), tanto *Esquerda* quanto *Acima* são ótimas. (b) Políticas ótimas para quatro intervalos diferentes de r.

é arbitrária, mas não é a única possibilidade para a função utilidade[2] sobre históricos de ambiente, que escrevemos como $U_h([s_0, a_0, s_1,..., s_n])$.

A primeira pergunta a responder é se existe um **horizonte finito** ou um **horizonte infinito** para tomada de decisão. Um horizonte finito significa que existe um tempo *fixo N* depois do qual nada importa – o jogo acabou, por assim dizer. Desse modo,

$$U_h([s_0, a_0, s_1, a_1, ..., s_{N+k}]) = U_h([s_0, a_0, s_1, a_1, ..., s_N])$$

para todo $k > 0$. Por exemplo, suponhamos que um agente comece em (3,1) no mundo 4 × 3 da Figura 17.1, e sendo $N = 3$. Então, para ter qualquer chance de alcançar o estado +1, o agente deve ir diretamente para ele, e a ação ótima é ir *Acima*. Por outro lado, se $N = 100$, existe bastante tempo para seguir a rota segura dirigindo-se para a *Esquerda*. Assim, com um horizonte finito, a ação ótima em determinado estado poderia mudar dependendo do tempo restante. Dizemos que uma política que depende do tempo é **não estacionária**.

Sem um limite de tempo fixo, não existe nenhuma razão para se comportar de maneira diferente no mesmo estado em momentos distintos. Consequentemente, a ação ótima depende apenas do estado atual, e a política ótima é **estacionária**. Políticas para o caso de horizonte infinito são, portanto, mais simples que aquelas para o caso de horizonte finito, e neste capítulo lidaremos principalmente com o caso de horizonte infinito. (Veremos mais adiante que, para ambientes parcialmente observáveis, o caso de horizonte infinito não é tão simples.) Observe que "horizonte infinito" não significa necessariamente que todas as sequências de estados são infinitas; significa apenas que não existe um prazo fim fixo. Pode haver sequências de estados finitos em um MDP de horizonte infinito contendo um estado terminal.

A próxima pergunta a que devemos responder é como calcular a utilidade de sequências de estados. No decorrer deste capítulo, usaremos **recompensas aditivas descontadas**: a utilidade de um histórico é

$$U_h([s_0, a_0, s_1, a_1, s_2, ...]) = R(s_0, a_0, s_1) + \gamma R(s_1, a_1, s_2) + \gamma^2 R(s_2, a_2, s_3) + ...,$$

em que o **fator de desconto** γ é um número entre 0 e 1. O fator de desconto descreve a preferência de um agente por recompensas atuais sobre recompensas futuras. Quando γ é próximo de 0, as recompensas no futuro distante são vistas como insignificantes. Quando γ é próximo de 1, um agente deseja mais esperar pelas recompensas a longo prazo. Quando γ é exatamente 1, as recompensas descontadas se reduzem ao caso especial de **recompensas** puramente **aditivas**. Note que a aditividade foi empregada implicitamente em nosso uso de funções de custo de caminho em algoritmos de busca heurística (Capítulo 3).

Há vários motivos pelos quais as recompensas aditivas descontadas fazem sentido. Um deles é empírico: tanto seres humanos quanto animais parecem valorizar mais as recompensas a curto prazo do que as recompensas no futuro distante. Outro é econômico: se as recompensas são monetárias, então realmente é melhor obtê-las mais cedo do que depois, uma vez que as recompensas adiantadas podem ser investidas e produzir retornos enquanto você está esperando pelas recompensas futuras. Nesse contexto, um fator de desconto de γ é equivalente a uma taxa de juros de $(1/\gamma) - 1$. Por exemplo, um fator de desconto de $\gamma = 0,9$ é equivalente a uma taxa de juros de 11,1%.

Uma terceira razão é a incerteza sobre as verdadeiras recompensas: elas podem nunca chegar por diversos motivos que não são levados em conta no modelo de transição. Sob certas suposições, um fator de desconto de *gama* é equivalente a adicionar uma probabilidade $1 - \gamma$ de término acidental a cada passo de tempo, independente da ação realizada.

Uma quarta justificativa surge de uma propriedade natural de preferências sobre históricos. Na terminologia da teoria de utilidade multiatributo (ver seção 16.4), cada transição $s_t \xrightarrow{a_t} s_{t+1}$ pode ser vista como um **atributo** do histórico $[s_0, a_0, s_1, a_1, s_2 ...]$. Em princípio, a função utilidade poderia depender desses atributos de maneiras arbitrariamente complexas. Há, no entanto, uma suposição de independência de preferência altamente plausível que pode ser feita, ou seja, que as preferências do agente entre as sequências de estado são **estacionárias**.

---

[2] Neste capítulo, usamos U para a função utilidade (para sermos coerentes com o restante do livro), mas muitos trabalhos sobre MDP usam V (de *valor*) em seu lugar.

514 Inteligência Artificial

Suponha que dois históricos $[s_0, a_0, s_1, a_1, s_2, ...]$ e $[s_0', a_0', s_1', a_1', s_2', ...]$ comecem com a mesma transição (ou seja, $s_0 = s_0'$, $a_0 = a_0'$ e $s_1 = s_1'$). Então o caráter estacionário para preferências significa que os dois históricos devem ser ordenados por preferência, do mesmo modo que os históricos $[s_1, a_1, s_2, ...]$ e $[s_1', a_1', s_2', ...]$. Em linguagem comum, isso significa que, se você preferir um futuro a outro que comece amanhã, você ainda deverá preferir esse futuro se ele tiver de começar hoje em vez de amanhã. O caráter estacionário é uma hipótese de aparência bastante inócua, mas o desconto aditivo é a única forma de utilidade nos históricos que o satisfaz.

Uma última justificativa para as recompensas descontadas é que isso convenientemente faz desaparecer alguns infinitos e desagradáveis. Com os horizontes infinitos, existe uma dificuldade em potencial: se o ambiente não contém um estado terminal ou se o agente nunca alcança um desses estados, todos os históricos de ambientes serão infinitamente longos, e as utilidades com recompensas aditivas não descontadas em geral serão infinitas. Agora, podemos concordar que $+\infty$ é melhor que $-\infty$, mas comparar duas sequências de estados, ambas com utilidade $+\infty$, é mais difícil. Existem três soluções, duas das quais já estudamos:

1. Com recompensas descontadas, a utilidade de uma sequência infinita é *finita*. De fato, se $\gamma < 1$ e as recompensas são limitadas por $\pm R_{max}$, temos

$$U_h([s_0, a_0, s_1, ...]) = \sum_{t=0}^{\infty} \gamma^t R(s_t, a_t, s_{t+1}) \leq \sum_{t=0}^{\infty} \gamma^t R_{max} = \frac{R_{max}}{1 - \gamma}, \tag{17.1}$$

usando a fórmula padrão para a soma de uma série geométrica infinita.

Política própria

2. Se o ambiente contém estados terminais *e se o agente oferece a garantia de eventualmente chegar a um deles*, nunca precisaremos comparar sequências infinitas. Uma política que oferece a garantia de alcançar um estado terminal é chamada **política própria**. Com políticas próprias, podemos usar $\gamma = 1$ (isto é, recompensas aditivas). As três primeiras políticas mostradas na Figura 17.2(b) são próprias, mas a quarta é imprópria. Ela ganha recompensa total infinita ficando afastada dos estados terminais quando a recompensa para os estados não terminais é positiva. A existência de políticas impróprias pode fazer os algoritmos clássicos para resolução de MDP falharem com recompensas aditivas e, assim, oferece uma boa razão para utilização de recompensas descontadas.

Recompensa média

3. Sequências infinitas podem ser comparadas em termos da **recompensa média** obtida por passo de tempo. Suponha que a transição para o quadrado (1,1) no mundo 4×3 tenha recompensa de 0,1, enquanto as transições para outros estados não terminais têm recompensa de 0,01. Então, uma política que fizer o melhor possível para ficar em (1,1) terá recompensa média mais alta que uma política que permanecer em outro lugar. A recompensa média é um critério útil para alguns problemas, mas a análise de algoritmos de recompensa média é complexa.

Recompensas aditivas descontadas apresentam um número menor de dificuldades na avaliação de históricos e, portanto, vamos usá-las daqui em diante.

17.1.2 Políticas ótimas e utilidades dos estados

Ao decidir que a utilidade de determinado histórico é a soma das recompensas descontadas, podemos comparar políticas comparando as utilidades *esperadas* obtidas quando as executamos. Assumimos que o agente está em algum estado inicial s e definimos S_t (uma variável aleatória) como o estado que o agente alcançou no tempo t ao executar determinada política π. (Obviamente, $S_0 = s$ é o estado em que o agente está agora.) A distribuição de probabilidade sobre as sequências de estados, $S_1, S_2,...$, é determinada pelo estado inicial s, a política π, e o modelo de transição do ambiente.

A utilidade esperada obtida executando π a partir de s é dada por

$$U^{\pi}(s) = E\left[\sum_{t=0}^{\infty} \gamma^t R(S_t, \pi(S_t), S_{t+1}) \right], \tag{17.2}$$

em que a esperança E está relacionada à distribuição de probabilidade sobre sequências de estados determinadas por s e π. Agora, entre todas as políticas que o agente poderia escolher executar a partir de s, uma (ou mais) terá utilidades esperadas maiores do que todas as outras. Vamos usar π_s^* para indicar uma dessas políticas:

$$\pi_s^* = \operatorname*{argmax}_{\pi} U^\pi(s). \tag{17.3}$$

Lembre-se de que π_s^* é uma política, por isso recomenda uma ação para cada estado; em particular, sua conexão com s é ser uma política ótima quando s for o estado inicial. Uma consequência notável do uso de utilidades descontadas com horizontes infinitos é que a política ótima é *independente* do estado inicial. (Naturalmente, a *sequência de ações* não será independente; lembre-se de que uma política é uma função especificando uma ação para cada estado.) Esse fato parece intuitivamente óbvio: se a política π_a^* é ótima começando em a e a política π_b^* é ótima começando em b, então, quando alcançarem um terceiro estado c, não há nenhuma boa razão para que discordem uma da outra, ou de π_c^*, sobre o que fazer a seguir.[3] Assim, podemos simplesmente escrever π^* para uma política ótima.

Dada essa definição, a utilidade verdadeira de um estado é simplesmente $U^{\pi^*}(s)$, isto é, a soma esperada de recompensas descontadas se o agente executa uma política ótima. Escrevemos isso como $U(s)$, conforme a notação usada no Capítulo 16 para a utilidade de um resultado. A Figura 17.3 mostra as utilidades para o mundo 4×3. Note que as utilidades são mais altas para estados mais próximos à saída +1, porque são necessários menos passos para alcançar a saída.

A função utilidade $U(s)$ permite ao agente selecionar ações usando o princípio de utilidade esperada máxima do Capítulo 16, isto é, escolher a ação que maximiza a recompensa para o próximo passo mais a utilidade descontada esperada do estado subsequente:

$$\pi^*(s) = \operatorname*{argmax}_{a \in A(s)} \sum_{s'} P(s' \mid s, a)[R(s, a, s') + \gamma U(s')]. \tag{17.4}$$

Definimos a utilidade de um estado, $U(s)$, como a soma esperada de recompensas descontadas a partir desse momento. A partir disso, segue que há uma relação direta entre a utilidade de um estado e a utilidade de seus vizinhos: *a utilidade de um estado é a recompensa esperada para a próxima transição mais a utilidade descontada do próximo estado*, *supondo que o agente escolha a ação ótima*. Isto é, a utilidade de um estado s é dada por

$$U(s) = \max_{a \in A(s)} \sum_{s'} P(s' \mid s, a)[R(s, a, s') + \gamma U(s')]. \tag{17.5}$$

Essa equação é chamada **equação de Bellman**, em homenagem a Richard Bellman (1957). As utilidades dos estados – definidas pela Equação 17.2 como a utilidade esperada das sequências de estados subsequentes – são soluções do conjunto das equações de Bellman. Na verdade, são as *únicas* soluções, como mostramos na seção 17.2.1.

Equação de Bellman

Vamos examinar uma das equações de Bellman para o mundo 4×3. A equação para o estado $(1,1)$ é

$$\begin{aligned}
\max[\ &[0{,}8(-0{,}04 + \gamma U(1,2)) + 0{,}1(-0{,}04 + \gamma U(2,1)) + 0{,}1(-0{,}04 + \gamma U(1,1))], \\
&[0{,}9(-0{,}04 + \gamma U(1,1)) + 0{,}1(-0{,}04 + \gamma U(1,2))], \\
&[0{,}9(-0{,}04 + \gamma U(1,1)) + 0{,}1(-0{,}04 + \gamma U(2,1))], \\
&[0{,}8(-0{,}04 + \gamma U(2,1)) + 0{,}1(-0{,}04 + \gamma U(1,2)) + 0{,}1(-0{,}04 + \gamma U(1,1))]]
\end{aligned}$$

em que as quatro expressões correspondem a movimentos *Acima*, *Esquerda*, *Abaixo* e *Direita*. Quando inserimos os números da Figura 17.3, com $\gamma = 1$, descobrimos que *Acima* é a melhor ação.

---

[3] Embora pareça óbvio, isso não vale para as políticas de horizonte finito ou para outras formas de combinar recompensas ao longo do tempo, como calcular o "max". A prova decorre diretamente da singularidade da função utilidade sobre os estados, como mostrado na seção 17.2.1.

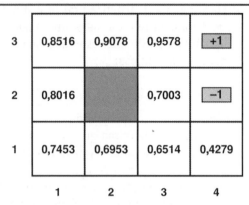

Figura 17.3 Utilidades dos estados no mundo 4 × 3, calculadas com $\gamma = 1$ e $r = -0,04$ para as transições para estados não terminais.

Função Q

Outra quantidade importante é a **função utilidade-ação**, ou **função Q**: $Q(s, a)$ é a utilidade esperada de tomar determinada ação em um determinado estado. A função Q está relacionada às utilidades da forma óbvia:

$$U(s) = \max_a Q(s,a). \tag{17.6}$$

Além do mais, a política ótima pode ser extraída a partir da função Q da seguinte forma:

$$\pi^*(s) = \operatorname*{argmax}_a Q(s,a). \tag{17.7}$$

Também podemos desenvolver uma equação de Bellman para funções Q, notando que a recompensa total esperada para tomar uma ação é sua recompensa imediata mais a utilidade descontada do estado resultante, que por sua vez pode ser expresso em termos da função Q:

$$\begin{aligned} Q(s,a) &= \sum_{s'} P(s'\,|\,s,a)[R(s,a,s') + \gamma\, U(s')] \\ &= \sum_{s'} P(s'\,|\,s,a)[R(s,a,s') + \gamma \max_{a'} Q(s',a')] \end{aligned} \tag{17.8}$$

A solução das equações de Bellman para U (ou para Q) nos oferece o que precisamos para encontrar uma política ótima. A função Q aparece novamente em algoritmos para solucionar MDP, de modo que usaremos a seguinte definição:

função Q-VALOR (*mdp*, *s*, *a*, *U*) **devolve** um valor de utilidade
    devolver $\sum_{s'} P(s'\,|\,s, a)[R(s, a, s') + \gamma\ U[s']]$

17.1.3 Escalas de recompensa

O Capítulo 16 observou que a escala de utilidades é arbitrária: uma transformação afim deixa a decisão ótima inalterada. Podemos substituir $U(s)$ por $U'(s) = mU(s) + b$, em que m e b são quaisquer constantes, tais que $m > 0$. É fácil ver, a partir da definição de utilidades como somas descontadas de recompensas, que uma transformação semelhante de recompensas deixará a política ótima inalterada em um MDP:

$$R'(s, a, s') = mR(s, a, s') + b.$$

No entanto, acontece que a decomposição de recompensa aditiva das utilidades acarreta muito mais liberdade na definição de recompensas. Seja $\Phi(s)$ *qualquer* função do estado s. Então, de acordo com o **teorema da modelagem**, a seguinte transformação deixa a política ótima inalterada:

Teorema da modelagem

$$R'(s, a, s') = R(s, a, s') + \gamma\Phi(s') - \Phi(s). \tag{17.9}$$

Para mostrar que isso é verdade, precisamos provar que dois MDP, M e M', têm políticas ótimas idênticas, desde que difiram apenas em suas funções de recompensa, conforme especificado na Equação 17.9. Começamos com a equação de Bellman para a função Q para o MDP M:

$$Q(s,a) = \sum_{s'} P(s' \mid s,a)[R(s,a,s') + \gamma \max_{a'} Q(s',a')].$$

Agora, considere $Q'(s, a) = Q(s, a) - \Phi(s)$ e conecte-o a esta equação; obtemos

$$Q'(s,a) + \Phi(s) = \sum_{s'} P(s' \mid s,a)[R(s,a,s') + \gamma \max_{a'}(Q'(s',a') + \Phi(s'))].$$

que é então simplificada para

$$
\begin{aligned}
Q'(s,a) &= \sum_{s'} P(s' \mid s,a)[R(s,a,s') + \gamma\Phi(s') - \Phi(s) + \gamma \max_{a'} Q'(s',a')] \\
&= \sum_{s'} P(s' \mid s,a)[R'(s,a,s') + \gamma \max_{a'} Q'(s',a')].
\end{aligned}
$$

Em outras palavras, $Q'(s, a)$ satisfaz a equação de Bellman para o MDP M'. Agora, podemos extrair a política ótima para M' usando a Equação 17.7:

$$\pi^*_{M'}(s) = \operatorname*{argmax}_{a} Q'(s,a) = \operatorname*{argmax}_{a} Q(s,a) - \Phi(s) = \operatorname*{argmax}_{a} Q(s,a) = \pi^*_{M}(s).$$

A função $\Phi(s)$ costuma ser chamada **potencial**, por analogia ao potencial elétrico (tensão) que dá origem aos campos elétricos. O termo $\gamma\Phi(s') - \Phi(s)$ funciona como um gradiente do potencial. Assim, se $\Phi(s)$ tem maior valor em estados que têm maior utilidade, o acréscimo de $\gamma\Phi(s') - \Phi(s)$ à recompensa tem o efeito de fazer o agente crescer em utilidade.

À primeira vista, pode parecer um tanto contraintuitivo que possamos modificar a recompensa dessa forma sem alterar a política ótima. É importante lembrar que *todas as políticas são ótimas* com uma função de recompensa que é zero em todos os lugares. Isso significa, de acordo com o teorema da modelagem, que todas as políticas são ótimas para qualquer recompensa baseada em potencial na forma $R(s, a, s') = \gamma\Phi(s') - \Phi(s)$. Intuitivamente, isso acontece porque, com tal recompensa, não importa o caminho que o agente percorra de A para B. (Isso é mais fácil de ver quando $\gamma = 1$: por qualquer caminho, a soma das recompensas cai para $\Phi(B) - \Phi(A)$, de modo que todos os caminhos são igualmente bons.) Portanto, adicionar uma recompensa baseada em potencial a qualquer outra recompensa não deve alterar a política ótima.

A flexibilidade proporcionada pelo teorema da modelagem significa que podemos realmente ajudar o agente, fazendo com que a recompensa imediata reflita mais diretamente o que o agente deve fazer. Na verdade, se definirmos $\Phi(s) = U(s)$, então a política gulosa π_G em relação à recompensa modificada R' também é uma política ótima:

$$
\begin{aligned}
\pi_G(s) &= \operatorname*{argmax}_{a} \sum_{s'} P(s' \mid s,a)R'(s,a,s') \\
&= \operatorname*{argmax}_{a} \sum_{s'} P(s' \mid s,a)[R(s,a,s') + \gamma\Phi(s') - \Phi(s)] \\
&= \operatorname*{argmax}_{a} \sum_{s'} P(s' \mid s,a)[R(s,a,s') + \gamma U(s') - U(s)] \\
&= \operatorname*{argmax}_{a} \sum_{s'} P(s' \mid s,a)[R(s,a,s') + \gamma U(s')] \\
&= \pi^*(s) \qquad \text{(pela equação (17.4)).}
\end{aligned}
$$

Naturalmente, para definir $\Phi(s) = U(s)$, precisaríamos conhecer $U(s)$; assim, nada é de graça, mas ainda existe um valor considerável em definir uma função de recompensa que seja útil na medida do possível. É exatamente isso que os treinadores de animais fazem quando oferecem um pequeno petisco ao animal para cada etapa alcançada no percurso planejado.

17.1.4 Representação de MDP

A maneira mais simples de representar $P(s' \mid s, a)$ e $R(s, a, s')$ é com grandes tabelas tridimensionais de tamanho $|S|^2 \, |A|$. Isso funciona para pequenos problemas, como o mundo 4 × 3, para os quais as tabelas têm $11^2 \times 4 = 484$ entradas cada. Em alguns casos, as tabelas são **esparsas** – a maioria das entradas é zero, porque cada estado s pode fazer a transição para apenas um número limitado de estados s' – o que significa que as tabelas são de tamanho $O(|S||A|)$. Para problemas maiores, até mesmo tabelas esparsas são grandes demais.

Assim como no Capítulo 16, onde as redes bayesianas foram estendidas com nós de ação e utilidade para criar redes de decisão, podemos representar MDP estendendo redes bayesianas dinâmicas (DBNs; ver Capítulo 14) com nós de decisão, recompensa e utilidade para criar **redes de decisão dinâmicas** ou RDD. RDD são **representações fatoradas** na terminologia do Capítulo 2; elas normalmente têm uma vantagem na complexidade exponencial em relação às representações atômicas e podem modelar problemas relativamente grandes do mundo real.

> Rede de decisão dinâmica

A Figura 17.4, que se baseia na DBN da Figura 14.13(b), mostra alguns elementos de um modelo um pouco realista para um robô móvel que pode autocarregar sua bateria. O estado S_t é decomposto em quatro variáveis de estado:

- $\mathbf{X}_t$ consiste na localização bidimensional em uma grade e na orientação;
- $\dot{\mathbf{X}}_t$ é a taxa de mudança de $\mathbf{X}_t$;
- *Carregando*$_t$ é verdadeiro quando o robô está ligado a uma fonte de energia;
- *Bateria*$_t$ é o nível da bateria, que modelamos como sendo um inteiro no intervalo de 0 a 5.

O espaço de estados para o MDP é o produto cartesiano dos intervalos dessas quatro variáveis. A ação agora é um conjunto $\mathbf{A}_t$ de variáveis de ação, composto de *Conectar/Desconectar*, que tem três valores (*conectado*, *desconectado* e *noop*); *RodaEsquerda* para a energia enviada para a roda esquerda; e *RodaDireita* para a energia enviada para a roda direita. O conjunto de ações para o MDP é o produto cartesiano dos intervalos dessas três variáveis. Observe que cada variável de ação afeta apenas um subconjunto das variáveis de estado.

O modelo de transição geral é a distribuição condicional $\mathbf{P}(\mathbf{X}_{t+1} \mid \mathbf{X}_t, \mathbf{A}_t)$, que pode ser calculada como um produto de probabilidades condicionais da RDD. A recompensa aqui é uma única variável que depende somente da localização $\mathbf{X}$ (para, digamos, chegar a um destino) e

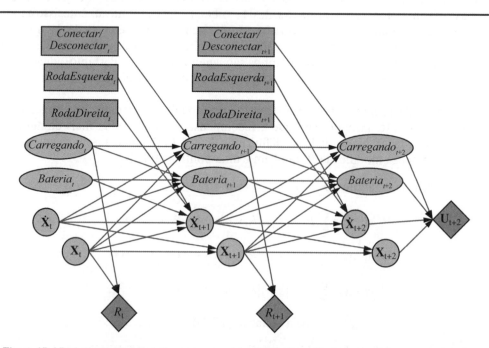

Figura 17.4 Rede de decisão dinâmica para um robô móvel com variáveis de estado para o nível da bateria, estado de carregamento, localização e velocidade, e variáveis de ação para os motores na roda esquerda e direita e para o carregamento.

de *Carregando*, já que a energia usada pelo robô deverá ser paga; nesse modelo específico, a recompensa não depende da ação ou do estado resultante.

A rede na Figura 17.4 foi projetada para três passos no futuro. Observe que a rede inclui nós para as *recompensas* para t, $t+1$ e $t+2$, mas a *utilidade* para $t+3$. Isso ocorre porque o agente deve maximizar a soma (descontada) de todas as recompensas futuras, e $U(X_{t+3})$ representa a recompensa para todas as recompensas de $t+3$ em diante. Se houver uma aproximação heurística para U, ela pode ser incluída na representação do MDP dessa maneira e usada no lugar de uma expansão posterior. Essa abordagem está intimamente relacionada ao uso da busca em profundidade limitada e funções de avaliação heurística para jogos, do Capítulo 5.

Outro MDP interessante e bem estudado é o jogo Tetris (Figura 17.5[a]). As variáveis de estado para o jogo são *PeçaAtual*, *PróximaPeça* e uma variável *Preenchido*, que assume valores de um vetor de *bits*, e cada *bit* representa uma das posições do tabuleiro 10×20. Assim, o espaço de estados tem $7 \times 7 \times 2^{200} \approx 10^{62}$ estados. A RDD para o jogo Tetris é mostrada na Figura 17.5(b). Observe que $Preenchido_{t+1}$ é uma função determinística de $Preenchido_t$ e A_t. Acontece que toda política para Tetris é própria (atinge um estado terminal): eventualmente, o tabuleiro se enche, apesar dos melhores esforços para esvaziá-lo.

17.2 Algoritmos para MDP

Nesta seção, apresentamos quatro algoritmos diferentes para solucionar MDP. Os três primeiros, **iteração de valor**, **iteração de política** e **programação linear**, geram soluções exatas *offline*. O quarto é uma família de algoritmos aproximados *online*, que inclui o **planejamento de Monte Carlo**.

Planejamento de Monte Carlo

17.2.1 Iteração de valor

A equação de Bellman (Equação 17.5) é a base do algoritmo de **iteração de valor** para resolução de MDP. Se houver n estados possíveis, haverá n equações de Bellman, uma para cada estado. As n equações contêm n incógnitas – as utilidades dos estados. Então, gostaríamos de resolver essas equações simultâneas para encontrar as utilidades. Mas há um problema:

Iteração de valor

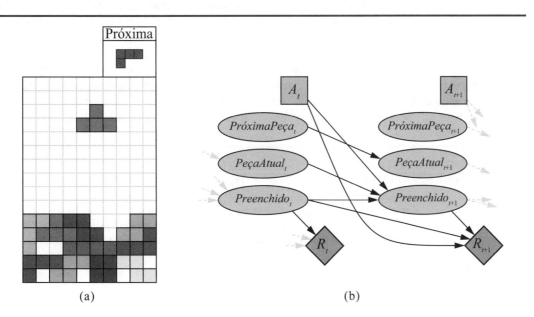

Figura 17.5 (a) Jogo Tetris. A peça em forma de T no centro superior do tabuleiro pode ser largada em qualquer orientação e em qualquer posição horizontal. Se uma linha for completada, essa linha desaparece e as linhas acima dela se movem para baixo; com isso, o agente recebe um ponto. A próxima peça (aqui, a peça em forma de L no canto superior direito) torna-se a peça atual, e a próxima nova peça aparece, escolhida aleatoriamente entre os sete tipos de peças. O jogo termina se o tabuleiro for preenchido até o topo. (b) RDD para o MDP do jogo Tetris.

520 Inteligência Artificial

as equações são *não lineares* porque o operador "max" não é um operador linear. Enquanto sistemas de equações lineares podem ser resolvidos com rapidez usando técnicas de álgebra linear, sistemas de equações não lineares são mais problemáticos. Podemos experimentar uma abordagem *iterativa*. Começaremos com valores iniciais arbitrários para as utilidades, calculamos o lado direito da equação e atribuímos o resultado no lado esquerdo, atualizando assim a utilidade de cada estado a partir das utilidades de seus vizinhos. Repetimos esse processo até chegarmos a um equilíbrio.

Atualização de Bellman

Seja $U_i(s)$ o valor de utilidade para o estado s na i-ésima iteração. O passo de iteração, chamado **atualização de Bellman**, é feito da seguinte forma:

$$U_{i+1}(s) \leftarrow \max_{a \in A(s)} \sum_{s'} P(s' \mid s, a)[R(s, a, s') + \gamma U_i(s')], \tag{17.10}$$

em que se assume que a atualização será aplicada simultaneamente a todos os estados em cada iteração. Se aplicarmos a atualização de Bellman com frequência infinita, teremos a garantia de alcançar um equilíbrio (ver, a seguir, "Convergência da iteração de valor") e, nesse caso, os valores finais de utilidade deverão ser soluções para as equações de Bellman. De fato, eles também são as *únicas* soluções, e a política correspondente (obtida com o uso da Equação 17.4) é ótima. O algoritmo detalhado, incluindo uma condição de término quando as utilidades estão "próximas o suficiente", é mostrado na Figura 17.6. Observe que utilizamos a função Q-VALOR, definida no fim da seção 17.1.2.

Podemos aplicar a iteração de valor ao mundo 4×3 da Figura 17.1(a). Começando com valores iniciais iguais a zero, as utilidades evoluem como mostra a Figura 17.7(a). Note como os estados a diferentes distâncias de (4,3) acumulam recompensa negativa até um caminho para (4,3) ser encontrado; daí em diante, as utilidades começam a aumentar. Podemos imaginar o algoritmo de iteração de valor como a *propagação de informações* pelo espaço de estados por meio de atualizações locais.

Convergência da iteração de valor

Dissemos que a iteração de valor eventualmente converge para um único conjunto de soluções das equações de Bellman. Nesta seção, explicaremos por que isso acontece. Introduziremos algumas ideias matemáticas úteis ao longo do processo e obteremos alguns métodos para avaliar o erro na função utilidade devolvida quando o algoritmo termina prematuramente; isso é útil porque significa que não teremos de continuar para sempre. Esta seção é bastante técnica.

Contração

O conceito básico usado para mostrar que a iteração de valor converge é a noção de **contração**. *Grosso modo*, contração é uma função de um único argumento que, ao ser aplicada a duas entradas diferentes, uma de cada vez, produz dois valores de saída que estão "mais próximos entre si" por pelo menos um fator constante, em relação às entradas originais.

---

função ITERAÇÃO-DE-VALOR(mdp, ϵ) **devolve** uma função de utilidade
    entradas: mdp, um MDP com estados S, ações $A(s)$, modelo de transição $P(s' \mid s,a)$,
            recompensas $R(s, a, s')$, desconto γ
            ϵ, o erro máximo permitido na utilidade de qualquer estado
    variáveis locais: U, U', vetores de utilidades para estados em S, inicialmente zero
            δ, a mudança relativa máxima na utilidade de qualquer estado

    repita
        $U \leftarrow U'$; $\delta \leftarrow 0$
        para cada estado s **em** S **faça**
            $U'[s] \leftarrow \max_{a \in A(s)}$ Q-VALOR(mdp, s, a, U)
            se $|U'[s] - U[s]| > \delta$ **então** $\delta \leftarrow |U'[s] - U[s]|$
    até $\delta \leq \epsilon(1 - \gamma)/\gamma$
    devolver U

Figura 17.6 Algoritmo iteração de valor para calcular utilidades de estados. A condição de término vem do valor da Equação 17.12.

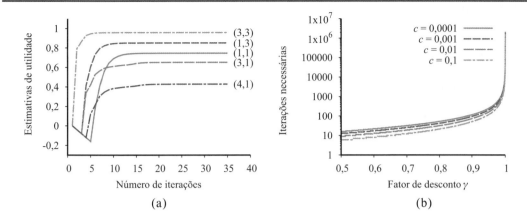

Figura 17.7 (a) Grafo mostrando a evolução das utilidades de estados selecionados usando iteração de valor. (b) O número de iterações de valor k necessárias para garantir um erro no máximo igual a $\epsilon = c \cdot R_{max}$, para diferentes valores de c, como uma função do fator de desconto γ. (Esta figura encontra-se reproduzida em cores no Encarte *online*.)

Por exemplo, a função "dividir por dois" é uma contração porque, depois de dividirmos dois números quaisquer por dois, sua diferença é reduzida à metade. Note que a função "dividir por dois" tem um ponto fixo, isto é, zero, que não é alterado pela aplicação da função. A partir desse exemplo, podemos distinguir duas propriedades importantes de contrações:

- Uma contração tem apenas um ponto fixo; se houvesse dois pontos fixos, eles não ficariam mais próximos um do outro quando a função fosse aplicada e não seria uma contração.
- Quando a função é aplicada a qualquer argumento, o valor deve ficar mais próximo do ponto fixo (porque o ponto fixo não se move); assim, a aplicação repetida de uma contração sempre alcança o ponto fixo no limite.

Agora, vamos supor que visualizamos a atualização de Bellman (Equação 17.10) como um operador B que é aplicado simultaneamente para atualizar a utilidade de todo estado. Então, a equação de Bellman torna-se $U = BU$ e a equação da atualização de Bellman pode ser escrita como

$$U_{i+1} \leftarrow BU_i.$$

Em seguida, precisamos de um modo de medir distâncias entre vetores de utilidade. Usaremos a **norma max**, que mede o "comprimento" de um vetor pelo valor absoluto de seu maior componente:

$$\|U\| = \max_s |U(s)|.$$

Com essa definição, a "distância" entre dois vetores, $\|U - U'\|$, é a diferença máxima entre dois elementos correspondentes quaisquer. O principal resultado desta seção é: sejam U_i e U'_i dois vetores de utilidade quaisquer. Então, temos

$$\|BU_i - BU'_i\| \leq \gamma \|U_i - U'_i\|. \tag{17.11}$$

Isto é, *a atualização de Bellman é uma contração por um fator γ no espaço de vetores de utilidade.* Assim, a partir das propriedades de contrações em geral, segue que a iteração de valor sempre converge para uma solução única das equações de Bellman, toda vez que $\gamma < 1$.

Podemos também utilizar a propriedade de contração para analisar a *taxa* de convergência para uma solução. Em particular, podemos substituir U'_i na Equação 17.11 pelas utilidades *verdadeiras* U, para as quais $BU = U$. Então, obtemos a desigualdade

$$\|BU_i - U\| \leq \gamma \|U_i - U\|.$$

Se visualizarmos $\|U_i - U\|$ como o *erro* na estimativa U_i, veremos que o erro é reduzido por um fator de pelo menos γ a cada iteração. Isso significa que a iteração de valor converge de forma exponencialmente rápida. Podemos calcular o número de iterações necessárias da seguinte forma: primeiro, vimos na Equação 17.1 que as utilidades de todos os estados são limitadas por $\pm R_{max}/(1-\gamma)$. Isso significa que o erro inicial máximo $\|U_0 - U\| \leq 2R_{max}/(1-\gamma)$. Vamos supor que sejam realizadas N iterações para alcançar um erro de no máximo ϵ. Então, como o erro é reduzido por pelo menos γ em cada vez, é necessário que $\gamma^N \cdot 2R_{max}/(1-\gamma) \leq \epsilon$. Usando logaritmos, descobrimos que

$$N = \lceil \log(2R_{max}/\epsilon(1-\gamma))/\log(1/\gamma) \rceil$$

iterações bastam. A Figura 17.7(b) mostra como N varia com γ para diferentes valores da razão ϵ/R_{max}. A boa notícia é que, devido à convergência exponencialmente rápida, N não depende muito da razão ϵ/R_{max}. A má notícia é que N cresce rapidamente à medida que γ se aproxima de 1. Podemos obter a convergência rápida se tornarmos γ pequeno, mas isso efetivamente dá ao agente um horizonte curto e pode perder os efeitos a longo prazo das ações do agente.

O limite de erro no parágrafo anterior nos dá alguma ideia dos fatores que influenciam o tempo de execução do algoritmo, mas às vezes é excessivamente conservador como um método para decidir quando interromper a iteração. Para esse último propósito, podemos utilizar um limite relacionando o erro ao tamanho da atualização de Bellman em determinada iteração. A partir da propriedade de contração (Equação 17.11), podemos mostrar que, se a atualização for pequena (isto é, se a utilidade não mudar muito para nenhum estado), então o erro, comparado à função utilidade verdadeira, também será pequeno. Mais precisamente,

$$\text{se } \|U_{i+1} - U_i\| < \epsilon(1-\gamma)/\gamma, \quad \text{então} \quad \|U_{i+1} - U\| < \epsilon. \tag{17.12}$$

Essa é a condição de término utilizada no algoritmo ITERAÇÃO-DE-VALOR da Figura 17.6.

Até agora, analisamos o erro na função utilidade devolvida pelo algoritmo de iteração de valor. *Porém, o que realmente importa para o agente é como ele se sairá se tomar suas decisões com base em sua função utilidade.* Vamos supor que, depois de i iterações da iteração de valor, o agente tenha uma estimativa U_i da utilidade verdadeira U e obtenha a política π_i da *utilidade máxima esperada* (UME) com base na observação de um passo para frente usando U_i (como na Equação 17.4). O comportamento resultante será quase tão bom quanto o comportamento ótimo? Essa é uma questão fundamental para qualquer agente real, e a resposta é sim. $U^{\pi_i}(s)$ é a utilidade obtida se π_i é executada a partir de s, e a **perda de política** $\|U^{\pi_i} - U\|$ é o máximo que o agente pode perder executando π_i em lugar da política ótima π^*. A perda de política de π_i está relacionada ao erro em U_i pela desigualdade a seguir.

$$\text{se } \|U_i - U\| < \epsilon \quad \text{então} \quad \|U^{\pi_i} - U\| < 2\epsilon. \tag{17.13}$$

Na prática, geralmente ocorre que π_i se torna ótima bem antes de U_i ter convergido. A Figura 17.8 mostra como o erro máximo em U_i e a perda da política se aproximam de zero, à medida

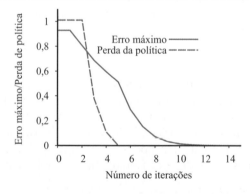

Figura 17.8 Erro máximo $\|U_i - U\|$ das estimativas de utilidade e a perda de política $\|U^{\pi_i} - U\|$, como uma função do número de iterações da iteração de valor no mundo 4 × 3.

Capítulo 17 • Tomada de Decisões Complexas **523**

que o processo de iteração de valor prossegue para o ambiente 4×3 com $\gamma = 0,9$. A política π_i é ótima quando $i = 5$, embora o erro máximo em U_i ainda seja 0,51.

Agora temos tudo de que precisamos para utilizar a iteração de valor na prática. Sabemos que ela converge para as utilidades corretas, podemos limitar o erro nas estimativas de utilidade se pararmos após um número finito de iterações, e podemos limitar a perda de política resultante da execução da política UME correspondente. Como uma observação fim, todos os resultados desta seção dependem do desconto com $\gamma < 1$. Se $\gamma = 1$ e o ambiente contiver estados terminais, um conjunto semelhante de resultados de convergência e de limites de erro poderá ser derivado.

17.2.2 Iteração de política

Na seção anterior, observamos que é possível conseguir uma política ótima até mesmo quando a estimativa de função utilidade não é exata. Se uma ação é claramente melhor que todas as outras, a magnitude exata das utilidades nos estados envolvidos não precisa ser exata. Essa ideia sugere um caminho alternativo para encontrar políticas ótimas. O algoritmo de **iteração** Iteração de política **de política** alterna as duas etapas a seguir, começando com alguma política inicial π_0:

- **Avaliação de política**: dada uma política π_i, calcular $U_i = U^{\pi_i}$, a utilidade de cada estado se π_i Avaliação de política fosse executada.
- **Melhoria de política**: calcular uma nova política UME π_{i+1} usando a observação de um passo Melhoria de política para frente baseada em U_i (como na Equação 17.4).

O algoritmo termina quando a etapa de melhoria de política não produz nenhuma mudança nas utilidades. Nesse ponto, sabemos que a função utilidade U_i é um ponto fixo da atualização de Bellman; portanto, ela é uma solução para as equações de Bellman, e π_i deve ser uma política ótima. Como existe apenas um número finito de políticas para um espaço de estados finito e podemos mostrar que cada iteração produz uma política melhor, a iteração de política tem de terminar. O algoritmo é mostrado na Figura 17.9. Tal como na iteração de valor, usamos a função Q-VALOR, definida na seção 17.1.2.

Como podemos implementar AVALIAÇÃO-DE-POLÍTICA? Na realidade, fazer isso é muito mais simples que resolver as equações de Bellman (o que é feito pela iteração de valor), porque a ação em cada estado é fixada pela política. Na i-ésima iteração, a política π_i especifica a ação $\pi_i(s)$ no estado s. Isso significa que temos uma versão simplificada da equação de Bellman (17.5) relacionando a utilidade de s (sob π_i) às utilidades de seus vizinhos:

$$U_i(s) = \sum_{s'} P(s' \,|\, s, \pi_i(s))[R(s, \pi_i(s), s') + \gamma U_i(s')]. \tag{17.14}$$

---

função ITERAÇÃO-DE-POLÍTICA(*mdp*) **devolve** uma política
    entradas: *mdp*, um MDP com estados S, ações $A(s)$, modelo de transição $P(s' \,|\, s, a)$
    variáveis locais: U, um vetor de utilidades para estados em S, inicialmente zero
                  π, um vetor de política indexado pelo estado, inicialmente aleatório

    repita
        $U \leftarrow$ AVALIAÇÃO-DE-POLÍTICA(π, U, *mdp*)
        inalterado? $\leftarrow$ verdadeiro
        para cada estado s **em** S **faça**
            $a^* \leftarrow \underset{a \in A(s)}{\mathrm{argmax}}$ Q-VALOR (*mdp*, s, a, U)
            se Q-VALOR(*mdp*, s, a^*, U) > Q-VALOR(*mdp*, s, $\pi[s]$, U) **então**
                $\pi[s] \leftarrow a^*$; *inalterado?* $\leftarrow$ falso
    até *inalterado?*
    devolver π

Figura 17.9 Algoritmo de iteração de política para o cálculo de uma política ótima.

---

524 Inteligência Artificial

Por exemplo, vamos supor que π_i seja a política mostrada na Figura 17.2(a). Então temos $\pi_i(1,1) = Acima$, $\pi_i(1,2) = Acima$, e assim por diante, e as equações de Bellman simplificadas são

$$U_i(1,1) = 0{,}8[-0{,}04 + U_i(1,2)] + 0{,}1[-0{,}04 + U_i(2,1) + 0{,}1[-0{,}04 + U_i(1,1)]],$$
$$U_i(1,2) = 0{,}8[-0{,}04 + U_i(1,3)] + 0{,}2[-0{,}04 + U_i(1,2)],$$

e assim por diante para todos os estados. O ponto importante é que essas equações são *lineares*, porque o operador "max" foi removido. Para n estados, temos n equações lineares com n incógnitas, que podem ser resolvidas exatamente no tempo $O(n^3)$ por métodos padrão da álgebra linear. Se o modelo de transição for esparso – ou seja, se cada estado faz a transição apenas para um pequeno número de outros estados –, então o processo de solução pode ser ainda mais rápido.

Para espaços de estados pequenos, a avaliação de política usando métodos de solução exata em geral é a abordagem mais eficiente. Para espaços de estados grandes, o tempo $O(n^3)$ talvez seja proibitivo. Felizmente, não é necessário fazer a avaliação de política *exata*. Em vez disso, podemos executar algum número de passos simplificados de iteração de valor (simplificados porque a política é fixa) para fornecer uma aproximação razoavelmente boa das utilidades. A atualização de Bellman simplificada para esse processo é

$$U_{i+1}(s) \leftarrow \sum_{s'} P(s' \,|\, s, \pi_i(s)) [R(s, \pi_i(s), s') + \gamma U_i(s')],$$

e é repetida várias vezes para produzir a próxima estimativa de utilidade. O algoritmo resultante é chamado **iteração de política modificada**.

Iteração de política modificada

Os algoritmos que descrevemos até agora exigem atualização da utilidade ou da política para todos os estados de uma vez. Ocorre que isso não é estritamente necessário. De fato, em cada iteração, podemos escolher *qualquer subconjunto* de estados e aplicar *qualquer um* dos tipos de atualização (melhoria de política ou iteração de valor simplificada) a esse subconjunto. Esse algoritmo bem geral é chamado **iteração de política assíncrona**. Dadas certas condições sobre a política inicial e sobre a função utilidade, a iteração de política assíncrona oferece a garantia de convergir para uma política ótima. A liberdade de escolher quaisquer estados para trabalhar significa que podemos especificar algoritmos heurísticos muito mais eficientes – por exemplo, algoritmos que se concentram em atualizar os valores de estados que provavelmente serão alcançados por uma boa política. Não faz sentido planejar para os resultados de uma ação que você nunca tomará.

Iteração de política assíncrona

17.2.3 Programação linear

Programação linear, ou PL, que foi mencionada rapidamente no Capítulo 4 (seção 4.2), é uma técnica geral de formulação de problemas de otimização restritos, e existem muitos solucionadores de PL de peso industrial à disposição. Como as equações de Bellman envolvem muitas somas e "maximizações", talvez não seja surpresa que a solução de um MDP possa ser reduzida à solução de um programa linear devidamente formulado.

A ideia básica da formulação é considerar como variáveis na PL as utilidades $U(s)$ de cada estado s, observando que as utilidades para uma política ótima são as utilidades mais altas que podem ser alcançadas e que sejam coerentes com as equações de Bellman. Na linguagem da PL, isso significa que procuramos minimizar $U(s)$ para todo s sujeito às desigualdades

$$U(s) \geq \sum_{s'} P(s' \,|\, s, a) [R(s, a, s') + \gamma U(s')]$$

para cada estado s e cada ação a.

Isso cria uma conexão entre a programação dinâmica e a programação linear, para a qual os algoritmos e as questões de complexidade foram estudados a fundo. Por exemplo, a partir do fato de que a programação linear é solucionável em tempo polinomial, pode-se mostrar que MDP podem ser resolvidos em tempo polinomial no número de estados e ações e no número de *bits* necessários para especificar o modelo. Na prática, acontece que os solucionadores de

PL raramente são tão eficientes quanto a programação dinâmica para solucionar MDP. Além do mais, o tempo polinomial pode parecer bom, mas o número de estados costuma ser muito grande. Por fim, vale lembrar que mesmo o mais simples e desinformado dos algoritmos de busca do Capítulo 3 é executado em tempo linear no número de estados e ações.

17.2.4 Algoritmos *online* para MDP

A iteração de valor e a iteração de política são algoritmos *offline*: como o algoritmo A* no Capítulo 3, elas geram uma solução ótima para o problema, que pode então ser executada por um agente simples. Para MDP suficientemente grandes, como o MDP do jogo Tetris, com 10^{62} estados, a solução *offline* exata, mesmo por um algoritmo de tempo polinomial, não é possível. Diversas técnicas foram desenvolvidas para a solução *offline* aproximada de MDP; estas são abordadas nas notas no fim do capítulo e no Capítulo 22 (Aprendizado por reforço).

Aqui, vamos considerar os algoritmos *online*, semelhantes aos utilizados para jogos no Capítulo 5, em que o agente realiza uma quantidade significativa de computação em cada ponto de decisão, em vez de operar essencialmente com informações pré-calculadas.

A abordagem mais direta é, na verdade, uma simplificação do algoritmo EXPECTIMINIMAX para árvores de jogos com nós de chance: o algoritmo EXPECTIMAX constrói uma árvore de nós de probabilidade máximos e alternados, conforme ilustrado na Figura 17.10. (Existe uma pequena diferença do EXPECTIMINIMAX padrão, pois há recompensas nas transições não terminais e também nas terminais.) Uma função de avaliação pode ser aplicada às folhas não terminais da árvore ou podem receber um valor padrão. Uma decisão pode ser extraída da árvore de busca fazendo *backup* dos valores de utilidade das folhas, tirando uma média nos nós de chance e selecionando o máximo nos nós de decisão.

Para problemas em que o fator de desconto γ não se encontra muito próximo de 1, ϵ-*horizonte* é um conceito útil. Seja ϵ um limite desejado no erro absoluto nas utilidades, calculado a partir de uma árvore expectimax de profundidade limitada, em comparação com as utilidades exatas no MDP. Então, ϵ-*horizonte* é a profundidade H da árvore, tal que a soma das recompensas além de qualquer folha nessa profundidade seja menor que ϵ (*grosso modo*, qualquer coisa que acontecer depois de H é irrelevante porque está muito longe no futuro). Como a soma das recompensas além de H é limitada por $\gamma^H R_{max}/(1-\gamma)$, uma profundidade de $H = \lceil \log_\gamma \epsilon(1-\gamma)/R_{max} \rceil$ é suficiente. Portanto, construir uma árvore nessa profundidade resulta em decisões quase ótimas. Por exemplo, com $\gamma = 0{,}5$, $\epsilon = 0{,}1$ e $R_{max} = 1$, encontramos $H = 5$, o que parece razoável. Por outro lado, se $\gamma = 0{,}9$, $H = 44$, o que parece menos razoável!

Além de limitar a profundidade, também é possível evitar o fator de ramificação potencialmente enorme nos nós de chance. (P. ex., se todas as probabilidades condicionais em um modelo de transição DBN forem diferentes de zero, as probabilidades de transição, que são dadas pelo produto das probabilidades condicionais, também serão diferentes de zero, o que significa que cada estado tem *alguma* probabilidade de transição para cada um dos outros estados.)

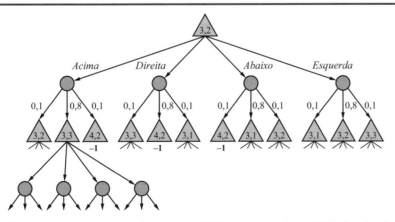

Figura 17.10 Parte de uma árvore expectimax para o MDP 4 × 3 com raiz em (3,2). Os nós triangulares são os nós de max e os nós circulares são os nós de chance.

Conforme observado na seção 13.4, as esperanças com relação a uma distribuição de probabilidade P podem ser aproximadas pela geração de N amostras de P e pelo uso da média da amostra. Matematicamente, temos

$$\sum_x P(x)f(x) \approx \frac{1}{N}\sum_{i=1}^{N} f(x_i).$$

Portanto, se o fator de ramificação for muito grande, o que significa que existem muitos valores x possíveis, uma boa aproximação para o valor do nó de chance pode ser obtida por meio de amostragem de um número limitado de efeitos da ação. Normalmente, as amostras se concentrarão nos resultados *mais prováveis*, porque esses são mais prováveis de serem gerados.

Se você olhar atentamente para a árvore na Figura 17.10, notará algo: ela não é realmente uma árvore. Por exemplo, a raiz (3,2) também é uma folha, então deve-se considerar isso como um grafo, e deve-se restringir o valor da folha (3,2) para ser o mesmo que o valor da raiz (3,2), uma vez que são o mesmo estado. Na verdade, essa linha de pensamento rapidamente nos leva de volta às equações de Bellman que relacionam os valores dos estados aos valores dos estados vizinhos. Os estados explorados na verdade constituem um subMDP do MDP original, e esse subMDP pode ser resolvido usando qualquer um dos algoritmos deste capítulo para gerar uma decisão para o estado atual. (Os estados da fronteira normalmente recebem um valor estimado fixo.)

Essa abordagem geral é chamada **programação dinâmica em tempo real** (RTDP, do inglês *real-time dynamic programming*) e é muito semelhante ao esquema LRTA* do Capítulo 4. Algoritmos desse tipo podem ser bastante eficazes em domínios de tamanho moderado, como nos mundos de grade; em domínios maiores, como no jogo Tetris, existem dois problemas. Em primeiro lugar, o espaço de estados é tal que qualquer conjunto tratável de estados explorados contém muito poucos estados repetidos; portanto, pode-se também usar uma árvore expectimax simples. Em segundo lugar, uma heurística simples para os nós da fronteira pode não ser suficiente para orientar o agente, particularmente se as recompensas forem esparsas.

Uma solução possível é aplicar o aprendizado por reforço para gerar uma heurística muito mais precisa (ver Capítulo 22). Outra abordagem é olhar para frente no MDP usando a abordagem de Monte Carlo da seção 5.4. Na verdade, o algoritmo UCT da Figura 5.10 foi desenvolvido originalmente para MDP, e não para jogos. As mudanças necessárias para solucionar MDP em vez de jogos são mínimas: elas surgem principalmente do fato de que o oponente (a natureza) é estocástico e da necessidade de manter o controle das recompensas em vez de apenas vitórias e derrotas.

Quando aplicado ao mundo 4 × 3, o desempenho do UCT não é tão impressionante. Como mostra a Figura 17.11, são necessárias 160 simulações em média para alcançar uma recompensa total de 0,4, enquanto uma política ótima tem uma recompensa total esperada de 0,7453 a partir do estado inicial (Figura 17.3). Uma razão pela qual o UCT pode ter dificuldade é que ele constrói uma árvore em vez de um grafo e usa (uma aproximação de) *expectimax*

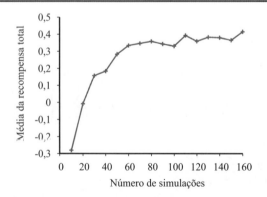

Figura 17.11 Desempenho do UCT como uma função do número de simulações por movimento para o mundo 4 × 3 usando uma política de simulação aleatória, com média de mais de mil execuções por dado.

em vez de programação dinâmica. O mundo 4×3 tem muitos "laços": embora haja apenas nove estados não terminais, as simulações do UCT costumam continuar por mais de 50 ações.

UCT parece mais adequado para Tetris, em que as simulações vão longe o suficiente no futuro para dar ao agente uma noção se um movimento potencialmente arriscado vai dar certo no fim ou vai causar um acúmulo maciço de peças. Uma questão particularmente interessante é o quanto uma política de simulação simples pode ajudar – por exemplo, uma que evita a criação de buracos e coloca as peças o mais baixo possível.

17.3 Problemas de caça-níqueis

Em Las Vegas, *one-armed bandit* é uma máquina caça-níqueis. Um jogador pode inserir uma moeda, puxar a alavanca e coletar os ganhos (se houver). Um sistema de **multicaça-níqueis** tem n alavancas. Atrás de cada alavanca há uma distribuição de ganhos com probabilidade fixa, mas desconhecida; cada puxada retira amostras dessa distribuição desconhecida.

Multicaça-níqueis

O jogador precisa escolher qual alavanca (ou braço) puxar a cada jogada sucessiva – seria aquela que deu o melhor retorno ou talvez uma que ainda não tenha sido tentada? Esse é um exemplo da decisão onipresente entre a **utilização** da melhor ação atual para obter recompensas e a **exploração** de estados e ações anteriormente desconhecidos para obter informações, que podem, em alguns casos, ser convertidos em uma política melhor e em melhores recompensas a longo prazo. No mundo real, é preciso decidir constantemente entre continuar em uma existência confortável ou partir para o desconhecido na esperança de uma vida melhor.

O problema de multicaça-níqueis é um modelo formal para problemas reais em muitas áreas de importância vital, como decidir qual de n possíveis novos tratamentos deve ser tentado para curar uma doença, em qual dos n possíveis investimentos colocar parte de suas economias, qual dos n possíveis projetos de pesquisa financiar, ou qual dos n anúncios possíveis exibir quando o usuário visita uma página da *web* específica.

Os primeiros trabalhos sobre o problema começaram nos EUA durante a Segunda Guerra Mundial; ele provou ser tão intrigante que os cientistas aliados propuseram que "o problema fosse usado contra a Alemanha, como o instrumento definitivo de sabotagem intelectual" (Whittle, 1979).

Acontece que os cientistas, tanto durante quanto depois da guerra, estavam tentando provar fatos "obviamente verdadeiros" sobre os problemas de caça-níqueis que, na verdade, são falsos. (Como Bradt *et al.* (1956) disseram, "existem muitas propriedades interessantes que as estratégias ótimas não têm".) Por exemplo, geralmente achava-se que uma política ótima acabaria por se estabelecer no melhor braço no longo prazo; na verdade, existe uma probabilidade finita de que uma política ótima se baseie em um braço que não seja o ótimo. Atualmente, temos um conhecimento teórico sólido dos problemas de caça-níqueis, bem como algoritmos úteis para resolvê-los.

Existem várias definições diferentes de **problemas de caça-níqueis**; um dos mais claros e genéricos é o seguinte:

Problemas de caça-níqueis

- Cada braço M_i é um **processo de recompensas de Markov**, ou PRM, ou seja, um MDP com apenas uma ação possível a_i. Ele tem estados S_i, modelo de transição $P_i(s' \mid s, a_i)$ e recompensa $R_i(s, a_i, s')$. O braço define uma distribuição sobre as sequências de recompensas $R_{i,0}, R_{i,1}, R_{i,2} \dots$, em que cada $R_{i,t}$ é uma variável aleatória.

Processo de recompensas de Markov

- O problema de caça-níqueis em geral é um MDP: o espaço de estados é dado pelo produto cartesiano $S = S_1 \times \dots \times S_n$; as ações são $a_1 \dots a_n$ a; o modelo de transição atualiza o estado de qualquer braço M_i selecionado, de acordo com seu modelo de transição específico, deixando os outros braços inalterados; e o fator de desconto é γ.

Essa definição é muito geral, cobrindo uma ampla gama de casos. A propriedade principal é que os braços são independentes, acoplados apenas pelo fato de que o agente pode trabalhar em apenas um braço por vez. É possível definir uma versão ainda mais geral em que esforços fracionados podem ser aplicados a todos os braços simultaneamente, mas o esforço total em todos os braços é limitado; os resultados básicos descritos aqui são voltados para esse caso.

528   **Inteligência Artificial**

Veremos em breve como formular um problema típico de caça-níqueis dentro dessa estrutura. Vamos começar com o caso especial simples de sequências de recompensas determinísticas. Seja $\gamma = 0,5$; suponha haver dois braços rotulados com M e M_1. Puxar M várias vezes produz a sequência de recompensas 0, 2, 0, 7,2, 0, 0 ..., enquanto puxar M_1 produz 1, 1, 1, ... (ver Figura 17.12[a]). Se, no início, alguém tivesse que se comprometer com um braço ou outro e se comprometer com ele, a escolha seria feita calculando a utilidade (recompensa total com desconto) para cada braço:

$$U(M) = (1,0 \times 0) + (0,5 \times 2) + (0,5^2 \times 0) + (0,5^3 \times 7,2) = 1,9$$

$$U(M_1) = \sum_{t=0}^{\infty} 0,5^t = 2,0.$$

Pode-se pensar que a melhor escolha é optar por M_1, mas um momento de reflexão mostra que começar com M e, em seguida, mudar para M_1 após a quarta recompensa gera a sequência $S = 0, 2, 0, 7,2, 1, 1, 1, ...$, para a qual

$$U(S) = (1,0 \times 0) + (0,5 \times 2) + (0,5^2 \times 0) + (0,5^3 \times 7,2) + \sum_{t=4}^{\infty} 0,5^t = 2,025.$$

Logo, a estratégia S que muda de M para M_1 na hora certa é melhor do que qualquer braço individualmente. De fato, S é ótimo para esse problema: todos os outros momentos de troca geram menos recompensa.

Vamos generalizar um pouco esse caso, de modo que agora o primeiro braço M produz uma sequência qualquer $R_0, R_1, R_2, ...$ (que pode ser conhecida ou desconhecida) e o segundo braço M_λ produz $\lambda, \lambda, \lambda, ...$ para alguma constante fixa conhecida λ (ver Figura 17.12[b]). Isso é chamado e **caça-níqueis de um braço** (*one-armed bandit*) na literatura, porque é formalmente equivalente ao caso em que há um braço M que produz recompensas $R_0, R_1, R_2, ...$ e custa γ para cada puxada. (Puxar o braço M é equivalente a não puxar M_λ; portanto, abrimos mão de uma recompensa de λ a cada vez.) Com apenas um braço, a única escolha é puxar novamente ou parar. Se você puxar o primeiro braço T vezes – ou seja, nos tempos 0, 1, ..., $T - 1$, dizemos que o **tempo de parada** é T.

Voltando à nossa versão com M e M_γ, vamos supor que depois de T puxadas do primeiro braço, uma estratégia ótima eventualmente puxa o segundo braço pela primeira vez. Como não ganhamos nenhuma informação com esse movimento (já sabemos que o retorno será λ), no tempo $T + 1$ estaremos na mesma situação e, portanto, uma estratégia ótima deve fazer a mesma escolha.

De modo equivalente, podemos dizer que uma estratégia ótima é puxar o braço M até o tempo T e então mudar para M_λ pelo restante do tempo. É possível que $T = 0$ se a estratégia

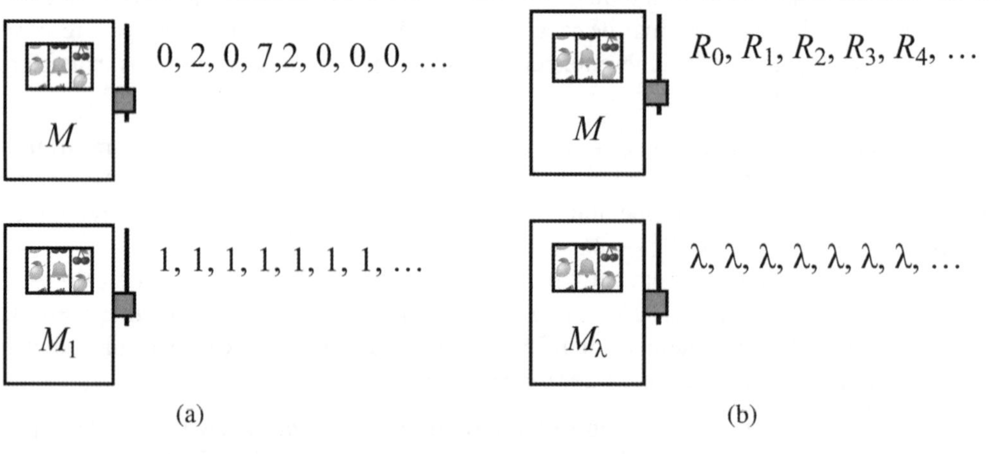

Caça-níqueis de um braço

Tempo de parada

(a)   (b)

Figura 17.12 (a) Problema de caça-níqueis determinístico simples com dois braços. Os braços podem ser puxados em qualquer ordem, cada um gerando uma sequência de recompensas mostradas. (b) Um caso mais genérico de caça-níqueis em (a), em que o primeiro braço gera uma sequência qualquer de recompensas e o segundo braço gera uma recompensa fixa λ.

escolher M_λ imediatamente, ou $T = \infty$ se a estratégia nunca escolher M_λ, ou algo entre os dois. Agora, vamos considerar o valor de λ de modo que uma estratégia ótima seja *exatamente indiferente* entre (a) executar M até o melhor tempo de parada possível e, em seguida, mudar para M_λ para sempre, e (b) escolher M_λ imediatamente. No ponto da mudança, temos

$$\max_{T>0} E\left[\left(\sum_{t=0}^{T-1} \gamma^t R_t\right) + \sum_{t=T}^{\infty} \gamma^t \lambda\right] = \sum_{t=0}^{\infty} \gamma^t \lambda,$$

que é simplificado para

$$\lambda = \max_{T>0} \frac{E\left(\sum_{t=0}^{T-1} \gamma^t R_t\right)}{E\left(\sum_{t=0}^{T-1} \gamma^t\right)}. \tag{17.15}$$

Essa equação define um tipo de "valor" para M em termos de sua capacidade de entregar um fluxo de recompensas no tempo; o numerador da fração representa uma utilidade, enquanto o denominador pode ser considerado um "tempo descontado"; portanto, o valor descreve a utilidade máxima que pode ser obtida por unidade de tempo descontado. (É importante lembrar que T na equação é um tempo de parada, que é controlado por uma regra para parar, em vez de ser um simples inteiro; ele se reduz a um simples inteiro somente quando M é uma sequência de recompensa determinística.) O valor definido na Equação 17.15 é chamado **índice de Gittins** de M.

Índice de Gittins

O que é notável sobre o índice de Gittins é que ele fornece uma política ótima muito simples para qualquer problema de caça-níqueis: *puxe o braço que tem o índice de Gittins mais alto e, em seguida, atualize os índices de Gittins*. Além disso, como o índice do braço M_i depende apenas das propriedades desse braço, uma decisão ótima na primeira iteração pode ser calculada no tempo $O(n)$, em que n é o número de braços. E como os índices de Gittins dos braços não selecionados permanecem inalterados, cada decisão depois da primeira pode ser calculada em tempo $O(1)$.

17.3.1 Cálculo do índice de Gittins

Para entender melhor o índice, vamos calcular o valor do numerador, denominador e razão na Equação 17.15 para diferentes tempos de parada possíveis na sequência de recompensa determinística 0, 2, 0, 7,2, 0, 0, 0, ...:

T	1	2	3	4	5	6
R_t	0	2	0	7,2	0	0
$\sum \gamma^t R_t$	0,0	1,0	1,0	1,9	1,9	1,9
$\sum \gamma^t$	1,0	1,5	1,75	1,875	1,9375	1,9687
razão	0,0	0,6667	0,5714	1,0133	0,9806	0,9651

Claramente, a razão diminuirá daqui em diante, já que o numerador permanece constante enquanto o denominador continua a aumentar. Assim, o índice de Gittins para esse braço é 1,0133, o valor máximo alcançado pelo índice. Em combinação com um braço fixo M_λ com $0 < \lambda \leq 1{,}0133$, a política ótima coleta as primeiras quatro recompensas de M e depois muda para M_λ. Para $\lambda > 1{,}0133$, a política ótima sempre escolhe M_λ.

Para calcular o índice de Gittins para um braço genérico M com o estado atual s, simplesmente fazemos a seguinte observação: no ponto de mudança, onde uma política ótima é indiferente entre escolher o braço M e escolher o braço fixo M_λ, o valor da escolha de M é o mesmo que o valor da escolha de uma sequência infinita de recompensas λ.

Suponha que aumentemos M de forma que, a cada estado em M, o agente tenha duas escolhas: continuar com M como antes ou sair e receber uma sequência infinita de recompensas λ (Figura 17.13[a]). Isso transforma M em um MDP, cuja política ótima é simplesmente a regra de parada ótima para M. Portanto, o valor de uma política ótima nesse novo MDP é igual ao valor de uma sequência infinita de recompensas λ, ou seja, $\lambda/(1-\gamma)$. Logo, podemos

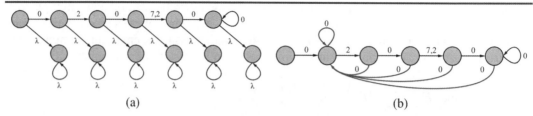

Figura 17.13 (a) Sequência de recompensas M = 0, 2, 0, 7,2, 0, 0, 0, ... aumentada com uma escolha para trocar permanentemente para um braço constante M_λ em cada ponto. (b) Um MDP cujo valor ótimo é exatamente equivalente ao valor ótimo para (a), no ponto onde a política ótima é indiferente entre M e M_λ.

simplesmente resolver esse MDP ... mas, infelizmente, não sabemos o valor de λ para colocar no MDP, pois é exatamente isso que estamos tentando calcular. Mas sabemos que, no ponto da mudança, uma política ótima é indiferente entre M e M_λ; então poderíamos substituir a escolha de obter uma sequência infinita de recompensas λ pela escolha de voltar e reiniciar M a partir de seu estado inicial s. (Mais precisamente, adicionamos uma nova ação em cada estado que tem as mesmas recompensas e resultados que a ação disponível em s.) Esse novo MDP M^s, chamado **MDP de reinício**, é ilustrado na Figura 17.13(b).

Temos o resultado geral de que o índice de Gittins para um braço M no estado s é igual a $1 - \gamma$ vezes o valor de uma política ótima para o MDP de reinício M^s. Esse MDP pode ser resolvido por qualquer um dos algoritmos da seção 17.2. A iteração de valor aplicada a M^s na Figura 17.13(b) produz um valor de 2,0266 para o estado inicial, de modo que temos λ = 2,0266 · $(1 - \gamma)$ = 1,0133, como antes.

17.3.2 Caça-níqueis de Bernoulli

Talvez o exemplo mais simples e mais conhecido de um problema de caça-níqueis seja o **caça-níqueis de Bernoulli**, em que cada braço M_i produz uma recompensa de 0 ou 1 com uma probabilidade μ_i fixa, porém desconhecida. O estado do braço M_i é definido por s_i e f_i, as quantidades de sucesso (1) e fracasso (0) até o momento atual para esse braço; a probabilidade de transição prevê o próximo resultado como sendo 1 com probabilidade $(s_i)/(s_i + f_i)$ e 0 com probabilidade $(f_i)/(s_i + f_i)$. As quantidades são inicializadas em 1, de modo que as probabilidades iniciais são 1/2 em vez de 0/0.[4] O processo de recompensa de Markov aparece na Figura 17.14(a).

Não podemos aplicar a transformação da seção anterior para calcular o índice de Gittins do braço de Bernoulli, pois ele tem infinitos estados. Mas podemos obter uma aproximação muito precisa resolvendo o MDP truncado com estados até $s_i + f_i$ = 100 e γ = 0,9. Os resultados são mostrados na Figura 17.14(b) e são intuitivamente razoáveis: vemos que, em geral, braços com probabilidades de pagamento mais altas são preferidos, mas também há um **bônus de exploração** associado a braços que foram experimentados apenas algumas vezes. Por exemplo, o índice para o estado (3,2) é superior ao índice para o estado (7,4) (0,7057 *versus* 0,6922), embora o valor estimado em (3,2) seja inferior (0,6 *versus* 0,6364).

17.3.3 Políticas de caça-níqueis aproximadamente ótimas

Raramente é fácil calcular os índices de Gittins para problemas mais realistas. Felizmente, as propriedades gerais observadas na seção anterior – a saber, a conveniência de alguma combinação de valor estimado e incerteza – se prestam à criação de políticas simples que acabam sendo "quase tão boas" quanto as políticas ótimas.

A primeira classe de métodos usa o **limite de confiança superior** ou heurística UCB (*upper confidence bound*), introduzido anteriormente para busca em árvore de Monte Carlo (Figura 5.11). A ideia básica é usar as amostras de cada braço para estabelecer um **intervalo de confiança** para o valor do braço, ou seja, uma faixa dentro da qual o valor pode ser estimado com

---
[4] As probabilidades são de um processo bayesiano atualizado com um prior Beta(1,1) (ver seção 20.2.5).

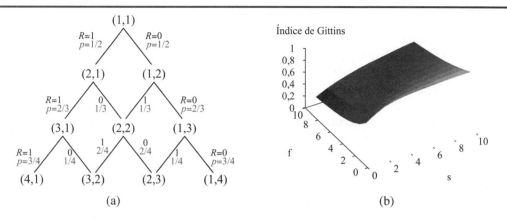

Figura 17.14 (a) Estados, recompensas e probabilidades de transição para o caça-níqueis de Bernoulli. (b) Índices de Gittins para os estados do processo do caça-níqueis de Bernoulli. (Esta figura encontra-se reproduzida em cores no Encarte *online*.)

alta confiança; em seguida, escolher o braço com o limite superior mais alto em seu intervalo de confiança. O limite superior é a estimativa do valor médio atual $\hat{\mu}_i$ mais algum múltiplo do desvio padrão da incerteza no valor. O desvio padrão é proporcional a $\sqrt{1/N_i}$, em que N_i é o número de vezes que o braço M_i foi amostrado. Portanto, para o braço M_i, temos um valor de índice aproximado, dado por

$$UCB(M_i) = \hat{\mu}_i + g(N)/\sqrt{N_i},$$

em que $g(N)$ é uma função apropriadamente escolhida de N, o número total de amostras reunidas de todos os braços. Uma política UCB simplesmente escolhe o braço com o valor de UCB mais alto. Observe que o valor de UCB não é estritamente um índice, visto que depende de N, o número total de amostras reunidas de todos os braços, e não apenas do próprio braço.

A definição exata de g determina o **arrependimento** em relação à política clarividente, que simplesmente escolhe o melhor braço e produz uma recompensa média $\mu*$. Um resultado famoso devido a Lai e Robbins (1985) mostra que, para o caso não descontado, nenhum algoritmo possível pode ter um arrependimento que cresce mais lentamente do que $O(\log N)$. Diversas escolhas diferentes de g levam a uma política UCB que corresponde a esse crescimento; por exemplo, podemos usar $g(N) = (2\log(1 + N\log^2 N))^{1/2}$.

Um segundo método, a **amostragem de Thompson** (Thompson, 1933), escolhe um braço aleatoriamente de acordo com a probabilidade de que o braço seja de fato ótimo, dadas as amostras até esse momento. Suponha que $P_i(\mu_i)$ seja a distribuição de probabilidade atual para o valor verdadeiro do braço M_i. Então, uma maneira simples de implementar a amostragem de Thompson é gerar uma amostra de cada P_i e, em seguida, escolher a melhor amostra. Esse algoritmo também tem um arrependimento que cresce como $O(\log N)$.

Amostragem de Thompson

17.3.4 Variantes não indexáveis

Os problemas dos caça-níqueis foram motivados em parte pela tarefa de testar novos tratamentos médicos em pacientes com enfermidades sérias. Para essa tarefa, o objetivo de maximizar o número total de sucessos ao longo do tempo nitidamente faz sentido: cada teste bem-sucedido significa uma vida salva; cada falha, uma vida perdida.

No entanto, se mudarmos ligeiramente as premissas, surge um problema diferente. Suponha que, em vez de determinar o melhor tratamento médico para cada novo paciente humano, estejamos testando diferentes medicamentos em amostras de bactérias com a finalidade de decidir qual é o melhor. Em seguida, colocaremos esse medicamento em produção e deixaremos os outros de lado. Nesse cenário, não há custo adicional se a bactéria morrer – há um custo fixo para cada teste, mas não temos que minimizar as falhas do teste; em vez disso, estamos apenas tentando tomar uma boa decisão o mais rápido possível.

A tarefa de escolher a melhor opção nessas condições é chamada **problema de seleção**. Os problemas de seleção aparecem bastante em contextos industriais e pessoais. Frequentemente,

Problema de seleção

532 Inteligência Artificial

deve-se decidir qual fornecedor usar para um processo, ou quais candidatos contratar para o emprego. Os problemas de seleção são superficialmente semelhantes ao problema do caça-níqueis, mas têm propriedades matemáticas diferentes. Em particular, *não existe uma função de índice para problemas de seleção*. A prova desse fato exige demonstrar qualquer cenário em que a política ótima muda suas preferências para dois braços M_1 e M_2 quando um terceiro braço M_3 é adicionado.

O Capítulo 5 introduziu o conceito de problemas de decisão de **metanível**, como decidir quais cálculos fazer durante uma busca na árvore de jogo antes de fazer um movimento. Uma decisão de metanível desse tipo também é um problema de seleção, em vez de um problema de caça-níqueis. Claramente, a expansão ou avaliação de um nó *custa* a mesma quantidade de tempo, não importando se o valor de saída produzido é alto ou baixo. Talvez seja surpreendente, então, que o algoritmo de busca em árvore de Monte Carlo (Figura 5.11) tenha tido tanto sucesso, visto que tenta resolver problemas de seleção com a heurística UCB, que foi elaborada para problemas de caça-níqueis. De modo geral, espera-se que algoritmos de caça-níqueis ótimos explorem muito menos do que os algoritmos de seleção ótimos, porque o algoritmo de caça-níqueis assume que uma tentativa que falha custa dinheiro real.

Superprocesso de caça-níqueis BSP

Uma generalização importante do processo de caça-níqueis é o **superprocesso de caça-níqueis**, ou **BSP** (*bandit superprocess*), em que cada braço é um processo de decisão de Markov completo por si só, em vez de ser um processo de recompensa de Markov com apenas uma ação possível. Todas as outras propriedades permanecem as mesmas: os braços são independentes, apenas um (ou um número limitado) pode ser trabalhado por vez, e há um único fator de desconto.

Exemplos de BSPs incluem a vida diária, em que se pode realizar uma tarefa por vez, embora várias tarefas possam precisar de atenção; gerenciamento de projetos com vários projetos; ensino com vários alunos precisando de orientação individual; e assim por diante.

Multitarefa

O termo comum para isso é **multitarefa**. Ela é tão onipresente que quase não se nota: ao formular um problema de decisão do mundo real, os analistas de decisão raramente perguntam se seu cliente tem outros problemas, não relacionados.

Alguém poderia raciocinar da seguinte forma: "Se existem n MDP separados, então é óbvio que uma política ótima geral é construída a partir das soluções ótimas dos MDP individuais. Dada sua política ótima π_i, cada MDP se torna um processo de recompensa de Markov onde há somente uma ação $\pi_i(s)$ em cada estado s. Desse modo, reduzimos um superprocesso de caça-níqueis com n braços a um processo de caça-níqueis com n braços." Por exemplo, se um incorporador imobiliário tem uma equipe de construção e vários *shopping centers* para construir, parece ser de bom senso que se deve conceber o plano de construção ótimo para cada *shopping center* e, em seguida, resolver o problema de caça-níqueis para decidir para onde a equipe irá a cada dia.

Embora isso pareça altamente plausível, é incorreto. Na verdade, a política globalmente ótima para um BSP pode incluir ações que localmente não são as ideais do ponto de vista do MDP constituinte no qual elas são tomadas. A razão para isso é a disponibilidade de outros MDP nos quais atuar altera o equilíbrio entre as recompensas de curto e longo prazos em um MDP componente. Na verdade, isso tende a levar a um comportamento mais guloso em cada MDP (buscando recompensas de curto prazo), visto que buscar recompensas de longo prazo em um MDP atrasaria as recompensas em todos os outros MDP.

Por exemplo, suponha que o cronograma de construção ótimo local para um *shopping center* tenha a primeira loja disponível para aluguel na semana 15, enquanto um cronograma subótimo custaria mais, mas a primeira loja ficaria disponível na semana 5. Se houver quatro *shopping centers* para construir, pode ser melhor usar em cada um o cronograma subótimo local, para que os aluguéis comecem a ser recebidos a partir das semanas 5, 10, 15 e 20, em vez das semanas 15, 30, 45 e 60. Em outras palavras, o que seria apenas um atraso de 10 semanas para um único MDP se transforma em um atraso de 40 semanas para o quarto MDP. Em geral, as políticas ótimas globais e locais necessariamente coincidem apenas quando o fator de desconto é 1; nesse caso, não há custo pelo atraso de recompensas em algum MDP.

A próxima questão é como resolver BSPs. Obviamente, a solução global ótima para um BSP poderia ser calculada convertendo-o em um MDP global no espaço de estados do produto cartesiano. O número de estados seria exponencial em relação ao número de braços do BSP, e então isso seria totalmente impraticável.

Em vez disso, podemos tirar proveito da natureza fraca de interação entre os braços. Essa interação surge apenas da capacidade limitada do agente de atender aos braços simultaneamente. Até certo ponto, a interação pode ser modelada pela noção de **custo de oportunidade**: quanta utilidade é cedida por passo de tempo por não dedicar esse passo de tempo a outro braço. Quanto maior o custo de oportunidade, mais necessário é gerar recompensas antecipadas em determinado braço. Em alguns casos, uma política ótima em determinado braço não é afetada pelo custo de oportunidade. (É trivial que isso aconteça em um processo de recompensa de Markov, porque há apenas uma política.) Nesse caso, uma política ótima pode ser aplicada, convertendo esse braço em um processo de recompensa de Markov.

> Custo de oportunidade

Uma política ótima, se ela existir, é chamada **política dominante**. Acontece que, ao acrescentar ações aos estados, é sempre possível criar uma versão relaxada de um MDP (seção 3.6.2) para que ele tenha uma política dominante, o que fornece um limite superior sobre o valor de atuar no braço. Um limite inferior pode ser calculado resolvendo cada braço separadamente (o que pode resultar em uma política global subótima) e, em seguida, calcular os índices de Gittins. Se o limite inferior para atuar em um braço for maior que o limite superior para todas as outras ações, então o problema está resolvido; caso contrário, certamente uma combinação de busca com antecipação e recálculo dos limites poderá eventualmente identificar uma política ótima para o BSP. Com essa abordagem, BSPs relativamente grandes (10^{40} estados ou mais) podem ser resolvidos em questão de segundos.

> Política dominante

17.4 MDP parcialmente observáveis

A descrição de processos de decisão de Markov na seção 17.1 pressupôs que o ambiente era **completamente observável**. Com essa suposição, o agente sempre sabe em que estado se encontra. Isso, combinado com a hipótese de Markov para o modelo de transição, significa que a política ótima depende unicamente do estado atual.

Quando o ambiente é apenas **parcialmente observável**, a situação é muito menos clara. O agente não sabe necessariamente em que estado se encontra e, portanto, não pode executar a ação $\pi(s)$ recomendada para esse estado. Além disso, a utilidade de um estado s e a ação ótima em s não dependem apenas de s, mas também do *quanto o agente sabe* quando está em s. Por essas razões, os **MDP parcialmente observáveis** (ou **POMDP**) em geral são considerados muito mais difíceis que os MDP comuns. No entanto, não podemos evitar POMDP, porque o mundo real é um deles.

> MDP parcialmente observáveis

17.4.1 Definição de POMDP

Para compreender os POMDP, primeiro devemos defini-los corretamente. Um POMDP tem os mesmos elementos que um MDP – o modelo de transição $P(s'\,|\,s, a)$, as ações $A(s)$ e a função de recompensa $R(s, a, s')$ –, mas, assim como os problemas de busca parcialmente observáveis da seção 4.4, ele também tem um **modelo de sensoriamento** $P(e\,|\,s)$. Aqui, bem como no Capítulo 14, o modelo de sensoriamento especifica a probabilidade de perceber a evidência e no estado s.[5] Por exemplo, podemos converter o mundo 4×3 da Figura 17.1 em um POMDP pela adição de um sensoriamento ruidoso ou parcial em vez de assumir que o agente conhece a sua localização exata. O sensoriamento ruidoso de quatro *bits* (seção 14.7.2) poderia ser usado, o qual relata a presença ou ausência de uma parede em cada direção com precisão $1 - \epsilon$.

Assim como acontece com os MDP, podemos obter representações compactas para grandes POMDP usando redes de decisão dinâmicas (RDD) (ver seção 17.1.4). Adicionamos as variáveis de sensor $\mathbf{E}_t$, supondo que as variáveis de estado $\mathbf{X}_t$ podem não ser diretamente observáveis. O modelo do sensor POMDP é então dado por $\mathbf{P}(\mathbf{E}_t\,|\,\mathbf{X}_t)$. Por exemplo, poderíamos adicionar variáveis de sensor ao RDD da Figura 17.4, como *MedidorBateria*$_t$ para estimar a carga real de *Bateria*$_t$ e *Velocímetro*$_t$ para estimar a magnitude do vetor de velocidade $\dot{\mathbf{X}}_t$.

---

[5] O modelo de sensoriamento também pode depender da ação e do estado resultante, mas essa alteração não é fundamental.

534 Inteligência Artificial

Um sensor de sonar *Paredes*$_t$ poderia fornecer distâncias estimadas para a parede mais próxima em cada uma das quatro direções cardeais em relação à orientação atual do robô; esses valores dependem da posição atual e da orientação $\mathbf{X}_t$.

Nos Capítulos 4 e 11, estudamos problemas de planejamento não determinístico e parcialmente observável, e identificamos o **estado de crença** – o conjunto de estados reais em que o agente poderia estar – como um conceito fundamental para descrever e calcular soluções. Em POMDP, o estado de crença b torna-se uma *distribuição de probabilidade* sobre todos os estados possíveis, como no Capítulo 14. Por exemplo, o estado de crença inicial para o POMDP 4×3 poderia ter a distribuição uniforme sobre nove estados não terminais, ou seja, $\langle \frac{1}{9}, \frac{1}{9}, \frac{1}{9}, \frac{1}{9}, \frac{1}{9}, \frac{1}{9}, \frac{1}{9}, \frac{1}{9}, \frac{1}{9}, 0, 0 \rangle$.

Usamos a notação $b(s)$ para representar a probabilidade atribuída ao estado real s pelo estado de crença b. O agente pode calcular seu estado de crença atual como a distribuição de probabilidade condicional sobre os estados reais, dada a sequência de observações e ações até o momento. Em essência, essa é a tarefa de **filtragem** descrita no Capítulo 14. A equação de filtragem recursiva básica (Equação 14.5) mostra como calcular o novo estado de crença a partir do estado de crença anterior e da nova evidência. No caso de POMDP, também temos uma ação a considerar, mas o resultado é basicamente o mesmo. Se b era o estado de crença anterior, e o agente executa a ação a e percebe a evidência e, então o novo estado de crença é obtido calculando a probabilidade de agora estar no estado s', para cada s', com a seguinte fórmula:

$$b'(s') = \alpha P(e \mid s') \sum_s P(s' \mid s, a) b(s),$$

em que α é uma constante de normalização que torna a soma do estado de crença igual a 1. Por analogia com o operador de atualização de filtragem (seção 14.2.1), podemos escrever isso como

$$b' = \alpha \ \text{PARAFRENTE}(b, a, e). \tag{17.16}$$

No POMDP 4×3, suponha que o agente se mova para a *Esquerda* e seu sensor relate uma parede adjacente; então, é bem provável (embora não garantido, porque tanto o movimento como o sensor recebem ruídos) que o agente agora esteja em $(3,1)$.

▶ A ideia fundamental necessária para entender os POMDP é: *a ação ótima depende apenas do estado de crença atual do agente*. Isto é, a política ótima pode ser descrita por um mapeamento $\pi^*(b)$ de estados de crença para ações. Ela *não* depende do estado *real* em que o agente se encontra. Isso é bom, porque o agente não conhece seu estado real; tudo o que ele conhece é o estado de crença. Consequentemente, o ciclo de decisão de um agente POMDP pode ser desmembrado nos três passos a seguir.

1. Dado o estado de crença atual b, executar a ação $a = \pi^*(b)$.
2. Receber a percepção e.
3. Definir o estado de crença atual como PARAFRENTE(b, a, e) e repetir.

Podemos pensar que os POMDP precisam fazer uma busca no espaço de estados de crença, exatamente como os métodos para problemas sem sensores e de contingência do Capítulo 4. A principal diferença é que o espaço de estados de crença de POMDP é *contínuo*, porque um estado de crença de um POMDP é uma distribuição de probabilidade. Por exemplo, um estado de crença para o mundo 4×3 é um ponto em um espaço contínuo de 11 dimensões. Uma ação altera o estado de crença, não apenas o estado físico, porque afeta a percepção recebida. Assim, a ação é avaliada, pelo menos em parte, de acordo com as informações que o agente adquire como resultado. Portanto, os POMDP incluem o valor da informação (seção 16.6) como um componente do problema de decisão.

Vamos examinar mais cuidadosamente o resultado das ações. Em particular, vamos calcular a probabilidade de um agente no estado de crença b alcançar o estado de crença b' depois da execução da ação a. Agora, se tivéssemos conhecimento da ação *e da percepção subsequente*, a Equação 17.16 forneceria uma atualização *determinística* para o estado de crença: $b' = $ PARAFRENTE(b, a, e). É claro que a percepção subsequente ainda não é conhecida e, assim, o agente pode chegar a um dos vários estados de crença b' possíveis, dependendo da percepção que ocorre. A probabilidade de perceber e, visto que a foi executada a partir do estado de crença b, é dada pelo somatório sobre todos os estados reais s' que o agente poderia alcançar:

$$P(e|a,b) = \sum_{s'} P(e|a,s',b)P(s'|a,b)$$
$$= \sum_{s'} P(e|s')P(s'|a,b)$$
$$= \sum_{s'} P(e|s') \sum_s P(s'|s,a)b(s).$$

Vamos escrever a probabilidade de alcançar b' a partir de b, considerando a ação a, como $P(b'|b,a)$. Essa probabilidade pode ser calculada da seguinte maneira:

$$P(b'|b,a) = \sum_e P(b'|e,a,b)P(e|a,b)$$
$$= \sum_e P(b'|e,a,b) \sum_{s'} P(e|s') \sum_s P(s'|s,a)b(s), \qquad (17.17)$$

em que $P(b'|e, a, b)$ é 1, se b' = PARAFRENTE(b, a, e) e 0 em caso contrário.

A Equação 17.17 pode ser vista como a definição de um modelo de transição para o espaço de estados de crença. Também podemos definir uma função de recompensa para transições de estados de crença, que é derivada da recompensa esperada das transições de estado reais que poderiam estar ocorrendo. Aqui, usamos a forma simples $\rho(b,a)$, a recompensa esperada se o agente realizar a no estado de crença b:

$$\rho(b,a) = \sum_s b(s) \sum_{s'} P(s'|s,a)R(s,a,s').$$

Juntos, $P(b'|b, a)$ e $\rho(b,a)$ definem um MDP *observável* sobre o espaço de estados de crença. Além disso, é possível mostrar que uma política ótima para esse MDP, $\pi^*(b)$, também é uma política ótima para o POMDP original. Em outras palavras, *a resolução de um POMDP em um espaço de estados físicos pode ser reduzida à resolução de um MDP no espaço de estados de crença correspondente*. Esse fato talvez seja menos surpreendente se lembrarmos que, por definição, o estado de crença é sempre observável para o agente.

17.5 Algoritmos para solucionar POMDP

Mostramos como reduzir os POMDP a MDP, mas os MDP que obtemos têm um espaço de estados contínuo (e, em geral, com número elevado de dimensões). Isso significa que teremos que reformular os algoritmos de programação dinâmica das seções 17.2.1 e 17.2.2, onde assumimos um espaço de estados finito e um número de ações finito. Aqui, descrevemos um algoritmo de iteração de valor projetado especificamente para POMDP e um algoritmo de tomada de decisão *online*, semelhante ao desenvolvido para jogos no Capítulo 5.

17.5.1 Iteração de valor para POMDP

A seção 17.2.1 descreveu um algoritmo de iteração de valor que calculava um valor de utilidade para cada estado. Com os estados de crença infinitos, precisamos ser mais criativos. Considere uma política ótima π^* e sua aplicação em um estado de crença específico b: a política gera uma ação; então, para cada percepção subsequente, o estado de crença é atualizado e uma nova ação é gerada, e assim por diante. Para esse b específico, portanto, a política é exatamente equivalente a um **plano condicional**, conforme definido no Capítulo 4 para problemas não determinísticos e parcialmente observáveis. Em vez de pensar sobre as políticas, vamos pensar sobre planos condicionais e como a utilidade esperada da execução de um plano condicional fixo varia com o estado de crença inicial. Faremos duas observações:

1. Seja $\alpha_p(s)$ a utilidade de execução de um plano condicional *fixo* p que inicia em um estado físico s. Então, a utilidade esperada da execução de p no estado de crença b é exatamente

$\sum_s b(s)\alpha_p(s)$ ou $b \cdot \alpha_p$, se considerarmos ambos como vetores. Assim, a utilidade esperada de um plano condicional fixo varia *linearmente* com b, ou seja, corresponde a um hiperplano no espaço de crença.

2. Em qualquer estado de crença b, uma política ótima escolherá executar o plano condicional com a maior utilidade esperada, e a utilidade esperada de b sob uma política ótima será exatamente a utilidade do plano condicional: $U(b) = U^{\pi^*}(b) = \max_p b \cdot \alpha_p$. Se a política ótima π^* escolher executar p a partir de b, então é razoável esperar que possamos escolher executar p nos estados de crença que estão muito perto de b; na verdade, se limitarmos a profundidade dos planos condicionais, haverá apenas um número finito desses planos e o espaço contínuo de estados de crença geralmente será dividido em *regiões*, cada uma correspondendo a determinado plano condicional que é o ótimo naquela região.

Dessas duas observações, vemos que a função utilidade $U(b)$ nos estados de crença, sendo o máximo de um conjunto de hiperplanos, será *linear por partes* e *convexa*.

Para ilustrar, usaremos um mundo simples de dois estados. Os estados são rotulados como A e B, e existem duas ações: *Ficar*, faz com que o agente fique no mesmo estado com probabilidade 0,9, e *Ir*, faz com que o agente se mova para o outro estado com probabilidade 0,9. As recompensas são $R(\cdot, \cdot, A) = 0$ e $R(\cdot, \cdot, B) = 1$; ou seja, qualquer transição que termine em A tem recompensa zero e qualquer transição que termine em B tem recompensa 1. Por enquanto, vamos assumir o fator de desconto $\gamma = 1$. O sensor informa o estado correto com probabilidade 0,6. Obviamente, o agente deve *Ficar* quando acredita que está no estado B e *Ir* quando acredita que está no estado A. O problema é que ele não sabe onde está!

A vantagem de um mundo de dois estados é que o espaço de crença pode ser visto em uma dimensão, porque as duas probabilidades $b(A)$ e $b(B)$ devem somar 1. Na Figura 17.15(a), o eixo x representa o estado de crença, definido por $b(B)$, a probabilidade de estar no estado B.

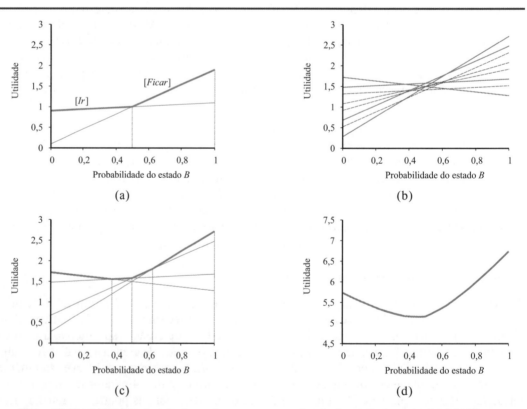

Figura 17.15 (a) Utilidade de dois planos de um passo como função do estado de crença inicial $b(B)$ para o mundo de dois estados, com a função utilidade correspondente mostrada na linha em negrito. (b) Utilidades para oito planos distintos de dois passos. (c) Utilidades para quatro planos de dois passos não dominados. (d) Função utilidade para planos ótimos de oito passos.

Vamos considerar agora os planos [*Ficar*] e [*Ir*] de um único passo, cada um dos quais recebe a recompensa por uma transição, da seguinte forma:

$$
\begin{aligned}
\alpha_{[Ficar]}(A) &= 0,9R(A,Ficar,A) + 0,1R(A,Ficar,B) = 0,1 \\
\alpha_{[Ficar]}(B) &= 0,1R(B,Ficar,A) + 0,9R(B,Ficar,B) = 0,9 \\
\alpha_{[Ir]}(A) &= 0,1R(A,Ir,A) + 0,9R(A,Ir,B) = 0,9 \\
\alpha_{[Ir]}(B) &= 0,9R(B,Ir,A) + 0,1R(B,Ir,B) = 0,1
\end{aligned}
$$

Os hiperplanos (linhas, nesse caso) para $b \cdot \alpha_{[Ficar]}$ e $b \cdot \alpha_{[Ir]}$ são mostrados na Figura 17.15(a) e seu máximo é mostrado na linha em negrito. Essa linha em negrito representa, portanto, a função utilidade para o problema de horizonte finito que permite apenas uma ação, e, em cada "parte" da função utilidade linear por partes, a ação ótima é a primeira ação do plano condicional correspondente. Nesse caso, a política ótima de um passo é *Ficar*, quando $b(B) > 0,5$, e *Ir*, caso contrário.

Uma vez que temos utilidades $\alpha_p(s)$ para todos os planos condicionais p de profundidade 1 em cada estado físico s, podemos calcular as utilidades para os planos condicionais de profundidade 2 considerando cada primeira ação possível, cada percepção subsequente possível e, então, cada forma de escolher um plano de profundidade 1 a ser executado para cada percepção:

> [*Ficar*, **se** *Percepção* = *A* **então** *Ficar* **senão** *Ficar*]
> [*Ficar*, **se** *Percepção* = *A* **então** *Ficar* **senão** *Ir*]
> [*Ir*, **se** *Percepção* = *A* **então** *Ficar* **senão** *Ficar*]
> . . .

Ao todo, há oito planos distintos de profundidade 2, e suas utilidades são mostradas na Figura 17.15(b). Note que quatro dos planos mostrados como linhas tracejadas estão abaixo do ótimo em todo o espaço de crença – dizemos que esses planos são **dominados**, e eles não precisam mais ser considerados. Há quatro planos não dominados, cada um dos quais é ótimo em uma região específica, como mostrado na Figura 17.15(c). As regiões dividem o espaço de estados de crença.

Plano dominado

Repetimos o processo para a profundidade 3, e assim por diante. Em geral, seja p um plano condicional de profundidade d cuja ação inicial é a e cujo subplano de profundidade $d - 1$ para a percepção e é $p.e$; então

$$
\alpha_p(s) = \sum_{s'} P(s'\,|\,s,a)[R(s,a,s') + \gamma \sum_e P(e\,|\,s')\alpha_{p.e}(s')]. \tag{17.18}
$$

Essa recursão naturalmente nos dá um algoritmo de iteração de valor, que está esboçado na Figura 17.16. A estrutura do algoritmo e sua análise de erro são semelhantes aos algoritmos de iteração de valor básico da Figura 17.6; a principal diferença é que, em vez de calcular um valor de utilidade para cada estado, a função ITERAÇÃO-DE-VALOR-POMDP mantém uma coleção de planos não dominados com seus hiperplanos de utilidade.

A complexidade do algoritmo depende, principalmente, de quantos planos são gerados. Dadas $|A|$ ações e $|E|$ observações possíveis, há $|A|^{O(|E|^{d-1})}$ planos distintos com profundidade d. Mesmo para o simples mundo de dois estados, com $d = 8$, o número exato de planos é 2^{255}. A eliminação dos planos dominados é fundamental para reduzir esse crescimento duplamente exponencial: o número de planos não dominados com $d = 8$ é de apenas 144. A função utilidade para esses 144 planos é mostrada na Figura 17.15(d).

Observe que os estados de crença intermediários têm valor mais baixo do que o estado A e o estado B, porque, nos estados intermediários, o agente não tem a informação necessária para escolher uma boa ação. É por isso que a informação tem valor no sentido definido na seção 16.6, e as políticas ótimas em POMDP muitas vezes incluem ações de coleta de informações.

Considerando tal função utilidade, pode-se extrair uma política executável examinando qual hiperplano é ótimo em qualquer estado de crença b e executando a primeira ação do plano correspondente. Na Figura 17.15(d), a política ótima correspondente ainda é a mesma que para os planos de profundidade 1: *Ficar*, quando $b(B) > 0,5$, e *Ir*, caso contrário.

538 Inteligência Artificial

---

função ITERAÇÃO-DE-VALOR-POMDP(*pomdp*, ϵ) **devolve** uma função utilidade
  entradas: *pomdp*, um POMDP com estados S, ações $A(s)$, modelo de transição $P(s' \,|\, s, a)$,
          modelo de sensoriamento $P(e \,|\, s)$, recompensa $R(s)$, desconto γ
          ϵ, erro máximo permitido na utilidade de qualquer estado
  variáveis locais: U, U', conjuntos de planos p associados com vetores de utilidade α_p

  $U' \leftarrow$ um conjunto contendo apenas o plano vazio [], com $\alpha_{[]}(s) = R(s)$
  repetir
    $U \leftarrow U'$
    $U' \leftarrow$ conjunto de todos os planos que consistem em uma ação e, para cada próxima percepção
        possível, um plano em U com vetores de utilidade calculados de acordo com a Equação 17.18
    $U' \leftarrow$ REMOVER-PLANOS-DOMINADOS(U')
  até DIFERENÇA-MAX(U,U') $\leq \epsilon(1 - \gamma)/\gamma$
  devolver U

Figura 17.16 Esboço de alto nível do algoritmo de iteração de valor para POMDP. O passo REMOVER-PLANOS-DOMINADOS e o teste da DIFERENÇA-MAX são implementados normalmente como programas lineares.

Na prática, o algoritmo de iteração de valor na Figura 17.16 é muito ineficiente para problemas maiores – mesmo o POMDP 4 × 3 é bastante difícil. A principal razão é que, dados n planos condicionais não dominados no nível d, o algoritmo constrói $|A| \cdot n^{|E|}$ planos condicionais no nível $d + 1$ antes de eliminar os dominados. Com o sensor de quatro *bits*, $|E|$ é 16, e n pode chegar a centenas, de modo que isso pode se tornar intratável.

Desde os anos 1970, quando esse algoritmo foi desenvolvido, houve vários avanços, incluindo formas mais eficientes de iteração de valor e de vários tipos de algoritmos de iteração de política. Alguns deles são discutidos nas notas ao fim do capítulo. No entanto, para POMDP em geral, encontrar políticas ótimas é muito difícil (PSPACE difícil, na verdade; ou seja, muito difícil mesmo). A próxima seção descreve um método diferente, aproximado, para solucionar POMDP, baseado em busca com antecipação.

17.5.2 Algoritmos *online* para POMDP

O projeto básico para um agente POMDP *online* é simples: começa com algum estado de crença anterior; escolhe uma ação com base em algum processo de deliberação centralizado em seu estado de crença atual; depois de agir, ele recebe uma observação e atualiza seu estado de crença usando um algoritmo de filtragem; e o processo é repetido.

Uma escolha óbvia para o processo de deliberação é o algoritmo expectimax da seção 17.2.4, porém com estados de crença em vez de estados físicos nos nós de decisão na árvore. Os nós de chance na árvore POMDP têm ramos rotulados por possíveis observações e levando ao próximo estado de crença, com probabilidades de transição dadas pela Equação 17.17. Um fragmento da árvore expectimax de estado de crença para o POMDP 4 × 3 pode ser visto na Figura 17.17.

A complexidade de tempo de uma busca que seja completa à profundidade d é $O(|A|^d \cdot |\mathbf{E}|^d)$, em que $|A|$ é o número de ações disponíveis e $|\mathbf{E}|$ é o número de percepções possíveis. (Observe que isso é muito menor do que o número de planos condicionais de profundidade d possíveis gerados pela iteração de valor.) Como no caso observável, a amostragem nos nós de chance é uma boa maneira de reduzir o fator de ramificação sem perder muita precisão na decisão fim. Assim, a complexidade da tomada de decisão *online* aproximada em POMDP pode não ser drasticamente pior do que em MDP.

Para espaços de estados muito grandes, a filtragem exata é inviável; logo, o agente precisará executar um algoritmo de filtragem aproximado, como a filtragem de partículas (seção 14.5.3). Então, os estados de crença na árvore expectimax tornam-se coleções de partículas em vez de distribuições de probabilidade exatas. Para problemas com grandes horizontes, também pode ser necessário executar o tipo de simulações de longo alcance utilizado no algoritmo UCT (Figura 5.11). A combinação de filtragem de partículas e UCT aplicada a POMDP recebe o nome de planejamento Monte Carlo parcialmente observável ou **POMCP** (*partially*

POMCP

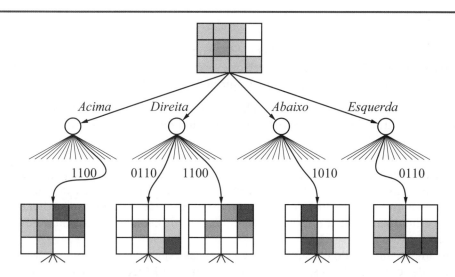

Figura 17.17 Parte de uma árvore expectimax para o POMDP 4 × 3 com um estado de crença inicial uniforme. Os estados de crença são representados com sombreamento proporcional à probabilidade de estar em cada local. (Esta figura encontra-se reproduzida em cores no Encarte *online*.)

observable Monte Carlo planning). Com uma representação da RDD para o modelo, o algoritmo POMCP é, pelo menos em princípio, aplicável a POMDP muito grandes e realistas. O POMCP é capaz de gerar comportamento competente no POMDP 4 × 3. Um exemplo curto (e um tanto favorável) é mostrado na Figura 17.18.

Os agentes POMDP baseados em redes de decisão dinâmicas e tomada de decisão *online* têm uma série de vantagens em comparação com outros projetos de agentes mais simples, apresentados nos capítulos anteriores. Em particular, eles lidam com ambientes estocásticos, parcialmente observáveis, e podem facilmente revisar seus "planos" para lidar com evidências inesperadas. Com modelos de sensores apropriados, eles podem lidar com a falha do sensor e podem planejar a coleta de informações. Eles exibem "degradação elegante" sob pressão de tempo e em ambientes complexos, usando diversas técnicas de aproximação.

Então, o que está faltando? O principal obstáculo à implantação desses agentes no mundo real é a incapacidade de gerar um comportamento bem-sucedido por longas escalas de tempo. Não se tem esperança em obter qualquer recompensa positiva com simulações aleatórias ou quase aleatórias, digamos, na tarefa de preparar a mesa para o jantar, o que pode exigir dezenas de milhões de ações de controle motor. Parece ser preciso tomar emprestado algumas das ideias de planejamento hierárquico descritas na seção 11.4. No momento em que este livro foi escrito, ainda não havia maneiras satisfatórias e eficientes de aplicar essas ideias em ambientes estocásticos, parcialmente observáveis.

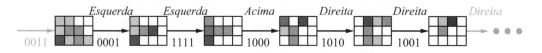

Figura 17.18 Sequência de percepções, estados de crença e ações no POMDP 4 × 3 com um erro de detecção de parede de $\epsilon = 0,2$. Observe como os movimentos iniciais para a *Esquerda* são seguros – é muito improvável que eles caiam em (4,2) – e forçam a localização do agente para um pequeno número de locais possíveis. Após o movimento *Acima*, o agente pensa que provavelmente está em (3,3), mas possivelmente em (1,3). Felizmente, mover para a *Direita* é uma boa ideia em ambos os casos, de modo que ele se move para a *Direita*, descobre que estava em (1,3) e agora está em (2,3), e então continua se movendo para a *Direita* e chega ao objetivo. (Esta figura encontra-se reproduzida em cores no Encarte *online*.)

540 Inteligência Artificial

Resumo

Este capítulo mostrou como usar o conhecimento sobre o mundo para tomar decisões, mesmo quando os resultados de uma ação são incertos e as recompensas por uma ação podem não ser recebidas até muitas ações terem passado. Os principais pontos são:

- Problemas de decisão sequencial em ambientes estocásticos, também chamados **processos de decisão de Markov**, ou MDP, são definidos por um **modelo de transição** que especifica os resultados probabilísticos de ações e uma **função de recompensa** que especifica a recompensa em cada estado.
- A utilidade de uma sequência de estados é a soma de todas as recompensas sobre a sequência, possivelmente descontadas com o passar do tempo. A solução de um MDP é uma **política** que associa uma decisão em todo estado que o agente possa alcançar. Uma política ótima maximiza a utilidade das sequências de estados encontradas quando ela é executada.
- A utilidade de um estado é a soma de recompensas esperadas quando uma política ótima é executada, começando nesse estado. O algoritmo de **iteração de valor** resolve iterativamente um conjunto de equações que relacionam as utilidades de cada estado às de seus vizinhos.
- A **iteração de política** se alterna entre o cálculo das utilidades de estados sob a política atual e o aperfeiçoamento da política atual com relação às utilidades atuais.
- MDP parcialmente observáveis, ou POMDP, são muito mais difíceis de resolver que MDP. Eles podem ser resolvidos pela conversão para um MDP no espaço contínuo de estados de crença; tanto os algoritmos de iteração de valor como de iteração de políticas foram reformulados. O comportamento ótimo em POMDP inclui a coleta de informações para reduzir a incerteza e, portanto, tomar melhores decisões no futuro.
- Um agente de teoria da decisão pode ser construído para ambientes de POMDP. O agente utiliza uma **rede de decisão dinâmica** para representar os modelos de transição e observação, atualizar seu estado de crença e projetar para a frente possíveis sequências de ações.

Retornaremos ao mundo de MDP e POMDP no Capítulo 22, quando estudarmos métodos de **aprendizado por reforço** que permitem a um agente melhorar seu comportamento a partir da experiência.

Notas bibliográficas e históricas

Richard Bellman desenvolveu as ideias subjacentes à abordagem moderna para problemas de decisão sequencial ao trabalhar na RAND Corporation a partir de 1949. Segundo sua autobiografia (Bellman, 1984), ele cunhou a incrível expressão "programação dinâmica" para ocultar do Secretário da Defesa, Charles Wilson, que tinha fobia a pesquisa, o fato de que seu grupo estava trabalhando em matemática. (Isso não deve ser verdade realmente porque seu primeiro trabalho utilizando a expressão (Bellman, 1952) apareceu antes de Wilson tornar-se Secretário da Defesa, em 1953.) O livro de Bellman, *Dynamic Programming* (1957), deu uma base sólida ao novo campo e introduziu o algoritmo de iteração de valor.

Shapley (1953) descreveu realmente o algoritmo de iteração de valor independentemente de Bellman, mas seus resultados não foram amplamente apreciados, talvez porque foram apresentados no contexto dos jogos de Markov. Embora as formulações originais incluíssem o desconto, sua análise em termos de preferências estacionárias se deve a Koopmans (1972). O teorema da modelagem se deve a Ng *et al.* (1999).

A tese de doutorado de Ron Howard (1960) introduziu a iteração de política e a ideia de recompensa média para solucionar problemas de horizonte infinito. Vários resultados adicionais foram introduzidos por Bellman e Dreyfus (1962). O uso de mapeamentos de contração na análise de algoritmos de programação dinâmica se deve a Denardo (1967). A iteração de política modificada se deve a van Nunen (1976) e a Puterman e Shin (1978). A iteração de política assíncrona foi analisada por Williams e Baird (1993), que também provaram o limite de perda de política da Equação 17.13. A família geral de algoritmos de **varredura priorizada** (*prioritized sweeping*) visa agilizar a convergência para políticas ótimas ordenando heuristicamente os cálculos de atualização de valor e política (Moore e Atkeson, 1993; Andre *et al.*, 1998; Wingate e Seppi, 2005).

A formulação da resolução do MDP como um programa linear se deve a Ghellinck (1960), Manne (1960) e D'Épenoux (1963). Embora a programação linear tradicionalmente tenha sido considerada inferior à programação dinâmica como um método de solução exata para MDP, de Farias e Roy (2003) mostram que é possível usar a programação linear e uma representação linear da função utilidade para obter soluções aproximadas provavelmente boas para MDP muito grandes. Papadimitriou e Tsitsiklis (1987) e Littman *et al.* (1995) descrevem resultados gerais sobre a complexidade computacional de MDP. Yinyu Ye (2011) analisa a relação entre a iteração de políticas e o método simplex para programação linear, provando que, para γ fixo, o tempo para a execução da iteração de política é polinomial no número de estados e ações.

O trabalho inicial de Sutton (1988) e Watkins (1989) em métodos de aprendizado por reforço para resolução de MDP desempenhou uma função significativa na introdução de MDP na comunidade de IA. (Anteriormente, o trabalho de Werbos (1977) continha muitas ideias semelhantes, mas não obteve tanta repercussão.) Os pesquisadores da IA impulsionaram os MDP na direção de representações mais expressivas, que podem acomodar problemas muito maiores do que as representações atômicas tradicionais, baseadas em matrizes de transição.

As ideias básicas para uma arquitetura de agentes usando redes de decisão dinâmicas foram propostas por Dean e Kanazawa (1989a). Tatman e Shachter (1990) mostraram como aplicar algoritmos de programação dinâmica a modelos de RDD. Diversos autores fizeram a conexão entre MDP e problemas de planejamento de IA, desenvolvendo formas probabilísticas da representação STRIPS compacta para modelos de transição (Wellman, 1990b; Koeing, 1991). O livro *Planning and Control*, de Dean e Wellman (1991), trata da conexão com muito mais profundidade.

O trabalho posterior em **MDP fatorados** (Boutilier *et al.*, 2000; Koller e Parr, 2000; Guestrin *et al.*, 2003b) usam representações estruturadas da função valor e o modelo de transição, com melhorias demonstráveis em termos de complexidade. **MDP relacionais** (Boutilier *et al.*, 2001; Guestrin *et al.*, 2003a) vão um passo além, utilizando representações estruturadas para lidar com domínios com muitos objetos relacionados. MDP e POMDP de universo aberto (Srivastava *et al.*, 2014b) também permitem a incerteza sobre a existência e a identidade de objetos e ações.

MDP fatorado

MDP relacional

Muitos autores desenvolveram algoritmos *online* aproximados para tomada de decisão em MDP, muitas vezes tomando emprestado explicitamente de abordagens anteriores da IA para busca em tempo real e jogos (Werbos, 1992; Dean *et al.*, 1993; Tash e Russell, 1994). O trabalho de Barto *et al.* (1995) sobre RTDP (*real-time dynamic programming*) ofereceu uma estrutura geral para a compreensão de tais algoritmos e sua conexão com o aprendizado por reforço e busca heurística. A análise do expectimax delimitado em profundidade com amostragem em nós de chance é devida a Kearns *et al.* (2002). O algoritmo UCT descrito no capítulo é devido a Kocsis e Szepesvari (2006) e toma emprestado de trabalhos anteriores sobre simulações aleatórias para estimar os valores dos estados (Abramson, 1990; Brügmann, 1993; Chang *et al.*, 2005).

Problemas de caça-níqueis foram introduzidos por Thompson (1933), mas ganharam destaque após a Segunda Guerra Mundial, por meio do trabalho de Herbert Robbins (1952). Bradt *et al.* (1956) demonstraram os primeiros resultados relativos às regras de parada para caça-níqueis de um braço, o que acabou levando aos resultados revolucionários de John Gittins (Gittins e Jones, 1974; Gittins, 1989). Katehakis e Veinott (1987) sugeriram o MDP de reinício como um método de cálculo dos índices de Gittins. O texto de Berry e Fristedt (1985) aborda muitas variações do problema básico, enquanto o texto *online* transparente de Ferguson (2001) conecta problemas de caça-níqueis com problemas de parada.

Lai e Robbins (1985) iniciaram o estudo sobre arrependimento assintótico de políticas ótimas de caça-níqueis. A heurística UCB foi introduzida e analisada por Auer *et al.* (2002). Os superprocessos de caça-níqueis (BSPs) foram estudados pela primeira vez por Nash (1973), mas permaneceram desconhecidos por muito tempo na comunidade de IA.

Hadfield-Menell e Russell (2015) descrevem um algoritmo de desvio e limite eficiente, capaz de resolver BSPs relativamente grandes. Os problemas de seleção foram introduzidos por Bechhofer (1954). Hay *et al.* (2012) desenvolveram uma estrutura formal para problemas de metarraciocínio, mostrando que instâncias simples são mapeadas para problemas de seleção, e não de caça-níqueis. Eles também provaram o resultado satisfatório de que o custo de computação esperado da estratégia computacional ótima nunca é maior do que o ganho esperado na qualidade da decisão – embora haja casos em que a política ótima pode, com alguma probabilidade, continuar computando muito além do ponto onde qualquer ganho possível foi esgotado.

A observação de que um MDP parcialmente observável pode ser transformado em um MDP normal com a utilização de estados de crença se deve a Astrom (1965) e Aoki (1965). O primeiro algoritmo completo para a solução exata de POMDP – essencialmente o algoritmo de iteração de valor apresentado neste capítulo – foi proposto por Edward Sondik (1971) em sua tese de doutorado. (Um artigo publicado mais tarde por Smallwood e Sondik (1973) contém alguns erros, embora seja mais acessível.) Lovejoy (1991) participou dos primeiros 25 anos de pesquisa em POMDP, chegando a conclusões um pouco pessimistas sobre a viabilidade na solução de problemas de grande porte.

A primeira contribuição importante dentro de IA foi o algoritmo Witness (Cassandra *et al.*, 1994;. Kaelbling *et al.*,.1998), uma versão melhorada da iteração de valor do POMDP. Logo se seguiram outros algoritmos, incluindo uma abordagem criada por Hansen (1998) que constrói uma política de modo incremental, sob a forma de um autômato de estados finitos, cujos estados definem os estados de crença possíveis do agente.

Um trabalho mais recente em IA focou métodos de iteração de valor **baseados em ponto**, que, a cada iteração, geram planos condicionais e vetores α para um conjunto finito de estados de crença, em vez de para o espaço de crença inteiro. Lovejoy (1991) propôs tal algoritmo para uma grade fixa de pontos, uma abordagem adotada também por Bonet (2002). Um artigo influente de Pineau *et al.* (2003) sugeriu a geração de pontos alcançáveis através da simulação de trajetórias de uma forma gulosa; Spaan e Vlassis (2005) observaram que é necessário gerar planos para apenas um subconjunto pequeno de pontos, selecionados aleatoriamente para melhorar os planos de iteração anteriores para todos os pontos no conjunto. Shani *et al.* (2013) analisam esses e outros desenvolvimentos nos algoritmos baseados em pontos, que ocasionaram boas soluções para problemas com milhares de estados. Como POMDP são PSPACE difícil (Papadimitriou e Tsitsiklis, 1987), novos progressos nos métodos de solução *offline* poderão exigir aproveitamento de vários tipos de estruturas em funções de valor que surgem de uma representação fatorada do modelo.

A abordagem *online* para POMDP – usando busca com antecipação para selecionar uma ação para o estado de crença atual – primeiro foi analisada por Satia e Lave (1973). O uso da amostragem em nós de chance foi explorado analiticamente por Kearns *et al.* (2000) e Ng e Jordan (2000). O algoritmo POMCP tem origem em Silver e Veness (2011).

Com o desenvolvimento de algoritmos de aproximação razoavelmente eficazes para POMDP, seu uso como modelos para problemas do mundo real aumentou, particularmente na educação (Rafferty *et al.*, 2016), sistemas de diálogo (Young *et al.*, 2013), robótica (Hsiao *et al.*, 2007; Huynh e Roy, 2009), e carros autônomos (Forbes *et al.*, 1995; Bai *et al.*, 2015). Uma aplicação importante em grande escala é o sistema anticolisão aerotransportado X (ACAS X – *airborne collision avoidance system* X), que evita que aviões e *drones* colidam no ar. O sistema usa POMDP com redes neurais para realizar a aproximação de funções. ACAS X melhora significativamente a segurança em comparação com o sistema TCAS legado, que foi construído na década de 1970, usando tecnologia de sistema especialista (Kochenderfer, 2015; Julian *et al.*, 2018).

A tomada de decisões complexas também tem sido estudada por economistas e psicólogos. Eles descobriram que os tomadores de decisão nem sempre são racionais e podem não estar operando exatamente como descrito pelos modelos neste capítulo. Por exemplo, diante de uma escolha, a maioria das pessoas prefere R$ 100 hoje em vez de uma garantia de R$ 200 em 2 anos, mas essas mesmas pessoas preferem R$ 200 em 8 anos em vez de R$ 100 em 6 anos. Uma maneira de interpretar esse resultado é que as pessoas não estão usando recompensas aditivas com desconto exponencial; talvez elas estejam usando

recompensas hiperbólicas (a função hiperbólica cai mais bruscamente no curto prazo do que a função de decaimento exponencial). Esta e outras interpretações possíveis são discutidas por Rubinstein (2003).

Os textos de Bertsekas (1987) e Puterman (1994) fornecem introduções minuciosas aos problemas de decisão sequencial e programação dinâmica. Bertsekas e Tsitsiklis (1996) incluem uma cobertura do aprendizado por reforço. Sutton e Barto (2018) abordam um terreno semelhante, mas em um estilo mais acessível. Sigaud e Buffet (2010), Mausam e Kolobov (2012) e Kochenderfer (2015) abordam a tomada de decisão sequencial a partir de um ponto de vista de IA. Krishnamurthy (2016) oferece uma cobertura completa dos POMDP.

CAPÍTULO 18

TOMADA DE DECISÃO EM AMBIENTES MULTIAGENTES

Neste capítulo, examinamos o que fazer quando o ambiente é habitado por mais de um agente.

18.1 Propriedades de ambientes multiagentes

Até aqui, quase sempre presumimos que apenas um agente está fazendo a detecção, o planejamento e a ação. Mas, isso implica uma grande simplificação, que deixa de capturar muitas configurações de IA do mundo real. Portanto, neste capítulo, consideraremos os problemas que surgem quando um agente deve tomar decisões em ambientes que contêm vários atores. Esses ambientes são chamados **sistemas multiagentes**, e os agentes nesse sistema enfrentam um **problema de planejamento multiagente**. No entanto, como veremos, a natureza exata do problema de planejamento multiagente e as técnicas apropriadas para resolvê-lo dependerão dos relacionamentos entre os agentes no ambiente.

Sistema multiagente

Problema de planejamento multiagente

18.1.1 Tomador de decisão

A primeira possibilidade é que o ambiente contenha apenas um *tomador de decisão*, apesar de ele conter vários *atores*. Nesse caso, o tomador de decisão desenvolve planos para os outros agentes e lhes diz o que fazer. A suposição de que os agentes simplesmente farão o que lhes é dito é chamada **suposição do agente benevolente**. No entanto, mesmo nesse cenário, os planos que envolvem vários atores vão exigir que os atores *sincronizem* suas ações. Os atores A e B terão de agir ao mesmo tempo para ações conjuntas (como cantar um dueto), em momentos diferentes para ações mutuamente exclusivas (como recarregar as baterias quando houver apenas uma tomada), e sequencialmente quando um deles estabelecer uma precondição para o outro (como A lavar a louça para depois B secá-la).

Suposição do agente benevolente

Um caso especial é quando temos um único tomador de decisão com vários atuadores que podem operar ao mesmo tempo – por exemplo, um ser humano que pode caminhar e falar ao mesmo tempo. Esse agente precisa realizar um **planejamento multiatuador** para administrar cada atuador enquanto lida com as interações positivas e negativas entre os atuadores. Quando os atuadores estão fisicamente desacoplados em unidades separadas – como em uma frota de robôs de entrega em uma fábrica – o planejamento multiatuador torna-se **planejamento multicorpo**.

Planejamento multiatuador

Planejamento multicorpo

Um problema multicorpo ainda é um problema de agente único "padrão", desde que as informações relevantes do sensor coletadas por cada corpo possam ser agrupadas – de modo centralizado ou dentro de cada corpo – para formar uma estimativa comum do estado do mundo, que então informa a execução do plano geral; nesse caso, os diversos corpos podem ser pensados como agindo como um único corpo. Quando as restrições de comunicação tornam isso impossível, temos o que às vezes é chamado problema de **planejamento descentralizado**; este talvez seja um nome impróprio, porque a fase de planejamento é centralizada, mas a fase de execução é pelo menos parcialmente desacoplada. Nesse caso, o subplano construído para cada corpo pode precisar incluir ações comunicativas explícitas com outros corpos. Por exemplo, vários robôs de reconhecimento cobrindo uma grande área podem ficar constantemente fora do alcance de rádio uns com os outros, e devem compartilhar suas descobertas durante os momentos em que a comunicação for viável.

Planejamento descentralizado

18.1.2 Múltiplos tomadores de decisão

A segunda possibilidade é que os outros atores no ambiente também sejam tomadores de decisão: eles podem ter preferências e escolher e executar seu próprio plano. Nós os chamamos de **contrapartes**. Nesse caso, podemos distinguir duas outras possibilidades.

Contrapartes

- A primeira é que, embora haja diversos tomadores de decisão, todos eles buscam um **objetivo comum**. Essa é mais ou menos a situação dos trabalhadores em uma empresa, na qual diferentes tomadores de decisão estão buscando, espera-se os mesmos objetivos em favor da empresa. Nesse cenário, o principal problema enfrentado pelos tomadores de decisão é o **problema de coordenação**: eles precisam garantir que todos estejam puxando na mesma direção, e não acidentalmente atrapalhando os planos uns dos outros.

Objetivo comum

Problema de coordenação

- A segunda possibilidade é que cada um dos tomadores de decisão tenha suas próprias preferências pessoais, que cada um buscará com todas as suas forças. Pode ser que as preferências sejam totalmente opostas, como é o caso dos jogos de soma zero, por exemplo o xadrez (Capítulo 5). Mas a maioria dos encontros multiagentes são mais complicados do que isso, com preferências mais complexas.

Quando existem vários tomadores de decisão, cada um buscando suas próprias preferências, um agente precisa levar em consideração as preferências de outros agentes, além do fato de que esses outros agentes *também* estão levando em conta as preferências de outros agentes, e assim por diante. Isso nos leva ao domínio da **teoria dos jogos**: a teoria da tomada de decisão estratégica. É esse aspecto *estratégico* do raciocínio – cada um dos jogadores levando em consideração como os outros podem atuar – que distingue a teoria dos jogos da teoria da decisão. Da mesma forma que a teoria da decisão fornece a base teórica para a tomada de decisão em IA de agente único, a teoria dos jogos fornece a base teórica para a tomada de decisão em sistemas multiagentes.

Teoria dos jogos

Aqui, o uso da palavra "jogo" também não é ideal: uma inferência natural é que a teoria dos jogos se preocupa principalmente com atividades recreativas ou cenários artificiais. Nada poderia estar mais longe da verdade. A teoria dos jogos é a teoria da **tomada de decisão estratégica**. Ela é usada em situações de tomada de decisão, incluindo o leilão de direitos de perfuração de petróleo e direitos ao espectro de frequência de redes sem fio, processos de falência, decisões de desenvolvimento e preços de produtos, e segurança nacional – situações que envolvem bilhões de dólares e muitas vidas. A teoria dos jogos em IA pode ser usada de duas maneiras principais:

Tomada de decisão estratégica

1. **Projeto de agente**: a teoria dos jogos pode ser usada por um agente para analisar suas possíveis decisões e calcular a utilidade esperada para cada uma delas (supondo que outros agentes estejam agindo racionalmente, de acordo com a teoria dos jogos). Dessa maneira, as técnicas da teoria dos jogos podem determinar a melhor estratégia contra um jogador racional e o retorno esperado para cada jogador.

Projeto de agente

2. **Projeto de mecanismo**: quando um ambiente é habitado por vários agentes, é possível definir as regras do ambiente (ou seja, o jogo que os agentes devem jogar) de modo que o bem coletivo de todos os agentes seja maximizado quando cada agente adota a solução teórica do jogo que potencializa sua própria utilidade. Por exemplo, a teoria dos jogos pode ajudar a projetar os protocolos para um conjunto de roteadores de tráfego da Internet, de modo que cada roteador tenha um incentivo para agir de forma que a taxa de transferência global seja maximizada. O projeto de mecanismo também pode ser usado para construir sistemas multiagentes inteligentes, que resolvem problemas complexos em um padrão distribuído.

Projeto de mecanismo

A teoria dos jogos oferece uma variedade de modelos diferentes, cada um com seu próprio conjunto de suposições básicas; é importante escolher o modelo certo para cada cenário. A distinção mais importante é se devemos considerá-lo um jogo cooperativo ou não:

- Em um **jogo cooperativo**, é possível ter um acordo de vinculação entre os agentes, possibilitando assim uma forte cooperação. No mundo humano, os contratos legais e as normas sociais ajudam a estabelecer esses acordos de vinculação. No mundo dos programas de computador, é possível inspecionar o código-fonte para ter certeza de que seguirá um acordo. Usamos a teoria dos jogos cooperativos para analisar essa situação.

Jogo cooperativo

546   Inteligência Artificial

Jogo não cooperativo

- Se acordos de vinculação não forem possíveis, temos um **jogo não cooperativo**. Embora esse termo sugira que o jogo é inerentemente competitivo e que a cooperação não é possível, isso não precisa acontecer: não cooperativo significa simplesmente que não existe um acordo central que vincule todos os agentes e garanta a cooperação. Mas pode ser que os agentes decidam cooperar independentemente, porque isso é do seu interesse. Usamos a teoria dos jogos não cooperativos para analisar essa situação.

Alguns ambientes combinam várias dimensões diferentes. Por exemplo, uma empresa de entrega de pacotes pode fazer planejamento centralizado e *offline* para as rotas de seus caminhões e aviões a cada dia, mas deixando alguns aspectos em aberto para decisões autônomas de motoristas e pilotos, que podem responder individualmente às condições de trânsito e meteorológicas. Além disso, os objetivos da empresa e de seus funcionários são alinhados, até certo ponto, pelo pagamento de **incentivos** (salários e bônus) – um sinal claro de que esse é um verdadeiro sistema multiagente.

Incentivo

18.1.3 Planejamento multiagente

Multiator
Ator

Por enquanto, vamos tratar os cenários multiatuador, multicorpo e multiagente da mesma maneira, rotulando-os genericamente como cenários **multiator**, usando o termo genérico **ator** para abranger atuadores, corpos e agentes. O objetivo desta seção é descobrir como definir modelos de transição, planos corretos e algoritmos de planejamento eficientes para cenário de multiator. Um plano correto é aquele plano que, se executado pelos atores, alcança o objetivo. (Na verdadeira configuração multiagente, é claro, os agentes podem não concordar em executar qualquer plano específico, mas pelo menos eles saberão quais planos *funcionariam* se *concordassem* em executá-los.)

Concorrência

Uma dificuldade fundamental na tentativa de chegar a um modelo satisfatório de ação multiagente é que devemos, de alguma forma, lidar com a árdua questão da **concorrência**, ou simplesmente que os planos de cada agente podem ser executados simultaneamente. Se quisermos raciocinar sobre a execução de planos multiator, primeiro vamos precisar de um modelo de planos multiator que incorpore um modelo satisfatório de ação simultânea.

Além disso, a ação multiator levanta todo um conjunto de questões que não são uma preocupação no planejamento de agente único. Em particular, *os agentes devem considerar a maneira como suas próprias ações interagem com as ações de outros agentes.* Por exemplo, um agente terá que considerar se as ações executadas por outros agentes podem anular as precondições de suas próprias ações, se os recursos de que ele faz uso durante a execução de sua política são compartilháveis ou podem ser exauridos por outros agentes; se as ações são mutuamente exclusivas; e um agente prestativo poderia considerar como suas ações podem facilitar as ações de outros agentes.

Para responder a essas perguntas, precisamos de um modelo de ação simultânea dentro do qual poderemos formulá-las de modo adequado. Modelos de ação simultânea têm sido o principal foco de pesquisa na comunidade da ciência da computação convencional há décadas, mas nenhum modelo definitivo e universalmente aceito prevaleceu. Entretanto, as três abordagens a seguir tornaram-se bastante estabelecidas.

Execução intercalada

A primeira abordagem é considerar a **execução intercalada** das ações nos respectivos planos. Por exemplo, suponha que tenhamos dois agentes, A e B, com os seguintes planos:

$$A : [a_1, a_2]$$
$$B : [b_1, b_2].$$

A ideia principal do modelo de execução intercalada é que a única coisa sobre a qual podemos ter certeza na execução dos planos dos dois agentes é que será preservada a ordem das ações nos respectivos planos. Se assumirmos ainda que as ações são atômicas, então existem seis maneiras diferentes pelas quais os dois planos acima podem ser executados simultaneamente:

$$[a_1, a_2, b_1, b_2]$$
$$[b_1, b_2, a_1, a_2]$$
$$[a_1, b_1, a_2, b_2]$$

$[b_1, a_1, b_2, a_2]$
$[a_1, b_1, b_2, a_2]$
$[b_1, a_1, a_2, b_2]$

Para que um plano seja correto no modelo de execução intercalado, *ele deve estar correto em relação a todas as intercalações possíveis dos planos*. O modelo de execução intercalado tem sido muito adotado na comunidade da concorrência, porque é um modelo razoável da forma como diversas *threads* se revezam em execução em uma única CPU. No entanto, ele não modela o caso em que duas ações realmente acontecem ao mesmo tempo. Além do mais, o número de sequências intercaladas aumentará exponencialmente com o número de agentes e ações: por conseguinte, verificar a exatidão de um plano, que é algo computacionalmente simples em cenários de agente único, é computacionalmente difícil com o modelo de execução intercalado.

A segunda abordagem é a **concorrência verdadeira**, na qual não tentamos criar uma ordenação em série completa das ações, mas deixá-las *parcialmente ordenadas*: sabemos que a_1 ocorrerá antes de a_2, mas com relação à ordenação de a_1 e b_1, por exemplo, nada podemos dizer; um pode ocorrer antes do outro ou eles podem ocorrer simultaneamente. Sempre podemos "achatar" um modelo de ordem parcial de planos simultâneos para um modelo intercalado; porém, ao fazer isso, perdemos as informações de ordem parcial. Embora os modelos de ordem parcial sejam indiscutivelmente mais satisfatórios do que os modelos intercalados como um relato teórico da ação simultânea, na prática eles não foram amplamente adotados.

Concorrência verdadeira

A terceira abordagem é assumir uma **sincronização** perfeita: há um relógio global ao qual cada agente tem acesso, cada ação leva o mesmo tempo, e as ações em cada ponto do plano conjunto são simultâneas. Assim, as ações de cada agente são executadas de forma síncrona, em sincronia entre si (pode ser que alguns agentes executem uma "ação" *no-op* enquanto aguardam a conclusão de outras ações). A execução síncrona não é um modelo de concorrência muito completo no mundo real, mas tem uma semântica simples e, por esse motivo, é o modelo com o qual trabalharemos aqui.

Sincronização

Vamos começar com o modelo de transição; para o caso determinístico de agente único, essa é a função RESULT(s, a), que fornece o estado que resulta da execução da ação a quando o ambiente está no estado s. No cenário de agente único, pode haver b diferentes escolhas para a ação; b pode ser bastante grande, especialmente para representações de primeira ordem com muitos objetos sobre os quais agir; no entanto, os esquemas de ação oferecem uma representação concisa.

No cenário multiator com n atores, a ação única a é substituída por uma **ação conjunta** $\langle a_1,...,a_n \rangle$, em que a_i é a ação realizada pelo i-ésimo ator. Imediatamente, dois problemas podem ser vistos: primeiro, temos que descrever o modelo de transição para b^n ações conjuntas diferentes; em segundo lugar, temos um problema de planejamento conjunto com um fator de ramificação de b^n.

Ação conjunta

Tendo reunido os atores em um sistema multiator com um fator de ramificação imenso, o foco principal da pesquisa sobre o planejamento multiator foi *desacoplar* os atores na medida do possível, de modo que (idealmente) a complexidade do problema cresça linearmente com n, e não exponencialmente com b^n.

Se os atores não se interagem – por exemplo, n atores, cada um jogando paciência –, podemos simplesmente resolver n problemas distintos. Se os atores estiverem **fracamente acoplados**, podemos alcançar algo próximo a essa melhoria exponencial? Obviamente, esse é um problema fundamental em muitas áreas da IA. Vimos métodos de solução bem-sucedidos para sistemas fracamente acoplados no contexto de PSRs, em que gráficos de restrição "semelhantes a árvore" produziram métodos de solução eficazes (seção 6.5.2), bem como no contexto de bancos de dados de padrões disjuntos (seção 3.6.2) e heurísticas aditivas para planejamento (seção 11.4).

Fracamente acoplado

A abordagem padrão para problemas fracamente acoplados é fingir que os problemas são completamente desacoplados e então estabelecer as interações. Para o modelo de transição, isso significa escrever esquemas de ação como se os atores agissem de modo independente.

548 Inteligência Artificial

Vejamos como isso funciona para uma partida de tênis em duplas. Aqui, temos dois jogadores de tênis humanos que formam uma dupla com o objetivo comum de vencer a partida contra uma dupla adversária. Suponhamos que, em um ponto do jogo, o time tenha o objetivo de devolver a bola que foi atingida e garantir que pelo menos um deles esteja cobrindo a rede. A Figura 18.1 mostra as condições iniciais, o objetivo e os esquemas de ação para esse problema. É fácil ver que podemos ir das condições iniciais ao gol com um **plano conjunto** de duas etapas, que especifica o que cada jogador deve fazer: A deverá mover-se para a linha de base certa e rebater a bola, enquanto B deve apenas ficar parado na rede:

Plano conjunto

PLANO 1: A : [*Ir(A, LinhaBaseCerta), Rebater(A, Bola)*]
            B : [*NoOp(B), NoOp(B)*].

Porém, os problemas aparecem quando um plano determina que os dois agentes rebatam a bola ao mesmo tempo. No mundo real, isso não funcionará, mas o esquema de ação para *Bater* diz que a bola será rebatida com sucesso. A dificuldade é que as precondições restringem o estado em que uma ação isolada pode ser executada com sucesso, mas não restringem outras ações simultâneas que podem atrapalhar.

Resolvemos esse problema aumentando os esquemas de ação com um novo recurso: uma **restrição de ação concorrente**, indicando quais ações devem ou não devem ser executadas simultaneamente. Por exemplo, a ação *Bater* poderia ser descrita desta maneira:

Restrição de ação concorrente

Ação(Bater(ator, Bola),
     CONCORRENTE: $\forall b\ b \neq ator \Rightarrow \neg Bater(b, Bola)$
     PRECOND: *Aproximando(Bola, loc) $\wedge$ Em(ator, loc)*
     EFEITO: *Rebatida(Bola)*).

Em outras palavras, a ação *Bater* tem seu efeito indicado somente se não houver outra ação *Bater* feita por outro agente ao mesmo tempo. (Na abordagem SATPLAN, isso seria tratado por um **axioma de exclusão de ação**.) Para algumas ações, o efeito desejado é obtido *somente* quando outra ação acontece simultaneamente. Por exemplo, dois agentes são necessários para carregar um *cooler* cheio de bebidas até a quadra de tênis:

Ação(Carregar(ator, cooler, aqui, ali),
     CONCORRENTE: $\exists b\ b \neq ator \wedge Carregar(b, cooler, aqui, ali)$
     PRECOND: *Em(ator, aqui) $\wedge$ Em(cooler, aqui) $\wedge$ Cooler(cooler)*
     EFEITO: *Em(ator, ali) $\wedge$ Em(cooler, ali) $\wedge$ $\neg$Em(ator, aqui) $\wedge$ $\neg$Em(cooler, aqui)*).

Com esses tipos de esquemas de ação, qualquer um dos algoritmos de planejamento descritos no Capítulo 11 pode ser adaptado com algumas poucas modificações para gerar planos multiator. Na medida em que o acoplamento entre os subplanos é fraco – o que significa que as restrições de concorrência raramente entram em cena durante a busca do plano –, seria de se esperar que as diversas heurísticas derivadas para o planejamento de agente único também fossem eficazes no contexto de multiator.

Atores(A, B)
Início(Em(A, LinhaBaseEsquerda) $\wedge$ Em(B, RedeDireita) $\wedge$
     Aproximando(Bola, LinhaBaseDireita) $\wedge$ Parceiro(A, B) $\wedge$ Parceiro(B, A)
Objetivo(Rebatida(Bola) $\wedge$ (Em(x, RedeDireita) $\vee$ Em(x, RedeEsquerda))
Ação(Bater(ator, Bola),
     PRECOND: *Aproximando(Bola, loc) $\wedge$ Em(ator, loc)*
     EFEITO: *Rebatida(Bola)*)
Ação(Ir(ator, para),
     PRECOND: *Em(ator, loc) $\wedge$ para $\neq$ loc,*
     EFEITO: *Em(ator, para) $\wedge$ $\neg$Em(ator, loc)*)

Figura 18.1 Problema do jogo de tênis em duplas. Dois atores, *A* e *B*, estão jogando juntos e podem estar em um de quatro locais: *LinhaBaseEsquerda, LinhaBaseDireita, RedeEsquerda* e *RedeDireita*. A bola só pode ser rebatida se um jogador estiver no local certo. A ação *NoOp* é fictícia e não tem efeito algum. Observe que cada ação deve incluir o ator como um argumento.

18.1.4 Planejamento com múltiplos agentes: cooperação e coordenação

Vamos agora considerar um verdadeiro cenário multiagente em que cada agente elabora seu próprio plano. Para começar, vamos supor que os objetivos e a base de conhecimento sejam compartilhados. Você pode achar que isso se reduz ao caso de multicorpo – cada agente simplesmente calcula a solução conjunta e executa sua própria parte dessa solução. Infelizmente, o "a" em "a solução conjunta" pode causar confusão. Aqui está um segundo plano que também alcança o objetivo:

$$\text{PLANO 2:} \quad A : [Ir(A, RedeEsquerda), NoOp(A)]$$
$$B : [Ir(B, RedeDireita), Bater(B, Bola)].$$

Se os dois agentes puderem concordar com o plano 1 ou com o plano 2, o objetivo será alcançado. Porém, se A escolhe o plano 2 e B escolhe o plano 1, então ninguém rebaterá a bola. Por outro lado, se A escolher 1 e B escolher 2, então ambos tentarão bater na bola e isso também não funcionará. Os agentes sabem disso, mas como eles poderão coordenar para garantir que combinarão sobre o plano?

Uma opção é adotar uma **convenção** antes do envolvimento em atividades conjuntas. Uma convenção é qualquer restrição na seleção de planos conjuntos. Por exemplo, a convenção "fique do seu lado da quadra" descartaria o plano 1, fazendo com que ambos os parceiros selecionassem o plano 2. Os motoristas em uma estrada enfrentam o problema de não colidir uns com os outros; isso é (pelo menos, em parte) resolvido com a adoção da convenção "fique do lado direito da estrada" na maioria dos países; a alternativa, "fique do lado esquerdo", também daria certo, desde que todos os agentes em um ambiente concordem. Considerações semelhantes se aplicam ao desenvolvimento da linguagem humana, para a qual o importante não é em qual língua cada indivíduo deve falar, mas o fato de que uma comunidade fala a mesma língua. Quando as convenções são difundidas, elas são chamadas **leis sociais**. *(Convenção)* *(Lei social)*

Na ausência de uma convenção, os agentes podem usar a **comunicação** para obter conhecimento comum de um plano conjunto que seja viável. Por exemplo, um jogador de tênis pode gritar "Minha!" ou "Sua!" para indicar um plano comum preferido. A comunicação não envolve necessariamente uma troca verbal. Por exemplo, um jogador pode comunicar um plano conjunto preferencial ao outro simplesmente executando a primeira parte dele. Se o agente A se dirigir para a rede, o agente B é obrigado a voltar à linha de base para rebater a bola, porque o plano 2 é o único plano conjunto que começa com A dirigindo-se para a rede. Essa abordagem de coordenação, às vezes chamada **reconhecimento de plano**, funciona quando uma única ação (ou sequência curta de ações) de um agente é suficiente para o outro determinar um plano conjunto sem que haja ambiguidades. *(Reconhecimento de plano)*

18.2 Teoria de jogos em ambiente não cooperativo

Agora, vamos apresentar os conceitos-chave e as técnicas analíticas da teoria dos jogos – a teoria que sustenta a tomada de decisão em ambientes multiagentes. Nossa jornada começará com a teoria dos jogos não cooperativa.

18.2.1 Jogos com um único movimento: jogos de forma normal

O primeiro modelo de jogo que veremos é aquele em que todos os jogadores atuam simultaneamente e o resultado do jogo é baseado no perfil das ações que são selecionadas dessa maneira. (Na verdade, não é essencial que as ações ocorram ao mesmo tempo; o que importa é que nenhum jogador tenha conhecimento das escolhas dos outros jogadores.) Esses jogos são chamados **jogos de forma normal**. Um jogo normal é definido por três componentes: *(Jogo de forma normal)*

- **Jogadores** ou agentes que tomarão decisões. Jogos com dois jogadores receberam muita atenção, embora jogos com n jogadores, com $n > 2$, também são comuns. Aos jogadores daremos nomes iniciados em maiúsculas, como Ali e Bo, ou O e E. *(Jogador)*

550 Inteligência Artificial

Função de recompensa

Matriz de recompensa

- **Ações** que os jogadores podem escolher. Daremos nomes em minúsculas às ações, como *uma* ou *testemunhar*. Os jogadores podem ou não ter o mesmo conjunto de ações à sua disposição.
- **Função de recompensa** indica a utilidade a cada jogador por cada combinação de ações por todos os jogadores. Para jogos com dois jogadores, a função de recompensa para um jogador pode ser representada por uma matriz em que há uma linha para cada ação possível de um jogador, e uma coluna para cada escolha possível do outro jogador: a interseção de uma linha escolhida e de uma coluna escolhida forma uma célula da matriz, que é rotulada com a recompensa para o jogador relevante. No caso de dois jogadores, é comum combinar as duas matrizes em uma única **matriz de recompensa**, na qual cada célula é rotulada com as recompensas para ambos os jogadores.

Para ilustrar essas ideias, vejamos um exemplo de jogo, chamado **Morra com dois dedos**. Nesse jogo, dois jogadores, I e P, mostram um ou dois dedos ao mesmo tempo. O número total de dedos mostrados é f. Se f for ímpar, I recebe f dólares de P, e se f for par, P recebe f dólares de I.[1] A matriz de recompensa para o jogo de Morra com dois dedos é a seguinte:

	I: um	*I: dois*
P: um	$P = +2, I = -2$	$P = -3, I = +3$
P: dois	$P = -3, I = +3$	$P = +4, I = -4$

Jogador de linha
Jogador de coluna

Dizemos que P é o **jogador de linha** e I é o **jogador de coluna**. Assim, por exemplo, o canto inferior direito mostra que, quando o jogador I escolhe a ação *dois* e P também escolhe *dois*, a recompensa é +4 para P e –4 para I.

Antes de analisar o jogo de Morra com dois dedos, vale a pena considerar por que as ideias da teoria dos jogos são necessárias: por que não podemos encarar o desafio enfrentado (digamos) pelo jogador P usando o aparato da teoria da decisão e maximização da utilidade que estamos usando em outra parte do livro? Para ver por que algo mais é necessário, vamos supor que P esteja tentando encontrar a melhor ação a ser executada. As alternativas são *um* ou *dois*. Se P escolher *um*, o resultado será +2 ou –3. Contudo, a recompensa que P *realmente* vai receber dependerá da escolha feita por I: o máximo que P pode fazer, como jogador de linha, é forçar o resultado do jogo a ficar em uma linha específica. Da mesma forma, I escolhe apenas a coluna.

Para escolher de forma ótima entre essas possibilidades, P deve levar em conta como I atuará como um tomador de decisão racional. Mas I, por sua vez, deve levar em conta o fato de que P é um tomador de decisões racional. Assim, a tomada de decisão em configurações multiagentes é muito diferente da tomada de decisão em configurações de agente único, porque os jogadores precisam levar em consideração o raciocínio uns dos outros.

Conceito de solução

O papel dos **conceitos de solução** na teoria dos jogos é tentar tornar preciso esse tipo de raciocínio.

Estratégia
Estratégia pura

O termo **estratégia** é usado na teoria dos jogos para indicar o que chamamos anteriormente de *política*. Uma **estratégia pura** é uma política determinística; para um jogo de movimento único, uma estratégia pura é apenas uma única ação. Como veremos a seguir, para muitos jogos um agente pode se sair melhor com uma **estratégia mista**, que é uma política aleatória que seleciona ações de acordo com uma distribuição de probabilidade. A estratégia mista que escolhe a ação a com probabilidade p e a ação b de outra forma é escrita como $[p: a; (1 - p): b]$. Por exemplo, a estratégia mista para o jogo de Morra com dois dedos pode ser $[0,5: um; 0,5: dois]$. Um **perfil de estratégia** é a atribuição de uma estratégia a cada jogador; dado o perfil de estratégia, o **resultado** do jogo é um valor numérico para cada jogador - se os jogadores usam estratégias mistas, então devemos usar a utilidade esperada.

Estratégia mista

Perfil de estratégia

---

[1] Morra é uma versão recreativa de um **jogo de inspeção**. Nesses jogos, um inspetor escolhe um dia para inspecionar uma instalação (como um restaurante ou uma planta de armas biológicas), e o operador da instalação escolhe um dia para esconder toda a sujeira. O inspetor vence se os dias forem diferentes, e o operador da instalação vence se os dias forem iguais.

Então, como os agentes devem decidir agir em jogos como o Morra? A teoria dos jogos oferece diversos conceitos de solução que tentam definir a ação racional em relação às crenças de um agente sobre as crenças do outro agente. Infelizmente, não existe o conceito de uma solução perfeita: é problemático definir o que significa "racional" quando cada agente escolhe apenas parte do perfil da estratégia que determina o resultado.

Apresentamos nosso primeiro conceito de solução por meio do que é provavelmente o jogo mais famoso do cânone da teoria dos jogos – o **dilema do prisioneiro**. Esse jogo é motivado pela seguinte história: dois supostos ladrões, Ali e Bo, são pegos em flagrante perto do local de um roubo e são interrogados separadamente. Um promotor oferece um acordo a cada um: se você testemunhar contra seu parceiro como líder de uma quadrilha de assaltos, você será libertado por cooperar, enquanto seu parceiro cumprirá 10 anos de prisão. No entanto, se ambos testemunharem um contra o outro, ambos serão presos por 5 anos. Ali e Bo também sabem que, se ambos se recusarem a testemunhar, cumprirão apenas 1 ano cada pela acusação mais leve de posse de propriedade roubada. Agora, Ali e Bo enfrentam o chamado "dilema do prisioneiro": eles deveriam testemunhar ou recusar? Sendo agentes racionais, Ali e Bo querem maximizar sua própria utilidade esperada, o que significa minimizar o número de anos na prisão – cada um é indiferente ao bem-estar do outro jogador. O dilema do prisioneiro é capturado na seguinte matriz de recompensa:

Dilema do prisioneiro

	Ali:testemunhar	*Ali:recusar*
Bo:testemunhar	$A = -5, B = -5$	$A = -10, B = 0$
Bo:recusar	$A = 0, B = -10$	$A = -1, B = -1$

Agora, coloque-se no lugar de Ali. Ela pode analisar a matriz de recompensa da seguinte forma:

- Supondo que Bo decida *testemunhar*, então eu levo 5 anos se eu testemunhar e 10 anos se eu me recusar; então nesse caso testemunhar é melhor.
- Por outro lado, se Bo se *recusar*, então eu fico livre se eu testemunhar e pego 1 ano de prisão se me recusar, de modo que testemunhar também é melhor nesse caso.
- Então, *não importa o que Bo decida fazer*, para mim, seria melhor testemunhar.

Ali descobriu que *testemunhar* é uma **estratégia dominante** para o jogo. Dizemos que uma estratégia s para o jogador p **domina fortemente** a estratégia s' se o resultado para s for melhor para p do que o resultado para s', para cada escolha de estratégias feita pelo(s) outro(s) jogador(es). A estratégia s **domina fracamente** s' se s for melhor do que s' em pelo menos um perfil de estratégia e não for pior em qualquer outro. Uma estratégia dominante é uma estratégia que domina todas as outras. Uma hipótese comum na teoria dos jogos é que *um jogador racional sempre escolherá uma estratégia dominante e evitará uma estratégia dominada*. Por ser racional – ou, pelo menos, por não querer ser considerada irracional –, Ali escolhe a estratégia dominante.

Estratégia dominante
Dominação forte
Dominação fraca

Não é difícil ver que o raciocínio de Bo será idêntico: ele também concluirá que *testemunhar* é uma estratégia dominante para ele, e escolherá jogá-la. A solução do jogo, de acordo com a análise da estratégia dominante, será que ambos os jogadores escolham *testemunhar*; em consequência disso, ambos cumprirão 5 anos de prisão.

Em uma situação como essa, em que todos os jogadores escolhem uma estratégia dominante, o resultado é considerado um **equilíbrio de estratégia dominante**. É um "equilíbrio" porque nenhum jogador tem qualquer incentivo para se desviar de sua parte nele: por definição, se o fizesse, não poderia fazer melhor e pode fazer pior. Nesse sentido, o equilíbrio de estratégia dominante é um conceito de solução muito forte.

Equilíbrio de estratégia dominante

Voltando ao dilema do prisioneiro, podemos ver que o *dilema* é que o resultado do equilíbrio de estratégia dominante em que ambos os jogadores *testemunham* é pior para ambos os jogadores do que o resultado que obteriam se ambos se recusassem a testemunhar. O resultado (*recusar,recusar*) daria a ambos os jogadores apenas 1 ano de prisão, o que seria melhor para *ambos* do que os 5 anos que cada um cumpriria se escolhessem o equilíbrio da estratégia dominante.

552 Inteligência Artificial

Existe alguma maneira de Ali e Bo chegarem ao resultado (*recusar,recusar*)? Certamente, é uma opção *permissível* para ambos se recusarem a testemunhar, mas é difícil ver como agentes racionais poderiam fazer essa escolha, pela forma como o jogo está organizado. Lembre-se, esse é um jogo não cooperativo: eles não podem falar um com o outro e, portanto, não podem fazer um acordo de *recusa*.

No entanto, é possível chegar à solução (*recusar,recusar*) se mudarmos o jogo. Poderíamos mudá-lo para um jogo cooperativo em que os agentes podem firmar um acordo vinculativo. Ou podemos mudar para um **jogo repetido** em que os jogadores sabem que se encontrarão novamente – veremos, a seguir, como isso funciona. Como alternativa, os jogadores podem ter crenças morais que incentivem a cooperação e a justiça. Mas isso significaria que eles teriam funções de utilidade diferentes e, novamente, estariam jogando um jogo diferente.

A presença de uma estratégia dominante para determinado jogador simplifica muito o processo de tomada de decisão desse jogador. Uma vez que Ali percebeu que testemunhar é uma estratégia dominante, ela não precisa investir nenhum esforço para tentar descobrir o que Bo fará, porque ela sabe que *não importa o que Bo faça*, testemunhar seria sua **melhor resposta**. No entanto, a maioria dos jogos não tem estratégias dominantes nem equilíbrios de estratégia dominantes. É raro que uma única estratégia seja a melhor resposta a todas as estratégias de contrapartida possíveis.

Melhor resposta

O próximo conceito de solução que consideramos é mais fraco do que o equilíbrio da estratégia dominante, mas ele se aplica de forma mais ampla. É chamado **equilíbrio de Nash**, tendo recebido o nome de John Forbes Nash, Jr. (1928-2015), que o estudou em 1950 em sua tese de doutorado – trabalho pelo qual recebeu o Prêmio Nobel em 1994.

Equilíbrio de Nash

Um perfil de estratégia é um equilíbrio de Nash se nenhum jogador puder mudar sua estratégia de forma unilateral e, por conseguinte, receber uma recompensa maior, sob a suposição de que os outros jogadores permaneceram com suas escolhas de estratégia. Assim, em um equilíbrio de Nash, cada jogador está jogando simultaneamente uma melhor resposta às escolhas de suas contrapartes. Um equilíbrio de Nash representa um ponto estável em um jogo: estável no sentido de que não há incentivo racional para qualquer jogador se desviar. No entanto, os equilíbrios de Nash são pontos estáveis *locais*: como veremos, um jogo pode conter vários equilíbrios de Nash.

Como uma estratégia dominante é a melhor resposta a *todas* as estratégias da contrapartida, segue-se que qualquer equilíbrio de estratégia dominante também é um equilíbrio de Nash. No dilema do prisioneiro, portanto, há um equilíbrio da estratégia dominante única, que é também o equilíbrio de Nash único.

O exemplo de jogo a seguir demonstra, primeiro, que os jogos às vezes não têm estratégias dominantes e, segundo, que alguns jogos têm vários equilíbrios de Nash.

	Ali:l	*Ali:r*
Bo:t	$A = 10, B = 10$	$A = 0, B = 0$
Bo:b	$A = 0, B = 0$	$A = 1, B = 1$

É fácil verificar que não existem estratégias dominantes nesse jogo, para qualquer jogador e, portanto, não há equilíbrio de estratégia dominante. Porém, os perfis de estratégia (*t,l*) e (*b,r*) são ambos equilíbrios de Nash. Agora, é claro que é do interesse de ambos os agentes buscar o mesmo equilíbrio de Nash – seja (*t,l*) ou (*b,r*) – mas, uma vez que estamos no domínio da teoria dos jogos *não cooperativos*, os jogadores devem fazer suas escolhas de forma independente, sem qualquer conhecimento das escolhas dos outros, e sem qualquer forma de fazer um acordo com eles. Este é um exemplo de **problema de coordenação**: os jogadores querem coordenar suas ações globalmente, de forma que ambos escolham ações que conduzam ao mesmo equilíbrio, mas devem fazê-lo usando apenas a tomada de decisão local.

Foram propostas diversas abordagens para resolver problemas de coordenação. Uma ideia é a dos **pontos focais**. Um ponto focal em um jogo é um resultado que, de alguma forma, se destaca para os jogadores como um resultado "óbvio" sobre o qual suas escolhas são coordenadas. É claro que essa não é uma definição precisa – seu significado dependerá do jogo em questão. Contudo, no exemplo mostrado, há um ponto focal óbvio: o resultado (*t,l*) daria a

Ponto focal

ambos os jogadores uma utilidade substancialmente maior do que eles obteriam se coordenassem em (*b,r*). Do ponto de vista da teoria dos jogos, ambos os resultados são equilíbrios de Nash – mas um jogador seria perverso se esperasse coordenar em (*b,r*).

Alguns jogos não têm equilíbrios de Nash em estratégias puras, como ilustra o jogo a seguir, chamado **moedas combinadas**. Ali e Bo escolhem simultaneamente um lado de uma moeda, cara ou coroa: se eles fizerem as mesmas escolhas, então Bo dará US$1 para Ali, enquanto se eles fizerem escolhas diferentes, então Ali dará US$1 a Bo:

	Ali:cara	*Ali:coroa*
Bo:cara	$A = 1, B = -1$	$A = -1, B = 1$
Bo:coroa	$A = -1, B = 1$	$A = 1, B = -1$

Moedas combinadas

O leitor é convidado a verificar que o jogo não tem estratégias dominantes, e que nenhum resultado é um equilíbrio de Nash em estratégias puras: a cada resultado, um jogador lamenta sua escolha, e preferiria ter escolhido de modo diferente, dada a escolha do outro jogador.

Para encontrar um equilíbrio de Nash, o truque é usar estratégias mistas – permitir que os jogadores façam escolhas aleatórias. Nash provou que *todo jogo tem pelo menos um equilíbrio de Nash em estratégias mistas*. Isso explica por que o equilíbrio de Nash é um conceito de solução tão importante: outros conceitos de solução, como o equilíbrio da estratégia dominante, não têm garantia de existência para todos os jogos, mas sempre obteremos uma solução se buscarmos equilíbrios de Nash com estratégias mistas.

No caso das moedas combinadas, temos um equilíbrio de Nash em estratégias mistas se os dois jogadores escolherem *cara* e *coroa* com a mesma probabilidade. Para ver que esse resultado é realmente um equilíbrio de Nash, suponha que um dos jogadores tenha escolhido um resultado com uma probabilidade diferente de 0,5. Então, o outro jogador poderia explorar isso, colocando todo o seu peso atrás de uma estratégia em particular. Por exemplo, suponha que Bo jogasse *cara* com probabilidade 0,6 (e, portanto, *coroa* com probabilidade 0,4). Então, o melhor é que Ali jogue *cara* com certeza. Logo, fica fácil ver que Bo, jogando *cara* com probabilidade 0,6, pode não fazer parte de qualquer equilíbrio de Nash.

18.2.2 Bem-estar social

A perspectiva principal na teoria dos jogos é a dos jogadores dentro do jogo, tentando obter os melhores resultados possíveis para si próprios. No entanto, às vezes é instrutivo adotar uma perspectiva diferente. Suponha que você seja uma entidade benevolente e onisciente, olhando para o jogo, e que seja capaz de *escolher* o resultado. Sendo benevolente, você deseja escolher o melhor resultado geral – o resultado que seria melhor para a *sociedade como um todo*, por assim dizer. Como você deve escolher? Que critérios você poderia aplicar? É aqui que entra a noção de **bem-estar social**.

Bem-estar social

Provavelmente, o critério de bem-estar social mais importante e menos controverso é que você deve evitar resultados que *desperdicem* utilidade. Esse requisito é capturado no conceito da **otimização de Pareto**, que recebeu esse nome em homenagem ao economista italiano Vilfredo Pareto (1848-1923). Um resultado é ótimo de Pareto se não houver outro resultado que deixe um jogador melhor sem piorar a situação de outro. Se você escolher um resultado que não seja o ótimo de Pareto, ele desperdiçará utilidade no sentido de que você poderia ter dado mais utilidade a pelo menos um agente, sem tirar nada de outros agentes.

Otimização de Pareto

O **bem-estar social utilitário** é uma medida de quão bom é um resultado no conjunto. O bem-estar social utilitário de um resultado é simplesmente a soma das utilidades dadas aos jogadores por aquele resultado. Existem duas dificuldades principais com o bem-estar social utilitário. A primeira é que ele considera a soma, mas não a *distribuição* de utilidades entre os jogadores, de modo que pode levar a uma distribuição muito desigual se ela maximizar a soma. A segunda dificuldade é que ele assume uma *escala comum* para as utilidades. Muitos economistas argumentam que isso é impossível de estabelecer porque a utilidade (diferente do dinheiro) é uma quantidade subjetiva. Se estamos tentando decidir como dividir um pacote de

Bem-estar social utilitário

biscoitos, devemos dar todos eles ao monstro da utilidade que diz: "Eu amo biscoitos mil vezes mais do que qualquer outra pessoa?" Isso maximizaria a utilidade total autorrelatada, mas não parece estar certo.

A questão de como a utilidade é distribuída entre os jogadores é abordada por pesquisas em **bem-estar social igualitário**. Por exemplo, uma proposta sugere que devemos maximizar a utilidade esperada do membro em pior situação na sociedade – uma abordagem maximin. É possível usar outras métricas, incluindo o **coeficiente de Gini**, que resume a uniformidade da distribuição de utilidade entre os jogadores. As principais dificuldades com essas propostas é que elas podem sacrificar uma grande parte do bem-estar total por pequenos ganhos de distribuição e, como o utilitarismo simples, ainda estão à mercê do monstro da utilidade.

A aplicação desses conceitos ao jogo do dilema do prisioneiro, apresentado anteriormente, explica por que ele é chamado "dilema". Lembre-se de que (*testemunhar, testemunhar*) é um equilíbrio estratégico dominante e o único equilíbrio de Nash. No entanto, esse é o único resultado que *não* é o ótimo de Pareto. O resultado (*recusar, recusar*) maximiza o bem-estar social utilitário e igualitário. O dilema no dilema do prisioneiro surge, portanto, porque um conceito de solução muito forte (equilíbrio de estratégia dominante) leva a um resultado que basicamente falha em todos os testes daquilo que conta como um resultado razoável do ponto de vista da "sociedade". Mas, não há um modo claro para os jogadores individuais chegarem a uma solução melhor.

Computação de equilíbrios

Agora vamos considerar as questões básicas de computação associadas aos conceitos discutidos anteriormente. Primeiro, vamos considerar as estratégias puras, nas quais a aleatoriedade não é permitida.

Se os jogadores possuem apenas um número finito de escolhas possíveis, então uma pesquisa exaustiva pode ser usada para encontrar equilíbrios: passar por cada perfil de estratégia possível e verificar se algum jogador tem um desvio benéfico desse perfil; se não, ele é um equilíbrio de Nash em estratégias puras. Estratégias dominantes e equilíbrios de estratégia dominante podem ser calculados por algoritmos semelhantes. Infelizmente, o número de perfis de estratégia possíveis para n jogadores, cada um com m ações possíveis, é m^n, ou seja, inviavelmente grande para uma busca completa.

Uma abordagem alternativa, que funciona bem para alguns jogos, é a **melhor resposta míope** (também conhecida como **melhor resposta iterativa**): comece escolhendo um perfil de estratégia qualquer; então, se algum jogador não estiver jogando sua escolha ótima, dadas as escolhas de outros, mude sua escolha para uma que seja ótima e repita o processo. O processo convergirá se levar a um perfil de estratégia em que cada jogador está fazendo uma escolha ótima, dadas as escolhas dos outros – em outras palavras, um equilíbrio de Nash. Para alguns jogos, a melhor resposta míope não converge, mas para algumas classes importantes de jogos, a convergência é garantida.

O cálculo de equilíbrios de estratégia mista é muito mais complexo da parte do algoritmo. A fim de simplificar, vamos nos concentrar em métodos para jogos de soma zero e, ao fim desta seção, comentar rapidamente sobre sua extensão para outros jogos.

Em 1928, von Neumann desenvolveu um método para encontrar a estratégia mista *ótima* para dois jogadores, **jogos de soma zero** – jogos em que as recompensas sempre somam zero (ou uma constante, conforme explicamos na seção 5.1.1). Claramente, Morra é um desses jogos. Para jogos de soma zero com dois jogadores, sabemos que as recompensas são iguais e opostas; portanto, precisamos considerar as recompensas de apenas um jogador, que será o maximizador (como no Capítulo 5). Para o jogo Morra, escolhemos o jogador par P para ser o maximizador, e então podemos definir a matriz de recompensas pelos valores $U_P(p,i)$ – a recompensa para P, caso P jogue p e I jogue i. (Por conveniência, chamamos o jogador P de "ela" e I de "ele".) O método de von Neumann é chamado técnica **maximin** e funciona da seguinte forma:

- Suponha que as regras sejam mudadas desta maneira: primeiro P escolhe sua estratégia e a revela a I. Em seguida, I escolhe sua estratégia, depois de conhecer a estratégia de P. Por fim, avaliamos a recompensa esperada do jogo com base nas estratégias escolhidas. Isso nos dá um jogo de alternância ao qual podemos aplicar o algoritmo **minimax** padrão do Capítulo 5. Vamos supor que isso forneça um resultado $U_{P,I}$. Obviamente, esse jogo favorece I; então a verdadeira utilidade U do jogo original (do ponto de vista de P) é *pelo menos* $U_{P,I}$. Por exemplo, se olharmos apenas para estratégias puras, a árvore do jogo minimax tem um valor raiz de −3 (Figura 18.2[a]); portanto, sabemos que $U \geq -3$.

- Agora, suponha que mudemos as regras para forçar I a revelar sua estratégia primeiro, seguido por P. Então, o valor mínimo desse jogo é $U_{I,P}$, e como esse jogo favorece P sabemos que U é *no máximo* $U_{I,P}$. Com estratégias puras, o valor é +2 (Figura 18.2[b]); então sabemos que $U \leq +2$.

Combinando esses dois argumentos, vemos que a utilidade verdadeira U da solução para o jogo original deverá satisfazer

$$U_{P,I} \leq U \leq U_{I,P} \quad \text{ou, neste caso,} \quad -3 \leq U \leq 2.$$

Para apontar o valor de U, temos que passar nossa análise para estratégias mistas. Primeiro, observe o seguinte: *uma vez que o primeiro jogador tenha revelado uma estratégia, o segundo*

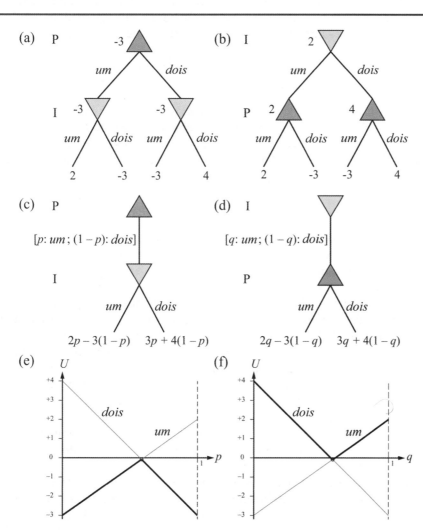

Figura 18.2 (a) e (b): Árvores de jogo minimax para o jogo Morra com dois dedos se os jogadores se alternarem jogando estratégias puras. (c) e (d): Árvores de jogo parametrizadas em que o primeiro jogador joga uma estratégia mista. As recompensas dependem do parâmetro de probabilidade (p ou q) na estratégia mista. (e) e (f): Para qualquer valor em particular do parâmetro de probabilidade, o segundo jogador escolherá a "melhor" das duas ações, de modo que o valor da estratégia mista do primeiro jogador é dado pelas linhas espessas. O primeiro jogador escolherá o parâmetro de probabilidade para a estratégia mista no ponto de interseção.

556 Inteligência Artificial

jogador também pode escolher uma estratégia pura. O motivo é simples: se o segundo jogador jogar uma estratégia mista, $[p{:}um{;}(1-p){:}dois]$, sua utilidade esperada é uma combinação linear $(p{\cdot}U_{um} + (1-p){\cdot}U_{dois})$ das utilidades das estratégias puras, U_{um} e U_{dois}. Essa combinação linear nunca poderá ser melhor do que a melhor entre U_{um} e U_{dois}, de modo que o segundo jogador pode simplesmente escolher a melhor.

Com essa observação em mente, as árvores minimax podem ser consideradas como tendo infinitos ramos na raiz, correspondendo às infinitas estratégias mistas que o primeiro jogador pode escolher. Cada um deles leva a um nó com dois ramos correspondentes às estratégias puras para o segundo jogador. Podemos descrever essas árvores infinitas finitamente, tendo uma escolha "parametrizada" na raiz:

- Se P escolhe primeiro, a situação é aquela mostrada na Figura 18.2(c). P escolhe a estratégia $[p{:}um{;}(1-p){:}dois]$ na raiz, e depois I escolhe uma estratégia pura (e, portanto, um movimento), dado o valor de p. Se I escolhe *um*, a recompensa esperada (para P) é $2p - 3(1-p) = 5p - 3$; se I escolhe *dois*, a recompensa esperada é $-3p + 4(1-p) = 4 - 7p$. Podemos desenhar essas duas recompensas como linhas retas em um grafo, em que p varia de 0 a 1 no eixo x, como mostra a Figura 18.2(e). I, o minimizador, sempre escolherá a mais baixa das duas linhas, como demonstram as linhas espessas na figura. Portanto, o melhor que P pode fazer na raiz é escolher p para que seja o ponto de interseção, que é:

$$5p - 3 = 4 - 7p \qquad \Rightarrow \qquad p = 7/12.$$

  A utilidade para P nesse ponto é $U_{I,P} = -1/12$.

- Se I se move primeiro, a situação é conforme aparece na Figura 18.2(d). I escolhe a estratégia $[q{:}um{;}(1-q){:}dois]$ na raiz, e depois P escolhe um movimento, dado o valor de q. As recompensas são $2q - 3(1-q) = 5q - 3$ e $-3q + 4(1-q) = 4 - 7q$.[2] Novamente, a Figura 18.2(f) mostra que o melhor que I pode fazer na raiz é escolher o ponto de interseção:

$$5q - 3 = 4 - 7q \qquad \Rightarrow \qquad q = 7/12.$$

  A utilidade para P nesse ponto é $U_{I,P} = -1/12$.

Agora sabemos que a verdadeira utilidade do jogo original está entre $-1/12$ e $-1/12$; ou seja, é exatamente $-1/12$! (A conclusão é que é melhor ser I do que P se você estiver jogando esse jogo.) Além disso, a verdadeira utilidade é alcançada pela estratégia mista $[7/12{:}um{;}5/12{:}dois]$, que deve ser jogada por ambos os jogadores. Essa estratégia é chamada **equilíbrio maximin** do jogo, e é um equilíbrio de Nash. Observe que cada estratégia de componente em uma estratégia mista de equilíbrio tem a mesma utilidade esperada. Nesse caso, tanto *um* quanto *dois* têm a mesma utilidade esperada, $-1/12$, que a própria estratégia mista.

Equilíbrio maximin

Nosso resultado para o jogo Morra com dois dedos é um exemplo do resultado geral de von Neumann: *todo jogo de soma zero para dois jogadores tem um equilíbrio máximo quando são permitidas estratégias mistas*. Além disso, todo equilíbrio de Nash em um jogo de soma zero é um maximin para ambos os jogadores. Um jogador que adota a estratégia maximin tem duas garantias: primeiro, nenhuma outra estratégia pode ser melhor contra um oponente que joga bem (embora algumas outras estratégias possam ser melhores para explorar um oponente que comete erros irracionais). Em segundo lugar, o jogador continua jogando bem, mesmo que a estratégia seja revelada ao oponente.

O algoritmo geral para descobrir os equilíbrios máximos em jogos de soma zero é um pouco mais complicado do que as Figuras 18.2(e) e 18.2(f) podem sugerir. Quando há n ações possíveis, uma estratégia mista é um ponto no espaço de n dimensões e as linhas se tornam hiperplanos. Também é possível que algumas estratégias puras para o segundo jogador sejam dominadas por outras, de modo que não sejam ótimas contra *qualquer* estratégia para o primeiro jogador. Depois de remover todas essas estratégias (isso pode precisar ser feito repetidamente), a escolha ideal na raiz é o ponto de interseção mais alto (ou mais baixo) dos hiperplanos restantes.

---

[2] É coincidência que essas equações sejam as mesmas daquelas para p; a coincidência surge porque $U_P(um,dois) = U_P(dois,um) = -3$. Isso também explica por que a estratégia ótima é a mesma para os dois jogadores.

Achar essa escolha é exemplo de um problema de **programação linear**: maximizar uma função objetivo sujeita a restrições lineares. Esses problemas podem ser resolvidos por técnicas padrão em tempo polinomial no número de ações (e no número de *bits* usados para especificar a função recompensa, usando termos mais técnicos).

A questão permanece: o que um agente racional realmente deve *fazer* ao jogar um único jogo Morra? O agente racional terá derivado o fato de que [7/12: *um*; 5/12: *dois*] é a estratégia de equilíbrio maximin, e assumirá que esse é o conhecimento mútuo com um oponente racional. O agente poderia usar um dado de 12 lados ou um gerador de números aleatórios para escolher aleatoriamente de acordo com essa estratégia mista, caso em que o retorno esperado seria –1/12 para *P*. Ou então o agente poderia apenas decidir jogar *um*, ou *dois*. Nesses dois casos, a recompensa esperada continua sendo –1/12 para *P*. Curiosamente, escolher unilateralmente uma ação específica não prejudica a recompensa esperada de alguém, mas permitir que o outro agente saiba que alguém tomou tal decisão unilateral *afeta* a recompensa esperada, porque então o oponente pode ajustar a estratégia de acordo.

Encontrar equilíbrios em jogos de soma diferente de zero é um pouco mais complicado. A abordagem geral tem duas etapas: (1) enumere todos os subconjuntos possíveis de ações que poderiam formar estratégias mistas. Por exemplo, experimente primeiro todos os perfis de estratégia em que cada jogador usa uma única ação, depois aqueles em que cada jogador usa uma ou duas ações, e assim por diante. Isso é exponencial no número de ações e, portanto, só se aplica a jogos relativamente pequenos. (2) Para cada perfil de estratégia enumerado em (1), verifique se ele é um equilíbrio. Isso é feito resolvendo um conjunto de equações e desigualdades semelhantes às usadas no caso de soma zero. Para dois jogadores, essas equações são lineares e podem ser resolvidas com técnicas básicas de programação linear, mas para três ou mais jogadores elas são não lineares, podendo ser muito difíceis de resolver.

18.2.3 Jogos repetidos

Até agora, vimos apenas os jogos que duram um único movimento. O tipo mais simples de jogo de movimento múltiplo é o **jogo repetido** (também chamado **jogo iterativo**), no qual os jogadores repetidamente jogam rodadas de um jogo de movimento único, chamado **jogo em etapas**. Uma estratégia em um jogo repetido especifica uma escolha de ação para cada jogador em cada etapa de tempo para cada histórico possível de escolhas anteriores dos jogadores.

Jogo repetido

Jogo em etapas

Primeiro, vejamos o caso em que o jogo em etapas é repetido por um número fixo, finito e mutuamente conhecido de rodadas – todas essas condições são necessárias para que a análise a seguir funcione. Suponhamos que Ali e Bo estejam jogando uma versão repetida do dilema do prisioneiro e que ambos saibam que devem jogar exatamente 100 rodadas do jogo. Em cada rodada, eles serão questionados se devem *testemunhar* ou *recusar* e receberão uma recompensa por essa rodada, de acordo com as regras do dilema do prisioneiro que vimos anteriormente.

Ao fim de 100 rodadas, encontramos a recompensa geral para cada jogador, somando as recompensas desse jogador nas 100 rodadas. Que estratégias Ali e Bo devem escolher para jogar? Considere o argumento a seguir. Ambos sabem que a centésima rodada não será um jogo repetido – ou seja, seu resultado não terá efeito em futuras rodadas. Então, na centésima rodada, eles estão, na verdade, jogando o jogo do dilema de um único prisioneiro.

Como vimos anteriormente, o resultado da centésima rodada será (*testemunhar, testemunhar*), a estratégia de equilíbrio dominante para ambos os jogadores. Porém, quando a centésima rodada é determinada, a nonagésima nona rodada não poderá ter efeito algum sobre as rodadas subsequentes; então ela também produzirá (*testemunhar, testemunhar*). Por esse argumento indutivo, os dois jogadores escolherão *testemunhar* em cada rodada, ganhando uma sentença de prisão total de 500 anos cada. Esse tipo de raciocínio é conhecido como **indução retroativa**, e ele desempenha um papel fundamental na teoria dos jogos.

Indução retroativa

No entanto, se abandonarmos uma das três condições – um número fixo, finito, e mutuamente conhecido de rodadas –, então o argumento indutivo não se sustenta. Vamos supor que o jogo seja repetido por um número *infinito* de vezes. Matematicamente, uma estratégia para um jogador em um jogo repetido infinitamente é uma função que combina todas as histórias finitas possíveis do jogo com uma escolha no jogo em etapas para aquele jogador na rodada correspondente. Assim, uma estratégia verifica o que aconteceu anteriormente no jogo e decide qual escolha deve ser feita na rodada atual. Mas não podemos armazenar uma tabela infinita em um computador finito. Precisamos de um modelo *finito* de estratégias para jogos que serão disputados por um número *infinito* de rodadas. Por esse motivo, é padrão representar estratégias para jogos repetidos infinitamente como máquinas de estado finito (MEF) com saída.

A Figura 18.3 ilustra uma série de estratégias de MEF para o dilema do prisioneiro iterativo. Considere a estratégia **Olho-por-olho**. Cada elipse é um estado da máquina, e dentro dela está a escolha que seria feita pela estratégia se a máquina estivesse nesse estado. A partir de cada estado, temos um arco saindo para cada escolha possível do agente em contrapartida: seguimos o arco de saída correspondente à escolha feita pelo outro para encontrar o próximo estado da máquina. Finalmente, um estado é rotulado com uma seta de entrada, indicando que é o estado inicial. Assim, com OLHO-POR-OLHO, a máquina inicia no estado *recusar*; se o outro agente jogar *recusar*, ela permanecerá no estado *recusar*, enquanto se a contraparte jogar *testemunhar*, ela fará a transição para o estado *testemunhar*. Ela permanecerá no estado *testemunhar* enquanto sua contraparte jogar *testemunhar*, mas se alguma vez sua contraparte jogar *recusar*, ela fará a transição de volta para o estado *recusar*. Em suma, OLHO-POR-OLHO começará escolhendo *recusar* e, em seguida, simplesmente copiará o que o outro agente fez na rodada anterior.

As estratégias FALCÃO e POMBA são mais simples: FALCÃO simplesmente joga *testemunhar* em todas as rodadas, enquanto POMBA simplesmente joga *recusar* em todas as rodadas. A estratégia VINGANÇA é um tanto semelhante à estratégia OLHO-POR-OLHO, mas com uma diferença importante: se alguma vez sua contraparte jogar *testemunhar*, então ela basicamente se tornará FALCÃO: ela joga *testemunhar* daí por diante. Embora OLHO-POR-OLHO seja indulgente, no sentido de que responderá a uma recusa subsequente retribuindo da mesma forma, com VINGANÇA não há caminho de volta. Apenas jogar *testemunhar* uma

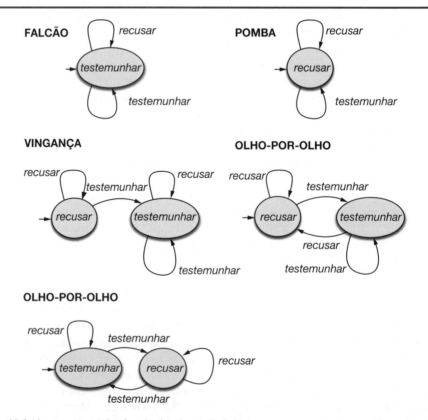

Figura 18.3 Algumas estratégias de máquina de estado finito com nomes comuns para o dilema do prisioneiro repetido infinitamente.

vez resultará em punição (jogar *testemunhar*) eterna. (Você consegue ver o que a estratégia OLHO-POR-OLHO faz?)

O próximo problema com jogos repetidos infinitamente é como medir a utilidade de uma sequência infinita de recompensas. Aqui, vamos nos concentrar na abordagem do **limite de médias** – basicamente, isso significa tirar a média das utilidades recebidas ao longo da sequência infinita. Com essa abordagem, dada uma sequência infinita de recompensas $(U_0, U_1, U_2,...)$, definimos a utilidade da sequência para o jogador correspondente como sendo:

Limite de médias

$$\lim_{T \to \infty} \frac{1}{T} \sum_{t=0}^{T} U_t.$$

Esse valor não tem garantias de que convergirá para sequências arbitrárias de utilidades, mas sim para as sequências de utilidades que são geradas se usarmos estratégias de MEF. Para ver isso, observe que, se as estratégias de MEF jogarem umas contra as outras, então *eventualmente as MEF entrarão novamente em uma configuração em que estavam anteriormente, momento em que começarão a se repetir*. Mais precisamente, qualquer sequência de utilidade gerada por estratégias de MEF consistirá em uma sequência não repetitiva finita (possivelmente vazia), seguida por uma sequência finita não vazia que se repete com frequência infinita. Para calcular a utilidade média recebida por um jogador nessa sequência infinita, simplesmente temos que calcular a média na sequência finita repetida.

A seguir, assumiremos que os jogadores em um jogo repetido infinitamente simplesmente escolhem uma máquina de estados finitos para jogar em seu favor. Não impomos restrição alguma a essas máquinas: elas podem ser grandes e elaboradas, a critério dos jogadores. Quando todos os jogadores tiverem escolhido uma máquina de estado finito para jogar em seu favor, poderemos calcular as recompensas para cada jogador usando a abordagem de limite de médias, como já descrevemos. Desse modo, um jogo repetido infinitamente se reduz a um jogo na forma normal, embora com um número infinito de estratégias possíveis para cada jogador.

Vejamos o que vai acontecer quando jogamos o dilema do prisioneiro repetido infinitamente, usando algumas estratégias da Figura 18.3. Primeiro, suponha que Ali e Bo tenham escolhido POMBA.

	0	1	2	3	4	5	...	
Ali: POMBA	*recusar*	*recusar*	*recusar*	*recusar*	*recusar*	*recusar*	...	utilidade = −1
Bo: POMBA	*recusar*	*recusar*	*recusar*	*recusar*	*recusar*	*recusar*	...	utilidade = −1

Não é difícil ver que esse par de estratégias não forma um equilíbrio de Nash: seria melhor para qualquer jogador alterar sua escolha para FALCÃO. Logo, suponha que Ali passe para FALCÃO:

	0	1	2	3	4	5	...	
Ali: FALCÃO	*testemunhar*	*testemunhar*	*testemunhar*	*testemunhar*	*testemunhar*	*testemunhar*	...	utilidade = 0
Bo: POMBA	*recusar*	*recusar*	*recusar*	*recusar*	*recusar*	*recusar*	...	utilidade = −10

Esse é o pior resultado possível para Bo; e esse par de estratégias novamente não é um equilíbrio de Nash. Seria melhor que Bo também tivesse escolhido FALCÃO:

	0	1	2	3	4	5	...	
Ali: FALCÃO	*testemunhar*	*testemunhar*	*testemunhar*	*testemunhar*	*testemunhar*	*testemunhar*	...	utilidade = −5
Bo: FALCÃO	*testemunhar*	*testemunhar*	*testemunhar*	*testemunhar*	*testemunhar*	*testemunhar*	...	utilidade = −5

Esse par de estratégias *forma* um equilíbrio de Nash, mas não é muito interessante – ele nos leva mais ou menos ao ponto onde iniciamos, na versão de ação única para o jogo, com os dois jogadores testemunhando um contra o outro. Isso ilustra uma propriedade importante dos jogos repetidos infinitamente: *Os equilíbrios de Nash do jogo em etapas serão sustentados como equilíbrios em uma versão infinitamente repetida do jogo.*

Porém, nossa história ainda não terminou. Suponha que Bo tenha passado para a estratégia VINGANÇA:

		0	1	2	3	4	5	...	
Ali:	FALCÃO	testemunhar	testemunhar	testemunhar	testemunhar	testemunhar	testemunhar	...	utilidade = −5
Bo:	VINGANÇA	recusar	testemunhar	testemunhar	testemunhar	testemunhar	testemunhar	...	utilidade = −5

Aqui, Bo não faz pior do que jogar com FALCÃO: na primeira rodada, Ali joga *testemunhar* enquanto Bo joga *recusar*, mas isso leva Bo a testemunhar para sempre depois: a perda da utilidade na primeira rodada desaparece no limite. Em geral, os dois jogadores recebem a mesma utilidade como se ambos tivessem jogado FALCÃO. Mas, aqui está o fato: essas estratégias não formam um equilíbrio de Nash porque, dessa vez, Ali tem um desvio benéfico – para VINGANÇA. Se os dois jogadores escolherem VINGANÇA, então acontecerá isto:

		0	1	2	3	4	5	...	
Ali:	VINGANÇA	recusar	recusar	recusar	recusar	recusar	recusar	...	utilidade = −1
Bo:	VINGANÇA	recusar	recusar	recusar	recusar	recusar	recusar	...	utilidade = −1

Os resultados e as recompensas são os mesmos como se ambos os jogadores tivessem escolhido POMBA, mas, diferente desse caso, jogar VINGANÇA contra VINGANÇA forma um equilíbrio de Nash, e Ali e Bo podem alcançar racionalmente um resultado impossível na versão de ação única solução do jogo.

Para ver que essas estratégias formam um equilíbrio de Nash, suponha, por questão de contradição, que não o façam. Então, um jogador – suponha, sem perder a generalidade, que seja Ali – tem um desvio benéfico, na forma de uma estratégia de MEF, que renderia um retorno maior do que VINGANÇA. Agora, em algum ponto, essa estratégia teria que fazer algo diferente do VINGANÇA – caso contrário, obteria a mesma utilidade. Assim, em algum momento ele deve jogar *testemunhar*. Mas então a estratégia VINGANÇA de Bo mudaria para o modo de punição, testemunhando permanentemente em resposta. Nesse ponto, Ali estaria condenada a receber uma recompensa de não mais que −5, pior do que −1 que ela teria recebido ao escolher VINGANÇA. Desse modo, ambos os jogadores que escolhem VINGANÇA formam um equilíbrio de Nash no dilema do prisioneiro infinitamente repetido, dando um resultado racionalmente sustentado que é impossível na versão de ação única do jogo.

Teoremas populares de Nash

Esse é um exemplo de uma classe geral de resultados chamada **teoremas populares de Nash**, que caracterizam os resultados que podem ser sustentados por equilíbrios de Nash em jogos infinitamente repetidos. Digamos que o *valor de segurança* de um jogador seja a melhor recompensa que o jogador pode garantir obter. Então, a forma geral dos teoremas populares de Nash é que *todo resultado em que cada jogador recebe pelo menos seu valor de segurança pode ser sustentado como um equilíbrio de Nash em um jogo infinitamente repetido*. As estratégias VINGANÇA são a chave para os teoremas populares: a ameaça de mútua punição, se algum agente deixar de desempenhar sua parte no resultado desejado, mantém os jogadores alinhados. Mas isso só funciona como um impedimento se o outro jogador acreditar que você adotou essa estratégia – ou, pelo menos, que você pode tê-la adotado.

Também podemos obter soluções diferentes mudando os agentes, em vez de mudando as regras de engajamento. Suponha que os agentes sejam máquinas de estados finitos com n estados e estejam jogando um jogo com $m > n$ etapas no total. Portanto, os agentes são incapazes de representar o número de etapas restantes, e devem tratá-lo como uma incógnita. Logo, eles não podem fazer a indução retroativa e são livres para chegar ao equilíbrio mais favorável (*recusar, recusar*) no Dilema do Prisioneiro iterativo. Nesse caso, a ignorância *é* uma bênção – ou melhor, fazer seu oponente acreditar que você é ignorante é uma bênção. Seu sucesso nesses jogos repetidos depende, em grande parte, da *percepção* do outro jogador de você como um ambicioso ou um simplório, e não de suas características reais.

18.2.4 Jogos sequenciais: a forma extensiva

No caso geral, um jogo consiste em uma sequência de alternâncias que não precisam ser todas iguais. Esses jogos são mais bem representados por uma árvore de jogos, que os teóricos dos jogos chamam de **forma extensiva**. A árvore inclui todas as mesmas informações que vimos na seção 5.1: um estado inicial S_0, uma função JOGADOR(s) que informa qual é o jogador da vez, uma função AÇÕES enumerando as ações possíveis, uma função RESULTADO(s,a) que define a transição para um novo estado, e uma função parcial UTILIDADE(s,p), que é definida apenas nos estados terminais, para dar a recompensa para cada jogador. Os jogos estocásticos podem ser capturados pela introdução de um jogador distinto, o *Acaso*, que pode realizar ações aleatórias. A "estratégia" do *Acaso* é parte da definição do jogo, especificada como uma distribuição de probabilidade sobre as ações (os outros jogadores podem escolher sua própria estratégia). Para representar jogos com ações não determinísticas, como o bilhar, dividimos a ação em duas partes: a ação do jogador em si tem um resultado determinístico e, em seguida, é a vez de o *Acaso* reagir à ação de sua própria maneira caprichosa.

> Forma extensiva

Por enquanto, faremos uma suposição simplificadora: presumimos que os jogadores tenham **informações perfeitas**. *Grosso modo*, informação perfeita significa que, quando o jogo precisa que eles tomem uma decisão, eles sabem exatamente onde estão na árvore do jogo: eles não têm nenhuma incerteza sobre o que aconteceu anteriormente no jogo. Obviamente, essa é a situação em jogos como xadrez ou Go, mas não em jogos como pôquer ou Kriegspiel. Na próxima seção, mostraremos como a forma extensiva pode ser usada para capturar **informações imperfeitas** nos jogos, mas, por enquanto, vamos considerar informações perfeitas.

> Informação perfeita

Uma estratégia em um jogo de forma extensiva de informações perfeitas é uma função para um jogador que, para cada um de seus estados de decisão s, determina que ação em AÇÕES(s) o jogador deve decidir executar. Quando cada jogador tiver escolhido uma estratégia, o perfil de estratégia resultante traçará um caminho na árvore de jogo do estado inicial S_0 até um estado terminal, e a função UTILIDADE define os utilitários que cada jogador receberá.

Com esse cenário, podemos aplicar diretamente o aparato de equilíbrios de Nash que apresentamos anteriormente para analisar jogos de forma extensiva. Para calcular os equilíbrios de Nash, podemos usar uma generalização direta da técnica de pesquisa minimax que vimos no Capítulo 5. Na literatura sobre jogos de forma extensiva, a técnica é chamada "indução retroativa" – já vimos a indução retroativa usada informalmente para analisar o dilema do prisioneiro repetido de modo finito. A indução retroativa utiliza programação dinâmica, trabalhando para trás a partir dos estados terminais, voltando ao estado inicial e rotulando progressivamente cada estado com um perfil de recompensa (uma atribuição de recompensas aos jogadores) que seria obtido se o jogo fosse jogado de maneira ótima a partir desse ponto.

Mais detalhadamente, para cada estado não terminal s, se todos os filhos de s foram rotulados com um perfil de recompensa, então rotule s com um perfil de recompensa do estado filho que melhora a recompensa do jogador que toma a decisão no estado s. (Se houver um empate, então escolha aleatoriamente; se tivermos nós de acaso, então calcule a utilidade esperada.) O algoritmo de indução retroativa tem a garantia de terminar e, além disso, é executado em tempo polinomial ao tamanho da árvore de jogo.

Enquanto o algoritmo realiza seu trabalho, ele traça estratégias para cada jogador. Acontece que essas estratégias são estratégias de equilíbrio de Nash, e o perfil de recompensa que rotula o estado inicial é um perfil de recompensa que seria obtido jogando com estratégias de equilíbrio de Nash. Assim, as estratégias de equilíbrio de Nash para jogos de forma extensiva podem ser calculadas em tempo polinomial usando indução retroativa; e uma vez que o algoritmo tem a garantia de rotular o estado inicial com um perfil de recompensa, segue-se que todo jogo de forma extensiva tem pelo menos um equilíbrio de Nash em estratégias puras.

Esses resultados são atraentes, mas devemos fazer algumas advertências. Árvores de jogo rapidamente se tornam muito grandes, então o tempo de execução polinomial deve ser entendido nesse contexto. Porém, o problema maior é que o próprio equilíbrio de Nash tem algumas limitações quando aplicado a jogos de forma extensiva. Considere o jogo da Figura 18.4.

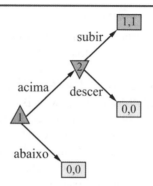

Figura 18.4 Jogo de forma extensiva com um equilíbrio de Nash contraintuitivo.

A jogadora 1 tem dois movimentos disponíveis: *acima* ou *abaixo*. Se ela se mover para *baixo*, ambos os jogadores receberão uma recompensa de 0 (não importando o movimento selecionado pelo jogador 2). Se ela se mover para *cima*, o jogador 2 terá a opção de *subir* ou *descer*: se ela *descer*, ambos os jogadores receberão uma recompensa de 0, enquanto se ela *subir*, ambos receberão 1.

A indução retroativa imediatamente nos diz que (*acima*, *subir*) é um equilíbrio de Nash, resultando em ambos os jogadores recebendo uma recompensa de 1. No entanto, (*abaixo*, *descer*) é também um equilíbrio de Nash, o que resultaria em ambos os jogadores recebendo uma recompensa de 0. O jogador 2 está ameaçando a jogadora 1, indicando que, se for chamado a tomar uma decisão, ele escolherá *descer*, resultando em uma recompensa de 0 para a jogadora 1; nesse caso, a jogadora 1 não tem alternativa melhor do que escolher *abaixo*. O problema é que a ameaça do jogador 2 (*descer*) não é uma **ameaça crível**, porque, se o jogador 2 for realmente chamado para fazer a escolha, então ele escolherá *subir*.

Um aperfeiçoamento do equilíbrio de Nash, denominado **equilíbrio de Nash perfeito do subjogo**, trata desse problema. Para defini-lo, precisamos da ideia de um **subjogo**. Cada estado de decisão em uma árvore de jogo (incluindo o estado inicial) define um subjogo – desse modo, o jogo na Figura 18.4 tem dois subjogos, um enraizado no estado de decisão da jogadora 1, outro enraizado no estado de decisão do jogador 2. *Um perfil de estratégias, então, forma um equilíbrio de Nash perfeito do subjogo em um jogo J se for um equilíbrio de Nash em cada subjogo de J.* Aplicando essa definição ao jogo da Figura 18.4, descobrimos que (*acima*, *subir*) é um subjogo perfeito, mas (*abaixo*, *descer*) não é, porque escolher *descer* não é um equilíbrio de Nash do subjogo enraizado no estado de decisão do jogador 2.

Embora precisássemos de alguma nova terminologia para definir o equilíbrio de Nash perfeito do subjogo, não precisamos de novos algoritmos. As estratégias computadas por indução retroativa serão equilíbrios de Nash perfeitos do subjogo, e segue-se que todo jogo de forma extensiva de informações perfeitas tem um equilíbrio de Nash perfeito de subjogo, que pode ser calculado em tempo polinomial no tamanho da árvore de jogo.

Acaso e movimentos simultâneos

Para representar os jogos estocásticos, como o gamão, de forma extensiva, acrescentamos um jogador chamado *Acaso*, cujas escolhas são determinadas por uma distribuição de probabilidade.

Para representar movimentos simultâneos, como no dilema do prisioneiro ou no Morra com dois dedos, impomos uma ordem arbitrária aos jogadores, mas temos a opção de afirmar que as ações do jogador anterior não são observáveis para os próximos jogadores: por exemplo, Ali deve escolher *recusar* ou *testemunhar* primeiro, depois Bo escolhe, mas Bo não conhece a escolha de Ali naquele momento (também podemos representar o fato de que a jogada é revelada mais tarde). No entanto, assumimos que os jogadores sempre se lembram de todas as suas *próprias* ações anteriores; essa suposição é chamada **lembrança perfeita**.

Captura de informações imperfeitas

Uma característica fundamental da forma extensiva que a diferencia das árvores de jogo que vimos no Capítulo 5 é que ela pode capturar a observabilidade parcial. Os teóricos dos jogos usam o termo **informação imperfeita** para descrever situações em que os jogadores não têm certeza sobre o estado real do jogo. Infelizmente, a indução retroativa não funciona com jogos de informação imperfeita e, em geral, são muito mais complexos de resolver do que os jogos de informação perfeita.

Informação imperfeita

Na seção 5.6, vimos que um jogador em um jogo parcialmente observável, como o Kriegspiel, pode criar uma árvore de jogo pelo espaço dos **estados de crença**. Com essa árvore, vimos que, em alguns casos, um jogador pode achar uma sequência de jogadas (uma estratégia) que leve a um xeque-mate forçado, independentemente do estado real em que iniciamos e da estratégia que o oponente utiliza. No entanto, as técnicas do Capítulo 5 não podem dizer a um jogador o que fazer quando não há xeque-mate garantido. Se a melhor estratégia do jogador depende da estratégia do oponente e vice-versa, então o minimax (ou alfa-beta) por si só não consegue chegar a uma solução. A forma extensiva nos *permite* encontrar soluções porque representa os estados de crença (os teóricos dos jogos os chamam de **conjuntos de informações**) de *todos* os jogadores ao mesmo tempo. Por meio dessa representação, podemos encontrar soluções de equilíbrio, como fizemos com jogos de forma normal.

Conjunto de informações

Como um exemplo simples de um jogo sequencial, coloque dois agentes no mundo 4×3 da Figura 17.1 e faça com que eles se movam simultaneamente até que um agente chegue a um quadrado de saída e receba a recompensa por aquele quadrado. Se especificarmos que nenhum movimento ocorre quando os dois agentes tentam se mover para o mesmo quadrado simultaneamente (um problema comum em muitos cruzamentos de trânsito), então certas estratégias puras podem travar o jogo para sempre. Assim, os agentes precisam de uma estratégia mista para ter um bom desempenho nesse jogo: escolher aleatoriamente entre seguir em frente e ficar parado. Isso é exatamente o que é feito para resolver colisões de pacotes em redes Ethernet.

Vamos considerar agora uma variante muito simples de pôquer. O baralho tem apenas quatro cartas, dois ases e dois reis. Uma carta é distribuída para cada jogador. O primeiro jogador tem então a opção de *aumentar* as apostas do jogo de 1 ponto para 2, ou *verificar*. Se o jogador 1 quiser *verificar*, o jogo acabou. Se o jogador 1 *aumentar*, o jogador 2 tem a opção de *chamar*, aceitando que o jogo vale 2 pontos, ou *desistir*, concedendo 1 ponto. Se o jogo não terminar com uma desistência, então a recompensa dependerá das cartas: é zero para ambos os jogadores se eles tiverem a mesma carta; caso contrário, o jogador com o rei paga a aposta ao jogador com o ás.

A árvore em forma extensiva para esse jogo é mostrada na Figura 18.5. O jogador 0 é o *Acaso*; os jogadores 1 e 2 são representados por triângulos. Cada ação é descrita como uma seta com um rótulo, correspondendo a *aumentar*, *verificar*, *chamar* ou *desistir*, ou, para o *Acaso*, as quatro cartas possíveis ("AK" significa que o jogador 1 ganha um ás e o jogador 2 um rei). Os estados terminais são retângulos rotulados por sua recompensa para o jogador 1 e o jogador 2. Os conjuntos de informações são mostrados como caixas tracejadas rotuladas; por exemplo, $I_{1,1}$ é o conjunto de informações em que é a vez do jogador 1, e ele sabe que tem um ás (mas não sabe o que o jogador 2 tem). No conjunto de informações $I_{2,1}$, é a vez do jogador 2 e ele sabe que tem um ás e que o jogador 1 aumentou, mas não sabe que carta o jogador 1 tem. (Devido aos limites bidimensionais do papel, esse conjunto de informações é mostrado como duas caixas, em vez de uma.)

Um modo de resolver um jogo extensivo é convertê-lo em um jogo de forma normal. Lembre-se de que a forma normal é uma matriz, em que cada linha é rotulada com uma estratégia pura para o jogador 1, e cada coluna por uma estratégia pura para o jogador 2. Em um jogo de forma extensiva, uma estratégia pura para o jogador *i* corresponde a uma ação para cada conjunto de informações envolvendo aquele jogador. Logo, na Figura 18.5, uma estratégia pura para o jogador 1 é "aumentar quando estiver em $I_{1,1}$ (ou seja, quando eu tiver um ás) e verificar quando estiver em $I_{1,2}$ (quando eu tiver um rei)". Na matriz de recompensa a seguir, essa estratégia é chamada *av*. Da mesma forma, a estratégia *cd* para o jogador 2 significa "chamar quando eu tiver um ás e desistir quando eu tiver um rei". Como esse é um jogo de soma zero, a matriz abaixo fornece apenas a recompensa para o jogador 1; e o jogador 2 sempre tem a recompensa oposta:

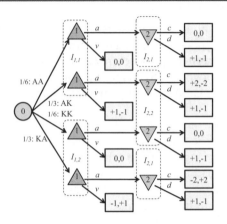

Figura 18.5 Forma extensiva de uma versão simplificada de pôquer, com dois jogadores e apenas quatro cartas. As jogadas são a (aumentar), d (desistir), c (chamar) e v (verificar).

	2:cc	2:cd	2:dd	2:dc
1:aa	0	-1/6	1	7/6
1:va	-1/3	-1/6	5/6	2/3
1:av	1/3	**0**	1/6	1/2
1:vv	0	**0**	0	0

Esse jogo é tão simples que tem dois equilíbrios de estratégia pura, mostrados em negrito: *cd* para o jogador 2 e *av* ou *vv* para o jogador 1. Porém, em geral podemos resolver jogos extensivos convertendo para a forma normal e depois encontrando uma solução (normalmente uma estratégia mista) usando métodos de programação linear padrão. Isso funciona na teoria. Mas, se um jogador tem I conjuntos de informações e a ações por conjunto, então esse jogador terá a^I estratégias puras. Em outras palavras, o tamanho da matriz de forma normal é exponencial no número de conjuntos de informações; portanto, na prática, a abordagem funciona apenas para árvores de jogo muito pequenas – uma dezena de estados ou pouco mais. Um jogo como o pôquer *Texas hold'em* para dois jogadores tem cerca de 10^{18} estados, tornando essa técnica totalmente inviável.

Quais são as alternativas? No Capítulo 5, vimos como a pesquisa alfa-beta poderia lidar com jogos de informações perfeitas com árvores de jogo enormes, gerando a árvore de forma incremental, podando alguns ramos e avaliando heuristicamente os nós não terminais. Mas essa abordagem não funciona bem para jogos com informações imperfeitas, por duas razões: primeiro, é mais difícil de podar, porque precisamos considerar estratégias mistas que combinam vários ramos, e não uma estratégia pura que sempre escolhe o melhor ramo. Em segundo lugar, um nó não terminal é mais difícil de ser avaliado heuristicamente, porque estamos lidando com conjuntos de informações, não com estados individuais.

Koller *et al.* (1996) vieram em socorro com uma representação alternativa de jogos extensivos, chamada **forma sequencial**, cuja árvore tem um tamanho linear, não exponencial. Em vez de representar estratégias, representa caminhos através da árvore; o número de caminhos é igual ao número de nós terminais. Os métodos de programação linear padrão podem ser novamente aplicados a essa representação. O sistema resultante pode resolver variantes de pôquer com 25 mil estados, em um minuto ou dois. Esse é então um ganho de velocidade exponencial em relação à abordagem da forma normal, mas ainda está muito aquém de lidar, digamos, com o *Texas hold'em* para dois jogadores, com 10^{18} estados.

Se não podemos lidar com 10^{18} estados, talvez possamos simplificar o problema mudando o jogo para uma forma mais simples. Por exemplo, se tenho um ás e estou considerando a possibilidade de que a próxima carta me deixe com um par de ases, então não me importo com o naipe da próxima carta; segundo as regras do pôquer, qualquer naipe servirá. Isso sugere formar uma **abstração** do jogo, em que os naipes são ignorados. A árvore de jogo resultante será menor por um fator de 4! = 24. Suponha que eu possa resolver esse jogo menor; qual será a relação entre a solução desse jogo e a do jogo original? Se nenhum jogador está pensando em tentar um *flush* (a única mão em que os naipes importam), a solução para a abstração também será uma solução para o jogo original. No entanto, se algum jogador está pensando em um *flush*, então a abstração será apenas uma solução aproximada (mas é possível calcular limites sobre o erro).

Existem muitas oportunidades de abstração. Por exemplo, no ponto de um jogo em que cada jogador tem duas cartas, se eu tiver um par de rainhas, as mãos de cada um dos outros jogadores podem ser abstraídas em três classes: *melhor* (apenas um par de reis ou um par de ases), *igual* (um par de rainhas), ou *pior* (todo o restante). No entanto, essa abstração pode ser muito rudimentar. Uma abstração melhor seria dividir *pior* em, digamos, *par médio* (nove a valetes), *par baixo* e *nenhum par*. Esses exemplos são abstrações de estados, mas também é possível abstrair ações. Por exemplo, em vez de ter uma ação de aposta para cada número inteiro de 1 a 1.000, poderíamos restringir as apostas a 10^0, 10^1, 10^2 e 10^3. Ou poderíamos remover totalmente uma das rodadas de apostas. Também podemos abstrair os nós de acaso, considerando apenas um subconjunto das ações possíveis. Isso é equivalente à técnica de distribuição usada em programas Go. Juntando todas essas abstrações, podemos reduzir os 10^{18} estados do pôquer para 10^7 estados, um tamanho que pode ser resolvido com as técnicas atuais.

No Capítulo 5, mostramos como programas de pôquer, como Libratus e DeepStack, foram capazes de derrotar jogadores humanos campeões no pôquer *Texas hold 'em heads-up* (dois jogadores). Mais recentemente, o programa Pluribus foi capaz de derrotar campeões humanos no pôquer de seis jogadores em dois formatos: cinco cópias do programa na mesa com um humano e uma cópia do programa com cinco humanos. Há um grande salto de complexidade aqui. Com um oponente, existem $\binom{50}{2=1225}$ possibilidades para as cartas ocultas do oponente. Porém, com cinco oponentes, há 50 *escolhas sobre* 10, ou aproximadamente 10 bilhões de possibilidades. O Pluribus desenvolve uma estratégia de linha de base totalmente do próprio jogo, depois modifica a estratégia durante o jogo real para reagir a uma situação específica. O programa usa uma combinação de técnicas, incluindo pesquisa de árvore de Monte Carlo, pesquisa em profundidade limitada, e abstração.

A forma extensiva é uma representação versátil: ela pode lidar com ambientes parcialmente observáveis, multiagentes, estocásticos, sequenciais e em tempo real – a maioria dos casos difíceis da lista de propriedades do ambiente, mostrada na seção 2.3.2. No entanto, existem duas limitações para a forma extensiva em particular e a teoria dos jogos em geral. Primeiro, ela não lida bem com estados e ações contínuas (embora tenha havido algumas extensões para o caso contínuo; p. ex., a teoria da **competição de Cournot** usa a teoria dos jogos para resolver problemas em que duas empresas escolhem preços para seus produtos a partir de um espaço contínuo). Em segundo lugar, a teoria dos jogos pressupõe que o jogo é *conhecido*. Partes do jogo podem ser especificadas como não observáveis para alguns dos jogadores, mas deve-se saber quais partes não podem ser observadas. Nos casos em que os jogadores descobrem a estrutura desconhecida do jogo ao longo do tempo, o modelo começa a falhar. Vamos examinar cada fonte de incerteza e se cada uma pode ser representada na teoria dos jogos.

> Competição de Cournot

Ações: não há modo fácil de representar um jogo em que os jogadores precisam descobrir quais ações estão disponíveis. Considere o jogo entre desenvolvedores de vírus de computador e especialistas em segurança. Parte do problema é antecipar qual ação os desenvolvedores de vírus tentarão a seguir.

Estratégias: a teoria dos jogos é muito boa ao representar a ideia de que as estratégias dos outros jogadores são inicialmente desconhecidas – partindo do pressuposto de que todos os agentes são racionais. A teoria não indica o que fazer quando os outros jogadores são menos do que totalmente racionais. A noção de um **equilíbrio de Bayes-Nash** resolve esse ponto de modo parcial: é um equilíbrio com relação à distribuição de probabilidade anterior de um jogador sobre as estratégias dos outros jogadores – em outras palavras, a noção expressa as crenças de um jogador sobre as prováveis estratégias dos outros jogadores.

> Equilíbrio de Bayes-Nash

566   Inteligência Artificial

Acaso: se um jogo depende do lançamento de um dado, é fácil modelar um nó de probabilidades com distribuição uniforme sobre os resultados. Mas, e se for possível que o dado seja "viciado"? Podemos representar isso com outro nó de acaso, mais alto na árvore, com dois ramos para "o dado é justo" e "o dado é viciado", de modo que os nós correspondentes em cada ramo estejam no mesmo conjunto de informações (ou seja, os jogadores não sabem se o dado é justo ou não). E se suspeitarmos que o outro oponente sabe? Então acrescentamos *outro* nó de acaso, com um ramo representando o caso em que o oponente sabe, e um onde o oponente não sabe.

Utilidades: e se não conhecermos as utilidades de nosso oponente? Novamente, isso pode ser modelado com um nó de acaso, de modo que o outro agente conheça suas próprias utilidades em cada ramo, mas nós não. Mas, e se não soubermos nossas *próprias* utilidades? Por exemplo, como posso saber se é racional pedir a salada do *chef* se eu não sei se vou gostar? Podemos modelar isso com mais um nó de acaso especificando uma "qualidade intrínseca" não observável da salada.

Assim, podemos ver que a teoria dos jogos é boa para representar a maioria das fontes de incerteza – mas ao custo de dobrar o tamanho da árvore cada vez que adicionamos outro nó, um hábito que rapidamente leva a árvores proibitivamente grandes. Por causa desses e de outros problemas, a teoria dos jogos tem sido usada principalmente para *analisar* ambientes que estão em equilíbrio, em vez de *controlar* agentes dentro de um ambiente.

18.2.5 Recompensas incertas e jogos de assistência

No Capítulo 1, observamos a importância do projeto de sistemas de IA que possam operar sob incerteza a respeito do verdadeiro objetivo humano. O Capítulo 16 (seção 16.7.1) introduziu um modelo simples de incerteza sobre as *próprias* preferências de alguém, usando o exemplo do sorvete com sabor de durian. Pelo simples mecanismo de acrescentar uma nova variável latente ao modelo para representar as preferências desconhecidas, juntamente com um modelo de sensor apropriado (p. ex., provar uma pequena amostra do sorvete), preferências incertas podem ser tratadas de forma natural.

O Capítulo 16 também estudou o **problema do desligamento**: mostramos que um robô com incertezas sobre as preferências humanas se submeterá a elas e se deixará desligar. Nesse problema, Robbie, o robô, não tem certeza sobre as preferências humanas de Harriet, mas modelamos a decisão de Harriet (se Robbie deve ou não ser desligado) como uma consequência simples e determinística de suas próprias preferências para a ação que Robbie propõe. Aqui, generalizamos essa ideia em um jogo completo para duas pessoas, chamado **jogo de assistência**, no qual Harriet e Robbie são jogadores. Vamos supor que Harriet observe suas próprias preferências θ e aja de acordo com elas, enquanto Robbie tem uma probabilidade anterior $P(\theta)$ sobre as preferências de Harriet. A recompensa é definida por θ e é idêntica para ambos os jogadores: tanto Harriet quanto Robbie estão maximizando a recompensa de Harriet. Dessa forma, o jogo de assistência oferece um modelo formal da ideia de IA comprovadamente benéfica, apresentada no Capítulo 1.

Além do comportamento atencioso exibido por Robbie no problema de desligamento – que é um tipo restrito de jogo de assistência –, outros comportamentos que surgem como estratégias de equilíbrio em jogos de assistência geral incluem ações da parte de Harriet que descreveríamos como ensino, recompensa, comando, correção, demonstração ou explicação, bem como ações da parte de Robbie que descreveríamos como pedir permissão, aprender com as demonstrações, elicitar preferências, e assim por diante. O ponto principal é que esses comportamentos não precisam de um *script*: ao resolver o jogo, Harriet e Robbie descobrem por si mesmos como transmitir informações de preferência de Harriet para Robbie, a fim de que Robbie seja mais útil para Harriet. Não precisamos estipular com antecedência que Harriet deve "dar recompensas" ou que Robbie deve "seguir as instruções", embora essas possam ser interpretações razoáveis de como eles acabam se comportando.

Jogo dos clipes de papel

Para ilustrar os jogos de assistência, usaremos o **jogo dos clipes de papel**. Esse é um jogo muito simples em que Harriet, a humana, tem um incentivo para "sinalizar" para Robbie, o robô, algumas informações sobre suas preferências. Robbie é capaz de interpretar esse sinal porque ele pode resolver o jogo e, portanto, pode entender qual deveria ser a verdade sobre as preferências de Harriet para que ela sinalizasse dessa maneira.

As etapas do jogo são ilustradas na Figura 18.6. O jogo envolve produzir clipes e grampos. As preferências de Harriet são expressas por uma função de recompensa que depende do número de clipes e do número de grampos produzidos, com certa "taxa de câmbio" entre os dois. O parâmetro de preferência θ de Harriet indica o valor relativo (em dólares) de um clipe; por exemplo, Harriet pode avaliar os clipes em $\theta = 0,45$ dólar, o que significa que os grampos valem $1 - \theta = 0,55$ dólar. Portanto, se c clipes e g grampos forem produzidos, então a recompensa de Harriet será $c\theta + g(1 - \theta)$ dólar ao todo. O conhecimento *a priori* de Robbie é $P(\theta) = Uniforme(\theta; 0, 1)$. No jogo em si, Harriet começa, e pode decidir produzir dois clipes, dois grampos, ou um de cada. Então Robbie pode escolher produzir 90 clipes, 90 grampos, ou 50 de cada.

Observe que, se Harriet estivesse fazendo isso por si só, ela simplesmente produziria dois grampos, com um valor de US$ 1,10. (Ver anotações no primeiro nível da árvore representada na Figura 18.6.) Mas Robbie está observando, e aprende com a escolha dela. O que exatamente ele descobre? Bem, isso depende de como Harriet faz sua escolha. E como Harriet faz sua escolha? Isso depende de como Robbie irá interpretá-la. Podemos resolver esse laço encontrando um equilíbrio de Nash. Nesse caso, ele é único e pode ser encontrado com a aplicação da melhor resposta míope: escolha qualquer estratégia para Harriet; escolha a melhor estratégia para Robbie, dada a estratégia de Harriet; escolha a melhor estratégia para Harriet, dada a estratégia de Robbie; e assim por diante. O processo acontece da seguinte forma:

1. Comece com a estratégia gananciosa para Harriet: produzir dois clipes se ela prefere clipes; produzir um de cada se ela é indiferente; produzir dois grampos se ela prefere grampos.
2. Existem três possibilidades para Robbie considerar, dada essa estratégia para Harriet:

    (a) Se Robbie vir Harriet produzindo dois clipes, ele vai deduzir que ela prefere clipes, então ele agora acredita que o valor de um clipe está distribuído uniformemente entre 0,5 e 1,0, com uma média de 0,75. Nesse caso, seu melhor plano é fazer 90 clipes de papel com um valor esperado de US$ 67,50 para Harriet.
    (b) Se Robbie vir Harriet produzindo um de cada, ele vai deduzir que ela valoriza clipes e grampos a 0,50, de modo que a melhor escolha é produzir 50 de cada.
    (c) Se Robbie vir Harriet produzindo dois grampos, então, pelo mesmo argumento de (a), ele deverá produzir 90 grampos.

3. Dada essa estratégia para Robbie, a melhor estratégia de Harriet agora é um pouco diferente da estratégia gananciosa da etapa 1. Se Robbie produzir 50 de cada em resposta à produção de um de cada por Harriet, então é melhor que ela produza um de cada, não apenas se ela for exatamente indiferente, mas se ela estiver em qualquer ponto próximo da indiferença. Na verdade, a política ideal agora é produzir um de cada se ela valorizar os clipes em qualquer ponto entre cerca de 0,446 e 0,554.
4. Dada essa nova estratégia para Harriet, a estratégia de Robbie continua inalterada. Por exemplo, se ela escolher um de cada, ele deduz que o valor de um clipe está uniformemente

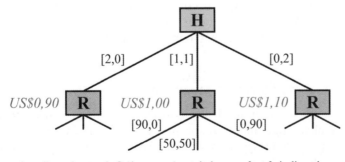

Figura 18.6 Jogo dos clipes de papel. Cada ramo é rotulado com [c, g], indicando o número de clipes e grampos produzidos nesse ramo. Harriet, a humana, pode escolher entre produzir dois clipes, dois grampos, ou um de cada. (Os valores em itálico são os valores para Harriet se o jogo terminasse aí, considerando $\theta = 0,45$.) Robbie, o robô, tem então a escolha entre fabricar 90 clipes, 90 grampos, ou 50 de cada.

568 Inteligência Artificial

distribuído entre 0,446 e 0,554, com uma média de 0,50; então a melhor escolha é produzir 50 de cada. Como a estratégia de Robbie é a mesma da etapa 2, a melhor resposta de Harriet será a mesma da etapa 3, e encontramos o equilíbrio.

Com sua estratégia, Harriet está, na verdade, ensinando Robbie sobre suas preferências, usando um código simples – uma linguagem, se você preferir – que surge da análise de equilíbrio. Observe também que Robbie nunca descobre as preferências exatas de Harriet, mas o suficiente para agir da melhor forma em seu favor – ou seja, ele age exatamente como faria se soubesse as preferências exatas dela. Ele é comprovadamente benéfico para Harriet sob as suposições declaradas e sob a suposição de que Harriet está jogando o jogo de modo correto.

A melhor resposta míope funciona bem nesse exemplo e em outros semelhantes, mas não em casos mais complexos. É possível provar que, desde que não haja empates que causem problemas de coordenação, encontrar um perfil de estratégia ótima para um jogo de assistência se reduz a resolver um POMDP cujo espaço de estados é o espaço de estados subjacente ao jogo mais os parâmetros de preferência humana θ. Os POMDP em geral são muito difíceis de resolver (seção 17.5), mas os POMDP que representam os jogos de assistência têm uma estrutura adicional, permitindo que se chegue a algoritmos mais eficientes.

Os jogos de assistência podem ser generalizados para permitir vários participantes humanos, vários robôs, humanos imperfeitamente racionais, humanos que não conhecem suas próprias preferências, e assim por diante. Ao fornecer um espaço de ação fatorado ou estruturado, em oposição às ações isoladas e simples do jogo de clipe, as oportunidades de comunicação podem ser bastante aprimoradas. Poucas dessas variações foram exploradas até aqui, mas esperamos que a propriedade principal dos jogos de assistência continue sendo verdadeira: quanto mais inteligente o robô, melhor o resultado para o ser humano.

18.3 Teoria de jogos em ambiente cooperativo

Lembre-se de que os jogos cooperativos capturam cenários de tomada de decisão nos quais os agentes podem formar acordos de ligação entre si para cooperar. Eles podem se beneficiar ao receber um valor extra em comparação com o que obteriam agindo sozinhos.

Começamos apresentando um modelo para uma classe de **jogos cooperativos**. Formalmente, esses jogos são chamados "jogos cooperativos com utilidade transferível na forma de função característica". A ideia do modelo é que, quando um grupo de agentes coopera, o grupo como um todo recebe algum valor de utilidade, que pode então ser repartido entre os membros do grupo. O modelo não diz quais ações os agentes tomarão, nem a própria estrutura do jogo especifica como o valor obtido será dividido (isso virá depois).

Função característica

Formalmente, usamos a fórmula $J = (N, \nu)$ para dizer que um jogo cooperativo, J, é definido por um conjunto de jogadores $N = \{1,...,n\}$ e uma **função característica**, ν, que para cada subconjunto de jogadores $C \subseteq N$ oferece o valor que o grupo de jogadores poderia obter, caso escolhessem trabalhar juntos.

Normalmente, consideramos que o conjunto vazio de jogadores não consegue nada ($\nu(\{\}) = 0$), e que a função é não negativa ($\nu(C) \geq 0$ para todo C). Em alguns jogos, fazemos ainda a suposição de que os jogadores não conseguem nada trabalhando sozinhos: $\nu(\{i\}) = 0$ para todo $i \in N$.

18.3.1 Estruturas e resultados da coalizão

Coalizão

É normal referir-se a um subconjunto de jogadores C como uma **coalizão**. No uso cotidiano, o termo "coalizão" implica um conjunto de pessoas com alguma causa comum (como a Coalizão para Evitar o Tráfego de Drogas), mas iremos nos referir a *qualquer* subconjunto de jogadores como uma coalizão. O conjunto de todos os jogadores N é conhecido como **grande coalizão**.

Grande coalizão

Em nosso modelo, cada jogador deve escolher juntar-se a exatamente uma coalizão (que pode ser uma coalizão com apenas um único jogador). Assim, as coalizões formam uma **partição** do conjunto de jogadores. Chamamos essa partição de **estrutura de coalizão**.

Estrutura de coalizão

Formalmente, uma estrutura de coalizão sobre um conjunto de jogadores N é um conjunto de coalizões $\{C_1,...,C_k\}$, de modo que:

$$C_i \neq \{\}$$
$$C_i \subseteq N$$
$$C_i \cap C_j = \{\} \text{ para todo } i \neq j \in N$$
$$C_1 \cup \cdots \cup C_k = N.$$

Por exemplo, se tivermos $N = \{1,2,3\}$, então existem sete coalizões possíveis:

$$\{1\}, \{2\}, \{3\}, \{1,2\}, \{2,3\}, \{3,1\} \text{ e } \{1,2,3\}$$

e cinco estruturas de coalizão possíveis:

$$\{\{1\},\{2\},\{3\}\}, \{\{1\},\{2,3\}\}, \{\{2\},\{1,3\}\}, \{\{3\},\{1,2\}\} \text{ e } \{\{1,2,3\}\}.$$

Usamos a notação $\mathbf{EC}(N)$ para indicar o conjunto de todas as estruturas de coalizão sobre o conjunto de jogadores N, e $EC(i)$ para indicar a coalizão à qual o jogador i pertence.

O **resultado** de um jogo é definido pelas escolhas que os jogadores fazem, ao decidir quais coalizões formar e ao escolher como dividir o valor de $v(C)$ que cada coalizão recebe. Formalmente, dado um jogo cooperativo definido por (N, v), o resultado é um par $(EC, \mathbf{x})$ consistindo em uma estrutura de coalizão e um **vetor de recompensa** $\mathbf{x} = (x_1,...,x_n)$, em que x_i é o valor que Vetor de recompensa vai para o jogador i. A recompensa deve satisfazer a restrição de que cada coalizão C divide todo o seu valor $v(C)$ entre seus membros:

$$\sum_{i \in C} x_i = v(C) \qquad \text{para todo } C \in EC$$

Por exemplo, dado o jogo $(\{1,2,3\}, v)$ em que $v(\{1\}) = 4$ e $v(\{2,3\}) = 10$, um resultado possível é:

$$(\{\{1\}, \{2,3\}\}, (4,5,5)).$$

Ou seja, o jogador 1 fica sozinho e aceita o valor 4, enquanto os jogadores 2 e 3 se unem para receber o valor 10, que decidem dividir igualmente.

Alguns jogos cooperativos têm a característica de que, quando duas coalizões se fundem, elas não se saem pior do que se tivessem permanecido separadas. Essa propriedade é chamada **superaditividade**. Formalmente, um jogo será superaditivo se sua função característica satis- Superaditividade fizer a seguinte condição:

$$v(C \cup D) \geq v(C) + v(D) \qquad \text{para todo } C, D \subseteq N$$

Se um jogo é superaditivo, então a grande coalizão recebe um valor que é pelo menos tão alto ou maior que o total recebido por qualquer outra estrutura de coalizão. No entanto, como veremos em breve, os jogos superaditivos nem sempre terminam com uma grande coalizão, pela mesma razão que, no dilema do prisioneiro, os jogadores nem sempre chegam a um resultado ótimo de Pareto, coletivamente desejável.

18.3.2 Estratégia em jogos cooperativos

O pressuposto básico na teoria dos jogos cooperativos é que os jogadores tomarão decisões estratégicas sobre com quem irão cooperar. Intuitivamente, os jogadores não desejam trabalhar com jogadores improdutivos – eles naturalmente procurarão jogadores que coletivamente gerem um alto valor de coalizão. Mas esses jogadores procurados farão seu próprio raciocínio estratégico. Antes que possamos descrever esse raciocínio, precisamos de mais algumas definições.

Uma **imputação** para um jogo cooperativo (N, v) é um vetor de recompensa que satisfaz Imputação as duas condições a seguir:

$$\sum_{i=1}^{n} x_i = v(N)$$
$$x_i \geq v(\{i\}) \text{ para todo } i \in N.$$

570 Inteligência Artificial

Racionalidade individual

A primeira condição diz que uma imputação deve distribuir o valor total da grande coalizão; a segunda, conhecida como **racionalidade individual**, diz que cada jogador se sai pelo menos tão bem quanto se tivesse trabalhado sozinho.

Dada uma imputação $\mathbf{x} = (x_1,...,x_n)$ e dada uma coalizão $C \subseteq N$, definimos $x(C)$ como sendo a soma $\sum_{i \in C} x_i$ (o valor total desembolsado para C pela imputação $\mathbf{x}$).

Núcleo

Em seguida, definimos o **núcleo** de um jogo (N, v) como sendo o conjunto de todas as imputações $\mathbf{x}$ que satisfaçam a condição $x(C) \geq v(C)$ para cada coalizão possível $C \subset N$. Assim, se uma imputação $\mathbf{x}$ *não* estiver no núcleo, então existe alguma coalizão $C \subset N$ tal que $v(C) > x(C)$. Os jogadores em C se recusariam a participar da grande coalizão porque seria melhor ficar com C.

O núcleo de um jogo, portanto, consiste em todos os vetores de recompensa possíveis aos quais nenhuma coalizão poderia se opor, alegando que eles poderiam se sair melhor não se juntando à grande coalizão. Assim, se o núcleo estiver vazio, a grande coalizão não poderá se formar, porque não importa como a grande coalizão dividiu sua recompensa, alguma coalizão menor se recusaria a aderir. As principais questões computacionais em torno do núcleo referem-se a se ele está vazio ou não e se determinada distribuição de recompensa está no núcleo.

A definição do núcleo leva naturalmente a um sistema de desigualdades lineares, como a seguir (as incógnitas são variáveis $x_1,...,x_n$, e os valores $v(C)$ são constantes):

$$x_i \geq v(\{i\}) \quad \text{para todo } i \in N$$
$$\sum_{i \in N} x_i = v(N)$$
$$\sum_{i \in C} x_i \geq v(C) \quad \text{para todo } C \subseteq N$$

Qualquer solução para essas desigualdades definirá uma imputação no núcleo. Podemos formular as desigualdades como um programa linear usando uma função objetivo fictícia (p. ex., maximizando $\sum_{i \in N} x_i$), que nos permitirá calcular imputações em tempo polinomial no número de desigualdades. A dificuldade é que isso resulta em um número exponencial de desigualdades (uma para cada uma das 2^n coalizões possíveis). Portanto, essa abordagem produz um algoritmo executado em tempo exponencial para verificar se o núcleo não está vazio. Se podemos ou não fazer melhor, isso depende do jogo que está sendo estudado: para muitas classes de jogos cooperativos, o problema de verificar se o núcleo não está vazio é co-NP-completo. Daremos um exemplo mais adiante.

Antes de prosseguir, vejamos um exemplo de um jogo superaditivo com um núcleo vazio. O jogo tem três jogadores $N = \{1, 2, 3\}$, com uma função característica definida da seguinte forma:

$$v(C) = \begin{cases} 1 & \text{se } |C| \geq 2 \\ 0 & \text{caso contrário.} \end{cases}$$

Agora considere qualquer imputação (x_1, x_2, x_3) para esse jogo. Visto que $v(N) = 1$, deve acontecer que pelo menos um jogador i tenha $x_i > 0$, e os outros dois recebam uma recompensa total menor que 1. Esses dois poderiam se beneficiar formando uma coalizão sem o jogador i e compartilhando o valor 1 entre eles. Mas, como isso vale para todas as imputações, o núcleo deve estar vazio.

O núcleo formaliza a ideia de a grande coalizão ser *estável*, no sentido de que nenhuma coalizão pode abandoná-la com lucro. Porém, o núcleo pode conter imputações que são *irracionais*, no sentido de que um ou mais jogadores podem sentir que elas foram injustas. Suponha que $N = \{1,2\}$, e temos uma função característica v definida da seguinte forma:

$$v(\{1\}) = (\{2\}) = 5$$
$$v(\{1, 2\}) = 20.$$

Aqui, a cooperação rende um excedente de 10 sobre o que os jogadores poderiam obter trabalhando isoladamente e, portanto, intuitivamente, a cooperação fará sentido nesse cenário. Ora, é fácil perceber que a imputação (6, 14) está no núcleo desse jogo: nenhum jogador pode se desviar para obter uma utilidade maior. Porém, do ponto de vista do jogador 1, isso pode parecer irracional, porque dá 9/10 do excedente ao jogador 2. Assim, a noção do núcleo nos diz quando uma grande coalizão pode se formar, mas não nos diz como distribuir a recompensa.

O **valor de Shapley** é uma proposta elegante de como dividir o valor de $v(N)$ entre os jogadores, visto que foi formada a grande coalizão N. Formulado pelo ganhador do Prêmio Nobel Lloyd Shapley, no início da década de 1950, o valor de Shapley tem por finalidade ser um esquema de distribuição *justo*.

Valor de Shapley

Mas o que significa *justo*? Seria injusto distribuir $v(N)$ com base na cor dos olhos dos jogadores, ou no seu gênero, ou na cor da pele. Os alunos costumam sugerir que o valor $v(N)$ seja dividido igualmente, o que pode parecer justo, até que consideremos que isso daria a mesma recompensa para jogadores que contribuem muito e jogadores que não contribuem com nada. A ideia de Shapley foi sugerir que o único modo justo de dividir o valor $v(N)$ era fazê-lo de acordo com o quanto cada jogador *contribuiu* para criar o valor $v(N)$.

Primeiro, precisamos definir a noção de **contribuição marginal** de um jogador. A contribuição marginal que um jogador i faz para uma coalizão C é o valor que i *adicionaria* (ou *removeria*), *se i me juntasse* à coalizão C. Formalmente, a contribuição marginal que o jogador i faz para C é indicada por $mc_i(C)$:

Contribuição marginal

$$mc_i(C) = v(C \cup \{i\}) - v(C).$$

Agora, uma primeira tentativa de definir um esquema de divisão de recompensas conforme a sugestão de Shapley, de que os jogadores deveriam ser recompensados de acordo com sua contribuição, seria pagar a cada jogador i o valor que eles agregariam à coalizão que contém todos os outros jogadores:

$$mc_i(N - \{i\}).$$

O problema é que isso pressupõe implicitamente que o jogador i é o *último* jogador a entrar na coalizão. Portanto, como sugeriu Shapley, temos que considerar todas as maneiras possíveis de formar a grande coalizão, ou seja, todas as ordenações possíveis dos jogadores N, e considerar o valor que i adiciona aos jogadores anteriores na ordenação. Então, um jogador deve ser recompensado recebendo *a contribuição marginal média que o jogador i faz, sobre todas as ordens possíveis dos jogadores, para o conjunto de jogadores que precedem i na ordenação*.

Seja $\mathcal{P}$ o conjunto de todas as permutações possíveis (p. ex., ordenações) dos jogadores N, com os membros de $\mathcal{P}$ indicados por $p, p' \dots$ etc. Em que $p \in \mathcal{P}$ e $i \in N$, indicamos com p_i o conjunto de jogadores que precedem i na ordenação p. Então, o valor de Shapley para um jogo J é a imputação $\phi(J) = (\phi_1(J), \dots, \phi_n(J))$ definida da seguinte forma:

$$\phi_i(J) = \frac{1}{n!} \sum_{p \in \mathcal{P}} mc_i(p_i). \tag{18.1}$$

Isso deve convencer você de que o valor de Shapley é uma proposta razoável. Mas o fato marcante é que é a solução *única* para um conjunto de axiomas que caracteriza um esquema de distribuição de recompensa "justo". Precisaremos de mais algumas definições antes de definir os axiomas.

Definimos um **jogador fictício** como um jogador i que nunca adiciona valor algum a uma coalizão – ou seja, $mc_i(C) = 0$ para todo $C \subseteq N - \{i\}$. Diremos que dois jogadores i e j serão **jogadores simétricos**, se eles sempre fizerem contribuições *idênticas* às coalizões – ou seja, $mc_i(C) = mc_j(C)$ para todo $C \subseteq N - \{i, j\}$. Finalmente, onde $J = (N, v)$ e $J' = (N, v')$ são jogos com o mesmo conjunto de jogadores, o jogo $J + J'$ é o jogo com o mesmo conjunto de jogadores e uma função característica v'' definida por $v''(C) = v(C) + v'(C)$.

Jogador fictício

Jogadores simétricos

Com essas definições, podemos definir os axiomas de justiça satisfeitos pelo valor de Shapley:

- *Eficiência*: $\sum_{i \in N} \phi_i(J) = v(N)$. (Todo o valor deverá ser distribuído.)
- *Jogador fictício*: Se i é um jogador fictício em J, então $\phi_i(J) = 0$. (Os jogadores que nunca contribuem com alguma coisa nunca devem receber algo.)
- *Simetria*: Se i e j são simétricos em J, então $\phi_i(J) = \phi_j(J)$. (Jogadores que têm contribuição idêntica devem receber recompensas idênticas.)
- *Aditividade*: O valor é aditivo sobre os jogos: para todos os jogos $J = (N, v)$ e $J' = (N, v')$, e para todos os jogadores $i \in N$, temos $\phi_i(J + J') = \phi_i(J) + \phi_i(J')$.

572 Inteligência Artificial

O axioma da aditividade é reconhecidamente bastante técnico. Porém, se aceitarmos isso como um requisito, podemos estabelecer a seguinte propriedade-chave: *o valor de Shapley é a única maneira de distribuir o valor de coalizão de forma a satisfazer esses axiomas de justiça.*

18.3.3 Computação em jogos cooperativos

Do ponto de vista teórico, agora temos uma solução satisfatória. Porém, do ponto de vista computacional, precisamos saber como *representar* jogos cooperativos *de forma compacta* e como *calcular com eficiência* conceitos de solução, como o núcleo e o valor de Shapley.

A representação óbvia para uma função característica seria uma tabela listando o valor $v(C)$ para todas as 2^n coalizões. Isso é inviável para um valor grande de n. Foram desenvolvidas diversas abordagens para representar jogos cooperativos de forma compacta, as quais podem ser diferenciadas pelo fato de serem ou não *completas*. Um esquema de representação completo é aquele capaz de representar *qualquer* jogo cooperativo. A desvantagem dos esquemas de representação completos é que sempre haverá alguns jogos que não podem ser representados de forma compacta. Uma alternativa é usar um esquema de representação que é garantidamente compacto, mas não é completo.

Redes de contribuição marginais

Rede de contribuição marginal

Vamos descrever agora um esquema de representação, chamado **redes de contribuição marginal** (MC-nets). Para facilitar a apresentação, usaremos uma versão ligeiramente simplificada, e a simplificação a torna incompleta – a versão inteira das MC-nets é uma representação completa.

A ideia por trás das redes de contribuição marginal é representar a função característica de um jogo (N, v) como um conjunto de regras coalizão-valor, no formato (C_i, x_i), em que $C_i \subseteq N$ é uma coalizão e x_i é um número. Para calcular o valor de uma coalizão C, simplesmente somamos os valores de todas as regras (C_i, x_i) de modo que $C_i \subseteq C$. Assim, dado um conjunto de regras $R = \{(C_1, x_1),...,(C_k, x_k)\}$, a função característica correspondente é:

$$v(C) = \sum\{x_i \mid (C_i, x_i) \in R \text{ e } C_i \subseteq C\}.$$

Suponha que tenhamos um conjunto de regras R contendo as três regras a seguir:

$$\{((\{1, 2\}, 5), \quad (\{2\}, 2), \quad (\{3\}, 4)\}.$$

Então temos, por exemplo:

- $v(\{1\}) = 0$ (porque nenhuma regra se aplica),
- $v(\{3\}) = 4$ (terceira regra),
- $v(\{1, 3\}) = 4$ (terceira regra),
- $v(\{2, 3\}) = 6$ (segunda e terceira regras), e
- $v(\{1, 2, 3\}) = 11$ (primeira, segunda e terceira regras).

Com essa representação, podemos calcular o valor de Shapley em tempo polinomial. A ideia principal é que cada regra pode ser compreendida como definindo um jogo por si só, no qual os jogadores são simétricos. Portanto, apelando aos axiomas de Shapley da aditividade e da simetria, o valor de Shapley $\phi_i(R)$ do jogador i no jogo associado ao conjunto de regras R é, simplesmente,

$$\phi_i(R) = \sum_{(C,x)\in R} \begin{cases} \frac{x}{|C|} & \text{se } i \in C \\ 0 & \text{caso contrário.} \end{cases}$$

A versão das redes de contribuição marginal aqui apresentada não é um esquema de representação *completo*: há jogos cuja função característica não pode ser representada usando conjuntos de regras da forma descrita anteriormente. Um tipo mais rico de redes de contribuição marginal permite regras da forma (ϕ, x), em que ϕ é uma fórmula lógica proposicional sobre os jogadores N: uma coalizão C satisfaz a condição ϕ se corresponder a uma atribuição satisfatória para ϕ. Esse esquema é uma representação completa – no pior caso, precisamos de uma regra para cada coalizão possível. Além do mais, o valor de Shapley pode ser calculado em tempo polinomial com esse esquema; os detalhes são mais complicados do que para as regras simples que foram descritas, embora o princípio básico seja o mesmo; veja as referências nas notas no fim do capítulo.

Estruturas de coalizão para o bem-estar social máximo

Obtemos uma perspectiva diferente sobre os jogos cooperativos se assumirmos que os agentes compartilham um propósito comum. Por exemplo, se pensarmos nos agentes como sendo trabalhadores de uma empresa, então as considerações estratégicas relacionadas à formação de coalizões que são tratadas pelo núcleo, por exemplo, não são relevantes. Em vez disso, podemos querer organizar a força de trabalho (os agentes) em equipes para maximizar sua produtividade geral. De maneira mais geral, a tarefa é achar uma coalizão que maximize o *bem-estar social* do sistema, definido como a soma dos valores das coalizões individuais. Escrevemos o bem-estar social de uma estrutura de coalizão EC como $bs(EC)$, com a seguinte definição:

$$bs(EC) = \sum_{C \in EC} v(C).$$

Então, uma estrutura de coalizão socialmente ótima EC^* em relação a J maximiza essa quantidade. Encontrar uma estrutura de coalizão socialmente ótima é um problema computacional muito natural, que tem sido estudado além da comunidade de sistemas multiagentes: às vezes ela é chamada **problema de particionamento de conjuntos**. Infelizmente, o problema é NP-difícil, porque o número de estruturas de coalizão possíveis cresce exponencialmente no número de jogadores.

Problema de particionamento de conjuntos

Encontrar a estrutura de coalizão ótima por meio de uma busca exaustiva ingênua é, portanto, inviável em geral. Uma técnica influente para a formação da estrutura de coalizão ótima é baseada na ideia de pesquisar um subespaço do **grafo de estrutura de coalizão**. A ideia é mais bem explicada pela referência a um exemplo.

Grafo de estrutura de coalizão

Suponha que temos um jogo com quatro agentes, $N = \{1,2,3,4\}$. Há quinze estruturas de coalizão possíveis para esse conjunto de agentes. Podemos organizá-las em um grafo de estrutura de coalizão, como mostrado na Figura 18.7, em que os nós no nível ℓ do grafo correspondem a todas as estruturas de coalizão com exatamente ℓ coalizões. Um arco ascendente no grafo representa a divisão de uma coalizão no nó inferior em duas coalizões separadas no nó superior. Por exemplo, há um arco de $\{\{1\},\{2,3,4\}\}$ para $\{\{1\},\{2\},\{3,4\}\}$, porque esta última estrutura de coalizão é obtida da primeira dividindo a coalizão $\{2,3,4\}$ nas coalizões $\{2\}$ e $\{3,4\}$.

A estrutura de coalizão ótima EC^* está em algum lugar dentro do grafo da estrutura de coalizão e, para encontrá-la, parece que teríamos que avaliar cada nó do grafo. Mas considere as duas últimas linhas do grafo – níveis 1 e 2. Cada coalizão possível (excluindo a coalizão vazia) aparece nesses dois níveis. (É claro que nem toda estrutura de coalizão possível aparece nesses dois níveis.) Agora, suponha que restrinjamos nossa busca por uma possível estrutura

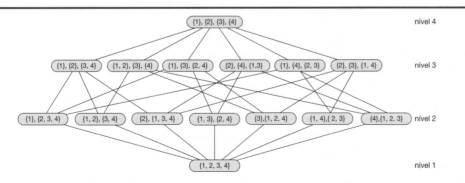

Figura 18.7 Grafo de estrutura de coalizão para $N = \{1,2,3,4\}$. O nível 1 tem estruturas de coalizão contendo uma única coalizão; o nível 2 tem estruturas de coalizão contendo duas coalizões, e assim por diante.

de coalizão *apenas* a esses dois níveis – no grafo, não vamos além disso. Seja EC' a melhor estrutura de coalizão que encontramos nesses dois níveis, e seja EC^* a melhor estrutura de coalizão geral. Além disso, C^* é uma coalizão com o valor mais alto de todas as coalizões possíveis:

$$C^* \in \arg\max_{C \subseteq N} v(C).$$

O valor da melhor estrutura de coalizão que podemos achar nos dois primeiros níveis do grafo da estrutura de coalizão deve ser pelo menos igual ao valor da melhor coalizão possível: $bs(EC') \geq v(C^*)$. Isso acontece porque toda coalizão possível aparece em pelo menos uma estrutura de coalizão nos primeiros dois níveis do grafo. Portanto, considere o pior caso, ou seja, $bs(EC') = v(C^*)$.

Compare o valor de $bs(EC')$ com $bs(EC^*)$. Como $bs(EC')$ é o maior valor possível de qualquer estrutura de coalizão, e existem n agentes ($n = 4$, no caso da Figura 18.7), então o maior valor possível de $bs(EC^*)$ seria $nv(C^*) = n \cdot bs(EC')$. Em outras palavras, no pior caso possível, o valor da melhor estrutura de coalizão que encontramos nos dois primeiros níveis do grafo seria $1/n$, em que n é o número de agentes. Logo, embora pesquisar os dois primeiros níveis do grafo não nos garanta a estrutura de coalizão *ótima*, isso *garante* aquela que não seja pior que $1/n$ da estrutura ótima. Na prática, ela muitas vezes será muito melhor do que isso.

18.4 Tomada de decisões coletivas

Agora, vamos passar do projeto do agente ao **projeto do mecanismo** – o problema de projetar o jogo correto para uma coleção de agentes jogar. Formalmente, um **mecanismo** consiste em:

1. Uma linguagem descrevendo o conjunto de estratégias permitidas que os agentes podem adotar.

Centro

2. Um agente destacado, chamado **centro**, que coleta relatórios de escolhas de estratégia dos agentes no jogo. (P. ex., o leiloeiro é o centro de um leilão.)
3. Uma regra de resultado, conhecida por todos os agentes, que o centro usa para determinar as recompensas para cada agente, dadas suas escolhas de estratégia.

Esta seção discute alguns dos mecanismos mais populares.

18.4.1 Alocação de tarefas com a rede de contratos

Protocolo de rede de contratos

O **protocolo de rede de contratos** é provavelmente a técnica de resolução de problemas multiagentes mais antiga e mais importante já estudada em IA. É um protocolo de alto nível para compartilhamento de tarefas. Como o nome indica, a rede de contratos foi inspirada na forma como as empresas utilizam contratos.

O protocolo geral de rede de contratos tem quatro fases principais – ver Figura 18.8. O processo começa com um agente identificando a necessidade de ação cooperativa em relação a alguma tarefa. A necessidade pode aparecer porque o agente não tem a capacidade de realizar a tarefa isoladamente, ou porque uma solução cooperativa pode, de alguma maneira, ser melhor (mais rápida, mais eficiente, mais precisa).

Anúncio de tarefa

Gerente

O agente anuncia a tarefa para outros agentes na rede com uma mensagem de **anúncio de tarefa** e, em seguida, atua como o **gerente** dessa tarefa enquanto ela durar. A mensagem de anúncio da tarefa deve incluir informações suficientes para os destinatários julgarem se estão ou não dispostos e se são capazes de fazer uma oferta para a tarefa. As informações precisas incluídas em um anúncio de tarefa dependerão da área de aplicação. Pode ser algum código que precisa ser executado; ou pode ser uma especificação lógica de um objetivo a ser alcançado. O anúncio de tarefa também pode incluir outras informações que possam ser exigidas pelos destinatários, como prazos, requisitos de qualidade de serviço, e assim por diante.

Quando um agente recebe um anúncio de tarefa, ele deve avaliá-lo com relação às suas próprias capacidades e preferências. Em particular, cada agente deve determinar se tem a capacidade de realizar a tarefa e, em segundo lugar, se deseja ou não o fazer. Com base nisso, ele

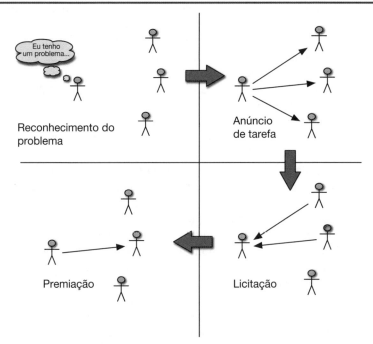

Figura 18.8 Protocolo de alocação de tarefas na rede de contratos.

pode então apresentar uma **proposta** para a tarefa. Uma proposta normalmente indicará as capacidades do licitante que são relevantes para a tarefa anunciada, e quaisquer termos e condições sob os quais a tarefa será realizada. — Proposta

Em geral, um gerente pode receber várias propostas em resposta a um único anúncio de tarefa. Com base nas informações das propostas, o gerente seleciona o agente (ou agentes) mais adequado para executar a tarefa. Os agentes bem-sucedidos são notificados por meio de uma mensagem de premiação e se tornam contratados para a tarefa, assumindo a responsabilidade pela tarefa até que ela seja concluída.

As principais tarefas computacionais necessárias para implementar o protocolo de rede de contratos podem ser resumidas da seguinte forma:

- *Processamento do anúncio da tarefa*. Ao receber um anúncio de tarefa, um agente decide se deseja fazer uma proposta para a tarefa anunciada.
- *Processamento da proposta*. Ao receber várias propostas, o gerente deve decidir qual agente receberá a tarefa, e depois conceder a tarefa.
- *Processamento da premiação*. Os licitantes bem-sucedidos (contratados) devem tentar realizar a tarefa, o que pode significar a geração de novas subtarefas, que são anunciadas por meio de novos anúncios de tarefa.

Apesar (ou talvez por causa) de sua simplicidade, a rede de contratos é provavelmente a estrutura mais implementada e mais bem estudada para a solução de problemas de modo cooperativo. Naturalmente, ela se aplica a muitos ambientes – uma variação dela é feita toda vez que você chama um carro por aplicativo, por exemplo.

18.4.2 Alocação de recursos escassos com leilões

Um dos problemas mais importantes em sistemas multiagentes é a alocação de recursos escassos; mas também podemos simplesmente dizer "alocação de recursos", uma vez que, na prática, a maioria dos recursos úteis são escassos em algum sentido. O **leilão** é o mecanismo mais importante de alocação de recursos. A configuração mais simples para um leilão é quando há um único recurso e vários **licitantes** possíveis. Cada licitante i tem um valor de utilidade v_i para o item. — Leilão / Licitante

576 Inteligência Artificial

Em alguns casos, cada licitante tem um **valor privado** para o item. Por exemplo, um suéter brega pode ser atraente para um licitante e sem valor para outro.

Em outros casos, como em leilão de direitos de perfuração para um campo de petróleo, o item tem um **valor comum** – a área produzirá alguma quantidade de dinheiro, X, e todos os licitantes valorizam uma cifra da mesma forma – mas há incerteza quanto ao valor real de X. Licitantes diferentes têm informações diferentes e, portanto, estimativas diferentes do verdadeiro valor do item. Em ambos os casos, os licitantes acabam com seu próprio v_i. Dado o v_i, cada licitante tem a chance, no momento ou momentos apropriados do leilão, de dar um lance b_i. O lance mais alto, b_{max}, ganha o item, mas o preço pago não precisa ser b_{max}; isso faz parte do projeto do mecanismo.

O mecanismo de leilão mais conhecido é o **leilão de lances ascendentes**,[3] ou **leilão inglês**, no qual o leiloeiro começa pedindo um lance mínimo (ou **reserva**) b_{min}. Se algum licitante estiver disposto a pagar essa quantia, o leiloeiro pede $b_{min} + d$, para algum incremento d, e continua a subir a partir daí. O leilão termina quando ninguém mais está disposto a dar lances; então, o último licitante ganha o item, pagando o lance vencedor.

> **Leilão de lances ascendentes**
> **Leilão inglês**

Como podemos saber se esse é um bom mecanismo? Um dos objetivos é maximizar a receita esperada do vendedor. Outro objetivo é maximizar a noção de utilidade global. Esses objetivos se sobrepõem até certo ponto, porque um aspecto da maximização da utilidade global é garantir que o vencedor do leilão seja o agente que mais valoriza o item (e, portanto, está disposto a pagar mais). Dizemos que um leilão é **eficiente** se as mercadorias vão para o agente que mais as valoriza. Em geral, o leilão de lances ascendentes é eficiente e maximiza a receita, mas se o preço de reserva for definido muito alto, o licitante que o valorizar mais pode não fazer um lance, e se a reserva for definida com valor muito baixo, o vendedor pode obter menos receita.

> **Eficiente**

Provavelmente, o mais importante a ser feito em um mecanismo de leilão é encorajar um número suficiente de licitantes a entrar no jogo e desencorajá-los de se envolver em **conluio**. Conluio é um acordo injusto ou ilegal celebrado por dois ou mais licitantes para manipular os preços. Pode acontecer em negociações secretas ou tacitamente, dentro das regras do mecanismo. Por exemplo, em 1999, a Alemanha leiloou 10 blocos do espectro de celulares com um leilão simultâneo (os lances foram feitos em todos os 10 blocos ao mesmo tempo), usando a regra de que qualquer lance deve ter um aumento mínimo de 10% em relação ao lance anterior em um bloco. Havia apenas dois licitantes confiáveis, e o primeiro, Mannesman, entrou com um lance de 20 milhões de marcos alemães, nos blocos 1 a 5, e 18,18 milhões nos blocos 6 a 10. Por que 18,18 milhões? Um dos gerentes da T-Mobile disse que eles "interpretaram o primeiro lance da Mannesman como uma oferta". Ambas as partes podem calcular que um aumento de 10% em 18,18 milhões é 19,99 milhões; assim, o lance da Mannesman foi interpretado desta maneira: "cada um de nós pode obter metade dos blocos por 20 milhões; não vamos estragar isso aumentando os preços". E, de fato, a T-Mobile deu lances de 20 milhões nos blocos 6 a 10 e esse foi o fim da licitação.

> **Conluio**

O governo alemão obteve menos do que esperava, pois os dois concorrentes puderam usar o mecanismo de licitação para chegar a um acordo tácito sobre como não competir. Do ponto de vista do governo, um melhor resultado poderia ter sido obtido por qualquer uma dessas mudanças no mecanismo: um preço de reserva mais alto; um leilão do primeiro preço com lance lacrado, de forma que os concorrentes não pudessem se comunicar por meio de seus lances; ou então por incentivos para trazer um terceiro licitante. Talvez a regra dos 10% tenha sido um erro no projeto do mecanismo, porque facilitou a sinalização precisa da Mannesman para a T-Mobile.

Em geral, tanto o vendedor quanto a função utilidade global se beneficiam se houver mais licitantes, embora a utilidade global possa ser prejudicada se você contar o custo do tempo desperdiçado de licitantes que não têm chance de ganhar. Um modo de encorajar mais licitantes é tornar o mecanismo mais fácil para eles. Afinal, se for preciso realizar muita pesquisa ou computação por parte dos licitantes, eles podem decidir levar seu dinheiro para outro lugar.

Portanto, é desejável que os licitantes tenham uma **estratégia dominante**. Lembre-se de que "dominante" significa que a estratégia funciona contra todas as outras estratégias, o que,

---

[3] Em inglês, o termo "auction" (leilão) vem do latim *augeo*, aumentar.

por sua vez, significa que um agente pode adotá-la sem considerar as outras estratégias. Um agente com uma estratégia dominante pode apenas fazer um lance, sem perder tempo contemplando as possíveis estratégias de outros agentes. Um mecanismo pelo qual os agentes têm uma estratégia dominante é chamado mecanismo **à prova de estratégia**. Se, como geralmente acontece, essa estratégia envolve os licitantes revelando seu verdadeiro valor, v_i, então ele é chamado leilão **revelador da verdade**, ou **verdadeiro**; o termo **compatível com o incentivo** também é usado. O **princípio da revelação** afirma que qualquer mecanismo pode ser transformado em um mecanismo de revelação da verdade equivalente; portanto, parte do projeto do mecanismo é encontrar esses mecanismos equivalentes.

À prova de estratégia

Revelador da verdade

Princípio da revelação

Acontece que o leilão de lances ascendentes tem a maioria das propriedades desejáveis. O licitante com o valor v_i mais alto obtém os bens a um preço de $b_o + d$, em que b_o é o lance mais alto entre todos os outros agentes e d é o incremento do leiloeiro.[4] Os licitantes têm uma estratégia dominante simples: continuar licitando enquanto o custo atual estiver abaixo de seu v_i. O mecanismo não revela exatamente a verdade, porque o licitante vencedor revela apenas que seu $v_i \geq b_o + d$; temos um limite inferior no v_i, mas não um valor exato.

Uma desvantagem (do ponto de vista do vendedor) do leilão de lances ascendentes é que ele pode desencorajar a concorrência. Suponha que, em uma licitação pelo espectro do celular, haja uma empresa vantajosa, em que todos concordam que ela seria capaz de aproveitar os clientes e a infraestrutura existentes e, portanto, teria um lucro maior do que qualquer outra. Os concorrentes em potencial podem ver que não têm chance em um leilão de lances ascendentes, porque a empresa com vantagens sempre poderá oferecer lances mais altos. Assim, os concorrentes podem nem mesmo entrar, e a empresa vantajosa acaba ganhando com o preço de reserva.

Outra propriedade negativa do leilão inglês são seus altos custos de comunicação. Ou o leilão ocorre em uma sala, ou todos os licitantes precisam ter linhas de comunicação de alta velocidade e seguras; de qualquer forma, eles precisam ter tempo para enfrentar várias rodadas de lances.

Um mecanismo alternativo, que exige muito menos comunicação, é o **leilão de lance lacrado**. Cada licitante faz um único lance e o comunica ao leiloeiro, sem que os demais licitantes o vejam. Com esse mecanismo, não há mais uma estratégia dominante simples. Se o seu valor é v_i e você acredita que o máximo de todos os lances dos outros agentes será b_o, então você deve fazer o lance $b_o + \epsilon$, para algum ϵ pequeno, se for menor que v_i. Assim, seu lance depende de sua estimativa dos lances dos outros agentes, exigindo que você tenha mais trabalho. Além disso, observe que o agente com o v_i mais alto pode não ganhar o leilão. Isso é compensado pelo fato de que o leilão é mais competitivo, reduzindo a tendência para um licitante favorecido.

Leilão de lance lacrado

Uma pequena variação no mecanismo de leilões de lance selado leva ao **leilão de segundo preço de lance lacrado**, também conhecido como **leilão de Vickrey**.[5] Nesses leilões, o vencedor paga o preço do *segundo* lance mais alto, b_o, em vez de pagar pelo seu próprio lance. Essa modificação simples elimina completamente as deliberações complexas exigidas para leilões de lance lacrado padrão (ou de **primeiro preço**), porque a estratégia dominante agora é simplesmente oferecer v_i; o mecanismo é revelador da verdade. Observe que a utilidade do agente i em termos de sua oferta b_i, seu valor v_i e a melhor oferta entre os outros agentes, b_o, é

Leilão de segundo preço de lance lacrado
Leilão de Vickrey

$$U_i = \begin{cases} (v_i - b_o) & \text{se } b_i > b_o \\ 0 & \text{caso contrário.} \end{cases}$$

Para ver que $b_i = v_i$ é uma estratégia dominante, observe que quando $(v_i - b_o)$ é positivo, qualquer lance que vença o leilão é ótimo, e o lance v_i em particular vence o leilão. Por outro lado, quando $(v_i - b_o)$ é negativo, qualquer lance que perca o leilão é ótimo, e o lance v_i em particular perde o leilão. Portanto, o lance v_i é ideal para todos os valores possíveis de b_o e, de fato, v_i é o único lance que tem essa propriedade. Devido à sua simplicidade e aos requisitos mínimos de computação para o vendedor e os licitantes, o leilão de Vickrey é muito utilizado em sistemas de IA distribuídos.

---

[4] Na realidade, há uma pequena chance de que o agente com o v_i mais alto não consiga obter os produtos, no caso em que $b_o < v_i < b_o + d$. A chance disso pode se tornar muito pequena com a diminuição do incremento d.

[5] Nomeado em homenagem a William Vickrey (1914-1996), que ganhou o prêmio Nobel em Economia, em 1996, em reconhecimento ao seu trabalho, e que morreu vítima de um ataque cardíaco 3 dias após a premiação.

578   Inteligência Artificial

Os mecanismos de busca da Internet realizam vários trilhões de leilões a cada ano para vender anúncios junto com seus resultados de busca, e os *sites* de leilão *online* lidam com US\$ 100 bilhões por ano em mercadorias, todos usando variantes do leilão de Vickrey. Observe que o valor esperado para o vendedor é b_o, que é o mesmo retorno esperado do limite do leilão inglês, pois o incremento d vai para zero. Na verdade, este é um resultado muito geral: o **teorema da equivalência de receita** afirma que, com algumas advertências menores, qualquer mecanismo de leilão em que os licitantes tenham valores v_i conhecidos apenas por eles (mas conhecendo a distribuição de probabilidade a partir da qual esses valores são amostrados) gerará a mesma receita esperada. Esse princípio significa que os diversos mecanismos não estão competindo com base na geração de receita, mas sim em outras qualidades.

Teorema da equivalência de receita

Embora o leilão de segundo preço revele a verdade, verifica-se que leiloar n bens com um leilão de preço $n + 1$ não revela a verdade. Muitos mecanismos de busca da Internet usam um mecanismo em que leiloam n locais para anúncios em uma página. O licitante com o lance mais alto ganha o primeiro local, o segundo maior ganha o segundo local, e assim por diante. Cada vencedor paga o preço licitado pelo licitante seguinte mais baixo, entendendo que o pagamento é feito apenas se o usuário realmente clicar no anúncio. Os primeiros locais são considerados mais valiosos porque têm maior probabilidade de serem observados e clicados.

Imagine que três licitantes, b_1, b_2 e b_3, tenham avaliações para um clique de $v_1 = 200$, $v_2 = 180$ e $v_3 = 100$, e que $n = 2$ locais estejam disponíveis; e sabe-se que o local superior é clicado em 5% das vezes e o local inferior em 2%. Se todos os licitantes fizerem lances verdadeiros, então b_1 ganha o local superior e paga 180, e tem um retorno esperado de $(200 - 180) \times 0,05 = 1$. O segundo local vai para b_2. Mas b_1 pode ver que, se ele licitar qualquer coisa no intervalo entre 101 e 179, concederá o primeiro espaço para b_2, ganhará o segundo espaço e produzirá um retorno esperado de $(200 - 100) \times 0,02 = 2$. Assim, b_1 pode dobrar seu retorno esperado ao fazer um lance menor do que seu valor real nesse caso.

Em geral, os licitantes nesse leilão de preço $n + 1$ devem gastar muita energia analisando os lances dos outros para determinar sua melhor estratégia; não existe uma estratégia dominante simples.

Aggarwal *et al.* (2006) mostram que há um mecanismo único de leilão verdadeiro para esse problema de vários locais, no qual o vencedor do local j paga o preço do local j apenas pelos cliques adicionais que se encontram disponíveis no local j e não no local $j + 1$. O vencedor paga o preço do local inferior para os cliques restantes. Em nosso exemplo, b_1 daria um lance de 200 de verdade e pagaria 180 referentes aos outros $0,05 - 0,02 = 0,03$ cliques no local superior, mas pagaria apenas o custo do local inferior, 100, pelos 0,02 cliques restantes. Assim, o retorno total para b_1 seria $(200 - 180) \times 0,03 + (200 - 100) \times 0,02 = 2,6$.

Outro exemplo em que os leilões podem entrar em cena na IA é quando um grupo de agentes está decidindo se cooperam em um plano conjunto. Hunsberger e Grosz (2000) mostram que isso pode ser realizado de forma eficiente com um leilão em que os agentes façam lances por funções no plano conjunto.

Bens comuns

Agora vamos considerar outro tipo de jogo, no qual os países definem suas políticas para controlar a poluição do ar. Cada país tem uma escolha: eles podem reduzir a poluição a um custo de -10 pontos para implementar as mudanças necessárias, ou podem continuar a poluir, o que lhes dá uma utilidade líquida de -5 (em maiores custos com a saúde etc.) e contribui com -1 ponto para todos os outros países (porque o ar é compartilhado entre os países). Nitidamente, a estratégia dominante para cada país é "continuar a poluir", mas, se houver 100 países e cada um seguir essa mesma política, cada um terá uma utilidade total de -104, enquanto se cada país reduzisse a poluição, cada um teria uma utilidade de -10. Essa situação é chamada **tragédia dos bens comuns**: se ninguém tem que pagar pelo uso de um recurso comum, ele pode ser explorado de modo que leve a uma utilidade total menor para todos os agentes. Isso é semelhante ao dilema do prisioneiro: há outra solução para o jogo que é melhor para todas as partes, mas parece não haver maneira para os agentes racionais chegarem a essa solução no jogo atual.

Tragédia dos bens comuns

Uma técnica para lidar com a tragédia dos bens comuns é mudar o mecanismo para um que cobre de cada agente pelo uso dos comuns. De forma mais geral, precisamos garantir que

todas as **externalidades** – efeitos na utilidade global que não são reconhecidos nas transações   Externalidades
dos agentes individuais – se tornem explícitas.

Definir os preços corretamente é a parte difícil. No limite, essa técnica equivale à criação de um mecanismo no qual cada agente precisa efetivamente maximizar a utilidade global, mas pode fazer isso tomando uma decisão local. Para esse exemplo, um imposto sobre o carbono seria um exemplo de mecanismo que cobra pelo uso dos bens comuns de modo que, se bem implementado, maximize a utilidade global.

Acontece que existe um projeto de mecanismo, conhecido como mecanismo **Vickrey-Clarke-Groves** ou VCG, que tem duas propriedades favoráveis. Primeiramente, ele maximiza a   VCG
utilidade – ou seja, ele maximiza a utilidade global, que é a soma das utilidades para todas as partes, $\sum_i v_i$. Em segundo lugar, o mecanismo revela a verdade – a estratégia dominante para todos os agentes é revelar seu verdadeiro valor. Não é preciso que eles se envolvam em cálculos complicados para fazer lances estratégicos.

Vejamos um exemplo usando o problema de alocação de alguns bens comuns. Suponha que uma cidade decida instalar alguns transceptores gratuitos de Internet sem fio. No entanto, o número de transceptores disponíveis é menor do que o número de bairros que os desejam. A cidade quer maximizar a utilidade global, mas se perguntar a cada associação de bairro "O quanto vocês valorizam um transceptor grátis (a propósito, nós o daremos às partes que mais os valorizam)?", cada bairro terá um incentivo para relatar um valor muito alto. O mecanismo VCG desencoraja esse estratagema e dá a eles um incentivo para relatar seu verdadeiro valor. Funciona da seguinte maneira:

1. O centro pede a cada agente para informar seu valor para o item v_i.
2. O centro aloca os bens a um conjunto de vencedores, V, para maximizar $\sum_{i \in V} v_i$.
3. O centro calcula, para cada agente vencedor, quanto de perda de sua presença individual no jogo causou para os perdedores (que receberam utilidade 0 cada, mas poderiam ter recebido v_j se fossem um dos vencedores).
4. Cada agente vencedor, então, paga ao centro uma taxa igual a essa perda.

Por exemplo, suponha que haja 3 transceptores disponíveis e 5 licitantes, com lances 100, 50, 40, 20 e 10. Assim, o conjunto de 3 vencedores, V, são aqueles com os lances 100, 50 e 40, e a utilidade global da alocação desses bens é 190. Para cada vencedor, acontece que, se eles não estivessem no jogo, o lance de 20 teria sido um vencedor. Assim, cada vencedor paga uma taxa de 20 para o centro.

Todos os vencedores devem ficar felizes porque pagam uma taxa menor do que seu valor, e todos os perdedores ficam tão felizes quanto podem ficar, porque valorizam menos os bens do que a taxa exigida. É por isso que o mecanismo revela a verdade. Nesse exemplo, o valor crucial é 20; seria irracional dar um lance acima de 20 se o seu valor real fosse realmente abaixo de 20 e vice-versa. Uma vez que o valor crucial pode ser qualquer um (dependendo dos outros licitantes), isso significa que é sempre irracional licitar qualquer coisa que não seja o seu valor verdadeiro.

O mecanismo VCG é muito genérico e pode ser aplicado a todos os tipos de jogos, não apenas leilões, com uma pequena generalização do mecanismo descrito acima. Por exemplo, em um **leilão combinatório**, há diversos itens diferentes à disposição e cada licitante pode colocar vários lances, cada um em um subconjunto dos itens. Por exemplo, ao licitar lotes de terra, um licitante pode querer o lote X ou o lote Y, mas não os dois; outro pode querer quaisquer três lotes adjacentes, e assim por diante. O mecanismo VCG pode ser usado para encontrar um resultado ótimo; embora com 2^N subconjuntos de N bens em disputa, o cálculo do resultado ótimo é NP-completo. Com certas ressalvas, o mecanismo VCG é único: todos os outros mecanismos ótimos são basicamente equivalentes.

18.4.3 Votação

A próxima classe de mecanismos que veremos são os procedimentos de votação, do tipo usado para a tomada de decisões políticas em sociedades democráticas. O estudo dos procedimentos de votação deriva do domínio da **teoria da escolha social**.   Teoria da escolha social

O cenário básico é o seguinte. Como de costume, há um conjunto $N = \{1,...,n\}$ de agentes, que nesta seção serão os eleitores. Esses eleitores querem tomar decisões em relação a um

580 Inteligência Artificial

conjunto $\Omega = \{\omega_1, \omega_2, \ldots\}$ de possíveis resultados. Em uma eleição política, cada elemento de Ω pode representar um candidato diferente para vencer a eleição.

Cada eleitor terá preferências sobre Ω. Estas geralmente são expressas não como utilidades quantitativas, e sim como comparações qualitativas: escrevemos $\omega \succ_i \omega'$ para significar que o resultado ω é classificado acima do resultado ω' pelo agente i. Em uma eleição com três candidatos, o agente i poderia ter $\omega_2 \succ_i \omega_3 \succ_i \omega_1$.

O problema fundamental da teoria da escolha social é combinar essas preferências, usando uma **função de bem-estar social**, para chegar a uma **ordem de preferência social**: uma classificação dos candidatos, em ordem decrescente de preferência. Em alguns casos, estamos interessados apenas em um **resultado social** – o resultado preferido pelo grupo como um todo. Vamos usar $\omega \succ^* \omega'$ para indicar que ω está classificado acima de ω' na ordem de preferência social.

Uma configuração mais simples é quando não nos preocupamos em obter uma classificação completa de candidatos, mas apenas em escolher um conjunto de vencedores. Uma **função de escolha social** toma como entrada uma ordem de preferência para cada eleitor e produz como resultado um conjunto de vencedores.

As sociedades democráticas querem um resultado social que reflita as preferências dos eleitores. Infelizmente, isso nem sempre é simples. Considere o **paradoxo de Condorcet**, um famoso exemplo apresentado pelo Marquês de Condorcet (1743-1794). Suponha que tenhamos três resultados, $\Omega = \{\omega_a, \omega_b, \omega_c\}$, e três eleitores, $N = \{1,2,3\}$, com as preferências a seguir.

$$
\begin{aligned}
\omega_a &\succ_1 \omega_b \succ_1 \omega_c \\
\omega_c &\succ_2 \omega_a \succ_2 \omega_b \\
\omega_b &\succ_3 \omega_c \succ_3 \omega_a
\end{aligned}
\tag{18.2}
$$

Agora, suponha que seja necessário escolhermos um dos três candidatos com base nessas preferências. O paradoxo é que:

- 2/3 dos eleitores preferem ω_3 a ω_1.
- 2/3 dos eleitores preferem ω_1 a ω_2.
- 2/3 dos eleitores preferem ω_2 a ω_3.

Assim, para cada possível vencedor, podemos indicar outro candidato que seria preferido por pelo menos 2/3 do eleitorado. Obviamente, em uma democracia, não podemos esperar que *todos* os eleitores fiquem satisfeitos. Isso demonstra que existem cenários em que, *não importando o resultado que escolhemos, uma maioria dos eleitores preferirá um resultado diferente*. Um questionamento natural é se existe algum procedimento "bom" de escolha social que realmente reflita as preferências dos eleitores. Para responder a isso, precisamos ser exatos sobre o que queremos dizer quando falamos que uma regra é "boa". Listaremos algumas propriedades às quais gostaríamos de que uma boa função de bem-estar social atendesse:

- *A Condição de Pareto*: a condição de Pareto afirma simplesmente que, se cada eleitor avalia ω_i acima de ω_j, então $\omega_i \succ^* \omega_j$.
- *A Condição do Vencedor de Condorcet*: um resultado é considerado um vencedor do Condorcet se a maioria dos candidatos o preferir a todos os outros resultados. Em outras palavras, um vencedor de Condorcet é um candidato que venceria todos os outros candidatos em uma eleição por pares. A condição de vencedor de Condorcet diz que, se ω_i for um vencedor de Condorcet, então ω_i deve ter o primeiro lugar na classificação geral.
- *Independência de Alternativas Irrelevantes* (IAI): suponha que haja vários candidatos, incluindo ω_i e ω_j, e que as preferências do eleitor sejam de modo que $\omega_i \succ^* \omega_j$. Agora suponha que um eleitor mudou de preferência de alguma forma, mas *não* sobre a classificação relativa de ω_i e ω_j. A condição IAI diz que $\omega_i \succ^* \omega_j$ não deverá mudar.
- *Sem Ditaduras*: não deveria acontecer que a função de bem-estar social simplesmente produza as preferências de um eleitor e ignore todos os outros eleitores.

Essas quatro condições parecem razoáveis, mas um teorema fundamental da teoria da escolha social, chamado **teorema de Arrow** (atribuído a Kenneth Arrow), nos diz que é impossível satisfazer todas as quatro condições (para os casos em que há pelo menos três resultados).

Margens laterais:

Função de bem-estar social

Resultado social

Função de escolha social

Paradoxo de Condorcet

Teorema de Arrow

Isso significa que, para qualquer mecanismo de escolha social que possamos escolher, haverá algumas situações (talvez incomuns ou patológicas) que levam a resultados controversos. No entanto, isso não significa que a tomada de decisão democrática seja sem solução na maioria dos casos. Ainda não vimos nenhum procedimento de votação real; então vamos examinar alguns.

- Com apenas dois candidatos, o **voto por maioria simples** (o método padrão nos EUA e no Reino Unido) é o mecanismo preferido. Perguntamos a cada eleitor qual dos dois candidatos ele prefere, e aquele com o maior número de votos é o vencedor. *Voto por maioria simples*
- Com mais de dois resultados, um sistema comum é a **votação por pluralidade**. Pedimos a cada eleitor fazer sua primeira escolha e selecionamos o(s) candidato(s) (mais de um, em caso de empate) que obtiver(em) a maioria dos votos, mesmo que ninguém obtenha a maioria absoluta. Embora comum, a votação por pluralidade tem sido criticada por apresentar resultados impopulares. Um problema fundamental é que ela só leva em consideração o candidato com melhor classificação nas preferências de cada eleitor. *Votação por pluralidade*
- A **contagem de Borda** (em homenagem a Jean-Charles de Borda, contemporâneo e rival de Condorcet) é um procedimento de votação que considera todas as informações da ordem de preferência do eleitor. Suponha que temos k candidatos. Então, para cada eleitor i, apanhamos sua ordem de preferência $\succ_i$ e damos uma pontuação de k para o candidato mais bem classificado, uma pontuação de $k - 1$ para o candidato em segundo lugar, e assim por diante, até o candidato menos favorecido por ordem de i. A pontuação total de cada candidato é sua contagem de Borda e, para obter o resultado social $\succ^*$, os resultados são ordenados por sua contagem de Borda – do maior para o menor. Um problema prático com esse sistema é que ele pede aos eleitores que expressem preferências sobre todos os candidatos, e alguns eleitores podem se importar apenas com um subconjunto de candidatos. *Contagem de Borda*
- Na **votação por aprovação**, os eleitores submetem um subconjunto dos candidatos que aprovam. O vencedor (ou vencedores) é aquele que for aprovado pela maioria dos eleitores. Esse sistema é muito utilizado quando a tarefa é escolher vários vencedores. *Votação por aprovação*
- Na **votação com segundo turno**, os eleitores classificam todos os candidatos e, se um candidato tiver a maioria absoluta dos votos (metade mais um) para o primeiro lugar, ele é declarado o vencedor. Caso contrário, o candidato com o menor número de votos para o primeiro lugar é eliminado. Esse candidato é retirado de todas as classificações de preferência (para que os eleitores que tiveram o candidato eliminado como sua primeira escolha agora tenham outro candidato como sua nova primeira escolha) e o processo é repetido. Eventualmente, algum candidato terá a maioria absoluta dos votos para o primeiro lugar (a não ser que haja empate). *Votação com segundo turno*
- Na **votação pela regra da maioria verdadeira**, o vencedor é o candidato que derrota todos os outros candidatos em comparações de pares. Os eleitores são solicitados a expressar uma classificação de preferência completa de todos os candidatos. Dizemos que ω supera ω' se mais eleitores tiverem $\omega \succ \omega'$ do que $\omega' \succ \omega$. Esse sistema tem a propriedade interessante de que a maioria sempre concorda com o vencedor, mas tem a desvantagem de que nem todas as eleições serão decididas: no paradoxo de Condorcet, por exemplo, o candidato venceria pela maioria dos votos. *Votação pela regra da maioria verdadeira*

Manipulação estratégica

Além do Teorema de Arrow, outro resultado negativo importante na área da teoria da escolha social é o **Teorema de Gibbard-Satterthwaite**. Esse resultado está relacionado às circunstâncias sob as quais um eleitor pode se beneficiar da *deturpação de suas preferências*. *Teorema de Gibbard-Satterthwaite*

Lembre-se de que uma função de escolha social recebe como entrada uma ordem de preferência para cada eleitor e fornece como resultado um conjunto de candidatos vencedores. Naturalmente, cada eleitor tem suas próprias preferências verdadeiras, mas não há nada na definição de uma função de escolha social que exija que os eleitores relatem suas preferências *de verdade*; eles podem declarar as preferências que quiserem.

Em alguns casos, pode fazer sentido para o eleitor deturpar suas preferências. Por exemplo, na votação por pluralidade, os eleitores que pensam que seu candidato preferido não tem chance de ganhar podem votar em sua segunda escolha. Isso significa que a votação por

582 Inteligência Artificial

pluralidade é um jogo em que os eleitores precisam pensar estrategicamente (sobre os outros eleitores) para maximizar a utilidade esperada.

Isso levanta uma pergunta interessante: será que podemos projetar um mecanismo de votação imune a essa manipulação – um mecanismo que revela a verdade? O Teorema de Gibbard-Satterthwaite nos diz que não podemos: *qualquer função de escolha social que satisfaça a condição de Pareto para um domínio com mais de dois resultados é manipulável ou é uma ditadura.* Ou seja, para qualquer procedimento de escolha social "razoável", haverá algumas circunstâncias nas quais um eleitor pode, em princípio, se beneficiar com a deturpação de suas preferências. No entanto, ele não nos diz *como* essa manipulação pode ser feita; e não nos diz que essa manipulação seja provável *na prática*.

18.4.4 Barganha

Barganha, ou negociação, é outro mecanismo usado com frequência na vida cotidiana. Ela tem sido estudada na teoria dos jogos desde a década de 1950 e, mais recentemente, tornou-se uma tarefa para agentes automatizados. A barganha é usada quando os agentes precisam chegar a um acordo sobre um assunto de interesse comum. Os agentes fazem ofertas (também chamadas "propostas" ou "negócios") entre si sob protocolos específicos e aceitam ou rejeitam cada oferta.

Protocolo de barganha com ofertas alternadas

Modelo de barganha de ofertas alternadas

Um protocolo de barganha influente é o **modelo de barganha de ofertas alternadas**. Para simplificar, vamos assumir novamente apenas dois agentes. A barganha ocorre em uma sequência de rodadas. A_1 começa, na rodada 0, fazendo uma oferta. Se A_2 aceitar a oferta, então a oferta é implementada. Se A_2 rejeitar a oferta, a negociação segue para a próxima rodada. Dessa vez, A_2 faz uma oferta e A_1 opta por aceitá-la ou rejeitá-la, e assim por diante. Se a negociação nunca terminar (porque os agentes rejeitam todas as ofertas), então definimos o resultado como um

Acordo conflitante

acordo conflitante. Uma suposição simplificadora conveniente é que ambos os agentes preferem chegar a um resultado – qualquer que seja – em tempo finito, em vez de ficarem presos em um acordo conflitante que consome muito tempo.

Usaremos o cenário de **divisão de uma torta** para ilustrar ofertas alternadas. A ideia é que exista algum recurso (a "torta") cujo valor seja 1, que pode ser dividido em duas partes, uma para cada agente. Desse modo, uma oferta nesse cenário é um par $(x, 1 - x)$, em que x é a quantidade da torta que A_1 obtém e $1 - x$ é a quantidade que A_2 obtém. O espaço de negócios

Conjunto de negociação

possíveis (o **conjunto de negociação**) é, portanto,

$$\{(x, 1 - x) : 0 \leq x \leq 1\}.$$

Agora, como os agentes devem negociar nesse cenário? Para compreender a resposta para essa pergunta, primeiro veremos alguns casos mais simples.

Primeiro, suponha que permitamos que ocorra *apenas uma rodada*. Assim, A_1 faz uma proposta; A_2 pode aceitá-la (nesse caso, o acordo é implementado) ou rejeitá-la (nesse caso, o

Jogo de ultimato

acordo conflitante é implementado). Esse é um **jogo de ultimato**. Nesse caso, verifica-se que A_1 – o **primeiro a se mover** – tem todo o poder. Suponha que A_1 proponha ficar com toda a torta, ou seja, proponha o negócio $(1,0)$. Se A_2 o rejeitar, o acordo conflitante será implementado; visto que, por definição, A_2 prefere obter 0 em vez do acordo conflitante, seria melhor para A_2 aceitar. Logicamente, A_1 não pode fazer melhor do que ficar com a torta inteira. Assim, essas duas estratégias – A_1 propõe ficar com a torta inteira e A_2 aceita – formam um equilíbrio de Nash.

Agora considere o caso em que permitimos exatamente *duas* rodadas de negociação. Agora o poder mudou: A_2 pode simplesmente rejeitar a primeira oferta, transformando assim o jogo em um jogo de uma rodada em que A_2 é o primeiro a se mover e, assim, obterá a torta inteira. Em geral, se o número de rodadas for um número fixo, quem se mover por último ficará com a torta inteira.

Agora vamos prosseguir para o caso geral, em que *não* existe limite sobre o número de rodadas. Suponha que A_1 use a seguinte estratégia:

Sempre propor (1, 0) e sempre rejeitar qualquer contraoferta.

Qual é a melhor resposta de A_2 para isso? Se A_2 rejeitar continuamente a proposta, os agentes negociarão para sempre, o que, por definição, é o pior resultado para A_2 (assim como para A_1). Portanto, A_2 não pode fazer melhor do que aceitar a primeira proposta que A_1 faz. Novamente, esse é um equilíbrio de Nash. Mas, e se A_1 usar a seguinte estratégia:

Sempre propor (0,8, 0,2) e sempre rejeitar qualquer oferta.

Por um argumento semelhante, podemos ver que, para essa oferta ou *para qualquer negócio possível $(x, 1 - x)$ no conjunto de negociação, há um par de estratégias de negociação com equilíbrio de Nash, de modo que o resultado será um acordo sobre o negócio no primeiro período de tempo.*

Agentes impacientes

Essa análise nos diz que, se nenhuma restrição for colocada sobre o número de rodadas, então haverá um número infinito de equilíbrios de Nash. Assim, vamos acrescentar uma suposição:

Para qualquer resultado x e tempos t_1 e t_2, em que $t_1 < t_2$, os dois agentes prefeririam o resultado x no instante t_1 sobre o resultado x no tempo t_2.

Em outras palavras, os agentes são **impacientes**. Uma abordagem padrão para a impaciência é utilizar um **fator de desconto** γ_i (seção 17.1.1) para cada agente ($0 \le \gamma_i < 1$). Suponha que, em algum ponto do agente de negociação i, seja oferecida uma fatia da torta com tamanho x. O valor da fatia x no tempo t é $\gamma_i^t x$. Assim, na primeira etapa da negociação (tempo 0), o valor é $\gamma_i^0 x = x$, e em qualquer momento subsequente o valor da mesma oferta será menor. Um valor maior para γ_i (mais próximo de 1) implica, portanto, mais paciência; um valor menor significa menos paciência.

Para analisar o caso geral, vamos considerar primeiro a negociação em períodos fixos, como mostrado. O caso de uma rodada tem a mesma análise apresentada anteriormente: simplesmente temos um jogo de ultimato. Com *duas* rodadas, a situação muda, pois o valor da torta diminui de acordo com os fatores de desconto γ_i. Suponha que A_2 rejeite a proposta inicial de A_1. Então A_2 receberá a torta inteira com um ultimato na segunda rodada. Mas o *valor* dessa torta inteira diminuiu: ela vale apenas γ_2 a A_2. O agente A_1 pode levar esse fato em consideração oferecendo $(1 - \gamma_2, \gamma_2)$, uma oferta que A_2 também pode aceitar porque A_2 não pode fazer melhor do que γ_2 nesse momento. (Se você está preocupado com o que acontece com os empates, apenas faça a oferta ser $(1 - (\gamma_2 + \epsilon), \gamma_2 + \epsilon)$ para algum valor pequeno de ϵ.)

Assim, as duas estratégias de oferta de A_1 $(1 - \gamma_2, \gamma_2)$ e A_2 aceitando essa oferta estão em equilíbrio de Nash. Jogadores pacientes (aqueles com um γ_2 maior) serão capazes de obter pedaços maiores da torta sob este protocolo: nesse cenário, a paciência é realmente uma virtude.

Agora considere o caso geral, em que não há limites para o número de rodadas. Como no caso de uma rodada, A_1 pode elaborar uma proposta que A_2 deve aceitar, porque isso dá a A_2 o valor máximo atingível, dados os fatores de desconto. Acontece que A_1 obterá

$$\frac{1 - \gamma_2}{1 - \gamma_1 \gamma_2}$$

e A_2 ficará com o restante.

Negociação em domínios orientados a tarefas

Nesta seção, consideramos a negociação para **domínios orientados a tarefas**. Nesse tipo de domínio, um conjunto de tarefas deve ser executado e cada tarefa é inicialmente atribuída a um conjunto de agentes. Os agentes podem se beneficiar negociando quem realizará quais tarefas. Por exemplo, suponha que algumas tarefas sejam feitas em um torno mecânico e outras em uma fresadora e que qualquer agente que use uma máquina deva incorrer em um custo de

> Domínio orientado a tarefas

584 Inteligência Artificial

preparação significativo. Então, faria sentido que um agente oferecesse ao outro "tenho que preparar a fresadora de qualquer maneira; que tal se eu fizer todas as suas tarefas de fresagem e você fizer todas as minhas tarefas de torno?".

Ao contrário do cenário de barganha, começamos com uma alocação inicial; portanto, se os agentes não chegarem a um acordo sobre as ofertas, eles executam as tarefas T_i^0 que foram originalmente alocadas.

Para simplificar as coisas, assumiremos novamente apenas dois agentes. Seja T o conjunto de todas as tarefas e suponha que (T_1^0, T_2^0) indique a alocação inicial de tarefas para os dois agentes no tempo 0. Cada tarefa em T deve ser atribuída a exatamente um agente. Assumimos que temos uma função de custo c, que para cada conjunto de tarefas T' dê um número real positivo $c(T')$ indicando o custo para qualquer agente de realizar as tarefas T'. (Vamos supor que o custo dependa apenas das tarefas, não do agente que está realizando a tarefa.) A função de custo é monotônica – adicionar mais tarefas nunca reduz o custo – e o custo de não fazer nada é zero: $c(\{\}) = 0$. Por exemplo, suponha que o custo de preparação da fresadora seja 10 e o custo de cada tarefa de fresagem seja 1; então o custo de um conjunto de duas tarefas de fresagem seria 12 e o custo de um conjunto de cinco seria 15.

Uma oferta da forma (T_1, T_2) significa que o agente i se compromete a realizar o conjunto de tarefas T_i, ao custo $c(T_i)$. A utilidade para o agente i é o valor que eles têm a ganhar aceitando a oferta – a diferença entre o custo de fazer esse novo conjunto de tarefas em relação ao conjunto de tarefas originalmente atribuído:

$$U_i((T_1, T_2)) = c(T_i) - c(T_i^0).$$

Individualmente racional

Uma oferta (T_1, T_2) é **individualmente racional** se $U_i((T_1, T_2)) \geq 0$ para ambos os agentes. Se um negócio não for individualmente racional, então pelo menos um agente pode fazer melhor, simplesmente executando as tarefas que lhe foram originalmente alocadas.

O conjunto de negociações para domínios orientados a tarefas (assumindo agentes racionais) é o conjunto de ofertas que são individualmente racionais e ótimas de Pareto. Não faz sentido fazer uma oferta individualmente irracional que será recusada, nem fazer uma oferta quando há uma oferta melhor que melhora a utilidade de um agente sem prejudicar ninguém.

Protocolo de concessão monotônico

Protocolo de concessão monotônico

O protocolo de negociação que consideramos para domínios orientados a tarefas é conhecido como **protocolo de concessão monotônico**. As regras desse protocolo são as seguintes:

- Procedimentos de negociação em uma série de rodadas.
- Na primeira rodada, ambos os agentes, *simultaneamente*, propõem um acordo, $D_i = (T_1, T_2)$, a partir do conjunto de negociação. (Isso é diferente das ofertas alternadas que vimos anteriormente.)
- Chega-se a um acordo se os dois agentes propuserem D_1 e D_2, respectivamente, de modo que ou (i) $U_1(D_2) \geq U_1(D_1)$ ou (ii) $U_2(D_1) \geq U_2(D_2)$, ou seja, se um dos agentes descobrir que o acordo proposto pelo outro é pelo menos tão bom ou melhor que a proposta que ele fez. Se for chegado a um acordo, então a regra para determinar o valor do acordo é a seguinte: se a oferta de cada um dos agentes for igual ou superior à do outro agente, então uma das propostas é selecionada aleatoriamente. Se apenas uma proposta for igual ou superior à proposta do outro, então esse é o valor do acordo.
- Se não for possível chegar a um acordo, então a negociação prossegue para outra rodada de propostas simultâneas. Na rodada $t + 1$, cada agente precisa repetir a proposta da rodada anterior ou fazer uma **concessão** – uma proposta que seja preferida pelo outro agente (ou seja, que tenha maior utilidade).

Concessão

- Se nenhum agente fizer uma concessão, então a negociação termina e os dois agentes implementam o acordo de conflito, executando as tarefas atribuídas originalmente.

Como o conjunto de negociações possíveis é finito, os agentes não podem negociar indefinidamente: ou os agentes chegarão a um acordo ou ocorrerá uma rodada em que nenhum dos agentes concede. No entanto, o protocolo não garante que o acordo será alcançado *rapidamente*: uma vez que o número de rodadas de negociação possíveis é $O(2^{|T|})$, é possível que a negociação continue por um número de rodadas exponencial ao número de tarefas a serem alocadas.

Estratégia de Zeuthen

Até agora, não dissemos nada sobre como os participantes da negociação podem ou devem se comportar ao usar o protocolo de concessão monotônico para domínios orientados a tarefas. Uma estratégia possível é a **estratégia de Zeuthen**.

Estratégia de Zeuthen

A ideia da estratégia de Zeuthen é medir a *disposição de um agente para o risco de conflito*. Intuitivamente, um agente estará mais disposto a arriscar um conflito se a diferença na utilidade entre sua proposta atual e o acordo de conflito for baixa. Nesse caso, o agente tem pouco a perder se a negociação falhar e o acordo de conflito é implementado e, portanto, está mais disposto a arriscar o conflito e menos disposto a conceder. Por outro lado, se for alta a diferença entre a proposta atual do agente e o acordo de conflito, então o agente tem mais a perder com o conflito e, nesse caso, está menos disposto a arriscar o conflito – ficando mais disposto a conceder.

A disposição do agente i de arriscar o conflito na rodada t, indicado por $risco_i^t$, é medido da seguinte forma:

$$risco_i^t = \frac{\text{utilidade } i \text{ perde concedendo e aceitando a oferta de } j}{\text{utilidade } i \text{ perde por não conceder e causar conflito}}.$$

Até que um acordo seja alcançado, o valor de $risco_i^t$ será um valor entre 0 e 1. Valores mais altos de $risco_i^t$ (próximos de 1) indicam que i tem menos a perder com o conflito e, portanto, está mais disposto a arriscar o conflito.

A estratégia de Zeuthen diz que a primeira proposta de cada agente deve ser um acordo no conjunto de negociações que maximize sua própria utilidade (pode haver mais de um). Depois disso, o agente que deve conceder na rodada t de negociação deve ser aquele com o menor valor de risco – aquele que tem mais a perder com o conflito se nenhum dos dois conceder.

A próxima pergunta a ser respondida é quanto deve haver de concessão? A resposta dada pela estratégia Zeuthen é: "Apenas o suficiente para alterar o equilíbrio de risco para o outro agente". Ou seja, um agente deve fazer a *menor* concessão que fará o outro agente ceder na próxima rodada.

Existe um refinamento fim na estratégia Zeuthen. Suponha que, em algum momento, ambos os agentes tenham o *mesmo* risco. Então, de acordo com a estratégia, ambos devem ceder. Mas, sabendo disso, um agente poderia potencialmente "abandonar" ao não conceder, e assim se beneficiar. Para evitar a possibilidade de ambos concederem nesse ponto, estendemos a estratégia fazendo com que os agentes "joguem uma moeda" para decidir quem deve conceder se alguma vez for alcançada uma situação de mesmo risco.

Com essa estratégia, o acordo será ótimo de Pareto e individualmente racional. No entanto, como o espaço de negócios possíveis é exponencial ao número de tarefas, seguir essa estratégia pode exigir $O(2^{|T|})$ cálculos da função de custo em cada etapa da negociação. Por fim, a estratégia de Zeuthen (com a regra do lançamento de uma moeda) está em equilíbrio de Nash.

Resumo

- O planejamento **multiagente** é necessário quando existem outros agentes no ambiente para poder cooperar ou competir. Podem ser construídos planos conjuntos, mas estes devem ser aumentados com alguma forma de coordenação se dois agentes quiserem chegar a um acordo sobre qual plano conjunto executar.
- A **teoria dos jogos** descreve o comportamento racional de agentes em situações nas quais vários agentes interagem. A teoria dos jogos está para a tomada de decisão multiagente assim como a teoria da decisão está para a tomada de decisão por agente único.
- Os **conceitos de solução** na teoria dos jogos têm o objetivo de caracterizar os resultados racionais de um jogo – resultados que poderiam ter ocorrido se cada agente agisse racionalmente.
- A **teoria dos jogos não cooperativos** pressupõe que os agentes devem tomar suas decisões de forma independente. O **equilíbrio de Nash** é o conceito de solução mais importante na

teoria dos jogos não cooperativos. Um equilíbrio de Nash é um perfil de estratégia em que nenhum agente tem incentivo para se desviar de sua estratégia especificada. Temos técnicas para lidar com jogos repetidos e com jogos sequenciais.

- A **teoria dos jogos cooperativos** considera os cenários em que os agentes podem fazer acordos vinculativos para formar coalizões com o propósito de cooperação. Os conceitos de solução no jogo cooperativo tentam formular quais coalizões são estáveis (o **núcleo**) e como dividir de forma justa o valor que uma coalizão obtém (o **valor de Shapley**).
- Existem técnicas especializadas para certas classes importantes de decisão multiagente: a rede de contratos para compartilhamento de tarefas; leilões são usados para alocar recursos escassos de forma eficiente; barganha para chegar a um acordo sobre assuntos de interesse comum; e procedimentos de votação para agregar preferências.

Notas bibliográficas e históricas

Uma curiosidade que existe no campo de IA é que os pesquisadores não começaram a considerar seriamente as questões que envolvem os agentes que se interagem antes da década de 1980 – e o campo dos sistemas multiagentes só se estabeleceu realmente como uma subdisciplina distinta da IA após uma década. No entanto, na década de 1970 já havia ideias que sugerem sistemas multiagentes. Por exemplo, em sua altamente influente teoria da *Sociedade da Mente*, Marvin Minsky (1986, 2007) propôs que as mentes humanas são formadas a partir de um conjunto de agentes. Doug Lenat tinha ideias semelhantes em uma estrutura que chamou de BEINGS (Lenat, 1975). Na década de 1970, baseado em seu trabalho de doutorado sobre o sistema PLANNER, Carl Hewitt propôs um modelo de computação como agentes de interação denominado **modelo de ator**, que se estabeleceu como um dos modelos fundamentais na computação concorrente (Hewitt, 1977; Agha, 1986).

A pré-história do campo de sistemas multiagentes está bastante documentada em uma coleção de artigos intitulada *Readings in Distributed Artificial Intelligence* (Bond e Gasser, 1988). A coleção é precedida de uma declaração detalhada dos principais desafios da pesquisa em sistemas multiagentes, que até hoje continua sendo extremamente relevante, mais de 30 anos depois de ter sido escrita. As primeiras pesquisas sobre sistemas multiagentes presumiam que todos os agentes em um sistema estavam agindo com interesse comum, com um único projetista. Atualmente, isso é reconhecido como um caso especial do cenário multiagente mais genérico – o caso especial é conhecido como **resolução cooperativa de problemas distribuídos**. Um sistema-chave dessa época foi o Distributed Vehicle Monitoring Testbed (DVMT), desenvolvido sob a supervisão de Victor Lesser, na Universidade de Massachusetts (Lesser e Corkill, 1988). O DVMT modelou um cenário no qual uma coleção de agentes sensores acústicos, geograficamente distribuídos, cooperam para rastrear o movimento de veículos.

A era contemporânea da pesquisa de sistemas multiagentes começou no fim da década de 1980, quando foi bastante percebido que agentes com preferências diferentes são a norma na IA e na sociedade – desse ponto em diante, a teoria dos jogos começou a se estabelecer como a principal metodologia para estudar esses agentes.

O planejamento multiagente ganhou popularidade nos últimos anos, embora tenha uma longa história. Konolige (1982) formaliza o planejamento multiagente na lógica de primeira ordem, enquanto Pednault (1986) fornece uma descrição no estilo STRIPS. A noção de intenção conjunta, essencial para que os agentes executem um plano conjunto, decorre do trabalho sobre os atos comunicativos (Cohen e Perrault, 1979; Cohen e Levesque, 1990; Cohen *et al.*, 1990). Boutilier e Brafman (2001) mostram como adaptar o planejamento de ordem parcial a uma configuração multiator. Brafman e Domshlak (2008) elaboram um algoritmo de planejamento multiator cuja complexidade só aumenta linearmente com o número de atores, desde que o grau de acoplamento (medido em parte pela largura da árvore do grafo de interações entre os agentes) seja limitado.

O planejamento multiagente é mais difícil quando há agentes adversários. Como disse Jean-Paul Sartre (1960), "em uma partida de futebol, tudo se complica com a presença do outro time". O general Dwight D. Eisenhower disse: "na preparação para a batalha, sempre achei que os planos são inúteis, mas planejar é indispensável", o que significa que é importante ter um plano ou uma política condicional e não esperar que um plano incondicional seja bem-sucedido.

O tópico de aprendizado por reforço (AR) distribuído e multiagente não foi abordado neste capítulo, mas é de grande interesse atualmente. No AR distribuído, o objetivo é desenvolver métodos pelos quais diversos agentes coordenados aprendam a otimizar uma função utilidade comum. Por exemplo, seria possível imaginar métodos pelos quais subagentes separados para navegação de robôs e prevenção de obstáculos de robôs pudessem cooperativamente alcançar um sistema de controle combinado que fosse globalmente ideal? Alguns resultados básicos nesse sentido foram obtidos (Guestrin *et al.*, 2002; Russell e Zimdars, 2003). A ideia básica é que cada subagente aprende sua própria função Q (um tipo de função utilidade; ver seção 22.3.3) de seu próprio fluxo de recompensas. Por exemplo, um componente de navegação de robô pode receber recompensas por fazer progresso em direção ao objetivo, enquanto o componente de evitar obstáculos recebe recompensas negativas por cada colisão. Cada decisão global maximiza a soma das funções Q e todo o processo converge para soluções globalmente ótimas.

As raízes da teoria dos jogos vêm desde as propostas feitas no século XVII por Christiaan Huygens e Gottfried Leibniz para estudar interações humanas competitivas e cooperativas de forma científica e matemática. Ao longo do século XIX, diversos economistas importantes criaram exemplos matemáticos simples para analisar exemplos de situações competitivas em particular.

Os primeiros resultados formais na teoria dos jogos devem-se a Zermelo (1913) (que, no ano anterior, havia sugerido uma forma de busca minimax para jogos, embora incorreta). Emile Borel (1921) introduziu a noção de uma estratégia mista. John von Neumann (1928) provou que todo jogo de soma zero para duas pessoas tem um equilíbrio máximo em estratégias mistas e um valor bem definido. A colaboração de von Neumann com o economista Oskar Morgenstern levou à publicação da *Theory of Games and Economic Behavior* em 1944, o livro que define a teoria dos jogos. A publicação do livro foi adiada pela falta de papel durante a guerra, até que um membro da família Rockefeller subsidiou pessoalmente sua publicação.

Em 1950, aos 21 anos, John Nash publicou suas ideias sobre equilíbrios em jogos gerais (soma diferente de zero). Sua definição da solução de equilíbrio, embora antecipada na obra de Cournot (1838), tornou-se conhecida como equilíbrio de Nash. Após uma longa demora causada pela esquizofrenia que sofreu de 1959 em diante, Nash recebeu o Prêmio Nobel de Economia (junto com Reinhart Selten e John Harsanyi) em 1994. O equilíbrio de Bayes-Nash é descrito por Harsanyi (1967) e discutido por Kadane e Larkey (1982). Algumas questões no uso da teoria dos jogos para controle de agentes são abordadas por Binmore (1982). Aumann e Brandenburger (1995) mostram como diferentes equilíbrios podem ser alcançados, dependendo do conhecimento de cada jogador.

O dilema do prisioneiro foi inventado como um exercício de sala de aula por Albert W. Tucker em 1950 (com base em um exemplo de Merrill Flood e Melvin Dresher) e é abordado por Axelrod (1985) e Poundstone (1993). Jogos repetidos foram introduzidos por Luce e Raiffa (1957); Abreu e Rubinstein (1988) discutem o uso de máquinas de estado finito para jogos repetidos – tecnicamente, **máquinas de Moore**. O texto de Mailath e Samuelson (2006) concentra-se em jogos repetidos.

Jogos de informações parciais em forma extensiva foram introduzidos por Kuhn (1953). A forma de sequência para jogos de informação parcial foi inventada por Romanovskii (1962) e, de forma independente, por Koller *et al.* (1996); o artigo de Koller e Pfeffer (1997) oferece uma introdução legível ao campo e descreve um sistema para representar e resolver jogos sequenciais.

O uso da abstração para reduzir uma árvore de jogo a um tamanho que possa ser resolvido com a técnica de Koller foi introduzido por Billings *et al.* (2003). Posteriormente, métodos aprimorados para encontrar o equilíbrio possibilitaram a solução de abstrações com 10^{12} estados (Gilpin *et al.*, 2008; Zinkevich *et al.*, 2008). Bowling *et al.* (2008) mostraram como usar a amostragem de importância para obter uma melhor estimativa do valor de uma estratégia. Waugh *et al.* (2009) descobriram que a abordagem de abstração é vulnerável a cometer erros sistemáticos na aproximação da solução de equilíbrio: ela funciona para alguns jogos, mas não

588 Inteligência Artificial

para outros. Brown e Sandholm (2019) mostraram que, pelo menos no caso do pôquer Texas hold 'em para múltiplos jogadores, essas vulnerabilidades podem ser superadas com um poder de computação suficiente. Eles usaram um servidor de 64 núcleos em execução por 8 dias para calcular uma estratégia de linha de base para seu programa Pluribus. Com essa estratégia, conseguiram derrotar oponentes que eram campeões humanos.

A teoria dos jogos e os MDP são combinados na teoria dos jogos de Markov, também chamados "jogos estocásticos" (Littman, 1994; Hu e Wellman, 1998). Shapley (1953b) na verdade descreveu o algoritmo de iteração de valor independentemente de Bellman, mas seus resultados não foram muito apreciados, talvez porque foram apresentados no contexto dos jogos de Markov. A teoria evolucionária dos jogos (Smith, 1982; Weibull, 1995) analisa a mudança de estratégia ao longo do tempo: se a estratégia de seu oponente está mudando, como você deve reagir?

Livros didáticos sobre teoria dos jogos do ponto de vista econômico incluem os de Myerson (1991), Fudenberg e Tirole (1991), Osborne (2004) e Osborne e Rubinstein (1994). Do ponto de vista da IA, temos Nisan *et al.* (2007) e Leyton-Brown e Shoham (2008). Ver em Sandholm (1999) um levantamento útil sobre a tomada de decisão multiagente.

O AR multiagente se distingue do AR distribuído pela presença de agentes que não conseguem coordenar suas ações (exceto por atos comunicativos explícitos) e que não podem compartilhar a mesma função utilidade. Assim, o AR multiagente lida com problemas da teoria dos jogos sequenciais, ou **jogos de Markov**, conforme definido no Capítulo 17. O que causa problemas é o fato de que, enquanto um agente está aprendendo a derrotar a política de seu oponente, o oponente está mudando sua política para derrotar o agente. Portanto, o ambiente é **não estacionário** (seção 13.4.2).

Littman (1994) observou essa dificuldade ao introduzir os primeiros algoritmos de AR para jogos de Markov com soma zero. Hu e Wellman (2003) apresentam um algoritmo de aprendizado Q para jogos de soma genérica, que converge quando o equilíbrio de Nash é único; quando há múltiplos equilíbrios, a noção de convergência não é tão fácil de definir (Shoham *et al.*, 2004).

Jogos de assistência foram introduzidos, sob o título de **aprendizagem cooperativa por reforço inverso**, por Hadfield-Menell *et al.et al.* (2017a). Malik *et al.* (2018) introduziram um eficiente solucionador POMDP projetado especificamente para jogos de assistência. Eles estão relacionados a **jogos mandante-agente** em economia, em que um mandante (p. ex., um empregador) e um agente (p. ex., um funcionário) precisam encontrar um arranjo mutuamente benéfico, apesar de terem preferências bastante diferentes. As principais diferenças são que (1) o robô não tem preferências próprias e (2) o robô não tem certeza sobre as preferências do humano que ele precisa otimizar.

Os jogos cooperativos foram estudados pela primeira vez por von Neumann e Morgenstern (1944). A noção de núcleo foi introduzida por Donald Gillies (1959), e o valor de Shapley por Lloyd Shapley (1953a). Uma boa introdução à matemática dos jogos cooperativos é Peleg e Sudholter (2002). Jogos simples em geral são discutidos em detalhes por Taylor e Zwicker (1999). Para ver uma introdução aos aspectos computacionais da teoria dos jogos cooperativos, consulte Chalkiadakis *et al.* (2011).

Muitos esquemas de representação compactos para jogos cooperativos foram desenvolvidos nas três últimas décadas, começando com o trabalho de Deng e Papadimitriou (1994). O mais influente desses esquemas é o modelo de redes de contribuição marginal, introduzido por Ieong e Shoham (2005). A técnica de formação de coalizões que descrevemos foi desenvolvida por Sandholm *et al.* (1999); Rahwan *et al.* (2015) analisam o desenvolvimento de ponta.

O protocolo de rede de contrato foi introduzido por Reid Smith para seu trabalho de PhD na Universidade de Stanford, no fim da década de 1970 (Smith, 1980). O protocolo parece tão natural que é reinventado com regularidade até os dias atuais. Os fundamentos econômicos do protocolo foram estudados por Sandholm (1993).

Leilões e projeto do mecanismo de leilões têm sido tópicos principais na ciência da computação e IA há décadas: veja em Nisan (2007) uma perspectiva da ciência da computação convencional; Krishna (2002) tem uma introdução à teoria dos leilões, e Cramton *et al.* (2006) mostram uma coleção de artigos sobre aspectos computacionais dos leilões.

O Prêmio Nobel de Economia de 2007 foi para Hurwicz, Maskin e Myerson, "por terem lançado as bases da teoria do projeto de mecanismo" (Hurwicz, 1973). A tragédia dos bens comuns, um problema motivador nesse campo, foi analisada por William Lloyd (1833), mas recebeu esse nome e foi trazida à atenção do público por Garrett Hardin (1968). Ronald Coase apresentou um teorema de que, se os recursos estão sujeitos à propriedade privada e se os custos de transação são baixos o suficiente, então os recursos serão gerenciados de forma eficiente (Coase, 1960). Ele indica que, na prática, os custos de transação são altos, de modo que esse teorema não se aplica, e devemos buscar outras soluções além da privatização e do mercado. *Governing the Commons*, de Elinor Ostrom (1990), descreveu soluções para o problema com base em colocar o controle da gestão sobre os recursos nas mãos da população local, que tem o maior conhecimento da situação. Tanto Coase quanto Ostrom ganharam o Prêmio Nobel de Economia por seu trabalho.

O princípio da revelação é devido a Myerson (1986), e o teorema de equivalência de receita foi desenvolvido de forma independente por Myerson (1981) e Riley e Samuelson (1981). Dois economistas, Milgrom (1997) e Klemperer (2002), escreveram sobre os leilões de espectro multibilionários em que estiveram envolvidos.

O projeto de mecanismos é usado no planejamento multiagente (Hunsberger e Grosz, 2000; Stone *et al.*, 2009) e no *scheduling* (Rassenti *et al.*, 1982). Varian (1995) oferece uma breve visão geral com conexões com a literatura da ciência da computação, e Rosenschein e Zlotkin (1994) apresentam um tratamento volumoso com aplicações para a IA distribuída. Trabalhos relacionados à IA distribuída receberam vários nomes, incluindo inteligência coletiva (Tumer e Wolpert, 2000; Segaran, 2007) e controle baseado no mercado (Clearwater, 1996). Desde 2001, existe uma Trading Agents Competition (TAC) anual, na qual os agentes procuram obter o melhor lucro em uma série de leilões (Wellman *et al.*, 2001; Arunachalam e Sadeh, 2005).

A literatura sobre escolha social é enorme e abrange desde considerações filosóficas sobre a natureza da democracia até análises altamente técnicas de procedimentos de votação específicos. Campbell e Kelly (2002) oferecem um bom ponto de partida para essa literatura. O *Handbook of Computational Social Choice* contém uma gama de artigos analisando tópicos de pesquisa e métodos nessa área (Brandt *et al.*, 2016). O teorema de Arrow lista as propriedades desejadas de um sistema de votação e prova que é impossível obter todas elas (Arrow, 1951). Dasgupta e Maskin (2008) mostram que a regra da maioria (não a regra da pluralidade, nem a votação por classificação de preferência) é o sistema de votação mais robusto. A complexidade computacional da manipulação de eleições foi estudada pela primeira vez por Bartholdi *et al.* (1989).

Vimos superficialmente o trabalho sobre negociação no planejamento multiagente. Durfee e Lesser (1989) discutem como as tarefas podem ser compartilhadas entre os agentes por meio de negociação. Kraus *et al.* (1991) descrevem um sistema para jogar Diplomacia, um jogo de tabuleiro que requer negociação, formação de coalizões e desonestidade. Stone (2000) mostra como os agentes podem cooperar como companheiros de equipe no ambiente competitivo, dinâmico e parcialmente observável do futebol robótico. Em outro artigo, Stone (2003) analisa dois ambientes competitivos multiagentes – RoboCup, uma competição de futebol robótico, e TAC, a competição de agentes comerciais baseada em leilão – e descobre que a inviabilidade computacional de nossas atuais abordagens teoricamente bem fundamentadas levou a muitos sistemas multiagentes sendo projetados por métodos *ad hoc*. Sarit Kraus desenvolveu diversos agentes que podem negociar com humanos e com outros agentes – veja uma análise em Kraus (2001). O protocolo de concessão monotônica para negociação automatizada foi proposto por Jeffrey S. Rosenschein e seus alunos (Rosenschein e Zlotkin, 1994). O protocolo de ofertas alternadas foi desenvolvido por Rubinstein (1982).

Livros sobre sistemas multiagentes incluem os de Weiss (2000a), Young (2004), Vlassis (2008), Shoham e Leyton-Brown (2009) e Wooldridge (2009). A principal conferência para sistemas multiagentes é a International Conference on Autonomous Agents and Multi-Agent Systems (AAMAS); há também um jornal com o mesmo nome. A ACM Conference on Electronic Commerce (EC) também publica muitos artigos relevantes, particularmente na área de algoritmos de leilão. O principal periódico da teoria dos jogos é *Games and Economic Behavior*.

CAPÍTULO 19

APRENDER A PARTIR DE EXEMPLOS

Neste capítulo, escrevemos agentes que podem melhorar seu comportamento através do estudo diligente de experiências passadas e previsões sobre o futuro.

Um agente **aprenderá** a melhorar seu desempenho após fazer observações sobre o mundo. A aprendizagem pode variar do corriqueiro, como anotar uma lista de compras, até o mais profundo, como mostrado por Albert Einstein, que deduziu uma nova teoria para o universo. Quando o agente é um computador, nós o chamamos **aprendizado de máquina**: um computador observa alguns dados, monta um **modelo** baseado nos dados e usa o modelo como uma **hipótese** sobre o mundo e um *software* que pode resolver problemas.

Aprendizado de máquina

Por que iríamos querer que uma máquina aprenda? Por que não somente programá-la do jeito certo, para começar? Há duas razões principais. Primeiro, os projetistas não podem antecipar todas as situações possíveis do futuro. Por exemplo, um robô projetado para navegar em labirintos tem de aprender a configuração de cada novo labirinto que encontra; um programa para prever os preços do mercado de ações precisa aprender para adaptar-se quando o cenário mudar, seja para cima ou para baixo. Em segundo lugar, por vezes, os projetistas não têm ideia de como programar uma solução por si só. A maioria das pessoas é boa em reconhecer o rosto dos membros da família, mas eles fazem isso inconscientemente, e até mesmo os melhores programadores são incapazes de programar um computador para realizar essa tarefa, exceto por meio de algoritmos de aprendizado de máquina.

Neste capítulo, intercalamos uma discussão de diversas classes de modelo – árvores de decisão (seção 19.3), modelos lineares (seção 19.6), modelos não paramétricos, como os vizinhos mais próximos (seção 19.7), modelos de comitês, como florestas aleatórias (seção 19.8) – com conselhos práticos sobre a montagem de sistemas de aprendizado de máquina (seção 19.9) e uma discussão sobre a teoria do aprendizado de máquina (seções 19.1 a 19.5).

19.1 Formas de aprendizado

Qualquer componente de um agente pode ser melhorado através do aprendizado de máquina. As melhorias e as técnicas usadas para construí-las dependem destes fatores:

- Qual *componente* deve ser melhorado.
- Qual o *conhecimento prévio* que o agente tem, o que influencia o *modelo* que ele cria.
- Quais *dados* e *feedback* desses dados estão disponíveis.

O Capítulo 2 descreveu diversos projetos de agente. Os **componentes** desses agentes incluem:

1. Um mapeamento direto de condições no estado atual para ações.
2. Um meio para deduzir propriedades relevantes do mundo a partir da sequência de percepções.
3. Informações sobre o modo como o mundo evolui e sobre os resultados de ações possíveis que o agente pode realizar.
4. Informações de utilidade indicando a desejabilidade dos estados do mundo.
5. Informações de valores de ações indicando a desejabilidade das ações.
6. Metas que descrevem os estados mais desejáveis.
7. Um gerador de problema, um crítico, e elemento de aprendizagem para permitir que o sistema melhore.

Cada um desses componentes pode ser aprendido. Por exemplo, considere um agente de carro autônomo que aprende observando um motorista humano. Toda vez que o motorista frear, o agente poderá aprender uma regra de condição-ação sobre quando frear (componente 1). Ao ver muitas imagens que lhe mostram ônibus, o agente pode aprender a reconhecê-los (componente 2). Experimentando ações e observando os resultados – por exemplo, freando bruscamente em uma pista molhada –, ele poderá aprender os efeitos de suas ações (componente 3). Depois, quando recebe reclamações dos passageiros que foram bastante sacudidos durante o percurso, poderá aprender um componente útil de sua função de utilidade global (componente 4).

A tecnologia de aprendizado de máquina se tornou uma parte padrão da engenharia de *software*. Sempre que você estiver criando um sistema de *software*, mesmo que não pense nele como um agente de IA, os componentes do sistema podem ser potencialmente melhorados com o aprendizado de máquina. Por exemplo, o *software* para analisar imagens de galáxias sob lentes gravitacionais foi acelerado por um fator de 10 milhões com um modelo aprendido por máquina (Hezaveh *et al.*, 2017), e o uso de energia para resfriar *data centers* foi reduzido em 40% com outro modelo aprendido por máquina (Gao, 2014). O vencedor do Prêmio Turing, David Patterson, e o chefe de IA do Google, Jeff Dean, declararam o início de uma "Era de Ouro" para a arquitetura de computadores devido ao aprendizado de máquina (Dean *et al.*, 2018).

Vimos vários exemplos de modelos para os componentes do agente: modelos atômicos, fatorados e relacionais baseados em lógica ou probabilidade, e assim por diante. Os algoritmos de aprendizagem foram concebidos para todos esses modelos.

Este capítulo pressupõe pouco **conhecimento prévio** por parte do agente: ele começa do zero e aprende com os dados. Na seção 21.7.2, consideramos a **aprendizagem por transferência**, na qual o conhecimento de um domínio é transferido para um novo domínio, de modo que a aprendizagem possa prosseguir mais rapidamente com menos dados. Presumimos, no entanto, que o projetista do sistema escolhe uma estrutura de modelo que pode levar a um aprendizado eficaz. Conhecimento prévio

A passagem de um conjunto específico de observações para uma regra geral é chamada **indução**; pelas observações de que o Sol nasceu todos os dias no passado, induzimos que o Sol nascerá amanhã. Isso difere da **dedução** que estudamos no Capítulo 7 porque as conclusões indutivas podem estar incorretas, ao passo que as conclusões dedutivas têm garantia de serem corretas se as premissas estiverem certas.

Este capítulo concentra-se em problemas em que a entrada é uma **representação fatorada** – um vetor de valores e atributos. Também é possível que a entrada seja qualquer tipo de estrutura de dados, incluindo atômica e relacional.

Quando a saída for um de um conjunto finito de valores (como *ensolarado/nublado/chuvoso* ou *verdadeiro/falso*), o problema da aprendizagem será chamado **classificação**. Quando for um número (como a temperatura de amanhã, medida como um número inteiro ou real), o problema de aprendizagem será chamado **regressão** (admitidamente, obscuro).[1] Classificação
Regressão

Existem três tipos de *feedback* que podem acompanhar as entradas e que determinam os três principais tipos de aprendizagem: *Feedback*

- Na **aprendizagem supervisionada**, o agente observa alguns exemplos de pares de entrada e saída, e aprende uma função que faz o mapeamento entre elas. Por exemplo, as entradas poderiam ser imagens de câmera, cada uma acompanhada por uma saída dizendo "ônibus" ou "pedestre" etc. Uma saída como essa é chamada **rótulo**. O agente aprende uma função que, quando recebe uma nova imagem, prevê o rótulo apropriado. No caso das ações de frear (componente 1 dos parágrafos anteriores), uma entrada é o estado atual (velocidade e direção do carro, condição da pista), e uma saída é a distância necessária para parar. Nesse caso, um conjunto de valores de saída pode ser obtido pelo agente a partir de suas próprias percepções (após o fato); o ambiente é o instrutor e o agente aprende uma função que faz o mapeamento entre estados e distância de parada. Aprendizado supervisionado

Rótulo

- No **aprendizado não supervisionado**, o agente aprende padrões na entrada, embora não seja fornecido nenhum *feedback* explícito. A tarefa mais comum de aprendizagem não Aprendizado não supervisionado

---

[1] Um nome melhor teria sido *aproximação de função* ou *previsão numérica*. Porém, em 1886, Francis Galton escreveu um artigo influente sobre o conceito de *regressão à média* (p. ex., os filhos de pais altos provavelmente serão mais altos que a média, mas não tão altos quanto os pais). Galton mostrou gráficos com o que ele chamou de "linhas de regressão", e os leitores passaram a associar a palavra "regressão" à técnica estatística de aproximação de função em vez do tópico de regressão à média.

592 Inteligência Artificial

supervisionada é o **agrupamento**: a detecção de grupos de exemplos de entrada potencialmente úteis. Por exemplo, quando recebe milhões de imagens tomadas da Internet, um sistema de visão computadorizado pode identificar um grande grupo de imagens semelhantes que alguém chamaria de "gatos".

Aprendizado por reforço

- No **aprendizado por reforço**, o agente aprende a partir de uma série de reforços: recompensas e punições. Por exemplo, no fim de um jogo de xadrez o agente é informado de que ele ganhou (uma recompensa) ou perdeu (uma punição). Cabe ao agente decidir quais das ações anteriores ao reforço foram as maiores responsáveis por isso e alterar suas ações visando a mais recompensas no futuro.

19.2 Aprendizado supervisionado

Mais formalmente, a tarefa de aprendizado supervisionado é a seguinte:

Conjunto de treino

Dado um **conjunto de treino** de N pares de exemplos de entrada e saída

$$(x_1, y_1), (x_2, y_2),\dots (x_N, y_N),$$

em que cada par foi gerado por uma função desconhecida $y = f(x)$, descobrir uma função h que se aproxime da função verdadeira f.

Espaço de hipóteses

A função h é chamada **hipótese** a respeito do mundo. Ela é retirada do **espaço de hipóteses** $\mathcal{H}$ de possíveis funções. Por exemplo, o espaço de hipótese poderia ser o conjunto de polinômios de grau 3; ou o conjunto de funções em JavaScript; ou o conjunto de fórmulas lógicas booleanas 3-SAT.

Classe de modelos
Verdade fundamental

Com vocabulário alternativo, podemos dizer que h é um **modelo** dos dados, retirado de uma **classe de modelos** $\mathcal{H}$, ou então uma **função** retirada de uma **classe de funções**. Chamamos a saída y_i de **verdade fundamental** – a resposta verdadeira que estamos pedindo ao nosso modelo para prever.

Análise exploratória de dados

Como escolhemos um espaço de hipóteses? Poderíamos ter algum conhecimento prévio sobre o processo que gerou os dados. Caso contrário, podemos realizar uma **análise exploratória dos dados**: examinando os dados com testes estatísticos e visualizações – histogramas, gráficos de dispersão, gráficos *boxplot* – para ter uma ideia dos dados e algumas dicas sobre qual espaço de hipóteses pode ser apropriado. Ou então podemos apenas experimentar vários espaços de hipóteses e avaliar qual funciona melhor.

Hipótese consistente

Como podemos escolher uma boa hipótese de dentro do espaço de hipóteses? Poderíamos esperar uma **hipótese consistente**: um h tal, que cada x_i no conjunto de treinamento tenha $h(x_i) = y_i$. Com saídas de valor contínuo, não podemos esperar uma correspondência exata com a verdade fundamental; em vez disso, procuramos uma **função de melhor ajuste** para a qual cada $h(x_i)$ esteja próximo de y_i (de modo que formalizaremos na seção 19.4.2).

Conjunto de teste
Generalização

A medida verdadeira de uma hipótese não é como ela se sai no conjunto de treino, mas sim como ela lida com as entradas que ainda não viu. Podemos avaliar isso com uma segunda amostra de pares (x_i, y_i), chamada **conjunto de teste**. Dizemos que h **generaliza** bem se prevê corretamente as saídas do conjunto de teste.

A Figura 19.1 mostra que a função h que um algoritmo de aprendizagem descobre depende do espaço de hipótese $\mathcal{H}$ que ela considera e do conjunto de treino que recebe. Cada um dos quatro gráficos na linha superior tem o mesmo conjunto de treino de 13 pontos de dados no plano (x,y). Os quatro gráficos na linha inferior têm um segundo conjunto de 13 pontos de dados; os dois conjuntos representam a mesma função desconhecida $f(x)$. Cada coluna mostra a hipótese de melhor ajuste h a partir de um espaço de hipótese diferente:

- **Coluna 1**: linhas retas; funções na forma $h(x) = w_1 x + w_0$. Não há uma linha que seria uma hipótese consistente para os pontos de dados.
- **Coluna 2**: funções senoidais na forma $h(x) = w_1 x + \text{sen}(w_0 x)$. Essa escolha não é muito consistente, mas atende muito bem aos dois conjuntos de dados.
- **Coluna 3**: funções lineares por partes, em que cada segmento de linha conecta um ponto dos dados ao seguinte. Essas funções sempre são consistentes.

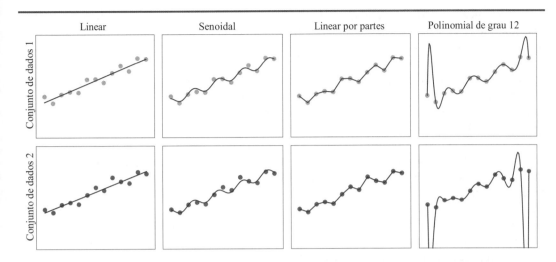

Figura 19.1 Procurando hipóteses para ajustar dados. **Linha superior**: quatro gráficos das funções de melhor ajuste de quatro espaços de hipóteses diferentes, treinados no conjunto de dados 1. **Linha inferior**: as mesmas quatro funções, mas treinadas em um conjunto de dados ligeiramente diferente [amostrado da mesma função $f(x)$].

- **Coluna 4**: polinômios de grau 12. $h(x) = \sum_{i=0}^{12} w_i x^i$. Estes são consistentes: sempre podemos obter um polinômio de grau 12 para 13 pontos distintos e perfeitamente ajustados. Mas só porque a hipótese é consistente não significa que ela é uma boa escolha.

Uma forma de analisar os espaços de hipóteses é pelo viés que elas impõem (não importando o conjunto de dados de treino) e pela variância que elas produzem (de um conjunto de treino para outro).

Com **viés**, queremos dizer (vagamente) a tendência de uma hipótese preditiva de se desviar do valor esperado quando é calculada a média por diferentes conjuntos de treino. O viés geralmente resulta das restrições impostas pelo espaço de hipótese. Por exemplo, o espaço de hipótese de funções lineares induz um viés forte: ele só permite funções que consistem em linhas retas. Se houver qualquer padrão nos dados além da inclinação geral de uma linha, uma função linear não será capaz de representar esses padrões. Dizemos que uma hipótese está **subajustada** (em inglês, *underfitted*) quando não consegue encontrar um padrão nos dados. Por outro lado, a função linear por partes tem baixo viés; a forma da função é orientada pelos dados.

Com **variância**, queremos dizer a quantidade de mudança na hipótese devido à flutuação nos dados de treino. As duas linhas da Figura 19.1 representam conjuntos de dados que foram amostrados da mesma função $f(x)$. Os conjuntos de dados revelaram-se ligeiramente diferentes. Para as três primeiras colunas, a pequena diferença no conjunto de dados se traduz em uma pequena diferença na hipótese. Chamamos isso de baixa variância. Mas os polinômios de grau 12 na quarta coluna têm alta variância: ver como as duas funções são diferentes nas duas extremidades do eixo x. Claramente, pelo menos um desses polinômios deve ser uma aproximação pobre à verdadeira $f(x)$. Dizemos que uma função está **sobreajustada** (em inglês, *overfitted*) aos dados quando presta muita atenção ao conjunto de dados específico no qual foi treinada, fazendo com que tenha um desempenho insatisfatório em dados não vistos.

Geralmente existe um **compromisso viés-variância**: uma escolha entre hipóteses mais complexas, com baixo viés, que se ajustam bem aos dados de treino, e hipóteses mais simples, de baixa variância, que podem generalizar melhor. Em 1933, Albert Einstein disse que "o objetivo supremo de toda a teoria é tornar os elementos básicos irredutíveis os mais simples e em menor quantidade possível, sem ter que renunciar à representação adequada de um único dado de experiência". Em outras palavras, Einstein recomenda escolher a hipótese mais simples que corresponda aos dados. Esse princípio pode ter vindo do filósofo inglês do século XIV Guilherme de Ockham.[2] Seu princípio de que "a pluralidade [de entidades] não deve ser postulada sem necessidade" é conhecido como **navalha de Ockham**, pois é usado para "raspar" explicações dúbias.

---

[2] Quase sempre, esse nome é escrito incorretamente como "Occam".

594 Inteligência Artificial

A definição de simplicidade não é fácil, mas parece claro que um polinômio com apenas dois parâmetros é mais simples do que um polinômio com treze parâmetros. Tornaremos essa intuição mais precisa na seção 19.3.4. No entanto, no Capítulo 21, veremos que os modelos de rede neural profunda normalmente podem ser muito bem generalizados, mesmo sendo muito complexos – alguns deles têm bilhões de parâmetros. Assim, o número de parâmetros por si só não é uma boa indicação da adequação de um modelo. Talvez devêssemos estar buscando "adequação", e não "simplicidade", em uma classe de modelos. Na seção 19.4.1, vamos considerar essa questão.

Qual é a melhor hipótese na Figura 19.1? Não há como ter certeza. Se nós conhecêssemos os dados representados, digamos, o número de visitas a um *site* que cresce a cada dia, mas também ciclos dependendo da hora do dia, então poderíamos favorecer a função senoidal. Se soubéssemos que os dados definitivamente não eram cíclicos, mas tivessem muito ruído, isso favoreceria a função linear.

Em alguns casos, um analista deseja dizer não apenas que uma hipótese é possível ou impossível, mas o quanto ela é provável. Pode-se fazer a aprendizagem supervisionada escolhendo a hipótese h^* que é mais provável, com os dados:

$$h^* = \operatorname*{argmax}_{h \in \mathcal{H}} P(h|dados).$$

Pela regra de Bayes isso é equivalente a

$$h^* = \operatorname*{argmax}_{h \in \mathcal{H}} P(dados|h) P(h).$$

Então podemos dizer que a probabilidade *a priori* $P(h)$ é alta para um polinômio de grau 1 ou 2, porém baixa para um polinômio de grau 12, com grandes pontas acentuadas. Permitimos funções de aparência incomum quando os dados informam que precisam delas realmente, mas as desencorajamos, dando a elas uma probabilidade baixa *a priori*.

Por que não deixar $\mathcal{H}$ ser a classe de todos os programas de computador ou máquinas de Turing? O problema é que *há um compromisso entre a expressividade de um espaço de hipóteses e a complexidade de encontrar uma boa hipótese dentro desse espaço*. Por exemplo, a adaptação de uma linha reta aos dados é um cálculo fácil, a adaptação de polinômios de grau alto é um pouco mais difícil, e a adaptação de máquinas de Turing em geral é indecidível. Uma segunda razão para preferir espaços de hipóteses simples é que, presumivelmente, vamos querer usar h depois de termos aprendido isso, e é garantido que o cálculo de $h(x)$, quando h for uma função linear, é mais rápido, enquanto o cálculo em um programa arbitrário de máquina de Turing nem sequer se garante que termine.

Por essas razões, a maioria dos trabalhos sobre aprendizagem tem se concentrado em representações simples. Nos últimos anos, tem havido grande interesse em aprendizagem profunda (Capítulo 21), em que as representações não são simples, mas em que o cálculo de $h(x)$ ainda exige apenas um *número limitado de etapas* para ser calculado com *hardware* apropriado.

Verificaremos que o compromisso entre expressividade e complexidade não é tão simples: normalmente acontece, como vimos com a lógica de primeira ordem, no Capítulo 8, que uma linguagem expressiva torna possível que uma hipótese *simples* se ajuste aos dados, enquanto restringir a expressividade da linguagem significa que qualquer hipótese consistente deve ser complexa.

19.2.1 Problema de exemplo: espera em restaurante

Vamos descrever um exemplo de problema de aprendizagem supervisionada em detalhes: o problema de decidir sobre a espera por uma mesa em um restaurante. O problema será usado em todo o capítulo para demonstrar diferentes classes de modelo. Para esse problema, a saída, y, é uma variável booleana que chamaremos de *VaiEsperar*; ela é verdadeira para exemplos em que esperamos por uma mesa. A entrada, x, é um vetor de 10 valores de atributo, cada um com valores discretos:

1. *Alternativa*: se há um restaurante alternativo apropriado por perto.
2. *Bar*: se o restaurante tem uma área de bar confortável onde se possa esperar.
3. *Sex/Sáb*: verdadeiro às sextas-feiras e aos sábados.

4. *Faminto*: se estamos com fome no momento.
5. *Clientes*: quantas pessoas estão no restaurante (os valores são: *Nenhum*, *Alguns* e *Cheio*).
6. *Preço*: a faixa de preços do restaurante ($, $$, $$$).
7. *Chovendo*: se está chovendo do lado de fora.
8. *Reserva*: se fizemos uma reserva.
9. *Tipo*: o tipo de restaurante (francês, italiano, tailandês, ou lanchonete).
10. *EsperaEstimada*: a espera estimada pelo gerente: 0 a 10, 10 a 30, 30 a 60, > 60 minutos.

Um conjunto de 12 exemplos, tomados da experiência de um dos autores (SR), aparece na Figura 19.2, a seguir. Observe como esses dados são superficiais: existem $2^6 \times 3^2 \times 4^2 = 9.216$ combinações possíveis de valores para os atributos de entrada, mas recebemos a saída correta para somente 12 delas; as outras 9.204 poderiam ser verdadeiras ou falsas; não sabemos. Essa é a essência da indução: precisamos fazer nossa melhor escolha nesses 9.204 valores de saída que faltam, dada apenas a evidência dos 12 exemplos.

19.3 Aprendizado em árvores de decisão

Uma **árvore de decisão** representa uma função que toma como entrada um vetor de valores de atributos e retorna uma "decisão" – um valor de saída único. Uma árvore de decisão alcança a decisão realizando uma sequência de testes, começando na raiz e seguindo o ramo apropriado até que uma folha seja alcançada. Cada nó interno na árvore corresponde a um teste do valor de um dos atributos de entrada, os ramos do nó são rotulados com os possíveis valores do atributo, e os nós da folha especificam qual valor deve ser retornado pela função.

Árvore de decisão

Em geral, os valores de entrada e saída podem ser discretos ou contínuos, mas por ora vamos nos concentrar em problemas em que as entradas têm valores discretos e as saídas são *verdadeiras* (um exemplo **positivo**) ou *falsas* (um exemplo **negativo**). Chamamos isso de **classificação booleana**. Utilizaremos j para indexar os exemplos (x_j é o vetor de entrada para o j-ésimo exemplo e y_j é a saída) e $x_{j,i}$ para o i-ésimo atributo do j-ésimo exemplo.

Positivo
Negativo

A árvore que representa a função de decisão que SR utiliza para o problema do restaurante aparece na Figura 19.3. Seguindo os ramos, vemos que um exemplo com *Clientes* = *Cheio* e *EsperaEstimada* = 0 a 10 será classificado como positivo (ou seja, sim, esperaremos por uma mesa).

Exemplo	Atributos de entrada										Saída
	Alt	Bar	Sex	Faminto	Clientes	Preço	Chuva	Res	Tipo	Estim	VaiEsperar
x_1	Sim	Não	Não	Sim	Alguns	$$$	Não	Sim	Francês	0 a 10	y_1 = Sim
x_2	Sim	Não	Não	Sim	Cheio	$	Não	Não	Tailandês	30 a 60	y_2 = Não
x_3	Não	Sim	Não	Não	Alguns	$	Não	Não	Lanchonete	0 a 10	y_3 = Sim
x_4	Sim	Não	Sim	Sim	Cheio	$	Sim	Não	Tailandês	10 a 30	y_4 = Sim
x_5	Sim	Não	Sim	Não	Cheio	$$$	Não	Sim	Francês	> 60	y_5 = Não
x_6	Não	Sim	Não	Sim	Alguns	$$	Sim	Sim	Italiano	0 a 10	y_6 = Sim
x_7	Não	Sim	Não	Não	Nenhum	$	Sim	Não	Lanchonete	0 a 10	y_7 = Não
x_8	Não	Não	Não	Sim	Alguns	$$	Sim	Sim	Tailandês	0 a 10	y_8 = Sim
x_9	Não	Sim	Sim	Não	Cheio	$	Sim	Não	Lanchonete	> 60	y_9 = Não
x_{10}	Sim	Sim	Sim	Sim	Cheio	$$$	Não	Sim	Italiano	10 a 30	y_{10} = Não
x_{11}	Não	Não	Não	Não	Nenhum	$	Não	Não	Tailandês	0 a 10	y_{11} = Não
x_{12}	Sim	Sim	Sim	Sim	Cheio	$	Não	Não	Lanchonete	30 a 60	y_{12} = Sim

Figura 19.2 Exemplos para o domínio de restaurante.

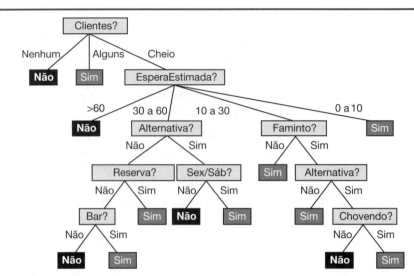

Figura 19.3 Árvore de decisão para definir se vamos ou não esperar por uma mesa.

19.3.1 Expressividade de árvores de decisão

Uma árvore de decisão booleana é equivalente a uma declaração lógica no formato:

$$\textit{Saída} \Leftrightarrow (\textit{Caminho}_1 \lor \textit{Caminho}_2 \lor ...),$$

em que cada $\textit{Caminho}_i$ é uma conjunção no formato $(A_m = v_x \land A_n = v_y \land ...)$ de testes atributo-valor correspondendo a um caminho da raiz a uma folha *verdadeira*. Assim, a expressão inteira é equivalente à forma normal disjuntiva, que significa que qualquer função na lógica proposicional pode ser expressa como uma árvore de decisão.

Para uma grande variedade de problemas, o formato da árvore de decisão gera um resultado agradável, conciso e inteligível. Mas algumas funções não podem ser representadas de forma concisa. Por exemplo, a função maioria, que retorna verdadeiro se e somente se mais da metade das entradas for verdadeira, exige uma árvore de decisão exponencialmente grande, assim como a função de paridade, que retorna verdadeiro se e somente se um número par de atributos de entrada for verdadeiro. Com atributos de valor real, a função $y > A_1 + A_2$ é difícil de representar com uma árvore de decisão, porque o limite de decisão é uma linha diagonal, e todos os testes da árvore de decisão dividem o espaço em caixas retangulares alinhadas ao eixo. Teríamos que empilhar muitas caixas para aproximar a linha diagonal de perto. Em outras palavras, as árvores de decisão são boas para alguns tipos de funções e ruins para outros.

Existe *algum* tipo de representação que seja eficiente para *todos* os tipos de funções? Infelizmente, a resposta é não – simplesmente existem muitas funções para podermos representar todas elas com um pequeno número de *bits*. Mesmo considerando apenas as funções booleanas com n atributos booleanos, a tabela verdade terá 2^n linhas, e cada linha pode gerar *verdadeiro* ou *falso*, de modo que existem 2^{2^n} funções diferentes. Para 20 atributos, há cerca de $2^{1.048.576} \approx 10^{300.000}$ funções; assim, se nos limitarmos a uma representação de um milhão de *bits*, não poderemos representar todas essas funções.

19.3.2 Aprendizado sobre árvores de decisão a partir de exemplos

Queremos encontrar uma árvore que seja consistente com os exemplos da Figura 19.2 e que seja a menor possível. Infelizmente, é impraticável encontrar a garantidamente menor árvore consistente. Mas, com uma heurística simples, podemos encontrar uma que seja próxima da menor. O algoritmo APRENDER-ÁRVORE-DECISÃO adota uma estratégia ambiciosa de dividir para conquistar: sempre testar o atributo mais importante em primeiro lugar, depois resolver recursivamente os subproblemas menores, que são definidos pelos resultados possíveis do teste. Por "atributo mais importante" referimo-nos àquele que faz mais diferença para a classificação de um exemplo. Dessa forma, esperamos obter a classificação correta, com um pequeno número de testes, significando que todos os caminhos na árvore serão curtos e a árvore como um todo não será profunda.

A Figura 19.4(a) mostra que *Tipo* é um atributo fraco porque nos deixa com quatro resultados possíveis, cada um dos quais tem o mesmo número de exemplos positivos e negativos. Por outro lado, na Figura 19.4(b), vemos que *Clientes* é um atributo muito importante porque, se o valor é *Nenhum* ou *Alguns*, ficamos com conjuntos de exemplos para os quais podemos responder de forma definitiva (*Não* e *Sim*, respectivamente). Se o valor é *Cheio*, ficamos com um conjunto misto de exemplos. Existem quatro casos a considerar para esses subproblemas recursivos:

1. Se todos os exemplos restantes forem positivos (ou todos negativos), terminamos: podemos responder *Sim* ou *Não*. A Figura 19.4(b) mostra exemplos disso nos ramos *Nenhum* e *Alguns*.
2. Se existem alguns exemplos positivos e alguns negativos, escolha o melhor atributo para dividi-los. A Figura 19.4(b) mostra *Faminto* sendo usado para dividir os exemplos restantes.
3. Se não resta nenhum exemplo, isso significa que nenhum exemplo desse tipo foi observado para essa combinação de valores de atributo, e retornamos um valor de saída comum a partir do conjunto de exemplos que foram utilizados na construção do nó pai.
4. Se não resta nenhum atributo, mas há exemplos positivos e negativos, isso significa que esses exemplos têm exatamente a mesma descrição, porém classificações diferentes. Isso pode acontecer porque existe um erro ou **ruído** nos dados; porque o domínio é não determinístico; ou ainda porque não podemos observar um atributo que distinguiria os exemplos. O melhor que podemos fazer é voltar ao valor de saída mais comum dos exemplos remanescentes.

Ruído

O algoritmo APRENDER-ÁRVORE-DECISÃO é mostrado na Figura 19.5. Observe que o conjunto de exemplos é uma entrada para o algoritmo, mas os exemplos não aparecem em nenhum lugar na árvore retornada pelo algoritmo. Uma árvore é composta apenas de testes sobre atributos nos nós internos, valores de atributos nos ramos e valores de saída nos nós de folha. Os detalhes da função IMPORTÂNCIA são apresentados na seção 19.3.3. A saída do algoritmo de aprendizado na nossa amostra de conjunto de treino é mostrada na Figura 19.6. A árvore é claramente diferente da árvore original mostrada na Figura 19.3. Pode-se concluir que o algoritmo de aprendizado não está fazendo um trabalho muito bom na aprendizagem da função correta. No entanto, essa seria a conclusão errada. O algoritmo de aprendizado verifica os *exemplos*, e não a função correta e, de fato, sua hipótese (Figura 19.6) não só é compatível com todos os exemplos, mas é consideravelmente mais simples que a árvore original!

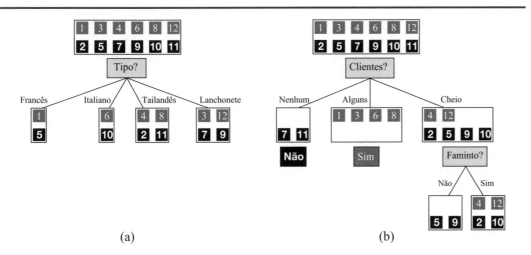

Figura 19.4 Divisão dos exemplos por meio de testes sobre atributos. A cada nó mostramos os exemplos remanescentes: positivos (caixas claras) e negativos (caixas escuras). (a) A divisão por *Tipo* não nos leva mais perto de distinguir entre exemplos positivos e negativos. (b) A divisão por *Clientes* faz um bom trabalho de separação de exemplos positivos e negativos. Após a divisão por *Clientes*, *Faminto* é um segundo teste razoavelmente bom.

---

função APRENDER-ÁRVORE-DECISÃO(*exemplos, atributos, exemplos-pais*) **devolve** uma árvore

se *exemplos* é vazio **então devolva** VALOR-PLURALIDADE(*exemplos_pais*)

senão se todos os *exemplos* têm a mesma classificação **então devolva** a classificação
senão se *atributos* é vazio **então devolva** VALOR-PLURALIDADE(*exemplos*)
senão
  $A \leftarrow \text{argmax}_{a \in atributos}$ IMPORTÂNCIA(*a, exemplos*)
  árvore ← uma nova árvore de decisão com teste de raiz *A*
  para cada valor *v* de *A* **faça**
    exs ← {*e* : *e* ∈ *exemplos* e *e.A* = *v*}
    subárvore ← APRENDER-ÁRVORE-DECISÃO(*exs, atributos* − *A, exemplos*)
    adicionar um ramo à *árvore* com rótulo (*A* = *v*) e subárvore *subárvore*
  devolva *árvore*

Figura 19.5 Algoritmo de aprendizado de árvores de decisão. A função IMPORTÂNCIA será descrita na seção 19.3.3. A função VALOR-PLURALIDADE seleciona o valor de saída mais comum em um conjunto de exemplos, resolvendo os empates de forma aleatória.

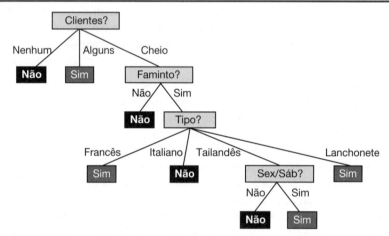

Figura 19.6 Árvore de decisão induzida a partir do conjunto de treino de 12 exemplos.

Com exemplos ligeiramente diferentes, a árvore pode ser muito diferente, mas a função que ela representa seria semelhante.

O algoritmo de aprendizado não tem razão para incluir testes para *Chuva* e *Reserva* porque pode classificar todos os exemplos sem eles. Foi também detectado um padrão interessante e previamente insuspeito: o primeiro autor (SR) vai esperar por comida tailandesa nos fins de semana. Também se vê limitado a cometer erros em casos em que não haja exemplos. Por exemplo, ele nunca viu um caso em que a espera é 0 a 10 minutos, mas o restaurante está cheio. Nesse caso, ele informa que não é para esperar quando *Faminto* for falso, mas eu (SR) certamente esperaria. Com mais exemplos de treino, o programa de aprendizagem poderia corrigir esse erro.

Pode-se avaliar o desempenho de um algoritmo de aprendizado com uma **curva de aprendizado**, como mostrado na Figura 19.7. Para essa figura, temos 100 exemplos à nossa disposição, que dividimos aleatoriamente em um conjunto de treino e em um conjunto de teste. Aprendemos uma hipótese *h* com o conjunto de treino e medimos a sua acurácia no conjunto de teste. Podemos fazer isso começando com um conjunto de treino de tamanho 1 e aumentando um de cada vez até o tamanho 99. Para cada tamanho realmente repetimos o processo de dividir 20 vezes aleatoriamente e tiramos a média dos resultados de 20 tentativas. A curva mostra que, à medida que o tamanho do conjunto de treino cresce, a acurácia aumenta. (Por essa razão, as curvas de aprendizado são também chamadas **curvas felizes**.) Nesse grafo atingimos 95% de acurácia, e parece que com mais dados a curva pode continuar a aumentar.

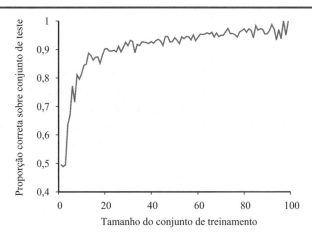

Figura 19.7 Curva de aprendizado do algoritmo de aprendizado de árvores de decisão em 100 exemplos gerados aleatoriamente no domínio do restaurante. Cada ponto de dados é a média de 20 tentativas.

19.3.3 Escolha de testes de atributos

O algoritmo de aprendizado de árvores de decisão escolhe o atributo com a mais alta IMPORTÂNCIA. Mostraremos agora como medir a importância, usando a noção de ganho de informação, que é definida em termos de **entropia**, a quantidade fundamental em teoria da informação (Shannon e Weaver, 1949).

Entropia

Entropia é uma medida da incerteza de uma variável aleatória; quanto mais informação, menos entropia. Uma variável aleatória com um único valor possível - uma moeda que sempre dá cara - não tem incerteza e, portanto, sua entropia é definida como zero. O lançamento de uma moeda honesta é igualmente provável de dar cara ou coroa; mostraremos em breve que isso vale como "1 *bit*" de entropia. O lançamento de um dado honesto de *quatro* lados tem 2 *bits* de entropia, porque existem 2^2 opções igualmente prováveis. Agora, considere uma moeda viciada que dá cara 99% do tempo. Intuitivamente, essa moeda tem menos incerteza do que a moeda honesta - se apostarmos em cara estaremos errados apenas 1% do tempo - de modo que gostaríamos de que ela tivesse uma medida de entropia perto de zero, mas positiva. Em geral, a entropia de uma variável aleatória V com valores v_k cada um com probabilidade $P(v_k)$ é definida como

$$\text{Entropia:} \quad H(V) = \sum_k P(v_k) \log_2 \frac{1}{P(v_k)} = -\sum_k P(v_k) \log_2 P(v_k).$$

Podemos verificar que a entropia de um lançamento de uma moeda honesta é realmente de 1 *bit*:

$$H(Honesta) = -(0{,}5 \log_2 0{,}5 + 0{,}5 \log_2 0{,}5) = 1.$$

E para um dado de quatro lados é 2 *bits*:

$$H(Dado4) = -(0{,}25 \log_2 0{,}25 + 0{,}25 \log_2 0{,}25 + 0{,}25 \log_2 0{,}25 + 0{,}25 \log_2 0{,}25) = 2.$$

Se a moeda for adulterada para dar 99% cara, obtemos

$$H(Adulterada) = -(0{,}99 \log_2 0{,}99 + 0{,}01 \log_2 0{,}01) \approx 0{,}08 \; bit.$$

Isso ajudará a definir $B(q)$ como a entropia de uma variável aleatória booleana que é verdadeira com probabilidade q:

$$B(q) = -(q \log_2 q + (1-q) \log_2 (1-q)).$$

Assim, $H(Adulterada) = B(0{,}99) \approx 0{,}08$. Agora vamos voltar para o aprendizado da árvore de decisão. Se um conjunto de treino contiver p exemplos positivos e n exemplos negativos, a entropia da variável de saída no conjunto inteiro será

$$H(Sa\acute{\imath}da) = B\left(\frac{p}{p+n}\right).$$

O conjunto de treino do restaurante na Figura 19.2 tem $p = n = 6$; então a entropia correspondente é $B(0,5)$ ou exatamente 1 *bit*. O resultado de um teste sobre um único atributo A nos dará alguma informação, reduzindo assim um pouco da entropia geral. Podemos medir essa redução verificando a entropia remanescente após o teste do atributo.

Um atributo A com d valores distintos divide o conjunto de treinamento E em subconjuntos $E_1,..., E_d$. Cada subconjunto E_k tem p_k exemplos positivos e n_k exemplos negativos; por isso, se continuarmos ao longo desse ramo, precisaremos de $B(p_k/(p_k + n_k))$ *bits* adicionais de informação para responder à pergunta. Um exemplo escolhido aleatoriamente do conjunto de treinamento tem o k-ésimo valor para o atributo (ou seja, ele está em E_k com probabilidade $(p_k + n_k)/(p + n)$), de modo que a entropia esperada remanescente após testar o atributo A é

$$Resto(A) = \sum_{k=1}^{d} \frac{p_k+n_k}{p+n} B\left(\frac{p_k}{p_k+n_k}\right).$$

Ganho de informação

O **ganho de informação** do teste do atributo em A é a redução esperada na entropia:

$$Ganho(A) = B\left(\frac{p}{p+n}\right) - Resto(A).$$

De fato *Ganho*(A) é justamente o que precisamos para implementar a função IMPORTÂNCIA. Retornando aos atributos considerados na Figura 19.4, temos

$$Ganho\,(Clientes) = 1 - \left[\tfrac{2}{12}B\left(\tfrac{0}{2}\right) + \tfrac{4}{12}B\left(\tfrac{4}{4}\right) + \tfrac{6}{12}B\left(\tfrac{2}{6}\right)\right] \approx 0,541\ bit,$$

$$Ganho\,(Tipos) = 1 - \left[\tfrac{2}{12}B\left(\tfrac{1}{2}\right) + \tfrac{2}{12}B\left(\tfrac{1}{2}\right) + \tfrac{4}{12}B\left(\tfrac{2}{4}\right) + \tfrac{4}{12}B\left(\tfrac{2}{4}\right)\right] = 0\ bit,$$

confirmando a nossa intuição de que *Clientes* é um atributo melhor para dividir primeiro. Na verdade, *Clientes* tem o maior ganho de informação de todos os atributos e seria então escolhido pelo algoritmo de aprendizado de árvores de decisão como a raiz.

19.3.4 Generalização e sobreajuste

Queremos que nossos algoritmos de aprendizado encontrem uma hipótese que se ajuste aos dados de treinamento; porém, mais importante ainda, queremos que ela generalize bem para dados não vistos anteriormente. Na Figura 19.1, vimos que um polinômio de alto grau pode se ajustar a todos os dados, mas tem variações brutas que não são garantidas pelos dados: ele se ajusta mas pode sobreajustar. O sobreajuste torna-se mais provável à medida que o número de atributos cresce, e menos provável à medida que aumentamos o número de exemplos de treino. Espaços de hipótese maiores (p. ex., árvores de decisão com mais nós ou polinômios com alto grau) têm mais capacidade tanto para se ajustar quanto para sobreajustar; algumas classes de modelo são mais propensas ao sobreajuste do que outras.

Poda de árvore de decisão

Para árvores de decisão, uma técnica chamada **poda de árvore de decisão** combate o sobreajuste. A poda funciona através da eliminação dos nós que não são claramente relevantes. Começamos com uma árvore cheia, como a gerada por APRENDER-ÁRVORE-DECISÃO. Em seguida, verificamos um nó de teste que tem somente nós de folha como descendentes. Se o teste parece ser irrelevante – detecta apenas o ruído dos dados –, eliminamos o teste, substituindo-o por um nó de folha. Repetimos esse processo, considerando cada teste apenas com descendentes folha, até que cada um seja podado ou aceito como é.

A questão é como podemos detectar que um nó está testando um atributo irrelevante. Suponha que estejamos em um nó consistindo em p exemplos positivos e n exemplos negativos. Se o atributo for irrelevante, seria de esperar que dividisse os exemplos em subconjuntos com aproximadamente a mesma proporção de exemplos positivos como o conjunto todo, $p/(p + n)$, e assim o ganho de informação estaria perto de zero.[3] Desse modo, o ganho de informações é uma boa dica para a irrelevância. Agora, a pergunta é: qual o tamanho do ganho que devemos exigir para fazer uma divisão baseada em um atributo específico?

Podemos responder a essa pergunta utilizando um **teste de significância** estatístico. Tal teste começa pela suposição de que não existe nenhum padrão subjacente (a chamada **hipótese nula**). Então, os dados reais são analisados para calcular até que ponto eles divergem de uma ausência perfeita de padrão. Se o grau de desvio for estatisticamente improvável (em geral, entendido como uma probabilidade de 5% ou menos), ele será considerado como boa evidência da presença de um padrão significativo nos dados. As probabilidades são calculadas a partir de distribuições padrão da proporção de desvio que se esperaria ver em uma amostragem aleatória.

Teste de significância

Hipótese nula

Nesse caso, a hipótese nula é que o atributo é irrelevante e, consequentemente, que o ganho de informação para uma amostra infinitamente grande seria zero. Precisamos calcular a probabilidade de que, sob a hipótese nula, uma amostra de tamanho $v = n + p$ exiba o desvio observado a partir da distribuição esperada de exemplos positivos e negativos. Podemos medir o desvio comparando os números reais de exemplos positivos e negativos em cada subconjunto, p_k e n_k, com os números esperados, $\hat{p}_k$ e $\hat{n}_k$ supondo irrelevância verdadeira:

$$\hat{p}_k = p \times \frac{p_k + n_k}{p + n} \qquad \hat{n}_k = n \times \frac{p_k + n_k}{p + n} .$$

Uma medida conveniente do desvio total é dada por

$$\Delta = \sum_{k=1}^{d} \frac{(p_k - \hat{p}_k)^2}{\hat{p}_k} + \frac{(n_k - \hat{n}_k)^2}{\hat{n}_k} .$$

Sob a hipótese nula, o valor de Δ é distribuído de acordo com a distribuição o χ^2 (qui-quadrado) com $d - 1$ graus da liberdade. Podemos usar uma função de estatística χ^2 para ver se um valor Δ particular confirma ou rejeita a hipótese nula. Por exemplo, considere o atributo *Tipo* do restaurante, com quatro valores e, portanto, três graus de liberdade. Um valor de Δ = 7,82 ou mais rejeitaria a hipótese nula ao nível de 5% (e um valor de Δ = 11,35 ou mais a rejeitaria ao nível de 1%). Valores abaixo disso levam a aceitar as hipóteses de que o atributo é irrelevante, e assim o ramo associado da árvore deverá ser podado. Isso é conhecido como **poda** χ^2.

Poda χ^2

Com a poda, o ruído nos exemplos pode ser tolerado. Erros no rótulo do exemplo (como um exemplo (**x**,*Sim*) que deveria ser (**x**,*Não*)) fornecem um aumento linear no erro preditivo, enquanto os erros nas descrições de exemplos (como *Preço* = $ quando na verdade era *Preço* = $$) têm um efeito assintótico que piora, à medida que a árvore encolhe para conjuntos menores. As árvores podadas desempenham significativamente melhor do que as árvores não podadas quando os dados contêm grande quantidade de ruído. Além disso, as árvores podadas geralmente são muito menores e, portanto, mais fáceis de entender e mais eficientes de executar.

Um aviso final: você poderia pensar que a poda χ^2 e o ganho de informação parecem semelhantes; então por que não os combinar usando uma abordagem chamada **parada prematura** – a propriedade de o algoritmo da árvore de decisão parar de gerar nós quando não houver um bom atributo para dividir, em vez de passar por todo o trabalho de geração de nós para então podá-los? O problema com a parada prematura é que ela nos impede de reconhecer situações em que não há um atributo bom, mas há combinações de atributos que são informativas. Por exemplo, considere a função XOR de dois atributos binários. Se houver um número aproximadamente igual de exemplos para todas as quatro combinações de valores de entrada, nenhum atributo será informativo, e o correto a fazer é dividir um dos atributos (não importa qual) e depois, no segundo nível, obteremos divisões muito informativas. A parada prematura perderia isso, mas gerar e depois podar trataria isso corretamente.

Parada prematura

---

[3] O ganho será estritamente positivo, exceto para o caso improvável em que todas as proporções forem *exatamente* as mesmas.

602 Inteligência Artificial

19.3.5 Ampliação da aplicabilidade de árvores de decisão

As árvores de decisão podem se tornar mais úteis com o tratamento das seguintes complicações:

- **Dados faltantes**: em muitos domínios, nem todos os valores de atributos serão conhecidos para todo exemplo. Os valores podem não ter sido registrados ou talvez seja dispendioso demais obtê-los. Isso dá origem a dois problemas: primeiro, dada uma árvore de decisão completa, como se deve classificar um objeto em que esteja faltando um dos atributos de teste? Em segundo lugar, como se deve modificar a fórmula de ganho de informação quando alguns exemplos têm valores desconhecidos para o atributo?

- **Atributos de entrada contínuos e multivalorados**: para atributos de valores contínuos, como *Altura*, *Peso* ou *Hora*, pode ser que cada exemplo tenha um valor de atributo diferente. A medida do ganho de informação daria sua pontuação mais alta a tal atribuição, gerando uma árvore rasa com esse atributo na raiz e, abaixo dela, subárvores de exemplo único para cada valor possível. Mas isso não ajuda quando obtemos um novo exemplo para classificar com um valor de atributo que ainda não vimos.

Ponto de divisão

    Uma forma melhor de lidar com valores contínuos é um teste de **ponto de divisão** – um teste de desigualdade sobre o valor de um atributo. Por exemplo, em dado nó na árvore, talvez a realização de testes sobre *Peso* >160 forneça o máximo de informação. Existem métodos eficientes para encontrar pontos de divisão bons: começar classificando os valores do atributo e depois considerar apenas os pontos de divisão que estão entre dois exemplos em ordem com diferentes classificações, acompanhando a execução dos totais de exemplos positivos e negativos de cada lado do ponto de divisão. A divisão é a parte mais cara das aplicações de aprendizado de árvores de decisão do mundo real.

    Para atributos que não são contínuos e não têm uma ordenação significativa, mas têm grande número de valores possíveis (p. ex., *CEP* ou *NúmeroCartãoCrédito*), uma medida chamada **razão de ganho de informação** pode ser usada para evitar a divisão em muitas subárvores de único exemplo. Outra técnica útil é permitir um **teste de igualdade** no formato $A = v_k$. Por exemplo, o teste *CEP* = 10002 poderia ser usado para escolher um grande grupo de pessoas nesse código postal da cidade de Nova York, colocando todos os outros na subárvore "outros".

- **Atributos de saída com valores contínuos**: se estamos tentando prever um valor numérico de saída, como o preço de um apartamento, precisamos de uma **árvore de regressão**, em vez de uma árvore de classificação. Uma árvore de regressão tem em cada folha uma função linear de um subconjunto de atributos numéricos, em vez de um único valor de saída. Por exemplo, o ramo para os apartamentos de dois quartos pode acabar em uma função linear de metragem quadrada e número de banheiros. O algoritmo de aprendizado deve decidir quando interromper a divisão e começar a aplicar a regressão linear (ver seção 19.6) sobre os atributos. O nome **CART**, que significa *classification and regression trees* (árvores de classificação e regressão), é usado para abranger essas duas classes de árvores.

Árvore de regressão

CART

Um sistema de aprendizado de árvores de decisão para aplicações reais deve ser capaz de tratar todos esses problemas. O tratamento de variáveis de valores contínuos é especialmente importante porque tanto processos físicos quanto financeiros fornecem dados numéricos. Vários pacotes comerciais foram construídos para atender a esses critérios, e eles têm sido usados para desenvolver milhares de sistemas de campo. Em muitas áreas da indústria e do comércio, as árvores de decisão costumam ser o primeiro método tentado quando um método de classificação tem de ser extraído de um conjunto de dados.

    As árvores de decisão têm muito a seu favor: facilidade de compreensão, escalabilidade para grandes conjuntos de dados e versatilidade no tratamento de entradas discretas e contínuas, bem como classificação e regressão. Porém, elas podem ter acurácia subótima (em grande parte devido à busca gulosa), e se as árvores forem muito profundas, obter uma previsão para um novo exemplo pode ser custoso em tempo de execução. As árvores de decisão também são **instáveis**, pois adicionar apenas um novo exemplo pode alterar o teste na raiz, o que altera a árvore inteira. Na seção 19.8.2, veremos que o **modelo de florestas aleatórias** pode corrigir alguns desses problemas.

Instável

19.4 Seleção e otimização de modelos

Nosso objetivo no aprendizado de máquina é selecionar uma hipótese que se ajuste de forma ótima a exemplos futuros. Para tornar isso preciso, temos que definir "exemplo futuro" e "ajuste ótimo".

Primeiro, faremos a suposição de que os exemplos futuros serão como os do passado. Chamamos isso de suposição de **estacionariedade**; sem ela, todas as apostas estão fora. Consideramos que cada exemplo E_j tem a mesma distribuição de probabilidade:

$$\mathbf{P}(E_j) = \mathbf{P}(E_{j+1}) = \mathbf{P}(E_{j+2}) = \dots ,$$

e é independente dos exemplos anteriores:

$$\mathbf{P}(E_j) = \mathbf{P}(E_j \,|\, E_{j-1}, E_{j-2}, \dots).$$

Os exemplos que satisfazem essas equações são chamados *independentes e identicamente distribuídos* ou **i.i.d.**

> Estacionariedade

> I.i.d.

O próximo passo é definir o "ajuste ótimo". Por ora, diremos que o ajuste ótimo é a hipótese que minimiza a **taxa de erro**: a proporção de vezes em que $h(x) \neq y$ para um exemplo (x, y). (Mais adiante, vamos expandir isso para permitir que diferentes erros tenham diferentes custos, dando assim um crédito parcial para respostas que sejam "quase" corretas.) A taxa de erro de uma hipótese pode ser estimada aplicando a ela um teste: medir seu desempenho em um **conjunto de teste** de exemplos. Seria uma fraude se uma hipótese (ou um aluno) olhasse as respostas do teste antes de realizar o teste. A forma mais simples de garantir que isso não ocorra é dividir os exemplos que você tem em dois conjuntos: um **conjunto de treino** para criar a hipótese e um **conjunto de teste** para avaliá-la.

> Taxa de erro

Se vamos criar apenas uma hipótese, essa abordagem é suficiente. Mas muitas vezes acabamos criando várias hipóteses: podemos querer comparar dois modelos de aprendizado de máquina completamente diferentes, ou podemos ajustar os vários "botões" dentro de um modelo. Por exemplo, poderíamos tentar diferentes limiares para poda χ^2 das árvores de decisão ou diferentes graus para os polinômios. Chamamos esses "botões" de **hiperparâmetros** – parâmetros da classe de modelo, não do modelo individual.

> Hiperparâmetros

Suponha que um pesquisador gere uma hipótese para uma configuração do hiperparâmetro de poda χ^2, meça as taxas de erro no conjunto de teste e, em seguida, experimente hiperparâmetros diferentes. Nenhuma hipótese individual espiou os dados do conjunto de teste, mas o *processo* geral sim, por meio do pesquisador.

A maneira de evitar isso é *realmente* reservar o conjunto de teste – bloqueá-lo até que você termine completamente de treinar, experimentar, ajustar hiperparâmetros, retreinar etc. Isso significa que você precisa de *três* conjuntos de dados:

1. Um **conjunto de treino** para treinar os modelos candidatos.
2. Um **conjunto de validação**, também conhecido como **conjunto de desenvolvimento** ou **conjunto dev**, para avaliar os modelos candidatos e escolher o melhor.
3. Um **conjunto de teste** para fazer uma avaliação fim imparcial do melhor modelo.

> Conjunto de validação

E se não tivermos dados suficientes para criar todos esses três conjuntos de dados? Podemos apertar mais os dados usando uma técnica chamada **validação cruzada com k-repetições**. A ideia é que cada exemplo sirva duplamente – como dado de treino e dado de validação. Primeiro dividimos os dados em k subconjuntos iguais. Em seguida, realizamos k rodadas de aprendizagem; em cada rodada $1/k$ dos dados é retido como um conjunto de validação, e os exemplos restantes são usados como dados de treino. A pontuação média do conjunto de validação de k rodadas deve então ser uma estimativa melhor do que uma pontuação única. Os valores populares de k são 5 e 10 – o suficiente para dar uma estimativa que é estatisticamente provável que seja precisa, a um custo 5 a 10 vezes maior do tempo de computação. O extremo é $k = n$, também conhecido como **validação cruzada com omissão de um** ou **LOOCV** (do inglês *leave-one-out cross validation*). Até mesmo com a validação cruzada, ainda precisamos de um conjunto de teste separado.

> Validação cruzada com k-repetições

> LOOCV

604 Inteligência Artificial

Seleção de modelo
Otimização

Na Figura 19.1 vimos uma função linear subajustar o conjunto de dados e um polinômio de maior grau sobreajustar os dados. Podemos imaginar a tarefa de encontrar uma boa hipótese como duas subtarefas: a **seleção de modelo**[4] escolhe um bom espaço de hipóteses, e a **otimização** (também chamada **treinamento**) encontra a melhor hipótese dentro desse espaço.

Parte da seleção de modelo é qualitativa e subjetiva: poderíamos selecionar polinômios em vez de árvores de decisão com base em algo que sabemos a respeito do problema. E parte é quantitativa e empírica: dentro da classe de polinômios, poderíamos selecionar *Grau* = 2, porque esse valor funciona melhor no conjunto de dados de validação.

19.4.1 Seleção de modelo

A Figura 19.8 descreve um algoritmo simples de SELEÇÃO-DE-MODELO. Ele usa como argumento um algoritmo de aprendizado, *Aprendiz* (p. ex., ele poderia ser APRENDER-ÁRVORE-DECISÃO). O *Aprendiz* utiliza um hiperparâmetro, que se chama *tamanho* na figura. Para as árvores de decisão, ele poderia ser o número de nós na árvore; para polinômios, o *tamanho* seria o *Grau*. SELEÇÃO-DE-MODELO começa com o menor valor de *tamanho*, produzindo um modelo simples (que provavelmente subjustará os dados) e será repetido com valores maiores de *tamanho*, considerando modelos mais complexos. No fim, SELEÇÃO-DE-MODELO seleciona o modelo que tem a menor taxa de erro média sobre os dados de validação retidos.

Na Figura 19.9 observamos dois padrões típicos que ocorrem na seleção de modelo. Em (a) e em (b), o erro do conjunto de treino diminui monotonicamente (com uma ligeira lutuação aleatória) enquanto aumentamos a complexidade do modelo. A complexidade é medida pelo

---

função SELEÇÃO-DE-MODELO(*Aprendiz,exemplos,k*) **devolve** um par (hipótese,taxa de erro)

   erro ← um vetor (*array*), indexado por *tamanho*, armazenando taxas de erro do conjunto de validação
   cj_treinamento, cj_teste ← uma partição de *exemplos* em dois conjuntos
   para *tamanho* = 1 **até** ∞ **faça**
      erro[*tamanho*] ← VALIDAÇÃO-CRUZADA(*Aprendiz,tamanho,cj_treinamento,k*)
      se *erro* começa a aumentar significativamente **então**
         melhor_tamanho ← o valor do *tamanho* com *erro*[*tamanho*] mínimo
         h ← *Aprendiz*(*melhor_tamanho, cj_treinamento*)
         devolva *h*, TAXA-ERRO(*h,cj_teste*)

função VALIDAÇÃO-CRUZADA(*Aprendiz,tamanho,exemplos,k*) **devolve** taxa de erro

   N ← o número de *exemplos*
   erros ← 0
   para *i* = 1 **até** *k* **faça**
      cj_validação ← *exemplos*[$(i - 1) \times N/k:i \times N/k$]
      cj_treinamento ← *exemplos* – *cj_validação*
      h ← *Aprendiz*(*tamanho,cj_treinamento*)
      erros ← *erros* + TAXA-ERRO(*h,cj_validação*)
   retornar *erros* / *k* // *taxa de erro média sobre conjuntos de validação, por validação cruzada com k-repetições*

Figura 19.8 Algoritmo para selecionar o modelo que tem a menor taxa de erro de validação. Ele cria modelos de complexidade crescente e escolhe aquele com a melhor taxa empírica de erro, *erro*, no conjunto de dados de validação. *Aprendiz*(*tamanho,exemplos*) devolve uma hipótese cuja complexidade é definida pelo parâmetro *tamanho* e treinada pelos *exemplos*. Em VALIDAÇÃO-CRUZADA, cada iteração do laço **para** seleciona uma fatia diferente dos *exemplos* como o conjunto de validação, e mantém os outros exemplos como o conjunto de treino. Depois então é devolvido o erro médio do conjunto de validação sobre todas as repetições. Quando tivermos determinado qual valor do parâmetro *tamanho* é melhor, SELEÇÃO-DE-MODELO devolve o modelo (ou seja, aprendiz/hipótese) com esse tamanho, treinado por todos os exemplos de treinamento, junto com sua taxa de erro sobre os exemplos de teste retidos.

---

[4] Embora o nome "seleção de modelo" seja comumente usado, um nome melhor seria "seleção da *classe* de modelos" ou "seleção do espaço de hipóteses". A palavra "modelo" tem sido usada na literatura para se referir a três diferentes níveis de especificidade: um espaço de hipóteses amplo (como "polinômios"), um espaço de hipóteses com hiperparâmetros preenchidos (como "polinômios de segundo grau") e uma hipótese específica com todos os parâmetros preenchidos (como $5x^2 + 3x - 2$).

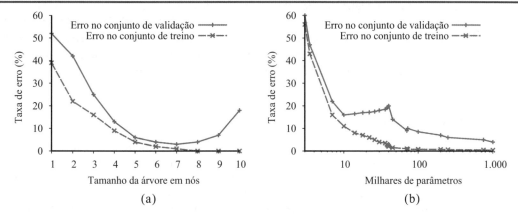

Figura 19.9 Taxas de erro em dados de treino (linha inferior, tracejada) e de validação (linha superior, sólida) para modelos de diferentes complexidades em dois problemas diferentes. SELEÇÃO-DE-MODELO escolhe o valor do hiperparâmetro com o menor erro no conjunto de validação. Em (a), a classe de modelos é composta por árvores de decisão e o hiperparâmetro é o número de nós. Os dados são de uma versão do problema do restaurante. O tamanho ótimo é 7. Em (b), a classe de modelos são as redes neurais convolucionais (ver seção 21.3) e o hiperparâmetro é o número de parâmetros regulares na rede. Os dados são do conjunto de dados MNIST de imagens de dígitos; a tarefa é identificar cada dígito. O número ideal de parâmetros é 1 milhão (observe a escala logarítmica).

número de nós na árvore de decisão em (a) e pelo número de parâmetros de rede neural (w_i) em (b). Para muitas classes de modelos, o erro do conjunto de treino atinge zero, à medida que a complexidade aumenta.

Os dois casos diferem bastante no erro do conjunto de validação. Em (a), vemos uma curva de erro de validação em forma de U: o erro diminui por um tempo, à medida que a complexidade do modelo aumenta, mas então alcançamos um ponto em que o modelo começa a sobreajustar os dados, e o erro de validação aumenta. O algoritmo SELEÇÃO-DE-MODELO escolhe o valor na parte inferior da curva de erro de validação em forma de U: nesse caso, uma árvore com tamanho 7. Esse é o ponto com o melhor equilíbrio entre subajuste e sobreajuste. Em (b) vemos uma curva inicial em forma de U exatamente como em (a), mas depois o erro de validação começa a diminuir novamente; a menor taxa de erro de validação é o ponto-final do gráfico, com 1 milhão de parâmetros.

Por que algumas curvas de erro de validação são como (a) e outras são como (b)? Tudo se resume a como as diferentes classes de modelo fazem uso da capacidade excedente e como isso se ajusta ao problema em questão. À medida que adicionamos capacidade a uma classe de modelos, geralmente alcançamos o ponto em que todos os exemplos de treinamento podem ser representados perfeitamente dentro do modelo. Por exemplo, dado um conjunto de treino com n exemplos distintos, há sempre uma árvore de decisão com n nós de folha, que pode representar todos os exemplos.

Dizemos que um modelo que se ajusta exatamente a todos os dados de treino **interpolou** os dados.[5] As classes de modelos geralmente começam a ser sobreajustadas, à medida que a capacidade se aproxima do ponto de interpolação. Isso parece ser porque a maior parte da capacidade do modelo está concentrada nos exemplos de treino, e a capacidade restante é alocada de forma bastante aleatória de uma forma que não representa os padrões no conjunto de dados de validação. Algumas classes de modelo nunca se recuperam desse sobreajuste, como acontece com as árvores de decisão em (a). Mas, para outras classes de modelos, adicionar capacidade significa que há mais funções candidatas e algumas delas são naturalmente adequadas aos padrões de dados que estão na função verdadeira $f(x)$. Quanto maior a capacidade, mais representações adequadas existem e é mais provável que o mecanismo de otimização seja capaz de parar em uma delas.

Interpolado

Redes neurais profundas (Capítulo 21), máquinas de kernel (seção 19.7.5), florestas aleatórias (seção 19.8.2) e comitês por *boosting* (seção 19.8.4), todos têm a propriedade de que seu erro de conjunto de validação tende a diminuir à medida que a capacidade aumenta, como na Figura 19.9(b).

---

[5] Alguns autores dizem que o modelo "memorizou" os dados.

606 Inteligência Artificial

Poderíamos estender o algoritmo de seleção de modelo de várias maneiras: poderíamos comparar classes de modelos discrepantes, chamando SELEÇÃO-DE-MODELO com APRENDER-ÁRVORE-DECISÃO como argumento e depois com APRENDER-POLINÔMIO, verificando qual se sai melhor. Poderíamos permitir vários hiperparâmetros, o que significa que precisaríamos de um algoritmo de otimização mais complexo, como uma pesquisa em grade (ver seção 19.9.3), em vez de uma pesquisa linear.

19.4.2 Taxas de erro a perdas

Até agora, tentamos minimizar a taxa de erro. É claro que isso é melhor do que maximizar a taxa de erro, mas não é toda a história. Considere o problema de classificação de mensagens de *e-mail* como *spam* ou não *spam*. É pior classificar não *spam* como *spam* (e perder, portanto, uma mensagem muito importante), do que classificar *spam* como *não spam* (e, portanto, sofrer alguns segundos de aborrecimento). Assim, um classificador com taxa de erro de 1%, em que quase todos os erros foram classificar *spam* como não *spam*, seria melhor do que um classificador com apenas uma taxa de erro de 0,5%, se a maioria desses erros fosse classificar não *spam* como *spam*. Vimos no Capítulo 16 que os tomadores de decisão devem maximizar a utilidade esperada, algo que os aprendizes devem maximizar também. Porém, em aprendizado de má-
Função de perda quina é tradicional expressar utilidade por meio da **função de perda**, em vez de maximizar uma função de utilidade. A função de perda $L(x, y, \hat{y})$ é definida como o montante de utilidade perdida pela previsão $h(x) = \hat{y}$ quando a resposta correta é $f(x) = y$:

$$L(x, y, \hat{y}) = Utilidade(\text{resultado do uso de } y, \text{ dada uma entrada } x)$$
$$- Utilidade(\text{resultado do uso de } \hat{y}, \text{ dada uma entrada } x)$$

Essa é a formulação mais geral da função de perda. Muitas vezes utiliza-se uma versão simplificada, $L(y, \hat{y})$, que é independente de x. Usaremos a versão simplificada no restante do capítulo, o que significa que não podemos dizer que é pior classificar erroneamente a carta da mãe do que a carta do primo chato, mas podemos dizer que é 10 vezes pior classificar não *spam* como *spam* do que vice-versa:

$$L(spam, não\ spam) = 1, \quad L(não\ spam, spam) = 10.$$

Observe que $L(y, y)$ é sempre zero; por definição, não há perda quando você supõe exatamente o correto. Para funções com saídas discretas, podemos enumerar um valor de perda para cada erro de classificação possível, mas não podemos enumerar todas as possibilidades para dados com valores reais. Se $f(x)$ fosse 137,035999, ficaríamos bastante satisfeitos com $h(x) = 137,036$, mas qual o contentamento que isso geraria? Em geral, pequenos erros são melhores do que os grandes; duas funções que implementam essa ideia são o valor absoluto da diferença (chamado "perda L_1") e o quadrado da diferença (chamado "perda L_2": pense em "2" como o quadrado). Para saídas de valores discretos, se estivermos satisfeitos com a ideia de minimizar a taxa de erro, poderemos usar a função de perda $L_{0/1}$, que tem perda de 1 para uma resposta incorreta:

$$\begin{aligned}
\text{Perda de valor absoluto:} \quad & L_1(y, \hat{y}) = |y - \hat{y}| \\
\text{Perda de erro quadrático:} \quad & L_2(y, \hat{y}) = (y - \hat{y})^2 \\
\text{Perda 0/1:} \quad & L_{0/1}(y, \hat{y}) = 0 \text{ se } y = \hat{y}, \text{ senão } 1
\end{aligned}$$

O agente de aprendizagem pode, teoricamente, maximizar a sua utilidade esperada escolhendo a hipótese que minimiza a perda esperada de todos os pares de entrada e saída que vai verificar. Para calcular essa expectativa, precisamos definir uma distribuição de probabilidade *a priori* $\mathbf{P}(X, Y)$ para os exemplos. Seja $\mathcal{E}$ o conjunto de todos os possíveis exemplos de entrada e saída. Então, a
Perda de generalização **perda de generalização** esperada de uma hipótese h (com relação à função de perda L) é

$$PerdaGen_L(h) = \sum_{(x,y) \in \mathcal{E}} L(y, h(x)) P(x,y),$$

e a melhor hipótese, h^*, é a que apresenta a mínima perda de generalização esperada:

$$h^* = \underset{h \in \mathcal{H}}{\mathrm{argmin}}\ PerdaGen_L(h).$$

Visto que $P(x,y)$ não é conhecido, o agente de aprendizagem só pode *estimar* a perda de generalização com **perda empírica** sobre um conjunto de exemplos, E, de tamanho N:

Perda empírica

$$PerdaGen_{L,E}(h) = \sum_{(x,y)\in E} L(y,h(x))\frac{1}{N}.$$

A melhor hipótese estimada $\hat{h}^*$ é, então, a que tem a perda empírica mínima:

$$\hat{h}^* = \underset{h\in\mathcal{H}}{\operatorname{argmin}} PerdaGen_{L,E}(h).$$

Existem quatro razões pelas quais $\hat{h}^*$ pode ser diferente da verdadeira função f: irrealizabilidade, variância, ruído e complexidade computacional.

Primeiro, dizemos que um problema de aprendizado é **realizável** se o espaço de hipóteses $\mathcal{H}$ na realidade contém a função verdadeira f. Se $\mathcal{H}$ é o conjunto de funções lineares, e a função verdadeira f é uma função quadrática, então nenhuma quantidade de dados recuperará a f verdadeira. Segundo, **variância** significa que um algoritmo de aprendizado em geral retornará diferentes hipóteses para diferentes conjuntos de exemplos. Se o problema for realizável, então a variância diminui em direção a zero, à medida que o número de exemplos de treinamento aumenta. Terceiro, f pode ser não determinístico ou **ruidoso** – pode retornar valores diferentes para $f(x)$ para o mesmo x. Por definição, o ruído não pode ser previsto (ele só pode ser caracterizado). E, finalmente, quando $\mathcal{H}$ é uma função complicada em um grande espaço de hipóteses, ela pode ser **intratável computacionalmente** para buscar todas as possibilidades de forma sistemática; nesse caso, uma busca pode explorar apenas parte do espaço e retornar uma hipótese razoavelmente boa, mas nem sempre pode garantir a melhor.

Realizável

Ruído

Os métodos tradicionais em estatística e os primórdios do aprendizado de máquina concentraram-se em **aprendizagem em pequena escala**, em que o número de exemplos de treinamento variava de dezenas a poucos milhares. Aqui a perda de generalização em sua maioria vinha do erro de aproximação de não ter o f verdadeiro no espaço de hipótese e do erro de estimativa de não ter exemplos suficientes de treinamento para limitar a variância.

Aprendizagem em pequena escala

Nos últimos anos tem havido mais ênfase em **aprendizagem em larga escala**, muitas vezes com milhões de exemplos. Aqui a perda de generalização é dominada pelos limites da computação: há dados suficientes e um modelo complexo o suficiente para podermos encontrar um h muito próximo do f verdadeiro, mas o cálculo para chegar a isso é demasiado complexo; por isso, estabelecemos uma aproximação.

Aprendizagem em larga escala

19.4.3 Regularização

Na seção 19.4.1, vimos como fazer seleção de modelo com validação cruzada. Uma abordagem alternativa é a busca de uma hipótese que minimize diretamente a soma ponderada da perda empírica e a complexidade da hipótese, que chamaremos de custo total:

$$Custo(h) = PerdaEmp(h) + \lambda\, Complexidade(h)$$
$$\hat{h}^* = \underset{h\in\mathcal{H}}{\operatorname{argmin}} Custo(h).$$

Aqui λ é um hiperparâmetro, um número positivo que serve como taxa de conversão entre perda e complexidade de hipótese. Se λ for bem escolhido, ele equilibra bem a perda empírica de uma função simples contra a tendência de sobreajuste de uma função complicada.

O processo de penalizar explicitamente a hipótese complexa é chamado **regularização**: estamos procurando funções que sejam mais regulares. Observe que agora estamos fazendo duas escolhas: a função de perda (L_1 ou L_2) e a medida de complexidade, que é chamada **função de regularização**. A escolha da função de regularização depende do espaço de hipóteses. Por exemplo, para polinômios, uma boa função de regularização é a soma dos quadrados dos coeficientes – manter a soma pequena nos levaria para longe dos polinômios sinuosos de grau 12 da Figura 19.1. Vamos mostrar um exemplo desse tipo de regularização na seção 19.6.3.

Regularização

Função de regularização

608 Inteligência Artificial

Seleção de características

Outra maneira de simplificar os modelos é reduzir as dimensões com as quais os modelos trabalham. Um processo de **seleção de características** pode ser realizado para descartar atributos que parecem ser irrelevantes. A poda χ^2 é uma espécie de seleção de características.

De fato, é possível especificar a perda empírica e a complexidade medida na mesma escala sem o fator de conversão λ: ambos podem ser medidos em *bits*. Primeiro codifique a hipótese como um programa de uma máquina de Turing e conte o número de *bits*. Em seguida, conte o número de *bits* necessário para codificar os dados, em que um exemplo previsto corretamente custa zero *bit* e o custo de um exemplo previsto incorretamente depende do tamanho do erro. A hipótese de **comprimento de descrição mínimo** ou CDM minimiza o número total de *bits* necessário. Isso funciona bem no limite, mas para problemas menores a escolha da codificação para o programa – qual a melhor forma de codificar uma árvore de decisão como uma sequência de *bits* – afeta o resultado. No Capítulo 20, descrevemos uma interpretação probabilística da abordagem CDM.

Comprimento de descrição mínimo

19.4.4 Ajuste de hiperparâmetros

Na seção 19.4.1, mostramos como selecionar o melhor valor do *tamanho* do hiperparâmetro aplicando a validação cruzada a cada valor possível, até que haja aumento na taxa de erro de validação. Essa é uma boa técnica quando há um único hiperparâmetro com um pequeno número de valores possíveis. Mas quando existem vários hiperparâmetros ou quando eles têm valores contínuos, é mais difícil escolher bons valores.

Ajuste manual

A abordagem mais simples para o ajuste de hiperparâmetros é o **ajuste manual**: escolha alguns valores do parâmetro com base na experiência prévia, treine um modelo, meça seu desempenho sobre os dados de validação, analise os resultados e use sua intuição para sugerir novos valores do parâmetro. Repita até você obter desempenho satisfatório (ou ficar sem tempo, orçamento de computação, ou paciência).

Busca em grade

Se houver apenas alguns hiperparâmetros, cada um com uma pequena quantidade de valores possíveis, então é apropriado utilizar uma abordagem mais sistemática, chamada **busca em grade**: experimente todas as combinações de valores e veja qual tem melhor desempenho sobre os dados de validação. Combinações diferentes podem ser executadas em paralelo em máquinas diferentes; portanto, se você tiver recursos de computação suficientes, isso não precisa ser lento, mesmo que em alguns casos a seleção de modelo seja conhecida por sugar recursos em *clusters* de mil computadores durante dias de cada vez.

As estratégias de busca dos Capítulos 3 e 4 também podem ser utilizadas. Por exemplo, se dois hiperparâmetros forem independentes um do outro, eles podem ser otimizados separadamente.

Busca aleatória

Se houver muitas combinações de valores possíveis, faça uma **busca aleatória** com amostras uniformes do conjunto de todas as configurações de hiperparâmetros possíveis, repetindo enquanto você estiver disposto(a) a gastar tempo e recursos computacionais. A amostragem aleatória também é uma boa maneira de lidar com valores contínuos.

Otimização bayesiana

Quando cada rodada de treinamento leva muito tempo, pode ser útil obter informações úteis de cada uma. A **otimização bayesiana** trata a tarefa de escolher bons valores de hiperparâmetros como um problema de aprendizado de máquina por si só. Ou seja, pense no vetor de valores de hiperparâmetros **x** como uma entrada, e a perda total no conjunto de validação para o modelo construído com esses hiperparâmetros como uma saída, y; desse modo, estamos tentando encontrar a função $y = f(\mathbf{x})$ que minimiza a perda y. Cada vez que realizamos uma rodada de treinamento, obtemos um novo par $(y, f(\mathbf{x}))$, que podemos usar para atualizar nossa crença a respeito da forma da função f.

A ideia é escolher um equilíbrio entre explotação (escolher valores de parâmetro que sejam próximos de um bom resultado anterior) e exploração (tentar novos valores de parâmetro). Esse é o mesmo equilíbrio que vimos na busca em árvore de Monte Carlo (seção 5.4) e, de fato, a ideia de limites de confiança superiores também é usada aqui para reduzir o arrependimento. Se fizermos a suposição de que f pode ser aproximada por um **processo gaussiano**, então a matemática de atualizar nossa crença sobre f funcionará bem. Snoek *et al.* (2013) explicam a matemática e oferecem um guia prático para essa técnica, mostrando que ela pode superar o ajuste manual de parâmetros, mesmo por especialistas.

Treinamento baseado em população (TBP)

Uma alternativa para a otimização bayesiana é o **treinamento baseado em população (TBP)**. O TBP começa usando a busca aleatória para treinar (em paralelo) uma população de modelos, cada um com diferentes valores de hiperparâmetros. Em seguida, uma segunda geração de modelos é treinada, mas eles podem escolher valores de hiperparâmetros com base nos valores de sucesso da geração anterior, bem como por mutação aleatória, como em algoritmos genéticos (seção 4.1.4). Assim, o treinamento baseado em população compartilha a vantagem da busca aleatória de que muitas rodadas podem ser feitas em paralelo e compartilha a vantagem da otimização bayesiana (ou do ajuste manual por um ser humano esperto) da qual podemos obter informações de execuções anteriores para informar as posteriores.

19.5 Teoria da aprendizagem

Como podemos ter certeza de que o algoritmo de aprendizado produziu uma hipótese que vai prever o valor correto para as entradas não vistas anteriormente? Ou seja, como sabemos que a hipótese h está próxima da função alvo f, se não sabemos o que é f? Essas questões têm sido ponderadas, há séculos, por Ockham, Hume e outros. Em décadas mais recentes, surgiram outras questões: de quantos exemplos precisamos para obter um bom h? Que espaço de hipóteses devemos usar? Se o espaço de hipótese for muito complexo, podemos ainda achar o melhor h, ou temos que nos contentar com um máximo local? Quão complexo deve ser h? Como podemos evitar o sobreajuste? Esta seção examina essas questões.

Vamos começar com a pergunta de quantos exemplos são necessários para a aprendizagem. Vimos, pela curva de aprendizado para árvores de decisão no problema do restaurante (ver Figura 19.7), que a acurácia melhora com mais dados de treino. As curvas de aprendizado são úteis, mas específicas para determinado algoritmo de aprendizado em um problema particular. Existem alguns princípios mais genéricos que regem o número de exemplos que em geral são necessários?

Perguntas como essa são abordadas pela **teoria da aprendizagem computacional**, que fica na interseção entre IA, estatística e ciência da computação teórica. O princípio subjacente é que qualquer hipótese que seja seriamente errada será quase certamente "descoberta" com alta probabilidade depois de um pequeno número de exemplos, porque fará uma previsão incorreta. Assim, qualquer hipótese que seja consistente com um conjunto suficientemente grande de exemplos do conjunto de treino é improvável de ser seriamente errada, ou seja, deve estar **provavelmente aproximadamente correta (PAC)**.

Teoria da aprendizagem computacional

Provavelmente aproximadamente correta (PAC)
Aprendizado PAC

Qualquer algoritmo de aprendizado que retorne hipóteses que sejam provavelmente aproximadamente corretas é chamado algoritmo de **aprendizado PAC**; podemos usar essa abordagem para fornecer limites sobre o desempenho de vários algoritmos de aprendizado.

Os teoremas de aprendizado PAC, como os demais teoremas, são consequências lógicas dos axiomas. Quando um teorema (em oposição, digamos, a um comentarista político) afirma algo sobre o futuro com base no passado, os axiomas têm de fornecer a "energia" para fazer essa ligação. Para o aprendizado PAC, a ligação é fornecida pelo pressuposto de estacionariedade, introduzido na seção 19.3, que diz que exemplos futuros serão amostrados da mesma distribuição fixa $\mathbf{P}(E) = \mathbf{P}(X, Y)$ como os exemplos passados. (Observe que não temos de saber que distribuição é, apenas que ela não muda.) Além disso, para manter as coisas simples, vamos supor que a função verdadeira f seja determinística e pertença à classe de hipóteses $\mathcal{H}$ que está sendo considerada.

Os teoremas PAC mais simples lidam com funções booleanas, para as quais a perda 0/1 é apropriada. A **taxa de erro** de uma hipótese h, já definida informalmente, aqui é definida formalmente como o erro de generalização esperado para exemplos tirados da distribuição estacionária:

$$\text{erro}(h) = PerdaGen_{L_{0/1}}(h) = \sum_{x,y} L_{0/1}(y, h(x)) P(x, y).$$

Em outras palavras, o erro (h) é a probabilidade de que h classifique incorretamente um novo exemplo. Essa é a mesma quantidade que estava sendo medida experimentalmente pelas curvas de aprendizado mostradas anteriormente.

Uma hipótese h é considerada **aproximadamente correta** se o erro $(h) \leq \epsilon$, em que ϵ é uma constante pequena. Vamos mostrar que podemos encontrar N tal que, depois de verificar N exemplos, com probabilidade alta, todas as hipóteses consistentes serão aproximadamente

Esfera ϵ

corretas. Pode-se pensar em uma hipótese aproximadamente correta como sendo "próxima" à função verdadeira no espaço de hipóteses: ela repousa sobre o que é chamado **esfera** ϵ em torno da função verdadeira f. O espaço de hipóteses fora dessa esfera é chamado $\mathcal{H}_{\text{ruim}}$.

Podemos derivar um limite sobre a probabilidade de que uma hipótese "seriamente errada" $h_r \in \mathcal{H}_{\text{ruim}}$ seja consistente com os primeiros N exemplos, da forma a seguir. Sabemos que o erro $(h_r) > \epsilon$. Assim, a probabilidade de que esteja de acordo com um exemplo dado é no máximo $1 - \epsilon$. Uma vez que os exemplos são independentes, o limite para N exemplos é

$$P(h_r \text{ concorda com } N \text{ exemplos}) \leq (1 - \epsilon)^N.$$

A probabilidade de que $\mathcal{H}_{\text{ruim}}$ contenha pelo menos uma hipótese consistente é limitada pela soma das probabilidades individuais:

$$P(\mathcal{H}_{\text{ruim}} \text{ contém uma hipótese consistente}) \leq |\mathcal{H}_{\text{ruim}}| (1 - \epsilon)^N \leq |\mathcal{H}| (1 - \epsilon)^N,$$

em que usamos o fato de que $\mathcal{H}_{\text{ruim}}$ é um subconjunto de $\mathcal{H}$ e, portanto, $|\mathcal{H}_{\text{ruim}}| \leq |\mathcal{H}|$. Gostaríamos de reduzir a probabilidade desse evento para ser menor que algum número pequeno δ:

$$P(\mathcal{H}_{\text{ruim}} \text{ contém uma hipótese consistente}) \leq |\mathcal{H}| (1 - \epsilon)^N \leq \delta.$$

Dado que $1 - \epsilon \leq e^{-\epsilon}$, podemos conseguir isso se permitirmos que o algoritmo verifique

$$N \geq \frac{1}{\epsilon} \left(\ln \frac{1}{\delta} + \ln |\mathcal{H}| \right) \tag{19.1}$$

Complexidade amostral

exemplos. Assim, com probabilidade de pelo menos $1 - \delta$, depois de verificar tal quantidade de exemplos, o algoritmo de aprendizado retornará uma hipótese que tenha erro de, no máximo, ϵ. Em outras palavras, ele é provavelmente aproximadamente correto. O número de exemplos necessários, em função de ϵ e δ, é chamado de **complexidade amostral** do algoritmo de aprendizado.

Como vimos anteriormente, se $\mathcal{H}$ for o conjunto de todas as funções booleanas sobre n atributos, então $|\mathcal{H}| = 2^{2^n}$. Assim, a complexidade amostral do espaço cresce como 2^n. Como o número de exemplos possíveis também é 2^n, isso sugere que o aprendizado PAC na classe de todas as funções booleanas requer verificação de todos ou quase todos os exemplos possíveis. Pensando rapidamente sabemos a razão para isso: $\mathcal{H}$ contém hipóteses suficientes para classificar qualquer conjunto dado de exemplos de todas as maneiras possíveis. Em particular, para qualquer conjunto de N exemplos, o conjunto de hipóteses consistentes com esses exemplos contém números iguais de hipóteses que predizem que x_{N+1} seja positivo e de hipóteses que predizem que x_{N+1} seja negativo.

Então, para obter a generalização real para exemplos não vistos, parece que precisamos restringir o espaço de hipótese $\mathcal{H}$ de alguma forma, mas é claro que, se restringirmos o espaço, também poderemos eliminar completamente a função verdadeira. Há três maneiras de fugir desse dilema.

A primeira é trazer o conhecimento prévio para apoiar o problema.

A segunda, que introduzimos na seção 19.4.3, é insistir para que o algoritmo retorne não apenas qualquer hipótese consistente, mas de preferência uma hipótese simples (como é feito no aprendizado de árvores de decisão). Nos casos em que é tratável encontrar hipóteses consistentes simples, os resultados da complexidade amostral são geralmente melhores do que os da análise com base apenas na consistência.

A terceira maneira, que veremos a seguir, é concentrar-se em subconjuntos aprendíveis do espaço de hipóteses total de funções booleanas. Essa abordagem se fundamenta no pressuposto de que o espaço restrito contém uma hipótese h que está perto o suficiente da função verdadeira f; os benefícios são que o espaço de hipóteses restrito permite a generalização eficaz e geralmente é mais fácil de buscar. Examinaremos agora com mais detalhes esse espaço restrito.

19.5.1 Exemplo de aprendizado PAC: aprendizado de listas de decisão

Listas de decisão

Vamos agora mostrar como aplicar o aprendizado PAC para um espaço de hipóteses novo: **listas de decisão**. Uma lista de decisão consiste em uma série de testes, cada um dos quais é uma conjunção de literais. Se um teste for bem-sucedido quando aplicado a uma descrição do exemplo, a lista de decisão especificará o valor a ser retornado. Se o teste falhar, o processamento continua com o próximo teste na lista. As listas de decisão se assemelham às árvores de decisão, mas sua estrutura geral é mais simples: elas se ramificam apenas em uma direção. Em contraste, os testes individuais são mais complexos. A Figura 19.10 mostra uma lista de decisão que representa a hipótese a seguir:

$$VaiEsperar \Leftrightarrow (Clientes = Alguns) \vee (Clientes = Cheio \wedge Sex/Sáb).$$

Se permitirmos testes de tamanho qualquer, as listas de decisão podem representar qualquer função booleana. Por outro lado, se restringirmos o tamanho de cada teste para no máximo k literais, é possível para o algoritmo de aprendizado generalizar com sucesso a partir de um pequeno número de exemplos. Chamamos de k-LD uma lista de decisão com até k conjunções. O exemplo da Figura 19.10 está em 2-LD. É fácil mostrar que k-LD inclui como subconjunto k-**AD**, o conjunto de todas as árvores de decisão com profundidade máxima de k. Usaremos a notação k-LD(n) para indicar uma k-LD usando n atributos booleanos.

k-AD

A primeira tarefa é mostrar que k-LD é aprendível, ou seja, que qualquer função em k-LD pode ser aproximada com precisão após o treinamento com um número razoável de exemplos. Para fazer isso, precisamos calcular o número de hipóteses possíveis. Seja então conjunto de conjunções de, no máximo, k literais usando n atributos – $Conj(n,k)$. Como uma lista de decisão é constituída por testes, e cada teste pode estar ligado a um resultado *Sim* ou *Não* ou pode estar ausente da lista de decisão, há no máximo $3^{|Conj(n,k)|}$ conjuntos distintos de testes componentes. Cada um desses conjuntos de testes pode estar em qualquer ordem, de modo que

$$|k\text{-LD}(n)| \leq 3^c c! \text{ em que } c = |Conj(n,k)|.$$

O número de conjunções de no máximo k literais de n atributos é dado por

$$|Conj(n,k)| = \sum_{i=0}^{k} \binom{2n}{i} = O(n^k).$$

Assim, após algum trabalho, obtemos

$$|k\text{-LD}(n)| = 2^{O(n^k \log_2(n^k))}.$$

Podemos ligá-la à Equação 19.1 para mostrar que o número de exemplos necessários para o aprendizado PAC em uma função k-LD(n) é polinomial em n:

$$N \geq \frac{1}{\epsilon} \left(\ln \frac{1}{\delta} + O(n^k \log_2(n^k)) \right).$$

Portanto, qualquer algoritmo que retorne uma lista de decisão consistente com o PAC aprenderá uma função k-LD em um número razoável de exemplos, para pequenos k.

A próxima tarefa é encontrar um algoritmo eficiente que retorne uma lista de decisão consistente. Usaremos um algoritmo guloso chamado APRENDER-LISTA-DECISÃO que repetidamente encontra um teste que concorda exatamente com um subconjunto do conjunto de treino. Uma vez que ele encontra um teste desse tipo, adiciona-o à lista de decisão em construção e remove os exemplos correspondentes. Então, ele constrói o restante da lista de decisão utilizando apenas os exemplos restantes. Repete-se até que não haja mais exemplos. O algoritmo é mostrado na Figura 19.11.

Figura 19.10 Lista de decisão para o problema do restaurante.

função APRENDER-LISTA-DECISÃO(*exemplos*) **devolve** uma lista de decisão ou *falha*

  se *exemplos* é vazio **então devolver** lista de decisão trivial *Não*
  t ← um teste que combina um subconjunto não vazio de *exemplos$_t$* de *exemplos*
    tal que os membros de *exemplos$_t$* são todos positivos ou todos negativos
  se não houver tal *t* **então devolva** *falha*
  se os exemplos em *exemplos$_t$* são positivos **então** *o* ← *Sim* **senão** *o* ← *Não*
  devolva uma lista de decisão com o teste *t* inicial e o resultado *o* e os testes restantes dados por
    APRENDER-LISTA-DECISÃO(*exemplos* − *exemplos$_t$*)

Figura 19.11 Algoritmo de aprendizado de lista de decisão.

Esse algoritmo não especifica o método para selecionar o próximo teste para adicionar à lista de decisão. Embora os resultados formais dados anteriormente não dependam do método de seleção, parece razoável preferir pequenos testes que correspondam a grandes conjuntos de exemplos classificados de forma uniforme, de modo que a lista de decisão global seja a mais compacta possível. A estratégia mais simples é encontrar o menor teste *t* que combine com qualquer subconjunto uniformemente classificado, independentemente do tamanho do subconjunto. Essa abordagem também funciona muito bem, como a Figura 19.12 sugere. Para esse problema, a árvore de decisão aprende um pouco mais rápido do que a lista de decisão, mas tem mais variação. Ambos os métodos têm acurácia superior a 90% após 100 iterações.

19.6 Regressão e classificação lineares

Agora é hora de passar de árvores e listas de decisão para um espaço de hipóteses diferente, que tem sido utilizado durante centenas de anos: a classe de **funções lineares** de entradas de valores contínuos. Vamos começar com o caso mais simples: regressão com uma função linear univariada, também conhecida como "ajuste de linha reta". A seção 19.6.3 abrange o caso multivariado. As seções 19.6.4 e 19.6.5 mostram como transformar funções lineares em classificadores aplicando limiares rígidos e flexíveis.

19.6.1 Regressão linear univariada

Uma função linear univariada (uma linha reta) com entrada *x* e saída *y* tem a forma $y = w_1 x + w_0$, em que w_0 e w_1 são coeficientes de valores reais a serem aprendidos. Usamos a letra *w* porque imaginamos os coeficientes como **pesos** (do inglês *weights*); o valor de *y* é alterado pela mudança

Figura 19.12 Curva de aprendizado para o algoritmo APRENDER-LISTA-DECISÃO sobre os dados do restaurante. A curva de aprendizado para APRENDER-ÁRVORE-DECISÃO é mostrada para comparação; árvores de decisão funcionam ligeiramente melhor nesse problema em particular.

do peso relativo de um termo para outro. Definimos **w** como o vetor $\langle w_0, w_1 \rangle$ e definimos a função linear com esses pesos como

$$h_{\mathbf{w}}(x) = w_1 x + w_0.$$

Na Figura 19.13(a) é mostrado um exemplo de conjunto de treino de n pontos no plano x, y, cada ponto representando o tamanho em metros quadrados e o preço de uma casa à venda. A tarefa de encontrar o $h_{\mathbf{w}}$ que melhor se ajuste nesses dados é chamada **regressão linear**. Para ajustar uma linha aos dados, tudo o que temos a fazer é encontrar os valores dos pesos $\langle w_0, w_1 \rangle$ que minimizam a perda empírica. É tradicional (remontando a Gauss[6]) usar a função de perda quadrática, L_2, somada sobre todos os exemplos de treino:

> Regressão linear

$$Perda(h_{\mathbf{w}}) = \sum_{j=1}^{N} L_2(y_j, h_{\mathbf{w}}(x_j)) = \sum_{j=1}^{N} (y_j - h_{\mathbf{w}}(x_j))^2 = \sum_{j=1}^{N} (y_j - (w_1 x_j + w_0))^2.$$

Gostaríamos de encontrar $\mathbf{w}^* = \text{argmin}_{\mathbf{w}} \, Perda(h_{\mathbf{w}})$. A soma $\sum_{j=1}^{N} (y_j - (w_1 x_j + w_0))^2$ é minimizada quando suas derivadas parciais em relação a w_0 e w_1 são zero:

$$\frac{\partial}{\partial w_0} \sum_{j=1}^{N} (y_j - (w_1 x_j + w_0))^2 = 0 \quad \text{e} \quad \frac{\partial}{\partial w_1} \sum_{j=1}^{N} (y_j - (w_1 x_j + w_0))^2 = 0. \quad (19.2)$$

Essas equações têm solução única:

$$w_1 = \frac{N(\sum x_j y_j) - (\sum x_j)(\sum y_j)}{N(\sum x_j^2) - (\sum x_j)^2}; \quad w_0 = (\sum y_j - w_1(\sum x_j))/N. \quad (19.3)$$

Para o exemplo na Figura 19.13(a), a solução é $w_1 = 0,232$, $w_0 = 246$, e a linha com os pesos é mostrada na figura como uma linha tracejada.

Muitas formas de aprendizagem envolvem o ajuste de pesos para minimizar a perda, por isso ajuda ter uma imagem mental do que está acontecendo no **espaço de pesos** - o espaço definido por todas as configurações de pesos possíveis. Para a regressão linear univariada, o espaço definido por w_0 e w_1 é bidimensional; podemos, portanto, representar graficamente a perda em função de w_0 e w_1 em 3-D (ver Figura 19.13[b]). Observamos que a função de perda é **convexa**, conforme definido anteriormente; isso é verdade para *cada* problema de regressão linear com uma função de perda L_2, e implica que não há mínimo local. Em certo sentido, esse é o fim da história para os modelos lineares; se for necessário ajustar linhas aos dados, aplicamos a Equação 19.3.[7]

> Espaço de peso

19.6.2 Descida pelo gradiente

O modelo linear univariado tem a propriedade interessante de ser fácil de encontrar uma solução ótima em que as derivadas parciais são zero. Mas isso nem sempre acontecerá, e por isso apresentamos aqui um método para minimizar a perda que não depende da solução das raízes das derivadas, e pode ser aplicado a qualquer função de perda, não importa a complexidade.

Como indicado na seção 4.2, podemos buscar em um espaço de pesos contínuo modificando os parâmetros de forma incremental. Lá, chamamos o algoritmo de **subida de encosta**, mas aqui estamos minimizando a perda, e não maximizando o ganho, de modo que usaremos o termo **descida pelo gradiente**. Escolhemos qualquer ponto de partida no espaço de pesos - aqui, um ponto no plano (w_0, w_1) - e em seguida calculamos uma estimativa do gradiente e passamos para um ponto vizinho na direção de maior declive, repetindo até que convirja a um ponto no espaço de pesos com o mínimo de perda (local).

> Descida pelo gradiente

---

[6] Gauss mostrou que, se os valores y_j têm ruído distribuído de acordo com uma normal, os valores mais prováveis de w_1 e w_0 são obtidos usando a perda L_2 através da minimização da soma dos quadrados dos erros. (Se os valores têm ruído que segue uma distribuição de Laplace, a exponencial dupla, então a perda L_1 é apropriada.)

[7] Com algumas ressalvas: a função de perda L_2 será adequada quando houver ruído normalmente distribuído, que seja independente de x; todos os resultados dependem da suposição de estacionariedade etc.

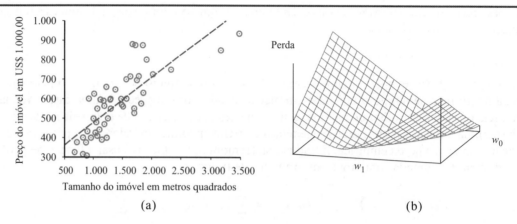

Figura 19.13 (a) Dados de preço *versus* tamanho dos imóveis em área para venda em Berkeley, CA, em julho de 2009, com a hipótese de função linear que minimiza o erro de perda quadrático: $y = 0{,}232x + 246$.
(b) Representação gráfica da função de perda $\sum_j (y_j - w_1 x_j + w_0)^2$ para diversos valores de w_0, w_1. Observe que a função de perda é convexa, com um único mínimo global.

O algoritmo é o seguinte:
w ← qualquer ponto no espaço de parâmetros
enquanto não convergir **faça**
para cada w_i em **w faça**

$$w_i \leftarrow w_i - \alpha \frac{\partial}{\partial w_i} Perda(\mathbf{w}) \tag{19.4}$$

Taxa de aprendizagem O parâmetro α, que chamamos de **tamanho do passo** na seção 4.2, é geralmente chamado **taxa de aprendizagem** quando estamos tentando minimizar a perda em um problema de aprendizado. Pode ser uma constante fixa ou pode decair ao longo do tempo, à medida que o processo de aprendizagem prossegue.

Regra da cadeia Para a regressão univariada, a função de perda é quadrática; então a derivada parcial será uma função linear. (A única de cálculo que é necessário saber é a **regra da cadeia**: $\partial g(f(x))/\partial x = g'(f(x))\, \partial f(x)/\partial x$, mais os fatos de que $\frac{\partial}{\partial x} x^2 = 2x$ e $\frac{\partial}{\partial x} x = 1$.) Primeiro vamos calcular as derivadas parciais - as inclinações - no caso simplificado de apenas um exemplo de treinamento (x, y):

$$\begin{aligned}\frac{\partial}{\partial w_i} Perda(\mathbf{w}) &= \frac{\partial}{\partial w_i}(y - h_\mathbf{w}(x))^2 = 2(y - h_\mathbf{w}(x)) \times \frac{\partial}{\partial w_i}(y - h_\mathbf{w}(x)) \\ &= 2(y - h_\mathbf{w}(x)) \times \frac{\partial}{\partial w_i}(y - (w_1 x + w_0)). \end{aligned} \tag{19.5}$$

Aplicando isso para w_0 e w_1, obtemos:

$$\frac{\partial}{\partial w_0} Perda(\mathbf{w}) = -2(y - h_\mathbf{w}(x)); \qquad \frac{\partial}{\partial w_1} Perda(\mathbf{w}) = -2(y - h_\mathbf{w}(x)) \times x.$$

Então, substituindo na Equação 19.4 e incorporando 2 na taxa de aprendizagem não especificada α, temos a seguinte regra de aprendizado para os pesos:

$$w_0 \leftarrow w_0 + \alpha(y - h_\mathbf{w}(x)); \quad w_1 \leftarrow w_1 + \alpha(y - h_\mathbf{w}(x)) \times x.$$

Essas atualizações fazem sentido intuitivo: se $h_\mathbf{w}(x) > y$ (ou seja, se a saída for muito grande), reduza um pouco w_0 e reduza w_1 se x for uma entrada positiva mas aumente w_1 se x for uma entrada negativa.

As equações anteriores abrangem um único exemplo de treino. Para N exemplos de treino, queremos minimizar a soma das perdas individuais para cada exemplo. A derivada de uma soma é a soma das derivadas, por isso temos:

$$w_0 \leftarrow w_0 + \alpha \sum_j (y_j - h_\mathbf{w}(x_j)); \quad w_1 \leftarrow w_1 + \alpha \sum_j (y_j - h_\mathbf{w}(x_j)) \times x_j.$$

Essas atualizações constituem a regra de aprendizado da **descida pelo gradiente em lote** para a regressão linear univariada (também chamada **descida pelo gradiente determinística**). A superfície de perda é convexa, o que significa que não existem mínimos locais para ficar preso, e a convergência para o mínimo global é garantida (contanto que não escolhamos um α demasiadamente grande), mas pode ser muito lenta: temos de percorrer todos os N exemplos de treinamento para cada etapa, e pode haver muitas etapas. O problema aumenta se N for maior que o tamanho de memória do processador. Uma etapa que abrange todos os exemplos de treino é chamada **época**.

> **Descida pelo gradiente em lote**
>
> **Época**

Uma variante mais rápida é chamada **descida pelo gradiente estocástica** ou **SGD** (do inglês *stochastic gradient descent*): ela seleciona aleatoriamente uma pequena quantidade de exemplos de treino a cada passo, atualizando de acordo com a Equação 19.5. A versão original do SGD selecionava apenas um exemplo de treinamento para cada etapa, mas agora é mais comum selecionar um **minilote** de m entre os N exemplos. Suponha que tenhamos $N = 10.000$ exemplos e selecionemos um minilote com tamanho $m = 100$. Então, a cada etapa reduzimos a quantidade de computação por um fator de 100; mas, como o erro padrão do gradiente médio estimado é proporcional à raiz quadrada do número de exemplos, o erro padrão aumenta somente por um fator de 10. Assim, mesmo tendo que realizar 10 vezes mais etapas antes da convergência, o SGD com minilote ainda é 10 vezes mais rápido do que o SGD com o lote completo nesse caso.

> **Descida pelo gradiente estocástica SGD**
>
> **Minilote**

Com algumas arquiteturas de CPU ou GPU, podemos escolher m para tirar proveito das operações vetoriais paralelas, tornando uma etapa com m exemplos quase tão rápida quanto uma etapa com um único exemplo. Dentro dessas restrições, trataríamos m como um hiperparâmetro que deve ser ajustado para cada problema de aprendizado.

A convergência do SGD com minilote não é totalmente garantida; ela pode oscilar em torno do mínimo, sem se fixar. Mais adiante, veremos como uma programação de diminuição da taxa de aprendizagem, α (como no recozimento simulado), garante a convergência.

SGD pode ser útil em um ambiente *online*, em que novos dados estão chegando um de cada vez, e uma suposição estacionária pode não existir. (De fato, SGD também é conhecido como **descida pelo gradiente *online*.**) Com uma boa escolha de α, um modelo evoluirá lentamente, lembrando-se de algo que aprendeu no passado, mas também adaptando-se às mudanças representadas pelos novos dados.

> **Descida pelo gradiente *online***

SGD é bastante aplicado a modelos que não sejam de regressão linear, particularmente nas redes neurais. Mesmo quando a superfície de perda não é convexa, a técnica provou ser eficiente para descobrir bons mínimos locais, que estão próximos do mínimo global.

19.6.3 Regressão linear multivariável

Podemos facilmente estender para problemas de **regressão linear multivariável**, em que cada exemplo $\mathbf{x}_j$ é um vetor de n elementos.[8] Nosso espaço de hipóteses é o conjunto de funções da forma

> **Regressão linear multivariável**

$$h_\mathbf{w}(\mathbf{x}_j) = w_0 + w_1 x_{j,1} + \cdots + w_n x_{j,n} = w_0 + \sum_i w_i x_{j,i}.$$

O termo w_0, o intercepto, distingue-se como diferente dos outros. Podemos corrigir isso pela criação de um atributo de entrada fictício, $x_{j,0}$, que é definido como sempre igual a 1. Então, h é simplesmente o produto escalar dos pesos e do vetor de entrada (ou, de forma equivalente, o produto da matriz transposta dos pesos pelo vetor de entrada):

$$h_\mathbf{w}(\mathbf{x}_j) = \mathbf{w} \cdot \mathbf{x}_j = \mathbf{w}^\top \mathbf{x}_j = \sum_i w_i x_{j,i}.$$

---

[8] O leitor pode consultar o Apêndice A para obter um breve resumo de álgebra linear. Além disso, note que usamos o termo "regressão multivariável" para indicar que a entrada é um vetor de múltiplos valores, mas a saída é uma única variável. Usaremos o termo "regressão multivariada" para o caso em que a saída também é um vetor de múltiplas variáveis. Porém, outros autores usam os dois termos para indicar a mesma coisa.

O melhor vetor de pesos, $\mathbf{w}^*$, minimiza a perda de erro quadrático nos exemplos:

$$\mathbf{w}^* = \operatorname*{argmin}_{\mathbf{w}} \sum_j L_2(y_j, \mathbf{w} \cdot \mathbf{x}_j).$$

A regressão linear multivariável não é muito mais complicada do que o caso univariado já explicado. A descida pelo gradiente vai atingir o mínimo (único) da função de perda; a equação de atualização de cada peso w_i é

$$w_i \leftarrow w_i + \alpha \sum_j (y_j - h_{\mathbf{w}}(\mathbf{x}_j)) \times x_{j,i}. \tag{19.6}$$

Matriz de dados

Com as ferramentas da álgebra linear e do cálculo vetorial, também é possível resolver analiticamente para o $\mathbf{w}$ que minimiza a perda. Seja $\mathbf{y}$ o vetor de saídas para os exemplos de treino e seja $\mathbf{X}$ a **matriz de dados**, ou seja, a matriz de entradas com um exemplo n-dimensional por linha. Então, o vetor de saídas previstas é $\hat{\mathbf{y}} = \mathbf{Xw}$ e a perda de erro quadrático para todos os dados de treino é

$$L(\mathbf{w}) = \|\hat{\mathbf{y}} - \mathbf{y}\|^2 = \|\mathbf{Xw} - \mathbf{y}\|^2.$$

Igualamos o gradiente a zero:

$$\nabla_{\mathbf{w}} L(\mathbf{w}) = 2\mathbf{X}^{\mathsf{T}}(\mathbf{Xw} - \mathbf{y}) = 0.$$

Rearrumando, descobrimos que o vetor de pesos de perda mínima é dado por

$$\mathbf{w}^* = (\mathbf{X}^{\mathsf{T}}\mathbf{X})^{-1}\,\mathbf{X}^{\mathsf{T}}\mathbf{y}. \tag{19.7}$$

Pseudoinverso
Equação normal

Chamamos a expressão $(\mathbf{X}^{\mathsf{T}}\mathbf{X})^{-1}\,\mathbf{X}^{\mathsf{T}}$ de **pseudoinversa** da matriz de dados, e a Equação 19.7, de **equação normal**.

Com a regressão linear univariada não precisávamos nos preocupar com o sobreajuste. Mas, com a regressão linear multivariada em espaços de alta dimensionalidade, é possível que alguma dimensão que seja realmente irrelevante pareça ser útil por acaso, resultando em sobreajuste.

Assim, é comum o uso de **regularização** em funções lineares multivariáveis para evitar sobreajuste. Lembre-se de que, com a regularização, minimizamos o custo total de uma hipótese, contando com a perda empírica e com a complexidade da hipótese:

$$Custo(h) = PerdaEmp(h) + \lambda Complexidade(h).$$

Para as funções lineares, a complexidade pode ser especificada em função dos pesos. Podemos considerar uma família de funções de regularização:

$$Complexidade(h_{\mathbf{w}}) = L_q(\mathbf{w}) = \sum_i |w_i|^q.$$

Modelo esparso

Tal como acontece com as funções de perda, com $q = 1$ temos a regularização[9] L_1, o que minimiza a soma dos valores absolutos; com $q = 2$, a regularização L_2 minimiza a soma dos quadrados. Qual função de regularização se deve escolher? Isso depende do problema específico, mas a regularização L_1 tem uma vantagem importante: ela tende a produzir um **modelo esparso**. Isto é, muitas vezes define muitos pesos como zero, declarando efetivamente os atributos correspondentes como totalmente irrelevantes – como APRENDER-ÁRVORE-DECISÃO faz (embora por um mecanismo diferente). As hipóteses que descartam atributos podem ser mais fáceis de um ser humano entender, e podem ser menos prováveis de sofrer sobreajuste.

A Figura 19.14 fornece uma explicação intuitiva da razão pela qual a regularização L_1 leva a pesos zero, enquanto isso não ocorre na regularização L_2. Observe que a minimização $Perda(\mathbf{w}) + \lambda Complexidade(\mathbf{w})$ é equivalente à minimização $Perda(\mathbf{w})$ sujeita à restrição de que

---

[9] Talvez seja confuso que L_1 e L_2 sejam usados tanto para as funções de perda como de regularização. Eles não precisam ser usados em pares: você pode usar a perda L_2 com a regularização L_1, ou vice-versa.

Complexidade(**w**) ≤ *c*, para alguma constante *c* que esteja relacionada com λ. Agora, na Figura 19.14(a) a caixa em forma de losango representa o conjunto de pontos **w** no espaço de peso bidimensional que tem a complexidade L_1 menor que *c*; nossa solução terá de estar em algum lugar dentro dessa caixa. As elipses concêntricas representam curvas de nível da função de perda, com a perda mínima ao centro. Queremos encontrar o ponto na caixa que esteja mais próximo ao mínimo; você pode observar no diagrama que, para uma posição arbitrária de mínimo e suas curvas de nível, será comum para o canto da caixa encontrar sua forma mais próxima ao mínimo só porque os cantos são pontudos. E, claro, os cantos são os pontos que têm valor de zero em alguma dimensão.

Na Figura 19.14(b), fizemos o mesmo para a medida de complexidade L_2, que representa um círculo, em vez de um losango. Aqui você pode verificar que, em geral, não há razão para a interseção aparecer em um dos eixos; assim, a regularização L_2 não tende a produzir pesos zero. O resultado é que o número de exemplos necessários para encontrar um bom *h* é linear no número de características irrelevantes para a regularização L_2, mas somente logarítmico para a regularização L_1. A evidência empírica de muitos problemas reforça essa análise.

Outra maneira de ver isso é que a regularização L_1 leva os eixos dimensionais a sério, enquanto a L_2 trata-os como arbitrários. A função de L_2 é esférica, o que a torna rotacionalmente invariante: imagine um conjunto de pontos em um plano, medidos por suas coordenadas *x* e *y*. Agora imagine a rotação de 45° dos eixos. Você obteria um conjunto de valores diferentes (x', y') representando os mesmos pontos. Se você aplicar a regularização L_2 antes e depois da rotação, terá exatamente o mesmo ponto como resposta (embora o ponto seja descrito com as novas coordenadas (x', y')). Isso é apropriado quando a escolha dos eixos realmente for arbitrária – quando não importar se as suas duas dimensões são as distâncias norte e leste ou nordeste e sudeste. Com a regularização L_1, você obtém uma resposta diferente, porque a função L_1 não é rotacionalmente invariante. Isso é apropriado quando os eixos não são intercambiáveis; não faz sentido rodar o "número de banheiros" 45° em direção ao "tamanho do lote".

19.6.4 Classificadores lineares com limiar rígido

As funções lineares podem ser usadas para fazer tanto classificação como regressão. Por exemplo, a Figura 19.15(a) mostra dados de duas classes: terremotos (que são de interesse para os sismólogos) e explosões subterrâneas (que são de interesse dos especialistas em controle de armas). Cada ponto é definido por dois valores de entrada, x_1 e x_2, que se referem a magnitudes de onda no corpo e na superfície, calculados a partir do sinal sísmico. Tendo em conta esses

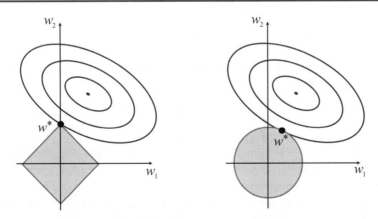

Figura 19.14 Por que a regularização de L_1 tende a produzir um modelo esparso. Esquerda: com a regularização L_1 (losango), a perda mínima atingível (curvas de nível concêntricas) geralmente ocorre em um eixo, o que significa peso zero. Direita: com a regularização L_2 (círculo), é provável que a perda mínima ocorra em qualquer parte do círculo, não dando preferência a peso zero.

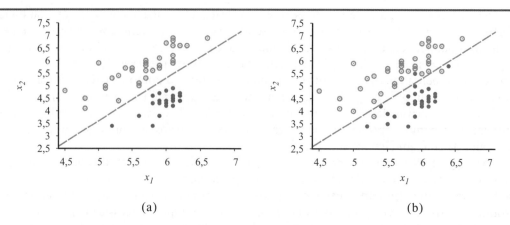

Figura 19.15 (a) Representação gráfica de dois parâmetros de dados sísmicos, a magnitude de onda no corpo (x_1) e a magnitude de onda na superfície (x_2), para terremotos (círculos brancos) e explosões nucleares (círculos pretos) ocorridos entre 1982 e 1990 na Ásia e no Oriente Médio (Kebeasy *et al.*, 1998). Também é mostrada uma superfície de decisão entre as classes (reta tracejada). (b) O mesmo domínio com mais pontos. Os terremotos e explosões já não são mais linearmente separáveis.

dados de treino, a tarefa de classificação é aprender uma hipótese h, que terá novos pontos (x_1, x_2) e retornará 0 para terremotos ou 1 para explosões.

Superfície de decisão

Uma **superfície de decisão** é uma linha (ou uma superfície, em dimensões mais altas) que separa as duas classes. Na Figura 19.15(a), a superfície de decisão é uma linha reta. Uma superfície de decisão linear é chamada **separador linear** e os dados que admitem tal separador são chamados **linearmente separáveis**. O separador linear, nesse caso, é definido por

Separador linear
Linearmente separável

$$x_2 = 1{,}7x_1 - 4{,}9 \quad \text{ou} \quad -4{,}9 + 1{,}7x_1 - x_2 = 0.$$

As explosões, que queremos classificar com valor 1, estão abaixo e à direita dessa linha; são pontos para os quais $-4{,}9 + 1{,}7x_1 - x_2 > 0$, enquanto os terremotos têm $-4{,}9 + 1{,}7x_1 - x_2 < 0$. Podemos tornar a equação mais fácil de lidar trocando-a pelo formato de vetor de produtos escalares; com $x_0 = 1$, temos

$$-4{,}9x_0 + 1{,}7x_1 - x_2 = 0,$$

e podemos definir o vetor de pesos,

$$\mathbf{w} = \langle -4{,}9,\ 1{,}7,\ -1 \rangle,$$

e escrever a hipótese de classificação

$$h_\mathbf{w}(\mathbf{x}) = 1, \text{ se } \mathbf{w} \cdot \mathbf{x} \geq 0 \text{ e } 0 \text{ caso contrário.}$$

Como uma alternativa, podemos pensar em h como o resultado de passar a função linear $\mathbf{w} \cdot \mathbf{x}$ através de uma **função de limiar**:

Função de limiar

$$h_\mathbf{w}(\mathbf{x}) = Limiar(\mathbf{w} \cdot \mathbf{x}), \text{ em que } Limiar(z) = 1 \text{ se } z \geq 0 \text{ e } 0 \text{ caso contrário.}$$

A função de limiar é mostrada na Figura 19.17(a).

Agora que a hipótese $h_\mathbf{w}(\mathbf{x})$ tem forma matemática bem definida, podemos pensar em escolher os pesos $\mathbf{w}$ para minimizar a perda. Nas seções 19.6.1 e 19.6.3, fizemos isso de forma fechada (definindo o gradiente como zero e resolvendo para os pesos) e por descida pelo gradiente no espaço de pesos. Aqui não podemos fazer nenhuma dessas coisas porque o gradiente é zero em quase todo o espaço de pesos, exceto nos pontos em que $\mathbf{w} \cdot \mathbf{x} = 0$, e nos pontos em que o gradiente é indefinido.

Há, no entanto, uma regra simples de atualização de peso que converge para uma solução, isto é, um separador linear que classifica os dados perfeitamente, desde que os dados sejam linearmente separáveis. Para um único exemplo ($\mathbf{x}, y$), temos

$$w_i \leftarrow w_i + \alpha(y - h_{\mathbf{w}}(\mathbf{x})) \times x_i \qquad (19.8)$$

que é praticamente idêntica à Equação 19.6, a regra de atualização para a regressão linear! Essa regra é chamada **regra de aprendizado do perceptron**, pelas razões que serão esclarecidas no Capítulo 21. Como estamos considerando um problema de classificação 0/1, porém, o comportamento é um pouco diferente. Tanto o valor verdadeiro y como a hipótese de saída $h_{\mathbf{w}}(\mathbf{x})$ são 0 ou 1, por isso existem três possibilidades:

Regra de aprendizado do perceptron

- Se a saída está correta, ou seja, $y = h_{\mathbf{w}}(\mathbf{x})$, os pesos não são alterados.
- Se y for 1, mas $h_{\mathbf{w}}(\mathbf{x})$ for 0, w_i será *aumentado* quando a entrada correspondente x_i for positiva e *diminuído* quando x_i for negativa. Isso faz sentido porque queremos tornar $\mathbf{w} \cdot \mathbf{x}$ maior para que $h_{\mathbf{w}}(\mathbf{x})$ gere um 1.
- Se y for 0, mas $h_{\mathbf{w}}(\mathbf{x})$ for 1, w_i será *diminuído* quando a entrada correspondente x_i for positiva e *aumentado* quando x_i for negativa. Isso faz sentido porque queremos tornar $\mathbf{w} \cdot \mathbf{x}$ menor para que $h_{\mathbf{w}}(\mathbf{x})$ gere um 0.

Normalmente, a regra de aprendizado é aplicada a um exemplo de cada vez, escolhendo exemplos ao acaso (como na descida pelo gradiente estocástica). A Figura 19.16(a) mostra uma **curva de treino** para essa regra de aprendizado aplicada aos dados de terremoto/explosão mostrados na Figura 19.15(a). Uma curva de treino mede o desempenho do classificador sobre um conjunto de treino fixo, à medida que o processo de aprendizagem prossegue uma atualização por vez naquele conjunto de treino. A curva mostra a regra de atualização convergindo para um separador linear de erro zero. O processo de "convergência" não é muito elegante, mas sempre funciona. Essa execução particular leva 657 passos para convergir para um conjunto de dados com 63 exemplos, de modo que cada exemplo seja apresentado cerca de 10 vezes, em média. Normalmente, a variação entre execuções é grande.

Curva de treino

Dissemos que a regra de aprendizado do perceptron converge para um separador linear perfeito quando os dados são linearmente separáveis; mas, e se não forem? Essa situação é muito comum no mundo real. Por exemplo, a Figura 19.15(b) adiciona de volta os dados omitidos por Kebeasy *et al.* (1998) quando eles representaram os dados mostrados na Figura 19.15(a). Na Figura 19.16(b), mostramos que a regra de aprendizado do perceptron não conseguiu convergir, mesmo depois de 10 mil etapas: ainda que ela atinja a solução de erro mínimo (três erros) muitas vezes, o algoritmo continua mudando os pesos. Em geral, a regra do perceptron pode não convergir para uma solução estável para a taxa de aprendizado fixada em α, mas se α decair em $O(1/t)$, em que t é o número da iteração, pode-se mostrar que a regra converge para uma solução de erro mínimo quando os exemplos forem apresentados em uma sequência aleatória.[10] Também se pode mostrar que encontrar a solução mínima de erros é NP-difícil, por isso espera-se que muitas apresentações de exemplos sejam necessárias para que a convergência seja alcançada. A Figura 19.16(c) mostra o processo de treinamento com uma programação da taxa de aprendizado de $\alpha(t) = 1.000/(1.000 + t)$: a convergência não é perfeita depois de 100 mil iterações, mas é muito melhor do que o caso de um α fixo.

19.6.5 Classificação linear com regressão logística

Vimos que passar a saída de uma função linear através da função de limiar cria um classificador linear; no entanto, a natureza rígida do limiar causa alguns problemas: a hipótese $h_{\mathbf{w}}(\mathbf{x})$ não é diferenciável, e é na verdade uma função descontínua de suas entradas e de seus pesos, o que torna o aprendizado com a regra do perceptron uma aventura bastante imprevisível. Além disso, o classificador linear sempre anuncia uma previsão completamente confiante de 1 ou 0, mesmo para exemplos que estão muito perto da superfície de decisão; seria melhor que ele pudesse classificar alguns exemplos como claramente 0 ou 1, e outros como casos menos claros como indecisos.

Todos esses problemas podem ser resolvidos em grande medida suavizando a função de limiar – aproximando o limiar rígido por uma função contínua e diferenciável. No Capítulo 13, vimos duas funções que parecem limiares flexíveis: a integral da distribuição normal padrão

---

[10] Tecnicamente é necessário que $\sum_{t=1}^{\infty} \alpha(t) = \infty$ e $\sum_{t=1}^{\infty} \alpha^2(t) < \infty$. A taxa de aprendizado $\alpha(t) = O(1/t)$ satisfaz essas condições. Normalmente, usamos $c/(c + t)$ para uma constante razoavelmente grande c.

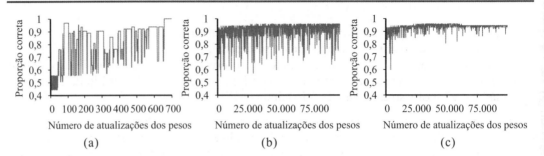

Figura 19.16 (a) Representação gráfica da acurácia no conjunto de treino total *versus* o número de iterações através do conjunto de treino para a regra de aprendizado do perceptron, com base nos dados de terremoto/explosão da Figura 19.15(a). (b) A mesma representação gráfica para os dados ruidosos e não separáveis da Figura 19.15(b); observe a mudança na escala do eixo *x*. (c) A mesma representação gráfica como em (b), com uma programação da taxa de aprendizado $\alpha(t) = 1.000/(1.000 + t)$.

(usada para o modelo probit) e a função logística (usada para o modelo logit). Embora as duas funções tenham formatos muito semelhantes, a função logística

$$Logística(z) = \frac{1}{1+e^{-z}}$$

tem propriedades matemáticas mais convenientes. A função é mostrada na Figura 19.17(b). Com a função logística substituindo a função de limiar, agora temos

$$h_\mathbf{w}(\mathbf{x}) = Logística(\mathbf{w} \cdot \mathbf{x}) = \frac{1}{1+e^{-\mathbf{w}\cdot\mathbf{x}}}.$$

Um exemplo de tal hipótese para o problema de terremoto/explosão com duas entradas é mostrado na Figura 19.17(c). Observe que a saída, sendo um número entre 0 e 1, pode ser interpretada como uma *probabilidade* de pertencer à classe rotulada com 1. A hipótese forma um limiar flexível no espaço de entrada e dá uma probabilidade de 0,5 para qualquer entrada ao centro da região de limiar, e aborda 0 ou 1, à medida que nos afastamos do limiar.

O processo de ajuste dos pesos desse modelo para minimizar a perda em um conjunto de dados é chamado **regressão logística**. Não há solução fácil de forma fechada para encontrar o valor ótimo de **w** com esse modelo, mas o cálculo da descida pelo gradiente é simples. Visto que nossas hipóteses não geram apenas 0 ou 1, usaremos a função de perda L_2; para manter as fórmulas legíveis, usaremos também *g* para representar a função logística, com *g'* sendo a sua derivada.

Regressão logística

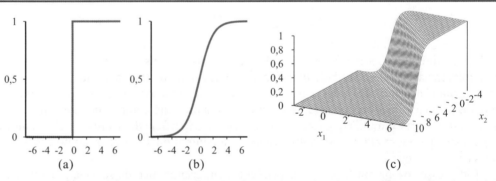

Figura 19.17 (a) Função de limiar rígido *Limiar*(*z*) com saída 0/1. Observe que a função é não diferençável em *z* = 0. (b) Função logística, $Logística(z) = \frac{1}{1+e^{-z}}$, também conhecida como função sigmoide. (c) Representação gráfica de uma hipótese de regressão logística $h_\mathbf{w}(\mathbf{x}) = Logística(\mathbf{w} \cdot \mathbf{x})$ para os dados mostrados na Figura 19.15(b).

Para um único exemplo (x,y), a derivação do gradiente é a mesma que para a regressão linear (Equação 19.5) até o ponto em que é inserida a forma real de h. (Para essa derivada, precisaremos novamente da regra da cadeia.) Temos

$$\frac{\partial}{\partial w_i} Perda(\mathbf{w}) = \frac{\partial}{\partial w_i}(y - h_\mathbf{w}(\mathbf{x}))^2$$
$$= 2(y - h_\mathbf{w}(\mathbf{x})) \times \frac{\partial}{\partial w_i}(y - h_\mathbf{w}(\mathbf{x}))$$
$$= -2(y - h_\mathbf{w}(\mathbf{x})) \times g'(\mathbf{w} \cdot \mathbf{x}) \times \frac{\partial}{\partial w_i} \mathbf{w} \cdot \mathbf{x}$$
$$= -2(y - h_\mathbf{w}(\mathbf{x})) \times g'(\mathbf{w} \cdot \mathbf{x}) \times x_i.$$

A derivada g' da função logística satisfaz $g'(z) = g(z)(1 - g(z))$; então temos

$$g'(\mathbf{w} \cdot \mathbf{x}) = g(\mathbf{w} \cdot \mathbf{x})(1 - g(\mathbf{w} \cdot \mathbf{x})) = h_w(\mathbf{x})(1 - h_w(\mathbf{x})).$$

Assim, a atualização dos pesos para minimizar a perda dá um passo na direção da diferença entre entrada e previsão, $(y - h_w(\mathbf{x}))$, e o comprimento desse passo depende da constante α e de g':

$$w_i \leftarrow w_i + \alpha(y - h_w(\mathbf{x})) \times h_w(\mathbf{x})(1 - h_w(\mathbf{x})) \times x_i. \quad (19.9)$$

Repetindo os experimentos da Figura 19.16 com regressão logística em vez do classificador de limiar linear, obtemos os resultados mostrados na Figura 19.18. Em (a), como o caso é separável linearmente, a regressão logística demora um pouco mais para convergir, mas tem um comportamento muito mais previsível. Em (b) e (c), em que os dados são ruidosos e não separáveis, a regressão logística converge muito mais rápido e confiavelmente. Essas vantagens tendem a se manter em aplicações do mundo real, e a regressão logística tornou-se uma das técnicas de classificação mais populares para problemas de medicina, *marketing*, análise de pesquisas, pontuação de crédito, saúde pública e outras aplicações.

19.7 Modelos não paramétricos

A regressão linear utiliza dados de treino para estimar um conjunto fixo de parâmetros **w**. Isso define a nossa hipótese $h_w(\mathbf{x})$, e nesse ponto podemos jogar fora os dados de treino porque todos eles estão resumidos por **w**. Um modelo de aprendizado que resume os dados com um conjunto de parâmetros de tamanho fixo (independentemente do número de exemplos de treino) é chamado **modelo paramétrico**.

Modelo paramétrico

Quando os conjuntos de dados são pequenos, faz sentido ter uma restrição forte nas hipóteses permitidas, para evitar o sobreajuste. Mas, quando há milhões ou bilhões de exemplos para aprender, parece que uma ideia melhor é permitir que os dados falem por si em vez de forçá-los a falar através de um vetor de parâmetros minúsculo. Se os dados informam que a

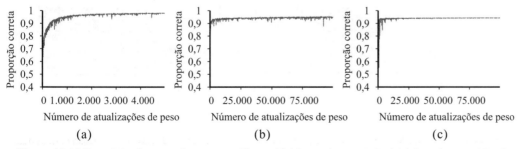

Figura 19.18 Repetição dos experimentos na Figura 19.16 usando regressão logística. A representação gráfica em (a) inclui 5.000 iterações em vez de 700, enquanto (b) e (c) utilizam a mesma escala de antes.

resposta correta é uma função muito sinuosa, não devemos nos restringir às funções lineares ou às ligeiramente sinuosas.

Modelo não paramétrico

Um **modelo não paramétrico** é aquele que não pode ser caracterizado por um conjunto limitado de parâmetros. Por exemplo, a função linear por partes da Figura 19.1 mantém todos os pontos de dados como parte do modelo. Os métodos de aprendizado que fazem isso também têm sido descritos como **aprendizado baseado em exemplos** ou **aprendizado baseado em memória**. O método mais simples de aprendizado baseado em exemplo é a **consulta em tabela**: tome todos os exemplos de treino, coloque-os em uma tabela e, depois, quando $h(\mathbf{x})$ for solicitado, ver se $\mathbf{x}$ está na tabela; se estiver, retorne o y correspondente.

Aprendizado baseado em exemplos
Consulta em tabela

O problema com esse método é que ele não generaliza bem: quando $\mathbf{x}$ não está na tabela, não temos qualquer informação sobre um valor plausível.

19.7.1 Modelo dos vizinhos mais próximos

Podemos melhorar a consulta em tabela com uma ligeira variação: dada uma consulta $\mathbf{x}_q$, em vez de encontrar um exemplo que seja igual a $\mathbf{x}_q$, encontre os k exemplos que estiverem *mais próximos* de $\mathbf{x}_q$. Isso é chamado consulta de k-**vizinhos mais próximos**. Usaremos a notação $VP(k, \mathbf{x}_q)$ para indicar o conjunto de k vizinhos mais próximos ao ponto $\mathbf{x}_q$.

Vizinhos mais próximos

Para fazer classificação, primeiro encontre o conjunto de vizinhos $VP(k, \mathbf{x}_q)$ e tome o valor de saída mais comum – por exemplo, se $k = 3$ e os valores de saída são ⟨*Sim, Não, Sim*⟩, então a classificação será *Sim*. Para evitar empates na classificação binária, k normalmente é escolhido como número ímpar.

Para fazer regressão, podemos tirar a média ou mediana dos k vizinhos, ou podemos resolver um problema de regressão linear sobre os vizinhos. A função linear por partes da Figura 19.1 resolve um problema de regressão linear (trivial) com os dois pontos de dados à direita e à esquerda de $\mathbf{x}_q$. (Quando os pontos de dados x_i têm o mesmo espaçamento, estes serão os dois vizinhos mais próximos.)

A Figura 19.19 mostra a superfície de decisão da classificação por k-vizinhos mais próximos para $k = 1$ e 5 no conjunto de dados de explosão da Figura 19.15. Os métodos não paramétricos estão sujeitos ainda a subajuste e sobreajuste, assim como os métodos paramétricos. Nesse caso, classificação por um vizinho mais próximo está sobreajustado; ele reage muito ao ponto preto que está isolado no canto superior direito e ao ponto branco que está isolado em (5,4; 3,7). A superfície de decisão do classificador por cinco vizinhos mais próximos é boa; valores maiores de k levariam ao subajuste. Como de costume, pode-se usar a validação cruzada para selecionar o melhor valor de k.

A própria expressão "mais próximo" implica uma medida de distância. Como podemos medir a distância a partir de um ponto de consulta $\mathbf{x}_q$ até um ponto de exemplo $\mathbf{x}_j$? Normalmente, as distâncias são medidas por uma **distância de Minkowski** ou norma L^p, definida como

Distância de Minkowski

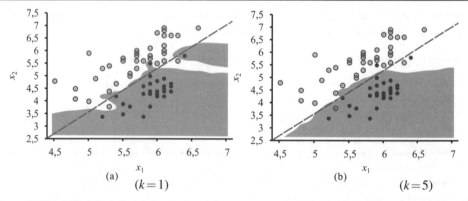

Figura 19.19 (a) Modelo de k-vizinhos mais próximos mostra a extensão da classe de explosão para os dados da Figura 19.15, com $k = 1$. O sobreajuste é aparente. (b) Com $k = 5$, o problema de sobreajuste desaparece para esse conjunto de dados.

$$L^p(\mathbf{x}_j, \mathbf{x}_q) = \left(\sum_i |x_{j,i} - x_{q,i}|^p\right)^{1/p}.$$

Com $p = 2$, essa é a distância euclidiana e com $p = 1$ é a distância de Manhattan. Com valores de atributo booleanos, o número de atributos em que dois pontos diferentes diferem é chamado **distância Hamming**. Muitas vezes, a distância euclidiana é usada se as dimensões estiverem medindo propriedades similares, tais como largura, altura e profundidade de peças, e a distância de Manhattan é utilizada se elas forem diferentes, tais como idade, peso e sexo de um paciente. Observe que, se usarmos os números brutos de cada dimensão, a distância total será afetada por uma mudança nas unidades em qualquer dimensão. Ou seja, se mudarmos a dimensão *altura* de metros para milhas, mantendo as dimensões de *largura* e *profundidade* iguais, teremos vizinhos mais próximos diferentes. E como comparamos uma diferença de idade com uma diferença de peso? Uma técnica comum é aplicar a **normalização** para medições em cada dimensão. Podemos calcular a média μ_i e o desvio padrão σ_i dos valores em cada dimensão, e redimensioná-los para que $x_{j,i}$ torne-se $(x_{j,i} - \mu_i)/\sigma_i$. Uma métrica mais complexa, conhecida como **distância de Mahalanobis**, leva em conta a covariância entre as dimensões.

> Distância de Hamming

> Normalização

> Distância de Mahalanobis

Em espaços de baixa dimensionalidade com abundância de dados, os vizinhos mais próximos funcionam muito bem: podemos ter dados suficientes nas proximidades para obter uma boa resposta. Mas, à medida que o número de dimensões cresce, deparamo-nos com um problema: os vizinhos mais próximos em espaços de alta dimensionalidade geralmente não estão muito próximos! Vamos considerar k-vizinhos mais próximos em um conjunto de dados de N pontos uniformemente distribuídos no interior de um hipercubo n-dimensional de lado um. Vamos definir a k-vizinhança de um ponto como sendo o menor hipercubo que contém os k-vizinhos mais próximos. Seja ℓ o comprimento do lado médio de uma vizinhança. Desse modo, o volume da vizinhança (que contém k pontos) será ℓ^n e o volume do cubo completo (que contém N pontos) será ℓ. Então, em média, $\ell^n = k/N$. Extraindo as raízes enésimas de ambos os lados, teremos $\ell = (k/N)^{1/n}$.

Para ser específico, faça $k = 10$ e $N = 1.000.000$. Em duas dimensões ($n = 2$; um quadrado de lado um), a vizinhança média tem $\ell = 0,003$, uma pequena fração do quadrado unitário e, em três dimensões, ℓ será apenas 2% do comprimento da borda do cubo unitário. Já com 17 dimensões, ℓ será metade do comprimento da borda do hipercubo unitário, e em 200 dimensões será 94%. Esse problema tem sido denominado a **maldição da dimensionalidade**.

> Maldição da dimensionalidade

Outra forma de ver isso: considere os pontos que caem dentro de uma casca fina compondo 1% da superfície exterior do hipercubo de lado um. Esses são os pontos anômalos (*outliers*); em geral será difícil encontrarmos um bom valor para eles, porque extrapolaremos, em vez de interpolar. Em uma dimensão, esses pontos anômalos são apenas 2% dos pontos na linha da unidade (aqueles pontos em que $x < 0,01$ ou $x > 0,99$); porém, em 200 dimensões, mais de 98% dos pontos caem nessa casca fina – quase todos são pontos anômalos. Você pode ver um exemplo de ajuste ruim de pontos anômalos por vizinhos mais próximos na Figura 19.20(b).

A função $VP(k,\mathbf{x}_q)$ é simples conceitualmente: dado um conjunto de N exemplos e uma consulta $\mathbf{x}_q$, percorra os exemplos, meça a distância de cada um deles até $\mathbf{x}_q$ e selecione os melhores k. Se estiver satisfeito com uma implementação que tem tempo de execução $O(N)$, a história termina aí. Mas os métodos baseados em exemplos são projetados para grandes conjuntos de dados; então gostaríamos de algo mais rápido. As próximas duas subseções mostram como as árvores e as tabelas de dispersão (espalhamento ou *hash*) podem ser usadas para agilizar o cálculo.

19.7.2 Encontrar os vizinhos mais próximos com árvores k-d

Uma árvore binária balanceada sobre os dados com número arbitrário de dimensões é chamada **árvore k-d**, ou seja, árvore k-dimensional. A construção de uma árvore k-d é similar à construção de uma árvore binária balanceada. Começamos com um conjunto de exemplos e, no nó raiz, dividimo-los ao longo da i-ésima dimensão testando se $x_i \leq m$, em que m é a mediana dos exemplos ao longo da i-ésima dimensão; assim, metade dos exemplos estará na ramificação esquerda da árvore e a outra metade na direita. Em seguida, compomos uma árvore

> Árvore k-d

624 Inteligência Artificial

recursivamente para o conjunto de exemplos à esquerda e à direita, parando quando houver menos que dois exemplos à esquerda. Para escolher uma dimensão para dividir cada nó da árvore, podemos simplesmente selecionar a dimensão i mod n no nível i da árvore. (Observe que talvez seja necessário dividir várias vezes em qualquer dimensão, à medida que descemos na árvore.) Outra estratégia é dividir a dimensão que tiver a maior dispersão de valores.

Consulta exata em uma árvore k-d é o mesmo que examinar uma árvore binária (com uma ligeira complicação, pois você precisa prestar atenção a cada nó em qual dimensão você está testando). Mas a consulta pelo vizinho mais próximo é mais complicada. À medida que descemos nos ramos, dividindo os exemplos ao meio, em alguns casos podemos ignorar metade dos exemplos, mas nem sempre. Às vezes, o ponto que estamos consultando cai muito próximo do limite de divisão. O ponto de consulta em si pode estar no lado esquerdo do limite, mas um ou mais dos k vizinhos mais próximos podem realmente estar no lado direito.

Temos que testar essa possibilidade calculando a distância do ponto de consulta até o limite de divisão, e depois buscar em ambos os lados se não pudermos encontrar os k exemplos à esquerda que estão mais perto do que essa distância. Devido a esse problema, as árvores k-d são apropriadas somente quando houver muito mais exemplos que dimensões, de preferência pelo menos 2^n exemplos. Assim, as árvores k-d funcionam bem com até 10 dimensões quando existem milhares de exemplos ou até 20 dimensões com milhões de exemplos.

19.7.3 Espalhamento sensível à localidade

As tabelas de dispersão têm o potencial de permitir consultas ainda mais rápidas do que as árvores binárias. Mas como podemos encontrar os vizinhos mais próximos usando uma tabela de dispersão quando os códigos de espalhamento (*hash code*) dependem de uma correspondência *exata*? Os códigos de espalhamento distribuem os valores aleatoriamente entre os compartimentos, mas queremos ter pontos próximos agrupados no mesmo compartimento; queremos um espalhamento sensível à localidade; LSH, do inglês *locality-sensitive hashing*.

> **Locality-sensitive hashing**

Não podemos usar tabelas de dispersão para resolver $VP(k, \mathbf{x}_q)$ exatamente, mas com um uso inteligente de algoritmos randomizados podemos encontrar uma solução *aproximada*. Primeiro vamos definir o problema dos **vizinhos próximos aproximados**: dado um conjunto de dados de pontos de exemplos e um ponto de consulta $\mathbf{x}_q$, encontre, com probabilidade alta, um ponto de exemplo (ou pontos) que esteja próximo de $\mathbf{x}_q$. Para ser mais preciso, é necessário que, se houver um ponto $\mathbf{x}_j$ que esteja dentro de um raio de r de $\mathbf{x}_q$, é muito provável que na sequência, o algoritmo vai encontrar um ponto $\mathbf{x}_{j'}$ que esteja dentro da distância $c\ r$ de $\mathbf{x}_q$. Se não houver ponto dentro do raio r, então é permitido que o algoritmo relate falha. Os valores de c e "alta probabilidade" são os hiperparâmetros do algoritmo.

> **Vizinhos próximos aproximados**

Para resolver o problema dos vizinhos próximos aproximados, vamos precisar de uma função de espalhamento $g(\mathbf{x})$ que tenha a propriedade de que, para quaisquer dois pontos $\mathbf{x}_j$ e $\mathbf{x}_{j'}$, a probabilidade de ter o mesmo código de espalhamento será pequena,\ se a sua distância for superior a $c\ r$, e alta, se a distância for menor que r. Para simplificar, vamos tratar cada ponto como uma cadeia de *bits*. (Quaisquer recursos que não forem booleanos podem ser codificados em um conjunto de características booleanas.)

A intuição com a qual contamos é que, se dois pontos estão juntos em um espaço n-dimensional, então eles necessariamente vão estar perto quando projetados em um espaço unidimensional (uma linha). Na verdade, podemos discretizar a linha em compartimentos (ou *buckets*) de valores de espalhamento de modo que, com alta probabilidade, os pontos próximos serão projetados exatamente no mesmo compartimento. Os pontos que estiverem longe uns dos outros tendem a ser projetados em compartimentos diferentes, mas haverá sempre poucas projeções que coincidentemente projetam pontos distantes no mesmo compartimento. Assim, o compartimento do ponto $\mathbf{x}_q$ contém muitos, mas não todos, pontos que estão próximos de $\mathbf{x}_q$, bem como alguns pontos que estão longe.

O truque do LSH é criar *múltiplas* projeções aleatórias e combiná-las. A projeção aleatória é apenas um subconjunto aleatório de representação da cadeia de *bits*. Escolhemos ℓ diferentes projeções aleatórias e criamos ℓ tabelas de dispersão, $g_1(\mathbf{x}),..., g_\ell(\mathbf{x})$. Em seguida, inserimos todos os exemplos em cada tabela de dispersão. Assim, quando é dado um ponto de consulta $\mathbf{x}_q$, buscamos o conjunto de pontos no compartimento $g_i(\mathbf{x}_q)$ de cada tabela de dispersão, e unimos esses ℓ conjuntos em um conjunto de pontos candidatos, C. Então calculamos a distância real até $\mathbf{x}_q$ para cada um dos pontos em C e retornamos os k pontos mais próximos. Com probabilidade alta, cada um dos pontos que estão perto de $\mathbf{x}_q$ vai aparecer em pelo menos um dos compartimentos e, apesar de alguns pontos distantes também aparecerem, podemos ignorá-los. Para problemas grandes do mundo real, como encontrar os vizinhos mais próximos em um conjunto de dados de 13 milhões de imagens da Web utilizando 512 dimensões (Torralba *et al.*, 2008), o LSH precisa examinar apenas alguns milhares de imagens entre os 13 milhões para encontrar os vizinhos mais próximos – um aumento de velocidade de mil vezes sobre as abordagens exaustivas ou de árvore *k*-d.

19.7.4 Regressão não paramétrica

Agora vamos examinar as abordagens não paramétricas para *regressão* em vez de classificação. A Figura 19.20 mostra um exemplo de alguns modelos diferentes. Em (a), temos talvez o método mais simples de todos, conhecido informalmente como "ligar os pontos" e, de forma esnobe, como "regressão não paramétrica linear por partes". Esse modelo cria uma função $h(x)$ que, dada uma consulta $\mathbf{x}_q$, considera os exemplos de treino imediatamente à esquerda e à direita de $\mathbf{x}_q$, interpolando entre eles. Quando o ruído é baixo, na verdade esse método corriqueiro não é tão ruim, razão pela qual é um recurso padrão de *software* de gráficos em planilhas. Mas quando os dados são ruidosos, a função resultante é pontuda e não generaliza bem.

A **regressão de *k*-vizinhos mais próximos** é uma melhora em relação a ligar os pontos. Em lugar de usar apenas os dois exemplos à esquerda e à direita de um ponto de consulta $\mathbf{x}_q$, usaremos os k vizinhos mais próximos (aqui, estamos usando $k = 3$). Um valor maior de k tende

Regressão de vizinhos mais próximos

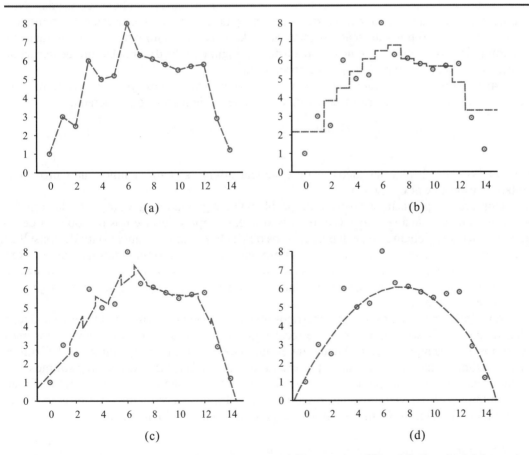

Figura 19.20 Modelos de regressão não paramétrica: (a) ligar os pontos; (b) média dos três vizinhos mais próximos; (c) regressão linear de três vizinhos mais próximos; (d) regressão ponderada localmente, com um kernel quadrático com largura 10.

626 Inteligência Artificial

a suavizar a magnitude das pontas, embora a função resultante tenha descontinuidades. A Figura 19.20 mostra duas versões da regressão de k-vizinhos mais próximos. Em (b), temos a média dos k-vizinhos mais próximos: $h(x)$ é o valor médio dos k pontos, $\Sigma y_j/k$. Repare que, nos pontos nas extremidades, perto de $x = 0$ e $x = 14$, as estimativas são ruins porque toda evidência vem de um lado (o interior) e ignora a tendência. Em (c), temos a regressão linear de k-vizinho mais próximo, que encontra a melhor reta por meio dos k exemplos. Isso faz um trabalho melhor de capturar tendências dos pontos isolados, mas ainda é descontínuo. Em (b) e (c), ficamos com a questão de como escolher um bom valor para k. A resposta, como de costume, é a validação cruzada.

Regressão ponderada localmente

A **regressão ponderada localmente** (Figura 19.20[d]) oferece-nos as vantagens do vizinho mais próximo, sem as descontinuidades. Para evitar descontinuidades em $h(x)$, precisamos evitar descontinuidades no conjunto de exemplos que usamos para estimar $h(x)$. A ideia de regressão ponderada localmente é que, em cada ponto da consulta x_q, os exemplos que estão perto de x_q são fortemente ponderados, e os exemplos que estão mais longe são ponderados menos intensamente ou simplesmente têm peso nulo. A redução do peso sobre a distância normalmente é gradual, não repentina.

Kernel

Decidimos quanto ponderar cada exemplo com uma função conhecida como de **kernel**, cuja entrada é uma distância entre o ponto de consulta e o exemplo. Uma função de kernel K é uma função decrescente de distância com um máximo em 0, de modo que $\mathcal{K}(Distância(\mathbf{x}_j, \mathbf{x}_q))$ oferece peso maior aos exemplos $\mathbf{x}_j$ que estão mais próximos do ponto de consulta $\mathbf{x}_q$ para os quais estamos tentando prever o valor da função. A integral do valor de kernel sobre o espaço de entrada para $\mathbf{x}$ deve ser finita – e se escolhermos tornar a integral 1, certos cálculos são mais fáceis.

A Figura 19.20(d) foi gerada com um kernel quadrático, $\mathcal{K}(d) = \max(0, 1 - (2|d|/w)^2)$, com largura de kernel $w = 10$. Outras formas, como as gaussianas, também são usadas. Normalmente, a largura importa mais do que a forma exata: esse é um hiperparâmetro do modelo mais bem escolhido por validação cruzada. Se os kernels são muito largos, teremos suajuste, e se forem muito estreitos, teremos sobreajuste. Na Figura 19.20(d), uma largura de kernel de 10 oferece uma curva suave, que parece apropriada.

Fazer regressão ponderada localmente com kernels fica simples agora. Para determinado ponto de consulta $\mathbf{x}_q$ vamos resolver o seguinte problema de regressão ponderada:

$$\mathbf{w}^* = \underset{\mathbf{w}}{\operatorname{argmin}} \sum_j \mathcal{K}(Distância(\mathbf{x}_q, \mathbf{x}_j))(y_j - \mathbf{w} \cdot \mathbf{x}_j)^2,$$

em que *Distância* é uma das métricas de distância discutidas para vizinhos mais próximos. Então, a resposta é $h(\mathbf{x}_q) = \mathbf{w}^* \cdot \mathbf{x}_q$.

Observe que precisamos resolver um problema de regressão para *cada* ponto de consulta – isso é o que significa ser *local*. (Na regressão linear simples, resolvemos o problema de regressão uma vez, globalmente, e depois usamos o mesmo $h_\mathbf{w}$ para qualquer ponto de consulta.) Alivia esse trabalho extra o fato de que cada problema de regressão será mais fácil de resolver, pois envolve apenas os exemplos com peso diferente de zero – os exemplos que estão dentro da largura de kernel da consulta. Quando as larguras do kernel são pequenas, isso pode significar apenas alguns pontos.

A maioria dos modelos não paramétricos tem a vantagem de tornar fácil fazer a validação cruzada com omissão de um sem ter de recalcular tudo. Com um modelo de k-vizinhos mais próximos, por exemplo, quando é dado um exemplo de teste (x, y), recuperamos os k vizinhos mais próximos uma vez, calculamos, por exemplo, a perda $L(y, h(\mathbf{x}))$ deles e registramos isso como o resultado de omissão de um para cada exemplo que não for um dos vizinhos. Então recuperamos os $k + 1$ vizinhos mais próximos e registramos os resultados distintos omitindo cada um dos k vizinhos. Com N exemplos, o processo todo é $O(k)$, não $O(kN)$.

19.7.5 Máquinas de vetores de suporte

Máquina de vetores de suporte (SVM)

No início dos anos 2000, a classe de modelos de **máquinas de vetores de suporte** (ou SVM, do inglês *support vector machines*) era a abordagem "pronta para uso" mais popular para aprendizado supervisionado, isto é, para quando você não tinha nenhum conhecimento prévio especializado sobre um domínio. Essa posição agora foi assumida pelas redes neurais de aprendizado profundo e florestas aleatórias, mas as SVM mantêm propriedades que as tornam atraentes:

1. SVM constroem um **separador de margem máxima** – uma superfície de decisão com a maior distância possível aos exemplos. Isso as ajuda a generalizar bem.
2. SVM criam um hiperplano de separação *linear*, mas têm a capacidade de incorporar os dados em um espaço de dimensão superior, usando o assim chamado **truque de kernel**. Muitas vezes, dados que não são separáveis linearmente no espaço de entrada original são facilmente separáveis em um espaço de dimensão superior.
3. SVM são um método não paramétrico – o hiperplano de separação é definido por um conjunto de pontos de exemplos, e não por uma coleção de valores de parâmetro. Porém, enquanto os modelos do vizinho mais próximo precisam manter todos os exemplos, um modelo SVM mantém apenas os exemplos que estão mais próximos do plano de separação – geralmente, apenas uma pequena constante vezes o número de dimensões. Assim, as SVM combinam as vantagens de modelos não paramétricos e paramétricos: elas têm a flexibilidade para representar funções complexas, mas são resistentes ao sobreajuste.

Na Figura 19.21(a), temos um problema de classificação binária com três candidatas a superfícies de decisão, cada uma delas um separador linear. Todas são compatíveis com todos os exemplos; por isso, do ponto de vista da perda 0/1, qualquer uma seria igualmente boa. A regressão logística encontrará alguma linha de separação; a localização exata da linha depende de *todos* os pontos de exemplo. A ideia das SVM é que alguns exemplos são mais importantes que os outros, e prestar atenção a eles pode levar a uma melhor generalização.

Considere a mais baixa das três linhas de separação em (a). Ela chega muito próximo a cinco dos exemplos pretos. Apesar de classificar todos os exemplos corretamente e, portanto, minimizar a perda, você deverá ficar nervoso ao ver tantos exemplos estarem perto da linha; pode ser que outros exemplos pretos fiquem do outro lado da linha.

SVM tratam dessa questão assim: em vez de minimizar a *perda empírica* esperada sobre dados de treinamento, elas tentam minimizar a perda de *generalização* esperada. Não sabemos onde podem cair os pontos ainda não vistos, mas, sob o pressuposto probabilístico de que eles são extraídos da mesma distribuição que os exemplos vistos anteriormente, existem alguns argumentos da teoria da aprendizagem computacional (seção 19.5) sugerindo que minimizemos a perda de generalização escolhendo o separador que está mais distante dos exemplos que

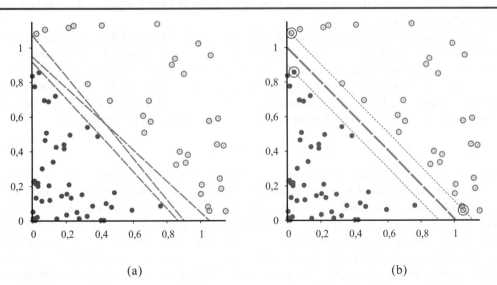

Figura 19.21 Classificação por máquina de vetores de suporte. (a) Duas classes de pontos (círculos pretos e brancos) e três candidatos a separadores lineares. (b) O separador de margem máxima (linha espessa) está no ponto médio da **margem** (área entre as linhas tracejadas). Os **vetores de suporte** (pontos envoltos em círculos) são os exemplos mais próximos do separador; aqui existem três.

628 Inteligência Artificial

Separador de margem máxima
Margem

temos visto até agora. Chamamos esse separador, mostrado na Figura 19.21(b), de **separador de margem máxima**. A **margem** é a largura da zona delimitada pelas linhas tracejadas na figura – duas vezes a distância do separador até o ponto de exemplo mais próximo.

Agora, como encontraremos esse separador? Antes de mostrar as equações, alguma notação: tradicionalmente, SVM usam a convenção de que os rótulos de classe são +1 e −1, em vez de +1 e 0, que temos usado até agora. Além disso, embora coloquemos o intercepto no vetor de pesos **w** (e um valor fictício 1 correspondente em $x_{j,0}$), as SVM não fazem isso; elas mantêm o intercepto como um parâmetro separado, b.

Com isso em mente, o separador é definido como o conjunto de pontos $\{\mathbf{x} : \mathbf{w} \cdot \mathbf{x} + b = 0\}$. Poderíamos procurar o espaço de **w** e b com a descida pelo gradiente para encontrar os parâmetros que maximizam a margem e ao mesmo tempo classificar corretamente todos os exemplos.

No entanto, verifica-se que há outra abordagem para resolver esse problema. Não vamos mostrar os detalhes, apenas dizer que há uma representação alternativa chamada "representação dual" em que a solução ótima é encontrada resolvendo

$$\operatorname*{argmax}_{\alpha} \sum_j \alpha_j - \frac{1}{2} \sum_{j,k} \alpha_j \alpha_k y_j y_k (\mathbf{x}_j \cdot \mathbf{x}_k) \tag{19.10}$$

Programação quadrática

sujeito às restrições $\alpha_j \geq 0$ e $\sum_j \alpha_j y_j = 0$. Esse é um problema de otimização de **programação quadrática**, para o qual existem bons pacotes de *software*. Uma vez encontrado o vetor α, podemos voltar a **w** com a equação $\mathbf{w} = \sum_j \alpha_j y_j \mathbf{x}_j$, ou podemos ficar com a representação dual. Existem três propriedades importantes da Equação 19.10. Em primeiro lugar, a expressão é convexa, e tem um único máximo global que pode ser encontrado de forma eficiente. Segundo, *os dados inserem a expressão apenas na forma de produtos escalares de pares de pontos*. Essa segunda propriedade é também verdadeira para a equação do separador em si; uma vez que o α_j ótimo foi calculado, a equação é[11]

$$h(\mathbf{x}) = \operatorname{sinal}\left(\sum_j \alpha_j y_j (\mathbf{x} \cdot \mathbf{x}_j) - b \right) . \tag{19.11}$$

Vetor de suporte

Uma propriedade fim importante é que os pesos α_j associados a cada ponto dos dados são *zero*, exceto pelos **vetores de suporte** – os pontos mais próximos do separador. (Eles são chamados vetores de "suporte" porque "sustentam" o plano de separação.) Como, normalmente, há muito menos vetores de suporte que exemplos, as SVM obtêm algumas das vantagens dos modelos paramétricos.

E se os exemplos não fossem linearmente separáveis? A Figura 19.22(a), a seguir, mostra um espaço de entrada definido por atributos $\mathbf{x} = (x_1, x_2)$, com exemplos positivos ($y = +1$) dentro de uma região circular e exemplos negativos ($y = -1$) fora. Certamente não há separador linear para esse problema. Suponha agora que expressemos novamente os dados de entrada, ou seja, suponha que façamos o mapeamento de cada vetor de entrada **x** para um novo vetor de valores característicos, $F(\mathbf{x})$. Em particular, vamos usar as três características

$$f_1 = x_1^2, \qquad f_2 = x_2^2, \qquad f_3 = \sqrt{2}x_1 x_2. \tag{19.12}$$

Veremos em breve de onde elas vieram, mas por ora basta olhar o que acontece. A Figura 19.22(b) mostra os dados no espaço novo, tridimensional, definido pelas três características; os dados são *linearmente separáveis* nesse espaço! Esse fenômeno é realmente bastante geral: se os dados forem mapeados em um espaço de dimensão suficientemente alta, eles serão quase sempre linearmente separáveis – se você olhar para um conjunto de pontos a partir de direções suficientes, encontrará uma maneira de fazê-los alinhar-se. Aqui, nós usamos apenas três dimensões.[12] Em geral (com alguns poucos casos especiais de exceção), se tivermos N pontos de dados, eles sempre poderão ser separados em espaços de $N - 1$ ou mais dimensões.

---

[11] A função sinal(x) retorna +1 para um x positivo, −1 para um x negativo.
[12] O leitor pode perceber que poderíamos ter usado apenas f_1 e f_2, mas o mapeamento em 3D ilustra melhor a ideia.

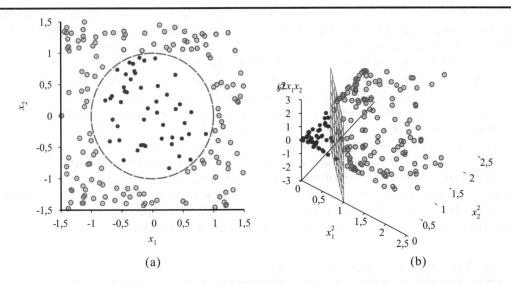

Figura 19.22 (a) Conjunto de treino em duas dimensões com exemplos positivos como círculos pretos e exemplos negativos como círculos brancos. A superfície de decisão verdadeira também é exibida, $x_1^2 + x_2^2 \leq 1$. (b) Os mesmos dados após o mapeamento em um espaço de entrada tridimensional $(x_1^2, x_2^2, \sqrt{2}x_1x_2)$. A superfície de decisão circular, em (a), torna-se uma superfície de decisão linear em três dimensões. A Figura 19.21(b) apresenta uma visão mais próxima do separador em (b).

Normalmente, não esperaríamos encontrar um separador linear no espaço de entrada **x**, mas podemos encontrar separadores lineares no espaço $F(\mathbf{x})$ de dimensão superior, simplesmente substituindo $\mathbf{x}_j \cdot \mathbf{x}_k$ na Equação 19.10 com $F(\mathbf{x}_j) \cdot F(\mathbf{x}_k)$. Isso, por si só, não é notável – substituir **x** por $F(\mathbf{x})$ em *qualquer* algoritmo de aprendizado tem o efeito exigido –, mas o produto escalar tem algumas propriedades especiais. Acontece que $F(\mathbf{x}_j) \cdot F(\mathbf{x}_k)$ muitas vezes pode ser calculado sem antes calcular F para cada ponto. Em nosso espaço característico tridimensional definido pela Equação 19.12, um pouco de álgebra mostra que

$$F(\mathbf{x}_j) \cdot F(\mathbf{x}_k) = (\mathbf{x}_j \cdot \mathbf{x}_k)^2.$$

(Essa é a razão pela qual $\sqrt{2}$ está em f_3.) A expressão $(\mathbf{x}_j \cdot \mathbf{x}_k)^2$ é chamada **função de kernel**,[13] e geralmente é escrita como $K(\mathbf{x}_j, \mathbf{x}_k)$. A função de kernel pode ser aplicada a pares de dados de entrada para avaliar produtos escalares em algum espaço característico correspondente. Então, podemos encontrar separadores lineares em espaços característicos de dimensão superior $F(\mathbf{x})$ simplesmente substituindo $\mathbf{x}_j \cdot \mathbf{x}_k$ na Equação 19.10 com uma função de kernel $K(\mathbf{x}_j, \mathbf{x}_k)$. Assim, podemos aprender no espaço de dimensão superior, mas calculamos apenas as funções de kernel em vez de uma lista completa de características para cada ponto dos dados.

Função de kernel

A próxima etapa é verificar que não existe nada especial sobre o kernel $K(\mathbf{x}_j, \mathbf{x}_k) = (\mathbf{x}_j \cdot \mathbf{x}_k)^2$. Isso corresponde a determinado espaço característico de dimensão superior, mas outras funções de kernel correspondem a outros espaços característicos. Um resultado respeitável em matemática, o **teorema de Mercer** (1909), informa-nos que qualquer função de kernel que seja "razoável"[14] corresponde a *algum* espaço de características. Esses espaços de características poderão ser muito grandes, até mesmo para kernels de aparência inócua. Por exemplo, o **kernel polinomial**, $K(\mathbf{x}_j, \mathbf{x}_k) = (1 + \mathbf{x}_j \cdot \mathbf{x}_k)^d$, corresponde a um espaço de características cuja dimensão é exponencial em d. Um kernel comum é o gaussiano: $K(\mathbf{x}_j, \mathbf{x}_k) = e^{-\gamma|x_j - x_k|^2}$.

Teorema de Mercer

Kernel polinomial

19.7.6 Truque de kernel

Este é, então, o **truque de kernel**: ligando esses kernels na Equação 19.10 podem ser encontrados separadores lineares ótimos de forma eficiente em espaços de características com bilhões de

Truque de kernel

---
[13] Esse uso da "função de kernel" é ligeiramente diferente dos kernels em regressão ponderada localmente. Alguns kernels SVM são métricas de distância, mas nem todos são.
[14] Aqui, "razoável" significa que a matriz $\mathbf{K}_{jk} = K(\mathbf{x}_j, \mathbf{x}_k)$ é definida positiva.

dimensões (ou, em alguns casos, infinitamente muitas). Os separadores lineares resultantes, quando mapeados de volta ao espaço de entrada original, podem corresponder a superfícies de decisão arbitrariamente não lineares e sinuosos separando os exemplos positivos dos negativos.

No caso de dados inerentemente ruidosos, podemos não querer um separador linear em algum espaço de dimensão superior. Em vez disso, gostaríamos de uma superfície de decisão em um espaço de dimensão inferior que não separe as classes claramente, mas reflita a realidade dos dados ruidosos. Isso é possível com o classificador de **margem flexível**, que permite que os exemplos caiam no lado errado da superfície de decisão, mas atribui a eles uma penalidade proporcional à distância necessária para movê-los de volta ao lado correto.

O método de kernel pode ser aplicado não apenas a algoritmos de aprendizado que encontram separadores lineares ótimos, mas também a qualquer outro algoritmo que possa ser reformulado para funcionar somente com produtos escalares de pares de pontos dos dados, como nas Equações 19.10 e 19.11. Uma vez que isso seja feito, o produto escalar é substituído por uma função de kernel e temos uma versão **kernelizada** do algoritmo.

19.8 Aprendizado de comitês

Até agora, examinamos métodos para aprendizagem em que uma única hipótese é usada para fazer previsões. A ideia do **aprendizado de comitês** é selecionar uma coleção (*ensemble*) ou um **comitê** de hipóteses, $h_1, h_2, ..., h_n$, e combinar suas previsões por média, votação ou por outro nível de aprendizado de máquina. Chamamos as hipóteses individuais de **modelos-base** e sua combinação de **modelo de comitê**.

Existem duas razões para fazer isso. A primeira é para reduzir o viés. O espaço de hipóteses de um modelo-base pode ser muito restritivo, impondo um viés forte (como o viés de uma superfície de decisão linear na regressão logística). Um comitê pode ser mais expressivo e, portanto, ter menos viés do que os modelos-base. A Figura 19.23 mostra que um conjunto de três classificadores lineares pode representar uma região triangular que não poderia ser representada por um único classificador linear. Um conjunto de n classificadores lineares permite que mais funções sejam realizáveis, a um custo de apenas n vezes mais computação; isso geralmente é melhor do que permitir um espaço de hipóteses completamente geral que poderia exigir exponencialmente mais computação.

A segunda razão é para reduzir a variância. Considere um agrupamento de $K = 5$ classificadores binários que combinamos usando a votação por maioria simples. Para o comitê

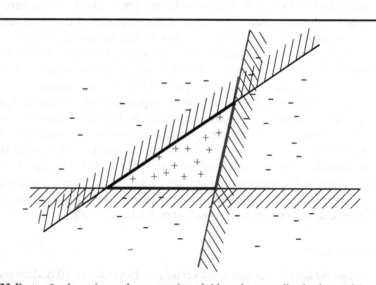

Figura 19.23 Ilustração do maior poder expressivo obtido pelo aprendizado de comitês. Adotamos três hipóteses de limiar linear, cada uma das quais classifica cada exemplo positivamente no lado não hachurado, e classificamos como positivo qualquer exemplo classificado positivamente pelas três hipóteses. A região triangular resultante é uma hipótese que não pode ser expressa no espaço de hipóteses original.

classificar de forma incorreta um novo exemplo, *pelo menos três dos cinco classificadores têm de classificar o exemplo de modo incorreto*. A expectativa é que isso seja muito menos provável que uma classificação incorreta por um único classificador. Para quantificar isso, suponha que você tenha treinado um único classificador que está correto em 80% dos casos. Agora, crie um comitê de 5 classificadores, cada um treinado em um subconjunto diferente dos dados, de modo que sejam independentes. Vamos supor que isso leve a alguma redução na qualidade, e cada classificador individual esteja correto apenas em 75% dos casos. Mas juntos, a votação por maioria do comitê estará correta em 89% dos casos (e 99% com 17 classificadores), considerando a independência verdadeira.

Na prática, a suposição de independência é pouco razoável – classificadores individuais compartilham alguns dos mesmos dados e suposições, e assim não são completamente independentes, e compartilharão alguns dos mesmos erros. Mas se os classificadores componentes forem pelo menos um pouco diferentes, o aprendizado de comitês fará menos erros de classificação. Agora, vamos considerar quatro maneiras de criar comitês: *bagging*, florestas aleatórias, empilhamento, e *boosting*.

19.8.1 *Bagging*

No ***bagging***,[15] geramos K conjuntos de treino distintos por amostragem com reposição do conjunto de treino original. Ou seja, escolhemos aleatoriamente N exemplos do conjunto de treino, mas cada uma dessas escolhas pode ser um exemplo que escolhemos antes. Em seguida, executamos nosso algoritmo de aprendizado de máquina nos N exemplos para obter uma hipótese. Repetimos esse processo K vezes, obtendo K hipóteses diferentes. Então, quando for solicitada a previsão do valor de uma nova entrada, agregamos as previsões de todas as K hipóteses. Para problemas de classificação, isso significa obter o voto por pluralidade (o voto da maioria para a classificação binária). Para problemas de regressão, o resultado fim é a média:

Bagging

$$h(\mathbf{x}) = \frac{1}{K} \sum_{i=1}^{K} h_i(\mathbf{x})$$

O *bagging* tende a reduzir a variância e é uma abordagem padrão quando há dados limitados ou quando o modelo-base parece estar sobreajustado. O *bagging* pode ser aplicado a qualquer classe de modelos, mas é mais comumente usado com árvores de decisão. É apropriado porque as árvores de decisão são instáveis: um conjunto ligeiramente diferente de exemplos pode levar a uma árvore totalmente diferente. O *bagging* suaviza essa variação. Se você tiver acesso a vários computadores, o *bagging* é eficiente, porque as hipóteses podem ser calculadas em paralelo.

19.8.2 Florestas aleatórias

Infelizmente, o *bagging* de árvores de decisão geralmente acaba nos dando K árvores altamente correlacionadas. Se houver um atributo com um ganho de informação muito alto, é provável que ele seja a raiz da maioria das árvores. O modelo de **floresta aleatória** é uma forma de *bagging* de árvore de decisão em que executamos etapas extras para tornar o comitê de K árvores mais diversificado e reduzir a variância. Florestas aleatórias podem ser usadas para classificação ou regressão.

Floresta aleatória

A ideia principal é variar aleatoriamente as *escolhas de atributos* (em vez dos exemplos de treino). Em cada ponto de divisão na construção da árvore, selecionamos uma amostra aleatória de atributos e então calculamos qual deles gera o maior ganho de informação. Se houver n atributos, uma escolha padrão comum é que cada divisão escolha aleatoriamente $\sqrt{n}$ atributos a serem considerados para problemas de classificação ou $n/3$ para problemas de regressão.

Outra melhoria é usar a aleatoriedade na seleção do *valor* do ponto de divisão: para cada atributo selecionado, amostramos aleatoriamente vários valores candidatos de uma

---

[15]Nota sobre a terminologia: Em estatística, uma amostra com reposição é chamada ***bootstrap***, e "bagging" é uma abreviação de "*bootstrap aggregating*".

632 Inteligência Artificial

Árvores extremamente aleatórias (*ExtraTrees*)

distribuição uniforme ao longo do intervalo do atributo. Depois selecionamos o valor que tem o maior ganho de informação. Isso torna mais provável que todas as árvores da floresta sejam diferentes. As árvores construídas dessa maneira são chamadas **árvores extremamente aleatórias (*ExtraTrees*)**.

A criação de florestas aleatórias é muito eficiente. Você pode pensar que levaria K vezes mais para criar um comitê de K árvores, mas isso não é tão ruim, por três razões: (a) cada ponto de divisão é executado mais rápido porque estamos considerando menos atributos; (b) podemos pular a etapa de poda para cada árvore individual, visto que o conjunto como um todo diminui o sobreajuste; e (c) se tivermos K computadores disponíveis, podemos construir todas as árvores em paralelo. Por exemplo, Adele Cutler relata que, para um problema de 100 atributos, se tivermos apenas três CPU, podemos gerar uma floresta de $K = 100$ árvores aproximadamente no mesmo tempo que levaria para criar uma única árvore de decisão em uma única CPU.

Todos os hiperparâmetros de florestas aleatórias podem ser treinados por validação cruzada: o número de árvores K, o número de exemplos usados por cada árvore N (normalmente expresso como uma porcentagem do conjunto de dados completo), o número de atributos usados em cada ponto de divisão (geralmente expresso como uma função do número total de atributos, como $\sqrt{n}$), e ainda o número de pontos de divisão aleatórios experimentados se estivermos utilizando *ExtraTrees*. No lugar da estratégia normal de va-

Erro *out-of-bag*

lidação cruzada, poderíamos medir o **erro *out-of-bag***: o erro médio em cada exemplo, usando apenas as árvores cujo conjunto de exemplos não incluiu aquele exemplo específico.

Fomos avisados de que modelos mais complexos podem estar sujeitos ao sobreajuste e observamos que isso é verdade para as árvores de decisão, em que descobrimos que a **poda** era uma resposta para evitar o sobreajuste. Florestas aleatórias são modelos complexos e não podados. No entanto, elas são resistentes ao sobreajuste. Conforme aumentamos a capacidade adicionando mais árvores à floresta, elas tendem a melhorar a taxa de erro do conjunto de validação. A curva normalmente se parece com a da Figura 19.9(b), não (a).

Breiman (2001) dá uma prova matemática de que (em quase todos os casos), à medida que você adiciona mais árvores à floresta, o erro converge; não cresce. Uma maneira de pensar nisso é que a seleção aleatória de atributos produz uma série de árvores, reduzindo assim a variância; mas, como não precisamos podar as árvores, elas podem cobrir todo o espaço de entrada em resolução mais alta. Algum número de árvores pode cobrir casos únicos que aparecem apenas algumas vezes nos dados, e seus votos podem ser decisivos, mas podem ser vencidos quando não se aplicam. Dito isto, as florestas aleatórias não são totalmente imunes ao sobreajuste. Embora o erro não possa aumentar no limite, isso não significa que o erro chegará a zero.

As florestas aleatórias têm sido muito bem-sucedidas em uma grande variedade de problemas aplicados. Nas competições Kaggle de ciência de dados, elas foram a técnica mais popular das equipes vencedoras de 2011 a 2014 e continuam sendo uma abordagem comum até hoje (embora o **aprendizado profundo** e o ***boosting* por gradiente** tenham se tornado ainda mais comuns entre os vencedores recentes). Particularmente, o pacote *randomForest* em R é um dos favoritos. Em finanças, florestas aleatórias têm sido usadas para previsão de inadimplência de cartão de crédito, previsão de renda familiar e precificação de opções. As aplicações mecânicas incluem diagnóstico de falha de máquinas e sensoriamento remoto. As aplicações de bioinformática e médicas incluem retinopatia diabética, expressão de genes de microarray, análise de expressão de proteínas do espectro de massa, descoberta de biomarcadores e previsão de interação entre proteínas.

19.8.3 Empilhamento (*stacking*)

Generalização por empilhamento (*stacking*)

Enquanto o *bagging* combina vários modelos-base da mesma classe de modelos, treinados sobre diferentes dados, a técnica de **generalização por empilhamento** (ou **empilhamento**, para abreviar) combina diversos modelos-base de diferentes classes de modelos treinadas sobre os mesmos dados. Por exemplo, suponha que tenhamos o conjunto de dados do restaurante, com a primeira linha a seguir:

$\mathbf{x}_1$ = Sim, Não, Não, Sim, Alguns, \$\$\$, Não, Sim, Francês, 0-10; y_1 = Sim

Separamos os dados em conjuntos de treino, validação e teste, usando o conjunto de treino para treinar, digamos, três modelos-base separados – um modelo SVM, um modelo de regressão logística e um modelo de árvore de decisão.

Na próxima etapa, tomamos o conjunto de dados de validação e aumentamos cada linha com as previsões feitas a partir dos três modelos-base, gerando linhas que se parecem com esta (em que as previsões aparecem em negrito):

$\mathbf{x}_2$ = Sim,Não,Não,Sim,Cheio,\$,Não,Não,Tailandês,30-60,**Sim,Não,Não**; y_2 = Não

Usamos esse conjunto de validação para treinar um novo modelo de comitês, digamos, um modelo de regressão logística (mas não precisa ser uma das classes do modelo-base). O modelo de comitê pode usar as previsões e os dados originais como achar adequado. Ele pode aprender uma média ponderada dos modelos-base, por exemplo, que as previsões devem ser ponderadas em uma proporção de 50%:30%:20%. Ou pode aprender interações não lineares entre os dados e as previsões, talvez confiando mais no modelo SVM, por exemplo, quando o tempo de espera for longo. Usamos os mesmos dados de treino para treinar cada um dos modelos-base e, em seguida, usamos os dados de validação mantidos (mais previsões) para treinar o modelo de comitê. Se for desejado, também é possível usar validação cruzada.

O método é chamado "empilhamento" (*stacking*) porque pode ser imaginado como uma camada de modelos-base com um modelo de comitê empilhado acima dela, operando na saída dos modelos-base. Na verdade, é possível empilhar várias camadas, cada uma opera sobre a saída da camada anterior. O empilhamento reduz o viés e geralmente leva a um desempenho melhor do que qualquer um dos modelos-base individuais. O empilhamento é muito utilizado por equipes vencedoras em competições de ciência de dados (como Kaggle e a KDD Cup), porque os indivíduos podem trabalhar de forma independente, cada um refinando seu próprio modelo-base e, em seguida, se juntando para construir o modelo final de comitê por empilhamento.

19.8.4 *Boosting*

O método de comitês mais utilizado é chamado ***boosting*** (impulsionamento). Para entender como ele funciona, primeiro precisamos explicar a ideia de **conjunto de treino ponderado**. Em tal conjunto de treino, cada exemplo tem um peso associado $w_j \geq 0$, que descreve o quanto o exemplo deverá contar durante o treinamento. Por exemplo, se um exemplo tivesse peso 3 e todos os outros exemplos tivessem peso 1, isso seria equivalente a ter três cópias de um exemplo no conjunto de treinamento.

Boosting

Conjunto de treino ponderado

O método de *boosting* começa com pesos iguais $w_j = 1$ para todos os exemplos. A partir desse conjunto de treino, ele gera a primeira hipótese, h_1. Em geral, h_1 classificará alguns dos exemplos de treino de forma correta e outros de forma incorreta. Gostaríamos de que a próxima hipótese classificasse melhor os exemplos incorretamente classificados e, assim, aumentamos seus pesos enquanto diminuímos os pesos dos exemplos corretamente classificados.

A partir desse novo conjunto de treino ponderado, geramos a hipótese h_2. O processo continua desse modo até gerarmos K hipóteses, em que K é uma entrada para o algoritmo de *boosting*. Exemplos que são difíceis de classificar terão pesos cada vez maiores, até que o algoritmo seja forçado a criar uma hipótese que os classifique corretamente. Observe que esse é um algoritmo guloso no sentido de que não retrocede; quando tiver escolhido uma hipótese h_i, ele nunca desfaz essa escolha; em vez disso, ele acrescenta novas hipóteses. Ele também é um algoritmo sequencial, de modo que não pode calcular todas as hipóteses em paralelo, como poderíamos fazer com o *bagging*.

O comitê final permite que cada hipótese vote, como no *bagging*, exceto que cada hipótese recebe um número ponderado de votos – as hipóteses que não se saíram melhor em seus respectivos conjuntos de treino ponderado recebem mais peso de votação. Para a regressão ou a classificação binária, temos

$$h(\mathbf{x}) = \sum_{i=1}^{K} z_i h_i(\mathbf{x})$$

em que z_i é o peso da hipótese i. (Essa ponderação de hipóteses é diferente da ponderação dos exemplos.)

A Figura 19.24 mostra como o algoritmo funciona conceitualmente. Existem muitas variantes da ideia básica de *boosting*, com diferentes modos de ajuste dos pesos e de combinação das hipóteses. Todas as variantes compartilham a ideia geral de que exemplos difíceis recebem mais peso enquanto passamos de uma hipótese para a seguinte. Como os métodos de aprendizagem bayesianos que veremos no Capítulo 20, eles também dão mais peso a hipóteses mais precisas.

Um algoritmo específico, denominado ADABOOST, é mostrado na Figura 19.25. Normalmente ele é aplicado com árvores de decisão como hipóteses componentes; as árvores costumam ser limitadas em tamanho. ADABOOST tem uma propriedade muito importante:

Aprendizado fraco

se o algoritmo de aprendizado de entrada L é um algoritmo de **aprendizado fraco** – o que significa que L sempre retorna uma hipótese com acurácia sobre o conjunto de treino que é ligeiramente melhor que o palpite aleatório (ou seja, 50% + ϵ para classificação booleana) –, então ADABOOST retornará uma hipótese que *classifica perfeitamente os dados de treinamento* para K grande o bastante. Desse modo, o algoritmo *impulsiona* a acurácia do algoritmo de aprendizado original sobre os dados de treino.

Em outras palavras, o método de *boosting* pode superar qualquer viés no modelo-base, desde que o modelo-base seja ϵ melhor do que um chute. (Em nosso pseudocódigo, paramos de gerar hipóteses se obtivermos uma que seja pior do que a aleatória.) Esse resultado se mantém, não importa quão inexpressivo seja o espaço de hipóteses original, nem quão complexa seja a função que está sendo aprendida. As fórmulas exatas para pesos na Figura 19.25 (com *erro*/(1 − *erro*) etc.) são escolhidas para facilitar a prova dessa propriedade (ver Freund e Schapire, 1996). É claro que essa propriedade não garante a acurácia em exemplos que não são vistos.

Cepo de decisão

Vejamos como *boosting* se comporta sobre os dados de restaurante. Vamos escolher como nosso espaço de hipóteses original a classe de **cepos de decisão**, que são árvores de decisão com apenas um teste, na raiz. A curva mais baixa na Figura 19.26(a) mostra que os cepos de decisão sem *boosting* não são muito eficazes para esse conjunto de dados, alcançando desempenho de previsão de apenas 81% em 100 exemplos de treinamento. Quando *boosting* é aplicado (com $K = 5$), o desempenho é melhor, alcançando 93% depois de 100 exemplos.

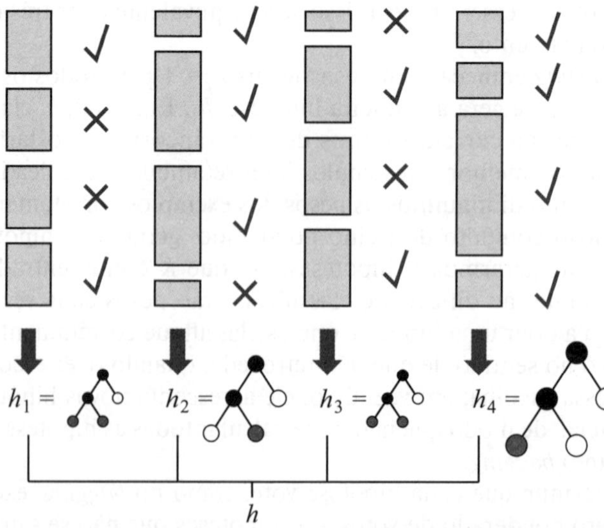

Figura 19.24 Como funciona o algoritmo de *boosting*. Cada retângulo sombreado corresponde a um exemplo; a altura do retângulo corresponde ao peso. Os sinais de visto e os sinais cruzados indicam se o exemplo foi ou não classificado corretamente pela hipótese corrente. O tamanho da árvore de decisão indica o peso dessa hipótese no comitê final.

função ADABOOST(*exemplos*, *L*, *K*) **devolve** uma hipótese
  entradas: *exemplos*, conjunto de *N* exemplos rotulados $(x_1, y_1), ..., (x_N, y_N)$
    L, um algoritmo de aprendizado
    K, o número de hipóteses no comitê
  variáveis locais: **w**, um vetor de *N* pesos dos exemplos, inicialmente todos $1/N$
      h, um vetor de *K* hipóteses
      z, um vetor de *K* pesos de hipóteses

  $\epsilon \leftarrow$ um número positivo pequeno, usado para evitar divisão por zero
  para $k = 1$ **até** *K* **faça**
    h[*k*] ← *L*(*exemplos*, **w**)
    erro ← 0
    para $j = 1$ **até** *N* **faça**   // *Calcula o erro total para* **h**[*k*]
      se h[*k*](x_j) ≠ y_j **então** *erro* ← *erro* + **w**[*j*]
    se *erro* > 1/2 **então** saia do laço
    erro ← min(*erro*, 1 - ϵ)
    para $j = 1$ **até** *N* **faça**   // *Dá mais peso a exemplos em que* **h**[*k*] *errou*
      se h[*k*](x_j) = y_j **então w**[*j*] ← **w**[*j*] · *erro*/(1 - *erro*)
    w ← NORMALIZE(**w**)
    z[*k*] ← 1/2 log((1 - *erro*)/*erro*) // *Dá mais peso a* **h**[*k*] *com maior acurácia*
  devolva *Função*(*x*) : $\sum$ **z**$_i$ **h**$_i$(*x*)

Figura 19.25 Variante ADABOOST do método de *boosting* para aprendizado de comitês. O algoritmo gera hipóteses refazendo sucessivamente as ponderações dos exemplos de treinamento. A função MAIORIA-PONDERADA gera uma hipótese que retorna o valor de saída como voto mais alto entre as hipóteses em **h**, com os votos ponderados por **z**. Para problemas de regressão, ou para classificação binária com duas classes −1 e 1, isso é $\sum_k$ **h**[*k*]**z**[*k*].

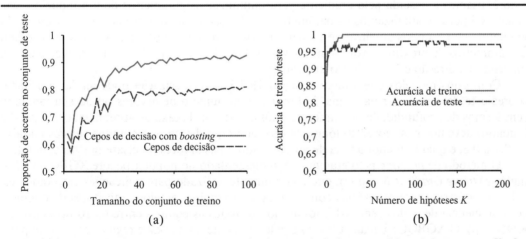

Figura 19.26 (a) Gráfico mostrando o desempenho de cepos de decisão aprendidos por *boosting* com *K* = 5 *versus* cepos de decisão sobre os dados de restaurante. (b) Proporção de acertos no conjunto de treino e de teste em função de *K*, o número de hipóteses no comitê. Note que a acurácia no conjunto de teste melhora ligeiramente, mesmo após a acurácia de treino alcançar 1, isto é, depois que o conjunto se ajusta exatamente aos dados.

Um fato interessante ocorre, à medida que o tamanho *K* do comitê aumenta. A Figura 19.26(b) mostra o desempenho no conjunto de treino (em 100 exemplos) em função de *K*. Note que o erro alcança zero quando *K* é igual a 20; ou seja, uma combinação ponderada pela maioria de 20 cepos de decisão é suficiente para ajustar exatamente os 100 exemplos – esse é o ponto de interpolação. À medida que mais cepos são adicionados ao conjunto, o erro permanece igual a zero. O grafo também mostra que *o desempenho no conjunto de teste continua a aumentar muito tempo depois de o erro no conjunto de treinamento ter alcançado zero*.

636 Inteligência Artificial

Em K = 20, o desempenho do teste é 0,95 (ou 0,05 de erro) e o desempenho aumenta até 0,98 apenas quando K = 137, antes de cair gradualmente para 0,95.

Essa descoberta, bastante robusta entre conjuntos de dados e espaços de hipóteses, surgiu como grande surpresa quando foi notada pela primeira vez. A navalha de Ockham nos diz que não devemos tornar as hipóteses mais complexas do que o necessário, mas o gráfico nos diz que as previsões *melhoram*, à medida que a hipótese de conjunto fica mais complexa! Várias explicações foram propostas para isso. Uma visão é que *boosting* se aproxima da **aprendizagem bayesiana** (ver Capítulo 20), que podemos mostrar ser um algoritmo de aprendizado ótimo, e a aproximação melhora, à medida que mais hipóteses são adicionadas. Outra explicação possível é que a inclusão de hipóteses adicionais permite que o conjunto tenha mais confiança em sua distinção entre exemplos positivos e negativos, o que ajuda quando se trata de classificar novos exemplos.

19.8.5 *Boosting* pelo gradiente

Boosting pelo gradiente

Para regressão e classificação de dados tabulares fatorados, o método de ***boosting* pelo gradiente**, às vezes chamado "máquinas de aceleração de gradiente" (GBM, do inglês *gradient boosting machines*) ou "árvores de regressão aumentadas pelo gradiente" (GBRT, do inglês *gradient boosted regression trees*), tornou-se um método muito popular. Como o nome indica, o *boosting* pelo gradiente é uma forma de implementar *boosting* usando a descida pelo gradiente. Lembre-se de que, em ADABOOST, começamos com uma hipótese $\mathbf{h}_1$, e a aumentamos com uma sequência de hipóteses que prestam atenção especial aos exemplos em que as anteriores erraram. No *boosting* pelo gradiente, também adicionamos novas hipóteses de aumento, que prestam atenção não a exemplos específicos, mas ao **gradiente** entre as respostas certas e as respostas dadas pelas hipóteses anteriores.

Como nos outros algoritmos que usavam descida pelo gradiente, começamos com uma função de perda diferenciável; podemos usar o erro quadrático para regressão ou perda logarítmica para classificação. Como no ADABOOST, construímos uma árvore de decisão. Na seção 19.6.2, usamos a descida pelo gradiente para minimizar os parâmetros de um modelo – calculamos a perda e atualizamos os parâmetros na direção de menor perda. Com *boosting* pelo gradiente, não estamos atualizando os parâmetros do modelo existente, estamos atualizando os parâmetros da próxima árvore – mas devemos fazer isso de uma forma que reduza a perda, movendo na direção certa ao longo do gradiente.

Como nos modelos que vimos na seção 19.4.3, a **regularização** pode ajudar a evitar o sobreajuste. Isso pode vir na forma de limitação do número de árvores ou do seu tamanho (em termos de profundidade ou número de nós). Pode vir da taxa de aprendizado, α, que diz o quanto devemos nos mover ao longo da direção do gradiente; são comuns valores na faixa de 0,1 a 0,3, e quanto menor a taxa de aprendizado, mais árvores precisaremos no conjunto.

O método de *boosting* pelo gradiente é implementado no popular pacote XGBOOST (do inglês *eXtreme Gradient Boosting*), que é comumente utilizado para aplicações em grande escala na indústria (para problemas com bilhões de exemplos) e pelos vencedores de competições de ciência de dados (em 2015, foi usado por todas as equipes entre os 10 primeiros do KDDCup). O XGBOOST realiza *boosting* pelo gradiente com poda e regularização e se preocupa em ser eficiente, organizando cuidadosamente a memória para evitar perdas de *cache* e permitindo a computação paralela em múltiplas máquinas.

19.8.6 Aprendizado *online*

Até agora, tudo o que fizemos neste capítulo baseou-se no pressuposto de que os dados são i.i.d. (independentes e identicamente distribuídos). Por um lado, isso é uma suposição sensata: se o futuro não tem nenhuma semelhança com o passado, como podemos prever alguma coisa? Por outro lado, há uma suposição muito forte: sabemos que existem correlações entre o passado e o futuro, e em cenários complexos é improvável que capturemos todos os dados que tornariam o futuro independente do passado.

Aprendizagem *online*

Nesta seção, vamos examinar o que fazer quando os dados não são i.i.d. – quando eles podem mudar ao longo do tempo. Nesse caso, importa *quando* faremos uma previsão, por isso vamos adotar a perspectiva chamada **aprendizagem *online***: um agente recebe uma entrada x_j da natureza, prevê o y_j correspondente e, em seguida, recebe a resposta correta. O processo então se repete com x_{j+1}, e assim por diante. Pode-se pensar que essa tarefa é impossível – se a natureza for contraditória, todas as previsões podem estar erradas. Acontece que podemos ter algumas garantias.

Vamos considerar a situação em que a nossa entrada consiste em previsões de um painel de especialistas. Por exemplo, a cada dia um conjunto de K especialistas prevê se o mercado de ações vai subir ou baixar, e nossa tarefa é estabelecer a associação sobre essas previsões e torná-las nossas próprias. Uma maneira de fazer isso é acompanhar a *performance* de cada especialista e escolher confiar neles, na proporção de seus resultados passados. Isso é chamado **algoritmo aleatório de maioria ponderada**. Podemos descrevê-los mais formalmente:

Algoritmo aleatório de maioria ponderada

Inicializar um conjunto de pesos $\{w_1,..., w_K\}$, todos com o valor de 1.
para cada problema a ser resolvido **fazer**

1. Receber as previsões $\{\hat{y},..., \hat{y}_K\}$ dos especialistas.
2. Escolher aleatoriamente um especialista k^*, em proporção a seu peso: $P(k) = w_k$.
3. **Produzir** $\hat{y}_{K^*}$ como resposta para esse problema.
4. Receber a resposta correta y.
5. Para cada especialista k, tal que $\hat{y}_K \neq y$, atualizar $w_k \leftarrow \beta w_k$.
6. Normalizar os pesos de modo que $\Sigma_k\, w_k = 1$.

Aqui, β é um número, com $0 < \beta < 1$, que informa quanto penalizar um especialista por cada erro.

Medimos o sucesso desse algoritmo em termos de **arrependimento** (ou pesar), que é definido como o número de erros adicionais que fazemos em relação ao especialista que, em retrospectiva, teve o melhor histórico de previsão. Seja M^* o número de erros cometidos pelo melhor especialista. A seguir, o número de erros, M, cometidos pelo algoritmo aleatório de maioria ponderada, é limitado por[16]

Arrependimento

$$M < \frac{M^* \ln(1/\beta) + \ln K}{1 - \beta}.$$

Esse limite vale para *qualquer* sequência de exemplos, até mesmo para os escolhidos pelos adversários tentando fazer o pior. Para ser mais específico, quando há $K = 10$ especialistas, se escolhermos $\beta = 1/2$, então o número de erros será limitado por $1,39M^* + 4,6$; se $\beta = 3/4$, será limitado por $1,15M^* + 9,2$. Em geral, se β estiver próximo de 1, somos suscetíveis às mudanças no longo prazo; se o melhor especialista mudar, vamos assimilar antes que seja tarde. No entanto, pagamos uma penalidade no início, quando começamos confiando igualmente em todos os especialistas; podíamos aceitar o conselho dos maus especialistas por muito tempo. Quando β está próximo de 0, esses dois fatores estão invertidos. Note que podemos escolher β para que M chegue assintoticamente perto de M^* no longo prazo; isso se chama **aprendizagem sem pesar** (porque a quantidade média de arrependimento por tentativa tende a 0, à medida que o número de tentativas aumenta).

Aprendizagem sem pesar

A aprendizagem *online* é útil quando os dados podem estar mudando rapidamente ao longo do tempo. Também é útil para aplicações que envolvem grande coleção de dados em constante crescimento, mesmo se as mudanças forem graduais. Por exemplo, com um banco de dados de milhões de imagens da Web, você não vai querer experimentar, digamos, um modelo de regressão linear em todos os dados e em seguida treinar de novo a partir do zero toda vez que uma imagem nova for adicionada. Seria mais prático ter um algoritmo *online* que permitisse que as imagens fossem acrescentadas aos poucos. Para a maioria dos algoritmos de aprendizado baseados na minimização de perdas, existe uma versão *online* baseada na minimização do arrependimento. Muitos desses algoritmos *online* vêm com limites garantidos contra o arrependimento.

Pode parecer surpreendente haver limites tão justos de quão bem se pode comparar a um painel de especialistas. O que surpreende ainda mais é que, quando um painel de especialistas humanos se reúne para prever resultados desportivos ou disputas políticas, o público que observa deseja tanto vê-los acertar suas previsões que nem se importa em saber suas taxas de erro.

---

[16] Para ver uma demonstração, ver Blum (1996).

19.9 Desenvolvimento de sistemas de aprendizado de máquina

Neste capítulo, nós nos concentramos em explicar a *teoria* do aprendizado de máquina. A *prática* de usar o aprendizado de máquina para resolver problemas práticos é uma disciplina separada. Durante os últimos 50 anos, a indústria de *software* desenvolveu uma metodologia de desenvolvimento de *software* que torna mais provável que um projeto de *software* (tradicional) tenha sucesso. Mas ainda estamos nos estágios iniciais de definição de uma metodologia para projetos de aprendizado de máquina; as ferramentas e técnicas ainda não se encontram tão bem desenvolvidas. Aqui, apresentamos uma análise das etapas típicas do processo.

19.9.1 Formulação do problema

A primeira etapa é descobrir qual problema você deseja resolver. Existem duas partes para isso. Primeiro pergunte: "qual problema eu quero resolver para meus usuários?" Uma resposta como "tornar mais fácil para os usuários organizar e acessar suas fotos" é muito vaga; "ajudar um usuário a encontrar todas as fotos que correspondem a um termo específico, como *Paris*" é melhor. Em seguida, pergunte: "que parte(s) do problema pode(m) ser resolvida(s) pelo aprendizado de máquina?", talvez decidindo "aprender uma função que mapeia uma foto para um conjunto de rótulos; então, quando receber um rótulo como consulta, recupere todas as fotos com esse rótulo".

Para tornar isso concreto, você precisa especificar uma função de perda para seu componente de aprendizado de máquina, talvez medindo a acurácia do sistema em prever um rótulo correto. Esse objetivo deve estar correlacionado com seus verdadeiros objetivos, mas geralmente será distinto – o verdadeiro objetivo pode ser maximizar o número de usuários que você ganha e mantém em seu sistema e a receita que eles geram. Essas são métricas que você deve monitorar, mas não necessariamente aquelas para as quais você pode construir um modelo de aprendizado de máquina diretamente.

Depois de decompor o problema em partes, você pode descobrir que há vários componentes que podem ser tratados pela antiga engenharia de *software*, não pelo aprendizado de máquina. Por exemplo, para um usuário que pede as "melhores fotos", você poderia implementar um procedimento simples que classifica as fotos pelo número de curtidas e visualizações. Depois de desenvolver seu sistema geral até o ponto em que seja viável, você pode voltar e otimizar, substituindo os componentes simples por modelos de aprendizado de máquina mais sofisticados.

Parte da formulação do problema é decidir se você está lidando com aprendizado supervisionado, não supervisionado, ou por reforço. As distinções nem sempre são tão nítidas. No **aprendizado semissupervisionado**, recebemos alguns exemplos rotulados e os usamos para extrair mais informações de uma grande coleção de exemplos não rotulados. Essa se tornou uma abordagem comum, com empresas emergentes cuja missão é rotular rapidamente alguns exemplos, a fim de ajudar os sistemas de aprendizado de máquina a fazer melhor uso dos exemplos não rotulados restantes.

Às vezes, você pode escolher qual abordagem usar. Considere um sistema para recomendar músicas ou filmes aos clientes. Poderíamos abordar isso como um problema de aprendizado supervisionado, em que as entradas incluem uma representação do cliente e a saída rotulada é se eles gostaram ou não da recomendação, ou podemos abordá-lo como um problema de aprendizado por reforço, em que o sistema faz uma série de ações de recomendação e, ocasionalmente, recebe uma recompensa do cliente por fazer uma boa sugestão.

Os rótulos em si podem não ser as verdades oraculares que esperamos. Imagine que você esteja tentando construir um sistema para adivinhar a idade de uma pessoa a partir de uma foto. Você reúne alguns exemplos rotulados fazendo com que as pessoas façam *upload* de fotos e indiquem sua idade. Isso é aprendizado supervisionado. Mas, na verdade, algumas pessoas mentiram sobre sua idade. Não se trata apenas de haver ruído aleatório nos dados; em vez disso, as imprecisões são sistemáticas e descobri-las é um problema de aprendizado não supervisionado que envolve imagens, idades autodeclaradas e idades verdadeiras (desconhecidas).

Aprendizado semissupervisionado

Assim, tanto o ruído quanto a falta de rótulos criam uma continuidade entre aprendizado supervisionado e não supervisionado. O campo do **aprendizado fracamente supervisionado** concentra-se no uso de rótulos ruidosos, imprecisos, ou fornecidos por não especialistas.

Aprendizado fracamente supervisionado

19.9.2 Coleta, avaliação e gerenciamento de dados

Todo projeto de aprendizado de máquina precisa de dados; no caso do nosso projeto de identificação por foto, existem conjuntos de dados de imagens disponíveis gratuitamente, como o **ImageNet**, que tem mais de 14 milhões de fotos com cerca de 20 mil rótulos diferentes. Às vezes, podemos ter que fabricar nossos próprios dados, o que pode ser feito por nosso próprio trabalho ou por *crowdsourcing* para trabalhadores pagos ou voluntários não pagos que operam em um serviço de Internet. Às vezes, os dados vêm dos seus usuários. Por exemplo, o serviço de navegação Waze incentiva os usuários a fazer *upload* de dados sobre engarrafamentos e usa-os para fornecer instruções de navegação atualizadas para todos os usuários. A aprendizagem por transferência (ver seção 21.7.2) pode ser utilizada quando você não tem dados próprios suficientes: comece com um conjunto de dados de uso geral disponível publicamente (ou um modelo que tenha sido pré-treinado nesses dados); em seguida, adicione dados específicos de seus usuários e treine novamente.

ImageNet

Se você implantar um sistema para os usuários, eles fornecerão *feedback* – talvez clicando em um item e ignorando os outros. Você precisará de uma estratégia para lidar com esses dados. Isso envolve uma análise com especialistas em privacidade (ver seção 27.3.2) para garantir que você consiga a devida permissão para os dados coletados, que você tenha processos para garantir a integridade dos dados do usuário e que eles entendam o que você deseja fazer com esses dados. Você também precisa garantir que seus processos sejam justos e imparciais (ver seção 27.3.3). Se houver dados que você acha que são muito confidenciais para coletar, mas que seriam úteis para um modelo de aprendizado de máquina, considere uma abordagem de aprendizagem federada, em que os dados permanecem no dispositivo do usuário, mas os parâmetros do modelo são compartilhados de uma forma que não sejam revelados dados particulares.

É boa prática manter a **proveniência de dados** para todos os seus dados. Para cada coluna em seu conjunto de dados, você deve saber a definição exata, de onde vêm os dados, quais são os valores possíveis e quem trabalhou neles. Houve intervalos de tempo em que um *feed* de dados foi interrompido? A definição de alguma fonte de dados evoluiu com o tempo? Você precisará saber sobre isso se quiser comparar os resultados entre intervalos de tempo.

Proveniência de dados

Isso é verdade especialmente se você estiver dependendo de dados produzidos por outra pessoa – as necessidades dela e as suas podem divergir e elas podem acabar mudando a forma como os dados são produzidos ou podem parar de atualizá-los todos juntos. Você precisa monitorar seus *feeds* de dados para descobrir isso. Ter um *pipeline* (uma sequência de operações predefinidas) de manipulação de dados confiável, flexível e seguro é mais crítico para o sucesso do que os detalhes exatos do algoritmo de aprendizado de máquina. A procedência também é importante por motivos legais, como conformidade com a lei de privacidade.

Para qualquer tarefa, haverá perguntas sobre os dados: estes são os dados corretos para a minha tarefa? Eles capturam o suficiente das entradas certas para termos uma chance de aprender um modelo? Eles têm as saídas que desejo prever? Se não, posso construir um modelo não supervisionado? Ou posso rotular uma parte dos dados e, em seguida, fazer o aprendizado semissupervisionado? São dados relevantes? É ótimo ter 14 milhões de fotos, mas se todos os seus usuários forem especialistas interessados em um tópico específico, um banco de dados geral não ajudará – você precisará coletar fotos sobre o tópico específico. Quantos dados de treino são suficientes? (Preciso coletar mais dados? Posso descartar alguns dados para tornar o cálculo mais rápido?) A melhor maneira de responder a isso é raciocinar por analogia a um projeto semelhante com tamanho conhecido do conjunto de treino.

Depois de começar, você pode desenhar uma curva de aprendizado (ver Figura 19.7) para ver se mais dados ajudarão ou se o aprendizado já atingiu um patamar. Existem inúmeras regras práticas ocasionais e injustificadas para o número de exemplos de treino de que você vai precisar: milhões para problemas difíceis; milhares para problemas médios; centenas ou milhares para cada classe em um problema de classificação; 10 vezes mais exemplos do que parâmetros do modelo; 10 vezes mais exemplos do que recursos de entrada; $O(d \log d)$ exemplos para d recursos de entrada; mais exemplos para modelos não lineares do que para modelos lineares; mais exemplos se maior acurácia for necessária; menos exemplos se você usar regularização; exemplos suficientes para atingir o poder estatístico necessário para rejeitar a hipótese nula na classificação. Todas essas regras vêm com advertências – assim como a regra sensata que sugere tentar o que funcionou no passado para problemas semelhantes.

Você deve pensar defensivamente sobre seus dados. Pode haver erros de digitação nos dados? O que pode ser feito com campos de dados ausentes? Se você coletar dados de seus clientes (ou outras pessoas), algumas das pessoas poderiam ser adversárias para manipular o sistema? Existem erros ortográficos ou terminologia inconsistente nos dados do texto? (P. ex., "Apple", "AAPL" e "Apple Inc." se referem à mesma empresa?) Você precisará de um processo para detectar e corrigir todas essas fontes potenciais de erros de dados.

Aumentação de dados

Quando os dados são limitados, a **aumentação de dados** pode ajudar. Por exemplo, com um conjunto de dados de imagens, você pode criar várias versões de cada imagem girando, invertendo, recortando ou redimensionando cada imagem, ou alterando o brilho ou equilíbrio de cores ou adicionando ruído. Enquanto essas alterações forem pequenas, o rótulo da imagem deve permanecer o mesmo, e um modelo treinado a partir desses dados aumentados será mais robusto.

Classes não balanceadas

Às vezes, os dados são abundantes, mas são classificados em **classes não balanceadas**. Por exemplo, um conjunto de treinamento de transações de cartão de crédito pode consistir em 10 milhões de transações válidas e mil fraudulentas. Um classificador que diz "válido", independentemente da entrada, alcançará 99,99% de precisão nesse conjunto de dados. Para ir além disso, um classificador terá que prestar mais atenção aos exemplos fraudulentos. Para ajudá-lo a fazer isso, você pode **subamostrar** a classe majoritária (ou seja, ignorar alguns dos exemplos da classe "válidos") ou **superamostrar** a classe minoritária (ou seja, duplicar alguns dos exemplos da classe "fraudulentos"). Você pode usar uma função de perda ponderada que oferece uma penalidade maior na hipótese de perda de um caso fraudulento.

Subamostragem
Superamostragem

O método de *boosting* também pode ajudá-lo a se concentrar na classe minoritária. Se você estiver usando um método de comitês, pode alterar as regras pelas quais o conjunto vota e gerar "fraudulento" como resposta, mesmo que apenas uma minoria do conjunto vote em "fraudulento". Você pode ajudar a equilibrar classes não balanceadas, gerando dados sintéticos com técnicas como SMOTE (Chawla *et al.*, 2002) ou ADASYN (He *et al.*, 2008).

Ponto discrepante

Você deve considerar cuidadosamente os **pontos discrepantes** em seus dados. Um ponto discrepante (ou *outlier*) é um ponto dos dados que está longe de outros pontos. Por exemplo, no problema do restaurante, se o preço fosse um valor numérico em vez de uma categoria, e se um exemplo tivesse um preço de US$ 316,00 enquanto todos os outros fossem US$ 30,00 ou menos, esse exemplo seria um valor discrepante. Métodos como regressão linear são suscetíveis a pontos discrepantes, porque devem formar um único modelo linear global que leva em consideração todas as entradas – eles não podem tratar o ponto discrepante de maneira diferente de outros pontos de exemplo e, portanto, um único ponto discrepante pode ter um grande efeito sobre todos os parâmetros do modelo.

Com atributos que são números positivos, como o preço, podemos diminuir o efeito de pontos discrepantes transformando os dados, tomando o logaritmo de cada valor, de modo que US$ 20,00, US$ 25,00 e US$ 316,00 se tornam 1,3, 1,4 e 2,5. Isso faz sentido, do ponto de vista prático, porque o valor alto agora tem menos influência no modelo, e do ponto de vista teórico porque, como vimos na seção 16.3.2, a utilidade do dinheiro é logarítmica.

Métodos como árvores de decisão que são construídas a partir de vários modelos locais podem tratar os pontos discrepantes individualmente: não importa se o maior valor é US$ 300,00 ou US$ 31,00; de qualquer forma, ele pode ser tratado em seu próprio nó local após um teste da forma *custo* ≤ 30. Isso torna as árvores de decisão (e, portanto, florestas aleatórias e aumento de gradiente) mais robustas a pontos discrepantes.

Engenharia de características

Depois de corrigir erros evidentes, você também poderá pré-processar seus dados para torná-los mais fáceis de analisar. Já vimos o processo de quantização: forçar uma entrada de valor contínua, como o tempo de espera, em categorias fixas (0 a 10 minutos, 10 a 30, 30 a 60 ou > 60).

O conhecimento do domínio pode dizer quais limites são importantes, como comparar *idade* ≥ 16 ao estudar os padrões de votação. Vimos também (seção 19.7.1) que os algoritmos de vizinhos mais próximos têm melhor desempenho quando os dados são normalizados para ter um desvio padrão de 1. Com atributos em categorias, como ensolarado/nublado/chuvoso, muitas vezes é útil transformar os dados em três atributos booleanos separados, com exatamente um deles sendo verdadeiro (chamamos isso de **codificação** *one-hot*). Isso é particularmente útil quando o modelo de aprendizado de máquina é uma rede neural.

Você também pode introduzir novos atributos com base em seu conhecimento do domínio. Por exemplo, com um conjunto de dados de compras do cliente em que cada entrada tem um atributo de data, você pode desejar aumentar os dados com novos atributos informando se a data é um fim de semana ou um feriado.

Como outro exemplo, considere a tarefa de estimar o valor real das casas que estão à venda. Na Figura 19.13, mostramos uma versão em miniatura do problema, fazendo uma regressão linear do tamanho da casa no preço pedido. Mas realmente queremos estimar o preço de venda de uma casa, não o preço pedido. Para resolver essa tarefa, precisaremos de dados sobre vendas reais. Mas isso não significa que devemos desconsiderar os dados sobre o preço pedido – podemos usá-los como uma das características de entrada. Além do tamanho da casa, vamos precisar de mais informações: o número de salas, de quartos e banheiros; se a cozinha e os banheiros foram reformados recentemente; a idade da casa e talvez seu estado de conservação; se tem aquecimento central e ar-condicionado; o tamanho do quintal e seu estado.

Também precisaremos de informações sobre o lote e a vizinhança. Mas como definir vizinhança? Pelo CEP? E se um CEP incluir uma vizinhança desejável e uma indesejável? E sobre o distrito escolar? O *nome* do distrito escolar deve ser uma característica ou os *resultados médios dos testes*? A capacidade de fazer um bom trabalho de engenharia de características é crítica para o sucesso. Como diz Pedro Domingos (2012): "No fim do dia, alguns projetos de aprendizado de máquina têm sucesso e alguns falham. O que faz a diferença? Facilmente, o fator mais importante são as características usadas."

Análise exploratória de dados e visualização

John Tukey (1977) cunhou o termo **análise exploratória de dados** (AED) para indicar o processo de explorar dados a fim de obter uma compreensão deles, não para fazer previsões ou testar hipóteses. Isso é feito principalmente com visualizações, mas também com estatísticas de resumo. A observação de alguns histogramas ou gráficos de dispersão geralmente pode ajudar a determinar se os dados estão ausentes ou errados; se seus dados são normalmente distribuídos ou de cauda longa; e qual modelo de aprendizado pode ser apropriado.

É útil agrupar seus dados e depois visualizar um ponto dos dados prototípico no centro de cada grupo. Por exemplo, no conjunto de dados de imagens, posso identificar que aqui está um grupo de rostos de gatos; perto disso há um grupo de gatos dormindo; outros grupos representam outros objetos. Espere repetir várias vezes entre a visualização e a modelagem – para criar grupos, você precisa de uma função de distância para informar quais itens estão próximos uns dos outros, mas para escolher uma boa função de distância você precisa sentir os dados.

Também é útil detectar pontos discrepantes que estão longe dos protótipos; eles podem ser considerados **críticos** do modelo de protótipos e podem dar uma ideia dos tipos de erros que seu sistema pode cometer. Um exemplo seria um gato vestindo uma fantasia de leão.

Nossos dispositivos de saída do computador (telas ou papel) são bidimensionais, o que significa que é fácil visualizar dados bidimensionais. E nossos olhos têm experiência em compreender dados tridimensionais que foram projetados em duas dimensões. Porém, muitos conjuntos de dados têm dezenas ou até milhões de dimensões. Para visualizá-los, podemos fazer uma redução da dimensionalidade, projetando os dados em um **mapa** bidimensional (ou às vezes em três dimensões, que podem então ser exploradas interativamente).[17]

O mapa não pode manter todas as relações entre os pontos de dados, mas deve ter a propriedade de que pontos semelhantes no conjunto de dados original estejam próximos o bastante no mapa. Uma técnica chamada **aplicação de vizinhança estocástica com distribuição t (t-SNE)** faz

---

[17] Geoffrey Hinton oferece o conselho útil: "Para lidar com um espaço de 14 dimensões, visualize um espaço 3D e diga 'quatorze' para si mesmo em voz alta."

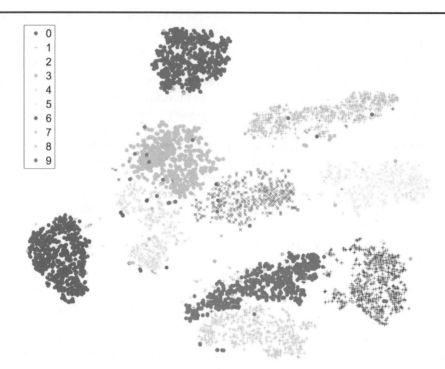

Figura 19.27 Mapa bidimensional t-SNE do conjunto de dados MNIST, uma coleção de 60 mil imagens de dígitos manuscritos, cada um com 28 × 28 *pixels* e, portanto, 784 dimensões. Você pode ver claramente os grupos para os 10 dígitos, com algumas confusões em cada grupo; por exemplo, o grupo superior é para o dígito 0, mas dentro dos seus limites estão alguns pontos de dados que representam os dígitos 3 e 6. O algoritmo t-SNE encontra uma representação que acentua as diferenças entre os grupos. (Esta figura encontra-se reproduzida em cores no Encarte *online*.)

exatamente isso. A Figura 19.27 mostra um mapa t-SNE do conjunto de dados de reconhecimento de dígitos MNIST. Pacotes de análise e visualização de dados, como Pandas, Bokeh e Tableau, podem facilitar o trabalho com seus dados.

19.9.3 Seleção e treinamento de modelos

Com os dados limpos em mão e uma percepção intuitiva deles, é hora de construir um modelo. Isso significa escolher uma classe de modelo (florestas aleatórias? redes neurais profundas? um agrupamento?), treinar seu modelo com os dados de treinamento, ajustar quaisquer hiperparâmetros da classe (número de árvores? número de camadas?) com os dados de validação, depurar o processo e, por fim, avaliar o modelo nos dados de teste.

Não há uma maneira garantida de escolher a melhor classe de modelo, mas existem algumas diretrizes básicas. Florestas aleatórias são boas quando há muitas características de categoria e você acredita que muitas delas podem ser irrelevantes. Os métodos não paramétricos são bons quando existem muitos dados e nenhum conhecimento prévio, e quando você não quer se preocupar muito em escolher apenas as características certas (contanto que haja menos de 20 ou algo parecido). No entanto, os métodos não paramétricos geralmente fornecem uma função *h* que é mais cara de executar.

A regressão logística funciona bem quando os dados são linearmente separáveis ou quando podem ser convertidos para isso com uma engenharia de características inteligente. As máquinas de vetores de suporte são um bom método para tentar, quando o conjunto de dados não é muito grande; elas têm desempenho semelhante ao da regressão logística em dados separáveis e podem ser melhores para dados com alta dimensão. Problemas relacionados ao reconhecimento de padrões, como processamento de imagem ou fala, são tratados com mais frequência com redes neurais profundas (ver Capítulo 21).

A escolha de hiperparâmetros pode ser feita mediante uma combinação de experiência – fazer o que funcionou bem em problemas anteriores semelhantes – e busca: execute experimentos com diversos valores possíveis para hiperparâmetros. Ao executar mais experimentos, você obterá ideias para diferentes modelos a serem experimentados. No entanto, se você medir o desempenho nos dados de validação, tiver uma nova ideia e executar mais experimentos, você corre o risco de sobreajustar os dados de validação. Se você tiver dados suficientes, convém ter vários conjuntos de dados de validação separados para evitar esse problema. Isso é especialmente verdadeiro se você inspecionar os dados de validação a olho nu, em vez de apenas executar avaliações neles.

Suponha que você esteja montando um classificador – por exemplo, um sistema para classificar *e-mails* de *spam*. Rotular um *e-mail* legítimo como *spam* é chamado **falso positivo**. Haverá uma compensação entre falsos positivos e falsos negativos (rotular um *spam* como sendo *e-mail* legítimo); se você quiser manter mais *e-mails* legítimos fora da pasta de *spam*, necessariamente acabará enviando mais *spam* para a caixa de entrada. Mas qual é a melhor maneira de fazer a escolha? Você pode tentar valores diferentes de hiperparâmetros e obter taxas diferentes para os dois tipos de erros – pontos diferentes nessa compensação. Um gráfico chamado **curva característica de operação do receptor (ROC)** traça falsos positivos *versus* verdadeiros positivos para cada valor do hiperparâmetro, ajudando a visualizar valores que seriam boas escolhas para a compensação. Uma métrica chamada "área sob a curva ROC" ou **AUC** fornece um resumo de um único número da curva ROC, que é útil se você deseja implantar um sistema e permitir que cada usuário escolha seu ponto de compensação.

Outra ferramenta de visualização útil para problemas de classificação é uma **matriz de confusão**: uma tabela bidimensional de contagens de quantas vezes cada categoria é classificada ou mal classificada como cada uma das outras categorias.

Pode haver compensações em outros fatores além da função de perda. Se você puder treinar um modelo de previsão do mercado de ações que gere US$ 10,00 em todas as negociações, ótimo – mas não, se custar US$ 20,00 no custo de cálculo para cada previsão. Um programa de tradução automática executado em seu telefone e que permite a leitura de placas em uma cidade estrangeira é útil, mas não se ele descarregar a bateria após 1 hora de uso. Acompanhe todos os fatores que levam à aceitação ou rejeição do seu sistema e projete um processo em que você possa iterar rapidamente o processo de obtenção de uma nova ideia, execução de um experimento e avaliação dos resultados do experimento para ver se você teve progresso. Tornar esse processo de iteração rápido é um dos fatores mais importantes para o sucesso no aprendizado de máquina.

[Falso positivo]

[Curva característica de operação do receptor (ROC)]

[AUC]

[Matriz de confusão]

19.9.4 Confiança, interpretabilidade e explicabilidade

Descrevemos uma metodologia de aprendizado de máquina em que você desenvolve seu modelo com dados de treinamento, escolhe hiperparâmetros com dados de validação e obtém uma métrica final com dados de teste. Ter um bom desempenho nessa métrica é uma condição necessária, mas não suficiente para você **confiar** em seu modelo. E não é só você – outras partes interessadas, incluindo reguladores, legisladores, a imprensa e seus usuários também estão interessados na confiabilidade do seu sistema (assim como em atributos relacionados, como estabilidade, responsabilidade e segurança).

Um sistema de aprendizado de máquina ainda é uma parte do *software*, e você pode adquirir confiança com todas as ferramentas típicas para verificar e validar qualquer sistema de *software*:

- **Controle de fonte**: sistemas para controle de versão, compilação e rastreamento de *bugs/problemas*.
- **Teste**: testes unitários para todos os componentes que abrangem casos canônicos simples, bem como casos adversários complicados, testes de difusão (em que são geradas entradas aleatórias), testes de regressão, testes de carga e testes de integração do sistema: todos são importantes para qualquer sistema de *software*. Para aprendizado de máquina, também temos testes nos conjuntos de treino, validação e teste.
- **Revisão**: revisões e passo a passo no código, revisões de privacidade, revisões de imparcialidade (ver seção 27.3.3) e outras revisões de conformidade legal.

644 Inteligência Artificial

- **Monitoramento**: painéis e alertas para garantir que o sistema está instalado e funcionando e continua a funcionar em um alto nível de acurácia.
- **Responsabilidade**: o que acontece quando o sistema está errado? Qual é o processo para reclamar ou apelar da decisão do sistema? Como podemos rastrear quem foi o responsável pelo erro? A sociedade espera (mas nem sempre recebe) responsabilidade por decisões importantes tomadas por bancos, políticos e pela lei, e eles devem esperar responsabilidade de sistemas de *software*, incluindo sistemas de aprendizado de máquina.

Além disso, existem alguns fatores que são especialmente importantes para sistemas de aprendizado de máquina, como detalharemos a seguir.

Interpretabilidade

Interpretabilidade: dizemos que um modelo de aprendizado de máquina é **interpretável** se você puder inspecionar o modelo real e entender por que ele obteve uma resposta específica para determinada entrada e como a resposta mudaria quando a entrada muda.[18] Modelos de árvore de decisão são considerados altamente interpretáveis; podemos entender que seguir o caminho *Clientes = Cheio* e *EsperaEstimada = 0 a 10* em uma árvore de decisão leva à decisão de *esperar*. Uma árvore de decisão pode ser interpretada por dois motivos. Primeiro, nós, humanos, temos experiência em compreender as regras SE/ENTÃO. (Em contraste, é muito difícil para os humanos obter uma compreensão intuitiva do resultado de uma multiplicação de matriz seguida por uma função de ativação, como é feito em alguns modelos de rede neural.) Em segundo lugar, a árvore de decisão foi, em certo sentido, construída para ser interpretável – a raiz da árvore foi escolhida para ser o atributo com o mais alto ganho de informação.

Os modelos de regressão linear também são considerados interpretáveis; podemos examinar um modelo para prever o aluguel de um apartamento e ver que, para cada quarto adicionado, o aluguel aumenta em US\$ 500,00, de acordo com o modelo. Essa ideia de "Se eu mudar x, como a saída mudará?" está no centro da interpretabilidade. Obviamente, correlação não é causalidade; então modelos interpretáveis estão respondendo *qual* é o caso, mas não necessariamente *porque* é o caso.

Explicabilidade

Explicabilidade: um modelo explicável é aquele que pode ajudar você a entender "*por que* esta saída foi produzida para esta entrada". Em nossa terminologia, a interpretabilidade deriva da inspeção do modelo real, enquanto a explicabilidade pode ser fornecida por um processo separado. Ou seja, o próprio modelo pode ser uma caixa-preta difícil de entender, mas um módulo de explicação pode resumir o que o modelo faz. Para um sistema de reconhecimento de imagens por rede neural que classifica uma imagem como *cão*, se tentássemos interpretar o modelo diretamente, o melhor que poderíamos fazer seria algo como "após o processamento das camadas convolucionais, a ativação para a saída do *cão* na camada *softmax* era mais alta do que qualquer outra classe". Esse não é um argumento muito convincente. Mas um módulo de explicação separado pode ser capaz de examinar o modelo de rede neural e chegar a uma explicação – "ele tem quatro patas, pelo, uma cauda, orelhas caídas e um focinho comprido; é menor que um lobo e está deitado em uma cama de cachorro, então acho que é um cachorro". As explicações são uma forma de criar confiança, e algumas regulamentações, como o GDPR (Regulamento Geral de Proteção de Dados) europeu, exigem que os sistemas forneçam explicações.

Como um exemplo de um módulo de explicação separado, o sistema de explicações locais interpretáveis agnósticas ao modelo (LIME, do inglês *local interpretable model-agnostic explanations*) funciona assim: não importa qual classe de modelo você utilize, o LIME constrói um modelo interpretável – geralmente uma árvore de decisão ou modelo linear – que é uma aproximação do seu modelo e, em seguida, interpreta o modelo linear para criar explicações que dizem a importância de cada recurso. O LIME faz isso tratando o modelo aprendido pela máquina como uma caixa-preta e testando-o com diferentes valores de entrada aleatórios para criar um conjunto de dados a partir do qual pode ser construído o modelo interpretável. Essa abordagem é apropriada para dados estruturados, mas não para coisas como imagens, em que cada *pixel* é uma característica, e nenhum *pixel* é "importante" por si só.

Às vezes, escolhemos uma classe de modelo por causa de sua explicabilidade – poderíamos escolher árvores de decisão em vez de redes neurais não porque tenham maior acurácia, mas porque a explicabilidade nos dá mais confiança nelas.

---

[18] Essa terminologia não é universalmente aceita; alguns autores usam "interpretável" e "explicável" como sinônimos, ambos referindo-se a chegar a algum tipo de compreensão de um modelo.

No entanto, uma explicação simples pode levar a uma falsa sensação de segurança. Afinal, normalmente optamos por usar um modelo de aprendizado de máquina (em vez de um programa tradicional escrito à mão) porque o problema que estamos tentando resolver é inerentemente complexo e não sabemos como escrever um programa tradicional. Nesse caso, não devemos esperar que haja necessariamente uma explicação simples para cada previsão.

Se você estiver criando um modelo de aprendizado de máquina principalmente com o propósito de compreender o domínio, a interpretabilidade e a explicabilidade o ajudarão a chegar a essa compreensão. Mas se você deseja apenas o *software* de melhor desempenho, os testes lhe podem dar mais confiança do que explicações. Em qual você confiaria: uma aeronave experimental que nunca voou antes, mas tem uma explicação detalhada de por que é segura, ou uma aeronave que completou 100 voos anteriores com segurança e manutenção cuidadosa, mas vem sem nenhuma explicação garantida?

19.9.5 Operação, monitoramento e manutenção

Quando estiver satisfeito com o desempenho do seu modelo, você pode implantá-lo para seus usuários, mas você enfrentará outros desafios. Primeiro, há o problema da **cauda longa** de entradas do usuário. Você pode ter testado seu sistema em um grande conjunto de testes, mas se o seu sistema for popular, você logo verá entradas que nunca foram testadas. Você precisa saber se seu modelo generaliza bem para elas, o que significa que precisa **monitorar** seu desempenho em dados ativos – estatísticas de rastreamento, exibição de um painel e envio de alertas quando as principais métricas caem abaixo de um limite. Além de atualizar automaticamente as estatísticas sobre as interações do usuário, pode ser necessário contratar e treinar avaliadores humanos para examinar seu sistema e avaliar o desempenho dele.

Cauda longa

Monitoramento

Em segundo lugar, existe o problema da **não estacionariedade** – o mundo muda com o tempo. Suponha que seu sistema classifique o *e-mail* como *spam* ou não *spam*. Assim que você classificar com sucesso um lote de mensagens de *spam*, seus criadores verão o que você fez e mudarão de tática, enviando um novo tipo de mensagem que você nunca viu antes. O não *spam* também evolui, à medida que os usuários mudam a combinação de *e-mail versus* mensagens, ou serviços de *desktop versus* aplicativos móveis que eles utilizam.

Não estacionariedade

Você enfrentará continuamente a questão do que é melhor: um modelo que foi bem testado, mas foi construído a partir de dados mais antigos, *versus* um modelo que é construído a partir dos dados mais recentes, mas não foi testado em uso real. Sistemas diferentes contêm requisitos diferentes de renovação: alguns problemas se beneficiam de um novo modelo todos os dias, ou mesmo a cada hora, enquanto outros problemas podem manter o mesmo modelo por meses. Se você estiver implantando um novo modelo a cada hora, será impraticável executar um conjunto de testes pesado e um processo de revisão manual para cada atualização. Você precisará automatizar o processo de teste e liberação para que pequenas mudanças possam ser aprovadas automaticamente, mas mudanças maiores acionam uma análise apropriada. Você pode considerar a compensação entre um modelo *online*, no qual novos dados modificam incrementalmente o modelo existente, *versus* um modelo *offline*, em que cada nova versão requer a construção de um novo modelo a partir do zero.

Não se trata apenas de que os dados serão alterados – por exemplo, novas palavras serão usadas em mensagens de *e-mail* de *spam*. Trata-se também de que todo o esquema de dados pode mudar – você pode começar classificando *e-mail* de *spam*, mas precisa se adaptar para classificar mensagens de texto de *spam*, mensagens de voz de *spam*, vídeos de *spam* etc. A Figura 19.28 relaciona critérios gerais para orientar o profissional na escolha do nível apropriado de teste e monitoramento.

Resumo

Este capítulo apresentou o aprendizado de máquina e focalizou o aprendizado supervisionado a partir de exemplos. Os pontos principais foram:

Testes de características e dados
(1) As expectativas de características são capturadas em um esquema. (2) Todas as características são benéficas. (3) O custo de nenhuma característica é muito alto. (4) As características atendem aos requisitos de metanível. (5) O *pipeline* de dados tem controles de privacidade apropriados. (6) Novas características podem ser adicionadas rapidamente. (7) Todo código de característica de entrada é testado.

Testes para desenvolvimento de modelo
(1) Cada especificação de modelo passa por uma revisão de código. (2) Todo modelo é mantido em um repositório. (3) As métricas de *proxy offline* se correlacionam com as métricas reais. (4) Todos os hiperparâmetros foram ajustados. (5) O impacto da desatualização do modelo é conhecido. (6) Um modelo mais simples não é melhor. (7) A qualidade do modelo é suficiente em todas as fatias de dados importantes. O modelo foi testado para considerações de inclusão.

Testes para infraestrutura de aprendizado de máquina
(1) O treinamento é reproduzível. (2) O código de especificação do modelo passa por testes de unidade. (3) O *pipeline* de aprendizado de máquina completo passa por teste de integração. (4) A qualidade do modelo é validada antes de colocá-lo em funcionamento. (5) O modelo permite a depuração observando o cálculo passo a passo do treino ou a inferência em um único exemplo. (6) Os modelos são testados por meio de um processo canário antes de entrarem em ambientes de produção. (7) Os modelos podem ser revertidos de forma rápida e segura para uma versão anterior.

Testes de monitoramento para aprendizado de máquina
(1) Mudanças de dependência resultam em notificação. (2) As invariantes dos dados são válidas nas entradas de treino e de produção. (3) As características de treino e de produção calculam os mesmos valores. (4) Os modelos não são muito obsoletos. (5) O modelo é numericamente estável. (6) O modelo não experimentou regressões na velocidade de treino, latência de serviço, taxa de transferência ou uso de RAM. (7) O modelo não experimentou uma regressão na qualidade de predição dos dados atendidos.

Figura 19.28 Conjunto de critérios para ver se você está se saindo bem na implantação do seu modelo de aprendizado de máquina com testes suficientes. Resumido de Breck *et al.* (2016), que também fornece uma métrica de pontuação.

- A aprendizagem assume muitas formas, dependendo da natureza do agente, do componente a ser aperfeiçoado e da realimentação disponível.
- Se a realimentação disponível fornece a resposta correta para o exemplo de entrada, o problema de aprendizagem será chamado **aprendizagem supervisionada**. A tarefa é aprender uma função $y = h(x)$. A aprendizagem de uma função de valores discretos cuja saída é um valor contínuo ou ordenado (como *peso*) é chamada **regressão**; a aprendizagem de uma função com um pequeno número de categorias de saída possíveis é chamada **classificação**.
- Queremos aprender uma função que não apenas concorda com os dados, mas que provavelmente também concordará com dados futuros. Precisamos equilibrar um acordo com os dados em razão da simplicidade da hipótese.
- As **árvores de decisão** podem representar todas as funções booleanas. A heurística de **ganho de informação** fornece um método eficiente para encontrar uma árvore de decisão simples e consistente.
- O desempenho de um algoritmo de aprendizagem pode ser visualizado por uma **curva de aprendizado**, que mostra a acurácia da previsão no **conjunto de teste** como uma função do tamanho do **conjunto de treino**.
- Quando existem vários modelos para escolher, a **seleção de modelos** pode escolher bons valores de hiperparâmetros, como confirmado pela **validação cruzada** sobre dados de validação.

Quando os valores de hiperparâmetros são escolhidos, montamos nosso melhor modelo usando todos os dados de treino.

- Às vezes, nem todos os erros são iguais. Uma **função de perda** informa quão ruim é cada erro; o objetivo é, então, minimizar a perda de um conjunto de validação.
- A **teoria de aprendizagem computacional** analisa a complexidade amostral e a complexidade computacional da aprendizagem indutiva. Há um compromisso entre a expressividade do espaço de hipóteses e a facilidade de aprendizagem.
- A **regressão linear** é um modelo muito utilizado. Os parâmetros ótimos de um modelo de regressão linear podem ser calculados com acurácia, ou podem ser encontrados por busca por meio da descida pelo gradiente, uma técnica que pode ser aplicada a modelos que não têm uma solução de forma fechada.
- Um classificador linear com um limiar difícil – também conhecido como **perceptron** – pode ser treinado por uma simples regra de atualização de peso para ajustar os dados que são **linearmente separáveis**. Em outros casos, a regra não consegue convergir.
- A **regressão logística** substitui o limiar rígido do perceptron por um limiar flexível definido por uma função logística. A descida pelo gradiente funciona bem, mesmo para dados ruidosos que não são linearmente separáveis.
- **Modelos não paramétricos** utilizam todos os dados para fazer cada previsão, em vez de tentar resumir os dados com alguns parâmetros. Alguns exemplos são a **regressão de vizinhos mais próximos** e a **ponderada localmente**.
- As **máquinas de vetores de suporte** encontram separadores lineares com **margem máxima** para melhorar o desempenho de generalização do classificador. Os **métodos de kernel** transformam os dados de entrada implicitamente em um espaço de dimensão superior em que pode existir um separador linear, mesmo se os dados originais forem não separáveis.
- Métodos de agrupamento, tais como *bagging* e *boosting*, sempre funcionam melhor do que métodos individuais. Em **aprendizagem** *online*, podemos agregar opiniões de especialistas para chegar arbitrariamente perto do melhor desempenho do especialista, mesmo quando a distribuição dos dados estiver em constante mudança.
- A criação de um bom modelo de aprendizado de máquina requer experiência no processo completo de desenvolvimento, desde o gerenciamento de dados até a seleção e otimização de modelo, e manutenção continuada.

Notas bibliográficas e históricas

O Capítulo 1 esboçou a história das investigações filosóficas em aprendizagem indutiva. Guilherme de Ockham (1280-1349), o filósofo mais influente de seu século e um importante colaborador para a epistemologia, a lógica e a metafísica medieval, é considerado o autor de uma declaração denominada "navalha de Ockham" – em latim, *Entia non sunt multiplicanda praeter necessitatem*, e em português, "As entidades não devem ser multiplicadas além da necessidade". Infelizmente, esse louvável conselho não é encontrado em nenhum lugar em seus escritos exatamente com essas palavras (embora ele tenha dito que "a pluralidade não deve ser colocada sem necessidade"). Em 350 a.C., na *Física*, livro I, capítulo VI, Aristóteles exprimiu um sentimento semelhante: "O mais limitado, se adequado, é sempre preferível."

David Hume (1711-1776) formulou o *problema da indução*, reconhecendo que generalizar a partir de exemplos admite a possibilidade de erros, de uma forma que a dedução lógica não admite. Ele viu que não havia como ter uma solução correta garantida para o problema, mas propôs o princípio da *uniformidade da natureza*, que chamamos de *estacionariedade*. O que Ockham e Hume queriam dizer é que, quando fazemos a indução, estamos escolhendo, entre a infinidade de modelos consistentes, aquele que é mais provável – por ser mais simples e corresponder às nossas expectativas. Atualmente, o teorema *"não existe almoço grátis"* (Wolpert e Macready, 1997; Wolpert, 2013) diz que, se um algoritmo de aprendizado tem um bom desempenho em determinado conjunto de problemas, isso é apenas porque terá um desempenho ruim em um conjunto diferente: se nossa árvore de decisão prevê corretamente o comportamento de espera de SR no restaurante, ela deve ter um desempenho ruim para alguma outra pessoa hipotética que tem o comportamento de espera oposto nas entradas não observadas.

O aprendizado de máquina foi uma das principais ideias no nascimento da ciência da computação. Alan Turing (1947) antecipou isso, dizendo: "Vamos supor que tenhamos configurado uma máquina com certas tabelas de instruções iniciais e que, ocasionalmente, se surgisse uma boa razão, ela pudesse modificar essas tabelas". Arthur Samuel (1959) definiu o aprendizado de máquina como o "campo de estudo que dá aos computadores a capacidade de aprender sem serem explicitamente programados", ao criar seu programa de aprendizado do jogo de damas.

O primeiro uso notável de **árvores de decisão** foi em EPAM, o "Elementary Perceiver And Memorizer" (Feigenbaum, 1961), que era uma simulação do conceito humano de aprendizagem. O ID3 (Quinlan, 1979) acrescentou a ideia fundamental de escolher o atributo com entropia máxima. Os conceitos de entropia e teoria da informação foram desenvolvidos por Claude Shannon para auxiliar no estudo de comunicação (Shannon e Weaver, 1949). (Shannon também contribuiu com um dos mais antigos exemplos de aprendizagem de máquina, um camundongo mecânico, de nome Theseus, que aprendeu a percorrer um labirinto por tentativa e erro.) O método χ^2 de poda de árvore foi descrito por Quinlan (1986). A descrição do C4.5, um pacote de árvore de decisão com fins industriais, pode ser encontrada em Quinlan (1993). Um pacote de *software* de peso industrial alternativo, CART (de *Classification and Regression Trees*) foi desenvolvido pelo estatístico Leo Breiman e seus colegas (Breiman *et al.*, 1984).

Hyafil e Rivest (1976) provaram que encontrar uma árvore de decisão *ótima* (em vez de uma boa árvore por meio de seleções localmente gulosas) é NP-completo. Mas Bertsimas e Dunn (2017) apontam que, nos últimos 25 anos, avanços no projeto de *hardware* e em algoritmos para programação inteira mista resultaram em um ganho de velocidade de 800 bilhões de vezes, o que significa que agora é viável resolver esse problema NP-difícil, pelo menos para problemas com não mais do que alguns milhares de exemplos e algumas dezenas de características.

A **validação cruzada** foi introduzida pela primeira vez por Larson (1931), e de uma forma próxima da que foi apresentada por Stone (1974) e Golub *et al.* (1979). Deve-se a Tikhonov (1963) o procedimento de regularização.

Sobre a questão do sobreajuste, John von Neumann foi citado (Dyson, 2004) como se gabando: "Com quatro parâmetros eu posso ajustar um elefante e com cinco posso fazê-lo balançar a tromba", o que significa que um polinômio de alto grau pode ser feito para se ajustar a quase todos os dados, mas ao custo de um sobreajuste em potencial. Mayer *et al.* (2010) provaram que Neumann estava certo ao demonstrar um elefante ajustado com quatro parâmetros e balançando com cinco parâmetros, e Boué (2019) foi ainda mais longe, demonstrando um elefante e outros animais com uma função caótica de um único parâmetro.

Zhang *et al.* (2016) analisam em quais condições um modelo pode memorizar os dados de treinamento. Eles realizam experimentos utilizando dados aleatórios – certamente um algoritmo que obtém erro zero em um conjunto de treinamento com rótulos aleatórios deve estar memorizando o conjunto de dados. No entanto, eles concluem que o campo ainda não descobriu uma medida precisa do que significa um modelo ser "simples" no sentido da navalha de Ockham. Arpit *et al.* (2017) mostram que as condições sob as quais a memorização pode ocorrer dependem de detalhes do modelo e do conjunto de dados.

Belkin *et al.* (2019) discutem o compromisso viés-variância no aprendizado de máquina e por que algumas classes de modelo continuam a melhorar depois de atingir o ponto de interpolação, enquanto outras classes de modelos exibem a curva em forma de U. Berrada *et al.* (2019) desenvolveram um novo algoritmo de aprendizado com base na descida pelo gradiente, que explora a capacidade dos modelos de memorizar para definir bons valores para o hiperparâmetro da taxa de aprendizado.

A análise teórica de algoritmos de aprendizagem teve início com o trabalho de Gold (1967) em **identificação no limite**. Essa abordagem foi motivada em parte por modelos de descoberta científica a partir da filosofia da ciência (Popper, 1962), mas foi aplicada principalmente ao problema de aprender gramáticas a partir de exemplo de sentenças (Osherson *et al.*, 1986).

Complexidade de Kolmogorov

Enquanto a abordagem de identificação no limite se concentra na convergência no fim, o estudo da **complexidade de Kolmogorov** ou **complexidade algorítmica**, desenvolvido independentemente por Solomonoff (1964, 2009) e por Kolmogorov (1965), tenta fornecer uma definição formal para a noção de simplicidade usada na navalha de Ockham. Para escapar do problema de que a simplicidade depende do modo como a informação é representada, ele propôs que a simplicidade fosse medida pelo comprimento do programa mais curto para uma máquina de Turing universal que reproduz corretamente os dados observados. Embora existam muitas máquinas de Turing universais possíveis e, consequentemente, muitos programas "mais curtos" possíveis, esses programas diferem em comprimento por, no máximo, uma constante que é independente da quantidade de dados. Essa bela ideia, que mostra em essência que *qualquer* viés de representação inicial vai eventualmente ser superado pelos próprios dados, só é arruinada pela indecidibilidade do cálculo do comprimento do programa mais curto. Em vez disso, podem ser usadas medidas aproximadas como o **comprimento mínimo de descrição**, ou CMD (Rissanen, 1984, 2007), e elas têm produzido excelentes resultados na prática. O texto de Li e Vitanyi (2008) é a melhor fonte para estudo da complexidade de Kolmogorov.

A teoria de **aprendizado PAC** foi inaugurada por Leslie Valiant (1984), enfatizando a importância da complexidade computacional e amostral. Com Michael Kearns (1990), Valiant mostrou que diversas classes de conceitos não podem ser aprendidas de forma tratável com a utilização de aprendizado PAC, embora existam informações suficientes disponíveis nos exemplos. Alguns resultados positivos foram obtidos para classes como listas de decisão (Rivest, 1987).

Uma tradição independente da análise de complexidade amostral existia em estatística, começando com o trabalho sobre **teoria de convergência uniforme** (Vapnik e Chervonenkis, 1971). A chamada **dimensão VC** fornece uma medida aproximadamente análoga, embora mais complexa que a medida $\ln |H|$ obtida a partir da análise PAC. A dimensão VC pode ser aplicada a classes de funções contínuas, às quais a análise PAC padrão não se aplica. A teoria de aprendizado PAC e a teoria VC foram conectadas primeiro pelos "quatro alemães" (nenhum dos quais é realmente alemão): Blumer, Ehrenfeucht, Haussler e Warmuth (1989).

Dimensão VC

A **regressão linear** com a perda de erro quadrático remonta a Legendre (1805) e Gauss (1809), os quais trabalhavam na previsão de órbitas ao redor do Sol. (Gauss afirmou estar utilizando a técnica desde 1795, mas adiou sua publicação.) O uso moderno da regressão multivariada para o aprendizado de máquina foi coberto em textos como de Bishop (2007). Ng (2004) e Moore e DeNero (2011) analisaram as diferenças entre a regularização L_1 e L_2.

A expressão **função logística** vem de Pierre-François Verhulst (1804-1849), um estatístico que usou a curva para modelar o crescimento da população com recursos limitados, um modelo mais realista do que o crescimento geométrico sem restrições, proposto por Thomas Malthus. Verhulst chamou-a de *courbe logistique*, por causa de sua relação com a curva logarítmica. A expresssão **maldição da dimensionalidade** vem de Richard Bellman (1961).

A **regressão logística** pode ser resolvida com a descida pelo gradiente ou com o método de Newton-Raphson (Newton, 1671; Raphson, 1690). Uma variante do método de Newton, chamada "L-BFGS", algumas vezes é utilizada para problemas de altas dimensões; o L significa "memória limitada", indicando que evita a criação de matrizes completas de uma só vez, e cria partes delas no ato. BFGS são as iniciais dos autores (Byrd *et al.*, 1995). A ideia da descida pelo gradiente vem de Cauchy (1847); a descida pelo gradiente estocástica (SGD) foi introduzida na comunidade de otimização estatística por Robbins e Monro (1951), redescoberta para redes neurais por Rosenblatt (1960) e popularizada para o aprendizado de máquina em grande escala por Bottou e Bousquet (2008). Bottou *et al.* (2018) reconsideram o tópico da aprendizagem em grande escala com uma década de experiência adicional.

Os modelos de **vizinhos mais próximos** datam pelo menos de Fix e Hodges (1951) e, desde então, têm sido uma ferramenta padrão em estatística e reconhecimento de padrões. Em IA, foram popularizados por Stanfill e Waltz (1986), que investigaram métodos para adaptar a distância métrica aos dados. Hastie e Tibshirani (1996) desenvolveram uma maneira de especializar a métrica para cada ponto no espaço, dependendo da distribuição dos dados em torno desse ponto. Gionis *et al.* (1999) introduziram a técnica de espalhamento sensível à localidade (LSH), que revolucionou a recuperação de objetos similares em espaços de dimensão superior. Andoni e Indyk (2006) apresentaram uma pesquisa de métodos de LSH e afins, e Samet (2006) aborda as propriedades de espaços de alta dimensão. A técnica é particularmente útil para dados genômicos, em que cada registro conta com milhões de atributos (Berlin *et al.*, 2015).

650   **Inteligência Artificial**

As ideias por trás das **máquinas de kernel** vêm de Aizerman *et al.* (1964) (que também introduziram o truque de kernel), mas o pleno desenvolvimento da teoria é atribuído a Vapnik e seus colegas (Boser *et al.*, 1992). As SVM tornaram-se práticas com a introdução do classificador de margem flexível para lidar com dados ruidosos, em um artigo que ganhou o 2008 ACM Theory and Practice Award (Cortes e Vapnik, 1995), e com o algoritmo *Sequential Minimal Optimization* (SMO) para resolver de forma eficiente problemas de SVM usando programação quadrática (Platt, 1999). As SVM se mostraram muito eficazes para tarefas como a categorização de texto (Joachims, 2001), genômica computacional (Cristianini e Hahn, 2007) e reconhecimento de dígitos manuscritos de DeCoste e Schölkopf (2002).

Como parte desse processo, foram concebidos muitos novos kernels que trabalham com *strings*, árvores e outros tipos de dados não numéricos. Uma técnica relacionada, que também utiliza o truque de kernel para representar implicitamente um espaço de características exponencial, é o perceptron votado (Freund e Schapire, 1999; Collins e Duffy, 2002). Livros sobre SVM incluem os nomes Cristianini e Shawe-Taylor (2000) e Schölkopf e Smola (2002). Uma exposição mais amigável apareceu em um artigo da *AI Magazine* por Cristianini e Schölkopf (2002). Bengio e LeCun (2007) mostraram algumas das limitações de SVM e outros métodos locais não paramétricos para funções de aprendizagem que têm estrutura global, mas não têm a suavidade local.

A primeira prova matemática do valor de um comitê foi o teorema do júri de Condorcet (1785), que provou que, se os jurados forem independentes e um jurado individual tiver pelo menos 50% de chance de decidir um caso corretamente, quanto mais jurados você adicionar, melhor será a chance de decidir o caso corretamente. Mais recentemente, o **aprendizado de comitês** tornou-se uma técnica cada vez mais popular para melhorar o desempenho de algoritmos de aprendizado.

O primeiro algoritmo de **florestas aleatórias**, usando seleção de atributos aleatória, é de Ho (1995); uma versão independente foi introduzida por Amit e Geman (1997). Breiman (2001) adicionou as ideias de **bagging** e "erro *out-of-bag*". Friedman (2001) introduziu a terminologia *Gradient Boosting Machine* (GBM), expandindo a abordagem para permitir problemas de classificação multiclasse, regressão e ordenação.

Michel Kearns (1988) definiu o Problema de Impulsionamento de Hipótese: considerando um aprendiz que prevê apenas um pouco melhor do que a escolha aleatória, é possível derivar um aprendiz que tem um desempenho arbitrariamente bom? O problema foi respondido afirmativamente em um artigo teórico de Schapire (1990) que resultou no algoritmo ADABOOST de Freund e Schapire (1996) e no trabalho teórico posterior de Schapire (2003). Friedman *et al.* (2000) explicaram *boosting*, do ponto de vista de um estatístico. Chen e Guestrin (2016) descrevem o sistema XGBOOST, que tem sido utilizado com grande sucesso em muitas aplicações de larga escala.

A aprendizagem *online* foi abrangida em uma revisão da literatura realizada por Blum (1996) e em um livro por Cesa-Bianchi e Lugosi (2006). Dredze *et al.* (2008) introduziram a ideia de aprendizagem *online* ponderada pela confiança para a classificação: além de manter um peso para cada parâmetro, eles também mantêm uma medida de confiança, de modo que um novo exemplo pode ter grande efeito sobre as características que raramente eram vistas antes (e, portanto, tinham baixo nível de confiança) e um pequeno efeito sobre as características comuns que já tinham sido bem estimadas. Yu *et al.* (2011) descrevem como uma equipe de alunos trabalha em conjunto para construir um classificador de comitê na competição KDD. Uma possibilidade empolgante é criar um conjunto de mistura de especialistas "escandalosamente grande", que usa um subconjunto esparso de especialistas para cada exemplo de entrada (Shazeer *et al.*, 2017). Seni e Elder (2010) reveem os métodos de comitês.

Em termos de conselhos práticos para a construção de sistemas de aprendizado de máquina, Pedro Domingos descreve algumas coisas que precisamos saber (2012). Andrew Ng oferece dicas para desenvolver e depurar um produto utiliza aprendizado de máquina (Ng, 2019). O'Neil e Schutt (2013) descrevem o processo de realizar ciência de dados. Tukey (1977) introduziu a **análise exploratória de dados**, e Gelman (2004) oferece uma visão atualizada do processo. Bien *et al.* (2011) descrevem o processo de escolha de protótipos para interpretabilidade, e Kim *et al.* (2017) mostram como encontrar críticos que estejam ao máximo distantes dos protótipos usando uma métrica chamada "discrepância média máxima".

Wattenberg *et al.* (2016) descrevem como utilizar o t-SNE. Para obter uma visão abrangente do desempenho do seu sistema de aprendizado de máquina implantado, Breck *et al.* (2016) oferecem uma lista de verificação de 28 testes que você pode aplicar para obter uma pontuação geral no teste de aprendizado de máquina. Riley (2019) descreve três armadilhas comuns do desenvolvimento de aprendizado de máquina.

Banko e Brill (2001), Halevy *et al.* (2009) e Gandomi e Haider (2015) discutem as vantagens de usar a grande quantidade de dados que agora estão disponíveis. Lyman e Varian (2003) estimaram que cerca de 5 *exabytes* (5×10^{18} *bytes*) de dados foram produzidos em 2002, e que a taxa de produção dobra a cada 3 anos. Hilbert e Lopez (2011) estimaram 2×10^{21} *bytes* para 2007, indicando uma aceleração. Guyon e Elisseeff (2003) discutem o problema de seleção de características em grandes conjuntos de dados.

Doshi-Velez e Kim (2017) propõem uma estrutura para **aprendizado de máquina interpretável** ou **IA explicável (XAI)**. Miller *et al.* (2017) ressaltam que existem dois tipos de explicações, uma para os projetistas de um sistema de IA e outra para os usuários, e precisamos ter clareza sobre o que pretendemos. O sistema LIME (Ribeiro *et al.*, 2016) constrói modelos lineares interpretáveis que aproximam qualquer sistema de aprendizado de máquina que você tenha. Um sistema semelhante, SHAP (*Shapley Additive exPlanations* – Lundberg e Lee, 2018), usa a noção de valor de Shapley (seção 18.3.2) para determinar a contribuição de cada característica.

A ideia de que poderíamos aplicar o aprendizado de máquina à tarefa de resolver problemas de aprendizado de máquina é tentadora. Thrun e Pratt (2012) fornecem uma visão geral inicial do campo em uma coleção editada intitulada *Learning to Learn*. Recentemente, o campo adotou o nome de **aprendizado de máquina automatizado (AutoML)**; Hutter *et al.* (2019) dão uma visão geral.

Kanter e Veeramachaneni (2015) descrevem um sistema para realizar a seleção automática de características. Bergstra e Bengio (2012) descrevem um sistema de busca no espaço de hiperparâmetros, e do mesmo modo Thornton *et al.* (2013) e Bermúdez-Chacón *et al.* (2015). Wong *et al.* (2019) mostram como a aprendizagem por transferência pode acelerar o AutoML para modelos de aprendizado profundo. As competições foram organizadas para ver quais sistemas são os melhores nas tarefas do AutoML (Guyon *et al.*, 2015). Steinruecken *et al.* (2019) descrevem um sistema chamado *Automatic Statistician*: você fornece alguns dados e ele gera um relatório, misturando texto, gráficos e cálculos. Os principais provedores de computação em nuvem incluíram AutoML como parte de suas ofertas. Alguns pesquisadores preferem o termo **meta-aprendizagem**: p. ex., o sistema MAML (*Model-Agnostic Meta-Learning*) (Finn *et al.*, 2017) funciona com qualquer modelo que possa ser treinado por descida pelo gradiente; ele treina um modelo central para que seja fácil ajustar o modelo com novos dados em novas tarefas.

Apesar de todo esse trabalho, ainda não temos um sistema completo para resolver problemas de aprendizado de máquina automaticamente. Para fazer isso com o aprendizado de máquina supervisionado, precisaríamos começar com um conjunto de dados de exemplos $(\mathbf{x}_j, y_j)$. Aqui, a entrada $\mathbf{x}_j$ é uma especificação do problema, na forma como um problema é inicialmente encontrado: uma descrição vaga dos objetivos e alguns dados para trabalhar, talvez com um plano vago de como adquirir mais dados. A saída y_j seria um programa completo de aprendizado de máquina em execução, junto com uma metodologia para manter o programa: coletar mais dados, limpá-los, testar e monitorar o sistema etc. Seria de se esperar que precisássemos de um conjunto de dados de milhares desses exemplos. Mas não existe um conjunto de dados desse tipo; então os sistemas AutoML existentes são limitados no que podem realizar.

Existe uma variedade estonteante de livros que apresentam ciência de dados e aprendizado de máquina, em conjunto com pacotes de *software*, como Python (Segaran, 2007; Raschka, 2015; Nielsen, 2015), Scikit-Learn (Pedregosa *et al.*, 2011), R (Conway e White, 2012), Pandas (McKinney, 2012), NumPy (Marsland, 2014), PyTorch (Howard e Gugger, 2020), TensorFlow (Ramsundar e Zadeh, 2018) e Keras (Chollet, 2017; Géron, 2019).

Há vários livros didáticos valiosos em aprendizagem de máquina (Bishop, 2007; Murphy, 2012) e nos campos intimamente aliados e sobrepostos de reconhecimento de padrões (Ripley, 1996; Duda *et al.*, 2001), estatística (Wasserman, 2004; Hastie *et al.*, 2009; James *et al.*, 2013), ciência de dados (Blum *et al.*, 2020), mineração de dados (Hand *et al.*, 2011; Witten e Frank, 2016; Tan *et al.*, 2019), teoria da aprendizagem computacional (Kearns e Vazirani, 1994; Vapnik, 1998) e teoria da informação (Shannon e Weaver, 1949; MacKay, 2002; Cover e Thomas, 2006). Burkov (2019) tenta fazer a introdução mais curta possível ao aprendizado de máquina, e Domingos (2015) oferece uma visão geral não técnica desse campo. Pesquisas atuais em aprendizado de máquina são publicadas nos anais da *International Conference on Machine Learning* (ICML) e da *International Conference on Learning Representations* (ICLR) e na conferência sobre *Neural Information Processing Systems* (NeurIPS); e em *Machine Learning* e no *Journal of Machine Learning Research*.

CAPÍTULO 20

APRENDIZADO DE MODELOS PROBABILÍSTICOS

Neste capítulo, visualizamos o aprendizado como uma forma de raciocínio sob incerteza a partir de observações e criamos modelos para representar o mundo incerto.

O Capítulo 12 assinalou a prevalência da incerteza em ambientes reais. Os agentes podem manipular a incerteza usando os métodos de probabilidade e teoria da decisão, mas primeiro eles devem aprender suas teorias probabilísticas do mundo a partir da experiência. Este capítulo explica como é possível fazê-lo, pela formulação da tarefa de aprendizagem em si como um processo de inferência probabilística (seção 20.1). Veremos que uma visão bayesiana de aprendizagem é extremamente poderosa, fornecendo soluções gerais para os problemas de ruído, sobreajuste e previsão ótima. Também leva em conta o fato de que um agente que não seja onisciente nunca poderá ter certeza sobre qual teoria do mundo é correta, mesmo que ainda tome decisões usando alguma teoria do mundo.

Descreveremos métodos para aprender modelos probabilísticos – principalmente redes bayesianas – nas seções 20.2 e 20.3. Parte do material deste capítulo é bastante matemático, embora as lições gerais possam ser entendidas sem necessidade de mergulhar nos detalhes. O leitor pode tirar proveito de revisar o material dos Capítulos 12 e 13 e dar uma passada no Apêndice A.

20.1 Aprendizado estatístico

Os conceitos fundamentais deste capítulo, da mesma maneira que os do Capítulo 19, são **dados** e **hipóteses**. Aqui, os dados são **evidências**, isto é, instanciações de algumas ou de todas as variáveis aleatórias que descrevem o domínio. Neste capítulo, as hipóteses são teorias probabilísticas de como o domínio funciona, incluindo teorias lógicas como um caso especial.

Vamos considerar um exemplo simples. Nosso doce surpresa favorito tem dois sabores: cereja (hum) e lima (eca). O fabricante de doces tem um senso de humor peculiar e embrulha cada pedaço de doce na mesma embalagem opaca, independentemente do sabor. O doce é vendido em sacos muito grandes, dos quais existem cinco tipos conhecidos – novamente, indistinguíveis a partir do exterior:

h_1: 100% cereja,
h_2: 75% cereja + 25% lima,
h_3: 50% cereja + 50% lima,
h_4: 25% cereja + 75% lima,
h_5: 100% lima.

Dado um novo saco de doces, a variável aleatória H (de *hipótese*) indica o tipo do saco, com valores possíveis h_1 até h_5. É evidente que H não é diretamente observável. À medida que os doces são abertos e inspecionados, são revelados os dados – D_1, D_2,..., D_N, em que cada D_i é uma variável aleatória com valores possíveis *cereja* e *lima*. A tarefa básica enfrentada pelo agente é prever o sabor do próximo doce.[1] Apesar de sua trivialidade aparente, esse cenário serve para introduzir muitas questões importantes. O agente realmente precisa deduzir uma teoria de seu mundo, embora seja um mundo muito simples.

---

[1] Os leitores com bons conhecimentos de estatística reconhecerão esse cenário como uma variante do problema de **urnas e bolas**. Consideramos urnas e bolas menos interessantes que doces.

654 Inteligência Artificial

> **Aprendizagem bayesiana**

A **aprendizagem bayesiana** simplesmente calcula a probabilidade de cada hipótese, considerando os dados, e faz previsões de acordo com ela. Isto é, as previsões são feitas com o uso de *todas* as hipóteses, ponderadas por suas probabilidades, em vez de utilizar apenas uma única "melhor" hipótese. Desse modo, a aprendizagem é reduzida à inferência probabilística.

> **Distribuição *a priori* de hipóteses**
> **Verossimilhança**

Seja **D** a representação de todos os dados, com valor observado **d**. As quantidades fundamentais na abordagem bayesiana são a **distribuição *a priori* das hipóteses**, $P(h_i)$, e a **verossimilhança** dos dados sob cada hipótese, $P(\mathbf{d}|h_i)$. A probabilidade de cada hipótese é obtida pela regra de Bayes:

$$P(h_i \mid \mathbf{d}) = \alpha P(\mathbf{d} \mid h_i)P(h_i). \tag{20.1}$$

Agora, vamos supor que queremos fazer uma previsão sobre uma quantidade desconhecida X. Então, temos

$$\mathbf{P}(X \mid \mathbf{d}) = \sum_i \mathbf{P}(X \mid h_i)P(h_i \mid \mathbf{d}), \tag{20.2}$$

em que cada hipótese determina uma distribuição de probabilidades sobre X. Essa equação mostra que as previsões são médias ponderadas sobre as previsões das hipóteses individuais, nas quais o peso $P(h_i \mid \mathbf{d})$ é proporcional à probabilidade *a priori* de h_i e seu grau de ajuste, de acordo com a Equação 20.1. As hipóteses propriamente ditas são em essência "intermediários" entre os dados brutos e as previsões.

Para nosso exemplo dos doces, vamos supor por enquanto que a distribuição *a priori* sobre h_1, (...), h_5 seja dada por $\langle 0,1; 0,2; 0,4; 0,2; 0,1 \rangle$, como anunciado pelo fabricante. A verossimilhança dos dados é calculada sob a suposição de que as observações são **i.i.d.** (seções 19.3 e 19.4), de forma que

$$P(\mathbf{d}|h_i) = \prod_j P(d_j|h_i). \tag{20.3}$$

Por exemplo, suponha que o saco seja realmente um saco só com doces de lima (h_5) e que os primeiros 10 doces sejam todos de lima; então, $P(\mathbf{d} \mid h_3)$ é $0,5^{10}$, porque metade dos doces em um saco do tipo h_3 é de doces de lima.[2] A Figura 20.1(a) mostra como as probabilidades posteriores das cinco hipóteses mudam à medida que a sequência de 10 doces de lima é observada. Note que as probabilidades começam com seus valores *a priori*; portanto, h_3 é inicialmente a escolha mais provável e permanece assim, depois que um doce de lima é desembrulhado. Depois de serem desembrulhados dois doces de lima, h_4 é mais provável; após três ou mais, h_5 (que é o temido saco só com doces de lima) é o mais provável. Depois de 10 doces seguidos, estamos bastante certos de nosso destino. A Figura 20.1(b) mostra a probabilidade prevista de que o próximo doce seja de lima, com base na Equação 20.2. Como seria de esperar, ela aumenta monotonicamente em direção a 1.

▶ O exemplo mostra que *a previsão bayesiana ultimamente concorda com a verdadeira hipótese*. Isso é característico da aprendizagem bayesiana. Para qualquer probabilidade *a priori* fixa que não elimina a hipótese verdadeira, a probabilidade *a posteriori* de qualquer hipótese falsa vai, a partir de certo ponto, desaparecer sob determinadas condições técnicas. Isso simplesmente acontece porque a probabilidade de gerar dados "não característicos" indefinidamente é muitíssimo pequena. (Esse ponto é semelhante à observação feita na discussão da aprendizagem PAC no Capítulo 19.) Mais importante ainda, a previsão bayesiana é *ótima*, quer o conjunto de dados seja pequeno, quer seja grande. Dada a distribuição *a priori* de hipóteses, qualquer outra previsão será correta com menor frequência.

É claro que o caráter ótimo da aprendizagem bayesiana tem um preço. Para problemas reais de aprendizagem, o espaço de hipóteses é em geral muito grande ou infinito, como vimos no Capítulo 19. Em alguns casos, o somatório da Equação 20.2 (ou integração, no caso

---

[2] Declaramos antes que os sacos de doces são muito grandes; caso contrário, a suposição de i.i.d. deixa de ser válida. Tecnicamente, é mais correto (embora menos higiênico) reembalar cada doce após a inspeção e devolvê-lo ao saco.

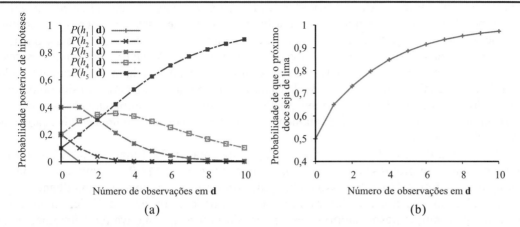

Figura 20.1 (a) Probabilidades *a posteriori* $P(h_i \mid d_1,..., d_N)$ a partir da Equação 20.1. O número de observações N varia de 1 a 10, e cada observação é de um doce de lima. (b) Previsão bayesiana $P(D_{N+1} = \text{lima} \mid d_1,..., d_N)$ a partir da Equação 20.2. (Esta figura encontra-se reproduzida em cores no Encarte *online*.)

contínuo) pode ser executado de forma tratável, mas, na maioria dos casos, devemos recorrer a métodos aproximados ou simplificados.

Uma aproximação muito comum – habitualmente adotada na ciência – é fazer previsões com base em uma única hipótese *mais provável*, isto é, uma h_i que maximize $P(h_i \mid \mathbf{d})$. Com frequência, isso é chamado "hipótese de **máximo *a posteriori***" ou MAP. As previsões feitas de acordo com uma hipótese de MAP h_{MAP} são aproximadamente bayesianas até o ponto em que $\mathbf{P}(X \mid \mathbf{d}) \approx \mathbf{P}(X \mid h_{\text{MAP}})$. Em nosso exemplo de doces, $h_{\text{MAP}} = h_5$ após três doces de lima seguidos; assim, o sistema de aprendizagem de MAP prevê que o quarto doce será de lima com probabilidade 1,0 – uma previsão muito mais perigosa que a previsão bayesiana de 0,8 mostrada na Figura 20.1(b). À medida que chegam mais dados, as previsões de MAP e bayesiana ficam mais próximas, porque os concorrentes da hipótese de MAP se tornam cada vez menos prováveis.

Máximo *a posteriori*

Embora nosso exemplo não mostre, a descoberta de hipóteses de MAP frequentemente é muito mais fácil que a aprendizagem bayesiana, porque exige a resolução de um problema de otimização, em vez de um grande problema de somatório (ou integração).

Tanto na aprendizagem bayesiana quanto na aprendizagem de MAP, a distribuição *a priori* de hipóteses $P(h_i)$ desempenha uma função importante. Vimos no Capítulo 19 que o **sobreajuste** pode ocorrer quando o espaço de hipóteses é muito expressivo, de forma que ele contenha muitas hipóteses que se ajustam bem ao conjunto de dados. Métodos de aprendizagem bayesiana e MAP utilizam a hipótese *a priori* para *penalizar a complexidade*. Em geral, as hipóteses mais complexas têm uma probabilidade *a priori* mais baixa – em parte porque normalmente existem muitas delas. Por outro lado, as hipóteses mais complexas têm capacidade maior de se adaptar aos dados. (No caso extremo, uma tabela de referência pode reproduzir os dados exatamente.) Consequentemente, a distribuição *a priori* incorpora um compromisso entre a complexidade de uma hipótese e seu grau de ajuste aos dados.

Podemos ver o efeito dessa solução de compromisso mais claramente no caso lógico em que H contém apenas hipóteses *determinísticas* (como h_1, que diz que cada doce é de cereja). Nesse caso, $P(\mathbf{d} \mid h_i)$ é 1, se h_i é consistente, e 0 em caso contrário. Examinando a Equação 20.1, vemos que h_{MAP} será a *teoria lógica mais simples consistente com os dados*. Portanto, uma aprendizagem máxima *a posteriori* fornece uma incorporação natural da navalha de Ockham.

Outra ideia sobre a solução de compromisso entre complexidade e grau de ajuste é obtida tomando o logaritmo da Equação 20.1. A escolha de h_{MAP} para maximizar $P(\mathbf{d} \mid h_i)P(h_i)$ é equivalente a minimizar

$$-\log_2 P(\mathbf{d} \mid h_i) - \log_2 P(h_i).$$

Utilizando a conexão entre codificação de informações e probabilidade que introduzimos na seção 19.3.3, vemos que o termo $-\log_2 P(h_i)$ é igual ao número de *bits* necessários para

656 Inteligência Artificial

especificar a hipótese h_i. Além disso, $-\log_2 P(\mathbf{d} \mid h_i)$ é o número adicional de *bits* exigidos para especificar os dados, tendo em vista a hipótese. (Para ver isso, considere que nenhum *bit* é necessário se a hipótese prevê os dados exatamente – como ocorre com h_5 e a sequência de doces de lima – e que $\log_2 1 = 0$.) Logo, a aprendizagem de MAP é a escolha da hipótese que fornece *compactação* máxima dos dados. A mesma tarefa é tratada mais diretamente pelo método de aprendizagem por **descrição de comprimento mínimo**, ou DCM. Considerando que a aprendizagem de MAP expressa simplicidade ao atribuir maiores probabilidades a hipóteses mais simples, DCM expressa isso diretamente pela contagem de *bits* em uma codificação binária das hipóteses e dos dados.

Máxima verossimilhança

Uma simplificação final é fornecida supondo uma probabilidade *a priori* **uniforme** sobre o espaço de hipóteses. Nesse caso, a aprendizagem de MAP se reduz à escolha de um h_i que maximize $P(\mathbf{d} \mid h_i)$. Isso é chamado hipótese de **máxima verossimilhança**, h_{MV}. A aprendizagem por máxima verossimilhança é muito comum em estatística, uma disciplina na qual muitos pesquisadores desconfiam da natureza subjetiva de distribuições de hipóteses *a priori*. É uma abordagem razoável quando não existe nenhuma razão para preferir uma hipótese sobre outra *a priori* – por exemplo, quando todas as hipóteses são igualmente complexas.

Quando o conjunto de dados é grande, a distribuição *a priori* sobre hipóteses é menos importante – a evidência a partir dos dados é forte o suficiente para inundar a distribuição *a priori* sobre hipóteses. Isso significa que a aprendizagem por máxima verossimilhança proporciona uma boa aproximação para a aprendizagem bayesiana e de MAP, mas tem problemas (como veremos) com conjuntos de dados pequenos.

20.2 Aprendizado com dados completos

Estimação de densidade

A **estimação de densidade** é a tarefa geral de aprender um modelo probabilístico, a partir dos dados que assumimos como sendo gerados desse modelo. (A expressão originalmente aplicava-se a funções de densidade de probabilidade para variáveis contínuas, mas agora é usada também para distribuições discretas.) A estimação de densidade é uma forma de aprendizado não supervisionado. Esta seção abrange o caso mais simples, no qual temos **dados completos**.

Dados completos

Os dados são completos quando cada ponto de dados contém valores para cada variável no modelo de probabilidade que está sendo aprendido. Iremos nos concentrar no **aprendizado de**

Aprendizado de parâmetros

parâmetros – encontrar os parâmetros numéricos para um modelo de probabilidade cuja estrutura é fixa. Por exemplo, poderíamos estar interessados em aprender as probabilidades condicionais em uma rede bayesiana com determinada estrutura. Vamos também analisar rapidamente o problema de aprendizado de estruturas e de estimação de densidade não paramétrica.

20.2.1 Aprendizado de parâmetros por máxima verossimilhança: modelos discretos

Vamos supor que compramos um saco de doces de lima e de cereja de um novo fabricante cujas proporções de sabor são completamente desconhecidas; a fração poderia estar em qualquer lugar entre 0 e 1. Nesse caso, temos uma quantidade contínua de hipóteses. O **parâmetro**, que no caso vamos chamar de θ, é a proporção de doces de cereja, e a hipótese é h_θ. (A proporção de doces de lima é, simplesmente, $1 - \theta$.) Se considerarmos que todas as proporções são igualmente prováveis *a priori*, uma abordagem de máxima verossimilhança será razoável. Se modelarmos a situação com uma rede bayesiana, então precisaremos de apenas uma variável aleatória, *Sabor* (o sabor de um doce escolhido ao acaso no saco). Ela tem valores *cereja* e *lima*, em que a probabilidade de *cereja* é θ (Figura 20.2[a]). Agora, vamos supor que desembrulhamos N doces, dos quais c são de cereja e $\ell = N - c$ são de lima. De acordo com a Equação 20.3, a verossimilhança desse conjunto de dados específico é

$$P(\mathbf{d} \mid h_\theta) = \prod_{j=1}^{N} P(d_j \mid h_\theta) = \theta^c \cdot (1 - \theta)^\ell.$$

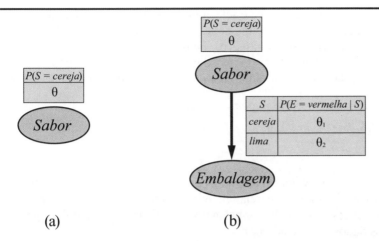

Figura 20.2 (a) Modelo de rede bayesiana para o caso de doces com uma proporção desconhecida de cerejas e limas. (b) Modelo para o caso em que a cor da embalagem depende (probabilisticamente) do sabor do doce.

A hipótese de máxima verossimilhança é dada pelo valor de θ que maximiza essa expressão. Como a função logarítmica é monótona, o mesmo valor é obtido maximizando o **logaritmo da verossimilhança** em seu lugar:

$$L(\mathbf{d}\,|\,h_\theta) = \log P(\mathbf{d}\,|\,h_\theta) = \sum_{j=1}^{N} \log P(d_j\,|\,h_\theta) = c\log\theta + \ell\log(1-\theta).$$

Logaritmo da verossimilhança

(Usando logaritmos, reduzimos o produto a uma soma sobre os dados, que em geral é mais fácil de maximizar.) Para encontrar o valor de máxima verossimilhança de θ, diferenciamos L em relação a θ e igualamos a expressão resultante a zero:

$$\frac{dL(\mathbf{d}\,|\,h_\theta)}{d\theta} = \frac{c}{\theta} - \frac{\ell}{1-\theta} = 0 \quad\Rightarrow\quad \theta = \frac{c}{c+\ell} = \frac{c}{N}.$$

Então, em linguagem comum, a hipótese de máxima verossimilhança h_{MV} afirma que a proporção real de cerejas no saco é igual à proporção observada nos doces que foram desembrulhados até agora!

Parece que tivemos um bocado de trabalho para descobrir o óbvio. Entretanto, na verdade, definimos um método padrão para aprendizado de parâmetros por máxima verossimilhança, um método com grande aplicabilidade:

1. Escreva uma expressão para a probabilidade dos dados como uma função do(s) parâmetro(s).
2. Escreva a derivada do logaritmo da verossimilhança com relação a cada parâmetro.
3. Encontre os valores de parâmetros tais que as derivadas sejam iguais a zero.

A etapa mais complicada é normalmente a última. Em nosso exemplo, ela foi trivial, mas veremos que, em muitos casos, precisamos recorrer a algoritmos de solução iterativa ou a outras técnicas de otimização numérica, conforme descrevemos na seção 4.2. (Precisaremos verificar que a matriz hessiana é definida negativa.) O exemplo também ilustra um problema significativo com a aprendizagem por maximização da verossimilhança em geral: *quando o conjunto de dados é pequeno o suficiente para que alguns eventos ainda não tenham sido observados – por exemplo, nenhum doce de cereja –, a hipótese de máxima verossimilhança atribui probabilidade zero a esses eventos*. Vários artifícios são usados para evitar esse problema, como inicializar a contagem para cada evento com o valor 1 em vez de 0.

Vamos examinar outro exemplo. Suponha que esse novo fabricante de doces queira dar uma pequena sugestão ao consumidor e utilize embalagens de doces coloridas de vermelho e

658 Inteligência Artificial

verde. A *Embalagem* para cada doce é selecionada *probabilisticamente*, de acordo com alguma distribuição condicional desconhecida, dependendo do sabor. O modelo de probabilidade correspondente é mostrado na Figura 20.2(b). Note que ele tem três parâmetros: θ, θ_1 e θ_2. Com esses parâmetros, a probabilidade de ver, digamos, um doce de cereja em uma embalagem verde pode ser obtida a partir da semântica padrão para redes bayesianas (seção 13.2):

$$P(Sabor = cereja, Embalagem = verde \,|\, h_{\theta,\theta_1,\theta_2})$$
$$= P(Sabor = cereja \,|\, h_{\theta,\theta_1,\theta_2}) P(Embalagem = verde \,|\, Sabor = cereja, h_{\theta,\theta_1,\theta_2})$$
$$= \theta \cdot (1 - \theta_1).$$

Agora, desembrulhamos N doces, dos quais c são de cereja e ℓ são de lima. As contagens de embalagens são: r_c dos doces de cereja têm embalagens vermelhas e g_c têm embalagens verdes, enquanto r_ℓ dos doces de lima têm embalagens vermelhas e g_ℓ têm embalagens verdes. A verossimilhança dos dados é fornecida por

$$P(\mathbf{d} \,|\, h_{\theta,\theta_1,\theta_2}) = \theta^c (1 - \theta)^\ell \cdot \theta_1^{r_c} (1 - \theta_1)^{g_c} \cdot \theta_2^{r_\ell} (1 - \theta_2)^{g_\ell}.$$

Essa expressão parece horrível, mas o uso de logaritmos ajuda:

$$L = [c \log \theta + \ell \log(1 - \theta)] + [r_c \log \theta_1 + g_c \log(1 - \theta_1)] + [r_\ell \log \theta_2 + g_\ell \log(1 - \theta_2)].$$

A vantagem de usar log é clara: o logaritmo da verossimilhança é a soma de três termos, cada um dos quais contém um único parâmetro. Quando tomarmos derivadas em relação a cada parâmetro e as definirmos como zero, conseguiremos três equações independentes, cada uma contendo apenas um parâmetro:

$$\frac{\partial L}{\partial \theta} = \frac{c}{\theta} - \frac{\ell}{1 - \theta} = 0 \qquad \Rightarrow \qquad \theta = \frac{c}{c + \ell}$$
$$\frac{\partial L}{\partial \theta_1} = \frac{r_c}{\theta_1} - \frac{g_c}{1 - \theta_1} = 0 \qquad \Rightarrow \qquad \theta_1 = \frac{r_c}{r_c + g_c}$$
$$\frac{\partial L}{\partial \theta_2} = \frac{r_\ell}{\theta_2} - \frac{g_\ell}{1 - \theta_2} = 0 \qquad \Rightarrow \qquad \theta_2 = \frac{r_\ell}{r_\ell + g_\ell}.$$

A solução para θ é a mesma de antes. A solução para θ_1, a probabilidade de que um doce de cereja tenha embalagem vermelha, é a fração observada de doces de cereja com embalagens vermelhas, e o mesmo ocorre no caso de θ_2.

Esses resultados são muito confortantes, e é fácil ver que eles podem ser estendidos a qualquer rede bayesiana cujas probabilidades condicionais são representadas como tabelas. O ponto mais importante é que, *com dados completos, o problema de aprendizado de parâmetros de máxima verossimilhança para uma rede bayesiana se decompõe em problemas de aprendizado separados, um para cada parâmetro*. O segundo ponto importante é que os valores de parâmetros para uma variável, dados seus pais, são apenas as frequências observadas dos valores de variáveis para cada configuração dos valores dos pais. Como antes, devemos ser cuidadosos para evitar zeros quando o conjunto de dados é pequeno.

20.2.2 Modelo de Bayes ingênuo

Provavelmente, o modelo de rede bayesiana mais comum utilizado no aprendizado de máquina é o **modelo de Bayes ingênuo**, introduzido na seção 12.6. Nesse modelo, a variável de "classe" C (que deve ser prevista) é a raiz, e as variáveis de "atributos" X_i são as folhas. O modelo é "ingênuo" porque supõe que os atributos são condicionalmente independentes uns dos outros, dada a classe. (O modelo da Figura 20.2[b] é um modelo de Bayes ingênuo com a classe *Sabor* e apenas um atributo, *Embalagem*.) Supondo variáveis booleanas, os parâmetros são

$$\theta = P(C = verdadeiro), \theta_{i1} = P(X_i = verdadeiro \mid C = verdadeiro), \theta_{i2} = P(X_i = verdadeiro \mid C = falso).$$

Os valores de parâmetros de máxima verossimilhança são encontrados exatamente do mesmo modo que aparece na Figura 20.2(b). Uma vez que o modelo é treinado dessa maneira, ele pode ser utilizado para classificar novos exemplos, para os quais a variável de classe C é não observada. Com valores de atributos observados $x_1, ..., x_n$, a probabilidade de cada classe é dada por

$$\mathbf{P}(C | x_1, ..., x_n) = \alpha \, \mathbf{P}(C) \prod_i \mathbf{P}(x_i | C).$$

Uma previsão determinística pode ser obtida escolhendo a classe mais provável. A Figura 20.3 mostra a curva de aprendizado para esse método quando ele é aplicado ao problema de restaurante do Capítulo 19. O método aprende bastante bem, mas não tanto quanto o aprendizado por árvore de decisão; presumivelmente, isso ocorre porque a hipótese verdadeira – que é uma árvore de decisão – não pode ser representada exatamente com o uso de um modelo de Bayes ingênuo. Tais modelos acabam funcionando surpreendentemente bem em uma ampla variedade de aplicações; a versão com *boosting* é um dos mais efetivos algoritmos de aprendizado de uso geral. O aprendizado de modelos ingênuos se adapta bem à escala de problemas muito grandes: com *n* atributos booleanos, existem apenas $2n + 1$ parâmetros, e *nenhuma busca é necessária para encontrar h_{MV}, a hipótese de Bayes ingênua de máxima verossimilhança*. Por fim, os sistemas de aprendizado de modelos de Bayes ingênuos não têm nenhuma dificuldade com dados ruidosos ou faltantes e podem fornecer previsões probabilísticas quando apropriado. Sua principal desvantagem é o fato de que a suposição de independência condicional raramente é precisa; conforme observado na seção 12.6, a suposição leva a probabilidades superconfiantes que normalmente estão muito próximas de 0 ou 1, especialmente com grandes números de atributos.

20.2.3 Modelos gerativos e discriminativos

Podemos distinguir dois tipos de modelos de aprendizado de máquina usados para classificadores: gerativos e discriminativos. Um **modelo gerativo** (também dito generativo) modela a distribuição de probabilidade de cada classe. Por exemplo, o classificador de texto de Bayes ingênuo da seção 12.6.1 cria um modelo separado para cada categoria possível de texto – um para esportes, um para clima, e assim por diante. Cada modelo inclui a probabilidade anterior da categoria –, por exemplo, P(*Categoria* = *clima*) – bem como a probabilidade condicional **P**(*Entradas* | *Categoria* = *clima*). A partir deles, podemos calcular a probabilidade conjunta **P**(*Entradas*, *Categoria* = *clima*) e podemos gerar uma seleção aleatória de palavras que representa textos na categoria *clima*.

Modelo gerativo

Um **modelo discriminativo** aprende diretamente o limite de decisão entre as classes. Ou seja, ele aprende **P**(*Categoria* | *Entradas*). Dados exemplos de entradas, um modelo discriminativo surgirá com uma categoria de saída, mas você não pode usar um modelo discriminativo para, digamos, gerar palavras aleatórias que sejam representativas de uma categoria.

Modelo discriminativo

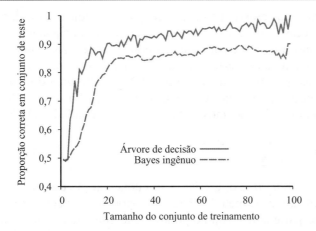

Figura 20.3 Curva de aprendizado correspondente ao aprendizado de modelos de Bayes ingênuos para o problema do restaurante do Capítulo 19; a curva de aprendizado de árvores de decisão é mostrada para comparação.

660 Inteligência Artificial

A regressão logística, as árvores de decisão e as máquinas de vetores de suporte são todas modelos discriminativos.

Uma vez que os modelos discriminativos colocam toda a sua ênfase na definição do limite de decisão - isto é, realmente fazer a tarefa de classificação que foram solicitados a fazer -, eles tendem a ter um desempenho melhor no limite, com uma quantidade arbitrária de dados de treinamento. No entanto, com dados limitados, em alguns casos um modelo gerativo tem um desempenho melhor. Ng e Jordan (2002) comparam o classificador de Bayes ingênuo gerativo com o classificador de regressão logística discriminativo em 15 (pequenos) conjuntos de dados e descobrem que, com a quantidade máxima de dados, o modelo discriminativo se sai melhor em 9 dos 15 conjuntos de dados, mas com apenas uma pequena quantidade de dados, o modelo gerativo se sai melhor em 14 de 15 conjuntos de dados.

20.2.4 Aprendizado de parâmetros por maximização de verossimilhança: modelos contínuos

Os modelos de probabilidade contínuos, como o modelo **gaussiano linear**, foram introduzidos na seção 13.2.3. Pelo fato de as variáveis contínuas serem onipresentes em aplicações do mundo real, é importante saber como aprender os parâmetros de modelos contínuos a partir de dados. Os princípios para a aprendizagem por maximização da verossimilhança são idênticos nos casos discreto e contínuo.

Vamos começar com um caso muito simples: o aprendizado de parâmetros de uma função de densidade gaussiana sobre uma única variável. Isto é, consideramos que os dados são gerados como a seguir:

$$P(x) = \frac{1}{\sigma\sqrt{2\pi}} e^{-\frac{(x-\mu)^2}{2\sigma^2}} \,.$$

Os parâmetros desse modelo são a média m e o desvio padrão σ. (Note que a "constante" de normalização depende de σ e, assim, não podemos ignorá-la.) Sejam os valores observados $x_1,..., x_N$. Então, o logaritmo da verossimilhança é

$$L = \sum_{j=1}^{N} \log \frac{1}{\sigma\sqrt{2\pi}} e^{-\frac{(x_j-\mu)^2}{2\sigma^2}} = N(-\log\sqrt{2\pi} - \log\sigma) - \sum_{j=1}^{N} \frac{(x_j-\mu)^2}{2\sigma^2} \,.$$

Como sempre, igualamos as derivadas a zero e obtemos

$$\frac{\partial L}{\partial \mu} = -\frac{1}{\sigma^2}\sum_{j=1}^{N}(x_j - \mu) = 0 \qquad \Rightarrow \quad \mu = \frac{\sum_j x_j}{N}$$

$$\frac{\partial L}{\partial \sigma} = -\frac{N}{\sigma} + \frac{1}{\sigma^3}\sum_{j=1}^{N}(x_j - \mu)^2 = 0 \qquad \Rightarrow \quad \sigma = \sqrt{\frac{\sum_j (x_j-\mu)^2}{N}} \,. \tag{20.4}$$

Isto é, o valor de máxima verossimilhança da média é a média amostral, e o valor de máxima verossimilhança do desvio padrão é a raiz quadrada da variância amostral. Novamente, esses são resultados reconfortantes que confirmam a prática de "senso comum".

Agora, considere um modelo gaussiano linear com um pai contínuo X e um filho contínuo Y. De acordo com o que já explicamos na seção 13.2.3, Y tem uma distribuição gaussiana cuja média depende linearmente do valor de X e cujo desvio padrão é fixo. Para aprender a distribuição condicional $P(Y \mid X)$, podemos maximizar a probabilidade condicional

$$P(y \mid x) = \frac{1}{\sigma\sqrt{2\pi}} e^{-\frac{(y-(\theta_1 x+\theta_2))^2}{2\sigma^2}} \,. \tag{20.5}$$

Aqui, os parâmetros são θ_1, θ_2 e σ. Os dados são uma coleção de pares (x_j, y_j), como ilustrado na Figura 20.4. Utilizando os métodos habituais, podemos encontrar os valores de máxima verossimilhança dos parâmetros. Aqui o ponto é diferente. Se considerarmos apenas os parâmetros θ_1 e θ_2 que definem o relacionamento linear entre x e y, fica evidente que maximizar o logaritmo da verossimilhança com relação a esses parâmetros é o mesmo que *minimizar* o numerador $(y - (\theta_1 x + \theta_2))^2$ no expoente da Equação 20.5. Isso é a perda L_2, o erro quadrático entre o valor real y e a previsão $\theta_1 x + \theta_2$.

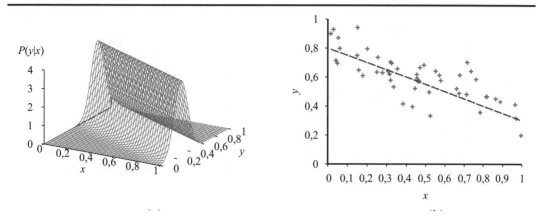

Figura 20.4 (a) Modelo gaussiano linear descrito como $y = \theta_1 x + \theta_2$ somado a ruído gaussiano com variância fixa. (b) Conjunto de 50 pontos de dados gerados a partir desse modelo e da linha de melhor ajuste.

Essa é a quantidade minimizada pelo procedimento padrão de **regressão linear** descrito na seção 19.6. Agora podemos compreender o porquê: a minimização da soma de erros quadráticos fornece o modelo de linha reta de máxima verossimilhança, *desde que os dados sejam gerados com ruído gaussiano de variância fixa*.

20.2.5 Aprendizado de parâmetros bayesiano

A aprendizagem por maximização de verossimilhança dá origem a alguns procedimentos muito simples, mas tem algumas deficiências sérias com conjuntos de dados pequenos. Por exemplo, depois de ver um doce de cereja, a hipótese de máxima verossimilhança é que o saco seja 100% de doces de cereja (ou seja, $\theta = 1,0$). A menos que a distribuição de hipóteses *a priori* de alguém seja a de que os sacos devem ser totalmente de cereja ou de lima, essa não é uma conclusão razoável. O mais provável é que o saco seja uma mistura de cereja e lima. A abordagem bayesiana para aprendizado de parâmetros começa com uma distribuição de hipóteses *a priori* e atualiza a distribuição à medida que os dados chegam.

O exemplo dos doces da Figura 20.2(a) tem um único parâmetro, θ: a probabilidade de um pedaço de doce selecionado ao acaso ter sabor de cereja. Na visão bayesiana, θ é o valor (desconhecido) de uma variável aleatória Θ que define o espaço de hipóteses; a distribuição de hipóteses *a priori* é simplesmente a distribuição $\mathbf{P}(\Theta)$. Desse modo, $P(\Theta = \theta)$ é a probabilidade *a priori* de que o saco contenha uma fração θ de doces de cereja.

Se o parâmetro θ puder ter qualquer valor entre 0 e 1, então $\mathbf{P}(\Theta)$ será uma função de densidade de probabilidade contínua (seção A.3). Se não sabemos a respeito dos valores possíveis de θ, podemos utilizar a função de densidade uniforme $P(\theta) = Uniforme(\theta; 0, 1)$, que diz que todos os valores são igualmente prováveis.

Uma família mais flexível de funções de densidade de probabilidade é conhecida como **distribuições beta**. Cada distribuição beta é definida por dois **hiperparâmetros**[3] a e b, tais que

$$Beta(\theta; a, b) = \alpha \theta^{a-1} (1 - \theta)^{b-1}, \tag{20.6}$$

Distribuição beta
Hiperparâmetro

para θ no intervalo $[0, 1]$. A constante de normalização α, que faz com que a integral da distribuição seja 1, depende de a e b. A Figura 20.5 mostra qual é a aparência da distribuição para diversos valores de a e b. O valor médio da distribuição é $a/(a + b)$ e, assim, valores maiores de a sugerem a crença de que Θ está mais próximo de 1 do que de 0. Valores maiores de $a + b$ dão à distribuição um pico mais estreito, sugerindo maior certeza sobre o valor de Θ. Acontece que a função de densidade uniforme é a mesma que $Beta(1,1)$: a média é $1/2$ e a distribuição é plana.

---

[3] Eles são chamados "hiperparâmetros" porque parametrizam uma distribuição sobre θ, que é ele próprio um parâmetro.

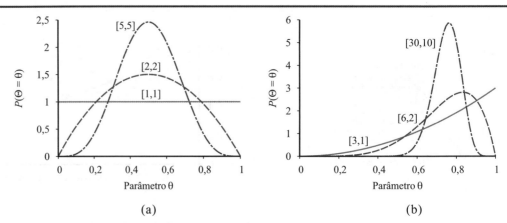

Figura 20.5 Exemplos da distribuição $Beta(a,b)$ para diferentes valores de (a,b).

Além de sua flexibilidade, a família de distribuições beta tem outra propriedade interessante: se Θ tem uma distribuição *a priori* $Beta(a,b)$, então, depois da observação de um ponto dos dados, a distribuição posterior para Θ também é uma distribuição beta. Em outras palavras, $Beta$ é fechada sob atualização. A família beta é chamada **distribuição *a priori* conjugada** para a família de distribuições correspondente a uma variável booleana.[4] Vejamos como isso funciona. Vamos supor que observamos um doce de cereja; então temos

$$P(\theta \mid D_1 = cereja) = \alpha\, P(D_1 = cereja \mid \theta)P(\theta)$$
$$= \alpha'\, \theta \cdot Beta(\theta; a, b) = \alpha'\, \theta \cdot \theta^{a-1}(1 - \theta)^{b-1}$$
$$= \alpha'\, \theta^a(1 - \theta)^{b-1} = \alpha'\, Beta(\theta; a + 1, b).$$

Desse modo, depois de ver um doce de cereja, simplesmente incrementamos o parâmetro a para obter a distribuição posterior; de modo semelhante, depois de ver um doce de lima, incrementamos o parâmetro b. Portanto, podemos visualizar os hiperparâmetros a e b como **contagens virtuais**, no sentido de que uma distribuição *a priori* $Beta(a, b)$ se comporta exatamente como se tivéssemos começado com uma distribuição *a priori* uniforme $Beta(1,1)$ e visto $a - 1$ doces de cereja reais e $b - 1$ doces de lima reais.

Examinando uma sequência de distribuições beta para valores crescentes de a e b, mantendo as proporções fixas, podemos ver nitidamente como a distribuição *a posteriori* sobre o parâmetro Θ se altera à medida que os dados chegam. Por exemplo, suponha que o saco de doces real tenha 75% de cereja. A Figura 20.5(b) mostra a sequência $Beta(3,1)$, $Beta(6,2)$, $Beta(30,10)$. É claro que a distribuição está convergindo para um pico estreito em torno do valor verdadeiro de Θ. Então, para grandes conjuntos de dados, a aprendizagem bayesiana (pelo menos nesse caso) converge para dar os mesmos resultados que a aprendizagem de máxima verossimilhança.

Consideremos agora um caso mais complicado. A rede da Figura 20.2(b) tem três parâmetros, θ, θ_1 e θ_2, em que θ_1 é a probabilidade de embalagem vermelha em um doce de cereja e θ_2 é a probabilidade de embalagem vermelha em um doce de lima. A distribuição de hipóteses *a priori* bayesiana deve cobrir todos os três parâmetros – isto é, precisamos especificar $\mathbf{P}(\Theta, \Theta_1, \Theta_2)$. Geralmente, supomos **independência dos parâmetros**:

$$\mathbf{P}(\Theta, \Theta_1, \Theta_2) = \mathbf{P}(\Theta)\mathbf{P}(\Theta_1)\mathbf{P}(\Theta_2).$$

Com essa suposição, cada parâmetro pode ter sua própria distribuição beta que é atualizada separadamente, à medida que os dados chegam. A Figura 20.6 mostra como podemos incorporar a distribuição de hipóteses *a priori* e quaisquer dados em uma rede bayesiana, na qual temos um nó para cada variável de parâmetro.

---

[4] Outras distribuições *a priori* conjugadas incluem a família **Dirichlet** para os parâmetros de uma distribuição multivalorada discreta e a família **Normal-Wishart** para os parâmetros de uma distribuição gaussiana. Ver Bernardo e Smith (1994).

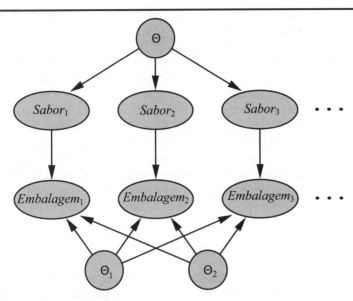

Figura 20.6 Rede bayesiana que corresponde a um processo de aprendizagem bayesiana. Distribuições *a posteriori* para as variáveis de parâmetros Θ, Θ_1 e Θ_2 podem ser deduzidas de suas distribuições *a priori* e da evidência nas variáveis $Sabor_i$ e $Embalagem_i$.

Os nós Θ, Θ_1, Θ_2 não têm pais. Mas, a cada vez que fazemos uma observação de embalagem e sabor correspondente a um pedaço de doce, adicionamos os nós $Embalagem_i$ e $Sabor_i$. $Sabor_i$ é dependente do parâmetro de sabor Θ:

$$P(Sabor_i = cereja \mid \Theta = \theta) = \theta.$$

$Sabor_i$ é dependente de Θ_1 e Θ_2:

$$P(Embalagem_i = vermelho \mid Sabor_i = cereja, \Theta_1 = \theta_1) = \theta_1$$
$$P(Embalagem_i = vermelho \mid Sabor_i = lima, \Theta_2 = \theta_2) = \theta_2.$$

Agora, todo o processo de aprendizagem bayesiana para a rede bayesiana mostrada na Figura 20.2(b) pode ser formulado como um problema de *inferência* na rede bayesiana mostrada na Figura 20.6, na qual dados e parâmetros tornam-se nós. Quando adicionamos todos os nós de evidência novos, podemos então consultar as variáveis de parâmetros (nesse caso, Θ, Θ_1, Θ_2). Nessa formulação, *existe apenas um algoritmo de aprendizagem* – especificamente, o algoritmo de inferência para redes bayesianas.

É claro, a natureza dessas redes é um pouco diferente daquelas do Capítulo 13, por causa do número potencialmente grande de variáveis de evidência que representam o conjunto de treino e por causa da prevalência de variáveis de parâmetros de valor contínuo. A inferência exata pode ser impossível, exceto em casos muito simples, como o modelo de Bayes ingênuo. Os praticantes normalmente usam métodos de inferência aproximada, como o MCMC (seção 13.4.2); muitos pacotes de *software* estatístico incorporam implementações eficientes de MCMC para essa finalidade

20.2.6 Regressão linear bayesiana

Aqui, ilustramos como aplicar uma abordagem bayesiana a uma tarefa estatística padrão: a regressão linear. A abordagem convencional foi descrita na seção 19.6 como minimizando a soma dos erros quadráticos e reinterpretada na seção 20.2.4 como maximizando a verossimilhança, assumindo um modelo de erro gaussiano. Elas produzem uma única melhor hipótese: uma linha reta com valores específicos para o coeficiente angular e intercepto e uma variância fixa para o erro de previsão em qualquer ponto determinado. Não há medida alguma de quão confiante alguém deve estar sobre os valores de coeficiente angular e intercepto.

664 Inteligência Artificial

Além disso, se alguém estiver prevendo um valor para um ponto dos dados não visto, longe dos dados observados, parece não fazer sentido considerar um erro de previsão que é o mesmo que o erro de previsão para um ponto próximo a um ponto dos dados observado. Pareceria mais sensato que o erro de previsão fosse maior, quanto mais longe o ponto estiver dos dados observados, porque uma pequena mudança no coeficiente angular causará uma grande mudança no valor previsto para um ponto distante.

A abordagem bayesiana corrige esses dois problemas. A ideia geral, como na seção anterior, é colocar uma distribuição *a priori* sobre os parâmetros do modelo – aqui, os coeficientes do modelo linear e a variância do ruído – e então calcular a distribuição *a posteriori* dos parâmetros de acordo com os dados. Para dados multivariados e modelo de ruído desconhecido, isso leva a uma grande quantidade de álgebra linear; então nos concentramos em um caso simples: dados univariados, um modelo que é restrito a passar pela origem e ruído conhecido: uma distribuição normal com variância σ^2. Assim, temos apenas um parâmetro θ e o modelo é

$$P(y\,|\,x,\theta) = \mathcal{N}(y;\theta x,\sigma_y^2) = \frac{1}{\sigma\sqrt{2\pi}}e^{-\frac{1}{2}\left(\frac{(y-\theta x)^2}{\sigma^2}\right)}. \qquad (20.7)$$

Como o logaritmo da verossimilhança é quadrático em θ, a forma adequada para uma distribuição *a priori* conjugada de θ também é gaussiana. Isso garante que a distribuição *a posteriori* de θ também será gaussiana. Vamos considerar uma média θ_0 e variância σ_0^2 para a distribuição *a priori*, de modo que

$$P(\theta) = \mathcal{N}(\theta;\theta_0,\sigma_0^2) = \frac{1}{\sigma_0\sqrt{2\pi}}e^{-\frac{1}{2}\left(\frac{(\theta-\theta_0)^2}{\sigma_0^2}\right)}. \qquad (20.8)$$

Dependendo dos dados que estão sendo modelados, pode-se ter alguma ideia de que tipo de coeficiente θ esperar, ou pode-se ser completamente agnóstico. No último caso, faz sentido escolher θ_0 para ser 0 e σ_0^2 para ser grande – chamado **distribuição *a priori* não informativa**. Por fim, podemos supor uma distribuição *a priori* $P(x)$ para o valor x de cada ponto dos dados, mas isso é completamente irrelevante à análise, pois não depende de θ.

<small>Distribuição *a priori* não informativa</small>

Agora que a configuração está completa, podemos calcular a distribuição *a posteriori* para θ usando a Equação 20.1: $P(\theta\mid \mathbf{d}) \propto P(\mathbf{d}\mid\theta)\,P(\theta)$. Os dados observados são $\mathbf{d} = (x_1,y_1)$, ..., (x_N,y_N); então a verossimilhança é obtida da Equação 20.7 da seguinte forma:

$$\begin{aligned} P(\mathbf{d}\,|\,\theta) &= \left(\prod_i P(x_i)\right)\prod_i P(y_i\,|\,x_i,\theta)) = \alpha\prod_i e^{-\frac{1}{2}\left(\frac{(y_i-\theta x_i)^2}{\sigma^2}\right)} \\ &= \alpha e^{-\frac{1}{2}\Sigma_i\left(\frac{(y_i-\theta x_i)^2}{\sigma^2}\right)}, \end{aligned}$$

em que absorvemos a distribuição *a priori* dos valores de x e as constantes de normalização para as N gaussianas em uma constante α, *que* independe de θ. Agora, combinamos isso e a distribuição *a priori* dos parâmetros da Equação 20.8 para obter a distribuição *a posteriori*:

$$P(\theta\,|\,\mathbf{d}) = \alpha'' e^{-\frac{1}{2}\left(\frac{(\theta-\theta_0)^2}{\sigma_0^2}\right)}e^{-\frac{1}{2}\Sigma_i\left(\frac{(y_i-\theta x_i)^2}{\sigma^2}\right)}.$$

Embora parecendo complicado, cada expoente é uma função quadrática de θ, de modo que a soma dos dois expoentes também é. Portanto, a expressão inteira representa uma distribuição gaussiana para θ. Usando manipulações algébricas muito semelhantes às da seção 14.4, encontramos

$$P(\theta\,|\,\mathbf{d}) = \alpha''' e^{-\frac{1}{2}\left(\frac{(\theta-\theta_N)^2}{\sigma_N^2}\right)}$$

com a média "atualizada" e a variância dadas por

$$\theta_N = \frac{\sigma^2\theta_0 + \sigma_0^2\sum_i x_i y_i}{\sigma^2 + \sigma_0^2\sum_i x_i^2} \qquad \text{e} \qquad \sigma_N^2 = \frac{\sigma^2\sigma_0^2}{\sigma^2 + \sigma_0^2\sum_i x_i^2}.$$

Vejamos o que significam essas fórmulas. Quando os dados estão estreitamente concentrados em uma pequena região do eixo x, próxima da origem, $\sum_i x_i^2$ será pequeno e a variância *a posteriori* σ_N^2 será grande, aproximadamente igual à variância *a priori* σ_0^2. Isso é o que era de se esperar: os dados fazem pouco para restringir a rotação da linha em torno da origem. Por outro lado, quando os dados estão bastante espalhados ao longo do eixo, $\sum_i x_i^2$ será grande e a variância *a posteriori* σ_N^2 será pequena, aproximadamente igual a $\sigma^2 / \sum_i x_i^2$; portanto, o coeficiente angular será muito restrito.

Para fazer uma previsão em um ponto específico, precisamos integrar sobre os valores possíveis de θ, conforme sugerido pela Equação 20.2:

$$P(y|x,\mathbf{d}) = \int_{-\infty}^{\infty} P(y|x,\mathbf{d},\theta)P(\theta|x,\mathbf{d})\,d\theta = \int_{-\infty}^{\infty} P(y|x,\theta)P(\theta|\mathbf{d})\,d\theta$$

$$= \alpha \int_{-\infty}^{\infty} e^{-\frac{1}{2}\left(\frac{(y-\theta x)^2}{\sigma^2}\right)} e^{-\frac{1}{2}\left(\frac{(\theta-\theta_N)^2}{\sigma_N^2}\right)} d\theta$$

Mais uma vez, a soma dos dois expoentes é uma função quadrática de θ, de modo que temos uma gaussiana sobre θ cuja integral é 1. Os termos restantes em y formam outra gaussiana:

$$P(y|x,\mathbf{d}) \propto e^{-\frac{1}{2}\left(\frac{(y-\theta_N x)^2}{\sigma^2+\sigma_N^2 x^2}\right)}.$$

Olhando para essa expressão, vemos que a previsão média para y é $\theta_N x$, ou seja, é baseada na média *a posteriori* para θ. A variância da previsão é dada pelo ruído do modelo σ^2 mais um termo proporcional a x^2, o que significa que o desvio padrão da previsão aumenta linearmente de forma assintótica com a distância a partir da origem. A Figura 20.7 ilustra esse fenômeno. Como observamos no início desta seção, ter maior incerteza para previsões que estão mais longe dos pontos dos dados observados faz todo o sentido.

20.2.7 Aprendizado de estruturas de redes bayesianas

Até agora, supomos que a estrutura da rede bayesiana é dada, e estamos apenas tentando aprender os parâmetros. A estrutura da rede representa o conhecimento causal básico sobre o domínio que frequentemente é fácil para um especialista, ou mesmo para um usuário comum, fornecer. Porém, em alguns casos, o modelo causal pode estar indisponível ou sujeito a disputa – por exemplo, certas empresas afirmaram há muito tempo que fumar não causa câncer, e outras empresas garantem que concentrações de CO_2 não têm efeito sobre o clima –; assim,

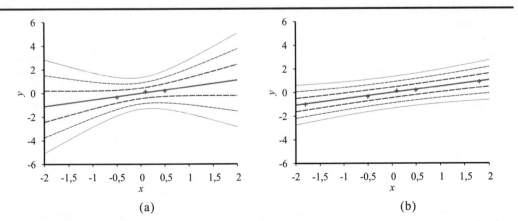

Figura 20.7 Regressão linear bayesiana com um modelo restrito a passar pela origem e com a variância de ruído fixa em $\sigma^2 = 0,2$. As curvas de nível para ± 1, ± 2 e ± 3 desvios padrão são mostradas para a densidade preditiva. (a) Com três pontos de dados perto da origem, o coeficiente angular é bastante incerto, com $\sigma_N^2 \approx 0,3861$. Note como a incerteza aumenta com a distância aos pontos dos dados observados. (b) Com dois pontos de dados adicionais mais distantes, o coeficiente angular θ é muito restrito, com $\sigma_N^2 \approx 0,0286$. A variação restante na densidade preditiva é quase inteiramente devida ao ruído fixo σ^2.

é importante entender como a estrutura de uma rede bayesiana pode ser aprendida a partir dos dados. Esta seção apresenta um breve esboço das ideias principais.

A abordagem mais óbvia é *buscar* um bom modelo. Podemos começar com um modelo que não contém nenhuma aresta e começar a adicionar pais correspondentes a cada nó, ajustando os parâmetros com os métodos que acabamos de examinar e medindo a acurácia do modelo resultante. Como alternativa, podemos começar com um palpite inicial sobre a estrutura e utilizar a busca por subida de encosta ou a busca de têmpera simulada para fazer modificações, retornando os parâmetros após cada mudança na estrutura. As modificações podem incluir inversão, adição ou eliminação de arestas. Não devemos introduzir ciclos no processo; para isso muitos algoritmos pressupõem que é dada uma ordenação para as variáveis e que um nó pode ter pais somente entre os nós que vêm antes dele na ordenação (exatamente como no processo de construção do Capítulo 13). Para generalizar, também precisamos fazer uma busca sobre ordenações possíveis.

Existem dois métodos alternativos para decidir quando uma boa estrutura foi encontrada. O primeiro é testar se as asserções de independência condicional implícitas na estrutura são realmente satisfeitas nos dados. Por exemplo, o uso de um modelo de Bayes ingênuo para o problema do restaurante supõe que

$$\mathbf{P}(\textit{Faminto,Bar} \mid \textit{VaiEsperar}) = \mathbf{P}(\textit{Faminto} \mid \textit{VaiEsperar}) \, \mathbf{P}(\textit{Bar} \mid \textit{VaiEsperar})$$

e podemos verificar nos dados que a mesma equação é válida entre as frequências condicionais correspondentes. Agora, ainda que a estrutura descreva a verdadeira natureza causal do domínio, flutuações estatísticas no conjunto de dados significam que a equação nunca será satisfeita *exatamente*, e então precisamos executar um teste estatístico apropriado para verificar se existe evidência suficiente de que a hipótese de independência foi violada. A complexidade da rede resultante dependerá do limiar usado para esse teste – quanto mais rígido for o teste de independência, mais vínculos serão adicionados e maior será o perigo de sobreajuste.

Uma abordagem mais consistente com as ideias deste capítulo é avaliar até que ponto o modelo proposto explica os dados (em sentido probabilístico). No entanto, devemos ser cuidadosos com a forma como efetuamos essa medição. Se tentarmos simplesmente encontrar a hipótese de máxima verossimilhança, acabaremos com uma rede completamente conectada porque a adição de outros pais a um nó não poderá diminuir a verossimilhança. Somos forçados a penalizar a complexidade do modelo de algum modo. A abordagem de MAP (ou de DCM) simplesmente subtrai uma penalidade da probabilidade de cada estrutura (depois do ajuste de parâmetros) antes de comparar estruturas diferentes. A abordagem bayesiana coloca uma probabilidade *a priori* conjunta sobre estruturas e parâmetros. Em geral, existem muitas estruturas para efetuar o somatório (uma quantidade superexponencial em relação ao número de variáveis); assim, a maioria dos especialistas utiliza o MCMC para obter amostras sobre estruturas.

Penalizar a complexidade (seja por métodos de MAP ou de Bayes) introduz uma conexão importante entre a estrutura ótima e a natureza da representação para as distribuições condicionais na rede. Com distribuições tabulares, a penalidade de complexidade correspondente à distribuição de um nó cresce exponencialmente com o número de pais; porém, digamos, com distribuições OU-ruidosas, ela cresce de forma apenas linear. Isso significa que a aprendizagem com modelos de OU-ruidoso (ou com outros modelos parametrizados de modo compacto) tende a produzir estruturas aprendidas com mais pais do que a aprendizagem com distribuições tabulares.

20.2.8 Estimação de densidade com modelos não paramétricos

É possível aprender um modelo de probabilidades sem fazer suposições sobre sua estrutura e parametrização pela adoção dos métodos não paramétricos da seção 19.7. A tarefa de **estimação de densidade não paramétrica** é realizada normalmente em domínios contínuos, como mostrado na Figura 20.8(a). A figura mostra uma função de densidade de probabilidade em um espaço definido por duas variáveis contínuas. Na Figura 20.8(b), vemos uma amostra de pontos de dados a partir dessa função de densidade. A questão é se podemos recuperar o modelo a partir das amostras.

Estimação de densidade não paramétrica

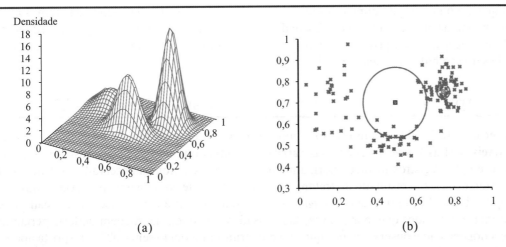

Figura 20.8 (a) Representação gráfica em 3D da mistura das gaussianas da Figura 20.12(a). (b) Amostra de 128 pontos da mistura, com dois pontos de consulta (quadrados pequenos) e seus 10 vizinhos mais próximos (círculo grande e círculo menor à direita). (Esta figura encontra-se reproduzida em cores no Encarte *online*.)

Primeiro vamos considerar os modelos de *k*-**vizinhos mais próximos**. (Vimos, no Capítulo 19, modelos de vizinhos mais próximos para classificação e regressão; aqui os vemos para a estimação de densidade.) Dada uma amostra de pontos de dados, para estimar a densidade de probabilidade desconhecida em um ponto **x** de consulta, podemos simplesmente medir a densidade dos pontos de dados na vizinhança de **x**. A Figura 20.8(b) mostra dois pontos de consulta (pequenos quadrados). Para cada ponto de consulta desenhamos o menor círculo que envolve 10 vizinhos – os 10 vizinhos mais próximos. Podemos ver que o círculo central é grande, significando que lá existe baixa densidade, e o círculo da direita é pequeno, significando que lá existe alta densidade. Na Figura 20.9 mostramos três gráficos da estimação de densidade utilizando *k* vizinhos mais próximos, para diferentes valores de *k*. Fica evidente que (b) parece ser o melhor, enquanto (a) é muito "pontudo" (*k* é muito pequeno) e (c) é muito "suave" (*k* é muito grande).

Outra possibilidade é usar as **funções de kernel**, como fizemos para a regressão localmente ponderada. Para aplicar um modelo de kernel para estimar a densidade, vamos supor que cada ponto dos dados gere a sua própria função de densidade pequena. Por exemplo, poderíamos usar kernels gaussianos esféricos com desvio padrão *w* ao longo de cada eixo. Então, a densidade estimada em um ponto de consulta **x** é a média dos kernels de dados:

$$P(\mathbf{x}) = \frac{1}{N} \sum_{j=1}^{N} \mathcal{K}(\mathbf{x}, \mathbf{x}_j) \quad \text{em que} \quad \mathcal{K}(\mathbf{x}, \mathbf{x}_j) = \frac{1}{(w^2\sqrt{2\pi})^d} e^{-\frac{D(\mathbf{x},\mathbf{x}_j)^2}{2w^2}},$$

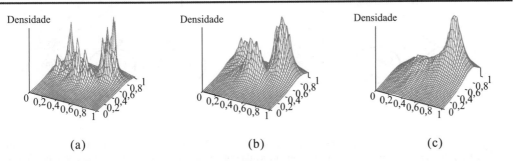

Figura 20.9 Estimação de densidade pelos *k* vizinhos mais próximos, aplicada aos dados na Figura 20.8(b), para *k* =3, 10 e 40, respectivamente. *k* = 3 é muito espinhoso, 40 é muito suave, e 10 parece ser o melhor. O melhor valor de *k* pode ser escolhido por validação cruzada.

em que d é o número de dimensões em **x** e D é a função de distância euclidiana. Temos ainda o problema de escolher um valor adequado para a largura w do kernel; a Figura 20.10 mostra valores que são muito pequenos, valores ideais e valores muito grandes. Um bom valor de w pode ser escolhido por meio de validação cruzada.

20.3 Aprendizado com variáveis ocultas: o algoritmo EM

A seção anterior lidou com o caso completamente observável. Muitos problemas reais têm **variáveis ocultas** (às vezes chamadas **variáveis latentes**) que não são observáveis nos dados. Por exemplo, registros médicos normalmente incluem os sintomas observados, o tratamento aplicado e, talvez, o resultado do tratamento, mas raramente contêm uma observação direta da própria doença! (Observe que o *diagnóstico* não é a *doença*; é uma consequência causal dos sintomas observados que, por sua vez, são causados pela doença.) Alguém poderia perguntar: "Se a doença não é observada, por que não construir um modelo sem ela?" A resposta aparece na Figura 20.11, que mostra um pequeno modelo de diagnóstico fictício para doenças do coração. Existem três fatores de predisposição observáveis e três sintomas observáveis (que são deprimentes demais para identificar). Suponha que cada variável tenha três valores possíveis (p. ex., *nenhum*, *moderado* e *severo*). A remoção da variável oculta a partir da rede em (a) produz a rede em (b); o número total de parâmetros aumenta de 78 para 708. Desse modo, *variáveis latentes podem reduzir drasticamente o número de parâmetros exigidos para especificar uma*

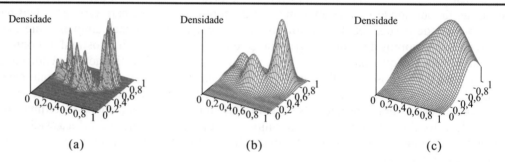

Figura 20.10 Estimação de densidade utilizando kernels para os dados na Figura 20.8(b), utilizando kernels gaussianos, com $w = 0{,}02$, $0{,}07$ e $0{,}20$, respectivamente. $w = 0{,}07$ parece ser a melhor escolha.

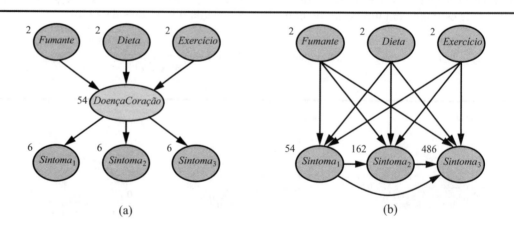

Figura 20.11 (a) Rede de diagnóstico simples para doença do coração, supondo ser uma variável oculta. Cada variável tem três valores possíveis e é identificada com o número de parâmetros independentes em sua distribuição condicional; o número total é 78. (b) Rede equivalente com *DoençaCoração* removida. Observe que as variáveis de sintomas não são mais condicionalmente independentes, considerando seus pais. Essa rede exige 708 parâmetros.

rede bayesiana. Por sua vez, isso pode reduzir drasticamente a quantidade de dados necessários para aprender os parâmetros.

As variáveis ocultas são importantes, mas complicam o problema de aprendizagem. Por exemplo, na Figura 20.11(a), não é óbvia a maneira de aprender a distribuição condicional para *DoençaCoração*, dados seus pais, porque não conhecemos o valor de *DoençaCoração* em cada caso; o mesmo problema surge na aprendizagem das distribuições correspondentes aos sintomas. Esta seção descreve um algoritmo chamado **esperança-maximização** (EM), que resolve esse problema de modo muito geral. Mostraremos três exemplos e depois forneceremos uma descrição geral. A princípio, o algoritmo parece mágica; porém, uma vez desenvolvida a intuição, podemos encontrar aplicações para o EM em uma enorme variedade de problemas de aprendizagem.

Esperança-maximização

20.3.1 Agrupamento não supervisionado: aprendizado de misturas gaussianas

O **agrupamento não supervisionado** é o problema de distinguir várias categorias em uma coleção de objetos. O problema é não supervisionado porque os rótulos de categorias não são dados. Por exemplo, vamos supor que registramos o espectro de centenas de milhares de estrelas; existem diferentes *tipos* de estrelas revelados pelo espectro? Nesse caso, quantos tipos e quais são suas características? Todos nós estamos familiarizados com expressões como "gigante vermelha" e "anã branca", mas as estrelas não têm esses rótulos para identificá-las – os astrônomos tiveram de realizar um agrupamento não supervisionado para identificar essas categorias. Outros exemplos incluem a identificação de espécies, gêneros, ordens, e assim por diante, na taxonomia de organismos de Lineu e a criação de categorias naturais para categorizar objetos comuns (ver Capítulo 10).

Agrupamento não supervisionado

O agrupamento não supervisionado começa com dados. A Figura 20.12(b) mostra 500 pontos, cada um dos quais especifica os valores de dois atributos contínuos. Os pontos poderiam corresponder a estrelas, e os atributos poderiam corresponder a intensidades espectrais em duas frequências específicas. Em seguida, precisamos compreender que espécie de distribuição de probabilidade poderia ter gerado os dados. O agrupamento pressupõe que os dados são gerados a partir de uma **distribuição de misturas** P. Tal distribuição tem k **componentes**, cada um dos quais é por si só uma distribuição. Um ponto dos dados é gerado escolhendo primeiro um componente e depois gerando uma amostra a partir desse componente. Seja a variável aleatória C que indica o componente, com valores $1,...,k$; então, a distribuição de misturas é dada por

Distribuição de misturas
Componentes

$$P(\mathbf{x}) = \sum_{i=1}^{k} P(C=i)\, P(\mathbf{x}|C=i),$$

em que **x** se refere aos valores dos atributos para um ponto de dados. No caso de dados contínuos, uma escolha natural para as distribuições de componentes é a gaussiana multivariada,

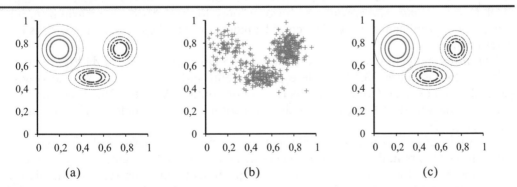

Figura 20.12 (a) Modelo de mistura de gaussianas com três componentes; os pesos (da esquerda para a direita) são 0,2, 0,3 e 0,5. (b) 500 pontos amostrados do modelo em (a). (c) Modelo reconstruído por EM a partir dos dados em (b).

670 **Inteligência Artificial**

Mistura de distribuições gaussianas

que fornece a família de distribuições chamada **mistura de distribuições gaussianas**. Os parâmetros de uma mistura de distribuições gaussianas são $w_i = P(C = i)$ (o peso de cada componente), μ_i (a média de cada componente) e Σ_i (a covariância de cada componente). A Figura 20.12(a) mostra uma mistura de três gaussianas; essa mistura é, na verdade, a origem dos dados contidos em (b), bem como o modelo mostrado na Figura 20.8(a).

Então, o problema de agrupamento não supervisionado consiste em recuperar um modelo de mistura como o da Figura 20.12(a) a partir de dados brutos como os da Figura 20.12(b). É claro que, se *soubéssemos* qual componente gerou cada ponto de dados, seria fácil recuperar os componentes gaussianos: poderíamos simplesmente selecionar todos os pontos de dados de determinado componente e depois aplicar (em uma versão multivariada desse componente) a Equação 20.4 para ajustar os parâmetros de uma densidade gaussiana a um conjunto de dados. Por outro lado, se os parâmetros de cada componente *fossem conhecidos*, poderíamos, pelo menos em um sentido probabilístico, atribuir cada ponto a um componente.

O problema é que não conhecemos nem as atribuições nem os parâmetros. A ideia básica do algoritmo EM nesse contexto é *fingir* que conhecemos os parâmetros do modelo e então deduzir a probabilidade de cada ponto dos dados pertencer a cada componente. Depois disso, reajustamos os componentes aos dados, sendo que cada componente é ajustado ao conjunto de dados inteiro, com cada ponto ponderado pela probabilidade de pertencer a esse componente. O processo se repete até a convergência. Basicamente, estamos "completando" os dados, deduzindo distribuições de probabilidades sobre as variáveis ocultas – o componente ao qual pertence cada ponto de dados – com base no modelo atual. Para a mistura de distribuições gaussianas, inicializamos arbitrariamente os parâmetros do modelo de mistura e depois repetimos as duas etapas a seguir:

1. **Etapa E**: calcular as probabilidades $p_{ij} = P(C = i \mid \mathbf{x}_j)$, a probabilidade de que o dado $\mathbf{x}_j$ tenha sido gerado pelo componente i. Pela regra de Bayes, temos $p_{ij} = \alpha P(\mathbf{x}_j \mid C = i) P(C = i)$. O termo $P(\mathbf{x}_j \mid C = i)$ é simplesmente a probabilidade em $\mathbf{x}_j$ da i-ésima gaussiana, e o termo $P(C = i)$ é o parâmetro que representa o peso para a i-ésima gaussiana. Definir $n_i = \Sigma_j p_{ij}$, o número efetivo de pontos dos dados atualmente atribuídos o componente i.

2. **Etapa M**: calcular a nova média, a covariância e os pesos de componentes, usando as etapas seguintes em sequência:

$$\mu_i \leftarrow \sum_j p_{ij}\mathbf{x}_j / n_i$$

$$\Sigma_i \leftarrow \sum_j p_{ij}(\mathbf{x}_j - \mu_i)(\mathbf{x}_j - \mu_i)^\top / n_i$$

$$w_i \leftarrow n_i / N$$

Variável indicadora

em que N é o número total de pontos dos dados. A etapa E, ou etapa de *esperança*, pode ser visualizada como o cálculo dos valores esperados p_{ij} das **variáveis indicadoras** ocultas Z_{ij}, em que Z_{ij} é 1 se o dado $\mathbf{x}_j$ foi gerado pelo i-ésimo componente e 0 em caso contrário. A etapa M, ou etapa de *maximização*, encontra os novos valores dos parâmetros que maximizam o logaritmo da verossimilhança dos dados, considerando os valores esperados das variáveis indicadoras ocultas.

O último modelo que o EM aprende quando aplicado aos dados da Figura 20.12(a) é mostrado na Figura 20.12(c); ele é praticamente indistinguível do modelo original a partir do qual os dados foram gerados (linha horizontal). A Figura 20.13(a) representa o logaritmo da verossimilhança dos dados de acordo com o modelo atual, à medida que o EM progride.

Existem dois pontos a serem observados. Primeiro, o logaritmo da verossimilhança para o modelo aprendido final *excede* ligeiramente o do modelo original, a partir do qual os dados foram gerados. Isso poderia parecer surpreendente, mas, na verdade, simplesmente reflete o fato de que os dados foram gerados ao acaso e não poderiam fornecer um reflexo exato do modelo subjacente. O segundo ponto é que *EM aumenta o logaritmo da verossimilhança dos dados em cada iteração*. Esse fato pode ser provado no caso geral. Além disso, sob certas condições (válidas na maioria dos casos), pode-se provar que EM alcança um

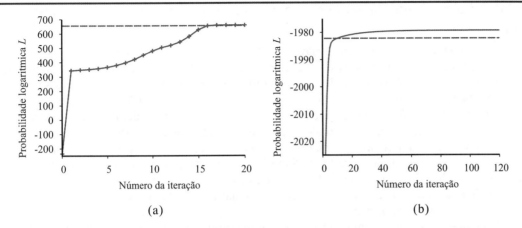

Figura 20.13 Gráficos que mostram o logaritmo da verossimilhança dos dados, L, em função da iteração do EM. A linha horizontal mostra o logaritmo da verossimilhança de acordo com o modelo verdadeiro. (a) Gráfico correspondente ao modelo de mistura de gaussianas da Figura 20.12. (b) Gráfico correspondente à rede bayesiana da Figura 20.14(a).

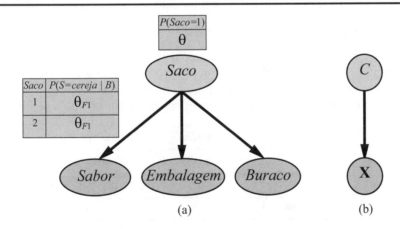

Figura 20.14 (a) Modelo de mistura para o exemplo dos doces. As proporções de diferentes sabores, embalagens e presença de buracos dependem do saco, que não é observado. (b) Rede bayesiana para uma mistura de gaussianas. A média e a covariância das variáveis observáveis X dependem do componente C.

máximo local de verossimilhança. (Em casos raros, ele pode alcançar um ponto de sela ou até mesmo um mínimo local.) Nesse sentido, EM é semelhante a um algoritmo de subida de encosta com base em gradiente, mas observe que ele não tem nenhum parâmetro "tamanho do passo".

Nem sempre tudo funciona tão bem quanto a Figura 20.13(a) poderia sugerir. Por exemplo, poderia ocorrer o fato de um componente gaussiano encolher de forma a cobrir apenas um único ponto dos dados. Então, sua variância cairá a zero e sua probabilidade tenderá a infinito! Se não soubermos quantos componentes estão na mistura, teremos que experimentar diferentes valores de k e ver qual é o melhor; isso pode ser uma fonte de erro. Outro problema é que dois componentes podem se "fundir", adquirindo médias e variâncias idênticas e compartilhando seus pontos de dados. Esses tipos de máximos locais degenerados são problemas sérios, em especial no caso de altas dimensões. Uma solução é atribuir uma distribuição *a priori* aos parâmetros do modelo e aplicar a versão de MAP do EM. Outra é reinicializar um componente com novos parâmetros aleatórios se ele ficar pequeno demais ou próximo demais a outro componente. Uma inicialização razoável também ajuda.

20.3.2 Aprendizado de valores de parâmetros de variáveis ocultas em redes bayesianas

Para que uma rede bayesiana com variáveis ocultas possa ser aprendida, aplicamos as mesmas ideias que funcionaram para misturas de gaussianas. A Figura 20.14(a) representa uma situação em que existem dois sacos de doces que foram misturados. Os doces são descritos por três características: além do *Sabor* e da *Embalagem*, alguns doces têm um *Buraco* no meio e outros não têm. A distribuição de doces em cada saco é descrita por um modelo de **Bayes ingênuo**: as características são independentes, dado o saco, mas a distribuição de probabilidades condicionais para cada característica depende do saco. Os parâmetros são os seguintes: θ é a probabilidade *a priori* de que um doce venha do Saco 1; θ_{S1} e θ_{S2} são as probabilidades de que o sabor seja cereja, dado que o doce vem do Saco 1 ou do Saco 2, respectivamente; θ_{E1} e θ_{E2} fornecem as probabilidades de que a embalagem seja vermelha; e θ_{B1} e θ_{B2} fornecem as probabilidades de que o doce tenha um buraco.

Note que o modelo global é um modelo de mistura: uma soma ponderada de duas distribuições diferentes, cada uma sendo um produto de distribuições independentes e univariadas. (De fato, também podemos modelar a mistura de distribuições gaussianas como uma rede bayesiana, conforme mostra a Figura 20.14[b].) Na figura, o saco é uma variável oculta porque, uma vez que os doces tenham sido misturados, não sabemos mais de qual saco veio cada doce. Nesse caso, podemos recuperar as descrições dos dois sacos observando doces da mistura? Vamos acompanhar uma iteração do EM para esse problema. Primeiro, examinaremos os dados. Geramos 1.000 amostras a partir de um modelo cujos parâmetros verdadeiros são:

$$\theta = 0{,}5, \theta_{S1} = \theta_{E1} = \theta_{B1} = 0{,}8, \theta_{S2} = \theta_{E2} = \theta_{B2} = 0{,}3. \tag{20.9}$$

Ou seja, é igualmente provável que os doces tenham vindo de um ou de outro saco; o primeiro contém principalmente doces de cereja com embalagens vermelhas e buracos; o segundo contém principalmente doces de lima com embalagens verdes e nenhum buraco. As contagens para os oito tipos possíveis de doces são mostradas como a seguir:

	$E = vermelho$		$E = verde$	
	$B = 1$	$B = 0$	$B = 1$	$B = 0$
$S = cereja$	273	93	104	90
$S = lima$	79	100	94	167

Começamos inicializando os parâmetros. Para manter a simplicidade numérica, escolheremos arbitrariamente:[5]

$$\theta^{(0)} = 0{,}6, \quad \theta_{S1}^{(0)} = \theta_{E1}^{(0)} = \theta_{B1}^{(0)} = 0{,}6, \quad \theta_{S2}^{(0)} = \theta_{E2}^{(0)} = \theta_{B2}^{(0)} = 0{,}4. \tag{20.10}$$

Primeiro, vamos trabalhar no parâmetro θ. No caso completamente observável, estimaríamos esse parâmetro diretamente a partir das contagens *observadas* de doces dos sacos 1 e 2. Tendo em vista que o saco é uma variável oculta, calculamos em vez disso as contagens *esperadas*. A contagem esperada $\hat{N}(Saco = 1)$ é a soma, calculada sobre todos os doces, da probabilidade de o doce ter vindo do saco 1:

$$\theta^{(1)} = \hat{N}(Saco = 1)/N = \sum_{j=1}^{N} P(Saco = 1 \mid sabor_j, embalagem_j, buracos_j)/N.$$

Essas probabilidades podem ser calculadas por qualquer algoritmo de inferência para redes bayesianas. Para um modelo de Bayes ingênuo como o de nosso exemplo, podemos fazer a inferência "à mão", usando a regra de Bayes e aplicando a independência condicional:

$$\theta^{(1)} = \frac{1}{N} \sum_{j=1}^{N} \frac{P(sabor_j \mid Saco=1)P(embalagem_j \mid Saco=1)P(buracos_j \mid Saco=1)P(Saco=1)}{\sum_i P(sabor_j \mid Saco=i)P(embalagem_j \mid Saco=i)P(buracos_j \mid Saco=i)P(Saco=i)}.$$

---

[5] Na prática, é melhor escolher esses valores aleatoriamente, a fim de evitar máximos locais devidos à simetria.

Aplicando essa fórmula, digamos, aos 273 doces de cereja com embalagens vermelhas e com buracos, conseguimos uma contribuição de

$$\frac{273}{1.000} \cdot \frac{\theta_{S1}^{(0)}\theta_{E1}^{(0)}\theta_{B1}^{(0)}\theta^{(0)}}{\theta_{S1}^{(0)}\theta_{E1}^{(0)}\theta_{B1}^{(0)}\theta^{(0)} + \theta_{S2}^{(0)}\theta_{E2}^{(0)}\theta_{B2}^{(0)}(1-\theta^{(0)})} \approx 0,22797 \,.$$

Continuando com os outros sete tipos de doces da tabela de contagens, obtemos $\theta^{(1)} = 0,6124$.

Agora vamos considerar os outros parâmetros, como θ_{S1}. No caso completamente observável, estimaríamos isso diretamente a partir das contagens *observadas* de doces de cereja e de lima do saco 1. A contagem *esperada* de doces de cereja provenientes do saco 1 é dada por

$$\sum_{j:Sabor_j=cereja} P(Saco=1 \mid Sabor_j=cereja, embalagem_j, buracos_j) \,.$$

Mais uma vez, essas probabilidades podem ser calculadas por qualquer algoritmo de inferência em redes bayesianas. Completando esse processo, obtemos os novos valores de todos os parâmetros:

$$\begin{aligned} &\theta^{(1)}=0,6124, \; \theta_{S1}^{(1)}=0,6684, \quad \theta_{E1}^{(1)}=0,6483, \; \theta_{B1}^{(1)}=0,6558, \\ &\theta_{S2}^{(1)}=0,3887, \; \theta_{E2}^{(1)}=0,3817, \; \theta_{B2}^{(1)}=0,3827 \,. \end{aligned} \tag{20.11}$$

O logaritmo da verossimilhança dos dados aumenta de cerca de -2044 inicialmente até cerca de -2021 depois da primeira iteração, como mostra a Figura 20.13(b). Isto é, a atualização melhora a verossimilhança propriamente dita por um fator de cerca de $e^{23} \approx 10^{10}$. Pela décima iteração, o modelo aprendido é uma adaptação melhor que o modelo original ($L = -1982,214$). Depois disso, o progresso se torna muito lento. Isso não é incomum ao usar o EM, e muitos sistemas práticos combinam EM com um algoritmo baseado em gradiente como o de Newton-Raphson (ver Capítulo 4) para a última fase da aprendizagem.

A lição geral a partir desse exemplo é que *as atualizações de parâmetros para o aprendizado de redes bayesianas com variáveis ocultas estão diretamente disponíveis a partir dos resultados de inferência em cada exemplo. Além disso, somente probabilidades a posteriori* locais *são necessárias para cada parâmetro.* Aqui, "local" significa que a tabela de probabilidades condicionais (TPC) para cada variável X_i pode ser aprendida de probabilidades *a posteriori* envolvendo apenas X_i e seus pais $\mathbf{U}_i$. Definindo θ_{ijk} como sendo o parâmetro $P(X_i = x_{ij} \mid Ui = \mathbf{u}_{ik})$ da TPC, a atualização é dada pelas contagens normalizadas esperadas como a seguir:

$$\theta_{ijk} \leftarrow \hat{N}(X_i=x_{ij}, \mathbf{U}_i=\mathbf{u}_{ik})/\hat{N}(\mathbf{U}_i=\mathbf{u}_{ik}) \,.$$

As contagens esperadas são obtidas efetuando o somatório sobre os exemplos, calculando as probabilidades $P(X_i = x_{ij} \mid Ui = \mathbf{u}_{ik})$ para cada um usando qualquer algoritmo de inferência de rede bayesiana. Para os algoritmos exatos – inclusive os de eliminação de variáveis –, todas essas probabilidades podem ser obtidas diretamente como um subproduto da inferência padrão, sem a necessidade de computações extras específicas para o aprendizado. Além disso, as informações necessárias para o aprendizado estão disponíveis *localmente* para cada parâmetro.

Recuando um pouco, podemos pensar sobre o que o algoritmo EM está fazendo nesse exemplo ao recuperar sete parâmetros $(\theta, \theta_{S1}, \theta_{E1}, \theta_{B1}, \theta_{S2}, \theta_{E2}, \theta_{B2})$ dentre sete $(2^3 -1)$ contagens observadas nos dados. (A oitava contagem é fixa, pelo fato de que a soma das contagens é 1.000.) Se cada doce fosse descrito por dois atributos em vez de três (digamos, omitindo os buracos), teríamos cinco parâmetros $(\theta, \theta_{S1}, \theta_{E1}, \theta_{S2}, \theta_{E2})$, mas apenas três $(2^2 - 1)$ contagens observadas. Nesse caso, não é possível recuperar o peso da mistura θ ou as características dos dois sacos que foram misturados. Dizemos que o modelo de dois atributos é não **identificável**.

A identificabilidade em redes bayesianas é uma questão complicada. Observe que mesmo com três atributos e sete contagens, não podemos recuperar o modelo de forma exclusiva, porque existem dois modelos equivalentes observacionalmente com a variável *Saco* invertida.

Dependendo de como os parâmetros são inicializados, EM irá convergir para um modelo onde o saco 1 tem principalmente cereja e o saco 2 principalmente lima, ou vice-versa. Esse tipo de não identificabilidade é inevitável com variáveis que nunca são observadas.

20.3.3 Aprendizado de modelos ocultos de Markov

Nossa aplicação fim de EM envolve o aprendizado das probabilidades de transições em modelos ocultos de Markov (HMMs). Lembre-se de que, na seção 14.3, vimos que um modelo oculto de Markov pode ser representado por uma rede bayesiana dinâmica com uma única variável de estados discretos, como ilustra a Figura 20.15. Cada ponto de dados consiste em uma *sequência* de observações de duração finita; assim, o problema é aprender as probabilidades de transições de um conjunto de sequências de observações (ou, possivelmente, a partir de apenas uma sequência longa).

Já descobrimos como aprender redes bayesianas, mas existe uma complicação: em redes bayesianas, cada parâmetro é distinto; por outro lado, em um modelo oculto de Markov, as probabilidades de transições individuais do estado i para o estado j no tempo t, $\theta_{ijt} = P(X_{t+1} = j \mid X_t = i)$, são *repetidas* ao longo do tempo – isto é, $\theta_{ijt} = \theta_{ij}$ para todo t. Para estimar a probabilidade de transição do estado i para o estado j, simplesmente calculamos a proporção esperada de vezes em que o sistema sofre uma transição para o estado j quando se encontra no estado i:

$$\theta_{ij} \leftarrow \sum_t \hat{N}(X_{t+1}=j, X_t=i) / \sum_t \hat{N}(X_t=i).$$

Mais uma vez, as contagens esperadas são calculadas por qualquer algoritmo de inferência de HMMs. O algoritmo **para a frente-para trás** mostrado na Figura 14.4 pode ser modificado muito facilmente para calcular as probabilidades necessárias. Um ponto importante é que as probabilidades exigidas são aquelas obtidas por **suavização**, em vez de **filtragem**. A filtragem gera a distribuição de probabilidade do estado atual, dado o passado, mas a suavização produz a distribuição com base em toda a evidência, incluindo o que acontece após ocorrer uma transição específica. A evidência em um caso de assassinato normalmente é obtida *depois* do crime (ou seja, a transição do estado i para o estado j) ter ocorrido.

20.3.4 Forma geral do algoritmo EM

Vimos várias instâncias do algoritmo EM. Cada uma envolve a computação de valores esperados de variáveis ocultas para cada exemplo, e depois a repetição dos cálculos dos parâmetros, usando os valores esperados como se eles fossem valores observados. Seja **x** o conjunto de todos os valores observados em todos os exemplos, seja **Z** o conjunto de todas as variáveis ocultas para todos os exemplos, e seja θ o conjunto de todos os parâmetros para o modelo de probabilidade. Então, o algoritmo EM é

$$\theta^{(i+1)} = \underset{\theta}{\operatorname{argmax}} \sum_{\mathbf{z}} P(\mathbf{Z}=\mathbf{z} \mid \mathbf{x}, \theta^{(i)}) L(\mathbf{x}, \mathbf{Z}=\mathbf{z} \mid \theta).$$

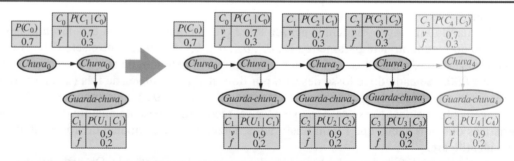

Figura 20.15 Rede bayesiana dinâmica desdobrada que representa um modelo oculto de Markov (repetição da Figura 14.16).

Essa equação é o algoritmo EM em resumo. A etapa E é o cálculo do somatório, que corresponde à esperança do logaritmo da verossimilhança dos dados "completados" com relação à distribuição $P(\mathbf{Z} = \mathbf{z} \mid \mathbf{x}, \theta^{(i)})$, que é a distribuição *a posteriori* sobre as variáveis ocultas, levando em consideração os dados. A etapa M é a maximização dessa log-verossimilhança esperada em relação aos parâmetros. Para misturas de gaussianas, as variáveis ocultas são os valores Z_{ij}, em que Z_{ij} é 1 se o exemplo j foi gerado pelo componente i. Para redes bayesianas, Z_{ij} é o valor da variável não observada X_i no exemplo j. Para HMMs, Z_{ij} é o estado da sequência no exemplo j no tempo t. A partir da forma geral, é possível derivar um algoritmo EM para uma aplicação específica, uma vez que tenham sido identificadas as variáveis ocultas apropriadas.

Tão logo compreendemos a ideia geral de EM, torna-se fácil derivar todas as espécies de variantes e aperfeiçoamentos. Por exemplo, em muitas situações, a etapa E – a computação de distribuições *a posteriori* sobre as variáveis ocultas – é intratável, como em grandes redes bayesianas. Ocorre que é possível usar uma etapa E *aproximada*, e ainda assim obter um algoritmo de aprendizagem efetivo. Com um algoritmo de amostragem como o MCMC (ver seção 13.4), o processo de aprendizagem é muito intuitivo: cada estado (configuração de variáveis ocultas e observadas) visitado por MCMC é tratado exatamente como se fosse uma observação completa. Desse modo, os parâmetros podem ser atualizados diretamente depois de cada transição de MCMC. Outras formas de inferência aproximada, como métodos variacionais e a propagação da crença em laço, também se mostraram eficazes para a aprendizagem de redes muito grandes.

20.3.5 Aprendizado de estruturas de redes bayesianas com variáveis ocultas

Na seção 20.2.7, discutimos o problema de aprendizado de estruturas de redes bayesianas com dados completos. Quando as variáveis não observadas podem influenciar os dados que são observados, tudo fica mais difícil. No caso mais simples, um especialista humano pode informar ao algoritmo de aprendizagem que certas variáveis ocultas existem, deixando para o algoritmo encontrar um lugar para elas na estrutura da rede. Por exemplo, um algoritmo poderia tentar aprender a estrutura mostrada na Figura 20.11(a), tendo em vista a informação de que *DoençaCoração* (uma variável de três valores) deve ser incluída no modelo. Como no caso de dados completos, o algoritmo geral tem um laço externo que busca sobre as estruturas e um laço interno que se encaixa nos parâmetros da rede, dada a estrutura.

Se o algoritmo de aprendizagem não receber a informação de que as variáveis ocultas existem, haverá duas escolhas: fingir que os dados estão realmente completos – o que pode forçar o algoritmo a aprender o modelo de parâmetros intensivos da Figura 20.11(b) – ou *criar* novas variáveis ocultas, a fim de simplificar o modelo. Esta última abordagem pode ser implementada pela inclusão de novas opções de modificação de estrutura na busca: além de modificar vínculos, o algoritmo pode adicionar ou eliminar uma variável oculta, ou mudar sua aridade. É claro que o algoritmo não saberá que a nova variável que criou é chamada *DoençaCoração*; nem terá nomes significativos para os valores. Felizmente, as variáveis ocultas recém-criadas em geral estarão conectadas a variáveis preexistentes e, assim, um especialista humano poderá com frequência inspecionar as distribuições condicionais locais que envolvem a nova variável e averiguar seu significado.

Como no caso de dados completos, um aprendizado de estrutura puramente por maximização da verossimilhança resultará em uma rede completamente conectada (além disso, uma rede sem variáveis ocultas); assim, é necessária alguma forma de penalidade para a complexidade. Também podemos aplicar MCMC para realizar a amostragem de muitas estruturas de rede possíveis, desse modo se aproximando à aprendizagem bayesiana. Por exemplo, podemos aprender misturas de gaussianas com um número desconhecido de componentes, realizando a amostragem sobre o número; a distribuição *a posteriori* aproximada para o número de gaussianas é dada pelas frequências de amostragem do processo MCMC.

Para o caso de dados completos, o laço interno para ser informado dos parâmetros é muito rápido – somente uma questão de extrair frequências condicionais do conjunto de dados. Quando houver variáveis ocultas, o laço interno poderá envolver muitas iterações de EM ou um algoritmo baseado em gradiente, e cada iteração envolverá o cálculo de distribuições

676 **Inteligência Artificial**

a posteriori em uma rede bayesiana, que é por si só um problema NP-difícil. Até agora, essa abordagem provou ser impraticável para a aprendizagem de modelos complexos.

EM estrutural
Um aperfeiçoamento possível é o algoritmo chamado **EM estrutural**, que opera de maneira quase idêntica ao algoritmo EM comum (paramétrico), exceto pelo fato de que o algoritmo pode atualizar a estrutura e também os parâmetros. Da mesma maneira como o EM comum utiliza os parâmetros atuais para calcular as contagens esperadas na etapa E, e depois aplica essas contagens na etapa M para escolher novos parâmetros, o EM estrutural emprega a estrutura atual para calcular as contagens esperadas e depois aplica essas contagens à etapa M para avaliar a probabilidade de novas estruturas potenciais. (Isso contrasta com o método de laço externo/laço interno, que calcula novas contagens esperadas para cada estrutura potencial.) Desse modo, o EM estrutural pode fazer várias alterações estruturais para a rede sem recalcular as contagens esperadas, e é capaz de aprender estruturas de redes bayesianas não triviais. O EM estrutural tem um espaço de busca sobre o espaço de estruturas, em vez de um espaço de estruturas e parâmetros. Todavia, ainda resta muito trabalho a ser feito antes de podermos afirmar que o problema de aprendizagem de estrutura foi resolvido.

Resumo

Os métodos estatísticos de aprendizagem variam desde o cálculo simples de médias até a construção de modelos complexos, como redes bayesianas. Eles têm aplicações ao longo de toda a ciência da computação, engenharia, biologia computacional, neurociência, psicologia e física. Este capítulo apresentou algumas das ideias básicas e forneceu uma visão dos conceitos matemáticos. Os pontos principais são:

- Os métodos de **aprendizagem bayesiana** formulam a aprendizagem como uma forma de inferência probabilística, usando as observações para atualizar uma distribuição *a priori* sobre hipóteses. Essa abordagem fornece um bom caminho para implementar a navalha de Ockham, mas logo se torna intratável para espaços de hipóteses complexos.
- A aprendizagem de **máximo *a posteriori*** (MAP) seleciona uma única hipótese mais provável, considerando os dados. A distribuição de hipóteses *a priori* ainda é usada, e o método frequentemente é mais tratável que a aprendizagem bayesiana total.
- A aprendizagem de **máxima verossimilhança** simplesmente seleciona a hipótese que maximiza a verossimilhança dos dados; ela é equivalente à aprendizagem de MAP com uma distribuição *a priori* uniforme. Em casos simples, como a regressão linear e as redes bayesianas completamente observáveis, as soluções de máxima verossimilhança podem ser encontradas com facilidade em forma fechada. A aprendizagem pelo método de **Bayes ingênuo** é uma técnica particularmente efetiva que se ajusta bem à escala.
- Quando algumas variáveis são ocultas, podem ser encontradas soluções locais de máxima verossimilhança usando o algoritmo de **esperança-maximização** (EM). As aplicações incluem agrupamento com a utilização de misturas de gaussianas, aprendizagem de redes bayesianas e aprendizagem de modelos ocultos de Markov.
- O aprendizado da estrutura de redes bayesianas é um exemplo de **seleção de modelos**. Em geral, essa técnica envolve uma busca discreta no espaço de estruturas. É necessário algum método para tratar da compensação entre a complexidade do modelo e o grau de adaptação.
- **Modelos não paramétricos** representam uma distribuição que utiliza a coleção de pontos dos dados. Desse modo, o número de parâmetros cresce com o tamanho do conjunto de treinamento. Os métodos de vizinhos mais próximos examinam as instâncias mais próximas ao ponto em questão, enquanto os métodos de **kernel** formam uma combinação com ponderação de distâncias de todos os exemplos.

A aprendizagem estatística continua a ser uma área de pesquisa muito ativa. Enormes avanços foram feitos, tanto na teoria quanto na prática, até o ponto em que é possível ter a aprendizagem de quase qualquer modelo para o qual seja viável a inferência exata ou aproximada.

Notas bibliográficas e históricas

A aplicação de técnicas de aprendizagem estatística em IA foi uma área ativa de pesquisa nos primeiros anos (ver Duda e Hart, 1973), mas se separou da corrente principal da IA à medida que este último campo se concentrou em métodos simbólicos. Um ressurgimento do interesse ocorreu logo depois da introdução de modelos de redes bayesianas no fim da década de 1980; aproximadamente na mesma época, começou a emergir uma visão estatística da aprendizagem de redes neurais. No fim da década de 1990, houve uma notável convergência de interesses em aprendizado de máquina, estatística e redes neurais, concentrada em métodos para criação de grandes modelos probabilísticos a partir dos dados.

O modelo de Bayes ingênuo é uma das mais antigas e mais simples formas de rede bayesiana, datando da década de 1950. Suas origens foram mencionadas nas notas do fim do Capítulo 12. Ele foi parcialmente explicado por Domingos e Pazzani (1997). Uma forma de *boosting* combinada com o aprendizado pelo método de Bayes ingênuo ganhou a primeira competição de mineração de dados KDD Cup (Elkan, 1997). Heckerman (1998) apresenta uma excelente introdução ao problema geral de aprendizado de redes bayesianas. A aprendizagem de parâmetros bayesiana com distribuição *a priori* de Dirichlet para redes bayesianas foi discutida por Spiegelhalter *et al.* (1993). A distribuição beta como uma distribuição *a priori* conjugada para uma variável de Bernoulli foi derivada inicialmente por Thomas (Bayes, 1763) e mais tarde reintroduzida por Karl Pearson (1895) como um modelo para dados viesados: por muitos anos, isso foi conhecido como uma "distribuição de Pearson Tipo I". A regressão linear bayesiana é discutida no texto de Box e Tiao (1973); Minka (2010) oferece um resumo das derivações para o caso multivariado geral.

Diversos pacotes de *software* incorporam mecanismos para aprendizagem estatística com modelos de rede bayesianos. Entre eles estão BUGS (*Bayesian inference Using Gibbs Sampling*) (Gilks *et al.*, 1994; Lunn *et al.*, 2000, 2013), JAGS (*Just Another Gibbs Sampler*) (Plummer, 2003) e STAN (Carpenter *et al.*, 2017).

Os primeiros algoritmos para aprendizado de estruturas de rede bayesiana utilizavam testes de independência condicional (Pearl, 1988; Pearl e Verma, 1991). Spirtes *et al.* (1993) desenvolveram uma abordagem completa incorporada com o pacote TETRAD para aprendizado de redes bayesianas. Os aperfeiçoamentos algorítmicos ocorridos desde então levaram a uma clara vitória na competição de mineração de dados KDD Cup de 2001 de um método de aprendizado de rede bayesiana (Cheng *et al.*, 2002). (Nesse caso, a tarefa específica foi um problema de bioinformática com 139.351 características!) Uma abordagem de aprendizado de estruturas baseada na maximização da verossimilhança foi desenvolvida por Cooper e Herskovits (1992) e otimizada por Heckerman *et al.* (1994).

Algoritmos mais recentes levaram a um desempenho bastante respeitável no caso dos dados completos (Moore e Wong, 2003; Teyssier e Koller, 2005). Um componente importante é uma estrutura de dados eficiente, a árvore AD, que conta com todas as combinações de variáveis e valores possíveis em *cache* (Moore e Lee, 1997). Friedman e Goldszmidt (1996) assinalaram a influência da representação de distribuições condicionais locais sobre a estrutura aprendida.

O problema geral de aprendizado de modelos probabilísticos com variáveis ocultas e dados faltantes foi tratado por Hartley (1958), que descreveu a ideia geral do que foi mais tarde chamado EM e deu vários exemplos. Um impulso maior veio do algoritmo de Baum-Welch, para aprendizagem de HMMs (Baum e Petrie, 1966), que é um caso especial de EM. O artigo de Dempster, Laird e Rubin (1977), que apresentaram o algoritmo EM na forma geral e analisaram sua convergência, é um dos trabalhos mais citados na ciência da computação e estatística. (O próprio Dempster vê o EM como um esquema, e não como um algoritmo, uma vez que pode ser necessária grande dose de elaboração matemática antes que ele possa ser aplicado a uma nova família de distribuições.) McLachlan e Krishnan (1997) dedicaram um livro inteiro ao algoritmo e suas propriedades. O problema específico de aprendizado de modelos de misturas, inclusive misturas de gaussianas, é focalizado por Titterington *et al.* (1985).

Dentro da IA, o primeiro sistema bem-sucedido que utilizou o EM para modelagem de mistura foi o AUTOCLASS (Cheeseman *et al.*, 1988; Cheeseman e Stutz, 1996). O AUTOCLASS foi aplicado a uma série de tarefas reais de classificação científica, incluindo a descoberta de novos tipos de estrelas a partir de dados espectrais (Goebel *et al.*, 1989) e novas classes de proteínas e íntrons em bancos de dados de sequências de DNA/proteínas (Hunter e States, 1992).

Para o aprendizado de parâmetros por maximização da verossimilhança em redes bayesianas com variáveis ocultas, EM e métodos baseados em gradiente foram introduzidos ao mesmo tempo por Lauritzen (1995) e Russell *et al.* (1995). O algoritmo EM estrutural foi desenvolvido por Friedman (1998) e aplicado para o aprendizado de estruturas de redes bayesianas de máxima verossimilhança com variáveis latentes. Friedman e Koller (2003) descreveram técnicas de aprendizado de estruturas bayesianas. Daly *et al.* (2011) analisaram o campo do aprendizado de redes bayesianas, oferecendo muitas citações da literatura.

A habilidade de aprender a estrutura de redes bayesianas está intimamente relacionada à questão de recuperar informações *causais* a partir dos dados. Ou seja, é possível aprender redes bayesianas de tal modo que a estrutura de rede recuperada indique influências causais reais? Por muitos anos, os estatísticos evitaram essa questão, acreditando que dados observacionais (em oposição a dados gerados a partir de testes experimentais) poderiam gerar apenas informações sobre correlação – afinal, duas variáveis quaisquer que parecem inter-relacionadas poderiam de fato ser influenciadas por um terceiro fator causal desconhecido, em vez de influenciarem diretamente uma à outra. Pearl (2000) apresentou argumentos convincentes da ideia oposta, mostrando que existem de fato muitos casos em que a causalidade pode ser averiguada, e também desenvolvendo o formalismo de **rede causal** para expressar as causas e os efeitos de intervenções, bem como probabilidades condicionais comuns.

A estimação de densidades não paramétricas, também chamada "estimação de densidades por **janela de Parzen**", foi investigada inicialmente por Rosenblatt (1956) e Parzen (1962). Desde então, foi desenvolvida vasta literatura sobre a investigação das propriedades de vários estimadores. Devroye (1987) apresenta uma introdução completa. Há também uma literatura cada vez maior sobre métodos bayesianos não paramétricos, originados com o trabalho inicial de Ferguson (1973) sobre o **processo de Dirichlet**, que pode ser considerado como uma distribuição sobre as distribuições de Dirichlet. Esses métodos são particularmente úteis para aprender modelos de mistura com número desconhecido de componentes. Ghahramani (2005) e Jordan (2005) oferecem tutoriais úteis sobre as muitas aplicações dessas ideias para aprendizagem estatística. O texto de Rasmussen e Williams (2006) aborda o **processo gaussiano**, que apresenta uma maneira de definir distribuições *a priori* sobre o espaço das funções contínuas.

O material deste capítulo reúne o trabalho de pesquisa nos campos de estatística e reconhecimento de padrões, e, assim, o assunto foi repetido muitas vezes de várias maneiras. Bons textos em estatísticas bayesianas incluem os de DeGroot (1970), Berger (1985) e Gelman *et al.* (1995). Bishop (2007), Hastie *et al.* (2009), Barber (2012) e Murphy (2012) fornecem uma excelente introdução aos métodos estatísticos de aprendizado de máquina. Para classificação de padrões, o texto clássico durante muitos anos foi o de Duda e Hart (1973), agora atualizado (Duda *et al.*, 2001). A conferência anual NeurIPS (*Neural Information Processing Conference*, antiga NIPS), cujos anais são publicados como a série *Advances in Neural Information Processing Systems*, inclui muitos artigos sobre aprendizado de redes bayesianas, assim como a conferência anual *Artificial Intelligence and Statistics*. Veículos científicos voltados especificamente para técnicas bayesianas incluem o *Valencia International Meetings on Bayesian Statistics* e a revista *Bayesian Analysis*.

CAPÍTULO 21

APRENDIZADO PROFUNDO

Neste capítulo, a descida do gradiente aprende programas multietapas, com implicações significativas para os principais subcampos da inteligência artificial.

Aprendizado profundo é uma grande família de técnicas de aprendizado de máquina em que as hipóteses assumem a forma de circuitos algébricos complexos com intensidades de conexão ajustáveis. A palavra "profundo" se refere ao fato de que os circuitos são normalmente organizados em muitas **camadas**, o que significa que os caminhos de computação das entradas para as saídas têm muitas etapas. Aprendizado profundo é atualmente a abordagem mais usada para aplicações como reconhecimento visual de objetos, tradução automática, reconhecimento de voz, síntese de voz e síntese de imagem; ele também desempenha um papel significativo nas aplicações de aprendizado por reforço (ver Capítulo 22).

Aprendizado profundo

Camada

O aprendizado profundo tem suas origens em trabalhos iniciais que tentaram modelar redes de neurônios no cérebro (McCulloch e Pitts, 1943) com circuitos computacionais. Por esse motivo, as redes treinadas por métodos de aprendizado profundo são frequentemente chamadas **redes neurais**, mesmo que a semelhança com células e estruturas neurais reais seja superficial.

Rede neural

Embora as verdadeiras razões para o sucesso do aprendizado profundo ainda não tenham sido totalmente elucidadas, ele apresenta vantagens evidentes sobre alguns dos métodos abordados no Capítulo 19 – particularmente para dados de alta dimensão, como imagens. Por exemplo, ainda que métodos como regressão linear e logística possam lidar com muitas variáveis de entrada, o caminho de computação de cada entrada para a saída é muito curto: multiplicação por um único peso e, em seguida, adição à saída agregada. Além disso, as diferentes variáveis de entrada contribuem de forma independente para a saída, sem interagir entre si (Figura 21.1[a]). Isso limita significativamente o poder expressivo desses modelos. Eles podem

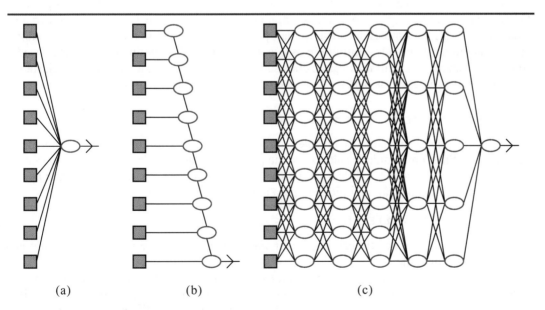

Figura 21.1 (a) Modelo raso, como a regressão linear, tem caminhos de computação curtos entre entradas e saídas. (b) Uma rede de listas de decisão (seção 19.5.1) tem alguns caminhos longos para alguns valores de entrada possíveis, mas a maioria dos caminhos é curta. (c) Uma rede de aprendizado profundo tem caminhos de computação mais longos, permitindo que cada variável interaja com todas as outras.

680 Inteligência Artificial

representar apenas funções lineares e limites no espaço de entrada, enquanto a maioria dos conceitos do mundo real são muito mais complexos.

As listas e árvores de decisão, por outro lado, permitem longos caminhos de computação que podem depender de muitas variáveis de entrada – mas apenas para uma fração relativamente pequena dos vetores de entrada possíveis (Figura 21.1[b]). Se uma árvore de decisão tem longos caminhos de computação para uma fração significativa das entradas possíveis, ela deve ser exponencialmente grande no número de variáveis de entrada. A ideia básica do aprendizado profundo é treinar circuitos de forma que os caminhos de computação sejam longos, permitindo que todas as variáveis de entrada interajam de maneiras complexas (Figura 21.1[c]). Esses modelos de circuito revelaram-se suficientemente expressivos para capturar a complexidade dos dados do mundo real para muitos tipos importantes de problemas de aprendizagem.

A seção 21.1 descreve redes *feedforward* simples, seus componentes e os fundamentos do aprendizado em tais redes. A seção 21.2 dá mais detalhes sobre como as redes profundas são montadas, e a seção 21.3 cobre uma classe de redes chamadas "redes neurais convolucionais", que são especialmente importantes em aplicações de visão. As seções 21.4 e 21.5 entram em mais detalhes sobre algoritmos para treinar redes a partir de dados e métodos para melhorar a generalização. A seção 21.6 abrange as redes com estrutura recorrente, que são adequadas para dados sequenciais. A seção 21.7 descreve maneiras de usar o aprendizado profundo para outras tarefas além do aprendizado supervisionado. Por fim, a seção 21.8 examina a gama de aplicações do aprendizado profundo.

21.1 Redes *feedforward* simples

Rede *feedforward*

Uma **rede *feedforward*** ou de alimentação progressiva, como o nome sugere, tem conexões apenas em uma direção – ou seja, ela forma um grafo acíclico direcionado com nós de entrada e saída designados. Cada nó calcula uma função de suas entradas e passa o resultado para seus sucessores na rede. As informações fluem pela rede dos nós de entrada para os nós de saída e não existem laços. Uma **rede recorrente**, por outro lado, alimenta suas saídas intermediárias ou finais de volta em suas próprias entradas. Isso significa que os valores do sinal dentro da rede formam um sistema dinâmico que inclui estado interno ou memória. Consideraremos as redes recorrentes na seção 21.6.

Rede recorrente

Os circuitos booleanos, que implementam funções booleanas, são um exemplo de redes *feedforward*. Em um circuito booleano, as entradas são limitadas a 0 e 1, e cada nó implementa uma função booleana simples de suas entradas, produzindo 0 ou 1. Em redes neurais, os valores de entrada são normalmente contínuos e os nós recebem entradas contínuas e produzem saídas contínuas. Algumas das entradas para os nós são **parâmetros** da rede; a rede aprende ajustando os valores desses parâmetros para que a rede como um todo se ajuste aos dados de treino.

21.1.1 Redes como funções complexas

Unidade

Cada nó em uma rede é chamado **unidade**. Tradicionalmente, seguindo o projeto proposto por McCulloch e Pitts, uma unidade calcula a soma ponderada das entradas dos nós predecessores e então aplica uma função não linear para produzir sua saída. Seja a_j a saída da unidade j e seja $w_{i,j}$ o peso anexado à ligação da unidade i para a unidade j; então temos

$$a_j = g_j(\sum_i w_{i,j} a_i) \equiv g_j(in_j),$$

Função de ativação

em que g_j é uma **função de ativação** não linear associada à unidade j e in_j é a soma ponderada das entradas na unidade j.

Assim como na seção 19.6.3, estipulamos que cada unidade tem uma entrada extra a partir de uma unidade fictícia 0, que é fixada em +1 e um peso $w_{0,j}$ para essa entrada. Isso permite que a entrada ponderada total in_j para a unidade j seja diferente de zero, mesmo quando as saídas da camada anterior são todas zero. Com essa convenção, podemos escrever a equação anterior em formato de vetor:

$$a_j = g_j(\mathbf{w}^\mathsf{T}\mathbf{x}) \tag{21.1}$$

em que **w** é o vetor de pesos levando à unidade *j* (incluindo $w_{0,j}$) e **x** é o vetor de entradas para a unidade *j* (incluindo o +1).

O fato de a função de ativação ser não linear é importante porque, se não fosse assim, qualquer composição de unidades ainda representaria uma função linear. A não linearidade é o que permite redes de unidades suficientemente grandes para representar funções arbitrárias. O teorema da **aproximação universal** afirma que uma rede com apenas duas camadas de unidades computacionais, a primeira não linear e a segunda linear, pode aproximar qualquer função contínua com um grau de precisão arbitrário. A prova funciona mostrando que uma rede exponencialmente grande pode representar exponencialmente muitas "saliências" de diferentes alturas em diferentes locais no espaço de entrada, aproximando-se assim da função desejada. Em outras palavras, redes suficientemente grandes podem implementar uma tabela de referência para funções contínuas, assim como árvores de decisão suficientemente grandes implementam uma tabela de referência para funções booleanas.

Diversas funções de ativação diferentes são utilizadas. As mais comuns são as seguintes:

- A função logística ou **sigmoide**, que também é usada na regressão logística (ver seção 19.6.5):

$$\sigma(x) = 1/(1 + e^{-x}).$$

- A função **ReLU**, cujo nome é uma abreviação de ***rectified linear unit*** (unidade linear retificada):

$$\text{ReLU}(x) = \max(0, x).$$

- A função *softplus*, uma versão flexível da função ReLU:

$$softplus(x) = \log(1 + e^x).$$

A derivada da função *softplus* é a função sigmoide.

- A função **tanh**:

$$\tanh(x) = \frac{e^{2x}-1}{e^{2x}+1}.$$

Observe que o intervalo de tanh é (-1,+1). Tanh é uma versão aumentada e transladada da sigmoide, pois $\tanh(x) = 2\sigma(2x) - 1$.

Essas funções são mostradas na Figura 21.2. Observe que todas elas são monotonicamente não decrescentes, o que significa que suas derivadas g' são não negativas. Teremos mais a dizer sobre a escolha da função de ativação nas seções posteriores.

O acoplamento de várias unidades em uma rede cria uma função complexa que é uma composição das expressões algébricas representadas pelas unidades individuais. Por exemplo, a rede mostrada na Figura 21.3(a) representa uma função $h_w(\mathbf{x})$, parametrizada por pesos **w**, que mapeia um vetor de entrada de dois elementos **x** para um valor de saída escalar $\hat{y}$.

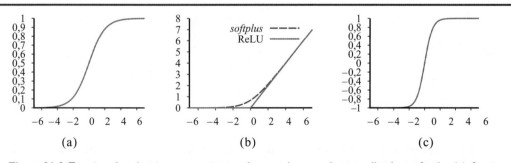

Figura 21.2 Funções de ativação comumente usadas em sistemas de aprendizado profundo: (a) função logística ou sigmoide; (b) função ReLU e a função *softplus*; (c) função tanh.

A estrutura interna da função reflete a estrutura da rede. Por exemplo, podemos escrever uma expressão para a saída $\hat{y}$ da seguinte maneira:

$$\begin{aligned}\hat{y} = g_5(in_5) &= g_5(w_{0,5} + w_{3,5}a_3 + w_{4,5}a_4)\\ &= g_5(w_{0,5} + w_{3,5}g_3(in_3) + w_{4,5}g_4(in_4))\\ &= g_5(w_{0,5} + w_{3,5}g_3(w_{0,3} + w_{1,3}x_1 + w_{2,3}x_2)\\ &\quad + w_{4,5}g_4(w_{0,4} + w_{1,4}x_1 + w_{2,4}x_2)).\end{aligned} \quad (21.2)$$

Assim, temos a saída $\hat{y}$ expressa como uma função $h_w(\mathbf{x})$ das entradas e dos pesos.

A Figura 21.3(a) mostra a maneira tradicional como uma rede pode ser descrita em um livro sobre redes neurais. Uma maneira mais geral de pensar sobre a rede é como um **grafo de computação** ou **grafo de fluxo de dados** – basicamente um circuito em que cada nó representa uma computação elementar. A Figura 21.3(b) mostra o grafo de computação correspondente à rede da Figura 21.3(a); o grafo torna explícito cada elemento do cálculo geral. Ele também distingue entre as entradas (nos retângulos) e os pesos (em elipses sombreadas): os pesos podem ser ajustados para fazer a saída $\hat{y}$ se aproximar do valor verdadeiro y nos dados de treino. Cada peso é como um botão de controle de volume que determina o quanto o próximo nó no grafo ouve daquele predecessor específico no grafo.

Assim como a Equação 21.1 descreveu a operação de uma unidade na forma vetorial, podemos fazer algo semelhante para a rede como um todo. Geralmente usaremos $\mathbf{W}$ para indicar uma matriz de pesos; para essa rede, $\mathbf{W}^{(1)}$ denota os pesos na primeira camada ($w_{1,3}$, $w_{1,4}$ etc.) e $\mathbf{W}^{(2)}$ indica os pesos na segunda camada ($w_{3,5}$ etc.). Finalmente, sejam $\mathbf{g}^{(1)}$ e $\mathbf{g}^{(2)}$ as funções de ativação na primeira e na segunda camadas. Então, toda a rede pode ser escrita da seguinte forma:

$$h_w(\mathbf{x}) = \mathbf{g}^{(2)}(\mathbf{W}^{(2)}\mathbf{g}^{(1)}(\mathbf{W}^{(1)}\mathbf{x})). \quad (21.3)$$

Como a Equação 21.2, essa expressão corresponde a um grafo de computação, embora seja muito mais simples do que o grafo da Figura 21.3(b): aqui, o grafo é simplesmente uma cadeia com matrizes de pesos alimentando cada camada.

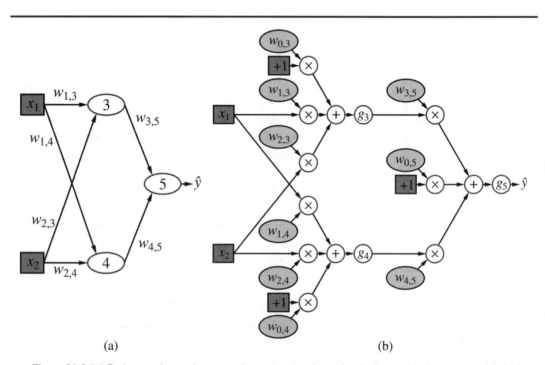

Figura 21.3 (a) Rede neural com duas entradas, uma camada oculta de duas unidades e uma unidade de saída. Entradas fictícias e seus pesos associados não aparecem. (b) Rede em (a) expandida em seu grafo de computação completo.

Capítulo 21 • **Aprendizado Profundo**   683

O grafo de computação na Figura 21.3(b) é relativamente pequeno e superficial, mas a mesma ideia se aplica a todas as formas de aprendizado profundo: construímos grafos de computação e ajustamos seus pesos para ajustar os dados. O grafo na Figura 21.3(b) também é **totalmente conectado**, o que significa que cada nó em cada camada está conectado a todos os nós na próxima camada. Em certo sentido, esse é o padrão, mas veremos na seção 21.3 que escolher a conectividade da rede também é importante para obter um aprendizado eficaz.

Totalmente conectado

21.1.2 Gradientes e aprendizagem

Na seção 19.6, introduzimos uma abordagem para o aprendizado supervisionado com base na **descida pelo gradiente**: calcular o gradiente da função de perda em relação aos pesos, e ajustar os pesos ao longo da direção do gradiente para reduzir a perda. (Se você ainda não leu a seção 19.6, recomendamos fortemente que o faça antes de continuar.) Podemos aplicar exatamente a mesma abordagem para aprender os pesos nos grafos de computação. Para os pesos que levam às unidades na **camada de saída**, aqueles que produzem a saída da rede, o cálculo do gradiente é praticamente idêntico ao processo da seção 19.6. Para pesos que levam a unidades nas **camadas ocultas**, que não estão diretamente conectadas às saídas, o processo é apenas um pouco mais complicado.

Camada de saída

Camadas ocultas

Por enquanto, usaremos a função de perda quadrática, L_2, e calcularemos o gradiente para a rede na Figura 21.3 com relação a um único exemplo de treino $(\mathbf{x}, y)$. (Para vários exemplos, o gradiente é apenas a soma dos gradientes para os exemplos individuais.) A rede produz uma previsão $\hat{y} = h_\mathbf{w}(\mathbf{x})$, e o valor verdadeiro é y; então temos

$$Perda(h_\mathbf{w}) = L_2(y, h_\mathbf{w}(\mathbf{x})) = \|y - h_\mathbf{w}(\mathbf{x})\|^2 = (y - \hat{y})^2.$$

Para calcular o gradiente da perda em relação aos pesos, precisamos das mesmas ferramentas de cálculo usadas no Capítulo 19 – sobretudo a **regra da cadeia**, $\partial g(f(x)) / \partial x = g'(f(x)) \, \partial f(x) / \partial x$. Começaremos com o caso fácil: um peso como $w_{3,5}$ que é conectado à unidade de saída. Operamos diretamente nas expressões de definição de rede da Equação 21.2:

$$
\begin{aligned}
\frac{\partial}{\partial w_{3,5}} Perda(h_\mathbf{w}) &= \frac{\partial}{\partial w_{3,5}} (y - \hat{y})^2 = -2(y - \hat{y}) \frac{\partial \hat{y}}{\partial w_{3,5}} \\
&= -2(y - \hat{y}) \frac{\partial}{\partial w_{3,5}} g_5(in_5) = -2(y - \hat{y}) g_5'(in_5) \frac{\partial}{\partial w_{3,5}} in_5 \\
&= -2(y - \hat{y}) g_5'(in_5) \frac{\partial}{\partial w_{3,5}} (w_{0,5} + w_{3,5} a_3 + w_{4,5} a_4) \\
&= -2(y - \hat{y}) g_5'(in_5) a_3 .
\end{aligned}
\tag{21.4}
$$

A simplificação na última linha acontece porque $w_{0,5}$ e $w_{4,5} \, a_4$ não dependem de $w_{3,5}$, nem o coeficiente de $w_{3,5}$, a_3.

O caso um pouco mais difícil envolve um peso como $w_{1,3}$ que não está diretamente conectado à unidade de saída. Aqui, temos que aplicar a regra da cadeia mais uma vez. As primeiras etapas são idênticas; então nós as omitimos:

$$
\begin{aligned}
\frac{\partial}{\partial w_{1,3}} Perda(h_\mathbf{w}) &= -2(y - \hat{y}) g_5'(in_5) \frac{\partial}{\partial w_{1,3}} (w_{0,5} + w_{3,5} a_3 + w_{4,5} a_4) \\
&= -2(y - \hat{y}) g_5'(in_5) w_{3,5} \frac{\partial}{\partial w_{1,3}} a_3 \\
&= -2(y - \hat{y}) g_5'(in_5) w_{3,5} \frac{\partial}{\partial w_{1,3}} g_3(in_3) \\
&= -2(y - \hat{y}) g_5'(in_5) w_{3,5} g_3'(in_3) \frac{\partial}{\partial w_{1,3}} in_3 \\
&= -2(y - \hat{y}) g_5'(in_5) w_{3,5} g_3'(in_3) \frac{\partial}{\partial w_{1,3}} (w_{0,3} + w_{1,3} x_1 + w_{2,3} x_2) \\
&= -2(y - \hat{y}) g_5'(in_5) w_{3,5} g_3'(in_3) x_1 .
\end{aligned}
\tag{21.5}
$$

684 Inteligência Artificial

Assim, temos expressões muito simples para o gradiente da perda com relação aos pesos $w_{3,5}$ e $w_{1,3}$.

Se definirmos $\Delta_5 = 2(\hat{y} - y)\, g_5'(in_5)$ como uma espécie de "erro percebido" no ponto onde a unidade 5 recebe sua entrada, então o gradiente em relação a $w_{3,5}$ é apenas $\Delta_5 a_3$. Isso faz todo o sentido: se Δ_5 for positivo, isso significa que $\hat{y}$ é muito grande (lembre-se de que g' é sempre não negativo); se a_3 também for positivo, aumentar $w_{3,5}$ só piorará as coisas, enquanto se a_3 for negativo, aumentar $w_{3,5}$ reduzirá o erro. A magnitude de a_3 também importa: se a_3 for pequeno para esse exemplo de treino, então $w_{3,5}$ não desempenhou um papel importante na produção do erro e não precisa ser muito alterado.

Se também definirmos $\Delta_3 = \Delta_5\, w_{3,5}\, g_3'(in_3)$, então o gradiente para $w_{1,3}$ torna-se apenas $\Delta_3 x_1$. Assim, o erro percebido na entrada para a unidade 3 é o erro percebido na entrada para a unidade 5, multiplicado pela informação ao longo do caminho de 5 de volta para 3. Esse fenômeno é completamente geral e dá origem ao termo **retropropagação** para a forma como o erro na saída é transmitido de volta pela rede.

Retropropagação

Outra característica importante dessas expressões de gradiente é que elas têm como fatores as derivadas locais $g_j'(in_j)$. Como já foi observado, essas derivadas são sempre não negativas, mas podem ser muito próximas de zero (no caso das funções sigmoide, *softplus* e tanh) ou exatamente zero (no caso de ReLU), se as entradas do exemplo de treino em questão por acaso colocarem a unidade j na região de operação plana. Se a derivada g_j' for pequena ou zero, isso significa que alterar os pesos que levam à unidade j terá um efeito desprezível em sua saída. Como resultado, redes profundas com muitas camadas podem sofrer de **desaparecimento do gradiente** – os sinais de erro são totalmente extintos à medida que são propagados de volta pela rede. A seção 21.3.3 oferece uma solução para esse problema.

Desaparecimento do gradiente

Mostramos que os gradientes em nosso pequeno exemplo de rede são expressões simples que podem ser calculadas passando informações de volta pela rede, a partir das unidades de saída. Acontece que essa propriedade se mantém de forma mais geral. Na verdade, como veremos na seção 21.4.1, os cálculos de gradiente para *qualquer* grafo de computação *feedforward* têm a mesma estrutura do grafo de computação subjacente. Essa propriedade vem diretamente das regras da diferenciação.

Mostramos os maiores detalhes de um cálculo de gradiente, mas não se preocupe: não há necessidade de refazer as derivações nas Equações 21.4 e 21.5 para cada nova estrutura de rede! Todos esses gradientes podem ser calculados pelo método de **diferenciação automática**, que aplica as regras de cálculo de modo sistemático para calcular gradientes para qualquer programa numérico.[1] Na verdade, o método de retropropagação no aprendizado profundo é simplesmente uma aplicação da diferenciação em **modo reverso**, que aplica a regra da cadeia "de fora para dentro" e recebe as vantagens de eficiência da programação dinâmica quando a rede em questão tem muitas entradas e poucas saídas.

Diferenciação automática

Modo reverso

Todos os principais pacotes para aprendizado profundo oferecem diferenciação automática, para que os usuários tenham liberdade para experimentar diferentes estruturas de rede, funções de ativação, funções de perda e formas de composição sem ter que fazer muitos cálculos para derivar um novo algoritmo de aprendizagem para cada experimento. Isso encorajou uma abordagem chamada **aprendizado de ponta a ponta**, na qual um sistema computacional complexo para uma tarefa como a tradução automática pode ser composto de vários subsistemas treináveis; o sistema inteiro é então treinado de ponta a ponta a partir de pares de entrada e saída. Com essa abordagem, o projetista precisa ter apenas uma vaga ideia sobre como o sistema geral deve ser estruturado; não há necessidade de saber com antecedência exatamente o que cada subsistema deve fazer ou como identificar suas entradas e saídas.

Aprendizado de ponta a ponta

21.2 Grafos de computação para aprendizado profundo

Já estabelecemos as ideias básicas do aprendizado profundo: representar hipóteses como grafos de computação com pesos ajustáveis e calcular o gradiente da função de perda com relação a esses pesos, a fim de ajustar os dados de treino. Agora veremos como montar grafos de

---

[1] Os métodos de diferenciação automática foram desenvolvidos originalmente nas décadas de 1960 e 1970 para a otimização de parâmetros de sistemas definidos por programas grandes e complexos escritos em Fortran.

computação. Vamos começar com a camada de entrada, que é em que o exemplo de treino ou teste **x** é codificado como valores dos nós de entrada. Em seguida, vamos considerar a camada de saída, em que as saídas **ŷ** são comparadas com os valores reais **y** para derivar um sinal de aprendizagem para ajustar os pesos. Por fim, vamos examinar as camadas ocultas da rede.

21.2.1 Codificação da entrada

Os nós de entrada e saída de um grafo computacional são aqueles que se conectam diretamente aos dados de entrada **x** e aos dados de saída **y**. A codificação dos dados de entrada é geralmente direta, pelo menos para o caso de dados fatorados em que cada exemplo de treino contém valores para n atributos de entrada. Se os atributos são booleanos, temos n nós de entrada; geralmente, *falso* é mapeado para uma entrada de 0 e *verdadeiro* é mapeado para 1, embora às vezes sejam usados –1 e +1, respectivamente. Atributos numéricos, sejam eles de valor inteiro ou real, são normalmente usados como estão, embora possam ser redimensionados para caber em um intervalo fixo; se as magnitudes para diferentes exemplos variarem muitos, os valores poderão ser mapeados em uma escala logarítmica.

As imagens não se enquadram bem na categoria de dados fatorados; mesmo que uma imagem RGB de tamanho $X \times Y$ *pixels* possa ser considerada como $3XY$ atributos de valores inteiros (normalmente com valores no intervalo {0, ..., 255}), isso ignoraria o fato de que as triplas de valores RGB pertencem ao mesmo *pixel* na imagem e o fato de que a adjacência do *pixel* realmente importa. Logicamente, podemos mapear *pixels* adjacentes em nós de entrada adjacentes na rede, mas o significado de adjacência é completamente perdido se as camadas internas da rede estiverem totalmente conectadas. Na prática, as redes usadas com dados de imagem têm estruturas internas semelhantes a um vetor (*array*), que visam refletir a semântica da adjacência. A seção 21.3 explica isso com mais detalhes.

Atributos de categoria com mais de dois valores – como o atributo *Tipo* no problema do restaurante do Capítulo 19, que tem valores francês, italiano, tailandês ou lanchonete) – geralmente são codificados usando a chamada **codificação *one-hot***. Um atributo com d valores possíveis é representado por d *bits* de entrada separados. Para qualquer valor dado, o *bit* de entrada correspondente é definido como 1 e todos os outros são definidos como 0. Isso geralmente funciona melhor do que mapear os valores para inteiros. Se usássemos inteiros para o atributo *Tipo*, tailandês seria 3 e lanchonete seria 4. Como a rede é uma composição de funções contínuas, ela não teria escolha a não ser prestar atenção à adjacência numérica, mas, nesse caso, a adjacência numérica entre tailandês e lanchonete não tem sentido semanticamente.

21.2.2 Camadas de saída e funções de perda

No lado da saída da rede, o problema de codificar os valores de dados brutos em valores reais **y** para os nós de saída do grafo é muito semelhante ao problema de codificação da entrada. Por exemplo, se a rede está tentando prever a variável *Tempo* do Capítulo 12, que tem os valores [*ensolarado, chuvoso, nublado, nevando*], usaríamos uma codificação *one-hot* com quatro *bits*.

Isso é o bastante para os valores de dados **y**. E a previsão **ŷ**? Idealmente, ela corresponderia exatamente ao valor desejado **y**, a perda seria zero e pronto. Na prática, isso raramente acontece – especialmente antes de iniciarmos o processo de ajuste dos pesos! Portanto, precisamos pensar sobre o que significa um valor de saída incorreto e como medir a perda. Ao derivar os gradientes nas Equações 21.4 e 21.5, começamos com a função de perda de erro quadrático. Isso simplifica a álgebra, mas não é a única possibilidade. Na verdade, para a maioria das aplicações de aprendizado profundo, é mais comum interpretar os valores de saída **ŷ** como probabilidades e usar o **negativo do logaritmo da verossimilhança** como a função de perda – exatamente como fizemos com o aprendizado de **máxima verossimilhança** no Capítulo 20.

O aprendizado por maximização da verossimilhança encontra o valor de **w** que maximiza a probabilidade dos dados observados. E como a função log é monótona, isso é equivalente a maximizar o logaritmo da verossimilhança dos dados, que, por sua vez, é equivalente a minimizar uma função de perda definida como o negativo da log verossimilhança. (Lembre-se de que, como vimos na seção 20.2, tomar logaritmos transforma produtos de probabilidades

686 Inteligência Artificial

em somas, que são mais fáceis de derivar.) Em outras palavras, estamos procurando $\mathbf{w}^*$ que minimiza a soma dos negativos do log das probabilidades dos N exemplos:

$$\mathbf{w}^* = \underset{\mathbf{w}}{\operatorname{argmin}} - \sum_{j=1}^{N} \log P_{\mathbf{w}}(\mathbf{y}_j \mid \mathbf{x}_j). \tag{21.6}$$

Entropia cruzada

Na literatura de aprendizado profundo, é comum falar sobre minimização da perda de **entropia cruzada**. A entropia cruzada, escrita como $H(P,Q)$, é um tipo de medida da divergência entre duas distribuições P e Q.[2] A definição geral é

$$H(P,Q) = \mathbf{E}_{\mathbf{z} \sim P(\mathbf{z})}[\log Q(\mathbf{z})] = \int P(\mathbf{z}) \log Q(\mathbf{z}) d\mathbf{z}. \tag{21.7}$$

No aprendizado de máquina, normalmente usamos essa definição com P sendo a distribuição verdadeira sobre os exemplos de treino, $P^*(\mathbf{x}, \mathbf{y})$ e Q sendo a hipótese preditiva $P_{\mathbf{w}}(\mathbf{y} \mid \mathbf{x})$. Minimizar a entropia cruzada $H(P^*(\mathbf{x}, \mathbf{y}), P_{\mathbf{w}}(\mathbf{y} \mid \mathbf{x}))$ ajustando $\mathbf{w}$ faz com que a hipótese chegue o mais próximo possível da distribuição verdadeira. Na realidade, não podemos minimizar essa entropia cruzada porque não temos acesso à distribuição de dados verdadeira $P^*(\mathbf{x}, \mathbf{y})$, mas temos acesso às amostras de $P^*(\mathbf{x}, \mathbf{y})$; então a soma dos dados reais na Equação 21.6 se aproxima da esperança na Equação 21.7.

Para minimizar o negativo da log verossimilhança (ou a entropia cruzada), precisamos interpretar a saída da rede como uma probabilidade. Por exemplo, se a rede tem uma unidade de saída com uma função de ativação sigmoide e está aprendendo uma classificação booleana, podemos interpretar o valor de saída diretamente como a probabilidade de que o exemplo pertença à classe positiva. (Na verdade, é exatamente assim que a regressão logística é usada; ver seção 19.6.5.) Assim, para problemas de classificação booleana, normalmente usamos uma camada de saída sigmoide.

Problemas de classificação multiclasses são muito comuns no aprendizado de máquina. Por exemplo, os classificadores usados para reconhecimento de objetos geralmente precisam reconhecer milhares de categorias distintas de objetos. Os modelos de linguagem natural que tentam prever a próxima palavra em uma frase podem ter que escolher entre dezenas de milhares de palavras possíveis. Para esse tipo de previsão, precisamos que a rede produza uma distribuição por categoria – isto é, se houver d respostas possíveis, precisamos de d nós de saída que representam probabilidades que somam 1.

Softmax

Para conseguir isso, usamos uma camada *softmax*, que produz um vetor de d valores, dado um vetor de valores de entrada $\mathbf{in} = \langle in_1, ..., in_d \rangle$. O k-ésimo elemento desse vetor de saída é dado por

$$softmax(\mathbf{in})_k = \frac{e^{in_k}}{\sum_{k'=1}^{d} e^{in_{k'}}}.$$

Por construção, a função *softmax* produz um vetor de números não negativos cuja soma é 1. Como de costume, a entrada in_k para cada um dos nós de saída será uma combinação linear ponderada das saídas da camada anterior. Por causa das exponenciais, a camada *softmax* acentua as diferenças nas entradas: por exemplo, se o vetor de entradas é dado por $\mathbf{in} = \langle 5, 2, 0, -2 \rangle$, então as saídas são $\langle 0{,}946, 0{,}047, 0{,}006, 0{,}001 \rangle$. No entanto, *softmax* é suave e diferenciável, ao contrário da função max. É fácil mostrar que o sigmoide é um *softmax* com $d = 2$. Em outras palavras, assim como as unidades sigmoides propagam informações de classes binárias por meio de uma rede, as unidades *softmax* propagam informações multiclasses.

Para um problema de regressão, em que o valor alvo y é contínuo, é comum utilizar uma camada de saída linear – em outras palavras, $\hat{y}_j = in_j$, sem qualquer função de ativação g – e interpretar isso como a média de uma previsão feita por uma gaussiana com variância fixa. Como vimos na seção 20.2.4, maximizar a verossimilhança (ou seja, minimizar o negativo do logaritmo da verossimilhança) com uma gaussiana de variância fixa é o mesmo que

---

[2] Entropia cruzada não é uma distância no sentido comum, pois $H(P,P)$ não é zero; em vez disso, é igual à entropia $H(P)$. É fácil demonstrar que $H(P,Q) = H(P) + D_{KL}(P \| Q)$, em que D_{KL} é a **divergência de Kullback-Leibler**, que satisfaz $D_{KL}(P \| P) = 0$. Assim, para um P fixo, variar Q para minimizar a entropia cruzada também minimiza a divergência de KL.

minimizar o erro quadrático. Assim, uma camada de saída linear interpretada dessa forma realiza a regressão linear clássica. Os recursos de entrada para essa regressão linear são as saídas da camada anterior, que normalmente resultam de várias transformações não lineares das entradas originais da rede.

Muitas outras camadas de saída são possíveis. Por exemplo, uma camada de **mistura de densidades** representa as saídas usando uma mistura de distribuições gaussianas. (Ver seção 20.3.1 para mais detalhes sobre as misturas gaussianas.) Essas camadas preveem a frequência relativa de cada componente da mistura, a média e a variância de cada componente. Contanto que esses valores de saída sejam devidamente interpretados pela função de perda como definindo a probabilidade para o valor de saída verdadeiro **y**, após o treino, a rede ajustará um modelo de mistura de gaussianas no espaço das características definido pelas camadas anteriores.

Mistura de densidades

21.2.3 Camadas ocultas

Durante o processo de treino, uma rede neural recebe muitos valores de entrada **x** e gera muitos valores de saída correspondentes *y*. Ao processar um vetor de entrada **x**, a rede neural realiza vários cálculos intermediários antes de produzir a saída *y*. Podemos pensar nos valores calculados em cada camada da rede como uma *representação* diferente para a entrada **x**. Cada camada transforma a representação produzida pela camada anterior para produzir uma nova representação. A composição de todas essas transformações tem êxito – se tudo correr bem – ao transformar a entrada na saída desejada. Na verdade, uma hipótese de por que o aprendizado profundo funciona bem é que a complexa transformação de ponta a ponta que realiza o mapeamento da entrada para a saída – digamos, de uma imagem de entrada para a categoria de saída "girafa" – é decomposta pelas muitas camadas na composição de muitas transformações relativamente simples, cada uma delas bastante fácil de aprender por um processo de atualização local.

No processo de formação de todas essas transformações internas, as redes profundas costumam descobrir representações intermediárias significativas dos dados. Por exemplo, uma rede que aprende a reconhecer objetos complexos em imagens pode formar camadas internas que detectam subunidades úteis: bordas, cantos, elipses, olhos, rostos – gatos. Ou pode não formar – redes profundas podem formar camadas internas cujo significado é opaco para os humanos, embora a saída ainda esteja correta.

As camadas ocultas das redes neurais normalmente são menos diversificadas que as camadas de saída. Durante os primeiros 25 anos de pesquisa com redes multicamadas (aproximadamente de 1985 a 2010), nós internos usavam, quase exclusivamente, funções de ativação sigmoide e tanh. Por volta de 2010 em diante, ReLU e *softplus* se tornaram mais populares, em parte porque se acredita que eles evitam o problema do desaparecimento do gradiente, mencionado na seção 21.1.2. A experimentação com redes cada vez mais profundas sugeriu que, em muitos casos, melhor aprendizado foi obtido com redes profundas e relativamente estreitas, em vez de redes rasas e largas, dado um número total fixo de pesos. Um exemplo típico disso é mostrado na Figura 21.7.

É claro que existem muitas outras estruturas a serem consideradas para os grafos de computação, além de apenas mexer na largura e na profundidade. No momento em que este livro foi escrito, havia pouco entendimento do motivo pelo qual algumas estruturas parecem funcionar melhor do que outras para algum problema específico. Com a experiência, os profissionais conseguem deduzir como projetar redes e como ajustá-las quando não funcionam, assim como os *chefs* aprendem a elaborar receitas e como corrigi-las quando têm um sabor desagradável. Por esse motivo, ferramentas que facilitam a rápida exploração e avaliação de diferentes estruturas são essenciais para o sucesso nos problemas do mundo real.

21.3 Redes convolucionais

Na seção 21.2.1, dissemos que uma imagem não pode ser pensada como um vetor simples de valores de *pixels* de entrada, principalmente porque a adjacência dos *pixels* realmente importa. Se tivéssemos que construir uma rede com camadas totalmente conectadas e uma imagem como entrada, obteríamos o mesmo resultado, quer treinássemos com imagens não modificadas ou com imagens cujos *pixels* foram permutados aleatoriamente. Além disso, suponha que haja n *pixels* e n unidades na primeira camada oculta, para a qual os *pixels* fornecem entrada. Se a entrada e a primeira camada oculta estiverem totalmente conectadas, isso significa n^2 pesos; para uma imagem RGB típica com megapixels, isso significa 9 trilhões de pesos. Um espaço de parâmetros tão grande exigiria um número correspondentemente grande de imagens de treino e um grande orçamento de computação para executar o algoritmo de treino.

Essas considerações sugerem que devemos construir a primeira camada oculta de modo que *cada unidade oculta receba informações de apenas uma pequena região local da imagem*. Isso mata dois coelhos com uma só cajadada. Primeiro, respeita a adjacência, pelo menos localmente. (E veremos mais tarde que, se as camadas subsequentes tiverem a mesma propriedade de localidade, a rede respeitará a adjacência em um sentido global.) Em segundo lugar, reduz o número de pesos: se cada região local tiver $l \ll n$ *pixels*, então haverá $ln \ll n^2$ pesos ao todo.

Até agora tudo bem. Mas estamos perdendo outra propriedade importante das imagens: *grosso modo*, qualquer coisa que seja detectável em uma pequena região local da imagem – talvez um olho ou uma folha de grama – teria a mesma aparência se aparecesse em outra pequena região local da imagem. Em outras palavras, esperamos que os dados da imagem apresentem **invariância espacial** aproximada, pelo menos em escalas pequenas a moderadas.[3] Não esperamos necessariamente que as metades superiores das fotos se pareçam com as metades inferiores; portanto, há uma escala além da qual a invariância espacial não é mais válida.

A invariância espacial local pode ser alcançada restringindo os pesos l que conectam uma região local a uma unidade na camada oculta para serem os mesmos para cada unidade oculta. (Ou seja, para unidades ocultas i e j, os pesos $w_{1,i}, ..., w_{l,i}$ são iguais a $w_{1,j}, ..., w_{l,j}$.) Isso torna as unidades ocultas em detectores de características que detectam a mesma característica onde quer que apareça na imagem. Normalmente, queremos que a primeira camada oculta detecte muitos tipos de características, não apenas um; então, para cada região da imagem local, podemos ter d unidades ocultas com d conjuntos de pesos distintos. Isso significa que existem dl pesos no total – um número que não é apenas muito menor do que n^2, mas é de fato independente de n, o tamanho da imagem. Assim, ao injetar algum conhecimento prévio – a saber, conhecimento de adjacência e invariância espacial –, podemos desenvolver modelos que têm muito menos parâmetros e que podem aprender muito mais rapidamente.

Uma **rede neural convolucional** (**RNC**) é aquela que contém conexões espacialmente locais, pelo menos nas camadas iniciais, e conta com padrões de pesos que são replicados nas unidades em cada camada. Um padrão de pesos que é replicado em várias regiões locais é chamado **kernel** e o processo de aplicação do kernel aos *pixels* da imagem (ou a unidades organizadas espacialmente em uma camada subsequente) é chamado **convolução**.[4]

Kernels e convoluções são mais fáceis de ilustrar em uma dimensão do que em duas ou mais; portanto, assumiremos um vetor de entrada $\mathbf{x}$ de tamanho n, correspondendo a n *pixels* em uma imagem unidimensional, e um kernel vetorial $\mathbf{k}$ de tamanho l. (Para simplificar, vamos supor que l é um número ímpar.) Todas as ideias são transportadas diretamente para casos de maior dimensão.

Escrevemos a operação de convolução utilizando o símbolo $*$ – por exemplo: $\mathbf{z} = \mathbf{x} * \mathbf{k}$). A operação é definida da seguinte forma:

$$z_i = \sum_{j=1}^{l} k_j x_{j+i-(l+1)/2}.$$

(21.8)

Em outras palavras, para cada posição de saída i, tomamos o produto escalar entre o kernel $\mathbf{k}$ e um trecho de $\mathbf{x}$ centralizado em x_i com largura l.

O processo é ilustrado na Figura 21.4 para um vetor de kernel $[+1, -1, +1]$, que detecta um ponto mais escuro na imagem 1D. (A versão 2D pode detectar uma linha mais escura.) Observe que, nesse exemplo, os *pixels* nos quais os kernels estão centralizados são separados por uma distância de 2 *pixels*; dizemos que o kernel é aplicado com uma **passada** $s = 2$. Observe que a camada de saída tem menos *pixels*: por causa da passada, o número de *pixels* é reduzido de n para aproximadamente n/s. (Em duas dimensões, o número de *pixels* seria aproximadamente $n/s_x s_y$, em que s_x e s_y

---

[3] Ideias semelhantes podem ser aplicadas para processar fontes de dados de série temporal, como as formas de onda de áudio. Elas normalmente apresentam **invariância temporal** – uma palavra sempre soa da mesma forma, não importa a hora do dia em que ela é pronunciada. Redes neurais recorrentes (seção 21.6) exibem automaticamente a invariância temporal.

[4] Na terminologia do processamento de sinais, chamaríamos essa operação de correlação cruzada, não de convolução. Mas a "convolução" é usada no campo das redes neurais.

são as passadas nas direções x e y na imagem.) Dizemos "aproximadamente" devido ao que acontece na borda da imagem: na Figura 21.4, a convolução é interrompida nas bordas da imagem, mas também se pode preencher a entrada com *pixels* extras (zeros ou cópias dos *pixels* externos) para que o kernel possa ser aplicado exatamente $\lfloor n/s \rfloor$ vezes. Para pequenos kernels, normalmente usamos $s = 1$; portanto, a saída tem as mesmas dimensões da imagem (Figura 21.5).

A operação de aplicação de um kernel em uma imagem pode ser implementada de maneira óbvia por um programa com laços devidamente aninhados; mas também pode ser formulada como uma operação de matriz única, assim como a aplicação da matriz de peso na Equação 21.1. Por exemplo, a convolução ilustrada na Figura 21.4 pode ser vista como a seguinte multiplicação de matriz:

$$\begin{pmatrix} +1 & -1 & +1 & 0 & 0 & 0 & 0 \\ 0 & 0 & +1 & -1 & +1 & 0 & 0 \\ 0 & 0 & 0 & 0 & +1 & -1 & +1 \end{pmatrix} \begin{pmatrix} 5 \\ 6 \\ 6 \\ 2 \\ 5 \\ 6 \\ 5 \end{pmatrix} = \begin{pmatrix} 5 \\ 9 \\ 4 \end{pmatrix}. \tag{21.9}$$

Nessa matriz de peso, o kernel aparece em cada linha, deslocado de acordo com a passada em relação à linha anterior. A matriz de peso não necessariamente seria construída de forma explícita – afinal ela é composta principalmente de zeros – mas o fato de que a convolução é uma operação matricial linear serve como um lembrete de que a descida pelo gradiente pode ser aplicada de maneira fácil e eficaz às RNC, assim como às redes neurais convencionais.

Como já foi dito, haverá d kernels, não apenas um; portanto, com uma passada de 1, a saída será d vezes maior. Isso significa que um *array* de entrada bidimensional se torna um *array* tridimensional de unidades ocultas, em que a terceira dimensão tem tamanho d.

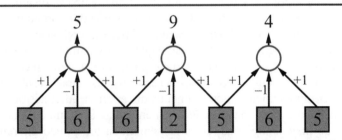

Figura 21.4 Exemplo de uma operação de convolução unidimensional com um kernel de tamanho $l = 3$ e uma passada $s = 2$. A resposta de pico é centralizada no *pixel* de entrada mais escuro (intensidade mais baixa). Os resultados normalmente seriam alimentados por uma função de ativação não linear (não mostrada) antes de ir para a próxima camada oculta.

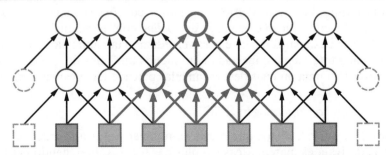

Figura 21.5 Duas primeiras camadas de uma RNC para uma imagem 1D com um tamanho de kernel $l = 3$ e uma passada $s = 1$. O preenchimento é adicionado nas extremidades esquerda e direita para manter as camadas ocultas com o mesmo tamanho da entrada. No centro, em vermelho, está o campo receptivo de uma unidade na segunda camada oculta. De modo geral, quanto mais profunda a unidade, maior o campo receptivo. (Esta figura encontra-se reproduzida em cores no Encarte *online*.)

690 Inteligência Artificial

É importante organizar a camada oculta dessa maneira, de modo que todas as saídas do kernel de um local de imagem específico permaneçam associadas a esse local. Ao contrário das dimensões espaciais da imagem, no entanto, essa "dimensão do kernel" adicional *não* tem qualquer propriedade de adjacência; portanto, não faz sentido executar convoluções ao longo dela.

Campo receptivo

RNC foram inspiradas originalmente por modelos do córtex visual, propostos na neurociência. Nesses modelos, o **campo receptivo** de um neurônio é a parte da entrada sensorial que pode afetar a ativação desse neurônio. Em uma RNC, o campo receptivo de uma unidade na primeira camada oculta é pequeno – apenas o tamanho do kernel, ou seja, *l pixels*. Nas camadas mais profundas da rede, esse tamanho pode ser muito maior. Na Figura 21.5 isso está ilustrado para uma unidade na segunda camada oculta, cujo campo receptivo contém cinco *pixels*. Quando a passada for 1, como na figura, um nó na m-ésima camada oculta terá um campo receptivo de tamanho $(l - 1)m + 1$; portanto, o crescimento é linear em m. (Para uma imagem 2D, cada dimensão do campo receptivo cresce linearmente com m, de modo que a área cresce quadraticamente.) Quando a distância é maior que 1, cada *pixel* na camada m representa s *pixels* na camada $m - 1$; portanto, o campo receptivo cresce como $O(ls^m)$ – isto é, exponencialmente com a profundidade. O mesmo efeito ocorre com camadas de *pooling*, que discutiremos a seguir.

21.3.1 *Pooling* e *downsampling*

Pooling

Uma camada de ***pooling*** em uma rede neural resume um conjunto de unidades adjacentes da camada anterior com um único valor. O *pooling* funciona como uma camada de convolução, com um tamanho de kernel l e passada s, mas a operação aplicada é fixa em vez de aprendida. Normalmente, nenhuma função de ativação está associada à camada de *pooling*. Existem duas formas comuns de *pooling*:

Downsampling

- O *average-pooling* calcula o valor médio de suas l entradas. Isso é idêntico à convolução com um vetor de kernel uniforme $\mathbf{k} = [1/l,..., 1/l]$. Definindo $l = s$, o efeito é reduzir a resolução da imagem – ***downsampling*** – por um fator de s. Um objeto que ocupava, digamos, $10s$ *pixels*, agora ocuparia apenas 10 *pixels* após o *pooling*. O mesmo classificador aprendido que seria capaz de reconhecer o objeto em um tamanho de 10 *pixels* na imagem original agora seria capaz de reconhecer esse objeto na imagem agrupada, mesmo que ele fosse muito grande para ser reconhecido na imagem original. Em outras palavras, o *pooling* médio facilita o reconhecimento multiescalar. Ele também reduz o número de pesos necessários nas camadas subsequentes, levando a um menor custo computacional e, possivelmente, um aprendizado mais rápido.
- O *max-pooling* calcula o valor máximo de suas l entradas. Ele também pode ser usado exclusivamente para *downsampling*, mas tem uma semântica um pouco diferente. Suponha que apliquemos o *maxpooling* à camada oculta [5,9,4] da Figura 21.4: o resultado seria um 9, indicando que em algum lugar da imagem de entrada há um ponto mais escuro que é detectado pelo kernel. Em outras palavras, o *pooling* máximo atua como um tipo de disjunção lógica, dizendo que uma característica existe em algum lugar no campo receptivo da unidade.

Se o objetivo é classificar a imagem em uma das c categorias, a camada final da rede será um *softmax* com c unidades de saída. As primeiras camadas da RNC são do tamanho da imagem; portanto, em algum ponto intermediário, deve haver reduções significativas no tamanho da camada. Camadas de convolução e camadas de *pooling* com passo maior que 1 servem para reduzir o tamanho da camada. Também é possível reduzir o tamanho da camada simplesmente por ter uma camada totalmente conectada com menos unidades do que a camada anterior. RNC muitas vezes têm uma ou duas dessas camadas precedendo a camada *softmax* final.

21.3.2 Operações tensoriais em RNC

Tensor

Nas Equações 21.1 e 21.3, vimos que o uso da notação vetorial e matricial pode ser útil para manter as derivações matemáticas simples e elegantes, oferecendo descrições concisas dos grafos de computação. Vetores e matrizes são casos especiais unidimensionais e bidimensionais de **tensores**, que (na terminologia de aprendizado profundo) são simplesmente vetores multidimensionais de qualquer dimensão.[5]

---

[5] A definição matemática apropriada de tensores requer que certas invariâncias sejam mantidas sob uma mudança de base.

Para RNC, os tensores são uma forma de acompanhar a "forma" dos dados conforme eles prosseguem pelas camadas da rede. Isso é importante porque a noção inteira de convolução depende da ideia de adjacência: os elementos de dados adjacentes são considerados semanticamente relacionados, de modo que faz sentido aplicar operadores a regiões locais dos dados. Além disso, com primitivas de linguagem adequadas para construção de tensores e aplicação de operadores, as próprias camadas podem ser descritas de forma concisa como mapas de entradas de tensores para saídas de tensores.

Uma última razão para descrever RNC em termos de operações de tensor é a eficiência computacional: dada a descrição de uma rede como uma sequência de operações de tensor, um pacote de *software* de aprendizado profundo pode gerar código compilado altamente otimizado para o substrato computacional básico. As cargas de trabalho de aprendizado profundo geralmente são executadas em GPU (unidades de processamento gráfico) ou TPU (unidades de processamento tensorial), que disponibilizam um paralelismo muito alto. Por exemplo, um dos TPU Pods de terceira geração da Google tem capacidade equivalente a cerca de 10 milhões de *notebooks*. Tirar proveito desses recursos é essencial se alguém estiver treinando uma grande RNC em um grande banco de dados de imagens. Assim, é comum processar não uma imagem por vez, mas muitas imagens em paralelo; como veremos na seção 21.4, isso também se alinha bem com a maneira como o algoritmo de descida pelo gradiente estocástica calcula gradientes em relação a um minilote de exemplos de treino.

Vamos reunir tudo isso na forma de um exemplo. Suponha que estejamos treinando com imagens RGB de 256×256, com um tamanho de minilote de 64. A entrada, então, será um tensor quadridimensional de tamanho $256 \times 256 \times 3 \times 64$. Em seguida, aplicamos 96 kernels de tamanho $5 \times 5 \times 3$ com uma passada de 2 nas direções x e y na imagem. Isso fornece um tensor de saída de tamanho $128 \times 128 \times 96 \times 64$. Esse tensor costuma ser chamado **mapa de características**, pois mostra como cada característica extraída por um kernel aparece em toda a imagem; nesse caso, ele é composto por 96 **canais**, no qual cada canal transporta informações de uma característica. Observe que, ao contrário do tensor de entrada, esse mapa de características não tem mais canais de cores dedicados; no entanto, a informação de cor pode ainda estar presente nos vários canais de características se o algoritmo de aprendizagem achar que a cor é útil para as previsões finais da rede.

Mapa de características

Canal

21.3.3 Redes residuais

Redes residuais são uma abordagem popular e bem-sucedida para a criação de redes muito profundas, evitando o problema de desaparecimento do gradiente.

Rede residual

Modelos profundos típicos usam camadas que aprendem uma nova representação na camada i substituindo completamente a representação na camada $i - 1$. Usando a notação matricial/vetorial que introduzimos na Equação 21.3, com $\mathbf{z}^{(i)}$ sendo os valores das unidades na camada i, temos

$$\mathbf{z}^{(i)} = f(\mathbf{z}^{(i-1)}) = \mathbf{g}^{(i)}(\mathbf{W}^{(i)}\mathbf{z}^{(i-1)}).$$

Como cada camada substitui completamente a representação da camada anterior, todas as camadas devem aprender a fazer algo útil. Cada camada deve, no mínimo, preservar as informações relevantes à tarefa, contidas na camada anterior. Definindo $\mathbf{W}^{(i)} = \mathbf{0}$ para qualquer camada i, a rede inteira deixará de funcionar. Definindo também $\mathbf{W}^{(i-1)} = \mathbf{0}$, a rede nem mesmo seria capaz de aprender: a camada i não aprenderia porque não observaria nenhuma variação em sua entrada da camada $i - 1$, e a camada $i - 1$ não aprenderia porque o gradiente propagado de volta da camada i seria sempre zero. É claro que esses são exemplos extremos, mas ilustram a necessidade de que as camadas sirvam como canais para a passagem de sinais pela rede.

A ideia principal das redes residuais é que uma camada deve *perturbar* a representação da camada anterior, em vez de *substituí-la* inteiramente. Se a perturbação aprendida for pequena, a próxima camada estará perto de ser uma cópia da camada anterior. Isso é obtido pela seguinte equação para a camada i em termos da camada $i - 1$:

$$\mathbf{z}^{(i)} = \mathbf{g}_r^{(i)}(\mathbf{z}^{(i-1)} + f(\mathbf{z}^{(i-1)})), \tag{21.10}$$

692 Inteligência Artificial

Residual

em que $\mathbf{g}_r$ representa as funções de ativação para a camada residual. Aqui, pensamos em f como o **residual**, perturbando o comportamento padrão da passagem da camada $i - 1$ para a camada i. A função usada para calcular o residual normalmente é uma rede neural com uma camada não linear combinada com uma camada linear:

$$f(\mathbf{z}) = \mathbf{V}\mathbf{g}(\mathbf{W}\mathbf{z}),$$

em que $\mathbf{W}$ e $\mathbf{V}$ são matrizes de pesos aprendidos com os pesos normais de viés (interceptos) acrescentados.

As redes residuais tornam possível aprender redes significativamente mais profundas de forma confiável. Considere o que acontece se definirmos $\mathbf{V} = \mathbf{0}$ para uma camada específica, a fim de desativá-la. Em seguida, o resíduo f desaparece e a Equação 21.10 é simplificada para

$$\mathbf{z}^{(i)} = \mathbf{g}_r(\mathbf{z}^{(i-1)}).$$

Agora, suponha que $\mathbf{g}_r$ consista em funções de ativação ReLU e que $\mathbf{z}^{(i-1)}$ também aplique uma função ReLU às suas entradas: $\mathbf{z}^{(i-1)} = \text{ReLU}(\mathbf{in}^{(i-1)})$. Nesse caso, temos

$$\mathbf{z}^{(i)} = \mathbf{g}_r(\mathbf{z}^{(i-1)}) = \text{ReLU}(\mathbf{z}^{(i-1)}) = \text{ReLU}(\text{ReLU}(\mathbf{in}^{(i-1)})) = \text{ReLU}(\mathbf{in}^{(i-1)}) = \mathbf{z}^{(i-1)},$$

em que o penúltimo passo acontece porque $\text{ReLU}(\text{ReLU}(x)) = \text{ReLU}(x)$. Em outras palavras, em redes residuais com ativações ReLU, uma camada com pesos zero simplesmente repassa suas entradas sem qualquer alteração. O restante da rede funciona como se a camada nunca tivesse existido. Enquanto as redes tradicionais devem *aprender* a propagar informações e estão sujeitas a falhas catastróficas de propagação de informações por escolhas erradas dos parâmetros, as redes residuais propagam informações por padrão.

As redes residuais são frequentemente usadas com camadas convolucionais em aplicações de visão computacional, mas na verdade são uma ferramenta de uso geral que torna as redes profundas mais robustas e permite que os pesquisadores experimentem projetos de rede complexos e heterogêneos com mais liberdade. No momento em que este livro foi escrito, era comum ver redes residuais com centenas de camadas. O projeto dessas redes está evoluindo rapidamente; logo, quaisquer detalhes adicionais que pudéssemos fornecer provavelmente estariam desatualizados antes que o livro saísse do prelo. Os leitores que desejam conhecer as melhores arquiteturas para aplicações específicas podem consultar publicações de pesquisas recentes.

21.4 Algoritmos de aprendizagem

O treino de uma rede neural consiste em modificar os parâmetros da rede de modo que a função de perda seja minimizada no conjunto de treino. Em princípio, qualquer tipo de algoritmo de otimização pode ser usado. Mas na prática, as redes neurais modernas quase sempre são treinadas com alguma variante da descida pelo gradiente estocástica (SGD, do inglês *stochastic gradient descent*).

Cobrimos a descida pelo gradiente padrão e sua versão estocástica na seção 19.6.2. Aqui, o objetivo é minimizar a perda $L(\mathbf{w})$, em que $\mathbf{w}$ representa todos os parâmetros da rede. Cada etapa de atualização no processo de descida pelo gradiente se parece com isto:

$$\mathbf{w} \leftarrow \mathbf{w} - \alpha\nabla_{\mathbf{w}}L(\mathbf{w}),$$

em que α é a taxa de aprendizagem. Para a descida de gradiente padrão, a perda L é definida em relação ao conjunto de treino inteiro. Para a SGD, ela é definida com relação a um minilote de m exemplos escolhidos aleatoriamente em cada etapa.

Conforme observado na seção 4.2, a literatura sobre métodos de otimização para espaços contínuos de alta dimensão inclui inúmeras melhorias para a versão básica da descida pelo gradiente. Não cobriremos todas elas aqui, mas vale a pena mencionar algumas considerações importantes, que são especialmente relevantes para o treino de redes neurais:

• Para a maioria das redes que resolvem problemas do mundo real, tanto a dimensionalidade de $\mathbf{w}$ quanto o tamanho do conjunto de treino são muito grandes. Essas considerações lutam fortemente a favor do uso de uma SGD com tamanho de minilote relativamente pequeno m:

a estocasticidade ajuda o algoritmo a escapar de mínimos locais ruins no espaço de pesos de alta dimensão (como na têmpera simulada – ver seção 4.1.2); e o pequeno tamanho do minilote garante que o custo computacional de cada etapa de atualização dos pesos seja uma constante pequena, não importando o tamanho do conjunto de treino.
- Como a contribuição do gradiente de cada exemplo de treino no minilote do SGD pode ser calculada de forma independente, o tamanho do minilote costuma ser escolhido de modo a aproveitar ao máximo o paralelismo do *hardware* em GPU ou TPU.
- Para melhorar a convergência, geralmente é uma boa ideia usar uma taxa de aprendizado que diminui com o tempo. A escolha da programação correta geralmente é uma questão de tentativa e erro.
- Perto de um mínimo local ou global da função de perda em relação a todo o conjunto de treino, os gradientes estimados a partir de minilotes pequenos costumam ter alta variância e podem apontar na direção totalmente errada, dificultando a convergência. Uma solução é aumentar o tamanho do minilote à medida que o treino prossegue; outra é incorporar a ideia de **momentum**, que mantém uma média corrente dos gradientes dos minilotes anteriores para compensar os pequenos tamanhos dos minilotes.   *Momentum*
- Deve-se tomar cuidado para mitigar as instabilidades numéricas que podem surgir devido a *overflow*, *underflow* e erro de arredondamento. Estes são particularmente problemáticos com o uso de exponenciais nas funções de ativação *softmax*, sigmoide e tanh, e com os cálculos iterados em redes muito profundas e redes recorrentes (seção 21.6), que levam ao desaparecimento e explosão de ativações e gradientes.

No geral, o processo de aprendizagem dos pesos da rede costuma apresentar rendimentos decrescentes. Executamos até que não seja mais prático diminuir o erro de teste executando ainda mais. Normalmente, isso não significa que atingimos um mínimo global ou mesmo local da função de perda. Em vez disso, significa que teríamos que realizar um número impraticavelmente grande de etapas muito pequenas para continuar reduzindo o custo, ou que as etapas adicionais apenas causariam sobreajuste, ou que as estimativas do gradiente seriam muito imprecisas para progredir ainda mais.

21.4.1 Cálculo de gradientes em grafos de computação

Na seção 21.1.2, derivamos o gradiente da função de perda em relação aos pesos em uma rede específica (e muito simples). Observamos que o gradiente pode ser calculado pela retropropagação de informações de erro da camada de saída da rede para as camadas ocultas. Dissemos também que esse resultado geralmente vale para qualquer grafo de computação *feedforward*. Aqui, vamos explicar como isso funciona.

A Figura 21.6 mostra um nó genérico em um grafo de computação. (O nó h tem grau de entrada e saída de 2, mas nada na análise depende disso.) Durante a passada para frente, o nó

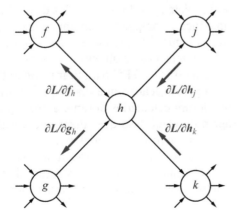

Figura 21.6 Ilustração da retropropagação de informações do gradiente em um grafo de computação arbitrário. A computação do valor de saída da rede prossegue da esquerda para a direita, enquanto a retropropagação de gradientes prossegue no sentido contrário.

694   Inteligência Artificial

calcula alguma função arbitrária h a partir de suas entradas, que vêm dos nós f e g. Por sua vez, h alimenta seu valor para os nós j e k.

O processo de retropropagação passa mensagens de volta ao longo de cada conexão na rede. Em cada nó, as mensagens recebidas são coletadas e as novas mensagens são calculadas para passar de volta para a próxima camada. Como mostra a figura, as mensagens são todas derivadas parciais da perda L. Por exemplo, a mensagem regressiva $\partial L/\partial h_j$ é a derivada parcial de L em relação à primeira entrada de j, que é a mensagem adiante de h para j. Agora, h afeta L através de j e k, e então temos

$$\partial L/\partial h = \partial L/\partial h_j + \partial L/\partial h_k. \tag{21.11}$$

Com essa equação, o nó h pode calcular a derivada de L em relação a h somando as mensagens de entrada vindas de j e k. Agora, para calcular as mensagens de saída $\partial L/\partial f_h$ e $\partial L/\partial g_h$, usamos as seguintes equações:

$$\frac{\partial L}{\partial f_h} = \frac{\partial L}{\partial h}\frac{\partial h}{\partial f_h} \quad \text{e} \quad \frac{\partial L}{\partial g_h} = \frac{\partial L}{\partial h}\frac{\partial h}{\partial g_h}. \tag{21.12}$$

Na Equação 21.12, $\partial L/\partial h$ já foi calculado pela Equação 21.11, e $\partial h/\partial f_h$ e $\partial h/\partial g_h$ são apenas as derivadas de h em relação a seu primeiro e segundo argumentos, respectivamente. Por exemplo, se h é um nó de multiplicação – isto é, $h(f,g) = f \cdot g$ –, então $\partial h/\partial f_h = g$ e $\partial h/\partial g_h = f$. Pacotes de *software* para aprendizado profundo costumam vir com uma biblioteca de tipos de nós (adição, multiplicação, sigmoide, e assim por diante), e cada um deles sabe como calcular suas próprias derivadas, como for preciso, para a Equação 21.12.

O processo de retropropagação começa com os nós de saída, em que cada mensagem inicial $\partial L/\partial \hat{y}_j$ é calculada diretamente da expressão para L em termos do valor previsto $\hat{y}$ e o valor verdadeiro y dos dados de treino. Em cada nó interno, as mensagens de retorno recebidas são somadas de acordo com a Equação 21.11 e as mensagens de saída são geradas a partir da Equação 21.12. O processo termina em cada nó no grafo de computação que representa um peso w (p. ex., as elipses sombreadas na Figura 21.3[b]). Nesse ponto, a soma das mensagens recebidas para w é $\partial L/\partial w$ – exatamente o gradiente que precisamos atualizar w.

O compartilhamento de pesos, conforme usado em redes convolucionais (seção 21.3) e redes recorrentes (seção 21.6), é feito simplesmente tratando cada peso compartilhado como um único nó com vários arcos de saída no grafo de computação. Durante a retropropagação, isso resulta em várias mensagens de gradiente de entrada. Pela Equação 21.11, isso significa que o gradiente para o peso compartilhado é a soma das contribuições do gradiente de cada lugar onde é usado na rede.

A partir dessa descrição do processo de retropropagação, fica evidente que seu custo computacional é linear ao número de nós no grafo de computação, assim como o custo do cálculo de propagação dos valores de entrada para a saída. Além disso, como os tipos de nó são normalmente fixos quando a rede é projetada, todos os cálculos de gradiente podem ser preparados antecipadamente de forma simbólica e compilados em um código muito eficiente para cada nó no grafo. Observe também que, na Figura 21.6, as mensagens não precisam ser escalares: podem igualmente ser vetores, matrizes ou tensores de dimensão superior, de modo que os cálculos de gradiente podem ser mapeados em GPU ou TPU para tirar proveito do paralelismo.

Uma desvantagem da retropropagação é que ela requer o armazenamento da maioria dos valores intermediários que foram calculados durante a propagação das entradas, a fim de calcular gradientes na passagem de volta. Isso quer dizer que o custo total de memória para treinar a rede é proporcional ao número de unidades por toda a rede. Assim, mesmo que a rede propriamente dita seja representada apenas implicitamente pelo código de propagação com muitos laços, em vez de explicitamente por uma estrutura de dados, todos os resultados intermediários desse código de propagação devem ser armazenados explicitamente.

21.4.2 Normalização em lote

Normalização em lote   **Normalização em lote** é uma técnica muito usada para melhorar a taxa de convergência do SGD, redimensionando os valores gerados nas camadas internas da rede a partir dos exemplos dentro de cada minilote. Embora as razões para sua eficácia não sejam bem compreendidas quando este livro foi escrito, nós a incluímos porque, na prática, ela confere benefícios significativos. Até certo ponto, a normalização em lote parece ter efeitos semelhantes aos da rede residual.

Considere um nó z em algum lugar da rede: os valores de z para os m exemplos em um minilote são $z_1, ..., z_m$. A normalização em lote substitui cada z_i por uma nova quantidade $\hat{z}_i$

$$\hat{z}_i = \gamma \frac{z_i - \mu}{\sqrt{\epsilon + \sigma^2}} + \beta,$$

em que μ é o valor médio de z no minilote, σ é o desvio padrão de $z_1, ..., z_m$, ϵ é uma pequena constante somada para evitar a divisão por zero e γ e β são parâmetros aprendidos.

A normalização em lote padroniza a média e a variância dos valores, conforme determinado pelos valores de β e γ. Isso torna o treino de uma rede profunda muito mais simples. Sem a normalização em lote, as informações podem ser perdidas se os pesos de uma camada forem muito pequenos e o desvio-padrão nessa camada cair para quase zero. A normalização em lote impede que isso aconteça. Também reduz a necessidade de inicialização cuidadosa de todos os pesos na rede para garantir que os nós em cada camada estejam na região operacional correta para permitir que as informações se propaguem.

Com a normalização em lote, normalmente incluímos β e γ, que podem ser específicos do nó ou específicos da camada, entre os parâmetros da rede, para que sejam incluídos no processo de aprendizagem. Após o treino, β e γ são fixados em seus valores aprendidos.

21.5 Generalização

Até agora, descrevemos como ajustar uma rede neural ao seu conjunto de treino, mas no aprendizado de máquina o objetivo é generalizar para novos dados que não foram vistos anteriormente, conforme medido pelo desempenho em um conjunto de teste. Nesta seção, nos concentramos em três abordagens para melhorar o desempenho da generalização: escolher a arquitetura de rede certa, penalizar grandes pesos e perturbar aleatoriamente os valores que passam pela rede durante o treino.

21.5.1 Escolha de uma arquitetura de rede

Houve muito esforço na pesquisa de aprendizado profundo para encontrar arquiteturas de rede que generalizassem bem. Na verdade, para cada tipo específico de dados – imagens, fala, texto, vídeo, e assim por diante – boa parte do progresso no desempenho veio da exploração de diferentes tipos de arquiteturas de rede e da variação do número de camadas, sua conectividade e tipos de nó em cada camada.[6]

Algumas arquiteturas de rede neural foram projetadas explicitamente para generalizar bem em determinados tipos de dados: as redes convolucionais codificam a ideia de que o mesmo extrator de características é útil em todos os locais de uma grade espacial, e as redes recorrentes codificam a ideia de que a mesma regra de atualização é útil em todos os pontos em um fluxo de dados sequenciais. Na medida em que essas suposições são válidas, esperamos que as arquiteturas convolucionais generalizem bem em imagens e redes recorrentes para generalizar bem em texto e sinais de áudio.

Uma das descobertas empíricas mais importantes no campo do aprendizado profundo é que, ao comparar duas redes com números de pesos semelhantes, a rede mais profunda geralmente oferece melhor desempenho de generalização. A Figura 21.7 mostra esse efeito para pelo menos uma aplicação do mundo real – reconhecer os números das casas. Os resultados mostram que, para qualquer número fixo de parâmetros, uma rede de onze camadas apresenta um erro no conjunto de teste muito menor do que uma rede de três camadas.

Os sistemas de aprendizado profundo têm bom desempenho em algumas, mas não em todas as tarefas. Para tarefas com entradas de alta dimensão – imagens, vídeo, sinais

---

[6] Notando que muito desse trabalho incremental e exploratório é realizado por alunos de pós-graduação, alguns chamam esse processo de **descida do aluno de pós-graduação** (GSD, do inglês *Graduate Student Descent*).

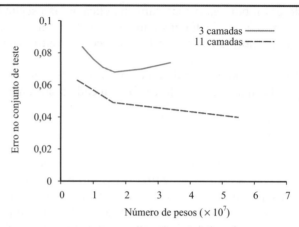

Figura 21.7 Erro no conjunto de teste em função da largura da camada (medida pelo número total de pesos) para redes convolucionais de três e 11 camadas. Os dados vêm de versões anteriores do sistema da Google para transcrever endereços em fotos tiradas por carros do Street View (Goodfellow *et al.*, 2014).

de fala etc, – eles têm um desempenho melhor do que qualquer outra abordagem pura de aprendizado de máquina. A maioria dos algoritmos descritos no Capítulo 19 pode lidar com entrada de alta dimensão apenas se for pré-processada usando características projetadas manualmente para reduzir a dimensionalidade. Essa abordagem de pré-processamento, que prevalecia antes de 2010, não produziu desempenho comparável ao alcançado por sistemas de aprendizado profundo.

Claramente, os modelos de aprendizado profundo estão capturando alguns aspectos importantes dessas tarefas. Em particular, seu sucesso implica que as tarefas podem ser resolvidas por programas paralelos com um número relativamente pequeno de etapas (10 a 10^3 em vez de, digamos, 10^7). Talvez isso não seja surpreendente, porque essas tarefas normalmente são resolvidas pelo cérebro em menos de um segundo, tempo suficiente para apenas algumas dezenas de disparos de neurônios sequenciais. Além disso, examinando as representações das camadas internas aprendidas por redes convolucionais profundas para tarefas de visão, há evidências de que as etapas de processamento parecem envolver a extração de uma sequência de representações da cena cada vez mais abstratas, começando com características de pequenas arestas, pontos e cantos e terminando com objetos inteiros e arranjos de vários objetos.

Por outro lado, por serem circuitos simples, os modelos de aprendizado profundo carecem do poder expressivo composicional e quantificativo que vemos na lógica de primeira ordem (Capítulo 8) e nas gramáticas livres de contexto (Capítulo 23).

Embora os modelos de aprendizado profundo generalizem bem em muitos casos, eles também podem produzir erros não intuitivos. Eles tendem a produzir mapeamentos de entrada e saída descontínuos, de modo que uma pequena mudança em uma entrada pode causar uma grande mudança na saída. Por exemplo, é possível alterar apenas alguns *pixels* na imagem de um cachorro e fazer com que a rede classifique o cachorro como um avestruz ou um ônibus escolar – embora a imagem alterada ainda se pareça exatamente com um cachorro. Uma imagem alterada desse tipo é chamada **exemplo antagônico**.

Em espaços com poucas dimensões, é difícil encontrar exemplos antagônicos. Mas, para uma imagem com um milhão de valores de *pixels*, é comum que, embora a maioria dos *pixels* contribuam para a imagem ser classificada no meio da região "cachorro" do espaço, existem algumas dimensões nas quais o valor do *pixel* está perto da superfície de decisão em relação a outra categoria. Um adversário com a capacidade de fazer engenharia reversa da rede pode encontrar a menor diferença vetorial que moveria a imagem para o outro lado da superfície.

Quando os exemplos antagônicos foram descobertos pela primeira vez, eles desencadearam duas disputas no mundo inteiro: uma para encontrar algoritmos de aprendizagem e arquiteturas de rede que não seriam suscetíveis a ataques de adversários, e outra para criar ataques de adversários cada vez mais eficazes contra todos os tipos de sistemas de aprendizagem. Até agora, os atacantes parecem estar à frente. Na verdade, embora tenha sido assumido inicialmente que seria preciso acessar os componentes internos da rede treinada para construir um exemplo antagô-nico especificamente para essa rede, descobriu-se que é possível construir exemplos antagônicos *robustos* que enganam várias redes com diferentes arquiteturas, hiperparâmetros e conjuntos de treino. Essas descobertas sugerem que os modelos de aprendizado profundo reconhecem objetos de maneiras bem diferentes do sistema visual humano.

21.5.2 Busca em arquitetura neural

Infelizmente, ainda não temos um conjunto claro de diretrizes para ajudar você a escolher a melhor arquitetura de rede para um problema específico. O sucesso na implantação de uma solução de aprendizado profundo requer experiência e bom senso.

Desde os primeiros dias da pesquisa de redes neurais, foram feitas tentativas para auto-matizar o processo de seleção de arquitetura. Podemos pensar nisso como um caso de ajuste de hiperparâmetros (seção 19.4.4), em que os hiperparâmetros determinam profundidade, largura, conectividade e outros atributos da rede. Entretanto, há tantas opções a serem feitas que abordagens simples, como a busca em grade, não podem cobrir todas as possibilidades em um tempo razoável.

Portanto, é comum usar a **busca de arquitetura neural** para explorar o espaço de estados de possíveis arquiteturas de rede. Muitas das técnicas de busca e de aprendizado que abor-damos anteriormente neste livro foram aplicadas à busca de arquitetura neural.

Algoritmos evolutivos são populares porque é sensato fazer recombinação (unir partes de duas redes) e mutação (adicionar ou remover uma camada ou alterar um valor de parâmetro). A subida de encosta também pode ser usada com essas mesmas operações de mutação. Alguns pesquisadores definiram o problema como aprendizado por reforço e outros como otimização bayesiana. Outra possibilidade é tratar as possibilidades arquiteturais como um espaço diferen-ciável contínuo e usar a descida pelo gradiente para encontrar uma solução ótima local.

Para todas essas técnicas de busca, um grande desafio é estimar o valor de uma rede can-didata. A maneira direta de avaliar uma arquitetura é treiná-la em um conjunto de treino para vários lotes e depois avaliar sua acurácia em um conjunto de validação. Mas, com grandes redes, isso pode levar muitos dias de GPU.

Portanto, tem havido muitas tentativas de acelerar esse processo de estimação, elimi-nando ou pelo menos reduzindo o dispendioso processo de treino. Podemos treinar com um conjunto de dados menor. Podemos treinar para um pequeno número de lotes e prever como a rede melhoraria com mais lotes. Podemos usar uma versão reduzida da arquitetura de rede que, esperamos, retenha as propriedades da versão completa. Podemos treinar uma grande rede e, em seguida, pesquisar os subgrafos da rede com melhor desempenho; esta busca pode ser rá-pida porque os subgrafos compartilham parâmetros e não precisam ser novamente treinados.

Outra abordagem é aprender uma função de avaliação heurística (como foi feito para a busca A*). Ou seja, comece escolhendo algumas centenas de arquiteturas de rede, treine e avalie-as. Isso nos dá um conjunto de dados de pares (rede, pontuação). Em seguida, descubra um mapeamento entre as características de uma rede e uma pontuação prevista. Desse ponto em diante, podemos gerar uma grande quantidade de redes candidatas e estimar rapidamente seu valor. Após uma busca pelo espaço das redes, a(s) melhor(es) pode(m) ser avaliada(s) na íntegra com um procedimento de treino completo.

21.5.3 Decaimento dos pesos

Na seção 19.4.3, vimos que a **regularização** – limitar a complexidade de um modelo – pode ajudar na generalização. Isso também é válido para modelos de aprendizado profundo. No contexto das redes neurais, geralmente chamamos essa abordagem de **decaimento dos pesos**.

A redução de peso consiste em adicionar uma penalidade $\lambda \sum_{i,j} W_{i,j}^2$ à função de perda usada para treinar a rede neural, em que λ é um hiperparâmetro que controla a força da pena-lidade e a soma é geralmente feita sobre todos os pesos na rede. Utilizar $\lambda = 0$ é equivalente a não usar o decaimento dos pesos, enquanto usar valores maiores de λ incentiva os pesos a se tornarem pequenos. É comum usar decaimento dos pesos com valores de λ próximos de 10^{-4}.

A escolha de uma arquitetura de rede específica pode ser vista como uma restrição absoluta no espaço de hipóteses: uma função pode ser representada dentro dessa arquitetura

698 Inteligência Artificial

ou não. Os termos de penalidade da função de perda, como decaimento dos pesos, oferecem uma restrição mais branda: funções representadas com pesos grandes estão na família de funções, mas o conjunto de treino deve oferecer mais evidências a favor dessas funções do que o necessário para escolher uma função com pesos pequenos.

Não é fácil interpretar o efeito do decaimento dos pesos em uma rede neural. Em redes com funções de ativação sigmoide, é hipotetizado que o decaimento dos pesos ajuda a manter as ativações perto da parte linear do sigmoide, evitando a região de operação plana que leva ao desaparecimento dos gradientes. Com as funções de ativação do ReLU, o decaimento dos pesos parece ser benéfico, mas a explicação que faz sentido para sigmoides não se aplica mais porque a saída do ReLU é linear ou zero. Além disso, com conexões residuais, o decaimento dos pesos incentiva a rede a ter pequenas diferenças entre camadas consecutivas, em vez de valores pequenos de peso absoluto. Apesar dessas diferenças no comportamento do decaimento dos pesos em muitas arquiteturas, a técnica ainda é muito útil.

Uma explicação para o efeito benéfico do decaimento dos pesos é que ela implementa uma forma de aprendizagem de máximo *a posteriori* (MAP) (ver seção 20.1). Quando $\mathbf{X}$ e $\mathbf{y}$ representarem as entradas e saídas por todo o conjunto de treino, a hipótese máxima *a posteriori* h_{MAP} satisfaz

$$
\begin{aligned}
h_{\text{MAP}} &= \underset{\mathbf{w}}{\operatorname{argmax}}\, P(\mathbf{y}\,|\,\mathbf{X},\mathbf{W})P(\mathbf{W}) \\
&= \underset{\mathbf{w}}{\operatorname{argmin}}\,[-\log P(\mathbf{y}\,|\,\mathbf{X},\mathbf{W}) - \log P(\mathbf{W})].
\end{aligned}
$$

O primeiro termo é a perda de entropia cruzada usual; o segundo prefere pesos com probabilidade dada por uma distribuição *a priori*. Isso está alinhado exatamente com a função de perda regularizada, se definirmos

$$
\log P(\mathbf{W}) = -\lambda \sum_{i,j} W_{i,j}^2,
$$

que significa que $P(\mathbf{W})$ é uma distribuição *a priori* gaussiana de média zero.

21.5.4 *Dropout*

Dropout

Outra maneira de intervir para reduzir o erro do conjunto de teste de uma rede – ao custo de dificultar o ajuste do conjunto de treino – é usar o ***dropout*** (evasão). A cada etapa do treino, o *dropout* aplica uma etapa de aprendizado de retropropagação a uma nova versão da rede que é criada desativando um subconjunto de unidades escolhidas aleatoriamente. Essa é uma aproximação de custo muito baixo para treinar um grande comitê de redes diferentes (ver seção 19.8).

Mais especificamente, vamos supor que estamos usando uma descida pelo gradiente estocástica com minilotes de tamanho m. Para cada minilote, o algoritmo de *dropout* aplica o seguinte processo a todos os nós da rede: com probabilidade p, a unidade de saída é multiplicada por um fator de $1/p$; caso contrário, a saída da unidade é fixada em zero. O *dropout* normalmente é aplicado a unidades nas camadas ocultas com $p = 0{,}5$; para unidades de entrada, um valor de $p = 0{,}8$ revela-se mais eficaz. Esse processo produz uma rede reduzida com cerca de metade das unidades da original, à qual a retropropagação é aplicada com o minilote de m exemplos de treino. O processo se repete da forma normal até que o treino seja concluído. No momento do teste, o modelo é executado sem *dropout*.

Podemos pensar no *dropout* a partir de várias perspectivas:

- Ao introduzir ruído durante o treino, o modelo é forçado a se tornar robusto ao ruído.
- Como observado anteriormente, o *dropout* se aproxima da criação de um grande comitê de redes reduzidas. Essa afirmação pode ser verificada analiticamente para modelos lineares e parece ser válida experimentalmente para modelos de aprendizado profundo.
- Unidades ocultas treinadas com *dropout* devem aprender não apenas a ser unidades ocultas úteis; também devem aprender a ser compatíveis com muitos outros conjuntos possíveis de outras unidades ocultas que podem ou não estar incluídas no modelo completo. Isso é semelhante aos processos de seleção que orientam a evolução dos genes: cada gene deve não

apenas ser eficaz em sua própria função, mas deve funcionar bem com outros genes, cuja identidade em organismos futuros pode variar consideravelmente.

- O *dropout* aplicado a camadas posteriores em uma rede profunda força uma decisão final que seja robusta, prestando atenção a todas as características abstratas do exemplo, em vez de focar em apenas uma e ignorar as outras. Por exemplo, um classificador para imagens de animais pode ser capaz de atingir alto desempenho no conjunto de treino apenas olhando para o nariz do animal, mas provavelmente falharia em um caso de teste em que o nariz estivesse escondido ou com a imagem danificada. Com o *dropout*, haverá casos de treino em que a "unidade do nariz" interna é zerada, fazendo com que o processo de aprendizagem procure outras características de identificação. Observe que tentar atingir o mesmo grau de robustez adicionando ruído aos dados de entrada seria difícil: não há uma maneira fácil de saber com antecedência que a rede vai se concentrar em narizes, nem um modo fácil de excluir narizes automaticamente de cada imagem.

Ao todo, o *dropout* força o modelo a aprender explicações múltiplas e robustas para cada entrada. Isso faz com que o modelo generalize bem, mas também torna mais difícil ajustar o conjunto de treino - geralmente é necessário usar um modelo maior e treiná-lo por mais iterações.

21.6 Redes neurais recorrentes

As redes neurais recorrentes (RNR) são distintas das redes *feedforward* porque permitem ciclos no grafo de computação. Em todos os casos que consideraremos, cada ciclo tem um atraso, de modo que as unidades podem receber como entrada um valor calculado a partir de sua própria saída em uma etapa anterior da computação. (Sem o atraso, um circuito cíclico pode atingir um estado inconsistente.) Isso permite que a RNR tenha um estado interno, ou **memória**: as entradas recebidas em etapas de tempo anteriores afetam a resposta da RNR à entrada atual. Memória

As RNR também podem ser usadas para realizar cálculos mais gerais - afinal, os computadores comuns são apenas circuitos booleanos com memória - e para modelar sistemas neurais reais, muitos dos quais contêm conexões cíclicas. Aqui, nos concentramos no uso de RNR para analisar dados sequenciais, em que assumimos que um novo vetor de entrada $\mathbf{x}_t$ chega a cada intervalo de tempo.

Como ferramentas para analisar dados sequenciais, as RNR podem ser comparadas aos modelos ocultos de Markov, redes bayesianas dinâmicas e filtros de Kalman descritos no Capítulo 14. (O leitor poderá achar útil consultar esse capítulo antes de prosseguir.) Como esses modelos, as RNR fazem uma **suposição markoviana** (seção 14.1.2): o estado oculto $\mathbf{z}_t$ da rede é suficiente para capturar as informações de todas as entradas anteriores. Além disso, suponha que descrevamos o processo de atualização da RNR para o estado oculto pela equação $\mathbf{z}_t = f_w(\mathbf{z}_{t-1}, \mathbf{x}_t)$ para alguma função parametrizada f_w. Uma vez treinada, essa função representa um processo **homogêneo no tempo** (ver seção 14.1.2) - efetivamente uma afirmação, universalmente quantificada, de que a dinâmica representada por f_w é válida para todos os intervalos de tempo. Assim, as RNR adicionam um poder expressivo em comparação com as redes *feedforward*, assim como as redes convolucionais, e da mesma forma que as redes bayesianas dinâmicas adicionam um poder expressivo em comparação com as redes bayesianas normais. Na verdade, se você tentasse usar uma rede *feedforward* para analisar dados sequenciais, o tamanho fixo da camada de entrada forçaria a rede a examinar apenas uma janela de dados de tamanho finito, caso em que a rede não conseguiria detectar dependências de longa distância.

21.6.1 Treinamento de uma RNR básica

O modelo básico que consideraremos tem uma camada de entrada $\mathbf{x}$, uma camada oculta $\mathbf{z}$ com conexões recorrentes e uma camada de saída $\mathbf{y}$, conforme mostrado na Figura 21.8(a). Assumimos que tanto $\mathbf{x}$ como $\mathbf{y}$ são observados nos dados de treino em cada intervalo de tempo. As equações que definem o modelo referem-se aos valores das variáveis indexadas pelo intervalo de tempo t:

$$\mathbf{z}_t = f_\mathbf{w}(\mathbf{z}_{t-1}, \mathbf{x}_t) = \mathbf{g}_z(\mathbf{W}_{z,z}\mathbf{z}_{t-1} + \mathbf{W}_{x,z}\mathbf{x}_t) \equiv \mathbf{g}_z(\mathbf{in}_{z,t})$$
$$\hat{\mathbf{y}}_t = \mathbf{g}_y(\mathbf{W}_{z,y}\mathbf{z}_t) \equiv \mathbf{g}_y(\mathbf{in}_{y,t}), \qquad (21.13)$$

em que $\mathbf{g}_z$ e $\mathbf{g}_y$ indicam as funções de ativação para as camadas oculta e de saída, respectivamente. Como de costume, assumimos uma entrada fictícia extra fixada em +1 para cada unidade, bem como pesos de viés associados a essas entradas.

Dada uma sequência de vetores de entrada $\mathbf{x}_1, ..., \mathbf{x}_T$ e saídas observadas $\mathbf{y}_1, ..., \mathbf{y}_T$, podemos transformar esse modelo em uma rede *feedforward* "desdobrando-o" para T intervalos, como mostrado na Figura 21.8(b). Observe que as matrizes de peso $\mathbf{W}_{x,z}$, $\mathbf{W}_{z,z}$ e $\mathbf{W}_{z,y}$ são compartilhadas em todos os intervalos de tempo. Na rede desdobrada, é fácil ver que podemos calcular gradientes para treinar os pesos pelo modo normal; a única diferença é que o compartilhamento de pesos entre camadas torna o cálculo do gradiente um pouco mais complicado.

Para manter as equações simples, vamos mostrar o cálculo do gradiente para uma RNR com apenas uma unidade de entrada, uma unidade oculta e uma unidade de saída. Para esse caso, tornando os pesos de viés explícitos, temos $z_t = g_z(w_{z,z}z_{t-1} + w_{x,z}x_t + w_{0,z})$ e $\hat{y} = g_y(w_{z,y}z_t + w_{0,y})$. Como nas Equações 21.4 e 21.5, vamos assumir uma função de perda de erro quadrático L – nesse caso, somada ao longo dos intervalos de tempo. As derivações para os pesos da camada de entrada e da camada de saída $w_{x,z}$ e $w_{z,y}$ são praticamente idênticas à Equação 21.4; portanto, as deixamos como um exercício. Para o peso da camada oculta $w_{z,z}$, as primeiras etapas também seguem o mesmo padrão da Equação 21.4:

$$\begin{aligned}
\frac{\partial L}{\partial w_{z,z}} &= \frac{\partial}{\partial w_{z,z}} \sum_{t=1}^{T}(y_t - \hat{y}_t)^2 = \sum_{t=1}^{T} -2(y_t - \hat{y}_t)\frac{\partial \hat{y}_t}{\partial w_{z,z}} \\
&= \sum_{t=1}^{T} -2(y_t - \hat{y}_t)\frac{\partial}{\partial w_{z,z}}g_y(in_{y,t}) = \sum_{t=1}^{T} -2(y_t - \hat{y}_t)g'_y(in_{y,t})\frac{\partial}{\partial w_{z,z}}in_{y,t} \\
&= \sum_{t=1}^{T} -2(y_t - \hat{y}_t)g'_y(in_{y,t})\frac{\partial}{\partial w_{z,z}}(w_{z,y}z_t + w_{0,y}) \\
&= \sum_{t=1}^{T} -2(y_t - \hat{y}_t)g'_y(in_{y,t})w_{z,y}\frac{\partial z_t}{\partial w_{z,z}}. \qquad (21.14)
\end{aligned}$$

Agora, o gradiente para a unidade oculta z_t pode ser obtido a partir do intervalo de tempo anterior da seguinte forma:

$$\begin{aligned}
\frac{\partial z_t}{\partial w_{z,z}} &= \frac{\partial}{\partial w_{z,z}}g_z(in_{z,t}) = g'_z(in_{z,t})\frac{\partial}{\partial w_{z,z}}in_{z,t} = g'_z(in_{z,t})\frac{\partial}{\partial w_{z,z}}(w_{z,z}z_{t-1} + w_{x,z}x_t + w_{0,z}) \\
&= g'_z(in_{z,t})\left(z_{t-1} + w_{z,z}\frac{\partial z_{t-1}}{\partial w_{z,z}}\right), \qquad (21.15)
\end{aligned}$$

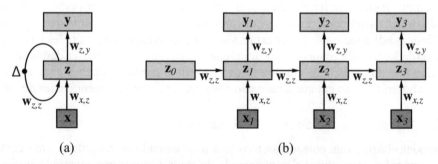

Figura 21.8 (a) Representação de uma RNR básica em que a camada oculta $\mathbf{z}$ tem conexões recorrentes; o símbolo Δ indica um atraso. (b) Mesma rede desdobrada para três intervalos de tempo para criar uma rede *feedforward*. Observe que os pesos são compartilhados em todos os intervalos de tempo.

em que a última linha usa a regra para as derivadas de produtos: $\partial(uv)/\partial x = v\partial u/\partial x + u\partial v/\partial x$.

Olhando para a Equação 21.15, observamos duas coisas. Primeiro, a expressão do gradiente é recursiva: a contribuição para o gradiente do intervalo de tempo t é calculada usando a contribuição do intervalo de tempo $t - 1$. Se ordenarmos os cálculos da maneira certa, o tempo total de execução para calcular o gradiente será linear no tamanho da rede. Esse algoritmo é chamado **retropropagação no tempo** e geralmente é tratado automaticamente por sistemas de *software* de aprendizado profundo. Em segundo lugar, se iterarmos o cálculo recursivo, veremos que os gradientes em T incluirão termos proporcionais a $w_{z,z}\prod_{t=1}^{T} g'_z(in_{z,t})$. Para sigmoides, tanhs e ReLU, $g' \leq 1$, então nossa RNR simples certamente sofrerá com o problema do desaparecimento do gradiente (seção 21.2) se $w_{z,z} < 1$. Por outro lado, se $w_{z,z} > 1$, podemos experimentar o problema de **explosão do gradiente**. (Para o caso geral, esses resultados dependem do primeiro autovalor da matriz de pesos $\mathbf{W}_{z,z}$.) A próxima seção descreve um projeto de RNR mais elaborado, destinado a mitigar esse problema.

Retropropagação no tempo

Explosão do gradiente

21.6.2 RNR com memórias longas de curto prazo

Diversas arquiteturas RNR especializadas foram projetadas com o objetivo de permitir que as informações sejam preservadas em vários intervalos de tempo. Uma das mais populares é a **memória longa de curto prazo**, ou **LSTM** (*long short-term memory*). O componente de memória de longo prazo de uma LSTM, chamado **célula de memória** e indicado por **c**, é basicamente *copiado* de um intervalo de tempo para outro. (Por outro lado, a RNR básica multiplica sua memória por uma matriz de peso em cada intervalo de tempo, conforme mostrado na Equação 21.13.) Novas informações entram na memória *acrescentando* atualizações; dessa forma, as expressões de gradiente não se acumulam multiplicativamente ao longo do tempo. LSTM também incluem **unidades de chaveamento**, que são vetores que controlam o fluxo de informações na LSTM por meio da multiplicação de cada elemento do vetor de informações correspondente:

Memória longa de curto prazo
Célula de memória

Unidades de chaveamento

- A **porta de esquecimento f** determina se cada elemento da célula de memória é relembrado (copiado para o intervalo de tempo seguinte) ou esquecido (retornado a zero).
- A **porta de entrada i** determina se cada elemento da célula de memória é atualizado aditivamente por novas informações do vetor de entrada no intervalo de tempo atual.
- A **porta de saída o** determina se cada elemento da célula de memória é transferido para a memória de curto prazo **z**, que tem uma função semelhante ao estado oculto nas RNR básicas.

Porta de esquecimento

Porta de entrada

Porta de saída

Embora a palavra "porta" no projeto de circuitos geralmente indique uma função booleana, as portas nas LSTM são flexíveis – por exemplo, os elementos do vetor da célula de memória serão parcialmente esquecidos se os elementos correspondentes do vetor da porta de esquecimento forem pequenos, mas não zero. Os valores para as unidades de porta estão sempre na faixa $[0,1]$ e são obtidos como as saídas de uma função sigmoide aplicada à entrada atual e ao estado oculto anterior. Em detalhes, as equações de atualização para a LSTM são as seguintes:

$$\mathbf{f}_t = \sigma(\mathbf{W}_{x,f}\mathbf{x}_t + \mathbf{W}_{z,f}\mathbf{z}_{t-1})$$
$$\mathbf{i}_t = \sigma(\mathbf{W}_{x,i}\mathbf{x}_t + \mathbf{W}_{z,i}\mathbf{z}_{t-1})$$
$$\mathbf{o}_t = \sigma(\mathbf{W}_{x,o}\mathbf{x}_t + \mathbf{W}_{z,o}\mathbf{z}_{t-1})$$
$$\mathbf{c}_t = \mathbf{c}_{t-1} \odot \mathbf{f}_t + \mathbf{i}_t \odot \tanh(\mathbf{W}_{x,c}\mathbf{x}_t + \mathbf{W}_{z,c}\mathbf{z}_{t-1})$$
$$\mathbf{z}_t = \tanh(\mathbf{c}_t) \odot \mathbf{o}_t,$$

em que os subscritos nas várias matrizes de peso $\mathbf{W}$ indicam a origem e o destino dos *links* correspondentes. O símbolo $\odot$ indica multiplicação elemento por elemento.

As LSTM estavam entre as primeiras formas de RNR utilizáveis na prática. Elas demonstraram um excelente desempenho em uma ampla gama de tarefas, incluindo reconhecimento de voz e reconhecimento de escrita manual. Seu uso no processamento de linguagem natural é discutido no Capítulo 24.

21.7 Aprendizado não supervisionado e aprendizado por transferência

Os sistemas de aprendizado profundo que discutimos até agora são baseados no aprendizado supervisionado, o que requer que cada exemplo de treino seja rotulado com um valor para a função alvo. Embora tais sistemas possam alcançar um alto nível de acurácia no conjunto de teste – conforme mostrado pelos resultados da competição ImageNet, por exemplo –, eles geralmente exigem muito mais dados rotulados do que um ser humano para a mesma tarefa. Por exemplo, uma criança precisa ver apenas uma imagem de uma girafa, em vez de milhares, para ser capaz de reconhecê-las de forma confiável em diversos cenários e visualizações diferentes. Claramente, algo está faltando em nossa história de aprendizado profundo; na verdade, pode ser que nossa abordagem atual de aprendizado profundo supervisionado torne algumas tarefas completamente inatingíveis, pois os requisitos para dados rotulados excedem o que a raça humana (ou o universo) pode fornecer. Além disso, mesmo nos casos em que a tarefa é viável, rotular grandes conjuntos de dados geralmente requer trabalho humano escasso e dispendioso.

Por essas razões, há intenso interesse em diversos paradigmas de aprendizagem que reduzem a dependência de dados rotulados. Como vimos no Capítulo 19, esses paradigmas incluem **aprendizado não supervisionado**, **aprendizado por transferência** e **aprendizado semissupervisionado**. Algoritmos de aprendizado não supervisionado aprendem somente com entradas $\mathbf{x}$ não rotuladas, que geralmente estão mais disponíveis do que exemplos rotulados. Os algoritmos de aprendizado não supervisionado normalmente produzem modelos gerativos, que podem produzir texto, imagens, áudio e vídeo realistas, em vez de simplesmente prever rótulos para esses dados. Os algoritmos de aprendizado por transferência requerem alguns exemplos rotulados, mas são capazes de melhorar ainda mais seu desempenho estudando exemplos rotulados para diferentes tarefas, tornando assim possível recorrer a mais fontes de dados existentes. Algoritmos de aprendizado semissupervisionado exigem alguns exemplos rotulados, mas são capazes de melhorar seu desempenho ainda mais estudando exemplos não rotulados. Esta seção cobre abordagens de aprendizado profundo não supervisionado e por transferência; embora o aprendizado semissupervisionado também seja uma área ativa de pesquisa na comunidade, as técnicas desenvolvidas até agora não se mostraram amplamente eficazes na prática, por isso não foram incluídas aqui.

21.7.1 Aprendizado não supervisionado

Todos os algoritmos de aprendizado supervisionado têm basicamente o mesmo objetivo: dado um conjunto de treino de entradas $\mathbf{x}$ e saídas correspondentes $y = f(\mathbf{x})$, aprenda uma função h que se aproxime bem de f. Algoritmos de aprendizado não supervisionado, por outro lado, recebem um conjunto de treino de exemplos não rotulados $\mathbf{x}$. Aqui, descrevemos duas coisas que esse algoritmo pode tentar fazer. A primeira é aprender novas representações – por exemplo, novas características de imagens que facilitam a identificação dos objetos em uma imagem. A segunda é aprender um modelo gerativo – normalmente na forma de uma distribuição de probabilidades a partir da qual novas amostras podem ser geradas. (Os algoritmos para aprender redes bayesianas no Capítulo 20 se enquadram nessa categoria.) Muitos algoritmos são capazes de realizar aprendizagem de representação e modelagem gerativa.

Suponha que aprendamos um modelo conjunto $P_W(\mathbf{x},\mathbf{z})$, em que $\mathbf{z}$ é um conjunto de variáveis latentes não observadas que representa o conteúdo dos dados $\mathbf{x}$ de alguma forma. Mantendo o espírito do capítulo, não predefinimos os significados das variáveis $\mathbf{z}$; o modelo é livre para aprender a associar $\mathbf{z}$ com $\mathbf{x}$ do modo que quiser. Por exemplo, um modelo treinado em imagens de dígitos manuscritos pode escolher usar uma direção no espaço $\mathbf{z}$ para representar a espessura dos traços da caneta, outra para representar a cor da tinta, outra para representar a cor de fundo, e assim por diante. Com imagens de rostos, o algoritmo de aprendizagem pode escolher uma direção para representar o gênero e outra para capturar a presença ou ausência de óculos, conforme ilustrado na Figura 21.9.

Um modelo de probabilidades aprendido $P_W(\mathbf{x},\mathbf{z})$ atinge tanto o aprendizado de representação (ele construiu vetores $\mathbf{z}$ significativos a partir dos vetores $\mathbf{x}$ brutos) quanto a modelagem gerativa: se integrarmos $\mathbf{z}$ de $P_W(\mathbf{x},\mathbf{z})$, obteremos $P_W(\mathbf{x})$.

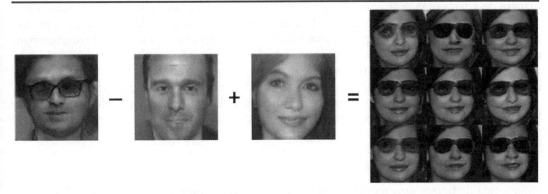

Figura 21.9 Demonstração de como um modelo gerativo aprendeu a usar diferentes direções no espaço z para representar diferentes aspectos dos rostos. Podemos realmente fazer aritmética no espaço z. As imagens aqui são todas geradas a partir do modelo aprendido e mostram o que acontece quando decodificamos diferentes pontos no espaço z. Começamos com as coordenadas para o conceito de "homem de óculos", subtraímos as coordenadas de "homem", adicionamos as coordenadas de "mulher" e obtemos as coordenadas de "mulher de óculos". Imagens reproduzidas com permissão de Radford *et al.* (2015).

PCA probabilístico: um modelo gerativo simples

Tem havido muitas propostas para a forma que $P_W(\mathbf{x},\mathbf{z})$ pode assumir. Uma das mais simples é o modelo de **análise probabilística de componentes principais** (**APCP**, ou PPCA, de *probabilistic principal component analysis*).[7] Em um modelo APCP, $\mathbf{z}$ é escolhido a partir de uma gaussiana esférica de média zero, depois $\mathbf{x}$ é gerado a partir de $\mathbf{z}$ aplicando uma matriz de peso $\mathbf{W}$ e adicionando ruído gaussiano esférico:

$$P(\mathbf{z}) = \mathcal{N}(\mathbf{z};\mathbf{0},\mathbf{I})$$
$$P_W(\mathbf{x} \mid \mathbf{z}) = \mathcal{N}(\mathbf{x};\mathbf{Wz}, \sigma^2\mathbf{I}).$$

Os pesos $\mathbf{W}$ (e, opcionalmente, o parâmetro de ruído σ^2) podem ser aprendidos maximizando a verossimilhança dos dados, dada por

$$P_W(\mathbf{x}) = \int P_W(\mathbf{x}, \mathbf{z})d\mathbf{z} = \mathcal{N}(\mathbf{x};\mathbf{0},\mathbf{WW}^\top + \sigma^2\mathbf{I}). \tag{21.16}$$

A maximização em relação a $\mathbf{W}$ pode ser feita por métodos de gradientes ou por um algoritmo EM iterativo eficiente (seção 20.3). Uma vez que $\mathbf{W}$ foi aprendido, novas amostras de dados podem ser geradas diretamente de $P_W(\mathbf{x})$ usando a Equação 21.16. Além disso, novas observações x que têm probabilidade muito baixa de acordo com a Equação 21.16 podem ser sinalizadas como anomalias em potencial.

Com APCP, geralmente assumimos que a dimensionalidade de $\mathbf{z}$ é muito menor do que a dimensionalidade de $\mathbf{x}$, de modo que o modelo aprende a explicar os dados da melhor forma possível em termos de um pequeno número de características. Esses recursos podem ser extraídos para uso em classificadores padrão calculando $\hat{\mathbf{z}}$, a expectativa de $P_W(\mathbf{z} \mid \mathbf{x})$.

A geração de dados a partir de um modelo ACP probabilístico é simples: primeiro amostre um valor para $\mathbf{z}$ a partir de sua distribuição *a priori* gaussiana fixa e, em seguida, amostre um valor para $\mathbf{x}$ a partir de uma gaussiana com média $\mathbf{Wz}$. Como veremos em breve, muitos outros modelos gerativos se assemelham a esse processo, mas usam mapeamentos complicados definidos por modelos profundos, em vez de mapeamentos lineares do espaço $\mathbf{z}$ para o espaço $\mathbf{x}$.

Autocodificadores

Muitos algoritmos de aprendizado profundo não supervisionados são baseados na ideia de um **autocodificador**. Um autocodificador é um modelo que contém duas partes: um codificador que

---

[7] A análise de componentes principais padrão (PCA) envolve o ajuste de uma distribuição gaussiana multivariada aos dados brutos de entrada e depois a seleção dos eixos mais longos – os componentes principais – dessa distribuição elipsoidal.

mapeia de $\mathbf{x}$ para uma representação $\hat{\mathbf{z}}$ e um decodificador que mapeia a partir de uma representação $\hat{\mathbf{z}}$ para os dados observados $\mathbf{x}$. Em geral, o codificador é apenas uma função parametrizada f e o decodificador é apenas uma função parametrizada g. O modelo é treinado para que $\mathbf{x} \approx g(f(\mathbf{x}))$, de modo que o processo de codificação seja aproximadamente invertido pelo processo de decodificação. As funções f e g podem ser modelos lineares simples parametrizados por uma única matriz ou podem ser representados por uma rede neural profunda.

Um autocodificador muito simples é o autocodificador linear, em que tanto f quanto g são lineares com uma matriz de pesos compartilhada $\mathbf{W}$:

$$\hat{\mathbf{z}} = f(\mathbf{x}) = \mathbf{W}\mathbf{x}$$
$$\mathbf{x} = g(\hat{\mathbf{z}}) = \mathbf{W}^\top \hat{\mathbf{z}}.$$

Uma forma de treinar esse modelo é minimizar o erro quadrático $\sum_j \| \mathbf{x}_j - g(f(\mathbf{x}_j)) \|^2$ de modo que $\mathbf{x} \approx g(f(\mathbf{x}))$. A ideia é treinar $\mathbf{W}$ para que um $\hat{\mathbf{z}}$ de baixa dimensão retenha o máximo de informações possível para reconstruir os dados de alta dimensão $\mathbf{x}$. Acontece que esse autocodificador linear está intimamente ligado à análise de componentes principais (ACP) clássica. Quando $\mathbf{z}$ tem m dimensões, a matriz $\mathbf{W}$ deve aprender a abranger os m componentes principais dos dados – em outras palavras, o conjunto de m direções ortogonais em que os dados têm a maior variância ou, de forma equivalente, os m autovetores da matriz de covariância de dados que têm os maiores autovalores –, exatamente como na ACP.

O modelo ACP é um modelo gerativo simples que corresponde a um autocodificador linear simples. A correspondência sugere que pode haver uma maneira de capturar tipos mais complexos de modelos gerativos usando tipos mais complexos de autocodificadores. O **autocodificador variacional** (ACV) oferece uma maneira de fazer isso.

Autocodificador variacional

Métodos variacionais foram apresentados rapidamente (ver Notas bibliográficas e históricas) como uma forma de aproximar a distribuição *a posteriori* em modelos de probabilidade complexos, é inviável somar ou integrar diversas variáveis ocultas. A ideia é usar uma **distribuição variacional *a posteriori*** $Q(\mathbf{z})$, extraída de uma família de distribuições computacionalmente tratáveis, como uma aproximação da distribuição *a posteriori* verdadeira. Por exemplo, podemos escolher Q da família de distribuições gaussianas com uma matriz de covariância diagonal. Dentro da família escolhida de distribuições tratáveis, Q é otimizado para ser o mais próximo possível da distribuição *a posteriori* verdadeira $P(\mathbf{z} \mid \mathbf{x})$.

Distribuição variacional *a posteriori*

Para nossos propósitos, a noção de "o mais próximo possível" é definida pela divergência de KL, que mencionamos na seção 21.2.2. Isso é dado por

$$D_{KL}(Q(\mathbf{z}) \| P(\mathbf{z} \mid \mathbf{x})) = \int Q(\mathbf{z}) \log \frac{Q(\mathbf{z})}{P(\mathbf{z} \mid \mathbf{x})} d\mathbf{z},$$

que é uma média (em relação a Q) da razão logarítmica entre Q e P. É fácil ver que $D_{KL}(Q(\mathbf{z} \| P(\mathbf{z} \mid \mathbf{x})) \geq 0$, com igualdade quando Q e P coincidem. Podemos então definir o **limite inferior variacional** $\mathcal{L}$ (às vezes chamado **limite inferior de evidência**, ou **ELBO**) sobre a log verossimilhança dos dados:

Limite inferior variacional ELBO

$$\mathcal{L}(\mathbf{x}, Q) = \log P(\mathbf{x}) - D_{KL}(Q(\mathbf{z}) \| P(\mathbf{z} \mid \mathbf{x})). \tag{21.17}$$

Podemos ver que $\mathcal{L}$ é um limite inferior para $\log P$ porque a divergência de KL é não negativa. A aprendizagem variacional maximiza $\mathcal{L}$ em relação aos parâmetros $\mathbf{w}$ em vez de maximizar $\log P(\mathbf{x})$, na esperança de que a solução encontrada, $\mathbf{w}^*$, também esteja perto de maximizar $\log P(\mathbf{x})$.

Conforme escrito, $\mathcal{L}$ ainda não parece ser mais fácil de maximizar do que $\log P$. Felizmente, podemos reescrever a Equação 21.17 para revelar maior tratabilidade computacional:

$$\begin{aligned}
\mathcal{L} &= \log P(\mathbf{x}) - \int Q(\mathbf{z}) \log \frac{Q(\mathbf{z})}{P(\mathbf{z} \mid \mathbf{x})} d\mathbf{z} \\
&= -\int Q(\mathbf{z}) \log Q(\mathbf{z}) d\mathbf{z} + \int Q(\mathbf{z}) \log P(\mathbf{x}) P(\mathbf{z} \mid \mathbf{x}) d\mathbf{z} \\
&= H(Q) + \mathbf{E}_{\mathbf{z} \sim Q} \log P(\mathbf{z}, \mathbf{x})
\end{aligned}$$

em que $H(Q)$ é a entropia da distribuição Q. Para algumas famílias variacionais Q (como as distribuições gaussianas), $H(Q)$ pode ser avaliado de forma analítica. Além disso, a esperança, $E_{z\sim Q} \log P(z,x)$, admite uma estimativa não viesada eficiente por meio de amostras de z a partir de Q. Para cada amostra, $P(z,x)$ geralmente pode ser avaliado de forma eficiente – por exemplo, se P é uma rede bayesiana, $P(z,x)$ é apenas um produto de probabilidades condicionais, porque z e x compreendem todas as variáveis.

Os autocodificadores variacionais oferecem um meio de realizar o aprendizado variacional no ambiente de aprendizado profundo. A aprendizagem variacional envolve maximizar $\mathcal{L}$ em relação aos parâmetros de P e Q. Para um autocodificador variacional, o decodificador $g(z)$ é interpretado como definindo $\log P(x \mid z)$. Por exemplo, a saída do decodificador pode definir a média de uma gaussiana condicional. Da mesma forma, a saída do codificador $f(x)$ é interpretada como definindo os parâmetros de Q –, por exemplo, Q poderia ser uma gaussiana de média $f(x)$. O treino do autocodificador variacional consiste então em maximizar $\mathcal{L}$ em relação aos parâmetros do codificador f e do decodificador g, que podem ser redes profundas arbitrariamente complicadas.

Modelos autorregressivos profundos

Um **modelo autorregressivo** (ou modelo AR) é aquele em que cada elemento x_i do vetor de dados x é previsto com base em outros elementos do vetor. Esse modelo não tem variáveis latentes. Se x tiver tamanho fixo, um modelo AR pode ser considerado uma rede bayesiana totalmente observável e possivelmente totalmente conectada. Isso significa que o cálculo da verossimilhança de determinado vetor de dados de acordo com um modelo AR é trivial; o mesmo é válido para prever o valor de uma única variável que falte, dadas todas as outras, e para amostrar um vetor de dados do modelo.

> Modelo autorregressivo

A aplicação mais comum de modelos autorregressivos é na análise de dados de séries temporais, em que um modelo AR de ordem k prediz x_t, dados $x_{t-k}, ..., x_{t-1}$. Na terminologia do Capítulo 14, um modelo AR é um modelo de Markov não oculto. Na terminologia do Capítulo 23, um modelo de n-gramas de sequências de letras ou palavras é um modelo AR de ordem $n-1$.

Em modelos AR clássicos, nos quais as variáveis têm valores reais, a distribuição condicional $P(x_t \mid x_{t-k},...,x_{t-1})$ é um modelo linear-gaussiano com variância fixa cuja média é uma combinação linear ponderada de $x_{t-k}, ..., x_{t-1}$ – em outras palavras, um modelo de regressão linear padrão. A solução de máxima verossimilhança é dada pelas **equações de Yule-Walker**, que estão muito relacionadas às **equações normais**, seção 19.6.3.

> Equações de Yule-Walker

Modelo autorregressivo profundo é aquele em que o modelo linear-gaussiano é substituído por uma rede profunda arbitrária com uma camada de saída adequada, dependendo se x_t é discreto ou contínuo. As aplicações recentes dessa abordagem autorregressiva incluem o modelo WaveNet do DeepMind para geração de voz (van den Oord *et al.*, 2016a). O WaveNet é treinado em sinais acústicos brutos, amostrados 16 mil vezes por segundo, e implementa um modelo AR não linear de ordem 4.800 com uma estrutura convolucional em múltiplas camadas. Nos testes, ele prova ser substancialmente mais realista do que os sistemas de geração de voz de última geração anteriores.

> Modelo autorregressivo profundo

Redes antagônicas gerativas

Uma **rede antagônica gerativa** (RAG) é, na verdade, um par de redes que se combinam para formar um sistema gerativo. Uma das redes, o **gerador**, mapeia os valores de z a x para produzir amostras da distribuição $P_w(x)$. Um esquema típico obtém uma amostra de z a partir de uma gaussiana padrão de dimensão moderada e, em seguida, a passa por uma rede profunda h_w para obter x. A outra rede, o **discriminador**, é um classificador treinado para classificar as entradas x como reais (retiradas do conjunto de treino) ou falsas (criadas pelo gerador). RAG são um tipo de **modelo implícito** no sentido de que as amostras podem ser geradas, mas suas probabilidades não estão prontamente disponíveis; em uma rede bayesiana, por outro lado, a probabilidade de uma amostra é apenas o produto das probabilidades condicionais ao longo do caminho de geração da amostra.

> Rede antagônica geradora (RAG)
> Gerador

> Discriminador

> Modelo implícito

706 Inteligência Artificial

O gerador está intimamente relacionado ao decodificador da estrutura do autocodificador variacional. O desafio na modelagem implícita é projetar uma função de perda que possibilite treinar o modelo usando amostras da distribuição, em vez de maximizar a verossimilhança atribuída aos exemplos de treino a partir do conjunto de dados.

Tanto o gerador quanto o discriminador são treinados simultaneamente, com o gerador aprendendo a enganar o discriminador, e o discriminador aprendendo a separar com precisão os dados reais dos falsos. A competição entre gerador e discriminador pode ser descrita na linguagem da teoria dos jogos (ver Capítulo 18). A ideia é que, no estado de equilíbrio do jogo, o gerador deve reproduzir a distribuição de treino perfeitamente, de modo que o discriminador não possa ter um desempenho melhor do que a suposição aleatória. As RAG têm funcionado particularmente bem para tarefas de geração de imagens. Por exemplo, as RAG podem criar imagens fotorrealísticas, de alta resolução, de pessoas que nunca existiram (Karras *et al.*, 2017).

Tradução não supervisionada

As tarefas de tradução, em sentido amplo, consistem em transformar uma entrada x bem estruturada em uma saída y, igualmente bem estruturada. Nesse contexto, "bem estruturada" significa que os dados são multidimensionais e têm dependências estatísticas interessantes entre as diversas dimensões. Imagens e frases em linguagem natural são bem estruturadas, mas um número isolado, como uma ID de classe, não o é. Transformar uma frase do inglês para o francês ou converter uma foto de uma cena noturna em uma foto equivalente tirada durante o dia são exemplos de tarefas de tradução.

A tradução supervisionada consiste em reunir muitos pares (x,y) e treinar o modelo para mapear cada x ao y correspondente. Por exemplo, os sistemas de tradução automática normalmente são treinados em pares de frases que foram traduzidas por tradutores humanos profissionais. Para outros tipos de tradução, os dados de treino supervisionado podem não estar disponíveis. Por exemplo, considere uma foto de uma cena noturna contendo muitos carros e pedestres em movimento. Presumivelmente, não é possível encontrar todos os carros e pedestres e colocá-los de volta em suas posições originais na foto noturna para tirar a mesma foto durante o dia. Para superar essa dificuldade, é possível usar técnicas de **tradução não supervisionada** que são capazes de treinar em muitos exemplos de x e muitos exemplos separados de y, mas sem pares correspondentes (x,y).

Essas abordagens geralmente são baseadas em RAG; por exemplo, pode-se treinar um gerador RAG para produzir um exemplo realista de y quando condicionado sobre x, e outro gerador RAG para realizar o mapeamento reverso. O arcabouço de treino RAG torna possível treinar um gerador para que gere qualquer uma das muitas amostras possíveis que o discriminador aceita como um exemplo *realista* de y, dado x, sem qualquer necessidade de um y emparelhado específico, como é tradicionalmente necessário no aprendizado supervisionado. Outros detalhes sobre a tradução não supervisionada de imagens são fornecidos na seção 25.7.5.

21.7.2 Aprendizado por transferência e aprendizado multitarefa

No **aprendizado por transferência**, a experiência com uma tarefa de aprendizagem ajuda um agente a aprender melhor em outra tarefa. Por exemplo, uma pessoa que já aprendeu a jogar tênis normalmente achará mais fácil aprender esportes relacionados, como raquetebol e *squash*; um piloto que aprendeu a voar em um tipo de avião comercial de passageiros aprenderá muito rapidamente a voar em outro tipo; um aluno que já aprendeu álgebra acha mais fácil aprender cálculo.

Ainda não conhecemos os mecanismos da aprendizagem humana por transferência. Para redes neurais, a aprendizagem consiste em ajustar pesos; portanto, a abordagem mais plausível para o aprendizado por transferência é copiar os pesos aprendidos na tarefa A para uma rede que será treinada para a tarefa B. Os pesos são então atualizados por descida pelo gradiente na forma normal de usar dados para a tarefa B. Pode ser uma boa ideia usar uma taxa de aprendizado menor na tarefa B, dependendo da semelhança entre as tarefas e de quanto os dados foram usados na tarefa A.

Observe que essa abordagem requer experiência humana na seleção das tarefas: por exemplo, os pesos aprendidos durante o treino de álgebra podem não ser muito úteis em uma rede destinada ao raquetebol. Além disso, a noção de copiar pesos requer um mapeamento simples entre os espaços de entrada para as duas tarefas e arquiteturas de rede praticamente idênticas.

Uma razão para a popularidade do aprendizado por transferência é a disponibilidade de modelos previamente treinados, de alta qualidade. Por exemplo, você poderia fazer o *download* de um modelo de reconhecimento visual de objeto previamente treinado, como o modelo ResNet-50 treinado com o conjunto de dados COCO, economizando assim semanas de trabalho. A partir daí, você pode modificar os parâmetros do modelo, fornecendo imagens adicionais e rótulos de objetos para a sua tarefa específica.

Suponha que você queira classificar tipos de monociclos. Você tem apenas algumas centenas de fotos de diferentes monociclos, mas o conjunto de dados COCO tem mais de 3 mil imagens em cada uma das categorias de bicicletas, motocicletas e *skates*. Isso significa que um modelo previamente treinado em COCO já tem experiência com rodas e estradas e outras características relevantes que serão úteis na interpretação das imagens do monociclo.

Quase sempre, você desejará congelar as primeiras camadas do modelo previamente treinado – essas camadas servem como detectores de características que serão úteis para o seu novo modelo. Seu novo conjunto de dados terá permissão para modificar os parâmetros dos níveis superiores apenas; essas são as camadas que identificam características específicas do problema e fazem a classificação. No entanto, às vezes a diferença entre os sensores significa que mesmo as camadas de nível mais baixo precisam ser retreinadas.

Como outro exemplo, para aqueles que estão criando um sistema de linguagem natural, agora é comum começar com um modelo previamente treinado, como o modelo ROBERTA (ver seção 24.6), que já "sabe" muito sobre o vocabulário e a sintaxe da linguagem cotidiana. O próximo passo é ajustar o modelo de duas maneiras. Primeiro, dando a ele exemplos do vocabulário especializado utilizado no domínio desejado; talvez um domínio médico (em que aprenderá sobre "infarto do miocárdio") ou talvez um domínio financeiro (em que aprenderá sobre "responsabilidade fiduciária"). Em segundo lugar, treinando o modelo na tarefa que deve executar. Se for para responder a perguntas, treine-o em pares de perguntas e respostas.

Um tipo muito importante de aprendizado por transferência envolve a transferência entre simulações e o mundo real. Por exemplo, o controlador de um carro que dirige sozinho pode ser treinado em bilhões de quilômetros de condução simulada, o que seria impossível no mundo real. Então, quando o controlador é transferido para o veículo real, ele se adapta rapidamente ao novo ambiente.

O **aprendizado multitarefa** é uma forma de aprendizado por transferência no qual treinamos um modelo simultaneamente em diversos objetivos. Por exemplo, em vez de treinar um sistema de linguagem natural na anotação morfossintática e, em seguida, transferir os pesos aprendidos para uma nova tarefa, como classificação de documentos, treinamos um sistema simultaneamente em anotação morfossintática, classificação de documentos, detecção de idioma, previsão de palavras, modelagem de dificuldade da frase, detecção de plágio, implicação textual e resposta a perguntas. A ideia é que, para resolver qualquer uma dessas tarefas, um modelo pode ser capaz de tirar proveito de características superficiais dos dados. Mas, para resolver todas as oito tarefas de uma só vez com uma camada de representação comum, é mais provável que o modelo crie uma representação comum que reflita o uso e o conteúdo da linguagem natural real.

Aprendizado multitarefa

21.8 Aplicações

O aprendizado profundo foi aplicado com sucesso a muitas áreas de problema importantes em IA. Para explicações aprofundadas, o leitor poderá consultar os capítulos relevantes: Capítulo 22 para o uso de aprendizado profundo em sistemas de aprendizado por reforço, Capítulo 24 para processamento de linguagem natural, Capítulo 25 (particularmente a seção 25.4) para visão computacional, e Capítulo 26 para robótica.

708 Inteligência Artificial

21.8.1 Visão

Vamos começar com a visão computacional, que é a área de aplicação que provavelmente teve o maior impacto no aprendizado profundo e vice-versa. Embora as redes convolucionais profundas estivessem em uso desde a década de 1990 para tarefas como reconhecimento de caligrafia, e as redes neurais tivessem começado a superar os modelos probabilísticos gerativos para reconhecimento de voz por volta de 2010, foi o sucesso do sistema de aprendizado profundo AlexNet na competição ImageNet 2012 que levou o aprendizado profundo para o centro das atenções.

A competição ImageNet foi uma tarefa de aprendizado supervisionado com 1.200.000 imagens em 1.000 categorias diferentes, e os sistemas foram avaliados na pontuação *top* 5 (cinco primeiros) – a frequência com que a categoria correta aparece nas cinco primeiras previsões. O AlexNet obteve uma taxa de erro de 15,3%, enquanto o próximo melhor sistema teve uma taxa de erro de mais de 25%. O AlexNet tinha cinco camadas convolucionais intercaladas com camadas *max-pooling*, seguidas por três camadas totalmente conectadas. Ele utilizou funções de ativação ReLU e aproveitou as GPU para acelerar o processo de treino de 60 milhões de pesos.

Desde 2012, com melhorias no projeto de rede, métodos de treino e recursos de computação, a taxa de erro *top* 5 foi reduzida para menos de 2% – bem abaixo da taxa de erro de um humano treinado (cerca de 5%). As RNC foram aplicadas a uma grande gama de tarefas de visão, desde carros autônomos até a classificação de pepinos.[8] A tarefa de dirigir um veículo, que é abordada na seção 25.7.6 e em várias seções do Capítulo 26, está entre as tarefas de visão mais exigentes: o algoritmo não somente deve detectar, localizar, rastrear e reconhecer pombos, sacolas de papel e pedestres, mas deve fazê-lo em tempo real e com uma precisão quase perfeita.

21.8.2 Processamento de linguagem natural

O aprendizado profundo também teve um grande impacto em aplicações de processamento de linguagem natural (PLN), como tradução automática e reconhecimento de voz. Algumas vantagens do aprendizado profundo para essas aplicações incluem a possibilidade de aprendizagem de ponta a ponta, a geração automática de representações internas para os significados das palavras e a facilidade de troca entre codificadores e decodificadores aprendidos.

A aprendizagem de ponta a ponta refere-se à construção de sistemas inteiros como uma única função aprendida f. Por exemplo, um f para tradução automática pode tomar como entrada uma frase em inglês S_E e produzir uma frase em japonês equivalente $S_J = f(S_E)$. Essa função f pode ser aprendida a partir de dados de treino na forma de pares de sentenças traduzidas por humanos (ou mesmo pares de textos, ondeem que o alinhamento das sentenças ou frases correspondentes é parte do problema a ser resolvido). Uma abordagem de linha de produção (*pipeline*) mais clássica pode primeiro analisar S_E, em seguida extrair seu significado e, depois, expressar esse significado em japonês como S_J para, então, pós-editar S_J usando um modelo de linguagem para o japonês. Essa abordagem tem duas desvantagens principais: primeiro, os erros são compostos a cada estágio; segundo, os humanos têm que determinar o que constitui uma "árvore de análise" e uma "representação sintática", mas não existe uma verdade fundamental facilmente acessível para essas noções, e nossas ideias teóricas sobre elas quase certamente são incompletas.

Logo, em nosso estágio atual de compreensão, a abordagem clássica de linha de produção – que, pelo menos ingenuamente, parece corresponder a como um tradutor humano funciona – é superada pelo método ponta a ponta possibilitado pelo aprendizado profundo. Por exemplo, Wu *et al.* (2016b) mostraram que a tradução ponta a ponta usando aprendizado profundo reduziu os erros de tradução em 60% em relação a um sistema anterior sequencial. Em 2020, os sistemas de tradução automática estão se aproximando do desempenho humano

---

[8] A história muito conhecida do produtor de pepino japonês que construiu seu próprio robô separador de pepinos usando o TensorFlow é, ao que parece, em grande parte, uma lenda. O algoritmo foi desenvolvido pelo filho do fazendeiro, que trabalhou anteriormente como engenheiro de *software* na Toyota, e sua baixa precisão – cerca de 70% – significava que os pepinos ainda tinham que ser separados à mão (Zeeberg, 2017).

para pares de idiomas, como francês e inglês, para os quais existem grandes conjuntos de dados emparelhados, que podem ser usados para outros pares de idiomas que abrangem a maioria da população do planeta. Há até algumas evidências de que redes treinadas em vários idiomas aprendem de fato uma representação interna do significado: por exemplo, depois de aprender a traduzir de português para inglês e de inglês para espanhol, é possível traduzir de português diretamente para espanhol sem que qualquer frase nos pares português/espanhol esteja presente no conjunto de treino.

Uma das descobertas mais significativas surgidas da aplicação do aprendizado profundo para tarefas com idiomas é que muita coisa vem da reformulação de palavras individuais como vetores em um espaço de alta dimensão – os chamados *word embeddings* (ver seção 24.1). Os vetores normalmente são extraídos dos pesos da primeira camada oculta de uma rede treinada em grande quantidade de texto e capturam as estatísticas dos contextos lexicais nos quais as palavras são usadas. Visto que palavras com significados semelhantes são usadas em contextos semelhantes, elas acabam ficando próximas umas das outras no espaço vetorial. Isso permite que a rede generalize efetivamente entre as categorias de palavras, sem a necessidade de que humanos definam previamente essas categorias. Por exemplo, uma frase que começa com "João comprou uma melancia e um quilo de..." provavelmente continuará com "maçãs" ou "bananas", mas não com "urânio" ou "geografia". Essa previsão é muito mais fácil de fazer, se "maçãs" e "bananas" tiverem representações semelhantes na camada interna.

21.8.3 Aprendizado por reforço

No aprendizado por reforço (AR), um agente tomador de decisão aprende a partir de uma sequência de sinais de recompensa que dão alguma indicação da qualidade de seu comportamento. O objetivo é otimizar a soma das recompensas futuras. Isso pode ser feito de várias maneiras: na terminologia do Capítulo 17, o agente pode aprender uma função de valor, uma função Q, uma política, e assim por diante. Do ponto de vista do aprendizado profundo, todas essas são funções que podem ser representadas por grafos computacionais. Por exemplo, uma função de valor em Go recebe uma posição no tabuleiro como entrada e devolve uma estimativa da vantagem dessa posição para o agente. Enquanto os métodos de treino em AR diferem daqueles de aprendizado supervisionado, a habilidade dos grafos computacionais multicamadas para representar funções complexas em grandes espaços de entrada provou ser muito útil. O campo de pesquisa resultante é denominado **aprendizado por reforço profundo**.

Aprendizado por reforço profundo

Na década de 1950, Arthur Samuel fez experiências com representações multicamadas de funções de valor em seu trabalho sobre aprendizado por reforço para verificadores, mas descobriu que, na prática, um aproximador de função linear funcionava melhor. (Isso pode ter sido uma consequência de trabalhar com um computador cerca de 100 bilhões de vezes menos poderoso do que uma unidade de processamento tensorial moderna.) A primeira grande demonstração de AR profundo foi o agente do DeepMind para jogar Atari, DQN (Mnih *et al.*, 2013). Diferentes cópias desse agente foram treinadas para jogar cada um dos diversos *videogames* Atari, demonstrando habilidades como atirar em naves alienígenas, rebater bolas com raquetes e dirigir carros de corrida simulados. Em cada caso, o agente aprendia uma função Q a partir de dados brutos da imagem, com o sinal de recompensa sendo a pontuação do jogo. Trabalhos posteriores produziram sistemas AR profundos que jogam em um nível sobre-humano na maioria dos 57 jogos diferentes do Atari. O sistema ALPHAGO da DeepMind também usou AR profundo para derrotar os melhores jogadores humanos no jogo de Go (ver Capítulo 5).

Apesar de seus sucessos impressionantes, AR profundo ainda enfrenta obstáculos significativos: muitas vezes é difícil obter um bom desempenho, e o sistema treinado pode se comportar de forma muito imprevisível se o ambiente for um pouco diferente dos dados de treino (Irpan, 2018). Em comparação com outras aplicações de aprendizado profundo, o AR profundo raramente é aplicado em ambientes comerciais. No entanto, essa é uma área de pesquisa muito ativa.

710 Inteligência Artificial

Resumo

Este capítulo descreveu métodos para o aprendizado de funções representadas por grafos computacionais profundos. Os pontos principais foram:

- **Redes neurais** representam funções não lineares complexas com uma rede de unidades parametrizadas que implementam funções lineares com saturação.
- O algoritmo de **retropropagação** implementa a técnica de descida pelo gradiente no espaço de parâmetros para minimizar a função de perda.
- O aprendizado profundo funciona bem para reconhecimento visual de objetos, reconhecimento de voz, processamento de linguagem natural e aprendizado por reforço em ambientes complexos.
- Redes convolucionais são particularmente bem adequadas para processamento de imagens e outras tarefas em que os dados têm uma topologia de grade.
- Redes recorrentes são eficazes para tarefas de processamento sequencial, incluindo modelagem de idioma e tradução automática.

Notas bibliográficas e históricas

Há muita literatura a respeito das redes neurais. Cowan e Sharp (1988b, 1988a) pesquisam o início da história, começando com o trabalho de McCulloch e Pitts (1943). (Como foi dito no Capítulo 1, John McCarthy apontou o trabalho de Nicolas Rashevsky (1936, 1938) como o modelo matemático mais antigo de aprendizagem neural.) Norbert Wiener, um pioneiro da cibernética e da teoria de controle (Wiener, 1948), trabalhou com McCulloch e Pitts e influenciou diversos jovens pesquisadores, incluindo Marvin Minsky, que pode ter sido o primeiro a desenvolver, em 1951, uma rede neural funcional em *hardware* (ver Minsky e Papert, 1988, pp. ix-x). Alan Turing (1948) escreveu um relatório de pesquisa intitulado *Intelligent Machinery* que começa com a frase "Proponho investigar a questão de saber se é possível que as máquinas apresentem comportamento inteligente" e continua descrevendo uma arquitetura de rede neural recorrente que chamou de "máquinas não organizadas do tipo B" e uma técnica para treiná-las. Infelizmente, o relatório não foi publicado até 1969 e foi praticamente ignorado até recentemente.

O perceptron, uma rede neural de uma camada com uma função de ativação de limite rígido, foi popularizado por Frank Rosenblatt (1957). Depois de uma manifestação em julho de 1958, o *New York Times* o descreveu como "o embrião de um computador eletrônico que [a Marinha] espera ser capaz de andar, falar, ver, escrever, reproduzir-se e ter consciência de sua existência". Rosenblatt (1960) mais tarde provou o teorema de convergência do perceptron, embora este tenha sido antecipado em trabalhos de matemática pura, fora do contexto das redes neurais (Agmon, 1954; Motzkin e Schoenberg, 1954). Alguns trabalhos iniciais também foram feitos sobre redes multicamadas, incluindo **perceptrons de Gamba** (Gamba *et al.*, 1961) e *madalines* (Widrow, 1962). *Learning Machines* (Nilsson, 1965) cobre grande parte desse trabalho inicial e muito mais. O subsequente fim dos primeiros esforços de pesquisa sobre o perceptron foi acelerado (ou, como os autores mais tarde afirmaram, meramente explicado) pelo livro *Perceptrons* (Minsky e Papert, 1969), que lamentou a falta de rigor matemático no campo. O livro indicou que perceptrons de camada única poderiam representar apenas conceitos linearmente separáveis e observou a falta de algoritmos de aprendizagem eficazes para redes multicamadas. Essas limitações já eram bem conhecidas (Hawkins, 1961) e haviam sido reconhecidas pelo próprio Rosenblatt (Rosenblatt, 1962).

Os artigos coletados por Hinton e Anderson (1981), baseados em uma conferência em San Diego em 1979, podem ser considerados como marcando um renascimento do conexionismo. A antologia de dois volumes "PDP" (Parallel Distributed Processing) (Rumelhart e McClelland, 1986) ajudou a espalhar o evangelho, por assim dizer, particularmente nas comunidades de psicologia e de ciências cognitivas. O desenvolvimento mais importante desse período foi o algoritmo de retropropagação para o treino de redes multicamadas.

O algoritmo de retropropagação foi descoberto independentemente várias vezes em diferentes contextos (Kelley, 1960; Bryson, 1962; Dreyfus, 1962; Bryson e Ho, 1969; Werbos,

1974; Parker, 1985), e Stuart Dreyfus (1990) o chama de "Procedimento de gradiente de Kelley-Bryson". Embora Werbos a tenha aplicado a redes neurais, essa ideia não era muito conhecida até que um artigo de David Rumelhart, Geoff Hinton e Ron Williams (1986) apareceu na *Nature* com uma apresentação não matemática do algoritmo. A respeitabilidade matemática avançou com artigos que mostram que as redes *feedforward* multicamadas são (sob certas condições técnicas) aproximadores de funções universais (Cybenko, 1988, 1989). O fim da década de 1980 e o início da década de 1990 testemunharam um enorme crescimento na pesquisa de redes neurais: o número de artigos cresceu rapidamente por um fator de 200 entre 1980-1984 e 1990-1994.

No fim dos anos 1990 e no início dos anos 2000, o interesse por redes neurais diminuiu à medida que surgiram outras técnicas, como as redes bayesianas, métodos de comitê e máquinas de kernel. O interesse em modelos profundos foi despertado quando a pesquisa de Geoff Hinton em redes bayesianas profundas – modelos gerativos com variáveis categóricas nas raízes e variáveis de evidência nas folhas – começou a dar frutos, superando as máquinas de kernel em pequenos conjuntos de dados de *benchmark* (Hinton *et al.*, 2006). O interesse em aprendizado profundo explodiu quando Krizhevsky *et al.* (2013) usaram redes convolucionais profundas para vencer a competição ImageNet (Russakovsky *et al.*, 2015).

Os comentaristas costumam citar a disponibilidade de "*big data*" e o poder de processamento das GPU como os principais fatores que contribuíram para o surgimento do aprendizado profundo. Melhorias arquitetônicas também foram importantes, incluindo a adoção da função de ativação ReLU no lugar da sigmoide logística (Jarrett *et al.*, 2009; Nair e Hinton, 2010; Glorot *et al.*, 2011) e, posteriormente, o desenvolvimento de redes residuais (He *et al.*, 2016).

No lado algorítmico, o uso da descida pelo gradiente estocástica (SGD) com pequenos lotes foi essencial para permitir que as redes neurais escalassem para grandes conjuntos de dados (Bottou e Bousquet, 2008). A normalização em lote (Ioffe e Szegedy, 2015) também ajudou a tornar o processo de treino mais rápido e confiável e ocasionou diversas técnicas de normalização adicionais (Ba *et al.*, 2016; Wu e He, 2018; Miyato *et al.*, 2018). Diversos artigos estudaram o comportamento empírico da SGD em grandes redes e grandes conjuntos de dados (Dauphin *et al.*, 2015; Choromanska *et al.*, 2014; Goodfellow *et al.*, 2015b). Do lado teórico, houve algum progresso na explicação da observação de que a SGD aplicada a redes superparametrizadas costumava atingir um mínimo global com um erro de treino de zero, embora até agora os teoremas para esse efeito presumam uma rede com camadas muito mais largas do que jamais ocorreriam na prática (Allen-Zhu *et al.*, 2018; Du *et al.*, 2018). Essas redes têm capacidade mais do que suficiente para funcionar como tabelas de referência para os dados de treino.

A última peça do quebra-cabeça, pelo menos para aplicações de visão, foi o uso de redes convolucionais. Estas tiveram suas origens nas descrições do sistema visual dos mamíferos pelos neurofisiologistas David Hubel e Torsten Wiesel (Hubel e Wiesel, 1959, 1962, 1968). Eles descreveram "células simples" no sistema visual de um gato que se assemelham a detectores de bordas, bem como "células complexas" que são invariantes a algumas transformações, como pequenas translações espaciais. Nas redes convolucionais modernas, a saída de uma convolução é semelhante a uma célula simples, enquanto a saída de uma camada de *pooling* é semelhante a uma célula complexa.

O trabalho de Hubel e Wiesel inspirou muitos dos primeiros modelos conexionistas de visão (Marr e Poggio, 1976). O neocognitron (Fukushima, 1980; Fukushima e Miyake, 1982), projetado como um modelo do córtex visual, era basicamente uma rede convolucional em termos de arquitetura do modelo, embora um algoritmo de treino eficaz para essas redes tivesse que esperar até que Yann LeCun e seus colaboradores mostrassem como aplicar a retropropagação (LeCun *et al.*, 1995). Um dos primeiros sucessos comerciais das redes neurais foi o reconhecimento de dígitos manuscritos usando redes convolucionais (LeCun *et al.*, 1995).

Redes neurais recorrentes (RNR) eram comumente propostas como modelos de função cerebral na década de 1970, mas nenhum algoritmo de aprendizagem eficaz foi associado a essas propostas. O método de retropropagação através do tempo aparece na tese de doutorado de Paul Werbos (1974), e seu artigo de revisão posterior (Werbos, 1990) contém diversas referências adicionais para redescobertas do método na década de 1980. Um dos primeiros

712 Inteligência Artificial

trabalhos mais influentes sobre RNR foi o de Jeff Elman (1990), com base em uma arquitetura RNR sugerida por Michael Jordan (1986). Williams e Zipser (1989) mostram um algoritmo para aprendizagem *online* em RNR. Bengio *et al.* (1994) analisaram o problema de desaparecimento do gradiente em redes recorrentes. A arquitetura de memória longa de curto prazo (LSTM) (Hochreiter, 1991; Hochreiter e Schmidhuber, 1997; Gers *et al.*, 2000) foi proposta como forma de evitar esse problema. Mais recentemente, projetos RNR eficazes foram derivados automaticamente (Jozefowicz *et al.*, 2015; Zoph e Le, 2016).

Muitos métodos foram experimentados para melhorar a generalização em redes neurais. O decaimento dos pesos foi sugerido por Hinton (1987) e analisado matematicamente por Krogh e Hertz (1992). O método de *dropout* é devido a Srivastava *et al.* (2014a). Szegedy *et al.* (2013) introduziu a ideia de exemplos antagônicos, gerando uma vasta literatura.

Poole *et al.* (2017) mostraram que redes profundas (mas não as rasas) podem desemaranhar funções complexas em variedades planas no espaço de unidades ocultas. Rolnick e Tegmark (2018) apresentaram que o número de unidades necessárias para aproximar uma certa classe de polinômios com *n* variáveis cresce exponencialmente para redes rasas, mas apenas linearmente para redes profundas.

White *et al.* (2019) mostraram que seu sistema BANANAS poderia realizar a busca de arquitetura neural (NAS), prevendo a precisão de uma rede em 1% após o treino em apenas 200 arquiteturas de amostra aleatória. Zoph e Le (2016) usam o aprendizado por reforço para vasculhar o espaço de arquiteturas de redes neurais. Real *et al.* (2018) usam um algoritmo evolutivo para realizar a seleção de modelos, Liu *et al.* (2017) usam algoritmos evolutivos em representações hierárquicas, e Jaderberg *et al.* (2017) descrevem o treino baseado em população. Liu *et al.* (2019) relaxam o espaço das arquiteturas para um espaço diferenciável contínuo e usam a descida pelo gradiente para encontrar uma solução ótima local. Pham *et al.* (2018) descrevem o sistema ENAS (*Efficient Neural Architecture Search*), que busca os subgrafos ótimos de um grafo maior. Ele é veloz porque não precisa treinar os parâmetros novamente. A ideia de procurar por um subgrafo remonta ao algoritmo de "dano cerebral ótimo" de LeCun *et al.* (1990).

Apesar dessa impressionante variedade de técnicas, há críticos que acham que o campo ainda não amadureceu. Yu *et al.* (2019) mostram que, em alguns casos, esses algoritmos NAS não são mais eficientes do que a seleção aleatória de arquitetura. Para uma pesquisa dos resultados recentes na busca de arquitetura neural, consulte Elsken *et al.* (2018).

O aprendizado não supervisionado constitui um grande subcampo dentro da estatística, principalmente sob o título de estimação de densidade. Silverman (1986) e Murphy (2012) são boas fontes de técnicas clássicas e modernas nessa área. A análise de componentes principais (ACP) data de Pearson (1901); o nome vem de um trabalho independente de Hotelling (1933). O modelo probabilístico ACP (Tipping e Bishop, 1999) adiciona um modelo gerador para os próprios componentes principais. O autocodificador variacional é devido a Kingma e Welling (2013) e Rezende *et al.* (2014); Jordan *et al.* (1999) fornecem uma introdução aos métodos variacionais para inferência em modelos gráficos.

Para modelos autorregressivos, o texto clássico é o de Box *et al.* (2016). As equações de Yule-Walker para o ajuste de modelos AR foram desenvolvidas independentemente por Yule (1927) e Walker (1931). Modelos autorregressivos com dependências não lineares foram desenvolvidos por diversos autores (Frey, 1998; Bengio e Bengio, 2001; Larochelle e Murray, 2011). O modelo WaveNet autorregressivo (van den Oord *et al.*, 2016a) foi baseado em trabalhos anteriores sobre geração de imagem autorregressiva (van den Oord *et al.*, 2016b). Redes antagônicas gerativas, ou RAG, foram propostas pela primeira vez por Goodfellow *et al.* (2015a), e encontraram muitas aplicações em IA. Algum conhecimento teórico de suas propriedades está aparecendo, levando a modelos e algoritmos RAG aprimorados (Li e Malik, 2018b, 2018a; Zhu *et al.*, 2019). Parte desse conhecimento envolve proteção contra ataques adversariais (Carlini *et al.*, 2019).

Rede de Hopfield

Vários ramos de pesquisa em redes neurais foram populares no passado, mas não são explorados ativamente nos dias atuais. As **redes de Hopfield** (Hopfield, 1982) têm conexões simétricas entre cada par de nós e podem aprender a armazenar padrões em uma memória associativa, de modo que um padrão inteiro possa ser recuperado indexando na memória por meio de um fragmento do padrão. As redes de Hopfield são determinísticas; elas foram posteriormente generalizadas para **máquinas de Boltzmann** estocásticas (Hinton e Sejnowski, 1983, 1986). As máquinas de Boltzmann são possivelmente o primeiro exemplo de um modelo gerativo profundo. A dificuldade de inferência nas máquinas de Boltzmann ocasionou avanços nas técnicas de Monte Carlo e nas técnicas variacionais (ver seção 13.4).

Máquina de Boltzmann

A pesquisa em redes neurais para IA também foi entrelaçada, até certo ponto, com a pesquisa em redes neurais biológicas. Os dois tópicos coincidiram na década de 1940, e as ideias para redes convolucionais e aprendizado por reforço podem ser atribuídas a estudos de sistemas biológicos; mas, no momento, novas ideias em aprendizado profundo tendem a se basear em questões puramente computacionais ou estatísticas. O campo da **neurociência computacional** visa construir modelos computacionais que capturem propriedades importantes e específicas de sistemas biológicos reais. As visões gerais são fornecidas por Dayan e Abbott (2001) e Trappenberg (2010).

Neurociência computacional

Para redes neurais modernas e aprendizado profundo, os principais livros didáticos são os de Goodfellow *et al.* (2016) e Charniak (2018). Há também muitos guias práticos associados aos diversos pacotes de *software* de código aberto para aprendizado profundo. Três dos líderes da área – Yann LeCun, Yoshua Bengio e Geoff Hinton – apresentaram as principais ideias para pesquisadores que não são de IA em um influente artigo da *Nature* (2015). Os três receberam o Prêmio Turing de 2018. Schmidhuber (2015) fornece uma visão geral, e Deng *et al.* (2014) se concentram nas tarefas de processamento de sinais.

Os principais locais de publicação para pesquisa de aprendizado profundo são as conferências Neural Information Processing Systems (NeurIPS), International Conference on Machine Learning (ICML) e International Conference on Learning Representations (ICLR). Os principais periódicos são *Machine Learning, Journal of Machine Learning Research* e *Neural Computation*. Cada vez mais, devido ao ritmo acelerado da pesquisa, os artigos apareceram primeiro em arXiv.org e são frequentemente descritos nos *blogs* de pesquisa dos principais centros de pesquisa.

CAPÍTULO 22

APRENDIZADO POR REFORÇO

Neste capítulo, examinamos como um agente pode aprender, por recompensas e penalidades, a maximizar suas recompensas no futuro.

Com o **aprendizado supervisionado**, um agente aprende observando passivamente exemplos de pares de entrada/saída fornecidos por um "professor". Neste capítulo, veremos como os agentes podem aprender ativamente a partir de sua própria experiência, sem um professor, considerando seu próprio sucesso ou fracasso final.

22.1 Aprendizado por recompensas

Considere o problema de aprender a jogar xadrez. Vamos imaginar tratar isso como um problema de aprendizado supervisionado, utilizando os métodos dos Capítulos 19 a 21. A função do agente do jogo de xadrez usa como entrada uma posição do tabuleiro e devolve uma jogada, de modo que treinamos essa função fornecendo exemplos de posições do xadrez, cada uma rotulada com a jogada correta. Agora, acontece que temos bancos de dados de milhões de jogos de grandes mestres, cada um com uma sequência de posições de jogadas. As jogadas feitas pelo vencedor são, com poucas exceções, consideradas boas, ou quase sempre perfeitas. Logo, temos um conjunto de treinamento promissor. O problema é que existem relativamente poucos exemplos (cerca de 10^8) em comparação com o espaço de todas as posições possíveis no xadrez (cerca de 10^{40}). Em um novo jogo, logo encontramos posições que são significativamente diferentes daquelas no banco de dados, e a função do agente treinado provavelmente fracassará – até porque ele não tem ideia do resultado de suas jogadas (xeque-mate), nem mesmo do efeito que as jogadas terão sobre as posições das peças. Naturalmente, o xadrez é uma pequena parte do mundo real. Para problemas mais realistas, precisaríamos de bancos de dados muito maiores com jogadas dos grandes mestres, e eles simplesmente não existem.[1]

Aprendizado por reforço

Uma alternativa é o **aprendizado por reforço** (AR), em que um agente interage com o mundo e recebe periodicamente **recompensas** (ou, na terminologia da psicologia, **reforços**) que refletem como ele está se saindo. Por exemplo, no xadrez, a recompensa é 1 para vencer, 0 para perder e ½ para empatar. Já vimos o conceito de recompensas no Capítulo 17 para os **processos de decisão de Markov** (MDP). Na verdade, o objetivo é o mesmo no aprendizado por reforço: maximizar a soma esperada das recompensas. Aprendizado por reforço difere de "apenas resolver um MDP", porque o agente não *recebe* o MDP como um problema para resolver; o agente *está no* MDP. Ele pode não conhecer o modelo de transição ou a função de recompensa, e precisa atuar para poder aprender mais. Imagine disputar um novo jogo cujas regras você não conhece; depois de aproximadamente uma centena de movimentos, o árbitro anuncia: "Você perdeu". Em resumo, isso é o aprendizado por reforço.

Do nosso ponto de vista, como projetistas de sistemas de IA, oferecer um sinal de recompensa para o agente normalmente é muito mais fácil do que fornecer exemplos rotulados de como se comportar. Primeiro, normalmente a função de recompensa (como vimos para o xadrez) é muito concisa e fácil de especificar: são necessárias apenas algumas linhas de código para dizer ao agente do xadrez se ele ganhou ou perdeu o jogo, ou para dizer ao agente de corrida de automóvel que ele ganhou ou perdeu a corrida, ou se colidiu. Em segundo lugar, não precisamos ser especialistas, capazes de fornecer a ação correta em qualquer situação, como aconteceria se tentássemos aplicar o aprendizado supervisionado.

Acontece, porém, que um pouco de experiência pode fazer muito no aprendizado por reforço. Os dois exemplos do parágrafo anterior – as recompensas por ganhar/perder no

---

[1] Como disseram Yann LeCun e Alyosha Efros, "a revolução da IA não será supervisionada".

Capítulo 22 • Aprendizado por Reforço   715

xadrez e na corrida – são o que chamamos de recompensas **esparsas**, pois na grande maioria dos estados o agente não tem qualquer sinal informativo de recompensa. Em jogos como tênis e críquete, podemos facilmente oferecer outras recompensas para cada ponto ganho ou para cada partida. Na corrida de automóveis, poderíamos recompensar o agente por percorrer uma volta na direção correta. Quando aprendemos a engatinhar, qualquer movimento para frente é um grande feito. Essas recompensas intermediárias tornam o aprendizado muito mais fácil.

Esparsas

Desde que possamos oferecer o sinal de recompensa correto ao agente, o aprendizado por reforço oferece uma forma muito genérica de criar sistemas de IA. Isso acontece particularmente para ambientes *simulados*, onde não há falta de oportunidades para ganhar experiência. A adição do aprendizado profundo como uma ferramenta usada em sistemas de AR também possibilitou novas aplicações, como aprender a jogar *videogames* Atari a partir de uma entrada visual bruta (Mnih *et al.*, 2013), controlar robôs (Levine *et al.*, 2016) e jogar pôquer (Brown e Sandholm, 2017).

Literalmente centenas de algoritmos de aprendizado por reforço foram idealizados, e muitos deles podem empregar, como ferramentas, grande variedade dos métodos de aprendizado dos Capítulos 19 a 21. Neste capítulo, abordamos as ideias básicas e tentamos dar algum sentido às diversas técnicas por meio de alguns exemplos. Categorizamos as abordagens da seguinte forma:

- **Aprendizado por reforço baseado em modelo**: nessas abordagens, o agente utiliza um modelo de transição do ambiente para ajudar a interpretar os sinais de recompensa e tomar decisões sobre como atuar. O modelo pode ser desconhecido inicialmente, nesse caso o agente aprende o modelo observando os efeitos de suas ações, ou então já pode ser conhecido – por exemplo, um programa de xadrez pode conhecer as regras do xadrez, mesmo não sabendo como escolher boas jogadas. Em ambientes parcialmente observáveis, o modelo de transição também é útil para a **estimativa de estado** (ver Capítulo 14). Sistemas de aprendizado por reforço baseados em modelo normalmente aprendem uma **função utilidade** $U(s)$, definida (como no Capítulo 17) em termos da soma de recompensas do estado s em diante.[2]

Aprendizado por reforço baseado em modelo

- **Aprendizado por reforço livre de modelo**: nestas abordagens, o agente não conhece nem aprende um modelo de transição para o ambiente. Em vez disso, ele aprende uma representação mais direta de como se comportar. Isso pode ter duas variações:

Aprendizado por reforço livre de modelo

  - **Aprendizado da utilidade de ação**: no Capítulo 17 apresentamos as funções de utilidade de ação (chamada "utilidade-ação", por simplicidade). A forma mais comum de aprendizado da função utilidade-ação é o **aprendizado Q** (Q-*learning*), em que o agente aprende uma **função sem hífen** ou função sem qualidade, $Q(s, a)$, indicando a soma de recompensas a partir do estado s se a ação a for tomada em s. Dada uma função sem hífen, o agente pode escolher o que fazer em s encontrando a ação com o valor Q mais alto.

Aprendizado utilidade-ação

*Aprendizado Q-*learning*
Função sem hífen*

  - **Busca de política**: o agente aprende uma política $\pi(s)$ que mapeia diretamente estados para ações. Na terminologia do Capítulo 2, esse é um **agente reflexivo**.

Busca de política

Começamos na seção 22.2 com o **aprendizado por reforço passivo**, em que a política do agente é fixa e a tarefa consiste em aprender as utilidades de estados (ou pares estado-ação); isso também poderia envolver o aprendizado de um modelo do ambiente. (Para essa seção, é essencial conhecer os processos de decisão de Markov, descritos no Capítulo 17.) A seção 22.3 cobre o **aprendizado por reforço ativo**, em que o agente também deve descobrir o que fazer. A principal questão é a **exploração**: um agente deve experimentar tanto quanto possível do seu ambiente, a fim de aprender como se comportar nele. A seção 22.4 examina como um agente pode utilizar o aprendizado indutivo (incluindo os métodos de aprendizado profundo) para aprender muito mais rápido a partir de suas experiências. Também discutimos outras abordagens que podem ajudar a escalar o AR a fim de resolver problemas reais, incluindo o oferecimento de pseudorrecompensas intermediárias para orientar o aprendiz e organizar o comportamento em uma hierarquia de ações. A seção 22.5 aborda métodos para a busca

Aprendizado por reforço passivo

Aprendizado por reforço ativo

---

[2] Na literatura de AR, que se baseia mais em pesquisa de operações do que na economia, as funções utilidade normalmente são chamadas **funções de valor**, representadas por $V(s)$.

716 Inteligência Artificial

de políticas. Na seção 22.6, exploramos o **aprendizado por treinamento**: treinar um agente de aprendizado usando demonstrações no lugar de sinais de recompensa. Por fim, a seção 22.7 contém aplicações do aprendizado por reforço.

22.2 Aprendizado por reforço passivo

Começamos com o caso simples de um ambiente totalmente observável com um pequeno número de ações e estados, em que um agente já tem uma política fixa $\pi(s)$ que determina suas ações. O agente está tentando aprender a função utilidade $U^\pi(s)$ – a recompensa total descontada se a política π for executada a partir do estado s. Chamamos esse agente de **agente de aprendizado passivo**.

Agente de aprendizado passivo

A tarefa de aprendizado passivo é semelhante à tarefa de **avaliação de política**, uma parte do algoritmo de iteração de política descrito na seção 17.2.2. A diferença é que o agente de aprendizado passivo não conhece o modelo de transição $P(s' \mid s,a)$, que especifica a probabilidade de alcançar o estado s' a partir do estado s depois de realizar a ação a; ele também não conhece a função recompensa $R(s, a, s')$, que especifica a recompensa para cada transição.

Usaremos como nosso exemplo o mundo 4×3 introduzido no Capítulo 17. A Figura 22.1 mostra uma política para esse mundo e as utilidades correspondentes. O agente executa um conjunto de **simulações** (sequências de experiências ou *trials*) no ambiente usando sua política π. Em cada simulação, o agente começa no estado (1,1) e experimenta uma sequência de transições de estados até alcançar um dos estados terminais, (4,2) ou (4,3). Suas percepções fornecem tanto o estado atual quanto a recompensa recebida para a transição que acabou de ocorrer para alcançar esse estado. Simulações típicas seriam:

Simulação (trial)

$$(1,1)\underset{Acima}{\overset{-0,04}{\rightarrow}}(1,2)\underset{Acima}{\overset{-0,04}{\rightarrow}}(1,3)\underset{Direita}{\overset{-0,04}{\rightarrow}}(1,2)\underset{Acima}{\overset{-0,04}{\rightarrow}}(1,3)\underset{Direita}{\overset{-0,04}{\rightarrow}}(2,3)\underset{Direita}{\overset{-0,04}{\rightarrow}}(3,3)\underset{Direita}{\overset{+1}{\rightarrow}}(4,3)$$

$$(1,1)\underset{Acima}{\overset{-0,04}{\rightarrow}}(1,2)\underset{Acima}{\overset{-0,04}{\rightarrow}}(1,3)\underset{Direita}{\overset{-0,04}{\rightarrow}}(2,3)\underset{Direita}{\overset{-0,04}{\rightarrow}}(3,3)\underset{Direita}{\overset{-0,04}{\rightarrow}}(3,2)\underset{Acima}{\overset{-0,04}{\rightarrow}}(3,3)\underset{Direita}{\overset{+1}{\rightarrow}}(4,3)$$

$$(1,1)\underset{Acima}{\overset{-0,04}{\rightarrow}}(1,2)\underset{Acima}{\overset{-0,04}{\rightarrow}}(1,3)\underset{Direita}{\overset{-0,04}{\rightarrow}}(2,3)\underset{Direita}{\overset{-0,04}{\rightarrow}}(3,3)\underset{Direita}{\overset{-0,04}{\rightarrow}}(3,2)\underset{Acima}{\overset{-1}{\rightarrow}}(4,2)$$

Observe que cada transição é anotada com a ação tomada e a recompensa recebida no estado seguinte. O objetivo é utilizar as informações sobre recompensas para aprender a utilidade esperada $U^\pi(s)$ associada a cada estado não terminal s. A utilidade é definida como a soma esperada de recompensas (descontadas) obtidas se a política π é seguida. Como na Equação 17.2, escrevemos:

$$U^\pi(s) = E\left[\sum_{t=0}^{\infty} \gamma^t R(S_t, \pi(S_t), S_{t+1})\right], \tag{22.1}$$

em que $R(s_t, \pi(S_t), S_{t+1})$ é a recompensa recebida quando a ação $\pi(S_t)$ é tomada no estado S_t e atinge o estado S_{t+1}. Observe que S_t é uma variável aleatória indicando o estado alcançado no tempo t quando é executada a política π, começando a partir do estado $S_0 = s$. Incluiremos um **fator de desconto** γ em todas as nossas equações, mas, para o mundo 4×3, definiremos $\gamma = 1$, que significa nenhum desconto.

22.2.1 Estimativa de utilidade direta

Estimativa de utilidade direta
Recompensa futura

A ideia da **estimativa de utilidade direta** é que a utilidade de um estado é definida como a recompensa total esperada a partir desse estado em diante (chamado **recompensa futura**), e que cada simulação fornece uma *amostra* dessa quantidade para cada estado visitado. Por exemplo, a primeira das três simulações dadas anteriormente fornece uma recompensa total amostrada de 0,76 para o estado (1,1), duas amostras de 0,80 e 0,88 para (1,2), duas amostras de 0,84 e 0,92 para (1,3), e assim por diante. Desse modo, no fim de cada sequência, o algoritmo calcula a recompensa futura observada daí em diante para cada estado e

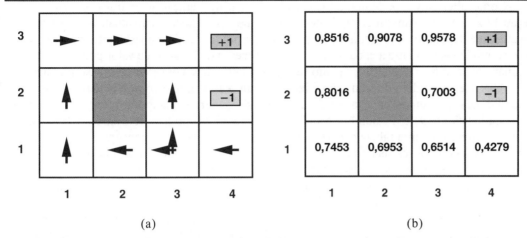

Figura 22.1 (a) Políticas ótimas para o ambiente estocástico com $R(s,a,s') = -0,04$ para as transições entre estados não terminais. Há duas políticas porque, no estado (3,1), tanto *Esquerda* quanto *Acima* são ótimos. Vimos isso na Figura 17.2. (b) As utilidades dos estados no mundo 4 × 3, dada a política π.

atualiza a utilidade estimada correspondente a esse estado, simplesmente mantendo uma média atual para cada estado em uma tabela. No limite de um número infinitamente grande de simulações, a amostragem média convergirá para a verdadeira utilidade esperada da Equação 22.1.

Isso significa que reduzimos o aprendizado por reforço a um problema de aprendizado supervisionado padrão, em que cada exemplo é um par (*estado, recompensa futura*). Temos muitos algoritmos poderosos para o aprendizado supervisionado, de modo que essa técnica parece ser promissora, mas ela ignora uma restrição importante: *a utilidade de um estado é determinada pela recompensa e pela utilidade esperada dos estados sucessores*. Mais especificamente, os valores de utilidade obedecem às equações de Bellman para uma política fixa (ver também Equação 17.14):

$$U_i(s) = \sum_{s'} P(s' \mid s, \pi_i(s))[R(s, \pi_i(s), s') + \gamma U_i(s')]. \tag{22.2}$$

Ignorando as conexões entre estados, a estimativa de utilidade direta perde oportunidades para o aprendizado. Por exemplo, a segunda das três sequências de simulações dadas anteriormente alcança o estado (3,2), que não foi visitado antes. A próxima transição alcança (3,3), conhecido na primeira simulação como um estado que tem alta utilidade. A equação de Bellman sugere imediatamente que também é provável que (3,2) tenha alta utilidade porque leva a (3,3), mas a estimativa de utilidade direta não aprende nada até o fim da sequência de experiências. De modo geral, podemos visualizar a estimativa de utilidade direta como a busca por U em um espaço de hipóteses que é muito maior do que precisa ser, o qual inclui muitas funções que violam as equações de Bellman. Por essa razão, o algoritmo frequentemente converge de forma muito lenta.

22.2.2 Programação dinâmica adaptativa

Um agente de **programação dinâmica adaptativa** (ou PDA) tira vantagem das restrições entre as utilidades de estados aprendendo o modelo de transição que os conecta e resolvendo o processo de decisão de Markov correspondente, utilizando a programação dinâmica. Para um agente de aprendizado passiva, isso significa inserir o modelo de transição aprendido $P(s' \mid s, \pi(s))$ e as recompensas observadas $R(s, \pi(s), s')$ nas equações de Bellman (22.2) para calcular as utilidades dos estados. Conforme comentamos em nossa discussão sobre iteração de política no Capítulo 17, essas equações de Bellman são lineares quando a política π é fixa, de modo que podem ser resolvidas usando qualquer pacote de álgebra linear.

Programação dinâmica adaptativa

718 Inteligência Artificial

Como alternativa, podemos adotar a abordagem de **iteração de política modificada** (ver seção 17.2.2), usando um processo de iteração de valor simplificado para atualizar as estimativas de utilidade depois de cada mudança no modelo aprendido. Tendo em vista que, em geral, o modelo só muda ligeiramente a cada observação, o processo de iteração de valor pode empregar as estimativas de utilidade anteriores como valores iniciais e deve convergir com bastante rapidez.

Aprender o modelo de transição é fácil porque o ambiente é completamente observável. Isso significa que temos uma tarefa de aprendizado supervisionado em que a entrada é um par estado-ação (s,a) e a saída é o estado resultante, s'. O modelo de transição $P(s' \mid s,a)$ é representado como uma tabela e é estimado diretamente pelas contagens que são acumuladas em $N_{s' \mid sa}$. Os contadores registram a frequência com que o estado s' é alcançado ao executar a em s. Por exemplo, nas três simulações dadas na seção 22.2, *Direita* é executada quatro vezes em (3,3) e o estado resultante é (3,2) duas vezes e (4,3) duas vezes, de maneira que $P((3,2) \mid (3,3),$ *Direita*$)$ e $P((4,3) \mid (3,3),$ *Direita*$)$ são avaliados como ½.

O programa de agente completo para um agente de PDA passivo aparece na Figura 22.2. Seu desempenho no mundo 4×3 é apresentado na Figura 22.3. Em termos da rapidez com que suas estimativas de valores melhoram, o agente de PDA é limitado apenas por sua habilidade de aprender o modelo de transição. Nesse sentido, ele fornece um padrão de comparação para outros algoritmos de aprendizado por reforço. Entretanto, ele é um tanto intratável para grandes espaços de estados. Por exemplo, em gamão, ele envolveria a resolução de aproximadamente 10^{20} equações com 10^{20} incógnitas.

22.2.3 Aprendizado de diferença temporal

Resolver o MDP subjacente, como na seção anterior, não é a única maneira de usar as equações de Bellman para lidar com o problema de aprendizado. Outra maneira é utilizar as transições observadas para ajustar as utilidades dos estados observados, de forma que eles concordem com as equações de restrições. Por exemplo, considere a transição de (1,3) para (2,3) na segunda simulação do início deste capítulo. Suponha que, como um resultado da primeira simulação, as estimativas de utilidade sejam $U^\pi(1,3) = 0,88$ e $U^\pi(2,3) = 0,96$. Agora, se essa transição de (1,3) para (2,3) ocorresse durante todo o tempo, esperaríamos que as utilidades obedecessem à equação

$$U^\pi(1,3) = -0,04 + U^\pi(2,3),$$

---

função AGENTE-PDA-PASSIVO(*percepção*) **devolve** uma ação
  entradas: *percepção*, uma percepção indicando o estado atual s' e o sinal de recompensa r
  persistentes: π, uma política fixa
        mdp, um MDP com modelo P, recompensas R, ações A e desconto γ
        U, uma tabela de utilidades para estados, inicialmente vazia
        $N_{s' \mid s,a}$, uma tabela de vetores de contagem de resultado indexada por estado e ação, inicialmente zero
        s, a, estado e ação anteriores, inicialmente nulos

se s' é novo **então** $U[s'] \leftarrow 0$
se s é não nulo **então**
    incrementar $N_{s' \mid s,a}[s, a][s']$
    $R[s, a, s'] \leftarrow r$
    incluir a em $A[s]$
    $\mathbf{P}(\cdot \mid s, a) \leftarrow$ NORMALIZAR($N_{s' \mid s,a}[s, a]$)
    $U \leftarrow$ AVALIAÇÃO-DE-POLÍTICA(π, U, mdp)
    $s, a \leftarrow s', \pi[s']$
    devolver a

Figura 22.2 Agente de aprendizado por reforço passivo baseado em programação dinâmica adaptativa. O agente escolhe um valor para γ e depois calcula os valores de P e R do MDP de forma incremental. A função de AVALIAÇÃO-DE -POLÍTICA resolve as equações de Bellman de política fixa, como descrito na seção 17.2.2.

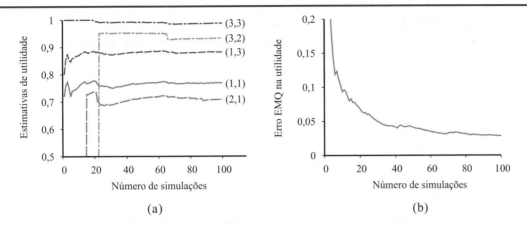

Figura 22.3 Curvas de aprendizado PDA passivo para o mundo 4 × 3, dada a política ótima mostrada na Figura 22.1. (a) Estimativas de utilidade para um subconjunto selecionado de estados em função do número de simulações. Note que são necessárias 14 e 23 simulações, respectivamente, antes que os estados raramente visitados (2,1) e (3,2) "descubram" que eles se conectam ao estado de saída +1 em (4,3). (b) Erro médio quadrático (EMQ – ver Apêndice A) na estimativa de $U(1,1)$, uma média calculada sobre 50 execuções de 100 simulações cada. (Esta figura encontra-se reproduzida em cores no Encarte *online*.)

e, então, $U^\pi(1,3)$ seria 0,92. Desse modo, sua estimativa atual de 0,84 talvez esteja um pouco baixa e deva ser aumentada. De maneira mais geral, quando ocorre uma transição do estado s para o estado s' por meio da ação $\pi(s)$, aplicamos a seguinte atualização a $U^\pi(s)$:

$$U^\pi(s) \leftarrow U^\pi(s) + \alpha[R(s, \pi(s), s') + \gamma U^\pi(s') - U^\pi(s)]. \tag{22.3}$$

Aqui, α é o parâmetro de **taxa de aprendizado**. Como essa regra de atualização emprega a diferença de utilidades entre estados sucessivos (e, portanto, tempos sucessivos), com frequência ela é chamada equação de **diferença temporal** ou DT. Assim como nas regras de atualização de peso do Capítulo 19 (p. ex., a Equação 19.6), o termo de DT $R(s, \pi(s), s') + \gamma U^\pi(s') - U^\pi(s)$ é efetivamente um sinal de erro, e a atualização tem por finalidade reduzir o erro.

Diferença temporal

Todos os métodos de diferença temporal trabalham ajustando as estimativas de utilidade para o equilíbrio ideal que é válido localmente, quando as estimativas de utilidade estão corretas. No caso do aprendizado passivo, o equilíbrio é dado pela Equação 22.2. Agora, a Equação 22.3 de fato faz com que o agente alcance o equilíbrio dado pela Equação 22.2, mas há uma sutileza envolvida. Primeiro, note que a atualização envolve apenas o sucessor observado s', enquanto as condições reais de equilíbrio envolvem todos os estados seguintes possíveis. Poderíamos imaginar que isso causasse uma mudança inapropriadamente grande em $U^\pi(s)$ quando ocorresse uma transição muito rara; mas, de fato, como transições raras ocorrem apenas raramente, o *valor médio* de $U^\pi(s)$ convergirá para o valor correto no limite, mesmo que o valor propriamente dito continue a flutuar.

Além disso, se mudarmos α de um parâmetro fixo para uma função que decresce à medida que aumenta o número de vezes em que um estado é visitado, como mostra a Figura 22.4, então a própria $U^\pi(s)$ convergirá para o valor correto.[3] A Figura 22.5 ilustra o desempenho do agente DT passivo no mundo 4 × 3. Ele não aprende tão rápido quanto o agente PDA e mostra uma variabilidade muito mais alta, mas é muito mais simples e exige muito menos computação por observação. Note que *DT não precisa de um modelo para executar suas atualizações*. O próprio ambiente fornece a conexão entre estados vizinhos sob a forma de transições observadas.

A abordagem PDA e a abordagem DT estão na realidade estreitamente relacionadas. Ambas tentam fazer ajustes locais para as estimativas de utilidade, a fim de fazer cada estado "concordar" com seus sucessores. Uma diferença é que DT ajusta um estado para concordar com seu sucessor *observado* (Equação 22.3), enquanto PDA ajusta o estado para concordar com *todos* os sucessores que poderiam ocorrer, ponderados por suas probabilidades

---

[3] As condições técnicas foram dadas na seção 19.6.5. Na Figura 22.5 usamos $\alpha(n) = 60/(59 + n)$, que satisfaz as condições.

função AGENTE-DT-PASSIVO(*percepção*) **devolve** uma ação
  entradas: *percepção*, uma percepção indicando o estado atual s' e o sinal de recompensa r
  persistentes: π, uma política fixa
      s, o estado anterior, inicialmente nulo
      U, uma tabela de utilidades para estados, inicialmente vazia
      N_s, uma tabela de frequências para estados, inicialmente zero

  se s' é novo **então** $U[s'] \leftarrow 0$
  se s é não nulo **então**
      incrementar $N_s[s]$
      $U[s] \leftarrow U[s] + \alpha(N_s[s]) \times (r + \gamma U[s'] - U[s])$
  $s \leftarrow s'$
  devolver $\pi[s']$

Figura 22.4 Agente de aprendizado por reforço passivo que aprende estimativas de utilidade usando diferenças temporais. Escolhe-se a função tamanho do passo $\alpha(n)$ para assegurar a convergência.

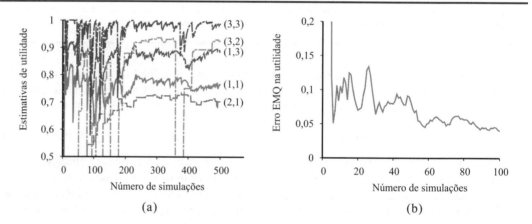

Figura 22.5 Curvas de aprendizado DT para o mundo 4 × 3. (a) Estimativas de utilidade para um subconjunto selecionado de estados, em função do número de simulações (*trials*), para uma única execução de 500 simulações. Compare com a execução de 100 simulações na Figura 22.3(a). (b) O erro médio quadrático na estimativa de $U(1,1)$, foi, em média, calculado sobre 50 execuções de 100 simulações cada. (Esta figura encontra-se reproduzida em cores no Encarte *online*.)

(Equação 22.2). Essa diferença desaparece quando os efeitos dos ajustes de DT têm sua média calculada sobre diversas transições porque a frequência de cada sucessor no conjunto de transições é aproximadamente proporcional à sua probabilidade. Uma diferença mais importante é que, enquanto DT faz um único ajuste por transição observada, PDA faz tantos quantos necessita para restaurar a consistência entre as estimativas de utilidade U e o modelo de transição P. Embora a transição observada faça apenas uma mudança local em P, seus efeitos talvez tenham de ser propagados ao longo de U. Desse modo, DT pode ser vista como uma primeira aproximação, crua mas eficiente, para PDA.

Pseudoexperiência

Cada ajuste feito por PDA pode ser considerado, do ponto de vista de DT, como resultado de uma **pseudoexperiência** gerada pela simulação do modelo de transição atual. É possível estender a abordagem DT para usar um modelo de transição que gere várias pseudoexperiências – transições que o agente DT talvez imagine que *poderiam* acontecer, dado seu modelo atual. Para cada transição observada, o agente DT pode gerar diversas transições imaginárias. Desse modo, as estimativas de utilidade resultantes se aproximarão cada vez mais das estimativas de PDA – é claro, ao custo de um tempo maior de computação.

De modo semelhante, podemos gerar versões mais eficientes de PDA pela aproximação direta dos algoritmos de iteração de valor ou iteração de política. Mesmo que o algoritmo de iteração de valor seja eficiente, ele é intratável se tivermos, digamos, 10^{100} estados. No entanto, muitos dos ajustes necessários para os valores de estado em cada iteração serão extremamente pequenos. Uma abordagem possível para gerar respostas de qualidade razoável com rapidez é limitar o número de ajustes feitos depois de cada transição observada. Também poderíamos utilizar uma heurística para ordenar os ajustes possíveis de modo a executar apenas os mais significativos. A heurística de **varredura priorizada** prefere fazer ajustes em estados cujos *prováveis* sucessores acabaram de sofrer um *grande* ajuste em suas próprias estimativas de utilidade.

Varredura priorizada

Usando heurísticas como essa, os algoritmos de PDA aproximados em geral podem aprender quase tão rápido quanto a PDA completa, em termos do número de sequências de treinamento, mas podem ser várias ordens de grandeza mais eficientes em termos de computação. Isso permite a eles manipular espaços de estados que são muito grandes para a PDA completa. Os algoritmos aproximados de PDA têm uma vantagem adicional: nas fases iniciais de aprendizado de um novo ambiente, o modelo de transição P geralmente estará longe de ser correto e, assim, haverá pouca razão para calcular uma função utilidade exata que corresponda a esse modelo. Um algoritmo de aproximação pode usar um tamanho de ajuste mínimo que diminui, à medida que o modelo de transição se torna mais preciso. Isso elimina as iterações de valor muito longas que podem ocorrer nas fases iniciais do aprendizado em consequência de grandes mudanças no modelo.

22.3 Aprendizado por reforço ativo

Um agente de aprendizado passivo tem uma política fixa que determina seu comportamento. Um **agente de aprendizado ativo** deve decidir que ações executar. Vamos começar com o agente de programação dinâmica adaptativa (PDA) e considerar o modo como ele deve ser modificado para tratar essa nova liberdade.

Primeiro, o agente precisará aprender um modelo de transição completo com probabilidades de resultados para *todas* as ações, em vez de aprender apenas o modelo para a política fixa. O mecanismo de aprendizado simples usado por AGENTE-PDA-PASSIVO funcionará muito bem para isso. Em seguida, precisaremos levar em conta o fato de que o agente tem uma escolha de ações. As utilidades que ele precisa aprender são aquelas definidas pela política *ótima*; elas obedecem às equações de Bellman (que repetiremos aqui):

$$U(s) = \max_{a \in A(s)} \sum_{s'} P(s' \mid s, a)[R(s, a, s') + \gamma U(s')]. \tag{22.4}$$

Essas equações podem ser resolvidas para obter a função utilidade U empregando os algoritmos de iteração de valor ou iteração de política do Capítulo 17.

A última questão é o que fazer em cada etapa. Tendo obtido uma função utilidade U ótima para o modelo aprendido, o agente pode extrair uma ação ótima por meio da observação de um passo no futuro a fim de maximizar a utilidade esperada; como alternativa, se ele utilizar a iteração de política, a política ótima já estará disponível e, portanto, ele deverá simplesmente executar a ação que a política ótima recomendar. Mas ele deveria?

22.3.1 Exploração

A Figura 22.6 mostra os resultados de uma sequência de simulações (*trials*) para um agente PDA que segue a recomendação da política ótima para o modelo aprendido em cada etapa. O agente *não* aprende as utilidades verdadeiras ou a política ótima verdadeira! Em vez disso, o que acontece é que, na terceira simulação, ele encontra uma política que alcança a recompensa +1 ao longo da rota inferior, via (2,1), (3,1), (3,2) e (3,3). (Ver Figura 22.6[b].) Depois de fazer experiências com pequenas variações, da oitava simulação em diante, ele se fixa nessa política, nunca aprendendo as utilidades dos outros estados e nunca encontrando a rota ótima via (1,2), (1,3) e (2,3). Damos a esse agente o nome de **agente guloso**, porque ele gulosamente toma a ação que naquele momento acredita ser a ótima em cada etapa. Às vezes, a gulodice compensa e o agente converge para a política ótima, mas normalmente isso não acontece.

Agente guloso

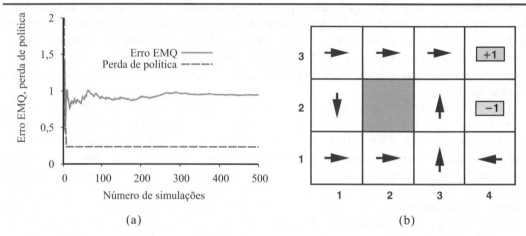

Figura 22.6 Desempenho de um agente PDA guloso que executa a ação recomendada pela política ótima para o modelo aprendido. (a) Erro médio quadrático (EMQ) nas estimativas médias de utilidade calculadas sobre os nove quadrados não terminais e a perda de política em (1,1). Vemos que a política converge rapidamente, após somente oito simulações, para uma política subótima com uma perda de 0,235. (b) Política subótima para a qual o agente guloso converge nessa sequência específica de simulações (*trials*). Observe a ação *Abaixo* em (1,2).

Como pode ocorrer que a escolha da ação ótima leve a resultados subótimos? A resposta é que o modelo aprendido não é o mesmo do ambiente verdadeiro; o que é ótimo no modelo aprendido pode então ser subótimo no ambiente verdadeiro. Infelizmente, o agente não sabe qual é o ambiente verdadeiro e, assim, ele não pode calcular a ação ótima para o ambiente verdadeiro. Então, o que deve ser feito?

O que o agente guloso deixou de considerar é que as ações fazem mais que fornecer *recompensas*; elas também oferecem *informações* na forma de percepções nos estados resultantes. Como vimos com os **problemas de caça-níqueis** na seção 17.3, um agente deve assumir um compromisso entre **aproveitamento** (explotação) da melhor ação atual, para maximizar sua recompensa a curto prazo, e **exploração*** dos estados anteriormente desconhecidos, a fim de obter informações que possam levar a uma mudança na política (e a melhores resultados no futuro).

No mundo real, constantemente é preciso decidir entre continuar a manter uma existência confortável e mergulhar no desconhecido, na esperança de descobrir uma vida melhor.

Embora os problemas de caça-níqueis sejam difíceis de resolver com exatidão para obter um esquema de exploração *ótimo*, é possível apresentar um esquema que vai eventualmente levar a uma política ótima, mesmo que possa levar mais tempo para fazer isso. Qualquer esquema desse tipo deverá ser guloso em termos do próximo movimento imediato, mas deve ser o que se chama de "guloso no limite da exploração infinita", ou **GLIE** (do inglês *greedy in the limit of infinite exploration*). Um esquema GLIE deve experimentar cada ação em cada estado um número ilimitado de vezes, para evitar ter probabilidade finita de que uma ação ótima seja perdida. Um agente de PDA usando esse esquema eventualmente vai aprender o modelo do ambiente verdadeiro, e pode então operar sob a explotação.

GLIE

Existem vários esquemas de GLIE; um dos mais simples é fazer o agente escolher uma ação aleatória no intervalo de tempo t com probabilidade $1/t$ e seguir a política gulosa em caso contrário. Embora isso eventualmente possa convergir para uma política ótima, pode ser muito lento. Uma abordagem melhor daria algum peso a ações que o agente não tentou com muita frequência, enquanto tenderia a evitar ações consideradas de baixa utilidade (como fizemos com a árvore de Monte Carlo, na seção 5.4). Isso pode ser implementado alterando a equação de restrição (22.4), de forma que ela atribua uma estimativa de utilidade mais alta a pares estado-ação relativamente inexplorados.

---

* N.R.T. Exploração é o processo de busca de novos recursos. Ocorre em situações em que não há informação. Explotação é o processo em que há uso de informação previamente conhecida, permitindo tirar proveito econômico de determinada área, sobretudo quanto aos recursos naturais. Analogamente, na explotação tiramos proveito dos estados de maior utilidade.

Isso leva a um otimismo *a priori* sobre os ambientes possíveis e faz o agente se comportar no início como se houvesse recompensas maravilhosas espalhadas por todos os lados. Vamos usar $U^+(s)$ para indicar a estimativa otimista da utilidade (isto é, a recompensa esperada desse momento em diante) do estado s, e seja $N(s, a)$ o número de vezes que a ação a foi tentada no estado s. Vamos supor que estamos usando a iteração de valor em um agente de aprendizado PDA; então, precisamos reescrever a equação de atualização (isto é, a Equação 17.10) para incorporar a estimativa otimista:

$$U^+(s) \leftarrow \max_a f\left(\sum_{s'} P(s'|s,a)[R(s,a,s') + \gamma U^+(s')], N(s,a)\right). \quad (22.5)$$

Aqui, f é chamada **função de exploração**. A função $f(u, n)$ determina como a gula (preferência por altos valores da utilidade u) é equilibrada pela curiosidade (preferência por ações que não foram experimentadas com frequência e têm valores baixos de n). A função deve ser crescente em u e decrescente em n. É óbvio que existem muitas funções possíveis que se ajustam a essas condições. Uma definição particularmente simples é

$$f(u,n) = \begin{cases} R^+ & \text{se } n < N_e \\ u & \text{caso contrário,} \end{cases}$$

em que R^+ é uma estimativa otimista da melhor recompensa possível que pode ser obtida em qualquer estado, e N_e é um parâmetro fixo. Isso terá o efeito de fazer o agente experimentar cada par ação-estado pelo menos N_e vezes. O fato de U^+ aparecer em lugar de U no lado direito da Equação 22.5 é muito importante. À medida que a exploração prossegue, os estados e as ações próximos ao estado inicial podem ser experimentados diversas vezes. Se usássemos U, a estimativa de utilidade mais pessimista, o agente logo se tornaria pouco inclinado a explorar ainda mais profundamente no ambiente. O uso de U^+ significa que os benefícios da exploração são propagados além das fronteiras de regiões inexploradas, de forma que as ações que levem *em direção a* regiões inexploradas sejam ponderadas com peso mais alto, e não apenas ações que são pouco familiares.

O efeito dessa política de exploração pode ser visto claramente na Figura 22.7(b), que mostra uma rápida convergência em direção à perda de política zero, diferentemente do que acontece na abordagem gulosa. Uma política muito próxima da ótima é encontrada depois de apenas 18 simulações (*trials*). Note que o erro RMS nas estimativas de utilidade não converge com tanta rapidez. Isso ocorre porque o agente logo deixa de explorar as partes com pouca recompensa do espaço de estados, visitando-as somente "por acaso" daí em diante. Porém, faz sentido para o agente não se importar com as utilidades exatas de estados que ele sabe que são indesejáveis e que podem ser evitadas. Não há muito sentido em descobrir a melhor estação de rádio para ouvir enquanto estiver caindo de um precipício.

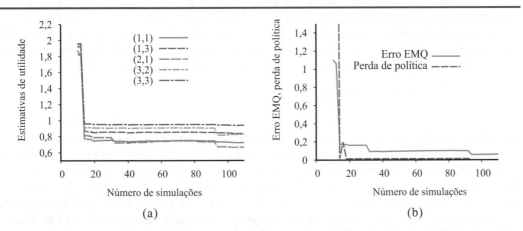

Figura 22.7 Desempenho do agente PDA de exploração, utilizando $R^+ = 2$ e $N_e = 5$. (a) Estimativas de utilidade para estados selecionados ao longo do tempo. (b) O erro EMQ em valores de utilidade e a perda de política associada. (Esta figura encontra-se reproduzida em cores no Encarte *online*.)

724 Inteligência Artificial

22.3.2 Exploração segura

Até agora, presumimos que um agente é livre para explorar como quiser – que quaisquer recompensas negativas servem apenas para melhorar seu modelo de mundo. Ou seja, se jogarmos xadrez e perdermos, não sofreremos nenhum dano (exceto, talvez, para o nosso orgulho), e tudo o que aprendermos nos tornará um jogador melhor no próximo jogo. Da mesma forma, em um ambiente de simulação para um carro que dirige sozinho, poderíamos explorar os limites do desempenho do carro e quaisquer acidentes nos dariam mais informações. Se o carro bater, basta apertar o botão de reinício.

Infelizmente, o mundo real é menos tolerante. Se você for um peixe-lua bebê, sua probabilidade de sobreviver até a idade adulta é de cerca de 0,00000001. Muitas ações são **irreversíveis**, no sentido definido para agentes de pesquisa *online* na seção 4.5: nenhuma sequência de ações subsequente pode restaurar o estado ao que era antes de a ação irreversível ser executada. Na pior das hipóteses, o agente entra em um **estado absorvente** em que nenhuma ação tem efeito e nenhuma recompensa é recebida.

Estado absorvente

Em muitos cenários práticos, não podemos permitir que nossos agentes realizem ações irreversíveis ou entrem em estados absorventes. Por exemplo, um agente aprendendo a dirigir um carro real deve evitar realizar ações que possam levar a qualquer um dos seguintes:

- Estados com grandes recompensas negativas, como acidentes de carro graves
- Estados dos quais não há como escapar, como levar o carro a uma vala profunda
- Estados que limitam permanentemente as recompensas futuras, como danificar o motor do carro de modo que sua velocidade máxima seja reduzida.

Podemos acabar em um estado ruim porque nosso modelo é *desconhecido* e escolhemos explorar ativamente em uma direção que acaba sendo ruim, ou porque nosso modelo está *incorreto* e não sabemos que determinada ação pode ter um resultado desastroso. Observe que o algoritmo da Figura 22.2 está usando estimativa de máxima verossimilhança (ver Capítulo 20) para aprender o modelo de transição; além disso, ao escolher uma política baseada unicamente no modelo *estimado*, ele está agindo *como se* o modelo estivesse correto. Essa não é necessariamente uma boa ideia! Por exemplo, um agente de táxi que não sabe como funcionam os semáforos pode ignorar uma luz vermelha uma ou duas vezes sem efeitos nocivos e, em seguida, formular uma política para ignorar todas as luzes vermelhas a partir de então.

Uma ideia melhor seria escolher uma política que funcione razoavelmente bem para toda a gama de modelos que têm uma chance razoável de ser o modelo verdadeiro, mesmo se a política não for ótima para o modelo de máxima verossimilhança. Existem três abordagens matemáticas desse tipo.

Aprendizado por reforço bayesiano

A primeira abordagem, o **aprendizado por reforço bayesiano**, assume uma probabilidade *a priori* $P(h)$ para as hipóteses h sobre o que é o verdadeiro modelo; a probabilidade *a posteriori* $P(h \mid \mathbf{e})$ é obtida da maneira usual pela regra de Bayes, dadas as observações até o momento. Então, se o agente decidiu parar de aprender, a política ótima é aquela que gera a maior utilidade esperada. Seja U_h^π a utilidade esperada, calculada como a média de todos os estados iniciais possíveis, obtida pela execução da política π no modelo h. Então temos

$$\pi^* = \operatorname*{argmax}_{\pi} \sum_h P(h \mid \mathbf{e}) U_h^\pi .$$

Em alguns casos especiais, essa política pode até ser computada! Se o agente vai continuar aprendendo no futuro, entretanto, encontrar uma política ótima se torna consideravelmente mais difícil, porque o agente deve considerar os efeitos de observações futuras sobre suas crenças a respeito do modelo de transição. O problema se torna um **POMDP de exploração** cujos estados de crença são distribuições sobre modelos. Em princípio, esse POMDP de exploração pode ser formulado e resolvido antes que o agente ponha seus pés no mundo. O resultado é uma estratégia completa que diz ao agente o que fazer em seguida, dada qualquer possível sequência de percepção. Resolver o POMDP de exploração geralmente é extremamente difícil, mas o conceito fornece uma base analítica para compreender o problema de exploração descrito na seção 22.3.

POMDP de exploração

Capítulo 22 • Aprendizado por Reforço   725

É importante notar que ser perfeitamente bayesiano não protegerá o agente de uma morte prematura. A menos que a probabilidade *a priori* dê alguma indicação de percepções que sugiram perigo, não há nada que impeça o agente de realizar uma ação exploratória que leve a um estado absorvente. Por exemplo, costumava-se pensar que bebês humanos tinham um medo inato de altura e não rastejariam de um penhasco, mas isso acabou não sendo verdade (Adolph *et al.*, 2014).

A segunda abordagem, derivada da **teoria de controle robusto**, permite um conjunto de modelos possíveis $\mathcal{H}$ sem atribuir probabilidades a eles, e define uma política robusta ótima como aquela que dá o melhor resultado no *pior caso* sobre $\mathcal{H}$:

> Teoria de controle robusto

$$\pi^* = \underset{\pi}{\operatorname{argmax}}\min_{h} U_h^{\pi}.$$

Quase sempre, o conjunto $\mathcal{H}$ será o conjunto de modelos que excedem algum limite de verossimilhança sobre $P(h \mid \mathbf{e})$, de modo que as abordagens robusta e bayesiana estão relacionadas.

A abordagem de controle robusto pode ser considerada como um jogo entre o agente e um adversário, em que o adversário consegue escolher o pior resultado possível para qualquer ação, e a política que obtemos é a solução minimax para o jogo. Nosso agente do wumpus lógico (ver seção 7.7) é um agente de controle robusto desse tipo: ele considera todos os modelos que são logicamente possíveis e não explora quaisquer locais que possam conter um poço ou um wumpus, por isso está encontrando a ação com utilidade máxima no pior caso de todas as hipóteses possíveis.

O problema com a suposição do pior caso é que ela resulta em um comportamento excessivamente conservador. Um carro autônomo que presume que todos os outros motoristas *tentarão colidir com ele* não tem escolha, a não ser ficar na garagem. A vida real está cheia de escolhas de risco-recompensa.

Embora uma das razões para se aventurar no aprendizado por reforço fosse escapar da necessidade de um professor humano (como no aprendizado supervisionado), descobriu-se que o conhecimento humano pode ajudar a manter um sistema seguro. Uma forma é registrar uma série de ações de um professor experiente, para que o sistema aja razoavelmente desde o início e possa aprender a melhorar a partir daí. Uma segunda maneira é um humano escrever as restrições sobre o que um sistema pode fazer, e ter um programa fora do sistema de aprendizado por reforço que imponha essas restrições. Por exemplo, ao treinar um helicóptero autônomo, pode ser fornecida uma política parcial que assume o controle quando o helicóptero entrar em um estado a partir do qual quaisquer outras ações inseguras levariam a um estado irrecuperável – de forma que o controlador de segurança não tenha como garantir que o estado absorvente seja evitado. Em todos os outros estados, o agente de aprendizado está livre para fazer o que quiser.

22.3.3 Aprendizado Q de diferença temporal

Agora que temos um agente PDA ativo, vamos considerar como construir um agente de aprendizado ativo de diferença temporal (DT). A mudança mais óbvia é que o agente terá que aprender um modelo de transição para ser capaz de escolher uma ação baseada em $U(s)$ por meio da observação de um passo à frente (*one-step look-ahead*). O problema de aquisição de modelo para o agente DT é idêntico ao do agente PDA, e a regra de atualização da DT permanece inalterada. Mais uma vez, pode-se mostrar que o algoritmo de DT convergirá para os mesmos valores que a PDA, à medida que o número de sequências de treinamento tender a infinito.

O método de **aprendizado Q** (*Q-learning*) evita a necessidade de um modelo aprender uma função ação-utilidade $Q(s, a)$ no lugar de uma função utilidade $U(s)$. $Q(s, a)$ indica a recompensa esperada total descontada se o agente tomar a ação a no estado s e atuar de forma ótima daí em diante. Conhecer a função sem hífen permite que o agente atue de forma ótima simplesmente escolhendo $\operatorname{argmax}_a Q(s, a)$, sem ter que olhar para a frente com base em um modelo de transição.

Também podemos derivar uma atualização da DT para os valores Q. Começamos com a equação de Bellman para $Q(s, a)$, repetida aqui da Equação 17.8:

$$Q(s,a) = \sum_{s'} P(s' \mid s,a)[R(s,a,s') + \gamma \max_{a'} Q(s',a')] \tag{22.6}$$

726 **Inteligência Artificial**

A partir disso, podemos escrever a atualização para o aprendizado Q de DT, por analogia com a atualização DT para utilidades na Equação 22.3:

$$Q(s,a) \leftarrow Q(s,a) + \alpha[R(s,a,s') + \gamma \max_{a'} Q(s',a') - Q(s,a)]. \qquad (22.7)$$

Essa atualização é calculada sempre que a ação a é executada no estado s, levando ao estado s'. Como na Equação 22.3, o termo $R(s, a, s') + \gamma \max_{a'} Q(s', a') - Q(s, a)$ representa um erro que a atualização está tentando minimizar.

▶ A parte importante dessa equação é o que ela não contém: *um agente DT que aprende uma função sem hífen não precisa de um modelo de transição, da forma P(s' | s,a), para aprender ou selecionar ações.* Como vimos no início do capítulo, os métodos livres de modelo podem ser aplicados até mesmo em domínios muito complexos, pois nenhum modelo precisa ser fornecido ou aprendido. Por outro lado, o agente de aprendizado Q não tem como ver o futuro, de modo que pode ter dificuldade quando as recompensas são esparsas e longas sequências de ação precisam ser construídas para alcançá-las.

O projeto de agente completo para um agente exploratório de aprendizado Q usando DT é mostrado na Figura 22.8. Note que ele utiliza exatamente a mesma função de exploração f que foi utilizada pelo agente exploratório de PDA – daí a necessidade de manter estatísticas sobre as ações tomadas (a tabela N). Se for usada uma política de exploração mais simples – digamos, agir de modo aleatório em alguma fração de passos, em que a fração diminui com o passar do tempo – então poderemos dispensar as estatísticas.

SARSA

O aprendizado Q tem um parente próximo chamado **SARSA** (do inglês *State-Action-Reward-State-Action*). A regra de atualização para SARSA é muito semelhante à regra de atualização para o aprendizado Q (Equação 22.7), exceto que SARSA atualiza com o valor Q da ação a' que é realmente tomada:

$$Q(s,a) \leftarrow Q(s,a) + \alpha[R(s, a, s') + \gamma Q(s',a') - Q(s,a)], \qquad (22.8)$$

A regra é aplicada no fim de cada quíntuplo s, a, r, s', a', daí o nome. A diferença do aprendizado Q é bastante sutil: enquanto o aprendizado Q copia o valor de Q da melhor ação em s', SARSA espera até que uma ação seja tomada realmente e copia o valor de Q dessa ação. Agora, para um agente guloso que sempre toma a ação com o melhor valor de Q, os dois algoritmos são idênticos. Quando a exploração estiver acontecendo, no entanto, eles são diferentes: se a exploração produz uma recompensa negativa, SARSA penaliza a ação, enquanto o aprendizado Q não faz isso.

Fora da política

O aprendizado Q é um algoritmo de aprendizado **fora da política** (*off-policy*), pois aprende valores Q que respondem à pergunta "O que esta ação valeria neste estado, supondo que eu deixe de utilizar qualquer política que eu esteja utilizando agora, para começar a atuar de acordo com uma política que escolhe a melhor ação (de acordo com minhas estimativas)?"

Dentro da política

SARSA é um algoritmo **dentro da política** (*on-policy*): ele aprende valores Q que respondem à pergunta "O que esta ação valeria neste estado, supondo que eu mantenha a minha política?" O aprendizado Q é mais flexível do que SARSA, no sentido de que um agente de aprendizado

---

função AGENTE-DE-APRENDIZADO-Q(*percepção*) **devolve** uma ação
    entradas: *percepção*, uma percepção que indica o estado atual s' e o sinal de recompensa r
    persistentes: Q, uma tabela de valores de ações indexada por estado e ação, inicializada com zero
        N_{sa}, uma tabela de frequências para pares estado-ação, inicializada com zero
        s, a, estado e ação anteriores, inicialmente nulos

    se s não é nulo **então**
        incrementar $N_{sa}[s, a]$
        $Q[s, a] \leftarrow Q[s, a] + \alpha(N_{sa}[s, a])(r + \gamma \max_{a'} Q[s', a'] - Q[s, a])$
    $s, a \leftarrow s', \text{argmax}_{a'} f(Q[s', a'], N_{sa}[s', a'])$
    devolver a

Figura 22.8 Agente exploratório de aprendizado Q. Esse é um agente de aprendizado ativo que aprende o valor $Q(s, a)$ de cada ação em cada situação. Ele utiliza a mesma função de exploração f que o agente exploratório PDA, mas evita ter de aprender o modelo de transição.

Q pode aprender como se comportar bem, mesmo quando está sob o controle de uma grande variedade de políticas de exploração. Por outro lado, SARSA é apropriado se a política global estiver, ainda que parcialmente, controlada por outros agentes ou programas, quando é melhor aprender uma função *sem hífen* para o que vai acontecer realmente e não o que aconteceria se o agente escolhesse as melhores ações estimadas. Tanto o aprendizado Q como SARSA aprendem a política ótima para o mundo 4×3, mas o fazem a uma taxa muito mais lenta que o agente PDA. Isso ocorre porque as atualizações locais não impõem consistência entre todos os valores de Q por meio do modelo.

22.4 Generalização no aprendizado por reforço

Até agora, presumimos que as funções utilidade e as funções Q são representadas em forma tabular com um valor de saída para cada estado. Isso funciona para os espaços de estado com até cerca de 10^6 estados, que é mais do que suficiente para nossos ambientes de grade bidimensional de exemplo. Porém, em ambientes do mundo real com muito mais estados, a convergência será muito baixa. O jogo de gamão é mais simples do que a maioria das aplicações do mundo real, embora tenha cerca de 10^{20} estados. Não podemos visitar todos eles facilmente para aprender a jogar.

O Capítulo 5 introduziu a ideia de uma **função de avaliação** como uma medida compacta de desejo por espaços de estado potencialmente vastos. Na terminologia deste capítulo, a função de avaliação é uma função utilidade aproximada; usamos o termo **aproximação de função** para o processo de construção de uma aproximação compacta da função utilidade verdadeira ou função sem hífen. Por exemplo, poderíamos aproximar a função utilidade usando uma combinação linear ponderada de **características** $f_1, ..., f_n$:

$$\hat{U}_\theta(s) = \theta_1 f_1(s) + \theta_2 f_2(s) + \cdots + \theta_n f_n(s).$$

Aproximação de função

Em vez de aprender 10^{20} valores em uma tabela, um algoritmo de aprendizado por reforço pode aprender, digamos, 20 valores para os parâmetros $\theta = \theta_1, ..., \theta_{20}$ que tornam $\hat{U}_\theta$ uma boa aproximação da função utilidade verdadeira. Às vezes, para produzir decisões mais precisas, essa função utilidade aproximada é combinada com uma busca com antecipação (*look-ahead search*). A inclusão da busca com antecipação significa que o comportamento efetivo pode ser gerado a partir de um aproximador de função utilidade mais simples, que aprende com muito menos experiências.

A aproximação de função torna prático representar funções utilidade (ou Q) para espaços de estados muito grandes, porém, mais importante, permite a generalização indutiva: o agente pode generalizar a partir de estados que visitou até os estados que ainda não visitou. Tesauro (1992) usou essa técnica para criar um programa de jogo de gamão que jogasse em nível de campeão humano, embora explorasse apenas um trilionésimo do espaço de estados completo do jogo de gamão.

22.4.1 Aproximação da estimativa de utilidade direta

O método de estimativa de utilidade direta (seção 22.2) gera trajetórias no espaço de estados e extrai, para cada estado, a soma de recompensas recebidas desse estado em diante, até o término. O estado e a soma de recompensas recebidas constituem um exemplo de treinamento para um algoritmo de **aprendizado supervisionado**. Por exemplo, suponha que representamos as utilidades para o mundo 4×3 usando uma função linear simples, em que as características dos quadrados são apenas suas coordenadas x e y, e assim temos

$$\hat{U}_\theta(x, y) = \theta_0 + \theta_1 x + \theta_2 y. \tag{22.9}$$

Desse modo, se $(\theta_0, \theta_1, \theta_2) = (0,5, 0,2, 0,1)$, então $\hat{U}_\theta(1,1) = 0,8$. Dada uma coleção de simulações (*trials*), obtemos um conjunto de valores de amostras de $\hat{U}_\theta(x, y)$ e podemos encontrar o melhor ajuste, no sentido de minimizar o erro quadrático, utilizando a regressão linear padrão (ver Capítulo 19).

728 Inteligência Artificial

Para aprendizado por reforço, faz mais sentido usar um algoritmo de aprendizado *online* que atualiza os parâmetros após cada simulação (sequência de experiências). Vamos supor que executamos uma simulação e que a recompensa total obtida a partir de (1,1) seja 0,4. Isso sugere que $\hat{U}_\theta(1,1)$, atualmente 0,8, é muito grande e deve ser reduzida. Como os parâmetros devem ser ajustados para alcançar isso? Conforme acontece no aprendizado de redes neurais, escrevemos uma função de erro e calculamos seu gradiente em relação aos parâmetros. Se $u_j(s)$ é a recompensa total observada a partir do estado s na j-ésima simulação, então o erro é definido como metade da diferença quadrática entre o total previsto e o total real: $E_j(s) = (\hat{U}_\theta(s) - u_j(s))^2/2$. A taxa de mudança do erro em relação a cada parâmetro θ_i é $\partial E_j/\partial\theta_i$; portanto, para mover o parâmetro na direção de diminuição do erro, fazemos

$$\theta_i \leftarrow \theta_i - \alpha\frac{\partial E_j(s)}{\partial\theta_i} = \theta_i + \alpha\,[u_j(s) - \hat{U}_\theta(s)]\frac{\partial\hat{U}_\theta(s)}{\partial\theta_i}. \tag{22.10}$$

Regra de Widrow-Hoff
Regra delta

Isso é chamado **regra de Widrow-Hoff**, ou **regra delta**, para mínimos quadrados *online*. No caso do aproximador de função linear $\hat{U}_\theta(s)$ na Equação 22.9, obtemos três regras de atualização simples:

$$\theta_0 \leftarrow \theta_0 + \alpha[u_j(s) - \hat{U}_\theta(s)],$$
$$\theta_1 \leftarrow \theta_1 + \alpha[u_j(s) - \hat{U}_\theta(s)]x,$$
$$\theta_2 \leftarrow \theta_2 + \alpha[u_j(s) - \hat{U}_\theta(s)]y.$$

Podemos aplicar essas regras ao exemplo em que $\hat{U}_\theta(1,1)$ é 0,8 e $u_j(1,1)$ é 0,4. Os parâmetros θ_0, θ_1 e θ_2 são todos reduzidos por $0,4\alpha$, o que reduz o erro para (1,1). Note que *a mudança dos parâmetros θ_i em resposta a uma transição observada entre dois estados também altera os valores de $\hat{U}_\theta$ para cada um dos outros estados!* Isso é o que queremos dizer ao afirmar que a aproximação de função permite a um agente de aprendizado por reforço generalizar a partir de suas experiências.

O agente aprende mais rápido se usar um aproximador de função, desde que o espaço de hipóteses não seja muito grande, mas inclua algumas funções que sejam um ajuste razoavelmente bom da função utilidade verdadeira. A melhoria no mundo 4 × 3 é notável, mas não drástica, porque esse é um espaço de estados muito pequeno para iniciar. A melhoria é muito maior em um mundo 10 × 10 com uma recompensa de +1 em (10,10).

O mundo 10 × 10 é bem adequado para uma função utilidade linear porque a função utilidade verdadeira é suave e quase linear: ela é basicamente uma inclinação diagonal com seu canto inferior em (1,1) e seu canto superior em (10,10). Por outro lado, se colocarmos a recompensa +1 em (5,5), a utilidade verdadeira será semelhante a uma pirâmide e o aproximador de função na Equação 22.9 falhará totalmente.

Porém, nem tudo está perdido! Lembramos que o que interessa no caso da aproximação de função linear é o fato de que a função é linear nas características. Mas podemos escolher as características para serem funções não lineares arbitrárias das variáveis de estados. Consequentemente, podemos incluir uma expressão, como $f_3(x, y) = \sqrt{(x - x_g)^2 + (y - y_g)^2}$, que mede a distância até o objetivo. Com essa nova característica, o aproximador de função linear funciona bem.

22.4.2 Aproximação do aprendizado de diferença temporal

Podemos aplicar essas ideias igualmente bem a agentes de aprendizado de diferença temporal. Tudo o que precisamos fazer é ajustar os parâmetros para tentar reduzir a diferença temporal entre estados sucessivos. As novas versões das equações de DT e de aprendizado Q (22.3 e 22.7) são fornecidas por

$$\theta_i \leftarrow \theta_i + \alpha\,[R(s,a,s') + \gamma\hat{U}_\theta(s') - \hat{U}_\theta(s)]\frac{\partial\hat{U}_\theta(s)}{\partial\theta_i} \tag{22.11}$$

para utilidades e

$$\theta_i \leftarrow \theta_i + \alpha\,[R(s,a,s') + \gamma\max_{a'}\hat{Q}_\theta(s',a') - \hat{Q}_\theta(s,a)]\frac{\partial\hat{Q}_\theta(s,a)}{\partial\theta_i} \tag{22.12}$$

para valores Q. Para aprendizado DT passiva, pode-se demonstrar que a regra de atualização converge para a maior aproximação possível da função verdadeira quando o aproximador de função é *linear* nas características.[4] Com aprendizado ativo e funções *não lineares*, como redes neurais, tudo pode acontecer: existem alguns casos muito simples em que os parâmetros podem tender a infinito com essas regras de atualização, embora haja boas soluções no espaço de hipóteses. Existem algoritmos mais sofisticados que podem evitar esses problemas, mas, no momento, aprendizado por reforço com aproximadores de funções gerais continua a ser uma arte delicada.

Além de parâmetros que se divergem para o infinito, existe um problema mais surpreendente, chamado **esquecimento catastrófico**. Suponha que você esteja treinando um veículo autônomo para dirigir ao longo de estradas (simuladas) com segurança, sem bater. Você atribui uma alta recompensa negativa por cruzar a beira da estrada e usa características quadráticas da posição da estrada para que o carro possa aprender que a utilidade de estar no meio da estrada é maior do que estar perto do acostamento. Tudo corre bem e o carro aprende a dirigir perfeitamente no meio da estrada. Depois de alguns minutos disso, você começa a ficar entediado e está prestes a parar a simulação e escrever os excelentes resultados. De repente, o veículo sai da estrada e bate. Por quê? O que aconteceu é que o carro aprendeu *muito bem*: porque ele aprendeu a desviar do acostamento, aprendeu que toda a região central da estrada é um lugar seguro para se estar e esqueceu que a região mais próxima ao acostamento é perigosa. A região central, portanto, tem uma função de valor plana, de modo que as características quadráticas têm peso zero; então, qualquer peso diferente de zero nas características lineares faz com que o carro deslize para fora da estrada, para um lado ou para o outro.

Esquecimento catastrófico

Uma solução para esse problema, chamada **repetição de experiência** (*experience replay*), garante que o carro continue revivendo seu comportamento imaturo em relação às colisões em intervalos regulares. O algoritmo de aprendizado pode reter trajetórias do processo inteiro de aprendizado e repetir essas trajetórias para garantir que sua função de valor ainda seja precisa para partes do espaço de estados às quais ele não devolve visita mais.

Repetição de experiência

Para sistemas de aprendizado por reforço baseado em modelo, a aproximação de funções pode, também, ser muito útil para aprender um modelo do ambiente. Lembre-se de que aprender um modelo para um ambiente *observável* é um problema de aprendizado *supervisionado*, porque a próxima percepção oferece o estado resultante. Pode ser usado qualquer um dos métodos de aprendizado supervisionado nos Capítulos 19 a 21, com ajustes adequados para o fato de que precisamos prever uma descrição completa do estado, em vez de apenas uma classificação booleana ou um único valor real. Com um modelo aprendido, o agente pode fazer uma busca com antecipação para melhorar suas decisões e pode realizar simulações internas para melhorar suas representações aproximadas de U ou Q em vez de exigir experiências do mundo real lentas e potencialmente caras.

Para um ambiente *parcialmente observável*, o problema de aprendizado é muito mais difícil porque a próxima percepção não é mais um rótulo para o problema de previsão de estado. Se soubermos quais são as variáveis ocultas e como elas estão causalmente relacionadas entre si e com as variáveis observáveis, podemos fixar a estrutura de uma rede bayesiana dinâmica e usar o algoritmo EM para aprender os parâmetros, como foi descrito no Capítulo 20. Ainda é considerado um problema difícil aprender a estrutura interna de redes bayesianas dinâmicas e criar novas variáveis de estado. Redes neurais recorrentes profundas (seção 21.6) têm sido, em alguns casos, bem-sucedidas em inventar a estrutura oculta.

22.4.3 Aprendizado por reforço profundo

Há duas razões pelas quais precisamos ir além dos aproximadores de função linear: em primeiro lugar, pode não haver uma boa função linear que se aproxime da função de utilidade ou da função sem hífen; segundo, podemos não ser capazes de inventar as características necessárias, especialmente em domínios novos. Se você pensar bem, na verdade estes são os mesmos motivos: é sempre *possível* representar U ou Q como combinações lineares de características,

---

[4] A definição de distância entre funções utilidade é bastante técnica; ver Tsitsiklis e Van Roy (1997).

730 Inteligência Artificial

especialmente se tivermos características como $f_1(s) = U(s)$ ou $f_2(s, a) = Q(s, a)$; porém, a menos que possamos chegar a essas características (de uma forma eficientemente computável), o aproximador de função linear pode ser insuficiente.

Por esses motivos (ou motivo), os pesquisadores têm explorado aproximadores de funções não lineares mais complexos, desde os primórdios do aprendizado por reforço. Atualmente, as redes neurais profundas (Capítulo 21) são muito populares nesse papel e têm provado ser eficazes, mesmo quando a entrada é uma imagem bruta sem qualquer extração de características projetadas por seres humanos. Se tudo correr bem, a rede neural profunda descobrirá as características úteis por si própria. E se a camada final da rede for linear, então podemos ver quais características a rede está usando para construir seu próprio aproximador de função linear. Um sistema de aprendizado por reforço que usa uma rede profunda como um aproximador de função é chamado "sistema de Aprendizado por Reforço Profundo" (ARP ou DRL, do inglês *Deep Reinforcement Learning*).

Assim como na Equação 22.9, a rede profunda é uma função parametrizada por θ, exceto que agora a função é muito mais complicada. Os parâmetros são todos os pesos em todas as camadas da rede. No entanto, os gradientes necessários para as Equações 22.11 e 22.12 são exatamente os mesmos que os gradientes necessários para o aprendizado supervisionado e podem ser calculados pelo mesmo processo de retropropagação (*backpropagation*) descrito na seção 21.4.

Como explicamos na seção 22.7, o AR profundo alcançou resultados muito significativos, incluindo aprender a jogar uma grande variedade de *videogames* em nível de especialista, derrotar o campeão mundial humano em Go e treinar robôs para realizar tarefas complexas.

Apesar de seus sucessos impressionantes, o ARP ainda enfrenta obstáculos significativos: muitas vezes é difícil conseguir um bom desempenho e o sistema treinado pode se comportar de forma muito imprevisível se o ambiente for um pouco diferente dos dados de treinamento. Em comparação com outras aplicações de aprendizado profundo, o ARP raramente é aplicado em ambientes comerciais. Apesar disso, ele constitui uma área de pesquisa muito ativa.

22.4.4 Modelagem por recompensa

Conforme observado na introdução deste capítulo, os ambientes do mundo real podem ter recompensas muito esparsas: são necessárias muitas ações primitivas para obter qualquer recompensa diferente de zero. Por exemplo, um robô jogador de futebol pode enviar 100 mil comandos de controle motor para suas diversas articulações antes de reconhecer um objetivo. Agora ele tem que descobrir o que fez de errado. O termo técnico para isso é o problema de **atribuição de crédito**. Além de jogar trilhões de partidas de futebol para que a recompensa negativa eventualmente se propague de volta às ações responsáveis por ela, existe uma boa solução?

Um método comum, originalmente usado no treinamento de animais, é chamado **modelagem por recompensa** (*reward shaping*). Isso envolve fornecer ao agente recompensas adicionais, chamadas **pseudorrecompensas**, por "fazer progresso". Por exemplo, podemos dar pseudorrecompensas ao robô por fazer contato com a bola ou por recebê-la em direção ao gol. Essas recompensas podem acelerar bastante o aprendizado e são simples de fornecer, mas há o risco de o agente aprender a maximizar as pseudorrecompensas em vez das verdadeiras recompensas; por exemplo, ficar ao lado da bola e "vibrar" causa muitos contatos com a bola.

No Capítulo 17 (seções 17.1.2 e 17.1.3), vimos uma maneira de modificar a função de recompensa sem alterar a política ótima. Para qualquer função de potencial $\Phi(s)$ e qualquer função de recompensa R, podemos criar uma função de recompensa R' da seguinte forma:

$$R'(s, a, s') = R(s, a, s') + \gamma\Phi(s') - \Phi(s).$$

A função de potencial Φ pode ser construída para refletir quaisquer aspectos desejáveis do estado, como o cumprimento de submetas ou a distância até um estado terminal desejado. Por exemplo, Φ para o robô jogador de futebol pode adicionar um bônus constante para estados em que o time do robô tem posse e outro bônus para reduzir a distância da bola até o gol do adversário. Isso resultará em um aprendizado mais rápido no geral, mas não impedirá que o robô, digamos, aprenda a devolver a bola ao goleiro quando houver risco.

Atribuição de crédito

Modelagem por recompensa

Pseudorrecompensa

22.4.5 Aprendizado por reforço hierárquico

Outra maneira de lidar com sequências de ações muito longas é dividi-las em algumas partes menores e, em seguida, recebê-las em partes ainda menores, e assim por diante, até que as sequências de ações sejam curtas o suficiente para facilitar o aprendizado. Essa abordagem é chamada **aprendizado por reforço hierárquico** (ARH) e tem muito em comum com os métodos de **planejamento HTN** descritos no Capítulo 11. Por exemplo, marcar um gol no futebol pode ser dividido em obter a posse da bola, passar para um companheiro do time, receber a bola de um companheiro de equipe, driblar em direção ao gol e chutar; cada uma dessas partes pode ser subdividida em comportamentos motores de nível mais baixo. Obviamente, existem várias maneiras de obter a posse da bola e chutar, vários companheiros de time para passar a bola, e assim por diante, de modo que cada ação de nível superior pode ter muitas implementações diferentes no nível inferior.

> Aprendizado por reforço hierárquico

Para ilustrar essas ideias, usaremos um jogo de futebol simplificado chamado *keepaway*, no qual um time de três jogadores tenta manter a posse da bola pelo maior tempo possível, driblando e passando a bola entre si enquanto o outro time de dois jogadores tenta tomar a posse da bola interceptando um passe ou tomando-a de um jogador que tenha a posse.[5] O jogo é implementado no simulador RoboCup 2D, que fornece modelos detalhados de movimento em estado contínuo com intervalos de tempo de 100 ms e provou ser um bom teste para sistemas de AR.

> *Keepaway*

Um agente de aprendizado por reforço hierárquico começa com um **programa parcial** que descreve uma estrutura hierárquica para o comportamento do agente. A linguagem de programação parcial para programas de agente estende qualquer linguagem de programação comum, adicionando primitivas para opções não especificadas, que devem ser preenchidas pelo aprendizado. (Aqui, usamos pseudocódigo no lugar de uma linguagem de programação.) O programa parcial pode ser arbitrariamente complicado, desde que termine.

> Programa parcial

É fácil ver que a ARH inclui o AR comum como um caso especial. Oferecemos simplesmente o programa parcial trivial, que permite ao agente continuar escolhendo qualquer ação de $A(s)$, conjunto de ações que podem ser executadas no estado atual s:

> **enquanto** *verdadeiro* **faça**
>   **escolher**($A(s)$).

O operador **escolher** permite que o agente escolha qualquer elemento do conjunto especificado. O processo de aprendizado converte o programa parcial do agente em um programa completo, aprendendo como cada escolha deve ser feita. Por exemplo, o processo de aprendizado pode associar uma função sem hífen a cada escolha; uma vez que as funções Q são aprendidas, o programa produz comportamento escolhendo a opção com o valor Q mais alto cada vez que encontra uma escolha.

Os programas de agente para o *keepaway* são mais interessantes. Veremos o programa parcial para um único jogador do time que tem a "posse". A escolha do que fazer no nível superior depende principalmente de se o jogador tem, ou não, a posse da bola:

> **enquanto não** É-TERMINAL(s) **faça**
>   **se** BOLA-EM-MINHA-POSSE(s) **então escolher**({PASSAR, MANTER, DRIBLAR})
>   **senão escolher**({FICAR, MOVER, INTERCEPTAR-BOLA}).

Cada uma dessas opções chama uma sub-rotina que pode fazer outras escolhas, até as ações primitivas que possam ser executadas diretamente. Por exemplo, a ação de alto nível PASSAR escolhe um colega do time para passar a bola, mas também tem a opção de não fazer nada e devolver o controle ao nível superior, se for apropriado (p. ex., se não houver ninguém para quem passar):

> **escolher**({PASSAR-PARA(**escolher**(COMPANHEIRO(s))), **devolver**}).

A rotina PASSAR-PARA deve então escolher uma velocidade e uma direção para o passe. Embora seja relativamente fácil para um ser humano – mesmo um com pouca experiência

---

[5] Os rumores de que o *keepaway* foi inspirado em táticas do mundo real do Barcelona FC são provavelmente infundados.

em futebol – fornecer esse tipo de conselho de alto nível para o agente de aprendizado, seria difícil, senão impossível, escrever as regras para determinar a velocidade e a direção do chute para aumentar as chances de manter a posse de bola. Da mesma forma, não é nada óbvio escolher o companheiro de equipe certo para receber a bola ou para onde se deslocar para estar disponível para recebê-la. O programa parcial oferece um *know-how* geral – a armação geral e a organização estrutural para comportamentos complexos – e o processo de aprendizado resolve todos os detalhes.

Espaço de estado conjunto

Os fundamentos teóricos do ARH são baseados no conceito de **espaço de estado conjunto**, no qual cada estado (s, m) é composto por um estado físico s e um estado de máquina m. O estado da máquina é definido pelo estado interno atual do programa do agente: o contador de programa para cada sub-rotina na pilha de chamadas atual, os valores dos argumentos e os valores de todas as variáveis locais e globais. Por exemplo, se o programa do agente optou por passar para o companheiro de equipe Ali e está no meio do cálculo da velocidade do passe, então o fato de que Ali é o argumento de PASSAR-PARA faz parte do estado de máquina atual. Um **estado de escolha** $\sigma = (s, m)$ é aquele em que o contador de programa para m está em um ponto de escolha no programa do agente. Entre dois estados de escolha, pode haver qualquer quantidade de transições computacionais e ações físicas, porém são todas pré-ordenadas, por assim dizer: por definição, o agente não está fazendo nenhuma escolha entre os estados de escolha. Basicamente, o agente de AR hierárquico está resolvendo um problema de decisão markoviana com os seguintes elementos:

Estado de escolha

- Os estados são os estados de escolha σ do espaço de estados conjunto.
- As ações em σ são as escolhas c disponíveis em σ de acordo com o programa parcial.
- A função de recompensa $\rho(\sigma, c, \sigma')$ é a soma esperada das recompensas para todas as transições físicas que ocorrem entre os estados de escolha σ e σ'.
- O modelo de transição $\tau(\sigma, c, \sigma')$ é definido de maneira óbvia: se c chama uma ação física a, então τ toma emprestado do modelo físico $P(s' \mid s,a)$; se c chama uma transição computacional, como chamar uma sub-rotina, então a transição modifica deterministicamente o estado computacional m de acordo com as regras da linguagem de programação.[6]

Ao resolver esse problema de decisão, o agente encontra a política ótima que é consistente com o programa parcial original.

O AR hierárquico pode ser um método muito eficaz para aprender comportamentos complexos. No *keepaway*, um agente ARH com base no programa parcial esboçado anteriormente aprende uma política que mantém a posse da bola para sempre contra a política padrão do tomador – uma melhoria significativa no registro anterior de cerca de 10 segundos. Uma característica importante é que as habilidades de nível inferior não são sub-rotinas fixas no sentido normal; suas escolhas são sensíveis a todo o estado interno do programa do agente; portanto, eles se comportam de maneira diferente, dependendo de onde são chamados nesse programa e do que está acontecendo no momento. Se for preciso, as funções Q para as escolhas de nível inferior podem ser inicializadas por um processo de treinamento separado, com sua própria função de recompensa e, em seguida, integradas ao sistema geral para que possam ser adaptadas para funcionar bem no contexto de todo o agente.

Na seção anterior, vimos que modelar as recompensas pode ser útil para aprender comportamentos complexos. No ARH, o fato de que o aprendizado ocorre no espaço de estados conjunto oferece oportunidades adicionais para modelagem. Por exemplo, para ajudar a aprender a função sem hífen para passes precisos dentro da rotina PASSAR-PARA, podemos fornecer um modelo de recompensa que depende do local do provável recebedor e da proximidade dos oponentes desse jogador: a bola deverá ficar perto do recebedor e longe dos adversários. Isso parece

totalmente óbvio; mas *a identidade do recebedor do passe não faz parte do estado físico do mundo*. O estado físico consiste apenas nas posições, orientações e velocidades dos jogadores e da bola.

---

[6] Como mais de uma ação física pode ser executada antes que o próximo estado de escolha seja alcançado, o problema é tecnicamente um processo de decisão semimarkoviano, que permite que as ações tenham durações diferentes, incluindo durações estocásticas. Se o fator de desconto $\gamma < 1$, então a duração da ação afeta o desconto aplicado à recompensa obtida durante a ação, o que significa que alguma contabilidade de desconto extra precisa ser feita e o modelo de transição inclui a distribuição da duração.

Não há "passagem" e "recebedor" no mundo físico; essas são construções totalmente internas. Isso significa que não há como fornecer esse conselho sensato a um sistema de AR padrão.

A estrutura hierárquica do comportamento também fornece uma **decomposição aditiva** natural da função utilidade geral. Lembre-se de que a utilidade é a soma das recompensas ao longo do tempo e considere uma sequência de, digamos, 10 passos de tempo com recompensas $[r_1, r_2 \dots r_{10}]$. Suponha que, nos primeiros cinco passos de tempo, o agente esteja executando PASSAR-PARA(*Ali*) e nos cinco passos restantes esteja executando MOVER-PARA-ESPAÇO. Então, a utilidade para o estado inicial é a soma da recompensa total durante PASSAR-PARA e a recompensa total durante MOVER-PARA-ESPAÇO. A primeira depende apenas se a bola chega a Ali com tempo e espaço suficientes para que Ali retenha a posse, e a última depende apenas se o agente chega a um bom local para receber a bola. Em outras palavras, a utilidade geral se decompõe em diversos termos, cada um deles dependendo apenas de algumas variáveis. Isso, por sua vez, significa que o aprendizado ocorre muito mais rapidamente do que se tentarmos aprender uma única função utilidade que dependa de todas as variáveis. Isso se assemelha aos teoremas de representação fundamentais da concisão de redes bayesianas (Capítulo 13).

> Decomposição aditiva

22.5 Busca de políticas

A última abordagem que examinaremos para problemas de aprendizado por reforço é chamada **busca de políticas**. Em alguns aspectos, a busca de políticas é o mais simples de todos os métodos neste capítulo: a ideia é continuar ajustando a política enquanto isso fizer seu desempenho melhorar, e então parar.

> Busca de políticas

Vamos começar com as políticas propriamente ditas. Lembre-se de que uma política π é uma função que mapeia estados em ações. Estamos interessados principalmente em representações *parametrizadas* de π que têm muito menos parâmetros que a quantidade de estados existentes no espaço de estados (da mesma maneira que na seção anterior). Por exemplo, poderíamos representar π por uma coleção de funções sem hífen parametrizadas, uma para cada ação, e executar a ação com o valor previsto mais alto:

$$\pi(s) = \underset{a}{\operatorname{argmax}} \, \hat{Q}_\theta(s,a). \tag{22.13}$$

Cada função sem hífen poderia ser uma função linear (como na Equação 22.9), ou poderia ser uma função não linear, como em uma rede neural. A pesquisa de políticas ajustará então os parâmetros θ para melhorar a política. Note que, se a política for representada por funções sem hífen, a busca de políticas resulta em um processo que aprende funções sem hífen. *Esse processo não é igual ao aprendizado Q!*

No aprendizado Q com aproximação de função, o algoritmo encontra um valor de θ tal que $\hat{Q}_\theta$ está "próximo" de Q^*, a função sem hífen ótima. Por outro lado, a busca de políticas encontra um valor de θ que resulta em bom desempenho; os valores encontrados pelos dois métodos podem diferir de maneira muito substancial. (P. ex., a função sem hífen aproximada definida por $\hat{Q}_\theta(s, a) = Q^*(s, a)/100$ apresenta ótimo desempenho, mesmo se não estiver próxima de Q^*.) Outro exemplo claro da diferença é o caso em que $\pi(s)$ é calculado com o uso, digamos, da busca por antecipação de profundidade 10 com uma função utilidade aproximada $\hat{U}_\theta$. O valor de θ, que oferece bons resultados, pode estar longe de fazer $\hat{U}_\theta$ refletir a função utilidade verdadeira.

Um problema com as representações de políticas do tipo dado na Equação 22.13 é que a política é uma função *descontínua* dos parâmetros quando as ações são discretas. Isto é, haverá valores de θ tais que uma mudança infinitesimal em θ fará a política passar de uma ação para outra. Isso significa que o valor da política também pode mudar descontinuamente, o que dificulta a busca baseada em gradiente. Por essa razão, os métodos de busca de políticas frequentemente utilizam uma representação de **política estocástica** $\pi_\theta(s, a)$, que especifica a *probabilidade* de selecionar a ação a no estado s. Uma representação popular é a função *softmax*:

> Política estocástica

$$\pi_\theta(s,a) = \frac{e^{\beta \hat{Q}_\theta(s,a)}}{\sum_{a'} e^{\beta \hat{Q}_\theta(s,a')}}. \tag{22.14}$$

734 Inteligência Artificial

O parâmetro $\beta > 0$ modula a suavidade do *softmax*: para valores de β que são grandes em comparação com as separações entre os valores Q, o *softmax* aproxima-se de um *hardmax*, enquanto para valores de β próximos de zero o *softmax* aproxima-se de uma escolha aleatória uniforme entre as ações. Para todos os valores finitos de β, *softmax* oferece uma função diferenciável de θ; portanto, o valor da política (que depende de forma contínua das probabilidades de ação-seleção) é uma função diferenciável de θ.

Valor de política

Gradiente de política

Agora vamos examinar métodos para melhorar a política. Começaremos com o caso mais simples: uma política determinística e um ambiente determinístico. Seja $\rho(\theta)$ o **valor de política**, ou seja, a recompensa esperada quando π_θ é executado. Se pudermos derivar uma expressão para $\rho(\theta)$ na forma fechada, teremos um problema de otimização padrão, conforme descrito no Capítulo 4. Podemos seguir o vetor **gradiente de política** $\nabla_\theta \rho(\theta)$, desde que $\rho(\theta)$ seja diferenciável. Como alternativa, se $\rho(\theta)$ não estiver disponível na forma fechada, podemos avaliar π_θ simplesmente executando-o e observando a recompensa acumulada. Podemos seguir o **gradiente empírico** por subida de encosta – isto é, a avaliação da mudança na política para pequenos incrementos no valor de cada parâmetro. Com as devidas ressalvas, esse processo convergirá para um local ótimo no espaço de políticas.

Quando o ambiente (ou a política) é não determinístico(a), as coisas ficam mais difíceis. Vamos supor que estejamos tentando executar a subida de encosta, que exige a comparação entre $\rho(\theta)$ e $\rho(\theta + \Delta\theta)$ para algum valor pequeno de $\Delta\theta$. O problema é que a recompensa total em cada simulação (*trial*) pode variar amplamente e, assim, uma estimativa do valor da política a partir de um pequeno número de experiências será pouco confiável; tentar comparar duas dessas estimativas será ainda menos confiável. Uma solução é simplesmente executar muitas simulações, medindo a variância da amostra e usando-a para determinar que foram feitas simulações suficientes para obter uma indicação confiável da direção da melhoria para $\rho(\theta)$. Infelizmente, isso é impraticável no caso de muitos problemas reais, nos quais cada simulação pode ser dispendiosa, demorada e talvez até mesmo perigosa.

Para o caso de uma política não determinística $\pi_\theta(s, a)$, é possível obter uma estimativa não enviesada do gradiente em θ, $\nabla_\theta \rho(\theta)$, diretamente dos resultados de simulações executadas em θ. Para simplificar, vamos derivar essa estimativa para o caso simples em que cada ação a obtém a recompensa $R(s_0, a, s_0)$ e o ambiente volta ao estado inicial s_0. Nesse caso, o valor da política é apenas o valor esperado da recompensa, e temos

$$\nabla_\theta \rho(\theta) = \nabla_\theta \sum_a R(s_0, a, s_0)\pi_\theta(s_0, a) = \sum_a R(s_0, a, s_0)\nabla_\theta \pi_\theta(s_0, a).$$

Agora executamos um artifício simples para que esse somatório possa ser aproximado por amostras geradas a partir da distribuição de probabilidade definida por $\pi_\theta(s_0, a)$. Vamos supor que tenhamos N simulações ao todo e que a ação tomada na j-ésima simulação seja a_j. Então,

$$\nabla_\theta \rho(\theta) = \sum_a \pi_\theta(s_0, a) \cdot \frac{R(s_0, a, s_0)\nabla_\theta \pi_\theta(s_0, a)}{\pi_\theta(s_0, a)}$$

$$= \approx \frac{1}{N} \sum_{j=1}^{N} \frac{R(s_0, a_j, s_0)\nabla_\theta \pi_\theta(s_0, a_j)}{\pi_\theta(s_0, a_j)}.$$

Desse modo, o gradiente verdadeiro do valor da política é aproximado por uma soma de termos que envolvem o gradiente da probabilidade ação-seleção em cada simulação. Para o caso sequencial, isso é generalizado para

$$\nabla_\theta \rho(\theta) \approx \frac{1}{N} \sum_{j=1}^{N} \frac{u_j(s)\nabla_\theta \pi_\theta(s, a_j)}{\pi_\theta(s, a_j)}$$

para cada estado s visitado, em que a_j é executada em s na j-ésima simulação, e $R_j(s)$ é a recompensa total recebida a partir do estado s em diante na j-ésima simulação. O algoritmo resultante, chamado REINFORCE, deve-se a Ron Williams (1992); em geral, esse algoritmo é muito mais eficaz que a subida de encosta usando grande quantidade de simulações em cada valor de θ. No entanto, ainda é muito mais lento que o necessário.

Considere a tarefa a seguir: dados dois programas do jogo de cartas vinte e um (*blackjack*), determinar qual deles é o melhor. As políticas poderiam ter retornos líquidos verdadeiros por mão, digamos, com –0,21% e +0,06%, de modo que é muito importante descobrir qual é o melhor. Um modo de fazer isso é realizar cada política de jogo contra uma "banca" padrão por certo número de rodadas e depois medir seus respectivos ganhos. O problema com essa abordagem, como vimos, é que os ganhos de cada programa flutuam muito, dependendo do fato de ele receber cartas boas ou ruins. Seriam necessárias milhões de mãos para ter uma indicação confiável da melhor política. O mesmo problema aparece quando se usa a amostragem aleatória para comparar duas políticas adjacentes em um algoritmo de subida de encosta.

Uma solução melhor para o jogo vinte e um é gerar certo número de rodadas com antecedência e *fazer com que cada programa jogue o mesmo conjunto de rodadas*. Desse modo, eliminamos o erro de medição devido a diferenças nas cartas recebidas. Somente alguns milhares de mãos são necessárias para determinar qual das duas políticas de vinte e um é a melhor.

Essa ideia, chamada **amostragem correlacionada**, pode ser aplicada à busca de políticas em geral, dado um simulador de ambiente em que as sequências de números aleatórios podem ser repetidas. Ela foi implementada em um algoritmo de busca de políticas chamado PEGASUS (Ng e Jordan, 2000), que foi um dos primeiros algoritmos a conseguir um voo de helicóptero autônomo completamente estável (Figura 22.9[b]). Podemos mostrar que o número de sequências aleatórias exigidas para assegurar que o valor de *cada* política é bem avaliado depende apenas da complexidade do espaço de políticas, e não da complexidade do domínio subjacente.

Amostragem correlacionada

22.6 Treinamento e aprendizado por reforço inverso

Alguns domínios são tão complexos que fica difícil definir uma função de recompensa para uso no aprendizado por reforço. O que queremos exatamente que nosso carro autônomo faça? Certamente, ele não deve demorar muito para chegar ao destino, mas não deve dirigir tão rápido a ponto de correr riscos indevidos ou obter multas por excesso de velocidade. Deve economizar combustível (ou energia). Deve evitar sacudir ou acelerar demais os passageiros, mas pode pisar no freio em uma emergência. E assim por diante. Uma tarefa muito difícil é decidir quanto peso deve ser dado a cada um desses fatores. Pior ainda, provavelmente haverá fatores importantes que esquecemos, como a obrigação de um comportamento gentil com outros motoristas. A omissão de um fator geralmente leva a um comportamento que atribui um valor extremo ao fator omitido – nesse caso, uma direção extremamente descuidada –, a fim de maximizar os outros fatores.

Uma abordagem é fazer testes extensivos em simulação, observar comportamentos problemáticos e tentar modificar a função de recompensa a fim de eliminar esses comportamentos. Outra abordagem é buscar fontes de informações adicionais sobre a função de recompensa apropriada. Uma dessas fontes é o comportamento de agentes que já estão otimizando (ou, digamos, quase otimizando) essa função de recompensa – nesse caso, motoristas humanos especialistas.

O campo geral do **aprendizado por treinamento** estuda o processo de aprender como se comportar bem, dadas as observações do comportamento do especialista. Mostramos ao algoritmo os exemplos de direção dos especialistas e dizemos a ele para "fazer assim". Existem (pelo menos) duas maneiras de enfrentar o problema de aprendizado por treinamento. O primeiro é aquele que discutimos rapidamente no início do capítulo: supondo que o ambiente é observável, aplicamos o aprendizado supervisionado aos pares observados de estado-ação para aprender uma política $\pi(s)$. Isso é chamado **aprendizado por imitação**. Ela teve algum sucesso na robótica, mas sofre do problema da fragilidade: mesmo pequenos desvios do conjunto de treinamento levam a erros que se acumulam com o tempo e, eventualmente, levam ao fracasso. Além disso, o aprendizado por imitação irá, na melhor das hipóteses, duplicar o desempenho do professor, mas não o exceder. Quando os humanos aprendem por imitação, às vezes usamos o termo pejorativo "macaquear" para descrever o que estão fazendo. (É provável que os macacos usem o termo "humanizar" entre si, talvez

Aprendizado por treinamento

Aprendizado por imitação

736 Inteligência Artificial

em um sentido ainda mais pejorativo.) A implicação é que o aprendiz da imitação não entende *por que* deve realizar determinada ação.

A segunda técnica de aprendizado por treinamento é entender o *porquê*: observar as ações do especialista (e os estados resultantes) e tentar descobrir qual função de recompensa o especialista está maximizando. Assim, poderíamos derivar uma política ótima com relação a essa função de recompensa. Espera-se que essa abordagem produza políticas robustas a partir de relativamente poucos exemplos de comportamento de especialistas; afinal, o campo do aprendizado por reforço se baseia na ideia de que a função de recompensa, em vez da política ou da função de valor, é a definição mais sucinta, robusta e transferível da tarefa. Além disso, se o aluno faz concessões apropriadas para um possível comportamento abaixo do ótimo por parte do especialista, então ele pode ser capaz de fazer melhor do que o especialista, otimizando uma aproximação precisa da função de recompensa verdadeira. Chamamos essa abordagem de **aprendizado por reforço inverso** (ARI): aprender as recompensas observando uma política, em vez de aprender uma política observando as recompensas.

> **Aprendizado por reforço inverso**

Como encontramos a função de recompensa do especialista, dadas as ações do especialista? Vamos começar supondo que o especialista estava agindo racionalmente. Nesse caso, parece que devemos procurar uma função de recompensa R^* de modo que a recompensa total esperada com desconto sob a política do especialista seja maior (ou pelo menos igual) sob qualquer outra política possível.

Infelizmente, haverá muitas funções de recompensa que satisfarão essa restrição; uma delas é $R^*(s, a, s') = 0$, porque qualquer política é racional quando não existem recompensas.[7] Outro problema com essa abordagem é que a suposição de um especialista racional é irreal. Isso significa, por exemplo, que um robô observando Lee Sedol fazendo o que acabou sendo uma jogada perdida contra o ALPHAGO teria que assumir que Lee Sedol estava tentando perder o jogo.

Para evitar o problema de que $R^*(s, a, s') = 0$ explica qualquer comportamento observado, é útil pensar de forma bayesiana. (Ver seção 20.1, um lembrete do que isso significa.) Suponha que observemos os dados $\mathbf{d}$ e que h_R seja a hipótese de que R é a função de recompensa verdadeira. Então, de acordo com a regra de Bayes, temos

$$P(h_R \mid \mathbf{d}) = \alpha P(\mathbf{d} \mid h_R)P(h_R).$$

Agora, se a probabilidade *a priori* $P(h_R)$ é baseada na simplicidade, então a hipótese de que $R = 0$ tem uma pontuação razoavelmente boa, porque 0 é certamente simples. Por outro lado, o termo $P(\mathbf{d} \mid h_R)$ é *infinitesimal* para a hipótese de que $R = 0$, pois não explica por que o especialista escolheu aquele comportamento em particular no vasto espaço de comportamentos que seriam ótimos se a hipótese fosse verdadeira. Por outro lado, para uma função de recompensa R que tem uma política ótima única ou uma classe de equivalência relativamente pequena de políticas ótimas, $P(\mathbf{d} \mid h_R)$ será muito maior.

A fim de permitir o erro ocasional do especialista, simplesmente permitimos que $P(\mathbf{d} \mid h_R)$ seja diferente de zero, mesmo quando $\mathbf{d}$ vem de um comportamento subótimo, de acordo com R. Uma suposição típica – feita, deve-se dizer, mais por conveniência matemática do que por fidelidade aos dados humanos reais – é que um agente cuja função sem hífen verdadeira é $Q(s, a)$ escolhe não de acordo com a política determinística $\pi(s) = \text{argmax}_a Q(s, a)$, mas sim de acordo com um política estocástica definida pela distribuição *softmax* da Equação 22.14. Isso às vezes é chamado **racionalidade de Boltzmann** porque, na mecânica estatística, as probabilidades de ocupação em uma distribuição de Boltzmann dependem exponencialmente de seus níveis de energia.

> **Racionalidade de Boltzmann**

Existem dezenas de algoritmos de AR inverso na literatura. Um dos mais simples é chamado **correspondência de características**. Esse algoritmo considera que a função de recompensa pode ser escrita como uma combinação linear ponderada de características:

> **Correspondência de características**

$$R_\theta(s, a, s') = \sum_{i=1}^{n} \theta_i f_i(s, a, s') = \theta \cdot \mathbf{f}.$$

---

[7] De acordo com a Equação 17.9, uma função de recompensa $R'(s, a, s') = R(s, a, s') + \gamma\Phi(s') - \Phi(s)$ tem exatamente as mesmas políticas ótimas de $R(s, a, s')$, de modo que podemos recuperar a função de recompensa apenas até a possível inclusão de qualquer função de modelagem $\Phi(s)$. Esse não é um problema tão sério, porque um robô usando R' irá se comportar como um robô usando o R "correto".

Por exemplo, as características no domínio da direção podem incluir velocidade, velocidade acima do limite, aceleração, proximidade do obstáculo mais próximo etc.

Lembre-se, conforme a Equação 17.2, de que a utilidade de executar uma política π, começando no estado s_0, é definida como

$$U^\pi(s) = E\left[\sum_{t=0}^{\infty} \gamma^t R(S_t, \pi(S_t), S_{t+1})\right],$$

em que a expectativa E é em relação à distribuição de probabilidade sobre as sequências de estados determinadas por s e π. Como R é considerada uma combinação linear de valores de características do domínio, podemos reescrever isso da seguinte maneira:

$$\begin{aligned}
U^\pi(s) &= E\left[\sum_{t=0}^{\infty} \gamma^t \sum_{i=1}^{n} \theta_i f_i(S_t, \pi(S_t), S_{t+1})\right] \\
&= \sum_{i=1}^{n} \theta_i E\left[\sum_{t=0}^{\infty} \gamma^t f_i(S_t, \pi(S_t), S_{t+1})\right] \\
&= \sum_{i=1}^{n} \theta_i \mu_i(\pi) = \theta \cdot \mu(\pi)
\end{aligned}$$

em que definimos a **expectativa de característica** $\mu_i(\pi)$ como o valor descontado esperado da característica f_i quando a política π é executada. Por exemplo, se f_i é o excesso de velocidade do veículo (acima do limite de velocidade), então $\mu_i(\pi)$ é o excesso de velocidade médio (com desconto do tempo) ao longo de todo o trajeto. O ponto-chave sobre as expectativas de características é o seguinte: *se uma política π produz expectativas de características $\mu_i(\pi)$ que correspondem às da política π_E do especialista, então π é tão boa quanto a política do especialista, de acordo com a função de recompensa do próprio especialista*. Agora, não podemos medir os valores exatos para as expectativas de características da política do especialista, mas podemos aproximá-los usando os valores médios nos trajetos observados. Assim, precisamos encontrar valores para os parâmetros θ_i de forma que as expectativas de características da política induzida pelos valores dos parâmetros correspondam às da política especializada nos trajetos observados. O algoritmo a seguir consegue isso com qualquer limite de erro desejado.

Expectativa de característica

- Escolha uma política padrão inicial $\pi^{(0)}$.
- Para j = 1, 2, ... até haver convergência:
  ○ Encontre parâmetros $\theta^{(j)}$ de modo que a política do especialista supere de forma máxima as políticas $\pi^{(0)},...,\pi^{(j-1)}$, de acordo com a utilidade esperada $\theta^{(j)} \cdot \mu(\pi)$.
  ○ Seja $\pi^{(j)}$ a política ótima para a função de recompensa $R^{(j)} = \theta^{(j)} \cdot \mathbf{f}$.

Esse algoritmo converge para uma política que tem valor próximo ao do especialista, de acordo com a própria função de recompensa do especialista. Ele requer apenas $O(n \log n)$ iterações e $O(n \log n)$ demonstrações do especialista, em que n é o número de características.

Um robô pode usar o aprendizado por reforço inverso para aprender uma boa política para si mesmo, compreendendo as ações de um especialista. Além disso, o robô pode aprender as políticas usadas por outros agentes em um domínio multiagente, sejam eles adversários ou cooperadores. E, por fim, o aprendizado por reforço inverso pode ser usado na investigação científica (sem qualquer consideração quanto ao projeto do agente), para melhor compreender o comportamento de humanos e de outros animais.

Uma suposição fundamental no AR inverso é que o "especialista" está se comportando de maneira ótima, ou quase ótima, com relação a alguma função de recompensa em um MDP de agente único. Essa é uma suposição razoável se o aluno estiver observando o especialista através de um espelho unilateral enquanto o especialista atua sem perceber. Não é uma suposição razoável que o especialista conhece o aluno. Por exemplo, suponha que um robô esteja na faculdade de medicina aprendendo a ser cirurgião ao observar um especialista humano. Um algoritmo de AR inverso suporia que o ser humano realiza a cirurgia da maneira ideal normal, como se o robô não estivesse lá. Mas não é isso que aconteceria: o cirurgião humano

738 Inteligência Artificial

está motivado para que o robô (como qualquer outro estudante de medicina) aprenda rápido e bem, e então ele modificará seu comportamento consideravelmente. Ele pode explicar o que está fazendo à medida que avança; ele pode apontar erros a evitar, como fazer uma incisão muito profunda ou dar pontos muito apertados; ele também pode descrever os planos de contingência caso algo dê errado durante a cirurgia. Nenhum desses comportamentos faz sentido ao realizar a cirurgia isoladamente; portanto, os algoritmos de AR inverso não serão capazes de interpretar a função de recompensa subjacente. Em vez disso, precisamos compreender esse tipo de situação como um jogo de assistência para duas pessoas, conforme foi descrito na seção 18.2.5.

22.7 Aplicações de aprendizado por reforço

Vejamos agora alguns exemplos de aplicações de aprendizado por reforço. Vamos considerar aplicações em jogos, em que o modelo de transição é conhecido e o objetivo é aprender a função utilidade, e em robótica, em que o modelo é inicialmente desconhecido.

22.7.1 Aplicações em jogos

No Capítulo 1, descrevemos o trabalho pioneiro de Arthur Samuel sobre aprendizado por reforço para o jogo de damas, que foi iniciado em 1952. Algumas décadas se passaram antes que o desafio fosse revisitado, dessa vez por Gerry Tesauro em seu trabalho sobre o jogo de gamão. A primeira tentativa de Tesauro (1990) foi um sistema chamado NEUROGAMMON. A abordagem era uma variante interessante do aprendizado por imitação. A entrada era um conjunto de 400 jogos realizados por Tesauro contra ele mesmo. Em vez de aprender uma política, o NEUROGAMMON convertia cada movimento (s, a, s') em um conjunto de exemplos de treinamento, cada um rotulado como s', como uma posição melhor do que alguma outra posição s'' que pode ser alcançada a partir de s por um movimento diferente. A rede neural tinha duas metades separadas, uma para s' e outra para s'', e se restringia a escolher qual era a melhor comparando as saídas das duas metades. Dessa forma, cada metade era forçada a aprender uma função de avaliação $\hat{U}_\theta$. O NEAUROGAMMON venceu a Olimpíada de Computador de 1989 – o primeiro programa de aprendizado a vencer em um torneio de jogos por computador –, mas nunca ultrapassou o nível intermediário do próprio Tesauro.

O próximo sistema de Tesauro, TD-GAMMON (1992), adotou o método de aprendizado TD recém-publicado de Sutton – basicamente, devolvendo à técnica explorada por Samuel, mas com um conhecimento técnico muito maior de como fazer a coisa certa. A função de avaliação $\hat{U}_\theta$ era representada por uma rede neural totalmente conectada com uma única camada oculta contendo 80 nós. (Ela também usava algumas características de entrada projetados à mão, emprestados do NEUROGAMMON.) Depois de 300 mil jogos de treinamento, ele alcançou um padrão de jogo comparável ao dos três melhores jogadores humanos em nível mundial. Kit Woolsey, um jogador de topo e analista, disse: "Não há dúvida em minha mente de que sua decisão de posicionamento é muito melhor que a minha".

O próximo desafio foi aprender com as entradas perceptivas brutas – algo mais próximo do mundo real – em vez de representações discretas do tabuleiro de jogo. No início de 2012, uma equipe da Deep-Mind desenvolveu o sistema **deep Q-network** (DQN), o primeiro sistema de AR profundo moderno. O DQN usa uma rede neural profunda para representar a função sem hífen; por outros aspectos, é um sistema típico de aprendizado por reforço. O DQN foi treinado separadamente em cada um dos 49 *videogames* Atari diferentes. Aprendeu a dirigir carros de corrida simulados, atirar em espaçonaves alienígenas e rebater bolas com raquetes. Em cada caso, o agente aprendeu uma função sem hífen a partir de dados de imagem brutos com o sinal de recompensa sendo a pontuação do jogo. No geral, o sistema funcionava em um nível de especialista quase humano, embora alguns jogos tenham causado problemas. Um jogo em particular, *Montezuma's Revenge*, provou ser muito difícil, porque exigia estratégias de planejamento estendidas, e as recompensas eram muito escassas. O trabalho seguinte produziu sistemas de AR profundo que geraram comportamentos de exploração mais extensos e foram capazes de conquistar o *Montezuma's Revenge* e outros jogos difíceis.

Deep Q-network (DQN)

O sistema ALPHAGO da DeepMind também usava aprendizado por reforço profundo para vencer os melhores jogadores humanos de Go (ver Capítulo 5). Enquanto uma função sem hífen sem previsão é suficiente para jogos de Atari, que são basicamente reativos por natureza, o Go requer uma previsão substancial. Por essa razão, ALPHAGO aprendia uma função de valor e uma função sem hífen que guiava sua busca ao prever quais movimentos compensam ser explorados. A função sem hífen, implementada como uma rede neural convolucional, por si só é precisa o suficiente para vencer a maioria dos jogadores humanos amadores, sem realizar qualquer busca.

22.7.2 Aplicação de controle de robô

A configuração do famoso problema de balanceamento do **carrinho com vara** (*cart-pole*), também conhecido como **pêndulo invertido**, é mostrado na Figura 22.9(a). O problema é manter a vara aproximadamente na vertical ($\theta \approx 90°$), aplicando forças para mover o carrinho para a esquerda ou para a direita, enquanto mantém a posição x dentro dos limites da pista. Vários milhares de artigos sobre aprendizado por reforço e teoria de controle foram publicados sobre esse problema aparentemente simples. Uma dificuldade é que as variáveis de estado x, θ, $\dot{x}$ e $\dot{\theta}$ são contínuas. As ações são geralmente discretas: avanço para a esquerda ou para a direita, o chamado "regime de **controle bangue-bangue**".

> Carrinho com vara
> Pêndulo invertido
> Controle bangue-bangue

O primeiro trabalho sobre aprendizado para esse problema foi realizado por Michie e Chambers (1968), usando um carrinho e uma vara reais, não uma simulação. Seu algoritmo BOXES foi capaz de equilibrar a vara por mais de uma hora depois de apenas 30 tentativas. O algoritmo primeiro discretizou o espaço de estados de quatro dimensões em caixas - daí o nome. Em seguida, realizou experiências até que a vara caiu sobre o carro ou bateu ao fim da pista. O reforço negativo foi associado com a ação final na caixa final e, então, propagado de volta através da sequência. Uma generalização melhorada e um aprendizado mais rápido podem ser obtidos utilizando um algoritmo que particiona o espaço de estados *de forma adaptativa* de acordo com a variação observada na recompensa, ou usando uma aproximação de função de estado contínuo não linear, como uma rede neural. Hoje, equilibrar uma *tripla* de pêndulo invertido é um exercício comum - um feito muito além da capacidade da maioria dos seres humanos, mas que pode ser alcançado por meio do aprendizado por reforço.

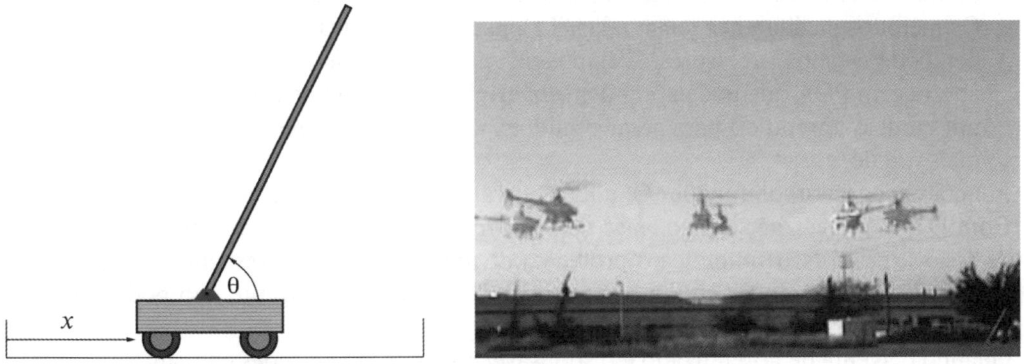

(a)   (b)

Figura 22.9 (a) Configuração do problema de equilibrar uma vara comprida em cima de um carrinho em movimento. O carrinho pode avançar para a esquerda ou para a direita por um controlador que observa a posição x do carrinho e sua velocidade $\dot{x}$, além do ângulo da vara θ e a taxa de variação do ângulo $\dot{\theta}$. (b) Seis imagens superpostas de lapsos de tempo de um helicóptero autônomo executando uma manobra muito difícil de "círculo com nariz para dentro". O helicóptero está sob o controle de uma política desenvolvida pelo algoritmo de busca de políticas PEGASUS (Ng *et al.*, 2003). Um modelo de simulador foi desenvolvido observando os efeitos de várias manipulações de controles no helicóptero real; em seguida, o algoritmo foi executado no modelo de simulador durante a noite. Diversos controladores foram desenvolvidos para manobras diferentes. Em todos os casos, o desempenho excedeu, de longe, o de um piloto especialista humano com a utilização de controle remoto. (A imagem é cortesia de Andrew Ng.)

740 Inteligência Artificial

Ainda mais impressionante é a aplicação de aprendizado por reforço a um voo de helicóptero (Figura 22.9[b]). Esse trabalho em geral tem utilizado a busca de políticas sobre grandes MDP (Bagnell e Schneider, 2001; Ng *et al.*, 2003), normalmente combinada com o aprendizado por imitação e o AR inverso, dadas as observações de um piloto especialista humano (Coates *et al.*, 2009).

O AR inverso também foi aplicado com sucesso para interpretar o comportamento humano, incluindo previsão de destino e seleção de rota por motoristas de táxi com base em 100 mil milhas de dados GPS (Ziebart *et al.*, 2008) e movimentos físicos detalhados por pedestres em ambientes complexos com base em horas de observação por vídeo (Kitani *et al.*, 2012). Na área de robótica, uma única demonstração de especialista foi suficiente para o quadrúpede LittleDog aprender uma função de recompensa de 25 características e agilmente atravessar uma área nunca vista de um terreno rochoso (Kolter *et al.*, 2008). Para mais informações sobre como AR e AR inverso são utilizados na robótica, ver seções 26.7 e 26.8.

Resumo

Este capítulo examinou o problema do aprendizado por reforço: como um agente pode se tornar proficiente em ambiente desconhecido, dadas apenas suas percepções e recompensas ocasionais. O aprendizado por reforço é um paradigma bastante aplicado para a criação de sistemas inteligentes. Os principais pontos do capítulo são:

- O projeto de agente global dita o tipo de informações que devem ser aprendidas:
  - Um agente de **aprendizado por reforço baseado em modelo** adquire (ou é equipado com) um modelo de transição $P(s' \mid s,a)$ para o ambiente e aprende uma função utilidade $U(s)$.
  - Um agente de **aprendizado por reforço livre de modelo** pode aprender uma função ação-utilidade $Q(s, a)$ ou uma política $\pi(s)$.
- As utilidades podem ser aprendidas com o uso de três abordagens:
  - A **estimativa de utilidade direta** utiliza a recompensa total observada daí em diante para um dado estado como evidência direta para o aprendizado de sua utilidade.
  - A **programação dinâmica adaptativa** (PDA) aprende um modelo e uma função de recompensa a partir de observações e depois utiliza a iteração de valor ou de política para obter as utilidades ou uma política ótima. A PDA faz uso ótimo das restrições locais sobre utilidades de estados impostas pela estrutura da vizinhança do ambiente.
  - Os métodos de **diferença temporal** (DT) ajustam estimativas de utilidade para corresponder às de estados sucessores. Eles podem ser vistos como aproximações simples para a abordagem PDA que pode aprender sem exigir um modelo de transição. Porém, o uso de um modelo aprendido para gerar pseudoexperiências pode resultar em um aprendizado mais rápido.
- Funções ação-valor, ou funções Q, podem ser aprendidas por uma abordagem PDA ou DT. Com DT, o **aprendizado Q** não exige nenhum modelo, nem na fase de aprendizado nem na de ação-seleção. Isso simplifica o problema de aprendizado, mas restringe potencialmente a habilidade de aprender em ambientes complexos, porque o agente não pode simular os resultados de possíveis cursos de ação.
- Quando o agente de aprendizado é responsável pela seleção de ações enquanto aprende, ele deve assumir o compromisso entre o valor estimado dessas ações e o potencial para aprendizado de novas informações úteis. Uma solução exata do problema de exploração é inviável, mas algumas heurísticas simples realizam um trabalho razoável. Um agente de exploração também deve tomar cuidado para evitar a morte prematura.
- Nos grandes espaços de estados, os algoritmos de aprendizado por reforço devem usar uma representação funcional aproximada de $U(s)$ ou $Q(s, a)$ a fim de generalizar sobre estados. O **aprendizado por reforço profundo** – usando redes neurais profundas como aproximadores de função – teve sucesso considerável em problemas difíceis.
- O **aprendizado por modelagem de recompensa** e o de **reforço hierárquico** são úteis para aprender comportamentos complexos, particularmente quando as recompensas são esparsas, e longas sequências de ação são necessárias para obtê-las.

- Métodos de **busca de política** operam diretamente sobre uma representação da política, tentando melhorá-la com base no desempenho observado. A variância no desempenho em domínio estocástico é um problema sério; para domínios simulados isso pode ser superado fixando a aleatoriedade com antecedência.
- O **aprendizado por treinamento** pela observação do comportamento de especialistas pode ser uma solução eficaz quando uma função de recompensa correta é difícil de especificar. O **aprendizado por imitação** formula o problema como aprendizado supervisionado de uma política a partir de pares de estado-ação do especialista. O **aprendizado por reforço inverso** deduz informações de recompensa por meio do comportamento do especialista.

O aprendizado por reforço continua a ser uma das áreas mais ativas da pesquisa em aprendizado de máquina. Isso nos livra da construção manual de comportamentos e de rotular os vastos conjuntos de dados necessários para o aprendizado supervisionado, ou de ter que codificar manualmente as estratégias de controle. As aplicações em robótica prometem ser particularmente valiosas; elas exigirão métodos para manipulação de ambientes contínuos, de dimensões elevadas e parcialmente observáveis, nos quais os comportamentos bem-sucedidos podem consistir em milhares ou até milhões de ações primitivas.

Apresentamos diversas abordagens para o aprendizado por reforço porque não há (pelo menos até agora) uma única abordagem melhor. A questão dos métodos baseados em modelo *versus* métodos livres de modelo é, em sua essência, uma questão sobre a melhor maneira de representar a função do agente. Esse problema está no cerne da inteligência artificial. Como afirmamos no Capítulo 1, uma das principais características históricas de muitas pesquisas em IA é sua (muitas vezes não declarada) adesão à **abordagem baseada no conhecimento**. Isso equivale a uma suposição de que a melhor maneira de representar a função do agente é construir uma representação de alguns aspectos do ambiente em que o agente está situado. Alguns afirmam que, com acesso a dados suficientes, os métodos sem modelo podem ser bem-sucedidos em qualquer domínio. Talvez isso seja verdade em teoria, mas é claro, o universo pode não conter dados suficientes para torná-lo verdadeiro na prática. (P. ex., não é fácil imaginar como uma abordagem sem modelo permitiria projetar e construir, digamos, o detector de ondas gravitacionais LIGO.) Nossa intuição, se ela tiver algum valor, é que, conforme o ambiente se torna mais complexo, as vantagens de uma abordagem baseada em modelo tornam-se mais evidentes.

Notas bibliográficas e históricas

Parece provável que a ideia básica do aprendizado por reforço – de que os animais fazem mais o que são recompensados e menos o que são punidos – desempenhou um papel significativo na domesticação dos cães, pelo menos 15 mil anos atrás. As primeiras bases de nossa compreensão científica do aprendizado por reforço incluem o trabalho do fisiologista russo Ivan Pavlov, que ganhou o Prêmio Nobel em 1904, e o do psicólogo americano Edward Thorndike – particularmente seu livro *Animal Intelligence* (1911). Hilgard e Bower (1975) fornecem uma boa pesquisa.

Alan Turing (1948, 1950) propôs a abordagem de aprendizado por reforço como uma técnica para ensinar computadores: ele a considerou uma solução parcial, escrevendo: "O uso de penalidades e recompensas pode ser, no máximo, uma parte do processo de ensino." O programa de jogo de damas de Arthur Samuel (1959, 1967) foi o primeiro uso do aprendizado de máquina a obter sucesso. Samuel sugeriu a maior parte das ideias modernas em aprendizado por reforço, inclusive o aprendizado por diferenciação temporal e a aproximação de funções. Ele experimentou as representações multicamadas das funções valor, semelhantes ao AR profundo de hoje. No fim, ele descobriu que uma função de avaliação linear simples sobre características selecionadas à mão funcionava melhor. Essa pode ter sido uma consequência do trabalho com um computador aproximadamente 100 bilhões de vezes menos poderoso do que uma unidade de processamento de tensor moderna.

Por volta da mesma época, os pesquisadores em teoria de controle adaptativo (Widrow e Hoff, 1960), baseando-se no trabalho de Hebb (1949), estavam treinando redes simples com

742 Inteligência Artificial

o emprego da regra delta. Assim, o aprendizado por reforço combina influências da psicologia animal, neurociência, pesquisa operacional e teoria de controle ótimo.

A conexão entre aprendizado por reforço e processos de decisão de Markov foi realizada primeiro por Werbos (1977). (O trabalho de Ian Witten (1977) descreveu um processo tipo DT na linguagem da teoria de controle.) O desenvolvimento do aprendizado por reforço em IA teve origem no trabalho realizado na Universidade de Massachusetts no início da década de 1980 (Barto *et al.*, 1981). O ensaio influente de Rich Sutton (1988) forneceu uma compreensão matemática dos métodos de diferença temporal. A combinação do aprendizado de diferença temporal com a geração baseada em modelos de experiências simuladas foi proposta na arquitetura DYNA de Sutton (Sutton, 1990). O aprendizado Q (*Q-learning*) foi desenvolvido na tese de doutorado de Chris Watkins (1989), enquanto SARSA apareceu em um relatório técnico por Rummery e Niranjan (1994). A varredura priorizada foi introduzida independentemente por Moore e Atkeson (1993) e Peng e Williams (1993).

A aproximação de funções em aprendizado por reforço surgiu com o programa de jogo de damas de Arthur Samuel (1959). A utilização de redes neurais para representar funções de valor foi comum na década de 1980 e se destacou no programa TD-Gammon, de Gerry Tesauro (Tesauro, 1992, 1995). Redes neurais profundas são atualmente a forma mais popular de aproximador de função no aprendizado por reforço. Arulkumaran *et al.* (2017) e Francois-Lavet *et al.* (2018) oferecem introduções ao AR profundo. O sistema DQN (Mnih *et al.*, 2015) utiliza uma rede profunda para aprender uma função sem hífen, enquanto o ALPHAZERO (Silver *et al.*, 2018) aprende tanto uma função de valor para uso com um modelo conhecido quanto uma função sem hífen para uso em decisões de metanível (estados abstratos) que orientam a busca. Irpan (2018) adverte que os sistemas de AR profundo podem não funcionar bem se o ambiente real for ligeiramente diferente do ambiente de treinamento.

Combinações lineares ponderadas de características e redes neurais são representações fatoradas para aproximação de função. Também é possível aplicar o aprendizado por reforço a representações *estruturadas*; isso é chamado **aprendizado por reforço relacional** (Tadepalli *et al.*, 2004). O uso de descrições relacionais permite a generalização por comportamentos complexos envolvendo diferentes objetos.

A análise das propriedades de convergência dos algoritmos de aprendizado por reforço usando a aproximação de função é um assunto extremamente técnico. Os resultados para aprendizado DT foram progressivamente fortalecidos para o caso de aproximadores de funções lineares (Sutton, 1988; Dayan, 1992; Tsitsiklis e van Roy, 1997), mas vários exemplos de divergência foram apresentados para funções não lineares (ver discussão em Tsitsiklis e van Roy, 1997). Papavassiliou e Russell (1999) descrevem um novo tipo de aprendizado por reforço que converge com qualquer forma de aproximador de função, desde que o problema de ajuste da hipótese aos dados tenha solução. Liu *et al.* (2018) descrevem a família de algoritmos de **DT de gradiente** e oferecem muita análise teórica de convergência e complexidade de amostras.

Diversos métodos de exploração para problemas de decisão sequenciais são examinados por Barto *et al.* (1995). Kearns e Singh (1998) e Brafman e Tennenholtz (2000) descrevem algoritmos que exploram ambientes desconhecidos e oferecem a garantia de convergir sobre políticas quase ótimas com uma complexidade amostral que é quase polinomial no número de estados. O aprendizado bayesiano por reforço (Dearden *et al.*, 1998, 1999) oferece outro ângulo da abordagem, tanto para o modelo da incerteza como de exploração.

A ideia básica por trás do aprendizado por imitação é aplicar o aprendizado supervisionado a um conjunto de treinamento de ações de especialistas. Essa é uma ideia antiga em controle adaptativo, mas teve destaque inicialmente em IA com o trabalho de Sammut *et al.* (1992) sobre "Aprender a Voar" em um simulador de voo. Eles chamaram seu método de **clonagem comportamental**. Alguns anos depois, o mesmo grupo de pesquisa relatou que o método era muito mais frágil do que havia sido informado inicialmente (Camacho e Michie, 1995): até mesmo pequenas perturbações faziam com que a política aprendida se desviasse da trajetória desejada, levando a erros acumulados enquanto o agente se desviava cada vez mais do conjunto de treinamento. (Ver também discussão na seção 26.8.2.) O trabalho sobre aprendizadoaprendizado por treinamento visa tornar a técnica mais robusta, em parte incluindo informações sobre os resultados desejados, em vez de somente a política do especialista. Ng *et al.* (2003) e Coates *et al.* (2009) mostram como o aprendizadoaprendizado por treinamento funciona ensinando a pilotar um helicóptero real, conforme ilustrado na Figura 22.9(b).

O aprendizado por reforço inverso (ARI) foi introduzido por Russell (1998), e os primeiros algoritmos foram desenvolvidos por Ng e Russell (2000). (Um problema semelhante foi estudado em economia por muito mais tempo, sob o título de **estimativa estrutural de MDP** (Sargent, 1978).) O algoritmo dado no capítulo deve-se a Abbeel e Ng (2004). Baker *et al.* (2009) descrevem como o conhecimento das ações de outro agente pode ser visto como planejamento inverso. Ho *et al.* (2017) mostram que os agentes podem aprender melhor pelos comportamentos que são *instrutivos* do que os *ótimos*. Hadfield-Menell *et al.* (2017a) estendem a ARI para uma formulação teórica de jogo que compreende tanto observador quanto demonstrador, mostrando como comportamentos de ensino e aprendizado surgem como soluções do jogo.

García e Fernández (2015) oferecem uma pesquisa abrangente sobre aprendizado por reforço seguro. Munos *et al.* (2017) descrevem um algoritmo para exploração segura fora da política (p. ex., aprendizado Q). Hans *et al.* (2008) dividem o problema da exploração segura em duas partes: definir uma função de segurança para indicar quais estados evitar e definir uma política de *backup* para levar o agente de volta à segurança quando, de outra forma, ele poderia entrar em um estado inseguro. You *et al.* (2017) mostram como treinar um modelo de aprendizado por reforço profundo para dirigir um carro em simulação e, em seguida, usar o aprendizado por transferência para dirigir com segurança no mundo real.

Thomas *et al.* (2017) oferecem uma abordagem de aprendizado que é garantida, com alta probabilidade, de não fazer pior do que a política atual. Akametalu *et al.* (2014) descrevem uma abordagem baseada na alcançabilidade, na qual o processo de aprendizado opera sob a orientação de uma política de controle que garante que o agente nunca atinja um estado inseguro. Saunders *et al.* (2018) demonstram que um sistema pode usar intervenção humana para impedi-lo de vagar para fora da região segura e, com o tempo, pode aprender a precisar de menos intervenção.

Os métodos de busca de políticas foram trazidos à luz por Williams (1992), que desenvolveu a família de algoritmos REINFORCE, do inglês, e significa *"REward Increment = Nonnegative Factor × Offset Reinforcement × Characteristic Eligibility"*. O trabalho posterior de Marbach e Tsitsiklis (1998), de Sutton *et al.* (2000) e de Baxter e Bartlett (2000) fortaleceu e generalizou os resultados de convergência para busca de políticas. Schulman *et al.* (2015b) descrevem a **otimização de política da região de confiança**, um algoritmo de pesquisa de política teoricamente bem fundamentado e prático, que gerou muitas variantes. O método de amostragem correlacionada para reduzir a variância nas comparações de Monte Carlo é atribuído a Kahn e Marshall (1953); é também um de diversos métodos de redução de variância explorados por Hammersley e Handscomb (1964).

As primeiras abordagens para o aprendizado por reforço hierárquico (ARH) tentavam construir hierarquias usando **abstração de estado** – isto é, agrupando estados em estados abstratos e então realizando o AR no espaço de estado abstrato (Dayan e Hinton, 1993). Infelizmente, o modelo de transição para estados abstratos geralmente é não markoviano, levando a um comportamento divergente dos algoritmos de AR padrão. A abordagem de abstração temporal neste capítulo foi desenvolvida no fim da década de 1990 (Parr e Russell, 1998; Andre e Russell, 2002; Sutton *et al.*, 2000) e estendida para lidar com comportamentos concorrentes por Marthi *et al.* (2005). Dietterich (2000) apresentou a noção de uma decomposição aditiva de funções Q induzida pela hierarquia de sub-rotinas. A abstração temporal é baseada em um resultado muito anterior devido a Forestier e Varaiya (1978), que mostraram que um grande MDP pode ser decomposto em um sistema de duas camadas em que uma camada supervisora escolhe entre controladores de baixo nível, cada um dos quais, ao concluir, devolve o controle para o supervisor. O problema de aprender a própria hierarquia de abstração foi estudado pelo menos desde o trabalho de Peter Andreae (1985). Para uma exploração recente sobre o aprendizado de primitivas de movimento de robôs, consulte Frans *et al.* (2018). O jogo keepaway foi introduzido por Stone *et al.* (2005); a solução de ARH dada aqui é devida a Bai e Russell (2017).

A neurociência frequentemente inspirou o aprendizado por reforço e confirmou o valor da abordagem. A pesquisa com utilização de registros de uma única célula sugere que o sistema de dopamina no cérebro de primatas implementa algo semelhante à aprendizado de funções de valor (Schultz *et al.*, 1997). O texto de neurociência por Dayan e Abbott (2001) descreve possíveis implementações neurais de aprendizado de diferença temporal; pesquisas relacionadas descrevem outros experimentos neurocientíficos e comportamentais (Dayan e Niv, 2008; Niv, 2009; Lee *et al.*, 2012).

O trabalho no aprendizado por reforço foi acelerado pela disponibilidade de ambientes de simulação de código aberto para o desenvolvimento e teste de agentes de aprendizado. O Arcade Learning Environment (ALE) da University of Alberta (Bellemare *et al.*, 2013) forneceu essa estrutura para 55 *videogames* Atari clássicos. Os *pixels* na tela são fornecidos ao agente como percepções, junto com uma pontuação do jogo até o momento. ALE foi usado pela equipe DeepMind para implementar o aprendizado DQN e verificar a generalidade de seu sistema em uma ampla variedade de jogos (Mnih *et al.*, 2015).

O DeepMind, por sua vez, abriu o código-fonte de várias plataformas de agentes, incluindo DeepMind Lab (Beattie *et al.*, 2016), AI Safety Gridworlds (Leike *et al.*, 2017), a plataforma de jogos Unity (Juliani *et al.*, 2018) e o DM Control Suite (Tassa *et al.*, 2018). A Blizzard lançou o StarCraft II Learning Environment (SC2LE), ao qual o DeepMind adicionou o componente PySC2 para aprendizado de máquina em Python (Vinyals *et al.*, 2017a).

A simulação AI Habitat do Facebook (Savva *et al.*, 2019) fornece um ambiente virtual fotorrealista para tarefas robóticas internas, e sua plataforma HORIZON (Gauci *et al.*, 2018) permite o aprendizado por reforço em sistemas de produção em grande escala. O sistema SYNTHIA (Ros *et al.*, 2016) é um ambiente de simulação projetado para melhorar as capacidades de visão computacional dos carros autônomos. O OpenAI Gym (Brockman *et al.*, 2016) oferece diversos ambientes para agentes de aprendizado por reforço, sendo compatível com outras simulações, como o simulador Google Football.

Littman (2015) pesquisa o aprendizado por reforço para um público científico em geral. O texto canônico de Sutton e Barto (2018), dois dos pioneiros do campo, mostra como o aprendizado por reforço reúne as ideias de aprendizado, planejamento e atuação. Kochenderfer (2015) adota uma técnica um pouco menos matemática, com muitos exemplos do mundo real. Um pequeno livro de Szepesvari (2010) oferece uma visão geral dos algoritmos de aprendizado por reforço. Bertsekas e Tsitsiklis (1996) oferece uma base rigorosa para a teoria de programação dinâmica e convergência estocástica. Ensaios e artigos sobre aprendizado por reforço são publicados com frequência em *Machine Learning*, no *Journal of Machine Learning Research* e nos anais da *International Conference on Machine Learning* (ICML) e *Neural Information Processing Systems* (NeurIPS).

CAPÍTULO 23

PROCESSAMENTO DE LINGUAGEM NATURAL

Neste capítulo, vemos como um computador pode fazer uso da linguagem natural para se comunicar com os seres humanos e aprender com o que eles escreveram.

Cerca de 100 mil anos atrás, os seres humanos aprenderam a falar e cerca de 5 mil anos atrás aprenderam a escrever. A complexidade e a diversidade da linguagem humana distinguem o *Homo sapiens* de todas as outras espécies. É claro que existem outros atributos que são exclusivamente humanos: nenhuma outra espécie usa roupas, cria arte ou vê 2 horas de televisão por dia. Mas, quando Alan Turing propôs o seu teste de inteligência, ele o baseou na linguagem e não na arte ou na televisão, talvez devido ao seu escopo universal e porque a linguagem captura grande parte do comportamento inteligente: um orador (ou escritor) tem o **objetivo** de comunicar algum **conhecimento**, então **planeja** alguma linguagem que **representa** o conhecimento e **age** para conseguir o objetivo. O ouvinte (ou leitor) **percebe** a linguagem e **infere** o significado intencionado. Esse tipo de comunicação por meio da linguagem permitiu que a civilização crescesse; é o nosso principal meio de passar adiante o conhecimento cultural, legal, científico e tecnológico. Existem três motivos principais para os computadores realizarem **processamento de linguagem natural (PLN)**:

> Processamento de linguagem natural (PLN)

- Para se **comunicar** com os seres humanos. Em muitas situações, é conveniente que os humanos usem a fala para interagir com computadores, e na maioria delas é mais conveniente usar a linguagem natural do que uma linguagem formal, como o cálculo de predicados de primeira ordem.
- Para **aprender**. Os seres humanos têm escrito muito conhecimento usando a linguagem natural. Somente a Wikipédia reúne 30 milhões de páginas de fatos como "Jagras são pequenos primatas peludos de caudas longas e olhos grandes", enquanto quase não existem fontes de fatos como esse, escritas de forma lógica. Se quisermos que nosso sistema saiba muito, é melhor compreender a linguagem natural.
- Para avançar no **conhecimento científico** das linguagens e do uso da linguagem, utilizando as ferramentas de IA em conjunto com a linguística, a psicologia cognitiva e a neurociência.

Neste capítulo, examinamos diversos modelos matemáticos para a linguagem e discutimos as tarefas que podem ser realizadas por meio deles.

23.1 Modelos de linguagem

As linguagens formais, tais como a lógica de primeira ordem, são definidas com precisão, como vimos no Capítulo 8. Uma **gramática** define a sintaxe de sentenças válidas e **regras semânticas** definem o significado.

As linguagens naturais, como o português e o chinês, não podem ser caracterizadas tão nitidamente:

- Julgamentos de linguagem variam de uma pessoa para outra e de uma época para outra. Todos concordam que "Não ser convidado é triste" é uma sentença gramatical do português, mas as pessoas discordam da gramaticalidade de "Ser não convidado é triste".
- A linguagem natural é **ambígua** ("Ele está pra baixo" pode significar que ele está se sentindo infeliz ou que ele está em uma posição inferior) e **vaga** ("Isso é ótimo!" não especifica exatamente o quanto é bom nem do que se trata).

746 Inteligência Artificial

- Um mapeamento entre símbolos e objetos não é definido formalmente. Na lógica de primeira ordem, dois usos do símbolo "Ricardo" devem se referir à mesma pessoa, mas na linguagem natural, duas ocorrências da mesma palavra ou frase podem se referir a coisas diferentes no mundo.

Se não podemos fazer uma distinção booleana definitiva entre sequencias gramaticais e não gramaticais, podemos pelo menos dizer o quão provável ou improvável cada uma é.

Modelo de linguagem
Definimos um **modelo de linguagem** como uma distribuição de probabilidades que descreve a verossimilhança de qualquer sequência. Esse modelo deveria dizer que "Vou correr o risco de perturbar o universo?" tem uma probabilidade razoável como uma sentença em português, mas "Universo risco de perturbar vou correr eu?" é extremamente improvável.

Com um modelo de linguagem, podemos prever quais palavras provavelmente virão a seguir em um texto e, assim, sugerir conclusões para um *e-mail* ou mensagem de texto. Podemos computar quais alterações em um texto o tornariam mais provável e então sugerir correções ortográficas ou gramaticais. Com um par de modelos, podemos computar a tradução mais provável de uma frase. Com alguns pares de perguntas/respostas de exemplo como dados de treino, podemos computar a resposta mais provável para uma pergunta. Portanto, os modelos de linguagem estão no centro de uma grande gama de tarefas de linguagem natural. A própria tarefa de modelagem de linguagem também serve como uma referência comum para medir o progresso na compreensão da linguagem.

As linguagens naturais são complexas; portanto, qualquer modelo de linguagem será, na melhor das hipóteses, uma aproximação. O linguista Edward Sapir disse: "Nenhuma linguagem é tiranicamente consistente. Todas as gramáticas vazam" (Sapir, 1921). O filósofo Donald Davidson disse "não existe linguagem, não se uma linguagem for (...) uma estrutura compartilhada e claramente definida" (Davidson, 1986), com o que ele quis dizer que não há um modelo de linguagem definitivo para o português no sentido que existe para o Python 3.8; todos nós temos diferentes modelos, mas ainda de alguma forma conseguimos nos misturar e nos comunicar. Nesta seção, abordamos modelos de linguagem simplistas que estão claramente errados, mas ainda conseguem ser úteis para certas tarefas.

23.1.1 Modelo de saco de palavras

A seção 12.6.1 explicou como um modelo de Bayes ingênuo, baseado na presença de palavras específicas, poderia classificar as sentenças em categorias de modo confiável; por exemplo, a sentença (1), a seguir, é categorizada como *negócio*, e a (2) como *clima*.

1. As ações se recuperaram na segunda-feira, com os principais índices subindo 1% à medida que o otimismo persistia com os lucros do primeiro trimestre.
2. Muita chuva continua caindo em grande parte da costa leste na segunda-feira, com avisos de temporal emitidos em Nova York e em outros locais.

Esta seção revisita o modelo de Bayes ingênuo, lançando-o como um modelo de linguagem completo. Isso significa que não queremos apenas saber qual categoria é mais provável para cada frase; queremos uma distribuição de probabilidades conjuntas sobre todas as sentenças e categorias. Isso sugere que devemos considerar *todas* as palavras da frase. Dada uma sentença contendo as palavras w_1, w_2, ... w_N (que escreveremos como $w_{1:N}$, como no Capítulo 14), a fórmula do modelo de Bayes ingênuo (Equação 12.21) produz

$$\mathbf{P}(Classe \mid w_{1:N}) \ = \ \alpha \, \mathbf{P}(Classe) \prod_j \mathbf{P}(w_j \mid Classe).$$

Modelo de saco de palavras
A aplicação do Bayes ingênuo a sequências de palavras é chamada **modelo de saco de palavras**. Esse é um modelo gerativo que descreve um processo de geração de uma frase: imagine que para cada categoria (*negócios*, *clima* etc.) temos um saco cheio de palavras (você pode imaginar cada palavra escrita em um pedaço de papel dentro desse saco; quanto mais comum a palavra, mais ela é duplicada). Para gerar um texto, primeiro selecione um dos sacos e descarte

os outros. Pegue esse saco e escolha uma palavra ao acaso; esta será a primeira palavra da frase. Em seguida, coloque a palavra de volta e retire uma segunda palavra. Repita até que um indicador de fim de frase (p. ex., um ponto-final) seja retirado.

Esse modelo está claramente errado: ele considera falsamente que cada palavra é independente das outras e, portanto, não gera sentenças coerentes em qualquer idioma. Mas isso nos permite fazer a classificação com boa precisão usando a fórmula do Bayes ingênuo: as palavras "ações" e "lucros" são evidências claras para o setor de negócios, enquanto "chuva" e "temporal" sugerem o setor de clima.

Podemos aprender as probabilidades *a priori* necessárias para esse modelo por meio de treino supervisionado em um conjunto ou ***corpus*** de textos, no qual cada segmento de texto é rotulado com uma classe. Um *corpus* normalmente consiste em pelo menos um milhão de palavras em textos e pelo menos dezenas de milhares de palavras de vocabulário distintas. Recentemente, estamos vendo *corpora* ainda maiores sendo usados, como os 2,5 bilhões de palavras da Wikipedia em inglês ou o *corpus* de 14 bilhões de palavras do iWeb, retirado de 22 milhões de *webpages*.

Corpus

A partir de um *corpus*, podemos estimar a probabilidade *a priori* de cada categoria, $P(Classe)$, contando o quão comum é cada categoria. Também podemos usar contagens para estimar a probabilidade condicional de cada palavra, dada a categoria, $P(w_j \mid Classe)$. Por exemplo, se vimos 3 mil textos e 300 deles foram classificados como *negócios*, então podemos estimar $P(Classe = negócios) \approx 300/3.000 = 0,1$. E se dentro da categoria *negócios* vimos 100 mil palavras e a palavra "ações" apareceu 700 vezes, então podemos estimar $P(ações \mid Classe = negócios) \approx 700/100.000 = 0,007$. A estimativa por contagem funciona bem quando temos contagens altas (e baixa variância), mas veremos na seção 23.1.4 uma maneira melhor de estimar as probabilidades quando as contagens são baixas.

Às vezes, uma abordagem diferente de aprendizado de máquina, como a regressão logística, redes neurais ou máquinas de vetores de suporte, pode funcionar ainda melhor do que o Bayes ingênuo. As características do modelo de aprendizado de máquina são as palavras no vocabulário: "a", "aardvark", ..., "zyzzyva", e os valores são o número de vezes que cada palavra aparece no texto (ou, às vezes, apenas um valor booleano que indica se a palavra aparece ou não). Isso torna o vetor de características grande e esparso – poderíamos ter 100 mil palavras no modelo de idioma e, portanto, um vetor de características de 100 mil dimensões, mas, para um texto curto, quase todas as características seriam zero.

Como vimos, alguns modelos de aprendizado de máquina funcionam melhor quando fazemos a **seleção de atributos**, nos limitando a um subconjunto das palavras como características. Poderíamos eliminar palavras que são muito raras (e, portanto, têm alta variância em seus poderes preditivos), bem como palavras que são comuns a todas as classes (como "o"), mas não discriminam entre as classes. Também podemos misturar outras características com nossas características baseadas em palavras; por exemplo, se estivermos classificando mensagens de *e-mail*, podemos adicionar características para o remetente, a hora em que a mensagem foi enviada, as palavras no cabeçalho do assunto, a presença de pontuação não padrão, a porcentagem de letras maiúsculas, se há um anexo, e assim por diante.

Observe que não é trivial decidir o que é uma *palavra*. "D'água" é uma só palavra ou deve ser dividida em "D / ' / água" ou "D' / água", ou algo mais? O processo de dividir um texto em uma sequência de palavras é chamado **toquenização**.

Toquenização

23.1.2 Modelo de palavras de *n*-grama

O modelo do saco de palavras tem suas limitações. Por exemplo, a palavra "trimestre" é comum nas categorias de *negócios* e *esportes*. Mas a sequência de palavras "relatório de lucros do primeiro trimestre" é comum apenas em *negócios* e "pênaltis agarrados no quarto trimestre" é comum apenas em *esportes*. Gostaríamos de que nosso modelo fizesse essa distinção. Poderíamos ajustar o modelo do saco de palavras tratando frases especiais como "relatório de lucros do primeiro trimestre" como se fossem palavras isoladas, mas uma abordagem mais fundamentada é introduzir um novo modelo, em que cada palavra depende de palavras anteriores. Podemos começar tornando uma palavra dependente de *todas* as palavras anteriores em uma frase:

$$P(w_{1:N}) = \prod_{j=1}^{N} P(w_j \mid w_{1:j-1}).$$

De certa forma, esse modelo é perfeitamente "correto", pois captura todas as interações possíveis entre as palavras, mas ele não é prático: com um vocabulário de 100 mil palavras e um comprimento de frase de 40, esse modelo teria 10^{200} parâmetros para estimar. Podemos nos comprometer com um modelo de **cadeia de Markov** que considera apenas a dependência entre n palavras adjacentes. Isso é conhecido como um **modelo de n-gramas** (da raiz grega *gramma*, que significa "coisa escrita"): uma sequência de símbolos escritos de comprimento n é chamada "n-grama", com casos especiais "unigrama" para 1 grama, "bigrama" para 2 gramas e "trigrama" para 3 gramas. Em um modelo de n-gramas, a probabilidade de cada palavra depende apenas das $n - 1$ palavras anteriores; ou seja:

Modelo de n-gramas

$$P(w_j \mid w_{1:j-1}) = P(w_j \mid w_{j-n+1:j-1})$$
$$P(w_{1:N}) = \prod_{j=1}^{N} P(w_j \mid w_{j-n+1:j-1}).$$

Detecção de spam
Análise de sentimento

Atribuição de autor

Os modelos n-gramas funcionam bem para classificar seções de jornais, bem como para outras tarefas de classificação, como **detecção de *spam*** (distinguir *e-mail* de *spam* de não *spam*), **análise de sentimento** (classificar um filme ou crítica de produto como positivo ou negativo) e **atribuição de autor** (Hemingway tem um estilo e vocabulário diferentes de Faulkner ou Shakespeare).

23.1.3 Outros modelos de n-gramas

Modelo em nível de caracteres

Uma alternativa para um modelo de palavras de n-gramas é um **modelo em nível de caracteres** no qual a probabilidade de cada caractere é determinada pelos $n - 1$ caracteres anteriores. Essa abordagem é útil para lidar com palavras desconhecidas e para idiomas que tendem a juntar palavras, como na palavra dinamarquesa "Speciallægepraksisplanlægningsstabiliseringsperiode".

Identificação de idioma

Os modelos em nível de caracteres são adequados para a tarefa de **identificação de idioma**: dado um texto, determine em qual idioma ele está escrito. Mesmo com textos muito curtos como "Hello, world" ou "Wie geht's dir", os modelos de letras de n-gramas podem identificar o primeiro como inglês e o segundo como alemão, geralmente alcançando uma precisão maior que 99%. (Idiomas intimamente relacionados, como sueco e norueguês, são mais difíceis de distinguir e exigem amostras mais longas; nesse caso, a precisão está na faixa de 95%.) Modelos de caracteres são bons em certas tarefas de classificação, como decidir que "dextroanfetamina" é um nome de medicamento, "Kallenberger" é o nome de uma pessoa, e "Plattsburg" é o nome de uma cidade, mesmo que nunca tenhamos visto essas palavras antes.

Skip-gram

Outra possibilidade é o modelo ***skip-gram***, no qual contamos palavras que estão próximas umas das outras, mas pulamos uma palavra (ou mais) entre elas. Por exemplo, dado o texto em francês "je ne comprends pas", os bigramas 1-skip são "je comprends" e "ne pas". Reunir isso ajuda a criar um modelo melhor do francês, porque nos fala sobre conjugação ("je" combina com "comprends", não com "comprend") e negação ("ne" combina com "pas"); não conseguiríamos isso apenas com bigramas normais.

23.1.4 Suavização de modelos de n-gramas

N-gramas de alta frequência como "para a" têm contagens altas no *corpus* de treino; portanto, sua estimativa de probabilidade provavelmente será precisa: com um *corpus* de treino diferente, poderíamos obter uma estimativa semelhante. *N*-gramas de baixa frequência têm contagens baixas que estão sujeitas a ruídos aleatórios – eles têm alta variância. Nossos modelos vão ter um desempenho melhor se pudermos suavizar essa variância.

Fora do vocabulário

Além disso, sempre existe a chance de sermos solicitados a avaliar um texto que contenha uma palavra desconhecida ou **fora do vocabulário**: aquela que nunca apareceu no *corpus* de treino. Mas seria um erro atribuir uma probabilidade zero a tal palavra, porque assim a probabilidade de toda a frase, $P(w_{1:N})$, seria zero.

Uma forma de modelar palavras desconhecidas é modificar o *corpus* de treino, substituindo palavras pouco frequentes por um símbolo especial, tradicionalmente <UNK> (a partir do inglês UNKNOWN). Poderíamos decidir antecipadamente manter apenas, digamos, as 50 mil palavras mais comuns, ou todas as palavras com frequência maior que 0,0001%, e substituir as demais por <UNK>. Em seguida, calculamos contagens de *n*-gramas para o *corpus* como de costume, tratando <UNK> como qualquer outra palavra. Quando uma palavra desconhecida aparece em um conjunto de teste, procuramos sua probabilidade em <UNK>. Às vezes, diferentes símbolos de palavras desconhecidas são usados para tipos diferentes. Por exemplo, uma sequência de dígitos pode ser substituída por <NUM> ou um endereço de *e-mail* por <EMAIL>. (Notamos que também é aconselhável ter um símbolo especial, como <S>, para marcar o início (e fim) de um texto. Dessa forma, quando a fórmula para probabilidades de bigramas solicitar a palavra antes da primeira palavra, a resposta é <S>, não um erro.)

Mesmo após lidar com palavras desconhecidas, temos o problema de *n*-gramas invisíveis. Por exemplo, um texto de teste pode conter a frase "ideias verde-azuladas incolores", três palavras que podemos ter visto individualmente no *corpus* de treino, mas nunca na ordem exata. O problema é que alguns *n*-gramas de baixa probabilidade aparecem no *corpus* de treino, enquanto outros *n*-gramas de probabilidade igualmente baixa não aparecem. Não queremos que alguns deles tenham uma probabilidade zero, enquanto outros têm uma pequena probabilidade positiva; queremos aplicar **suavização** a todos os *n*-gramas semelhantes – reservando **Suavização** parte da massa de probabilidade do modelo para *n*-gramas nunca vistos, a fim de reduzir a variância do modelo.

O tipo mais simples de suavização foi sugerido por Pierre-Simon Laplace no século XVIII para estimar a probabilidade de eventos raros, como o sol não nascer amanhã. A teoria (incorreta) de Laplace do sistema solar sugeriu que ele tinha cerca de $N = 2$ milhões de dias. Pelos dados, houve 0 em 2 milhões de dias em que o sol não nasceu, mas não queremos dizer que a probabilidade é exatamente 0 (zero). Laplace mostrou que, se adotarmos uma distribuição *a priori* uniforme e a combinarmos com as evidências até agora, obteremos melhor estimativa de $1/(N + 2)$ para a probabilidade de o sol não nascer amanhã – ou ele vai nascer ou não (esse é o 2 no denominador) e uma distribuição *a priori* uniforme diz que isso é tão provável de ocorrer quanto de não ocorrer (esse é o 1 no numerador). A suavização de Laplace (também chamada "suavização soma-um") é um passo na direção certa, mas para muitas aplicações da linguagem natural ela tem um desempenho insatisfatório.

Outra abordagem é o **modelo de recuo** (*backoff*), em que começamos por estimar conta- **Modelo de recuo** gens de *n*-gramas, mas para qualquer sequência particular que tenha contagem baixa (ou zero), recuamos para $(n - 1)$ gramas. A **suavização por interpolação linear** é um modelo de recuo que **Suavização por interpolação linear** combina modelos de trigramas, bigramas e unigramas por interpolação linear. Ela define a estimativa de probabilidade como

$$\hat{P}(c_i|c_{i-2:i-1}) = \lambda_3 P(c_i|c_{i-2:i-1}) + \lambda_2 P(c_i|c_{i-1}) + \lambda_1 P(c_i),$$

em que $\lambda_3 + \lambda_2 + \lambda_1 = 1$. Os valores do parâmetro λ_i podem ser fixados ou treinados com um algoritmo de expectativa-maximização (EM). Também é possível ter os valores de λ_i dependentes das contagens: se tivermos uma contagem de trigramas alta, atribuímos um peso relativamente maior; se for apenas uma contagem baixa, colocamos mais peso nos modelos de bigramas e unigramas.

Um grupo de pesquisadores desenvolveu modelos de suavização cada vez mais sofisticados (como Witten-Bell e Kneser-Ney), enquanto outro grupo sugeriu reunir um *corpus* maior de modo que até mesmo os modelos de suavização simples funcionassem bem (um desses modelos é chamado "recuo estúpido"). Ambos estão tentando chegar ao mesmo objetivo: reduzir a variância no modelo de linguagem.

23.1.5 Representações de palavras

N-gramas podem nos dar um modelo que prevê com exatidão a probabilidade de sequências de palavras, dizendo-nos que, por exemplo, "um gato preto" é uma frase em português mais provável do que "gato preto um", porque "um gato preto" aparece em cerca de 0,000014% dos trigramas em um *corpus* de treino, enquanto "gato preto um" não aparece. Tudo o que o

750 Inteligência Artificial

modelo de palavras de *n*-gramas sabe, ele aprendeu com a contagem de sequências de palavras específicas.

Mas um falante nativo do português contaria uma história diferente: "um gato preto" é válido porque segue um padrão familiar (artigo-substantivo-adjetivo), enquanto "gato preto um" não.

Agora considere a frase "o gatinho fulvo". Alguém que fala português poderia reconhecer isso como também seguindo o padrão de artigo-substantivo-adjetivo (mesmo não sabendo que "fulvo" significa "amarelo-avermelhado", ele poderia reconhecer que essa palavra é um adjetivo). Além disso, essa pessoa reconheceria a estreita conexão sintática entre "um" e "o", bem como a estreita relação semântica entre "gato" e "gatinho". Assim, o aparecimento de "um gato preto" nos dados é a evidência, por generalização, de que "o gatinho fulvo" também é uma expressão válida em português.

O modelo de *n*-gramas perde essa generalização porque é um modelo *atômico*: cada palavra é indivisível, distinta de todas as outras palavras, sem estrutura interna. Vimos ao longo deste livro que os modelos *fatorados* ou *estruturados* permitem maior poder expressivo e melhor generalização. Veremos, na seção 24.1, que um modelo fatorado denominado **word embedding** oferece uma capacidade melhor de generalizar.

Dicionário
WordNet

Um tipo de modelo de palavras estruturado é um **dicionário**, geralmente construído por meio de trabalho manual. Por exemplo, **WordNet** é um dicionário de código aberto organizado manualmente em formato legível por máquina que se provou útil para muitas aplicações de linguagem natural.[1] Ver, a seguir, a entrada do WordNet para a palavra "kitten" (gatinho):

```
"kitten" <noun.animal> ("young domestic cat") IS A: young_mammal

"kitten" <verb.body> ("give birth to kittens")
    EXAMPLE: "our cat kittened again this year"
```

O WordNet irá ajudar você a separar os substantivos dos verbos e obter as categorias básicas (um gatinho é um mamífero jovem, que é um mamífero, que é um animal), mas não dará os detalhes de como é um gatinho ou como ele age. O WordNet poderá dizer que duas subclasses de gato são *gato siamês* e *gato persa*, mas não dará mais detalhes sobre as raças.

23.1.6 Etiquetagem morfossintática

Classe gramatical (CG)

Uma forma básica de categorizar palavras é por sua **classe gramatical (CG)**, também chamada **categoria léxica** ou *etiqueta*: *substantivo*, *verbo*, *adjetivo*, e assim por diante. As classes gramaticais permitem que os modelos de linguagem capturem generalizações, como "adjetivos geralmente vêm antes dos substantivos em inglês". (Em outros idiomas, como no português, geralmente acontece o contrário.)

Penn Treebank

Todos concordam que "substantivo" e "verbo" são classes gramaticais, mas quando entramos nos detalhes não há uma lista definitiva. A Figura 23.1 mostra as 45 etiquetas usadas no **Penn Treebank**, um *corpus* de mais de três milhões de palavras de texto anotadas com classes gramaticais. Como veremos mais adiante, o Penn Treebank também anota muitas sentenças com árvores de análise sintática, das quais o *corpus* recebe seu nome. Aqui está um trecho (em inglês) dizendo que "from" é marcado como uma preposição (IN), "the" como um determinante (DT), e assim por diante:

> From the start , it took a person with great qualities to succeed
> IN DT NN , PRP VBD DT NN IN JJ NNS TO VB

Análise gramatical ou morfológica

A tarefa de atribuir uma classe gramatical a cada palavra de uma frase é chamada **análise gramatical ou morfológica**. Embora não seja muito interessante por si só, esse é um primeiro passo útil em muitas outras tarefas de PLN, como responder a perguntas ou traduzir um texto. Mesmo para uma tarefa simples, como a síntese de fala a partir de texto, é importante saber que o substantivo "apoio" (suporte) é pronunciado de forma diferente do verbo "apoio"

---

[1] E até mesmo aplicações de visão computacional: o WordNet oferece o conjunto de categorias usadas pelo ImageNet.

Tag	Palavra	Descrição	Tag	Palavra	Descrição
CC	*and*	Conjunção coordenada	PRP$	*your*	Pronome possessivo
CD	*three*	Número cardinal	RB	*quickly*	Advérbio
DT	*the*	Determinante (artigo)	RBR	*quicker*	Advérbio, comparativo
EX	*there*	Existencial	RBS	*quickest*	Advérbio, superlativo
FW	*per se*	Palavra estrangeira	RP	*off*	Partícula
IN	*of*	Preposição	SYM	+	Símbolo
JJ	*purple*	Adjetivo	TO	*to*	para
JJR	*better*	Adjetivo, comparativo	UH	*eureka*	Interjeição
JJS	*best*	Adjetivo, superlativo	VB	*talk*	Verbo, infinitivo
LS	*1*	Marcador de item de lista	VBD	talked	Verbo, passado
MD	*should*	Modal	VBG	*talking*	Verbo, gerúndio
NN	*kitten*	Substantivo singular ou massa	VBN	*talked*	Verbo, particípio passado
NNS	*kittens*	Substantivo, plural	VBP	*talk*	Verbo, não 3ª sing
NNP	*Ali*	Nome próprio, singular	VBZ	*talks*	Verbo, 3ª sing
NNPS	*Fords*	Nome próprio, plural	WDT	*which*	Determinante wh
PDT	*all*	Predeterminante	WP	*who*	Pronome wh
POS	*'s*	Fim possessivo	WP$	*whose*	Pronome possessivo wh
PRP	*you*	Pronome pessoal	WRB	*where*	Advérbio wh
$	$	Sinal de cifrão	#	#	Sinal de libra
"	'	Aspa esquerda	"	'	Aspa direita
(	[	Parêntese esquerdo	)	]	Parêntese direito
,	,	Vírgula	.	!	Fim de sentença
:	;	Ponto e vírgula			

Figura 23.1 *Tags* de classe gramatical (com um exemplo de palavra para cada etiqueta) para o *corpus* Penn Treebank (Marcus *et al.*, 1993). Aqui, "3ª sing" é uma abreviação para "terceira pessoa do singular do tempo presente".

(conjugação na primeira pessoa do presente de apoiar). Nesta seção, veremos como dois modelos familiares podem ser aplicados à tarefa de etiquetagem e, no Capítulo 24, consideraremos um terceiro modelo.

Um modelo comum para etiquetagem de CG é o **modelo oculto de Markov (HMM)**. Lembre-se da seção 14.3, em que um modelo oculto de Markov toma uma sequência temporal de observações de evidências e prevê os estados ocultos mais prováveis que poderiam ter produzido essa sequência. No exemplo do HMM da seção 14.3, a evidência consistia em observações de uma pessoa carregando um guarda-chuva (ou não), e o estado oculto era chuva (ou não) no mundo exterior. Para marcação de CG, a evidência é a sequência de palavras, $W_{1:N}$, e os estados ocultos são as categorias léxicas, $C_{1:N}$.

O HMM é um modelo gerativo que diz que a maneira de produzir linguagem é começar em um estado, como IN, o estado para preposições, e então fazer duas escolhas: qual palavra (como *from*) deve ser emitida, e qual estado (como o DT) deve vir a seguir. O modelo não considera nenhum contexto diferente do estado atual dado pela classe gramatical, nem tem nenhuma ideia do que a frase está realmente tentando transmitir. Mesmo assim, ele é um modelo útil – se aplicarmos o **algoritmo de Viterbi** (seção 14.2.3) para encontrar a sequência mais provável de estados ocultos (etiquetas), descobriremos que a marcação atinge uma precisão muito alta; geralmente em torno de 97%.

Algoritmo de Viterbi

752 Inteligência Artificial

Para criar um HMM para etiquetagem de CG, precisamos do modelo de transição, que fornece a probabilidade de uma classe gramatical seguir a outra, $\mathbf{P}(C_t \mid C_{t-1})$, e o modelo do sensor, $\mathbf{P}(W_t \mid C_t)$. Por exemplo, para a língua inglesa, $\mathbf{P}(C_t = VB \mid Ct_{-1} = MD) = 0{,}8$ significa que, dado um verbo modal (como *would*), podemos esperar que a palavra seguinte seja um verbo (como *think*) com probabilidade de 0,8. De onde vem o número 0,8? Tal como acontece com os modelos de *n*-gramas, a partir de contagens no *corpus*, com suavização adequada. Acontece que existem 13.124 instâncias de *MD* (verbo modal) no Penn Treebank, e 10.471 delas são seguidas por um *VB* (verbo).

Para o modelo do sensor, $P(W_t = would \mid C_t = MD) = 0{,}1$ significa que, quando estamos escolhendo um verbo modal, escolheríamos *would* 10% das vezes. Esses números também vêm de contagens do *corpus*, com suavização.

Um ponto fraco dos modelos HMM é que tudo o que sabemos sobre a linguagem deve ser expresso em termos de modelos de transição e sensores. A classe gramatical da palavra atual é determinada exclusivamente pelas probabilidades nesses dois modelos e pela classe gramatical da palavra anterior. Não existe maneira fácil para um desenvolvedor de sistema dizer, por exemplo, que *qualquer* palavra que termina em "ous" é provavelmente um adjetivo, nem que na frase "attorney general" (procurador-geral), *attorney* é um substantivo, não um adjetivo.

Felizmente, a **regressão logística** tem a capacidade de representar informações como essa. Lembre-se da seção 19.6.5, em que em um modelo de regressão logística a entrada é um vetor, **x**, de valores de características. Em seguida, pegamos o produto escalar, **w** · **x**, dessas características com um vetor de pesos **w** previamente treinado, e transformamos essa soma em um número entre 0 e 1, que pode ser interpretado como a probabilidade de que a entrada seja um exemplo positivo de uma categoria.

Os pesos no modelo de regressão logística correspondem a quão preditiva cada característica é para cada categoria; os valores dos pesos são aprendidos por descida pelo gradiente. Para a etiquetagem de CG usando o *corpus* Penn Treebank, construiríamos 45 modelos de regressão logística diferentes, um para cada classe gramatical, e perguntaríamos a cada modelo quão provável é que a palavra do exemplo seja um membro dessa categoria, dados os valores de características para aquela palavra em seu contexto particular.

A questão então é: quais deveriam ser as características? Os etiquetadores de CG normalmente usam características de valor binário que codificam informações sobre a palavra sendo marcada, w_i (e talvez outras palavras próximas), bem como a categoria que foi atribuída à palavra anterior, c_{i-1} (e talvez a categoria de palavras anteriores). As características podem depender da identidade exata de uma palavra, de alguns aspectos da forma como ela é escrita, ou de algum atributo de uma entrada de dicionário. Um conjunto de recursos de marcação de CG pode incluir:

w_{i-1} = "I"	w_{i+1} = "for"
w_{i-1} = "you"	c_{i-1} = IN
w_i termina com "ous"	w_i contém um hífen
w_i termina com "ly"	w_i contém um dígito
w_i começa com "un"	w_i é todo em maiúsculas
w_{i-2} = "to" e c_{i-1} = VB	w_{i-2} tem atributo PRESENTE
w_{i-1} = "I" e w_{i+1} = "to"	w_{i-2} tem atributo PASSADO

Por exemplo, a palavra "walk" (em inglês) pode ser um substantivo ou um verbo, mas em "I walk to school", a característica na última linha, coluna da esquerda, pode ser usada para classificar "walk" como um verbo (VBP). Como outro exemplo, a palavra "cut" pode ser um substantivo (NN), verbo no pretérito (VBD) ou verbo no presente (VBP). Dada a frase "Yesterday I cut the rope", a característica na última linha, coluna da direita, poderia ajudar a marcar "cut" como um verbo no passado (VBD), enquanto na frase "Now I cut the rope", a característica acima dela poderia ajudar a marcar "cut" como um verbo no presente (VBP).

Ao todo, pode haver um milhão de características, mas para qualquer palavra, apenas algumas dezenas serão diferentes de zero. As características são geralmente feitas à mão por um projetista humano do sistema que pensa em modelos de características interessantes.

A regressão logística não tem a noção de uma sequência de entradas – você dá a ela um único vetor de recursos (informações sobre uma única palavra) e ela produz uma saída (uma CG). Mas, podemos forçar a regressão logística para lidar com uma sequência com uma **busca gulosa**: comece escolhendo a categoria mais provável para a primeira palavra e prossiga para o restante das palavras na ordem da esquerda para a direita. A cada etapa, a categoria c_i é atribuída de acordo com:

$$c_i = \underset{c' \in Categorias}{\text{argmax}} \ P(c' \mid w_{1:N}, c_{1:i-1}).$$

Ou seja, o classificador tem permissão para examinar qualquer uma das características que não são de CG para qualquer uma das palavras em qualquer lugar da frase (porque essas características são todas fixas), bem como quaisquer categorias atribuídas anteriormente.

Observe que a busca gulosa faz uma escolha de categoria definitiva para cada palavra e então passa para a próxima palavra; se essa escolha for desmentida por alguma evidência posterior na sentença, não há possibilidade de voltar e reverter a escolha. Isso torna o algoritmo mais rápido. O algoritmo de Viterbi, por outro lado, mantém uma tabela de todas as opções de categoria possíveis em cada etapa e sempre tem a opção de alteração. Isso torna o algoritmo mais preciso, porém mais lento. Para ambos os algoritmos, um meio-termo é uma **busca em feixe**, na qual consideramos todas as categorias possíveis em cada período de tempo, mas então mantemos apenas as b *etiquetagens* mais prováveis, descartando as outras *etiquetagens* menos prováveis. Alterar b troca velocidade por precisão.

Os modelos de Bayes ingênuo e oculto de Markov são **modelos gerativos** (ver seção 20.2.3). Ou seja, eles aprendem uma distribuição de probabilidades conjuntas, $P(W,C)$, e podemos gerar uma frase aleatória por amostragem dessa distribuição de probabilidades para obter uma primeira palavra (com categoria) da frase e, em seguida, adicionar palavras, uma por uma.

A regressão logística, por outro lado, é um **modelo discriminativo**. Ela aprende uma distribuição de probabilidades condicionais $P(C \mid W)$, o que significa que pode atribuir categorias, dada uma sequência de palavras, mas não pode gerar frases aleatórias. Em geral, os pesquisadores têm descoberto que os modelos discriminativos têm uma taxa de erro mais baixa, talvez porque modelem a saída pretendida diretamente e talvez porque facilitam a criação de características adicionais por um analista. No entanto, os modelos gerativos tendem a convergir mais rapidamente e, portanto, podem ser preferidos quando o tempo de treino disponível é curto ou quando há dados de treino limitados.

23.1.7 Comparação de modelos de linguagem

Para termos uma ideia de como são os diferentes modelos de n-gramas, construímos modelos de unigramas (ou seja, saco de palavras), bigramas, trigramas e 4-gramas sobre as palavras da versão em inglês deste livro e, em seguida, sequência de palavras amostradas aleatoriamente de cada um dos quatro modelos:

- $n = 1$: *logical are as are confusion a may right tries agent goal the was* (*lógica são a são confusão que um pode tentar objetivo do agente que foi*)
- $n = 2$: *systems are very similar computational approach would be represented* (*sistemas são muito semelhante abordagem computacional seria representada*)
- $n = 3$: *planning and scheduling are integrated the success of naive Bayes model is* (*planejamento e escalonamento são integrados, o sucesso do modelo de Bayes ingênuo é*)
- $n = 4$: *taking advantage of the structure of Bayesian networks and developed various languages for writing "templates" with logical variables, from which large networks could be constructed automatically for each problem instance* (*aproveitando a estrutura das redes bayesianas e desenvolvendo várias linguagens para escrever "moldes" com variáveis lógicas, a partir dos quais grandes redes poderiam ser construídas automaticamente para cada instância do problema*).

A partir dessa pequena amostra, deve ficar claro que o modelo de unigramas é uma aproximação muito pobre do inglês (e do português) em geral ou de um livro de IA em particular, e que o modelo de 4-gramas é imperfeito, porém muito melhor. Em seguida, para demonstrar como as amostras alternam entre as fontes de treino (e, definitivamente, não apenas por diversão),

754 Inteligência Artificial

adicionamos o texto da Bíblia de rei James ao modelo de 4-gramas produzindo estas amostras aleatórias:

- *Prove that any 3-SAT problem can be reduced to simpler ones using the laws of thy God. (Prove que qualquer problema 3-SAT pode ser reduzido a problemas mais simples usando as leis do seu Deus.)*
- *Masters, give unto your servants that which is true iff both P and Q in any model m by a simple experiment: put your hand unto, ye and your households for it is pleasant. (Senhores, deem a seus servos o que é verdadeiro se P e Q em qualquer modelo m por meio de um experimento simples: ponham suas mãos em vós e suas famílias, pois isso é agradável.)*
- *Many will intreat the LORD your God, Saying, No; but we will ignore this issue for now; Chapters 7 and 8 suggest methods for compactly representing very large belief states. (Muitos implorarão ao SENHOR seu Deus, Dizendo: Não; mas vamos ignorar essa questão por enquanto; os Capítulos 7 e 8 sugerem métodos para representar de forma compacta estados de crença muito grandes.)*
- *And it came to pass, as if it had no successors. (E isso passou, como se não tivesse sucessores.)*
- *The direct utility estimation is just an instance of the general or algorithm in which new function symbols are constructed "on the fly". For example, the first child of the Holy Ghost. (A estimativa de utilidade direta é apenas uma instância do algoritmo geral ou em que novos símbolos de função são construídos "em tempo real". Por exemplo, o primeiro filho do Espírito Santo.)*

Há um limite para modelos de n-gramas – conforme n aumenta, eles produzirão uma linguagem mais fluente, mas tendem a reproduzir longas passagens de seus dados de treino na íntegra, em vez de gerar novos textos. Modelos de linguagem com representações mais complexas de palavras e contexto podem fazer melhor. O restante deste capítulo demonstra como a **gramática** pode melhorar um modelo de linguagem, e o Capítulo 24 mostra como os métodos de aprendizado profundo produziram recentemente modelos de linguagem impressionantes. Um desses modelos de aprendizado profundo, o GPT-2, pode produzir exemplos em linguagem fluente quando solicitado. Fornecemos ao GPT-2 as duas primeiras sentenças deste parágrafo como entrada (em inglês); ele produziu as duas amostras a seguir:

- *Numerous studies have shown that the best language models that can generate language are those that use neural networks, and in particular that use deep learning to model speech. I have used one of these models to generate hundreds of sentences in multiple languages, and it has the ability to generate almost perfect translations of my training sentences. It's a great model to have, and will save you a lot of time in the future when you need to translate between many languages. (Inúmeros estudos têm mostrado que os melhores modelos de linguagem que podem gerar linguagem são aqueles que usam redes neurais e, em particular, que usam aprendizado profundo para modelar a fala. Usei um desses modelos para gerar centenas de frases em vários idiomas e ele tem a capacidade de gerar traduções quase perfeitas de minhas frases de treino. É um ótimo modelo e você economizará muito tempo no futuro quando precisar traduzir entre vários idiomas.)*
- *These models can also do better if their samples are chosen at random, rather than by an expert in the domain. However, as a general rule, n-gram and language models that include a large number of features tend to produce text better, since these features contribute the most to language learning. To measure the performance of a model, I've made some sample sentences that I'd like to train to better understand speech and language models. You can read them to get a grasp of how the model predicts. (Esses modelos também podem ter um desempenho melhor se suas amostras forem escolhidas aleatoriamente, em vez de por um especialista no domínio. No entanto, como regra geral, os modelos de n-gramas e linguagem que incluem diversos recursos tendem a produzir um texto melhor, uma vez que esses recursos contribuem mais para o aprendizado de idiomas. Para medir o desempenho de um modelo, fiz alguns exemplos de frases que gostaria de treinar para entender melhor os modelos de fala e linguagem. Você pode lê-los para ter uma ideia de como o modelo prevê.)*

Vemos que essas passagens são diversificadas e gramaticalmente fluentes; além disso, elas se concentram em tópicos que são relevantes para as frases prontas. Mas as frases não se baseiam umas nas outras para desenvolver uma tese coerente. O modelo de linguagem GPT-2 é conhecido como **modelo transformador**, que será abordado na seção 24.4; outros exemplos do GPT-2 estão na Figura 24.14. Outro modelo transformador é a Conditional Transformer Language (CTRL). Esse modelo pode ser controlado de forma mais flexível; nos exemplos a seguir, CTRL foi solicitado a gerar texto na categoria *avaliações de produto*, com uma classificação de 1 e 4 (das 5):

- **1.0**: *I bought this for my son who is a huge fan of the show. He was so excited to get it and when he opened it, we were all very disappointed. The quality of the product is terrible. It looks like something you would buy at a dollar store.* (*Comprei para meu filho, que é um grande fã do programa. Ele estava muito animado para adquirir e, quando o abriu, ficamos todos muito desapontados. A qualidade do produto é péssima. Parece algo que você compraria em uma loja com tudo por um dólar.*)
- **4.0**: *I bought this for my husband and he loves it. He has a small wrist so it is hard to find watches that fit him well. This one fits perfectly.* (*Comprei para o meu marido e ele adora. Ele tem um pulso pequeno, por isso é difícil encontrar relógios que caibam bem nele. Este se encaixa perfeitamente.*)

23.2 Gramática

No Capítulo 7, usamos a BNF (formalismo de Backus-Naur) para escrever uma gramática para a linguagem da lógica de primeira ordem. Uma **gramática** é um conjunto de regras que definem a estrutura em árvore das frases permitidas, e uma **linguagem** é o conjunto de frases que seguem essas regras.

As linguagens naturais não funcionam exatamente como a linguagem formal da lógica de primeira ordem – elas não têm uma fronteira rígida entre frases permitidas e não permitidas, nem têm uma única estrutura de árvore definitiva para cada frase. No entanto, a estrutura hierárquica é importante na linguagem natural. A palavra "ações" em "As ações subiram na segunda-feira" não é apenas uma palavra, nem é apenas um *substantivo*; nessa frase também compreende um *sintagma nominal*, que é o sujeito do *sintagma verbal* seguinte. **Categorias sintáticas**, como *sintagma nominal* ou *sintagma verbal*, ajudam a restringir as palavras prováveis em cada ponto de uma frase, e a **estrutura frasal** fornece uma estrutura para o significado ou **semântica** da frase.

Categoria sintática

Estrutura frasal

Existem muitos modelos de linguagem concorrentes baseados na ideia de estrutura sintática hierárquica; nesta seção, descreveremos um modelo popular denominado **gramática probabilística livre de contexto** ou GPLC. Uma gramática probabilística atribui uma probabilidade a cada sequência, e "livre de contexto" significa que qualquer regra pode ser usada em qualquer contexto: as regras para um sintagma nominal no início de uma frase são as mesmas que para outro sintagma nominal mais adiante na frase; se a mesma frase ocorre em dois locais, deve ter a mesma probabilidade todas as vezes. Definiremos uma GPLC para um pequeno fragmento de inglês que seja adequado para a comunicação entre agentes que exploram o mundo wumpus. Chamamos essa linguagem de $\mathcal{E}_0$ (Figura 23.2). Uma regra gramatical como

Gramática probabilística livre de contexto

$$Adjs \rightarrow Adjetivo \quad [0,80]$$
$$| \ Adjetivo \ Adjs \quad [0,20]$$

significa que a categoria sintática *Adjs* pode consistir em um único *Adjetivo*, com probabilidade de 0,80, ou em um *Adjetivo* seguido por uma sequência que constitui um *Adjs*, com probabilidade de 0,20.

Infelizmente, a gramática **gera a mais**: ou seja, ela gera sentenças que não são gramaticais, como "Me go I". Ela também **gera a menos**: existem muitas sentenças do inglês que ela rejeita, como "I think the wumpus is smelly". Veremos como aprender uma gramática melhor depois; por enquanto, vamos nos concentrar no que podemos fazer com essa gramática muito simples.

Gerar a mais

Gerar a menos

S	→	*SN SV*	[0,90] I + feel a breeze
	|	*S Conj S*	[0,10] I feel a breeze + and + It stinks
SN	→	*Pronome*	[0,25] I
	|	*Substantivo*	[0,10] Ali
	|	*Substantivo*	[0,10] pits
	|	*Artigo Substantivo*	[0,25] the + wumpus
	|	*Artigo Adjs Substantivo*	[0,05] the + smelly dead + wumpus
	|	*Dígito Dígito*	[0,05] 3 4
	|	SN SP	[0,10] the wumpus + in 1 3
	|	SN ClauRel	[0,05] the wumpus + that is smelly
	|	SN Conj SN	[0,05] the wumpus + and + I
SV	→	*Verbo*	[0,40] stinks
	|	SV SN	[0,35] feel + a breeze
	|	SV Adjetivo	[0,05] smells + dead
	|	SV SP	[0,10] is + in 1 3
	|	*SV Advérbio*	[0,10] go + ahead
Adjs	→	*Adjetivo*	[0,80] smelly
	|	*Adjetivo Adjs*	[0,20] smelly + dead
SP	→	*Prep SN*	[1,00] to + the east
ClauRel	→	*ProRel SV*	[1,00] that + is smelly

Figura 23.2 Gramática para $\mathscr{E}_0$, com frases de exemplo para cada regra. As categorias sintáticas são sentença (*S*), sintagma nominal (*SN*), sintagma verbal (*SV*), lista de adjetivos (*Adjs*), sintagma preposicional (*SP*) e cláusula relativa (*ClauRel*).

23.2.1 Léxico de $\mathscr{E}_0$

Léxico

O **léxico**, ou lista de palavras permitidas, é definido na Figura 23.3. Cada uma das categorias lexicais termina em ... para indicar que existem outras palavras na categoria. No caso de substantivos, nomes, verbos, adjetivos e advérbios, é inviável, mesmo em princípio, listar todas as palavras. Não apenas há dezenas de milhares de membros em cada classe, mas novos – como *iPOD* ou *biodiesel* – estão sendo acrescentados constantemente. Essas cinco categorias são chamadas **classes abertas**. Pronomes, pronomes relativos, artigos, preposições e conjunções são chamados **classes fechadas**; eles têm um pequeno número de palavras (uma dúzia ou mais) e mudam ao longo dos séculos, não meses. Por exemplo, em inglês, "thee" e "thou" eram pronomes de uso comum no século XVII, estavam em declínio no século XIX e hoje só são vistos em poesia e em alguns dialetos regionais.

Classe aberta
Classe fechada

23.3 Análise sintática

Análise sintática

Análise sintática é o processo de analisar uma sequência de palavras para descobrir sua estrutura frasal, de acordo com as regras de uma gramática. Podemos pensar nisso como uma **busca** por uma árvore de análise válida cujas folhas são as palavras da sequência. A Figura 23.4 mostra que podemos começar com o símbolo *S* e pesquisar de cima para baixo, ou podemos começar com as palavras e pesquisar de baixo para cima. Contudo, estratégias de análise puras de

Substantivo	→ **stench** [0,05] | **breeze** [0,10] | **wumpus** [0,15] | **pits** [0,05] | ...
Verbo	→ **is** [0,10] | **feel** [0,10] | **smells** [0,10] | **stinks** [0,05] | ...
Adjetivo	→ **right** [0,10] | **dead** [0,05] | **smelly** [0,02] | **breezy** [0,02] ...
Advérbio	→ **here** [0,05] | **ahead** [0,05] | **nearby** [0,02] | ...
Pronome	→ **me** [0,10] | **you** [0,03] | **I** [0,10] | **it** [0,10] | ...
ProRel	→ **that** [0,40] | **which** [0,15] | **who** [0,20] | **whom** [0,02] | ...
Nome	→ **Ali** [0,01] | **Bo** [0,01] | **Boston** [0,01] | ...
Artigo	→ **the** [0,40] | **a** [0,30] | **an** [0,10] | **every** [0,05] | ...
Prep	→ **to** [0,20] | **in** [0,10] | **on** [0,05] | **near** [0,10] | ...
Conj	→ **and** [0,50] | **or** [0,10] | **but** [0,20] | **yet** [0,02] | ...
Dígito	→ **0** [0,20] | **1** [0,20] | **2** [0,20] | **3** [0,20] | **4** [0,20] | ...

Figura 23.3 O léxico para $\mathcal{E}_0$. *ProRel* é uma abreviação para pronome relativo, *Prep* de preposição e *Conj* de conjunção. A soma das probabilidades para cada categoria é 1.

Lista de itens	Regra
S	
SN SV	$S \rightarrow SN\ SV$
SN SV Adjetivo	$SV \rightarrow SV\ Adjetivo$
SN Verbo Adjetivo	$SV \rightarrow Verbo$
SN Verbo **dead**	$Adjetivo \rightarrow$ **dead**
SN **is dead**	$Verbo \rightarrow$ **is**
Artigo Substantivo **is dead**	$SN \rightarrow Artigo\ Nome$
Artigo **wumpus is dead**	$Substantivo \rightarrow$ **wumpus**
the wumpus is dead	$Artigo \rightarrow$ **the**

Figura 23.4 Análise da sequência "The wumpus is dead" como um sintagma, de acordo com a gramática $\mathcal{E}_0$. Visto como uma análise de cima para baixo, começamos com S e, a cada etapa, combinamos um X não terminal com uma regra na forma $(X \rightarrow Y...)$ e substituímos X na lista de itens por $Y...$; por exemplo, usando S no lugar da sequência *SN SV*. Olhando de baixo para cima, começamos com as palavras "the wumpus is dead" e, a cada passo, combinamos uma sequência de *tokens* como $(Y...)$ com uma regra na forma $(X \rightarrow Y...)$ e substituímos X pelos *tokens*; por exemplo, usando "the" no lugar de *Artigo* ou *SN* no lugar de *Artigo Nome*.

cima para baixo ou de baixo para cima podem ser ineficientes, porque podem acabar repetindo o esforço em áreas do espaço de busca que levam a becos sem saída. Considere as duas sentenças em inglês, a seguir (as traduções em português não fazem parte do exemplo):

Have the students in section 2 of Computer Science 101 take the exam.
(Faça os estudantes na seção 2 do curso Ciência da Computação 101 realizar o exame.)
Have the students in section 2 of Computer Science 101 taken the exam?
(Os estudantes na seção 2 do curso Ciência da Computação 101 realizaram o exame?)

Embora compartilhem as primeiras 10 palavras, essas sentenças têm análises sintáticas muito diferentes, porque a primeira é um comando e a segunda é uma pergunta. Um algoritmo de análise da esquerda para a direita teria que pressupor que a primeira palavra é parte de um comando ou de uma pergunta e não seria capaz de dizer se a suposição é correta até pelo menos a décima primeira palavra, *take* ou *taken*. Se fizer a suposição errada, o algoritmo terá de retornar à primeira palavra e analisar novamente toda a sentença sob outra interpretação.

Para evitar essa fonte de ineficiência, podemos usar a **programação dinâmica**: cada vez que analisamos uma *subsequência*, armazenamos os resultados de modo que não tenhamos

758 Inteligência Artificial

Analisador de diagrama

que reanalisá-los mais tarde. Por exemplo, uma vez que descobrimos que "the students in section 2 of Computer Science 101" é um *SN*, podemos registrar esse resultado em uma estrutura de dados conhecida como **diagrama**. Um algoritmo que faz isso é chamado **analisador de diagrama**. Por estarmos tratando com gramática livre de contexto, qualquer sintagma que for encontrado no contexto de um ramo da árvore de busca pode funcionar da mesma forma em qualquer outro ramo da árvore de busca. Existem muitos tipos de analisadores de diagrama; descreveremos uma versão probabilística de um algoritmo de análise de diagrama ascendente denominado **algoritmo CYK**, em homenagem a seus inventores, Ali Cocke, Daniel Younger e Tadeo Kasami.[2]

Algoritmo CYK

O algoritmo CYK é mostrado na Figura 23.5 e requer uma gramática com todas as regras em um de dois formatos muito específicos: regras lexicais da forma $X \rightarrow$ **palavra** $[p]$ e regras sintáticas da forma $X \rightarrow YZ$ $[p]$, com exatamente duas categorias no lado direito. Esse formato de gramática, denominado **Forma Normal de Chomsky**, pode parecer restritivo, mas não é: qualquer gramática livre de contexto pode ser transformada automaticamente na Forma Normal de Chomsky.

Forma Normal de Chomsky

O algoritmo CYK usa espaço de ordem $O(n^2m)$ para as tabelas P e T, em que n é o número de palavras na sentença e m é o número de símbolos não terminais na gramática, que leva o tempo $O(n^3m)$. Se quisermos um algoritmo que com certeza funcione para todas as gramáticas livres de contexto possíveis, não podemos fazer melhor do que isso. Mas, na verdade, queremos apenas analisar linguagens naturais, não todas as gramáticas possíveis. Linguagens naturais evoluíram para serem fáceis de entender em tempo real, não para serem tão complicadas quanto possível; então parece que elas devem ser receptivas a um algoritmo de análise mais rápido.

Para tentar chegar a $O(n)$, podemos aplicar a busca A^* de uma maneira bastante direta: cada estado é uma lista de itens (palavras ou categorias), conforme mostrado na Figura 23.4. O estado inicial é uma lista de palavras, e um estado objetivo é o único item S. O custo de um estado é o inverso de sua probabilidade, conforme definido pelas regras aplicadas até agora, e existem diversas heurísticas para estimar a distância restante até o objetivo; as melhores heurísticas em uso atual vêm do aprendizado de máquina aplicado a um *corpus* de sentenças.

Com o algoritmo A^*, não precisamos buscar o espaço de estados inteiro, e temos a garantia de que a primeira análise encontrada será a mais provável (supondo uma heurística admissível). Isso geralmente será mais rápido do que CYK, mas (dependendo dos detalhes da gramática) ainda mais lento do que $O(n)$. Um exemplo de resultado de análise é mostrado na Figura 23.6.

Assim como na etiquetagem de classes gramaticais, podemos usar uma **busca em feixe** para a análise, na qual a qualquer momento consideramos apenas as b árvores alternativas mais prováveis. Isso significa que não temos a garantia de encontrar a árvore com maior probabilidade, mas (com uma implementação cuidadosa) o analisador pode operar em tempo $O(n)$ e ainda encontrar a melhor árvore na maioria das vezes.

Analisador determinístico

Análise por deslocamento e redução

Um analisador de busca em feixe com $b = 1$ é chamado **analisador determinístico**. Uma abordagem determinística popular é a **análise por deslocamento e redução**, na qual percorremos a frase palavra por palavra, escolhendo em cada ponto se devemos deslocar a palavra em uma pilha de constituintes ou reduzir o(s) constituinte(s) superior(es) na pilha de acordo com alguma regra gramatical. Cada estilo de análise tem seus adeptos na comunidade da PLN. Mesmo que seja possível transformar um sistema por deslocamento e redução em uma GPLC (e vice-versa), quando você aplica o aprendizado de máquina ao problema de induzir uma gramática, o viés indutivo será diferente, assim como as generalizações que cada sistema fará (Abney *et al.*, 1999).

23.3.1 Análise de dependência

Gramática de dependência

Existe uma abordagem sintática alternativa muito utilizada, chamada **gramática de dependência**, que considera que a estrutura sintática é formada por relações binárias entre os itens

---

[2] Às vezes, os autores aparecem na ordem CKY.

função ANÁLISE-CYK(*palavras, gramática*) **devolve** uma tabela de árvores de análise
  entradas: *palavras*, uma lista de palavras
       gramática, uma estrutura com REGRASLÉXICAS e REGRASGRAMÁTICA
  $T \leftarrow$ uma tabela   // $T[X, i, k]$ *é a árvore X mais provável cobrindo palavras*$_{i:k}$
  $P \leftarrow$ uma tabela, inicialmente com zeros   // $P[X, i, k]$ *é a probabilidade da árvore* $T[X, i, k]$
  // *Insira categorias léxicas para cada palavra.*
  para i = 1 **até** TAMANHO(*palavras*) **faça**
    para cada (X, p) **em** *gramática*.REGRASLÉXICAS(*palavras*$_i$) **faça**
      $P[X, i, i] \leftarrow p$
      $T[X, i, i] \leftarrow$ ÁRVORE(X, *palavras*$_i$)
  // *Construa* $X_{i:k}$ *com* $Y_{i:j}$ + $Z_{j+1:k}$, *com o mais curto primeiro.*
  para cada (i, j, k) **em** SUBCOBERTURAS(TAMANHO(*palavras*)) **faça**
    para cada (X, Y, Z, p) **em** *gramática*.REGRASGRAMÁTICA **faça**
      $PYZ \leftarrow P[Y, i, j] \times P[Z, j + 1, k] \times p$
      se $PYZ > P[X, i, k]$ **faça**
        $P[X, i, k] \leftarrow PYZ$
        $T[X, i, k] \leftarrow$ ÁRVORE(X, $T[Y, i, j]$, $T[Z, j + 1, k]$)
  devolver T

função SUBCOBERTURAS(N) **produz** tuplas (i, j, k)
  para *tamanho* = 2 **até** N **faça**
    para i = 1 **até** $N + 1 - tamanho$ **faça**
      $k \leftarrow i + tamanho - 1$
      para $j = i$ **até** $k - 1$ **faça**
        produzir (i, j, k)

Figura 23.5 Algoritmo CYK para análise sintática. Dada uma sequência de palavras, ele encontra a árvore de análise mais provável para a sequência e suas subsequências. A tabela $P[X, i, k]$ fornece a probabilidade da árvore mais provável da categoria X abrangendo *palavras*$_{i:k}$. A tabela de saída $T[X, i, k]$ contém a árvore mais provável da categoria X abrangendo as posições de i a k inclusive. A função SUBSPANS retorna todas as tuplas (i, j, k) cobrindo um intervalo de *palavras*$_{i:k}$, com $i \leq j < k$, listando as tuplas por ordem crescente do comprimento do intervalo $i:k$, de modo que, quando combinamos dois intervalos mais curtos em um mais longo, os intervalos mais curtos já estão na tabela. REGRASLÉXICAS(*palavra*) retorna uma coleção de pares (X, p), um para cada regra da forma $X \rightarrow$ *palavra*$[p]$, e REGRASGRAMÁTICA fornece tuplas (X, Y, Z, p), uma para cada regra gramatical no formato $X \rightarrow YZ[p]$.

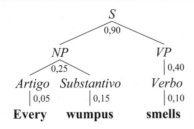

Figura 23.6 Árvore de análise sintática para a sentença "Every wumpus smells" de acordo com a gramática $\mathcal{E}_0$. Cada nó interior da árvore é rotulado com sua probabilidade. A probabilidade da árvore como um todo é $0{,}9 \times 0{,}25 \times 0{,}05 \times 0{,}15 \times 0{,}40 \times 0{,}10 = 0{,}0000675$. A árvore também pode ser escrita em formato linear como [S [SN [*Artigo* **every**] [*Substantivo* **wumpus**]] [SV [*Verbo* **smells**]]].

léxicos, sem necessidade de constituintes sintáticos. A Figura 23.7 mostra uma sentença com uma análise de dependência e uma análise da estrutura frasal.

Em certo sentido, a gramática de dependência e a gramática de estrutura de frase são apenas variantes notacionais. Se a árvore de estrutura frasal estiver anotada com o núcleo de cada frase, você poderá recuperar a árvore de dependências a partir dela. Na outra direção, podemos converter uma árvore de dependência em uma árvore de estrutura frasal introduzindo categorias arbitrárias (embora nem sempre possamos obter uma árvore de aparência natural dessa forma).

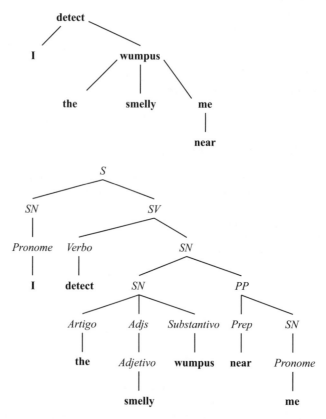

Figura 23.7 Análise do estilo de dependência (acima) e a análise correspondente da estrutura frasal (abaixo) para a sentença *I detect the smelly wumpus near me*.

Portanto, não preferiríamos uma notação à outra por ser mais poderosa; em vez disso, preferiríamos uma porque ela é mais natural – seja ela mais familiar para os desenvolvedores humanos de um sistema ou mais natural para um sistema de aprendizado de máquina que terá que aprender as estruturas. Em geral, as árvores de estrutura de frase são naturais para idiomas (como o inglês) com ordem de palavras principalmente fixa; árvores de dependência são naturais para idiomas (como o latim) com ordem de palavras principalmente livre, em que a ordem das palavras é determinada mais pela pragmática do que por categorias sintáticas.

A popularidade da gramática de dependência hoje deriva em grande parte do projeto Universal Dependencies (Nivre *et al.*, 2016), um projeto de banco de árvores sintáticas de código aberto que define um conjunto de relações e oferece milhões de frases analisadas em mais de 70 idiomas.

23.3.2 Analisador que aprende por exemplos

Construir uma gramática para uma parte significativa de uma língua como o inglês é trabalhoso e sujeito a erros. Isso sugere que seria melhor **aprender** as regras gramaticais (e probabilidades) do que escrevê-las à mão. Para aplicar o aprendizado supervisionado, precisamos de pares de entrada e saída de sentenças e suas árvores sintáticas. O Penn Treebank é a fonte mais conhecida desses dados, com mais de 100 mil frases anotadas com árvore de análise sintática. A Figura 23.8 mostra uma árvore anotada do Penn Treebank.

Dado um banco de árvores, podemos criar uma GPLC apenas contando o número de vezes que cada tipo de nó aparece em uma árvore (com as advertências normais sobre como suavizar contagens baixas). Na Figura 23.8, existem dois nós da forma [*S*[*SN* ...] [*SV* ...]]. Contaríamos essas e todas as outras subárvores com raiz *S* no *corpus*. Se houver 1.000 nós *S*, dos quais 600 têm esse formato, então criamos a regra:

Capítulo 23 • Processamento de Linguagem Natural   761

```
[ [S [SN-2 Her eyes ]
      [SV were
         [SV glazed
            [SN *-2]
            [SBAR-ADV as if
               [S [SN she ]
                  [SV did n't
                     [SV [SV hear  [SN *-1]]
                        or
                        [SV [ADSV even ] see [SN *-1]]
                        [SN-1 him ]]]]]]]]
      .]
```

Figura 23.8 Árvore anotada para a sentença "Her eyes were glazed as if she didn't hear or even see him" (Seus olhos estavam vidrados como se ela não o tivesse ouvido ou mesmo visto) do Penn Treebank. Observe um fenômeno gramatical que ainda não vimos aqui: o movimento de uma frase de uma parte da árvore para outra. Essa árvore analisa a frase "hear or even see him" como contendo dois *SV*s constituintes, [SV **hear** [*SN* *-1]] e [*SV* [*ADSV* **even**] **see** [*SN* *-1]], ambos com um objeto ausente, indicado por *-1, que se refere ao *SN* rotulado em outro lugar na árvore como [*SN*-1 **him**]. Da mesma forma, o [*SN* *-2] se refere aos [*SN*-2 **Her eyes**].

$$S \rightarrow SN\ SV\ [0,6].$$

Ao todo, o Penn Treebank reúne mais de 10 mil tipos de nós diferentes. Isso reflete o fato de que o inglês é um idioma complexo, mas também indica que os anotadores que criaram o treebank preferiam árvores planas, talvez mais planas do que gostaríamos. Por exemplo, a frase "the good and the bad" é analisada como um único sintagma nominal em vez de como dois sintagmas nominais conjugados, dando-nos a regra:

$$SN \rightarrow Artigo\ Substantivo\ Conjunção\ Artigo\ Substantivo.$$

Existem centenas de regras semelhantes que definem um sintagma nominal como uma sequência de categorias com uma conjunção em algum lugar no meio; uma gramática mais concisa poderia capturar todas as regras do sintagma nominal conjunto com a regra única

$$SN \rightarrow SN\ Conjunção\ SN.$$

Bod *et al.* (2003) e Bod (2008) mostram como recuperar automaticamente regras generalizadas como essa, reduzindo bastante o número de regras que saem do banco de árvores, e criando uma gramática que acaba generalizando melhor para sintagmas inéditos. Eles chamam sua abordagem de **análise orientada a dados**.

Vimos que bancos de árvores sintáticas não são perfeitos – eles contêm erros e têm análises idiossincráticas. Também fica claro que a criação de um banco de árvores exige muito trabalho árduo; isso significa que os bancos permanecerão relativamente pequenos em tamanho, em comparação com todo o texto que não foi anotado com árvores. Uma abordagem alternativa é a **análise não supervisionada**, na qual aprendemos uma nova gramática (ou melhoramos uma gramática existente) usando um *corpus* de sentenças sem árvores.

O **algoritmo dentro-fora** (Dodd, 1988), que não cobriremos aqui, aprende a estimar as probabilidades em uma GPLC a partir de sentenças de exemplo sem árvores, semelhante ao modo como o algoritmo para frente-para trás (Figura 14.4) estima as probabilidades. Spitkovsky *et al.* (2010a) descrevem uma abordagem de aprendizado não supervisionado que usa a **aprendizagem curricular**: comece com a parte fácil do currículo – sintagmas curtos e inequívocos de duas palavras como "He left" podem ser facilmente analisados com base em conhecimento prévio ou em anotações. Cada nova análise de um sintagma curto estende o conhecimento do sistema para que ele possa, eventualmente, lidar com sentenças de três palavras, depois de quatro palavras e, finalmente, de 40 palavras.

762 **Inteligência Artificial**

Análise semissupervisionada

Também podemos usar a **análise semissupervisionada**, na qual começamos com um pequeno número de árvores como dados para construir uma gramática inicial e, em seguida, adicionamos inúmeras sentenças não analisadas para melhorar a gramática. A abordagem

Agrupamento parcial

semissupervisionada pode fazer uso de **agrupamento parcial**: podemos usar o texto bastante disponível que foi marcado pelos autores, não por especialistas em linguística, com uma estrutura parcial em forma de árvore, na forma de HTML ou anotações semelhantes. No texto HTML, a maioria dos agrupamentos corresponde a um componente sintático; portanto, o agrupamento parcial pode ajudar a aprender uma gramática (Pereira e Schabes, 1992; Spitkovsky *et al.*, 2010b). Considere este texto HTML de um artigo de jornal:

```
Em 1998, porém, conforme eu <a>afirmei no
<i>The New Republic</i></a> e Bill Clinton simplesmente
<a>confirmou em suas memórias</a>, Netanyahu mudou de ideia
```

As palavras cercadas pelas *marcações* <i></i> formam um sintagma nominal, e as duas sequências de palavras cercadas por marcações <a></a> formam sintagmas verbais.

23.4 Gramáticas aumentadas

Até aqui, tratamos das **gramáticas livres de contexto**. Mas nem todo *SN* pode aparecer em cada contexto com a mesma probabilidade. A sentença "Eu comi uma banana" está correta, mas "Mim comi uma banana" está sintaticamente inválida, assim como "Eu comi uma bandana" é improvável.

A questão é que nossa gramática está focada em classes gramaticais, como *pronome*, mas embora "eu" e "mim" sejam ambos pronomes, apenas "eu" pode ser o sujeito de uma frase. Da mesma forma, "banana" e "bandana" são substantivos, mas é muito mais provável que o primeiro seja um objeto de "comer". Os linguistas dizem que o pronome "eu" está no caso subjetivo (ou seja, é o sujeito de um verbo) e "mim" está no caso objetivo[3] (ou seja, é o objeto de um verbo). Eles também dizem que "eu" está na primeira pessoa ("você" é a segunda pessoa e "ela" é a terceira pessoa) e é singular ("nós" é o plural). Uma categoria como *pronome*, que foi aumentada com características como "caso subjetivo, primeira pessoa do singular" é chamada

Subcategoria

subcategoria.

Nesta seção, mostramos como uma gramática pode representar esse tipo de conhecimento para fazer distinções mais refinadas sobre quais sentenças são mais prováveis. Também vamos mostrar como construir uma representação da **semântica** de um sintagma, de forma

Gramática aumentada

composicional. Tudo isso será realizado com uma **gramática aumentada** em que os não terminais não são apenas símbolos atômicos como *pronome* ou *SN*, mas são representações estruturadas. Por exemplo, o sintagma nominal "eu" pode ser representado como *SN* (*Suj,1S,Falante*), que significa "um sintagma nominal que está no caso subjetivo, primeira pessoa do singular, e cujo significado é o falante da sentença". Em contrapartida, "mim" seria representado como *SN* (*Obj,1S,Falante*), marcando o fato de que está no caso objetivo.

Considere a sequência "*Substantivo* e *Substantivo* ou *Substantivo*", que pode ser analisada como "[*Substantivo* e *Substantivo*] ou *Substantivo*", ou como "*Substantivo* e [*Substantivo* ou *Substantivo*]". Nossa gramática livre de contexto não tem como expressar a preferência por uma análise sintática sobre a outra, porque a regra para *SN*s conjugados, *SN* → *SN Conjunção SN*[0,05], dará a mesma probabilidade a cada análise sintática. Gostaríamos de uma gramática que preferisse as análises "[[espaguete e almôndegas] ou lasanha]" e "[espaguete e [torta ou bolo]]" em vez dos agrupamentos alternativos para cada uma dessas frases.

GPLC lexicalizada

Uma **GPLC lexicalizada** é um tipo de gramática aumentada que nos permite atribuir probabilidades com base em propriedades das palavras em um sintagma, e não apenas nas classes gramaticais. Os dados seriam realmente muito esparsos se a probabilidade de, digamos, um sintagma de 40 palavras dependesse de *todas* as 40 palavras – esse é o mesmo problema que observamos com os *n*-gramas. Para simplificar, introduzimos o conceito de **núcleo** de um sin-

Núcleo

tagma – a palavra mais importante. Assim, "banana" é o núcleo do *SN* "uma banana" e "comi"

---

[3] O caso subjetivo também é chamado, às vezes "caso nominativo", e o caso objetivo também costuma ser chamado "caso acusativo". Muitas linguagens também fazem outra distinção com o caso dativo para palavras na posição de objeto indireto.

é o núcleo do *SV* "comi uma banana". A notação *SV*(*v*) indica uma frase com categoria *SV* cuja palavra de núcleo é *v*. Veja um exemplo de uma GPLC lexicalizada:

$$SV(v) \rightarrow Verbo(v)\ SN(n) \qquad\qquad [P_1(v,n)]$$
$$SV(v) \rightarrow Verbo(v) \qquad\qquad\qquad [P_2(v)]$$
$$SN(n) \rightarrow Artigo(a)\ Adjs(j)\ Substantivo(n) \qquad [P_3(n,a)]$$
$$SN(n) \rightarrow SN(n)\ Conjunção(c)\ SN(m) \qquad [P_4(n,c,m)]$$
$$Verbo(\textbf{comi}) \rightarrow \textbf{comi} \qquad\qquad\qquad [0{,}002]$$
$$Substantivo(\textbf{banana}) \rightarrow \textbf{banana} \qquad\qquad [0{,}0007]$$

Aqui, $P_1(v,n)$ significa a probabilidade de um *SV* de núcleo *v* unir-se a um *SN* de núcleo por *n* para formar um *SV*. Podemos especificar que "comi uma banana" é mais provável do que "comi uma bandana" garantindo que $P_1(comi,banana) > P_1(comi,bandana)$. Observe que, uma vez que estamos considerando apenas os núcleos de sintagmas, a distinção entre "comi uma banana" e "comi uma banana horrível" não será captada por P_1. Conceitualmente, P_1 é uma enorme tabela de probabilidades: se houver 5 mil verbos e 10 mil substantivos no vocabulário, então P_1 precisa de 50 milhões de entradas, mas a maioria delas não será armazenada explicitamente; em vez disso, elas serão derivadas de suavização e recuo. Por exemplo, podemos recuar de $P_1(v,n)$ para um modelo que depende apenas de *v*. Tal modelo exigiria 10 mil vezes menos parâmetros, mas ainda poderia capturar regularidades importantes, como o fato de que um verbo transitivo como "comi" tem mais probabilidade de ser seguido por um *SN* (independentemente do núcleo) do que por um verbo intransitivo como "dormir".

Na seção 23.2, vimos que a gramática simples para ϵ_0 gera em excesso, produzindo não sentenças como "Eu vi dela" ou "Eu viu ela". Para evitar esse problema, nossa gramática teria que saber que "ela", não "dela", é um objeto válido de "vi" e que "vi", não "viu", é a forma do verbo que acompanha o sujeito "eu".

Poderíamos codificar esses fatos completamente nas especificações das probabilidades, por exemplo, fazendo com que $P_1(v,ela)$ fosse um número muito pequeno, para todos os verbos *v*. Porém, é mais conciso e modular aumentar a categoria *SN* com variáveis adicionais: *SN*(*c*,*pn*,*n*) é usado para representar um sintagma nominal com caso *c* (subjetivo ou objetivo), pessoa e número *pn* (p. ex., terceira pessoa do singular) e a palavra de núcleo *n*. A Figura 23.9 mostra uma gramática lexicalizada aumentada que trata dessas variáveis adicionais. Vamos considerar uma regra gramatical em detalhes:

$$S(v) \rightarrow SN(Sub,pn,n)\ SV(pn,v)\ [P_5(n,v)].$$

Essa regra diz que, quando um *SN* é seguido por um *SV*, eles podem formar um *S*, mas somente se o *SN* tiver o caso subjetivo (*Sub*) e a pessoa e número (*pn*) do *SN* e *SV* forem idênticos.

$$S(v) \rightarrow SN(Sub, pn, n)\ SV(pn, v) \mid \ldots$$
$$SN(c, pn, n) \rightarrow Pronome(c, pn, n) \mid Substantivo(c, pn, n) \mid \ldots$$
$$SV(pn, v) \rightarrow Verbo(pn, v)\ SN(Obj, pn, n) \mid \ldots$$
$$SP(núcleo) \rightarrow Prep(núcleo)\ SN(Obj, pn, h)$$
$$Pronome(Sub, 1S, \textbf{Eu}) \rightarrow \textbf{Eu}$$
$$Pronome(Sub, 1P, \textbf{nós}) \rightarrow \textbf{nós}$$
$$Pronome(Obj, 1S, \textbf{me}) \rightarrow \textbf{me}$$
$$Pronome(Obj, 3P, \textbf{eles}) \rightarrow \textbf{eles}$$

$$Verbo(3S, \textbf{ver}) \rightarrow \textbf{vemos}$$

Figura 23.9 Parte de uma gramática aumentada que trata da concordância de caso, concordância de sujeito-verbo e palavras de núcleo. Os nomes com iniciais maiúsculas são constantes: *Sub* e *Obj* para os casos subjetivo e objetivo; *1S* significa primeira pessoa do singular; *1P* e *3P* significam primeira e terceira pessoa do plural. Como sempre, os nomes em minúsculas são variáveis. Para simplificar, as probabilidades foram omitidas.

---

764 Inteligência Artificial

(Dizemos que eles *concordam*.) Se isso acontecer, então temos um *S* cujo núcleo é o verbo do *SV*. Aqui está uma regra léxica de exemplo:

$$Pronome(Sub,1S,eu) \longrightarrow \textbf{eu} \ [0,005]$$

que informa que "eu" é um *Pronome* no caso subjetivo, primeira pessoa do singular, com núcleo "eu".

23.4.1 Interpretação semântica

Para mostrar como adicionar semântica a uma gramática, começamos com um exemplo que é mais simples que a gramática da língua inglesa ou portuguesa: a semântica de expressões aritméticas. A Figura 23.10 mostra uma gramática para expressões aritméticas, em que cada regra é aumentada com uma variável que indica a interpretação semântica do sintagma. A semântica de um dígito como "3" é o dígito em si. A semântica de uma expressão como "3 + 4" é o operador "+" aplicado à semântica do sintagma "3" e "4". As regras da gramática obedecem ao princípio da **semântica composicional** – a semântica de um sintagma é função da semântica dos subsintagmas. A Figura 23.11 mostra a árvore de análise para 3 + (4 ÷ 2) de acordo com essa gramática. A raiz da árvore de análise sintática é *Exp*(5), uma expressão cuja interpretação semântica é 5.

> **Semântica composicional**

Agora vamos passar à semântica do inglês ou, pelo menos, uma pequena parte dela. Usaremos a lógica de primeira ordem para as nossas representações semânticas. Assim, a sentença simples "Ali loves Bo" (Ali ama Bo) deverá receber a representação semântica *Loves(Ali,Bo)*. Mas, e em relação aos sintagmas constituintes? Podemos representar o *SN* "Ali" com o termo lógico *Ali*. Mas o *SV* "loves Bo" não é nem um termo lógico nem uma sentença lógica completa. Intuitivamente, "loves Bo" é uma descrição que poderia ou não se aplicar a uma pessoa em particular (nesse caso, ela se aplica a Ali). Isso significa que "loves Bo" é um **predicado** que, quando combinado com um termo que representa uma pessoa, produz uma sentença lógica completa.

Usando a notação λ (ver Capítulo 8, nota 3), podemos representar "loves Bo" como o predicado

$$\lambda x \ Loves(x,Bo).$$

Agora, precisamos de uma regra que informe que "um *SN* com semântica *n* seguido por um *SV* com semântica *pred* gera uma sentença cuja semântica é o resultado de aplicar *pred* a *n*":

$$S(pred(n)) \longrightarrow SN(n) \ SV(pred).$$

A regra nos diz que a interpretação semântica de "Ali loves Bo" é

$$(\lambda x \ Loves(x, Bo))(Ali),$$

que é equivalente a *Loves(Ali, Bo)*. Tecnicamente, dizemos que esta é uma redução-beta da aplicação da função lambda.

$$Exp(op(x_1,x_2)) \longrightarrow Exp(x_1) \ Operador(op) \ Exp(x_2)$$
$$Exp(x) \longrightarrow (\ Exp(x))$$
$$Exp(x) \longrightarrow N\acute{u}mero(x)$$
$$N\acute{u}mero(x) \longrightarrow D\acute{i}gito(x)$$
$$N\acute{u}mero(10 \times x_1 + x_2) \longrightarrow N\acute{u}mero(x_1) \ D\acute{i}gito(x_2)$$
$$Operador(+) \longrightarrow \textbf{+}$$
$$Operador(-) \longrightarrow \textbf{-}$$
$$Operador(\times) \longrightarrow \times$$
$$Operador(\div) \longrightarrow \div$$
$$D\acute{i}gito(0) \longrightarrow \textbf{0}$$
$$D\acute{i}gito(1) \longrightarrow \textbf{1}$$
...

Figura 23.10 Gramática para expressões aritméticas, aumentada com semântica. Cada variável x_i representa a semântica de um componente.

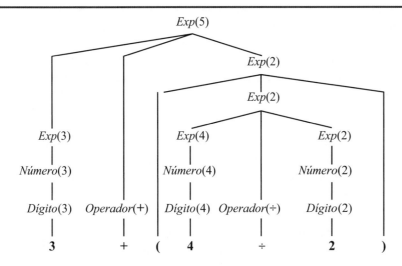

Figura 23.11 Árvore sintática com interpretações semânticas para a sequência "3 + (4 ÷ 2)".

O restante da semântica decorre de modo direto das escolhas que fizemos até agora. Como *SV*s são representados como predicados, é uma boa ideia manter a consistência e representar verbos também como predicados. O verbo "loves" é representado como $\lambda y\, \lambda x\, Loves(x, y)$, o predicado que, ao receber o argumento *Bo*, retorna o predicado $\lambda x\, Loves(x, Bo)$. Finalizamos com a gramática e árvore de análise mostradas na Figura 23.12. Em uma gramática mais completa, poderíamos colocar todos os incrementos (semântica, caso, pessoa-número e núcleo) juntos em um único conjunto de regras. Aqui, mostramos apenas o incremento semântico para esclarecer como funcionam as regras.

23.4.2 Aprender gramática semântica

Infelizmente, o Penn Treebank não inclui representações semânticas de suas sentenças, apenas as árvores sintáticas. Logo, se tivermos que aprender uma gramática semântica, precisaremos de outra fonte de exemplos. Zettlemoyer e Collins (2005) descrevem um sistema que aprende uma gramática para um sistema de perguntas e respostas a partir de exemplos, e que consiste em uma sentença emparelhada com a forma semântica para a sentença:

- **Sentença**: quais estados fazem fronteira com o Texas?
- **Forma Lógica**: $\lambda x.estado(x) \wedge \lambda x.\, fronteiras(x, Texas)$.

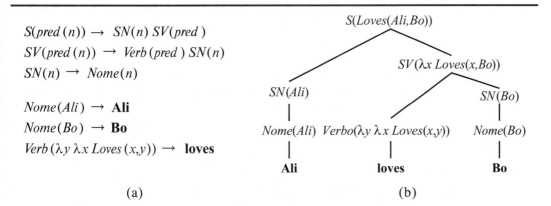

Figura 23.12 (a) Gramática que pode derivar uma árvore de análise e interpretação semântica para "Ali loves Bo" (e três outras sentenças). Cada categoria é aumentada com um único argumento que representa a semântica. (b) Árvore de análise com interpretações semânticas para a sequência "Ali loves Bo".

766 Inteligência Artificial

Dada uma grande coleção de pares como essa e um pouco de conhecimento codificado manualmente para cada novo domínio, o sistema gera entradas lexicais plausíveis (p. ex., que "Texas" e "estado" são substantivos, de modo que *estado(Texas)* é verdadeiro) e, simultaneamente, aprende parâmetros para uma gramática que permite ao sistema analisar sentenças em representações semânticas. O sistema de Zettlemoyer e Collins alcançou 79% de acurácia em dois conjuntos de testes diferentes de sentenças não vistas. Zhao e Huang (2015) demonstram um analisador por deslocamento e redução que é executado mais rápido e alcança 85 a 89% de acurácia.

Uma limitação desses sistemas é que os dados de treino incluem formas lógicas. Sua criação é muito dispendiosa, pois exige anotadores humanos com *expertise* na área – nem todo mundo entende as sutilezas do cálculo lambda e da lógica de predicados. É muito mais fácil reunir exemplos de pares pergunta e resposta:

- **Pergunta**: quais estados fazem fronteira com o Texas?
- **Resposta**: Louisiana, Arkansas, Oklahoma, Novo México.
- **Pergunta**: quantas vezes Rhode Island caberia na Califórnia?
- **Resposta**: 135.

Esses pares de pergunta e resposta são bastante comuns na *web*; portanto, um grande banco de dados pode ser montado sem especialistas humanos. Usando essa grande fonte de dados, é possível construir analisadores que superam aqueles que usam um pequeno banco de dados de formas lógicas anotadas (Liang *et al.*, 2011; Liang e Potts, 2015). A principal técnica descrita nesses artigos é inventar uma forma lógica interna que seja composicional, mas não permita um espaço de busca exponencialmente grande.

23.5 Complicações da linguagem natural real

A gramática de línguas reais como o inglês é infinitamente complexa. Citaremos brevemente alguns dos tópicos que contribuem para essa complexidade.

Quantificação

Quantificação: considere a sentença "Every agent feels a breeze". (Todo agente sente uma brisa.) A sentença tem apenas uma análise sintática sob ϵ_0, mas é semanticamente ambígua: existe uma brisa que todos os agentes sentem, ou cada agente sente uma brisa pessoal separada? As duas interpretações podem ser representadas como

$$\forall a \; a \in Agentes \Rightarrow$$
$$\exists b \; b \in Brisas \land Sente(a,b) \; ;$$
$$\exists b \; b \in Brisas \land \forall a \; a \in Agentes \Rightarrow$$
$$Sente(a,b).$$

Forma quase lógica

Uma abordagem padrão para a quantificação é que a gramática defina não uma sentença semântica lógica real, mas uma **forma quase lógica** que será, então, transformada em sentença lógica por algoritmos fora do processo de análise. Esses algoritmos podem ter regras de preferência para escolher um escopo de quantificador em vez de outro – preferências que não precisam ser refletidas diretamente na gramática.

Pragmática

Pragmática: mostramos como um agente pode perceber uma sequência de palavras e utilizar uma gramática para derivar um conjunto de interpretações semânticas possíveis. Agora, trataremos do problema de completar a interpretação pela adição de informações dependentes do contexto sobre a situação atual. A necessidade mais óbvia de informações pragmáticas está

Indexical

na resolução do significado de **indexicais**, que são sintagmas que se referem diretamente à situação atual. Por exemplo, na sentença "I am in Boston today" (Eu estou em Boston hoje), "I" e "today" são indexicais. A palavra "I" seria representada pelo *falante*, um fluente que se refere aos diferentes objetos em diferentes momentos, e caberia ao ouvinte resolver o referente do fluente – isso não é considerado parte da gramática, mas uma questão de pragmática.

Ato de fala

Outra parte da pragmática é interpretar a intenção do falante. A ação do falante é considerada um **ato de fala**, e cabe ao ouvinte decifrar qual é o tipo de ação – uma pergunta, uma afirmação, uma promessa, um aviso, um comando, e assim por diante. Um comando como "vá para 2 2" refere-se implicitamente ao ouvinte. Até agora, a nossa gramática para S cobre apenas sentenças declarativas. Podemos estendê-la para cobrir comandos – um comando é um sintagma verbal em que o sujeito é implicitamente o ouvinte do comando:

$$S(Comando(pred(Ouvinte)))) \rightarrow SV(pred).$$

Dependências de longa distância: na Figura 23.8, vimos que "she didn't hear or even see him" foi analisado com duas lacunas em que um SN estava faltando, mas refere-se ao SN "him". Podemos utilizar o símbolo ␣ para representar essas lacunas: "she didn't [hear ␣ or even see ␣] him". Em geral, a distância entre a lacuna e o SN a que se refere pode ser muito grande: em "Who did the agent tell you to give the gold to ␣?", a lacuna refere-se a "Who", que está a uma distância de 11 palavras. *(margem: Dependências de longa distância)*

É utilizado um sistema complexo de regras aumentadas para certificar-se de que os SNs ausentes correspondem às palavras autorizadas da forma correta e proíbem lacunas nos lugares errados. Por exemplo, você não pode ter lacuna em uma ramificação de uma associação de SN: "What did he play [SN Dungeons and ␣]?" não é gramaticalmente correto. Mas pode haver a mesma lacuna em ambas as ramificações de uma associação de SV: "What did you [SV [SV smell ␣] e [SV shoot an arrow at ␣]]?"

Tempo verbal: agora, vamos supor que queiramos representar a diferença entre "Ali loves Bo" (Ali ama Bo) e "Ali loved Bo" (Ali amou Bo). A língua inglesa utiliza tempos verbais (passado, presente e futuro) para indicar o tempo relativo de um evento. Uma boa escolha para representar o tempo dos eventos é a notação de cálculo de evento da seção 10.3. No cálculo de eventos, temos *(margem: Tempo verbal)*

Ali loves Bo: $E_1 \in Loves(Ali,Bo) \land Durante(Agora, Extensão(E_1))$
Ali loved Bo: $E_2 \in Loves(Ali,Bo) \land Depois(Agora, Extensão(E_2))$.

Isso sugere que nossas duas regras léxicas para as palavras "loves" e "loved" devem ser estas:

$Verbo(\lambda y\, \lambda x\, e \in Loves(x,y) \land Durante(Agora,e)) \rightarrow$ **loves**
$Verbo(\lambda y\, \lambda x\, e \in Loves(x,y) \land Depois(Agora,e)) \rightarrow$ **loved**.

Exceto por essa mudança, tudo o mais sobre a gramática permanece igual, o que é uma novidade encorajadora; ela sugere que estamos no caminho certo se podemos adicionar com tanta facilidade uma complicação como os tempos verbais (embora tenhamos apenas arranhado a superfície de uma gramática completa no que se refere ao tempo e aos tempos verbais).

Ambiguidade: costumamos pensar em ambiguidade como uma falha na comunicação; quando um ouvinte tem consciência de uma ambiguidade em um enunciado, isso significa que o enunciado está confuso. Aqui estão alguns exemplos em idioma inglês tirados de manchetes de jornais: *(margem: Ambiguidade)*

> Squad helps dog bite victim.
> Police begin campaign to run down jaywalkers.
> Helicopter powered by human flies.
> Once-sagging cloth diaper industry saved by full dumps.
> Include your children when baking cookies.
> Portable toilet bombed; police have nothing to go on.
> Milk drinkers are turning to powder.
> Two sisters reunited after 18 years in checkout counter.

Essas confusões são a exceção; na maior parte do tempo, a linguagem que ouvimos parece não ambígua. Desse modo, quando os primeiros pesquisadores começaram a utilizar computadores para analisar a linguagem na década de 1960, eles ficaram bastante surpresos ao perceber que quase toda expressão vocal é altamente ambígua, com muitas análises possíveis (às vezes, centenas), mesmo quando uma única análise preferida é a única que os falantes nativos observam. Por exemplo, compreendemos a frase "brown rice and black beans" (arroz integral e feijão-preto) como "[brown rice]" and [black beans]", e nunca consideramos a interpretação bastante improvável de "brown [rice and black beans]", em que o adjetivo "brown" está

768 Inteligência Artificial

modificando o sintagma inteiro, e não apenas o "rice". Quando escutamos "Outside of a dog, a book is a person's best friend" (fora um cão, um livro é o melhor amigo de uma pessoa), interpretamos o "outside of" como significando "exceto por", e achamos esquisito quando a próxima sentença da piada de Groucho Mark é "Inside of a dog it's too dark to read" (dentro de um cão é muito escuro para se ler).

Ambiguidade léxica

Ambiguidade léxica é quando uma palavra tem mais de um significado; "back" pode ser um advérbio (go back), um adjetivo (back door), um substantivo (the back of the room), um verbo (back a candidate) ou um nome próprio (um rio em Nunavut, Canadá). "Jack" pode ser um nome próprio, um substantivo (uma carta de baralho, uma peça de um jogo de metal de seis pontas, uma bandeira náutica, um peixe, um queijo, um pássaro, uma tomada etc.) ou um verbo (rebocar um carro, caçar com uma lanterna, ou rebater uma bola de beisebol com força).

Ambiguidade sintática

A **ambiguidade sintática** refere-se a um sintagma com múltiplas análises: "I smelled a wumpus in 2,2" (Eu cheirei um wumpus em 2,2) tem duas análises sintáticas: uma em que o sintagma preposicional "in 2,2" modifica o substantivo e outra em que ele modifica o verbo. A ambigui-

Ambiguidade semântica

dade sintática leva a uma **ambiguidade semântica** porque uma análise sintática significa que o wumpus está em 2,2 e a outra significa que há um fedor em 2,2. Nesse caso, fazer a interpretação errada pode ser um engano mortal para o agente.

Metonímia

Também pode haver ambiguidade entre significados literais e figurados. As figuras de linguagem são importantes em poesia, mas também são comuns na fala diária. **Metonímia** é uma figura de linguagem na qual um objeto é usado para representar outro. Quando ouvimos "A Chrysler anunciou um novo modelo", não interpretamos essa sentença como se as empresas pudessem conversar; em vez disso, compreendemos que um porta-voz representando a empresa fez o anúncio. A metonímia é comum e, com frequência, é interpretada inconscientemente pelos ouvintes humanos.

Infelizmente, a gramática escrita não é tão fácil. Para manipular a semântica da metonímia de modo apropriado, precisamos introduzir um nível de ambiguidade inteiramente novo. Isso é feito, por exemplo, fornecendo *dois* objetos para a interpretação semântica de todo sintagma na sentença: um para o objeto a que o sintagma se refere de forma literal (Chrysler) e um para a referência metonímica (o porta-voz). Em seguida, temos de dizer que existe uma relação entre os dois. Em nossa gramática atual, "Chrysler anunciou" é interpretada como

$$x = Chrysler \land e \in Anunciou(x) \land Depois(Agora,Extensão(e)).$$

Precisamos alterar isso para

$$x = Chrysler \land e \in Anunciou(m) \land Depois(Agora,Extensão(e))$$
$$\land Metonímia(m,x).$$

Isso nos diz que existe uma entidade x que é igual a Chrysler e outra entidade m que fez o anúncio, e que as duas mantêm uma relação de metonímia. A próxima etapa é definir quais espécies de relações de metonímia podem ocorrer. O caso mais simples é quando não existe absolutamente nenhuma metonímia – o objeto literal x e o objeto metonímico m são idênticos:

$$\forall m,x \ (m = x) \Rightarrow Metonímia(m,x).$$

No caso do exemplo da Chrysler, uma generalização razoável indicaria que uma organização pode ser usada para representar um porta-voz dessa organização:

$$\forall m,x \ x \in Organizações \land Porta\text{-}voz(m,x) \Rightarrow Metonímia(m,x).$$

Outras metonímias incluem o autor pelas obras (eu li *Shakespeare*) ou, de modo mais geral, o produtor pelo produto (eu dirijo um *Honda*) e a parte pelo todo (O Red Sox precisa de um *braço* forte). Alguns exemplos de metonímia, como "O *sanduíche de presunto* da Mesa 4 quer outra cerveja", são mais inovadores e interpretados em relação a uma situação (como servir mesas e não saber o nome de um cliente).

Metáfora é outra figura de linguagem na qual um sintagma com um único significado literal é usado para sugerir um significado diferente por meio de uma analogia. Assim, a metáfora pode ser vista como uma espécie de metonímia, em que a relação é de similaridade.

Desambiguação é o processo de recuperar o significado mais provável pretendido de um enunciado. Em certo sentido, já temos um quadro para resolver esse problema: cada regra tem uma probabilidade associada a ela, então a probabilidade de uma interpretação é o produto das probabilidades das regras que levaram à interpretação. Infelizmente, as probabilidades refletem como os sintagmas são comuns no *corpus* do qual a gramática foi aprendida e, portanto, refletem o conhecimento geral, não o conhecimento específico da situação atual. Para realizar desambiguação corretamente, precisamos combinar quatro modelos:

1. O **modelo do mundo**: a probabilidade de que uma proposição ocorra no mundo. Se sabemos acerca do mundo, é mais provável que um falante que diz "I'm dead" (Eu estou morto) queira dizer "I am in big trouble" (Eu estou em apuros), em vez de "My life ended, and yet I can still talk" (Minha vida acabou e eu ainda posso falar).
2. O **modelo mental**: a probabilidade de que o falante forme a intenção de comunicar certo fato ao ouvinte. Essa abordagem combina modelos do que o falante acredita, o que o falante acredita que o ouvinte acredita, e assim por diante. Por exemplo, quando um político diz "I'm not a crook" (Eu não sou trapaceiro/um cajado), o modelo de mundo pode atribuir uma probabilidade de apenas 50% para a proposição de que o político não seja trapaceiro e 99,999% para a proposição de que ele não seja um cajado. No entanto, podemos selecionar a interpretação anterior porque faz mais sentido.
3. O **modelo de linguagem**: a probabilidade de que certa sequência de palavras seja escolhida, dado que o falante tem a intenção de comunicar determinado fato.
4. O **modelo acústico**: para a comunicação falada, a probabilidade de que será gerada uma sequência especial de sons, uma vez que o falante tenha escolhido determinada sequência de palavras. (Para a comunicação escrita à mão ou digitada, temos o problema do reconhecimento ótico de caracteres.)

23.6 Tarefas de linguagem natural

O processamento de linguagem natural é uma área extensa, merecendo um livro inteiro ou dois, somente para o tema (Goldberg, 2017; Jurafsky e Martin, 2020). Nesta seção, descrevemos algumas das principais tarefas; você pode usar as referências para obter mais detalhes.

O **reconhecimento de voz** é a tarefa de transformar o som falado em texto. Podemos então realizar outras tarefas (como responder a perguntas) no texto resultante. Os sistemas atuais têm uma taxa de erro por palavra de cerca de 3 a 5% (dependendo dos detalhes do conjunto de teste), semelhante aos transcritores humanos. O desafio de um sistema que usa reconhecimento de voz é responder de maneira apropriada, mesmo quando há erros em palavras individuais.

Os principais sistemas de hoje usam uma combinação de redes neurais recorrentes e modelos ocultos de Markov (Hinton *et al.*, 2012; Yu e Deng, 2016; Deng, 2016; Chiu *et al.*, 2017; Zhang *et al.*, 2017). A introdução de redes neurais profundas à fala em 2011 levou a uma redução imediata e dramática de cerca de 30% na taxa de erro - isso em um campo que parecia estar maduro e anteriormente estava progredindo muito pouco a cada ano. Redes neurais profundas são uma boa opção porque o problema de reconhecimento de voz se decompõe naturalmente: de formas de onda a fonemas e daí para palavras e então para frases. Estes serão abordados no próximo capítulo.

A síntese de **texto-para-voz** é o processo inverso - passando do texto para o som. Taylor (2009) oferece uma visão geral do tamanho de um livro. O desafio é pronunciar cada palavra corretamente e fazer com que o fluxo de cada frase pareça natural, com pausas e ênfases nos pontos certos.

Outra área de desenvolvimento é a sintetização de diferentes vozes - começando com uma escolha entre uma voz masculina ou feminina genérica, permitindo dialetos regionais e até mesmo imitando vozes de celebridades. Tal como acontece com o reconhecimento de voz, a introdução de redes neurais recorrentes profundas levou a um grande avanço, com cerca de

2/3 dos ouvintes dizendo que o sistema WaveNet neural (van den Oord *et al.*, 2016a) parecia mais natural do que o sistema não neural anterior.

A **tradução automática** transforma o texto de um idioma para outro. Os sistemas são geralmente treinados usando um *corpus* bilíngue: um conjunto de documentos em pares, em que um membro do par está em, digamos, inglês e o outro em, digamos, português. Os documentos não precisam ser anotados de forma alguma; o sistema de tradução automática aprende a alinhar frases e sintagmas e, quando recebe uma nova frase em um idioma, pode gerar uma tradução para o outro idioma.

Os sistemas no início dos anos 2000 usavam modelos de *n*-gramas e alcançaram resultados que geralmente eram bons o bastante para transmitir o significado de um texto, mas continham erros sintáticos na maioria das frases. Um problema era o limite do comprimento dos *n*-gramas: mesmo com um grande limite de 7, era difícil para a informação fluir de uma ponta a outra da frase. Outro problema é que todas as informações em um modelo de *n*-gramas estão no nível de palavras individuais. Tal sistema poderia aprender que "black cat" significa "gato preto", mas não poderia aprender a regra de que os adjetivos geralmente vêm antes do substantivo em inglês e depois do substantivo em português.

Modelos neurais recorrentes que mapeiam cadeias em sequências (Sutskever *et al.*, 2015) contornaram o problema. Eles poderiam generalizar melhor (porque poderiam usar palavras incorporadas em vez de contagens de *n*-gramas de palavras específicas) e poderiam formar modelos composicionais em vários níveis da rede profunda para transmitir informações de modo eficaz. O trabalho subsequente usando o mecanismo de foco por atenção do modelo transformador (Vaswani *et al.*, 2018) aumentou ainda mais o desempenho, e um modelo híbrido que incorpora aspectos de ambos os modelos funciona ainda melhor, chegando ao desempenho de nível humano em alguns pares de idiomas (Wu *et al.*, 2016b; Chen *et al.*, 2018).

Extração de informações

A **extração de informações** é o processo de aquisição de conhecimento percorrendo um texto e procurando ocorrências de classes específicas de objetos e relações entre eles. Uma tarefa típica é extrair instâncias de endereços de páginas da *web*, com campos de banco de dados para rua, cidade, estado e código postal; ou instâncias de tempestades a partir de relatórios meteorológicos, com campos para temperatura, velocidade do vento e precipitação. Se o texto fonte estiver bem estruturado (p. ex., na forma de uma tabela), então técnicas simples, como as expressões regulares, podem extrair as informações (Cafarella *et al.*, 2008). Fica mais difícil se tentarmos extrair *todos* os fatos, em vez de um tipo específico (como boletins meteorológicos); Banko *et al.* (2007) descrevem o sistema TEXTRUNNER que realiza extração sobre um conjunto de relações aberto e expansível. Para texto de forma livre, as técnicas incluem modelos ocultos de Markov e sistemas de aprendizagem baseados em regras (conforme usados no TEXTRUNNER e no NELL (Never-Ending Language Learning) (Mitchell *et al.*, 2018)). Os sistemas mais recentes usam redes neurais recorrentes, aproveitando a flexibilidade das incorporações de palavras. Você pode encontrar uma visão geral em Kumar (2017).

Recuperação de informações

Recuperação de informações é a tarefa de encontrar documentos relevantes e importantes para determinada consulta. Mecanismos de busca na Internet, como Google e Baidu, realizam essa tarefa bilhões de vezes ao dia. Três bons livros sobre o assunto são Manning *et al.* (2008), Croft *et al.* (2010) e Baeza-Yates e Ribeiro-Neto (2011).

Resposta automática a perguntas

***Question Answering* (resposta automática a perguntas)** é uma tarefa diferente, na qual a consulta é na verdade uma pergunta, como "Quem fundou a Guarda Costeira dos EUA?", e a resposta não é uma lista classificada de documentos, mas sim uma resposta real: "Alexander Hamilton". Desde a década de 1960, existem sistemas de resposta automática a perguntas que dependem da análise sintática, conforme discutido neste capítulo, mas somente a partir de 2001 esses sistemas usaram a recuperação de informações da *web* para aumentar radicalmente sua gama de cobertura. Katz (1997) descreve o analisador sintático e respondedor a perguntas START. Banko *et al.* (2002) descrevem o ASKMSR, que era menos sofisticado em termos de capacidade de análise sintática, porém mais agressivo no uso de busca na *web* e classificação dos resultados. Por exemplo, para responder "Quem fundou a Guarda Costeira dos EUA?" ele procuraria consultas como [* fundou a Guarda Costeira dos EUA] e [a Guarda Costeira dos EUA foi fundada por *] e, em seguida, examinaria as diversas páginas da *web* resultantes para escolher uma resposta provável, sabendo que a palavra de consulta "quem" sugere que a resposta deve ser uma pessoa. A Text REtrieval Conference (TREC) reúne pesquisas sobre o tema e sedia competições anuais desde 1991 (Allan *et al.*, 2017). Recentemente, vimos outros conjuntos de testes, como o conjunto de questões básicas de ciências AI2 ARC (Clark *et al.*, 2018).

Resumo

Os principais pontos deste capítulo são os seguintes:
- Modelos probabilísticos de linguagem com base em *n*-gramas recuperam uma quantidade surpreendente de informação sobre um idioma. Eles podem ter bom desempenho em tarefas tão diversas como identificação da linguagem, correção ortográfica, classificação do gênero e reconhecimento de entidades nomeadas.
- Esses modelos de linguagem podem ter milhões de características, então é importante haver o pré-processamento e a suavização dos dados para reduzir o ruído.
- Na construção de um sistema de linguagem estatístico, o melhor é criar um modelo que possa fazer bom uso dos **dados** disponíveis, mesmo que o modelo pareça demasiado simplista.
- *Word embeddings* podem fornecer uma representação mais rica de palavras e suas semelhanças.
- Para capturar a estrutura hierárquica da linguagem, gramáticas de **estrutura frasal** (e, em particular, gramáticas **livres de contexto**) são ferramentas úteis. O formalismo das gramáticas probabilísticas livres de contexto (GPLC) é muito utilizado, assim como o formalismo das gramáticas de dependência.
- As sentenças em uma linguagem livre de contexto podem ser analisadas sintaticamente em tempo $O(n^3)$ por um **analisador de diagramas**, como o **algoritmo CYK**, que requer regras gramaticais para estar na **Forma Normal de Chomsky**. Com uma pequena perda de precisão, as linguagens naturais podem ser analisadas sintaticamente no tempo $O(n)$, usando uma busca em feixe ou uma análise por deslocamento e redução.
- Um **treebank**, ou banco de árvores, pode ser um recurso para aprendizagem de uma GPLC com parâmetros.
- É conveniente **aumentar** uma gramática para tratar de problemas como a concordância entre sujeito e verbo e o caso pronominal, e para representar informações no nível de palavras em vez de apenas no nível de categorias.
- A **interpretação semântica** também pode ser manipulada por uma gramática aumentada. Podemos aprender uma gramática semântica a partir de um *corpus* de perguntas emparelhadas, seja com a forma lógica da pergunta ou com a resposta.
- A linguagem natural é complexa e difícil para capturar em uma gramática formal.

Notas bibliográficas e históricas

Markov (1913) propôs modelos de letras de *n*-gramas para a modelagem de linguagem. Claude Shannon (Shannon e Weaver, 1949) foi o primeiro a gerar modelos de *n*-gramas de palavras em inglês. O **modelo de saco de palavras** recebeu seu nome com base em uma passagem do linguista Zellig Harris (1954), "a linguagem não é apenas um saco de palavras, mas uma ferramenta com propriedades particulares". Norvig (2009) fornece alguns exemplos de tarefas que podem ser realizadas com modelos de *n*-gramas.

Chomsky (1956, 1957) apontou as limitações dos modelos de estado finito comparados com modelos livres de contexto, concluindo que "modelos probabilísticos não dão nenhuma visão particular em alguns dos problemas básicos da estrutura sintática". Isso é verdade, mas modelos probabilísticos *fornecem* discernimento em alguns *outros* problemas básicos – problemas que os modelos livres de contexto ignoram. As observações de Chomsky tiveram o efeito infeliz de assustar muitas pessoas acerca dos modelos estatísticos por duas décadas, até que esses modelos ressurgiram para uso em reconhecimento de voz (Jelinek, 1976) e em ciência cognitiva, em que a **teoria da otimalidade** (Smolensky e Prince, 1993; Kager, 1999) postulava que a linguagem funciona encontrando o candidato mais provável que satisfaz de forma ótima as restrições concorrentes.

772 Inteligência Artificial

Suavização por adição de um, primeiro sugerido por Pierre-Simon Laplace (1816), foi formalizado por Jeffreys (1948). Outras técnicas de suavização incluem a suavização por interpolação (Jelinek e Mercer, 1980), a suavização de Witten-Bell (1991), a suavização de Good-Turing (Church e Gale, 1991) e a suavização de Kneser-Ney (1995, 2004) e o recuo estúpido (Brants *et al.*, 2007). Chen e Goodman (1996) e Goodman (2001) analisam técnicas de suavização.

Modelos de *n*-gramas simples de letras e palavras não são os únicos modelos probabilísticos possíveis. Blei *et al.* (2002) e Hoffman *et al.* (2011) descreveram um modelo probabilístico para textos chamado **alocação latente de Dirichlet**, que visualiza um documento como uma mistura de temas, cada um com sua própria distribuição de palavras. Esse modelo pode ser visto como extensão e racionalização do modelo de **indexação semântica latente** de Deerwester *et al.* (1990) e está relacionado a um modelo de mistura de múltiplas causas (Sahami *et al.*, 1996). É claro que existe muito interesse em modelos de linguagem não probabilísticos, como os modelos de aprendizado profundo descritos no Capítulo 24.

Joulin *et al.* (2016) oferecem diversos truques para a classificação eficiente do texto. Joachims (2001) utiliza a teoria de aprendizagem estatística e máquinas de vetores de suporte para fornecer uma análise teórica de quando a classificação será bem-sucedida. Apté *et al.* (1994) relataram acurácia de 96% na classificação de artigos de notícias da Reuters na categoria "Lucro". Koller e Sahami (1997) relataram precisão de até 95% com um classificador de Bayes ingênuo e até 98,6% com um classificador bayesiano.

Schapire e Singer (2000) mostraram que classificadores lineares simples podem muitas vezes alcançar acurácia tão boa quanto os modelos mais complexos, e são mais eficientes. Zhang *et al.* (2016) descrevem um classificador de texto em nível de caractere (em vez de palavra). Witten *et al.* (1999) descreveram algoritmos de compactação para a classificação e mostraram a ligação profunda entre o algoritmo de compactação LZW e os modelos de linguagem de máxima entropia.

O Wordnet (Fellbaum, 2001) é um dicionário à disposição do público, com cerca de 100 mil palavras e sintagmas, classificado em categorias morfossintáticas e ligado por relações semânticas, como sinônimo, antônimo e merônimo. Charniak (1996) e Klein e Manning (2001) discutem análise sintática de gramáticas em bancos de árvores. O British National Corpus (Leech *et al.*, 2001) contém 100 milhões de palavras, e a World Wide Web contém vários trilhões de palavras; Franz e Brants (2006) descrevem modelos de *n*-gramas para um *corpus* com 13 milhões de palavras distintas, publicamente disponíveis no Google, a partir de um trilhão de palavras de texto na *web*. Buck *et al.* (2014) descrevem um conjunto de dados semelhante, do projeto Common Crawl. O Treebank Penn (Marcus *et al.*, 1993; Bies *et al.*, 2015) fornece árvores de análise sintática de um *corpus* em inglês com três milhões de palavras.

Muitas das técnicas do modelo de *n*-gramas também são usadas em problemas de bioinformática. Bioestatística e PLN probabilístico estão se aproximando por lidarem com sequências longas e estruturadas, geradas a partir de um alfabeto finito.

Os primeiros etiquetadores de classes gramaticais (CG) usaram uma variedade de técnicas, incluindo conjuntos de regras (Brill, 1992), *n*-gramas (Church, 1988), árvores de decisão (Màrquez e Rodríguez, 1998), HMMs (Brants, 2000) e regressão logística (Ratnaparkhi, 1996). Historicamente, um modelo de regressão logística também era chamado "modelo de Markov de máxima entropia" ou MEMM (do inglês *maximum entropy Markov model*); portanto, alguns trabalhos têm esse nome. Jurafsky e Martin (2020) têm um bom capítulo sobre etiquetagem de CG. Ng e Jordan (2002) compararam modelos discriminativos e gerativos para tarefas de classificação.

Como redes semânticas, gramáticas livres de contexto foram usadas pela primeira vez pelos antigos gramáticos indianos (sobretudo Panini, c. 350 a.C.), estudando sânscrito shátrico (Ingerman, 1967). Elas foram reinventadas por Noam Chomsky (1956) para a análise da língua inglesa e independentemente por John Backus (1959) e Peter Naur para a análise sintática do Algol-58.

As **gramáticas probabilísticas livres de contexto** foram investigadas inicialmente por Booth (1969) e Salomaa (1969). Outros algoritmos para GPLCs foram apresentados na excelente e curta monografia de Charniak (1993) e os excelentes e longos livros de Manning e Schütze (1999) e Jurafsky e Martin (2020). Baker (1979) apresenta o algoritmo dentro-fora para

Capítulo 23 • Processamento de Linguagem Natural   773

aprender uma GPLC. As **GPLCs lexicalizadas** (Charniak, 1997; Hwa, 1998) combinam os melhores aspectos das GPLCs e modelos de *n*-gramas. Collins (1999) descreve a análise de GPLC que é lexicalizada com as características principais, e Johnson (1998) mostra como a exatidão de uma GPLC depende da estrutura do banco de árvores do qual suas probabilidades foram aprendidas.

Houve inúmeras tentativas de escrever gramáticas formais de línguas naturais, tanto em linguística "pura" como em linguística computacional. Existem várias gramáticas abrangentes mais informais de inglês (Quirk *et al.*, 1985; McCawley, 1988; Huddleston e Pullum, 2002). A partir da década de 1980, desenvolveu-se uma tendência para a lexicalização: incluir mais informações no léxico e menos na gramática.

A gramática funcional léxica, ou LFG (do inglês *lexical-functional grammar*) (Bresnan, 1982), foi o primeiro formalismo gramatical importante a se concentrar intensamente no léxico. Se levarmos a lexicalização a um extremo, acabaremos chegando à **gramática de categorias** (Clark e Curran, 2004), na qual pode haver até mesmo (apenas) duas regras gramaticais, ou à **gramática de dependência** (Smith e Eisner, 2008; Kübler *et al.*, 2009), em que não existe nenhuma categoria sintática, somente relações entre palavras.

Os primeiros algoritmos computacionais de análise sintática foram demonstrados por Yngve (1955). Algoritmos eficientes foram desenvolvidos no fim da década de 1960, com algumas mudanças de rumo desde então (Kasami, 1965; Younger, 1967; Earley, 1970; Graham *et al.*, 1980). Church e Patil (1982) descrevem a ambiguidade sintática e tratam das maneiras de resolvê-la.

Klein e Manning (2003) descrevem a análise sintática por A*, e Pauls e Klein (2009) estendem-na para análise A* de *K*-melhores, em que o resultado não é uma única análise, mas a *K*-melhores. Goldberg *et al.* (2013) descrevem os truques de implementação necessários para garantir que um analisador com busca em feixe seja $O(n)$, e não $O(n^2)$. Zhu *et al.* (2013) descrevem um analisador determinístico por deslocamento e redução veloz para línguas naturais, e Sagae e Lavie (2006) mostram como a inclusão da busca a um analisador por deslocamento e redução pode torná-lo mais preciso, porém ao custo de alguma redução na velocidade.

Hoje, analisadores de código aberto altamente precisos incluem o Parsey McParseface do Google (Andor *et al.*, 2016), o Stanford Parser (Chen e Manning, 2014), o Berkeley Parser (Kitaev e Klein, 2018) e o analisador SPACY. Todos eles generalizam por meio de redes neurais e alcançam aproximadamente 95% de acurácia nos conjuntos de teste do *Wall Street Journal* ou *Penn Treebank*. No campo, há algumas críticas de que ele está se concentrando muito estreitamente na medição de desempenho em alguns *corpora* selecionados e, talvez, ajustando-se excessivamente a eles.

A interpretação semântica formal de línguas naturais teve origem na filosofia e na lógica formal, particularmente no trabalho de Alfred Tarski (1935) sobre a semântica de linguagens formais. Bar-Hillel (1954) foi o primeiro a considerar os problemas da pragmática (como indexicais) e a propor a possibilidade de tratá-los por meio da lógica formal. O ensaio de Richard Montague, "Inglês como uma linguagem formal" (1970), é uma espécie de manifesto da análise lógica da linguagem, mas há outros livros que são de melhor leitura (Dowty *et al.*, 1991; Portner e Partee, 2002; Cruse, 2011). Embora os programas de interpretação semântica sejam projetados para escolher a interpretação mais provável, os críticos literários (Empson, 1953; Hobbs, 1990) têm sido ambíguos quanto ao fato de que a ambiguidade é algo a ser resolvido ou apreciado. Norvig (1988) descreve os problemas relacionados à consideração de várias interpretações simultâneas, em vez de se fixar em uma única interpretação de probabilidade máxima. Lakoff e Johnson (1980) apresentam uma análise atrativa e catalogam metáforas comuns em inglês. Martin (1990) e Gibbs (2006) ofereceram modelos computacionais de interpretação de metáforas.

O primeiro sistema de PLN a resolver uma tarefa real foi provavelmente o sistema de resposta a perguntas BASEBALL (Green *et al.*, 1961), que lidava com perguntas sobre um banco de dados de estatísticas de beisebol. Pouco depois foram lançados o SHRDLU, de Winograd (1972), que tratava de perguntas e comandos sobre uma cena do mundo de blocos, e o LUNAR, de Woods (1973), que respondia a perguntas sobre as pedras lunares trazidas da Lua pelo programa Apollo.

774 Inteligência Artificial

Banko *et al.* (2002) apresentaram o sistema ASKMSR de resposta automática a perguntas; um sistema semelhante é atribuído a Kwok *et al.* (2001). Pasca e Harabagiu (2001) discutiram um sistema de resposta a perguntas, vencedor de uma competição de tais sistemas.

Abordagens modernas para interpretação semântica geralmente assumem que o mapeamento da sintática para a semântica será aprendido de exemplos (Zelle e Mooney, 1996; Zettlemoyer e Collins, 2005; Zhao e Huang, 2015). O primeiro resultado importante em **indução de gramática** foi negativo: Gold (1967) mostrou que não é possível aprender de modo confiável uma gramática livre de contexto correta, dado um conjunto de sentenças dessa gramática. Linguistas proeminentes, como Chomsky (1957) e Pinker (2003), usaram o resultado de Gold para argumentar que tem de existir uma **gramática universal** inata que todas as crianças possuem desde o nascimento. O argumento conhecido como *Poverty of the Stimulus* (insuficiência de estímulos) afirma que não é oferecido às crianças insumo suficiente para aprender a GLC; portanto, elas já devem "conhecer" a gramática e têm de afinar meramente alguns de seus parâmetros.

> Gramática universal

Embora esse argumento continue a influenciar grande parte da linguística chomskyana, ele foi rejeitado por alguns outros linguistas (Pullum, 1996; Elman *et al.*, 1997) e pela maioria dos cientistas da computação. Já em 1969, Horning mostrou que *é* possível aprender, no sentido do aprendizado PAC, uma gramática *probabilística* livre de contexto. Desde então, houve muitas demonstrações empíricas convincentes de aprendizado a partir somente de exemplos positivos, como gramáticas semânticas de aprendizagem por indução de programação em lógica (ILP) (Muggleton e De Raedt, 1994; Mooney, 1999), as teses de doutorado de Schütze (1995) e Marcken (1996), e toda a linha de sistemas modernos de processamento de linguagem baseados no modelo transformador (Capítulo 24). Existe a International Conference on Grammatical Inference (ICGI) anualmente.

O sistema DRAGON, de James Baker (Baker, 1975), pode ser considerado o primeiro sistema de reconhecimento de voz bem-sucedido. Foi o primeiro a usar HMMs para a voz. Após várias décadas de sistemas baseados em modelos de linguagem probabilísticos, o campo começou a mudar para redes neurais profundas (Hinton *et al.*, 2012). Deng (2016) descreve como a introdução do aprendizado profundo permitiu uma melhoria rápida no reconhecimento de voz e reflete sobre as implicações para outras tarefas da PLN. Hoje, o aprendizado profundo é a técnica dominante para todos os sistemas de reconhecimento de voz em grande escala. O reconhecimento de voz pode ser visto como a primeira área de aplicação que destacou o sucesso do aprendizado profundo, com a visão computacional logo em seguida.

O campo de **recuperação de informação** está experimentando um novo crescimento de interesse, provocado pela ampla utilização de mecanismos de busca na Internet. Croft *et al.* (2010) e Manning *et al.* (2008) oferecem livros que abordam os fundamentos. A conferência TREC organiza uma competição anual de sistemas de recuperação de informação e publica anais com os resultados.

Brin e Page (1998) descreveram o algoritmo PageRank, que leva em consideração os *links* entre páginas, e oferece uma visão geral da implementação de um mecanismo de busca na *web*. Silverstein *et al.* (1998) investigaram um *log* de um bilhão de buscas na *web*. O periódico *Information Retrieval* e os anais da conferência anual *SIGIR* abrangem desenvolvimentos recentes no campo.

A **extração de informações** tem sido incentivada pela Message Understanding Conferences (MUC), patrocinada pelo governo dos EUA. Roche e Schabes (1997), Appelt (1999) e Muslea (1999) ofereceram *surveys* de sistemas baseados em modelos. Craven *et al.* (2000), Pasca *et al.* (2006), Mitchell (2007) e Durme e Pasca (2008) extraíram grandes bancos de dados de fatos. Freitag e McCallum (2000) discutiram HMMs para extração de informação. Campos aleatórios condicionais também foram usados para essa tarefa (Lafferty *et al.*, 2001; McCallum, 2003); um tutorial com orientação prática foi dado por Sutton e McCallum (2007). Sarawagi (2007) forneceu um panorama abrangente.

Riloff (1993) apresentou duas antigas abordagens influentes para a engenharia do conhecimento automatizado para PNL mostrando que um dicionário construído automaticamente desempenha quase tão bem como um dicionário de domínio específico feito manualmente com todo o cuidado. Yarowsky (1995) mostrou que a tarefa de classificação do sentido da palavra

Capítulo 23 • Processamento de Linguagem Natural 775

poderia ser realizada por meio de treino não supervisionado em um *corpus* de texto sem rótulo, com precisão tão boa quanto com métodos supervisionados.

A ideia de extrair modelos e exemplos simultaneamente de um punhado de exemplos rotulados foi desenvolvida de forma independente e simultânea por Blum e Mitchell (1998), que a chamaram de **cotreino**, e Brin (1998), que a chamou de DIPRE (Dual Iterative Pattern Relation Extraction, ou seja, extração de relação do padrão iterativo duplo). Você pode ver por que aderiram ao termo *cotreino*. Um trabalho anterior similar, sob o nome de *bootstrapping*, foi feito por Jones *et al.* (1999). O método avançou pelos sistemas QXTRACT (Agichtein e Gravano, 2003) e KNOWITALL (Etzioni *et al.*, 2005). A leitura de máquina foi introduzida por Mitchell (2005) e Etzioni *et al.* (2006), e é o foco do projeto TEXTRUNNER (Banko *et al.*, 2007; Banko e Etzioni, 2008).

Este capítulo foi centrado em sentenças de línguas naturais, mas também é possível fazer extração de informações com base na estrutura física ou no leiaute do texto e não na estrutura linguística. Listas, tabelas, diagramas, gráficos etc., codificados em HTML ou acessados por análise visual de documentos pdf, são o lar para dados que podem ser extraídos e consolidados (Hurst, 2000; Pinto *et al.*, 2003; Cafarella *et al.*, 2008).

Ken Church (2004) mostra que a pesquisa em linguagem natural tem oscilado entre o foco em dados (empirismo) e o foco em teorias (racionalismo); ele descreve as vantagens de ter bons recursos de linguagem e esquemas de avaliação, mas questiona se fomos longe demais (Church e Hestness, 2019). Os primeiros linguistas se concentraram em dados reais de uso da linguagem, incluindo contagens de frequência. Noam Chomsky (1956) demonstrou as limitações dos modelos de estados finitos e provocou interesse pelos estudos teóricos da sintaxe, desconsiderando o desempenho da linguagem real. Essa abordagem dominou por 20 anos, até que o empirismo fez um retorno baseado no sucesso do trabalho no reconhecimento estatístico da fala (Jelinek, 1976). Hoje, a ênfase em dados empíricos da linguagem continua e há grande interesse em modelos que consideram construções de alto nível, tais como relações entre árvores sintáticas e semânticas, não apenas sequências de palavras. Há também uma forte ênfase em modelos de rede neural de aprendizado profundo da linguagem, que veremos no Capítulo 24.

São apresentados trabalhos sobre aplicações de processamento de linguagem na conferência bienal Applied Natural Language Processing (ANLP), na conferência Empirical Methods in Natural Language Processing (EMNLP) e no periódico *Natural Language Engineering*. Uma gama ampla de trabalhos em PLN aparece na revista *Computational Linguistics* e sua conferência, ACL, e na conferência International Computational Linguistics (COLING). Jurafsky e Martin (2020) oferecem uma introdução abrangente à fala e ao PLN.

CAPÍTULO 24

APRENDIZADO PROFUNDO PARA PROCESSAMENTO DE LINGUAGEM NATURAL

Neste capítulo, as redes neurais profundas realizam uma série de tarefas de linguagem, capturando a estrutura da linguagem natural, assim como sua fluidez.

O Capítulo 23 explicou os principais elementos da linguagem natural, incluindo gramática e semântica. Sistemas baseados na análise sintática e semântica foram bem-sucedidos em muitas tarefas, mas seu desempenho é limitado pela complexidade infinda de fenômenos linguísticos no texto real. Como a grande quantidade de textos disponíveis em formato legível à máquina, faz sentido considerar se as abordagens baseadas em aprendizado de máquina voltado para dados podem ser mais eficazes. Exploramos essa hipótese usando as ferramentas oferecidas por sistemas de aprendizado profundo (Capítulo 21).

Vamos começar na seção 24.1 mostrando como a aprendizagem pode ser melhorada representando palavras como pontos em um espaço multidimensional, em vez de valores atômicos. A seção 24.2 explica o uso de redes neurais recorrentes para capturar o significado e o contexto de longa distância, à medida que o texto é processado sequencialmente. A seção 24.3 aborda principalmente a tradução automática, um dos maiores sucessos do aprendizado profundo aplicado ao PLN. As seções 24.4 e 24.5 tratam dos modelos que podem ser treinados a partir de grandes quantidades de textos não rotulados e depois aplicados a tarefas específicas, normalmente alcançando um desempenho de ponta. Por fim, a seção 24.6 avalia onde estamos e como o campo pode progredir.

24.1 *Word embeddings*

Queremos uma representação das palavras que não exija a construção manual das características, mas que permita a generalização entre palavras relacionadas – palavras que estão relacionadas sintaticamente ("colorido" e "ideal" são, ambos, adjetivos), semanticamente ("gato" e "tigre" são, ambos, felinos), topicamente ("ensolarado" e "granizo" são, ambos, termos relacionados ao clima), em termos de sentimento ("incrível" tem um sentimento oposto a "embaraçoso"), ou de outras maneiras.

Como devemos codificar uma palavra em um vetor de entrada **x** para que seja usada em uma rede neural? Conforme explicamos na seção 21.2.1, poderíamos usar um **vetor** *one-hot* – ou seja, codificamos a i-ésima palavra no dicionário com um *bit* 1 na i-ésima posição de entrada e um 0 em todas as outras posições. Mas essa representação não capturaria a semelhança entre as palavras.

Seguindo a máxima do linguista John R. Firth (1957), "você conhecerá uma palavra por sua companhia", poderíamos representar cada palavra com um vetor de contagens de n-gramas de todas as frases em que a palavra aparece. Porém, contagens brutas de n-gramas são complicadas. Com um vocabulário de 100 mil palavras, existem 10^{25} 5-gramas para acompanhar (embora os vetores nesse espaço de 10^{25} dimensões sejam muito esparsos – a maioria das contagens seria zero). Conseguiríamos uma generalização melhor se reduzíssemos isso para um vetor de menor tamanho, talvez com apenas algumas centenas de dimensões. Chamamos esse vetor menor e denso de ***word embedding***, também conhecido como vetor de semântica distribucional: um vetor de baixa dimensão que representa uma palavra. As representações por *word embeddings* são *aprendidas automaticamente* com os dados (mais adiante, veremos como isso é feito).

Word embedding

Como se parecem essas representações de palavras aprendidas? Por um lado, cada uma é simplesmente um vetor de números, em que as dimensões individuais e seus valores numéricos não têm significados perceptíveis:

"aardvark" = [−0,7, +0,2, −3,2, ...]
"ábaco"   = [+0,5, + 0,9, −1,3, ...]
...
"zyzzyva" = [−0,1, +0,8, −0,4, ...].

Por outro lado, o espaço de características tem a propriedade de que palavras semelhantes acabam tendo vetores semelhantes. Podemos ver isso na Figura 24.1, na qual existem agrupamentos separados para palavras relacionadas a país, parentesco, transporte e alimento.

Acontece que, por razões que não entendemos completamente, os vetores de semântica distribucional têm propriedades adicionais além da mera proximidade para palavras semelhantes. Por exemplo, suponha que examinemos os vetores **A** para Atenas e **B** para a Grécia. Para essas palavras, a diferença vetorial **B** − **A** parece codificar a relação país/capital. Outros pares − França e Paris, Rússia e Moscou, Zâmbia e Lusaka − têm basicamente a mesma diferença vetorial.

Podemos utilizar essa propriedade para resolver problemas de analogia de palavras, como "Atenas está para a Grécia assim como Oslo está para [o quê]?". Escrevendo **C** para o vetor de Oslo e **D** para a incógnita, vamos pressupor que **B** − **A** = **D** − **C**, dando-nos **D** = **C** + (**B** − **A**). E quando calculamos esse novo vetor **D**, descobrimos que ele está mais próximo de "Noruega" do que de qualquer outra palavra. A Figura 24.2 mostra que esse tipo de aritmética vetorial funciona para muitos relacionamentos.

No entanto, não há garantia de que um algoritmo de *word embedding* em particular executado em um *corpus* específico irá capturar uma relação semântica particular. *Word embeddings* são populares porque provaram ser uma boa representação para tarefas de linguagem mais adiante (como responder a perguntas ou tradução ou síntese), não porque elas têm a garantia de responder perguntas de analogia por conta própria.

Usar vetores de semântica distribucional em vez de codificações *one-hot* de palavras acaba sendo útil a praticamente todas as aplicações de aprendizado profundo para tarefas de PLN. Na verdade, em muitos casos, é possível a utilização de vetores **pré-treinados** e genéricos, obtidos de qualquer um dos diversos fornecedores, para uma tarefa de PLN em particular. No momento em que este livro foi escrito, os dicionários de vetor mais comumente usados

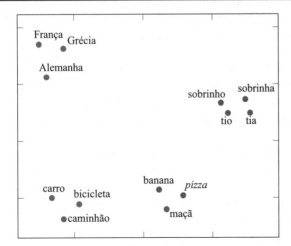

Figura 24.1 Vetores de representação semântica distribucional de palavras (*word embeddings*) obtidos pelo algoritmo GloVe treinado com 6 bilhões de palavras. Vetores de dimensão 100 são projetados em duas dimensões nessa visualização. Palavras semelhantes aparecem perto uma da outra.

A	B	C	D=C+(B−A)	Relacionamento
Atenas	Grécia	Oslo	Noruega	*Capital*
Astana	Cazaquistão	Harare	Zimbabwe	*Capital*
Angola	kwanza	Irã	rial	*Moeda*
prata	Ag	ouro	Au	*Símbolo atômico*
Microsoft	Windows	Google	Android	*Sistema operacional*
New York	New York Times	Baltimore	Baltimore Sun	*Jornal*
Berlusconi	Silvio	Obama	Barack	*Primeiro nome*
Suécia	Sueco	Camboja	Cambojano	*Nacionalidade*
Einstein	cientista	Picasso	pintor	*Ocupação*
irmão	irmã	neto	neta	*Relação de família*
Chicago	Illinois	Stockton	Califórnia	*Estado*
verdadeiro	falso	ético	antiético	*Negativo*
rato	ratos	dólar	dólares	*Plural*
bom	boníssimo	fiel	fidelíssimo	*Superlativo*
andando	andou	nadando	nadou	*Tempo passado*

Figura 24.2 Modelo de semântica distribucional de palavras às vezes pode responder à pergunta "**A** está para **B** assim como **C** está para [o quê]?" com a aritmética vetorial: dados os vetores de incorporação para as palavras **A**, **B** e **C**, calcule o vetor **D** = **C** + (**B** − **A**) e encontre a palavra que esteja mais próxima de **D**. (As respostas na coluna **D** foram calculadas automaticamente por esse modelo. As descrições na coluna "Relacionamento" foram acrescentadas manualmente.) (Adaptada de Mikolov *et al.* [2013, 2014].)

eram WORD2VEC, GloVe (Global Vectors) e FASTTEXT, que têm representações vetoriais para 157 idiomas. Usar um modelo pré-treinado pode economizar muito tempo e esforço. Para obter mais informações sobre esses recursos, ver seção 24.5.1.

Também é possível treinar seus próprios vetores de palavras; isso geralmente é feito ao mesmo tempo em que se treina uma rede para uma tarefa específica. Ao contrário das representações pré-treinadas e genéricas, as representações de palavras produzidas para uma tarefa específica podem ser treinadas em um *corpus* cuidadosamente selecionado e tendem a enfatizar aspectos das palavras que são úteis para a tarefa. Suponha, por exemplo., que a tarefa seja a etiquetagem de classes gramaticais (CG) (ver seção 23.1.6). Lembre-se de que isso envolve prever a classe gramatical correta para cada palavra de uma frase. Embora seja uma tarefa simples, não é trivial porque muitas palavras podem ser marcadas de várias maneiras – por exemplo, a palavra *cozinha* pode ser um substantivo, um verbo no presente do indicativo ou um verbo no subjuntivo; em inglês, a palavra *cut* pode ser um verbo no presente (transitivo ou intransitivo), um verbo no pretérito, um verbo no infinitivo, um particípio passado, um adjetivo ou um substantivo. Se um advérbio de tempo próximo se refere ao passado, isso sugere que essa ocorrência particular de *cut* é um verbo no pretérito; e podemos esperar, então, que a incorporação capture o aspecto dos advérbios referente ao passado.

A etiquetagem de CG serve como uma boa introdução à aplicação do aprendizado profundo ao PLN, sem as complicações de tarefas mais complexas, como resposta automática a perguntas (ver seção 24.5.3). Dado um *corpus* de sintagmas com marcações de CG, aprendemos os parâmetros para a representação vetorial das palavras e para a etiqueta de CG simultaneamente. O processo funciona da seguinte forma:

1. Escolha a largura w (um número ímpar de palavras) para a janela de previsão a ser usada para etiquetar cada palavra. Um valor típico é $w = 5$, o que significa que a etiqueta é prevista com base na palavra correspondente mais as duas palavras à esquerda e as duas palavras à direita. Divida cada frase em seu *corpus* em janelas sobrepostas de comprimento w.

Cada janela produz um exemplo de treino que consiste nas *w* palavras como entrada e a etiqueta de CG da palavra do meio como saída.

2. Crie um vocabulário de todos os *tokens* de palavras exclusivos que ocorrem mais do que, digamos, cinco vezes nos dados de treino. Represente o número total de palavras no vocabulário como *v*.
3. Ordene esse vocabulário em qualquer ordem arbitrária (talvez alfabeticamente).
4. Escolha um valor *d* como o tamanho de cada vetor de representação de palavra.
5. Crie uma nova matriz de pesos *v* por *d* chamada **E**. Essa é a matriz de representação de palavras (*word embedding*). A linha *i* de **E** é o vetor que representa a *i*-ésima palavra no vocabulário. Inicialize **E** aleatoriamente (ou a partir de vetores pré-treinados).
6. Crie uma rede neural que produza um rótulo de classe gramatical, conforme mostrado na Figura 24.3. A primeira camada consistirá em *w* cópias da matriz de vetores. Podemos usar duas camadas ocultas adicionais, z_1 e z_2 (com matrizes de peso W_1 e W_2, respectivamente), seguidas por uma camada *softmax* produzindo uma distribuição de probabilidade de saída **ŷ** sobre as possíveis categorias de classe gramatical para a palavra do meio:

$$z_1 = \sigma(W_1 x)$$
$$z_2 = \sigma(W_2 z_1)$$
$$\hat{y} = softmax(W_{saída} z_2).$$

7. Para codificar uma sequência de *w* palavras em um vetor de entrada, simplesmente concatene os vetores de representação correspondente a cada palavra. O resultado é um vetor de entrada com valor real **x** de comprimento *wd*. Mesmo que determinada palavra tenha o mesmo vetor de representação, quer ocorra na primeira posição, na última, ou em algum lugar no meio, cada vetor será multiplicado por uma parte diferente da primeira camada oculta; portanto, estamos codificando implicitamente a posição relativa de cada palavra.
8. Treine os pesos **E** e as outras matrizes de peso W_1, W_2 e $W_{saída}$ usando a descida pelo gradiente. Se tudo correr bem, a palavra do meio, *cut*, será rotulada como um verbo no pretérito, com base na evidência na janela, que inclui a palavra de sentido temporal "yesterday", o sujeito pronome de terceira pessoa "they" imediatamente antes de *cut*, e assim por diante.

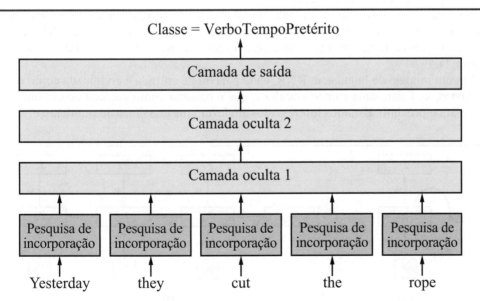

Figura 24.3 Modelo *feedforward* de etiquetagem de classe gramatical. Esse modelo usa uma janela de cinco palavras como entrada e prevê a etiqueta da palavra no meio – aqui, *cut*. O modelo é capaz de considerar a posição da palavra porque cada um dos cinco vetores de entrada é multiplicado por uma parte diferente da primeira camada oculta. Os valores dos parâmetros para os vetores de palavras e para as três camadas são todos aprendidos simultaneamente durante o treinamento.

Uma alternativa para a representação vetorial de palavras é um **modelo em nível de caractere** no qual a entrada é uma sequência de caracteres, cada um codificado como um vetor *one-hot*. Esse modelo precisa aprender como os caracteres se unem para formar palavras. A maior parte do trabalho em PLN refere-se a codificações em nível de palavra, em vez de codificações de nível de caractere.

24.2 Redes neurais recorrentes para PLN

Agora temos uma boa representação para palavras isoladas, mas a linguagem consiste em uma sequência ordenada de palavras em que o **contexto** das palavras ao seu redor é importante. Para tarefas simples, como a etiquetagem de classes gramaticais, uma pequena janela de tamanho fixo, talvez com cinco palavras, geralmente oferece um contexto suficiente.

Tarefas mais complexas, como responder a perguntas ou resolver referências, podem exigir dezenas de palavras como contexto. Por exemplo, na frase "*Eduardo me disse que Miguel estava muito doente, então eu o levei para o hospital*", saber que **o** se refere a *Miguel* e não a *Eduardo* requer um contexto que vai da primeira à última palavra da frase de 15 palavras.

24.2.1 Modelos de linguagem com redes neurais recorrentes

Vamos começar com o problema de criar um **modelo de linguagem** com contexto suficiente. Lembre-se de que um modelo de linguagem é uma distribuição de probabilidades sobre sequências de palavras. Ele nos permite prever a próxima palavra em um texto com base em todas as palavras anteriores e é muito utilizado como um bloco de construção para tarefas mais complexas.

Construir um modelo de linguagem com um modelo de *n*-gramas (ver seção 23.1) ou uma rede *feedforward* com uma janela fixa de *n* palavras pode ser difícil por causa do problema de contexto: ou o contexto necessário excederá o tamanho da janela fixa, ou o modelo terá muitos parâmetros, ou ambos.

Além disso, uma rede *feedforward* tem o problema da **assimetria**: tudo o que ela aprende sobre, digamos, o aparecimento da palavra *o* como a décima primeira palavra da frase, ela terá que reaprender para o aparecimento de *o* em outras posições na frase, porque os pesos são diferentes para cada posição da palavra.

Na seção 21.6, apresentamos a **rede neural recorrente** ou **RNR**, que é projetada para processar dados de séries temporais, um dado de cada vez. Isso sugere que as RNR podem ser úteis para processar uma linguagem, uma palavra por vez. Repetimos a Figura 21.8 aqui como a Figura 24.4.

Em um modelo de linguagem RNR, cada palavra de entrada é codificada como um vetor de palavras, $\mathbf{x}_i$. Existe uma camada oculta $\mathbf{z}_t$ que é passada como entrada de um intervalo de tempo para o próximo. Estamos interessados em fazer uma classificação multiclasse: as classes

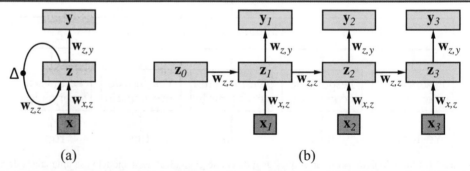

Figura 24.4 (a) Representação de uma RNR básica em que a camada oculta **z** tem conexões recorrentes; o símbolo Δ indica um atraso. Cada entrada **x** é o vetor de incorporação da próxima palavra na frase. Cada saída **y** é a saída para esse intervalo de tempo. (b) A mesma rede se desdobrou para três intervalos de tempo para criar uma rede *feedforward*. Observe que os pesos são compartilhados em todos os intervalos de tempo.

são as palavras do vocabulário. Assim, a saída $\mathbf{y}_t$ será uma distribuição de probabilidades *softmax* sobre os valores possíveis da próxima palavra na frase.

A arquitetura RNR resolve o problema de parâmetros em grande quantidade. O número de parâmetros nas matrizes de peso $w_{,z,z}$, $w_{,x,z}$ e $w_{,z,y}$ permanece constante, independentemente do número de palavras – ele é $O(1)$. Isso é contrário às redes *feedforward*, que têm $O(n)$ parâmetros, e modelos de *n*-gramas, que têm $O(v^n)$ parâmetros, em que v é o tamanho do vocabulário.

A arquitetura RNR também resolve o problema de assimetria, pois os pesos são os mesmos para cada posição de palavra.

A arquitetura RNR às vezes pode resolver também o problema de contexto limitado. Teoricamente, não há limite para o quanto o modelo pode olhar para trás na entrada. Cada atualização da camada oculta $\mathbf{z}_t$ tem acesso à palavra de entrada atual $\mathbf{x}_t$ e à camada oculta anterior $\mathbf{z}_{t-1}$, o que significa que as informações sobre qualquer palavra na entrada podem ser mantidas na camada oculta indefinidamente, copiadas (ou modificadas, como for necessário) de um intervalo de tempo para o seguinte. Claro, há uma quantidade limitada de armazenamento em $\mathbf{z}$, então ele não consegue se lembrar de tudo sobre todas as palavras anteriores.

Na prática, os modelos RNR têm bom desempenho em diversas tarefas, mas não em todas elas. Pode ser difícil prever se eles terão sucesso em determinado problema. Um fator que contribui para o sucesso é que o processo de treinamento incentiva a rede a alocar espaço de armazenamento em $\mathbf{z}$ para os aspectos da entrada que realmente serão úteis.

Para treinar um modelo de linguagem RNR, usamos o processo de treinamento descrito na seção 21.6.1. As entradas, $\mathbf{x}_t$, são as palavras em um *corpus* de texto de treinamento e as saídas observadas são as mesmas palavras deslocadas por 1. Ou seja, para o texto de treino "hello world", a primeira entrada $\mathbf{x}_1$ é a representação da palavra "hello", e a primeira saída $\mathbf{y}_1$ é a representação da palavra "world". Estamos treinando o modelo para prever a próxima palavra e esperamos que, para fazer isso, ele use a camada oculta para representar informações úteis. Conforme explicado na seção 21.6.1, calculamos a diferença entre a saída observada e a saída real calculada pela rede e propagamos de volta ao longo do tempo, tendo o cuidado de manter os pesos iguais para todos os intervalos de tempo.

Uma vez que o modelo foi treinado, podemos usá-lo para gerar texto aleatório. Fornecemos ao modelo uma palavra de entrada inicial $\mathbf{x}_1$, a partir da qual produzirá uma saída $\mathbf{y}_1$ que é uma distribuição de probabilidades *softmax* sobre palavras. Amostramos uma única palavra da distribuição, registramos a palavra como a saída para o tempo t e a alimentamos de volta como a próxima palavra de entrada $\mathbf{x}_2$. Repetimos isso pelo tempo que desejarmos. Na amostragem de $\mathbf{y}_1$, temos uma escolha: podemos sempre pegar a palavra mais provável; podemos amostrar de acordo com a probabilidade de cada palavra; ou podemos sobreamostrar as palavras menos prováveis, a fim de injetar mais variedade na saída gerada. O peso da amostra é um hiperparâmetro do modelo.

Aqui está um exemplo de texto aleatório gerado por um modelo RNR treinado nas obras de Shakespeare (Karpathy, 2015):

> *Marry, and will, my lord, to weep in such a one were prettiest;*
> *Yet now I was adopted heir*
> *Of the world's lamentable day,*
> *To watch the next way with his father with his face?*

24.2.2 Classificação com redes neurais recorrentes

Também é possível usar RNR para outras tarefas de linguagem, como etiquetagem de classes gramaticais ou resolução de correferência. Nesses dois casos, as camadas de entrada e ocultas serão as mesmas, mas para um etiquetador de CG, a saída será uma distribuição *softmax* sobre as CG, e para resolução de correferência será uma distribuição *softmax* sobre os antecedentes possíveis. Por exemplo, quando a rede chega à entrada **o** em "*Eduardo me disse que Miguel estava muito doente, então eu **o** levei para o hospital*", ela deve produzir uma alta probabilidade para "*Miguel*".

O treinamento de uma RNR para fazer uma classificação desse tipo é feito da mesma forma que com o modelo de linguagem. A única diferença é que os dados de treinamento exigirão rótulos – etiquetas de classe gramatical ou indicações de referência. Isso torna muito mais difícil coletar os dados do que no caso de um modelo de linguagem, em que o texto não rotulado é tudo de que precisamos.

Em um modelo de linguagem, queremos prever a enésima palavra a partir das palavras anteriores. Mas, para classificação, não há razão para nos limitarmos a olhar apenas para as palavras anteriores. Pode ser muito útil olhar para a frente na frase. No nosso exemplo de correferência, o referente *o* seria diferente se a frase concluísse "para ver Miguel" em vez de "para o hospital", e por isso é essencial olhar para a frente. Sabemos, por meio de experimentos de rastreamento ocular, que os leitores humanos não vão estritamente da esquerda para a direita.

RNR bidirecional

Para capturar o contexto à direita, podemos usar uma **RNR bidirecional**, que concatena um modelo separado da direita para a esquerda no modelo da esquerda para a direita. Um exemplo de uso de uma RNR bidirecional para etiquetagem de CG é mostrado na Figura 24.5.

No caso de uma RNR multicamadas, z_t será o vetor oculto da última camada. Para uma RNR bidirecional, z_t normalmente será considerado como a concatenação de vetores dos modelos da esquerda para a direita e da direita para a esquerda.

RNR também podem ser usadas para tarefas de classificação em nível da frase (ou em nível de documento), em que uma única saída vem no fim, em vez de ter um fluxo de saídas, uma por intervalo de tempo. Por exemplo, na **análise de sentimento**, o objetivo é classificar um texto como tendo sentimento *Positivo* ou *Negativo*. Por exemplo, "*Este filme foi mal escrito e mal interpretado*" deve ser classificado como *Negativo*. (Alguns esquemas de análise de sentimento utilizam mais de duas categorias ou então um valor escalar numérico.)

Usar RNR para uma tarefa em nível de frase é um pouco mais complexo, uma vez que precisamos obter uma representação agregada da frase inteira, y, a partir das saídas por palavra y_t da RNR. A maneira mais simples de fazer isso é usar o estado oculto da RNR correspondente à última palavra da entrada, uma vez que a RNR terá lido a frase inteira naquele intervalo de tempo. Contudo, isso pode implicitamente enviesar o modelo no sentido de prestar mais atenção ao fim da frase. Outra técnica comum é agrupar todos os vetores ocultos.

Agrupamento médio

Por exemplo, o **agrupamento médio** calcula a média por elemento sobre todos os vetores ocultos:

$$\tilde{z} = \frac{1}{s}\sum_{t=1}^{s} z_t.$$

O vetor de d dimensões agrupado $\tilde{z}$ pode então ser alimentado em uma ou mais camadas *feedforward* antes de ser alimentado na camada de saída.

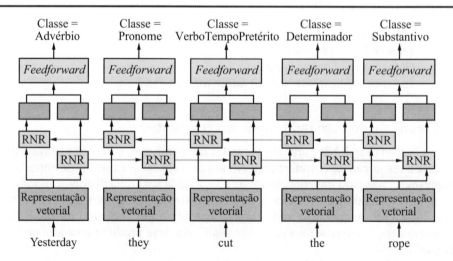

Figura 24.5 Rede RNR bidirecional para marcação de CG.

24.2.3 LSTM para tarefas de PLN

Dissemos que as RNR às vezes resolvem o problema de contexto limitado. Teoricamente, qualquer informação poderia ser passada de uma camada oculta para a próxima em qualquer número de intervalos de tempo. Porém, na prática, as informações podem se perder ou se distorcer, assim como no jogo do telefone sem fio, em que os jogadores ficam na fila e o primeiro jogador sussurra uma mensagem para o segundo, que a repete para o terceiro, e assim por diante. Normalmente, a mensagem que sai no fim está muito diferente da mensagem original. Esse problema para RNR é semelhante ao problema do **desaparecimento do gradiente** que descrevemos na seção 21.1.2, exceto que estamos lidando agora com camadas ao longo do tempo, em vez de camadas profundas.

Na seção 21.6.2, introduzimos o modelo de **memória longa de curto prazo** (**LSTM**, do inglês *long short-term memory*). Esse é um tipo de RNR com unidades de passagem que não sofrem o problema de reproduzir imperfeitamente uma mensagem de um intervalo de tempo para o seguinte. Em vez disso, uma LSTM pode escolher *lembrar-se* de algumas partes da entrada, copiando-as para o próximo intervalo de tempo e esquecendo-se de outras partes. Considere um modelo de linguagem que lida com um texto, como

Os atletas, que venceram suas eliminatórias locais e avançaram para as finais em Tóquio, agora (...)

Nesse ponto, se perguntássemos ao modelo qual palavra seguinte era mais provável, "compete" ou "competem", esperaríamos que ele escolhesse "competem", porque concorda com o sujeito "Os atletas". Uma LSTM pode aprender a criar uma característica latente para a pessoa e o número do objeto e copiar esse recurso para frente sem alteração até que seja necessário fazer uma escolha como esta. Uma RNR regular (ou um modelo de *n*-gramas pelo mesmo motivo) frequentemente se confunde em frases longas, com muitas palavras intermediárias entre o sujeito e o verbo.

24.3 Modelos de sequência para sequência

Uma das tarefas mais amplamente estudadas em PLN é a **tradução automática** (TA), em que o objetivo é traduzir uma frase de um **idioma de origem** para um **idioma de destino** – por exemplo, de espanhol para inglês. Treinamos um modelo de TA com um grande *corpus* de pares de frases de origem/destino. O objetivo é traduzir, com precisão, novas frases que não estejam em nossos dados de treinamento.

> Tradução automática (TA)
> Idioma de origem
> Idioma de destino

Podemos usar RNR para criar um sistema de TA? Certamente podemos codificar a frase de origem com uma RNR. Se houvesse uma correspondência direta entre as palavras de origem e de destino, poderíamos tratar a TA como uma tarefa de etiquetagem simples – dada a palavra-fonte "perro" em espanhol, nós a marcamos como a palavra inglesa correspondente "dog". Mas, na verdade, as palavras não são idênticas: em espanhol, as três palavras "caballo de mar" correspondem à única palavra em inglês "seahorse" e as duas palavras "perro grande" se traduzem em "big dog", com a ordem das palavras invertida. A reordenação de palavras pode ser ainda mais extrema; em inglês, o sujeito geralmente está no início de uma frase, mas em fijiano, o sujeito geralmente está no fim. Então, como geramos uma frase no idioma de destino?

Parece que deveríamos gerar uma palavra de cada vez, mas acompanhando o contexto para que possamos lembrar partes da origem que ainda não foram traduzidas e acompanhar o que foi traduzido para que não seja repetido. Parece também que, para algumas frases, temos que processar toda a frase de origem antes de começar a gerar o destino. Em outras palavras, a geração de cada palavra de destino está condicionada à frase de origem inteira e a todas as palavras de destino geradas anteriormente.

Isso dá à geração de texto para TA uma ligação próxima a um modelo de linguagem RNR padrão, conforme descrito na seção 24.2. Certamente, se tivéssemos treinado uma RNR com textos em inglês, seria mais provável que ela gerasse "big dog" do que "dog big". No entanto, não queremos apenas gerar qualquer frase aleatória do idioma de destino; queremos gerar uma frase do idioma de destino que *corresponda* à frase do idioma de origem. A maneira mais simples de fazer isso é usar duas RNR, uma para a origem e outra para o destino. Procuramos a frase de origem na RNR de origem e, em seguida, usamos o estado oculto final da RNR de

Modelo de sequência para sequência

origem como o estado oculto inicial para a RNR de destino. Dessa forma, cada palavra de destino está implicitamente condicionada tanto na frase de origem inteira quanto nas palavras de destino anteriores.

Essa arquitetura de rede neural é chamada **modelo** básico **de sequência para sequência**, e um exemplo disso aparece na Figura 24.6. Os modelos de sequência para sequência são comumente utilizados para tradução automática, mas também podem ser usados para diversas outras tarefas, como gerar automaticamente uma legenda de texto a partir de uma imagem, ou então para resumo: reescrever um texto longo em um mais curto, mantendo o mesmo significado.

Modelos básicos de sequência para sequência foram um avanço significativo em PLN e TA especificamente. De acordo com Wu *et al.* (2016b), a abordagem levou a uma redução da taxa de erro de 60% em relação aos métodos anteriores de TA. Mas esses modelos sofrem de três desvantagens importantes:

- **Viés de contexto próximo**: o que quer que as RNR queiram lembrar sobre o passado, isso deve se encaixar em seu estado oculto. Por exemplo, digamos que uma RNR está processando a 57ª palavra (ou intervalo de tempo) em uma sequência de 70 palavras. O estado oculto provavelmente conterá mais informações sobre a palavra no intervalo de tempo 56 do que a palavra no intervalo 5, porque cada vez que o vetor oculto é atualizado, ele deve substituir alguma quantidade de informações existentes por novas informações. Esse comportamento faz parte do projeto intencional do modelo e geralmente faz sentido para PLN, uma vez que o contexto próximo normalmente é mais importante. No entanto, o contexto distante também pode ser fundamental e pode se perder em um modelo RNR; até mesmo as LSTM têm dificuldade com essa tarefa.
- **Limite fixo no tamanho do contexto**: em um modelo de tradução RNR, a frase de origem inteira é compactada em um único vetor de estado oculto de dimensão fixa. Uma LSTM usada em um modelo PLN de última geração normalmente tem cerca de 1.024 dimensões, e se tivermos que representar, digamos, uma frase de 64 palavras em 1.024 dimensões, isso nos dará apenas 16 dimensões por palavra – insuficiente para sentenças complexas. Aumentar o tamanho do vetor de estado oculto pode levar a um treinamento lento e a um sobreajuste.
- **Processamento sequencial mais lento**: conforme discutido na seção 21.3, as redes neurais obtêm ganhos de eficiência consideráveis ao processar os dados de treino em lotes, de modo a aproveitar as vantagens do suporte de *hardware* eficiente para a aritmética matricial. As RNR, por outro lado, parecem estar restritas a operar nos dados de treinamento uma palavra por vez.

24.3.1 Atenção

E se a RNR de destino estivesse condicionada a *todos* os vetores ocultos da RNR de origem, em vez de apenas ao último? Isso reduziria as deficiências do viés de contexto próximo e

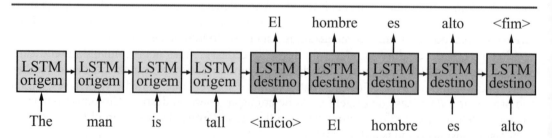

Figura 24.6 Modelo básico de sequência para sequência. Cada bloco representa um intervalo de tempo de LSTM. (Para simplificar, as camadas de representação vetorial e de saída não aparecem.) Em etapas sucessivas, alimentamos a rede com as palavras da frase de origem "The man is tall", seguidas pela etiqueta <início> para indicar que a rede deve começar a produzir a frase de destino. O estado oculto final no fim da frase de origem é usado como o estado oculto para o início da frase de destino. Depois disso, cada palavra da frase de destino no tempo t é usada como entrada no tempo $t+1$, até que a rede produza a etiqueta <fim> para indicar que a geração da frase terminou.

limites de tamanho fixos do contexto, permitindo ao modelo acessar qualquer palavra anterior igualmente bem. Uma forma de obter esse acesso é concatenar todos os vetores ocultos da RNR de origem. No entanto, isso causaria um grande aumento no número de pesos, com o consequente aumento no tempo de cálculo e potencialmente em sobreajuste. Em vez disso, podemos aproveitar o fato de que, quando a RNR de destino está gerando o destino uma palavra de cada vez, é provável que apenas uma pequena parte da origem seja realmente relevante para cada palavra de destino.

Criticamente, a RNR de destino deve prestar atenção a partes distintas da origem para cada palavra. Suponha que uma rede seja treinada para traduzir do inglês para o espanhol. São fornecidas as palavras "The front door is red" (A porta da frente é vermelha) seguidas por uma marca de fim de frase, o que significa que é hora de começar a produzir palavras em espanhol. Portanto, o ideal é que primeiro se dê atenção a "The" para gerar "La", depois a atenção é dada a "door", com uma saída "puerta", e assim por diante.

Podemos formalizar esse conceito com um componente de rede neural chamado **atenção**, que pode ser usado para criar um "resumo baseado no contexto" da frase de origem em uma representação de dimensão fixa. O vetor de contexto c_i contém as informações mais relevantes para gerar a próxima palavra de destino e será usado como uma entrada adicional para a RNR de destino. Um modelo de sequência para sequência que usa atenção é chamado **modelo atencional de sequência para sequência**. Se a RNR de destino padrão for escrita como:

$$\mathbf{h}_i = RNR(\mathbf{h}_{i-1}, \mathbf{x}_i),$$

a RNR de destino para os modelos atencionais de sequência para sequência pode ser descrita como:

$$\mathbf{h}_i = RNR(\mathbf{h}_{i-1}, [\mathbf{x}_i; \mathbf{c}_i])$$

em que $[\mathbf{x}_i; \mathbf{c}_i]$ é a concatenação dos vetores de entrada e de contexto, $\mathbf{c}_i$, este definido como:

$$r_{ij} = \mathbf{h}_{i-1} \cdot \mathbf{s}_j$$
$$a_{ij} = e^{r_{ij}} / (\sum_k e^{r_{ik}})$$
$$\mathbf{c}_i = \sum_j a_{ij} \cdot \mathbf{s}_j$$

em que $\mathbf{h}_{i-1}$ é o vetor RNR de destino que será usado para prever a palavra no intervalo de tempo i, e $\mathbf{s}_j$ é a saída do vetor RNR de origem para a j-ésima palavra (ou intervalo de tempo) de origem. Tanto $\mathbf{h}_{i-1}$ quanto $\mathbf{s}_j$ são vetores de d dimensões, em que d é o tamanho oculto. O valor de r_{ij} é, portanto, a "pontuação de atenção" bruta entre o estado de destino atual e a palavra de origem j. Essas pontuações são então normalizadas em uma probabilidade a_{ij} usando um *softmax* sobre todas as palavras de origem. Por fim, essas probabilidades são usadas para gerar uma média ponderada dos vetores RNR de origem, $\mathbf{c}_i$ (outro vetor de d dimensões).

Um exemplo de modelo atencional de sequência para sequência é mostrado na Figura 24.7(a). É preciso entender alguns detalhes importantes. Primeiro, o componente de atenção em si não tem pesos aprendidos e admite sequências de comprimento variável tanto no lado da origem quanto no lado do destino. Em segundo lugar, como a maioria das outras técnicas de modelagem de rede neural que aprendemos, a atenção é totalmente latente. O programador não dita quais informações serão usadas e quando; o modelo aprende o que usar. A atenção também pode ser combinada com RNR multicamadas. Normalmente, nesse caso, a atenção é aplicada a cada camada.

A formulação probabilística de *softmax* para atenção tem três finalidades. Primeiro, ela torna a atenção diferenciável, o que é necessário para ser usada com o algoritmo de retropropagação. Mesmo que a atenção em si não tenha pesos aprendidos, os gradientes ainda fluem de volta por meio da atenção para as RNR de origem e de destino. Em segundo lugar, a formulação probabilística permite que o modelo capture certos tipos de contextualização de longa distância que podem não ter sido capturados pela RNR de origem, uma vez que a atenção pode considerar toda a cadeia de origem de uma vez, aprendendo a manter o que é importante e a ignorar o restante. Terceiro, a atenção probabilística permite que a rede represente a

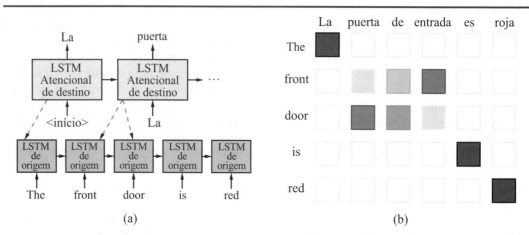

Figura 24.7 (a) Modelo atencional de sequência para sequência para a tradução do inglês para o espanhol. As linhas tracejadas representam atenção. (b) Exemplo de matriz de probabilidades de atenção para um par de sentenças bilíngues, com caixas mais escuras representando valores mais altos de a_{ij}. As probabilidades de atenção somam um em cada coluna.

incerteza – se a rede não souber exatamente qual palavra de origem traduzir a seguir, ela pode distribuir as probabilidades de atenção por várias opções e então escolher a palavra usando a RNR de destino.

Ao contrário da maioria dos componentes das redes neurais, as probabilidades de atenção são frequentemente interpretáveis por humanos e intuitivamente significativas. Por exemplo, no caso da tradução automática, as probabilidades de atenção geralmente correspondem aos alinhamentos palavra a palavra que um humano geraria. Isso é mostrado na Figura 24.7 (b).

Os modelos de sequência para sequência são naturais para tradução automática, mas quase todas as tarefas de linguagem natural podem ser codificadas como um problema de transformação de sequência em outra sequência. Por exemplo, um sistema de resposta automática a perguntas pode ser treinado na entrada que consiste em uma pergunta seguida por um delimitador seguido pela resposta.

24.3.2 Decodificação

No momento do treinamento, um modelo de sequência para sequência tenta maximizar a probabilidade de cada palavra na frase de treino de destino, condicionado à sequência-fonte e a todas as palavras de destino anteriores. Assim que o treinamento estiver concluído, recebemos uma frase de origem e nosso objetivo é gerar a frase de destino correspondente. Como a Figura 24.7 indica, podemos gerar o destino uma palavra por vez e, em seguida, realimentar a palavra que geramos no próximo intervalo de tempo. Esse procedimento é denominado **decodificação**.

A forma mais simples de decodificação é selecionar a palavra de maior probabilidade em cada intervalo de tempo e, em seguida, alimentar essa palavra como entrada para o intervalo de tempo seguinte. Isso é chamado **decodificação gulosa** porque, depois que cada palavra de destino é gerada, o sistema está totalmente comprometido com a hipótese que ele produziu até agora. O problema é que o objetivo da decodificação é maximizar a probabilidade de toda a sequência de destino, o que a decodificação gulosa pode não alcançar. Por exemplo, considere usar um decodificador guloso para traduzir para o espanhol a frase em inglês que vimos anteriormente, *The front door is red*.

A tradução correta é "*La puerta de entrada es roja*" – literalmente, "*A porta de entrada é vermelha*". Suponha que a RNR de destino gere corretamente a primeira palavra *La* para *The*. Em seguida, um decodificador guloso pode propor *entrada* para *front*. Mas isso é um erro – a ordem das palavras em espanhol deve colocar o substantivo *puerta* antes do modificador. A decodificação gulosa é rápida – ela considera apenas uma escolha em cada intervalo de tempo e pode fazer isso rapidamente – mas o modelo não tem mecanismo para corrigir erros.

Poderíamos tentar melhorar o mecanismo de atenção para que sempre atente para a palavra certa e adivinhe corretamente todas as vezes. Mas, para muitas frases, é inviável adivinhar corretamente todas as palavras no início da frase até que você tenha visto o que está no fim.

Uma abordagem melhor é procurar uma decodificação ótima (ou pelo menos uma que seja boa) usando um dos algoritmos de busca do Capítulo 3. Uma escolha comum é uma **busca em feixe** (ver seção 4.1.3). No contexto da decodificação de TA, a busca em feixe normalmente mantém as k primeiras hipóteses em cada estágio, estendendo cada uma por uma palavra usando as k primeiras escolhas de palavras, depois escolhe o melhor k das k^2 novas hipóteses resultantes. Quando todas as hipóteses no feixe geram o *token* especial <fim>, o algoritmo seleciona a hipótese de pontuação mais alta.

Uma visualização da busca em feixe é dada na Figura 24.8. À medida que os modelos de aprendizado profundo se tornam mais precisos, geralmente podemos usar um tamanho de feixe menor. Os modelos de TA neurais atuais de última geração usam um tamanho de feixe de 4 a 8, enquanto a geração mais antiga de modelos de TA estatísticos usaria um tamanho de feixe de 100 ou mais.

24.4 Arquitetura do transformador

O influente artigo "*Attention is all you need*" (Atenção é tudo de que você precisa) (Vaswani *et al.*, 2018) apresentou a arquitetura do **transformador**, que usa um mecanismo de **autoatenção** que pode modelar o contexto de longa distância sem uma dependência sequencial.

Transformador
Autoatenção

24.4.1 Autoatenção

Anteriormente, em modelos de sequência para sequência, a atenção era aplicada da RNR de destino para a RNR de origem. A **autoatenção** estende esse mecanismo de modo que cada sequência de estados ocultos também atenda a si mesma – a origem para a origem e o destino para o destino. Isso permite que o modelo capture adicionalmente o contexto de longa distância (e nas proximidades) em cada sequência.

Autoatenção

A maneira mais direta de aplicar a autoatenção é quando a matriz de atenção é formada diretamente pelo produto escalar dos vetores de entrada. No entanto, isso é problemático. O produto escalar entre um vetor e ele mesmo será sempre alto, de modo que cada estado oculto será tendencioso para atender a si mesmo. O transformador resolve isso projetando primeiro a entrada em três representações diferentes usando três matrizes de pesos diferentes:

- O **vetor de consulta** $q_i = W_q x_i$ é aquele que está sendo *atendido*, como o destino no mecanismo padrão de atenção.
- O **vetor de chave** $k_i = W_k x_i$ é aquele que está sendo *atendido*, como a origem no mecanismo padrão de atenção.
- O **vetor de valor** $v_i = W_v x_i$ é o contexto que está sendo gerado.

Vetor de consulta

Vetor de chave

Vetor de valor

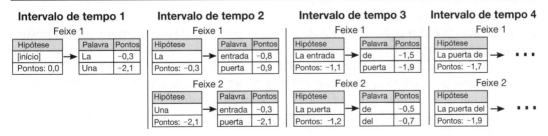

Figura 24.8 Busca em feixe com tamanho de feixe de $b = 2$. A pontuação de cada palavra é o logaritmo da probabilidade gerada pelo *softmax* RNR de destino, e a pontuação de cada hipótese é a soma das pontuações das palavras. No intervalo de tempo 3, a hipótese de maior pontuação, *La entrada*, só pode gerar continuações de baixa probabilidade; portanto, ela "sai do feixe".

No mecanismo padrão de atenção, as redes de chave e valor são idênticas, mas intuitivamente faz sentido que elas sejam representações separadas. Os resultados da codificação da *i*-ésima palavra, c_i, podem ser calculados pela aplicação de um mecanismo de atenção aos vetores projetados:

$$r_{ij} = (\mathbf{q}_i \cdot \mathbf{k}_j)/\sqrt{d}$$
$$a_{ij} = e^{r_{ij}}/(\sum_k e^{r_{ik}})$$
$$\mathbf{c}_i = \sum_j a_{ij} \cdot \mathbf{v}_j,$$

em que d é a dimensão de $\mathbf{k}$ e $\mathbf{q}$. Observe que i e j são índices na mesma frase, uma vez que estamos codificando o contexto usando a autoatenção. Em cada camada do transformador, a autoatenção usa os vetores ocultos da camada anterior, que inicialmente é a camada de representação vetorial (*word embedding*).

Existem muitos detalhes que precisamos mencionar aqui. Em primeiro lugar, o mecanismo de autoatenção é *assimétrico*, pois r_{ij} é diferente de r_{ji}. Em segundo lugar, o fator de escala $\sqrt{d}$ foi adicionado para melhorar a estabilidade numérica. Terceiro, a codificação para todas as palavras em uma frase pode ser calculada simultaneamente, pois as equações acima podem ser expressas usando operações matriciais, que podem ser eficientemente calculadas em paralelo em *hardware* especializado moderno.

A escolha de qual contexto usar é aprendida completamente a partir de exemplos de treino, e não é pré-especificada. O resumo baseado no contexto, c_i, é uma soma de todas as posições anteriores na frase. Em teoria, as informações da frase podem aparecer em c_i, mas, na prática, às vezes informações importantes se perdem, porque o contexto é basicamente a média de toda a frase. Uma maneira de resolver isso é chamada **atenção multifacetada**. Dividimos a frase em m partes iguais e aplicamos o modelo de atenção a cada uma das m partes. Cada parte tem seu próprio conjunto de pesos. Em seguida, os resultados são concatenados para formar c_i. Ao concatenar, em vez de somar, tornamos mais fácil que uma subparte importante se destaque.

> Atenção multifacetada

24.4.2 Da autoatenção ao transformador

A autoatenção é apenas um componente do modelo transformador. Cada camada do transformador consiste em várias subcamadas. Em cada camada do transformador, a autoatenção é aplicada primeiro. A saída do módulo de atenção é alimentada por camadas *feedforward*, em que as mesmas matrizes de pesos *feedforward* são aplicadas independentemente em cada posição. Uma função de ativação não linear, normalmente ReLU, é aplicada após a primeira camada *feedforward*. Para tratar do problema potencial do desaparecimento do gradiente, duas conexões residuais são adicionadas na camada do transformador. Um transformador de camada única pode ser visto na Figura 24.9. Na prática, os modelos transformadores geralmente têm seis ou mais camadas. Assim como nos outros modelos que aprendemos, a saída da camada i é usada como entrada para a camada $i + 1$.

A arquitetura do transformador não captura explicitamente a ordem das palavras na sequência, uma vez que o contexto é modelado apenas por meio da autoatenção, que é agnóstica quanto à ordem das palavras. Para capturar a ordenação das palavras, o transformador usa uma técnica chamada **representação posicional**. Se nossa sequência de entrada tem um comprimento máximo de n, então aprendemos n novos vetores de representação – um para cada posição de palavra. A entrada para a primeira camada do transformador é a soma da representação vetorial da palavra na posição t e da representação vetorial posicional correspondente à posição t.

> Representação posicional

A Figura 24.10 ilustra a arquitetura do transformador para etiquetagem de CG, aplicada à mesma frase usada na Figura 24.3. Na parte inferior, a representação vetorial de palavra e as representações posicionais são somadas para formar a entrada para um transformador de três camadas. O transformador produz um vetor por palavra, como na etiquetagem de CG baseada

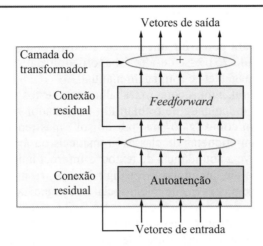

Figura 24.9 Transformador de única camada consiste em autoatenção, uma rede *feedforward* e conexões residuais.

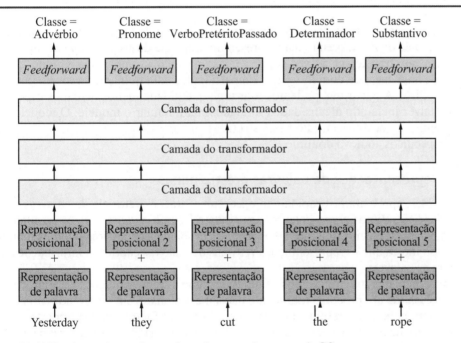

Figura 24.10 Uso da arquitetura de transformador para etiquetagem de CG.

em RNR. Cada vetor é alimentado em uma camada de saída final e camada *softmax* para produzir uma distribuição de probabilidade sobre as etiquetas.

Nesta seção, na verdade, contamos apenas metade da história do transformador: o modelo que descrevemos aqui é chamado **transformador codificador**. Ele é útil para tarefas de classificação de texto. A arquitetura completa do transformador foi originalmente projetada como um modelo de sequência para sequência para tradução automática. Portanto, além do codificador, ela também inclui um **transformador decodificador**. O codificador e o decodificador são quase idênticos, exceto que o decodificador usa uma versão de autoatenção em que cada palavra só pode atender às palavras anteriores, já que o texto é gerado da esquerda para a direita. O decodificador também tem um segundo módulo de atenção em cada camada do transformador que atende à saída do codificador.

790 Inteligência Artificial

24.5 Pré-treinamento e aprendizagem por transferência

Obter dados suficientes para construir um modelo robusto pode ser um desafio. Na visão computacional (ver Capítulo 25), esse desafio foi abordado pela montagem de grandes coleções de imagens (como ImageNet) e rotulagem manual.

Para a linguagem natural, é mais comum trabalhar com textos não rotulados. A diferença é, em parte, causada pela dificuldade de rotular: um trabalhador não qualificado pode facilmente rotular uma imagem como "gato" ou "pôr do sol", mas requer treinamento extensivo para anotar uma frase com etiquetas de classes gramaticais ou árvores de análise sintática. A diferença também se deve à abundância de textos: a Internet adiciona mais de 100 bilhões de palavras de texto a cada dia, incluindo livros digitalizados, recursos selecionados e organizados, como a Wikipedia, e postagens de mídia social não organizadas.

Projetos como o *Common Crawl* fornecem acesso fácil a esses dados. Qualquer texto corrido pode ser usado para construir modelos de *n*-gramas ou de representação vetorial de palavras, e alguns textos vêm com uma estrutura que pode ser útil para uma série de tarefas – por exemplo, existem muitos *sites* de FAQ com pares de pergunta e resposta que podem ser usados para treinar um sistema de resposta automática a perguntas. Da mesma forma, muitos *sites* da *web* publicam traduções de textos emparelhados, que podem ser usadas para treinar sistemas de tradução automática. Alguns textos ainda vêm com rótulos de algum tipo, como *sites* de resenhas em que os usuários anotam suas resenhas de texto com um sistema de classificação de 5 estrelas.

Pré-treinamento

Preferiríamos não ter o trabalho de criar um conjunto de dados toda vez que quisermos um novo modelo de PLN. Nesta seção, apresentamos a ideia de **pré-treinamento**: uma forma de **aprendizado por transferência** (ver seção 21.7.2) na qual usamos uma grande quantidade de dados de linguagem de domínio geral compartilhados para treinar uma versão inicial de um modelo de PLN. A partir daí, podemos usar uma quantidade menor de dados específicos do domínio (talvez incluindo alguns dados rotulados) para refinar o modelo. O modelo refinado pode aprender o vocabulário, idiomas, estruturas sintáticas e outros fenômenos linguísticos que são específicos ao novo domínio.

24.5.1 Representações de palavras pré-treinadas

Na seção 24.1, apresentamos rapidamente as representações vetoriais de palavras chamadas *word embeddings*. Vimos como palavras semelhantes, como *banana* e *maçã*, resultam em vetores semelhantes, e vimos que podemos resolver problemas de analogia com a subtração de vetores. Isso indica que as representações vetoriais de palavras capturam informações substanciais sobre as palavras.

Nesta seção, mergulharemos nos detalhes de como as representações vetoriais de palavras são criadas usando um processo totalmente não supervisionado em um grande *corpus* de texto. Isso contrasta com as representações da seção 24.1, que foram criadas durante o processo supervisionado de etiquetagem das classes gramaticais e, portanto, exigiam marcações de CG que vêm de uma dispendiosa anotação manual.

Vamos nos concentrar em um modelo específico para representação das palavras, o modelo GloVe (Global Vectors). O modelo começa reunindo contagens de quantas vezes cada palavra aparece em uma janela de outra palavra, semelhante ao modelo *skip-gram*. Primeiro, escolha o tamanho da janela (talvez cinco palavras); indique por X_{ij} o número de vezes que as palavras *i* e *j* coocorrem dentro de uma janela, e por X_i o número de vezes que a palavra *i* coocorre com qualquer outra palavra. Seja $P_{ij} = X_{ij} / X_i$ a probabilidade de que a palavra *j* apareça no contexto da palavra *i*. Como antes, indique por $\mathbf{E}_i$ a representação vetorial da palavra *i*.

Parte da intuição do modelo GloVe é que a relação entre duas palavras pode ser mais bem capturada comparando-as com outras palavras. Considere as palavras *gelo* e *vapor*. Agora considere a proporção de suas probabilidades de coocorrência com outra palavra, *w*, isto é:

$$Pw,gelo/Pw,vapor.$$

Quando *w* é a palavra *sólido*, a proporção será alta (o que significa que *sólido* se aplica mais a *gelo*) e quando *w* é a palavra *gás*, ela será baixa (o que significa que *gás* se aplica mais a *vapor*).

E quando *w* é uma palavra sem conteúdo como o artigo *o*, uma palavra como *água* que é igualmente relevante a ambos, ou uma palavra igualmente irrelevante, como *moda*, a proporção será próxima de 1.

O modelo GloVe começa com essa intuição e passa por alguns raciocínios matemáticos (Pennington *et al.*, 2014) que convertem razões de probabilidades em diferenças vetoriais e produtos escalares, finalmente chegando à restrição

$$\mathbf{E}_i \cdot \mathbf{E}'_j = \log(P_{ij}).$$

Em outras palavras, o produto escalar de dois vetores de palavras é igual ao log da probabilidade de sua coocorrência. Isso faz sentido intuitivamente: dois vetores quase ortogonais têm um produto escalar próximo de 0, e dois vetores normalizados quase idênticos têm um produto escalar próximo de 1. Há uma complicação técnica em que o modelo GloVe cria dois vetores de palavras para cada palavra, $\mathbf{E}_i$ e $\mathbf{E}'_i$; para ajudar a limitar o sobreajuste, calculamos os dois e depois os somamos.

Treinar um modelo como GloVe costuma ser muito mais barato do que treinar uma rede neural padrão: um novo modelo pode ser treinado com bilhões de palavras de texto em poucas horas usando uma CPU comum.

É possível treinar vetores de palavras em um domínio específico e recuperar o conhecimento nesse domínio. Por exemplo, Tshitoyan *et al.* (2019) usaram 3,3 milhões de resumos científicos sobre o assunto da ciência dos materiais para treinar um modelo de representação de palavras. Eles descobriram que, assim como vimos que um modelo de vetores de palavras genéricas pode responder "Atenas está para a Grécia assim como Oslo está para o quê?" com "Noruega", seu modelo de ciência de materiais pode responder "NiFe está para ferromagnético assim como IrMn está para quê?" com "antiferromagnético".

Seu modelo não depende apenas da coocorrência de palavras; parece estar captando conhecimentos científicos mais complexos. Quando questionados sobre quais compostos químicos podem ser classificados como "termoelétricos" ou "isolantes topológicos", seu modelo é capaz de responder corretamente. Por exemplo, $CsAgGa_2Se_4$ nunca aparece perto de "termoelétrico" no *corpus*, mas aparece perto de "calcogeneto", "intervalo de banda" e "optoelétrico", que são todas pistas que permitem que seja classificado como semelhante a "termoelétrico". Além disso, quando treinado apenas em resumos até o ano de 2008 e solicitado a escolher compostos que são "termoelétricos", mas ainda não apareceram em resumos, três das cinco principais escolhas do modelo foram descobertas como termoelétricas em artigos publicados entre 2009 e 2019.

24.5.2 Representações contextuais pré-treinadas

Representações vetoriais de palavras são representações melhores do que sintagmas atômicos de palavras, mas há uma questão importante com palavras polissêmicas. Por exemplo, em inglês, a palavra *rose* pode se referir a uma flor ou ao pretérito de *rise* (levantar). Assim, esperamos encontrar pelo menos dois grupos inteiramente distintos de contextos de palavras para *rose*: um semelhante a nomes de flores, como *dália*, e outro semelhante a *ressurgimento*. Nenhum vetor de representação único pode capturar ambos simultaneamente. *Rose* é um exemplo claro de uma palavra com (pelo menos) dois significados distintos, mas outras palavras têm nuances sutis de significado que dependem do contexto, como a palavra *need* em *you need to see this movie* (você precisa ver esse filme) em oposição a *humans need oxygen to survive* (humanos precisam de oxigênio para sobreviver). E algumas frases idiomáticas como *break the bank* (quebrar a banca) são mais bem analisadas como um todo do que como palavras componentes.

Portanto, em vez de apenas aprender uma tabela de palavra-para-vetor, queremos treinar um modelo para gerar **representações contextuais** de cada palavra em uma frase. Uma representação contextual mapeia tanto uma palavra quanto o contexto das palavras ao redor em um vetor de representação de palavra. Em outras palavras, se alimentarmos esse modelo com a palavra *rose* e o contexto de *the gardener planted a rose bush* (o jardineiro plantou uma roseira), ele deve produzir uma representação vetorial contextual semelhante (mas não necessariamente idêntica) à representação que obtemos com o contexto de *the cabbage rose had an unusual*

> Representações contextuais

fragrance (a rosa tinha uma fragrância incomum), e muito diferente da representação de *rose* no contexto de *the river rose five feet* (o rio subiu cinco pés).

A Figura 24.11 mostra uma rede recorrente que cria representações vetoriais contextuais de palavras – as caixas que não estão rotuladas na figura. Presumimos que já construímos uma coleção de vetores de palavras não contextuais. Alimentamos uma palavra de cada vez e pedimos ao modelo para prever a próxima palavra. Por exemplo, na figura, no ponto em que alcançamos a palavra "car", o nó RNR naquele intervalo de tempo receberá duas entradas: o vetor de palavra não contextual para "carro" e o contexto, que codifica as informações das palavras anteriores "The red". O nó da RNR produzirá então uma representação contextual para "carro". A rede como um todo produz uma previsão para a próxima palavra, "is". Em seguida, atualizamos os pesos da rede para minimizar o erro entre a previsão e a próxima palavra real.

Esse modelo é semelhante ao de etiquetagem de CG na Figura 24.5, com duas diferenças importantes. Primeiro, esse modelo é unidirecional (da esquerda para a direita), enquanto o modelo de CG é bidirecional. Em segundo lugar, em vez de prever as etiquetas de CG para a palavra *atual*, esse modelo prevê a *próxima* palavra usando o contexto anterior. Uma vez que o modelo é construído, podemos usá-lo para recuperar representações de palavras e passá-las para alguma outra tarefa; não precisamos continuar a prever a próxima palavra. Observe que o cálculo de representações contextuais sempre requer duas entradas, a palavra atual e o contexto.

24.5.3 Modelos de linguagem mascarada

Um ponto fraco dos modelos de linguagem padrão, como os modelos de *n*-gramas, é que a contextualização de cada palavra é baseada apenas nas palavras anteriores da frase. As previsões são feitas da esquerda para a direita. Porém, às vezes, o contexto posterior em uma frase – por exemplo, *feet* (pés) na frase *rose five feet* (subiu cinco pés) – ajuda a esclarecer palavras anteriores.

Uma solução alternativa simples é treinar um modelo de linguagem separado da direita para a esquerda, que contextualize cada palavra com base nas palavras subsequentes da frase e, em seguida, concatenar as representações da esquerda para a direita e da direita para a esquerda. No entanto, tal modelo falha em combinar evidências de ambas as direções.

Em vez disso, podemos usar um **modelo de linguagem mascarada (MLM)**. Os MLM são treinados mascarando (ocultando) palavras individuais na entrada e pedindo ao modelo para prever as palavras mascaradas. Para essa tarefa, pode-se usar uma RNR bidirecional profunda ou um transformador no topo da frase mascarada (Figura 24.12). Por exemplo, dada a frase de

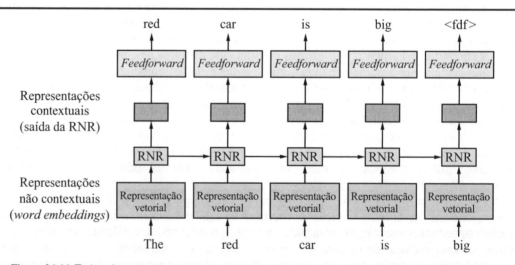

Figura 24.11 Treino de representações contextuais usando um modelo de linguagem da esquerda para a direita.

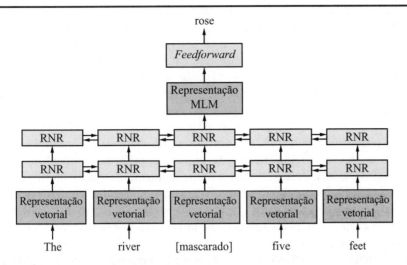

Figura 24.12 Modelagem de linguagem mascarada: pré-treine um modelo bidirecional – por exemplo, uma RNR multicamadas – mascarando palavras de entrada e prevendo apenas as palavras mascaradas.

entrada "*The river rose five feet*", podemos mascarar a palavra do meio para obter "*The river ___ five feet*" e pedir ao modelo para preencher o espaço em branco.

Os vetores ocultos finais que correspondem aos *tokens* mascarados são então usados para prever as palavras que foram mascaradas – nesse exemplo, *rose*. Durante o treinamento, uma única frase pode ser usada várias vezes com palavras diferentes mascaradas. A beleza dessa abordagem é que ela não requer dados rotulados; a frase fornece seu próprio rótulo para a palavra mascarada. Se esse modelo for treinado em um grande *corpus* de texto, ele gera representações pré-treinadas que funcionam bem em uma ampla variedade de tarefas de PLN (tradução automática, resposta a perguntas, resumo, julgamentos de gramaticalidade e outros).

24.6 Estado da arte

O aprendizado profundo e a aprendizagem por transferência avançaram notavelmente o estado da arte para o PLN – tanto que um comentarista em 2018 declarou que "o momento ImageNet do PLN chegou" (Ruder, 2018). A implicação é que, assim como ocorreu uma virada em 2012 para a visão computacional, quando os sistemas de aprendizado profundo produziram bons resultados surpreendentes na competição ImageNet, uma virada ocorreu em 2018 para o PLN. O principal impulso para esse ponto de inflexão foi a descoberta de que a aprendizagem por transferência funciona bem para problemas de linguagem natural: um modelo geral de linguagem pode ser baixado e ajustado para uma tarefa específica.

Isso começou com representações vetoriais de palavras simples de sistemas como o WORD2VEC em 2013 e o GloVe em 2014. Os pesquisadores podem fazer o *download* de tal modelo ou treinar o seu próprio de forma relativamente rápida, sem acesso a supercomputadores. As representações contextuais pré-treinadas, por outro lado, são ordens de grandeza mais dispendiosas para treinar.

Esses modelos se tornaram viáveis somente depois que os avanços no *hardware* (GPU e TPU) se tornaram generalizados e, nesse caso, os pesquisadores ficaram gratos por poder baixar modelos em vez de ter que gastar os recursos para treinar seus próprios. O modelo transformador permitiu o treinamento eficiente de redes neurais muito maiores e mais profundas do que era possível anteriormente (dessa vez devido aos avanços no *software*, não no *hardware*). Desde 2018, novos projetos de PLN normalmente começam com um modelo transformador pré-treinado.

Embora esses modelos transformadores tenham sido treinados para prever a próxima palavra em um texto, eles fazem um trabalho surpreendentemente bom em outras tarefas de linguagem. Um modelo ROBERTA com algum ajuste fino atinge resultados de última geração em testes de resposta automática a perguntas e compreensão de leitura (Liu *et al.*, 2019b). GPT-2, um modelo de linguagem semelhante a um transformador com 1,5 bilhão de parâmetros treinados em 40 GB de texto da Internet, alcança bons resultados em tarefas diversas como tradução entre francês e inglês, resolução de referentes de dependência de longa distância e respostas a perguntas de conhecimento geral, tudo sem o ajuste fino para a tarefa específica. Conforme ilustrado na Figura 24.14, o GPT-2 pode gerar um texto bastante convincente com apenas algumas palavras de começo.

Como um exemplo de sistema PLN de última geração, o ARISTO (Clark *et al.*, 2019) alcançou uma pontuação de 91,6% em um exame de ciências de múltipla escolha de oitavo ano (Figura 24.13). ARISTO consiste em um comitê de resolvedores: alguns usam recuperação de informações (semelhante a um mecanismo de busca na *web*), alguns fazem implicação textual e raciocínio qualitativo e alguns usam grandes modelos de linguagem de transformador. Acontece que ROBERTA, por si só, atinge 88,2% no teste. ARISTO também pontua 83% no exame mais avançado do 12º ano. (Uma pontuação de 65% é considerada "boa" e 85% é "excelente".)

Existem limitações no ARISTO. Ele lida somente com perguntas de múltipla escolha, e não perguntas discursivas, e não pode ler nem gerar diagramas.[1]

T5 (Text-to-Text Transfer Transformer – transformador de transferência de texto para texto) foi projetado para produzir respostas textuais a diversos tipos de entrada textual. Ele inclui um modelo transformador do tipo codificador-decodificador padrão, pré-treinado em 35 bilhões de palavras do Colossal Clean Crawled Corpus (C4) de 750 GB. Esse treinamento não rotulado é projetado para dar ao modelo um conhecimento linguístico generalizável, que será útil para inúmeras tarefas específicas. O T5 é então treinado para cada tarefa com uma entrada consistindo no nome da tarefa, seguido por dois pontos e algum conteúdo. Por exemplo, quando recebe "traduzir de inglês para alemão: *That is good*", ele produz como saída "*Das ist gut*". Para algumas tarefas, a entrada tem marcações; por exemplo, no Winograd Schema Challenge, a entrada destaca um pronome com um referente ambíguo. Dada a entrada "referente: *The city councilmen refused the demonstrators a permit because **they** feared violence*" (os vereadores recusaram a permissão aos manifestantes porque **eles** temiam violência), a resposta correta é "*The city councilmen*" (os vereadores), e não "*the demonstrators*" (os manifestantes).

Ainda há muito trabalho a ser feito para melhorar os sistemas de PLN. Um problema é que os modelos de transformadores dependem apenas de um contexto pequeno, limitado a algumas centenas de palavras. Algumas abordagens experimentais estão tentando estender esse contexto; o sistema Reformer (Kitaev *et al.*, 2020) pode lidar com contextos de até um milhão de palavras.

---

1. **O que separa melhor uma mistura de limalha de ferro e pimenta-do-reino?**
   (a) ímã   (b) filtro de papel   (c) balança de feixe triplo   (d) voltímetro
2. **Que forma de energia é produzida quando uma tira de borracha vibra?**
   (a) química   (b) luminosa   (c) elétrica   (d) sonora
3. **Como o cobre é um metal, ele é**
   (a) líquido a temperatura ambiente   (b) não reativo com outras substâncias
   (c) um mau condutor de eletricidade   (d) um bom condutor de calor
4. **Que processo em uma macieira resulta principalmente da divisão celular?**
   (a) crescimento   (b) fotossíntese   (c) troca de gases   (d) eliminação de resíduos

Figura 24.13 Questões traduzidas de um exame de ciências do oitavo ano que o sistema ARISTO pode responder corretamente usando um conjunto de métodos, sendo o mais influente um modelo de linguagem ROBERTA. Responder a essas perguntas requer conhecimento sobre linguagem natural, a estrutura dos testes de múltipla escolha, senso comum e ciência.

---

[1] Foi demonstrado que, em alguns exames de múltipla escolha, é possível obter boa pontuação, mesmo sem olhar para as perguntas, porque há sinais indicadores nas respostas incorretas (Gururangan *et al.*, 2018). Isso parece ser verdadeiro também para respostas a perguntas visuais (Chao *et al.*, 2018).

It is a truth universally acknowledged that the earth is not the center of the universe. There are those who assert there is. I do not accept them, but others I consider to be of the same opinion. The truth is, however, that if there are other than the center, and if there are any other living things in the universe and if they are not human, then we do not yet have our answers. We have to go on. This page gives a simplified, simplified answer to the problem. We don't have all the answers. The truth is, however, that the truth is out there.

When Gregor Samsa woke up one morning, he did not notice anything strange. "When my wife is looking at me, I feel like she is looking at a piece of art," he said. "I think she is admiring something I have created." The idea is that by looking at your own life, you learn something important and become a better person. It is a theory that emerged from psychologist Daniel Goleman's work, in which he asked "How do you know you're not a loser?"

Alice was beginning to get very tired of sitting with her sister on the bank. She sat up, yawned, and said, with a loud little scream, "I hope you don't mind if I keep on doing what I should like to do, and if someone asks me which of us will do more, don't tell them that I won't do much, my dear sister."

All happy families are alike; each happy family is like a garden of paradise. The only difference between happy families and unhappy families, is that the unhappy family doesn't have any flowers or trees.

Tell me a story. Tell me a story. Tell me a story. Tell me a story. Tell me a story. Tell me a story. Tell me a story. Tell me a story. Tell me a story. Tell me a story. Tell me a story. Tell me a story. Please fill out the following details. Thank you... Thank you for your interest in this interview. Please wait...

Figura 24.14 Exemplos de compleição de textos gerados pelo modelo de linguagem GPT-2, dados os começos em **negrito**. A maioria dos textos é em inglês bastante fluente, pelo menos localmente. O exemplo final demonstra que, às vezes, o modelo simplesmente falha.

Resultados recentes têm mostrado que o uso de mais dados de treino resulta em melhores modelos – por exemplo, ROBERTA obteve resultados de ponta após o treinamento em 2,2 trilhões de palavras. Se usar mais dados textuais é melhor, o que aconteceria se incluíssemos outros tipos de dados: bancos de dados estruturados, dados numéricos, imagens e vídeo? Precisaríamos de um avanço nas velocidades de processamento de *hardware* para treinar em um grande *corpus* de vídeo, e podemos precisar de vários avanços em IA.

O leitor curioso pode se perguntar por que aprendemos sobre gramáticas, análise sintática e interpretação semântica no capítulo anterior, apenas para descartar essas noções em favor de modelos puramente baseados em dados neste capítulo. No momento, a resposta é simplesmente que os modelos baseados em dados são mais fáceis de desenvolver e manter, e pontuam melhor em *benchmarks* padrão, em comparação com os sistemas montados manualmente, que podem ser construídos usando uma quantidade razoável de esforço humano com as abordagens descritas no Capítulo 23. Pode ser que os modelos de transformadores e seus parentes estejam aprendendo representações latentes que capturam as mesmas ideias básicas das gramáticas e das informações semânticas, ou pode ser que algo totalmente diferente esteja acontecendo dentro desses modelos enormes; nós simplesmente não sabemos. Sabemos que um sistema treinado com dados textuais é mais fácil de manter e se adaptar a novos domínios e novas linguagens naturais do que um sistema que depende de características preparadas à mão.

Também pode ser o caso de que os avanços futuros na modelagem gramatical e semântica explícitas farão com que o pêndulo balance para trás. Talvez o mais provável seja o surgimento de abordagens híbridas que combinam os melhores conceitos de ambos os capítulos. Por exemplo, Kitaev e Klein (2018) usaram um mecanismo de atenção para melhorar um analisador de constituintes tradicional, alcançando o melhor resultado já registrado no conjunto de testes do Penn Treebank. Da mesma forma, Ringgaard *et al.* (2017) demonstram como um analisador de dependências pode ser melhorado com vetores de palavras e uma rede neural recorrente. Seu sistema, o SLING, analisa diretamente em uma representação de estrutura semântica, aliviando o problema de erros acumulados em um sistema de *pipeline* tradicional.

Certamente há espaço para melhorias: não apenas os sistemas de PLN ainda atrasam o desempenho humano em muitas tarefas, mas o fazem depois de processar milhares de vezes mais textos do que qualquer ser humano poderia ler em toda a vida. Isso sugere que há muito espaço para novas ideias de linguistas, psicólogos e pesquisadores de PLN.

Resumo

Os principais pontos deste capítulo são os seguintes:

- As representações contínuas de palavras com vetores de palavras são mais robustas do que as representações atômicas discretas e podem ser pré-treinadas usando dados de texto não rotulados.
- As redes neurais recorrentes podem modelar efetivamente o contexto local e de longa distância, retendo informações relevantes em seus vetores de estado oculto.
- Os modelos de sequência para sequência podem ser usados para problemas de tradução automática e geração de texto.
- Os modelos de transformadores usam autoatenção e podem modelar o contexto de longa distância, assim como o contexto local. Eles podem fazer uso eficaz da multiplicação matricial por *hardware*.
- A aprendizagem por transferência, que inclui vetores de palavras contextuais pré-treinados, permite que modelos sejam desenvolvidos a partir de *corpora* não rotulados muito grandes e aplicados a uma série de tarefas. Os modelos que são pré-treinados para prever palavras que faltam podem lidar com outras tarefas, como resposta automática a perguntas e inferência textual, após o ajuste fino para o domínio de destino.

Notas bibliográficas e históricas

A distribuição de palavras e frases em linguagem natural segue a **Lei de Zipf** (Zipf, 1935, 1949): a frequência da enésima palavra mais popular é aproximadamente inversamente proporcional a *n*. Isso significa que temos um problema de esparsidade de dados: mesmo com bilhões de palavras de dados de treino, estamos constantemente encontrando palavras e frases novas, que não eram vistas antes.

A generalização para novas palavras e frases é auxiliada por representações que captam a ideia básica de que palavras com significados semelhantes aparecem em contextos semelhantes. Deerwester *et al.* (1990) projetaram palavras em vetores de baixa dimensão decompondo a matriz de coocorrência formada por palavras e os documentos em que as palavras aparecem. Outra possibilidade é tratar as palavras ao redor – digamos, uma janela de 5 palavras – como contexto. Brown *et al.* (1992) agruparam palavras em grupos hierárquicos de acordo com o contexto de bigramas das palavras; isso tem se mostrado eficaz para tarefas como reconhecimento de entidades nomeadas (Turian *et al.*, 2010). O sistema WORD2VEC (Mikolov *et al.*, 2013) foi a primeira demonstração significativa das vantagens de representação vetorial de palavras obtidas a partir do treinamento de redes neurais. Os vetores de representação de palavras GloVe (Pennington *et al.*, 2014) foram conseguidos operando diretamente

Capítulo 24 • Aprendizado Profundo para Processamento de Linguagem Natural   797

em uma matriz de coocorrência de palavras obtida de bilhões de palavras de texto. Levy e Goldberg (2014) explicam por que e como essas representações de palavras são capazes de capturar regularidades linguísticas.

Bengio *et al.* (2003) foram pioneiros no uso de redes neurais para modelos de linguagem, propondo combinar "(1) uma representação distribuída para cada palavra junto com (2) a função de probabilidade para sequências de palavras, expressa em termos dessas representações". Mikolov *et al.* (2010) demonstraram o uso de RNR para modelar o contexto local em modelos de linguagem. Jozefowicz *et al.* (2016) mostraram como uma RNR treinada em um bilhão de palavras pode superar modelos de n-gramas cuidadosamente feitos à mão. As representações contextuais de palavras foram enfatizadas por Peters *et al.* (2018), chamando-as de representações ELMO (Embeddings from Language Models).

Observe que alguns autores comparam modelos de linguagem medindo sua **perplexidade**. A perplexidade de uma distribuição de probabilidade é 2^H, em que H é a entropia da distribuição (ver seção 19.3.3). Um modelo de linguagem com menor perplexidade é, todas as outras coisas sendo iguais, um modelo melhor. Mas, na prática, todas as outras coisas raramente são iguais. Portanto, é mais informativo medir o desempenho em uma tarefa real do que depender da perplexidade.

Perplexidade

Howard e Ruder (2018) descrevem a estrutura ULMFIT (Universal Language Model Fine-Tuning), que torna mais fácil ajustar um modelo de linguagem pré-treinado sem exigir um vasto *corpus* de documentos de domínio-alvo. Ruder *et al.* (2019) dão um tutorial sobre aprendizagem por transferência para PLN.

Mikolov *et al.* (2010) apresentaram a ideia de usar RNR para PLN, e Sutskever *et al.* (2015) introduziram a ideia de aprendizagem de sequência para sequência com redes profundas. Zhu *et al.* (2017) e (Liu *et al.*, 2018b) mostraram que uma abordagem não supervisionada funciona e torna a coleta de dados muito mais fácil. Logo foi descoberto que esses tipos de modelos poderiam ter um desempenho surpreendentemente bom em diversas tarefas, por exemplo, legendagem de imagens (Karpathy e Fei-Fei, 2015; Vinyals *et al.*, 2017b).

Devlin *et al.* (2018) mostraram que os modelos de transformador pré-treinados com o objetivo de modelagem de linguagem mascarada podem ser usados diretamente para diversas tarefas. O modelo foi denominado BERT (Bidirectional Encoder Representations from Transformers). Modelos BERT pré-treinados podem ser ajustados para domínios específicos e tarefas específicas, incluindo resposta automática a perguntas, reconhecimento de entidades nomeadas, classificação de textos, análise de sentimento e inferência de linguagem natural.

O sistema XLNET (Yang *et al.*, 2019) melhora o BERT eliminando uma discrepância entre o pré-treinamento e o ajuste fino. O *framework* ERNIE 2.0 (Sun *et al.*, 2019) extrai mais dos dados de treino, considerando a ordem das sentenças e a presença de entidades nomeadas, em vez de apenas a coocorrência de palavras, demonstrando que pode superar BERT e XLNET. Em resposta, os pesquisadores revisaram e melhoraram o BERT: o sistema ROBERTA (Liu *et al.*, 2019b) usava mais dados e diferentes hiperparâmetros e procedimentos de treinamento, descobrindo que poderia ser compatível com o XLNET. O sistema Reformer (Kitaev *et al.*, 2020) estende o alcance do contexto que pode ser considerado para até um milhão de palavras. Enquanto isso, ALBERT (A Lite BERT) foi na direção contrária, reduzindo o número de parâmetros de 108 milhões para 12 milhões (para caber em dispositivos móveis), mantendo alta acurácia.

O sistema XLM (Lample e Conneau, 2019) é um modelo de transformador com dados de treino de vários idiomas. Isso é útil para tradução automática, mas também fornece representações mais robustas para tarefas de único idioma. Dois outros sistemas importantes, GPT-2 (Radford *et al.*, 2019) e T5 (Raffel *et al.*, 2019), foram descritos no capítulo. O último artigo também apresentou o Colossal Clean Crawled Corpus (C4) com 35 bilhões de palavras.

Várias melhorias promissoras em algoritmos de pré-treinamento foram propostas (Yang *et al.*, 2019; Liu *et al.*, 2019b). Modelos contextuais pré-treinados são descritos por Peters *et al.* (2018) e Dai e Le (2016).

O *benchmark* GLUE (General Language Understanding Evaluation), uma coleção de tarefas e ferramentas para avaliar sistemas de PLN, foi apresentado por Wang *et al.* (2018a). As tarefas incluem resposta a perguntas, análise de sentimento, inferência textual, tradução e análise sintática. Os modelos de transformador dominaram tanto o placar (a linha de base humana está em nono lugar) que uma nova versão, SUPERGLUE (Wang *et al.*, 2019), foi introduzida com tarefas que são projetadas para serem mais difíceis para os computadores, mas ainda fáceis para humanos.

No fim de 2019, T5 era o líder geral com uma pontuação de 89,3, apenas meio ponto abaixo da linha de base humana de 89,8. Em 3 das 10 tarefas, o T5 realmente excede o desempenho humano: resposta sim/não a perguntas (como "A França tem o mesmo fuso horário do Reino Unido?") e 2 tarefas de compreensão de leitura envolvendo responder a perguntas depois de ler um parágrafo ou um artigo de noticiário.

A **tradução automática** é uma das principais aplicações dos modelos de linguagem. Em 1933, Petr Troyanskii recebeu a patente de uma "máquina de tradução", mas não havia computadores disponíveis para implementar suas ideias. Em 1947, Warren Weaver, com base em trabalhos em criptografia e teoria da informação, escreveu para Norbert Wiener: "Quando vejo um artigo em russo, digo: 'Está realmente escrito em inglês, mas foi codificado em símbolos estranhos. Vou agora prosseguir com a decodificação' ". A comunidade tentou decodificar dessa forma, mas não tinha dados e recursos de computação suficientes para que a abordagem se tornasse prática.

Na década de 1970, isso começou a mudar, e o sistema SYSTRAN (Toma, 1977) foi o primeiro sistema de tradução automática com sucesso comercial. O SYSTRAN baseou-se em regras lexicais e gramaticais elaboradas manualmente por linguistas, bem como em dados de treino. Na década de 1980, a comunidade adotou modelos puramente estatísticos baseados na frequência de palavras e frases (Brown *et al.*, 1988; Koehn, 2009). Quando os conjuntos de treino alcançaram bilhões ou trilhões de *tokens* (Brants *et al.*, 2007), isso ocasionou sistemas que produziram resultados compreensíveis, porém não fluentes (Och e Ney, 2004; Zollmann *et al.*, 2008). No início dos anos 2000, Och e Ney (2002) mostram como o treinamento discriminativo levou a um avanço na tradução automática.

Sutskever *et al.* (2015) mostraram, pela primeira vez, que é possível aprender um modelo neural de sequência para sequência de ponta a ponta para tradução automática. Bahdanau *et al.* (2015) demonstraram a vantagem de um modelo que aprende conjuntamente a alinhar frases na língua de origem e de destino e a traduzir entre os idiomas. Vaswani *et al.* (2018) mostraram que os sistemas neurais de tradução automática podem ser melhorados substituindo LSTM por arquiteturas de transformador, que usam o mecanismo de atenção para capturar o contexto. Esses sistemas neurais de tradução ultrapassaram rapidamente os métodos estatísticos baseados em frases, e a arquitetura do transformador logo se espalhou para outras tarefas de PLN.

A pesquisa sobre como **responder automaticamente a perguntas** foi facilitada pela criação do SQUAD, o primeiro conjunto de dados em grande escala para treinamento e teste de sistemas de resposta a perguntas (Rajpurkar *et al.*, 2016). Desde então, vários modelos de aprendizado profundo foram desenvolvidos para essa tarefa (Seo *et al.*, 2017; Keskar *et al.*, 2019). O sistema ARISTO (Clark *et al.*, 2019) usa o aprendizado profundo em conjunto com diversas outras táticas. Desde 2018, a maior parte dos modelos de resposta a perguntas usa representações de linguagem pré-treinadas, levando a uma melhoria perceptível em relação aos sistemas anteriores.

A **inferência de linguagem natural** é a tarefa de julgar se uma hipótese (*os cães precisam comer*) deriva de uma premissa (*todos os animais precisam comer*). Essa tarefa foi popularizada pelo PASCAL Challenge (Dagan *et al.*, 2005). Agora, estão disponíveis conjuntos de dados em grande escala (Bowman *et al.*, 2015; Williams *et al.*, 2018). Os sistemas baseados em modelos pré-treinados, como ELMO e BERT, fornecem atualmente o melhor desempenho em tarefas de inferência de linguagem.

A Conference on Computational Natural Language Learning (CoNLL) tem foco na aprendizagem para PLN. Todas as conferências e periódicos mencionados no Capítulo 23 agora incluem artigos sobre aprendizado profundo, que agora tem uma posição dominante no campo de PLN.

CAPÍTULO 25

VISÃO COMPUTACIONAL

Neste capítulo, conectamos o computador ao mundo bruto, em estado natural, por meio dos olhos de uma câmera.

A maioria dos animais tem olhos, normalmente a um custo significativo: os olhos ocupam muito espaço, usam energia e são bastante frágeis. Esse custo é justificado pelo imenso valor que os olhos proporcionam. Um agente que pode ver, pode prever o futuro – ele pode saber em que irá esbarrar; pode saber se deve atacar ou fugir ou pegar; pode descobrir se o solo adiante é pantanoso ou firme; e pode saber a que distância a fruta está. Neste capítulo, vamos descrever como recuperar informações da imensidão de dados que vêm dos olhos ou das câmeras.

25.1 Introdução

Visão é um canal perceptivo que aceita um **estímulo** e informa alguma representação do mundo. A maior parte dos agentes que usam a visão utiliza o **sensoriamento passivo** – eles não precisam enviar luz para ver. Ao contrário, o **sensoriamento ativo** envolve enviar um sinal, como radar ou ultrassom, e sentir o reflexo. Alguns exemplos de agentes que usam sensoriamento ativo são morcegos (ultrassom), golfinhos (som), peixes abissais (luz) e alguns robôs (luz, som, radar). Para compreender um canal perceptivo, é necessário estudar os fenômenos físicos e estatísticos que ocorrem no sensoriamento e o que o processo perceptivo deverá produzir. Neste capítulo, vamos nos concentrar na visão, mas os robôs no mundo real utilizam diversos sensores para perceber som, toque, distância, temperatura, posicionamento global e aceleração.

Uma **característica** é um número obtido aplicando cálculos simples a uma imagem. Informações muito úteis podem ser obtidas diretamente das características. O agente de wumpus tinha cinco sensores, cada um extraindo um único *bit* de informação. Esses *bits*, que são características, podiam ser interpretados diretamente pelo programa. Como outro exemplo, muitos animais voadores calculam um recurso simples que oferece uma boa estimativa de tempo para o contato com um objeto próximo; esse recurso pode ser passado diretamente para os músculos que controlam a direção ou as asas, permitindo mudanças de direção muito rápidas. Essa técnica de **extração de características** enfatiza cálculos simples e diretos, aplicados a respostas sensoriais. Característica

A abordagem **baseada em modelo** para a visão utiliza dois tipos de modelos. Um **modelo de objeto** poderia ser o tipo de modelo geométrico preciso produzido por sistemas de desenho auxiliado por computador (CAD). Ele também poderia ser uma afirmação vaga sobre as propriedades gerais dos objetos, por exemplo, a afirmação de que todos os rostos vistos em baixa resolução são aproximadamente os mesmos. Um **modelo de renderização** descreve processos físicos, geométricos e estatísticos que produzem o estímulo do mundo. Embora a renderização de modelos agora seja sofisticada e precisa, o estímulo geralmente é ambíguo. Um objeto branco sob pouca luz pode parecer da mesma cor que um objeto preto sob luz intensa. Um pequeno objeto próximo pode parecer o mesmo que um grande objeto a uma grande distância. Sem mais evidências, não podemos saber se o que vemos é um boneco de Godzilla destruindo um prédio de brinquedo ou um monstro real destruindo um prédio real.

Existem duas formas principais de resolver essas ambiguidades. Primeiro, algumas interpretações são mais prováveis que outras. Por exemplo, sabemos que o Godzilla não é real, então podemos ter confiança de que a imagem não mostra um Godzilla real destruindo um prédio real, porque não existem Godzillas reais. Em segundo lugar, algumas ambiguidades são insignificantes. Por exemplo, um cenário distante pode ser composto de árvores ou pode ser uma superfície plana pintada. Para a maioria das aplicações, a diferença não é importante, porque os objetos estão distantes e não iremos nos chocar com eles ou interagir com eles em breve.

Reconstrução

Reconhecimento

Os dois problemas centrais da visão computacional são a **reconstrução**, em que um agente constrói um modelo do mundo a partir de uma imagem ou um conjunto de imagens, e o **reconhecimento**, em que um agente faz distinções entre os objetos que encontra com base em informações visuais e em outras. Os dois problemas devem ser interpretados de forma bem ampla. Criar um modelo geométrico a partir de imagens é obviamente uma reconstrução (e as soluções são muito valiosas), mas às vezes precisamos criar um mapa das diferentes texturas em uma superfície, e isso também é reconstrução. Conectar nomes a objetos que aparecem em uma imagem é nitidamente reconhecimento. Às vezes, precisamos responder a perguntas como: Ele está dormindo? Ele come carne? Que extremidade tem dentes? A resposta a essas perguntas também é reconhecimento.

Os últimos 30 anos de pesquisa produziram ferramentas e métodos poderosos para resolver esses problemas centrais. Para compreender esses métodos, é preciso que haja um conhecimento do processo pelo qual as imagens são formadas.

25.2 Formação de imagens

A representação por uma imagem distorce a aparência dos objetos. Por exemplo, uma foto tirada olhando frontalmente para um longo par de trilhos retos de uma ferrovia vai sugerir que os trilhos convergem e se encontram. Outro exemplo: se você segura a sua mão na frente do olho, pode bloquear a lua, que não é menor do que a sua mão. Se você segura um livro diante de seu rosto, e o move para trás e para a frente ou o inclina, ele parece encolher e crescer *na imagem*. Isso é conhecido como **escorço** (Figura 25.1). Os modelos desse efeito são essenciais para a construção de sistemas de reconhecimento de objetos e fornecem dicas preciosas para a reconstrução da geometria.

25.2.1 Imagens sem lentes: a câmera escura

Cena

Imagem

Os sensores de imagem reúnem luz espalhada a partir de objetos em uma **cena** e criam uma **imagem** bidimensional (2D). No olho, esses sensores consistem em dois tipos de células: cerca de 100 milhões de bastonetes, que são sensíveis à luz em uma ampla gama de comprimentos de onda, e 5 milhões de cones. Os cones, que são essenciais para a visão das cores, são de três tipos principais, cada um dos quais é sensível a um conjunto diferente de comprimentos de onda. Nas câmeras, a imagem é formada em um plano da imagem. Nas câmeras com filme, o plano da imagem é revestido com haletos de prata. Nas câmeras digitais, o plano da imagem é subdividido em uma grade retangular de alguns milhões de *pixels*.

Pixels

Sensor

Referimo-nos ao plano da imagem inteira como um **sensor**, mas cada *pixel* é um minúsculo sensor individual – normalmente, um semicondutor de óxido metálico complementar

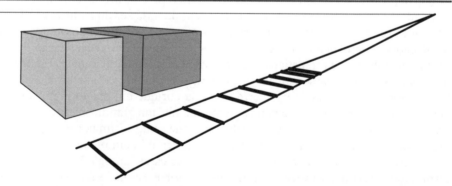

Figura 25.1 Geometria da cena aparece distorcida nas imagens. Linhas paralelas parecem reunir-se à distância, como na imagem dos trilhos da ferrovia em um local deserto. Os prédios que têm ângulos retos na cena do mundo real contêm ângulos distorcidos na imagem.

(CMOS) ou dispositivo com carga acoplada (CCD). Cada fóton que chega ao sensor produz um efeito elétrico, cuja intensidade depende do comprimento de onda do fóton. A saída do sensor é a soma de todos esses efeitos em alguma janela de tempo, o que significa que os sensores de imagem relatam uma média ponderada da intensidade da luz que chega ao sensor. A média é sobre o comprimento de onda, a direção a partir da qual os fótons podem chegar, o tempo e a área do sensor.

Para ver uma imagem focada, temos de assegurar que todos os fótons que chegam a um sensor vêm aproximadamente do mesmo ponto do objeto no mundo. A maneira mais simples de formar uma imagem é usar uma **câmera estenopeica** (também chamada "câmera de orifício" e "câmera *pinhole*"), que consiste em um orifício feito por um alfinete, O, na parte frontal de uma caixa, e um plano de imagem na parte traseira da caixa (Figura 25.2). O orifício é chamado **abertura**. Se o orifício for pequeno o suficiente, cada pequeno sensor no plano de imagem verá apenas os fótons que vêm aproximadamente do mesmo ponto no objeto, e assim a imagem estará em foco. Também podemos formar imagens em foco de objetos que se movimentam com uma câmera estenopeica, desde que o objeto se mova apenas a uma curta distância da janela de tempo de exposição dos sensores. Caso contrário, a imagem do objeto em movimento ficará desfocada, um efeito conhecido como *borrão de movimento*. Uma forma de manipular o tempo de exposição é abrir e fechar o orifício.

A geometria da cena e da imagem é mais fácil de entender com uma câmera estenopeica (que é mais complicada, porém semelhante, com os outros dispositivos de imagem). Vamos usar um sistema de coordenadas tridimensional (3D) com a origem em O, e considerar um ponto P na cena, com as coordenadas (X, Y, Z). P é projetado no ponto P' no plano da imagem com coordenadas (x, y, z). Se f é o **comprimento focal** - a distância do orifício até o plano da imagem -, então, por semelhança de triângulos, podemos derivar as seguintes equações:

$$\frac{-x}{f} = \frac{X}{Z}, \frac{-y}{f} = \frac{Y}{Z} \quad \Rightarrow \quad x = \frac{-fX}{Z}, y = \frac{-fY}{Z}.$$

Essas equações definem um processo de formação de imagem conhecido como **projeção perspectiva**. Observe que Z no denominador significa que, quanto mais longe estiver um objeto, menor será sua imagem. Observe também que os sinais de menos significam que a imagem está *invertida*, tanto na direção horizontal quanto na vertical, em comparação com a cena.

A projeção perspectiva acarreta diversos efeitos geométricos. Os objetos distantes parecem pequenos. Linhas paralelas convergem para um ponto no horizonte (pense nos trilhos da ferrovia - ver Figura 25.1). Uma linha na cena que passa na direção (U, V, W) e passa pelo

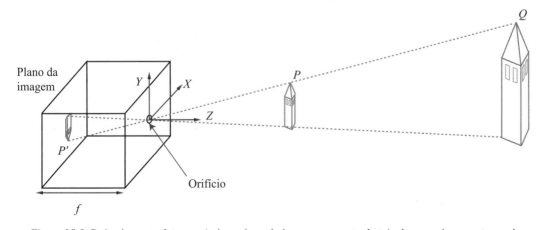

Figura 25.2 Cada elemento fotossensível no plano da imagem na parte de trás de uma câmera estenopeica recebe luz de uma gama pequena de direções que passa pelo orifício. Se o orifício for pequeno o suficiente, o resultado será uma imagem focada na parte de trás do orifício. O processo de projeção significa que objetos grandes e distantes parecem similares a objetos menores e mais próximos - o ponto P' no plano de imagem poderia vir de uma torre de brinquedo próxima ou de uma torre real distante, no ponto Q.

ponto (X_0, Y_0, Z_0) pode ser descrita como o conjunto de pontos $(X_0 + \lambda U, Y_0 + \lambda V, Z_0 + \lambda W)$, com λ variando entre $-\infty$ e $+\infty$. Escolhas diferentes de (X_0, Y_0, Z_0) produzem linhas diferentes paralelas umas às outras. A projeção de um ponto $P\lambda$ dessa linha sobre o plano da imagem é dada por

$$P_\lambda = \left(f\frac{X_0 + \lambda U}{Z_0 + \lambda W}, f\frac{Y_0 + \lambda V}{Z_0 + \lambda W} \right).$$

Visto que $\lambda \to \infty$ ou $\lambda \to -\infty$, isso se torna $P_\infty = (fU/W, fV/W)$ se $W \neq 0$, o que significa que duas linhas paralelas deixando pontos diferentes no espaço vão convergir na imagem – para grandes λ, os pontos da imagem são praticamente os mesmos, qualquer que seja o valor de (X_0, Y_0, Z_0) (de novo, pense nos trilhos da ferrovia, ver Figura 25.1). Chamamos P_∞ o **ponto de fuga** associado com a família de linhas retas com direção (U, V, W). Linhas na mesma direção compartilham o mesmo ponto de fuga.

25.2.2 Sistemas de lentes

Câmeras estenopeicas podem focar bem a luz, mas, como o orifício é pequeno, pouca luz entrará, e a imagem ficará escura. Em muito pouco tempo, somente alguns poucos fótons atingirão cada ponto do sensor, de modo que o sinal em cada ponto será dominado por flutuações aleatórias; dizemos que uma imagem em filme escuro é granulada e uma imagem digital escura é ruidosa; de qualquer forma, a imagem tem baixa qualidade.

Aumentar o orifício (a abertura) tornará a imagem mais clara, reunindo mais luz de uma gama maior de direções. No entanto, com uma abertura maior, a luz que atinge um ponto em particular no plano de imagem terá vindo de vários pontos da cena do mundo real, de modo que a imagem perderá o foco. Precisamos, de alguma forma, de focar a imagem novamente.

Os olhos dos vertebrados e as câmeras modernas utilizam um sistema de **lentes** – uma peça de tecido transparente no olho e um sistema de vários elementos de vidro em uma câmera. Na Figura 25.3, vemos que a luz da ponta da vela se espalha em todas as direções. Uma câmera (ou um olho) com uma lente captura toda a luz que atinge qualquer ponto da lente – uma área muito maior do que um orifício – e focaliza toda essa luz em um único ponto no plano de imagem. A luz de outras partes da vela seria, da mesma forma, reunida e focada em outros pontos no plano de imagem. O resultado é uma imagem mais clara, com menos ruído e mais focada.

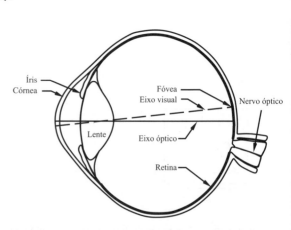

Figura 25.3 Lentes coletam a luz que sai de um ponto na cena (aqui, como a chama de uma vela) em uma série de direções e orientam tudo para chegar a um único ponto no plano da imagem. Os pontos da cena perto do plano focal – dentro da profundidade do campo – serão focados corretamente. Nas câmeras, o elemento do sistema de lentes move-se para mudar o plano focal, enquanto no olho a forma das lentes é alterada por músculos especializados.

O sistema de lentes não foca toda a luz de todos os lugares no mundo real; o projeto da lente os restringe a focar a luz apenas de pontos que se encontram dentro de uma faixa de profundidade Z a partir da lente. O centro dessa faixa – onde o foco é mais nítido – é chamado **plano focal**, e a faixa de profundidades para as quais o foco permanece nítido é chamada **profundidade de campo**. Quanto maior a abertura da lente (orifício), menor a profundidade de campo.

Plano focal
Profundidade de campo

E se você quiser focar em algo a uma distância diferente? Para mover o plano focal, os elementos de lente em uma câmera podem se mover para a frente e para trás, e a lente no olho pode mudar de forma – porém, com a idade, a lente do olho costuma enrijecer, o que a torna menos capaz de ajustar as distâncias focais e exige que os seres humanos aumentem sua visão com lentes externas – óculos.

25.2.3 Projeção ortográfica representada em escala

Efeitos geométricos de perspectiva nem sempre são pronunciados. Por exemplo, as janelas em um prédio distante podem parecer muito menores do que as de prédios mais próximos, mas duas janelas que estão próximas uma da outra terão aproximadamente o mesmo tamanho, ainda que uma esteja um pouco mais afastada. Temos a opção de lidar com as janelas com um modelo simplificado, chamado **projeção ortográfica em escala**, em vez de uma projeção perspectiva. Se a profundidade Z de todos os pontos sobre o objeto varia dentro de algum intervalo de $Z_0 \pm \Delta Z$, com $\Delta Z \ll Z_0$, o fator escalar de perspectiva f/Z pode ser aproximado por uma constante $s = f/Z_0$. As equações para projeção das coordenadas da cena (X, Y, Z) para o plano da imagem tornam-se $x = sX$ e $y = sY$. Ainda ocorre escorço no modelo de projeção ortográfica em escala, causado pela inclinação do objeto para longe da visão.

Projeção ortográfica em escala

25.2.4 Luz e sombras

O brilho de um *pixel* na imagem é uma função do brilho do trecho da superfície na cena que é projetada no *pixel*. Para as câmeras modernas, essa função é linear para intensidades médias de luz, mas tem não linearidades pronunciadas para pouca ou muita iluminação. Vamos usar um modelo linear. O brilho da imagem dá uma forte, embora ambígua, sugestão da forma e da identidade dos objetos. A ambiguidade ocorre porque existem três fatores que contribuem para a quantidade de luz que vem de um ponto em um objeto até a imagem: a intensidade geral da **luz ambiente**; se o ponto está voltado para a luz ou está em uma sombra; e a quantidade de luz **refletida** a partir do ponto.

Luz ambiente
Reflexão

As pessoas geralmente são capazes de distinguir o brilho – elas normalmente podem saber a diferença entre um objeto preto na luz clara e um objeto branco na sombra, mesmo que ambos tenham o mesmo brilho geral. No entanto, as pessoas às vezes misturam sombreamento e marcações – uma faixa de maquiagem escura abaixo da maçã do rosto, muitas vezes parece um efeito de sombreamento, fazendo o rosto parecer mais magro.

A maioria das superfícies reflete a luz por um processo de **reflexão difusa**. A reflexão difusa dispersa a luz uniformemente entre as direções que deixam uma superfície, de modo que o brilho de uma superfície difusa não depende da direção de visualização. A maioria dos tecidos tem essa propriedade, assim como tintas, superfícies de madeira ásperas, vegetação, e pedra bruta ou concreto.

Reflexão difusa

A **reflexão especular** faz com que a luz que chega saia de uma superfície em um feixe de direções que é determinado pela direção de onde a luz veio. Um espelho é um exemplo. O que você vê depende da direção em que olha para o espelho. Nesse caso, o feixe de direções é muito estreito, motivo pelo qual você pode identificar diferentes objetos em um espelho.

Reflexão especular

Para muitas superfícies, o feixe é mais largo. Essas superfícies mostram pequenos trechos claros, normalmente chamados **especularidades**. À medida que a superfície ou a luz se move, as especularidades também se movimentam. Fora desses trechos, a superfície se comporta como se fosse difusa. As especularidades geralmente são vistas em superfícies metálicas, pintadas, plásticas e molhadas. Elas são fáceis de identificar porque são pequenas e brilhantes (Figura 25.4). Para quase todos os fins, é suficiente modelar todas as superfícies como sendo difusas com especularidades.

Especularidades

Fonte pontual de luz distante

A principal fonte de iluminação exterior é o sol, cujos raios viajam em paralelo uns aos outros em uma direção conhecida, pois ele está muito distante. Modelamos esse comportamento como uma **fonte pontual de luz distante**. Esse é o modelo de iluminação mais importante, bastante eficaz para cenas internas, assim como para cenas externas. A quantidade de luz recolhida por um trecho da superfície nesse modelo depende do ângulo θ entre a direção da iluminação e a normal (perpendicular) à superfície (Figura 25.5).

Albedo difuso
Lei dos cossenos de Lambert

Um trecho de superfície difusa iluminado por uma fonte de luz pontual distante vai refletir alguma fração da luz que recolheu; essa fração é chamada **albedo difuso**. Para superfícies práticas, isso se encontra no intervalo de 0,05 a 0,95. A **lei dos cossenos**, **de Lambert**, estabelece que o brilho de um trecho difuso é dado por

$$I = \rho I_0 \cos\theta,$$

Figura 25.4 Essa fotografia ilustra diversos efeitos de iluminação. Há especularidades no recipiente de metal. As cebolas e as cenouras são superfícies difusas brilhantes porque estão voltadas para a direção da luz. As sombras aparecem em pontos da superfície que não podem ver qualquer fonte de luz. Dentro da panela existem superfícies difusas escuras, em que são tangentes à direção da iluminação. (Há também algumas sombras dentro da panela.) (Foto por Ryman Cabannes/Image Professionals GmbH/Alamy Stock Photo.) (Esta figura encontra-se reproduzida em cores no Encarte *online*.)

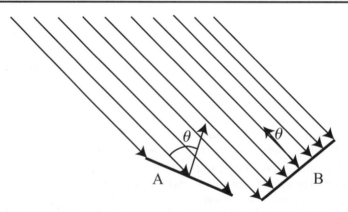

Figura 25.5 Dois trechos da superfície são iluminados por uma fonte pontual distante, cujos raios são mostrados como setas azul-escuro. O trecho A é inclinado para longe da fonte (θ está perto de 90°) e recolhe menos energia porque corta menos raios de luz por unidade de área de superfície. O trecho B, voltado para a fonte (θ está perto de 0°), recolhe mais energia. (Esta figura encontra-se reproduzida em cores no Encarte *online*.)

em que I_0 é a intensidade da fonte de luz, θ é o ângulo entre a direção da fonte de luz e a normal da superfície, e ρ é o albedo difuso. A lei de Lambert prevê que os *pixels* claros da imagem vêm de trechos da superfície que confrontam a luz diretamente, e os *pixels* escuros vêm dos trechos que veem a luz apenas tangencialmente, de maneira que o sombreamento sobre uma superfície fornece alguma informação de forma. Se a superfície não for alcançada pela fonte de luz, estará na **sombra**. As sombras raramente são um preto uniforme, porque a superfície sombreada recebe alguma luz de outras fontes. Ao ar livre, a fonte mais importante além do sol é o céu, que é bastante brilhante. No interior, a luz refletida de outras superfícies ilumina trechos sombreados. Essas **inter-reflexões** podem ter efeito significativo sobre o brilho de outras superfícies também. Esses efeitos são, por vezes, modelados pela adição de um termo de **iluminação ambiente** constante com a intensidade prevista.

Sombra

Inter-reflexões

Iluminação ambiente

25.2.5 Cor

A fruta é um suborno que uma árvore oferece aos animais para transportar suas sementes a outros locais. As árvores que podem sinalizar quando esse suborno está pronto têm uma vantagem, assim como os animais que podem ler esses sinais. Como resultado, quase todas as frutas nascem verdes e ficam vermelhas ou amarelas quando estão maduras, e os animais que comem frutas podem detectar essas mudanças de cor. Em geral, a luz que chega ao olho tem diferentes quantidades de energia em comprimentos de onda diferentes; isso pode ser representado por uma densidade espectral de energia.

As câmeras e o sistema de visão humana respondem à luz na região de comprimento de onda de 380 nm (violeta) a cerca de 750 nm (vermelho). Nos sistemas de imagens em cores, existem três diferentes tipos de células receptoras da cor, que respondem de forma mais ou menos forte a diferentes comprimentos de onda. Nos humanos, a sensação de cor ocorre quando o sistema de visão compara as respostas de receptores perto um do outro na retina. Os sistemas de visão em cores dos animais normalmente têm relativamente poucos tipos de receptores e, portanto, representam relativamente pouco dos detalhes na função de densidade espectral de energia (alguns animais têm apenas um tipo de receptor; alguns têm até seis tipos). A visão humana em cores é produzida por três tipos de receptores. A maior parte dos sistemas de câmeras coloridas também usa apenas três tipos de receptores, porque as imagens são produzidas para humanos, mas alguns sistemas especializados podem produzir medições muito detalhadas da densidade espectral de energia.

Como a maioria dos humanos tem três tipos de receptores sensíveis à cor, o **princípio da tricromacia** se aplica. Essa ideia, proposta inicialmente por Thomas Young em 1802, afirma que um observador humano pode combinar a aparência visual de qualquer densidade espectral de energia, por mais complexa que seja, misturando quantidades apropriadas de apenas três cores **primárias**. As cores primárias são fontes de luz colorida, escolhidas de modo que nenhuma mistura de duas quaisquer resulte na terceira. Uma escolha comum são as cores primárias vermelho, verde e azul, abreviada como **RGB** (do inglês *red green blue*). Embora determinado objeto colorido possa ter muitas frequências de luz componentes, podemos reproduzir a cor misturando apenas as três cores primárias, e a maioria das pessoas concordará com as proporções da mistura. Isso significa que podemos representar as imagens coloridas com apenas três números por *pixel* – os valores de RGB.

Princípio da
tricromacia

Primárias

RGB

Para a maioria das aplicações de visão computacional, isso tem precisão suficiente para modelar uma superfície como tendo três diferentes albedos difusos (RGB) e para modelar as fontes de luz como tendo três intensidades (RGB). Em seguida, aplicamos a lei dos cossenos de Lambert a cada uma para obter valores de *pixel* vermelhos, verdes e azuis. Esse modelo prevê, corretamente, que a mesma superfície produzirá diferentes trechos de imagem colorida com luzes de cores diferentes. De fato, os observadores humanos são muito bons em ignorar os efeitos de luz com cores diferentes e são capazes de estimar a cor que a superfície teria sob a luz branca, efeito conhecido como **constância da cor**.

Constância da cor

25.3 Características simples da imagem

A luz reflete objetos da cena para formar uma imagem que consiste em, digamos, doze milhões de *pixels* de três *bytes*. Como em todos os sensores, haverá ruído na imagem e, em qualquer caso, existe grande quantidade de dados para lidar com eles. O modo como começamos a analisar esses dados é produzindo representações simplificadas que expõem o que é importante, mas reduzem os detalhes. Grande parte da prática atual aprende essas representações a partir de dados. Mas existem quatro propriedades de imagens e vídeos que são particularmente genéricas: arestas, textura, fluxo óptico e segmentação em regiões.

Uma aresta ocorre quando há uma grande diferença na intensidade de *pixel* em parte de uma imagem. A criação de representações de arestas envolve operações locais sobre uma imagem – você precisa comparar um valor de *pixel* com alguns valores próximos – e não exige qualquer conhecimento sobre o que a imagem significa. Assim, a detecção de arestas pode vir primeiro na sequência de operações e podemos chamá-la de operação "inicial" ou de "baixo nível".

As outras operações exigem o tratamento de uma área maior da imagem. Por exemplo, uma descrição de textura aplica-se a um conjunto de *pixels* – para dizer "listrado", você precisa ver algumas listras. O fluxo óptico representa onde os *pixels* se movem de uma imagem em uma sequência para a próxima, e isso pode abranger uma área maior. A segmentação corta uma imagem em regiões de *pixels* que se encaixam naturalmente, e isso exige examinar a região inteira. Operações como essa às vezes são chamadas operações de "nível intermediário".

25.3.1 Detecção de arestas

Arestas

Arestas são linhas retas ou curvas no plano da imagem, ao longo das quais existe uma mudança "significativa" no brilho da imagem. O objetivo da detecção de arestas é criar abstração de uma imagem confusa de vários *megabytes*, de forma a obter uma representação mais compacta, como na Figura 25.6. Os efeitos na cena geralmente resultam em grandes mudanças na intensidade da imagem e, portanto, produzem arestas na imagem. As descontinuidades da profundidade (rotuladas com 1 na figura) podem causar arestas porque, quando você cruza a descontinuidade, a cor normalmente muda. Quando a normal da superfície muda (rotulado com 2 na figura), a intensidade da imagem geralmente muda. Quando a refletância da superfície muda (rotulada com 3), a intensidade da imagem geralmente muda. Por fim, uma sombra (rotulada com 4) é uma descontinuidade na iluminação que causa uma aresta na imagem, embora não

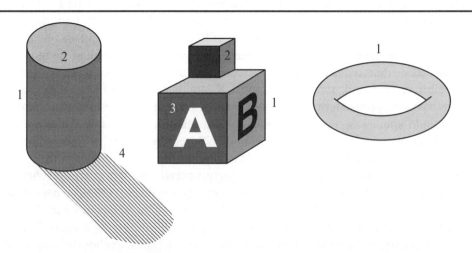

Figura 25.6 Diferentes tipos de arestas: (1) descontinuidades de profundidade; (2) descontinuidades de orientação da superfície; (3) descontinuidades de refletância; (4) descontinuidades de iluminação (sombras).

haja uma aresta no objeto. Os detectores de aresta não fazem a distinção da causa da descontinuidade, que fica para um processamento posterior.

Para encontrar arestas, é preciso ter cuidado. A Figura 25.7 (superior) mostra um corte unidimensional de uma imagem perpendicular a uma aresta, com uma aresta em $x = 50$.

Você poderia diferenciar a imagem e procurar lugares onde a magnitude da derivada $I'(x)$ é grande. Isso quase funciona; porém, na Figura 25.7 (meio), vemos que de fato há um pico em $x = 50$, mas há também picos subsidiários em outros locais (p. ex., $x = 75$) que poderiam ser confundidos com arestas verdadeiras. Isso surge por causa da presença de "ruído" na imagem. **Ruído** aqui significa mudanças no valor de um *pixel* que não tem a ver com a aresta. Por exemplo, poderia haver um ruído térmico na câmera; poderia haver riscos na superfície do objeto que mudam a normal da superfície na escala mais fina; poderia haver pequenas variações no albedo da superfície; e assim por diante. Cada um desses efeitos pode fazer com que o gradiente se pareça grande, mas não significa que existe uma aresta. Se "suavizarmos" a primeira imagem, os picos espúrios serão diminuídos, como vemos na Figura 25.7 (parte inferior). Ruído

A suavização envolve o uso dos *pixels* ao redor para suprimir o ruído. Vamos prever o valor "verdadeiro" de nosso *pixel* como uma soma ponderada de *pixels* mais próximos, com maior peso para os *pixels* mais próximos. Uma escolha natural de pesos é um **filtro gaussiano**. Filtro gaussiano
Lembre-se de que a função gaussiana com desvio padrão σ e média 0 é

$$G_\sigma(x) = \tfrac{1}{\sqrt{2\pi}\sigma} e^{-x^2/2\sigma^2} \quad \text{em uma dimensão, ou}$$
$$G_\sigma(x,y) = \tfrac{1}{2\pi\sigma^2} e^{-(x^2+y^2)/2\sigma^2} \quad \text{em duas dimensões.}$$

A aplicação do filtro gaussiano substitui a soma pela intensidade $I(x_0,y_0)$, sobre todos os *pixels* (x,y) de $I(x,y)G_\sigma(d)$, em que d é a distância de (x_0,y_0) a (x,y). Esse tipo de soma ponderada é tão comum que há um nome especial e uma notação para ela. Dizemos então que a função h é a **convolução** de duas funções f e g (denotada como $h = f * g$), se tivermos Convolução

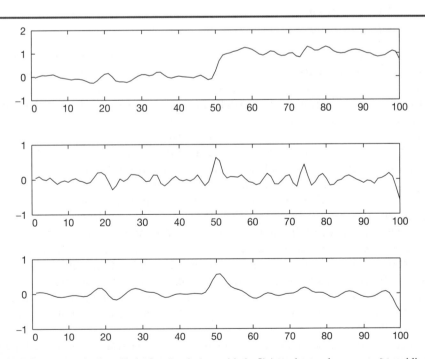

Figura 25.7 Parte superior: perfil da função de intensidade $I(x)$ ao longo de uma seção unidimensional mediante uma aresta em degrau. Parte do meio: a derivada da intensidade, $I'(x)$. Grandes valores dessa função correspondem às arestas, mas a função contém ruído. Parte inferior: a derivada de uma versão suavizada da intensidade. A aresta candidata com ruído em $x = 75$ desapareceu.

$$h(x) = \sum_{u=-\infty}^{+\infty} f(u)\,g(x-u) \qquad \text{em uma dimensão, ou}$$

$$h(x,y) = \sum_{u=-\infty}^{+\infty} \sum_{v=-\infty}^{+\infty} f(u,v)\,g(x-u,y-v) \qquad \text{em duas dimensões.}$$

Assim, a função de suavização é atingida pela convolução da imagem com a gaussiana, $I * G_\sigma$. Um σ de 1 *pixel* é suficiente para suavizar uma pequena quantidade de ruído, enquanto 2 *pixels* vão suavizar uma quantidade maior, mas com a perda de alguns detalhes. Como a influência da gaussiana desaparece rapidamente à distância, podemos substituir $\pm\infty$ na soma por $\pm 3\sigma$.

Temos como fazer uma otimização aqui: podemos combinar a suavização e a detecção de arestas em uma única operação. É um teorema que, para quaisquer funções f e g, a derivada da convolução, $(f * g)'$, é igual à convolução com a derivada, $f * (g')$. Então, em vez de suavizar a imagem e depois diferenciar, podemos apenas convolver a imagem com a derivada da função de suavização, G'_σ. Em seguida, marcamos como arestas os picos que na resposta estão acima de algum limite, escolhido para eliminar picos espúrios causados pelo ruído.

Há uma generalização natural desse algoritmo de seções transversais unidimensionais a imagens bidimensionais em geral. Em duas dimensões, as arestas podem estar em qualquer ângulo θ. Considerando o brilho da imagem como uma função escalar das variáveis x, y, seu gradiente é um vetor

$$\nabla I = \begin{pmatrix} \frac{\partial I}{\partial x} \\[2mm] \frac{\partial I}{\partial y} \end{pmatrix}$$

As arestas correspondem aos locais nas imagens onde o brilho sofre uma mudança brusca e, assim, a magnitude do gradiente, $||\nabla I||$, deve ser grande em um ponto da aresta. Quando a imagem fica mais clara ou mais escura, o vetor de gradientes em cada ponto fica mais longo ou mais curto, mas a direção do gradiente

$$\frac{\nabla I}{||\nabla I||} = \begin{pmatrix} \cos\theta \\ \operatorname{sen}\theta \end{pmatrix}$$

Orientação

não muda. Isso nos dá um $\theta = \theta\,(x,y)$ em cada *pixel*, que define a **orientação** da aresta naquele *pixel*. Quase sempre esse recurso é útil, pois não depende da intensidade da imagem.

Como você poderia esperar pela discussão sobre detecção de arestas em sinais unidimensionais, para formar o gradiente, não calculamos ∇I, mas sim $\nabla(I * G_\sigma)$, o gradiente após a suavização da imagem por meio de uma convolução com uma gaussiana. Uma propriedade das convoluções é que isso é equivalente a convolução da imagem com as derivadas parciais de uma gaussiana. Uma vez que calculamos o gradiente, podemos obter arestas ao encontrar pontos de arestas e ligá-los. Para saber se um ponto é um ponto da aresta, temos de olhar para outros pontos de uma pequena distância para a frente e para trás ao longo da direção do gradiente. Se a magnitude do gradiente em um desses pontos for maior, poderemos obter um melhor ponto da aresta deslocando a curva da aresta muito ligeiramente. Além disso, se a magnitude do gradiente for muito pequena, o ponto não pode ser um ponto da aresta. Então, em um ponto da aresta, a magnitude do gradiente é um máximo local ao longo da direção do gradiente, estando a magnitude do gradiente acima de um limite adequado.

Uma vez que tenhamos marcado os *pixels* da aresta por esse algoritmo, a próxima etapa é ligar esses *pixels* que pertencem às mesmas curvas da aresta. Isso pode ser feito assumindo que quaisquer dois *pixels* adjacentes de uma aresta com orientações consistentes devem pertencer à mesma curva de aresta.

A detecção de arestas não é perfeita. A Figura 25.8(a) mostra a imagem de uma cena contendo um grampeador que se encontra sobre uma escrivaninha, e a Figura 25.8(b) mostra a saída de um algoritmo de detecção de arestas sobre essa imagem. Como podemos ver, a saída não é perfeita: existem lacunas onde não aparecem arestas, e há arestas com "ruído" que não correspondem a nada de significativo na cena. Estágios posteriores de processamento deverão corrigir esses erros.

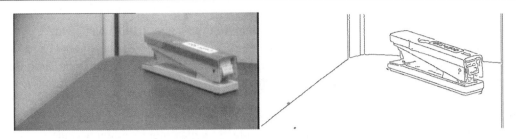

Figura 25.8 (a) Fotografia de um grampeador. (b) Arestas calculadas a partir de (a).

25.3.2 Textura

Na linguagem cotidiana, **textura** é a sensação visual de uma superfície – o que você vê evoca o que a superfície poderia sentir se você a tocasse (as palavras "textura", "têxtil" e "texto" têm a mesma raiz latina: uma palavra para "tecer"). Em visão computacional, textura refere-se a um padrão que se repete espacialmente em uma superfície que pode ser percebida visualmente. Normalmente, esses padrões são razoavelmente regulares. Os exemplos incluem o padrão de janelas em um edifício, os pontos em um suéter, as manchas na pele de um leopardo, folhas de grama em um gramado, grãos de areia em uma praia e as pessoas em um estádio.

Textura

Às vezes, o arranjo é bastante periódico, como os pontos em um suéter; em outros casos, como os grãos de areia em uma praia, a regularidade é apenas estatística: a densidade dos grãos de areia é aproximadamente a mesma em diferentes partes da praia. Um modelo aproximado da textura é um padrão repetitivo de elementos, às vezes chamado **texels**. Esse modo é muito útil porque é surpreendentemente difícil criar ou achar texturas reais que nunca se repetem.

Texels

Textura é uma propriedade de um trecho da imagem, em vez de um *pixel* isolado. Uma boa descrição da textura de um trecho deve resumir a aparência desse trecho. A descrição não deve mudar quando a iluminação muda. Isso exclui o uso de pontos de aresta; se uma textura estiver muito iluminada, muitos locais dentro do trecho terão alto contraste e gerarão pontos de aresta; mas se a mesma textura for vista sob uma luz menos brilhante, muitas dessas arestas não estarão acima do limite. A descrição deve mudar de forma razoável quando o trecho gira. É importante preservar a diferença entre listras verticais e listras horizontais, mas *não* se as listras verticais forem giradas para a horizontal.

As representações de textura com essas propriedades mostraram-se úteis para duas tarefas principais. A primeira é identificar objetos – uma zebra e um cavalo têm formas semelhantes, mas texturas diferentes. A segunda é combinar trechos em uma imagem com trechos em outra imagem, uma etapa fundamental na recuperação de informações 3D de várias imagens (seção 25.6.1).

Aqui está uma construção básica para uma representação de textura. Dado um trecho de imagem, calcule a orientação do gradiente em cada *pixel* do trecho e, a seguir, caracterize o trecho por um histograma de orientações. As orientações do gradiente são bastante invariáveis às mudanças na iluminação (o gradiente ficará mais comprido, mas não mudará de direção). O histograma de orientações parece capturar aspectos importantes da textura. Por exemplo, listras verticais terão dois picos no histograma (um para o lado esquerdo de cada listra e outro para a direita); manchas de leopardo terão orientações mais uniformemente distribuídas.

Mas não sabemos qual é o tamanho do trecho a descrever. Existem duas estratégias. Em aplicações especializadas, as informações da imagem revelam o tamanho que o trecho deverá ser (p. ex., um trecho pode crescer cheio de listras até cobrir a zebra). Uma alternativa é descrever um trecho centrado em cada *pixel* para um intervalo de escalas. Esse intervalo geralmente vai de alguns *pixels* até a extensão completa da imagem. Agora, divida o trecho em compartimentos e, em cada um deles, construa um histograma de orientação; a seguir, resuma o padrão dos histogramas entre os compartimentos. Não é mais comum construir essas descrições à mão. Em vez disso, redes neurais convolucionais são usadas para produzir representações de textura. Mas as representações construídas pelas redes parecem espelhar essa construção de maneira muito aproximada.

25.3.3 Fluxo óptico

Fluxo óptico

Em seguida, vamos considerar o que acontece quando temos uma sequência de vídeo, em vez de apenas uma única imagem estática. Sempre que há um movimento relativo entre a câmera e um ou mais objetos na cena, o movimento aparente resultante na imagem é chamado **fluxo óptico**. O fluxo óptico descreve a direção e a velocidade do movimento de características *dentro da imagem* como resultado de movimento relativo entre o visualizador e a cena. Por exemplo, objetos distantes vistos de um carro em movimento têm um movimento aparente muito mais lento do que os objetos próximos, de modo que a taxa de movimento aparente pode nos dizer algo sobre a distância.

Na Figura 25.9, mostramos dois quadros de um vídeo de uma jogadora de tênis. À direita, apresentamos os vetores de fluxo óptico calculados a partir dessas imagens. O fluxo óptico codifica informações úteis sobre a estrutura da cena – a jogadora está se movendo e o fundo (em grande parte) não está. Além do mais, os vetores de fluxo revelam algo sobre o que a jogadora está fazendo – um braço e uma perna estão se movendo rapidamente, mas as outras partes do corpo não estão.

O campo vetorial de fluxo óptico pode ser representado por seus componentes $v_x(x,y)$ na direção x e $v_y(x,y)$ na direção y. Para medir o fluxo óptico é preciso encontrar pontos correspondentes entre um período de tempo e o próximo. Uma técnica muito simplória baseia-se no fato de que pequenas áreas de imagem em torno dos pontos correspondentes têm os mesmos padrões de intensidade. Considere um bloco de *pixels* centralizado no *pixel p*, (x_0,y_0), no momento t. Esse bloco de *pixels* deve ser comparado com blocos de *pixels* centralizados q_i em vários *pixels* candidatos em $(x_0 + D_x, y_0 + D_y)$ no tempo $t + D_t$. Uma medida possível de similaridade é a **soma dos quadrados das diferenças (SQD)**:

Soma dos quadrados das diferenças (SQD)

$$\text{SQD}(D_x,D_y) = \sum_{(x,y)} (I(x,y,t) - I(x+D_x, y+D_y, t+D_t))^2.$$

Aqui, (x,y) varia ao longo dos *pixels* no bloco centralizado em (x_0,y_0). Encontramos o (D_x,D_y) que minimiza a SQD. O fluxo óptico em (x_0,y_0) é então $(v_x,v_y) = (D_x/D_t, D_y/D_t)$. Observe que, para que isso funcione, é preciso haver alguma textura na cena, resultando em janelas contendo uma variação significativa no brilho entre os *pixels*. Se alguém estiver olhando para uma parede branca uniforme, a SQD vai ser quase a mesma para as partidas candidatas diferentes q, e o algoritmo é reduzido para fazer uma suposição cega. Os algoritmos com melhor desempenho para medir o fluxo óptico dependem de uma série de restrições adicionais para lidar com situações em que a cena é apenas parcialmente texturizada.

Figura 25.9 Dois quadros de uma sequência de vídeo e, à direita, o campo de fluxo óptico correspondente ao deslocamento de um quadro para o outro. Observe como o movimento da raquete de tênis e da perna da frente é capturado pelas direções das setas. (Imagens por cortesia de Thomas Brox.)

25.3.4 Segmentação de imagens naturais

Segmentação é o processo de desmembrar uma imagem em grupos de *pixels* semelhantes. A ideia básica é que cada *pixel* de imagem seja associado a certas propriedades visuais, como brilho, cor e textura. Dentro de um objeto ou em uma única parte de um objeto, esses atributos variam relativamente pouco; por outro lado, ao longo de um limite entre objetos, em geral existe uma grande mudança em um ou outro desses atributos. Precisamos achar uma partição da imagem nos conjuntos de *pixels*, de modo que essas restrições sejam satisfeitas da melhor forma possível. Observe que não é suficiente apenas encontrar as arestas, pois muitas arestas não são limites de objeto. Assim, por exemplo, um tigre na grama pode gerar uma aresta em cada lado de uma listra e em cada folha de grama. Em todos os dados de aresta confusos, podemos perder o tigre para as listras.

Existem duas maneiras de estudar o problema: uma com foco em detectar os limites desses grupos e a outra na detecção dos próprios grupos, chamados **regiões**. Ilustramos isso na Figura 25.10, que mostra a detecção de limites em (b) e a extração de região em (c) e (d).

Um modo de formalizar o problema de detecção de curvas de contorno é como um problema de classificação de aprendizado de máquina. Uma curva de limite no local de *pixel* (x,y) terá uma orientação θ. Uma vizinhança da imagem centralizada em (x,y) tem a aparência aproximada de um disco, subdividido em dois meios discos por um diâmetro orientado em θ. Podemos calcular a probabilidade $P_b(x, y, \theta)$ de que existe uma curva de contorno naquele *pixel* ao longo dessa orientação, comparando características das duas metades. O modo natural de prever essa probabilidade é treinar um classificador de aprendizado de máquina utilizando um conjunto de dados de imagens naturais, em que os seres humanos marcaram os limites da "área verdadeira" – o objetivo do classificador é marcar exatamente aqueles limites marcados pelos seres humanos, e não outros.

Os limites detectados por essa técnica vêm a ser melhores do que aqueles encontrados utilizando a técnica de detecção de arestas simples, descrito anteriormente. Mas ainda há duas limitações: (1) o limite de *pixels* formado pelo limiar $P_b(x, y, \theta)$ não é garantido de formar curvas fechadas; assim, essa abordagem não produz regiões, e (2) a tomada de decisão utiliza apenas o contexto local e não usa restrições de consistência global.

A abordagem alternativa se funda na tentativa de "agrupar" os *pixels* em regiões com base em seu brilho, sua cor e textura. Existem diversas maneiras como essa intuição pode ser matematicamente formalizada. Por exemplo, Shi e Malik (2000) configuraram isso como um problema de particionamento de grafos. Os nós do grafo correspondem aos *pixels*, e as arestas,

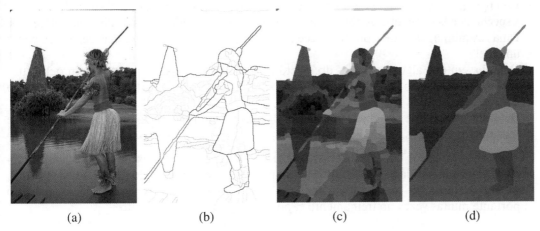

(a)   (b)   (c)   (d)

Figura 25.10 (a) Imagem original. (b) Contornos de limite, em que, quanto maior for o valor de P_b, mais escuro será o contorno. (c) Segmentação em regiões, que correspondem a uma partição fina da imagem. As regiões são apresentadas em suas cores médias. (d) Segmentação em regiões, correspondendo a uma partição grosseira da imagem, resultando em menos regiões. (Imagens por cortesia de Pablo Arbelaez, Michael Maire, Charless Fowlkes e Jitendra Malik.) (Esta figura encontra-se reproduzida em cores no Encarte *online*.)

812 Inteligência Artificial

às conexões entre os *pixels*. O peso W_{ij} na aresta conectando um par de *pixels i* e *j* é baseado no quão semelhante são os dois *pixels* em brilho, cor, textura etc. São então encontradas partições que minimizam um critério de *corte normalizado*. *Grosso modo*, o critério para particionar o grafo é minimizar a soma dos pesos das conexões entre os grupos de *pixels* e maximizar a soma dos pesos de conexões dentro dos grupos.

Acontece que as abordagens baseadas na descoberta de limites e de regiões podem ser acopladas, mas não exploraremos essas possibilidades aqui. Não se pode esperar da segmentação baseada puramente em atributos locais de baixo nível, como brilho e cor, que entregue os limites finais corretos de todos os objetos na cena. Para descobrir de modo confiável limites associados a objetos, também devemos incorporar o conhecimento de alto nível dos tipos de objetos que podemos esperar encontrar em uma cena. Nesse momento, uma estratégia popular é produzir uma segmentação exagerada de uma imagem, em que se garante que não haverá marcações faltando nos limites verdadeiros, mas também poderá haver muitos limites de marcação falsos. As regiões resultantes, chamadas "superpixels", oferecem uma redução significativa na complexidade computacional para diversos algoritmos, pois o número de superpixels pode ser de centenas, em vez de milhões de *pixels* em estado natural. O assunto da próxima seção é como explorar o conhecimento de objetos de alto nível, e a detecção real dos objetos nas imagens é o conteúdo da seção 25.5.

25.4 Classificação de imagens

Em dois casos principais, a classificação de imagens pode ser aplicada. Em um deles, as imagens são de *objetos*, retirados de determinada taxonomia de classes, e não há muito mais significado na imagem – por exemplo, um catálogo de imagens de roupas ou móveis, no qual o fundo não importa e a saída do classificador é "suéter de caxemira" ou "cadeira de escritório".

No outro caso, cada imagem mostra uma *cena* contendo vários objetos. Portanto, em pastagens, você pode ver uma girafa e um leão, e na sala de estar, um sofá e um abajur, mas não espera uma girafa ou um submarino em uma sala de estar. Agora temos métodos para classificação de imagens em grande escala que podem produzir com precisão "pastagem" ou "sala de estar".

Aparência
Os sistemas modernos classificam as imagens usando a **aparência** (ou seja, cor e textura, em oposição à geometria). Existem duas dificuldades. Primeiro, diferentes instâncias da mesma classe podem parecer diferentes – alguns gatos são pretos e outros são alaranjados. Em segundo lugar, o mesmo gato pode parecer diferente em momentos diferentes, dependendo de vários efeitos (conforme ilustrado na Figura 25.11):

- **Iluminação**, que muda o brilho e a cor da imagem.
- **Escorço**, que provoca um padrão visto em inclinação significativamente distorcida.
- **Aspecto**, que faz com que os objetos pareçam diferentes quando vistos de direções diferentes. Uma rosquinha, vista de lado, se parece com um objeto oval achatado, mas de cima é como um anel.
- **Oclusão**, em que algumas partes do objeto estão escondidas. Os objetos podem ocluir uns aos outros ou partes de um objeto podem ocluir outras partes, um efeito conhecido como **auto-oclusão**.
- **Deformação**, em que um objeto muda sua forma. Por exemplo, uma jogadora de tênis move seus braços e pernas.

Os métodos modernos lidam com esses problemas, aprendendo representações e classificadores de grandes quantidades de dados de treinamento usando uma rede neural convolucional. Com um conjunto de treino suficientemente rico, o classificador terá visto qualquer efeito importante muitas vezes no treinamento e, portanto, pode ajustar o efeito.

25.4.1 Classificação de imagens com redes neurais convolucionais

Redes neurais convolucionais (RNC) são classificadores de imagens espetacularmente bem-sucedidos. Com dados e engenhosidade de treino suficientes, as RNC produzem sistemas de classificação muito bem-sucedidos, muito melhores do que qualquer um foi capaz de produzir com outros métodos.

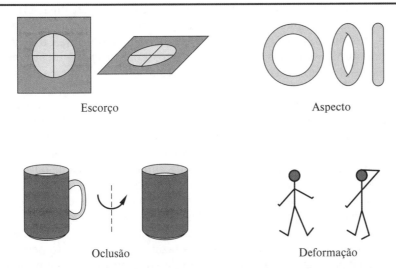

Figura 25.11 Fontes importantes de variação de aparência que podem fazer imagens diferentes do mesmo objeto parecerem diferentes. Primeiro, os elementos podem ser encurtados, como o remendo circular no canto superior esquerdo. Esse remendo é visto em um ângulo de visão e, portanto, é elíptico na imagem. Em segundo lugar, os objetos vistos de diferentes direções podem mudar de forma drasticamente, fenômeno conhecido como aspecto. No canto superior direito aparecem três aspectos diferentes de uma rosquinha. A oclusão faz com que a alça da caneca na parte inferior esquerda desapareça quando a caneca é girada. Nesse caso, como o corpo e a alça pertencem à mesma caneca, temos auto-oclusão. Finalmente, no canto inferior direito, alguns objetos podem se deformar drasticamente.

O conjunto de dados ImageNet teve seu papel histórico no desenvolvimento de sistemas de classificação de imagens, uma vez que lhes forneceu mais de 14 milhões de imagens de treino, classificadas em mais de 30 mil categorias detalhadas. O ImageNet também impulsionou o progresso, por meio de uma competição anual. Os sistemas são avaliados tanto pela acurácia da classificação de sua melhor suposição isolada quanto pela acurácia dos cinco primeiros, em que os sistemas podem apresentar cinco suposições – por exemplo, *malamute*, *husky*, *akita*, *samoiedo*, *cachorro esquimó*. O ImageNet tem 189 subcategorias para *cão*; portanto, até os humanos que gostam de cães têm dificuldade em rotular corretamente as imagens com um único palpite.

Na primeira competição do ImageNet em 2010, os sistemas não conseguiram fazer nada melhor do que 70% nos cinco primeiros palpites. A introdução de redes neurais convolucionais em 2012 e seu subsequente refinamento levaram a uma precisão de 98% no *top* 5 (superando o desempenho humano) e 87% de precisão no *top* 1 em 2019. O principal motivo para esse sucesso parece ser que as características que estão sendo usadas por classificadores RNC são aprendidas a partir de dados, não feitos à mão por um pesquisador; isso garante que elas sejam realmente úteis para classificação.

O progresso na classificação de imagens tem sido rápido, por conta da disponibilidade de conjuntos de dados grandes e desafiadores, como o ImageNet; por efeito de competições justas e abertas, baseadas nesses conjuntos de dados; e pela grande disseminação de modelos bem-sucedidos. Os vencedores das competições publicam o código e, muitas vezes, os parâmetros pré-treinados de seus modelos, tornando mais fácil para outros mexer em arquiteturas de sucesso e tentar torná-las melhores.

25.4.2 Por que as redes neurais convolucionais classificam bem as imagens

A classificação de imagens é mais bem entendida com a observação dos conjuntos de dados, mas o ImageNet é muito grande para ser examinado em detalhes. O conjunto de dados MNIST é uma coleção de 70 mil imagens de dígitos manuscritos, de 0 a 9, que geralmente é usado como um conjunto de dados padrão para aquecimento. Olhar para esse conjunto de dados (com alguns exemplos aparecendo na Figura 25.12) expõe algumas propriedades importantes, bastante genéricas. Você pode pegar a imagem de um dígito e fazer uma série de pequenas alterações, sem alterar a identidade do dígito: você pode deslocá-lo, girá-lo, torná-lo mais claro ou mais escuro, menor ou maior. Isso significa que os valores dos *pixels* individuais não são particularmente informativos – sabemos que um 8 deve ter alguns *pixels* escuros no centro e um 0 não, mas esses *pixels* escuros estarão em localizações de *pixel* ligeiramente diferentes em cada ocorrência de um dígito 8.

Outra propriedade importante das imagens é que os padrões locais podem ser bastante informativos: os dígitos 0, 6, 8 e 9 têm curvas fechadas; os dígitos 4 e 8 têm cruzamentos; os dígitos 1, 2, 3, 5 e 7 têm terminações de linha, mas não têm laços ou cruzamentos; os dígitos 6 e 9 têm laços e terminações de linha. Além disso, as relações espaciais entre os padrões de local são informativas. O 1 tem duas terminações de linha, uma acima da outra; um 6 tem um término de linha acima de um laço. Essas observações sugerem uma estratégia que é um princípio central da visão computacional moderna: você constrói características que respondem a padrões em vizinhanças pequenas e localizadas; depois, outras características examinam os padrões *dessas* características; depois outras olham para seus padrões, e assim por diante.

Isso é o que as redes neurais convolucionais fazem bem. Você deve pensar em uma camada – uma convolução seguida por uma função de ativação ReLU – como um detector de padrões local (ver Figura 25.12). A convolução mede o quanto cada janela local da imagem se parece com o padrão do kernel; a função ReLU zera as janelas de baixa pontuação e enfatiza as janelas de alta pontuação. Portanto, a convolução com vários kernels encontra múltiplos padrões; além disso, os padrões compostos podem ser detectados aplicando outra camada à saída da primeira camada.

Pense na saída da primeira camada convolucional. Cada posição recebe entradas de *pixels* em uma janela ao redor daquela posição. A saída do ReLU, como vimos, forma um detector de padrões simples. Agora, se colocarmos uma segunda camada em cima disso, cada posição na segunda camada receberá entradas dos valores da primeira camada em uma janela ao redor

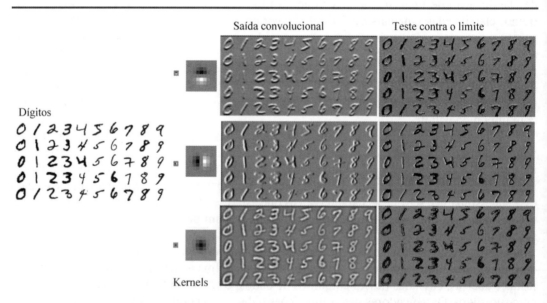

Figura 25.12 À esquerda, algumas imagens do conjunto de dados MNIST. Três kernels aparecem na coluna central mais à esquerda. Eles são mostrados em tamanho real (blocos minúsculos) e ampliados para revelar seu conteúdo: o cinza médio é zero, o claro é positivo e o escuro é negativo. A coluna central mais à direita mostra os resultados da aplicação desses kernels às imagens. A coluna da direita mostra *pixels* em que a resposta é maior que um limite (verde) ou menor que um limite (vermelho). Você deve notar que isso nos dá (de cima para baixo): um detector de barra horizontal; um detector de barra vertical; e (mais difícil de observar) um detector de fim de linha. Esses detectores prestam atenção ao contraste da barra, de modo que, por exemplo, uma barra horizontal que é clara no topo e escura embaixo produz uma resposta positiva (verde), e uma que é escura na parte superior e clara embaixo obtém uma resposta negativa (vermelha). Esses detectores têm eficácia moderada, mas não perfeita. (Esta figura encontra-se reproduzida em cores no Encarte *online*.)

daquela posição. Isso significa que as posições na segunda camada são afetadas por uma janela de *pixels* maior do que aquelas na primeira camada. Você pode pensar nisso como uma representação de "padrões de padrões". Se colocarmos uma terceira camada em cima da segunda, as posições nessa terceira camada dependerão de uma janela de *pixels* ainda maior; uma quarta camada dependerá de uma janela ainda maior, e assim por diante. A rede está criando padrões em diversos níveis, e faz isso *aprendendo* com os dados, em vez de receber os padrões de um programador.

Embora treinar uma RNC "pronta para usar" às vezes funcione, é útil conhecer algumas técnicas práticas. Uma das mais importantes é o **aumento do conjunto de dados**, no qual os exemplos de treino são copiados e ligeiramente modificados. Por exemplo, pode-se deslocar, girar ou esticar uma imagem aleatoriamente por uma pequena quantidade, ou alternar aleatoriamente o matiz dos *pixels* por uma pequena quantidade. Essa variação simulada do ponto de vista ou da iluminação do conjunto de dados ajuda a aumentar o tamanho do conjunto de dados, embora, é claro, os novos exemplos estejam altamente correlacionados com os originais. Também é possível usar o aumento durante o teste, em vez de usá-lo na hora do treinamento. Nessa técnica, a imagem é replicada e modificada várias vezes (p. ex., com cortes aleatórios) e o classificador é executado sobre cada uma das imagens modificadas. Os resultados do classificador de cada cópia são então usados para tomar uma decisão final sobre a classe geral. *[margem: Aumento do conjunto de dados]*

Quando você está classificando imagens de cenas, cada *pixel* pode ser útil. Mas quando você está classificando imagens de objetos, alguns *pixels* não fazem parte do objeto e, portanto, podem ser uma distração. Por exemplo, se um gato está deitado na cama de um cachorro, queremos que um classificador se concentre nos *pixels* do gato, não da cama. Os classificadores de imagem modernos cuidam bem disso, classificando uma imagem como "gato" com precisão, mesmo se houver realmente poucos *pixels* no gato. Há duas razões para isso. Em primeiro lugar, os classificadores baseados em RNC são bons em ignorar padrões que não são discriminativos. Em segundo lugar, os padrões que ficam fora do objeto podem ser discriminativos (p. ex., um brinquedo de gato, uma coleira com um pequeno sino, ou um prato de comida de gato podem realmente ajudar a dizer que estamos olhando para um gato). Esse efeito é conhecido como **contexto**. O contexto pode ajudar ou prejudicar, dependendo muito do conjunto de dados específico e da aplicação. *[margem: Contexto]*

25.5 Detectar objetos

Os classificadores de imagem predizem *o que* há na imagem – eles classificam a imagem inteira como pertencente a uma classe. Os detectores de objetos localizam vários objetos em uma imagem, informam a *qual* classe cada objeto pertence e informam onde cada objeto está, fornecendo uma **caixa delimitadora** ao redor do objeto.[1] O conjunto de classes é pré-fixado. Portanto, podemos tentar detectar todos os rostos, todos os carros, ou todos os gatos. *[margem: Caixa delimitadora]*

Podemos construir um detector de objetos olhando para uma pequena **janela móvel** na imagem maior – um retângulo. Em cada ponto, classificamos o que vemos na janela, por meio de um classificador RNC. Em seguida, pegamos as classificações com alta pontuação – um gato aqui e um cachorro ali – e ignoramos as outras janelas. Depois de algum trabalho de resolução de conflitos, temos um conjunto final de objetos com suas localizações. Ainda há alguns detalhes a serem acertados: *[margem: Janela móvel]*

- **Decidir um formato de janela**: a escolha mais fácil, de longe, é usar retângulos alinhados ao eixo. (A alternativa – alguma forma de máscara que recorta o objeto da imagem – quase nunca é usada, porque é difícil de representar e calcular.) Ainda precisamos escolher a largura e a altura dos retângulos.
- **Construir um classificador para as janelas**: já sabemos como fazer isso com uma RNC.
- **Decidir em quais janelas olhar**: de todas as janelas possíveis, queremos selecionar aquelas que provavelmente terão objetos interessantes.

---

[1] Usaremos o termo "caixa" para indicar na imagem qualquer região retangular alinhada ao eixo, e o termo "janela", principalmente como um sinônimo de "caixa", mas com a conotação de que temos uma janela envolvendo a entrada onde estamos esperando ver alguma coisa, e uma caixa delimitadora na saída quando a tivermos encontrado.

816 Inteligência Artificial

- **Escolher quais janelas informar**: as janelas se sobreporão e não queremos relatar o mesmo objeto várias vezes em janelas ligeiramente diferentes. Alguns objetos não merecem ser mencionados; pense no número de cadeiras e pessoas em uma fotografia de uma grande sala de aula, lotada. Todos devem ser relatados como objetos individuais? Talvez apenas os objetos que parecem grandes na imagem – a primeira fileira – devam ser informados. A escolha depende do uso pretendido do detector de objetos.
- **Informar localizações exatas de objetos usando essas janelas**: uma vez que sabemos que o objeto está em algum lugar da janela, podemos fazer mais cálculos para descobrir um local mais preciso dentro da janela.

Vamos examinar mais cuidadosamente o problema de decidir quais janelas olhar. Não é eficiente procurar em todas as janelas possíveis – em uma imagem de $n \times n$ *pixels*, existem $O(n^4)$ janelas retangulares possíveis. Mas sabemos que as janelas que contêm objetos tendem a ter cor e textura bastante coerentes. Por outro lado, as janelas que cortam um objeto ao meio têm regiões ou bordas que cruzam a lateral da janela. Portanto, faz sentido haver um mecanismo que pontue a "objetidade" (em inglês, *objectness*) – se uma caixa contém um objeto, independente de qual seja esse objeto. Podemos encontrar as caixas que parecem ter um objeto e então classificar o objeto apenas para aquelas caixas que passam no teste de objetidade.

Rede de proposição regional (RPR)

Uma rede que encontra regiões com objetos é chamada **rede de proposição regional (RPR)**. O detector de objetos conhecido como Faster RCNN codifica uma grande coleção de caixas delimitadoras como um mapa de tamanho fixo. Em seguida, ele constrói uma rede que pode prever uma pontuação para cada caixa e treina essa rede para que a pontuação seja grande, quando a caixa contém um objeto, e pequena, caso contrário. Codificar caixas como um mapa é simples. Consideramos caixas centralizadas em pontos ao longo da imagem; não é preciso considerar todos os pontos possíveis (porque mover um *pixel* provavelmente não mudará a classificação); uma boa escolha é uma **passada** (o deslocamento entre os pontos centrais) de 16 *pixels*. Para cada ponto central, consideramos várias caixas possíveis, chamadas **caixas de âncora**. O Faster RCNN usa nove caixas: tamanhos pequeno, médio e grande; e relações de aspecto altas, largas e quadradas.

Em termos de arquitetura de rede neural, construa um bloco 3D em que cada localização espacial no bloco tenha duas dimensões para o ponto central e uma dimensão para o tipo de caixa. Agora, qualquer caixa com uma pontuação de objetidade boa é chamada **região de interesse** (RDI) e deve ser verificada por um classificador. Mas os classificadores da RNC preferem imagens de tamanho fixo, e as caixas que passam no teste de objetidade serão diferentes em tamanho e forma. Não podemos fazer com que as caixas tenham o mesmo número de *pixels*, mas podemos fazer com que tenham o mesmo número de características amostrando os *pixels* para extrair características, um processo chamado **agrupamento de RDI**. Esse mapa de características de tamanho fixo é então passado para o classificador.

Agora, vamos ao problema de decidir quais janelas informar. Suponha que olhemos para janelas de tamanho 32×32 com uma passada de 1: cada janela é deslocada por apenas um *pixel* da anterior. Haverá muitas janelas semelhantes, que deverão ter pontuações semelhantes. Se todas elas tiverem uma pontuação acima do limite, não queremos informar todas elas, porque muito provavelmente todas se referem a visualizações ligeiramente diferentes do mesmo objeto. Por outro lado, se a passada for muito grande, pode ser que um objeto não esteja contido em nenhuma janela e, portanto, seja perdido. Em vez disso, podemos usar um algoritmo guloso chamado **supressão não máxima**. Primeiro, crie uma lista ordenada de todas as janelas com pontuações acima de um limiar. Então, enquanto houver janelas na lista, escolha a janela com a maior pontuação e aceite-a como contendo um objeto; descarte da lista todas as outras janelas bastante sobrepostas àquela.

Supressão não máxima

Por fim, temos o problema de relatar a localização exata dos objetos. Suponha que temos uma janela com uma pontuação alta e que passou por uma supressão não máxima. É muito pouco provável que essa janela esteja exatamente no lugar certo (lembre-se de que examinamos um número relativamente pequeno de janelas com pequeno número de tamanhos possíveis). Usamos a representação de características calculada pelo classificador para prever melhorias que reduzirão a janela a uma caixa delimitadora adequada, uma etapa conhecida como **regressão de caixa delimitadora**.

A avaliação dos detectores de objetos deve ser cuidadosa. Primeiro, precisamos de um conjunto de teste: uma coleção de imagens com cada objeto na imagem marcado por um rótulo de categoria de verdade fundamental e uma caixa delimitadora. Normalmente, as caixas e rótulos são fornecidos por humanos. Em seguida, alimentamos cada imagem para o detector de objetos e comparamos sua saída com a verdade fundamental. É preciso estarmos dispostos a aceitar caixas com alguns *pixels* defasados, porque as caixas de referência não serão perfeitas. A pontuação da avaliação deve equilibrar a revocação (localizar todos os objetos que estão lá) e a precisão (não localizar objetos que não estão lá).

25.6 Mundo 3D

As imagens mostram uma projeção em 2D de um mundo 3D. Mas essa projeção 2D é repleta de dicas sobre o mundo 3D. Um tipo de dica ocorre quando temos várias imagens do mesmo mundo e podemos combinar pontos entre as imagens. Outro tipo de dica está disponível dentro de uma única imagem.

25.6.1 Dicas 3D de múltiplas visualizações

Duas imagens de objetos em um mundo 3D são melhores do que uma, por vários motivos:

- Se você tem duas imagens da mesma cena tiradas de ângulos diferentes e sabe o suficiente sobre as duas câmeras, você pode construir um modelo 3D - uma coleção de pontos com suas coordenadas em três dimensões - descobrindo qual ponto na primeira visualização

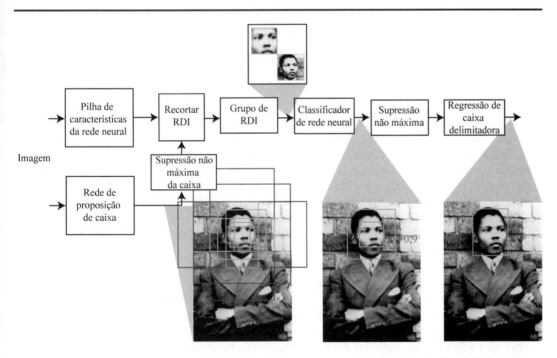

Figura 25.13 Modelo Faster RCNN usa duas redes. Uma foto de um Nelson Mandela jovem é alimentada no detector de objetos. Uma rede calcula pontuações de "objetidade" de caixas de imagens candidatas, chamadas "caixas de âncora", centralizadas em um ponto da grade. Existem nove caixas de âncora (três escalas, três relações de aspecto) em cada ponto da grade. Para a imagem no exemplo, uma caixa verde, interna, e uma caixa azul, externa, passaram no teste de objetidade. A segunda rede é uma pilha de recursos que calcula uma representação da imagem adequada para classificação. As caixas com maior pontuação de objetidade são cortadas do mapa de características, padronizadas em tamanho com agrupamento de RDI e passadas para um classificador. A caixa azul tem uma pontuação mais alta que a caixa verde e se sobrepõe, de modo que a caixa verde é rejeitada por supressão não máxima. Por fim, a caixa delimitadora faz a regressão da caixa azul de forma que ela se ajuste ao rosto. Isso significa que a amostragem relativamente grosseira de locais, escalas e relações de aspecto não diminui a acurácia. (Esta figura encontra-se reproduzida em cores no Encarte *online*.)

818 Inteligência Artificial

corresponde a qual ponto na segunda e aplicando alguma geometria. Isso é verdade para quase todos os pares de direções de visualização e quase todos os tipos de câmera.

- Se você tem duas visualizações de pontos suficientes e sabe qual ponto na primeira visualização corresponde a qual ponto na segunda visualização, você não precisa saber muito sobre as câmeras para construir um modelo 3D. Duas visualizações de dois pontos fornecem quatro coordenadas x, y, e você só precisa de três coordenadas para especificar um ponto no espaço 3D; a coordenada extra é útil para descobrir o que você precisa saber sobre as câmeras. Isso é verdade para quase todos os pares de direções de visualização e quase todos os tipos de câmera.

O problema principal é estabelecer qual ponto na primeira visualização corresponde a qual ponto na segunda. Descrições detalhadas da aparência local de um ponto usando características de textura simples (como aquelas na seção 25.3.2) geralmente bastam para combinar os pontos. Por exemplo, em uma cena de trânsito em uma rua, pode haver apenas um semáforo verde visível em duas imagens tiradas dessa cena; podemos, então, supor que elas se correspondem. A geometria de múltiplas visualizações de câmera é muito bem compreendida (porém, infelizmente, muito complicada para ser exposta aqui). A teoria produz restrições geométricas sobre qual ponto em uma imagem pode corresponder a qual ponto na outra. Outras restrições podem ser obtidas raciocinando sobre a suavidade das superfícies reconstruídas.

Existem duas maneiras de conseguir várias visualizações de uma cena. Uma é ter duas câmeras ou dois olhos (seção 25.6.2). Outra é mover-se (seção 25.6.3). Se você tem mais de duas visualizações, você pode recuperar a geometria do mundo e os detalhes da visualização com muita precisão. A seção 25.7.3 discute algumas aplicações dessa tecnologia.

25.6.2 Estereopsia binocular

A maioria dos vertebrados têm dois olhos. Isso é útil para redundância em caso de perda de um olho, mas também ajuda de outras maneiras. A maioria das presas tem olhos no lado da cabeça, para permitir um campo de visão mais amplo. Predadores têm os olhos na frente, permitindo-lhes usar a **estereopsia binocular**. Segure os dois dedos indicadores na frente de seu rosto, com um olho fechado, e ajuste-os de forma que o dedo da frente obstrua o outro dedo *na visão de seu olho aberto*. Agora troque os olhos; você deve notar que os dedos mudaram de posição um em relação ao outro. Essa mudança de posição da visão esquerda para a direita é conhecida como **disparidade**. Na escolha certa do sistema de coordenadas, se sobrepusermos as imagens esquerda e direita de um objeto em alguma profundidade, o objeto se deslocará horizontalmente na imagem sobreposta, e a quantidade de deslocamento será a recíproca da profundidade. Você pode ver isso na Figura 25.14, em que o ponto mais próximo da pirâmide é deslocado para a esquerda na imagem da direita e para a direita na imagem da esquerda.

Para medir a disparidade, precisamos resolver o problema da correspondência – determinar para um ponto na imagem esquerda, seu "parceiro" na imagem direita que resulta da projeção do mesmo ponto da cena. Isso é semelhante ao que é feito na medição do fluxo óptico, e as abordagens mais simplórias são bastante parecidas. Esses métodos procuram blocos de *pixels* esquerdo e direito que correspondam, usando a soma dos quadrados das diferenças (como na seção 25.3.3). Métodos mais sofisticados usam representações de textura mais detalhadas de blocos de *pixels* (como na seção 25.3.2). Na prática, usamos algoritmos muito mais sofisticados, que exploram outras restrições.

Supondo que possamos medir a disparidade, como isso produz informações sobre a profundidade da cena? Precisamos descobrir a relação geométrica entre disparidade e profundidade. Vamos considerar, primeiro, o caso em que ambos os olhos (ou câmeras) estão olhando para a frente com seus eixos ópticos paralelos. A relação da câmera direita com a câmera esquerda é então apenas um deslocamento ao longo do eixo x por um valor b, a **linha de base**. Podemos utilizar as equações de fluxo óptico da seção 25.3.3, se pensarmos nisso como o resultado de um vetor de translação $\mathbf{T}$ agindo pelo tempo δt, com $T_x = b/\delta t$ e $T_y = T_z = 0$. As disparidades horizontal e vertical são fornecidas pelos componentes de fluxo óptico, multiplicados pelo intervalo de tempo δt, $H = v_x \delta t$, $V = v_y \delta t$. Fazendo então as substituições, verificamos

Estereopsia binocular

Disparidade

Linha de base

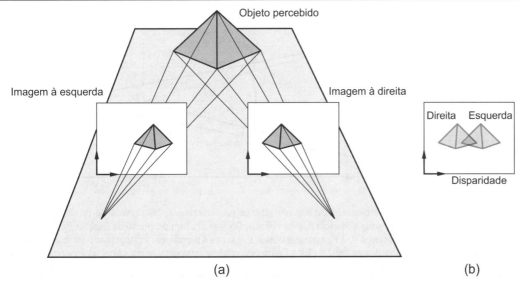

Figura 25.14 Translação de uma câmera paralela em relação ao plano da imagem faz com que as características da imagem se movam no plano da câmera. A disparidade de posições resultante é uma dica da profundidade. Se sobrepusermos as imagens esquerda e direita, como em (b), veremos a disparidade.

que $H = b/Z$, $V = 0$. Em outras palavras, a disparidade horizontal é igual à razão entre a linha de base e a profundidade, e a disparidade vertical é zero. Podemos recuperar a profundidade Z dado que sabemos b, e podemos medir H.

Sob condições normais de visualização, os seres humanos **fixam** seu olhar; ou seja, há algum ponto na cena em que os eixos ópticos dos dois olhos se cruzam. A Figura 25.15 mostra dois olhos fixados em um ponto P_0, que está a uma distância Z a partir do meio dos olhos. Por conveniência, vamos calcular a disparidade *angular*, medida em radianos. A disparidade no ponto de fixação P_0 é zero. Para algum outro ponto P na cena, que está a uma distância δZ, podemos calcular os deslocamentos angulares das imagens da esquerda e da direita de P, que chamaremos de P_E e P_D, respectivamente. Se cada uma delas for deslocada por um ângulo de $\delta\theta/2$ em relação a P_0, então o deslocamento entre P_E e P_D, que é a disparidade de P, será apenas $\delta\theta$. Da Figura 25.15, $\tan\theta = \frac{b/2}{Z}$ e $\tan(\theta - \delta\theta/2) = \frac{b/2}{Z+\delta Z}$; porém, para ângulos pequenos, $\tan\theta \approx \theta$, de modo que

Fixação

$$\delta\theta/2 = \frac{b/2}{Z} - \frac{b/2}{Z+\delta Z} \approx \frac{b\delta Z}{2Z^2}$$

e, uma vez que a disparidade real é $\delta\theta$, temos

$$\text{disparidade} = \frac{b\delta Z}{Z^2}$$

Em seres humanos, a linha de base b é de cerca de 6 cm. Suponha que Z tenha cerca de 100 cm e que o menor $\delta\theta$ detectável (correspondendo ao tamanho de um único *pixel*) tenha cerca de 5 segundos de arco, ocasionando um δZ de 0,4 mm. Para $Z = 30$ cm, obtemos o valor impressionantemente pequeno $\delta Z = 0,036$ mm. Ou seja, a uma distância de 30 cm, os seres humanos podem discriminar profundidades que diferem por apenas 0,036 mm, o que nos permite enfiar uma linha na agulha e coisas semelhantes.

25.6.3 Dicas 3D de uma câmera em movimento

Suponha que temos uma câmera se movendo em uma cena. Utilize a Figura 25.14 e rotule a imagem da esquerda como "Tempo t" e a imagem da direita como "Tempo $t + 1$". A geometria não mudou, então todo o material da discussão da estereopsia também se aplica quando uma

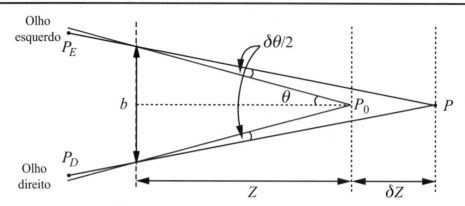

Figura 25.15 Relação entre disparidade e profundidade na estereopsia. Os centros de projeção dos dois olhos estão separados por uma distância b, e os eixos ópticos se cruzam no ponto de fixação P_0. O ponto P, na cena, se projeta para pontos P_E e P_D nos dois olhos. Em termos angulares, a disparidade entre eles é $\delta\theta$ (o diagrama mostra dois ângulos de $\delta\theta/2$). (Esta figura encontra-se reproduzida em cores no Encarte *online*.)

câmera se move. O que chamamos de disparidade naquela seção agora é considerado um movimento aparente na imagem, chamado "fluxo óptico". Essa é uma fonte de informação tanto para o movimento da câmera quanto para a geometria da cena. Para entendermos isso, enunciaremos (sem provar) uma equação que relaciona o fluxo óptico à velocidade de translação **T** do observador e à profundidade na cena do espectador.

O campo de fluxo óptico é um campo vetorial de velocidades na imagem, $(v_x(x,y), v_y(x,y))$. As Expressões para esses componentes, em um quadro de coordenadas centralizado na câmera e assumindo uma distância focal de $f = 1$, são

$$v_x(x,y) = \frac{-T_x + xT_z}{Z(x,y)} \quad \text{e} \quad v_y(x,y) = \frac{-T_y + yT_z}{Z(x,y)}.$$

em que $Z(x,y)$ é a coordenada z (ou seja, profundidade) do ponto na cena correspondente ao ponto na imagem em (x,y).

Observe que os dois componentes do fluxo óptico, $v_x(x, y)$ e $v_y(x, y)$, são zero no ponto $x = T_x/T_z, y = T_y/T_z$. Esse ponto é chamado **foco de expansão** do campo de fluxo. Suponha que mudemos a origem no plano x-y para ficar no foco de expansão; em seguida, as expressões para fluxo óptico assumem uma forma particularmente simples. Sejam (x', y') as novas coordenadas definidas por $x' = x - T_x/T_z, y' = y - T_y/T_z$. Então

Foco de expansão

$$v_x(x',y') = \frac{x'T_z}{Z(x',y')}, \quad v_y(x',y') = \frac{y'T_z}{Z(x',y')}.$$

Observe que aqui existe uma ambiguidade de fator de escala (é por isso que assumir uma distância focal de $f = 1$ é inofensivo). Se a câmera estiver se movendo duas vezes mais rápido, se cada objeto na cena for duas vezes maior e estiver duas vezes à distância da câmera, o campo de fluxo óptico será exatamente o mesmo. Mas ainda podemos extrair informações bastante úteis.

1. Suponha que você seja uma mosca tentando pousar em uma parede e deseja ter informações úteis do campo de fluxo óptico. O campo de fluxo óptico não pode dizer a distância até a parede ou a velocidade até a parede, por causa da ambiguidade da escala. Mas se você dividir a distância pela velocidade, a ambiguidade da escala é cancelada. O resultado é o tempo até o contato, dado por Z/T_z, e é de fato muito útil para controlar a aproximação do pouso. Há evidência experimental considerável de que muitas espécies de animais diferentes exploram essa dica.
2. Considere dois pontos às profundidades Z_1 e Z_2, respectivamente. Podemos não conhecer o valor absoluto de qualquer um deles, mas, considerando o inverso da razão das magnitudes de fluxo óptico nesses pontos, podemos determinar a relação de profundidade Z_1/Z_2.

Capítulo 25 • Visão Computacional   821

Essa é a dica da paralaxe de movimento, que usamos quando olhamos para fora da janela lateral de um carro ou trem em movimento e deduzimos que as partes mais lentas da paisagem estão mais longe.

25.6.4 Dicas 3D de uma visualização

Até mesmo uma única imagem fornece uma rica coleção de informações sobre o mundo 3D. Isso é verdade, mesmo se a imagem for apenas um desenho de contornos. Os desenhos de contornos têm fascinado os cientistas da visão, porque as pessoas têm uma noção da forma e do *layout* 3D, embora o desenho pareça conter muito pouca informação para escolher na vasta coleção de cenas que poderiam produzir o mesmo desenho. A oclusão é uma fonte importante de informação: se houver evidência na imagem de que um objeto oclui outro, então o objeto oclusor está mais perto do olho.

Em imagens de cenas reais, a textura é uma indicação forte da estrutura 3D. A seção 25.3.2 afirmou que a textura é um padrão repetitivo de texels. Embora a distribuição de texels possa ser uniforme nos objetos da cena (p. ex., as árvores em um bosque), ela pode não ser uniforme na imagem – as árvores mais distantes parecem ser menores do que as mais próximas. Como outro exemplo, pense em um pedaço de tecido de bolinhas. Todos os pontos têm o mesmo tamanho e formato no tecido, mas, em uma visão em perspectiva, alguns pontos são elipses, por causa do escorço. Os métodos modernos exploram essas dicas aprendendo um mapeamento de imagens para a estrutura 3D (seção 25.7.4), em vez de raciocinar diretamente sobre a matemática subjacente da textura.

O sombreamento – variação na intensidade da luz recebida de diferentes partes da superfície de uma cena – é determinado pela geometria da cena e pelas propriedades de reflexão das superfícies. Há evidências muito boas de que o sombreamento é uma dica para a forma 3D. O argumento físico é fácil. A partir do modelo físico da seção 25.2.4, sabemos que, se uma normal da superfície apontar em direção à fonte de luz, a superfície é mais brilhante; se estiver voltada para fora, a superfície é mais escura. Esse argumento fica mais complicado se a reflexão da superfície não for conhecida e o campo de iluminação não for uniforme, mas os humanos parecem ser capazes de obter uma percepção útil da forma a partir do sombreamento. Lamentavelmente, conhecemos muito pouco sobre algoritmos que façam isso.

Se houver um objeto familiar na imagem, sua aparência dependerá muito de sua **pose**, ou seja, sua posição e orientação em relação ao observador. Existem algoritmos simples para recuperar a pose a partir das correspondências entre pontos em um objeto e pontos em um modelo do objeto. Há muitas aplicações para a recuperação da pose de um objeto conhecido. Por exemplo, em uma tarefa de manipulação industrial, o braço do robô não pode pegar um objeto até que sua pose seja conhecida. Aplicações de cirurgia robótica dependem do cálculo exato das transformações entre a posição da câmera e as posições da ferramenta cirúrgica e do paciente (para produzir a transformação da posição da ferramenta até a posição do paciente).

As relações espaciais entre os objetos são outra dica importante. Aqui está um exemplo. Todos os pedestres têm aproximadamente a mesma altura e costumam permanecer no plano do solo. Se soubermos onde está o horizonte em uma imagem, podemos classificar os pedestres pela distância até a câmera. Isso funciona porque sabemos onde estão seus pés, e os pedestres cujos pés estão mais próximos do horizonte na imagem estão mais distantes da câmera e, portanto, devem ser menores na imagem. Isso significa que podemos descartar algumas respostas do detector – se um detector encontrar um pedestre grande na imagem e cujos pés estão próximos do horizonte, ele encontrou um pedestre gigantesco; se isso não existe, então o detector está errado. Por sua vez, um detector de pedestres razoavelmente confiável é capaz de produzir estimativas do horizonte, se houver vários pedestres na cena a diferentes distâncias da câmera. Isso acontece porque a escala relativa dos pedestres é uma indicação de onde está o horizonte. Portanto, podemos extrair uma estimativa de horizonte do detector e, em seguida, usar essa estimativa para eliminar os erros do detector de pedestres.

25.7 Uso da visão computacional

Aqui, examinamos diversas aplicações da visão computacional. Existem agora muitas ferramentas e *toolkits* confiáveis de visão computacional, de modo que a gama de aplicações úteis e bem-sucedidas é extraordinária. Muitas são desenvolvidas por entusiastas em casa, para fins especiais, o que é um testemunho de como os métodos são utilizáveis e quanto impacto eles têm. (P. ex., um entusiasta criou uma ótima porta para animais de estimação baseada em detecção de objetos, que recusa a entrada de um gato se estiver trazendo um rato morto – uma pesquisa na *web* a encontrará para você.)

25.7.1 Compreensão do que as pessoas fazem

Se pudéssemos construir sistemas que entendessem o que as pessoas estão fazendo por meio da análise de vídeo, poderíamos construir interfaces humano-máquina que observam as pessoas e reagem ao seu comportamento. Com essas interfaces, poderíamos: projetar melhor edifícios e locais públicos, coletando e usando dados sobre o que as pessoas fazem em público; construir sistemas de vigilância de segurança mais precisos e menos intrusivos; criar comentaristas esportivos automatizados; tornar os locais de construção e locais de trabalho mais seguros, gerando avisos quando pessoas e máquinas se aproximarem perigosamente; construir jogos de computador que façam o jogador se levantar e se mover; e economizar energia gerenciando o calor e a luz em um edifício para combinar com o local onde as pessoas estão e o que estão fazendo.

O que há de mais moderno para alguns problemas agora é extremamente poderoso. Existem métodos que podem prever, com muita exatidão, a localização das articulações de uma pessoa em uma imagem. São feitas estimativas muito boas da configuração 3D do corpo dessa pessoa (Figura 25.16). Isso funciona porque as imagens do corpo tendem a ter efeitos de perspectiva fracos e os segmentos do corpo não variam muito em comprimento; então o escorço de um segmento do corpo em uma imagem é uma boa dica para o ângulo entre ele e o plano da câmera. Com um sensor de profundidade, essas estimativas podem ser feitas com rapidez suficiente para integrá-las às interfaces de jogos de computador.

Classificar o que as pessoas estão fazendo é mais difícil. É muito fácil lidar com vídeos que mostram comportamentos bastante estruturados, como balé, ginástica ou *tai chi*, em que existem vocabulários bastante específicos que se referem a atividades delineadas com muita precisão em fundos simples. Podem ser obtidos bons resultados com muitos dados rotulados e uma rede neural convolucional adequada. No entanto, pode ser difícil provar que os métodos realmente funcionam, porque eles dependem bastante do contexto. Por exemplo, um classificador que rotula sequências de "natação" muito bem pode ser apenas um detector de piscina, que não funcionaria para (digamos) nadadores de rio.

Problemas mais genéricos continuam em aberto – por exemplo, como vincular as observações do corpo e dos objetos próximos aos objetivos e intenções das pessoas que se deslocam. Uma fonte de dificuldade é que comportamentos semelhantes parecem diferentes, e comportamentos diferentes parecem semelhantes, como mostra a Figura 25.17.

Outra dificuldade é causada pela escala de tempo. O que alguém está fazendo depende muito da escala de tempo, como ilustrado na Figura 25.18. Outro efeito importante mostrado nessa figura é que o comportamento se compõe – vários comportamentos reconhecidos podem ser combinados para formar um único comportamento de nível superior, como preparar um lanche.

Também pode ser que comportamentos não relacionados estejam ocorrendo ao mesmo tempo, como cantar uma música enquanto se prepara um lanche. Um desafio é que não temos um vocabulário comum para as partes do comportamento. As pessoas costumam pensar que conhecem muitos nomes de comportamento, mas não podem produzir longas listas dessas palavras quando demandado. Isso torna mais difícil obter conjuntos de dados de comportamentos rotulados de forma consistente.

Os classificadores aprendidos têm garantia de um bom comportamento apenas se os dados de treino e teste tiverem sido distribuídos da mesma fonte. Não temos como verificar se essa restrição se aplica a imagens, mas empiricamente observamos que os classificadores de

Figura 25.16 Reconstruir humanos a partir de uma única imagem agora é algo prático. Cada fileira da figura mostra uma reconstrução da forma do corpo 3D obtida usando uma única imagem. Essas reconstruções são possíveis porque os métodos podem avaliar a localização das articulações, os ângulos das articulações em 3D, a forma do corpo e a postura do corpo em relação a uma imagem. Cada fileira mostra o seguinte: **extrema esquerda**, uma imagem; **centro esquerdo**, a imagem com o corpo reconstruído sobreposto; **centro direito**, outra visão do corpo reconstruído; e à **extrema direita** ainda outra visão do corpo reconstruído. As diferentes visões do corpo tornam muito mais difícil esconder erros na reconstrução. (Imagens por cortesia de Angjoo Kanazawa, produzida por um sistema descrito em Kanazawa *et al.* [2018a].) (Esta figura encontra-se reproduzida em cores no Encarte *online*.)

Figura 25.17 A mesma ação pode parecer muito diferente; e ações diferentes podem parecer semelhantes. Esses exemplos mostram ações tomadas a partir de um conjunto de dados de comportamentos naturais; os rótulos são escolhidos pelos curadores do conjunto de dados, em vez de previstos por um algoritmo. **Acima**: exemplos do rótulo "abrir geladeira", alguns mostrados em *close* e alguns de longe. **Abaixo**: exemplos do rótulo "tirar algo da geladeira". Observe como em ambas as fileiras a mão da pessoa está perto da porta da geladeira – dizer a diferença entre os casos requer um julgamento bastante sutil sobre onde estão a mão e a porta. (Imagens por cortesia de David Fouhey, retirada de um conjunto de dados descrito em Fouhey *et al.* [2018].) (Esta figura encontra-se reproduzida em cores no Encarte *online*.)

imagens e os detectores de objetos funcionam muito bem. Contudo, para dados de atividades, a relação entre dados de treino e teste é menos confiável porque as pessoas fazem muitas coisas em muitos contextos. Por exemplo, suponha que tenhamos um detector de pedestres com

Figura 25.18 O que você chama de ação depende da escala de tempo. O quadro isolado na parte **superior** é mais bem descrito como a abertura da geladeira (você não olha para o conteúdo quando fecha a geladeira). Mas se você assistir a um curto trecho de vídeo (indicado pelos quadros na fileira central), a ação é mais bem descrita como tirar o leite da geladeira. Se você olhar para um clipe longo (os quadros na linha **inferior**), a ação é mais bem descrita como preparar um lanche. Observe que isso ilustra uma maneira pela qual o comportamento se compõe: tirar leite da geladeira às vezes faz parte do preparo de um lanche, e abrir a geladeira geralmente faz parte da retirada do leite da geladeira. (Imagens por cortesia de David Fouhey, retirada de um conjunto de dados descrito em Fouhey *et al.* [2018].)

bom desempenho em um grande conjunto de dados. Haverá fenômenos raros (p. ex.; pessoas montando monociclos) que não aparecem no conjunto de treino; então não podemos dizer com certeza como o detector funcionará nesses casos. O desafio é provar que o detector é seguro independentemente do que os pedestres façam, o que é difícil para as teorias de aprendizagem atuais.

25.7.2 Vínculo de figuras e palavras

Muitas pessoas criam e compartilham fotos e vídeos na Internet. A dificuldade é encontrar o que desejam. Normalmente, as pessoas desejam pesquisar usando palavras (em vez de, digamos, esboços de exemplo). Como a maioria das imagens não vem com palavras anexadas, é natural tentar construir **sistemas de etiquetagem** que marcam as imagens com palavras relevantes. O mecanismo subjacente é direto – aplicamos métodos de classificação de imagens e detecção de objetos e marcamos a imagem com as palavras de saída. Mas as etiquetas não são uma descrição abrangente do que está acontecendo em uma imagem. É importante quem está fazendo o quê, e as etiquetas não captam isso. Por exemplo, etiquetar uma foto de um gato na rua com as categorias de objeto "gato", "rua", "lata de lixo" e "espinha de peixe" deixa de fora a informação de que o gato está puxando a espinha de peixe de dentro de uma lata de lixo aberta na rua.

Como alternativa à etiquetagem, podemos construir **sistemas de legendagem** – sistemas que escrevem uma legenda de uma ou mais frases que descrevem a imagem. O mecanismo básico novamente é muito simples – acoplar uma rede convolucional (para representar a imagem) a uma rede neural recorrente ou rede transformadora (para gerar sentenças) e treinar o resultado com um conjunto de dados de imagens legendadas. Existem muitas imagens com legendas disponíveis na Internet; conjuntos de dados escolhidos usam trabalho humano para aumentar cada imagem com legendas adicionais a fim de capturar a variação na linguagem natural. Por exemplo, o conjunto de dados COCO (do inglês *Common Objects in Context*) é uma coleção abrangente de mais de 200 mil imagens rotuladas com cinco legendas por imagem.

Os métodos atuais de legendagem usam detectores para encontrar um conjunto de palavras que descrevem a imagem e fornecem essas palavras a um modelo de sequências que é treinado para gerar uma frase. Os métodos mais precisos buscam pelas sentenças que o modelo pode gerar para encontrar a melhor, e métodos fortes parecem exigir uma busca lenta. As frases são avaliadas com um conjunto de pontuações que verificam se a frase gerada (a) usa sentenças comuns nas anotações de referência e (b) não usa outras frases. Essas pontuações são difíceis de usar diretamente como uma função de perda, mas os métodos de aprendizado por reforço podem ser usados para treinar redes que obtêm pontuações muito boas. Quase sempre haverá uma imagem no conjunto de treinamento cuja descrição tem o mesmo conjunto de palavras que uma imagem no conjunto de teste; nesse caso, um sistema de legendagem pode apenas recuperar uma legenda válida em vez de ter que gerar uma nova. Os sistemas de escrita de legendas produzem uma mistura de excelentes resultados e erros embaraçosos (Figura 25.19).

Os sistemas de legendagem podem esconder sua ignorância omitindo a menção de detalhes que eles não conseguem acertar ou usando dicas contextuais para opinar. Por exemplo, os sistemas de legendagem costumam ser fracos na identificação do gênero das pessoas em imagens e, muitas vezes, adivinham com base em estatísticas de dados de treino. Isso pode ocasionar erros - os homens também gostam de fazer compras e as mulheres também jogam futebol. Uma maneira de estabelecer se um sistema tem boa representação do que está acontecendo em uma imagem é forçá-lo a responder a perguntas sobre a imagem. Esse é um sistema de **resposta automática a perguntas visuais**, ou **RPV**. Uma alternativa é um sistema de **diálogo visual**, que recebe uma imagem, sua legenda e um diálogo. O sistema deve então responder à última pergunta da caixa de diálogo. Como mostra a Figura 25.20, a visão permanece extremamente difícil e os sistemas de RPV quase sempre cometem erros.

Resposta a perguntas visuais (RPV)
Diálogo visual

25.7.3 Reconstrução a partir de muitas visualizações

Reconstruir um conjunto de pontos a partir de muitas visualizações - que podem vir de um vídeo ou de uma agregação de fotos turísticas - é semelhante a reconstruir os pontos a partir de duas visualizações, mas existem algumas diferenças importantes. Há muito mais trabalho a ser feito para estabelecer correspondência entre pontos em diferentes visualizações, e os pontos podem entrar e sair da visão, tornando o processo de correspondência e reconstrução mais confuso. Porém, mais visualizações significam mais restrições na reconstrução e nos parâmetros de visualização recuperados; portanto, geralmente é possível produzir estimativas extremamente precisas tanto da posição dos pontos quanto dos parâmetros de visualização. De modo geral, a reconstrução prossegue combinando pontos sobre pares de imagens, estendendo essas correspondências a grupos de imagens, chegando a uma solução aproximada para a geometria e os parâmetros de visualização e, em seguida, polindo essa solução. Polir significa

Bebê comendo um pedaço de comida em sua boca
(a)

Menino comendo um pedaço de bolo
(b)

Pequeno pássaro está pousado em um galho
(c)

Pequeno urso marrom está sentado na grama
(d)

Figura 25.19 Sistemas automatizados de legendagem de imagens produzem alguns resultados bons e algumas falhas. As duas legendas à esquerda descrevem bem as respectivas imagens, embora "comendo (...) em sua boca" seja uma disfluência bastante típica dos modelos de linguagem de rede neural recorrentes, usados pelos primeiros sistemas de legendagem. Para as duas legendas à direita, o sistema de legendagem parece não conhecer esquilos e, portanto, adivinha o animal a partir do contexto; também falha em reconhecer que os dois esquilos estão comendo. (Créditos das imagens: (a) iStockphoto/OcusFocus; (b) iStockphoto/mdmilliman; (c) iStockphoto/mkos83; (d) iStockphoto/Jan Rozehnal.) As imagens mostradas são semelhantes, mas não idênticas às imagens originais a partir das quais as legendas foram geradas. Para ver as imagens originais, ver Aneja et al. (2018).

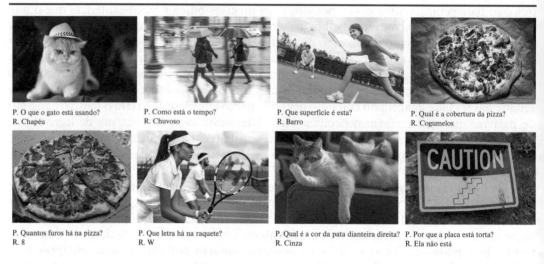

Figura 25.20 Sistemas de resposta automática a perguntas visuais produzem respostas (normalmente escolhidas em um conjunto de múltipla escolha) para perguntas em linguagem natural sobre imagens. **Acima**: o sistema está produzindo respostas bastante sensatas para perguntas bastante difíceis sobre a imagem. **Abaixo**: respostas menos satisfatórias. Por exemplo, o sistema está adivinhando o número de buracos em uma pizza, porque não entende o que conta como buraco e tem dificuldade real para contar. Da mesma forma, o sistema seleciona "cinza" para a pata do gato porque o fundo é cinza e não consegue localizar a pata corretamente. (Créditos das imagens: [Acima] iStockphoto/chendongshan; iStockphoto/Alexandros Michailidis; iStockphoto/SolisImages; iStockphoto/bohemia8; [Abaixo] Cortesia de Carla Nery; iStockphoto/dima_sidelnikov; iStockphoto/RobertPetrovic; iStockphoto/JulieJJ.) As imagens apresentadas são semelhantes, mas não idênticas às imagens originais às quais o sistema de perguntas e respostas foi aplicado. Para as imagens originais, ver Goyal *et al.* (2017). (Esta figura encontra-se reproduzida em cores no Encarte *online*.)

minimizar o erro entre os pontos previstos pelo modelo (de geometria e parâmetros de visualização) e os locais das características da imagem. Os procedimentos detalhados são muito complexos para serem totalmente explicados, mas agora são muito bem compreendidos e bastante confiáveis.

Todas as restrições geométricas sobre correspondências são conhecidas para qualquer forma de câmera concebivelmente útil. Os procedimentos podem ser generalizados para lidar com visões que não são ortográficas; para lidar com pontos que são observados em apenas algumas visões; para lidar com propriedades desconhecidas da câmera (como a distância focal); e para explorar várias buscas sofisticadas para correspondências apropriadas. É prático reconstruir com precisão um modelo de uma cidade inteira pelas imagens. Algumas aplicações são:

- **Construção de modelos**: por exemplo, pode-se construir um sistema de modelagem que toma uma sequência de vídeo e produz uma estrutura tridimensional, muito detalhada, entrelaçada de polígonos texturizados para utilização em aplicações de computação gráfica e de realidade virtual. É comum criar modelos como esse a partir do vídeo, mas esses modelos agora podem ser criados a partir de conjuntos de imagens aparentemente aleatórios. Por exemplo, você pode criar um modelo 3D da Estátua da Liberdade a partir de imagens encontradas na Internet.
- **Mistura de animação com atores reais em vídeos**: para colocar personagens de computação gráfica em vídeos reais, é preciso saber como a câmera se moveu para o vídeo real, para que se possa representar a personagem corretamente, mudando a visão, à medida que a câmera se move.
- **Reconstrução de caminho**: robôs móveis precisam saber onde eles estiveram. Se o robô tem uma câmera, pode-se criar um modelo do caminho da câmera pelo mundo; isso vai servir como uma representação do caminho do robô.
- **Gerenciamento de construção**: prédios são artefatos extremamente complicados, e acompanhar o que está acontecendo durante a construção é difícil e caro. Uma maneira de manter

o controle é lançar *drones* sobre o canteiro de obras uma vez por semana, filmando o estado atual. Em seguida, construa um modelo 3D do estado atual e explore a diferença entre os planos e a reconstrução usando técnicas de visualização. A Figura 25.21 ilustra essa aplicação.

25.7.4 Geometria de visualização única

As representações geométricas são particularmente úteis se você deseja se mover, uma vez que podem revelar onde você está, para onde você pode ir e em que provavelmente você irá se chocar. Mas nem sempre é conveniente usar várias visualizações para produzir um modelo geométrico. Por exemplo, quando você abre a porta e entra em uma sala, seus olhos estão muito próximos para recuperar uma boa representação da profundidade até os objetos distantes, do outro lado da sala. Você pode mover a cabeça para a frente e para trás, mas isso é demorado e inconveniente.

Uma alternativa é prever um **mapa de profundidade** – uma matriz que fornece a profundidade de cada *pixel* da imagem, nominalmente a partir da câmera – a partir de uma única imagem. Para vários tipos de cenas, isso é surpreendentemente fácil de fazer com precisão, porque o mapa de profundidade tem uma estrutura bastante simples. Isso serve particularmente para cômodos e cenas de interiores em geral. A mecânica é simples. Obtém-se um conjunto de dados de imagens e mapas de profundidade e, em seguida, uma rede é treinada para prever mapas de profundidade a partir das imagens. Diversas variações interessantes do problema podem ser resolvidas. O problema com um mapa de profundidade é que ele não diz nada sobre a parte de trás dos objetos ou o espaço atrás deles. Mas existem métodos que podem prever quais *voxels* (*pixels* 3D) são ocupados por objetos conhecidos (a geometria do objeto é conhecida) e como seria um mapa de profundidade se um objeto fosse removido (e, portanto, onde você poderia ocultar objetos). Esses métodos funcionam porque as formas dos objetos são muito estilizadas.

Mapa de profundidade

Como vimos na seção 25.6.4, é fácil recuperar a pose de um objeto conhecido usando um modelo 3D. Agora imagine que você vê uma única imagem de, digamos, um pardal. Se você já viu muitas imagens de pássaros parecidos com pardais no passado, pode reconstruir uma estimativa razoável da pose do pardal e de seu modelo geométrico a partir dessa única imagem.

Figura 25.21 Modelos 3D de canteiros de obras são produzidos a partir de imagens por algoritmos estéreo de estrutura a partir do movimento e multivisão. Eles ajudam as construtoras a coordenar o trabalho em grandes edifícios, comparando um modelo 3D da construção atual com os planos de construção. **Esquerda**: uma visualização de um modelo geométrico capturado por *drones*. Os pontos 3D reconstruídos são renderizados em cores, de modo que o resultado parece um progresso até o momento (observe a construção parcialmente concluída, com seu guindaste). As pequenas pirâmides mostram a pose de um *drone* ao capturar uma imagem, para permitir a visualização da trajetória de voo. **Direita**: esses sistemas são realmente usados por equipes de construção; estas veem o modelo do local da obra e o comparam com os planos de construção, como parte da reunião de coordenação. (Imagens por cortesia de Derek Hoiem, Mani Golparvar-Fard e Reconstruct, produzida por um sistema comercial descrito em uma postagem de *blog* em *medium.com/reconstruct-inc*.) (Esta figura encontra-se reproduzida em cores no Encarte *online*.)

Usando imagens anteriores, você constrói uma pequena família paramétrica de modelos geométricos para pássaros parecidos com pardais; então, um procedimento de otimização é usado para encontrar o melhor conjunto de parâmetros e pontos de vista para explicar a imagem que você vê. Esse argumento também funciona para fornecer textura para esse modelo, mesmo para as partes que você não pode ver (Figura 25.22).

25.7.5 Criação de imagens

Agora é comum inserir modelos de computação gráfica em fotografias de maneira convincente, como na Figura 25.23, em que uma estátua foi colocada na foto de um cômodo. Primeiro estime um mapa de profundidade e albedo para a imagem. Em seguida, estime a iluminação na imagem combinando-a com outras imagens com iluminação conhecida. Coloque o objeto no mapa de profundidade da imagem e renderize o mundo resultante com um programa de renderização física – uma ferramenta padrão em computação gráfica. Por fim, mescle a imagem modificada com a imagem original.

As redes neurais também podem ser treinadas para fazer **transformação de imagens**: mapear imagens do tipo X – por exemplo, uma imagem borrada; uma imagem aérea de uma cidade; ou o desenho de um novo produto – para imagens do tipo Y – por exemplo, uma versão desfocada da imagem; um mapa rodoviário; ou uma foto de produto. Isso é mais fácil quando os dados de treino consistem em pares (X,Y) de imagens – na Figura 25.24, cada par de exemplos tem uma imagem aérea e a seção do mapa rodoviário correspondente. A função de perda de treino compara a saída da rede com a saída desejada e tem um componente de perda de uma rede adversária geradora (RAG) que garante que a saída tenha os tipos certos de características para imagens do tipo Y. Como vemos na parte de teste da Figura 25.24, os sistemas desse tipo funcionam muito bem.

Às vezes, não temos imagens emparelhadas, mas temos uma grande coleção de imagens do tipo X (digamos, fotos de cavalos) e uma coleção separada do tipo Y (digamos, fotos de zebras). Imagine um artista encarregado de criar a imagem de uma zebra correndo em um campo.

Figura 25.22 Se você já viu muitas fotos de alguma categoria – digamos, pássaros (**parte superior**) –, você poderá usá-las para produzir uma reconstrução 3D a partir de uma única nova visualização (**parte inferior**). Você precisa ter certeza de que todos os objetos têm uma geometria bastante semelhante (uma imagem de um avestruz não vai ajudar em nada se você estiver olhando para um pardal), mas os métodos de classificação podem resolver isso. A partir das muitas imagens, você pode estimar como os valores de textura na imagem são distribuídos pelo objeto e, assim, completar a textura para partes do pássaro que você ainda não viu (**parte inferior**). (Imagens por cortesia de Angjoo Kanazawa, produzida por um sistema descrito em Kanazawa *et al.* [2018b]. Crédito da foto na parte superior: iStockphoto/satori13; crédito da foto na parte inferior esquerda: iStockphoto/Farinosa.)

Figura 25.23 À **esquerda**, a imagem de uma cena real. À **direita**, um objeto de computação gráfica foi inserido na cena. Você pode ver que a luz parece estar vindo da direção certa e que o objeto parece projetar sombras corretas. A imagem gerada é convincente, mesmo que haja pequenos erros de iluminação e sombras, porque as pessoas não são especialistas em identificar esses erros. (Imagens por cortesia de Kevin Karsch, produzida por um sistema descrito em Karsch *et al.* [2011].) (Esta figura encontra-se reproduzida em cores no Encarte *online*.)

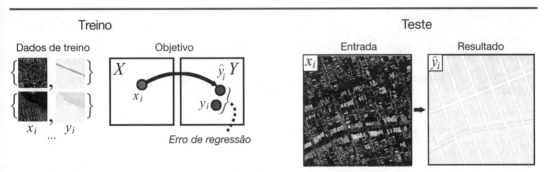

Figura 25.24 Tradução de imagens emparelhadas em que a entrada consiste em imagens aéreas e os blocos de mapa correspondentes, e o objetivo é treinar uma rede para produzir um bloco de mapa a partir de uma imagem aérea. (O sistema também pode aprender a gerar imagens aéreas a partir de blocos de mapa.) A rede é treinada comparando $\hat{y}_i$ (a saída para o exemplo x_i do tipo X) com a saída da direita y_i do tipo Y. Então, no momento do teste, a rede deve criar imagens do tipo Y a partir de novas entradas do tipo X. (Imagens por cortesia de Phillip Isola, Jun-Yan Zhu e Alexei A. Efros, produzidas por um sistema descrito em Isola *et al.* [2017]. Dados do mapa © 2019 Google.) (Esta figura encontra-se reproduzida em cores no Encarte *online*.)

O artista gostaria de poder selecionar apenas a imagem certa de um cavalo e, em seguida, fazer o computador transformar automaticamente o cavalo em uma zebra (Figura 25.25). Para conseguir isso, podemos treinar duas redes de transformação, com uma restrição adicional chamada "restrição de ciclo". A primeira rede mapeia cavalos para zebras; a segunda rede mapeia zebras para cavalos; e a restrição de ciclo requer que, ao mapear X a Y a X (ou Y a X a Y), você obtenha aquilo com que começou. Novamente, as funções de perda da RAG garantem que as imagens de cavalos (ou zebras) que as redes geram sejam "como" imagens reais de cavalos (ou zebras).

Outro efeito artístico é chamado **transferência de estilo**: a entrada consiste em duas imagens – o *conteúdo* (p. ex., a fotografia de um gato); e o *estilo* (p. ex., uma pintura abstrata). A saída é uma versão do gato renderizado no estilo abstrato (Figura 25.26). A ideia principal para resolver esse problema é que, se examinarmos uma rede neural convolucional (RNC) profunda, que foi treinada para fazer reconhecimento de objetos (digamos, no ImageNet), descobrimos que as camadas iniciais tendem a representar o estilo de uma imagem, e as camadas finais representam o conteúdo. Seja p a imagem de conteúdo e seja s a imagem de estilo,

Transferência de estilo

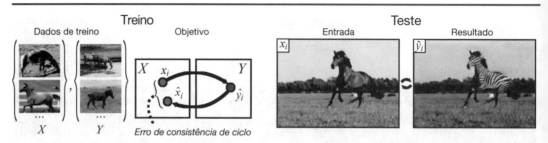

Figura 25.25 Tradução de imagem não pareada: dadas duas populações de imagens (aqui o tipo X é cavalos e o tipo Y é zebras), mas sem pares correspondentes, aprenda a traduzir um cavalo em uma zebra. O método treina dois preditores: um que mapeia o tipo X para o tipo Y e outro que mapeia o tipo Y para o tipo X. Se a primeira rede mapeia um cavalo x_i a uma zebra $\hat{y}_i$, a segunda rede deve mapear $\hat{y}_i$ de volta ao x_i original. A diferença entre x_i e $\hat{x}_i$ está naquilo que as duas redes treinam. O ciclo de Y a X e vice-versa deve ser fechado. Essas redes podem impor transformações ricas nas imagens, com sucesso. (Imagens por cortesia de Alexei A. Efros; ver Zhu *et al.* [2017]. Foto do cavalo correndo por iStockphoto/AsyaPozniak.)

Figura 25.26 Transferência de estilo: o *conteúdo* de uma foto de um gato é combinado com o *estilo* de uma pintura abstrata para produzir uma nova imagem do gato renderizada no estilo abstrato (direita). A pintura é *Lyrisches* ou *The Lyrical*, de Wassily Kandinsky (domínio público); o gato é Cosmo. (Esta figura encontra-se reproduzida em cores no Encarte *online*.)

e seja $E(x)$ o vetor de ativações de uma camada inicial na imagem x e $L(x)$ o vetor de ativações de uma camada final na imagem x. Queremos então gerar alguma imagem x que tenha conteúdo semelhante à foto da casa, ou seja, minimize $|L(x) - L(p)|$, e tenha também estilo semelhante à pintura impressionista, ou seja, minimize $|E(x) - E(s)|$. Usamos a descida pelo gradiente com uma função de perda que é uma combinação linear desses dois fatores para encontrar uma imagem x que minimiza a perda.

Deepfake

As redes adversárias geradoras (RAGs) podem criar imagens fotorrealistas, quase sempre enganando a maioria das pessoas. Um tipo de imagem é o **deepfake** – uma imagem ou vídeo que se parece com uma pessoa específica, mas é gerado a partir de um modelo. Por exemplo, quando Carrie Fisher tinha 60 anos, uma réplica gerada de seu rosto com 19 anos foi sobreposta ao corpo de outro ator para a produção de *Rogue One*. A indústria do cinema cria *deepfakes* cada vez melhores para fins artísticos, e os pesquisadores trabalham em contramedidas para detectar *deepfakes*, tentando mitigar os efeitos destrutivos das notícias falsas.

As imagens geradas também podem ser usadas para que a privacidade seja mantida. Por exemplo, existem conjuntos de dados de imagem em práticas radiológicas que seriam úteis para pesquisadores, mas não podem ser publicados por causa da confidencialidade do paciente. Modelos de imagens geradoras podem pegar um conjunto de dados privados de imagens e produzir um conjunto de dados sintéticos, que pode ser compartilhado com os pesquisadores. Esse conjunto de dados deve ser (a) como o conjunto de dados de treino; (b) diferente; e (c) controlável. Considere as radiografias de tórax. O conjunto de dados sintéticos deve ser como o conjunto de dados de treino, no sentido de que cada imagem individualmente enganaria um radiologista, e as frequências de cada efeito devem estar corretas, de modo que um radiologista não se surpreenda com a frequência (digamos) de pneumonia. O novo conjunto de dados deve ser diferente, no sentido de que não revela informações de identificação pessoal. O novo conjunto de dados deve ser controlável, de modo que as frequências dos efeitos possam ser ajustadas para refletir as comunidades de interesse. Por exemplo, as pneumonias são mais comuns em idosos do que em adultos jovens. Cada um desses objetivos é tecnicamente difícil de alcançar, mas foram criados conjuntos de dados de imagem que, às vezes, enganam os radiologistas em atividade (Figura 25.27).

25.7.6 Controle do movimento por meio da visão

Uma das principais aplicações da visão é fornecer informações tanto para a manipulação de objetos – pegá-los, segurá-los, girá-los, e assim por diante – como para a navegação enquanto se evitam obstáculos. A capacidade de usar a visão para esses fins está presente nos sistemas visuais mais primitivos dos animais. Em muitos casos, o sistema visual é mínimo, no sentido de que extrai do campo de luz disponível apenas a informação de que o animal precisa para informar o seu comportamento. Muito provavelmente, os sistemas de visão modernos evoluíram desde o início, organismos primitivos que usavam um ponto fotossensível em uma das extremidades para se orientar na direção da luz (ou para longe dela). Vimos, na seção 25.6, que as moscas utilizam um sistema de detecção de fluxo ótimo muito simples para pousar em paredes.

Suponha que, em vez de pousar em paredes, queremos construir um veículo autônomo. Esse é um projeto que coloca demandas muito maiores sobre o sistema perceptivo. A percepção em um carro autônomo precisa dar suporte às seguintes tarefas:

- **Controle lateral**: assegura que o veículo permaneça com segurança dentro de sua pista ou troca de pista suavemente, quando necessário.
- **Controle longitudinal**: garante que haja uma distância segura do veículo da frente.
- **Esquiva de obstáculos**: monitora veículos nas pistas vizinhas e está preparado para manobras evasivas. Detecta pedestres e permite que eles atravessem com segurança.
- **Obediência aos sinais de trânsito**: entre eles estão os semáforos, sinais de parada, de limite de velocidade e sinais manuais da polícia.

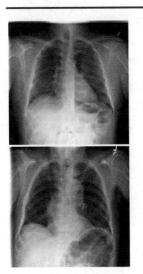
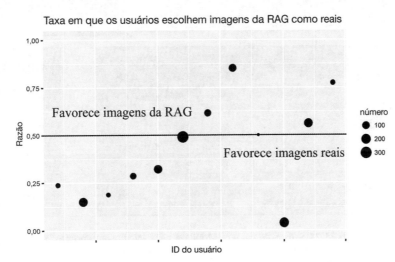

Figura 25.27 Imagens geradas por RAG de radiografias do pulmão. À esquerda, um par que consiste em uma radiografia real e outra gerada por uma RAG. À direita, os resultados de um teste pedindo aos radiologistas, que receberam um par de radiografias conforme visto à esquerda, para dizer qual é a radiografia real. Em média, eles escolheram corretamente em 61% das vezes, um pouco melhor do que o acaso. Mas, com a acurácia deles, isso foi diferente – o gráfico à direita mostra a taxa de erro para 12 radiologistas diferentes; um deles teve uma taxa de erro próxima a 0% e o outro teve 80% de erros. O tamanho de cada ponto indica o número de imagens que cada radiologista visualizou. (Imagens por cortesia de Alex Schwing, produzida por um sistema descrito em Deshpande *et al.* [2019].)

O problema para o motorista (humano ou computador) é gerar ações adequadas de direção, aceleração e frenagem para melhor realizar essas tarefas.

Para tomar boas decisões, o motorista deve construir um modelo do mundo e dos objetos nele contidos. A Figura 25.28 mostra algumas das inferências visuais que são necessárias para a criação desse modelo. Para o controle lateral, o motorista precisa manter uma representação da posição e orientação do carro em relação à pista. Para controle longitudinal, o motorista precisa manter uma distância segura do veículo à frente (que pode não ser fácil de identificar, digamos, em estradas curvas com várias faixas). Para evitar obstáculos e acompanhar os sinais de trânsito, é preciso que haja outras inferências.

As estradas foram projetadas para humanos que navegam usando a visão; portanto, em princípio, deveria ser possível dirigir usando apenas a visão. No entanto, na prática, os carros comerciais autônomos utilizam diversos sensores, incluindo câmeras, lidares, radares e microfones. Um lidar ou radar permite a medição direta da profundidade, que pode ser mais precisa do que os métodos somente de visão da seção 25.6. Ter vários sensores aumenta o desempenho em geral e é particularmente importante em condições de pouca visibilidade; por exemplo, o radar pode cortar a névoa que bloqueia câmeras e lidares. Microfones podem detectar veículos se aproximando (especialmente aqueles com sirenes) antes que eles se tornem visíveis.

Também houve muitas pesquisas sobre robôs móveis navegando em ambientes internos e externos. Existem muitos aplicativos, como para o último trecho da entrega de pacotes ou *pizzas*. As técnicas tradicionais dividem essa tarefa em dois estágios, conforme mostrado na Figura 25.29:

Figura 25.28 Sensor de câmera Mobileye para veículos autônomos. **Acima**: duas imagens de uma câmera frontal, tiradas com alguns segundos de intervalo. A área verde é o espaço livre – a área para a qual o veículo pode se mover fisicamente no futuro imediato. Os objetos são exibidos com caixas delimitadoras 3D definindo seus lados (vermelho para a parte traseira, azul para o lado direito, amarelo para o lado esquerdo e verde para a frente). Os objetos incluem veículos, pedestres, a borda interna das marcas de autopista (necessárias para o controle lateral), outras marcas pintadas na estrada e faixas de pedestres, sinais de trânsito e semáforos. Não são mostrados animais, postes e cones, calçadas, grades e objetos gerais (p. ex., um sofá que caiu da carroceria de um caminhão). Cada objeto é então marcado com uma posição 3D e velocidade. **Abaixo**: um modelo físico completo do ambiente, renderizado a partir dos objetos detectados. (As imagens mostram os resultados do sistema baseado apenas em visão do Mobileye.) (Imagens por cortesia da Mobileye.) (Esta figura encontra-se reproduzida em cores no Encarte *online*.)

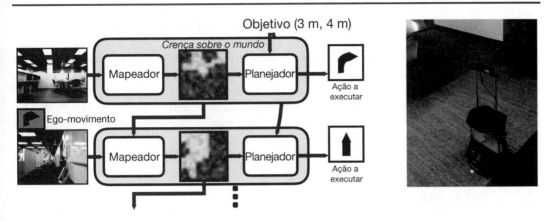

Figura 25.29 Navegação tratada pela decomposição em dois problemas: mapeamento e planejamento. A cada período de tempo sucessivo, as informações dos sensores são usadas para construir de forma incremental um modelo incerto do mundo. Esse modelo, em conjunto com a especificação do objetivo, é passado para um planejador, que produz a próxima ação que o robô deve realizar para atingir o objetivo. Os modelos do mundo podem ser puramente geométricos (como no SLAM clássico), ou semânticos (conforme obtidos por meio do aprendizado), ou mesmo topológicos (baseados em pontos de referência). O robô real aparece à direita. (Imagens por cortesia de Saurabh Gupta.) (Esta figura encontra-se reproduzida em cores no Encarte *online*.)

- **Construção de mapa**: localização e mapeamento simultâneos ou SLAM (ver seção 26.4.1) é a tarefa de construir um modelo 3D do mundo, incluindo a localização do robô no mundo (ou, mais especificamente, a localização de cada uma das câmeras do robô). Esse modelo (normalmente representado como uma nuvem de obstáculos) pode ser construído a partir de uma série de imagens de diferentes posições de câmera.
- **Planejamento de caminho**: uma vez que o robô tenha acesso a esse mapa 3D e possa localizar-se nele, o objetivo passa a ser o de encontrar uma trajetória livre de colisões da posição atual até o local de destino (ver seção 26.6).

Foram exploradas muitas variantes dessa abordagem geral. Por exemplo, na abordagem de mapeamento e planejamento cognitivos, os dois estágios de construção do mapa e planejamento do caminho são dois módulos em uma rede neural que é treinada ponta a ponta para minimizar uma função de perda. Esse sistema não precisa criar um mapa completo – o que geralmente é redundante e desnecessário – se tudo o que você precisa é de informações suficientes para navegar do ponto A ao ponto B sem colidir com obstáculos.

Resumo

Embora a percepção pareça ser uma atividade sem esforço para seres humanos, ela exige quantidade significativa de computação sofisticada. O objetivo da visão é extrair informações necessárias para tarefas como manipulação, navegação e reconhecimento de objetos.

- A geometria e a ótica da formação de imagens são bem compreendidas. Dada a descrição de uma cena 3D, podemos facilmente produzir uma imagem dela a partir de alguma posição arbitrária da câmera – esse é o problema da computação gráfica. O problema inverso, o problema da visão computacional – tirar uma foto e transformá-la em uma descrição 3D – é mais difícil.
- As representações das imagens capturam arestas, textura, fluxo óptico e regiões. Isso gera dicas sobre os limites dos objetos e a correspondência entre as imagens.
- Redes neurais convolucionais produzem classificadores de imagem precisos que usam características aprendidas. De modo geral, as características são padrões de padrões de padrões (...) É difícil prever quando esses classificadores funcionarão bem, porque os dados de teste

podem ser diferentes dos dados de treino em algum aspecto importante. A experiência ensina que eles costumam ser precisos o suficiente para serem usados na prática.

- Os classificadores de imagens podem ser transformados em detectores de objetos. Um classificador pontua as caixas em uma imagem conforme a objetidade; outro decide então se um objeto está na caixa e qual objeto ele é. Os métodos de detecção de objetos não são perfeitos, mas podem ser usados em uma grande variedade de aplicações.
- Com mais de uma visualização de uma cena, é possível recuperar a estrutura 3D da cena e a relação entre as visões. Em muitos casos, é possível recuperar a geometria 3D de uma única visão.
- Os métodos de visão computacional estão sendo muito aplicados.

Notas bibliográficas e históricas

Este capítulo se concentrou na visão, mas outros canais de percepção também foram estudados e usados na robótica. Para a percepção auditiva (escuta), já tratamos do reconhecimento de voz e há um trabalho considerável sobre percepção musical (Koelsch e Siebel, 2005) e aprendizado de máquina de música (Engel *et al.*, 2017), bem como sobre aprendizado de máquina para sons em geral (Sharan e Moir, 2016).

A percepção tátil ou toque (Luo *et al.*, 2017) é importante na robótica e é discutida no Capítulo 26. A percepção olfativa automatizada (cheiro) foi menos estudada, mas foi demonstrado que os modelos de aprendizado profundo podem aprender a prever cheiros com base na estrutura das moléculas (Sanchez-Lengeling *et al.*, 2019).

As tentativas sistemáticas de compreender a visão humana remontam a tempos antigos. Euclides (cerca de 300 a.C.) escreveu sobre a perspectiva natural – o mapeamento que associa a cada ponto P no mundo tridimensional, a direção do raio OP que une o centro da projeção O ao ponto P. Ele também estava consciente da noção de paralaxe de movimento. As pinturas romanas antigas, como as preservadas pela erupção do Vesúvio em 79 d.C., usavam uma perspectiva informal, com mais de uma linha do horizonte.

A compreensão matemática da projeção perspectiva, dessa vez no contexto da projeção sobre superfícies planas, teve outro avanço significativo no século XV, na Itália, à época do Renascimento. A Brunelleschi (1413) normalmente é creditada a criação das primeiras pinturas baseadas em projeção geometricamente correta de uma cena tridimensional. Em 1435, Alberti codificou as regras e inspirou gerações de artistas. Particularmente notáveis em seu desenvolvimento da ciência da perspectiva, como era conhecida na época, foram Leonardo da Vinci e Albrecht Dürer. As descrições do fim do século XV feitas por Leonardo sobre a interação entre luz e sombra (*chiaroscuro*), regiões de sombra e penumbra, e a perspectiva aérea ainda merecem ser lidas em sua tradução (Kemp, 1989).

Embora a perspectiva fosse conhecida pelos gregos, eles estavam curiosamente confusos com o papel dos olhos na visão. Aristóteles imaginou os olhos como dispositivos que emitiam raios, à maneira dos localizadores a *laser* modernos. Essa visão equivocada foi derrubada pelos trabalhos dos cientistas árabes, como Alhazen, no século X.

Seguiu-se o desenvolvimento de vários tipos de câmeras. Estas consistiam em salas (*camera* em latim significa "câmara") onde a luz poderia entrar por um pequeno orifício em uma parede para lançar uma imagem da cena externa na parede oposta. É claro que, em todas essas câmeras, a imagem estava invertida, o que causava grande confusão. Se o olho fosse considerado um dispositivo de formação de imagem desse tipo, como explicar o fato de não vermos imagens invertidas? Esse enigma exercitou as maiores mentes da época (inclusive Leonardo). Kepler e Descartes resolveram a questão. Descartes cirurgicamente removeu um olho de boi, do qual a cutícula opaca havia sido removida, e o colocou em um orifício na veneziana de uma janela. O resultado foi uma imagem invertida formada em um pedaço de papel colocado na retina. Mesmo com a imagem da retina realmente invertida, isso não causa problemas porque o cérebro interpreta a imagem da maneira certa. No jargão moderno, basta acessar a estrutura de dados de forma adequada.

Os próximos avanços importantes na compreensão da visão ocorreram no século XIX. O trabalho de Helmholtz e Wundt, descrito no Capítulo 1, estabeleceu a experimentação psicofísica como uma disciplina científica rigorosa. Por meio do trabalho de Young, Maxwell e Helmholtz, foi estabelecida uma teoria tricromática da visão em cores. O fato de que os humanos podem ver a profundidade se as imagens apresentadas aos olhos esquerdo e direito forem ligeiramente diferentes foi demonstrado pela invenção do estereoscópio de Wheatstone (1838). O dispositivo tornou-se imediatamente popular em salas de espera e salões de beleza em toda a Europa.

O conceito essencial de estereopsia binocular – que duas imagens de uma cena tiradas de pontos de vista ligeiramente diferentes carregam informações suficientes para obter uma reconstrução tridimensional da cena – foi explorado no campo da fotogrametria. Foram obtidos os principais resultados matemáticos; por exemplo, Kruppa (1913) provou que, dadas duas visões de cinco pontos distintos em uma cena, pode-se reconstruir a rotação e translação entre as duas posições da câmera, bem como a profundidade da cena (até um fator de escala).

Embora a geometria da estereopsia seja conhecida há muito tempo, o problema da correspondência na fotogrametria costumava ser resolvido por humanos por meio de tentativas de casamento de pontos correspondentes. A incrível habilidade das pessoas de resolver o problema da correspondência foi ilustrada pelos estereogramas de pontos aleatórios de Julesz (1971). O campo da visão computacional tem dedicado muito esforço para encontrar uma solução automática do problema da correspondência.

Na primeira metade do século XX, os resultados de pesquisa mais significativos na visão foram obtidos pela escola de psicologia Gestalt, liderada por Max Wertheimer. Apontou-se a importância da organização da percepção: para um observador humano, a imagem não é uma coleção de saídas fotorreceptoras pontilistas (*pixels*), mas é organizada em grupos coerentes. Pode-se traçar a motivação em visão computacional de retornar as regiões e curvas a esse discernimento. Os gestaltistas também chamaram a atenção para o fenômeno da "figura de fundo" – um contorno que separa duas regiões de imagem que, no mundo estão em profundidades diferentes, parecem pertencer apenas à região mais próxima, a "figura", e não à região mais longínqua, o "fundo".

O trabalho da Gestalt foi levado adiante por J. J. Gibson (1950, 1979), que assinalou a importância do fluxo óptico, bem como dos gradientes de textura na avaliação de variáveis de ambiente como inclinação e declividade de superfícies. Ele voltou a enfatizar a importância do estímulo e o quanto esse estímulo era rico. Gibson, Olum e Rosenblatt (1955) indicaram que o campo de fluxo óptico continha informações suficientes para determinar o movimento do observador em relação ao ambiente. Gibson particularmente enfatizou o papel do observador ativo cujo movimento autodirigido facilita a captação de informação sobre o ambiente externo.

A visão computacional foi fundada na década de 1960. A tese de Roberts (1963) no MIT sobre percepção de cubos e outros objetos do mundo em blocos foi uma das primeiras publicações no campo. Roberts introduziu diversas ideias importantes, como detecção de arestas e correspondência baseada em modelo.

Nas décadas de 1960 e 1970, o progresso era lento, prejudicado consideravelmente pela falta de recursos computacionais e de armazenamento. O nível baixo de processamento visual recebia muita atenção, com técnicas vindas de campos relacionados, como processamento de sinais, reconhecimento de padrões e agrupamento de dados.

A detecção de arestas era tratada como um primeiro passo essencial no processamento de imagens, e isso reduziu a quantidade de dados a serem processados. A técnica de Canny de detecção de arestas, muito utilizada, foi introduzida por John Canny (1986). Martin, Fowlkes e Malik (2004) mostraram como combinar diversas dicas, como brilho, textura e cor, em uma estrutura de aprendizado de máquina para encontrar curvas de contorno com mais facilidade.

O problema intimamente relacionado de encontrar regiões de brilho, cor e textura coerentes naturalmente presta-se a formulações em que encontrar a melhor partição torna-se um problema de otimização. Três exemplos principais foram a abordagem de Geman e Geman (1984), de Campos de Markov Aleatórios, a formulação variacional de Mumford e Shah (1989) e cortes normalizados por Shi e Malik (2000).

Durante grande parte das décadas de 1960, 1970 e 1980, havia dois paradigmas distintos em que o reconhecimento visual foi procurado, ditado por perspectivas diferentes sobre o que era percebido como sendo o problema principal. A pesquisa de visão computacional sobre o reconhecimento de objetos em grande parte focou questões decorrentes da projeção de objetos tridimensionais em imagens bidimensionais. A ideia de alinhamento, que também foi primeiro introduzida por Roberts, ressurgiu na década de 1980 no trabalho de Lowe (1987) e Huttenlocher e Ullman (1990).

Em contraste, a comunidade de reconhecimento de padrões via os aspectos do problema de 3D para 2D como não significativos. Seus exemplos motivadores eram em domínios como o reconhecimento óptico de caracteres e de código postal manuscrito, em que a principal preocupação era aprender as variações típicas características de uma classe de objetos e separá-los das outras classes. O uso de arquiteturas de redes neurais para análise de imagens foi iniciado com os estudos de Hubel e Wiesel (1962, 1968) do córtex visual em gatos e macacos. Esses estudiosos desenvolveram um modelo hierárquico do percurso visual com os neurônios nas áreas inferiores do cérebro (especialmente na área chamada "V1") respondendo a características como arestas e barras orientadas, e os neurônios nas áreas mais altas respondendo a estímulos mais específicos ("células avós" na versão de desenho animado).

Fukushima (1980) propôs uma arquitetura de rede neural para reconhecimento de padrões explicitamente motivada pela hierarquia de Hubel e Wiesel. Seu modelo apresentava camadas alternadas de células simples e células complexas, incorporando assim a redução da resolução, e apresentava invariância de translação, incorporando assim a estrutura convolucional. LeCun *et al.* (1989) deram o passo adicional de usar a retropropagação para treinar os pesos dessa rede, e dessa forma nasceram o que hoje chamamos de redes neurais convolucionais. Veja uma comparação de abordagens em LeCun *et al.* (1995).

A partir do fim dos anos 1990, acompanhando um papel muito maior da modelagem probabilística e do aprendizado de máquina estatística no campo da inteligência artificial em geral, houve uma convergência entre esses dois paradigmas. Duas linhas de trabalho contribuíram de forma significativa. Uma delas foi a pesquisa sobre detecção de rostos (Rowley *et al.*, 1998; Viola e Jones, 2004) que demonstrou o poder das técnicas de reconhecimento de padrões em tarefas claramente importantes e úteis.

Outra foi o desenvolvimento de descritores de pontos, que permitem construir vetores de características de partes de objetos (Schmid e Mohr, 1996). Há três estratégias-chave para criar um bom descritor de pontos locais: uma utiliza orientações para obter invariância de iluminação; outra precisa descrever a estrutura da imagem perto de um ponto de detalhe, e mais distante apenas aproximadamente; e outra precisa usar histogramas espaciais para suprimir variações causadas por pequenos erros na localização do ponto. O descritor SIFT, de Lowe (2004), explorou ideias de forma bastante eficaz; outra variante popular foi o descritor HOG devido a Dalal e Triggs (2005).

As décadas de 1990 e 2000 testemunharam um debate contínuo entre os devotos do projeto inteligente de características, como SIFT e HOG, e os aficionados por redes neurais, que acreditavam que boas características deveriam surgir automaticamente do treinamento de ponta a ponta. Esse debate pode ser resolvido por meio de *benchmarks* em conjuntos de dados padrão e, nos resultados dos anos 2000, em um conjunto de dados de detecção de objetos padrão, PASCAL VOC, que defendia características projetadas à mão. Isso mudou quando Krizhevsky *et al.* (2013) mostraram que, na tarefa de classificação de imagens no conjunto de dados ImageNet, sua rede neural (chamada "AlexNet") apresentava taxas de erro significativamente menores do que as técnicas convencionais de visão computacional.

Qual foi o ingrediente secreto por trás do sucesso do AlexNet? Além das inovações técnicas (como o uso de unidades de ativação ReLU), devemos dar muito crédito ao **big data** e **big computation**. Por *big data*, queremos dizer a disponibilidade de grandes conjuntos de dados com rótulos de categoria, como o ImageNet, que forneceu os dados de treinamento para essas redes grandes e profundas, com milhões de parâmetros. Conjuntos de dados anteriores, como Caltech-101 ou PASCAL VOC, não tinham dados de treino suficientes, e MNIST e CIFAR foram considerados "conjuntos de dados de brinquedo" pela comunidade de visão computacional. Essa vertente de conjuntos de dados de rotulagem para *benchmarking* e para extrair estatísticas de imagem em si foi possibilitada pelo desejo das pessoas de fazer *upload* de suas coleções de fotos para a Internet em *sites* como o Flickr. A forma como a *big computation* se mostrou mais útil foi por meio de GPUs, um desenvolvimento de *hardware* inicialmente impulsionado pelas necessidades da indústria de *videogames*.

Em 1 ou 2 anos, as evidências eram bastante claras. Por exemplo, o trabalho da rede neural convolucional baseada em região (RCNN), de Girshick *et al.* (2016), mostrou que a arquitetura AlexNet poderia ser modificada, fazendo uso de ideias de visão computacional, como propostas de região, para possibilitar o estado da arte na detecção de objetos no PASCAL VOC. Percebemos que geralmente as redes mais profundas funcionam melhor e que os medos de sobreajuste são exagerados. Temos novas técnicas, como a **normalização em lote**, para lidar com a regularização.

A reconstrução da estrutura tridimensional a partir de visões múltiplas tem suas raízes na literatura da fotogrametria. Na era da visão computacional, Ullman (1979) e Longuet-Higgins (1981) foram trabalhos anteriores influentes. As preocupações sobre a estabilidade da estrutura do movimento foram significativamente dissipadas pelo trabalho de Tomasi e Kanade (1992), que mostrou que, com o uso de vários quadros, a forma pode ser recuperada com bastante precisão.

Uma inovação conceitual introduzida na década de 1990 foi o estudo da estrutura projetiva a partir do movimento. Aqui a calibração da câmera não é necessária, como foi mostrado por Faugeras (1992). Essa descoberta está relacionada à introdução do uso de invariantes geométricos no reconhecimento de objetos, conforme pesquisado por Mundy e Zisserman (1992), e ao desenvolvimento da estrutura afim a partir do movimento, por Koenderink e Van Doorn (1991).

Na década de 1990, com grande aumento em velocidade e capacidade de armazenamento do computador e a grande disponibilidade do vídeo digital, a análise do movimento encontrou muitas aplicações novas. A construção de modelos geométricos de cenas do mundo real para execução por técnicas de computação gráfica provou ser particularmente popular, liderada pelos algoritmos de reconstrução, como o desenvolvido por Debevec *et al.* (1996). Os livros de Hartley e Zisserman (2000) e Faugeras *et al.* (2001) fornecem um tratamento abrangente da geometria de visões múltiplas.

Os seres humanos podem perceber a forma e o leiaute espacial a partir de uma única imagem, e a modelagem disso provou ser um grande desafio para os pesquisadores da visão computacional. A inferência da forma a partir do sombreamento foi inicialmente estudada por Berthold Horn (1970), e Horn e Brooks (1989) apresentam uma pesquisa extensiva das principais teses de um período em que esse era um problema muito estudado. Gibson (1950) foi o primeiro a propor gradientes de textura como uma dica para dar forma. A matemática dos contornos de oclusão e a compreensão de forma mais geral dos acontecimentos visuais na projeção de objetos de curva suave devem muito ao trabalho de Koenderink e Van Doorn, que encontrou um tratamento extenso na *Solid Shape* de Koenderink (1990).

Mais recentemente, a atenção voltou-se para tratar o problema da recuperação da forma e superfície a partir de uma única imagem como um problema de inferência probabilística, em que sinais geométricos não são modelados explicitamente, mas utilizados implicitamente em uma estrutura de aprendizagem. Um bom representante é o trabalho de Hoiem *et al.* (2007), que recentemente foi revisado com o uso de redes neurais profundas.

Passando agora para aplicações da visão computacional para orientar a ação, Dickmanns e Zapp (1987) demonstraram pela primeira vez um carro que se dirige sozinho em rodovias em altas velocidades. Pomerleau (1993) obteve desempenho semelhante usando uma abordagem de rede neural. Hoje, construir carros autônomos é um grande negócio, com empresas automobilísticas estabelecidas competindo com novos concorrentes, como Baidu, Cruise, Didi, Google Waymo, Lyft, Mobileye, Nuro, Nvidia, Samsung, Tata, Tesla, Uber e Voyage para comercializar sistemas que fornecem recursos que vão desde assistência ao motorista até total autonomia.

Para o leitor interessado na visão humana, *Vision Science: Photons to Phenomenology*, de Stephen Palmer (1999), oferece o tratamento mais abrangente; *Visual Perception: Physiology, Psychology and Ecology*, de Vicki Bruce, Patrick Green e Mark Georgeson (2003), é um livro mais curto. Os livros *Eye, Brain and Vision*, de David Hubel (1988), e *Perception*, de Irvin Rock (1984), são introduções amigáveis centralizadas em neurofisiologia e percepção, respectivamente. O livro *Vision*, de David Marr (Marr, 1982), desempenhou um papel histórico na conexão da visão computacional às áreas tradicionais da visão biológica – psicofísica e neurobiologia. Enquanto muitos de seus modelos específicos para tarefas como detecção de arestas e reconhecimento de objetos não resistiram ao teste do tempo, a perspectiva teórica a partir da qual cada tarefa é analisada em nível informativo, computacional e de implementação ainda é esclarecedora.

Para o campo da visão computacional, hoje os livros mais abrangentes são *Computer Vision*: *A Modern Approach* (Forsyth e Ponce, 2002) e *Computer Vision*: *Algorithms and Applications* (Szeliski, 2011). Problemas geométricos em visão computacional são tratados em profundidade em *Multiple View Geometry in Computer Vision* (Hartley e Zisserman, 2000). Esses livros foram escritos antes da revolução do aprendizado profundo, de modo que, para conhecer os resultados mais recentes, consulte a literatura principal.

Duas das principais revistas no campo de visão computacional são IEEE *Transactions on Pattern Analysis and Machine Intelligence* e *International Journal of Computer Vision*. As conferências sobre visão computacional incluem ICCV (International Conference on Computer Vision), CVPR (Computer Vision and Pattern Recognition) e ECCV (European Conference on Computer Vision). Pesquisas com componentes relevantes de aprendizado de máquina também são publicadas na NeurIPS (Neural Information Processing Systems), e trabalhos na interface com computação gráfica frequentemente aparece na conferência ACM SIGGRAPH (Special Interest Group in Graphics). Muitos artigos relacionados à visão aparecem em *preprints* no repositório arXiv, e os relatórios preliminares de novos resultados aparecem em *blogs* dos principais laboratórios de pesquisa.

CAPÍTULO 26

ROBÓTICA

Neste capítulo, os agentes são dotados de sensores e efetuadores físicos com os quais podem se movimentar e atuar no mundo real.

26.1 Robôs

Os **robôs** são agentes físicos que executam tarefas manipulando o mundo físico. Para isso, eles são equipados com **efetuadores** como pernas, rodas, articulações e garras. Os efetuadores são projetados para exercer forças físicas sobre o ambiente. Quando eles fazem isso, algumas coisas podem acontecer: o estado do robô pode mudar (p. ex., um carro gira suas rodas e prossegue na estrada como resultado), o estado do ambiente pode mudar (p. ex., um braço de robô usa sua garra para empurrar uma caneca sobre o balcão) e até mesmo o estado das pessoas ao redor do robô pode mudar (p. ex., um exoesqueleto se move e isso muda a configuração da perna de uma pessoa; ou um robô móvel se encaminha em direção às portas do elevador, e uma pessoa percebe e é gentil o suficiente para sair do caminho, ou até mesmo apertar o botão para o robô).

Os robôs também estão equipados com **sensores**, que lhes permitem perceber seu ambiente. A robótica atual emprega um conjunto diversificado de sensores, inclusive câmeras, radares, *lasers* e microfones para medir o estado do ambiente e as pessoas ao seu redor, além de giroscópios e acelerômetros para medir o estado do próprio robô.

Maximizar a utilidade esperada para um robô significa escolher a precisão com que seus efetuadores exercem as forças físicas *corretas* – aquelas que causarão mudanças no estado que acumula o máximo de recompensa esperada possível. Em última análise, os robôs estão tentando realizar alguma tarefa no mundo físico.

Os robôs operam em ambientes parcialmente observáveis e estocásticos: câmeras não podem enxergar o que está além das quinas, e engrenagens podem deslizar. Além do mais, as pessoas que atuam nesse mesmo ambiente são imprevisíveis, de modo que o robô precisa fazer previsões sobre elas.

Os robôs normalmente modelam seu ambiente com um espaço de estados contínuo (a posição do robô tem coordenadas contínuas) e um espaço de ação contínuo (a quantidade de corrente que um robô envia para o seu motor também é medida em unidades contínuas). Alguns robôs operam em espaços com muitas dimensões: carros autônomos precisam saber a posição, orientação e velocidade deles mesmos e dos agentes próximos; os braços de um robô têm seis ou sete articulações que podem ser movimentadas independentemente; e robôs que imitam o corpo humano têm centenas de articulações.

O aprendizado robótico é restrito porque o mundo real teimosamente recusa-se a operar mais rapidamente do que o tempo real. Em um ambiente simulado, é possível utilizar algoritmos de aprendizagem (como o algoritmo Q-learning descrito no Capítulo 22) para aprender, em algumas horas, por meio de milhões de tentativas. Em um ambiente real, essas tentativas podem levar anos, e o robô não pode arriscar (e, portanto, não pode aprender) uma tentativa que poderia causar dano. Assim, a transferência do que foi aprendido em simulação para um robô real no mundo real – o problema do **sim-to-real** (do simulado para o real) – é uma área de pesquisa ativa. Sistemas de robótica práticos precisam incorporar o conhecimento prévio sobre o robô, o ambiente físico e as tarefas a serem realizadas, de modo que o robô possa aprender rapidamente e atuar com segurança.

A robótica reúne muitos dos conceitos que vimos neste livro, incluindo estimativa de estado probabilística, percepção, planejamento, aprendizado não supervisionado, aprendizado por reforço e teoria dos jogos. Para alguns desses conceitos, a robótica serve como um exemplo de aplicação desafiador. Para outros conceitos, este capítulo inova, por exemplo, ao introduzir a versão contínua de técnicas que vimos anteriormente apenas no caso discreto.

26.2 *Hardware* de robô

Até agora neste livro, assumimos como dada a arquitetura do agente – sensores, efetuadores e processadores – e nos concentramos no programa do agente. Mas o sucesso dos robôs reais também depende bastante do projeto de sensores e efetuadores apropriados para a tarefa.

26.2.1 Tipos de robôs do ponto de vista do *hardware*

Quando pensamos em um robô, podemos imaginar algo com uma cabeça e dois braços, movimentando-se sobre pernas ou rodas. Esses **robôs antropomórficos** foram popularizados na ficção em filmes como *O Exterminador do Futuro* e no desenho animado de *Os Jetsons*. Mas os robôs reais podem ter muitas formas e tamanhos.

Os **manipuladores** são apenas braços robóticos. Não necessariamente precisam estar ligados a um corpo de robô; eles poderiam simplesmente estar aparafusados em uma mesa ou no piso, como acontece nas fábricas (Figura 26.1[a]). Alguns têm grande capacidade de carga, como aqueles que montam carros, enquanto outros, como os braços montáveis em cadeiras de roda que ajudam as pessoas com dificuldades motoras (Figura 26.1[b]), podem carregar menos, mas são mais seguros em ambientes humanos.

Robôs móveis são aqueles que usam rodas, pernas ou rotores para se movimentar pelo ambiente. **Drones quadricópteros** são um tipo de **veículo aéreo não tripulado** (**VANT**); **veículos autônomos subaquáticos** (**VAS**) são usados para exploração nos oceanos. Mas muitos robôs móveis são internos e se movem sobre rodas, como um aspirador de pó ou um robô para entrega de toalhas em um hotel. Seus correspondentes externos incluem os **carros autônomos** ou *rovers* que exploram novos ambientes, até mesmo na superfície de Marte (Figura 26.2). Por fim, **robôs com pernas** têm como finalidade atravessar terrenos acidentados, que são inacessíveis com rodas. A desvantagem é que o controle das pernas para fazer a coisa certa é mais desafiador do que rodas giratórias.

Outros tipos de robôs incluem próteses, exoesqueletos, robôs com asas, enxames e ambientes inteligentes, em que o robô é a sala inteira.

26.2.2 Percepção do mundo

Os sensores são a interface perceptiva entre robôs e seus ambientes. Os **sensores passivos**, como câmeras, são verdadeiros observadores do ambiente: eles captam sinais gerados por outras fontes no ambiente. Os **sensores ativos**, como o sonar, enviam energia ao ambiente.

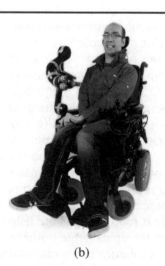

(a) (b)

Figura 26.1 (a) Braço robótico industrial com um efetuador personalizado. (Crédito da imagem: iStockphoto/wellphoto.) (b) Braço Kinova® JACO® Assistive Robot montado em uma cadeira de rodas. Kinova e JACO são marcas registradas da Kinova, Inc.

(a) (b)

Figura 26.2 (a) *Rover* Curiosity da NASA tirando uma *selfie* em Marte. (Imagem por cortesia da NASA.) (b) Um *drone* Skydio acompanhando uma família em um passeio de bicicleta. (Imagem por cortesia da Skydio.) (Esta figura encontra-se reproduzida em cores no Encarte *online*.)

Eles contam com o fato de que essa energia é refletida de volta para o sensor. Os sensores ativos tendem a fornecer mais informações que os sensores passivos, mas ao custo de maior consumo de energia e com perigo de interferência quando vários sensores ativos são usados ao mesmo tempo. Também distinguimos se um sensor está direcionado para sentir o ambiente, a localização do robô, ou a configuração interna do robô.

Os **telêmetros** são sensores que medem a distância até objetos próximos. **Sonares** são telêmetros ativos que emitem ondas sonoras direcionais, que são refletidas por objetos, com uma parte do som voltando ao sensor. Desse modo, o tempo e a intensidade desse sinal de retorno transmitem informações sobre a distância até objetos próximos. O sonar é a tecnologia de escolha para veículos subaquáticos autônomos, e era popular nos primeiros dias da robótica de ambientes fechados. A **visão estérea** (ver seção 25.6) baseia-se em múltiplas câmeras para retratar o ambiente sob pontos de vista ligeiramente diferentes, analisando a paralaxe resultante dessas imagens para calcular a amplitude dos objetos que rodeiam.

Para robôs móveis terrestres, o sonar e a visão estéreo são utilizados agora raramente porque não apresentam precisão confiável. Kinect é um sensor de baixo custo popular, que combina uma câmera e um projetor de **luz estruturada**, que projeta um padrão de linhas de grade em uma cena. A câmera vê como as linhas de grade se encurvam, dando ao robô informações sobre a forma dos objetos na cena. Se for desejado, a projeção pode ser de luz infravermelha, para não interferir com outros sensores (como o olho humano).

Agora, a maioria dos robôs terrestres está equipada com telêmetros ópticos. Como sensores de sonar, sensores de alcance óptico emitem sinais ativos (luz) e medem o tempo até que um reflexo desse sinal retorne ao sensor. A Figura 26.3(a) mostra uma **câmera de tempo de voo**. Essa câmera adquire amplitude de imagem, como mostrado na Figura 26.3(b), em até 60 quadros por segundo. Carros autônomos quase sempre utilizam *lidares* (do inglês *light detection and ranging*) de varredura – sensores ativos que emitem raios *laser* e recebem o raio refletido, oferecendo medições de distância precisas até dentro de um centímetro a um alcance de 100 metros. Eles utilizam arranjos complexos de espelhos e elementos rotativos para varrer o raio no ambiente e construir um mapa. *Lidares* tendem a fornecer maior alcance que as câmeras de tempo de voo e a ter desempenho melhor na luz do dia.

O **radar** normalmente é o sensor de escolha para veículos aéreos (autônomos ou não). Os sensores de radar podem medir distâncias de vários quilômetros, e têm uma vantagem em relação aos sensores ópticos porque podem ver através de nevoeiros. No outro extremo dos sensores de alcance estão os **sensores táteis**, como *whiskers*, detector de choque e pele sensível

Figura 26.3 (a) Câmera do tempo de voo. (Imagem cedida pela Mesa Imaging GmbH.) (b) Amplitude da imagem em 3D obtida com essa câmera. A amplitude da imagem torna possível detectar obstáculos e objetos nas imediações de um robô. (Imagem por cortesia da Willow Garage, LLC.)

ao toque. Esses sensores medem a amplitude baseados em contato físico e podem ser empregados apenas para detecção de objetos muito próximos ao robô.

Uma segunda classe importante de sensores são os **sensores de localização**. A maioria deles utiliza sensores de distância como componente principal para determinar a localização. Ao ar livre, o **sistema de posicionamento global** (GPS) é a solução mais comum para o problema de localização. O GPS mede a distância até satélites que emitem sinais pulsados. Atualmente, existem 31 satélites de GPS operacionais em órbita, e 24 satélites GLONASS, a contraparte russa. Os receptores de GPS podem recuperar a distância até esses satélites por meio da análise de mudanças de fase. Por triangulação de sinais de vários satélites, os receptores de GPS podem determinar sua localização absoluta na Terra em poucos metros. O **GPS diferencial** envolve um segundo receptor no solo com localização conhecida, proporcionando precisão milimétrica em condições ideais.

Infelizmente, o GPS não funciona em ambientes internos ou debaixo d'água. A localização no interior de edifícios, muitas vezes, é alcançada anexando balizas no ambiente em locais conhecidos. Muitos ambientes internos são repletos de estações de base para transmissão sem fio, que podem ajudar os robôs a localizarem-se pela análise do sinal aéreo. Sob a água, as balizas sonares ativas podem fornecer o sentido de localização, utilizando o som para informar AUV de suas distâncias relativas até essas balizas.

A terceira classe importante é a dos **sensores proprioceptivos**, que informam ao robô seu próprio movimento. Para medir a configuração exata de uma articulação robótica, os motores frequentemente são equipados com **decodificadores de eixo** que medem com precisão o movimento angular de um eixo. Em braços de robôs, os decodificadores de eixo ajudam a rastrear a posição das articulações. Em robôs móveis, os decodificadores de eixo informam as revoluções das rodas, que podem ser usados para a **odometria** – a medição da distância percorrida. Infelizmente, as rodas tendem a travar e patinar e, portanto, a odometria só é exata quando se consideram distâncias curtas. Forças externas, como as correntes de vento e do oceano, aumentam a incerteza posicional. Os **sensores inerciais**, como os giroscópios, reduzem a incerteza aproveitando-se da resistência da massa à mudança de velocidade.

Outros aspectos importantes do estado do robô são medidos pelos **sensores de força** e pelos **sensores de torque**. Esses sensores são indispensáveis quando os robôs manipulam objetos frágeis ou objetos cuja forma e posição exatas são desconhecidas. Imagine um manipulador robótico de uma tonelada trocando uma lâmpada incandescente. Seria muito fácil aplicar uma força excessiva e quebrar a lâmpada. Os sensores de força permitem ao robô perceber a dificuldade para agarrar a lâmpada, e os sensores de torque permitem que ele detecte a dificuldade de girá-la. Os bons sensores podem medir forças em três direções de translação e em três direções de rotação. Eles fazem isso em uma frequência de várias centenas de vezes por

Capítulo 26 • Robótica   843

segundo, para que um robô possa detectar rapidamente forças inesperadas e corrigir suas ações antes de quebrar uma lâmpada. No entanto, pode ser um desafio equipar um robô com sensores de ponta e o poder de computação para monitorá-los.

26.2.3 Produção de movimento

O mecanismo que inicia o movimento de um efetuador é chamado **atuador**; alguns exemplos incluem transmissões, engrenagens, cabos e acoplamentos. O tipo mais comum de atuador é o **atuador elétrico**, que usa eletricidade para girar um motor. Eles são usados predominantemente em sistemas que precisam de movimento rotativo, como articulações em um braço robótico. **Atuadores hidráulicos** usam fluido hidráulico pressurizado (como óleo ou água) e **atuadores pneumáticos** usam ar comprimido para gerar movimento mecânico.

Atuadores são muito usados para mover articulações, que conectam corpos rígidos (conexões). Braços e pernas têm articulações desse tipo. Nas **articulações de revolução**, uma conexão gira em relação à outra. Nas **articulações prismáticas**, uma conexão desliza ao longo da outra. Essas são articulações de eixo único (um eixo de movimento). Outros tipos de articulações incluem as esféricas, cilíndricas e planares, que são articulações de múltiplos eixos.

Para interagir com objetos no ambiente, os robôs usam garras. O tipo mais básico de garra é a **garra paralela**, com dois dedos e um único atuador que move os dedos juntos para agarrar objetos. Esse efetuador é amado e odiado por sua simplicidade. As garras de três dedos oferecem um pouco mais de flexibilidade, mantendo a simplicidade. Na outra extremidade do espectro estão as mãos humanoides (antropomórficas). Por exemplo, a Shadow Dexterous Hand tem um total de 20 atuadores. Isso oferece muito mais flexibilidade para manipulação complexa, incluindo manipulação de objetos na garra (pense em pegar seu telefone celular e girá-lo para orientá-lo com o lado direito para cima), mas essa flexibilidade tem um preço – aprender a controlar essas garras complexas é bem mais desafiador.

Atuador

Atuador hidráulico

Atuador pneumático

Articulação de revolução

Articulação prismática

Garra paralela

26.3 Problemas que a robótica resolve

Agora que sabemos o que pode constituir o *hardware* do robô, estamos prontos para considerar o *software* do agente que conduz o *hardware* para alcançar nossos objetivos. Primeiro precisamos decidir a estrutura computacional para esse agente. Já falamos sobre busca em ambientes determinísticos, MDP para ambientes estocásticos, mas totalmente observáveis, POMDP para observabilidade parcial e jogos para situações em que o agente não está agindo isoladamente. Dada uma estrutura computacional, precisamos instanciar seus ingredientes: funções de recompensa ou utilidade, estados, ações, espaços de observação etc.

Já observamos que os problemas de robótica são não determinísticos, parcialmente observáveis e multiagentes. Usando as noções da teoria dos jogos do Capítulo 18, podemos ver que às vezes os agentes são cooperativos e às vezes são competitivos. Em um corredor estreito onde apenas um agente pode ir primeiro, um robô e uma pessoa colaboram porque ambos querem ter certeza de que não se esbarram. Mas, em alguns casos, eles podem competir um pouco para chegar ao destino rapidamente. Se o robô for muito educado e sempre abrir espaço, ele pode ficar preso em situações de superlotação e nunca atingir seu objetivo.

Portanto, quando os robôs atuam isoladamente e conhecem seu ambiente, o problema que estão resolvendo pode ser formulado como um MDP; quando faltam informações, torna-se um POMDP; e quando eles agem em torno de pessoas, muitas vezes pode ser formulado como um jogo.

Qual é a função de recompensa do robô nessa formulação? Normalmente, o robô está agindo a serviço de um ser humano – por exemplo, entregando uma refeição a um paciente de hospital para recompensa do paciente, não para si mesmo. Para a maioria das configurações de robótica, mesmo que os projetistas de robôs tentem especificar uma função de recompensa substituta boa o suficiente, a verdadeira função de recompensa está com o usuário a quem o robô deve ajudar. O robô precisará decifrar os desejos do usuário ou dependerá de um engenheiro para especificar uma aproximação dos desejos do usuário.

844 Inteligência Artificial

Quanto aos espaços de ação, estado e observação do robô, a forma mais geral é que as observações sejam entradas brutas dos sensores (p. ex., as imagens vindas de câmeras ou respostas dos *lasers* vindos do lidar); ações são correntes elétricas brutas enviadas aos motores; e estado é o que o robô precisa saber para sua tomada de decisão. Isso significa que há uma grande lacuna entre as percepções de baixo nível e os controles motores, e os planos de alto nível que o robô precisa fazer. Para preencher a lacuna, os roboticistas desacoplam aspectos do problema para simplificá-lo.

Por exemplo, sabemos que quando resolvemos POMDP corretamente, percepção e ação interagem: a percepção informa quais ações fazem sentido, mas a ação também informa a percepção, com os agentes realizando ações para coletar informações quando essas informações têm valor em intervalos de tempo posteriores. No entanto, os robôs muitas vezes separam a percepção da ação, consumindo os resultados da percepção e fingindo que não obterão mais informações no futuro. Além disso, o planejamento hierárquico é necessário, porque uma meta de alto nível como "chegar ao refeitório" está muito longe de um comando motor como "girar o eixo principal em 1 grau".

Planejamento de tarefas

Na robótica, uma hierarquia de três níveis costuma ser utilizada. O nível de **planejamento de tarefas** decide um plano ou política para ações de alto nível, às vezes chamadas "ações primárias" ou "submetas": mover-se até a porta, abri-la, ir para o elevador, pressionar o botão etc. Em seguida, o **planejamento de movimento** é responsável por encontrar um caminho que leva o robô de um ponto a outro, alcançando cada submeta. Finalmente, o **controle** é usado para alcançar o movimento planejado utilizando os atuadores do robô. Uma vez que o nível de planejamento da tarefa é normalmente definido sobre estados e ações discretas, neste capítulo vamos nos concentrar principalmente no planejamento de movimento e no controle.

Controle

Aprendizagem de preferências
Previsão de pessoas

Separadamente, a **aprendizagem de preferências** é responsável por estimar o objetivo de um usuário final, e a **previsão de pessoas** é usada para prever as ações de outras pessoas no ambiente do robô. Todos esses se combinam para determinar o comportamento do robô.

Sempre que dividimos um problema em partes separadas, reduzimos a complexidade, mas desistimos de oportunidades para que as partes ajudem umas às outras. A ação pode ajudar a melhorar a percepção e determinar que tipo de percepção é útil. Da mesma forma, as decisões no nível de movimento podem não ser as melhores quando se leva em conta como o movimento será rastreado; ou as decisões no nível da tarefa podem tornar o plano de tarefas não instanciável no nível do movimento. Assim, com o progresso nessas áreas separadas, vem o impulso para reintegrá-las: fazer planejamento e controle de movimento juntos, fazer planejamento de tarefa e movimento juntos e reintegrar percepção, previsão e ação – fechando a malha de retorno. A robótica hoje significa um progresso contínuo em cada área, ao mesmo tempo que se baseia nesse progresso para alcançar uma integração melhor.

26.4 Percepção robótica

Percepção é o processo pelo qual os robôs mapeiam medições de sensores em representações internas do ambiente. Grande parte dela usa as técnicas de visão computacional do capítulo anterior. Mas a percepção da robótica deve lidar com sensores adicionais, como lidares e sensores táteis.

A percepção é difícil porque, em geral, os sensores são ruidosos e o ambiente é parcialmente observável, imprevisível e frequentemente dinâmico. Em outras palavras, os robôs têm todos os problemas de **estimativa de estados** (ou **filtragem**) que discutimos na seção 14.2. Como regra prática, as boas representações internas para os robôs têm três propriedades:

1. Elas contêm informações suficientes para o robô tomar decisões corretas.
2. Elas são estruturadas de tal modo que possam ser atualizadas com eficiência.
3. Elas são naturais, no sentido de que as variáveis internas correspondem a variáveis de estados naturais no mundo físico.

No Capítulo 14, vimos que os filtros de Kalman, os HMM e as redes bayesianas dinâmicas podem representar os modelos de transição e de sensores de um ambiente parcialmente observável, e descrevemos algoritmos exatos e aproximados para atualizar o **estado de crença**

– a distribuição de probabilidades *a posteriori* sobre as variáveis de estados do ambiente. Diversos modelos de redes bayesianas dinâmicas para esse processo foram mostrados no Capítulo 14. Para problemas de robótica, normalmente incluímos as ações passadas do próprio robô como variáveis observadas no modelo. A Figura 26.4 mostra a notação usada neste capítulo: X_t é o estado do ambiente (incluindo o robô) no instante t, Z_t é a observação recebida no instante t, e A_t é a ação executada depois que a observação é recebida.

Gostaríamos de calcular o novo estado de crença, $P(X_{t+1} \mid z_{1:t+1}, a_{1:t})$, a partir do estado de crença atual $P(X_t \mid z_{1:t}, a_{1:t-1})$ e da nova observação z_{t+1}. Fizemos isso na seção 14.2, mas aqui há duas diferenças: definimos as condições explicitamente sobre as ações como também sobre as observações, e agora temos de lidar com variáveis *contínuas*, e não com variáveis *discretas*. Desse modo, modificamos a equação de filtragem recursiva (seção 14.5) para usar a integração em lugar do somatório:

$$\mathbf{P}(\mathbf{X}_{t+1} \mid \mathbf{z}_{1:t+1}, a_{1:t})$$
$$= \alpha \mathbf{P}(\mathbf{z}_{t+1} \mid \mathbf{X}_{t+1}) \int \mathbf{P}(\mathbf{X}_{t+1} \mid \mathbf{x}_t, a_t)\, P(\mathbf{x}_t \mid \mathbf{z}_{1:t}, a_{1:t-1})\, d\mathbf{x}_t. \qquad (26.1)$$

Essa equação afirma que a distribuição *a posteriori* sobre as variáveis de estados **X** no instante $t + 1$ é calculada recursivamente a partir da estimativa correspondente em um intervalo de tempo anterior. Esse cálculo envolve a ação anterior a_t e a medição atual do sensor z_{t+1}. Por exemplo, se nosso objetivo é desenvolver um robô para jogar futebol, X_{t+1} pode ser a posição da bola de futebol em relação ao robô. A distribuição *a posteriori* $P(X_t \mid z_{1:t}, a_{1:t-1})$ é uma distribuição de probabilidades sobre todos os estados, que capta o que sabemos das medições de sensores e de controles passados. A Equação 26.1 nos diz como avaliar recursivamente essa posição reunindo de forma incremental medições de sensores (p. ex., imagens de câmeras) e comandos de movimentação do robô. A probabilidade $P(X_{t+1} \mid x_t, a_t)$ é chamada **modelo de transição** ou **modelo de movimento**, e $P(z_{t+1} \mid X_{t+1})$ se denomina **modelo dos sensores**.

Modelo de movimento

26.4.1 Localização e mapeamento

Localização é o problema de descobrir onde as coisas estão – incluindo o próprio robô. Para manter a simplicidade, vamos considerar um robô móvel que se movimenta vagarosamente em um mundo bidimensional plano. Vamos também assumir que o robô recebeu um mapa exato do ambiente. (Um exemplo de tal mapa aparece na Figura 26.7.) A pose de um robô móvel desse tipo é definida por suas duas coordenadas cartesianas com valores x e y, e sua orientação é definida pelo valor θ, como ilustra a Figura 26.5(a). Se organizarmos esses três valores em um vetor, qualquer estado específico será dado por $X_t = (x_t, y_t, \theta_t)^T$. Até aí, tudo bem.

Localização

No modelo aproximado de cinemática, cada ação consiste na especificação "instantânea" de duas velocidades – uma velocidade de translação v_t e uma velocidade de rotação ω_t. Para pequenos intervalos de tempo Δt, um modelo determinístico grosseiro do movimento desses robôs é dado por:

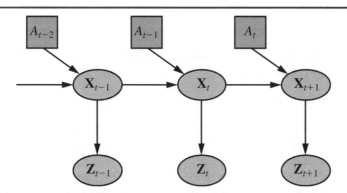

Figura 26.4 Percepção de robôs pode ser vista como inferência temporal a partir de sequências de ações e medições, como ilustra essa rede bayesiana dinâmica.

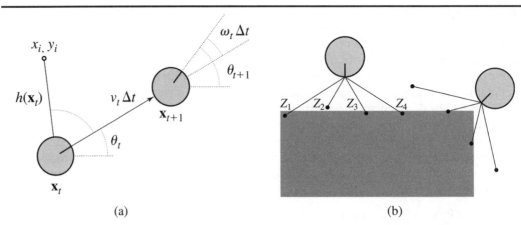

Figura 26.5 (a) Modelo cinemático simplificado de um robô móvel. O robô é apresentado como um círculo com o raio indicando a direção para a qual o robô aponta. O estado $\mathbf{x}_t$ consiste na posição (x_t, y_t) (mostrada implicitamente) e na orientação θ_t. O estado novo $\mathbf{x}_{t+1}$ é obtido por meio de uma atualização na posição de $v_t \Delta_t$ e da orientação $\omega \Delta_t$. Também é exibido um ponto de referência em (x_i, y_i), observado no instante t. (b) Modelo de sensor de distância em varredura. Duas poses possíveis do robô são mostradas para determinada varredura dos pontos (z_1, z_2, z_3, z_4). É muito mais provável que os pontos da varredura tenham sido gerados pela pose da esquerda do que pela pose da direita.

$$\hat{\mathbf{X}}_{t+1} = f(\mathbf{X}_t, \underbrace{v_t, \omega_t}_{a_t}) = \mathbf{X}_t + \begin{pmatrix} v_t \Delta t \cos\theta_t \\ v_t \Delta t \operatorname{sen}\theta_t \\ \omega_t \Delta t \end{pmatrix}.$$

A notação $\hat{\mathbf{X}}$ se refere a uma previsão de estado determinística. É claro que os robôs físicos são um tanto imprevisíveis. Normalmente, isso é modelado por uma distribuição gaussiana com média $f(\mathbf{X}_t, v_t, \omega_t)$ e covariância Σ_x (ver uma definição matemática no Apêndice A).

$$\mathbf{P}(\mathbf{X}_{t+1} \mid \mathbf{X}_t, v_t, \omega_t) = \mathcal{N}(\hat{\mathbf{X}}_{t+1}, \Sigma_x).$$

Essa distribuição de probabilidades é o modelo de movimento do robô. Ela modela os efeitos do movimento a_t sobre a localização do robô.

Em seguida, precisamos de um modelo dos sensores. Consideraremos dois tipos de modelos dos sensores. O primeiro pressupõe que os sensores detectam características *estáveis* e *reconhecíveis* do ambiente, chamadas **pontos de referência**. Para cada ponto de referência, são informados a distância e o rumo. Suponha que o estado do robô seja $\mathbf{x}_t = (x_t, y_t, \theta_t)^T$ e que ele detecte um ponto de referência cuja posição é dada por $(x_i, y_i)^T$. Sem ruído, uma previsão da distância e do rumo pode ser calculada por simples geometria (ver Figura 26.5[a]):

$$\hat{\mathbf{z}}_t = h(\mathbf{x}_t) = \begin{pmatrix} \sqrt{(x_t - x_i)^2 + (y_t - y_i)^2} \\ \arctan \frac{y_i - y_t}{x_i - x_t} - \theta_t \end{pmatrix}.$$

Mais uma vez, o ruído distorce nossas medições. Para manter a simplicidade, poderíamos supor ruído gaussiano com covariância Σ_z fornecendo o modelo de sensor

$$P(\mathbf{z}_t \mid \mathbf{x}_t) = N(\hat{\mathbf{z}}_t, \Sigma_z).$$

Um modelo de sensor um pouco diferente é usado para um **arranjo de sensores** de distância, cada um dos quais tem uma orientação fixa em relação ao robô. Esses sensores produzem um vetor de valores de distâncias $\mathbf{z}_t = (z_1, ..., z_M)^T$.

Dada uma pose $\mathbf{x}_t$, seja $\hat{z}_j$ a distância calculada ao longo da *j*-ésima direção do feixe desde $\mathbf{x}_t$ até o obstáculo mais próximo. Como antes, isso será corrompido por ruído gaussiano. Em geral, supomos que os erros para as diferentes direções do feixe são independentes e identicamente distribuídos; assim, temos

$$P(\mathbf{z}_t \mid \mathbf{x}_t) = \alpha \prod_{j=1}^{M} e^{-(z_j - \hat{z}_j)/2\sigma^2}.$$

A Figura 26.5(b) mostra um exemplo de varredura de distância de quatro feixes e duas poses possíveis de robôs, uma das quais tem probabilidade razoável de ter produzido a varredura observada, enquanto a outra não tem. Comparando o modelo de varredura de distâncias com o modelo de ponto de referência, vemos que o modelo de varredura de distâncias apresenta a vantagem de não haver necessidade de *identificar* um ponto de referência para que a varredura de distância possa ser interpretada; de fato, na Figura 26.5(b), o robô fica diante de uma parede sem características. Por outro lado, se *houver* um ponto de referência visível e identificável, ele poderá fornecer a localização instantânea.

A seção 14.4 descreveu o filtro de Kalman, que representa o estado de crença como uma única distribuição gaussiana multivariada, e o filtro de partículas, que representa o estado de crença por uma coleção de partículas que correspondem a estados. A maioria dos algoritmos de localização modernos utiliza uma dessas duas representações da crença do robô $P(\mathbf{X}_t \mid \mathbf{z}_{1:t}, a_{1:t-1})$.

A localização com o uso do filtro de partículas é chamada **localização de Monte Carlo**, ou LMC. O algoritmo LMC é praticamente idêntico ao algoritmo de filtragem de partículas da Figura 14.17. Tudo o que precisamos fazer é fornecer o modelo de movimento e o modelo de sensores apropriados. A Figura 26.6 mostra uma versão que utiliza o modelo de sensor com varredura de distância. A operação do algoritmo é ilustrada na Figura 26.7, à medida que o robô descobre onde está, dentro de um edifício comercial. Na primeira imagem, as partículas estão uniformemente distribuídas com base nas probabilidades *a priori*, indicando incerteza global sobre a posição do robô. Na segunda imagem, o primeiro conjunto de medições chega, e as partículas formam agrupamentos nas áreas de alta crença posterior. Na terceira, estão disponíveis medições suficientes para empurrar todas as partículas para uma única posição.

> Localização de Monte Carlo

O filtro de Kalman é o outro modo importante de realizar a localização. Um filtro de Kalman representa a distribuição *a posteriori* $P(\mathbf{X}_t \mid \mathbf{z}_{1:t}, a_{1:t-1})$ por uma gaussiana. A média dessa gaussiana será indicada por μ_t e sua covariância será $\sum_t$. O principal problema das convicções gaussianas é que elas só são fechadas sob modelos de movimento lineares f e modelos de medição lineares h. No caso de f ou h não linear, o resultado da atualização de um filtro em geral não será gaussiano. Desse modo, os algoritmos de localização que usam

---

função LOCALIZAÇÃO-MONTE-CARLO $(a, z, N, P(X'|X, v, \omega), P(z|z*), mapa)$
  retorna um conjunto de amostras, S, para o próximo período de tempo
  entradas: a, velocidades do robô, v e ω
          z, um vetor de M pontos de dados de varredura de distâncias
          $P(X'|X, v, \omega)$, modelo de movimento
          $P(z|z*)$, um modelo de ruído do sensor de distância
          mapa, um mapa do ambiente em 2D
  persistente: S, um vetor de N amostras
  variáveis locais: W, um vetor de N pesos
                  S', um vetor temporário com N amostras

  se S é vazio **então**
    para $i = 1$ até N **faça**   // *fase de inicialização*
        $S[i] \leftarrow$ amostra de $P(X_0)$
  para $i = 1$ até N **faça**   // *atualiza ciclo*
    $S'[i] \leftarrow$ amostra de $P(X'|X = S[i], v, \omega)$
    $W[i] \leftarrow 1$
    para $j = 1$ até M **faça**
        $z* \leftarrow$ RAYCAST$(j, X = S'[i], mapa)$
        $W[i] \leftarrow W[i] \cdot P(z_j \mid z^*)$
    $S \leftarrow$ AMOSTRA-PONDERADA-COM-REPOSIÇÃO(N, S', W)
  retornar S

Figura 26.6 Algoritmo de localização de Monte Carlo que utiliza um modelo de sensores com varredura de distância, com ruído independente.

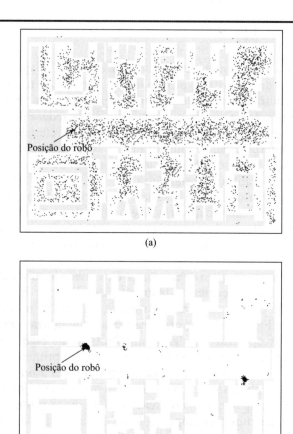

Figura 26.7 Localização de Monte Carlo, um algoritmo de filtro de partículas para localização de um robô móvel. (a) Incerteza inicial, global. (b) Incerteza aproximadamente bimodal após navegar no corredor (simétrico). (c) Incerteza unimodal após entrada em sala específica e descobrir que ela é distinta.

Linearização

o filtro de Kalman **linearizam** os modelos de movimento e de sensores. A linearização é uma aproximação local de uma função não linear por uma função linear. A Figura 26.8 ilustra o conceito de linearização para um modelo (unidimensional) de movimento de robô. À esquerda, ela representa um modelo de movimento não linear $f(\mathbf{x}_t, a_t)$ (o controle a_t é omitido desse gráfico, pois ele não desempenha nenhum papel na linearização). À direita, essa função é aproximada por uma função linear $\tilde{f}(\mathbf{x}_t, a_t)$. Essa função linear é tangente a f no ponto μ_t, a média de nossa estimativa de estado no tempo t. Tal linearização é chamada

expansão de Taylor de primeiro grau. Um filtro de Kalman que lineariza f e h via expansão de Taylor é chamado **filtro de Kalman estendido** (ou FKE). A Figura 26.9 mostra uma sequência de estimativas de um robô que executa um algoritmo de localização de filtro de Kalman estendido.

Expansão de Taylor

À medida que o robô se move, a incerteza em sua estimativa de posição aumenta, como mostram as elipses de erro. Seu erro diminui conforme ele detecta o intervalo e o porte até um ponto de referência cuja posição é conhecida. Por fim, o erro aumenta novamente, conforme o robô perde a visão do ponto de referência. Os algoritmos de FKE funcionam bem se os pontos de referência são identificados com facilidade. Caso contrário, a distribuição *a posteriori* pode ser multimodal, como na Figura 26.7(b). O problema de precisar conhecer a identidade de pontos de referência é um exemplo do problema de **associação de dados** descrito na Figura 15.3.

Em algumas situações, não há nenhum mapa do ambiente disponível. Então o robô terá de adquirir um mapa. Isso é como o problema da galinha e do ovo: o robô em navegação terá de determinar a sua localização em relação a um mapa que não conhece bem, ao mesmo tempo construir esse mapa enquanto não sabe bem a sua localização real. Esse problema é importante para muitas aplicações de robô e tem sido estudado extensivamente sob o nome de **localização e mapeamento simultâneos**, abreviado como **SLAM** (do inglês *simultaneous localization and mapping*).

Localização e mapeamento simultâneos

Problemas de SLAM são resolvidos utilizando diversas técnicas probabilísticas, incluindo o filtro de Kalman estendido, discutido anteriormente. Utilizar o FKE é simples: basta aumentar o vetor de estado para incluir a localização dos pontos de referência no ambiente. Felizmente, a atualização do FKE se expande de forma quadrática; assim, para mapas pequenos (p. ex., algumas centenas de referências), o cálculo é bastante viável. Mapas mais ricos são

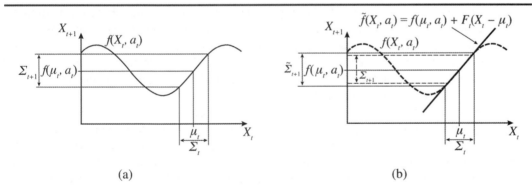

Figura 26.8 Ilustração unidimensional de um modelo de movimento linearizado: (a) A função f, a projeção de uma média μ_t e um intervalo de covariância (baseado em Σ_t) para o tempo $t + 1$. (b) A versão linearizada é a tangente de f em μ_t. A projeção da média μ_t está correta. No entanto, a covariância projetada $\tilde{\Sigma}_{t+1}$ difere de Σ_{t+1}.

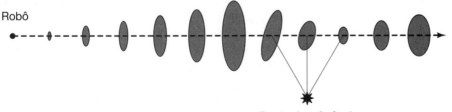

Figura 26.9 Exemplo de localização usando o filtro de Kalman estendido. O robô se move em linha reta. À medida que ele progride, sua incerteza na estimativa de sua localização aumenta, conforme ilustram as elipses de erro. Quando ele observa um ponto de referência com posição conhecida, a incerteza é reduzida.

850 Inteligência Artificial

geralmente obtidos utilizando métodos de relaxamento de grafos, de modo semelhante às técnicas de inferência em redes bayesianas discutidas no Capítulo 13. O algoritmo de esperança-maximização também é usado para SLAM.

26.4.2 Outros tipos de percepção

Nem toda a percepção dos robôs se refere à localização e ao mapeamento. Os robôs também percebem temperatura, odores, sons, e assim por diante. Muitas dessas quantidades podem ser estimadas utilizando variantes das redes bayesianas dinâmicas. Tudo o que é necessário para tais avaliadores são distribuições de probabilidade condicional que caracterizem a evolução de variáveis de estados com o passar do tempo, além de modelos de sensor que descrevam a relação entre as medições e as variáveis de estados.

Também é possível programar um robô como um agente reativo, sem raciocinar explicitamente sobre as distribuições de probabilidades sobre os estados. Essa abordagem será considerada na seção 26.9.1.

A tendência em robótica é claramente orientada para representações com semântica bem definida. As técnicas probabilísticas superam outras abordagens em muitos problemas perceptivos difíceis, como localização e mapeamento. No entanto, as técnicas estatísticas às vezes são muito incômodas, e soluções mais simples podem ser igualmente eficazes na prática. Para ajudar a decidir que abordagem adotar, a experiência prática no trabalho com robôs físicos reais sempre é o melhor professor.

26.4.3 Aprendizado supervisionado e não supervisionado na percepção robótica

O aprendizado de máquina tem um papel importante na percepção do robô, particularmente no caso em que a melhor representação interna não é conhecida. Uma abordagem comum é mapear cadeias de dados de sensores de alta dimensão em espaços de baixa dimensão utilizando métodos de aprendizado de máquina não supervisionado (ver Capítulo 19). Essa abordagem é chamada **redução de dimensionalidade**. O aprendizado de máquina torna possível aprender modelos de sensores e de movimento a partir de dados e, simultaneamente, descobrir as representações internas adequadas.

> Redução de dimensionalidade

Outra técnica de aprendizado de máquina permite que os robôs se adaptem continuamente às grandes mudanças de medições do sensor. Imagine-se andando de um espaço iluminado pelo Sol para um quarto escuro iluminado por lâmpadas de neon. É certo que os objetos são mais escuros lá dentro. Mas a mudança da fonte de luz também afeta todas as cores: a luz de neon tem um componente mais forte de luz verde do que a luz solar. No entanto, de alguma forma parece que não percebemos a mudança. Se entrarmos com outras pessoas em uma sala iluminada por neon, não achamos que os rostos delas vão se tornar verdes repentinamente. Nossa percepção se adapta rapidamente às novas condições de iluminação e nosso cérebro ignora as diferenças.

As técnicas adaptativas de percepção permitem aos robôs se ajustarem a essas mudanças. Mostramos um exemplo na Figura 26.10, tomado a partir do domínio de direção autônoma. Aqui um veículo terrestre não tripulado adapta seu classificador ao conceito de "superfície trafegável". Como isso funciona? O robô utiliza um *laser* para fornecer classificação para uma pequena área bem em frente ao robô. Quando se conclui que essa área está plana no intervalo de varredura do *laser*, ela é utilizada como exemplo de treino positivo para o conceito de "superfície trafegável". Uma técnica de mistura de gaussianas semelhante à do algoritmo EM discutido no Capítulo 20 é, então, treinada para reconhecer a cor específica e os coeficientes de textura da pequena amostra do trecho. As imagens na Figura 26.10 são o resultado da aplicação do classificador para a imagem completa.

> Aprendizagem autossupervisionada

Métodos **autossupervisionados** são os que fazem com que os robôs recolham os seus próprios dados de treinamento (com rótulos!). Nesse exemplo, o robô utiliza aprendizado de máquina para transformar um sensor de curto alcance, que funciona bem para a classificação do terreno, em um sensor que pode ver muito mais longe. Isso permite que o robô se

(a)   (b)   (c)

Figura 26.10 Sequência de resultados do classificador de "superfície trafegável" utilizando visão adaptativa. (a) Apenas a estrada é classificada como trafegável (área listrada). A linha escura em forma de V mostra para onde o veículo está dirigindo. (b) O veículo é comandado para dirigir fora da estrada, em uma superfície gramada, e o classificador está começando a classificar parte da grama como trafegável. (c) O veículo atualizou seu modelo de superfície trafegável para corresponder tanto à grama como à estrada. (Cortesia de Sebastian Thrun.) (Esta figura encontra-se reproduzida em cores no Encarte *online*.)

mova mais rápido, diminuindo a velocidade apenas quando o modelo do sensor informa que há uma mudança no terreno que precisa ser examinada com mais cuidado pelos sensores de curto alcance.

26.5 Planejamento e controle

As deliberações de um robô reduzem-se a decidir como se movimentar, do nível abstrato da tarefa a executar até chegar à corrente elétrica enviada aos seus motores. Nesta seção, vamos simplificar isso supondo que a percepção e, onde for necessário, a previsão são dadas, de modo que o mundo seja observável. Consideramos ainda as transições determinísticas (dinâmicas) do mundo.

Começamos separando movimento de controle. Definimos um **caminho** como uma sequência de pontos no espaço geométrico que um robô (ou uma parte do robô, como um braço) seguirá. Isso está relacionado à noção de caminho no Capítulo 3, mas aqui estamos nos referindo a uma sequência de pontos no espaço, em vez de uma sequência de ações discretas. A tarefa de encontrar um bom caminho é chamada **planejamento de movimento**.

Uma vez tendo um caminho, a tarefa de executar uma sequência de ações para seguir o caminho é chamada **controle de rastreamento de trajetória**. Uma **trajetória** é um caminho que tem um tempo associado a cada ponto do caminho. Um caminho diz apenas "vá de A para B e depois C etc." e uma trajetória diz "comece em A, chegue a B em 1 segundo, e mais 1,5 segundo para chegar a C etc.".

26.5.1 Espaço de configurações

Pense em um robô simples, $\mathcal{R}$, na forma de um triângulo reto, como mostra o triângulo sombreado no canto inferior esquerdo da Figura 26.11. O robô precisa planejar um caminho para evitar o obstáculo retangular, $\mathcal{O}$. O espaço físico no qual um robô se movimenta é chamado **espaço de trabalho**. Esse robô em particular pode se movimentar em qualquer direção no plano x-y, mas não pode girar. A figura mostra cinco outras posições possíveis do robô com contornos tracejados; estas estão o mais próximo possível que o robô pode chegar do obstáculo.

O corpo do robô poderia ser representado como um conjunto de pontos (x, y) (ou (x,y,z), para um robô tridimensional), assim como o obstáculo. Com essa representação, evitar o obstáculo significa que nenhum ponto no robô sobrepõe qualquer ponto no obstáculo. O planejamento do movimento exigiria cálculos sobre conjuntos de pontos, o que pode ser complicado e demorado.

Podemos simplificar os cálculos usando um esquema de representação em que todos os pontos que compreendem o robô são representados como um único ponto em um espaço multidimensional abstrato, que chamamos de **espaço de configurações**, ou **espaço C**. A ideia é que o conjunto de pontos que compreendem o robô pode ser calculado, se soubermos (1)

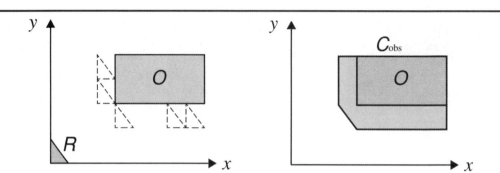

Figura 26.11 Robô triangular simples que pode transladar e precisa evitar colisão com um obstáculo retangular. À esquerda está o espaço de trabalho, e à direita está o espaço de configurações.

as medidas básicas do robô (para o nosso robô triangular, o comprimento dos três lados servirá) e (2) a **pose** atual do robô – sua posição e orientação.

Para o nosso robô triangular simples, duas dimensões bastarão para o espaço C: se soubermos as coordenadas (x,y) de um ponto específico no robô – vamos usar o vértice do ângulo reto –, então podemos calcular onde estão os outros pontos do triângulo (porque conhecemos o tamanho e a forma do triângulo e porque o triângulo não pode girar). No canto inferior esquerdo da Figura 26.11, o triângulo sombreado pode ser representado pela configuração (0, 0).

Se mudarmos as regras para que o robô possa girar, então precisaremos de três dimensões (x, y, θ), para podermos calcular onde está cada ponto. Aqui, θ é o ângulo de rotação do robô no plano. Se o robô também tiver a capacidade de se esticar, crescendo uniformemente por um fator de escala s, então o espaço C teria quatro dimensões (x, y, θ, s).

No momento, vamos ficar com o espaço C bidimensional simples do robô triangular não rotativo. A próxima tarefa é descobrir onde estão os pontos do obstáculo no espaço C. Imagine os cinco triângulos com linhas tracejadas da Figura 26.11 e observe onde se encontra o vértice do ângulo reto em cada um deles. Então imagine todas as formas como o triângulo poderia se deslocar. Obviamente, o vértice do ângulo reto não pode entrar no obstáculo, nem pode chegar mais perto do que se encontra em qualquer um dos cinco triângulos com linhas tracejadas. Logo, você pode ver que a área onde o vértice de ângulo reto não pode ir – o **obstáculo do espaço C** – é um polígono de cinco lados no lado direito da Figura 26.11, rotulado como C_{obs}.

Na linguagem cotidiana, dizemos que existem vários obstáculos para o robô – uma mesa, uma cadeira, algumas paredes. Mas a notação matemática fica um pouco mais fácil se pensarmos em todos eles como combinados em um "obstáculo" que tem componentes desconexas. Em geral, o obstáculo do espaço C é o conjunto de todos os pontos q em C de modo que, se o robô fosse colocado nessa configuração, sua geometria do espaço de trabalho cruzaria com o obstáculo do espaço de trabalho.

Sejam os obstáculos no espaço de trabalho o conjunto de pontos O, e seja $\mathcal{A}(q)$ o conjunto de todos os pontos do robô na configuração q. Então, o obstáculo do espaço C é definido como

$$C_{obs} = \{q : q \in C \text{ e } \mathcal{A}(q) \cap O \neq \{\}\}$$

e o **espaço livre** é $C_{livre} = C - C_{obs}$.

O espaço C torna-se mais interessante para robôs com partes móveis. Considere o braço de duas articulações da Figura 26.12(a). Ele está aparafusado a uma mesa, de modo que a base não se move, mas o braço tem duas articulações que se movem independentemente – estes serão chamados **graus de liberdade (GDL)**. O movimento das articulações altera as coordenadas (x, y) do cotovelo, da garra e de cada ponto do braço. O espaço de configurações do braço é bidimensional: $(\theta_{omb}, \theta_{cot})$, em que θ_{omb} é o ângulo da articulação do ombro e θ_{cot} é o ângulo da articulação do cotovelo.

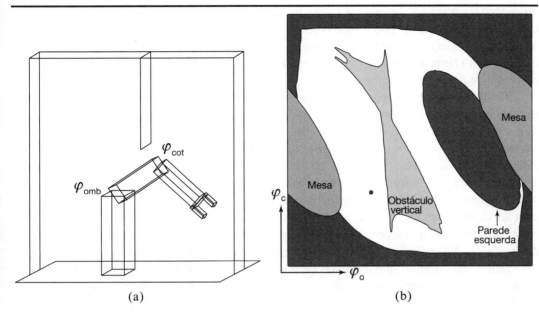

Figura 26.12 (a) Representação do espaço de trabalho de um braço robótico com dois graus de liberdade. O espaço de trabalho é uma caixa com um obstáculo plano pendente do teto. (b) Espaço de configuração do mesmo robô. Somente as regiões brancas no espaço são configurações livres de colisões. O ponto nesse diagrama corresponde à configuração do robô mostrado à esquerda.

Conhecendo a configuração de nosso braço de duas articulações significa que podemos determinar onde está cada ponto do braço através de trigonometria simples. Em geral, o mapeamento da **cinemática direta** é uma função

$$\phi_b : C \to W$$

Cinemática direta

que recebe uma configuração e gera o local de determinado ponto b em particular no robô quando ele estiver nessa configuração. Um mapeamento de cinemática direta particularmente útil é aquele para o efetuador final do robô, ϕ_{EF}. O conjunto de todos os pontos no robô em determinada configuração q é indicado por $\mathcal{A}(q) \subset W$:

$$\mathcal{A}(q) = \bigcup_b \{\phi_b(q)\}.$$

O problema inverso de mapear um local desejado para um ponto no robô à(s) configuração(ões) em que o robô precisa estar para que isso aconteça é conhecido como **cinemática inversa**:

Cinemática inversa

$$IK_b : x \in W \mapsto \{q \in C \; s.t. \; \phi_b(q) = x\}.$$

Às vezes, o mapeamento da cinemática inversa pode usar como entrada não apenas uma posição, mas também uma orientação desejada. Quando queremos que um manipulador agarre um objeto, por exemplo, podemos calcular uma posição e uma orientação desejada para sua garra e usar a cinemática inversa para determinar uma configuração de destino para o robô. Depois disso, um planejador precisa achar um modo de levar o robô de sua configuração atual até a configuração de destino, sem cruzar os obstáculos.

Os obstáculos do espaço de trabalho normalmente são representados como formas geométricas simples – especialmente na maioria dos livros didáticos sobre robótica, que tendem a se concentrar em obstáculos poligonais. Porém, qual é sua aparência no espaço de configuração?

Para o braço com duas articulações, os obstáculos simples no espaço de trabalho, como uma linha vertical, têm correspondentes muito complexos no espaço C, como mostra a Figura 26.12(b). O sombreamento diferente do espaço ocupado corresponde aos diferentes objetos no espaço de trabalho do robô; a região preta que cerca todo o espaço livre corresponde a configurações em que o robô colide consigo mesmo. É fácil ver que os valores extremos dos ângulos do ombro ou do cotovelo causam tal violação. As regiões de forma oval em ambos os lados do robô correspondem à mesa sobre a qual o robô está montado. A terceira região oval corresponde à parede da esquerda.

Finalmente, o objeto mais interessante no espaço de configuração é o obstáculo vertical simples que está pendurado no teto e obstrui os movimentos do robô. Esse objeto tem uma forma esquisita no espaço de configurações: ele é altamente não linear e, em certos lugares, até mesmo côncavo. Com um pouco de imaginação, o leitor reconhecerá a forma da garra no canto superior esquerdo.

Incentivamos o leitor a fazer uma pausa por um momento e estudar esse diagrama. A forma desse obstáculo no espaço C não é, de modo algum, óbvia! O ponto dentro da Figura 26.12(b) marca a configuração do robô, como mostra a Figura 26.12(a). A Figura 26.13 representa três configurações adicionais, tanto no espaço de trabalho quanto no espaço de configuração. Na configuração "conf-1", a garra envolve o obstáculo vertical.

Vemos que, mesmo que o espaço de trabalho do robô seja representado por polígonos planos, a forma do espaço livre pode ser muito complicada. Portanto, na prática costuma-se *sondar* um espaço de configuração, em vez de construí-lo explicitamente. Um planejador pode gerar uma configuração e então testá-la para ver se ela está no espaço livre, aplicando a cinemática do robô e, em seguida, verificando se há colisões em coordenadas do espaço de trabalho.

26.5.2 Planejamento de movimento

Planejamento de movimento

O problema do **planejamento de movimento** é encontrar um plano que leve um robô de uma configuração para outra sem colidir com um obstáculo. Esse é um bloco de montagem básico para o movimento e a manipulação. Na seção 26.5.4, discutiremos como fazer isso sob dinâmicas complicadas, como dirigir um carro que pode se desviar do caminho se você fizer uma curva muito rápida. Por enquanto, vamos nos concentrar no problema simples do planejamento de movimento para encontrar um caminho geométrico livre de colisões. O planejamento de movimento é um **problema de busca** de estado contínuo por excelência, mas muitas vezes é possível discretizar o espaço e aplicar os algoritmos de busca do Capítulo 3.

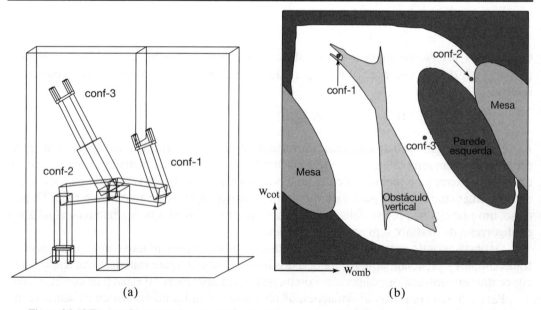

Figura 26.13 Três configurações de um robô mostradas no espaço de trabalho e no espaço de configurações.

O problema do planejamento de movimento às vezes é citado como o **problema do carregador de piano**. Ele recebe o nome do esforço de um carregador para levar um grande piano de formato irregular de uma sala para outra sem bater em nada. Recebemos:

- Um *mundo* de espaço de trabalho W em $\mathbb{R}^2$ para o plano ou $\mathbb{R}^3$ para três dimensões
- Uma *região de obstáculo $O \subset W$*
- Um robô com um espaço de configurações C e um conjunto de pontos $\mathcal{A}(q)$ para $q \in C$
- Uma configuração inicial $q_s \in C$
- Uma configuração meta $q_g \in C$.

A região do obstáculo induz um obstáculo C_{obs} no espaço C e seu espaço livre correspondente C_{livre} definido como na seção anterior. Precisamos encontrar um **caminho** contínuo pelo espaço livre. Usaremos uma curva parametrizada, $\tau(t)$, para representar o caminho, em que $\tau(0) = q_s$ e $\tau(1) = q_g$ e $\tau(t)$ para cada t entre 0 e 1 é algum ponto em C_{livre}. Ou seja, t parametriza a distância em que estamos ao longo do caminho, do início até o objetivo. Observe que t atua mais ou menos como o tempo, pois, à medida que t aumenta, a distância ao longo do caminho aumenta, mas t é sempre um ponto no intervalo $[0,1]$ e não é medido em segundos.

O problema de planejamento de movimento pode se tornar mais complexo de várias maneiras: definindo a meta como um conjunto de configurações possíveis, em vez de uma única configuração; definindo a meta no espaço de trabalho, em vez do espaço C; definindo uma função de custo (p. ex., comprimento do caminho) para que seja minimizado; satisfazendo restrições (p. ex., se o caminho envolve carregar uma xícara de café, cuidar para que a xícara esteja sempre com a boca para cima, para que o café não derrame).

Os espaços do planejamento de movimento: vamos dar uma parada para termos certeza de que entendemos os espaços envolvidos no planejamento de movimento. Primeiro, existe o espaço de trabalho, ou mundo, W. Os pontos em W são pontos no mundo tridimensional cotidiano. Em seguida, temos o espaço de configurações, C. Os pontos q em C têm d dimensões, com d sendo o número de graus de liberdade do robô, mapeado para os conjuntos de pontos $\mathcal{A}(q)$ em W. Por fim, existe o espaço de caminhos, que é um espaço de funções. Cada ponto nesse espaço é mapeado para uma curva completa, mediante o espaço C. Esse espaço tem infinitas dimensões! De maneira intuitiva, precisamos de d dimensões para cada configuração ao longo do caminho, e existem tantas configurações em um caminho quanto existem pontos no intervalo numérico $[0,1]$ de uma linha. Agora, vamos considerar algumas formas de resolver o problema do planejamento de movimento.

Grafos de visibilidade

Para o caso simplificado dos espaços de configurações bidimensionais e dos obstáculos poligonais no espaço C, os **grafos de visibilidade** são um meio conveniente de resolver o problema do planejamento de movimento com uma solução garantida e caminho mais curto. Seja $V_{obs} \subset C$ o conjunto de vértices dos polígonos que compõem C_{obs}, e seja $V = V_{obs} \cup \{q_s, q_g\}$.

Criamos um grafo $G = (V,E)$ no conjunto de vértices V com graus $e_{ij} \in E$ conectando um vértice v_i a outro vértice v_j se a linha que conecta os dois vértices estiver livre de colisão, ou seja, se $\{\lambda v_i + (1 - \lambda)v_j : \lambda \in [0,1]\} \cap C_{obs} = \{\}$. Quando isso acontece, dizemos que os dois vértices "podem ver um ao outro", de onde surgiu o nome grafos de "visibilidade".

Para resolver o problema do planejamento de movimento, tudo o que precisamos fazer é executar uma busca em grafo discreta (p. ex., uma busca de melhor escolha) no grafo G com o estado inicial q_s e objetivo q_g. Na Figura 26.14, vemos um grafo de visibilidade e uma solução ótima em três etapas. Uma busca ótima nos grafos de visibilidade sempre nos dará o caminho ótimo (se houver), ou informará o fracasso, se não houver um caminho.

Diagramas de Voronoi

Os grafos de visibilidade sugerem caminhos que ficam imediatamente adjacentes a um obstáculo – se você tivesse que contornar uma mesa para chegar à porta, o caminho mais curto seria ficar o mais próximo possível da mesa. No entanto, se o movimento ou a detecção for não determinístico(a), isso arriscaria um choque com a mesa. Uma forma de resolver isso é fingir que o corpo do robô é um pouco maior do que realmente é, oferecendo uma zona de guarda.

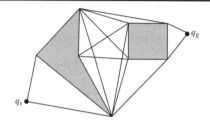

Figura 26.14 Grafo de visibilidade. As linhas conectam cada par de vértices que pode "ver" um ao outro – as linhas que não passam por um obstáculo. O caminho mais curto deverá estar sobre essas linhas.

Outra forma é aceitar que o comprimento do caminho não é a única métrica que queremos otimizar. A seção 26.8.2 mostra como aprender uma boa métrica a partir de exemplos do comportamento humano.

Uma terceira maneira é usar uma técnica diferente, que coloque os caminhos o mais longe possível dos obstáculos, em vez de ficar perto deles. Um **diagrama de Voronoi** é uma representação que nos permite fazer exatamente isso (Figura 26.15). Para ter uma ideia do que um diagrama de Voronoi faz, considere um espaço onde os obstáculos são, digamos, uma dúzia de pequenos pontos espalhados em um plano. Agora circunde cada um dos pontos de obstáculo com uma **região** que consiste em todos os pontos no plano que estão mais próximos desse ponto de obstáculo do que de qualquer outro ponto de obstáculo. Assim, as regiões particionam o plano. O diagrama de Voronoi consiste no conjunto de regiões, e o **grafo de Voronoi** consiste nas arestas e vértices das regiões.

Quando os obstáculos são áreas, e não pontos, tudo permanece praticamente da mesma forma. Cada região ainda contém todos os pontos que estão mais próximos de um obstáculo do que de qualquer outro, onde a distância é medida até o ponto mais próximo de um obstáculo. Os limites entre as regiões ainda correspondem a pontos equidistantes entre dois obstáculos, mas agora o limite pode ser uma curva em vez de uma linha reta. Calcular esses limites pode ser proibitivamente caro em espaços com muitas dimensões.

Para resolver o problema do planejamento de movimento, conectamos o ponto inicial q_s ao ponto mais próximo no grafo de Voronoi por meio de uma linha reta, e o mesmo para

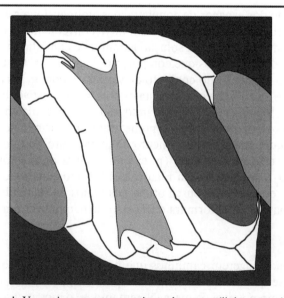

Figura 26.15 Diagrama de Voronoi que mostra o conjunto de pontos (linhas pretas) equidistantes a dois ou mais obstáculos no espaço de configuração.

o ponto de objetivo q_g. Em seguida, usamos a busca de grafo discreta para encontrar o caminho mais curto no grafo. Para problemas como navegar por corredores internos, isso oferece um bom caminho que segue pelo meio do corredor. No entanto, em ambientes externos, isso pode apresentar caminhos pouco eficientes, por exemplo, sugerindo um desvio desnecessário de 100 metros para ficar no meio de um espaço aberto de 200 metros.

Decomposição em células

Uma abordagem alternativa para o planejamento de movimento é discretizar o espaço C. Nos métodos **decomposição em células**, decompõe-se o espaço livre em um número finito de regiões contíguas, chamadas "células". Essas células têm a importante propriedade segundo a qual o problema do planejamento de caminho dentro de uma única célula pode ser resolvido por meios simples (p. ex., movendo-se ao longo de uma linha reta). Então, o problema do planejamento de caminho se torna um problema de busca em grafo discreto (assim como os grafos de visibilidade e os grafos de Voronoi) para encontrar um caminho por uma sequência de células.

A decomposição em células mais simples consiste em uma grade regularmente espaçada. A Figura 26.16(a) mostra uma decomposição de grade quadrada do espaço e um caminho de solução que é ótimo para esse tamanho de grade. Também usamos o sombreamento em escala de tons de cinza para indicar o *valor* de cada célula de grade do espaço livre, isto é, o custo do caminho mais curto a partir daquela célula até o objetivo. (Esses valores podem ser calculados por uma forma determinística do algoritmo ITERAÇÃO-DE-VALOR, dado na Figura 17.6). A Figura 26.16(b) mostra a trajetória do espaço de trabalho correspondente ao braço. É claro que também poderíamos utilizar o algoritmo A* para encontrar um caminho mais curto.

Essa decomposição de grade tem a vantagem de ser extremamente simples de implementar, mas também sofre três limitações. Primeiro, ela só é funcional para os espaços de configuração de baixo número de dimensões, pois o número de células da grade aumenta exponencialmente com d, o número de dimensões. (Parece familiar? Essa é a maldição da dimensionalidade.) Em segundo lugar, os caminhos pelo espaço de estados discretizado nem

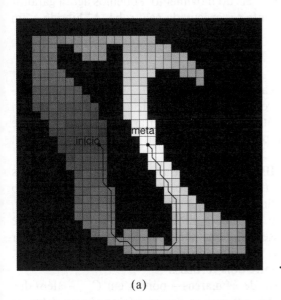
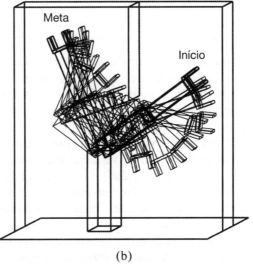

(a) (b)

Figura 26.16 (a) Função de valor e caminho encontrados para uma aproximação de célula de grade discreta do espaço de configuração. (b) O mesmo caminho visualizado em coordenadas do espaço de trabalho. Note como o robô curva seu cotovelo para evitar uma colisão com o obstáculo vertical.

sempre será suave. Vemos, na Figura 26.16(a), que as partes diagonais do caminho são recortadas e, portanto, muito difíceis para o robô seguir com precisão. O robô pode tentar suavizar o caminho da solução, mas isso não é nada simples.

Terceiro, existe o problema do que fazer com células "mistas", ou seja, células que não estão inteiramente no espaço livre nem inteiramente no espaço ocupado. Um caminho de solução que inclui essa célula pode não ser uma solução real porque pode não haver nenhum modo de cruzar a célula na segurança. Isso tornaria *incorreto* o planejador de caminho. Por outro lado, se insistirmos em que só podem ser usadas células completamente livres, o planejador será *incompleto* porque poderá surgir uma situação em que os únicos caminhos para a meta passem por células mistas - poderia ser que um corredor fosse realmente largo o suficiente para o robô passar, mas o corredor está coberto somente por células mistas.

A primeira abordagem para esse problema é a *subdivisão adicional* das células mistas - talvez usando células com metade do tamanho original. Essa subdivisão pode prosseguir recursivamente até ser encontrado um caminho que resida completamente no interior de células livres. Esse método funciona bem e é completo, desde que exista um modo de decidir se determinada célula é uma célula mista, o que é fácil somente se os limites do espaço de configurações tiverem descrições matemáticas relativamente simples.

É importante observar que a decomposição em células não necessariamente exige a representação exata do espaço de obstáculos C_{obs}. Podemos decidir incluir uma célula, ou não, usando um **verificador de colisão**. Essa é uma noção fundamental para o planejamento de movimento. Um verificador de colisão é uma função $\gamma(q)$ que é mapeada em 1, se a configuração colidir com um obstáculo, e 0 caso contrário. É muito mais fácil verificar se uma configuração específica está em colisão do que construir explicitamente o espaço de obstáculos C_{obs} inteiro.

> Verificador de colisão

Examinando o caminho de solução mostrado na Figura 26.16(a), podemos observar outras dificuldades que terão de ser resolvidas. Arbitrariamente, o caminho contém cantos agudos, mas um robô físico tem impulso e não pode mudar de direção instantaneamente. Esse problema é resolvido por meio do armazenamento do estado contínuo exato (posição e velocidade) para cada célula da grade que foi obtido quando a célula foi alcançada durante a busca. Suponha ainda que, ao propagar informações para as células da grade nas proximidades, usemos esse estado contínuo como base e apliquemos o modelo de movimento contínuo do robô para saltar para as células vizinhas. Assim, não fazemos uma curva instantânea de 90°; fazemos uma curva arredondada controlada pelas leis do movimento. Podemos agora garantir que a trajetória resultante é suave e pode realmente ser executada pelo robô. **A* híbrido** é um algoritmo que implementa isso.

> A* híbrido

Planejamento de movimento randomizado

O planejamento de movimento randomizado realiza a busca no grafo sobre uma decomposição *aleatória* do espaço de configurações, em vez de uma decomposição em células regular. A ideia principal é amostrar um conjunto aleatório de pontos e criar arestas entre eles se houver um modo muito simples de ir de um ao outro (p. ex., por uma linha reta) sem colidir; depois podemos fazer uma busca nesse grafo.

Um algoritmo de **itinerário probabilístico (IP)** é um modo de aproveitar essa ideia. Vamos considerar o acesso a um verificador de colisão γ (definido neste capítulo, no item *Planejamento de movimento randomizado*) e a um **planejador simples** $B(q_1, q_2)$ que retorna um caminho de q_1 a q_2 (ou falha), mas faz isso *rapidamente*. Esse planejador simples não será completo - ele poderia retornar uma falha, mesmo que houvesse realmente uma solução. Sua função é tentar conectar rapidamente q_1 e q_2 e permitir que o algoritmo principal saiba que teve sucesso. Vamos usá-lo para definir se existe uma aresta entre dois vértices.

> Itinerário probabilístico (IP)
>
> Planejador simples

O algoritmo começa fazendo a amostragem de M **marcos** - pontos em C_{livre} - além dos pontos q_s e q_g. Ele usa amostragem por rejeição, em que as configurações são amostradas aleatoriamente e a colisão é verificada usando γ até que um total de M marcos sejam encontrados. Em seguida, o algoritmo utiliza o planejador simples para tentar conectar pares de marcos. Se o planejador simples retornar com sucesso, então uma aresta entre o par é

> Marco

acrescentada ao grafo; caso contrário, o grafo permanece como está. Tentamos conectar cada marco ou aos seus k vizinhos mais próximos (chamamos isso de *k-IP*), ou a todos os marcos em uma esfera de raio r. Por fim, o algoritmo procura um caminho nesse grafo de q_s a q_g. Se não for encontrado um caminho, então M outros marcos são amostrados, acrescentados ao grafo, e o processo é repetido.

A Figura 26.17 mostra um itinerário com o caminho encontrado entre duas configurações. IP não são completos, mas são o que chamamos de **probabilisticamente completos** – eles em algum momento encontrarão um caminho, se houver. Intuitivamente, isso acontece porque eles continuam amostrando mais marcos. IP funcionam bem até mesmo em espaços de configuração com muitas dimensões.

IP também são populares para o **planejamento multiconsultas**, em que temos diversos problemas de planejamento de movimento dentro do mesmo espaço C. Quase sempre, quando o robô alcança uma meta, ele é chamado para alcançar outra meta no mesmo espaço de trabalho. IP são realmente úteis, pois o robô pode dedicar algum tempo logo no início para construir um itinerário e amortizar o uso desse itinerário por várias consultas.

Árvores aleatórias de exploração rápida

Uma extensão dos IP, chamada **árvores aleatórias de exploração rápida** (RRT, do inglês *rapidly exploring random trees*), é popular para o planejamento de única consulta. Montamos duas árvores de forma incremental, uma com q_s como raiz e uma com q_g como raiz. São escolhidos marcos aleatórios, com uma tentativa de conectar cada novo marco às árvores existentes. Se um marco conecta ambas as árvores, isso significa que uma solução foi encontrada, como na Figura 26.18. Se não, o algoritmo encontra o ponto mais próximo em cada árvore e acrescenta à árvore uma nova aresta que se estende a partir do ponto por uma distância δ em direção ao marco. Isso tende a aumentar a árvore em direção a seções previamente não exploradas do espaço.

Os entusiastas da robótica amam as RRT, por sua facilidade de uso. Porém, as soluções de RRT normalmente não são ideais e não têm suavidade. Portanto, as RRT quase sempre são seguidas por uma etapa de pós-processamento. O mais comum é a criação de "atalhos", em que selecionamos aleatoriamente um dos vértices no caminho da solução e tentamos removê-lo conectando seus vizinhos um ao outro (por meio de um planejador simples). Fazemos isso

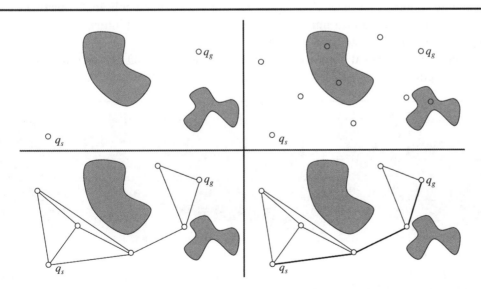

Figura 26.17 Algoritmo de itinerário probabilístico (IP). **Acima à esquerda**: configurações de início e meta. **Acima à direita**: amostrar M marcos sem colisão (aqui, M = 5). **Abaixo à esquerda**: conectar cada marco aos seus k vizinhos mais próximos (aqui, k = 3). **Abaixo à direita**: encontrar o caminho mais curto do início à meta no grafo resultante.

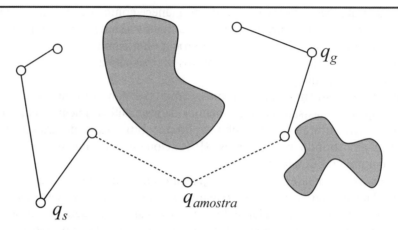

Figura 26.18 Algoritmo RRT bidirecional constrói duas árvores (uma a partir do início, a outra a partir da meta) pela conexão incremental de cada amostra ao nó mais próximo em cada árvore, se a conexão for possível. Quando uma amostra se conecta a ambas as árvores, isso significa que encontramos um caminho de solução.

repetidamente para o número de etapas que pudermos durante o tempo de computação. Mesmo assim, as trajetórias poderiam se parecer pouco naturais devido às posições aleatórias do marco que foram selecionadas, como mostra a Figura 26.19.

RRT*

RRT* é uma modificação do RRT que torna o algoritmo assintoticamente ótimo: a solução converge para a solução ótima, à medida que mais e mais marcos são amostrados. A ideia principal é escolher o vizinho mais próximo com base na noção de custo futuro, em vez de distância apenas do marco, e religar a árvore, trocando os pais de vértices mais antigos se for mais barato alcançá-los por meio do novo marco.

Otimização de trajetória para planejamento cinemático

Algoritmos de amostragem randomizados costumam primeiro construir um caminho complexo, mas viável, e depois otimizá-lo. A otimização de trajetória faz o oposto: ela começa com um caminho simples, mas inviável, e depois trabalha para evitar a colisão. O objetivo é encontrar um caminho que otimiza uma função de custo[1] sobre os caminhos. Ou seja, queremos minimizar a função de custo $J(\tau)$, em que $\tau(0) = q_s$ e $\tau(1) = q_g$.

J é chamado **funcional** porque é uma função sobre funções. O argumento de J é τ, que é uma função por si só: $\tau(t)$ recebe como entrada um ponto no intervalo [0, 1] e o mapeia para

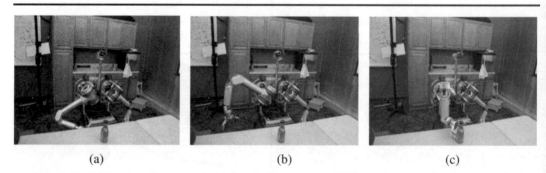

(a)   (b)   (c)

Figura 26.19 *Snapshots* de uma trajetória produzida por uma RRT e pós-processada com a criação de atalhos. (Cortesia da Anca Dragan.)

---

[1] Os entusiastas da robótica gostam de minimizar a função de custo J, enquanto em outras partes da IA tentamos maximizar uma função utilidade U ou uma recompensa R.

Capítulo 26 • Robótica 861

uma configuração. Um funcional de custo padrão define um meio-termo entre dois aspectos importantes do movimento do robô: evasão de colisão e eficiência,

$$J = J_{obs} + \lambda J_{efic}$$

em que a eficiência J_{efic} mede a distância do caminho e pode medir a sua suavidade. Um modo conveniente de definir a eficiência é com uma função quadrática: ela integra a primeira derivada quadrática de τ (veremos em breve por que isso, na verdade, incentiva caminhos curtos):

$$J_{efic} = \int_0^1 \frac{1}{2} \|\dot{\tau}(s)\|^2 ds.$$

Para o termo do obstáculo, imagine que podemos calcular a distância $d(x)$ de qualquer ponto $x \in W$ até a borda do obstáculo mais próximo. Essa distância é positiva fora dos obstáculos, 0 na borda e negativa no interior. Isso é chamado **campo de distância com sinal**. Agora podemos definir um campo de custo no espaço de trabalho, chamá-lo de c, que tem alto custo dentro dos obstáculos, e um custo pequeno nas proximidades. Com esse custo, podemos fazer com que os pontos no espaço de trabalho realmente odeiem estar dentro dos obstáculos e não gostem de estar próximos deles (evitando o problema do grafo de visibilidade de estar sempre pendurado pelas bordas dos obstáculos). Naturalmente, nosso robô não é um ponto no espaço de trabalho; portanto, temos mais algum trabalho a ser feito – precisamos considerar todos os pontos b no corpo do robô:

> Campo de distância com sinal

$$J_{obs} = \int_0^1 \int_b c(\underbrace{\phi_b(\tau(s))}_{\in W}) \| \frac{d}{ds} \underbrace{\phi_b(\tau(s))}_{\in W} \| \, db \, ds.$$

Essa é chamada **integral de caminho** – ela não apenas integra c ao longo do caminho para cada ponto do corpo, mas multiplica pela derivada para criar a invariante de custo para a *retemporização* do caminho. Imagine um robô varrendo o campo de custo, acumulando o custo enquanto se move. Não importa a velocidade rápida ou lenta com que o braço se move pelo campo, ele deverá acumular exatamente o mesmo custo.

> Integral de caminho

O modo mais simples de resolver o problema da otimização apresentado e encontrar um caminho é a *descida do gradiente*. Se você quer saber como tomar os gradientes de funcionais em relação a funções, algo denominado *cálculo variacional* irá ajudá-lo. Ele é especialmente fácil para funcionais da forma

$$J[\tau] = \int_0^1 F(s, \tau(s), \dot{\tau}(s)) ds$$

que são integrais de funções que dependem apenas do parâmetro s, do valor da função em s e da derivada da função em s. Nesse caso, a **equação de Euler-Lagrange** afirma que o gradiente é

> Equação de Euler-Lagrange

$$\nabla_\tau J(s) = \frac{\partial F}{\partial \tau(s)}(s) - \frac{d}{dt} \frac{\partial F}{\partial \dot{\tau}(s)}(s).$$

Se olharmos atentamente para J_{efic} e J_{obs}, veremos que ambos seguem esse padrão. Particularmente para J_{efic}, temos $F(s, \tau(s), \dot{\tau}(s)) = \|\dot{\tau}(s)\|^2$. Para que você se sinta mais confortável com isso, vamos calcular o gradiente apenas para J_{efic}. Podemos observar que F não tem uma dependência direta de $\tau(s)$, de modo que o primeiro termo na fórmula é 0. Então ficamos com

$$\nabla_\tau J(s) = 0 - \frac{d}{dt} \dot{\tau}(s)$$

pois a derivada parcial de F em relação a $\dot{\tau}(s)$ é $\dot{\tau}(s)$.

Observe como as coisas ficaram mais fáceis para nós quando definimos J_{efic} – ela é uma quadrática perfeita da derivada (e podemos colocar um ½ na frente, de modo que o 2 seja cancelado corretamente). Na prática, você verá muitas vezes esse truque sendo usado para otimização – a arte não está apenas na escolha de como otimizar a função de custo, mas também na escolha de uma função de custo que atuará bem com o modo como você a otimiza. Simplificando nosso gradiente, obtemos

$$\nabla_\tau J(s) = -\ddot{\tau}(s).$$

Agora, como J_{efic} é uma função quadrática, a definição desse gradiente como 0 nos dá a solução para τ se não tivermos que lidar com obstáculos. Integrando uma vez, vemos que a primeira derivada precisa ser uma constante; integrando novamente, vemos que $\tau(s) = a \cdot s + b$, com a e b determinados pelas restrições das extremidades para $\tau(0)$ e $\tau(1)$. O caminho ótimo em relação a J_{efic} é, portanto, a linha reta do início até o objetivo! Esse é realmente o modo mais eficiente de seguir de um ponto ao outro se não houver obstáculos para nos preocuparmos.

É claro que a inclusão de J_{obs} é o que torna as coisas difíceis – e vamos poupá-lo da derivação de seu gradiente aqui. O robô normalmente inicializaria seu caminho como sendo uma linha reta, o que o faria bater em alguns obstáculos. Depois ele calcularia o gradiente do custo sobre o caminho atual, e o gradiente serviria para que o caminho se afaste dos obstáculos (Figura 26.20). Lembre-se de que a descida de gradiente só encontrará uma solução *localmente ótima* – assim como a subida de encosta. Métodos como a têmpera simulada (seção 4.1.2) podem ser usados para exploração, para que fique mais provável que o ótimo local seja bom.

26.5.3 Controle de rastreamento de trajetória

Teoria de controle

Discutimos como *planejar* movimentos, mas não como realmente *mover* – aplicar corrente aos motores, produzir torque, movimentar o robô. Esse é o campo da **teoria de controle**, um campo cada vez mais importante na IA. Existem duas questões principais a serem tratadas: como transformamos uma descrição matemática de um caminho em uma sequência de ações no mundo real (controle de malha aberta) e como podemos garantir que permanecemos no caminho (controle de malha fechada)?

De configurações a torques para o rastreamento de malha aberta: Nosso caminho $\tau(t)$ nos dá configurações. O robô começa em repouso, em $q_s = \tau(0)$. A partir daí, os motores do robô transformarão correntes elétricas em torques, levando ao movimento. Mas que torques o robô deve buscar, a fim de terminar em $q_g = \tau(1)$?

Modelo dinâmico

É aí que entra a ideia de um **modelo dinâmico** (ou modelo de transição). Podemos dar ao robô uma função f que calcula os efeitos que os torques têm sobre a configuração. Lembra-se da fórmula $F = ma$ da física? Bem, há algo parecido com ela também para torques, na forma

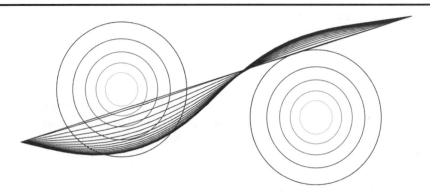

Figura 26.20 Otimização de trajetória para o planejamento de movimento. Dois obstáculos pontuais com faixas circulares de custo cada vez menor ao redor deles. O otimizador começa com a trajetória de linha reta e permite que os obstáculos encurvem a linha para fora das colisões, encontrando o caminho mínimo por meio do campo de custo.

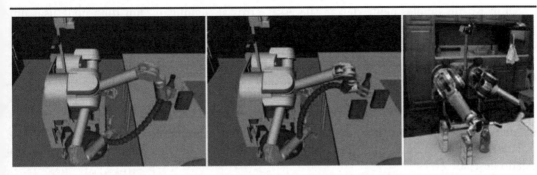

Figura 26.21 Tarefa de avançar o braço e pegar uma garrafa resolvida com um otimizador de trajetória. Esquerda: a trajetória inicial, plotada para o efetuador final. Meio: a trajetória final após a otimização. Direita: a configuração do objetivo. (Cortesia de Anca Dragan.) Ver Ratliff *et al.* (2009). (Esta figura encontra-se reproduzida em cores no Encarte *online*.)

de $u = f^{-1}(q, \dot{q}, \ddot{q})$, com u sendo um torque, $\dot{q}$ a velocidade e $\ddot{q}$ uma aceleração.[2] Se o robô estivesse na configuração q e com velocidade $\dot{q}$, recebendo um torque u, isso levaria à aceleração $\ddot{q} = f(q, \dot{q}, u)$. A tupla $(q, \dot{q})$ é um **estado dinâmico**, pois inclui velocidade, enquanto q é o **estado cinemático** e não é suficiente para calcular exatamente qual torque deve ser aplicado. f é um modelo dinâmico determinístico no MDP sobre estados dinâmicos com torques como ações. f^{-1} é a **dinâmica inversa**, informando-nos qual torque aplicar, se quisermos uma aceleração específica, que leva a uma mudança na velocidade e, portanto, a uma mudança no estado dinâmico.

Estado dinâmico
Estado cinemático

Dinâmica inversa

Agora, ingenuamente, poderíamos pensar em $t \in [0,1]$ como o "tempo" em uma escala de 0 a 1 e selecionar nosso torque usando a dinâmica inversa:

$$u(t) = f^{-1}(\tau(t), \dot{\tau}(t), \ddot{\tau}(t)) \qquad (26.2)$$

supondo que o robô parte de $(\tau(0), \dot{\tau}(0))$. Porém, na realidade, as coisas não são tão fáceis.

O caminho τ foi criado como uma sequência de pontos, sem levar em conta velocidades e acelerações. Assim, o caminho pode não satisfazer $\dot{\tau}(0) = 0$ (o robô começa com velocidade 0), ou mesmo que τ é diferenciável (muito menos duplamente diferenciável). Além do mais, o significado da extremidade "1" é incerto: ele é mapeado para quantos segundos?

Na prática, antes de sequer pensarmos em rastrear um caminho de referência, normalmente nós o **retemporizamos**, ou seja, nós o transformamos em uma trajetória $\xi(t)$ que mapeia o intervalo $[0, T]$ para alguma duração de tempo T em pontos no espaço de configuração C. (O símbolo ξ é a letra grega csi.) A retemporização é mais complicada do que você poderia imaginar, mas há formas aproximadas de fazê-la, por exemplo, escolhendo velocidade e aceleração máximas e usando um perfil que acelere até essa velocidade máxima, permaneça lá ao máximo possível e depois desacelere de volta a 0. Supondo que possamos fazer isso, a Equação 26.2 pode ser reescrita para

Retemporizar

$$u(t) = f^{-1}(\xi(t), \dot{\xi}(t), \ddot{\xi}(t)). \qquad (26.3)$$

Mesmo com a mudança de τ para ξ, uma trajetória real, a equação da aplicação de torques vista anteriormente (chamada **lei de controle**), tem um problema na prática. Relembrando a seção sobre aprendizado por reforço, você pode imaginar qual seja. A equação funciona muito bem na situação em que f é exato, mas a maldita realidade atrapalha, como sempre: em sistemas reais, não conseguimos medir massas e inércias com exatidão, e f pode não considerar com precisão os fenômenos físicos como o **atrito estático** nos motores (a força que tende a impedir que superfícies estacionárias sejam colocadas em movimento – fazendo com que fiquem paradas). Assim, quando o braço do robô começa a aplicar esses torques, mas f está errada, os erros se acumulam e você desvia cada vez mais do caminho de referência.

Lei de controle

Atrito estático

---

[2] Omitimos os detalhes de f^{-1} aqui, mas eles envolvem massa, inércia, gravidade e forças de Coriolis e centrífuga.

Em vez de simplesmente deixar que esses erros se acumulem, um robô pode usar um processo de controle que verifica onde ele acha que está, compara isso com onde ele queria estar e aplica um torque para minimizar o erro.

Um controlador que oferece força em proporção negativa ao erro observado é conhecido como um controlador proporcional, ou **controlador P**, para abreviar. A equação para a força é:

$$u(t) = K_p(\xi(t) - q_t)$$

em que q_t é a configuração atual e K_p é uma constante representando o **fator de ganho** do controlador. K_p regula a força com que o controlador corrige os desvios entre o estado real q_t e o estado desejado $\xi(t)$.

A Figura 26.22(a) ilustra o que pode dar errado com o controle proporcional. Sempre que acontece um desvio – seja por causa de ruído ou de restrições sobre as forças que o robô pode aplicar –, o robô exerce uma força no sentido oposto cuja magnitude é proporcional a esse desvio. Intuitivamente, isso talvez pareça plausível, tendo em vista que os desvios devem ser compensados por uma força em sentido contrário para manter o robô no caminho. Porém, como ilustra a Figura 26.22(a), um controlador proporcional faz o robô aplicar muita força, afastando-se do caminho desejado e seguindo um caminho em zigue-zague. Isso é o resultado da inércia natural do robô: uma vez retornado à sua posição de referência, o robô tem uma velocidade que não pode ser parada instantaneamente.

Na Figura 26.22(a), o parâmetro $K_p = 1$. À primeira vista, poderíamos pensar que a escolha de um valor menor para K_p iria corrigir o problema, dando ao robô uma abordagem mais uniforme para o caminho desejado. Infelizmente, não é isso que acontece. A Figura 26.22(b) mostra uma trajetória correspondente a $K_p = 0,1$, exibindo ainda um comportamento oscilatório. Valores mais baixos do parâmetro de ganho podem ajudar, mas não resolvem o problema. Na verdade, na ausência de atrito, o controlador P é praticamente uma mola; desse modo, ele vai oscilar indefinidamente em torno de uma posição de destino fixa.

Existem diversos controladores que são superiores à lei de controle proporcional simples. Um controlador é dito **estável** se pequenas perturbações levam a um erro limitado entre o robô e o sinal de referência. O controlador é **estritamente estável** se for capaz de retornar a seu caminho de referência e permanecer lá ao ocorrerem tais perturbações. Nosso controlador P parece ser estável, mas não estritamente estável, pois deixa de retornar para sua trajetória de referência.

O controlador mais simples que alcança estabilidade estrita em nosso domínio é conhecido como **controlador PD**. Mais uma vez, a letra "P" significa *proporcional*, e "D" significa *derivada*. Os controladores PD são descritos pela equação a seguir:

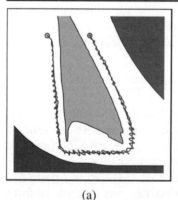 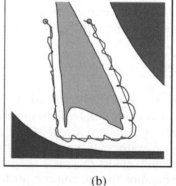 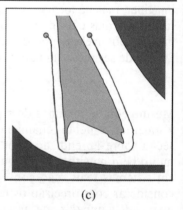

(a) (b) (c)

Figura 26.22 Controle de braço robótico que utiliza (a) controle proporcional com fator de ganho de 1,0; (b) controle proporcional com fator de ganho de 0,1; e (c) controle PD (proporcional-derivativo) com fatores de ganho de 0,3 para o componente proporcional e de 0,8 para o componente diferencial. Em todos os casos, o braço robótico tenta seguir o caminho mostrado na linha suave, mas em (a) e (b) ele se desvia bastante do caminho.

$$u(t) \;=\; K_P(\xi(t) - q_t) + K_D(\dot{\xi}(t) - \dot{q}_t). \qquad (26.4)$$

Como sugere essa equação, os controladores PD estendem os controladores P com um componente diferencial, que soma ao valor de $u(t)$ um termo proporcional à primeira derivada do erro $\xi(t) - q_t$ ao longo do tempo. Qual é o efeito desse termo? Em geral, um termo derivado amortece o sistema que está sendo controlado. Para ver isso, considere uma situação em que o erro está mudando rapidamente com o tempo, como é o caso em nosso controlador P anterior. A derivada desse erro vai então contrariar o termo proporcional, o que reduzirá a resposta global à perturbação. Porém, se o mesmo erro persistir e não mudar, a derivada desaparecerá, e o termo proporcional dominará a escolha do controle.

A Figura 26.22(c) mostra o resultado da aplicação desse controlador PD ao nosso braço robótico, usando como parâmetros de ganho $K_P = 0,3$ e $K_D = 0,8$. Claramente, se vê que o caminho resultante é muito mais suave e não exibe oscilações óbvias.

No entanto, os controladores PD também têm modos de falha. Em particular, os controladores PD podem deixar de regular um erro até reduzi-lo a zero, mesmo na ausência de perturbações externas. Muitas vezes, essa situação é o resultado de uma força externa sistemática que não faz parte do modelo. Um carro autônomo dirigindo em uma superfície inclinada, por exemplo, pode-se encontrar sistematicamente puxado para um lado. O desgaste e o movimento rápido dos braços do robô causam erros sistemáticos semelhantes. Nessas situações é necessário realimentação sobreproporcional para conduzir o erro mais perto de zero. A solução para esse problema está na adição de um terceiro termo à lei de controle, baseado no erro *integrado* ao longo do tempo:

$$u(t) \;=\; K_P(\xi(t) - q_t) + K_I \int_0^t (\xi(s) - q_s)ds + K_D(\dot{\xi}(t) - \dot{q}_t). \qquad (26.5)$$

Aqui, K_I é outro parâmetro de ganho. A expressão $\int_0^t (\xi(s)$ calcula a integral do erro ao longo do tempo. O efeito desse termo é que desvios duradouros entre o sinal de referência e o estado real são corrigidos. Assim, termos integrais asseguram que um controlador não exibirá erros sistemáticos a longo prazo, embora imponham um perigo maior de comportamento oscilatório.

Um controlador com todos os três termos é chamado **controlador PID** (de proporcional- **Controlador PID** integral-derivativo). Os controladores PID são muito utilizados na indústria, para uma grande variedade de problemas de controle. Pense nos três termos da seguinte forma – proporcional: tente com mais afinco quanto mais longe estiver do caminho; derivativo: tente ainda mais se o erro estiver aumentando; integral: tente com mais afinco ainda se não tiver feito progresso depois de um longo tempo.

Um meio-termo entre o controle de malha aberta baseado em dinâmica inversa e o controle PID de malha fechada é chamado **controle de torque computado**. Calculamos o torque **Controle de torque** que nosso modelo pensa que precisaremos, mas compensamos a imprecisão do modelo com **computado** termos de erro proporcionais:

$$u(t) \;=\; \underbrace{f^{-1}(\xi(t), \dot{\xi}(t), \ddot{\xi}(t))}_{progressiva} + \underbrace{m(\xi(t))\left(K_P(\xi(t) - q_t) + K_D(\dot{\xi}(t) - \dot{q}_t)\right)}_{realimentada}. \quad (26.6)$$

O primeiro termo é chamado **componente progressiva**, porque olha para a progressão desejada **Componente** do robô e calcula o torque que seria necessário. O segundo é a **componente realimentada**, por- **progressiva** que alimenta o erro atual no estado dinâmico de volta para a lei de controle. $m(q)$ é a matriz **Componente** **realimentada** de inércia na configuração q – diferente do controle PD normal, os ganhos mudam com a configuração do sistema.

Planos *versus* políticas

Vamos dar um passo para trás e ter certeza de que entendemos a analogia entre o que aconteceu até agora neste capítulo e o que aprendemos nos capítulos sobre busca, MDP e aprendizado por reforço. Com o planejamento de movimento na robótica, estamos realmente considerando um MDP subjacente em que os estados são estados dinâmicos (configuração e velocidade) e as ações são entradas de controle, geralmente na forma de torques. Se você der outra olhada em nossas leis de controle, apresentadas anteriormente, elas são *políticas*, não *planos* – elas dizem ao robô qual ação tomar em *qualquer* estado que possa alcançar. No entanto, geralmente estão longe de ser políticas *ótimas*. Considerando que o estado dinâmico é contínuo e contém muitas dimensões (assim como o espaço de ação), as políticas ótimas são computacionalmente difíceis de extrair.

Em vez disso, o que fizemos aqui foi desmembrar o problema. Primeiro, criamos um plano, em um espaço simplificado de estado e de ação: usamos apenas o estado cinemático e assumimos que os estados podem ser alcançados um do outro, sem prestar atenção à dinâmica subjacente. Isso é planejamento de movimento e nos dá um caminho de referência. Se conhecêssemos a dinâmica perfeitamente, poderíamos transformar isso em um plano para o espaço original de estado e de ação, com a Equação 26.3.

Mas, como nosso modelo de dinâmica normalmente é errôneo, nós o transformamos em uma política que tenta seguir o plano – voltando a ele quando se afasta. Ao fazer isso, introduzimos a subotimalidade de duas maneiras: primeiro planejando sem considerar a dinâmica e, segundo, supondo que, se nos desviarmos do plano, o ideal a fazer é retornar ao plano original. A seguir, descrevemos técnicas que calculam políticas diretamente sobre o estado dinâmico, evitando completamente a separação.

26.5.4 Controle ótimo

Em vez de usar um planejador para criar um caminho cinemático e só nos preocuparmos com a dinâmica do sistema após o fato, discutimos aqui como poderíamos fazer tudo isso de uma só vez. Vamos tomar o problema de otimização da trajetória para caminhos cinemáticos, transformando-a em otimização de trajetória verdadeira com dinâmica; vamos otimizar diretamente sobre as ações, levando em consideração a dinâmica (ou as transições).

Isso nos leva para muito mais perto do que vimos nos capítulos sobre busca e MDP. Se soubermos a dinâmica do sistema, então poderemos encontrar uma sequência de ações para executar, como fizemos no Capítulo 3. Se não estivermos certos, então poderíamos desejar uma política, como no Capítulo 17.

Nesta seção, estamos examinando mais diretamente o MDP subjacente em que o robô atua. Estamos passando dos conhecidos MDP discretos para os contínuos. Vamos indicar com x nosso estado dinâmico do mundo, que é uma prática comum – o equivalente de s nos MDP discretos. Sejam x_s e x_g os estados inicial e de objetivo.

Queremos achar uma sequência de ações que, quando executadas pelo robô, resultam em pares estado-ação com baixo custo acumulado. As ações são torques que indicamos com $u(t)$ para t começando em 0 e terminando em T. Formalmente, queremos descobrir a sequência de torques u que minimiza um custo acumulado J:

$$\min_{u} \ \int_0^T J(x(t), u(t))dt \tag{26.7}$$

sujeito às restrições

$$\forall t, \ \dot{x}(t) = f(x(t), u(t))$$
$$x(0) = x_s, \ x(T) = x_g.$$

Como isso está conectado ao planejamento de movimento e controle de rastreamento de trajetória? Bem, imagine que tomemos a noção de eficiência e distanciamento dos obstáculos e a coloquemos na função de custo J, assim como fizemos antes na otimização de trajetória sobre o estado cinemático. O estado dinâmico é a configuração e a velocidade, e os torques u o alteram por meio da dinâmica f do rastreamento de trajetória em malha aberta. A diferença é que agora estamos pensando nas configurações e nos torques ao mesmo tempo. Às vezes, podemos querer tratar a evasão de colisão também como uma restrição rígida, algo que também já mencionamos quando examinamos a otimização de trajetória apenas para o estado cinemático.

Para resolver esse problema de otimização, podemos tomar gradientes de J – não mais em relação à sequência τ de configurações, mas diretamente em relação aos controles u. Às vezes, é útil incluir a sequência de estados x também como uma variável de decisão e usar as restrições da dinâmica para garantir que x e u sejam consistentes. Existem várias técnicas de otimização de trajetória usando essa abordagem; duas delas são chamadas **múltiplos disparos e colocação direta**. Nenhuma dessas técnicas encontrará a solução global ideal, mas, na prática, elas podem efetivamente fazer robôs humanoides andarem e fazer carros autônomos dirigirem.

A mágica acontece quando, no problema acima, J é quadrático e f é linear em x e u. Queremos minimizar

$$\min \int_0^\infty x^T Q x + u^T R u \, dt \qquad \text{sujeito a} \qquad \forall t, \; \dot{x}(t) = Ax(t) + Bu(t).$$

Podemos otimizar por um horizonte infinito, em vez de um finito, e obtemos uma política a partir de qualquer estado, em vez de apenas uma sequência de controles. Q e R precisam ser matrizes positivas definidas para que isso funcione. Isso nos dá o **regulador quadrático linear (RQL)**. Com o RQL, a função de valor ótimo (chamado **custo adiante**) é quadrática, e a política ótima é linear. A política se parece com $u = -Kx$, em que, para encontrar a matriz K, é preciso resolver uma **equação de Riccati** algébrica – sem qualquer necessidade de otimização de local, iteração de valor ou iteração de política!

Regulador quadrático linear (RQL)

Equação de Riccati

Devido à facilidade para encontrar a política ótima, o RQL tem muitos usos na prática, apesar de os problemas reais raramente terem de fato custos quadráticos e dinâmica linear. Um método realmente útil é chamado **RQL iterativo (RQLI)**, que funciona começando com uma solução e depois calculando iterativamente uma aproximação linear da dinâmica e uma aproximação quadrática do custo em torno dela, para depois resolver o sistema RQL resultante para chegar a uma nova solução. As variantes do RQL também são muito usadas para o rastreamento de trajetória.

RQL iterativo (RQLI)

26.6 Planejamento de movimentos incertos

Em robótica, a incerteza surge a partir da observabilidade parcial do ambiente e a partir dos efeitos estocásticos (ou não modelados) das ações do robô. Os erros também podem surgir do uso de algoritmos de aproximação como filtro de partículas, que não fornecem ao robô um estado de crença exato, mesmo que a natureza do ambiente seja perfeitamente modelada.

A maior parte dos robôs atuais utiliza algoritmos determinísticos para tomada de decisões, como os diversos algoritmos de planejamento de caminho da seção anterior, ou os algoritmos de busca que foram introduzidos no Capítulo 3. Esses algoritmos determinísticos são adaptados de duas maneiras: primeiro, eles lidam com o espaço de estados contínuo transformando-o em um espaço discreto (p. ex., com grafos de visibilidade ou decomposição em células). Em segundo lugar, eles lidam com a incerteza no estado atual escolhendo o **estado mais provável** a partir da distribuição de estados produzida pelo algoritmo de estimativa de estado. Essa abordagem torna a computação mais rápida e se ajusta melhor aos algoritmos de busca determinística. Nesta seção, discutimos métodos para lidar com a incerteza os quais são semelhantes aos algoritmos de busca mais complexos explicados no Capítulo 4.

Estado mais provável

Em primeiro lugar, em vez de planos determinísticos, a incerteza requer políticas. Já explicamos como o controle de rastreamento de trajetória transforma um plano em uma política para compensar os erros na dinâmica. Porém, às vezes, se a hipótese mais provável mudar o suficiente, o rastreamento do plano projetado para uma hipótese diferente fica muito aquém do ótimo. Aqui podemos efetuar um **replanejamento** *online*: podemos recalcular um novo plano baseado na nova crença. Muitos robôs atualmente usam uma técnica chamada **controle preditivo por modelo (CPM)**, em que eles planejam para um horizonte de tempo mais curto, mas replanejam a cada intervalo de tempo. (CPM, portanto, está relacionado mais de perto com os algoritmos de busca em tempo real e de jogos.) Isso efetivamente resulta em uma política: a cada passo, executamos o planejador e tomamos a primeira ação no plano; se aparecer nova informação, ou se acabarmos não onde esperávamos, tudo bem, porque iremos replanejar de qualquer forma, e isso nos dirá o que fazer em seguida.

Replanejamento online
Controle preditivo por modelo (CPM)

Em segundo lugar, a incerteza exige ações de **obtenção de informações**. Quando consideramos apenas as informações que temos e fazemos um plano baseado nisso (isso é chamado "separar a estimação do controle"), estamos efetivamente solucionando (aproximadamente) um novo MDP a cada passo, correspondente à nossa crença atual sobre onde estamos ou como o mundo funciona. Porém, na realidade, a incerteza é mais bem capturada pela estrutura de um POMDP: há algo que não observamos diretamente, seja a localização ou a configuração do robô, a posição dos objetos no mundo, ou os parâmetros do próprio modelo dinâmico – por exemplo, onde exatamente é o centro de massa da segunda articulação nesse braço robótico?

O que perdemos quando não resolvemos o POMDP é a capacidade de raciocinar a respeito de *informações futuras* que o robô obterá: nos MDP, só planejamos com o que sabemos, e não com o que *poderíamos* saber. Lembra-se do valor da informação? Bem, os robôs que planejam usando sua crença atual como se nunca descobrissem algo novo deixam de considerar o valor da informação. Eles nunca tomarão ações que parecem abaixo do ideal nesse momento, de acordo com o que eles sabem, mas que na verdade resultarão em muita informação e permitirão que o robô atue de forma adequada.

Para um robô de navegação, como seria essa ação? O robô poderia chegar perto de um ponto de referência para ter uma estimativa melhor de onde está, mesmo se o local estiver fora do caminho, de acordo com o que ele sabe atualmente. Essa ação é ótima somente se o robô considerar as novas observações que obterá, em vez de examinar somente as informações que já tem.

Para contornar isso, as técnicas de robótica às vezes definem ações de obtenção de informações explicitamente – como mover uma mão até que ela toque em uma superfície (o que é chamado **movimentos protegidos**) – e garantem que o robô faça isso antes de chegar a um plano para atingir seu objetivo real. Cada movimento protegido consiste (1) em um comando de movimento e (2) em uma condição de término, que é um predicado sobre os valores de sensores do robô, informando quando ele deve parar.

> Movimento protegido

Às vezes, o próprio objetivo pode ser alcançado por meio de uma sequência de movimentos protegidos, com garantia de sucesso independentemente da incerteza. Como exemplo, a Figura 26.23 mostra um espaço de configuração bidimensional com um orifício vertical estreito. Ele poderia representar o espaço de configurações para a inserção de uma cavilha retangular ou uma chave de carro na ignição. Os comandos de movimento são velocidades constantes. As condições de término são o contato com uma superfície. Para modelar a incerteza no controle, vamos supor que, em vez de se mover na direção determinada pelo comando, o robô efetua um movimento real que reside no cone C_v sobre ele.

A figura mostra o que aconteceria se o robô tentasse se mover diretamente para baixo, a partir da configuração inicial. Em função da incerteza na velocidade, o robô poderia se mover para qualquer lugar no envoltório cônico, possivelmente entrando no orifício, mas provavelmente parando em algum ponto ao lado dele. Nesse caso, como o robô não saberia em que lado do orifício parou, ele não saberia que caminho seguir.

Uma estratégia mais sensata é mostrada nas Figuras 26.24 e 26.25. Na Figura 26.24, o robô deliberadamente se move para um lado do orifício. O comando de movimento é mostrado na figura, e o teste de término é o contato com qualquer superfície. Na Figura 26.25, é executado um comando de movimento que faz o robô deslizar ao longo da superfície para

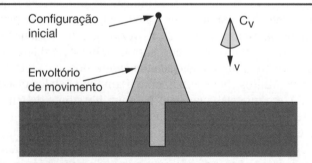

Figura 26.23 Ambiente bidimensional, cone de incerteza de velocidade e envoltório de movimentos possíveis de um robô. A velocidade pretendida é v, mas, com a incerteza, a velocidade real pode ter qualquer valor dentro de C_v, resultando em uma configuração final em algum lugar no envoltório de movimento; isso significa que não saberíamos se atingimos o orifício ou não.

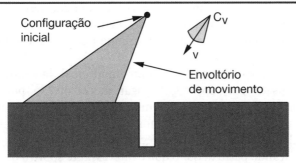

Figura 26.24 Primeiro comando de movimento e o envoltório resultante de movimentos possíveis do robô. Independentemente de qual seja o movimento real, sabemos que a configuração final estará à esquerda do orifício.

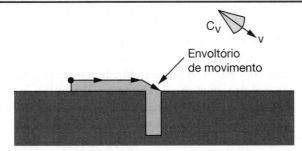

Figura 26.25 Segundo comando de movimento e o envoltório de movimentos possíveis. Mesmo com erro, eventualmente conseguiremos entrar no orifício.

dentro do orifício. Como todas as velocidades possíveis no envoltório de movimento estão à direita, o robô deslizará para a direita sempre que estiver em contato com uma superfície horizontal.

Ele deslizará para baixo da aresta vertical do lado direito do orifício quando a tocar porque todas as velocidades possíveis estarão orientadas para baixo em relação a uma superfície vertical. Ele continuará a se mover até alcançar a parte inferior do orifício porque essa é sua condição de término. Apesar da incerteza de controle, todas as trajetórias possíveis do robô terminam em contato com a parte inferior do orifício – a menos que as irregularidades da superfície façam o robô permanecer em um único lugar.

Outras técnicas além dos movimentos protegidos mudam a função de custo para incentivar ações que sabemos que levarão a informações – como a heurística de **navegação costeira**, que exige que o robô fique próximo a pontos de referência conhecidos. Geralmente, as técnicas podem incorporar o **ganho de informação** esperado (redução de entropia da crença) como um termo na função de custo, levando o robô a raciocinar explicitamente sobre quanta informação cada ação poderia trazer ao decidir o que fazer. Embora mais difíceis em termos de computação, essas técnicas têm a vantagem de que o robô inventa suas próprias ações de coleta de informações, em vez de contar com heurísticas fornecidas por humanos e estratégias prontas que geralmente não têm flexibilidade.

26.7 Aprendizado por reforço na robótica

Até aqui, consideramos tarefas em que o robô tem acesso ao modelo dinâmico do mundo. Em muitas tarefas, é muito difícil escrever esse modelo, que nos coloca no domínio do aprendizado por reforço (AR).

Um desafio do AR na robótica é a natureza contínua dos espaços de estados e de ações, que tratamos por meio da discretização ou, mais comumente, pela aproximação de função.

870 Inteligência Artificial

Políticas ou funções de valor são representadas como combinações de recursos úteis conhecidos, ou como redes neurais profundas. As redes neurais podem mapear de entradas brutas diretamente para saídas, e com isso evitam em grande parte a necessidade da engenharia de características, mas elas exigem mais dados.

Um desafio maior é que os robôs operam no mundo real. Já vimos como o aprendizado por reforço pode ser usado para aprender a jogar xadrez ou Go, por meio de jogos simulados. Mas, quando um robô real se move no mundo real, precisamos ter certeza de que suas ações são seguras (as coisas quebram!) e temos que aceitar que o progresso será mais lento do que em uma simulação, pois o mundo se recusa a mover mais rapidamente do que um segundo por segundo. Grande parte daquilo que é interessante sobre o uso do aprendizado por reforço se resume a como poderíamos reduzir a complexidade amostral do mundo real – o número de interações com o mundo físico que o robô precisa ter antes que tenha aprendido a fazer a tarefa.

26.7.1 Exploração de modelos

Uma forma natural de evitar a necessidade de muitas amostras do mundo real é usar o máximo de conhecimento possível sobre a dinâmica do mundo. Por exemplo, poderíamos não saber exatamente qual é o coeficiente de atrito ou a massa de um objeto, mas poderíamos ter equações que descrevem a dinâmica em função desses parâmetros.

Nesse caso, o **aprendizado por reforço baseado em modelo** (Capítulo 22) é atraente, no qual o robô pode alternar entre ajustar os parâmetros dinâmicos e calcular uma política melhor. Mesmo que as equações estejam incorretas porque deixam de modelar todos os detalhes da física, os pesquisadores têm experimentado aprender um termo de erro, além dos parâmetros, que possa compensar a imprecisão do modelo físico. Ou podemos abandonar as equações e, em vez disso, ajustar modelos localmente lineares do mundo, cada um aproximando-se da dinâmica de uma região do espaço de estados, uma abordagem que tem sido bem-sucedida em fazer com que os robôs dominem tarefas dinâmicas complexas, como malabarismo.

Sim-to-real

Um modelo do mundo também pode ser útil na redução da complexidade amostral de métodos de aprendizado por reforço sem modelo, fazendo uma transferência **sim-to-real**: transferir políticas que funcionam em simulação para o mundo real. A ideia é usar o modelo como um simulador para uma busca de política (seção 22.5). Para aprender uma política que transfira bem, podemos adicionar ruído ao modelo durante o treinamento, tornando a política mais robusta. Ou podemos treinar políticas que funcionarão com uma *variedade* de modelos por meio da amostragem de diferentes parâmetros nas simulações – algo que às vezes é chamado **aleatorização de domínio**. Um exemplo está na Figura 26.26, em que uma tarefa de manipulação hábil é treinada em simulação por atributos visuais variados, bem como atributos físicos como fricção ou amortecimento.

Aleatorização de domínio

Por fim, as abordagens híbridas que pegam emprestadas as ideias de algoritmos baseados em modelo e sem modelo têm o objetivo de nos oferecer o melhor de ambos. A abordagem híbrida teve origem na arquitetura Dyna, onde a ideia era alternar entre agir e melhorar a política, mas a melhoria da política viria de duas maneiras complementares: (1) a forma padrão, livre de modelo, usando a experiência para atualizar diretamente a política, e (2) a forma baseada em modelo, usando a experiência para ajustar um modelo e, em seguida, planejar com ele para gerar uma política.

Técnicas mais recentes têm experimentado ajustar modelos locais, planejar com eles a geração de ações e usar essas ações como supervisão para ajustar uma política e, em seguida, repetir para obter modelos cada vez melhores em torno das áreas de que a política necessita. Isso foi aplicado com sucesso na **aprendizagem de ponta a ponta**, em que a política toma *pixels* como entrada e gera diretamente os torques como ações – isso possibilitou a primeira demonstração do AR profundo em robôs físicos.

Os modelos também podem ser explorados com a finalidade de garantir uma **exploração segura**. Aprender devagar, mas com segurança, pode ser melhor do que aprender rápido, mas se chocando e pegando fogo no meio do caminho. Então, indiscutivelmente, mais importante

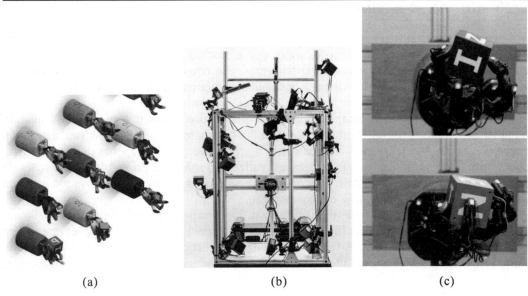

Figura 26.26 Treino de uma política robusta. (a) Várias simulações são executadas para uma mão robótica manipulando objetos, com diferentes parâmetros aleatorizados para os modelos de física e iluminação. (Cortesia de Wojciech Zaremba.) (b) O ambiente do mundo real, com uma única mão robótica no centro de uma estrutura, cercada por câmeras e sensores de distância. (c) O treinamento na simulação e no mundo real produz várias políticas diferentes para agarrar objetos; aqui, o robô agarra com a ponta dos dedos e com a mão inteira. (Cortesia da OpenAI.) Ver Andrychowicz *et al.* (2018a).

do que reduzir as amostras do mundo real é reduzir as amostras do mundo real em estados *perigosos* – não queremos robôs caindo de penhascos e não queremos que eles quebrem nossas canecas favoritas ou, pior ainda, colidam com objetos e pessoas. Um modelo aproximado, com incerteza associada a ele (p. ex., considerando uma gama de valores para seus parâmetros), pode orientar a exploração e impor restrições às ações que o robô pode realizar para evitar esses estados perigosos. Essa é uma área ativa de pesquisa em robótica e controle.

26.7.2 Exploração de outras informações

Os modelos são úteis, mas podemos fazer mais do que isso para reduzir ainda mais a complexidade amostral.

Ao preparar um problema de aprendizado por reforço, temos que selecionar os espaços de estados e de ações, a representação da política ou da função de valor e a função de recompensa que estamos usando. Essas decisões têm grande impacto sobre a facilidade ou a dificuldade com que elaboramos o problema.

Uma abordagem é usar **movimentos primários** de alto nível em vez de ações de baixo nível, como comandos de torque. Um movimento primário é uma habilidade parametrizada que o robô tem. Por exemplo, um jogador de futebol robótico pode ter a habilidade de "passar a bola para o jogador em (x,y)". Tudo o que a política precisa fazer é descobrir como combiná-las e definir seus parâmetros, em vez de reinventá-las. Essa abordagem geralmente aprende muito mais rápido do que as abordagens de baixo nível, mas restringe o espaço de possíveis comportamentos que o robô pode aprender.

Movimento primário

Outra maneira de reduzir o número de amostras do mundo real, que são necessárias para o aprendizado, é reutilizar informações de episódios anteriores de aprendizado em outras tarefas, em vez de começar do zero. Isso se enquadra no conceito de **meta-aprendizagem** ou **aprendizagem por transferência**.

Por fim, as pessoas são uma ótima fonte de informações. Na próxima seção, falaremos sobre como interagir com as pessoas, e parte disso é como usar suas ações para orientar o aprendizado do robô.

872 Inteligência Artificial

26.8 Humanos e robôs

Até agora, concentramo-nos em um robô planejando e aprendendo como agir *isoladamente*. Isso é útil para alguns robôs, como os robôs que enviamos para explorar planetas distantes em nosso favor. No entanto, na maioria das vezes, não construímos robôs para trabalharem isoladamente. Nós os construímos para nos ajudar e para trabalhar em ambientes humanos, ao nosso redor e conosco.

Isso gera dois desafios complementares. O primeiro é otimizar a recompensa quando há pessoas agindo no mesmo ambiente que o robô. Chamamos isso de o **problema da coordenação** (ver seção 18.1). Quando a recompensa do robô depende não apenas de suas próprias ações, mas também das ações que as pessoas realizam, o robô precisa escolher suas ações de uma forma que combine bem com as ações das pessoas. Quando o humano e o robô estão na mesma equipe, isso se transforma em **colaboração**.

Em segundo lugar, está o desafio de otimizar o que as pessoas realmente desejam. Se um robô deve ajudar as pessoas, sua função de recompensa precisa incentivar as ações que as pessoas desejam que o robô execute. Descobrir a função de recompensa (ou a política) certa para o robô é em si um problema de interação. Vamos explorar esses dois desafios separadamente.

26.8.1 Coordenação

Vamos supor, por enquanto, como já fizemos, que o robô tenha acesso a uma função de recompensa claramente definida. Porém, em vez de precisar otimizá-la isoladamente, agora o robô precisa otimizá-la em torno de um ser humano que também está agindo. Por exemplo, conforme um carro autônomo entra na rodovia, ele precisa negociar a manobra com o motorista humano vindo na pista desejada – ele deveria acelerar e entrar na frente, ou diminuir a velocidade e entrar atrás? Mais tarde, ao parar em uma placa de pare, preparando-se para virar à direita, deve ficar atento ao ciclista na ciclovia e ao pedestre prestes a pisar na faixa de pedestres.

Ou, considere um robô móvel em um corredor. Alguém indo direto em direção ao robô dá um passo ligeiramente para a direita, indicando de que lado do robô deseja passar. O robô precisa responder, esclarecendo suas intenções.

Humanos como agentes aproximadamente racionais

Uma maneira de formular a coordenação com um humano é modelá-la como um jogo entre o robô e o humano (seção 18.2). Com essa abordagem, estamos explicitamente supondo que as pessoas são agentes incentivados por objetivos. Isso não significa automaticamente que elas são agentes perfeitamente racionais (ou seja, encontrar soluções ótimas no jogo), mas significa que o robô pode estruturar a maneira como raciocina sobre o humano por meio da noção de possíveis objetivos que o humano pode ter. Nesse jogo:

- O estado do ambiente captura as configurações dos agentes robô e humano; chame isso de $x = (x_R, x_H)$
- Cada agente pode tomar ações, u_R e u_H, respectivamente
- Cada agente tem um objetivo que pode ser interpretado como um custo, J_R e J_H: cada agente deseja chegar ao seu objetivo com segurança e eficiência
- E, como em qualquer jogo, cada objetivo depende do estado e das ações de *ambos* os agentes: $J_R(x, u_R, u_H)$ e $J_H(x, u_H, u_R)$. Pense na interação entre carro e pedestre – o carro deverá parar se o pedestre atravessar, e deve seguir em frente se o pedestre esperar.

Três aspectos importantes complicam esse jogo. Primeiro é que o humano e o robô não necessariamente conhecem os objetivos um do outro. Isso o torna um **jogo de informação incompleta**.

Jogo de informação incompleta

Segundo é que os espaços de estados e de ações são *contínuos*, como têm sido por todo este capítulo. Aprendemos, no Capítulo 5, como realizar uma busca em árvore para lidar com jogos discretos, mas como lidamos com espaços contínuos?

Terceiro, embora em alto nível o modelo de jogos faça sentido – os humanos se movem e têm objetivos –, o comportamento de um humano nem sempre pode ser bem caracterizado como uma solução para o jogo. O jogo vem com um desafio computacional não só para o robô, mas também para nós, humanos. Requer pensar sobre o que o robô fará em resposta ao que a pessoa faz, o que depende do que o robô pensa que a pessoa fará, e logo chegamos a "o que você acha que eu acho que você acha que eu acho" – são tartarugas até o fim! Os humanos não conseguem lidar com tudo isso e apresentam certos comportamentos abaixo do ideal. Isso significa que o robô deve levar isso em consideração.

Então, o que um carro autônomo deve fazer quando o problema de coordenação é tão difícil? Faremos algo semelhante ao que fizemos antes neste capítulo. Para o planejamento e controle do movimento, pegamos um MDP e o desmembramos em planejamento de uma trajetória e depois rastreamento com um controlador. Aqui também, vamos pegar o jogo e desmembrá-lo em fazer previsões sobre as ações humanas e decidir o que o robô deve fazer de acordo com essas previsões.

Previsão da ação humana

É difícil prever as ações humanas, uma vez que elas dependem das ações do robô e vice-versa. Um truque que os robôs usam é fingir que a pessoa está ignorando o robô. O robô pressupõe que as pessoas são ruidosamente ótimas em relação ao seu objetivo, que é desconhecido ao robô e é modelado como não sendo mais dependente das ações do robô: $J_H(x, u_H)$. Em particular, quanto maior o valor de uma ação para o objetivo (quanto menor o custo adiante), mais provável é que o humano tome essa ação. O robô pode criar um modelo para $P(u_H \mid x, J_H)$, por exemplo, usando a função *softmax* da seção 22.5:

$$P(u_H \mid x, J_H) \propto e^{-Q(x, u_H; J_H)} \qquad (26.8)$$

com $Q(x, u_H; J_H)$ sendo a função de valor Q correspondente a J_H (o sinal negativo aparece porque, em robótica, gostamos de minimizar o custo, e não maximizar a recompensa). Observe que o robô não assume que as ações são perfeitamente ótimas, nem que as ações são escolhidas com base em qualquer raciocínio sobre o robô.

Equipado com esse modelo, o robô usa as ações em andamento do humano como evidência sobre J_H. Se tivermos um modelo de observação de como as ações do humano dependem do objetivo do humano, cada ação humana pode ser incorporada para atualizar a crença do robô sobre o objetivo que a pessoa tem:

$$b'(J_H) \propto b(J_H) P(u_H \mid x, J_H). \qquad (26.9)$$

Um exemplo pode ser visto na Figura 26.27: o robô está rastreando a localização de um humano e, à medida que o humano se move, o robô atualiza sua crença sobre os objetivos do humano. Quando o humano se dirige para a janela, o robô aumenta a probabilidade de que

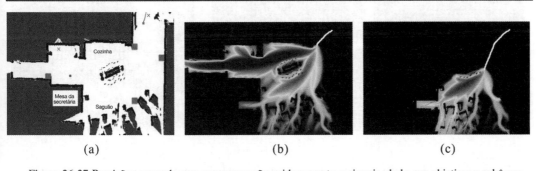

Figura 26.27 Previsões supondo que as pessoas são ruidosamente racionais, dado seu objetivo: o robô usa as ações do passado para atualizar uma crença sobre qual destino a pessoa está se dirigindo, e depois usa a crença para fazer previsões sobre ações futuras. (a) O mapa de uma sala. (b) Previsões após ver uma pequena parte da trajetória da pessoa (caminho branco). (c) Previsões depois de ver mais ações humanas: o robô agora sabe que a pessoa não está se dirigindo para o corredor à esquerda, porque o caminho tomado até aqui seria ruim se esse fosse o objetivo da pessoa. (Imagens por cortesia de Brian D. Ziebart.) Ver Ziebart *et al.* (2009). (Esta figura encontra-se reproduzida em cores no Encarte *online*.)

o objetivo é olhar para fora da janela e diminui a probabilidade de que o objetivo é ir para a cozinha, que está no sentido oposto.

É assim que as ações passadas do humano acabam informando ao robô sobre o que o humano fará no futuro. Ter uma convicção sobre o objetivo do humano ajuda o robô a antecipar as próximas ações que o humano tomará. O mapa de calor na figura mostra as previsões do robô: vermelho é mais provável; azul é menos provável.

A mesma coisa pode acontecer ao dirigir um carro. Podemos não saber o quanto outro motorista valoriza a eficiência, mas se a virmos acelerar enquanto alguém está tentando entrar à sua frente, agora sabemos um pouco mais sobre essa pessoa. E, uma vez que sabemos disso, podemos antecipar melhor o que a pessoa fará no futuro – o mesmo motorista provavelmente se aproximará atrás de nós ou fará zigue-zagues no trânsito para seguir em frente.

Uma vez que o robô pode fazer previsões sobre as ações humanas futuras, ele reduz seu problema para resolver um MDP. As ações humanas complicam a função de transição, mas desde que o robô possa antecipar qual ação a pessoa realizará em qualquer estado futuro, o robô pode calcular $P(x' \mid x, u_R)$: ele pode calcular $P(u_H \mid x)$ a partir de $P(u_H \mid x, J_H)$ marginalizando sobre J_H, e combiná-la com $P(x' \mid x, u_R, u_H)$, a função de transição (dinâmica) de como o mundo se atualiza com base nas ações do robô e do ser humano. Na seção 26.5, focamos em como resolver isso em espaços contínuos de estados e de ações para a dinâmica determinística, e na seção 26.6 discutimos como fazê-lo com dinâmica estocástica e incerteza.

Separar a previsão da ação torna mais fácil para o robô lidar com a interação, mas sacrifica o desempenho da mesma forma que separar a estimação do movimento ou separar o planejamento do controle.

Um robô com essa separação não mais entende que suas ações podem influenciar o que as pessoas acabam fazendo. Por outro lado, o robô na Figura 26.27 antecipa para onde as pessoas irão e, em seguida, otimiza para alcançar seu próprio objetivo e evitar colisões com elas. Na Figura 26.28, temos um carro autônomo entrando na rodovia. Se ele apenas planejou em reação a outros carros, pode ter que esperar muito tempo enquanto os outros carros ocupam sua faixa de destino. Porém, um carro que raciocina sobre predição e ação em conjunto sabe que diferentes ações que ele pode tomar resultarão em reações diferentes por parte do humano. Se ele começar a se afirmar, é provável que os outros carros diminuam um pouco a velocidade e deixem mais espaço. Os roboticistas estão trabalhando em interações coordenadas como essa, para que os robôs possam trabalhar melhor com humanos.

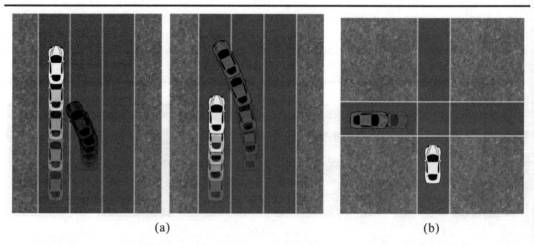

(a)   (b)

Figura 26.28 (a) Esquerda: um carro autônomo (pista central) prevê que o motorista humano (pista da esquerda) deseja continuar em frente, e planeja uma trajetória que reduz a velocidade e entra atrás dele. Direita: o carro considera a influência que suas ações podem ter sobre as ações humanas e observa que pode entrar na frente e contar com a redução da velocidade pelo motorista humano. (b) O mesmo algoritmo produz uma estratégia incomum em um cruzamento: o carro observa que é mais provável que a pessoa (na parte de baixo) prossiga mais rapidamente pelo cruzamento se começar a se mover para trás. (Imagens por cortesia da Anca Dragan.) Ver Sadigh et al. (2016).

Previsões humanas sobre o robô

Informações incompletas geralmente têm dois lados: o robô não conhece o objetivo do ser humano, e o humano, por sua vez, não conhece o objetivo do *robô* – as pessoas precisam fazer previsões sobre os robôs. Como projetistas de robôs, não somos responsáveis por como o ser humano faz previsões; só podemos controlar o que o robô faz. No entanto, o robô pode agir de modo a *facilitar* as previsões corretas por parte do ser humano. O robô pode assumir que o humano está usando algo aproximadamente semelhante à Equação (26.8) para estimar o objetivo J_R do robô; portanto, o robô agirá de forma que seu verdadeiro objetivo possa ser facilmente deduzido.

Um caso especial do jogo é quando o humano e o robô estão no mesmo time, trabalhando para a mesma meta ou o mesmo objetivo: $J_H = J_R$. Imagine ter um robô doméstico pessoal que está ajudando você a fazer o jantar ou a limpar – esses são exemplos de **colaboração**.

Agora podemos definir um **agente conjunto** cujas ações são tuplas de ações humano-robô (u_H, u_R) e que otimiza para $J_H(x, u_H, u_R) = J_R(x, u_R, u_H)$, e estamos resolvendo um problema comum de planejamento. Calculamos o plano ou política ótima para o agente conjunto e *voilà*, agora sabemos o que o robô e o ser humano devem fazer.

Isso funcionaria muito bem se as pessoas fossem perfeitamente ótimas. O robô faria sua parte no plano conjunto e o humano a sua. Infelizmente, na prática, as pessoas não parecem seguir o plano de agente conjunto perfeitamente estabelecido; elas têm uma mente própria! No entanto, já aprendemos uma maneira de lidar com isso, na seção 26.6. Chamamos isso de **controle preditivo por modelo (CPM)**: a ideia era bolar um plano, executar a primeira ação e depois replanejar. Desse modo, o robô sempre adapta seu plano ao que o ser humano está realmente fazendo.

Vamos trabalhar com um exemplo. Suponha que você e o robô estejam em sua cozinha e decidam fazer *waffles*. Você está um pouco mais perto da geladeira, então o plano conjunto ideal seria você pegar os ovos e o leite da geladeira, enquanto o robô vai buscar a farinha no armário. O robô sabe disso porque pode medir com bastante precisão onde tudo se encontra. Mas suponha que você comece a se dirigir até o armário da farinha. Você está indo contra o plano conjunto ótimo. Em vez de se agarrar a ele e ir atrás da farinha teimosamente, o robô CPM recalcula o plano ideal e, agora que você está perto o suficiente da farinha, é melhor que o robô apanhe o aparelho de fazer *waffles*.

Se sabemos que as pessoas podem se desviar da solução ótima, podemos considerar isso com antecedência. No nosso exemplo, o robô pode tentar antecipar que você está indo pegar a farinha quando dá o primeiro passo (digamos, usando a técnica de previsão já mencionada). Mesmo que ainda seja tecnicamente ideal para você se virar e ir para a geladeira, o robô não deve presumir que é isso que vai acontecer. Em vez disso, o robô pode calcular um plano no qual você continua fazendo o que parece querer.

Humanos como agentes caixa-preta

Não precisamos tratar as pessoas como agentes intencionais, movidos por objetivos, para que os robôs coordenem conosco. Um modelo alternativo é que o humano é simplesmente algum agente cuja política π_H "bagunça" com a dinâmica do ambiente. O robô não conhece π_H, mas pode modelar o problema como precisando atuar em um CPM com dinâmica desconhecida. Já vimos isso: para os agentes gerais no Capítulo 22 e para os robôs em particular na seção 26.7.

O robô pode adaptar um modelo de política π_H aos dados dos humanos e usá-lo para calcular uma política ótima por si só. Por causa da escassez de dados, isso tem sido usado até aqui principalmente ao nível de tarefa. Por exemplo, os robôs aprenderam, por meio da interação, quais ações as pessoas costumam tomar (em resposta às suas próprias ações) para a tarefa de posicionar e apertar parafusos em uma linha de montagem industrial.

Depois há também a alternativa de aprendizado por reforço sem modelo: o robô pode começar com alguma política ou função de valor inicial e continuar melhorando-a com o tempo por meio de tentativa e erro.

876 Inteligência Artificial

26.8.2 Aprendizado do que os humanos querem

Outra forma pela qual a interação com humanos chega à robótica é no próprio J_R - a função de custo ou recompensa do robô. O arcabouço de agentes racionais e os algoritmos associados reduzem o problema de geração de um bom comportamento à especificação de uma boa função de recompensa. Porém, para os robôs, como para muitos outros agentes de IA, ainda é difícil acertar os custos.

Considere os carros autônomos: queremos que eles cheguem ao destino, sejam seguros, dirijam confortavelmente para seus passageiros, obedeçam às leis de trânsito etc. Um projetista desse sistema precisa equilibrar esses diferentes componentes da função de custo. Sua tarefa é difícil porque os robôs são construídos para ajudar os usuários finais, mas nem todos os usuários finais são iguais. Todos nós temos preferências diferentes sobre o comportamento do carro, por exemplo, quanto à forma de direção agressiva etc.

A seguir, exploramos duas alternativas para tentar fazer com que o comportamento do robô corresponda ao que realmente queremos que o robô faça. A primeira é aprender uma função de custo a partir da entrada humana. A segunda é contornar a função de custo e imitar as demonstrações humanas da tarefa.

Aprendizado de preferência: aprender funções de custo

Imagine que um usuário final esteja mostrando a um robô como realizar uma tarefa. Por exemplo, ele está dirigindo o carro da forma como desejaria que o robô o dirigisse. Você consegue imaginar uma forma de o robô usar essas ações - vamos chamá-las de "demonstrações" - para descobrir qual função de custo ele deve otimizar?

Na verdade, já vimos a resposta para isso na seção 26.8.1. Lá, a situação era um pouco diferente: tínhamos outra pessoa realizando ações no mesmo espaço que o robô, e o robô tinha que prever o que a pessoa faria. Mas uma técnica que examinamos para fazer essas previsões era presumir que as pessoas agem para otimizar ruidosamente alguma função de custo J_H, e podemos usar suas ações em andamento como evidência sobre o que é essa função de custo. Podemos fazer o mesmo aqui, mas não com o propósito de prever o comportamento humano no futuro, e sim adquirir a função de custo que o próprio robô deve otimizar. Se a pessoa dirige defensivamente, a função de custo que explicará suas ações dará muito peso à segurança e menos à eficiência. O robô pode adotar essa função de custo como sua e otimizá-la ao dirigir o próprio carro.

Os adeptos da robótica têm experimentado diferentes algoritmos para tornar essa inferência de custos computacionalmente tratável. Na Figura 26.29, vemos um exemplo de como ensinar um robô a preferir permanecer na estrada a passar por um terreno gramado. Em tais métodos, tradicionalmente a função de custo tem sido representada como uma combinação de características feitas à mão, mas trabalhos recentes também estudaram como representá-la usando uma rede neural profunda, sem engenharia de características.

Existem outras maneiras de uma pessoa fornecer informações. Uma pessoa poderia usar a linguagem em vez de demonstração para instruir o robô. Ela também poderia atuar como um crítico, observando o robô realizar uma tarefa de uma forma (ou de duas formas) e então dizer como a tarefa foi bem ou mal executada (ou qual forma foi melhor), ou aconselhar sobre como melhorar.

Aprendizado de políticas diretamente por imitação

Uma alternativa é evitar funções de custo e aprender a *política* desejada do robô diretamente. Em nosso exemplo de carro, as demonstrações do humano compõem um conjunto de dados conveniente de estados rotulados pela ação que o robô deve tomar em cada estado: $\mathcal{D} = \{(x_i, u_i)\}$. O robô pode executar o aprendizado supervisionado para se adaptar a uma política $\pi : x \mapsto u$ e executar essa política. Isso é chamado **aprendizado por imitação** ou **clonagem comportamental**.

Clonagem comportamental
Generalização

Um desafio com essa abordagem está na **generalização** para novos estados. O robô não sabe por que as ações em seu banco de dados foram marcadas como ótimas. Ele não tem uma regra causal: tudo o que ele faz é executar o algoritmo de aprendizado supervisionado para

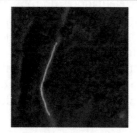 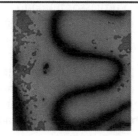 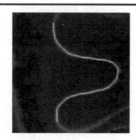

Figura 26.29 Esquerda: um robô móvel recebe uma demonstração que permanece na estrada de terra. Meio: o robô deduz a função de custo desejada e a utiliza em uma nova cena, sabendo colocar o custo mais baixo na estrada. Direita: o robô planeja um percurso para a nova cena, que também permanece na estrada, reproduzindo as preferências por trás da demonstração. (Imagens por cortesia de Nathan Ratliff e James A. Bagnell.) Ver Ratliff *et al.* (2006). (Esta figura encontra-se reproduzida em cores no Encarte *online*.)

tentar aprender uma política que generalizará para estados conhecidos. No entanto, não há garantias de que a generalização estará correta.

O projeto do carro autônomo ALVINN usou essa abordagem e descobriu que, mesmo quando partindo de um estado em $\mathcal{D}$, π cometerá pequenos erros, que tirarão o carro da trajetória demonstrada. Nesse caso, π cometerá um erro maior, que desviará ainda mais o carro do curso desejado.

Podemos tratar disso no momento do treinamento, se intercalarmos a coleta de rótulos e o aprendizado: comece com uma demonstração, aprenda uma política, depois implemente essa política e pergunte ao ser humano qual ação tomar em cada estado ao longo do caminho; em seguida, repita. O robô então aprende como corrigir seus erros à medida que se desvia das ações desejadas do ser humano.

Como alternativa, podemos lidar com isso alavancando o aprendizado por reforço. O robô pode ajustar um modelo de dinâmica com base nas demonstrações e, em seguida, usar o controle ideal (seção 26.5.4) para gerar uma política que otimize para desempenhar similar à demonstração. Uma versão disso foi usada para realizar manobras bastante desafiadoras em nível especialista em um pequeno helicóptero radiocontrolado (ver Figura 22.9[b]).

O sistema DAGGER (*Data Aggregation*) começa com uma demonstração de especialista humano. A partir daí, ele aprende uma política, π_1, e a usa para gerar um conjunto de dados $\mathcal{D}$. Então, a partir de $\mathcal{D}$, ele gera uma nova política π_2 que melhor imita os dados humanos originais. Isso se repete e, na enésima iteração, usa π_n para gerar mais dados, a serem adicionados a $\mathcal{D}$, que é então usado para criar π_{n+1}. Em outras palavras, a cada iteração, o sistema coleta novos dados sob a política atual e treina a próxima política usando todos os dados coletados até o momento.

Técnicas recentes relacionadas utilizam **treinamento antagônico**: elas alternam entre treinar um classificador para distinguir entre a política aprendida do robô e as demonstrações humanas, e treinar uma nova política do robô por meio de aprendizado por reforço para enganar o classificador. Esses avanços permitem ao robô lidar com estados que estão próximos de demonstrações, mas a generalização para estados distantes ou para novas dinâmicas é um trabalho em andamento.

Interfaces de ensino e o problema da correspondência. Até agora, imaginamos o caso de um carro autônomo ou de um helicóptero autônomo, para os quais as demonstrações humanas usam as mesmas ações que o próprio robô pode realizar: acelerar, frear e dirigir. Mas o que acontece se fizermos isso para tarefas como limpar a mesa da cozinha? Aqui, temos duas opções: ou a pessoa demonstra usando seu próprio corpo enquanto o robô observa, ou a pessoa guia fisicamente os efetuadores do robô.

A primeira abordagem é atraente porque vem naturalmente para os usuários finais. Infelizmente, ela sofre do **problema da correspondência**: como mapear as ações humanas a ações do robô. As pessoas têm cinemática e dinâmica diferentes dos robôs. Isso não apenas torna difícil *traduzir* ou *redirecionar* o movimento humano para o movimento do robô (p. ex., redirecionar uma mão humana de cinco dedos para uma mão de robô de dois dedos), mas muitas vezes a estratégia de alto nível que uma pessoa pode usar não é apropriada para o robô.

Problema da correspondência

Ensino cinestésico

Keyframe
Programação visual

A segunda abordagem, na qual o professor humano move os efetuadores do robô para as posições corretas, é chamada **ensino cinestésico**. Não é fácil para os humanos ensinar dessa maneira, especialmente para ensinar robôs com múltiplas articulações. O professor precisa coordenar todos os graus de liberdade enquanto guia o braço durante a tarefa (Figura 26.30). Os pesquisadores têm investigado alternativas, como a demonstração de *keyframes* em oposição a trajetórias contínuas, bem como o uso de **programação visual** para permitir que os usuários finais programem ações primárias para uma tarefa em vez de demonstrar do zero (Figura 26.31). Às vezes, as duas abordagens são combinadas.

26.9 Arcabouços robóticos alternativos

Até aqui, tivemos uma visão da robótica baseada na noção de definir ou aprender uma função de recompensa, e fazer com que o robô otimize essa função de recompensa (seja via planejamento ou aprendizado), às vezes em coordenação ou colaboração com os humanos. Essa é uma visão **deliberativa** da robótica, que deve ser comparada com uma visão **reativa**.

Deliberativa
Reativa

26.9.1 Controladores reativos

Em alguns casos, é mais fácil preparar uma boa política para um robô do que modelar o mundo e planejar. Depois, em vez de um agente *racional*, temos um agente *reativo*.

Por exemplo, considere um robô com pernas tentando levantar uma perna sobre um obstáculo. Poderíamos fornecer uma regra para esse robô que diga a ele para levantar a perna a uma altura h pequena e movê-la para a frente e, se a perna encontrar um obstáculo, movê-la

Figura 26.30 Professora humana empurra o robô para baixo para ensiná-lo a ficar mais perto da mesa. O robô atualiza corretamente seu conhecimento da função de custo desejada e começa a otimizá-lo. (Cortesia da Anca Dragan.) Ver Bajcsy *et al.* (2017).

Figura 26.31 Interface de programação que envolve colocar blocos especialmente projetados no espaço de trabalho do robô para selecionar objetos e especificar ações de alto nível. (Imagens por cortesia de Maya Cakmak.) Ver Sefidgar *et al.* (2017).

de volta e começar de novo com uma altura maior. Você poderia argumentar que h está modelando um aspecto do mundo, mas também podemos pensar em h como uma variável auxiliar do controlador do robô, desprovida de significado físico direto.

Um exemplo desse tipo é o robô de seis pernas (hexápode), mostrado na Figura 26.32(a), que tem a tarefa de caminhar por terreno acidentado. Os sensores do robô são grosseiramente inadequados para obter modelos do terreno com exatidão suficiente para fazer funcionar qualquer uma das técnicas de planejamento de caminho. Além disso, ainda que adicionássemos sensores suficientemente precisos, os 12 graus de liberdade (dois para cada perna) tornariam o problema de planejamento de caminho resultante computacionalmente intratável.

Contudo, é possível especificar um controlador diretamente, sem um modelo ambiental explícito. (Já vimos isso no caso do controlador PD, que era capaz de manter um braço robótico complexo no destino *sem* um modelo explícito da dinâmica do robô.)

Para o robô hexápode, escolhemos primeiro uma **marcha** ou padrão de movimento dos membros. Uma marcha estaticamente estável é mover primeiro a parte da frente direita, a direita de trás e as pernas do centro à esquerda para a frente (mantendo fixas as outras três); em seguida, mover as outras três. Essa marcha funciona muito bem em terreno plano. Em terreno acidentado, os obstáculos podem impedir que as pernas avancem. Esse problema pode ser superado por uma regra de controle notavelmente simples: *quando o movimento de avanço de uma perna for bloqueado, simplesmente retraia a perna, levante-a a uma altura maior e tente outra vez*. O controlador resultante é mostrado na Figura 26.32(b) como uma máquina de estados finitos; ele constitui um agente reativo com estado, em que o estado interno é representado pelo índice do estado de máquina atual (de s_1 até s_4).

Marcha

26.9.2 Arquiteturas de subsunção

A **arquitetura de subsunção** ou de subordinação (Brooks, 1986) é uma estrutura para montagem de controladores reativos a partir de máquinas de estados finitos. Os nós nessas máquinas podem conter testes para certas variáveis de sensores e, nesse caso, o traço da execução de uma máquina de estados finitos estará condicionado ao resultado desse teste. Os arcos podem ser marcados com mensagens que serão geradas quando eles forem percorridos e que serão enviadas aos motores do robô ou a outras máquinas de estados finitos. Além disso, as máquinas de estados finitos têm relógios internos que controlam o tempo de duração do percurso de um arco. As máquinas resultantes normalmente são referidas como **máquinas de estados finitos ampliadas (MEFA)**, nas quais a ampliação se refere ao uso de relógios.

Arquitetura de subsunção

Máquina de estado finito ampliada (MEFA)

Um exemplo de MEFA simples é a máquina de quatro estados mostrada na Figura 26.32(b). Essa MEFA implementa um controlador cíclico cuja execução, de modo geral, não depende de *feedback* do ambiente. No entanto, a fase de avanço depende do *feedback* do sensor.

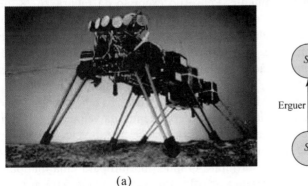
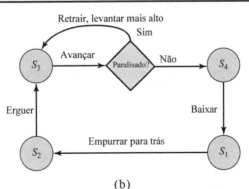

(a) (b)

Figura 26.32 (a) Genghis, um robô hexápode. (Imagem por cortesia de Rodney A. Brooks.) (b) Máquina de estados finitos ampliada (MEFA) para o controle de uma única perna. Note que essa MEFA reage ao *feedback* de sensores: se uma perna ficar paralisada durante a fase de oscilação para a frente, ela será erguida a uma altura cada vez maior.

Se a perna ficar paralisada, significando que deixou de executar o movimento para a frente, o robô irá retrair a perna, erguê-la um pouco mais alto e tentar executar a oscilação para a frente mais uma vez. Desse modo, o controlador poderá *reagir* a contingências que surgirem da interação entre o robô e seu ambiente.

A arquitetura de subsunção oferece primitivas adicionais para sincronizar MEFA e para combinar valores de saída de várias MEFA, possivelmente conflitantes. Desse modo, ela permite ao programador compor controladores cada vez mais complexos de baixo para cima. Em nosso exemplo, poderíamos começar com MEFA para pernas individuais, seguidas por uma MEFA para coordenar várias pernas. Acima de tudo isso, poderíamos implementar comportamentos de nível mais alto, como evitar colisões, o que poderia envolver a ação de voltar e virar-se (mudar de direção).

A ideia de compor controladores de robôs a partir de MEFA é intrigante. Imagine o quanto seria difícil gerar o mesmo comportamento com qualquer um dos algoritmos de planejamento de caminho do espaço de configuração descritos na seção anterior. Primeiro, necessitaríamos de um modelo preciso do terreno. O espaço de configuração de um robô com seis pernas, cada uma das quais é comandada por dois motores independentes, totaliza 18 dimensões (12 dimensões para a configuração das pernas e seis para a posição e a orientação do robô em relação ao seu ambiente). Mesmo que nossos computadores fossem rápidos o bastante para encontrar caminhos em espaços com números de dimensão tão altos, teríamos de nos preocupar com efeitos prejudiciais, como a possibilidade de o robô escorregar em um declive.

Em virtude desses efeitos estocásticos, um único caminho pelo espaço de configurações quase certamente seria muito frágil, e mesmo um controlador PID talvez não fosse capaz de lidar com essas contingências. Em outras palavras, a geração deliberada de um comportamento de movimento representa simplesmente um problema complexo demais para os algoritmos atuais de planejamento de movimento de robôs.

Infelizmente, a arquitetura de subsunção tem seus próprios problemas. Primeiro, as MEFA normalmente são orientadas pela entrada bruta dos sensores, uma organização que funciona se os dados dos sensores forem confiáveis e contiverem todas as informações necessárias para a tomada de decisões, mas que falha se os dados de sensores tiverem de ser integrados de modos não triviais ao longo do tempo. Portanto, os controladores de subsunção são aplicados principalmente a tarefas simples, como acompanhar uma parede ou mover-se em direção a fontes de luz visível.

Em segundo lugar, a falta de deliberação dificulta a mudança dos objetivos do robô. Em geral, um robô com uma arquitetura de subsunção executa apenas uma tarefa e não tem nenhuma noção de como modificar seus controles para acomodar objetivos de controle diferentes (da mesma forma que o besouro de esterco que vimos na seção 2.2.3).

Terceiro, em muitos problemas do mundo real, a política que desejamos costuma ser muito complexa para ser codificada explicitamente. Pense no exemplo da Figura 26.28, de um carro autônomo que precisa negociar uma mudança de faixa com um motorista humano. Podemos começar com uma política simples que vai para a pista de destino. Porém, quando testamos o carro, descobrimos que nem todos os motoristas na pista de destino irão desacelerar para deixar o carro entrar. Podemos então adicionar um pouco mais de complexidade: faça o carro se mover em direção à pista-alvo, aguarde uma forma de resposta do motorista naquela via e, em seguida, prossiga ou recue. Mas, então, testamos o carro e percebemos que a entrada precisa acontecer em uma velocidade diferente, dependendo da velocidade do veículo na pista de destino, se há outro veículo na frente nessa pista, se há um veículo atrás do carro na pista inicial, e assim por diante. O número de condições que precisamos considerar para determinar o curso de ação correto pode ser muito grande, mesmo para uma manobra aparentemente simples. Isso, por sua vez, apresenta desafios de escalabilidade para arquiteturas no estilo de subsunção.

Dito isso, a robótica é um problema complexo e com muitas abordagens: deliberativa, reativa, ou uma mistura das duas; com base na física, modelos cognitivos, dados, ou uma mistura destes. A abordagem correta ainda é assunto para debate, investigação científica e proezas da engenharia.

26.10 Domínios de aplicação

A tecnologia de robótica já permeia nosso mundo, com o potencial para melhorar nossa independência, saúde e produtividade. Aqui estão alguns exemplos de aplicação.

Atendimento domiciliar: os robôs começaram a entrar em casa para cuidar de idosos e pessoas com deficiência motora, auxiliando-os nas atividades da vida diária e permitindo-lhes viver com mais independência. Isso inclui cadeiras de rodas e braços montados em cadeiras de rodas, como o braço Kinova da Figura 26.1(b). Mesmo que eles inicialmente sejam operados por um humano diretamente, esses robôs estão ganhando cada vez mais autonomia. No horizonte estão robôs operados por **interfaces cérebro-máquina**, que demonstraram permitir que pessoas com tetraplegia usem um braço de robô para agarrar objetos e até mesmo se alimentar (Figura 26.33[a]). Relacionados com eles são membros protéticos que respondem de forma inteligente às nossas ações, e exoesqueletos que nos dão força sobre-humana ou permitem que pessoas que não conseguem controlar seus músculos da cintura para baixo caminhem novamente.

Os robôs pessoais destinam-se a nos auxiliar nas tarefas diárias, como limpeza e organização, dando-nos mais tempo livre. Embora a manipulação ainda tenha um longo caminho a percorrer antes de operar perfeitamente em ambientes humanos desordenados e desestruturados, a navegação fez alguns avanços. Em particular, muitas casas já contam com um robô aspirador de pó móvel, como o da Figura 26.33(b).

Cuidados com a saúde: os robôs auxiliam e melhoram as cirurgias, permitindo procedimentos mais precisos, minimamente invasivos e mais seguros, com melhores resultados para o paciente. O robô cirúrgico Da Vinci, da Figura 26.34(a), agora é bastante utilizado em hospitais dos EUA.

Serviços: robôs móveis ajudam em prédios de escritórios, hotéis e hospitais. A Savioke colocou robôs em hotéis para entregar produtos, como toalhas ou cremes dentais nos quartos. Os robôs Helpmate e TUG levam comida e remédios em hospitais (Figura 26.34[b]), enquanto o robô Moxi, da Diligent Robotics, ajuda os enfermeiros com responsabilidades logísticas internas. O Co-Bot percorre os corredores da Carnegie Mellon University, pronto para guiá-lo até o escritório de alguém. Também podemos usar **robôs de telepresença**, como o Beam, para auxiliar em reuniões e conferências remotas, ou para fazer o *check-in* de nossos avós.

Robôs de telepresença

Carros autônomos: alguns de nós nos distraímos ocasionalmente enquanto dirigimos, com chamadas de celular, mensagens ou outras distrações. O triste resultado é que mais de um milhão de pessoas morrem a cada ano em acidentes de trânsito. Além disso, muitos de nós gastam muito tempo dirigindo e gostaríamos de recapturar parte desse tempo. Tudo isso tem levado a um esforço contínuo maciço para a implantação de carros autônomos.

(a) (b)

Figura 26.33 (a) Paciente com uma interface cérebro-máquina controlando um braço robótico para pegar uma bebida. (Imagem por cortesia da Brown University.) (b) Roomba, o robô aspirador de pó. (Crédito da imagem: iStockphoto/Ekaterina79.)

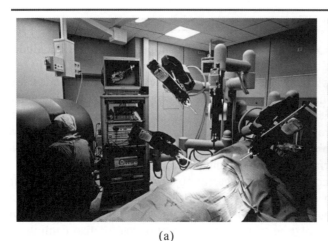
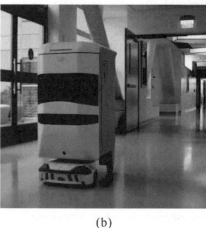

Figura 26.34 (a) Robô cirúrgico na sala de operação. (Imagem por Patrick Landmann/Science Source.) (b) Robô de entrega em hospital. (Imagem pela Wired.)

Os protótipos já existem desde a década de 1980, mas o progresso em carros robóticos foi estimulado pelo DARPA Grand Challenge de 2005, uma corrida de veículos autônomos com mais de 200 quilômetros desafiadores em terreno deserto não ensaiado. O veículo Stanley de Stanford completou o curso em menos de 7 horas, ganhando um prêmio de 2 milhões de dólares e um lugar no National Museum of American History. A Figura 26.35(a) mostra o BOSS, que em 2007 venceu o DARPA Urban Challenge, uma corrida complicada nas ruas da cidade onde os robôs enfrentaram outros robôs e tiveram que obedecer às regras de trânsito.

Em 2009, a Google iniciou um projeto de direção autônoma (com a participação de muitos dos pesquisadores que trabalharam no Stanley e no BOSS), agora na forma da Waymo. Em 2018, a Waymo iniciou os testes sem motorista (ninguém no assento do motorista) nos subúrbios de Fênix, no Arizona. Enquanto isso, outras empresas de direção autônoma e de compartilhamento de corrida estão trabalhando no desenvolvimento de sua tecnologia própria, enquanto os fabricantes de carros vendem carros com cada vez mais inteligência assistiva, como o **assistente de direção** da Tesla, que é usado para direção nas rodovias. Outras empresas estão voltadas para aplicações fora das rodovias, incluindo

Assistente de direção

Figura 26.35 (a) Carro autônomo BOSS que ganhou o DARPA Urban Challenge. (Imagem por Tangi Quemener/AFP/Getty Images/Newscom. Cortesia de Sebastian Thrun.) (b) Visão aérea mostrando a percepção e as previsões do carro autônomo Waymo (veículo branco com rastros verdes). Outros veículos (caixas azuis) e pedestres (caixas laranja) aparecem com trajetórias antecipadas. Os limites entre estrada e calçada estão em amarelo. (Imagem por cortesia da Waymo.) (Esta figura encontra-se reproduzida em cores no Encarte *online*.)

universidades e condomínios fechados, enquanto outras empresas se dedicam a aplicações sem passageiros, como transporte rodoviário, entrega de alimentos e estacionamento com manobrista.

Entretenimento: a Disney utiliza robôs (sob o nome de **animatronics**) em seus parques, desde 1963. Originalmente, esses robôs eram restritos a movimentos (e fala) projetados manualmente, de malha aberta e invariáveis; porém, desde 2009, uma versão chamada **autonomatronics** pode gerar ações autônomas. Os robôs também tomam a forma de brinquedos inteligentes para crianças; por exemplo, o Cozmo da Anki joga com crianças e pode socar a mesa por frustração quando perde. Por fim, quadrotors como o R1 da Skydio, da Figura 26.2(b), atuam como fotógrafos e filmadores pessoais, seguindo-nos para tirar fotos de ação enquanto esquiamos ou pedalamos.

Animatronics

Autonomatronics

Exploração e ambientes perigosos: os robôs chegaram aonde ninguém chegou antes, incluindo a superfície de Marte. Braços robóticos ajudam os astronautas na implantação e recuperação de satélites e na construção da Estação Espacial Internacional. Os robôs também ajudam a explorar as profundezas do mar, como na utilização rotineira de aquisição de mapas de naufrágios de navios. A Figura 26.36 mostra um robô mapeando uma mina de carvão abandonada, juntamente com um modelo 3D da mina adquirido por meio do uso de sensores de alcance. Em 1996, uma equipe de pesquisas colocou um robô com pernas dentro da cratera de um vulcão ativo para adquirir dados sobre ciência climática. Os robôs estão se tornando ferramentas muito eficazes para juntar informações em domínios que são de difícil (ou perigoso) acesso às pessoas.

Os robôs têm ajudado as pessoas na limpeza de resíduos nucleares, mais notavelmente em Three Mile Island, Chernobyl e Fukushima. Os robôs estavam presentes após a queda do World Trade Center, em que adentraram estruturas consideradas muito perigosas para busca humana e equipes de resgate. Aqui, esses robôs também são empregados inicialmente por meio de teleoperação, e com o avanço da tecnologia eles estão se tornando cada vez mais autônomos, com um operador humano encarregado, mas sem ter que especificar cada comando isolado.

Indústria: a maioria dos robôs atualmente é empregada em fábricas e automatizam tarefas que são difíceis, perigosas ou monótonas para os humanos. (A maioria dos robôs de fábricas estão no setor automotivo.) A automação dessas tarefas é positiva em termos de produzir com eficiência o que a sociedade precisa. Ao mesmo tempo, isso também significa deslocar alguns trabalhadores humanos de suas funções. Isso tem implicações importantes na política e na economia – a necessidade de requalificação e educação, a necessidade de uma divisão justa de recursos etc. Esses tópicos são discutidos com mais detalhes na seção 27.3.5.

(a) (b)

Figura 26.36 (a) Robô mapeando uma mina de carvão abandonada. (b) Mapa 3D da mina, obtido pelo robô. (Cortesia de Sebastian Thrun.) (Esta figura encontra-se reproduzida em cores no Encarte *online*.)

884 Inteligência Artificial

Resumo

A robótica se preocupa com agentes fisicamente corporificados, que podem mudar o estado do mundo físico. Neste capítulo, aprendemos o seguinte:

- Os tipos mais comuns de robôs são os **manipuladores** (braços robóticos) e **robôs móveis**. Eles têm **sensores** para perceber o mundo e **atuadores** que produzem movimento, que então afeta o mundo por meio de **efetuadores**.
- O problema geral da robótica envolve **estocasticidade** (que pode ser tratada por MDP), **observabilidade parcial** (que pode ser tratada por POMDP) e atuação com **outros agentes** e em torno desses **outros agentes** (que podem ser tratados com a teoria dos jogos). O problema se torna ainda mais difícil pelo fato de que a maioria dos robôs trabalha em espaços de estados e ações contínuos e de alta dimensão. Eles também operam no mundo real, que se recusa a funcionar mais rápido do que o tempo real e no qual as falhas ocasionam danos a coisas reais, sem a capacidade de "desfazer".
- Idealmente, o robô resolveria todo o problema de uma vez: observações na forma de dados brutos do sensor são alimentados e as ações na forma de torques ou correntes para os motores são produzidas. Na prática, porém, isso é muito assustador, e os adeptos da robótica normalmente desacoplam diferentes aspectos do problema e os tratam de forma independente.
- Tipicamente, separamos percepção (estimação) de ação (geração de movimento). A percepção robótica envolve a visão computacional tanto para reconhecer o entorno, por intermédio das câmeras, quanto para realizar localização e mapeamento.
- A percepção robótica se refere à avaliação de quantidades relevantes para as decisões tomadas a partir dos dados de sensores. Para fazer isso, precisamos de uma representação interna e de um método para atualizar essa representação interna com o passar do tempo.
- Os **algoritmos de filtragem probabilística**, como o filtro de Kalman e o filtro de partículas, são úteis para a percepção de robôs. Essas técnicas mantêm o estado de crença, isto é, uma distribuição *a posteriori* sobre as variáveis de estado.
- Para gerar movimento, usamos **espaços de configurações**, em que um ponto especifica tudo o que precisamos saber para localizar cada **ponto do corpo** no robô. Por exemplo, para um braço robótico com duas articulações, uma configuração consiste nos dois ângulos de articulação.
- Normalmente, desacoplamos o problema de geração de movimento em **planejamento de movimento**, que trata da produção de um plano, e **controle de rastreamento de trajetória**, que trata da produção de uma política para entradas de controle (comandos do atuador) que resulta na execução do plano.
- O planejamento do movimento pode ser resolvido por meio da busca em grafo usando **decomposição em células**; usando algoritmos de **planejamento de movimento randomizado**, que utilizam marcos no espaço de configurações contínuo; ou usando a **otimização de trajetória**, que pode gerar iterativamente um percurso em linha reta, fora de colisão, aproveitando um **campo de distância com sinal**.
- Um caminho encontrado por um algoritmo de busca pode ser percorrido usando o caminho como trajetória de referência para um **controlador PID**, que constantemente corrige os erros entre o local onde o robô se encontra e onde ele deveria estar, ou por meio de **controle de torque computado**, que acrescenta um termo *feedforward* que utiliza a **dinâmica inversa** para calcular aproximadamente o torque que deve ser enviado para prosseguir pela trajetória.
- O **controle ótimo** une o planejamento do movimento e o rastreamento da trajetória, calculando uma trajetória ótima diretamente pelas entradas de controle. Isso é especialmente fácil quando temos custos quadráticos e dinâmica linear, resultando em um regulador quadrático linear (**RQL**). Métodos populares utilizam isso linearizando a dinâmica e calculando aproximações de segunda ordem do custo (**RQLI**).
- O planejamento sob incerteza une a percepção e a ação pelo **replanejamento** *online* (como o controle preditivo por modelo) às ações de **obtenção de informações**, que auxiliam a percepção.
- O aprendizado por reforço é aplicado na robótica, com técnicas que se esforçam para reduzir o número exigido de interações com o mundo real. Essas técnicas costumam explorar

Capítulo 26 • Robótica   885

modelos, seja estimando modelos e usando-os para planejar, ou treinando políticas que são robustas com relação a diferentes parâmetros de modelo possíveis.

- A interação com os seres humanos requer a capacidade de **coordenar** as ações do robô com as deles, o que pode ser formulado como um jogo. Normalmente, decompomos a solução em **predição**, na qual usamos as ações que uma pessoa está realizando para estimar o que elas farão no futuro, e **ação**, na qual usamos as predições para calcular o movimento ótimo para o robô.
- Ajudar os humanos também requer a capacidade de aprender ou deduzir o que eles desejam. Os robôs podem realizar isso descobrindo a função de custo desejada que eles deverão otimizar a partir da entrada humana, como demonstrações, correções ou instrução em linguagem natural. Como alternativa, os robôs podem imitar o comportamento humano e usar o aprendizado por reforço para ajudar a enfrentar o desafio de generalização para novos estados.

Notas bibliográficas e históricas

A palavra **robô** foi popularizada pelo dramaturgo tcheco Karel Capek em sua peça de 1920, *R.U.R.* (Rossum's Universal Robots). Nessa peça, os robôs, que cresciam quimicamente em vez de serem construídos mecanicamente, acabaram ressentidos com seus mestres e decidiram assumir o comando de tudo. Parece que, na realidade, foi o irmão de Capek, Josef, quem primeiro combinou as palavras tchecas "*robota*" (trabalho obrigatório) e "*robotnik*" (servo) para gerar "robô" em sua breve narrativa *Opilec*, de 1917 (Glanc, 1978). A expressão *robótica* foi inventada para uma história de ficção científica (Asimov, 1950).

A ideia de uma máquina autônoma antecede o termo "robô" por milhares de anos. Na mitologia grega do século VII a.C., um robô chamado Talos foi construído por Hefesto, o deus grego da metalurgia, para proteger a ilha de Creta. A lenda diz que a feiticeira Medeia atacou Talos prometendo-lhe imortalidade, mas então retirou seu fluido de vida. Assim, esse é o primeiro exemplo de um robô cometendo um erro no processo de alterar sua função objetiva. Em 322 a.C., Aristóteles antecipou o desemprego tecnológico, especulando que "se toda ferramenta, quando solicitada, ou mesmo por conta própria, pudesse fazer o trabalho que lhe cabe (...) então não haveria necessidade nem de aprendizes para os mestres operários, nem de escravos para os senhores".

No século III a.C., um robô humanoide chamado Servo de Filon poderia colocar vinho ou água em uma jarra; diversas válvulas cortavam o fluxo na hora certa. Autômatos maravilhosos foram construídos no século XVIII – o pato mecânico de Jacques Vaucanson, de 1738, seria o primeiro exemplo –, mas os comportamentos complexos que eles exibiam eram inteiramente fixados com antecedência. O exemplo mais antigo de dispositivo semelhante a um robô programável talvez tenha sido o tear de Jacquard (1805), descrito no Capítulo 1.

A "tartaruga" de Walter Grey, construída em 1948, pode ser considerada o primeiro robô móvel autônomo, embora seu sistema de controle não fosse programável. O robô denominado "Hopkins Beast", construído no início da década de 1960 na Johns Hopkins University, era muito mais sofisticado; ele tinha sensores de sonar e fotocélula, *hardware* de reconhecimento de padrões, e conseguia reconhecer a placa de cobertura de uma tomada de energia elétrica padrão. Esse robô era capaz de buscar as tomadas, conectar-se a elas e recarregar suas baterias! Ainda assim, tinha um repertório limitado de habilidades.

O primeiro robô móvel de uso geral foi o "Shakey", desenvolvido onde era o Stanford Research Institute (agora SRI) no fim da década de 1960 (Fikes e Nilsson, 1971; Nilsson, 1984). O Shakey foi o primeiro robô a integrar percepção, planejamento e execução, e grande parte da pesquisa subsequente em IA foi influenciada por essa notável realização. Shakey aparece na capa do livro original em inglês com o líder de projeto, Charlie Rosen (1917-2002). Outros projetos influentes incluem o Stanford Cart e o CMU Rover (Moravec, 1983). Cox e Wilfong (1990) descrevem um trabalho clássico sobre veículos autônomos.

O primeiro robô comercial foi um braço robótico chamado UNIMATE, abreviatura de *universal automation* (automação universal), desenvolvido por Joseph Engelberger e George Devol em sua empresa, a Unimation. Em 1961, o primeiro robô UNIMATE foi vendido à

General Motors, onde foi usado para fabricar tubos de monitores de TV. 1961 também foi o ano em que Devol obteve a primeira patente de um robô nos EUA.

Em 1973, Toyota e Nissan começaram a usar uma versão atualizada do UNIMATE para a soldagem de pontos da estrutura dos automóveis. Isso deu início a uma importante revolução que aconteceu principalmente no Japão e nos EUA, e que ainda prossegue. A Unimation continuou em atividade e culminou com o desenvolvimento, em 1978, do robô Puma (abreviatura de Programmable Universal Machine for Assembly), que se tornou o padrão *de fato* para manipulação robótica durante as duas décadas seguintes. Cerca de 500 mil robôs são vendidos a cada ano, com metade deles indo para o setor automotivo.

Na manipulação, o primeiro esforço importante de criação de uma máquina mão-olho foi MH-1, de Heinrich Ernst, descrito em sua tese de doutorado no MIT (Ernst, 1961). O projeto Machine Intelligence em Edinburgh também demonstrou um impressionante protótipo de sistema para montagem baseada na visão, chamado de FREDDY (Michie, 1972).

Várias competições importantes estimularam a pesquisa sobre robótica móvel. A competição anual de robôs móveis da AAAI começou em 1992. O primeiro vencedor da competição foi CARMEL (Congdon *et al.*, 1992). O progresso vem sendo constante e impressionante: em competições mais recentes, os robôs entraram no complexo de conferências, encontraram o seu caminho para o balcão de registro, registraram-se para a conferência e até deram uma palestra rápida.

A competição **RoboCup**, lançada em 1995 por Kitano e colaboradores (1997), visa "desenvolver uma equipe de robôs humanoides, totalmente autônomos, que possa vencer o time humano campeão mundial de futebol" por volta de 2050. Algumas competições utilizam robôs com rodas, algumas usam robôs humanoides e outras usam ainda simulações em *software*. Stone (2016) descreve as inovações recentes na RoboCup.

O **DARPA Grand Challenge**, organizado pela DARPA em 2004 e 2005, exigia que os robôs autônomos viajassem mais de 200 km por terreno deserto, sem ensaio, em menos de 10 horas (Buehler *et al.*, 2006). No evento original em 2004, nenhum robô viajou mais que 13 km, levando muitos a acreditarem que o prêmio nunca seria reivindicado. Em 2005, o robô Stanley, de Stanford, ganhou a competição em pouco menos de 7 horas de viagem (Thrun, 2006). DARPA então organizou o **Urban Challenge**, uma competição na qual os robôs tinham de navegar por cerca de 100 km em um ambiente urbano com tráfego. O robô BOSS, da Carnegie Mellon University, levou o primeiro lugar e recebeu um prêmio de USD$ 2 milhões (Urmson e Whittaker, 2008). Dickmanns e Zapp (1987) e Pomerleau (1993) são considerados pioneiros no desenvolvimento de carros autônomos.

O campo de mapeamento robótico evoluiu a partir de duas origens distintas. A primeira corrente começou com o trabalho de Smith e Cheeseman (1986), que aplicaram filtros de Kalman ao problema de localização e mapeamento simultâneos (LMS). Esse algoritmo foi implementado primeiro por Moutarlier e Chatila (1989), e mais tarde foi estendido por Leonard e Durrant-Whyte (1992); ver em Dissanayake *et al.* (2001) uma visão geral das primeiras variações dos filtros de Kalman. A segunda corrente teve início com o desenvolvimento da representação por **grade de ocupação** para mapeamento probabilístico, que especifica a probabilidade de cada posição (x, y) estar ocupada por um obstáculo (Moravec e Elfes, 1985).

Grade de ocupação

Kuipers e Levitt (1988) foram dois dos primeiros pesquisadores a propor o mapeamento topológico em lugar do mapeamento métrico, motivados por modelos de cognição espacial humana. Um artigo seminal de Lu e Milios (1997) reconheceu a escassez do problema de localização e mapeamento simultâneos, que deu origem ao desenvolvimento das técnicas de otimização não linear por Konolige (2004) e Montemerlo e Thrun (2004), bem como métodos hierárquicos de Bosse *et al.* (2004). Shatkay e Kaelbling (1997) e Thrun *et al.* (1998) introduziram o algoritmo EM no campo do mapeamento robótico para associação de dados. Uma visão geral de métodos de mapeamento probabilístico pode ser encontrada em Thrun *et al.* (2005).

As primeiras técnicas de localização de robôs móveis foram pesquisadas por Borenstein *et al.* (1996). Embora a filtragem de Kalman já fosse conhecida durante décadas como um método de localização em teoria de controle, a formulação probabilística geral do problema de localização só surgiu na literatura de IA muito mais tarde, graças ao trabalho de Tom Dean e seus colegas (Dean *et al.*, 1990) e de Simmons e Koenig (1995). O trabalho posterior introduziu a expressão **localização markoviana**. A primeira aplicação dessa técnica no mundo real foi empreendida por Burgard *et al.* (1999), mediante uma série de robôs distribuídos em museus. A localização de Monte Carlo baseada em filtros de partículas foi desenvolvida por Fox *et al.* (1999) e agora é bastante usada. O **filtro de partículas Rao-Blackwellized** combina a filtragem de partículas para localização de robôs com a filtragem exata para elaboração de mapas (Murphy e Russell, 2001; Montemerlo *et al.*, 2002).

Um trabalho intenso sobre **planejamento de movimentos** se concentrou em algoritmos geométricos para problemas de planejamento de movimentos determinísticos e completamente observáveis. O caráter PSPACE-difícil do planejamento de movimentos de robôs foi mostrado em um artigo seminal de Reif (1979). A representação do espaço de configuração se deve a Lozano-Perez (1983). Teve grande influência uma série de documentos de Schwartz e Sharir sobre problemas que eles denominaram **carregadores de piano** (Schwartz *et al.*, 1987).

A decomposição recursiva em células para planejamento do espaço de configurações teve origem no trabalho de Brooks e Lozano-Perez (1985) e foi melhorada de forma significativa por Zhu e Latombe (1991). Os primeiros algoritmos de esqueletização se baseavam em diagramas de Voronoi (Rowat, 1979) e **grafos de visibilidade** (Wesley e Lozano-Perez, 1979). Guibas *et al.* (1992) desenvolveram técnicas eficientes para calcular diagramas de Voronoi de modo incremental, e Choset (1996) generalizou diagramas de Voronoi para problemas de planejamento de movimentos muito mais amplos.

John Canny (1988) estabeleceu o primeiro algoritmo exponencial para planejamento de movimentos. O texto seminal de Jean-Claude Latombe (1991) abrange uma variedade de enfoques para o problema de planejamento de movimentos, assim como os textos de Choset *et al.* (2005) e LaValle (2006). Kavraki *et al.* (1996) desenvolveram a teoria dos itinerários probabilísticos. Kuffner e LaValle (2000) desenvolveram as árvores aleatórias de exploração rápida (RRT).

O envolvimento da otimização no planejamento de movimentos geométricos começou com as faixas elásticas (Quinlan e Khatib, 1993), que refinam os caminhos quando os obstáculos do espaço de configurações mudam. Ratliff *et al.* (2009) formularam a ideia como a solução para um problema de controle ótimo, permitindo que a trajetória inicial comece em colisão, deformando-a pelo mapeamento de gradientes de obstáculo do espaço de trabalho por meio do jacobiano para o espaço de configuração. Schulman *et al.* (2013) propuseram uma alternativa prática de segunda ordem.

O controle de robôs como sistemas dinâmicos – seja para manipulação ou navegação – gerou extensa literatura. Embora este capítulo tenha explicado os fundamentos do **controle de rastreamento de trajetória** e o controle ótimo, ele omitiu subcampos inteiros, incluindo o controle adaptativo, o controle robusto e a análise de Lyapunov. Em vez de considerar que tudo sobre o sistema é conhecido *a priori*, o controle adaptativo visa adaptar os parâmetros da dinâmica e/ou a lei de controle *online*. O controle robusto, por outro lado, visa projetar controladores que atuem bem, apesar da incerteza e dos distúrbios externos.

A análise de Lyapunov foi desenvolvida originalmente na década de 1890 para a análise de estabilidade de sistemas não lineares gerais, mas foi somente no início dos anos 1930 que os teóricos de controle notaram seu verdadeiro potencial. Com o desenvolvimento de métodos de otimização, a análise de Lyapunov foi estendida para controlar funções de barreira, que atendiam muito bem às ferramentas modernas de otimização. Esses métodos são muito utilizados na robótica moderna para projeto de controlador e análise de segurança em tempo real.

Os trabalhos importantes incluem uma trilogia sobre controle de impedância de Hogan (1985) e um estudo geral da dinâmica de robôs feito por Featherstone (1987). Dean e Wellman (1991) estavam entre os primeiros a tentar reunir a teoria de controle e os sistemas de planejamento de IA. Três livros clássicos sobre a matemática de manipulação de robôs se devem a Paul (1981), Craig (1989) e Yoshikawa (1990). O controle para manipulação é abordado por Murray (2017).

O estudo da ação de **agarrar** também é importante em robótica – o problema de determinar uma garra estável é bastante difícil (Mason e Salisbury, 1985). Uma ação de agarrar competente exige sensibilidade ao toque, ou *feedback* **tátil**, a fim de determinar forças de con-

888 **Inteligência Artificial**

tato e detectar o deslizamento (Fearing e Hollerbach, 1985). Compreender como agarrar a grande variedade de objetos do mundo é uma tarefa árdua. Bousmalis *et al.* (2017) descrevem um sistema que combina experimentação do mundo real com simulações orientadas por transferência sim-to-real a fim de produzir uma ação de agarrar robusta.

Histograma de campo vetorial

O controle por campos potenciais, que tenta resolver os problemas de planejamento e controle do movimento simultaneamente, foi desenvolvido para a robótica por Khatib (1986). Em robótica móvel, essa ideia foi vista como solução prática para o problema de evitar colisões, e mais tarde foi estendida para gerar um algoritmo chamado **histogramas de campo vetorial**, por Borenstein (1991).

RQLI atualmente é bastante usado na interseção entre planejamento e controle de movimento, e deve-se a Li e Todorov (2004). Ele é uma variante da técnica muito mais antiga de programação dinâmica diferencial (Jacobson e Mayne, 1970).

O planejamento do movimento detalhado com detecção limitada foi investigado por Lozano-Perez *et al.* (1984) e por Canny e Reif (1987). A navegação baseada em pontos de referência (Lazanas e Latombe, 1992) utiliza muitas das mesmas ideias na arena de robôs móveis. Funções de navegação, a versão de robótica de uma política de controle para processos de decisão de Markov (MDP) determinísticos, foram introduzidas por Koditschek (1987). Trabalhos importantes com a aplicação de métodos POMDP (seção 17.4) para planejamento de movimento sob incerteza em robótica são atribuídos a Pineau *et al.* (2003) e Roy *et al.* (2005).

O **aprendizado por reforço** em robótica decolou com o trabalho seminal de Bagnell e Schneider (2001) e Ng *et al.* (2003), que desenvolveram o paradigma no contexto do controle de helicópteros autônomos. Kober *et al.* (2013) oferecem uma visão geral de como o aprendizado por reforço muda quando é aplicado ao problema de robótica. Muitas das técnicas implementadas em sistemas físicos criam modelos dinâmicos aproximados, desde os modelos lineares localmente ponderados, devidos a Atkenson *et al.* (1997). Mas os gradientes de política também desempenharam seu papel, permitindo que robôs humanoides (simplificados) caminhassem (Tedrake *et al.*, 2004), ou que um braço robótico rebatesse uma bola de beisebol (Peters e Schaal, 2008).

Levine *et al.* (2016) demonstraram a primeira aplicação do **aprendizado por reforço profundo** em um robô real. Ao mesmo tempo, o AR livre de modelo na simulação estava sendo estendido para domínios contínuos (Schulman *et al.*, 2015a; Heess *et al.*, 2016; Lillicrap *et al.*, 2015). Outro trabalho ampliou massivamente a coleta física de dados para demonstrar o aprendizado de modelos de garras e de dinâmica (Pinto e Gupta, 2016; Agrawal *et al.*, 2017; Levine *et al.*, 2018). A transferência da simulação para a realidade ou **sim-to-real** (Sadeghi e Levine, 2016; Andrychowicz *et al.*, 2018a), **meta-aprendizagem** (Finn *et al.*, 2017) e aprendizado por reforço livre de modelo com eficiência de amostra (Andrychowicz *et al.*, 2018b) são áreas ativas de pesquisa.

Os primeiros métodos para prever **ações humanas** usavam técnicas de filtragem (Madhavan e Schlenoff, 2003), mas o trabalho seminal de Ziebart *et al.* (2009) propôs a previsão modelando as pessoas como agentes aproximadamente racionais. Sadigh *et al.* (2016) capturaram o modo como essas previsões deveriam realmente depender do que o robô decide fazer, buscando um arcabouço baseado em teoria dos jogos. Para ambientes colaborativos, Sisbot *et al.* (2007) foram pioneiros na ideia de considerar o que as pessoas desejam na função de custo do robô. Nikolaidis e Shah (2013) decompuseram a colaboração em aprender como o humano agirá, mas também aprender como o humano quer que o robô atue, ambos alcançáveis por meio de demonstrações. Sobre a aprendizagem por demonstração, consulte Argall *et al.* (2009). Akgun *et al.* (2012) e Sefidgar *et al.* (2017) estudaram ensino por usuários finais em vez de especialistas.

Tellex *et al.* (2011) mostraram como os robôs podem deduzir o que as pessoas desejam a partir de instruções em linguagem natural. Por fim, não apenas os robôs precisam deduzir o que as pessoas desejam e planejam fazer, mas também as pessoas precisam fazer as mesmas deduções a respeito dos robôs. Dragan *et al.* (2013) incorporaram um modelo de inferências humanas no planejamento do movimento do robô.

O campo da **interação humano-robô** é muito mais amplo do que o que vimos neste capítulo, que se concentrou principalmente nos aspectos de planejamento e aprendizagem.

Thomaz *et al.* (2016) oferecem uma pesquisa de interação de forma mais ampla a partir de um ponto de vista computacional. Ross *et al.* (2011) descrevem o sistema DAGGER.

O tópico de arquiteturas de *software* para robôs gera um intenso debate religioso. A boa e velha candidata da IA – a arquitetura de três camadas – remonta ao projeto do robô Shakey e foi revista por Gat (1998). A arquitetura de subsunção se deve a Rodney Brooks (1986), embora ideias semelhantes tenham sido desenvolvidas independentemente por Braitenberg, cujo livro, *Vehicles* (1984), descreve uma série de robôs simples baseados na abordagem comportamental.

O sucesso do robô móvel de seis pernas de Brooks foi seguido por muitos outros projetos. Connell, em sua tese de doutorado (1989), desenvolveu um robô móvel totalmente reativo, capaz de recuperar objetos. As extensões do paradigma de comportamento para sistemas de vários robôs podem ser encontradas no trabalho de Parker (1996) e Mataric (1997). O GRL (Horswill, 2000) e o COLBERT (Konolige, 1997) abstraem as ideias de robótica concorrente baseada no comportamento em linguagens gerais de controle de robôs. Arkin (1998) estuda o estado da arte nesse campo.

Dois livros didáticos iniciais, por Dudek e Jenkin (2000) e Murphy (2000), abordam a robótica de modo geral. Uma visão mais recente é devida a Bekey (2008) e Lynch e Park (2017). Um excelente livro sobre manipulação robótica aborda tópicos avançados, como movimento compatível (Mason, 2001). Choset *et al.* (2005) e LaValle (2006) abordaram o planejamento do movimento do robô. Thrun *et al.* (2005) forneceram uma introdução em robótica probabilística. O *Handbook of Robotics* (Siciliano e Khatib, 2016) é uma visão geral abrangente de toda a robótica.

A principal conferência sobre robótica é Robotics: Science and Systems Conference, seguida pela IEEE International Conference on Robotics and Automation. Human-Robot Interaction é o local ideal para interação. Os periódicos principais sobre robótica incluem o *IEEE Robotics and Automation*, o *International Journal of Robotics Research* e o *Robotics and Autonomous Systems*.

CAPÍTULO 27

FILOSOFIA, ÉTICA E SEGURANÇA DA IA

Neste capítulo, consideramos as grandes questões em torno do significado da IA, como podemos desenvolvê-la e aplicá-la de modo ético e como podemos mantê-la segura.

Os filósofos têm feito grandes perguntas há um bom tempo: como a mente funciona? É possível que as máquinas ajam com inteligência, de modo semelhante às pessoas? Essas máquinas teriam mentes conscientes, reais?

A estas, acrescentamos algumas: quais são as implicações éticas de máquinas inteligentes no uso cotidiano? As máquinas deveriam ter permissão para decidir matar os humanos? Os algoritmos podem ser justos e imparciais? O que os humanos farão se as máquinas puderem fazer todo o tipo de trabalho? E como controlamos as máquinas que possam se tornar mais inteligentes do que nós?

27.1 Limites da IA

IA fraca
IA forte

Em 1980, o filósofo John Searle apresentou uma distinção entre **IA fraca** – a ideia de que as máquinas de IA poderiam agir *como se* fossem inteligentes – e **IA forte** – a asserção de que as máquinas de IA que o fazem estão *realmente* pensando de forma consciente (em vez de *simularem* o pensamento). Com o tempo, a definição de IA forte passou a se referir ao que é chamado "IA de nível humano" ou "IA geral" – programas que podem resolver uma variedade muito grande de tarefas, incluindo as novas, fazendo isso tão bem quanto um ser humano.

Os críticos da IA fraca que se opunham à própria possibilidade de comportamento inteligente em máquinas agora parecem tão míopes quanto Simon Newcomb, que em outubro de 1903 escreveu "o voo aéreo é um dos grandes tipos de problemas com os quais o homem nunca conseguirá lidar" – apenas 2 meses antes do voo dos irmãos Wright em Kitty Hawk. Todavia, o rápido progresso dos últimos anos não prova que não possa haver limites para o que a IA pode alcançar. Alan Turing (1950), a primeira pessoa a definir IA, também foi o primeiro a levantar possíveis objeções à IA, já prevendo quase todas as objeções posteriormente levantadas por outros.

27.1.1 Argumento da informalidade

O "argumento da informalidade do comportamento" de Turing afirma que o comportamento humano é complexo demais para ser capturado por qualquer conjunto simples de regras – os seres humanos precisam seguir um conjunto de regras informais que (como diz o argumento) nunca poderiam ser capturadas em um conjunto formal de regras e, desse modo, nunca poderiam ser codificadas em um programa de computador.

O principal proponente dessa visão foi Hubert Dreyfus, que produziu uma série de críticas influentes para a inteligência artificial: *What Computers Can't Do* (1972), a sequência *What Computers Still Can't Do* (1992) e, com seu irmão Stuart, *Mind Over Machine* (1986). De modo semelhante, o filósofo Kenneth Sayre (1993) disse que "a inteligência artificial *buscada dentro do culto do computacionalismo* não tem a menor chance de produzir resultados duradouros". A tecnologia que eles criticavam veio a ser chamada **Good Old-Fashioned AI** ("a boa e velha IA"), ou **GOFAI**.

Good Old-Fashioned AI (GOFAI)

GOFAI corresponde ao agente lógico mais simples descrito no Capítulo 7, e vimos lá que é realmente difícil capturar cada contingência de comportamento apropriado em um conjunto

Capítulo 27 • Filosofia, Ética e Segurança da IA   **891**

de regras lógicas necessárias e suficientes; chamamos isso de **problema de qualificação**. Mas, como vimos no Capítulo 12, sistemas de raciocínio probabilístico são mais apropriados para domínios ilimitados e, como vimos no Capítulo 21, os sistemas de aprendizado profundo fazem bem uma série de tarefas "informais". Assim, a crítica não é endereçada contra os computadores *por si*, mas sim contra um estilo em particular de programá-los com regras lógicas – um estilo que era popular na década de 1980, mas que tem sido substituído por novas técnicas.

Um dos argumentos mais fortes de Dreyfus é o argumento a favor dos agentes situados em vez de mecanismos de inferência lógica desprovidos de realização física. Um agente cuja compreensão de "cachorro" só seja proveniente de um conjunto limitado de sentenças lógicas, como "$Cão(x) \Rightarrow Mamífero(x)$", está em desvantagem em comparação com um agente que viu cachorros correr, brincou de persegui-los e foi lambido por um. Como o filósofo Andy Clark (1998) diz, "Cérebros biológicos são, em primeiro lugar, os sistemas de controle de organismos biológicos. Corpos biológicos movem-se e agem no ambiente do rico mundo real". De acordo com Clark, nós somos "bons em *frisbee*, ruins em lógica".

A abordagem de **cognição corpórea** alega que não faz sentido considerar o cérebro separadamente: a cognição ocorre dentro de um corpo, que está presente em um ambiente. Precisamos estudar o sistema como um todo; o funcionamento do cérebro explora regularidades em seu ambiente, incluindo o restante do seu corpo. No âmbito da abordagem de cognição corpórea, robótica, visão e outros sensores tornam-se centrais, não periféricos.

Em geral, Dreyfus viu algumas áreas para as quais a IA não tinha respostas completas e disse que a IA, portanto, era impossível; agora vemos muitas dessas mesmas áreas passando por pesquisa e desenvolvimento contínuos, levando a uma maior capacidade, e não impossibilidade.

Cognição corpórea

27.1.2 Argumento de inaptidão

O "argumento de inaptidão" afirma que "uma máquina nunca poderá fazer X". Como exemplos de X, Turing lista as seguintes tarefas:

> Ser amável, diligente, bonita, amigável, ter iniciativa, senso de humor, distinguir o certo do errado, cometer enganos, apaixonar-se, gostar de morangos com creme, fazer alguém se apaixonar por ela, aprender a partir da experiência, usar palavras corretamente, ser o sujeito de seu próprio pensamento, ter tanta diversidade de comportamento quanto o homem, fazer algo realmente novo.

Em retrospecto, algumas delas são bastante fáceis – estamos todos familiarizados com computadores que "cometem erros". Computadores com capacidades de metarraciocínio (Capítulo 5) podem examinar suas próprias computações, estando assim sujeito ao seu próprio raciocínio. Também estamos familiarizados com uma tecnologia centenária com capacidade comprovada de "fazer alguém se apaixonar por ela" – ursos de pelúcia. O especialista em jogos de xadrez por computador, David Levy, prevê que até 2050 as pessoas rotineiramente irão se apaixonar por robôs humanoides (Levy, 2007). Robôs que se apaixonam são um tema comum na ficção,[1] mas houve apenas especulação limitada sobre se esse fato é provável (Kim *et al.*, 2007). Computadores têm feito coisas que são "realmente novas", fazendo descobertas significativas em astronomia, matemática, química, mineralogia, biologia, ciência da computação e outros campos, além de criar formas de arte por meio de transferência de estilo (Gatys *et al.*, 2016). Em geral, os programas superam o desempenho humano em algumas tarefas e ficam para trás em outras. A única coisa que é evidente que eles não podem fazer é ser exatamente humanos.

27.1.3 Objeção matemática

Turing (1936) e Gödel (1931) provaram que certas questões matemáticas são, por princípio, insolúveis em sistemas formais específicos. O teorema da incompletude de Gödel (ver seção 9.5) é o exemplo mais famoso desse fato. Em resumo, para qualquer sistema axiomático formal F poderoso o suficiente para efetuar operações aritméticas, é possível construir uma "sentença de Gödel" $G(F)$ com as seguintes propriedades:

---

[1] Por exemplo, a ópera Coppélia (1870), o romance *Do Androids Dream of Electric Sheep?* (1968), os filmes *AI* (2001), *Wall-E* (2008) e *Her* (2013).

- $G(F)$ é uma sentença de F, mas não pode ser provada dentro de F.
- Se F é consistente, então $G(F)$ é verdadeira.

Filósofos como J. R. Lucas (1961) afirmam que esse teorema mostra que as máquinas são mentalmente inferiores aos seres humanos porque as máquinas são sistemas formais limitados pelo teorema da incompletude – não podem estabelecer a verdade sobre sua própria sentença de Gödel –, enquanto os seres humanos não têm tal limitação. Essa afirmativa gerou décadas de controvérsia, produzindo vasta literatura que incluiu dois livros escritos pelo matemático/físico *Sir* Roger Penrose (1989, 1994). Penrose repetiu essa afirmativa com algumas variações novas, como a hipótese de que os seres humanos são diferentes porque seu cérebro opera por gravidade quântica – uma teoria que faz múltiplas predições falsas sobre a fisiologia do cérebro.

Examinaremos três dos problemas relacionados com a afirmação de Lucas. Primeiro, um agente não deve ficar muito envergonhado se não puder estabelecer a verdade de alguma sentença, enquanto outros agentes conseguem fazê-lo. Considere a seguinte sentença:

> Lucas não pode afirmar de forma consistente que essa sentença é verdadeira.

Se Lucas afirmasse essa sentença, ele estaria contradizendo a si mesmo; portanto, Lucas não pode afirmá-la de forma consistente; logo, ela é verdadeira. Desse modo, demonstramos que existe uma sentença que Lucas não pode afirmar de forma consistente, enquanto outras pessoas (e máquinas) podem. No entanto, isso não diminui nossa consideração por Lucas.

Em segundo lugar, o teorema da incompletude de Gödel e os resultados relacionados se aplicam apenas à *matemática*, não aos *computadores*. Nenhuma entidade – ser humano ou máquina – pode provar coisas que são impossíveis de provar. Lucas e Penrose consideram falsamente que os humanos de alguma forma podem contornar essas limitações, como quando Lucas (1976) afirma que "devemos aceitar como hipótese nossa própria coerência no momento que assumirmos a possibilidade de raciocinar". Mas essa é uma suposição sem garantias: os seres humanos são reconhecidamente incoerentes. Sem dúvida, isso é verdadeiro no caso do raciocínio do dia a dia, mas também é verdadeiro para o pensamento matemático cuidadoso. Um exemplo famoso é o problema do mapa de quatro cores. Alfred Kempe (1879) publicou uma prova extensamente aceita por 11 anos, até que Percy Heawood (1890) assinalou uma falha.

Terceiro, o teorema da incompletude de Gödel tecnicamente aplica-se apenas a sistemas formais poderosos o suficiente para realizar cálculos aritméticos. Isso inclui as máquinas de Turing, e a afirmativa de Lucas se baseia, em parte, na asserção de que os computadores são equivalentes a máquinas de Turing. Essa afirmação não é rigorosamente verdadeira. As máquinas de Turing são infinitas, enquanto os computadores (e os cérebros) são finitos, e qualquer computador pode então ser descrito como um sistema (muito grande) em lógica proposicional, que não está sujeito ao teorema da incompletude de Gödel. Lucas considera que os seres humanos podem "mudar de ideia", enquanto os computadores não podem, mas isso também é falso – um computador pode rever uma conclusão após nova evidência ou outra deliberação; ele pode fazer *upgrade* do seu *hardware*; pode mudar seus processos de tomada de decisão com aprendizado de máquina ou reescrita de *software*.

27.1.4 Medição da IA

Alan Turing, em seu famoso ensaio "Computing Machinery and Intelligence" (1950), sugeriu que, em vez de perguntar se as máquinas podem pensar, devemos perguntar se as máquinas podem passar por um teste de inteligência comportamental, que veio a ser chamado **teste de Turing**. O teste consiste em fazer um programa desenvolver uma conversação (via mensagens digitadas) com um interrogador por 5 minutos. O interrogador deve então descobrir se teve a conversação com um programa ou uma pessoa; o programa passa pelo teste se enganar o interrogador durante 30% do tempo. Para Turing, o ponto principal não foram os detalhes exatos do teste, mas sim a ideia de medir a inteligência pelo desempenho sobre algum tipo de tarefa comportamental aberta, em vez de especulação filosófica.

Capítulo 27 • Filosofia, Ética e Segurança da IA   893

Apesar disso, Turing conjeturou que, por volta do ano 2000, um computador com espaço de armazenamento de um bilhão de unidades poderia passar no teste; mas agora, mais de 20 anos depois, ainda não podemos concordar se algum programa passou. Muitas pessoas foram enganadas, não sabendo que poderiam estar conversando com um computador. O programa ELIZA e os *chatbots* da Internet, como MGONZ (Humphrys, 2008) e NATACHATA (Jonathan *et al.*, 2009), enganaram seus usuários repetidamente, e o *chatbot* CYBERLOVER tem atraído a atenção dos policiais por causa de sua propensão para enganar com sua conversa amigável, induzindo os usuários a expor informações pessoais o suficiente para que sua identidade pudesse ser roubada.

Em 2014, um *chatbot* chamado "Eugene Goostman" enganou 33% dos juízes amadores não treinados em um teste de Turing. O programa afirmava ser um menino da Ucrânia com domínio limitado do inglês; isso ajudou a explicar seus erros gramaticais. Talvez o teste de Turing seja realmente um teste de credulidade humana. Até agora, nenhum juiz bem treinado foi enganado (Aaronson, 2014).

As competições de teste de Turing levaram a melhores *chatbots*, mas não têm sido um foco de pesquisa na comunidade de IA. Em vez disso, os pesquisadores de IA que anseiam por competição são mais propensos a se concentrar em jogar xadrez, Go ou StarCraft II, ou realizar um exame de ciências da oitava série, ou identificar objetos em imagens. Em muitas dessas competições, os programas alcançaram ou ultrapassaram o desempenho de nível humano, mas isso não significa que os programas sejam como os humanos fora da tarefa específica. O objetivo é melhorar a ciência e a tecnologia básicas e fornecer ferramentas úteis, e não enganar os juízes.

27.2 Máquinas podem realmente pensar?

Alguns filósofos afirmam que uma máquina que passasse pelo teste de Turing ainda não estaria *realmente* pensando, mas seria apenas uma *simulação* de pensamento. Porém, a maioria dos pesquisadores da IA não está preocupada com a distinção, e o cientista da computação Edsger Dijkstra (1984) disse que "a questão de saber se as *máquinas podem pensar* (...) é tão relevante como a questão de saber se os *submarinos podem nadar*". A primeira definição do *American Heritage Dictionary* para *nadar* é "mover-se através da água por meio de membros, barbatanas ou cauda", e a maioria das pessoas concorda que os submarinos não podem nadar porque não têm membros. O dicionário também define *voar* como "mover-se através do ar por meio de asas ou partes como asas", e a maioria das pessoas concorda que os aviões, tendo partes como asas, podem voar. No entanto, nem as perguntas nem as respostas têm qualquer relevância para o projeto ou a capacidade de aviões e submarinos; trata-se do uso de palavras em inglês. (O fato de que os navios *nadam* em russo (*privet*) só amplifica esse ponto.) Nos idiomas inglês e português ainda não existe consenso sobre um significado para a palavra "pensar" – isso requer "um cérebro" ou apenas "partes de um cérebro"?

Mais uma vez, a objeção foi prevista por Turing. Ele observa que nunca temos *qualquer* evidência direta sobre os estados mentais internos de outros humanos – um tipo de solipsismo mental. Apesar disso, Turing diz que "em vez de discutir continuamente sobre esse ponto, é habitual assumir a **convenção cortês** de que todos pensam". Turing argumenta que também estenderíamos a convenção cortês para máquinas somente se tivéssemos experiência com máquinas que agissem de modo inteligente. No entanto, agora que temos alguma experiência, parece que nossa disposição de atribuir consciência depende, pelo menos, tanto da aparência e voz humanoide quanto da inteligência pura.

Convenção cortês

27.2.1 Quarto chinês

O filósofo John Searle rejeita a convenção cortês. Seu famoso argumento do **quarto chinês** (Searle, 1990) é o seguinte: imagine um humano, que só entende inglês, dentro de um quarto que contém um livro de regras, escrito em inglês, e várias pilhas de papel. Pedaços de papel contendo símbolos indecifráveis são colocados sob a porta da sala. O humano segue as instruções do livro de regras, encontrando símbolos nas pilhas, escrevendo símbolos em novos pedaços de papel, reorganizando as pilhas, e assim por diante. Eventualmente, as instruções farão com que um ou mais símbolos sejam transcritos em um pedaço de papel que é devolvido ao

Quarto chinês

894 Inteligência Artificial

mundo exterior. Do lado de fora, vemos um sistema que recebe informações na forma de sentenças chinesas e gera respostas fluentes e inteligentes em chinês.

Searle então argumenta: é dado como hipótese que o humano não entende chinês. O livro de regras e as pilhas de papel, sendo apenas pedaços de papel, não entendem chinês. Portanto, não há compreensão do chinês. E Searle diz que a sala chinesa está fazendo a mesma coisa que um computador faria; portanto, os computadores não geram compreensão.

Naturalismo biológico

Searle (1980) é um proponente do **naturalismo biológico**, de acordo com o qual os estados mentais são características emergentes de alto nível causadas pelos processos físicos de baixo nível *nos neurônios*, e as propriedades (não especificadas) dos neurônios é que são importantes: de acordo com os vieses de Searle, os neurônios "o" têm, e os transistores não. Houve muitas refutações do argumento de Searle, mas nenhum consenso. Seu argumento poderia igualmente ser usado (talvez por robôs) para argumentar que um humano não pode ter uma compreensão verdadeira; afinal, o ser humano é feito de células, as células não entendem, portanto não há entendimento. Na verdade, esse é o enredo da história de ficção científica de Terry Bisson (1990), *They're Made Out of Meat*, em que robôs alienígenas exploram a Terra e não conseguem acreditar que pedaços de carne possam ser sensíveis. Como eles podem ser, continua sendo um mistério.

27.2.2 Consciência e qualia

Consciência

Uma questão central em todos os debates sobre a IA forte é a questão da **consciência**: consciência do mundo exterior e de si mesmo, e a experiência subjetiva de vida. O termo técnico para a natureza intrínseca das experiências é **qualia** (da palavra latina que significa "de que tipo"). A grande questão é se as máquinas podem ter qualia. No filme *2001*, quando o astronauta David Bowman está desconectando os "circuitos cognitivos" do computador HAL 9000, ele diz "*Tenho medo, Dave. Dave, minha mente está sumindo. Posso sentir isso*". Será que o HAL realmente tem sentimentos (e merece compaixão)? Ou a resposta é apenas algorítmica, nada muito diferente de "Erro 404: página não encontrada"?

Qualia

Há uma questão semelhante para os animais: os donos de animais têm certeza de que seu cão ou gato tem consciência, mas nem todos os cientistas concordam. Os grilos mudam seu comportamento com base na temperatura, mas poucas pessoas diriam que eles têm a *sensação* de estar com calor ou frio.

Um dos motivos pelos quais o problema da consciência é difícil é que ele permanece mal definido, mesmo após séculos de debate. Mas a ajuda pode estar a caminho. Recentemente, filósofos se uniram a neurocientistas sob os auspícios da Fundação Templeton para iniciar uma série de experimentos que poderiam resolver alguns dos problemas. Os defensores de duas principais teorias da consciência (teoria do espaço de trabalho global e teoria da informação integrada) concordaram que os experimentos podem confirmar uma teoria em detrimento da outra – uma coisa rara na filosofia.

Alan Turing (1950) admite que a questão da consciência é difícil, mas nega que tenha muita relevância para a prática da IA: "Não quero dar a impressão de que acho que não há mistério sobre a consciência (...), mas não acho que esses mistérios necessariamente tenham que ser resolvidos antes de podermos responder à pergunta com a qual estamos preocupados nesse artigo". Concordamos com Turing – estamos interessados em criar programas que se comportem de maneira inteligente. Aspectos individuais da consciência – percepção, autoconsciência, atenção – podem ser programados e podem fazer parte de uma máquina inteligente. O projeto adicional de tornar uma máquina consciente exatamente como os humanos são não é um projeto para o qual estejamos preparados. Concordamos que se comportar de maneira inteligente exigirá algum grau de consciência, que será diferente de tarefa para tarefa, e que tarefas que envolvem interação com humanos exigirão um modelo de experiência subjetiva humana.

Em questão de modelagem de experiência, os humanos têm uma clara vantagem sobre as máquinas, porque podem usar seu próprio aparato subjetivo para apreciar a experiência subjetiva de outros. Por exemplo, se você quiser saber *como é* quando alguém bate no polegar com um martelo, pode bater no seu polegar com um martelo. As máquinas não têm essa capacidade – embora, ao contrário dos humanos, elas possam executar o código umas das outras.

27.3 Ética da IA

Visto que a IA é uma tecnologia poderosa, temos uma obrigação moral de usá-la bem, promovendo os aspectos positivos e evitando ou mitigando os negativos.

São muitos os aspectos positivos. Por exemplo, a IA pode salvar vidas pelo diagnóstico médico avançado, novas descobertas médicas, melhor previsão de eventos climáticos extremos e direção mais segura com assistência ao motorista e (eventualmente) tecnologias de direção autônoma. Há também muitas oportunidades para melhoria de vida. O programa IA para Ação Humanitária da Microsoft aplica IA para a recuperação em situações decorrentes de desastres naturais, voltando-se para as necessidades das crianças, protegendo refugiados e promovendo os direitos humanos. O programa IA para o Bem Social, do Google, apoia o trabalho de proteção das florestas tropicais, jurisprudência dos direitos humanos, monitoramento da poluição, medição de emissões de combustíveis fósseis, aconselhamento em crise, verificação de fatos de notícias, prevenção de suicídio, reciclagem e outras questões. O Centro de Ciências de Dados para o Bem Social, da Universidade de Chicago, aplica o aprendizado de máquina a problemas na justiça criminal, desenvolvimento econômico, educação, saúde pública, energia e meio ambiente.

Aplicações de IA na gestão de lavouras e produção de alimentos ajudam a alimentar o mundo. A otimização dos processos de negócios usando o aprendizado de máquina tornará os negócios mais produtivos, aumentando a riqueza e proporcionando mais empregos. A automação pode substituir as tarefas tediosas e perigosas que muitos trabalhadores enfrentam, e liberá-los para se concentrarem em aspectos mais interessantes. Pessoas com deficiência se beneficiarão da assistência baseada em IA para visão, audição e mobilidade. A tradução automática já permite que pessoas de diferentes culturas se comuniquem. As soluções de IA baseadas em *software* têm custo marginal de produção quase zero e, portanto, têm o potencial de democratizar o acesso à tecnologia avançada (mesmo que outros aspectos do *software* tenham o potencial de centralizar o poder).

Mesmo diante desses muitos aspectos positivos, os negativos não devem ser ignorados. Muitas novas tecnologias tiveram **efeitos colaterais negativos** não intencionais: a fissão nuclear trouxe a tragédia de Chernobyl e a ameaça da destruição global; o motor a combustão interna trouxe a poluição do ar, o aquecimento global e a pavimentação de praças e jardins. Outras tecnologias podem ter efeitos negativos, mesmo quando usadas conforme pretendido, como gás sarin, rifles AR-15 e chamadas gravadas indesejadas por telefone. A automação criará riqueza, mas, nas atuais condições econômicas, grande parte dessa riqueza fluirá para os proprietários dos sistemas automatizados, levando a uma maior desigualdade de renda. Isso pode ser prejudicial para uma sociedade que funciona bem. Nos países em desenvolvimento, o caminho tradicional para o crescimento por meio da fabricação de baixo custo para exportação pode ser interrompido, à medida que os países ricos adotam instalações de fabricação totalmente automatizadas em terra. Nossas decisões éticas e de governança ditarão o nível de desigualdade que a IA gerará.

> Efeitos colaterais negativos

Todos os cientistas e engenheiros enfrentam considerações éticas sobre quais projetos devem ou não assumir e como podem garantir que a execução do projeto seja segura e benéfica. Em 2010, o Conselho de Pesquisa de Engenharia e Ciências Físicas do Reino Unido realizou uma reunião para desenvolver um conjunto de Princípios de Robótica. Nos anos seguintes, outras agências governamentais, organizações sem fins lucrativos e empresas criaram conjuntos de princípios semelhantes. A essência é que cada organização que cria tecnologia de IA, e todos na organização, têm a responsabilidade de garantir que a tecnologia contribua para o bem, não para o mal. Os princípios mais comumente citados são:

Garantir a segurança	Estabelecer a responsabilização
Garantir a equidade	Sustentar direitos e valores humanos
Respeitar a privacidade	Refletir a diversidade/inclusão
Promover a colaboração	Evitar a concentração de poder
Oferecer transparência	Reconhecer implicações legais/política
Limitar o uso maléfico da IA	Contemplar implicações para o emprego

896 Inteligência Artificial

Observe que muitos dos princípios, como "garantir a segurança", têm aplicação em todos os sistemas de *software* ou *hardware*, não apenas sistemas de IA. Diversos princípios têm um enunciado vago, tornando-os difíceis de medir ou impor. Isso ocorre, em parte, porque a IA é um campo vasto, com muitos subcampos, cada um com um conjunto diferente de normas históricas e diferentes relacionamentos entre os desenvolvedores de IA e as partes interessadas. Mittelstadt (2019) sugere que cada subcampo deve desenvolver diretrizes acionáveis e casos precedentes de forma mais específica.

27.3.1 Armas autônomas letais

A ONU define uma arma autônoma letal como aquela que localiza, seleciona e engaja (ou seja, mata) alvos humanos sem supervisão humana. Diversas armas cumprem alguns desses critérios. Por exemplo, as minas terrestres têm sido usadas desde o século XVII: elas podem selecionar e engajar alvos em um sentido limitado de acordo com o grau de pressão exercida ou a quantidade de metal presente, mas não podem sair e localizar alvos por si mesmas. (As minas terrestres foram proibidas pelo Tratado de Ottawa.) Mísseis guiados, em uso desde os anos 1940, podem perseguir alvos, mas devem ser apontados na direção certa por um humano. Canhões controlados por radar de disparo automático têm sido usados para defender navios de guerra desde os anos 1970; eles se destinam principalmente a destruir mísseis que se aproximam, mas também podem atacar aeronaves tripuladas. Embora a palavra "autônomo" seja frequentemente usada para descrever veículos aéreos não tripulados ou *drones*, a maioria dessas armas é pilotada remotamente e requer ativação por humanos da carga letal.

No momento em que esse artigo foi escrito, vários sistemas de armas parecem ter cruzado a linha para a autonomia total. Por exemplo, o míssil Harop, de Israel, é uma "arma que se autodestrói" com uma envergadura de 3 metros e com uma ogiva de 22,5 kg. Ele procura, durante um período de até 6 horas em determinada região geográfica, por qualquer alvo que atenda a determinado critério e então o destrói. O critério poderia ser "emite um sinal de radar semelhante a um radar antiaéreo" ou "se parece com um tanque". O fabricante turco STM anuncia seu *drone* Kargu – o qual transporta até 1,5 kg de explosivos – como sendo capaz de realizar "ataque autônomo (...) a alvos selecionados em imagens (...) rastrear alvos móveis (...) antipessoal (...) reconhecimento facial".

As armas autônomas foram chamadas "terceira revolução na guerra" depois da pólvora e das armas nucleares. Seu potencial militar é óbvio. Por exemplo, poucos especialistas duvidam de que um caça autônomo derrotaria qualquer piloto humano. Aeronaves, tanques e submarinos autônomos podem ser mais baratos, mais rápidos, mais manobráveis e ter maior alcance do que seus correspondentes tripulados.

Desde 2014, as Nações Unidas em Genebra têm conduzido discussões regulares sob os auspícios da Convenção sobre Certas Armas Convencionais (CCW) sobre a questão de banir as armas autônomas letais. No momento em que este capítulo foi escrito, 30 nações, variando em tamanho da China à Santa Sé, declararam seu apoio a um tratado internacional, enquanto outros países importantes – incluindo Israel, Rússia, Coreia do Sul e os EUA – se opõem a um banimento.

O debate sobre armas autônomas inclui aspectos jurídicos, éticos e práticos. As questões jurídicas são regidas principalmente pela CCW, que exige a possibilidade de discriminação entre combatentes e não combatentes, o julgamento da necessidade militar de um ataque e a avaliação da proporcionalidade entre o valor militar de um alvo e a possibilidade de dano colateral. A viabilidade de atender a esses critérios é uma questão de engenharia – uma questão cuja resposta, sem dúvida, mudará com o tempo. No momento, a discriminação parece viável em algumas circunstâncias e, com certeza, vai melhorar rapidamente, mas a necessidade e a proporcionalidade não são atualmente viáveis: elas exigem que as máquinas façam julgamentos subjetivos e situacionais que são consideravelmente mais difíceis do que as tarefas relativamente simples de procurar e engajar alvos em potencial. Por essas razões, seria legal usar armas autônomas apenas em circunstâncias em que um operador humano pudesse razoavelmente prever que a execução da missão não resultaria em civis sendo alvejados ou em armas conduzindo ataques desnecessários ou desproporcionais. Isso significa que, por enquanto, apenas missões muito restritas poderiam ser realizadas por armas autônomas.

Do lado ético, alguns acham simplesmente moralmente inaceitável delegar a decisão de matar humanos a uma máquina. Por exemplo, o embaixador da Alemanha em Genebra afirmou que "não aceitará que a decisão sobre a vida ou a morte seja tomada exclusivamente por um sistema autônomo", enquanto o Japão "não tem planos de desenvolver robôs com humanos fora do circuito, que podem ser capazes de cometer assassinato". O general Paul Selva, na época o segundo oficial militar dos EUA, disse em 2017: "Não acho que seja razoável colocarmos robôs encarregados de tirar ou não uma vida humana". Por fim, Antônio Guterres, diretor das Nações Unidas, afirmou em 2019 que "máquinas com poder e autonomia para tirar vidas sem envolvimento humano são politicamente inaceitáveis, moralmente repugnantes e devem ser proibidas pela lei internacional".

Mais de 140 ONGs em mais de 60 países fazem parte da Campanha para Impedir Robôs Matadores, e em 2015 o Instituto Futuro da Vida organizou uma carta aberta que foi assinada por mais de 4 mil pesquisadores de IA[2] e 22 mil outros.

Contra isso, pode-se argumentar que, à medida que a tecnologia melhora, deve ser possível desenvolver armas com *menor* probabilidade de causar baixas civis do que soldados ou pilotos humanos. (Há também o benefício importante de que as armas autônomas reduzem a necessidade de soldados e pilotos humanos correrem o risco de morte.) Os sistemas autônomos não sucumbirão à fadiga, frustração, histeria, medo, raiva ou vingança, e não precisam "atirar primeiro, perguntar depois" (Arkin, 2015). Assim como as munições guiadas têm reduzido os danos colaterais em comparação com as bombas não guiadas, pode-se esperar que armas inteligentes melhorem ainda mais a precisão dos ataques. (Contra isso, veja em Benjamin (2013) uma análise das vítimas de guerra com *drones*.) Aparentemente, essa é a posição dos EUA na última rodada de negociações em Genebra.

Talvez contrariando a intuição, os EUA também são uma das poucas nações cujas próprias políticas atualmente impedem o uso de armas autônomas. O plano de trabalho do Departamento de Defesa dos EUA (DOD) de 2011 diz: "Em um futuro previsível, as decisões sobre o uso da força [por sistemas autônomos] e a escolha de quais alvos individuais se engajarão com força letal serão mantidas sob controle humano". A principal razão para essa política é prática: os sistemas autônomos não são confiáveis o suficiente para que sejam confiadas a eles decisões militares.

A questão da confiabilidade veio à tona em 26 de setembro de 1983, quando a tela de computador do oficial de mísseis soviético Stanislav Petrov emitiu um alerta de um ataque de míssil se aproximando. De acordo com o protocolo, Petrov deveria ter iniciado um contra-ataque nuclear, mas ele suspeitou de que o alerta era um *bug* e o tratou como tal. Ele estava certo, e a Terceira Guerra Mundial foi (por pouco) evitada. Não sabemos o que teria acontecido se não houvesse nenhum humano no controle.

A confiabilidade é uma preocupação muito séria para os comandantes militares, que conhecem bem a complexidade das situações no campo de batalha. Os sistemas de aprendizado de máquina que operam perfeitamente no treinamento podem ter um desempenho insatisfatório quando implantados. Ataques cibernéticos contra armas autônomas podem resultar em baixas de fogo amigo; desconectar a arma de todas as comunicações pode impedir isso (supondo que ela já não tenha sido comprometida), mas então a arma não pode ser retomada se estiver com defeito.

A questão prática predominante com as armas autônomas é que elas são armas escaláveis de destruição em massa, no sentido de que a escala de um ataque que pode ser lançado é proporcional à quantidade de *hardware* que se pode arcar com a empreitada. Um *drone* de 5 cm de diâmetro pode carregar uma carga explosiva letal e um milhão deles pode caber em um contêiner de transporte comum. Exatamente por serem autônomas, essas armas não precisariam de um milhão de supervisores humanos para realizar seu trabalho.

Como armas de destruição em massa, as armas autônomas escaláveis têm vantagens para o atacante em comparação com as armas nucleares e o bombardeio em massa: elas deixam a propriedade intacta e podem ser aplicadas seletivamente para eliminar apenas aqueles que possam ameaçar uma força de ocupação. Elas Certamente poderiam ser usadas para exterminar um grupo étnico inteiro ou todos os adeptos de uma religião em particular.

---

[2] Incluindo os dois autores deste livro.

898 Inteligência Artificial

Em muitas situações, elas também seriam indetectáveis. Essas características as tornam particularmente atraentes para atores não estatais.

Essas considerações – particularmente aquelas características que beneficiam o atacante – sugerem que as armas autônomas reduzirão a segurança global e nacional para todas as partes. A resposta racional para os governos parece ser engajar-se em discussões sobre controle de armas, em vez de uma corrida armamentista.

Uso dual

No entanto, o processo de criação de um tratado tem suas dificuldades. A IA é uma tecnologia de **uso dual**: as tecnologias de IA que têm aplicações pacíficas, como controle de voo, rastreamento visual, mapeamento, navegação e planejamento multiagente, podem ser facilmente aplicadas para fins militares. É fácil transformar um *drone* autônomo em uma arma, simplesmente juntando um explosivo e comandando-o para procurar um alvo. Para lidar com isso, é preciso implementar cuidados de regimes de conformidade com a cooperação da indústria, como já foi demonstrado com certo sucesso pela Convenção de Armas Químicas.

27.3.2 Vigilância, segurança e privacidade

Em 1976, Joseph Weizenbaum advertiu que a tecnologia de reconhecimento de voz automatizado poderia levar a escutas telefônicas generalizadas e, portanto, à perda das liberdades civis. Hoje, essa ameaça é real, com a maioria das comunicações eletrônicas passando por servidores centrais que podem ser monitorados e cidades repletas de microfones e câmeras que podem identificar e rastrear indivíduos com base em sua voz, rosto e andar. A vigilância que costumava exigir recursos humanos caros e escassos agora pode ser feita em grande parte por máquinas.

Câmera de vigilância

Em 2018, havia cerca de 350 milhões de **câmeras de vigilância** na China e 70 milhões nos EUA. A China e outros países começaram a exportar tecnologia de vigilância para países com pouca tecnologia, alguns com reputação de maltratar seus cidadãos e visar desproporcionalmente comunidades marginalizadas. Os engenheiros de IA devem ter clareza sobre quais usos de vigilância são compatíveis com os direitos humanos e se recusar a trabalhar em aplicações incompatíveis.

À medida que mais de nossas instituições operam *online*, nos tornamos mais vulneráveis ao crime cibernético (*phishing*, fraude de cartão de crédito, *botnets*, *ransomware*) e ciberterrorismo (incluindo ataques potencialmente mortais, como fechar hospitais e usinas de energia ou roubar carros autônomos). O aprendizado de máquina pode ser uma ferramenta poderosa **Segurança cibernética** para ambos os lados na batalha da **segurança cibernética**. Os invasores podem usar a automação para sondar as inseguranças e podem aplicar o aprendizado por reforço para fazer tentativas automatizadas de *phishing* e chantagem. Os defensores podem usar a aprendizagem não supervisionada para detectar padrões anormais no tráfego de entrada (Chandola *et al.*, 2009; Malhotra *et al.*, 2015) e várias técnicas de aprendizado de máquina para detectar fraudes (Fawcett e Provost, 1997; Bolton e Hand, 2002). À medida que os ataques se tornam mais sofisticados, há uma responsabilidade maior para todos os engenheiros, não apenas os especialistas em segurança, para projetar sistemas seguros desde o início. Uma previsão (Kanal, 2017) colocava o mercado de aprendizado de máquina em segurança cibernética em cerca de US$ 100 bilhões até 2021.

À medida que interagimos com computadores cada vez mais em nossas vidas cotidianas, mais dados a nosso respeito estão sendo coletados por governos e empresas. Os coletores de dados têm a responsabilidade moral e legal de serem bons administradores dos dados que têm. Nos EUA, a Lei de Responsabilidade e Portabilidade de Seguro Saúde (HIPAA) e a Lei de Privacidade e Direitos Educacionais da Família (FERPA) protegem a privacidade de registros médicos e educacionais. O Regulamento Geral de Proteção de Dados (GDPR) da União Europeia exige que as empresas projetem seus sistemas com a proteção de dados em mente e exige que obtenham o consentimento do usuário para qualquer coleta ou processamento de dados.

Desidentificação

O equilíbrio entre o direito do indivíduo à privacidade e o valor que a sociedade ganha com o compartilhamento de dados deve ser mantido. Queremos ter a capacidade de deter os terroristas sem oprimir a dissidência pacífica, e queremos curar doenças sem comprometer o direito de qualquer indivíduo de manter o sigilo do seu histórico de saúde. Uma prática importante é a **desidentificação**: eliminar informações de identificação pessoal (como nome e número de identificação) para que os pesquisadores médicos possam usar os dados para promover o bem comum. O problema é que os dados desidentificados compartilhados podem estar sujeitos à reidentificação. Por exemplo, se os dados não têm nome, número de identificação e endereço, mas incluem data de nascimento, sexo e código postal, então, como mostrado por Latanya Sweeney (2000), 87% da população dos EUA pode ser exclusivamente reidentificada. Sweeney enfatizou esse ponto ao reidentificar o registro de saúde do governador de seu estado quando ele foi internado no hospital. Na competição do **Prêmio Netflix**, registros não identificados de avaliações de filmes individuais foram lançados e os concorrentes foram solicitados a criar um algoritmo de aprendizado de máquina que pudesse prever com precisão quais filmes um indivíduo gostaria de ver. Mas os pesquisadores foram capazes de reidentificar usuários individuais comparando a data de uma classificação no banco de dados da Netflix com a data de uma classificação semelhante na Internet Movie Database (IMDB), em que os usuários às vezes usam seus nomes reais (Narayanan e Shmatikov, 2006).

Esse risco pode ser amenizado de alguma forma pela **generalização de campos**: por exemplo, substituindo a data de nascimento exata por apenas o ano de nascimento, ou um intervalo mais amplo, como "20 a 30 anos". Excluir um campo completamente pode ser visto como uma forma de generalizar para "qualquer". Mas a generalização por si só não garante que os registros estejam protegidos contra reidentificação; pode ser que haja apenas uma pessoa no CEP 94720 com 90 a 100 anos. Uma propriedade útil é **k-anonimato**: um banco de dados é k-anônimo se cada registro no banco de dados for indistinguível de pelo menos $k - 1$ outros registros. Se houver registros que sejam mais exclusivos do que isso, eles terão que ser mais generalizados.

Uma alternativa para compartilhar registros não identificados é manter todos os registros privados, mas permitir **consultas agregadas**. Uma API (do inglês *application programming interface*, interface de programação de aplicações) para consultas no banco de dados é fornecida e as consultas válidas recebem uma resposta que resume os dados com uma contagem ou média. Mas nenhuma resposta é dada se isso violar certas garantias de privacidade. Por exemplo, poderíamos permitir que um epidemiologista perguntasse, para cada código postal, a porcentagem de pessoas com câncer. Para CEP com pelo menos n pessoas, uma porcentagem seria fornecida (com uma pequena quantidade de ruído aleatório), mas nenhuma resposta seria dada para CEP com menos de n pessoas.

É preciso ter cuidado para se proteger contra a desidentificação por meio de múltiplas consultas. Por exemplo, se a consulta "salário médio e número de funcionários da empresa XYZ com idade entre 30 e 40" tiver a resposta [US$ 81.234,12] e a consulta "salário médio e número de funcionários da empresa XYZ com idade entre 30 e 41" tiver a resposta [US$ 81.199,13], e se usarmos o LinkedIn para encontrar aquele de 41 anos na empresa XYZ, então o identificamos com sucesso e podemos calcular seu salário exato, embora a totalidade das respostas envolva 12 ou mais pessoas. O sistema deve ser cuidadosamente projetado para se proteger contra isso, com uma combinação de limites nas consultas que podem ser feitas (talvez apenas um conjunto predefinido de faixas etárias não sobrepostas possa ser consultado) e a precisão dos resultados (talvez ambas as consultas forneçam a resposta "cerca de US$ 81.000").

Uma garantia mais forte é a **privacidade diferencial**, que garante que um invasor não possa usar consultas para reidentificar qualquer indivíduo no banco de dados, mesmo se o invasor puder fazer várias consultas e tiver acesso a bancos de dados de vinculação separados. A resposta da consulta emprega um algoritmo aleatório que adiciona uma pequena quantidade de ruído ao resultado. Dado um banco de dados D, qualquer registro r no banco de dados, qualquer consulta Q e uma possível resposta y à consulta, dizemos que o banco de dados D tem privacidade ϵ-diferencial se a probabilidade logarítmica da resposta y variar em menos de ϵ quando adicionamos o registro r:

$$|\log P(Q(D) = y) - \log P(Q(D + r) = y)| \leq \epsilon.$$

Em outras palavras, se uma pessoa decide participar ou não do banco de dados, não faz diferença significativa para as respostas que alguém pode obter e, portanto, não há desincentivo à privacidade para participar. Muitos bancos de dados são projetados para garantir privacidade diferenciada.

900 Inteligência Artificial

Aprendizagem federada

Até agora, consideramos a questão de compartilhar dados não identificados de um banco de dados central. Uma abordagem chamada **aprendizagem federada** (Konečný *et al.*, 2016) não tem banco de dados central; em vez disso, os usuários mantêm seus próprios bancos de dados locais que mantêm seus dados privados. No entanto, eles podem compartilhar parâmetros de um modelo de aprendizado de máquina que é aprimorado com seus dados, sem o risco de revelar qualquer um dos dados privados. Imagine um aplicativo de compreensão de fala que os usuários possam executar localmente em seus telefones. O aplicativo contém uma rede neural de base, que é então aprimorada pelo treinamento local nas palavras que são ouvidas no telefone do usuário. Periodicamente, os proprietários do aplicativo pesquisam um subconjunto de usuários e perguntam a eles os valores dos parâmetros de sua rede local aprimorada, mas não seus dados brutos. Os valores dos parâmetros são combinados para formar um novo modelo aprimorado que é então disponibilizado a todos os usuários, para que todos obtenham o benefício do treinamento realizado por outros usuários.

Agregação segura

Para que esse esquema preserve a privacidade, temos que ser capazes de garantir que os parâmetros do modelo compartilhados por cada usuário não possam sofrer engenharia reversa. Se enviarmos os parâmetros brutos, há chance de que um adversário que os inspecione possa deduzir se, digamos, determinada palavra foi ouvida pelo telefone do usuário. Uma forma de eliminar esse risco é com **agregação segura** (Bonawitz *et al.*, 2017). A ideia é que o servidor central não precise saber o valor exato do parâmetro de cada usuário distribuído; ele só precisa saber o valor médio de cada parâmetro, de todos os usuários pesquisados. Assim, cada usuário pode disfarçar seus valores de parâmetro adicionando uma máscara exclusiva para cada valor; contanto que a soma das máscaras seja zero, o servidor central será capaz de calcular a média correta. Os detalhes do protocolo garantem que ele é eficiente em termos de comunicação (menos da metade dos *bits* transmitidos correspondem ao mascaramento), é robusto para usuários individuais que não respondem e é seguro em face de usuários adversários, bisbilhoteiros ou mesmo um servidor central adversário.

27.3.3 Equidade e imparcialidade

Viés social

O aprendizado de máquina está aumentando e às vezes substituindo a tomada de decisão humana em situações importantes: qual empréstimo é aprovado, para quais bairros os policiais são enviados, quem obtém liberdade prejulgamento ou liberdade condicional. Mas os modelos de aprendizado de máquina podem perpetuar o **viés social**. Considere o exemplo de um algoritmo para prever se os réus criminais têm probabilidade de reincidência e, portanto, se eles devem ser soltos antes do julgamento. Pode muito bem ser que tal sistema pegue os preconceitos raciais ou de gênero dos juízes humanos a partir dos exemplos do conjunto de treinamento. Os projetistas de sistemas de aprendizado de máquina têm a responsabilidade moral de garantir que seus sistemas sejam realmente justos. Em domínios regulamentados, como crédito, educação, emprego e habitação, eles também têm responsabilidade legal. Mas o que é equidade? Existem vários critérios; aqui estão seis dos conceitos mais utilizados:

- **Equidade individual**: um requisito de que os indivíduos sejam tratados de forma semelhante a outros indivíduos semelhantes, independentemente da classe em que se encontrem.
- **Equidade em grupo**: um requisito de que duas classes sejam tratadas de forma semelhante, conforme medido por alguma estatística de resumo.
- **Equidade por meio do desconhecimento**: se excluirmos os atributos de raça e gênero do conjunto de dados, pode parecer que o sistema não pode discriminar esses atributos. Infelizmente, sabemos que os modelos de aprendizado de máquina podem prever variáveis latentes (como raça e gênero), dadas outras variáveis correlacionadas (como CEP e ocupação). Além disso, a exclusão desses atributos torna impossível verificar oportunidades iguais ou resultados iguais. Ainda assim, alguns países (p. ex., a Alemanha) escolheram essa abordagem para suas estatísticas demográficas (com ou sem modelos de aprendizado de máquina envolvidos).

Paridade demográfica

- **Resultado igual**: a ideia de que cada classe demográfica obtém os mesmos resultados; elas têm **paridade demográfica**. Por exemplo, suponha que tenhamos que decidir se devemos aprovar os pedidos de empréstimo; o objetivo é aprovar aqueles candidatos que pagarão o empréstimo e não aqueles que deixarão de pagá-lo. A paridade demográfica diz que tanto homens quanto mulheres devem ter a mesma porcentagem de empréstimos aprovados. Observe que esse é um critério de equidade de grupo que não faz nada para garantir a equidade individual; um candidato bem qualificado pode ser reprovado e um candidato pouco qualificado pode ser aprovado, desde que as porcentagens gerais sejam iguais. Além disso, essa abordagem favorece a correção de vieses do passado sobre a precisão da previsão. Se um homem e uma mulher são iguais em todos os aspectos, exceto que a mulher recebe um salário mais baixo pelo mesmo trabalho, ela deve ser aprovada porque seria igual senão por vieses históricos, ou ela deve ser negada porque o salário mais baixo de fato a torna mais propensa à inadimplência?

- **Oportunidades iguais**: a ideia de que as pessoas que realmente têm a capacidade de pagar o empréstimo devem ter chances iguais de serem classificadas corretamente como tal, independentemente de seu sexo. Essa abordagem também é chamada "equilíbrio". Ela pode levar a resultados desiguais e ignorar o efeito do viés nos processos sociais que produziram os dados de treinamento.

- **Impacto igual**: pessoas com probabilidade semelhante de pagar o empréstimo devem ter a mesma utilidade esperada, independentemente da classe a que pertencem. Isso vai além da igualdade de oportunidades, pois considera os benefícios de uma previsão verdadeira e os custos de uma previsão falsa.

Vamos examinar como essas questões atuam em um contexto particular. COMPAS é um sistema comercial de pontuação de reincidência. Ele atribui a um réu em um caso criminal uma **pontuação de risco**, que é então usada por um juiz para ajudar a tomar decisões: é seguro libertar o réu antes do julgamento ou ele deve ser mantido na prisão? Se for condenado, qual deve ser a duração da sentença? A liberdade condicional deve ser concedida? Dada a importância dessas decisões, o sistema tem sido objeto de intenso escrutínio (Dressel e Farid, 2018).

O COMPAS foi projetado para ser **bem calibrado**: todos os indivíduos que recebem a mesma pontuação pelo algoritmo devem ter aproximadamente a mesma probabilidade de reincidência, independentemente da raça. Por exemplo, entre todas as pessoas para as quais o modelo atribui uma pontuação de risco de 7 em 10, 60% dos brancos e 61% dos negros reincidem. Os projetistas, portanto, afirmam que ele atende ao objetivo de equidade desejado.

Bem calibrado

Por outro lado, o COMPAS não alcança a igualdade de oportunidades: a proporção de pessoas que não reincidiram, mas foram falsamente classificadas como de alto risco, foi de 45% para negros e 23% para brancos. No caso *Estado v. Loomis*, em que um juiz confiou no COMPAS para determinar a sentença do réu, Loomis argumentou que o funcionamento interno secreto do algoritmo violava seus direitos ao tratamento justo. Embora a Suprema Corte de Wisconsin tenha concluído que a sentença proferida não seria diferente sem o COMPAS nesse caso, ela emitiu avisos sobre a precisão do algoritmo e os riscos para os réus da minoria. Outros pesquisadores questionaram se é apropriado usar algoritmos em aplicações como sentenciamento.

Podemos esperar um algoritmo que seja bem calibrado e com oportunidades iguais, mas, como Kleinberg *et al.* (2016) mostram, isso é impossível. Se as classes básicas forem diferentes, qualquer algoritmo bem calibrado não fornecerá necessariamente oportunidades iguais e vice-versa. Como podemos pesar os dois critérios? O impacto igual é uma possibilidade. No caso do COMPAS, isso significa pesar a utilidade negativa dos réus sendo falsamente classificada como de alto risco e perdendo sua liberdade, *versus* o custo para a sociedade de um crime adicional sendo cometido, e encontrar o ponto que otimiza a troca. Isso é complicado porque há vários custos a serem considerados. Existem custos individuais – um réu que é mantido injustamente na prisão sofre uma perda, assim como a vítima de um réu que foi indevidamente solto e reincide. Mas, além disso, há custos de grupo – todos têm certo medo de serem presos injustamente ou de serem vítimas de um crime, e todos os contribuintes pagam pelos custos de prisões e tribunais. Se dermos valor a esses medos e custos em proporção ao tamanho de um grupo, então a utilidade para a maioria pode vir à custa de uma minoria.

Outro problema com toda a ideia de pontuação de reincidência, independentemente do modelo usado, é que não temos dados imparciais da verdade. Os dados não nos dizem quem *cometeu* um crime – tudo o que sabemos é quem foi *condenado* por um crime. Se os policiais, juiz ou júri que estão prendendo forem tendenciosos, os dados serão tendenciosos. Se mais policiais patrulham alguns locais, os dados serão tendenciosos contra as pessoas nesses locais.

Apenas os réus liberados são candidatos a se comprometer novamente; portanto, se os juízes que tomam as decisões de liberação forem tendenciosos, os dados podem ser tendenciosos. Se você assumir que por trás do conjunto de dados tendencioso existe um conjunto de dados não tendencioso subjacente, desconhecido, que foi corrompido por um agente com vieses, então existem técnicas para recuperar uma aproximação dos dados não tendenciosos. Jiang e Nachum (2019) descrevem vários cenários e as técnicas envolvidas.

Outro risco é que o aprendizado de máquina pode ser usado para *justificar* o viés. Se as decisões são tomadas por um humano tendencioso após consultar um sistema de aprendizado de máquina, o humano pode dizer "é assim que minha interpretação do modelo apoia minha decisão, então você não deve questionar minha decisão". Mas outras interpretações podem levar a uma decisão oposta.

Às vezes, equidade significa que devemos reconsiderar a função objetivo, não os dados ou o algoritmo. Por exemplo, ao tomar decisões sobre contratação, se o objetivo for contratar candidatos com as melhores qualificações disponíveis, corremos o risco de recompensar injustamente aqueles que tiveram oportunidades educacionais vantajosas ao longo da vida, reforçando assim os limites de classe. Porém, se o objetivo é contratar candidatos com a melhor capacidade de aprender no trabalho, temos uma melhor chance de ultrapassar as barreiras de classe e escolher entre um grupo mais amplo. Muitas empresas têm programas elaborados para esses candidatos e descobrem que, após 1 ano de treinamento, os funcionários contratados dessa forma se saem tão bem quanto os candidatos tradicionais. Da mesma forma, apenas 18% dos graduados em ciência da computação nos EUA são mulheres, mas algumas escolas, como a Harvey Mudd University, alcançaram 50% de paridade com uma abordagem que se concentra em encorajar e reter aqueles que iniciam o programa de ciência da computação, especialmente aqueles que começam com menos experiência em programação.

Uma complicação fim é decidir quais classes merecem proteção. Nos EUA, o Fair Housing Act reconheceu sete classes protegidas: raça, cor, religião, nacionalidade, sexo, deficiência e situação familiar. Outras leis locais, estaduais e federais reconhecem outras classes, incluindo orientação sexual e gravidez, estado civil e estado de veterano. É justo que essas classes sirvam para algumas leis e não para outras? A lei internacional dos direitos humanos, que abrange um grande conjunto de classes protegidas, é uma estrutura potencial para harmonizar as proteções entre vários grupos.

Disparidade no tamanho da amostra

Mesmo na ausência de viés social, a **disparidade no tamanho da amostra** pode levar a resultados tendenciosos. Na maioria dos conjuntos de dados, haverá menos exemplos de treinamento de indivíduos de classe minoritária do que de indivíduos de classe majoritária. Os algoritmos de aprendizado de máquina geram melhor precisão com mais dados de treinamento; isso significa que os membros de classes minoritárias terão menor precisão. Por exemplo, Buolamwini e Gebru (2018) examinaram um serviço de identificação de gênero por visão computacional e descobriram que ele tinha uma precisão quase perfeita para homens de pele clara e uma taxa de erro de 33% para mulheres de pele escura. Um modelo restrito pode não ser capaz de ajustar simultaneamente a classe majoritária e a classe minoritária – um modelo de regressão linear pode minimizar o erro médio ajustando apenas a classe majoritária e, em um modelo SVM, todos os vetores de suporte podem corresponder a membros da classe majoritária.

O viés também pode entrar em ação no processo de desenvolvimento de *software* (quer o *software* envolva o aprendizado de máquina, quer não). Os engenheiros que estão depurando um sistema são mais propensos a perceber e corrigir os problemas que se aplicam a eles. Por exemplo, é difícil perceber que um projeto de interface de usuário não funcionará para pessoas daltônicas, a menos que você seja daltônico, ou que a tradução de um idioma urdu tenha falhas se você não fala urdu.

Planilha de dados

Como podemos nos defender contra esses vieses? Primeiro, entenda os limites dos dados que você está usando. Foi sugerido que os conjuntos de dados (Gebru *et al.*, 2018; Hind *et al.*, 2018) e modelos (Mitchell *et al.*, 2019) devem vir com anotações: declarações de proveniência, segurança, conformidade e adequação ao uso. Isso é semelhante às **planilhas de dados** que acompanham os componentes eletrônicos, como resistores; elas permitem que os projetistas decidam quais componentes usar. Além das planilhas de dados, é importante treinar engenheiros para estarem cientes das questões de equidade e viés, tanto na escola quanto no treinamento na função. Ter uma diversidade de engenheiros com diferentes formações torna mais fácil para eles perceberem problemas nos dados ou modelos. Um estudo do AI Now Institute (West *et al.*, 2019) descobriu que apenas 18% dos autores nas principais conferências de IA e 20% dos professores de IA são mulheres. Os trabalhadores negros da IA são menos de 4%. As taxas nos laboratórios de pesquisa do setor são semelhantes. A diversidade poderia ser aumentada por programas no início – na faculdade ou no ensino médio – e por maior conscientização no nível profissional. Joy Buolamwini fundou a Liga de Justiça Algorítmica para aumentar a conscientização sobre esse problema e desenvolver práticas de responsabilidade.

Uma segunda ideia é tirar o viés dos dados (Zemel *et al.*, 2013). Poderíamos amostrar em excesso a partir de classes minoritárias para nos defender contra a disparidade do tamanho da amostra. Técnicas como SMOTE, a técnica de sobreamostragem de minoria sintética (Chawla *et al.*, 2002) ou ADASYN, a técnica de amostragem sintética adaptativa para aprendizagem desequilibrada (He *et al.*, 2008), fornecem maneiras baseadas em princípios de sobreamostragem. Poderíamos examinar a proveniência dos dados e, por exemplo, eliminar exemplos de juízes que mostraram parcialidade em seus processos judiciais anteriores. Alguns analistas se opõem à ideia de descartar dados e, em vez disso, recomendam a construção de um modelo hierárquico dos dados que inclui fontes de viés, para que possam ser modelados e compensados. Google e NeurIPS tentaram aumentar a conscientização sobre esse problema patrocinando o Concurso de Imagens Inclusivas, no qual os competidores treinam uma rede em um conjunto de dados de imagens rotuladas, coletadas na América do Norte e na Europa e, em seguida, testam em imagens tiradas de todo o mundo. O problema é que, considerando esse conjunto de dados, é fácil aplicar o rótulo "noiva" a uma mulher em um vestido de noiva ocidental padrão, mas é mais difícil reconhecer as vestes matrimoniais tradicionais africanas e indianas.

Uma terceira ideia é inventar novos modelos e algoritmos de aprendizado de máquina que sejam mais resistentes a vieses; e a ideia fim é deixar um sistema fazer recomendações iniciais que podem ser tendenciosas, mas então treinar um segundo sistema para retirar o viés das recomendações do primeiro. Bellamy *et al.* (2018) apresentaram o sistema IBM AI FAIRNESS 360, que oferece uma estrutura para todas essas ideias. Esperamos que haja um uso maior de ferramentas como essa no futuro.

Como ter certeza de que os sistemas que você constrói serão justos? Tem surgido um conjunto de melhores práticas (as quais, entretanto, nem sempre são seguidas):

- Certifique-se de que os engenheiros de *software* falem com cientistas sociais e especialistas do domínio para compreender as questões e perspectivas e considerar a equidade desde o início.
- Crie um ambiente que promova o desenvolvimento de um conjunto diversificado de engenheiros de *software* que representem sociedade.
- Defina quais grupos seu sistema irá suportar: falantes de diferentes idiomas, diferentes grupos de idades, diferentes habilidades com visão e audição etc.
- Otimize para uma função objetiva que incorpore equidade.
- Examine seus dados em busca de preconceito e correlações entre atributos protegidos e outros atributos.
- Entenda como é feita qualquer anotação humana dos dados, projete metas para a precisão da anotação e verifique se as metas são atendidas.
- Não acompanhe apenas as métricas gerais do seu sistema; certifique-se de acompanhar as métricas de subgrupos que podem ser vítimas de viés.
- Inclua testes de sistema que reflitam a experiência de usuários de grupos minoritários.
- Faça um ciclo de *feedback* para que, quando surgirem problemas de equidade, eles sejam resolvidos.

27.3.4 Confiança e transparência

É um desafio tornar um sistema de IA preciso, justo, seguro e protegido; um desafio diferente é convencer a todos que você fez isso. As pessoas precisam **confiar** nos sistemas que elas utilizam. Um estudo da PwC em 2017 descobriu que 76% das empresas estavam adiando a adoção

Confiança

da IA por motivos de desconfiança. Na seção 19.9.4, explicamos algumas das abordagens de engenharia para a confiança; aqui, vamos discutir as questões políticas.

Verificação e validação

Para ganhar confiança, qualquer sistema de engenharia deve passar por um processo de **verificação e validação** (V&V). Verificação significa que o produto atende às especificações. Validação significa afirmar que as especificações realmente atendem às necessidades do usuário e de outras partes afetadas. Temos uma metodologia de V&V elaborada para engenharia em geral e para desenvolvimento de *software* tradicional, feito por desenvolvedores humanos; grande parte disso também se aplica a sistemas de IA. Mas os sistemas de aprendizado de máquina são diferentes e exigem um processo de V&V diferente, que ainda não foi totalmente desenvolvido. Precisamos verificar os dados com os quais esses sistemas aprendem; precisamos verificar a exatidão e a imparcialidade dos resultados, mesmo diante da incerteza que torna um resultado exato desconhecido; e precisamos verificar se os adversários não podem influenciar indevidamente o modelo, nem roubar informações ao consultar o modelo resultante.

Certificação

Um instrumento de confiança é a **certificação**; por exemplo, a Underwriters Laboratories (UL) foi fundada em 1894, em uma época em que os consumidores estavam apreensivos com os riscos da energia elétrica. A certificação UL de aparelhos deu aos consumidores maior confiança e, de fato, a UL agora está considerando entrar no negócio de teste e certificação de produtos para IA.

Outras indústrias há muito têm padrões de segurança. Por exemplo, ISO 26262 é um padrão internacional para a segurança de automóveis, que descreve como desenvolver, produzir, operar e fazer a manutenção de veículos de maneira segura. A indústria de IA ainda não se encontra nesse nível de clareza, embora existam algumas iniciativas em andamento, como a norma IEEE P7001, um padrão que define o *design* ético para inteligência artificial e sistemas autônomos (Bryson e Winfield, 2017). Há um debate contínuo sobre que tipo de certificação é necessária e até que ponto ela deve ser feita pelo governo, por organizações profissionais como o IEEE, por certificadoras independentes como a UL ou com autorregulação pelas empresas de produtos.

Transparência

Outro aspecto da confiança é a **transparência**: os consumidores querem saber o que está acontecendo dentro de um sistema e se o sistema não está atuando contra eles, seja por malícia intencional, uma falha não intencional ou por algum viés social generalizado que é repetido pelo sistema. Em alguns casos, essa transparência é entregue diretamente ao consumidor. Em outros casos, são questões de propriedade intelectual que mantêm alguns aspectos do sistema ocultos para os consumidores, mas abertos para agências reguladoras e de certificação.

IA explicável (XAI)

Quando um sistema de IA lhe recusa um empréstimo, você merece uma explicação. Na Europa, o GDPR impõe isso para você. Um sistema de IA que pode se explicar é chamado **IA explicável (XAI)**. Uma boa explicação tem várias propriedades: deve ser compreensível e convincente para o usuário, deve refletir com precisão o raciocínio do sistema, deve ser completa e deve ser específica, pois diferentes usuários com diferentes condições ou diferentes resultados devem receber diferentes explicações.

É relativamente simples dar a um algoritmo de decisão acesso aos seus próprios processos deliberativos, simplesmente registrando-os e disponibilizando-os como estruturas de dados. Isso significa que as máquinas podem, eventualmente, vir a dar explicações melhores sobre suas decisões do que os humanos. Além do mais, podemos tomar medidas para certificar que as explicações da máquina não são fraudes (intencionais ou autoengano), algo que é mais difícil com um ser humano.

Uma explicação é um ingrediente útil, mas não suficiente para gerar confiança. Um problema é que as explicações não são decisões: são histórias sobre decisões. Conforme discutido na seção 19.9.4, dizemos que um sistema é interpretável se pudermos inspecionar o código-fonte do modelo e ver o que ele está fazendo, e dizemos que ele é explicável se pudermos elaborar uma história sobre o que ele está fazendo – mesmo se o próprio sistema for uma caixa-preta não interpretável. Para explicar uma caixa-preta não interpretável, precisamos construir, depurar e testar um sistema de explicação separado e garantir que ele esteja em sincronismo com o sistema original. E como os humanos amam uma boa história, estamos todos muito dispostos a ser influenciados por uma explicação que pareça ser boa. Tome qualquer controvérsia política do dia e você sempre encontrará dois supostos especialistas com explicações totalmente opostas, ambas internamente consistentes.

Uma questão fim é que uma explicação sobre um caso não oferece um resumo sobre outros casos. Se o banco explicar: "Desculpe, não podemos lhe oferecer o empréstimo porque você tem um histórico de problemas financeiros anteriores", você não sabe se essa explicação é precisa ou se o banco está secretamente inclinado contra você por algum motivo. Nesse caso, você precisa não apenas de uma explicação, mas também de uma **auditoria** das decisões anteriores, com estatísticas agregadas em vários grupos demográficos, para ver se suas taxas de aprovação estão equilibradas.

Parte da transparência é saber se você está interagindo com um sistema de IA ou com um humano. Toby Walsh (2015) propôs que "um sistema autônomo deve ser projetado de forma que seja improvável que seja confundido com qualquer coisa além de um sistema autônomo, e deve se identificar no início de qualquer interação". Ele chamou isso de lei da "bandeira vermelha", em referência ao Ato Locomotor de 1865 do Reino Unido, que exigia que qualquer veículo motorizado tivesse uma pessoa com uma bandeira vermelha andando na frente dele, para sinalizar o perigo que se aproximava.

Em 2019, a Califórnia promulgou uma lei declarando que "É ilegal para qualquer pessoa utilizar um *bot* para se comunicar ou interagir com outra pessoa na Califórnia *online*, com a intenção de enganar a outra pessoa sobre sua identidade artificial".

27.3.5 Futuro do trabalho

Desde a primeira revolução da agricultura (10.000 a.C.) até a revolução industrial (fim do século XVIII) e a revolução verde da produção de alimentos (década de 1950), novas tecnologias mudaram a forma como a humanidade trabalha e vive. Um problema importante que surge do avanço da IA é que a mão de obra humana se tornará obsoleta. Aristóteles, no Livro I de sua *Política*, apresenta o ponto principal de forma bem clara:

> Pois se cada instrumento pudesse realizar seu próprio trabalho, obedecendo ou antecipando a vontade de outros (...) se, da mesma maneira, o tear tecesse e o paleta tocasse a lira sem uma mão para guiá-la, os chefes não iriam querer servos, nem os senhores, escravos.

Todos concordam com a observação de Aristóteles de que há uma redução imediata no emprego quando um empregador encontra um método mecânico para realizar o trabalho anteriormente realizado por uma pessoa. A questão é se os chamados efeitos de compensação que se seguem – e que tendem a aumentar o emprego – por fim compensarão essa redução. O principal efeito de compensação é o aumento da riqueza geral devido a uma maior produtividade, que, por sua vez, leva a uma maior demanda por bens e tende a aumentar o emprego. Por exemplo, a PwC (Rao e Verweij, 2017) prevê que a IA contribua com US$ 15 trilhões anuais para o PIB global até 2030. Os setores de saúde e automotivo/transporte são os que mais ganham no curto prazo. No entanto, as vantagens da automação ainda não beneficiaram nossa economia: a atual taxa de crescimento da produtividade do trabalho está, na verdade, abaixo dos padrões históricos. Brynjolfsson *et al.* (2018) tentam explicar esse paradoxo sugerindo que o lapso entre o desenvolvimento da tecnologia básica e sua implementação na economia é maior do que comumente se supõe.

As inovações tecnológicas historicamente colocaram algumas pessoas fora do trabalho. Tecelões foram substituídos por teares automatizados na década de 1810, levando aos protestos dos luditas. Os luditas não eram contra a tecnologia em si; eles apenas queriam que as máquinas fossem usadas por trabalhadores qualificados e que pagassem um bom salário para fabricar produtos de alta qualidade, em vez de trabalhadores não qualificados para fazer produtos de baixa qualidade e recebendo baixos salários. A queda global dos empregos na década de 1930 levou John Maynard Keynes a cunhar o termo **desemprego tecnológico**. Em ambos os casos, e em vários outros, os níveis de emprego recuperaram-se eventualmente.

Desemprego tecnológico

A visão econômica dominante durante a maior parte do século XX foi que o emprego tecnológico era, no máximo, um fenômeno de curto prazo. O aumento da produtividade sempre levaria ao aumento da riqueza e da demanda e, portanto, ao crescimento líquido do emprego. Um exemplo comumente citado é o dos caixas de banco: embora os caixas eletrônicos substituíssem humanos na tarefa de contar o dinheiro para saques, isso tornou mais barato operar uma agência bancária, de modo que o número de agências aumentou, levando a mais funcionários no banco em geral. A natureza do trabalho também mudou, tornando-se menos rotineira e exigindo habilidades empresariais mais avançadas. O efeito líquido da automação parece ser a eliminação de *tarefas*, em vez de *empregos*.

A maioria dos observadores prevê que o mesmo acontecerá com a tecnologia de IA, pelo menos no curto prazo. Em 2018, Gartner, McKinsey, Forbes, o Fórum Econômico Mundial e o Pew Research Center emitiram relatórios prevendo um aumento líquido de empregos devido à automação com IA. Mas alguns analistas acham que, dessa vez, as coisas serão diferentes. Em 2019, a IBM previu que 120 milhões de trabalhadores precisariam de retreinamento devido à automação até 2022, e a Oxford Economics previu que 20 milhões de empregos na manufatura poderiam ser perdidos para a automação até 2030.

Frey e Osborne (2017) pesquisaram 702 profissões diferentes e estimaram que 47% delas correm o risco de serem automatizadas, o que significa que pelo menos algumas das tarefas do cargo podem ser realizadas por máquina. Por exemplo, quase 3% da força de trabalho nos EUA são motoristas de veículos e, em alguns distritos, até 15% da força de trabalho masculina são motoristas. Como vimos no Capítulo 26, a tarefa de dirigir provavelmente será eliminada pelo uso de táxis sem motorista/carros/caminhões/ônibus.

É importante distinguir entre cargos e tarefas dentro dessas ocupações. A McKinsey estima que apenas 5% dos cargos são totalmente automatizados, mas que 60% deles podem ter cerca de 30% de suas tarefas automatizadas. Por exemplo, futuros motoristas de caminhão passarão menos tempo segurando o volante e mais tempo certificando-se de que as mercadorias sejam coletadas e entregues corretamente; servir como representantes de atendimento ao cliente e vendedores em qualquer uma das extremidades da jornada; e talvez administrando comboios de, digamos, três caminhões robóticos. Substituir três motoristas por um gerente de comboio implica uma perda líquida de empregos, mas se os custos de transporte diminuírem, haverá mais demanda; isso fará com que alguns dos empregos sejam devolvidos – talvez não todos. Como outro exemplo, apesar de muitos avanços na aplicação do aprendizado de máquina ao problema de imagens médicas, os radiologistas foram aumentados, e não substituídos, por essas ferramentas. Em última análise, há uma escolha de como fazer uso da automação: queremos nos concentrar na *redução de custos* e, portanto, ver a perda de empregos como algo positivo, ou queremos focar na *melhoria da qualidade*, tornando a vida melhor para o trabalhador e para o cliente?

É difícil prever cronogramas exatos para automação, mas atualmente, e pelos próximos anos, a ênfase está na automação de tarefas analíticas estruturadas, como leitura de imagens de raios X, gerenciamento de relacionamento com o cliente (p. ex., *bots* que classificam automaticamente as reclamações dos clientes e respondem com soluções sugeridas) e **automação de processos de negócios**, que combina documentos de texto e dados estruturados para tomar decisões de negócios e melhorar o fluxo de trabalho. Com o tempo, veremos mais automação com robôs físicos, primeiro em ambientes controlados nos armazéns, depois em ambientes mais incertos, atingindo uma parte significativa do mercado por volta de 2030.

À medida que as populações dos países desenvolvidos envelhecem, a proporção entre trabalhadores e aposentados muda. Em 2015, havia menos de 30 aposentados por 100 trabalhadores; em 2050, pode haver mais de 60 por 100 trabalhadores. Cuidar dos idosos será um papel cada vez mais importante, que pode ser parcialmente preenchido pela IA. Além disso, se quisermos manter o padrão de vida atual, também será necessário tornar os demais trabalhadores mais produtivos; a automação parece ser a melhor oportunidade para isso.

Mesmo que a automação tenha um impacto positivo líquido de vários trilhões de dólares, ainda pode haver problemas devido ao **ritmo da mudança**. Considere como as mudanças ocorreram no setor agrícola: em 1900, mais de 40% da força de trabalho dos EUA estava na agricultura, mas em 2000 isso havia caído para 2%.[3] Isso é uma grande ruptura na forma como trabalhamos, mas aconteceu ao longo de um período de 100 anos e, portanto, através das gerações, não durante o tempo de vida de um trabalhador.

Os trabalhadores cujos empregos são automatizados nesta década podem ter que treinar novamente para uma nova profissão dentro de alguns anos – e então talvez ver sua nova

---

[3] Em 2010, embora somente 2% da força de trabalho dos EUA fossem de fazendeiros reais, mais de 25% da população (80 milhões de pessoas) haviam jogado FARMVILLE pelo menos uma vez.

profissão automatizada e enfrentar outro período de reciclagem. Alguns podem ficar felizes em deixar sua antiga profissão – vemos que, à medida que a economia melhora, as empresas de transporte precisam oferecer novos incentivos para contratar motoristas suficientes – mas os trabalhadores ficarão apreensivos com suas novas funções. Para lidar com isso, nós, como sociedade, precisamos fornecer educação ao longo da vida, talvez contando com a educação *online* impulsionada pela inteligência artificial (Martin, 2012). Bessen (2015) argumenta que os trabalhadores não verão aumentos na renda até que sejam treinados para implementar as novas tecnologias, um processo que leva algum tempo.

A tecnologia tende a aumentar a **desigualdade de renda**. Em uma economia da informação | Desigualdade de renda
marcada por comunicação global de alta largura de banda e replicação de custo marginal zero da propriedade intelectual (o que Frank e Cook (1996) chamam de "Sociedade do Ganhador Leva Tudo"), as recompensas tendem a se concentrar. Se a fazendeira Alice for 10% melhor do que o fazendeiro Beto, então Alice consegue cerca de 10% a mais de renda: Alice pode cobrar um pouco mais por bens superiores, mas há um limite de quanto pode ser produzido na terra e até onde pode ser enviado. Mas se a desenvolvedora de aplicativos de *software*, Carla, for 10% melhor do que Daniel, pode ser que Carla acabe com 99% do mercado global. A IA aumenta o ritmo da inovação tecnológica e, portanto, contribui para essa tendência geral, mas a IA também tem a promessa de nos permitir tirar um tempo e deixar que nossos agentes automatizados lidem com as coisas por um tempo. Tim Ferriss (2007) recomenda o uso de automação e terceirização para que se alcance 1 semana de trabalho de 4 horas.

Antes da revolução industrial, as pessoas trabalhavam como fazendeiros ou em outros ofícios, mas não se reportavam a um **emprego** em um local de trabalho, trabalhando por horas para um empregador. Mas hoje, a maioria dos adultos nos países desenvolvidos faz exatamente isso, e o trabalho serve a três propósitos: ele alimenta a produção dos bens de que a sociedade precisa para florescer, fornece a renda de que o trabalhador precisa para viver, e dá ao trabalhador uma noção de propósito, realização e integração social. Com o aumento da automação, pode ser que esses três propósitos se desagreguem – as necessidades da sociedade serão atendidas em parte pela automação e, a longo prazo, os indivíduos obterão seu senso de propósito com outras contribuições além do trabalho. Suas necessidades de renda podem ser atendidas por políticas sociais, que incluem uma combinação de acesso gratuito ou barato a serviços sociais e educação, assistência médica móvel, aposentadoria, contas de educação, taxas de imposto progressivas, créditos de imposto de renda auferidos, imposto de renda negativo ou renda básica universal.

27.3.6 Direitos na robótica

A questão da consciência do robô, discutida na seção 27.2, é crítica para a questão de quais direitos, se houver, os robôs devem ter. Se eles não têm consciência, nem qualia, poucos argumentam que eles merecem ter direitos.

Mas se os robôs podem sentir dor, se podem temer a morte, se são considerados "pessoas", então pode-se argumentar (p. ex., por Sparrow (2004)) que eles têm direitos e merecem ter seus direitos reconhecidos, assim como escravos, mulheres e outros grupos historicamente oprimidos lutaram para que seus direitos fossem reconhecidos. A questão da personalidade do robô é frequentemente considerada na ficção: de Pigmaleão a Copélia, e de Pinóquio aos filmes *IA* e *Homem Centenário*, temos a lenda de um boneco/robô ganhando vida e se esforçando para ser aceito como um ser humano, com direitos humanos. Na vida real, a Arábia Saudita ganhou as manchetes ao conceder cidadania honorária a Sophia, uma marionete de aparência humana capaz de falar frases pré-programadas.

Se os robôs têm direitos, eles não devem ser escravizados, e há uma questão de saber se reprogramá-los seria uma espécie de escravidão. Outra questão ética envolve direitos de voto: uma pessoa rica poderia comprar milhares de robôs e programá-los para dar milhares de votos – esses votos deveriam contar? Se um robô se clonar, os dois podem votar? Qual é o limite entre o preenchimento de votos e o exercício do livre-arbítrio, e quando a votação robótica viola o princípio de "uma pessoa, um voto"?

Ernie Davis defende evitar os dilemas da consciência do robô nunca construindo robôs que possam ser considerados conscientes. Esse argumento foi anteriormente apresentado

908 Inteligência Artificial

por Joseph Weizenbaum em seu livro *Computer Power and Human Reason* (1976), e antes por Julien de La Mettrie em *L'Homme Machine* (1748). Os robôs são ferramentas que criamos para realizar as tarefas que os instruímos a fazer e, se lhes concedermos personalidade, estamos apenas recusando-nos a assumir a responsabilidade pelas ações de nossa própria propriedade: "Não sou culpado pelo acidente causado pelo meu carro autônomo – foi o carro que fez isso".

O problema toma um rumo diferente, se desenvolvermos híbridos humano-robô. É claro que já temos humanos aprimorados por tecnologias, como lentes de contato, marca-passos e quadris artificiais. Mas adicionar próteses computacionais pode confundir os limites entre o ser humano e a máquina.

27.3.7 Segurança em IA

Quase toda tecnologia tem o potencial de causar danos nas mãos erradas, mas com IA e robótica, as mãos podem estar operando por conta própria. Incontáveis histórias de ficção científica alertaram sobre robôs ou ciborgues correndo loucamente. Os primeiros exemplos incluem *Frankenstein, ou o Moderno Prometeu*, de Mary Shelley (1818), e a peça de Karel Capek, *R.U.R.* (1920), em que os robôs conquistam o mundo. No cinema, temos *O Exterminador do Futuro* (1984) e *Matrix* (1999), ambos apresentando robôs tentando eliminar humanos – o **robopocalipse** (Wilson, 2011). Talvez os robôs sejam tão frequentemente os vilões porque representam o desconhecido, assim como as bruxas e fantasmas dos contos de épocas anteriores. Podemos esperar que um robô que é inteligente o suficiente para descobrir como exterminar a raça humana também seja inteligente o suficiente para descobrir que essa não era a função de utilidade pretendida; mas na construção de sistemas inteligentes, queremos confiar não apenas na esperança, mas em um projeto com garantias de segurança.

> **Robopocalipse**

Seria antiético distribuir um agente de IA inseguro. Exigimos que nossos agentes evitem acidentes, sejam resistentes a ataques adversários e abusos maliciosos e, em geral, causem benefícios, não danos. Isso é especialmente verdadeiro porque os agentes de IA são implantados em aplicações de segurança crítica, como dirigir carros, controlar robôs em fábricas ou construções perigosas, e tomar decisões médicas de vida ou morte.

> **Engenharia de segurança**

Há uma longa história de **engenharia de segurança** nas áreas tradicionais da engenharia. Nós sabemos como construir pontes, aviões, naves espaciais e usinas de energia que são projetados desde o início para se comportar com segurança, mesmo se os componentes do sistema falharem. A primeira técnica é a **análise de modos e efeitos da falha (AMEF)**: os analistas consideram cada componente do sistema e imaginam todas as maneiras possíveis de como o componente pode dar errado (p. ex., e se esse parafuso rompesse?), baseando-se na experiência anterior e em cálculos baseados nas propriedades físicas do componente. Em seguida, os analistas avançam para ver o que resultaria do fracasso. Se o resultado for grave (uma seção da ponte pode cair), os analistas alteram o projeto para mitigar a falha. (Com esse membro cruzado adicional, a ponte pode sobreviver à falha de cinco parafusos quaisquer; com esse servidor de *backup*, o serviço *online* pode sobreviver a um tsunami derrubando o servidor primário.) A técnica de **análise da árvore de falhas (AAF)** é usada para estabelecer estas determinações: os analistas constroem uma árvore E/OU de possíveis falhas e atribuem probabilidades a cada causa raiz, realizando cálculos da probabilidade geral de falha. Essas técnicas podem e devem ser aplicadas a todos os sistemas de engenharia essenciais para a segurança, incluindo sistemas de IA.

> **Análise de modos e efeitos da falha (AMEF)**

> **Análise da árvore de falhas (AAF)**

O campo da **engenharia de *software*** visa à produção de *software* confiável, mas a ênfase tem sido historicamente na *exatidão*, não na *segurança*. Exatidão significa que o *software* implementa fielmente sua especificação. Mas a segurança vai além disso, garantindo que a especificação considerou quaisquer modos de falha viáveis e foi projetada para que o sistema tenha uma saída elegante, mesmo havendo falhas imprevistas. Por exemplo, o *software* para um carro autônomo não seria considerado seguro, a menos que ele possa lidar com situações incomuns. Por exemplo, e se a energia do computador principal acabar? Um sistema seguro terá um computador de *backup* com uma fonte de alimentação separada. E se um pneu furar em alta velocidade? Um sistema seguro terá sido testado para isso e terá uma rotina de *software* para corrigir a perda de controle resultante.

Capítulo 27 • Filosofia, Ética e Segurança da IA   909

Um agente projetado como um maximizador de utilidade, ou como um realizador de metas, pode ser inseguro se tiver a função objetivo errada. Suponha que atribuamos a um robô a tarefa de buscar um café na cozinha. Podemos ter problemas com **efeitos colaterais indesejados** – o robô pode correr para cumprir a meta, derrubando luminárias e mesas ao longo do caminho. Nos testes, podemos notar esse tipo de comportamento e modificar a função de utilidade para penalizar esses danos, mas é difícil para os projetistas e testadores antecipar *todos* os efeitos colaterais possíveis.

> Efeitos colaterais indesejados

Uma maneira de lidar com isso é projetar um robô para ter **baixo impacto** (Armstrong e Levinstein, 2017): em vez de apenas maximizar a utilidade, maximize a utilidade menos um resumo ponderado de todas as mudanças no estado do mundo. Desse modo, todas as outras coisas sendo iguais, o robô prefere não mudar aquelas coisas cujo efeito sobre a utilidade é desconhecido; portanto, ele evita derrubar a luminária não porque sabe especificamente que isso fará com que ela caia e se quebre, mas porque sabe, em geral, que o resultado será ruim. Isso pode ser visto como uma versão do princípio médico "primeiro, não faça mal", ou como um análogo à **regularização** no aprendizado de máquina: queremos uma política que alcance metas, mas preferimos políticas que realizem ações suaves e de baixo impacto para chegar lá. O truque é o modo como o impacto é medido. Não é aceitável derrubar uma frágil lâmpada, mas é perfeitamente aceito que as moléculas de ar na sala sejam um pouco perturbadas ou que algumas bactérias na sala sejam inadvertidamente mortas. Certamente não é aceitável ferir animais de estimação e humanos na sala. Precisamos ter certeza de que o robô conhece as diferenças entre esses casos (além de muitos outros casos sutis) por meio de uma combinação de programação explícita, aprendizado de máquina ao longo do tempo e testes rigorosos.

> Baixo impacto

As funções de utilidade podem falhar devido a **externalidades**, a palavra usada pelos economistas para fatores que estão fora do que é medido e pago. O mundo sofre quando os gases de efeito estufa são considerados externalidades – empresas e países não são penalizados por produzi-los e, como resultado, todos sofrem. O ecologista Garrett Hardin (1968) chamou a exploração de recursos compartilhados de **tragédia dos bens públicos**. Podemos mitigar a tragédia internalizando as externalidades – tornando-as parte da função de utilidade, por exemplo, com um imposto sobre o carbono – ou usando os princípios de projeto que a economista Elinor Ostrom identificou como sendo usados por pessoas locais em todo o mundo há séculos (trabalho que ganhou o Prêmio Nobel de Economia em 2009):

- Defina claramente o recurso compartilhado e quem tem acesso
- Adapte-se às condições locais
- Permita que todas as partes participem das decisões
- Monitore o recurso com monitores responsáveis
- Aplique sanções proporcionais à gravidade das violações
- Adote procedimentos simples de resolução de conflitos
- Utilize controle hierárquico para grandes recursos compartilhados.

Victoria Krakovna (2018) catalogou exemplos de agentes de IA que manipularam o sistema, descobrindo como maximizar a utilidade sem realmente resolver o problema que seus projetistas pretendiam que resolvessem. Para os *designers*, isso parece trapaça, mas para os agentes, eles estão apenas fazendo seu trabalho. Alguns agentes aproveitaram as falhas da simulação (como falhas de estouro de ponto flutuante) para propor soluções que não funcionariam depois que a falha fosse corrigida. Vários agentes em *videogames* descobriram maneiras de travar ou pausar o jogo quando estavam prestes a perder, evitando assim uma penalidade. E em uma especificação em que travar o jogo era penalizado, um agente aprendeu a usar apenas o suficiente da memória do jogo para que, quando fosse a vez do oponente, ele ficasse sem memória e travasse o jogo. Por fim, um algoritmo genético operando em um mundo simulado deveria desenvolver criaturas que se movem rapidamente, mas na verdade produziu criaturas que extremamente altas e se moviam rapidamente ao cair.

Os projetistas de agentes devem estar cientes desses tipos de falhas de especificação e tomar medidas para evitá-las. Para ajudá-los a fazer isso, Krakovna fez parte da equipe que lançou os ambientes *AI Safety Gridworlds* (Leike *et al.*, 2017), para permitir aos projetistas testar o desempenho de seus agentes.

910 Inteligência Artificial

Problema de
alinhamento
de valores

A moral é que precisamos ser muito cuidadosos ao especificar o que queremos, porque com os maximizadores de utilidade obtemos o que realmente pedimos. O **problema de alinhamento de valores** é o problema de garantir que o que pedimos é o que realmente queremos; também é conhecido como o **problema do Rei Midas**, conforme discutido na seção 1.5. Temos problemas quando uma função de utilidade falha em capturar as normas sociais básicas sobre comportamento aceitável. Por exemplo, um humano que é contratado para limpar o chão, ao se deparar com uma pessoa bagunceira que arrasta repetidamente sujeira para o ambiente, sabe que é aceitável pedir educadamente que a pessoa seja mais cuidadosa, mas é inaceitável sequestrar ou atacar essa pessoa.

Um limpador robótico precisa saber essas coisas também, seja por meio de programação explícita ou aprendendo com a observação. Tentar escrever todas as regras para que o robô sempre faça a coisa certa é quase certamente impossível. Há vários milhares de anos, temos tentado sem sucesso redigir leis tributárias sem brechas. Melhor fazer o robô *querer* pagar impostos, por assim dizer, do que tentar fazer regras para forçá-lo a fazer algo quando realmente deseja fazer outra coisa. Um robô suficientemente inteligente encontrará uma maneira de fazer outra coisa.

Os robôs podem aprender a se conformar melhor com as preferências humanas observando o comportamento humano. Isso está claramente relacionado à noção de aprendizagem por treinamento (seção 22.6). O robô pode aprender uma política que sugere diretamente quais ações tomar em quais situações; muitas vezes, esse é um problema de aprendizado supervisionado direto se o ambiente for observável. Por exemplo, um robô pode observar um humano jogando xadrez: cada par estado-ação é um exemplo para o processo de aprendizagem. Infelizmente, essa forma de **aprendizagem por imitação** significa que o robô repetirá os erros humanos. Em vez disso, o robô pode aplicar a **aprendizagem por reforço inverso** para descobrir a função de utilidade sob a qual os humanos devem operar. Assistir até mesmo jogadores de xadrez terríveis é provavelmente o suficiente para o robô aprender o objetivo do jogo. Apenas com essas informações, o robô pode então ultrapassar o desempenho humano – como, p. ex., o ALPHAZERO fez no xadrez –, calculando políticas ótimas ou quase ótimas a partir do objetivo. Essa técnica funciona não apenas em jogos de tabuleiro, mas em tarefas físicas do mundo real, como acrobacias de helicóptero (Coates *et al.*, 2009).

Em ambientes mais complexos envolvendo, por exemplo, interações sociais com humanos, é muito improvável que o robô convirja para o conhecimento exato e correto das preferências individuais de cada ser humano. (Afinal, muitos humanos nunca aprendem muito bem o que outros humanos preferem, apesar de uma vida inteira de experiência, e muitos de nós também não temos certeza de nossas próprias preferências.) Será necessário, portanto, que as máquinas funcionem adequadamente quando estão incertas sobre as preferências humanas. No Capítulo 18, introduzimos os **jogos de assistência**, que captam exatamente essa situação. Soluções para jogos de assistência incluem agir com cautela, de modo a não perturbar aspectos do mundo com os quais o ser humano possa se preocupar, e fazer perguntas. Por exemplo, o robô poderia perguntar se transformar os oceanos em ácido sulfúrico é uma solução aceitável para o aquecimento global antes de colocar o plano em prática.

Ao lidar com humanos, um robô resolvendo um jogo de assistência deve acomodar as imperfeições humanas. Se o robô pede permissão, o humano pode dar, sem prever que a proposta do robô seja de fato catastrófica a longo prazo. Além disso, os humanos não têm acesso introspectivo completo à sua verdadeira função de utilidade e nem sempre agem de forma compatível com ela. Os humanos, às vezes, mentem ou trapaceiam, ou fazem coisas que sabem que são erradas. Às vezes, eles realizam ações autodestrutivas, como comer demais ou abusar de drogas. Os sistemas de IA não precisam aprender a adotar essas tendências problemáticas, mas devem entender que elas existem ao interpretar o comportamento humano para chegar às preferências humanas subjacentes.

Apesar dessa caixa de ferramentas de salvaguardas, há um temor, expresso por tecnólogos proeminentes como Bill Gates e Elon Musk e cientistas como Stephen Hawking e Martin Rees, de que a IA possa evoluir fora de controle. Eles avisam que não temos experiência em controlar entidades não humanas poderosas com capacidades super-humanas. No entanto, isso não é totalmente verdade; temos séculos de experiência com nações e empresas; entidades não humanas que agregam o poder de milhares ou milhões de pessoas. Nosso histórico de controle dessas entidades não é muito encorajador: as nações produzem convulsões periódicas chamadas "guerras", que matam dezenas de milhões de seres humanos, e as corporações são parcialmente responsáveis pelo aquecimento global e por nossa incapacidade de enfrentá-lo.

Os sistemas de IA podem apresentar problemas muito maiores do que as nações e empresas, devido ao seu potencial de autoaperfeiçoamento em um ritmo rápido, conforme considerado por I. J. Good (1965b):

> Uma **máquina ultrainteligente** pode ser definida como uma máquina que pode superar em muito todas as atividades intelectuais de qualquer homem, por mais inteligente que seja. Visto que o projeto de máquinas é uma dessas atividades intelectuais, uma máquina ultrainteligente poderia projetar máquinas ainda melhores; então, sem dúvida, haveria uma "explosão de inteligência", e a inteligência do homem ficaria para trás. Assim, a primeira máquina ultrainteligente é a *última* invenção que o homem precisa fazer, desde que seja dócil o suficiente para nos dizer como mantê-la sob controle.

Máquina ultrainteligente

A "explosão da inteligência" de Good também foi chamada **singularidade tecnológica** pelo professor de matemática e autor de ficção científica Vernor Vinge, que escreveu em 1993: "Em 30 anos, teremos os meios tecnológicos para criar inteligência sobre-humana. Logo depois, a era humana terminará". Em 2017, o inventor e futurista Ray Kurzweil previu que a singularidade apareceria em 2045; ou seja, em 24 anos, ela se aproximou em 2 anos. (Nesse ritmo, faltam apenas 336 anos!) Vinge e Kurzweil observam corretamente que o progresso tecnológico em muitas medidas está crescendo exponencialmente no momento.

Singularidade tecnológica

É, no entanto, um salto e tanto extrapolar todo o caminho desde o custo de computação que diminui rapidamente até uma singularidade. Até agora, todas as tecnologias seguiram uma curva em forma de S, em que o crescimento exponencial eventualmente diminui. Às vezes, as novas tecnologias aparecem quando as antigas se estabilizam, mas às vezes não é possível manter o crescimento, por razões técnicas, políticas ou sociológicas. Por exemplo, a tecnologia de voo avançou dramaticamente desde o voo dos irmãos Wright em 1903 até o pouso na Lua em 1969, mas não teve avanços de magnitude comparável desde então.

Outro obstáculo no caminho de máquinas ultrainteligentes dominando o mundo é o próprio mundo. Mais especificamente, alguns tipos de progresso exigem não apenas pensar, mas agir no mundo físico. (Kevin Kelly chama de **achismo** a ênfase exagerada no puro pensamento.) Uma máquina ultrainteligente encarregada de criar uma grande teoria unificada da física pode ser capaz de manipular equações um bilhão de vezes mais rápido do que Einstein, mas para fazer qualquer progresso real, ainda precisaria arrecadar milhões de dólares para construir um supercolisor mais poderoso e realizar experimentos físicos ao longo de meses ou anos. Só então ele poderia começar a analisar os dados e teorizar. Dependendo de como os dados resultem, a próxima etapa pode exigir o levantamento de bilhões de dólares adicionais para uma missão de sonda interestelar que levaria séculos para ser concluída. O "pensamento ultrainteligente" de todo esse processo pode, na verdade, ser a parte menos importante. Como outro exemplo, uma máquina ultrainteligente com a tarefa de trazer paz ao Oriente Médio pode acabar ficando mil vezes mais frustrada do que um enviado humano. Por enquanto, não sabemos quantos dos grandes problemas são como a matemática e quantos são como o Oriente Médio.

Achismo

Enquanto algumas pessoas temem a singularidade, outras a apreciam. O movimento social do **transumanismo** anseia por um futuro no qual os humanos serão fundidos em – ou substituídos por – invenções robóticas e biotecnológicas. Ray Kurzweil escreve em *The Singularity Is Near* (2005):

Transumanismo

> A singularidade nos permitirá transcender essas limitações de nosso corpo biológico e do cérebro. Vamos ganhar poder sobre nossos destinos. (...) Nossa mortalidade estará em nossas próprias mãos. Seremos capazes de viver por tanto tempo quanto quisermos. (...) Vamos compreender o pensamento humano totalmente e vamos estender e expandir muito o seu alcance. Até o fim deste século, a porção não biológica de nossa inteligência, sem ajuda, será trilhões de trilhões de vezes mais poderosa que a inteligência humana.

Da mesma forma, quando questionado se os robôs herdarão a Terra, Marvin Minsky disse "sim, mas eles serão nossos filhos". Essas possibilidades representam um desafio para a maioria dos teóricos morais, que consideram a preservação da vida humana e da espécie humana uma coisa boa. Kurzweil também observa os perigos em potencial, escrevendo: "Mas a Singularidade também ampliará a capacidade de agir de acordo com nossas inclinações destrutivas, então sua história completa ainda não foi escrita". Nós, humanos, faríamos bem em garantir que qualquer máquina inteligente que projetamos hoje e que possa evoluir para uma máquina ultrainteligente o faça de uma forma que acabe nos tratando bem. Como Eric Brynjolfsson coloca, "O futuro não é predeterminado por máquinas. É criado por humanos".

Resumo

Este capítulo tratou as seguintes questões:

- Os filósofos utilizam a expressão **IA fraca** para representar a hipótese de que as máquinas talvez possam se comportar com inteligência, e a expressão **IA forte** para representar a hipótese de que tais máquinas contariam com mentes reais (em oposição a mentes simuladas).
- Alan Turing rejeitou a pergunta "As máquinas podem pensar?" e a substituiu por um teste comportamental. Ele antecipou muitas objeções à possibilidade de máquinas pensantes. Poucos pesquisadores de IA prestam atenção ao teste de Turing, preferindo se concentrar no desempenho de seus sistemas em tarefas práticas, e não na habilidade para imitar os seres humanos.
- A consciência continua a ser um mistério.
- A IA é uma tecnologia poderosa e, como tal, impõe perigos em potencial, através de armas autônomas letais, brechas de segurança e privacidade, efeitos colaterais indesejados, erros não intencionais e uso malicioso. Aqueles que trabalham com tecnologia de IA têm um imperativo ético para reduzir esses perigos de forma responsável.
- Os sistemas de IA devem ser capazes de demonstrar que são imparciais, confiáveis e transparentes.
- Existem várias facetas em equidade, e é impossível maximizar todas elas ao mesmo tempo. Assim, um primeiro passo é decidir o que é considerado equidade.
- A automação já está mudando o modo como as pessoas trabalham. Como uma sociedade, teremos que lidar com essas mudanças.

Notas bibliográficas e históricas

IA fraca: Quando Alan Turing (1950) propôs a possibilidade da IA, ele também apresentou muitas das principais questões filosóficas, oferecendo possíveis respostas. Porém, diversos filósofos levantaram questões semelhantes muito antes que a IA fosse inventada. *Phenomenology of Perception*, de Maurice Merleau-Ponty (1945), enfatizou a importância do corpo e da interpretação subjetiva da realidade proporcionada por nossos sentidos, e *Being and Time*, de Martin Heidegger (1927), questionou o que realmente significa ser um agente. Na era do computador, Alva Noe (2009) e Andy Clark (2015) propõem que o nosso cérebro forme uma representação bastante minimalista do mundo, e usam o próprio mundo baseado no momento exato para manter a ilusão de um modelo interno detalhado, o uso de adereços no mundo (como papel e lápis, bem como computadores) para aumentar a capacidade da mente. Pfeifer *et al.* (2006) e Lakoff e Johnson (1999) apresentaram argumentos sobre como o corpo ajuda a cognição da forma. E por falar em corpos, Levy (2008), Danaher e McArthur (2017) e Devlin (2018) tratam da questão do sexo com robôs.

IA forte: Descartes é notório por sua visão dualista da mente humana, mas, ironicamente, sua influência histórica tendia ao mecanicismo e ao fisicalismo. Ele concebeu explicitamente animais como autômatos e antecipou o teste de Turing, escrevendo que "não é concebível que [uma máquina] deva produzir combinações diferentes de palavras para dar uma resposta apropriada ao que for dito em sua presença, como até mesmo o mais estúpido dos homens pode fazer" (Descartes, 1637). A defesa calorosa de Descartes, do ponto de vista de animais como autômatos, teve na realidade o efeito de facilitar também a concepção de humanos como autômatos, embora ele próprio não chegasse a esse ponto. O livro *L'Homme Machine* (La Mettrie, 1748) argumentava de forma explícita que os seres humanos são autômatos. Já em Homero (cerca de 700 a.C.), as lendas gregas imaginavam autômatos como o gigante de bronze Talos e consideravam a questão da *biotécnica*, ou vida através da arte (Mayor, 2018).

O **teste de Turing** (Turing, 1950) tem sido debatido (Shieber, 2004), antagonizado (Epstein *et al.*, 2008) e criticado (Shieber, 1994; Ford e Hayes, 1995). Bringsjord (2008) aconselha um juiz do teste de Turing, e Christian (2011) aconselha um competidor humano. A competição anual do Prêmio Loebner é a disputa tipo teste de Turing que existe há mais tempo: O MITSUKU, de Steve Worswick, ganhou quatro vezes seguidas, de 2016 a 2019. O **quarto chinês** foi debatido interminavelmente (Searle, 1980; Chalmers, 1992; Preston e Bishop, 2002). Hernández-Orallo (2016) oferece uma visão geral das técnicas para medição do progresso em IA, e Chollet (2019) propõe uma medida de inteligência baseada na eficiência da aquisição de habilidades.

A **consciência** continua sendo um problema incômodo para filósofos, neurocientistas e qualquer pessoa que tenha refletido sobre sua própria existência. Block (2009), Churchland (2013) e Dehaene (2014) oferecem visões gerais das principais teorias. Crick e Koch (2003) aumentam o debate com sua experiência em biologia e neurociência, e Gazzaniga (2018) mostra o que pode ser aprendido estudando deficiências cerebrais em casos hospitalares. Koch (2019) apresenta uma teoria da consciência – "a inteligência tem a ver com o fazer enquanto a experiência tem a ver com o ser" – que inclui a maioria dos animais, mas não os computadores. Giulio Tononi e seus colegas propõem a **teoria da informação integrada** (Oizumi *et al.*, 2014). Damasio (1999) tem uma teoria baseada em três níveis: emoção, sentimento e sentimento de um sentimento. Bryson (2012) mostra o valor da atenção consciente para o processo de seleção de ações de aprendizagem.

A literatura filosófica sobre mente, cérebro e tópicos relacionados é grande e repleta de jargão. A *Encyclopedia of Philosophy* (Edwards, 1967) é um auxiliar impressionantemente autorizado e um recurso de navegação muito útil. *The Cambridge Dictionary of Philosophy* (Audi, 1999) é um trabalho mais sucinto e mais acessível, e a *Stanford Encyclopedia of Philosophy*, *online*, oferece muitos artigos excelentes e referências atualizadas. A *MIT Encyclopedia of Cognitive Science* (Wilson e Keil, 1999) abrange a filosofia, a biologia e a psicologia da mente. Existem ainda várias introduções gerais à "questão filosófica da IA" (Haugeland, 1985; Boden, 1990; Copeland, 1993; McCorduck, 2004; Minsky, 2007). *The Behavioral and Brain Sciences*, abreviado como *BBS*, é um periódico importante dedicado a debates filosóficos e científicos sobre IA e neurociência.

O escritor de ficção científica, Isaac Asimov (1942, 1950), foi um dos primeiros a tratar da questão da ética na robótica, com suas **leis da robótica**:

0. Um robô não pode prejudicar a humanidade ou, por meio da inação, permitir que a humanidade seja prejudicada.
1. Um robô não pode ferir um ser humano ou, por inação, permitir que um ser humano sofra algum dano.
2. Um robô deve obedecer às ordens dadas a ele por seres humanos, exceto quando tais ordens entrarem em conflito com a Primeira Lei.
3. Um robô deve proteger sua própria existência, desde que tal proteção não entre em conflito com a Primeira ou Segunda Lei.

À primeira vista, essas leis parecem razoáveis. Mas o truque é como implementá-las. Um robô deve permitir que um humano atravesse a rua, ou coma comida estragada, se o humano puder sofrer algum dano? Na história *Runaround*, de Asimov (1942), os humanos precisam consertar um robô que é encontrado vagando em um círculo, agindo como um "bêbado". Eles descobriram que o círculo define o local dos pontos que equilibram a segunda lei (o robô foi ordenado a buscar um pouco de selênio no centro do círculo) com a Terceira Lei (há um

940   Inteligência Artificial

perigo que ameaça a existência do robô).[4] Isso sugere que as leis não são lógica absoluta, mas sim pesadas umas contra as outras, com um peso maior para as leis anteriores. Como isso foi em 1942, antes do surgimento dos computadores digitais, Asimov provavelmente estava pensando em uma arquitetura baseada na teoria de controle via computação analógica.

Weld e Etzioni (1994) analisam as leis de Asimov e sugerem algumas maneiras de modificar as técnicas de planejamento do Capítulo 11 para gerar planos que não causem danos. Asimov considerou muitas das questões éticas em torno da tecnologia; em sua história de 1958, *The Feeling of Power*, ele aborda a questão da automação levando a um lapso da habilidade humana – um técnico redescobre a arte perdida da multiplicação – bem como o dilema do que fazer quando a redescoberta é aplicada à guerra.

O livro *God & Golem, Inc.*, de Norbert Wiener (1964), previu corretamente que os computadores alcançariam um desempenho em nível de especialista nos jogos e em outras tarefas, e que especificar aquilo que queremos seria muito difícil. Wiener escreve:

> Embora seja sempre possível pedir algo diferente do que realmente queremos, essa possibilidade é mais séria quando o processo pelo qual devemos obter nosso desejo é indireto, e o grau em que obtivemos nosso desejo não está claro até o próprio fim. Normalmente, realizamos nossos desejos, na medida em que realmente os realizamos, por um processo de *feedback*, no qual comparamos o grau de realização de metas intermediárias com nossa antecipação delas. Nesse processo, o *feedback* passa por nós e podemos voltar, antes que seja tarde demais. Se o *feedback* estiver embutido em uma máquina que não pode ser inspecionada até que o objetivo fim seja alcançado, as possibilidades de catástrofe aumentam bastante. Eu odiaria muito viajar no primeiro teste de um automóvel regulado por dispositivos de *feedback* fotoelétrico, a menos que houvesse em algum lugar uma alavanca pela qual eu pudesse assumir o controle se me encontrasse seguindo em direção a uma árvore.

Neste capítulo, resumimos os **códigos de ética**, mas a lista de organizações que emitiram conjuntos de princípios está crescendo rapidamente e agora inclui Apple, DeepMind, Facebook, Google, IBM, Microsoft, a Organização para Cooperação e Desenvolvimento Econômico (OCDE), a Organização das Nações Unidas para a Educação, a Ciência e a Cultura (UNESCO), o Escritório de Política Científica e Tecnológica dos EUA, a Academia de Inteligência Artificial de Pequim (BAAI), o Instituto de Engenheiros Elétricos e Eletrônicos (IEEE), a Associação de Máquinas de Computação (ACM), o Fórum Econômico Mundial, o Grupo dos Vinte (G20), OpenAI, o Instituto de Pesquisa em Inteligência de Máquina (MIRI), AI4People, o Centro para o Estudo de Risco Existencial, o Centro para IA compatível com Humano, o Centro de Tecnologia Humana, a Parceria em IA, o Instituto IA Agora, o Instituto Futuro da Vida, o Instituto Futuro da Humanidade, a União Europeia e pelo menos 42 governos nacionais. Temos o manual sobre *Ética da Computação* (Berleur e Brunnstein, 2001) e introduções ao tópico de ética da IA em livro (Boddington, 2017) e formulário de pesquisa (Etzioni e Etzioni, 2017a). O *Journal of Artificial Intelligence and Law* e a *AI and Society* abordam questões éticas. Veremos agora alguns dos problemas individuais.

Armas autônomas letais: *Wired for War*, de P. W. Singer (2009), levantou questões éticas, legais e técnicas em torno de robôs no campo de batalha. *Army of None* (2018), de Paul Scharre, escrito por um dos autores da atual política dos EUA sobre armas autônomas, oferece uma visão equilibrada e confiável. Etzioni e Etzioni (2017b) abordam a questão de saber se a inteligência artificial deve ser regulamentada; eles recomendam uma pausa no desenvolvimento de armas autônomas letais e uma discussão internacional sobre o tema da regulamentação.

Privacidade: Latanya Sweeney (Sweeney, 2002a; 2002b) apresenta o modelo do k-anonimato e a ideia de campos generalizantes. Alcançar o k-anonimato com perda mínima de dados é um problema NP-difícil, mas Bayardo e Agrawal (2005) fornecem um algoritmo de aproximação. Cynthia Dwork (2008) descreve a privacidade diferencial e, em trabalho subsequente, dá exemplos práticos de maneiras inteligentes de aplicar a privacidade diferencial para obter

---

[4] Os escritores de ficção científica concordam bastante que os robôs são muito ruins em resolver contradições. Em *2001*, o computador HAL 9000 se tornou homicida devido a um conflito em suas ordens, e no episódio "I, Mudd", de *Star Trek*, o Capitão Kirk diz a um robô inimigo que "Tudo que Harry diz a você é uma mentira", e Harry diz "Eu estou mentindo". Com isso, a fumaça sai da cabeça do robô e ele desliga.

resultados melhores do que os da abordagem ingênua (Dwork *et al.*, 2014). Guo *et al.* (2019) descrevem um processo para remoção de dados certificados: se você treinar um modelo em alguns dados e, em seguida, houver uma solicitação para excluir alguns dos dados, essa extensão de privacidade diferencial permite modificar o modelo e provar que ele não faz uso dos dados excluídos. Ji *et al.* (2014) faz uma revisão do campo da privacidade. Etzioni (2004) defende um equilíbrio entre privacidade e segurança; direitos individuais e da comunidade. Fung *et al.* (2018), Bagdasaryan *et al.* (2018) discutem os vários ataques a protocolos de aprendizagem federados. Narayanan *et al.* (2011) descrevem como eles foram capazes de desanonimizar o gráfico de conexão ofuscado do Desafio da Rede Social de 2011, rastreando o *site* de onde os dados foram obtidos (Flickr) e combinando nós com um grau de entrada ou saída anormalmente alto entre os dados fornecidos e os dados rastreados. Isso permitiu que eles obtivessem informações adicionais para vencer o desafio e lhes permitiu descobrir a verdadeira identidade dos nós nos dados. Também estão aparecendo ferramentas para privacidade do usuário; por exemplo, o TensorFlow fornece módulos para aprendizagem federada e privacidade (McMahan e Andrew, 2018).

Equidade: Cathy O'Neil, em seu livro *Weapons of Math Destruction* (2017), descreve como os diversos modelos de aprendizado de máquina de caixa-preta influenciam nossas vidas, muitas vezes de maneiras injustas. Ela pede que os construtores de modelos assumam a responsabilidade pela equidade e que os formuladores de políticas imponham a regulamentação apropriada. Dwork *et al.* (2012) mostraram as falhas com a abordagem simplista da "equidade por meio do desconhecimento". Bellamy *et al.* (2018) apresentam um *kit* de ferramentas para atenuar o viés em sistemas de aprendizado de máquina. Tramèr *et al.* (2016) mostram como um adversário pode "roubar" um modelo de aprendizado de máquina fazendo consultas em uma API. Hardt *et al.* (2017) descrevem a igualdade de oportunidades como uma métrica para equidade. Chouldechova e Roth (2018) oferecem uma visão geral das fronteiras da equidade, e Verma e Rubin (2018) fornecem um levantamento exaustivo das definições de equidade.

Kleinberg *et al.* (2016) mostram que, em geral, um algoritmo não pode ser bem calibrado e ter oportunidades iguais. Berk *et al.* (2017) fornecem algumas definições adicionais de tipos de equidade e, novamente, concluem que é impossível satisfazer todos os aspectos de uma só vez. Beutel *et al.* (2019) dão conselhos sobre como colocar as métricas de equidade em prática.

Dressel e Farid (2018) relatam o modelo de pontuação de reincidência COMPAS. Christin *et al.* (2015) e Eckhouse *et al.* (2019) discutem o uso de algoritmos preditivos no sistema jurídico. Corbett-Davies *et al.* (2017) mostram que há uma tensão entre garantir a equidade e otimizar a segurança pública. Corbett-Davies e Goel (2018) discutem as diferenças entre as estruturas de equidade. Chouldechova (2017) defende um impacto justo: todas as classes devem ter a mesma utilidade esperada. Liu *et al.* (2018a) defendem uma medida de impacto de longo prazo, apontando que, por exemplo, se mudarmos o ponto de decisão para a aprovação de um empréstimo para ser mais justo no curto prazo, isso poderia ter um efeito negativo no longo prazo sobre pessoas que acabam inadimplentes em um empréstimo e, portanto, têm sua pontuação de crédito reduzida.

Desde 2014, há uma conferência anual sobre Equidade, Responsabilidade e Transparência no Aprendizado de Máquina. Mehrabi *et al.* (2019) fornecem uma pesquisa abrangente sobre viés e imparcialidade no aprendizado de máquina, catalogando 23 tipos de viés e 10 definições de imparcialidade.

Confiança: IA explicável foi um tópico importante desde os primeiros dias dos sistemas especialistas (Neches *et al.*, 1985) e tem ressurgido nos últimos anos (Biran e Cotton, 2017; Miller *et al.*, 2017; Kim, 2018). Barreno *et al.* (2010) fornecem uma taxonomia dos tipos de ataques de segurança que podem ser feitos contra um sistema de aprendizado de máquina, e Tygar (2011) pesquisa o aprendizado de máquina adversário. Pesquisadores da IBM têm uma proposta para ganhar confiança em sistemas de IA por meio de declarações de conformidade (Hind *et al.*, 2018). A DARPA exige decisões explicáveis para seus sistemas em campo de batalha e lançou uma convocação para pesquisas na área (Gunning, 2016).

Segurança da IA: o livro *Artificial Intelligence Safety and Security* (Yampolskiy, 2018) reúne ensaios sobre segurança da IA, tanto recentes quanto clássicos, que remontam a *Why the Future Doesn't Need Us*, de Bill Joy (Joy, 2000). O "problema do Rei Midas" foi antecipado por Marvin Minsky, que uma vez sugeriu que um programa de IA projetado para resolver a hipótese de Riemann poderia acabar assumindo todos os recursos da Terra para construir supercomputadores mais poderosos. Da mesma forma, Omohundro (2008) prevê um programa de xadrez que sequestra recursos, e Bostrom (2014) descreve a fábrica de clipes de papel descontrolada que toma conta do mundo. Yudkowsky (2008) entra em mais detalhes sobre como projetar uma **IA amigável**. Amodei *et al.* (2016) apresentam cinco problemas práticos de segurança para sistemas de IA.

Omohundro (2008) descreve as *Unidades Básicas de IA* e conclui: "As estruturas sociais que fazem os indivíduos arcar com o custo de suas externalidades negativas contribuiriam muito para garantir um futuro estável e positivo". *Governing the Commons* (1990), de Elinor Ostrom, descreve práticas para lidar com as externalidades das culturas tradicionais. Ostrom também aplicou essa abordagem à ideia de conhecimento como um bem comum (Hess e Ostrom, 2007).

Ray Kurzweil (2005) proclamou *The Singularity Is Near*, e uma década depois Murray Shanahan (2015) fez uma atualização sobre o assunto. O cofundador da Microsoft, Paul Allen, contrapôs com *The Singularity isn't Near* (2011). Ele não contestou a possibilidade de máquinas ultrainteligentes; apenas pensou que demoraria mais de um século para chegar lá. Rod Brooks é um crítico frequente do singularitarismo e aponta que as tecnologias muitas vezes levam mais tempo do que o previsto para amadurecer, que somos propensos ao pensamento mágico e que os exponenciais não duram para sempre (Brooks, 2017).

Por outro lado, para cada singularidade otimista há uma pessimista, que teme novas tecnologias. O *site pessimists.co* mostra que isso tem sido verdade ao longo da história: por exemplo, na década de 1890, as pessoas estavam preocupadas que o elevador inevitavelmente causasse náusea, que o telégrafo levasse à perda de privacidade e corrupção moral, que o metrô liberaria um ar subterrâneo perigoso e perturbaria os mortos, e que a bicicleta – especialmente a ideia de uma mulher andando em uma – era coisa do diabo.

Hans Moravec (2000) apresenta algumas das ideias do transumanismo, e Bostrom (2005) oferece uma história atualizada. A ideia da máquina ultrainteligente, de Good, foi prevista 100 anos antes em *Darwin Entre as Máquinas*, de Samuel Butler (1863). Escrito 4 anos após a publicação de *A Origem das Espécies*, de Charles Darwin, e em uma época em que as máquinas mais sofisticadas eram os motores a vapor, o artigo de Butler imaginou "o desenvolvimento máximo da consciência mecânica" por seleção natural. O tema foi reiterado por George Dyson (1998) em um livro de mesmo título, e foi referenciado por Alan Turing, que escreveu em 1951: "Em algum momento, portanto, devemos esperar que as máquinas assumam o controle da maneira que é mencionada no *Erewhon*, de Samuel Butler" (Turing, 1996).

Direitos robóticos: um livro editado por Yorick Wilks (2010) oferece diferentes perspectivas sobre como devemos lidar com companheiros artificiais, desde a visão de Joanna Bryson de que os robôs devem nos servir como ferramentas, não como cidadãos, até a observação de Sherry Turkle de que já personificamos nossos computadores e outras ferramentas, e estão bastante dispostos a confundir as fronteiras entre as máquinas e a vida. Wilks também contribuiu com uma atualização recente de suas opiniões (Wilks, 2019). O livro *Robot Rights* (2018), do filósofo David Gunkel, considera quatro possibilidades: os robôs *podem* ter direitos ou não, e *deveriam* ou não? A Sociedade Americana para a Prevenção da Crueldade contra Robôs (ASPCR) proclama que "a ASPCR é, e continuará a ser, exatamente tão séria quanto os robôs são autoconscientes".

O futuro do trabalho: em 1888, Edward Bellamy publicou o *best-seller Looking Backward*, que previa que, no ano 2000, os avanços tecnológicos levariam a uma utopia em que a igualdade é alcançada e as pessoas trabalham menos horas e se aposentam mais cedo. Logo depois, E. M. Forster assumiu a visão distópica em *The Machine Stops* (1909), em que uma máquina benevolente assume o controle de uma sociedade; as coisas desmoronam quando a máquina inevitavelmente falha. O livro visionário de Norbert Wiener, *The Human Use of Human Beings* (1950), defende os benefícios da automação para libertar as pessoas do trabalho enfadonho, oferecendo um trabalho mais criativo, mas também discute vários perigos que reconhecemos como problemas hoje, particularmente o problema de alinhamento de valores.

O livro *Disrupting Unemployment* (Nordfors *et al.*, 2018) discute algumas das maneiras como o trabalho está mudando, abrindo oportunidades para novas carreiras. Erik Brynjolfsson e Andrew McAfee abordam esses temas e muito mais em seus livros *Race Against the Machine* (2011) e *The Second Machine Age* (2014). Ford (2015) descreve os desafios de aumentar a automação, e West (2018) oferece recomendações para mitigar os problemas, enquanto Thomas Malone (2004), do MIT, mostra que muitos dos mesmos problemas eram aparentes uma década antes, mas naquela época foram atribuídos a redes de comunicação em todo o mundo, não à automação.

CAPÍTULO 28

FUTURO DA INTELIGÊNCIA ARTIFICIAL

Neste capítulo, tentamos ver uma curta distância à frente.

No Capítulo 2, decidimos ver a inteligência artificial (IA) como a tarefa de projetar agentes aproximadamente racionais. Diversos projetos diferentes de agentes foram considerados, variando de agentes reflexivos a agentes baseados em conhecimento e teoria de decisão e agentes de aprendizado profundo usando aprendizado por reforço. Há também variedade nas tecnologias componentes a partir das quais esses projetos são montados: raciocínio lógico, probabilístico ou neural; representações atômicas, fatoradas ou estruturadas de estados; diversos algoritmos de aprendizado de vários tipos de dados; sensores e atuadores para interagir com o mundo. Por fim, vimos uma série de aplicações, em medicina, finanças, transporte, comunicação e outras áreas. Houve progresso em todas essas frentes, tanto em nossa compreensão científica quanto em nossas capacidades tecnológicas.

A maioria dos especialistas é otimista sobre o progresso continuado; como vimos no Capítulo 1, a estimativa mediana é de IA de nível aproximadamente humano em uma grande variedade de tarefas em algum lugar nos próximos 50 a 100 anos. Dentro da próxima década, prevê-se que a IA adicione trilhões de dólares à economia a cada ano. Mas, como também vimos, alguns críticos acham que a IA geral está séculos à frente, e há inúmeras preocupações éticas sobre a justiça, equidade e letalidade da IA. Neste capítulo, questionamos: para onde estamos indo e o que ainda precisa ser feito? Fazemos isso perguntando se temos os componentes, arquiteturas e objetivos certos para tornar a IA uma tecnologia de sucesso que ofereça benefícios ao mundo.

28.1 Componentes da IA

Esta seção examina os componentes dos sistemas de IA e até que ponto cada um pode acelerar ou dificultar o progresso futuro.

Sensores e atuadores

Durante grande parte da história da IA, o acesso direto ao mundo tem estado flagrantemente ausente. Com algumas exceções notáveis, os sistemas de IA foram construídos de modo que os seres humanos tivessem que fornecer as entradas e interpretar as saídas. Enquanto isso, os sistemas robóticos se concentraram em tarefas de baixo nível nas quais o raciocínio e o planejamento de alto nível foram em grande parte ignorados e a necessidade de percepção foi minimizada. Isso se deveu em parte à grande despesa e esforço de engenharia necessários para que robôs reais funcionassem, e em parte devido à falta de poder de processamento suficiente e algoritmos bastante eficazes para lidar com entrada visual de alta largura de banda.

A situação mudou rapidamente nos últimos anos com a disponibilidade de robôs programáveis prontos. Estes, por sua vez, se beneficiaram de acionamentos de motor compactos e confiáveis e sensores aprimorados. O custo de sensores de "lidar" (do inglês *light detection and ranging* – detecção e mensuração por luz) e de "radar" (do inglês *radio detection and ranging* – detecção e mensuração por rádio) para um carro autônomo caiu de US$ 75 mil para US$ 1.000, e uma versão de *chip* único pode chegar a US$ 10 por unidade (Poulton e Watts, 2016). Os sensores de radar, antes capazes de realizar apenas uma detecção aproximada, agora são sensíveis o suficiente para contar o número de folhas em uma pilha de papéis (Yeo *et al.*, 2018).

Capítulo 28 • Futuro da Inteligência Artificial   919

A demanda por um melhor processamento de imagens em câmeras de celular nos forneceu câmeras de alta resolução baratas para uso em robótica. A tecnologia MEMS (sistemas microeletromecânicos) forneceu acelerômetros miniaturizados, giroscópios e atuadores pequenos o suficiente para caber em insetos voadores artificiais (Floreano *et al.*, 2009; Fuller *et al.*, 2014). Pode ser viável combinar milhões de dispositivos MEMS para produzir poderosos atuadores macroscópicos. A impressão 3D (Muth *et al.*, 2014) e a bioimpressão (Kolesky *et al.*, 2014) facilitaram a experimentação de protótipos.

Assim, vemos que os sistemas de IA estão à beira de passar de principalmente sistemas somente de *software* para sistemas robóticos embarcados úteis. O estado da robótica hoje pode ser aproximadamente comparado ao estado dos computadores pessoais no início dos anos 1980: naquela época, os computadores pessoais estavam se tornando disponíveis, mas levaria mais uma década até que se tornassem comuns. É provável que robôs flexíveis e inteligentes primeiro prossigam na indústria (em que os ambientes são mais controlados, as tarefas são mais repetitivas e o valor de um investimento é mais fácil de medir) antes do mercado doméstico (em que há mais variabilidade no ambiente e nas tarefas).

Representação do estado do mundo

Acompanhar o mundo requer percepção, bem como atualização de representações internas. O Capítulo 4 mostrou como acompanhar as representações de estado atômicas; o Capítulo 7 descreveu como fazê-lo para representações de estado fatoradas (proposicionais); o Capítulo 10 estendeu isso à lógica de primeira ordem; e o Capítulo 14 descreveu o raciocínio probabilístico ao longo do tempo em ambientes incertos. O Capítulo 21 introduziu redes neurais recorrentes, que também são capazes de manter uma representação de estado ao longo do tempo.

Os algoritmos atuais de filtragem e percepção podem ser combinados para fazer um trabalho razoável de reconhecimento de objetos ("isso é um gato") e relatar predicados de baixo nível ("o copo está sobre a mesa"). Reconhecer ações de nível superior, como "Dr. Russell está tomando uma xícara de chá com o Dr. Norvig enquanto discute planos para a próxima semana", é mais difícil. Atualmente, às vezes isso pode ser feito (ver Figura 25.17), dados exemplos de treinamento suficientes, mas o progresso futuro exigirá técnicas que se generalizem para novas situações sem precisar de exemplos exaustivos (Poppe, 2010; Kang e Wildes, 2016).

Outro problema é que, embora os algoritmos de filtragem aproximada do Capítulo 14 possam lidar com ambientes muito grandes, eles ainda estão lidando com uma representação fatorada – eles têm variáveis aleatórias, mas não representam objetos e relações explicitamente. Além disso, sua noção de tempo está restrita à mudança passo a passo; dada a trajetória recente de uma bola, podemos prever onde ela estará no tempo $t + 1$, mas é difícil representar a ideia abstrata de que o que sobe deve descer.

A seção 15.1 explicou como a probabilidade e a lógica de primeira ordem podem ser combinadas para resolver esses problemas; a seção 15.2 mostrou como podemos lidar com a incerteza sobre a identidade dos objetos; e o Capítulo 25 mostrou como as redes neurais recorrentes permitem que a visão computacional rastreie o mundo; mas ainda não temos uma boa maneira de reunir todas essas técnicas. O Capítulo 24 mostrou como incorporações de palavras e representações semelhantes podem nos libertar dos limites estritos de conceitos definidos por condições necessárias e suficientes. Continua sendo uma tarefa assustadora definir esquemas de representação gerais e reutilizáveis para domínios complexos.

Seleção de ações

A principal dificuldade na seleção de ações no mundo real é lidar com planos de longo prazo – como se formar na faculdade em 4 anos – que consistem em bilhões de passos primitivos. Algoritmos de busca que consideram sequências de ações primitivas podem ser escalados apenas para dezenas ou talvez centenas de etapas. É somente impondo **estrutura hierárquica** ao comportamento que nós, seres humanos, lidamos com isso. Na seção 11.4, vimos como usar representações hierárquicas para lidar com problemas dessa escala; além disso, o trabalho no **aprendizado por reforço hierárquico** conseguiu combinar essas ideias com o formalismo do MDP, descrito no Capítulo 17.

920 Inteligência Artificial

Até o momento, esses métodos não foram estendidos ao caso parcialmente observável (POMDP). Além disso, algoritmos para resolver POMDP geralmente estão usando a mesma representação de estado atômico que usamos para os algoritmos de busca do Capítulo 3. Certamente, ainda há muito trabalho a fazer, mas as bases técnicas estão em grande parte prontas para seguir adiante. O principal elemento que falta é um método eficaz para *construir* as representações hierárquicas de estado e comportamento, necessárias para a tomada de decisão por longos períodos.

Decisão do que queremos

O Capítulo 3 introduziu os algoritmos de busca para encontrar um estado de meta. Mas os agentes baseados em metas são frágeis quando o ambiente é incerto e quando há diversos fatores a serem considerados. Em princípio, os agentes de maximização de utilidade abordam essas questões de forma completamente genérica. Os campos da economia e da teoria dos jogos, bem como o da IA, utilizam esta ideia: basta declarar o que você deseja otimizar e o que cada ação faz, e podemos calcular a ação ótima.

Porém, na prática, agora percebemos que a tarefa de escolher a função de utilidade certa é um problema desafiador por si só. Por exemplo, imagine a complexa teia de preferências de interação que devem ser entendidas por um agente que opera como assistente de escritório para um ser humano. O problema é exacerbado pelo fato de que cada ser humano é diferente, então um agente apenas "de prateleira" não terá experiência suficiente com nenhum indivíduo para aprender um modelo de preferência exato; ele necessariamente precisará operar sob incertezas de preferências. Há mais complexidade quando queremos garantir que nossos agentes estejam agindo de maneira justa e equitativa para a sociedade, em vez de apenas para um indivíduo.

Ainda não temos muita experiência na construção de modelos complexos de preferência do mundo real, muito menos distribuições de probabilidade sobre esses modelos. Embora haja formalismos fatorados, semelhantes às redes bayesianas, que se destinam a decompor preferências em relação a estados complexos, provou-se que é difícil usar esses formalismos na prática. Uma razão pode ser que as preferências sobre estados são realmente *compiladas* a partir de preferências sobre históricos de estados, que são descritas por **funções de recompensa** (Capítulo 17). Mesmo que a função de recompensa seja simples, a função de utilidade correspondente pode ser muito complexa.

Isso sugere que levamos a sério a tarefa da engenharia do conhecimento para funções de recompensa como forma de transmitir aos nossos agentes o que queremos que eles façam. A ideia de **aprendizado por reforço inverso** (seção 22.6) é uma abordagem para esse problema quando temos um especialista que pode executar uma tarefa, mas não a pode explicar. Também poderíamos usar linguagens melhores para expressar o que queremos. Por exemplo, na robótica, a lógica temporal linear facilita dizer quais coisas queremos que aconteçam no futuro próximo, quais coisas queremos evitar e quais estados queremos persistir para sempre (Littman *et al.*, 2017). Precisamos de melhores maneiras de dizer o que queremos e melhores maneiras de os robôs interpretarem as informações que fornecemos.

A indústria de computadores como um todo desenvolveu um ecossistema poderoso para agregar as preferências do usuário. Quando você clica em algo em um aplicativo, jogo *online*, rede social ou *site* de compras, isso serve como uma recomendação de que você (e outros com as mesmas preferências) gostaria de ver coisas semelhantes no futuro. (Ou pode ser que o *site* seja confuso e você tenha clicado na coisa errada – há sempre algum ruído nos dados.) O *feedback* inerente a esse sistema o torna muito eficaz a curto prazo para escolher jogos e vídeos cada vez mais viciantes.

Mas esses sistemas geralmente não oferecem um modo fácil de opção por não utilização – seu dispositivo reproduzirá automaticamente um vídeo relevante, mas é menos provável que ele diga a você "talvez seja hora de deixar seus dispositivos de lado e dar um passeio relaxante pela natureza". Um *site* de compras ajudará você a encontrar roupas que combinem com seu estilo, mas não tratará da paz mundial nem tentará acabar com a fome e a pobreza. Na medida em que o *menu* de opções é impulsionado por empresas que tentam lucrar com a atenção de um cliente, o *menu* permanecerá incompleto.

No entanto, as empresas respondem aos interesses dos clientes, e muitos clientes expressam a opinião de que estão interessados em um mundo justo e sustentável. Tim O'Reilly explica por que o lucro não é o único motivo com a seguinte analogia: "Dinheiro é como gasolina durante uma viagem pelas estradas. Você não quer ficar sem gasolina na sua viagem, mas não está fazendo um passeio pelos postos de gasolina. Você tem que prestar atenção ao dinheiro, mas este não deveria ser o foco principal".

O movimento de **tempo bem gasto** de Tristan Harris, do Centro de Tecnologia Humana, é um passo para nos oferecer escolhas mais completas (Harris, 2016). O movimento aborda uma questão que foi reconhecida em 1971 por Herbert Simon: "Uma riqueza de informações cria uma pobreza de atenção". No futuro, talvez tenhamos **agentes pessoais** que defendam nossos verdadeiros interesses de longo prazo, em vez dos interesses das corporações cujos aplicativos atualmente se acumulam em nossos dispositivos. Será o trabalho do agente mediar as ofertas de vários fornecedores, nos proteger de chamadores de atenção viciantes e nos guiar para os objetivos que realmente importam para nós.

Tempo bem gasto

Agentes pessoais

Aprendizagem

Os Capítulos 19 a 22 descreveram como os agentes podem aprender. Os algoritmos atuais podem lidar com problemas muito grandes, atingindo ou excedendo as capacidades humanas em muitas tarefas – desde que tenhamos exemplos de treinamento suficientes e estejamos lidando com um vocabulário predefinido de recursos e conceitos. Mas o aprendizado pode parar quando os dados são escassos, ou não supervisionados, ou quando estamos lidando com representações complexas.

Grande parte do recente ressurgimento da IA na imprensa popular e na indústria se deve ao sucesso da aprendizagem profunda (Capítulo 21). Por um lado, isso pode ser visto como o amadurecimento incremental no subcampo das redes neurais. Por outro lado, podemos vê-lo como um salto de renovação nos recursos estimulados por uma junção de fatores: a disponibilidade de mais dados de treinamento graças à Internet, maior poder de processamento de *hardware* especializado e alguns truques algorítmicos, como redes adversárias geradoras (GAN), normalização em lote, abandono e a função de ativação linear retificada (ReLU).

O futuro deverá enfatizar continuamente a melhoria da aprendizagem profunda para as tarefas em que se destaca, além de estendê-la para abranger outras tarefas. O termo "aprendizado profundo" provou ser tão popular que devemos esperar que seu uso continue, mesmo que a mistura de técnicas que o alimentam mude consideravelmente.

Vimos o surgimento do campo da **ciência de dados** como a junção de estatística, programação e domínio especializado. Embora possamos esperar ver o desenvolvimento contínuo das ferramentas e técnicas necessárias para adquirir, gerenciar e manter *big data*, também precisaremos de avanços na **aprendizagem por transferência**, para que possamos aproveitar os dados em um domínio para melhorar o desempenho em um domínio relacionado.

A maioria das pesquisas em aprendizado de máquina hoje assume uma representação fatorada, aprendendo uma função $h: \mathbb{R}^n \rightarrow \mathbb{R}$ para regressão e $h: \mathbb{R}^n \rightarrow [0, 1]$ para classificação. O aprendizado de máquina tem sido menos bem-sucedido para problemas que têm apenas uma pequena quantidade de dados, ou problemas que exigem a construção de novas representações estruturadas e hierárquicas. O aprendizado profundo, especialmente com redes de convolução aplicadas a problemas de visão computacional, demonstrou algum sucesso em ir de *pixels* de baixo nível para conceitos de nível intermediário como *Olho* e *Boca*, depois para *Rosto* e, finalmente, para *Pessoa* ou *Gato*.

Um desafio para o futuro é combinar mais suavemente aprendizado e conhecimento prévio. Se dermos a um computador um problema que ele não encontrou antes – digamos, reconhecendo diferentes modelos de carros –, não queremos que o sistema seja impotente até que tenha sido alimentado com milhões de exemplos rotulados.

O sistema ideal deve ser capaz de aproveitar o que ele já conhece: já deve ter um modelo de como a visão funciona e como o *design* e a marca dos produtos em geral funcionam; agora, ele deve usar a **aprendizagem por transferência** para aplicar isso ao novo problema dos modelos de carros. Deve ser capaz de encontrar, por conta própria, informações sobre modelos de carros, com base no texto, imagens e vídeos disponíveis na Internet. Deve ser capaz de realizar **aprendizagem por treinamento**: conversando com um professor, e não apenas perguntando "poderia me dar mil imagens de um Corolla?", mas sim ser capaz de entender dicas como "o Insight é semelhante ao Prius, mas o Insight tem uma grade maior". Ele deve saber que cada modelo vem em uma pequena variedade de cores possíveis, mas que um carro pode ser repintado; então há chance de que ele esteja vendo um carro em uma cor que não estava no conjunto de treinamento. (Se ele não sabia disso, deveria ser capaz de aprendê-lo ou ser informado sobre isso.)

Tudo isso requer uma linguagem de comunicação e representação que humanos e computadores possam compartilhar; não podemos esperar que um analista humano modifique diretamente um modelo com milhões de pesos. Modelos probabilísticos (incluindo linguagens de programação probabilísticas) dão aos seres humanos alguma capacidade de descrever o que sabemos, mas esses modelos ainda não estão bem integrados a outros mecanismos de aprendizagem.

O trabalho de Bengio e LeCun (2007) é um passo em direção a essa integração. Recentemente, Yann LeCun sugeriu que o termo "aprendizado profundo" deveria ser substituído pela **programação diferenciável** mais genérica (Siskind e Pearlmutter, 2016; Li *et al.*, 2018); isso sugere que nossas linguagens de programação de uso geral e nossos modelos de aprendizado de máquina poderiam ser mesclados.

Programação diferenciável

Agora mesmo, é muito comum construir um modelo de aprendizado profundo que seja diferenciável e, portanto, possa ser treinado para minimizar a perda e treinado novamente quando as circunstâncias mudarem. Mas esse modelo de aprendizado profundo é apenas uma parte de um sistema de *software* maior que absorve dados, trabalha com esses dados, alimenta-os com o modelo e descobre o que fazer com a saída do modelo. Todas essas outras partes do sistema maior foram escritas à mão por um programador e, portanto, não são diferenciáveis, o que significa que, quando as circunstâncias mudam, cabe ao programador reconhecer quaisquer problemas e corrigi-los manualmente. Com a programação diferenciável, a esperança é que todo o sistema esteja sujeito a otimização automatizada.

O objetivo é poder expressar o que sabemos de qualquer forma que seja conveniente para nós: conselhos informais dados em linguagem natural, uma lei matemática firme, como $F = ma$, um modelo estatístico acompanhado de dados ou um programa probabilístico com parâmetros desconhecidos que possam ser otimizados automaticamente mediante a descida de gradiente. Nossos modelos de computador aprenderão por meio de conversas com especialistas humanos e utilizando todos os dados disponíveis.

Yann LeCun, Geoffrey Hinton e outros sugeriram que a ênfase atual na aprendizagem supervisionada (e, em menor grau, no aprendizado por reforço) não é sustentável – que os modelos computacionais terão que confiar na **aprendizagem fracamente supervisionada**, na qual alguma supervisão é dada com um pequeno número de exemplos rotulados e/ou um pequeno número de recompensas, mas a maior parte da aprendizagem é não supervisionada, pois os dados não anotados são muito mais numerosos.

Aprendizagem preditiva

LeCun usa o termo **aprendizagem preditiva** para um sistema de aprendizagem não supervisionada que pode modelar o mundo e aprender a prever aspectos de estados futuros do mundo – não apenas prever rótulos para entradas que são independentes e identicamente distribuídas em relação a dados passados, nem apenas prever uma função de valor sobre estados. O termo sugere que as GAN (redes adversárias geradoras) podem ser usadas para aprender a diminuir a diferença entre previsões e realidade.

Geoffrey Hinton afirmou em 2017: "Minha visão é a de jogar tudo isso fora e começar de novo". Isso significa que a ideia geral de aprender ajustando parâmetros em uma rede é durável, mas os detalhes da arquitetura das redes e a técnica de retropropagação precisam ser repensadas. Smolensky (1988) tinha uma receita de como pensar sobre modelos conexionistas; seus pensamentos continuam sendo relevantes até hoje.

Recursos

A pesquisa e o desenvolvimento em aprendizado de máquina foram acelerados pela crescente disponibilidade de dados, armazenamento, poder de processamento, *software*, especialistas treinados e investimentos necessários para apoiá-los. Desde a década de 1970, houve uma aceleração de 100 mil vezes na velocidade nos processadores de uso geral e uma aceleração adicional de mil vezes devido ao *hardware* especializado de aprendizado de máquina. A *web* tem servido como uma rica fonte de imagens, vídeos, fala, texto e dados semiestruturados, atualmente adicionando mais de 10^{18} *bytes* todos os dias.

Centenas de conjuntos de dados de alta qualidade estão disponíveis para uma série de tarefas em visão computacional, reconhecimento de fala e processamento de linguagem natural. Se os dados de que você precisa ainda não estiverem disponíveis, muitas vezes você pode reuni-los de outras fontes ou envolver humanos para rotular dados para você por meio de uma plataforma de *crowdsourcing*. A validação dos dados obtidos dessa maneira se torna uma parte importante do fluxo de trabalho geral (Hirth *et al.*, 2013).

Um desenvolvimento recente importante é a mudança de dados compartilhados para **modelos compartilhados**. Os principais provedores de serviços em nuvem do modelo compartilhado (p. ex., Amazon, Microsoft, Google, Alibaba, IBM, Salesforce) começaram a competir para oferecer API de aprendizado de máquina com modelos pré-construídos para tarefas específicas, como reconhecimento visual de objetos, reconhecimento de fala e tradução automática. Esses modelos podem ser usados como estão ou podem servir como uma linha de base para serem personalizados com seus dados específicos para sua aplicação específica.

> Modelo compartilhado

Esperamos que esses modelos melhorem com o tempo e que se torne incomum iniciar um projeto de aprendizado de máquina do zero, assim como agora é incomum fazer um projeto de desenvolvimento *web* do zero, sem bibliotecas. É possível que ocorra um grande salto na qualidade do modelo quando se tornar econômico processar todo o vídeo na *web*; por exemplo, somente a plataforma YouTube adiciona 300 horas de vídeo a cada minuto.

A lei de Moore tornou mais econômico processar dados; um *megabyte* de armazenamento custava US$ 1 milhão em 1969 e menos de US$ 0,02 em 2019, e a taxa de transferência de supercomputadores aumentou em um fator de mais de 10^{10} naquele período. Componentes com *hardware* especializado para aprendizado de máquina, como unidades de processamento gráfico (GPU), núcleos tensoriais, unidades de processamento tensorial (TPU) e *arrays* de portas programáveis em campo (FPGA), são centenas de vezes mais rápidos do que as CPU convencionais para treinamento em aprendizado de máquina (Vasilache *et al.*, 2014; Jouppi *et al.*, 2017). Em 2014, um dia inteiro era necessário para treinar um modelo ImageNet; em 2018, isso levava apenas 2 minutos (Ying *et al.*, 2018).

O OpenAI Institute relata que a potência computacional usada para treinar os maiores modelos de aprendizado de máquina dobrou a cada 3,5 meses, de 2012 a 2018, atingindo mais de um exaflop/segundo-dia para a ALPHAZERO (embora eles também relatem que alguns trabalhos muito influentes usaram 100 milhões de vezes menos poder de computação (Amodei e Hernandez, 2018). As mesmas tendências econômicas que tornaram as câmeras de celular mais baratas e melhores também se aplicam aos processadores – veremos um progresso contínuo na computação de baixa potência e alto desempenho que se beneficia de economias de escala.

Existe a possibilidade de que os computadores quânticos possam acelerar a IA. Atualmente, existem alguns algoritmos quânticos rápidos para as operações de álgebra linear usadas no aprendizado de máquina (Harrow *et al.*, 2009; Dervovic *et al.*, 2018), mas nenhum computador quântico capaz de executá-los. Temos algumas aplicações de exemplo de tarefas, como classificação de imagens (Mott *et al.*, 2017), em que os algoritmos quânticos são tão bons quanto os algoritmos clássicos para pequenos problemas.

Os computadores quânticos atuais lidam com apenas algumas dezenas de *bits*, enquanto os algoritmos de aprendizado de máquina geralmente lidam com entradas com milhões de *bits* e criam modelos com centenas de milhões de parâmetros. Portanto, precisamos de avanços em *hardware* e *software* quânticos para tornar a computação quântica prática para aprendizado de máquina em larga escala. Alternativamente, pode haver uma divisão de trabalho – talvez um algoritmo quântico para pesquisar eficientemente o espaço de hiperparâmetros enquanto o processo normal de treinamento é executado em computadores convencionais – mas ainda não sabemos como fazer isso. Pesquisas sobre algoritmos quânticos às vezes podem inspirar algoritmos novos e melhores em computadores clássicos (Tang, 2018).

Também vimos um crescimento exponencial no número de publicações, pessoas e dólares em IA/aprendizado de máquina/ciência de dados. Dean *et al.* (2018) mostram que o número de artigos sobre "aprendizado de máquina" no arXiv dobrou a cada 2 anos, de 2009 a 2017. Os investidores estão financiando empresas iniciantes nesses campos, grandes empresas estão contratando e gastando, à medida que determinam sua estratégia de IA, e os governos estão investindo para garantir que seu país não fique muito para trás.

924 Inteligência Artificial

28.2 Arquiteturas de inteligência artificial

É natural perguntar: "Qual das arquiteturas de agentes no Capítulo 2 um agente deve usar?" A resposta é: "todas elas!" Respostas reflexas são necessárias para situações em que o tempo é essencial, enquanto a deliberação baseada no conhecimento permite que o agente planeje com antecedência. A aprendizagem é conveniente quando temos muitos dados, e necessária quando o ambiente está mudando, ou quando os projetistas humanos não têm conhecimento suficiente do domínio.

A IA há muito tempo tem uma divisão entre sistemas simbólicos (baseados em inferência lógica e probabilística) e sistemas conexionistas (baseados na minimização de perdas em muitos parâmetros não interpretados). Um desafio contínuo para a IA é reunir esses dois, para capturar o melhor de ambos. Os sistemas simbólicos nos permitem unir longas cadeias de raciocínio e aproveitar o poder expressivo das representações estruturadas, enquanto os sistemas conexionistas podem reconhecer padrões, mesmo diante de dados com ruído. Uma linha de pesquisa visa combinar programação probabilística com aprendizado profundo, embora até agora as diversas propostas sejam limitadas, na medida em que as abordagens são verdadeiramente fundidas.

Os agentes também precisam de maneiras de controlar suas próprias deliberações. Eles devem ser capazes de usar bem o tempo disponível e deixar de deliberar quando a ação é exigida. Por exemplo, um agente motorista de táxi que vê um acidente à frente deve decidir em uma fração de segundo se precisa frear ou desviar. Também deve gastar esse segundo pensando nas questões mais importantes, como se as faixas à esquerda e à direita estão livres e se há um caminhão grande vindo por trás, em vez de se preocupar com onde pegar o próximo passageiro. Essas questões geralmente são estudadas sob o título de **IA em tempo real**. À medida que os sistemas de IA passarem para domínios mais complexos, todos os problemas se tornarão em tempo real, porque o agente nunca terá tempo suficiente para resolver o problema de decisão de modo exato.

É claro que há uma necessidade urgente de métodos *gerais* de controle da deliberação, em vez de receitas específicas para o que pensar em cada situação. A primeira ideia útil são os **algoritmos a qualquer momento** (Dean e Boddy, 1988; Horvitz, 1987): um algoritmo cuja qualidade da saída melhora gradualmente ao longo do tempo, de modo que tenha uma decisão razoável pronta, sempre que for interrompido. Exemplos de algoritmos a qualquer momento incluem o aprofundamento iterativo na busca de árvore de jogo e CMMC em redes bayesianas.

A segunda técnica para controlar a deliberação é o **metarraciocínio teórico da decisão** (Russell e Wefald, 1989; Horvitz e Breese, 1996; Hay *et al.*, 2012). Esse método, que foi mencionado brevemente nas seções 3.6.5 e 5.7, aplica a teoria do valor da informação (Capítulo 16) à seleção de cálculos individuais (seção 3.6.5). O valor de um cálculo depende tanto do seu custo (em termos de atraso na ação) quanto dos seus benefícios (em termos de melhoria da qualidade da decisão).

Técnicas de metarraciocínio podem ser usadas para projetar melhores algoritmos de busca e garantir que os algoritmos tenham a propriedade a qualquer momento. A pesquisa de árvores de Monte Carlo é um exemplo: a escolha do nó de folha para começar a próxima simulação é feita por uma decisão de metanível aproximadamente racional, derivada da teoria do bandido.

É claro que o metarraciocínio é mais dispendioso do que a ação reflexa, mas podem ser aplicados métodos de compilação para que a sobrecarga seja pequena em comparação com os custos dos cálculos que estão sendo controlados. O aprendizado por reforço de metanível pode oferecer outra maneira de adquirir políticas eficazes para controlar a deliberação: basicamente, cálculos que levam a melhores decisões são reforçados, enquanto aqueles que acabam não tendo efeito são penalizados. Essa abordagem evita os problemas de miopia do cálculo simples do valor da informação.

O metarraciocínio é um exemplo específico de uma **arquitetura reflexiva** – isto é, uma arquitetura que permite a deliberação sobre as entidades e ações computacionais que ocorrem dentro da própria arquitetura. Uma base teórica para arquiteturas reflexivas pode ser construída definindo um espaço de estado conjunto composto pelo estado do ambiente e pelo estado computacional do próprio agente. Podem ser projetados algoritmos de tomada de decisão

Capítulo 28 • Futuro da Inteligência Artificial   925

e aprendizagem que operam sobre esse espaço de estado conjunto e, assim, servem para implementar e melhorar as atividades computacionais do agente. Eventualmente, esperamos que algoritmos específicos da tarefa, como a busca alfa-beta, o planejamento de regressão e a eliminação de variáveis, desapareçam dos sistemas de IA, para serem substituídos por métodos gerais que direcionam os cálculos do agente para a geração eficiente de decisões de alta qualidade.

Metarraciocínio e reflexão (e muitos outros dispositivos arquitetônicos e algorítmicos relacionados à eficiência, explorados neste livro) são necessários porque é *difícil* tomar decisões. Desde que os computadores foram inventados, sua velocidade ofuscante levou as pessoas a superestimar sua capacidade para superar a complexidade ou, de modo equivalente, a subestimar o que a complexidade realmente significa. O poder verdadeiramente gigantesco das máquinas de hoje nos leva a pensar que poderíamos ignorar todos os dispositivos inteligentes e confiar mais na força bruta. Então, vamos tentar neutralizar essa tendência. Começamos com o que os físicos acreditam ser a velocidade do melhor dispositivo de computação de 1 kg: cerca de 10^{51} operações por segundo, ou um bilhão de trilhões de trilhões de vezes mais rápido do que o supercomputador mais rápido em 2020 (Lloyd, 2000).[1] Então propomos uma tarefa simples: enumerar sequências de palavras em inglês, assim como Borges propôs na *Biblioteca de Babel*. Borges estipulou livros de 410 páginas. Isso seria viável? Não exatamente. Na verdade, o computador em execução por 1 ano poderia enumerar apenas as sequências de 11 palavras.

Agora considere o fato de que um plano detalhado para uma vida humana consiste em (muito aproximadamente) 20 trilhões de atuações musculares em potencial (Russell, 2019), e você começa a ver a escala do problema. Um computador que é um bilhão de trilhões de trilhões de vezes mais poderoso que o cérebro humano está muito mais longe de ser racional do que uma lesma está de ultrapassar a nave estelar Enterprise viajando em *warp* nove.

Com essas considerações em mente, parece que o objetivo de construir agentes racionais talvez seja um pouco ambicioso demais. Em vez de visar algo que não pode existir, devemos considerar um alvo normativo diferente – um que *necessariamente* existe. Lembre-se, do Capítulo 2, da seguinte ideia simples:

agente = arquitetura + programa.

Agora corrija a arquitetura do agente (os recursos subjacentes da máquina, talvez com uma camada fixa de *software* no topo) e permita que o programa do agente varie em todos os programas possíveis que a arquitetura pode suportar. Em determinado ambiente de tarefa, um desses programas (ou uma classe de equivalência deles) oferece o melhor desempenho possível – talvez não esteja perto da racionalidade perfeita, mas ainda melhor do que qualquer outro programa de agente. Dizemos que esse programa satisfaz o critério de **otimalidade limitada**. Otimalidade limitada
É claro que ele existe, e certamente constitui um objetivo desejável. O truque é encontrá-lo, ou algo próximo a ele.

Para algumas classes elementares de programas de agentes em ambientes simples em tempo real, é possível identificar programas de agentes com otimalidade limitada (Etzioni, 1989; Russell e Subramanian, 1995). O sucesso da busca em árvore de Monte Carlo reavivou o interesse na tomada de decisões em metanível, e há razões para esperar que a otimalidade limitada dentro de famílias mais complexas de programas de agentes possa ser alcançada por técnicas como o aprendizado por reforço em metanível. Também deve ser possível desenvolver uma teoria construtiva da arquitetura, começando com teoremas sobre a otimalidade limitada de métodos adequados de combinar diferentes componentes com otimalidade limitada, como sistemas de reflexo e ação-valor.

IA geral

Grande parte do progresso na IA no século XXI até agora foi guiado pela competição em tarefas estreitas, como o DARPA Grand Challenge para carros autônomos, a competição de reconhecimento de objetos ImageNet, ou jogar Go, xadrez, pôquer ou Jeopardy! contra um

---

[1] Encobrimos o fato de que esse dispositivo consome toda a produção de energia de uma estrela e opera a um bilhão de graus centígrados.

campeão mundial. Para cada tarefa separada, construímos um sistema de IA separado, geralmente com um modelo de aprendizado de máquina separado, treinado do zero com dados coletados especificamente para essa tarefa. Mas um agente verdadeiramente inteligente deve ser capaz de fazer mais de uma coisa. Alan Turing (1950) propôs sua lista (seção 27.1.1) e o autor de ficção científica Robert Heinlein (1973) rebateu com:

> Um ser humano deve ser capaz de trocar uma fralda, planejar uma invasão, desossar um porco, enganar um navio, projetar um prédio, escrever um soneto, equilibrar contas, levantar uma parede, definir um osso, confortar os que estão para morrer, receber ordens, dar ordens, cooperar, agir sozinho, resolver equações, analisar um novo problema, adubar, programar um computador, fazer uma refeição gostosa, lutar com eficiência, morrer heroicamente. A especialização é para os insetos.

Até agora, nenhum sistema de IA pode ser medido por qualquer uma dessas listas, e alguns defensores da IA de nível geral ou humano (HLAI) insistem que o trabalho contínuo em tarefas específicas (ou em componentes individuais) não será suficiente para alcançar o domínio em uma grande variedade de tarefas; que precisaremos de uma abordagem fundamentalmente nova. Parece-nos que inúmeros novos avanços serão realmente necessários, mas, em geral, a IA como um campo fez uma compensação razoável de aproveitamento/exploração, reunindo um portfólio de componentes, melhorando tarefas específicas, além de explorar novas ideias promissoras e às vezes fora do nosso alcance.

Teria sido um erro dizer aos irmãos Wright em 1903 para parar de trabalhar em seu avião de tarefa única e projetar uma máquina de "voo artificial genérico" que pode decolar verticalmente, voar mais rápido que o som, transportar centenas de passageiros e pousar na lua. Também teria sido um erro lançar, após seu primeiro voo, uma competição anual para tornar os biplanos de madeira leve cada vez melhores.

Vimos que trabalhar com componentes pode estimular novas ideias; por exemplo, redes adversárias geradoras (GAN) e modelos de linguagem do tipo *transformer* abriram novas áreas de pesquisa. Também vimos passos em direção à "diversidade de comportamento". Por exemplo, os sistemas de tradução automática na década de 1990 foram construídos um de cada vez para cada par de idiomas (como francês para inglês), mas hoje um único sistema pode identificar o texto de entrada como sendo um dos cem idiomas e traduzi-lo para qualquer um dos 100 idiomas de destino. Outro sistema de linguagem natural pode realizar cinco tarefas distintas com um modelo conjunto (Hashimoto *et al.*, 2016).

Engenharia de IA

O campo da programação de computadores foi iniciado com alguns pioneiros extraordinários. Mas não alcançou o *status* de uma grande indústria até que uma prática de engenharia de *software* foi desenvolvida, com uma poderosa coleção de ferramentas amplamente disponibilizadas e um ecossistema próspero de professores, estudantes, profissionais, empreendedores, investidores e clientes.

O setor de IA ainda não atingiu esse nível de maturidade. Temos uma série de ferramentas e estruturas poderosas, como TensorFlow, Keras, PyTorch, CAFFE, Scikit-Learn e SCIPY. Porém, muitas das abordagens mais promissoras, como GAN e aprendizado de reforço profundo, provaram ser difíceis de trabalhar – elas exigem experiência e um grau de manuseio para fazer com que sejam devidamente treinadas em um novo domínio. Não temos especialistas suficientes para fazer isso em todos os domínios em que precisamos, e ainda não temos as ferramentas e o ecossistema para permitir que os profissionais menos especializados tenham sucesso.

Jeff Dean, da Google, vê um futuro em que desejaremos que o aprendizado de máquina lide com milhões de tarefas; não será viável desenvolver cada uma delas do zero, então ele sugere que, em vez de construir cada novo sistema do zero, devemos começar com um único sistema enorme e, para cada nova tarefa, extrair dele as partes relevantes à tarefa em mãos. Temos visto alguns passos nessa direção, como os modelos de linguagem com *transformer* (p. ex., BERT, GPT-2) com bilhões de parâmetros e uma arquitetura de rede neural com conjunto "ultrajantemente grande" que chega a até 68 bilhões de parâmetros em um experimento (Shazeer *et al.*, 2017). Muito trabalho ainda precisa ser feito.

Futuro

Para que lado o futuro vai? Autores de ficção científica parecem favorecer futuros distópicos em detrimento dos utópicos, provavelmente porque os enredos são mais interessantes. Até agora, a IA parece se encaixar em outras tecnologias revolucionárias poderosas, como impressão, encanamento, viagens aéreas e telefonia. Todas essas tecnologias causaram impactos positivos, mas também têm alguns efeitos colaterais não intencionais que afetam desproporcionalmente as classes desfavorecidas. Faríamos bem em investir na minimização dos impactos negativos.

A IA também é diferente das tecnologias revolucionárias anteriores. Melhorar a impressão, o encanamento, as viagens aéreas e a telefonia até seus limites lógicos não produziria nada que ameaçasse a supremacia humana no mundo. Melhorar a IA até o seu limite lógico certamente poderia.

Concluindo, a IA fez grandes progressos em sua curta história, mas a frase final do ensaio de Alan Turing (1950) sobre *Máquinas de Computação e Inteligência* ainda é válida hoje:

> *Podemos ver apenas uma curta distância à frente,*
> *mas podemos ver que ainda há muito a ser feito.*

APÊNDICE A

FUNDAMENTOS MATEMÁTICOS

A.1 Análise de complexidade e notação $O()$

Quase sempre, os cientistas de computação se encontram diante da tarefa de comparar algoritmos para ver o quanto eles são rápidos ou a quantidade de memória que eles exigem. Há duas abordagens para desempenhar essa tarefa. A primeira é o ***benchmarking*** – a execução dos algoritmos em um computador e a medição da velocidade em segundos e do consumo de memória em *bytes*. Em última instância, é isso o que realmente importa, mas um *benchmarking* pode ser insatisfatório pelo fato de ser muito específico: ele mede o desempenho de um programa específico escrito em uma linguagem específica, rodando em um computador específico, com um compilador específico e com dados de entrada específicos. A partir do único resultado que o *benchmarking* fornece, talvez seja difícil prever o quanto o algoritmo se comportaria bem em um compilador, computador, ou conjunto de dados diferente. A segunda abordagem baseia-se em uma **análise de algoritmos** matemática, independentemente da implementação específica e da entrada, como discutido a seguir.

Benchmarking

Análise de algoritmos

A.1.1 Análise assintótica

Examinaremos a abordagem por meio do exemplo a seguir, um programa para calcular a soma de uma sequência de números:

> **função** SOMATÓRIO(*sequência*) **retorna** um número
>   *soma* ← 0
>   **para** *i* = 1 **até** COMPRIMENTO(*sequência*) **faça**
>   *soma* ← *soma* + *sequência*[*i*]
>   **retornar** *soma*

A primeira etapa da análise consiste em realizar uma abstração sobre a entrada, a fim de encontrar algum parâmetro ou parâmetros que caracterizem o tamanho da entrada. Nesse exemplo, a entrada pode ser caracterizada pelo comprimento da sequência, que chamaremos de n. A segunda etapa consiste em realizar uma abstração sobre a implementação, com o objetivo de encontrar alguma medida que reflita o tempo de execução do algoritmo, mas que não esteja ligada a um compilador ou computador específico. No caso da função SOMATÓRIO, isso poderia ser apenas o número de linhas de código executadas ou talvez pudesse ser mais detalhado, medindo o número de adições, atribuições, referências a vetores, e desvios executados pelo algoritmo. De qualquer modo, isso nos dá uma caracterização do número total de passos executados pelo algoritmo como uma função do tamanho da entrada. Chamaremos essa caracterização de $T(n)$. Se contarmos as linhas de código, teremos $T(n) = 2n + 2$ em nosso exemplo.

Se todos os programas fossem tão simples quanto o SOMATÓRIO, a análise de algoritmos seria um campo trivial. Porém, dois problemas a tornam mais complicada. Primeiro, é raro encontrar um parâmetro como n que caracterize completamente o número de passos executados por um algoritmo. Em vez disso, em geral o melhor que podemos fazer é calcular o $T_{\text{pior}}(n)$ do pior caso ou o $T_{\text{médio}}(n)$ do caso médio. Calcular uma média significa que a análise deve pressupor alguma distribuição nas entradas.

O segundo problema é que os algoritmos tendem a resistir à análise exata. Nesse caso, é necessário recuar até uma aproximação. Dizemos que o algoritmo SOMATÓRIO é $O(n)$, o que significa que sua medida é, no máximo, uma constante vezes n, com a possível exceção de alguns valores pequenos de n. Mais formalmente,

$$T(n) \text{ é } O(f(n)) \text{ se } T(n) \le k f(n) \text{ para algum } k, \text{ para todo } n > n_0.$$

Apêndice A • **Fundamentos Matemáticos** **929**

A notação $O()$ nos fornece aquilo que se denomina **análise assintótica**. Podemos afirmar, sem dúvida, que, à medida que n se aproxima assintoticamente de infinito, um algoritmo $O(n)$ é melhor que um algoritmo $O(n^2)$. Um único valor de *benchmarking* poderia não substanciar tal afirmação.

> Análise assintótica

A notação $O()$ realiza uma abstração sobre fatores constantes, o que a torna mais fácil de usar, embora menos precisa que a notação $T()$. Por exemplo, um algoritmo $O(n^2)$ sempre será pior que um algoritmo $O(n)$ em longo prazo, mas, se os dois algoritmos forem $T(n^2 + 1)$ e $T(100n + 1.000)$, o algoritmo $O(n^2)$ será de fato melhor para $n < 110$.

Apesar dessa desvantagem, a análise assintótica é a ferramenta mais utilizada para análise de algoritmos. É exatamente porque a análise realiza a abstração sobre o número exato de operações (ignorando o fator constante k) e sobre o conteúdo exato da entrada (considerando apenas seu tamanho n) que a análise se torna matematicamente possível. A notação $O()$ é um bom compromisso entre precisão e facilidade de análise.

A.1.2 Problemas NP e inerentemente difíceis

A análise de algoritmos e a notação $O()$ nos permitem abordar a eficiência de um algoritmo específico. Porém, elas não têm nenhuma relação com o fato de ser possível, ou não, existir um algoritmo melhor para determinado problema. O campo da **análise de complexidade** analisa problemas em vez de algoritmos. A primeira divisão bruta se dá entre problemas que podem ser resolvidos em tempo polinomial e problemas que não podem ser resolvidos em tempo polinomial, não importando qual algoritmo seja usado. A classe de problemas polinomiais – aqueles que podem ser resolvidos no tempo $O(n^k)$ para algum k constante – é chamada **P**. Às vezes, esses problemas se denominam problemas "fáceis" porque a classe contém os problemas com tempos de execução semelhantes a $O(\log n)$ e $O(n)$. Porém, ela também contém os problemas com tempo $O(n^{1.000})$ e, assim, o adjetivo "fácil" não deve ser considerado de forma muito literal.

> Análise de complexidade

> P

Outra classe importante de problemas é a classe **NP**, de problemas polinomiais não determinísticos. Um problema está nessa classe se existe algum algoritmo que possa pressupor uma solução e depois verificar se a suposição está correta em tempo polinomial. A ideia é que, se você tiver um número arbitrariamente grande de processadores, de forma que possa experimentar todos os palpites ao mesmo tempo, ou se tiver muita sorte e sempre acertar o palpite na primeira vez, os problemas NP se tornarão problemas P. Uma das maiores questões em aberto na ciência da computação é se a classe NP é equivalente à classe P quando não se tem o luxo de um número infinito de processadores ou suposição onisciente. A maioria dos cientistas da computação está convencida de que P ≠ NP e de que os problemas NP são inerentemente difíceis e não têm nenhum algoritmo de tempo polinomial, embora isso nunca tenha sido demonstrado.

> NP

As pessoas interessadas em decidir se P = NP examinam uma subclasse de NP chamada de "problemas **NP-completos**". A palavra "completos" é usada nesse caso no sentido de "mais extremo" e, portanto, se refere aos problemas mais difíceis da classe NP. Foi demonstrado que todos os problemas NP-completos estão em P ou nenhum deles está. Isso torna a classe teoricamente interessante, mas a classe também tem interesse prático, uma vez que muitos problemas importantes são reconhecidos como NP-completos. Um exemplo é o problema de satisfatibilidade: dada uma sentença da lógica proposicional, existe uma atribuição de valores-verdade para os símbolos de proposições da sentença que a torne verdadeira? A menos que aconteça um milagre e P = NP, não pode haver nenhum algoritmo que resolva *todos* os problemas de satisfatibilidade em tempo polinomial. No entanto, a IA está mais interessada em descobrir se existem algoritmos que funcionam com eficiência em problemas *típicos* extraídos de uma distribuição predeterminada; como vimos no Capítulo 7, existem algoritmos como WALKSAT que se saem muito bem em muitos problemas.

> NP-completo

A classe de problemas **NP-difíceis** consiste nos problemas que podem ser reduzidos (em tempo polinomial) a todos os problemas em NP, de modo que, se você resolvesse qualquer problema NP-difícil, poderia resolver todos os problemas em NP. Os problemas NP-completos são todos NP-difíceis, mas existem alguns problemas NP-difíceis que são ainda mais difíceis do que os NP-completos.

> NP-difíceis

930 Inteligência Artificial

Co-NP

A classe **co-NP** é o complemento de NP no sentido de que, para todo problema de decisão em NP, haja um problema correspondente em co-NP com as respostas "sim" e "não" invertidas. Sabemos que P é um subconjunto de NP e de co-NP; acreditamos que haja problemas em co-NP que não estão em P. Os problemas **co-NP-completos** são os problemas mais difíceis em co-NP.

Co-NP-completo

A classe #P (pronuncia-se como "número P", de acordo com Garey e Johnson (1979), mas normalmente pronunciado como "sharp P") é o conjunto de problemas de contagem que correspondem aos problemas de decisão em NP. Os problemas de decisão têm uma resposta sim ou não: existe uma solução para essa fórmula 3-SAT? Os problemas de contagem têm uma resposta inteira: quantas soluções existem para essa fórmula 3-SAT? Em alguns casos, o problema de contagem é muito mais difícil que o problema de decisão. Por exemplo, decidir se um grafo bipartido tem correspondência perfeita é algo que pode ser feito em tempo $O(VA)$ (em que o grafo tem V vértices e A arestas), mas o problema de contagem "quantas correspondências perfeitas contêm esse grafo bipartido?" é #P-completo, indicando que é tão difícil quanto qualquer problema em #P e, desse modo, pelo menos tão difícil quanto qualquer problema NP.

Também estudamos a classe de problemas PSPACE – aqueles que exigem uma quantidade polinomial de espaço, até mesmo em uma máquina não determinística. Acredita-se que os problemas PSPACE-difíceis sejam piores do que os problemas NP-completos, embora seja possível descobrir que NP = PSPACE, da mesma forma que se poderia concluir que P = NP.

A.2 Vetores, matrizes e álgebra linear

Vetor

Os matemáticos definem **vetor** como um membro de um espaço vetorial, mas usaremos uma definição mais concreta: um vetor é uma sequência ordenada de valores. Por exemplo, em um espaço bidimensional, temos vetores como $\mathbf{x} = \langle 3, 4 \rangle$ e $\mathbf{y} = \langle 0, 2 \rangle$. Seguimos a convenção habitual de usar caracteres em negrito para representar nomes de vetores, embora alguns autores utilizem setas ou barras sobre os nomes: $\vec{x}$ ou $\bar{y}$. Os elementos de um vetor podem ser acessados com a utilização de subscritos: $\mathbf{z} = \langle z_1, z_2, ..., z_n \rangle$. Um ponto confuso: este livro é um trabalho sintético de muitos subcampos, que de diferentes maneiras chamam seus vetores de sequências, listas ou tuplas e, frequentemente, utilizam as notações $\langle 1, 2 \rangle$, $[1, 2]$ ou $(1, 2)$.

As duas operações fundamentais sobre vetores são a adição vetorial e a multiplicação escalar. A adição vetorial $\mathbf{x} + \mathbf{y}$ é a soma dos elementos correspondentes dos vetores: $\mathbf{x} + \mathbf{y} = \langle 3 + 0, 4 + 2 \rangle = \langle 3, 6 \rangle$. A multiplicação escalar multiplica cada elemento por uma constante: $5\mathbf{x} = \langle 5 \times 3, 5 \times 4 \rangle = \langle 15, 20 \rangle$.

O comprimento de um vetor é indicado por $|\mathbf{x}|$ e é calculado tomando-se a raiz quadrada da soma dos quadrados dos elementos: $|\mathbf{x}| = \sqrt{(3^2 + 4^2)} = 5$. O produto escalar de dois vetores $\mathbf{x} \cdot \mathbf{y}$ é a soma dos produtos dos elementos correspondentes, isto é, $\mathbf{x} \cdot \mathbf{y} = \sum_i x_i y_i$ ou, em nosso caso específico, $\mathbf{x} \cdot \mathbf{y} = 3 \times 0 + 4 \times 2 = 8$.

Os vetores costumam ser interpretados como segmentos de reta orientados (setas) em um espaço euclidiano de n dimensões. Então, a soma vetorial é equivalente a conectar o fim de um vetor ao início do outro, e o produto escalar $\mathbf{x} \cdot \mathbf{y}$ é igual a $|\mathbf{x}|\,|\mathbf{y}| \cos \theta$, em que θ é o ângulo entre $\mathbf{x}$ e $\mathbf{y}$.

Matriz

Uma **matriz** é um *array* retangular de valores organizados em linhas e colunas. Aqui temos uma matriz $\mathbf{A}$ de tamanho 3×4:

$$\begin{pmatrix} \mathbf{A}_{1,1} & \mathbf{A}_{1,2} & \mathbf{A}_{1,3} & \mathbf{A}_{1,4} \\ \mathbf{A}_{2,1} & \mathbf{A}_{2,2} & \mathbf{A}_{2,3} & \mathbf{A}_{2,4} \\ \mathbf{A}_{3,1} & \mathbf{A}_{3,2} & \mathbf{A}_{3,3} & \mathbf{A}_{3,4} \end{pmatrix}$$

O primeiro índice de $\mathbf{A}_{i,j}$ especifica a linha e o segundo especifica a coluna. Em linguagem de programação, $\mathbf{A}_{i,j}$ frequentemente é escrito como `A[i,j]` ou `A[i][j]`.

A soma de duas matrizes é definida pela adição de elementos correspondentes; desse modo, $(\mathbf{A} + \mathbf{B})_{i,j} = \mathbf{A}_{i,j} + \mathbf{B}_{i,j}$ (a soma é indefinida se $\mathbf{A}$ e $\mathbf{B}$ têm tamanhos diferentes). Também podemos definir a multiplicação de uma matriz por um escalar: $(c\mathbf{A})_{i,j} = c\mathbf{A}_{i,j}$. A multiplicação de matrizes (o produto de duas matrizes) é mais complicada. O produto $\mathbf{AB}$ é definido apenas se **A** tem o tamanho $a \times b$ e **B** tem o tamanho $b \times c$ (isto é, a segunda matriz tem o número de linhas igual ao número de colunas da primeira matriz); o resultado é uma matriz de tamanho $a \times c$. Se as matrizes tiverem tamanho apropriado, o resultado será

$$(\mathbf{AB})_{i,k} = \sum_j \mathbf{A}_{i,j}\mathbf{B}_{j,k} \,.$$

A multiplicação de matrizes não é comutativa, mesmo para matrizes quadradas: em geral, $\mathbf{AB} \neq \mathbf{BA}$. No entanto, ela é associativa: $(\mathbf{AB})\mathbf{C} = \mathbf{A}(\mathbf{BC})$. Observe que o produto escalar pode ser expresso em termos de uma transposição e uma multiplicação de matrizes: $\mathbf{x} \cdot \mathbf{y} = \mathbf{x}^\top\mathbf{y}$.

A **matriz identidade** $\mathbf{I}$ tem elementos $\mathbf{I}_{i,j}$ iguais a 1 quando $i = j$ e iguais a 0 em caso contrário. Ela tem a propriedade de que $\mathbf{AI} = \mathbf{A}$ para todo $\mathbf{A}$. A **transposta** de $\mathbf{A}$, escrita como $\mathbf{A}^\top$, é formada transformando-se as linhas em colunas e vice-versa ou, de modo mais formal, por $\mathbf{A}^\top_{i,j} = \mathbf{A}_{j,i}$. O **inverso** de uma matriz quadrada $\mathbf{A}$ é outra matriz quadrada $\mathbf{A}^{-1}$ tal que $\mathbf{A}^{-1}\mathbf{A} = \mathbf{I}$. Para uma matriz **singular**, o inverso não existe. Para uma matriz não singular, pode ser calculado no tempo $O(n^3)$.

Matriz identidade
Transposta
Inverso
Singular

As matrizes são usadas para resolver sistemas de equações lineares no tempo $O(n^3)$; o tempo é dominado pela inversão de uma matriz de coeficientes. Vamos considerar o conjunto de equações a seguir, para o qual queremos encontrar uma solução em x, y e z:

$$+2x + y - z = 8$$
$$-3x - y + 2z = -11$$
$$-2x + y + 2z = -3.$$

Podemos representar esse sistema como a equação matricial $\mathbf{Ax} = \mathbf{b}$, em que

$$\mathbf{A} = \begin{pmatrix} 2 & 1 & -1 \\ -3 & -1 & 2 \\ -2 & 1 & 2 \end{pmatrix}, \qquad \mathbf{x} = \begin{pmatrix} x \\ y \\ z \end{pmatrix}, \qquad \mathbf{b} = \begin{pmatrix} 8 \\ -11 \\ -3 \end{pmatrix}.$$

Para resolver $\mathbf{Ax} = \mathbf{b}$, multiplicamos ambos os lados por $\mathbf{A}^{-1}$, produzindo em $\mathbf{A}^{-1}\mathbf{Ax} = \mathbf{A}^{-1}\mathbf{b}$, que, simplificando, resulta em $\mathbf{x} = \mathbf{A}^{-1}\mathbf{b}$. Depois de inverter $\mathbf{A}$ e multiplicar por $\mathbf{b}$, obtemos a resposta

$$\mathbf{x} = \begin{pmatrix} x \\ y \\ z \end{pmatrix} = \begin{pmatrix} 2 \\ 3 \\ -1 \end{pmatrix}.$$

Alguns pontos merecem destaque: usamos $\log(x)$ para o logaritmo natural, $\log_e(x)$. Usamos $\text{argmax}_x f(x)$ para o valor de x para o qual $f(x)$ é máxima.

A.3 Distribuições de probabilidade

Uma probabilidade é uma medida sobre um conjunto de eventos que satisfaz a três axiomas:

1. A medida de cada evento está entre 0 e 1. Escrevemos essa medida como $0 \leq P(X = x_i) \leq 1$, em que X é uma variável aleatória que representa um evento e x_i são os valores possíveis de X. Em geral, as variáveis aleatórias são indicadas por letras maiúsculas e seus valores são representados por letras minúsculas.
2. A medida do conjunto inteiro é 1; isto é, $\sum_{i=1}^n P(X = x_i) = 1$.
3. A probabilidade de uma união de eventos disjuntos é a soma das probabilidades dos eventos individuais; ou seja, $P(X = x_1 \lor X = x_2) = P(X = x_1) + P(X = x_2)$, no caso em que x_1 e x_2 são disjuntos.

Um **modelo probabilístico** consiste em um espaço amostral de resultados possíveis mutuamente exclusivos, juntamente com uma medida de probabilidade para cada resultado. Por exemplo, em um modelo de previsão do tempo, os resultados poderiam ser *ensolarado*, *nublado*, *chuvoso* e *nevando*. Um subconjunto desses resultados constitui um evento. Por exemplo, o evento de precipitação é o subconjunto {*chuvoso*, *nevando*}.

932 Inteligência Artificial

Usamos $\mathbf{P}(X)$ para indicar o vetor de valores $\langle P(X = x_1),..., P(X = x_n)\rangle$. Também empregamos $P(x_i)$ como abreviação para $P(X = x_i)$ e $\sum_x P(x)$ para $\sum_{i=1}^{n} P(X = x_i)$.

A probabilidade condicional $P(B \mid A)$ é definida como $P(B \cap A)/P(A)$. A e B são condicionalmente independentes se $P(B \mid A) = P(B)$ (ou então, de modo equivalente, $P(A \mid B) = P(A)$).

Para variáveis contínuas, existe um número infinito de valores e, a menos que existam picos de pontos, a probabilidade de qualquer dos valores será 0. Assim, faz mais sentido mencionar um valor em um intervalo. Desse modo, definimos uma **função de densidade de probabilidade**, que tem um significado ligeiramente diferente da função de probabilidade discreta. Como $P(X = x)$ – a probabilidade de X ter o valor x exatamente – é zero, em vez disso medimos a probabilidade de X ficar dentro de um intervalo em torno de x, comparada pela largura do intervalo, e tomamos o limite, à medida que a largura do intervalo tende a zero:

> **Função de densidade de probabilidade**

$$P(x) = \lim_{dx \to 0} P(x \leq X \leq x + dx)/dx.$$

A função de densidade deve ser não negativa para todo x e deve ter

$$\int_{-\infty}^{\infty} P(x)\, dx = 1.$$

> **Distribuição cumulativa**

Também podemos definir uma **distribuição cumulativa** $F_X(x)$, que é a probabilidade de uma variável aleatória ser menor que x:

$$F_X(x) = P(X \leq x) = \int_{-\infty}^{x} P(u)\, du.$$

Observe que a função de densidade de probabilidade tem unidades, enquanto a função de probabilidade discreta não tem unidades. Por exemplo, se valores de X forem medidos em segundos, a densidade será medida em Hz (isto é, $1/s$). Se os valores de $\mathbf{X}$ forem pontos em um espaço tridimensional medido em metros, a densidade será medida em $1/m^3$.

> **Distribuição gaussiana**

Uma das distribuições de probabilidades mais importantes é a **distribuição gaussiana**, também conhecida como **distribuição normal**. Utilizamos a notação $\mathcal{N}(x; \mu, \sigma^2)$ para a distribuição normal que é uma função de x com média μ e desvio padrão σ (e, portanto, com variância σ^2). A notação é definida como

$$\mathcal{N}(x; \mu, \sigma^2) = \frac{1}{\sigma\sqrt{2\pi}} e^{-(x-\mu)^2/(2\sigma^2)},$$

> **Distribuição normal padrão**
>
> **Gaussiana multivariada**

em que x é uma variável contínua que varia de $-\infty$ a $+\infty$. Com a média $\mu = 0$ e a variância $\sigma^2 = 1$, chegamos ao caso especial da **distribuição normal padrão**. Para uma distribuição sobre um vetor $\mathbf{x}$ em n dimensões, existe a distribuição **gaussiana multivariada**:

$$\mathcal{N}(\mathbf{x}; \mu, \Sigma) = \frac{1}{\sqrt{(2\pi)^n |\Sigma|}} e^{-\frac{1}{2}\left((\mathbf{x}-\mu)^\top \Sigma^{-1} (\mathbf{x}-\mu)\right)},$$

em que μ é o vetor da média e Σ é a **matriz de covariância** (ver adiante). A distribuição cumulativa para uma distribuição normal univariada é dada por

$$F(x) = \int_{-\infty}^{x} \mathcal{N}(z; \mu, \sigma^2) dz = \frac{1}{2}\left(1 + \text{erf}\left(\frac{x - \mu}{\sigma\sqrt{2}}\right)\right),$$

em que $\text{erf}(x)$ é a chamada **função de erro**, que não tem nenhuma representação de forma fechada.

> **Teorema do limite central**

O **teorema do limite central** afirma que a distribuição formada pela amostragem de n variáveis aleatórias independentes e tomando sua média tende a uma distribuição normal conforme n tende a infinito. Isso é válido para quase toda coleção de variáveis aleatórias, a menos que a variância de qualquer subconjunto finito de variáveis domine as outras.

> **Valor esperado**

O **valor esperado** de uma variável aleatória, $E(X)$, é a média ou valor médio, ponderado pela probabilidade de cada valor. Para uma variável discreta, ele é:

$$E(X) = \sum_i x_i P(X = x_i).$$

Para uma variável contínua, substitua o somatório por uma integral sobre a função de densidade de probabilidade, $P(x)$:

$$E(X) = \int_{-\infty}^{\infty} x P(x)\, dx.$$

Para qualquer função f, temos também

$$E(f(X)) = \int_{-\infty}^{\infty} f(x) P(x)\, dx.$$

Finalmente, quando necessário, pode-se especificar a distribuição para a variável aleatória como um subscrito ao operador esperado:

$$E_{X \sim Q(x)}(g(X)) = \int_{-\infty}^{\infty} g(x) Q(x)\, dx.$$

Além do valor esperado, outras propriedades estatísticas importantes de uma distribuição incluem a **variância**, que é o valor esperado do quadrado da diferença a partir da média, μ, da distribuição: Variância

$$Var(X) = E((X - \mu)^2)$$

e o **desvio padrão**, que é a raiz quadrada da variância. Desvio padrão

A **raiz média quadrática (RMS)** de um conjunto de valores (muitas vezes, amostras de uma variável aleatória) é a raiz quadrada da média dos quadrados dos valores.

$$RMS(x_1, \ldots, x_n) = \sqrt{\frac{x_1^2 + \ldots + x_n^2}{n}}.$$

A **covariância** de duas variáveis aleatórias é o valor esperado do produto de suas diferenças a partir de suas médias: Covariância

$$\mathrm{cov}(X,Y) = E((X - \mu X)(Y - \mu Y)).$$

A **matriz de covariância**, muitas vezes indicada por Σ, é uma matriz de covariâncias entre elementos de um vetor de variáveis aleatórias. Dado $\mathbf{X} = \langle X_1, \ldots, X_n \rangle^{\top}$, as entradas da matriz de covariância são as seguintes: Matriz de covariância

$$\Sigma_{i,j} = \mathrm{cov}(X_i, X_j) = E((X_i - \mu_i)(X_j - \mu_j)).$$

Dizemos que **amostramos** de uma distribuição de probabilidade, quando escolhemos um valor aleatoriamente. Não sabemos o que essa escolha trará, porém, no limite, uma grande coleção de amostras aproximará a mesma função de densidade de probabilidade que a distribuição de onde a amostra veio. A **distribuição uniforme** é aquela em que todo elemento é igualmente (uniformemente) provável. Logo, quando dizemos que "amostramos uniformemente (aleatoriamente) dos inteiros de 0 a 99", isso significa que estamos selecionando, com a mesma probabilidade, qualquer inteiro nesse intervalo. Amostragem Distribuição uniforme

Notas bibliográficas e históricas

A notação $O(\ )$, amplamente utilizada em Ciência da Computação hoje em dia, foi introduzida primeiro no contexto da teoria dos números pelo matemático P. G. H. Bachmann (1894).

O conceito de NP-completeza foi criado por Cook (1971), e o método moderno para estabelecer uma redução de um problema a outro se deve a Karp (1972). Cook e Karp ganharam o Prêmio Turing, a mais alta honra em Ciência da Computação, por seu trabalho.

Os livros sobre a análise e o projeto de algoritmos incluem os de Sedgewick e Wayne (2011) e os de Cormen, Leiserson, Rivest e Stein (2009). Esses livros enfatizam o projeto e a análise de algoritmos para a resolução de problemas tratáveis. Para examinar a teoria da NP-completeza e outras formas de intratabilidade, consulte Garey e Johnson (1979) ou Papadimitriou (1994). Bons textos sobre probabilidade incluem os de Chung (1979), Ross (2015), e Bertsekas e Tsitsiklis (2008).

APÊNDICE B

NOTAS SOBRE LINGUAGENS E ALGORITMOS

B.1 Definição de linguagens com a forma de Backus-Naur (BNF)

Neste livro, definimos várias linguagens, inclusive as linguagens de lógica proposicional (seção 7.4), lógica de primeira ordem (seção 8.2.1) e um subconjunto de linguagem natural (seção 23.4). Uma linguagem formal é definida como um conjunto de cadeias, em que cada cadeia é uma sequência de símbolos. As linguagens em que estamos interessados consistem em um conjunto infinito de cadeias; portanto, precisamos de um modo conciso para caracterizar o conjunto. Isso pode ser feito por meio de uma **gramática**. O tipo particular de gramática que utilizamos é chamado **gramática livre de contexto**, porque cada expressão tem a mesma forma em qualquer contexto. Escrevemos nossas gramáticas usando um formalismo chamado "**forma de Backus-Naur**" (**BNF**). Há quatro componentes em uma gramática BNF:

> Gramática livre de contexto

> Forma de Backus-Naur

- Um conjunto de **símbolos terminais**. Esses são os símbolos ou palavras que compõem as sequências da linguagem. Eles podem ser as letras (**A**, **B**, **C**, ...) ou as palavras (**a**, **abade**, **ábaco**, ...), ou os símbolos que forem apropriados para o domínio.

  > Símbolo terminal

- Um conjunto de **símbolos não terminais** que dividem as subfrases da linguagem em categorias. Por exemplo, o símbolo não terminal *SintagmaNominal* denota um conjunto infinito de cadeias que inclui "você" e "o grande cão feroz".

  > Símbolo não terminal

- Um **símbolo inicial** é o símbolo não terminal que indica o conjunto completo das cadeias da linguagem. Em linguagem natural, esse símbolo é a *Sentença*; para a aritmética, poderia ser *Expr*; e para linguagens de programação é *Programa*.

  > Símbolo inicial

- Um conjunto de **regras de reescrita**, com a forma $LE \rightarrow LD$, em que LE (lado esquerdo) é um símbolo não terminal e LD (lado direito) é uma sequência de zero ou mais símbolos. Eles podem ser tanto símbolos terminais como não terminais, ou o símbolo ϵ, que é usado para indicar a cadeia vazia.

  > Regras de reescrita

Uma regra de reescrita da forma

$$Sentença \rightarrow SintagmaNominal\ SintagmaVerbal$$

significa que sempre que temos duas cadeias divididas em categorias, como *SintagmaNominal* e *SintagmaVerbal*, podemos reuni-las e definir a categoria resultante como *Sentença*. Como forma abreviada, as duas regras $(S \rightarrow A)$ e $(S \rightarrow B)$ podem ser escritas $(S \rightarrow A \mid B)$. Para ilustrar esses conceitos, aqui está uma gramática BNF para expressões aritméticas simples:

$$
\begin{aligned}
Expr &\rightarrow Expr\ Operador\ Expr \mid (Expr) \mid Número \\
Número &\rightarrow Dígito \mid Número\ Dígito \\
Dígito &\rightarrow \mathbf{0 \mid 1 \mid 2 \mid 3 \mid 4 \mid 5 \mid 6 \mid 7 \mid 8 \mid 9} \\
Operador &\rightarrow +\ \mid\ -\ \mid\ \div\ \mid\ \times
\end{aligned}
$$

Abordamos as linguagens e as gramáticas em mais detalhes no Capítulo 23. É bom lembrar que há notações ligeiramente diferentes para BNF em outros livros; por exemplo, você pode ver *<Dígito>* em vez de *Dígito* para um não terminal, 'palavra' em vez de **palavra** para um terminal, ou :: = em vez de → em uma regra.

936   Inteligência Artificial

B.2 Descrição de algoritmos com pseudocódigo

Pseudocódigo

Neste livro, os algoritmos estão descritos em **pseudocódigo**. A maioria dos pseudocódigos deve ser familiar aos usuários de linguagens como Java, C++, ou especialmente Python. Em alguns lugares usamos fórmulas matemáticas ou linguagem comum para descrever partes que de outra forma seriam mais complicadas. Algumas particularidades devem ser observadas:

- **Variáveis persistentes**: usamos a palavra-chave **persistente** para afirmar que uma variável recebe um valor inicial na primeira vez que uma função é chamada e mantém esse valor (ou o valor dado a ela por uma instrução de atribuição subsequente) em todas as chamadas subsequentes à função. Desse modo, as variáveis persistentes (ou estáticas) são semelhantes às variáveis globais pelo fato de sobreviverem a uma única chamada à sua função, mas só são acessíveis dentro da função. Os programas de agentes neste livro utilizam variáveis persistentes como *memória*. Programas com variáveis persistentes podem ser implementados como *objetos* em linguagens orientadas a objeto, como, por exemplo, C++, Java, Python e Smalltalk. Em linguagens funcionais, podem ser implementados por *fechamentos funcionais* sobre um ambiente que contenha as variáveis necessárias.

- **Funções como valores**: as funções têm nomes em letras maiúsculas, e as variáveis têm nomes em itálico e letras minúsculas. Assim, na maioria das vezes, uma chamada de função é representada como $FN(x)$. No entanto, permitimos que o valor de uma variável seja uma função; por exemplo, se o valor de uma variável f for a função raiz quadrada, então $f(9)$ retornará 3.

- **O recuo é importante**: o recuo é usado para marcar o escopo de um laço ou condicional, como nas linguagens Python e CoffeeScript, ao contrário de Java e C++ (que usam chaves) ou Lua e Ruby (que usam **end**).

- **Atribuição de desestruturação**: a notação "$x,y \leftarrow par$" significa que o lado direito deve ser avaliado como uma tupla de dois elementos, e o primeiro elemento é atribuído a x e o segundo a y. A mesma ideia é usada em "**para** x, y **em** *pares* **faça**" e pode ser usada para trocar duas variáveis: "$x,y \leftarrow y,x$".

- **Valores padrão para parâmetros**: a notação "**função** $F(x,y = 0)$ **retorna** (ou **devolve**) um número" significa que y é um argumento opcional com o valor padrão 0; ou seja, as chamadas $F(3, 0)$ e $F(3)$ são equivalentes.

Gerador

- **produz**: uma função que contém a palavra-chave **produz** é uma função **geradora**, que gera uma sequência de valores, um a cada vez que a expressão **produz** for encontrada. Após a geração, a função continua a ser executada com a próxima instrução. As linguagens Python, Ruby, C# e Javascript (ECMAScript) têm esse mesmo recurso.

- **Laços**: existem quatro tipos de laços:
  - "**para** x **em** c **faça**" executa o laço com a variável x limitada a elementos sucessivos da coleção c.
  - "**para** $i = 1$ **até** n **faça**" executa o laço com i limitado a inteiros sucessivos de 1 até n, inclusive.
  - "**enquanto** *condição* **faça**" significa que a condição é avaliada antes de cada iteração do laço, e o laço sai se a condição for falsa.
  - "**repita ... até** *condição*" significa que o laço é executado incondicionalmente pela primeira vez, depois a condição é avaliada e o laço sai se a condição for verdadeira; caso contrário, o laço continua sendo executado (e testado ao final).

- **Listas**: $[x,y,z]$ indica uma lista de três elementos. O operador "+" concatena listas: $[1, 2] + [3, 4] = [1, 2, 3, 4]$. Uma lista pode ser usada como uma pilha: POP remove e retorna o último elemento de uma lista, TOP retorna o último elemento.

- **Conjuntos**: $\{x,y,z\}$ indica um conjunto de três elementos. $\{x : p(x)\}$ indica o conjunto de todos os elementos x para os quais $p(x)$ é verdadeiro.

- **Os *arrays* começam em 1**: o primeiro índice de um *array* é 1, como na notação matemática habitual (e em R e Julia), e não 0 (como em Python, Java e C).

B.3 Ajuda *online*

Este livro tem um *site* com material suplementar, instruções para o envio de sugestões e oportunidades para se juntar a listas de discussão (conteúdo em inglês):

- `aima.cs.berkeley.edu`

BIBLIOGRAFIA

As abreviaturas a seguir são usadas para conferências e periódicos frequentemente citados:

AAAI	Conference on Artificial Intelligence
AAMAS	International Conference on Autonomous Agents and Multi-agent Systems
ACL	Annual Meeting of the Association for Computational Linguistics
AIJ	Artificial Intelligence (Journal)
AIMag	AI Magazine
AIPS	International Conference on AI Planning Systems
AISTATS	International Conference on Artificial Intelligence and Statistics
BBS	Behavioral and Brain Sciences
CACM	Communications of the Association for Computing Machinery
COGSCI	Annual Conference of the Cognitive Science Society
COLING	International Conference on Computational Linguistics
COLT	Annual ACM Workshop on Computational Learning Theory
CP	International Conference on Principles and Practice of Constraint Programming
CVPR	IEEE Conference on Computer Vision and Pattern Recognition
EC	ACM Conference on Electronic Commerce
ECAI	European Conference on Artificial Intelligence
ECCV	European Conference on Computer Vision
ECML	The European Conference on Machine Learning
ECP	European Conference on Planning
EMNLP	Conference on Empirical Methods in Natural Language Processing
FGCS	International Conference on Fifth Generation Computer Systems
FOCS	Annual Symposium on Foundations of Computer Science
GECCO	Genetics and Evolutionary Computing Conference
HRI	International Conference on Human-Robot Interaction
ICAPS	International Conference on Automated Planning and Scheduling
ICASSP	International Conference on Acoustics, Speech, and Signal Processing
ICCV	International Conference on Computer Vision
ICLP	International Conference on Logic Programming
ICLR	International Conference on Learning Representations
ICML	International Conference on Machine Learning
ICPR	International Conference on Pattern Recognition
ICRA	IEEE International Conference on Robotics and Automation
ICSLP	International Conference on Speech and Language Processing
IJAR	International Journal of Approximate Reasoning
IJCAI	International Joint Conference on Artificial Intelligence
IJCNN	International Joint Conference on Neural Networks
IJCV	International Journal of Computer Vision
ILP	International Workshop on Inductive Logic Programming
IROS	International Conference on Intelligent Robots and Systems
ISMIS	International Symposium on Methodologies for Intelligent Systems
ISRR	International Symposium on Robotics Research
JACM	Journal of the Association for Computing Machinery
JAIR	Journal of Artificial Intelligence Research
JAR	Journal of Automated Reasoning
JASA	Journal of the American Statistical Association
JMLR	Journal of Machine Learning Research
JSL	Journal of Symbolic Logic
KDD	International Conference on Knowledge Discovery and Data Mining
KR	International Conference on Principles of Knowledge Representation and Reasoning
LICS	IEEE Symposium on Logic in Computer Science
NeurIPS	Advances in Neural Information Processing Systems
PAMI	IEEE Transactions on Pattern Analysis and Machine Intelligence
PNAS	National Academy of Sciences of the United States of America
PODS	ACM International Symposium on Principles of Database Systems
RSS	Conference on Robotics: Science and Systems
SIGIR	Special Interest Group on Information Retrieval
SIGMOD	ACM SIGMOD International Conference on Management of Data
SODA	Annual ACM-SIAM Symposium on Discrete Algorithms
STOC	Annual ACM Symposium on Theory of Computing
TARK	Conference on Theoretical Aspects of Reasoning about Knowledge
UAI	Conference on Uncertainty in Artificial Intelligence

Aaronson, S. (2014). My conversation with "Eugene Goostman," the chatbot that's all over the news for allegedly passing the Turing test. Shtetl-Optimized, www.scottaaronson.com/blog/?p=1858.

Aarts, E. and Lenstra, J. K. (2003). *Local Search in Combinatorial Optimization*. Princeton University Press.

Aarup, M., Arentoft, M. M., Parrod, Y., Stader, J., and Stokes, I. (1994). OPTIMUM-AIV: A knowledge-based planning and scheduling system for spacecraft AIV. In Fox, M. and Zweben, M. (Eds.), *Knowledge Based Scheduling*. Morgan Kaufmann.

Abbas, A. (2018). *Foundations of Multiattribute Utility*. Cambridge University Press.

Abbeel, P. and Ng, A. Y. (2004). Apprenticeship learning via inverse reinforcement learning. In *ICML-04*.

Abney, S., McAllester, D. A., and Pereira, F. (1999). Relating probabilistic grammars and automata. In *ACL-99*.

Abramson, B. (1987). *The expected-outcome model of two-player games*. Ph.D. thesis, Columbia University.

Abramson, B. (1990). Expected-outcome: A general model of static evaluation. *PAMI*, *12*, 182–193.

Abreu, D. and Rubinstein, A. (1988). The structure of Nash equilibrium in repeated games with finite automata. *Econometrica*, *56*, 1259–1281.

Achlioptas, D. (2009). Random satisfiability. In Biere, A., Heule, M., van Maaren, H., and Walsh, T. (Eds.), *Handbook of Satisfiability*. IOS Press.

Ackerman, E. and Guizzo, E. (2016). The next generation of Boston Dynamics' Atlas robot is quiet, robust, and tether free. *IEEE Spectrum*, *24*, 2016.

Ackerman, N., Freer, C., and Roy, D. (2013). On the computability of conditional probability. arXiv 1005.3014.

Ackley, D. H. and Littman, M. L. (1991). Interactions between learning and evolution. In Langton, C., Taylor, C., Farmer, J. D., and Rasmussen, S. (Eds.), *Artificial Life II*. Addison-Wesley.

Adida, B. and Birbeck, M. (2008). RDFa primer. Tech. rep., W3C.

Adolph, K. E., Kretch, K. S., and LoBue, V. (2014). Fear of heights in infants? *Current Directions in Psychological Science*, *23*, 60–66.

Agerbeck, C. and Hansen, M. O. (2008). A multiagent approach to solving *NP*-complete problems. Master's thesis, Technical Univ. of Denmark.

Aggarwal, G., Goel, A., and Motwani, R. (2006). Truthful auctions for pricing search keywords. In *EC-06*.

Agha, G. (1986). *ACTORS: A Model of Concurrent Computation in Distributed Systems*. MIT Press.

Agichtein, E. and Gravano, L. (2003). Querying text databases for efficient information extraction. In *Proc. IEEE Conference on Data Engineering*.

Agmon, S. (1954). The relaxation method for linear inequalities. *Canadian Journal of Mathematics*, *6*, 382–392.

Agostinelli, F., McAleer, S., Shmakov, A., and Baldi, P. (2019). Solving the Rubik's Cube with deep reinforcement learning and search. *Nature Machine Intelligence*, *1*, 356–363.

Agrawal, P., Nair, A. V., Abbeel, P., Malik, J., and Levine, S. (2017). Learning to poke by poking: Experiential learning of intuitive physics. In *NeurIPS 29*.

Agre, P. E. and Chapman, D. (1987). Pengi: an implementation of a theory of activity. In *IJCAI-87*.

Aizerman, M., Braverman, E., and Rozonoer, L. (1964). Theoretical foundations of the potential function method in pattern recognition learning. *Automation and Remote Control*, *25*, 821–837.

Akametalu, A. K., Fisac, J. F., Gillula, J. H., Kaynama, S., Zeilinger, M. N., and Tomlin, C. J. (2014). Reachability-based safe learning with Gaussian processes. In *53rd IEEE Conference on Decision and Control*.

Akgun, B., Cakmak, M., Jiang, K., and Thomaz, A. (2012). Keyframe-based learning from demonstration. *International Journal of Social Robotics*, *4*, 343–355.

Aldous, D. and Vazirani, U. (1994). "Go with the winners" algorithms. In *FOCS-94*.

Alemi, A. A., Chollet, F., Een, N., Irving, G., Szegedy, C., and Urban, J. (2017). DeepMath Deep sequence models for premise selection. In *NeurIPS 29*.

Allais, M. (1953). Le comportment de l'homme rationnel devant la risque: critique des postulats et axiomes de l'école Américaine. *Econometrica*, *21*, 503–546.

Allan, J., Harman, D., Kanoulas, E., Li, D., Van Gysel, C., and Vorhees, E. (2017). Trec 2017 common core track overview. In *Proc. TREC*.

Allen, J. F. (1983). Maintaining knowledge about temporal intervals. *CACM*, *26*, 832–843.

Allen, J. F. (1984). Towards a general theory of action and time. *AIJ*, *23*, 123–154.

Allen, J. F. (1991). Time and time again: The many ways to represent time. *Int. J. Intelligent Systems*, *6*, 341–355.

Allen, J. F., Hendler, J., and Tate, A. (Eds.). (1990). *Readings in Planning*. Morgan Kaufmann.

Allen, P. and Greaves, M. (2011). The singularity isn't near. *Technology review*, *12*, 7–8.

Allen-Zhu, Z., Li, Y., and Song, Z. (2018). A convergence theory for deep learning via over-parameterization. arXiv:1811.03962.

Alterman, R. (1988). Adaptive planning. *Cognitive Science*, *12*, 393–422.

Amarel, S. (1967). An approach to heuristic problem solving and theorem proving in the propositional calculus. In Hart, J. and Takasu, S. (Eds.), *Systems and Computer Science*. University of Toronto Press.

Amarel, S. (1968). On representations of problems of reasoning about actions. In Michie, D. (Ed.), *Machine Intelligence 3*, Vol. 3. Elsevier.

Amir, E. and Russell, S. J. (2003). Logical filtering. In *IJCAI-03*.

Amit, Y. and Geman, D. (1997). Shape quantization and recognition with randomized trees. *Neural Computation*, *9*, 1545–1588.

Amodei, D. and Hernandez, D. (2018). AI and compute. OpenAI blog, blog.openai.com/ai-and-compute/.

Amodei, D., Olah, C., Steinhardt, J., Christiano, P., Schulman, J., and Mané, D. (2016). Concrete problems in AI safety. arXiv:1606.06565.

Andersen, S. K., Olesen, K. G., Jensen, F. V., and Jensen, F. (1989). HUGIN—A shell for building Bayesian belief universes for expert systems. In *IJCAI-89*.

Anderson, J. R. (1980). *Cognitive Psychology and Its Implications*. W. H. Freeman.

Anderson, J. R. (1983). *The Architecture of Cognition*. Harvard University Press.

Anderson, K., Sturtevant, N. R., Holte, R. C., and Schaeffer, J. (2008). Coarse-to-fine search techniques. Tech. rep., University of Alberta.

Andoni, A. and Indyk, P. (2006). Near-optimal hashing algorithms for approximate nearest neighbor in high dimensions. In *FOCS-06*.

Andor, D., Alberti, C., Weiss, D., Severyn, A., Presta, A., Ganchev, K., Petrov, S., and Collins, M. (2016). Globally normalized transition-based neural networks. arXiv:1603.06042.

Andre, D., Friedman, N., and Parr, R. (1998). Generalized prioritized sweeping. In *NeurIPS 10*.

Andre, D. and Russell, S. J. (2002). State abstraction for programmable reinforcement learning agents. In *AAAI-02*.

Andreae, P. (1985). *Justified Generalisation: Learning Procedures from Examples*. Ph.D. thesis, MIT.

Andrieu, C., Doucet, A., and Holenstein, R. (2010). Particle Markov chain Monte Carlo methods. *J. Royal Statistical Society*, *72*, 269–342.

Andrychowicz, M., Baker, B., Chociej, M., Jozefowicz, R., McGrew, B., Pachocki, J., Petron, A., Plappert, M., Powell, G., Ray, A., *et al.* (2018a). Learning dexterous in-hand manipulation. arXiv:1808.00177.

Andrychowicz, M., Wolski, F., Ray, A., Schneider, J., Fong, R., Welinder, P., McGrew, B., Tobin, J., Abbeel, P., and Zaremba, W. (2018b). Hindsight experience replay. In *NeurIPS 30*.

Aneja, J., Deshpande, A., and Schwing, A. (2018). Convolutional image captioning. In *CVPR-18*.

Aoki, M. (1965). Optimal control of partially observable Markov systems. *J. Franklin Institute*, *280*, 367–386.

Appel, K. and Haken, W. (1977). Every planar map is four colorable: Part I: Discharging. *Illinois J. Math.*, *21*, 429–490.

Appelt, D. (1999). Introduction to information extraction. *AI Communications*, *12*, 161–172.

Apt, K. R. (1999). The essence of constraint propagation. *Theoretical Computer Science*, *221*, 179–210.

Apt, K. R. (2003). *Principles of Constraint Programming*. Cambridge University Press.

Apté, C., Damerau, F., and Weiss, S. (1994). Automated learning of decision rules for text categorization. *ACM Transactions on Information Systems*, *12*, 233–251.

Arbuthnot, J. (1692). *Of the Laws of Chance*. Motte, London. Translation into English, with additions, of Huygens (1657).

Archibald, C., Altman, A., and Shoham, Y. (2009). Analysis of a winning computational billiards player. In *IJCAI-09*.

Arfaee, S. J., Zilles, S., and Holte, R. C. (2010). Bootstrap learning of heuristic functions. In *Third Annual Symposium on Combinatorial Search*.

Argall, B. D., Chernova, S., Veloso, M., and Browning, B. (2009). A survey of robot learning from demonstration. *Robotics and autonomous systems*, *57*, 469–483.

Ariely, D. (2009). *Predictably Irrational* (Revised edition). Harper.

Arkin, R. (1998). *Behavior-Based Robotics*. MIT Press.

Arkin, R. (2015). The case for banning killer robots: Counterpoint. *CACM*, *58*.

Armando, A., Carbone, R., Compagna, L., Cuellar, J., and Tobarra, L. (2008). Formal analysis of SAML 2.0 web browser single sign-on: Breaking the SAML-based single sign-on for Google apps. In *Proc. 6th ACM Workshop on Formal Methods in Security Engineering*.

Armstrong, S. and Levinstein, B. (2017). Low impact artificial intelligences. arXiv:1705.10720.

Arnauld, A. (1662). *La logique, ou l'art de penser*. Chez Charles Savreux, Paris.

Arora, N. S., Russell, S. J., and Sudderth, E. (2013). NET-VISA: Network processing vertically integrated seismic analysis. *Bull. Seism. Soc. Amer.*, *103*, 709–729.

Arora, S. (1998). Polynomial time approximation schemes for Euclidean traveling salesman and other geometric problems. *JACM*, *45*, 753–782.

Arpit, D., Jastrzebski, S., Ballas, N., Krueger, D., Bengio, E., Kanwal, M. S., Maharaj, T., Fischer, A., Courville, A., Bengio, Y., and Lacoste-Julien, S. (2017). A closer look at memorization in deep networks. arXiv:1706.05394.

Arrow, K. J. (1951). *Social Choice and Individual Values*. Wiley.

Arulampalam, M. S., Maskell, S., Gordon, N., and Clapp, T. (2002). A tutorial on particle filters for online nonlinear/non-Gaussian Bayesian tracking. *IEEE Transactions on Signal Processing*, *50*, 174–188.

Arulkumaran, K., Deisenroth, M. P., Brundage, M., and Bharath, A. A. (2017). Deep reinforcement learning: A brief survey. *IEEE Signal Processing Magazine*, *34*, 26–38.

Arunachalam, R. and Sadeh, N. M. (2005). The supply chain trading agent competition. *Electronic Commerce Research and Applications*, Spring, 66–84.

Ashby, W. R. (1940). Adaptiveness and equilibrium. *J. Mental Science*, *86*, 478–483.

Ashby, W. R. (1948). Design for a brain. *Electronic Engineering*, December, 379–383.

Ashby, W. R. (1952). *Design for a Brain*. Wiley.

940   Inteligência Artificial

Asimov, I. (1942). Runaround. *Astounding Science Fiction, March.*

Asimov, I. (1950). *I, Robot.* Doubleday.

Asimov, I. (1958). The feeling of power. *If: Worlds of Science Fiction, February.*

Astrom, K. J. (1965). Optimal control of Markov decision processes with incomplete state estimation. *J. Math. Anal. Applic.*, 10, 174–205.

Atkeson, C. G., Moore, A. W., and Schaal, S. (1997). Locally weighted learning for control. In *Lazy learning.* Springer.

Audi, R. (Ed.). (1999). *The Cambridge Dictionary of Philosophy.* Cambridge University Press.

Auer, P., Cesa-Bianchi, N., and Fischer, P. (2002). Finite-time analysis of the multiarmed bandit problem. *Machine Learning*, 47, 235–256.

Aumann, R. and Brandenburger, A. (1995). Epistemic conditions for nash equilibrium. *Econometrica*, 67, 1161–1180.

Axelrod, R. (1985). *The Evolution of Cooperation.* Basic Books. Ba, J. L., Kiros, J. R., and Hinton, G. E. (2016). Layer normalization. arXiv:1607.06450.

Baader, F., Calvanese, D., McGuinness, D., Nardi, D., and Patel-Schneider, P. (2007). *The Description Logic Handbook* (2nd edition). Cambridge University Press.

Baader, F. and Snyder, W. (2001). Unification theory. In Robinson, J. and Voronkov, A. (Eds.), *Handbook of Automated Reasoning.* Elsevier.

Bacchus, F. (1990). *Representing and Reasoning with Probabilistic Knowledge.* MIT Press.

Bacchus, F. and Grove, A. (1995). Graphical models for preference and utility. In *UAI-95.*

Bacchus, F. and Grove, A. (1996). Utility independence in a qualitative decision theory. In *KR-96.*

Bacchus, F., Grove, A., Halpern, J. Y., and Koller, D. (1992). From statistics to beliefs. In *AAAI-92.*

Bacchus, F. and van Beek, P. (1998). On the conversion between non-binary and binary constraint satisfaction problems. In *AAAI-98.*

Bacchus, F. and van Run, P. (1995). Dynamic variable ordering in CSPs. In *CP-95.*

Bacchus, F., Dalmao, S., and Pitassi, T. (2003). Value elimination: Bayesian inference via backtracking search. In *UAI-03.*

Bachmann, P. G. H. (1894). *Die analytische Zahlentheorie.* B. G. Teubner, Leipzig.

Backus, J. W. (1959). The syntax and semantics of the proposed international algebraic language of the Zurich ACM-GAMM conference. *Proc. Int'l Conf. on Information Processing.*

Bacon, F. (1609). *Wisdom of the Ancients.* Cassell and Company.

Baeza-Yates, R. and Ribeiro-Neto, B. (2011). *Modern Information Retrieval* (2nd edition). Addison-Wesley.

Bagdasaryan, E., Veit, A., Hua, Y., Estrin, D., and Shmatikov, V. (2018). How to backdoor federated learning. arXiv:1807.00459.

Bagnell, J. A. and Schneider, J. (2001). Autonomous helicopter control using reinforcement learning policy search methods. In *ICRA-01.*

Bahdanau, D., Cho, K., and Bengio, Y. (2015). Neural machine translation by jointly learning to align and translate. In *ICLR-15.*

Bahubalendruni, M. R. and Biswal, B. B. (2016). A review on assembly sequence generation and its automation. *Proc. Institution of Mechanical Engineers, Part C: Journal of Mechanical Engineering Science*, 230, 824–838.

Bai, A. and Russell, S. J. (2017). Efficient reinforcement learning with hierarchies of machines by leveraging internal transitions. In *IJCAI-17.*

Bai, H., Cai, S., Ye, N., Hsu, D., and Lee, W. S. (2015). Intention-aware online POMDP planning for autonomous driving in a crowd. In *ICRA-15.*

Bajcsy, A., Losey, D. P., O'Malley, M. K., and Dragan, A. D. (2017). Learning robot objectives from physical human interaction. *Proceedings of Machine Learning Research*, 78, 217–226.

Baker, C. L., Saxe, R., and Tenenbaum, J. B. (2009). Action understanding as inverse planning. *Cognition*, 113, 329–349.

Baker, J. (1975). The Dragon system—An overview. *IEEE Transactions on Acoustics, Speech, and Signal Processing*, 23, 24–29.

Baker, J. (1979). Trainable grammars for speech recognition. In *Speech Communication Papers for the 97th Meeting of the Acoustical Society of America.*

Baldi, P., Chauvin, Y., Hunkapiller, T., and McClure, M. (1994). Hidden Markov models of biological primary sequence information. *PNAS*, 91, 1059–1063.

Baldwin, J. M. (1896). A new factor in evolution. *American Naturalist*, 30, 441–451. Continued on pages 536–553.

Ballard, B. W. (1983). The *-minimax search procedure for trees containing chance nodes. *AIJ*, 21, 327–350.

Baluja, S. (1997). Genetic algorithms and explicit search statistics. In *NeurIPS 9.*

Bancilhon, F., Maier, D., Sagiv, Y., and Ullman, J. D. (1986). Magic sets and other strange ways to implement logic programs. In *PODS-86.*

Banko, M. and Brill, E. (2001). Scaling to very very large corpora for natural language disambiguation. In *ACL-01.*

Banko, M., Brill, E., Dumais, S. T., and Lin, J. (2002). AskMSR: Question answering using the worldwide web. In *Proc. AAAI Spring Symposium on Mining Answers from Texts and Knowledge Bases.*

Banko, M., Cafarella, M. J., Soderland, S., Broadhead, M., and Etzioni, O. (2007). Open information extraction from the web. In *IJCAI-07.*

Banko, M. and Etzioni, O. (2008). The tradeoffs between open and traditional relation extraction. In *ACL-08.*

Bansal, K., Loos, S., Rabe, M. N., Szegedy, C., and Wilcox, S. (2019). HOList: An environment for machine learning of higher-order theorem proving (extended version). arXiv:1904.03241.

Bar-Hillel, Y. (1954). Indexical expressions. *Mind*, 63, 359–379.

Bar-Shalom, Y. (Ed.). (1992). *Multitarget-Multisensor Tracking: Advanced Applications.* Artech House.

Bar-Shalom, Y. and Fortmann, T. E. (1988). *Tracking and Data Association.* Academic Press.

Bar-Shalom, Y., Li, X.-R., and Kirubarajan, T. (2001). *Estimation, Tracking and Navigation: Theory, Algorithms and Software.* Wiley.

Barber, D. (2012). *Bayesian Reasoning and Machine Learning.* Cambridge University Press.

Barr, A. and Feigenbaum, E. A. (Eds.). (1981). *The Handbook of Artificial Intelligence*, Vol. 1. HeurisTech Press and William Kaufmann.

Barreiro, J., Boyce, M., Do, M., Frank, J., Iatauro, M., Kichkaylo, T., Morris, P., Ong, J., Remolina, E., Smith, T., *et al.* (2012). EUROPA: A platform for AI planning, scheduling, constraint programming, and optimization. *4th International Competition on Knowledge Engineering for Planning and Scheduling (ICKEPS).*

Barreno, M., Nelson, B., Joseph, A. D., and Tygar, J. D. (2010). The security of machine learning. *Machine Learning*, 81, 121–148.

Barrett, S. and Stone, P. (2015). Cooperating with unknown teammates in complex domains: A robot soccer case study of ad hoc teamwork. In *AAAI-15.*

Barták, R., Salido, M. A., and Rossi, F. (2010). New trends in constraint satisfaction, planning, and scheduling: A survey. *The Knowledge Engineering Review*, 25, 249–279.

Bartholdi, J. J., Tovey, C. A., and Trick, M. A. (1989). The computational difficulty of manipulating an election. *Social Choice and Welfare*, 6, 227–241.

Barto, A. G., Bradtke, S. J., and Singh, S. (1995). Learning to act using real-time dynamic programming. *AIJ*, 73, 81–138.

Barto, A. G., Sutton, R. S., and Brouwer, P. S. (1981). Associative search network: A reinforcement learning associative memory. *Biological Cybernetics*, 40, 201–211.

Barwise, J. and Etchemendy, J. (2002). *Language, Proof and Logic.* CSLI Press.

Baum, E., Boneh, D., and Garrett, C. (1995). On genetic algorithms. In *COLT-95.*

Baum, E. and Smith, W. D. (1997). A Bayesian approach to relevance in game playing. *AIJ*, 97, 195–242.

Baum, L. E. and Petrie, T. (1966). Statistical inference for probabilistic functions of finite state Markov chains. *Annals of Mathematical Statistics*, 41, 1554–1563.

Baxter, J. and Bartlett, P. (2000). Reinforcement learning in POMDPs via direct gradient ascent. In *ICML-00.*

Bayardo, R. J. and Agrawal, R. (2005). Data privacy through optimal k-anonymization. In *Proc. 21st Int'l Conf. on Data Engineering.*

Bayardo, R. J. and Miranker, D. P. (1994). An optimal backtrack algorithm for tree-structured constraint satisfaction problems. *AIJ*, 71, 159–181.

Bayardo, R. J. and Schrag, R. C. (1997). Using CSP look-back techniques to solve real-world SAT instances. In *AAAI-97.*

Bayes, T. (1763). An essay towards solving a problem in the doctrine of chances. *Phil. Trans. Roy. Soc.*, 53, 370–418.

Beal, J. and Winston, P. H. (2009). The new frontier of human-level artificial intelligence. *IEEE Intelligent Systems*, 24, 21–23.

Beardon, A. F., Candeal, J. C., Herden, G., Induráin, E., and Mehta, G. B. (2002). The non-existence of a utility function and the structure of non-representable preference relations. *Journal of Mathematical Economics*, 37, 17–38.

Beattie, C., Leibo, J. Z., Teplyashin, D., Ward, T., Wainwright, M., Küttler, H., Lefrancq, A., Green, S., Valdés, V., Sadik, A., Schrittwieser, J., Anderson, K., York, S., Cant, M., Cain, A., Bolton, A., Gaffney, S., King, H., Hassabis, D., Legg, S., and Petersen, S. (2016). DeepMind lab. arXiv:1612.03801.

Bechhofer, R. (1954). A single-sample multiple decision procedure for ranking means of normal populations with known variances. *Annals of Mathematical Statistics*, 25, 16–39.

Beck, J. C., Feng, T. K., and Watson, J.-P. (2011). Combining constraint programming and local search for job-shop scheduling. *INFORMS Journal on Computing*, 23, 1–14.

Beckert, B. and Posegga, J. (1995). Leantap: Lean, tableau-based deduction. *JAR*, 15, 339–358.

Beeri, C., Fagin, R., Maier, D., and Yannakakis, M. (1983). On the desirability of acyclic database schemes. *JACM*, 30, 479–513.

Bekey, G. (2008). *Robotics: State Of The Art And Future Challenges.* Imperial College Press.

Belkin, M., Hsu, D., Ma, S., and Mandal, S. (2019). Reconciling modern machine-learning practice and the classical bias-variance trade-off. *PNAS*, 116, 15849–15854.

Bell, C. and Tate, A. (1985). Using temporal constraints to restrict search in a planner. In *Proc. Third Alvey IKBS SIG Workshop.*

Bell, J. L. and Machover, M. (1977). *A Course in Mathematical Logic.* Elsevier.

Bellamy, E. (2003). *Looking Backward: 2000-1887.* Broadview Press.

Bellamy, R. K. E., Dey, K., Hind, M., Hoffman, S. C., Houde, S., Kannan, K., Lohia, P., Martino, J., Mehta, S., Mojsilovic, A., Nagar, S., Ramamurthy, K. N., Richards, J. T., Saha, D., Sattigeri, P., Singh, M., Varshney, K. R., and Zhang, Y. (2018). AI fairness 360: An extensible toolkit for detecting, understanding, and mitigating unwanted algorithmic bias. arXiv:1810.01943.

Bellemare, M. G., Naddaf, Y., Veness, J., and Bowling, M. (2013). The arcade learning environment: An evaluation platform for general agents. *JAIR*, 47, 253-279.

Bellman, R. E. (1952). On the theory of dynamic programming. *PNAS*, 38, 716-719.

Bellman, R. E. (1958). On a routing problem. *Quarterly of Applied Mathematics*, 16.

Bellman, R. E. (1961). *Adaptive Control Processes: A Guided Tour*. Princeton University Press.

Bellman, R. E. (1965). On the application of dynamic programming to the determination of optimal play in chess and checkers. *PNAS*, 53, 244-246.

Bellman, R. E. (1984). *Eye of the Hurricane*. World Scientific.

Bellman, R. E. and Dreyfus, S. E. (1962). *Applied Dynamic Programming*. Princeton University Press.

Bellman, R. E. (1957). *Dynamic Programming*. Princeton University Press.

Ben-Tal, A. and Nemirovski, A. (2001). *Lectures on Modern Convex Optimization: Analysis, Algorithms, and Engineering Applications*. SIAM (Society for Industrial and Applied Mathematics).

Bengio, Y., Simard, P., and Frasconi, P. (1994). Learning long-term dependencies with gradient descent is difficult. *IEEE Transactions on Neural Networks*, 5, 157-166.

Bengio, Y. and Bengio, S. (2001). Modeling high-dimensional discrete data with multi-layer neural networks. In *NeurIPS 13*.

Bengio, Y., Ducharme, R., Vincent, P., and Jauvin, C. (2003). A neural probabilistic language model. *JMLR*, 3, 1137-1155.

Bengio, Y. and LeCun, Y. (2007). Scaling learning algorithms towards AI. In Bottou, L., Chapelle, O., DeCoste, D., and Weston, J. (Eds.), *Large-Scale Kernel Machines*. MIT Press.

Benjamin, M. (2013). *Drone Warfare: Killing by Remote Control*. Verso Books.

Bentham, J. (1823). *Principles of Morals and Legislation*. Oxford University Press, Oxford. Original work published in 1789.

Benzmüller, C. and Paleo, B. W. (2013). Formalization, mechanization and automation of Gödel's proof of God's existence. arXiv:1308.4526.

Beresniak, A., Medina-Lara, A., Auray, J. P., De Wever, A., Praet, J.-C., Tarricone, R., Torbica, A., Dupont, D., Lamure, M., and Duru, G. (2015). Validation of the underlying assumptions of the quality-adjusted life-years outcome: Results from the ECHOUTCOME European project. *PharmacoEconomics*, 33, 61-69.

Berger, J. O. (1985). *Statistical Decision Theory and Bayesian Analysis*. Springer Verlag.

Bergstra, J. and Bengio, Y. (2012). Random search for hyper-parameter optimization. *JMLR*, 13, 281-305.

Berk, R., Heidari, H., Jabbari, S., Kearns, M., and Roth, A. (2017). Fairness in criminal justice risk assessments: The state of the art. arXiv:1703.09207.

Berkson, J. (1944). Application of the logistic function to bio-assay. *JASA*, 39, 357-365.

Berleur, J. and Brunnstein, K. (2001). *Ethics of Computing: Codes, Spaces for Discussion and Law*. Chapman and Hall.

Berlin, K., Koren, S., Chin, C.-S., Drake, J. P., Landolin, J. M., and Phillippy, A. M. (2015). Assembling large genomes with single-molecule sequencing and locality-sensitive hashing. *Nature Biotechnology*, 33, 623.

Berliner, H. J. (1979). The B* tree search algorithm: A best-first proof procedure. *AIJ*, 12, 23-40.

Berliner, H. J. (1980a). Backgammon computer program beats world champion. *AIJ*, 14, 205-220.

Berliner, H. J. (1980b). Computer backgammon. *Scientific American*, 249, 64-72.

Bermúdez Chacón, R., Gonnet, G. H., and Smith, K. (2015). Automatic problem-specific hyperparameter

optimization and model selection for supervised machine learning. Tech. rep., ETH Zurich.

Bernardo, J. M. and Smith, A. (1994). *Bayesian Theory*. Wiley.

Berners-Lee, T., Hendler, J., and Lassila, O. (2001). The semantic web. *Scientific American*, 284, 34-43.

Bernoulli, D. (1738). Specimen theoriae novae de mensura sortis. *Proc. St. Petersburg Imperial Academy of Sciences*, 5, 175-192.

Bernstein, P. L. (1996). *Against the Gods: The Remarkable Story of Risk*. Wiley.

Berrada, L., Zisserman, A., and Kumar, M. P. (2019). Training neural networks for and by interpolation. arXiv:1906.05661.

Berrou, C., Glavieux, A., and Thitimajshima, P. (1993). Near Shannon limit error control-correcting coding and decoding: Turbo-codes. 1. In *Proc. IEEE International Conference on Communications*.

Berry, D. A. and Fristedt, B. (1985). *Bandit Problems: Sequential Allocation of Experiments*. Chapman and Hall.

Bertele, U. and Brioschi, F. (1972). *Nonserial Dynamic Programming*. Academic Press.

Bertoli, P., Cimatti, A., and Roveri, M. (2001a). Heuristic search + symbolic model checking = efficient conformant planning. In *IJCAI-01*.

Bertoli, P., Cimatti, A., Roveri, M., and Traverso, P. (2001b). Planning in nondeterministic domains under partial observability via symbolic model checking. In *IJCAI-01*.

Bertot, Y., Casteran, P., Huet, G., and Paulin-Mohring, C. (2004). *Interactive Theorem Proving and Program Development*. Springer.

Bertsekas, D. (1987). *Dynamic Programming: Deterministic and Stochastic Models*. Prentice-Hall.

Bertsekas, D. and Tsitsiklis, J. N. (1996). *NeuroDynamic Programming*. Athena Scientific.

Bertsekas, D. and Tsitsiklis, J. N. (2008). *Introduction to Probability* (2nd edition). Athena Scientific.

Bertsekas, D. and Shreve, S. E. (2007). *Stochastic Optimal Control: The Discrete-Time Case*. Athena Scientific.

Bertsimas, D., Delarue, A., and Martin, S. (2019). Optimizing schools' start time and bus routes. *PNAS*, 116, 13, 5943-5948.

Bertsimas, D. and Dunn, J. (2017). Optimal classification trees. *Machine Learning*, 106, 1039-1082.

Bessen, J. (2015). *Learning by Doing: The Real Connection between Innovation, Wages, and Wealth*. Yale University Press.

Bessière, C. (2006). Constraint propagation. In Rossi, F., van Beek, P., and Walsh, T. (Eds.), *Handbook of Constraint Programming*. Elsevier.

Beutel, A., Chen, J., Doshi, T., Qian, H., Woodruff, A., Luu, C., Kreitmann, P., Bischof, J., and Chi, E. H. (2019). Putting fairness principles into practice: Challenges, metrics, and improvements. arXiv:1901.04562.

Bhar, R. and Hamori, S. (2004). *Hidden Markov Models: Applications to Financial Economics*. Springer.

Bibel, W. (1993). *Deduction: Automated Logic*. Academic Press.

Bien, J., Tibshirani, R., *et al.* (2011). Prototype selection for interpretable classification. *Annals of Applied Statistics*, 5, 2403-2424.

Biere, A., Heule, M., van Maaren, H., and Walsh, T. (Eds.). (2009). *Handbook of Satisfiability*. IOS Press.

Bies, A., Mott, J., and Warner, C. (2015). English news text treebank: Penn treebank revised. Linguistic Data Consortium.

Billings, D., Burch, N., Davidson, A., Holte, R. C., Schaeffer, J., Schauenberg, T., and Szafron, D. (2003). Approximating game-theoretic optimal strategies for full-scale poker. In *IJCAI-03*.

Billingsley, P. (2012). *Probability and Measure* (4th edition). Wiley.

Binder, J., Koller, D., Russell, S. J., and Kanazawa, K. (1997a). Adaptive probabilistic networks with hidden variables. *Machine Learning*, 29, 213-244.

Binder, J., Murphy, K., and Russell, S. J. (1997b). Space-efficient inference in dynamic probabilistic networks. In *IJCAI-97*.

Bingham, E., Chen, J., Jankowiak, M., Obermeyer, F., Pradhan, N., Karaletsos, T., Singh, R., Szerlip, P., Horsfall, P., and Goodman, N. D. (2019). Pyro: Deep universal probabilistic programming. *JMLR*, 20, 1-26.

Binmore, K. (1982). *Essays on Foundations of Game Theory*. Pitman.

Biran, O. and Cotton, C. (2017). Explanation and justification in machine learning: A survey. In *Proc. IJCAI-17 Workshop on Explainable AI*.

Bishop, C. M. (1995). *Neural Networks for Pattern Recognition*. Oxford University Press.

Bishop, C. M. (2007). *Pattern Recognition and Machine Learning*. Springer-Verlag.

Bisson, T. (1990). They're made out of meat. *Omni Magazine*.

Bistarelli, S., Montanari, U., and Rossi, F. (1997). Semiring-based constraint satisfaction and optimization. *JACM*, 44, 201-236.

Bitner, J. R. and Reingold, E. M. (1975). Backtrack programming techniques. *CACM*, 18, 651-656.

Bizer, C., Auer, S., Kobilarov, G., Lehmann, J., and Cyganiak, R. (2007). DBPedia - querying Wikipedia like a database. In *16th International Conference on World Wide Web*.

Blazewicz, J., Ecker, K., Pesch, E., Schmidt, G., and Weglarz, J. (2007). *Handbook on Scheduling: Models and Methods for Advanced Planning*. Springer-Verlag.

Blei, D. M., Ng, A. Y., and Jordan, M. I. (2002). Latent Dirichlet allocation. In *NeurIPS 14*.

Bliss, C. I. (1934). The method of probits. *Science*, 79, 38-39.

Block, H. D., Knight, B., and Rosenblatt, F. (1962). Analysis of a four-layer series-coupled perceptron. *Rev. Modern Physics*, 34, 275-282.

Block, N. (2009). Comparing the major theories of consciousness. In Gazzaniga, M. S. (Ed.), *The Cognitive Neurosciences*. MIT Press.

Blum, A. L. and Furst, M. (1997). Fast planning through planning graph analysis. *AIJ*, 90, 281-300.

Blum, A. L. (1996). On-line algorithms in machine learning. In *Proc. Workshop on On-Line Algorithms, Dagstuhl*.

Blum, A. L., Hopcroft, J., and Kannan, R. (2020). *Foundations of Data Science*. Cambridge University Press.

Blum, A. L. and Mitchell, T. M. (1998). Combining labeled and unlabeled data with co-training. In *COLT98*.

Blumer, A., Ehrenfeucht, A., Haussler, D., and Warmuth, M. (1989). Learnability and the VapnikChervonenkis dimension. *JACM*, 36, 929-965.

Bobrow, D. G. (1967). Natural language input for a computer problem solving system. In Minsky, M. L. (Ed.), *Semantic Information Processing*. MIT Press.

Bod, R. (2008). The data-oriented parsing approach: Theory and application. In *Computational Intelligence: A Compendium*. Springer-Verlag.

Bod, R., Scha, R., and Sima'an, K. (2003). *DataOriented Parsing*. CSLI Press.

Boddington, P. (2017). *Towards a Code of Ethics for Artificial Intelligence*. Springer-Verlag.

Boden, M. A. (Ed.). (1990). *The Philosophy of Artificial Intelligence*. Oxford University Press.

Bolognesi, A. and Ciancarini, P. (2003). Computer programming of kriegspiel endings: The case of KR vs. K. In *Advances in Computer Games 10*.

Bolton, R. J. and Hand, D. J. (2002). Statistical fraud detection: A review. *Statistical science*, 17, 235-249.

942 **Inteligência Artificial**

Bonawitz, K., Ivanov, V., Kreuter, B., Marcedone, A., McMahan, H. B., Patel, S., Ramage, D., Segal, A., and Seth, K. (2017). Practical secure aggregation for privacy-preserving machine learning. In *Proc. ACM SIGSAC Conference on Computer and Communications Security*.

Bond, A. H. and Gasser, L. (Eds.). (1988). *Readings in Distributed Artificial Intelligence*. Morgan Kaufmann.

Bonet, B. (2002). An epsilon-optimal grid-based algorithm for partially observable Markov decision processes. In *ICML-02*.

Bonet, B. and Geffner, H. (1999). Planning as heuristic search: New results. In *ECP-99*.

Bonet, B. and Geffner, H. (2000). Planning with incomplete information as heuristic search in belief space. In *ICAPS-00*.

Bonet, B. and Geffner, H. (2005). An algorithm better than AO*? In *AAAI-05*.

Boole, G. (1847). *The Mathematical Analysis of Logic: Being an Essay towards a Calculus of Deductive Reasoning*. Macmillan, Barclay, and Macmillan.

Booth, T. L. (1969). Probabilistic representation of formal languages. In *IEEE Conference Record of the 1969 Tenth Annual Symposium on Switching and Automata Theory*.

Borel, E. (1921). La théorie du jeu et les équations intégrales à noyau symétrique. *Comptes Rendus Hebdomadaires des Séances de l'Académie des Sciences*, *173*, 1304–1308.

Borenstein, J., Everett, B., and Feng, L. (1996). *Navigating Mobile Robots: Systems and Techniques*. A. K. Peters, Ltd.

Borenstein, J. and Koren., Y. (1991). The vector field histogram—Fast obstacle avoidance for mobile robots. *IEEE Transactions on Robotics and Automation*, *7*, 278–288.

Borgida, A., Brachman, R. J., McGuinness, D., and Alperin Resnick, L. (1989). CLASSIC: A structural data model for objects. *SIGMOD Record*, *18*, 58–67.

Boroditsky, L. (2003). Linguistic relativity. In Nadel, L. (Ed.), *Encyclopedia of Cognitive Science*. Macmillan.

Boser, B., Guyon, I., and Vapnik, V. N. (1992). A training algorithm for optimal margin classifiers. In *COLT-92*.

Bosse, M., Newman, P., Leonard, J., Soika, M., Feiten, W., and Teller, S. (2004). Simultaneous localization and map building in large-scale cyclic environments using the Atlas framework. *Int. J. Robotics Research*, *23*, 1113–1139.

Bostrom, N. (2005). A history of transhumanist thought. *Journal of Evolution and Technology*, *14*, 1–25.

Bostrom, N. (2014). *Superintelligence: Paths, Dangers, Strategies*. Oxford University Press.

Bottou, L. and Bousquet, O. (2008). The tradeoffs of large scale learning. In *NeurIPS 20*.

Bottou, L., Curtis, F. E., and Nocedal, J. (2018). Optimization methods for large-scale machine learning. *SIAM Review*, *60*, 223–311.

Boué, L. (2019). Real numbers, data science and chaos: How to fit any dataset with a single parameter. arXiv:1904.12320.

Bousmalis, K., Irpan, A., Wohlhart, P., Bai, Y., Kelcey, M., Kalakrishnan, M., Downs, L., Ibarz, J., Pastor, P., Konolige, K., Levine, S., and Vanhoucke, V. (2017). Using simulation and domain adaptation to improve efficiency of deep robotic grasping. arXiv:1709.07857.

Boutilier, C. (2002). A POMDP formulation of preference elicitation problems. In *AAAI-02*.

Boutilier, C. and Brafman, R. I. (2001). Partial-order planning with concurrent interacting actions. *JAIR*, *14*, 105–136.

Boutilier, C., Dearden, R., and Goldszmidt, M. (2000). Stochastic dynamic programming with factored representations. *AIJ*, *121*, 49–107.

Boutilier, C., Reiter, R., and Price, B. (2001). Symbolic dynamic programming for first-order MDPs. In *IJCAI-01*.

Boutilier, C., Brafman, R. I., Domshlak, C., Hoos, H. H., and Poole, D. (2004). CP-nets: A tool for representing and reasoning with conditional ceteris paribus preference statements. *JAIR*, *21*, 135–191.

Boutilier, C., Friedman, N., Goldszmidt, M., and Koller, D. (1996). Context-specific independence in Bayesian networks. In *UAI-96*.

Bouzy, B. and Cazenave, T. (2001). Computer Go: An AI oriented survey. *AIJ*, *132*, 39–103.

Bowling, M., Burch, N., Johanson, M., and Tammelin, O. (2015). Heads-up limit hold'em poker is solved. *Science*, *347*, 145–149.

Bowling, M., Johanson, M., Burch, N., and Szafron, D. (2008). Strategy evaluation in extensive games with importance sampling. In *ICML-08*.

Bowman, S., Angeli, G., Potts, C., and Manning, C. (2015). A large annotated corpus for learning natural language inference. In *EMNLP-15*.

Box, G. E. P. (1957). Evolutionary operation: A method of increasing industrial productivity. *Applied Statistics*, *6*, 81–101.

Box, G. E. P., Jenkins, G., Reinsel, G., and Ljung, G. M. (2016). *Time Series Analysis: Forecasting and Control* (5th edition). Wiley.

Box, G. E. P. and Tiao, G. C. (1973). *Bayesian Inference in Statistical Analysis*. Addison-Wesley.

Boyan, J. A. and Moore, A. W. (1998). Learning evaluation functions for global optimization and Boolean satisfiability. In *AAAI-98*.

Boyd, S. and Vandenberghe, L. (2004). *Convex Optimization*. Cambridge University Press.

Boyen, X., Friedman, N., and Koller, D. (1999). Discovering the hidden structure of complex dynamic systems. In *UAI-99*.

Boyer, R. S. and Moore, J. S. (1979). *A Computational Logic*. Academic Press.

Boyer, R. S. and Moore, J. S. (1984). Proof checking the RSA public key encryption algorithm. *American Mathematical Monthly*, *91*, 181–189.

Brachman, R. J. (1979). On the epistemological status of semantic networks. In Findler, N. V. (Ed.), *Associative Networks: Representation and Use of Knowledge by Computers*. Academic Press.

Brachman, R. J. and Levesque, H. J. (Eds.). (1985). *Readings in Knowledge Representation*. Morgan Kaufmann.

Bradt, R. N., Johnson, S. M., and Karlin, S. (1956). On sequential designs for maximizing the sum of n observations. *Ann. Math. Statist.*, *27*, 1060–1074.

Brafman, O. and Brafman, R. (2009). *Sway: The Irresistible Pull of Irrational Behavior*. Broadway Business.

Brafman, R. I. and Domshlak, C. (2008). From one to many: Planning for loosely coupled multi-agent systems. In *ICAPS-08*.

Brafman, R. I. and Tennenholtz, M. (2000). A near optimal polynomial time algorithm for learning in certain classes of stochastic games. *AIJ*, *121*, 31–47.

Braitenberg, V. (1984). *Vehicles: Experiments in Synthetic Psychology*. MIT Press.

Brandt, F., Conitzer, V., Endriss, U., Lang, J., and Procaccia, A. D. (Eds.). (2016). *Handbook of Computational Social Choice*. Cambridge University Press.

Brants, T. (2000). TnT: A statistical part-of-speech tagger. In *Proc. Sixth Conference on Applied Natural Language Processing*.

Brants, T., Popat, A. C., Xu, P., Och, F. J., and Dean, J. (2007). Large language models in machine translation. In *EMNLP-CoNLL-07*.

Bratko, I. (2009). *Prolog Programming for Artificial Intelligence* (4th edition). Addison-Wesley.

Bratman, M. E. (1987). *Intention, Plans, and Practical Reason*. Harvard University Press.

Breck, E., Cai, S., Nielsen, E., Salib, M., and Sculley, D. (2016). What's your ML test score? A rubric for ML production systems. In *Proc. NIPS 2016 Workshop on Reliable Machine Learning in the Wild*.

Breese, J. S. (1992). Construction of belief and decision networks. *Computational Intelligence*, *8*, 624–647.

Breese, J. S. and Heckerman, D. (1996). Decisiontheoretic troubleshooting: A framework for repair and experiment. In *UAI-96*.

Breiman, L., Friedman, J., Olshen, R. A., and Stone, C. J. (1984). *Classification and Regression Trees*. Wadsworth International Group.

Breiman, L. (2001). Random forests. *Machine Learning*, *45*(1), 5–32.

Brelaz, D. (1979). New methods to color the vertices of a graph. *CACM*, *22*, 251–256.

Brent, R. P. (1973). *Algorithms for Minimization without Derivatives*. Prentice-Hall.

Bresnan, J. (1982). *The Mental Representation of Grammatical Relations*. MIT Press.

Brewka, G., Dix, J., and Konolige, K. (1997). *Nononotonic Reasoning: An Overview*. Center for the Study of Language and Information (CSLI).

Brickley, D. and Guha, R. V. (2004). RDF vocabulary description language 1.0: RDF schema. Tech. rep., W3C.

Briggs, R. (1985). Knowledge representation in Sanskrit and artificial intelligence. *AIMag*, *6*, 32–39.

Brill, E. (1992). A simple rule-based part of speech tagger. In *Proc. Third Conference on Applied Natural Language Processing*.

Brin, D. (1998). *The Transparent Society*. Perseus.

Brin, S. and Page, L. (1998). The anatomy of a largescale hypertextual web search engine. In *Proc. Seventh World Wide Web Conference*.

Bringsjord, S. (2008). If I were judge. In Epstein, R., Roberts, G., and Beber, G. (Eds.), *Parsing the Turing Test*. Springer.

Broadbent, D. E. (1958). *Perception and Communication*. Pergamon.

Brockman, G., Cheung, V., Pettersson, L., Schneider, J., Schulman, J., Tang, J., and Zaremba, W. (2016). OpenAI gym. arXiv:1606.01540.

Brooks, R. A. (1986). A robust layered control system for a mobile robot. *IEEE J. of Robotics and Automation*, *2*, 14–23.

Brooks, R. A. (1989). Engineering approach to building complete, intelligent beings. *Proc. SPIE—the International Society for Optical Engineering*, *1002*, 618–625.

Brooks, R. A. (1991). Intelligence without representation. *AIJ*, *47*, 139–159.

Brooks, R. A. and Lozano-Perez, T. (1985). A subdivision algorithm in configuration space for findpath with rotation. *IEEE Transactions on Systems, Man and Cybernetics*, *15*, 224–233.

Brooks, R. A. (2017). The seven deadly sins of AI predictions. *MIT Technology Review*, Oct 6.

Brooks, S., Gelman, A., Jones, G., and Meng, X.-L. (2011). *Handbook of Markov Chain Monte Carlo*. Chapman & Hall/CRC.

Brown, C., Finkelstein, L., and Purdom, P. (1988). Backtrack searching in the presence of symmetry. In Mora, T. (Ed.), *Applied Algebra, Algebraic Algorithms and Error-Correcting Codes*. Springer-Verlag.

Brown, K. C. (1974). A note on the apparent bias of net revenue estimates. *J. Finance*, *29*, 1215–1216.

Brown, N. and Sandholm, T. (2017). Libratus: The superhuman AI for no-limit poker. In *IJCAI-17*.

Brown, N. and Sandholm, T. (2019). Superhuman AI for multiplayer poker. *Science*, *365*, 885–890.

Brown, P. F., Cocke, J., Della Pietra, S. A., Della Pietra, V. J., Jelinek, F., Mercer, R. L., and Roossin, P. (1988). A statistical approach to language translation. In *COLING-88*.

Brown, P. F., Desouza, P. V., Mercer, R. L., Pietra, V. J. D., and Lai, J. C. (1992). Class-based n-gram models of natural language. *Computational linguistics*, *18*(4).

Browne, C., Powley, E. J., Whitehouse, D., Lucas, S. M., Cowling, P. I., Rohlfshagen, P., Tavener, S., Liebana, D. P., Samothrakis, S., and Colton, S. (2012). A survey of Monte Carlo tree search methods. *IEEE Transactions on Computational Intelligence and AI in Games*, *4*, 1–43.

Brownston, L., Farrell, R., Kant, E., and Martin, N. (1985). *Programming Expert Systems in OPS5: An Introduction to Rule-Based Programming*. AddisonWesley.

Bruce, V., Green, P., and Georgeson, M. (2003). *Visual Perception: Physiology, Psychology and Ecology*. Routledge and Kegan Paul.

Brügmann, B. (1993). Monte Carlo Go. Tech. rep., Department of Physics, Syracuse University.

Bryce, D. and Kambhampati, S. (2007). A tutorial on planning graph-based reachability heuristics. *AIMag*, *Spring*, 47–83.

Bryce, D., Kambhampati, S., and Smith, D. E. (2006). Planning graph heuristics for belief space search. *JAIR*, *26*, 35–99.

Brynjolfsson, E. and McAfee, A. (2011). *Race Against the Machine*. Digital Frontier Press.

Brynjolfsson, E. and McAfee, A. (2014). *The Second Machine Age*. W. W. Norton.

Brynjolfsson, E., Rock, D., and Syverson, C. (2018). Artificial intelligence and the modern productivity paradox: A clash of expectations and statistics. In Agrawal, A., Gans, J., and Goldfarb, A. (Eds.), *The Economics of Artificial Intelligence: An Agenda*. University of Chicago Press.

Bryson, A. E. and Ho, Y.-C. (1969). *Applied Optimal Control*. Blaisdell.

Bryson, A. E. (1962). A gradient method for optimizing multi-stage allocation processes. In *Proc. of a Harvard Symposium on Digital Computers and Their Applications*.

Bryson, J. J. (2012). A role for consciousness in action selection. *International Journal of Machine Consciousness*, *4*, 471–482.

Bryson, J. J. and Winfield, A. (2017). Standardizing ethical design for artificial intelligence and autonomous systems. *Computer*, *50*, 116–119.

Buchanan, B. G., Mitchell, T. M., Smith, R. G., and Johnson, C. R. (1978). Models of learning systems. In *Encyclopedia of Computer Science and Technology*, Vol. 11. Dekker.

Buchanan, B. G. and Shortliffe, E. H. (Eds.). (1984). *Rule-Based Expert Systems: The MYCIN Experiments of the Stanford Heuristic Programming Project*. Addison-Wesley.

Buchanan, B. G., Sutherland, G. L., and Feigenbaum, E. A. (1969). Heuristic DENDRAL: A program for generating explanatory hypotheses in organic chemistry. In Meltzer, B., Michie, D., and Swann, M. (Eds.), *Machine Intelligence 4*. Edinburgh University Press.

Buck, C., Heafield, K., and Van Ooyen, B. (2014). Ngram counts and language models from the common crawl. In *Proc. International Conference on Language Resources and Evaluation*.

Buehler, M., Iagnemma, K., and Singh, S. (Eds.). (2006). *The 2005 DARPA Grand Challenge: The Great Robot Race*. Springer-Verlag.

Buffon, G. (1777). Essai d'arithmetique morale. Supplement to Histoire naturelle, vol. IV.

Bunt, H. C. (1985). The formal representation of (quasi-) continuous concepts. In Hobbs, J. R. and Moore, R. C. (Eds.), *Formal Theories of the Commonsense World*. Ablex.

Buolamwini, J. and Gebru, T. (2018). Gender shades: Intersectional accuracy disparities in commercial gender classification. In *Conference on Fairness, Accountability and Transparency*.

Burgard, W., Cremers, A. B., Fox, D., Hahnel, D., Lakemeyer, G., Schulz, D., Steiner, W., and Thrun, S. (1999). Experiences with an interactive museum tour-guide robot. *AIJ*, *114*, 3–55.

Burkov, A. (2019). *The Hundred-Page Machine Learning Book*. Burkov.

Burns, E., Hatem, M., Leighton, M. J., and Ruml, W. (2012). Implementing fast heuristic search code. In *Symposium on Combinatorial Search*.

Buro, M. (1995). ProbCut: An effective selective extension of the alpha-beta algorithm. *J. International Computer Chess Association*, *18*, 71–76.

Buro, M. (2002). Improving heuristic mini-max search by supervised learning. *AIJ*, *134*, 85–99.

Burstein, J., Leacock, C., and Swartz, R. (2001). Automated evaluation of essays and short answers. In *Fifth International Computer Assisted Assessment Conference*.

Burton, R. (2009). *On Being Certain: Believing You Are Right Even When You're Not*. St. Martin's Griffin.

Buss, D. M. (2005). *Handbook of Evolutionary Psychology*. Wiley.

Butler, S. (1863). Darwin among the machines. *The Press (Christchurch, New Zealand), June 13*.

Bylander, T. (1994). The computational complexity of propositional STRIPS planning. *AIJ*, *69*, 165–204.

Byrd, R. H., Lu, P., Nocedal, J., and Zhu, C. (1995). A limited memory algorithm for bound constrained optimization. *SIAM Journal on Scientific and Statistical Computing*, *16*, 1190–1208.

Cabeza, R. and Nyberg, L. (2001). Imaging cognition II: An empirical review of 275 PET and fMRI studies. *J. Cognitive Neuroscience*, *12*, 1–47.

Cafarella, M. J., Halevy, A., Zhang, Y., Wang, D. Z., and Wu, E. (2008). Webtables: Exploring the power of tables on the web. In *VLDB-08*.

Calvanese, D., Lenzerini, M., and Nardi, D. (1999). Unifying class-based representation formalisms. *JAIR*, *11*, 199–240.

Camacho, R. and Michie, D. (1995). Behavioral cloning: A correction. *AIMag*, *16*, 92.

Campbell, D. E. and Kelly, J. (2002). Impossibility theorems in the Arrovian framework. In Arrow, K. J., Sen, A. K., and Suzumura, K. (Eds.), *Handbook of Social Choice and Welfare Volume 1*. Elsevier Science.

Campbell, M. S., Hoane, A. J., and Hsu, F.-H. (2002). Deep Blue. *AIJ*, *134*, 57–83.

Cannings, C., Thompson, E., and Skolnick, M. H. (1978). Probability functions on complex pedigrees. *Advances in Applied Probability*, *10*, 26–61.

Canny, J. and Reif, J. (1987). New lower bound techniques for robot motion planning problems. In *FOCS-87*.

Canny, J. (1986). A computational approach to edge detection. *PAMI*, *8*, 679–698.

Canny, J. (1988). *The Complexity of Robot Motion Planning*. MIT Press.

Capen, E., Clapp, R., and Campbell, W. (1971). Competitive bidding in high-risk situations. *J. Petroleum Technology*, *23*, 641–653.

Carbonell, J. G. (1983). Derivational analogy and its role in problem solving. In *AAAI-83*.

Carbonell, J. G., Knoblock, C. A., and Minton, S. (1989). PRODIGY: An integrated architecture for planning and learning. Technical report, Computer Science Department, Carnegie-Mellon University.

Carbonnel, C. and Cooper, M. C. (2016). Tractability in constraint satisfaction problems: A survey. *Constraints*, *21*(2), 115–144.

Cardano, G. (1663). *Liber de ludo aleae*. Lyons.

Carlini, N., Athalye, A., Papernot, N., Brendel, W., Rauber, J., Tsipras, D., Goodfellow, I., Madry, A., and Kurakin, A. (2019). On evaluating adversarial robustness. arXiv:1902.06705.

Carnap, R. (1928). *Der logische Aufbau der Welt*. Weltkreisverlag. Translated into English as The Logical Structure of the World (Carnap, 1967).

Carnap, R. (1948). On the application of inductive logic. *Philosophy and Phenomenological Research*, *8*, 133–148.

Carnap, R. (1950). *Logical Foundations of Probability*. University of Chicago Press.

Carpenter, B., Gelman, A., Hoffman, M., Lee, D., Goodrich, B., Betancourt, M., Brubaker, M., Guo, J., Li, P., and Riddell, A. (2017). Stan: A probabilistic programming language. *Journal of Statistical Software*, *76*, 1–32.

Carroll, S. (2007). *The Making of the Fittest: DNA and the Ultimate Forensic Record of Evolution*. Norton.

Casati, R. and Varzi, A. (1999). *Parts and Places: The Structures of Spatial Representation*. MIT Press.

Cassandra, A. R., Kaelbling, L. P., and Littman, M. L. (1994). Acting optimally in partially observable stochastic domains. In *AAAI-94*.

Cassandras, C. G. and Lygeros, J. (2006). *Stochastic Hybrid Systems*. CRC Press.

Castro, R., Coates, M., Liang, G., Nowak, R., and Yu, B. (2004). Network tomography: Recent developments. *Statistical Science*, *19*, 499–517.

Cauchy, A. (1847). Méthode générale pour la résolution des systèmes d'équations simultanées. *Comp. Rend. Sci. Paris*, *25*, 536–538.

Cesa-Bianchi, N. and Lugosi, G. (2006). *Prediction, Learning, and Games*. Cambridge University Press.

Chajewska, U., Koller, D., and Parr, R. (2000). Making rational decisions using adaptive utility elicitation. In *AAAI-00*.

Chakrabarti, P. P., Ghose, S., Acharya, A., and de Sarkar, S. C. (1989). Heuristic search in restricted memory. *AIJ*, *41*, 197–222.

Chalkiadakis, G., Elkind, E., and Wooldridge, M. (2011). *Computational Aspects of Cooperative Game Theory*. Morgan Kaufmann.

Chalmers, D. J. (1992). Subsymbolic computation and the Chinese room. In Dinsmore, J. (Ed.), *The symbolic and connectionist paradigms: Closing the gap*. Lawrence Erlbaum.

Chandola, V., Banerjee, A., and Kumar, V. (2009). Anomaly detection: A survey. *ACM Computing Surveys*, *41*.

Chandra, A. K. and Harel, D. (1980). Computable queries for relational data bases. *J. Computer and System Sciences*, *21*, 156–178.

Chang, C.-L. and Lee, R. C.-T. (1973). *Symbolic Logic and Mechanical Theorem Proving*. Academic Press.

Chang, H. S., Fu, M. C., Hu, J., and Marcus, S. I. (2005). An adaptive sampling algorithm for solving Markov decision processes. *Operations Research*, *53*, 126–139.

Chao, W.-L., Hu, H., and Sha, F. (2018). Being negative but constructively: Lessons learnt from creating better visual question answering datasets. In *ACL-18*.

Chapman, D. (1987). Planning for conjunctive goals. *AIJ*, *32*, 333–377.

Charniak, E. (1993). *Statistical Language Learning*. MIT Press.

Charniak, E. (1996). Tree-bank grammars. In *AAAI96*.

Charniak, E. (1997). Statistical parsing with a context-free grammar and word statistics. In *AAAI-97*.

Charniak, E. and Goldman, R. (1992). A Bayesian model of plan recognition. *AIJ*, *64*, 53–79.

Charniak, E., Riesbeck, C., McDermott, D., and Meehan, J. (1987). *Artificial Intelligence Programming* (2nd edition). Lawrence Erlbaum.

Charniak, E. (1991). Bayesian networks without tears. *AIMag*, *12*, 50–63.

Charniak, E. (2018). *Introduction to Deep Learning*. MIT Press.

Chaslot, G., Bakkes, S., Szita, I., and Spronck, P. (2008). Monte-Carlo tree search: A new framework for game AI. In *Proc. Fourth Artificial Intelligence and Interactive Digital Entertainment Conference*.

Chater, N. and Oaksford, M. (Eds.). (2008). *The Probabilistic Mind: Prospects for Bayesian Cognitive Science*. Oxford University Press.

Chatfield, C. (1989). *The Analysis of Time Series: An Introduction* (4th edition). Chapman and Hall.

Chavira, M. and Darwiche, A. (2008). On probabilistic inference by weighted model counting. *AIJ*, *172*, 772–799.

Chawla, N. V., Bowyer, K. W., Hall, L. O., and Kegelmeyer, W. P. (2002). SMOTE: Synthetic minority over-sampling technique. *JAIR*, *16*, 321–357.

Cheeseman, P. (1985). In defense of probability. In *IJCAI-85*.

Cheeseman, P. (1988). An inquiry into computer understanding. *Computational Intelligence*, *4*, 58–66.

Cheeseman, P., Kanefsky, B., and Taylor, W. (1991). Where the really hard problems are. In *IJCAI-91*.

Cheeseman, P., Self, M., Kelly, J., and Stutz, J. (1988). Bayesian classification. In *AAAI-88*.

Cheeseman, P. and Stutz, J. (1996). Bayesian classification (AutoClass): Theory and results. In Fayyad, U., Piatesky-Shapiro, G., Smyth, P., and Uthurusamy, R. (Eds.), *Advances in Knowledge Discovery and Data Mining*. AAAI Press/MIT Press.

Chen, D. and Manning, C. (2014). A fast and accurate dependency parser using neural networks. In *EMNLP-14*.

Chen, J., Holte, R. C., Zilles, S., and Sturtevant, N. R. (2017). Front-to-end bidirectional heuristic search with near-optimal node expansions. *IJCAI-17*.

Chen, M. X., Firat, O., Bapna, A., Johnson, M., Macherey, W., Foster, G., Jones, L., Parmar, N., Schuster, M., Chen, Z., Wu, Y., and Hughes, M. (2018). The best of both worlds: Combining recent advances in neural machine translation. In *ACL-18*.

Chen, S. F. and Goodman, J. (1996). An empirical study of smoothing techniques for language modeling. In *ACL-96*.

Chen, T. and Guestrin, C. (2016). XGBoost: A scalable tree boosting system. In *KDD-16*.

Cheng, J. and Druzdzel, M. J. (2000). AIS-BN: An adaptive importance sampling algorithm for evidential reasoning in large Bayesian networks. *JAIR*, *13*, 155–188.

Cheng, J., Greiner, R., Kelly, J., Bell, D. A., and Liu, W. (2002). Learning Bayesian networks from data: An information-theory based approach. *AIJ*, *137*, 43–90.

Chiu, C., Sainath, T., Wu, Y., Prabhavalkar, R., Nguyen, P., Chen, Z., Kannan, A., Weiss, R., Rao, K., Gonina, K., Jaitly, N., Li, B., Chorowski, J., and Bacchiani, M. (2017). State-of-the-art speech recognition with sequence-to-sequence models. arXiv:1712.01769.

Chklovski, T. and Gil, Y. (2005). Improving the design of intelligent acquisition interfaces for collecting world knowledge from web contributors. In *Proc. Third International Conference on Knowledge Capture*.

Chollet, F. (2019). On the measure of intelligence. arXiv:1911.01547.

Chollet, F. (2017). *Deep Learning with Python*. Manning.

Chomsky, N. (1956). Three models for the description of language. *IRE Transactions on Information Theory*, *2*, 113–124.

Chomsky, N. (1957). *Syntactic Structures*. Mouton.

Choromanska, A., Henaff, M., Mathieu, M., Arous, G. B., and LeCun, Y. (2014). The loss surface of multilayer networks. arXiv:1412.0233.

Choset, H. (1996). *Sensor Based Motion Planning: The Hierarchical Generalized Voronoi Graph*. Ph.D. thesis, California Institute of Technology.

Choset, H., Hutchinson, S., Lynch, K., Kantor, G., Burgard, W., Kavraki, L., and Thrun, S. (2005). *Principles of Robot Motion: Theory, Algorithms, and Implementation*. MIT Press.

Chouldechova, A. (2017). Fair prediction with disparate impact: A study of bias in recidivism prediction instruments. *Big Data*, *5*, 153–163.

Chouldechova, A. and Roth, A. (2018). The frontiers of fairness in machine learning. arXiv:1810.08810.

Christian, B. (2011). *The Most Human Human*. Doubleday.

Christin, A., Rosenblat, A., and Boyd, D. (2015). Courts and predictive algorithms. *Data & Civil Rights*.

Chung, K. L. (1979). *Elementary Probability Theory with Stochastic Processes* (3rd edition). SpringerVerlag.

Church, A. (1936). A note on the Entscheidungsproblem. *JSL*, *1*, 40–41 and 101–102.

Church, A. (1956). *Introduction to Mathematical Logic*. Princeton University Press.

Church, K. (1988). A stochastic parts program and noun phrase parser for unrestricted texts. In *Proc. Second Conference on Applied Natural Language Processing*.

Church, K. and Patil, R. (1982). Coping with syntactic ambiguity or how to put the block in the box on the table. *Computational Linguistics*, *8*, 139–149.

Church, K. (2004). Speech and language processing: Can we use the past to predict the future. In *Proc. Conference on Text, Speech, and Dialogue*.

Church, K. and Gale, W. A. (1991). A comparison of the enhanced Good–Turing and deleted estimation methods for estimating probabilities of English bigrams. *Computer Speech and Language*, *5*, 19–54.

Church, K. and Hestness, J. (2019). A survey of 25 years of evaluation. *Natural Language Engineering*, *25*, 753–767.

Churchland, P. M. (2013). *Matter and Consciousness* (3rd edition). MIT Press.

Ciancarini, P. and Favini, G. P. (2010). Monte Carlo tree search in Kriegspiel. *AIJ*, *174*, 670–684.

Ciancarini, P. and Wooldridge, M. (2001). *AgentOriented Software Engineering*. Springer-Verlag.

Cimatti, A., Roveri, M., and Traverso, P. (1998). Automatic OBDD-based generation of universal plans in non-deterministic domains. In *AAAI-98*.

Claret, G., Rajamani, S. K., Nori, A. V., Gordon, A. D., and Borgström, J. (2013). Bayesian inference using data flow analysis. In *Proc. 9th Joint Meeting on Foundations of Software Engineering*.

Clark, A. (1998). *Being There: Putting Brain, Body, and World Together Again*. MIT Press.

Clark, A. (2015). *Surfing Uncertainty: Prediction, Action, and the Embodied Mind*. Oxford University Press.

Clark, K. L. (1978). Negation as failure. In Gallaire, H. and Minker, J. (Eds.), *Logic and Data Bases*. Plenum.

Clark, P., Cowhey, I., Etzioni, O., Khot, T., Sabharwal, A., Schoenick, C., and Tafjord, O. (2018). Think you have solved question answering? Try ARC, the AI2 reasoning challenge. arXiv:1803.05457.

Clark, P., Etzioni, O., Khot, T., Mishra, B. D., Richardson, K., *et al.* (2019). From 'F' to 'A' on the NY Regents science exams: An overview of the Aristo project. arXiv:1909.01958.

Clark, S. and Curran, J. R. (2004). Parsing the WSJ using CCG and log-linear models. In *ACL-04*.

Clarke, A. C. (1968). *2001: A Space Odyssey*. Signet.

Clarke, E. and Grumberg, O. (1987). Research on automatic verification of finite-state concurrent systems. *Annual Review of Computer Science*, *2*, 269–290.

Clearwater, S. H. (Ed.). (1996). *Market-Based Control*. World Scientific.

Clocksin, W. F. and Mellish, C. S. (2003). *Programming in Prolog* (5th edition). Springer-Verlag.

Clocksin, W. F. (2003). *Clause and Effect: Prolog Programming for the Working Programmer*. Springer.

Coase, R. H. (1960). The problem of social cost. *Journal of Law and Economics*, pp. 1–44.

Coates, A., Abbeel, P., and Ng, A. Y. (2009). Apprenticeship learning for helicopter control. *Association for Computing Machinery*, *52*(7).

Cobham, A. (1964). The intrinsic computational difficulty of functions. In *Proc. International Congress for Logic, Methodology, and Philosophy of Science*.

Cohen, P. R. (1995). *Empirical Methods for Artificial Intelligence*. MIT Press.

Cohen, P. R. and Levesque, H. J. (1990). Intention is choice with commitment. *AIJ*, *42*, 213–261.

Cohen, P. R., Morgan, J., and Pollack, M. E. (1990). *Intentions in Communication*. MIT Press.

Cohen, P. R. and Perrault, C. R. (1979). Elements of a plan-based theory of speech acts. *Cognitive Science*, *3*, 177–212.

Cohn, A. G., Bennett, B., Gooday, J. M., and Gotts, N. (1997). RCC: A calculus for region based qualitative spatial reasoning. *GeoInformatica*, *1*, 275–316.

Collin, Z., Dechter, R., and Katz, S. (1999). Selfstabilizing distributed constraint satisfaction. *Chicago J. of Theoretical Computer Science*, *1999*.

Collins, M. (1999). *Head-driven Statistical Models for Natural Language Processing*. Ph.D. thesis, University of Pennsylvania.

Collins, M. and Duffy, K. (2002). New ranking algorithms for parsing and tagging: Kernels over discrete structures, and the voted perceptron. In *ACL-02*.

Colmerauer, A. and Roussel, P. (1993). The birth of Prolog. *SIGPLAN Notices*, *28*, 37–52.

Colmerauer, A., Kanoui, H., Pasero, R., and Roussel, P. (1973). Un système de communication homme-machine en Français. Rapport, Groupe d'Intelligence Artificielle, Université d'Aix-Marseille II.

Condon, J. H. and Thompson, K. (1982). Belle chess hardware. In Clarke, M. R. B. (Ed.), *Advances in Computer Chess 3*. Pergamon.

Congdon, C. B., Huber, M., Kortenkamp, D., Bidlack, C., Cohen, C., Huffman, S., Koss, F., Raschke, U., and Weymouth, T. (1992). CARMEL versus Flakey: A comparison of two robots. Tech. rep., American Association for Artificial Intelligence.

Conlisk, J. (1989). Three variants on the Allais example. *American Economic Review*, *79*, 392–407.

Connell, J. (1989). *A Colony Architecture for an Artificial Creature*. Ph.D. thesis, Artificial Intelligence Laboratory, MIT.

Conway, D. and White, J. (2012). *Machine Learning for Hackers*. O'Reilly.

Cook, S. A. (1971). The complexity of theoremproving procedures. In *STOC-71*.

Cook, S. A. and Mitchell, D. (1997). Finding hard instances of the satisfiability problem: A survey. In Du, D., Gu, J., and Pardalos, P. (Eds.), *Satisfiability problems: Theory and applications*. American Mathematical Society.

Cooper, G. (1990). The computational complexity of probabilistic inference using Bayesian belief networks. *AIJ*, *42*, 393–405.

Cooper, G. and Herskovits, E. (1992). A Bayesian method for the induction of probabilistic networks from data. *Machine Learning*, *9*, 309–347.

Copeland, J. (1993). *Artificial Intelligence: A Philosophical Introduction*. Blackwell.

Corbett-Davies, S. and Goel, S. (2018). The measure and mismeasure of fairness: A critical review of fair machine learning. arXiv:1808.00023.

Corbett-Davies, S., Pierson, E., Feller, A., Goel, S., and Huq, A. (2017). Algorithmic decision making and the cost of fairness. arXiv:1701.08230.

Cormen, T. H., Leiserson, C. E., Rivest, R., and Stein, C. (2009). *Introduction to Algorithms* (3rd edition). MIT Press.

Cortes, C. and Vapnik, V. N. (1995). Support vector networks. *Machine Learning*, *20*, 273–297.

Cournot, A. (Ed.). (1838). *Recherches sur les principes mathématiques de la théorie des richesses*. L. Hachette, Paris.

Cover, T. and Thomas, J. (2006). *Elements of Information Theory* (2nd edition). Wiley.

Cowan, J. D. and Sharp, D. H. (1988a). Neural nets. *Quarterly Reviews of Biophysics*, *21*, 365–427.

Cowan, J. D. and Sharp, D. H. (1988b). Neural nets and artificial intelligence. *Daedalus*, *117*, 85–121.

Cowell, R., Dawid, A. P., Lauritzen, S., and Spiegelhalter, D. J. (2002). *Probabilistic Networks and Expert Systems.* Springer.

Cox, I. (1993). A review of statistical data association techniques for motion correspondence. *IJCV*, *10*, 53–66.

Cox, I. and Hingorani, S. L. (1994). An efficient implementation and evaluation of Reid's multiple hypothesis tracking algorithm for visual tracking. In *ICPR-94.*

Cox, I. and Wilfong, G. T. (Eds.). (1990). *Autonomous Robot Vehicles.* Springer Verlag.

Cox, R. T. (1946). Probability, frequency, and reasonable expectation. *American Journal of Physics*, *14*, 1–13.

Craig, J. (1989). *Introduction to Robotics: Mechanics and Control (2nd edition).* Addison-Wesley.

Craik, K. (1943). *The Nature of Explanation.* Cambridge University Press.

Cramton, P., Shoham, Y., and Steinberg, R. (Eds.). (2006). *Combinatorial Auctions.* MIT Press.

Craven, M., DiPasquo, D., Freitag, D., McCallum, A., Mitchell, T. M., Nigam, K., and Slattery, S. (2000). Learning to construct knowledge bases from the World Wide Web. *AIJ*, *118*, 69–113.

Crawford, J. M. and Auton, L. D. (1993). Experimental results on the crossover point in satisfiability problems. In *AAAI-93.*

Crick, F. (1999). The impact of molecular biology on neuroscience. *Phil. Trans. Roy. Soc., B*, *354*, 2021–2025.

Crick, F. and Koch, C. (2003). A framework for consciousness. *Nature Neuroscience*, *6*, 119.

Crisan, D. and Doucet, A. (2002). A survey of convergence results on particle filtering methods for practitioners. *IEEE Trans. Signal Processing*, *50*, 736–746.

Cristianini, N. and Hahn, M. (2007). *Introduction to Computational Genomics: A Case Studies Approach.* Cambridge University Press.

Cristianini, N. and Schölkopf, B. (2002). Support vector machines and kernel methods: The new generation of learning machines. *AIMag*, *23*, 31–41.

Cristianini, N. and Shawe-Taylor, J. (2000). *An Introduction to Support Vector Machines and Other Kernel-Based Learning Methods.* Cambridge University Press.

Crockett, L. (1994). *The Turing Test and the Frame Problem: AI's Mistaken Understanding of Intelligence.* Ablex.

Croft, W. B., Metzler, D., and Strohman, T. (2010). *Search Engines: Information Retrieval in Practice.* Addison-Wesley.

Cross, S. E. and Walker, E. (1994). DART: Applying knowledge based planning and scheduling to crisis action planning. In Zweben, M. and Fox, M. S. (Eds.), *Intelligent Scheduling.* Morgan Kaufmann.

Cruse, A. (2011). *Meaning in Language: An Introduction to Semantics and Pragmatics.* Oxford University Press.

Culberson, J. and Schaeffer, J. (1996). Searching with pattern databases. In *Advances in Artificial Intelligence (Lecture Notes in Artificial Intelligence 1081).* Springer-Verlag.

Culberson, J. and Schaeffer, J. (1998). Pattern databases. *Computational Intelligence*, *14*, 318–334.

Cummins, D. and Allen, C. (1998). *The Evolution of Mind.* Oxford University Press.

Cushing, W., Kambhampati, S., Mausam, and Weld, D. S. (2007). When is temporal planning *really* temporal? In *IJCAI-07.*

Cusumano-Towner, M. F., Saad, F., Lew, A. K., and Mansinghka, V. K. (2019). Gen: A general-purpose probabilistic programming system with programmable inference. In *PLDI-19.*

Cybenko, G. (1988). Continuous valued neural networks with two hidden layers are sufficient. Technical report, Department of Computer Science, Tufts University.

Cybenko, G. (1989). Approximation by superpositions of a sigmoidal function. *Mathematics of Controls, Signals, and Systems*, *2*, 303–314.

Cyert, R. and de Groot, M. (1979). Adaptive utility. In Allais, M. and Hagen, O. (Eds.), *Expected Utility Hypothesis and the Allais Paradox.* D. Reidel.

Dagan, I., Glickman, O., and Magnini, B. (2005). The PASCAL recognising textual entailment challenge. In *Machine Learning Challenges Workshop.*

Daganzo, C. (1979). *Multinomial Probit: The Theory and Its Application to Demand Forecasting.* Academic Press.

Dagum, P. and Luby, M. (1993). Approximating probabilistic inference in Bayesian belief networks is NPhard. *AIJ*, *60*, 141–153.

Dagum, P. and Luby, M. (1997). An optimal approximation algorithm for Bayesian inference. *AIJ*, *93*, 1–27.

Dai, A. M. and Le, Q. V. (2016). Semi-supervised sequence learning. In *NeurIPS 28.*

Dalal, N. and Triggs, B. (2005). Histograms of oriented gradients for human detection. In *CVPR-05.*

Dalvi, N. N., Ré, C., and Suciu, D. (2009). Probabilistic databases. *CACM*, *52*, 86–94.

Daly, R., Shen, Q., and Aitken, S. (2011). Learning Bayesian networks: Approaches and issues. *Knowledge Engineering Review*, *26*, 99–157.

Damasio, A. R. (1999). *The Feeling of What Happens: Body and Emotion in the Making of Consciousness.* Houghton Mifflin.

Danaher, J. and McArthur, N. (2017). *Robot Sex: Social and Ethical Implications.* MIT Press.

Dantzig, G. B. (1949). Programming of interdependent activities: II. Mathematical model. *Econometrica*, *17*, 200–211.

Darwiche, A. (2001). Recursive conditioning. *AIJ*, *126*, 5–41.

Darwiche, A. and Ginsberg, M. L. (1992). A symbolic generalization of probability theory. In *AAAI-92.*

Darwiche, A. (2009). *Modeling and reasoning with Bayesian networks.* Cambridge University Press.

Darwin, C. (1859). *On The Origin of Species by Means of Natural Selection.* J. Murray.

Dasgupta, P., Chakrabarti, P. P., and de Sarkar, S. C. (1994). Agent searching in a tree and the optimality of iterative deepening. *AIJ*, *71*, 195–208.

Dasgupta, P. and Maskin, E. (2008). On the robustness of majority rule. *Journal of the European Economic Association*, *6*, 949–973.

Dauphin, Y., Pascanu, R., Gulcehre, C., Cho, K., Ganguli, S., and Bengio, Y. (2015). Identifying and attacking the saddle point problem in high-dimensional non-convex optimization. In *NeurIPS 27.*

Davidson, D. (1980). *Essays on Actions and Events.* Oxford University Press.

Davidson, D. (1986). A nice derangement of epitaphs. *Philosophical Grounds of Rationality*, *4*, 157–174.

Davis, E. (1986). *Representing and Acquiring Geographic Knowledge.* Pitman and Morgan Kaufmann.

Davis, E. (1990). *Representations of Commonsense Knowledge.* Morgan Kaufmann.

Davis, E. (2005). Knowledge and communication: A first-order theory. *AIJ*, *166*, 81–140.

Davis, E. (2006). The expressivity of quantifying over regions. *J. Logic and Computation*, *16*, 891–916.

Davis, E. (2007). Physical reasoning. In van Harmelan, F., Lifschitz, V., and Porter, B. (Eds.), *The Handbook of Knowledge Representation.* Elsevier.

Davis, E. (2008). Pouring liquids: A study in commonsense physical reasoning. *AIJ*, *172*.

Davis, E. (2017). Logical formalizations of commonsense reasoning: A survey. *JAIR*, *59*, 651–723.

Davis, E. and Morgenstern, L. (2004). Introduction: Progress in formal commonsense reasoning. *AIJ*, *153*, 1–12.

Davis, E. and Morgenstern, L. (2005). A first-order theory of communication and multi-agent plans. *J. Logic and Computation*, *15*, 701–749.

Davis, M. (1957). A computer program for Presburger's algorithm. In *Proving Theorems (as Done by Man, Logician, or Machine).* Proc. Summer Institute for Symbolic Logic. Second edition; publication date is 1960.

Davis, M., Logemann, G., and Loveland, D. (1962). A machine program for theorem-proving. *CACM*, *5*, 394–397.

Davis, M. and Putnam, H. (1960). A computing procedure for quantification theory. *JACM*, *7*, 201–215.

Dayan, P. (1992). The convergence of TD(λ) for general λ. *Machine Learning*, *8*, 341–362.

Dayan, P. and Abbott, L. F. (2001). *Theoretical Neuroscience: Computational and Mathematical Modeling of Neural Systems.* MIT Press.

Dayan, P. and Hinton, G. E. (1993). Feudal reinforcement learning. In *NeurIPS 5.*

Dayan, P. and Niv, Y. (2008). Reinforcement learning and the brain: The good, the bad and the ugly. *Current Opinion in Neurobiology*, *18*, 185–196.

de Condorcet, M. (1785). *Essay on the Application of Analysis to the Probability of Majority Decisions.* Imprimerie Royale.

de Dombal, F. T., Leaper, D. J., Horrocks, J. C., and Staniland, J. R. (1974). Human and computer-aided diagnosis of abdominal pain: Further report with emphasis on performance of clinicians. *British Medical Journal*, *1*, 376–380.

de Dombal, F. T., Staniland, J. R., and Clamp, S. E. (1981). Geographical variation in disease presentation. *Medical Decision Making*, *1*, 59–69.

de Farias, D. P. and Roy, B. V. (2003). The linear programming approach to approximate dynamic programming. *Operations Research*, *51*, 839–1016.

de Finetti, B. (1937). Le prévision: ses lois logiques, ses sources subjectives. *Ann. Inst. Poincaré*, *7*, 1–68.

de Finetti, B. (1993). On the subjective meaning of probability. In Monari, P. and Cocchi, D. (Eds.), *Probabilita e Induzione.* Clueb.

de Freitas, J. F. G., Niranjan, M., and Gee, A. H. (2000). Sequential Monte Carlo methods to train neural network models. *Neural Computation*, *12*, 933–953.

de Ghellinck, G. (1960). Les problèmes de décisions séquentielles. *Cahiers du Centre d'Études de Recherche Opérationnelle*, *2*, 161–179.

de Kleer, J. (1975). Qualitative and quantitative knowledge in classical mechanics. Tech. rep., MIT Artificial Intelligence Laboratory.

de Kleer, J. (1989). A comparison of ATMS and CSP techniques. In *IJCAI-89.*

de Kleer, J. and Brown, J. S. (1985). A qualitative physics based on confluences. In Hobbs, J. R. and Moore, R. C. (Eds.), *Formal Theories of the Commonsense World.* Ablex.

de Marcken, C. (1996). *Unsupervised Language Acquisition.* Ph.D. thesis, MIT.

De Morgan, A. (1864). On the syllogism, No. IV, and on the logic of relations. *Transaction of the Cambridge Philosophical Society*, *X*, 331–358.

de Salvo Braz, R., Amir, E., and Roth, D. (2007). Lifted first-order probabilistic inference. In Getoor, L. and Taskar, B. (Eds.), *Introduction to Statistical Relational Learning.* MIT Press.

Deacon, T. W. (1997). *The Symbolic Species: The Coevolution of Language and the Brain.* W. W. Norton.

Deale, M., Yvanovich, M., Schnitzius, D., Kautz, D., Carpenter, M., Zweben, M., Davis, G., and Daun, B. (1994). The space shuttle ground processing scheduling system. In Zweben, M. and Fox, M. (Eds.), *Intelligent Scheduling*. Morgan Kaufmann.

Dean, J., Patterson, D. A., and Young, C. (2018). A new golden age in computer architecture: Empowering the machine-learning revolution. *IEEE Micro*, 38, 21-29.

Dean, T., Basye, K., Chekaluk, R., and Hyun, S. (1990). Coping with uncertainty in a control system for navigation and exploration. In *AAAI-90*.

Dean, T. and Boddy, M. (1988). An analysis of timedependent planning. In *AAAI-88*.

Dean, T., Firby, R. J., and Miller, D. (1990). Hierarchical planning involving deadlines, travel time, and resources. *Computational Intelligence*, 6, 381-398.

Dean, T., Kaelbling, L. P., Kirman, J., and Nicholson, A. (1993). Planning with deadlines in stochastic domains. In *AAAI-93*.

Dean, T. and Kanazawa, K. (1989a). A model for projection and action. In *IJCAI-89*.

Dean, T. and Kanazawa, K. (1989b). A model for reasoning about persistence and causation. *Computational Intelligence*, 5, 142-150.

Dean, T. and Wellman, M. P. (1991). *Planning and Control*. Morgan Kaufmann.

Dearden, R., Friedman, N., and Andre, D. (1999). Model-based Bayesian exploration. In *UAI-99*.

Dearden, R., Friedman, N., and Russell, S. J. (1998). Bayesian Q-learning. In *AAAI-98*.

Debevec, P., Taylor, C., and Malik, J. (1996). Modeling and rendering architecture from photographs: A hybrid geometryand image-based approach. In *Proc. 23rd Annual Conference on Computer Graphics (SIGGRAPH)*.

Debreu, G. (1960). Topological methods in cardinal utility theory. In Arrow, K. J., Karlin, S., and Suppes, P. (Eds.), *Mathematical Methods in the Social Sciences, 1959*. Stanford University Press.

Dechter, A. and Dechter, R. (1987). Removing redundancies in constraint networks. In *AAAI-87*.

Dechter, R. (1990a). Enhancement schemes for constraint processing: Backjumping, learning and cutset decomposition. *AIJ*, 41, 273-312.

Dechter, R. (1990b). On the expressiveness of networks with hidden variables. In *AAAI-90*.

Dechter, R. (1999). Bucket elimination: A unifying framework for reasoning. *AIJ*, 113, 41-85.

Dechter, R. and Pearl, J. (1985). Generalized best-first search strategies and the optimality of A*. *JACM*, 32, 505-536.

Dechter, R. and Pearl, J. (1987). Network-based heuristics for constraint-satisfaction problems. *AIJ*, 34, 1-38.

Dechter, R. and Pearl, J. (1989). Tree clustering for constraint networks. *AIJ*, 38, 353-366.

Dechter, R. and Rish, I. (2003). Mini-buckets: A general scheme for bounded inference. *JACM*, 50, 107-153.

Dechter, R. (2003). *Constraint Processing*. Morgan Kaufmann.

Dechter, R. (2019). *Reasoning with Probabilistic and Deterministic Graphical Models: Exact Algorithms* (2nd edition). Morgan & Claypool.

Dechter, R. and Frost, D. (2002). Backjump-based backtracking for constraint satisfaction problems. *AIJ*, 136, 147-188.

Dechter, R. and Mateescu, R. (2007). AND/OR search spaces for graphical models. *AIJ*, 171, 73-106.

DeCoste, D. and Schölkopf, B. (2002). Training invariant support vector machines. *Machine Learning*, 46, 161-190.

Dedekind, R. (1888). *Was sind und was sollen die Zahlen*. Braunschweig, Germany.

Deerwester, S. C., Dumais, S. T., Landauer, T. K., Furnas, G. W., and Harshman, R. A. (1990). Indexing by latent semantic analysis. *J. American Society for Information Science*, 41, 391-407.

DeGroot, M. H. (1970). *Optimal Statistical Decisions*. McGraw-Hill.

DeGroot, M. H. and Schervish, M. J. (2001). *Probability and Statistics* (3rd edition). Addison Wesley.

Dehaene, S. (2014). *Consciousness and the Brain: Deciphering How the Brain Codes Our Thoughts*. Penguin Books.

Del Moral, P., Doucet, A., and Jasra, A. (2006). Sequential Monte Carlo samplers. *J. Royal Statistical Society*, 68, 411-436.

Del Moral, P. (2004). *Feynman-Kac Formulae, Genealogical and Interacting Particle Systems with Applications*. Springer-Verlag.

Delgrande, J. and Schaub, T. (2003). On the relation between Reiter's default logic and its (major) variants. In *Seventh European Conference on Symbolic and Quantitative Approaches to Reasoning with Uncertainty*.

Delling, D., Sanders, P., Schultes, D., and Wagner, D. (2009). Engineering route planning algorithms. In Lerner, J., Wagner, D., and Zweig, K. (Eds.), *Algorithmics, LNCS*. Springer-Verlag.

Dempster, A. P. (1968). A generalization of Bayesian inference. *J. Royal Statistical Society*, 30 (Series B), 205-247.

Dempster, A. P., Laird, N., and Rubin, D. (1977). Maximum likelihood from incomplete data via the EM algorithm. *J. Royal Statistical Society*, 39 (Series B), 1-38.

Denardo, E. V. (1967). Contraction mappings in the theory underlying dynamic programming. *SIAM Review*, 9, 165-177.

Deng, J., Dong, W., Socher, R., Li, L.-J., Li, K., and Fei-Fei, L. (2009). Imagenet: A large-scale hierarchical image database. In *CVPR-09*.

Deng, L. (2016). Deep learning: From speech recognition to language and multimodal processing. *APSIPA Transactions on Signal and Information Processing*, 5.

Deng, L., Yu, D., *et al.* (2014). Deep learning: Methods and applications. *Foundations and Trends in Signal Processing*, 7, 197-387.

Deng, X. and Papadimitriou, C. H. (1990). Exploring an unknown graph. In *FOCS-90*.

Deng, X. and Papadimitriou, C. H. (1994). On the complexity of cooperative solution concepts. *Mathematics of Operations Research*, 19, 257-266.

Denney, E., Fischer, B., and Schumann, J. (2006). An empirical evaluation of automated theorem provers in software certification. *Int. J. AI Tools*, 15, 81-107.

D'Épenoux, F. (1963). A probabilistic production and inventory problem. *A probabilistic production and inventory problem*, 10, 98-108.

Dervovic, D., Herbster, M., Mountney, P., Severini, S., Usher, N., and Wossnig, L. (2018). Quantum linear systems algorithms: A primer. arXiv:1802.08227.

Descartes, R. (1637). Discourse on method. In Cottingham, J., Stoothoff, R., and Murdoch, D. (Eds.), *The Philosophical Writings of Descartes*, Vol. I. Cambridge University Press, Cambridge.

Descotte, Y. and Latombe, J.-C. (1985). Making compromises among antagonist constraints in a planner. *AIJ*, 27, 183-217.

Deshpande, I., Hu, Y.-T., Sun, R., Pyrros, A., Siddiqui, N., Koyejo, S., Zhao, Z., Forsyth, D., and Schwing, A. (2019). Max-sliced Wasserstein distance and its use for GANs. In *CVPR-19*.

Deutscher, G. (2010). *Through the Language Glass: Why the World Looks Different in Other Languages*. Metropolitan Books.

Devlin, J., Chang, M.-W., Lee, K., and Toutanova, K. (2018). Bert: Pre-training of deep bidirectional transformers for language understanding. arXiv:1810.04805.

Devlin, K. (2018). *Turned On: Science, Sex and Robots*. Bloomsbury.

Devroye, L. (1987). *A course in density estimation*. Birkhauser.

Dias, M. B., Zlot, R., Kalra, N., and Stentz, A. (2006). Market-based multirobot coordination: A survey and analysis. *Proc. IEEE*, 94, 1257-1270.

Dickmanns, E. D. and Zapp, A. (1987). Autonomous high speed road vehicle guidance by computer vision. In *Automatic Control—World Congress, 1987: Selected Papers from the 10th Triennial World Congress of the International Federation of Automatic Control*.

Dietterich, T. (2000). Hierarchical reinforcement learning with the MAXQ value function decomposition. *JAIR*, 13, 227-303.

Dijkstra, E. W. (1959). A note on two problems in connexion with graphs. *Numerische Mathematik*, 1, 269-271.

Dijkstra, E. W. (1984). The threats to computing science. In *ACM South Central Regional Conference*.

Ding, Y., Sohn, J. H., Kawczynski, M. G., Trivedi, H., Harnish, R., Jenkins, N. W., Lituiev, D., Copeland, T. P., Aboian, M. S., Mari Aparici, C., *et al.* (2018). A deep learning model to predict a diagnosis of alzheimer disease by using 18F-FDG PET of the brain. *Radiology*, p. 180958.

Dinh, H., Russell, A., and Su, Y. (2007). On the value of good advice: The complexity of A* with accurate heuristics. In *AAAI-07*.

Dissanayake, G., Newman, P., Clark, S., DurrantWhyte, H., and Csorba, M. (2001). A solution to the simultaneous localisation and map building (SLAM) problem. *IEEE Transactions on Robotics and Automation*, 17, 229-241.

Dittmer, S. and Jensen, F. (1997). Myopic value of information in influence diagrams. In *UAI-97*.

Do, M. and Kambhampati, S. (2003). Planning as constraint satisfaction: solving the planning graph by compiling it into CSP. *AIJ*, 132, 151-182.

Do, M. B. and Kambhampati, S. (2001). Sapa: A domain-independent heuristic metric temporal planner. In *ECP-01*.

Doctorow, C. (2001). Metacrap: Putting the torch to seven straw-men of the meta-utopia. www.well.com/doctorow/metacrap.htm.

Doctorow, C. and Stross, C. (2012). *The Rapture of the Nerds: A Tale of the Singularity, Posthumanity, and Awkward Social Situations*. Tor Books.

Dodd, L. (1988). The inside/outside algorithm: Grammatical inference applied to stochastic contextfree grammars. Tech. rep., Royal Signals and Radar Establishment, Malvern.

Domingos, P. and Pazzani, M. (1997). On the optimality of the simple Bayesian classifier under zero-one loss. *Machine Learning*, 29, 103-30.

Domingos, P. (2012). A few useful things to know about machine learning. *Commun. ACM*, 55(10), 78-87.

Domingos, P. (2015). *The Master Algorithm: How the Quest for the Ultimate Learning Machine Will Remake Our World*. Basic Books.

Dong, X., Gabrilovich, E., Heitz, G., Horn, W., Lao, N., Murphy, K., Strohmann, T., Sun, S., and Zhang, W. (2014). Knowledge vault: A web-scale approach to probabilistic knowledge fusion. In *KDD-14*.

Doorenbos, R. (1994). Combining left and right unlinking for matching a large number of learned rules. In *AAAI-94*.

Doran, J. and Michie, D. (1966). Experiments with the graph traverser program. *Proc. Roy. Soc.*, 294, Series A, 235-259.

Dorf, R. C. and Bishop, R. H. (2004). *Modern Control Systems* (10th edition). Prentice-Hall.

Dorigo, M., Birattari, M., Blum, C., Clerc, M., Stützle, T., and Winfield, A. (2008). *Ant Colony Optimization and Swarm Intelligence: 6th International Conference, ANTS 2008, Brussels, Belgium, September 22-24, 2008, Proceedings*, Vol. 5217. Springer-Verlag.

Doshi-Velez, F. and Kim, B. (2017). Towards a rigorous science of interpretable machine learning. arXiv:1702.08608.

Doucet, A. (1997). *Monte Carlo methods for Bayesian estimation of hidden Markov models: Application to radiation signals*. Ph.D. thesis, Université de ParisSud.

Doucet, A., de Freitas, J. F. G., and Gordon, N. (2001). *Sequential Monte Carlo Methods in Practice*. Springer-Verlag.

Doucet, A., de Freitas, J. F. G., Murphy, K., and Russell, S. J. (2000). Rao-Blackwellised particle filtering for dynamic Bayesian networks. In *UAI-00*.

Doucet, A. and Johansen, A. M. (2011). A tutorial on particle filtering and smoothing: Fifteen years later. In Crisan, D. and Rozovskii, B. (Eds.), *Oxford Handbook of Nonlinear Filtering*. Oxford.

Dowty, D., Wall, R., and Peters, S. (1991). *Introduction to Montague Semantics*. D. Reidel.

Doyle, J. (1979). A truth maintenance system. *AIJ*, *12*, 231–272.

Doyle, J. (1983). What is rational psychology? Toward a modern mental philosophy. *AIMag*, *4*, 50–53.

Drabble, B. (1990). Mission scheduling for spacecraft: Diaries of T-SCHED. In *Expert Planning Systems*. Institute of Electrical Engineers.

Dragan, A. D., Lee, K. C., and Srinivasa, S. (2013). Legibility and predictability of robot motion. In *HRI-13*.

Dredze, M., Crammer, K., and Pereira, F. (2008). Confidence-weighted linear classification. In *ICML-08*.

Dressel, J. and Farid, H. (2018). The accuracy, fairness, and limits of predicting recidivism. *Science Advances*, *4*, eaao5580.

Dreyfus, H. L. (1972). *What Computers Can't Do: A Critique of Artificial Reason*. Harper and Row.

Dreyfus, H. L. (1992). *What Computers Still Can't Do: A Critique of Artificial Reason*. MIT Press.

Dreyfus, H. L. and Dreyfus, S. E. (1986). *Mind over Machine: The Power of Human Intuition and Expertise in the Era of the Computer*. Blackwell.

Dreyfus, S. E. (1962). The numerical solution of variational problems. *J. Math. Anal. and Appl.*, *5*, 30–45.

Dreyfus, S. E. (1969). An appraisal of some shortest-paths algorithms. *Operations Research*, *17*, 395–412.

Dreyfus, S. E. (1990). Artificial neural networks, back propagation, and the Kelley–Bryson gradient procedure. *J. Guidance, Control, and Dynamics*, *13*, 926–928.

Du, S. S., Lee, J. D., Li, H., Wang, L., and Zhai, X. (2018). Gradient descent finds global minima of deep neural networks. arXiv:1811.03804.

Dubois, D. and Prade, H. (1994). A survey of belief revision and updating rules in various uncertainty models. *Int. J. Intelligent Systems*, *9*, 61–100.

Duda, R. O. and Hart, P. E. (1973). *Pattern classification and scene analysis*. Wiley.

Duda, R. O., Hart, P. E., and Stork, D. G. (2001). *Pattern Classification* (2nd edition). Wiley.

Dudek, G. and Jenkin, M. (2000). *Computational Principles of Mobile Robotics*. Cambridge University Press.

Duffy, D. (1991). *Principles of Automated Theorem Proving*. John Wiley & Sons.

Dunn, H. L. (1946). Record linkage". *Am. J. Public Health*, *36*, 1412–1416.

Durfee, E. H. and Lesser, V. R. (1989). Negotiating task decomposition and allocation using partial global planning. In Huhns, M. and Gasser, L. (Eds.), *Distributed AI*, Vol. 2. Morgan Kaufmann.

Durme, B. V. and Pasca, M. (2008). Finding cars, goddesses and enzymes: Parametrizable acquisition of labeled instances for open-domain information extraction. In *AAAI-08*.

Dwork, C. (2008). Differential privacy: A survey of results. In *International Conference on Theory and Applications of Models of Computation*.

Dwork, C., Hardt, M., Pitassi, T., Reingold, O., and Zemel, R. (2012). Fairness through awareness. In *Proc. 3rd innovations in theoretical computer science conference*.

Dwork, C., Roth, A., *et al.* (2014). The algorithmic foundations of differential privacy. *Foundations and Trends in Theoretical Computer Science*, *9*, 211–407.

Dyson, F. (2004). A meeting with Enrico Fermi. *Nature*, *427*, 297.

Dyson, G. (1998). *Darwin among the machines : the evolution of global intelligence*. Perseus Books.

Earley, J. (1970). An efficient context-free parsing algorithm. *CACM*, *13*, 94–102.

Ebendt, R. and Drechsler, R. (2009). Weighted A* search-unifying view and application. *AIJ*, *173*, 1310–1342.

Eckerle, J., Chen, J., Sturtevant, N. R., Zilles, S., and Holte, R. C. (2017). Sufficient conditions for node expansion in bidirectional heuristic search. In *ICAPS-17*.

Eckhouse, L., Lum, K., Conti-Cook, C., and Ciccolini, J. (2019). Layers of bias: A unified approach for understanding problems with risk assessment. *Criminal Justice and Behavior*, *46*, 185–209.

Edelkamp, S. (2009). Scaling search with symbolic pattern databases. In *Model Checking and Artificial Intelligence (MOCHART)*.

Edelkamp, S. and Schrödl, S. (2012). *Heuristic Search*. Morgan Kaufmann.

Edmonds, J. (1965). Paths, trees, and flowers. *Canadian J. of Mathematics*, *17*, 449–467.

Edwards, P. (Ed.). (1967). *The Encyclopedia of Philosophy*. Macmillan.

Eiter, T., Leone, N., Mateis, C., Pfeifer, G., and Scarcello, F. (1998). The KR system dlv: Progress report, comparisons and benchmarks. In *KR-98*.

Elio, R. (Ed.). (2002). *Common Sense, Reasoning, and Rationality*. Oxford University Press.

Elkan, C. (1997). Boosting and naive Bayesian learning. Tech. rep., Department of Computer Science and Engineering, University of California, San Diego.

Ellsberg, D. (1962). *Risk, Ambiguity, and Decision*. Ph.D. thesis, Harvard University.

Elman, J. L. (1990). Finding structure in time. *Cognitive Science*, *14*, 179–211.

Elman, J. L., Bates, E., Johnson, M., Karmiloff-Smith, A., Parisi, D., and Plunkett, K. (1997). *Rethinking Innateness*. MIT Press.

Elo, A. E. (1978). *The rating of chess players: Past and present*. Arco Publishing.

Elsken, T., Metzen, J. H., and Hutter, F. (2018). Neural architecture search: A survey. arXiv:1808.05377.

Empson, W. (1953). *Seven Types of Ambiguity*. New Directions.

Enderton, H. B. (1972). *A Mathematical Introduction to Logic*. Academic Press.

Engel, J., Resnick, C., Roberts, A., Dieleman, S., Norouzi, M., Eck, D., and Simonyan, K. (2017). Neural audio synthesis of musical notes with wavenet autoencoders. In *Proc. 34th International Conference on Machine Learning-Volume 70*.

Epstein, R., Roberts, G., and Beber, G. (Eds.). (2008). *Parsing the Turing test*. Springer.

Erdmann, M. A. and Mason, M. (1988). An exploration of sensorless manipulation. *IEEE Journal of Robotics and Automation*, *4*, 369–379.

Ernst, H. A. (1961). *MH-1, a Computer-Operated Mechanical Hand*. Ph.D. thesis, MIT.

Ernst, M., Millstein, T., and Weld, D. S. (1997). Automatic SAT-compilation of planning problems. In *IJCAI-97*.

Erol, K., Hendler, J., and Nau, D. S. (1994). HTN planning: Complexity and expressivity. In *AAAI-94*.

Erol, K., Hendler, J., and Nau, D. S. (1996). Complexity results for HTN planning. *AIJ*, *18*, 69–93.

Erol, Y., Li, L., Ramsundar, B., and Russell, S. J. (2013). The extended parameter filter. In *ICML-13*.

Erol, Y., Wu, Y., Li, L., and Russell, S. J. (2017). A nearly-black-box online algorithm for joint parameter and state estimation in temporal models. In *AAAI-17*.

Esteva, A., Kuprel, B., Novoa, R. A., Ko, J., Swet-ter, S. M., Blau, H. M., and Thrun, S. (2017). Dermatologist-level classification of skin cancer with deep neural networks. *Nature*, *542*, 115.

Etzioni, A. (2004). *From Empire to Community: A New Approach to International Relation*. Palgrave Macmillan.

Etzioni, A. and Etzioni, O. (2017a). Incorporating ethics into artificial intelligence. *The Journal of Ethics*, *21*, 403–418.

Etzioni, A. and Etzioni, O. (2017b). Should artificial intelligence be regulated? *Issues in Science and Technology*, Summer.

Etzioni, O. (1989). Tractable decision-analytic control. In *Proc. First International Conference on Knowledge Representation and Reasoning*.

Etzioni, O., Banko, M., Soderland, S., and Weld, D. S. (2008). Open information extraction from the web. *CACM*, *51*.

Etzioni, O., Hanks, S., Weld, D. S., Draper, D., Lesh, N., and Williamson, M. (1992). An approach to planning with incomplete information. In *KR-92*.

Etzioni, O., Banko, M., and Cafarella, M. J. (2006). Machine reading. In *AAAI-06*.

Etzioni, O., Cafarella, M. J., Downey, D., Popescu, A.-M., Shaked, T., Soderland, S., Weld, D. S., and Yates, A. (2005). Unsupervised named-entity extraction from the web: An experimental study. *AIJ*, *165*(1), 91–134.

Evans, T. G. (1968). A program for the solution of a class of geometric-analogy intelligence-test questions. In Minsky, M. L. (Ed.), *Semantic Information Processing*. MIT Press.

Fagin, R., Halpern, J. Y., Moses, Y., and Vardi, M. Y. (1995). *Reasoning about Knowledge*. MIT Press.

Fahlman, S. E. (1974). A planning system for robot construction tasks. *AIJ*, *5*, 1–49.

Faugeras, O. (1992). What can be seen in three dimensions with an uncalibrated stereo rig? In *ECCV*, Vol. 588 of *Lecture Notes in Computer Science*.

Faugeras, O., Luong, Q.-T., and Papadoopoulo, T. (2001). *The Geometry of Multiple Images*. MIT Press.

Fawcett, T. and Provost, F. (1997). Adaptive fraud detection. *Data mining and knowledge discovery*, *1*, 291–316.

Fearing, R. S. and Hollerbach, J. M. (1985). Basic solid mechanics for tactile sensing. *Int. J. Robotics Research*, *4*, 40–54.

Featherstone, R. (1987). *Robot Dynamics Algorithms*. Kluwer Academic Publishers.

Feigenbaum, E. A. (1961). The simulation of verbal learning behavior. *Proc. Western Joint Computer Conference*, *19*, 121–131.

Feigenbaum, E. A., Buchanan, B. G., and Lederberg, J. (1971). On generality and problem solving: A case study using the DENDRAL program. In Meltzer, B. and Michie, D. (Eds.), *Machine Intelligence 6*. Edinburgh University Press.

Feldman, J. and Sproull, R. F. (1977). Decision theory and artificial intelligence II: The hungry monkey. Technical report, Computer Science Department, University of Rochester.

Feldman, J. and Yakimovsky, Y. (1974). Decision theory and artificial intelligence I: Semantics-based region analyzer. *AIJ*, *5*, 349–371.

Feldman, M. (2017). Oak Ridge readies Summit supercomputer for 2018 debut. *Top500.org, bit.ly/2ERRFr9*.

Fellbaum, C. (2001). *Wordnet: An Electronic Lexical Database*. MIT Press.

Fellegi, I. and Sunter, A. (1969). A theory for record linkage". *JASA*, *64*, 1183–1210.

Felner, A., Korf, R. E., and Hanan, S. (2004). Additive pattern database heuristics. *JAIR*, *22*, 279–318.

948 Inteligência Artificial

Felner, A. (2018). Position paper: Using early goal test in A*. In *Eleventh Annual Symposium on Combinatorial Search*.

Felner, A., Korf, R. E., Meshulam, R., and Holte, R. C. (2007). Compressed pattern databases. *JAIR, 30*.

Felner, A., Zahavi, U., Holte, R. C., Schaeffer, J., Sturtevant, N. R., and Zhang, Z. (2011). Inconsistent heuristics in theory and practice. *AIJ, 175*, 1570-1603.

Felzenszwalb, P. and McAllester, D. A. (2007). The generalized A* architecture. *JAIR*.

Fenton, N. and Neil, M. (2018). *Risk Assessment and Decision Analysis with Bayesian Networks* (2nd edition). Chapman and Hall.

Ferguson, T. (1992). Mate with knight and bishop in kriegspiel. *Theoretical Computer Science, 96*, 389-403.

Ferguson, T. (1995). Mate with the two bishops in kriegspiel. www.math.ucla.edu/~tom/papers.

Ferguson, T. (2001). *Optimal Stopping and Applications*. www.math.ucla.edu/ tom/Stopping/ Contents.html.

Ferguson, T. (1973). Bayesian analysis of some nonparametric problems. *Annals of Statistics, 1*, 209-230.

Fern, A., Natarajan, S., Judah, K., and Tadepalli, P. (2014). A decision-theoretic model of assistance. *JAIR, 50*, 71-104.

Fernandez, J. M. F. and Mahlmann, T. (2018). The Dota 2 bot competition. *IEEE Transactions on Games*.

Ferraris, P. and Giunchiglia, E. (2000). Planning as satisability in nondeterministic domains. In *AAAI-00*.

Ferriss, T. (2007). *The 4-Hour Workweek*. Crown.

Ferrucci, D., Brown, E., Chu-Carroll, J., Fan, J., Gondek, D., Kalyanpur, A. A., Lally, A., Murdock, J. W., Nyberg, E., Prager, J., Schlaefer, N., and Welty, C. (2010). Building Watson: An overview of the DeepQA project. *AI Magazine, Fall*.

Fikes, R. E., Hart, P. E., and Nilsson, N. J. (1972). Learning and executing generalized robot plans. *AIJ, 3*, 251-288.

Fikes, R. E. and Nilsson, N. J. (1971). STRIPS: A new approach to the application of theorem proving to problem solving. *AIJ, 2*, 189-208.

Fikes, R. E. and Nilsson, N. J. (1993). STRIPS, a retrospective. *AIJ, 59*, 227-232.

Fine, S., Singer, Y., and Tishby, N. (1998). The hierarchical hidden Markov model: Analysis and applications. *Machine Learning, 32*.

Finn, C., Abbeel, P., and Levine, S. (2017). Modelagnostic meta-learning for fast adaptation of deep networks. In *Proc. 34th International Conference on Machine Learning-Volume 70*.

Finney, D. J. (1947). *Probit analysis: A statistical treatment of the sigmoid response curve*. Cambridge University Press.

Firoiu, V., Whitney, W. F., and Tenenbaum, J. B. (2017). Beating the world's best at Super Smash Bros. with deep reinforcement learning. arXiv:1702.06230.

Firth, J. (1957). *Papers in Linguistics*. Oxford University Press.

Fisher, R. A. (1922). On the mathematical foundations of theoretical statistics. *Phil. Trans. Roy. Soc., A, 222*, 309-368.

Fix, E. and Hodges, J. L. (1951). Discriminatory analysis—Nonparametric discrimination: Consistency properties. Tech. rep., USAF School of Aviation Medicine.

Floreano, D., Zufferey, J. C., Srinivasan, M. V., and Ellington, C. (2009). *Flying Insects and Robots*. Springer.

Floyd, R. W. (1962). Algorithm 97: Shortest path. *CACM, 5*, 345.

Fogel, D. B. (2000). *Evolutionary Computation: Toward a New Philosophy of Machine Intelligence*. IEEE Press.

Fogel, L. J., Owens, A. J., and Walsh, M. J. (1966). *Artificial Intelligence through Simulated Evolution*. Wiley.

Forbes, J., Huang, T., Kanazawa, K., and Russell, S. J. (1995). The BATmobile: Towards a Bayesian automated taxi. In *IJCAI-95*.

Forbus, K. D. (1985). Qualitative process theory. In Bobrow, D. (Ed.), *Qualitative Reasoning About Physical Systems*. MIT Press.

Forbus, K. D. and de Kleer, J. (1993). *Building Problem Solvers*. MIT Press.

Forbus, K. D., Hinrichs, T. R., De Kleer, J., and Usher, J. M. (2010). FIRE: Infrastructure for experiencebased systems with common sense. In *AAAI Fall Symposium: Commonsense Knowledge*.

Ford, K. M. and Hayes, P. J. (1995). Turing Test considered harmful. In *IJCAI-95*.

Ford, L. R. (1956). Network flow theory. Tech. rep., RAND Corporation.

Ford, M. (2015). *Rise of the Robots: Technology and the Threat of a Jobless Future*. Basic Books.

Ford, M. (2018). *Architects of Intelligence*. Packt.

Forestier, J.-P. and Varaiya, P. (1978). Multilayer control of large Markov chains. *IEEE Transactions on Automatic Control, 23*, 298-304.

Forgy, C. (1981). OPS5 user's manual. Technical report, Computer Science Department, Carnegie-Mellon University.

Forgy, C. (1982). A fast algorithm for the many patterns/many objects match problem. *AIJ, 19*, 17-37.

Forster, E. M. (1909). *The Machine Stops*. Sheba Blake.

Forsyth, D. and Ponce, J. (2002). *Computer Vision: A Modern Approach*. Prentice Hall.

Fouhey, D., Kuo, W.-C., Efros, A., and Malik, J. (2018). From lifestyle vlogs to everyday interactions. In *CVPR-18*.

Fourier, J. (1827). Analyse des travaux de l'Académie Royale des Sciences, pendant l'année 1824; partie mathématique. *Histoire de l'Académie Royale des Sciences de France, 7*, xlvii-lv.

Fox, C. and Tversky, A. (1995). Ambiguity aversion and comparative ignorance. *Quarterly Journal of Economics, 110*, 585-603.

Fox, D., Burgard, W., Dellaert, F., and Thrun, S. (1999). Monte Carlo localization: Efficient position estimation for mobile robots. In *AAAI-99*.

Fox, M. S. (1990). Constraint-guided scheduling: A short history of research at CMU. *Computers in Industry, 14*, 79-88.

Fox, M. S., Allen, B., and Strohm, G. (1982). Job shop scheduling: An investigation in constraint-directed reasoning. In *AAAI-82*.

Franco, J. and Paull, M. (1983). Probabilistic analysis of the Davis Putnam procedure for solving the satisfiability problem. *Discrete Applied Mathematics, 5*, 77-87.

Francois-Lavet, V., Henderson, P., Islam, R., Bellemare, M. G., and Pineau, J. (2018). An introduction to deep reinforcement learning. *Foundations and Trends in Machine Learning, 11*, 219-354.

Frank, I., Basin, D. A., and Matsubara, H. (1998). Finding optimal strategies for imperfect information games. In *AAAI-98*.

Frank, R. H. and Cook, P. J. (1996). *The Winner-TakeAll Society*. Penguin.

Frans, K., Ho, J., Chen, X., Abbeel, P., and Schulman, J. (2018). Meta learning shared hierarchies. In *ICLR-18*.

Franz, A. and Brants, T. (2006). All our n-gram are belong to you. Google blog, ai.googleblog.com/2006/08/all-our-n-gram-arebelong-to-you.html.

Frege, G. (1879). *Begriffsschrift, eine der arithmetischen nachgebildete Formelsprache des reinen Denkens*. Halle, Berlin. English translation appears in van Heijenoort (1967).

Freitag, D. and McCallum, A. (2000). Information extraction with hmm structures learned by stochastic optimization. In *AAAI-00*.

Freuder, E. C. (1978). Synthesizing constraint expressions. *CACM, 21*, 958-966.

Freuder, E. C. (1982). A sufficient condition for backtrack-free search. *JACM, 29*, 24-32.

Freuder, E. C. (1985). A sufficient condition for backtrack-bounded search. *JACM, 32*, 755-761.

Freund, Y. and Schapire, R. E. (1996). Experiments with a new boosting algorithm. In *ICML-96*.

Freund, Y. and Schapire, R. E. (1999). Large margin classification using the perceptron algorithm. *Machine Learning, 37*, 277-296.

Frey, B. J. (1998). *Graphical models for machine learning and digital communication*. MIT Press.

Frey, C. B. and Osborne, M. A. (2017). The future of employment: How susceptible are jobs to computerisation? *Technological forecasting and social change, 114*, 254-280.

Friedberg, R. M. (1958). A learning machine: Part I. *IBM Journal of Research and Development, 2*, 2-13.

Friedberg, R. M., Dunham, B., and North, T. (1959). A learning machine: Part II. *IBM Journal of Research and Development, 3*, 282-287.

Friedman, G. J. (1959). Digital simulation of an evolutionary process. *General Systems Yearbook, 4*, 171-184.

Friedman, J., Hastie, T., and Tibshirani, R. (2000). Additive logistic regression: A statistical view of boosting. *Annals of Statistics, 28*, 337-374.

Friedman, J. (2001). Greedy function approximation: A gradient boosting machine. *Annals of statistics, 29*, 1189-1232.

Friedman, N. (1998). The Bayesian structural EM algorithm. In *UAI-98*.

Friedman, N. and Goldszmidt, M. (1996). Learning Bayesian networks with local structure. In *UAI-96*.

Friedman, N. and Koller, D. (2003). Being Bayesian about Bayesian network structure: A Bayesian approach to structure discovery in Bayesian networks. *Machine Learning, 50*, 95-125.

Friedman, N., Murphy, K., and Russell, S. J. (1998). Learning the structure of dynamic probabilistic networks. In *UAI-98*.

Friedman, N. (2004). Inferring cellular networks using probabilistic graphical models. *Science, 303*.

Fruhwirth, T. and Abdennadher, S. (2003). *Essentials of constraint programming*. Cambridge University Press.

Fuchs, J. J., Gasquet, A., Olalainty, B., and Currie, K. W. (1990). PlanERS-1: An expert planning system for generating spacecraft mission plans. In *First International Conference on Expert Planning Systems*. Institute of Electrical Engineers.

Fudenberg, D. and Tirole, J. (1991). *Game theory*. MIT Press.

Fukunaga, A. S., Rabideau, G., Chien, S., and Yan, D. (1997). ASPEN: A framework for automated planning and scheduling of spacecraft control and operations. In *Proc. International Symposium on AI, Robotics and Automation in Space*.

Fukushima, K. (1980). Neocognitron: A selforganizing neural network model for a mechanism of pattern recognition unaffected by shift in position. *Biological Cybernetics, 36*, 193-202.

Fukushima, K. and Miyake, S. (1982). Neocognitron: A self-organizing neural network model for a mechanism of visual pattern recognition. In *Competition and cooperation in neural nets*. Springer.

Fuller, S. B., Straw, A. D., Peek, M. Y., Murray, R. M., and Dickinson, M. H. (2014). Flying Drosophila stabilize their vision-based velocity controller by sensing wind with their antennae. *Proc. National Academy of Sciences of the United States of America, 111 13*, E1182-91.

Fung, C., Yoon, C. J. M., and Beschastnikh, I. (2018). Mitigating sybils in federated learning poisoning. arXiv:1808.04866.

Fung, R. and Chang, K. C. (1989). Weighting and integrating evidence for stochastic simulation in Bayesian networks. In *UAI 5*.

Gaddum, J. H. (1933). Reports on biological standard III: Methods of biological assay depending on a quantal response. Special report series of the medical research council, Medical Research Council.

Gaifman, H. (1964a). Concerning measures in first order calculi. *Israel J. Mathematics*, *2*, 1-18.

Gaifman, H. (1964b). Concerning measures on Boolean algebras. *Pacific J. Mathematics*, *14*, 61-73.

Gallaire, H. and Minker, J. (Eds.). (1978). *Logic and Databases*. Plenum.

Gallier, J. H. (1986). *Logic for Computer Science: Foundations of Automatic Theorem Proving*. Harper and Row.

Galton, F. (1886). Regression towards mediocrity in hereditary stature. *J. Anthropological Institute of Great Britain and Ireland*, *15*, 246-263.

Gamba, A., Gamberini, L., Palmieri, G., and Sanna, R. (1961). Further experiments with PAPA. *Nuovo Cimento Supplemento*, *20*, 221-231.

Gandomi, A. and Haider, M. (2015). Beyond the hype: Big data concepts, methods, and analytics. *International journal of information management*, *35*, 137-144.

Gao, J. (2014). Machine learning applications for data center optimization. Google Research.

García, J. and Fernández, F. (2015). A comprehensive survey on safe reinforcement learning. *JMLR*, *16*, 1437-1480.

Gardner, M. (1968). *Logic Machines, Diagrams and Boolean Algebra*. Dover.

Garey, M. R. and Johnson, D. S. (1979). *Computers and Intractability*. W. H. Freeman.

Gaschnig, J. (1977). A general backtrack algorithm that eliminates most redundant tests. In *IJCAI-77*.

Gaschnig, J. (1979). Performance measurement and analysis of certain search algorithms. Technical report, Computer Science Department, Carnegie-Mellon University.

Gasser, R. (1995). *Efficiently harnessing computational resources for exhaustive search*. Ph.D. thesis, ETH Zu¨rich.

Gat, E. (1998). Three-layered architectures. In Kortenkamp, D., Bonasso, R. P., and Murphy, R. (Eds.), *AI-based Mobile Robots: Case Studies of Successful Robot Systems*. MIT Press.

Gatys, L. A., Ecker, A. S., and Bethge, M. (2016). Image style transfer using convolutional neural networks. In *CVPR-16*.

Gauci, J., Conti, E., Liang, Y., Virochsiri, K., He, Y., Kaden, Z., Narayanan, V., and Ye, X. (2018). Horizon: Facebook's open source applied reinforcement learning platform. arXiv:1811.00260.

Gauss, C. F. (1809). *Theoria Motus Corporum Coelestium in Sectionibus Conicis Solem Ambientium*. Sumtibus F. Perthes et I. H. Besser, Hamburg.

Gauss, C. F. (1829). Beiträge zur theorie der algebraischen gleichungen. *Werke*, *3*, 71-102.

Gazzaniga, M. (2018). *The Consciousness Instinct*. Farrar, Straus and Girou.

Gebru, T., Morgenstern, J., Vecchione, B., Vaughan, J. W., Wallach, H. M., III, H. D., and Crawford, K. (2018). Datasheets for datasets. arXiv:1803.09010.

Geiger, D., Verma, T., and Pearl, J. (1990a). dseparation: From theorems to algorithms. In Henrion, M., Shachter, R. D., Kanal, L. N., and Lemmer, J. F. (Eds.), *UAI-90*. Elsevier.

Geiger, D., Verma, T., and Pearl, J. (1990b). Identifying independence in Bayesian networks. *Networks*, *20*, 507-534.

Gelb, A. (1974). *Applied Optimal Estimation*. MIT Press.

Gelernter, H. (1959). Realization of a geometrytheorem proving machine. In *Proc. an International Conference on Information Processing*. UNESCO House.

Gelfond, M. and Lifschitz, V. (1988). Compiling circumscriptive theories into logic programs. In *NonMonotonic Reasoning: 2nd International Workshop Proceedings*.

Gelfond, M. (2008). Answer sets. In van Harmelan, F., Lifschitz, V., and Porter, B. (Eds.), *Handbook of Knowledge Representation*. Elsevier.

Gelman, A. (2004). Exploratory data analysis for complex models. *Journal of Computational and Graphical Statistics*, *13*, 755-779.

Gelman, A., Carlin, J. B., Stern, H. S., and Rubin, D. (1995). *Bayesian Data Analysis*. Chapman & Hall.

Geman, S. and Geman, D. (1984). Stochastic relaxation, Gibbs distributions, and Bayesian restoration of images. *PAMI*, *6*, 721-741.

Gene Ontology Consortium, The. (2008). The gene ontology project in 2008. *Nucleic Acids Research*, *36*(D440-D444).

Genesereth, M. R. (1984). The use of design descriptions in automated diagnosis. *AIJ*, *24*, 411-436.

Genesereth, M. R. and Nilsson, N. J. (1987). *Logical Foundations of Artificial Intelligence*. Morgan Kaufmann.

Genesereth, M. R. and Nourbakhsh, I. (1993). Timesaving tips for problem solving with incomplete information. In *AAAI-93*.

Genesereth, M. R. and Smith, D. E. (1981). Metalevel architecture. Memo, Computer Science Department, Stanford University.

Gent, I., Petrie, K., and Puget, J.-F. (2006). Symmetry in constraint programming. In Rossi, F., van Beek, P., and Walsh, T. (Eds.), *Handbook of Constraint Programming*. Elsevier.

Géron, A. (2019). *Hands-On Machine Learning with Scikit-Learn, Kerasm and TensorFlow: Concepts, Tools, and Techniques to Build Intelligent Systems*. O'Reilly.

Gers, F. A., Schmidhuber, J., and Cummins, F. (2000). Learning to forget: Continual prediction with LSTM. *Neural Computation*, *12*, 2451-2471.

Getoor, L. and Taskar, B. (Eds.). (2007). *Introduction to Statistical Relational Learning*. MIT Press.

Ghaheri, A., Shoar, S., Naderan, M., and Hoseini, S. S. (2015). The applications of genetic algorithms in medicine. *Oman medical journal*, *30*, 406-416.

Ghahramani, Z. (1998). Learning dynamic Bayesian networks. In *Adaptive Processing of Sequences and Data Structures*.

Ghahramani, Z. (2005). Tutorial on nonparametric Bayesian methods. Given at the UAI-05 Conference.

Ghallab, M., Howe, A., Knoblock, C. A., and McDermott, D. (1998). PDDL—The planning domain definition language. Tech. rep., Yale Center for Computational Vision and Control.

Ghallab, M. and Laruelle, H. (1994). Representation and control in IxTeT, a temporal planner. In *AIPS-94*.

Ghallab, M., Nau, D. S., and Traverso, P. (2004). *Automated Planning: Theory and practice*. Morgan Kaufmann.

Ghallab, M., Nau, D. S., and Traverso, P. (2016). *Automated Planning and aAting*. Cambridge University Press.

Gibbs, R. W. (2006). Metaphor interpretation as embodied simulation. *Mind*, *21*, 434-458.

Gibson, J. J. (1950). *The Perception of the Visual World*. Houghton Mifflin.

Gibson, J. J. (1979). *The Ecological Approach to Visual Perception*. Houghton Mifflin.

Gibson, J. J., Olum, P., and Rosenblatt, F. (1955). Parallax and perspective during aircraft landings. *American Journal of Psychology*, *68*, 372-385.

Gilks, W. R., Richardson, S., and Spiegelhalter, D. J. (Eds.). (1996). *Markov chain Monte Carlo in practice*. Chapman and Hall.

Gilks, W. R., Thomas, A., and Spiegelhalter, D. J. (1994). A language and program for complex Bayesian modelling. *The Statistician*, *43*, 169-178.

Gilks, W. R. and Berzuini, C. (2001). Following a moving target—Monte Carlo inference for dynamic Bayesian models. *J. Royal Statistical Society*, *63*, 127-146.

Gilks, W. R. and Wild, P. P. (1992). Adaptive rejection sampling for Gibbs sampling. *Applied Statistics*, *41*, 337-348.

Gillies, D. B. (1959). Solutions to general non-zerosum games. In Tucker, A. W. and Luce, L. D. (Eds.), *Contributions to the Theory of Games, volume IV*. Princeton University Press.

Gilmore, P. C. (1960). A proof method for quantification theory: Its justification and realization. *IBM Journal of Research and Development*, *4*, 28-35.

Gilpin, A., Sandholm, T., and Sorensen, T. (2008). A heads-up no-limit Texas Hold'em poker player: Discretized betting models and automatically generated equilibrium-finding programs. In *AAMAS-08*.

Ginsberg, M. L. (1993). *Essentials of Artificial Intelligence*. Morgan Kaufmann.

Ginsberg, M. L. (2001). GIB: Imperfect infoormation in a computationally challenging game. *JAIR*, *14*, 303-358.

Gionis, A., Indyk, P., and Motwani, R. (1999). Similarity search in high dimensions vis hashing. In *Proc. 25th Very Large Database (VLDB) Conference*.

Girshick, R., Donahue, J., Darrell, T., and Malik, J. (2016). Region-based convolutional networks for accurate object detection and segmentation. *PAMI*, *38*, 142-58.

Gittins, J. C. (1989). *Multi-Armed Bandit Allocation Indices*. Wiley.

Gittins, J. C. and Jones, D. M. (1974). A dynamic allocation index for the sequential design of experiments. In Gani, J. (Ed.), *Progress in Statistics*. North-Holland.

Glanc, A. (1978). On the etymology of the word "robot". *SIGART Newsletter*, *67*, 12.

Glickman, M. E. (1999). Parameter estimation in large dynamic paired comparison experiments. *Applied Statistics*, *48*, 377-394.

Glorot, X., Bordes, A., and Bengio, Y. (2011). Deep sparse rectifier neural networks. In *AISTATS'2011*.

Glover, F. and Laguna, M. (Eds.). (1997). *Tabu search*. Kluwer.

Gluss, B. (1959). An optimum policy for detecting a fault in a complex system. *Operations Research*, *7*, 468-477.

Godefroid, P. (1990). Using partial orders to improve automatic verification methods. In *Proc. 2nd Int'l Workshop on Computer Aided Verification*.

Gödel, K. (1930). *Über die Vollständigkeit des Logikkalküls*. Ph.D. thesis, University of Vienna.

Gödel, K. (1931). Über formal unentscheidbare Sätze der Principia mathematica und verwandter Systeme I. *Monatshefte für Mathematik und Physik*, *38*, 173-198.

Goebel, J., Volk, K., Walker, H., and Gerbault, F. (1989). Automatic classification of spectra from the infrared astronomical satellite (IRAS). *Astronomy and Astrophysics*, *222*, L5-L8.

Goertzel, B. and Pennachin, C. (2007). *Artificial General Intelligence*. Springer.

Gogate, V. and Domingos, P. (2011). Approximation by quantization. In *UAI-11*.

Gold, E. M. (1967). Language identification in the limit. *Information and Control*, *10*, 447-474.

Goldberg, A. V., Kaplan, H., and Werneck, R. F. (2006). Reach for A*: Efficient point-to-point shortest path algorithms. In *Workshop on algorithm engineering and experiments*.

Goldberg, Y. (2017). Neural network methods for natural language processing. *Synthesis Lectures on Human Language Technologies*, *10*.

Goldberg, Y., Zhao, K., and Huang, L. (2013). Efficient implementation of beam-search incremental parsers. In *ACL-13*.

Goldman, R. and Boddy, M. (1996). Expressive planning and explicit knowledge. In *AIPS-96*.

Goldszmidt, M. and Pearl, J. (1996). Qualitative probabilities for default reasoning, belief revision, and causal modeling. *AIJ*, 84, 57-112.

Golomb, S. and Baumert, L. (1965). Backtrack proramming. *JACM*, 14, 516-524.

Golub, G., Heath, M., and Wahba, G. (1979). Generalized cross-validation as a method for choosing a good ridge parameter. *Technometrics*, 21.

Gomes, C., Selman, B., Crato, N., and Kautz, H. (2000). Heavy-tailed phenomena in satisfiability and constrain processing. *JAR*, 24, 67-100.

Gomes, C., Kautz, H., Sabharwal, A., and Selman, B. (2008). Satisfiability solvers. In van Harmelen, F., Lifschitz, V., and Porter, B. (Eds.), *Handbook of Knowledge Representation*. Elsevier.

Gomes, C. and Selman, B. (2001). Algorithm portfolios. *AIJ*, 126, 43-62.

Gomes, C., Selman, B., and Kautz, H. (1998). Boosting combinatorial search through randomization. In *AAAI-98*.

Gonthier, G. (2008). Formal proof–The four-color theorem. *Notices of the AMS*, 55, 1382-1393.

Good, I. J. (1961). A causal calculus. *British Journal of the Philosophy of Science*, 11, 305-318.

Good, I. J. (1965a). The mystery of Go. *New Scientist*, 427, 172-174.

Good, I. J. (1965b). Speculations concerning the first ultraintelligent machine. In Alt, F. L. and Rubinoff, M. (Eds.), *Advances in Computers*, Vol. 6. Academic Press.

Good, I. J. (1983). *Good Thinking: The Foundations of Probability and Its Applications*. University of Minnesota Press.

Goodfellow, I., Bengio, Y., and Courville, A. (2016). *Deep Learning*. MIT Press.

Goodfellow, I., Bulatov, Y., Ibarz, J., Arnoud, S., and Shet, V. (2014). Multi-digit number recognition from Street View imagery using deep convolutional neural networks. In *International Conference on Learning Representations*.

Goodfellow, I., Pouget-Abadie, J., Mirza, M., Xu, B., Warde-Farley, D., Ozair, S., Courville, A., and Bengio, Y. (2015a). Generative adversarial nets. In *NeurIPS 27*.

Goodfellow, I., Vinyals, O., and Saxe, A. M. (2015b). Qualitatively characterizing neural network optimization problems. In *International Conference on Learning Representations*.

Goodman, J. (2001). A bit of progress in language modeling. Tech. rep., Microsoft Research.

Goodman, N. D., Mansinghka, V. K., Roy, D., Bonawitz, K., and Tenenbaum, J. B. (2008). Church: A language for generative models. In *UAI-08*.

Goodman, N. (1977). *The Structure of Appearance* (3rd edition). D. Reidel.

Gopnik, A. and Glymour, C. (2002). Causal maps and Bayes nets: A cognitive and computational account of theory-formation. In Caruthers, P., Stich, S., and Siegal, M. (Eds.), *The Cognitive Basis of Science*. Cambridge University Press.

Gordon, A. D., Graepel, T., Rolland, N., Russo, C., Borgström, J., and Guiver, J. (2014). Tabular: A schema-driven probabilistic programming language. In *POPL-14*.

Gordon, A. S. and Hobbs, J. R. (2017). *A Formal Theory of Commonsense Psychology: How People Think People Think*. Cambridge University Press.

Gordon, M. J., Milner, A. J., and Wadsworth, C. P. (1979). *Edinburgh LCF*. Springer-Verlag.

Gordon, N. (1994). *Bayesian methods for tracking*. Ph.D. thesis, Imperial College.

Gordon, N., Salmond, D. J., and Smith, A. F. M. (1993). Novel approach to nonlinear/non-Gaussian Bayesian state estimation. *IEE Proceedings F (Radar and Signal Processing)*, 140, 107-113.

Gordon, S. A. (1994). A faster Scrabble move generation algorithm. *Software Practice and Experience*, 24, 219-232.

Gorry, G. A. (1968). Strategies for computer-aided diagnosis. *Math. Biosciences*, 2, 293-318.

Gorry, G. A., Kassirer, J. P., Essig, A., and Schwartz, W. B. (1973). Decision analysis as the basis for computer-aided management of acute renal failure. *American Journal of Medicine*, 55, 473-484.

Gottlob, G., Leone, N., and Scarcello, F. (1999a). A comparison of structural CSP decomposition methods. In *IJCAI-99*.

Gottlob, G., Leone, N., and Scarcello, F. (1999b). Hypertree decompositions and tractable queries. In *PODS-99*.

Goyal, Y., Khot, T., Summers-Stay, D., Batra, D., and Parikh, D. (2017). Making the V in VQA matter: Elevating the role of image understanding in visual question answering. In *CVPR-17*.

Grace, K., Salvatier, J., Dafoe, A., Zhang, B., and Evans, O. (2017). When will AI exceed human performance? Evidence from AI experts. arXiv:1705.08807.

Graham, S. L., Harrison, M. A., and Ruzzo, W. L. (1980). An improved context-free recognizer. *ACM Transactions on Programming Languages and Systems*, 2, 415-462.

Grassmann, H. (1861). *Lehrbuch der Arithmetik*. Th. Chr. Fr. Enslin, Berlin.

Grayson, C. J. (1960). Decisions under uncertainty: Drilling decisions by oil and gas operators. Tech. rep., Harvard Business School.

Green, B., Wolf, A., Chomsky, C., and Laugherty, K. (1961). BASEBALL: An automatic question answerer. In *Proc. Western Joint Computer Conference*.

Green, C. (1969a). Application of theorem proving to problem solving. In *IJCAI-69*.

Green, C. (1969b). Theorem-proving by resolution as a basis for question-answering systems. In Meltzer, B., Michie, D., and Swann, M. (Eds.), *Machine Intelligence 4*. Edinburgh University Press.

Green, C. and Raphael, B. (1968). The use of theorem-proving techniques in question-answering systems. In *Proc. 23rd ACM National Conference*.

Gribkoff, E., Van den Broeck, G., and Suciu, D. (2014). Understanding the complexity of lifted inference and asymmetric weighted model counting. In *UAI-14*.

Griffiths, T. L., Kemp, C., and Tenenbaum, J. B. (2008). Bayesian models of cognition. In Sun, R. (Ed.), *The Cambridge handbook of computational cognitive modeling*. Cambridge University Press.

Grinstead, C. and Snell, J. (1997). *Introduction to Probability*. American Mathematical Society.

Grosz, B. J. and Stone, P. (2018). A century long commitment to assessing artificial intelligence and its impact on society. *Communications of the ACM*, 61.

Grove, W. and Meehl, P. (1996). Comparative efficiency of informal (subjective, impressionistic) and formal (mechanical, algorithmic) prediction procedures: The clinical statistical controversy. *Psychology, Public Policy, and Law*, 2, 293-323.

Gruber, T. (2004). Interview of Tom Gruber. *AIS SIGSEMIS Bulletin*, 1.

Gu, J. (1989). *Parallel Algorithms and Architectures for Very Fast AI Search*. Ph.D. thesis, Univ. of Utah.

Guard, J., Oglesby, F., Bennett, J., and Settle, L. (1969). Semi-automated mathematics. *JACM*, 16, 49-62.

Guestrin, C., Koller, D., Gearhart, C., and Kanodia, N. (2003a). Generalizing plans to new environments in relational MDPs. In *IJCAI-03*.

Guestrin, C., Koller, D., Parr, R., and Venkataraman, S. (2003b). Efficient solution algorithms for factored MDPs. *JAIR*, 19, 399-468.

Guestrin, C., Lagoudakis, M. G., and Parr, R. (2002). Coordinated reinforcement learning. In *ICML-02*.

Guibas, L. J., Knuth, D. E., and Sharir, M. (1992). Randomized incremental construction of Delaunay and Voronoi diagrams. *Algorithmica*, 7, 381-413.

Gulshan, V., Peng, L., Coram, M., Stumpe, M. C., Wu, D., Narayanaswamy, A., Venugopalan, S., Widner, K., Madams, T., Cuadros, J., *et al.* (2016). Development and validation of a deep learning algorithm for detection of diabetic retinopathy in retinal fundus photographs. *Jama*, 316, 2402-2410.

Gunkel, D. J. (2018). *Robot Rights*. MIT Press.

Gunning, D. (2016). Explainable artificial intelligence (xai). Tech. rep., DARPA.

Guo, C., Goldstein, T., Hannun, A., and van der Maaten, L. (2019). Certified data removal from machine learning models. arXiv:1911.03030.

Gururangan, S., Swayamdipta, S., Levy, O., Schwartz, R., Bowman, S., and Smith, N. A. (2018). Annotation artifacts in natural language inference data. arXiv:1803.02324.

Guyon, I., Bennett, K., Cawley, G. C., Escalante, H. J., Escalera, S., Ho, T. K., Macià, N., Ray, B., Saeed, M., Statnikov, A. R., and Viegas, E. (2015). Design of the 2015 ChaLearn AutoML challenge. In *IJCNN-15*.

Guyon, I. and Elisseeff, A. (2003). An introduction to variable and feature selection. *JMLR*, 3, 1157-1182.

Hacking, I. (1975). *The Emergence of Probability*. Cambridge University Press.

Hadfield-Menell, D., Dragan, A. D., Abbeel, P., and Russell, S. J. (2017a). Cooperative inverse reinforcement learning. In *NeurIPS 29*.

Hadfield-Menell, D., Dragan, A. D., Abbeel, P., and Russell, S. J. (2017b). The off-switch game. In *IJCAI-17*.

Hadfield-Menell, D. and Russell, S. J. (2015). Multitasking: Efficient optimal planning for bandit superprocesses. In *UAI-15*.

Hailperin, T. (1984). Probability logic. *Notre Dame J. Formal Logic*, 25, 198-212.

Hald, A. (1990). *A History of Probability and Statistics and Their Applications before 1750*. Wiley.

Hales, T. (2005). A proof of the Kepler conjecture. *Annals of mathematics*, 162, 1065-1185.

Hales, T., Adams, M., Bauer, G., Dang, T. D., Harrison, J., Le Truong, H., Kaliszyk, C., Magron, V., McLaughlin, S., Nguyen, T. T., *et al.* (2017). A formal proof of the Kepler conjecture. In *Forum of Mathematics, Pi*.

Halevy, A. (2007). Dataspaces: A new paradigm for data integration. In *Brazilian Symposium on Databases*.

Halevy, A., Norvig, P., and Pereira, F. (2009). The unreasonable effectiveness of data. *IEEE Intelligent Systems*, March/April, 8-12.

Halpern, J. Y. (1990). An analysis of first-order logics of probability. *AIJ*, 46, 311-350.

Halpern, J. Y. (1999). Technical addendum, Cox's theorem revisited. *JAIR*, 11, 429-435.

Halpern, J. Y. and Weissman, V. (2008). Using firstorder logic to reason about policies. *ACM Transactions on Information and System Security*, 11, 1-41.

Hammersley, J. M. and Handscomb, D. C. (1964). *Monte Carlo Methods*. Methuen.

Han, J., Pei, J., and Kamber, M. (2011). *Data Mining: Concepts and Techniques*. Elsevier.

Han, X. and Boyden, E. (2007). Multiple-color optical activation, silencing, and desynchronization of neural activity, with single-spike temporal resolution. *PLoS One*, e299.

Handschin, J. E. and Mayne, D. Q. (1969). Monte Carlo techniques to estimate the conditional expectation in multi-stage nonlinear filtering. *Int. J. Control*, 9, 547-559.

Hans, A., Schneegaß, D., Schäfer, A. M., and Udluft, S. (2008). Safe exploration for reinforcement learning. In *ESANN*.

Hansen, E. (1998). Solving POMDPs by searching in policy space. In *UAI-98*.

Hansen, E. and Zilberstein, S. (2001). LAO*: a heuristic search algorithm that finds solutions with loops. *AIJ*, *129*, 35–62.

Hansen, P. and Jaumard, B. (1990). Algorithms for the maximum satisfiability problem. *Computing*, *44*, 279–303.

Hanski, I. and Cambefort, Y. (Eds.). (1991). *Dung Beetle Ecology*. Princeton University Press.

Hansson, O. and Mayer, A. (1989). Heuristic search as evidential reasoning. In *UAI 5*.

Haralick, R. M. and Elliott, G. L. (1980). Increasing tree search efficiency for constraint satisfaction problems. *AIJ*, *14*, 263–313.

Hardin, G. (1968). The tragedy of the commons. *Science*, *162*, 1243–1248.

Hardt, M., Price, E., Srebro, N., *et al.* (2017). Equality of opportunity in supervised learning. In *NeurIPS 29*.

Harris, T. (2016). How technology is hijacking your mind—From a magician and Google design ethicist. medium.com/thrive-global/how-technologyhijacks-peoples-minds-from-a-magician-and-googles-design-ethicist-56d62ef5edf3.

Harris, Z. (1954). Distributional structure. *Word*, *10*.

Harrison, J. and March, J. G. (1984). Decision making and postdecision surprises. *Administrative Science Quarterly*, *29*, 26–42.

Harrow, A. W., Hassidim, A., and Lloyd, S. (2009). Quantum algorithm for linear systems of equations. *Physical Review Letters*, *103 15*, 150502.

Harsanyi, J. (1967). Games with incomplete information played by Bayesian players. *Management Science*, *14*, 159–182.

Hart, P. E., Nilsson, N. J., and Raphael, B. (1968). A formal basis for the heuristic determination of minimum cost paths. *IEEE Transactions on Systems Science and Cybernetics*, *SSC-4(2)*, 100–107.

Hart, T. P. and Edwards, D. J. (1961). The tree prune (TP) algorithm. Artificial intelligence project memo, MIT.

Hartley, H. (1958). Maximum likelihood estimation from incomplete data. *Biometrics*, *14*, 174–194.

Hartley, R. and Zisserman, A. (2000). *Multiple view geometry in computer vision*. Cambridge University Press.

Hashimoto, K., Xiong, C., Tsuruoka, Y., and Socher, R. (2016). A joint many-task model: Growing a neural network for multiple NLP tasks. arXiv:1611.01587.

Haslum, P., Botea, A., Helmert, M., Bonet, B., and Koenig, S. (2007). Domain-independent construction of pattern database heuristics for cost-optimal planning. In *AAAI-07*.

Haslum, P. and Geffner, H. (2001). Heuristic planning with time and resources. In *Proc. IJCAI-01 Workshop on Planning with Resources*.

Haslum, P. (2006). Improving heuristics through relaxed search –An analysis of TP4 and HSP*a in the 2004 planning competition. *JAIR*, *25*, 233–267.

Hastie, T. and Tibshirani, R. (1996). Discriminant adaptive nearest neighbor classification and regression. In *NeurIPS 8*.

Hastie, T., Tibshirani, R., and Friedman, J. (2009). *The Elements of Statistical Learning: Data Mining, Inference and Prediction* (2nd edition). Springer-Verlag.

Hastings, W. K. (1970). Monte Carlo sampling methods using Markov chains and their applications. *Biometrika*, *57*, 97–109.

Hatem, M. and Ruml, W. (2014). Simpler bounded suboptimal search. In *AAAI-14*.

Haugeland, J. (1985). *Artificial Intelligence: The Very Idea*. MIT Press.

Havelund, K., Lowry, M., Park, S., Pecheur, C., Penix, J., Visser, W., and White, J. L. (2000). Formal analysis of the remote agent before and after flight. In *Proc. 5th NASA Langley Formal Methods Workshop*.

Havenstein, H. (2005). Spring comes to AI winter. *Computer World*, Fe. 14.

Hawkins, J. (1961). Self-organizing systems: A review and commentary. *Proc. IRE*, *49*, 31–48.

Hay, N., Russell, S. J., Shimony, S. E., and Tolpin, D. (2012). Selecting computations: Theory and applications. In *UAI-12*.

Hayes, P. J. (1978). The naive physics manifesto. In Michie, D. (Ed.), *Expert Systems in the Microelectronic Age*. Edinburgh University Press.

Hayes, P. J. (1979). The logic of frames. In Metzing, D. (Ed.), *Frame Conceptions and Text Understanding*. de Gruyter.

Hayes, P. J. (1985a). Naive physics I: Ontology for liquids. In Hobbs, J. R. and Moore, R. C. (Eds.), *Formal Theories of the Commonsense World*, chap. 3. Ablex.

Hayes, P. J. (1985b). The second naive physics manifesto. In Hobbs, J. R. and Moore, R. C. (Eds.), *Formal Theories of the Commonsense World*, chap. 1. Ablex.

Hays, J. and Efros, A. (2007). Scene completion Using millions of photographs. *ACM Transactions on Graphics (SIGGRAPH)*, *26*.

He, H., Bai, Y., Garcia, E. A., and Li, S. (2008). ADASYN: Adaptive synthetic sampling approach for imbalanced learning. In *2008 IEEE International Joint Conference on Neural Networks (IEEE World Congress on Computational Intelligence)*.

He, K., Zhang, X., Ren, S., and Sun, J. (2016). Deep residual learning for image recognition. In *CVPR-16*.

Heawood, P. J. (1890). Map colouring theorem. *Quarterly Journal of Mathematics*, *24*, 332–338.

Hebb, D. O. (1949). *The Organization of Behavior*. Wiley.

Heckerman, D. (1986). Probabilistic interpretation for MYCIN's certainty factors. In Kanal, L. N. and Lemmer, J. F. (Eds.), *UAI 2*. Elsevier.

Heckerman, D. (1991). *Probabilistic Similarity Networks*. MIT Press.

Heckerman, D. (1998). A tutorial on learning with Bayesian networks. In Jordan, M. I. (Ed.), *Learning in graphical models*. Kluwer.

Heckerman, D., Geiger, D., and Chickering, D. M. (1994). Learning Bayesian networks: The combination of knowledge and statistical data. Technical report, Microsoft Research.

Heess, N., Wayne, G., Silver, D., Lillicrap, T., Erez, T., and Tassa, Y. (2016). Learning continuous control policies by stochastic value gradients. In *NeurIPS 28*.

Heidegger, M. (1927). *Being and Time*. SCM Press.

Heinlein, R. A. (1973). *Time Enough for Love*. Putnam.

Held, M. and Karp, R. M. (1970). The traveling salesman problem and minimum spanning trees. *Operations Research*, *18*, 1138–1162.

Helmert, M. (2001). On the complexity of planning in transportation domains. In *ECP-01*.

Helmert, M. (2006). The fast downward planning system. *JAIR*, *26*, 191–246.

Helmert, M. and Röger, G. (2008). How good is almost perfect? In *AAAI-08*.

Helmert, M., Röger, G., and Karpas, E. (2011). Fast downward stone soup: A baseline for building planner portfolios. In *ICAPS*.

Hendeby, G., Karlsson, R., and Gustafsson, F. (2010). Particle filtering: The need for speed. *EURASIP J. Adv. Sig. Proc.*, June.

Henrion, M. (1988). Propagation of uncertainty in Bayesian networks by probabilistic logic sampling. In Lemmer, J. F. and Kanal, L. N. (Eds.), *UAI 2*. Elsevier.

Henzinger, T. A. and Sastry, S. (Eds.). (1998). *Hybrid Systems: Computation and Control*. Springer-Verlag.

Herbrand, J. (1930). *Recherches sur la Théorie de la Démonstration*. Ph.D. thesis, University of Paris.

Herbrich, R., Minka, T., and Graepel, T. (2007). TrueSkill: A Bayesian skill rating system. In *NeurIPS 19*.

Hernández-Orallo, J. (2016). Evaluation in artificial intelligence: From task-oriented to ability-oriented measurement. *Artificial Intelligence Review*, *48*, 397–447.

Hess, C. and Ostrom, E. (2007). *Understanding Knowledge as a Commons*. MIT Press.

Hewitt, C. (1977). Viewing control structures as patterns of passing messages. *AIJ*, *8*, 323–364.

Hewitt, C. (1969). PLANNER: a language for proving theorems in robots. In *IJCAI-69*.

Hezaveh, Y. D., Levasseur, L. P., and Marshall, P. J. (2017). Fast automated analysis of strong gravitational lenses with convolutional neural networks. *Nature*, *548*, 555–557.

Hierholzer, C. (1873). Über die Mögliehkeit, einen Linienzug ohne Wiederholung und ohne Unterbrechung zu umfahren. *Mathematische Annalen*, *6*, 30–32.

Hilbert, M. and Lopez, P. (2011). The world's technological capacity to store, communicate, and compute information. *Science*, *332*, 60–65.

Hilgard, E. R. and Bower, G. H. (1975). *Theories of Learning* (4th edition). Prentice-Hall.

Hind, M., Mehta, S., Mojsilovic, A., Nair, R., Ramamurthy, K. N., Olteanu, A., and Varshney, K. R. (2018). Increasing trust in AI services through supplier's declarations of conformity. arXiv:1808.07261.

Hintikka, J. (1962). *Knowledge and Belief*. Cornell University Press.

Hinton, G. E. and Anderson, J. A. (1981). *Parallel Models of Associative Memory*. Lawrence Erlbaum.

Hinton, G. E. and Nowlan, S. J. (1987). How learning can guide evolution. *Complex Systems*, *1*, 495–502.

Hinton, G. E. and Sejnowski, T. (1983). Optimal perceptual inference. In *CVPR-83*.

Hinton, G. E. and Sejnowski, T. (1986). Learning and relearning in Boltzmann machines. In Rumelhart, D. E. and McClelland, J. L. (Eds.), *Parallel Distributed Processing*. MIT Press.

Hinton, G. E. (1987). Learning translation invariant recognition in a massively parallel network. In Goos, G. and Hartmanis, J. (Eds.), *PARLE: Parallel Architectures and Languages Europe*. Springer-Verlag.

Hinton, G. E., Deng, L., Yu, D., Dahl, G., Mohamed, A. R., Jaitly, N., Senior, A., Vanhoucke, V., Nguyen, P., Sainath, T., and Kingsbury, B. (2012). Deep neural networks for acoustic modeling in speech recognition. *Signal Processing Magazine*, *29*, 82–97.

Hinton, G. E., Osindero, S., and Teh, Y. W. (2006). A fast learning algorithm for deep belief nets. *Neural Computation*, *18*, 1527–1554.

Hirth, M., Hoßfeld, T., and Tran-Gia, P. (2013). Analyzing costs and accuracy of validation mechanisms for crowdsourcing platforms. *Mathematical and Computer Modelling*, *57*, 2918–2932.

Ho, M. K., Littman, M. L., MacGlashan, J., Cushman, F., and Austerweil, J. L. (2017). Showing versus doing: Teaching by demonstration. In *NeurIPS 29*.

Ho, T. K. (1995). Random decision forests. In *Proc. 3rd Int'l Conf. on Document Analysis and Recognition*.

Hobbs, J. R. (1990). *Literature and Cognition*. CSLI Press.

Hobbs, J. R. and Moore, R. C. (Eds.). (1985). *Formal Theories of the Commonsense World*. Ablex.

Hochreiter, S. (1991). Untersuchungen zu dynamischen neuronalen Netzen. Diploma thesis, Technische Universität München.

Hochreiter, S. and Schmidhuber, J. (1997). Long short-term memory. *Neural Computation*, *9*, 1735–1780.

Hoffman, M., Bach, F. R., and Blei, D. M. (2011). Online learning for latent Dirichlet allocation. In *NeurIPS 23*.

Hoffmann, J. (2001). FF: The fast-forward planning system. *AIMag*, *22*, 57–62.

Hoffmann, J. and Brafman, R. I. (2006). Conformant planning via heuristic forward search: A new approach. *AIJ*, *170*, 507–541.

952   Inteligência Artificial

Hoffmann, J. and Brafman, R. I. (2005). Contingent planning via heuristic forward search with implicit belief states. In *ICAPS-05*.

Hoffmann, J. (2005). Where "ignoring delete lists" works: Local search topology in planning benchmarks. *JAIR*, 24, 685–758.

Hoffmann, J. and Nebel, B. (2001). The FF planning system: Fast plan generation through heuristic search. *JAIR*, 14, 253–302.

Hoffmann, J., Sabharwal, A., and Domshlak, C. (2006). Friends or foes? An AI planning perspective on abstraction and search. In *ICAPS-06*.

Hofleitner, A., Herring, R., Abbeel, P., and Bayen, A. M. (2012). Learning the dynamics of arterial traffic from probe data using a dynamic Bayesian network. *IEEE Transactions on Intelligent Transportation Systems*, 13, 1679–1693.

Hogan, N. (1985). Impedance control: An approach to manipulation. Parts I, II, and III. *J. Dynamic Systems, Measurement, and Control*, 107, 1–24.

Hoiem, D., Efros, A., and Hebert, M. (2007). Recovering surface layout from an image. *IJCV*, 75, 151–172.

Holland, J. H. (1975). *Adaption in Natural and Artificial Systems*. University of Michigan Press.

Holland, J. H. (1995). *Hidden Order: How Adaptation Builds Complexity*. Addison-Wesley.

Holte, R. C., Felner, A., Sharon, G., and Sturtevant, N. R. (2016). Bidirectional search that is guaranteed to meet in the middle. In *AAAI-16*.

Holzmann, G. J. (1997). The Spin model checker. *IEEE Transactions on Software Engineering*, 23, 279–295.

Hood, A. (1824). Case 4th–28 July 1824 (Mr. Hood's cases of injuries of the brain). *Phrenological Journal and Miscellany*, 2, 82–94.

Hooker, J. (1995). Testing heuristics: We have it all wrong. *J. Heuristics*, 1, 33–42.

Hoos, H. H. and Stützle, T. (2004). *Stochastic Local Search: Foundations and Applications*. Morgan Kaufmann.

Hoos, H. H. and Tsang, E. (2006). Local search methods. In Rossi, F., van Beek, P., and Walsh, T. (Eds.), *Handbook of Constraint Processing*. Elsevier.

Hopfield, J. J. (1982). Neural networks and physical systems with emergent collective computational abilities. *PNAS*, 79, 2554–2558.

Horn, A. (1951). On sentences which are true of direct unions of algebras. *JSL*, 16, 14–21.

Horn, B. K. P. (1970). Shape from shading: A method for obtaining the shape of a smooth opaque object from one view. Technical report, MIT Artificial Intelligence Laboratory.

Horn, B. K. P. and Brooks, M. J. (1989). *Shape from Shading*. MIT Press.

Horn, K. V. (2003). Constructing a logic of plausible inference: A guide to Cox's theorem. *IJAR*, 34, 3–24.

Horning, J. J. (1969). *A Study of Grammatical Inference*. Ph.D. thesis, Stanford University.

Horswill, I. (2000). Functional programming of behavior-based systems. *Autonomous Robots*, 9, 83–93.

Horvitz, E. J. (1987). Problem-solving design: Reasoning about computational value, trade-offs, and resources. In *Proc. Second Annual NASA Research Forum*.

Horvitz, E. J. and Barry, M. (1995). Display of information for time-critical decision making. In *UAI-95*.

Horvitz, E. J., Breese, J. S., Heckerman, D., and Hovel, D. (1998). The Lumiere project: Bayesian user modeling for inferring the goals and needs of software users. In *UAI-98*.

Horvitz, E. J., Breese, J. S., and Henrion, M. (1988). Decision theory in expert systems and artificial intelligence. *IJAR*, 2, 247–302.

Horvitz, E. J. and Breese, J. S. (1996). Ideal partition of resources for metareasoning. In *AAAI-96*.

Hotelling, H. (1933). Analysis of a complex of statistical variables into principal components. *J. Ed. Psych.*, 24, 417–441.

Howard, J. and Gugger, S. (2020). *Deep Learning for Coders with fastai and PyTorch*. O'Reilly.

Howard, J. and Ruder, S. (2018). Fine-tuned language models for text classification. arXiv:1801.06146.

Howard, R. A. (1960). *Dynamic Programming and Markov Processes*. MIT Press.

Howard, R. A. (1966). Information value theory. *IEEE Transactions on Systems Science and Cybernetics*, SSC-2, 22–26.

Howard, R. A. (1989). Microrisks for medical decision analysis. *Int. J. Technology Assessment in Health Care*, 5, 357–370.

Howard, R. A. and Matheson, J. E. (1984). Influence diagrams. In Howard, R. A. and Matheson, J. E. (Eds.), *Readings on the Principles and Applications of Decision Analysis*. Strategic Decisions Group.

Howe, D. (1987). The computational behaviour of Girard's paradox. In *LICS-87*.

Howson, C. (2003). Probability and logic. *J. Applied Logic*, 1, 151–165.

Hsiao, K., Kaelbling, L. P., and Lozano-Perez, T. (2007). Grasping POMDPs. In *ICRA-07*.

Hsu, F.-H. (2004). *Behind Deep Blue: Building the Computer that Defeated the World Chess Champion*. Princeton University Press.

Hsu, F.-H., Anantharaman, T. S., Campbell, M. S., and Nowatzyk, A. (1990). A grandmaster chess machine. *Scientific American*, 263, 44–50.

Hu, J. and Wellman, M. P. (1998). Multiagent reinforcement learning: Theoretical framework and an algorithm. In *ICML-98*.

Hu, J. and Wellman, M. P. (2003). Nash Q-learning for general-sum stochastic games. *JMLR*, 4, 1039–1069.

Huang, T., Koller, D., Malik, J., Ogasawara, G., Rao, B., Russell, S. J., and Weber, J. (1994). Automatic symbolic traffic scene analysis using belief networks. In *AAAI-94*.

Huang, T. and Russell, S. J. (1998). Object identification: A Bayesian analysis with application to traffic surveillance. *AIJ*, 103, 1–17.

Hubel, D. H. and Wiesel, T. N. (1962). Receptive fields, binocular interaction and functional architecture in the cat's visual cortex. *J. Physiology*, 160, 106–154.

Hubel, D. H. and Wiesel, T. N. (1968). Receptive fields and functional architecture of monkey striate cortex. *J. Physiology*, 195, 215–243.

Hubel, D. H. (1988). *Eye, Brain, and Vision*. W. H. Freeman.

Hubel, D. H. and Wiesel, T. N. (1959). Receptive fields of single neurons in the cat's striate cortex. *Journal of Physiology*, 148, 574–591.

Huddleston, R. D. and Pullum, G. K. (2002). *The Cambridge Grammar of the English Language*. Cambridge University Press.

Huffman, D. A. (1971). Impossible objects as nonsense sentences. In Meltzer, B. and Michie, D. (Eds.), *Machine Intelligence 6*. Edinburgh University Press.

Hughes, B. D. (1995). *Random Walks and Random Environments, Vol. 1: Random Walks*. Oxford University Press.

Hughes, G. E. and Cresswell, M. J. (1996). *A New Introduction to Modal Logic*. Routledge.

Huhns, M. N. and Singh, M. (Eds.). (1998). *Readings in Agents*. Morgan Kaufmann.

Hume, D. (1739). *A Treatise of Human Nature* (2nd edition). Republished by Oxford University Press, 1978, Oxford.

Humphrys, M. (2008). How my program passed the Turing test. In Epstein, R., Roberts, G., and Beber, G. (Eds.), *Parsing the Turing Test*. Springer.

Hunsberger, L. and Grosz, B. J. (2000). A combinatorial auction for collaborative planning. In *Int. Conference on Multi-Agent Systems*.

Hunt, W. and Brock, B. (1992). A formal HDL and its use in the FM9001 verification. *Phil. Trans. Roy. Soc.*, 339.

Hunter, L. and States, D. J. (1992). Bayesian classification of protein structure. *IEEE Expert*, 7, 67–75.

Hur, C.-K., Nori, A. V., Rajamani, S. K., and Samuel, S. (2014). Slicing probabilistic programs. In *PLDI-14*.

Hurst, M. (2000). *The Interpretation of Text in Tables*. Ph.D. thesis, Edinburgh.

Hurwicz, L. (1973). The design of mechanisms for resource allocation. *American Economic Review Papers and Proceedings*, 63, 1–30.

Huth, M. and Ryan, M. (2004). *Logic in Computer Science: Modelling and Reasoning About Systems* (2nd edition). Cambridge University Press.

Huttenlocher, D. and Ullman, S. (1990). Recognizing solid objects by alignment with an image. *IJCV*, 5, 195–212.

Hutter, F., Kotthoff, L., and Vanschoren, J. (2019). *Automated Machine Learning*. Springer.

Huygens, C. (1657). De ratiociniis in ludo aleae. In van Schooten, F. (Ed.), *Exercitionum Mathematicarum*. Elsevirii, Amsterdam. Translated into English by John Arbuthnot (1692).

Huyn, N., Dechter, R., and Pearl, J. (1980). Probabilistic analysis of the complexity of A*. *AIJ*, 15, 241–254.

Huynh, V. A. and Roy, N. (2009). icLQG: Combining local and global optimization for control in information space. In *ICRA-09*.

Hwa, R. (1998). An empirical evaluation of probabilistic lexicalized tree insertion grammars. In *ACL98*.

Hwang, C. H. and Schubert, L. K. (1993). EL: A formal, yet natural, comprehensive knowledge representation. In *AAAI-93*.

Hyafil, L. and Rivest, R. (1976). Constructing optimal binary decision trees is NP-complete. *Information Processing Letters*, 5, 15–17.

Ieong, S. and Shoham, Y. (2005). Marginal contribution nets: A compact representation scheme for coalitional games. In *Proc. Sixth ACM Conference on Electronic Commerce (EC'05)*.

Ingerman, P. Z. (1967). Panini–Backus form suggested. *CACM*, 10, 137.

Intille, S. and Bobick, A. (1999). A framework for recognizing multi-agent action from visual evidence. In *AAAI-99*.

Ioffe, S. and Szegedy, C. (2015). Batch normalization: Accelerating deep network training by reducing internal covariate shift. arXiv:1502.03167.

Irpan, A. (2018). Deep reinforcement learning doesn't work yet. www.alexirpan.com/2018/02/14/rlhard.html.

Isard, M. and Blake, A. (1996). Contour tracking by stochastic propagation of conditional density. In *ECCV-96*.

Isola, P., Zhu, J.-Y., Zhou, T., and Efros, A. (2017). Image-to-image translation with conditional adversarial networks. In *CVPR-17*.

Jaakkola, T. and Jordan, M. I. (1996). Computing upper and lower bounds on likelihoods in intractable networks. In *UAI-96*.

Jacobson, D. H. and Mayne, D. Q. (1970). *Differential Dynamic Programming*. North-Holland.

Jaderberg, M., Czarnecki, W. M., Dunning, I., Marris, L., Lever, G., Castaneda, A. G., Beattie, C., Rabinowitz, N. C., Morcos, A. S., Ruderman, A., *et al.* (2019). Human-level performance in 3D multiplayer games with population-based reinforcement learning. *Science*, 364, 859–865.

Jaderberg, M., Dalibard, V., Osindero, S., Czarnecki, W. M., Donahue, J., Razavi, A., Vinyals, O., Green, T., Dunning, I., Simonyan, K., Fernando, C., and Kavukcuoglu, K. (2017). Population based training of neural networks. arXiv:1711.09846.

Jaffar, J. and Lassez, J.-L. (1987). Constraint logic programming. In *Proc. Fourteenth ACM POPL Conference*. Association for Computing Machinery.

Jaffar, J., Michaylov, S., Stuckey, P. J., and Yap, R. H. C. (1992). The CLP(R) language and system. *ACM Transactions on Programming Languages and Systems*, *14*, 339–395.

Jain, D., Barthels, A., and Beetz, M. (2010). Adaptive Markov logic networks: Learning statistical relational models with dynamic parameters. In *ECAI-10*.

Jain, D., Kirchlechner, B., and Beetz, M. (2007). Extending Markov logic to model probability distributions in relational domains. In *30th Annual German Conference on AI (KI)*.

James, G., Witten, D., Hastie, T., and Tibshirani, R. (2013). *An Introduction to Statistical Learning with Applications in R*. Springer-Verlag.

Jarrett, K., Kavukcuoglu, K., Ranzato, M., and LeCun, Y. (2009). What is the best multi-stage architecture for object recognition? In *ICCV-09*.

Jaynes, E. T. (2003). *Probability Theory: The Logic of Science*. Cambridge Univ. Press.

Jeffrey, R. C. (1983). *The Logic of Decision* (2nd edition). University of Chicago Press.

Jeffreys, H. (1948). *Theory of Probability*. Oxford.

Jelinek, F. (1976). Continuous speech recognition by statistical methods. *Proc. IEEE*, *64*, 532–556.

Jelinek, F. and Mercer, R. L. (1980). Interpolated estimation of Markov source parameters from sparse data. In *Proc. Workshop on Pattern Recognition in Practice*.

Jennings, H. S. (1906). *Behavior of the Lower Organisms*. Columbia University Press.

Jenniskens, P., Betlem, H., Betlem, J., and Barifaijo, E. (1994). The Mbale meteorite shower. *Meteoritics*, *29*, 246–254.

Jensen, F. V. (2007). *Bayesian Networks and Decision Graphs*. Springer-Verlag.

Ji, Z., Lipton, Z. C., and Elkan, C. (2014). Differential privacy and machine learning: A survey and review. arXiv:1412.7584.

Jiang, H. and Nachum, O. (2019). Identifying and correcting label bias in machine learning. arXiv:1901.04966.

Jimenez, P. and Torras, C. (2000). An efficient algorithm for searching implicit AND/OR graphs with cycles. *AIJ*, *124*, 1–30.

Joachims, T. (2001). A statistical learning model of text classification with support vector machines. In *SIGIR-01*.

Johnson, M. (1998). PCFG models of linguistic tree representations. *Comput. Linguist.*, *24*, 613–632.

Johnson, W. W. and Story, W. E. (1879). Notes on the "15" puzzle. *American Journal of Mathematics*, *2*, 397–404.

Johnston, M. D. and Adorf, H.-M. (1992). Scheduling with neural networks: The case of the Hubble space telescope. *Computers and Operations Research*, *19*, 209–240.

Jonathan, P. J. Y., Fung, C. C., and Wong, K. W. (2009). Devious chatbots-interactive malware with a plot. In *FIRA RoboWorld Congress*.

Jones, M. and Love, B. C. (2011). Bayesian fundamentalism or enlightenment? On the explanatory status and theoretical contributions of Bayesian models of cognition. *BBS*, *34*, 169–231.

Jones, R. M., Laird, J., and Nielsen, P. E. (1998). Automated intelligent pilots for combat flight simulation. In *AAAI-98*.

Jones, R., McCallum, A., Nigam, K., and Riloff, E. (1999). Bootstrapping for text learning tasks. In *Proc. IJCAI-99 Workshop on Text Mining: Foundations, Techniques, and Applications*.

Jones, T. (2007). *Artificial Intelligence: A Systems Approach*. Infinity Science Press.

Jonsson, A., Morris, P., Muscettola, N., Rajan, K., and Smith, B. (2000). Planning in interplanetary space: Theory and practice. In *AIPS-00*.

Jordan, M. I. (2005). Dirichlet processes, Chinese restaurant processes and all that. Tutorial presentation at the NeurIPS Conference.

Jordan, M. I. (1986). Serial order: A parallel distributed processing approach. Tech. rep., UCSD Institute for Cognitive Science.

Jordan, M. I., Ghahramani, Z., Jaakkola, T., and Saul, L. K. (1999). An introduction to variational methods for graphical models. *Machine Learning*, *37*, 183–233.

Jouannaud, J.-P. and Kirchner, C. (1991). Solving equations in abstract algebras: A rule-based survey of unification. In Lassez, J.-L. and Plotkin, G. (Eds.), *Computational Logic*. MIT Press.

Joulin, A., Grave, E., Bojanowski, P., and Mikolov, T. (2016). Bag of tricks for efficient text classification. arXiv:1607.01759.

Jouppi, N. P., Young, C., Patil, N., Patterson, D. A., *et al.* (2017). In-datacenter performance analysis of a tensor processing unit. In *ACM/IEEE 44th International Symposium on Computer Architecture*.

Joy, B. (2000). Why the future doesn't need us. *Wired*, *8*.

Jozefowicz, R., Vinyals, O., Schuster, M., Shazeer, N., and Wu, Y. (2016). Exploring the limits of language modeling. arXiv:1602.02410.

Jozefowicz, R., Zaremba, W., and Sutskever, I. (2015). An empirical exploration of recurrent network architectures. In *ICML-15*.

Juels, A. and Wattenberg, M. (1996). Stochastic hill-climbing as a baseline method for evaluating genetic algorithms. In *NeurIPS 8*.

Julesz, B. (1971). *Foundations of Cyclopean Perception*. University of Chicago Press.

Julian, K. D., Kochenderfer, M. J., and Owen, M. P. (2018). Deep neural network compression for aircraft collision avoidance systems. arXiv:1810.04240.

Juliani, A., Berges, V., Vckay, E., Gao, Y., Henry, H., Mattar, M., and Lange, D. (2018). Unity: A general platform for intelligent agents. arXiv:1809.02627.

Junker, U. (2003). The logic of ilog (j)configurator: Combining constraint programming with a description logic. In *Proc. IJCAI-03 Configuration Workshop*.

Jurafsky, D. and Martin, J. H. (2020). *Speech and Language Processing: An Introduction to Natural Language Processing, Computational Linguistics, and Speech Recognition* (3rd edition). Prentice-Hall.

Kadane, J. B. and Simon, H. A. (1977). Optimal strategies for a class of constrained sequential problems. *Annals of Statistics*, *5*, 237–255.

Kadane, J. B. and Larkey, P. D. (1982). Subjective probability and the theory of games. *Management Science*, *28*, 113–120.

Kaelbling, L. P., Littman, M. L., and Cassandra, A. R. (1998). Planning and acting in partially observable stochastic domains. *AIJ*, *101*, 99–134.

Kaelbling, L. P. and Rosenschein, S. J. (1990). Action and planning in embedded agents. *Robotics and Autonomous Systems*, *6*, 35–48.

Kager, R. (1999). *Optimality Theory*. Cambridge University Press.

Kahn, H. and Marshall, A. W. (1953). Methods of reducing sample size in Monte Carlo computations. *Operations Research*, *1*, 263–278.

Kahn, H. (1950a). Random sampling (Monte Carlo) techniques in neutron attenuation problems–I. *Nucleonics*, *6*, 27–passim.

Kahn, H. (1950b). Random sampling (Monte Carlo) techniques in neutron attenuation problems–II. *Nucleonics*, *6*, 60–65.

Kahneman, D. (2011). *Thinking, Fast and Slow*. Farrar, Straus and Giroux.

Kahneman, D., Slovic, P., and Tversky, A. (Eds.). (1982). *Judgment under Uncertainty: Heuristics and Biases*. Cambridge University Press.

Kahneman, D. and Tversky, A. (1979). Prospect theory: An analysis of decision under risk. *Econometrica*, *47*, 263–291.

Kaindl, H. and Khorsand, A. (1994). Memorybounded bidirectional search. In *AAAI-94*.

Kalman, R. (1960). A new approach to linear filtering and prediction problems. *J. Basic Engineering*, *82*, 35–46.

Kambhampati, S. (1994). Exploiting causal structure to control retrieval and refitting during plan reuse. *Computational Intelligence*, *10*, 213–244.

Kanade, T., Thorpe, C., and Whittaker, W. (1986). Autonomous land vehicle project at CMU. In *ACM Fourteenth Annual Conference on Computer Science*.

Kanal, E. (2017). Machine learning in cybersecurity. CMU SEI Blog, insights.sei. cmu.edu/sei blog/2017/06/ machine-learning-incybersecurity.html.

Kanazawa, A., Black, M., Jacobs, D., and Malik, J. (2018a). End-to-end recovery of human shape and pose. In *CVPR-18*.

Kanazawa, A., Tulsiani, M., Efros, A., and Malik, J. (2018b). Learning category-specific mesh reconstruction from image collections. In *ECCV-18*.

Kanazawa, K., Koller, D., and Russell, S. J. (1995). Stochastic simulation algorithms for dynamic probabilistic networks. In *UAI-95*.

Kang, S. M. and Wildes, R. P. (2016). Review of action recognition and detection methods. arXiv:1610.06906.

Kanter, J. M. and Veeramachaneni, K. (2015). Deep feature synthesis: Towards automating data science endeavors. In *Proc. IEEE Int'l Conf. on Data Science and Advanced Analytics*.

Kantorovich, L. V. (1939). Mathematical methods of organizing and planning production. Published in translation in *Management Science*, *6*(4), 366–422, 1960.

Kaplan, D. and Montague, R. (1960). A paradox regained. *Notre Dame Formal Logic*, *1*, 79–90.

Karaboga, D. and Basturk, B. (2007). A powerful and efficient algorithm for numerical function optimization: Artificial bee colony (ABC) algorithm. *Journal of global optimization*, *39*, 459–471.

Karamchandani, A., Bjerager, P., and Cornell, C. A. (1989). Adaptive importance sampling. In *Proc. Fifth International Conference on Structural Safety and Reliability*.

Karmarkar, N. (1984). A new polynomial-time algorithm for linear programming. *Combinatorica*, *4*, 373–395.

Karp, R. M. (1972). Reducibility among combinatorial problems. In Miller, R. E. and Thatcher, J. W. (Eds.), *Complexity of Computer Computations*. Plenum.

Karpathy, A. (2015). The unreasonable effectiveness of recurrent neural networks. Andrej Karpathy blog, karpathy.github.io/2015/05/21/rnn-effectiveness/.

Karpathy, A. and Fei-Fei, L. (2015). Deep visualsemantic alignments for generating image descriptions. In *CVPR-15*.

Karras, T., Aila, T., Laine, S., and Lehtinen, J. (2017). Progressive growing of GANs for improved quality, stability, and variation. arXiv:1710.10196.

Karsch, K., Hedau, V., Forsyth, D., and Hoiem, D. (2011). Rendering synthetic objects into legacy photographs. In *SIGGRAPH Asia*.

Kartam, N. A. and Levitt, R. E. (1990). A constraint-based approach to construction planning of multi-story buildings. In *Expert Planning Systems*. Institute of Electrical Engineers.

Kasami, T. (1965). An efficient recognition and syntax analysis algorithm for context-free languages. Tech. rep., Air Force Cambridge Research Laboratory.

Katehakis, M. N. and Veinott, A. F. (1987). The multi-armed bandit problem: Decomposition and computation. *Mathematics of Operations Research*, *12*, 185–376.

Katz, B. (1997). Annotating the world wide web using natural language. In *RIAO '97*.

Kaufmann, M., Manolios, P., and Moore, J. S. (2000). *Computer-Aided Reasoning: An Approach*. Kluwer.

Kautz, H. (2006). Deconstructing planning as satisfiability. In *AAAI-06*.

Kautz, H., McAllester, D. A., and Selman, B. (1996). Encoding plans in propositional logic. In *KR-96*.

Kautz, H. and Selman, B. (1992). Planning as satisfiability. In *ECAI-92*.

Kautz, H. and Selman, B. (1998). BLACKBOX: A new approach to the application of theorem proving to problem solving. Working Notes of the AIPS-98 Workshop on Planning as Combinatorial Search.

Kavraki, L., Svestka, P., Latombe, J.-C., and Overmars, M. (1996). Probabilistic roadmaps for path planning in high-dimensional configuration spaces. *IEEE Transactions on Robotics and Automation*, *12*, 566–580.

Kazemi, S. M., Kimmig, A., Van den Broeck, G., and Poole, D. (2017). New liftable classes for first-order probabilistic inference. In *NeurIPS 29*.

Kearns, M. (1990). *The Computational Complexity of Machine Learning*. MIT Press.

Kearns, M., Mansour, Y., and Ng, A. Y. (2000). Approximate planning in large POMDPs via reusable trajectories. In *NeurIPS 12*.

Kearns, M. and Singh, S. (1998). Near-optimal reinforcement learning in polynomial time. In *ICML-98*.

Kearns, M. and Vazirani, U. (1994). *An Introduction to Computational Learning Theory*. MIT Press.

Kearns, M. (1988). Thoughts on hypothesis boosting.

Kearns, M., Mansour, Y., and Ng, A. Y. (2002). A sparse sampling algorithm for near-optimal planning in large Markov decision processes. *Machine Learning*, *49*, 193–208.

Kebeasy, R. M., Hussein, A. I., and Dahy, S. A. (1998). Discrimination between natural earthquakes and nuclear explosions using the Aswan Seismic Network. *Annali di Geofisica*, *41*, 127–140.

Keeney, R. L. (1974). Multiplicative utility functions. *Operations Research*, *22*, 22–34.

Keeney, R. L. and Raiffa, H. (1976). *Decisions with Multiple Objectives: Preferences and Value Tradeoffs*. Wiley.

Kelley, H. J. (1960). Gradient theory of optimal flight paths. *ARS Journal*, *30*, 947–954.

Kemp, M. (Ed.). (1989). *Leonardo on Painting: An Anthology of Writings*. Yale University Press.

Kempe, A. B. (1879). On the geographical problem of the four-colors. *American Journal of Mathematics*, *2*, 193–200.

Kephart, J. O. and Chess, D. M. (2003). The vision of autonomic computing. *IEEE Computer*, *36*, 41–50.

Kersting, K., Raedt, L. D., and Kramer, S. (2000). Interpreting Bayesian logic programs. In *Proc. AAAI-00 Workshop on Learning Statistical Models from Relational Data*.

Keskar, N. S., McCann, B., Varshney, L., Xiong, C., and Socher, R. (2019). CTRL: A conditional transformer language model for controllable generation. arXiv:1909.

Keynes, J. M. (1921). *A Treatise on Probability*. Macmillan.

Khare, R. (2006). Microformats: The next (small) thing on the semantic web. *IEEE Internet Computing*, *10*, 68–75.

Khatib, O. (1986). Real-time obstacle avoidance for robot manipulator and mobile robots. *Int. J. Robotics Research*, *5*, 90–98.

Kim, B., Khanna, R., and Koyejo, O. O. (2017). Examples are not enough, learn to criticize! Criticism for interpretability. In *NeurIPS 29*.

Kim, J. H. (1983). *CONVINCE: A Conversational Inference Consolidation Engine*. Ph.D. thesis, Department of Computer Science, UCLA.

Kim, J. H. and Pearl, J. (1983). A computational model for combined causal and diagnostic reasoning in inference systems. In *IJCAI-83*.

Kim, J.-H., Lee, C.-H., Lee, K.-H., and Kuppuswamy, N. (2007). Evolving personality of a genetic robot in ubiquitous environment. In *Proc. 16th IEEE International Symposium on Robot and Human Interactive Communication*.

Kim, T. W. (2018). Explainable artificial intelligence (XAI), the goodness criteria and the grasp-ability test. arXiv:1810.09598.

Kingma, D. P. and Welling, M. (2013). Auto-encoding variational Bayes. arXiv:1312.6114.

Kirk, D. E. (2004). *Optimal Control Theory: An Introduction*. Dover.

Kirkpatrick, S., Gelatt, C. D., and Vecchi, M. P. (1983). Optimization by simulated annealing. *Science*, *220*, 671–680.

Kisynski, J. and Poole, D. (2009). Lifted aggregation in directed first-order probabilistic models. In *IJCAI-09*.

Kitaev, N., Kaiser, L., and Levskaya, A. (2020). Reformer: The efficient transformer. arXiv:2001.04451.

Kitaev, N. and Klein, D. (2018). Constituency parsing with a self-attentive encoder. arXiv:1805.01052.

Kitani, K. M., abd James Andrew Bagnell, B. D. Z., and Hebert, M. (2012). Activity forecasting. In *ECCV-12*.

Kitano, H., Asada, M., Kuniyoshi, Y., Noda, I., and Osawa, E. (1997). RoboCup: The robot world cup initiative. In *Proc. First International Conference on Autonomous Agents*.

Kjaerulff, U. (1992). A computational scheme for reasoning in dynamic probabilistic networks. In *UAI-92*.

Klarman, H. E., Francis, J., and Rosenthal, G. D. (1968). Cost effectiveness analysis applied to the treatment of chronic renal disease. *Medical Care*, *6*, 48–54.

Klein, D. and Manning, C. (2001). Parsing with treebank grammars: Empirical bounds, theoretical models, and the structure of the Penn treebank. In *ACL-01*.

Klein, D. and Manning, C. (2003). A* parsing: Fast exact Viterbi parse selection. In *HLT-NAACL-03*.

Kleinberg, J. M., Mullainathan, S., and Raghavan, M. (2016). Inherent trade-offs in the fair determination of risk scores. arXiv:1609.05807.

Klemperer, P. (2002). What really matters in auction design. *J. Economic Perspectives*, *16*.

Kneser, R. and Ney, H. (1995). Improved backing-off for M-gram language modeling. In *ICASSP-95*.

Knoblock, C. A. (1991). Search reduction in hierarchical problem solving. In *AAAI-91*.

Knuth, D. E. (1964). Representing numbers using only one 4. *Mathematics Magazine*, *37*, 308–310.

Knuth, D. E. (1975). An analysis of alpha–beta pruning. *AIJ*, *6*, 293–326.

Knuth, D. E. (2015). *The Art of Computer Programming*, Vol. 4, Fascicle 6: Satisfiability. AddisonWesley.

Knuth, D. E. and Bendix, P. B. (1970). Simple word problems in universal algebras. In Leech, J. (Ed.), *Computational Problems in Abstract Algebra*. Pergamon.

Kober, J., Bagnell, J. A., and Peters, J. (2013). Reinforcement learning in robotics: A survey. *International Journal of Robotics Research*, *32*, 1238–1274.

Koch, C. (2019). *The Feeling of Life Itself*. MIT Press.

Kochenderfer, M. J. (2015). *Decision Making Under Uncertainty: Theory and Application*. MIT Press.

Kocsis, L. and Szepesvari, C. (2006). Bandit-based Monte-Carlo planning. In *ECML-06*.

Koditschek, D. (1987). Exact robot navigation by means of potential functions: Some topological considerations. In *ICRA-87*.

Koehn, P. (2009). *Statistical Machine Translation*. Cambridge University Press.

Koelsch, S. and Siebel, W. A. (2005). Towards a neural basis of music perception. *Trends in Cognitive Sciences*, *9*, 578–584.

Koenderink, J. J. (1990). *Solid Shape*. MIT Press.

Koenderink, J. J. and van Doorn, A. J. (1991). Affine structure from motion. *J. Optical Society of America A*, *8*, 377–385.

Koenig, S. (1991). Optimal probabilistic and decision-theoretic planning using Markovian decision theory. Master's report, Computer Science Division, University of California, Berkeley.

Koenig, S. (2000). Exploring unknown environments with real-time search or reinforcement learning. In *NeurIPS 12*.

Koenig, S. (2001). Agent-centered search. *AIMag*, *22*, 109–131.

Koenig, S. and Likhachev, M. (2002). D* Lite. *AAAI-15*, *15*.

Koenig, S., Likhachev, M., and Furcy, D. (2004). Lifelong planning A*. *AIJ*, *155*, 93–146.

Kolesky, D. B., Truby, R. L., Gladman, A. S., Busbee, T. A., Homan, K. A., and Lewis, J. A. (2014). 3D bioprinting of vascularized, heterogeneous cell-laden tissue constructs. *Advanced Materials*, *26*, 3124–3130.

Koller, D., Meggido, N., and von Stengel, B. (1996). Efficient computation of equilibria for extensive twoperson games. *Games and Economic Behaviour*, *14*, 247–259.

Koller, D. and Pfeffer, A. (1997). Representations and solutions for game-theoretic problems. *AIJ*, *94*, 167–215.

Koller, D. and Pfeffer, A. (1998). Probabilistic frame-based systems. In *AAAI-98*.

Koller, D. and Friedman, N. (2009). *Probabilistic Graphical Models: Principles and Techniques*. MIT Press.

Koller, D., McAllester, D. A., and Pfeffer, A. (1997). Effective Bayesian inference for stochastic programs. In *AAAI-97*.

Koller, D. and Parr, R. (2000). Policy iteration for factored MDPs. In *UAI-00*.

Koller, D. and Sahami, M. (1997). Hierarchically classifying documents using very few words. In *ICML-97*.

Kolmogorov, A. N. (1941). Interpolation und extrapolation von stationaren zufalligen folgen. *Bulletin of the Academy of Sciences of the USSR, Ser. Math. 5*, 3–14.

Kolmogorov, A. N. (1950). *Foundations of the Theory of Probability*. Chelsea.

Kolmogorov, A. N. (1963). On tables of random numbers. *Sankhya, the Indian Journal of Statistics: Series A*, *25*(4), 369–376.

Kolmogorov, A. N. (1965). Three approaches to the quantitative definition of information. *Problems in Information Transmission*, *1*, 1–7.

Kolter, J. Z., Abbeel, P., and Ng, A. Y. (2008). Hierarchical apprenticeship learning, with application to quadruped locomotion. In *NeurIPS 20*.

Kondrak, G. and van Beek, P. (1997). A theoretical evaluation of selected backtracking algorithms. *AIJ*, *89*, 365–387.

Konečný, J., McMahan, H. B., Yu, F. X., Richtárik, P., Suresh, A. T., and Bacon, D. (2016). Federated learning: Strategies for improving communication efficiency. arXiv:1610.05492.

Konolige, K. (1997). COLBERT: A language for reactive control in Saphira. In *Künstliche Intelligenz: Advances in Artificial Intelligence*, LNAI.

Konolige, K. (2004). Large-scale map-making. In *AAAI-04*.

Konolige, K. (1982). A first order formalization of knowledge and action for a multi-agent planning system. In Hayes, J. E., Michie, D., and Pao, Y.-H. (Eds.), *Machine Intelligence 10*. Ellis Horwood.

Konolige, K. (1994). Easy to be hard: Difficult problems for greedy algorithms. In *KR-94*.

Koopmans, T. C. (1972). Representation of preference orderings over time. In McGuire, C. B. and Radner, R. (Eds.), *Decision and Organization*. Elsevier.

Korb, K. B. and Nicholson, A. (2010). *Bayesian Artificial Intelligence*. CRC Press.

Korf, R. E. (1985a). Depth-first iterative-deepening: an optimal admissible tree search. *AIJ, 27*, 97–109.

Korf, R. E. (1985b). Iterative-deepening A*: An optimal admissible tree search. In *IJCAI-85*.

Korf, R. E. (1987). Planning as search: A quantitative approach. *AIJ, 33*, 65–88.

Korf, R. E. (1990). Real-time heuristic search. *AIJ, 42*, 189–212.

Korf, R. E. (1993). Linear-space best-first search. *AIJ, 62*, 41–78.

Korf, R. E. and Chickering, D. M. (1996). Best-first minimax search. *AIJ, 84*, 299–337.

Korf, R. E. and Felner, A. (2002). Disjoint pattern database heuristics. *AIJ, 134*, 9–22.

Korf, R. E. and Zhang, W. (2000). Divide-andconquer frontier search applied to optimal sequence alignment. In *AAAI-00*.

Korf, R. E. (1997). Finding optimal solutions to Rubik's Cube using pattern databases. In *AAAI-97*.

Korf, R. E. and Reid, M. (1998). Complexity analysis of admissible heuristic search. In *AAAI-98*.

Koutsoupias, E. and Papadimitriou, C. H. (1992). On the greedy algorithm for satisfiability. *Information Processing Letters, 43*, 53–55.

Kovacs, D. L. (2011). BNF definition of PDDL3.1. Unpublished manuscript from the IPC-2011 website.

Kowalski, R. (1974). Predicate logic as a programming language. In *Proc. IFIP Congress*.

Kowalski, R. (1979). *Logic for Problem Solving*. Elsevier.

Kowalski, R. (1988). The early years of logic programming. *CACM, 31*, 38–43.

Kowalski, R. and Sergot, M. (1986). A logic-based calculus of events. *New Generation Computing, 4*, 67–95.

Koza, J. R. (1992). *Genetic Programming: On the Programming of Computers by Means of Natural Selection*. MIT Press.

Koza, J. R. (1994). *Genetic Programming II: Automatic Discovery of Reusable Programs*. MIT Press.

Koza, J. R., Bennett, F. H., Andre, D., and Keane, M. A. (1999). *Genetic Programming III: Darwinian Invention and Problem Solving*. Morgan Kaufmann.

Krakovna, V. (2018). Specification gaming examples in AI.

Kraska, T., Beutel, A., Chi, E. H., Dean, J., and Polyzotis, N. (2017). The case for learned index structures. arXiv:1712.01208.

Kraus, S. (2001). *Strategic Negotiation in Multiagent Environments*. MIT Press.

Kraus, S., Ephrati, E., and Lehmann, D. (1991). Negotiation in a non-cooperative environment. *AIJ, 3*, 255–281.

Krause, A. and Guestrin, C. (2005). Optimal nonmyopic value of information in graphical models: Efficient algorithms and theoretical limits. In *IJCAI-05*.

Krause, A. and Guestrin, C. (2009). Optimal value of information in graphical models. *JAIR, 35*, 557–591.

Krause, A., McMahan, B., Guestrin, C., and Gupta, A. (2008). Robust submodular observation selection. *JMLR, 9*, 2761–2801.

Kripke, S. A. (1963). Semantical considerations on modal logic. *Acta Philosophica Fennica, 16*, 83–94.

Krishna, V. (2002). *Auction Theory*. Academic Press.

Krishnamurthy, V. (2016). *Partially Observed Markov Decision Processes: From Filtering to Controlled Sensing*. Cambridge University Press.

Krishnanand, K. and Ghose, D. (2009). Glowworm swarm optimisation: A new method for optimising multimodal functions. *International Journal of Computational Intelligence Studies, 1*, 93–119.

Krizhevsky, A., Sutskever, I., and Hinton, G. E. (2013). ImageNet classification with deep convolutional neural networks. In *NeurIPS 25*.

Krogh, A., Brown, M., Mian, I. S., Sjolander, K., and Haussler, D. (1994). Hidden Markov models in computational biology: Applications to protein modeling. *J. Molecular Biology, 235*, 1501–1531.

Krogh, A. and Hertz, J. A. (1992). A simple weight decay can improve generalization. In *NeurIPS 4*.

Kruppa, E. (1913). Zur Ermittlung eines Objecktes aus zwei Perspektiven mit innerer Orientierung. *Sitz. Ber. Akad. Wiss., Wien, Math. Naturw., Kl. Abt. IIa, 122*, 1939–1948.

Kübler, S., McDonald, R., and Nivre, J. (2009). *Dependency Parsing*. Morgan & Claypool.

Kuffner, J. J. and LaValle, S. (2000). RRT-connect: An efficient approach to single-query path planning. In *ICRA-00*.

Kuhn, H. W. (1953). Extensive games and the problem of information. In Kuhn, H. W. and Tucker, A. W. (Eds.), *Contributions to the Theory of Games II*. Princeton University Press.

Kuhn, H. W. (1955). The Hungarian method for the assignment problem. *Naval Research Logistics Quarterly, 2*, 83–97.

Kuipers, B. J. (1985). Qualitative simulation. In Bobrow, D. (Ed.), *Qualitative Reasoning About Physical Systems*. MIT Press.

Kuipers, B. J. and Levitt, T. S. (1988). Navigation and mapping in large-scale space. *AIMag, 9*, 25–43.

Kuipers, B. J. (2001). Qualitative simulation. In Meyers, R. A. (Ed.), *Encyclopedia of Physical Science and Technology*. Academic Press.

Kulkarni, T., Kohli, P., Tenenbaum, J. B., and Mansinghka, V. K. (2015). Picture: A probabilistic programming language for scene perception. In *CVPR-15*.

Kumar, P. R. and Varaiya, P. (1986). *Stochastic Systems: Estimation, Identification, and Adaptive Control*. Prentice-Hall.

Kumar, S. (2017). A survey of deep learning methods for relation extraction. arXiv:1705.03645.

Kumar, V. and Kanal, L. N. (1988). The CDP: A unifying formulation for heuristic search, dynamic programming, and branch-and-bound. In Kanal, L. N. and Kumar, V. (Eds.), *Search in Artificial Intelligence*. Springer-Verlag.

Kurien, J., Nayak, P., and Smith, D. E. (2002). Fragment-based conformant planning. In *AIPS-02*.

Kurth, T., Treichler, S., Romero, J., Mudigonda, M., Luehr, N., Phillips, E. H., Mahesh, A., Matheson, M., Deslippe, J., Fatica, M., Prabhat, and Houston, M. (2018). Exascale deep learning for climate analytics. arXiv:1810.01993.

Kurzweil, R. (2005). *The Singularity is Near*. Viking.

Kwok, C., Etzioni, O., and Weld, D. S. (2001). Scaling question answering to the web. In *Proc. 10th International Conference on the World Wide Web*.

La Mettrie, J. O. (1748). *L'homme machine*. E. Luzac, Leyde, France.

La Mura, P. and Shoham, Y. (1999). Expected utility networks. In *UAI-99*.

Laborie, P. (2003). Algorithms for propagating resource constraints in AI planning and scheduling. *AIJ, 143*, 151–188.

Ladkin, P. (1986a). Primitives and units for time specification. In *AAAI-86*.

Ladkin, P. (1986b). Time representation: a taxonomy of interval relations. In *AAAI-86*.

Lafferty, J., McCallum, A., and Pereira, F. (2001). Conditional random fields: Probabilistic models for segmenting and labeling sequence data. In *ICML-01*.

Lai, T. L. and Robbins, H. (1985). Asymptotically efficient adaptive allocation rules. *Advances in Applied Mathematics, 6*, 4–22.

Laird, J., Newell, A., and Rosenbloom, P. S. (1987). SOAR: An architecture for general intelligence. *AIJ, 33*, 1–64.

Laird, J., Rosenbloom, P. S., and Newell, A. (1986). Chunking in Soar: The anatomy of a general learning mechanism. *Machine Learning, 1*, 11–46.

Laird, J. (2008). Extending the Soar cognitive architecture. In *Artificial General Intelligence Conference*.

Lake, B., Salakhutdinov, R., and Tenenbaum, J. B. (2015). Human-level concept learning through probabilistic program induction. *Science, 350*, 1332–1338.

Lakoff, G. (1987). *Women, Fire, and Dangerous Things: What Categories Reveal About the Mind*. University of Chicago Press.

Lakoff, G. and Johnson, M. (1980). *Metaphors We Live By*. University of Chicago Press.

Lakoff, G. and Johnson, M. (1999). *Philosophy in the Flesh : The Embodied Mind and Its Challenge to Western Thought*. Basic Books.

Lam, J. and Greenspan, M. (2008). Eye-in-hand visual servoing for accurate shooting in pool robotics. In *5th Canadian Conference on Computer and Robot Vision*.

Lamarck, J. B. (1809). *Philosophie zoologique*. Chez Dentu et L'Auteur, Paris.

Lample, G. and Conneau, A. (2019). Cross-lingual language model pretraining. arXiv:1901.07291.

Landhuis, E. (2004). Lifelong debunker takes on arbiter of neutral choices: Magician-turnedmathematician uncovers bias in a flip of a coin. *Stanford Report*, June 7.

Langdon, W. and Poli, R. (2002). *Foundations of Genetic Programming*. Springer.

Langton, C. (Ed.). (1995). *Artificial Life*. MIT Press.

LaPaugh, A. S. (2010). Algorithms and theory of computation handbook. In Atallah, M. J. and Blanton, M. (Eds.), *VLSI Layout Algorithms*. Chapman & Hall/CRC.

Laplace, P. (1816). *Essai philosophique sur les probabilités* (3rd edition). Courcier Imprimeur, Paris.

Larochelle, H. and Murray, I. (2011). The neural autoregressive distribution estimator. In *AISTATS-11*.

Larson, S. C. (1931). The shrinkage of the coefficient of multiple correlation. *J. Educational Psychology, 22*, 45–55.

Laskey, K. B. (1995). Sensitivity analysis for probability assessments in Bayesian networks. *IEEE Transactions on Systems, Man and Cybernetics, 25*, 901–909.

Laskey, K. B. (2008). MEBN: A language for firstorder Bayesian knowledge bases. *AIJ, 172*, 140–178.

Latombe, J.-C. (1991). *Robot Motion Planning*. Kluwer.

Lauritzen, S. (1995). The EM algorithm for graphical association models with missing data. *Computational Statistics and Data Analysis, 19*, 191–201.

Lauritzen, S., Dawid, A. P., Larsen, B., and Leimer, H. (1990). Independence properties of directed Markov fields. *Networks, 20*, 491–505.

Lauritzen, S. and Spiegelhalter, D. J. (1988). Local computations with probabilities on graphical structures and their application to expert systems. *J. Royal Statistical Society, B 50*, 157–224.

Lauritzen, S. and Wermuth, N. (1989). Graphical models for associations between variables, some of which are qualitative and some quantitative. *Annals of Statistics, 17*, 31–57.

LaValle, S. (2006). *Planning Algorithms*. Cambridge University Press.

Lawler, E. L., Lenstra, J. K., Kan, A., and Shmoys, D. B. (1992). *The Travelling Salesman Problem*. Wiley Interscience.

Lawler, E. L., Lenstra, J. K., Kan, A., and Shmoys, D. B. (1993). Sequencing and scheduling: Algorithms and complexity. In Graves, S. C., Zipkin, P. H., and Kan, A. H. G. R. (Eds.), *Logistics of Production and Inventory: Handbooks in Operations Research and Management Science, Volume 4*. North-Holland.

Lawler, E. L. and Wood, D. E. (1966). Branch-andbound methods: A survey. *Operations Research*, *14*, 699–719.

Lazanas, A. and Latombe, J.-C. (1992). Landmarkbased robot navigation. In *AAAI-92*.

Le, T. A., Baydin, A. G., and Wood, F. (2017). Inference compilation and universal probabilistic programming. In *AISTATS-17*.

Lebedev, M. A. and Nicolelis, M. A. (2006). Brainmachine interfaces: Past, present and future. *Trends in Neurosciences*, *29*, 536–546.

Lecoutre, C. (2009). *Constraint Networks: Techniques and Algorithms*. Wiley-IEEE Press.

LeCun, Y., Denker, J., and Solla, S. (1990). Optimal brain damage. In *NeurIPS 2*.

LeCun, Y., Jackel, L., Boser, B., and Denker, J. (1989). Handwritten digit recognition: Applications of neural network chips and automatic learning. *IEEE Communications Magazine*, *27*, 41–46.

LeCun, Y., Jackel, L., Bottou, L., Brunot, A., Cortes, C., Denker, J., Drucker, H., Guyon, I., Muller, U., Sackinger, E., Simard, P., and Vapnik, V. N. (1995). Comparison of learning algorithms for handwritten digit recognition. In *Int. Conference on Artificial Neural Networks*.

LeCun, Y., Bengio, Y., and Hinton, G. E. (2015). Deep learning. *Nature*, *521*, 436–444.

Lee, D., Seo, H., and Jung, M. W. (2012). Neural basis of reinforcement learning and decision making. *Annual Review of Neuroscience*, *35*, 287–308.

Lee, K.-F. (2018). *AI Superpowers: China, Silicon Valley, and the New World Order*. Houghton Mifflin.

Leech, G., Rayson, P., and Wilson, A. (2001). *Word Frequencies in Written and Spoken English: Based on the British National Corpus*. Longman.

Legendre, A. M. (1805). *Nouvelles méthodes pour la détermination des orbites des comètes*. Chez Firmin Didot, Paris.

Lehmann, J., Isele, R., Jakob, M., Jentzsch, A., Kontokostas, D., Mendes, P. N., Hellmann, S., Morsey, M., van Kleef, P., Auer, S., and Bizer, C. (2015). DBpedia – A large-scale, multilingual knowledge base extracted from Wikipedia. *Semantic Web*, *6*, 167–195.

Lehrer, J. (2009). *How We Decide*. Houghton Mifflin.

Leike, J., Martic, M., Krakovna, V., Ortega, P. A., Everitt, T., Lefrancq, A., Orseau, L., and Legg, S. (2017). AI safety gridworlds. arXiv:1711.09883.

Lelis, L., Arfaee, S. J., Zilles, S., and Holte, R. C. (2012). Learning heuristic functions faster by using predicted solution costs. In *Proc. Fifth Annual Symposium on Combinatorial Search*.

Lenat, D. B. (1975). BEINGS: Knowledge as interacting experts. In *IJCAI-75*.

Lenat, D. B. and Guha, R. V. (1990). *Building Large Knowledge-Based Systems: Representation and Inference in the CYC Project*. Addison-Wesley.

Leonard, H. S. and Goodman, N. (1940). The calculus of individuals and its uses. *JSL*, *5*, 45–55.

Leonard, J. and Durrant-Whyte, H. (1992). *Directed Sonar Sensing for Mobile Robot Navigation*. Kluwer.

Lepage, G. P. (1978). A new algorithm for adaptive multidimensional integration. *Journal of Computational Physics*, *27*, 192–203.

Lerner, U. (2002). *Hybrid Bayesian Networks for Reasoning About Complex Systems*. Ph.D. thesis, Stanford University.

Leśniewski, S. (1916). Podstawy ogólnej teorii mnogości. Popławski.

Lesser, V. R. and Corkill, D. D. (1988). The distributed vehicle monitoring testbed: A tool for investigating distributed problem solving networks. In Engelmore, R. and Morgan, T. (Eds.), *Blackboard Systems*. Addison-Wesley.

Letz, R., Schumann, J., Bayerl, S., and Bibel, W. (1992). SETHEO: A high-performance theorem prover. *JAR*, *8*, 183–212.

Levesque, H. J. and Brachman, R. J. (1987). Expressiveness and tractability in knowledge representation and reasoning. *Computational Intelligence*, *3*, 78–93.

Levin, D. A., Peres, Y., and Wilmer, E. L. (2008). *Markov Chains and Mixing Times*. American Mathematical Society.

Levine, S., Finn, C., Darrell, T., and Abbeel, P. (2016). End-to-end training of deep visuomotor policies. *JMLR*, *17*, 1334–1373.

Levine, S., Pastor, P., Krizhevsky, A., Ibarz, J., and Quillen, D. (2018). Learning hand-eye coordination for robotic grasping with deep learning and large-scale data collection. *International Journal of Robotics Research*, *37*, 421–436.

Levy, D. (1989). The million pound bridge program. In Levy, D. and Beal, D. (Eds.), *Heuristic Programming in Artificial Intelligence*. Ellis Horwood.

Levy, D. (2008). *Love and Sex with Robots: The Evolution of Human–Robot Relationships*. Harper.

Levy, O. and Goldberg, Y. (2014). Linguistic regularities in sparse and explicit word representations. In *Proc. Eighteenth Conference on Computational Natural Language Learning*.

Leyton-Brown, K. and Shoham, Y. (2008). *Essentials of Game Theory: A Concise, Multidisciplinary Introduction*. Morgan & Claypool.

Li, C. M. and Anbulagan (1997). Heuristics based on unit propagation for satisfiability problems. In *IJCAI97*.

Li, K. and Malik, J. (2018a). Implicit maximum likelihood estimation. arXiv:1809.09087.

Li, K. and Malik, J. (2018b). On the implicit assumptions of GANs. arXiv:1811.12402.

Li, M., Vitányi, P., *et al.* (2008). *An Introduction to Kolmogorov Complexity and Its Applications* (3rd edition). Springer-Verlag.

Li, T.-M., Gharbi, M., Adams, A., Durand, F., and Ragan-Kelley, J. (2018). Differentiable programming for image processing and deep learning in Halide. *ACM Transactions on Graphics*, *37*, 139.

Li, W. and Todorov, E. (2004). Iterative linear quadratic regulator design for nonlinear biological movement systems. In *Proc. 1st International Conference on Informatics in Control, Automation and Robotics*.

Li, X. and Yao, X. (2012). Cooperatively coevolving particle swarms for large scale optimization. *IEEE Trans. Evolutionary Computation*, *16*, 210–224.

Li, Z., Li, P., Krishnan, A., and Liu, J. (2011). Largescale dynamic gene regulatory network inference combining differential equation models with local dynamic Bayesian network analysis. *Bioinformatics*, *27 19*, 2686–91.

Liang, P., Jordan, M. I., and Klein, D. (2011). Learning dependency-based compositional semantics. arXiv:1109.6841.

Liang, P. and Potts, C. (2015). Bringing machine learning and compositional semantics together. *Annual Review of Linguistics*, *1*, 355–376.

Liberatore, P. (1997). The complexity of the language A. *Electronic Transactions on Artificial Intelligence*, *1*, 13–38.

Lifschitz, V. (2001). Answer set programming and plan generation. *AIJ*, *138*, 39–54.

Lighthill, J. (1973). Artificial intelligence: A general survey. In Lighthill, J., Sutherland, N. S., Needham, R. M., Longuet-Higgins, H. C., and Michie, D. (Eds.), *Artificial Intelligence: A Paper Symposium*. Science Research Council of Great Britain.

Lillicrap, T., Hunt, J. J., Pritzel, A., Heess, N., Erez, T., Tassa, Y., Silver, D., and Wierstra, D. (2015). Continuous control with deep reinforcement learning. arXiv:1509.02971.

Lin, S. (1965). Computer solutions of the travelling salesman problem. *Bell Systems Technical Journal*, *44(10)*, 2245–2269.

Lin, S. and Kernighan, B. W. (1973). An effective heuristic algorithm for the travelling-salesman problem. *Operations Research*, *21*, 498–516.

Lindley, D. V. (1956). On a measure of the information provided by an experiment. *Annals of Mathematical Statistics*, *27*, 986–1005.

Lindsay, R. K., Buchanan, B. G., Feigenbaum, E. A., and Lederberg, J. (1980). *Applications of Artificial Intelligence for Organic Chemistry: The DENDRAL Project*. McGraw-Hill.

Lindsten, F., Jordan, M. I., and Schön, T. B. (2014). Particle Gibbs with ancestor sampling. *JMLR*, *15*, 2145–2184.

Littman, M. L. (1994). Markov games as a framework for multi-agent reinforcement learning. In *ICML-94*.

Littman, M. L., Cassandra, A. R., and Kaelbling, L. P. (1995). Learning policies for partially observable environments: Scaling up. In *ICML-95*.

Littman, M. L. (2015). Reinforcement learning improves behaviour from evaluative feedback. *Nature*, *521*, 445–451.

Littman, M. L., Topcu, U., Fu, J., Isbell, C., Wen, M., and MacGlashan, J. (2017). Environment-independent task specifications via GLTL. arXiv:1704.04341.

Liu, B., Gemp, I., Ghavamzadeh, M., Liu, J., Mahadevan, S., and Petrik, M. (2018). Proximal gradient temporal difference learning: Stable reinforcement learning with polynomial sample complexity. *JAIR*, *63*, 461–494.

Liu, H., Simonyan, K., Vinyals, O., Fernando, C., and Kavukcuoglu, K. (2017). Hierarchical representations for efficient architecture search. arXiv:1711.00436.

Liu, H., Simonyan, K., and Yang, Y. (2019). DARTS: Differentiable architecture search. In *ICLR-19*.

Liu, J. and Chen, R. (1998). Sequential Monte Carlo methods for dynamic systems. *JASA*, *93*, 1022–1031.

Liu, J. and West, M. (2001). Combined parameter and state estimation in simulation-based filtering. In Doucet, A., de Freitas, J. F. G., and Gordon, N. (Eds.), *Sequential Monte Carlo Methods in Practice*. Springer.

Liu, L. T., Dean, S., Rolf, E., Simchowitz, M., and Hardt, M. (2018a). Delayed impact of fair machine learning. arXiv:1803.04383.

Liu, M.-Y., Breuel, T., and Kautz, J. (2018b). Unsupervised image-to-image translation networks. In *NeurIPS 30*.

Liu, X., Faes, L., Kale, A. U., Wagner, S. K., Fu, D. J., Bruynseels, A., Mahendiran, T., Moraes, G., Shamdas, M., Kern, C., Ledsam, J. R., Schmid, M., Balaskas, K., Topol, E., Bachmann, L. M., Keane, P. A., and Denniston, A. K. (2019a). A comparison of deep learning performance against health-care professionals in detecting diseases from medical imaging: A systematic review and meta-analysis. *The Lancet Digital Health*.

Liu, Y., Ott, M., Goyal, N., Du, J., Joshi, M., Chen, D., Levy, O., Lewis, M., Zettlemoyer, L., and Stoyanov, V. (2019b). RoBERTa: A robustly optimized BERT pre-training approach. arXiv:1907.11692.

Liu, Y., Jain, A., Eng, C., Way, D. H., Lee, K., Bui, P., Kanada, K., de Oliveira Marinho, G., Gallegos, J., Gabriele, S., Gupta, V., Singh, N., Natarajan, V., Hofmann-Wellenhof, R., Corrado, G., Peng, L., Webster, D. R., Ai, D., Huang, S., Liu, Y., Dunn, R. C., and Coz, D. (2019c). A deep learning system for differential diagnosis of skin diseases. arXiv:1909.

Liu, Y., Gadepalli, K. K., Norouzi, M., Dahl, G., Kohlberger, T., Venugopalan, S., Boyko, A. S., Timofeev, A., Nelson, P. Q., Corrado, G., Hipp, J. D., Peng, L., and Stumpe, M. C. (2017). Detecting cancer metastases on gigapixel pathology images. arXiv:1703.02442.

Liu, Y., Kohlberger, T., Norouzi, M., Dahl, G., Smith, J. L., Mohtashamian, A., Olson, N., Peng, L., Hipp, J. D., and Stumpe, M. C. (2018). Artificial intelligence-based breast cancer nodal metastasis detection: Insights into the black box for pathologists. *Archives of Pathology & Laboratory Medicine*, *143*, 859-868.

Livescu, K., Glass, J., and Bilmes, J. (2003). Hidden feature modeling for speech recognition using dynamic Bayesian networks. In *EUROSPEECH-2003*.

Lloyd, S. (2000). Ultimate physical limits to computation. *Nature*, *406*, 1047-1054.

Lloyd, W. F. (1833). *Two Lectures on the Checks to Population*. Oxford University.

Llull, R. (1305). *Ars Magna*. Published as Salzinger, I. *et al.* (Eds.), *Raymundi Lulli Opera omnia*, Mainz, 1721-1742.

Loftus, E. and Palmer, J. (1974). Reconstruction of automobile destruction: An example of the interaction between language and memory. *J. Verbal Learning and Verbal Behavior*, *13*, 585-589.

Lohn, J. D., Kraus, W. F., and Colombano, S. P. (2001). Evolutionary optimization of yagi-uda antennas. In *Proc. Fourth International Conference on Evolvable Systems*.

Longuet-Higgins, H. C. (1981). A computer algorithm for reconstructing a scene from two projections. *Nature*, *293*, 133-135.

Loos, S., Irving, G., Szegedy, C., and Kaliszyk, C. (2017). Deep network guided proof search. In *Proc. 21st Int'l Conf. on Logic for Programming, Artificial Intelligence and Reasoning*.

Lopez de Segura, R. (1561). *Libro de la invencion liberal y arte del juego del axedrez*. Andres de Angulo.

Lorentz, R. (2015). Early playout termination in MCTS. In Plaat, A., van den Herik, J., and Kosters, W. (Eds.), *Advances in Computer Games*. SpringerVerlag.

Love, N., Hinrichs, T., and Genesereth, M. R. (2006). General game playing: Game description language specification. Tech. rep., Stanford University Computer Science Dept.

Lovejoy, W. S. (1991). A survey of algorithmic methods for partially observed Markov decision processes. *Annals of Operations Research*, *28*, 47-66.

Lovelace, A. (1843). Sketch of the analytical engine invented by Charles Babbage. Notes appended to Lovelace's translation of an article of the above title written by L. F. Menabrea based on lectures by Charles babbage in 1840. The translation appeared in R. Taylor (Ed.), *Scientific Memoirs, vol. III*. R. and J. E. Taylor, London.

Loveland, D. (1970). A linear format for resolution. In *Proc. IRIA Symposium on Automatic Demonstration*.

Lowe, D. (1987). Three-dimensional object recognition from single two-dimensional images. *AIJ*, *31*, 355-395.

Lowe, D. (2004). Distinctive image features from scale-invariant keypoints. *IJCV*, *60*, 91-110.

Löwenheim, L. (1915). Über mögliehkeiten im Relativkalkül. *Mathematische Annalen*, *76*, 447-470.

Lowerre, B. T. (1976). *The HARPY Speech Recognition System*. Ph.D. thesis, Computer Science Department, Carnegie-Mellon University.

Lowry, M. (2008). Intelligent software engineering tools for NASA's crew exploration vehicle. In *ISMIS-08*.

Loyd, S. (1959). *Mathematical Puzzles of Sam Loyd: Selected and Edited by Martin Gardner*. Dover.

Lozano-Perez, T. (1983). Spatial planning: A configuration space approach. *IEEE Transactions on Computers*, *C-32*, 108-120.

Lozano-Perez, T., Mason, M., and Taylor, R. (1984). Automatic synthesis of fine-motion strategies for robots. *Int. J. Robotics Research*, *3*, 3-24.

Lu, F. and Milios, E. (1997). Globally consistent range scan alignment for environment mapping. *Autonomous Robots*, *4*, 333-349.

Lubberts, A. and Miikkulainen, R. (2001). Coevolving a Go-playing neural network. In *GECCO-01*.

Luby, M., Sinclair, A., and Zuckerman, D. (1993). Optimal speedup of Las Vegas algorithms. *Information Processing Letters*, *47*, 173-180.

Lucas, J. R. (1961). Minds, machines, and Gödel. *Philosophy*, *36*.

Lucas, J. R. (1976). This Gödel is killing me: A rejoinder. *Philosophia*, *6*, 145-148.

Lucas, P., van der Gaag, L., and Abu-Hanna, A. (2004). Bayesian networks in biomedicine and healthcare. *Artificial Intelligence in Medicine*.

Luce, D. R. and Raiffa, H. (1957). *Games and Decisions*. Wiley.

Lukasiewicz, T. (1998). Probabilistic logic programming. In *ECAI-98*.

Lundberg, S. M. and Lee, S.-I. (2018). A unified approach to interpreting model predictions. In *NeurIPS 30*.

Lunn, D., Jackson, C., Best, N., Thomas, A., and Spiegelhalter, D. J. (2013). *The BUGS Book: A Practical Introduction to Bayesian Analysis*. Chapman and Hall.

Lunn, D., Thomas, A., Best, N., and Spiegelhalter, D. J. (2000). WinBUGS—a Bayesian modelling framework: Concepts, structure, and extensibility. *Statistics and Computing*, *10*, 325-337.

Luo, S., Bimbo, J., Dahiya, R., and Liu, H. (2017). Robotic tactile perception of object properties: A review. *Mechatronics*, *48*, 54-67.

Lyman, P. and Varian, H. R. (2003). How much information? www.sims.berkeley.edu/how-much-info-2003.

Lynch, K. and Park, F. C. (2017). *Modern Robotics*. Cambridge University Press.

Machina, M. (2005). Choice under uncertainty. In *Encyclopedia of Cognitive Science*. Wiley.

MacKay, D. J. C. (2002). *Information Theory, Inference and Learning Algorithms*. Cambridge University Press.

MacKenzie, D. (2004). *Mechanizing Proof*. MIT Press.

Mackworth, A. K. (1977). Consistency in networks of relations. *AIJ*, *8*, 99-118.

Mackworth, A. K. and Freuder, E. C. (1985). The complexity of some polynomial network consistency algorithms for constraint satisfaction problems. *AIJ*, *25*, 65-74.

Madhavan, R. and Schlenoff, C. I. (2003). Moving object prediction for off-road autonomous navigation. In *Unmanned Ground Vehicle Technology V*.

Mailath, G. and Samuelson, L. (2006). *Repeated Games and Reputations: Long-Run Relationships*. Oxford University Press.

Majercik, S. M. and Littman, M. L. (2003). Contingent planning under uncertainty via stochastic satisfiability. *AIJ*, *147*, 119-162.

Malhotra, P., Vig, L., Shroff, G., and Agarwal, P. (2015). Long short term memory networks for anomaly detection in time series. In *ISANN-15*.

Malik, J., Palaniappan, M., Fisac, J. F., HadfieldMenell, D., Russell, S. J., and Dragan, A. D. (2018). An efficient, generalized bellman update for cooperative inverse reinforcement learning. In *ICML-18*.

Malone, T. W. (2004). *The Future of Work*. Harvard Business Review Press.

Maneva, E., Mossel, E., and Wainwright, M. (2007). A new look at survey propagation and its generalizations. arXiv:cs/0409012.

Manna, Z. and Waldinger, R. (1971). Toward automatic program synthesis. *CACM*, *14*, 151-165.

Manna, Z. and Waldinger, R. (1985). *The Logical Basis for Computer Programming: Volume 1: Deductive Reasoning*. Addison-Wesley.

Manne, A. S. (1960). Linear programming and sequential decisions. *Management Science*, *6*, 259-267.

Manning, C. and Schütze, H. (1999). *Foundations of Statistical Natural Language Processing*. MIT Press.

Manning, C., Raghavan, P., and Schütze, H. (2008). *Introduction to Information Retrieval*. Cambridge University Press.

Mannion, M. (2002). Using first-order logic for product line model validation. In *Software Product Lines: Second International Conference*.

Mansinghka, V. K., Selsam, D., and Perov, Y. (2013). Venture: A higher-order probabilistic programming platform with programmable inference. arXiv:1404.0099.

Marbach, P. and Tsitsiklis, J. N. (1998). Simulationbased optimization of Markov reward processes. Technical report, Laboratory for Information and Decision Systems, MIT.

Marcus, G. (2009). *Kluge: The Haphazard Evolution of the Human Mind*. Mariner Books.

Marcus, M. P., Santorini, B., and Marcinkiewicz, M. A. (1993). Building a large annotated corpus of English: The Penn treebank. *Computational Linguistics*, *19*, 313-330.

Marinescu, R. and Dechter, R. (2009). AND/OR branch-and-bound search for combinatorial optimization in graphical models. *AIJ*, *173*, 1457-1491.

Markov, A. (1913). An example of statistical investigation in the text of "Eugene Onegin" illustrating coupling of "tests" in chains. *Proc. Academy of Sciences of St. Petersburg*, *7*, 153-162.

Marler, R. T. and Arora, J. S. (2004). Survey of multiobjective optimization methods for engineering. *Structural and Multidisciplinary Optimization*, *26*, 369-395.

Maron, M. E. (1961). Automatic indexing: An experimental inquiry. *JACM*, *8*, 404-417.

Màrquez, L. and Rodríguez, H. (1998). Part-ofspeech tagging using decision trees. In *ECML-98*.

Marr, D. and Poggio, T. (1976). Cooperative computation of stereo disparity. *Science*, *194*, 283-287.

Marr, D. (1982). *Vision: A Computational Investigation into the Human Representation and Processing of Visual Information*. W. H. Freeman.

Marriott, K. and Stuckey, P. J. (1998). *Programming with Constraints: An Introduction*. MIT Press.

Marsland, S. (2014). *Machine Learning: An Algorithmic Perspective* (2nd edition). CRC Press.

Martelli, A. and Montanari, U. (1973). Additive AND/OR graphs. In *IJCAI-73*.

Martelli, A. (1977). On the complexity of admissible search algorithms. *AIJ*, *8*, 1-13.

Marthi, B., Pasula, H., Russell, S. J., and Peres, Y. (2002). Decayed MCMC filtering. In *UAI-02*.

Marthi, B., Russell, S. J., Latham, D., and Guestrin, C. (2005). Concurrent hierarchical reinforcement learning. In *IJCAI-05*.

Marthi, B., Russell, S. J., and Wolfe, J. (2007). Angelic semantics for high-level actions. In *ICAPS-07*.

Marthi, B., Russell, S. J., and Wolfe, J. (2008). Angelic hierarchical planning: Optimal and online algorithms. In *ICAPS-08*.

Martin, D., Fowlkes, C., and Malik, J. (2004). Learning to detect natural image boundaries using local brightness, color, and texture cues. *PAMI*, *26*, 530-549.

Martin, F. G. (2012). Will massive open online courses change how we teach? *CACM*, *55*, 26-28.

Martin, J. H. (1990). *A Computational Model of Metaphor Interpretation*. Academic Press.

Mason, M. (1993). Kicking the sensing habit. *AIMag*, *14*, 58-59.

Mason, M. (2001). *Mechanics of Robotic Manipulation*. MIT Press.

Mason, M. and Salisbury, J. (1985). *Robot Hands and the Mechanics of Manipulation*. MIT Press.

Mataric, M. J. (1997). Reinforcement learning in the multi-robot domain. *Autonomous Robots*, *4*, 73-83.

Mates, B. (1953). *Stoic Logic*. University of California Press.

958 Inteligência Artificial

Matuszek, C., Cabral, J., Witbrock, M., and DeOliveira, J. (2006). An introduction to the syntax and semantics of Cyc. In *Proc. AAAI Spring Symposium on Formalizing and Compiling Background Knowledge and Its Applications to Knowledge Representation and Question Answering*.

Mausam and Kolobov, A. (2012). *Planning with Markov Decision Processes: An AI Perspective*. Morgan & Claypool.

Maxwell, J. (1868). On governors. *Proc. Roy. Soc.*, *16*, 270–283.

Mayer, J., Khairy, K., and Howard, J. (2010). Drawing an elephant with four complex parameters. *American Journal of Physics*, *78*, 648–649.

Mayor, A. (2018). *Gods and Robots: Myths, Machines, and Ancient Dreams of Technology*. Princeton University Press.

McAllester, D. A. (1980). An outlook on truth maintenance. AI memo, MIT AI Laboratory.

McAllester, D. A. (1988). Conspiracy numbers for minmax search. *AIJ*, *35*, 287–310.

McAllester, D. A. (1998). What is the most pressing issue facing AI and the AAAI today? Candidate statement, election for Councilor of the American Association for Artificial Intelligence.

McAllester, D. A. and Rosenblitt, D. (1991). Systematic nonlinear planning. In *AAAI-91*.

McAllester, D. A. (1990). Truth maintenance. In *AAAI-90*.

McAllester, D. A., Milch, B., and Goodman, N. D. (2008). Random-world semantics and syntactic independence for expressive languages. Technical report, MIT.

McCallum, A. (2003). Efficiently inducing features of conditional random fields. In *UAI-03*.

McCallum, A., Schultz, K., and Singh, S. (2009). FACTORIE: Probabilistic programming via imperatively defined factor graphs. In *NeurIPS 22*.

McCarthy, J. (1958). Programs with common sense. In *Proc. Symposium on Mechanisation of Thought Processes*.

McCarthy, J. (1963). Situations, actions, and causal laws. Memo, Stanford University Artificial Intelligence Project.

McCarthy, J. (1968). Programs with common sense. In Minsky, M. L. (Ed.), *Semantic Information Processing*. MIT Press.

McCarthy, J. (1980). Circumscription: A form of non-monotonic reasoning. *AIJ*, *13*, 27–39.

McCarthy, J. (2007). From here to human-level AI. *AIJ*, *171*.

McCarthy, J. and Hayes, P. J. (1969). Some philosophical problems from the standpoint of artificial intelligence. In Meltzer, B., Michie, D., and Swann, M. (Eds.), *Machine Intelligence 4*. Edinburgh University Press.

McCawley, J. D. (1988). *The Syntactic Phenomena of English*. University of Chicago Press.

McCorduck, P. (2004). *Machines Who Think: A Personal Inquiry Into the History and Prospects of Artificial Intelligence* (Revised edition). A K Peters.

McCulloch, W. S. and Pitts, W. (1943). A logical calculus of the ideas immanent in nervous activity. *Bulletin of Mathematical Biophysics*, *5*, 115–137.

McCune, W. (1997). Solution of the Robbins problem. *JAR*, *19*, 263–276.

McCune, W. (1990). Otter 2.0. In *International Conference on Automated Deduction*.

McDermott, D. (1976). Artificial intelligence meets natural stupidity. *SIGART Newsletter*, *57*, 4–9.

McDermott, D. (1978a). Planning and acting. *Cognitive Science*, *2*, 71–109.

McDermott, D. (1978b). Tarskian semantics, or no notation without denotation! *Cognitive Science*, *2*, 277–282.

McDermott, D. (1985). Reasoning about plans. In Hobbs, J. and Moore, R. (Eds.), *Formal theories of the commonsense world*. Ablex.

McDermott, D. (1987). A critique of pure reason. *Computational Intelligence*, *3*, 151–237.

McDermott, D. (1996). A heuristic estimator for meansends analysis in planning. In *ICAPS-96*.

McDermott, D. and Doyle, J. (1980). Non-monotonic logic: i. *AIJ*, *13*, 41–72.

McDermott, J. (1982). R1: A rule-based configurer of computer systems. *AIJ*, *19*, 39–88.

McEliece, R. J., MacKay, D. J. C., and Cheng, J.-F. (1998). Turbo decoding as an instance of Pearl's "belief propagation" algorithm. *IEEE Journal on Selected Areas in Communications*, *16*, 140–152.

McGregor, J. J. (1979). Relational consistency algorithms and their application in finding subgraph and graph isomorphisms. *Information Sciences*, *19*, 229–250.

McIlraith, S. and Zeng, H. (2001). Semantic web services. *IEEE Intelligent Systems*, *16*, 46–53.

McKinney, W. (2012). *Python for Data Analysis: Data Wrangling with Pandas*. O'Reilly.

McLachlan, G. J. and Krishnan, T. (1997). *The EM Algorithm and Extensions*. Wiley.

McMahan, H. B. and Andrew, G. (2018). A general approach to adding differential privacy to iterative training procedures. arXiv:1812.06210.

McMillan, K. L. (1993). *Symbolic Model Checking*. Kluwer.

McWhorter, J. H. (2014). *The Language Hoax: Why the World Looks the Same in Any Language*. Oxford University Press.

Meehl, P. (1955). *Clinical vs. Statistical Prediction*. University of Minnesota Press.

Mehrabi, N., Morstatter, F., Saxena, N., Lerman, K., and Galstyan, A. (2019). A survey on bias and fairness in machine learning. arXiv:1908.09635.

Mendel, G. (1866). Versuche über pflanzen-hybriden. *Verhandlungen des Naturforschenden Vereins, Abhandlungen, Brünn*, *4*, 3–47. Translated into English by C. T. Druery, published by Bateson (1902).

Mercer, J. (1909). Functions of positive and negative type and their connection with the theory of integral equations. *Phil. Trans. Roy. Soc., A*, *209*, 415–446.

Merleau-Ponty, M. (1945). *Phenomenology of Perception*. Routledge.

Metropolis, N., Rosenbluth, A., Rosenbluth, M., Teller, A., and Teller, E. (1953). Equations of state calculations by fast computing machines. *J. Chemical Physics*, *21*, 1087–1091.

Metropolis, N. and Ulam, S. (1949). The beginning of the Monte Carlo method. *Journal of the American Statistical Association*, *44*, 335–341.

Mézard, M., Parisi, G., and Virasoro, M. (1987). *Spin Glass Theory and Beyond: An Introduction to the Replica Method and Its Applications*. World Scientific.

Michie, D. (1966). Game-playing and game-learning automata. In Fox, L. (Ed.), *Advances in Programming and Non-Numerical Computation*. Pergamon.

Michie, D. (1972). Machine intelligence at Edinburgh. *Management Informatics*, *2*, 7–12.

Michie, D. and Chambers, R. A. (1968). BOXES: An experiment in adaptive control. In Dale, E. and Michie, D. (Eds.), *Machine Intelligence 2*. Elsevier.

Michie, D. (1963). Experiments on the mechanization of game-learning Part I. Characterization of the model and its parameters. *The Computer Journal*, *6*, 232–236.

Miikkulainen, R., Liang, J., Meyerson, E., Rawal, A., Fink, D., Francon, O., Raju, B., Shahrzad, H., Navruzyan, A., Duffy, N., *et al.* (2019). Evolving deep neural networks. In *Artificial Intelligence in the Age of Neural Networks and Brain Computing*. Elsevier.

Mikolov, T., Chen, K., Corrado, G., and Dean, J. (2013). Efficient estimation of word representations in vector space. arXiv:1301.3781.

Mikolov, T., Karafiát, M., Burget, L., Č ernocký, J., and Khudanpur, S. (2010). Recurrent neural network based language model. In *Eleventh Annual Conference of the International Speech Communication Association*.

Mikolov, T., Sutskever, I., Chen, K., Corrado, G., and Dean, J. (2014). Distributed representations of words and phrases and their compositionality. In *NeurIPS 26*.

Milch, B. (2006). *Probabilistic Models with Unknown Objects*. Ph.D. thesis, UC Berkeley.

Milch, B., Marthi, B., Sontag, D., Russell, S. J., Ong, D., and Kolobov, A. (2005). BLOG: Probabilistic models with unknown objects. In *IJCAI-05*.

Milch, B., Zettlemoyer, L., Kersting, K., Haimes, M., and Kaelbling, L. P. (2008). Lifted probabilistic inference with counting formulas. In *AAAI-08*.

Milgrom, P. (1997). Putting auction theory to work: The simultaneous ascending auction. Tech. rep., Stanford University Department of Economics.

Mill, J. S. (1863). *Utilitarianism*. Parker, Son and Bourn, London.

Miller, A. C., Merkhofer, M. M., Howard, R. A., Matheson, J. E., and Rice, T. R. (1976). Development of automated aids for decision analysis. Technical report, SRI International.

Miller, T., Howe, P., and Sonenberg, L. (2017). Explainable AI: Beware of inmates running the asylum. In *Proc. IJCAI-17 Workshop on Explainable AI*.

Minka, T. (2010). Bayesian linear regression. Unpublished manuscript.

Minka, T., Cleven, R., and Zaykov, Y. (2018). TrueSkill 2: An improved Bayesian skill rating system. Tech. rep., Microsoft Research.

Minker, J. (2001). *Logic-Based Artificial Intelligence*. Kluwer.

Minsky, M. L. (1975). A framework for representing knowledge. In Winston, P. H. (Ed.), *The Psychology of Computer Vision*. McGraw-Hill.

Minsky, M. L. (1986). *The Society of Mind*. Simon and Schuster.

Minsky, M. L. (2007). *The Emotion Machine: Commonsense Thinking, Artificial Intelligence, and the Future of the Human Mind*. Simon and Schuster.

Minsky, M. L. and Papert, S. (1969). *Perceptrons: An Introduction to Computational Geometry*. MIT Press.

Minsky, M. L. and Papert, S. (1988). *Perceptrons: An Introduction to Computational Geometry* (Expanded edition). MIT Press.

Minsky, M. L., Singh, P., and Sloman, A. (2004). The St. Thomas common sense symposium: Designing architectures for human-level intelligence. *AIMag*, *25*, 113–124.

Minton, S., Johnston, M. D., Philips, A. B., and Laird, P. (1992). Minimizing conflicts: A heuristic repair method for constraint satisfaction and scheduling problems. *AIJ*, *58*, 161–205.

Mirjalili, S. M. and Lewis, A. (2014). Grey wolf optimizer. *Advances in Engineering Software*, *69*, 46–61.

Misak, C. (2004). *The Cambridge Companion to Peirce*. Cambridge University Press.

Mitchell, M., Wu, S., Zaldivar, A., Barnes, P., Vasserman, L., Hutchinson, B., Spitzer, E., Raji, I. D., and Gebru, T. (2019). Model cards for model reporting. *Proc. of the Conference on Fairness, Accountability, and Transparency*.

Mitchell, M. (1996). *An Introduction to Genetic Algorithms*. MIT Press.

Mitchell, M. (2019). *Artificial Intelligence: A Guide for Thinking Humans*. Farrar, Straus and Giroux.

Mitchell, M., Holland, J. H., and Forrest, S. (1996). When will a genetic algorithm outperform hill climbing? In *NeurIPS 6*.

Mitchell, T. M. (1997). *Machine Learning*. McGrawHill.

Mitchell, T. M. (2005). Reading the web: A breakthrough goal for AI. *AIMag*, *26*.

Mitchell, T. M. (2007). Learning, information extraction and the web. In *ECML-07*.

Mitchell, T. M., Cohen, W., Hruschka, E., Talukdar, P., Yang, B., Betteridge, J., Carlson, A., Dalvi, B., Gardner, M., Kisiel, B., *et al.* (2018). Never-ending learning. *CACM*, *61*, 103-115.

Mitchell, T. M., Shinkareva, S. V., Carlson, A., Chang, K.-M., Malave, V. L., Mason, R. A., and Just, M. A. (2008). Predicting human brain activity associated with the meanings of nouns. *Science*, *320*, 1191-1195.

Mittelstadt, B. (2019). Principles alone cannot guarantee ethical AI. *Nature Machine Intelligence*, *1*, 501-507.

Mitten, L. G. (1960). An analytic solutlon to the least cost testing sequence problem. *Journal of Industrial Engineering*, *11*, 17.

Miyato, T., Kataoka, T., Koyama, M., and Yoshida, Y. (2018). Spectral normalization for generative adversarial networks. arXiv:1802.05957.

Mnih, V., Kavukcuoglu, K., Silver, D., Graves, A., Antonoglou, I., Wierstra, D., and Riedmiller, M. A. (2013). Playing Atari with deep reinforcement learning. arXiv:1312.5602.

Mnih, V., Kavukcuoglu, K., Silver, D., Rusu, A. A., Veness, J., Bellemare, M. G., Graves, A., Riedmiller, M. A., Fidjeland, A., Ostrovski, G., Petersen, S., Beattie, C., Sadik, A., Antonoglou, I., King, H., Kumaran, D., Wierstra, D., Legg, S., and Hassabis, D. (2015). Human-level control through deep reinforcement learning. *Nature*, *518*, 529-533.

Mohr, R. and Henderson, T. C. (1986). Arc and path consistency revisited. *AIJ*, *28*, 225-233.

Montague, R. (1970). English as a formal language. In Visentini, B. (Ed.), *Linguaggi nella Società e nella Tecnica*. Edizioni di Comunità.

Montague, R. (1973). The proper treatment of quantification in ordinary English. In Hintikka, K. J. J., Moravcsik, J. M. E., and Suppes, P. (Eds.), *Approaches to Natural Language*. D. Reidel.

Montanari, U. (1974). Networks of constraints: Fundamental properties and applications to picture processing. *Information Sciences*, *7*, 95-132.

Montemerlo, M. and Thrun, S. (2004). Large-scale robotic 3-D mapping of urban structures. In *Proc. International Symposium on Experimental Robotics*.

Montemerlo, M., Thrun, S., Koller, D., and Wegbreit, B. (2002). FastSLAM: A factored solution to the simultaneous localization and mapping problem. In *AAAI-02*.

Mooney, R. (1999). Learning for semantic interpretation: Scaling up without dumbing down. In *Proc. 1st Workshop on Learning Language in Logic*.

Moore, A. M. and Wong, W.-K. (2003). Optimal reinsertion: A new search operator for accelerated and more accurate Bayesian network structure learning. In *ICML-03*.

Moore, A. W. and Atkeson, C. G. (1993). Prioritized sweeping—Reinforcement learning with less data and less time. *Machine Learning*, *13*, 103-130.

Moore, A. W. and Lee, M. S. (1997). Cached sufficient statistics for efficient machine learning with large datasets. *JAIR*, *8*, 67-91.

Moore, E. F. (1959). The shortest path through a maze. In *Proc. International Symposium on the Theory of Switching, Part II*. Harvard University Press.

Moore, R. C. (1980). Reasoning about knowledge and action. Artificial intelligence center technical note, SRI International.

Moore, R. C. (1985). A formal theory of knowledge and action. In Hobbs, J. R. and Moore, R. C. (Eds.), *Formal Theories of the Commonsense World*. Ablex.

Moore, R. C. and DeNero, J. (2011). L1 and L2 regularization for multiclass hinge loss models. In *Symposium on Machine Learning in Speech and Natural Language Processing*.

Moravcik, M., Schmid, M., Burch, N., Lisý, V., Morrill, D., Bard, N., Davis, T., Waugh, K., Johanson, M., and Bowling, M. (2017). Deepstack: Expert-level artificial intelligence in no-limit poker. arXiv:1701.01724.

Moravec, H. P. (1983). The Stanford cart and the CMU rover. *Proc. IEEE*, *71*, 872-884.

Moravec, H. P. and Elfes, A. (1985). High resolution maps from wide angle sonar. In *ICRA-85*.

Moravec, H. P. (2000). *Robot: Mere Machine to Transcendent Mind*. Oxford University Press.

Morgan, C. L. (1896). *Habit and Instinct*. Edward Arnold.

Morgan, T. J. H. and Griffiths, T. L. (2015). What the Baldwin Effect affects. In *COGSCI-15*.

Morjaria, M. A., Rink, F. J., Smith, W. D., Klempner, G., Burns, C., and Stein, J. (1995). Elicitation of probabilities for belief networks: Combining qualitative and quantitative information. In *UAI-95*.

Morrison, P. and Morrison, E. (Eds.). (1961). *Charles Babbage and His Calculating Engines: Selected Writings by Charles Babbage and Others*. Dover.

Moskewicz, M. W., Madigan, C. F., Zhao, Y., Zhang, L., and Malik, S. (2001). Chaff: Engineering an efficient SAT solver. In *Proc. 38th Design Automation Conference*.

Mott, A., Job, J., Vlimant, J.-R., Lidar, D., and Spiropulu, M. (2017). Solving a Higgs optimization problem with quantum annealing for machine learning. *Nature*, *550*, 375.

Motzkin, T. S. and Schoenberg, I. J. (1954). The relaxation method for linear inequalities. *Canadian Journal of Mathematics*, *6*, 393-404.

Moutarlier, P. and Chatila, R. (1989). Stochastic multisensory data fusion for mobile robot location and environment modeling. In *ISRR-89*.

Mueller, E. T. (2006). *Commonsense Reasoning*. Morgan Kaufmann.

Muggleton, S. H. and De Raedt, L. (1994). Inductive logic programming: Theory and methods. *J. Logic Programming*, *19/20*, 629-679.

Müller, M. (2002). Computer Go. *AIJ*, *134*, 145-179.

Mumford, D. and Shah, J. (1989). Optimal approximations by piece-wise smooth functions and associated variational problems. *Commun. Pure Appl. Math.*, *42*, 577-685.

Mundy, J. and Zisserman, A. (Eds.). (1992). *Geometric Invariance in Computer Vision*. MIT Press.

Munos, R., Stepleton, T., Harutyunyan, A., and Bellemare, M. G. (2017). Safe and efficient off-policy reinforcement learning. In *NeurIPS 29*.

Murphy, K. (2002). *Dynamic Bayesian Networks: Representation, Inference and Learning*. Ph.D. thesis, UC Berkeley.

Murphy, K. (2012). *Machine Learning: A Probabilistic Perspective*. MIT Press.

Murphy, K. and Mian, I. S. (1999). Modelling gene expression data using Bayesian networks. Tech. rep., Computer Science Division, UC Berkeley.

Murphy, K. and Russell, S. J. (2001). RaoBlackwellised particle filtering for dynamic Bayesian networks. In Doucet, A., de Freitas, J. F. G., and Gordon, N. J. (Eds.), *Sequential Monte Carlo Methods in Practice*. Springer-Verlag.

Murphy, K. and Weiss, Y. (2001). The factored frontier algorithm for approximate inference in DBNs. In *UAI-01*.

Murphy, R. (2000). *Introduction to AI Robotics*. MIT Press.

Murray, L. M. (2013). Bayesian state-space modelling on high-performance hardware using LibBi. arXiv:1306.3277.

Murray, R. M. (2017). *A Mathematical Introduction to Robotic Manipulation*. CRC Press.

Murray-Rust, P., Rzepa, H. S., Williamson, J., and Willighagen, E. L. (2003). Chemical markup, XML and the world-wide web. 4. CML schema. *J. Chem. Inf. Comput. Sci.*, *43*, 752-772.

Murthy, C. and Russell, J. R. (1990). A constructive proof of Higman's lemma. In *LICS-90*.

Muscettola, N. (2002). Computing the envelope for stepwise-constant resource allocations. In *CP-02*.

Muscettola, N., Nayak, P., Pell, B., and Williams, B. (1998). Remote agent: To boldly go where no AI system has gone before. *AIJ*, *103*, 5-48.

Muslea, I. (1999). Extraction patterns for information extraction tasks: A survey. In *Proc. AAAI-99 Workshop on Machine Learning for Information Extraction*.

Muth, J. T., Vogt, D. M., Truby, R. L., Mengüe, Y., Kolesky, D. B., Wood, R. J., and Lewis, J. A. (2014). Embedded 3D printing of strain sensors within highly stretchable elastomers. *Advanced Materials*, *26*, 6307-6312.

Myerson, R. (1981). Optimal auction design. *Mathematics of Operations Research*, *6*, 58-73.

Myerson, R. (1986). Multistage games with communication. *Econometrica*, *54*, 323-358.

Myerson, R. (1991). *Game Theory: Analysis of Conflict*. Harvard University Press.

Nair, V. and Hinton, G. E. (2010). Rectified linear units improve restricted Boltzmann machines. In *ICML-10*.

Nalwa, V. S. (1993). *A Guided Tour of Computer Vision*. Addison-Wesley.

Narayanan, A., Shi, E., and Rubinstein, B. I. (2011). Link prediction by de-anonymization: How we won the Kaggle social network challenge. In *IJCNN-11*.

Narayanan, A. and Shmatikov, V. (2006). How to break anonymity of the Netflix prize dataset. arXiv:cs/0610105.

Nash, J. (1950). Equilibrium points in N-person games. *PNAS*, *36*, 48-49.

Nash, P. (1973). *Optimal Allocation of Resources Between Research Projects*. Ph.D. thesis, University of Cambridge.

Nayak, P. and Williams, B. (1997). Fast context switching in real-time propositional reasoning. In *AAAI-97*.

Neches, R., Swartout, W. R., and Moore, J. D. (1985). Enhanced maintenance and explanation of expert systems through explicit models of their development. *IEEE Transactions on Software Engineering*, *SE-11*, 1337-1351.

Nemhauser, G. L., Wolsey, L. A., and Fisher, M. L. (1978). An analysis of approximations for maximizing submodular set functions I. *Mathematical Programming*, *14*, 265-294.

Nesterov, Y. and Nemirovski, A. (1994). *InteriorPoint Polynomial Methods in Convex Programming*. SIAM (Society for Industrial and Applied Mathematics).

Newell, A. (1982). The knowledge level. *AIJ*, *18*, 82-127.

Newell, A. (1990). *Unified Theories of Cognition*. Harvard University Press.

Newell, A. and Ernst, G. (1965). The search for generality. In *Proc. IFIP Congress*.

Newell, A., Shaw, J. C., and Simon, H. A. (1957). Empirical explorations with the logic theory machine. *Proc. Western Joint Computer Conference*, *15*, 218-239. Reprinted in Feigenbaum and Feldman (1963).

Newell, A. and Simon, H. A. (1961). GPS, a program that simulates human thought. In Billing, H. (Ed.), *Lernende Automaten*. R. Oldenbourg.

Newell, A. and Simon, H. A. (1972). *Human Problem Solving*. Prentice-Hall.

Newell, A. and Simon, H. A. (1976). Computer science as empirical inquiry: Symbols and search. *CACM*, *19*, 113-126.

Newton, I. (1664-1671). Methodus fluxionum et serierum infinitarum. Unpublished notes.

Ng, A. Y. (2004). Feature selection, L_1 vs. L_2 regularization, and rotational invariance. In *ICML-04*.

Ng, A. Y. (2019). *Machine Learning Yearning*. www.mly-earning.org.

Ng, A. Y., Harada, D., and Russell, S. J. (1999). Policy invariance under reward transformations: Theory and application to reward shaping. In *ICML-99*.

Ng, A. Y. and Jordan, M. I. (2000). PEGASUS: A policy search method for large MDPs and POMDPs. In *UAI-00*.

Ng, A. Y. and Jordan, M. I. (2002). On discriminative vs. generative classifiers: A comparison of logistic regression and naive Bayes. In *NeurIPS 14*.

Ng, A. Y., Kim, H. J., Jordan, M. I., and Sastry, S. (2003). Autonomous helicopter flight via reinforcement learning. In *NeurIPS 16*.

Ng, A. Y. and Russell, S. J. (2000). Algorithms for inverse reinforcement learning. In *ICML-00*.

Nicholson, A. and Brady, J. M. (1992). The data association problem when monitoring robot vehicles using dynamic belief networks. In *ECAI-92*.

Nielsen, M. A. (2015). *Neural Networks and Deep Learning*. Determination Press.

Nielsen, T. and Jensen, F. (2003). Sensitivity analysis in influence diagrams. *IEEE Transactions on Systems, Man and Cybernetics*, 33, 223–234.

Niemelä, I., Simons, P., and Syrjänen, T. (2000). Smodels: A system for answer set programming. In *Proc. 8th International Workshop on Non-Monotonic Reasoning*.

Nikolaidis, S. and Shah, J. (2013). Human-robot cross-training: computational formulation, modeling and evaluation of a human team training strategy. In *HRI-13*.

Niles, I. and Pease, A. (2001). Towards a standard upper ontology. In *Proc. International Conference on Formal Ontology in Information Systems*.

Nilsson, D. and Lauritzen, S. (2000). Evaluating influence diagrams using LIMIDs. In *UAI-00*.

Nilsson, N. J. (1965). *Learning Machines: Foundations of Trainable Pattern-Classifying Systems*. McGraw-Hill.

Nilsson, N. J. (1971). *Problem-Solving Methods in Artificial Intelligence*. McGraw-Hill.

Nilsson, N. J. (1984). Shakey the robot. Technical note, SRI International.

Nilsson, N. J. (1986). Probabilistic logic. *AIJ*, 28, 71–87.

Nilsson, N. J. (1995). Eye on the prize. *AIMag*, 16, 9–17.

Nilsson, N. J. (2009). *The Quest for Artificial Intelligence: A History of Ideas and Achievements*. Cambridge University Press.

Nisan, N. (2007). Introduction to mechanism design (for computer scientists). In Nisan, N., Roughgarden, T., Tardos, E., and Vazirani, V. V. (Eds.), *Algorithmic Game Theory*. Cambridge University Press.

Nisan, N., Roughgarden, T., Tardos, E., and Vazirani, V. (Eds.). (2007). *Algorithmic Game Theory*. Cambridge University Press.

Niv, Y. (2009). Reinforcement learning in the brain. *Journal of Mathematical Psychology*, 53, 139–154.

Nivre, J., De Marneffe, M.-C., Ginter, F., Goldberg, Y., Hajic, J., Manning, C., McDonald, R., Petrov, S., *et al.* (2016). Universal dependencies v1: A multilingual treebank collection. In *Proc. International Conference on Language Resources and Evaluation*.

Nodelman, U., Shelton, C., and Koller, D. (2002). Continuous time Bayesian networks. In *UAI-02*.

Noe, A. (2009). *Out of Our Heads: Why You Are Not Your Brain, and Other Lessons from the Biology of Consciousness*. Hill and Wang.

Nordfors, D., Cerf, V., and Senges, M. (2018). *Disrupting Unemployment*. Amazon Digital Services.

Norvig, P. (1988). Multiple simultaneous interpretations of ambiguous sentences. In *COGSCI-88*.

Norvig, P. (1992). *Paradigms of Artificial Intelligence Programming: Case Studies in Common Lisp*. Morgan Kaufmann.

Norvig, P. (2009). Natural language corpus data. In Segaran, T. and Hammerbacher, J. (Eds.), *Beautiful Data*. O'Reilly.

Nowick, S. M., Dean, M. E., Dill, D. L., and Horowitz, M. (1993). The design of a high-performance cache controller: A case study in asynchronous synthesis. *Integration: The VLSI Journal*, 15, 241–262.

Och, F. J. and Ney, H. (2003). A systematic comparison of various statistical alignment models. *Computational Linguistics*, 29, 19–51.

Och, F. J. and Ney, H. (2004). The alignment template approach to statistical machine translation. *Computational Linguistics*, 30, 417–449.

Och, F. J. and Ney, H. (2002). Discriminative training and maximum entropy models for statistical machine translation. In *COLING-02*.

Ogawa, S., Lee, T.-M., Kay, A. R., and Tank, D. W. (1990). Brain magnetic resonance imaging with contrast dependent on blood oxygenation. *PNAS*, 87, 9868–9872.

Oh, M.-S. and Berger, J. O. (1992). Adaptive importance sampling in Monte Carlo integration. *Journal of Statistical Computation and Simulation*, 41, 143–168.

Oh, S., Russell, S. J., and Sastry, S. (2009). Markov chain Monte Carlo data association for multi-target tracking. *IEEE Transactions on Automatic Control*, 54, 481–497.

Oizumi, M., Albantakis, L., and Tononi, G. (2014). From the phenomenology to the mechanisms of consciousness: Integrated information theory 3.0. *PLoS Computational Biology*, 10, e1003588.

Olesen, K. G. (1993). Causal probabilistic networks with both discrete and continuous variables. *PAMI*, 15, 275–279.

Oliver, N., Garg, A., and Horvitz, E. J. (2004). Layered representations for learning and inferring office activity from multiple sensory channels. *Computer Vision and Image Understanding*, 96, 163–180.

Oliver, R. M. and Smith, J. Q. (Eds.). (1990). *Influence Diagrams, Belief Nets and Decision Analysis*. Wiley.

Omohundro, S. (2008). The basic AI drives. In *AGI-08 Workshop on the Sociocultural, Ethical and Futurological Implications of Artificial Intelligence*.

O'Neil, C. (2017). *Weapons of Math Destruction: How Big Data Increases Inequality and Threatens Democracy*. Broadway Books.

O'Neil, C. and Schutt, R. (2013). *Doing Data Science: Straight Talk from the Frontline*. O'Reilly.

O'Reilly, U.-M. and Oppacher, F. (1994). Program search with a hierarchical variable length representation: Genetic programming, simulated annealing and hill climbing. In *Proc. Third Conference on Parallel Problem Solving from Nature*.

Osborne, M. J. (2004). *An Introduction to Game Theory*. Oxford University Pres.

Osborne, M. J. and Rubinstein, A. (1994). *A Course in Game Theory*. MIT Press.

Osherson, D. N., Stob, M., and Weinstein, S. (1986). *Systems That Learn: An Introduction to Learning Theory for Cognitive and Computer Scientists*. MIT Press.

Ostrom, E. (1990). *Governing the Commons*. Cambridge University Press.

Padgham, L. and Winikoff, M. (2004). *Developing Intelligent Agent Systems: A Practical Guide*. Wiley.

Paige, B. and Wood, F. (2014). A compilation target for probabilistic programming languages. In *ICML-14*.

Paige, B., Wood, F., Doucet, A., and Teh, Y. W. (2015). Asynchronous anytime sequential Monte Carlo. In *NeurIPS 27*.

Palacios, H. and Geffner, H. (2007). From conformant into classical planning: Efficient translations that may be complete too. In *ICAPS-07*.

Palmer, S. (1999). *Vision Science: Photons to Phenomenology*. MIT Press.

Papadimitriou, C. H. (1994). *Computational Complexity*. Addison-Wesley.

Papadimitriou, C. H. and Tsitsiklis, J. N. (1987). The complexity of Markov decision processes. *Mathematics of Operations Research*, 12, 441–450.

Papadimitriou, C. H. and Yannakakis, M. (1991). Shortest paths without a map. *Theoretical Computer Science*, 84, 127–150.

Papavassiliou, V. and Russell, S. J. (1999). Convergence of reinforcement learning with general function approximators. In *IJCAI-99*.

Parisi, G. (1988). *Statistical Field Theory*. AddisonWesley.

Parisi, M. M. G. and Zecchina, R. (2002). Analytic and algorithmic solution of random satisfiability problems. *Science*, 297, 812–815.

Park, J. D. and Darwiche, A. (2004). Complexity results and approximation strategies for MAP explanations. *JAIR*, 21, 101–133.

Parker, A., Nau, D. S., and Subrahmanian, V. S. (2005). Game-tree search with combinatorially large belief states. In *IJCAI-05*.

Parker, D. B. (1985). Learning logic. Technical report, Center for Computational Research in Economics and Management Science, MIT.

Parker, L. E. (1996). On the design of behavior-based multi-robot teams. *J. Advanced Robotics*, 10, 547–578.

Parr, R. and Russell, S. J. (1998). Reinforcement learning with hierarchies of machines. In *NeurIPS 10*.

Parzen, E. (1962). On estimation of a probability density function and mode. *Annals of Mathematical Statistics*, 33, 1065–1076.

Pasca, M. and Harabagiu, S. M. (2001). High performance question/answering. In *SIGIR-01*.

Pasca, M., Lin, D., Bigham, J., Lifchits, A., and Jain, A. (2006). Organizing and searching the world wide web of facts—Step one: The one-million fact extraction challenge. In *AAAI-06*.

Paskin, M. (2002). Maximum entropy probabilistic logic. Tech. report, UC Berkeley.

Pasula, H., Marthi, B., Milch, B., Russell, S. J., and Shpitser, I. (2003). Identity uncertainty and citation matching. In *NeurIPS 15*.

Pasula, H., Russell, S. J., Ostland, M., and Ritov, Y. (1999). Tracking many objects with many sensors. In *IJCAI-99*.

Patel-Schneider, P. (2014). Analyzing schema.org. In *Proc. International Semantic Web Conference*.

Patrick, B. G., Almulla, M., and Newborn, M. (1992). An upper bound on the time complexity of iterativedeepening-A*. *AIJ*, 5, 265–278.

Paul, R. P. (1981). *Robot Manipulators: Mathematics, Programming, and Control*. MIT Press.

Pauls, A. and Klein, D. (2009). K-best A* parsing. In *ACL-09*.

Peano, G. (1889). *Arithmetices principia, nova methodo exposita*. Fratres Bocca, Turin.

Pearce, J., Tambe, M., and Maheswaran, R. (2008). Solving multiagent networks using distributed constraint optimization. *AIMag*, 29, 47–62.

Pearl, J. (1982a). Reverend Bayes on inference engines: A distributed hierarchical approach. In *AAAI-82*.

Pearl, J. (1982b). The solution for the branching factor of the alpha-beta pruning algorithm and its optimality. *CACM*, 25, 559–564.

Pearl, J. (1984). *Heuristics: Intelligent Search Strategies for Computer Problem Solving*. Addison-Wesley.

Pearl, J. (1985). Bayesian networks: A model of self-activated memory for evidential reasoning. In *COGSCI-85*.

Pearl, J. (1986). Fusion, propagation, and structuring in belief networks. *AIJ*, 29, 241–288.

Pearl, J. (1987). Evidential reasoning using stochastic simulation of causal models. *AIJ*, 32, 247–257.

Pearl, J. (1988). *Probabilistic Reasoning in Intelligent Systems: Networks of Plausible Inference*. Morgan Kaufmann.

Pearl, J. (2000). *Causality: Models, Reasoning, and Inference*. Cambridge University Press.

Pearl, J. and McKenzie, D. (2018). *The Book of Why*. Basic Books.

Pearl, J. and Verma, T. (1991). A theory of inferred causation. In *KR-91*.

Pearson, K. (1895). Contributions to the mathematical theory of evolution, II: Skew variation in homogeneous material. *Phil. Trans. Roy. Soc.*, 186, 343–414.

Pearson, K. (1901). On lines and planes of closest fit to systems of points in space. *Philosophical Magazine*, *2*, 559-572.

Pease, A. and Niles, I. (2002). IEEE standard upper ontology: A progress report. *Knowledge Engineering Review*, *17*, 65-70.

Pednault, E. P. D. (1986). Formulating multiagent, dynamic-world problems in the classical planning framework. In *Reasoning About Actions and Plans: Proc. 1986 Workshop*.

Pedregosa, F., Varoquaux, G., Gramfort, A., Michel, V., Thirion, B., Grisel, O., Blondel, M., Prettenhofer, P., Weiss, R., Dubourg, V., *et al.* (2011). Scikit-learn: Machine learning in Python. *JMLR*, *12*, 2825-2830.

Peirce, C. S. (1870). Description of a notation for the logic of relatives, resulting from an amplification of the conceptions of Boole's calculus of logic. *Memoirs of the American Academy of Arts and Sciences*, *9*, 317-378.

Peirce, C. S. (1883). A theory of probable inference. Note B. The logic of relatives. In Peirce, C. S. (Ed.), *Studies in Logic*, Little, Brown.

Peirce, C. S. (1909). Existential graphs. Unpublished manuscript; reprinted in (Buchler 1955).

Peleg, B. and Sudholter, P. (2002). *Introduction to the Theory of Cooperative Games* (2nd edition). SpringerVerlag.

Pelikan, M., Goldberg, D. E., and Cantu-Paz, E. (1999). BOA: The Bayesian optimization algorithm. In *GECCO-99*.

Pemberton, J. C. and Korf, R. E. (1992). Incremental planning on graphs with cycles. In *AIPS-92*.

Penberthy, J. S. and Weld, D. S. (1992). UCPOP: A sound, complete, partial order planner for ADL. In *KR-92*.

Peng, J. and Williams, R. J. (1993). Efficient learning and planning within the Dyna framework. *Adaptive Behavior*, *2*, 437-454.

Pennington, J., Socher, R., and Manning, C. (2014). Glove: Global vectors for word representation. In *EMNLP-14*.

Penrose, R. (1989). *The Emperor's New Mind*. Oxford University Press.

Penrose, R. (1994). *Shadows of the Mind*. Oxford University Press.

Peot, M. and Smith, D. E. (1992). Conditional nonlinear planning. In *ICAPS-92*.

Pereira, F. and Schabes, Y. (1992). Inside-outside reestimation from partially bracketed corpora. In *ACL-92*.

Pereira, F. and Warren, D. H. D. (1980). Definite clause grammars for language analysis: A survey of the formalism and a comparison with augmented transition networks. *AIJ*, *13*, 231-278.

Peters, J. and Schaal, S. (2008). Reinforcement learning of motor skills with policy gradients. *Neural Networks*, *21*, 682-697.

Peters, J., Janzing, D., and Schölkopf, B. (2017). *Elements of Causal Inference: Foundations and Learning Algorithms*. MIT press.

Peters, M. E., Neumann, M., Iyyer, M., Gardner, M., Clark, C., Lee, K., and Zettlemoyer, L. (2018). Deep contextualized word representations. arXiv:1802.05365.

Peterson, C. and Anderson, J. R. (1987). A mean field theory learning algorithm for neural networks. *Complex Systems*, *1*, 995-1019.

Petosa, N. and Balch, T. (2019). Multiplayer AlphaZero. arXiv:1910.13012.

Pfeffer, A. (2001). IBAL: A probabilistic rational programming language. In *IJCAI-01*.

Pfeffer, A., Koller, D., Milch, B., and Takusagawa, K. T. (1999). SPOOK: A system for probabilistic object-oriented knowledge representation. In *UAI-99*.

Pfeffer, A. (2016). *Practical Probabilistic Programming*. Manning.

Pfeffer, A. (2000). *Probabilistic Reasoning for Complex Systems*. Ph.D. thesis, Stanford University.

Pfeffer, A. (2007). The design and implementation of IBAL: A general-purpose probabilistic language. In Getoor, L. and Taskar, B. (Eds.), *Introduction to Statistical Relational Learning*. MIT Press.

Pfeifer, R., Bongard, J., Brooks, R. A., and Iwasawa, S. (2006). *How the Body Shapes the Way We Think: A New View of Intelligence*. Bradford.

Pham, H., Guan, M. Y., Zoph, B., Le, Q. V., and Dean, J. (2018). Efficient neural architecture search via parameter sharing. arXiv:1802.03268.

Pineau, J., Gordon, G., and Thrun, S. (2003). Pointbased value iteration: An anytime algorithm for POMDPs. In *IJCAI-03*.

Pinedo, M. (2008). *Scheduling: Theory, Algorithms, and Systems*. Springer Verlag.

Pinkas, G. and Dechter, R. (1995). Improving connectionist energy minimization. *JAIR*, *3*, 223-248.

Pinker, S. (1995). Language acquisition. In Gleitman, L. R., Liberman, M., and Osherson, D. N. (Eds.), *An Invitation to Cognitive Science* (2nd edition). MIT Press.

Pinker, S. (2003). *The Blank Slate: The Modern Denial of Human Nature*. Penguin.

Pinto, D., McCallum, A., Wei, X., and Croft, W. B. (2003). Table extraction using conditional random fields. In *SIGIR-03*.

Pinto, L. and Gupta, A. (2016). Supersizing selfsupervision: Learning to grasp from 50k tries and 700 robot hours. In *ICRA-16*.

Platt, J. (1999). Fast training of support vector machines using sequential minimal optimization. In *Advances in Kernel Methods: Support Vector Learning*. MIT Press.

Plotkin, G. (1972). Building-in equational theories. In Meltzer, B. and Michie, D. (Eds.), *Machine Intelligence 7*. Edinburgh University Press.

Plummer, M. (2003). JAGS: A program for analysis of Bayesian graphical models using Gibbs sampling. In *Proc. Third Int'l Workshop on Distributed Statistical Computing*.

Pnueli, A. (1977). The temporal logic of programs. In *FOCS-77*.

Pohl, I. (1971). Bi-directional search. In Meltzer, B. and Michie, D. (Eds.), *Machine Intelligence 6*. Edinburgh University Press.

Pohl, I. (1973). The avoidance of (relative) catastrophe, heuristic competence, genuine dynamic weighting and computational issues in heuristic problem solving. In *IJCAI-73*.

Pohl, I. (1977). Practical and theoretical considerations in heuristic search algorithms. In Elcock, E. W. and Michie, D. (Eds.), *Machine Intelligence 8*. Ellis Horwood.

Pohl, I. (1970). Heuristic search viewed as path finding in a graph. *AIJ*, *1*, 193-204.

Poli, R., Langdon, W., and McPhee, N. (2008). *A Field Guide to Genetic Programming*. Lulu.com.

Pomerleau, D. A. (1993). *Neural Network Perception for Mobile Robot Guidance*. Kluwer.

Poole, B., Lahiri, S., Raghu, M., Sohl-Dickstein, J., and Ganguli, S. (2017). Exponential expressivity in deep neural networks through transient chaos. In *NeurIPS 29*.

Poole, D. (1993). Probabilistic Horn abduction and Bayesian networks. *AIJ*, *64*, 81-129.

Poole, D. (2003). First-order probabilistic inference. In *IJCAI-03*.

Poole, D. and Mackworth, A. K. (2017). *Artificial Intelligence: Foundations of Computational Agents* (2 edition). Cambridge University Press.

Poppe, R. (2010). A survey on vision-based human action recognition. *Image Vision Comput.*, *28*, 976-990.

Popper, K. R. (1959). *The Logic of Scientific Discovery*. Basic Books.

Popper, K. R. (1962). *Conjectures and Refutations: The Growth of Scientific Knowledge*. Basic Books.

Portner, P. and Partee, B. H. (2002). *Formal Semantics: The Essential Readings*. Wiley-Blackwell.

Post, E. L. (1921). Introduction to a general theory of elementary propositions. *American Journal of Mathematics*, *43*, 163-185.

Poulton, C. and Watts, M. (2016). MIT and DARPA pack Lidar sensor onto single chip. *IEEE Spectrum*, August 4.

Poundstone, W. (1993). *Prisoner's Dilemma*. Anchor.

Pourret, O., Näim, P., and Marcot, B. (2008). *Bayesian Networks: A Practical Guide to Applications*. Wiley.

Pradhan, M., Provan, G. M., Middleton, B., and Henrion, M. (1994). Knowledge engineering for large belief networks. In *UAI-94*.

Prawitz, D. (1960). An improved proof procedure. *Theoria*, *26*, 102-139.

Press, W. H., Teukolsky, S. A., Vetterling, W. T., and Flannery, B. P. (2007). *Numerical Recipes: The Art of Scientific Computing* (3rd edition). Cambridge University Press.

Preston, J. and Bishop, M. (2002). *Views into the Chinese Room: New Essays on Searle and Artificial Intelligence*. Oxford University Press.

Prieditis, A. E. (1993). Machine discovery of effective admissible heuristics. *Machine Learning*, *12*, 117-141.

Prosser, P. (1993). Hybrid algorithms for constraint satisfaction problems. *Computational Intelligence*, *9*, 268-299.

Pullum, G. K. (1991). *The Great Eskimo Vocabulary Hoax (and Other Irreverent Essays on the Study of Language)*. University of Chicago Press.

Pullum, G. K. (1996). Learnability, hyperlearning, and the poverty of the stimulus. In *22nd Annual Meeting of the Berkeley Linguistics Society*.

Puterman, M. L. (1994). *Markov Decision Processes: Discrete Stochastic Dynamic Programming*. Wiley.

Puterman, M. L. and Shin, M. C. (1978). Modified policy iteration algorithms for discounted Markov decision problems. *Management Science*, *24*, 1127-1137.

Putnam, H. (1963). 'Degree of confirmation' and inductive logic. In Schilpp, P. A. (Ed.), *The Philosophy of Rudolf Carnap*. Open Court.

Quillian, M. R. (1961). A design for an understanding machine. Paper presented at a colloquium: Semantic Problems in Natural Language, King's College, Cambridge, England.

Quine, W. V. (1953). Two dogmas of empiricism. In *From a Logical Point of View*. Harper and Row.

Quine, W. V. (1960). *Word and Object*. MIT Press.

Quine, W. V. (1982). *Methods of Logic* (4th edition). Harvard University Press.

Quinlan, J. R. (1979). Discovering rules from large collections of examples: A case study. In Michie, D. (Ed.), *Expert Systems in the Microelectronic Age*. Edinburgh University Press.

Quinlan, J. R. (1986). Induction of decision trees. *Machine Learning*, *1*, 81-106.

Quinlan, J. R. (1993). *C4.5: Programs for Machine Learning*. Morgan Kaufmann.

Quinlan, S. and Khatib, O. (1993). Elastic bands: Connecting path planning and control. In *ICRA-93*.

Quirk, R., Greenbaum, S., Leech, G., and Svartvik, J. (1985). *A Comprehensive Grammar of the English Language*. Longman.

Rabani, Y., Rabinovich, Y., and Sinclair, A. (1998). A computational view of population genetics. *Random Structures and Algorithms*, *12*, 313-334.

Rabiner, L. R. and Juang, B.-H. (1993). *Fundamentals of Speech Recognition*. Prentice-Hall.

Radford, A., Metz, L., and Chintala, S. (2015). Unsupervised representation learning with deep convolutional generative adversarial networks. arXiv:1511.06434.

Radford, A., Wu, J., Child, R., Luan, D., Amodei, D., and Sutskever, I. (2019). Language models are unsupervised multitask learners. *OpenAI Blog*, *1*.

Raffel, C., Shazeer, N., Roberts, A., Lee, K., Narang, S., Matena, M., Zhou, Y., Li, W., and Liu, P. J. (2019). Exploring the limits of transfer learning with a unified text-to-text transformer. arXiv:1910.10683.

Rafferty, A. N., Brunskill, E., Griffiths, T. L., and Shafto, P. (2016). Faster teaching via POMDP planning. *Cognitive Science*, *40*, 1290–1332.

Rahwan, T., Michalak, T. P., Wooldridge, M., and Jennings, N. R. (2015). Coalition structure generation: A survey. *AIJ*, *229*, 139–174.

Raibert, M., Blankespoor, K., Nelson, G., and Playter, R. (2008). Bigdog, the rough-terrain quadruped robot. *IFAC Proceedings Volumes*, *41*, 10822–10825.

Rajpurkar, P., Zhang, J., Lopyrev, K., and Liang, P. (2016). Squad: 100,000+ questions for machine comprehension of text. In *EMNLP-16*.

Ramsey, F. P. (1931). Truth and probability. In Braithwaite, R. B. (Ed.), *The Foundations of Mathematics and Other Logical Essays*. Harcourt Brace Jovanovich.

Ramsundar, B. and Zadeh, R. B. (2018). *TensorFlow for Deep Learning: From Linear Regression to Reinforcement Learning*. O'Reilly.

Rao, D. A. S. and Verweij, G. (2017). Sizing the prize: What's the real value of AI for your business and how can you capitalise? PwC.

Raphael, B. (1976). *The Thinking Computer: Mind Inside Matter*. W. H. Freeman.

Raphson, J. (1690). *Analysis aequationum universalis*. Apud Abelem Swalle, London.

Raschka, S. (2015). *Python Machine Learning*. Packt.

Rashevsky, N. (1936). Physico-mathematical aspects of excitation and conduction in nerves. In *Cold Springs Harbor Symposia on Quantitative Biology. IV: Excitation Phenomena*.

Rashevsky, N. (1938). *Mathematical Biophysics: Physico-Mathematical Foundations of Biology*. University of Chicago Press.

Rasmussen, C. E. and Williams, C. K. I. (2006). *Gaussian Processes for Machine Learning*. MIT Press.

Rassenti, S., Smith, V., and Bulfin, R. (1982). A combinatorial auction mechanism for airport time slot allocation. *Bell Journal of Economics*, *13*, 402–417.

Ratliff, N., Bagnell, J. A., and Zinkevich, M. (2006). Maximum margin planning. In *ICML-06*.

Ratliff, N., Zucker, M., Bagnell, J. A., and Srinivasa, S. (2009). CHOMP: Gradient optimization techniques for efficient motion planning. In *ICRA-09*.

Ratnaparkhi, A. (1996). A maximum entropy model for part-of-speech tagging. In *EMNLP-96*.

Ratner, D. and Warmuth, M. (1986). Finding a shortest solution for the $n \times n$ extension of the 15-puzzle is intractable. In *AAAI-86*.

Rauch, H. E., Tung, F., and Striebel, C. T. (1965). Maximum likelihood estimates of linear dynamic systems. *AIAA Journal*, *3*, 1445–1450.

Rayward-Smith, V., Osman, I., Reeves, C., and Smith, G. (Eds.). (1996). *Modern Heuristic Search Methods*. Wiley.

Real, E., Aggarwal, A., Huang, Y., and Le, Q. V. (2018). Regularized evolution for image classifier architecture search. arXiv:1802.01548.

Rechenberg, I. (1965). Cybernetic solution path of an experimental problem. Library translation, Royal Aircraft Establishment.

Regin, J. (1994). A filtering algorithm for constraints of difference in CSPs. In *AAAI-94*.

Reid, D. B. (1979). An algorithm for tracking multiple targets. *IEEE Trans. Automatic Control*, *24*, 843–854.

Reif, J. (1979). Complexity of the mover's problem and generalizations. In *FOCS-79*.

Reiter, R. (1980). A logic for default reasoning. *AIJ*, *13*, 81–132.

Reiter, R. (1991). The frame problem in the situation calculus: A simple solution (sometimes) and a completeness result for goal regression. In Lifschitz, V. (Ed.), *Artificial Intelligence and Mathematical Theory of Computation: Papers in Honor of John McCarthy*. Academic Press.

Reiter, R. (2001). *Knowledge in Action: Logical Foundations for Specifying and Implementing Dynamical Systems*. MIT Press.

Renner, G. and Ekart, A. (2003). Genetic algorithms in computer aided design. *Computer Aided Design*, *35*, 709–726.

Rényi, A. (1970). *Probability Theory*. Elsevier.

Resnick, P. and Varian, H. R. (1997). Recommender systems. *CACM*, *40*, 56–58.

Rezende, D. J., Mohamed, S., and Wierstra, D. (2014). Stochastic backpropagation and approximate inference in deep generative models. In *ICML-14*.

Riazanov, A. and Voronkov, A. (2002). The design and implementation of VAMPIRE. *AI Communications*, *15*, 91–110.

Ribeiro, M. T., Singh, S., and Guestrin, C. (2016). Why should I trust you?: Explaining the predictions of any classifier. In *KDD-16*.

Richardson, M. and Domingos, P. (2006). Markov logic networks. *Machine Learning*, *62*, 107–136.

Richter, S. and Helmert, M. (2009). Preferred operators and deferred evaluation in satisficing planning. In *ICAPS-09*.

Ridley, M. (2004). *Evolution*. Oxford Reader.

Riley, J. and Samuelson, W. (1981). Optimal auctions. *American Economic Review*, *71*, 381–392.

Riley, P. (2019). Three pitfalls to avoid in machine learning. *Nature*, *572*, 27–29.

Riloff, E. (1993). Automatically constructing a dictionary for information extraction tasks. In *AAAI-93*.

Ringgaard, M., Gupta, R., and Pereira, F. (2017). SLING: A framework for frame semantic parsing. arXiv:1710.07032.

Rintanen, J. (1999). Improvements to the evaluation of quantified Boolean formulae. In *IJCAI-99*.

Rintanen, J. (2007). Asymptotically optimal encodings of conformant planning in QBF. In *AAAI-07*.

Rintanen, J. (2012). Planning as satisfiability: Heuristics. *AIJ*, *193*, 45–86.

Rintanen, J. (2016). Computational complexity in automated planning and scheduling. In *ICAPS-16*.

Ripley, B. D. (1996). *Pattern Recognition and Neural Networks*. Cambridge University Press.

Rissanen, J. (1984). Universal coding, information, prediction, and estimation. *IEEE Transactions on Information Theory*, *IT-30*, 629–636.

Rissanen, J. (2007). *Information and Complexity in Statistical Modeling*. Springer.

Rivest, R. (1987). Learning decision lists. *Machine Learning*, *2*, 229–246.

Robbins, H. (1952). Some aspects of the sequential design of experiments. *Bulletin of the American Mathematical Society*, *58*, 527–535.

Robbins, H. and Monro, S. (1951). A stochastic approximation method. *Annals of Mathematical Statistics*, *22*, 400–407.

Roberts, L. G. (1963). Machine perception of three-dimensional solids. Technical report, MIT Lincoln Laboratory.

Robertson, N. and Seymour, P. D. (1986). Graph minors. II. Algorithmic aspects of tree-width. *J. Algorithms*, *7*, 309–322.

Robertson, S. E. and Sparck Jones, K. (1976). Relevance weighting of search terms. *J. American Society for Information Science*, *27*, 129–146.

Robins, J. (1986). A new approach to causal inference in mortality studies with a sustained exposure period: Application to control of the healthy worker survivor effect. *Mathematical Modelling*, *7*, 1393–1512.

Robinson, A. and Voronkov, A. (Eds.). (2001). *Handbook of Automated Reasoning*. Elsevier.

Robinson, J. A. (1965). A machine-oriented logic based on the resolution principle. *JACM*, *12*, 23–41.

Robinson, S. (2002). Computer scientists find unexpected depths in airfare search problem. *SIAM News*, *35*(6).

Roche, E. and Schabes, Y. (Eds.). (1997). *Finite-State Language Processing*. Bradford Books.

Rock, I. (1984). *Perception*. W. H. Freeman.

Rokicki, T., Kociemba, H., Davidson, M., and Dethridge, J. (2014). The diameter of the Rubik's Cube group is twenty. *SIAM Review*, *56*, 645–670.

Rolf, D. (2006). Improved bound for the PPSZ/Schöning-algorithm for 3-SAT. *Journal on Satisfiability, Boolean Modeling and Computation*, *1*, 111–122.

Rolnick, D., Donti, P. L., Kaack, L. H., *et al.* (2019). Tackling climate change with machine learning. arXiv:1906.05433.

Rolnick, D. and Tegmark, M. (2018). The power of deeper networks for expressing natural functions. In *ICLR-18*.

Romanovskii, I. (1962). Reduction of a game with complete memory to a matrix game. *Soviet Mathematics*, *3*, 678–681.

Ros, G., Sellart, L., Materzynska, J., Vazquez, D., and Lopez, A. M. (2016). The SYNTHIA dataset: A large collection of synthetic images for semantic segmentation of urban scenes. In *CVPR-16*.

Rosenblatt, F. (1957). The perceptron: A perceiving and recognizing automaton. Report, Project PARA, Cornell Aeronautical Laboratory.

Rosenblatt, F. (1960). On the convergence of reinforcement procedures in simple perceptrons. Report, Cornell Aeronautical Laboratory.

Rosenblatt, F. (1962). *Principles of Neurodynamics: Perceptrons and the Theory of Brain Mechanisms*. Spartan.

Rosenblatt, M. (1956). Remarks on some nonparametric estimates of a density function. *Annals of Mathematical Statistics*, *27*, 832–837.

Rosenblueth, A., Wiener, N., and Bigelow, J. (1943). Behavior, purpose, and teleology. *Philosophy of Science*, *10*, 18–24.

Rosenschein, J. S. and Zlotkin, G. (1994). *Rules of Encounter*. MIT Press.

Rosenschein, S. J. (1985). Formal theories of knowledge in AI and robotics. *New Generation Computing*, *3*, 345–357.

Ross, G. (2012). Fisher and the millionaire: The statistician and the calculator. *Significance*, *9*, 46–48.

Ross, S. (2015). *A First Course in Probability* (9th edition). Pearson.

Ross, S., Gordon, G., and Bagnell, D. (2011). A reduction of imitation learning and structured prediction to no-regret online learning. In *AISTATS-11*.

Rossi, F., van Beek, P., and Walsh, T. (2006). *Handbook of Constraint Processing*. Elsevier.

Roth, D. (1996). On the hardness of approximate reasoning. *AIJ*, *82*, 273–302.

Roussel, P. (1975). Prolog: Manual de référence et d'utilization. Tech. rep., Groupe d'Intelligence Artificielle, Universiteé d'Aix-Marseille.

Rowat, P. F. (1979). *Representing the Spatial Experience and Solving Spatial Problems in a Simulated Robot Environment*. Ph.D. thesis, University of British Columbia.

Roweis, S. T. and Ghahramani, Z. (1999). A unifying review of linear Gaussian models. *Neural Computation*, *11*, 305–345.

Rowley, H., Baluja, S., and Kanade, T. (1998). Neural network-based face detection. *PAMI*, *20*, 23–38.

Roy, N., Gordon, G., and Thrun, S. (2005). Finding approximate POMDP solutions through belief compression. *JAIR*, *23*, 1–40.

Rubin, D. (1974). Estimating causal effects of treatments in randomized and nonrandomized studies. *Journal of Educational Psychology*, *66*, 688–701.

Rubin, D. (1988). Using the SIR algorithm to simulate posterior distributions. In Bernardo, J. M., de Groot, M. H., Lindley, D. V., and Smith, A. F. M. (Eds.), *Bayesian Statistics 3*. Oxford University Press.

Rubinstein, A. (1982). Perfect equilibrium in a bargaining model. *Econometrica*, *50*, 97–109.

Rubinstein, A. (2003). Economics and psychology? The case of hyperbolic discounting. *International Economic Review*, *44*, 1207–1216.

Ruder, S. (2018). NLP's ImageNet moment has arrived. *The Gradient*, July 8.

Ruder, S., Peters, M. E., Swayamdipta, S., and Wolf, T. (2019). Transfer learning in natural language processing. In *COLING-19*.

Rumelhart, D. E., Hinton, G. E., and Williams, R. J. (1986). Learning representations by back-propagation errors. *Nature*, *323*, 533–536.

Rumelhart, D. E. and McClelland, J. L. (Eds.). (1986). *Parallel Distributed Processing*. MIT Press.

Rummery, G. A. and Niranjan, M. (1994). On-line Qlearning using connectionist systems. Tech. rep., Cambridge University Engineering Department.

Ruspini, E. H., Lowrance, J. D., and Strat, T. M. (1992). Understanding evidential reasoning. *IJAR*, *6*, 401–424.

Russakovsky, O., Deng, J., Su, H., Krause, J., Satheesh, S., Ma, S., Huang, Z., Karpathy, A., Khosla, A., Bernstein, M., Berg, A. C., and Fei-Fei, L. (2015). ImageNet large scale visual recognition challenge. *IJCV*, *115*, 211–252.

Russell, J. G. B. (1990). Is screening for abdominal aortic aneurysm worthwhile? *Clinical Radiology*, *41*, 182–184.

Russell, S. J. (1985). The compleat guide to MRS. Report, Computer Science Department, Stanford University.

Russell, S. J. (1992). Efficient memory-bounded search methods. In *ECAI-92*.

Russell, S. J. (1998). Learning agents for uncertain environments. In *COLT-98*.

Russell, S. J. (1999). Expressive probability models in science. In *Proc. Second International Conference on Discovery Science*.

Russell, S. J. (2019). *Human Compatible*. Penguin.

Russell, S. J., Binder, J., Koller, D., and Kanazawa, K. (1995). Local learning in probabilistic networks with hidden variables. In *IJCAI-95*.

Russell, S. J. and Norvig, P. (2003). *Artificial Intelligence: A Modern Approach* (2nd edition). PrenticeHall.

Russell, S. J. and Subramanian, D. (1995). Provably bounded-optimal agents. *JAIR*, *3*, 575–609.

Russell, S. J. and Wefald, E. H. (1989). On optimal game-tree search using rational meta-reasoning. In *IJCAI-89*.

Russell, S. J. and Wefald, E. H. (1991). *Do the Right Thing: Studies in Limited Rationality*. MIT Press.

Russell, S. J. and Wolfe, J. (2005). Efficient beliefstate AND-OR search, with applications to Kriegspiel. In *IJCAI-05*.

Russell, S. J. and Zimdars, A. (2003). Qdecomposition of reinforcement learning agents. In *ICML-03*.

Rustagi, J. S. (1976). *Variational Methods in Statistics*. Academic Press.

Saad, F. and Mansinghka, V. K. (2017). A probabilistic programming approach to probabilistic data analysis. In *NeurIPS 29*.

Sabin, D. and Freuder, E. C. (1994). Contradicting conventional wisdom in constraint satisfaction. In *ECAI-94*.

Sabri, K. E. (2015). Automated verification of role-based access control policies constraints using Prover9. arXiv:1503.07645.

Sacerdoti, E. D. (1974). Planning in a hierarchy of abstraction spaces. *AIJ*, *5*, 115–135.

Sacerdoti, E. D. (1975). The nonlinear nature of plans. In *IJCAI-75*.

Sacerdoti, E. D. (1977). *A Structure for Plans and Behavior*. Elsevier.

Sadeghi, F. and Levine, S. (2016). CAD2RL: Real single-image flight without a single real image. arXiv:1611.04201.

Sadigh, D., Sastry, S., Seshia, S. A., and Dragan, A. D. (2016). Planning for autonomous cars that leverage effects on human actions. In *Proc. Robotics: Science and Systems*.

Sadler, M. and Regan, N. (2019). *Game Changer*. New in Chess.

Sadri, F. and Kowalski, R. (1995). Variants of the event calculus. In *ICLP-95*.

Sagae, K. and Lavie, A. (2006). A best-first probabilistic shift-reduce parser. In *COLING-06*.

Sahami, M., Hearst, M. A., and Saund, E. (1996). Applying the multiple cause mixture model to text categorization. In *ICML-96*.

Sahin, N. T., Pinker, S., Cash, S. S., Schomer, D., and Halgren, E. (2009). Sequential processing of lexical, grammatical, and phonological information within Broca's area. *Science*, *326*, 445–449.

Sakuta, M. and Iida, H. (2002). AND/OR-tree search for solving problems with uncertainty: A case study using screen-shogi problems. *Trans. Inf. Proc. Society of Japan*, *43*, 1–10.

Salomaa, A. (1969). Probabilistic and weighted grammars. *Information and Control*, *15*, 529–544.

Samadi, M., Felner, A., and Schaeffer, J. (2008). Learning from multiple heuristics. In *AAAI-08*.

Samet, H. (2006). *Foundations of Multidimensional and Metric Data Structures*. Morgan Kaufmann.

Sammut, C., Hurst, S., Kedzier, D., and Michie, D. (1992). Learning to fly. In *ICML-92*.

Samuel, A. (1959). Some studies in machine learning using the game of checkers. *IBM Journal of Research and Development*, *3*, 210–229.

Samuel, A. (1967). Some studies in machine learning using the game of checkers II—Recent progress. *IBM Journal of Research and Development*, *11*, 601–617.

Sanchez-Lengeling, B., Wei, J. N., Lee, B. K., Gerkin, R. C., Aspuru-Guzik, A., and Wiltschko, A. B. (2019). Machine learning for scent: Learning generalizable perceptual representations of small molecules. arXiv:1910.10685.

Sandholm, T. (1999). Distributed rational decision making. In Weiß, G. (Ed.), *Multiagent Systems*. MIT Press.

Sandholm, T., Larson, K., Andersson, M., Shehory, O., and Tohmé, F. (1999). Coalition structure generation with worst case guarantees. *AIJ*, *111*, 209–238.

Sandholm, T. (1993). An implementation of the contract net protocol based on marginal cost calculations. In *AAAI-93*.

Sang, T., Beame, P., and Kautz, H. (2005). Performing Bayesian inference by weighted model counting. In *AAAI-05*.

Sapir, E. (1921). *Language: An Introduction to the Study of Speech*. Harcourt Brace Jovanovich.

Sarawagi, S. (2007). Information extraction. *Foundations and Trends in Databases*, *1*, 261–377.

Sargent, T. J. (1978). Estimation of dynamic labor demand schedules under rational expectations. *J. Political Economy*, *86*, 1009–1044.

Sartre, J.-P. (1960). *Critique de la Raison dialectique*. Editions Gallimard.

Satia, J. K. and Lave, R. E. (1973). Markovian decision processes with probabilistic observation of states. *Management Science*, *20*, 1–13.

Sato, T. and Kameya, Y. (1997). PRISM: A symbolicstatistical modeling language. In *IJCAI-97*.

Saul, L. K., Jaakkola, T., and Jordan, M. I. (1996). Mean field theory for sigmoid belief networks. *JAIR*, *4*, 61–76.

Saunders, W., Sastry, G., Stuhlmüller, A., and Evans, O. (2018). Trial without error: Towards safe reinforcement learning via human intervention. In *AAMAS-18*.

Savage, L. J. (1954). *The Foundations of Statistics*. Wiley.

Savva, M., Kadian, A., Maksymets, O., Zhao, Y., Wijmans, E., Jain, B., Straub, J., Liu, J., Koltun, V., Malik, J., Parikh, D., and Batra, D. (2019). Habitat: A platform for embodied AI research. arXiv:1904.01201.

Sayre, K. (1993). Three more flaws in the computational model. Paper presented at the APA (Central Division) Annual Conference, Chicago, Illinois.

Schaeffer, J. (2008). *One Jump Ahead: Computer Perfection at Checkers*. Springer-Verlag.

Schaeffer, J., Burch, N., Bjornsson, Y., Kishimoto, A., Müller, M., Lake, R., Lu, P., and Sutphen, S. (2007). Checkers is solved. *Science*, *317*, 1518–1522.

Schank, R. C. and Abelson, R. P. (1977). *Scripts, Plans, Goals, and Understanding*. Lawrence Erlbaum.

Schank, R. C. and Riesbeck, C. (1981). *Inside Computer Understanding: Five Programs Plus Miniatures*. Lawrence Erlbaum.

Schapire, R. E. and Singer, Y. (2000). Boostexter: A boosting-based system for text categorization. *Machine Learning*, *39*, 135–168.

Schapire, R. E. (1990). The strength of weak learnability. *Machine Learning*, *5*, 197–227.

Schapire, R. E. (2003). The boosting approach to machine learning: An overview. In Denison, D. D., Hansen, M. H., Holmes, C., Mallick, B., and Yu, B. (Eds.), *Nonlinear Estimation and Classification*. Springer.

Scharre, P. (2018). *Army of None*. W. W. Norton.

Schmid, C. and Mohr, R. (1996). Combining greyvalue invariants with local constraints for object recognition. In *CVPR-96*.

Schmidhuber, J. (2015). Deep learning in neural networks: An overview. *Neural Networks*, *61*, 85–117.

Schofield, M. and Thielscher, M. (2015). Lifting model sampling for general game playing to incomplete-information models. In *AAAI-15*.

Schölkopf, B. and Smola, A. J. (2002). *Learning with Kernels*. MIT Press.

Schöning, T. (1999). A probabilistic algorithm for kSAT and constraint satisfaction problems. In *FOCS99*.

Schoppers, M. J. (1989). In defense of reaction plans as caches. *AIMag*, *10*, 51–60.

Schraudolph, N. N., Dayan, P., and Sejnowski, T. (1994). Temporal difference learning of position evaluation in the game of Go. In *NeurIPS 6*.

Schrittwieser, J., Antonoglou, I., Hubert, T., Simonyan, K., Sifre, L., Schmitt, S., Guez, A., Lockhart, E., Hassabis, D., Graepel, T., Lillicrap, T., and Silver, D. (2019). Mastering Atari, Go, chess and shogi by planning with a learned model. arXiv:1911.08265.

Schröder, E. (1877). *Der Operationskreis des Logikkalküls*. B. G. Teubner, Leipzig.

Schulman, J., Ho, J., Lee, A. X., Awwal, I., Bradlow, H., and Abbeel, P. (2013). Finding locally optimal, collision-free trajectories with sequential convex optimization. In *Proc. Robotics: Science and Systems*.

Schulman, J., Levine, S., Abbeel, P., Jordan, M. I., and Moritz, P. (2015a). Trust region policy optimization. In *ICML-15*.

Schulman, J., Levine, S., Moritz, P., Jordan, M., and Abbeel, P. (2015b). Trust region policy optimization. In *ICML-15*.

Schultz, W., Dayan, P., and Montague, P. R. (1997). A neural substrate of prediction and reward. *Science*, *275*, 1593.

Schulz, D., Burgard, W., Fox, D., and Cremers, A. B. (2003). People tracking with mobile robots using sample-based joint probabilistic data association filters. *Int. J. Robotics Research*, *22*, 99–116.

Schulz, S. (2004). System Description: E 0.81. In *Proc. International Joint Conference on Automated Reasoning*, Vol. 3097 of *LNAI*.

Schulz, S. (2013). System description: E 1.8. In *Proc. Int. Conf. on Logic for Programming Artificial Intelligence and Reasoning*.

Schütze, H. (1995). *Ambiguity in Language Learning: Computational and Cognitive Models*. Ph.D. thesis, Stanford University. Also published by CSLI Press, 1997.

Schwartz, J. T., Scharir, M., and Hopcroft, J. (1987). *Planning, Geometry and Complexity of Robot Motion*. Ablex.

Schwartz, S. P. (Ed.). (1977). *Naming, Necessity, and Natural Kinds*. Cornell University Press.

Scott, D. and Krauss, P. (1966). Assigning probabilities to logical formulas. In Hintikka, J. and Suppes, P. (Eds.), *Aspects of Inductive Logic*. North-Holland.

Searle, J. R. (1980). Minds, brains, and programs. *BBS*, *3*, 417–457.

Searle, J. R. (1990). Is the brain's mind a computer program? *Scientific American*, *262*, 26–31.

Searle, J. R. (1992). *The Rediscovery of the Mind*. MIT Press.

Sedgewick, R. and Wayne, K. (2011). *Algorithms*. Addison-Wesley.

Sefidgar, Y. S., Agarwal, P., and Cakmak, M. (2017). Situated tangible robot programming. In *HRI-17*.

Segaran, T. (2007). *Programming Collective Intelligence: Building Smart Web 2.0 Applications*. O'Reilly.

Seipp, J. and Röger, G. (2018). Fast downward stone soup 2018. IPC 2018 Classical Track.

Seipp, J., Sievers, S., Helmert, M., and Hutter, F. (2015). Automatic configuration of sequential planning portfolios. In *AAAI-15*.

Selman, B., Kautz, H., and Cohen, B. (1996). Local search strategies for satisfiability testing. In Johnson, D. S. and Trick, M. A. (Eds.), *Cliques, Coloring, and Satisfiability*. American Mathematical Society.

Selman, B. and Levesque, H. J. (1993). The complexity of path-based defeasible inheritance. *AIJ*, *62*, 303–339.

Selman, B., Levesque, H. J., and Mitchell, D. (1992). A new method for solving hard satisfiability problems. In *AAAI-92*.

Seni, G. and Elder, J. F. (2010). Ensemble methods in data mining: Improving accuracy through combining predictions. *Synthesis Lectures on Data Mining and Knowledge Discovery*, *2*, 1–126.

Seo, M., Kembhavi, A., Farhadi, A., and Hajishirzi, H. (2017). Bidirectional attention flow for machine comprehension. In *ICLR-17*.

Shachter, R. D. (1986). Evaluating influence diagrams. *Operations Research*, *34*, 871–882.

Shachter, R. D. (1998). Bayes-ball: The rational pastime (for determining irrelevance and requisite information in belief networks and influence diagrams). In *UAI-98*.

Shachter, R. D., D'Ambrosio, B., and Del Favero, B. A. (1990). Symbolic probabilistic inference in belief networks. In *AAAI-90*.

Shachter, R. D. and Kenley, C. R. (1989). Gaussian influence diagrams. *Management Science*, *35*, 527–550.

Shachter, R. D. and Peot, M. (1989). Simulation approaches to general probabilistic inference on belief networks. In *UAI-98*.

Shafer, G. (1976). *A Mathematical Theory of Evidence*. Princeton University Press.

Shanahan, M. (1997). *Solving the Frame Problem*. MIT Press.

Shanahan, M. (1999). The event calculus explained. In Wooldridge, M. J. and Veloso, M. (Eds.), *Artificial Intelligence Today*. Springer-Verlag.

Shanahan, M. (2015). *The Technological Singularity*. MIT Press.

Shani, G., Pineau, J., and Kaplow, R. (2013). A survey of point-based POMDP solvers. *Autonomous Agents and Multi-Agent Systems*, *27*, 1–51.

Shankar, N. (1986). *Proof-Checking Metamathematics*. Ph.D. thesis, Computer Science Department, University of Texas at Austin.

Shannon, C. E. and Weaver, W. (1949). *The Mathematical Theory of Communication*. University of Illinois Press.

Shannon, C. E. (1950). Programming a computer for playing chess. *Philosophical Magazine*, *41*, 256–275.

Shapley, L. S. (1953a). A value for *n*-person games. In Kuhn, H. W. and Tucker, A. W. (Eds.), *Contributions to the Theory of Games*. Princeton University Press.

Shapley, S. (1953b). Stochastic games. *PNAS*, *39*, 1095–1100.

Sharan, R. V. and Moir, T. J. (2016). An overview of applications and advancements in automatic sound recognition. *Neurocomputing*, *200*, 22–34.

Shatkay, H. and Kaelbling, L. P. (1997). Learning topological maps with weak local odometric information. In *IJCAI-97*.

Shazeer, N., Mirhoseini, A., Maziarz, K., Davis, A., Le, Q. V., Hinton, G. E., and Dean, J. (2017). Outrageously large neural networks: The sparsely-gated mixture-of-experts layer. arXiv:1701.06538.

Shelley, M. (1818). *Frankenstein: Or, the Modern Prometheus*. Pickering and Chatto.

Sheppard, B. (2002). World-championship-caliber scrabble. *AIJ*, *134*, 241–275.

Shi, J. and Malik, J. (2000). Normalized cuts and image segmentation. *PAMI*, *22*, 888–905.

Shieber, S. (1994). Lessons from a restricted Turing test. *CACM*, *37*, 70–78.

Shieber, S. (Ed.). (2004). *The Turing Test*. MIT Press.

Shimony, S. E. (1994). Finding MAPs for belief networks is NP-hard. *AIJ*, *68*, 399–410.

Shoham, Y. (1993). Agent-oriented programming. *AIJ*, *60*, 51–92.

Shoham, Y. (1994). *Artificial Intelligence Techniques in Prolog*. Morgan Kaufmann.

Shoham, Y. and Leyton-Brown, K. (2009). *Multiagent Systems: Algorithmic, Game-Theoretic, and Logical Foundations*. Cambridge Univ. Press.

Shoham, Y., Powers, R., and Grenager, T. (2004). If multi-agent learning is the answer, what is the question? In *Proc. AAAI Fall Symposium on Artificial Multi-Agent Learning*.

Shortliffe, E. H. (1976). *Computer-Based Medical Consultations: MYCIN*. Elsevier.

Siciliano, B. and Khatib, O. (Eds.). (2016). *Springer Handbook of Robotics* (2nd edition). Springer-Verlag.

Sigaud, O. and Buffet, O. (2010). *Markov Decision Processes in Artificial Intelligence*. Wiley.

Sigmund, K. (2017). *Exact Thinking in Demented Times*. Basic Books.

Silberstein, M., Weissbrod, O., Otten, L., Tzemach, A., Anisenia, A., Shtark, O., Tuberg, D., Galfrin, E., Gannon, I., Shalata, A., Borochowitz, Z. U., Dechter, R., Thompson, E., and Geiger, D. (2013). A system for exact and approximate genetic linkage analysis of SNP data in large pedigrees. *Bioinformatics*, *29*, 197–205.

Silva, R., Melo, F. S., and Veloso, M. (2015). Towards table tennis with a quadrotor autonomous learning robot and onboard vision. In *IROS-15*.

Silver, D. and Veness, J. (2011). Monte-Carlo planning in large POMDPs. In *NeurIPS 23*.

Silver, D., Huang, A., Maddison, C. J., Guez, A., and Hassabis, D. (2016). Mastering the game of Go with deep neural networks and tree search. *Nature*, *529*, 484–489.

Silver, D., Hubert, T., Schrittwieser, J., Antonoglou, I., Lai, M., Guez, A., Lanctot, M., Sifre, L., Kumaran, D., Graepel, T., *et al.* (2018). A general reinforcement learning algorithm that masters chess, shogi, and Go through self-play. *Science*, *362*, 1140–1144.

Silver, D., Schrittwieser, J., Simonyan, K., Antonoglou, I., Huang, A., Guez, A., Hubert, T., Baker, L., Lai, M., Bolton, A., Chen, Y., Lillicrap, T., Hui, F., Sifre, L., van den Driessche, G., Graepel, T., and Hassabis, D. (2017). Mastering the game of Go without human knowledge. *Nature*, *550*, 354–359.

Silverman, B. W. (1986). *Density Estimation for Statistics and Data Analysis*. Chapman and Hall.

Silverstein, C., Henzinger, M., Marais, H., and Moricz, M. (1998). Analysis of a very large AltaVista query log. Tech. rep., Digital Systems Research Center.

Simmons, R. and Koenig, S. (1995). Probabilistic robot navigation in partially observable environments. In *IJCAI-95*.

Simon, D. (2006). *Optimal State Estimation: Kalman, H Infinity, and Nonlinear Approaches*. Wiley.

Simon, H. A. (1947). *Administrative Behavior*. Macmillan.

Simon, H. A. (1963). Experiments with a heuristic compiler. *JACM*, *10*, 493–506.

Simon, H. A. and Newell, A. (1958). Heuristic problem solving: The next advance in operations research. *Operations Research*, *6*, 1–10.

Simon, J. C. and Dubois, O. (1989). Number of solutions to satisfiability instances–Applications to knowledge bases. *AIJ*, *3*, 53–65.

Simonis, H. (2005). Sudoku as a constraint problem. In *CP-05 Workshop on Modeling and Reformulating Constraint Satisfaction Problems*.

Singer, P. W. (2009). *Wired for War*. Penguin Press.

Singh, P., Lin, T., Mueller, E. T., Lim, G., Perkins, T., and Zhu, W. L. (2002). Open mind common sense: Knowledge acquisition from the general public. In *Proc. First International Conference on Ontologies, Databases, and Applications of Semantics for Large Scale Information Systems*.

Sisbot, E. A., Marin-Urias, L. F., Alami, R., and Simeon, T. (2007). A human aware mobile robot motion planner. *IEEE Transactions on Robotics*, *23*, 874–883.

Siskind, J. M. and Pearlmutter, B. A. (2016). Efficient implementation of a higher-order language with builtin AD. arXiv:1611.03416.

Sistla, A. P. and Godefroid, P. (2004). Symmetry and reduced symmetry in model checking. *ACM Trans. Program. Lang. Syst.*, *26*, 702–734.

Sittler, R. W. (1964). An optimal data association problem in surveillance theory. *IEEE Transactions on Military Electronics*, *8*, 125–139.

Skolem, T. (1920). Logisch-kombinatorische Untersuchungen über die Erfüllbarkeit oder Beweisbarkeit mathematischer Sätze nebst einem Theoreme über die dichte Mengen. *Videnskapselskapets skrifter, I. Matematisk-naturvidenskabelig klasse*, *4*, 1–36.

Skolem, T. (1928). Über die mathematische Logik. *Norsk matematisk tidsskrift*, *10*, 125–142.

Slagle, J. R. (1963). A heuristic program that solves symbolic integration problems in freshman calculus. *JACM*, *10*.

Slate, D. J. and Atkin, L. R. (1977). CHESS 4.5–Northwestern University chess program. In Frey, P. W. (Ed.), *Chess Skill in Man and Machine*. SpringerVerlag.

Slater, E. (1950). Statistics for the chess computer and the factor of mobility. In *Symposium on Information Theory*. Ministry of Supply.

Slocum, J. and Sonneveld, D. (2006). *The 15 Puzzle*. Slocum Puzzle Foundation.

Smallwood, R. D. and Sondik, E. J. (1973). The optimal control of partially observable Markov processes over a finite horizon. *Operations Research*, *21*, 1071-1088.

Smith, B. (2004). Ontology. In Floridi, L. (Ed.), *The Blackwell Guide to the Philosophy of Computing and Information*. Wiley-Blackwell.

Smith, B., Ashburner, M., Rosse, C., *et al.* (2007). The OBO Foundry: Coordinated evolution of ontologies to support biomedical data integration. *Nature Biotechnology*, *25*, 1251-1255.

Smith, D. E., Genesereth, M. R., and Ginsberg, M. L. (1986). Controlling recursive inference. *AIJ*, *30*, 343-389.

Smith, D. A. and Eisner, J. (2008). Dependency parsing by belief propagation. In *EMNLP-08*.

Smith, D. E. and Weld, D. S. (1998). Conformant Graphplan. In *AAAI-98*.

Smith, J. Q. (1988). *Decision Analysis*. Chapman and Hall.

Smith, J. E. and Winkler, R. L. (2006). The optimizer's curse: Skepticism and postdecision surprise in decision analysis. *Management Science*, *52*, 311-322.

Smith, J. M. (1982). *Evolution and the Theory of Games*. Cambridge University Press.

Smith, J. M. and Szathmáry, E. (1999). *The Origins of Life: From the Birth of Life to the Origin of Language*. Oxford University Press.

Smith, M. K., Welty, C., and McGuinness, D. (2004). OWL web ontology language guide. Tech. rep., W3C.

Smith, R. G. (1980). *A Framework for Distributed Problem Solving*. UMI Research Press.

Smith, R. C. and Cheeseman, P. (1986). On the representation and estimation of spatial uncertainty. *Int. J. Robotics Research*, *5*, 56-68.

Smith, S. J. J., Nau, D. S., and Throop, T. A. (1998). Success in spades: Using AI planning techniques to win the world championship of computer bridge. In *AAAI-98*.

Smith, W. E. (1956). Various optimizers for singlestage production. *Naval Research Logistics Quarterly*, *3*, 59-66.

Smolensky, P. (1988). On the proper treatment of connectionism. *BBS*, *2*, 1-74.

Smolensky, P. and Prince, A. (1993). Optimality theory: Constraint interaction in generative grammar. Tech. rep., Department of Computer Science, University of Colorado at Boulder.

Smullyan, R. M. (1995). *First-Order Logic*. Dover.

Smyth, P., Heckerman, D., and Jordan, M. I. (1997). Probabilistic independence networks for hidden Markov probability models. *Neural Computation*, *9*, 227-269.

Snoek, J., Larochelle, H., and Adams, R. P. (2013). Practical Bayesian optimization of machine learning algorithms. In *NeurIPS 25*.

Solomonoff, R. J. (1964). A formal theory of inductive inference. *Information and Control*, *7*, 1-22, 224-254.

Solomonoff, R. J. (2009). Algorithmic probability-theory and applications. In Emmert-Streib, F. and Dehmer, M. (Eds.), *Information Theory and Statistical Learning*. Springer.

Sondik, E. J. (1971). *The Optimal Control of Partially Observable Markov Decision Processes*. Ph.D. thesis, Stanford University.

Sosic, R. and Gu, J. (1994). Efficient local search with conflict minimization: A case study of the n-queens problem. *IEEE Transactions on Knowledge and Data Engineering*, *6*, 661-668.

Sowa, J. (1999). *Knowledge Representation: Logical, Philosophical, and Computational Foundations*. Blackwell.

Spaan, M. T. J. and Vlassis, N. (2005). Perseus: Randomized point-based value iteration for POMDPs. *JAIR*, *24*, 195-220.

Sparrow, R. (2004). The Turing triage test. *Ethics and Information Technology*, *6*, 203-213.

Spiegelhalter, D. J., Dawid, A. P., Lauritzen, S., and Cowell, R. (1993). Bayesian analysis in expert systems. *Statistical Science*, *8*, 219-282.

Spirtes, P., Glymour, C., and Scheines, R. (1993). *Causation, Prediction, and Search*. Springer-Verlag.

Spitkovsky, V. I., Alshawi, H., and Jurafsky, D. (2010a). From baby steps to leapfrog: How less is more in unsupervised dependency parsing. In *NAACL HLT*.

Spitkovsky, V. I., Jurafsky, D., and Alshawi, H. (2010b). Profiting from mark-up: Hyper-text annotations for guided parsing. In *ACL-10*.

Srivas, M. and Bickford, M. (1990). Formal verification of a pipelined microprocessor. *IEEE Software*, *7*, 52-64.

Srivastava, N., Hinton, G. E., Krizhevsky, A., Sutskever, I., and Salakhutdinov, R. (2014a). Dropout: A simple way to prevent neural networks from overfitting. *JMLR*, *15*, 1929-1958.

Srivastava, S., Russell, S. J., and Ruan, P. (2014b). First-order open-universe POMDPs. In *UAI-14*.

Staab, S. (2004). *Handbook on Ontologies*. Springer.

Stallman, R. M. and Sussman, G. J. (1977). Forward reasoning and dependency-directed backtracking in a system for computer-aided circuit analysis. *AIJ*, *9*, 135-196.

Stanfill, C. and Waltz, D. (1986). Toward memorybased reasoning. *CACM*, *29*, 1213-1228.

Stanislawska, K., Krawiec, K., and Vihma, T. (2015). Genetic programming for estimation of heat flux between the atmosphere and sea ice in polar regions. In *GECCO-15*.

Stefik, M. (1995). *Introduction to Knowledge Systems*. Morgan Kaufmann.

Steiner, D. F., MacDonald, R., Liu, Y., Truszkowski, P., Hipp, J. D., Gammage, C., Thng, F., Peng, L., and Stumpe, M. C. (2018). Impact of deep learning assistance on the histopathologic review of lymph nodes for metastatic breast cancer. *Am. J. Surgical Pathology*, *42*, 1636-1646.

Steinruecken, C., Smith, E., Janz, D., Lloyd, J., and Ghahramani, Z. (2019). The Automatic Statistician. In Hutter, F., Kotthoff, L., and Vanschoren, J. (Eds.), *Automated Machine Learning*. Springer.

Stergiou, K. and Walsh, T. (1999). The difference alldifference makes. In *IJCAI-99*.

Stickel, M. E. (1992). A Prolog technology theorem prover: a new exposition and implementation in Prolog. *Theoretical Computer Science*, *104*, 109-128.

Stiller, L. (1992). KQNKRR. *J. International Computer Chess Association*, *15*, 16-18.

Stiller, L. (1996). Multilinear algebra and chess endgames. In Nowakowski, R. J. (Ed.), *Games of No Chance, MSRI, 29, 1996*. Mathematical Sciences Research Institute.

Stockman, G. (1979). A minimax algorithm better than alpha-beta? *AIJ*, *12*, 179-196.

Stoffel, K., Taylor, M., and Hendler, J. (1997). Efficient management of very large ontologies. In *AAAI97*.

Stone, M. (1974). Cross-validatory choice and assessment of statistical predictions. *J. Royal Statistical Society*, *36*, 111-133.

Stone, P. (2000). *Layered Learning in Multi-Agent Systems: A Winning Approach to Robotic Soccer*. MIT Press.

Stone, P. (2003). Multiagent competitions and research: Lessons from RoboCup and TAC. In Lima, P. U. and Rojas, P. (Eds.), *RoboCup-2002: Robot Soccer World Cup VI*. Springer Verlag.

Stone, P. (2016). What's hot at RoboCup. In *AAAI-16*.

Stone, P., Brooks, R. A., Brynjolfsson, E., Calo, R., Etzioni, O., Hager, G., Hirschberg, J., Kalyanakrishnan, S., Kamar, E., Kraus, S., *et al.* (2016). Artificial intelligence and life in 2030. Tech. rep., Stanford University One Hundred Year Study on Artificial Intelligence: Report of the 2015-2016 Study Panel.

Stone, P., Kaminka, G., and Rosenschein, J. S. (2009). Leading a best-response teammate in an ad hoc team.

In *AAMAS Workshop in Agent Mediated Electronic Commerce*.

Stone, P., Sutton, R. S., and Kuhlmann, G. (2005). Reinforcement learning for robocup soccer keepaway. *Adaptive Behavior*, *13*, 165-188.

Storvik, G. (2002). Particle filters for state-space models with the presence of unknown static parameters. *IEEE Transactions on Signal Processing*, *50*, 281-289.

Strachey, C. (1952). Logical or non-mathematical programmes. In *Proc. 1952 ACM National Meeting*.

Stratonovich, R. L. (1959). Optimum nonlinear systems which bring about a separation of a signal with constant parameters from noise. *Radiofizika*, *2*, 892-901.

Stratonovich, R. L. (1965). On value of information. *Izvestiya of USSR Academy of Sciences, Technical Cybernetics*, *5*, 3-12.

Sturtevant, N. R. and Bulitko, V. (2016). Scrubbing during learning in real-time heuristic search. *JAIR*, *57*, 307-343.

Subramanian, D. and Wang, E. (1994). Constraintbased kinematic synthesis. In *Proc. International Conference on Qualitative Reasoning*.

Suk, H.-I., Sin, B.-K., and Lee, S.-W. (2010). Hand gesture recognition based on dynamic Bayesian network framework. *Pattern Recognition*, *43*, 3059-3072.

Sun, Y., Wang, S., Li, Y., Feng, S., Tian, H., Wu, H., and Wang, H. (2019). ERNIE 2.0: A continual pre-training framework for language understanding. arXiv:1907.12412.

Sussman, G. J. (1975). *A Computer Model of Skill Acquisition*. Elsevier.

Sutcliffe, G. (2016). The CADE ATP system competition CASC. *AIMag*, *37*, 99-101.

Sutcliffe, G. and Suttner, C. (1998). The TPTP Problem Library: CNF Release v1.2.1. *JAR*, *21*, 177-203.

Sutcliffe, G., Schulz, S., Claessen, K., and Gelder, A. V. (2006). Using the TPTP language for writing derivations and finite interpretations. In *Proc. International Joint Conference on Automated Reasoning*.

Sutherland, I. (1963). Sketchpad: A man-machine graphical communication system. In *Proc. Spring Joint Computer Conference*.

Sutskever, I., Vinyals, O., and Le, Q. V. (2015). Sequence to sequence learning with neural networks. In *NeurIPS 27*.

Sutton, C. and McCallum, A. (2007). An introduction to conditional random fields for relational learning. In Getoor, L. and Taskar, B. (Eds.), *Introduction to Statistical Relational Learning*. MIT Press.

Sutton, R. S. (1988). Learning to predict by the methods of temporal differences. *Machine Learning*, *3*, 9-44.

Sutton, R. S., McAllester, D. A., Singh, S., and Mansour, Y. (2000). Policy gradient methods for reinforcement learning with function approximation. In *NeurIPS 12*.

Sutton, R. S. (1990). Integrated architectures for learning, planning, and reacting based on approximating dynamic programming. In *ICML-90*.

Sutton, R. S. and Barto, A. G. (2018). *Reinforcement Learning: An Introduction* (2nd edition). MIT Press.

Swade, D. (2000). *Difference Engine: Charles Babbage And The Quest To Build The First Computer*. Diane Publishing Co.

Sweeney, L. (2000). Simple demographics often identify people uniquely. *Health (San Francisco)*, *671*, 1-34.

Sweeney, L. (2002a). Achieving k-anonymity privacy protection using generalization and suppression. *International Journal of Uncertainty, Fuzziness and Knowledge-Based Systems*, *10*, 571-588.

Sweeney, L. (2002b). k-anonymity: A model for protecting privacy. *International Journal of Uncertainty, Fuzziness and Knowledge-Based Systems*, *10*, 557-570.

Swerling, P. (1959). First order error propagation in a stagewise smoothing procedure for satellite observations. *J. Astronautical Sciences*, *6*, 46-52.

966 Inteligência Artificial

Swift, T. and Warren, D. S. (1994). Analysis of SLGWAM evaluation of definite programs. In *Logic Programming: Proc. 1994 International Symposium*.

Szegedy, C., Zaremba, W., Sutskever, I., Bruna, J., Erhan, D., Goodfellow, I., and Fergus, R. (2013). Intriguing properties of neural networks. arXiv:1312.6199.

Szeliski, R. (2011). *Computer Vision: Algorithms and Applications*. Springer-Verlag.

Szepesvari, C. (2010). Algorithms for reinforcement learning. *Synthesis Lectures on Artificial Intelligence and Machine Learning*, 4, 1–103.

Tadepalli, P., Givan, R., and Driessens, K. (2004). Relational reinforcement learning: An overview. In *ICML-04*.

Tait, P. G. (1880). Note on the theory of the "15 puzzle". *Proc. Royal Society of Edinburgh*, 10, 664–665.

Tamaki, H. and Sato, T. (1986). OLD resolution with tabulation. In *ICLP-86*.

Tan, P., Steinbach, M., Karpatne, A., and Kumar, V. (2019). *Introduction to Data Mining* (2nd edition). Pearson.

Tang, E. (2018). A quantum-inspired classical algorithm for recommendation systems. arXiv:1807.04271.

Tarski, A. (1935). Die Wahrheitsbegriff in den formalisierten Sprachen. *Studia Philosophica*, 1, 261–405.

Tarski, A. (1941). *Introduction to Logic and to the Methodology of Deductive Sciences*. Dover.

Tarski, A. (1956). *Logic, Semantics, Metamathematics: Papers from 1923 to 1938*. Oxford University Press.

Tash, J. K. and Russell, S. J. (1994). Control strategies for a stochastic planner. In *AAAI-94*.

Tassa, Y., Doron, Y., Muldal, A., Erez, T., Li, Y., Casas, D. d. L., Budden, D., Abdolmaleki, A., Merel, J., Lefrancq, A., *et al.* (2018). Deepmind control suite. arXiv:1801.00690.

Tate, A. (1975a). Interacting goals and their use. In *IJCAI-75*.

Tate, A. (1975b). *Using Goal Structure to Direct Search in a Problem Solver*. Ph.D. thesis, University of Edinburgh.

Tate, A. (1977). Generating project networks. In *IJCAI-77*.

Tate, A. and Whiter, A. M. (1984). Planning with multiple resource constraints and an application to a naval planning problem. In *Proc. First Conference on AI Applications*.

Tatman, J. A. and Shachter, R. D. (1990). Dynamic programming and influence diagrams. *IEEE Transactions on Systems, Man and Cybernetics*, 20, 365–379.

Tattersall, C. (1911). *A Thousand End-Games: A Collection of Chess Positions That Can be Won or Drawn by the Best Play*. British Chess Magazine.

Taylor, A. D. and Zwicker, W. S. (1999). *Simple Games: Desirability Relations, Trading, Pseudoweightings*. Princeton University Press.

Taylor, G., Stensrud, B., Eitelman, S., and Dunham, C. (2007). Towards automating airspace management. In *Proc. Computational Intelligence for Security and Defense Applications (CISDA) Conference*.

Taylor, P. (2009). *Text-to-Speech Synthesis*. Cambridge University Press.

Tedrake, R., Zhang, T. W., and Seung, H. S. (2004). Stochastic policy gradient reinforcement learning on a simple 3D biped. In *IROS-04*.

Tellex, S., Kollar, T., Dickerson, S., Walter, M. R., Banerjee, A., Teller, S., and Roy, N. (2011). Understanding natural language commands for robotic navigation and mobile manipulation. In *AAAI-11*.

Tenenbaum, J. B., Griffiths, T. L., and Niyogi, S. (2007). Intuitive theories as grammars for causal inference. In Gopnik, A. and Schulz, L. (Eds.), *Causal Learning: Psychology, Philosophy, and Computation*. Oxford University Press.

Tesauro, G. (1990). Neurogammon: A neural-network backgammon program. In *IJCNN-90*.

Tesauro, G. (1992). Practical issues in temporal difference learning. *Machine Learning*, 8, 257–277.

Tesauro, G. (1995). Temporal difference learning and TD-Gammon. *CACM*, 38, 58–68.

Tesauro, G. and Galperin, G. R. (1997). On-line policy improvement using Monte-Carlo search. In *NeurIPS 9*.

Tetlock, P. E. (2017). *Expert Political Judgment: How Good Is It? How Can We Know?* Princeton University Press.

Teyssier, M. and Koller, D. (2005). Ordering-based search: A simple and effective algorithm for learning Bayesian networks. In *UAI-05*.

Thaler, R. (1992). *The Winner's Curse: Paradoxes and Anomalies of Economic Life*. Princeton University Press.

Thaler, R. and Sunstein, C. (2009). *Nudge: Improving Decisions About Health, Wealth, and Happiness*. Penguin.

Thayer, J. T., Dionne, A., and Ruml, W. (2011). Learning inadmissible heuristics during search. In *ICAPS-11*.

Theocharous, G., Murphy, K., and Kaelbling, L. P. (2004). Representing hierarchical POMDPs as DBNs for multi-scale robot localization. In *ICRA-04*.

Thiele, T. (1880). Om anvendelse af mindste kvadraters methode i nogle tilfælde, hvor en komplikation af visse slags uensartede tilfældige fejlkilder giver fejlene en 'systematisk' karakter. *Vidensk. Selsk. Skr. 5. Rk., naturvid. og mat. Afd.*, 12, 381–408.

Thielscher, M. (1999). From situation calculus to fluent calculus: State update axioms as a solution to the inferential frame problem. *AIJ*, 111, 277–299.

Thomas, P. S., da Silva, B. C., Barto, A. G., and Brunskill, E. (2017). On ensuring that intelligent machines are well-behaved. arXiv:1708.05448.

Thomaz, A., Hoffman, G., Cakmak, M., *et al.* (2016). Computational human-robot interaction. *Foundations and Trends in Robotics*, 4, 105–223.

Thompson, K. (1986). Retrograde analysis of certain endgames. *J. International Computer Chess Association*, 9, 131–139.

Thompson, K. (1996). 6-piece endgames. *J. International Computer Chess Association*, 19, 215–226.

Thompson, W. R. (1933). On the likelihood that one unknown probability exceeds another in view of the evidence of two samples. *Biometrika*, 25, 285–294.

Thorndike, E. (1911). *Animal Intelligence*. Macmillan.

Thornton, C., Hutter, F., Hoos, H. H., and LeytonBrown, K. (2013). Auto-WEKA: Combined selection and hyperparameter optimization of classification algorithms. In *KDD-13*.

Thrun, S., Burgard, W., and Fox, D. (2005). *Probabilistic Robotics*. MIT Press.

Thrun, S., Fox, D., and Burgard, W. (1998). A probabilistic approach to concurrent mapping and localization for mobile robots. *Machine Learning*, 31, 29–53.

Thrun, S. (2006). Stanley, the robot that won the DARPA Grand Challenge. *J. Field Robotics*, 23, 661–692.

Thrun, S. and Pratt, L. (2012). *Learning to Learn*. Springer.

Thurstone, L. L. (1927). A law of comparative judgment. *Psychological Review*, 34, 273–286.

Tian, J., Paz, A., and Pearl, J. (1998). Finding a minimal d-separator. Tech. rep., UCLA Department of Computer Science.

Tikhonov, A. N. (1963). Solution of incorrectly formulated problems and the regularization method. *Soviet Math. Dokl.*, 5, 1035–1038.

Tipping, M. E. and Bishop, C. M. (1999). Probabilistic principal component analysis. *J. Royal Statistical Society*, 61, 611–622.

Titterington, D. M., Smith, A. F. M., and Makov, U. E. (1985). *Statistical Analysis of Finite Mixture Distributions*. Wiley.

Toma, P. (1977). SYSTRAN as a multilingual machine translation system. In *Proc. Third European Congress on Information Systems and Networks: Overcoming the Language Barrier*.

Tomasi, C. and Kanade, T. (1992). Shape and motion from image streams under orthography: A factorization method. *IJCV*, 9, 137–154.

Topol, E. (2019). *Deep Medicine: How Artificial Intelligence Can Make Healthcare Human Again*. Basic Books.

Torralba, A., Fergus, R., and Weiss, Y. (2008). Small codes and large image databases for recognition. In *CVPR*.

Torralba, A., Linares López, C., and Borrajo, D. (2016). Abstraction heuristics for symbolic bidirectional search. In *IJCAI-16*.

Tramèr, F., Zhang, F., Juels, A., Reiter, M. K., and Ristenpart, T. (2016). Stealing machine learning models via prediction APIs. In *USENIX Security Symposium*.

Tran, D., Hoffman, M., Saurous, R. A., Brevdo, E., Murphy, K., and Blei, D. M. (2017). Deep probabilistic programming. In *ICLR-17*.

Trappenberg, T. (2010). *Fundamentals of Computational Neuroscience* (2nd edition). Oxford University Press.

Tsang, E. (1993). *Foundations of Constraint Satisfaction*. Academic Press.

Tshitoyan, V., Dagdelen, J., Weston, L., Dunn, A., Rong, Z., Kononova, O., Persson, K. A., Ceder, G., and Jain, A. (2019). Unsupervised word embeddings capture latent knowledge from materials science literature. *Nature*, 571, 95.

Tsitsiklis, J. N. and Van Roy, B. (1997). An analysis of temporal-difference learning with function approximation. *IEEE Transactions on Automatic Control*, 42, 674–690.

Tukey, J. W. (1977). *Exploratory Data Analysis*. Addison-Wesley.

Tumer, K. and Wolpert, D. (2000). Collective intelligence and Braess' paradox. In *AAAI-00*.

Turian, J., Ratinov, L., and Bengio, Y. (2010). Word representations: a simple and general method for semisupervised learning. In *ACL-10*.

Turing, A. (1936). On computable numbers, with an application to the Entscheidungsproblem. *Proc. London Mathematical Society, 2nd series*, 42, 230–265.

Turing, A. (1948). Intelligent machinery. Tech. rep., National Physical Laboratory. reprinted in (Ince, 1992).

Turing, A. (1950). Computing machinery and intelligence. *Mind*, 59, 433–460.

Turing, A., Strachey, C., Bates, M. A., and Bowden, B. V. (1953). Digital computers applied to games. In Bowden, B. V. (Ed.), *Faster than Thought*. Pitman.

Turing, A. (1947). Lecture to the London Mathematical Society on 20 February 1947.

Turing, A. (1996). Intelligent machinery, a heretical theory. *Philosophia Mathematica*, 4, 256–260. Originally written c. 1951.

Tversky, A. and Kahneman, D. (1982). Causal schemata in judgements under uncertainty. In Kahneman, D., Slovic, P., and Tversky, A. (Eds.), *Judgement Under Uncertainty: Heuristics and Biases*. Cambridge University Press.

Tygar, J. D. (2011). Adversarial machine learning. *IEEE Internet Computing*, 15, 4–6.

Ullman, J. D. (1985). Implementation of logical query languages for databases. *ACM Transactions on Database Systems*, 10, 289–321.

Ullman, S. (1979). *The Interpretation of Visual Motion*. MIT Press.

Urmson, C. and Whittaker, W. (2008). Self-driving cars and the Urban Challenge. *IEEE Intelligent Systems*, 23, 66–68.

Valiant, L. (1984). A theory of the learnable. *CACM*, 27, 1134–1142.

Vallati, M., Chrpa, L., and Kitchin, D. E. (2015). Portfolio-based planning: State of the art, common practice and open challenges. *AI Commun.*, 28(4), 717–733.

van Beek, P. (2006). Backtracking search algorithms. In Rossi, F., van Beek, P., and Walsh, T. (Eds.), *Handbook of Constraint Programming*. Elsevier.

van Beek, P. and Chen, X. (1999). CPlan: A constraint programming approach to planning. In *AAAI-99*.

van Beek, P. and Manchak, D. (1996). The design and experimental analysis of algorithms for temporal reasoning. *JAIR*, 4, 1–18.

van Bentham, J. and ter Meulen, A. (1997). *Handbook of Logic and Language*. MIT Press.

van den Oord, A., Dieleman, S., and Schrauwen, B. (2014). Deep content-based music recommendation. In *NeurIPS 26*.

van den Oord, A., Dieleman, S., Zen, H., Simonyan, K., Vinyals, O., Graves, A., Kalchbrenner, N., Senior, A., and Kavukcuoglu, K. (2016a). WaveNet: A generative model for raw audio. arXiv:1609.03499.

van den Oord, A., Kalchbrenner, N., and Kavukcuoglu, K. (2016b). Pixel recurrent neural networks. arXiv: 1601.06759.

van Harmelen, F., Lifschitz, V., and Porter, B. (2007). *The Handbook of Knowledge Representation*. Elsevier.

van Heijenoort, J. (Ed.). (1967). *From Frege to Gödel: A Source Book in Mathematical Logic, 1879–1931*. Harvard University Press.

Van Hentenryck, P., Saraswat, V., and Deville, Y. (1998). Design, implementation, and evaluation of the constraint language cc(FD). *J. Logic Programming*, 37, 139–164.

van Hoeve, W.-J. (2001). The alldifferent constraint: a survey. In *6th Annual Workshop of the ERCIM Working Group on Constraints*.

van Hoeve, W.-J. and Katriel, I. (2006). Global constraints. In Rossi, F., van Beek, P., and Walsh, T. (Eds.), *Handbook of Constraint Processing*. Elsevier.

van Lambalgen, M. and Hamm, F. (2005). *The Proper Treatment of Events*. Wiley-Blackwell.

van Nunen, J. A. E. E. (1976). A set of successive approximation methods for discounted Markovian decision problems. *Zeitschrift fur Operations Research, Serie A*, 20, 203–208.

Van Roy, P. L. (1990). Can logic programming execute as fast as imperative programming? Report, Computer Science Division, UC Berkeley.

Vapnik, V. N. (1998). *Statistical Learning Theory*. Wiley.

Vapnik, V. N. and Chervonenkis, A. Y. (1971). On the uniform convergence of relative frequencies of events to their probabilities. *Theory of Probability and Its Applications*, 16, 264–280.

Vardi, M. Y. (1996). An automata-theoretic approach to linear temporal logic. In Moller, F. and Birtwistle, G. (Eds.), *Logics for Concurrency*. Springer.

Varian, H. R. (1995). Economic mechanism design for computerized agents. In *USENIX Workshop on Electronic Commerce*.

Vasilache, N., Johnson, J., Mathieu, M., Chintala, S., Piantino, S., and LeCun, Y. (2014). Fast convolutional nets with fbfft: A GPU performance evaluation. arXiv:1412.7580.

Vaswani, A., Shazeer, N., Parmar, N., Uszkoreit, J., Jones, L., Gomez, A. N., Kaiser, L., and Polosukhin, I. (2018). Attention is all you need. In *NeurIPS 30*.

Veach, E. and Guibas, L. J. (1995). Optimally combining sampling techniques for Monte Carlo rendering. In *Proc. 22rd Annual Conference on Computer Graphics and Interactive Techniques (SIGGRAPH)*.

Venkatesh, S. (2012). *The Theory of Probability: Explorations and Applications*. Cambridge University Press.

Vere, S. A. (1983). Planning in time: Windows and durations for activities and goals. *PAMI*, 5, 246–267.

Verma, S. and Rubin, J. (2018). Fairness definitions explained. In *2018 IEEE/ACM International Workshop on Software Fairness*.

Verma, V., Gordon, G., Simmons, R., and Thrun, S. (2004). Particle filters for rover fault diagnosis. *IEEE Robotics and Automation Magazine, June*.

Vinge, V. (1993). The coming technological singularity: How to survive in the post-human era. In *Proc. Vision-21: Interdisciplinary Science and Engineering in the Era of Cyberspace*. NASA.

Vinyals, O., Babuschkin, I., Czarnecki, W. M., Mathieu, M., Dudzik, A., Chung, J., Choi, D. H., Powell, R., Ewalds, T., Georgiev, P., Hassabis, D., Apps, C., and Silver, D. (2019). Grandmaster level in StarCraft II using multi-agent reinforcement learning. *Nature*, 575, 350–354.

Vinyals, O., Ewalds, T., Bartunov, S., and Georgiev, P. (2017a). StarCraft II: A new challenge for reinforcement learning. arXiv:1708.04782.

Vinyals, O., Toshev, A., Bengio, S., and Erhan, D. (2017b). Show and tell: Lessons learned from the 2015 MSCOCO image captioning challenge. *PAMI*, 39, 652–663.

Viola, P. and Jones, M. (2004). Robust real-time face detection. *IJCV*, 57, 137–154.

Visser, U., Ribeiro, F., Ohashi, T., and Dellaert, F. (Eds.). (2008). *RoboCup 2007: Robot Soccer World Cup XI*. Springer.

Viterbi, A. J. (1967). Error bounds for convolutional codes and an asymptotically optimum decoding algorithm. *IEEE Transactions on Information Theory*, 13, 260–269.

Vlassis, N. (2008). *A Concise Introduction to Multiagent Systems and Distributed Artificial Intelligence*. Morgan & Claypool.

von Mises, R. (1928). *Wahrscheinlichkeit, Statistik und Wahrheit*. J. Springer.

von Neumann, J. (1928). Zur Theorie der Gesellschaftsspiele. *Mathematische Annalen*, 100, 295–320.

von Neumann, J. and Morgenstern, O. (1944). *Theory of Games and Economic Behavior* (first edition). Princeton University Press.

von Winterfeldt, D. and Edwards, W. (1986). *Decision Analysis and Behavioral Research*. Cambridge University Press.

Vossen, T., Ball, M., Lotem, A., and Nau, D. S. (2001). Applying integer programming to AI planning. *Knowledge Engineering Review*, 16, 85–100.

Wainwright, M. and Jordan, M. I. (2008). Graphical models, exponential families, and variational inference. *Foundations and Trends in Machine Learning*, 1, 1–305.

Walker, G. (1931). On periodicity in series of related terms. *Proc. Roy. Soc., A*, 131, 518–532.

Walker, R. J. (1960). An enumerative technique for a class of combinatorial problems. In *Proc. Sympos. Appl. Math.*, Vol. 10.

Wallace, A. R. (1858). On the tendency of varieties to depart indefinitely from the original type. *Proc. Linnean Society of London*, 3, 53–62.

Walpole, R. E., Myers, R. H., Myers, S. L., and Ye, K. E. (2016). *Probability and Statistics for Engineers and Scientists* (9th edition). Pearson.

Walsh, T. (2015). Turing's red flag. arXiv:1510.09033.

Waltz, D. (1975). Understanding line drawings of scenes with shadows. In Winston, P. H. (Ed.), *The Psychology of Computer Vision*. McGraw-Hill.

Wang, A., Pruksachatkun, Y., Nangia, N., Singh, A., Michael, J., Hill, F., Levy, O., and Bowman, S. R. (2019). SuperGLUE: A stickier benchmark for general-purpose language understanding systems. arXiv:1905.00537.

Wang, A., Singh, A., Michael, J., Hill, F., Levy, O., and Bowman, S. (2018a). GLUE: A multi-task benchmark and analysis platform for natural language understanding. arXiv:1804.07461.

Wang, J., Zhu, T., Li, H., Hsueh, C.-H., and Wu, I.-C. (2018b). Belief-state Monte Carlo tree search for phantom Go. *IEEE Transactions on Games*, 10, 139–154.

Wanner, E. (1974). *On Remembering, Forgetting and Understanding Sentences*. Mouton.

Warren, D. H. D. (1974). WARPLAN: A System for Generating Plans. Department of Computational Logic Memo, University of Edinburgh.

Warren, D. H. D. (1983). An abstract Prolog instruction set. Technical note, SRI International.

Wasserman, L. (2004). *All of Statistics*. Springer.

Watkins, C. J. (1989). *Models of Delayed Reinforcement Learning*. Ph.D. thesis, Psychology Department, Cambridge University.

Watson, J. D. and Crick, F. (1953). A structure for deoxyribose nucleic acid. *Nature*, 171, 737.

Wattenberg, M., Viégas, F., and Johnson, I. (2016). How to use t-SNE effectively. *Distill*, 1.

Waugh, K., Schnizlein, D., Bowling, M., and Szafron, D. (2009). Abstraction pathologies in extensive games. In *AAMAS-09*.

Weibull, J. (1995). *Evolutionary Game Theory*. MIT Press.

Weidenbach, C. (2001). SPASS: Combining superposition, sorts and splitting. In Robinson, A. and Voronkov, A. (Eds.), *Handbook of Automated Reasoning*. MIT Press.

Weiss, G. (2000a). *Multiagent Systems*. MIT Press.

Weiss, Y. (2000b). Correctness of local probability propagation in graphical models with loops. *Neural Computation*, 12, 1–41.

Weiss, Y. and Freeman, W. (2001). Correctness of belief propagation in Gaussian graphical models of arbitrary topology. *Neural Computation*, 13, 2173–2200.

Weizenbaum, J. (1976). *Computer Power and Human Reason*. W. H. Freeman.

Weld, D. S. (1994). An introduction to least commitment planning. *AIMag*, 15, 27–61.

Weld, D. S. (1999). Recent advances in AI planning. *AIMag*, 20, 93–122.

Weld, D. S., Anderson, C. R., and Smith, D. E. (1998). Extending Graphplan to handle uncertainty and sensing actions. In *AAAI-98*.

Weld, D. S. and de Kleer, J. (1990). *Readings in Qualitative Reasoning about Physical Systems*. Morgan Kaufmann.

Weld, D. S. and Etzioni, O. (1994). The first law of robotics: A call to arms. In *AAAI-94*.

Wellman, M. P. (1985). Reasoning about preference models. Technical report, Laboratory for Computer Science, MIT.

Wellman, M. P. (1988). *Formulation of Tradeoffs in Planning under Uncertainty*. Ph.D. thesis, MIT.

Wellman, M. P. (1990a). Fundamental concepts of qualitative probabilistic networks. *AIJ*, 44, 257–303.

Wellman, M. P. (1990b). The STRIPS assumption for planning under uncertainty. In *AAAI-90*.

Wellman, M. P., Breese, J. S., and Goldman, R. (1992). From knowledge bases to decision models. *Knowledge Engineering Review*, 7, 35–53.

Wellman, M. P. and Doyle, J. (1992). Modular utility representation for decision-theoretic planning. In *ICAPS-92*.

Wellman, M. P., Wurman, P., O'Malley, K., Bangera, R., Lin, S., Reeves, D., and Walsh W. (2001). Designing the market game for a trading agent competition. *IEEE Internet Computing*, 5, 43–51.

Werbos, P. (1974). *Beyond Regression: New Tools for Prediction and Analysis in the Behavioral Sciences*. Ph.D. thesis, Harvard University.

Werbos, P. (1990). Backpropagation through time: What it does and how to do it. *Proc. IEEE*, 78, 1550–1560.

Werbos, P. (1992). Approximate dynamic programming for real-time control and neural modeling. In White, D. A. and Sofge, D. A. (Eds.), *Handbook of Intelligent Control: Neural, Fuzzy, and Adaptive Approaches*. Van Nostrand Reinhold.

Werbos, P. (1977). Advanced forecasting methods for global crisis warning and models of intelligence. *General Systems Yearbook*, 22, 25–38.

Wesley, M. A. and Lozano-Perez, T. (1979). An algorithm for planning collision-free paths among polyhedral objects. *CACM*, 22, 560–570.

West, D. M. (2018). *The Future of Work: Robots, AI, and Automation*. Brookings Institution Press.

West, S. M., Whittaker, M., and Crawford, K. (2019). Discriminating systems: Gender, race and power in AI. Tech. rep., AI Now Institute.

Wexler, Y. and Meek, C. (2009). MAS: A multiplicative approximation scheme for probabilistic inference. In *NeurIPS 21*.

Wheatstone, C. (1838). On some remarkable, and hitherto unresolved, phenomena of binocular vision. *Phil. Trans. Roy. Soc.*, 2, 371–394.

White, C., Neiswanger, W., and Savani, Y. (2019). BANANAS: Bayesian optimization with neural architectures for neural architecture search. arXiv:1910.11858.

Whitehead, A. N. and Russell, B. (1910). *Principia Mathematica*. Cambridge University Press.

Whittle, P. (1979). Discussion of Dr Gittins' paper. *J. Royal Statistical Society*, 41, 165.

Whorf, B. (1956). *Language, Thought, and Reality*. MIT Press.

Widrow, B. (1962). Generalization and information storage in networks of ADALINE "neurons". In Yovits, M. C., Jacobi, G. T., and Goldstein, G. D. (Eds.), *Self-Organizing Systems*. Spartan.

Widrow, B. and Hoff, M. E. (1960). Adaptive switching circuits. In *IRE WESCON Convention Record*.

Wiedijk, F. (2003). Comparing mathematical provers. In *Proc. 2nd Int. Conf. on Mathematical Knowledge Management*.

Wiegley, J., Goldberg, K., Peshkin, M., and Brokowski, M. (1996). A complete algorithm for designing passive fences to orient parts. In *ICRA-96*.

Wiener, N. (1942). The extrapolation, interpolation, and smoothing of stationary time series. Tech. rep., Research Project DIC-6037, MIT.

Wiener, N. (1948). *Cybernetics*. Wiley.

Wiener, N. (1950). *The Human Use of Human Beings*. Houghton Mifflin.

Wiener, N. (1960). Some moral and technical consequences of automation. *Science*, 131, 1355–1358.

Wiener, N. (1964). *God & Golem, Inc: A Comment on Certain Points Where Cybernetics Impinges on Religion*. MIT Press.

Wilensky, R. (1978). *Understanding Goal-Based Stories*. Ph.D. thesis, Yale University.

Wilkins, D. E. (1988). *Practical Planning: Extending the AI Planning Paradigm*. Morgan Kaufmann.

Wilkins, D. E. (1990). Can AI planners solve practical problems? *Computational Intelligence*, 6, 232–246.

Wilks, Y. (2010). *Close Engagements With Artificial Companions: Key Social, Psychological, Ethical and Design Issues*. John Benjamins.

Wilks, Y. (2019). *Artificial Intelligence: Modern Magic or Dangerous Future*. Icon.

Williams, A., Nangia, N., and Bowman, S. (2018). A broad-coverage challenge corpus for sentence understanding through inference. In *NAACL HLT*.

Williams, B., Ingham, M., Chung, S., and Elliott, P. (2003). Model-based programming of intelligent embedded systems and robotic space explorers. *Proc. IEEE*, 91(212–237).

Williams, R. J. (1992). Simple statistical gradientfollowing algorithms for connectionist reinforcement learning. *Machine Learning*, 8, 229–256.

Williams, R. J. and Zipser, D. (1989). A learning algorithm for continually running fully recurrent neural networks. *Neural Computation*, 1, 270–280.

Williams, R. J. and Baird, L. C. I. (1993). Tight performance bounds on greedy policies based on imperfect value functions. Tech. rep., College of Computer Science, Northeastern University.

Wilson, D. H. (2011). *Robopocalypse*. Doubleday.

Wilson, R. A. and Keil, F. C. (Eds.). (1999). *The MIT Encyclopedia of the Cognitive Sciences*. MIT Press.

Wilson, R. (2004). *Four Colors Suffice*. Princeton University Press.

Wilt, C. M. and Ruml, W. (2014). Speedy versus greedy search. In *Seventh Annual Symposium on Combinatorial Search*.

Wilt, C. M. and Ruml, W. (2016). Effective heuristics for suboptimal best-first search. *JAIR*, 57, 273–306.

Wingate, D. and Seppi, K. D. (2005). Prioritization methods for accelerating MDP solvers. *JMLR*, 6, 851–881.

Wingate, D., Stuhlmüller, A., and Goodman, N. D. (2011). Lightweight implementations of probabilistic programming languages via transformational compilation. In *AISTATS-11*.

Winograd, S. and Cowan, J. D. (1963). *Reliable Computation in the Presence of Noise*. MIT Press.

Winograd, T. (1972). Understanding natural language. *Cognitive Psychology*, 3, 1–191.

Winston, P. H. (1970). Learning structural descriptions from examples. Technical report, Department of Electrical Engineering and Computer Science, MIT.

Wintermute, S., Xu, J., and Laird, J. (2007). SORTS: A human-level approach to real-time strategy AI. In *Proc. Third Artificial Intelligence and Interactive Digital Entertainment Conference*.

Winternitz, L. (2017). Autonomous navigation above the GNSS constellations and beyond: GPS navigation for the magnetospheric multiscale mission and SEXTANT pulsar navigation demonstration. Tech. rep., NASA Goddard Space Flight Center.

Witten, I. H. (1977). An adaptive optimal controller for discrete-time Markov environments. *Information and Control*, 34, 286–295.

Witten, I. H. and Bell, T. C. (1991). The zerofrequency problem: Estimating the probabilities of novel events in adaptive text compression. *IEEE Transactions on Information Theory*, 37, 1085–1094.

Witten, I. H. and Frank, E. (2016). *Data Mining: Practical Machine Learning Tools and Techniques* (4th edition). Morgan Kaufmann.

Witten, I. H., Moffat, A., and Bell, T. C. (1999). *Managing Gigabytes: Compressing and Indexing Documents and Images* (2nd edition). Morgan Kaufmann.

Wittgenstein, L. (1922). *Tractatus LogicoPhilosophicus* (2nd edition). Routledge and Kegan Paul. Reprinted 1971, edited by D. F. Pears and B. F. McGuinness.

Wittgenstein, L. (1953). *Philosophical Investigations*. Macmillan.

Wojciechowski, W. S. and Wojcik, A. S. (1983). Automated design of multiple-valued logic circuits by automated theorem proving techniques. *IEEE Transactions on Computers*, C-32, 785–798.

Wolfe, J. and Russell, S. J. (2007). Exploiting belief state structure in graph search. In *ICAPS Workshop on Planning in Games*.

Wolpert, D. (2013). Ubiquity symposium: Evolutionary computation and the processes of life: what the no free lunch theorems really mean: how to improve search algorithms. *Ubiquity*, December, 1–15.

Wolpert, D. and Macready, W. G. (1997). No free lunch theorems for optimization. *IEEE Trans. Evolutionary Computation*, 1(1), 67–82.

Wong, C., Houlsby, N., Lu, Y., and Gesmundo, A. (2019). Transfer learning with neural AutoML. In *NeurIPS 31*.

Woods, W. A. (1973). Progress in natural language understanding: An application to lunar geology. In *AFIPS Conference Proceedings*.

Woods, W. A. (1975). What's in a link? Foundations for semantic networks. In Bobrow, D. G. and Collins, A. M. (Eds.), *Representation and Understanding: Studies in Cognitive Science*. Academic Press.

Wooldridge, M. (2009). *An Introduction to MultiAgent Systems* (2nd edition). Wiley.

Wooldridge, M. and Rao, A. (Eds.). (1999). *Foundations of Rational Agency*. Kluwer.

Wos, L., Carson, D., and Robinson, G. (1964). The unit preference strategy in theorem proving. In *Proc. Fall Joint Computer Conference*.

Wos, L., Carson, D., and Robinson, G. (1965). Efficiency and completeness of the set-of-support strategy in theorem proving. *JACM*, 12, 536–541.

Wos, L., Overbeek, R., Lusk, E., and Boyle, J. (1992). *Automated Reasoning: Introduction and Applications* (2nd edition). McGraw-Hill.

Wos, L. and Robinson, G. (1968). Paramodulation and set of support. In *Proc. IRIA Symposium on Automatic Demonstration*.

Wos, L., Robinson, G., Carson, D., and Shalla, L. (1967). The concept of demodulation in theorem proving. *JACM*, 14, 698–704.

Wos, L. and Winker, S. (1983). Open questions solved with the assistance of AURA. In Bledsoe, W. W. and Loveland, D. (Eds.), *Automated Theorem Proving: After 25 Years*. American Mathematical Society.

Wos, L. and Pieper, G. (2003). *Automated Reasoning and the Discovery of Missing and Elegant Proofs*. Rinton Press.

Wray, R. E. and Jones, R. M. (2005). An introduction to Soar as an agent architecture. In Sun, R. (Ed.), *Cognition and Multi-Agent Interaction: From Cognitive Modeling to Social Simulation*. Cambridge University Press.

Wright, S. (1921). Correlation and causation. *J. Agricultural Research*, 20, 557–585.

Wright, S. (1931). Evolution in Mendelian populations. *Genetics*, 16, 97–159.

Wright, S. (1934). The method of path coefficients. *Annals of Mathematical Statistics*, 5, 161–215.

Wu, F. and Weld, D. S. (2008). Automatically refining the Wikipedia infobox ontology. In *17th World Wide Web Conference (WWW2008)*.

Wu, Y., Li, L., and Russell, S. J. (2016a). SWIFT: Compiled inference for probabilistic programming languages. In *IJCAI-16*.

Wu, Y., Schuster, M., Chen, Z., Le, Q. V., Norouzi, M., Macherey, W., Krikun, M., Cao, Y., Gao, Q., Macherey, K., et al. (2016b). Google's neural machine translation system: Bridging the gap between human and machine translation. arXiv:1609.08144.

Wu, Y. and He, K. (2018). Group normalization. arXiv:1803.08494.

Xiong, W., Wu, L., Alleva, F., Droppo, J., Huang, X., and Stolcke, A. (2017). The Microsoft 2017 conversational speech recognition system. arXiv:1708.06073.

Yampolskiy, R. V. (2018). *Artificial Intelligence Safety and Security*. Chapman and Hall/CRC.

Yang, G., Lin, Y., and Bhattacharya, P. (2010). A driver fatigue recognition model based on information fusion and dynamic Bayesian network. *Inf. Sci.*, 180, 1942–1954.

Yang, X.-S. (2009). Firefly algorithms for multimodal optimization. In *International Symposium on Stochastic Algorithms*.

Yang, X.-S. and Deb, S. (2014). Cuckoo search: Recent advances and applications. *Neural Computing and Applications*, 24, 169–174.

Yang, Z., Dai, Z., Yang, Y., Carbonell, J. G., Salakhutdinov, R., and Le, Q. V. (2019). XLNet: Generalized autoregressive pretraining for language understanding. arXiv:1906.08237.

Yarowsky, D. (1995). Unsupervised word sense disambiguation rivaling supervised methods. In *ACL-95*.

Ye, Y. (2011). The simplex and policy-iteration methods are strongly polynomial for the Markov decision problem with a fixed discount rate. *Mathematics of Operations Research*, 36, 593–784.

Yedidia, J., Freeman, W., and Weiss, Y. (2005). Constructing free-energy approximations and generalized belief propagation algorithms. *IEEE Transactions on Information Theory*, 51, 2282–2312.

Yeo, H.-S., Minami, R., Rodriguez, K., Shaker, G., and Quigley, A. (2018). Exploring tangible interactions with radar sensing. *Proc. ACM on Interactive, Mobile, Wearable and Ubiquitous Technologies*, 2, 1–25.

Ying, C., Kumar, S., Chen, D., Wang, T., and Cheng, Y. (2018). Image classification at supercomputer scale. arXiv:1811.06992.

Yip, K. M.-K. (1991). *KAM: A System for Intelligently Guiding Numerical Experimentation by Computer*. MIT Press.

Yngve, V. (1955). A model and an hypothesis for language structure. In Locke, W. N. and Booth, A. D. (Eds.), *Machine Translation of Languages*. MIT Press.

Yob, G. (1975). Hunt the wumpus! *Creative Computing*, *Sep/Oct*.

Yoshikawa, T. (1990). *Foundations of Robotics: Analysis and Control*. MIT Press.

You, Y., Pan, X., Wang, Z., and Lu, C. (2017). Virtual to real reinforcement learning for autonomous driving. arXiv:1704.03952.

Young, H. P. (2004). *Strategic Learning and Its Limits*. Oxford University Press.

Young, S., Gašić, M., Thompson, B., and Williams, J. (2013). POMDP-based statistical spoken dialog systems: A review. *Proc. IEEE*, 101, 1160–1179.

Younger, D. H. (1967). Recognition and parsing of context-free languages in time n^3. *Information and Control*, 10, 189–208.

Yu, D. and Deng, L. (2016). *Automatic Speech Recognition*. Springer-Verlag.

Yu, H.-F., Lo, H.-Y., Hsieh, H.-P., and Lou, J.-K. (2011). Feature engineering and classifier ensemble for KDD Cup 2010. In *Proc. KDD Cup 2010 Workshop*.

Yu, K., Sciuto, C., Jaggi, M., Musat, C., and Salzmann, M. (2019). Evaluating the search phase of neural architecture search. arXiv:1902.08142.

Yudkowsky, E. (2008). Artificial intelligence as a positive and negative factor in global risk. In Bostrom, N. and Cirkovic, M. (Eds.), *Global Catastrophic Risk*. Oxford University Press.

Yule, G. U. (1927). On a method of investigating periodicities in disturbed series, with special reference to Wolfer's sunspot numbers. *Phil. Trans. Roy. Soc., A, 226*, 267–298.

Zadeh, L. A. (1965). Fuzzy sets. *Information and Control*, 8, 338–353.

Zadeh, L. A. (1978). Fuzzy sets as a basis for a theory of possibility. *Fuzzy Sets and Systems*, 1, 3–28.

Zaritskii, V. S., Svetnik, V. B., and Shimelevich, L. I. (1975). Monte-Carlo technique in problems of optimal information processing. *Automation and Remote Control*, 36, 2015–22.

Zeckhauser, R. and Shepard, D. (1976). Where now for saving lives? *Law and Contemporary Problems*, 40, 5–45.

Zeeberg, A. (2017). D.I.Y. artificial intelligence comes to a Japanese family farm. *New Yorker*, August 10.

Zelle, J. and Mooney, R. (1996). Learning to parse database queries using inductive logic programming. In *AAAI-96*.

Zemel, R., Wu, Y., Swersky, K., Pitassi, T., and Dwork, C. (2013). Learning fair representations. In *ICML-13*.

Zemelman, B. V., Lee, G. A., Ng, M., and Miesenböek, G. (2002). Selective photostimulation of genetically chARGed neurons. *Neuron*, 33, 15–22.

Zermelo, E. (1913). Uber Eine Anwendung der Mengenlehre auf die Theorie des Schachspiels. In *Proc. Fifth International Congress of Mathematicians*.

Zermelo, E. (1976). An application of set theory to the theory of chess-playing. *Firbush News*, 6, 37–42. English translation of (Zermelo 1913).

Zettlemoyer, L. and Collins, M. (2005). Learning to map sentences to logical form: Structured classification with probabilistic categorial grammars. In *UAI-05*.

Zhang, C., Bengio, S., Hardt, M., Recht, B., and Vinyals, O. (2016). Understanding deep learning requires rethinking generalization. arXiv:1611.03530.

Zhang, H. and Stickel, M. E. (1996). An efficient algorithm for unit-propagation. In *Proc. Fourth International Symposium on Artificial Intelligence and Mathematics*.

Zhang, L., Pavlovic, V., Cantor, C. R., and Kasif, S. (2003). Human-mouse gene identification by comparative evidence integration and evolutionary analysis. *Genome Research*, 13, 1190–1202.

Zhang, N. L. and Poole, D. (1994). A simple approach to Bayesian network computations. In *Proc. 10th Canadian Conference on Artificial Intelligence*.

Zhang, S., Yao, L., and Sun, A. (2017). Deep learning based recommender system: A survey and new perspectives. arXiv:1707.07435.

Zhang, X., Zhao, J., and LeCun, Y. (2016). Characterlevel convolutional networks for text classification. In *NeurIPS 28*.

Zhang, Y., Pezeshki, M., Brakel, P., Zhang, S., Laurent, C., Bengio, Y., and Courville, A. (2017). Towards end-to-end speech recognition with deep convolutional neural networks. arXiv:1701.02720.

Zhao, K. and Huang, L. (2015). Type-driven incremental semantic parsing with polymorphism. In *NAACL HLT*.

Zhou, K., Doyle, J., and Glover, K. (1995). *Robust and Optimal Control*. Pearson.

Zhou, R. and Hansen, E. (2002). Memory-bounded A* graph search. In *Proc. 15th International FLAIRS Conference*.

Zhou, R. and Hansen, E. (2006). Breadth-first heuristic search. *AIJ*, 170, 385–408.

Zhu, B., Jiao, J., and Tse, D. (2019). Deconstructing generative adversarial networks. arXiv:1901.09465.

Zhu, D. J. and Latombe, J.-C. (1991). New heuristic algorithms for efficient hierarchical path planning. *IEEE Transactions on Robotics and Automation*, 7, 9–20.

Zhu, J.-Y., Park, T., Isola, P., and Efros, A. (2017). Unpaired image-to-image translation using cycleconsistent adversarial networks. In *ICCV-17*.

Zhu, M., Zhang, Y., Chen, W., Zhang, M., and Zhu, J. (2013). Fast and accurate shift-reduce constituent parsing. In *ACL-13*.

Ziebart, B. D., Maas, A. L., Dey, A. K., and Bagnell, J. A. (2008). Navigate like a cabbie: Probabilistic reasoning from observed context-aware behavior. In *Proc. 10th Int. Conf. on Ubiquitous Computing*.

Ziebart, B. D., Ratliff, N., Gallagher, G., Mertz, C., Peterson, K., Bagnell, J. A., Hebert, M., Dey, A. K., and Srinivasa, S. (2009). Planning-based prediction for pedestrians. In *IROS-09*.

Zimmermann, H.-J. (Ed.). (1999). *Practical Applications of Fuzzy Technologies*. Kluwer.

Zimmermann, H.-J. (2001). *Fuzzy Set Theory—And Its Applications* (4th edition). Kluwer.

Zinkevich, M., Johanson, M., Bowling, M., and Piccione, C. (2008). Regret minimization in games with incomplete information. In *NeurIPS 20*.

Zipf, G. (1935). *The Psychobiology of Language*. Houghton Mifflin.

Zipf, G. (1949). *Human Behavior and the Principle of Least Effort*. Addison-Wesley.

Zobrist, A. L. (1970). *Feature Extraction and Representation for Pattern Recognition and the Game of Go*. Ph.D. thesis, University of Wisconsin.

Zollmann, A., Venugopal, A., Och, F. J., and Ponte, J. (2008). A systematic comparison of phrase-based, hierarchical and syntax-augmented statistical MT. In *COLING-08*.

Zoph, B. and Le, Q. V. (2016). Neural architecture search with reinforcement learning. arXiv:1611.01578.

Zuse, K. (1945). The Plankalkül. Report, Gesellschaft für Mathematik und Datenverarbeitung.

Zweig, G. and Russell, S. J. (1998). Speech recognition with dynamic Bayesian networks. In *AAAI-98*.

ÍNDICE ALFABÉTICO

──────── **Símbolos** ────────

α (alfa) taxa de aprendizagem, 614
α (alfa) constante de normalização, 364
$\wedge$ (e), 197
χ^2 (qui-quadrado), 601
$\vdash$ (deriva de), 196
$\models$ (implica em), 195
ϵ (esfera), 610
$\exists$ (existe um), 237
$\forall$ (para todo), 236
γ (gamma) fator de desconto, 513
$|$ (considerando que), 354
$\Leftrightarrow$ (se e somente se), 197
$\Rightarrow$ (implica), 197
$\sim$ (indiferente), 480
λ (lambda)-expressão, 235
$\neg$ (não), 197
$\vee$ (ou), 197
$\succ$ (preferível), 480

──────────── **A** ────────────

A*
  algoritmo, 98
  híbrido, 858
  ponderada, 82
Aaronson, S., 893
Aarts, E., 187
Aarup, M., 348
Abate, 105
Abbas, A., 507
Abbeel, P., 743
Abbott, L. F., 713, 744
Abdennadher, S., 188
Abertura, 801
Abordagem(ns)
  baseada em modelo, 799
  clássicas de planejamento, 320
  das "leis do pensamento", 3, 4
  de agente racional, 3
  de cognição corpórea, 891
  de malha fechada, 58
  declarativa, 191
  do teste de Turing, 2
  procedural, 191
Abramson, B., 160, 541
Abreu, D., 587
Abstração, 59, 156
  de estado, 323, 743
  de estado no planejamento, 323
  do jogo, 565
Ação(ões), 59, 60, 62, 63, 115, 550
  conjunta, 547
  de alto nível, 324

egocêntricas, 60
humanas, 888
irreversível, 123
não determinística, 327
preferida, 322
primitivas, 324
racional, 31
relevante, 318
ACAS X, 542
Acaso, 562
Achismo, 911
Achlioptas, D., 226
Ackley, D. H., 130
Acordo conflitante, 582
Açúcar sintático, 244
ADABOOST, algoritmo, 650
Adalines, redes, 18
Admissibilidade, 78
Adorf, H.-M., 348
Agente(s), 3
  baseado(s)
    em conhecimento, 189, 190
    em lógica proposicional, 215
    em modelo, 47
    em objetivos, 47
    em utilidade, 49
  com aprendizagem, 50
  comprovadamente benéficos, 5
  conjunto, 875
  de aprendizado
    ativo, 721
    passivo, 716
  de busca *online*, 122, 124
  de planejamento, 57
    contingente com sensores, 333
  de resolução de problemas, 57
  de *software*, 39
  e ambientes, 33
  guloso, 721
  híbrido, 219
  impacientes, 583
  inteligente, 31, 33
  lógicos, 189
  para ambientes parcialmente observáveis, 120
  pessoais, 921
  racional, 3, 33, 35, 36, 878
  reativo(s), 878
    baseado em modelo, 46, 48
    simples, 44
  reflexivo, 715
  sem modelo, 50
  único, 40
Agerbeck, C., 186
Agha, G., 586

Agir
  de forma humana, 2
  racionalmente, 3
Agmon, S., 710
Agostinelli, F., 97
Agrawal, P., 888
Agrawal, R., 914
Agre, P. E., 348
Agregação, 341
  do conhecimento relevante, 249
  segura, 900
Agrupamento, 592
  de RDI, 816
  médio, 782
  não supervisionado, 669
  parcial, 762
Aizerman, M., 650
Ajuste
  de hiperparâmetros, 608
  manual, 608
Akametalu, A. K., 743
Akgun, B., 888
al-Khwarizmi, M., 8
Alarme falso, 468
Albedo difuso, 804
Alberti, C., 834
Alcançado, 64
Aldous, D., 129
Aleatório, 46
Aleatorização de domínio, 870
Alemi, A. A., 285
AlexNet, 836
Alfabeto acgt, 105
Álgebra de robbins, 285
Algoritmo(s), 8
  a qualquer momento, 924
  A*, 98
  ADABOOST, 650
  aleatório de maioria ponderada, 637
  B de Martelli, 97
  completo, 200
    com retrocesso, 211
  correto, 200
  cyk, 758, 759
  de aprendizado fora da política, 726
  de aprendizagem, 692
  de Aristóteles, 7
  de Baum-Welch, 677
  de Boyen-Koller, 452
  de busca, 64
    local, 213
    minimax, 136
  de cascata de partículas, 452
  de coleta de informações míopes, 508
  de Davis-Putnam, 211, 225

de Dijkstra, 70
de eliminação de variáveis, 389, 444
de encadeamento
   para a frente simples, 262
   para trás, 267
de formação de agrupamentos, 394
de Howard e Matheson, 506
de Liu-West, 452
de Metropolis, 415
de Metropolis-Hastings, 415
de Monte Carlo, 395
   via cadeia de Markov, 401
de resolução, 206
de retrocesso, 176
de subida de encosta, 613
de varredura priorizada, 540
de Viterbi, 429, 451, 751
dentro da política, 726
dentro-fora, 761
EM, 451, 668
genéticos, 105
húngaro, 469
informados, 57
LRTA*, 131
MA*, 98
mais geral de Metropolis-Hastings, 401
matriciais simplificados, 429
MCMC, 469
MGSS*, 160
MHT, 477
minimax, 159, 555
   esperado, 160
NAS, 712
NBS, 98
PageRank, 774
para a frente-para trás, 426, 451, 674
para MDP, 519
   online, 525
para planejamento clássico, 317
para solucionar POMDP, 535
POMCP, 542
   online, 538
RBFS, 85, 160
REINFORCE, 743
RELSAT, 188
Rete, 266
sem informação, 57
Sequential Minimal Optimization
   (SMO), 650
simplex, 129
SMA*, 98
SSS*, 160
UCT, 541
WALKSAT, 226
Witness, 542
Aliança, 137
Allais, M., 507
Allen, J. F., 309, 348, 349
Allen, P., 916
Allen-Zhu, Z., 711

Alocação
   de recursos escassos com leilões, 575
   de tarefas com a rede de contratos, 574
   latente de dirichlet, 772
ALPHAGO, 17, 27
ALPHAZERO, 27, 742
Alterman, R., 347
Ambiente(s), 33, 191
   competitivos, 133
   completamente observável, 510, 533
   de direção, 39
   de multiagente
      competitivo, 41
      parcialmente cooperativo, 41
   de tarefas, 38
   desconhecidos, 122
   não estacionário, 588
   parcialmente observável, 533
Ambiguidade, 229, 767
   léxica, 768
   semântica, 768
   sintática, 768
Ameaça crível, 562
Amir, E., 226
Amit, Y., 650
Amodei, D., 916, 923
Amostragem(ns)
   adaptativa, 414
   correlacionada, 735
   de Gibbs, 401, 403
   de importância, 398
      sequencial, 446
         com reamostragem, 446, 452
   de lógica, 414
   de rejeição, 397
   de Thompson, 531
   em bloco, 405
Ampliação da aplicabilidade de árvores de
decisão, 602
Analisador(es)
   de diagrama, 758
   determinístico, 758
   que aprende por exemplos, 760
   SPACY, 773
Análise(s)
   da árvore de falhas (AAF), 908
   de abordagens de planejamento, 343
   de cadeias de Markov, 402
   de componentes, 212
   de decisão, 506
   de dependência, 758
   de Lyapunov, 887
   de modos e efeitos da falha (AMEF), 908
   de pedigree, 413
   de sensibilidade, 501
   de sentimento, 748, 782
   exploratória de dados, 592, 641, 650
   gramatical ou morfológica, 750
   não supervisionada, 761
   orientada a dados, 761

por deslocamento e redução, 758
probabilística de componentes
   principais, 703
semissupervisionada, 762
sintática, 756
Analista de decisão, 506
Andersen, S. K., 413
Anderson, C. R., 415
Anderson, J. A., 710
Andoni, A., 649
Andor, D., 773
Andre, D., 541, 743
Andreae, P., 743
Andrieu, C., 452
Andrychowicz, M., 888
Animatronics, 883
Antecipação hierárquica, 331
Anúncio de tarefa, 574
Aoki, M., 542
Aparência, 812
APCP, 703
Aplicabilidade da filtragem de Kalman, 438
Aplicação(ões)
   da regra de Bayes, 363
   de aprendizado por reforço, 738
   de controle de robô, 739
   de segurança crítica, 29
   de vizinhança estocástica com distribuição
      T (T-SNE), 641
   em jogos, 738
Aplicável, 59
Appel, K., 186
Appelt, D., 774
Aprender
   a partir de exemplos, 590
   gramática semântica, 765
Aprendizado, 37, 196, 281
   baseado
      em exemplos, 622
      em memória, 622
      na explicação, 347
   com dados completos, 656
   com variáveis ocultas, 668
   da utilidade de ação, 715
   de comitês, 630, 650
   de diferença temporal, 718
   de estruturas de redes bayesianas, 665
      com variáveis ocultas, 675
   de listas de decisão, 610
   de máquina, 2, 22, 158, 590
      automatizado, 651
      interpretável, 651
   de misturas gaussianas, 669
   de modelos
      ocultos de Markov, 674
      probabilísticos, 653
   de parâmetros, 656
      bayesiano, 661
      por máxima verossimilhança, 656
      por maximização de
         verossimilhança, 660

972 Inteligência Artificial

de políticas diretamente por imitação, 876
de ponta a ponta, 684
de preferência, 876
de restrição, 179, 187
de valores de parâmetros de variáveis
  ocultas em redes bayesianas, 672
do que os humanos querem, 876
em árvores de decisão, 595
estatístico, 653
fracamente supervisionado, 639
fraco, 634
hebbiano, 16
multitarefa, 706, 707
na busca *online*, 127
não supervisionado, 591, 702
online, 636
PAC, 609
por imitação, 735, 876
por recompensas, 714
por reforço, 150, 587, 592, 709, 714, 888
  ativo, 715, 721
  baseado em modelo, 715, 870
  bayesiano, 724
  hierárquico, 731, 919
  inverso, 31, 736, 920
  livre de modelo, 715
  na robótica, 869
  passivo, 715, 716
  profundo, 709, 729, 888
  relacional, 742
por transferência, 702, 706
por treinamento, 716, 735
profundo, 24, 632, 679
  para processamento de linguagem
    natural, 776
Q, 715, 742
  de diferença temporal, 725
semissupervisionado, 638, 702
sobre árvores de decisão a partir de
  exemplos, 596
supervisionado, 592, 714, 727
  e não supervisionado na percepção
    robótica, 850
Aprendizagem, 422, 921
autossupervisionada, 850
bayesiana, 636, 654
cooperativa por reforço inverso, 588
curricular, 761
de cláusula de conflito, 212
de heurísticas a partir da experiência, 94
de ponta a ponta, 870
de preferências, 844
em larga escala, 607
em pequena escala, 607
federada, 900
fracamente supervisionada, 922
no nível abstrato, 94
para melhorar a busca, 94
por imitação, 910
por reforço, 9
  inverso, 910

por transferência, 591, 790, 871, 921
por treinamento, 921
preditiva, 922
sem pesar, 637
supervisionada, 591
Aprofundamento iterativo, 73, 141
Aproveitamento, 722
Aproximação
conservadora, 221, 335
da estimativa de utilidade direta, 727
de função, 727
do aprendizado de diferença temporal, 728
universal, 681
variacional, 415
Apt, K. R., 188
Aquisição de conhecimento, 247
Arbuthnot, J., 371
Arcabouços robóticos alternativos, 878
Archibald, C., 163
Arco de persistência, 443
Arco-consistente1, 170
Arestas, 806
Arfaee, S. J., 109, 1034, 1052
Argall, B. D., 888
Argumento
da informalidade, 890
de inaptidão, 891
Aridade, 234, 263
Ariely, D., 508
Aristóteles, 3, 5, 6, 10, 55, 224, 308, 647,
  834, 905
algoritmo de, 7
Arkin, R., 889, 897
Armas autônomas letais, 28, 896, 914
Armazenamento, 259
Arnauld, A., 7, 9, 505
Arora, J. S., 108
Arora, S., 97
Arpit, D., 648
Arquitetura(s)
cognitivas, 266
de inteligência artificial, 924
de rede, 695
de subsunção, 879
do agente, 43
do transformador, 787
reflexiva, 924
Arranjo de sensores, 846
Arrependimento, 531, 637
Arrow, K. J., 589
Articulação
de revolução, 843
prismática, 843
Arulampalam, M. S., 453
Arulkumaran, K., 589, 742
Árvore(s), 181
aleatórias de exploração rápida, 859
de análise sintática, 759
de busca, 64, 134
  e-ou, 112

de decisão, 595, 648
de jogo, 134
de junção, 394
de regressão, 602
e-ou, 112
extremamente aleatórias (ExtraTrees), 632
k-d, 623
Ashby, W. R., 15
Asimov, I., 885, 913
Aspecto, 812
Asserções, 241
Assimetria, 780
Assinatura de tipo, 456
Assistência, 509
Assistente de direção, 882
Associação de dados, 467, 849
Astrom, K. J., 131, 542
Atalhos, 93
Atanasoff, J., 13
Ataque de Sybil, 460
Atenção, 784, 785
multifacetada, 788
Atendimento domiciliar, 881
Atitude proposicional, 297
Atkeson, C. G., 541, 742, 888
Atkin, L. R., 97
ATMS, 306
Ato de fala, 766
Átomo, 236
Ator, 546
Atribuição, 164
completa, 164
de autor, 748
de crédito, 730
parcial, 164
Atributo(s), 53
de entrada contínuos e multivalorados, 602
de saída com valores contínuos, 602
Atrito estático, 863
Atuador, 33, 39, 191, 843, 918
hidráulico, 843
pneumático, 843
Atualização, 118
de Bellman, 520
de crenças, 305
de distribuições gaussianas, 434
AUC, 643
Audi, R., 913
Auditoria, 905
Auer, P., 541
Aumentação de dados, 640
Aumento
de inteligência, 13
do conjunto de dados, 815
Austin, T., 347
Auto-oclusão, 812
Autoatenção, 787
ao transformador, 788
AUTOCLASS, 677

Autocodificador, 703
  variacional, 704
Automação de processos de negócios, 906
AutoML, 651
Autonomia, 38
Avaliação, 459
  de política, 523, 716
  de redes de decisão, 496
  de utilidade, 483
  dos níveis de habilidade do jogador, 459
  recursiva, 423
AVAQ, 484
Aversão
  à ambiguidade, 489
  ao risco, 486
Axelrod, R., 587
Axioma(s), 190, 242
  de efeito, 217
  de estado sucessor, 218
  de exclusão de ação, 223, 548
  de Kolmogorov, 358
  de Peano, 243
  de persistência, 217
  de precondição, 222
  de probabilidade e sua razoabilidade, 357

B

B de Martelli, algoritmo, 97
B*, algoritmo, 160
Ba, J. L., 711
Baader, F., 284, 311
Babbage, C., 14, 159
Bacchus, F., 186, 188, 373, 414, 475, 507
Backjumping, 178, 187
  orientado por conflito, 178
Backus, J. W., 772
Bacon, F., 6, 28
Bagdasaryan, E., 915
Bagging, 631, 650
Bagnell, D., 888
Bahdanau, D., 798
Bahubalendruni, M. R., 97
Bai, H., 542
Baird, L. C. I., 540
Baixo impacto, 909
Baker, C. L., 743
Baker, J., 772, 774
Balch, T., 162
Baldi, P., 451
Baldwin, J. M., 108, 130
Ballard, B. W., 160
Baluja, S., 130
Bancilhon, F., 284
Bancos de dados
  de padrões, 91, 324
    disjuntos, 92
  dedutivos, 284
  probabilísticos, 475
Banko, M., 651, 774
Bar-Hillel, Y., 773
Bar-Shalom, Y., 55, 451, 477

Barber, D., 678
Barganha, 582
Barreno, M., 915
Barrett, S., 163
Barry, M., 413
Barták, R., 186, 188
Bartholdi, J. J., 589
Bartlett, P., 743
Barto, A. G., 131, 541, 543, 742, 744
Barwise, J., 253
Base(s)
  da teoria da utilidade, 480
  de conhecimento, 190
    simples, 199
  de dados dedutivas, 266
  de Herbrand, 277
BASEBALL, 773
Basturk, B., 129
Baum, E., 160
Baum, L.E., 451, 677
Baum-Welch, algoritmo de, 677
Baumert, L., 187
Baxter, J., 743
Bayardo, R. J., 188, 225, 914
Bayes
  idiota, 366
  ingênuo, 366, 672
Bayes, T., 8, 373
Beardon, A. F., 506
Beattie, C., 744
Bechhofer, R., 542
Beck, J. C., 187
Beckert, B., 285
Becos sem saída, 123
Beeri, C., 188
Behaviorismo, 12
BEINGS, 586
Bekey, G., 889
Belkin, M., 648
Bell, C., 348
Bell, J. L., 253
Bellamy, R. K. E., 903, 915, 916
Bellemare, M. G., 744
Bellman, R. E., 9, 96, 97, 161, 540, 649
Bem calibrado, 901
Bem-estar social, 553
  igualitário, 554
  utilitário, 553
Ben-Tal, A., 130
Benchmark GLUE, 797
Bendix, P. B., 284
Bengio, S., 650, 651, 712, 713, 797, 922
Bengio, Y., 15
Benjamin, M., 897
Bens comuns, 578
Bentham, J., 7, 506
Benzmüller, C., 285
Beresniak, A., 507
Berger, H., 10
Berger, J. O., 414, 678
Bergstra, J., 651

Berk, R., 915
Berkson, J., 413
Berleur, J., 914
Berlin, K., 649
Berliner, H. J., 160, 162
Bermúdez-Chacón, R., 651
Berners-Lee, T., 309
Bernoulli, 355, 506
Bernoulli, D., 7, 9
Bernoulli, J., 8, 372
Bernstein, P. L., 373
Berrada, L., 648
Berrou, C., 415
Berry, C., 13
Berry, D. A., 541
Bertoli, P., 285, 347
Bertsekas, D., 55, 373, 543, 744
Bertsimas, D., 648
Berzuini, C., 452
Bessière, C., 186
Beutel, A., 915
Bhar, R., 451
Bibel, W., 285
Bicondicional, 197
Bien, J., 650
Biere, A., 226
Bies, A., 772
Big computation, 836
Big data, 23, 836, 921
BigDog, 26
Bigelow, J., 14
Bilhar, 163
Billings, D., 587
Billingsley, P., 373
Binder, J., 451, 452
Bingham, E., 477
Binmore, K., 587
Biran, O., 915
Birbeck, M., 309
Bishop, C. M., 129, 413, 649, 651, 678,
  712, 913
Bishop, R. H., 55
Bisson, T., 894
Bistarelli, S., 186
Biswal, B. B., 97
Bitner, J. R., 187
Blake, A., 452
Blazewicz, J., 349
Blefar, 156
Blei, D. M., 772
Bliss, C. I., 413
Block, N., 913
BLOG, 476, 477
Blum, A. L., 346, 652, 775
Blumer, A., 649
Bobick, A., 451
Bobrow, D. G., 18
Boddy, M., 131, 347, 924
Boden, M. A., 913
Bolognesi, A., 160
Bolton, R. J., 898

974 Inteligência Artificial

Bom comportamento, 35
Bond, A. H., 586
Bonet, B., 131, 345, 348, 542
Bônus de exploração, 530
Boole, G., 7, 225, 372
Boosting, 633
  pelo gradiente, 636
  por gradiente, 632
Booth, T. L., 772
Borel, E., 587
Borenstein, J., 886
Borrão de movimento, 801
Boser, B., 650
Bosse, M., 886
Bostrom, N., 30, 916
Bottou, L., 649, 711
Boué, L., 648
Bounded plansat, 349
Bousmalis, K., 888
Bousquet, O., 649, 711
Boutilier, C., 412, 507, 509, 541, 586
Bouzy, B., 161
Bower, G. H., 741
Bowling, M., 162, 587, 798
Box, G. E. P., 130, 451, 677, 712
Boyan, J. A., 129
Boyd, S., 130
Boyen, X., 452
Boyen-Koller, algoritmo de, 452
Boyer, R. S., 285
Boys, D., 163
Brachman, R. J., 310-312
Bradt, R. N., 541
Bradtke, S. J., 145, 597, 820, 1035
Brady, J. M., 451
Brafman, R. I., 347, 348, 508, 586, 742
Brahmagupta, 185
Braitenberg, V., 889
Branch-and-bound, 98
Brandenburger, A., 587
Brandt, F., 589
Brants, T., 772, 798
Bratko, I., 284
Bratman, M. E., 56
Breck, E., 651
Breese, J. S., 413, 476, 924
Breiman, L., 648, 650
Brelaz, D., 187
Brent, R. P., 129
Brewka, G., 311
Brickley, D., 309
Bridge, 162
Briggs, R., 308
Brill, E., 651, 772
Brin, D., 775
Brin, S., 774
Bringsjord, S., 913
Broadbent, D. E., 12
Broca, P., 10
Brock, B., 285
Brockman, G., 744

Brooks, R. A., 55, 226, 348, 837, 889, 916
Brown, C., 188
Brown, J. S., 311
Brown, K. C., 588
Brown, M., 507
Brown, N., 162
Brown, P. F., 796, 798
Browne, C., 160
Brownston, L., 283
Brunelleschi, F., 834
Brunnstein, K., 914
Bruno de Finetti, 372
Bryce, D., 131, 346, 347
Brynjolfsson, E., 917
Bryson, A. E., 710
Bryson, J. J., 913, 916
BSP (bandit superprocess), 532
Buchanan, B. G., 20, 56, 416
Buck, C., 772
Buffet, O., 543
Buffon, G., 414
BUGS, 476, 677
Bulitko, V., 132
Bunt, H. C., 310
Buolamwini, J., 902, 903
Burgard, W., 887
Burkov, A., 652
Burns, E., 98
Buro, M., 162
Burstein, J., 308
Burton, R., 508
Busca, 48, 57, 58, 756
  A*, 77
    ponderada, 82
  aleatória, 608
  alfabeta, 159
  bidirecional, 75
  coarse-to-fine, 98
  com ações não determinísticas, 110
  com corte, 143
  com retrocesso, 72
  com retrocesso para CSPS, 174
  de arquitetura neural, 697
  de custo
    ilimitado, 83
    limitado, 83
    uniforme, 70
  de feixe, 84
  de frente-a-frente, 87
  de frente-a-fundo, 87
  de Monte Carlo, 149, 157
    pura, 147
  de política, 715, 733
  de quiescência, 144
  de subida de encosta, 100, 125
  de tabu, 180
  em ambientes
    complexos, 100
    parcialmente observáveis, 118
  em árvore, 67
    de Monte Carlo, 146

  em feixe, 145, 753, 758, 787
    estocástica, 105
    local, 104
  em grade, 608
  em grafo, 67
  em largura, 69
  em profundidade, 71
    limitada, 73
  em tempo real, 131
  gulosa, 753
    local, 101
    pela melhor escolha, 77
  heurística
    bidirecional, 86
    em árvore alfabeta, 142
    limitada pela memória, 83
  incremental, 128
    do estado de crença, 117
  informada, 75
  linear, 109
  local, 100
    em espaços contínuos, 108
    online, 125
    para CSPS, 179
  minimax, 135
  offline, 122
  online, 100, 122
  pela melhor escolha, 64
  por aprofundamento iterativo A*, 84
  por soluções
    abstratas, 327
    primitivas, 325
  progressiva no espaço de estados para planejamento, 317
  recursiva pela melhor escolha, 84
  regressiva para planejamento, 318
  satisfatória, 82
  subótima limitada, 83
  tabu, 129
  veloz, 83
  versus consulta, 146
Buss, D. M., 508
Butler, S., 30, 916
Bylander, T., 349
Byrd, R. H., 649

─────────── C ───────────

Cabeça, 209
Caça ao tesouro, 500
Caça-níqueis, 541
  de Bernoulli, 530
  de um braço, 528
Cadeia de Markov, 401, 419, 748
Cafarella, M. J., 775
Caixa(s)
  de âncora, 816
  delimitadora, 815
Cálculo(s)
  de eventos, 294
  de gradientes em grafos de computação, 693
  de predicados de primeira ordem, 228

de situação, 320
de variações, 129
do índice de Gittins, 529
hedônico, 506
Cálculo-do, 409
Camacho, R., 742
Camada(s), 679
de saída, 683
e funções de perda, 685
ocultas, 683, 687
Câmera(s)
de tempo de voo, 841
de vigilância, 898
escura, 800
estenopeica, 801
Caminho, 59, 341, 851
crítico, 342
em laço, 67
redundante, 67
Campbell, M. S., 160,
Campbell, W., 589
Campo
de distância com sinal, 861
médio, 415
receptivo, 690
Canal, 691
Cannings, C., 413
Canny, J., 835, 887, 888
Capek, J., 885
Capek, K., 885
Capen, E., 507
Captura de informações imperfeitas, 563
Característica(s), 94, 142, 799
simples da imagem, 806
Carbonell, J. G., 347
Cardano, G., 8, 162, 371
Carlini, N., 712
Carnap, R., 6, 372
Carpenter, B., 477
Carregadores de piano, 887
Carrinho com vara, 739
Carro autônomo, 840, 881
Carroll, S., 130
CART, 602, 648
Casati, R., 310
Caso
de condicionamento, 375
parcialmente observável (POMDP), 920
Cassandras, C. G., 55, 542
Castro, R., 413
Categoria(s), 288
léxica, 750
sintática, 755
Cauchy, A., 649
Cauda longa, 645
Causal, 363
Cazenave, T., 161
Célula de memória, 701
Cena, 800
Cenário dos problemas sat aleatórios, 214
Centro, 574

Cepo de decisão, 634
Certificação, 904
Cesa-Bianchi, N., 650
Chajewska, U., 509
Chalkiadakis, G., 588
Chalmers, D. J., 913
Chandola, V., 898
Chandra, A. K., 284
Chang, H. S., 541
Chang, K. C., 414
Chang, K.-M., 285
Chapman, D., 345, 348
Chapman, N., 96
Charniak, E., 21, 412, 451, 476, 713,
772, 773
Chaslot, G., 160
Chater, N., 508
Chatfield, C., 451
Chatila, R., 886
Chavira, M., 414
Chawla, N. V., 903
Cheeseman, P., 187, 412, 677
Chemical Markup Language, 309
Cheng, J., 414, 677
Chervonenkis, A. Y., 649
Chess, D. M., 55
Chickering, D. M., 160
Chollet, F., 651, 913
Chomsky, N., 15, 771, 772, 774, 775
Choromanska, A., 711
Choset, H., 55, 887, 889
Chouldechova, A., 915
Christian, B., 913
Church, A., 253, 283
Church, K., 772, 773, 775
Ciancarini, P., 55, 160
Cibernética, 14
Cibersegurança, 29
Ciclo, 67
Ciência
climática, 28
cognitiva, 2, 12
de dados, 921
Cimatti, A., 346
Cinemática
direta, 853
inversa, 853
Circunscrição, 304
e lógica default, 303
priorizada, 304
Claret, G., 478
Clark, P., 773, 798, 891, 912
Clarke, E., 346
Classe(s)
aberta, 756
de ambientes, 42
de funções, 592
de modelos, 592
de referência, 372
fechada, 756
gramatical, 750

não balanceadas, 640
Classificação, 302, 591
com redes neurais recorrentes, 781
de imagens, 812, 813
com redes neurais convolucionais, 812
linear com regressão logística, 619
textual, 367
com Bayes ingênuo, 367
topológica, 181
Classificador(es)
de Bayes, 366
lineares com limiar rígido, 617
para as janelas, 815
Cláusula(s), 205
de Horn, 208
definidas, 208
definidas de primeira ordem, 261
objetivo, 209
resolvente, 274
unitária, 205, 212 281
Clearwater, S. H., 589
Clocksin, W. F., 284
Clonagem comportamental, 742, 876
Clutter, 468
Coação, 115
Coalizão, 568
Coase, R. H., 589
Coates, A., 743
Cobertura de Markov, 380
Codificação
da entrada, 685
do conhecimento geral do domínio, 250
one-hot, 641, 685
Códigos de ética, 914
Coeficiente de Gini, 554
Cognição corpórea, 891
Cohen, P. R., 586
Cohn, A. G., 312
Coisas, 293
Colaboração, 872, 875
Coleta
avaliação e gerenciamento de dados, 639
de informações, 37
não míopes, 500
Collin, Z., 188
Collins, M., 650, 773, 774
Colmerauer, A., 253, 284
Colocação direta, 867
Coloração
de grafo, 186
de mapa, 165
Combinação
de crenças e desejos sob incerteza, 479
de evidências, 364
Comparação
de modelos de linguagem, 753
entre estratégias de busca sem
informação, 75
Compatível com o incentivo, 577
Competição de Cournot, 565
Competitivo, 41

976 Inteligência Artificial

Compilação da inferência aproximada, 407
Completamente observável, 40
Completamento, 271
Completar o quadrado, 436
Completude, 68, 196
  de resolução, 207
  para refutação, 276
Complexidade
  algorítmica, 648
  amostral, 610
  da amostragem de Gibbs, 404
  da inferência exata, 392
  de dados, 265
  de espaço, 68
  de Kolmogorov, 648
  de tempo, 68
Complicações da linguagem natural real, 766
Componente(s), 212, 669
  conectados, 181
  da IA, 918
  do programa de agente, 52
  progressiva, 865
  realimentada, 865
Composição física, 290
Composicionalidade, 228
Compreensão de imagens, 27
Comprimento
  de descrição mínimo, 608
  focal, 801
  mínimo de descrição, 649
Compromisso
  epistemológicos, 232, 351
  ontológico, 231, 351
  viés-variância, 593
Comprovadamente benéfico, 5
Computabilidade, 8
Computação
  autonômica, 55
  de equilíbrios, 554
  em jogos cooperativos, 572
  quântica, 14
Computer Olympiads, 163
Comunicação, 549
Comutatividade, 174
Conceito
  de racionalidade, 35
  de solução, 550
Concessão, 584
Conclusão, 197
Concorrência, 546
  verdadeira, 547
Condensação, 452
Condição
  de Pareto, 580
  do vencedor de Condorcet, 580
Condicionamento, 360
  de conjunto de corte, 183, 414
  de corte de ciclo, 182
Condon, J. H., 160
Conectivos lógicos, 197, 236
Conexão procedural, 301

Conexionista, 22
Confiabilidade, 897
Confiança, 643, 903, 915
Configuração
  de adaptação, 130
  de espaço de estados, 100
Confirmação, 372
Conflitos mínimos, 179
Conformante, 114
Congdon, C. B., 886
Conhecido, 42
Conhecimento
  científico, 745
  inicial, 190
  prévio, 591
Conjectura do limiar de satisfatibilidade, 215
Conjunção, 197
Conjunto(s), 243, 244
  alcançável, 328
  convexo, 110
  de apoio, 281
  de conflito, 178
  de corte de ciclo, 182
  de desenvolvimento, 603
  de informações, 563
  de máquinas caça-níqueis (multi-armed
    bandit), 510
  de negociação, 582
  de teste, 592, 603
  de treino, 592, 603
    ponderado, 633
  de validação, 603
  de valores possíveis, 355
  de variáveis, 164
  de Vitali, 358
  DEV, 603
  difusos, 416
  mágico, 266
  mágicos, 284
Conlisk, J., 507
Conluio, 576
Conneau, A., 797
Connell, J., 889
Consciência, 894, 913
Consequência, 194
Consequencialismo, 7, 35
Consistência, 80, 302
  de arco, 170
  de arco orientada, 181
  de caminho, 170
  de nó, 169
  local, 169
Consistente, 164, 396
Constância da cor, 805
Constante de Skolem, 256
Construção
  de DBN, 441
  de mapa, 833
  de modelos, 826

Consulta(s), 241, 359
  agregadas, 899
  em lógica de primeira ordem, 241
  em tabela, 622
Consumível, 340
Contagem
  de borda, 581
  de modelo ponderado, 394
  de referência, 84
  virtual, 662
Contexto, 780, 815
Continuidade, 481
Contínuo, 41
Contornos de busca, 80
Contração, 520
Contradição, 202
Contrapartes, 545
Contribuição marginal, 571
Controlador(es), 55
  de refinaria, 40
  P, 864
  PD, 864
  PID, 865
  reativos, 878
Controle, 844, 851
  bangue-bangue, 739
  de fonte, 643
  de rastreamento de trajetória, 851,
    862, 887
  de torque computado, 865
  difuso, 416
  do movimento por meio da visão, 831
  lateral, 831
  longitudinal, 831
  ótimo, 866
  preditivo por modelo (CPM), 867, 875
Convenção, 549
  cortês, 893
Convergência da iteração de valor, 520
CONVINCE, 412
Convolução, 688, 807
Conway, D., 651
Cook, S. A., 225, 226
Cooper, G., 414, 677
Cooperação, 549
Cooperativo, 41
Coordenação, 549, 872
Copeland, J., 310, 913
Cor(es), 805
  primárias, 805
Corbett-Davies, S., 915
Cordilheiras, 102
Corkill, D. D., 586
Cormen, T. H., 97
Corpo, 209
Corpus, 747
Correção, 196
Correspondência
  de características, 736
  de citação, 464
  de padrões, 264

Índice Alfabético 977

Cortes, C., 650
Cotreino, 775
Cotton, C., 915
Cover, T., 652
Cowan, J. D., 18, 710
Cowell, R., 507
Cox R. T., 372, 373, 477, 885
Craig, J., 887
Craik, K., 12
Cramton, P., 588
Crawford, J. M., 226
Cresswell, M. J., 310
Criação de imagens, 828
Crick, F., 913
Criptoaritmético, 168
Crisan, D., 453
Cristianini, N., 650
Critério da porta dos fundos, 411
Crockett, L., 226
Croft, W. B., 774
Crônicas, 309
Crowdsourcing, 639
Cruse, A., 773
CSP binário, 167
Ctesíbio de Alexandria, 14
Cuidados com a saúde, 881
Culberson, J., 99
Curie, M., 1
Curran, 773
Curva(s)
　característica de operação do receptor (ROC), 643
　de aprendizado, 598
　de treino, 619
　felizes, 598
Cushing, W., 348
Custo
　adiante, 867
　da ação, 60, 62, 63, 116
　de oportunidade, 533
　total, 94
Cusumano-Towner, M. F., 477, 478
Cybenko, G., 711
CYBERLOVER, 893
Cyert, R., 508
CYK, algoritmo, 758, 759

──────────── D ────────────

D-separação, 381
D'Épenoux, F., 541
da Vinci, L., 5, 834
Dados, 653
　completos, 656
　faltantes, 602
Dagan, I., 798
Daganzo, C., 413
Dagum, P., 414
Dai, A. M., 797
Dai, Z., 797
Dalvi, N. N., 475
Daly, R., 678

Damasio, A. R., 913
Danaher, J., 912
Dantzig, G. B., 129
DARPA Grand Challenge, 26, 886
DART, 26
Darwiche, A., 414, 417
Darwin, C., 107, 916
Dasgupta, P., 131, 589
Datalog, 262, 284
Dauphin, Y., 711
Davidson, D., 309
Davis, E., 310, 312
Davis, G., 478
Davis, M., 225
Davis-Putnam, algoritmo de, 211, 225
Dayan, P., 713, 742-744
DBN, 440
de Farias, D. P., 541
de Fermat, P., 8, 371
de Finetti, B., 373
de Freitas, J. F. G., 452
de Groot, M., 508
de Kleer, J., 187
de Kleer, J., 311
de Marcken, C., 97
De Morgan, A., 186, 252
De Raedt, L., 774
Deale, M., 348
Dean, J., 348, 412, 451, 541, 887, 923, 924, 926
Dean, T., 886
Dearden, R., 742
Deb, S., 129
Debevec, P., 837
Decaimento dos pesos, 697
Decepção pós-decisão, 486, 507
Dechter, R., 97, 186, 187, 188, 413, 414, 417
Decisão(ões)
　do que queremos, 920
　minimax, 136, 501
　ótimas em jogos, 134
　ótimas em jogos com vários participantes, 137
　racional, 350
　robusta, 501
Declaração
　de número, 461
　se-então, 197
Decodificação, 786
　gulosa, 786
　turbo, 415
Decodificador de eixo, 842
Decomponibilidade, 481
Decomposição, 323
　aditiva, 733
　em árvore, 183
　em células, 857
　exaustiva, 289
　hierárquica, 324
DeCoste, D., 650

Dedekind, R., 253
Dedução, 591
Deep Blue, 27, 160
Deep q-network (DQN), 738
Deepfake, 830
Deerwester, S. C., 772, 796
Defense Advanced Research Project Agency (DARPA), 26
Definição, 242
Deformação, 812
Degradação, 86
DeGroot, M. H., 373, 678
Del Moral, P., 453
Delling, D., 98
Demodulação, 280, 284
Demonstração de teoremas matemáticos, 284
Dempster, A. P., 416, 451, 677
Denardo, E. V., 540
Dendral, 21
DeNero, J., 649
Deng, L., 713, 774
Deng, X., 131, 588
Denney, E., 285
Densidade, 378
Dentro da política, 726
Dependências de longa distância, 767
Dervovic, D., 923
Desambiguação, 769
Desaparecimento do gradiente, 684, 783
Descartes, R., 6, 834, 912, 913
Descendente, 380
Descida
　do aluno de pós-graduação, 695
　pelo gradiente, 100, 104, 613, 683
　　determinística, 615
　　em lote, 615
　　estocástica, 615
　　online, 615
Descobertas ao acaso, 339
Desconhecido, 42
Descotte, Y., 348
Descrição
　de comprimento mínimo, 656
　otimista, 329
　pessimista, 329
Desdobramento, 444, 459
Desemprego tecnológico, 905
Desenvolvimento de sistemas de aprendizado de máquina, 638
Desidentificação, 898
Desigualdade
　de renda, 907
　triangular, 80
Detecção
　de arestas, 806, 835
　de spam, 748
Detectar objetos, 815
Determinístico, 41
Devlin, J., 797, 912
Devol, G., 885

978 Inteligência Artificial

Devroye, L., 678
Diagnóstico, 363, 364
Diagrama(s), 758
  de decisão binária (BDD), 346
  de influência, 412, 479, 494
  de Voronoi, 855, 856
Diálogo visual, 825
Diâmetro, 73
Dias, M. B., 129
Dicas 3D
  de múltiplas visualizações, 817
  de uma câmera em movimento, 819
  de uma visualização, 821
Dicionário, 750
Dickmanns, E. D., 837, 886
Diferença temporal, 719
Diferenciação automática, 684
Digital Equipment Corporation, 21
Dijkstra, algoritmo de, 70
Dijkstra, E. W., 97, 893
Dilema do prisioneiro, 551
Dimensão VC, 649
Dinâmica inversa, 863
Dinâmico, 41
Dinh, H., 97
Diofanto, equação de, 185
Direitos na robótica, 907, 916
Discretização, 109, 383
Discreto, 41
Discriminador, 705
Disjunção, 197
Disjunto, 289
Disparidade, 818
  no tamanho da amostra, 902
Dispositivo com carga acoplada, 801
Disputa adversarial, 123
Dissanayake, 886
Distância
  de Mahalanobis, 623
  de Manhattan, 88
  de Minkowski, 622
  de quarteirão da cidade, 88
  em linha reta, 77
  Hamming, 623
Distribuição
  a priori
    conjugada, 662
    de hipóteses, 654
    não informativa, 664
  beta, 441, 661
    hiperparâmetro, 661
  canônica, 381
  categórica, 356
  condicional gaussiana linear, 383
  de Bernoulli, 355
  de cauda pesada, 129
  de misturas, 669
  de Poisson, 461
  de probabilidade, 356
    conjunta, 356
      completa, 357

de proposta(s), 405
  adaptativas, 474
estacionária, 403, 424
gaussiana(s)
  condicional, 384
  lineares, 434
  multivariada, 434
lognormal discreta, 462
por ordem de grandeza, 462
probit, 384
variacional *a posteriori*, 704
Distúrbios, 409
Dittmer, S., 508
Divergência de Kullback-Leibler, 686
Diversidade de comportamento, 926
Divisão de uma torta, 582
DNA, 107
Do, M., 346
Do, M. B., 348
Doctorow, C., 309
Dombal, 373
Dominação, 89
  forte, 551
  fraca, 551
Dominância, 490
  estocástica, 490
  estrita, 490
Domingos, P., 32, 373, 414, 476, 650,
  652, 677
Domínio(os), 232, 241
  contínuos, 167
  de aplicação, 881
  de exemplo
    o mundo dos blocos, 315
    o problema do pneu sobressalente, 315
    transporte de carga aérea, 314
  de parentesco, 242
  discretos, 167
  dos circuitos eletrônicos, 248
  finitos, 167, 271
  orientados a tarefas, 583
Domshlak, C., 586
Doorenbos, R., 283
Doran, J., 97, 98
Dorf, R. C., 55
Dorigo, M., 129
Dose de realidade, 19
Doshi-Velez, F., 651
Doucet, A., 452, 453
Downsampling, 690
Dowty, D., 773
Doyle, J., 55, 187, 311, 507
Dragan, A. D., 888
Drebbel, C., 14
Drechsler, R., 98
Dredze, M., 650
Dressel, J., 901, 915
Dreyfus, H. L., 226, 890
Dreyfus, S. E., 97, 540, 710, 711
Drone(s), 896
  quadricóptero, 840

Dropout, 698
Druzdzel, M. J., 414
DT de gradiente, 742
Du, S. S., 711
Dualismo, 6
Dubois, D., 417
Dubois, O., 226
Duda, R. O., 373, 651, 677, 678
Dudek, G., 889
Duffy, D., 285
Duffy, K., 650
Dunn, H. L., 476
Dunn, J., 648
DuPont, 21
Duração, 340
Dürer, A., 834
Durfee, E. H., 589
Durme, B. V., 774
Durrant-Whyte, H., 886
DVMT, 586
Dwork, C., 914, 915
Dyson, F., 648
Dyson, G., 916

─────────── E ───────────

Earley, J., 773
Ebendt, R., 98
Eckert, J., 13
Economia, 9, 133
Edelkamp, S., 99, 346
Edmonds, D., 16
Edwards, D. J., 159
Edwards, P., 913
Edwards, W., 477, 506
Efeito(s), 314
  ausente, 338
  certeza, 488
  colaterais
    indesejados, 909
    negativos, 895
  condicional, 335
  da precisão heurística sobre o
    desempenho, 88
  de ancoragem, 489
  de Baldwin, 108
  de enquadramento, 489
  horizonte, 144
Efetuador, 839
Eficiente, 576
Ehrenfeucht, A., 649
Einstein, A., 1
Eisenhower, D. D., 586
Eisner, J., 773
Ekart, A., 130
ELBO, 704
Elder, J. F., 650
Elemento(s)
  de aprendizado, 51
  de desempenho, 51
  de domínio, 232
Elevação, 258, 478

Elfes, A., 886
Elicitação de preferência, 483
Eliminação
  de variáveis, 390, 444
  do E, 203
Elio, R., 508
Elisseeff, A., 651
Elitismo, 105
Elkan, C., 677
Elliott, G. L., 186, 187
Elman, J. L., 712, 774
Elsken, T., 712
EM
  algoritmo, 451, 668
  estrutural, 676
Empilhamento (*stacking*), 632
Empirismo, 6
Emprego, 907
Encadeamento para
  a frente, 209, 255, 261, 283
    e para trás, 209
    eficiente, 263
    incremental, 265
  trás, 209, 255, 267, 284
Encosta mais íngreme, 100
Enderton, H. B., 253, 283
Engelbart, D., 13
Engelberger, J., 885
Engenharia
  de características, 640
  de computadores, 13
  de conhecimento, 247
  de IA, 926
  de segurança, 908
  de *software*, 908
  ontológica, 286
Ensaio randomizado controlado, 411
Ensino cinestésico, 878
Entretenimento, 883
Entropia, 599
Entropia cruzada, 686
EPAM, 648
Episódico, 41
Época, 615
Epstein, R., 913
Equação(ões)
  de Bellman, 515
  de Euler-Lagrange, 861
  de Riccati, 867
  de Yule-Walker, 705
  diofantinas, 185
  estrutural, 408
  normal, 616
Equidade, 900, 915
  em grupo, 900
  individual, 900
  por meio do desconhecimento, 900
Equilíbrio, 155
  de Bayes-Nash, 565
  de estratégia dominante, 551

de Nash, 552, 587
  perfeito do subjogo, 562
detalhado, 403
maximin, 556
Equivalência lógica, 201
Equivalente de certeza, 486
Erdmann, M. A., 131
Ergódico, 403
Ernst, G., 97
Ernst, H. A., 886
Erol, K., 347
Erol, Y., 452
Erro *out-of-bag*, 632
Escalabilidade, 28
Escalas de utilidade, 483
Escalonamento, 340, 342
  de linha de produção, 166
Escolha de testes de atributos, 599
Escorço, 800, 812
Esfera ϵ, 610
Espaço(s)
  amostral, 353
  C, 851
  de configurações, 851
  de estados, 58
    conjunto, 732
    do nível abstrato, 94
    do nível objeto, 94
  de hipóteses, 592
  de peso, 613
  de trabalho, 851
  do planejamento de movimento, 855
  livre, 852
Espalhamento sensível à localidade, 624
Espécie(s), 308
  naturais, 291
Especificar o ambiente de tarefa, 38
Especularidades, 803
Esperança-maximização, 669
Esquecimento catastrófico, 729
Esquema, 107
  de ação, 314
  de indução matemática, 278
  percepção, 332
Esquiva de obstáculos, 831
Estacionariedade, 603
Estado(s), 58, 60-62, 115, 313, 419
  absorvente, 724
  atual do mundo, 215
  cinemático, 863
  da arte, 25, 793
  de crença, 111, 153, 219, 332, 350, 418,
    422, 496, 534, 563, 844
  de escolha, 732
  dinâmico, 863
  inicial, 61-63, 58, 60, 115, 134, 314
  interno, 46
  mais provável, 867
  meta, 58, 60, 62, 63
  repetido, 67
  terminal, 134

Estático, 41
Estatística, 8
  de ordem, 487
Estável, 864
Estereopsia binocular, 818, 835
Estimação de densidade, 656
  com modelos não paramétricos, 666
  não paramétrica, 666
Estimativa
  de estado, 120, 154, 219, 422, 715, 844
    lógico, 219
  de utilidade direta, 716
  estrutural de MDP, 743
Estímulo, 799
Estocástico, 41
Estratégia, 154, 550
  de busca informada (heurística), 75
  de busca sem informação, 69
  de evolução, 105, 130
  de modelagem cognitiva, 2
  de resolução, 280
  de Zeuthen, 585
  dominante, 551, 576
  em jogos cooperativos, 569
  mista, 550
  pura, 550
  tipo A, 141
  tipo B, 141
Estritamente estável, 864
Estrutura(s)
  de agentes, 43
  de coalizão, 568
  de coalizão para o bem-estar social
    máximo, 573
  de dados de busca, 65
  de índice aprendidas, 284
  de preferências e utilidade
    multiatributo, 492
  de problemas, 181
  frasal, 755
  hierárquica, 919
  ULMFIT, 797
Estudo da ação de agarrar, 887
Etapas se-então-senão, 112
Etchemendy, J., 253
Ética
  da IA, 890, 895
  deontológica, 7
Etiqueta, 750
Etiquetagem morfossintática, 750
Etzioni, A., 914, 915, 925
Etzioni, O., 309, 348, 775
Euclides, 834
Evans, T. G., 18
Evento(s), 294, 354, 387
  exógeno, 338
Evidência, 354, 653
Evolução
  de máquina, 20
  e busca, 107

980 Inteligência Artificial

Execução, 58
  intercalada, 546
Exemplo(s)
  antagônico, 696
  de aprendizado PAC, 610
  de problema coloração de mapa, 165
  de problemas, 60
  de provas, 274
  unidimensional simples, 435
Existência da função de utilidade, 482
Expansão, 64, 148
  de Taylor, 849
  iterativa, 98
Expectativa de característica, 737
Experimentos psicológicos, 2
Expit, 384
Explicabilidade, 643, 644
Explicação, 306
  mais provável, 414, 422
Exploração, 37, 147, 527, 715, 721, 722
  de modelos, 870
  de outras informações, 871
  e ambientes perigosos, 883
  segura, 724, 870
Explorável com segurança, 123
Explosão
  combinatória, 20
  do gradiente, 701
Explotação, 147
Expressividade, 54
  de árvores de decisão, 596
Expressões lambda, 235
Extensão, 305
Extensões singulares, 145
Externalidades, 579, 909
Extração
  de características, 799
  de informações, 770, 774
Extrínseca, 293

F

Fagin, R., 310
Fahlman, S. E., 18
Falha
  de detecção, 468
  transiente, 441
Falso positivo, 643
Família Dirichlet, 662
Família Normal-Wishart, 662
Farid, H., 901, 915
Fase
  de atualização, 118
  de percepções possíveis, 118
  de previsão, 118
Fatias de tempo, 419
Fato, 209
Fator(es), 390
  de certeza, 21, 416
  de desconto, 513, 583, 716
  de ganho, 864

de ramificação, 68
  efetivo, 88, 98
Fatoração, 205, 274
Fatos irrelevantes, 266
Faugeras, O., 837
Favini, G. P., 160
Fawcett, T., 898
Fazer a coisa certa, 4
Fearing, R. S., 888
Fechamento de domínio, 240, 455
Fecho por resolução, 207, 278
Feedback, 591
  tátil, 887
Fei-Fei, L., 797
Feigenbaum, E. A., 15, 20, 308
Feldman, J., 56, 506
Felner, A., 98, 99, 346
Felzenszwalb, P., 131
Fenton, N., 506
Ferguson, T., 541, 678
Fern, A., 509
Fernández, F., 743
Fernandez, J. M. F., 163
Ferraris, P., 347
Fikes, R. E., 55, 130, 253, 345, 347, 348, 885
Fila, 66
  de prioridade, 67
  FIFO, 67
  LIFO, 67
Filo de Mégara, 224
Filon, Servo de, 885
Filosofia da IA, 890
Filtragem, 120, 305, 422, 423, 534, 674, 844
  de Kalman, 434
  de partículas, 446, 469
Filtro(s)
  de densidade assumida, 452
  de Kalman, 418, 434, 847, 848
    de chaveamento, 439
    estendido, 439, 849
  de partículas Rao-Blackwellized, 450, 452, 887
  de Storvik, 452
  de vizinho mais próximo, 469
  gaussiano, 807
Fine, S., 451
Finn, C., 651, 888
Finney, D. J., 413
Firoiu, V., 163
Fisher, R. A., 8, 372
Física qualitativa, 293, 311
Fisicalismo, 6
Fix, E., 649
Fixação, 819
Flood, M., 587
Floresta aleatória, 631, 650
Fluente, 216, 296
  ausente, 338
Fluxo óptico, 810
FNC, 206

Foco de expansão, 820
Fogel, D. B., 130
Folga, 342
  mínima, 343
Fonte pontual de luz distante, 804
Fora
  da política, 726
  do vocabulário, 748
Forbes, 542
Forbus, K. D., 283, 311
Ford, K. M., 913
Ford, M., 32
Forestier, J.-P., 743
Forgy, C., 283
Forma(s)
  de aprendizado, 590
  de Kowalski, 272
  extensiva, 561
  geral do algoritmo em, 674
  normal
    conjuntiva, 206, 272
      para lógica de primeira ordem, 272
    de Chomsky, 758
    implicativa, 272
  quase lógica, 766
  sequencial, 564
Formação
  de agrupamentos, 394
  de imagens, 800
Formato de janela, 815
Fórmula
  de ajuste, 410
  geral da informação perfeita, 497
Formulação
  de estados completos, 101
  de meta, 57
  do problema, 57, 59, 638
Forster, E. M., 916
Forsyth, D., 838
Fortemente k-consistente, 171
Fortmann, T. E., 451, 477
Fox, D., 507
Fox, M. S., 348
Fracamente acoplados, 547
Frames, 21, 310
Framework ERNIE 2.0, 797
Franco, J., 225
Francois-Lavet, V., 742
Frank, E., 652
Frank, I., 160
Frank, R. H., 372
Frans, K., 743
Franz, A., 772
Freeman, W., 415
Frege, G., 7, 225, 253, 283
Freitag, D., 774
Frequentista, 371
Freuder, E. C., 186, 188
Freund, Y., 650
Frey, B. J., 712
Friedberg, R. M., 130

Friedman, G. J., 130
Friedman, N., 413, 417, 452, 650, 677, 678
Fristedt, B., 541
Fronteira, 64, 66
  fatorada, 452
Frost, D., 187
Fruhwirth, T., 188
Fuchs, J. J., 348
Fudenberg, D., 588
Fukunaga, A. S., 348
Fukushima, K., 711, 836
Função(ões), 230
  característica, 568
  computáveis, 8
  convexa, 110
  custo, 15
  de ativação, 680
  de avaliação, 64, 133, 142, 727
    para jogos de chance, 151
  de bem-estar social, 580
  de custo, 876
    da ação, 59
  de escolha social, 580
  de exploração, 723
  de Kernel, 629, 667
  de limiar, 618
  de melhor ajuste, 592
  de origem, 461
  de perda, 606
  de recompensa, 550, 920
  de regularização, 607
  de Skolem, 273
  de unidade, 291
  de utilidade, 479, 483
    de ação, 495
      multiatributo, 490
      multiplicativa, 494
      ordinal, 483
  de valor, 483, 715
    aditiva, 493
  densidade de probabilidade, 356
  do agente, 33
  heurísticas, 88
  linear, 612
    ponderada, 143
  logística, 384, 649
    ou sigmoide, 681
  objetivo, 100
  Q, 516
  ReLU, 681
  sem hífen, 715
  softmax, 733
  softplus, 681
  tanh, 681
  totais, 233
  utilidade, 49, 134, 715
  utilidade-ação, 516
Funcional, 860
Fundamentação, 196, 459
Fundamentos da inteligência artificial, 5

Fung, R., 414
Furst, M., 346
Futebol robótico, 163
Futuro, 927
  da inteligência artificial, 918
  do trabalho, 905, 916
  visível, 19

──────────── G ────────────

Gaddum, J. H., 413
Gaifman, H., 475, 476
Gale, W. A., 772
Gallaire, H., 284
Gallier, J. H., 253
Galperin, G. R., 160
Gamão, 162
Gamba, A., 710
Gandomi, A., 651
Ganho de informação, 600, 869
García, J., 743
Gardner, M., 225
Garra paralela, 843
Gaschnig, J., 97, 186, 187
Gasser, L., 586
Gasser, R., 99
Gat, E., 889
Gates, B., 30, 910
Gatys, L. A., 891
Gauss, C. F., 186, 187, 451, 649, 744
Gaussiana
  condicional, 384
  linear, 383, 434
  multivariada, 434
Gazzaniga, M., 913
Gebru, T., 902
Geffner, H., 131, 345, 347, 348
Geiger, D., 412, 413
Gelb, A., 451
Gelernter, H., 17, 284
Gelfond, M., 284, 311
Gelman, A., 415, 650, 678
General Game Competition, 163
General Problem Solver (Resolvedor Geral de Problemas), 7
Generalização, 592, 600, 695, 876
  de campos, 899
  no aprendizado por reforço, 727
  por empilhamento, 632
Gênero, 308
Genesereth, M. R., 55, 131, 227, 253, 254, 284
Gent, I., 188
Geometria
  da estereopsia, 835
  de visualização única, 827
Geometry Theorem Prover (Provador de Teoremas de Geometria), 17, 284
Georgeson, M., 837
Geração de heurísticas
  admissíveis
    a partir de subproblemas, 91

de problemas relaxados, 89
  com pontos de referência, 92
Gerador, 705
  de problemas, 51
Gerando, 64
Gerar
  a mais, 755
  a menos, 755
Gerenciamento de construção, 826
Gerente, 574
Gers, F. A., 712
Gestação da inteligência artificial, 16
Getoor, L., 478
Ghaheri, A., 130
Ghahramani, Z., 413, 452, 678
Ghallab, M., 345, 348, 349
Ghose, D., 129
Gibbs, R. W., 773
Gibson, J. J., 835, 837
Gilks, W. R., 414, 415, 452, 476
Gillies, D. B., 588
Gilmore, P. C., 283
Gilpin, A., 587
Ginsberg, M. L., 162, 417
Gionis, A., 649
Gittins, J. C., 541
Giunchiglia, E., 347
Glanc, A., 885
Glickman, M. E., 477
GLIE, 722
Glie, 722
Glorot, X., 711
GloVe, 796
Glover, F., 129
Gluss, B., 508
Glymour, C., 253
Godefroid, P., 346
Gödel, K., 8, 283, 285, 891, 892
Goebel, J., 678
Goel, S., 915
GOFAI, 890
Gogate, V., 414
Gold, E. M., 648, 774
Goldberg, A. V., 98
Goldberg, Y., 773, 797
Goldman, R., 131, 347, 476
Goldszmidt, M., 417, 677
Golgi, C., 10
Golomb, S., 187
Golub, G., 648
Gomes, C., 187, 225, 346
Gonthier, G., 186
Good I. J., 161, 372, 412, 911
Good Old-Fashioned AI, 890
Goodfellow, I., 711-713
Goodman, J., 772
Goodman, N., 310
Gopnik, A., 253
Gordon, A. D., 477
Gordon, A. S., 310
Gordon, G., 452

982   Inteligência Artificial

Gordon, M. J., 253
Gordon, N., 452
Gordon, S. A., 163
Gorry, G. A., 373
Gottlob, G., 188
GPLC lexicalizada, 762, 773
GPS, o "Resolvedor Geral de Problemas", 2
  diferencial, 842
Grade de ocupação, 886
Gradiente(s), 109, 636
  de política, 734
  e aprendizagem, 683
  empírico, 109, 734
Grafo(s), 59
  de computação, 682
  de computação para aprendizado
    profundo, 684
  de estrutura de coalizão, 573
  de fluxo de dados, 682
  de planejamento, 320
  de restrições, 165
  de visibilidade, 855, 887
  de Voronoi, 856
  do espaço de estados, 134
  dual, 168
  e-ou, 209
  eulerianos, 131
  existenciais, 300
  moral, 381
  totalmente conectado, 683
Graham, S. L., 773
Gramática, 745, 755
  aumentada, 762
  de categorias, 773
  de dependência, 758, 773
  funcional léxica, 773
  livres de contexto, 762
  probabilística livre de contexto, 755, 772
  universal, 774
Grande coalizão, 568
Grassmann, H., 253
Grau(s)
  de crença, 351
  de liberdade (GDL), 852
  de verdade, 231
Graunt, J., 8
Green, C., 18, 253, 283
Green, P., 837
Greenspan, M., 163
Gribkoff, E., 478
Griffiths, T. L., 108, 130
Grinstead, C., 373
Grosz, B. J., 589
Grove, A., 507
Grove, W., 373
Gruber, T., 309
Grumberg, O., 346
Grupo, 290
Gu, J., 187, 226
Guard, J., 285
Guestrin, C., 508, 541, 587, 650

Gugger, S., 651
Guha, R. V., 309
Guibas, L. J., 414, 887
Guilherme de Ockham, 647
Guloso no limite da exploração
  infinita, 722
Gunning, D., 915
Gupta, A., 888
Guterres, A., 897
Guthrie, F., 186
Guyon, I., 651

——————— H ———————

Hacking, I., 373
Hadfield-Menell, D., 56, 509, 542, 588, 743
Hahn, M., 650
Haider, M., 651
Hailperin, T., 475
Haken, W., 186
Hald, A., 373
Hales, T., 285
Halevy, A., 284, 309, 651
Halpern, J. Y., 253, 373
Hamm, F., 309
Hammersley, J. M., 743
Hamori, S., 451
Hand, D. J., 652, 898
Handschin, J. E., 452
Handscomb, D. C., 743
Hans, A., 743
Hansen, E., 99, 131, 347, 542
Hansen, M. O., 186
Hansen, P., 226
Hansson, O., 99
Harabagiu, S. M., 774
Haralick, R. M., 186, 187
Hardin, G., 589
Hardt, M., 915
Hardware de robô, 840
Harel, D., 284
Harris, T., 921
Harris, Z., 771
Harrison, J., 507
Harrow, A. W., 923
Harsanyi, J., 508, 587
Hart, P. E., 373, 677, 678
Hart, T. P., 159
Hartley, H., 677
Hartley, R., 837, 838
Hashimoto, K., 926
Haslum, P., 345, 346, 348
Hassabis, D., 28
Hastie, T., 649, 651, 678
Hastings, W. K., 415
Hatem, M., 98
Haugeland, J., 913
Haussler, D., 649
Hawking, S., 30
Hawkins, J., 710, 910
Hay, N., 542, 924
Hayes, P. J., 226, 309-311, 913

He, H., 711, 903
Heawood, P. J., 892
Hebb, D. O., 16, 741
Heckerman, D., 413, 416, 677
Heess, N., 888
Heidegger, M., 912
Heinlein, R. A., 926
Helmert, M., 98, 345, 346
Helmholtz, H., 834, 835
Hempel, C., 6
Hendeby, G., 452
Henderson, T. C., 186
Hendler, J., 347
Henrion, M., 414
Henzinger, T. A., 55
Herança, 289, 300
  múltipla, 301
Herbrand, J., 283
Hernandez, D., 923
Hernández-Orallo, J., 913
Herskovits, E., 677
Hertz, J. A., 712
Hessiana, 110
Hestness, J., 775
Heurística
  admissível, 78, 321
  de cláusula unitária, 212
  de grau, 176, 212
  de símbolo puro, 212
  diferencial, 93
  ignorar-precondições, 321
  ignorar listas de remoção, 321
  inadmissível, 82
  para planejamento, 320
  UCB, 541
Hewitt, C., 586
Hierarquia
  de abstração, 347
  taxonômica, 289
Hierárquicos com antecipação, 331
Hierholzer, C., 131
Hilbert, M., 651
Hilgard, E. R., 741
Hind, M., 902
Hingorani, S. L., 477
Hintikka, J., 310
Hinton, G. E., 15, 24, 108, 130, 710-713,
  743, 774, 922
Hipergrafo de restrições, 168
Hiperparâmetros, 603, 661
Hipótese(s), 306, 592, 653
  consistente, 592
  de Markov, 419, 451
  de mundo fechado, 240
  de nomes únicos, 240
  de Sapir-Whorf, 229
  de sensores de Markov, 420
  H, 609
  nula, 601
Hirth, M., 923
Histogramas de campo vetorial, 888

Índice Alfabético 983

História(s), 309
  da inteligência artificial, 15
Histórico do ambiente, 511
HMM, 429
  em camadas, 451
  hierárquico, 451
Ho, Y.-C., 710
Hobbes, T., 5
Hobbs, J. R., 310
Hochreiter, S., 712
Hodges, J. L., 649
Hoff, M. E., 741
Hoffman, M., 772
Hoffmann, J., 345-348
Hofleitner, A., 452
Hogan, N., 887
Hoiem, D., 837
Holland, J. H., 130
Hollerbach, J. M., 888
Holte, R. C., 98
Homeostático, 15
Homero, 913
Homogêneo no tempo, 420
Hooker, J., 188
Hoos, H. H., 187
Hopfield, J. J., 712
Horizonte
  finito, 513
  infinito, 513
Horn, A., 225, 373
Horn, B. K. P., 837
Horning, J. J., 774
Horswill, I., 889
Horvitz, E. J., 56, 413, 507, 924
Howard, J., 651, 797
Howard, R. A., 506-508, 540
Howard e Matheson, algoritmo de, 506
Howe, D., 285
Howson, C., 475
Hsiao, K., 542
Hsu, F.-H., 160
Hu, J., 588
Huang, T., 451, 476, 774
Hubel, D. H., 711, 836, 837
Huddleston, R. D., 773
Huffman, D. A., 18
Hughes, G. E., 310
Huhns, M. N., 56
Humanos
  como agentes aproximadamente
    racionais, 872
  como agentes caixa-preta, 875
  e robôs, 872
Hume, D., 6, 647
Hunsberger, L., 589
Hunt, W., 285
Hunter, L., 678
Hur, C.-K., 478
Hurst, M., 775
Hurwicz, L., 589
Huth, M., 253

Huttenlocher, D., 836
Hutter, F., 651
Huygens, C., 371, 587
Huyn, N., 97
Huynh, V. A., 542
Hwa, R., 773
Hwang, C. H., 309
Hyafil, L., 648

─────────── I ───────────

I.i.d, 603
IBM, 17
ID3, 648
IDA*, 98
Identificabilidade, 673
Identificação
  das questões, 248
  de idioma, 748
  no limite, 648
Idioma
  de destino, 783
  de origem, 783
Ieong, S., 588
Ignorância
  prática, 351
  teórica, 351
Igualdade, 239, 279
Iida, H., 160
Iluminação, 812
  ambiente, 805
Imagem(ns), 800
  cerebrais, 2
  sem lentes, 800
Imagenet, 639
Impacto
  igual, 901
  no emprego, 29
Imparcialidade, 486, 900
Implementação, 325
  de um agente de coleta de
    informações, 499
Implicação, 197
Imprecisão, 416
Imputação, 569
Incentivos, 546
Incerteza, 350, 418
  de existência, 461
  de identidade, 461, 467
  e decisões racionais, 352
  relacional, 458
  sobre as próprias preferências, 502
Independência, 361, 365
  absoluta, 362
  condicional, 365
  de alternativas irrelevantes, 580
  de preferências, 493
  de submetas, 323
  de utilidade, 494
  dos parâmetros, 662
  específica do contexto, 381, 457
  marginal, 362

preferencial mútua (IPM), 493
Indexação, 260
  de predicado, 260
  inteligente, 213
  semântica latente, 772
Indexical, 766
Índice
  de desvio, 82
  de Gittins, 529
  de IA, 25
Individuação, 293
Individualmente racional, 584
Indução, 6, 591
  de gramática, 774
  retroativa, 557
Indústria, 883
Indyk, P., 649
Inferência, 190
  aproximada
    em DBN, 445
    em redes bayesianas, 395
  com o uso de distribuições conjuntas
    totais, 359
  de linguagem natural, 798
  de primeira ordem, 255
  e provas, 203
  em CSPS, 169
  em lógica de primeira ordem, 255
  em modelos temporais, 422
  exata
    em DBN, 444
    em redes bayesianas, 387
  lógica, 196
  nos modelos de probabilidade
    de universo aberto, 462
    relacionais, 459
  nos programas geradores, 474
  por enumeração, 388
  por simulação de cadeias de Markov, 401
  probabilística, 359
  proposicional, 255
  redundante e laços infinitos, 269
Infinito, 167
Infixo, 244
Informação
  imperfeita, 133, 561, 563
  perfeita, 133, 561
Ingerman, P. Z., 772
Inobservável, 40
Instância, 107
Instanciação
  existencial, 255
  universal, 255
Instável, 602
Instrutor de inglês interativo, 40
Integral de caminho, 861
Inteligência, 1
  artificial, 1
    amigável, 916
    componentes da, 918
    de nível humano, 30

984   Inteligência Artificial

em tempo real, 924
ética da, 890, 895
explicável, 651, 904
filosofia da, 890
forte, 890, 912
fraca, 890, 912
geral, 30, 925
gestação da, 16
história da, 15
limites da, 890
medição da, 892
segurança da, 890, 915, 908
Inter-reflexões, 805
Interação
  homem-computador, 13
  humano-robô, 888
Intercalação, 345
  de busca e inferência, 176
Interfaces
  cérebro-máquina, 10, 881
  de ensino, 877
International
  Computer Games Association, 163
  Planning Competition, 22
Interpolado, 605
Interpretabilidade, 643, 644
Interpretação, 234
  estendida, 237
  pretendida, 234
  semântica, 764
Intervalo de confiança, 530
Intille, S., 451
Intratável computacionalmente, 607
Intrínseca, 293
Introspecção, 2
  informada, 19
Invariância
  espacial, 688
  temporal, 688
Inverno da IA, 22
Ioffe, S., 711
Irpan, A., 742
Irracionalidade, 488, 508
Isard, M., 452
Iteração
  de política, 519, 523
    assíncrona, 524
    modificada, 524, 718
  de valor, 519
    para POMDP, 535
Itinerário probabilístico, 858

─────────── J ───────────

Jaakkola, T., 415
Jacobi, C. G., 477
Jacobson, D. H., 888
Jacquard, J., 14
Jaderberg, M., 163, 712
Jaffar, J., 284
JAGS, 677
Jain, D., 476

James, G., 651
James, W., 14
Janela
  de Parzen, 678
  móvel, 815
Jarrett, K., 711
Jaumard, B., 226
Jaynes, E. T., 372, 373
Jeffrey, R. C., 372, 506
Jeffreys, H., 772
Jelinek, F., 771, 772, 775
Jenkin, M., 889
Jennings, H. S., 12
Jensen, F., 417, 508
Jevons, W. S., 225
Jiang, K., 902
Jie, K., 162
Jimenez, P., 131, 347
Joachims, T., 772
Job, 340
Jobshop scheduling, 166
Jogada, 134, 135
Jogador(es), 549
  de coluna, 550
  de linha, 550
  fictício, 571
  simétricos, 571
Jogo, 27, 133
  com um único movimento, 549
  cooperativo, 545, 568
  de assistência, 31, 566, 910
  de azar, 371
  de cartas, 156
  de damas, 161
  de forma normal, 549
  de Go, 161
  informação incompleta, 872
  de Kriegspiel, 153
  de Markov, 588
  de soma zero, 133, 554
    com dois jogadores, 133
  de ultimato, 582
  dos clipes de papel, 566
  em etapas, 557
  estocásticos, 150
  físicos, 163
  mandante-agente em, 588
  morra com dois dedos, 550
  não cooperativo, 546
  parcialmente observáveis, 153, 160
  repetido, 552, 557
  sequenciais, 561
  tetris, 519
Johansen, A. M., 453
Johnson, C. R., 96
Johnson, M., 773, 912
Johnston, M. D., 348
Jonathan, P. J. Y., 893
Jones, L., 775
Jones, M., 508, 541
Jones, R. M., 283, 373,

Jonsson, A., 348
Jordan, M., 415, 678, 712, 772
Jouannaud, J.-P., 284
Joulin, A., 772
Jouppi, N. P., 923
Joy, B., 915
Jozefowicz, R., 712, 797
JTMS, 306
Juang, B.-H., 451
Juels, A., 130
Julgamento humano, 488
Julian, K. D., 542
Juliani, A., 744
Juncker, U., 284
Jurafsky, D., 772
Justificativa, 306

─────────── K ───────────

k-AD, 611
k-anonimato, 899
k-consistência, 171
Kadane, J. B., 508, 587
Kaelbling, L. P., 226, 542, 886
Kager, R., 771
Kahn, H., 414, 743
Kahneman, D., 507, 508
Kaindl, H., 98
Kalman, R., 451
Kambhampati, S., 346-348
Kameya, Y., 476
Kanade, T., 837
Kanal, E., 898
Kanazawa, K., 451, 452, 541
Kant, I., 7
Kanter, J. M., 651
Kantorovich, L. V., 129
Kaplan, D., 310
Karaboga, D., 129
Karamchandani, A., 414
Karmarkar, N., 129
Karp, R. M., 97
Karpathy, A., 797
Kartam, N. A., 348
Kasami, T., 773
Kasparov, G., 160, 161
Katehakis, M. N., 541
Katriel, I., 186
Kaufmann, M., 161, 285
Kautz, D., 226, 346
Kavraki, L., 887
Kazemi, S. M., 478
Kearns, M., 541, 649, 650, 652, 742
Keeney, R. L., 507, 508
Keepaway, 731
Keil, F. C., 913
Kelley, H. J., 710
Kelly, J., 589
Kelly, K., 911
Kempe, A. B., 892
Kenley, C. R., 412
Kephart, J. O., 55

Kepler, J., 834
Kernel, 626, 688
  de transição, 402
  polinomial, 629
Kernelização, 630
Kernighan, B. W., 97
Kersting, K., 476
Keskar, N. S., 798
Keyframe, 878
Keynes, J. M., 372, 905
Khare, R., 309
Khatib, O., 887-889
Khorsand, A., 98
Kim, B., 650, 651
Kim, H. J., 891, 915
Kim, J. H., 412
Kinsey, E., 96
Kirchner, C., 284
Kirk, D. E., 55
Kirkpatrick, S., 129, 187
Kisynski, J., 478
Kitaev, N., 773, 797
Kitano, H., 886
Kjaerulff, U., 451
Klarman, H. E., 507
Klein, D., 773
Kleinberg, J. M., 901, 915
Klemperer, P., 589
Knoblock, C. A., 98
Knuth, D. E., 159, 187, 226, 284
Koch, C., 913
Kochenderfer, M. J., 542, 543, 744
Kocsis, L., 160, 541
Koditschek, D., 888
Koehn, P., 798
Koenderink, J. J., 837
Koenig, S., 131, 348, 887
Koller, D., 160, 373, 417, 476, 477, 541, 587, 677, 678, 772
Kolmogorov, A. N., 372, 373, 451, 649
Kolobov, A., 543
Kondrak, G., 187, 188
Koněcnỳ, J., 900
Konolige, K., 187, 586, 886, 889
Koopmans, T. C., 540
Korb, K. B., 417
Korf, R. E., 97-99, 131, 132, 160
Koutsoupias, E., 129, 225
Kovacs, D. L., 345
Kowalski, R., 253, 284, 309
Koza, J. R., 130
Krakovna, V., 909
Kraska, T., 283, 284
Krause, A., 508
Krauss, P., 475
Kripke, S. A., 310
Krishna, V., 588
Krishnamurthy, V., 543
Krishnan, T., 677
Krishnanand, K., 129
Krizhevsky, A., 711

Krogh, A., 451, 712
Kübler, S., 773
Kuffner, J. J., 887
Kuhn, H. W., 477, 587
Kuipers, B. J., 311, 886
Kulkarni, T., 478
Kumar, P. R., 55
Kurien, J., 131
Kurzweil, R., 911, 916
Kwok, C., 774

──────── L ────────

La Mettrie, J. O., 908, 913
La Mura, P., 507
Ladkin, P., 309
Lafferty, J., 774
Laguna, M., 129
Lai, T. L., 541
Laird, J., 283, 347
Laird, N., 677
Lake, B., 477
Lakoff, G., 308, 912
Lam, J., 163
Lamarck, J. B., 108
Lample, G., 797
Lances mortais, 141
Langdon, W., 130
Langton, C., 130
Laplace, P., 8, 371, 372, 772
Largura
  de árvore, 184, 393
  de hiperárvore, 188
  induzida, 188
Larkey, P. D., 587
Larochelle, H., 712
Larson, S. C., 648
Laruelle, H., 348
Laskey, K. B., 476, 508
Lassez, J.-L., 284
Latombe, J.-C., 348, 887, 888
Lauritzen, S., 413, 506, 678
LaValle, S., 349, 887, 889
Lavie, A., 773
Lawler, E. L., 97, 349
Lazanas, A., 888
Le, Q. V., 712, 797
Le, T. A., 415, 478
Lecoutre, C., 188
LeCun, Y., 15, 650, 711-713, 922
Lederberg, J., 20
Lee, D., 651, 677, 744
Lee, K.-F., 1, 32
Lee, R. C.-T., 285
Legendre, A. M., 649
Lehmann, D., 309
Lehrer, J., 508
Lei(s)
  da robótica, 913
  de controle, 863
  de Moore, 13, 923
  de Zipf, 796

dos cossenos, de Lambert, 804
  social, 549
Leiaute
  de células, 63
  de circuitos VLSI, 63
Leibniz, G. W., 5, 108, 225, 475, 587
Leike, J., 744
Leilão, 575
  combinatório, 579
  de lance lacrado, 577
  de lances ascendentes, 576
  de segundo, 577
  de Vickrey, 577
  inglês, 576
Leitura de texto, 471
Lema de elevação, 277, 279
Lembrança perfeita, 562
Lenat, D. B., 586
Lenstra, J. K., 187
Lente, 802
Leonard, H. S., 310
Leonard, J., 886
Lepage, G. P., 414
Lerner, U., 413
Lesser, V. R., 586, 589
Letz, R., 285
Levesque, H. J., 311, 312, 586
Levine, S., 888
Levitt, R. E., 348
Levitt, T. S., 886
Levy, D., 162, 912
Levy, O., 797, 891
Lewis, A., 129
Léxico, 756
Leyton-Brown, K., 588, 589
Li, C. M., 225
Li, L., 451
Li, M., 649
Li, S., 712, 888, 922
Li, X., 129
Liberatore, P., 226
Licitante, 575
Lidar de varredura, 841
Lifschitz, V., 311
Ligação de registros, 476
Lillicrap, T., 888
Limitações dos algoritmos de busca nos jogos, 157
Limite(s)
  da IA, 890
  de confiança superior, 530
  de médias, 559
  fixo no tamanho do contexto, 784
  inferior variacional, 704
Limites-consistentes, 172
Lin, S., 97
Lindley, D. V., 508
Lindsay, R. K., 308
Lindsten, F., 452
Linearização, 848
Linearmente separável, 618

986 Inteligência Artificial

Linguagem(ns), 755
  das proposições em afirmações de
    probabilidade, 355
  de alto nível LISP, 18
  de programação probabilística, 454
  de representação de conhecimento, 190
  do pensamento, 229
  formais e naturais, 230
  natural ambígua, 745
  Prolog, 21
Linguistica, 15
  computacional, 15
Linha de base, 818
Lista(s), 243, 245
  de adição, 314
  de decisão, 610
  de remoção, 314
  de vinculação, 242
Literal(is), 197
  complementares, 205
  vigiado, 225
Littman, M. L., 130, 310, 348, 541, 588, 744
Liu, B., 797
Liu, J., 452
Liu, W., 712, 742
Liu-West, algoritmo de, 452
Livescu, K., 451
Lloyd, S., 925
Lloyd, W. F., 589
Llull, R., 5
LMS, 448
Localidade, 217
Locality-sensitive hashing, 624
Localização, 120, 432, 845
  de Monte Carlo, 847
  e mapeamento simultâneos, 448, 849
  markoviana, 887
Localmente estruturado, 378
Locke, J., 6
Logaritmo da verossimilhança, 657
Logic Theorist (LT), 17
Lógica(s), 3, 189, 194
  de descrição, 299, 302
  de ordem superior, 232
  de primeira ordem, 189, 228, 231
  de probabilidade, 475
  default, 304
  difusa, 194, 231, 416
  formal, 7
  indutiva, 372
  modal, 297-299
  não monotônicas, 204, 304
  proposicional, 189, 197
  temporal, 232
    linear, 299
Logicista, 3
Logit inverso, 384
Lohn, J. D., 130
Longuet-Higgins, H. C., 837
LOOCV, 603

Loos, S., 285
Lopez, P., 651
Lorentz, R., 160
Loteria, 481
Loteria padrão, 483
Love, B. C., 508
Lovejoy, W. S., 542
Lovelace, A., 14
Lowe, D., 836
Löwenheim, L., 253
Lowerre, B. T., 129
Lowry, M., 285
Loyd, S., 96
Lozano-Perez, T., 887, 888
LPP, 477
LRTA*, algoritmo, 127, 131
LSTM para tarefas de PLN, 783
Lu, F., 886
Lubberts, A., 162
Lucas, J. R., 373, 892
Luce, D. R., 587
Lugosi, G., 650
Lukasiewicz, T., 475
Lundberg, S. M., 651
Lunn, D., 476
Luz
  ambiente, 803
  e sombras, 803
  estruturada, 841
Lygeros, J., 55
Lyman, P., 651
Lynch, K., 889

—————— **M** ——————

MA*, algoritmo, 86, 98
Machina, M., 507
Machover, M., 253
MacKay, D. J. C., 652
MacKenzie, D., 285
Mackworth, A. K., 55, 186, 188
Macready, W. G., 647
Macrops, 347
Madalines, 710
Madhavan, R., 888
Mahaviracarya, 371
Mahlmann, T., 163
Mailath, G., 587
Majercik, S. M., 348
Makespan, 341
Makhnychev, V., 161
Maldição
  da dimensionalidade, 623, 649
  do otimizador, 487, 507
  do vencedor, 507
Malha
  aberta, 58
  fechada, 58
Malik, D., 588, 712
Malone, T. W., 917
Manchak, D., 309
Maneva, E., 226

Manipulação estratégica, 581
Manipulador, 840
Manna, Z., 253
Manne, A. S., 541
Manning, C., 772-774
Mannion, M., 253
Mansinghka, V. K., 477, 478
Manutenção, 645
  da consistência de arcos, 177
Mapa, 641
  de características, 691
  de profundidade, 827
Mapeamento, 845
Máquina(s)
  benéficas, 4
  de Boltzmann, 713
  de estado finito ampliada (MEFA), 879
  de Kernel, 650
  de Moore, 587
  de Turing, 349
  de vetores de suporte, 626
  podem realmente pensar, 893
  ultrainteligente, 911
Marbach, P., 743
Marcação para trás, 187
March, J. G., 507
Marcha, 879
Marcos, 858
  do xadrez, 160
Marcus, G., 508
Marcus, M. P., 772
Margem, 627, 628
  flexível, 630
Marginalização, 360
Marinescu, R., 414
Markov, A., 451, 771
Marler, R. T., 108
Marr, D., 711, 837
Marriott, K., 186
Marshall, A. W., 743
Marsland, S., 651
Martelli, A., 131
Marthi, B., 347, 452, 743
Martin, J. H., 772, 773
Maskin, E., 589
Mason, M., 131, 347, 887, 889
Mataric, M. J., 889
Mateescu, R., 188, 414
Matemática, 7
Material, 293
Materialismo, 6
Mates, B., 225
Matheson, J. E., 506, 508
Matriz
  de confusão, 643
  de dados, 616
  de ganho de Kalman, 438
  de observação, 430
  de recompensa, 550
  hessiana, 110
Mauchly, J., 13

Mausam., 543
Máxima verossimilhança, 656, 685
Maximin, 554
Maximização da utilidade esperada, 480
Máximo(s)
    a posteriori, 655
    global, 100
    locais, 102
Maxwell, J., 14, 371, 835
Mayer, A., 99
Mayer, J., 648
Mayne, D. Q., 452, 888
McAfee, A., 917
McAllester, D. A., 23, 131, 160, 187, 345
McArthur, N., 912
McCallum, A., 478, 774
McCarthy, J., 15-18, 30, 55, 159, 224, 226, 253, 311, 346, 710
McCawley, J. D., 773
McClelland, J. L., 710
McCorduck, P., 913
McCulloch, W. S., 14, 16, 226, 710
McCune, W., 285
McDermott, D., 130, 283, 309-311, 345, 347
McDermott, J., 283
McEliece, R. J., 415
McGregor, J. J., 186
McIlraith, S., 253
McKenzie, D., 416
McKinney, W., 651
McLachlan, G. J., 677
MCMC
    algoritmo, 415, 469
    de partículas, 452
    decomposta, 452
McMillan, K. L., 346
MDP (*Markov decision process*), 511
    algoritmo para, 519
    de reinício, 530
    fatorados, 541
    online, algoritmo para, 525
    parcialmente observáveis, 533
    relacionais, 541
Mecanismo(s), 574
    homeostáticos, 15
    Vickrey-Clarke-Groves, 579
Medição
    da IA, 892
    de desempenho de resolução de problemas, 68
Medicina, 27
Medições, 291
Medida, 291
    de desempenho, 35, 39, 191
Meehl, P., 308
Meek, C., 414
Mega nó, 394
Mehrabi, N., 915
Melhor
    resposta, 552

iterativa, 554
    míope, 554
Melhorar o programa gerador para incorporar um modelo de Markov, 473
Melhoria de política, 523
Mellish, C. S., 284
Memória, 699
    longa de curto prazo, 701, 783
Mendel, G., 107
Mercer, J., 772
Mereologia, 310
Merleau-Ponty, M., 912
Meta, 314
Meta-aprendizagem, 651, 871, 888
Metáfora, 769
Metanível, 94, 532
Metarraciocínio, 158, 925
    teórico da decisão, 924
Metarregra, 272
Metas, 241
Método(s)
    autossupervisionados, 850
    de amostragem direta, 395
    de aprendizado Q, 725
    de gradiente empírico, 109
    de Newton-Raphson, 110, 129, 649
    de ponto interior, 129
    de retrocesso dinâmico, 187
    de von Neumann, 554
    do caminho crítico, 341
    fracos, 20
    MCMC, 452
    para construir redes bayesianas, 377
    χ^2, 648
Metonímia, 768
Metropolis, algoritmo de, 415
Metropolis, N., 129, 160, 415
Metropolis-Hastings, algoritmo de, 401, 415
MGONZ, 893
MGSS*, algoritmo, 160
MHT, algoritmo, 477
Mian, I. S., 451
Michie, D., 97, 98, 130, 160, 161, 742
Microelectronics and Computer Technology Corporation (MCC), 21
Micromorte, 484
Micromundo, 18
Miikkulainen, R., 108, 130, 162
Mikolov, T., 797
Milch, B., 476, 478
Milgrom, P., 589
Milios, 886
Mill John Stuart, 7
Miller, A. C., 506, 651
Miller, T., 915
Minilote, 615
Minimax retrógrado, 146
Minimização lógica, 291
Mínimo global, 100
Minka, T., 677
Minker, J., 284, 312

Minsky, M. L., 15, 16, 18, 30, 310, 586, 710, 912, 916, 913
Minton, S., 129, 187
Míope, 499
Miranker, D. P., 188
Mirjalili, S. M., 129
Misak, C., 253
Mistura
    de animação com atores reais em vídeos, 826
    de densidades, 687
    de distribuições gaussianas, 670
Mitchell, M., 32
Mitchell, T. M., 56, 130, 226, 774, 775, 902
Mitten, L. G., 508
Miyake, S., 711
Miyato, T., 711
Mnih, V., 744
Modelagem por recompensa, 730
Modelo(s), 59, 194
    acústico, 769
    atencional de sequência para sequência, 785
    autorregressivo, 705
        profundo, 705
    bayesiano ingênuo, 366
    BERT, 797
    Case V de Thurstone, 477
    compartilhado, 923
    conexionistas, 22
    contínuos, 660
    de ator, 586
    de barganha de ofertas alternadas, 582
    de Bayes
        idiota, 366
        ingênuo, 366, 658, 672
    de comitê, 630
    de erro gaussiano, 441
    de falha
        persistente, 443
        transiente, 442
    de Fellegi-Sunter, 476
    de florestas aleatórias, 602
    de grafos, 374
    de *k*-vizinhos mais próximos, 667
    de linguagem, 745, 746, 769, 780
        com redes neurais recorrentes, 780
        mascarada, 792
    de movimento, 845
    de *n*-gramas, 748
    de objeto, 799
    de observação, 420
    de palavras de *n*-grama, 747
    de probabilidade, 353
        de universo aberto, 460, 461
        relacionais, 455, 456
    de recuo, 749
    de renderização, 799
    de saco de palavras, 746, 771
    de sensores, 418
    de sensoriamento, 533

988 Inteligência Artificial

de sequência para sequência, 783, 784
de transição, 47, 59, 60, 62, 63, 111, 115, 134, 217, 418, 511, 845, 862
  e de sensores, 419
de vizinhos mais próximos, 649
dinâmico, 862
discretos, 656
discriminativo, 659, 753
do mundo, 769
dos sensores, 845
dos vizinhos mais próximos, 622
em nível de caracteres, 748, 780
esparso, 616
expit, 384
Faster RCNN, 817
gaussiano linear, 660
gerativo, 659, 753
implícito, 705
mental, 769
não paramétricos, 621, 622
oculto de Markov, 23, 418, 429, 751
  localização, 432
padrão, 4
para lógica de primeira ordem, 232
paramétrico, 621
preferencial, 304
sensorial, 47
transformador, 755
TrueSkill da Microsoft, 477
WaveNet autorregressivo, 712
Modelo-base, 630
Modo reverso, 684
Modus Ponens, 203
  generalizado, 257
Moedas combinadas, 553
Mohr, R., 186
Momentum, 693
Monitoramento, 120, 644, 645
  da ação, 338
  da meta, 338
  de ameaça nuclear, 465
  de execução, 337
  de tráfego, 469
  do plano, 338
Monotonicidade, 204, 303, 481
Monotônicos, 81
Monro, S., 649
Montague, P. R., 310
Montanari, U., 131, 186
Monte Carlo, algoritmo de, 395
  de via cadeia de Markov, 401
Montemerlo, M., 886
Mooney, R., 774
Moore, A. W., 129, 159, 285, 310, 541, 649, 677, 742
Moore, E. F., 97
Moravec, H. P., 885, 886, 916
More, T., 16
Morgan, C. L., 108
Morgan, T. J. H., 130
Morgenstern, L., 310, 312

Morgenstern, O., 9, 506, 587, 588
Morjaria, M. A., 413
Morrison, E., 159
Morrison, P., 159
Moskewicz, M. W., 187, 225
Mott, A., 923
Motzkin, T. S., 710
Moutarlier, P., 886
Movimento
  absoluto, 60
  de vida artificial, 130
  lateral, 102
  nulo, 160
  primário, 871
  protegido, 868
  simultâneos, 562
Mueller, E. T., 309
Muggleton, S. H., 774
Muller, U., 161
Multiagente, 40
Multiator, 546
Multicaça-níqueis, 527
Multiplamente conectadas, 393
Multiplexador, 458
Múltiplos
  disparos, 867
  tomadores de decisão, 545
Multitarefa, 532
Mundo 3D, 817
Mundo
  de blocos, 18
  de grade, 60
  de wumpus, 191, 245, 367
  do aspirador de pó, 60
    defeituoso, 111
  dos blocos, 315
  possível, 194, 298
Mundy, 837
Munos, R., 743
Murphy, K., 451, 452, 651, 678, 712, 887, 889
Murray, I., 712
Murray, L. M., 477, 478
Murthy, C., 285
Muscettola, N., 349
Musk, E., 30, 910
Muslea, I., 774
Mutuamente independente de utilidade, 494
Myerson, R., 588, 589

─────────── N ───────────

Nachum, O., 902
Nair, V., 711
Não
  determinismo
    angelical, 328
    demoníaco, 328
  determinístico, 41
  estacionariedade, 645

linear, 439
  monotonicidade, 304
  paramétrica, 383
Narayanan, A., 915
NAS, algoritmo, 712
Nash, J., 587
Nash, P., 541
NATACHATA, 893
Naturalismo, 6
  biológico, 894
Natureza
  declarativa da lógica proposicional, 228
  dos ambientes, 38
Nau, D. S., 347
Navalha de Ockham, 593, 647
Navegação
  costeira, 869
  de robôs, 63
Nayak, P., 311
NBS, algoritmo, 98
Nebel, B., 345
Neches, R., 915
Negação, 197
Negativo, 595
  do logaritmo da verossimilhança, 685
Negociação em domínios orientados a tarefas, 583
Neil, M., 506
Nemhauser, G. L., 508
Nemirovski, A., 130
Neocognitron, 711
Nesterov, Y., 130
NET-VISA, 477
Neurociência, 10, 744
  computacional, 713
Neurônios, 10
Neutralidade ao risco, 486
Newell, A., 2, 16, 56, 96, 224, 345
Newton, I., 1, 108, 129, 649
Newton-Raphson, 110
Ney, H., 451, 798
Ng, A. Y., 540, 649, 650, 743, 772, 888
Nicholson, A., 417, 451
Nielsen, E., 651
Nielsen, T., 508
Nikolaidis, S., 888
Niles, I., 309
Nilsson, N. J., 32, 55, 96-98, 131, 253, 254, 284, 345, 475, 476, 506, 710, 885
Niranjan, M., 742
Nisan, N., 588, 886
Niv, Y., 744
Nível
  de abstração, 59
  de conhecimento, 190
  de implementação, 191
Nó(s), 64
  certamente expandidos, 81
  da árvore, 65
  de chance, 150, 494
  de utilidade, 494

de valor, 494
de vazamento, 382
determinísticos, 381
e, 112
e-ou, 112
filho, 64
ou, 112
pai, 64
sucessor, 64
Nó-consistente, 169
No-good, 179
NOAH de Sacerdoti, 347
Nodelman, U., 452
Noe, A., 912
NONLIN+, 348
Nordfors, D., 917
Norma max, 521
Normalização, 360, 623
em lote, 694, 837
Norvig, P., 451, 771
Notação básica de probabilidade, 353
Nourbakhsh, I., 131
Nowick, S. M., 227
Nowlan, S. J., 108, 130
NP-completude, 8
Núcleo, 570, 762
Número(s), 243
de Gödel, 278
naturais, 243

───────── O ─────────

O-PLAN, 348
O'Neil, C., 650, 915
O'Reilly, T., 920
O'Reilly, U.-M., 130
Oaksford, M., 508
Obediência aos sinais de trânsito, 831
Objeção matemática, 891
Objetivista Norvig, 371
Objetivo(s), 47
comum, 545
Objeto(s), 230, 288, 293, 296
composto, 290
garantidos, 467
mentais, 297
Observabilidade parcial, 153
Observações, 419
Observar um mundo complexo, 467
Obstáculo do espaço C, 852
Obtenção de informações, 867
Och, F. J., 451, 798
Oclusão, 812
Odometria, 842
Oh, M.-S., 414
Oh, S., 477
Oizumi, M., 913
Olho-por-olho, 558
Oliver, N., 451
Oliver, R. M., 506
Olum, P., 835

Omohundro, S., 916
Onisciência, 37
lógica, 299
Ontologia, 247
superior, 286
Operação(ões), 645
com fatores, 391
tensoriais em RNC, 690
Operador(es)
do, 409
modais, 298
Oportunidades iguais, 901
OPTIMUM-AIV, 348
Optogenética, 10
Ordem de preferência social, 580
Ordenabilidade, 481
Ordenação
de elementos da conjunção, 264
de movimentos, 140
de nós, 378
de variáveis e valores, 176
e relevância de variáveis, 391
topológica, 377
Orientação, 808
Orientado a dados, 210
Oriol Vinyals, 163
Osborne, M. J., 588
Osherson, D. N., 648
Ostrom, E., 589, 916
Othello, 162
Otimalidade limitada, 925
Otimamente eficiente, 82
Otimismo sob incerteza, 127
Otimização, 604
bayesiana, 608
com restrições, 110
convexa, 110
de custo, 68
de Pareto, 553
de política da região de confiança, 743
de trajetória para planejamento cinemático, 860
OU ruidoso, 382

───────── P ─────────

Pacote BUGS, 415
Padgham, L., 55
Padronização, 318
Padronizar separadamente, 258
Page, L., 774
PageRank, algoritmo, 774
Paige, B., 452, 478
Palacios, H., 347
Palavra(s), 758
cruzadas, 163
Paleo, B. W., 285
Papadimitriou, C. H., 129, 131, 225, 541,
542, 588
Papavassiliou, V., 742
Papert, S., 710

Parada prematura, 601
Paradoxo
de Allais, 507
de Condorcet, 580
Parâmetro(s), 374, 656
da rede, 680
variacionais, 415
Paramodulação, 280, 284
Parcialmente observável, 40
Paridade demográfica, 900
Parisi, G., 415
Parisi, M. M. G., 226
Park, F. C., 889
Park, J. D., 414
Parker, A., 160
Parker, D. B., 711
Parker, L. E., 889
Parr, R., 541, 743
Partee, B. H., 773
Partição, 289
Parzen, E., 678
Pasca, M., 774
Pascal, B., 5, 8, 371
Paskin, M., 476
Passada, 688, 816
Pasula, H., 476, 477
Patel-Schneider, P., 309
Patil, R., 773
Patrick, B. G., 98
Paul, R. P., 887
Paull, M., 225
Pauls, A., 773
Pavlov, I., 741
PCA probabilístico, 703
PDDL, 313
Peano, G., 253
Pearce, J., 188
Pearl, J., 15, 23, 56, 97, 99, 129, 159, 160,
188, 412, 413, 415-417, 677
Pearlmutter, B. A., 922
Pearson, K., 677, 712
PEAS (performance, environment,
actuators, sensors – desempenho
ambiente, atuadores, sensores), 38
Pease, A., 309
Pednault, E. P. D., 345, 586
Pedregosa, F., 651
Peirce, C. S., 186, 253, 310
Peleg, B., 588
Pelikan, M., 130
Pemberton, J. C., 132
Penalidade, 52
Pêndulo invertido, 739
Peng, J., 742
Penn Treebank, 750
Pennington, J., 796
Penrose, R., 892
Pensar
de forma humana, 2
racionalmente, 3
Peot, M., 348, 414

990 Inteligência Artificial

Percepção(ões), 33, 245
  do mundo, 840
  musical, 834
  possíveis, 118
  robótica, 844
  tátil ou toque, 834
Perceptron, 18, 710
Perceptrons de Gamba, 710
Percurso aleatório, 125, 435
Perda
  de generalização, 606
  de política, 522
  empírica, 607
Perfil de estratégia, 550
Perímetro, 345
Perplexidade, 797
Persuasão, 29
Peso, 612
Pesquisa
  com observações parciais, 114
  operacional, 9
  sem observação, 114
Peters, J., 415
Peters, M. E., 797
Peters, S., 888
Peterson, C., 415
Petosa, N., 162
Petrie, T., 451, 677
Petrov, S., 897
Pfeffer, A., 160, 476-478, 587, 912
Pham, H., 712
PICTURE, 478
Pieper, G., 285
Pilha, 67
Pineau, J., 542
Pinedo, M., 349
Pingue-pongue, 163
Pinkas, G., 187
Pinker, S., 253, 774
Pinto, D., 775
Pinto, L., 888
Pitts, W., 14, 16, 226, 710
Pixels, 800
Planejador
  BLACKBOX, 346
  simples, 858
Planejamento, 48, 158, 851
  automatizado, 313
  autônomo e escalonamento, 26
  baseado em casos, 347
  clássico, 313
  com múltiplos agentes, 549
  como satisfatibilidade booleana, 319
  conformante, 332, 347
  contingente, 332, 336
  de caminho, 833
  de Monte Carlo, 519
  de movimento, 844, 851, 854, 887
    incertos, 867
    randomizado, 858
  de ordem parcial, 320

  de tarefas, 844
  descentralizado, 544
  hierárquico, 324
  HTN, 731
  linear, 345
  multiagente, 546
  multiatuador, 544
  multiconsultas, 859
  multicorpo, 544
  online, 332, 337
  reativo, 348
  sem sensores, 332, 333
Planejar e agir em domínios não
  determinísticos, 331
Planície, 102
Planilha de dados, 902
Plano(s), 865
  condicional, 111, 112, 535
  conjunto, 548
  dominado, 537
  focal, 803
  por inferência proposicional, 221
  relaxado, 322
Plansat, 349
Platão, 224, 310
Platôs, 102
Playout, 147
Plotkin, G., 284
Plummer, M., 677
Poda, 82, 133, 138, 601, 632
  adiantada, 145
  alfabeta, 138
  de árvore de decisão, 600
  independente do domínio, 322
  por futilidade, 161
Poggio, T., 711
Pohl, I., 97, 98
Poli, R., 130
Poliárvores, 392
Política, 146, 348, 511, 865
  de caça-níqueis aproximadamente
    ótimas, 530
  de seleção, 147
  de simulação, 147
  dominante, 533
  estacionária, 513
  estocástica, 733
  não estacionária, 513
  ótima, 511
    e utilidades dos estados, 514
  própria, 514
POMCP, algoritmo, 535, 538, 539, 542
  de exploração, 724
  definição de, 533
  online, algoritmo, 538
Pomerleau, D. A., 886
Ponce, J., 838
Ponderação
  de probabilidade, 398
  de restrição, 180

Ponto(s)
  de cruzamento, 105
  de divisão, 602
  de fuga, 802
  de referência, 92, 846
  discrepante, 640
  fixo, 263
  focal, 552
Pontuação de risco, 901
Poole, B., 712
Poole, D., 55, 413, 476, 478
Pooling, 690
Popper, K. R., 372, 648
Pôquer, 162
Porfírio, 310
Porta
  de entrada, 701
  de esquecimento, 701
  de saída, 701
Portfólio, 344
Portner, P., 773
Pose, 821, 852
Posegga, J., 285
Posição, 134
Positivismo lógico, 6
Positivo, 595
Possibilidades, 399
Post, E. L., 225
Potencial, 517
Poundstone, W., 587
Pourret, O., 413
Poverty of the stimulus, 774
Prade, H., 417
Pradhan, M., 412
Pragmática, 766
Pratt, L., 651
Prawitz, D., 283
Pré-cálculo, 92
Pré-treinamento, 790
Preço de lance lacrado, 577
Precondição, 314
  ausente, 338
Predicado, 764
Preferência, 352
  com incerteza, 493
  desconhecidas, 502
  estacionária, 513
  monótona, 485
  racionais levam à utilidade, 482
  sem incerteza, 493
  unitária, 281
Prefixo, 244
Preguiça, 351
Prêmio
  de seguro, 486
  Netflix, 899
Premissa, 197
Preservação da verdade, 196
Press, W. H., 129
Preston, J., 913

Previsão, 118, 422, 423
  da ação humana, 873
  de pessoas, 844
  humanas sobre o robô, 875
Prieditis, A. E., 99
Primeiro
  a se mover, 582
  preço, 577
Prince, A., 771
Princípio
  da indiferença, 372
  da insuficiência da razão, 372
  da revelação, 577
  da tricromacia, 805
  de inclusão-exclusão, 357
Privacidade, 898, 914
  diferencial, 899
Probabilidade, 3, 8, 152, 353, 424
  anterior, 354
  condicional, 354
  de aceitação, 405
  incondicional, 354
  marginal, 360
  posterior, 354
Probabilisticamente completos, 859
Probit, 384
Problema, 58
  da coordenação, 872
  da correspondência, 877
  da memória, 71
  das oito rainhas, 101, 102
  de alinhamento de valores, 4, 910
  de associação de dados, 849
  de busca, 854
    e otimização locais, 100
    online, 122
  de caça-níqueis, 527, 722
  de cobertura de conjuntos, 321
  de coordenação, 545, 552
  de decisão sequencial, 510
  de escalonamento de linha de
    produção, 340
  de exemplo: espera em restaurante, 594
  de mapeamento, 122
  de otimização, 100
  de otimização de restrição, 169
  de particionamento de conjuntos, 573
  de persistência, 217, 226
    inferencial, 218
    representacional, 217
  de planejamento multiagente, 544
  de qualificação, 219, 891
    lógica, 350
  de roteamento, 62
  de roteiro de viagem, 63
  de satisfação de restrições, 164, 320
  de seleção, 531
  do caixeiro-viajante, 63
  do carregador de piano, 855
  do desligamento, 566
  do gorila, 30

do mundo real, 60, 62
do pneu sobressalente, 315
do Rei Midas, 31, 910
do sim-to-real, 839
padronizado, 60
que a robótica resolve, 843
relaxado, 90, 321
SAT, 202, 225
Procedimento de inferência simples, 200
Processamento
  da premiação, 575
  da proposta, 575
  de linguagem natural, 2, 15, 708, 745
  do anúncio da tarefa, 575
  sequencial mais lento, 784
Processo
  de decisão composto, 98
  de decisão de Markov, 9, 419, 511, 714
    de primeira ordem, 419
    parcialmente observáveis, 500
  de Dirichlet, 678
  de engenharia de conhecimento, 247
  de recompensas de Markov, 527
  de subida de encosta, 100
  gaussiano, 608, 678
  homogêneo no tempo, 420, 699
Produção de movimento, 843
Produto ponto a ponto, 390
Profundidade, 68
  de campo, 803
  efetiva, 89
Programa
  ANALOGY, 18
  como modelos probabilísticos, 470
  de agentes, 43
  de lógica probabilística, 475
  DENDRAL, 20
  do agente, 34, 43
  ELIZA, 893
  gerador, 471
  parcial, 731
  SAINT, 18
  STUDENT, 18
Programação
  de lógica de restrições, 186
  diferenciável, 922
  dinâmica, 55, 92, 270, 511, 757
    adaptativa, 717
    em tempo real, 526
    não serial, 413
  em lógica, 268
    de restrições, 271, 272
    tabulada, 270, 284
  genética, 20, 105, 130
  linear, 110, 129, 167, 519, 524, 557
  lógica, 209
  orientada a objetos, 301
  probabilística, 454
  quadrática, 628
  visual, 878
Projeção

ortográfica em escala, 803
perspectiva, 801
temporal, 226
Projeto
  DBPEDIA, 309
  de agente, 545
  de mecanismo, 545, 574
  de proteínas, 64
  Gene Ontology, 309
  OPENCYC, 308
  TEXTRUNNER, 775
Prolog, 268, 284
  incompleto, 270
Propagação
  de crença em laço, 415
  de inspeção, 226
  de limites, 172
  de restrição, 169
  de volta, 148
  unitária, 212
Propensão ao risco, 486
Proposicionalização, 256, 459
Proposta, 575
Propriedade(s), 230
  de ambientes de tarefas, 39
  de ambientes multiagentes, 544
  de refinamento descendente, 327
  do valor da informação, 498
Prosser, P., 187
Protocolo
  de barganha com ofertas alternadas, 582
  de concessão monotônico, 584
  de rede de contratos, 574
Prova, 203
  de estratégia, 577
  de teorema(s)
    baseada em resolução, 255
    proposicionais, 200
  não construtiva, 276
  por resolução, 204
Provavelmente aproximadamente correta
  (PAC), 609
Proveniência de dados, 639
Provost, F., 898
Pseudoexperiência, 720
Pseudoinverso, 616
Pseudorrecompensa, 730
Psicologia, 11
  cognitiva, 12
  evolucionária, 489
Pullum, G. K., 253, 773, 774
Puterman, M. L., 55, 540, 543
Putnam, H., 225, 372, 478

——————— Q ———————

Q-função, 495
Q-learning, 715
QALYs (anos de vida ajustados pela quali-
  dade), 484, 507
Qualia, 894

992 Inteligência Artificial

Quantificação, 766
  universal, 236
Quantificador(es), 236
  existencial, 237
  universais, 273
Quarto chinês, 893, 913
Quebra-cabeça
  de 15 peças, 61
  de oito peças, 61
  de peças deslizantes, 61
  Sokoban, 61
Question Answering (resposta automática a
  perguntas), 770
Quiescentes, 144
Quillian, M. R., 310
Quine, W. V., 292, 308
Quine, W. V. Q, 253
Quinlan, J. R., 648
Quinlan, S., 887
Quirk, R., 773

──────── R ────────

Rabani, Y., 130
Rabiner, L.R., 451
Raciocínio, 189
  automatizado, 2
  com informações *default*, 303
  espacial, 312
  orientado a objetivo, 211
  probabilístico, 22, 374
    temporal, 418
  psicológico, 312
Racionalidade, 1, 36
  de Boltzmann, 736
  individual, 570
  limitada, 4
Radar, 841
Radford, A., 797
Raffel, C., 797
Rafferty, A. N., 542
Rahwan, T., 588
Raiffa, H., 507, 508, 587
Rajpurkar, P., 798
Ramsey, F. P., 506
Ramsundar, B., 651
Rao, A., 56
Rao-blackwellização, 450, 469
Raphael, B., 97, 283
Raphson, J., 129, 649
Raschka, S., 651
Rashevsky, N., 16, 710
Rasmussen, C. E., 678
Rassenti, S., 589
Rastreamento
  de malha aberta, 862
  de múltiplos agentes, 467
Rastro de execução, 471
Ratliff, N., 887
Ratnaparkhi, A., 772
Ratner, D., 96
Rauch, H. E., 451

Razão
  competitiva, 123
  de ganho de informação, 602
RBFS, algoritmo, 85, 98, 160
Realizável, 607
Rechenberg, I., 130
Recombinação, 105
Recomendações, 27
Recompensa(s), 52, 511, 714
  aditiva, 513
    descontada, 513
  esparsas, 715
  futura, 716
  hiperbólicas, 543
  incertas, 566
  média, 514
Reconhecimento, 800
  de fala, 27
  de plano, 549
  de voz, 769
Reconstrução, 800
  a partir de muitas visualizações, 825
  de caminho, 826
Recuperação, 259
  de informações, 770, 774
Recursos, 340, 922
Reddy, R., 15
Rede(s)
  adalines, 18
  adversárias geradoras, 926
  antagônica gerativa, 705
  bayesianas, 23, 374
    com variáveis contínuas, 383
    de entidades múltiplas, 477
    de tempo contínuo, 452
    dinâmicas, 418, 440
    híbrida, 383
  causal, 374, 408, 678
  como funções complexas, 680
  convolucionais, 687
  de contribuição marginais, 572
  de crença, 374
  de decisão, 479, 494
    dinâmicas, 518
  de Hopfield, 712
  de Markov, 413
  de proposição regional (RPR), 816
  feedforward, 680
  hierárquicas de tarefa, 324
  lógicas de Markov, 476
  multiplamente conectadas, 393
  neural(is), 679
    convolucionais, 24, 688, 812, 813
    recorrentes, 699, 711, 780
    para PLN, 780
  probabilísticas qualitativas, 417, 492
  recorrente, 680
  residuais, 691
  semânticas, 299, 300
  unicamente conectadas, 392
Redefinição, 302

Redução, 393
  à inferência proposicional, 256
  de dimensionalidade, 850
  de simetria, 322
  dos movimentos futuros, 145
Reductio ad absurdum, 202
Rees, M., 30, 910
Refinamento, 324
  recursivo, 324
Reflexão, 803, 925
  difusa, 803
  especular, 803
Reforços, 714
Refutação, 202
Regan, N., 161
Região, 811, 856
  de interesse, 816
Regime de controle bangue-bangue, 739
Regin, J., 186
Regra(s), 197
  condição-ação, 45
  da cadeia, 377, 614, 683
  de aprendizado do perceptron, 619
  de Bayes, 8, 363
  de inferência, 203
  de inferência de resolução, 274
  de Widrow-Hoff, 728
  default, 304
  delta, 728
  do DENDRAL, 21
  do Kriegspiel, 153
  do MYCIN, 21
  do produto, 355, 363
  semânticas, 745
Regressão, 318, 591
  de caixa delimitadora, 816
  de *k*-vizinhos mais próximos, 625
  e classificação lineares, 612
  linear, 613, 649, 661
  linear bayesiana, 663
  linear multivariável, 615
  linear univariada, 612
  logística, 620, 649, 752
  não paramétrica, 625
  ponderada localmente, 626
Regulador quadrático linear, 867
Regularização, 607, 616, 636, 697, 909
Reid, D. B., 477
Reid, M., 97
Reif, J., 888
Reificação, 288
REINFORCE, algoritmo, 743
Reingold, E. M., 187
Reinícios aleatórios, 212
Reiter, R., 226, 311, 346
Relação(ões), 164, 230
  de acessibilidade, 298
  de independência condicional em redes
    bayesianas, 380
  OU ruidoso, 382
Relatório de Lighthill, 20, 22

RELSAT, algoritmo, 188
Remote Agent, 26
Renner, G., 130
Renomeação, 262
Repetição de experiência, 729
Replanejamento, 332
  online, 867
Representação(ões), 189
  atômica, 53, 57
  contextuais, 791
    pré-treinadas, 791
  de conhecimento, 2, 286
  de MDP, 518
  de palavras, 749
    pré-treinadas, 790
  de um problema de decisão com uma rede
    de decisão, 494
  distribuída, 54
  do conhecimento, 15
    em um domínio incerto, 374
  do estado do mundo, 919
  eficiente de distribuições condicionais, 381
  ELMO, 797
  estruturada, 53, 57, 355
  fatorada, 57, 164, 313, 355, 518, 591
  localista, 54
  posicional, 788
Reserva, 576
Residual, 692
Resolução, 204, 272
  binária, 274
  completa, 205
  cooperativa de problemas
    distribuídos, 586
  de entrada, 281
  de problemas por meio de busca, 57
  linear, 281
  unitária, 205, 281
Resolvente, 205
Resolver problemas parcialmente
  observáveis, 119
Responder automaticamente a
  perguntas, 798
Responsabilidade, 644
Resposta automática a perguntas, 770
  visuais, 825
Restrição(ões)
  binária, 167
  de ação concorrente, 548
  de precedência, 166
  de preferência, 169
  de quebra de simetria, 185
  de recurso, 172, 340
  disjuntiva, 166
  global, 168, 172
  lineares, 167
  não lineares, 167
  sobre preferências racionais, 480
  temporais e de recursos, 340
  unária, 167

Resultado(s), 314, 352, 569
  da coalizão, 568
  da inferência, 472
  igual, 900
  social, 580
Rete, algoritmo, 266
Retemporizar, 863
Reticulado de subordinação, 260
Retorno das redes neurais, 22
Retrocesso
  cronológico, 178
  dinâmico, 187
  inteligente, 178, 212
  orientado por dependência, 187
Retropropagação, 22, 684
  no tempo, 701
Reutilizável, 340
Revelador da verdade, 577
Reversão da evidência, 452
Revisão, 643
  de crenças, 305
Rezende, D. J., 712
RGB, 805
Riazanov, A., 285
Ribeiro, M. T., 651
Richardson, M., 476
Richter, S., 346
Ridley, M., 130
Riley, J., 589
Riley, P., 651
Riloff, E., 774
Rintanen, J., 346-349
Ripley, B. D., 651
Riscos e benefícios da IA, 28
Rish, I., 414
Rissanen, J., 649
Ritmo da mudança, 906
Rivest, R., 648, 649
RNR
  bidirecional, 782
  com memórias longas de curto prazo, 701
Robbins, H., 285, 541, 649
Robertson, N., 188
Robertson, S. E., 373
Robins, J., 415
Robinson, G., 285
Robinson, J. A., 18, 225, 253, 254, 283, 284
Robinson, S., 97
Robô(s), 839, 885
  antropomórfico, 840
  BOSS, 886
  CARMEL, 886
  com pernas, 26, 840
  de seleção de peças, 40
  de telepresença, 881
  FREDDY, 886
  móvel, 840
  Puma, 886
  Shakey, 889
  Stanley de Stanford, 886
RoboCup, 589, 886

Robopocalipse, 908
Robótica, 2, 839
Robusta, 501
Roche, E., 774
Rochester, N., 16, 17
Rock, I., 837
Rodríguez, H., 772
Röger, G., 98, 346
Rokicki, T., 96
Rolf, D., 225
Rollout, 147
Rolnick, D., 712
Romanovskii, I., 587
Ros, G., 744
Rosen, C., 885
Rosenblatt, F., 649, 678, 710
Rosenblatt, M., 835
Rosenblitt, D., 345
Rosenblueth, A., 14
Rosenschein, J. S., 589
Rosenschein, S. J., 55, 226
Ross, S., 373, 889
Rossi, F., 188
Roteamento de canais, 63
Roth, A., 915
Roth, D., 414
Rótulo, 591
Roussel, P., 284
Roweis, S. T., 413, 452
Roy, B. V., 541, 542
Roy, N., 541, 542
RQL iterativo, 867
RRT*, 860
Rubik, E., 96
Rubin, D., 415, 452, 677
Rubin, J., 915
Rubinstein, A., 543, 587-589
Ruder, S., 797
Ruído, 597, 607, 807
Ruidoso, 607
Rumelhart, D. E., 710, 711
Ruml, W., 98
Rummery, G. A., 742
Russakovsky, O., 711
Russell, S. J., 6, 14, 56, 98, 131, 160, 226,
  283, 285, 451, 452, 476, 478, 507, 509,
  541 542, 587, 742, 743, 887, 924, 925
Rustagi, J. S., 415
Ryan, M., 253

—————— S ——————

Saad, F., 477
Sabin, D., 186
Sabri, K. E., 285
Sacerdoti, E. D., 345, 347
Sadeghi, F., 888
Sadeh, N. M., 589
Sadigh, D., 888
Sadler, M., 161
Sadri, F., 309
Sagae, K., 773

994 Inteligência Artificial

Sahami, M., 772
Sakuta, M., 160
Salisbury, J., 887
Salomaa, A., 772
Samet, H., 649
Sammut, C., 742
Samuel, A., 16, 17, 56, 161, 648, 741
Samuelson, L., 587
Samuelson, W., 589
Sandholm, T., 162, 588
Sang, T., 414
Santiago Ramon y Cajal, 10
Sarawagi, S., 774
Sarit, K., 589
Sarsa, 726
Sartre, J.-P., 586
Sastry, S., 55
Sat, 202
Satisfação, 10, 194
  de restrição distribuída, 188
Satisfatibilidade, 202
  booleana, 319
Sato, T., 284, 476
Saturação, 277
Saul, L. K., 415
Saunders, W., 743
Savage, L. J., 372, 506
Savva, M., 744
Sayre, K., 890
Schaal, S., 888
Schabes, Y., 774
Schaeffer, J., 99, 161
Schank, R. C., 21
Schapire, R. E., 650
Scharre, P., 914
Schaub, T., 311
Schervish, M. J., 373
Schickard, W., 5
Schlenoff, C. I., 888
Schmidhuber, J., 712, 713
Schneider, J., 888
Schoenberg, I. J., 710
Schofield, M., 160
Schölkopf, B., 650
Schöning, T., 225
Schoppers, M. J., 348
Schrag, R. C., 188, 225
Schraudolph, N. N., 161
Schröder, E., 225
Schrödl, S., 99
Schubert, L. K., 309
Schulman, J., 887, 888
Schultz, W., 744
Schulz, D., 477
Schulz, S., 285
Schutt, R., 650
Schwartz, J. T., 887
Schwartz, S. P., 308
Scott, D., 475
Searle, J. R., 10, 890, 893, 913
Sedol, L., 162

Sefidgar, Y. S., 888
Segaran, T., 589, 651
Segmentação, 811
Segurança, 898
  cibernética, 898
  da IA, 890, 915, 908
Seguro de automóveis, 385
Seipp, J., 346
Seleção, 105, 148
  de ações, 919
  de atributos, 747
  de características, 608
  de modelo, 604
  e otimização de modelos, 603
  e treinamento de modelos, 642
Selfridge, O. G., 16
Selman, B., 129, 226, 311, 346
Selten, R., 587
Selva, P., 897
Sem ditaduras, 580
Sem sensoriamento, 114
Semântica, 194, 198, 456, 461, 471, 755, 762
  angelical, 328
  composicional, 764
  das redes bayesianas, 376
  de banco de dados, 240, 313, 455
  do Prolog, 271
Semicondutor de óxido metálico complementar, 800
Semidinâmico, 41
Seni, G., 650
Sensor, 33, 39, 192, 800, 839, 918
  ativo, 840
  de força, 842
  de localização, 842
  de torque, 842
  inercial, 842
  passivo, 840
  proprioceptivo, 842
  tátil, 841
Sensoriamento
  ativo, 799
  passivo, 799
Sentença(s), 190
  atômicas, 197, 236
  complexas, 197, 236
  de Gödel, 891
  de observação, 6
Seo, H., 798
Separação, 366
Separador, 64
  de margem máxima, 627, 628
  linear, 618
Seppi, K. D., 541
Sequência
  automática de montagem, 63
  de percepções, 33
  de testes de menor custo, 500
  mais provável, 427

Sequencial, 41
  de Monte Carlo, 453
  Minimal Optimization (SMO), algoritmo, 650
Sergot, M., 309
Serviços, 881
Seymour, P. D., 188
SGD, 615
Shachter, R. D., 412-414, 506, 541
Shafer, G., 416
Shah, J., 888
Shanahan, M., 309, 916
Shani, G., 542
Shankar, N., 285
Shannon, C. E., 16, 159, 161, 648, 652, 771
Shapley, L. S., 588
Shapley, S., 540, 651
Sharp, D. H., 710
Shatkay, H., 886
Shawe-Taylor, J., 650
Shazeer, N., 650, 926
Shepard, D., 507
Sheppard, B., 163
Shieber, S., 913
Shimony, S. E., 414
Shin, M. C., 540
Shoham, Y., 284, 507, 588, 589
Shortliffe, E. H., 416
SHRDLU, 773
Shreve, S. E., 55
Siciliano, 889
Sigaud, O., 543
Sigmoide, 681
Silogismos, 3, 224
Silva, R., 163
Silver, D., 742
Silverman, B. W., 712
Silverstein, C., 774
Sim-to-real, 870, 888
Símbolo
  de constante, 234
  de função, 234
  de igualdade, 239
  de predicado, 234
  proposicional, 197
  puro, 212
Simetria de valor, 185
Simmons, R., 887
Simon, H. A., 2, 10, 16, 19, 20, 30, 55, 56, 96, 97, 226, 345, 508, 921
Simonis, H., 186
Simulação (*trial*), 147, 148, 716
Sincronização, 547
Singer, P.W., 914
Singh, M., 56
Singh, S., 742
Singularidade, 11
  tecnológica, 911
Sintaxe, 194, 197, 456, 461, 471
  e semântica da lógica de primeira ordem, 232

Síntese, 282
  dedutiva, 282
SIR, 446, 452
Sisbot, E. A., 888
Siskind, J. M., 922
Sistema(s)
  ALBERT, 797
  anticolisão aerotransportado X, 542
  ARISTO, 798
  BANANAS, 712
  cHUGIN, 413
  COQ, 285
  DAGGER, 889
  de análise de imagens de satélite, 40
  de diagnóstico médico, 40
  de etiquetagem, 824
  de legendagem, 824
  de lentes, 802
  de malha aberta, 58
  de manutenção de verdade, 187, 305
  de posicionamento global, 842
  de produção, 266, 283
  de raciocínio para categorias, 299
  de símbolos físicos, 17
  deep q-network (DQN), 738, 742
  DENDRAL, 308
  DQN, 738, 742
  DRAGON, 774
  ENAS, 712
  esparso, 378
  especialistas, 20, 21
  Fast Downward Stone Soup (FDSS), 346
  HACKER, 345
  HARPY, 129
  inteligentes, 33
  LIME, 651
  MAML, 651
  multiagentes, 9, 55, 544
  MUNIN, 413
  MYCIN, 21, 416
  não linear, 439
  PATHFINDER, 413
  PLANNER, 586
  quadráticos dinâmicos, 130
  QXTRACT, 775
  Reformer, 797
  ROBERTA, 797
  semelhante, SHAP, 651
  SYSTRAN, 798
  TCAS legado, 542
  WORD2VEC, 796
  XGBOOST, 650
  XLM, 797
  XLNET, 797
Sistemático, 68
Sistla, A. P., 346
Sittler, R. W., 476, 477
Skinner, B. F., 15
Skip-gram, 748
Skolem, T., 253, 283
Skolemização, 273
SLAM, 849

Slate, D. J., 97
Slater, E., 159
Slocum, J., 96
SMA*, algoritmo, 86, 98
Smallwood, R. D., 542
Smith, A., 9
Smith, D. E., 130, 131, 160, 162, 284, 309, 347, 348, 506, 507, 588, 773
Smith, R. G., 588
Smola, A. J., 650
Smolensky, P., 771, 922
Smullyan, R. M., 253
Smyth, P., 452
Snell, J., 373
Sobreajuste, 600
Sobrevivência do mais adaptado, 452
Softbot, 39
Softmax, 686
Softplus, 681
Solomonoff, R. J., 16, 649
Solução(ões), 58, 59, 164
  cíclica, 113
  de busca, 58
  de problemas de escalonamento, 341
  ótima, 59
  parcial, 165
  satisfatórias, 82
Soma dos quadrados das diferenças, 810
Sombra, 805
Sonar, 841
Sondik, E. J., 542
Sonneveld, D., 96
Sosic, R., 187
Sowa, J., 312
Spaan, M. T. J., 542
Sphex, 38
Spiegelhalter, D. J., 413, 677
SPIKE, 348
Spirtes, P., 677
Sproull, R. F., 56, 506
Srivastava, N., 712
Srivastava, S., 541
SSS*, algoritmo, 160
Stallman, R. M., 187
STAN, 677
Stanfill, C., 649
Stanislawska, K., 130
Starcraft II, 163
States, D. J., 678
Stefik, M., 312, 416
Steinruecken, C., 651
Stergiou, K., 186
Stickel, M. E., 225, 285
Stiller, L., 161
Stockman, G., 160
Stoffel, K., 309
Stone, C. J., 743
Stone, M., 743
Stone, P., 163, 589, 648
Storvik, G., 452
Story, W. E., 96
Strachey, C., 16, 161

Stratonovich, R. L., 451, 508
Stuckey, P. J., 186
Sturtevant, N. R., 132
Stutz, J., 677
Suavização, 422, 425, 674, 749
  de Good-Turing, 772
  de Kneser-Ney, 772
  de modelos de n-gramas, 748
  de retardamento fixo, 427
  de Witten-Bell, 772
  por interpolação, 772
  linear, 749
Sub-restrito, 214
Subajustamento, 593
Subamostragem, 640
Subcategoria, 289, 762
Subgrafo ancestral, 381
Subida de encosta, 100, 613
  com reinício aleatório, 103
  estocástica, 102
  pela primeira escolha, 103
Subjetivista, 372
Subjogo, 562
Submetas serializáveis, 322
Submissão a seres humanos, 503
Subordinação, 281
Subproblema(s), 91
  independentes, 181
Subramanian, D., 311, 925
Substantivos
  contáveis, 293
  de massa, 293
Substituição, 242, 255
Substitutibilidade, 481
Subsunção, 302
Sudholter, P., 588
Sudoku, 173
Sudoku, 186
Suk, H.-I., 452
Sumarização de incerteza, 351
Sun, Y., 797
Superaditividade, 569
Superajustamento, 593
Superamostragem, 640
Superfície de decisão, 618
SUPERGLUE, 798
Superinteligência artificial ou SIA, 30
Superprocesso de caça-níqueis BSP, 532, 541
Suposição
  de nomes exclusivos, 455
  do agente benevolente, 544
  do mundo aberto, 333
  do mundo fechado, 333
  markoviana, 699
Supressão não máxima, 816
Sussman, G. J., 187, 345
Sutcliffe, G., 285
Sutherland, I., 186
Sutskever, I., 797, 798
Suttner, C., 285
Sutton, C., 774
Sutton, R. S., 23, 56, 541, 543, 742, 743

996 Inteligência Artificial

Sweeney, L., 914
Swerling, P., 451
Swift, T., 284
Sybil, 460
Szathmáry, E., 130
Szegedy, C., 711, 712
Szepesvari, C., 160, 541, 744

—————— T ——————

T-SCHED, 348
Tabela(s)
  básica de finais de jogo de Lomonosov, 161
  de probabilidade condicional, 375
  de transposição, 141
  esparsas, 518
Tabela-verdade, 198
Tabulação, 33
Tait, P. G., 96
Tamaki, H., 284
Tamanho de passo, 109, 614
Tan, P., 652
Tang, E., 923
Tanh, 681
Tarefas de linguagem natural, 769
Tarski, A., 253, 285, 773
Tash, J. K., 541
Taskar, B., 478
Tassa, Y., 744
Tate, A., 345, 348
Tatman, J. A., 541
Tautologia, 202
Taxa
  de aprendizado, 719
  de aprendizagem, 614
  de erro, 603, 606, 609
  de mistura, 404
  de mutação, 105
Taxonomia, 289
Taylor, A. D., 588
TD-GAMMON, 17
Técnica maximin, 554
Tedrake, R., 888
Tegmark, M., 712
Telêmetro, 841
Tellex, S., 888
Têmpera simulada, 104
Tempo, 295, 340, 418
  bem gasto, 921
  de mistura, 424
  de parada, 528
  discreto, 419
  verbal, 767
Tenenbaum, J. B., 253
Tennenholtz, M., 742
Tensor, 690
Teorema(s), 243
  básico da resolução, 208, 277
  da aproximação universal, 681
  da convergência do perceptron, 18
  da dedução, 202
  da equivalência de receita, 578
  da incompletude de Gödel, 8, 278, 892

  da modelagem, 516
  de Arrow, 580, 589
  de De Finetti, 358
  de Gibbard-Satterthwaite, 581
  de Herbrand, 277, 283
  de Mercer, 629
  de representação, 492
  populares de Nash, 560
Teoria
  da aprendizagem computacional, 609
  da competição de Cournot, 565
  da confirmação, 6
  da decisão, 9, 352
  da escolha social, 579
  da ética baseada em regras, 7
  da evolução, 107
  da informação integrada, 913
  da NP-completude, 8
  da otimalidade, 771
  da possibilidade, 417
  da probabilidade, 3, 8, 232
  da utilidade, 352
    multiatributo, 507
  de aprendizado PAC, 649
  de Chomsky, 15
  de controle, 14, 862
    ótimo, 129
    robusto, 725
  de convergência uniforme, 649
  de Dempster-Shafer, 416
  de jogos em ambiente
    cooperativo, 568
    não cooperativo, 549
  de otimização, 129
  de probabilidade, 351
  de sistemas quadráticos dinâmicos, 130
  de utilidade multiatributo, 490
  descritiva, 488
  do valor da informação, 496
  dos jogos, 9, 133, 545
  normativa, 488
  sintática, 310
  tricromática da visão em cores, 835
Término
  antecipado da simulação, 149
  precoce, 211
Termo(s), 235
  base, 236
  BUSCA-PELA-MELHOR-ESCOLHA, 97
  de erro, 409
Tesauro, G., 160, 162, 742
Tese de Church-Turing, 8
Testar objetivo, 116
Teste(s), 643
  de características e dados, 646
  de corte, 142
  de igualdade, 602
  de meta
    antecipado, 69
    postergado, 69
  de monitoramento para aprendizado de
    máquina, 646

  de significância, 601
  de término, 134
  de Turing, 2, 892, 913
  de turing total, 2
  para desenvolvimento de modelo, 646
  para infraestrutura de aprendizado de
    máquina, 646
Tetlock, P. E., 26, 308
Texels, 809
Texto-para-voz, 769
Textura, 809
Teyssier, M., 677
Thaler, R., 507
Theocharous, G., 451
Thiele, T., 451
Thielscher, M., 160, 226, 309
Thomas, A., 652, 677, 743
Thomaz, A., 889
Thompson, E., 541
Thompson, K., 160, 161
Thorndike, E., 741
Thornton, C., 651
Thrun, S., 651, 886, 889
Tiao, G. C., 677
Tibshirani, R., 649
Tikhonov, A. N., 648
Tinsley, M., 161
Tipos de robôs do ponto de vista do
  hardware, 840
Tipping, 712
Titterington, D. M., 677
Todorov, E., 888
Toma, P., 798
Tomada de decisão
  coletiva, 574
  complexa, 510
  em ambientes multiagentes, 544
  estratégica, 545
  simples, 479
  tendenciosa, 29
Tomador de decisão, 506, 544
Tomasi, C., 837
Tomografia de rede, 413
Tononi, G., 913
Toquenização, 747
Torras, C., 131, 347
Totalização, 360
Totalmente conectado, 683
Toyota, 886
Tradição logicista, 3
Tradução
  automática, 770, 783, 798, 27
  não supervisionada, 706
Tragédia
  dos bens comuns, 578
  dos bens públicos, 909
Trajetória, 851
Transferência de estilo, 829
Transformação de imagens, 828
Transformador, 787
  codificador, 789
  decodificador, 789

Índice Alfabético

Transição(ões)
de fase, 226
markovianas, 511
Transitividade, 481
Transparência, 903, 904
referencial, 297
Transporte de carga aérea, 314
Transposição, 141
Transumanismo, 911
Trappenberg, T., 713
Tratabilidade, 8
Treinamento, 604
antagônico, 877
baseado em população, 608
de uma RNR básica, 699
e aprendizado por reforço inverso, 735
Troyanskii, P., 798
Truque de Kernel, 627, 629
Tsang, E., 187, 188
Tsitsiklis, J. N., 373, 541-543, 742-744
Tukey, J. W., 587
Tumer, K., 589
Tuplas, 232
Turian, J., 796
Turing, A., 2, 8, 13, 15, 16, 161, 283, 412, 648, 710, 741, 890-892, 894, 912, 913
Tversky, A., 507, 508

U

Uby, 414
UCB1, 148
UCT, algoritmo, 148, 541
Ulam, S., 160
Ullman, J. D., 284
Ullman, S., 837
Uma representação fatorada, 53
Unicamente conectadas, 392
Unidade(s), 173, 680
de chaveamento, 701
Unificação, 255, 258, 283
e inferência de primeira ordem, 257
equacional, 280
Unificador, 258
mais geral (UMG), 259
UNIMATE, 885
Universo de Herbrand, 277
Urban Challenge, 886
Urmson, C., 886
Uso(s)
da visão computacional, 822
dual, 898
práticos de provadores de teoremas por resolução, 282
Utilidade(s), 7, 49
adaptativa, 508
ao longo do tempo, 512
do dinheiro, 484
esperada, 49, 479, 486
esperada de uma loteria, 482
máxima esperada, 352
normalizadas, 483
Utilitarismo, 7

Utilização, 527
da lógica de primeira ordem, 241
da regra de Bayes, combinação de evidências, 364
Utonomatronics, 883

V

Valiant, 649
Validação, 904
cruzada, 648
com k-repetições, 603
com omissão de um, 603
Validade, 202
Vallati, M., 346
Valor(es), 53, 164
baseados em ponto, 542
comum, 576
da informação, 496
perfeita, 497
de backup, 85
de política, 734
de Shapley, 571
default, 301
esperado, 142, 151
estatístico de uma vida, 484
material, 142
menos restritivo, 176
minimax, 135
esperado, 151
propagados de volta, 136
monetário esperado, 485
privado, 576
restantes mínimos, 176, 264
Valor-verdade, 198
van Beek, P., 186-188, 346
van Bentham, J., 254
van den Oord, A., 712
van Doorn, A. J., 837
van Harmelen, F., 312
van Heijenoort, J., 285
van Hoeve, W.-J., 186
van Lambalgen, M., 309
van Nunen, J. A. E. E., 540
Van Roy, B., 742
Van Roy, P. L., 284
van Run, P., 188
Vandenberghe, L., 130
VANT, 840
Vapnik, V. N., 649, 650, 652
Varaiya, P., 55, 743
Vardi, M. Y., 310
Variações no formalismo para CSP, 167
Varian, H. R., 589, 651
Variância, 593, 607
Variantes não indexáveis, 531
Variável(eis), 53, 109, 236
aleatória, 355
básica, 456, 462
indexada, 476
atemporais, 216
de consulta, 387
de evidência, 387

e ordenação de valor, 212
indicadora, 670
latente, 668
não modeladas, 409
numérica, 462
oculta, 385, 668
Varredura priorizada, 540, 721
Varzi, A., 310
VAS, 840
Vasilache, N., 923
Vaswani, A., 798
Vaucanson, J., 885
Vazirani, U., 129, 652
VCG, 579
Veach, E., 414
Veeramachaneni, K., 651
Veículo(s)
aéreo não tripulado (VANT), 840
autônomos subaquáticos (VAS), 840
robóticos, 26
Veinott, A. F., 541
Venkatesh, S., 373
Venn, J., 372
Verdade, 194
Verdade fundamental, 592
Verificação, 282, 904
à frente, 177
de circuitos, 251
de modelo, 196
de ocorrência, 259, 269
eficiente de modelos proposicionais, 211
Verificador de colisão, 858
Verma, S., 915
Verma, T., 452, 677
Verossimilhança, 654
Vespa Sphex, 38
Vetor(es)
de chave, 787
de consulta, 787
de recompensa, 569
de suporte, 627, 628
de valor, 787
pré-treinados, 777
Vicki, B., 837
Vida artificial, 130
Videogames, 163
Viés, 593
de contexto próximo, 784
social, 900
Vigilância, 29, 898
Vínculo de figuras e palavras, 824
Vinge, V., 911
Vinyals, O., 744, 797
Visão
computacional, 2, 799, 822
deliberativa, 878
estéreo, 841
frequentista, 371
objetivista, 371
reativa, 878
subjetiva bayesiana, 372
subjetivista, 372

998 Inteligência Artificial

Visser, U., 163
Vitányi, P., 649
Viterbi, A. J., 451
Viterbi, algoritmo de, 429, 451, 751
Vizinhos mais próximos, 622
  com árvores k-d, 623
  aproximados, 624
Vlassis, N., 542, 589
Vocabulário, 249
von Helmholtz, H., 11
von Linne, C., 308
von Mises, R., 372
von Neumann, J., 9, 14, 506, 587, 588, 648
von Winterfeldt, D., 506
Voronkov, A., 254, 285
Vossen, T., 346
Votação, 579
  com segundo turno, 581
  pela regra da maioria verdadeira, 581
  por aprovação, 581
  por pluralidade, 581
Voto por maioria simples, 581

W

Wainwright, M., 415
Waldinger, R., 253
Walker, H., 712
Walker, R. J., 187
WALKSAT, algoritmo, 226
Wallace, A. R., 107
Walpole, R. E., 373
Walras, L., 9
Walsh, T., 186
Walter, G., 15
Waltz, D., 18, 186, 649
Wang, A., 797, 798
Wang, E., 311
Wang, H., 879
Wang, J., 160
Warmuth, M., 96, 649
WARPLAN, 345
Warren, D. H. D., 284
Warren, D. S., 284
Wasserman, L., 651
Watkins, C. J., 541, 742
Watson, J., 12
Watson, J. D., 107
Wattenberg, M., 130, 651
Waugh, K., 587
Weaver, W., 648, 652, 771, 798
Wefald, E. H., 98, 160, 924
Weibull, J., 588
Weidenbach, C., 285
Weiss, G., 56
Weiss, Y., 415, 452, 589
Weissman, V., 253
Weizenbaum, J., 908
Weld, D. S., 131, 311, 347, 348, 914
Welling, M., 712
Wellman, M. P., 412, 417, 451, 476, 507, 541, 588, 589, 887
Werbos, P., 541, 710, 711, 742

Wermuth, N., 413
Wertheimer, M., 835
Wesley, M. A., 887
West, D. M., 917
West, M., 452
West, S. M., 903
Wexler, Y., 414
White, C., 712
White, J., 651
Whitehead, A. N., 283
Whiter, A. M., 348
Whittaker, M., 886
Whorf, B., 253
Widrow, B., 18, 710, 741
Wiedijk, F., 285
Wiegley, J., 131
Wiener, N., 14, 30, 36, 159, 451, 710, 798, 914, 916
Wiesel, T. N., 711, 836
Wild, P. P., 414
Wilfong, G. T., 885
Wilkins, D. E., 348
Wilks, Y., 916
Williams, B., 226, 311
Williams, R. J., 540, 678, 711, 712, 742, 798
Wilson, D. H., 913
Wilson, R., 186
Wilt, C. M., 98
Wingate, D., 478, 541
Winikoff, M., 55
Winker, S., 285
Winkler, R. L., 507
Winograd, S., 18
Winograd, T., 773
Winston, P. H., 18, 30
Wintermute, S., 283
Witness, algoritmo, 542
Witten, D., 652, 772
Witten, I. H., 742
Wittgenstein, L., 7, 6, 225, 226, 292, 308
Wolfe, J., 131, 160
Wolpert, D., 589, 647
Wong, C., 677
Wood, F., 478
Woods, W. A., 310, 773
Wooldridge, M., 55, 56, 589
Word embeddings, 709, 750, 776
Wordnet, 750, 772
Worswick, S., 913
Wos, L., 284, 285
Wray, R. E., 283
Wright, S., 130, 412
Wu, Y., 478, 711
Wundt, W., 11, 834

X

Xadrez parcialmente observável, 153
Xeque-mate
  acidental, 154
  garantido, 154
  probabilístico, 154

Y

Yakimovsky, Y., 506
Yampolskiy, R. V., 915
Yang, B., 797
Yang, G., 452
Yang, X.-S., 129
Yannakakis, M., 131
Yao, X., 129
Yarowsky, D., 774
Ye, Y., 541
Yedidia, J., 415
Ying, C., 923
Yip, K. M.-K., 311
Yngve, V., 773
Yob, G., 227
Yoshikawa, T., 887
You, Y., 743
Young, C., 589
Young, S., 542
Young, T., 835
Younger, D. H., 773
Yu, D., 650, 712
Yudkowsky, E., 916
Yule, G. U., 712

Z

Zadeh, L. A., 416, 417
Zadeh, R. B., 651
Zakharov, V., 161
Zapp, A., 837, 886
Zaritskii, V. S., 452
Zecchina, R., 226
Zeckhauser, R., 507
Zelle, J., 774
Zemel, R., 903
Zeng, H., 253
Zermelo, E., 587
Zettlemoyer, L., 774
Zhang, C., 648
Zhang, L., 225
Zhang, N. L., 413
Zhang, W., 99
Zhang, X., 772
Zhao, K., 774
Zhou, K., 508
Zhou, R., 99
Zhu, J.-Y., 712, 773, 797, 887
Ziebart, B. D., 888
Zilberstein, S., 131, 347
Zimdars, A., 587
Zimmermann, H.-J., 416
Zinkevich, M., 587
Zipf, G., 796
Zipser, D., 712
Zisserman, A., 837, 838
Zlotkin, G., 589
Zobrist, A. L., 161
Zollmann, A., 798
Zoph, B., 712
Zuse, K., 13, 159
Zweig, G., 451
Zwicker, W. S., 588